Großkommentare der Praxis

Löwe-Rosenberg

Die Strafprozeßordnung und das Gerichtsverfassungsgesetz

Großkommentar

24., neubearbeitete Auflage

herausgegeben von

Peter Rieß

Erster Band

Einleitung; §§ 1 bis 111 n

Bearbeiter:

Einleitung: Karl Schäfer §§ 48 bis 93: Hans Dahs
§§ 1 bis 47: Günter Wendisch §§ 94 bis 111 n: Gerhard Schäfer

1988

Walter de Gruyter · Berlin · New York

Erscheinungsdaten der Lieferungen:

Einleitung	(18. Lieferung):	November 1987
§§ 1 bis 47	(1. Lieferung):	Mai 1984
§§ 48 bis 71	(9. Lieferung):	Dezember 1985
§§ 72 bis 93	(17. Lieferung):	August 1987
§§ 94 bis 111 n	(13. Lieferung):	Juli 1986

CIP-Kurztitelaufnahme der Deutschen Bibliothek

Die Strafprozessordnung und das Gerichtsverfassungsgesetz:
Grosskommentar/Löwe-Rosenberg. Hrsg. von Peter Riess. —
Berlin; New York: de Gruyter
  (Grosskommentare der Praxis)
  Teilw. verf. von Hanns Dünnebier . . .
NE: Löwe, Ewald [Begr.]; Dünnebier, Hanns [Mitarb.]; Riess, Peter
[Hrsg.]
Bd. 1. Einleitung; §§ 1—111 n/Bearb.: Einleitung: Karl Schäfer.
§§ 1—47: Günter Wendisch. §§ 48—93: Hans Dahs. §§ 94—111 n:
Gerhard Schäfer — 24., neubearb. Aufl. — 1988.
ISBN 3-11-011600-6
NE: Schäfer, Karl [Bearb.]

Printed in Germany.

Satz und Druck: H. Heenemann GmbH & Co, Berlin 42.
Bindearbeiten: Lüderitz & Bauer, Buchgewerbe GmbH, Berlin 61.

Die Bearbeiter der 24. Auflage

Dr. **Hans Dahs,** Rechtsanwalt, Honorarprofessor an der Universität Bonn

Dr. **Karl Heinz Gössel**, Professor an der Universität Erlangen-Nürnberg, Vorsitzender Richter am Landgericht München I

Dr. **Walter Gollwitzer**, Ministerialdirigent im Bayerischen Staatsministerium der Justiz, München

Dr. **Ernst-Walter Hanack**, Professor an der Universität Mainz

Dr. **Hans Hilger**, Vorsitzender Richter am Landgericht Bonn

Dr. **Klaus Lüderssen**, Professor an der Universität Frankfurt am Main

Dr. **Peter Rieß**, Ministerialdirigent im Bundesministerium der Justiz, Honorarprofessor an der Universität Göttingen

Dr. **Gerhard Schäfer**, Vorsitzender Richter am Landgericht Stuttgart

Dr. **Karl Schäfer**, Senatspräsident a. D. in Frankfurt am Main

Günter Wendisch, Generalstaatsanwalt a. D. in Bremen

Vorwort

Die 23. Auflage des LÖWE-ROSENBERG erschien von Dezember 1975 bis Dezember 1978; die durch das Strafverfahrensänderungsgesetz 1979 und weitere Gesetze kurz danach eingetretenen Änderungen wurden im Juli 1979 in einem Ergänzungsband kommentiert. Seither sind zwar keine tiefgreifenden Gesetzesänderungen im Strafverfahrensrecht eingetreten. Nicht nur die im letzten Jahrzehnt neu eingefügten oder geänderten Vorschriften erschließen sich jedoch erst allmählich durch ihre Anwendung und ihre Auslegung in Wissenschaft und Praxis in ihrer ganzen Bedeutung; auch beim überkommenen Recht sind neue Fragen in den Mittelpunkt des Interesses getreten, für alte werden neue Lösungswege gesucht. Erheblich sind weiterhin die Ausstrahlungen des Verfassungsrechts und neuer Rechtsgebiete, wie etwa des Datenschutzes, auf das Strafverfahrensrecht.

Der mehr als achtjährige Zeitabstand zum Beginn des Erscheinens der 23. Auflage macht daher eine Neuauflage dringlich, wenn der Kommentar seine Aufgabe weiterhin erfüllen soll, den aktuellen Stand von Rechtsprechung und Lehre auf wissenschaftlicher Grundlage darzustellen und einen Beitrag zur Weiterentwicklung des Strafverfahrensrechts zu leisten. Zur Zeit befinden sich zwar Gesetzesentwürfe, namentlich der Entwurf eines Strafverfahrensänderungsgesetzes 1984 (BTDrucks. 10/1313), im parlamentarischen Gesetzgebungsverfahren, nach deren Verwirklichung nicht unerhebliche Änderungen der im LÖWE-ROSENBERG kommentierten Rechtsvorschriften eintreten werden. Doch ist derzeit so wenig abzusehen, wann und mit welchem Inhalt sie verabschiedet werden, daß eine Verschiebung des Beginns der Neuauflage nicht verantwortet werden kann. Die Lieferungen des Kommentars erläutern deshalb den bei ihrem Erscheinen geltenden Gesetzesstand. Bei den einzelnen Vorschriften werden die zu diesem Zeitpunkt bekannten geplanten Gesetzesänderungen in einem besonderen Abschnitt nach dem Abschnitt Entstehungsgeschichte mitgeteilt. Sie werden gegebenenfalls, ebenso wie derzeit noch nicht absehbare Änderungen, in der Fassung, in der sie Gesetz werden, in einem Nachtrag erläutert. Soweit möglich, wird in der Hauptkommentierung auf diese Nachträge aufmerksam gemacht werden. Die Bezieher der Neuauflage, die innerhalb von etwa vier Jahren vollendet sein soll, können daher sicher sein, nach dem Abschluß eine Kommentierung nach dem neuesten Stand der Gesetzgebung in Händen zu halten.

Die äußere Gestalt des Kommentars ist bereits für die 23. Auflage durch Umstellung auf Randnummern und ein anderes Schriftbild modernisiert worden. In der 24. Auflage wird die Benutzbarkeit weiter verbessert werden. Dazu dienen eine Vermehrung der Übersichten vor der Kommentierung der einzelnen Vorschriften, die verstärkte Verwendung von Fußnoten für Nachweise, um den Text besser lesbar zu machen, die Angabe des Erscheinungsdatums der einzelnen Lieferungen jeweils auf den linken Seiten unten, die Trennung des bisherigen Abkürzungsverzeichnisses in ein Abkürzungs- und ein Schrifttumsverzeichnis sowie die Aufnahme von Benutzerhinweisen, auf die hier verwiesen wird. Bei der inhaltlichen Gestaltung soll namentlich den Besonderheiten des Steuer- und Wirtschaftsstrafverfahrens wegen seiner gestiegenen Bedeutung erhöhte Aufmerksamkeit gewidmet werden, soweit dies in einem das allgemeine Strafverfahrensrecht erläuternden Kommentar möglich ist.

Für die 23. Auflage war in vielen Teilen ein Bearbeiterwechsel eingetreten, durch den die Kontinuität für längere Zeit als gesichert erscheinen konnte; das hat sich bedauerlicherweise nicht bewahrheitet. Herr Vorsitzender Richter am Kammergericht Karlheinz Meyer hat eine andere Aufgabe übernommen. Herr Generalstaatsanwalt a.D. Dr. Hanns Dünnebier hat sich aus Gesundheitsgründen außerstande gesehen, seine Arbeit fortzusetzen. Verlag und Autoren bedauern sein Ausscheiden besonders; von 1962 bis 1979, von der 21. bis zur 23. Auflage hat Herr Dr. Dünnebier durch seine Beiträge und durch seine koordinierende und federführende Tätigkeit für die 22. und 23. Auflage Maßstäbe gesetzt, denen zu entsprechen den Nachfolgern Verpflichtung sein wird.

Die bisher von Herrn Dr. Dünnebier bearbeiteten Teile haben Herr Generalstaatsanwalt Günter Wendisch und Herr Professor Dr. Klaus Lüderssen, Frankfurt, der neu in den Kreis der Bearbeiter eingetreten ist, übernommen. Die Aufgabe der Koordinierung ist auf den Unterzeichnenden als Herausgeber übergegangen. Ferner konnten als neue Autoren gewonnen werden: Herr Rechtsanwalt Professor Dr. Hans Dahs, Bonn; Herr Professor Dr. Karl Heinz Gössel, Erlangen, Vorsitzender Richter am Landgericht München II; Herr Professor Dr. Ernst-Walter Hanack, Mainz, und Herr Vorsitzender Richter am Landgericht Dr. Gerhard Schäfer, Stuttgart.

Die bisherigen und die neuen Autoren stellen sich den schwierigen Aufgaben, denen ein Großkommentar der Praxis in einer Zeit lebhafter Gesetzgebung, immer differenzierter werdenden Verfahrensrechts, einer steigenden Zahl von Veröffentlichungen und früher nicht bekannter Spannungen zwischen den am Strafverfahren beteiligten Juristen in erhöhtem Maße gerecht werden muß: durch eine ausführliche Dokumentation von Rechtsprechung und Schrifttum den vorhandenen Bestand an Erkenntnissen und Gedanken zu bewahren und weiterzugeben, der Wissenschaft die Probleme der Praxis und der Praxis die Erkenntnisse der Wissenschaft zu vermitteln und selbst in Verantwortung vor dem Recht als gemeinsamer Grundlage zur Fortentwicklung des Strafverfahrensrechts beizutragen.

Bonn, im April 1984   Peter Rieß

Inhaltsübersicht

Strafprozeßordnung

Einleitung

ERSTES BUCH

Allgemeine Vorschriften

Hinweise für die Benutzung des
LÖWE-ROSENBERG

1. Umfang der Kommentierung

Der LÖWE-ROSENBERG kommentiert die StPO, das EGStPO, die strafrechtlichen Teile des GVG und des EGGVG, Teile des DRiG und das RHG. Wenig bekannte oder schwer auffindbare strafverfahrensrechtliche Nebengesetze, deren Wortlaut für die Kommentierung erforderlich ist, werden bei der einschlägigen Kommentierung in Kleindruck wiedergegeben.

2. Erscheinungsweise, Stand der Bearbeitung

Die 24. Auflage des LÖWE-ROSENBERG erscheint ohne Rücksicht auf die Reihenfolge des Gesetzes in Lieferungen. Diese werden in der Reihenfolge ihres Erscheinens durchnumeriert; die Folge weicht von derjenigen des Gesamtwerkes ab. Der Stand der Bearbeitung ist jeweils auf den linken Seiten unten angegeben.

3. Bearbeiter

Jeder Bearbeiter (auf jeder rechten Seite unten angegeben) trägt für seinen Teil die alleinige inhaltliche Verantwortung. Die Stellungnahmen zu Rechtsfragen, die an mehreren Stellen des Kommentars behandelt werden, können daher voneinander abweichen. Auf abweichende Auffassungen wird nach Möglichkeit hingewiesen.

4. Aufbau der Kommentierung

Neben der umfassenden Einleitung zum Gesamtwerk sind den Untereinheiten der kommentierten Gesetze (Bücher, Abschnitte, Titel), soweit erforderlich, **Vorbemerkungen** vorangestellt, die das für die jeweilige Untereinheit Gemeinsame erläutern.

Der den Vorbemerkungen und den Kommentierungen der einzelnen Vorschriften erforderlichenfalls vorangestellte Abschnitt **Geltungsbereich** enthält Hinweise auf zeitliche oder örtliche Besonderheiten. Der Abschnitt **Entstehungsgeschichte** gibt, von ganz unwesentlichen Änderungen abgesehen, die Entwicklung der geltenden Fassung der Vorschrift vom Erlaß des Gesetzes an wieder. Fehlt er, so kann davon ausgegangen werden, daß die Vorschrift unverändert ist.

Die Erläuterungen sind nach systematischen Gesichtspunkten gegliedert, die regelmäßig durch Überschriften oder Stichworte hervorgehoben sind; erforderlichenfalls ist eine Übersicht vorangestellt. Daneben werden für jede Vorschrift durchlaufende **Randnummern** (zur Erleichterung des Zitierens) verwendet.

5. Schrifttum

Dem Kommentar ist ein allgemeines Schrifttumsverzeichnis vorangestellt, das nur das häufig verwendete Schrifttum enthält. Den Vorbemerkungen und Kommentierungen der einzelnen Vorschriften sind Schrifttumsverzeichnisse vorangestellt, die — ohne Anspruch auf Vollständigkeit — einen Überblick über das wesentliche Schrifttum zu dem jeweils behandelten Thema geben.

6. Zitierweise

Literatur, die in diesen Schrifttumsverzeichnissen enthalten ist, wird im laufenden Text nur mit dem Namen des Verfassers (ggfs. mit einer unterscheidenden Kurzbezeichnung) zitiert. Andernfalls sind selbständige Werke mit (gelegentlich verkürztem) Titel und Jahreszahl, unselbständige Veröffentlichungen (auch Beiträge in Festschriften) mit der Fundstelle angegeben. **Auflagen** sind durch hochgestellte Ziffern gekennzeichnet; fehlt eine solche Angabe, so wird aus der Auflage zitiert, die im allgemeinen Literaturverzeichnis angegeben ist. Hat ein Werk Randnummern, so wird stets nach diesen, sonst nach Seitenzahl oder Gliederungspunkten zitiert.

Befindet sich beim Zitat anderer **Kommentare** die in Bezug genommene Stelle im gleichen Paragraphen, so wird nur die Randnummer oder (bei deren Fehlen) der Gliederungspunkt angegeben; wird auf die Kommentierung eines anderen Paragraphen Bezug genommen, so wird dieser genannt. Entsprechend wird auch im LÖWE-ROSENBERG selbst verwiesen.

Zeitschriften werden regelmäßig mit dem Jahrgang zitiert; Ausnahmen (Bandangabe) bilden namentlich ZStW (mit zusätzlicher Jahreszahl) und VRS.

Entscheidungen werden regelmäßig nur mit einer Fundstelle angegeben; dabei hat die amtliche Sammlung eines oberen Bundesgerichtes den Vorrang; sonst die Fundstelle, die die Entscheidung mit Anmerkung oder am ausführlichsten wiedergibt.

7. Abkürzungen

Die verwendeten Abkürzungen, namentlich von Gesetzen, Entscheidungssammlungen, Zeitschriften usw. sind im **Abkürzungsverzeichnis** nachgewiesen. Bei der Angabe der Fundstelle eines amtlichen Verkündungsblattes wird die Jahreszahl nur angegeben, wenn sie von der Jahreszahl der Rechtsvorschrift abweicht.

Abkürzungsverzeichnis

(Stand: April 1984)

AA	Auswärtiges Amt
a. A	anderer Ansicht
aaO	am angegebenen Orte
Abg.	Abgeordneter
AbgO	s. AO
abl.	ablehnend
ABl.	Amtsblatt
Abs.	Absatz
Abschn.	Abschnitt
AcP	Archiv für die civilistische Praxis
AdoptG	Gesetz über die Annahme als Kind und zur Änderung anderer Vorschriften (Adoptionsgesetz) vom 2. 7. 1976 (BGBl. I S. 1749)
ÄndG	Änderungsgesetz
a. F.	alte Fassung
AG	Amtsgericht; in Verbindung mit einem Gesetz: Ausführungsgesetz
AGGewVerbrG	Ausführungsgesetz zum Gesetz gegen gefährliche Gewohnheitsverbrecher und über Maßregeln der Sicherung und Besserung vom 24. 11. 1933 (RGBl. I S. 1000)
AGGVG	Gesetz zur Ausführung des Gerichtsverfassungsgesetzes (Landesrecht)
AGStPO	Ausführungsgesetz zur Strafprozeßordnung (Landesrecht)
AHK	Alliierte Hohe Kommission
AktG	Gesetz über Aktiengesellschaften und Kommanditgesellschaften auf Aktien (Aktiengesetz) vom 6. 9. 1965 (BGBl. I S. 1089)
AktO	Anweisung für die Verwaltung des Schriftguts bei den Geschäftsstellen der Gerichte und der Staatsanwaltschaften (Aktenordnung), abgedruckt bei Piller/Hermann, 1
allg. M	allgemeine Meinung
Alsb.E	Die strafprozessualen Entscheidungen der Oberlandesgerichte, herausgegeben von Alsberg und Friedrich (1927), 3 Bände
a. M	anderer Meinung
amtl. Begr.	amliche Begründung
AnwBl.	Anwaltsblatt
AöR	Archiv des öffentlichen Rechts
AO	Abgabenordnung vom 16. 3. 1976 (BGBl. I S. 613)
AOStrÄndG	Gesetz zur Änderung strafrechtlicher Vorschriften der Reichsabgabenordnung und anderer Gesetze vom 10. 8. 1967 (BGBl. I S. 877)
ArchKrim.	Archiv für Kriminologie
ArchPR	Archiv für Presserecht (Beilage zu „Zeitungs-Verlag und Zeitschriften-Verlag")
AtomG	Gesetz über die friedliche Verwendung der Kernenergie und den Schutz gegen ihre Gefahren (Atomgesetz) vom 23. 12. 1959 (BGBl. I S. 814)
AuslG	Ausländergesetz vom 28. 4. 1965 (BGBl. S. 353)

AusnVO	Ausnahme-(Not-)Verordnung
	(1) VO zur Sicherung von Wirtschaft und Finanzen vom 1. 12. 1930 (RGBl. I S. 517)
	(2) VO zur Sicherung von Wirtschaft und Finanzen vom 6. 10. 1931 (RGBl. I S. 537, 563)
	(3) VO zur Sicherung von Wirtschaft und Finanzen und zum Schutz des inneren Friedens vom 8. 12. 1931 (RGBl. I S. 743)
	(4) VO über Maßnahmen auf dem Gebiet der Rechtspflege und Verwaltung vom 14. 6. 1932 (RGBl. I S. 285)
AV	Allgemeine Verfügung
AWG	Außenwirtschaftsgesetz vom 28. 4. 1961 (BGBl. I S. 481)
BÄO	Bundesärzteordnung vom 2. 10. 1961 i. d. F. vom 14. 10. 1977 (BGBl. I S. 1885)
BAnz.	Bundesanzeiger
BaWü.	Baden-Württemberg
Bay.	Bayern, bayerisch
BayBS	Bereinigte Sammlung des Bayerischen Landesrechts (1802 bis 1956)
BayObLG	Bayerisches Oberstes Landesgericht
BayObLGSt	Sammlung von Entscheidungen des Bayerischen Obersten Landesgerichts in Strafsachen
BayRS	Bayerische Rechtssammlung (ab 1. 1. 1983)
BayVerf.	Verfassung des Freistaates Bayern vom 2. 12. 1946 (BayBS I 3)
BayVerfGHE	s. BayVGHE
BayVerwBl.	Bayerische Verwaltungsblätter
BayVGHE	Sammlung von Entscheidungen des Bayerischen Verwaltungsgerichtshofs mit Entscheidungen des Bayerischen Verfassungsgerichtshofes, des Bayerischen Dienststrafhofs und des Bayerischen Gerichtshofs für Kompetenzkonflikte
BayZ	Zeitschrift für Rechtspflege in Bayern (1905—34)
BB	Der Betriebs-Berater
BBG	Bundesbeamtengesetz vom 14. 7. 1953 i. d. F. vom 3. 1. 1977 (BGBl. I S. 1)
BDH	Bundesdisziplinarhof (jetzt Bundesverwaltungsgericht)
BDO	Bundesdisziplinarordnung vom 28. 11. 1952 i. d. F. vom 20. 7. 1967 (BGBl. I S. 751, ber. BGBl. I S. 984)
Begr.	Begründung
BegrenzungsVO	Verordnung über die Begrenzung der Geschäfte des Rechtspflegers bei der Vollstreckung in Straf- und Bußgeldsachen vom 26. 6. 1970 (BGBl. I S. 992)
BEG-SchlußG	Zweites Gesetz zur Änderung des Bundesentschädigungsgesetzes vom 14. 9. 1965 (BGBl. I S. 1315)
Bek.	Bekanntmachung
Bek. 1924	Strafprozeßordnung i. d. F. der Bekanntmachung vom 22. 3. 1924 (RGBl. I S. 299, 322)
Bek. 1950	Strafprozeßordnung i. d. F. der Bekanntmachung vom 12. 9. 1950 (BGBl. S. 629)
Bek. 1965	Strafprozeßordnung i. d. F. der Bekanntmachung vom 17. 9.1965 (BGBl. I S. 1373)
Bek. 1975	Strafprozeßordnung i. d. F. der Bekanntmachung vom 7. 1. 1975 (BGBl. I S. 129)
BerathG	Gesetz über Rechtsberatung und Vertretung für Bürger mit geringem Einkommen (Beratungshilfegesetz) vom 16. 8. 1980 (BGBl. I S. 689)
BeurkG	Beurkundungsgesetz vom 24. 8. 1969 (BGBl. I S. 1513)

BewHi.	Bewährungshilfe (Zeitschrift)
BFH	Bundesfinanzhof
BGB	Bürgerliches Gesetzbuch vom 18. 8. 1896 (RGBl. S. 195)
BGBl. I, II, III	Bundesgesetzblatt Teil I, II und III
BGH	Bundesgerichtshof
BGHGrS	Bundesgerichtshof, Großer Senat (hier in Strafsachen)
BGHSt	Entscheidungen des Bundesgerichtshofs in Strafsachen
BGHZ	Entscheidungen des Bundesgerichtshofs in Zivilsachen
BinnSchiffG	Gesetz betr. die privatrechtlichen Verhältnisse der Binnenschifffahrt (Binnenschiffahrtsgesetz) vom 15. 6. 1895 (RGBl. S. 301) i. d. F. vom 15. 6. 1898 (RGBl. S. 868)
BinSchiffVfG	Gesetz über das gerichtliche Verfahren in Binnenschiffahrts- und Rheinschiffahrtssachen vom 27. 9. 1952 (BGBl. I S. 641)
BKrimAG	Gesetz über die Einrichtung eines Bundeskriminalpolizeiamtes (Bundeskriminalamtes) vom 8. 3. 1951 (BGBl. I S. 165)
Bln.	Berlin
Bln.GVBl.Sb.	Sammlung des bereinigten Berliner Landesrechts, Sonderband I (1806 bis 1945) und II (1945 bis 1967)
Blutalkohol	Blutalkohol, Wissenschaftliche Zeitschrift für die medizinische und juristische Praxis
Bonn.Komm.	Kommentar zum Bonner Grundgesetz, Loseblattausgabe
BMI	Bundesminister(-ium) des Inneren
BMinG	Gesetz über die Rechtsverhältnisse der Mitglieder der Bundesregierung (Bundesministergesetz) vom 17. 6. 1953 (BGBl. I S. 407) i. d. F. vom 27. 7. 1971 (BGBl. I S. 1166)
BMJ	Bundesminister(-ium) der Justiz
BR	s. BRat
BRAGebO	Bundesgebührenordnung für Rechtsanwälte vom 26. 7. 1957 (BGBl. I S. 861)
BranntWMonG	Branntweinmonopolgesetz vom 8. 4. 1922 (RGBl. I S. 405; BGBl. III 612-7)
BRAO	Bundesrechtsanwaltsordnung vom 1. 8. 1959 (BGBl. I S. 565)
BRat	Bundesrat
BRDrucks.	Drucksachen des Bundesrats
BReg.	Bundesregierung
Brem.	Bremen
BRProt.	Protokolle des Bundesrates
BS	Sammlung des bereinigten Landesrechts
BSG	Bundessozialgericht
BTag	Bundestag
BTDrucks.	Drucksachen des Bundestags
BtMG	Gesetz über den Verkehr mit Betäubungsmitteln (Betäubungsmittelgesetz) vom 28. 7. 1981 (BGBl. I S. 681)
BTProt.	s. BTVerh.
BTRAussch.	Rechtsausschuß des Deutschen Bundestags
BTVerh.	Verhandlungen des Deutschen Bundestags
BVerfG	Bundesverfassungsgericht
BVerfGE	Entscheidungen des Bundesverfassungsgerichts
BVerfGG	Gesetz über das Bundesverfassungsgericht vom 12. 3. 1951 (BGBl. I S. 243) i. d. F. vom 3. 2. 1971 (BGBl. I S. 105)
BVerwG	Bundesverwaltungsgericht
BVerwGE	Entscheidungen des Bundesverwaltungsgerichts
BW	Baden-Württemberg
BZRG	Gesetz über das Zentralregister und das Erziehungsregister (Bundeszentralregistergesetz) vom 18. 3. 1971 (BGBl. I S. 243)

	i. d. F. vom 22. 7. 1976 (BGBl. I S. 2005), zuletzt geändert durch Ges. vom 8. 12. 1981 (BGBl. I S. 1329)
ChE	Chiemsee-Entwurf (Verfassungsausschuß der Ministerpräsidentenkonferenz der Westlichen Besatzungszonen. Bericht über den Verfassungskonvent auf Herrenchiemsee vom 10. bis 23. 8. 1948) (1948)
DA	Dienstanweisung
DAG	Deutsches Auslieferungsgesetz vom 23. 12. 1929 (RGBl. I S. 239), aufgehoben durch IRG vom 23. 12. 1982 (BGBl. I S. 2071)
DAR	Deutsches Autorecht
DB	Der Betrieb (Zeitschrift)
DDevR	Deutsche Devisen-Rundschau (1951—59)
DDR	Deutsche Demokratische Republik
DERechtsmittelG	Diskussionsentwurf für ein Gesetz über die Rechtsmittel in Strafsachen, im Auftrag der JMK vorgelegt von der Bund-Länder-Arbeitsgruppe Strafverfahrensreform (1975)
Die Justiz	Die Justiz, Amtsblatt des Justizministeriums Baden-Württemberg
Die Polizei	Die Polizei (seit 1955: Die Polizei — Polizeipraxis)
Diss.	Dissertation
DJ	Deutsche Justiz, Rechtspflege und Rechtspolitik (1933—45)
DJT	Deutscher Juristentag (s. auch VerhDJT)
DJZ	Deutsche Juristenzeitung (1896—1936)
DNP	Die Neue Polizei
DÖV	Die Öffentliche Verwaltung
DOGE	Entscheidungen des Deutschen Obergerichts für das Vereinigte Wirtschaftsgebiet
DR	Deutsches Recht (1931 bis 1945)
DRechtsw.	Deutsche Rechtswissenschaft (1936—43)
DRiG	Deutsches Richtergesetz vom 8. 9. 1961 (BGBl. I S. 1665) i. d. F. vom 19. 4. 1972 (BGBl. I S. 713)
DRiZ	Deutsche Richterzeitung
DRpfl.	Deutsche Rechtspflege (1936 bis 1939)
DRsp.	Deutsche Rechtsprechung, herausgegeben von Feuerhake (Loseblattsammlung)
Drucks.	Drucksache
DRZ	Deutsche Rechts-Zeitschrift (1946 bis 1950)
DSteuerR	Deutsches Steuerrecht
DStR	Deutsches Strafrecht (1934 bis 1944)
DStrZ	Deutsche Strafrechts-Zeitung (1914 bis 1922)
DuR	Demokratie und Recht (Zeitschrift)
DVBl.	Deutsches Verwaltungsblatt
DVO	Durchführungsverordnung
DVOVereinf.VO	Verordnung zur Durchführung der Verordnung über Maßnahmen auf dem Gebiete der Gerichtsverfassung und der Rechtspflege vom 8. 9. 1939 (RGBl. I S. 1703)
DVOZust.VO	Verordnung zur Durchführung der Verordnung über die Zuständigkeit der Strafgerichte, die Sonderstrafgerichte sowie sonstige strafverfahrensrechtliche Vorschriften vom 13. 3. 1940 (RGBl. I S. 489)
EAG	Europäische Atomgemeinschaft
EAGV	Vertrag zur Gründung der Europäischen Atomgemeinschaft vom 25. 3. 1957, Ges. vom 27. 7. 1957 (BGBl. II S. 753), Bek. vom 27. 12. 1957 (BGBl. II 1958 S. 1)
EB	Ergänzungsband

EG	Einführungsgesetz
EGBGB	Einführungsgesetz zum Bürgerlichen Gesetzbuch vom 18. 8. 1896 (RGBl. S. 604)
EGGVG	Einführungsgesetz zum Gerichtsverfassungsgesetz vom 27. 1. 1877 (RGBl. S. 77)
EGKS	Europäische Gemeinschaft für Kohle und Stahl
EGKSV	Vertrag über die Gründung der EGKS vom 18. 4. 1951 (BGBl. II S. 447)
EGOWiG	Einführungsgesetz zum Gesetz über Ordnungswidrigkeiten vom 24. 5. 1968 (BGBl. I S. 503)
EGStGB 1870	Einführungsgesetz zum Strafgesetzbuch vom 31. 5. 1870 (RGBl. S. 195)
EGStGB 1974	Einführungsgesetz zum Strafgesetzbuch vom 2. 3. 1974 (BGBl. I S. 469)
EGStPO	Einführungsgesetz zur Strafprozeßordnung vom 1. 2. 1877
EGZPO	Einführungsgesetz zur Zivilprozeßordnung vom 30. 1. 1877 (RGBl. S. 244)
EhrenGHE	Ehrengerichtliche Entscheidungen (der Ehrengerichtshöfe der Rechtsanwaltschaft des Bundesgebietes und des Landes Berlin)
Einl.	Einleitung
EJF	Entscheidungen aus dem Jugend- und Familienrecht (1951—1969)
EmmingerVO	Verordnung über Gerichtsverfassung und Strafrechtspflege vom 4. 1. 1924 (RGBl. I S. 23)
EntlG	Gesetz zur Entlastung der Gerichte vom 11. 3. 1921 (RGBl. S. 229)
Entw.	Entwurf
Entw. 1908	Entwurf einer Strafprozeßordnung und Novelle zum Gerichtsverfassungsgesetz nebst Begründung (1908), E 1908, Mat-StrRRef. Bd. 11;
Entw. 1909	Entwürfe 1. eines Gesetzes, betreffend Änderungen des Gerichtsverfassungsgesetzes, 2. der Strafprozeßordnung (1909), E 1909 RT-Verhandl. Bd. 254 Drucks. Nr. 1310 = MatStrRRef. Bd. 12; Bericht der 7. Kommission des Reichstags 1909 bis 1911 zur Vorbereitung der Entwürfe 1. eines Gesetzes betreffend die Änderung des Gerichtsverfassungsgesetzes, 2. einer Strafprozeßordnung, 3. eines zu beiden Gesetzen gehörenden Einführungsgesetzes = MatStrRRef. Bd. 13
Entw. 1919/1920	Entwürfe 1. eines Gesetzes zur Änderung des Gerichtsverfassungsgesetzes (1919), 2. eines Gesetzes über den Rechtsgang in Strafsachen (1920), E 1919/1920, MatStrRRef. Bd. 14
Entw. 1930	Entwurf eines Einführungsgesetzes zum Allgemeinen Deutschen Strafgesetzbuch und zum Strafvollzugsgesetz 1930, EGStGB-Entw. 1930, RTDrucks. Nr. 2070 = MatStrRRef. Bd. 7
Entw. 1939	Entwurf einer Strafverfahrensordnung und einer Friedens- und Schiedsmannsordnung (1939), StPO-Entw. 1939, Nachdruck 1954, s. auch Gürtner, Das kommende deutsche Strafverfahren
ErgBd.	Ergänzungsband
Erl.	Erläuterung(en)
EuAbgG	(Europaabgeordnetengesetz) vom 6. 4. 1979 (BGBl. I S. 413)
EuAlÜ	Europäisches Auslieferungsübereinkommen vom 13. 12. 1957 (BGBl. II 1964 S. 1369)
EuG	Europäische Gemeinschaft
EuGH	Gerichtshof der Europäischen Gemeinschaften
EuGHE	Entscheidungen des Gerichtshofs der Europäischen Gemeinschaften. — Amtliche Sammlung

EuGHMR	Europäischer Gerichtshof für Menschenrechte
EuGRAG	Gesetz zur Durchführung der Richtlinie des Rates der EG vom 22. 3. 1977 zur Erleichterung der tatsächlichen Ausübung des freien Dienstleistungsverkehrs der Rechtsanwälte vom 16. 8. 1980 (BGBl. I S. 1453)
EuGRZ	Europäische Grundrechte-Zeitschrift
EuKomMR	Europäische Kommission für Menschenrechte
EuRHÜ	Europäische Übereinkommen über die Rechtshilfe in Strafsachen vom 20. 4. 1959 (BGBl. 1964 II S. 1369; BGBl. 1976 II S. 1799)
EWG	Europäische Wirtschaftsgemeinschaft
EWGV	Vertrag zur Gründung der Europäischen Wirtschaftsgemeinschaft vom 25. 3. 1957 (BGBl. II S. 766)
EzSt	Entscheidungssammlung zum Strafrecht (Loseblattausgabe)
f, ff	folgende (Seiten)
FAG	Gesetz über Fernmeldeanlagen vom 6. 4. 1892 i. d. F. vom 13. 7. 1977 (BGBl. I S. 459)
FamRZ	Zeitschrift für das gesamte Familienrecht
FGG	Gesetz über die Angelegenheiten der freiwilligen Gerichtsbarkeit vom 17. 5. 1898 i. d. F. vom 20. 5. 1898 (RGBl. S. 771)
FGO	Finanzgerichtsordnung vom 6. 10. 1965 (BGBl. I S. 1477)
FinVerwG	Gesetz über die Finanzverwaltung vom 6. 9. 1950 (BGBl. S. 448) i. d. F. vom 30. 8. 1971 (BGBl. I S. 1426)
FlRGes.	Gesetz über das Flaggenrecht der Seeschiffe und die Flaggenführung der Binnenschiffe (Flaggenrechtsgesetz) vom 8. 2. 1951 (BGBl. I S. 79)
FS	Festschrift (angefügt Name des Geehrten)
Fußn.	Fußnote
G 10	Gesetz zur Beschränkung des Brief-, Post- und Fernmeldegeheimnisses (Gesetz zu Artikel 10 Grundgesetz) vom 13. 8. 1968 (BGBl. I S. 949)
GA	Golddammer's Archiv für Strafrecht, zitiert nach Jahr und Seite; (bis 1933: Archiv für Strafrecht und Strafpolitik, zitiert nach Band und Seite)
GBA	Generalbundesanwalt
GBl.	Gesetzblatt
GenG	Gesetz, betreffend die Erwerbs- und Wirtschaftsgenossenschaften vom 1. 5. 1889 i. d. F. vom 20. 5. 1898 (RGBl. S. 369)
GerS	Der Gerichtssaal (1849—1942)
Ges.	Gesetz
GeschlkrG	Gesetz zur Bekämpfung der Geschlechtskrankheiten vom 23. 7. 1953 (BGBl. I S. 700)
GewO	Gewerbeordnung vom 21. 6. 1869 i. d. F. vom 1. 1. 1978 (BGBl. I S. 97)
GewVerbrG	Gesetz gegen gefährliche Gewohnheitsverbrecher und über Maßregeln der Sicherung und Besserung vom 24. 11. 1933 (RGBl. I S. 995)
GG	Grundgesetz für die Bundesrepublik Deutschland vom 23. 5. 1949 (BGBl. S. 1)
GKG	Gerichtskostengesetz vom 18. 6. 1878 i. d. F. vom 15. 12. 1975 (BGBl. I S. 3047)
GmbHG	Gesetz, betreffend die Gesellschaften mit beschränkter Haftung vom 20. 4. 1892 i. d. F. vom 20. 5. 1898 RGBl. S. 846)
GMBl.	Gemeinsames Ministerialblatt
GmS-OGB	Gemeinsamer Senat der obersten Gerichtshöfe des Bundes
GnO	Gnadenordnung (Landesrecht)

GoltdA	s. GA
GrSSt	Großer Senat in Strafsachen
Gruchot	Beiträge zur Erläuterung des deutschen Rechts, begründet von Gruchot
GRUR	Gewerblicher Rechtsschutz und Urheberrecht
GS	Gesetzessammlung
GSNW	Sammlung des bereinigten Landesrechts Nordrhein-Westfalen (1945—56)
GSSchlH	Sammlung des schleswig-holsteinischen Landesrechts, 2 Bde. (1963)
GStA	Generalstaatsanwalt
GV	Gemeinsame Verfügung (mehrerer Ministerien)
GVBl.	Gesetz- und Verordnungsblatt
GVBl. II	Sammlung des bereinigten Hessischen Landesrechts
GVG	Gerichtsverfassungsgesetz vom 27. 1. 1877 (RGBl. S. 41) i. d. F. vom 9. 5. 1975 (BGBl. S. 1077)
GVGA	Geschäftsanweisung für Gerichtsvollzieher, abgedruckt bei Piller/Hermann, 9 c
GVGÄG 1971	Gesetz zur Änderung des Gerichtsverfassungsgesetzes vom 8. 9. 1971 (BGBl. I S. 1513)
GVGÄG 1974	Gesetz zur Änderung des Gerichtsverfassungsgesetzes vom 25. 3. 1974 (BGBl. I S. 761)
GVO	Gerichtsvollzieherordnung, abgedruckt bei Piller/Hermann, 9 d
GWB	Gesetz gegen Wettbewerbsbeschränkungen vom 27. 7. 1957 i. d. F. vom 24. 9. 1980 (BGBl. I S. 1761)
Haager Abk.	Haager Abkommen über den Zivilprozeß vom 17. 7. 1905 (RGBl. 1909 S. 409)
Hamb.	Hamburg
HambJVBl.	Hamburgisches Justizverwaltungsblatt
Hans.	Hanseatisch
HansGZ	Hanseatische Gerichtszeitung (1880 bis 1927)
HansJVBl.	Hanseatisches Justizverwaltungsblatt (bis 1946/47)
HansOLGSt	Entscheidungen des Hanseatischen Oberlandesgerichts in Strafsachen (1879 bis 1932/33)
HansRGZ	Hanseatische Rechts- und Gerichtszeitschrift (1928—43), vorher:
HansRZ	Hanseatische Rechtszeitschrift für Handel, Schiffahrt und Versicherung, Kolonial- und Auslandsbeziehungen sowie für Hansestädtisches Recht (1918 bis 1927)
HdbVerfR	Handbuch des Verfassungsrechts, herausgegeben von Benda, Maihofer und Vogel (1983)
HdR	Handwörterbuch der Rechtswissenschaft, herausgegeben von Stier-Somlo und Elster (1926 bis 1937)
Hess.	Hessen
HESt	Höchstrichterliche Entscheidungen, Sammlung von Entscheidungen der Oberlandesgerichte und der Obersten Gerichte in Strafsachen (1948—49)
HGB	Handelsgesetzbuch vom 10. 5. 1897 (RGBl. S. 219)
h. M	herrschende Meinung
HRR	Höchstrichterliche Rechtsprechung (1928 bis 1942)
HV	Hauptverhandlung
i. d. F.	in der Fassung
IKV	Internationale Kriminalistische Vereinigung
IPBR	Internationaler Pakt über bürgerliche und politische Rechte vom 19. 12. 1966 (BGBl. II 1973 S. 1534)

IPBRG	Zustimmungsgesetz zu dem Internationalen Pakt über bürgerliche und politische Rechte vom 15. 11. 1973 (BGBl. II S. 1533)
IRG	Gesetz über die internationale Rechtshilfe in Strafsachen vom 23. 12. 1982 (BGBl. I S. 2071)
JA	Juristische Arbeitsblätter für Ausbildung und Examen
JahrbÖR	Jahrbuch des öffentlichen Rechts der Gegenwart
JahrbPostw.	Jahrbuch des Postwesens (1937 bis 1941/42)
JAVollzO	Jugendarrestvollzugsordnung vom 12. 8. 1966 (BGBl. I S. 505) i. d. F. vom 30. 11. 1976 (BGBl. I S. 3270)
JBeitrO	Justizbeitreibungsordnung vom 11. 3. 1937 (RGBl. I S. 298)
JBl.	Justizblatt
JBlRhPf.	Justizblatt Rheinland-Pfalz
JBlSaar	Justizblatt des Saarlandes
JGG	Jugendgerichtsgesetz vom 4. 8. 1953 (BGBl. I S. 751) i. d. F. vom 11. 12. 1974 (BGBl. I S. 3427)
JKassO	Justizkassenordnung, abgedruckt bei Piller/Hermann, 5
JKostG	Justizkostengesetz (Landesrecht)
JMBl.	Justizministerialblatt
JMBlNRW, JMBlNW	Justizministerialblatt für das das Land Nordrhein-Westfalen
JMK	Justizministerkonferenz (Konferenz der Landesjustizminister und -senatoren)
JR	Juristische Rundschau
Jura	Juristische Ausbildung (Zeitschrift)
JurBüro	Das juristische Büro (Zeitschrift)
JurJahrb.	Juristen-Jahrbuch
JuS	Juristische Schulung
Justiz	Die Justiz, Amtsblatt des Justizministeriums Baden-Württemberg
JVBl.	Justizverwaltungsblatt
JVKostO	VO über Kosten im Bereich der Justizverwaltung vom 14. 2. 1940 (RGBl. I S. 357)
JVollz.	Jugendstrafvollzugordnung: s. auch JAVollzO
JW	Juristische Wochenschrift
JZ	Juristen-Zeitung
Kap.	Kapitel
KG	Kammergericht
KGJ	Jahrbuch der Entscheidungen des Kammergerichts in Sachen der freiwilligen Gerichtsbarkeit, in Kosten-, Stempel- und Strafsachen (1881—1922)
KJ	Kritische Justiz
KO	Konkursordnung vom 10. 2. 1877 (RGBl. S. 351) i. d. F. vom 20. 5. 1898 (RGBl. S. 612)
KonsG	Gesetz über die Konsularbeamten, ihre Aufgaben und Befugnisse (Konsulargesetz) vom 1. 9. 1974 (BGBl. I S. 2317)
KostÄndG	Gesetz zur Änderung und Ergänzung kostenrechtlicher Vorschriften vom 26. 7. 1957 (BGBl. I S. 861)
KostMaßnG	Gesetz über Maßnahmen auf dem Gebiet des Kostenrechts vom 7. 8. 1952 (BGBl. I S. 401)
Kriminalistik	Kriminalistik, Zeitschrift für die gesamte kriminalistische Wissenschaft und Praxis
k + v	Kraftfahrt und Verkehrsrecht, Zeitschrift der Akademie für Verkehrswissenschaft
LegPer.	Legislaturperiode
LG	Landgericht
LM	Nachschlagewerk des Bundesgerichtshofs (Loseblattsammlung), herausgegeben von Lindemaier, Möhring u. a.

LMBG	Gesetz über den Verkehr mit Lebensmitteln, Tabakerzeugnissen, kosmetischen Mitteln und sonstigen Bedarfsgegenständen (Lebensmittel- und Bedarfsgegenständegesetz) vom 15. 8. 1974 (BGBl. I S. 1945)
LMG (1936)	Gesetz über den Verkehr mit Lebensmitteln und Bedarfsgegenständen (Lebensmittelgesetz) vom 5. 7. 1927 i. d. F. vom 17. 1. 1936 (RGBl. I S. 17)
LPG	Landespressegesetz
LRE	Sammlung lebensmittelrechtlicher Entscheidungen
LS	Leitsatz
LuftVG	Luftverkehrsgesetz vom 1. 8. 1922 i. d. F. vom 14. 1. 1981 (BGBl. I S. 61)
LuftVVO	Verordnung über den Luftverkehr i. d. F. vom 21. 8. 1936 (RGBl. I S. 659)
LV	Literaturverzeichnis, Schrifttumsverzeichnis
LVerf.	Landesverfassung
LZ	Leipziger Zeitschrift für Deutsches Recht (1907 bis 1933)
Mat.	s. Hahn
MatStrRRef.	Materialien zur Strafrechtsreform, herausgegeben vom BMg, Bd. 1—15 (1954—1960) (s. auch Entw.)
MDR	Monatsschrift für Deutsches Recht
MedR	Medizinrecht (Zeitschrift)
MiStra.	Anordnung über Mitteilung in Strafsachen vom 15. 11. 1977 — bundeseinheitlich, abgedruckt bei Piller/Hermann, 2 c
MittJKV	Mitteilungen der Internationalen Kriminalistischen Vereinigung (1889 bis 1914; 1926 bis 1933)
MOG	Gesetz zur Durchführung der Gemeinsamen Marktorganisation vom 31. 8. 1972 (BGBl. I S. 1617)
Mot.	Begründung zur Strafprozeßordnung bei Hahn (s. dort)
MRG	Militärregierungsgesetz
MRK	Konvention zum Schutze der Menschenrechte und Grundfreiheiten vom 4. 11. 1950; Ges. vom 7. 8. 1952 (BGBl. II S. 685, 953), Bek. vom 15. 12. 1953 (BGBl. 1954 II S. 14)
MSchrKrim.	Monatsschrift für Kriminologie und Strafrechtsreform
MschrKrimPsych.	Monatsschrift für Kriminalpsychologie und Strafrechtsreform (1904/05 bis 1936)
MStGO	Militärstrafgerichtsordnung i. d. F. vom 29. 9. 1936 (RGBl. I S. 755)
Muster-Entw.	Muster-Entwurf eines einheitlichen Polizeigesetzes, verabschiedet von der JMK am 10./11. 6. 1976, geändert durch Beschluß der JMK vom 25. 11. 1977
NATO-Truppenstatut	Abkommen zwischen den Parteien des Nordatlantikvertrags vom 19. 6. 1951 über die Rechtsstellung ihrer Truppen (BGBl. 1961 II S. 1183, 1190), Bek. vom 16. 6. 1963 (BGBl. II S. 745)
Nds.	Niedersachsen
NdsRpfl.	Niedersächsische Rechtspflege
n. F.	neue Fassung
Nieders. GVBl. Sb. I, II	Niedersächsisches Gesetz- und Verordnungsblatt, Sonderband I und II, Sammlung des bereinigten niedersächsischen Rechts
NJ	Neue Justiz (DDR)
NJW	Neue Juristische Wochenschrift
NotVO	s. Ausn.VO
NPA	Neues Polizei-Archiv
NRW	Nordrhein-Westfalen
NStZ	Neue Zeitschrift für Strafrecht

NVwZ	Neue Zeitschrift für Verwaltungsrecht
NW	Nordrhein-Westfalen
OEG	Gesetz über die Entschädigung für Opfer von Gewalttaten vom 11. 5. 1976 (BGBl. I S. 1181)
ÖstJZ	Österreichische Juristen-Zeitung
ÖV	s. DÖV
OGHSt	Entscheidungen des Obersten Gerichtshofes für die Britische Zone in Strafsachen (1949/50)
OLGSt	Entscheidungen der Oberlandesgerichte zum Straf- und Strafverfahrensrecht, Loseblattausgabe (bis 1983)
OLGSt N. F	Entscheidungen der Oberlandesgerichte zum Straf- und Strafverfahrensrecht, Neue Folge, Loseblattausgabe (ab 1983)
OrgStA	Anordnung über Organisation und Dienstbetrieb der Staatsanwaltschaften
OVG	Oberverwaltungsgericht
OWiG	Gesetz über Ordnungswidrigkeiten vom 24. 5. 1968 (BGBl. I S. 481) i. d. F. vom 21. 1. 1975 (BGBl. I S. 80)
PAuswG	Gesetz über Personalausweise vom 19. 12. 1950 (BGBl. S. 807)
PlenProt.	Plenarprotokoll, Stenographische Berichte der Sitzungen des Deutschen Bundestages
Polizei	s. Die Polizei
PostG	Gesetz über das Postwesen vom 28. 7. 1969 (BGBl. I S. 1006)
PostO	Postordnung vom 16. 5. 1963 (BGBl. I S. 341)
Pr.	Preußen
PräsVerfG	Gesetz über die Änderung der Bezeichnungen der Richter und ehrenamtlichen Richter und der Präsidialverfassungen der Gerichte vom 26. 5. 1972 (BGBl. I S. 841)
PrGS	Preußische Gesetzessammlung (1810—1945)
PrG	Pressegesetz (Landesrecht)
Prot.	Protokoll
ProzeßkostenhG	Gesetz über die Prozeßkostenhilfe vom 13. 6. 1980 (BGBl. I S. 677)
PrZeugnVerwG	Gesetz über das Zeugnisverweigerungsrecht der Mitarbeiter von Presse und Rundfunk vom 25. 7. 1975 (BGBl. I S. 1973)
RA	Rechtsanwalt
RAHG	s. RHG
RAO	Reichsabgabenordnung vom 13. 12. 1919, aufgehoben durch AO vom 16. 3. 1976
RAussch.	Rechtsausschuß
RBerG	Gesetz zur Verhütung von Mißbrauch auf dem Gebiet der Rechtsberatung vom 13. 12. 1935 (RGBl. I S. 1478)
RdErl.	Runderlaß
RdK	Das Recht des Kraftfahrers (1926—43, 1949—55)
Rdn.	Randnummer
RDStH	Entscheidungen des Reichsdienststrafhofs (1939—41)
RDStO	Reichsdienststrafordnung vom 26. 1. 1937 (RGBl. I S. 71)
Recht	Das Recht, begründet von Soergel (1897 bis 1944)
recht	Information des Bundesministers der Justiz
Reg.	Regierung
RegBl.	Regierungsblatt
RegE	Regierungsentwurf
RefE	Referentenentwurf
RG	Reichsgericht
RGBl., RGBl. I, II	Reichsgesetzblatt, von 1922 bis 1945 Teil I und II
RGRspr.	Rechtsprechung des Reichsgerichts in Strafsachen (1879 bis 1888)

RGSt	Entscheidungen des Reichsgerichts in Strafsachen
RGZ	Entscheidungen des Reichsgerichts in Zivilsachen
RheinSchA	Revidierte Rheinschiffahrtsakte (Mannheimer Akte) i. d. F. vom 11. 3. 1969 (BGBl. II S. 597)
RHG	Gesetz über die innerdeutsche Rechts- und Amtshilfe in Strafsachen vom 2. 5. 1953 (BGBl. I S. 161)
RHGDVO	Verordnung zur Durchführung des Gesetzes über die innerdeutsche Rechts- und Amtshilfe in Strafsachen vom 23. 12. 1953 (BGBl. I S. 1569)
RhPf.	Rheinland-Pfalz
RiAA	Grundsätze des anwaltlichen Standesrechts — Richtlinien gem. § 177 Abs. 2 Satz 2 BRAO vom 21. 6. 1973, abgedruckt bei Isele S. 1760 ff
RiJGG	Richtlinien zum Jugendgerichtsgesetz i. d. F. vom 20. 5. 1980, bundeseinheitlich, abgedruckt bei Piller/Hermann 2 e
RiStBV	Richtlinien für das Strafverfahren und das Bußgeldverfahren vom 1. 12. 1970 (BAnz. Nr. 17/1971), i. d. F. vom 1. 7. 1980, bundeseinheitlich, abgedruckt bei Piller/Hermann 2
RiVASt.	Richtlinien für den Rechtshilfeverkehr mit dem Ausland in strafrechtlichen Angelegenheiten vom 15. 1. 1959, i. d. F. vom 1. 10. 1978, bundeseinheitlich, abgedruckt bei Piller/Hermann 2 f
RKG(E)	Reichskriegsgericht (Entscheidungen des RKG)
RMBl.	Reichsministerialblatt, Zentralblatt für das Deutsche Reich (1923—45)
RMilGE	Entscheidungen des Reichsmilitärgerichts
ROW	Recht in Ost und West (Zeitschrift)
Rpfleger	Der Deutsche Rechtspfleger
RpflG	Rechtspflegergesetz vom 5. 11. 1969 (BGBl. I S. 2065)
Rspr.	Rechtsprechung
RT	Reichstag
RTDrucks.	Drucksachen des Reichstags
RTVerh.	Verhandlungen des Reichstags
RuP	Recht und Politik
RVerf.	s. WeimVerf.
RVO	Reichsversicherungsordnung vom 19. 7. 1911 i. d. F. vom 15. 12. 1924 (RGBl. I S. 779)
S.	Satz, Seite
SaBremR	Sammlung des bremischen Rechts (1964)
SächsArch.	Sächsisches Archiv für Rechtspflege, seit 1924 (bis 1941/42) Archiv für Rechtspflege in Sachsen, Thüringen und Anhalt
SächsOLG	Annalen des Sächsischen Oberlandesgerichts zu Dresden (1880 bis 1920)
SchiedsmZ	Schiedsmannszeitung (1926 bis 1945), seit 1950 Der Schiedsmann
SchlH	Schleswig-Holstein
SchlHA	Schleswig-Holsteinische Anzeigen
SchwZStr.	Schweizer Zeitschrift für Strafrecht
SeemG	Seemannsgesetz vom 26. 7. 1957 (BGBl. II 713)
SeuffBl.	Seufferts Blätter für Rechtsanwendung (1836—1913)
SGB	Sozialgesetzbuch
	SGB I — Sozialgesetzbuch, Allgemeiner Teil (1. Buch), vom 11. 12. 1975 (BGBl. I S. 3015),
	SGB X — Sozialgesetzbuch, Verwaltungsverfahren (10. Buch), vom 18. 8. 1980 (BGBl. I S. 1469)

SGG	Sozialgerichtsgesetz vom 3. 9. 1953 i. d. F. vom 23. 9. 1975 (BGBl. I S. 2535)
SGV.NW	Sammlung des bereinigten Gesetz- und Verordnungsblatts für das Land Nordrhein-Westfalen (Loseblattsammlung)
SJZ	Süddeutsche Juristenzeitung (1946—50), dann Juristenzeitung
SortenSchG	Gesetz über den Schutz von Pflanzensorten (Sortenschutzgesetz) vom 20. 5. 1968 (BGBl. I S. 429), i. d. F. vom 4. 1. 1977 (BGBl. I S. 105)
SprengG	Gesetz über explosionsgefährliche Stoffe (Sprengstoffgesetz — SprengG) vom 13. 9. 1976 (BGBl. I S. 2737)
SprengstG	Gesetz über explosionsgefährliche Stoffe (Sprengstoffgesetz) vom 25. 8. 1969 (BGBl. I S. 1358, ber. BGBl. 1970 I S. 224), aufgehoben durch SprengG vom 13. 9. 1976
StA	Staatsanwalt, Staatsanwaltschaft
StaatsGH	Staatsgerichtshof
StaatsschStrafsG	Gesetz zur allgemeinen Einführung eines zweiten Rechtszuges in Staatsschutz-Strafsachen vom 8. 9. 1969 (BGBl. I S. 1582)
StÄG	StRÄndG
StenB	Stenographischer Bericht
StGB	Strafgesetzbuch vom 15. 5. 1871 i. d. F. der Bekanntmachung vom 2. 1. 1975 (BGBl. I S. 1)
StGBÄndG	Gesetz zur Änderung des Strafgesetzbuches, der Strafprozeßordnung, des Gerichtsverfassungsgesetzes, der Bundesrechtsanwaltsordnung und des Strafvollzugsgesetzes vom 18. 8. 1976 (BGBl. I S. 2181)
StPÄG 1964	Gesetz zur Änderung der Strafprozeßordnung und des Gerichtsverfassungsgesetzes vom 19. 12. 1964 (BGBl. I S. 1067)
StPÄG 1972	Gesetz zur Änderung der Strafprozeßordnung vom 7. 8. 1972 (BGBl. I S. 1361)
StPÄG 1978	Gesetz zur Änderung der Strafprozeßordnung vom 14. 4. 1978 (BGBl. I S. 497)
StPO	Strafprozeßordnung vom 1. 2. 1877 (RGBl. S. 253) i. d. F. vom 7. 1. 1975 (BGBl. I S. 129)
StrafrAbh.	Strafrechtliche Abhandlungen, herausgegeben von Bennecke, dann von Beling, v. Lilienthal und Schoetensack
StrVert.	Der Strafverteidiger
StRÄndG	Strafrechtsänderungsgesetz

      1. — vom 30. 8. 1951 (BGBl. I S. 739)
      2. — vom 6. 3. 1953 (BGBl. I S. 42)
      3. — vom 4. 8. 1953 (BGBl. I S. 735)
      4. — vom 11. 6. 1957 (BGBl. I S. 597)
      5. — vom 24. 6. 1960 (BGBl. I S. 477)
      6. — vom 30. 6. 1960 (BGBl. I S. 478)
      7. — vom 1. 6. 1964 (BGBl. I S. 337)
      8. — vom 25. 6. 1968 (BGBl. I S. 741)
      9. — vom 4. 8. 1969 (BGBl. I S. 1065)
    10. — vom 7. 4. 1970 (BGBl. I S. 313)
    11. — vom 16. 12. 1971 (BGBl. I S. 1977)
    12. — vom 16. 12. 1971 (BGBl. I S. 1779)
    13. — vom 13. 6. 1975 (BGBl. I S. 1349)
    14. — vom 22. 4. 1976 (BGBl. I S. 1056)
    15. — vom 18. 5. 1976 (BGBl. I S. 1213)
    16. — vom 16. 7. 1979 (BGBl. I S. 1078)
    17. — vom 21. 12. 1979 (BGBl. I S. 2324)
    18. — vom 28. 3. 1980 (BGBl. I S. 379) — Gesetz zur Bekämpfung der Umweltkriminalität

19. — vom 7. 8. 1981 (BGBl. I S. 808)

20. — vom 8. 12. 1981 (BGBl. I S. 1329)

StraßenVSichG	1. Gesetz zur Sicherung des Straßenverkehrs (Straßenverkehrssicherungsgesetz) vom 19. 12. 1952 (BGBl. I S. 832)
	2. Zweites — vom 26. 11. 1964 (BGBl. I S. 921)
StREG	Gesetz über ergänzendeMaßnahmen zum 5. StrRG (Strafrechtsreformergänzungsgesetz) vom 28. 8. 1975 (BGBl. I S. 2289)
StrEG	Gesetz über die Entschädigung für Strafverfolgungsmaßnahmen vom 8. 3. 1971 (BGBl. I S. 157)
StrFG	Straffreiheitsgesetz
	— 1949 vom 31. 12. 1949 (BGBl. I S. 37)
	— 1954 vom 17. 7. 1954 (BGBl. I S. 203)
	— 1968 vom 9. 7. 1968 (BGBl. I S. 773)
	— 1970 vom 20. 5. 1970 (BGBl. I S. 509)
StRG	Gesetz zur Reform des Strafrechts
	1. — vom 25. 6. 1969 (BGBl. I S. 645)
	2. — vom 4. 7. 1969 (BGBl. I S. 717)
	3. — vom 20. 5. 1970 (BGBl. I S. 505)
	4. — vom 23. 11. 1973 (BGBl. I S. 1725)
	5. — vom 18. 6. 1974 (BGBl. I S. 1297)
st.Rspr.	ständige Rechtsprechung
StVÄG 1979	Strafverfahrensänderungsgesetz 1979 vom 5. 10. 1978 (BGBl. I S. 1645)
StVÄGE 1984	Regierungsentwurf eines Strafverfahrensänderungsgesetzes 1984 (BTDrucks. 10/1313).
StVG	Straßenverkehrsgesetz vom 3. 5. 1909 i. d. F. vom 19. 12. 1952 (BGBl. I S. 837)
StVO	Straßenverkehrsordnung vom 16. 11. 1970 (BGBl. I S. 1565, ber. 1971, S. 38)
StVollstrO	Strafvollstreckungsordnung vom 15. 2. 1956 (BAnz. Nr. 42) i. d. F. vom 1. 2. 1980 (BAnz. Nr. 7); bundeseinheitlich, abgedruckt bei Piller/Hermann 2 b
StVollzG	Gesetz über den Vollzug der Freiheitsstrafe und der freiheitsentziehenden Maßregeln der Besserung und Sicherung — Strafvollzugsgesetz — vom 16. 3. 1976 (BGBl. I S. 581)
StVollzGK	Strafvollzugsgesetz-Kommissionsentwurf, herausgegeben vom Bundesministerium der Justiz
StVollzK	Blätter für Strafvollzugskunde (Beilage zur Zeitschrift „Der Vollzugsdienst")
1. StVRG	Erstes Gesetz zur Reform des Strafverfahrensrechts vom 9. 12. 1974 (BGBl. I S. 3393)
1. StVRErgG	Gesetz zur Ergänzung des 1. StVRG vom 20. 12. 1974 (BGBl. I S. 3686)
StVZO	Straßenverkehrs-Zulassungs-Ordnung vom 13. 11. 1937 i. d. F. vom 15. 11. 1974 (BGBl. I S. 3193)
SubvG	Subventionsgesetz vom 29. 7. 1976 (BGBl. I S. 2034)
TierschG	Tierschutzgesetz vom 24. 7. 1972 (BGBl. I S. 1277)
UdG	Urkundsbeamter der Geschäftsstelle
ÜF	Übergangsfassung
UHaftÄndG	Gesetz zur Abänderung der Untersuchungshaft vom 27. 12. 1926 (RGBl. I S. 529)
UNO-Pakt	Internationaler Pakt über bürgerliche und politische Rechte vom 19. 12. 1966, Ges. vom 15. 11. 1973 (BGBl. II S. 1533), Bek. vom 14. 6. 1976 (BGBl. II S. 1068)
UrhG	Gesetz über Urheberrecht und verwandte Schutzrechte (Urheberrechtsgesetz) vom 9. 9. 1965 (BGBl. I S. 1273)

UVollzO	Untersuchungshaftvollzugsordnung vom 12. 2. 1953 i. d. F. vom 15. 12. 1976, bundeseinheitlich, abgedruckt bei Piller/Hermann 2 a
UWG	Gesetz gegen den unlauteren Wettbewerb vom 7. 6. 1909 (RGBl. S. 499)
UZwG	Gesetz über den unmittelbaren Zwang bei Ausübung öffentlicher Gewalt durch Vollzugsbeamte des Bundes vom 10. 3. 1961 (BGBl. I S. 165)
VDA	Vergleichende Darstellung des deutschen und ausländischen Strafrechts, Allgemeiner Teil, Bd. 1 bis 6 (1908)
VDB	Vergleichende Darstellung des deutschen und ausländischen Strafrechts, Besonderer Teil, Bd. 1 bis 9 (1906)
VerbringungsverbG	Gesetz zur Überwachung strafrechtlicher und anderer Verbringungsverbote vom 24. 5. 1961 (BGBl. I S. 607)
VereinfVO	Vereinfachungsverordnung
	1. —, VO über Maßnahmen auf dem Gebiet der Gerichtsverfassung und Rechtspflege vom 1. 9. 1939 (RGBl. I S. 1658)
	2. —, VO zur weiteren Vereinfachung der Strafrechtspflege vom 13. 8. 1942 (RGBl. I S. 508)
	3. —, Dritte VO zur Vereinfachung der Strafrechtspflege vom 29. 5. 1943 (RGBl. I S. 342)
	4. —, Vierte VO zur Vereinfachung der Strafrechtspflege vom 13. 12. 1944 (RGBl. I S. 339)
VereinhG	Gesetz zur Wiederherstellung der Rechtseinheit auf dem Gebiete der Gerichtsverfassung, der bürgerlichen Rechtspflege, des Strafverfahrens und des Kostenrechts vom 12. 9. 1950 (BGBl. S. 455)
VereinsG	Gesetz zur Regelung des öffentlichen Vereinsrechts (Vereinsgesetz) vom 5. 8. 1964 (BGBl. I S. 593)
VerfGH	Verfassungsgerichtshof
Verh.	Verhandlungen des Deutschen Bundestages (BT), des Deutschen Juristentages (DJT) usw.
VerkMitt.	Verkehrsrechtliche Mitteilungen
VersR	Versicherungsrecht, Juristische Rundschau für die Individualversicherung
VerwArch.	Verwaltungsarchiv
VG	Verwaltungsgericht
vgl.	vergleiche
VGH	Verwaltungsgerichtshof
Vhdlgen	s. Verh.
VO	Verordnung; s. auch AusnVO
VOBl.	Verordnungsblatt
VOR	Zeitschrift für Verkehrs- und Ordnungswidrigkeitenrecht
VRS	Verkehrsrechts-Sammlung
VVStVollzG	Verwaltungsvorschriften zum Strafvollzugsgesetz (bundeseinheitlich) vom 1. 7. 1976, abgedruckt bei Callies/Möller-Dietz, S. 412 ff
VwGO	Verwaltungsgerichtsordnung vom 21. 1. 1960 (BGBl. I S. 17)
VwPOE	Regierungsentwurf einer Verwaltungsprozeßordnung (BT-Drucks. 9/1851)
VwVfG	Verwaltungsverfahrensgesetz vom 25. 5. 1976 (BGBl. I S. 1253)
VwZG	Verwaltungszustellungsgesetz vom 3. 7. 1952 (BGBl. I S. 379)
WDO	Wehrdisziplinarordnung vom 15. 3. 1957 i. d. F. vom 9. 6. 1961 (BGBl. I S. 697)
WeimVerf.	Weimarer Verfassung, Verfassung des Deutschen Reichs vom 11. 8. 1919 (RGBl. S. 1383)

WeinG	Gesetz über Wein, Likörwein, Schaumwein, weinhaltige Getränke und Branntwein aus Wein (Weingesetz) vom 14. 1. 1971 (BGBl. I S. 893)
Wiener Übereinkommen	1. Wiener Übereinkommen über diplomatische Beziehungen vom 18. 4. 1961 (Zustimmungsgesetz vom 6. 8. 1964, BGBl. II S. 957) 2. Wiener Übereinkommen über konsularische Beziehungen vom 24. 4. 1963 (Zustimmungsgesetz vom 26. 8. 1969, BGBl. II S. 1585)
1. WiKG	Erstes Gesetz zur Bekämpfung der Wirtschaftskriminalität vom 29. 7. 1976 (BGBl. I S. 2034)
WiStG	Gesetz zur weiteren Vereinfachung des Wirtschaftsstrafrechts (Wirtschaftsstrafgesetz 1954) vom 9. 7. 1954 i. d. F. vom 3. 6. 1975 (BGBl. I S. 1313)
wistra	Zeitschrift für Wirtschaft, Steuern, Strafrecht
WStG	Wehrstrafgesetz vom 30. 3. 1957 i. d. F. vom 24. 5. 1974 (BGBl. I S. 1213)
WÜD	s. 1. Wiener Übereinkommen
WÜK	s. 2. Wiener Übereinkommen
WZG	Warenzeichengesetz vom 5. 5. 1936 i. d. F. vom 2. 1. 1968 (BGBl. I S. 29)
ZAkDR	Zeitschrift der Akademie für Deutsches Recht (1934—44)
ZaöRV	Zeitschrift für ausländisches öffentliches Recht und Rechtsvergleichung
ZfStrVo.	Zeitschrift für Strafvollzug
ZfZ	Zeitschrift für Zölle und Verbrauchssteuern
ZollG	Zollgesetz vom 14. 6. 1961 i. d. F. vom 18. 5. 1970 (BGBl. I S. 529)
ZPO	Zivilprozeßordnung vom 30. 1. 1877 i. d. F. vom 12. 9. 1950 (BGBl. I S. 533)
ZRP	Zeitschrift für Rechtspolitik
ZStW	Zeitschrift für die gesamte Strafrechtswissenschaft
ZusatzAbk.	Zusatzabkommen zum NATO-Truppenstatut vom 3. 8. 1959 (BGBl. II 1961, S. 1183, 1218)
ZuSEntschG	Gesetz über die Entschädigung von Zeugen und Sachverständigen vom 26. 7. 1957 i. d. F. vom 1. 10. 1969 (BGBl. I S. 1757)
zust.	zustimmend
ZustErgG	Gesetz zur Ergänzung von Zuständigkeiten auf den Gebieten des Bürgerlichen Rechts, des Handelsrechts und des Strafrechts (Zuständigkeitsergänzungsgesetz) vom 7. 8. 1952 (BGBl. I S. 407)
ZustG	Gesetz über die Zuständigkeit der Gerichte bei Änderung der Gerichtseinteilung vom 6. 12. 1933 (RGBl. I S. 1037)
ZustVO	Verordnung über die Zuständigkeit der Strafgerichte, die Sondergerichte und sonstige strafverfahrensrechtliche Vorschriften vom 21. 2. 1940 (RGBl. I S. 405)
ZVG	Gesetz über die Zwangsversteigerung und die Zwangsverwaltung (Zwangsversteigerungsgesetz) vom 24. 3. 1897 i. d. F. vom 20. 5. 1898 (RGBl. S. 369, 713)
ZWehrR	Zeitschrift für Wehrrecht (1936/37—44)
ZZP	Zeitschrift für Zivilprozeß

Allgemeines Schrifttumsverzeichnis
(Stand: April 1984)

AK-StVollzG	Alternativkommentar zum Strafvollzugsgesetz, 2. Aufl. (1982)
Alsberg/Nüse	Alsberg/Nüse, Der Beweisantrag im Strafprozeß, 4. Aufl. (1969)
Alsberg/Nüse/Meyer	Alsberg/Nüse/Meyer, Der Beweisantrag im Strafprozeß, 5. Aufl. (1983)
Amelung	Amelung, Rechtsschutz gegen strafprozessuale Grundrechtseingriffe (1976)
Aschrott	Aschrott (Hrsg.), Reform des Strafprozesses, kritische Besprechung der von der Kommission für die Reform des Strafprozesses gemachten Vorschläge (1906)
Baumann	Baumann, Grundbegriffe und Verfahrensprinzipien des Strafprozeßrechts, 3. Aufl. (1979)
Baumbach/Lauterbach	Baumbach/Lauterbach/Albers/Hartmann, Zivilprozeßordnung, Kurzkommentar, 42. Aufl. (1984)
Beling	Beling, Deutsches Reichsstrafprozeßrecht (1928)
Birkmeyer	Birkmeyer, Deutsches Strafprozeßrecht (1898)
Bohnert	Bohnert, Beschränkungen der strafprozessualen Revision durch Zwischenverfahren (1983)
Bonn.Komm.	Kommentar zum Bonner Grundgesetz, Loseblattausgabe (ab 1950)
Boos	Boos, Straßenverkehrsordnung, Kommentar, 3. Aufl. (1980)
Brandstetter	Brandstetter, Straffreiheitsgesetz, Kommentar (1956)
Brunner	Brunner, Jugendgerichtsgesetz, Kommentar, 7. Aufl. (1983)
Burchardi/Klempahn	Burchardi/Klempahn/Wetterich, Der Staatsanwalt und sein Arbeitsgebiet, 5. Aufl. (1982)
Callies/Müller-Dietz	Callies/Müller-Dietz, Strafvollzugsgesetz, Kommentar, 3. Aufl. (1982)
Cramer	Cramer, Straßenverkehrsrecht StVO-StGB, Kommentar, 2. Aufl. (1977)
Dahs, Hdb.	Dahs, Handbuch des Strafverteidigers, 5. Aufl. (1983)
Dahs/Dahs	Dahs/Dahs, Die Revision im Strafprozeß, 3. Aufl. (1984)
Dalcke	Dalcke/Fuhrmann/Schäfer, Strafrecht und Strafverfahren, Kommentar, 37. Aufl. (1961)
Dallinger/Lackner	Dallinger/Lackner, Jugendgerichtsgesetz und ergänzende Vorschriften, Kommentar, 2. Aufl. (1965)
Drees/Kuckuck/Werny	Drees/Kuckuck/Werny, Straßenverkehrsrecht, 4. Aufl., 1981
Dreher/Tröndle	Dreher/Tröndle, Strafgesetzbuch, Kurzkommentar, 41. Aufl. (1982)
Eb. Schmidt	Eberhard Schmidt, Lehrkommentar zur Strafprozeßordnung und zum Gerichtsverfassungsgesetz, Teil I: Die rechtstheoretischen und die rechtspolitischen Grundlagen des Strafverfahrensrechts, 2. Aufl. (1964), Teil II: Erläuterungen zur Strafprozeßordnung und zum Einführungsgesetz (1957), Teil III: Erläuterungen zum Gerichtsverfassungsgesetz und zum Einführungsgesetz (1960), Nachtrag I: Nachträge und Ergänzungen zu Teil II (1967), Nachtrag II: Nachtragsband II (1970)

Eisenberg	Eisenberg, Jugendgerichtsgesetz, Kommentar (1982)
Erbs/Kohlhaas	Erbs/Kohlhaas, Strafrechtliche Nebengesetze, Kurzkommentar, Loseblattausgabe
Feisenberger	Feisenberger, Strafprozeßordnung und Gerichtsverfassungsgesetz (1926)
FS Bockelmann	Festschrift für Paul Bockelmann zum 70. Geburtstag (1979)
FS Bruns	Festschrift für Hans-Jürgen Bruns zum 70. Geburtstag (1978)
FS Dreher	Festschrift für Eduard Dreher zum 70. Geburtstag (1977)
FS Dünnebier	Festschrift für Hanns Dünnebier zum 75. Geburtstag (1982)
FS Engisch	Festschrift für Karl Engisch zum 70. Geburtstag (1969)
FS Gallas	Festschrift für Wilhelm Gallas zum 70. Geburtstag (1973)
FS Heinitz	Festschrift für Ernst Heinitz zum 70. Geburtstag (1972)
FS Henkel	Grundfragen der gesamten Strafrechtswissenschaft, Festschrift für Heinrich Henkel zum 70. Geburtstag (1974)
FS Heusinger	Ehrengabe für Bruno Heusinger (1968)
FS Hirsch	Berliner Festschrift für Ernst E. Hirsch (1968)
FS Kern	Tübinger Festschrift für Eduard Kern (1968)
FS Klug	Festschrift für Ulrich Klug zum 70. Geburtstag (1983)
FS Lange	Festschrift für Richard Lange zum 70. Geburtstag (1976)
FS Leferenz	Kriminologie — Psychiatrie — Strafrecht, Festschrift für Heinz Leferenz zum 70. Geburtstag (1983)
FS Maurach	Festschrift für Reinhard Maurach zum 70. Geburtstag (1972)
FS Mayer	Beiträge zur gesamten Strafrechtswissenschaft, Festschrift für Hellmuth Mayer zum 70. Geburtstag (1966)
FS Mezger	Festschrift für Edmund Mezger zum 70. Geburtstag (1954)
FS Peters	Einheit und Vielfalt des Strafrechts, Festschrift für Karl Peters zum 70. Geburtstag (1974)
FS II Peters	Wahrheit und Gerechtigkeit im Strafverfahren, Festgabe für Karl Peters zum 80. Geburtstag (1984)
FS Pfenniger	Strafprozeß und Rechtsstaat, Festschrift zum 70. Geburtstag von H. F. Pfenniger (1976)
FS Reichsgericht	Die Reichsgerichtspraxis im deutschen Rechtsleben, Festgabe der juristischen Fakultäten zum 50jährigen Bestehen des Reichsgerichts, Bd. 5, Strafrecht und Strafprozeß (1929)
FS Reichsjustizamt	Vom Reichsjustizamt zum Bundesministerium der Justiz, Festschrift zum 100jährigen Gründungstag des Reichsjustizamtes am 1. Januar 1877 (1977)
FS Rittler	Festschrift für Theodor Rittler zu seinem achtzigsten Geburtstag (1957)
FS Rosenfeld	Festschrift für Ernst Heinrich Rosenfeld zu seinem 80. Geburtstag (1949)
FS Sarstedt	Festschrift für Werner Sarstedt zum 70. Geburtstag (1981)
FS Sauer	Festschrift für Wilhelm Sauer zu seinem 70. Geburtstag (1949)
FS Schäfer	Festschrift für Karl Schäfer zum 80. Geburtstag (1980)
FS Schmidt	Festschrift für Eberhard Schmidt zum 70. Geburtstag (1961)
FS Schmidt-Leichner	Festschrift für Erich Schmidt-Leichner zum 65. Geburtstag (1975)
FS Schultz	Lebendiges Strafrecht. Festgabe zum 65. Geburtstag von Hans Schultz (1977)
FS Stock	Studien zur Strafrechtswissenschaft, Festgabe für Ulrich Stock zum 70. Geburtstag (1966)
FS v. Weber	Festschrift für Hellmuth von Weber zum 70. Geburtstag (1963)
FS Welzel	Festschrift für Hans Welzel zum 70. Geburtstag (1974)
FS Würtenberger	Kultur, Kriminalität, Strafrecht, Festschrift für Thomas Würtenberger zum 70. Geburtstag (1977)

Full/Möhl/Rüth	Full/Möhl/Rüth, Straßenverkehrsrecht, Kommentar (1980 mit Nachtrag 1981)
Gedächtnisschrift Schröder	Gedächtnisschrift für Horst Schröder. Zu seinem 5. Todestage (1978)
Gerland	Gerland, Der Deutsche Strafprozeß (1927)
Glaser	Glaser, Handbuch des Strafprozesses, in Binding, Systematisches Handbuch der Deutschen Rechtswissenschaft (Bd. I 1883, Bd. II 1885)
Göhler	Göhler, Gesetz über Ordnungswidrigkeiten, Kurzkommentar, 7. Aufl. (1984)
Gössel	Gössel, Strafverfahrensrecht, Studienbuch (1977)
Goldschmidt	Der Prozeß als Rechtslage (1925)
Graf zu Dohna	Graf zu Dohna, Das Strafprozeßrecht, 3. Aufl. (1929)
Grunau/Tiesler	Grunau/Tiesler, Strafvollzugsgesetz, Kommentar 2. Aufl. (1982)
G. Schäfer	s. Schäfer
Gürtner	Gürtner (Hrsg.), Das kommende deutsche Strafverfahren, Bericht der amtlichen Strafprozeßkommission (1938)
Hahn	Hahn, Die gesammten Materialien zur Strafprozeßordnung und dem Einführungsgesetz, Bd. I (1880), Bd. II (1881)
Henkel	Henkel, Strafverfahrensrecht, Lehrbuch, 2. Aufl. (1968)
von Hippel	von Hippel, Der deutsche Strafprozeß, Lehrbuch (1941)
von Holtzendorff	von Holtzendorff, Handbuch des deutschen Strafprozesses (1879)
Isele	Isele, Bundesrechtsanwaltsordnung, Kommentar (1976)
Jagusch/Hentschel	Jagusch/Hentschel, Straßenverkehrsrecht, Kurzkommentar, 27. Aufl. (1983)
Jescheck	Jescheck, Lehrbuch des Strafrechts, Allgemeiner Teil, 3. Aufl. (1978)
Jessnitzer	Jessnitzer, Der gerichtliche Sachverständige, Handbuch für die Praxis, 8. Aufl. (1980)
John	John, Strafprozeßordnung, Kommentar, Bd. I (1884), Bd. II (1888), Bd. III Lfg. 1 (1889)
Kaiser/Kerner/Schöch	Kaiser/Kerner/Schöch, Strafvollzug, Lehrbuch, 3. Aufl. (1982)
Kalsbach	Kalsbach, Bundesrechtsanwaltsordnung, Kommentar (1960)
Kern/Wolf	Kern/Wolf, Gerichtsverfassungsrecht, Kurzlehrbuch, 5. Aufl. (1975)
Kern/Roxin	s. Roxin
Kissel	Kissel, Gerichtsverfassungsgesetz, Kommentar (1981)
Kleinknecht	Kleinknecht, Strafprozeßordnung mit GVG und Nebengesetzen, Kurzkommentar, 35. Aufl. (1981)
Kleinknecht/Meyer	Kleinknecht/Meyer, Strafprozeßordnung mit GVG und Nebengesetzen, Kurzkommentar, 36. Aufl. (1983)
KK	Karlsruher Kommentar zur Strafprozeßordnung, hrsg. v. Pfeiffer (1982)
KMR	Kommentar zur Strafprozeßordnung und zum Gerichtsverfassungsgesetz, bearb. von Müller/Sax/Paulus, 7. Aufl. (1981)
Körner	Körner, Betäubungsmittelgesetz, Kommentar (1982)
Kohlrausch	Kohlrausch, Strafprozeßordnung und Gerichtsverfassungsgesetz, Kommentar, 24. Aufl. (1936)
von Kries	von Kries, Lehrbuch des Deutschen Strafprozeßrechts (1892)
Kroschel/Meyer-Goßner	Die Urteile in Strafsachen, 24. Aufl., bearb. von Meyer-Goßner (1983)
Krumme/Sanders/Mayr	Krumme/Sanders/Mayr, Straßenverkehrsrecht, Loseblattausgabe (1970 ff)
Kühn/Kutter/Hofmann	Kühn/Kutter/Hofmann, Abgabenordnung/Finanzgerichtsordnung, 14. Aufl. (1983)

Kühne	Kühne, Strafprozeßlehre, Einführung 2. Aufl. (1982)
Lackner	Lackner, Strafgesetzbuch, Kommentar, 15. Aufl. (1983)
von Lilienthal	von Lilienthal, Strafprozeßrecht, Lehrbuch (1923)
Lingenberg/Hummel	Lingenberg/Hummel, Kommentar zu den Grundsätzen des anwaltlichen Standesrechts (1981)
LK	Leipziger Kommentar zum Strafgesetzbuch, begründet von Ebermayer, Lobe und Rosenberg, 10. Aufl., herausgegeben von Jescheck, Ruß und Willms (1978 ff)
Löffler	Löffler, Presserecht, 2. Aufl., Bd. I Allgemeines Presserecht (1969), Bd. II Landespressegesetze, 2. Aufl. (1983)
von Mangoldt/Klein	von Mangoldt/Klein, Das Bonner Grundgesetz, 2. Aufl., Bd. I (1957), Bd. II (1964), Bd. III (1974)
Maunz/Dürig	Maunz/Dürig/Herzog/Scholz, Grundgesetz, Kommentar, 3. Aufl., Loseblattausgabe (1970 ff)
Maurach/Zipf	Maurach/Zipf, Strafrecht, Allgemeiner Teil, Teilbd. 1, 6. Aufl. (1983)
Maurach/Gössel/Zipf	Maurach/Gössel/Zipf, Strafrecht, Allgemeiner Teil, Teilbd. 2, 6. Aufl. (1984)
Maurach/Schroeder	Maurach/Schroeder, Strafrecht, Besonderer Teil, 6. Aufl., Teilbd. 1 (1977), Teilbd. 2 (1981)
Meyer/Höver	Meyer/Höver, Gesetz über die Entschädigung von Zeugen und Sachverständigen, Kommentar, 15. Aufl. (1982)
Müller/Sax	s. KMR
Mühlhaus/Janiszewski	Straßenverkehrsordnung, Kommentar, 9. Aufl. (1982)
Müller-Dietz	Müller-Dietz, Strafvollzugsrecht, 2. Aufl. (1978)
von Münch	von Münch (Hrsg.), Grundgesetz, Kommentar, 2. Aufl. Bd. I (1980), Bd. II (1983), Bd. III (1983)
Niese	Niese, Doppelfunktionelle Prozeßhandlungen (1950)
Nipperdey/Scheuner	Nipperdey/Scheuner, Die Grundrechte, 4 Bände (1954 ff)
Palandt	Palandt, Bürgerliches Gesetzbuch, Kurzkommentar, 43. Aufl. (1984)
Peters	Peters, Strafprozeß, Lehrbuch, 3. Aufl. (1981)
Pfeiffer/Maul/Schulte	Pfeiffer/Maul/Schulte, Kommentar zum Strafgesetzbuch (1969)
Piller/Hermann	Piller/Hermann, Justizverwaltungsvorschriften, Loseblattsammlung
Pohlmann/Jabel	Pohlmann/Jabel, Strafvollstreckungsordnung, Kommentar, 6. Aufl. (1981)
Portrykus	Portrykus, Kommentar zum Jugendgerichtsgesetz, 4. Aufl. (1955)
Protokolle	Protokolle der Kommission für die Reform des Strafprozesses (1905)
Rebmann/Roth/Hermann	Rebmann/Roth/Hermann, Gesetz über Ordnungwidrigkeiten, Loseblattkommentar (ab 1968)
Rosenberg/Schwab	Lehrbuch des Zivilprozeßrechts, 13. Aufl. (1981)
Rosenfeld	Rosenfeld, Deutsches Strafprozeßrecht (1926)
Rotberg	Rotberg, Gesetz über Ordnungswidrigkeiten, Kommentar, 5. Aufl., bearbeitet von Kleinwefers, Boujong und Wilts (1975)
Roxin	Roxin, Strafverfahrensrecht, Kurzlehrbuch, 18. Aufl. (1983)
Rüping	Rüping, Das Strafverfahren, 2. Aufl. (1983)
Sarstedt/Hamm	Sarstedt/Hamm, Die Revision in Strafsachen, 5. Aufl. (1983)
Sauer	Sauer, Allgemeine Prozeßrechtslehre (1951)
Schäfer	Schäfer, Gerhard, Die Praxis des Strafverfahrens, 3. Aufl. (1983)
Schaffstein	Schaffstein, Jugendstrafrecht, Studienbuch, 8. Aufl. (1982)
Schätzler	Schätzler, Gesetz über die Entschädigung von Strafverfolgungsmaßnahmen, 2. Aufl. (1982)

Schlüchter	Schlüchter, Das Strafverfahren, Lehrbuch, 2. Aufl. (1983)
Schmidt	s. Eb. Schmidt
Schmidt-Räntsch	Deutsches Richtergesetz, Kommentar, 3. Aufl. (1983)
Schönke/Schröder	Schönke/Schröder, Strafgesetzbuch, Kommentar, 21. Aufl. (1982)
Schorn/Stanicki	Schorn/Stanicki, Die Präsidialverfassung der Gerichte aller Rechtswege, 2. Aufl. (1975)
Schulz/Berke-Müller/Händel	Schulz/Berke-Müller/Händel, Strafprozeßordnung, 7. Aufl. (1983)
Schwind/Böhm	Schwind/Böhm, Strafvollzugsgesetz, Großkommentar (1983)
Schwinge	Schwinge, Grundlagen des Revisionsrechts, 2. Aufl. (1960)
SK	Systematischer Kommentar zum Strafgesetzbuch, bearb. von Horn, Rudolphi, Samson, Bd. 1, Allgemeiner Teil, 3. Aufl. (1981), Bd. 2, Besonderer Teil, Loseblattausgabe (ab 1975)
Stein/Jonas	Stein/Jonas, Zivilprozeßordnung, bearbeitet seit 1953 von Pohle, fortgeführt seit 1967 von Grunsky, Leipold, Münzberg, Schlosser, Schumann; 20. Aufl. (seit 1976)
Thomas/Putzo	Thomas/Putzo, Zivilprozeßordnung, Kommentar, 12. Aufl. (1982)
Vogler/Walter/Wilkitzki	Vogler/Walter/Wilkitzki, Gesetz über die internationale Rechtshilfe in Strafsachen, Kommentar (1983)
Volk	Volk, Prozeßvoraussetzungen im Strafrecht (1978)
Uhlig/Schomburg	Uhlig/Schomburg, Gesetz über die internationale Rechtshilfe in Strafsachen, Kommentar (1983)
Welzel	Welzel, Das Deutsche Strafrecht, 11. Aufl. (1969)
Wieczorek	Wieczorek, Zivilprozeßordnung und Gerichtsverfassungsgesetz, Kurzausgabe, 2. Aufl. (1966)
Zipf	Zipf, Kriminalpolitik, 2. Aufl. (1980)
Zöller	Zöller, Zivilprozeßordnung, Kommentar, 13. Aufl. (1981)

EINLEITUNG

Übersicht

Detaillierte Übersichten befinden sich vor den einzelnen Kapiteln.

Karl Schäfer

KAPITEL 1

Die Quellen des deutschen Strafverfahrensrechts
und ihr Verhältnis zueinander

1   **1. Die Reichsgesetzgebung** erfüllte nach der Reichsgründung 1871 die Aufgabe, ein einheitliches Verfahrensrecht für das Reichsgebiet herzustellen, dadurch, daß sie im Januar und Februar 1877 die als die „großen Reichsjustizgesetze" bezeichneten vier Gesetze, nämlich das Gerichtsverfassungsgesetz, die Strafprozeßordnung, die Zivilprozeßordnung und die Konkursordnung, je mit einem Einführungsgesetz erließ. Sie waren als Teile eines einheitlichen Ganzen gedacht. Insbesondere ist das Gerichtsverfassungsgesetz, wie die Motive bemerken, die gemeinsame Grundlage und die wesentliche Voraussetzung der beiden Gesetze über das Verfahren.

2   **Aus dem Zusammenhang des Gerichtsverfassungsgesetzes mit den beiden Prozeßordnungen** erklärt sich, daß in das erstere neben den Vorschriften über die Ordnung des Gerichtswesens auch solche über Gegenstände rein verfahrensrechtlicher Art, wie die Rechtshilfe, die Öffentlichkeit der Verhandlung, die Sitzungspolizei, die Gerichtssprache, die Beratung und Abstimmung der Gerichte, aufgenommen wurden. Die Aufnahme dieser Gegenstände beruhte im wesentlichen auf äußeren Gründen, nämlich darauf, daß ein großer Teil der Vorschriften gleichermaßen für das bürgerliche Streitverfahren und für das Strafverfahren gelten sollte. Auch mit der Zivilprozeßordnung ist die Strafprozeßordnung insofern innerlich verbunden, als sie mehrfach, so in den §§ 37, 111 c Abs. 3, 111 d Abs. 2, 364 b Abs. 2, 404 Abs. 5, 406, 406 b, 459 g Abs. 1 auf jene verweist. „Beide Verfahrensarten werden vom Gesetzgeber nicht als völlig getrennte Erscheinungen behandelt, sondern sind eng aufeinander bezogen" (BGHSt **25** 25).

3   **Weitere Quellen des geltenden Strafverfahrensrechts** sind ferner, soweit nicht inzwischen aufgehoben, die gemäß § 5 EGStPO aufrechterhaltenen verfahrensrechtlichen Vorschriften der Reichsgesetze, die vor der Strafprozeßordnung ergangen sind, sowie die Gesetze und Verordnungen, die nach dem Inkrafttreten der StPO ändernd oder ergänzend in sie eingegriffen haben. Neben dem Bundesrecht gelten (in geringem Umfang) landesrechtliche Vorschriften in dem durch die Einführungsgesetze zur StPO und zum GVG zugelassenen Rahmen.

4   **2. Eine Besonderheit der neueren Rechtsentwicklung** besteht darin, daß neben die die Einzelheiten des Gerichtsverfassungs- und Verfahrensrechts regelnden einfachen Bundesgesetze **Vorschriften der Verfassung** und des zwischenstaatlichen Rechts getreten sind, die in knapper, verallgemeinernder Form bestimmte Grundsätze aussprechen. Die im IX. Abschnitt („Die Rechtsprechung") zusammengefaßten Vorschriften der Art. 92 ff GG brachten teils neues Recht, teils erhoben sie bisher schon geltendes Recht zum Rang von Verfassungsrecht, und teils statteten sie hergebrachte Rechtseinrichtungen mit institutioneller Garantie aus. Neben diesen Artikeln enthält das GG weitere verfahrensrechtlich bedeutsame Vorschriften, wie etwa die Art. 2 (Persönliche Freiheits-

rechte)[1], Art. 4 (Glaubens-, Bekenntnis- und Gewissensfreiheit), Art. 10 (Brief-, Post-
und Fernmeldegeheimnis), Art. 13 (Unverletzlichkeit der Wohnung), Art. 16 Abs. 2
(Auslieferungsverbot), Art. 35 (Rechts- und Amtshilfe), Art. 46, 47 (Immunität und
Zeugnisverweigerungsrecht der Abgeordneten). Der Grundsatz der Unantastbarkeit
der Menschenwürde (Art. 1 GG) führt zu wichtigen Folgerungen bei der Auslegung
und Handhabung der Verfahrensvorschriften[2]. Die enge Beziehung der Glaubensfreiheit (Art. 4 GG) zur Menschenwürde schließt es auch im Strafverfahren aus, Verhaltensweisen, die aus einer bestimmten Glaubenshaltung fließen, ohne weiteres den Sanktionen zu unterwerfen, die die Prozeßgesetze für ein solches Verhalten vorsehen[3].

3. a) Zwischenstaatlich vereinbartes Verfahrensrecht in grundsatzartiger Ausprä- **5**
gung enthält die kraft Gesetzes vom 7. 8. 1952 (BGBl. II 685, 953) einen Bestandteil des
innerdeutschen Rechts bildende[4] Konvention der Mitgliedstaaten des Europarats zum
Schutze der Menschenrechte und Grundfreiheiten vom 4. 11. 1950 (**Menschenrechtskonvention — MRK —**), die gemäß Bekanntmachung vom 15. 12. 1953 (BGBl. 1954 II
14) in Kraft getreten ist, in Berlin gemäß Ges. vom 20. 12. 1956 (BGBl. II 1879). Vgl.
dazu ergänzend Bekanntm. der VerfO der Europ. Komm. und des Europ. Gerichtshofs
für Menschenrechte vom 2. 5. 1963 (BGBl. II 332), seither mehrfach geändert[5], und die
Gesetze und Bekanntm. vom 9. 5. 1968 (BGBl. II 422), 9. 5. 1968 (BGBl. II 1109), vom
10. 12. 1968 (BGBl. II 1111) und vom 22. 12. 1977 (BGBl. II 1445 und dazu JuS **1978**
282). In einem Urteil vom 24. 2. 1984 hat der EuGH Ordnungswidrigkeiten nach dem
OWiG als „strafbare Handlungen" („criminal offences") i. S. des Art. 6 Abs. 3 MRK gewertet[6]; jedoch hat die Bundesregierung in einem Auslegungsvorbehalt zu einem inter-
nat. Protokoll zur Erläuterung des MRK erklärt, sie verstehe unter criminal offences
nur solche, die nach deutschem Recht strafbare Handlungen sind[7]. Das geltende inner-

---

[1] **Schrifttum.** *Baumann* Die Bedeutung des
Art. 2 GG für die Freiheitsbeschränkung im
Strafprozeß, FS Eb. Schmidt 525 ff. Über die
Bedeutung des (auch) aus Art. 2 abgeleiteten
Verhältnismäßigkeitsgrundsatzes s. unten
Kap. **6** 10. Über Einzelfolgerungen vgl. z. B.
BVerfGE **36** 264, 273 betr. Verletzung des
Art. 2 Abs. 2 durch eine die Frist des § 121 Abs.
1 StPO erheblich überschreitende, aber bei
Ergreifung aller zumutbaren Maßnahmen
zur Beschleunigung des Verfahrens vermeid-
bare Dauer der Untersuchungshaft.

[2] **Schrifttum.** *Schorn* Der Schutz der Menschenwürde im Strafverfahren (1963);
Bartsch Die Entwicklung des internationalen
Menschenrechtsschutzes, NJW **1977** 474.
Die Pflicht zur Achtung der Menschenwürde
ist vornehmlich von Bedeutung bei den Beweisverboten (vgl. dazu etwa BGHSt **14** 358
betr. Verwendung heimlich erfolgter Tonbandaufnahmen als Beweismittel; BGHSt **19**
325 betr. Eingriffe in die Intimsphäre durch
Verwendung von Tagebuchaufzeichnungen
als Beweismittel; näheres unten Kap. **14**).

[3] BVerfGE **32** 98, 108; **33** 23, 29 betr. Verweigerung des „Schwörens"; vgl. dazu jetzt
§ 66 d StPO.

[4] Zur Konstruktion der innerdeutschen Geltung und des Gesetzesranges der MRK vgl.
BGHZ **45** 46, 49; BGHSt **21** 81, 84; *Klein* Die
Europ. MRK und Art. 25 GG, FS Laun 1962;
die Nachw. bei *Kleinknecht/Meyer*[37] in Vorb.
1, 2 Vor Art. 1 (S. 1481) und *Kühne* NJW
1979 617.

[5] Änderungen vom 17. 1. 1979, BGBl. II 213;
BGBl. **1980** II 1378/83; zur ab 1. 1. 1983 gel-
tenden Fassung s. *Bartsch* NJW **1985** 1760.
Schrifttum. *Vogler* Straf- und strafverfah-
rensrechtliche Fragen in der Spruchpraxis der
Europäischen Kommission und des Europäi-
schen Gerichtshofs für Menschenrechte,
ZStW **89** (1977) 76; *Bleckmann* Die Be-
schwerde in Strafsachen vor der Europ-MRK
Straßburg, JA **1984** 705; *Magiera* Zur Ver-
bindlichkeit von EuGH Entscheidungen und
zur Kompetenz des VerfG, NJW **1985** 1742;
Matscher Das Verfahren vor den Organen der
EMRK, EuGRZ **1982** 489 ff; *Eissen* Der
Europäische Gerichtshof für Menschenrech-
te, Sonderdruck als Beilage der DRiZ **1986**
Nr. 12.

[6] EuGRZ **1985** 62 = NStZ **1984** 269.

[7] Vgl. *Bartsch* NJW **1985** 1751, 1758; *Göhler*
NStZ **1985** 64.

Karl Schäfer

deutsche Verfahrensrecht entspricht den Anforderungen der Menschenrechtskonvention[8], auch wo sie Grundsätze aufstellt, die die StPO in dieser Form nicht enthält, wie z. B. Art. 6 Abs. 2 MRK. Nach der Rechtsprechung verstärkt die sog. Unschuldsvermutung, die unausgesprochen auch der StPO zugrunde liegt (BGHSt **14** 358), den Grundsatz, daß jedes Strafverfahrensrecht auch Beschuldigten gerecht werden muß, die unschuldig sind[9]. Sie will in erster Linie verhindern, daß jemand ohne den Nachweis seiner Schuld in einem gesetzlich geregelten Verfahren als schuldig behandelt wird[10]; dem innerstaatlichen Recht bleibt jedoch die Bestimmung überlassen, was zum gesetzlichen Nachweis der Schuld gehört und auf welche Weise der Schuldnachweis zu führen ist[11]. Art. 6 MRK hat an den Vorschriften des GVG über die Öffentlichkeit der Hauptverhandlung nichts geändert (BGHSt **23** 82). Art. 13 MRK gibt kein selbständiges Beschwerderecht gegen eine nach deutschem Recht nicht mehr weiter anfechtbare Entscheidung (BGHSt **20** 68). Andererseits kann aber Art. 6 MRK Anhaltspunkte für die Auslegung strafrechtlicher und strafprozessualer Vorschriften ergeben (vgl. z. B. BGHSt **25** 49)[12]. Im einzelnen ist die Bedeutung der MRK jeweils bei den einschlägigen Vorschriften der StPO und des GVG näher behandelt.

6 b) Ähnliche strafprozessuale Garantien wie die MRK, z. T. noch mehr in die Einzelheiten gehend, enthält auch der von der Bundesrepublik Deutschland mitunterzeichnete **Internationale Pakt über bürgerliche und politische Rechte** vom 19. 12. 1966 — „UNO-Pakt" — mit ZustimmungsG vom 15. 11. 1973 (BGBl. II **1973** 1533 und in Kraft seit 23. 3. 1976); vgl. dort insbes. Art. 14. Zu nennen sind in diesem Zusammenhang auch das Europäische Auslieferungsübereinkommen (EAÜ) vom 13. 12. 1957 (BGBl. **1964** II 1369; **1976** II 1778) und das Europäische Übereinkommen über die Rechtshilfe in Strafsachen (EuRHÜbK) vom 20. 4. 1959 (BGBl. **1964** II 1369, 1386; **1976** II 1979) nebst dem Gesetz über die internationale Rechtshilfe in Strafsachen (IRG) vom 23. 12. 1982 (BGBl. I 2071) — in Kraft seit 1. 7. 1983 unter Außerkraftsetzen des bis dahin geltenden AuslieferungsG vom 23. 12. 1929 —, ferner, Befreiungen von der deutschen Gerichtsbarkeit oder deren Beschränkungen betreffend, das Wiener Übereinkommen über diplomatische Beziehungen vom 18. 4. 1961 (BGBl. **1964** III 957) und vom 24. 4. 1963 (BGBl. **1964** II 1585).

---

[8] Vgl. den schriftlichen Bericht des Bundestagsausschusses BT-Drucks. der 1. Wahlperiode 1949 Nr. 3338.

[9] BGHSt **20** 281, 283.

[10] BVerfGE **22** 265; BGH NJW **1975** 1831.

[11] BGHSt **21** 306, 308.

[12] Aus dem Schrifttum über die Bedeutung der MRK für den Strafprozeß vgl. u. a. *Pieck* Der Anspruch auf ein rechtsstaatliches Gerichtsverfahren – Art. 6 Abs. 1 MRK – in seiner Bedeutung für das deutsche Verfahrensrecht (1966); *Kühl* Unschuldsvermutung, Freispruch und Einstellung, 1983 (zur Frage, ob

nicht über die der Unschuldsvermutung Rechnung tragenden kosten- und entschädigungsrechtlichen Vorschriften hinaus ein erhöhtes Bedürfnis nach Beachtung der Unschuldsvermutung bestehe); *Vogler* Die strafschärfende Verwertung strafbarer Vor- und Nachtaten bei der Strafzumessung und die Unschuldsvermutung, FS Kleinknecht (1985) 429; *Woesner* NJW **1961** 1381; *Herbst* Öffentlichkeit der Hauptverhandlung, Arztgeheimnis und Schutz der Menschenwürde, NJW **1969** 546; *Kleinknecht/Meyer*[37] Anh. Nr. 5 mit weit. Nachw.

KAPITEL 2

Zur Entstehungsgeschichte der Strafprozeßordnung
und des Gerichtsverfassungsgesetzes[1]

Schon Art. 4 Nr. 13 der Verfassung des Norddeutschen Bundes sah eine **einheit-** **1**
liche Regelung des Strafverfahrens für das Bundesgebiet vor. Die ersten Schritte zur
Schaffung einer einheitlich geltenden StPO fallen noch in die Zeit vor Gründung des
Deutschen Reichs. Im Jahre 1868 beschloß der Reichstag des Norddeutschen Bundes,
den Bundeskanzler aufzufordern, Entwürfe eines gemeinsamen Strafrechts und einer
gemeinsamen Strafprozeßordnung einschließlich der für die Gerichtsorganisation erforderlichen Vorschriften vorbereiten und dem Reichstag vorlegen zu lassen; der Bundesrat trat diesem Beschluß bei. Im Jahre 1869 ersuchte der Bundeskanzler den preußischen Justizminister um Aufstellung des Entwurfs einer StPO. Der im November 1870
fertig vorliegende Referentenentwurf wurde im Jahre 1871 im preußischen Justizministerium wiederholt beraten und in der Gestalt, in der er aus diesen Beratungen hervor-
ging, dem Reichskanzler übermittelt, auch Anfang 1873 mit Begründung im Druck der
Öffentlichkeit vorgelegt. Der Bundesrat beschloß am 13. 3. 1873 die Einsetzung einer
beratenden Kommission von elf Mitgliedern, die sich aus Ministerialbeamten, Richtern
und Staatsanwälten sowie einem Professor der Rechte und einem Rechtsanwalt zusam-
mensetzte. In der nach heutigen Vorstellungen unwahrscheinlich kurzen Zeit vom 17. 4.
bis 3. 7. 1873 beriet diese Kommission in 39 Sitzungen in drei Lesungen den Entwurf,
dessen Grundsätze sie im wesentlichen billigte, darunter auch die Vorschläge, die bisherigen Schwurgerichte mit ihrer Trennung von Richter- und Geschworenenbank durch
große Schöffengerichte zu ersetzen und Schöffen auch zu den erkennenden erstinstanzlichen Gerichten mittlerer und unterster Ordnung zuzuziehen. Der Bundesrat beriet
den Entwurf im Jahre 1874; die wesentlichsten Änderungen, die er vornahm, waren die
Wiederaufnahme der Schwurgerichte in bisheriger Form und die Zuziehung von Schöffen nur zu den Strafgerichten unterster Ordnung. Im Herbst 1874 wurde der Entwurf
der StPO (zusammen mit den Entwürfen einer ZPO und eines GVG) im Reichstag eingebracht, der die drei Entwürfe in erster Lesung vom 24. bis 26. 11. 1874 beriet und sie
einer Kommission von 28 Mitgliedern des Reichstags überwies[2]. Diese bestand zur
Hälfte aus Richtern (14), im übrigen gehörten ihr ein Generalstaatsanwalt, vier Verwal-
tungsbeamte, sechs Advokaten, zwei Professoren der Rechte und ein Irrenheilanstaltsdi-
rektor an; Namen wie etwa *Miquel, Bähr, Gneist, Lasker* tauchen auf. Sie beriet die drei
Entwürfe unter Hinzuziehung von Vertretern des Reichsjustizamts und der Landesjustizverwaltungen in der Zeit vom 26. 4. 1875 bis zum 3. 7. 1876; durch zwei Reichsgesetze vom 23. 12. 1874 und 1. 2. 1876 wurde sie ermächtigt, ihre Beratungen jeweils
nach Schluß der laufenden Session des Reichstages bis zum Beginn der folgenden ordentlichen Session fortzusetzen.

---

[1] Eine ausführliche Darstellung findet sich in
der 19. Auflage, auf die hier verwiesen werden
muß. Über bisher unveröffentlichte doku-
mentarische Quellen zur Entstehung von
StPO und GVG vgl. *Schubert* JZ **1978** 98.
[2] *Hahn* I 497 ff.

Karl Schäfer

2   Zu den schriftlich mitgeteilten Beratungsergebnissen der Reichstagskommission nahm der **Bundesrat** teils zustimmend, teils ablehnend Stellung; die Reichstagskommission verblieb jedoch in der Mehrzahl der strittigen Punkte bei ihren früheren Beschlüssen[3]. Im Reichstag erfolgte die zweite Lesung des GVG in der Zeit vom 17. bis 26. 11., die der StPO vom 27. 11. bis 2. 12. 1876; der Reichstag trat in den meisten Punkten, in denen die Reichstagskommission vom Bundesrat abwich, der Stellungnahme der Reichstagskommission bei[4]. Dies veranlaßte den Reichskanzler, dem Reichstag mit Schreiben vom 12. 12. 1876 eine Reihe von Punkten mitzuteilen, bei denen die Reichstagsbeschlüsse für den Bundesrat unannehmbar seien[5]. Das führte zu vertraulichen Verhandlungen zwischen einer Reihe von Reichstagsmitgliedern und den Vertretern des Bundesrats. Das Ergebnis der Erörterungen war die Einbringung der sogenannten Kompromißanträge, die bei einem Teil der strittigen Punkte der Ansicht des Bundesrats Rechnung trugen, während bei einem anderen Teil die Landesregierungen ihren Widerspruch gegen die Auffassung des Reichstags aufgaben[6]. In der dritten Beratung vom 18. bis 21. 12. 1876 nahm der **Reichstag** die Kompromißanträge mit einzelnen unwesentlichen Änderungen an[7]; der Bundesrat erteilte seine Zustimmung, und das GVG nebst Einführungsgesetz wurde unter dem 27. 1. 1877, die StPO nebst Einführungsgesetz unter dem 1. 2. 1877 vom Kaiser vollzogen und im Reichsgesetzblatt verkündet. Sie traten am 1. 10. 1879 in Kraft.

---

[3] *Hahn* II 1509 ff, 1596 ff, 1662 ff.   [6] *Hahn* II 1995.
[4] *Hahn* II 1670 ff.   [7] *Hahn* II 1997 ff.
[5] *Hahn* II 1991.

KAPITEL 3

Die Entwicklung der Strafprozeßordnung
und des Gerichtsverfassungsgesetzes bis 1974

Übersicht

Karl Schäfer

I. Die Entwicklung bis zum Beginn des ersten Weltkriegs (1914)

1   **1. Allgemeines.** Strafprozeßordnung und Gerichtsverfassungsgesetz wahrten von ihrem Inkrafttreten am 1. 10. 1879 ab geraume Zeit hindurch einen unveränderten Bestand und wurden bis zum Jahre 1913 nur von wenigen Änderungen betroffen.

2   **2. Gerichtsverfassungsgesetz und Einführungsgesetz dazu.** Das Gesetz vom 17. 3. 1886 (RGBl. S. 61) änderte den § 136 — damals § 137 —, das Gesetz vom 5. 4. 1888 (RGBl. S. 133) befaßte sich mit den §§ 172 bis 175 — damals §§ 173 bis 176 — sowie mit dem § 193 GVG. Der § 1 des Gesetzes vom 12. 6. 1889 (RGBl. S. 95) hob den § 12 EGGVG auf. Dann zog die Neugestaltung des bürgerlichen Rechts Änderungen der Gerichtsverfassung nach sich. Das Gesetz vom 17. 5. 1898 (RGBl. S. 252) gab den §§ 9 und 10 EGGVG sowie dem § 22 und dem die ausschließliche Zuständigkeit der Strafkammern betreffenden § 74 GVG eine andere Fassung. Der Reichskanzler veröffentlichte daraufhin auf Grund der Ermächtigung, die ihm das Gesetz vom 17. 5. 1898 (RGBl. S. 342) erteilt hatte, das GVG in der geänderten Fassung (RGBl. S. 371). Danach folgten bis 1913 einige wenige Änderungen (S. 5 der 22. Auflage).

3   **3. Strafprozeßordnung.** Art. 35 EGBGB änderte den § 11 Abs. 1 und den § 149 Abs. 2 StPO; das Gesetz vom 13. 6. 1902 (RGBl. S. 227) fügte dem § 7 einen Abs. 2 über den Gerichtsstand der Presse hinzu.

4   **4. Sonstiges.** In jenen Zeitraum fallen **außerhalb von StPO und GVG** mehrere auf das Strafverfahren bezügliche Maßnahmen. Zunächst wurden durch BundesratsVO vom 16. 6. 1882 einheitliche, von den Staatsanwaltschaften verwaltete **Strafregister** eingeführt, in die alle Verurteilungen eingetragen wurden. Auskunft über die Eintragungen wurde nicht nur den Gerichten und Staatsanwaltschaften, sondern auf Ersuchen allen Behörden erteilt. Da diese Eintragungen außerdem bis zum Tode oder bis zur Erreichung des 80. Lebensjahres des Verurteilten erhalten blieben, war der einmal Verurteilte sein Leben lang — mit allen schädlichen Nebenwirkungen für sein Fortkommen — als „Vorbestrafter" gekennzeichnet. Das heute im Vordergrund stehende Resozialisierungs- oder Sozialisationsbestreben fand damals nur unvollkommen in der Weise Berücksichtigung, daß im Laufe der Zeit in besonderen Härtefällen auf Antrag die Löschung im Gnadenweg bewilligt wurde. Eine BundesratsVO des Jahres 1913 legalisierte diese Handhabung; die „Löschung" hatte im übrigen nur eine Beschränkung der Auskunft an Gerichte, Staatsanwaltschaften und höhere Verwaltungsbehörden zur Folge (zur weiteren Entwicklung vgl. Rdn. 8). Ferner wurden — in der Richtung des damals aufkeimenden Aufopferungsgedankens — das Gesetz betreffend die **Entschädigung** der im Wiederaufnahmeverfahren freigesprochenen Personen vom 20. 5. 1898 (RGBl. S. 345) und das Gesetz betreffend die Entschädigung der im Strafverfahren freigesprochenen Personen für unschuldig erlittene Untersuchungshaft vom 14. 7. 1904 (RGBl. S. 321) erlassen. Sie wurden in der Folgezeit durch Anordnungen der Justizverwaltungen ergänzt, die auch bei Einstellung des Ermittlungsverfahrens eine Billigkeitsentschädigung für unschuldig erlittene Untersuchungshaft gewährten (vgl. zuletzt die bundeseinheitlich geltende AV vom 15. 12. 1956, BAnz. Nr. 247). Wegen des heute geltenden Rechtszustandes vgl. Rdn. 92.

II. Gesetzgebung von 1914 bis 1924

1. Während des Krieges von 1914 bis 1918 erfolgten nur geringfügige Änderun- **5** gen, die dem Personalmangel Rechnung trugen (Verordnungen vom 4. 6. und 7. 10. 1915, RGBl. S. 325, 562, die das Gebiet des Strafbefehls ausdehnten und die Zuständigkeit des Schöffengerichts erweiterten, später ersetzt durch das Gesetz zur Vereinfachung der Strafrechtspflege vom 21. 10. 1917).

2. Die wirtschaftliche Not der **Nachkriegszeit**, das Anwachsen der Kriminalität **6** und die politische Neugestaltung in der Zeit der Weimarer Republik führten dann aber zu einer Fülle von mehr oder weniger einschneidenden Änderungen des bisherigen Bestands, und die Unruhe, die damals in der Gesetzgebung über Gerichtsverfassung und Strafverfahren einsetzte, hat sich von da ab nicht mehr gelegt. Aus der Fülle der Vorschriften, die bis zur Währungsreform Ende 1923 ändernd in das GVG und die StPO eingriffen, sind etwa hervorzuheben: die VO über Sondergerichte gegen Schleichhandel und Preistreiberei — Wuchergerichte — vom 27. 11. 1919 (RGBl. S. 1909), die am 20. 3. 1924 (RGBl. I S. 371) wieder aufgehoben wurde; das Gesetz zur Verfolgung von Kriegsverbrechen und Kriegsvergehen vom 18. 12. 1919 (RGBl. S. 2125) mit dem ErgänzungsG vom 24. 3. 1920 (RGBl. S. 341); das Gesetz vom 2. 4. 1920 (RGBl. S. 431), das die Aburteilung der in das hochverräterische Unternehmen vom März 1920 verwickelten Heeresangehörigen den bürgerlichen Gerichten übertrug; das Gesetz zur Aufhebung der Militärgerichtsbarkeit vom 17. 8. 1920 (RGBl. S. 1579), das gegenstandslos gewordene Vorschriften von GVG und StPO beseitigte; das Gesetz zur Entlastung der Gerichte vom 11. 3. 1921 (RGBl. S. 229), das die Zuständigkeit des Schöffengerichts abermals erweiterte und hierdurch zugleich die Geschäftslast des Reichsgerichts erleichterte, das ferner die Zulässigkeit der Privatklage und des Strafbefehls ausdehnte, die Übertragung richterlicher Geschäfte auf andere Beamte teils vorschrieb, teils gestattete, die kürzere Anberaumung der Hauptverhandlung in gewissen Verratssachen ermöglichte, die Stellung der Reichsanwälte verbesserte und den § 180 GVG a. F, der die Festsetzung einer Ordnungsstrafe wegen Ungebühr gegen einen bei der Verhandlung beteiligten Rechtsanwalt oder Verteidiger vorgesehen hatte, aufhob.

Ferner sind, von zeitbedingten Vorschriften abgesehen, als auch **für die Zukunft 7** **bedeutungsvoll** zu nennen: die Reichsabgabenordnung — RAbgGO — vom 19. 12. 1919 (RGBl. S. 1993), später mehrfach geändert (und heute ersetzt durch die „AO 1977"), die das Verfahren in Abgabenstrafsachen neu regelte; der § 2 des Gesetzes zur Erweite-

Karl Schäfer

rung des Anwendungsgebiets der Geldstrafen und zur Einschränkung der kurzen Freiheitsstrafen vom 21. 12. 1921 (RGBl. S. 1604), das Gesetz über die Heranziehung der Frauen zum Schöffen- und Geschworenenamt vom 25. 4. 1922 (RGBl. I S. 465); das Gesetz zur weiteren Entlastung der Gerichte vom 8. 7. 1922 (RGBl. I S. 569); das Gesetz über die Zulassung der Frauen zu den Ämtern und Berufen der Rechtspflege vom 11. 7. 1922 (RGBl. I S. 573); das JugendgerichtsG vom 16. 2. 1923 (RGBl. I S. 135; später ersetzt durch das — seitdem auch mehrfach geänderte — JGG vom 4. 8. 1953); der Art. I des zweiten Gesetzes zur weiteren Entlastung der Gerichte vom 27. 3. 1923 (RGBl. I S. 217); das Gesetz zur Vereinfachung der Urliste vom 11. 7. 1923 (RGBl. I S. 647); der Art. I der VO zur Entlastung der Gerichte vom 23. 7. 1923 (RGBl. I S. 742); die 2. und 3. VO zur Entlastung der Gerichte vom 15. 9. 1923 (RGBl. I S. 884) und vom 30. 10. 1923 (RGBl. I S. 1041); die VO über die Aburteilung der Landesverrats- und Spionagefälle durch die Oberlandesgerichte vom 12. 12. 1923 (RGBl. I S. 1197); die weitere VO zur Entlastung der Gerichte und über die Gerichtskosten vom 12. 12. 1923 (RGBl. I S. 1186); die VO über die beschleunigte Aburteilung von Straftaten vom 17. 12. 1923 (RGBl. I S. 1231).

8   Eine in jene Zeit fallende Neuerung von großer kriminalpolitischer Bedeutung war der Erlaß des **Gesetzes über beschränkte Auskunft aus dem Strafregister und die Tilgung von Strafvermerken** vom 20. 9. 1920 (RGBl. S. 507), später mehrfach geändert. Dem Rehabilitierungs- und Resozialisierungsgedanken Rechnung tragend und die alte Lösung im Gnadenweg (oben Rdn. 4) verdrängend, sah es vor, daß über die im Strafregister eingetragenen Verurteilungen — außer zu Todes- oder Zuchthausstrafe — nach Ablauf einer bestimmten, nach Art und Höhe der Strafe abgestuften Frist nur noch beschränkt (nämlich nur noch bestimmten Behörden und Stellen) Auskunft erteilt werde und nach Ablauf einer weiteren, wiederum abgestuften Frist der Strafvermerk im Strafregister zu tilgen sei, mit der Folge, daß nach Eintritt der Auskunftsbeschränkung der Verurteilte sich privaten Stellen und Personen gegenüber als unbestraft und sich nach Straftilgung schlechthin als unbestraft bezeichnen durfte. Unberührt blieb die Befugnis der Landesjustizverwaltung, im Einzelfall schon vor Ablauf der gesetzlichen Fristen Auskunftsbeschränkung und Tilgung anzuordnen. — Wegen des heute geltenden Rechtszustandes vgl. unten Rdn. 92.

9   **3. Die „Emminger"-Reform 1924.** Die die Zeit der Inflation beendende Währungsreform Ende 1923 zwang zu durchgreifenden Ersparnismaßnahmen auch auf dem Gebiet des Strafverfahrens und der Gerichtsverfassung. Diese Maßnahmen erfolgten durch die auf das ErmächtigungsG vom 8. 12. 1923 (RGBl. I S. 1179) gestützte VO über Gerichtsverfassung und Strafrechtspflege vom 4. 1. 1924 (RGBl. I S. 11), die nach dem damaligen Reichsjustizminister sog. „Emminger-Verordnung". Die VO setzte die Zahl der Richter in den Senaten der Oberlandesgerichte von 5 auf 3 und des Reichsgerichts von 7 auf 5 herab. Sie überwies alle Sachen, für die bisher die Strafkammer im ersten Rechtszug zuständig gewesen war, und einen Teil der Sachen, die zur Zuständigkeit des Schwurgerichts gehört hatten, in die Zuständigkeit des Amtsgerichts. In weitem Umfang entschied nunmehr der Amtsrichter als Einzelrichter, und zwar in Sachen von größerer Bedeutung dann, wenn die Staatsanwaltschaft es beantragte. Soweit nicht der Einzelrichter zuständig war, hatte das aus dem Amtsrichter und zwei Schöffen zusammengesetzte Schöffengericht zu entscheiden. Auf Antrag der Staatsanwaltschaft mußte das Schöffengericht durch Zuziehung eines zweiten Amtsrichters erweitert werden. Für die neu in die Zuständigkeit des Amtsgerichts überwiesenen Sachen wurde der Umfang der Beweisaufnahme zum Nachteil des Angeklagten gegenüber dem bisherigen Recht eingeschränkt. Die Strafkammer war als erkennendes Gericht nur noch Berufungsgericht.

Sie war als kleine Strafkammer mit dem Vorsitzenden und zwei Schöffen besetzt, wenn sich die Berufung gegen ein Urteil des Amtsrichters richtete, dagegen als große Strafkammer mit drei Richtern und zwei Schöffen, wenn ein Urteil des Schöffengerichts angefochten war. Das bisherige Schwurgericht behielt diesen Namen bei, wurde aber dem Wesen nach in ein großes, aus drei Richtern und sechs Geschworenen zusammengesetztes Schöffengericht verwandelt, bei dem Richter und Geschworene über die Schuld-und Straffrage gemeinsam zu entscheiden hatten. Seine Zuständigkeit wurde auf bestimmte, besonders schwere Straftaten beschränkt. Für das Verfahren vor dem Schwurgericht waren die Vorschriften maßgebend, die bisher für das Verfahren vor der Strafkammer im ersten Rechtszug gegolten hatten. Für die Entscheidung über die Revision gegen die Urteile der kleinen Strafkammer und gegen diejenigen der großen Strafkammer, wenn im ersten Rechtszug das Schöffengericht in der regelmäßigen Besetzung entschieden hatte, waren die Oberlandesgerichte zuständig, für die Entscheidung über die Revision gegen die Urteile des Schwurgerichts und der großen Strafkammer, wenn im ersten Rechtszug das erweiterte Schöffengericht entschieden hatte, das Reichsgericht. Im übrigen führte die VO Ausnahmen vom Verfolgungszwang ein und erweiterte und erleichterte die Voraussetzungen für die öffentliche Zustellung, für die Befreiung des Angeklagten vom Erscheinen in der Hauptverhandlung und für den Erlaß eines Strafbefehls.

4. Ergänzungen. An diese VO schlossen sich zwei auf den Art. 48 Abs. 2 Weim- **10** Verf. gegründete VOen vom 4. und 13. 1. 1924 (RGBl. I S. 23 u. 29) an. Bedeutung für das Strafverfahren hatten weiter noch die VO über Vermögensstrafen und Bußen vom 6. 2. 1924 (RGBl. I S. 45) und die VO über das Verfahren in bürgerlichen Rechtsstreitigkeiten vom 13. 2. 1924 (RGBl. I S. 135). Die Bekanntmachung vom 22. 3. 1924 (RGBl. I S. 299, 322) brachte die StPO und das GVG in der nunmehr geltenden Fassung.

5. Kritik an der Emminger-Reform. Deren z. T. tief einschneidenden Neuerun- **11** gen, die weit über den Rahmen bloßer Not- und Vereinfachungsmaßnahmen hinausgingen, waren in ihrem Wert lebhaft umstritten. Die geschichtliche Entwicklung hat aber gezeigt, daß eine Reihe von Hauptpunkten, insbesondere die Begründung der Zuständigkeit des Amtsrichters als Einzelrichter in gewissem Umfang, die Hinzunahme von Schöffen auch in die Strafkammer, die Ersetzung des alten Schwurgerichts mit seiner Teilung in eine Geschworenenbank und eine Richterbank, die Lockerung des Verfolgungszwangs in Fällen von geringer Bedeutung u. a. m., wertvolle und unverzichtbare Neuerungen darstellten, von denen namentlich die Lockerung des Verfolgungszwanges aus dem System des heutigen Strafverfahrensrechts nicht mehr wegzudenken ist. Als eine verfehlte Maßnahme erwies sich aber die Beseitigung der Strafkammer als Gericht des ersten Rechtszuges für schwerwiegende Straftaten; unter dem Zwang praktischer Notwendigkeiten wurde, wie weiter unten zu schildern, im Lauf der Zeit die erstinstanzliche Zuständigkeit der Strafkammer schrittweise wieder begründet. Auch die allenfalls nur als Notmaßnahme für beschränkte Zeit vertretbare Beschränkung des Umfangs der Beweisaufnahme mußte schon bald nach Besserung der wirtschaftlichen Verhältnisse wieder beseitigt werden.

III. Die Gesetzgebung von 1925 bis 1932

1. Allgemeines. Die durch die **Neufassung** des GVG und der StPO erreichte Klar- **12** heit des Textes und Übersichtlichkeit des Rechtszustandes wurde alsbald wieder durch Gesetzesänderungen von mehr oder weniger großem Gewicht zerstört.

13   **2. Gesetze 1925 und 1926.** Das Gesetz zur Änderung der StPO vom 22. 12. 1925 (RGBl. I S. 475) gab den §§ 245 Abs. 2 und 313 a. F StPO eine andere Fassung und stellte den durch die EmmingerVO geänderten früheren Rechtszustand auf dem Gebiet des Beweisrechts wieder her. Das Gesetz vom 13. 2. 1926 (RGBl. I S. 99) hob den § 33 Nr. 3 GVG auf. Durch das Gesetz vom 22. 2. 1926 (RGBl. I S. 103) wurde das militärgerichtliche Verfahren, soweit es noch in Geltung war, verschiedenen Vorschriften der StPO angepaßt. Das Gesetz zur Änderung des Gesetzes zum Schutz der Republik vom 31. 3. 1926 (RGBl. I S. 190) änderte die §§ 134 Abs. 1, 139 GVG und beseitigte den § 137 GVG. Durch den Art. II Nr. 4 des Gesetzes zur Vereinfachung des Militärstrafrechts vom 30. 4. 1926 (RGBl. I S. 197) wurden die §§ 435 und 444 Abs. 2 Satz 3 StPO gestrichen.

14   **3.** In dieser Zeit beginnt auch der **Einfluß verfassungsmäßiger „Grundrechte"** auf die Gestaltung des Strafverfahrensrechts sich deutlich abzuzeichnen. Das Grundrecht der Unverletzlichkeit der Freiheit der Person (Art. 114 WeimVerf.) führte zu einer Änderung und Ergänzung des **Rechts der Untersuchungshaft** mit dem Ziel, den Beschuldigten vor unbegründeter Untersuchungshaft zu schützen. Das Gesetz vom 27. 12. 1926 (RGBl. I S. 523 — lex Höfle —), das die mündliche Verhandlung über den Haftbefehl und das Haftprüfungsverfahren einführte, betraf die §§ 53 Abs. 1 Nr. 4, 114, 114 a bis 114 d, 115, 115 a bis 115 d, 124, 126, 131 Abs. 4, 132, 148 Abs. 3, 200 Abs. 2, 201, 218, 245 Abs. 1 und 3, 340, 445 Abs. 2 StPO sowie den § 28 JGG. Dem Ziel, der Freiheitsentziehung rechtsstaatliche Grenzen zu ziehen, diente auch das deutsche **Auslieferungsgesetz** (DAG) vom 23. 12. 1929 (RGBl. I S. 239). Es ordnete das Verfahren, das bei der Auslieferung eines von der Behörde eines ausländischen Staates wegen einer strafbaren Handlung verfolgten oder verurteilten Ausländers einzuhalten ist. Es traf insbesondere Vorschriften über die Auslieferungshaft, über die Vernehmung des Verfolgten und über seine Unterstützung durch einen Rechtsbeistand. Im § 50 änderte es die StPO durch Aufnahme der §§ 154 a (jetzt: § 154 b) und 456 a ab, die die Voraussetzungen regelten, unter denen von der Erhebung der öffentlichen Klage oder von der Vollstreckung einer Freiheitsstrafe im Inland mit Rücksicht auf die Auslieferung abgesehen werden kann. Das DAG ist dann nach mehr als 50jähriger Geltungsdauer durch das in Ausführung des Europäischen Übereinkommens über die Rechtshilfe in Strafsachen vom 24. 4. 1959 (BGBl. 1964 II S. 1369) ergangene und am 1. 7. 1983 in Kraft getretene Gesetz über die internationale Rechtshilfe in Strafsachen (IRG) vom 23. 12. 1982 (BGBl. I S. 2071) ersetzt worden.

15   **4. Weitere Änderungen** von GVG und StPO brachte Art. I des Gesetzes vom 31. 3. 1927 (RGBl. I S. 175) durch Änderung des 11. Titels und des § 153 GVG. Die AusfVO vom 3. 11. 1927 (RGBl. I S. 334) gab aus Anlaß des Fortfalls der Bezeichnungen „Gerichtsschreiberei" und „Gerichtsschreiber" den hier in Betracht kommenden Vorschriften des GVG und der StPO eine neue Fassung. Das ReichsministerG vom 27. 3. 1930 (RGBl. I S. 96), das u. a. die Berufung der Reichsminister zum Amt der Schöffen und Geschworenen und ihre Vernehmung als Zeugen und Sachverständige während der Dauer und nach Beendigung des Amts besonders regelte, brachte unter anderem Änderungen des § 34 GVG sowie der §§ 50, 54 und 76 StPO.

16   **5. Die Deflationsperiode.** Die in den Jahren 1930 bis 1932 als Folge einer weltweiten Wirtschaftskrise stark und stärker in Erscheinung tretende Finanznot von Reich und Ländern führte dazu, sich auch auf dem Gebiet der Strafgerichtsverfassung und des Strafverfahrensrechts nach weiteren Vereinfachungs- und Ersparnismöglichkeiten umzusehen. Die Änderungen erfolgten, da bei der zunehmenden parteilichen Zerklüftung des Reichstages Maßnahmen im Wege der ordentlichen Gesetzgebung nicht mehr zu erreichen waren, durch Notverordnungen des Reichspräsidenten auf Grund des Art. 48 WeimVerf.

Die **VO zur Sicherung der Wirtschaft und Finanzen** vom 1. 12. 1930 (RGBl. I **17** S. 517) ermöglichte die gleichzeitige Zugehörigkeit eines Amtsrichters zu mehreren Amtsgerichten und die von der Landesjustizverwaltung anzuordnende Zuweisung der Erledigung von Rechtshilfeersuchen an ein Amtsgericht für die Bezirke mehrerer Amtsgerichte. Sie bestimmte ferner, dem § 479 RAbgO i. d. Fass. vom 22. 5. 1931 (RGBl. I S. 161) vorgreifend, inwieweit die §§ 419 bis 429 StPO für Steuerstrafsachen außer Kraft traten.

Die VO zur Sicherung von Wirtschaft und Finanzen vom 6. 10. 1931 (RGBl. I **18** S. 537, 563) brachte für sog. **Monstreprozesse** — Verfahren von (nach damaligen Begriffen!) ungewöhnlichem Umfang oder ungewöhnlicher Dauer — die **Wiedereinführung der erstinstanzlichen Zuständigkeit der Strafkammer,** gegen deren Urteile nur die Revision zulässig war, um die kostspielige Wiederholung des Verfahrens in einer zweiten Tatsacheninstanz auf Berufung hin auszuschließen. Die VO erklärte die Große Strafkammer für zuständig für Verbrechen und Vergehen, die an sich zur Zuständigkeit des Amtsgerichts gehörten, wenn eine Voruntersuchung stattgefunden hatte, mit einer Verhandlungsdauer von mehr als sechs Tagen zu rechnen war und die Staatsanwaltschaft bei Einreichung der Anklageschrift die Hauptverhandlung vor der großen Strafkammer beantragte. Sie machte weiter die Verfolgung der Übertretungen davon abhängig, daß das öffentliche Interesse sie erfordere, erweiterte im übrigen das Recht der Staatsanwaltschaft zur Einstellung des Verfahrens unter bestimmten Voraussetzungen, regelte das beschleunigte Verfahren nach § 212 StPO neu, gestattete die Befreiung des Angeklagten von der Pflicht zum Erscheinen in der Hauptverhandlung über den bisher im Gesetz gezogenen Rahmen hinaus, führte die Befugnis der Oberlandesgerichte, eine Revision durch Beschluß als offensichtlich unbegründet zu verwerfen, ein, erlaubte dem Gericht die Einstellung des Verfahrens bei den im Weg der Privatklage verfolgten Vergehen wegen geringfügiger Bedeutung und beschränkte die Rechtsmittel in Privatklagesachen. Sie ermächtigte endlich die Reichsregierung, im Bedürfnisfall Sondergerichte einzusetzen.

Eine Reihe von VOen[1] ließen das **beschleunigte Verfahren** gemäß § 212 StPO in **19** den von der Staatsanwaltschaft verfolgten Strafsachen wegen gewisser politischer Ausschreitungen und anderer öffentlich begangener Handlungen, wegen Verletzung der Vorschriften über Devisenbewirtschaftung und wegen Beleidigung ohne die Voraussetzung der freiwilligen Gestellung oder der Vorführung infolge vorläufiger Festnahme zu. Die VO vom 8. 12. 1931 räumte dem Gericht zugleich für Fälle, in denen eine Beleidigung den Gegenstand der Klage bildete, eine freiere Stellung gegenüber dem Beweisverlangen der am Verfahren Beteiligten ein. Die VO zum Schutz der Wirtschaft vom 9. 3. 1932 (RGBl. I S. 121) befaßte sich mit den §§ 172 bis 175 GVG.

Diese verhältnismäßig kleinen Mittel genügten aber bei der sich verschärfenden **20** Finanznot nicht. Die „Diktatur der Armut" zwang zu radikaleren Eingriffen. Dabei sollten auch neben Maßnahmen von zeitbedingter Dauer Reformgedanken von dauernder Bedeutung durchgeführt werden, wobei z. T. auf Vorschläge zurückgegriffen wurde, die der dem Reichstag am 20. 5. 1930 vorgelegte Entwurf eines Einführungsgesetzes

---

[1] Vom 28. 3. 1931, RGBl. I S. 79; vom 1. 8. und 17. 11. 1931, RGBl. I S. 421, 679; vom 8. 12. 1931, RGBl. S. 743; vom 23. 5. 1932, RGBl. I S. 231 und vom 14. 6. 1932, RGBl. I S. 297.

Karl Schäfer

zum Allgemeinen Deutschen Strafgesetzbuch und zum Strafvollzugsgesetz (RT-Drucks. IV. Wahlperiode Nr. 2070) enthielt. Die VO über Maßnahmen auf dem Gebiet der Rechtspflege und Verwaltung vom 14. 6. 1932[2] brachte vor allem die **allgemeine Wiedereinsetzung der großen Strafkammer als Gericht des ersten Rechtszugs**. Sie änderte die Vorschriften über die sachliche Zuständigkeit unter Aufhebung des erweiterten Schöffengerichts dahin ab, daß die große Strafkammer im ersten Rechtszug für einen Teil der im § 24 Nr. 3 a. F GVG bezeichneten Verbrechen ohne weiteres zuständig wurde und daß ihre Zuständigkeit für alle in der Zuständigkeit des Schöffengerichts verbleibenden Strafsachen durch einen Antrag der Staatsanwaltschaft begründet werden konnte. Sie ordnete weiter eine Beschränkung der Rechtsmittel gegen die Urteile des Amtsrichters und des Schöffengerichts in dem Sinn an, daß nach Wahl des Anfechtungsberechtigten die Berufung an das Landgericht oder die Revision an das Oberlandesgericht stattfand und daß der Berechtigte, der Berufung eingelegt hatte, nicht mehr Revision einlegen durfte. Sie gewährte ferner dem Gericht für die Verhandlungen vor dem Amtsrichter und vor dem Schöffengericht, ebenso vor dem Landgericht im Berufungsrechtszug das Recht, den Umfang der Beweisaufnahme nach freiem Ermessen zu bestimmen, ohne hierbei durch Anträge, Verzichte oder frühere Beschlüsse gebunden zu sein. Die weiteren Vorschriften der VO hatten den Verzicht auf das Haftprüfungsverfahren, die Befugnisse des Verteidigers im Schnellverfahren, die Erstreckung der Frist, innerhalb derer eine unterbrochene Hauptverhandlung fortzusetzen ist, die Verwerfung des gegen eine polizeiliche Strafverfügung angebrachten Antrags auf gerichtliche Entscheidung beim unentschuldigten Ausbleiben des Angeklagten in der Hauptverhandlung, die Ausdehnung der Wahlperiode der Schöffen und Geschworenen auf zwei Jahre und die Einführung des Einzelrichters in Jugendsachen zum Gegenstand.

IV. Die Gesetzgebung von 1933 bis 1945

21　　**1. Allgemeines.** Die im Jahre 1933 mit der Machtergreifung durch den Nationalsozialismus einsetzende umfangreiche Gesetzgebungstätigkeit auf dem Gebiet des Gerichtsverfassungs- und Strafverfahrensrechts ist von sehr verschiedenem Gehalt. Eine Reihe von Vorschriften ergab sich aus dem Übergang der Justizhoheit der Länder auf das Reich und aus der Wiedereinführung der Militärgerichtsbarkeit nach Erneuerung der allgemeinen Wehrpflicht. Andere Vorschriften stellen sich als rechtstechnische Neuerungen ohne eine besondere kriminalpolitische Grundtendenz dar. Echte Reformvorschriften griffen z. T. auf Reformvorschläge aus vornationalsozialistischer Zeit zurück, z. T. aber wurden sie durch neue kriminalpolitische Grundvorstellungen aus der Ideenwelt des Nationalsozialismus beeinflußt, unter denen u. a. die Gedanken einer größtmöglichen Beschleunigung der Strafverfahren unter Beschränkung oder Verzicht auf Rechtsmittel und andere Maßnahmen zum Schutz des Beschuldigten (insbes. Bildung von Sondergerichten als Dauereinrichtung), der Einflußnahme der Staatsführung auf das Strafverfahren durch Erweiterung der Befugnisse des weisungsgebundenen Staatsanwalts unter Beschränkung oder Wegfall richterlicher Prüfungsmaßnahmen (Beschränkung der Voruntersuchung, Wegfall des Eröffnungsverfahrens) oder durch Wegfall des Präsidialsystems bei den Kollegialgerichten und schließlich der „Durchsetzung der materiellen Gerechtigkeit gegenüber der formalen Rechtssicherheit" unter Beschränkung der bisherigen Konsumtionswirkung der Rechtskraft (Erweiterung der Vor-

---

[2] RGBl. I S. 285; Erläuterungen von *Koffka* und *K. Schäfer* 2. Aufl. 1933.

aussetzungen für die Wiederaufnahme des Verfahrens zuungunsten des Angeklagten, Nichtigkeitsbeschwerde gegen rechtskräftige Urteile, Beseitigung des Verbots der reformatio in peius) hervortreten. In chronologischer Reihenfolge und unter Verzicht auf Vorschriften von zeitlicher oder nur begrenzt örtlicher Bedeutung — eine vollständige Übersicht findet sich in der Einleitung zur 20. Aufl. S. 6 ff — sind folgende das GVG und die StPO berührende Vorschriften zu nennen:

2. Von 1933 bis 1935

a) Sondergerichte. Durch die auf die NotVO des Reichspräsidenten vom 6. 10. **22** 1931 (RGBl. I 537) gestützte VO über die Bildung von Sondergerichten vom 21. 3. 1933 (RGBl. I S. 136) wurden für den Bezirk jedes Oberlandesgerichtes Sondergerichte zur beschleunigten Aburteilung gewisser nicht in die Zuständigkeit des Reichsgerichts — später des Volksgerichtshofs — oder des Oberlandesgerichts fallender politischer Verbrechen und Vergehen geschaffen und die Besetzung der Sondergerichte und ihr Verfahren geregelt. Wesentliche Punkte waren u. a. der Ausschluß der gerichtlichen Voruntersuchung, die Beseitigung des Eröffnungsbeschlusses, die Beschränkung des Umfangs der Beweisaufnahme und der Wegfall von Rechtsmitteln; als Ersatz für den Wegfall von Rechtsmitteln ließ die VO eine Wiederaufnahme des Verfahrens zugunsten des Verurteilten auch schon zu, wenn Umstände vorlagen, die die Nachprüfung der Sache im ordentlichen Verfahren notwendig erscheinen ließen. Die Zuständigkeit der Sondergerichte beschränkte sich ursprünglich auf Verbrechen und Vergehen gegen die VO zum Schutz von Volk und Staat vom 28. 2. 1933 (RGBl. I S. 83) und die VO zur Abwehr heimtückischer Angriffe gegen die Regierung der nationalen Erhebung vom 21. 3. 1933 (RGBl. I S. 135, später das Gesetz gegen heimtückische Angriffe auf Staat und Partei und zum Schutz der Parteiuniformen vom 20. 12. 1934, RGBl. I S. 1269). In der Folgezeit aber wurde die Zuständigkeit der Sondergerichte ständig erweitert, und zwar — in der hier zu betrachtenden Zeit bis 1935 — auf die Verbrechen nach § 1 des Gesetzes zur Abwehr politischer Gewalttaten vom 4. 4. 1933 (RGBl. I S. 162); die Verbrechen und Vergehen gegen § 8 des Gesetzes gegen Verrat der deutschen Volkswirtschaft vom 12. 6. 1933 (RGBl. I S. 360); die Verbrechen nach §§ 1 und 2 des Gesetzes zur Gewährleistung des Rechtsfriedens vom 13. 10. 1933 (RGBl. I S. 723); die Vergehen gegen die §§ 134 a und 134 b StGB auf Grund der VOen vom 20. 12. 1934 (RGBl. 1935 I S. 4) und 24. 9. 1935 (RGBl. I S. 1179); die Verbrechen nach § 315 Abs. 1 Satz 2 StGB gemäß Art. 8 Nr. 4 des Gesetzes vom 28. 6. 1935.

b) Militärgerichtsbarkeit. Wehrmachtsstrafverfahren. Die Wiedereinführung der **23** Militärgerichtsbarkeit erfolgte durch das Gesetz vom 12. 5. 1933 (RGBl. I S. 264). Sie trat gemäß § 1 des Einführungsgesetzes zur Militärstrafgerichtsordnung vom 4. 11. 1933 (RGBl. I S. 921) mit Wirkung vom 1. 1. 1934 ab wieder allgemein in Kraft. Die gleichfalls am 4. 11. 1933 bekanntgemachte Militärstrafgerichtsordnung (RGBl. I S. 924) schrieb den Umfang und die Ausübung der Militärgerichtsbarkeit und das Verfahren vor den Militärgerichten vor. Ausführungsbestimmungen hierzu ergingen in der VO vom 21. 11. 1933 (RGBl. I S. 989). Die Gesetze vom 23. 11. 1934 (RGBl. I S. 1165) und vom 9. 10. 1935 (RGBl. I S. 1223) änderten die Militärstrafgerichtsordnung.

c) Allgemeine Gerichtsverfassung. Das Gesetz zur Änderung der Vorschriften des **24** GVG über die Präsidien der Gerichte vom 1. 7. 1933 (RGBl. I S. 451) verbesserte den Inhalt der §§ 62 bis 64 GVG und änderte im neuen § 64 a die Zusammensetzung und das Verfahren der Präsidien (Schaffung eines verkleinerten Präsidiums bei großen Land- und Oberlandesgerichten). Durch Art. 1 des Ausführungsgesetzes zum Gesetz gegen gefährliche Gewohnheitsverbrecher und über Maßregeln der Sicherung und Besserung vom 24. 11. 1933 (RGBl. I S. 1000) wurden die §§ 26 a und 171 a in das GVG eingefügt. Die Erledigung von Strafsachen bei Aufhebung von Gerichten der Länder regelte das Gesetz über die Zuständigkeit der Gerichte bei Änderung der Gerichtseinteilung vom 6. 12. 1933 (RGBl. I S. 1037). Das Gesetz zur Überleitung der Rechtspflege auf das Reich vom 16. 2. 1934 (RGBl. I S. 91) bestimmte unter anderem, daß alle Gerichte im Namen des deutschen Volkes Recht sprechen. Das Gesetz vom 24. 4. 1934 (RGBl. I S. 341) brachte im Zeichen der beginnenden militärischen Wiederaufrüstung verschärfte Vorschriften gegen Hoch- und Landesverrat, insbesondere Verrat militärischer Geheimnisse; im Zusammenhang damit wurde — aus Mißtrauen, daß bei den ordentlichen Gerichten eine nachhaltige Verfolgung einschlägiger Delikte nicht gewährleistet sei — dem Reichsgericht die erst- und letztinstanzliche Zuständigkeit für Hoch- und Landesverratssachen (§ 134 a. F GVG) entzogen und dem neugebildeten, nur zum Teil mit Berufsrichtern besetzten Volksgerichtshof übertragen mit der Möglichkeit, weniger schwerwiegende Sachen an die Oberlandesgerichte abzugeben.

25   Das Gesetz zur Änderung des GVG vom 13. 12. 1934 (RGBl. I S. 1233) brachte Vorschriften über die Befreiung von der deutschen Gerichtsbarkeit, über die Berufung der Vertrauenspersonen bei dem Ausschuß zur Wahl der Schöffen und Geschworenen und über die Rechtshilfe bei der Strafvollstreckung. Im dritten Gesetz zur Überleitung der Rechtspflege auf das Reich vom 24. 1. 1935 (RGBl. I S. 68) ordnete die Reichsregierung unter anderem an, daß mit dem 1. 4. 1935 die Justizbehörden der Länder Reichsbehörden und die Justizbeamten der Länder unmittelbare Reichsbeamte wurden. Das Gesetz über die Beseitigung der Gerichtsferien vom 7. 3. 1935 (RGBl. I S. 352) hob den 17. Titel des GVG auf. Die VO vom 19. 3. 1935 (RGBl. I S. 383) brachte die Aufhebung des BayObLG. Die VO zur einstweiligen Regelung der Gerichtsverfassung vom 20. 3. 1935 (RGBl. I S. 403), die sich auf den Art. 5 des ersten Gesetzes zur Überleitung der Rechtspflege auf das Reich stützte, brachte eine reichseinheitliche Ordnung für gewisse bisher landesrechtlich geregelte Materien auf dem Gebiet der Gerichtsverfassung. Sie regelte u. a. die Errichtung und Aufhebung von Gerichten und die Verlegung des Gerichtssitzes, die Änderung der Abgrenzung der Gerichtsbezirke, bei den Amtsgerichten die Errichtung von Zweigstellen und Abhaltung von Gerichtstagen, die Bestellung der aufsichtführenden Amtsrichter und die Verteilung der Geschäfte, bei den Land- und Oberlandesgerichten die Zuständigkeit zur Errichtung von Kammern und Senaten, ferner die Erledigung von richterlichen Geschäften durch Hilfsrichter und die Ausübung der Dienstaufsicht. Der Einbruch in das Präsidialsystem der Kollegialgerichte, das das Gesetz vom 1. 7. 1933 (RGBl. I S. 451) noch unberührt gelassen hatte, zeichnet sich hier bereits durch die Bestimmungen ab, daß der Reichsjustizminister Grundsätze für die Verteilung der Geschäfte bei den Land- und Oberlandesgerichten aufstellen konnte (§§ 7, 8). Schließlich eröffnete die Reichsregierung den Übergang zu der von ihr beabsichtigten völligen Umgestaltung des Verfahrensrechts im Gesetz zur Änderung von Vorschriften des Strafverfahrens und des GVG vom 28. 6. 1935 (RGBl. I S. 844), das sich an das zugleich erlassene Gesetz zur Änderung des StGB (RGBl. I S. 839) anschloß. Das erstere Gesetz griff in das GVG ein, indem es das Reichsgericht ermächtigte, von Urteilen aus der Zeit vor dem 1. 9. 1935 ohne Herbeiführung einer Plenarentscheidung abzuweichen, die Bildung von Großen Senaten beim RG anordnete und die §§ 136 bis 138 demgemäß durch andere Vorschriften ersetzte.

26   **d) Allgemeine Strafverfahren.** § 24 der VO zum Schutze des deutschen Volkes vom 4. 2. 1933 (RGBl. I S. 35) dehnte die Zulässigkeit des beschleunigten Verfahrens nach § 212 aus. Die VO gegen Verrat am deutschen Volke und gegen hochverräterische Umtriebe vom 28. 2. 1933 (RGBl. I S. 85), deren Inhalt später in das bereits unter Rdn. 24

erwähnte Gesetz vom 24. 4. 1934 übernommen wurde, traf insbesondere Vorschriften über den Ermittlungsrichter des Reichsgerichts; sie bestimmte überdies, daß die **Voruntersuchung** in den zur Zuständigkeit des Reichsgerichts gehörenden Strafsachen bei einfachem Tatbestand entfalle. In derselben Richtung bewegte sich die VO zur Beschleunigung des Verfahrens in Hochverrats- und Landesverratssachen vom 13. 3. 1933 (RGBl. I S. 131); sie ermöglichte die Überweisung von Hochverratssachen an die Oberlandesgerichte und ordnete die Einschränkung der Voruntersuchung für die zur Zuständigkeit der Oberlandesgerichte gehörenden Strafsachen sowie den Wegfall des Eröffnungsbeschlusses in den vor dem Reichsgericht oder vor den Oberlandesgerichten zu verhandelnden Sachen an; auch diese VO ging hernach in dem Gesetz vom 24. 4. 1934 auf. Das Gesetz gegen Verrat der deutschen Volkswirtschaft vom 12. 6. 1933 (RGBl. I S. 360) ordnete an, daß das **Abwesenheitsverfahren** nach den §§ 277 ff gegen Angeklagte stattfinde, denen ein Verbrechen oder Vergehen im Sinn des Gesetzes zur Last gelegt wird; diese Vorschrift wurde später durch die Umgestaltung des Verfahrens gegen Flüchtige im Gesetz vom 28. 6. 1935 überholt. Die VO zur Vereinfachung der Zustellung vom 17. 6. 1933 (RGBl. S. 394) änderte die §§ 35, 146, 218 und 378 StPO sowie den § 87 GVG; sie beeinflußte das Strafverfahren auch im übrigen. Das schon genannte AGGewVerbrG vom 24. 11. 1933 fügte die §§ 5 a, 80 a, 81 a, 81 b, 126 a, 233 a sowie die das **Sicherungsverfahren** betreffenden §§ 429 a bis 429 e und die auf die Strafvollstreckung bezüglichen §§ 456 d und 463 a in die StPO ein und änderte die §§ 81, 113, 127 bis 129, 131, 140, 145, 148, 149, 154, 154 a, 160, 207, 260, 263, 265, 267, 270, 299, 305, 358, 359, 363, 371, 384, 407, 456 a, 458, 465, 466 und 467; die im Art. 14 des Gesetzes enthaltene Übergangsvorschrift, die ein nachträgliches Sicherungsverfahren zum Gegenstand hatte, gewann für die folgenden Jahre eine große Bedeutung.

Das **Gesetz zur Einschränkung der Eide im Strafverfahren** vom 24. 11. 1933 **27** (RGBl. I S. 1008), das ein kriminalpolitisch viel umstrittenes Problem anfaßte, war von dem Bestreben getragen, die Zahl unnötiger Eidesleistungen im Interesse der Heiligkeit des Eides nach Möglichkeit einzuschränken (Änderung der §§ 57 bis 66, Einfügung der §§ 66 a bis 66 e). Es ersetzte den Voreid durch den Nacheid und erweiterte erheblich die Zahl der Fälle, in denen das Gericht nach seinem Ermessen von einer Beeidigung absehen durfte, ohne daß es indessen diesem Gesetz gelungen wäre, dem Streit um die rechtsstaatlich und kriminalpolitisch erwünschte und vertretbare Begrenzung des Eideszwanges ein Ende zu bereiten. Das unter Rdn. 24 erwähnte Gesetz vom 24. 4. 1934 (RGBl. I S. 341) brachte das **Haftprüfungsverfahren** für den ganzen Bereich der StPO in Wegfall. Das Gesetz über Devisenbewirtschaftung vom 4. 2. 1935 (RGBl. I S. 106) nahm verfahrensrechtliche Vorschriften auf, die sich mit der Aburteilung von Devisenzuwiderhandlungen im beschleunigten Verfahren nach § 212 sowie mit der Unterwerfung des Beschuldigten unter die von der Devisenstelle festgesetzte Strafe befaßte. Von besonderer Bedeutung war das bereits erwähnte Gesetz vom 28. 6. 1935 (RGBl. I S. 44). Es beließ es bezgl. des **Umfangs der Beweisaufnahme** bei dem durch die NotVO vom 14. 6. 1932 geschaffenen Rechtszustand, wonach der „Strengbeweis" des § 245 Abs. 1 StPO nur für erstinstanzliche Gerichte galt, gegen deren Urteile es keine Berufung, also keine zweite Tatsacheninstanz gab, während freies Ermessen des Gerichts entschied, wenn zwei Tatsacheninstanzen gegeben waren, führte aber auch, soweit Strengbeweis galt, das freie Ermessen des Gerichts für den Beweis durch Augenschein und durch Sachverständige ein. Ein Schritt von bleibender Bedeutung war, daß der neu eingefügte § 245 Abs. 2 (heute § 244 Abs. 3) im Anschluß an die in der Rechtsprechung des Reichsgerichts ausgebildeten Grundsätze die Voraussetzungen genau und abschließend umschrieb, unter denen in den Fällen des Strengbeweises allein ein Beweisantrag abgelehnt werden kann. Einer mißbräuchlichen Handhabung des freien Ermessens sollte der als beherrschender Grundsatz an die Spitze der Beweisaufnahme gestellte § 244 Abs. 2 entgegenwirken, wonach das Gericht von Amts wegen alles zu tun hat, was zur Erforschung der materiellen Wahrheit notwendig ist. Im übrigen bestimmte die Novelle, wie zu verfahren sei, wenn es sich um Rechtsschöpfung durch entsprechende Anwendung eines Strafgesetzes oder um Wahlfeststellung handelte, **hob** das in den §§ 331, 358 und 373 enthaltene **Verbot der reformatio in peius auf,** beseitigte die notwendige Voruntersuchung, führte den Hilfsuntersuchungsrichter ein, schuf als neue Haftgründe, neben Fluchtverdacht und Verdunkelungsgefahr, die Gefahr des Mißbrauchs der Freiheit zu neuen Straftaten und die durch die Schwere der Tat hervorgerufene Erregung der Öffentlichkeit und regelte das Verfahren gegen Flüchtige und bei Verletzung der Wehrpflicht.

28   e) **Strafverfahrensrechtliche Verwaltungsvorschriften.** Die aus Anlaß des Übergangs der Justizhoheit der Länder auf das Reich auf Vereinheitlichung bisher landesrechtlich geregelter Materien gerichteten gesetzgeberischen Maßnahmen wurden ergänzt durch umfassende Vorschriften der Reichsjustizverwaltung für solche Gebiete, die einer Ordnung durch Justizverwaltungsanordnung zugänglich waren. Es sind hier u. a. zu nennen die Gnadenordnung vom 6. 2. 1935 (DJ 1935, 203), die Richtlinien für das Strafverfahren vom 13. 4. 1935 (Sonderveröffentlichung Nr. 7 der DJ), die Strafvollstreckungsordnung vom 7. 12. 1935 (DJ 1935, 1800), die Allgemeine Verfügung des Reichsjustizministers über die Vereinheitlichung der Staatsanwaltschaft vom 18. 12. 1934 (DJ S. 1608), die Aufbau und Gliederung der Staatsanwaltschaft, die Aufsicht und Leitung, Zeichnungsbefugnis, Geschäftsverteilung und die Bestellung der Hilfsbeamten der Staatsanwaltschaft regelte, und die Allg. Verf. über Mitteilungen in Strafsachen vom 21. 5. 1935 (Amtl. Sonderveröffentl. der DJ Nr. 8). Diese (und andere) in der Folgezeit vielfach geänderten und ergänzten Anordnungen waren für die praktische Handhabung der Strafrechtspflege von wesentlicher Bedeutung; sie wurden von etwa 1951 ab nach dem Rückfall der Justizhoheit auf die Länder durch einheitlich geltende, durch Vereinbarungen zwischen den Justizverwaltungen des Bundes und der Länder geschaffene Vorschriften ersetzt (s. unten Rdn. 56).

29   3. **Von 1936 bis zum Ausbruch des Krieges 1939.** Die gesetzgeberischen Maßnahmen der Jahre 1933 bis 1935, soweit sie über die Regelung aktueller Bedürfnisse hinaus kriminalpolitische, oben Rdn. 21 gekennzeichnete Grundgedanken erkennen lassen, waren nur Vorläufer eines bald nach der Machtergreifung beschlossenen Planes, neben die bereits in Angriff genommene Reform des materiellen Strafrechts eine umfassende Reform der Gerichtsverfassung und des Strafverfahrens treten zu lassen. Nachdem das Gesetz vom 28. 6. 1935 die für dringend notwendig erachteten Neuerungen auf diesen Gebieten vorweggenommen hatte, berief der Reichsjustizminister im Jahr 1936 eine Strafprozeßkommission ein, die einen den Anschauungen und Bedürfnissen des neuen Strafrechts entsprechenden Entwurf einer Strafverfahrensordnung und einer Friedensrichterordnung aufstellen sollte (vgl. dazu unten Kap. 4 12). Die Hoffnung auf baldigen Abschluß der Reform veranlaßte den Gesetzgeber zur Zurückhaltung, so daß die Zahl der in diesem Zeitraum erlassenen Gesetze gegenüber der vorangegangenen Zeit stark zurücktritt.

30   a) **Gerichtsverfassung.** Das Gesetz über die **Geschäftsverteilung bei den Gerichten** vom 24. 11. 1937 (RGBl. I S. 1286) erklärte die Geschäftsverteilung für eine Angelegenheit der Justizverwaltung, übertrug sie den Präsidenten der Gerichte und hob die Vorschriften des GVG über das Präsidium auf. Damit war die dem Grundsatz des „gesetzlichen Richters " (§ 16 GVG) entsprechende justizförmige Regelung der Geschäftsverteilung und Besetzung der Spruchkörper beseitigt und der Staatsführung auf dem

Weg der Weisung an den als Justizverwaltungsorgan weisungsgebundenen Gerichtspräsidenten die politische Einflußnahme auf die Strafrechtspflege im allgemeinen, u. U. auch auf den Einzelfall, eröffnet; zugleich waren dem „Führerprinzip" zuliebe die ohnedies bescheidenen Ansätze einer kollegialen richterlichen Selbstverwaltung zum Schaden der — formell nicht angetasteten — richterlichen Unabhängigkeit vernichtet. Auf den aufrechterhaltenen § 2 GVG bezogen sich das Gesetz über die Befähigung zum Richteramt vom 27. 2. 1937 (RGBl. I S. 127), ferner die VOen über die Befähigung zum Richteramt, zur Staatsanwaltschaft, zum Notariat und zur Rechtsanwaltschaft vom 4. 1. 1939 (RGBl. I S. 5) und über die Laufbahn für das Amt des Richters und des Staatsanwalts vom 16. 5. 1939 (RGBl. I S. 917) mit den Durchführungsbestimmungen vom 6. 6. 1939 (DJ 1939, 996).

b) Volksgerichtshof. Das Gesetz vom 18. 4. 1936 (RGBl. I S. 369) sprach dem **31** Volksgerichtshof die Eigenschaft als ordentliches Gericht im Sinn des GVG zu — tatsächlich blieb es trotz dieser Etikettierung ein Sondergericht[3] — und bestimmte die Besetzung des Volksgerichtshofs sowie die Stellung der Beamten, die dort das Amt der Staatsanwaltschaft ausübten. Mit der Besetzung, der Zuständigkeit und dem Verfahren des Volksgerichtshofs befaßten sich weiter die VOen vom 18. 4. 1936 (RGBl. I S. 398) und vom 4. 5. 1936 (RGBl. I S. 341) sowie die Gesetze zur Änderung des Strafgesetzbuchs vom 2. 7. 1936 (RGBl. I S. 532) und gegen Wirtschaftssabotage vom 1. 12. 1936 (RGBl. I S. 999).

c) Sondergerichte. Zunächst dehnte die VO vom 5. 2. 1936 (RGBl. I S. 97) die Zu- **32** ständigkeit dieser Gerichte noch weiter aus; eine gewisse Einschränkung brachte der durch das Gesetz vom 4. 5. 1936 in die SondergerichtsVO vom 21. 3. 1933 neu aufgenommene § 3 a, wonach die Anklagebehörde die Untersuchung an die Staatsanwaltschaft zur Behandlung im ordentlichen Verfahren abgeben konnte, wenn die alsbaldige Aburteilung der Tat für die Aufrechterhaltung der öffentlichen Ordnung oder für die Staatssicherheit von minderer Bedeutung oder wenn der Täter ein Jugendlicher war. War aber bis dahin die Zuständigkeit der Sondergerichte auf Zuwiderhandlungen gegen bestimmte Strafvorschriften beschränkt geblieben, so ermächtigte nunmehr die VO über die Erweiterung der Zuständigkeit der Sondergerichte vom 20. 11. 1938 (RGBl. I S. 1632) die Anklagebehörde dazu, bei allen Verbrechen, die zur Zuständigkeit des Schwurgerichts oder eines niedrigeren Gerichts gehören, Anklage vor dem Sondergericht zu erheben, wenn die sofortige Aburteilung durch das Sondergericht nach der Ansicht der Anklagebehörde wegen der Schwere oder der Verwerflichkeit der Tat oder wegen der in der Öffentlichkeit entstandenen Erregung geboten war. Das bedeutete die Preisgabe des die §§ 13 und 16 GVG tragenden Grundsatzes, der verlangt, daß die Sondergerichtsbarkeit von der ordentlichen Gerichtsbarkeit durch Grenzen getrennt wird, die nach der Eigenart der Täter oder der Taten oder nach Geltungsraum oder Geltungszeit scharf bestimmt sind. Schließlich reihte die VO über Strafen und Strafverfahren bei Zuwiderhandlungen gegen Preisvorschriften vom 3. 6. 1939 (RGBl. I S. 999) weitere Straftaten in die Zuständigkeit der Sondergerichte ein.

d) Wehrmachtsstrafverfahren. Das Gesetz vom 26. 6. 1936 (RGBl. I S. 517) ord- **33** nete die Wiedereinrichtung eines Obersten Gerichtshofes der Wehrmacht an. Die VO vom 5. 9. 1936 (RGBl. I S. 718) schuf demzufolge das Reichskriegsgericht mit dem Sitz in Berlin. Durch die Bekanntmachung vom 29. 9. 1936 (RGBl. I S. 751) erhielten die Militärstrafgerichtsordnung und das Einführungsgesetz dazu eine neue Fassung.

---

[3] Vgl. BGH NJW **1954** 1777.

Karl Schäfer

4. Vom Ausbruch des Krieges am 1. 9. 1939 bis zum Kriegsende am 8. 5. 1945

34   **a) Allgemeines.** Die umfangreiche Gesetzgebung während des Krieges auf dem Gebiet des Strafgerichtsverfassungs- und Strafverfahrensrechts hat zwiespältigen Charakter. Sie ist einerseits gekennzeichnet durch einschneidende Maßnahmen, die, durch die Kriegsverhältnisse, insbesondere den Kräftemangel und das Bedürfnis, die öffentliche Ordnung auch in gefährdeten Zeiten durch nachdrückliche Ahndung von Straftaten aufrechtzuerhalten, veranlaßt, als zeitlich begrenzte Notbehelfe gedacht waren. Zugleich aber zeigte sich, nachdem durch den Kriegsausbruch und die Dauer des Krieges die Hoffnung, die weit gediehenen Pläne nach einer umfassenden Reform des materiellen und des Gerichtsverfassungs- und Verfahrensrechts bald zu verwirklichen, geschwunden war, das Bestreben, wichtige Reformpunkte unter dem Gesichtspunkt (oder dem Vorwand) einer kriegsgebotenen Vereinfachung vorwegzunehmen und damit auf Dauer berechnetes Recht zu schaffen. Das gilt z. B. für die **Einführung des außerordentlichen Einspruchs und der Nichtigkeitsbeschwerde**, die Neugestaltung der sachlichen Zuständigkeit, die allgemeine Preisgabe des Eröffnungsverfahrens, den Einbau eines Verfahrens zur Entschädigung des Verletzten, die Änderung der Vorschriften über die Wiederaufnahme des Verfahrens sowie die Umwandlung der Jugendgerichtsverfassung und des Jugendstrafverfahrens. Nicht einzugehen ist an dieser Stelle auf gewisse außerhalb des geschriebenen Rechts vollzogene Maßnahmen und Verlautbarungen wie den bekannten, aus Mißtrauen gegen die Justizgerichte geborenen Beschluß des Reichstages vom 26. 4. 1942, der den „Führer" zum „obersten Gerichtsherrn" erklärte mit dem Recht, auch den Richter „ohne Einleitung vorgeschriebener Verfahren aus seinem Amte, aus seinem Rang und seiner Stellung zu entfernen". Was hier an faktischen, gegen die richterliche Unabhängigkeit gerichteten politischen Einflußnahmen geleistet wurde, mag man etwa aus der Darstellung bei *Schorn* Der Richter im Dritten Reich (1959) ersehen.

35   **b) Gerichtsverfassung.** Die VO über Maßnahmen auf dem Gebiet der Gerichtsverfassung und der Rechtspflege vom 1. 9. 1939 (RGBl. I S. 1658) ermächtigte den Reichsminister der Justiz, Gerichte zu errichten und aufzuheben, ihren Sitz zu verlegen und ihre Bezirke anders zu begrenzen; sie verpflichtete die Richter zur Wahrnehmung von Dienstgeschäften auch außerhalb des Gerichts, dem sie als ständig angestellt angehörten, und ermöglichte die Verwendung von Hilfsrichtern und ihre Betrauung mit dem Vorsitz bei allen Gerichten. Die Mitwirkung der Laienrichter entfiel; die VO übertrug die Zuständigkeit des Schöffengerichts auf den Amtsrichter, die des Schwurgerichts auf die Strafkammer. Sie verringerte ferner die Zahl der in der Hauptverhandlung des ersten Rechtszuges mitwirkenden Richter der Strafsenate der Oberlandesgerichte. Zu dieser ersten VereinfachungsVO ergingen die DurchführungsVOen vom 8. 9. 1939 (RGBl. I S. 1709) und vom 4. 10. 1939 (RGBl. I S. 1994). Das Gesetz zur Änderung von Vorschriften des allgemeinen Strafverfahrens, des Wehrmachtsstrafverfahrens und des Strafgesetzbuchs vom 16. 9. 1939 (RGBl. I S. 1841) regelte die Überweisung von Strafsachen aus der allgemeinen Gerichtsbarkeit an die Wehrmachtsgerichtsbarkeit und begründete den Besonderen Strafsenat des RG zur Entscheidung über den außerordentlichen Einspruch (s. unten Rdn. 38) und als Gericht des ersten Rechtszugs in Strafsachen von großer Bedeutung, die nicht zur Zuständigkeit des Volksgerichtshofs gehörten. Dazu ergingen die DurchführungsVOen vom 17. 9. 1939 (RGBl. I S. 1847) und vom 11. 12. 1939 (RGBl. I S. 2402). Die VO zum Schutz gegen jugendliche Schwerverbrecher ermächtigte den Staatsanwalt, Anklage gegen einen bei Tatbegehung über 16 Jahre alten Jugendlichen vor dem Erwachsenengericht zu erheben. Die VO vom 17. 10. 1939 (RGBl. I S. 2107) begründete eine Sondergerichtsbarkeit in Strafsachen für Angehörige der SS und für die Angehörigen der Polizeiverbände bei besonderen Einsatz.

Weitere Eingriffe von tiefer und breiter Wirkung vollzog die VO über die **Zustän-** **36** **digkeit der Strafgerichte, die Sondergerichte** und sonstige strafverfahrensrechtliche Vorschriften vom 21. 2. 1940 (RGBl. I S. 105). Sie bestimmte die sachliche Zuständigkeit der Strafgerichte nach neuen Grundsätzen derart, daß die Strafgewalt („Strafbann") des Amtsrichters bis zu zwei Jahren Zuchthaus reichte und von den Maßregeln der Sicherung und Besserung nur die Sicherungsverwahrung und die Entmannung nicht umfaßte, während die Strafgewalt der Strafkammer keine Grenze hatte, und daß der Staatsanwalt die Anklage vor dem Amtsrichter erhob, wenn er dessen Strafgewalt für ausreichend hielt, im übrigen vor der Strafkammer, daß er aber auch bei ausreichender Strafgewalt des Amtsrichters vor der Strafkammer anklagen konnte, wenn er dies mit Rücksicht auf den Umfang oder die Bedeutung der Sache oder aus einem anderen Grund für angezeigt erachtete. Die DurchfVO vom 13. 3. 1940 (RGBl. I S. 489) setzte in § 21 Nr. 3 unter anderen die §§ 24 bis 26 a, 28, 79 bis 92, 134, 139 Satz 2 GVG sowie den § 9 EGGVG außer Kraft. Eine weitere Heranziehung von Referendaren zur selbständigen Wahrnehmung von Geschäften des Richters, des Staatsanwalts und des Rechtsanwalts wurde durch die VO zur Vereinfachung der Gerichtsverfassung vom 16. 5. 1942 (RGBl. I S. 333) ermöglicht; der Reichsjustizminister erließ hierzu die Allg. Verf. vom 4. 7. 1942 (DJ 454, 455). Die zweite VO zur Vereinfachung der Strafrechtspflege vom 13. 8. 1942 (RGBl. I S. 508) erweiterte die Strafgewalt des Amtsrichters auf fünf Jahre Zuchthaus und schrieb vor, daß der Vorsitzer oder sein regelmäßiger Stellvertreter die Entscheidungen der Strafkammer, des Sondergerichts und des Strafsenats beim Oberlandesgericht allein treffen konnte, wenn er wegen der einfachen Sach- und Rechtslage die Mitwirkung der Beisitzer für entbehrlich hielt und der Staatsanwalt zustimmte. Der Art. 1 der VO zur weiteren Kräfteersparnis in der Strafrechtspflege vom 29. 5. 1943 (RGBl. I S. 346) schritt in derselben Richtung fort, indem er den Vorsitzer der zuvor genannten Gerichte unter derselben Voraussetzung ermächtigte, zu bestimmen, daß ein Beisitzer die Entscheidung allein trifft und daß Entscheidungen in der Besetzung von zwei Richtern mit Einschluß des Vorsitzers getroffen werden könnten; er ermöglichte dieselbe Besetzung für die außerhalb der Hauptverhandlung ergehenden Beschlüsse des Strafsenats und des Besonderen Strafsenats beim Reichsgericht.

c) Jugendgerichtsverfassung und Jugendstrafverfahren. Mit Wirkung vom 1. 1. **37** 1944 trat das ReichsjugendgerichtsG vom 6. 11. 1943 (RGBl. I S. 639) an die Stelle des JugendgerichtsG vom Febr. 1923. In dem die Jugendgerichtsverfassung betreffenden Teil traf es insbesondere Vorschriften über die Jugendgerichte, die Aufgaben des Jugendrichters und die Bestellung der Jugendstaatsanwälte.

d) Allgemeines Strafverfahren. Die VereinfachungsVO vom 1. 9. 1939 (Rdn. 35) **38** beschränkte die Rechtsmittel, engte die Voraussetzungen der notwendigen Verteidigung und der Bestellung eines Verteidigers von Amts wegen in anderen Fällen ein, gab dem beschleunigten Verfahren und dem Strafbefehl einen noch weiteren Raum, stellte die Entscheidung über Beweisanträge allgemein in das (pflichtgemäße) Ermessen des Gerichts (§ 24) und ermöglichte die Aussetzung der Entscheidung über einen Antrag auf Wiederaufnahme des Verfahrens. Das Gesetz vom 16. 9. 1939 (Rdn. 35) eröffnete eine bisher nicht gegebene Möglichkeit der Verbindung von Strafsachen der allgemeinen Gerichtsbarkeit und der Wehrmachtsgerichtsbarkeit, führte den **„Außerordentlichen Einspruch gegen rechtskräftige Urteile"** neu ein, der zur Folge hatte, daß der Besondere Strafsenat des Reichsgerichts in der Sache von neuem entschied, und verlieh dem Oberreichsanwalt beim Reichsgericht das Recht, Anklage vor diesem Senat in Sachen zu erheben, für die nicht der Volksgerichtshof zuständig war. Das Verfahren des Revisions-

Karl Schäfer

gerichts war Gegenstand der VO zur Durchführung und Ergänzung der VO gegen Gewaltverbrecher vom 28. 12. 1939 (RGBl. 1940 I S. 17). Die ZuständigkeitsVO vom
21. 2. 1940 (Rdn. 36) faßte die bisherigen Vorschriften über das beschleunigte Verfahren vor dem Amtsrichter zusammen und ließ dieses Verfahren innerhalb der Strafgewalt des Amtsrichters auch bei Verbrechen zu, trug aber den großen Gefahren, die aus
der Beschleunigung für die Gerechtigkeit des Urteils hervorgehen können, dadurch
Rechnung, daß sie den Amtsrichter berechtigte und verpflichtete, die Aburteilung im beschleunigten Verfahren abzulehnen, wenn sich die Sache dazu nicht eigne. Dieselbe
VO änderte die Vorschriften über die Verteidigung abermals und schuf in der **Nichtigkeitsbeschwerde des Oberreichsanwalts** einen weiteren Rechtsbehelf gegen rechtskräftige Entscheidungen des Amtsrichters, der Strafkammer und des Sondergerichts. Die
Nichtigkeitsbeschwerde war zeitlich beschränkt und nur zur Abhilfe gegenüber einem
Fehler bei Anwendung des Rechts auf die festgestellten Tatsachen zulässig; die Entscheidung über sie wurde den ordentlichen Strafsenaten des RG übertragen. Die zur ZuständigkeitsVO erlassene DurchführungsVO vom 13. 3. 1940 (Rdn. 35) erklärte im § 21
Nr. 1 u. 28 unter anderem die §§ 5 a, 140, 141, 142, 144 Abs. 1, 212, 270 Abs. 1 Satz 2,
281, 407 Abs. 4, 422 Abs. 2 StPO und die §§ 20 bis 22 der VereinfachungsVO vom 1. 9.
1939 für nicht mehr gültig. Vorschriften über das Strafverfahren waren ferner in der
VerbrauchsregelungsStrafVO vom 6. 4. 1940 (RGBl. I S. 610) enthalten. Die VO über
den Geltungsbereich des Strafrechts vom 6. 5. 1940 (RGBl. I S. 754) nahm die §§ 8 a und
153 a (heute § 153 c) in die StPO auf.

39   Die **zweite VO zur Vereinfachung der Strafrechtspflege** vom 13. 8. 1942 (Rdn. 35)
schrieb die Beseitigung des Eröffnungsbeschlusses vor, ließ den Strafbefehl bis zur Höhe
von sechs Monaten Freiheitsstrafe auch bei Verbrechen zu, ermächtigte den Staatsanwalt zum Verzicht auf Teilnahme an der Hauptverhandlung im Verfahren vor dem
Amtsrichter, beseitigte den Zwang zur Mitwirkung eines Schriftführers in der Hauptverhandlung allgemein und schränkte die Rechtsmittel durch das Erfordernis einer besonderen Zulassung der Beschwerde und der Berufung des Angeklagten, des Privatklägers oder des Nebenklägers ein. Sie **erweiterte die Voraussetzungen der Nichtigkeitsbeschwerde** so, daß sie erhoben werden konnte, wenn die Entscheidung wegen eines Fehlers bei der Anwendung des Rechts ungerecht erschien oder wenn ein erhebliches Bedenken gegen die Richtigkeit der tatsächlichen Feststellungen oder gegen den Strafausspruch bestand, und ermächtigte den Oberreichsanwalt zur Abgabe der mit der Nichtigkeitsbeschwerde angefochtenen Sachen an den Generalstaatsanwalt beim Oberlandesgericht. Das Privatklageverfahren wurde wesentlich beschränkt; Privatklagen wegen
Beleidigung konnten grundsätzlich erst nach Ablauf eines Monats seit Erlangung der
Kenntnis von Tat und Täter erhoben werden; in anderen Privatklagesachen konnte das
Verfahren auf einen Monat ausgesetzt werden, wenn in dieser Zeit mit der Einkehr des
Friedens zwischen den Beteiligten zu rechnen war.

40   Als **Dauerrecht** waren die Vorschriften über die Erledigung des **Privatklageverfahrens** in Fällen von geringerer Schwere durch **Friedensspruch** gedacht (Art. 8 §§ 2 bis
4). Im Friedensspruch konnte das Gericht eine Verwarnung aussprechen, dem Täter
eine Friedensbuße in Geld auferlegen oder ihm, wenn zu befürchten war, daß er dem
Verletzten gegenüber nicht Frieden halten werde, eine Friedensbürgschaft durch Leistung einer Sicherheit in Geld auferlegen, die verfiel, wenn er innerhalb der im Spruch
bestimmten Zeit nicht Frieden hielt. Mit dem Friedensspruch konnten **Feststellungen zur
Wiederherstellung des guten Rufs** des Verletzten verbunden werden. Weiter hob die VO
die §§ 38, 172 bis 177, 220, 386 Abs. 2, 395 Abs. 2 und 472 StPO auf, so daß unmittelbare
Ladung durch den Angeklagten, den Privatkläger und den Nebenkläger, das
Klageerzwingungsverfahren und das Kreuzverhör in Wegfall kamen. Sie ersetzte die

§§ 232, 233 und 233 a StPO, die sich mit der Aburteilung des abwesenden Angeklagten befaßten, durch einen neuen § 232 und gab dem § 235 demzufolge eine andere Fassung. Sie änderte überdies die §§ 36 Abs. 2, 116, 152, 153, 195 Abs. 1, 214 Abs. 1, 222, 229, 260, 266, 377 Abs. 1, 382 und 388 StPO; damit wurden die Befugnisse des Staatsanwalts erweitert, der nunmehr bei Antragsdelikten und geringfügigen Vergehen auch ohne amtsrichterliche Zustimmung von der Anklageerhebung absehen und über Beschränkungen während der Untersuchungshaft im Vorverfahren neben dem Amtsrichter entscheiden konnte. Die VO zur **Beseitigung des Eröffnungsbeschlusses** im Strafverfahren vom 13. 8. 1942 (RGBl. I S. 512) regelte im einzelnen das nach der Beseitigung des Eröffnungsbeschlusses einzuschlagende Verfahren; an die Stelle der Eröffnung des Hauptverfahrens trat die Anordnung der Hauptverhandlung, die nur unter bestimmten, eng begrenzten Voraussetzungen vom Gericht abgelehnt werden konnte. Diese Neuerung hatte so zur Folge, daß die §§ 213, 215, 264 Abs. 2 StPO gestrichen und die §§ 16, 25, 148, 156, 217 Abs. 2, 243 Abs. 2, 4, 265, 267 Abs. 4, 270 Abs. 2, 3 und 279 Abs. 1 StPO geändert wurden oder anders als bisher angewandt werden mußten.

Mit Rücksicht auf die Neugestaltung der Vorschriften des StGB über den Mein- **41** eid und auf die Neuaufnahme einer Vorschrift über die Bestrafung der falschen uneidlichen Aussage änderte der Art. 4 der VO vom 29. 5. 1943 (RGBl. I S. 341) die §§ 57, 59 und 66 b Abs. 2 Satz 2 vornehmlich in dem Sinn ab, daß das Gericht nach pflichtmäßigem Ermessen entschied, ob ein Zeuge zu **vereidigen** war; er strich demzufolge die §§ 61, 62, 79 Abs. 1 Satz 2, § 223 Abs. 3 und § 286 Abs. 2. Die dritte VO zur Vereinfachung der Strafrechtspflege vom 29. 5. 1943 (RGBl. I S. 342) vereinfachte das Verfahren bei Ausschließung und Ablehnung von Gerichtspersonen, änderte den § 200 Abs. 2 im Sinn einer Vereinfachung, ermöglichte allgemein die Abkürzung der Ladungsfrist bis auf vierundzwanzig Stunden und erleichterte die Verlesung von Niederschriften in der Hauptverhandlung. Darüber hinaus brachte sie als **Dauerrecht** gedachte Neuerungen, indem sie das **Adhäsionsverfahren** einführte (Änderung der bisherigen §§ 403 bis 406) und das Recht der **Wiederaufnahme des Verfahrens** in dem Sinne umgestaltete, daß sie die Gründe für die Wiederaufnahme des Verfahrens zuungunsten des Angeklagten denjenigen über die Wiederaufnahme zugunsten des Verurteilten anglich; zugleich wurde die Wiederaufnahme gegen einen rechtskräftigen Strafbefehl zugelassen.

e) Volksgerichtshof. Das Gesetz vom 16. 9. 1939 (Rdn. 35) ließ den „außerordent- **42** lichen Einspruch" auch gegen die Urteile des Volksgerichtshofs zu, über den ein besonders zusammengesetzter Besonderer Senat des Volksgerichtshofs zu entscheiden hatte. Die ZuständigkeitsVO vom 21. 2. 1940 (Rdn. 36) faßte die Vorschriften über die Zuständigkeit des Volksgerichtshofs zusammen und erklärte die Verteidigung vor diesem Gericht für notwendig. Die VO über die erweiterte Zuständigkeit des Volksgerichtshofs vom 10. 12. 1941 (RGBl. I S. 776) begründete seine Zuständigkeit für Spionage im Sinn des § 2 der KriegssonderstrafrechtsVO unter der Voraussetzung, daß das Oberkommando der Wehrmacht oder der Gerichtsherr erklärte, daß die militärischen Belange die Aburteilung durch ein Wehrmachtsgericht nicht erforderten.

f) Sondergerichte. Die VereinfachungsVO vom 1. 9. 1939 (Rdn. 35) erweiterte **43** den Tätigkeitsbereich der Sondergerichte. Sie ermöglichte die Erhebung der Anklage vor dem Sondergericht bei Verbrechen und Vergehen, die zur Zuständigkeit des Schwurgerichts oder eines niedrigeren Gerichts gehörten, ohne eine Grenze nach dem Gegenstand der Straftat zu ziehen. Dann unterstellten die VOen über außerordentliche Rundfunkmaßnahmen vom 1. 9. 1939 (RGBl. I S. 1683), gegen Volksschädlinge vom 5. 9. 1939 (RGBl. I S. 1679) und gegen Gewaltverbrecher vom 5. 12. 1939 (RGBl. I S. 2378, 1940 I S. 17) bestimmte Verbrechen der ausschließlichen Zuständigkeit der

Sondergerichte. Schließlich faßte die ZuständigkeitsVO vom 21. 2. 1940 (Rdn. 36) die Vorschriften über den Aufbau und die Zuständigkeit der Sondergerichte, über das vor diesen Gerichten einzuhaltende Verfahren und über das Verhältnis zwischen Sondergerichten und ordentlichen Gerichten zusammen. Die bei den Landgerichten gebildeten Sondergerichte waren danach für bestimmte Straftaten ausschließlich und für andere Verbrechen und Vergehen dann zuständig, wenn die Anklagebehörde die Aburteilung durch das Sondergericht mit Rücksicht auf die Schwere oder die Verwerflichkeit der Tat, wegen der in der Öffentlichkeit hervorgerufenen Erregung oder wegen ernster Gefährdung der öffentlichen Ordnung oder Sicherheit für geboten erachtete. Die Unanfechtbarkeit der Entscheidungen der Sondergerichte wurde aufrechterhalten.

44   **g) Wehrmachtsstrafverfahren.** Am 26. 8. 1939 trat die VO über das militärische Strafverfahren im Krieg und bei besonderem Einsatz — Kriegsstrafverfahrensordnung — vom 17. 8. 1938 (RGBl. I S. 1457) gemäß VO vom 26. 8. 1939 (RGBl. I S. 1482) in Kraft. Das Gesetz vom 16. 9. 1939 (Rdn. 35) brachte u. a. neue Vorschriften über die **„Außerordentliche Wiederaufnahme auf Anordnung des Führers und Obersten Befehlshabers der Wehrmacht"**, über den für die erneute Verhandlung und Entscheidung zuständigen Sondersenat des Reichskriegsgerichts und über das Verfahren vor diesem. Von den VOen, die dann noch Einfluß auf das Wehrmachtsstrafverfahren ausübten, sind die vierte VO zur Durchführung und Ergänzung der KriegsstrafverfahrensO vom 1. 11. 1939 (RGBl. I S. 2132) sowie die VO vom 10. 12. 1941 (Rdn. 42) hervorzuheben. Das Mißtrauen, das die politische Führung den Justizgerichten entgegenbrachte, erstreckte sich gegen Ende des Krieges auch auf die Wehrmachtsgerichte. So wurden die an den Ereignissen des 20. 7. 1944 beteiligten Offiziere der Aburteilung durch die Wehrmachtsgerichte entzogen und dem Volksgerichtshof überstellt. Auf weitere Einzelheiten ist in diesem summarischen Überblick nicht einzugehen.

V. Die Nachkriegsgesetzgebung bis zur Entstehung der Bundesrepublik

45   **1. Allgemeines.** Das Kriegsende im Mai 1945 hinterließ ein Rechtschaos. Schon die seit der letzten umfassenden Neutextierung durch die Bekanntmachung vom 22. 3. 1924 bis zum Beginn des Krieges im September 1939 ergangenen, das GVG und die StPO ändernden und ergänzenden Vorschriften hatten den Rechtsstand schwer übersehbar gemacht; eine dringend gebotene Neutextierung war aber wegen der im Gang befindlichen Reform unterlassen worden. Erst recht war jede Übersichtlichkeit geschwunden, als die rasch aufeinanderfolgenden und sich übersteigernden und überlagernden Kriegsmaßnahmen nicht mehr erkennen ließen, was als zeitgebundenes Notrecht und was als Dauerrecht gedacht war. Die Gesetzgebung sah sich jetzt vor eine doppelte Aufgabe gestellt: einmal, die Kriegsmaßnahmen abzubauen, soweit nicht die in der Nachkriegszeit weiterbestehenden und neuauftretenden Schwierigkeiten zu ihrer Aufrechterhaltung zwangen, zum anderen, nach dem grundsätzlichen Wandel der politischen Verhältnisse und Anschauungen diejenigen aus der Zeit der Herrschaft des Nationalsozialismus stammenden Änderungen, die als spezifisch nationalsozialistisch empfunden wurden, auszumerzen.

46   Diese Aufgabe aber konnte nicht reichseinheitlich von einer zentralen deutschen Gesetzgebung gelöst werden, da das Reich durch den Fortfall seiner Organe als Folge der bedingungslosen Kapitulation funktionsunfähig geworden war. Die Reichsgesetzgebungsgewalt wurde von den Besatzungsmächten ausgeübt. Als zwangsläufige Folge des Wegfalls der Reichsgewalt ergab sich im übrigen der **Rückfall der Justizhoheit auf** die — überwiegend neu gebildeten — **Länder.** Zum Erlaß von Gesetzen mit Wirkung für das Reichsgebiet errichteten die Oberbefehlshaber der Besatzungstruppen durch Kontrollrat-Proklamation Nr. 1 vom 30. 8. 1945 einen **Kontrollrat**. Die Methoden der gesetzgebenden Gewalt des Kontrollrats wurden durch Kontrollrat-Direktive Nr. 10 vom 22. 9. 1945 dahin festgelegt, daß der Kontrollrat seine Anordnungen allgemeinen Inhalts durch Proklamationen, Gesetze, Befehle oder Direktiven erlassen konnte. Das Gerichtsverfassungs- und Strafverfahrensrecht betrafen vornehmlich die Kontrollrat-Proklamation Nr. 3 betr. Grundsätze für die Umgestaltung der Rechtspflege vom 20. 10. 1945 (ABl. des Kontrollrats 1945 S. 22) und das KontrollratsG Nr. 4 über Umgestaltung des deutschen Gerichtswesens vom 30. 10. 1945 (ABl. S. 26). Die Kontrollrat-Proklamation Nr. 3 stellte lediglich einige Grundsätze auf, denen die Strafrechtspflege genügen müsse; insbesondere betraf sie die Schutzrechte des Angeklagten im Strafverfahren, sprach die Unabhängigkeit der Richter aus und hob den Volksgerichtshof und die Sondergerichte auf. Das KontrollratsG Nr. 4 regelte in großen Umrissen Aufbau und Zuständigkeit der Strafgerichte, wobei die Umgestaltung der Gerichte grundsätzlich in Übereinstimmung mit dem GVG in der Fassung der Bekanntmachung vom 22. 3. 1924 erfolgen sollte. Als ordentliche Gerichte wurden die Amts-, Land- und Oberlandesgerichte wiederhergestellt; das Reichsgericht war nicht mehr vorgesehen. Die Zuständigkeit der Amts- und Landgerichte sollte sich im allgemeinen nach dem am 30. 1. 1933 geltenden Recht richten. Über Berufungen gegen amtsgerichtliche Entscheidungen sollten die Landgerichte entscheiden; die Oberlandesgerichte waren Revisionsgerichte. Weiterhin grenzte das Gesetz die Zuständigkeit der deutschen Gerichte gegenüber derjenigen der Besatzungsgerichte ab. Die Durchführung dieser Grundsätze oblag den in den einzelnen Besatzungszonen bestehenden Gesetzgebungsgewalten.

2. In der folgenden kurzen **Übersicht** soll nur die **Rechtsentwicklung in den westlichen Besatzungszonen** geschildert werden.

a) In der **amerikanischen Besatzungszone** erließen die Länder Bayern, Bremen, **47** Hessen und Württemberg-Baden auf Veranlassung der Militärregierung das StrafgerichtsverfassungsG (StGVG) 1946 und die StPO 1946, die zwar in jedem Land als Landesgesetz ergingen, zunächst aber mit geringfügigen Abweichungen wörtlich übereinstimmten. In beiden Gesetzen wurde zwar weitgehend auf den Rechtsstand der vornationalsozialistischen Zeit zurückgegriffen, doch blieben auch eine Reihe von Änderungen aus der Zeit von 1933 bis 1945, wie etwa die Beseitigung des Eröffnungsbeschlusses, aufrechterhalten. Wesentlich war die einem Verlangen der Besatzungsmächte entsprechende Beseitigung der polizeilichen Strafverfügung, die zu einer Überflutung der Gerichte mit Übertretungsfällen führte. Das GVG wurde in der Folgezeit durch mehrere Länderratsgesetze ergänzt. Die Bildung von Schöffen- und Schwurgerichten und die Abgrenzung ihrer Zuständigkeit sowie die Besetzung der Strafkammern mit Schöffen blieb Anordnungen der obersten Landesjustizbehörde überlassen. Sie haben von dieser Ermächtigung erst in der Zeit ab 1947 Gebrauch gemacht (vgl. die Aufzählung in der 21. Aufl., S. 17). Diese Anordnungen der Länder waren nicht einheitlich und hatten z. T. weitgehende Verschiedenheiten in der Besetzung und sachlichen Zuständigkeit der Strafgerichte zur Folge. Die durch die EmmingerVO 1924 erfolgte Umwandlung des Schwurgerichts wurde im allgemeinen aufrechterhalten, doch wurde es z. B. in Hessen mit zwei Richtern und sieben Geschworenen besetzt. Aus dem Rahmen der in den übrigen Ländern getroffenen Anordnungen fiel die bayerische Neuordnung der Besetzung des Schwurgerichts heraus (VO vom 13. 7. 1948, GVBl. 234); sie führte, z. T. unter Rückgriff auf den Rechtszustand vor der Emminger-Reform, die Trennung in eine Richterbank (drei Richter) und eine Geschworenenbank (zwölf Geschworene) ein,

Karl Schäfer

wobei über die Schuldfrage allein die Geschworenen entschieden, während über die Strafbemessung Richter und Geschworene gemeinsam entschieden. In Bayern wurde durch Gesetz vom 11. 5. 1948 (GVBl. S. 83) das im Jahre 1935 aufgehobene BayObLG wiedererrichtet. Durch Länderratsgesetz wurde 1948 in das GVG ein § 13 a eingefügt, der die Landesgesetzgebung ermächtigte, die in die Zuständigkeit der Amtsgerichte fallenden Strafsachen **Friedensgerichten oder Friedensrichtern** zur Entscheidung zuzuweisen. Von dieser Ermächtigung hat Württemberg-Baden durch Gesetz über die Friedensgerichtsbarkeit vom 20. 3. 1949 (RegBl. S. 47), das bei der Wiederherstellung der Rechtseinheit im Bundesgebiet aufrechterhalten wurde, für Übertretungen Gebrauch gemacht. Über das Schicksal dieses Gesetzes vgl. unten Kap. **16** 35.

48   b) In der **britischen Besatzungszone** (Niedersachsen, Nordrhein-Westfalen, Schleswig-Holstein, Hamburg) galt die von der Militärregierung erlassene Allg. Anweisung für Richter Nr. 2; durch VO der brit. Militärregierung vom 1. 10. 1945 (ABl. S. 50) wurde diese Anweisung, die im wesentlichen dem in der amerikanischen Zone geltenden Recht entsprach, mit Gesetzeskraft ausgestattet. In der Folgezeit wurde, zunächst durch übereinstimmende VOen der Oberlandesgerichts-Präsidenten, dann, nach Bildung des **Zentral-Justizamtes** für die britische Zone, durch VOen dieser Stelle der Text von GVG und StPO mehrfach geändert, so daß schließlich erhebliche Unterschiede gegenüber dem Recht der amerikanischen Zone bestanden. Auch in der britischen Zone wurde das polizeiliche Strafverfügungsrecht beseitigt und statt dessen durch VOen der OLG-Präsidenten i. J. 1946 neben dem Strafbefehl als weiteres summarisches Erledigungsmittel die **amtsrichterliche Strafverfügung** eingeführt. Das Recht der britischen Zone ist gekennzeichnet durch das Bestreben nach einheitlicher Rechtsetzung und Rechtsanwendung. Neben dem Zentraljustizamt, dem die zoneneinheitliche Gesetzgebungsbefugnis übertragen war, wurde als zonenhöchstes Revisionsgericht, dem an Stelle des weggefallenen Reichsgerichts die Wahrung der Rechtseinheit in der Rechtsprechung oblag, durch VO Nr. 98 der brit. Militärregierung und DurchfVO des Zentraljustizamtes vom 17. 11. 1947 (VOBl. S. 149) der **Oberste Gerichtshof für die britische Zone** (OGH oder OGHBZ) mit dem Sitz in Köln geschaffen. Nach Bildung des die amerikanische und britische Zone umfassenden vereinigten Wirtschaftsgebiets wurde ferner durch Proklamation Nr. 8 der brit. und amerik. Militärregierung im Jahre 1948 das **Deutsche Obergericht für das Vereinigte Wirtschaftsgebiet** mit dem Sitz in Köln errichtet, das — freilich in engen Grenzen — über die Revision gegen Entscheidungen von Strafgerichten in der Doppelzone entschied, wenn es sich um grundsätzlich bedeutsame Fragen der Auslegung von Gesetzen der Verwaltung des vereinigten Wirtschaftsgebiets handelte. — Die Wiedereinführung der Schöffen- und Schwurgerichte und die Abgrenzung ihrer Zuständigkeit erfolgte in der brit. Zone durch VO des Zentraljustizamtes vom 22. 8. 1947 (VOBl. S. 115).

49   c) Die Länder der **französischen Besatzungszone** (Rheinl.-Pfalz, Baden, Württ.-Hohenzollern, bay. Kreis Lindau) erließen in den Jahren 1946 und 1947 inhaltlich im wesentlichen übereinstimmende Vorschriften, deren Grundgedanke war, daß sich das Verfahren im allgemeinen nach dem am 8. 5. 1945 geltenden Recht, Aufbau, Zuständigkeit und Besetzung der Gerichte dagegen nach dem GVG i. d. F. der Bekanntm. vom 22. 3. 1924 unter Berücksichtigung der bis zum 30. 1. 1933 erfolgten Änderungen richtete (vgl. die Aufzählung auf S. 18 der 21. Aufl.). Auch in der französischen Zone wurden wieder Schöffen und Geschworene tätig, die Zahl der Geschworenen wurde aber von sechs auf neun erhöht. Ein wesentlicher Unterschied gegenüber dem Recht der amerikanischen und der britischen Zone bestand u. a. darin, daß die polizeiliche Strafverfügung beibehalten wurde.

3. Das **Ergebnis dieser** in kurzen Zügen geschilderten **Nachkriegsentwicklung 50**
war eine weitgehende Rechtszersplitterung. Nicht nur, daß die in den Ländern und
Zonen geltenden Vorschriften im Wortlaut und in der Sache z. T. erheblich voneinander
abwichen, es fehlte auch an einer einheitlichen Steuerung der Rechtsanwendung, da
nach dem Wegfall des Reichsgerichts das letzte Wort in der Frage der Gesetzesauslegung jeweils dem einzelnen Oberlandesgericht (bzw. dem OGHBZ und dem BayObLG)
für seinen örtlichen Bereich zustand. Auch das hatte freilich wiederum sein Gutes: Die
neuen „höchsten" Revisionsgerichte prüften frei und bindungslos, inwieweit die Ergebnisse der reichsgerichtlichen Rechtsprechung mit dem Wandel der Verhältnisse und Anschauungen vereinbar seien, und wenn auch die innere Autorität, die den Erkenntnissen
des Reichsgerichts beigemessen wurde, sich weiterhin im großen und ganzen als ein eini-
gendes Band erwies, so hat doch die Nachkriegsrechtsprechung auch in wesentlichen
Fragen begonnen, sich von der Rechtsprechung des Reichsgerichts abzulösen; der
Hinweis auf die Frage der Bedeutung des Strafrechtsirrtums mag hier genügen.

IV. Die Rechtsentwicklung der Bundesrepublik bis zur „kleinen Strafprozeßreform" 1964

1. **Die Wiederherstellung der Rechtseinheit.** Das Grundgesetz (GG) vom 23. 5. **51**
1949 enthält eine Reihe von Vorschriften, die unmittelbar das Strafverfahren und die
Gerichtsverfassung betreffen. Neben Vorschriften wie etwa Art. 3 (Gleichheit vor dem
Gesetz), Art. 10 (Unverletzlichkeit des Brief- und Postgeheimnisses), Art. 13 (Unverletzlichkeit der Wohnung), Art. 16 (Verbot der Auslieferung Deutscher), Art. 35
(Rechts-und Amtshilfe), Art. 46, 47 (Immunität und Zeugnisverweigerungsrecht der
Abgeordneten), Art. 60 (Begnadigungsrecht des Bundespräsidenten) kommt hier insbesondere der Abschn. IX („Die Rechtsprechung", Art. 92 ff) in Betracht. Art. 96 schrieb
für die ordentliche Gerichtsbarkeit die Errichtung eines oberen (jetzt: „obersten") Bun-
desgerichts vor; Art. 74 Nr. 1 legte dem Bund die konkurrierende Gesetzgebungsbefugnis für die Gebiete des Strafrechts und des Strafvollzuges, der Gerichtsverfassung und
des gerichtlichen Verfahrens bei. Auf dieser Grundlage konnte das Werk, die verloren-
gegangene Rechtseinheit auf dem Gebiet der Gerichtsverfassung und des Strafverfahrens für das Gebiet der Bundesrepublik wiederherzustellen, in Gang gesetzt werden.

Im Jahre 1950 legte der BMJ dem Bundestag den **Entwurf eines Gesetzes zur 52**
Wiederherstellung der Rechtseinheit auf dem Gebiet der Gerichtsverfassung, der bürgerlichen Rechtspflege, des Strafverfahrens und des Kostenrechts mit Begründung vor
(BTDrucks. Nr. 530). Bei der Dringlichkeit des Zieles mußte der Gedanke an eine umfassende Reform oder auch nur an wesentliche Neuerungen in größerer Zahl ausscheiden und ein solches Vorhaben späteren Zeiten vorbehalten bleiben. Um zu einem baldigen Abschluß der Rechtsvereinheitlichung zu gelangen, sollte vielmehr, wie die Begründung ausführt, in jedem Fall auf eine Regelung zurückgegangen werden, die vor dem
Jahr 1945 schon einmal in Deutschland als einheitliches Recht bestanden und sich bewährt hatte. Die Vorschriften, die nationalsozialistisches Gedankengut enthielten oder
aus dem Zwang der Kriegsverhältnisse erwachsen und mit einer geordneten, zuverlässig
arbeitenden Rechtspflege unvereinbar waren, sollten beseitigt werden. Nur ausnahmsweise sollte das nach dem Jahr 1945 geschaffene Recht eines Landes oder eines Besat-
zungsgebietes in der Bundesrepublik eingeführt werden. Im Kern beabsichtigte also der
Entwurf, das Recht der Gerichtsverfassung, des bürgerlichen Streitverfahrens und des
Strafverfahrens wieder so in Kraft zu setzen, wie es vor den Eingriffen der nationalsozialistischen Regierung im Jahr 1933 bestanden hatte. Später eingeführte und im ganzen Reichsgebiet in Kraft gewesene Neuerungen sollten nur insoweit beibehalten wer-

den, als sie Beratungen oder Entwürfen aus der Zeit vor dem Jahr 1933 entstammten und einen Fortschritt darstellten.

53   Die **Beratung im Bundestag** führte nur zu wenigen Änderungen, die aber mehrere wichtige Vorschriften betrafen und von dem Bestreben getragen waren, die Rechtsstaatlichkeit des Verfahrens stärker zu gewährleisten, die Stellung des Beschuldigten zu verbessern und den Forderungen des GG zu genügen. So wurden die §§ 136 a, 69 Abs. 3, 161 Abs. 2, 163 Abs. 2 betr. verbotene Vernehmungsmittel neu in die StPO eingestellt. Von praktisch weittragender Bedeutung war die Regelung der summarischen Verfahren. Entgegen dem Vorschlag des Reg.-Entwurfs, neben dem Strafbefehl und der richterlichen Strafverfügung allgemein die polizeiliche Strafverfügung wieder zuzulassen, lehnte der Bundestag — in Verkennung der Notwendigkeit, die Gerichte vor einer Überflutung mit Bagatellsachen zu bewahren — die polizeiliche Strafverfügung ab und ließ nur — unter der Bezeichnung „Strafverfügung" — die summarische Ahndung von Übertretungen durch den Richter ohne Beteiligung des Staatsanwalts zu. Die notwendige Entlastung brachte in der Folgezeit, wie später darzustellen, die Ersetzung von Übertretungs- durch Ordnungswidrigkeitatbestände (OWiG 1952), namentlich seit der Beseitigung der Verkehrsübertretungen i. J. 1968 und der vollständigen Beseitigung aller Übertretungtatbestände i. J. 1974. Der Bußgeldbescheid der Verwaltungsbehörde, insbes. in den Fällen, in denen die Polizei als Ordnungsbehörde Bußgeldbehörde ist, hat gewissermaßen die Aufgabe der ehemaligen polizeilichen Strafverfügung übernommen.

54   Das vom Bundestag am 12. 9. 1950 beschlossene und am 20. 9. 1950 verkündete Gesetz (BGBl. S. 455) trat am 1. 10. 1950 in Kraft. Die Verkündung des zur Ausführung des Art. 96 Abs. 2 GG ergangenen RichterwahlG vom 25. 8. 1950 (BGBl. S. 368) war vorausgegangen. Das im Art. 96 vorgesehene obere (jetzt „oberste") Bundesgericht erhielt die Bezeichnung **Bundesgerichtshof** und übernahm die Aufgaben, die das Reichsgericht ausgeübt hatte. Seine Stellung als Hüter einer einheitlichen Rechtsanwendung wurde — im Anschluß an Vorschläge des EGStGB-Entw. 1930 (Kap. 4 9) — gestärkt durch die Einführung einer Vorlegungspflicht, wenn ein OLG als Revisionsgericht in einer Rechtsfrage von einer Entscheidung des BGH oder eines anderen Oberlandesgerichts abweichen will (§ 121 Abs. 2 GVG).

55   Damit war die **dringlichste Aufgabe**, auf dem Gebiet der Gerichtsverfassung und des Verfahrensrechts die Einheitlichkeit des Gesetzes sowohl wie die Einheitlichkeit der Rechtsanwendung wiederherzustellen, geleistet. Wie nach der Emminger-Reform im Jahre 1924 wurde auch diesmal im Interesse der Übersichtlichkeit der gesamte Text von GVG, StPO und ZPO in der nunmehr geltenden Fassung in Anlagen zum RechtsvereinheitlichungsG bekanntgemacht. Die entsprechende Aufgabe für das Gebiet des materiellen Strafrechts, unter Verzicht auf eine umfassende Reform die in den Jahren 1933 bis 1945 erfolgten Änderungen und Ergänzungen des StGB und die Eingriffe des Besatzungsrechts daraufhin zu überprüfen, was beizubehalten und was auszuscheiden sei, wurde erst durch das 3. StRÄndG vom 4. 8. 1953 (BGBl. I 735) und die Bekanntmachung des bereinigten StGB-Textes vom 25. 8. 1953 (BGBl. I 1083) gelöst. Aber auch für die Gerichtsverfassung und das Verfahrensrecht war die Überprüfungs- und Rechtsvereinheitlichungsarbeit noch nicht vollständig durchgeführt. Das ReichsjugendgerichtsG 1943 wurde erst durch das JGG vom 4. 8. 1953 (BGBl. I 753) ersetzt.

56   Bald nach der Vereinheitlichung der maßgebenden Gesetze wurde auch die Arbeit in Angriff genommen, die für die Praxis so bedeutsamen zusammenfassenden **Justizverwaltungsanordnungen** auf dem Gebiet der Strafrechtspflege (Rdn. 28) den veränderten Verhältnissen anzupassen und möglichst bundeseinheitlich zu gestalten. Nach dem Rückfall der Justizhoheit auf die einzelnen Länder konnten solche Maßnahmen nicht mehr von einer zentralen Stelle getroffen werden, sondern es bedurfte einer Einigung der einzelnen Landesjustizverwaltungen und, soweit auch sie beteiligt war, der Justizverwaltung des Bundes (des BMJ), die dann jeweils eigne Weisungen mit inhaltlich übereinstimmendem Text erlassen mußten. Der Versuch, einen möglichst weitgehend bundeseinheitlich geltenden Text einer neuen Gnadenordnung als Ersatz für die GnadenO des RJMin. von 1935 zu schaffen, mißlang freilich, weil die Gegensätze in den einzelnen Ländern, welche Stellen als „Gnadenbehörden" tätig sein sollten, sich als unüberbrückbar erwiesen. Die Gnadenordnungen der Länder weichen infolgedessen z. T. erheblich voneinander ab. Dagegen gelang im Lauf der Zeit die Schaffung einheitlicher Texte der „Richtlinien für das Strafverfahren" vom 1. 8. 1953, der Richtlinien zum JGG vom 15. 2. 1955, der Strafvollstreckungsordnung nebst Anordnung über die Einforderung und Beitreibung von Vermögensstrafen und Verfahrenskosten vom 15. 2. 1956 (StVollstrO), der „Mitteilungen in Strafsachen" vom 15. 1. 1958 (BAnz. Nr. 12; — Mistra —) und der „Richtlinien über den Verkehr mit dem Ausland in strafrechtlichen Angelegenheiten" vom 15. 1. 1959. Zu ihnen trat später die von den Landesjustizverwaltungen bundeseinheitlich erlassene „Anordnung über Organisation und Dienstbetrieb der Staatsanwaltschaften" — OrgStA — vom 1. 6. 1960.

Diese Vorschriften sind seither wiederholt **geändert**, z. T. auch in neuer Fassung bekanntgemacht worden. So traten an die Stelle der RiStV die Richtlinien für das Strafverfahren und das Bußgeldverfahren — RiStBV — mit letzter bundeseinheitlich geltender Fassung vom 1. 4. 1984 und ihrer Erweiterung 1984 durch die „Anweisungen für das Straf- und Bußgeldverfahren Steuer" (zu letzterem kritisch *Rüping* NStZ **1986** 545). **56a**

Als Verwaltungsvorschriften sind die genannten Richtlinien usw. für die Gerichte **56b** **nicht verbindlich**, und auch für die Staatsanwaltschaften und sonstigen Behörden, an die sie gerichtet sind, sind sie nur insoweit verbindlich, als sie mit dem Gesetz, insbes. mit dem GG nicht in Widerspruch stehen[4]. Eine Ablösung der „Mistra" durch gesetzliche Vorschriften ist in Aussicht genommen[5].

2. Beschränkungen der deutschen Gerichtsbarkeit. Auch nach der Gründung der **57** Bundesrepublik und dem Erlaß des Besatzungsstatuts, das die Grenzen der Befugnisse der Besatzungsmächte festlegte, blieben, wenn auch in geringerem Umfang als früher, gewisse Beschränkungen der deutschen Gerichtsbarkeit zugunsten der von den Besatzungsmächten eingerichteten Besatzungsgerichte bestehen. Diese Beschränkungen waren in dem von dem Rat der Alliierten Hohen Kommission erlassenen Gesetz Nr. 13 vom 25. 11. 1949 (ABl. der AHK Nr. 6) betr. Gerichtsbarkeit auf den vorbehaltenen Gebieten aufgezählt. Auf diesen Gebieten durften deutsche Gerichte nur mit ausdrücklich (allgemein oder im Einzelfall) erteilter Genehmigung des Hohen Kommissars der betreffenden Zone Gerichtsbarkeit ausüben. Die Vorbehalte betrafen insbesondere Taten von Angehörigen der alliierten Streitkräfte, Straftaten gegen die alliierten Streitkräfte und ihre Angehörigen, Zuwiderhandlungen gegen Rechtsvorschriften der Besatzungsmächte und die Nachprüfung der Gültigkeit oder Rechtmäßigkeit von Vorschriften, Entscheidungen oder Anordnungen der Besatzungsmächte. Entscheidungen deutscher Gerichte, die ohne Genehmigung auf den vorbehaltenen Gebieten ergingen, wurden für

---

[4] Vgl. dazu OLG Hamm NStZ **1986** 236 betr. Geltung der Vorschriften über die Akteneinsicht durch Dritte – RiStBV Nr. 185 –, soweit das „informationelle Selbstbestimmungsrecht" eines Betroffenen – dazu BVerfGE **65** 1 = NJW **1984** 419 – in Betracht kommt.

[5] Dazu DRiZ **1987** 65 betr. den i. J. 1986 vom BMJ vorgelegten Diskussionsentwurf eines JustizmitteilungsG.

Karl Schäfer

nichtig erklärt. In der Folgezeit wurden den deutschen Gerichten — in den einzelnen Besatzungszonen nicht einheitlich — eine Reihe genereller Genehmigungen erteilt. Diese Beschränkungen blieben bis zur Aufhebung des Besatzungsregimes und Wiedererlangung der Souveränität der Bundesrepublik am 5. 5. 1955 bestehen. Die seitdem kraft zwischenstaatlicher Vereinbarung noch bestehenden Beschränkungen der deutschen Gerichtsbarkeit gegenüber den auf deutschem Boden befindlichen Angehörigen der fremden Stationierungsmächte ergeben sich jetzt aus dem **Nato-Truppenstatut** vom 19. 6. 1951 (BGBl. 1961 II 1183, 1190), das gemäß Bekanntmachung vom 16. 6. 1963 (BGBl. II 745) am 1. 7. 1963 in Kraft trat. Es wird ergänzt durch das Zusatzabkommen vom 3. 8. 1959 (BGBl. 1961 II 1183, 1218) nebst Unterzeichnungsprotokoll vom 3. 8. 1959 (BGBl. 1961 II 1183, 1313) und Gesetz vom 18. 8. 1961 (BGBl. II 1183) sowie die Art. 7 bis 9 des 4. StRÄndG vom 11. 6. 1957 (BGBl. I 597; mehrfach geändert, zuletzt durch Art. 147 Nr. 1 EGStGB vom 2. 3. 1974).

58   **3. Spätere Änderungen von GVG und StPO.** Bald nach dem Erlaß des RechtsvereinheitlichungsG wurden GVG und StPO wieder geändert. Das 1. StRÄndG vom 30. 8. 1951 (BGBl. I 739) brachte neue Strafvorschriften gegen Hochverrat, Staatsgefährdung und Landesverrat. Die Art. 2 und 3 änderten und ergänzten die für die Verfolgung dieser Taten maßgebenden Vorschriften des GVG und der StPO (§§ 24, 74 a — Staatsschutzstrafkammer —, 120, 122, 134, 134 a, 139 GVG — erstinstanzliche Zuständigkeit des Bundesgerichtshofs und der Oberlandesgerichte —, §§ 153 a, 168 a, 354, 374, 395, 433 StPO). Art. 15 des Ges. über Maßnahmen auf dem Gebiet des Kostenrechts vom 7. 8. 1952 (BGBl. I 401) änderte die §§ 304, 465 StPO. Art. 3 des Gesetzes zur Sicherung des Straßenverkehrs vom 19. 12. 1952 (RGBl. I 832) fügte den § 111 a StPO (vorläufige Entziehung der Fahrerlaubnis) ein und änderte oder ergänzte die §§ 212 b, 232, 233, 305, 463 a StPO. Durch das JGG vom 4. 8. 1953 (BGBl. I 1393)[6], das das RJGG 1943 ersetzte, wurde § 26 GVG geändert und § 74 b GVG eingefügt. Zahlreiche Änderungen und Ergänzungen brachte das 3. StRÄndG vom 4. 8. 1953 (BGBl. I 735). Sie bestanden vor allem in der Anpassung an die Änderungen des materiellen Strafrechts, insbesondere der Einführung der Strafaussetzung zur Bewährung und der bedingten Entlassung, die auf dem genannten Gesetz beruhten und seitdem in immer weiterem Umfang ausgedehnt wurden (zuletzt 23. StRÄndG vom 13. 8. 1986, BGBl. I 393). Daneben wurden einzelne Streitfragen authentisch geklärt und in gewissem Umfang auch kleinere Reformen durchgeführt mit dem Ziel, die Rechtsstellung des Beschuldigten zu verbessern (z. B. Einfügung des § 35 a StPO betr. Rechtsmittelbelehrung, Änderung des § 308 StPO betr. rechtliches Gehör des Beschwerdegegners, Ergänzung des § 467 StPO betr. Auslagenerstattung zugunsten des Beschuldigten bei Freispruch) oder das Verfahren zu vereinfachen und zu verbessern (z. B. Änderung des damaligen § 188 Abs. 4 StPO betr. Zulassung der Kurzschrift bei Protokollierung). Im übrigen bezogen sich die Änderungen des 3. StRÄG auf die §§ 29 (Wiedereinführung des erweiterten Schöffengerichts), 51, 134 GVG, §§ 13 a, 35 a, 39, 53, 53 a, 81 a, 81 c, 97, 101 a, 152 a, 170, 188, 247, 260, 263, 267, 268, 268 a, 268 b, 305 a, 308, 324, 346, 350, 362, 364, 374, 391, 395, 408, 429 e, 431, 450, 453, 453 a, 454, 467 StPO.

---

[6] Jetzt i. d. F. vom 11. 12. 1974 (BGBl. I 1974) mit späteren Änderungen. Ein vom Bundestag in der 8. Wahlperiode beratenes *Jugendhilfegesetz*, das zahlreiche Änderungen des JGG bringen sollte, ist nicht zustande gekommen. Über neuere Entwicklungen und Reformtendenzen des Jugendstrafverfahrens vgl. Referentenentw. des BMJ zur Änderung des JGG vom 18. 11. 1983; *Pfeiffer* Kriminalprävention im Jugendgerichtsverfahren 1983 (mit Besprechung *Rössner* JR **1985** 39); *Eisenberg* Bestrebungen zur Änderung des JGG, 1984 (mit Besprechung *Bottke* JR **1985** 40).

Durch **Gesetz vom 9. 8. 1954** (BGBl. I 729) wurde die Aburteilungszuständigkeit **59**
bei Völkermord (§ 220 a StGB) unter Erweiterung des damaligen § 134 GVG dem BGH
übertragen (jetzt nach § 120 GVG erstinstanzlich das OLG). Bei der Wiedereinführung
der Wehrpflicht und der Bildung der Bundeswehr wurde zwar grundsätzlich von der Erneuerung einer besonderen Militärstrafgerichtsbarkeit abgesehen. Der durch Gesetz
vom 19. 3. 1956 (BGBl. I 111) in das GG eingefügte Art. 96 a (jetzt Art. 96 Abs. 2) übertrug aber dem Bund das Recht, **Wehrstrafgerichte** für die Streitkräfte als Bundesge-
richte einzurichten, die indessen Strafgerichtsbarkeit nur im Verteidigungsfall sowie
über Angehörige der Streitkräfte ausüben können, die in das Ausland entsandt oder an
Bord von Kriegsschiffen eingeschifft sind. Gericht letzter Instanz ist hier der BGH. Der
Bund hat bisher von dieser Ermächtigung keinen Gebrauch gemacht[7]. Das **4. StRÄndG**
vom 11. 6. 1957 (BGBl. I 597) brachte neue Straftatbestände auf dem Gebiet der Landesverteidigung; im Zusammenhang damit wurde die Zuständigkeit der Staatsschutzstrafkammer (§ 74 a GVG) erweitert. Im übrigen wurden die §§ 98, 105 StPO ergänzt (betr.
Beschlagnahme und Durchsuchung von militärischen Dienstgebäuden und Anlagen)
und ein § 153 c StPO (heute § 153 d) geschaffen, der bei staatsgefährdenden und landes-
verräterischen Handlungen unter gewissen Voraussetzungen die Einstellung des Verfahrens zuließ. Durch das KostenrechtsänderungsG vom 26. 7. 1957 (BGBl. I 861) wurden § 55 GVG und die §§ 71, 84 StPO geändert und die §§ 165 GVG, 150 StPO aufgehoben.

Bei der Schaffung der **Verwaltungsgerichtsordnung** (VwGO) durch Gesetz vom **60**
21. 1. 1960 (BGBl. I 17) wurde § 17 GVG geändert, ein § 17 a GVG geschaffen und —
als Maßnahme von weittragender Bedeutung — das EGGVG durch Vorschriften ergänzt (§§ 23 bis 30), die zur Nachprüfung der Rechtmäßigkeit von Maßnahmen der Ju-
stiz- und Vollzugsbehörden auf dem Gebiet der Rechtspflege den ordentlichen Rechtsweg eröffnen. Das **6. StRÄndG** vom 30. 6. 1960 (BGBl. I 478) erweiterte die Zuständigkeit der Staatsschutzstrafkammer durch Ergänzung des § 74 a GVG. Das in Erfüllung
des Art. 98 Abs. 1, 3 GG geschaffene **RichterG** vom 8. 9. 1961 (BGBl. I 1665) hatte zahlreiche Änderungen des GVG zur Folge (Aufhebung oder Änderung der §§ 2 bis 11, 29,
62, 68, 70, 77, 83, 88, 118, 125, 148, 198). Das VereinsG vom 5. 8. 1964 (BGBl. I 593),
das u. a. die Vorschriften des StGB über sog. Organisationsdelikte neu ordnete, änderte
§ 153 c StPO und § 74 a GVG. Das **2. StraßenverkehrssicherungsG** vom 26. 11. 1964
(BGBl. I 921) brachte im Gefolge der Einführung des Fahrverbots (§ 37 a. F StGB) und
weiterer die Verkehrsdelikte betreffende Änderungen des StGB, Änderungen und Ergänzungen der §§ 111 a, 232, 233, 267, 407 bis 409, 413, 450, 463 und die Einfügung des
§ 463 b StPO (betr. Beschlagnahme des Führerscheins und ausländischer Fahrausweise); die Neufassung des § 111 a sollte die in der Rechtsprechung entstandenen Meinungsverschiedenheiten über das Verhältnis der vorläufigen Maßnahmen des § 94 StPO (vorläufige Sicherstellung oder Beschlagnahme des Führerscheins) zu § 111 a a. F (vorläufige Entziehung der Fahrerlaubnis) weitgehend klären (vgl. dazu BGHSt **22** 385).

---

[7] Wegen der seit 1962 getroffenen personellen und administrativen Voraussetzungen für
die Errichtung von Wehrstrafgerichten und
der dagegen erhobenen Einwendungen vgl.
Berg DRiZ **1986** 28. S. ferner zu dem Meinungsstreit, ob es geboten, wünschenswert
oder inopportun sei, daß die Bundesgesetz-

gebungsorgane bereits im ordentlichen Gesetzgebungsverfahren (also außerhalb der
Voraussetzungen des Art. 115 a, 115 d und
115 e GG) die Entschließung über den Erlaß
eines WehrstrafgerichtsG und seines Inhalts
treffen, die Ausführungen von *Voss, Günter*
und *Müller-Knapp* DRiZ **1986** 106, 112, 113.

VII. Die kleine Strafprozeßreform 1964

61   **1. Ausgangspunkt.** Wegen seiner einschneidenden Änderungen wird üblicherweise das Strafprozeßänderungsgesetz 1964 (StPÄG 1964) vom 19. 12. 1964 (BGBl. I 1067) als „kleine Strafprozeßreform" bezeichnet[8]. Wie schon ausgeführt (Rdn. 52), hatte das VereinhG im wesentlichen nur das Ziel, so rasch wie möglich der in der Zeit nach dem 8. 5. 1945 bis zum Inkrafttreten des Grundgesetzes eingetretenen Rechtszersplitterung ein Ende zu bereiten. Eine **umfassende Reform** mußte notgedrungen ruhigeren Zeiten überlassen werden. Mit ihrer Vorbereitung sollte erst begonnen werden, wenn wenigstens die Konturen einer zunächst in Angriff zu nehmenden Generalreform des materiellen Strafrechts sich nach dem Gang der parlamentarischen Erörterungen und den Beschlüssen der Gesetzgebungsorgane einigermaßen deutlich abzeichneten. Die Strafrechtsreform wurde bekanntlich im Jahre 1954 mit der Bildung einer „Großen Strafrechtskommission" eingeleitet, brachte aber — von der Erneuerung einiger Teilgebiete abgesehen — erst mit dem StRG vom 25. 6. 1969 und mit dem 2. StRG vom 4. 7. 1969 die ersten gesetzgeberischen Ergebnisse.

62   **2. Beschränkte Zielsetzung.** Angesichts des erwartungswidrig verlangsamten Ganges der Reform des materiellen Rechts waren nach Auffassung der Bundesregierung gewisse Fragen des **Prozeßrechts** so dringend **regelungsbedürftig**, gewisse Punkte so dringend änderungsbedürftig, daß ihre Behandlung nicht bis zu einer Gesamtreform zurückgestellt werden dürfe, sondern alsbald der Weg einer Teilreform beschritten werden müsse. Der im Sommer 1960 beim Bundestag eingebrachte Entwurf eines Gesetzes zur Änderung der StPO und des GVG konnte erst nach erneuter Wiedereinbringung in der nächsten Wahlperiode verabschiedet werden. Zahl und Bedeutung der Änderungen, die das StPÄG vom 19. 12. 1964 brachte, rechtfertigen es, von einer „kleinen Strafprozeßreform" zu sprechen. Die Entstehungsgeschichte des Gesetzes im einzelnen, seine Bedeutung im Licht der damaligen Reformforderungen und die anknüpfende Kritik sind im Ergänzungsband der 21. Auflage — S. 1 ff — ausführlich dargestellt. Im Rahmen der vorliegenden Einleitung ist nur in Kürze auf die wichtigsten Änderungen hinzuweisen. Sein Hauptziel war die Verbesserung der Stellung des Beschuldigten im Strafverfahren durch Eröffnung einer rechtlich gesicherten Einflußnahme auf den Gang der Ermittlungen und die Entschließungen der Staatsanwaltschaft. In großen Zügen brachte das Gesetz folgende grundsätzlich bedeutsame Änderungen.

3. Strafprozeßordnung

63   **a)** Art. I brachte eine Neufassung der Vorschriften über die **Untersuchungshaft** (§§ 112 ff) **mit dem Ziel ihrer Beschränkung** (die allerdings später z. T. wieder gelockert wurde). Nach dem alle staatlichen Eingriffe beherrschenden Grundsatz der Verhältnismäßigkeit (vgl. dazu unten Kap. 6 10) darf sie nicht außer Verhältnis zur Bedeutung der Sache und der zu erwartenden Strafe oder Maßregel der Besserung und Sicherung stehen (§ 112 Abs. 1 Satz 2). Bei Straftaten von geringerer Bedeutung (Straftaten, die nur mit Freiheitsstrafe bis zu sechs Monaten oder Geldstrafe — jetzt: bis zu 180 Tagessätzen — bedroht sind) darf die Untersuchungshaft wegen Verdunkelungsgefahr überhaupt nicht (§ 113 Abs. 1), wegen Fluchtgefahr nur unter den engen Voraussetzungen des § 113 Abs. 2 angeordnet werden. Im übrigen wurden die Haftgründe — mit der Tendenz der

---

[8] Ausführliche Darstellung im ErgBd. zur 21. Aufl. mit damaligen Schrifttumsnachweisen S. 1 f; zur Beurteilung aus heutiger Sicht vgl.   mit weit. Nachw. *Rieß* Das Strafprozeßänderungsgesetz 1964 – Vergängliches und Bleibendes, FS Kleinknecht (1985) 355.

Einschränkung — schärfer umrissen. Die Fluchtgefahr ist stets in Würdigung aller Umstände des Einzelfalles zu prüfen (§ 112 Abs. 2 Nr. 2); eine Vorschrift entsprechend dem früheren § 112 Abs. 2 Nr. 1 StPO, wonach bei Verbrechen der Fluchtverdacht keiner weiteren Begründung bedurfte, kennt das Gesetz nicht mehr. Der Haftgrund der Verdunkelungsgefahr (§ 112 Abs. 2 Nr. 3) wurde nicht nur genauer umschrieben, sondern setzte als zusätzliches Erfordernis voraus, daß aus der erkennbaren Absicht des Beschuldigten, Verdunkelungsmaßnahmen zu ergreifen, die Gefahr droht, er werde dadurch die Ermittlung der Wahrheit erschweren. Der Haftgrund der Verdunkelungsgefahr entfällt danach, wenn schon genügende Beweise zur Feststellung der Wahrheit zur Verfügung stehen. Ausnahmen von den so verschärften Erfordernissen der Flucht- und Verdunkelungsgefahr als Voraussetzungen eines Haftbefehls bestanden darin, daß nach § 112 Abs. 3 a. F bei bestimmten Sittlichkeitsverbrechen auch die **Wiederholungsgefahr** einen Haftgrund bildete, d. h. die auf bestimmte Tatsachen gegründete Gefahr, daß der (dringend tatverdächtige) Beschuldigte vor rechtskräftiger Aburteilung eine weitere Tat dieser Art begehen werde, die nur durch Haft abgewendet werden kann, und als nach § 112 Abs. 4 a. F bei dringendem Tatverdacht des Mordes, Totschlags (außer den Fällen des § 213 StGB) und Völkermordes der Haftbefehl nicht auf Flucht- oder Verdunkelungsgefahr im technischen Sinn des § 112 Abs. 2, 3 gestützt zu werden braucht; doch reicht die Schwere des Delikts auch hier allein zur Anordnung der Untersuchungshaft nicht aus[9]. Diese weitgehende „Liberalisierung" des Haftrechts durch enge Begrenzung der Haftvoraussetzungen, die dazu führte, daß bis 1968 die Haftfrequenz um mehr als ein Viertel sank[10], mußte freilich später z. T. wieder rückgängig gemacht werden (vgl. Rdn. 87).

Ferner wurden die Möglichkeiten erweitert, den **Vollzug einer angeordneten Un-** **64** **tersuchungshaft** durch schonendere Maßnahmen abzuwenden (§ 116), und zwar nicht nur — wie nach früherem Recht (§ 117 a. F) — beim Haftbefehl wegen Fluchtverdacht, sondern auch bei Verdunkelungsgefahr, wenn weniger einschneidende Maßnahmen „die Erwartung hinreichend begründen, daß sie die Verdunkelungsgefahr erheblich vermindern werden"; als eine vornehmlich in Betracht kommende Maßnahme nennt das Gesetz die richterliche Anweisung des Beschuldigten, mit Mitbeschuldigten, Zeugen oder Sachverständigen keine Verbindung aufzunehmen. Der **Einschränkung der Dauer der Untersuchungshaft** dient vor allem auch die Einführung der „Sechsmonatsgrenze": Nach § 121 Abs. 1 darf, solange kein auf Freiheitsstrafe oder freiheitsentziehende Maßregel lautendes Urteil ergangen ist, der Vollzug der Untersuchungshaft wegen derselben Tat über 6 Monate hinaus nur aufrechterhalten werden, wenn die besondere Schwierigkeit oder der besondere Umfang der Ermittlungen oder ein anderer wichtiger Grund (z. B. längere Erkrankung wichtiger Zeugen: BVerfGE **36** 264) das Urteil noch nicht zulassen und die Fortdauer der Haft rechtfertigen; die Entscheidung darüber obliegt dem OLG (ausnahmsweise dem BGH). Die — auch durch eine enge Auslegung der Ausnahmetatbestände des Abs. 1 (BVerfGE **20** 45) — so angestrebte grundsätzliche Höchstdauer des Haftvollzugs auf sechs Monate soll dem Art. 5 Abs. 3 MRK besser Rechnung tragen, wonach der Beschuldigte „Anspruch auf Aburteilung innerhalb einer angemessenen Frist oder auf Haftentlassung während des Verfahrens" hat. Diese konkretisierende Bedeutung kommt dem § 121 auch gegenüber den zeitlich später begründeten Pflichten aus dem IPBR zu, wonach der wegen einer strafbaren Handlung festge-

---

[9] BVerfGE **19** 342; dazu ausführlich mit weit. Nachw. LR-*Wendisch* § 112, 52.

[10] Vgl. *Jescheck/Krümpelmann* Die Untersuchungshaft (1971), S. 84; *Jescheck* ZStW **86**

(1974) 776; zur zahlenmäßigen Entwicklung von 1961 bis 1984 *Schöch* FS Lackner (1987) 991, 996.

Karl Schäfer

mene oder in Haft gehaltene Beschuldigte „Anspruch auf ein Gerichtsverfahren innerhalb angemessener Frist oder auf Haftentlassung" hat (Art. 9 Abs. 3) und gegen den Angeklagten ein Urteil „ohne unangemessene Verzögerung" ergehen muß (Art. 14 Abs. 3
Buchst. c). Die Erfahrung zeigte allerdings, daß das Reformziel, die Haftdauer nachhaltig zu senken, sich nicht in dem erstrebten Umfang verwirklichen ließ[11]. Es war auch
nicht durch die vereinzelt versuchte Konstruktion eines Verfahrenshindernisses der
übermäßig langen Prozeßdauer zu erreichen (Kap. **12** 91). Die gesetzgeberischen Bemühungen sind deshalb seitdem auf generelle Maßnahmen zur Beschleunigung der Strafverfahren überhaupt gerichtet, wie noch zuletzt beim StVÄG 1987.

65   **b) Schlußanhörung.** Die Art. 2, 4 erstrebten eine Verbesserung der Rechtsstellung
des Beschuldigten durch **Erweiterung des rechtlichen Gehörs,** und zwar durch Einführung der grundsätzlich obligatorischen Vernehmung des Beschuldigten im Ermittlungsverfahren. Nach § 169 a hat die Staatsanwaltschaft, wenn sie die Erhebung der öffentlichen Klage erwägt, den „Abschluß der Ermittlungen" in den Akten zu vermerken. Spätestens vor dem Abschluß der Ermittlungen muß, sofern das Vorverfahren nicht zur Einstellung führt, der Beschuldigte vernommen werden; in einfachen Sachen genügt es,
wenn ihm Gelegenheit zu schriftlicher Äußerung gegeben wird (§ 163 a). In Vorwegnahme seines Beweisantragsrechts in der Hauptverhandlung (§ 244 Abs. 3) wurde dem
Beschuldigten nunmehr auch im Vorverfahren das Recht eingeräumt, Entlastungsbeweise zu beantragen, denen die Strafverfolgungsbehörde entsprechen muß, wenn sie
von Bedeutung sind (§ 163 a Abs. 2).

66   Neben dieser in allen Strafsachen vorgeschriebenen Anhörung sah das StPÄG
1964 noch im Bereich der schwereren Kriminalität die **Schlußanhörung** (§ 169 a Abs. 2)
und — im Anschluß an Vorschläge in den Entwürfen von 1908, 1920 und 1939 — das
Schlußgehör durch die Staatsanwaltschaft vor (§§ 169 b und 169 c). Damit sollte dem Beschuldigten nach Abschluß der Ermittlungen die Möglichkeit eröffnet werden, auf die
Entschließung der Staatsanwaltschaft über die Erhebung der Anklage einzuwirken, um
die Überziehung mit einer ungerechtfertigten Anklage zu verhindern. Danach war dem
Beschuldigten, wenn die Staatsanwaltschaft die Erhebung der Anklage vor dem Schöffengericht oder einem Gericht höherer Ordnung erwog, der Abschluß der Ermittlungen
mitzuteilen, und er konnte dann binnen einer ihm gesetzten Frist einzelne Beweiserhebungen beantragen oder Einwendungen gegen die Anklage vorbringen; er konnte auch
(mit teils zwingender, teils fakultativer Wirkung) beantragen, **mündlich** durch den
Staatsanwalt zum Ergebnis der Ermittlungen gehört zu werden. Die Erfahrung zeigte
indessen — um dies vorwegzunehmen —, daß die auf die Schlußanhörung und das
Schlußgehör gesetzten Erwartungen (aus verschiedenen Gründen; vgl. *Rieß* NJW **1975**
85) sich nicht erfüllten; insbes. das Schlußgehör ist in der Praxis „über ein Kümmerda-
sein nicht hinweggekommen". Das 1. StVRG hat die Vorschriften der §§ 169 a Abs. 2,
169 b, 169 c wieder beseitigt.

67   **c) Verteidigung.** Neben die vorgenannten Maßnahmen mit dem Ziel, dem Beschuldigten zu seiner Entlastung Einfluß auf Gang und Umfang des Vorverfahrens einzuräumen, trat zur weiteren Verbesserung der Stellung des Beschuldigten die **Erweiterung des Umfangs der notwendigen Verteidigung und die Stärkung der Stellung des Verteidigers**.

67a   Die **Verteidigung** wurde nunmehr auch in der Hauptverhandlung vor der erstinstanzlichen großen Strafkammer **notwendig** (§ 140 Abs. 1 Nr. 1) — also stets, wo nur
eine Tatsacheninstanz gegeben ist —, und bei Verbrechen und langdauernder Untersu-

---

[11] Vgl. *Jescheck* ZStW **86** (1974) 776 Fußn. 59.

chungshaft erfolgt die Bestellung eines Verteidigers von Amts wegen und ohne Rücksicht auf den Antrag eines Verfahrensbeteiligten (§ 140 Abs. 1 Nr. 2, 5). Ferner wurde auch in weiterem Umfang die Bestellung eines Verteidigers schon im Vorverfahren vorgesehen. Nach dem Abschluß der Ermittlungen muß auf Antrag des Staatsanwalts vom Vorsitzenden des für das Hauptverfahren zuständigen Gerichts ein Verteidiger bestellt werden, und der Staatsanwalt stellt diesen Antrag, wenn nach seiner Auffassung in dem gerichtlichen Verfahren die Verteidigung nach § 140 Abs. 1 oder 2 notwendig sein wird (§ 141 Abs. 3).

Die **Stellung des Verteidigers** wurde durch die neue Fassung des § 147 betr. Ak- **68** teneinsichtsrecht (wegen einer späteren Vervollständigung vgl. Kap. **5** 78) und des § 148 (Verkehr des Verteidigers mit dem verhafteten Beschuldigten) gestärkt. Grundsätzlich hat danach der Verteidiger das Recht, die Verfahrensakten einzusehen, und zwar nicht nur die Gerichtsakten, sondern auch die des Vorverfahrens („die dem Gericht im Falle der Erhebung der Anklage vorzulegen wären"). Dieses auch die Einsicht in die polizeilichen „Spurenakten" und die Besichtigung der amtlich verwahrten Beweisstücke umfassende Recht[12] ist unbeschränkt, sobald der Abschluß der Ermittlungen in den Akten vermerkt ist; vor diesem Zeitpunkt kann — in den Grenzen des § 147 Abs. 2 — die Akteneinsicht versagt werden, wenn sie den Untersuchungszweck gefährden könnte. Der Verkehr mit dem Verhafteten unterlag keinen Beschränkungen. Die spätere Entwicklung hat allerdings gezeigt, daß es Fälle gibt, in denen einem Mißbrauch der Verteidigerstellung entgegengetreten werden muß. Als durch das sog. AntiterrorismusG vom 18. 8. 1976 (BGBl. I 2181) der § 129 a StGB (Bildung terroristischer Vereinigungen) geschaffen werden mußte, wurden durch das gleiche Gesetz auch die in §§ 148 Abs. 2, 148 a StPO bezeichneten Beschränkungen eingeführt.

d) Zur Vereinfachung und Beschleunigung der Verfahren **milderte** der neue **69** § 154 a den **Verfolgungszwang** weiter dahin ab, daß abtrennbare Teile einer Tat (insbes. bei Sammelverbrechen und fortgesetzten Handlungen) und bei Tateinheit einzelne Gesetzesverletzungen von der Verfolgung ausgenommen werden können, soweit sie für die zu erwartende Strafe oder Maßregel nicht ins Gewicht fallen. § 154 a erfuhr in der Folgezeit (zuletzt durch das StVÄG 1979) Veränderungen, die an gegebener Stelle darzustellen sind.

e) Das **Eröffnungsverfahren** wurde zwar — entgegen weitergehenden, auf Ab- **70** schaffung gerichteten Reformwünschen — beibehalten, aber modifiziert. Das Eröffnungsgericht prüft (§ 203), ob der Angeklagte der strafbaren Handlung hinreichend verdächtig erscheint, im Fall der Bejahung aber lautet der Eröffnungsbeschluß nicht mehr — wie früher — dahin, daß der Angeklagte der Tat hinreichend verdächtig sei, sondern spricht nur (§ 207) aus, daß das Hauptverfahren eröffnet und die „Anklage zur Hauptverhandlung zugelassen" werde. In der Hauptverhandlung wird nicht mehr der Eröffnungsbeschluß durch das Gericht, sondern (§ 243 Abs. 3) der Anklagesatz durch den Staatsanwalt verlesen. Durch diese Gestaltung soll bei dem rechtunkundigen Angeklagten die irrige Vorstellung vermieden werden, das Gericht habe sich mit dem Erlaß des Eröffnungsbeschlusses in der tatsächlichen und rechtlichen Beurteilung seines Falles schon mehr oder weniger festgelegt (amtl. Begr. BT-Drucksache Nr. 2037 S. 38). Läßt

---

[12] S. dazu BGHSt **30** 131 und aus dem Schrifttum u.a. *Beulke* FS Dünnebier 285; *Meyer-Goßner* NStZ **1982** 353; *Wasserburg* NStZ **1981** 211; *Kleinknecht/Meyer*[37] § 147, 10 ff; LR-*Rieß* § 199, 16 ff mit weit. Nachw.; *Welp*

Probleme des Akteneinsichtsrechts, FS II Peters 309; und – in der gleichen Festschrift – *Rieß* Amtlich verwahrte Beweisstücke (§ 147 StPO), 113.

Karl Schäfer

das Gericht die Anklage nicht unverändert zur Hauptverhandlung zu, z. B. indem es bei Anklage wegen Tatmehrheit die Eröffnung des Hauptverfahrens wegen einzelner Taten ablehnt oder die Verfolgung nach § 154 a beschränkt oder die Tat rechtlich abweichend von der Anklageschrift würdigt, so legt es im Eröffnungsbeschluß die Änderungen dar, mit denen es die Anklage zuläßt (§ 207 Abs. 2). Die Folgerungen, die sich aus diesen Änderungen für den Staatsanwalt bei der Verlesung des Anklagesatzes ergeben, sind in § 243 Abs. 3 geregelt.

71   f) **Rechtliches Gehör.** Über die neu eingeführten Einzelvorschriften (Rdn. 65) hinaus schuf Art. 8 ergänzende Vorschriften, um dem Verfassungsgebot des rechtlichen Gehörs (Art. 103 Abs. 1 GG) volle Beachtung zu sichern und im einzelnen die Folgerungen zu ziehen, die sich aus dem Verfassungsgrundsatz als prozessuale Rechte und Pflichten ergeben. Dies geschah in erster Linie durch die Einführung einer Generalklausel (neuer § 33 Abs. 3), wonach das Gericht bei Entscheidungen außerhalb der Hauptverhandlung — abgesehen von der Beteiligung der Staatsanwaltschaft — andere Verfahrensbeteiligte zu hören hat, bevor zu ihrem Nachteil Tatsachen oder Beweisergebnisse, zu denen sie noch nicht gehört sind (also auch dann, wenn diese vor Beginn ihrer Verfahrensbeteiligung liegen), verwertet werden. Ergänzend enthalten die neu eingefügten §§ 33 a, 311 a Bestimmungen über die Nachholung eines versäumten rechtlichen Gehörs. Diese Vorschriften bezweckten zugleich, das BVerfG vor einer Überflutung mit Verfassungsbeschwerden wegen Versagung des rechtlichen Gehörs zu bewahren, denn die Erschöpfung des Rechtsweges als Voraussetzung einer Verfassungsbeschwerde (§ 90 Abs. 2 Satz 1 BVerfGG) liegt nicht vor, wenn der Weg nachträglicher Erlangung rechtlichen Gehörs zur Verfügung steht[13]. Der Gewährleistung des rechtlichen Gehörs dient es auch, wenn zwar dem Revisionsgericht die Befugnis blieb, eine Revision als offensichtlich unbegründet durch Beschluß zu verwerfen (§ 349 Abs. 2) — die dagegen z. T. im Schrifttum erhobenen Bedenken[14] hielt der Gesetzgeber (s. BVerfG NJW **1982** 925) insoweit mit Recht nicht für durchgreifend —, dem Beschwerdeführer aber zuvor Gelegenheit gegeben werden muß, schriftlich zum Antrag der Staatsanwaltschaft Stellung zu nehmen, den § 349 Abs. 2 nunmehr als Voraussetzung des Beschlußverfahrens fordert.

72   g) **Wiederaufnahmeverfahren.** Auf dem schon für die Umgestaltung des Eröffnungsbeschlusses maßgeblichen Gedanken, bei dem Angeklagten die Vorstellung einer Befangenheit der Richter wegen einer Beteiligung an einem vorangehenden Verfahrensabschnitt auszuschließen, beruhte es auch, wenn nach dem neu eingefügten Absatz 2 des § 23, einem alten Reformanliegen entsprechend, in Wiederaufnahmeverfahren die Richter kraft Gesetzes ausgeschlossen sind, die bei der durch Wiederaufnahmeantrag angefochtenen Entscheidung mitgewirkt haben; bei Rechtsmittelentscheidungen erstreckt sich die Ausschließung auch auf die Richter der unteren Instanz. Änderungen des Wiederaufnahmeverfahrensrechts bestanden auch in der Einführung der Parteiöffentlichkeit bei der Beweisaufnahme im Probationsverfahren (neue Absätze 3, 4 des § 369). Diese Verbesserungen des Wiederaufnahmerechts wurden durch das 1. StVRG weitergeführt.

73   h) **Zurückverweisung.** Den Wünschen, die Richter der Vorinstanz allgemein auch dann auszuschließen, wenn **auf Revision ein Urteil aufgehoben** und die Sache zur er-

---

[13] BVerfGE **33** 192; **42** 243, 252; BVerfG NStZ **1982** 430.
[14] Vgl. dazu *Siegert* NJW **1959** 2152; *v. Stak-* *kelberg* NJW **1960** 505; *Jagusch* NJW **1960** 73; *Sarstedt* JR **1960** 1.

neuten Verhandlung zurückverwiesen wird (vgl. *Seibert* JZ **1958** 609), entsprach das Gesetz (neuer Absatz 2 des § 354) nur insofern, als die Zurückverweisung an eine andere Abteilung oder Kammer oder einen anderen Senat des Gerichts zu erfolgen hat; dagegen ist nicht ausgeschlossen, daß in dieser anderen Kammer usw. Richter mit der zurückverwiesenen Sache befaßt werden, die schon bei dem aufgehobenen Urteil mitwirkten[15].

i) Neu war auch die **zeitliche Erweiterung des Rechts zur Ablehnung eines Rich- 74
ters wegen Befangenheit**, die ebenfalls an frühere Reformarbeiten anknüpfte. Während nach § 25 a. F StPO die Ablehnung nur bis zum Beginn des an die Vernehmung des Angeklagten zur Sache anschließenden Teils der Hauptverhandlung zulässig war, wurde die Ablehnungsbefugnis in der Hauptverhandlung bis zum letzten Wort des Angeklagten (§ 258 Abs. 2) ausgedehnt, aber nur, wenn die Umstände, auf die die Ablehnung gestützt ist, erst nach dem Beginn der Vernehmung des Angeklagten zur Sache eingetreten oder dem Ablehnungsberechtigten bekannt geworden sind und die Ablehnung unverzüglich geltend gemacht wird. Gegen einen Mißbrauch des Ablehnungsrechts richtete sich der neue § 26 a (Verwerfung der Ablehnung unter Mitwirkung der abgelehnten Richter als unzulässig, wenn dadurch offensichtlich das Verfahren nur verschleppt oder nur verfahrensfremde Zwecke [Demonstration] verfolgt werden sollen). Wegen einer Änderung des § 25 Abs. 1 vgl. aber auch Art. 1 Nr. 1 StVÄG 1987 vom 25. 1. 1987 (BGBl. I 475).

j) Sonstiges. Von weiteren bedeutsamen Änderungen mögen noch erwähnt wer- 75
den die **Verlängerung der Revisionsbegründungsfrist** von zwei Wochen auf einen Monat (neuer § 345 Abs. 1)[16] sowie Änderungen auf dem Gebiet des **Kostenrechts** (§§ 467, 467 a, 472), die u. a. die Beseitigung des sog. Freispruchs zweiter Klasse (= Freispruch mangels Beweises im Gegensatz zum Freispruch wegen erwiesener Unschuld oder Fehlen eines begründeten Verdachts) einleiteten.

4. Gerichtsverfassungsgesetz
a) Die früher viel erörterte Frage, in welchem Umfang in der Hauptverhandlung 76
Film-, Rundfunk- und Fernsehaufnahmen zulässig seien[17], wurde in dem neuen Satz 2 des § 169 dahin geklärt, daß Ton- und Fernseh-Rundfunkaufnahmen sowie Ton- und Filmaufnahmen zwecks öffentlicher Vorführung oder Veröffentlichung ihres Inhalts unzulässig seien; das gilt auch für solche Aufnahmen während der Urteilsverkündung.

b) Eine Ergänzung des § 69 a. F (= jetzt § 21 g) GVG (betr. **Verteilung der Ge-** 77
schäfte innerhalb einer Kammer oder eines Senats durch den Vorsitzenden) durch einen neuen Abs. 2 sollte einer möglichst weitreichenden Durchführung des Grundsatzes des gesetzlichen Richters (Art. 101 Abs. 1 Satz 2 GG) dienen.

---

[15] Vgl. BVerfGE **30** 149, 154; BGHSt **21** 242; **24** 336; OLG Celle NJW **1966** 168; vgl. näher mit weit. Nachw. – auch zur Frage der Befangenheit – LR-*Hanack* § 354, 57 ff.

[16] Doch wird auch diese Erweiterung, jedenfalls für Großverfahren, als unzulänglich kritisiert (dazu LR-*Hanack* § 345 Rdn. 1). Daß trotz der Bemühungen um Beschleunigung

des Verfahrens ein gewisser Trend zur Verlängerung von Fristen im Zusammenhang mit Rechtsbehelfen besteht, zeigt sich an der Verlängerung der Einspruchsfrist bei Strafbefehl und Bußgeldbescheid von einer auf zwei Wochen durch das Gesetz vom 7. 7. 1986 (BGBl. I 977) und das StVÄG 1987.

[17] Vgl. dazu BGHSt **10** 202; NJW **1961** 1781.

Karl Schäfer

VIII. Änderungen von Strafprozeßordnung und Gerichtsverfassungsgesetz in der Zeit nach der „Kleinen Strafprozeßreform" und vor dem EGStGB vom 2. 3. 1974

78   **1. Allgemeines. Einführungsgesetz zum OWiG 1968.** Auf Grund der Ermächtigung in Art. 17 des StPÄG 1964 wurde die StPO unter dem 17. 9. 1965 in **neuer Fassung** bekanntgemacht (BGBl. I 1373). Erst nach einer immerhin etwa dreijährigen Ruhepause erfolgten 1968 wieder förmliche Änderungen der StPO. Das Sortenschutzgesetz vom 20. 5. 1968 (BGBl. I 429) ergänzte (§ 55) die Nr. 8 des § 374 Abs. 1 StPO[18].

79   Dann aber brachte Art. 2 **EG OWiG** vom 24. 5. 1968 (BGBl. I 503) zahlreiche Änderungen und Ergänzungen der StPO. Geändert oder ergänzt wurden die §§ 10, 45, 55, 110, 111 a, 272, 335, 385, 396, 407, 409, 413, 462, 464, 465, 466, 467, 467 a, 469, 470, 471, 472, 473. Gänzlich umgestaltet wurden die §§ 430 bis 432 a. F (neue §§ 430 bis 442). Neu eingeführt wurden die §§ 127 a, 132, 268 c, 444, 464 a, 472 b. Nur z. T. waren diese Änderungen und Ergänzungen unmittelbar durch die nötige Anpassung der StPO an die materiell- und verfahrensrechtliche Neuordnung des Rechts der Ordnungswidrigkeiten durch das neue OWiG vom 24. 5. 1968 (BGBl. I 481) veranlaßt, vielmehr verwirklichten sie z. T. auch **selbständige Reformwünsche** und dienten der Klärung hervorgetretener Zweifel oder der Beseitigung von Unbilligkeiten des bisherigen Rechts.

80   Hervorzuheben ist etwa die im Zusammenhang mit der Neuregelung der Einziehung (§§ 40 ff StGB i. d. F. von Art. 1 EG OWiG; jetzt §§ 74 ff StGB) erfolgte umfassende Ordnung der **verfahrensrechtlichen Stellung der „Nebenbeteiligten"**, die, ohne Täter oder Teilnehmer zu sein, von einer Einziehung betroffen werden, weil sie Eigentümer oder Inhaber eines sonstigen Rechts am Einziehungsgegenstand sind. §§ 430 bis 432 a. F StPO regelten lediglich die Stellung der Einziehungsbeteiligten im selbständigen (objektiven) Verfahren; eine Beteiligung des tatunbeteiligten Dritteigentümers oder eines sonstigen durch die Einziehung Betroffenen am subjektiven Verfahren war früher allgemein verneint worden, und eine abweichende Auffassung wurde in der Rechtsprechung erst durch BGHSt **19** 7 angebahnt. Die §§ 430 ff n. F regelten nunmehr ausführlich die Beteiligung der Einziehungsbeteiligten am subjektiven Verfahren.

81   Eine Teilreform **der kostenrechtlichen Vorschriften** war zwar weitgehend durch die Berücksichtigung der Nebenbeteiligten bedingt; selbständige Bedeutung kam aber insbesondere dem § 467 n. F zu, durch dessen Gestaltung die von dem StPÄG 1964 eingeleitete (kostenrechtliche) Beseitigung des „Freispruchs zweiter Klasse" (s. oben Rdn. 75) zugunsten des unverurteilt aus dem Verfahren entlassenen Angeklagten vollendet und die grundsätzliche Überbürdung der ihm durch das Verfahren erwachsenen notwendigen Auslagen auf die Staatskasse angeordnet wurde. Diese Beseitigung des „Freispruchs zweiter Klasse" geschah als Folgerung aus der Unschuldsvermutung des Art. 6 Abs. 2 MRK, die nur durch die Feststellung der Schuld (im Urteil) widerlegbar ist[19]. BVerfGE **25** 327 wies die Angriffe gegen die Grundgesetzmäßigkeit des § 467 in seiner nunmehr geltenden Fassung zurück. Die Eile, mit der diese Kostenreform betrieben worden war, brachte indessen zunächst eine weitgehende Rechtsunsicherheit, die erst mit der Neufassung des § 467 Abs. 3 Satz 1 durch das StVÄG vom 27. 1. 1987 (BGBl. I 475) ihr Ende fand.

---

[18] Vgl. auch (wegen Änderung des SortenschutzG) die Verweisungsumstellung in § 374 Nr. 8 durch Art. 1 Nr. 4 des OpferschutzG vom 18. 12. 1986.

[19] Vgl. dazu *Wimmer* Unschuldsvermutung – Verdacht – Freispruch ZStW **80** (1968) 369; *Kühl* Unschuldsvermutung, Freispruch und Einstellung (1983).

2. Die **Reform des Staatsschutzstrafrechts** durch das 8. StrÄG vom 25. 6. 1968 **82**
(BGBl. I 741) führte zu Änderungen der §§ 125, 128, 153 b, 153 d (bisher § 153 c), 165,
172, 395, 443 (bisher § 433) und zur Einfügung des § 153 c StPO betr. weitere Lockerung
des Verfolgungszwangs bei Staatsschutzdelikten, wenn die Durchführung des Verfahrens die Gefahr eines schweren Nachteils für die Bundesrepublik herbeiführen würde
oder wenn der Verfolgung sonstige überwiegende öffentliche Interessen entgegenstehen. Geändert wurden ferner die Vorschriften des GVG über die Zuständigkeit in
Staatsschutzstrafsachen (§§ 74 a, 134 a. F.).

3. Durch das Gesetz zur **Beschränkung des Brief-, Post- und Fernmeldegeheimnis-** **83**
ses (Gesetz zur Art. 10 GG) vom 13. 8. 1968 (BGBl. I 949) wurden die §§ 100 a und 100 b
StPO eingefügt, die die bei Straftaten der schwersten Kriminalität und bei bestimmten
Staatsschutzdelikten unter engen Voraussetzungen zugelassene Überwachung und
Aufnahme des Fernmeldeverkehrs auf Tonträger betreffen. Der Kreis der in Betracht
kommenden Straftaten wurde später erweitert (Kap. 5 32).

� 4. Sodann machte das **1. Strafrechtsreformgesetz** vom 25. 6. 1969 (BGBl. I 645), **84**
das u. a. die Einheits(freiheits)strafe einführte, Ehrenstrafen sowie den Ausspruch der
Eidesunfähigkeit beseitigte und eine Reihe von Strafvorschriften aufhob, zahlreiche
Anpassungsänderungen der StPO (§§ 60, 61, 68 a, 80 a, 112, 113, 140, 209, 212 b, 232,
246 a, 267, 268 a, 277, 305 a, 375, 413, 431, 453, 453 b, 454, 460, 462, Einfügung des
§ 265 a) und des GVG (§§ 24, 25, 32, 36, 74, 175) erforderlich. Auch hier wurde die Gelegenheit benutzt, über die notwendige Anpassung hinaus selbständige Änderungen vorzunehmen (vgl. den die Vereinfachung der Vorschlagsliste betreffenden neu eingefügten Absatz 3 [jetzt Abs. 4] des § 36 GVG).

5. Das Gesetz zur **allgemeinen Einführung eines zweiten Rechtszuges in Staats-** **85**
schutz-Strafsachen vom 8. 9. 1969 (BGBl. I 1582) beseitigte, alten Reformforderungen
entsprechend, die erst- und letztinstanzliche Zuständigkeit des BGH und der OLG in
Staatsschutz-Strafsachen. Danach wurde die bisherige erstinstanzliche Aburteilungszuständigkeit des BGH dem OLG (in den Landeshauptstädten) als Gerichten des 1.
Rechtszuges übertragen, während der BGH über die Revision gegen erstinstanzliche
Urteile der Oberlandesgerichte und (in beschränktem Umfang, § 304 Abs. 4 Satz 2,
§ 310 StPO) über die Beschwerde gegen deren Beschlüsse entscheidet. Da es sich aus
Gründen wirksamer Bekämpfung der Staatsschutzdelikte als erforderlich erwies, in weitem Umfang das Ermittlungsverfahren wie bisher durch den Generalbundesanwalt
durchführen zu lassen, diesem auch als einem Bundesorgan in beschränktem Umfang
die Kompetenz zur Erhebung und Vertretung der Anklage vor den Oberlandesgerichten als Gerichten der Länder zu überlassen (vgl. § 142 a Abs. 2, 3 GVG), bedurfte es zur
Bereinigung der Kompetenzschwierigkeiten neuer konstruktiver Wege. Sie wurden dadurch eröffnet, daß der durch das Gesetz vom 26. 8. 1969 (BGBl. I 1357) eingefügte
Abs. 5 des Art. 96 GG den Bundesgesetzgeber ermächtigte zu bestimmen, daß Gerichte
der Länder Gerichtsbarkeit des Bundes ausüben (sog. Organ-Leihe). Nach § 120 Abs. 6
GVG üben die erstinstanzlich zuständigen Oberlandesgerichte, soweit nach § 142 der
Generalbundesanwalt zur Verfolgung der Strafsachen als Bundesorgan zuständig ist,
Gerichtsbarkeit des Bundes aus. Gerichtsbarkeit des Landes üben sie aus, wenn der Ge-
neralbundesanwalt das Verfahren gemäß § 142 a Abs. 2, 3 GVG an die Landesstaatsanwaltschaft abgegeben hat. Auf weitere Einzelheiten ist hier nicht einzugehen. Die
Neuordnung des Instanzenzuges führte zu Änderungen des GVG (§§ 24, 61, 74, 74 a,
120, 130, 135, 139, 166; Einfügung des § 142 a; Streichung der §§ 134, 134 a) und der

StPO (§§ 121, 122, 140, 153 b, 153 c, 153 d, 168 a, 172, 178, 186, 198, 209, 210, 304, 310, 333, 354, 452, 462; Streichung des § 474 a. F).

86   6. Die Bemühungen um eine schärfere Bekämpfung der **Wirtschaftskriminalität** führten zur Einfügung des § 74 c GVG (Ermächtigung zur Bildung gemeinschaftlicher Wirtschaftskammern für die Bezirke mehrerer Landgerichte; § 74 c gilt heute i. d. F. des StVÄG 1979 und — Abs. 1 — des 2. WiKG vom 15. 5. 1986, BGBl. I 721) und des — inzwischen als durch die Neufassung des § 74 c durch StVÄG 1979 als gegenstandslos aufgehobenen — § 13 b StPO (Gesetz vom 8. 9. 1971, BGBl. I 1513). Das Gesetz vom 10. 9. 1971 (BGBl. I 1557) brachte Änderungen der Vorschriften des DRiG über den **juristischen Vorbereitungsdienst**, insbesondere die für eine Erprobungszeit zugelassene und inzwischen ausgelaufene sog. einstufige Ausbildung, die mit Änderungen und Ergänzungen der §§ 10, 142 GVG verbunden waren. Neue Strafvorschriften des 11. und 12. StRÄG vom 16. 12. 1971 (BGBl. I 1977/1979) gegen erpresserischen Menschenraub, Geiselnahme und Angriffe auf den Luftverkehr (§§ 239 a, 239 b, 316 c StGB) führten zur Ergänzung des damaligen schwurgerichtlichen Zuständigkeitskatalogs in § 80 GVG und zur Anpassung des § 100 a Nr. 2 StPO. Das Gesetz vom 26. 5. 1972 (BGBl. I 841) ordnete die Zusammensetzung der Präsidien bei den Gerichten und ihren Aufgabenbereich neu (neue §§ 21 ff GVG), änderte (wohl aus mehr ideologischen Gründen als aus praktischem Bedürfnis) die hergebrachten **Amtsbezeichnungen** der Berufsrichter (Einfügung eines neuen § 19 a DRiG[20]) und die Bezeichnungen der ehrenamtlichen Richter (§ 45 a DRiG: Ersetzung der Bezeichnung „Geschworener" durch „Schöffe") mit der Folge zahlreicher Anpassungsänderungen von StPO, GVG und EGGVG, von deren Einzelaufzählung aus Raumersparnisgründen abgesehen wird.

87   7. **Haftrechtsnovelle.** Ein Ansteigen bestimmter Formen der Kriminalität führte dazu, daß durch Gesetz vom 7. 8. 1972 (BGBl. I 1361) die Begrenzung der **Haftvoraussetzungen** durch die „kleine Strafprozeßreform" des Jahres 1964 (Rdn. 63) in gewissem Umfang gelockert wurde, und zwar hauptsächlich durch die Ausdehnung des Haftgrundes der Wiederholungsgefahr auf gefährliche Serientäter (neuer § 112 a StPO). Nach § 112 a Abs. 1 Nr. 2 besteht ein Haftgrund auch, wenn der Beschuldigte dringend verdächtig ist, wiederholt oder fortgesetzt eine die Rechtsordnung schwerwiegend beeinträchtigende Straftat nach den §§ 223 a bis 226, 243, 244, 249 bis 255, 260, 263, 306 bis 308, 316 a StGB oder nach einzelnen Vorschriften des Betäubungsmittelgesetzes begangen zu haben, und bestimmte Tatsachen die Gefahr begründen, daß er vor rechtskräftiger Aburteilung weitere erhebliche Straftaten gleicher Art begehen oder die Straftat fortsetzen werde; die Haft muß dann zur Abwendung der Gefahr erforderlich und es muß eine Freiheitsstrafe von mehr als einem Jahr zu erwarten sein. Die Untersuchungshaft hat hier zugleich die Aufgabe einer Vorbeugungshaft. Unter dem Gesichtspunkt der Systemwidrigkeit sind im Schrifttum Einwendungen gegen den Haftgrund der Wiederholungsgefahr erhoben worden[21]. Gesetzestechnisch mag die an dieser Stelle erfolgte Regelung bedenklich sein[22]. Systemwidrig ist der Haftgrund der Wiederholungs-

---

[20] Gewisse Änderungen der Amtsbezeichnungen der Richter des Amtsgerichts in Beförderungsstellen wurden von BVerfGE **38** 1 = NJW **1974** 1940 für nichtig erklärt; das führte (Gesetz vom 24. 12. 1975, BGBl. I 3176) zu Änderungen des § 19 a DRiG.

[21] Vgl. *Jescheck* ZStW **86** (1974) 777; ausführlich neuestens *Paeffgen* Vorüberlegungen zu einer Dogmatik des Untersuchungshaft-Rechts (1986) 138 ff.
[22] Dazu LR-*Wendisch* § 112 a, 14.

gefahr aber nicht, denn er liegt im Rahmen der in Kap. **6** 34 ff näher dargestellten Erweiterung der Zwecke des Strafverfahrens. Mit dem GG ist § 112 a vereinbar[23].

8. Weitere Änderungen. Durch § 61 Abs. 3 des WaffenG vom 19. 9. 1972 (BGBl. I **88** 1797) wurde der **Straftatenkatalog des § 100 a** Nr. 2 erweitert. Terminologische und redaktionelle Anpassungen der §§ 100 a Nr. 2, 104 Abs. 2 und des § 112 a Abs. 1 Nr. 1 StPO brachten — neben einer Neufassung des damaligen § 80 GVG (Schwurgerichtszuständigkeitskatalog) — auch Art. 3, 4 des 4. StrRG vom 23. 11. 1973 (BGBl. I 1725). Das letztere Gesetz fügte auch als Vorschrift von allgemeiner Bedeutung den **§ 206 b** ein. Nach dieser Bestimmung stellt, wenn ein Strafgesetz, das bei Beendigung der Tat gilt, vor der Entscheidung geändert wird und ein gerichtlich anhängiges Verfahren eine Tat zum Gegenstand hat, die nach dem bisherigen Recht strafbar war, nach dem neuen Recht aber nicht mehr strafbar ist, das Gericht außerhalb der Hauptverhandlung das Verfahren durch (mit sofortiger Beschwerde anfechtbaren) Beschluß ein. Diese Vorschrift — eine Verallgemeinerung einer bereits in Art. 96 des 1. StrRG vorgesehenen Regelung — zieht, wie § 354 a StPO, verfahrensrechtliche Folgerungen aus dem materiellrechtlichen Gebot des § 2 Abs. 3 StGB, das mildeste Gesetz anzuwenden, wenn das bei Beendigung der Tat geltende Gesetz vor der Entscheidung geändert wird. Nach materiellem Recht müßte, wenn das Verfahren (durch Erhebung der Anklage) gerichtlich anhängig und die Eröffnung des Hauptverfahrens beschlossen ist, dem jetzt eintretenden Wegfall der bisherigen Strafbarkeit durch Freispruch in einer Hauptverhandlung Rechnung getragen werden. Zur Vereinfachung des Verfahrens wird aber nach § 206 b das freisprechende Urteil durch einen Einstellungsbeschluß außerhalb der Hauptverhandlung ersetzt.

9. Schließlich erhielten durch Gesetz vom 25. 3. 1974 (BGBl. I 761) § 14 GVG **89** (betr. besondere Gerichte) und die §§ 18 bis 20 GVG betr. **Befreiung von der deutschen Gerichtsbarkeit** neue Fassungen; § 21 GVG wurde aufgehoben. Art. 6 des 5. StrRG vom 18. 6. 1974 (BGBl. I 1297) brachte Erweiterungen des § 53 StPO und Änderungen des § 97 StPO. Art. 6 Nr. 3 b des Gesetzes vom 20. 12. 1974 (BGBl. I 3651) erhöhte die Beschwerdesumme des § 304 Abs. 3 StPO (neu gefaßt durch § 16 des Ges. v. 20. 8. 1975, BGBl. I 2248). Dem § 21 g GVG wurde ein neuer Absatz 3 eingefügt (Art. 2 des Gesetzes vom 20. 12. 1974, BGBl. I 3651).

10. Unterbrechung der Darstellung. An dieser Stelle ist zunächst mit der Darstel- **90** lung der Vorschriften zur Änderung von StPO und GVG innezuhalten. Zwar sind im Dezember 1974 noch zwei die StPO ändernde Gesetze ergangen. Sie weisen aber eine Besonderheit in ihrer Bezeichnung auf. Sie lautet auf „Erstes Gesetz *zur Reform* des Strafverfahrensrechts" (vom 9. 12. 1974, BGBl. I 3393, 3533) und auf „Gesetz zur Ergänzung des Ersten Gesetzes *zur Reform* des Strafverfahrensrechts" (vom 20. 12. 1974, BGBl. I 3686). Damit übernahm der Gesetzgeber die Methode, die auf dem Gebiet des **materiellen Strafrechts**, beginnend mit dem „Ersten Gesetz zur *Reform* des Strafrechts" (vom 25. 6. 1969, BGBl. I 645) zur förmlichen Unterscheidung von „Strafrechtsänderungsgesetzen" und „Strafrechtsreformgesetzen" geführt hatte. Die ausdrückliche Bezeichnung der materiellrechtlichen Änderungsgesetze als „Reformgesetze" machte unübersehbar deutlich, daß sie der schrittweisen Verwirklichung einer umfassenden Strafrechtsreform dienten, die, nach umfangreichen Vorbereitungsarbeiten insbes. mit der

---

[23] BVerfGE **35** 185, 192 = NJW **1973** 1363.

Konstituierung der „Großen Strafrechtskommission" i. J. 1954 begonnen hatte und nach der parlamentarischen Behandlung des StGB-Entw. 1962 zum 1. 1. 1975 zu einem gewissen Abschluß gekommen war. Die Verabschiedung des „Ersten Gesetzes zur *Reform* des Strafverfahrensrechts" vom 9. 12. 1974 zeigt, daß damals die Absicht bestand, in ähnlicher Weise wie beim materiellen Strafrecht durch eine Reihe von aufeinander abgestimmten „Strafverfahrensreformgesetzen" schrittweise eine umfassende Strafverfahrensreform durchzuführen. Nur sollte — und darin liegt der entscheidende Unterschied — auf die Mitwirkung eines der „Großen Strafrechtskommission" (die nach fünfjährigem Bestehen 1959 ihre Tätigkeit mit der Vorlage eines in 2 Lesungen beschlossenen StGB-Entw. beendet hatte) entsprechenden Gremiums (einer „Großen Strafprozeßkommission") verzichtet werden. Dieses so auf Vereinfachung ausgerichtete Vorhaben mußte aber, wie noch zu zeigen sein wird, nach dem ersten Ansatz wieder aufgegeben werden. Damit fällt der Blick auf die Methoden früherer Bemühungen um eine über Teilbereiche hinausgehende Gesamtreform des Strafverfahrensrechts; diese sind im Kapitel 4 darzustellen.

IX. Verfahrensrechtlich bedeutsame Änderungen außerhalb von StPO und GVG

91   **1. Übersicht.** Hier ist einer Reihe von Gesetzen zu gedenken, die, ohne daß GVG oder StPO förmlich geändert oder ergänzt worden wären, doch für die Gerichtsverfassung und das Strafverfahren von Bedeutung sind. Das (später mehrfach geänderte) Gesetz über die Einrichtung eines **Bundeskriminalpolizeiamts** vom 8. 1. 1951 (BGBl. I 165), das das Reichskriminalpolizeigesetz vom 21. 7. 1922 (RGBl. I 593) ablöste, schrieb zur Bekämpfung des nicht ortsgebundenen Verbrechertums die Einrichtung eines Bundeskriminalamts (mit dem Sitz in Wiesbaden) durch den Bund und die Errichtung von Landeskriminalämtern durch die Länder vor, ermächtigte unter bestimmten Voraussetzungen das Bundeskriminalamt zur Verfolgung strafbarer Handlungen im Einzelfall unter Einsatz eigener Vollzugsbeamten und regelte das Zusammenwirken des Bundeskriminalamts mit den Polizeidienststellen der Länder und den Justizbehörden. Im Gegensatz zum Bundeskriminalamt wurden dem auf Grund des Gesetzes vom 27. 9. 1950 (BGBl. 682) errichteten Bundesamt für Verfassungsschutz keine besonderen Befugnisse auf dem Gebiet der Strafverfolgung eingeräumt. Das Gesetz über das **Bundesverfassungsgericht** (BVerfGG) vom 12. 3. 1951 (BGBl. I 243; ebenfalls seitdem mehrfach geändert) brachte die Möglichkeit, gegen rechtskräftige Strafentscheidungen jenes Gericht mit der Behauptung der Verletzung von Grundrechten und bestimmter Verfassungssätze durch Verfassungsbeschwerde anzurufen (§§ 90 ff), und schuf den Wiederaufnahme-Grund der Verurteilung auf Grund eines nichtigen Gesetzes (§§ 79, 96; vgl. Kap. 16 34). Das **ZuständigkeitsergänzungsG** vom 7. 8. 1952 (BGBl. I 401) bestimmte das für die Fortführung oder die Wiederaufnahme eines Verfahrens zuständige Gericht und die zuständige Vollstreckungsbehörde in solchen Fällen, in denen das früher zuständige Gericht seit dem 8. 5. 1945 weggefallen ist oder an seinem Sitz deutsche Gerichtsbarkeit nicht mehr ausgeübt wird; § 18 aaO erweiterte zugleich die Voraussetzungen für die Wiederaufnahme des Verfahrens zugunsten des Verurteilten gegenüber Urteilen der früheren Wehrmachts- und Sondergerichte. Ferner sind hier zu nennen das Gesetz über das gerichtliche Verfahren in Binnenschiffahrtssachen vom 27. 9. 1952 (BGBl. I 641; mehrfach geändert); das Gesetz über innerdeutsche Rechts- und Amtshilfe vom 2. 5. 1953 (BGBl. I 161; zuletzt geändert durch Gesetz vom 18. 8. 1980, BGBl. I 1503), das sich insbesondere mit der Wirksamkeit von Strafurteilen von DDR-Gerichten in der Bundesrepublik befaßt; das Gesetz über das gerichtliche Verfahren bei

Freiheitsentziehungen vom 29. 6. 1956 (BGBl. I 599) und das RechtspflegerG vom 5. 11. 1969 (BGBl. I 2065; zuletzt geändert durch Gesetz vom 19. 12. 1986, BGBl. I 2563) nebst VO vom 26. 7. 1970 (BGBl. I 992, zuletzt geändert durch VO vom 16. 2. 1982, BGBl. I 188), das die Mitwirkung des Rechtspflegers im Strafvollstreckungsverfahren regelt (§§ 22, 31). Das Gesetz zur Wahrung der Einheitlichkeit der Rechtsprechung der obersten Gerichtshöfe des Bundes vom 19. 6. 1968 schuf den Gemeinsamen Senat der Obersten Gerichtshöfe, der entscheidet, wenn ein oberster Gerichtshof in einer Rechtsfrage von der Entscheidung eines anderen obersten Gerichtshofs oder des Gemeinsamen Senats abweichen will. Wegen der Neuregelung der Beteiligung der Finanzbehörden am Steuerstrafverfahren vgl. unten Rdn. 102.

2. Von wesentlicher Bedeutung für die Strafrechtspflege sind ferner das Gesetz **92** über **die Entschädigung für Strafverfolgungsmaßnahmen** — StrEG — vom 8. 3. 1971 (BGBl. I 157), das, indem es die Folgerungen aus der Unschuldsvermutung des Art. 6 Abs. 2 MRK zog, an die Stelle der veralteten Entschädigungsgesetze von 1898/1904 (Kap. 3 4) trat[24], und das **Bundeszentralregistergesetz** — BZRG — vom 18. 3. 1971 (BGBl. I 243, jetzt i. d. F. vom 21. 9. 1984, BGBl. I 1229), das dem Resozialisierungsgedanken in weiterem Umfang Rechnung trägt als das bisherige Recht (oben Kap. 3 8), insbesondere durch Nichtaufnahme bestimmter Verurteilungen in das Führungszeugnis, das jedermann auf Antrag über den ihn betreffenden Inhalt des Zentralregisters und das auf Verlangen Behörden erteilt wird (§§ 30 ff), im übrigen durch Verkürzung der Fristen, nach deren Ablauf die Strafe nicht mehr im Führungszeugnis vermerkt und der Strafvermerk im Zentralregister getilgt wird, wie auch durch Beschränkung des behördlichen Auskunftsrechts.

X. Strafverfahren und Bußgeldverfahren

Gegenüber den vorgenannten Gesetzen ragen an dogmatischer und praktischer **93** Bedeutung für das Strafverfahren weit hervor die gesetzgeberischen Maßnahmen, die auf die Herauslösung des sog. Ordnungsunrechts aus dem Kriminalunrecht gerichtet sind, um einer hypertrophischen Anwendung der Kriminalstrafe entgegenzuwirken.

1. Grundgedanken. Zunächst erging das **Gesetz über Ordnungswidrigkeiten** **94** (OWiG) vom 25. 3. 1952 (BGBl. I 177). Es ging von dem Grundgedanken aus, daß bei reaktionsbedrohten Gesetzesverstößen zwischen der Straftat und der Ordnungswidrigkeit zu unterscheiden sei. Zwischen den verschiedenen Arten der Gesetzesverstöße bestehe, so wird gelehrt, ein Unterschied, der nicht nur gradmäßiger (quantitativer), sondern wesensmäßiger (qualitativer) Art sei. Dem Gebiet des Kriminalunrechts ist danach die ethisch vorwerfbare Verletzung wesentlicher Gemeinschaftsbelange zuzurechnen, dem des Ordnungsunrechts die ethisch indifferente, „wertneutrale" Verletzung von Vorschriften, die technischer Art sind und der Vorsorge für einen glatten Ablauf der Vorgänge und Spannungen dienen, die sich aus dem äußeren Zusammenleben der Menschen ergeben. Die Straftat löst die Kriminalstrafe aus, die der Richter im Strafverfahren verhängt; das strafrichterliche Erkenntnis hat die Bedeutung eines ethischen Unwerturteils über die Tat. Die Ordnungswidrigkeit dagegen führt nur zur Geldbuße als einer „scharfen Pflichtenanmahnung", die die Verwaltungsbehörde durch einen Ver-

---

[24] Über Tendenzen nach gewissen Einschränkungen der Entschädigungspflicht vgl. ZRP **1975** 217 und DRiZ **1977** 283.

waltungsakt, den Bußgeldbescheid, in einem elastisch geordneten Verwaltungsverfahren, dem Bußgeldverfahren, festsetzt. Die Geldbuße dient zwar auch der Ahndung des Gesetzesverstoßes, d. h. der repressiven Beantwortung des Gesetzesverstoßes durch den Staat; der Idee nach aber sollte sie nach dem OWiG 1952 vorzugsweise ein weiteres Mittel des Verwaltungszwanges in der Hand der Verwaltungsbehörden sein, um die äußere gute Ordnung des Gemeinwesens durchzusetzen. Und während die Verfolgung von Straftaten grundsätzlich vom Legalitätsprinzip beherrscht wird, wurde die Verfolgung von Ordnungswidrigkeiten dem im allgemeinen die Tätigkeit der Verwaltungsbehörden beherrschenden Opportunitätsprinzip unterstellt (§ 7). Wie jeder beschwerende Verwaltungsakt, so wurde auch, entsprechend dem Gebot des Art. 19 Abs. 4 GG, der Bußgeldbescheid der gerichtlichen Nachprüfung unterworfen. Aber die Rechtskontrolle stand hier nicht den Verwaltungsgerichten (nach den Vorschriften der VwGO vom 1. 1. 1960), sondern an ihrer Stelle den Strafgerichten zu (§§ 54 ff, 75). Da sich trotz aufgewandter literarischer Bemühungen andere praktikable Abgrenzungsmerkmale qualitativer Art nicht gewinnen ließen, zog das OWiG 1952 die Grenzlinie zwischen Straf- und Ordnungsrecht durch Aufstellung eines rein formalen Merkmals: Ordnungsunrecht liegt vor, wenn der Gesetzgeber im Einzelfall einen Gesetzesverstoß nur mit Geldbuße bedroht (§ 1 Abs. 1 OWiG 1952), Kriminalunrecht dagegen, wenn ausschließlich Kriminalstrafe angedroht ist. Dazu trat die Sonderfigur der Mischtatbestände (§ 1 Abs. 3 OWiG 1952), die dadurch gekennzeichnet waren, daß ein Straftatbestand bei Hinzutritt privilegierender Umstände Geldbuße, ein Ordnungswidrigkeitstatbestand bei Hinzutritt qualifizierender Merkmale Kriminalstrafe androht; dann war die Handlung, je nachdem ob die besonderen Merkmale vorliegen oder nicht, entweder Straftat oder Ordnungswidrigkeit (§ 2).

95   **2. Verfassungsrechtliche Bedenken.** Die Grundkonzeption des OWiG 1952 stieß z. T. in Rechtsprechung und Schrifttum auf Widerspruch. Es wurde insbesondere darauf hingewiesen, daß der Gesetzgeber bei der formalen Abgrenzung der Bedrohung mit Geldbuße das Gebiet des geringfügigen Gesetzesunrechts, das dem der damaligen Übertretungen etwa entspreche, grundsätzlich verlasse, wenn er Geldbußen in Höhe vier- und fünfstelliger Zahlen oder in noch größerer Höhe androhe, daß die Belegung mit solchen Geldbußen den Betroffenen, auch wenn er dadurch nicht „vorbestraft" sei, und trotz ihrer Qualifizierung als „lediglich" eine nachdrückliche Pflichtenmahnung, härter treffe als die Ahndung mit einer geringen Vergehensgeldstrafe. Von diesem Standpunkt aus wurde im Hinblick auf Art. 92 GG (Rechtsprechungsmonopol der Gerichte) die Grundgesetzmäßigkeit des OWiG angezweifelt. Das BVerfG[25] wies indessen die Angriffe gegen die Grundgesetzmäßigkeit des Bußgeldverfahrens zurück: nur die Kriminalstrafe sei eine echte, mit dem ethischen Schuldvorwurf verbundene Strafe, der Buße fehle dagegen der „Ernst der staatlichen Strafe". Es handele sich daher bei dem Bußgeldverfahren der Verwaltungsbehörde nicht um ein verkapptes Strafverfahren, sondern um die durch den grundsätzlichen Unterschied der Ordnungswidrigkeit von der Straftat begründete, grundgesetzmäßig einwandfreie Ausübung von Verwaltungstätigkeit.

96   **3. OrdnungswidrigkeitenG 1968.** Mit der **Grundkonzeption** des OWiG 1952 war **unvereinbar** das Nebeneinanderbestehen von Ordnungswidrigkeiten und **Übertretungen**; der mit dem OWiG beschrittene Weg führte zwangsläufig zur Beseitigung der

---

[25] BVerfGE **8** 207; **9** 167; **22** 78, 132; **23** 126;
    27 28; ebenso BGHSt **24** 20.

Übertretungen und leichterer (nur mit Geldstrafe bedrohter) Vergehen. Das vollzog sich in Stufen. Zunächst wurde nach dem Inkrafttreten des OWiG 1952 grundsätzlich auf die Schaffung neuer Übertretungstatbestände und neuer Vergehenstatbestände, die nur Geldstrafe androhen, verzichtet, und bei der Reform älterer Gesetze wurden die entsprechenden Tatbestände zu Ordnungswidrigkeiten umgestaltet. Der entscheidende Schritt wurde getan, als 1968 (Art. 3 EG OWiG) die Masse der verbliebenen Übertretungen — die Verkehrsübertretungen — dem Ordnungsunrecht zugeordnet wurde. Der Rest der Übertretungen ist seitdem (mit Wirkung vom 1. 1. 1975) durch die Aufhebung des 29. Abschnitts des StGB und die Beseitigung der Übertretungen des Bundesneben- und des Landesstrafrechts (Art. 13, 19 Nr. 206 EGStGB vom 2. 3. 1974, BGBl. I 469) verschwunden; die bisherigen Übertretungstatbestände wurden teils in Vergehenstatbestände, teils in Ordnungswidrigkeiten umgewandelt, teils der Regelungsbefugnis des Landesgesetzgebers überlassen, teils ersatzlos beseitigt[26]. Es gab nunmehr auf dem Gebiet des Kriminalstrafrechts nur noch Verbrechen und Vergehen. Damit erwies sich aber eine grundlegende Reform des OWiG in verfahrensmäßiger Hinsicht als erforderlich, die das OWiG 1968 durchführte. Nach zahlreichen Änderungen durch Art. 29 EGStGB vom 2. 3. 1974 erfolgte die Neufassung vom 2. 1. 1975 (BGBl. I 81). Auch diese ist, um dies hier vorwegzunehmen, seitdem durch zahlreiche weitere Änderungen (Übersicht in der Änderungstabelle bei *Göhler*[8]) überholt und es erfolgte neuestens die Neubekanntmachung vom 19. 2. 1987 (BGBl. I 602).

Der Grundgedanke des OWiG 1952, daß die **Wesensverschiedenheit von Straftaten** **97** **und Ordnungswidrigkeiten** notwendigerweise auch zu einer klaren Trennung bei der Verfolgung führen müsse und die Zuständigkeit der Strafverfolgungsbehörden scharf von der Verfolgungs- und Ahndungsbefugnis der Verwaltungsbehörde abzusetzen sei, erwies sich gerade bei den Verkehrszuwiderhandlungen als praktisch undurchführbar, weil hier die Übergänge zwischen strafbarem und nur ordnungswidrigem Verhalten in besonderem Maße fließend sind und sich vielfach nicht von vornherein, sondern erst nach abschließender Aufklärung Gewißheit ergibt, wessen sich der Täter schuldig gemacht hat, etwa ob die in § 315 c Abs. 1 StGB unter Nr. 1 und 2 beschriebenen Verhaltensweisen von einer Ordnungswidrigkeit nach StVO oder StZVO in ein Vergehen umschlugen, weil sie mit einer konkreten Gefährdung von Leib oder Leben eines anderen oder fremder Sachen von bedeutendem Wert verbunden waren.

Das OWiG 1968 ermöglichte deshalb, wenn eine Rechtsverletzung eine Ord- **98** nungswidrigkeit, aber auch eine Straftat sein kann, eine abschließende **Entscheidung in** **einem Verfahren** und ebenso eine einheitliche verfahrensmäßige Behandlung, wenn Ordnungswidrigkeiten mit Straftaten zusammenhängen. Nach dem OWiG 1952 stand die Ahndung einer Ordnungswidrigkeit grundsätzlich nur der Verwaltungsbehörde zu, sie setzte durch den Verwaltungsakt des Bußgeldbescheids die Folgen der Ordnungswidrigkeit fest. Beantragte der Betroffene gerichtliche Entscheidung, so beschränkte sich die Nachprüfung des Gerichts darauf, ob der Bußgeldbescheid aufrechtzuerhalten, zu ändern oder aufzuheben sei. Die Aufgabe der Staatsanwaltschaft bestand grundsätzlich nur in der Kontrolle, ob die Verwaltungsbehörde nicht einen Sachverhalt erfasse, der als Straftat in die Verfolgungszuständigkeit der Strafjustizorgane fällt; im übrigen wirkte sie im gerichtlichen Stadium des Bußgeldverfahrens grundsätzlich nicht mit. Die Rolle des Verfolgungsorgans verblieb vielmehr auch in diesem Stadium der Verwaltungsbehörde; sie war im gerichtlichen Verfahren zu hören und konnte Rechtsbeschwerde einlegen. Nach dem OWiG 1968 ist dagegen im Strafverfahren die Staatsan-

---

[26] Vgl. dazu die Übersicht bei *Göhler* NJW
1974 825, 827.

Karl Schäfer

waltschaft für die Verfolgung der Tat (i. S. des § 264 StPO) auch unter dem rechtlichen Gesichtspunkt der Ordnungswidrigkeit zuständig (§ 40). Sie kann der Verwaltungsbehörde die Verfolgung einer Ordnungswidrigkeit entziehen und sie selbst übernehmen, wenn sie eine Straftat verfolgt, die mit einer Ordnungswidrigkeit zusammenhängt (§ 42). Erhebt sie wegen der Straftat die öffentliche Klage, so erstreckt sie diese auch auf die Ordnungswidrigkeit (§ 64). Eine entsprechende umfassende Kognitionspflicht trifft auch das Gericht. Wird es durch Einspruch des Betroffenen gegen den Bußgeldbescheid der Verwaltungsbehörde mit der Sache befaßt, so ist es an die Beurteilung der Tat als Ordnungswidrigkeit nicht gebunden und kann vom Bußgeld- zum Strafverfahren übergehen (§ 81); im Strafverfahren nach Erhebung der öffentlichen Klage beurteilt es die in der Anklage bezeichnete Tat zugleich unter dem rechtlichen Gesichtspunkt einer Ordnungswidrigkeit (§ 82). Der fließende Übergang der Ordnungswidrigkeit zur Straftat führte dazu, das Verfahren der Verwaltungsbehörde und das der Staatsanwaltschaft bei Aufrechterhaltung des Opportunitätsprinzips grundsätzlich den Regeln der StPO zu unterstellen (§ 46 Abs. 1, 2); das OWiG 1968 geht „im Grundsatz von einer einheitlichen Verfahrensordnung aus und bestimmt davon nur die Abweichungen, die auf eine erhebliche Vereinfachung des Verfahrens bei Ordnungswidrigkeiten abzielen" (*Göhler*[8] Einl. Rdn. 12). An dieser verfahrensrechtlichen Grundkonzeption haben auch spätere Novellen (z. B. Änderung des § 46 Abs. 3 durch das StVÄG 1979, Vereinfachung des Beweisrechts durch das Gesetz vom 7. 7. 1986, (BGBl. I 977; dazu Kap. 13 80) festgehalten[26a].

99   **4. Erneute dogmatische und verfassungsrechtliche Einwendungen.** Die so entstandene Rechtslage, daß sowohl die Verwaltungsbehörde durch Bußgeldbescheid (mit dem Vorbehalt, daß der Betroffene durch Einspruch die Entscheidung des Strafrichters herbeiführen kann) wie das Gericht im Verfahren auf Anklage der Staatsanwaltschaft unter der Herrschaft gleichartiger Verfahrensgrundsätze und in Anwendung desselben materiellen Rechts die gleichen Sanktionen für Gesetzesunrecht aussprechen können, daß insbesondere das Fahrverbot sowohl vom Gericht als Nebenstrafe neben einer Kriminalstrafe (§ 44 StGB) wie von der Verwaltungsbehörde unter dem Gesichtspunkt der Nebenfolge einer Ordnungswidrigkeit neben einer Geldbuße durch Bußgeldbescheid ausgesprochen werden kann (§ 25 StVG), führte erneut unter Berufung auf Art. 92 GG zu Angriffen gegen die Grundgesetzmäßigkeit des OWiG 1968. Sie wurden von BVerfGE **22** 49 = NJW **1969** 1619 mit der Begründung zurückgewiesen, daß das Rechtsprechungsmonopol der Gerichte (Art. 92 GG) sich nur auf den Kernbereich des Strafrechts erstrecke, der alle bedeutsamen Unrechtstatbestände umfasse, während es verfassungsmäßig nicht zu beanstanden sei, wenn der Gesetzgeber Gesetzesverstöße mit geringerem Unrechtsgehalt, die sich von kriminellen Vergehen durch den Grad des ethischen Unwertgehalts unterscheiden, dem Bereich der materiellen Rechtsprechung entziehe und sie repressiv mit einer „nachdrücklichen Pflichtenmahnung" erwidere, die keine ins Gewicht fallende Beeinträchtigung des Ansehens und des Leumunds des Betroffenen zur Folge habe. Der grundsätzliche Unterschied zwischen dem Fahrverbot als Nebenstrafe (§ 44 StGB) und dem Fahrverbot nach § 25 StVG als Nebenfolge der Ordnungswidrigkeit ist nach BVerfG NJW **1969** 1623 darin zu sehen, daß letzteres nach der gesetzgeberischen Intention in erster Linie eine Erziehungsfunktion habe, sich als „Denkzettel- und Besinnungsmaßnahme" darstelle, aber keinen „gezielten Angriff auf die Kraftfahrerehre" enthalte und den Betroffenen nicht „im Kern seiner Persönlichkeit" träfe. Ob namentlich diese letzteren Ausführungen gesteigerten Ansprüchen nach

---

[26a] Nach *Göhler* [8] Einl Rdn 13 „ein Anzeichen"
   für die Bewährung der Grundkonzeption.

begrifflich-dogmatischer Vertiefung genügen, wo doch mit der Festsetzung des Fahrverbots nach § 25 StVG dem Betroffenen der Vorwurf gemacht wird, daß er grob oder beharrlich die Pflichten eines KFZ-Führers verletzt habe, mag dahingestellt bleiben.

Mit dem Hinweis auf Wesensunterschiede zwischen der Geldstrafe und der **100** Geldbuße verteidigte in der Folgezeit BVerfGE **43** 101 = NJW **1977** 292 die Grundgesetzmäßigkeit der **Erzwingungshaft des § 96 OWiG**: diese stelle im Gegensatz zur Ersatzfreiheitsstrafe bei nicht beitreibbaren Geldstrafen nicht ein ersatzweises Übel für die begangene Ordnungswidrigkeit, sondern nur eine Pflichtenanmahnung gegenüber dem zahlungsunwilligen Betroffenen ohne eine ins Gewicht fallende Beeinträchtigung seines Ansehens und seines Leumunds dar, und deshalb befreie auch — anders als bei der vollzogenen Ersatzfreiheitsstrafe — die vollzogene Erzwingungshaft nicht von der weiterhin bestehenden Pflicht zur Zahlung der Geldbuße. Gewisse Schwierigkeiten in der Begründung ergaben sich dann allerdings, als BVerfGE **45** 272 = NJW **1977** 1629 Angriffe dagegen zurückwies, daß das **Verbot der gemeinschaftlichen Verteidigung** mehrerer Beschuldigter (§ 146 StPO) auch bei der Verteidigung mehrerer Betroffener im Bußgeldverfahren gelte. Zwar wird auch hier der in ständiger Rechtsprechung festgehaltene begriffliche Unterschied zwischen Kriminalstrafe und Ordnungswidrigkeit betont. „Diese Unterscheidung" — so heißt es aaO S. 288 — „läßt sich allerdings nicht streng durchführen. Im Grenzbereich bestehen zwischen dem Kriminalunrecht und dem Ordnungsunrecht **nur graduelle Unterschiede**." Die exakte Grenzlinie unter Berücksichtigung der jeweiligen konkreten historischen Situation im einzelnen verbindlich und im Einklang mit der verfassungsmäßigen Wertordnung festzulegen sei aber Sache des (einfachen) Gesetzgebers, dessen Entscheidung vom BVerfG nur in gewissem Umfang nachgeprüft werden könne (Verweisung auf BVerfGE **27** 18, 30), und so sei es verfassungsrechtlich nicht zu beanstanden, „wenn der Gesetzgeber für beide Bereiche eine einheitliche Verfahrensordnung einführte und dem geringeren Unrechtsgehalt der Ordnungswidrigkeiten lediglich durch einige Sonderregelungen Rechnung trägt, die auf eine Vereinfachung des Bußgeldverfahrens abzielen". Die Wendung von den „nur graduellen Unterschieden" findet sich auch in BVerfG MDR **1980** 26.

Theoretisch verstärkt sich die Frage, ob wirklich der behauptete wesensmäßige **101** Unterschied zwischen dem Kriminalunrecht und dem „bloßen" Ordnungsunrecht besteht. Im Schrifttum mehrten sich schon anläßlich des OWiG 1968 die Stimmen, die — z. T. sogar neuerdings unter Aufgabe früherer abweichender Meinung — den qualitativen Unterschied verneinten oder in Zweifel zogen[27]. Sie setzten sich später fort; sogar die Rückkehr zu § 413 a. F wurde vorgeschlagen[28]. Das Rad der Entwicklung läßt sich aber in dieser Weise gewiß nicht zurückdrehen[29]. Es ließe sich aber wohl die Auffassung vertreten, daß materiell auch die Ahndung durch die Verwaltungsbehörde im Bußgeldverfahren Ausübung von Rechtsprechung darstellt und daß die Vereinbarkeit mit Art. 92 GG deshalb zu bejahen ist, weil letztlich dem Richter die Entscheidung zusteht.

---

[27] Vgl. z. B. *Schoreit* GA **1967** 225; *Merten/Pfennig* MDR **1970** 807; *Mattes* ZStW **82** (1970) 25; *R. Schmitt* Ordnungswidrigkeitenrecht (1970) 14; *Schmidhäuser* AllgT (1970) 207; *Baumann* JZ **1972** 1; ZRP **1972** 273; *Lang-Hinrichsen* JZ **1970** 796 m. weit. Nachw.; *Rotberg* OWiG⁵ (1975) Einführung S. 46 ff; *Kern/Roxin*¹³ § 74 A 2.

[28] Vgl. u. a. *Weber* JZ **1978** 694; ZStW **92** (1980) 316; zur Auffassung des EuGHMR

vgl. Kap. 1 5. Vgl. auch *Coeppins* DRiZ **1982**, ähnlich DAR **1985** 97 mit dem Vorschlag, Verkehrsordnungswidrigkeiten wieder nach § 413 a. F. StPO zu behandeln.

[29] Zur quantitativen Bedeutung der Ordnungswidrigkeiten vgl. u. a. *Rieß* DRiZ **1982** 207; *Göhler* FS K. Schäfer 45 ff; *Böttcher* NStZ **1986** 933 sowie den RegEntw. des OWiGÄndG, BT-Drucks. 10 2652, S. 39 ff.

Eine Vertiefung dieser Fragen würde indessen den Rahmen der über die Rechtsentwicklung berichtenden Übersicht überschreiten.

XI. Besonderheiten auf dem Gebiet des Steuerstrafverfahrens

102   1. Das frühere Recht kannte die Einrichtung des **Verwaltungsstrafverfahrens**. Sein Wesen bestand darin, daß Verwaltungsbehörden die Befugnis übertragen war, bei leichteren Straftaten — Vergehen und Übertretungen — Kriminalstrafen „vorläufig" durch Verwaltungsakt („Strafverfügung", „Strafbescheid") in der Weise festzusetzen, daß der Beschuldigte dagegen durch Einspruch oder Antrag auf gerichtliche Entscheidung die Entscheidung des Strafrichters herbeiführen konnte. Nach der Beseitigung der polizeilichen Strafverfügung durch das VereinhG kam ein Verwaltungsstrafverfahren nur noch in Betracht bei Zuwiderhandlungen gegen die Vorschriften über die Entrichtung von Postgefällen (§ 5 EGStPO in Verb. mit §§ 34 ff RPostG 1871), bei Steuer- und Abgabezuwiderhandlungen nach §§ 421 ff a. F RAbgO und solchen landesrechtlichen Vorschriften, die auf die §§ 421 ff RAbgO verwiesen (§ 6 Abs. 2 Nr. 2 EGStPO). Die Strafbefugnis beschränkte sich auf Geldstrafen und Nebenstrafen, die Festsetzung von Freiheits- und Ersatzfreiheitsstrafen war bereits durch Art. 104 Abs. 2 GG dem Richter vorbehalten.

103   2. Die **Grundgesetzmäßigkeit des Verwaltungsstrafverfahrens** war lange Zeit umstritten. Gegen seine Weitergeltung wurden im Schrifttum Bedenken im Hinblick auf Art. 92 GG (Rechtsprechungsmonopol der Gerichte) und auf Art. 6 Abs. 1 MRK (Anspruch auf Entscheidung durch ein Gericht) erhoben. Auch wurde geltend gemacht, daß im Verwaltungsstrafverfahren — wie ehedem im Inquisitionsprozeß — die Aufgaben des Ermittelns und Entscheidens, die Rollen des Anklägers und des Richters, in **einer** Hand vereinigt seien, eine solche Gestaltung des Verfahrens aber mit dem Grundgedanken des modernen Strafverfahrens und dem Grundsatz der Gewaltenteilung unvereinbar sei.

104   Die **Gegenmeinung**, die namentlich von den Gerichten (BGHSt **13** 102 = NJW **1959** 1230; BFH NJW **1958** 846) vertreten wurde, ging dahin, daß es sowohl auf dem Gebiet des Strafrechts wie auch in außerstrafrechtlichen Angelegenheiten (vgl. BSG JZ **1959** 378) dem Rechtsprechungsmonopol der unabhängigen Gerichte und dem Grundsatz der Gewaltenteilung nicht widerspreche, Verwaltungsbehörden materielle Rechtsprechungsaufgaben zu übertragen, sofern nur der Betroffene gegen ihre Entscheidungen den Richter anrufen könne, so daß letztlich das unabhängige Gericht entscheidet.

105   Den **Meinungsstreit beendete** BVerfGE **22** 49 = NJW **1967** 1219, indem es aussprach, Kriminalstrafen könnten nach Art. 92 GG nur durch den Richter verhängt werden und dürften deshalb auch bei minder gewichtigen strafrechtlichen Unrechtstatbeständen nicht in einem „Vorverfahren" oder „Vorschaltverfahren" ausgesprochen werden; die §§ 421, 445 und 447 a. F RAbgO wurden als grundgesetzwidrig für nichtig erklärt. Implicite wurden damit auch die (praktisch wenig bedeutungsvollen) Vorschriften über die verwaltungsmäßige Ahndung von Postgefällszuwiderhandlungen für nichtig erklärt; in dem neuen Gesetz über das Postwesen vom 28. 7. 1969 (BGBl. I 1006), das das Reichspostgesetz vom 28. 10. 1871 ersetzte, fehlt es demgemäß an entsprechenden Vorschriften.

106   Der Bundesgesetzgeber zog aus der Entscheidung des BVerfG für Steuerzuwiderhandlungen die Konsequenzen durch die Gesetze zur **Änderung der RAbgO** vom 10. 8. 1967 (RGBl. I 887) und vom 12. 8. 1968 (BGBl. I 953; letztes Änderungsgesetz vom 9. 12. 1974, RGBl. I 3393, 3413). Eine Reihe bisheriger Steuerstraftatbestände wurden in Steuerordnungswidrigkeiten umgestaltet und ihre Ahndung durch Bußgeldbescheid (nach den Vorschriften des OWiG) den Finanzbehörden übertragen (§§ 403 ff, 446 ff RAbgO). Bei den bestehen gebliebenen mit Kriminalstrafe bedrohten Steuerstraftaten wurden Maßnahmen getroffen, die nach Ablösung der RAbgO durch die Abgabenordnung (AO 1977) vom 16. 3. 1976 (BGBl. I 613) aufrechterhalten blieben. So führt in der Mehrzahl der Fälle die Finanzbehörde das Ermittlungsverfahren **selbständig** durch und nimmt dabei die Rechte und Pflichten wahr, die der Staatsanwaltschaft im Ermittlungsverfahren zustehen (§§ 421, 433 RAbgO = §§ 386, 399 AO 1977); bieten nach Abschluß der Ermittlungen diese genügenden Anlaß zur Erhebung der öffentlichen Klage, so beantragt die Finanzbehörde beim Amtsgericht den Erlaß eines Strafbefehls (§§ 407 ff StPO), wenn die Sache zur Behandlung im Strafbefehlsverfahren geeignet erscheint; andernfalls überläßt sie die weitere Behandlung der Staatsanwaltschaft (§ 435 RAbgO = § 400 AO 1977). Führt nicht die Finanzbehörde (selbständig), sondern die Staatsanwaltschaft das Ermittlungsverfahren durch, so hat die Finanzbehörde die gleichen Rechte und Pflichten wie die Polizeibehörden nach der StPO; sie kann Zwangsmaßnahmen (Beschlagnahmen, Durchsuchungen, Untersuchungen usw.) nach den für Hilfsbeamte der Staatsanwaltschaft (§ 152 GVG) geltenden Vorschriften anordnen (§ 437 RAbgO = § 402 AO 1977). Im gerichtlichen Verfahren wird die Finanzbehörde in und außerhalb der Hauptverhandlung gehört, d. h. sie erhält Gelegenheit, die Gesichtspunkte vorzubringen, die von ihrem Standpunkt für die Entscheidung von Bedeutung sind (§ 441 RAbgO = 407 AO 1977). Vgl. im übrigen auch Kap. 14 35.

KAPITEL 4

Frühere Bemühungen um eine „große" Reform

Übersicht

Vorbemerkung. Wie in Kap. **3** 90 erwähnt, bildet das „Erste Gesetz zur **Reform** des Strafverfahrensrechts" vom 9. 12. 1974 den Anlaß, die Übersicht in Kap. 3 über die Änderungen von StPO und GVG seit dem 1. 10. 1879 hier zunächst nach der Richtung zu ergänzen, daß die nicht verwirklichten Änderungswünsche wesentlicher Art, insbes. aber die Versuche einer umfassenden Reform im Zusammenhang kurz geschildert werden[1], auch soweit ihre Vorschläge inzwischen z. T. verwirklicht sind. Eine solche Übersicht mag wohl auch Einsichten vermitteln, ob und inwieweit sie für die Gegenwart verwertbare Reformvorschläge enthalten, vor allem aber, welcher Vorbereitungen das Unternehmen einer Gesamtreform an Haupt und Gliedern nach den ehedem gemachten Erfahrungen bedarf.

---

[1] Eine eingehende Darstellung der älteren Reformbestrebungen mit Quellenangabe findet sich in der 19. Aufl. des Kommentars, S. 11 ff.

I. Allgemeines

Jede Strafverfahrensregelung stellt sich letztlich dar als ein positivrechtlicher Aus- **1** gleich des Gesetzgebers zwischen den Interessen der durch den Staat verkörperten Rechtsgemeinschaft an einer möglichst raschen und zielstrebigen Strafverfolgung zur Wiederherstellung des Rechtsfriedens und möglichst umfassenden Mitteln zur Aufklärung des Sachverhalts auf der einen Seite und denen des Beschuldigten an möglichst weitgehenden Schutzrechten zur Verteidigung gegen den erhobenen Vorwurf. Die Vorstellungen über den kriminalpolitisch richtigen Ausgleich und über den zweckmäßigsten Weg zur Wahrheitsfindung aber sind wandelbar und werden durch Änderung der politischen, kulturellen und sozialen Verhältnisse, der Anschauungen über die Grenzen der Macht des Staates und der Bedeutung der Würde und Rechte des Individuums beeinflußt. Davon abgesehen, erweisen sich Verfahrensregelungen häufig in mehr oder weniger großem Umfang als verbesserungsbedürftig, weil die gehegten Praktikabilitätserwartungen sich nicht erfüllten oder unvorhergesehene Zweifelsfragen, Mängel und Unvollkommenheiten hervortraten. Weiter werfen neue Erkenntnisse, Einsichten und Erfindungen auf anderen Gebieten, etwa der Medizin und der Technik, die sich zur Verwendung bei der Verbrechensaufklärung eignen (Daktyloskopie, Blutproben, erbbiologische Ähnlichkeitsvergleiche, Wahrheitsseren, Lügendetektor, Tonbandaufnahmen), neue Probleme auf und machen neue Verfahrensvorschriften erforderlich. Schließlich führen Änderungen des materiellen Strafrechts, aber auch außerstrafrechtliche Neuerungen, insbesondere die Ausprägung von Grundrechten in neuen Verfassungen und überstaatliche Vereinbarungen, zu Anpassungen auf dem Gebiet des Gerichtsverfassungs- und Verfahrensrechts. Die Klinke der Gesetzgebung muß also zwangsläufig oft betätigt werden, und die vielberufene Unrast der modernen Gesetzgebung beruht, soweit es sich um das Verfahrensrechts handelt, oft genug weniger auf ungezügeltem Reformdrang und perfektionistischem Bestreben als auf dem Zwang außerverfahrensrechtlicher Anstöße, denen die Verfahrensgesetzgebung genügen muß. Solange es geht, wird der Gesetzgeber sich mit Novellen begnügen; von Zeit zu Zeit muß dann das flickenübersäte Gewand durch ein neues ersetzt werden (in der Form der Bekanntmachung eines durchgängig bereinigten Textes). Immer wieder erhebt sich aber daneben der Ruf nach der umfassenden, der „großen" Reform, der Reform an Haupt und Gliedern oder wenigstens der Reform bestimmter Zentralpunkte, jedenfalls nach einer Reform, die das „Gesicht" des Verfahrens wesentlich verändert, wenn auch vielleicht nicht mit jener Tiefenwirkung wie im 19. Jahrhundert der Übergang vom Inquisitionsprozeß zum reformierten Strafverfahren.

II. Reformbestrebungen von 1879 bis 1914

1. Vorstöße bis 1902. Die Bestrebungen nach Änderung der StPO setzten schon **2** bald nach deren Inkrafttreten am 1. 10. 1879 ein; sie hatten u. a. das bis heute umstrittene Problem der **Einführung einer zweiten Tatsacheninstanz gegen erstinstanzliche Strafkammerurteile** zum Gegenstand[2]. In den Jahren 1883 und 1884 stellten einige Ab-

---

[2] Vgl. dazu zunächst *Tröndle* Zur Frage der Berufung in Strafsachen – Rückblick und Ausblick, GA **1967** 161; die vom Bundesjustizministerium im Juli 1974 herausgegebene Schrift von *Fezer* „Reform der Rechtsmittel in Strafsachen. Bericht über die Entstehung der gegenwärtigen Rechtsmittelvorschriften und die Bemühungen um ihre Reform"; *Tröndle* Zur Reform des Rechtsmittelsystems in Strafsachen, in Probleme der Strafprozeßreform (1975) 73; vgl. im übrigen Kap. **5** 87.

Karl Schäfer

geordnete im Reichstag den Antrag, die Berufung gegen Urteile der Strafkammern in 1. Instanz einzuführen, über die die Strafsenate der Oberlandesgerichte entscheiden sollten. Die Reichstagskommission, der diese Anträge überwiesen wurden, beantragte am 3. 2. 1885, der Reichstag möge die Erwartung aussprechen, daß die Regierung beschleunigt dem Reichstag einen entsprechenden Gesetzentwurf vorlege. Eine Beschlußfassung des Reichstagsplenums unterblieb, weil der Bundesrat damals mit einer Novelle zum GVG und zur StPO befaßt war, von der eine Regelung der Frage erwartet wurde. Der am 9. 5. 1885 vorgelegte Regierungsentwurf einer Novelle, der übrigens nicht im Reichstag beraten wurde, enthielt aber die Einführung der Berufung gegen Strafkammerurteile nicht, weil nach der Begründung die Regierung sich nicht habe überzeugen können, daß diese Maßnahme das geeignete Mittel sei, gerügten Übelständen abzuhelfen. Aus der Mitte des Reichstags wurde daraufhin erneut der frühere Antrag eingebracht, der diesmal auf Vorschlag der Reichstagskommission vom Plenum des Reichstags im Jahre 1886 in allen wesentlichen Punkten angenommen wurde. Der Bundesrat beharrte aber im März 1887 bei seinem Standpunkt. In den Jahren 1887 bis 1892 von Abgeordneten abermals eingebrachte entsprechende Anträge wurden zwar nicht im Reichstag verhandelt, hatten aber schließlich den Erfolg, daß in dem am 6. 12. 1894 von der Reichsregierung erneut dem Reichstag vorgelegten Entwurf einer Novelle u. a. auch die Berufung gegen erstinstanzliche Strafkammerurteile vorgesehen war. Der bei Sessionsende unerledigt gebliebene Regierungsentwurf wurde mit gewissen Änderungen im Dezember 1895 erneut dem Reichstag vorgelegt, schließlich aber zurückgezogen, weil die Regierung auf den Wunsch der Reichstagskommission, die erstinstanzliche Strafkammer mit fünf Richtern zu besetzen — der Regierungsentwurf sah nur drei vor —, nicht eingehen wollte. Nach mehrfachen erfolglosen Versuchen in den Jahren 1896 und 1897, die ins Stocken geratene Reform durch vermittelnde Anträge aus der Mitte des Reichstags wieder zu beleben, forderte schließlich der Reichstag zunächst bei den Verhandlungen über die Militärstrafgerichtsordnung am 4. 5. 1898, dann nochmals am 19. 4. 1902, einstimmig die Regierung auf, dem Reichstag in der nächsten Session alsbald einen Gesetzentwurf über die Berufung in Strafsachen vorzulegen.

3   **2. Reformkommission 1903, Entwurf 1908.** Zur **Vorbereitung einer umfassenden Reform** berief nunmehr das Reichsjustizamt eine Kommission von 21 Mitgliedern, die aus Richtern, Staatsanwälten und Rechtslehrern bestand; einige Mitglieder waren zugleich Reichstagsabgeordnete. Die Kommission erledigte ihre Aufgabe in der Zeit vom 16. 2. 1903 bis 1. 4. 1905 in 86 Sitzungen. Die Protokolle und eine Zusammenstellung der Kommissionsbeschlüsse wurden im Jahre 1905 veröffentlicht[3]; eine lebhafte Kritik schloß sich in der juristischen Öffentlichkeit daran an[4]. Im September 1908 veröffentlichte das Reichsjustizamt einen von ihm ausgearbeiteten „Entwurf einer StPO und Novelle zum GVG" nebst Begründung (Verlag Otto Liebmann, Berlin 1908), der auf die Beschlüsse der Kommission wenig Rücksicht nahm. Der Entwurf sah die Berufung gegen erstinstanzliche Strafkammerurteile vor; doch sollten darüber nicht die Oberlandesgerichte, sondern bei den Landgerichten gebildete besondere Berufungssenate entscheiden. Weitere wichtige Vorschläge betrafen die Einschränkung des Legalitätsprin-

---

[3] Protokolle der Kommission für die Reform des Strafprozesses, herausgegeben vom Reichs-Justizamte, J. Guttentag, Berlin 1905.

[4] Vgl. u. a. *Aschrott* Reform des Strafprozes-

ses (1906); *v. Liszt* Die Reform des Strafverfahrens (1906); *Heinemann* Die rechtliche Stellung des Angeklagten (1906); Mitteilungen der IKV **14** 239, 300, 305, 309.

zips, die Erweiterung der Parteienöffentlichkeit, die Verbesserung des Zwischenverfahrens, die Regelung des Beweisantragsrechts und der Untersuchungshaft, die Beschleunigung des Verfahrens und das Verfahren gegen Jugendliche. Nachdem der Bundesrat dem Entwurf im wesentlichen zugestimmt hatte, wurde er am 26. 3. 1909 dem Reichstag vorgelegt[5], aber nicht mehr beraten und deshalb in der nächsten Periode am 26. 11. 1909 unverändert neu eingebracht. In der 1. Lesung vom 15. 1. 1910[6] überwies der Reichstag den Entwurf einer Kommission, die am 18. 1. 1911 einen eingehenden Bericht erstattete[7]. Die am 6. 2. 1911 im Reichstag begonnene 2. Lesung des Entwurfs wurde schon während der Beratung des GVG abgebrochen, da eine Einigung über die Besetzung der Berufungssenate nicht zu erreichen war. Der Streit ging um die Mitwirkung von Laienbeisitzern in der Berufungsinstanz, die der Reichstag forderte, die Regierung aber ablehnte. Die Weiterberatung der Vorlage wurde zunächst bis zum Herbst 1911 zurückgestellt, zu diesem Zeitpunkt aber nicht wiederaufgenommen. Die Reform war damit gescheitert. Der Ausbruch des Weltkrieges 1914 setzte den Reformplänen ein vorläufiges Ende.

III. Reformbestrebungen von 1919 bis zur Emminger-Reform 1924

1. Entwurf Schiffer. Nach dem Kriege wurden unter weitgehend veränderten Verhältnissen die Reformvorhaben wiederaufgenommen. Im Dezember 1919 ließ der damalige RJustMin *Schiffer* den Entwurf eines GVG-Gesetzes veröffentlichen, dem bald darauf — 1920 — der Entwurf über den **Rechtsgang in Strafsachen** folgte[8]. Dieser Entwurf entfernte sich weitgehend von den Grundgedanken der früheren Regierungsentwürfe und wollte neue Wege beschreiten. Unter den Vorschlägen sind hervorzuheben auf dem Gebiet der Gerichtsverfassung die Beseitigung der Strafkammer als Gericht erster Instanz und die Übertragung ihrer Zuständigkeit auf das Schöffengericht, die Besetzung auch der Berufungsgerichte mit Schöffen, die Heranziehung der Frauen zum Schöffen- und Geschworenenamt und auf dem Gebiet des Strafverfahrens die Beseitigung der Voruntersuchung und des Eröffnungsbeschlusses, die Ausdehnung der Privatklage (Eigenklage) und der Parteienöffentlichkeit, die Einschränkung der Untersuchungshaft und des Legalitätsprinzips. Diese Entwürfe, deren Vorschläge in der Öffentlichkeit z. T. heftige Kritik hervorriefen[9], gelangten nicht an den Reichstag; der Entw. 1920 ist schon vom Reichsrat nicht verabschiedet worden.

2. Entwurf Radbruch. Am 19. 6. 1921 legte der damals amtierende RJustMin Dr. **5** *Radbruch* dem Reichsrat den Entwurf eines Gesetzes zur Neuordnung der Strafgerichte[10] vor. Auch dieser Entwurf hielt an dem Gedanken fest, die Strafkammer als Gericht erster Instanz zu beseitigen und ihre Zuständigkeit einem Schöffengericht mit erweiterter Besetzung zu übertragen. In den Schöffengerichten und den Strafkammern als Berufungsgerichten sollten die Schöffen die Mehrheit haben. Weitere Vorschläge betrafen die Zusammensetzung der Ausschüsse für die Wahl der Schöffen und Geschworenen; das Stimmrecht des Amtsrichters und des Staatsverwaltungsbeamten sollte beseitigt und die Mitglieder dieses Ausschusses sollten nach den für die Wahl in politischen Angele-

4

---

[5] RT-Verh. Bd. 254 Drucks. 1310; Bd. 270 Drucks. 7; Nachdruck in Materialien zur Strafrechtsreform, Bd. 12, Bonn (1960).

[6] Sten. Ber. S. 566

[7] Bd. 278 Nr. 638 S. 3108. Nachdruck in Materialien zur Strafrechtsreform, Bd. 13.

[8] Erschienen im Verlag Otto Liebmann, Berlin 1920. Nachdruck in Materialien zur Strafrechtsreform, Bd. 14.

[9] Vgl. JW **1920** 259.

[10] Veröffentlicht im Reichsanzeiger Nr. 157 vom 19. 7. 1922.

Karl Schäfer

genheiten geltenden Grundsätzen gewählt werden. Der Entwurf wurde, nachdem zwischen Regierung und Reichsrat eine Einigung erzielt war, mit wesentlichen Abweichungen gegenüber der ursprünglichen Regierungsvorlage am 29. 5. 1923 von dem neuen RJustMin *Heinze* dem Reichstag vorgelegt[11]. Die wichtigste Abweichung bestand in dem Vorschlag, das Schwurgericht unter Beibehaltung seines Namens und unter Herabsetzung der Geschworenenzahl in ein besonders großes Schöffengericht umzuwandeln. Die Vorschläge des Entwurfs *Radbruch*, daß die Schöffen im Großen Schöffengericht und in der Berufungsstrafkammer die Mehrheit haben sollten und daß der Ausschuß für die Wahl der Schöffen und Geschworenen umzugestalten sei, wurden fallengelassen. Der Reichstag überwies in seiner Sitzung vom 5. 6. 1923 den Entwurf dem Rechtsausschuß; zu einer Beschlußfassung des Rechtsausschusses ist es nicht mehr gekommen.

6   **3. Emminger-Reform.** Nachdem in der Zwischenzeit bereits einige Reformanliegen durch Einzelgesetze verwirklicht waren (Gesetze über die Heranziehung der Frauen zum Schöffen- und Geschworenenamt vom 25. 4. 1922 — RGBl. I 465 —, über die Zulassung der Frauen zu den Ämtern und Berufen der Rechtspflege vom 11. 7. 1922 — RGBl. I 573 —, JugendgerichtsG vom 16. 2. 1923 — RGBl. I 135 —), machte die Reichsregierung von der ihr aus Anlaß der Währungsstabilisierung durch das ErmächtigungsG vom 8. 12. 1923 (RGBl. I 1179) eingeräumten Befugnis Gebrauch, durch Verordnungen Recht zu setzen, um wesentliche Gedanken der steckengebliebenen Reform im Verordnungswege zu verwirklichen. Die Kap. 3 9 besprochene „Emminger"-VO vom 4. 1. 1924 (RGBl. I 15) führte die Vorschläge der Entwürfe *Radbruch* und *Heinze* hinsichtlich der Beseitigung der Strafkammern als Gerichte erster Instanz durch, wandelte die Schwurgerichte in große Schöffengerichte um und schränkte den Verfolgungszwang ein. Die Dreigliedrigkeit in der Besetzung des Amtsgerichts — Einzelrichter, einfaches Schöffengericht, erweitertes Schöffengericht mit zwei Richtern und zwei Schöffen — führte zu einer beweglichen Wahlzuständigkeit dergestalt, daß es in weitem Umfang von dem Willen der Staatsanwaltschaft abhängig gemacht wurde, vor welchem dieser drei Besetzungsformen die Verhandlung stattfand, und von dieser Entschließung hing es wiederum ab, ob für die Berufung die Kleine oder die Große Strafkammer und ob für die Revision das Oberlandesgericht oder das Reichsgericht zuständig war. Die auf Beschränkung der Untersuchungshaft gerichteten Vorschläge fanden erst aus Anlaß eines aufsehenerregenden Einzelfalles in der Novelle vom 27. 12. 1926 ihre Verwirklichung.

7   **4. Lehren der Emminger-Reform.** Die viel angegriffene Methode der Emminger-Reform, unter Ausschaltung eines langwierigen parlamentarischen Gesetzgebungsganges Reformen durch Regierungsdekret einzuführen — mochten sie zunächst auch nur als eine unter dem Druck der Verhältnisse notwendige Zwischenlösung gedacht sein —, hatte aber immerhin den Vorteil, daß nunmehr praktisch erprobt werden konnte, ob die alte und umstrittene Reformforderung, grundsätzlich in allen Sachen eine zweite Tatsacheninstanz zu eröffnen, sich auf dem Weg einer Beseitigung der erstinstanzlichen Strafkammer befriedigend lösen lasse. Die Entwicklung hat gezeigt, daß diese „Patentlösung" sich nicht halten ließ. Diese Beurteilung wird auch nicht dadurch in Frage gestellt, daß es wiederum der Druck der Verhältnisse, die „Diktatur der Armut" war, die schrittweise durch die NotVOen vom 6. 10. 1931 und 14. 6. 1932 die Wiederherstellung der erstinstanzlichen Strafkammer erzwang. Das Verlangen, den Schwerpunkt der erstinstanzlichen Strafrechtspflege wieder an die Landgerichte zu verlegen, war schon vor-

---

[11] RT-Drucks. Nr. 5884 der 1. Wahlperiode.

her erhoben worden[12]. Die Erfahrung hatte jedenfalls gezeigt, daß die Befassung mit umfangreichen Verfahren die Kräfte auch eines erweiterten Schöffengerichts oft übersteigt. Das Problem der zweiten Tatsacheninstanz war damit freilich noch nicht erledigt, doch war auch nach dieser Richtung Erfahrungsmaterial insofern angefallen, als gerade die Figur der Monstreprozesse, die den ersten Anstoß zur Wiedereinführung der erstinstanzlichen Strafkammer gab, die Bedenken zeigte, die einer umfassenden Wiederholung des gesamten Prozeßstoffs in einer zweiten Tatsacheninstanz entgegenstehen können.

IV. Die Reformvorschläge des EGStGB-Entwurfs 1930

1. Ausgangslage. Neue Impulse zu umfassenderen Reformvorschlägen ergaben **8** sich im Zusammenhang mit den Bemühungen um die Schaffung eines Allgemeinen Deutschen Strafgesetzbuchs. Im Jahre 1927 hatte der RJustMin dem Reichstag mit Zustimmung des Reichsrats den Entwurf eines neuen StGB vorgelegt, dessen parlamentarische Behandlung im Rechtsausschuß schließlich infolge der Zuspitzung der innenpolitischen Lage auf zunehmende Schwierigkeiten stieß. Im Jahre 1930 war das Schicksal der Reform bereits kritisch geworden. Der gleichfalls im Jahre 1927 dem Reichstag vorgelegte Entwurf eines Strafvollzugsgesetzes, der namentlich eine gesetzliche Regelung der Rechtsstellung des Strafgefangenen im Vollzug vorsah (RT-Drucks. Nr. 3628), war noch nicht beraten worden. Unter dem 20. 5. 1930 legte der RJustMin mit Zustimmung des Reichsrats dem Reichstag den Entwurf eines „Einführungsgesetzes zum Allgemeinen Deutschen Strafgesetzbuch und zum Strafvollzugsgesetz 1930"[13] vor (RT-Drucks. Nr. 2070). Dieser Entw. enthielt in den Art. 68 bis 71 zahlreiche Vorschläge zur Änderung von GVG und StPO. Den Gedanken einer gleichzeitig mit der Strafrechtsreform durchzuführenden umfasssenden Neuregelung des Strafverfahrens, verbunden mit einem tiefgreifenden Umbau der Gerichtsverfassung, wie letzterer damals namentlich von dem früheren RJustMin *Schiffer*[14] wieder gefordert wurde, lehnte die amtliche Begründung freilich ab als unvereinbar mit dem Ziel, die Strafrechtsreform möglichst bald durchzuführen und in Kraft setzen zu können; dieses Ziel sei nach den Erfahrungen der früheren Reformversuche und angesichts der Meinungsverschiedenheiten darüber, welche Linien eine Gesamtreform einzuhalten hätte, nur erreichbar, „wenn Gerichtsverfassung und Strafverfahren in ihren wesentlichen Grundzügen aufrechterhalten werden und das Einführungsgesetz sich damit bescheidet, solche Vereinfachungen und Verbesserungen des bestehenden Zustandes herbeizuführen, die sich in den vorhandenen Aufbau ohne große Schwierigkeiten und insbesondere ohne Zeitverlust organisch eingliedern lassen". Eine umfassende Reform oder die Regelung umstrittener Teilprobleme — die Begründung führt als Beispiele die Ersetzung des Offizialprinzips durch das Parteiprinzip nach englischem Muster und die Beseitigung der Voruntersuchung an — müsse einer späteren Zukunft vorbehalten bleiben.

2. Umfang der Reform. Immerhin wollte sich auch in diesem beschränkten Rah- **9** men der Entwurf nicht nur mit solchen Änderungen von GVG und StPO begnügen, die

---

[12] Vgl. namentlich *Graf zu Dohna* Gutachten zum 35. Deutschen Juristentag, Verhandl. Bd. 1 S. 129 ff.

[13] Im folgenden als EGStGB-Entw. 1930 zitiert; Nachdruck in Materialien zur Strafrechtsreform, Bd. 7, Bonn (1954).

[14] *Schiffer* Die deutsche Justiz (1928, veränderte Neuauflage 1949) und *Schiffer* „Entwurf eines Gesetzes zur Neuordnung des deutschen Rechtswesens nebst Begründung", Berlin (1928).

in einer mehr oder weniger zwangsläufigen Anpassung an die Neugestaltung des materiellen Strafrechts bestanden, sondern gleichzeitig — z. T. im Anschluß an die früheren Entwürfe — eine **Reihe von Reformen** bringen, deren Lösung im Zusammenhang mit der Strafrechtsreform zwar nicht unbedingt geboten sei, aber ihrem Geiste entspreche und zweckmäßig sei. So wollte der Entwurf **auf dem Gebiet des GVG** es zwar bei der Beseitigung der erstinstanzlichen Zuständigkeit der Strafkammer und bei der Umgestaltung des Schwurgerichts belassen, doch sollte die Zuständigkeit des Einzelrichters gegenüber dem bisherigen Recht eingeschränkt werden (Art. 68 Nr. 30). Zur Erhaltung einer einheitlichen Rechtsprechung sollte eine Vorlegungspflicht eingeführt werden, wenn ein Oberlandesgericht als Revisionsgericht von einer in einer amtlichen Sammlung veröffentlichten Entscheidung des Reichsgerichts in einer Rechtsfrage des Reichsstrafrechts, Reichsstrafprozeßrechts oder der reichsrechtlichen Gerichtsverfassung abweichen wollte (Art. 68 Nr. 30); diesen Vorschlag hat in erweiterter Form später das RechtsvereinheitlichungsG 1950 übernommen (Kap. 3 54). Die Öffentlichkeit des Verfahrens sollte in weiterem Umfang ausgeschlossen werden können, insbesondere dann, wenn die Verhandlung persönliche Angelegenheiten (z. B. intime Dinge des Privat- und Familienlebens) zum Gegenstand hat, die das öffentliche Interesse nicht berühren, sofern von einer öffentlichen Verhandlung für den Betroffenen erhebliche, außerhalb des Zweckes liegende Nachteile zu besorgen sind (Art. 68 Nr. 42 ff); wegen der späteren Verwirklichung dieses Vorschlags s. Kap. 5 44, 126.

10   3. Auf dem **Gebiet der StPO** sind an bedeutsamen Vorschlägen u. a. zu erwähnen: die Beseitigung des Eröffnungsbeschlusses und sein Ersatz durch die Anordnung der Hauptverhandlung seitens der Vorsitzenden (Art. 70 Nr. 115), die Erleichterung der Wiederaufnahme des Verfahrens gegenüber einem rechtskräftigen Urteil oder Strafbefehl, wonach in erster Linie die Wiederaufnahmevoraussetzungen zugunsten des Verurteilten, in gewissem Umfang aber auch diejenigen zuungunsten des Angeklagten erweitert werden sollten (Art. 70 Nr. 195). Zur Verbesserung des Ehrenschutzes war die Ermöglichung eines besonderen Feststellungsverfahrens bei übler Nachrede vorgesehen. Danach sollte der Verletzte als Privat- oder Nebenkläger im Strafverfahren oder selbständig durch Erhebung einer Feststellungsklage, die in einem dem Privatklageverfahren ähnlichen Verfahren durchgeführt werden sollte, gegen den, der eine ehrenrührige Behauptung aufgestellt oder verbreitet hat, die Feststellung beantragen können, daß der Inhalt der Behauptung unwahr sei (Art. 70 Nr. 219)[15]. Weitere Vorschläge betrafen die Einführung des Adhäsionsverfahrens (Art. 70 Nr. 220; vgl. jetzt §§ 403 ff) und — als Vorläufer der heutigen gebührenpflichtigen Verwarnung bei Ordnungswidrigkeiten (§ 56 OWiG) — die Einführung eines vereinfachten Verfahrens zur polizeilichen Ahndung von Übertretungen, wonach die Polizeibehörde bei bestimmten Arten von Übertretungen gegen den auf frischer Tat betroffenen Täter Geldstrafen in geringer Höhe sofort sollte festsetzen und erheben können, wenn der Täter die Zuwiderhandlung vorbehaltlos einräumt und zu sofortiger Zahlung der Geldstrafe bereit ist (Art. 70 Nr. 234). Als wichtige Änderungsvorschläge sind ferner noch zu nennen die Festlegung der Voraussetzungen, unter denen ein Beweisantrag abgelehnt werden kann (Art. 70 Nr. 136; Ergänzung des § 244 im Anschluß an die Entwürfe von 1908 und 1920), die Erweiterung des notwendigen Inhalts der Urteilsgründe (Art. 70 Nr. 145, § 267 e: Zwang zur Angabe der Tatsachen, aus denen beim Indizienbeweis die Täterschaft gefolgert wird,

---

[15] Die Einführung eines derartigen Feststellungsverfahrens ist später auch von der Großen Strafrechtskommission (1954 ff) erwogen, aber schließlich abgelehnt worden (vgl. Niederschriften der Großen Strafrechtskommission Bd. 9 S. 98 ff). S. auch Kapl 7 11.

Darlegung der Gründe, die für die Überzeugung des Gerichts maßgebend sind, Zwang zur Würdigung von Tatsachenbehauptungen, deren Aufnahme ein Beteiligter als entscheidungswesentlich in das Protokoll begehrt hat, obligatorische Anführung der Strafbemessungsgründe), die Erweiterung des Inhalts des Protokolls und die Einführung des Protokollberichtigungsverfahrens (Art. 70 Nr. 149, §§ 273, 273 a), die Schaffung eines Gerichtsstands des Verwahrungsorts (Art. 70 Nr. 2, neuer § 8 a), die Rechtsmittelbelehrung bei Entscheidungen, die mit fristgebundenem Rechtsmittel anfechtbar sind (Art. 70 Nr. 15), die Verminderung der Eidesleistungen, indem die Beeidigung eines Zeugen nur noch ausnahmsweise, nämlich nur dann zulässig sein sollte, wenn das Gericht der Aussage ausschlaggebende Bedeutung für die Urteilsfindung beimißt und die Beeidigung bei Würdigung der Sachlage als äußerstes Mittel zur Herbeiführung einer wahrheitsgemäßen Aussage erachtet, während für den Regelfall der Zeugeneid durch eine Versicherung der Richtigkeit und Vollständigkeit der Aussage unter Berufung auf die Pflicht zur Wahrheit ersetzt werden sollte (Art. 70 Nr. 30). Endlich sollten die Vorschriften über die Strafvollstreckung (§§ 449 bis 463) in das StrafvollzugsG übernommen und deshalb in der StPO gestrichen werden (Art. 70 Nr. 243).

In Wahrheit bezweckte danach der Entwurf angesichts der Zahl und Bedeutung **11** der Änderungsvorschläge, trotz gegenteiliger Versicherung der amtlichen Begründung, eine umfassende, eine „große" Verfahrensreform. Mit dem **Scheitern der Strafrechtsreform** war auch das Schicksal des EGStGB-Entw. 1930 besiegelt; doch hat, wie in Kap. 3 und oben Rdn. 9, 10 dargestellt, die spätere Gesetzgebung auf eine Reihe von Vorschlägen des Entwurfs zurückgegriffen und sie unverändert oder abgewandelt zum Gesetz erhoben.

V. Der Entwurf einer Strafverfahrensordnung und einer Friedensrichter- und Schiedsmannsordnung 1939[16]

1. Entstehungsgeschichte. Im Gegensatz zu den vorgeschilderten Reformplänen, **12** zunächst eine Strafrechtsreform und erst später eine Erneuerung der Strafgerichtsorganisation und des Verfahrensrechts herbeizuführen, gingen die Absichten in der Zeit der Herrschaft des Nationalsozialismus von vornherein dahin, eine Totalreform auf den genannten Gebieten gleichzeitig durchzuführen. Während die „Amtliche Strafrechtskommission" mit der Aufstellung eines StGB-Entwurfs beschäftigt war, begann noch im Jahre 1933 eine innerhalb des RJustMin aus Praktikern und den Ministerialreferenten gebildete Vorkommission mit der Aufstellung des Vorentwurfs einer Strafverfahrensordnung, die zugleich die Strafgerichtsorganisation enthalten sollte. Nach Beendigung dieser Arbeit berief der RJustMin im November 1936 eine größere Kommission, die aus Richtern, Staatsanwälten, Rechtslehrern, einem Vertreter der Rechtsanwaltschaft und den Kommissaren des RJustMin bestand und unter dem Vorsitz des damaligen RJustMin Dr. *Gürtner* tagte. Der an Hand des Vorentwurfs erstellte Entwurf wurde in zwei Lesungen beraten. Die Arbeiten der „Amtlichen Strafprozeßkommission" waren Ende 1938 beendet. Auf dieser Grundlage entstand der im RJustMin ausgearbeitete und am 1. 5. 1939 abgeschlossene „Entwurf einer Strafverfahrensordnung und einer Friedensrichter- und Schiedsmannsordnung" mit Begründung, der im Druck vorlag, der Öffent-

---

[16] **Schrifttum.** *W. P. Koch* Die Reform des Strafverfahrens im Dritten Reich unter besonderer Berücksichtigung des StPO-Entw. 1939. Ein Beitrag zur Strafrechtsgeschichte, Diss. Erlangen-Nürnberg (1972); *Fezer* (Fußn. 2) 41 ff (mit Darstellung des Schrifttums aus der Zeit von 1935 bis 1938).

Karl Schäfer

lichkeit aber nicht zugänglich wurde[17]. Diese wurde vielmehr nach der ersten Lesung durch den im April 1938 vom RJustMin *Gürtner* unter Mitwirkung von Mitgliedern der Kommission und Sachbearbeitern des RJustMin herausgegebenen Bericht „Das kommende Strafverfahren" unterrichtet. Der endgültige Entwurf weicht von dem vorangegangenen Entwurf nach mehreren Richtungen ab; die Abweichungen betreffen insbesondere die Gestaltung der Urteilsrüge und die Einführung von zwei außerordentlichen Rechtsbehelfen, des außerordentlichen Einspruchs und der Nichtigkeitsbeschwerde. Der Ausbruch des Krieges setzte den Reformplänen ein Ende, doch wurden, wie in Kap. 3 34 ff geschildert, durch die Kriegsgesetzgebung eine Reihe wesentlicher Reformpunkte in Form von Novellen verwirklicht.

13   **2. Grundhaltung des Entwurfs.** Was den Entwurf 1939 entscheidend von seinen Vorgängern abhebt, sind nicht die einzelnen Abweichungen vom bisherigen Recht, etwa nach dem Stand vom 30. 1. 1933, oder von den vorangegangenen Entwürfen zu einer Neuordnung des Verfahrensrechts — der Entwurf 1939 greift in einer Reihe von Fällen auf frühere Reformvorschläge zurück, und manches von dem, was aus ihm während des Krieges in Novellenform in Kraft gesetzt worden ist, gehört auch heute noch als wirklicher Fortschritt zum gesicherten Bestand, und einzelne Vorschläge sind, wenn auch mit geänderten Vorzeichen, in der neueren und jüngsten Reformliteratur und -gesetzgebung wieder aufgegriffen worden —, sondern ist seine **geistig-weltanschauliche Grundhaltung.** Die amtliche Begründung (S. 1) führt dazu aus: „Die bisher geltende Strafprozeßordnung von 1877 ist individualistisch ausgerichtet. Sie bildet eine Ergänzung verfassungsmäßiger Grundrechte, die die möglichste Freiheit des Einzelnen gegenüber der Staatsgewalt zum Ausgangspunkt und Ziel haben. Die Voraussetzungen und Wege, unter denen sie Eingriffe in Ehre, Freiheit und Vermögen des Einzelnen zuläßt, sind wesentlich darauf abgestimmt, die Individualfreiheit zu schützen. Das Schutz- und Sühnebedürfnis der Volksgemeinschaft ist demgegenüber in der Strafprozeßordnung von 1877 stark vernachlässigt worden. Ein solches Verfahrensrecht, dessen Ausgangspunkt und Grundgedanken im Gegensatz zum nationalsozialistischen Rechtsdenken stehen, kann nicht durch Änderung einzelner Vorschriften derart umgestaltet werden, daß es den Anforderungen des neuen Rechtsdenkens entspricht. Eine von nationalsozialistischem Geist getragene Rechtswendung kann nur gewährleistet werden, wenn die Grundsätze dieses neuen Rechtsdenkens alle Einzelheiten durchdringen und die Arbeitsordnung der Strafrechtspflege im ganzen neu gestalten …"

14   **3. Gegensatz zu früheren Reformbemühungen.** In der Tat waren alle **bisherigen Reformbemühungen** davon ausgegangen, daß einerseits das Interesse des Staates, den Strafanspruch zur Sicherung der Allgemeinheit rasch und nachdrücklich durchzusetzen, und andererseits der Schutz des Beschuldigten, dessen Schuld oder Unschuld ja erst festgestellt werden soll, vor nicht unumgänglich notwendigen Eingriffen in seine Persönlichkeitssphäre gleichrangige Anliegen seien und daß die staatlichen Zugriffsmöglichkeiten ihre Grenzen in der unverzichtbaren Achtung der Menschenwürde des Beschuldigten finden müssen; die eigentlichen Schwierigkeiten liegen dann in der richtigen Grenzziehung, in der gerechten Berücksichtigung der widerstreitenden Interessen. Indem der Entw. 1939 unter Preisgabe dieser Grundhaltung dem „**Schutz- und Sühnebedürfnis** der Volksgemeinschaft" grundsätzlich den Vorrang gegenüber dem „individualistischen" Bestreben nach möglichst weitgehendem Schutz der „Freiheit" des Be-

---

[17] Der Entwurf ist für die Mitglieder der Großen Strafrechtskommission 1954 nachgedruckt, aber nicht in die Materialien zur Strafrechtsreform aufgenommen worden.

schuldigten einräumen wollte, erweist er sich als eine Episode in der Geschichte der modernen Strafverfahrensreform. Nur wäre es ungerecht, **allen** Vorschlägen des Entwurfs mit gleichem Mißtrauen zu begegnen; im einzelnen bringt der Entwurf, der ja selbst altes Reformgut aufnahm, manchen Gedanken, der, von der vorbezeichneten Grundeinstellung nicht berührt, bei künftigen Reformarbeiten der Erörterung wert erscheinen könnte.

4. Der Entwurf enthält zunächst **Vorschriften über die sachliche Zuständigkeit** **15** **und den Rechtsmittelzug in Strafsachen**, während die Strafgerichtsorganisation im übrigen im GVG geregelt werden sollte. Als Strafgerichte des 1. Rechtszuges waren vorgesehen a) für die kleine und mittlere Kriminalität der Amtsrichter als **Einzelrichter**. Eine Beteiligung von Schöffen sollte es beim Amtsgericht nicht mehr geben. Die Strafgewalt des Amtsrichters sollte Haft, Gefängnis und Festungshaft bis zu fünf Jahren, Zuchthaus bis zu zwei Jahren und die sichernden Maßregeln mit Ausnahme von Sicherungsverwahrung, Entmannung und Berufsverbot auf Lebenszeit umfassen; b) für die schwere Kriminalität die beim Landgericht gebildete **Schöffenkammer**, in der Hauptverhandlung besetzt mit drei Berufsrichtern und zwei Schöffen. Das **Schwurgericht** sollte wegfallen. Die Strafgewalt der Schöffenkammer sollte sämtliche im Gesetz vorgesehenen Strafen und Maßregeln umfassen. Die Zuständigkeit von Amtsrichter oder Schöffenkammer im Einzelfall zu bestimmen sollte Sache des Staatsanwalts bei Erhebung der Anklage sein; er sollte Anklage vor dem Amtsrichter erheben, wenn er dessen Strafgewalt für ausreichend hielt, und die Schöffenkammer nur angehen, wenn er die amtsrichterliche Strafgewalt nicht für ausreichend oder die Verhandlung vor dem Amtsrichter mit Rücksicht auf Umfang oder Bedeutung der Sache nicht für angezeigt hielt. Als erstinstanzliche Strafgerichte für **Sonderfälle** waren vorgesehen a) die beim Landgericht gebildete **Strafkammer** in der Besetzung mit drei Berufsrichtern (also ohne Schöffen), die an die Stelle der bisherigen Sondergerichte treten und deren Zuständigkeit neben einer Reihe bestimmter Straftaten solche Delikte umfassen sollte, bei denen der Staatsanwalt mit Rücksicht auf ihre Schwere oder Verwerflichkeit oder die in der Öffentlichkeit hervorgerufene Erregung die sofortige Aburteilung durch die Strafkammer für geboten hält; b) der **Volksgerichtshof** und — kraft Abgabe — die **Oberlandesgerichte** in Hoch- und Landesverratssachen und bei einigen gleichgestellten Delikten; sie sollten in der Hauptverhandlung mit zwei Berufsrichtern und drei ehrenamtlichen Richtern besetzt sein; c) der **Besondere Strafsenat** des Reichsgerichts, besetzt mit drei Berufsrichtern und zwei ehrenamtlichen Richtern, wenn — für seltene Ausnahmefälle gedacht — der Oberreichsanwalt vor ihm wegen der besonderen Bedeutung der Sache Anklage erhob.

5. Die **Rechtsmittel** sollten gegenüber dem bisherigen Recht **beschränkt** werden. **16** Gegen Urteile des Amtsrichters sollte es nur die Berufung an die Schöffenkammer des Landgerichts geben, die dann letztinstanzlich entschied; die Oberlandesgerichte hätten damit aufgehört, Revisionsgerichte in Strafsachen zu sein. Gegen erstinstanzliche Urteile der Schöffenkammern war (nur) die Urteilsrüge, die an die Stelle der bisherigen Revision treten sollte, an das Reichsgericht, besetzt mit fünf Berufsrichtern, vorgesehen. Unanfechtbar sollten sein die erstinstanzlichen Urteile der Strafkammern, der Oberlandesgerichte, des Volksgerichtshofs und des Besonderen Strafsenats des Reichsgerichts. Diese Beschränkung der ordentlichen Rechtsmittel sollte mit einer Erweiterung der außerordentlichen Rechtsbehelfe gegen rechtskräftige Urteile verbunden werden. Neben der — namentlich zuungunsten des Angeklagten — erweiterten Wiederaufnahme des Verfahrens kannte der Entwurf noch an außerordentlichen Rechtsbehelfen gegen rechtskräftige Urteile die Nichtigkeitsbeschwerde („wenn das Urteil wegen eines

Karl Schäfer

groben Fehlers bei der Anwendung des Rechts auf die festgestellten Tatsachen ungerecht ist", § 370) und den außerordentlichen Einspruch („wegen schwerwiegender Bedenken gegen die Richtigkeit des Urteils", § 373), die nur dem Oberreichsanwalt beim
Reichsgericht zustehen und zu einer Entscheidung des Reichsgerichts führen sollten.

17   6. Die **Gestaltung des Verfahrens** wird vornehmlich von zwei Gesichtspunkten beherrscht: der „Auflockerung des Verfahrens" zur Verwirklichung „wahrer Gerechtigkeit" und der Erweiterung der Machtbefugnisse des weisungsgebundenen Staatsanwalts auf Kosten bisheriger gerichtlicher Befugnisse.

18   a) Die **„Auflockerung des Verfahrens"** sollte — abgesehen von der vorerwähnten
Beschränkung der Rechtskraft durch Erweiterung und Vermehrung der außerordentlichen Rechtsbehelfe — vor allem in der „Beseitigung aller nicht unbedingt notwendigen
Formvorschriften" (Begr. S. 4) und in der Erweiterung des richterlichen Ermessens
durch Beseitigung der das Ermessen beschränkenden Vorschriften bestehen, also in
einem Abbau der bisherigen rechtsstaatlichen Garantien zum Schutze des Angeklagten.
So sollten z. B. die im bisherigen Recht bestehenden förmlichen Bindungen des Gerichts
an eine Zustimmung des Angeklagten zu bestimmten Verfahrenshandlungen beseitigt
werden. Der Strengbeweis des bisherigen Rechts sollte abgemildert werden. Die Einschränkungen des richterlichen Ermessens bei der Ablehnung von Beweisanträgen sollten entfallen. Über den Umfang der Beweisaufnahme besagten die §§ 64, 65 nur, daß
das Gericht von Amts wegen alles zur Wahrheitserforschung Notwendige zu tun habe
und daß über Beweisanträge der Vorsitzer, der auch sonst, entsprechend dem „Führerprinzip", grundsätzlich die dem Urteil vorangehenden Entscheidungen zu treffen hatte
(§ 50), durch Beschluß entscheide. Weiterhin sollten — in Einschränkung des Grundsatzes der Unmittelbarkeit — grundsätzlich alle vorhandenen Beweismittel ausgeschöpft
werden können. „Der Entwurf lockert daher die zu starren Regeln des geltenden
Rechts über die Zulassung und Verwendung von Beweismitteln. Die Möglichkeit, beim
Mangel besserer Beweismittel Schriftstücke zu verlesen, wird im Interesse der Wahrheitsforschung erweitert. Das hervorragendste Beweismittel, die Zeugenaussage, wird
für das Strafverfahren in weiterem Umfange nutzbar gemacht als bisher. Die Befugnis
zur Aussageverweigerung aus persönlichen Gründen wird dem höheren Interesse der
Volksgemeinschaft an der Wahrheitserforschung und Strafverfolgung untergeordnet"
(Begr. S. 4).

19   b) **Die Erweiterung der Machtbefugnisse des Staatsanwalts**, die die Eingriffsmög-
lichkeiten der Justizverwaltung durch Erteilung von Weisungen sichern sollte, wird nach
dem Entw. erreicht durch eine scharfe Trennung des Vorverfahrens vom Hauptverfahren. Für das Vorverfahren sollte der Staatsanwalt, für das Hauptverfahren das Gericht
„die Verantwortung tragen". Das kommt im Vorverfahren zunächst durch eine stärkere Betonung des Anklagemonopols der Staatsanwaltschaft zum Ausdruck: Die Privatklage, die Nebenklage des Verletzten und das Anklageerzwingungsverfahren (§§ 172 ff
StPO) sollten beseitigt werden. An die Stelle des Privatklageverfahrens sollte nach dem
Entwurf der Friedensrichterordnung (s. Rdn. 26) ein friedensrichterliches Verfahren
mit dem Ziel einer Gesamtbefriedigung der Beteiligten durch friedensrichterliche Mittel
und unter Verzicht auf die Verhängung krimineller Strafen treten. Das **Legalitätsprinzip** wurde grundsätzlich aufrechterhalten, sollte aber allgemein dahin gelockert werden, daß der Staatsanwalt (ohne richterliche Kontrolle) von Verfolgung sollte absehen
können, „wenn sie nicht zum Schutz des Volkes oder zur Sühne der Tat geboten und
wenn die Schuld des Täters so gering ist, daß voraussichtlich von Strafe abgesehen oder
höchstens auf Gefängnis, Festungshaft oder Haft von einem Monat, Geldstrafe von 30

Tagesbußen ... erkannt werden würde" (§ 15). Vor allem sollten die Machtmittel des Staatsanwalts als Untersuchungsführer im Vorverfahren erweitert werden. Für Zeugen und Sachverständige war die Pflicht zum Erscheinen und zur Aussage vor dem Staatsanwalt und der ihn unterstützenden Polizei vorgesehen; dem Staatsanwalt sollte das Recht zustehen, Ungehorsamsstrafen zu verhängen und Zwangsmaßnahmen anzuordnen (§ 186), und nur bei Freiheitsentziehung sollte dagegen die Anrufung des Gerichts möglich sein (vgl. dazu heute den durch das 1. StVÄG vom 9. 12. 1974 eingefügten § 161 a — Kap. 5 47).

Auch die **Entscheidung über die sonstigen prozessualen Zwangsmittel** — Vorführung **20** des Beschuldigten, Untersuchungshaft, Beschlagnahme, Durchsuchung, Untersuchung von Menschen — war nach dem Entwurf im Vorverfahren dem Staatsanwalt übertragen; nur gegen die Anordnung der Vermögensbeschlagnahme und gegen den Haftbefehl des Staatsanwalts (und auch erst nach mehr als zweiwöchiger Dauer der Untersuchungshaft) sollte das Gericht (der Vorsitzer der Strafkammer) angerufen werden können, während im übrigen gegen Verfügungen des Staatsanwalts nur die Beschwerde an seinen Vorgesetzten zulässig sein sollte (§§ 215, 249, 314). An **richterlichen Tätigkeiten im Vorverfahren** waren nur — auf Antrag des Staatsanwalts — die Vorwegnahme einer Beweisaufnahme des Hauptverfahrens durch Vernehmung von Zeugen und Sachverständigen und Augenscheinseinnahme, wenn sie im Hauptverfahren voraussichtlich unmöglich waren, und die eidliche Vernehmung von Zeugen zur Herbeiführung einer wahrheitsgemäßen Aussage vorbehalten. Die **Voruntersuchung** wollte der Entwurf grundsätzlich beseitigen; sie sollte nur noch ausnahmsweise in Betracht kommen, wenn „wegen außergewöhnlicher Umstände" die Führung des Vorverfahrens durch einen Richter geboten erschien (§ 377); gedacht war, wie die Begr. (S. 182) ergibt, an Fälle, „in denen die Vornahme der Ermittlungen durch einen weisungsgebundenen Staatsanwalt zu Mißdeutungen Anlaß geben könnte, z. B. wenn eine Untersuchung wegen der Persönlichkeit des Täters oder der Art der Tat unter innen- oder außenpolitischen Gesichtspunkten besonders heikel ist". Daß die Wahl zwischen der erstinstanzlichen Zuständigkeit des Amtsrichters oder der Schöffenkammer in die Hand des anklagenden Staatsanwalts gelegt werden sollte, ist bereits oben hervorgehoben.

7. Weitere Vorschläge. An **bedeutsameren** Vorschlägen mögen im übrigen noch **21** erwähnt werden: die Pflicht zur Vernehmung des Beschuldigten vor Erhebung der Anklage (§ 12), die **Pflicht des Staatsanwalts, in wichtigeren Sachen den Beschuldigten nach Abschluß der Ermittlungen zu deren Ergebnis zu hören** und seinem Verteidiger Gelegenheit zur Stellungnahme zu geben (§ 13 Abs. 2 und dazu Kap. 3 66), das Recht des Verteidigers, in die Akten des Vorverfahrens Einsicht zu nehmen (§ 146), die **Beseitigung des Eröffnungsverfahrens** und sein Ersatz durch die Anberaumung der Hauptverhandlung seitens des Vorsitzers (§§ 32 ff), die Vorschriften über den Ehrenschutz des Verletzten (§§ 423 ff), wonach im Strafverfahren wegen Ehrenkränkung das Gericht auf Antrag des Verletzten im Urteilsspruch eine Feststellung über die Unwahrheit der ehrenrührigen oder herabsetzenden Behauptung trifft und, wenn es zu einem Hauptverfahren nicht kommt, der Staatsanwalt auf Antrag des Verletzten gegen den, der eine solche Behauptung aufgestellt oder verbreitet hat, eine Feststellungsklage erheben kann (**selbständiges Feststellungsverfahren**; dazu Rdn. 10), die Rehabilitierung des Freigesprochenen durch Niederlegung in den Urteilsgründen, wenn das Gericht ihn für unschuldig erachtet oder überzeugt ist, daß kein begründeter Verdacht gegen ihn besteht (§ 91), **elastischere Gestaltung der Kostenvorschriften** unter Erweiterung des richterlichen Ermessens zur Vermeidung von Unbilligkeiten und Härten (§ 453), die **Umgestaltung des Wiederaufnahmerechts** durch Parallelisierung der Gründe für die Wiederaufnahme zugunsten wie zuungunsten des Verurteilten oder Freigesprochenen und durch Zulassung eines neuen Wiederaufnahmegrundes der Beschwer durch die die Ehre des Angeklagten berührenden Gründe eines freisprechenden oder verfahrenseinstellenden Urteils (§§ 354 ff), und die Einführung des Adhäsionsverfahrens (§§ 438 ff).

22   8. Neue Wege beschritten die Vorschläge über die **Ausgestaltung der beiden ordentlichen Rechtsmittel gegen Urteile**, der Berufung und der Urteilsrüge. Bei der durch das Gesetz vom 28. 6. 1935 verfügten Aufhebung des Verbots der reformatio in peius sollte es bleiben. Die rechtzeitige Anfechtung hemmt nach dem Entw. die Rechtskraft des Urteils im **ganzen** (§ 317); eine Teilrechtskraft durch Beschränkung des Rechtsmittels sollte es wegen der bei Tatmehrheit oder Mehrheit von Rechtsverletzungen im StGB-Entw. 1936 vorgesehenen Einheitsstrafe und im Interesse einer richtigen Bewertung der Gesamtpersönlichkeit nicht mehr geben. Neu ist, daß beide Rechtsmittel sich auch gegen die Urteilsgründe richten können, wenn die Gründe eines freisprechenden oder einstellenden Urteils die Ehre des Angeklagten schwer mindern oder ihn sonst erheblich schädigen (§ 316). Eine Neuerung bei der Berufung sollte — an § 357 StPO anknüpfend — darin bestehen, daß, wenn von mehreren Mitangeklagten nur einer Berufung einlegt, während die übrigen das Urteil rechtskräftig werden lassen, das Berufungsgericht von Amts wegen in Durchbrechung der Rechtskraft die Erstreckung der Verhandlung auf den rechtskräftig Abgeurteilten sollte beschließen können, wenn auf die Berufung hin mit Aufhebung des Urteils zu rechnen ist und der Aufhebungsgrund auch die rechtskräftige Verurteilung beeinflußt haben kann (§ 327).

23   9. Die bei weitem wesentlicheren Vorschläge des Entw. aber betrafen die **Umgestaltung der Revision zur Urteilsrüge**[18], und hier — auf einem von der politisch-weltanschaulichen Tendenz des Entwurfs nicht beeinflußten Teilgebiet — begegnete sich der Entwurf mit Jahrzehnte später wieder behandelten Ideen zur Reform des Rechtsmittelrechts (unten Kap. 5 87). Damals ging es um eine Erweiterung der Aufgaben des Revisionsgerichts. Die Revision des geltenden Rechts dient — davon geht der Entwurf aus — in erster Linie der Sicherung einer einheitlichen Rechtsprechung durch einheitliche Gesetzesauslegung und Rechtsanwendung. Die Gerechtigkeit des Spruchs des Tatrichters im **Einzelfall** nachzuprüfen steht dem Revisionsgericht nur insoweit zu, als es im Rahmen der reinen Rechtsprüfung liegt. Bei Verfahrensrügen erstreckt sich die Nachprüfung nur auf die Tatsachen, aus denen der Beschwerdeführer den Verfahrensmangel herleitet; die Richtigkeit der tatsächlichen Feststellungen und die Ausübung des richterlichen Ermessens, insbesondere bei der Strafzumessung, sind grundsätzlich der Nachprüfung des Revisionsgerichts entzogen. Das bedeutet, daß das Revisionsgericht — von den stets von Amts wegen zu berücksichtigenden Verfahrenshindernissen abgesehen — offensichtliche, aber nicht gerügte Verfahrensmängel, die erkennbar das Urteil beeinflußt haben, unberücksichtigt lassen müßte und daß es verfahrensrechtlich einwandfrei getroffene tatsächliche Feststellungen auch dann hinnehmen müßte, wenn sich, insbesondere nach Lage der Akten, schwere Bedenken gegen ihre Richtigkeit erheben oder gar ihre Unrichtigkeit dargetan ist. Nicht zum wenigsten der bei dieser Betrachtung verhältnismäßig enge Bereich der Nachprüfungsbefugnisse des Revisionsgerichts war es, der, wie in Kap. 3 2 dargestellt, schon früh das Verlangen auslöste, allgemein die Berufung gegen erstinstanzliche Urteile zuzulassen. Der Entw. 1939 wollte zwar bei erstinstanzlichen Urteilen der Schöffenkammern diesen Weg nicht gehen, aber wenigstens

---

[18] Der Wortlaut der Vorschläge des Entw. ist abgedr. in der vom BMJ herausgegebenen Schrift von *Fezer* „Reform der Rechtsmittel in Strafsachen" (Fußn. 2) S. 98 ff.

durch Erweiterung der Nachprüfungsbefugnisse des Urteilsrügegerichts einen gewissen Ausgleich für die fehlende zweite Tatsacheninstanz schaffen (Begr. S. 146, 148).

Nach den §§ 331 ff des Entwurfs sollte sich bei Urteilsrüge die Nachprüfung des **24** angefochtenen Urteils darauf erstrecken: 1. ob es auf einem Fehler im **Verfahren** beruht, 2. ob es wegen eines Fehlers in der Anwendung des Rechts auf die festgestellten Tatsachen oder bei **Ausübung des richterlichen Ermessens**, insbesondere der Bemessung der Strafe, ungerecht ist, 3. ob ein so schweres Bedenken gegen die **Richtigkeit der tatsächlichen Feststellungen** besteht, daß eine neue Entscheidung notwendig ist. Die Abweichungen gegenüber dem geltenden Recht sollten im einzelnen darin bestehen: a) das Urteil muß im Einzelfall auf dem Verfahrensfehler beruhen; absolute Revisionsgründe sollte es nicht mehr geben; b) fehlerhafte Anwendung des sachlichen Rechts berührt den Bestand des Urteils nur, wenn es dadurch ungerecht erscheint; der Rechtsfehler soll unberücksichtigt bleiben, wenn das Urteil im Ergebnis richtig ist; c) die Nachprüfung umfaßt auch die gerechte Ermessensausübung; d) die Nachprüfung erstreckt sich in engen Grenzen auch auf die tatsächlichen Feststellungen, nämlich nach der Richtung, ob sich — gleichviel ob aus den Urteilsgründen, dem Akteninhalt im übrigen oder auf andere Weise — ein so schweres Bedenken gegen die Richtigkeit der tatsächlichen Feststellungen ergibt, daß sie nicht als Grundlage der Entscheidung hingenommen werden können, sondern eine Klärung der Bedenken in einer neuen Entscheidung erforderlich erscheint (Beispiel: In einer Strafsache wegen Untreue hat die Schöffenkammer ein Buch, das die Eingänge und Ausgänge einer Kasse darstellt, als Beweismittel gebraucht. Der Vergleich der Urteilsgründe mit dem Inhalt des Buchs macht es in hohem Grad wahrscheinlich, daß die tatsächlichen Feststellungen zuungunsten oder zugunsten des Angeklagten unrichtig geworden sind, indem eine in dem Buch eingetragene Zahl versehentlich falsch gelesen wurde). In diesem Fall sollte im Interesse der Beschleunigung das Reichsgericht — freilich nur auf Antrag des Oberreichsanwalts — befugt sein, Beweise selbst aufzunehmen oder durch einen beauftragten oder ersuchten Richter vornehmen zu lassen (§ 340); gedacht war vorzugsweise an den Fall, daß es sich um leicht und schnell zu treffende Ergänzungen der tatsächlichen Feststellungen handelte; e) die Nachprüfung auf Verfahrensmängel sollte sich, entsprechend dem bisherigen Recht, zunächst nur auf die unter Angabe der entsprechenden Tatsachen erhobenen Verfahrensrügen erstrecken; doch sollte das Gericht, über das bisherige Recht hinaus, auch einen nicht gerügten Mangel von Amts wegen berücksichtigen, wenn es ihn bei Prüfung von Verfahrensrügen oder bei Nachprüfung des Urteils im übrigen bemerkt (§§ 333, 341). Schließlich sollte bei Aufhebung des Urteils das Urteilsrügegericht die Wahl haben, die Sache zurückzuverweisen oder — über die Grenzen des § 354 StPO hinaus — selbst in der Sache zu entscheiden (§ 342).

10. Gänzlich neue Wege beschritt der gleichzeitig mit dem Entwurf der Strafver- **25** fahrensordnung aufgestellte **Entwurf einer Friedensrichter- und Schiedsmannsordnung**[19]. Der StPO-Entw. wollte das bisherige Privatklageverfahren beseitigen, weil es

[19] **Schrifttum.** *Kohlrausch* bei Gürtner S. 538; *Henkel* Die Beteiligung des Verletzten am künftigen Strafverfahren, ZStW **56** (1936) 227; *Oetker* Zur Gestaltung des Friedensverfahrens, GerS **108** (1936) 297; zur neueren Diskussion um die Privatklage u. a. *Koewius* Die Rechtswirklichkeit der Privatklage (1974); *von Schacky* Das Privatklageverfahren und seine Berechtigung heute, Diss.

München 1975; *Hirsch* Gegenwart und Zukunft des Privatklageverfahrens, FS Lange 815; *Schauf* Entkriminalisierungsdiskussion und Aussöhnung. Eine Würdigung des Privatklageverfahrens unter dem Aspekt der Entkriminalisierung der Bagatelldelikte; *Peters*[4] 581; s. auch *Herrmann* ZStW **89** (1977) 207.

unvereinbar sei mit dem Anklagemonopol der Staatsanwaltschaft. Aber das war nur die „dogmatische" Einkleidung der Erkenntnis, daß im Hauptanwendungsgebiet der heutigen Privatklage ein in den Formen des Strafverfahrens sich abspielendes Verfahren, das den Strafrichter auf die Feststellung einer kriminellen Schuld und gegebenenfalls auf die Verhängung einer Kriminalstrafe beschränkt, dem praktischen Bedürfnis nicht genügt. Bestimmte häufig vorkommende Straftatbestandsverwirklichungen von geringerer Schwere, wie insbesondere Beleidigungen, aber auch leichte Körperverletzungen, Hausfriedensbruch, Sachbeschädigungen haben ihre Wurzel vielfach in den Reibungen und Spannungen des täglichen Nebeneinanderlebens und in Meinungsverschiedenheiten der Beteiligten über Inhalt und Umfang zivilrechtlicher Befugnisse. In diesen Fällen ist es vom Standpunkt des öffentlichen Interesses aus weniger wichtig, daß die Tatbestandsverwirklichung mit einer Kriminalstrafe geahndet wird, als daß der gestörte Rechtsfrieden durch schlichtende Maßnahmen wiederhergestellt und vor künftigen Störungen geschützt wird. Als Schlichtungsmittel stehen heute nur der Sühneversuch vor dem Schiedsmann vor Erhebung der Privatklage, im Verfahren nur der Abschluß eines Vergleichs der Beteiligten, den der Richter aber nur anregen und fördern kann, zur Verfügung.

26   Den vielfach beklagten Unzulänglichkeiten des Privatklageverfahrens wollte der Entwurf 1939 dadurch abhelfen, daß er bestimmte Tatbestandsverwirklichungen von geringem kriminellen Unrechtsgehalt der Untersuchung und Ahndung in einem Kriminalverfahren entziehen und sie statt dessen einem Friedensrichter (dem Amtsrichter) zur **Schlichtung** durch das Hinwirken auf eine gütliche Einigung der Beteiligten, bei Erfolglosigkeit dieser Bemühungen aber zur Befriedung durch **grundsätzlich unanfechtbaren Friedensspruch** mit nichtkriminellen Maßnahmen in einem frei gestalteten Verfahren ohne Mitwirkung des Staatsanwalts überweisen wollte. Der Verletzte sollte danach durch Erhebung einer Klage, der in gewissen Fällen ein Sühneversuch vor dem Schiedsmann vorangehen muß, den Friedensrichter anrufen können bei Beleidigung, leichter vorsätzlicher oder fahrlässiger Körperverletzung, Hausfriedensbruch, Verletzung des Briefgeheimnisses und Sachbeschädigung. Die Abgrenzung der friedensrichterlichen Zuständigkeit gegenüber der dem Strafrichter vorbehaltenen Aburteilungszuständigkeit bei ernsteren Vergehen war letztlich dem Staatsanwalt übertragen. Nach § 2 Abs. 2 der Friedensrichterordnung sollte der Friedensrichter nicht tätig werden dürfen, wenn der Staatsanwalt es für geboten hält, die Tat mit den Mitteln des Strafrechts zu ahnden. Die Aufgaben des Friedensrichters bestanden nach § 1 der FriedensrichterO darin, dem Verletzten Genugtuung zu verschaffen und den Frieden zwischen den Beteiligten wiederherzustellen, Maßnahmen zur Verhütung künftiger Friedensstörungen unter den Beteiligten zu treffen und schließlich Streitigkeiten beizulegen, die die Ursache des Unfriedens bilden oder zu neuem Unfrieden Anlaß geben können. Inhalt des Friedensspruchs konnten nach §§ 5 ff sein: die Auferlegung einer Friedensbuße in Geld oder die Erteilung einer Verwarnung zur **Ahndung** der Tat, ferner zur **Verhütung** künftig zu besorgender Friedensstörungen die Auferlegung einer Friedensbürgschaft durch Leistung einer Sicherheit in Höhe eines bestimmten Geldbetrages, der der Staatskasse verfällt, wenn der Verpflichtete innerhalb der vom Friedensrichter bestimmten Frist eine neue Tat begeht. Inhalt des Friedensspruchs sollten weiterhin sein bei ehrenrührigen Behauptungen auf Antrag des Verletzten die Feststellung der Unwahrheit der Behauptung zur Wiederherstellung des guten Rufs und schließlich zur Sicherung des Rechtsfriedens die Entscheidung über Streitigkeiten bürgerlich-rechtlicher Art, die mit der Tat zusammenhängen oder zu künftigen Friedensstörungen führen können, wenn ein Beteiligter es beantragt, das Amtsgericht sachlich zuständig ist und bestimmte Wertgrenzen nicht überschritten werden.

Das **Verfahren** sollte der Friedensrichter **nach pflichtgemäßem Ermessen bestim-** **27**
men, wobei ihm die Grundsätze des Strafverfahrensrechts als Richtschnur dienen und
er von Amts wegen alles zur Erforschung der Wahrheit Notwendige zu tun hat. Die Verhandlung sollte grundsätzlich nicht öffentlich sein. Auf weitere Einzelheiten ist hier
nicht einzugehen. Über die Teilverwirklichung dieser Vorschriften während des 2. Weltkrieges durch Art. 8 der VO vom 13. 8. 1942 s. Kap. **3** 40.

VI. Steckengebliebene Anläufe zum Beginn einer neuen „Großen" Strafver-
fahrensreform

1. Vorbemerkung. Das „Erste Gesetz zur Reform des Strafverfahrensrechts" **28**
vom 9. 12. 1974 und das „Gesetz zur Ergänzung der Ersten Gesetzes zur Reform des
Strafverfahrensrechts" vom 20. 12. 1974 sind im Rahmen der Darstellung der nicht zur
Durchführung gelangten Bemühungen um eine „große" Reform des Strafverfahrens-
rechts (und gewissermaßen als deren Abschluß) **nur** deshalb **an dieser Stelle** zu behan-
deln, weil sie sich, wie in Kap. **3** 90 ausgeführt, zwar als den Beginn der schrittweisen
Durchführung einer solchen Reform verstanden, es in Wirklichkeit aber bei diesem
Anlauf geblieben ist, obwohl schon der Entwurf eines „Zweiten StVRG" vorlag
(BT-Drucks. 7 2526). Demgemäß sind im vorliegenden 4. Kapitel nur die Gründe darzustellen, die zu dem Anlauf und seinem baldigen Erliegen geführt haben, während die
Darstellung des Inhalts der am 1. 1. 1975 in Kraft getretenen beiden Gesetze dem 5. Ka-
pitel vorbehalten ist.

2. Zur Vorgeschichte
a) Aufforderung des Bundestages zur Vorbereitung einer Gesamtreform. Das **29**
StPÄG vom 19. 12. 1964 (Kap. **3** 61 ff) enthielt zwar umfangreiche und weitgehende Änderungen der StPO, verstand sich aber nicht als Beginn einer umfassenden Reform, also
nicht als ein „Reform"-, sondern nur als ein „Änderungs"-Gesetz. Das beruhte auf der
hergebrachten Vorstellung, daß eine „große" Reform in **einem** geschlossenen Gesetzeswerk durchgeführt werden müsse, dieses aber eine entsprechende vorgängige Reform
des materiellen Rechts zur Voraussetzung habe. In diesem Sinn hatte die Begründung
des RegEntw. des StPÄG 1964 (BT-Drucks. **IV** 178) zum Ausdruck gebracht, daß zwar
die umfassende Reform des Strafverfahrensrechts eine der wichtigsten rechtspolitischen
Aufgaben sei, deren Erarbeitung aber wenigstens die Festlegung der Grundsätze einer
Neugestaltung des materiellen Strafrechts voraussetze, da die Reform des Strafrechts
weitgehende Auswirkungen auf die Erneuerung des Strafverfahrens habe. Bei der Verabschiedung des StPÄG 1964 wies der Bundestag durch die Vertreter aller in ihm vertretenen Parteien auf die Notwendigkeit hin, die Gesamtreform der StPO alsbald durch
Einberufung einer Großen Strafverfahrenskommission vorzubereiten (Prot. der 132.
Sitzung der 4. Legislaturperiode S. 6472 ff).

b) Das EGStGB 1974. Die Reform des materiellen Rechts vollzog sich langsa- **30**
mer, als man damals erwartet hatte. Die parlamentarische Behandlung des 1962 eingebrachten RegEntw. des StGB führte erst im Jahre 1969 zum 1. und 2. Strafrechtsre-
formG (StrRG). Das letztere, den Allgemeinen Teil eines neuen StGB enthaltend, sollte
am 1. 10. 1973 in Kraft treten, weil man bis zu diesem Zeitpunkt auch den Abschluß der
umfassenden Erneuerung des Besonderen Teils erwartete. Dazu ist es indessen nicht gekommen. Es gelang zunächst nur, bestimmte Teilgebiete des Besonderen Teils neu zu regeln, die in besonderem Maß als änderungsbedürftig angesehen wurden; es wurden
außer dem 10., 11. und 12. StrÄG und einigen Vorschriften des Nebenstrafrechts, die

Vorschriften des StGB berührten, das 3. StrRG vom 20. 5. 1970 (BGBl. I 505), das 4. StrRG vom 23. 11. 1973 (BGBl. I 1725) und das 5. StrRG vom 18. 6. 1974 (BGBl. I 1297) erlassen. Um das Inkrafttreten des Neuen Allgemeinen Teils nicht länger hinauszuschieben, wurde schließlich der 1. 1. 1975 als Zeitpunkt des Inkrafttretens festgelegt. Das erforderte eine Fülle von Einzelvorschriften, die die noch nicht reformierten Materien des Besonderen Teils des StGB und die Vorschriften des gesamten Nebenstrafrechts an die Grundsätze und den Sprachgebrauch des neuen Allgemeinen Teils anpaßten und die außerdem die strafverfahrensrechtlichen Vorschriften der neuen materiellen Regelung anglichen. Diese Aufgabe wurde im EGStGB vom 2. 3. 1974 (BGBl. I 469) durchgeführt. Der Gesetzgeber begnügte sich dabei aber nicht mit den notwendigen Anpassungen, sondern ergriff die Gelegenheit, gleichzeitig auf den Gebieten der Strafrechtspflege eine Vielzahl von „echten" Reformen durchzuführen, die an sich durch das beschränkte Ziel des EGStGB nicht veranlaßt gewesen wären[20]. Angesichts dessen glaubte man, daß, wenn auch in mehr oder weniger großem Umfang, Reformen von Materien des Besonderen Teils des StGB noch ausstünden und erst für die Zukunft zu erwarten seien, doch, freilich in einem gewissen vorläufigen Sinn, nach einem Wort von *Göhler* (NJW **1974** 825), das sich auch *Dreher* (Vorwort zur 35. Aufl.) zu eigen machte, „die Strafrechtsreform als großes Gesamtwerk zum Abschluß gebracht" sei. Äußerlich kam dies auch darin zum Ausdruck, daß der Wortlaut von Strafgesetzbuch, Strafprozeßordnung, Gerichtsverfassungsgesetz, Jugendgerichtsgesetz, Wehrstrafgesetz und Wirtschaftsstrafgesetz in neuer Fassung bekanntgemacht wurde.

31   **3. Folgerungen.** Mit der so als „großes Gesamtwerk zum Abschluß gebrachten Strafrechtsreform" sah man zugleich die Grundlagen für den Beginn einer umfassenden Reform des Strafverfahrensrechts als gegeben an. Aus den bei der Reform des materiellen Rechts gemachten Erfahrungen ergab sich aber die Folgerung, daß auch die Reform des Strafverfahrensrechts nicht in **einem** Gesetzeswerk „aus einem Guß" durchzuführen sei, in dem gleichzeitig alle zur Erörterung anstehenden großen Reformfragen einer Lösung und Entscheidung zugeführt werden, sondern daß als Form der Durchführung nur der Erlaß mehrerer aufeinander abgestimmter Einzelreformgesetze in Betracht komme, an deren Ende eine durchgängige Gesamtredaktion steht. So heißt es denn in der Begründung des 1972 eingebrachten Entwurfes des 1. StVRG (BT-Drucks. 7 551 S. 33): „In Abweichung von den bisherigen Versuchen, die StPO durch Vorlage eines geschlossenen neuen Entwurfs zu reformieren, ist nunmehr beabsichtigt, die Gesamtreform in einer Reihe aufeinander abgestimmter, schrittweise folgender Teilgesetze zu verwirklichen, deren erster der vorliegende Entwurf darstellt."

32   **4. Reformgründe.** Als Umstände, aus denen sich das allgemeine Bedürfnis nach einer umfassenden Strafverfahrensreform ergebe, führt die vorgenannte Begründung des RegEntw. des 1. StVRG (BT-Drucks. **7** 551 S. 32) an:

a) Trotz mannigfacher Änderungen seit dem Inkrafttreten der StPO sei ihre **Grundkonzeption** in wesentlichen Teilen eine solche des vorigen Jahrhunderts. „Ein Gesetz dieses Alters bedarf selbst dann, wenn es sich in der Praxis bewährt hat, einer umfassenden Überprüfung, um es von überflüssig gewordenem Ballast zu befreien und seine Regelungen den veränderten Umständen und Bedingungen anzupassen".

---

[20] Vgl. dazu die Übersichten von *Göhler* NJW **1974** 824; *Sturm* (betr. den Besonderen Teil des StGB) JZ **1975** 6.

b) Das **neue Verständnis** von der Stellung des Einzelnen und der Gemeinschaft, das der soziale Rechtsstaat des GG gebracht habe, müsse durchgängig seinen Ausdruck finden. „Über die verfassungskonforme Auslegung und die Einzelanpassung hinaus muß ein Gesetz, das in so starkem Maße wie die StPO angewandtes Verfassungsrecht ist, einer Totalrevision unterzogen werden, welche die verfassungsrechtlichen Grundentscheidungen berücksichtigt."

c) Die weit abgeschlossene Strafrechtsreform habe in vieler Hinsicht die Aufgabe des materiellen Strafrechts und den Zweck der Strafe neu bestimmt. „Aus dieser **neuen Strafrechtsauffassung**, die den Menschen und seine Wiedereingliederung in den Mittelpunkt stellt, gewinnt auch das Strafverfahrensrecht Impulse für eine Neugestaltung."

d) Ursachen und **Erscheinungsformen der Kriminalität** hätten sich gewandelt. „Neue Typen von Straftaten haben sich gebildet; solche, die bei der Schaffung der StPO im Vordergrund standen, haben erheblich an Bedeutung verloren. Hieraus ergeben sich neuartige Anforderungen an das Instrumentarium, das die StPO zur Bekämpfung der Kriminalität zur Verfügung stellen muß."

e) Neuere Erkenntnisse über Bedeutung und Wert der Beweismittel, über die Gefahren der Fehlentscheidung und ihre Ursachen verlangten Beachtung. „Das Problem der Wahrheitsfindung im Strafprozeß ist neu durchdacht worden. Neue technische Möglichkeiten erfordern Berücksichtigung. Das Strafverfahrensrecht kann all das nur bei einer umfassenden Reform und Überprüfung ausreichend berücksichtigen."

f) Bemühungen um die **Verfeinerung der dogmatischen Grundlagen** des Verfahrensrechts seit dem Inkrafttreten der StPO hätten „neue Zusammenhänge aufgezeigt, die von der Gesetzgebung berücksichtigt werden müssen. Sie haben Probleme deutlich gemacht, die teilweise nur der Gesetzgeber lösen kann. Eine Novellengesetzgebung, die sich darauf beschränkt, isoliert Einzelfragen zu lösen, kann die umfassenden auch systematischen Erträge der wissenschaftlichen Forschung nicht ausreichend verwerten."

5. Reformziele. Die Einbringung des RegEntw. des 1. StVRG i. J. 1972 und der **33** schließliche Erlaß des 1. StVRG vom 9. 12. 1974 weckten weithin geteilte und längere Zeit aufrechterhaltene Hoffnungen auf ein zügiges Fortschreiten der Gesamtreform durch Erlaß weiterer Teilreformgesetze. Diese Erwartungen führten zu einer umfangreichen Reformliteratur. Sie befaßte sich teils mit der Konkretisierung der anzustrebenden großen Ziele der Reform, teils — und dabei auch alte Problemfragen wieder aufgreifend — mit der Reform einzelner Komplexe wie etwa einer Reform des Ermittlungsverfahrens unter Berücksichtigung des Verhältnisses von Polizei und Staatsanwaltschaft bei der Ermittlungtätigkeit, einer Reform der Hauptverhandlung, der Umgestaltung des Rechtsmittelsystems oder wenigstens des Rechtsmittels der Revision, der Neuregelung des Rechts der Wiederaufnahme des Verfahrens oder der Verbesserung der Stellung des Verletzten im Strafverfahren. In Kap. 5 11 ff der Einleitung in der 23. Auflage dieses Kommentars war nach dem damaligen Stand der Diskussion der Versuch unternommen worden, die Ziele einer „großen" Reform, die an Bedeutung der Einführung des reformierten Strafprozesses um die Mitte des vergangenen Jahrhunderts in etwa vergleichbar sei — auch als Folgerungen aus dem Postulat des **sozialen** Rechtsstaats (Art. 20 GG) —, in großen Zügen etwa wie folgt zu beschreiben:

a) Sicherung nicht nur **der Grundrechte** des Einzelnen, der vom Verfahren betroffen wird, sondern auch seine Anerkennung als handelndes Prozeßsubjekt mit Auswirkungen z. B. in der Beweisaufnahme;

Karl Schäfer

b) Rücksichtnahme auf das **Wohl der Allgemeinheit**, die sich in der Forderung nach Rationalität, Effektivität und Beschleunigung des Verfahrens — zusammengefaßt in dem Begriff der **Funktionstüchtigkeit der Rechtspflege**[21] — niederschlägt;

c) Verfahrensrechtliche **Anpassung an** das **gewandelte Verständnis** der Aufgaben der Strafrechtspflege („Einstimmung der StPO auf die Bestrebungen des materiellen Rechts"), das, unbeschadet der notwendigen Verteidigung der Rechtsordnung, im „Heilen" statt „Strafen", in der Wiedereingliederung (Resozialisierung) des Täters (§§ 46 Abs. 1 Satz 2, 65 Abs. 1, 3, 67 a Abs. 1, 3 StGB) — dies gerade auch zur Vermeidung von Rückfällen —, in der Zurückdrängung der kurzen Freiheitsstrafe als ultima ratio (§ 47 StGB) und im Ersatz der Kriminalstrafe im unteren Bereich durch andere Sanktionsformen zum Ausdruck kommt;

d) Ausrichtung des Verfahrens auch **auf moderne Formen der Kriminalität**, wie organisierter Terror, planvolle Sabotierung der Hauptverhandlung durch Beschuldigte, Sympathisanten und Verteidiger, die ihr Amt mißbrauchen, Zunahme raffinierter und schwer faßbarer Formen der Wirtschaftskriminalität, sprunghafte Vermehrung gewisser Vermögens- und Straßenverkehrsdelikte als Massenerscheinungen, wie z. B. Ladendiebstähle;

e) Berücksichtigung neuer Erkenntnisse über Ursachen von Fehlurteilen, die Anlaß geben zu überlegen, wie solche Fehler — z. B. auch durch Reform des Sachverständigenbeweises[22] — vermieden oder, soweit geschehen, nötigenfalls in einem verbesserten Wiederaufnahmeverfahren wiedergutgemacht werden können;

f) Erhöhte Rücksichtnahme auf **Belange des Tatopfers**, insbes. auf Entschädigungs- und Wiedergutmachungsansprüche im Strafverfahren.

34 **6. Der Ausgang.** Die durch das 1. StVRG vom 9. 12. 1974 und das ErgänzungsG vom 20. 12. 1974 geweckten Hoffnungen auf den Fortgang einer „großen" Reform durch Erlaß weiterer als „Reformgesetz" bezeichneter Vorschriften haben sich nicht erfüllt. Zwar ist ein weiterer Anlauf zu einer solchen noch unternommen worden in Form des i. J. 1975 vorgelegten „Diskussionsentwurfs für ein Gesetz über die Rechtsmittel in Strafsachen", der aber im Verlauf der Diskussion i. J. 1978 in der rechtspolitisch interessierten Fachöffentlichkeit „nahezu einhellig" abgelehnt wurde[23]. Nicht nur in der Wiederaufnahme der Gesetzesbezeichnung als „ÄnderungsG" bei den folgenden Gesetzen bis zum StVÄG 1987, sondern auch darin trat die Aufgabe der Absicht einer Totalverfahrensreform durch aufeinanderfolgende Teilreformgesetze zutage, daß in den Regierungsentwürfen dieser Gesetze der Gedanke an eine in Teilgesetzen durchzuführende Gesamtreform nicht mehr anklang und daß amtliche legislatorische Bemühungen in Richtung auf die Vorbereitung einer Totalreform nicht mehr zu verzeichnen waren. Als bezeichnend für die Haltung des Entw. des StVÄG 1984 (BT-Drucks. 10 1313 — jetzt StVÄG 1987 —), dessen erklärtes Ziel dahin ging, durch eine **Vielzahl** von Einzeländerungen in allen Abschnitten des Strafverfahrensrechts die Strafjustiz zu entlasten, mögen zwei (der beliebig vermehrbaren) Stellen aus der Begründung angeführt wer-

---

[21] Zu diesem neuerdings insbes. in der Rechtsprechung des BVerfG (z. B. BVerfGE **41** 246, 250; **45** 272, 294; **46** 214, 222; **49** 24, 53; **51** 324, 343) verwendeten Begriff vgl. Kap. **14** 220; *Hassemer* StrVert. **1982** 275; *Rieß* ZStW **95** (1983) 559 Fußn. 152.

[22] Dazu neuestens mit umfangr. Nachw. *Dippel* Die Stellung des Sachverständigen im Strafprozeß (1986).
[23] Dazu *Rieß* FS K. Schäfer 165; s. auch Kap. **5** 87.

den: zu B I Allgemeines (S. 11) wird das Grundprinzip bei der Auswahl der änderungsbedürftigen Vorschriften dahin gekennzeichnet, es müßten sich die in Betracht kommenden Änderungen „in die Grundstrukturen des bestehenden Strafverfahrensrechts einordnen lassen, die in einem zeitlich eilbedürftigen und umfangmäßig beschränkten Gesetzesentwurf nicht in Frage gestellt werden können". Und zu dem oben angesprochenen Thema einer umfassenden Rechtsmittelreform wird (Begründung S. 12) ausgeführt, es sei eingehend geprüft worden, welche Entlastung sich durch eine tiefgreifende Umgestaltung des gegenwärtigen Rechtsmittelsystems, eine Veränderung der gerichtsverfassungsrechtlichen Zuständigkeitsbestimmungen oder der Besetzung der Gerichte erreichen lassen. Da sich aber gezeigt habe, daß ein Teil der erwogenen Lösungen keine Entlastung verspreche, ein anderer Teil unter rechtsstaatlichen Gesichtspunkten zweifelhaft sei, beschränke sich der Entwurf unter Verzicht auf tiefgreifende Eingriffe auf Einzelvorschläge, „die das gegenwärtige Rechtsmittelsystem unverändert lassen, von denen aber eine Entlastung der Verfahren erwartet werden kann". Insgesamt ist der Unterschied im Reformbestreben nach 1974 von *Rieß* [24] dahin gewürdigt worden, es sei „der die damaligen Debatten (so bei der „Kleinen Strafprozeßreform" 1964 und beim 1. StVRG 1974) noch mitprägende Gedanke einer inhaltlichen Erneuerung des Strafverfahrens den neueren Novellen, die die parlamentarischen Beratungen erreichen, nahezu fremd". Die Gründe für diese Entwicklung sind mit *Rieß* FS K. Schäfer S. 165 darin zu sehen, daß einerseits in neuerer Zeit die ministerielle und parlamentarische Aktivität im wesentlichen durch Maßnahmen „reaktiver Krisenbewältigung absorbiert" wurde, andererseits sich die Erkenntnis durchgesetzt hat, es lasse sich „das Strafverfahrensrecht als integratives, vielfach verzahntes und ineinandergreifendes Ganzes durch Novellen nur insoweit verändern, als man seine Grundkonzeption nicht in Frage stellt...". Bei einer solchen Betrachtung stellt sich ex post auch das 1. StVRG trotz weitreichender Bedeutung der Sache nach als eine Maßnahme im Rahmen der vorangegangenen und nachfolgenden Novellengesetzgebung dar. Das rechtfertigt es, seinen Inhalt und seine Bedeutung in der vorliegenden Einleitung in Kap. 5 darzustellen.

7. Schlußbetrachtung. Wenn nach den obigen Ausführungen die noch über die **35** Mitte der siebziger Jahre hinaus gehegten Erwartungen auf eine zügige Gesamtreform „in Raten" sich nicht erfüllten und auch die Strafverfahrensänderungsgesetze von 1979 und 1987 trotz ihres Umfangs mehr oder weniger der Befriedigung aktueller Tagesbedürfnisse dienten, so blieb doch die Hoffnung, daß bei einer entsprechenden Änderung der Verhältnisse dem Gedanken an eine Gesamtverfahrensreform wieder Raum gegeben wird, die dann nur während einer längeren Zeitdauer in der traditionellen Form gründlicher Vorbereitungen und ausführlicher Beratungen in einer breitgefächerten „Großen Strafprozeßkommission" durchzuführen wäre. Diese Hoffnung scheint sich z. Zt. sogar der Verwirklichung zu nähern (dazu Kap. 5 166).

In der Zwischenzeit aber ist für dieses Vorhaben bereits **Vorarbeit** geleistet wor- **36** den. Eine nach wie vor anhaltende Reformliteratur ist mit Vorschlägen, sei es in Thesenform, sei es in paragrafierter Bearbeitung größerer Komplexe hervorgetreten. Nur beispielsweise seien hier genannt: die von *Rieß* „Prolegomena zu einer Gesamtreform des Strafverfahrensrechts" in FS K. Schäfer (1980) S. 192 ff vorgestellten 80 Leitsätze

---

[24] FS Kleinknecht, S. 375, wenn auch mit Hinweis auf Fortbestehen des Reformgedankens (S. 376 Fußn. 108). Eine zusammenfassende Bilanz der Entwicklung von 1972 bis 1987 bei *Rieß* 15 Jahre Strafprozeßreform in Raten – Rückblick und Bilanz, FS Pfeiffer (1987).

mit Lit.-Nachw.; *Wolter* Strafverfahrensrecht und Strafprozeßreform, GA **1985** 49, dessen Ausführungen auf eine konkrete Gesamtperspektive für ein systemimmanentes reformiertes Strafverfahren etwa i. J. 2004 abzielen; der Alternativ-Entw. des Arbeitskreises AE betr. Reform der Hauptverhandlung (entwickelt am Gesamtmodell einer reformierten Hauptverhandlung mit dem Kernstück der Teilung in eine Tat- und eine Rechtsfolgenverhandlung), bearbeitet von *Baumann* u. a., 1985, vgl. auch Kap. **13** 21; die Entwürfe zur Verteidigung (1979) und zur Untersuchungshaft (1983) des Arbeitskreises Strafprozeßreform sowie die i. J. 1985 erstellten Vorschläge des Strafrechtsausschusses des Deutschen Anwaltvereins betr. Reform des Ermittlungsverfahrens (dazu AnwBl. **1986** 50 ff und in der vorliegenden Einleitung Kap. **6** 31 a)[25].

---

[25] S. auch – nur als weiter herausgegriffene Beispiele von Beiträgen zum Reformproblem – *Rieß* Gesamtreform des Strafverfahrensrechts, eine lösbare Aufgabe? ZRP **1977** 67; Strafprozeß und Reform. Eine kritische Bestandsaufnahme (Herausgeber *H.L. Schreiber*) 1979; *Vogel* ZRP **1981** 5; *Rieß* Neuordnung des Rechtsschutzes gegen strafprozessuale Zwangsmaßnahmen, ZRP **1981** 101; Alternativ-Entw. eines Strafverfahrens mit nichtöffentlicher Hauptverhandlung, J. C. B. Mohr, 1980; *Götter* Reform der Kostenregelung für Straf- und Ordnungswidrigkeitenrecht? ZRP **1981** 156; *Baumann* Die Reform der Vorschriften über die Öffentlichkeit im Strafverfahren, NJW **1982** 1358; *Berz* Zur Reform des Strafverfahrens FS Blau (1985) 51; *Müller* Grundlagen der Reform des Ermittlungsverfahrens AnwBl. **1986** 50 m. weit. Beiträgen über Einzelfragen der Reform des Ermittlungsverfahrens von *Thomas* u. a., AnwBl. **1986** 56 ff; *Bottke* Rechtsbehelfe der Verteidigung im Ermittlungsverfahren – eine Systematisierung, StrVert. **1986** 120; vgl. auch die Übersicht bei *Rieß* ZStW **95** (1983) 534 Fußn. 19, 24; zum methodischen und rechtspolitischen Ansatz auch *Wassermann* Überlegungen zur Gesamtreform des Strafverfahrensrechts, ZRP **1987** 168.

KAPITEL 5

Die Entwicklung seit 1975

Übersicht

Karl Schäfer

I. Einführungsgesetz zum Strafgesetzbuch

1. Beseitigung der Übertretungen. Mit dem 1.1. 1975 verschwand die bisherige **1** Übertretung als Kriminalstraftat. Die bisherigen Übertretungstatbestände fielen teils ersatzlos weg, teils wurden sie in Ordnungswidrigkeitstatbestände des Bundes- oder Landesrechts umgewandelt, teils zu Vergehenstatbeständen erhoben oder sind in solchen aufgegangen. Mit dem Wegfall der Übertretungen entfiel das amtsrichterliche Strafverfügungsverfahren des § 413 a. F und verloren § 153 Abs. 1 und § 313 a. F StPO (Verfahrenseinstellung bei Übertretungen, Beschränkung der Berufung bei Übertretungen betreffenden Urteilen) ihre Bedeutung.

2. Behandlung der „kleinen" Kriminalität. Namentlich die Erweiterung des **2** § 248 a StGB durch Aufnahme des früheren Übertretungstatbestandes des „Mundraubs" — § 370 Abs. 1 Nr. 5 a. F — warf zugleich die Frage auf, wie einer **Überflutung der Strafrechtspflegeorgane mit Bagatellkriminalität** vorgebeugt werden könne, die sich zum Nachteil einer wirksamen Bekämpfung der mittleren und schweren Kriminalität auswirken müßte. Das Gesetz erstrebte eine Lösung dieses Problems auf zwei Wegen.

§ 248 a StGB ist **Antragsdelikt**, jedoch wird die Tat unabhängig von einem Straf- **3** antrag des Verletzten von Amts wegen verfolgt, wenn die Strafverfolgungsbehörde wegen des **besonderen öffentlichen Interesses** an der Strafverfolgung ein Einschreiten von Amts wegen für geboten erachtet. Mit dieser Durchbrechung des Antragserfordernisses übernahm § 248 a eine Regelung, wie sie bis dahin nur bei Körperverletzungen (§ 230 Abs. 1) galt. Die gleiche Durchbrechung geschah auch bei anderen Antragsdelikten (vgl. §§ 183, 257 Abs. 2 Satz 2, 259 Abs. 2, 263 Abs. 4, 265 a Abs. 3, 266 Abs. 3 und zuletzt § 303 c StGB, § 109 UrhG), ohne daß es jedoch zu einem allgemeinen Grundsatz erhoben wäre, daß bei Antragsdelikten die Staatsanwaltschaft von Amts wegen einschreiten kann, wenn sie dies wegen eines besonderen öffentlichen Interesses für geboten erachtet. Wegen der Bedeutung des besonderen öffentlichen Verfolgungsinteresses als Prozeßvoraussetzung vgl. Kap. **12** 118.

Daneben trat eine in erster Linie durch § 248 a StGB veranlaßte, aber generell gel- **4** tende **Neuregelung der Einstellung des Verfahrens wegen Vergehens bei geringer Schuld des Täters** (§§ 153, 153 a; bisher § 153 Abs. 2, 3 a. F).

3. Einstellung nach § 153 n. F. Nach § 153 Abs. 2, 3 a. F bedurfte es zur Einstel- **5** lung des Verfahrens wegen geringer Schuld und fehlenden öffentlichen Interesses an der Strafverfolgung, wenn sie im Ermittlungsverfahren durch die Staatsanwaltschaft erfolgte, der Zustimmung des Gerichts, und wenn sie nach Erhebung der Anklage durch das Gericht erfolgte, der Anhörung des Angeschuldigten und der Zustimmung der Staatsanwaltschaft. Die Neuerungen bestanden darin, daß es einerseits bei Einstellung des Ermittlungsverfahrens (bei im übrigen gleichen Voraussetzungen wie bisher: geringe Schuld usw.) — zwecks Entlastung der Gerichte — in den in § 153 Abs. 1 Satz 2 bezeichneten Fällen der gerichtlichen Zustimmung nicht mehr bedarf. Auf der anderen Seite bedarf es zur gerichtlichen Einstellung nach Anklageerhebung über die bisherige „Anhörung" des Angeschuldigten hinaus grundsätzlich seiner **Zustimmung**, die nur ausnahmsweise unter den Voraussetzungen des § 153 Abs. 2 Satz 2 entbehrlich ist. Das dem **Rehabilitierungsbedürfnis** des Angeschuldigten Rechnung tragende Zustimmungserfordernis bewirkt, daß es in der Hand des Angeschuldigten liegt, durch Verweigerung der Zustimmung die Durchführung der Hauptverhandlung zu erzwingen, wenn er Reinigung von dem durch die Anklageerhebung erhobenen Verdacht durch einen Freispruch erstrebt.

6   **4. Vorläufige Einstellung gegen Auflagen und Weisungen (§ 153 a StPO).** Das neuartige, namentlich im Entwurfsstadium im Schrifttum vielumstrittene[1], auch heute noch
nach einzelnen Richtungen streitige, in der Praxis aber bewährte (vgl. Kap. **12** 49) Institut der **vorläufigen Einstellung des Verfahrens** unter Auflagen und Weisungen (§ 153 a)
ist darauf gerichtet, in Fällen, in denen die Voraussetzungen einer Einstellung nach
§ 153 nicht vorliegen, eine Beendigung des Verfahrens ohne Verurteilung zu erreichen.
In diesem Ziel begegnet es sich mit der **Verwarnung mit Strafvorbehalt** (§§ 59 ff StGB),
von der sich die vorläufige Einstellung nach § 153 a aber entscheidend dadurch abhebt,
daß es bei der Verwarnung nach § 59 StGB zu einem Schuldurteil und zur Festsetzung
einer Strafe kommt, und nur deren Verhängung vorbehalten (vom Erfolg der Bewährungszeit abhängig gemacht) wird, während es bei der vorläufigen Einstellung im Fall er-
wartungsgemäßer „Bewährung" (in Form der Erfüllung von Auflagen und Weisungen)
überhaupt nicht zum Urteil kommt. Die vorläufige Einstellung nach § 153 a unterscheidet sich in ihren Voraussetzungen von der Einstellung nach § 153 StPO dadurch, daß sie
zwar ebenfalls ein mit geringer Schuld begangenes Vergehen voraussetzt, daß aber das
öffentliche Interesse an der Strafverfolgung zunächst nicht verneint werden kann. Gedacht ist an den Fall, daß ein Bedürfnis nach Auferlegung einer **Sanktion** besteht, bei
deren Erbringung die Tat (wenigstens in gewisser Weise) als geahndet oder ausgeglichen erscheint und dadurch das öffentliche Interesse an einer (weitergehenden) Strafverfolgung entfällt.

7   Diese **Sanktion** besteht in der Auferlegung und Erteilung bestimmter, in § 153 a
Abs. 1 Satz 1 abschließend aufgezählter **Auflagen und Weisungen**, denen der Täter wäh-
rend festgesetzter Frist, also während einer Art Bewährungsfrist, nachkommen muß.
Ein Erfüllungszwang besteht nicht; die Nichterfüllung, gleichviel ob sie dem Täter zum
Verschulden gereicht oder nicht, führt unter Wegfall der vorläufigen Einstellung zum
Fortgang des Verfahrens. Eine Besonderheit der vorläufigen Einstellung besteht zunächst darin, daß sie im Ermittlungsverfahren der Zustimmung des Gerichts und der Zustimmung des Beschuldigten, nach Erhebung der Anklage der Zustimmung der Staatsanwaltschaft und der des Beschuldigten bedarf; bei der Einstellung im Ermittlungsverfahren ist aber (vgl. § 153 a Abs. 1 Satz 6) — auch hier zur Entlastung des Gerichts — die
Zustimmung des Gerichts unter den gleichen Voraussetzungen entbehrlich, unter
denen die Staatsanwaltschaft ohne gerichtliche Zustimmung nach § 153 Abs. 1 einstellen
kann (oben Rdn. 5). Daß — anders als bei der Verwarnung mit Strafvorbehalt — stets
die Zustimmung des Beschuldigten erforderlich ist, erklärt sich daraus, daß es sich —
bei einer vielfach nicht bis zum Letzten durchgeführten Sachaufklärung — im praktischen Ergebnis doch um eine Art von Unterwerfungsverfahren handelt, bei dem es vorkommen kann, daß der Beschuldigte, mag er sich auch nicht als schuldig betrachten, lie-
ber diese Form der Erledigung wählt, als daß er sich den Aufregungen und Risiken einer
Durchführung des Verfahrens aussetzt; jedenfalls soll aber dem, der mit einem rehabilitierenden Freispruch rechnet, das Recht auf Durchführung des Verfahrens nicht genommen werden. Übrigens ist streitig, ob die Auflage der Wiedergutmachung des durch die
Tat verursachten Schadens auch erteilt werden darf, wenn sie die Feststellung der strafrechtlichen Schuld des Täters voraussetzte, dieser sie aber bestreitet[2]; darauf ist hier
nicht weiter einzugehen.

---

[1] *Baumann* ZRP **1972** 273; *Dencker* JZ **1973**
144; *Hanack* FS Gallas 339; *Schmidhäuser* JZ
1973 529; zur heutigen, unverändert kontroversen Beurteilung vgl. mit weit. Nachw.
LR-*Rieß* § 153 a, 11.

[2] Vgl. z. B. bejahend *Kleinknecht/Meyer*[37]
§ 153 a, 15; verneinend *Dreher/Tröndle*[43]
§ 248 a, 12; vgl. auch LR-*Rieß* § 153 a, 41.

Erfüllt der Beschuldigte fristgemäß Auflagen und Weisungen, so wird, wie sich **8**
aus § 467 Abs. 5 ergibt, das Verfahren **endgültig eingestellt**. Dabei handelt es sich, da und
soweit die Tat nicht mehr **als Vergehen** verfolgt werden kann (§ 153 a Abs. 1 Satz 4;
Abs. 2 Satz 2), um eine Einstellung wegen eines Verfahrenshindernisses (§§ 170 Abs. 2,
206 a)[3]. Zu dem Novum, daß auch eine ohne gerichtliche Mitwirkung erfolgte vorläufige und durch Erbringung der Auflagen und Weisungen endgültig gewordene **Einstellung der Staatsanwaltschaft** in beschränktem Umfang mit Klageverzehrwirkung verbunden ist, vgl. Kap. **12** 49.

Weder die vorläufige noch die endgültige Einstellung erscheinen im **Bundeszen- 9
tralregister**[4].

5. Der **neu eingefügte** § 154 e StPO brachte keine sachliche Vermehrung der **10**
Fälle eines Abweichens vom Legalitätsprinzip, sondern trat in geänderter Form an die
Stelle der §§ 164 Abs. 3, 191 a. F StGB, die dort wegen ihres verfahrensrechtlichen Cha-
rakters gestrichen wurden.

**6. Unterscheidung zwischen Beschlagnahme von Beweismitteln und Beschlag- 11
nahme zur Sicherung von Verfall und Einziehung.** Die Einführung der Anordnung des
Verfalls und Wertersatzverfalls (§§ 73 ff StGB) zur Abschöpfung des Vermögensvorteils,
den der Täter für die Tat oder aus ihr erlangt hat, machte verfahrensrechtlich die Unterscheidung zwischen der Beschlagnahme von Beweismitteln und der Beschlagnahme
zur Sicherung des Verfalls und der Einziehung erforderlich. Darauf beruht die Beschränkung des § 94 Abs. 1 n. F auf die Beschlagnahme von Beweismitteln und die Einfügung der neuen §§ 111 b bis 111 e betr. die Beschlagnahme von Gegenständen und anderen Vermögensvorteilen zur Sicherung ihres Verfalls oder ihrer Einziehung. Sie regeln
im Hinblick auf § 73 Abs. 1 Satz 2 StGB auch die **Schadloshaltung des Verletzten** und gewährleisten ihm wegen der aus der Straftat erwachsenen Ansprüche eine bevorrechtigte
Zugriffsmöglichkeit auf sichergestellte Vermögenswerte; zugleich bedurfte es der Ausdehnung der Vorschriften über die Stellung der Einziehungsbeteiligten (§§ 431 ff) auf
die der Verfallsbeteiligten (§ 442 Abs. 1 n. F) und im Hinblick auf Nachteile, die durch
§ 73 Abs. 3 StGB **unbeteiligten Dritten** entstehen können, einer Ergänzung der §§ 439
Abs. 2 und 442 (Einfügung eines neuen Absatzes 2).

7. Das vorläufige Berufsverbot (§ 132 a) wurde neben der bisher bestehenden vor- **12**
läufigen Entziehung der Fahrerlaubnis (§ 111 a) aus dem Bestreben eingeführt, das
Strafverfahren — und auch schon das Ermittlungsverfahren — in weiterem Umfang für
materiell präventiv-polizeiliche Maßnahmen im Interesse der Verbrechensverhütung
nutzbar zu machen (Kap. **6** 34).

---

[3] Vgl. näher mit Nachw. zum Streitstand über
die dogmatische Konstruktion LR-*Rieß*
§ 153 a, 71.

[4] Einen gewissen Ausgleich, um rückfällige
Täter festzustellen, bieten die staatsanwaltschaftlichen Karteien. Bei **überörtlich** auftretenden Tätern (z. B. reisenden Ladendieben
oder Betrügern) ist aber damit wenig gewonnen (vgl. dazu *Eckl* JR **1975** 101). § 28 Nr. 1 a

StVG, i. V. m. § 13 Abs. 1 Nr. 3 a StVZO, der
eine Eintragung der Entscheidung von Gericht oder Staatsanwaltschaft in das Verkehrszentralregister gestattete, wenn die Tat
im Zusammenhang mit der Teilnahme am
Straßenverkehr begangen ist, wurde durch
Gesetz vom 28. 12. 1982 (BGBl. I 2080) gestrichen.

Karl Schäfer

13   **8. Verfahren gegen Abwesende.** Auf dem Gedanken einer Entlastung der Strafrechtspflege von vermeidbarer Arbeit beruht im Abschnitt „Verfahren gegen Abwesende" (§§ 276 ff StPO) die Streichung des § 276 Abs. 2 und der §§ 277 bis 284, die (bei Delikten von geringerer Bedeutung, vgl. § 277 Abs. 2 a. F) die Herbeiführung und Durchführung einer Hauptverhandlung mit dem Ziel eines „Abwesenheitsurteils" zum Gegenstand hatten. Eine Hauptverhandlung gegen einen Abwesenden kommt danach nicht mehr in Betracht; das gegen einen Abwesenden eingeleitete Verfahren hat nur die Aufgabe, für den Fall seiner künftigen Gestellung die Beweise zu sichern (§ 285 Abs. 1).

14   **9. Abstimmung.** Teils Anpassungs-, teils Neuerungscharakter trugen die Änderungen des § 263 StPO betr. die Abstimmung. Nach § 263 Abs. 3, 4 a. F wurde mit einfacher Mehrheit — statt mit der sonst bei nachteiligen Entscheidungen zur Schuld-, Straf- und sonstigen Rechtsfolgenfrage erforderlichen 2/3-Mehrheit — entschieden über die Voraussetzungen des Rückfalls und der Verjährung und über die Strafaussetzung zur Bewährung. Rückfall unter den Voraussetzungen des § 48 StGB[5] wurde ein die Strafbarkeit erhöhender Umstand i. S. des § 263 Abs. 2. Wegen der besonderen kriminalpolitischen Bedeutung der Aussetzung zur Bewährung bei Strafe und bestimmten Maßnahmen der Besserung und Sicherung (§ 67 b StGB) für die Resozialisierung des Verurteilten wurde durch Streichung des Absatzes 4 a. F und Beschränkung des Absatzes 3 auf die Verjährung (und andere Verfahrenshindernisse) ist klargestellt, daß die Frage der Aussetzung zur Bewährung die „Rechtsfolgen der Tat" i. S. des neugefaßten § 263 Abs. 1 betrifft.

15   **10.** Die **Änderungen des Strafbefehlsverfahrens** betrafen zunächst die Rechtsfolgen der Tat, die durch Strafbefehl festgesetzt werden können. Durch § 407 n. F wurde die bis dahin zulässige Festsetzung von Freiheitsstrafen (bis zu drei Monaten) ausgeschlossen, weil nach § 47 StGB Freiheitsstrafe unter sechs Monaten nur noch in Ausnahmefällen zulässig ist und die Klärung, ob ein Ausnahmefall vorliegt, nur in einer Hauptverhandlung möglich sei. Es kann auch Verwarnung mit Strafvorbehalt ausgesprochen werden, und bei der Entziehung der Fahrerlaubnis wurde die Höchstdauer der Sperre (vorher ein Jahr) auf zwei Jahre erweitert. Den wesentlichen Inhalt des Strafbefehls regelte der neugefaßte § 409 unter Berücksichtigung der von der Rechtsprechung erarbeiteten Grundsätze in einer moderneren, dem § 66 OWiG angeglichenen Form. Die spätere Rechtsentwicklung hat weitere Änderungen des Strafbefehlsverfahrens — auch des Wortlauts und Inhalts der §§ 407, 409 — gebracht; das ist an entsprechender Stelle (Rdn. 112; 143) darzustellen.

16   **11.** Die Vorschriften über das **Sicherungsverfahren** (bis dahin §§ 429 a bis 429 d) wechselten ihren Platz (jetzt §§ 413 bis 416). Da das neue materielle Recht (§ 7 StGB) die selbständige Anordnung von Maßregeln der Besserung und Sicherung gegenüber dem bisherigen Recht in weiterem Umfang (nicht nur bei freiheitsentziehenden Maßregeln, sondern auch bei Entziehung der Fahrerlaubnis und bei Berufsverbot, nicht nur bei Schuldunfähigkeit, sondern auch bei Verhandlungsunfähigkeit) vorsieht, mußten in § 413 die Voraussetzungen des Sicherungsverfahrens abstrakt in Form einer Verweisung („wenn dies gesetzlich zulässig ist") gestaltet werden.

---

[5] § 48 StGB jetzt aufgehoben durch Gesetz vom 11. 4. 1986 (BGBl. I 393).

12. Strafvollstreckung. Wesentliche, über die Anpassung an neues sachliches **17** Recht hinausgehende Änderungen betrafen die Vorschriften über die Strafvollstreckung (§§ 449 ff).

a) Vollstreckungsbehörde. § 451 a. F ermächtigte die Landesjustizverwaltungen, **18** dem Richter beim Amtsgericht in gewissem Umfang Aufgaben der Strafvollstreckung zu übertragen. Entsprechend dem Grundgedanken des § 42 DRiG (dazu Kap. **8** 9), Richter nach Möglichkeit von der Verpflichtung zur Wahrnehmung nichtrichterlicher Aufgaben freizustellen, wurde Absatz 3 des § 451 durch Art. 21 Nr. 120 EGStGB 1974 aufgehoben. Strafvollstreckungsbehörde ist nur noch die Staatsanwaltschaft.

b) Vollstreckung von Geldstrafen. Nach F 463 a. F richtete sich die Vollstreckung von **19** „Vermögensstrafen" nach den Vorschriften der ZPO. Weil diese Regelung der Vollstreckung von Geldstrafen aber weniger geeignet erscheint, die nachdrückliche Vollstreckung sicherzustellen, die erforderlich ist, um der — bei Zurückdrängung der kurzen Freiheitsstrafe erhöhten — Bedeutung der Geldstrafe gerecht zu werden, bestimmte § 459 n. F, daß für die Vollstreckung von Geldstrafen die auf die Vollstreckung öffentlich-rechtlicher Ansprüche zugeschnittenen Vorschriften der Justizbeitreibungsordnung gelten, soweit nicht die StPO selbst (§§ 459 a ff, § 459 h) Abweichungen vorsieht[6]. Die Vollstreckung von Verfall, Einziehung oder Unbrauchbarmachung einer Sache sowie die Vollstreckung von Nebenfolgen, die zu einer Geldzahlung verpflichten, regelt § 459 g.

c) Strafvollstreckungskammern. Im Zuge der Vollstreckung von Strafen und Maß- **20** regeln der Besserung und Sicherung werden gerichtliche Entscheidungen erforderlich, für die teils das (erkennende) Gericht des ersten Rechtszuges[7], teils — nämlich wenn eine Freiheitsstrafe oder eine freiheitsentziehende Maßregel der Besserung und Sicherung vollstreckt wird und in dem in § 462 a Abs. 1, 4, 5, § 463 bezeichnetem Umfang — die neu geschaffene Strafvollstreckungskammer **sachlich zuständig** ist. Bildung, Bereich und Besetzung der Strafvollstreckungskammern im einzelnen wurde in den neu eingefügten §§ 78 a und 78 b GVG geregelt. Nach Maßgabe der §§ 109 ff StVollzG wurde in Erweiterung ihrer sachlichen Zuständigkeit der Strafvollstreckungskammer auch die gerichtliche Entscheidung über bestimmte Angelegenheiten des Strafvollzuges übertragen.

Die **örtliche Zuständigkeit** für die im Einzelfall zu treffende Entscheidung regeln **21** der neu gefaßte § 462 a StPO und § 110 StVollzG. Die Regelung beruht auf den Gesichtspunkten der Vollzugsnähe (BGH NJW **1978** 282) und der Zuständigkeitskonzentration. Die Strafvollstreckungskammer ist — wie die Staatsschutz-, die Wirtschaftsund die Schwurgerichtsstrafkammer (§ 74 Abs. 2, 74 a, 74 c GVG) — eine **Spezialstrafkammer** des Landgerichts, die durch ihre räumliche, kontakterleichternde Nähe zur Vollzugsanstalt und zu dem in ihr Aufgenommenen, über den zu entscheiden ist, und durch ihre besonderen Erfahrungen gekennzeichnet ist. Eine **Besonderheit** bei der Strafvollstreckungskammer besteht darin, daß der Übergang der sachlichen und örtlichen Zuständigkeit auf sie keinen entsprechenden Wechsel der Zuständigkeit der Staatsanwaltschaft als Vollstreckungsbehörde zur Folge hat; die nach den allgemeinen Vorschriften zuständige Vollstreckungsbehörde nimmt also die staatsanwaltschaftlichen Aufgaben auch gegenüber der Strafvollstreckungskammer bei einem anderen Landge-

---

[6] Vgl. dazu *Tröndle* ZStW **86** (1974) 545 ff.

[7] Die Bedeutung dieses Begriffs wurde in dem durch das StVÄG 1979 neu eingefügten Abs. 6 des § 462 a geklärt.

Karl Schäfer

richt wahr (neuer § 451 Abs. 3). Die komplizierte Regelung führte zu Anlaufschwierigkeiten und, insbes. bezgl. der Frage der örtlichen Zuständigkeit, zu mannigfachen Auslegungszweifeln, die erst nach längerer Zeit mehr oder weniger endgültig durch eine umfangreiche Rechtsprechung geklärt werden konnten[8].

22   13. Von **weiteren Änderungen** der StPO ist noch hervorzuheben, daß die **notwendige Verteidigung** auf alle Fälle einer mehr als dreimonatigen Freiheitsentziehung erstreckt wurde (§ 140 Abs. 1 Nr. 5), daß die Inanspruchnahme der **Gerichtshilfe** durch Staatsanwaltschaft und Gericht durch § 160 Abs. 3 Satz 2, § 463 d eine gesetzliche Grundlage und Anerkennung fand, daß § 463 c dem Gericht Zwangsmittel an die Hand gab, eine angeordnete **öffentliche Bekanntmachung des Urteils** (§§ 165 Abs. 2; 200 Abs. 2 StGB) durch Presse und Rundfunk gegenüber dem Pflichtigen (Verleger, verantwortlicher Redakteur oder gegenüber dem Rundfunkprogrammgestalter) zu erzwingen, und daß § 466 n. F bisher bestehende Zweifelsfragen, wie weit die **Gesamthaftung** des Mitverurteilten für Kosten und Auslagen des Verfahrens reiche, klärte.

23   **14. Auf dem Gebiet des GVG** besteht, von den in Rdn. 20 erwähnten §§ 78 a und 78 b n. F abgesehen, eine wesentliche Neuerung in der Möglichkeit, die Öffentlichkeit in weiterem Umfang zum Schutz der Privatsphäre und jugendlicher Zeugen auszuschließen (§§ 171 a, 172 n. F). Durch Einfügung eines neuen Absatzes 2 in § 174 (Verbot für Presse, Rundfunk, Fernsehen, bei Ausschluß der Öffentlichkeit wegen Gefährdung der Staatssicherheit öffentlich zu berichten) unter Neufassung des nunmehrigen Absatzes 3 (Schweigegebot) und Einstellung des neuen § 353 d StGB (Strafvorschrift gegen verbotene Mitteilungen über Gerichtsverhandlungen und Strafvorschrift gegen öffentliche Mitteilung des Wortlauts der Anklageschrift oder anderer amtlicher Schriftstücke eines Strafverfahrens vor ihrer Erörterung in öffentlicher Verhandlung oder vor Abschluß des Verfahrens) wurden ältere Strafvorschriften (Gesetz vom 5. 4. 1888, RGBl. 133) und solche des Landespresserechts ersetzt.

II. Das 1. StVRG vom 9. 12. 1974

24   1. Das **Hauptanliegen** dieses Gesetzes[9] ging dahin, soweit dies mit gesetzgeberischen Maßnahmen möglich ist, das **Strafverfahren zu straffen und zu beschleunigen**, um die Effektivität der Verbrechensbekämpfung zu erhöhen, dem Anspruch des Beschuldigten auf Aburteilung in angemessener Zeit (Art. 6 MRK) gerecht zu werden und damit auch den Klagen wegen überlanger Prozeßdauer zu begegnen, die z. T. schon in der Konstruktion eines Verfahrenshindernisses der überlangen Verfahrensdauer gipfelten (vgl. Kap. **12** 90).

25   **2. Beschleunigung des Ermittlungsverfahrens durch Erweiterung der Befugnisse des Staatsanwalts.** Nach angestellten Untersuchungen war eine überlange Dauer des Ermittlungsverfahrens Hauptursache für Verzögerungen des Strafverfahrens überhaupt. Das 1. StVRG erstrebte deshalb in erster Linie eine Straffung des Ermittlungsverfahrens in der Weise, daß die Staatsanwaltschaft als „Herr" des Vorverfahrens mit den für ihre Ermittlungsaufgabe notwendigen Befugnissen und Zwangsmitteln ausgestattet und eine

---

[8] Übersicht z. B. bei *Valentin* NStZ **1981** 125.

[9] Übersicht (mit Darstellung der Entstehungsgeschichte und der Bedenken im Schrifttum) bei *Rieß* NJW **1975** 81.

richterliche Mitwirkung im Vorverfahren auf das unbedingt, insbesondere verfassungsrechtlich gebotene Maß beschränkt wurde.

Im Zuge dieser **Neuabgrenzung der Zuständigkeit zwischen Richter und Staatsanwalt**[10] im Ermittlungsverfahren wurden Zeugen und Sachverständige verpflichtet, auf Ladung vor der Staatsanwaltschaft zu erscheinen und, soweit nicht Weigerungsrechte entgegenstehen, zur Sache auszusagen oder ihr Gutachten zu erstatten. Dem Staatsanwalt steht dabei, um Erscheinen und Aussage zu erzwingen, das Recht der Vorführung und die Festsetzung von Ordnungsgeld zu; gegen diese Maßnahmen kann der Betroffene die Entscheidung des Gerichts anrufen. Dem **Ermittlungsrichter** sind **vorbehalten**[11] die Anordnung von Ordnungshaft und die eidliche Vernehmung (neuer § 161 a). Der Vorschlag des Entwurfs, durch Erweiterung des § 153 StGB auch die uneidliche falsche Aussage vor der Staatsanwaltschaft unter Strafe zu stellen, ist nicht Gesetz geworden. Auch der Beschuldigte ist verpflichtet, auf Ladung vor der Staatsanwaltschaft zu erscheinen. Sein Erscheinen kann durch Vorführung erzwungen werden, über deren Rechtmäßigkeit auf Antrag das Gericht entscheidet (neuer Abs. 3 des § 163 a). Durch seine Erscheinungspflicht wird selbstverständlich sein Recht zu schweigen nicht berührt. **26**

Weitere Übertragungen bisher richterlicher Befugnisse bestanden darin, daß der Staatsanwalt zur **Durchsicht** aller Papiere des von einer Durchsuchung Betroffenen berechtigt ist (Änderung des § 110) und daß der Richter seine Befugnis, die bei einer **Postbeschlagnahme** ausgelieferten Gegenstände zu öffnen, bei Gefahr im Verzug auf den Staatsanwalt übertragen kann (Änderung des § 100). Ferner wurde die bisherige richterliche **Leichenschau** und Leichenöffnung grundsätzlich durch die staatsanwaltliche Leichenschau und Leichenöffnung ersetzt, jedoch blieb, außer bei Gefahr im Verzug, die Anordnung der Leichenöffnung und der Exhumierung einer Leiche dem Richter vorbehalten (neue Fassung des § 87). Wegen weiterer späterer Vereinfachung s. § 87 Abs. 2 i. d. F. des StVÄG 1987 (vgl. Rdn. 157). **27**

Gegen diese Erweiterung der Befugnisse der Staatsanwaltschaft und gegen die daran geknüpften Erwartungen, daß der Staatsanwalt in weiterem Umfang Vernehmungen selbst durchführen würde, wurden im Schrifttum unter Hinweis auf die gegenwärtige unzulängliche personelle und sachliche Ausstattung der Staatsanwaltschaft **Bedenken** erhoben[12]. **28**

3. Als Mittel zur Straffung und Beschleunigung des Vorverfahrens waren weiterhin gedacht die **Abschaffung der Voruntersuchung** (dazu Kap. **13** 8) sowie die Beseitigung der erst durch die „Kleine Strafprozeßreform" 1964 eingeführten Institute der **Schlußanhörung** und des **Schlußgehörs**, die keine praktische Bedeutung erlangt hatten (Aufhebung der §§ 178 bis 197, des § 169 a Abs. 2 und der §§ 169 b und 169 c). **29**

4. Zuständigkeitskonzentration für richterliche Maßnahmen im Ermittlungsverfahren. Soweit auch nach der Übertragung von bisher richterlichen Aufgaben auf den **30**

---

[10] Vgl. dazu *Lampe* Ermittlungszuständigkeit von Richter und Staatsanwalt nach dem 1. StVRG, NJW **1975** 195; *Enzian* Das richterliche und das staatsanwaltschaftliche Vorführungsrecht, JR **1975** 277; *Welp* Zwangsbefugnisse für die Staatsanwaltschaft (1976), dazu *Herrmann* ZStW **89** (1977) 106.

[11] S. ferner § 73 des 10. Buches des Sozialgesetzbuches i. d. F. vom 18. 8. 1980 (BGBl. I 1469); Zulässigkeit der Offenbarung begrenzter personenbezogener Daten für Zwecke des Strafverfahrens nur auf Grund **richterlicher** Anordnung zur Aufklärung eines Vergehens (anders bei Verbrechen).

[12] Vgl. *Lampe* NJW **1975** 199; *Schmidt-Leichner* NJW **1975** 418.

Karl Schäfer

Staatsanwalt eine Inanspruchnahme des Ermittlungsrichters im Vorverfahren noch erforderlich ist, wurde eine Beschleunigung durch Konzentration der richterlichen Zuständigkeit erstrebt (neue Sätze 2, 3 des § 162 Abs. 1, neuer Absatz 2). Hält die Staatsanwaltschaft richterliche Untersuchungshandlungen in *mehr als einem Bezirk* für erforderlich, so wendet sie sich grundsätzlich (Ausnahme Abs. 1 Satz 3) an das Amtsgericht, in dessen Bezirk sie ihren Sitz hat.

31   Diese **Konzentration auf einen Richter**, bei der an Fälle der überörtlichen Kriminalität gedacht ist, bezweckt nicht nur die Rationalisierung, sondern auch die Intensivierung der Verbrechensverfolgung, indem jeweils ein mit der Sache besonders vertrauter Richter entscheiden soll, von dem wegen seines Überblicks über den Gesamtzusammenhang des Ermittlungsverfahrens sachgerechtere Entscheidungen erwartet werden als bei der Inanspruchnahme einer Mehrzahl von Richtern in verschiedenen Bezirken für jeweils eine Handlung. Eine entsprechende Zuständigkeitskonzentration findet statt (neue Sätze 3 bis 7 des § 98 Abs. 2), wenn über in verschiedenen Bezirken erfolgte Beschlagnahmen nachträglich richterlich zu entscheiden ist.

32   **5. Fernmeldeüberwachung.** Der wirksameren Bekämpfung der **Betäubungsmittelkriminalität und des illegalen Waffenhandels** diente die Erweiterung des Katalogs der Delikte, bei denen Überwachung und Aufnahme des Fernmeldeverkehrs auf Tonträger angeordnet werden darf (§ 100 a; s. Kap. 3 83), auf Straftaten nach dem BetäubungsmittelG bei Verdacht gewerbsmäßiger oder bandenmäßiger Begehung (neue Nr. 3, 4) und die Zulassung nächtlicher Hausdurchsuchungen auch in Schlupfwinkeln des unerlaubten Betäubungsmittel- und Waffenhandels (Erweiterung des § 104 Abs. 2).

33   **6. Beschleunigte Erstattung von Sachverständigengutachten.** Verfahrensverzögerungen ergeben sich vielfach angesichts vermehrter Einschaltung von Sachverständigen der verschiedensten Fachgebiete, wenn die Gutachten erst nach langer Zeit erstattet werden. Abhilfemaßnahmen, ,,von denen allerdings keine Wunderdinge erwartet werden können" (*Rieß* NJW **1975** 84), sah das Gesetz darin, daß mit dem ausgewählten Sachverständigen eine angemessene Frist zur Erstattung des Gutachtens abgesprochen werden soll (neuer Satz 2 des § 73 Abs. 1) und ein zur Erstattung des Gutachtens verpflichteter Sachverständiger mit Ordnungsgeld belegt werden kann, wenn er eine solche Fristabsprache verweigert oder die abgesprochene Frist versäumt (neuer Absatz 2 des § 77).

34   **7. Beeidigung**

a) Erweiterung der Vereidigung im Vorverfahren. Die bisherigen Voraussetzungen einer (dem Richter vorbehaltenen) Zeugenvereidigung im Vorverfahren (§ 65; s. Kap. 3 27) wurden dadurch erweitert, daß eine Vereidigung auch zulässig ist, wenn der Zeuge voraussichtlich am Erscheinen in der Hauptverhandlung verhindert sein wird, z. B. wegen Krankheit oder Abreise ins Ausland (neue Nr. 3). Die damit erstrebte Verfahrensbeschleunigung besteht darin, daß eine nicht selten zu einer erheblichen Verfahrensverzögerung führende kommissarische Vernehmung nach Eröffnung des Hauptverfahrens (§§ 223, 224) entbehrlich wird (vgl. wegen der Verlesbarkeit des Protokolls in der Hauptverhandlung § 251 Abs. 1 Nr. 2).

35   **b)** Eine Maßnahme von allgemeiner Bedeutung für das Strafverfahren stellte eine **weitere Lockerung des Eideszwangs** durch Einfügung einer neuen Nr. 5 des § 61 StPO dar: Absehen nach Ermessen des Gerichts von der Vereidigung, wenn Staatsanwalt, Verteidiger und Angeklagter auf die Vereidigung verzichten. Damit kehrte das 1. StVRG zu einem Rechtszustand zurück, wie er früher bereits seit dem Gesetz zur Einschränkung der Eide im Strafverfahren vom 24. 11. 1933 (RGBl. I 1008) bestand, der durch das RechtsvereinheitlichungsG 1950 aber wieder beseitigt wurde. Diese späte Rückkehr zu früher geltendem Recht wurde nicht nur mit dem „dringenden Bedürfnis der Praxis" nach Vermeidung von Eiden, die für die Wahrheitsfindung praktisch ohne Bedeutung sind, sondern auch damit begründet, daß sie Gesichtspunkten der Verfahrensbeschleunigung Rechnung trage[13].

8. Sonderregelungen für Zeugnis- und Untersuchungsverweigerungsrechte. Die **36** Änderungen und Ergänzungen der §§ 52, 81 c bezweckten, im Interesse einer nachdrücklichen Bekämpfung insbes. schwerwiegender Fälle von Kindesmißhandlungen und Straftaten gegen die sexuelle Selbstbestimmung, die als regelungsbedürftig empfundene (vgl. *Hanack* JZ **1971** 126) Frage der Ausübung des Zeugnis- und Untersuchungsverweigerungsrechts bei verstandesunreifen Personen im Anschluß an die Ergebnisse der Rechtsprechung gesetzlich zu regeln und dabei die streitige Frage zu bereinigen, was Rechtens ist, wenn der gesetzliche Vertreter, auf dessen Einwilligung es ebenfalls ankommt, selbst Beschuldigter ist.

9. Die **Neuordnung des Ladungs- und Zustellungswesens** war eine allgemein das **37** Hauptverfahren betreffende Maßnahme. Nach früherem Recht (§§ 36 Abs. 1, 214 a. F) war die Ladung zur Hauptverhandlung und die Zustellung gerichtlicher Entscheidungen grundsätzlich Sache der Staatsanwaltschaft. Um eine entbehrliche Zwischenschaltung der Staatsanwaltschaft zur Vermeidung von Verzögerungen auszuschließen, wurde die Zustellung von Entscheidungen, die nicht einer Vollstreckung bedürfen, und die Bewirkung von Ladungen zu gerichtlichen Terminen dem Gericht übertragen, während der Staatsanwaltschaft die Herbeiführung der als Beweismittel dienenden Gegenstände verblieb. Nach ausdrücklicher Vorschrift steht der Staatsanwaltschaft (wie bisher schon dem Angeklagten, § 220 Abs. 1) das **Recht der unmittelbaren Ladung** weiterer Personen zu (Änderungen der §§ 36, 214, 221, 222).

10. Unterbrechung der Hauptverhandlung. Nach bis dahin geltendem Recht **38** (§ 229 a. F) mußte — als Auswirkung der Konzentrationsmaxime (Kap. **13** 71) — eine unterbrochene Hauptverhandlung spätestens am elften Tage nach der Unterbrechung fortgesetzt, anderenfalls mit dem Verfahren neu begonnen werden. Diese Vorschrift erwies sich in Großverfahren von z. T. monatelanger Dauer, wie insbes. bei umfangreichen Wirtschaftsstrafverfahren und Strafverfahren wegen nationalsozialistischer Gewalttaten als zu eng, so etwa wenn, nachdem die Hauptverhandlung bereits seit Monaten andauerte, zahlreiche Zeugen schon vernommen waren, ein Prozeßbeteiligter plötzlich erkrankte oder in der Hauptverhandlung Beweisanträge gestellt wurden, die auf die Vernehmung eines im fernen Ausland befindlichen Zeugen gerichtet waren. Die Praxis versuchte, möglichst Überschreitungen der Zehntagefrist zu vermeiden, etwa indem sie Vernehmungen am Krankenbett durchführte oder das Gericht am elften Tag nur „formal" (durch Verlesen einer Urkunde usw.) verhandelte, um eine neue Zehntagefrist in Lauf zu setzen. Gelang eine solche Überbrückung nicht, so war der Prozeß „geplatzt", ein u. U. riesiger Aufwand — auch zum Schaden der Staatskasse — nutzlos

---

[13] Vgl. Begründung zu Art. 1 Nr. 14 des 1.
StVRG, BT-Drucks. 7 551.

vertan und der Abschluß des Verfahrens möglicherweise auf unabsehbare Zeit hinausgeschoben[14].

39　　Wie eine **Beschleunigung von Großverfahren** ohne Einbußen für die Wahrheitsermittlung und Rechtsstaatlichkeit des Verfahrens zu erreichen und „Pannen" möglichst auszuschließen seien, war ein vielerörtertes Thema[15]. Das Ergebnis lief wohl weitgehend darauf hinaus, daß die Lösung nicht oder weniger in speziellen, das Großverfahren betreffenden Sondervorschriften, als vielmehr in Vorschriften zu suchen sei, die allgemein auf eine Prozeßbeschleunigung abzielen. Das 1. StVRG (neuer Absatz 2 des neugefaßten § 229) strebte eine Kompromißlösung durch Auflockerung der Konzentrationsmaxime in der Weise an, daß es grundsätzlich an der bisherigen Zehntagefrist festhielt (Absatz 1), für Großverfahren aber (Verfahren, in denen die Hauptverhandlung an mindestens zehn Tagen stattgefunden hat) — unbeschadet einer mehrfachen Unterbrechung von jeweils zehn Tagen — eine einmalige Unterbrechung bis zu 30 Tagen zuließ; ist die Hauptverhandlung sodann an mindestens zehn Tagen fortgesetzt worden, so darf sie noch ein zweites Mal bis zu 30 Tagen unterbrochen werden. Diese Maßnahmen haben sich in den seither vergangenen Jahren im allgemeinen als ausreichend erwiesen, nur bei besonders umfangreichen Verfahren (von mehr als einjähriger Dauer) und bei Krankheit des Angeklagten hat sich ein Bedürfnis zu Erweiterungen der Unterbrechung der Hauptverhandlung ergeben, wie sie im StVÄG 1987 erfolgt sind.

40　　**11. Frist zur Verkündung des Urteils.** Nach § 268 Abs. 2 a. F „erfolgt" — ebenfalls als Auswirkung der Konzentrationsmaxime — die Verkündung des Urteils „am Schluß der Verhandlung oder spätestens am vierten Tage nach dem Schluß der Verhandlung". Da die Einhaltung dieser Frist sich namentlich in Großverfahren wegen des Umfangs des Beratungsstoffes häufig als undurchführbar erwies, griff die (im Schrifttum umstrittene) Rechtsprechung zu dem Ausweg, daß sie die Festsetzung der Viertagefrist als Ordnungsvorschrift behandelte, deren Verletzung die Revision nicht begründete, wenn — in entsprechender Anwendung des § 229 a. F — eine Zehntagefrist eingehalten wurde. Die Neuregelung der Unterbrechungsfristen in § 229 Abs. 2 n. F warf für den Gesetzgeber die Frage auf, ob auch für die Urteilsverkündung eine entsprechende Fristverlängerung in Betracht komme. Das wurde (vgl. § 268 Abs. 3 n. F) verneint; es wurde zwar die Rechtsprechung betr. Zulässigkeit der Verkündung spätestens am elften Tag nach Verhandlungsschluß legalisiert, eine Ausdehnung dieser Frist aber auch für Großverfahren abgelehnt. Damit sollte nicht nur einer Verfahrensverzögerung vorgebeugt, sondern auch erreicht werden, daß die Beratung unter dem frischen Eindruck der Verhandlungsergebnisse erfolgt und — wie die Begr. des RegEntw. hinzufügt —, „die Gefahr einer sachfremden Beeinflussung insbesondere der Laienrichter verringert werden

---

[14] Weitere Erweiterungen der Unterbrechungsfrist durch das StVÄG 1987; vgl. unten Rdn. 133.

[15] Vgl. insbes. *Herrmann* Das Versagen des überlieferten Strafprozeßrechts in Monstreverfahren, ZStW **85** (1973) 255; Verhandlungen des 49. DJT 1972 betr. Wirtschaftsstrafverfahren und Bericht von *Weber* JZ **1972** 667; Verhandlungen auf der Strafrechtslehrertagung Kiel (1972) mit Berichten von *Hünerfeld* ZStW **85** (1973) 439 und von *Regge* JZ **1973** 180; Verhandlungen des 50.

DJT 1974 mit dem Thema, ob es sich empfiehlt, besondere strafprozessuale Vorschriften für Großverfahren einzuführen, mit Gutachten von *Grünwald* und Referaten von *Römer, Waldowski, Bruns* (Sitzungsbericht K mit Beschlüssen S. 270 ff und Kurzbericht über die Verhandlungen von *Weber* JZ **1974** 723); s. ferner *Dahs* NJW **1974** 1538; *Schmidt* JR **1974** 320. S. auch *Redecker* Kann Wirtschaftskriminalität mit traditionellen Mitteln überhaupt bekämpft werden? DRiZ **1975** 206.

kann" (vgl. dazu Kap. **13** 111). Die Änderungen des § 229 durch das StVÄG 1987 führten zu entsprechenden Anpassungsänderungen des § 268.

12. Frist zur Absetzung des Urteils. Nach § 275 Abs. 1 a. F war das Urteil mit **41** Gründen binnen **einer** Woche nach der Verkündung zu den Akten zu bringen. Die Einhaltung dieser Frist war aber häufig nicht möglich; namentlich in Großverfahren erfolgte sie vielfach beträchtlich später. Um in solchen Fällen verspäteter Absetzung den Bestand des Urteils nicht zu gefährden, griff die Rechtsprechung[16] zu dem Ausweg. § 275 a. F stelle nur eine Ordnungsvorschrift dar, deren Verletzung die Revision grundsätzlich nicht zu begründen vermöchte. Diese Betrachtungsweise wurde aufgegeben. § 275 Abs. 1 n. F verschaffte dem Beschleunigungsgebot dadurch Geltung, daß er feste, nach der Dauer der Hauptverhandlung abgestufte Fristen für die Absetzung des Urteils einführte; sie dürfen nur überschritten werden, wenn und solange das Gericht durch einen im Einzelfall nicht voraussehbaren, unabwendbaren Umstand an ihrer Einladung gehindert war (Abs. 1 Satz 4).

Um die **Effektivität** der Fristen zu **sichern**, bildet deren Überschreitung einen ab- **42** soluten **Revisionsgrund** (neue Nr. 7 des § 338); ob ausnahmsweise (§ 275 Abs. 1 Satz 4) die Überschreitung der Frist zulässig war, prüft das Revisionsgericht im Freibeweisverfahren. Die Aufnahme der Fristenüberschreitung in den Katalog der absoluten Revisionsgründe wurde dogmatisch damit gerechtfertigt, daß die verspätet niedergelegten Urteilsgründe das Beratungsergebnis „nicht mehr so zuverlässig widerspiegeln, daß eine Nachprüfung durch das Revisionsgericht möglich ist" (*Rieß* NJW **1975** 88).

13. Abgekürztes Urteil. Der Beschleunigung des Verfahrens im allgemeinen **43** durch Entlastung der Gerichte diente die Erweiterung der Voraussetzungen, unter denen ein verurteilendes Erkenntnis in **abgekürzter Form** (mit dem in § 267 Abs. 4 bezeichneten Inhalt) zu den Akten gebracht werden darf: bisher dahin nur, wenn alle zur Anfechtung Berechtigten auf Rechtsmittel verzichteten, jetzt auch bei Eintritt der Rechtskraft durch ungenutzten Ablauf der Rechtsmittelfrist. Außer der Entlastung des Gerichts dient die Neuerung auch einer Entschärfung des Problems übereilter Rechtsmittelverzichte des Angeklagten (vgl. Kap. **10** 27)[17].

14. Abgekürzte Begründung freisprechender Urteile. Grundsätzlich wird — wie **44** bisher — Inhalt und Umfang der Begründung des freisprechenden Urteils durch § 267 Abs. 5 Satz 1 bestimmt. Verzichten aber alle zur Anfechtung Berechtigten auf Rechtsmittel oder wird innerhalb der Frist kein Rechtsmittel eingelegt, so genügt nach dem neu eingefügten Satz 2 des Abs. 5 die Bezeichnung der dem Angeklagten zur Last gelegten Tat sowie die Angabe, ob diese Tat aus tatsächlichen oder rechtlichen Gründen nicht festgestellt worden ist. Dies soll nicht nur der Entlastung des Gerichts von unnützer Schreibarbeit, sondern auch dem Angeklagten dienen, der nicht durch eine Beweiswürdigung und die Schilderung des verbleibenden Tatverdachts belastet werden soll[18]. Jedoch muß im abgekürzten Urteil angegeben werden, ob der Freispruch wegen erwiesener oder nicht auszuschließender Schuldunfähigkeit erfolgt, da an der Registerpflichtig-

---

[16] BGHSt **21** 4 mit Nachw.

[17] Darüber, daß diese Beschleunigungsmaßnahme „nur als Notbehelf bis zur dringend erforderlichen Neufassung des gesamten § 267 StPO verstanden werden kann", *Rieß*

NJW **1975** 87. Erweiterungen erfolgten durch das StVÄG 1979 (Rdn. 108) und das StVÄG 1987 (Rdn. 137).

[18] Vgl. Begründung zu Art. 1 Nr. 79, BT-Drucks. **7** 551.

　　Karl Schäfer

keit solcher Freisprüche (§ 11 Abs. 1 Nr. 1 BZRG i. d. F. vom 21. 9. 1984, BGBl. I 1229) nichts geändert worden ist (LR-*Gollwitzer* § 267, 155).

45   **15. Sitzungsprotokoll.** Bis zur „Kleinen Strafprozeßreform" 1964 war ein sog. Inhaltsprotokoll, das die wesentlichen Ergebnisse der Vernehmungen (von Angeklagten, Zeugen und Sachverständigen) wiedergibt, nur in der Hauptverhandlung vor dem Einzelrichter und dem Schöffengericht zu führen. Das Gesetz vom 19. 12. 1964 führte das Inhaltsprotokoll auch für alle anderen Hauptverhandlungen einer Tatsacheninstanz ein. Das geschah im Blick auf seine Verwertbarkeit für eine spätere mögliche Wiederaufnahme des Verfahrens oder für Entschließungen im Gnadenwege, denn wo als Rechtsmittel gegen das Urteil nur die Revision in Betracht kam, konnte dem Inhaltsprotokoll für die Revisionsinstanz keine Bedeutung zukommen. Mit Rücksicht darauf, daß ein verhältnismäßig geringer Nutzen mit einem zu hohen Arbeitsaufwand erkauft werde, kehrte das 1. StVRG zu dem früher bestehenden Rechtszustand zurück (Änderung des § 273 Abs. 2). Wegen späterer Änderungen durch das StVÄG 1987 vgl. Rdn. 138.

46   **16. Nebenklage.** Der RegEntw. des 1. StVRG (Art. 1 Nr. 101) hatte die Nebenklage zwar nicht beseitigen wollen, weil die Frage ihrer Beibehaltung einem späteren Stadium der Reform vorbehalten und in dem großen Zusammenhang des Problems der Beteiligung des Verletzten am Strafverfahren insgesamt erörtert werden müsse (Begr. S. 44). Er schlug aber wegen der beträchtlichen „verzögernden und verfahrenshemmenden Wirkungen der Nebenklage" vor, den Kreis der Nebenklageberechtigten wesentlich einzuschränken, und zwar durch Beseitigung der Anschlußbefugnis des Privatklageberechtigten (§ 395 Abs. 1). Dieser Vorschlag fand keine Verwirklichung. Dagegen wurden einzelne „verzögernde" Vorschriften geändert und einige umstrittene Rechtsfragen gesetzlich geregelt (Änderungen und Ergänzungen der §§ 396, 397, 399, 401).

47   Hervorzuheben ist die Bereinigung der bis dahin sehr umstrittenen Frage, **in welchem Stadium** des Strafbefehlsverfahrens der **Anschluß** möglich sei (neuer Halbsatz 2 des § 395 Abs. 1 Satz 1). Weiter wurde unter Beschleunigungsgesichtspunkten die Stellung des Nebenklägers als Rechtsmittelberechtigter eingeengt (neuer Absatz 2 des § 397); der Angeklagte bedarf zur Zurücknahme seines Rechtsmittels nach Hauptverhandlungsbeginn nicht der Zustimmung des Nebenklägers (neuer Satz 2 des § 303); der Beginn der Rechtsmitteleinlegungs- und Begründungsfrist wurde gegenüber dem bisher geltenden Recht vorverlegt; hat er allein Berufung eingelegt und ist er bei Beginn einer Hauptverhandlung weder erschienen noch vertreten, so ist die Berufung sofort zu verwerfen[19].

17. Maßnahmen betr. Rechtsmittel- und Rechtsbehelfsverfahren

48   **a) Erweiterte Verwerfung der Berufung des unentschuldigt ausgebliebenen Angeklagten (§§ 329, 330).** Der neu gefaßte § 329 klärte unter dem Gesichtspunkt der Verfahrensbeschleunigung und der Entlastung des Gerichts höchst streitige Fragen, die bei Auslegung des § 329 a. F entstanden waren[20]. Eine wesentliche **Neuerung** bestand darin, daß die Staatsanwaltschaft auch in jeder neuen Hauptverhandlung und auch nach deren Beginn — abweichend von § 303 und im Gegensatz zur Auslegung des § 329 Abs. 1 a. F — ihre Berufung ohne Zustimmung des Angeklagten zurücknehmen kann (Absatz 2 Satz 2 n. F).

---

[19] Wegen späterer Änderungen des Rechts der Nebenklage durch das OpferschutzG vgl. Rdn. 122.

[20] Vgl. dazu die Entstehungsgeschichte zu § 329 in der 23. Aufl.; ferner *Rieß* NJW **1975** 89.

b) Berufung des gesetzlichen Vertreters. Der **neu eingefügte Absatz 2 des** § 330 **49** traf Bestimmung über die bis dahin gesetzlich nicht geregelten Folgen, die sich ergeben, wenn a) allein der gesetzliche Vertreter, der selbständig Berufung eingelegt hat, b) sowohl der gesetzliche Vertreter wie der Angeklagte, c) lediglich der Angeklagte ausbleibt. Die neue Vorschrift schloß sich an die StPO-Entw. von 1908 (§ 326 Abs. 3) und 1939 (§ 329) an.

c) Einspruch gegen Strafbefehl. Die **Neuerungen** bestanden in der Regelung der **50** Folgen des unentschuldigten Ausbleibens des Angeklagten in der Hauptverhandlung **nach Einspruch** gegen den Strafbefehl (§ 412 n. F) und in der Zulassung der Zurücknahme von Einspruch und Klage bis zur Verkündung des Urteils im 1. Rechtszug, nach Beginn der Hauptverhandlung allerdings nur mit Zustimmung des Gegners, und zwar um dem Gericht die weitere Durchführung des Verfahrens in Fällen zu ersparen, in denen nach dem Verlauf der Hauptverhandlung, insbes. nach dem Ergebnis einer Beweisaufnahme der Angeklagte die Aussichtslosigkeit seines Einspruchs oder die Staatsanwaltschaft die Unbegründetheit ihres Vorwurfs erkennt[21].

18. Strafvollstreckung
a) Anrechnung ausländischer Auslieferungshaft. Der neu eingefügte § 450 a trägt **51** einer Entscheidung des BVerfG Rechnung, wonach es mit dem Grundsatz der Verhältnismäßigkeit unvereinbar ist, einem Verurteilten, der sich der Strafvollstreckung durch Flucht ins Ausland entzog und der dort ergriffen und zur Strafvollstreckung ausgeliefert wird, die Anrechnung der im Ausland erlittenen Auslieferungshaft auf die erkannte Strafe schlechthin zu versagen[22].

b) Sicherung des Vollzugs bei Widerruf der Aussetzung zur Bewährung. Der neu **52** eingefügte § 453 c (und die Ergänzung des § 454 Abs. 3 durch Verweisung auch auf § 453 c) regelte die bis dahin umstrittene Frage, welche Maßnahmen zur Sicherung des zukünftigen Vollzugs in Betracht kommen, wenn nach Bewilligung von Strafaussetzung zur Bewährung für die ganze oder eine Reststrafe ein Widerruf der Aussetzung zu erwarten oder schon beschlossen, der Widerrufsbeschluß aber noch nicht rechtskräftig und der Verurteilte fluchtverdächtig oder schon geflüchtet ist. Eine entsprechende Vorschrift sah bereits § 61 JGG vor; diese Vorschrift wurde, da § 453 c auch für die Jugendgerichtsverfahren gilt (2 JGG), als entbehrlich gestrichen (Art. 36 des 1. StVRG).

19. Verbesserung der Rechtsstellung des Beschuldigten
a) Hier ist zunächst die **Neuregelung des Rechts der Wiedereinsetzung in den vo- 53 rigen Stand** gegen die Versäumung von Fristen (Neufassung der §§ 44, 45) zu nennen, die allerdings nicht nur dem Beschuldigten, sondern jedem Verfahrensbeteiligten, der eine Frist zu wahren hat, zugute kommt. Nach § 44 Satz 1 a. F war Voraussetzung einer Wiedereinsetzung die Verhinderung der Fristwahrung „durch Naturereignisse oder andere unabwendbare Zufälle". Demgegenüber wollten schon die Entwürfe von 1908, 1919 und 1939 die Wiedereinsetzung bei unverschuldeter Fristversäumnis zulassen, und auch die neueren Verfahrensordnungen auf anderen Rechtsgebieten (§ 60 Abs. 1 VwGO; § 67 Abs. 1 SGG; § 56 Abs. 1 FGO; § 26 Abs. 2 EGGVG) stellen nur auf das Verschulden ab. In diesem Sinn bestimmte § 44 n. F, daß zur Wiedereinsetzung genügt, wenn jemand „ohne Verschulden verhindert (war), eine Frist einzuhalten".

---

[21] Wegen späterer Änderungen in Strafbefehlsverfahren (namentlich durch das StVÄG 1987) vgl. Rdn. 143 ff.

[22] BVerfGE **29** 312 = NJW **1970** 2287; vgl. dazu § 450 a, 4.

Karl Schäfer

54   Eine weitere Verbesserung bestand — ebenfalls im Anschluß an andere neuere Verfahrensordnungen (z. B. § 60 Abs. 2 Satz 4 VwGO) — darin, daß, während nach bisherigem Recht stets ein **Antrag** (ein „Gesuch") Voraussetzung der Gewährung von Wiedereinsetzung war, nunmehr auch eine Wiedereinsetzung **von Amts wegen** gewährt werden kann, nämlich dann, wenn die versäumte Handlung innerhalb der Frist für den Antrag auf Wiedereinsetzung nachgeholt wird (§ 45 Abs. 2 Satz 3, dazu § 45, 29).

55   b) Weitere Verbesserungen betrafen die **Erweiterung der Parteiöffentlichkeit**: Anwesenheitsrecht des Verteidigers bei der Vernehmung des Beschuldigten durch den Staatsanwalt und den Richter (§§ 168 c Abs. 1, 163 a Abs. 3 Satz 2 n. F), des Beschuldigten und seines Verteidigers bei der richterlichen Vernehmung von Zeugen und Sachverständigen (§ 168 c Abs. 2 bis 5 n. F), Anwesenheitsrecht des Beschuldigten und des Verteidigers bei der richterlichen Augenscheinseinnahme (§ 168 d Abs. 1 n. F), ferner Anwesenheits- und Teilnahmerecht von Sachverständigen, die der Beschuldigte benannt und notfalls selbst hat laden lassen, bei der Einnahme des richterlichen Augenscheins (§ 168 d Abs. 2).

56   Erweitert wurden auch **Belehrungspflichten**: § 136 Abs. 1 Satz 3 n. F i. V. m. § 163 a Abs. 3 Satz 2 betr. Belehrung des Beschuldigten bei seiner ersten Vernehmung, daß er zu seiner Entlastung einzelne Beweiserhebungen beantragen könne. Hierher gehört auch die **Benachrichtigung des Verteidigers**, daß — spätestens mit dem Abschluß der Ermittlungen — uneingeschränktes Akteneinsichtsrecht (wieder) besteht (§ 147 Abs. 6 n. F)[23].

57   c) Erweitert wurde schließlich die **notwendige Verteidigung** insofern, als der neu eingefügte Satz 2 des § 141 Abs. 3, um die Mitwirkung eines bestellten Verteidigers in einem möglichst frühen Stadium zu gewährleisten, der Staatsanwaltschaft die Pflicht auferlegt, die Bestellung eines Verteidigers schon während des Vorverfahrens zu beantragen, wenn nach ihrer Auffassung im gerichtlichen Verfahren die Mitwirkung eines Verteidigers nach § 140 Abs. 1 oder 2 notwendig sein wird. Hier ist hinzuzufügen, daß die Bestellung eines Pflichtverteidigers — über die für das Wiederaufnahmeverfahren geltenden Regeln (Rdn. 81) hinaus — auch nach rechtskräftigem Abschluß des Strafverfahrens in Betracht kommt[24].

58   20. **Verbesserungen des Wiederaufnahmerechts**[25]. Die Prüfung der Notwendigkeit und des Inhalts einer umfassenden Neugestaltung des Wiederaufnahmerechts ist nach verbreiteter Meinung zwar eines der großen Themen der Strafprozeßreform, seine Behandlung wurde aber einem späteren Stadium vorbehalten. Das 1. StVRG befaßte sich daher nicht mit dem materiellen Wiederaufnahmerecht, insbes. nicht mit den Wiederaufnahmegründen, sondern mit der Verbesserung der **verfahrensmäßigen** Stellung des Verurteilten, der eine Wiederaufnahme des Verfahrens zu seinen Gunsten erstrebt.

---

[23] Wegen des Einsichtsrechts in die sog. **Spurenakten** vgl. mit umfassenden Nachw. LR-*Rieß* § 199, 16 ff.

[24] Dazu OLG Hamm NStZ **1983** 189 betr. Bestellung im Strafvollstreckungsverfahren in entsprechender Anwendung des § 140 Abs. 2.

[25] **Schrifttum.** *Krägeloh* Verbesserungen im Wiederaufnahmerecht durch das 1. StVRG, NJW **1975** 137. Aus der **Reformliteratur** vgl.

aus neuerer Zeit – außer *Peters* Fehlerquellen im Strafprozeß. Eine Untersuchung der Wiederaufnahmeverfahren in der Bundesrepublik Deutschland, Bd. I 1970; Bd. II 197 ; Bd. III 1974; *Peters* Beiträge zum Wiederaufnahmerecht FS Kern (1968) 335 sowie *Peters* Die Reform des Wiederaufnahmerechts, in Probleme der Strafprozeßreform (1975) 107 – u. a. *Dippel* Zur Reform des Rechts der

a) Verteidigerbestellung. Nach dem neuen § 364 a bestellt das für Entscheidungen **59**
im Wiederaufnahmeverfahren zuständige Gericht (Rdn. 62) — nicht dessen Vorsitzender allein — dem Verurteilten, der keinen Verteidiger hat, auf Antrag einen Verteidiger
für das Wiederaufnahmeverfahren, wenn wegen der Schwierigkeit der Sach- und
Rechtslage die Mitwirkung eines Verteidigers geboten erscheint. Zuvor war umstritten,
ob und wann ein Verteidiger zur Hilfeleistung namentlich bei der Stellung des Wiederaufnahmeantrages zu bestellen sei (vgl. *Hanack* JZ **1973** 396).

Weitergehend bestellt nach dem neuen § 364 b das gleiche Gericht dem mittello- **60**
sen Angeklagten, der keinen Verteidiger hat, unter den in Abs. 1 bezeichneten Voraussetzungen auf Antrag einen Verteidiger schon **für die Vorbereitung eines Wiederaufnahme-
meantrags.** Von § 364 b wurde auch eine Entlastung der Strafrechtspflege insgesamt insofern erwartet, als ein frühzeitiger rechtskundiger Beistand dem Verurteilten auch
Gewißheit über fehlende Erfolgsaussichten vermitteln könne und so die Zahl von vornherein aussichtsloser Wiederaufnahmeanträge abnehmen werde (*Krägeloh* NJW **1975**
138).

Durch die in Absatz 1 genannten einschränkenden Voraussetzungen, insbes. die **61**
der Erfolgsaussicht, hob sich das Gesetz entscheidend von sehr viel **weitergehenden Reformforderungen** ab, die praktisch darauf hinausliefen, daß dem mittellosen Verurteilten stets und auf jeden Antrag ein Pflichtverteidiger mit der Befugnis bestellt werden
müsse, auf Kosten der Staatskasse Vorermittlungen zu veranlassen und z. B. die Erstellung von Gutachten herbeizuführen, ,,wenn ein Sachverständiger die Möglichkeit eines
günstigen Gutachtens nicht ausschließt" (vgl. *Hanack* JZ **1973** 396 f). Weg fiel auch —
auf Einspruch des Bundesrats, der eine nicht tragbare Mehrbelastung der Staatsanwaltschaft befürchtete — ein im RegEntw. enthaltener und vom Bundestag zunächst be-
schlossener § 364 c, wonach die Staatsanwaltschaft auf Antrag des Verteidigers des Verurteilten — auch eines nicht mittellosen — unter der Voraussetzung der Erfolgsaussicht
verpflichtet sein sollte, zur Vorbereitung eines Wiederaufnahmeantrags solche Ermittlungen anzustellen, die dem Verurteilten oder seinem Verteidiger nicht zuzumuten
seien.

b) Entscheidungszuständigkeit im Wiederaufnahmeverfahren. Eine weitere wesent- **62**
liche Neuerung betraf die Änderung der Zuständigkeit des Gerichts, das die Entscheidungen im Wiederaufnahmeverfahren und über den Antrag zur Vorbereitung eines
Wiederaufnahmeantrages trifft. Nach § 367 a. F entschied grundsätzlich das Gericht,
dessen Urteil mit dem Antrag auf Wiederaufnahme des Verfahrens angefochten war,
bei Anfechtung eines Revisionsurteils das Gericht, gegen dessen Urteil die Revision eingelegt war. Ausgeschlossen von der Mitwirkung an solchen Entscheidungen ist schon
nach dem durch die ,,kleine Strafprozeßreform" 1964 in Verwirklichung alter Reform-

---

Wiederaufnahme im Strafprozeß, GA **1972**
97; *Hanack* Zur Reform des Rechts der
Wiederaufnahme des Verfahrens im Strafprozeß, JZ **1973** 393; *Meyer* Aktuelle Probleme der Wiederaufnahme des Strafverfahrens, ZStW **84** (1972) 909; *Eckert* Bericht
über ein Kolloquium zum gleichen Thema,
ZStW **84** 937; *Schöneborn* Verfassungsrechtliche Aspekte des strafprozessualen Wiederaufnahmeverfahrens, MDR **1975** 441; *Je-
scheck/Meyer* Die Wiederaufnahme des Verfahrens im deutschen und ausländischen
Recht (1974); *Meyer* Wiederaufnahmere-
form. Eine rechtsvergleichende Untersuchung zur Reform des Rechts der Wiederaufnahme des Strafverfahrens (1977) (Bespr.
von *Willms* GA **1979** 316 und von *Schünemann* ZRP **1981** 303); *Deml* Zur Reform der
Wiederaufnahme des Strafverfahrens, 1979
(dazu *Rieß* GA **1980** 436); *Bottke* Wiederaufnahmeverfahren, NStZ **1981** 135 (mit ausführlichen Nachw.); *Schöneborn* Strafprozessuale Wiederaufnahmeproblematik (1980)
(Besprechung von *Gribbohm* ZRP **1981** 95);
Peters[4] § 76 mit weit. Nachw.

Karl Schäfer

forderungen (vgl. z. B. Entw. EGStGB 1930 Art. 70 Nr. 10) eingefügten § 23 Abs. 2 jeder Richter, der im weitesten Sinn bei der angefochtenen Entscheidung mitgewirkt hat (vgl. BVerfGE **30** 145, 165; **31** 295), um Zweifel des Verurteilten an der Unvoreingenommenheit des Richters, der zu Entscheidungen im Wiederaufnahmeverfahren berufen ist, gar nicht erst aufkommen zu lassen. In Nr. 170 RiStBV ist außerdem angeordnet, daß auch der Staatsanwalt, der die Anklage verfaßt oder an der Hauptverhandlung gegen den Verurteilten teilgenommen hat, in dem vom Verurteilten beantragten Wiederaufnahmeverfahren nicht mitwirken solle.

63   Bei den neuerlichen Reformerörterungen wurden indessen **weitergehende Maßnahmen** aus der Erwägung vorgeschlagen, der Verurteilte könne, wenn für das Wiederaufnahmeverfahren das bisher örtlich zuständige Gericht, wenn auch mit neuen Richtern besetzt, weiterhin zuständig bleibe, eine „gewisse Solidarisierung" der Richter desselben örtlichen Gerichts befürchten; er könne der Befürchtung sein, daß die Richter desselben Gerichts „eine Einheit im Denken, Empfinden und Entscheiden darstellen". Reformvorschläge gingen deshalb dahin, daß für das Wiederaufnahmeverfahren ein **anderes** örtliches **Gericht** zuständig sein solle. Seitens der Richter und Staatsanwälte wurde einer solchen Regelung nachdrücklich widersprochen, weil sie ein unbegründetes Mißtrauen gegen die Unbefangenheit der Richterschaft zum Ausdruck bringe und den unbewiesenen Vorwurf der „Solidarisierung" gesetzlich sanktioniere. Der Entwurf des 1. StVRG wollte sich, den letzteren Bedenken Rechnung tragend, mit dem **neuen Satz 3 des § 23 Abs. 2** begnügen, wonach die Ausschließung des früher tätig gewordenen Richters sich auf die Mitwirkung bei Entscheidungen zur Vorbereitung eines Wiederaufnahmeverfahrens erstreckt.

64   Der Bundestag teilte indessen die Bedenken der Richter und Staatsanwälte nicht; er hielt es für vordringlich, bei dem Verurteilten jede subjektive Befürchtung auszuschließen, die Richter desselben Gerichts, dessen Spruchkörper ihn verurteilte, könnten einer Sache nicht gänzlich unvoreingenommen gegenüberstehen. Demgemäß wurde unter Änderung des § 367 StPO, der jetzt bezgl. der Zuständigkeit des Gerichts für Entscheidungen im Wiederaufnahmeverfahren auf die „besonderen Vorschriften des GVG" verweist, ein **neuer § 140 a GVG** geschaffen, wonach für Entscheidungen im Wiederaufnahmeverfahren und über Anträge zur Vorbereitung eines solchen grundsätzlich ein im einzelnen bezeichnetes (örtlich) **anderes Gericht** als dasjenige, von dem die Entscheidung herrührt, zuständig ist.

21. Änderungen des GVG

65   **a) Schwurgericht.** Abgesehen von der Einfügung des § 140 a GVG ist hervorzuheben die Aufhebung des 6. Titels über Schwurgerichte (§§ 79 bis 92 a. F) durch Art. 2 Nr. 25 des 1. StVRG. Damit ist freilich das „Schwurgericht" (vgl. §§ 74, 74 e Nr. 1) nicht aus der Gerichtsverfassung verschwunden; es lebt vielmehr in veränderter Gestalt (Rdn. 66) fort. Verschwunden ist das Schwurgericht als ein **nichtständiger** Rechtsprechungskörper, der nur periodisch („nach Bedarf") auf Anordnung des Präsidenten des LG zu einzelnen „Tagungen" zusammentrat (§ 79, 87 a. F). Mit dem ursprünglichen, durch die Trennung von Richter- und Geschworenenbank gekennzeichneten Schwurgericht hatte das seit der Emminger-Reform 1924 bestehende Schwurgericht, bei dem die drei Berufsrichter gemeinsam mit sechs Geschworenen über Schuld- und Straffrage berieten und entschieden, längst nichts mehr zu tun. Selbst die Bezeichnung der Laienrichter als „Geschworene" war geschwunden, seitdem das Gesetz vom 26. 5. 1972 (BGBl. I 841) für die in der Strafrechtspflege tätigen Laienrichter einheitlich die Bezeichnung Schöffe eingeführt hatte (§ 45 a DRiG). Geblieben war aber — außer der beibehaltenen Konstruktion als eines nichtständigen Rechtsprechungskörpers — die besondere Besetzung des Schwurgerichts. Sie betraf einmal die Berufsrichter, deren Bestellung teils dem Präsidium des Oberlandesgerichts, teils dem des Landgerichts oblag, wobei als Vorsitzende die im Bezirk des Oberlandesgerichts angestellten Richter, als Stellvertreter des Vorsitzenden und als Beisitzer sowohl Mitglieder des Landgerichts wie auch die bei den Amtsgerichten des Landgerichtsbezirks angestellten Richter herangezogen werden konnten. Eine weitere Besetzungsbesonderheit war — als Nachklang des ursprünglichen Schwurgerichts — das zahlenmäßige Überwiegen der Laienrichter.

Die komplizierten Vorschriften über Zusammentreten und Besetzung des Schwur- **66** gerichts brachten eine Fülle von rechtlichen Zweifelsfragen und Schwierigkeiten mit sich, die nicht selten dazu führten, daß in der Revisionsinstanz Urteile aus formalen Gründen der Aufhebung verfielen. So ergab sich der (auch vom Bundesgerichtshof — vgl. BGHSt **24** 57 — nachdrücklich unterstützte) Wunsch nach einer **Umgestaltung** des Schwurgerichts **zu einem ständigen Rechtsprechungskörpers** des Landgerichts. Umstritten war dabei im Grunde nur die Frage, ob die Zahl der Schöffen, dem bisherigen Recht entsprechend, höher sein solle als die der Schöffen in der erstinstanzlichen Großen Strafkammer. Sie wurde schließlich in verneinendem Sinn entschieden. Den Ausschlag gab dabei (vgl. die Begründung des RegEntw. im Ersten Teil unter E IV S. 54) die Erwägung, daß das auch nach der Emminger-Reform noch bestehende Übergewicht des Laienelements ein Relikt früherer Vorstellungen sei, wonach der Angeklagte „durch die Jury der Geschworenen vor Übergriffen des Obrigkeitsstaates bewahrt werden müßte, weil das Vertrauen des Volkes in die Unabhängigkeit der Berufsrichter wenig gefestigt war", während nach den heutigen Vorstellungen über den Sinn der Laienbeteiligung (Kap. **15** 8) kein Bedürfnis und kein Anlaß mehr bestehe, das „neue" Schwurgericht, auch wenn es über die Schwerkriminalität entscheidet, anders zu besetzen als die Große Strafkammer.

In den **neuen Absatz 2 des § 74 GVG** wurde (sachlich unverändert) aus § 80 a. F **67** der Katalog der in die Schwurgerichtszuständigkeit fallenden Verbrechen übernommen, die dadurch gekennzeichnet sind, daß durch eine vorsätzliche Handlung der Tod eines Menschen (mindestens fahrlässig; § 18 StGB) verursacht worden ist. Für diese Verbrechen, die nicht einer auswärtigen Strafkammer zugewiesen werden dürfen (§ 78 Abs. 1 Satz 2 GVG), ist „eine Strafkammer **als Schwurgericht**" zuständig. Diese Strafkammer ist, wie die „gewöhnliche" Strafkammer, mit drei Richtern und zwei Schöffen besetzt (§ 76 Abs. 2).

Das Schwurgericht ist also — wie die Staatsschutz- und die Wirtschaftsstrafkam- **68** mer (§§ 74 a, 74 c GVG) — eine **Spezialkammer** des Landgerichts mit Konzentrationszwang für die katalogmäßig bestimmte Schwerkriminalität, die aus Gründen der Tradition unter der Bezeichnung als Schwurgericht fungiert. Wie bei den anderen Spezialkammern ist es zulässig, daß das Präsidium mehr als einer Strafkammer die Aufgaben „als Schwurgericht" zuweist, wenn die anfallenden Sachen die Kräfte *einer* Schwurgerichtskammer übersteigen (BGH MDR **1975** 329).

b) Schöffenwesen. Einige weitere Änderungen betrafen die Vorschriften über die **69** Schöffen. So wurde, um nur die wichtigsten hervorzuheben, die Amtsperiode der gewählten Schöffen von bisher zwei Jahren aus Gründen der Geschäftsvereinfachung auf vier Jahre erhöht (§ 40 Abs. 1 n. F), dafür aber angestrebt, daß jeder Schöffe nicht zu mehr als zwölf ordentlichen Sitzungstagen im Jahr herangezogen wird (§ 43 Abs. 2 n. F). Das Mindestalter der Schöffen wurde von bisher 30 auf 25 Jahre herabgesetzt (§ 33 Nr. 1 n. F), ein Ablehnungsrecht für 65jährige und ältere und ein Höchstalter für Schöffen von 70 Jahren eingeführt (neue Nr. 2 des § 33 und Nr. 6 des § 35) sowie eine Höchstdauer der Verwendung als Schöffe von acht Jahren bestimmt (neue Nr. 7 des § 34).

Karl Schäfer

III. Das Ergänzungsgesetz zum 1. StVRG[26]

70   **1. Die Änderung der Vorschriften über die Eidesleistung** (Neufassung des Absatzes 2 des § 57 und des § 66 c, Einfügung eines neuen § 66 d, Aufhebung des bisherigen § 66 e [sog. Sektenprivileg], der inhaltlich in verallgemeinerter Form als Abs. 3 des § 66 c n. F aufgenommen wurde, und Umnummerierung des bisherigen § 66 d als § 66 e mit neugefaßtem Absatz 2) trug der Entscheidung BVerfGE **33** 23 = NJW **1972** 1183 Rechnung, wonach aus Art. 4 Abs. 1 GG (Glaubens-, Gewissens- und Bekenntnisfreiheit) folgt, daß ein Zeuge zur Eidesleistung nicht verpflichtet ist, wenn er erklärt, daß er aus Glaubens- oder Gewissensgründen („Eure Rede sei ja, ja, nein, nein"; Matth. 5, 24 ff) keinen Eid leisten wolle. Gibt ein Zeuge diese Erklärung ab, so tritt (§ 66 d n. F) an die Stelle des Eides die **Bekräftigung der Aussage der Wahrheit**, bei der der Zeuge mit einem „Ja" (ggf. unter Hinzufügung einer weiteren Beteuerungsformel) die vom Richter vorgesprochene Bekräftigungsformel beantwortet. Diese Bekräftigung steht — auch in strafrechtlicher Hinsicht (vgl. § 155 n. F StGB) — einem Eid gleich (§ 66 d Abs. 1 Satz 2).

71   Diese Regelung gilt übrigens sinngemäß auch da, wo **nach anderen Verfahrensvorschriften** ein **Eid** zu leisten ist (vgl. z. B. für den Dolmetschereid § 189 Abs. 1 Satz 2, 3 n. F GVG, für den Eid nach § 484 ZPO). Ebenso tritt, wo nach gesetzlichen Vorschriften ein **Diensteid** zu leisten ist (bei ehrenamtlichen Richtern), der mit „Ich schwöre" beginnt, bei einer mit Glaubens- und Gewissensgründen begründeten Verweigerung des Eides ein entsprechendes **Gelöbnis** („Ich gelobe") an die Stelle des Eides (vgl. wegen der Schöffen Aufhebung des § 51 a. F GVG und Ersetzung durch die allgemeine Regelung in § 45 Abs. 4 n. F DRiG).

72   Neu war ferner, daß der Richter den Eidespflichtigen über die Möglichkeit einer **Wahl** zwischen einem Eid mit oder ohne religiöse Beteuerung zu **belehren** hat.

73   **2. Verteidigung.** Auch die neuen Vorschriften betr. die Verteidigung (Ergänzung des § 137, neue §§ 138 a bis 138 d, Ergänzung des § 140, Neufassung des § 146, Streichung des Absatzes 2 des § 218 StPO) waren z. T. durch eine Entscheidung des Bundesverfassungsgerichts (BVerfGE **34** 293 = NJW **1973** 696) veranlaßt.

74   **a) Ausschließung von der Verteidigung.** Nach früherer, freilich nicht unbestrittener Auffassung konnte ein Verteidiger unter bestimmten Voraussetzungen wegen „Unfähigkeit" von der Verteidigung ausgeschlossen werden, namentlich bei Verfahrenssabotage und Teilnahmeverdacht (vgl. 22. Aufl., § 138, III). In BVerfGE **34** 293 war dagegen ausgesprochen, im gegenwärtigen Zeitpunkt verstoße eine Ausschließung (Entziehung der Verteidigungsbefugnis) gegen Art. 12 GG, da sie weder durch eine ausdrückliche Vorschrift noch durch Gewohnheitsrecht gedeckt sei. Es bedurfte deshalb gesetzgeberischer Maßnahmen, um die Lücke in einer den Anforderungen des GG entsprechenden Weise zu schließen. Eine beschleunigte Entschließung erwies sich als besonders dringlich, als in Verfahren gegen Mitglieder einer weitverzweigten terroristischen Vereinigung der Verdacht hervortrat, daß deren Verteidiger ihre Befugnisse mißbrauchten, z. B. indem sie zur Aufrechterhaltung der Verbindung einen Kassiberverkehr zwischen den in Untersuchungshaft Befindlichen vermittelten. Diese Manipulationen, die

---

[26] Einführendes **Schrifttum.** *Rieß* Der Hauptinhalt des Ersten Gesetzes zur Reform des Strafverfahrensrechts, NJW **1975** 93; *Schmidt-Leichner* Strafverfahrensrecht 1975 – Fortschritt oder Rückschritt? NJW **1975** 417; *Groß* Der erweiterte Verteidigerausschluß nach § 138 a Abs. 2 StPO – eine Fehlentscheidung des Gesetzgebers, NJW **1975** 422; *Baumann* Strafprozeß in Raten, ZRP **1975** 38.

i. J. 1977 zum sog. KontaktsperreG führten (unten Rdn. 93 ff), wurden dadurch begünstigt, daß die einzelnen Beschuldigten vielfach eine Mehrzahl von Verteidigern hatten und umgekehrt einzelne Verteidiger für eine Mehrzahl der Beschuldigten tätig wurden. Als gesetzgeberische Maßnahme, einem Mißbrauch der Verteidigerstellung zu begegnen, wurden im Stadium der Entstehung des ErgänzungsG vornehmlich die gerichtliche Ausschließung des Verteidigers, die Überwachung des Verkehrs des Verteidigers mit den in Haft befindlichen Beschuldigten (§ 148) durch den Richter und eine Kombination beider Maßnahmen erwogen. Der Gesetzgeber entschied sich schließlich für den ersteren der drei Wege.

Die **neu eingefügten** §§ **138 a und 138 b**, die in der Folgezeit durch das StPÄG **75** vom 14. 4. 1978 (BGBl. I 497) geändert wurden[27], enthalten — unter Berücksichtigung der Grundsätze der freien Advokatur und des Rechts des Beschuldigten auf ungehinderten Verkehr mit dem Verteidiger auf der einen Seite und des Sicherheiteninteresses und des Schutzes der Rechtsordnung auf der anderen Seite — die **abschließende Aufzählung der Ausschließungsgründe**.

Andere in §§ 138 a und 138 b nicht genannte **Gründe**, wie z. B. Parteiverrat des **76** Verteidigers (§ 356 StGB), seine Vernehmung als Zeuge im Verfahren oder eine von ihm ausgehende „Verfahrenssabotage" (Sabotage der Hauptverhandlung), sind keine Ausschließungsgründe; bei den parlamentarischen Beratungen hervorgetretene weitergehende Wünsche fanden keine Mehrheit.

Die **Entscheidung über die Ausschließung** trifft nach § 138 c — eine Parallele zu **77** § 140 a GVG (oben Rdn. 64) — (von vorläufigen Maßnahmen abgesehen, § 138 c Abs. 3) nicht das erkennende Gericht, weil es möglicherweise als befangen anzusehen wäre, sondern grundsätzlich das Oberlandesgericht, der Bundesgerichtshof dann, wenn das Ermittlungsverfahren vom Generalbundesanwalt geführt wird oder das Verfahren beim BGH anhängig ist. Die §§ 138 c und 138 d regeln das Verfahren.

b) Sonstige Änderungen. Nach § 137 a. F konnte sich der Beschuldigte des Bei- **78** stands einer unbestimmten Zahl von Verteidigern bedienen; nach § 146 a. F konnte, soweit nicht Interessenwiderstreit bestand, *ein* gemeinschaftlicher Verteidiger eine Mehrzahl von Beschuldigten verteidigen. Durch § 137 Abs. 1 Satz 2 n. F wurde die Zahl der von einem Beschuldigten zu wählenden Verteidiger auf drei herabgesetzt, weil „das Recht des Beschuldigten, sich durch mehrere Verteidiger vertreten zu lassen, nicht zum Zweck der Prozeßverschleppung oder der Prozeßvereitelung mißbraucht werden darf" (Rechtsausschußbericht BT-Drucks. 7 2989, S. 3). Auch für Großverfahren ist eine Ausnahme nicht vorgesehen. § 146 n. F brachte das Verbot der Verteidigung mehrerer Beschuldigter durch einen gemeinschaftlichen Verteidiger, um jeder Gefahr einer Interessenkollision von vornherein vorzubeugen. Diese Beschränkungen sind grundgesetzmäßig[28]. Die neuen Vorschriften erbrachten Zweifelsfragen. Sie wurden z. T. durch die Rechtsprechung geklärt[29]. Im übrigen müßte später zur Klärung der Weg der Gesetzgebung beschritten werden (s. Rdn. 156).

---

[27] Über die praktische Anwendung vgl. *Rieß* Der Ausschluß des Verteidigers in der Rechtswirklichkeit, NStZ **1981** 328.

[28] BVerfGE **39** 156 = NJW **1975** 1013; das gilt auch im Bußgeldverfahren, so BVerfGE **45** 272, 291; näher *Göhler* § 60, 38.

[29] Beispiele: Aus dem Zweck des Verbots der Mehrfachverteidigung ergibt sich, daß § 146 auch anwendbar ist, wenn mehrere Beschuldigte in verschiedenen Verfahren verfolgt werden, die dieselbe Tat im Sinn des § 264 (Kap. **12** 61 ff) zum Gegenstand haben (BVerfG NJW **1976** 231), oder wenn es sich um vergleichbare ähnliche Fälle von Interessenkollision handelt (BVerfG NJW **1977** 800; NStZ **1982** 294).

Karl Schäfer

3. Verhandlung ohne den verhandlungsunfähigen Angeklagten

79   Verhandlungsfähigkeit und Anwesenheit des Beschuldigten sind grundsätzlich Verfahrensvoraussetzungen; Verhandlungsunfähigkeit und Abwesenheit bilden Verfahrenshindernisse (Kap. **12** 101 ff). Zwar bestanden bis dahin schon Ausnahmen, sie erwiesen sich aber nach den neueren Erfahrungen als zu eng. Nach § 231 Abs. 2 kann zwar gegen einen zunächst erschienenen Angeklagten, der sich entgegen dem Verbot des § 231 Abs. 1 Satz 1 aus der Hauptverhandlung entfernt oder der nach einer Unterbrechung fernbleibt, auch in seiner Abwesenheit verhandelt werden, und dem eigenmächtigen Sichentfernen oder Ausbleiben steht eine vorsätzliche Herbeiführung der Verhandlungsunfähigkeit gleich (BGHSt **2** 304; **16** 182). Die Fortsetzung der Verhandlung nach dieser Vorschrift ist jedoch nur zulässig, wenn der Angeklagte bereits *in* der Hauptverhandlung über die Anklage vernommen worden ist. Der Angeklagte hätte es danach in der Hand, die Durchführung einer Hauptverhandlung zu sabotieren, indem er sich von vornherein vorsätzlich und schuldhaft in einen seine Verhandlungsfähigkeit ausschließenden Zustand versetzt (z. B. ein in Untersuchungshaft Befindlicher sich durch Eintritt in den Hungerstreik körperlich und geistig schwächt) und dadurch wissentlich die ordnungsmäßige Durchführung der Hauptverhandlung in seiner Gegenwart verhindert.

80   Solche **Verfahrenssabotage auszuschließen** war Zweck des neu eingefügten § 231 a, der unter den vorgenannten Voraussetzungen die Durchführung der Hauptverhandlung in Abwesenheit des Angeklagten zuläßt, soweit das Gericht seine Anwesenheit nicht im Interesse der Wahrheitserforschung für erforderlich hält. Um dem Grundsatz des **rechtlichen Gehörs** Rechnung zu tragen, muß der Angeklagte aber nach Eröffnung des Hauptverfahrens (wenn auch außerhalb der Hauptverhandlung) Gelegenheit gehabt haben, sich vor dem Gericht oder einem beauftragten Richter zur Anklage zu äußern (vgl. § 243 Abs. 4). Dazu genügt Äußerungs- oder Vernehmungsfähigkeit, an die nach der physischen und psychischen Seite geringere Anforderungen als an die Verhandlungsfähigkeit zu stellen sind (Kap. **12** 104). Ob der Angeklagte die ihm gebotene Gelegenheit zur Äußerung nutzt oder davon keinen Gebrauch macht, ist ohne Bedeutung. Auch muß dem Angeklagten, wenn er noch keinen Verteidiger hat, von Amts wegen ein Verteidiger bestellt werden, sobald eine Verhandlung ohne ihn in Betracht kommt (§ 231 a Abs. 4). Die nach § 265 Abs. 1, 2 erforderlichen, die Umgestaltung der Strafklage betreffenden Hinweise können bei Abwesenheit des Angeklagten dem Verteidiger gegeben werden (neuer Absatz 5 des § 265; vgl. jetzt § 234 a in der Fassung des StVÄG 1987).

81   **4. Verhandlung ohne den sich ordnungswidrig verhaltenden Angeklagten** (§ 231 b). Der neue § 231 b trat an die Stelle des früheren Absatzes 2 des § 247. Dort war zugelassen, daß das Gericht in Abwesenheit des Angeklagten weiterverhandelte, wenn wegen seines ordnungswidrigen Benehmens seine *zeitweilige* Entfernung aus dem Sitzungsraum (gemäß § 177 GVG) angeordnet war. Dagegen läßt § 231 b eine solche die Verhandlung in Abwesenheit des Angeklagten rechtfertigende Entfernung schon unmittelbar nach Sitzungsbeginn zu, wenn der Angeklagte von vornherein (durch Toben, Brandreden usw.) die Durchführung der Verhandlung aufs schwerste stört oder gar in Frage stellt, und die Entfernung darf so lange andauern, als von einer Anwesenheit des Angeklagten weiterhin die schwerwiegende Beeinträchtigung des Verhandlungsablaufs zu befürchten ist. Doch muß auf jeden Fall § 231 b Abs. 1 Satz 2 (Möglichkeit der Äußerung zur Anklage) beachtet werden (vgl. § 231 b, 10).

82   **5. Schutz von Zeugen unter 16 Jahren.** Nach dem neu eingefügten § 241 a wird die Vernehmung von Zeugen unter 16 Jahren allein durch den Vorsitzenden durchgeführt, d. h. es entfällt insoweit das Kreuzverhör (§ 239), und die unmittelbare Befragung nach § 240 ist nur zulässig, soweit der Vorsitzende sie gestattet. Maßgebend für diese Regelung ist das Wohl des Zeugen, die Abwehr schädigender Einflüsse des Verfahrens, insbes. erheblicher psychischer Schädigungen infolge aggressiver Fragen der Verfahrensbeteiligten. Dem Schutz jugendlicher Zeugen dienen ferner § 247 Satz 2 n. F betr. Zulässigkeit der Entfernung des Angeklagten aus dem Sitzungsraum während der Vernehmung noch nicht 16jähriger Zeugen und der auf dem EGStGB 1974 beruhende § 172 Nr. 4 n. F GVG betr. Ausschließung der Öffentlichkeit bei Vernehmung von Personen unter 16 Jahren[30].

6. Erklärungsrechte. Die „Kleine Strafprozeßreform" 1964 hatte einen § 257 a **83** eingefügt, wonach „auf Verlangen dem Staatsanwalt und dem Verteidiger Gelegenheit zur Abgabe von Erklärungen" zu geben war. Die unbestimmte und wenig geglückte Fassung brachte die Gefahr von Mißbräuchen des Erklärungsrechts mit sich, insbes. einer Störung des Gangs der Verhandlung durch unzeitige Erklärungen in Form einer Vorwegwürdigung des Ergebnisses der Beweisaufnahme vor deren Abschluß und auch von „Reden zum Fenster hinaus". Die **Neufassung des § 257** verfolgte — unter Aufhebung des § 257 a — das Ziel, durch Aufstellung einschränkender Merkmale Inhalt und Grenzen des Erklärungsrechts sinnvoll zu gestalten.

7. Änderungen des GVG
a) Abgrenzung der sitzungspolizeilichen Befugnisse des Vorsitzenden. Sich häu- **84** fende tumultuöse Ausschreitungen der Zuhörer hatten zu der Frage geführt, ob der Vorsitzende allein in dringlichen Fällen kraft seiner Befugnisse aus § 176 GVG die Entfernung der Störer anordnen könne oder ob es dazu stets eines Gerichtsbeschlusses nach § 177 bedürfe. Die Frage wurde in Rechtsprechung und Schrifttum unterschiedlich beantwortet und deshalb durch **Neufassung des § 177** geklärt.

b) Der **neugefaßte § 178** erweiterte im Interesse der wirksameren Abwehr von **85** Ausschreitungen im Gerichtssaal die **Ordnungsmittel bei Ungebühr** (Erhöhung von Ordnungsgeld und Ordnungshaft) und übertrug die Festsetzungsbefugnis gegenüber Nichtverhandlungsbeteiligten, die bisher nur dem Gericht zustand, dem Vorsitzenden. Er ordnet ferner für den Fall einer nachfolgenden kriminellen Ahndung der Ungebühr die Anrechnung von Ordnungsgeld und -haft auf die Kriminalstrafe an (vgl. dazu wegen der allgemeinen Bedeutung dieser Vorschrift Kap. 7 16).

IV. Nicht zur abschließenden parlamentarischen Behandlung gelangte Reformvorhaben und Entwürfe

1. Allgemeines. Übersicht. Schon bei der Verabschiedung des ErgänzungsG vom **86** 20. 12. 1974 waren **einzelne Vorschläge** des RegEntw. des 2. StVRG **unerledigt** geblieben, so z. B. der Vorschlag, bei der Auswahl des Pflichtverteidigers Wünsche des Beschuldigten zu berücksichtigen, der erst durch das StVÄG 1987 im Wege der Ergänzung des § 142 Abs. 1 StPO verwirklicht wurde. Zurückgestellt wurde nach dem auf dem 50. DJT 1974 bekanntgegebenen Bericht über das Gesetzgebungsprogramm des Bundesjustizministeriums (vgl. MDR **1974** 988) dessen vielerörtertes und weitgehend

---

[30] Wegen des Schutzes von Zeugen jenseits dieser Altersgrenze durch das OpferschutzG (Neufassung des § 247 Satz 2, neuer § 171 b GVG) vgl. Rdn. 127.

umstrittenes Vorhaben[31] einer **Gesamtreform des Justizaufbaus**, dessen Hauptanliegen darin bestand, aus Gründen der „Transparenz" den derzeitigen viergliedrigen Aufbau der ordentlichen Gerichtsbarkeit (Amtsgericht, Landgericht, Oberlandesgericht, Bundesgerichtshof) entsprechend dem Aufbau in den meisten übrigen Gerichtszweigen dreigliedrig zu gestalten. Dessen Durchführung hätte zu wesentlichen Änderungen hinsichtlich der Besetzung und Zuständigkeit der strafgerichtlichen Spruchkörper führen müssen. Wohl der Widerstand, der sich vor allem aus den Kreisen der Anwaltschaft erhob, mag, neben anderen Gründen, Veranlassung gewesen sein, daß das Vorhaben zunächst in den Hintergrund trat und jetzt wohl als erledigt angesehen werden kann. Offenbar nicht weiterverfolgt wird auch ein Anfang 1981 vom BMJ fertiggestellter Referentenentwurf eines Gesetzes zur Verbesserung des **Rechtsschutzes gegen strafprozessuale Zwangsmaßnahmen** (vgl. *Rieß* ZRP **1981** 101).

87   2. Ein ähnliches Schicksal erlebte das zeitweise als vordringliches Teilproblem einer Gesamtreform durch aufeinander abgestimmte einzelne Strafreformgesetze angesehene Vorhaben einer **Neuregelung des Rechtsmittelsystems in Strafsachen**[32]. Mit diesem Thema hatte sich schon der StPO-Entw. **1939** (Einl. Kap. 4 23) befaßt; die Diskussion wurde auch durch die vorstehend bezeichneten Pläne eines dreistufigen Ausbaues in der ordentlichen Gerichtsbarkeit belebt, dessen Verwirklichung von entscheidender Bedeutung bei den Überlegungen über eine Neugestaltung des strafprozessualen Rechtsmittelsystems gewesen wäre. Die offiziöse amtliche Befassung mit diesem Thema begann mit der im Juli 1974 vom BJM herausgegebenen Schrift (von *Fezer*) „Reform der Rechtsmittel in Strafsachen. Bericht über die Entstehung der gegenwärtigen Rechtsmittelvorschriften und die Bemühungen um ihre Reform". Ihr folgte der im Dezember 1975 der Öffentlichkeit im Druck vorgelegte „Diskussionsentwurf — DE — für ein Gesetz über die Rechtsmittel in Strafsachen", der von einer Arbeitsgruppe aus Vertretern des BJM und der Landesjustizverwaltungen erstellt war. Ausgangspunkt des DE war das Ziel, *ein* Rechtsmittel für möglichst weitgehende Überprüfung der tatsächlichen Feststellungen des erstinstanzlichen Urteils zu schaffen, und zwar durch eine Erweiterung der Revision zur „Urteilsrüge", die auch darauf gestützt werden könnte, daß gegen die Richtigkeit erheblicher Feststellungen schwerwiegende Bedenken bestünden, über deren Vorliegen das Rügegericht ggf. selbst zur Beschleunigung des Verfahrens Beweis erheben und abschließend entscheiden könnte (§§ 314, 327, 330 DE). Die Berufung sollte damit entfallen, weil in einem auf Mündlichkeit, Unmittelbarkeit und Konzentration angelegten Strafprozeß unter Rationalisierungsgesichtspunkten für eine auf Wiederholung der erstinstanzlichen Verhandlung angelegte Berufung nur schwer Platz sei[33].

87a   Der DE führte zu Stellungnahmen von Kommissionen oder Ausschüssen (des Deutschen Richterbundes, der Bundesrechtsanwaltskammer und des Vereins der Richter und Bundesanwälte beim BGH), die, ebenso wie die zahlreichen Stellungnahmen des Schrifttums[34], teils zustimmender, ablehnender oder differenzierender Natur waren. Jedoch überwogen die kritischen Beiträge, insbes. aus revisionsrichterlicher und anwaltli-

---

[31] Vgl. dazu monografisch: *Kissel* Der dreistufige Aufbau in der ordentlichen Gerichtsbarkeit, (1972).

[32] Dazu ausführlich LR-*Hanack* Vor § 333, 14 ff mit umfassenden Schrifttumsnachweisen.

[33] Wegen der Einzelheiten vgl. *Krauth* FS Dreher 697; *Rieß* DRiZ **1976** 3.

[34] Vgl. das Schrifttumsverzeichnis Vor § 333; ferner *Rieß* ZRP **1979** 193 Fußn. 2 ff; *Schlüchter* S. 754.

cher Sicht. Im Vordergrund der ablehnenden Stellungnahmen stand dabei[35] die Auffassung, daß es der gesetzlichen Schaffung eines neuen Rügegrundes der „schwerwiegenden Bedenken" nicht bedürfe, weil im Laufe der Zeit „die Revisionsgerichte mit Hilfe einer schwer faßbaren richterrechtlichen Erweiterung des Zentralbegriffs der Gesetzesverletzung weit über die Intentionen des historischen Gesetzgebers hinaus die tatrichterlichen Feststellungen in die revisionsrechtliche Kontrolle miteinbeziehen"[36]. Die entscheidende Phase der mit dem DE erstrebten öffentlichen Diskussion bildete der 52. Deutsche Juristentag (Sept. 1978 in Wiesbaden), wo mit sehr großer Stimmenmehrheit (Beschluß B 5) die Grundgedanken des DE abgelehnt wurden[37]. Damit war für absehbare Zeit das Reformthema einer umfassenden Rechtsmittelreform erledigt[38]. Auch späteren Versuchen, im Zuge der parlamentarischen Behandlung des RegEntw. 1984 des StVÄG 1987 gewisse Eingriffe in das Rechtsmittelsystem zu erreichen, war kein Erfolg beschieden (dazu unten Rdn. 139). Jedoch scheint es sich bei diesem Thema um eine Art Dauerbrenner zu handeln[39].

V. Änderungen von 1975 bis 1978

1. Die Änderung oder Einfügung der §§ 53, 97, 98, 111 m, 111 n StPO durch das **88** Ges. über das **Zeugnisverweigerungsrecht der Mitarbeiter von Presse und Rundfunk** v. 25. 7. 1975 (BGBl. I 1973) wurde notwendig, weil die Neuregelung des journalistischen Zeugnisverweigerungsrechts in einzelnen Landespressegesetzen erfolgt war, BVerfGE **36** 193 ff aber diese Gesetze wegen des Widerspruchs mit der bundesrechtlichen Regelung der Materie in der StPO für nichtig erklärt hatte[40]. Die auch für das Strafverfahren bedeutsame Reform des **GerichtskostenG** und anderer Kostenvorschriften v. 20. 8. 1975 (BGBl. I 2189) bezweckte vor allem die „computergerechte Aufbereitung" des Gesetzesstoffes[41].

2. Das **StrafvollzugsG** vom 16. 3. 1976 (BGBl. I 581) betraf die §§ 455 a, 457, das **89** 15. StrÄndG vom 18. 5. 1976 (BGBl. I 1213) brachte Änderungen der §§ 53, 97 StPO.

3. Weitere Entwicklung. Von wesentlicher Bedeutung sind in der Folgezeit a) das **90** Gesetz zur Änderung von StGB, StPO, GVG und anderen Gesetzen vom 18. 8. 1976 (BGBl. I 2181); b) das Gesetz zur Änderung der StPO vom 14. 4. 1978 (BGBl. I 497) — das „StPÄG 1978"[42] —; c) das StrafverfahrensänderungsG vom 5. 10. 1978 (BGBl. I 1645) — das „StVÄG 1979" —; d) das StrafverfahrensänderungsG vom 27. 1. 1987

[35] Gestützt auf die Analyse von *Fezer* Die erweiterte Revision – Legitimierung der Rechtswirklichkeit (1974) und die Darlegungen von *Sarstedt* FS Dreher 681.

[36] So *Rieß* NStZ **1982** 49; ähnlich *Peters* Der Wandel im Revisionsrecht, FS K. Schäfer S. 157 und dazu *Gribbohm* NJW **1980** 1835; s. auch *Schlüchter* 755 mit Nachw.; *Meyer-Goßner* FS Sarstedt 197.

[37] Über die hier nicht darzustellenden und aus den Verhandlungen des 52. DJT ersichtlichen Einzelheiten des Verlaufs vgl. etwa die Kurzberichte NJW **1978** 2185, 2192 und DRiZ **1978** 324 und die Würdigung von *Rieß* ZRP **1979** 193.

[38] S. dazu *Rieß* Was bleibt von der Reform der Rechtsmittel in Strafsachen? ZRP **1979** 193.

[39] Vgl. dazu den Bericht DRiZ **1986** 394 betr. Stellungnahme der StPO-Kommission des DRiB zur Reform der Rechtsmittel im Strafverfahren.

[40] Vgl. dazu *Groß* Neuregelung des journalistischen Zeugnisverweigerungsrechts, NJW **1975** 1763 und *Kunert* MDR **1975** 885.

[41] Dazu *Bischof* Reform des Kostenrechts, NJW **1975** 1721.

[42] Vgl. zu den Gesetzen vom 18. 8. 1976 und 14. 4. 1978 umfassend *Vogel* NJW **1978** 1217; ferner *Dahs* NJW **1976** 2145; *Ebert* JR **1978** 136; *Lameyer* ZRP **1978** 49.

(BGBl. I 475) — das „StVÄG 1987" —. Diese vier Gesetze mit ihren zahlreichen Änderungen und Ergänzungen von StPO, GVG und EGGVG sind ergangen im Zeichen wachsender und sich auf Teilgebiete (z. B. Wirtschafts-, Gewalt- und Terrordelikte) verschärfender Kriminalität auf der einen Seite, dem auf der anderen Seite die „Ressourcenknappheit" gegenüberstand in Gestalt des nicht in entsprechendem Ausmaß vermehrbaren Potentials der staatlichen Strafverhütung und -verfolgung sowie des Vollzugs der auferlegten Rechtsfolgen (Mangel an Personal, ausreichenden Vollzugsanstalten usw.). Sie sind daher gekennzeichnet durch Ziele, die in Bezeichnungen wie Straffung und Beschleunigung des Strafverfahrens, Abwehr von Mißbräuchen und Sicherung des Verfahrens zum Ausdruck kommen[43]. In dieser Hinsicht korrespondieren die drei Gesetze mit dem Gesetz vom 7. 7. 1986 (BGBl. I 977; dazu Kap. **13** 80), das gleiche Ziele angesichts der Überlastung der Justiz auf dem Gebiet des Ordnungswidrigkeitsrechts anstrebt; sie unterscheiden sich dadurch von dem OpferschutzG vom 18. 12. 1986 (BGBl. I 2496; dazu Rdn. 119), das eine Verbesserung der Rechtsstellung des Tatopfers im Strafverfahren bezweckt, die mit einer Mehrbelastung der Justizorgane verbunden ist. Diese Gesetze im einzelnen ausführlicher zu beschreiben ist bei der großen Zahl der Änderungen und Ergänzungen nicht möglich. Die Darstellung muß sich auf eine Nennung der in Betracht kommenden Vorschriften, ggf. mit kurzer Inhaltsangabe, beschränken, während zur Frage, worin die Abweichung vom bisherigen Recht im einzelnen besteht, auf die Erläuterungen zu den einzelnen Vorschriften im Kommentarteil zu verweisen ist.

91   **4. Erstes Terrorismusgesetz.** Das verbreitet als „Terrorismusgesetz" bezeichnete Gesetz vom 18. 8. 1976 brachte Änderungen und Ergänzungen der §§ 103, 105, 108, 127, 138 a, 138 b, 138 c, 148. Neu eingefügt wurden die §§ 111, 163 b und 163 c. Von ihnen schuf § 111 die gesetzliche Grundlage für die neue strafprozessuale Fahndungsmaßnahme der Einrichtung von **Kontrollstellen**[44] bei besonderer Kriminalität: Wenn bestimmte Tatsachen den Verdacht begründen, daß von bekannten oder von unbekannten Tätern eine Straftat nach § 129 a StGB (Bildung terroristischer Vereinigungen), eine der in § 129 a Abs. 1 Nr. 1 bis 3 bezeichneten Straftaten oder Raub mit Schußwaffen begangen wurden, so können in jeder Lage des Strafverfahrens, vornehmlich aber schon bei Beginn der Ermittlungen, auf öffentlichen Straßen und Plätzen und anderen öffentlich zugänglichen Orten (z. B. Bahnhöfen, Flugplätzen, Banken, Postämtern, Gaststätten) Kontrollstellen eingerichtet werden, vorausgesetzt, daß Tatsachen die Annahme rechtfertigen, diese Maßnahme könne zur Ergreifung des Täters oder zur Sicherstellung von der Aufklärung der Straftat dienlichen Beweismitteln führen. Die Besonderheit des Aufgabenbereichs dieser Kontrollstellen besteht darin, daß **jedermann** — also alle Personen, die an der Kontrollstelle angehalten werden — verpflichtet ist, seine Identität feststellen und sich sowie mitgebrachte Sachen durchsuchen zu lassen. Und zwar besteht diese Duldungspflicht für jedermann, ohne daß er sich auf das Fehlen jeglicher konkreter Eingriffsgrundlagen berufen könnte, wie sie sonst bei strafprozessualen Maßnahmen und Eingriffen vorliegen müssen; es genügt, daß er (generell — z. B. durch Lautsprecherdurchsage oder Plakatanschlag — oder durch Einzelhinweis) auf den Grund der gegen ihn veranlaßten Maßnahmen hingewiesen wird. Die Anordnung, eine Kontrollstelle einzurichten, trifft nach § 111 Abs. 2 grundsätzlich der nach Lage des Ver-

---

[43] Zu Bedenken gegen solche summarischen Kennzeichnungen wegen der Gefahr, zu „kaum noch reflektierten Schlagworten zu werden, an denen jede Gesetzesänderung vorrangig gemessen wird" s. *Rieß* FS K. Schäfer 166.

[44] Schrifttumsnachw. bei § 111 StPO.

fahrens zuständige Richter; im Regelfall ist dies der Ermittlungsrichter (§§ 162, 169), der auf Antrag der Staatsanwaltschaft tätig wird (§ 162); bei Gefahr im Verzug sind auch der Staatsanwalt und seine Hilfsbeamten (§ 152 GVG) zur Anordnung befugt. § 111 Abs. 3 zählt als Durchführungsvorschrift die Bestimmungen der StPO auf, die für die der Polizei obliegende Durchsuchung und Identitätsfeststellung nach § 111 Abs. 1 entsprechend gelten.

Zu den in § 111 Abs. 3 aufgezählten Vorschriften gehören die §§ 163 b und 163 c, die, **91a** wie erwähnt, auch erst durch das Gesetz vom 18. 8. 1976 geschaffen worden sind und beide erstmals umfassend die Befugnis der Strafverfolgungsbehörden zu **Identitätsfeststellungen**[45] für Zwecke des Strafverfahrens regeln. Und zwar behandelt § 163 a die Zulässigkeit der Identitätsfeststellung einschließlich der dabei zulässigen Eingriffsmaßnahmen und unterscheidet dabei[46] zwischen den einer Straftat Verdächtigen (Absatz 1) und den einer Straftat Nichtverdächtigen. Bei letzteren ist die Identitätsfeststellung nur zulässig, wenn und soweit dies zur Aufklärung einer Straftat geboten ist, weil konkrete Anhaltspunkte dafür bestehen, daß sie als Zeugen (Hauptfall: ein Unverdächtiger will sich gerade vom Tatort entfernen) oder als Augenscheinsobjekt benötigt werden; bei ihnen sind Eingriffsmaßnahmen nur in eingeschränktem Umfang zulässig (Absatz 2). § 163 c regelt die Höchstdauer einer zur Identitätsfeststellung unerläßlichen Festhaltung und weitere Modalitäten wie unverzügliche Vorführung vor den Richter und Recht auf Benachrichtigung einer Vertrauensperson.

5. Kontaktsperre und Kontrollfahndung. In diesem Zusammenhang ist noch, teils **92** zurück-, teils vorgreifend, zweier weiterer Neuerungen zu gedenken, nämlich der **Kontaktsperre**, die in den durch Gesetz vom 30. 9. 1977 (BGBl. I 1877) eingefügten §§ 31 bis 38 EGGVG geregelt ist, und der Kontroll- oder „Schleppnetzfahndung" des durch Gesetz vom 19. 4. 1986 (BGBl. I 537) mit Wirkung vom 1. 4. 1987 eingefügten § 163 d.

a) Die **Kontaktsperre**[46a]. Auslösender Anlaß für das Gesetz vom 30. 9. 1977, das **93** — ein ganz ungewöhnlicher Vorgang in heutiger Zeit — in knappstem Zeitraum den Gesetzgebungsweg durchlief, war die Anfang September 1977 erfolgte Entführung einer weithin bekannten Persönlichkeit der Wirtschaft durch organisierte Terroristen (i. S. des § 129 a StGB), die seine Freigabe von der Freilassung als Untersuchungs- oder Strafgefangene einsitzender Terroristen abhängig machten und für den Fall der Nichterfüllung ihrer Forderung seine Tötung androhten (und später auch wahrmachten). Dabei trat erneut die schon aus vorangegangenen ähnlichen Gewalttaten bekannte Tatsache in Erscheinung, daß zwischen noch in Freiheit befindlichen und bereits inhaftierten organisierten Gewalttätern ein „Informationsfluß von hohem Entwicklungsstand" bestehe und die Kommunikation auch — diesen bewußt oder unbewußt — über Verteidiger stattfinde, eine Tatsache, die bereits zur Einführung der §§ 138 a bis 138 d durch das 1. StVRErgG vom 20. 12. 1974 (BGBl. I 3686) i. d. F. des Gesetzes vom 18. 8. 1976 (BGBl. I 2181) geführt hatte. Dieses zwischen Gefangenen und in Freiheit befindlichen Mitgliedern terroristischer Vereinigungen bestehende „Kommunikationsnetz" war

---

[45] Schrifttumsnachw. bei § 163 b StPO.

[46] An dieser Stelle ist die Streitfrage über die Bedeutung der Verweisung in § 111 Abs. 3 auf §§ 163 b, 163 c lediglich zu streifen, ob nämlich bei dem „jedermann", der seine Identität feststellen zu lassen verpflichtet ist, auch eine Unterscheidung zwischen Verdächtigen und Unverdächtigen in Betracht

kommt; sie ist sinnvollerweise zu verneinen (so *Kleinknecht/Meyer*[37] § 111, 11; **a. A** LR-*G. Schäfer* § 111, 28; *Sangenstedt* StrVert. **1983** 117; vollst. Nachw. zum Streitstand bei § 111, 27 f).

[46a] Vgl. zur Entstehungsgeschichte ausführlich LR-*Schäfer*[23] Vor § 31, 2 ff GVG.

Karl Schäfer

aber nach Auffassung des Gesetzgebers geeignet, die Planung und Durchführung weiterer derartiger Anschläge zu erleichtern und die von solchen Vereinigungen ausgehenden Gefahren erheblich zu erhöhen. Er sah ein geeignetes Mittel, diesen Gefahren in kritischen Situationen zu begegnen, in der Zulassung einer vorübergehenden Kontaktsperre zwischen den Gefangenen untereinander und gegenüber der Außenwelt einschließlich des schriftlichen und mündlichen Verkehrs mit dem Verteidiger. Die rechtsstaatliche Rechtfertigung dieser Maßnahme sah er in dem Gedanken der Güterabwägung bei Gefahren für höchste Rechtsgüter in besonderen Gefahrenlagen.

93a   Die gesetzgeberischen Bemühungen waren dabei aus Gründen der Rechtsstaatlichkeit darauf gerichtet, möglichst **klar abgegrenzte und festumrissene Voraussetzungen** für die Anordnung der Kontaktsperre und deren Auswirkungen zu schaffen. Unter diesem Gesichtspunkt regelt § 31 die Voraussetzungen (mit dem Kernstück ihrer konkreten förmlichen Feststellung durch die in § 32 bestimmte oberste Justizbehörde), unter denen die Unterbrechung des Verkehrs der Gefangenen untereinander und mit der Außenwelt zulässig ist; § 33 behandelt die Zuständigkeit für die nach einer solchen Feststellung zu treffenden Maßnahmen zur Unterbrechung der Verbindung; § 34 hat die einzelnen Auswirkungen der Kontaktsperre zum Gegenstand; § 35 sieht für die Feststellung nach § 31 deren gerichtliche Kontrolle in Form einer fristgebundenen Bestätigung vor; § 36 begrenzt die Wirkungsdauer der „Feststellung"; § 37 soll den gerichtlichen Rechtsschutz eines Betroffenen gegen Einzelmaßnahmen der nach § 33 zuständigen Stellen gewährleisten. Am 2. 10. 1977 traf der BJustMin die erste (und bisher einzige) Feststellung nach § 32 EGGVG, die durch BGH NJW **1977** 2173 bestätigt wurde. Die Grundgesetzmäßigkeit des Gesetzes erkannte BVerfGE **49** 24 an.

94   b) **Datenspeicherung (Kontrollfahndung)**[47]. Der durch Gesetz vom 19. 4. 1986 (BGBl. I 537) eingefügte **§ 163 d** (Inkrafttreten am 1. 4. 1987) ergänzt die Regelung der §§ 163 b, 163 c, indem er gestattet, die bei einer Personenkontrolle nach § 111 anfallenden Daten über die Identität der kontrollierten Personen sowie über Umstände, die für die Aufklärung der Straftat oder die Ergreifung der Täter von Bedeutung sein können (z. B. Typ und Kennzeichen eines benutzten Kraftfahrzeugs), computergestützt in einer Datei zu speichern, wenn Tatsachen die Annahme rechtfertigen, daß die Auswertung der Daten zur Ergreifung des Täters oder zur Aufklärung der Straftat führen kann und die Maßnahme nicht außer Verhältnis zur Bedeutung der Sache steht.

VI. Das Strafverfahrensänderungsgesetz 1979 (StVÄG 1979) und die Entwicklung bis 1986[48]

95   1. **Übersicht.** Das Gesetz[49] enthält Änderungen der StPO (Art. 1), des GVG (Art. 2), des JGG (Art. 3), des OWiG (Art. 4), der AO 1977 (Art. 5). Die Änderungen der **StPO** betreffen die §§ 2, 4, 6 a, 13 b, 16, 18, 29, 34 a, 51, 68, 154, 154 a, 168, 168 a, 201, 209, 209 a, 222 a, 222 b, 225 a, 231 c, 245, 249, 267, 270, 273, 304, 324, 325, 336, 338, 407, 408, 450, 453 c, 462 a. Die Änderungen des **GVG** haben zum Gegenstand die §§ 42, 45, 46 bis 49, 52, 54, 74 a, 74 c, 74 d, 74 e, 77, 135, 143. Von den Vorschriften

---

[47] Vgl. dazu u. a. *Rogall* NStZ **1986** 385; *Kühl* NJW **1987** 738; zum Begriff „Schleppnetzfahndung" s. § 163 d, 3.

[48] **Schrifttum.** *Rieß* Das Strafverfahrensänderungsgesetz 1979, NJW **1978** 2265; *Rudolphi* Das Strafverfahrensänderungsgesetz 1979, JuS **1978** 864; *Schroeder* Kritische Bemerkungen zum StVÄG 1979, NJW **1979** 1527; vgl. auch die Schrifttumsangabe im ErgBd. zur 23. Aufl.; umfassende Literaturübersicht bei *Rieß* NStZ **1981** 215.

[49] Zur Entstehungsgeschichte *Rieß* NJW **1978** 2265; Wortlaut und Nachw. der Gesetzgebungsmaterialien im ErgBd. zur 23. Aufl.

des **JGG** erfuhren Änderungen die §§ 39, 40, 41, 47 a, 58, 62, 102, 103, 109. Die Änderungen des **OWiG** beschränken sich auf die §§ 46, 54, die der **AO** 1977 auf die §§ 391, 400.

2. Zielsetzung. Mit dem StVÄG 1979 strebte der Gesetzgeber insgesamt im **96** Anschluß an die entsprechende Zielsetzung des 1. StVRG an, zusätzliche Möglichkeiten zur Straffung und Vereinfachung der Strafverfahren zu schaffen. Während aber das 1. StVRG 1974 schwerpunktmäßig auf das Ermittlungsverfahren gerichtet war, zielt das StVÄG 1979 auf Änderungen im erstinstanzlichen Hauptverfahren, auf Modifizierung vorhandener Rechtsinstitute und Schaffung neuer dogmatischer Institute ab, wobei die Änderungen im besonderen Maße den Bedürfnissen von Großverfahren Rechnung tragen sollen[50]. Diese Bestrebungen fanden freilich bei Erlaß des Gesetzes nicht ungeteilten Beifall, und diese oder jene Kritik mutet zurückblickend auf heutiger Sicht etwas verwunderlich an, so etwa, wenn es heißt, das Gesetz verwirkliche reine Effektivitätsgesichtspunkte, verkörpere den Einzug der Technokratie in den Strafprozeß und mache ihn — gegenüber dem amerikanischen Strafprozeß — „noch spannungsloser" als bisher schon. „Selbst die bescheidenen Überwachungsmöglichkeiten, die der deutsche Strafverteidiger bisher besaß, wie etwa die Möglichkeit zur uneingeschränkten Präsentierung von Beweismitteln, werden ihm nun weitgehend genommen" (*Schroeder* NJW **1797** 1527). Das ist dann freilich eine den neueren Strafverfahrensänderungsgesetzen fremde, ja geradezu diametral entgegengesetzte Betrachtungsweise. Im einzelnen (bei Verzicht auf die Anführung von Vorschriften mit bloßen Anpassungsänderungen) ist auf folgendes hinzuweisen:

3. Änderungen der StPO
a) Klärung von Zuständigkeitsproblemen. Die Schaffung von Spezialstrafkam- **97** mern mit gesetzlich umschriebenem Geschäftsbereich (Schwurgerichtskammer usw.; §§ 74 Abs. 2, 74 a, 74 c GVG) hatte mangels einer gesetzlichen Detailregelung Zweifel über das Verhältnis dieser Strafkammern untereinander und die Art der Klärung bei Zuständigkeitskonflikten zur Folge. Die Behebung dieser Schwierigkeiten wurde mit folgenden Mitteln angestrebt: (1) Der neu eingefügte § 74 e GVG bestimmt den Vorrang unter den verschiedenen nach § 74 bis 74 d zuständigen Strafkammern. In diese Regelung wurde mit Änderungen und Ergänzungen des JGG (§§ 40, 47 a, 58, 62, 102, 103, 109) eine Regelung des Vorrangs der Jugendgerichte gegenüber den Erwachsenengerichten einbezogen. (2) Durch Änderung des § 74 c GVG erhielt die Wirtschaftskammer eine Spezialzuständigkeit, während bis dahin nur eine Konzentrationsermächtigung bestanden hatte. Die bisher durch das Präsidium zu bildende Steuerstrafkammer fiel weg (Änderung des § 391 AO); ihre Zuständigkeit ging auf die Wirtschaftsstrafkammer über[51]. (3) Die Pflicht zur Beachtung der Spezialzuständigkeit wurde entsprechend der Regelung bei der örtlichen Zuständigkeit (§ 16 StPO) eingeschränkt (neuer § 6 a StPO). (4) Die vorrangige Zuständigkeit der Jugendgerichte gegenüber gleichrangigen Erwachsenengerichten wird wie die sachliche Zuständigkeit behandelt; vorrangige Spezialspruchkörper und Jugendgerichte erhielten die Kompetenz-Kompetenz zur Klärung von Zuständigkeitskonflikten (neuer § 209 a). (5) Die Abgabe des Verfahrens an einen Spruchkörper höherer Ordnung außerhalb der Hauptverhandlung wurde gesetzlich geregelt (neuer § 225 a). Durch den neuen § 6 a StPO wurde der bisherige § 13 b StPO gegenstandslos und gestrichen. Im Zusammenhang mit den neuen §§ 6 a, 209 a, 225 a ergaben sich Neufassungen des § 270 Abs. 1. (6) In Jugendschutzsachen (§§ 26, 74 b GVG)

---

[50] *Rieß* NJW **1978** 2265. [51] Näher LR-*Schäfer*[23] ErgBd. § 74 c, 3 GVG.

wurden die Einwendungen gegen die Verfassungsmäßigkeit dieser im Wortlaut unverändert gelassenen Vorschriften („Wahlrecht der Staatsanwaltschaft") praktisch dadurch „beseitigt" (so *Rieß* NJW **1978** 2267), daß nach § 209 a Nr. 2 Buchst. b StPO im Eröffnungsverfahren die Jugendgerichte darüber entscheiden, ob eine Jugendschutzsache vor ihnen zu verhandeln ist, und sie verneinendenfalls das Verfahren vor den Erwachsenengerichten eröffnen.

98   **b) Richterablehnung.** Der neu eingefügte Abs. 2 des § 29 wendet sich, ohne das materielle Ablehnungsrecht einzuschränken, gegen dessen Mißbrauch während einer Hauptverhandlung mit dem Ziel, ihre sofortige Unterbrechung herbeizuführen, indem er ermöglicht, die Hauptverhandlung so lange fortzusetzen, bis eine Entscheidung über die Ablehnung (§§ 26 a, 27) ohne Verzögerung der Hauptverhandlung möglich ist.

99   **c) Rechtskrafteintritt bei Beschlußentscheidungen des Rechtsmittelgerichts (neuer § 34 a).** Wenn nach rechtzeitiger Einlegung eines Rechtsmittels ein Beschluß unmittelbar die Rechtskraft der angefochtenen Entscheidung herbeiführt, weil es gegen ihn kein Rechtsmittel mehr gibt, so war bisher, wenn der Beschluß nicht in einer Hauptverhandlung verkündet wurde, streitig, mit welchem Zeitpunkt der Beschluß — z. B. bei Verwerfung der Revision als offensichtlich unbegründet (§ 349 Abs. 2) — erlassen und damit die Rechtskraft eingetreten war (vgl. § 33, 14). Der Bereinigung dieser Streitfrage dient der neue § 34 a, indem er an den bisherigen die Strafzeitberechnung regelnden § 450 Abs. 2 anknüpfend, allgemein im Wege einer Fiktion anordnet, die Rechtskraft gelte als mit Ablauf des Tages der Beschlußfassung (d. h. des im Beschluß angegebenen Datums) eingetreten. Infolgedessen konnte der bisherige Absatz 2 des § 450 gestrichen werden. Wegen des Anwendungsbereichs des § 34 a vgl. § 34 a, 5; 7 ff.

100   **d) Zeugenvernehmung.** Die **Neufassung des** § 51 Abs. 2 erweiterte die Vorschrift dahin, daß die Folgen des Ausbleibens (verursachte Kosten, Ordnungsgeld) dem Zeugen auch dann auferlegt werden können, wenn er sein Ausbleiben nicht schon vorher so rechtzeitig genügend entschuldigt hatte, daß eine notwendige Terminsverlegung unter Abbestellung anderer Zeugen noch möglich war.

100a   Nach dem neuen Satz 2 des § 68 StPO[52] kann der Vorsitzende jedem Zeugen (wegen der „V-Leute" vgl. Kap. **13** 68) gestatten, abweichend von § 68 Satz 1 seinen **Wohnort nicht anzugeben**, wenn Anlaß zur Besorgnis besteht, daß durch die Wohnortangabe in der Hauptverhandlung der Zeuge oder eine andere Person (z. B. Angehörige, Freunde, Bekannte) gefährdet wird (z. B. durch Anschläge auf Leib und Leben, aber auch auf Eigentum, etwa an Gebäuden, Kraftfahrzeugen usw.). Die verhältnismäßige Enge des Gefährdungsschutzes nach § 68 Satz 2 (beschränkt auf die Vernehmung in der Hauptverhandlung, keine Erweiterung auf polizeiliche oder richterliche Vernehmungen außerhalb der Hauptverhandlung; keine Einschränkung bezgl. der Wohnortsangabe gegenüber dem Angeklagten bei den nach § 222 zu machenden Angaben) hat zur Kritik geführt[53], jedoch bleibt dem Zeugen nichts übrig, als die durch die engen Voraussetzungen des § 68 Satz 2 bestehenbleibenden Gefährdungen in Kauf und notfalls polizeilichen Schutz in Anspruch zu nehmen (LR-*Dahs* § 68, 12).

101   **e) Weitere Beschränkung der Strafverfolgung** im Interesse der Vereinfachung und Beschleunigung des Verfahrens. Die Änderungen des § 154 (Neufassung des Absatzes 1) und des § 154 a (Neufassung des Abs. 1 Satz 1, Einfügung eines neuen Satzes 2 in

---

[52] Schrifttumsangabe s. im Schrifttumsnachw. bei § 68 StPO.

[53] *Greiner* Kriminalistik **1979** 522; *Herdegen* NStZ **1984** 201; *Leineweber* Kriminalistik **1979** 38; *Miebach* ZRP **1984** 81.

Absatz 1) sollten — insbesondere durch die Erweiterung des bisherigen Merkmals „nicht ins Gewicht fallen" (jetzt: „nicht **beträchtlich** ins Gewicht fallen") — hauptsächlich bei Großverfahren deren bessere Bewältigung ermöglichen. Für den Erfolg hatte man große Erwartungen gehegt und die Änderungen als eines der Kernstücke des StVÄG 1979 betrachtet[54]. Die heutige Betrachtungsweise ist nüchterner: wieweit die Erwartungen erfüllt worden seien, lasse sich (nach dem Stand vom 1. 8. 1985) empirisch nicht belegen, und die weitgespannten Möglichkeiten einer Stoffbegrenzung seien zwar an sich zu begrüßen, weil sie eine sinnvolle Konzentration auf das Wesentliche ermöglichten, doch bestehe angesichts der Häufung unbestimmter Rechtsbegriffe und Generalklauseln die Gefahr, daß bei unsachgemäßer Handhabung die Sachaufklärung leiden und sogar die Interessen des Beschuldigten beeinträchtigt werden könnten[55].

f) Protokollierungsvorschriften. Die Neufassung der §§ 168, 168 a StPO gestattet bei **101a** der Protokollierung außerhalb der Hauptverhandlung, auf die Hinzuziehung eines Protokollführers zu verzichten, und regelt die Herstellung mit Hilfe des Einsatzes von Tonträgern[56].

g) Rügepräklusion bei der Besetzungsrüge[57]

aa) Ausgangspunkt für diese Regelung war die Tatsache, daß die 46 in der Zeit **102** von 1974 bis 1976 auf Besetzungsrüge in der Revisionsinstanz aufgehobenen Urteile in der Tatsacheninstanz einen vertanen Aufwand von 576 Hauptverhandlungstagen mit den von *Rieß* NJW **1978** 2269 Fußn. 83 dargestellten Auswirkungen erforderten. Als technisches Mittel, einen so kostspieligen Leerlauf auszuschließen, kam von den gemachten Vorschlägen nur die Gesetz gewordene Präklusion der Besetzungsrüge in Betracht. Die mehrfach erhobene Forderung, die Regelung auf die im Vordergrund des Interesses stehenden Großverfahren zu beschränken, erschien dem Gesetzgeber mangels genügender Abgrenzbarkeit dieses Begriffs nicht durchführbar; es wurde deshalb eine Zweifel ausschließende Regelung gewählt, die der Forderung wenigstens nahekommt, indem die Präklusion nur für die erstinstanzliche Hauptverhandlung vor dem Land- und dem Oberlandesgericht eingeführt wurde[58]. Die Notwendigkeit, Praktikabilität und Effektivität der ins Auge gefaßten Präklusionsregelung waren im Erörterungsstadium sehr umstritten; die Kritik ist auch Jahre nach der Durchführung des Reformvorhabens nicht völlig verstummt[59].

bb) Durchführung. Die Präklusion besteht darin, daß grundsätzlich die Nachprü- **103** fung der ordnungsmäßigen Besetzung nicht erst nach Abschluß des tatrichterlichen Verfahrens auf Besetzungsrüge hin durch das Revisionsgericht erfolgt, sondern eine Nachprüfung in die Tatsacheninstanz vorverlegt wird. Zu diesem Zweck muß die Besetzung des Gerichts in vollem Umfang spätestens zu Beginn der Hauptverhandlung mitgeteilt werden. Die Mitteilung kann schon vor der Hauptverhandlung erfolgen, und zwar

---

[54] Vgl. mit weit. Nachw. LR-*Rieß*[23] ErgBd. § 154, 3; wegen der Änderungen im einzelnen *Kurth* NJW **1978** 2481.

[55] Vgl. LR-*Rieß* § 154, 5; 6.

[56] Einzelheiten bei *Kurth* NJW **1978** 2481.

[57] Neue §§ 222 a, 222 b und Änderung des § 338 Nr. 1 StPO; Schrifttum s. bei § 222 a StPO.

[58] Im Verfahren nach dem OWiG finden die §§ 222 a, 222 b auch bei Zuständigkeit des OLG im ersten Rechtszug keine Anwendung; das gilt jedenfalls dann, wenn das OLG

gemäß § 72 OWiG durch Beschluß entscheidet (BGHNStZ **1986** 518 und dazu *Göhler*[8] OWiG § 71, 27 a).

[59] S. z. B. *Peters*[4] S. 145: Verschiebung eines Teils der Gerichtsverantwortung auf Angeklagten und Verteidiger; Verschlechterung des Verhandlungsklimas, weil der Verteidiger, um nichts zu versäumen, gezwungen sei, die Besetzung anzugreifen, sofern sich auch nur der geringste Anhaltspunkt für einen Besetzungsfehler ergebe.

Karl Schäfer

für den Angeklagten an seinen Verteidiger. Dieser erhält dadurch die Möglichkeit, ggf. an Hand der für die Besetzung maßgebenden Unterlagen, die Gesetzmäßigkeit der mitgeteilten Besetzung zu überprüfen. Ist die Besetzungsmitteilung später als eine Woche vor Beginn der Hauptverhandlung zugegangen, so kann auf Antrag die Hauptverhandlung zur Prüfung der Besetzung unterbrochen werden, sofern dies spätestens bis zum Beginn der Vernehmung des (bei Mitangeklagten des ersten) Angeklagten zur Sache verlangt wird (§ 222 a). Der Einwand vorschriftswidriger Besetzung, der inhaltlich und formal den in § 222 b Abs. 1 Satz 2, 3 bestimmten Anforderungen genügen muß, kann nur bis zum Beginn der Vernehmung des ersten Angeklagten zur Sache in der Hauptverhandlung geltend gemacht werden. Über ihn entscheidet das Gericht (die Berufsrichter ohne Schöffen) in einem Zwischenverfahren außerhalb der Hauptverhandlung durch einen zu begründenden Beschluß, der auf Verwerfung des Einwands (als unzulässig oder unbegründet) lauten oder die Feststellung treffen kann, das Gericht sei nicht vorschriftsmäßig besetzt. Der Beschluß ist unanfechtbar. Die Folgerungen aus der Neuregelung zieht der geänderte § 338 Abs. 1 Nr. 1 dahin, daß gegen das Urteil die Besetzungsrüge nur noch in dem dort beschriebenen engen Umfang zulässig ist (näher § 338, 45 ff). In diesem Zusammenhang ist darauf hinzuweisen, daß durch diese Regelung bei verfassungskonformer Gesetzesauslegung eine Besetzungsrüge gegen das Urteil nicht ausgeschlossen wird, die darauf gestützt ist, der die Besetzung überprüfende Verfahrensbeteiligte habe bis zu dem Zeitpunkt, in dem er die Besetzung nach § 222 b Abs. 1 rügen konnte, das Vorhandensein eines Mangels selbst anhand der vollständigen Besetzungsunterlagen objektiv überhaupt nicht zu erkennen vermocht; damit erledigt sich der erhobene Vorwurf der Grundgesetzwidrigkeit der Präklusionsregelung wegen Verletzung des Art. 101 Abs. 1 Satz 2 GG (dazu Kap. **13** 120).

104   cc) **Besetzung mit Schöffen.** Zu den auf die Verringerung der Urteilsaufhebung wegen Besetzungsfehlern gerichteten Maßnahmen gehört auch die gleichzeitig durch das StVÄG 1979 erfolgte umfassende Neuregelung der Bestimmungen des GVG über die Auswahl und Heranziehung der Schöffen[60]. Dazu ist aber — in aller Kürze — auf folgenden Umstand hinzuweisen, der zu einer Einschränkung der Besetzungsrüge führt: In der Rechtsprechung des BGH[61] ist der Grundsatz entwickelt worden, daß nicht jeder Fehler bei der Schöffenheranziehung zu einer vorschriftswidrigen Besetzung i. S. des § 338 Nr. 1 Halbsatz 1 führt. An dieser Rechtsprechung hat der BGH auch nach Inkrafttreten des StVÄG 1979 festgehalten. Im Falle BGHSt **33** 290[62] erkannte der Schöffenwahlausschuß, daß die Vorschlagsliste einer kleinen Gemeinde fehlte; bei Bemühungen, sie herbeizuschaffen, stellte sich heraus, daß die Gemeinde eine Liste überhaupt nicht aufgestellt hatte, sie hätte erst neu aufgestellt und ausgelegt werden müssen. Der Wahlausschuß war der Meinung, der zahlenmäßig geringe Einfluß der fehlenden Einzelliste auf die Bezirksliste rechtfertige es unter diesen Umständen, die Durchführung der Wahl nicht aufzuschieben, sondern sie unter Verzicht auf die Einzelliste durchzuführen. Die Besetzungsrüge blieb erfolglos: Die Funktion der durch das Verfahren des Ausschusses verletzten §§ 36, 39 GVG bestehe vornehmlich darin, sicherzustellen, daß die Schöffen einen Querschnitt der Bevölkerung darstellten; insoweit erscheine aber ausgeschlossen, daß das Fehlen der Einzelliste sich nachteilig ausgewirkt

---

[60] Näher *Katholnigg* NJW **1978** 2375.
[61] U. a. BGHSt **25** 66, 71 = NJW **1973** 476; BGHSt **26** 206, 208 = NJW **1976** 432; BGHSt **27** 105, 107 = NJW **1977** 965; BGHSt **29** 283, 287 = NJW **1980** 2369.

[62] = NJW **1986** 1356 = JR **1986** 473 mit krit. Anmerkung *Seebode*; vgl. auch LR-*Hanack* § 338, 11; 29.

hätte, und es seien deshalb die der Wahl der Schöffen zugrundeliegenden Prinzipien nicht verletzt. Das (an sich fehlerhafte) Verfahren des Ausschusses sei aber auch nicht willkürlich (im Sinne der Auslegung dieses Begriffs): Die vom Ausschuß angenommene Gefahr, daß ohne Verzicht auf die Einzelliste die Schöffen für die einzelnen Sitzungstage nicht zeitig genug zur Verfügung stünden, hätte nicht in Kauf genommen werden müssen; „jedenfalls stellt es kein willkürliches Vorgehen dar, daß der Wahlausschuß sich angesichts der in Frage stehenden Rechtsgüter zur fristgerechten Wahl entschloß". In gleichem Sinn wie BGHSt **33** 290 (und unter Berufung auch auf diese Entscheidung) hat BGH NJW **1986** 2585 entschieden. In diesem Fall war vom Ausschuß der Bezirk einer auswärtigen Strafkammer unberücksichtigt geblieben, und das Landgericht hatte die auf §77 Abs. 1 Satz 2 GVG gestützte und in der Hauptverhandlung erhobene Rüge (objektiv zu Unrecht) zurückgewiesen. Die Besetzungsrüge nach §338 Abs. 1 Nr. 1 blieb erfolglos: Der Besetzungsfehler wiege nicht schwer, und Richterentziehung liege nicht vor. Denn der Verfahrensfehler beruhe nicht auf sachfremden Erwägungen, sondern auf dem verständlichen Rechtsirrtum, daß angesichts des verschwindend geringen Anteils von Verfahren aus dem nichtberücksichtigten Bezirk an den für die Strafkammer anfallenden Sachen eine Zuweisung von Schöffen aus jenem Bezirk nicht geboten sei, weil sie der Zielsetzung des §77 Abs. 2 Satz 1 GVG nicht Genüge tun könne[63].

h) „Beurlaubung" von Mitangeklagten. Der neu eingeführte §231c brachte eine **105** weitere Ausnahme (vgl. Kap. **12** 108) von dem Grundsatz, daß die Abwesenheit des Angeklagten ein Verfahrenshindernis für die Durchführung der Hauptverhandlung bildet. Die jetzt vorgesehene, auf Antrag zulässige „Beurlaubung" eines Mitangeklagten während einzelner Teile der Verhandlung, bei denen an umfangreiche Hauptverhandlungen gedacht ist, dient dazu, ihm und auch seinem Verteidiger einen nutzlosen Zeitaufwand zu ersparen. Sie erübrigt auch bisher praktizierte Umwege, wie die Unterbrechung der Hauptverhandlung mit Rücksicht auf Belange des Mitangeklagten oder die Abtrennung und Wiederverbindung des Verfahrens[64], und erleichtert so eine zügige Abwicklung der Hauptverhandlung; sie birgt aber auch revisionsrechtliche Gefahrenquellen (§231c, 24).

i) Einschränkung der Pflicht zur Verwendung ungeeigneter Beweismittel (Neufas- **106** sung des §245). Die Neufassung des nunmehr aus zwei Absätzen bestehenden §245 bezweckt, der nach der bisherigen Fassung der Vorschrift bestehenden Gefahr entgegenzutreten, daß das Gericht verpflichtet wäre, auch ungeeignete Beweismittel zu verwenden, über bereits erwiesene Tatsachen noch Beweis zu erheben oder zuzulassen, daß nicht zur Sache gehörige Tatsachen in das Verfahren eingeführt wurden. Um dies zu erreichen, unterscheidet §245 n. F. zwischen den vom Gericht vorgeladenen und auch erschienenen Zeugen und Sachverständigen sowie den sonstigen nach §214 Abs. 4 vom Gericht oder der Staatsanwaltschaft herbeigeschafften Beweismitteln (neuer Absatz 1) und den vom Angeklagten oder von der Staatsanwaltschaft vorgeladenen und auch erschienenen Zeugen und Sachverständigen und den sonstigen herbeigeschafften Beweismitteln (neuer Absatz 2). Nach §245 Abs. 1 hat sich die Beweisaufnahme auf alle in dieser Vorschrift genannten Beweismittel zu erstrecken; eine Ausnahme gilt nur, wenn die Beweiserhebung unzulässig ist (d.h.: wenn auch ein Beweisantrag nach §245 Abs. 2 Satz 2 oder nach §244 Abs. 3 Satz 1 abgelehnt werden müßte) oder wenn die Prozeßbeteiligten (einschl. des Verteidigers) mit der Nichterhebung einzelner Beweise einverstanden sind. Dagegen ist das Gericht zur Erstreckung der Beweisaufnahme auf die in Abs. 2

---

[63] S. dazu auch BGH NStZ **1986** 518 am Ende.

[64] Ein Weg, der auch jetzt noch zulässig bleibt – s. BGHSt **30** 74; **32** 100; **32** 270.

Karl Schäfer

bezeichneten Beweismittel nur verpflichtet, wenn ein Beweisantrag gestellt wird; dessen Ablehnung ist nur unter den Voraussetzungen des § 245 Abs. 2 Satz 2, 3 zulässig, die enger sind als die Beweisantragsablehnungsgründe des § 244 Abs. 3 bis 5.

107　　　j) **Einschränkung der Pflicht zur Urkundenverlesung** (neuer Absatz 2 des § 249). Um die Hauptverhandlung zu entlasten, gestattet der neue Absatz 2 — unter der Voraussetzung des Einverständnisses aller Prozeßbeteiligten —, von der Verlesung der Urkunden usw. nach § 249 Abs. 1 abzusehen und sie durch die Mitteilung ihres wesentlichen Inhalts zu ersetzen[65]. Jedoch müssen nach Abs. 2 Satz 3 die Richter „vom Wortlaut Kenntnis genommen", d. h. die Urkunde gelesen haben, und zwar vor Schluß der Beweisaufnahme (BGHSt **30** 10, 11). Dies gilt auch für die Schöffen, denen aber das Lesen erst nach Verlesung des Anklagesatzes ermöglicht werden darf (s. dazu Kap. **13** 58). Die übrigen Prozeßbeteiligten haben Anspruch auf die Gelegenheit, selbst vom Wortlaut der Urkunde Kenntnis zu nehmen. Die in Abs. 2 Satz 6 bezeichneten Verlesungsregelungen wurden durch das neue Recht nicht berührt. Wie üblich zeitigte die Schaffung neuen Rechts auch neue Zweifelsfragen, so z. B. bzgl. der in BGSt **30** 10 erörterten Frage des Verhältnisses der Regelung des Absatzes 2 zu früher von der Rechtsprechung gebilligten Ausnahmen vom Verlesungsgebot des Absatzes 1[66].

108　　　k) **Vereinfachung der schriftlichen Urteilsgründe** (§ 267). Der dem Absatz 1 neu angefügte Satz 3 gestattet es, wegen Einzelheiten auf Abbildungen zu verweisen, die sich bei den Akten befinden. Eine weitere Vereinfachung bei der Begründung eines verurteilenden Erkenntnisses, das durch Rechtsmittelverzicht aller Anfechtungsberechtigten oder ungenutztem Ablauf der Rechtsmittelfrist bereits rechtskräftig geworden ist, erfolgte durch Anfügung eines neuen Halbsatzes 2 an § 267 Abs. 4 Satz 1. Danach genügte bei Urteilen des Strafrichters oder Schöffengerichts, die nur auf Geldstrafe (allein oder in Verbindung mit einer der in der Vorschrift genannten Nebenfolgen) lauten — sich also im Bereich der unteren oder mittleren Kriminalität halten —, wenn zur Begründung auf den zugelassenen Anklagesatz oder die ihm gleichstehenden Schriftstücke verwiesen wird, wobei naturgemäß vorausgesetzt wird, daß sich die Feststellungen in der Hauptverhandlung in allen wesentlichen Punkten mit Anklagesatz usw. decken. Diese Neuregelung kann insbesondere dann für eine beträchtliche Vereinfachung des Geschäftsgangs genutzt werden, wenn das so begründete Urteil gemäß § 275 Abs. 1 Satz 1 in das Hauptverhandlungsprotokoll aufgenommen wird[67].

109　　　l) **Beschwerden gegen Verfügungen des Ermittlungsrichters beim BGH** (Einfügung eines neuen Absatzes 5 des § 304). Die Beschränkung der bis dahin unbeschränkt zulässigen Beschwerde dient der Entlastung des BGH. Durch das StVÄG 1987 wurde die Vorschrift erweitert (s. Rdn. 142).

110　　　m) **Urteilsverlesung in der Berufungshauptverhandlung.** Die Neufassung des § 324 Abs. 1 Satz 2 dient der Entlastung des Berufungsverfahrens, nachdem die bisherige

---

[65] Die Vorschrift ist durch das StVÄG 1987 erweiternd neu gefaßt worden; vgl. unten Rdn. 135. Der Gesetzgeber ist also der herben Kritik von *Peters*[4] 323 (die Vorschrift solle als „gesetzliche Fehlleistung" möglichst bald gestrichen werden, jedenfalls könne Verteidigern und Angeklagten nur geraten werden, nicht zu verzichten) nicht gefolgt.

[66] Vgl. LR-*Gollwitzer* § 249, 44 sowie die Anm. zu BGHSt **30** 10 von *Kurth* (NStZ **1981** 231); *Gollwitzer* (JR **1982** 83) und *Wagner* (StrVert. **1981** 217).

[67] Vgl. *Rieß* NJW **1978** 2271; Erweiterung durch das StVÄG 1987, vgl. Rdn. 137; eine ähnliche Regelung bestand bereits von 1921 bis 1950, vgl. LR-*Gollwitzer*[23] ErgBd. § 267 Änderung.

Verlesungspflicht bei umfangreichen Urteilen zu erheblichen Verfahrensverzögerungen geführt hatte. Nunmehr kann die Verlesung des Urteilstenors eingeschränkt und — was im Interesse der Unbefangenheit der Schöffen erwünscht sein kann — von der Verlesung der Urteilsgründe bei allseitigem Verzicht ganz oder teilweise abgesehen werden. Die nicht verlesenen Urteilsgründe, die für die Berufung von Bedeutung sind, werden im wesentlichen im Vortrag des Berichterstatters (§ 324 Abs. 1 Satz 1) mitgeteilt. Feststellungen des angefochtenen Urteils, die infolge Rechtsmittelbeschränkung für das Berufungsgericht bindend sind, werden aber vom Verlesungsverzicht nicht erfaßt.

n) Ausschluß der Revisibilität rechtskraftfähiger und unanfechtbarer Zwischenent- **111** **scheidungen.** Der neue § 336 Satz 2 hat im wesentlichen klarstellende Bedeutung, indem er die bisher schon überwiegend vertretene Meinung legalisiert. Der Gesetzgeber hat allerdings seither vermehrt davon Gebrauch gemacht, die Revisibilität durch Zwischenrechtsbehelfe oder Unanfechtbarkeitserklärung auszuschließen[68].

o) Strafbefehlsverfahren. Die Änderungen des § 407 (Neufassung des Absatzes 1, **112** Streichung des Absatzes 2) und des § 408 (Ersetzung von „Strafrichter" durch „Richter" und Einfügung neuer Sätze) betrafen im wesentlichen die Klärung von Zuständigkeits- und einzelner Verfahrensfragen[69].

p) Strafvollstreckung. Durch **Änderung des § 453 c Abs. 1** wurden, eine Lücke des **113** bisherigen Rechts ausfüllend, die Voraussetzungen für den Erlaß eines Sicherungshaftbefehls auf den Fall ausgedehnt, daß bestimmte Tatsachen die Gefahr begründen, der Verurteilte werde erhebliche Straftaten begehen. Der gleichzeitig neu eingefügte Absatz 2 des § 58 JGG regelte die Zuständigkeit für die Leitung der Vollstreckung vorläufiger Maßnahmen nach § 453 c im Jugendstrafverfahren. Der neu eingefügte **Absatz 6 des § 462 a** klärt Zuständigkeitsstreitfragen des bisherigen Rechts[70].

4. Änderungen des GVG

a) Änderungen im Schöffenwesen. Die strafprozessualen Bemühungen um Verrin- **114** gerung der Urteilsaufhebung wegen Besetzungsfehlern durch Einführung der Rügepräklusion (oben Rdn. 102) wurden begleitet von einer weitgehenden Neuregelung der Bestimmungen des GVG über die Heranziehung der Schöffen, weil diese sich als besonders störanfällig erwiesen hatten[71]. Von über die Vereinfachung der Schöffenbesetzung hinausgehenden Änderungen des Schöffenrechts wurde bewußt abgesehen; weitergehende Reformen sollten einer späteren Regelung vorbehalten bleiben[72].

Im einzelnen betreffen die Änderungen die Wahl der Hilfsschöffen (Änderung des **114a** § 42 Abs. 1 Nr. 2); die Reihenfolge der Heranziehung der Schöffen und die Führung der Schöffenlisten (Neufassung von § 45 Abs. 2, 4); die Schöffenbesetzung zusätzlich gebildeter Spruchkörper (neuer § 46); die Besetzung bei Anberaumung außerordentlicher Sitzungen (neuer § 47); die Zuweisung von Ergänzungsschöffen (neuer § 48); die Zuweisung aus der Hilfsschöffenliste (neuer § 49); die Streichung von der Schöffenliste (Einfügung neuer Absätze des § 52); die Entbindung an bestimmten Sitzungstagen (Änderungen des § 54); die Schöffen beim Landgericht (teilweise Neufassung des § 77).

---

[68] Vgl. z. B. § 229 Abs. 3 Satz 2, § 231 a Abs. 3 Satz 3, § 396 Abs. 2 Satz 2 StPO, § 171 b Abs. 3 GVG; zum Ganzen *Bohnert* Beschränkungen der strafprozessualen Revision durch Zwischenverfahren (1983).

[69] Näher LR-*Schäfer*[23] ErgBd. zu den §§ 407, 408; *Rieß* NJW **1978** 2271; weitere Ände-

rungen durch das StVÄG 1987, vgl. Rdn. 143 ff.

[70] Dazu LR-*Schäfer*[23] ErgBd. § 462 a, 2 ff.

[71] Übersicht bei *Rieß* DRiZ **1977** 289; vgl. oben Rdn. 109; *Katholnigg* NJW **1978** 2375.

[72] Begr. RegEntw., BT-Drucks. **8** 976, S. 29.

Karl Schäfer

115   **b) Änderungen bei den Landgerichten** betreffen das Evokationsrecht des Generalbundesanwalts (Änderungen des § 74 a Abs. 2); die Zuständigkeit der Wirtschaftsstrafkammer (neue Fassung des § 74 c); das gemeinsame Schwurgericht (Streichung des Absatzes 2 des § 74 d); das Vorrangprinzip bei Spezialkammern mit gesetzlich ausgewiesenem Geschäftsbereich (neuer § 74 e; dazu oben Rdn. 97).

116   **c) Änderungen beim BGH** betreffen die Beschwerdezuständigkeit (Änderung des § 135 Abs. 2).

117   **d) Änderungen bei der Staatsanwaltschaft** bestehen in der Ermächtigung zur Zuständigkeitskonzentration — Bildung von Schwerpunktstaatsanwaltschaften — (neuer Absatz 4 des § 143).

118   **5. Weitere Änderungsgesetze bis Ende 1986.** Das Gesetz zur Änderung zwangsvollstreckungsrechtlicher Vorschriften vom 1. 2. 1979 (BGBl. I 127) änderte die §§ 459 g, 463 b StPO, das ProzeßkostenhG die §§ 172, 379 StPO (sprachliche Anpassungen). In § 100 a StPO wurde der Deliktskatalog durch das 18. StRÄndG und das Gesetz zur Neuordnung des Betäubungsmittelrechts vom 28. 7. 1981 (BGBl. I 681) materiellstrafrechtlichen Änderungen angepaßt. Das 20. StRÄndG ergänzte den § 454 StPO. Durch das 23. StRÄndG vom 13. 4. 1986 (BGBl. I 393) wurden im Zuge einer „behutsamen Fortentwicklung" des Rechts der Strafaussetzung zur Bewährung neben Vorschriften des StGB und des EGStGB auch Vorschriften der StPO, vor allem im Strafvollstreckungsrecht (§§ 260 Abs. 4 Satz 5, §§ 453, 454 a, 454 b, 455 Abs. 4, § 456 a), nicht unerheblich geändert[73]. Durch das 2. WiKG vom 15. 5. 1986 (BGBl. I 721) wurde § 74 c Abs. 1 GVG angepaßt. Das OWiGÄndG vom 7. 7. 1986 (BGBl. I 977) änderte die §§ 306, 311 StPO dahingehend, daß die Beschwerde nur noch bei dem Gericht eingelegt werden kann, dessen Entscheidung angefochten wird.

118a   Das in großer Eile eingebrachte und verabschiedete **Gesetz zur Bekämpfung des Terrorismus**[74] enthält neben Änderungen im materiellen Strafrecht eine Erweiterung des Zuständigkeitskatalogs bei der erstinstanzlichen Zuständigkeit des OLG (§ 120 Abs. 2 GVG) und der Verfolgungszuständigkeit des Generalbundesanwalts. Eine im Entwurf zeitlich befristet vorgesehene **„Kronzeugenregelung"** ist nach heftigen politischen Auseinandersetzungen nicht Gesetz geworden[75].

VII. Das Opferschutzgesetz vom 18. 12. 1986

119   **1. Entstehungsgeschichte.** Nachdem Stellung im Strafverfahren und Entschädigung des durch die Straftat Verletzten schon Thema des XI. Kongresses der Internatio-

---

[73] Dazu u. a. *Dölling* NJW **1987** 1047; *Greger* JR **1986** 353.

[74] Vom 19. 12. 1986 (BGBl. I 2566). **Materialien.** BT-Drucks. **10** 6286 (Gesetzentw. der CDU/CSU- und FDP-Fraktion); 1. Lesung BT, 243. Sitzung v. 6. 11. 1986, Plenarprot. **10** 243 S. 18819 ff; BT-Drucks. **10** 6295 (Beschlußempfehlung und schriftlicher Bericht des RAussch.); 2./3. Lesung BT, 254. Sitzung v. 5. 12. 1986, Plenarprot. **10** 254, S.

19788 ff; 572. Sitzung BR v. 19. 12. 1986, Plenarprot. S. 726 ff; **Schrifttum.** *Dencker* Das Gesetz zur Bekämpfung des Terrorismus, StrVert. **1987** 117; *Kühl* Neue Gesetze gegen terroristische Straftaten, NJW **1987** 737, 743.

[75] Nachw. bei *Kühl* NJW **1987** 744; vgl. auch Gesetzgebungsreport ZRP **1987** 30; Kap. **13** 32.

nalen Strafrechtsvereinigung von Budapest 1974 war[76], wie auch Thema des 3. Internationalen Symposiums für Victimologie Münster 1979[77] und der Strafrechtslehrertagung 1981 in Bielefeld[78], befaßte sich auch, einer verstärkten rechtspolitischen Diskussion Rechnung tragend, der 55. Deutsche Juristentag im September 1984 mit dem Problem der Verbesserung der Stellung des Tatopfers[79]. Die dortigen Diskussionen und aufgezeigten Lösungsmöglichkeiten hatten zur Folge, daß im Jahre 1985 sowohl die Fraktion der SPD (BT-Drucks. 10 3636) als auch die Bundesregierung (BT-Drucks. 10 5305) Gesetzesentwürfe zur Verbesserung der Stellung des Verletzten im Strafverfahren einbrachten[80]. Der gemeinsame Ausgangspunkt war — unbeschadet gewisser Unterschiede hinsichtlich der Lösung des Problems —, daß die Stellung des Verletzten durch das geltende Recht unzureichend geregelt sei. Insbesondere bedürften die Opfer schwerer Straftaten, z. B. einer Vergewaltigung oder einer anderen Straftat gegen die sexuelle Selbstbestimmung, einer gesetzlichen Befugnis zur Beteiligung am Verfahren. Außerdem sollten sie, wie auch andere Verfahrensbeteiligte, einen besseren Schutz ihrer Persönlichkeitssphäre vor Beeinträchtigungen erhalten. Auch die Möglichkeiten, daß das Opfer Ersatz seines materiellen Schadens erlange, seien zu verbessern; dies alles aber unter der Voraussetzung, daß aus Gründen der Rechtsstaatlichkeit die Verteidigungsbefugnisse des Beschuldigten nicht eingeschränkt würden. Beide Entwürfe wurden (nach Stellungnahme des Bundesrats zum RegEntw.) gemeinsam vom Rechtsausschuß des Bundestags beraten. Bei diesen Beratungen wurden einzelne Vorschläge aus dem SPD-Entwurf in den Regierungsentwurf übernommen, den der Rechtsausschuß des Bundestages beschloß (BT-Drucks. 10 6124). Die für das Gesetz gewählte Bezeichnung als „*Erstes* Gesetz zur..." will zum Ausdruck bringen, die Regelung solle „ein erster Schritt dazu sein, die schutzwürdigen Belange des Opfers im Strafrecht und Strafverfahrensrecht stärker zu berücksichtigen"[81]. Dem vom Rechtsausschuß beschlossenen Entwurf entspricht das vom Bundestag verabschiedete Gesetz vom 18. 12. 1986 (BGBl. I 2496), das am 1. 4. 1987 in Kraft trat[82].

---

[76] Vgl. dazu Berichte von *Schätzler* JZ **1975** 231 und *Grebing* ZStW **87** (1975) 472 ff, auch über die dort anklingenden Gedanken, die Entschädigung zur Wiederherstellung der Beziehung von Täter und Opfer zu nützen.

[77] Vgl. dazu *Schneider* (Herausgeber) Das Verbrechen in der Strafrechtspflege Teil VI 1982.

[78] Vgl. *Jung* ZStW **93** (1981) 1109 ff sowie den Tagungsbericht von *Weigend* ZStW **93** (1981) 1282 ff.

[79] Vgl. Verhandl. des 55. DJT, Bd. I Teil C (Gutachten *Rieß*); Bd. II Teil L (Referate von *Hammerstein*, *Odersky* und Beratungsverlauf); Beschlüsse auch NJW **1984** 2679; aus dem begleitenden und nachfolgenden Schrifttum vgl. u. a. *Dahs* NJW **1984** 1921; *Geerds* JZ **1984** 786; *Granderath* NStZ **1984** 399; *Jung* JR **1984** 309; *Lang* ZRP **1975** 32; *Luther* JR **1984** 312; *Meyer-Goßner* ZRP **1984** 228; *Schöch* NStZ **1984** 385; *Weigend* ZStW **96** (1984) 772; *Werner* NStZ **1984** 401; *Wulf* AnwBl. **1985** 489.

[80] Einzelheiten über den Gesetzgebungsgang mit Nachw. der Materialien bei *Rieß/Hilger* NStZ **1987** 145 f.

[81] RAussch.Bericht, BT-Drucks. 10 6124, S. 12. Überblick über die späteren Reformschritten vorbehaltenen Fragen bei *Rieß/Hilger* NStZ **1987** 153; *Rieß* Jura **1987** 289.

[82] **Schrifttum** zum OpferschutzG u. a.; *Böttcher* Das neue Opferschutzgesetz, JR **1987** 133; *Jung* Gesetzgebungsübersicht, JuS **1987** 67; *Rieß/Hilger* Das neue Strafverfahrensrecht, NStZ **1987** 145, 153; *Rieß* Der Strafprozeß und der Verletzte – eine Zwischenbilanz, Jura **1987** 281; *Schünemann* Zur Stellung des Opfers im System der Strafrechtspflege, NStZ **1986** 193; *Thomas* Der Diskussionsentwurf zur Verbesserung der Rechte des Verletzten im Strafverfahren – Ein Stück Teilreform? StrVert. **1985** 431; *Weigend* Das Opferschutzgesetz – kleine Schritte zu welchem Ziel? NJW **1987** 1170.

Karl Schäfer

120   **2. Inhalt.** Das Gesetz enthält Änderungen der §§ 68 a, 140, 247, 374, 379, 395, 396, 397, 403, 404, 406, 459 a, 473 StPO, §§ 172, 173, 174, 175 GVG sowie Neueinfügung der §§ 397 a, 400, 406 d bis 406 h, 472 StPO, 171 b GVG sowie Änderungen anderer Gesetze. Im einzelnen:

121   **a) Allgemeine Verletztenbefugnisse.** Durch den nach § 406 c neu eingefügten **Abschnitt**: *„Sonstige Befugnisse des Verletzten"* — §§ 406 d bis 406 h — sollen alle Verletzten[83] folgende verbesserte **Beteiligungsbefugnisse im Strafverfahren** erhalten: 406 d: auf Antrag Mitteilung vom Ausgang eines gerichtlichen Verfahrens, § 406 e: Akteneinsichtsrecht; § 406 f: Rechtsanwalt als Beistand oder Vertreter; Anwesenheit einer Vertrauensperson bei Vernehmung des Verletzten als Zeugen; § 406 g: Rechtsanwalt oder Vertreter des zum Anschluß als Nebenkläger Befugten; § 406 h: Pflicht zu Hinweisen an den Verletzten auf seine Befugnisse.

122   **b) Änderungen im Recht der Nebenklage.** Die Neufassung des § 395 beinhaltet die Neubestimmung des Kreises der Nebenklageberechtigten (in erster Linie Personen, die durch — im einzelnen aufgeführte, die Ehrendelikte umfassende — schwerwiegende Straftaten in ihren höchstpersönlichen Rechtsgütern verletzt worden sind). Ein durch eine rechtswidrige Tat nach § 230 StGB Verletzter ist nebenklageberechtigt, wenn dies aus besonderen Gründen, namentlich wegen der schweren Folgen der Tat, zur Wahrnehmung seiner Interessen geboten erscheint. Der neu gefaßte § 397 Abs. 1 regelt selbständig die Befugnisse des Nebenklägers im Strafverfahren (mit der ausdrücklichen Hervorhebung, daß er auch dann zur Anwesenheit in der Hauptverhandlung berechtigt ist, wenn er als Zeuge vernommen werden soll), und der neu eingefügte § 400 trifft Bestimmungen über den Umfang seines Rechts zur Anfechtung des Urteils und von Beschlüssen. Diese Vorschriften werden ergänzt durch den neu eingefügten § 397 a[84] betr. Bewilligung von Prozeßkostenhilfe zugunsten des Nebenklägers für die Hinzuziehung eines Rechtsanwalts und durch selbständige Kostenregelungen in dem neu eingefügten § 472 und in den dem § 473 Abs. 1 neu angefügten Sätzen 2 und 3.

123   **c)** Durch **Änderungen beim Adhäsionsverfahren** (betr. §§ 403, 404, 406) „soll *versucht* werden, die Durchsetzbarkeit von Schadensersatzansprüchen des Verletzten zu erleichtern"[85] oder, um es realistischer auszudrücken, es soll versucht werden, dieses Verfahren, das in der Praxis nur sehr geringe Bedeutung erlangt hatte, zu beleben. Die Änderungen bestehen darin, (1) daß auch im Verfahren vor dem Amtsgericht — abweichend vom bisherigen Recht — vermögensrechtliche Ersatzansprüche geltend gemacht werden können, die der Höhe nach über dessen zivilprozessuale Zuständigkeit hinausgehen, und zwar ohne daß es einer Zustimmung des Beschuldigten bedarf (Änderung

---

[83] Das Gesetz hat den Begriff des Verletzten nicht bestimmt (zu den Gründen BT-Drucks. 10 5305, S. 16); maßgebend sind die zu § 172 StPO entwickelten Kriterien (vgl. LR-*Rieß* § 172, 48 ff).

[84] Die Einfügung des § 397 a hat übrigens (vgl. Art. 1 Nr. 2 des Gesetzes) die Ergänzung des § 140 Abs. 2 durch die Worte „namentlich, weil dem Verletzten nach §§ 397 a, 406 g Abs. 3, 4 ein Rechtsanwalt beigeordnet worden ist" zur Folge. Der Gesetzgeber (Bericht des RAussch. BT-Drucks. 10 6124 S. 13) ging davon aus, daß die Bestellung eines Rechts-

anwalts als Beistand des Nebenklägers oder des zur Nebenklage Anschlußberechtigten zu einer erheblichen Beeinträchtigung der Fähigkeit des **Beschuldigten** zur Eigenverteidigung führen könne und sah in der – gewissermaßen als „Regelbeispiel" dienenden – „namentlich" = Anführung der Anwaltsbeiordnung für den Verletzten eine Maßnahme, die den berechtigten Belangen des Beschuldigten ausreichend Rechnung trage.

[85] So Bericht des BT-RAussch. BT-Drucks. 10 6124.

des § 403 Abs. 1); (2) daß für den antragstellenden Verletzten — und demzufolge auch für den Angeschuldigten — die Möglichkeit der Prozeßkostenhilfe geschaffen wurde (neuer Absatz 5 des § 404); (3) daß — auch hier abweichend vom bisherigen Recht — Grundurteile und Teilurteile zulässig sind (Änderungen des § 406).

d) Dem Ziel der **Schadenswiedergutmachung** dienen zwei weitere Gesetzesände- **124** rungen: (1) Nach Art. 3 wurden in § 46 StGB — Grundsätze der Strafzumessung — bei den „namentlich" für die Zumessung in Betracht kommenden Umständen des Abs. 2 Satz 2 nunmehr auch aufgeführt „das Bemühen des Täters, einen Ausgleich mit dem Verletzten zu erreichen" (Anfügung dieser Worte am bisherigen Ende des § 46 Abs. 2 Satz 2; (2) nach dem neu angefügten Satz 2 des § 459 a Abs. 1 kann die Vollstreckungsbehörde für rechtskräftig auferlegte Geldstrafen (und Kosten, § 459 a Abs. 4) Zahlungserleichterungen „auch gewähren, wenn ohne die Bewilligung die Wiedergutmachung des durch die Straftat verursachten Schadens durch den Verurteilten erheblich gefährdet wäre" — oder, positiv ausgedrückt, wenn durch Zahlungserleichterungen die Schadenswiedergutmachung gegenüber dem Verletzten erreicht werden kann.

Weitergehende Vorschläge wie etwa die Schaffung eines neuen § 153 f StPO betr. **125** Nichtverfolgung bei Täter/Opferausgleich oder eines neuen § 58 a StGB betr. Aussetzung auch der Geldstrafe zur Bewährung (Vorrang der Zahlung an das Opfer) waren im Verlauf des Gesetzgebungsverfahrens Gegenstand der Erörterungen; man entschied sich aber dafür, zunächst abzuwarten, wie sich die Ergänzung des § 459 a Abs. 1 in der Praxis auswirke[86].

e) Der **Schutz vor Bloßstellungen** und damit verbundenen schweren seelischen **126** Belastungen oder gesundheitlichen Schäden soll wesentlich verbessert und ausgeweitet werden, wenn der Verletzte **als Zeuge** vernommen wird oder wenn in der Hauptverhandlung Umstände aus dem persönlichen Lebensbereich zur Sprache kommen sollen. Darüber hinaus soll dieser ausgeweitete Persönlichkeitsschutz *allgemein* für alle Prozeßbeteiligten gelten. Diesem Zweck dient: (1) die Ausdehnung des § 68 a Abs. 1 (betr. Fragen, die dem Zeugen nur bei Unerläßlichkeit gestellt werden sollen) auf Fragen nach den den persönlichen Lebensbereich betreffenden Tatsachen; (2) die Einfügung eines neuen § 171 b GVG (mit Anpassungsänderungen bei den §§ 172 bis 174 GVG). Nach dessen Absatz 1 Satz 1 *kann* (auch von Amts wegen) die Öffentlichkeit ausgeschlossen werden, soweit Umstände aus dem persönlichen Lebensbereich eines Prozeßbeteiligten, Zeugen oder durch eine rechtswidrige Tat (§ 11 Abs. 1 Nr. 5 StGB) Verletzten zur Sprache kommen, deren öffentliche Erörterung schutzwürdige Interessen verletzen würden, soweit nicht das Interesse an der öffentlichen Erörterung dieser Umstände überwiegt. Von dieser Kann-Vorschrift des Absatzes 1 Satz 1 gelten **zwei Ausnahmen**: einerseits entfällt die Ausschlußmöglichkeit, soweit die Personen, deren Lebensbereiche betroffen sind, in der Hauptverhandlung dem Ausschluß widersprechen (§ 171 b Abs. 1 Satz 2), andererseits muß — bei Vorliegen der Voraussetzungen des Absatzes 1 Satz 1 — die Öffentlichkeit ausgeschlossen werden, wenn das von dem in seinem Lebensbereich Betroffenen beantragt wird (§ 171 b Abs. 2)[87]; (3) die Ergänzung des § 175 Abs. 2 GVG, wonach zu nichtöffentlichen Verhandlungen in Strafsachen dem Verletzten der Zutritt gestattet werden soll (Einfügung eines Satzes 2).

---

[86] Bericht des BT-RAussch. BT-Drucks. 10 6124 S. 3, 11, 13.
[87] Zu den Gründen für diese nicht unkomplizierte Regelung vgl. RegEntw. BT-Drucks.

10 5305, S. 22 und Bericht RAussch. BT-Drucks. 10 6124, S. 16 f; vgl. auch *Dahs* NJW **1984** 1921; *Rieß* FS Wassermann (1985) 969, 982.

Karl Schäfer

127   f) In diesem Zusammenhang ist noch der Ergänzung des § 247 Abs. 2 betr. **Abtretenlassen des Angeklagten** während einer Vernehmung des Verletzten durch Neufassung des Satzes 2 zu gedenken (bisheriger Text: „Das gleiche [sc. Zulässigkeit der Anordnung des Abtretens] gilt, wenn eine Person unter 16 Jahren als Zeuge zu vernehmen ist und die Vernehmung in Gegenwart des Angeklagten einen erheblichen Nachteil für das Wohl des Zeugen besorgen läßt"; neue Ergänzung: „oder wenn bei einer Vernehmung einer anderen Person als Zeugen in Gegenwart des Angeklagten die dringende Gefahr eines schwerwiegenden Nachteils für ihre Gesundheit besteht"). Bei der Konzeption dieser Vorschrift ging man davon aus, daß in der Praxis deren Anwendungsbereich sich schwerpunktmäßig bei dem als Zeugen zu vernehmenden **Verletzten** auswirken werde, „namentlich wenn ein Opfer eines Gewaltdelikts mit sexueller Komponente aussagen muß", daß aber die Beschränkung der Vorschrift auf den Verletzten als Zeugen nicht in Betracht komme, weil allgemein die Notwendigkeit bestehe, einen Zeugen vor schwerwiegenden Gesundheitsschäden zu bewahren. Eine Anregung des Bundesrats ging dahin, zu prüfen, ob auch eine dem § 241 a entsprechende Regelung in das Gesetz aufzunehmen sei; der Rechtsausschuß beschloß, eine solche Änderung vorläufig zurückzustellen, um die Praxis daraufhin zu beobachten, wie sich die Änderungen der §§ 68 a, 247 auswirken[88].

128   g) Aus der Zahl der **Anpassungsänderungen** bei anderen Gesetzen (BRAGebO usw., Art. 6 bis 10) ist noch hinzuweisen (Art. 5) auf die Ergänzung des § 46 Abs. 3 OWiG durch einen neuen Satz 4: „Die Vorschriften über die Beteiligung des Verletzten am Strafverfahren sind nicht anzuwenden."

VIII. Das Strafverfahrensänderungsgesetz 1987

129   **1. Entstehungsgeschichte.** Die der Verfahrensbeschleunigung und Entlastung der Strafgerichte dienenden Maßnahmen des StVÄG 1979 und der ihm vorangegangenen Gesetze waren zwar zum Teil ziemlich wirkungsvoll (so im besonderen der § 153 a), aber durch ständig wachsende Neueingänge[89] war die Funktionstüchtigkeit der Strafrechtspflege weiterhin gefährdet. Zwar wurde versucht, durch beträchtliche Personalvermehrung insbes. bei den Richtern und Staatsanwälten dem Rechnung zu tragen, doch war im Jahre 1984 die Möglichkeit einer weiteren Personalvermehrung durch die knappe Haushaltslage der Länder vorerst ausgeschlossen. Gegen die überproportionale Belastung der Strafgerichte mit **Bußgeldverfahren** nach dem OWiG richtet sich das am 1. 4. 1987 in Kraft getretene Gesetz vom 7. 7. 1986 (BGBl. I 977; dazu Kap. 13 80), das auch eine Regelung des umstrittenen Problems der Halterhaftung bei sog. Kennzeichenanzeigen brachte, aber auf die ungünstige Entwicklung der Belastung nur mit Strafsachen ohne Einfluß ist. Deshalb wurde bereits i. J. 1984 der Entwurf des StVÄG 1984 eingebracht[90]. Er bezweckte die notwendige Entlastung durch eine Vielzahl von Gesetzesänderungen in allen Abschnitten des Verfahrensrechts, die im einzelnen von unterschiedlichem Entlastungsgewicht sein mögen, aber in ihrer Summierung einen spürbaren Effekt erwarten lassen, und zwar auch hier ohne Beeinträchtigung der rechtsstaatlichen Garantien des Strafverfahrensrechts, insbes. hinsichtlich der Verteidigungsbefug-

---

[88] BT-RAussch., BT-Drucks. 10 6124, S. 14.
[89] Vgl. BT-Drucks. 10 1313, S. 10 (RegEntw.) und BT-Drucks. 10 6592, S. 19 (Bericht BT-RAussch.); ferner (zur Entwicklung der Geschäftsbelastung der ordentlichen Gerichtsbarkeit) BT-Drucks. 10 5317, S. 73 ff, 491 ff.
[90] BT-Drucks. 10 1313; zum Gesetzgebungsgang näher *Rieß/Hilger* NStZ **1987** 146 mit Nachw.

nisse des Beschuldigten. Die Beratungen im Rechtsausschuß zogen sich längere Zeit hin. Während dieser Zeit wurde das OpferschutzG verabschiedet, das mit einer unvermeidlichen Mehrbelastung der Strafjustiz verbunden ist; das neue StVÄG sollte nunmehr die Aufgabe übernehmen, auch dafür einen Ausgleich zu schaffen. Nachdem Beschlußempfehlung und Bericht des Rechtsausschusses vorlagen (BT-Drucks. 10 6592 vom 25. 11. 1986), wurde der Entwurf (nunmehr StVÄG 1987) am 5. 12. 1986 in 2. und 3. Lesung abschließend beraten und verabschiedet. Das StVÄG 1987[91] ist (von den Art. 6 und 11 abgesehen, die am Tage der Verkündung in Kraft traten) am 1. 4. 1987 in Kraft getreten[92].

2. Gesamtinhalt. Mit allein 44 Änderungen von StPO und GVG enthält das Ge- **130** setz über die „eigentlichen" Entlastungsmaßnahmen hinaus auch einige weitere Änderungen des bisherigen Rechts, mit denen **Zweifelsfragen geklärt** und Lücken geschlossen wurden. Die nachfolgende Inhaltsübersicht beschränkt sich — unter Verzicht auf die Aufzählung von Anpassungsvorschriften usw. — auf die wesentlichen Änderungen.

3. Entlastungsmaßnahmen im erstinstanzlichen Verfahren beziehen sich vor allem **131** auf die Schwierigkeiten und Notwendigkeiten bei der Durchführung von *Großverfahren*.

a) Die Neufassung des § 25 Abs. 1 Satz 1 enthält die Vorverlegung des Zeitpunkts **132** für die **Ablehnung** eines erkennenden Richters **wegen Besorgnis der Befangenheit** (jetzt: „bis zum Beginn der Vernehmung des *ersten* Angeklagten über seine persönlichen Verhältnisse …").

b) Die Möglichkeiten einer **Unterbrechung der Hauptverhandlung** nach § 229 **133** wurden erweitert, und zwar für Hauptverhandlungen nach Ablauf von 12 Monaten seit ihrem Beginn durch Zulassung einer zusätzlichen Unterbrechung einmal im Jahr auf die Dauer von 30 Tagen, die allen Beteiligten, namentlich den Schöffen, einen Urlaub ermöglicht (neuer Satz 3 des Absatzes 2), und durch Hemmung der Fristen der Absätze 1 und 2, wenn der Angeklagte am Erscheinen durch Krankheit verhindert ist (neuer Absatz 3).

c) Vereinfachungen bei Abwesenheit des Angeklagten. Nach dem neuen § 234 a **134** brauchen bei allen Hauptverhandlungen, die in Abwesenheit des Angeklagten stattfinden, die nach § 265 Abs. 1 und 2 erforderlichen Hinweise allein dem Verteidiger gegeben zu werden, und Verzichts- und Einverständniserklärungen des Angeklagten nach § 61 Nr. 5, 241 Abs. 1 Satz 2 und § 251 Abs. 1 Nr. 4, Abs. 2 sind nicht erforderlich, wenn ein Verteidiger an der Hauptverhandlung teilnimmt.

d) Das erst durch das StVÄG 1979 (Rdn. 107) geschaffene sog. **Selbstleseverfah- 135 ren** (§ 249 Abs. 2) wurde erweitert und vereinfacht, indem es des förmlichen Verzichts auf die Verlesung der Urkunde usw. durch Staatsanwalt, Angeklagten und Verteidiger nicht mehr bedarf, diese vielmehr auf einen Widerspruch gegen die vom Vorsitzenden getroffene Nichtverlesungsanordnung beschränkt sind, über die das Gericht entscheidet; auch sind die bisher für Schöffen geltenden Besonderheiten über den Zeitpunkt der Kenntnisnahme vom Inhalt der Urkunde beseitigt.

---

[91] Vom 27. 1. 1987 (BGBl. I 475).

[92] **Schrifttum** zum StVÄG 1987 u. a. *Jung* Gesetzgebungsübersicht JuS **1987** 247; *Kempf* Opferschutzgesetz und Strafverfahrensänderungsgesetz – Gegenreform durch Teilgesetze, StrVert. **1987** 215; *Meyer-Goßner* Das Strafverfahrensänderungsgesetz 1987, NJW **1987** 1161; *Rieß/Hilger* Das neue Strafverfahrensrecht, NStZ **1987** 145, 204.

Karl Schäfer

136   **e) Verlesung von Niederschriften und Urkunden.** Niederschriften über eine nicht-richterliche Vernehmung eines Zeugen, Sachverständigen oder Mitbeschuldigten oder Urkunden, die eine von ihm stammende Äußerung enthalten, konnten bisher nur unter engen Voraussetzungen (Tod und Unmöglichkeit richterlicher Vernehmung in absehbarer Zeit aus einem anderen Grund) verlesen werden. Diese Voraussetzungen wurden „behutsam" erweitert, indem eine solche Niederschrift oder Urkunde nunmehr (neue Fassung des § 251 Abs. 2) anstelle der Vernehmung des Zeugen usw. auch verlesen werden kann, wenn der Angeklagte einen Verteidiger hat und sowohl dieser wie auch der Staatsanwalt und der Angeklagte mit der Verlesung einverstanden sind. Aber auch wenn diese Voraussetzungen gegeben sind, kann die Amtsaufklärungspflicht das Gericht dazu „drängen", die Beweisperson persönlich zu vernehmen[93].

137   **f)** Die in § 267 Abs. 4 Satz 1 Halbsatz 2 bei Urteilen mit bestimmten Rechtsfolgen neu zugelassene Erleichterung der **Abfassung der schriftlichen Urteilsgründe** durch Bezugnahme auf den Anklagesatz und dessen Surrogate ist jetzt nicht mehr auf amtsgerichtliche Urteile beschränkt (Streichung von „des Strafrichters und des Schöffengerichts").

138   **g)** Das in § 273 Abs. 2 für die Hauptverhandlung vor dem Strafrichter und dem Schöffengericht vorgeschriebene **Inhaltsprotokoll** („die wesentlichen Ergebnisse der Vernehmungen") entfällt, wenn das Urteil durch Rechtsmittelverzicht oder ungenutztem Ablauf der Rechtsmittelfrist rechtskräftig wird (Anfügung des Zusatzes: „dies gilt nicht, wenn ...").

4. Entlastungsmaßnahmen im Rechtsmittelbereich

139   **a) Zurückverweisung.** Infolge Streichung des § 328 Abs. 2 besteht für das Berufungsgericht nicht mehr die Möglichkeit, die Sache an die Vorinstanz zurückzuverweisen, weil das Urteil an einem Verfahrensmangel leide. Im Zusammenhang damit gemachte Vorschläge zu weitergehenden Eingriffen in das Rechtsmittelsystem (Einschränkung oder Beseitigung der Sprungrevision — § 335) wurden abgelehnt[94].

140   **b)** Zur **Bekanntmachung unanfechtbarer Urteile** genügt statt förmlicher Zustellung die einfache Mitteilung (Änderung des § 35 Abs. 2 Satz 2).

141   **c)** Nach dem dem § 40 neu angefügten Absatz 3 ist im Verfahren über eine vom Angeklagten eingelegte Berufung die **öffentliche Zustellung bereits zulässig,** wenn eine Zustellung nicht unter einer letztmals zur Zustellung benutzten oder vom Angeklagten zuletzt angegebenen Anschrift möglich ist. In der Rechtsmittelbelehrung über die Berufung ist der Angeklagte nach dem dem § 35 a neu angefügten Satz 2 auch über die Rechtsfolgen des § 40 Abs. 3 und der §§ 329, 330 zu belehren.

142   **d)** Durch Neufassung des § 304 Abs. 5 (Folgeänderung in § 120 Abs. 3 Satz 3 GVG) wurde die Beschwerde gegen Verfügungen des **Ermittlungsrichters des OLG** (§ 169 Abs. 1) in gleicher Weise eingeschränkt, wie es bisher schon die Beschwerde gegen Verfügungen des Ermittlungsrichters des BGH war.

---

[93] Vgl. dazu über die bei Änderung des § 251 Abs. 2 angestellten Erwägungen im BT-RAussch. dessen Beschlußempfehlung BT-Drucks. 10 6592 S. 23.

[94] Bericht des BT-RAussch. BT-Drucks. 10 6592 S. 24 und dazu *Günter* Die deformierte Reform, DRiZ **1987** 66.

5. Verbesserungen der Effektivität des Strafbefehlsverfahrens. Das Strafbefehlsver- **143**
fahren hatte in den letzten Jahren zum Teil seine entlastende Wirkung verloren, insbes.
nach Schaffung des § 153 a. Es liegt aber nicht nur im Interesse der staatlichen Gerichtsbarkeit, sondern auch im Interesse des betroffenen Staatsbürgers, daß das Strafbefehlsverfahren für eine rasche und kostenmäßig mildere Verfahrenserledigung zur Verfügung steht. Durch die Änderungen an den §§ 407 ff soll erreicht werden: die Erschlie-
ßung zusätzlicher Anwendungsmöglichkeiten, die Bereinigung einiger in der Praxis bestehender Zweifelsfragen und die Vereinfachung des ordentlichen Strafverfahrens nach
Einspruch gegen den Strafbefehl. Im einzelnen:

a) „Durch die **Neufassung des § 407 Abs. 1** soll die Staatsanwaltschaft in stärke- **144**
rem Maße veranlaßt werden, in geeigneten Fällen Strafbefehlsanträge zu stellen." Diese
summarische Begründung in BT-Drucks. 10 6592 S. 21 bezieht sich auf Absatz 1 Satz 2,
der als verpflichtender Leitsatz für die Ausübung des Antragsrechts der Staatsanwaltschaft bestimmt: „Die Staatsanwaltschaft stellt diesen Antrag, wenn sie nach dem Ergebnis der Ermittlungen eine Hauptverhandlung nicht für erforderlich erachtet." Die
Begründung des RegEntw. BT-Drucks. 10 1313 S. 34 kommentiert dies dahin, eine
Hauptverhandlung sei regelmäßig nicht geboten, wenn von ihr eine wesentliche Abweichung vom Ergebnis der Ermittlungen und den danach gebotenen Rechtsfolgen nicht
zu erwarten ist. Doch schließe der neue Satz 2 eine Auslegung nicht aus, daß im Einzelfall trotz ausreichenden Ermittlungsergebnisses spezial- und generalpräventive Gründe
die Durchführung der Hauptverhandlung wünschenswert erscheinen lassen; auch
komme ein Vorgehen nach § 153 a in Betracht, wenn die den Beschuldigten nicht mit
einem Unwerturteil belastende Auflage den schonenderen Eingriff darstellt. Absatz 1
Satz 4, wonach durch den Antrag der Staatsanwaltschaft „die öffentliche Klage erhoben wird", stellt die förmliche Anerkennung der bisher schon von der h. M vertretenen
Auffassung über die verfahrensrechtliche Bedeutung des Antrags dar. Damit ist die terminologische Änderung des § 407 Abs. 3 verbunden (Ersetzung von „Beschuldigten"
durch „Angeklagten").

b) Die Änderungen des § 408, soweit sie nicht in bloßer Umgruppierung seines **145**
bisherigen Inhalt an anderer Stelle bestehen, sollen deutlicher als nach bisherigem Recht
die verschiedenen Entscheidungsmöglichkeiten umschreiben, die für den Richter nach
Stellung des Strafbefehlsantrages in Betracht kommen. Dies gilt insbes. für den im bisherigen Recht unerwähnt gebliebenen und jetzt in § 408 Abs. 2 n. F geregelten Fall, daß der
Richter einen hinreichenden Tatverdacht verneint[94a].

c) Eine Neuerung, die im bisherigen Recht kein Vorbild hat, enthält der neu ein- **146**
gefügte § 408 a, der, wenn der Durchführung einer Hauptverhandlung das Ausbleiben
oder die Abwesenheit des Angeklagten oder ein anderer wichtiger Grund entgegenstehen, den **nachträglichen** Erlaß eines Strafbefehls ermöglicht, obwohl sich die Sache
nach Erhebung der öffentlichen Klage bereits im Normalverfahren befindet.

d) § 410, der nunmehr aus den neu eingefügten Absätzen 1 und 2 und dem bishe- **147**
rigen einzigen Absatz als Absatz 3 (in geänderter Fassung) besteht, bringt in den Absätzen 1 und 2 folgende zwei Neuerungen: einmal die Regelung von Form und Frist der
Einlegung des Einspruchs gegen den Strafbefehl, wobei die Einspruchsfrist — entsprechend der Verlängerung der Einspruchsfrist gegen den Bußgeldbescheid durch das Ge-

---

[94a] Wegen weiterer Einzelheiten vgl. die Begründung des RegEntw. BT-Drucks. 10
1313, S. 35.

Karl Schäfer

setz vom 7. 7. 1986 (BGBl. I 977) — von bisher einer auf zwei Wochen verlängert wurde (Absatz 1); zum anderen die **Beschränkbarkeit** des Einspruchs auf bestimmte Beschwerdepunkte (z. B. auf das Strafmaß) in gleicher Weise wie bei Berufung und Revision.

148   **e) Verzehrwirkung der Rechtskraft des Strafbefehls.** Die Änderungen im Wortlaut des bisherigen einzigen Absatzes des § 410 („Ein Strafbefehl, gegen den nicht rechtzeitig Einspruch erhoben worden ist, erlangt die Wirkung eines rechtskräftigen Urteils") gegenüber dem Wortlaut des jetzigen Absatzes 3 („Soweit gegen einen Strafbefehl nicht rechtzeitig Einspruch erhoben worden ist, steht er einem rechtskräftigen Urteil gleich") tragen zunächst dem Umstand Rechnung, daß der Einspruch jetzt auf bestimmte Beschwerdepunkte beschränkt werden kann. Im übrigen muß der Wechsel der Fassung (von „erlangter Wirkung..." zu „steht... gleich") im Zusammenhang mit der **Neufassung des § 373 a** gesehen werden. Bekanntlich wurde § 373 a a. F dahin ausgelegt, daß er nur die Wiederaufnahme zugunsten des durch rechtskräftigen Strafbefehl Bestraften zulasse (§ 373 a, 3). Im übrigen hielt die Rechtsprechung bis zuletzt an der hergebrachten Auffassung fest, daß dem rechtskräftigen Strafbefehl nicht die Verzehrwirkung eines rechtskräftigen Urteils zukomme, vielmehr eine erneute Verfolgung wegen eines neuen, im Strafbefehl nicht gewürdigten Gesichtspunkts, der eine erhöhte Strafbarkeit begründet, möglich sei. Dagegen ging eine im neueren Schrifttum vertretene Ansicht dahin, daß schon nach geltendem Recht die erneute Verfolgbarkeit auf Grund neuer Tatsachen oder Beweismittel auf das Vorliegen eines Verbrechens beschränkt sei, weil dies der Behandlung vergleichbarer Fälle (endgültige gerichtliche Einstellung des Verfahrens nach Erfüllung von Auflagen und Weisungen — § 153 a Abs. 1 Satz 4 —; Wiederaufnahme gegen den Bußgeldbescheid — § 85 Abs. 3 OWiG —) entspreche[95]. Im Sinne dieser letzteren Auffassung hat das StVÄG 1987 durch den neuen § 373 a Abs. 1 der Kontroverse ein Ende bereitet[96].

149   **f) § 411.** Das bisherige Recht enthielt keine Vorschriften darüber, wie bei einem verspäteten oder sonst unzulässigen Einspruch zu verfahren ist. Die dadurch entstandenen Zweifelsfragen beseitigt die Neufassung des Absatzes 1, der über die Art der Entscheidung und deren Anfechtbarkeit Bestimmung trifft. Der dem Absatz 3 (betr. Rücknehmbarkeit von Klage und Einspruch) angefügte neue Satz 3 trägt der Schaffung des § 408 a Rechnung und schließt für diesen Fall die Rücknahme der Klage — als mit § 156 unvereinbar — aus.

6. Vereinfachungen im strafprozessualen Kostenrecht

150   **a) Zu § 464.** Die bisherige Fassung des Abs. 3 Satz 1 hatte eine Kontroverse darüber ausgelöst, ob eine Kostenentscheidung auch bei Unanfechtbarkeit der Hauptentscheidung selbständig mit der sofortigen Beschwerde angefochten werden könne. Die Neufassung der Vorschrift macht der Kontroverse ein Ende, indem sie im Sinne der in Rechtsprechung und Schrifttum überwiegend vertretenen Auffassung[97] die Anfechtung ausdrücklich für unzulässig erklärt, wenn eine Anfechtung der in § 464 Abs. 1 genannten Hauptentscheidung durch den Beschwerdeführer nicht statthaft ist[98]. In Ver-

---

[95] Dazu ausführlich mit weit. Nachw. LR-*Schäfer*[23] § 410, 22 ff.

[96] Durch § 373 a n. F dürfte wohl auch BVerfGE **65** 377 überholt sein, wonach es dem Gleichheitsgrundsatz des GG widerstreitet, wenn nach Rechtskraft des Strafbefehls wegen fahrlässiger Körperverletzung bei nachträglichem Tod des Verletzten ein

neuer Strafbefehl wegen fahrlässiger Tötung erlassen wird.

[97] Dazu ausführlich mit weit. Nachw. LR-*Schäfer*[23] § 464, 49 ff; *Meyer* JR **1981** 259.

[98] Dazu die ausführliche Begründung über die Gründe der Regelung und den Begriff der „Statthaftigkeit" in RegEntw. BT-Drucks. **10** 1313, S. 39.

bindung mit der Neufassung des § 464 Abs. 3 Satz 1 steht die Anfügung eines **neuen Satzes 5 an § 153 a Abs. 2**. Sie bewirkt, daß die endgültige Einstellung des Verfahrens nicht angefochten werden kann und deshalb auch gegen die mit ihr verbundene Kostenentscheidung keine Beschwerde zulässig ist. Der Weg dieser partiellen Sondervorschrift erklärt sich aus dem Bestreben, dadurch eine Stellungnahme zu der in Rechtsprechung und Schrifttum umstrittenen Frage nach der Rechtsnatur der endgültigen Einstellung zu vermeiden[99].

b) Zu § 467 a und § 469. Nach den Absätzen 3 der beiden Vorschriften war bisher **151** die sofortige Beschwerde gegen die dort bezeichneten Entscheidungen vorgesehen. Die Änderung der beiden Absätze im Sinne der Unanfechtbarkeit der Entscheidungen war Konsequenz aus der Neufassung des § 464 Abs. 2 Satz 1[100].

c) Der neue **§ 473 Abs. 5** bezweckt eine Bereinigung der bisherigen Streitfrage, **152** ob eine Berufung auch dann erfolgreich ist, wenn eine im ersten Rechtszug angeordnete Entziehung der Fahrerlaubnis (§ 69 StGB) nur deshalb aufgehoben wird, weil im Hinblick auf die bis zur Berufungshauptverhandlung verstrichene Zeit der Zweck der Maßregel bereits durch die vorläufige Entziehung der Fahrerlaubnis oder eine der vorläufigen Entziehung gleichzustellende Maßnahme nach § 94 erreicht worden ist[101]. Mit der Formulierung, daß in diesen Fällen das Rechtsmittel kostenrechtlich „als erfolglos gilt", soll eine Definition der Begriffe „Erfolg, Teilerfolg, Nichterfolg" im Kostenrecht vermieden werden, weil eine über die spezielle Kontroversenbereinigung hinausgehende Begriffsbestimmung „weiterreichende, unübersehbare, gegebenenfalls unerwünschte Fragen in bezug auf andere kostenrechtliche Bestimmungen haben könnte" (BT-Drucks. 10 1313 S. 42).

7. Änderungen im Recht der Verteidigung
a) Blinder Beschuldigter. Hinsichtlich der Notwendigkeit der Verteidigung **153** wurde **§ 140 Abs. 1 Nr. 4** dahin ergänzt, daß der blinde Beschuldigte den Tauben oder Stummen gleichgestellt ist.

b) Auswahl des Pflichtverteidigers. Die neuen **Sätze 2 und 3 im § 142 Abs. 1**, wo- **154** nach dem Beschuldigten Gelegenheit gegeben werden soll, einen Rechtsanwalt seines Vertrauens als zu bestellenden Pflichtverteidiger zu bezeichnen und der Vorsitzende diesen bestellt, wenn nicht wichtige Gründe entgegenstehen, entsprechen den in BVerfGE **9** 37; **39** 218, 243 entwickelten verfassungsrechtlichen Grundsätzen.

c) Zustellungsvollmacht. Die Änderungen der **§§ 145 a** und **232 Abs. 4** bringen Er- **155** weiterungen und Klarstellungen bzgl. der (fingierten) Zustellungsvollmacht des Verteidigers (zu den Einzelheiten vgl. Begründung im RegEntw. BT-Drucks. 10 1313 S. 21).

d) Mehrfachverteidigung (neue **§§ 146, 146 a**). Die summarische Fassung des am **156** 1. 1. 1975 in Kraft getretenen § 146 („Die Verteidigung mehrerer Beschuldigter durch einen gemeinschaftlichen Verteidiger ist unzulässig") löste alsbald in der Rechtsprechung zahlreiche Zweifelsfragen aus, die vor allem die Auslegung des Begriffs der „gemeinschaftlichen Verteidigung" betrafen. Die durch die Neufassung des § 146 bezweckte Abhilfe besteht hauptsächlich darin, daß nur die **gleichzeitige** Verteidigung mehrerer Beschuldigter unzulässig ist, während die sog. „sukzessive Mehrfachverteidi-

---

[99] Begründung des RegEntw. BT-Drucks. **10** 1313, S. 24.

[100] Begründung in BT-Drucks. **10** 1313, S. 41.

[101] Dazu LR-*Schäfer*[23] § 473, 40 ff; *Kleinknecht/Meyer*[37] § 473, 16.

Karl Schäfer

gung" nicht mehr erfaßt wird. Das bisherige Recht enthielt auch keine Regelung, wie bei einer nach § 146 unzulässigen Mehrfachverteidigung oder bei der Wahl von mehr als drei Verteidigern (§ 137 Abs. 1 Satz 2) zu verfahren sei. Der Klärung der daraus entstandenen Zweifelsfragen dient der neu eingefügte § 146 a. Dessen Absatz 2 spricht zugleich aus, daß Handlungen, die ein Verteidiger vor der in Absatz 1 vorgeschriebenen Zurückweisung vornahm, nicht deshalb unwirksam sind, weil die Voraussetzungen des § 137 Abs. 1 Satz 2 oder des § 146 vorlagen. Wegen der Begründung der neuen Vorschriften im einzelnen s. BT-Drucks. 10 1313 S. 21 ff.

8. Sonstige Entlastungsmaßnahmen

157   **a)** Nach dem z. T. neu gefaßten § 87 Abs. 2 ist die Teilnahme der Staatsanwaltschaft an einer **Leichenöffnung** nicht mehr obligatorisch, sondern in ihr Ermessen gestellt („kann"), um einen beträchtlichen Zeitaufwand für die Staatsanwaltschaft und beträchtliche Reise- und Nebenkosten zu ersparen.

158   **b)** Günstige Erfahrungen im Lande Bremen gaben die Veranlassung, die **Sühnepflicht** der in § 380 bezeichneten Delikte auf leichtere Fälle der gefährlichen Körperverletzung (§ 223 a StGB) auszudehnen, ohne daß damit eine längerfristig in Aussicht genommene Reform der Körperverletzungsdelikte präjudiziert werden soll (Begr. des RegEntw. BT-Drucks. 10 1313 S. 34). In einem gewissen inneren Zusammenhang mit der Änderung des § 380 steht der durch Art. 4 StVÄG 1987 neu gefaßte **Absatz 5 des § 77 b StGB** betr. Ruhen der Strafantragsfrist vom Eingang eines Antrags auf Durchführung eines Sühneversuchs gemäß § 380 bis zur Ausstellung der Bescheinigung über die Erfolglosigkeit (§ 380 Abs. 1 Satz 2), indem sie einen verstärkten Einsatz der Vergleichsbehörden und dadurch eine Entlastung der Justiz bezweckt (Begr. aaO S. 44).

9. Änderungen des GVG

159   **a)** Der neu gefaßte **Absatz 4 des § 36** bringt veränderte Bestimmungen über die Zahl der in die Vorschlagslisten des Bezirks des Amtsgerichts aufzunehmenden Personen.

160   **b)** Dem **§ 58 Abs. 2** wurden die **Sätze 2 und 3** angefügt, die bestimmten (hier nicht näher darzustellenden) besonderen Fallgestaltungen Rechnung tragen.

161   **c)** Die Neufassung des § 76 bringt neben einer redaktionellen Überarbeitung und Vereinfachung ohne weitere inhaltliche Änderung die Neuerung, daß der Vorsitzende der Kleinen Strafkammer außerhalb der Hauptverhandlung — abweichend vom bisherigen Recht — allein tätig wird[102].

162   **d)** Die Einfügung eines **neuen Satzes 3 in § 77 Abs. 2** trägt, wie die Ergänzung des § 58 Abs. 2, bestimmten, bei der Erläuterung des § 77 Abs. 2 näher darzustellenden Fallgestaltungen Rechnung.

163   **e)** Die Änderung (Ersetzung von „zwei" durch „drei") in **§ 78 b Abs. 1 Nr. 1** bezweckt Personaleinsparungen bei den Strafvollstreckungskammern durch Erhöhung der Zuständigkeit der „Kleinen" Strafvollstreckungskammern für Freiheitsstrafen bis zu drei Jahren[103].

---

[102] Dazu Begründung des RegEntw. BT-Drucks. 10 1313, S. 43.

[103] Der Vorschlag des RegEntw. des StVÄG 1984 auf Erhöhung bis zu 5 Jahren fand keine Zustimmung. Wegen der erwarteten zahlenmäßigen Auswirkung der Änderung vgl. Begründung des RegEntw. BT-Drucks. 10 1313, S. 43: 12 Richterstellen.

f) Der neu eingefügte § 6 EGGVG enthält eine **allgemein geltende** Übergangsvor- **164** schrift für das Recht der ehrenamtlichen Richter, um zu vermeiden, daß künftig bei Änderungen jeweils neue Übergangsvorschriften erlassen werden müssen.

10. Änderungen des OWiG. Bei den die §§ 60, 67, 87, 88, 108 betreffenden Ände- **165** rungen handelt es sich um Anpassungsänderungen, die Änderungen der StPO Rechnung tragen und von deren Darstellung im einzelnen hier abgesehen werden kann.

IX. Ausblick

Anläßlich der Verabschiedung des StVÄG 1987 im Bundestag gab BJustMin. *En-* **166** *gelhard* folgende Erklärung ab: „Jetzt aber ist eine Konsolidierungspause erforderlich. Diese Pause muß dazu genutzt werden, eine Gesamtreform mit einer konsensfähigen Gesamtperspektive für das Strafverfahrensrecht der kommenden Jahrzehnte weiterzutreiben. Ich habe an Länder und Verbände den Vorschlag herangetragen, eine **Große Strafverfahrenskommission** zu bilden, und bin dabei auf großes Interesse und breite Zustimmung gestoßen. Dieser Plan wird zügig, aber mit der gebotenen Sorgfalt und ohne Zeitdruck gefördert. Durch das StVÄG [1987] wird gewährleistet, daß die Zeit für eine gründliche Vorbereitung des Jahrhundertwerks der Gesamtreform zur Verfügung steht."[104] Eine entsprechende Erklärung gab der Minister auch beim Durchlauf des Gesetzes im Bundesrat ab[105].

Für die Strafprozeßlehre, die zunächst im Zeichen des Konzepts einer Gesamtre- **167** form durch Teilgesetze und auch danach ihre Aufmerksamkeit im wesentlichen auf die Erarbeitung von Entwürfen für einzelne Verfahrensabschnitte oder Einrichtungen gewandt hat[106], wird die Zeit gekommen sein, sich der Aufgabe einer umfassenden Gesamtkonzeption zuzuwenden, ein Unternehmen, wie es in neuerer Zeit beispielsweise von *Rieß* in FS-K. Schäfer (1980) S. 155, 192 ff in Form von Leitsätzen und von *Wolter* GA **1985** 49 durchgeführt worden ist.

---

[104] 253. Sitzung des Deutschen Bundestages vom 4. 12. 1986 – Plenarprotokoll 10 253, S. 19759 mit Zustimmung auch von Rednern der Opposition; vgl. auch Information „recht" des BMJ Nr. 74/86 vom 29. 9. 1986; *Engelhard* ZRP **1987** 107.

[105] Sitzung vom 19. 12. 1986 – Plenarprot. 572, S. 764.

[106] Vgl. außer den in anderem Zusammenhang (z. B. Kap. 4 36) schon genannten oder erörterten Reformvorschlägen betr. Ermittlungsverfahren oder Hauptverhandlung die Vorschläge des Arbeitskreises Strafprozeßreform betr. Verteidigung 1979 – dazu u. a. *Hassemer* ZRP **1980** 33; *Hanack* ZStW **93** (1981) 559 – und betr. Untersuchungshaft (1983). S. auch *Rieß* Über die Beziehungen zwischen Rechtswissenschaft und Gesetzgebung im heutigen Strafprozeßrecht, ZStW **95** (1983) 529, 534 ff, 558; *Wolter* GA **1985** 49.

KAPITEL 6

Wesen, Zweck und Mittel des Strafverfahrens

Übersicht

I. Strafverfahren und materielles Strafrecht

1   Das Strafgesetz (das materielle Strafrecht) regelt zum Schutz der Rechtsordnung die Rechtsfolgen strafrechtlicher Art, die sich an die Verwirklichung eines gesetzlichen Straftatbestandes anschließen. Das Strafprozeßrecht dient der Verwirklichung des materiellen Strafrechts, der Durchsetzung der Strafdrohung im Einzelfall. Zwischen materiellem Strafrecht und Strafprozeßrecht können weitere Beziehungen entstehen, namentlich kann die Vermeidung von Beweisschwierigkeiten im Verfahren Veranlassung zur Gestaltung oder Auslegung des materiellen Rechts sein, etwa zur Bildung von Auffangtatbeständen führen. In diesem Sinn kann das Strafverfahren „strafrechtsgestaltende Kraft" haben[1]. Da das Strafverfahrensrecht die Formen regelt, unter denen sich die Aufklärung des Sachverhalts, die Feststellung der Schuld und die Verhängung der Strafe und sonstiger im Strafgesetz angedrohter Unrechtsfolgen vollzieht, wird es auch **formelles Strafrecht** genannt. Die Vorschriften über das Strafverfahren gehören gleich denen über das Verbrechen und seine Bestrafung dem öffentlichen Recht an. Auch sie erzeugen öffentlich-rechtliche Rechte und Pflichten. Doch decken die Rechte und Pflichten, die auf dem Boden des Verfahrensrechts erwachsen, sich nicht mit denen, die aus dem sachlichen Recht hervorgehen. Sie weichen vielmehr von diesen hinsichtlich des Grundes, hinsichtlich der Träger der Rechte und Pflichten und hinsichtlich ihres Inhalts ab.

Die **Entwicklung des** modernen **materiellen Rechts** ist nämlich dadurch gekenn- **1a** zeichnet, daß die schuldhaft rechtswidrige Verwirklichung eines Straftatbestandes nicht mehr lediglich repressiv zur Verhängung eines Strafübels als Reaktion auf den Rechtsbruch führt, sondern daß, dem Sozialstaatsprinzip (Art. 20 GG) entsprechend, die Mittel des Strafrechts auch zur Förderung der Sozialisation (Resozialisierung) des Täters, zu seiner Eingliederung (Wiedereingliederung) eingesetzt werden, wie insbesondere auf dem Weg des in seinem Anwendungsbereich schrittweise ausgedehnten Institut der Aussetzung einer Freiheitsstrafe zur Bewährung (§§ 56 ff StGB), der Aussetzung der Vollstreckung des Restes einer zeitigen oder — neuerdings auch — einer lebenslangen Freiheitsstrafe (dazu § 454 i. d. F. des 20. StRÄndG), der Verwarnung mit Strafvorbehalt (§ 59 StGB) und des Absehens von Strafe (§ 60 StGB) als der mildesten Form einer strafrechtlichen Reaktion. Die StPO begleitet diese Entwicklung, indem sie nicht nur die vollstreckungsrechtliche Durchführung dieser Vorschriften regelt, sondern sie durch eigene selbständige Maßregeln mit gleicher Zielrichtung ergänzt. Dies gilt insbesondere für die Einstellung des Verfahrens nach Erfüllung von Auflagen gemäß § 153 a, die nicht ins Bundeszentralregister eingetragen wird und sich im Bereich der kleineren Kriminalität als „verurteilungslose Friedensstiftung ohne Verzicht auf Sanktionen, aber ohne Strafe und Vorbestraftsein"[2] darstellt. Oder: Das StGB sieht zwar bei Geldstrafen keine Strafaussetzung zur Bewährung vor, im Interesse der Resozialisierung werden aber Geldstrafen von nicht mehr als 90 Tagessätzen nicht in das Führungszeugnis aufgenommen (§ 30 Abs. 2 Nr. 5 BZRG), und wenn zu Geldstrafe neben Freiheitsstrafe verurteilt, letztere aber zur Bewährung ausgesetzt worden ist, so kann das Gericht anordnen, daß auch die Vollstreckung der Geldstrafe unterbleibt, wenn deren Vollstreckung die Wiedereingliederung des Verurteilten erschweren kann[3]; darüber hinaus kann bei Nichtbeitreibbarkeit einer Geldstrafe nach § 459 f das Unterbleiben der Vollstreckung der Ersatzfreiheitsstrafe angeordnet werden, wenn deren Vollstreckung für den Verurteilten eine unbillige Härte wäre[4]. Und schließlich gehört zu den Aufgaben des Strafverfahrens auch das weite Gebiet der Rücksichtnahme auf das Tatopfer und der Förderung seiner Belange (dazu Kap. **5** 119 ff).

---

[1] Vgl. dazu *Peters* Die strafrechtsgestaltende Kraft des Strafprozesses (1963); *Lüderssen* Die strafrechtsgestaltende Kraft des Beweisrechts, ZStW **85** (1973) 288; *Rieß* FS K. Schäfer 168; *Volk* Kriminalpolitik und Prozeßrecht, JZ **1982** 90; weit. Nachw. bei Müller-Dietz ZStW **93** (1981) 1189 Fußn. 46.

[2] *Kleinknecht/Meyer*[37] § 153 a, 2; vgl. auch LR-*Rieß* § 153 a, 8 ff mit weit. Nachw.; kritisch zu dieser Betrachtungsweise *Naucke* FS Lackner (1987) 706 ff, insbes. Fußn. 37.

[3] § 459 d und dazu LR-*Wendisch* § 459 d, 8; 9.

[4] Dazu LR-*Wendisch* § 459 f, 3.

Karl Schäfer

II. Staatlicher Strafanspruch und Justizgewährungspflicht

2   **1. Staatlicher Strafanspruch.** Die Straftat begründet die Pflicht des Täters, als Ausfluß seiner Unterwerfung unter das Gesetz, das zu leiden, was das Strafgesetz als die **Folge der Tat** vorschreibt. Zugleich mit dieser Pflicht des Täters entsteht als Gegenstück die Pflicht des Staates, Justiz zu gewähren und dem Rechtsbrecher die im materiellen Strafrecht angedrohten Unrechtsfolgen aufzuerlegen. Denn nachdem der Staat in einem langen Kampf gegen Selbsthilfe und Privatrache das **Recht** zu strafen[5] bei sich monopolisiert hat, erwächst ihm daraus die im Wesen des Rechtsstaats (Art. 28 GG) begründete Pflicht, durch Schaffung und Aufrechterhaltung einer funktionsfähigen Rechtspflege (unten Rdn. 13) der Androhung von Unrechtsfolgen im Strafrecht deren Verwirklichung im Strafprozeß nach Begehung der Tat folgen zu lassen; der dahinterstehende Verfolgungszwang gibt der Strafdrohung die rechte Kraft zur (speziellen und generellen) Prävention, zur Verteidigung der Rechtsordnung (vgl. §§ 47 Abs. 1, 56 Abs. 3 StGB). Solange nun die Tat oder die Täterschaft des Verbrechers verborgen bleibt, führen das nach Maßgabe des sachlichen Strafrechts begründete Recht (der „Strafanspruch") und die Pflicht des Staates, zu strafen oder die sonstigen im Strafgesetz vorgesehenen Reaktionen folgen zu lassen, ein Dasein ohne äußere Wirkung. Dauert dieser Zustand eine geraume, je nach der Schwere der Rechtsverletzung bemessene Zeit an, so bleibt der Rechtsbrecher straffrei, wobei an dieser Stelle nicht weiter zu erörtern ist, ob diese Wirkung der Verjährung materiellrechtlich als ein „Erlöschen des Strafanspruchs" oder verfahrensrechtlich als Verfolgungshindernis, als Verbot der Verfolgung zu würdigen ist oder ob die Verjährung zugleich materiellrechtliche und verfahrensrechtliche Züge aufweist (s. dazu Kap. **12** 78).

3   **2.** Die dem **Verfahrensrecht entspringenden Rechte und Pflichten** sind an andere Voraussetzungen gebunden als die des sachlichen Rechts. Die Strafdrohungen des materiellen Strafrechts gelten als die des sachlichen Rechts der Idee nach nur dem, der wirklich nach der äußeren und inneren Seite den gesetzlichen Tatbestand verwirklicht; nur gegen ihn wird ein staatlicher Strafanspruch nach sachlichem Recht begründet, und nur ihn trifft materiellrechtlich die Pflicht, Strafe auf sich zu nehmen und ihren Vollzug zu erdulden. Verfahrensrechtlich gesehen aber verschiebt sich das Bild. Die Strafverfolgungsorgane, denen der Staat die Verwirklichung des Strafanspruchs übertragen hat, müssen der Natur der Sache nach grundsätzlich schon einschreiten, wenn ein genügender Verdacht vorliegt, daß eine strafbare Handlung begangen sei, und ihre Maßnahmen gegen den richten, der der Tat verdächtig ist. Das Verfahren richtet sich nicht gegen den (wirklichen) Täter, sondern gegen den der Tat (mit Recht oder zu Unrecht) Beschuldigten.

4   **3. Fehlurteil.** Gewiß ist es — vereinfachend ausgedrückt — Ziel des Strafverfahrens, im Einklang mit dem sachlichen Strafrecht nur den Täter der Bestrafung zuzuführen, den Unschuldigen aber aus dem Verfahren zu entlassen, spätestens durch Freispruch in der Hauptverhandlung. Durch die Unzulänglichkeit menschlichen Erkennens und Könnens kann es aber dahin kommen, daß das Strafverfahren mit einem dem mate-

---

[5] Auf den dogmatischen Streit über den Begriff eines „Strafanspruchs" und über die rechtstheoretische Begründung des jus puniendi (vgl. dazu etwa *H. Kaufmann* Strafanspruch, Strafklagerecht 1968; *Klose* Jus puniendi und Grundgesetz ZStW **86** [1974] 33) kann in diesem Überblick nicht weiter eingegangen werden. Zum Begriff der Justizgewährungspflicht vgl. *Peters* FS Dünnebier 53.

riellen Recht entgegengesetzten Ergebnis endet, daß der Schuldige freigesprochen und der Unschuldige bestraft wird. Zu einem solchen **Fehlurteil**[6] kann es auch kommen, ohne daß dem Gericht daraus ein Vorwurf zu machen ist, so wenn das Gericht seine Überzeugung von der Schuld des Angeklagten auf eine glaubwürdige, aber objektiv falsche Zeugenaussage, auf ein unrichtiges Sachverständigengutachten oder auf ein nach Lage des Falles glaubhaftes, aber objektiv unrichtiges Geständnis des Angeklagten stützt. Wird ein solches Urteil rechtskräftig, so bewirkt, soweit und solange nicht etwa auf dem Weg der Wiederaufnahme des Verfahrens eine dem materiellen Recht entsprechende Lage hergestellt werden kann, die Rechtskraft des Urteils, daß an die Stelle der aus dem materiellen Recht sich ergebenden Rechtslage fortan die dem Urteil gemäße Rechtslage tritt: Bei unrichtigem Freispruch bleibt die Weisung des Strafgesetzes („wird bestraft") unvollzogen, und der falsch Verurteilte muß den Vollzug der Strafe dulden (vgl. dazu Kap. **12** 53). Während der Idee nach der Strafrichter deklatorisch über Schuld und Nichtschuld entscheidet, wirkt das Fehlurteil — nicht anders als das unrichtige Urteil im Zivilprozeß — wie ein Gestaltungsurteil[7].

4. Beweisbeschränkungen. Der Fall des Fehlurteils infolge unrichtiger tatsächlicher **5** Feststellungen aber ist nicht der einzige Fall, in dem materielle Rechtslage und Urteil voneinander abweichen können. Aus Gründen, die noch zu erörtern sind (Rdn. 7 und Kap. **14**), gestattet das Gesetz den Strafverfolgungsorganen nicht, alle zur Aufklärung möglichen und zur Überführung des Beschuldigten geeigneten Beweismittel einzusetzen, sondern zieht der Benutzung von Beweismitteln Schranken durch Beweis- und Beweisverwertungsverbote. Bei der Urteilsfindung entscheidet der Strafrichter zwar ohne Bindung an Beweisregeln nach seiner freien Überzeugung, aber nur, soweit er diese Überzeugung auf das Ergebnis einer verfahrensrechtlich zulässigen und prozeßordnungsgemäß durchgeführten Beweisaufnahme stützen kann (§ 261 StPO). Das bedeutet, daß gewissermaßen das Verfahrensrecht die Tragweite der materiellrechtlichen Strafdrohung einengt: Nach materiellem Recht wird bestraft, wer eine Tat begangen hat; das Verfahrensrecht aber läßt die Bestrafung nur zu, wenn der Beweis mit zugelassenen, mit „justizförmigen" Mitteln erbracht ist. So kann es dahin kommen, daß das Gericht von der Schuld des Angeklagten überzeugt, aber durch das Verfahrensrecht, insbesondere durch die Sperrkraft der mit unzulässigen Mitteln herbeigeführten Aussage (§ 136 a Abs. 3 Satz 2) gehindert ist, zu verurteilen, und im Widerspruch zum materiellen Recht den Angeklagten freisprechen muß. Dann ist das Urteil materiellrechtlich „falsch", verfahrensrechtlich aber „richtig". Eine entsprechende Lage ergibt sich, wenn das Verbot der Verschlechterung (§§ 331, 358) oder die durch Teilanfechtung oder Teilaufhebung eingetretene Teilrechtskraft das Gericht daran hindern, in vollem Umfang die aus dem materiellen Recht sich ergebenden Folgerungen bei der Urteilsfindung zu ziehen, wenn es also z. B., falls der Angeklagte nur gegen den Strafausspruch Berufung

---

[6] Vgl. dazu aus dem neueren **Schrifttum:** *Hirschberg* Das Fehlurteil im Strafprozeß (1960); *Peters* Untersuchungen zum Fehlurteil im Strafprozeß (1967); Fehlerquellen im Strafprozeß, Bd. I 1970, Bd. II 1972, Bd. III 1974; Justizgewährungspflicht und Abblocken von Verteidigungsvorbringen, FS Dünnebier 53; Lehrb.[4] S. 70; *Jagusch* Lehren eines Mordprozesses, NJW **1971** 2198; *Fingas* Die Fehlentscheidungen des Richters im deut-

schen Strafverfahren, Diss. Saarbrücken 1971.

[7] Weitergehend wird gelehrt, daß jedes verurteilende Erkenntnis ein Gestaltungsurteil darstellt (so z. B. *Eb. Schmidt* I 30 f), weil es den Beschuldigten aus dem Rechtszustand des „Nichtbestraftseins" in den des „Bestraftseins" versetzte. Die Frage ist hier nicht zu erörtern.

Karl Schäfer

eingelegt hat, den rechtskräftig gewordenen Schuldspruch hinnehmen und eine Strafe auf der Grundlage der früher getroffenen Schuldfeststellungen auswerfen muß, auch wenn sich in der Hauptverhandlung zur Straffrage die Schuldunfähigkeit (§ 20 StGB) des Angeklagten zur Tatzeit ergibt[8].

6   **5. Pflichten dritter Personen.** Schließlich entfernen sich die durch das Verfahrensrecht begründeten Rechte und Pflichten noch nach einer anderen Richtung von denen, die sich aus dem materiellen Recht ergeben, indem das Verfahrensrecht auch **Personen, die** an der Straftat **unbeteiligt** sind (Zeugen, Sachverständige, Einziehungsbeteiligte, Besitzer von Beweisgegenständen), Mitwirkungs- und **Duldungspflichten** auferlegt.

III. Ziel und Mittel des Strafverfahrens

7   **1. Wahrheitsermittlung.** Von Sonderformen wie z. B. objektives Verfahren und Sicherungsverfahren abgesehen dient das Strafverfahren dazu, zur Verwirklichung des materiellen Strafrechts festzustellen, ob gegen eine bestimmte Person ein staatlicher Strafanspruch entstanden ist und besteht, bejahendenfalls die Schuld auszusprechen und die Rechtsfolgen festzusetzen[9], verneinendenfalls den Beschuldigten aus dem Verfahren zu entlassen. Das Ziel des Verfahrens ist zunächst die Aufklärung des Sachverhalts, die **Ermittlung der Wahrheit** (vgl. Kap. **13** 44)[10]. Aber es wäre mit rechtsstaatlichen Vorstellungen unvereinbar, die Aufklärung des wirklichen Sachverhalts mit allen vorhandenen Mitteln zu betreiben, vielmehr kommt eine Ermittlung der Wahrheit nur in einem geregelten Verfahren und nur mit justizförmigen Mitteln in Betracht. Die Prozeßordnung kennt keinen Grundsatz, daß die Wahrheit um jeden Preis erforscht werden müßte (BGHSt **14** 358). „Es geht in der Strafrechtspflege nicht nur um die materiellrechtliche Richtigkeit der Urteile, sondern ebensosehr auch um ihre Gewinnung auf keinem anderen als dem justizförmigen Wege" (*Eb. Schmidt* JZ **1958** 601). Dieser Grundsatz wird in seinen Auswirkungen keineswegs immer als selbstverständlich empfunden. Einem naiven Gemüt mag es als verdienstlich oder wenigstens erträglich erscheinen, den leugnenden Mörder zu überlisten, indem der Kriminalbeamte ihm als angeblicher Mitgefangener und Zellengenosse ein Geständnis entlockt. Aber § 136 a verbietet die Verwertung eines solchen „Geständnisses" (*Bader* JZ **1958** 499) und hält dem Beschuldigten zugute, daß er ja nicht der Strafverfolgungsbehörde gegenüber eingestehen, sondern dem angeblichen Mitgefangenen, auf dessen Verschwiegenheit er unter der Einwirkung der Täuschung baute, ein Geheimnis anvertrauen wollte. Die Würde der Rechtspflege verbietet es, die Überführung des Schuldigen auf solche „Tricks" zu gründen. Auch der schwerster Straftaten Beschuldigte und dringlich Verdächtige hat Anspruch auf ein faires, gesetzmäßiges Verfahren. Das schlägt sich in dem Satz nieder, bei jedem Angeklagten werde bis zum gesetzmäßigen Nachweis seiner Schuld vermutet, daß er unschuldig

---

[8] Vgl. z. B. BGHSt **7** 283; **10** 71; zu den Möglichkeiten, in solchen Fällen die Bestandskraft zu durchbrechen, vgl. die einschlägigen Erl. bei § 318.

[9] Oder auch nur die Schuld festzustellen, von Strafe aber abzusehen, wenn das sachliche Recht, z. B. nach § 60 StGB, sich mit dieser Reaktion auf den Gesetzesverstoß begnügt; dann liegt in dem Ausspruch, daß von Strafe abgesehen werde (vgl. § 260 Abs. 4 S. 4), zugleich die Schuldfeststellung, die nach § 464

Abs. 1 Satz 2 einer Verurteilung gleichkommt (vgl. dazu *Wagner* Die selbständige Bedeutung des Schuldspruchs im Strafrecht, GA **1972** 33).

[10] S. dazu *Volk* Wahrheit und materielles Recht im Strafprozeß (1980); *Köster* Die Rechtsvermutung der Unschuld, Historische und dogmatische Grundlagen, Diss. Bonn **1979**; *Hetzer* Wahrheitsfindung im Strafprozeß (1982); *Peters* FS Dünnebier 56, Fußn. 9.

ist (Art. 6 Abs. 2 MRK). Keinerlei Ausnahmen sind zulässig; in keinem Fall heiligt der Zweck die Mittel. Diese Starrheit rechtfertigt sich, mag auch im Einzelfall ein Verbrecher der verdienten Strafe entgehen, aus der Erwägung, daß von der ausnahmsweise hingenommenen Überlistung zur psychischen Aussageerpressung nur ein Schritt wäre, und am Ende stünde die „verschärfte" Vernehmung. So läßt sich das Ziel des Strafverfahrens kennzeichnen als die Gewinnung eines auf Wahrheit und Gerechtigkeit beruhenden Urteils.

Der Umstand, daß kraft des Grundsatzes der Gesetzmäßigkeit (Rechtsstaatlich- **7a** keit) des Verfahrens der Ermittlung der Wahrheit Grenzen gesetzt sind und daß andererseits auch ein gesetzmäßig zustande gekommenes, also materiell unrichtiges Urteil zu respektieren ist (Rdn. 4), hat im Schrifttum zu verschiedenen Ansätzen geführt, das letzte **Ziel des Strafverfahrens anders zu bestimmen**[10a], so in der Schaffung von Rechtsfrieden[11], in der Herstellung von Rechtssicherheit durch Rechtskraft[12] oder in der ausdifferenzierten Konfliktsabsorption[13].

2. Gestaltende Prinzipien des Verfahrens im allgemeinen. Das Strafverfahren in **8** seiner heutigen Gestalt ist dadurch gekennzeichnet, daß über Schuld und Strafe nur das unabhängige, örtlich und sachlich zuständige, von vornherein nach abstrakten Merkmalen berufene Gericht (der „gesetzliche Richter") in einem vorgeschriebenen Verfahrensgang entscheidet, in dem die Befugnisse der staatlichen Organe begrenzt, die Rechte des Beschuldigten aber durch feste Vorschriften, vor allem über Art und Umfang der Beweisaufnahme, auf die das Gericht seine Überzeugung von der Schuld des Angeklagten gründen darf, gewährleistet sind. Diese Gestaltung ist das Ergebnis einer langen und mühseligen, von Rückschritten immer wieder zeitweise unterbrochenen und noch im Fluß befindlichen Entwicklung, deren Grundtendenz sich schlagwortartig etwa als die Erhöhung des Angeklagten vom Prozeßobjekt zum Prozeßsubjekt und die Festigung und der Ausbau dieser Stellung charakterisieren ließe. Mancherlei geistige, politische und soziale Strömungen und Gedankengänge, die hier nur anzudeuten sind, haben diese Entwicklung beeinflußt. In der Aufklärungszeit beginnt die Beseitigung der Folter, der Zwang zum Geständnis wird als menschenunwürdig, aber auch als untauglich zur Erforschung der Wahrheit erkannt. Die **Achtung vor der Menschenwürde** des Beschuldigten und das Wissen um die Gefahren für die Wahrheitsfindung durch die Grenzen menschlicher Erkenntnis wirken fortan und in zunehmendem Maße auf die Gestaltung des Verfahrens ein. Heute begrenzt Art. 1 GG: „Die Würde des Menschen ist unantastbar. Sie zu achten und zu schützen ist Verpflichtung aller staatlichen Gewalt" verfassungsmäßig über und neben den Einzelnormen des Verfahrensrechts den Umfang der Macht- und Zwangsbefugnisse der staatlichen Organe auch im Strafprozeß[14]. Die-

---

[10a] Übersicht bei *Schreiber* Verfahrensrecht und Verfahrenswirklichkeit, ZStW **88** (1976) 117 ff; vgl. auch *Krauß* Das Prinzip der materiellen Wahrheit im Strafprozeß, FS Schaffstein 411; gegen diese Ansätze nachdrücklich *Eb. Schmidt* I 20 und JZ **1968** 683.

[11] So vor allem *Schmidhäuser* Zur Frage nach dem Ziel des Strafprozesses, FS Eb. Schmidt 511; *Volk* Prozeßvoraussetzungen im Strafrecht (1968) 173 ff; dazu kritisch *Gaul* AcP **1968** 57. Nach *Rieß* FS K. Schäfer 170 ist zwar Sicherung des Rechtsfriedens das Prozeßziel, aber unter der Voraussetzung,

daß der Prozeßablauf in seinem normativen Gefüge an den Zielen Wahrheit und Gerechtigkeit orientiert bleibt.

[12] *Lampe* GA **1968** 33, 48.

[13] *Luhmann* Legitimation durch Verfahren (1975), wohl auch ähnlich *Schlüchter* 2, 367, 496, 623.1: „der Ausgleich widerstreitender Ziele, insbesondere der Konflikt zwischen Gerechtigkeit und dem Schutz des Individualinteresses".

[14] Vgl. BGH NJW **1962** 1876; *Arndt* NJW **1961** 897; *Woesner* NJW **1961** 533.

Karl Schäfer

sem Verfassungsgebot förmlich Ausdruck zu verleihen, ist der Sinn des § 136 a StPO, und Fragen wie z. B. die, ob als Beweismittel die Verwendung eines Lügendetektors oder heimlicher Tonbandaufnahmen von Aussagen eines Beschuldigten[15] zulässig ist, hat die Rechtsprechung aus dem Geist des Verfassungsgrundsatzes heraus verneinend beantwortet (BGHSt **5** 332; **14** 358 = NJW **1960** 1580; dazu Kap. **14** 27).

9   Das Wissen um die Grenzen menschlicher Erkenntnisfähigkeit, das Bestreben, das Äußerste zu tun, was zumutbarerweise möglich ist, um der Verteidigung des Beschuldigten Raum zu geben und vorschnelle Urteilsfindung mit der Gefahr des Justizirrtums auszuschließen, führt schließlich zu dem **Grundsatz der gebundenen Beweisaufnahme**, des Strengbeweises (§§ 244, 245). Daneben erheben sich im 19. Jahrhundert die Forderungen nach Rechtsstaatlichkeit und Rechtssicherheit. Der Ausgangspunkt ist die Überlegung, daß der Beschuldigte auch bei noch so starkem Tatverdacht nicht als Schuldiger behandelt werden darf, solange seine Schuld nicht durch rechtskräftiges Urteil festgestellt ist (heute Art. 6 Abs. 2 MRK; Rdn. 7). Die Freiheit des Individuums aber, wie auch des Beschuldigten, muß gegenüber der allmächtigen Staatsgewalt geschützt werden; der Staat darf in die Rechtssphäre des Individuums nur insoweit eingreifen, als es im Interesse des Gemeinwohls unabwendbar ist. Die Freiheit der Person, die Unverletzlichkeit der Wohnung, die Wahrung des Briefgeheimnisses usw. werden schließlich zu Verfassungssätzen erhoben. Das führt dazu, einmal die Grenzen staatlicher Zwangsbefugnisse im Strafverfahren unter dem Gesichtspunkt zu ordnen, inwieweit sie im Interesse der Verbrechensbekämpfung und -verfolgung **unentbehrlich** sind; die Entwicklung geht dabei — insbesondere bei der Untersuchungshaft — deutlich dahin, die Anforderungen an die Unentbehrlichkeit zu verschärfen (vgl. Kap. **3** 63). Die Rechtsstaatlichkeit fordert weiter die Einhaltung eines bestimmten Ablaufs des Verfahrens, die Wahrung vorgeschriebener Förmlichkeiten, die Beachtung von Fristen, dergestalt, daß sich der Beschuldigte darauf einrichten kann, und die Befolgung der zu seinem Schutz und im Interesse seiner Verteidigung erlassenen Vorschriften nur unterbleiben darf, wenn er, soweit dies zulässig ist, darauf verzichtet. Die Rechtssicherheit verlangt schließlich, daß eine einmal abgeurteilte Sache grundsätzlich nicht wieder aufgerollt werden darf. Art. 103 Abs. 3 GG hat im Hinblick auf die Aushöhlung der Rechtskraft in der vorangehenden Zeit dem Verbot „ne bis in idem" Verfassungskraft beigelegt. Nur in engen Grenzen läßt das Gesetz (§§ 359 ff StPO) Ausnahmen durch die Wiederaufnahme des Verfahrens zu.

3. Grundsatz der Verhältnismäßigkeit (Übermaßverbot)

10   **a) Bedeutung.** Heute ergeben sich auch ungeschriebene Grenzen staatlichen Vorgehens und Eingreifens der staatlichen Strafverfolgungsorgane weithin aus dem **Grundsatz der Verhältnismäßigkeit**, den die Rechtsprechung aus den Einzelvorschriften der StPO, im übrigen aber aus dem Prinzip des Rechtsstaats (Art. 28 GG) und aus dem Wesen der Grundrechte, namentlich der Art. 1, 2 GG in Verbindung mit der Unschuldsvermutung des Art. 6 Abs. 2 der Menschenrechtskonvention entwickelt hat. Er besagt, daß das Ob und Wie, die Art und Schwere staatlicher Verfolgungsmaßnahmen in einem angemessenen Verhältnis zur Schwere und Bedeutung der dem Beschuldigten zur Last gelegten Tat stehen, daß die Schwere des bestehenden Tatverdachts sie rechtfertigen und daß die Maßnahme zur Ermittlung und Verfolgung erforderlich sein muß, weil andere, weniger einschneidende Mittel zur Erreichung des Zweckes nicht zur Verfügung

---

[15] Vgl. dazu u. a. *Weiss* Heimliche Tonbandaufnahmen durch Strafverfolgungsorgane,   Diss. Erlangen 1976; ausführlich mit weit. Nachw. LR-*Hanack* § 136 a, 44; 56.

stehen[16]. Der die gesamte Verfahrensgestaltung beherrschende Grundsatz der Verhältnismäßigkeit hat verfassungsrechtlichen Rang[17]. Aus ihm ergibt sich, daß es nicht genügt, daß ein Eingriff in die Sphäre des Beschuldigten, insbesondere in seine körperliche Freiheit und körperliche Unversehrtheit, aber auch in die Meinungs-, Presse- und Informationsfreiheit, auf einer gesetzlichen Grundlage beruht. Denn das Gesetz, das den Eingriff erlaubt, muß seinerseits im Licht der Bedeutung schützender Grundrechte gesehen werden[18]. Die Verfahrensgestaltung „rückt damit aus dem Bereich des nur Zweckmäßigen hinaus. In diesem Sinn kann die Verfassung eine bestimmte Verfahrensgestaltung erzwingen, wobei u. U. an sich beachtliche Gesichtspunkte zweckmäßigen Verfahrensablaufes hinter das Gebot des Grundrechtsschutzes zurücktreten und auch verfahrensrechtliche Unbequemlichkeiten in Kauf genommen werden müssen"[19]. Aufgabe des Richters ist es demgemäß, wenn die einen Eingriff zulassenden verfahrensrechtlichen Vorschriften nicht eine erkennbar abschließende Regelung im Hinblick auf die Bedeutung des Verhältnismäßigkeitsgrundsatzes enthalten, im Einzelfall eine Abwägung der Bedürfnisse der Strafrechtspflege unter Berücksichtigung der wertsetzenden Bedeutung der Grundrechte und des Verhältnismäßigkeitsgrundsatzes vorzunehmen[20].

Beispiele: Aus dem verfassungsrechtlichen Verhältnismäßigkeitsgrundsatz wird abgeleitet, daß er nicht nur bei der Anordnung der **Untersuchungshaft** zu berücksichtigen ist — das besagt bereits § 112 Abs. 1 Satz 2 StPO —, sondern auch für deren Dauer und ihren Vollzug maßgebend ist (BVerfGE **34** 369, 380). Daraus folgt z. B., daß er über die Beschränkungen des § 121 StPO („Sechsmonatsgrenze") hinaus eine ungewöhnlich lange Dauer der Untersuchungshaft verbietet, wenn die Strafverfolgungsorgane und der für ihre ausreichende personelle Ausstattung verantwortliche Staat nicht alle möglichen und zumutbaren Maßnahmen ergriffen haben, um die notwendigen Ermittlungen mit der gebotenen Schnelligkeit abzuschließen und die Sache zur Aburteilung zu bringen. Der Verhältnismäßigkeitsgrundsatz schließt aus, daß Versäumnisse der Strafrechtspflege zu Lasten des Beschuldigten gehen, mag er auch schwerster Straftaten verdächtig sein[21]. Beim **Vollzug** der Untersuchungshaft gebietet der Grundsatz der Verhältnismäßigkeit, Ausnahmen von einer an sich zulässigen generellen Beschränkung des Brief- und Besuchsverkehrs (§ 119 Abs. 3 StPO) zu gestatten, wenn im Einzelfall eine reale Gefährdung des Haftzweckes oder der Ordnung in der Anstalt ersichtlich nicht zu befürchten ist[22]. Oder: Nach § 230 Abs. 2 ist gegen einen Angeklagten, der nach ordnungsmäßiger Ladung **unentschuldigt** in der Hauptverhandlung **ausbleibt**, eine Vorführungsanordnung oder ein Haftbefehl zu erlassen. Dies gilt aber nicht, wenn es sich um eine Hauptverhandlung in der Berufungsinstanz handelt und nur der Angeklagte Berufung eingelegt hat. Denn in diesem Fall ist nach § 329 Abs. 1 Satz 1 die Berufung ohne Verhandlung zur Sache zu verwerfen, eine Vorführung also nicht nötig, um den gesetzmäßigen Abschluß des Strafverfahrens sicherzustellen; eine gleichwohl erlassene Vorführungsanordnung wäre unverhältnismäßig und daher unzulässig (BVerfGE **32** 87). Dieser Sachlage trägt der durch Art. 1 Nr. 87 des 1. StVRG vom 9. 12. 1974 neu eingefügte Absatz 4 des § 329 StPO jetzt dadurch Rechnung, daß er (von einer weiteren Berücksichtigung des Verhältnismäßigkeitsgrundsatzes abgesehen) förmlich die Anordnung der Vorfüh-

11

---

[16] BVerfGE **16** 194; **17** 108, 117; **20** 162, 187; NJW **1970** 505.

[17] BVerfGE **19** 342, 348; **34** 266, 267; **36** 264.

[18] BVerfGE **7** 198; **17** 117; **20** 162, 176; **25** 44, 55; NJW **1970** 235, 237.

[19] BVerfGE **17** 108, 117 f.

[20] BVerfGE **20** 162, 189.

[21] BVerfGE **20** 45; **36** 273 ff mit weit. Nachw.

[22] BVerfGE **34** 384, 397.

Karl Schäfer

rung oder Verhaftung des Angeklagten ausschließt, wenn nach § 329 Abs. 1 Satz 1 zu verfahren ist.

12 **b) Grenzen des Verhältnismäßigkeitsgrundsatzes.** Der Auswirkung des Verhältnismäßigkeitsgrundsatzes im einzelnen kann im Rahmen dieser summarischen Darstellung nicht nachgegangen werden; sie ergibt sich aus den Anmerkungen zu den einzelnen in Betracht kommenden Vorschriften. Hier ist nur ergänzend auf die **Schattenseiten** des lichtvollen Grundsatzes — eine gewisse Rechtsunsicherheit — hinzuweisen. Denn „die Folge dieser Herrschaft des Verhältnismäßigkeitsgrundsatzes im gesamten Bereich des Strafprozeßrechts besteht darin, daß der Richter niemals darauf vertrauen darf, daß der Strafprozeßgeber selbst bei der Festsetzung der Voraussetzungen für die einzelnen prozessualen Zwangsmaßnahmen den Verhältnismäßigkeitsgrundsatz schon mit hat maßgebend sein lassen" (*Eb. Schmidt* JZ **1968** 354, 359). Die Gefahren des Verhältnismäßigkeitsgrundsatzes liegen weniger in seiner relativen Unbestimmtheit — der Richter ist daran gewöhnt, allgemeine Obersätze, deren Grenzen der Natur der Sache nach nicht fest umrissen sind, im Einzelfall auf ihre Anwendbarkeit zu prüfen — als vielmehr in seiner exzessiven Anwendung. Das Gefüge des Prozeßrechts wird erschüttert, aus Wohltat wird Plage, wenn der Richter sich selbst über zwingende Vorschriften des Prozeßrechts mit der Begründung hinwegsetzt, der Verhältnismäßigkeitsgrundsatz gebiete es, wenn der Grundsatz durch „fanatische Übertreiber" diskreditiert wird, oder wenn er gar in Pervertierung der Grundrechtsidee als Mittel zum Angriff gegen die staatliche und gesellschaftliche Ordnung benutzt wird. Gegen solche Auswüchse richten sich die berechtigtermaßen im Schrifttum erhobenen Warnungen[23].

13 **4. Funktionstüchtigkeit der Rechtspflege.** Der Grundsatz der Verhältnismäßigkeit ist letztlich eine Folgerung aus dem Prinzip des Rechtsstaats. Der Grundsatz der Rechtsstaatlichkeit verlangt aber auch die Aufrechterhaltung einer funktionstüchtigen Rechtspflege, um den gebotenen Bedürfnissen einer wirksamen Strafrechtspflege zur Durchsetzung materialer Gerechtigkeit und des Rechtsgüterschutzes zu genügen[24]. So kann es sein, daß sich im Einzelfall der Grundsatz der Verhältnismäßigkeit und der der Aufrechterhaltung der Funktionstüchtigkeit der Rechtspflege gegenläufig gegenübertreten. Auch hieraus können sich Grenzen des Verhältnismäßigkeitsgrundsatzes ergeben. Denn für den an anderer Stelle (Kap. **12** 94) zu erörternden Problembereich rechtsstaatlicher Grenzen einer verdeckten polizeilichen Tätigkeit durch Achtung der menschlichen Persönlichkeit der Verdächtigen und ihrer Würde hat BVerfG NJW **1985** 1767 = StrVert. **1985** 178 m. Anm. *Lüderssen* unter Berufung auf BVerfGE **57** 250, 276 = NJW **1981** 1719 allgemein ausgesprochen: „Bei der Weite und Unbestimmtheit des Rechtsstaatsprinzips lassen sich im Einzelfall Folgerungen aus ihm nur ziehen, wenn sich unter Beachtung aller Umstände des Einzelfalls, insbes. der im Rechtsstaatsprinzip selbst angelegten Gegenläufigkeiten *eindeutig* ergibt, daß es fundamentale Elemente des Rechtsstaats zu wahren gilt".

---

[23] Vgl. u. a. *Eb. Schmidt* JZ **1968** 361; ZStW **80** (1968) 567, 574; NJW **1969** 1137; *Heinitz* JR **1965** 265; *Peters*[4] 352, der von der Schaffung „eines nicht unerheblichen prozessualen Geheimnisraums" spricht.

[24] BVerfGE **33** 367, 383; **36** 174, 186; **38** 312, 321; **45** 272, 294; BayVerfGH DRiZ **1986** 178, 179 u. a. m.; kritisch dazu *Hassemer* StrVert. **1982** 275.

IV. Die „Waffengleichheit"[25]

1. Ausgangslage. Auch wenn der verfolgende Staat die Machtmittel und Befug- **14**
nisse seiner Organe begrenzt, sind die Mittel, die er zur Aufklärung des Sachverhalts
einsetzen kann, ungleich größer als die des einzelnen Beschuldigten, der sich verteidigen
will. Der Staatsanwalt kann z. B. im Vorverfahren Zeugen zur Vernehmung vorladen
und ihr Erscheinen und ihre Aussage erzwingen; er kann zu Ermittlungen die Amtshilfe
aller Behörden in Anspruch nehmen, insbesondere die Polizeibehörden darum ersuchen,
und die mitunter sehr hohen Aufwendungen der Ermittlungtätigkeit trägt die Staatskasse. Der Beschuldigte hat keine vergleichbaren Befugnisse. Das Gesetz sucht diesen
Mangel nach zwei Richtungen auszugleichen: einmal durch das schon das Ermittlungsverfahren umfassende und für den meist rechtsunkundigen und vermögenslosen Beschuldigten besonders bedeutsame Institut der notwendigen Verteidigung (§§ 140 ff),
das im Lauf der Zeit immer weiter ausgebaut wurde. Zum anderen, indem es dem Staatsanwalt die Rolle des objektiven Sachwalters zuweist; er hat nicht nur die zur Belastung,
sondern auch die zur Entlastung dienenden Umstände zu ermitteln (§ 160 Abs. 2); bedeutungsvollen Anträgen des Beschuldigten auf Erhebung von Entlastungsbeweisen
muß er nachkommen (§ 163 a Abs. 2), und er hat von Amts wegen beim Gericht die Bestellung eines Verteidigers zu beantragen, wenn und sobald nach seiner Auffassung die
Verteidigung im (künftigen) gerichtlichen Verfahren notwendig sein wird (§ 141 Abs. 3;
besonders bedeutsam für das nicht dem Beschuldigten, sondern nur dem Verteidiger zustehende Recht der Einsicht in die Akten des Ermittlungsverfahrens nach Maßgabe des
§ 147). Die Rechtsprechung betont diese objektive Stellung des Staatsanwalts, indem sie
dem die Anklage in der Hauptverhandlung vertretenden Staatsanwalt, wenn er als
Zeuge benannt und vernommen wird, die Fähigkeit, weiter in der Sache Anklagevertreter zu sein, zur Erhaltung seiner Unbefangenheit nur insoweit zuspricht, als sich die
staatsanwaltlichen Aufgaben von der Erörterung und Bewertung seiner Zeugenaussage
trennen lassen[26]. Auch kann es als Grundsatz oder wenigstens als Richtlinie gelten, daß
ein Staatsanwalt nicht amtieren darf, wenn ein Grund vorliegt, der beim Richter zur
Ausschließung führt, oder wenn der Beschuldigte konkreten Anlaß zu Zweifeln an der
Objektivität des Staatsanwalts hat[27].

Zum Problem der **Ablehnung des** „eindeutig" **befangenen Staatsanwalts** ist nament- **14a**
lich seit Einführung der erweiterten Befugnisse der Staatsanwaltschaft durch § 161 a
eine umfangreiche Literatur entstanden[28]: In der Hauptsache handelt es sich um den
Weg, den der Beschuldigte beschreiten kann, um die Ablösung des — auch bei Berücksichtigung seines „Verfolgungs"-Auftrags, „seiner besonderen Lage" — „eindeutig"
befangenen Staatsanwalts zu erreichen. Nach h. M steht der Weg der Substitution (Beauftragung eines anderen Staatsanwalts nach § 145 GVG) zur Verfügung; die auf diesem Weg getroffene Entscheidung ist aber unanfechtbar. Möglich wäre auch, daß das

---

[25] **Schrifttum.** *Kohlmann* Waffengleichheit im
Strafprozeß, FS Peters 311; *Müller* Der
Grundsatz der Waffengleichheit im Strafverfahren, NJW **1976** 1063; *Rieß* FS K. Schäfer
155, 174; *Tettinger* Fairneß und Waffengleichheit (1984) (Bespr. von *Rieß* BRAK-
Mitteilungen **1984** 186; *Schreiber* JR **1986**
263); vgl. auch *Rüping* NStZ **1986** 546 zu IV.

[26] BGHSt **14** 265; **21** 85; dazu *Hanack* JR
1967 230; JZ **1971** 91.

[27] Vgl. z. B. OLG Stuttgart MDR **1974** 688
betr. Mitwirkung des Richters in der 1. Instanz als Staatsanwalt in der Hauptverhandlung vor dem Berufungsgericht.

[28] Vgl. u. a. *Frisch* FS Bruns 385, 403; *Bruns* JR
1979 28, 30; **1980** 397; *Wendisch* FS K.
Schäfer 243; *Bottke* JA **1980** 720; *Joos* NJW
1981 100; *Arloth* NJW **1983** 207; *Schairer*
Der befangene Staatsanwalt (1983); *Schlüch-*
ter 66. 1, 2; *Peters*[4] 162; vgl. auch LG Mönchengladbach JR **1987** 303 mit Anm. *Bruns*.

Karl Schäfer

Gericht auf Grund seiner Wahrnehmungen in der Hauptverhandlung eine Anregung zur Substitution gibt. Noch offen ist die Frage, ob eine Revision wegen Mitwirkung eines wegen Befangenheit „abgelehnten" Staatsanwalts oder eine Verfassungsbeschwerde zur Aufhebung des Urteils führen könnte[29]. Nach anderer Auffassung[30] ist dagegen die nach § 145 GVG getroffene ablehnende Entscheidung gemäß § 23 EGGVG anfechtbar; die Voraussetzungen dieser Vorschrift sind aber nicht gegeben[31].

14b   Sieht man von dem Sonderproblem der Ablösung des „befangenen" Staatsanwalts ab, so zeigt die Erfahrung, daß die Staatsanwaltschaft ihre in Rdn. 14 gekennzeichnete Aufgabe ernst nimmt („objektivste Behörde der Welt"). Aber mit den **Augen des Beschuldigten** sehen sich die Dinge anders an. Er wird in dem Staatsanwalt in vielen Fällen weniger oder gar nicht den objektiven Sachwalter als vielmehr den Verfolger sehen, gegen den er sich wehren will. Von seinem Standpunkt aus muß es erwünscht sein, daß ihm schon von Beginn des gegen ihn gerichteten Verfahrens an die Rolle eines Gegenspielers des Staatsanwalts mit selbständigen, denen des Anklägers soweit wie möglich angeglichenen Befugnissen zur Einwirkung auf die Sammlung und Gestaltung des Prozeßstoffs zugewiesen wird und daß ihm, wenn er nicht selbst die Mittel zur Bestellung eines Verteidigers besitzt, in möglichst weitem Umfang von Amts wegen ein Verteidiger zugeordnet wird, der ihm bei der Ausübung seiner Rechte beisteht.

15   2. Aus solchen Vorstellungen (Rdn. 14 b) erwächst schließlich das **Verlangen nach völliger Waffengleichheit von Ankläger und Beschuldigtem** und gipfelt in dem Verlangen, die Hauptverhandlung nach dem Vorbild des englisch-amerikanischen Rechts in der Weise durchzuführen, daß die Durchführung der Beweisaufnahme in den Händen der „Parteien" liegt (Kreuzverhör), während die Aufgabe des Gerichts unter Ausschluß einer eigenen inquirierenden Tätigkeit und unter Ausschluß von Vorabentscheidungen, die seine Unvoreingenommenheit beeinträchtigen könnten, sich auf die äußere Leitung der Verhandlung und auf die Fällung des Urteils beschränkt (dazu Kap. **13** 10 ff). Indessen ist der Begriff der „Waffengleichheit", weil mißverständlich, zweckmäßig zu vermeiden und allenfalls als Kürzel erträglich. Er knüpft an die Vorstellung an, als ob sich im Strafverfahren Ankläger und Beschuldigter als gleichberechtigte „Prozeßparteien" gegenüberständen und demgemäß mit „gleichen" Waffen ausgestattet sein müßten. Aber die Prozeßrollen von Kläger und Beschuldigten sind so verschieden, daß schon die Bezeichnung des Beschuldigten als „Prozeßpartei" vermieden werden sollte (Kap. **9** 4). Demgemäß kann auch von einer „Waffengleichheit" zwischen dem der Wahrheitserforschung verpflichteten Kläger und dem zum Schweigen und Leugnen berechtigten Beschuldigten nicht gesprochen werden[32]; nicht „Waffen-", sondern „Chancengleichheit" für die Erreichung einer günstigen Entscheidung, die Gewährleistung eines fair trial (Kap. **6** 17) im Sinne einer „Ausbalancierung der beiderseitigen Rechte nach Maß-

[29] Dazu BVerfG JR **1979** 29 mit Anm. *Bruns*; BGH NJW **1980** 945; *Schlüchter* 66. 1; *Wendisch* FS. K. Schäfer 265.

[30] Vgl. u. a. *Buckert* NJW **1970** 847 – gegen OLG Hamm NJW **1969** 808 –; *Bruns* FS Maurach 469, 483; *Frisch* FS Bruns 385; *Joos* NJW **1981** 100; *Arloth* NJW **1983** 207; *Roxin*[19] § 10 III 5.

[31] LR-*Wendisch* Vor § 22, 10; LR-*Schäfer*[23] § 145, 6 GVG.

[32] Dies gilt auch, wenn in der Rechtsprechung des BVerfG mitunter von einem „Grundsatz"

der Waffengleichheit gesprochen wird. Denn auch das BVerfG verwendet den Ausdruck „Grundsatz" nur in einem eingeschränkten Sinn, so z. B. wenn in BVerfG NStZ **1982** 273 (betr. Beiziehung von „Spurenakten") von „einer gewissen verfahrensrechtlichen Waffengleichheit von Staatsanwalt und Beschuldigtem" die Rede ist und (S. 274, 275) ausgesprochen ist: „Dieser Grundsatz fordert nicht, daß verfahrensspezifische Unterschiede in der Rollenverteilung in jeder Beziehung ausgeglichen werden müßten."

gabe der Verschiedenartigkeit der Prozeßrollen" kann das gesetzgeberisch zu erstrebende Ziel sein[33]. Chancengleichheit im Sinn einer „Waffengleichheit" kann deshalb nur ein Annäherungsbestreben sein. Bis zur „Waffengleichheit" reichen die Verteidigungsmöglichkeiten des Angeklagten in der Regelung des Beweisantragsrechts in der Hauptverhandlung (§ 244). Hatte der Staatsanwalt im Vorverfahren — auch bei Berücksichtigung seiner Pflicht, die entlastenden Umstände zu ermitteln (§ 160 Abs. 2) — ein Übergewicht durch die Möglichkeit, alle ihm zur Überführung des Beschuldigten geeignet erscheinenden Ermittlungen anzustellen, so gewährt das Beweisantragsrecht dem Angeklagten in der Hauptverhandlung den Ausgleich, indem es ihm die Macht verleiht, die Erhebung der ihm geeignet erscheinenden Entlastungsbeweise grundsätzlich zu erzwingen. Aber die Rechtsentwicklung geht seit langem deutlich dahin, die Stellung des Beschuldigten schon im Vorverfahren im Sinn einer Annäherung an den Gedanken einer Waffengleichheit zu verbessern, mag man dies damit begründen, die Rechtsstaatlichkeit verlange die uneingeschränkte Möglichkeit, sich schon gegen die Beschwer einer Hauptverhandlung zu verteidigen (so *Arndt* NJW **1960** 1192), oder mit BGHSt **12** 136, 139 den Gedanken der Waffengleichheit mit dem Gleichheitsgrundsatz des Art. 3 GG in Verbindung bringen. Den Anfang einer solchen Entwicklung mag man in der Untersuchungshaftnovelle 1926 erblicken, die dem in Untersuchungshaft Befindlichen das Recht einräumte, mündliche Verhandlung über die Aufrechterhaltung des Haftbefehls zu beantragen (jetzt §§ 117 bis 118 b).

Spätere, insbes. durch die „Kleine Strafprozeßreform" 1964 (Kap. **3** 61 ff) und **16** das 1. StVRG vom 9. 12. 1974 vollzogene wesentliche Schritte in dieser Richtung bestehen, vom Akteneinsichtsrecht des Verteidigers abgesehen, darin, daß dem Beschuldigten im Vorverfahren ein beschränktes **Recht auf Beweiserhebungen** zu seiner Entlastung (§§ 163 a Abs. 2, 166), ein Recht auf Anwesenheit bei der richterlichen Vernehmung von Zeugen und Sachverständigen und bei der richterlichen Augenscheinseinnahme (§§ 168 c Abs. 2, 168 d Abs. 1) eingeräumt wurde, ferner daß er, wenn eine richterliche Augenscheinseinnahme erfolgt, die Zuziehung von ihm vorgeschlagener Sachverständiger beantragen und bei Ablehnung seines Antrags — ein Gegenstück zur unmittelbaren Ladung von Zeugen und Sachverständigen durch den Angeklagten nach § 220 — diese selbst (mit dem Recht der Teilnahme am Augenschein und den erforderlichen Untersuchungen) laden lassen kann (§ 168 d Abs. 2). In diesem Zusammenhang gehören auch die schrittweise erfolgte Erweiterung des Umfangs der notwendigen Verteidigung und der Bestellung eines (möglichst vom Beschuldigten bezeichneten — § 142 Abs. 1 Satz 2, 3 n. F) Verteidigers durch das Gericht (§§ 140, 141; insbes. §§ 141 Abs. 3, 142 Abs. 1, 145 und §§ 364 a, 364 b) und die gegenüber dem früheren Recht erfolgte Verstärkung der Befugnisse des Verteidigers (§§ 147, 148). Vgl. dazu jetzt auch die Reformvorschläge zu einer Umgestaltung des Ermittlungsverfahrens und der Hauptverhandlung (unten Rdn. 31 a und Kap. **13** 21).

V. Das Recht auf ein „faires rechtsstaatliches" Verfahren

1. Grundsatz. Daß das Verfahren „fair rechtsstaatlich" zu gestalten und durchzu- **17** führen ist, ist ein Grundsatz, der als Ergebnis einer längeren Entwicklung in Rechtspre-

---

[33] So auch *Rieß* FS K. Schäfer 174; *Roxin*[19]
§ 11 V 1 a; *Müller* NJW **1976** 1063; *Klein-knecht/Meyer*[37] Einl. 88.

Karl Schäfer

chung und Schrifttum allgemein[34] anerkannt ist. Die staatlichen Organe haben die Verfahrensvorschriften, insbes. soweit sie die Selbstbeschränkung staatlicher Machtmittel anordnen, nicht nur korrekt, sondern auch „fair" zu handhaben (BVerfGE 30 1, 27 = NJW 1975 103).

18   2. Über die **Herleitung des Grundsatzes** bestehen unterschiedliche Auffassungen. Überwiegend wird der Grundsatz des „fair trial" — nach *Roxin* § 11 V der „oberste Grundsatz des gesamten Strafprozeßrechts" — aus dem Rechtsstaatsprinzip in Verb. mit dem allgemeinen Freiheitsrecht (Art. 2 Abs. 1, 20 Abs. 3 GG) hergeleitet (so die ständige Rechtsprechung des BVerfG)[35]. Nach BGH NJW 1980 845 bildet auch Art. 6 Abs. 1 Satz 1 MRK, nach BGHSt 24 125, 131 das Rechtsstaatsprinzip in Verb. mit Art. 6 MRK die Grundlage[36].

19   3. **Grenzen des Anwendungsbereichs.** Nach BVerfGE 63 45[37] äußert sich die Fairness (als integrierender Bestandteil der Rechtsstaatlichkeit) u. a. darin, daß a) Ausgestaltungen des Strafverfahrens, welche die Ermittlung der Wahrheit (als der notwendigen Grundlage eines gerechten Urteils) „zu Lasten des Beschuldigten behindern, seinen Anspruch auf ein faires Verfahren verletzen können" (Verweisung auf BVerfGE 57 275), b) daß „dieser Anspruch dem Beschuldigten, der im Rechtsstaat des GG nicht bloßes Objekt des Verfahrens sein darf, den erforderlichen Bestand an aktiven verfahrensrechtlichen Befugnissen sichert, damit er zur Wahrung seiner Rechte auf den Gang und das Ergebnis des Strafverfahrens Einfluß nehmen kann" (Verweisung auf BVerfGE 46 202, 210; 57 250, 275), was „eine gewisse verfahrensrechtliche „Waffengleichheit von Staatsanwaltschaft und Beschuldigtem im Strafprozeß verlangt" (Verweisung auf BVerfGE 38 105, 111). „Das Recht auf ein faires Verfahren enthält indessen keine in allen Einzelheiten bestimmten Gebote und Verbote. Es zu konkretisieren ist zunächst Aufgabe des Gesetzgebers und sodann, in den vom Gesetz gezogenen Grenzen, Pflicht der zuständigen Gerichte bei der ihnen obliegenden Rechtsauslegung und -anwendung. Erst wenn sich unter Berücksichtigung aller Umstände und nicht zuletzt der im Rechtsstaatsprinzip des Grundgesetzes selbst angelegten Gegenläufigkeiten *eindeutig* ergibt, daß rechtsstaatlich unverzichtbare Erfordernisse nicht mehr gewahrt sind, können aus dem Gebot der Rechtsstaatlichkeit selbst konkrete Folgerungen für die Ausgestaltung des Verfahrens gezogen werden" (Verweisung auf BVerfGE 57 250, 275). Oder — wie es an anderer Stelle der Entscheidung heißt —: „Eine Verletzung des aus dem Rechtsstaatsprinzip abgeleiteten Rechts auf ein faires Verfahren liegt erst vor, wenn eine Gesamtschau auf das Verfahrensrecht auch in seiner Auslegung und Anwendung durch die Gerichte ergibt, daß rechtsstaatlich zwingende Folgerungen nicht gezogen worden sind oder rechtsstaatlich Unverzichtbares preisgegeben worden ist." In den gleichen Gedankengängen bewegt sich BVerfGE 70 297, 308 (betr. Ausgleich des Spannungsverhältnisses zwi-

---

[34] Vgl. u. a. BVerfGE 26 66 = NJW 1969 1423; 38 105, 111 = NJW 1975 103; 46 206, 209 = NJW 1978 151; 57 250, 275 = NJW 1981 1719; 63 45, 60; NJW 1984 113 (dazu *Rüping* JZ 1983 663, 665); JZ 1986 383; BGHSt 24 131; BGH NStZ 1981 73 mit krit. Anm. *Rieß*; JR 1984 171 mit krit. Anm. *K. Meyer*. Im Schrifttum vgl. u. a. KK-*Pfeiffer* Einl. 18; *Kleinknecht/Meyer*[37] Einl. 19; *Roxin*[19] § 11 V; *Vogler* ZStW 89 (1977) 777; a. A *Heubel* Das „fair trial" – ein Grundsatz des

Strafverfahrens? (1981), der damit wohl alleinstehend die Existenz eines solchen Grundsatzes verneint (s. dazu DRiZ 1982 120).

[35] Z. B. BVerfGE 46 206, 209; 63 45; 70 297; BGH JR 1984 171, 172; *K. Meyer* JR 1984 173 mit Nachw.

[36] Gegen den Rückgriff auf Art. 6 MRK aber *Heubel* 30 ff.

[37] = NJW 1983 2762 = NStZ 1983 273 mit Anm. *Peters*.

schen dem Freiheitsanspruch des Einzelnen in einem psychiatrischen Krankenhaus Untergebrachten und dem Sicherungsbedürfnis der Allgemeinheit vor zu erwartenden erheblichen Rechtsgutverletzungen): „Allerdings enthält das Recht auf ein faires Verfahren keine in allen Einzelheiten bestimmten Ge- oder Verbote; es bedarf vielmehr der Konkretisierung je nach den sachlichen Gegebenheiten. Dabei ist im Blick auf die Weite und Unbestimmtheit des Rechtsstaatsprinzips mit **Behutsamkeit** vorzugehen. Erst wenn sich **eindeutig** ergibt, daß rechtsstaatlich unverzichtbare Erfordernisse nicht mehr gewahrt sind, können aus dem Prinzip selbst konkrete Folgerungen für die Verfahrensgestaltung gezogen werden. Diese haben sich tunlichst im Rahmen der vom Gesetzgeber gewählten Grundstruktur des Verfahrens zu halten" (Verweisung auf BVerfGE **57** 250, 276).

Diese Ausführungen des BVerfG über die Tragweite des Fair-trial-Grundsatzes **19a** haben zu den Bedenken geführt, ob nicht in der Rechtsprechung zu Unrecht zur Begründung des Ergebnisses auf diesen aus dem Verfassungsrecht abgeleiteten Grundsatz i. S. eines selbständigen Anspruchs zurückgegriffen werde, statt sich an die üblichen Auslegungsmethoden des einfachen Gesetzes zu halten und den **Fair-trial-Grundsatz** dabei nur **rechtsauslegend** zu berücksichtigen. Wenn z. B. das Gericht, ohne den Angeklagten und den Verteidiger vor der Urteilsverkündung davon zu unterrichten, sich im Urteil nicht an die zugesagte Wahrunterstellung hält, so liegt dann nach BGH JR **1984** 171 — unter Abkehr von BGHSt **1** 54; **21** 38 — nicht (oder nicht nur) eine Verletzung der gerichtlichen Sachaufklärungspflicht (§ 244 Abs. 2 i. V. m. §§ 243 Abs. 4 und 136 Abs. 2) vor, vielmehr erfordert der vom Grundsatz des fairen Verfahrens getragene Rechtsgedanke des Vertrauensschutzes, daß der Angeklagte nicht in einer Erwartung enttäuscht wird, die das Gericht selbst erst erzeugt hat, d. h. das Gericht ist zwar nicht unabänderlich an die zugesagte Wahrunterstellung gebunden, aber es muß, wenn es davon abweichen will, dem Angeklagten (Verteidiger) durch entsprechenden Hinweis Gelegenheit geben, seine Verteidigung danach einzurichten. Eine entsprechende Situation ist gegeben, wenn das Gericht gemäß § 154 a Abs. 2 das Verfahren beschränkt: Der Schutz des dadurch für den Angeklagten geschaffenen Vertrauens erfordert, daß das Gericht die ausgeschiedenen Tatteile ohne erneute förmliche Einbeziehung in das Verfahren nur dann im Rahmen der Beweiswürdigung gegen den Angeklagten verwerten darf, wenn es ihn vorher ausdrücklich auf diese Möglichkeit hingewiesen hat[38]. Die kritischen Einwendungen von *K. Meyer* in der Anm. zu BGH JR **1984** 171 gegen diese Entscheidung, in der es um die Wahrung der Form der Verfahrensrüge geht, richten sich dagegen, daß eine Gesetzeslücke im Sinne von BVerfG NJW **1983** 2762 bestehe, zu deren Ausfüllung es des Rückgriffs auf das Verfassungsrecht bedurft habe, und beruhen auf der Befürchtung, daß die Entscheidung zum Nachteil der Rechtssicherheit „eine Flucht in die verfassungsrechtlichen Generalklauseln einleiten werde, die bisher in erster Hinsicht im Schrifttum zu beobachten war"[39].

4. Kasuistik. Dem Gebot eines fairen Verfahrens widerspricht es, daß das Gericht bei **19b** der vorgeschriebenen Belehrung eines Betroffenen über sein Recht, zwischen zwei Verfahrensmöglichkeiten zu wählen, ihm die Wahl einer bestimmten Verfahrensart dadurch schmackhaft macht, daß es nur auf deren Vorteile, nicht auf die damit verbundenen Nachteile hinweist (BGHSt **24** 24). Nach § 228 Abs. 2 gibt zwar eine Verhinderung

---

[38] BGH JR **1984** 170 mit krit. Anm. *Terhorst*; zu dieser Problematik näher LR-*Rieß* § 154, 54 ff.

[39] Hinweis auf den Vorschlag von *Meyer-Goßner* NStZ **1982** 352, 362, den Begriff der Beschränkung der Verteidigung (§ 338 Nr. 8) durch den Fair-trial-Grundsatz zu ersetzen.

Karl Schäfer

des (nicht notwendigen) Verteidigers dem Angeklagten kein Recht auf Aussetzung der Verhandlung; die Pflicht zur Gewährleistung eines fairen Verfahrens „geht aber der an sich rechtsfehlerfreien Anwendung des § 228 Abs. 2 vor"[40]. Das ist etwa der Fall, wenn es sich um Straftaten (oder Ordnungswidrigkeiten) von geringerer Bedeutung handelt und der Verteidiger, dessen Beistand zu entbehren dem Angeklagten angesichts seines besonderen Verteidigungsbedürfnisses billigerweise nicht zugemutet werden kann, seine durch widrige Umstände verursachte kurze Verspätung angekündigt hat, sofern die Terminlage des Gerichts ein kurzes Zuwarten ohne besondere Schwierigkeiten zuläßt[41].

20   **5. Mißbrauchsverbot.** Erst recht widerspricht dem fair trial, daß die den Strafverfolgungsorganen zustehenden gesetzlichen Befugnisse **mißbräuchlich**[42] ausgeübt werden. Die *Staatsanwaltschaft* kann z. B., wenn Mord in Tateinheit mit einem Vergehen gegen das Waffengesetz in Frage steht, sich gemäß § 154 a Abs. 1 StPO auf die Erhebung der Mordanklage beschränken; rechnet sie nach dem Beweisergebnis der Hauptverhandlung mit einem Freispruch, so steht es ihr frei, einen Antrag auf alsbaldige Einbeziehung des Vergehens gegen das WaffenG oder einen bedingten Antrag für den Fall des Freispruchs (BGHSt **29** 396) zu stellen, dem das Gericht entsprechen muß (§ 154 a Abs. 3). Hat sie aber einen solchen Antrag vor dem Tatrichter nicht gestellt und lautet das Urteil erwartungswidrig auf Freispruch, den mit der Revision anzugreifen keinen Erfolg verspricht, so geht es nicht an, daß sie den Einbeziehungsantrag noch in der Revisionsinstanz stellt mit dem Ergebnis, daß das Revisionsgericht, da es nicht tatrichterlich verhandeln kann, die *ganze* Sache an den Tatrichter zurückverweisen müßte; „es würde den Sinn (des § 154 a) verfälschen, sollte sich die Strafverfolgungsbehörde des Einbeziehungsantrags als eines Mittels bedienen können, ein ihr unerwünschtes, mit der Revision aber nicht angreifbares Urteil zu Fall zu bringen und … die nochmalige Verhandlung über eine Mordanklage erzwingen"[43]. Ferner: hat der Staatsanwalt wegen der besonderen Bedeutung der Sache Anklage vor dem Landgericht erhoben, so darf er die Anklage nicht vor der Entscheidung über die Eröffnung des Hauptverfahrens (§ 156 StPO) wieder zurücknehmen und Anklage vor dem Schöffengericht erheben, um eine im Zwischenverfahren zutage getretene, für den Erfolg der Anklage möglicherweise ungünstige Auffassung der Eröffnungskammer auf diese Weise zu umgehen[44], auch wenn ein solches Verhalten nicht schon gegen Art. 101 Abs. 1 Satz 2 GG (Richterentziehung) verstößt. Weiterhin: selbst wenn bei der Beweiswürdigung für den Angeklagten nachteilige Folgerungen daraus gezogen werden könnten, falls er bei der polizeilichen Vernehmung eine Einlassung verweigert und erst bei seiner richterlichen Vernehmung sich zum Schuldvorwurf geäußert hat, würde es die Fairness gebieten, die polizeiliche Belehrung über das Aussageverweigerungsrecht (§§ 136 Abs. 1, 163 a Abs. 4 StPO) mit dem Hinweis auf die daraus möglicherweise drohenden Nachteile zu verbinden[45].

---

[40] OLG Hamm GA **1984** 346; näher mit weit. Nachw. LR-*Gollwitzer* § 228, 20 ff; § 265, 102.

[41] OLG Hamm aaO; s. dazu auch LR-*Schäfer*[23] § 412, 19.

[42] Wegen Schrifttums zum Mißbrauch prozessualer Rechte im allgemeinen s. u. a.: *Rüping/Dornseifer* Dysfunktionales Verhalten im Prozeß, JZ **1977** 417; *Weber* Der Mißbrauch prozessualer Rechte im Strafverfah-

ren, GA **1975** 289; *Weiß* Mißbrauch von Anwaltsrechten zur Prozeßsabotage, AnwBl. **1981** 321.

[43] BGHSt **21** 326, 329; näher mit weit. Nachw. LR-*Rieß* § 154 a, 24.

[44] BGHSt **15** 11, 17; zweifelnd LR-*Rieß* § 156, 8.

[45] BGHSt **20** 281, 284; über weitere Auswirkungen des Gedankens der Fairness vgl. OLG Köln NJW **1980** 302 (betr. angemessene

6. Ermöglichung selbständiger Wahrnehmung prozessualer Rechte. Das **Recht auf** **21** ein **faires Verfahren** steht nicht nur dem Beschuldigten, sondern **jedem Verfahrensbeteiligten** zu, der in irgendeiner Form im Verfahren dem staatlichen Zugriff ausgesetzt ist. Aus diesem Recht ergibt sich „als ein unverzichtbares Element der Rechtsstaatlichkeit des Strafverfahrens und daran anknüpfender Verfahren", daß der von dem Verfahren Betroffene in der Lage sein muß, „prozessuale Rechte und Möglichkeiten mit der erforderlichen Sachkunde selbständig wahrzunehmen und Übergriffe der rechtsstaatlich begrenzten Rechtsausübung staatlicher Stellen oder anderer Verfahrensbeteiligter angemessen abzuwehren" (BVerfGE **58** 105 = NJW **1975** 103). Dem entspricht die StPO dadurch, daß der Beschuldigte einen Verteidiger zuziehen kann oder ihm ein solcher ggf. bestellt wird. Privat- und Nebenkläger können sich eines Anwalts als Beistand oder Vertreter bedienen (§§ 378, 397); für den in der Rolle eines „Quasi-Angeklagten" befindlichen Einziehungs- oder Verfallsbeteiligten gelten §§ 434, 442 StPO.

Bei anderen in das Strafverfahren gezogenen Personen, insbesondere beim **Zeugen**, fehlte es an entsprechenden Vorschriften über die Zuziehung von Beistandspersonen zur Wahrung ihrer prozessualen Befugnisse und Abwehrmöglichkeiten. Diese Lücken mußten zunächst durch eine den Grundsätzen des **fair trial** entsprechende **Rechtsanalogie** ausgefüllt werden. In diesem Sinn sprach BVerfGE **38** 105 grundsätzlich aus: „Die in einem fairen Verfahren immanente Forderung nach verfahrensmäßiger Selbständigkeit des in ein justizförmiges Verfahren hineingezogenen Bürgers bei der Wahrnehmung ihm eingeräumter prozessualer Rechte und Möglichkeiten gegenüber anderen Verfahrensbeteiligten gebietet es, auch dem **Zeugen** grundsätzlich das Recht zuzubilligen, einen **Rechtsbeistand** seines Vertrauens zu der Vernehmung **hinzuzuziehen**, wenn er das für erforderlich hält, um von seinen prozessualen Befugnissen selbständig und seinen Interessen entsprechend sachgerecht Gebrauch zu machen."[46] Diese Rechtsprechung des BVerfG hat ihre Bedeutung behalten, wenn der Zeuge nicht zugleich Tatopfer ist. Für Tatopfer, und damit auch für Zeugen, die Tatopfer sind, gelten nunmehr die durch das OpferschutzG vom 18. 12. 1986 (BGBl. I 2496) in die StPO eingeführten Vorschriften (§§ 406 d bis 406 h).

VI. Fürsorgepflicht[47]

1. Fürsorge gegenüber dem Beschuldigten. Der Gedanke, das Übergewicht der **23** staatlichen Machtmittel im Sinne einer Erhöhung der Chancengleichheit abzumildern, liegt auch dem Grundsatz der Fürsorgepflicht des Gerichts gegenüber dem Beschuldig-

---

Platzzuweisung für den Angeklagten während der Hauptverhandlung) und Kap. 10 24; über Fairneß auch zugunsten der Staatsanwaltschaft, vgl. OLG Karlsruhe MDR **1978** 76.

[46] Wegen der Einzelheiten zum Zeugenbeistand vgl. u. a. *Hammerstein* NStZ **1981** 125; *Thomas* NStZ **1982** 489; *Wagner* DRiZ **1983** 21; wegen der Kosten vgl. LG Hannover NStZ **1982** 433; wegen der Anfechtbarkeit der Zurückweisung des Zeugenbeistands durch die Staatsanwaltschaft im Ermittlungsverfahren vgl. OLG Hamburg NStZ **1984** 566.

[47] **Schrifttum** (Auswahl). *Hegmann* Fürsorgepflicht gegenüber dem Beschuldigten im Ermittlungsverfahren (1981); *Kühlwein* Die prozessuale Fürsorgepflicht im Strafverfahren (1985); *Kumlehn* Die gerichtliche Fürsorgepflicht im Strafverfahren, Diss. Göttingen 1976; *von Löbbecke* Fürsorgepflichten im Strafprozeß? GA **1973** 200; *Maiwald* Zur gerichtlichen Fürsorgepflicht im Strafprozeß und ihren Grenzen, FS Lange 745; *Plötz* Die gerichtliche Fürsorgepflicht im Strafverfahren, Diss. Mannheim 1979.

Karl Schäfer

ten zugrunde[48]. Die Fürsorgepflicht trifft aber auch, soweit es mit seinen Aufgaben vereinbar ist, den Staatsanwalt (LG Aachen NJW **1961** 86) sowie den Rechtspfleger und die Beamten der Geschäftsstelle (*Kleinknecht/Meyer*[37] Einl. 133). Im allgemeinen wird die Fürsorgepflicht aus dem Grundsatz des sozialen Rechtsstaats (Art. 28 GG) hergeleitet. Schwierigkeiten bereitet — was hier nur anzudeuten ist — die dogmatische Einordnung und die Abgrenzung des dem Grundsatz von Treu und Glauben verpflichteten Sammelbegriffs der persönlichen Fürsorgepflicht gegen andere Grundsätze und Prinzipien des Strafverfahrens. Meist wird ihm selbständige Bedeutung beigemessen und das Verhältnis zum „Fair-trial-Grundsatz" etwa darin gesehen, daß letzterer „die von der Rechtsprechung vollständig entwickelte Fürsorgepflicht untergründet und so den rechtsstaatlichen Charakter der geltenden StPO mit sozialstaatlichem Gedankengut verknüpft" (so *Roxin* § 2 B); die Fürsorgepflicht „ist vor allem gegenüber dem rechtsunkundigen Angeklagten das wichtigste Regulativ für eine fair gehandhabte Inquisitionsmaxime" (*Roxin* § 42 DV). Bei anderen Autoren erscheint der Fair-trial-Grundsatz als ein Anwendungsfall der Fürsorgepflicht oder auch umgekehrt die Fürsorgepflicht als Ausfluß des Fair-trial-Grundsatzes[49]. Oder es handelt sich[50] bei der Fürsorgepflicht um die Zusammenfassung von Nebenpflichten, die aus dem Rechtsstaatsprinzip abgeleitet sind, unter einer Sammelbezeichnung, wobei aber einzelne dieser Nebenpflichten sich im Lauf der Zeit zur eigenständigen prozessualen Rechtsinstitution entwickelt haben (so der Grundsatz der Verhältnismäßigkeit) oder im Begriff sind, sich dazu zu entwickeln (so das Beschleunigungsgebot), und so aus dem ursprünglichen „Auffangtatbestand" der Fürsorgepflicht bereits ausgeschieden oder auszuscheiden im Begriff sind. Allgemein gilt, daß der prozessualen Fürsorgepflicht beständig neue Bedeutung zuwächst und ihr rechtspolitisch mittelbar die Bedeutung eines Motors für die Rechtsentwicklung im Strafprozeß zukommt[51].

23a　　Bei dieser Weite ihres Anwendungsbereichs läßt sich allerdings die prozessuale Fürsorgepflicht nicht mit einer genauen Begriffsbestimmung ihres Inhalts umgrenzen[52], aber doch genügend deutlich an **Fallgruppen oder Beispielen** exemplifizieren. Sie umfaßt — über die Wahrung des Verhältnismäßigkeitsgrundsatzes hinaus — zunächst die Pflicht, die nachteiligen Folgen eines unvermeidlichen Eingriffs in die Rechtssphäre nach Möglichkeit herabzumindern[53]. Über die mehr und mehr in ihren Einzelfolgerungen durch Gesetz und Rechtsprechung ausgeformte Pflicht zur Gewährung des rechtlichen Gehörs (Art. 103 Abs. 1 GG) hinaus ist es danach ferner Aufgabe der Strafjustizorgane, dem Beschuldigten, der durch Rechtsunkenntnis, Unerfahrenheit, mangelnde Mittel, insbesondere aber, weil es ihm am Beistand eines Verteidigers fehlt, Gefahr läuft, seine rechtlichen Belange nicht vertreten und verfahrensrechtliche Befugnisse nicht wahrnehmen zu können oder sonst fehlerhaft zu handeln und dadurch Schaden zu erleiden, in geeigneter Weise zu helfen (vgl. *Niethammer* JZ **1953** 472). So gebietet etwa, wenn der Angeklagte zulässigerweise der Hauptverhandlung fernbleibt, in der Erwartung, daß seine Verteidigung durch den von ihm bestellten Wahlverteidiger gewährleistet sei, bei Nichtzulassung dieser Person als Wahlverteidiger durch das Gericht in der Hauptverhandlung die Fürsorgepflicht dem Gericht in der Regel, die Sache von Amts wegen zu vertagen, um dem Angeklagten die Wahl eines anderen geeigneten Verteidigers oder die Anwesenheit in der neuen Hauptverhandlung zu ermöglichen (OLG Köln

---

[48] Dazu *Kleinknecht/Meyer*[37] Einl. 155 ff;
　KMR-*Sax* Einl. **XII**; *Roxin*[19] § 43 DV; *Peters*
　§ 28 IV 7; *Gössel* § 20 B I c; *Schlüchter* 35. 3.
[49] So KMR *Sax* Einl. **XII** 4; *Gössel* § 20 B I c.
[50] So *Kleinknecht/Meyer*[37] Einl. 155 ff.

[51] So zutreffend *Kleinknecht/Meyer*[37] aaO.
[52] Insofern zutreffend *von Löbbecke* GA **1973**
　200.
[53] Vgl. *Lüttger/Kaul* GA **1961** 77.

NJW **1970** 720). Die Fürsorgepflicht kann die kürzere oder längere Unterbrechung einer Hauptverhandlung fordern, wenn dem Verteidiger zu spät Akteneinsicht gewährt worden ist (KG StrVert. **1982** 10) oder auch die Aussetzung der Hauptverhandlung, wenn nur so dem in einer schwierigen Sache bestellten Pflichtverteidiger genügend Zeit zur angemessenen Vorbereitung der Verteidigung bleibt (BGH NStZ **1983** 281). Oder: Läßt die Staatsanwaltschaft nach Einlegung der Berufung in 1. Instanz vernommene Belastungszeugen nochmals polizeilich vernehmen und unterbleibt eine Übersendung der unter anderem hiermit begründeten Berufungsrechtfertigungsschrift der Staatsanwaltschaft an den Angeklagten und seinen Verteidiger (§ 320 Satz 2 StPO), so verletzt der Vorsitzende, der dies aus den Akten erkennt, seine Fürsorgepflicht, wenn er nicht vor der Vernehmung dieser Zeugen in der Berufungsverhandlung ausdrücklich darauf hinweist; er nähme sonst dem Verteidiger die Möglichkeit, sich mit dem Ergebnis der weiteren Ermittlungen vertraut zu machen und den Zeugen Angaben aus den Niederschriften über die erneute polizeiliche Vernehmung vorzuhalten (OLG Köln MDR **1974** 950).

Zur Fürsorgepflicht wird auch die Pflicht gerechnet, **Verfahrensmängel** nach **23b** Möglichkeit zu **heilen**, insbes. durch Wiederholung der von dem Mangel betroffenen Verfahrensteile[54]. Die Fürsorgepflicht spielt auch eine Rolle, wenn es sich darum handelt, den Angeklagten nach der Urteilsverkündung vor einem vorschnellen oder sonst unangebrachten Rechtsmittelverzicht zu bewahren (s. dazu Kap. 10 25).

Die **Fürsorgepflicht** gegenüber dem Beschuldigten **entfällt nicht** ohne weiteres des- **24** halb, weil er einen Verteidiger hat; so kann, wenn der Verteidiger ohne Erfolgsaussicht die Ladung eines im Ausland wohnenden Zeugen vor das Prozeßgericht beantragt, die Befragung geboten sein, ob er sich auch mit einer kommissarischen Vernehmung im Ausland begnügen würde (BGHSt **22** 118, 122), und es kann die unmittelbare Belehrung eines Antragstellers geboten sein, wenn bei seinem Verteidiger „ein offensichtliches Verstehensdefizit" besteht[55].

2. Fürsorge gegenüber anderen Verfahrensbeteiligten. Auch die Fürsorgepflicht **25** besteht nicht nur gegenüber dem Beschuldigten, sondern auch gegenüber anderen **hilfsbedürftigen** Verfahrensbeteiligten. So muß z. B. bei einem Zeugen das Gericht möglichst verhindern, daß er in Meineidsgefahr gebracht wird. Aus der Fürsorgepflicht ergibt sich weiter das Recht, von Erzwingung des Erscheinens eines Zeugen und seiner Aussage abzusehen, wenn ernsthaft befürchtet werden muß, daß er durch wahrheitsgemäße Aussage in eine anders nicht abwendbare Lebensgefahr geraten würde[56]. Allgemein gehört es zur gerichtlichen Fürsorgepflicht, die Verfahrensbeteiligten (Staatsanwalt, Verteidiger, Zeugen usw.) durch Anwendung der §§ 177, 178 GVG vor Angriffen des Angeklagten oder anderer Personen (Zuhörer usw.) auf Leib, Leben oder Ehre zu schützen[57].

3. Rechtsnatur. Mit der Bezeichnung als Fürsorge*pflicht* ist noch nichts über die **26** Rechtsnatur dieser Pflicht ausgesagt, d. h. inwieweit sie als Rechtsnorm anzuerkennen ist. Es ist zu erwägen: Die Fürsorgepflicht als allgemeines Prinzip läßt sich aus den

---

[54] BayObLGSt **1965** 2; *Kleinknecht/Meyer*[37] Einl. 159 mit weit. Nachw.; *Schmid* JZ **1969** 757; ders. FS Maurach 535.

[55] OLG Hamm DRiZ **1980** 73; *Schlüchter* 353 Fußn. 67 d.

[56] BGH NStZ **1984** 31 und jetzt § 247 Satz 2 i. d. F. des StVÄG 1987.

[57] *Terhorst* MDR **1977** 598; vgl. auch BGH NJW **1964** 1485 zur Frage des gerichtlichen Schutzes des Verteidigers gegen unsachliche Angriffe.

Karl Schäfer

zahlreichen Einzelvorschriften ableiten, in denen unter dem Gesichtspunkt der Fürsorge Verhaltenspflichten als Rechtspflichten begründet sind, insbesondere aus solchen, die eine Belehrung über die Rechtslage, über Antrags- und Aussageverweigerungsrechte usw. vorschreiben (vgl. z. B. §§ 52 Abs. 3, 55 Abs. 2, 63, 115 Abs. 3, 4, 115 a Abs. 3, 136, 163 a, 201 Abs. 1 Satz 2, 235 Satz 2, 265 Abs. 1). Die Tendenz der neueren Gesetzgebung geht zunehmend dahin, den Kreis dieser Pflichten zu erweitern. So ist z. B. durch das 3. StRÄndG allgemein bei Entscheidungen, die durch ein befristetes Rechtsmittel angefochten werden können, die Pflicht zur Belehrung des Betroffenen über die Möglichkeiten der Anfechtung und die dafür vorgeschriebenen Fristen und Formen eingeführt worden (§ 35 a StPO). Durch das StPÄG 1964 wurden eingeführt die Belehrung des Beschuldigten über sein Recht, die Aussage zur Sache zu verweigern (§ 136 Abs. 1, § 163 a, § 243 Abs. 4), die Belehrung der Zeugen über das Zeugnisverweigerungsrecht auch bei Vernehmung durch Staatsanwalt oder Polizei (§§ 161 a Abs. 1, 163 a Abs. 5). Die Vorschriften über die Mitteilung oder Bekanntmachung der Beschlagnahme oder des Arrests nach dem auf dem EGStGB beruhenden § 111 c Abs. 3, 4 sollen dem Verletzten (§ 73 Abs. 1 Satz 2 StGB) ermöglichen, unverzüglich die ihm eingeräumten Möglichkeiten zur Sicherung oder Befriedigung aus der Tat erwachsener Ansprüche auszunutzen. Weitere Fürsorgepflichten zugunsten des durch die Straftat Verletzten brachte das OpferschutzG vom 18. 12. 1986 (BGBl. I 2496). Die durch das EGOWiG vom 24. 5. 1968 geschaffenen Vorschriften über die Beteiligung der von einer Einziehung und ähnlichen Maßnahmen Betroffenen (§§ 431 ff, 442, vgl. insbes. § 432 Abs. 1) dienen dem Schutz Nichttatbeteiligter gegen den Verlust ihrer Rechte durch Einziehung eines Gegenstandes. Im allgemeinen entscheidet also der Gesetzgeber über die Erhebung von Fürsorgepflichten zu Rechtspflichten. Demgemäß ist eine über solche Einzelvorschriften hinausgehende, aus dem Obersatz abgeleitete Fürsorgepflicht **Rechtspflicht**, wenn sie sich aus dem durch erweiternde Auslegung zu gewinnenden Sinn von Rechtspflichten begründenden Einzelvorschriften ergibt[58], andernfalls folgt nur sie als **nobile officium** aus der Amtspflicht[59]. Im Einzelfall kann zweifelhaft sein, ob bereits ein bestimmtes Verhalten zur Fürsorgepflicht erstarkt ist. So entsprach es zwar vor der Regelung in § 142 Abs. 1 durch das StVÄG 1987 der Fürsorgepflicht, bei der Auswahl des Pflichtverteidigers nach § 142 a. F im Regelfall dem Beschuldigten einen Anwalt seines Vertrauens beizuordnen[60]; eine andere Frage war aber, ob und inwieweit sich daraus eine Pflicht des Vorsitzenden herleiten ließ, den Beschuldigten über seine Einflußmöglichkeit zu belehren[61].

VII. Zusammenfassung. Zweck des Strafverfahrens

27   Zusammenfassend läßt sich danach der Zweck des Strafverfahrens dahin kennzeichnen: Das Strafverfahren dient der Verwirklichung des materiellen Strafrechts, d. h. der Feststellung, ob sich im Einzelfall ein Beschuldigter nach der äußeren und inneren Tatseite einer Straftat schuldig gemacht hat, um je nach dem Ergebnis gegen den Schuldigen die im sachlichen Strafrecht vorgesehenen Rechtsfolgen zu verhängen, den nicht

---

[58] Dazu OLG Düsseldorf GA **1958** 54; OLG Hamburg MDR **1967** 608 zu § 228 Abs. 2 StPO.
[59] KMR-*Sax* Einl. **XII**.
[60] BVerfGE **9** 36, 38; OLG Stuttgart AnwBl. **1981** 288.

[61] Vgl. dazu (kontrovers) *Schlüchter* 106.2 Fußn. 328 einerseits; KK-*Laufhütte* § 142, 8; *Schlothauer* Str. Vert. **1981** 443, 452 andererseits.

für schuldig oder strafbar Befundenen aber aus dem Verfahren zu entlassen. Um die Wahrheit festzustellen, muß der Staat die Organe — Gericht und Verfolgungsorgane —, in deren Hand er die Verfolgung des Verbrechens und die Ausübung der Strafgewalt gelegt hat, mit den nötigen Mitteln und Befugnissen ausstatten. Aber der Staat muß auch Vorsorge treffen, daß nicht Irrtum und menschliche Unzulänglichkeit auf das Ergebnis Einfluß gewinnen. Er muß den Gegensatz zwischen dem Interesse des Staates an nachhaltiger Verbrechensbekämpfung, an Ermittlung, Überführung und Bestrafung des Rechtsbrechers einerseits und der Menschenwürde, dem Schutz der Intimsphäre und dem Interesse des Beschuldigten, der im Rechtssinn erst mit der Rechtskraft des Schuldspruchs zum Schuldigen wird, sich zu verteidigen, Ruf und Freiheit zu erhalten und, selbst wenn er sich schuldig fühlt, ein möglichst günstiges Urteil anzustreben, andererseits, ausgleichend Rechnung tragen und darf gegen den Beschuldigten nur insoweit Zwangsmittel anwenden, als es zur Erreichung des Prozeßziels unvermeidlich ist. Er muß auch Vorsorge treffen, daß Dritte, die zur Aufklärung in Anspruch genommen werden müssen oder die durch die Entscheidung in ihren Rechten verkürzt werden könnten, so wenig wie möglich beschwert werden.

VIII. Gestaltung des Verfahrens

1. Die **Verfahrensabschnitte.** Aus den vorbezeichneten Absichten heraus ist das **28** Strafverfahren so gestaltet, daß drei in Unterabschnitte zerlegte Abschnitte mit verschiedenen Zielen, nämlich das Vorverfahren, das Hauptverfahren und die Vollstreckung, unterschieden werden können. Das Vorverfahren soll aufklären, ob eine Wahrscheinlichkeit für die Täterschaft und die Schuld des Beschuldigten, ein „hinreichender Verdacht" i. S. des § 203 besteht. Das Ziel des Hauptverfahrens bildet die Entscheidung darüber, ob die Täterschaft und die Schuld des Angeklagten zur Überzeugung des Gerichts nachgewiesen und welche Folgen der Vorschrift des Strafgesetzes gemäß über ihn zu verhängen sind oder ob er mangels des Nachweises der Täterschaft oder der Schuld freizusprechen ist. Im Abschnitt der **Vollstreckung** werden die in der rechtskräftigen Entscheidung ausgesprochenen Rechtsfolgen dem Urteil gemäß verwirklicht, soweit es hierzu besonderer Ausführungsmaßnahmen bedarf, und es werden ferner in diesem Abschnitt Rechtsfolgen, die im Urteil nur bedingt oder von unbestimmter Dauer festgesetzt sind, durch ergänzende gerichtliche Entscheidung konkretisiert, z. B. bei einer Verwarnung mit Strafvorbehalt im Fall der Nichtbewährung die Verurteilung zu der vorbehaltenen Strafe ausgesprochen (§ 59 b StGB, § 462 a Abs. 2 StPO) oder eine Strafaussetzung zur Bewährung wegen Nichtbewährung widerrufen, die ausgesetzte Strafe nach Ablauf der Bewährungsfrist erlassen, der Vollzug einer freiheitsentziehenden Maßregel wegen Erreichung des Zweckes beendet. Trotz der Aufteilung des Verfahrens in Abschnitte bildet es eine Einheit; das zeigt sich darin, daß eine jeweils vom zuständigen Richter getroffene und auf Weiterentwicklung berechnete Anordnung nicht ohne weiteres mit Abschluß des Abschnitts gegenstandslos wird, sondern fortwirkt, bis sie der zuständige Richter des nächsten Abschnitts aufhebt (BGHSt 8 196).

2. Interaktionen. In den drei Abschnitten aber **greifen** immer wieder mannigfache **29** **Handlungen der staatlichen Organe, der Beteiligten und Dritter ineinander.** Die Prozeßhandlungen (Kap. 10) bezwecken, das Verfahren seinem Ende in der Richtung auf ein vom Handeln erstrebtes Ergebnis näher zu bringen. Sie bewirken die Entstehung von Verfahrenslagen (*Eb. Schmidt* I 53), von denen jeweils die eine die andere ablöst, bis ein im Prozeßgesetz vorgesehener endgültiger Abschluß des Verfahrens erreicht ist. Auch diese Handlungen lassen, wenn ihre Besonderheiten beachtet werden, eine **Drei-**

teilung zu. Die handelnden Personen machen von den Mitteln Gebrauch, die das Verfahrensgesetz gewährt, damit die Untersuchung und Entscheidung des Falls geordnet verlaufen: sie verfahren. Bei diesem Verfahren betreiben sie die ihnen dienlichen Zwecke, auf deren Widerstreit oben hingewiesen ist: sie verfolgen. Durch die verfahrensmäßige Verfolgung aber wirken sie auf den Stoff, der im einzelnen Fall bearbeitet wird, nämlich auf die Bereitung eines Bildes des der Vergangenheit angehörenden, als Straftat bezeichneten Ereignisses, auf seine rechtliche Würdigung sowie auf die Verwirklichung der gesetzlich vorgeschriebenen Folge, je nach Zweck und Vermögen aufklärend oder verwirrend, fördernd oder hemmend ein: sie gestalten die Sache. So entwickelt sich der Lebensvorgang, der entsprechend den Verfahrensvorschriften der Untersuchung, Aburteilung und Verwirklichung der Rechtsfolgen einer Straftat gewidmet ist, in den Handlungen der staatlichen Organe, der Beteiligten und der Dritten schrittweise: es wird prozediert. Manchmal findet die Entwicklung ihren Abschluß schon innerhalb des ersten Abschnitts, des Vorverfahrens, manchmal dringt sie in den zweiten Abschnitt, in das Hauptverfahren, oder auch darüber hinaus in den dritten Abschnitt, in die Vollstreckung, vor. Freilich ist das Prozedieren keineswegs regelmäßig ein gerades Vorschreiten. Viele Schritte geschehen zurück oder zur Seite, sowohl äußerlich, indem die Bearbeitung in einen durchschrittenen Unterabschnitt zurückversetzt wird, als auch innerlich, indem Unerheblichem nachgegangen oder von der in greifbarer Nähe gerückten Wirklichkeit und der ihr entsprechenden Folge abgeirrt wird. Das Umsonst und das Beinahe sind häufige Erscheinungen im Strafverfahren.

30   **3. Begriff des Strafverfahrens**[62]. Im allgemeinen stellt sich also das Strafverfahren als ein staatlich geordneter Vorgang dar, in dem staatliche Behörden tätig werden, um die Frage, ob eine strafbare Handlung begangen sei und wer sie begangen habe, zu klären, um, sofern die vorbereitenden Nachforschungen die Täterschaft eines bestimmten Menschen wahrscheinlich gemacht haben, eine gerichtliche Entscheidung über jene Frage und über die Folge ihrer Beantwortung herbeizuführen und um die rechtskräftig gewordene Entscheidung zu vollstrecken. Hierbei ist auf folgendes hinzuweisen:

31   **a) Ermittlungsverfahren.** Zum Strafverfahren gehört auch das Verfahren, das der **Vorbereitung der** nach § 170 zu treffenden Entscheidung über die Erhebung der **öffentlichen Klage** dient. „Herrin" dieses Vorverfahrens ist die Staatsanwaltschaft. Daran ändert auch die Tatsache nichts, daß faktisch in beträchtlichem Umfang die Polizei kraft ihrer Befugnisse und Pflichten aus §§ 161, 163 StPO, 152 GVG die Ermittlungen selbständig durchführt; sie handelt dann als „verlängerter Arm" der Staatsanwaltschaft, die „Herrin" des Ermittlungsverfahrens bleibt[63]. Jedoch ist seit geraumer Zeit die Frage

---

[62] Allgemeinere, von der konkreten Gestaltung des geltenden Verfahrensrechts abstrahierende Begriffsbestimmungen sind meist farblos. Die Begriffsbestimmung von *Eb. Schmidt* (I 56) „Der Prozeß ist der rechtlich geordnete, von Lage zu Lage sich entwickelnde Vorgang zwecks Gewinnung einer richterlichen Entscheidung über ein materiell-rechtliches Rechtsverhältnis" trifft in dieser Allgemeinheit uneingeschränkt nur für das Stadium von der Anklageerhebung ab zu; für das Vorverfahren, das ja schließlich auch „Prozeß" ist, gilt diese Zielsetzung nur bedingt: Ein großer Teil der Vorverfahren endet nach mehr oder weniger umfangreichen Ermittlungen mit der Einstellung des Verfahrens durch die Staatsanwaltschaft. Gänzlich aus dieser Begriffsbestimmung ausscheiden muß die unergiebige und richtigerweise (vgl. zutreffend *Eb. Schmidt* I 46 mit Schrifttumsangaben; **a. M** z. B. *Peters*[4] 94) zu verneinende Frage, ob der Strafprozeß als ein Prozeßrechtsverhältnis anzusehen ist.

[63] So auch z. B. *Peters*[4] 532; vgl. auch die Erl. bei LR-*Rieß* Vor § 158.

einer gesetzlichen Klarstellung oder einer Neuordnung des Verhältnisses der Polizei zur Staatsanwaltschaft bei der Strafverfolgung Gegenstand der Erörterungen[64]. Die Staatsanwaltschaft kann sich, soweit sie die Ermittlungen nicht selbst vornimmt, zur Erfüllung ihrer Aufgaben mit Ersuchen und Aufträgen an die Behörden und Beamten des Polizeidienstes und, wenn die Vornahme einer richterlichen Untersuchungshandlung erforderlich wird, mit Anträgen an das Amtsgericht wenden. Sie kann die Einstellung des Verfahrens mangels genügenden Anlasses zur Erhebung der öffentlichen Klage verfügen. Sie kann auch von der Klagerhebung unter gewissen Voraussetzungen wegen mangelnden Strafbedürfnisses oder aus Zweckmäßigkeitsgründen absehen. Dazu bedarf sie in einzelnen Fällen der Zustimmung des für das Hauptverfahren zuständigen Gerichts; sie ist also insofern nur beschränkt „Herr" des Verfahrens (§§ 153, 153 a, 153 b). Ausnahmsweise reicht ihre „Herrschaft" noch in das Hauptverfahren hinein, indem sie durch Zurücknahme der Klage dem gerichtlichen Verfahren ein Ende bereiten kann (§§ 153 c Abs. 3, 4, 153 d Abs. 2, 411 Abs. 3).

31a   **Reformvorschläge.** Die Vorschläge des Strafrechtsausschusses des Deutschen Anwaltsvereins 1985[65] gehen von einer erheblichen Bedeutungszunahme des Ermittlungsverfahrens aus, die sich darin äußere, daß vielfach die Beweisaufnahme der Hauptverhandlung nur noch in einer Reproduktion der Beweiserhebung im Ermittlungsverfahren bestehe. Daraus wird u. a. gefolgert die Notwendigkeit der Verteidigung im Ermittlungsverfahren und die Erweiterung ihrer Teilhabe am Ermittlungsverfahren, ein Beweisermittlungsanspruch des Verteidigers und Schaffung förmlicher Rechtsbehelfe.

32   **b)** Dem **Strafverfahren nach erhobener Anklage** ist es nicht wesentlich, daß eine Strafe für den Fall einer Täterschaft und der Schuld verhängt werden müsse. Vielmehr werden im Strafverfahren auch gerichtliche Entscheidungen gefällt, die gemäß §§ 153 ff trotz angenommener Schuld auf Einstellung des Verfahrens lauten oder die zwar die Schuld feststellen, aber von Bestrafung absehen oder die Entscheidung über die Bestrafung zurückstellen, wenn das sachliche Strafrecht dies zuläßt (§ 260 Abs. 4 Satz 3; § 27 JGG). Hierher gehören auch die Entscheidungen, die den Täter in Anwendung des § 199 StGB straffrei erklären und die eine Verwarnung mit Strafvorbehalt aussprechen (§§ 59 ff StGB).

33   **c)** Ein **Strafverfahren** ist **auch** das Verfahren, in dem der Verletzte von dem Recht Gebrauch macht, strafbare Handlungen im Weg der **Privatklage** zu verfolgen, während die zur Erhebung der öffentlichen Klage berufene Staatsanwaltschaft untätig bleibt, weil sie ein öffentliches Interesse an der Verfolgung als nicht für vorliegend erachtet.

---

[64] Vgl. dazu etwa LR-*Schäfer*[23] § 152, 23, 24 GVG – nach dem Stand von 1978 – und aus neuester Zeit (beispielhaft) *Uhlig* DRiZ **1986** 247; StrVert. **1986** 117; *Kniesel/Tegtmeyer* DRiZ **1986** 251. S. auch die unter dem Gesichtspunkt „Wahrung der Sachleitungsbefugnis der Staatsanwaltschaft" in DRiZ **1986** 234 abgegebene ablehnende Stellungnahme des Deutschen Richterbundes gegen Absichten, bestimmte die Datensicherung betreffende Vorschriften in den Musterentwurf eines einheitlichen Polizeigesetzes statt in die StPO aufzunehmen; vgl. auch *Geißer* GA **1985** 247 (zu Rechtslage und Meinungsstand zum „Wildwuchs der Vertraulichkeitszusagen").

[65] Dazu ausführliche Dokumentation AnwBl. **1986** 50 ff; vgl. auch NJW **1985** 2464; vgl. auch *Richter II* AnwBl. **1985** 431; StrVert. **1985** 382.

Karl Schäfer

IX. Erweiterung der Zwecke des Strafverfahrens

34   **1. Maßregeln der Besserung und Sicherung.** Innerhalb des Strafverfahrens werden gegen den, dessen Täterschaft festgestellt ist, nicht nur Strafen und strafähnliche Nebenfolgen als Erwiderung auf den Rechtsbruch, als „gerechte Vergeltung" und „zur Verteidigung der Rechtsordnung" ausgesprochen, sondern auch bessernde und sichernde Maßregeln angeordnet, die die Verhütung künftiger, von dem Täter der Allgemeinheit drohender Gefahren bezwecken, und zwar in gewissem Umfang selbst dann, wenn eine Bestrafung wegen mangelnder Schuld nicht möglich ist oder einer Bestrafung tatsächliche oder rechtliche Hindernisse entgegenstehen. Über Ansätze im älteren Recht (sog. „unterschiedslose" Einziehung, Unbrauchbarmachung von Schriften und Darstellungen usw.) hinaus hat die neuere Gesetzgebung, beginnend mit dem GewohnheitsverbrecherG vom 24. 1. 1933, die Pflicht oder wenigstens das Recht der Strafgerichte, Rechtsfolgen auszusprechen, die nicht die Eigenschaft eines dem Täter um seiner Schuld willen auferlegten Strafübels haben, sondern dem Schutz der Allgemeinheit vor künftigen Rechtsbrüchen des Täters bezwecken, zunehmend ausgedehnt. Die nach den Vorschriften des StGB jetzt zulässigen Maßregeln der Besserung und Sicherung im technischen Sinn, die z. T. mit Freiheitsentziehung verbunden sind, sind in § 61 StGB aufgezählt und in §§ 62 ff näher geregelt. Dabei wird für Personen, die wegen einer Straftat, begangen auf Grund einer Betäubungsmittelabhängigkeit, zu Freiheitsstrafe verurteilt worden sind, § 64 StGB (Unterbringung in einer Entziehungsanstalt) ergänzt unter dem Gesichtspunkt „Therapie vor Strafe" durch die vollstreckungsrechtliche Sonderregelung für Betäubungsmittelabhängige in §§ 35 ff BtMG vom 28. 7. 1981. Zu ihnen treten als „Maßnahmen" eigener Art (§ 11 Abs. 1 Nr. 8 StGB) die Einziehung, die teils Nebenstraf-, teils Sicherungscharakter hat, die Unbrauchbarmachung als Sicherungsmaßnahme und der Verfall zur Wegnahme der durch eine rechtswidrige Tat erlangten Vermögensvorteile (§§ 73 ff StGB). Die Maßnahme des Verfalls, der Entziehung der Verbrechensbeute, ist in den Dienst der Verbrechensbekämpfung gestellt, um darzutun, daß Straftaten „sich nicht auszahlen". Diese Maßnahmen, soweit sie Sicherungscharakter tragen, werden indessen bei Anwendung des § 2 StGB wie Nebenstrafen behandelt (vgl. § 2 Abs. 5 im Gegensatz zu § 2 Abs. 6). Weitere vom Gericht zu verhängende Maßnahmen sind außerhalb des StGB geregelt, wie etwa die Entziehung des Jagdscheins (§ 41 BJG) und das Verbot der Jagdausübung (§ 41 a BJG).

35   Den Strafgerichten ist hier — nach den Vorstellungen des früheren Rechts — eine von Haus aus materiell-polizeiliche Aufgabe, die **Verbrechensverhütung**, übertragen, wie sich schon daraus ergibt, daß ein Teil dieser Maßnahmen auch unabhängig von einem Strafverfahren von den zuständigen Verwaltungsbehörden angeordnet werden kann. Einzelne Maßnahmen (Entziehung der Fahrerlaubnis, § 111 a StPO; Berufsverbot, § 132 a StPO) können sogar — und darin zeigt sich der materiell präventiv-polizeiliche Charakter besonders deutlich — abweichend von der sonst für Urteile geltenden Regel, daß sie nicht vor Rechtskraft vollstreckbar sind (§ 449 StPO), unter bestimmten Voraussetzungen vorläufig (auch schon im vorbereitenden Verfahren) durch gerichtlichen Beschluß angeordnet werden; dagegen bestehen keine verfassungsrechtlichen Bedenken (BVerfG NStZ **1982** 78).

36   Zunächst haben **prozeßökonomische Gesichtspunkte** zu dieser Erweiterung des strafrichterlichen Aufgabenbereiches geführt: die Sachkenntnis, die das Strafgericht durch die Untersuchung des Falles gewonnen hat, seine Kenntnis von Tatumständen und der Persönlichkeit des Täters soll ausgenutzt werden, um alsbald die Maßnahmen zu treffen, die sonst — sofern zulässig — später anderen Behörden oblägen und dann gegebenenfalls erneut richterlicher Nachprüfung — dann aber z. B. des Verwaltungsrichters — unterbreitet werden müßten. Aber mehr und mehr tritt als Ergebnis der Reformideen der soziologischen Strafrechtsschule der Gedanke in den Vordergrund, daß es sich bei dieser Erweiterung des Aufgabenbereichs des Strafrichters gar nicht um eine nur mit Zweckmäßigkeitserwägungen begründbare Koppelung seiner „eigentlichen" Aufgaben mit materiell außerstrafrechtlichen handelt, sondern um eine legitime **Erweiterung** seiner **spezifisch strafrichterlichen Aufgaben**, die sich aus dem Wandel der Anschauungen über Ziel und Zweck des Strafrechts und des Strafverfahrens ergibt: über die bloße Ahndung der Tat, ihre repressive Beantwortung, an die sich nur gedanklich die Zwecke der Spezial- und Generalprävention anschließen, hinaus gehört es danach auch zu den „eigentlichen" Aufgaben des Strafrichters, mit selbständigen Mitteln, die ihm das sachliche Strafrecht zur Verfügung stellt, die Resozialisierung des Täters und die Verhütung künftiger Rechtsbrüche anzustreben, wenn die begangene Tat, die Würdigung ihrer Umstände und der Persönlichkeit des Täters zeigt, daß die Strafe — ihre Verhängung und ihr Vollzug — allein nicht ausreicht, die naheliegende Gefahr künftiger Straftaten auszuschließen. Die Verbrechensverhütung ist damit zu einem Bestandteil der den Strafrechtspflegeorganen übertragenen Verbrechensbekämpfung geworden, sobald sich aus der Begehung einer mit Strafe bedrohten Handlung die Gefahr künftiger weiterer Verletzungen strafrechtlich geschützter Rechtsgüter ergibt. Die Strafe hat damit ihre Monopolstellung als Mittel der Verbrechensbekämpfung verloren; sie ist zwar noch immer das Hauptmittel, aber nur noch *ein* Mittel neben anderen, die an ihre Seite getreten sind.

2. Haftgrund der Wiederholungsgefahr. Auf der Vorstellung, daß — über die spezial- und generalprävenierende Wirkung einer Strafe hinaus — die Verbrechensverhütung ein bedeutsames Anliegen des Strafverfahrens sei, beruht es auch, wenn in § 112 a (Haftgrund der Wiederholungsgefahr) die **Untersuchungshaft**, die von Haus aus der Sicherung des staatlichen Strafanspruchs dient, in beschränktem Umfang in den Dienst der Verbrechensverhütung gestellt wurde (vgl. auch Kap. 3 87). Auch diese Regelung ist mit dem Grundgesetz vereinbar (BVerfGE 35 185). **37**

3. Zurückdrängung der Strafe. Sind Verbrechensbekämpfung und -verhütung *und* Resozialisierung des Täters gleichrangige Ziele des Strafverfahrens, so ergibt sich daraus der Grundsatz, daß es der Bestrafung nicht bedarf, wo von weniger eingreifenden Maßnahmen als der Bestrafung der Erfolg eines künftigen gesetzmäßigen Verhaltens des Täters erwartet werden kann. Auf solchen Überlegungen beruht das Institut der **Verwarnung mit Strafvorbehalt** (§§ 59 ff StGB, § 453 StPO), bei der das Gericht sich zunächst auf den Schuldspruch beschränkt und die verwirkte Geldstrafe (bis zu 180 Tagessätzen) zwar bestimmt, sich unter Verwarnung des Täters deren Verhängung aber für den Fall vorbehält, daß er der Erwartung eines Wohlverhaltens während einer Bewährungsfrist nicht entspricht, während es bei Wohlverhalten „bei der Verwarnung sein Bewenden hat" (§ 59 StGB), der Täter also unbestraft bleibt. **38**

Noch weniger eingreifend wirkt für den Täter das Institut der **vorläufigen Einstellung** des Verfahrens **unter** Auferlegung von **Auflagen und Weisungen** (§ 153 a StPO; s. dazu Kap. 5 6 ff; 12 47 ff). **39**

Noch weiter von den klassischen Vorstellungen über das Strafverfahren entfernt sich das **jugendgerichtliche Verfahren**, in dem die Verhängung einer Strafe die Ausnahme und die Anordnung von Maßnahmen ohne Strafcharakter (Erziehungsmaßregeln, Zuchtmittel) die Regel ist. **40**

Karl Schäfer

41   **4. Strafaussetzung zur Bewährung.** Aber auch wenn es zur Verhängung einer zeitigen Freiheitsstrafe kommt, besteht die Bedeutung der Bestrafung in weitem, im Lauf der Entwicklung zunehmend ausgedehntem Umfang nicht mehr in der Festsetzung des Strafübels, das — früheren Vorstellungen entsprechend — die Vollstreckungsbehörden durchführen **müssen** und das der Verurteilte zu erdulden verpflichtet ist. Bei der Strafaussetzung zur Bewährung (§§ 56 ff StGB, §§ 20 ff JGG) kommt es bei erwartungsgemäßem Verhalten des Verurteilten gerade nicht zum Vollzug. An die Stelle der Vollstreckungsstrafe ist hier, zwar nicht im rechtstechnischen Sinn, aber dem materiellen Gehalt nach, auflösend bedingt die „Aussetzungsstrafe" getreten, über deren begriffliche Einordnung sich streiten läßt (vgl. dazu *Dreher/Tröndle*[43] § 56, 1). Ihre Aufgabe ist die gerichtlich überwachte (§ 453 b) Durchführung einer „ambulanten" Behandlung des Täters in Freiheit[66], und ihr Ziel ist es, daß der Verurteilte keine Straftaten mehr begeht (§§ 56 c, 56 d). Die „ambulante" Behandlung wird vor allem durch Weisungen (§ 56 c StGB) und Unterstellung unter Bewährungshilfe (§ 56 d) sinnvoll gestaltet. Aber auch die zum Vollzug gebrachte „Vollstreckungsstrafe" geht im Normalfall durch Aussetzung des Strafrestes zur Bewährung unter den Voraussetzungen des § 57 StGB in eine „Aussetzungsstrafe" über. Und schließlich ist in dem durch Gesetz vom 8. 12. 1981 (BGBl. I 1329) neu eingefügten § 57 a StGB die gerichtliche Restaussetzung zur Bewährung auch auf die lebenslange Freiheitsstrafe ausgedehnt worden, während eine solche Maßnahme bis dahin nur im Gnadenwege möglich war[67].

41a   Eine der Strafaussetzung zur Bewährung ähnliche Maßnahme ist die in §§ 35 ff BtMG (vom 28. 7. 1981, BGBl. I 681) geregelte **Zurückstellung der Strafvollstreckung bei betäubungsmittelabhängigen Straftätern.** Bei einem wegen einer Straftat zu Freiheitsstrafe von nicht mehr als zwei Jahren Verurteilten kann, wenn er die Tat auf Grund einer Betäubungsmittelabhängigkeit begangen hat, die Vollstreckungsbehörde mit Zustimmung des Gerichts die Vollstreckung der Strafe zurückstellen, wenn er sich wegen seiner Abhängigkeit in einer seiner Rehabilitation dienenden Behandlung befindet oder sich ihr zusagegemäß unterstellt; nach durchgeführter Behandlung setzt das Gericht die Vollstreckung der Strafe zur Bewährung aus[68].

42   **5. Strafvollstreckungskammer.** Die den Gerichten bezgl. der „Aussetzungsstrafe" obliegenden Aufgaben sind, die Vorschriften des Strafgesetzbuchs ergänzend, in §§ 453 ff StPO geregelt. Sie sind teils dem Gericht des ersten Rechtszuges, teils — soweit es sich um die Aussetzung des Strafrestes zur Bewährung handelt —, der „Strafvollstreckungskammer" übertragen (§ 462 a), d. h. einer nach Maßgabe der §§ 78 a und 78 b GVG errichteten und besetzten Kammer bei dem Landgericht des Bezirks, in dem die Strafanstalt liegt, in der der Verurteilte einsitzt oder — nach Unterbrechung oder Beendigung des Vollzugs — vorher einsaß. Der Sinn der Errichtung solcher Strafvollstreckungskammern ist die Nutzbarmachung der besonderen Erfahrungen und der „Entscheidungsnähe" dieser Gerichte. Wegen der Einzelheiten vgl. Kap. 5 20.

     6. Sicherungsverfahren und selbständiges („objektives") Verfahren

43   **a) Sicherungsverfahren.** In Konsequenz der auf Verbrechensverhütung gerichteten Entwicklung ist neben das klassische Strafverfahren, das gegen einen bestimmten Beschuldigten betrieben wird mit dem Ziel, eine Entscheidung über seine **Schuld** herbeizu-

---

[66] BGHSt **24** 40, 43; NJW **1982** 17, 68.
[67] Sog. „Verrechtlichung des Gnadenwesens" auf der Grundlage von BVerfGE **45** 187, 246.
[68] Wegen der Gründe, die zu dieser „Vollstrek-

kungslösung" (statt einer gerichtlichen Strafaussetzung mit Auflagen und Weisungen) geführt haben, vgl. *Slotty* NStZ **1981** 327.

führen und bejahendenfalls eine Strafe zu verhängen und daneben etwaige Besserungs- und Sicherungsmaßregeln anzuordnen, ein in den Formen eines Strafverfahrens betriebenes Verfahren getreten, das nur der Anordnung einer Besserungs- oder Sicherungsmaßregel dient. Das Sicherungsverfahren (§§ 413 ff) findet statt, wenn die Verhängung einer Strafe wegen fehlender oder — was dem gleichsteht (vgl. §§ 69 Abs. 1, 70 Abs. 1 StGB; BGHSt **13** 91; **22** 1) — wegen nicht auszuschließender Schuldunfähigkeit zur Tatzeit ausscheidet, oder wenn — von dem Sonderfall des § 231 a abgesehen — wegen des Verfahrenshindernisses der Verhandlungsunfähigkeit die Durchführung eines subjektiven Strafverfahrens nicht möglich ist.

b) **Das selbständige** (,,objektive") **Verfahren** kommt in Betracht, wenn die Anord- **44** nung von Verfall, Einziehung, Unbrauchbarmachung und Vernichtung sowie Beseitigung eines gesetzwidrigen Zustandes (vgl. § 442 Abs. 1) wegen eines Verfahrenshindernisses nicht im Verfahren gegen einen bestimmten Beschuldigten ausgesprochen werden kann (§§ 440, 442). Voraussetzung des Sicherungsverfahrens wie des selbständigen Verfahrens ist, daß das sachliche Recht die selbständige Anordnung zuläßt (§§ 413, 440 Abs. 1, 442). Eine solche Zulassung ist im Lauf der Zeit in zunehmendem Maß erfolgt; Lücken des bis dahin geltenden Rechts sind durch das EGStGB 1974 ausgefüllt worden. Danach ist das Sicherungsverfahren der §§ 413 ff zulässig bei der Unterbringung in einem psychiatrischen Krankenhaus, in einer Entziehungsanstalt sowie bei der Entziehung der Fahrerlaubnis und dem Berufsverbot (§ 71 StGB). Dagegen kann z. B. der Jagdschein (oben Rdn. 34) zwar entzogen werden, wenn eine Verurteilung des Täters wegen erwiesener oder nicht auszuschließender Schuldunfähigkeit entfällt; eine selbständige Anordnung der Entziehung ist aber nicht vorgesehen. Das objektive Verfahren wegen tatsächlicher, teils auch wegen rechtlicher Verfahrenshindernisse ist in § 76 a StGB vorgesehen bei Verfall (§ 73), Einziehung (§§ 74, 74 a) oder Verfall und Einziehung von Wertersatz (§§ 73 a, 74 c) sowie Unbrauchbarmachung (§ 74 d). Eine Besonderheit besteht hier darin, daß nach § 76 a Abs. 3 die selbständige Anordnung in gewissem Umfang auch zulässig ist, obwohl eine bestimmte Person verfolgt oder verurteilt werden könnte, nämlich dann, wenn das Verfahren nach einer Vorschrift eingestellt wird, die dies nach dem Ermessen der Staatsanwaltschaft oder des Gerichts oder im Einvernehmen beider zuläßt (vgl. wegen der Bedeutung des § 76 a StGB im einzelnen die Erl. zu § 440).

c) **Rechtsnatur.** Die früher vielfach übliche Bezeichnung des Sicherungs- und des **45** selbständigen Verfahrens als ,,unechter Strafprozeß" ging von der Vorstellung aus, daß ein ,,echtes", ein ,,eigentliches" Strafverfahren nur ein solches sei, das auf Feststellung von strafrechtlicher Schuld oder Nichtschuld und für den Fall der Schuldfeststellung (in der Regel) auf die Verhängung einer Strafe gerichtet ist. Sieht man aber in der Verhütung künftiger rechtswidriger Taten, nachdem die Gefahr durch eine rechtswidrige Tatbestandsverwirklichung erkennbar geworden ist, einen der repressiven Beantwortung gleichwertigen originären Zweig der den Strafrechtspflegeorganen übertragenen Verbrechensbekämpfung, dann ist auch das verselbständigte Verfahren zwar eine ,,besondere Verfahrensart", aber im übrigen ein ,,echtes" Strafverfahren; es ist dann unter ,,Strafverfahren" — die Bezeichnung knüpft nur an den Regelfall an — jedes Verfahren zu verstehen, das von den Strafjustizorganen in den vorgeschriebenen Formen zur Verwirklichung der im sachlichen Strafrecht an die rechtswidrige Tatbestandsverwirklichung geknüpften Rechtsfolgen betrieben wird, gleichviel ob diese Folgen in Strafe neben Maßregeln oder nur in Maßregeln bestehen. Auch das Jugendstrafverfahren ist ja ein ,,echtes" Strafverfahren, auch wenn von vornherein nicht die Verhängung von Jugendstrafe, sondern nur die Anordnung von Erziehungsmaßregeln oder Zuchtmitteln

in Frage steht. Nur in dem Sinn ist das selbständige Verfahren ein „unechter" Strafprozeß, als hier die Regeln des Normalprozesses, die auf den Fall der Verhängung einer
Strafe für den Fall der Schuldfeststellung zugeschnitten sind, nur mit den — z. T. tiefgreifenden — Abweichungen („entsprechend") anzuwenden sind, die sich aus der Besonderheit der Lage und Zielsetzung des Verfahrens ergeben (vgl. *Nagler* GerS **112**
[1939] 133, 144, 308; **113** [1940] 1). Dieser Unterschied wird verwischt, wenn z. B.
§ 415 auch bei den zur Tatzeit Schuldunfähigen vom „Beschuldigten" statt richtigerweise von „Betroffenen" spricht.

46   **7. Opferschutz.** Die neuere und vor allem die jüngste Rechtsentwicklung, wie sie
im OpferschutzG vom 18. 12. 1986 (BGBl. I 2496) zum Ausdruck kommt, ist schließlich
auf den besonderen Schutz und die möglichst weitgehende Förderung der Belange des
Tatopfers im Strafverfahren gerichtet. Insoweit ist auf Kap. **5** 119 ff und auf Kap. **7** 7 ff
zu verweisen.

KAPITEL 7

Verhältnis des Strafverfahrens zu anderen Verfahren

Übersicht

I. Strafprozeß und Zivilprozeß

1. Gemeinsamkeiten und Wesensunterschiede. Die beiden Verfahrensarten weisen **1** im Großen und im Kleinen viel **Gemeinsames** auf. In beiden wird angesichts der Behauptung einer Verletzung der Rechtsordnung das Ziel verfolgt, daß das Gericht sich in einem geordneten Verfahren durch Handlungen und Wahrnehmungen eine Vorstellung von den erheblichen tatsächlichen Ereignissen oder Zuständen verschaffe, die anzuwendenden Rechtssätze ermittle und auf Grund der tatsächlichen Feststellung und der rechtlichen Würdigung eine Entscheidung zur Sache erlasse, die mit dem Eintritt der Rechtskraft Geltung und Wirkung auch dann erlangt, wenn sie von dem durch die Tatsachen erzeugten Recht, dem wahren Recht, abweicht. Die Vorschriften über die Ausschließung und Ablehnung der Gerichtspersonen, über die Zustellungen, über den Beweis durch Zeugen und Sachverständige und über die Rechtsmittel sind für beide Verfahrensarten in Einzelheiten ähnlich gestaltet.

Andererseits scheidet ein **tiefreichender Gegensatz** das Strafverfahren vom Ver- **2** fahren im bürgerlichen Rechtsstreit ab. Begriffe, deren Entwicklung dem letzteren förderlich geworden ist, können auf den ersteren nicht ohne weiteres übertragen werden. Der Gegensatz wird durch den Unterschied der Gegenstände begründet.

Die Erfüllung der **bürgerlich-rechtlichen Verpflichtungen** erfordert keine gericht- **3** liche Entscheidung. Die weit überwiegende Zahl dieser Verpflichtungen wird ohne gerichtliches Verfahren erfüllt. Das bürgerliche Recht räumt grundsätzlich dem Berechtigten die freie Verfügung über seine Rechte und Ansprüche ein, sofern nicht Ausnahmen um des öffentlichen Wohls willen, insbesondere in den Ehe-, Kindschafts- und Entmündigungssachen, stattfinden. Das Recht der freien Verfügung über private Rechte bestimmt auch entscheidend die Gestaltung des Zivilprozesses; es gilt die **Parteimaxime**. Was die vor Gericht streitenden Einzelnen, die Parteien, nicht vorbringen, um den Grund ihrer Ansprüche oder Einwendungen nachzuweisen, ist vom Gericht nicht zu be-

Karl Schäfer

achten[1]. Das Gericht muß die von einer Partei behaupteten Tatsachen als wahr gelten lassen, wenn die Gegenpartei sie ausdrücklich oder stillschweigend zugesteht und nicht etwa ersichtlich ist, daß das Zugeständnis gegen die im § 138 Abs. 1 ZPO bestimmte Wahrheitspflicht verstößt. Es ist für die Prüfung der Wahrheit der bestrittenen Tatsachen grundsätzlich auf die Benutzung der von den Parteien bezeichneten Beweismittel beschränkt („formelle Wahrheit"). Was die Parteien nicht begehren, um sich die Befriedigung ihrer Ansprüche zu verschaffen, darf ihnen vom Gericht nicht zugesprochen werden. Hierbei gilt die Gleichberechtigung der Parteien. Demzufolge treten im bürgerlichen Rechtsstreit, wenn das Verhältnis zwischen Gericht und Parteien betrachtet wird, eine weitgehende Freiheit der Parteien und als ihr Gegenstück eine starke Gebundenheit des Gerichts mit ausschlaggebender Wirkung auf die Sachgestaltung hervor.

4   Dagegen bedarf es stets der im **Strafverfahren** getroffenen gerichtlichen Entscheidung, um die Rechtsfolgen zu verwirklichen, die das sachliche Strafrecht an die Erfüllung eines Straftatbestands knüpft. Im Strafverfahren verlangt das „öffentliche Interesse" oder gar das „besondere öffentliche Interesse an der Strafverfolgung" (vgl. z. B. §§ 153, 153 a StPO, §§ 183 Abs. 2, 232 Abs. 1, 248 a, 263, 263 a, 265 a, 266 b, 303 c StGB) immer und überall Berücksichtigung. Der Staat wird hier in der Regel von Amts wegen erforschend, entscheidend und vollstreckend tätig, damit der Rechtsbruch geahndet, der Nichtschuldige aber von dem Schuldvorwurf freigesprochen werde. Die Regeln des Strafprozeßrechts sind grundsätzlich zwingendes Recht[2], das nur ausnahmsweise einer gewissen Disposition der Beteiligten unterliegt, indem ihnen eine von der Regel abweichende Entscheidung ermöglicht (vgl. z. B. § 153 a Abs. 2) oder der Verzicht auf die Einhaltung gesetzlicher Vorschriften zugestanden wird (vgl. z. B. § 61 Nr. 5, § 243 Abs. 1 Satz 2, § 251 Abs. 1 Nr. 4 und Abs. 2 Satz 1). Das Hauptgewicht der staatlichen Tätigkeit ist für das Strafverfahren auf die vom Gericht zu fällende Entscheidung gelegt. Das Hauptverfahren muß, soweit nicht Verfahrenshindernisse eingreifen (§§ 205, 206 a) oder Einstellung nach §§ 153 ff stattfindet oder eine Gesetzesänderung eine veränderte Lage schafft (§ 206 b), bis zu dem am Schluß der Hauptverhandlung zu erlassenden Urteil durchgeführt werden (§ 260). Eine Erledigung des Verfahrens durch Privatdisposition (Vergleich, Anerkenntnis oder Verzicht) gibt es nicht, wenn man von gewissen Möglichkeiten bei den Antragsdelikten und den Privatklageverfahren absieht und die Fälle außer Betracht läßt, in denen der Beschuldigte in gewissem Umfang die Möglichkeit hat, durch Erteilung seiner nach sachlichem oder nach Verfahrensrecht erforderlichen Einwilligung oder Zustimmung oder durch das Erbieten zu gewissen Genugtuungsleistungen auf das Verfahren oder die Entscheidung einzuwirken (vgl. z. B. §§ 56 b, 56 c, 59 a Abs. 2 StGB, §§ 153 a, 245 Abs. 1 Satz 2, 249 Abs. 2 Satz 1, 265 a StPO). Das Gericht muß, gleichviel was die Beteiligten vorbringen und begehren, die Wahrheit (die „materielle Wahrheit") mit allen zu Geboten stehenden Beweismitteln selbständig erforschen und aus seiner Überzeugung heraus das Urteil bilden, das den Rechtssätzen entspricht. Für eine volle Gleichberechtigung der Beteiligten aber ist grundsätzlich kein Raum, weil der Hauptbeteiligte angesichts des gegen ihn bestehenden Tatverdachts einem Zwang unterworfen werden muß, der gegenüber dem Ankläger nicht Platz greifen kann. Andererseits ist der öffentliche Kläger kein echter „Gegner", denn es gehört zu seinen Amtspflichten, auch entlastend für den Beschuldigten ein-

---

[1] Über Tendenzen zur weiteren Abschwächung des Grundsatzes der Bindung des Richters an den Parteivortrag vgl. den Bericht über die Erörterungen auf dem 43. Deutschen Anwaltstag 1985 in NJW **1985** 2463.

[2] *Hanack* JZ **1973** 730 und LR-*Hanack* § 337, 269 ff mit Nachw.; OLG Frankfurt **1987** 91 mit Anm. *Schlüchter* betr. Unverzichtbarkeit der Verfahrensrüge nach § 338 Nr. 6.

zutreten (vgl. insbes. §§ 160 Abs. 2, 163 a Abs. 2, 296 Abs. 2, 365). Der allgemeine Sprachgebrauch verleiht diesem Gegensatz einen treffenden Ausdruck. Die Parteien des Zivilprozesses „prozessieren miteinander"; im Strafverfahren aber wird dem Schuldigen „der Prozeß gemacht".

2. Das „summarische Verfahren". Das vorstehend über das Beweisrecht Gesagte **5** gilt ohne Einschränkung für das ordentliche Verfahren (§§ 244, 245), auch bei Antragsdelikten und in Privatklageverfahren. Gewisse Abweichungen bestehen bei dem sog. summarischen Verfahren, dem Strafbefehlsverfahren (§§ 407 ff), wo sich der Richter mit einer knapperen Sachaufklärung zufriedengeben darf, wenn sie ihm zur Bildung seiner Überzeugung von der Täterschaft und Schuld ausreichend erscheint. Dies beruht auf dem Bestreben, für gewisse häufig vorkommende Delikte von geringerer Bedeutung ein möglichst einfaches und weniger förmliches Verfahren zur beschleunigten Erledigung des Falles zur Verfügung zu stellen. Der Gesetzgeber sieht hier die Rechte des Beschuldigten dadurch als genügend gewahrt an, daß er ihm ermöglicht, gegen die Straffestsetzung Einspruch einzulegen, der dann zu einer mit allen Rechtsgarantien ausgestatteten ordentlichen Hauptverhandlung führt. Verfehlt wäre es aber, diesen vorläufigen Verzicht auf eine umfassende Sachaufklärung unter dem Gesichtspunkt zivilrechtlicher oder zivilprozessualer Erledigungsmöglichkeiten zu würdigen, etwa als eine „vertragsähnliche Abmachung der Angelegenheit" zwischen dem Beschuldigten und den Strafjustizorganen oder als ein Gegenstück zum Mahnverfahren des Zivilprozesses, dergestalt, daß der Richter lediglich die im Strafbefehlsantrag des Staatsanwalts aufgestellten Behauptungen als wahr unterstellt. Dahingehende Auffassungen wurden zwar früher vertreten[3]; spätestens infolge der Änderungen des Strafbefehlsverfahrens durch das StVÄG 1987 ist ihnen aber jede Grundlage entzogen.

3. Zivilrechtliche Vorfragen. Die Pflicht des Gerichts, die materielle Wahrheit **6** selbständig mit allen Mitteln zu erforschen und nur der eigenen auf dieser Grundlage gewonnenen Überzeugung entsprechend zu entscheiden, führt dazu, daß der Strafrichter auch über zivilrechtliche Vorfragen (z. B. über die Fremdheit der Sache im Fall des § 242 StGB) selbständig zu entscheiden hat und an Urteile des Zivilprozeßgerichts nicht gebunden ist[4]. Der Strafrichter darf aber das Strafverfahren aussetzen, um die Ergebnisse eines Zivilprozesses für seine eigene Untersuchung nutzbar zu machen (§ 262 Abs. 2). Er kann sogar einem Beteiligten eine Frist zur Erhebung der Zivilklage setzen; doch kann, wenn der Beteiligte der Auflage nicht nachkommt, dies zwar gegebenenfalls bei der Beweiswürdigung bedeutsam sein, während sich weitere Folgerungen für das Strafverfahren daraus nicht ergeben. Anders liegt es dagegen im Vorverfahren; hängt bei einem Vergehen die Erhebung der öffentlichen Klage von der Beurteilung einer zivil- oder verwaltungsrechtlichen Vorfrage ab, so kann nach § 154 d auch der Staatsanwalt dem Beteiligten eine Frist zur Austragung der Frage im Zivil- oder Verwaltungsgerichtsprozeß bestimmen, aber mit der Folge, daß er das Vorverfahren einstellen kann, wenn die Auflage unbeachtet bleibt. Wegen der Bedeutung von **Vorabentscheidungen** einer Verwaltungsbehörde und der Gerichte anderer Gerichtsbarkeitszweige s. Kap. **12** 126 ff sowie LR-*Gollwitzer* § 262, 8, 13, 20.

---

[3] Vgl. LR-*Schäfer*[23] § 407, 59 ff.
[4] Zur Frage, ob Ausnahmen in Betracht kommen, etwa bei Urteilen mit Rechtskraft inter omnes, vgl. LR-*Gollwitzer* § 262, 8 ff.

Karl Schäfer

4. Berücksichtigung von Entschädigungs- und Wiedergutmachungsansprüchen des Verletzten[5]

7   **a) Allgemeines.** Im Opferschutzgesetz v. 18. 12. 1986 (Kap. **5** 119) ist in prononcierter Form der Gedanke zum Ausdruck gekommen, daß sich die „eigentliche" Aufgabe des Strafrechts und des Strafverfahrens nicht in repressiven Maßnahmen gegen den Täter erschöpft, sondern auch dazu dient, dem Verletzten — in einem mit dem Hauptzweck des Strafverfahrens verträglichen Ausmaß und bei Beachtung der notwendigen Verteidigungsbefugnisse des Beschuldigten — Genugtuung und Schadensausgleich zu verschaffen, denn auch damit wird das Strafverfahren seinem Ziel, Rechtsfrieden zu schaffen, nähergebracht. Dieser Gedanke war selbstverständlich auch dem vor dem OpferschutzG geltenden Recht bekannt, nur war er nicht — wie jetzt — gewissermaßen zu einer Prozeßmaxime erhoben, sondern ergab sich aus einer Reihe von mehr oder weniger unverbundenen Maßnahmen und Vorschriften. Als deren bedeutendste sind zu erwähnen:

8   **b) Adhäsionsverfahren.** Der Strafrichter entscheidet nicht nur über zivilrechtliche Vorfragen, sondern auch über **zivilrechtliche Ansprüche**, dann nämlich, wenn der Verletzte (sein Erbe) einen aus der Straftat, die den Gegenstand des Strafverfahrens bildet, erwachsenen vermögensrechtlichen Anspruch gegen den Beschuldigten geltend macht (§§ 403 ff) und das Gericht nicht „von einer Entscheidung absieht" (§ 405). In den Formen des Adhäsionsprozesses wird auch entschieden über den Anspruch auf Rückerstattung des Mehrerlöses, den bei einem Preisvergehen der Geschädigte gegen den Täter geltend macht (§ 9 Abs. 3 WirtschaftsstrafG) sowie über den Anspruch auf Vernichtung und ähnliche Maßnahmen, die aus strafbarer Verletzung von Urheberrechten entstehen (§ 110 UrhG 1965 i. d. F. von Art. 8 des OpferschutzG 1986). Der Strafrichter tritt hier also an die Stelle des Zivilprozeßrichters, und seine dem Anspruch stattgebende Entscheidung hat die Bedeutung eines im Zivilprozeß ergangenen Urteils (§ 406 Abs. 3). Die Untersuchung und Entscheidung erfolgt aber nicht in einem von dem Strafverfahren getrennten Nebenverfahren — die Bezeichnung als „Anhangs-" oder „Adhäsionsverfahren" ist deshalb irreführend —, sondern *im* Strafverfahren, sie bildet einen Bestandteil des Strafverfahrens. Dies zeigt sich insbesondere darin, daß für die Verhandlung, die Beweiserhebung und die Bildung der richterlichen Überzeugung nicht die Regeln des Zivilprozesses mit den Grundsätzen der Parteimaxime und der formellen Wahrheit, sondern — in gleicher Weise wie bei der Feststellung der strafrechtlichen Folgen der Tat — die Vorschriften des Strafprozesses maßgebend sind. Es gelten also nicht die Bestimmungen der Zivilprozeßordnung über die Wirkung von Geständnis, Anerkennt-

---

[5] Aus dem neuerdings fast unübersehbaren **Schrifttum** vgl. (jeweils mit weit. Nachw.) u. a. *Achenbach* Vermögensrechtlicher Opferschutz im strafprozessualen Vorverfahren, FS Blau (1985) 7; *Dünkel* Möglichkeiten und Praxis des Täter-Opfer-Ausgleichs und Aspekte der Stellung des Opfers im Strafverfahren im Europäischen Vergleich, BewHi. **1985** 358; *Hassemer* Rücksichten auf das Verbrechensopfer, FS Klug 217; *Jung* Die Stellung des Verletzten im Strafprozeß, ZStW **93** (1981) 1147; *Kube* Täter-Opfer-Ausgleich, Wunschtraum oder Wirklichkeit, DRiZ **1986** 121; *Rieß* Die Rechtsstellung des Verletzten im Strafverfahren, Gutachten zum 55. DJT, Verh. des 55. DJT, Bd. I Teil C (1984); *Rieß* Der Strafprozeß und der Verletzte – eine Zwischenbilanz, Jura **1987** 281; *Rössner/Wulf* Opferbezogene Strafrechtspflege (1984); *Schneider* Kriminologie (1987) S. 751 ff; *Schünemann* Zur Stellung des Opfers im System der Strafrechtspflege, NStZ **1986** 193, 439; *Weigend* Victimologie und kriminalpolitische Überlegungen zur Stellung des Verletzten im Strafverfahren, ZStW **96** (1984) 761; weiteres Schrifttum Kap. **5** 119; LR-*Wendisch* Vor § 374; Vor § 403.

nis oder Verzicht[6], und die Beweiserhebung richtet sich nach dem Grundsatz des § 244 Abs. 2; strittig ist lediglich, ob das Gericht nach den Grundsätzen der gebundenen Beweisaufnahme (§ 244 Abs. 3) zu verfahren hat oder den Umfang der Beweisaufnahme nach pflichtmäßigem Ermessen bestimmt. Auch die Anfechtung des Urteils über den Anspruch durch den Verurteilten erfolgt mit den nach der Strafprozeßordnung zulässigen Rechtsmitteln (§ 406 a). Daß andererseits auch im Strafverfahren und vor dem Strafgericht ein wirksamer Vergleich (§ 794 ZPO) über den geltend gemachten vermögensrechtlichen Anspruch geschlossen werden kann, ergibt sich ohne weiteres daraus, daß der Anspruch seinen Charakter als dispositionsfähiges privates Rechtsgut auch im Adhäsionsprozeß beibehält.

Das Adhäsionsverfahren hat vor den Änderungen durch das OpferschutzG (dazu Kap. 5 119) so gut wie **keine praktische Bedeutung** erlangt. Wegen der mutmaßlichen Gründe für diese Erscheinung und der unterschiedlichen Vorschläge zur Belebung des Instituts vgl. LR- *Wendisch* Vor § 403. Durch die Änderungen beim Adhäsionsverfahren — so heißt es in der Begründung der Beschlußempfehlung des Rechtsausschußberichts BT-Drucks. 10 6124 S. 13 vorsichtig — „soll *versucht* werden, die Durchsetzbarkeit von Schadensersatzansprüchen des Verletzten zu erleichtern". Immerhin soll nach dem Bericht (aaO S. 15) mit der Ausdehnung des Verfahrens auf Ansprüche, die die zivilprozessuale amtsgerichtliche Streitwertgrenze überschreiten, „dem Adhäsionsverfahren ein breiter Anwendungsbereich eröffnet werden". Der Erfolg des Belebungsversuchs bleibt abzuwarten[7].

c) Andere Möglichkeiten. Im **sachlichen Strafrecht** ist zunächst als Novum zu gedenken der Ergänzung des § 46 Abs. 2 StGB am Ende durch die im OpferschutzG erfolgte Einfügung der Worte „sowie das Bemühen des Täters, einen Ausgleich mit dem Verletzten zu erreichen". Dieses Bemühen gilt nicht nur der Wiedergutmachung des dem Verletzten erwachsenen materiellen Schadens, sondern auch jeder Genugtuung auf andere Weise[8], also auch dem Bemühen um Ausgleich durch Rufwiederherstellung. Damit wird ergänzt die die Rufwiederherstellung bezweckende, durch das EGStGB 1974 verbesserte und verstärkte Bekanntgabe der Verurteilung (§§ 103 Abs. 2, 165, 200 StGB; § 463 c StPO), im Verfahrensrecht die (durch das OpferschutzG novellierte) Nebenklage und die Privatklage, die von jeher diesen Zwecken diente. In neuerer Zeit ist hinzugetreten die Auflage, nach Kräften den durch die Tat verursachten Schaden wiedergutzumachen, mit der die Strafaussetzung zur Bewährung, die Verwarnung mit Strafvorbehalt und die vorläufige Einstellung des Verfahrens unter Auflagen und Weisungen verbunden werden kann (vgl. §§ 56 b Abs. 2 Nr. 1, 57 Abs. 4, 59 a Abs. 2 StGB, § 153 a Abs. 1 Satz 1 Nr. 1 StPO). Die bei Nichterfüllung der Auflage drohenden Nachteile (Widerruf der Strafaussetzung, §§ 56 f Abs. 1 Nr. 3, 57 Abs. 2 StGB; Verurteilung zu der vorbehaltenen Strafe, § 59 b Abs. 1 StGB; Durchführung des vorläufig eingestellten Verfahrens, § 153 a) begründen einen mittelbaren Erfüllungszwang, der einen Zivil-

9

---

[6] LR- *Wendisch* § 404, 8 f, auch zum Folgenden.

[7] Über den durch das OpferschutzG erreichten Stand weit hinaus gehen Reformvorstellungen, die in dem Ausgleichsgedanken ein tragendes Prinzip einer Strafverfahrensreform sehen. So soll nach *Kübler* ZStW 71 (1959) 617 der Schadenswiedergutmachung eine **zentrale** Stelle eingeräumt werden, damit

der Täter dazu gebracht werde, „seine geistige Haltung durch Entschädigung des Verletzten innerhalb der Strafe zu korrigieren". Vgl. zum Täter-Opfer-Ausgleichsgedanken u. a. auch mit weit. Nachw. *Beste* Krim. Journ. **1986** 161 und die Nachw. in Fußn. 5.

[8] RAussch.Bericht, BT-Drucks. 10 6124, S. 17.

Karl Schäfer

prozeß entbehrlich machen oder den Vollstreckungszwang eines bereits erstrittenen Zivilurteils verstärken kann[9]. Erwähnt sei in diesem Zusammenhang schließlich, daß der Verfall des für die Tat oder aus ihr erlangten Vermögensvorteils (§ 73 StGB) nicht angeordnet wird, soweit dem Verletzten aus der Tat ein Anspruch erwachsen ist, dessen Erfüllung (wenn es dazu käme) den aus der Tat erlangten Vermögensvorteil beseitigen oder mindern würde (§ 73 Abs. 1 Satz 2). Diese Vorschrift wirkt zugleich zugunsten des Verletzten: es soll nicht durch die Anordnung des Verfalls ein vorrangiger Anspruch des Verletzten auf Rückerstattung des Erlangten verkürzt werden. Die §§ 111 b ff dienen dazu, dem anspruchsberechtigten Verletzten den Zugriff auf den Tatvorteil zu sichern.

10   d) Verpflichtungen des Staates zum Schutz und zur Hilfe für das Tatopfer ergeben sich auch **außerhalb des Strafverfahrens** aus dem Sozialstaatsprinzip der Art. 20, Abs. 1, 28 Abs. 1 GG[10]. So ist die nach den Vorschriften der Kriegsopferversorgung ausgestaltete Hilfe nach dem Gesetz über die Entschädigung für Opfer von Gewalttaten (OEG vom 11. 5. 1976, BGBl. I 1181 i. d. F. von BGBl. I 1985 S. 1) rechtssystematisch dem Bereich staatlicher Sozialleistungen nach dem BundessozialhilfeG zuzuordnen[11].

11   e) **Reformbestrebungen** sind darauf gerichtet, den Umfang der im (weiteren) Rahmen eines Strafverfahrens möglichen Maßnahmen zur Schadloshaltung eines Verletzten zu erweitern. Dem Mangel des geltenden Rechts, daß ein Strafverfahren wegen Beleidigung mit Freispruch wegen Wahrnehmung berechtigter Interessen oder mit Einstellung wegen eines Verfahrenshindernisses (Amnestie) enden kann (oder daß es aus diesen Gründen überhaupt nicht zur Erhebung der Anklage kommt), ohne daß der Verletzte eine strafrichterliche Feststellung über die Unwahrheit oder Nichterweislichkeit der gegen ihn gerichteten ehrenrührigen Behauptung erreichen kann, wollten Art. 70 Nr. 219 EGStGB-Entw. 1930, § 423 ff StPO-Entw. 1939 (Kap. 4 10, 26) und der Entwurf des 1. StRÄG (BT-Drucks. 1949 Nr. 1307 S. 18 ff) durch die Einführung eines mit dem Strafverfahren verbundenen, notfalls selbständigen strafrechtlichen Feststellungsverfahrens abhelfen[12]. In beschränktem Umfang wurde — abgesehen von den Vorschriften der Kriegsgesetzgebung über den Inhalt des Friedensspruchs im Privatklageverfahren (Kap. 3 40) — dieser Gedanke in den Straffreiheitsgesetzen vom 31. 12. 1949 (BGBl. S. 37) — § 8 — und vom 17. 7. 1954 (BGBl. I S. 203) — § 18 — verwirklicht. In der Folgezeit wurde die Frage der Rufwiederherstellung durch objektive Feststellung der Wahrheit oder Unerweislichkeit einer ehrenrührigen Behauptung sogar als ein Problem des materiellen Strafrechts bezeichnet und seine Regelung im StGB erwogen. Der StGB-Entw. 1962 ist aber diesen Vorschlägen nicht gefolgt, sondern wollte, hauptsächlich aus Zweckmäßigkeitsgründen, die Regelung dieser Frage der Strafprozeßreform überlassen. Der RegEntw. des EGStGB 1974 schlug vor, einen dem römischen und dem deutschen Partikularrecht geläufigen Grundsatz, daß die Entschädigung des Verletzten der Vollstreckung der wegen derselben Tat verhängten Vermögensstrafen vorgehe, wiederaufleben zu lassen und in einem neu einzustellenden § 463 d dem Verletzten einen Anspruch auf Befriedigung aus der Staatskasse zu gewähren, wenn dieser eine wegen der Tat im Strafverfahren verhängte Geldstrafe zugeflossen ist, der Verletzte aber erfolglos die Realisierung seines aus der Tat erwachsenen Anspruchs versucht hat

[9] Bedenken gegen die Effektivität dieser Maßnahmen freilich bei *Amelunxen* ZStW **86** (1974) 468 ff.

[10] Dazu *Müller-Dietz* Sozialstaatsprinzip und Strafverfahren, FS Dünnebier 75.

[11] *Müller-Dietz* aaO 96.

[12] Vgl. dazu *Kern* Ehrenschutz im künftigen Strafverfahren: in Materialien zur Strafrechtsreform **1** 303, und *Jescheck* GA **1957** 363.

und auch auf andere Weise keinen Ersatz zu erlangen vermag. Auch dieser Vorschlag ist nicht Gesetz geworden, wird aber in der Reformliteratur wieder vertreten[13].

f) Gesamtbild. Insgesamt aber ergibt sich im Zusammenhalt mit den in die Hand **12** des Strafrichters gelegten bessernden und sichernden Maßnahmen ein in der Verwirklichung begriffenes Vorstellungsbild von den Aufgaben des Strafverfahrens im weiteren Sinn, das etwa so zu kennzeichnen ist, daß es über die Feststellung von strafrechtlicher Schuld oder Nichtschuld und über die strafrechtliche Ahndung der Tat gegenüber dem für schuldig Befundenen hinaus Zweck des Strafverfahrens ist, in möglichst umfassender Weise den gestörten Rechtsfrieden wiederherzustellen und Maßnahmen zu möglichst dauerhafter Bewahrung des Rechtsfriedens zu treffen.

II. Strafprozeß und Disziplinarverfahren[14]

1. Wesensunterschiede und Berührungspunkte. Das Disziplinarrecht regelt, inwie- **13** weit Dienstvergehen von Beamten, Richtern und Soldaten mit (nichtkriminellen) Disziplinarmaßnahmen geahndet werden können. Im gesetzlich geregelten berufs- oder ehrengerichtlichen Verfahren werden die Verletzungen der Berufs- und Standespflichten der Angehörigen bestimmter Berufe (Rechtsanwälte, Patentanwälte, Ärzte, Steuerberater, Wirtschaftsprüfer usw.) geahndet. Straf- und Disziplinarrecht unterscheiden sich wesensmäßig nach Rechtsgrund und Zweckbestimmung. Die Straftat ist die Verletzung eines für *alle* gewährleisteten Rechtsgutes, sie stellt sich als Störung des allgemeinen Rechtsfriedens dar. Das Disziplinarrecht hat demgegenüber die Verletzung des *besonderen* Rechts- und Pflichtenkreises der Angehörigen eines bestimmten Berufs usw. zum Gegenstand. Anders als die Strafe, die die Reaktion auf einen Verstoß gegen eine allgemeine Rechtsnorm darstellt, ist die Disziplinarmaßnahme darauf gerichtet, Ordnung und Integrität innerhalb eines Berufsstandes zu gewährleisten und die Angehörigen zur korrekten Erfüllung ihrer Pflichten anzuhalten[15]. Wesensmäßig hat also das Disziplinarrecht mit dem Kriminalstrafrecht nichts zu tun, sondern ist ein Bestandteil des die Rechtsverhältnisse der Berufsangehörigen regelnden Rechts (des Beamtenrechts usw.). Demgemäß hat auch das Disziplinarverfahren wesensmäßig mit dem Strafverfahren nichts zu tun, auch wenn es in weitem Umfang dem Strafverfahren nachgebildet ist oder Vorschriften der StPO für entsprechend anwendbar erklärt sind. Das Disziplinarverfahren unterscheidet sich im übrigen von dem Strafverfahren vor allem dadurch, daß für die Verfolgung von Disziplinarverfehlungen das Opportunitätsprinzip gilt.

Zwischen Strafverfahren und Disziplinarverfahren ergeben sich aber **Berührungs-** **14** **punkte**, wenn das vorgeworfene Dienstvergehen zugleich eine Straftat darstellt. Für das Strafverfahren ist es ohne Bedeutung, ob wegen des Sachverhalts ein Disziplinarverfahren anhängig oder sogar schon rechtskräftig durchgeführt ist. Das Disziplinarurteil verbraucht die Strafklage nicht, und die tatsächlichen Feststellungen des Disziplinarrichters binden den Strafrichter nicht (§§ 261, 262). Dagegen schließt bei Beamten ein auf Freiheitsstrafe von mindestens einem Jahr wegen eines Verbrechens oder ein auf Amtsunfähigkeit lautendes Urteil die Einleitung oder den Fortgang eines Disziplinarverfahrens aus, da der Verurteilte aufhört, Beamter zu sein (§§ 45 ff StGB). Nach § 48 BBG und § 24 des BRRG (dazu BGH NStZ **1981** 342) tritt Verlust des Amts auch ein, wenn

---

[13] Vgl. *Müller-Dietz* aaO 97 Fußn. 93; Nachw. zum Fragenkreis bei *Rieß*, Gutachten (Fußn. 5) Rdn. 138 ff.

[14] **Schrifttum.** *Fliedner* Die Zumessung der Disziplinarmaßnahmen (1972); *Fliedner* Die verfassungsrechtlichen Grenzen mehrfacher

staatlicher Bestrafungen auf Grund desselben Verhaltens, AöR **99** (1974) 242; *Rössler* Gerichtsverfassungs- und strafverfahrensrechtliche Normen in der Ehrengerichtsbarkeit, FS II Peters 249.

[15] BVerfGE **32** 40, 48; BGH NJW **1975** 1712.

Karl Schäfer

ein Beamter wegen eines vorsätzlich begangenen Vergehens zu Freiheitsstrafe von einem Jahr oder längerer Dauer oder wegen vorsätzlicher Begehung bestimmter gegen den Staat gerichteter Delikte (Friedensverrat, Hochverrat usw.) zu Freiheitsstrafe von sechs Monaten oder längerer Dauer verurteilt wird. Materiell handelt es sich hier um beamtenrechtliche Folgen der Verurteilung, um Disziplinarmaßnahmen, die zur Vermeidung eines überflüssigen Disziplinarurteils kraft Gesetzes an das Strafurteil geknüpft sind; wegen der daraus sich ergebenden Folgerungen für die Gnadenzuständigkeit vgl. LR-*Schäfer*[23] Vor § 12, 18 GVG. Ferner muß nach § 17 der BDO ein Disziplinarverfahren bis zur Beendigung des strafgerichtlichen Verfahrens ausgesetzt werden, wenn wegen derselben Tatsachen, die das Dienstvergehen begründen, die öffentliche Klage im Strafverfahren erhoben ist. Für die Entscheidung im Disziplinarverfahren sind grundsätzlich die tatsächlichen Feststellungen eines rechtskräftigen strafgerichtlichen Urteils, auf denen dieses beruht, bindend; dies gilt auch für die ehren- und berufsgerichtlichen Verfahren (BGH NJW **1985** 2037 betr. § 118 BRAO); eine nochmalige Nachprüfung solcher Feststellungen durch das Disziplinargericht findet nur statt, wenn seine Mitglieder mit Stimmenmehrheit deren Richtigkeit bezweifeln (§ 18 BDO). Ein Freispruch im Strafverfahren bewirkt, daß wegen der Tatsachen, die Gegenstand des strafgerichtlichen Urteils waren, ein Disziplinarverfahren nur eingeleitet oder fortgesetzt werden kann, wenn diese Tatsachen, ohne den Tatbestand eines Strafgesetzes oder einer Bußgeldvorschrift zu erfüllen, ein Dienstvergehen enthalten (ebenso auch § 76 Abs. 5 WDO, § 118 Abs. 2 BRAO, § 102 Abs. 2 PatAO, § 109 Abs. 2 SteuerberatG, § 83 Abs. 2 WirtschPrüfO).

15   **2. Anrechnung.** Wenn auch im Verhältnis der Kriminal- zur Disziplinarstrafe der Grundsatz „ne bis in idem" nicht gilt, so hat doch die Verhängung einer Strafe durch den Strafrichter z. T. zur Folge, daß wegen desselben Sachverhalts disziplinarische Maßnahmen nur in beschränktem Umfang zulässig sind. So sind nach § 14 BDO neben einer Kriminalstrafe vermögensrechtliche Disziplinarmaßnahmen nur zulässig, wenn dies zusätzlich erforderlich ist, um den Beamten zur Erfüllung seiner Pflichten anzuhalten und das Ansehen des Beamtentums zu wahren (vgl. dazu auch § 115 b BRAO). Umgekehrt ist es bei Soldaten mit dem Grundsatz der Rechtsstaatlichkeit nicht vereinbar, daß eine strafgerichtliche Verurteilung zu Freiheitsstrafe oder die Anordnung von Jugendarrest ohne Berücksichtigung einer vorangegangenen disziplinarischen Bestrafung mit Arrest wegen derselben Tat erfolgt[16]. Ob dieser Grundsatz auch beim Zusammentreffen einer kriminellen Geldstrafe mit einer vorangegangenen vermögensrechtlichen Disziplinar-, ehren- oder berufsgerichtlichen Bestrafung gilt, ist streitig[17].

16   Jedenfalls zeigt sich in der neuen **Gesetzgebung**, sei es aus Billigkeitsgründen, sei es in ausdehnender Auslegung des Art. 103 Abs. 3 GG, die **Tendenz der Anrechnungspflicht**. So bringt zwar der durch das 1. StVRErgG vom 20. 12. 1974 (BGBl. I 3686) neu gefaßte § 178 GVG wie bisher zum Ausdruck, daß die Bestrafung wegen **Ungebühr** in einer Gerichtssitzung mit Ordnungsgeld oder Ordnungshaft die spätere strafgerichtliche Verfolgung nicht ausschließt, schreibt aber für den Fall späterer krimineller Bestrafung des Verhaltens die Anrechnung von Ordnungsgeld oder Ordnungshaft auf die kriminelle Strafe vor, also auch die Anrechnung von Ordnungsgeld auf eine kriminelle Geldstrafe.

---

[16] BVerfGE **21** 378, 391 = NJW **1967** 1651 mit Anm. *Rupp*; BVerfGE **27** 180 = NJW **1970** 507 mit Anm. *Kreuzer*; **32** 51; s. jetzt § 8 WDO.

[17] Verneinend BVerfGE **27** 188 = NJW **1970** 507 – aber mit 4 gegen 4 Stimmen; bejahend OLG Hamm NJW **1978** 1063.

KAPITEL 8

Strafprozeß und Justizverwaltung

Übersicht

1. Als **Strafrechtspflege** kann man die von den zuständigen Behörden entfaltete **1**
Tätigkeit bezeichnen, die — allgemein oder im Einzelfall — darauf gerichtet ist, der
Strafrechtsordnung Geltung zu verschaffen und die Rechtsfolgen zu verwirklichen, die
das materielle Strafrecht an die Verwirklichung von Straftatbeständen knüpft[1]. Diese
Tätigkeit ist entweder Rechtsprechung oder Justizverwaltung. Rechtsprechung i. S. des
Art. 92 GG (Rechtsprechung im weiteren Sinn) ist jede von Gerichten oder Richtern in
richterlicher Unabhängigkeit entfaltete Rechtspflegetätigkeit. Einen Ausschnitt aus ihr
bildet die Rechtsprechung im engeren („materiellen") Sinn, d. h. die dem Richter übertragene Tätigkeit zur Entscheidung eines konkreten Rechtsstreits (vgl. LR-*Schäfer*[23]
Vor § 1, 4 GVG).

2. Die **Rechtsprechung im engeren Sinn** umfaßt nicht nur die eigentliche Entschei- **2**
dung, die das Verfahren der Instanz abschließt, und die im Lauf eines Verfahrens vom
Richter zu treffenden Zwischenentscheidungen, sondern auch die der Entscheidung
vorausgehende und sie vorbereitende Tätigkeit, die in die Hand des Richters gelegt ist,
wie z. B. eine richterliche Vornahme einzelner Beweiserhebungen vor der Entscheidung
über die Eröffnung des Hauptverfahrens (§§ 201, 202) oder die Anordnung des Hauptverhandlungstermins und der erforderlichen Ladungen (§§ 213, 214). Um Rechtsprechungsakte handelte es sich auch bei richterlichen Maßnahmen im **Vorverfahren**, die
der Sicherung und ordnungsmäßigen Durchführung des künftigen gerichtlichen Verfahrens dienen oder eine einstweilige Vorwegnahme einer künftig zu erwartenden Entscheidung aus Gründen des Gemeinwohls bezwecken wie bei dem Erlaß des Haftbefehls (§§ 114, 125), einer Unterbringungsanordnung (§ 126 a), einer vorläufigen Entziehung der Fahrerlaubnis (§ 111 a), einem vorläufigen Berufsverbot (§ 132 a) oder der Be-

---

[1] OLG Karlsruhe Justiz **1979** 215.

Karl Schäfer

stellung eines Verteidigers (§ 141 Abs. 3). Zur Rechtsprechung gehört auch die Leistung von Rechtshilfe (§§ 156 ff GVG).

3　　Nicht um **Rechtsprechung** im engeren Sinn, sondern materiell um **Amtshilfe**[2] (Art. 35 GG) handelt es sich dagegen bei den „**gerichtlichen Untersuchungshandlungen**" i. S. des § 162 StPO, um die im Vorverfahren der Staatsanwalt das Amtsgericht ersuchen kann. Denn sie dienen nur der Vorbereitung einer Entscheidung der Staatsanwaltschaft (BVerfGE **31** 43), und der angegangene Richter hat nur die Zulässigkeit, nicht die Zweckmäßigkeit oder Notwendigkeit der beantragten Amtshilfe zu prüfen (§ 162 Abs. 3). Da indessen der Richter die Verantwortung für die Gesetzmäßigkeit der Untersuchungshandlung trägt, handelt er auch insoweit unter richterlicher Unabhängigkeit, so daß diese Akte der Amtshilfe als Rechtsprechung im weiteren Sinn zu werten sind. In Betracht kommen z. B. im Vorverfahren Maßnahmen, die die Erforschungsbefugnisse der Staatsanwaltschaft (§§ 160 ff) überschreiten, wie die in § 78 c Abs. 1 Nr. 2 bis 5, 12 StGB bezeichneten richterlichen Handlungen zwecks Unterbrechung der Verjährung, die eidliche Vernehmung von Zeugen und Sachverständigen, die dem Richter vorbehalten ist (§ 161 a Abs. 1 Satz 3), und jede nur dem Richter zustehende Freiheitsentziehung wie die Verhängung von Ordnungshaft gegenüber dem ungehorsamen Zeugen und Sachverständigen (§ 161 Abs. 2; wegen der Vorführung des auf Ladung der Staatsanwaltschaft nicht erscheinenden Beschuldigten vgl. § 163 a Abs. 3).

3. Justizverwaltung

4　　**a) Begriff.** Jede Tätigkeit der an der Strafrechtspflege beteiligten Stellen, die nicht zur Rechtsprechung im engeren oder weiteren Sinn gehört, ist Justizverwaltung. Es gehört hierher die Bereitstellung der sachlichen und personellen Mittel, die **allgemein** erforderlich sind, um anfallende Strafverfahren durchzuführen, wie die Errichtung und Instandhaltung von Gerichtsgebäuden, die Anstellung der nötigen Zahl von Richtern und Staatsanwälten, die Einrichtung und der Betrieb von Geschäftsstellen usw., oder die im Einzelfall für Zwecke eines bestimmten Verfahrens benötigt werden wie die Zuweisung eines geeigneten Sitzungssaals oder eines Protokollführers[3]. Justizverwaltung ist weiterhin die Ausübung der **Dienstaufsicht** über Richter, Staatsanwälte und das sonstige Personal der Justizbehörden mit der Folge, daß die nach dem DRiG 1961 errichteten Dienstgerichte für Richter, die in disziplinar- und dienstrechtlichen Angelegenheiten sowie dann zu entscheiden haben, wenn ein Richter von einer Maßnahme der Dienstaufsicht behauptet, daß sie seine richterliche Unabhängigkeit beeinträchtige, materiell Verwaltungsgerichtsbarkeit ausüben (*Schlee* DRiZ **1961** 227).

5　　**b) Verwaltungstätigkeit**, mithin Justizverwaltung im allgemeinen Sinn, mag auch der Begriff „Justizverwaltung" herkömmlicherweise in einem engeren Sinn gebraucht werden, ist aber auch begrifflich die **Tätigkeit des Staatsanwalts**[4] im Strafverfahren, und zwar sowohl im Vorverfahren wie im Hauptverfahren. Denn der Staatsanwalt übt nicht Rechtsprechung aus; dies ist nur dem Richter vorbehalten (Art. 92 GG); die Beteiligung des Staatsanwalts bei der Ausübung der Rechtsprechung ist mithin Verwaltungstätigkeit, wenn auch Verwaltungstätigkeit eigener Art[5]. Daß er dabei — wie der Richter — gesetzesgebunden und im Dienst von Wahrheit und Gerechtigkeit handelt, dem Legalitäts- und nicht dem Opportunitätsprinzip unterstellt ist, begründet keinen Sondercharakter, denn die Ausübung von Verwaltungstätigkeit ist auch außerhalb der Justiz in

---

[2] Vgl. dazu neuestens *Simitis* Von der Amtshilfe zur Informationshilfe, NJW **1986** 2805.

[3] Vgl. LR-*Schäfer*[23] § 158, 18 GVG.

[4] Und seiner Hilfsorgane, vgl. dazu BVerfG MDR **1956** 313.

[5] Vgl. BVerwG NJW **1961** 1835.

weitem Umfang gesetzesgebunden und selbst vom Legalitätsgrundsatz beherrscht. Dagegen kommt der Charakter der Tätigkeit des Staatsanwalts deutlich in seiner Weisungsgebundenheit (§ 146 GVG) zum Ausdruck, auch wenn dem Weisungsrecht verhältnismäßig enge Grenzen gesetzt sind. So, wie die Ausübung der Weisungs- und Aufsichtsbefugnis der Vorgesetzten selbst, namentlich des Justizministers, Justizverwaltung ist, ist es auch die weisungsgebundene Tätigkeit der Staatsanwaltschaft.

Gegen diese rechtliche Einordnung der Tätigkeit des Staatsanwalts im Strafver- **5a**
fahren wurden und werden **Einwendungen** erhoben[6]. Hauptanlässe waren in der Vergangenheit die Entscheidung des BGHSt **15** 155 = NJW **1960** 2346 über die Auswirkung des Bestehens einer festen höchstrichterlichen Rechtsprechung auf die Anklagepflicht des Staatsanwalts (Kap. **13** 36) und die Frage, ob auch die Rechtsstellung des Staatsanwalts im Richtergesetz 1961 zu regeln sei[7]. Es wird geltend gemacht, daß der Staatsanwalt — in gleicher Weise wie der Richter — zur Erforschung der materiellen Wahrheit und zur Herbeiführung eines gerechten Urteilsspruchs tätig werde, daß seine Art, den Tatsachenstoff zu würdigen und die Rechtslage zu beurteilen, sich in nichts von der richterlichen Betrachtungsweise unterscheide, daß Staatsanwalt und Richter gemeinsam die Erfüllung der staatlichen Justizgewährungspflicht übertragen sei, daß sie zusammengehörende Organe der Strafrechtspflege seien, usw. Das alles ist gewiß richtig und bezeugt die Nähe der Tätigkeit des Staatsanwalts zum Richteramt; § 122 DRiG beruht auf dem Bestreben, diese „Nähe zum Richteramt" beim Staatsanwalt zu betonen (vgl. Bericht des Rechtsausschusses BT-Drucks. Nr. 2785 zu B XI). Die Anhänger der hier abgelehnten Auffassung können auch darauf verweisen, daß die neuere Rechtsentwicklung (vgl. z. B. die Änderungen durch das 1. StVRG, Kap. **5** 25) darauf gerichtet ist, die Stellung des Staatsanwalts im Verfahren zu stärken und, wie die amtliche Begründung bemerkt, die bisherige Beteiligung des Richters am Ermittlungsverfahren „auf das unbedingt, insbesondere verfassungsrechtlich gebotene Maß zu beschränken". Aber wenn auch der Staatsanwalt „ein dem Gericht gleichgeordnetes Organ der Strafrechtspflege ist" (BGHSt **24** 171), so rechtfertigt das nicht Folgerungen wie die, daß der Staatsanwalt „zur rechtsprechenden Gewalt gehöre" (*Göbel* NJW **1961** 856), daß die Funktionen des Staatsanwalts „durchaus richterlicher Art" seien (*Kaiser* NJW **1961** 201). Der entscheidende Unterschied bleibt, daß der Staatsanwalt nicht Recht spricht und nicht Recht sprechen kann, weil ihm die Unabhängigkeit fehlt, mag auch der Bereich seiner Weisungsgebundenheit noch so eng gezogen werden[8].

c) Zur Justizverwaltung gehört weiterhin die **Strafvollstreckung** und der durch **6**
das StrafvollzugsG 1976 geregelte **Vollzug von Freiheitsstrafen** und freiheitsentziehen-

---

[6] Dazu ergänzend LR-*Schäfer*[23] Vor § 141, 10 GVG.

[7] Vgl. u. a. *Eb. Schmidt* DRiZ **1957** 279; MDR **1964** 629, 713; *Kaiser* NJW **1961** 201; *Göbel* NJW **1961** 856; s. auch LR-*Schäfer*[23] Vor § 141, 10 GVG.

[8] S. hierzu im Sinn der hier vertretenen Auffassung auch OLG Koblenz JVBl. **1961** 237 (Staatsanwaltschaft ist Justizbehörde i. S. des § 23 EGGVG); *Altenhain* DRiZ **1963** 8 ff; *Blomeyer* GA **1970** 161; *Nüse* JR **1971** 395; *Günther* Staatsanwaltschaft (1973) (dazu *Tröndle* JR **1973** 523); *Bucher* JZ **1975** 105, der sich gegen die Ausführungen von *Wagner*

JZ **1974** 212 wendet, daß Staatsanwälte keine Beamten seien. Weit. Nachw. bei *Gössel* Die Stellung der Staatsanwaltschaft im Strafverfahren, GA **1980** 325; *Kintzi* Plädoyer für eine Neuordnung des Amtsrechts der Staatsanwälte, FS Wassermann (1985) 899. Anläufe, die 1977 im BMJ (mit Vorlegung eines Referentenentwurfs) zu einer gesetzlichen Regelung der offenen Fragen unternommen wurden (dazu LR-*Schäfer*[23] Vor § 141, 10 GVG) sind seit 1983 für nicht absehbare Zeit als erledigt anzusehen; s. dazu DRiZ **1983** 446 und *Kintzi* aaO.

Karl Schäfer

den Maßregeln der Besserung und Sicherung[9], in deren Verlauf aber auch den Gerichten obliegende Rechtsprechungsaufgaben anfallen, ferner die Leistung von **Amtshilfe**, soweit die Beistandsleistung nicht in einer richterlichen Handlung, also in einem Rechtsprechungsakt, d. h. in der Gewährung von Rechtshilfe im technischen Sinn besteht (vgl. Vor § 156 GVG), ferner das durch das BZRG 1971/1984 geregelte **Bundeszentralregisterwesen** und schließlich die Ausübung von **Gnadenbefugnissen** gegenüber rechtskräftigen Strafurteilen[10].

7   **d) Gerichtsverwaltung.** An Stelle des Ausdrucks „Justizverwaltung" verwendet das DRiG den Ausdruck „Gerichtsverwaltung" (§ 4 Abs. 2 Nr. 1). Eine Sinnesänderung ist mit diesem Ausdruckswechsel nicht verbunden; der Wechsel beruht darauf, den in der ordentlichen Gerichtsbarkeit entwickelten Begriff der Justizverwaltung mit gleichem Sinngehalt für alle Gerichtsbarkeitszweige einzuführen (amtliche Begründung zum Entwurf des DRiG, BT-Drucks. Nr. 516 zu § 4).

8   **e) Heranziehung von Richtern zu Aufgaben der Justizverwaltung.** § 4 EGGVG gestattet es dem Landesrecht, den „betreffenden Landesbehörden" (den Gerichten und Staatsanwaltschaften) „Geschäfte der Justizverwaltung" zu übertragen. Hier ist nur an solche Geschäfte gedacht, die nicht bereits, wie die Tätigkeit der Staatsanwaltschaft im Strafverfahren oder bei der Strafvollstreckung (§ 451 StPO), durch Bundesrecht diesen Behörden zugewiesen sind. Übertragungen dieser Art sind vor allem i. J. 1935 nach dem damaligen Übergang der Justizhoheit der Länder auf das Reich durch die VO zur einheitlichen Regelung der Gerichtsverfassung vom 20. 3. 1935 (RGBl. I 403) — vgl. im Anh. B dieses Werkes — einheitlich für das damalige Reichsgebiet ausgesprochen worden. § 13 dieser VO verpflichtet die Präsidenten der Gerichte und aufsichtführenden Richter bei Amtsgerichten sowie die Leiter der Staatsanwaltschaften zur Erledigung der ihnen von der Ministerialinstanz zugewiesenen Justizverwaltungsgeschäfte und überträgt ihnen das Recht, die ihrer Dienstaufsicht unterstellten Richter und Beamten zu Geschäften der Justizverwaltung heranzuziehen. § 14 regelt die Zuständigkeit zur Ausübung der Dienstaufsicht.

9   In diesem Rechtszustand griff z. T. das DRiG 1961 **ändernd ein**, soweit es sich um die Heranziehung der Gerichte und Richter zu Geschäften der Justiz-(Gerichts-)Verwaltung handelt. § 4 spricht zwar als Grundsatz aus, daß ein Richter nicht zugleich Aufgaben der rechtsprechenden und der vollziehenden Gewalt wahrnehmen darf, läßt aber — als Ausnahme von diesem Grundsatz — zu, daß ein Richter außer Aufgaben der rechtsprechenden Gewalt und anderer auf Grund eines Gesetzes Richtern oder Gerichten zugewiesenen Aufgaben dienstlich auch Aufgaben der Gerichtsverwaltung einschl. Prüfungsangelegenheiten wahrnehmen darf. Um jedoch Richter nach Möglichkeit vor nichtrichterlichen Aufgaben freizuhalten, bestimmt § 42 DRiG, daß den Richter eine **Verpflichtung zur Erledigung von Aufgaben der Gerichtsverwaltung**, zu denen er herangezogen wird, nur insoweit trifft, als der Umfang dieser Aufgaben den Charakter und den herkömmlichen Rahmen einer Nebentätigkeit nicht überschreitet; bei einem Streit, ob diese Grenze gewahrt ist, entscheidet das Dienstgericht (§ 62 Abs. 1 Nr. 4 d, § 78 Nr. 4 d). Für eine weitergehende, insbesondere hauptamtliche Verwendung in der Gerichtsverwaltung ist die Einwilligung des Richters erforderlich, die allerdings bei solchen Richtern als im voraus erteilt gilt, die zum Präsidenten (aufsichtführenden Richter) ernannt sind und deren Aufgabe vorzugsweise in der Erledigung von Justizverwaltungsgeschäften besteht (BGH DRiZ **1975** 23). Durch Art. 21 Nr. 120 EGStGB 1974 er-

---

[9] Vgl. LR-*Wendisch* Vor § 449, 16 und BGH   [10] Vgl. LR-*Schäfer*[23] Vor § 12, 9 ff GVG.
DRiZ **1975** 23.

folgte die **Beseitigung des früheren Absatzes 3 des § 451 StPO**, der die Landesjustizverwaltungen ermächtigte, in den zur Zuständigkeit der Amtsgerichte gehörenden Sachen die Strafvollstreckung den Richtern beim Amtsgericht zu übertragen.

f) Weisungsgebundenheit. Soweit hiernach Angelegenheiten der Justizverwaltung **10** Gerichten und Richtern übertragen werden, handeln diese nicht unter richterlicher Unabhängigkeit, die sich grundsätzlich nur auf die Rechtsprechungstätigkeit erstreckt, sondern als **weisungsgebundene Organe der Justizverwaltung**. Beschwerden gegen ihre Maßnahmen sind also keine Beschwerden i. S. der §§ 304 ff, sondern werden grundsätzlich „im Dienstaufsichtswege" erledigt (§ 17 der VO vom 20. 3. 1935).

4. Rechtsprechung im weiteren Sinn
a) Begriff. Zwischen die Rechtsprechung im engeren („materiellen") Sinn, die in **11** der richterlichen Mitwirkung zur Entscheidung eines konkreten Rechtsstreits besteht, und die Justiz-(Gerichts-)Verwaltung schiebt sich als Zwischenfigur die Rechtsprechung im weiteren Sinn ein[11]. Der Gesetzgeber ist nicht gehindert, auch Aufgaben, die nicht Rechtsprechung im materiellen Sinn sind, dem Richter anzuvertrauen[12]. „Hat sich der Gesetzgeber hierzu entschlossen, so muß das Verfahren mit den verfassungsrechtlichen Garantien des gerichtlichen Verfahrens ausgestattet sein. Art. 92 GG garantiert deshalb in jedem vom Gesetzgeber als Rechtsprechung eingeführten Verfahren, auch wenn der Gesetzgeber zur Zuweisung gerade dieser Materie zur rechtsprechenden Gewalt verfassungsrechtlich nicht verpflichtet gewesen wäre, den gesetzlichen und unabhängigen Richter und das rechtsstaatliche Gerichtsverfahren des IX. Abschnitts des GG."[13] Dies alles gilt auch, wenn der Gesetzgeber nicht ein Verfahren im ganzen, sondern bestimmte Akte, die nicht in der Mitwirkung bei der Entscheidung eines konkreten Rechtsstreits bestehen, einem Gericht (Richter) als Rechtsprechungsmaßnahme (im weiteren Sinn) zugewiesen hat. Ob ein Gericht (Richter) rechtsprechende Tätigkeit oder Justizverwaltung ausübt, richtet sich demgemäß nicht nach dem sachlichen Gehalt der Tätigkeit, sondern ob die Erledigung in richterlicher Unabhängigkeit oder als **weisung**sgebundene Maßnahme erfolgt (BVerwGE 5 69).

b) Beispiele. So ist, um den Grundsatz des gesetzlichen Richters (Art. 101 GG) **12** und der richterlichen Unabhängigkeit in voller Reinheit durchzuführen, die personelle Besetzung der Abteilungen des Amtsgerichts, der Kammern und Senate der Kollegialgerichte und die Verteilung der Geschäfte auf sie dem aus Richtern bestehenden Präsidium übertragen, das seine Aufgabe unter richterlicher Unabhängigkeit erfüllt (§§ 21 a ff, 22 a, 22 b GVG). Da die Geschäftserteilung vor Beginn des Geschäftsjahres und für seine Dauer erfolgt, fehlt es hier an der Beziehung dieser Tätigkeit zu einem konkreten Rechtsstreit, vielmehr handelt es sich um einen Akt allgemeiner Vorsorge für anhängige wie für künftig anfallende Verfahren, der materiell — nicht anders als die Schaffung der personellen und sachlichen Voraussetzungen für die Durchführung von Verfahren wie die Anstellung der nötigen Zahl von Richtern, die Bestimmung der erforderlichen Zahl von Kammern und Senaten (vgl. §§ 7, 8 der VO vom 20. 3. 1935; § 130

---

[11] Ein Teil der hier in Betracht kommenden Fälle gehört zu den früher von *Eb. Schmidt* I[1], 79, 389, 390 im Anschluß an *Grünhut* MonSchr. Krim. **1930**, Beiheft 3 S. 17 als „justizförmige Verwaltungsakte" bezeichneten Tätigkeiten; diese Bezeichnung gab *Eb. Schmidt* I[2] 486 später auf.

[12] BVerfGE **21** 139, 144 = NJW **1967** 1123; NJW **1969** 1104, 1106.
[13] BVerfGE **22** 49, 78 = NJW **1967** 1219, 1220; BVerfGE **25** 336, 346 = NJW **1969** 1104, 1106.

Karl Schäfer

GVG) — Justizverwaltungstätigkeit ist, dessen Besonderheit aber gerade darin besteht, daß er von Richtern unter richterlicher Unabhängigkeit ausgeübt wird. Rechtsprechung im weiteren Sinn sind aber auch die Anordnungen, die in Eilfällen und mit Bezug auf anstehende Termine nach § 21 i Abs. 2 GVG der Präsident oder aufsichtführende Richter als Vorsitzender des Präsidiums, dieses vertretend, trifft. Ähnliche Fälle dieser Art sind etwa die Mitwirkung des Richters beim Amtsgericht bei der Wahl der Schöffen (§§ 40 ff GVG), die Auslosung der Schöffen für die einzelnen Sitzungen (§§ 45, 77 GVG; **a. M** BGH JR **1975** 206 m. krit. Anm. *Kohlhaas*), die Mitwirkung des Präsidiums bei der Einberufung der Hilfsrichter (§ 70 Abs. 1 GVG). Rechtsprechungsakte im engeren Sinn sind dagegen mit Rücksicht auf die Auswirkung auf den veranlassenden Einzelfall trotz ihrer hauptsächlich in die Zukunft weisenden Bedeutung die auf Vorlegung gemäß § 121 Abs. 2 GVG ergehenden Entscheidungen des Bundesgerichtshofs und die Entscheidungen des Großen Senats in Fragen von grundsätzlicher Bedeutung zur Fortbildung des Rechts nach § 137 GVG.

13   **c) Mischformen.** Für die Zuordnung zur Rechtsprechung im weiteren Sinn kommt es nicht auf den sachlichen Gehalt der Maßnahme, nicht darauf an, ob sie „von Haus aus" zur Rechtsprechung oder zur Justizverwaltung zu rechnen wäre. Entscheidend ist vielmehr nur die positivrechtliche Ausgestaltung der Maßnahme durch den Gesetzgeber. Daß qualitative Unterscheidungen mit Überzeugungskraft nicht möglich sind, zeigt sich darin, daß mitunter dieselbe Maßnahme teils „justizförmig", teils rein justizverwaltungsmäßig getroffen wird. So ist z. B. die Bildung (Errichtung) der Kammern und Senate der Kollegialgerichte (nicht ihre Besetzung) Sache der Justizverwaltung (§§ 7, 8 der VO vom 20. 3. 1935, § 130 GVG), während die Bildung von Hilfskammern und -senaten sowie von Ferienkammern und -senaten (§ 201 GVG) als eine nur dem Präsidium zustehende Aufgabe der Geschäftsverteilung angesehen wird (BGHSt **21** 260). Die Strafaussetzung zur Bewährung und der Straferlaß nach §§ 56, 56 g, 57, 57 a StGB sind echte Rechtsprechungsakte, auch wenn es daneben eine Strafaussetzung und einen Straferlaß als Gnadenakt gibt und früher nur dieser Weg offenstand. Die Einstellung des Verfahrens wegen Geringfügigkeit (§ 153) und die vorläufige Einstellung mit Auflagen und Weisungen (§ 153 a) sind Justizverwaltungs- oder Rechtsprechungsakte, je nachdem ob sie durch die Staatsanwaltschaft im Vorverfahren oder das Gericht im Hauptverfahren erfolgen; die zur Einstellung des Vorverfahrens erforderliche Zustimmung des Gerichts ist aber stets Rechtsprechungsakt.

5. Gerichtliche Nachprüfung von Justizverwaltungsakten
14   **a) Allgemeines. Akte der** (reinen) **Justizverwaltung** können unter Umständen Gegenstand **strafgerichtlicher Nachprüfung** und damit eines Strafverfahrens im weiteren Sinn sein. Nach Art. 19 Abs. 4 GG steht dem, der durch die öffentliche Gewalt in seinen Rechten verletzt wird, der Rechtsweg offen, und zwar der Rechtsweg zu den ordentlichen Gerichten, soweit nicht die Zuständigkeit eines anderen Gerichtsbarkeitszweiges begründet ist. Nach der VwGO vom 21. 1. 1960 (BGBl. I 17) können beschwerende Verwaltungsakte grundsätzlich mit der bei den allgemeinen Verwaltungsgerichten zu erhebenden Anfechtungsklage angefochten werden. Die Zuständigkeit der Verwaltungsgerichte ist aber, soweit es sich um beschwerende Justizverwaltungsakte handelt, zugunsten des Rechtswegs zu den ordentlichen Gerichten ausgeschlossen worden durch § 179 VwGO, der dem EGGVG die §§ 23 ff einfügte. Was die hier allein interessierende Strafrechtspflege anlangt, so entscheiden nach § 23 EGGVG (jetzt i. d. F. des § 180 StVollzG vom 16. 3. 1976, BGBl. I 581) über die Rechtmäßigkeit von Anordnungen, Verfügungen oder sonstigen Maßnahmen, die von den Justizbehörden zur Regelung einzelner

Angelegenheiten auf dem Gebiet der Strafrechtspflege getroffen werden, auf Antrag die ordentlichen Gerichte (ein Strafsenat des Oberlandesgerichts, § 25). Das gleiche gilt für Anordnungen usw. der Vollzugsbehörden im Vollzug der Jugendstrafe, des Jugendarrests, der Untersuchungshaft sowie derjenigen Freiheitsstrafen und Maßregeln der Besserung und Sicherung, die außerhalb des Justizvollzuges vollzogen werden. Der Antrag auf gerichtliche Entscheidung ist nur zulässig, wenn der Antragsteller geltend macht, durch die Maßnahme oder die Ablehnung oder Unterlassung eines von ihm begehrten Verwaltungsakts in seinen Rechten verletzt zu sein. Diese Regelung hat nur subsidiäre Bedeutung; sie gilt nicht, soweit die ordentlichen Gerichte bereits auf Grund anderer Vorschriften angerufen werden können (§ 23 Abs. 3). Diese Regelung galt ursprünglich auch für die gerichtliche Nachprüfung von Maßnahmen beim Vollzug strafgerichtlich angeordneter freiheitsentziehender Maßregeln der Besserung und Sicherung, die innerhalb des Justizvollzuges vollzogen werden; insoweit gelten jetzt die die gerichtliche Nachprüfung von Vollzugsmaßnahmen betreffenden Regeln des StVollzG 1976 (§§ 109 ff). Der Rechtsweg aus § 458 StPO, der früher über seinen Wortlaut hinaus zur Gewinnung einer gerichtlichen Entscheidung herhalten mußte, steht jetzt nur offen, soweit diese Bestimmung unmittelbar eingreift[14].

   b) Wegen der **Tragweite** des § 23 EGGVG im einzelnen muß auf die Erläuterungen zu dieser Vorschrift im vorliegenden Werk verwiesen werden. Nur beispielshalber sei auf folgendes hingewiesen: Die Tätigkeit des **Staatsanwalts im Strafverfahren**[15] unterliegt nach herrschender, wenn auch unterschiedlich begründeter[16] Auffassung in aller Regel nicht einer Nachprüfung nach §§ 23 ff. Das ist auch berechtigt, da sie bereits durch die Vorschriften der StPO überall da, wo beachtliche Interessen des Beschuldigten oder des Verletzten auf dem Spiel stehen, letztlich einer Rechtskontrolle durch das Strafgericht unterliegt. Das gilt insbesondere für die Entschließung des Staatsanwalts, die öffentliche Klage nicht zu erheben (§§ 172 ff). Ja, man kann geradezu sagen, daß die Vorschriften der StPO sich auf dem Gebiet des Strafverfahrens als abschließende Regelung, als leges speciales gegenüber der lex generalis der §§ 23 ff EGGVG darstellen. Wenn z. B. § 172 Abs. 2 Satz 3 bestimmt, daß in den dort genannten Fällen das Klageerzwingungsverfahren ausgeschlossen ist, so ist damit zugleich ausgesprochen, daß der unzulässige Antrag auch nicht im Wege des § 23 EGGVG verfolgt werden kann. Ganz allgemein muß § 23 Abs. 3 EGGVG dahin verstanden werden, daß nicht nur die Vorschriften der StPO, die bereits die Möglichkeit einer Anrufung des Gerichts vorsehen, unberührt bleiben, sondern daß auch solche Vorschriften nicht berührt werden, die ausnahmsweise die nach der StPO grundsätzlich zulässige Anrufung ausschließen. Unbegründet wäre auch das mit Antrag nach § 23 EGGVG oder mit Verfassungsbeschwerde zum BVerfG verfolgte Verlangen eines Beschuldigten, das gegen ihn gerichtete Ermittlungsverfahren einzustellen, weil gegen andere in gleicher Verdachtslage befindliche Personen nicht eingeschritten werde. Wenn auch ein solches Nichteinschreiten ohne weiteres gegen § 152 Abs. 2 verstieße, so ist doch der Beschuldigte weder in seinen prozessualen noch in seinen Grundrechten verletzt und kann weder aus dem Gleichheitssatz noch aus Art. 2 GG verlangen, daß die Staatsanwaltschaft strafverfolgend auch gegen andere vorgeht oder daß sie Ermittlungen unterläßt, weil oder solange sie nicht zugleich auch gegen andere Personen in objektiv gleicher oder ähnlicher Verdachtslage

15

---

[14] BGHSt **19** 240; NJW **1964** 166, 167; h. M.
[15] Vgl. näher LR-*Schäfer*[23] § 23, 38; 47 ff;
   56 ff EGGVG; *Fezer* Gedächtnisschrift
   Schröder 407; *Rieß/Thym* GA **1981** 189.

[16] Dazu etwa OLG Karlsruhe NStZ **1982** 434
   mit Anm. *Rieß*.

vorgeht (BVerfG NStZ **1982** 430). Schließlich gibt es nach BVerfG aaO keine Verfassungsbeschwerde des Beschuldigten mit dem Ziel, festzustellen, die Staatsanwaltschaft habe das Ermittlungsverfahren unter Verletzung seiner Grundrechte grob verzögert, denn es lasse sich „nicht sicher beurteilen", ob im Ergebnis ein so evident verzögerliches Verhalten der Staatsanwaltschaft vorliege, „daß diese Verzögerung eine mit dem Rechtsstaatsgebot des GG unvereinbare und den Beschwerdeführer in seinem Grundrecht aus Art. 2 Abs. 1 ff beeinträchtigende Dimension gewönne". Damit klingt hier der Gedanke an, daß in Extremfällen die überlange Verfahrensdauer ein Verfahrenshindernis bilden könne (vgl. dazu Kap. **12** 90).

16   **c)** Auch **Maßnahmen der Zentralregisterbehörde** im Vollzug des BZRG sind Maßnahmen einer Justizbehörde zur Regelung einer einzelnen Angelegenheit auf dem Gebiet der Strafrechtspflege i. S. des § 23 EGGVG; denn das Bundeszentralregister dient in erster Linie Zwecken der Strafrechtspflege (BGHSt **20** 205). Daher findet eine gerichtliche Nachprüfung statt, wenn ein Gesuch des Verurteilten um vorzeitige Tilgung des Strafvermerks von dem BMJ abgelehnt wird.

17   **d)** Dagegen ist die vielumstrittene Frage, ob die **Ablehnung eines Gnadengesuchs**[17] durch den Inhaber des Gnadenrechts oder die von ihm zur Bescheidung von Gnadengesuchen ermächtigten Stellen der Justizverwaltung einen „justizlosen" Hoheitsakt darstellt oder ob sie der gerichtlichen Nachprüfung unterliegt, die nach § 23 EGGVG durch das Oberlandesgericht als dem „sachnächsten" Gericht zu erfolgen hätte, mit Wirkung für die praktische Handhabung von BVerfGE **25** 352 = NJW **1969** 1985 im ersteren Sinne beantwortet worden. Obwohl das BVerfG auch in der Folgezeit daran festgehalten hat[18], hat namentlich der Umstand, daß der Beschluß mit 4 gegen 4 Stimmen gefaßt wurde, dazu geführt, daß die wissenschaftliche Diskussion mit dem Ziel einer Reform anhält[19]. Justitiabel (nach § 23 EGGVG anfechtbar) ist dagegen der **Widerruf** eines unter Bedingungen gewährten Gnadenbeweises, der mit der Nichterfüllung der Bedingungen begründet wird, z. B. der Widerruf einer im Gnadenweg gewährten Strafaussetzung zur Bewährung wegen schlechter Führung während der Bewährungszeit[20].

---

[17] **Schrifttum.** *Hüser* Begnadigung und Amnestie als kriminalpolitisches Instrument, Diss. Hamburg 1973; *Schätzler* Gnade vor Recht. Zur verfassungsgerichtlichen Rechtsprechung über die Justiziabilität von Gnadenentscheidungen, NJW **1975** 1249; *Merten* Rechtsstaatlichkeit und Gnade (1978); *Maier* Das Begnadigungsrecht im modernen Verfassungs- und Kommunalrecht (1979); *Knauth* Das verfassungsrechtliche Willkür-

verbot im Gnadenverfahren, StrVert. **1981** 353; *Peters*[4] S. 701 mit weit. Nachw.; *Schlüchter* 847.

[18] BVerfGE **45** 189 und BVerfG JZ **1976** 716; s. auch BVerwG NJW **1983** 187 mit Rezension *Weber* JuS **1983** 217.

[19] Vgl. dazu LR-*Schäfer*[23] Vor § 12, 22 ff GVG.

[20] BVerfGE **30** 108 = NJW **1971** 975.

KAPITEL 9

Die Prozeßbeteiligten

Übersicht

1. Begriff. Fälle der Verfahrensbeteiligung. In einem Strafverfahren kann eine **1** Vielzahl von Stellen und Personen **handelnd** auftreten. Das Verfahren kann z. B. durch die Anzeige einer Privatperson, meistens des Verletzten, veranlaßt werden. Die Beziehung des **Anzeigers** zum Verfahren zeigt sich dann u. a. in der Vorschrift des § 469 StPO. Das Verfahren kann auch durch Stellung eines Strafantrags bedingt sein; dann erlangt der Antragsteller sogar Verfügungsmacht über das Verfahren in dem Sinn, daß die zulässige (§ 77 d StGB) Zurücknahme des Strafantrags dem Verfahren ein Ende setzt. Der **Staatsanwalt**, in dessen Hand das Vorverfahren liegt, kann sich bei seinen Ermittlungen der Hilfe der Polizeibehörden (§§ 160, 161) und der Hilfsbeamten der Staatsanwaltschaft (§ 152 GVG) bedienen. Der **Beschuldigte**[1] wird vernommen, **Zeugen** und **Sachverständige** werden gehört. Dem Beschuldigten kann ein **Verteidiger**, ein **Beistand** (§ 149 StPO, § 69 JGG) oder der **Erziehungsberechtigte** oder **gesetzliche Vertreter** (§§ 149 Abs. 2, 298, 365 StPO, § 67 JGG) helfend zur Seite stehen oder für ihn tätig werden. Schon in diesem Stadium kann das **Gericht** tätig werden, zur Anordnung von Zwang (Haftbefehl usw.) und zur Vornahme einzelner Untersuchungshandlungen (§ 162 StPO), insbes. zur eidlichen Vernehmung von Zeugen und Sachverständigen (§ 161 a Abs. 1 Satz 3) und zur Anordnung bestimmter vorläufiger Sicherungsmaßnahmen (§ 126 a: einstweilige Unterbringung, § 111 a: vorläufige Entziehung der Fahrerlaubnis, § 132 a: vorläufiges Berufsverbot, § 111 e: Beschlagnahme und Arrest zur Sicherung einer zu erwartenden Entscheidung, die auf Einziehung, Verfall, Geldstrafe und Belastung mit den Verfahrenskosten lautet). Die Erhebung der öffentlichen Klage durch die Staatsanwaltschaft führt zur „gerichtlichen Untersuchung" (§ 151 StPO) in Form des Eröffnungsverfahrens (des sog. Zwischenverfahrens) und des Hauptverfahrens, das mit der Hauptverhandlung abgeschlossen wird; im Stadium der gerichtlichen Untersuchung ist das Gericht „Herr" des Verfahrens. Nach Erhebung der öffentlichen Klage, die er gegebenenfalls erzwingen kann (§§ 172 ff StPO), kann sich der Verletzte

---

[1] Vgl. dazu u. a. *Helgerth* Der „Verdächtige" als schweigeberechtigte Auskunftsperson und selbständiger Prozeßbeteiligter neben dem Beschuldigten und Zeugen, Diss. Erlangen-Nürnberg 1976; zum gleichen Thema u. a. von *Gerlach* NJW **1969** 776; *Rogall* Der Beschuldigte als Beweismittel gegen sich selbst (1977); zur Abgrenzung s. die Erl. zu § 163 a und § 136, 4 ff.

Karl Schäfer

als **Nebenkläger** dem Verfahren anschließen und neben und unabhängig von dem Staatsanwalt auf den Betrieb des Verfahrens hinwirken, und auch ohne solchen Anschluß stehen ihm die in §§ 406 d bis 406 h bezeichneten Befugnisse zu. Schon im Vorverfahren kann der Verletzte sich auch durch Geltendmachung seiner gegen den Beschuldigten aus der Straftat erwachsenen **zivilrechtlichen Ansprüche** am Verfahren beteiligen, ohne freilich dadurch weitere prozessuale Einwirkungsmöglichkeiten zu erlangen[2]. In gewissem Umfang können auch andere Stellen und Personen ganz oder zum Teil die sonst der Staatsanwaltschaft übertragenen Aufgaben übernehmen. Im **Privatklageverfahren** erhebt der Verletzte die Klage und tritt auch für das weitere Verfahren — mit gewissen Einschränkungen — an die Stelle des Staatsanwalts (§ 385 StPO). Bei Steuerstraftaten kann die Finanzbehörde mit gleichen Rechten und Pflichten wie die Staatsanwaltschaft das Ermittlungsverfahren selbständig durchführen; sie kann den Erlaß eines Strafbefehls und den Antrag auf Einziehung von Gegenständen im objektiven Verfahren stellen und wird im gerichtlichen Verfahren durch Anhörung beteiligt (oben Kap. **3** 100). Wegen ähnlicher Beteiligung der Verwaltungsbehörde bei Ordnungswidrigkeiten nach Übernahme der Verfolgung durch die Staatsanwaltschaft und im gerichtlichen Bußgeldverfahren vgl. §§ 42, 63, 76 OWiG. Weiterhin können am Verfahren beteiligt sein dritte Personen, so der Beschwerdeführer nach § 304 Abs. 2, der Rechtsanwalt als Beistand eines Zeugen (unten Rdn. 3) oder eines Verletzten (§ 406 f), ferner solche, die durch eine **Beschlagnahme** von Gegenständen **betroffen** sind (§ 111 k), oder die **Einziehungsbeteiligten**, die Rechte an dem Gegenstand besitzen, dessen Einziehung, Vernichtung, Unbrauchbarmachung oder Verfallerklärung in Frage steht (§§ 431 ff, 442). Endlich werden im Strafverfahren neben dem Staatsanwalt und dem Gericht noch **andere Justizorgane** tätig, so die Geschäftsstelle des Gerichts und vor allem der Urkundsbeamte der Geschäftsstelle (§§ 168, 226 StPO; § 153 GVG); doch kann man diese in Nebenrollen Mitwirkenden nicht mehr als Prozeßbeteiligte bezeichnen.

2. Prozeßsubjekte

2   **a) Begriff.** Unter diesen **am Prozeß Beteiligten** ragen, sobald es zur Erhebung der Klage gekommen ist, drei Beteiligte hervor, ohne die nach der heutigen Gestaltung des Verfahrensrechts begrifflich von einem Prozeß überhaupt nicht gesprochen werden könnte, nämlich das **Gericht**, der **Kläger** und der **Beschuldigte**. Ihre besondere Eigenart beruht darin, daß ihnen die Rechtsmacht verliehen ist, aktiv gestaltend auf die Bereitung des Bildes von dem Lebensvorgang einzuwirken, der den Gegenstand der Anklage und der Entscheidung bildet. Für das Gericht ergibt sich Recht und Pflicht zu solcher Tätigkeit aus der Wahrheitserforschungspflicht (§ 244 Abs. 2); die Rechtsmacht von Kläger und Beschuldigtem zeigt sich vornehmlich in der Möglichkeit, durch Beweisanträge, denen das Gericht grundsätzlich entsprechen muß (§ 244 Abs. 3), bestimmend auf den Umfang der Beweisaufnahme einzuwirken, wobei Kläger und Beschuldigter jeweils in der Absicht handeln, dem Gericht ein Bild zu vermitteln, das zu dem von ihnen gewünschten und erstrebten Urteil führt. Die tragende Rolle, die Gericht, Kläger und Beschuldigter im Verfahren spielen, rechtfertigt es, sie als Prozeßsubjekte zu bezeichnen[3], und gerade die Erhöhung des Beschuldigten vom Untersuchungsobjekt zum Prozeßsubjekt ist das Kennzeichen des modernen Prozesses, die Verbesserung seiner Rechtsstel-

---

[2] Zum Anfangszeitpunkt der Antragstellung vgl. LR-*Wendisch* § 404, 2; 3; der durch das OpferschutzG eingefügte § 404 Abs. 5 legt nur den Anfangszeitpunkt der Gewährung der Prozeßkostenhilfe fest.

[3] *Eb. Schmidt* I 76; zur Subjektstellung des Beschuldigten vgl. auch *Rieß* FS Reichsjustizamt 373.

lung durch Erweiterung der Rechtsgarantien und prozessualer Befugnisse im Interesse seiner Verteidigung das Bestreben aller Reformarbeiten.

b) Abgrenzung. Durch die **Zweckrichtung** des prozessualen Verhaltens unterschei- **3** det sich das Handeln von Kläger und Beschuldigtem grundsätzlich von dem Verhalten der **Zeugen** und **Sachverständigen** im Prozeß. Auch sie wirken durch ihre Aussagen und Gutachten auf die Bildung der richterlichen Überzeugung ein, aber ihre Aufgabe besteht nur in der objektiven, wahrheitsgetreuen Übermittlung ihres Wissens, ohne eine subjektive Zielrichtung[4]. Daran ändert sich auch nichts, wenn der Zeuge zulässigerweise (§§ 52 ff) die Aussage verweigert, um nicht durch Bekundung der Wahrheit den Beschuldigten zu belasten; denn nicht zu dem Zweck, auf die Urteilsfindung einzuwirken, ist dem Zeugen das Verweigerungsrecht eingeräumt, sondern in Würdigung seiner eigenen Konfliktslage, die ihm eine wahrheitsgemäße Aussage unzumutbar machen kann. Zeugen und Sachverständige sind daher grundsätzlich nicht Prozeßbeteiligte[5]; das kommt auch darin zum Ausdruck, daß § 171 b Abs. 1 Satz 1 GVG von „Prozeßbeteiligten, Zeugen" spricht. Zum Prozeßbeteiligten wird der Zeuge (Sachverständige) aber, wenn es zu einem ihn betreffenden Nebenstreit kommt, so wenn über Ungehorsamsfolgen und Zeugnisverweigerungsrechte entschieden wird. Im Hinblick auf diese Möglichkeit ist der Zeuge berechtigt, zu seiner Vernehmung einen Rechtsbeistand (Rechtsanwalt) seines Vertrauens hinzuzuziehen, wenn er das für erforderlich hält, um von seinen prozessualen Befugnissen — neben dem Aussageverweigerungsrecht kommt z. B. der Antrag auf Entfernung des Angeklagten im Fall des § 247 in Betracht — selbständig und seinen Interessen entsprechend sachgemäß Gebrauch zu machen[6].

3. „Prozeßparteien". Aber wenn auch Kläger und Beschuldigter gleichermaßen **4** Prozeßsubjekte und in gewissem Umfang auch „gleichberechtigt" sind, so kann doch — jedenfalls im Offizialverfahren — keine Rede davon sein, daß sich im Strafprozeß Staatsanwalt und Beschuldigter als **Parteien** gegenüberstünden; man sollte deshalb den Begriff „Partei" auch nicht verwenden[7]. Zunächst besteht der wesensbedingte Unterschied, daß der Beschuldigte Eingriffen in seine Rechtssphäre (Untersuchungshaft usw.) unterliegt, die den Staatsanwalt nicht treffen können. Im übrigen bleibt bei allen Bestrebungen des Gesetzgebers, die Rechtsstellung des Beschuldigten zu verbessern und den Organen, die den Staat bei der Verbrechensverfolgung repräsentieren, beim Einsatz der staatlichen Machtmittel Beschränkungen aufzuerlegen (Kap. **6** 8 ff), doch bestehen, daß Staatsanwalt und Beschuldigter gänzlich verschiedene Zwecke verfolgen. Der Ankläger vertritt den Staat, der im Interesse des Gemeinwohls Ahndung des Bruchs der staatlichen Rechtsordnung begehrt. Der Staatsanwalt hat kraft seiner Amtspflicht für Wahrheit und Gerechtigkeit einzutreten; ihm obliegt die Ermittlung entlastender Umstände; er darf einen Schuldspruch nur beantragen (§ 258), wenn er von der Schuld des Angeklagten überzeugt ist; er kann auch zugunsten des Beschuldigten Rechtsmittel einlegen, und nach *Arndt* DRiZ **1959** 368 kann er sogar „einem Treuhänder gleich" auch Verfassungsbeschwerde für einen Angeklagten erheben. Bei dem Beschuldigten dagegen achtet der Gesetzgeber, daß er, einem natürlichen Drange folgend, selbst dann bemüht sein wird, möglichst glimpflich aus dem Verfahren herauszukommen, wenn er sich

---

[4] OLG Hamm NJW **1974** 683; *Peters*[4] 163; *Henkel* 117.

[5] BVerfGE **38** 105, 119 = NJW **1975** 103, 104.

[6] BVerfGE aaO; vgl. oben Kap. **6** 22; zur pro-

zessualen Rechtsstellung *Hammerstein* NStZ **1981** 125; *Krekeler* NJW **1980** 980; *Thomas* NStZ **1982** 489.

[7] *Henkel* §.24; *Roxin*[19] § 17 C; *Schlüchter* 129.

Karl Schäfer

schuldig fühlt. Ihn trifft keine Pflicht, für die Feststellung der Wahrheit tätig zu werden. Er darf nicht nur untätig bleiben und durch Aussageverweigerung jede Mitwirkung an der Aufklärung des Sachverhalts ablehnen, er darf auch leugnen (auf die Frage, ob für ihn eine Wahrheitspflicht ohne Wahrheitszwang besteht, ist hier nicht einzugehen), und es dürfen daraus allein grundsätzlich auch bei der Strafzumessung keine nachteiligen Folgerungen gezogen werden. Ergänzend darf auf LR-*Schäfer*[23] Rdn. 13 Vor § 141 GVG verwiesen werden.

5   **4. Weitere Prozeßsubjekte und -beteiligte.** Wie der Kläger — Staatsanwalt oder Privatkläger (§§ 374 ff) — und der Beschuldigte sind, wenn auch in beschränktem Umfang, solche Personen Prozeßsubjekt, denen die Prozeßordnung zur Verfolgung ihrer eigenen Interessen und Rechte die Befugnis einräumt, gestaltend auf die Durchführung des Verfahrens einzuwirken. Es ist dies der **Nebenkläger**, der, durch bestimmte rechtswidrige Taten (§ 395) unmittelbar oder mittelbar verletzt, sich der erhobenen öffentlichen Klage anschließt. Seine Rechtsstellung wurde durch das OpferschutzG 1986 (Kap. 5 119) gegenüber dem bisherigen Recht wesentlich verbessert, insbes. hinsichtlich der ihm selbständig zustehenden Befugnisse zur Wahrnehmung seiner Interessen (z. B. §§ 397, 397 a, 400 n. F.). Ferner gehören hierher die von einer drohenden Anordnung von Einziehung, Verfall, Vernichtung, Unbrauchbarmachung in ihren Rechten gefährdeten **Einziehungsbeteiligten** (§§ 431, 442), denen zur Wahrnehmung ihrer Interessen die Befugnisse eines Angeklagten zugebilligt sind (§§ 433, 442; s. auch § 432 Abs. 2).

6   Der **Verletzte** als solcher war nach bisherigem Recht weder Prozeßsubjekt noch Verfahrensbeteiligter. Mit den durch das OpferschutzG 1986 neu eingefügten §§ 406 d bis 406 h hat er aber in dem dort bezeichneten Umfang die Rechtsstellung eines (am Rande) Verfahrensbeteiligten erlangt[8]. Auch soweit er als Antragsteller im Anhangsverfahren der §§ 403 ff auftritt, wurde er bisher zwar als Verfahrensbeteiligter bezeichnet, dagegen bestanden wegen seiner eng begrenzten Einwirkungsmöglichkeiten Bedenken, ihn als Prozeßsubjekt zu bezeichnen[9]. Nachdem aber die Rechtsstellung des Antragstellers durch das OpferschutzG (Änderung oder Ergänzung der §§ 403, 404, 406) wesentlich erweitert wurde, ist die Rechtsstellung des Antragstellers innerhalb seines Zweckbereichs der des Privat- oder Nebenklägers ähnlich geworden, und er ist auch für das Strafverfahren als solches mindestens als „echter" Verfahrensbeteiligter anzusehen. Ferner ist er als **Antragsteller im Klageerzwingungsverfahren** (§ 172) Prozeßsubjekt dieses Verfahrens[10].

7   **5.** Der **Verteidiger** ist grundsätzlich nicht Prozeßsubjekt, sondern als Beistand des Beschuldigten Prozeßsubjektsgehilfe[11]. Freilich ist der Verteidiger ein „Beistand" besonderer Art (dazu *Peters*[4] 219 f). Denn seine besondere Aufgabe im Strafprozeß, dem Schutz des Beschuldigten zu dienen, zur Beachtung aller ihm günstigen Tatsachen beizutragen und dadurch zur Findung eines gerechten Urteils mitzuwirken, hat er unter eigener Verantwortung und unabhängig vom Beschuldigten zu erfüllen (BGHSt **13** 343), unabhängig auch von Einflüssen außerhalb des Verfahrens stehender Stellen (BGH NJW **1961** 614). Wille und Weisung des Beschuldigten binden den Verteidiger

---

[8] So auch Begr. RegEntw. BT-Drucks. **10** 5305, S. 16.

[9] OLG Hamm NJW **1974** 682; LR-*Wendisch* Vor § 403, 17.

[10] OLG Hamm NJW **1974** 682.

[11] So z. B. *Beling* 150; *Eb. Schmidt* I 79; zur Stellung des Verteidigers vgl. u. a. mit umf. Nachw. *Beulke* Der Verteidiger im Strafverfahren, Funktion und Rechtsstellung (1980); weitere Nachw. in den Schrifttumsangaben Vor § 137.

nur beschränkt. Auch gehen seine verfahrensrechtlichen Rechte z. T. über die des Beschuldigten hinaus (vgl. insbes. §§ 147, 239). Andererseits setzen die Standespflichten und die Stellung als Organ der Rechtspflege (§ 1 BRAO) seinem Verhalten Grenzen, die für den Beschuldigten nicht gelten. So darf er z. B. nicht, der ihm bekannten Wahrheit zuwider, das Leugnen des Angeklagten unterstützen, wohl aber darf er auch bei Kenntnis der Schuld den Freispruch seines Mandanten anstreben, solange er sich auf verfahrensrechtlich erlaubte Mittel beschränkt und sich jeder Verdunkelung des Sachverhalts enthält[12]. Ausnahmsweise, nämlich wo das Gesetz es ausdrücklich zuläßt, kann der Verteidiger den abwesenden Beschuldigten in der Hauptverhandlung **vertreten** (vgl. §§ 234, 329, 350, 387, 411, 434, 440 Abs. 3, 442), oder es wird neben dem Einverständnis des Angeklagten auch das Einverständnis des Verteidigers gefordert (§§ 245 Abs. 1 Satz 2, 251 Abs. 2 i. d. F. des StVÄG 1987), und er ist insoweit Prozeßsubjekt. Zur *Vertretung* bedarf der Verteidiger, wie auch sonst zur Ausübung von Antragsrechten des Beschuldigten in dessen Namen, einer Vertretungsvollmacht[13]. Für seine eigne Person ist der Verteidiger Prozeßsubjekt in dem Ausschließungsverfahren wegen Mißbrauchs der Verteidigerstellung usw. nach §§ 138 a ff. Auf weitere Fragen aus dem Bereich der Verteidigung, wie etwa der des Verhältnisses eines neben dem Wahlverteidiger bestellten Pflichtverteidigers[14], ist hier nicht einzugehen.

6. Über die **Merkmale, die die Prozeßsubjekte aufweisen müssen** (Verhandlungsfä- **8** higkeit usw.), ist an dieser Stelle nicht weiter zu sprechen. Sie werden im Zusammenhang mit den Prozeßvoraussetzungen und den Prozeßhandlungen zu erörtern sein.

---

[12] Vgl. RGSt 70 393; BGHSt **2** 374; BGH MDR **1958** 48 und zur Abgrenzung gegenüber nach § 258 StGB strafbarer Strafvereitelung BGHSt **29** 102; OLG Frankfurt NStZ **1981** 144; *Bottke* JA **1980** 448.

[13] So die herrschende Meinung; vgl. z. B. BGHSt **12** 367 = JZ **1959** 780; *Peters*[4] 215;

Schlüchter 101; a. M *Spendel* JZ **1959** 736, wonach der Verteidiger des Beschuldigten und der weitergehend feststehende Umfang seiner Vollmacht nur in bestimmten Fällen erweiterungsfähig oder beschränkbar ist.

[14] Dazu u. a. *Beulke* JR **1982** 45.

KAPITEL 10

Die Prozeßhandlungen

Schrifttum. Grundlegend *Goldschmidt* Prozeß als Rechtslage (1925); weiteres Schrifttum (Auswahl): *Arens* Willensmängel bei Prozeßhandlungen im Zivilprozeß (1968); *Baumgärtel* Wesen und Begriff der Prozeßhandlung einer Partei im Zivilprozeß[2] (1971); *Bindokat* Zur Frage des Irrtums bei Prozeßhandlungen, NJW **1956** 51; *R. Bruns* Der Begriff der Parteiprozeßhandlung, JZ **1959** 204; *Dahs* Zur Rechtswirksamkeit des nach der Urteilsverkündung „herausgeforderten" Rechtsmittelverzichts, FS Schmidt-Leichner 17; *Dahrmann* Der Widerruf von Rechtsmittelverzicht und -zurücknahme im Strafprozeß, Diss. Köln 1966; *Dencker* Willensfehler bei Rechtsmittelverzicht und Rechtsmittelzurücknahme im Strafverfahren (1972); *Dimitrijovic* Handlungsbegriff und Rechtsverhältnis im Strafprozeß, FS Peters 253; *Kern* Zur Lehre von den Prozeßhandlungen im Strafprozeß, FS Lenel (1921) 52; *Joachim* Die Berücksichtigung von Willensmängeln bei nichtrichterlichen Prozeßhandlungen im Strafprozeß, Diss. Erlangen 1970; *Müller* Fehlerhafte prozessuale Willenserklärungen des Beschuldigten, Diss. Tübingen 1965; *Niese* Doppelfunktionelle Prozeßhandlungen (1950); *Roeder* Die Begriffsmerkmale des Urteils im Strafverfahren, ZStW **79** (1967) 251, 258; *Schmid* Die Verwirkung von Verfahrensrügen im Strafprozeß (1966); *Schmidt* Die Grenzen der Bindungswirkung eines Rechtsmittelverzichts, JuS **1967** 758; *Schulze* Der Einfluß von Willensmängeln auf den Bestand des Rechtsmittelverzichts des Beschuldigten, Diss. Regensburg 1973; *Siegert* Die Prozeßhandlungen, ihr Widerruf und ihre Nachholung (1929).

Übersicht

I. Begriff und Abgrenzung der Prozeßhandlungen

1. Begriff. Prozeßhandlungen[1] sind die Handlungen der Prozeßbeteiligten, die **1** auf die Gestaltung des Verfahrens, letztlich auf die Herbeiführung des erstrebten Prozeßausgangs gerichtet sind. Während die ZPO von Prozeßhandlungen spricht (vgl. z. B. § 295), kennt die StPO einen entsprechenden terminus technicus nicht. Die Ergebnisse der wissenschaftlichen Bemühungen um Durchdringung des Begriffs der Prozeßhandlung, die vom Zivilprozeß her ihren Ausgang nahmen, erweisen sich auch für die Erkenntnis des strafprozessualen Begriffs als fruchtbar, sofern man sich die Grenzen einer Übertragung vor Augen hält, die sich aus dem grundsätzlichen Unterschied zwischen Zivilprozeß und Strafprozeß ergeben. Ein entscheidender Unterschied liegt z. B. darin, daß es im Strafprozeß Prozeßhandlungen mit Doppelnatur, die, wie Prozeßvergleich, Anerkenntnis, Verzicht oder Aufrechnung, zugleich sachlichrechtliche Rechtsgeschäfte und verfahrensrechtlich wirkende Handlungen sind, nicht geben kann; der Begriff der Prozeßhandlung beschränkt sich hier auf das verfahrensgestaltende Verhalten, dessen Voraussetzungen und Wirkungen vom Prozeßrecht geregelt sind. Die Erforschung der materiellen Wahrheit schließt auch Prozeßhandlungen aus, die, wie das gerichtliche Geständnis im Zivilprozeß (§§ 288 ff ZPO), sich als prozessuale Erklärung des Einverständnisses mit ungeprüfter Verwertung von vorgetragenen Tatsachen darstellen; das Geständnis im Strafverfahren löst keine derartigen verfahrensrechtlichen Folgen aus. Es kann demgemäß auch nur verwirren, wenn in der älteren Literatur bei Prozeßhandlungen, die eine Rechtsfolge im Strafprozeß willensgemäß auslösen, in Anknüpfung an den spezifisch bürgerlichrechtlichen Rechtsbegriff des Rechtsgeschäfts von „strafprozeßrechtlichen Rechtsgeschäften" gesprochen wird (*Eb. Schmidt* I 204 ff).

2. Abgrenzung. Im einzelnen herrscht Streit über die Abgrenzung des Begriffs **2** der Prozeßhandlung. Die am weitesten gehende Auffassung (so z. B. *Beling* 162 ff) will jedes prozeßbedeutsame Verhalten, auch reine Tatakte (z. B. das Öffnen der Türen des Gerichtssaals durch den Justizwachtmeister zur Herstellung der Öffentlichkeit) einschließen, die wohl engste (*Roxin* § 22 A I) nur solche Erklärungen erfassen, die eine Rechtsfolge im Prozeß **willensgemäß** auslösen, die also den Prozeß dem erklärten Willen gemäß weiter fördern sollen. Eine der dazwischen liegenden Meinungen stellt z. B. auf die prozeßtypische Eigenart der Verhaltensweise im Sinne einer das prozessuale Geschehen *unmittelbar* beeinflussenden Wirkung ab und macht die Frage, ob eine Prozeßhandlung vorliegt, davon abhängig, ob im Einzelfall ein auf den Prozeß bezügliches Verhalten dem Typus der Prozeßhandlung entspricht (so KMR-*Sax* Einl **X** 1). Aber die Ausdehnung auf Handlungen nur nebensächlich am Prozeß Beteiligter erscheint zu weit, die Beschränkung auf Rechtsfolgen auslösende Willensäußerungen zu eng. Bei den Mittelmeinungen besteht insbesondere Streit, ob auch Aussagen und Bekundungen

---

[1] Der weitgehend eingebürgerte Begriff der Prozeßhandlung wird hier verwendet, ohne daß eine weitere abstrakt-allgemeine Begriffsbestimmung oder eine Auseinandersetzung mit der Kritik am Prozeßhandlungsbegriff (vgl. dazu etwa *Dencker* 18 ff; *Schlüchter* 130; *Peters*[4] 249) beabsichtigt wäre.

Karl Schäfer

(des Beschuldigten, des Zeugen oder Sachverständigen) Prozeßhandlungen sind. Zeugen und Sachverständige sind indessen im allgemeinen keine Prozeßbeteiligten (Kap. **9** 3), ihre Aussagen, da sie nicht willensmäßig auf Gestaltung des Verfahrens gerichtet sind, keine Prozeßhandlungen[2]. Dagegen ist der Aussage des Beschuldigten die Eigenschaft einer Prozeßhandlung nicht abzusprechen[3]. Sein Verhalten wirkt willensgemäß auf die Bildung der richterlichen Überzeugung ein. Namentlich da, wo es sich um Vorgänge im Innern des Beschuldigten handelt, die in weitem Umfang einer Klärung durch eine förmliche Beweisaufnahme unzugänglich sind, ist es oft die „nicht zu widerlegende Einlassung" des Angeklagten, von der das Gericht bei der Urteilsfindung ausgehen muß. Und da ja der Angeklagte keiner Wahrheitspflicht unterliegt, handelt es sich um mehr als „die bloße Klärung des Sachverhalts": es liegt — man denke z. B. an eindrucksvolle Unschuldsbeteuerungen — eine prozeßordnungsmäßig zulässige psychische Einwirkung auf den Richter mit dem Ziel eines dem Angeklagten günstigen Urteils vor. Qualitativ unterscheidet sich die Vernehmung zur Sache (§ 243 Abs. 4) schwerlich von den Ausführungen und Anträgen des Angeklagten nach Schluß der Beweisaufnahme (§ 258 Abs. 1), die doch zweifellos Prozeßhandlungen sind.

II. Einteilung

3   **1. Gruppierungsmöglichkeiten.** Einen breiten Raum bei den Erörterungen in der Wissenschaft nimmt die Frage nach der Gruppierung der Prozeßhandlungen ein. Man kann sie mit *Sauer*[4] nach der Nähe zum Prozeßziel in solche einteilen, die das Verfahren, die Verfolgung und die Sachgestaltung betreffen, doch läßt sich diese Einstellung angesichts des Vor- und Rückwärtsschreitens des Verfahrens und des Ineinandergreifens der einzelnen Verfahrensstadien und -abschnitte nur mit Schwierigkeiten durchführen. Andere Einteilungen nehmen den Ausgang von Prozeßsubjekten (Handlungen des Gerichts auf der einen, des Klägers und des Beschuldigten auf der anderen Seite oder hoheitliche Maßnahmen des Gerichts und des öffentlichen Klägers auf der einen und nichthoheitliche — private — des Beschuldigten), vom Inhalt (Erklärungen und Realakte)[5] oder von der Bedeutung der Handlung für das Verfahren (prozeßtragende Handlungen wie Strafantrag, Klage, Eröffnungsbeschluß, Urteil, Rechtsmitteleinlegung und

---

[2] Ebenso *Eb. Schmidt* I 202 Fußn. 358; *Rüping* 15; *Kleinknecht/Meyer*[37] Einl. 95.

[3] Ebenso *Eb. Schmidt* aaO; **a. A** *Peters*[4] 249; s. dazu BGHSt **31** 16 = JR **1983** 116 mit Anm. *Gössel* betr. strafrechtliche Bedeutung von „Prozeßerklärungen", die der Beschuldigte im Rahmen seiner Verteidigung abgibt, wenn sie inhaltlich den Tatbestand einer Straftat erfüllen.

[4] Allgem. Prozeßrechtslehre § 9 III 2; Grundlage des Prozeßrechts, 187 ff; zustimmend *Peters*[4] 252.

[5] Realakte in diesem Sinn sind bloße tatsächliche Handlungen, die weder ihren Voraussetzungen noch ihren Wirkungen nach prozeßrechtlich geregelt sind wie Aktentragen, Öffnen und Schließen der Tür des Gerichtssaals usw. (*Peters*[4] 249). Kein Realakt, sondern eine Prozeßhandlung liegt vor, wenn

gemäß § 59 Abs. 1 OWiG die Verwaltungsbehörde, die einen Bußgeldbescheid erlassen hat, nach Einspruch durch den Betroffenen die Akten an die Staatsanwaltschaft übersendet und diese sie dem Richter beim Amtsgericht vorlegt. Dieser Vorgang ist kein Realakt, da seine Wirkungen — Ausschluß der Rücknahme des Bußgeldbescheids, Notwendigkeit gerichtlicher Entscheidung über den Einspruch – prozeßrechtlich geregelt sind (BGHSt **26** 384). Öffnen und Schließen der Saaltür durch den Justizwachtmeister sind zwar keine Prozeßhandlungen, doch kann eine damit verbundene faktische Ausschließung oder Beschränkung der Öffentlichkeit Rechtsfolgen auslösen, über deren Voraussetzungen die Auffassungen auseinandergehen (dazu LR-*Schäfer*[23] § 169, 17 GVG).

schlichte Prozeßhandlungen, wie Beweisanträge usw.). Eine Auseinandersetzung mit diesen Lehren liegt nicht im Rahmen der vorliegenden Einleitung. Die folgende Darstellung geht von der Unterscheidung von Handlungen des Klägers und des Beschuldigten gegenüber denjenigen des Gerichts aus und schließt sich, soweit es sich um die erstere Gruppe handelt, der von *Goldschmidt* (Prozeß als Rechtslage S. 364 ff) erarbeiteten, im Schrifttum (Nachw. bei *Peters*[4] S. 252) weitgehend anerkannten grundsätzlichen Einteilung der Prozeßhandlungen in **Erwirkungs- und Bewirkungshandlungen** an[6].

2. Erwirkungs- und Bewirkungshandlungen. Erwirkungshandlungen sind danach **4** Handlungen, die dazu bestimmt sind, durch psychische Einwirkung auf den Richter eine Entscheidung bestimmten Inhalts herbeizuführen; Bewirkungshandlungen sind alle Prozeßhandlungen des Klägers oder des Beschuldigten, die nicht Erwirkungshandlungen sind und in Erklärungen oder Realakten bestehen können. Die Frage, ob die Bewirkungshandlungen, soweit sie in Erklärungen bestehen, einer weiteren Differenzierung (etwa in Willenserklärungen, Willens- und Vorstellungsmitteilungen — so *Goldschmidt* 457 ff — oder in Willenserklärungen, Wollenserklärungen und Wissenserklärungen — so *Peters*[4] 253 —) zugänglich sind, soll hier unerörtert bleiben[7], da sich keine praktischen Folgerungen daran knüpfen.

3. Beispiele. Erwirkungshandlungen sind hauptsächlich die Anträge. Sie enthalten **5** das Begehren an das Gericht, eine Entscheidung bestimmten Inhalts zu erlassen, wobei Sachanträge auf die Gestaltung des Urteilsinhalts, Prozeßanträge auf das Verfahren betreffende Entscheidungen abzielen. Eine Erwirkungshandlung ist auch die Einlegung eines Rechtsmittels[8], denn darin liegt stets der Antrag auf Abänderung der angefochtenen Entscheidung. Zu den **Bewirkungshandlungen** gehören insbesondere rechtsgestaltende Erklärungen, also Erklärungen, die mit sofortiger Wirkung die prozessuale Rechtslage entsprechend ihrem Inhalt gestalten, wie der Verzicht auf Rechtsmittel und die Zurücknahme eines Rechtsmittels, die den Eintritt der (mindestens relativen) Rechtskraft der Entscheidung zur Folge haben. Bei einzelnen Prozeßhandlungen besteht über die Zuordnung zu den Bewirkungs- oder den Erwirkungshandlungen Streit, so etwa bei der Anschlußerklärung des Nebenklägers, je nachdem der Entscheidung über die Anschlußberechtigung (§ 396 Abs. 2) nur deklatorische oder konstitutive Bedeutung beigemessen wird[9].

4. Die Prozeßhandlungen des Gerichts zerfallen in die das Verfahren **abschließen- 6 den Entscheidungen**, also in erster Linie die Urteile, und in die vorangehenden, auf die Gewinnung der abschließenden Entscheidung gerichteten Maßnahmen, die unter den Oberbegriff der **Prozeßleitung** gebracht werden können und ihrerseits in Entscheidungen (Beschlüssen und Verfügungen), in anderen **verfahrensgestaltenden Maßnahmen** wie Hinweisen nach § 265 Abs. 1, 2[10] oder Herbeiführung einer entscheidungserheblichen Erklärung des Angeklagten (§ 265 a) oder Realakten (Durchführung der Beweis-

---

[6] Nachw. bei *Peters*[4] 252; Bedenken gegen diese Einteilung bei KMR-*Sax* Einl. **X** 3 ff.

[7] Vgl. dazu *Eb. Schmidt* I 220: „Eine erschöpfende Aufzählung der Bewirkungshandlungen ist weder möglich noch nötig, wie auch Einteilung und Gruppierung kein wissenschaftliches Problem darstellen.“

[8] OLG Köln NJW **1957** 641.

[9] Vgl. dazu LR-*Wendisch* § 396 a. F Rdn. 10 bis 13, s. jetzt § 396 i. d. F. des OpferschutzG.

[10] OLG Köln MDR **1975** 165.

Karl Schäfer

aufnahme, Entgegennahme[11] von Anträgen und Erklärungen von Kläger und Beschuldigten usw.) bestehen können. Die Entscheidungen können Sach- oder Prozeßentscheidungen sein[12]. Als **doppelfunktionelle Prozeßhandlungen**[13] werden Prozeßhandlungen bezeichnet, die Wirkungen sowohl verfahrensrechtlicher wie materiellrechtlicher Art entfalten. So sichert z. B. der Haftbefehl die Durchführung des Verfahrens, indem er ausschließt, daß dem Verfahren das Prozeßhindernis der Abwesenheit des Beschuldigten entgegenstehen könnte; gleichzeitig schafft er materiellrechtlich einen Rechtfertigungsgrund für den Eingriff in die Freiheit des Beschuldigten. Oder es schließt das auf Freiheitsstrafe lautende Urteil das Verfahren ab und legt zugleich dem Verurteilten die Pflicht auf, den Vollzug des Urteils zu erdulden, und bildet damit einen Rechtfertigungsgrund für das Vorgehen der Vollstreckungs- und Vollzugsorgane.

III. Wirksamkeitsvoraussetzungen für Prozeßhandlungen

7   **1. Wertkategorien.** Für die Vornahme von Prozeßhandlungen stellt das Verfahrensrecht bestimmte, im Einzelfall verschiedene Voraussetzungen auf. Es fragt sich, welche Bedeutung einer Prozeßhandlung für das Verfahren zukommt, wenn die vorgeschriebenen Voraussetzungen nicht vorliegen[14]. Im Anschluß an die (freilich umstrittene) Lehre von *Sauer* lassen sich vier prozessuale Wertkategorien unterscheiden: *Gültigkeit, Wirksamkeit, Zulässigkeit und Begründetheit*, die aber nicht bei jeder Prozeßhandlung durchführbar sind.

8   **2. Erwirkungshandlungen** unterliegen vorzugsweise einer Wertung unter den Gesichtspunkten der **Zulässigkeit**[15] und der **Begründetheit**. Zulässigkeit bedeutet, daß die verfahrensrechtlichen Voraussetzungen gegeben sein müssen, bevor der Richter, an den sie sich wenden, Veranlassung hat, sich mit ihrer inhaltlichen Bedeutung für das erstrebte Prozeßziel (mit ihrer Begründetheit) zu befassen. So ist das nicht frist- und formgerecht eingelegte Rechtsmittel unzulässig, und die Unzulässigkeit hindert das Gericht, sich mit der Begründetheit des Rechtsmittels, mit der Berechtigung des Verlangens, die angefochtene Entscheidung zu ändern, überhaupt zu befassen (dazu Kap. **11** 16 ff). Ebenso sind unzulässig die in einer Revisionsschrift des Verteidigers enthaltenen Rügen, für die er nicht die Verantwortung übernimmt[16]. Streitig ist, ob — ausnahmsweise — Erwirkungshandlungen unter den Gesichtspunkten der Gültigkeit und Wirksamkeit gewertet werden können, wobei Ungültigkeit bedeutet, daß der Handlung wegen Fehlens der wesentlichen Merkmale jede Beachtlichkeit fehlt, während Unwirksamkeit vorliegt, wenn der Handlung eine Wirkung im Sinne der Herbeiführung einer

---

[11] Prozeßhandlungen der „Parteien" sind grundsätzlich, soweit das Gesetz nichts Abweichendes bestimmt, gegenüber der Stelle vorzunehmen, die „Herr" des maßgeblichen Verfahrensabschnitts ist; ein Verzicht auf das Privatklagerecht müßte also gegenüber dem für die Erhebung der Privatklage zuständigen Gericht ausgesprochen werden (*Hartung* NJW **1961** 523).

[12] Vgl. dazu *Peters* Die Parallelität von Prozeß- und Sachentscheidungen, ZStW **68** (1956) 374 ff.

[13] Vgl. dazu grundlegend *Niese* Doppelfunktionelle Prozeßhandlungen (1950).

[14] Kommt es im inländischen Verfahren auf die Frage der Wirksamkeit eines im Ausland erfolgten Verfahrensaktes an, z. B. ob eine rechtskräftige gerichtliche Entscheidung vorliegt (vgl. § 51 Abs. 3 StGB), so entscheidet nach dem Grundsatz „locus regit actum" darüber das Recht des Staates, in dessen Hoheitsbereich er vorgenommen wurde (BGHSt 20 198, 201).

[15] Vgl. dazu *Gössel* Überlegungen zur Zulässigkeit im Strafverfahren, Gedächtnisschrift Hilde Kaufmann (1986) 977.

[16] BGHSt **25** 272; näher mit weit. Nachw. LR-*Hanack* § 345, 27 ff.

neuen Verfahrenslage abgeht. Die Frage ist zu bejahen. So läge etwa Ungültigkeit vor, wenn der Beweisantrag eines Geisteskranken offensichtlich unsinnig ist (ebenso *Peters*[4] 263). Als ungültig wäre auch eine im Gewand einer Prozeßhandlung auftretende Eingabe, z. B. ein Antrag auf gerichtliche Entscheidung nach § 24 EGGVG anzusehen, dessen erkennbares Ziel gar nicht die Herbeiführung einer sachlichen Entscheidung, sondern die Ergreifung der Gelegenheit ist, das Gericht, den Antragsgegner usw. zu beschimpfen; er bedarf als bloße Scheinhandlung keiner Bescheidung[17]. Im allgemeinen aber sind Einwirkungshandlungen gültig, d. h., der Richter darf sie nicht ohne weiteres unbeachtet lassen, sondern muß sie bescheiden (§ 244 Abs. 6).

3. Beschwer, Rechtsschutzbedürfnis, Überholung. Bei einem Rechtsmittel ist nach **9** h. M. allgemein das Vorliegen einer **Beschwer**, nicht nur die Behauptung einer solchen, Voraussetzung seiner Zulässigkeit[18]. Dagegen ist — anders als im Zivilprozeß — ein besonderes **Rechtsschutzbedürfnis** keine Zulässigkeitsvoraussetzung der strafprozessualen Erwirkungshandlung[19]. Diese kann „überholt" sein, wenn sich der Prozeß zu einer Verfahrenslage fortentwickelt, die für die erstrebte gerichtliche Entscheidung keinen Raum mehr bietet; Beispiel: Die Zurücknahme der Berufung gegen ein amtsgerichtliches Urteil ist überholt (ausgeschlossen), wenn inzwischen das Berufungsverfahren vor der großen Strafkammer in ein erstinstanzliches Verfahren übergeleitet worden ist[20].

4. Rechtsschutz gegen erledigte Zwangsmaßnahmen. In diesem Zusammenhang **10** ist in aller Kürze und auch nur zur Illustrierung der Problematik der in neuerer Zeit viel erörterten, sehr umstrittenen und vielschichtigen Frage zu gedenken, ob, in welchem Umfang und auf welchem Wege eine **gerichtliche Nachprüfung von verfahrensrechtlichen Zwangsmaßnahmen** auf die Rechtswidrigkeit ihrer Anordnung in Betracht kommt, wenn sie **durch ihren Vollzug vollständig erledigt** sind[21].

a) Richterliche Maßnahmen. Als Beispiel mag dienen, daß im Ermittlungsverfahren **10a** der *Richter* eine Durchsuchung (§§ 102, 105 StPO) anordnet, und zwar (zulässig nach § 33 Abs. 4 StPO) ohne Anhörung des Betroffenen, die Durchsuchung alsbald durchgeführt wird und ohne Ergebnis endet. Gegen diese richterliche Anordnung wäre nach § 304 die Beschwerde zulässig gewesen; der Betroffene konnte davon aber keinen Gebrauch machen, weil er erst bei Beginn der Durchsuchung von der Anordnung Kenntnis erlangte und auch während der Durchsuchung keine Zeit und Gelegenheit dazu fand. Nach h. M entfällt nach vollständiger Durchführung der Durchsuchung die Möglichkeit einer nachträglichen Beschwerde, weil deren Ziel, eine Aufhebung der richterlichen Anordnung herbeizuführen, hinfällig ist. Kann aber nicht wenigstens der Betrof-

---

[17] So OLG Hamm NJW **1976** 978; *Schlüchter* 145 mit weit. Nachw.

[18] LR-*Gollwitzer* § 296, 14; *Schlüchter* 623.1 Fußn. 31 mit Nachw.

[19] *Stephan* NJW **1966** 2394.

[20] BGHSt **34** 204 = NJW **1987** 12.

[21] Vgl. zur Orientierung über den Gesamtkomplex u. a. LR-*K. Schäfer*[23] § 23, 47 ff; 62 ff EGGVG; LR-*G. Schäfer* § 98, 69 ff; LR-*Gollwitzer* Vor § 304, 8 ff; *Kleinknecht/Meyer*[37] Vor § 296, 18; *Roxin*[19] § 29 D; *Schlüchter*

181 ff; 624 ff; *Amelung* Rechtsschutz gegen strafprozessuale Grundrechtseingriffe (1976) und neuestens JZ **1987** 737; *Dörr* NJW **1984** 2258; *K. Meyer* FS K. Schäfer 119; *Peters* JR **1973** 300; *Rieß/Thym* GA **1981** 189. Einem Referentenentwurf eines Gesetzes zur Vereinheitlichung und Verbesserung des Rechtsschutzes gegen strafprozessuale Maßnahmen (dazu *Rieß* ZRP **1981** 101) sind keine weiteren amtlichen Schritte gefolgt.

Karl Schäfer

fene (der Beschuldigte oder ein Dritter, wie etwa der Wohnungsinhaber), der die Anordnung nicht für rechtmäßig hält, den Richter mit dem Verlangen anrufen, die Rechtswidrigkeit der getroffenen Anordnung festzustellen und zwar jedenfalls dann, wenn er ein berechtigtes Interesse an einer solchen Feststellung hat, z. B. geltend macht, er sei durch die rechtswidrige Anordnung dauernd diskriminiert worden und müsse durch eine entsprechende Feststellung rehabilitiert werden? Diese Frage wird für das geltende Recht mit unterschiedlichen Konstruktionen teils bejaht[22], überwiegend aber verneint[23]. Für die Befürworter einer nachträglichen richterlichen Entscheidung ergibt sich daraus eine Reformforderung an den Gesetzgeber.

11   **b) Nichtrichterliche Maßnahmen.** Anders liegt es, wenn die Durchsuchung nicht durch den Richter, sondern wegen Gefahr in Verzug von der *Staatsanwaltschaft* oder ihren *Hilfsbeamten* angeordnet war (§ 105 StPO), oder durch eine mit entsprechenden Befugnissen ausgestattete andere Behörde (z. B. nach §§ 399, 404 AO). Hier fragt sich, ob sich eine Anfechtbarkeit nach Art. 19 Abs. 4 GG in Verb. mit §§ 25, 28 Abs. 1 Satz 4 EGGVG ergibt. Danach kann das OLG auch nach vollständiger Erledigung von „Maßnahmen der Justizbehörden auf dem Gebiet der Strafrechtspflege" angerufen werden, um die Rechtswidrigkeit der Maßnahme festzustellen, wenn der Betroffene „ein berechtigtes Interesse an dieser Feststellung hat". Zunächst bestehen Bedenken, ob die Strafverfolgungsmaßnahmen der Staatsanwaltschaft und ihrer Hilfsbeamten überhaupt zu den „Maßnahmen der Justizbehörden" i. S. des § 23 EGGVG gehören und nicht vielmehr als „Prozeßhandlungen" — im Gegensatz zu Justizverwaltungsakten — oder aus anderen Gründen (s. oben Kap. 8 15) dem Anwendungsbereich des § 28 EGGVG entzogen sind. Läßt man diese Bedenken beiseite, so sehen die Befürworter einer Verbesserung des Rechtsschutzes des Betroffenen in der Anrufung des OLG keinen geeigneten Weg, weil das OLG „zu weit entfernt" sei und weil die verhältnismäßig sehr enge Auslegung, die der Begriff der „berechtigten Interessen" an der Feststellung der Rechtswidrigkeit des Eingriffs bisher in der Rechtsprechung gefunden hat, dem Rehabilitierungsinteresse des Betroffenen nicht genüge.

12   **c)** Diesen Bedenken trägt eine **neuere Rechtsprechung**[24] Rechnung, indem aus *entsprechender* Anwendung des § 98 Abs. 2 hergeleitet wird, daß für eine nachträgliche richterliche Entscheidung das Amtsgericht berufen sei, das für die richterliche Anordnung der Maßnahme zuständig gewesen wäre; diesem obliege die Nachprüfung der Rechtmäßigkeit der von der Staatsanwaltschaft oder dem Hilfsbeamten getroffenen Anordnung aber nur, wenn im Einzelfall wegen der erheblichen Folgen des Eingriffs oder wegen einer Gefahr der Wiederholung ein nachwirkendes Bedürfnis für eine Nachprüfung bestehe. Diese Rechtsprechung hat im Schrifttum — z. T. mit wechselnder Begründung — teils Zustimmung gefunden[25], teils Ablehnung erfahren[26]. Auch die Oberlandesgerichte haben nur zum Teil die amtsgerichtliche Prüfungszuständigkeit angenommen, andere dagegen ihre eigene Zuständigkeit bejaht[27]. Von einer „herrschenden Meinung" kann also in der Zuständigkeitsfrage keine Rede sein. Folgt man

---

[22] So *Rieß/Thym* GA **1981** 196; LR-*G. Schäfer* § 98, 70.

[23] LR-*Wendisch* § 33 a, 14 mit weit. Nachw.

[24] BGHSt **28** 57, 160, 206; BGH NJW **1978** 107; GA **1981** 223; OLG Hamburg NStZ **1984** 566; OLG Karlsruhe NStZ **1986** 567.

[25] So z. B. LR-*G. Schäfer* § 98, 74 ff; § 105, 59; SK-StPO-*Rudolphi* § 98, 35 ff; *Roxin*[19] § 29

D II 2; *Rieß/Thym* 203 f (unmittelbare Anwendung).

[26] Besonders nachdrücklich *K. Meyer* FS K. Schäfer 119; vgl. ergänzend auch LR-*K. Schäfer*[23] § 23, 47 ff; 62 ff EGGVG.

[27] So z. B. neuerdings mit eingehender Begründung OLG Nürnberg NStZ **1986** 575.

der die Prüfungszuständigkeit des Amtsgerichts bejahenden Auffassung, so entfällt zwar eine die Rechtswidrigkeit der Anordnung betreffende Zuständigkeit des OLG. Wohl aber ist dessen Zuständigkeit nach §§ 23, 28 Abs. 1 Satz 4 EGGVG gegeben, wenn der Betroffene geltend macht, ein berechtigtes Interesse an der Überprüfung der **Art und Weise des Vollzugs** trotz beendeter Vollstreckung der angeordneten Maßnahme zu haben. Das entspricht der ganz herrschenden Meinung[28]. OLG Karlsruhe (NStZ **1986** 567) zeigt im übrigen, welch strenge Anforderungen nach wie vor an das „berechtigte Interesse" gestellt werden (ein allgemeines Rehabilitierungsinteresse genüge nicht). Der Verf. dieser Zeilen sieht bei dieser Sachlage z. Zt. keine Veranlassung, von seinem in LR-*Schäfer*[23] § 23 EGGVG Rdn. 42 ff, 62 ff eingenommenen Standpunkt abzugehen.

5. Rechtsmißbrauch[29]. In der StPO findet sich keine allgemeine Vorschrift, die **13** regelt, welche Bedeutung dem Mißbrauch prozessualer Rechte für die einzelne Prozeßhandlung zukommt. Wohl gibt es eine Reihe von Einzelvorschriften, die sich mit dieser Frage befassen (vgl. z. B. § 241 betr. Mißbrauch der Befugnis zur Vernehmung beim Kreuzverhör; § 231 b-betr. Angeklagten, dessen ordnungswidriges Benehmen befürchten läßt, daß seine Anwesenheit den Ablauf der Hauptverhandlung in schwerwiegender Weise beeinträchtigen würde; § 26 a Abs. 1 Nr. 3 betr. Richterablehnung, durch die offensichtlich das Verfahren nur verschleppt oder nur verfahrensfremde Zwecke verfolgt werden sollen). Die Frage ist nun, ob sich aus solchen Einzelvorschriften (und auch Entscheidungen, die dem Mißbrauch Bedeutung beimessen)[30] ein *allgemeinerer* Grundsatz entwickeln läßt. Die Meinungen gehen auseinander. So entnimmt z. B. *Kleinknecht/Meyer*[37] Einl. 111 den Einzelvorschriften den Grundsatz, daß der Gebrauch prozessualer Rechte zur Erreichung rechtlich mißbilligter Ziele auch im Strafprozeß verboten ist, und zwar sei eine Prozeßhandlung, die ein rechtlich mißbilligtes Ziel verfolgt, ohne daß ihr ein konkretes gesetzliches Verbot entgegensteht, nicht unwirksam, sondern nur unzulässig. Dagegen ist nach KMR-*Sax* Einl X 82 ff, 85 eine gesetzlich nicht vorgesehene richterliche Maßnahme der Mißbrauchssteuerung nur zulässig, wenn sie durch Auslegung auf eine *gesetzliche* Verbotsnorm (d. h.: auf eine *bestimmte* gesetzliche Verbotsnorm) zurückführbar ist. Die Problematik zeigt sich in dem vielerörterten Fall, daß ein Verteidiger als „Dauerstörer" durch ständige Zwischenrufe, durch Überschreien des Vorsitzenden usw. den Verfahrensablauf gröblich behindert oder gar den Abbruch der Hauptverhandlung erzwingen kann. Nach § 177 GVG erstreckt sich die Sitzungspolizei nicht auf den Verteidiger; er kann nach dieser Vorschrift nicht aus dem Sitzungszimmer entfernt werden. Die in der 23. Aufl. dieses Kommentars[31] vertretene Auffassung, daß gleichwohl in *Extremfällen*, die der Gesetzgeber bei Schaffung des § 177 nicht bedacht habe, die Entfernung des Dauerstörers zulässig sei, ist nach *Sax* aaO verfehlt[32]. Zu gedenken ist hier auch der Schwierigkeiten bei der Abgrenzung eines Rechtsmiß-

[28] Dazu u. a. LR-*K. Schäfer*[23] § 28, 4 ff EG GVG; OLG Karlsruhe NStZ **1986** 567.

[29] **Schrifttum:** *Weber* Der Mißbrauch prozessualer Rechte im Strafverfahren, GA **1975** 289; *Günter* DRiZ **1977** 239; *Rüping/Dornseifer* Dysfunktionales Verhalten im Prozeß JZ **1977** 417; *Solbach* DRiZ **1979** 181; *Rench* JuS **1980** 72.

[30] Dazu *Weber* GA **1975** 289; *Rüping/Dornseifer* JZ **1977** 417.

[31] § 176, 20 ff GVG in Übereinstimmung mit

BGH NJW **1977** 437; vgl. auch BVerfGE **28** 21 = NJW **1970** 85.

[32] Er sieht allerdings einen Ausweg darin, daß sich der Verteidiger durch „massive Dauerstörung" mit dem Ziel der Verzögerung oder des Abbruchs der Hauptverhandlung dem dringenden Verdacht der versuchten Strafvereitelung (§ 258 StGB) aussetze und damit den Ausschlußgrund des § 138 a Abs. 1 Nr. 3 erfülle; jedoch ist diese Frage hier nicht weiter zu erörtern.

brauchs bei Stellung von Beweisanträgen mit dem Zweck der Prozeßverschleppung (§ 244 Abs. 3 Satz 2) und der daran anknüpfenden Kontroversen und Reformforderungen[33].

14   6. Eine **Verwirkung** (im Sinne eines Rechtsverlusts wegen zurechenbaren Verhaltens, BGHSt **24** 280, 283) von Erwirkungshandlungen kommt im Strafverfahren bei langdauerndem Nichtgebrauch unbefristeter Rechtsbehelfe und bei Unterlassung von **Verfahrensrügen** in Betracht[34]. Die neuere Rechtsentwicklung ist darauf gerichtet, die Folgen zurechenbaren Nichtgebrauchs im Interesse der Verfahrensbeschleunigung gesetzlich zu regeln (vgl. z. B. wegen der Besetzungsrüge §§ 222 a, 222 b, 338 Nr. 1). Streitig ist, ob der Begriff der strafprozessualen Verwirkung weiter zu ziehen ist und ihm auch Fälle zuzuordnen sind, in denen das Gesetz an das unentschuldigte Ausbleiben des Beschwerdeführers die Verwerfung eines eingelegten Rechtsmittels oder Rechtsbehelfs knüpft (vgl. §§ 329 Abs. 1, 391 Abs. 3, 401 Abs. 3, 412); die wohl herrschende Meinung arbeitet hier, gestützt auf § 391 Abs. 2, mit der Konstruktion einer unwiderlegbaren Vermutung einer Rücknahme des Rechtsmittels oder Rechtsbehelfs (Kap. **13** 49)[35].

14a   Zur Frage einer Rügeverwirkung **bei Arglist** ist auf LR-*Hanack* § 337, 281 zu verweisen. Eine solche Verwirkung scheidet jedenfalls dann aus, wenn es sich um die Verletzung von Vorschriften handelt, deren Einhaltung im öffentlichen Interesse der Parteidisposition entzogen ist. Wenn z. B. eine Hauptverhandlung nach Verschließung des Eingangs zum Gerichtsgebäude und des damit verbundenen Ausschlusses der Öffentlichkeit fortgesetzt und beendet wird, nachdem sich alle Verfahrensbeteiligten einschließlich des Angeklagten und seines Verteidigers damit einverstanden erklärt hatten, so schließt dies nicht aus, daß der Angeklagte mit seiner auf Verletzung des § 338 Nr. 6 geführten Revisionsrüge durchdringt[36].

15   7. Bei **Bewirkungshandlungen** dagegen kommt vorzugsweise eine Wertung unter den Gesichtspunkten der **Gültigkeit** und **Wirksamkeit** in Betracht. So ist etwa ungültig der Rechtsmittelverzicht des Angeklagten, abgegeben im Zustand der Verhandlungsunfähigkeit oder auf Grund einer durch den Urteilsspruch hervorgerufenen Schockwirkung (BGH vom 24. 3. 1983 — 1 StR 166/83) oder eine Rechtsmittelzurücknahme, die der Angeklagte im Zustand der Verhandlungsunfähigkeit — im Fieberdelirium, in einem epileptischen Anfall — oder unter Zwang (s. unten Rdn. 27) erklärt, unwirksam dagegen die Rechtsmittelzurücknahme durch den Verteidiger ohne ausdrückliche Ermächtigung des Angeklagten (§ 302 Abs. 2).

16   8. Bei **Prozeßhandlungen des Gerichts** kommt vorzugsweise die Kategorie der Zulässigkeit in Betracht. So unterliegen die Sachleitungsmaßnahmen des Vorsitzenden einer Bewertung unter dem Gesichtspunkt der Zulässigkeit; nach § 238 Abs. 2 entscheidet das Gericht, wenn eine Sachleitungsmaßnahme von einem Verhandlungsbeteiligten als unzulässig beanstandet wird. Auch gerichtliche Entscheidungen können wegen Fehlens der verfahrensrechtlichen Voraussetzungen unzulässig sein. So ist z. B. der Erlaß

---

[33] Dazu etwa LR-*Gollwitzer* § 244, 206; 208; *Kleinknecht/Meyer*[37] § 244, 67; *Schlüchter* 522.1, 2.

[34] Vgl. BVerfGE **32** 305, 309; LR-*Hanack* § 337, 267 ff; 281 ff; *Schmid* Die Verwirkung von Verfahrensrügen im Strafprozeß (1966).

[35] Wegen der Verwirkung des Vorlegungsanspruchs nach § 224 Abs. 1 Satz 3 vgl. BGHSt **25** 357, 359 mit weit. Nachw.

[36] OLG Frankfurt JR **1987** 81 mit zust. Anm. *Schlüchter*.

eines Sachurteils unzulässig, wenn ein Verfahrenshindernis einer sachlichen Entscheidung entgegensteht (Kap. **11** 5, 55). Wenn aber gelegentlich die Auffassung vertreten wird, auch der staatliche Strafanspruch als solcher könne *verwirkt* werden, so wäre dies ein falscher Zungenschlag; diskutabel erscheint vielmehr nur die Einreihung der Folgen in Kategorien, die sich an eine zu beanstandende Prozeßhandlung knüpfen. So wäre im Fall der Tatprovokation durch einen eingesetzten polizeilichen Lockspitzel (V-Mann), der über das zulässige Maß hinaus auf eine Verwirklichung des Straftatbestandes durch den Täter hinwirkt, allenfalls an den Eingriff eines Verfolgungs(Verfahrens-)hindernisses zu denken (wegen der dagegen sprechenden Bedenken s. Kap. **12** 94) oder — nach anderer Auffassung — ein Beweisverwertungsverbot zu erwägen[37]. Auch bei übermäßig langer Dauer eines Strafverfahrens kommt weder „Verwirkung des Strafanspruchs"[38], noch ein Verfahrenshindernis, sondern ggfs. ein Ausgleich in anderer Weise in Betracht (vgl. Kap. **12** 93). Wird aber ein bestehendes Verfahrenshindernis übersehen und unzulässigerweise ein Sachurteil erlassen, so hat der Fehler keine weitergehende Bedeutung, als wenn das Urteil aus anderen Gründen — wegen falscher tatsächlicher Feststellungen oder wegen Verstoßes gegen das sachliche oder Verfahrensrecht — unrichtig ist, d. h., die Unrichtigkeit kann nur durch Anfechtung mit den allgemein zulässigen Mitteln geltend gemacht werden, und der Mangel wird bedeutungslos, wenn das Urteil rechtskräftig wird, weil sich dessen Abänderbarkeit nur noch nach den Vorschriften über die Wiederaufnahme des Verfahrens richtet. Die Wertkategorien der Ungültigkeit und Unwirksamkeit (Unbeachtlichkeit) scheiden also grundsätzlich beim Urteil aus. Ob es davon in extremen Fällen Ausnahmen gibt, wird an anderer Stelle (Kap. **16**) zu erörtern sein.

Dagegen kommt bei **Beschlüssen**[39], wenn auch **in seltenen Fällen**, die Prüfung **17** unter dem Gesichtspunkt der Unwirksamkeit (Unbeachtlichkeit) in Betracht, wenn sie den Boden des geltenden Rechts völlig verlassen. Dies ist z. B. der Fall, wenn das erkennende Gericht die begonnene und z. T. durchgeführte Hauptverhandlung, der ein wirksamer Eröffnungsbeschluß vorausgegangen ist, beendet, indem es den Eröffnungsbeschluß durch Beschluß „aufhebt" mit der Begründung, nachträglich durch die Staatsanwaltschaft angestellte Ermittlungen hätten ergeben, daß ein hinreichender Tatverdacht nicht mehr bestehe[40]. Ebenso ist unwirksam die Verbindung von Strafverfahren, die bei Gerichten *verschiedener Ordnung* anhängig gemacht sind, so wenn das LG A als Berufungsgericht eine Sache zur Verbindung an das LG B (in einem anderen OLG-Bezirk) abgibt, bei dem erstinstanzlich ein Verfahren wegen anderer Straftaten gegen den gleichen Angeklagten anhängig ist und dieses, obgleich es an jeder Rechtsgrundlage dafür fehlt, die Verbindung beschließt und auch über die bei dem LG A gegen das amtsgerichtliche Urteil eingelegte Berufung entscheidet. Auf die Revision gegen das Urteil des LG B muß dann das Verfahren, soweit es vom LG A übernommen ist, wegen Verletzung des Grundsatzes, daß eine Straftat nicht gleichzeitig Gegenstand zweier Verfahren sein kann, eingestellt werden, und das LG A muß das bei ihm anhängige Verfahren fortführen[41].

---

[37] Vgl. KMR-*Sax* Einl. **IX** 8; *Franzheim* NJW **1979** 2014.

[38] So aber *Hillenkamp* JZ **1975** 133, 137 mit Nachw.

[39] Zur Unwirksamkeit der **Zustellung von Beschlüssen**, wenn lediglich die Ausfertigung die Urschrift des Beschlusses so fehlerhaft wiedergibt, als sei der Beschluß selbst unwirksam, vgl. KG JR **1982** 251.

[40] So mit Recht *Meyer* JR **1983** 257 zu LG Nürnberg-Fürth; vgl. auch *Rieß* NStZ **1983** 247 (zur gleichen Entscheidung); vgl. aber auch (zur Zurücknahme des Eröffnungsbeschlusses) *Hohendorf* NStZ **1985** 399; *Ulsenheimer* NStZ **1984** 440.

[41] BGH NStZ **1986** 564.

Karl Schäfer

17a   Von den vorstehend (Rdn. 17) erwähnten Ausnahmefällen abgesehen, kommt aber auch bei gerichtlichen Beschlüssen im **Regelfall** nur die Prüfung unter dem Gesichtspunkt der Unzulässigkeit in Betracht.

18   Dies gilt für die **dem Urteil vorangehenden Entscheidungen.** So ist auch ein mit schweren Mängeln behafteter Eröffnungsbeschluß (Kap. 12 3) nicht unbeachtlich (wirkungslos), sondern führt zur Eröffnung des Hauptverfahrens. Wird der Mangel während des Hauptverfahrens bemerkt und kann er nicht nachträglich behoben werden, so ist das Verfahren förmlich einzustellen; bleibt er aber unbemerkt und ergeht ein Sachurteil, so liegt wieder der zuvor erörterte Fall vor, daß unzulässigerweise ein Urteil gefällt ist, das wegen des Fehlens einer Verfahrensvoraussetzung (der ordnungsmäßigen Eröffnung) nicht hätte ergehen dürfen.

19   Bei den **gerichtlichen Entscheidungen, die nicht einem Urteil vorangehen**[42], insbesondere bei denjenigen, die nach einem Urteil ergehen, entfällt zwar der bei den dem Urteil vorangehenden Entscheidungen für die Beachtlichkeit trotz fehlender rechtlicher Voraussetzungen angeführte Gesichtspunkt, daß der Fehler nur durch Anfechtung des Urteils geltend gemacht werden kann und die Rechtskraft des Urteils den Mangel heilt. Aber auch bei ihnen verlangt die Rechtssicherheit und das öffentliche Vertrauen in die Beständigkeit eines Richterspruchs, daß sie trotz wesentlicher Mängel grundsätzlich nicht unbeachtlich sind. Hier ist freilich eine generelle Einschränkung am Platz: wenn auch die §§ 359 ff nur die Wiederaufnahme gegen ein rechtskräftiges Urteil regeln und es an einer Vorschrift in der StPO über die Wiederaufnahme gegen rechtskräftige Beschlüsse fehlt, so kann doch — a maiore ad minus und arg. § 373 a StPO, § 85 OWiG — die Bestandskraft eines Beschlusses nicht stärker sein als die eines Urteils[43], und wenn beim Urteil in Extremfällen zur Beseitigung grober Ungerechtigkeit über die Wiederaufnahmevoraussetzungen hinaus, also praeter oder gar contra legem eine gerichtliche Abhilfe bejaht wird, so muß dies auch für rechtskräftige Beschlüsse gelten. Im übrigen gilt: Soweit Beschlüsse grundsätzlich mit der Beschwerde anfechtbar sind, ergibt sich daraus, daß dies nach der Auffassung des Gesetzgebers der (einzige) Weg ist, die Mangelhaftigkeit geltend zu machen, so daß die formelle Rechtskraft der Entscheidung den Mangel bedeutungslos macht. Soweit Entscheidungen aber nach gesetzlicher Vorschrift einer Anfechtung entzogen sind, folgt daraus die Absicht des Gesetzes, daß ihre „Richtigkeit" nicht mehr in Zweifel gezogen werden soll; das muß dazu führen, daß solche Entscheidungen, auch wenn sie von einem funktionell unzuständigen Gericht erlassen sind, unanfechtbar und wirksam sind[44]. Zu beachten ist aber, daß auch nicht anfechtbare oder unanfechtbar gewordene Beschlüsse in gewissem Umfang nachträglich geändert werden können und insoweit nur eine beschränkte materielle Rechtskraft haben (vgl. z. B. 56 g Abs. 2 StGB; §§ 33 a, 311 a, 211). Hier ist auch der vorläufigen Einstellung von Verfahren wegen Vergehens unter Auflagen und Weisungen nach § 153 a zu gedenken, wonach, wenn die vorläufige Einstellung nach Erfüllung der Auflagen und Weisungen in eine endgültige Einstellung übergeht, die Tat nicht mehr „als Vergehen"

---

[42] Dazu u. a. *Geppert* Gedanken zur Rechtskraft und Beseitigung strafprozessualer Beschlüsse, GA **1972** 265; *Herzog* Die Rechtskraft strafprozessualer Beschlüsse und ihre Beseitigung, Diss. Freiburg 1971; *Wiedemann* Korrektur strafprozessualer Entscheidungen außerhalb des Rechtsmittelverfahrens (1981).
[43] Vgl. LR-*Gollwitzer* Vor § 304, 37; weit.

Nachw. bei *Schlüchter* 615 Fußn. 10; vgl. auch LR-*Gössel* Vor § 359, 46 ff.
[44] Vgl. RGSt **40** 273: Gewährung der Wiedereinsetzung in den vorigen Stand gegen die Versäumung der Revisioneinlegungsfrist durch die Strafkammer statt durch das allein zuständige Revisionsgericht.

verfolgt werden kann, aber eine weitere Verfolgung möglich bleibt, wenn sich auf Grund neuer Tatsachen und Beweismittel der Verdacht eines Verbrechens ergibt.

IV. Widerruflichkeit von Prozeßhandlungen

1. Unwiderruflichkeit. Eine Reihe von Prozeßhandlungen sind nach ausdrückli- **20** cher Vorschrift oder nach der Natur der Sache **unwiderruflich** (nicht mehr zurücknehmbar und nicht mehr oder — bei Entscheidungen — nur auf Rechtsmittel oder Rechtsbehelfe hin abänderbar) oder nur zeitlich oder in anderer Weise beschränkt widerruflich. Einschränkende Vorschriften gelten z. B. für die Zurücknahme der öffentlichen Klage (§§ 156, 411; s. aber die Ausnahmen in §§ 153 c Abs. 3, 153 d Abs. 2), des Einspruchs gegen den Strafbefehl (§ 411) und des Rechtsmittels (§ 303). Unwiderruflich sind namentlich Urteile und urteilsähnliche Entscheidungen wie der Strafbefehl und der die Revision als offensichtlich unbegründet verwerfende Beschluß des Revisionsgerichts nach § 349 Abs. 2[45] sowie im Hinblick auf § 311 Abs. 3 Satz 1 (s. aber auch Satz 2) die mit sofortiger Beschwerde anfechtbaren Entscheidungen, ferner der Eröffnungsbeschluß wegen seiner verfahrenstragenden Bedeutung, sowie Rechtsmittelverzicht und Rechtsmittelzurücknahme, die die Rechtskraft herbeiführen[46]. Gleiches gilt für die einem Rechtsmittelverzicht vergleichbare Zustimmung von Staatsanwaltschaft und Angeschuldigtem zum unanfechtbaren gerichtlichen Einstellungsbeschluß in den Fällen der §§ 153 Abs. 2, 153 a Abs. 2, 153 b Abs. 2[47]. Unwiderruflich ist auch z. B., weil die Rechtslage unmittelbar konstitutiv geändert wird, die Gewährung der Wiedereinsetzung in den vorigen Stand (§ 46 Abs. 2)[48]; nur beschränkt widerruflich ist der Straferlaß nach Ablauf der Bewährungsfrist (§ 56 g StGB).

2. Widerrufliche Prozeßhandlungen. Anträge und Erklärungen von Kläger und **21** Beschuldigtem sind grundsätzlich widerruflich und änderbar, soweit nicht der Prozeßabschnitt, in dem die Prozeßhandlung erfolgte, durch den weiteren Prozeßablauf endgültig abgeschlossen ist (dazu BayObLG MDR **1975** 778). So kann nach Ablauf der Revisionsbegründungsfrist eine zunächst form- und fristgerecht begründete Verfahrensrüge nicht zurückgenommen und durch eine andere zu derselben Verfahrensvorschrift ersetzt werden (BGHSt **17** 338); nicht mehr widerruflich ist die vom Angeklagten dem Verteidiger erklärte Ermächtigung zur Zurücknahme eines Rechtsmittels (§ 302 Abs. 2), nachdem dieser die Zurücknahmeerklärung abgegeben hat[49]. Abänderbar sind **gerichtliche Beschlüsse, die mit einfacher oder einfacher weiterer Beschwerde anfechtbar** sind, da sie — anders als die mit sofortiger Beschwerde anfechtbaren — nicht in (formelle) Rechtskraft erwachsen[50]. Hier ist das Gericht des ersten Rechtszugs auch dann abänderungsbefugt, wenn keine Beschwerde eingelegt ist. Zur Frage, inwieweit das Beschwerdegericht, wenn weitere Beschwerde nicht zulässig ist, seine Entscheidung auf Gegenvorstellung abändern darf, vgl. *Woesner* NJW **1960** 2129; LR-*Gollwitzer* Vor § 304, 31 ff. Auch ist, wo die Anfechtbarkeit mit sofortiger Beschwerde eine Änderung der Entscheidung ausschließt (§ 311 Abs. 3), das Gericht nicht gehindert, bei erneuter

[45] BGHSt **17** 94, 97; BGH NJW **1955** 1966.
[46] BGHSt **10** 247; BGH NStZ **1983** 28; NJW **1984** 1714; bei *Pfeiffer/Miebach* NStZ **1987** 18.
[47] Vgl. OLG Bremen NJW **1975** 273; KG JR **1978** 524.

[48] BVerfGE **14** 10; LR-*Gollwitzer* Vor § 304, 27.
[49] BGH NStZ **1983** 280.
[50] RGSt **43** 229; BGHSt **8** 194; OLG Bremen NJW **1951** 854.

Karl Schäfer

Befassung mit der Sache (z. B. bei Wiederholung eines abgelehnten Antrags) einer Änderung der Sachlage Rechnung zu tragen.

22   **3.** Im Einzelfall können **Zweifel** bestehen, wo die **Grenze der Widerruflichkeit** (Abänderbarkeit) verläuft. So ist z. B. strittig, inwieweit ein die Revision wegen Fristversäumnis als unzulässig verwerfender Beschluß (§§ 346, 349 Abs. 1) zurückgenommen werden kann, wenn sich nachträglich ergibt, daß entgegen der Annahme des Gerichts die Frist gewahrt war. Die entsprechende Anwendung des § 33 a kann zur Abhilfe führen, wenn sich das Revisionsgericht in einem tatsächlichen Irrtum befand, so, wenn eine rechtzeitige weitere Revisionsbegründung versehentlich unberücksichtigt geblieben und daher eine Verfahrensrüge nicht berücksichtigt worden ist[51]. Wenn aber beim unanfechtbaren Urteil ein Rechtsirrtum unbeachtlich ist (dazu Kap. **16**), so muß das auch für unanfechtbare oder nicht mehr anfechtbare Beschlüsse gelten[52]. Dem judex a quo (§ 346 Abs. 1) ist eine Abänderungsbefugnis versagt[53].

22a   In diesen Bereich gehört auch die Frage, ob, wenn zur Anfechtung eines Urteils wahlweise Berufung und Revision zur Verfügung stehen (§§ 312, 335 StPO), der Anfechtungsberechtigte von der eingelegten Berufung zur Revision und von der eingelegten Revision zur Berufung übergehen kann. Die Rechtsprechung ist hier schrittweise dazu gelangt, einen solchen Wechsel innerhalb der Revisionsbegründung zuzulassen, und sieht in dem Wechsel weder eine (unzulässige) Anfechtung wegen Irrtums noch einen (unzulässigen) Widerruf eines Verzichts auf das andere Rechtsmittel[54].

V. Einfluß von Irrtum, Täuschung und Drohung

1. Irrtum

23   **a) Grundsätzliche Unbeachtlichkeit.** Die Frage, inwieweit Willensmängel den Bestand einer Prozeßhandlung berühren, erhebt sich vorzugsweise bei **unwiderruflichen Willenserklärungen des Beschuldigten** und hier insbesondere bei den Bewirkungshandlungen, wie Rechtsmittelverzicht, Rechtsmittelzurücknahme oder Einverständnis eines Verfolgten mit der vereinfachten Auslieferung (§ 41 Abs. 3 IRG 1982)[55]; hierher gehört

---

[51] BGH bei *Holtz* MDR **1976** 634; s. dazu auch KG JR **1982** 389 zur Frage, wie richtigerweise zu verfahren ist, wenn ein fristgebundenes Rechtsmittel in der irrtümlichen Annahme, die Frist sei versäumt, als unzulässig verworfen wurde, während eine solche Versäumnis nicht vorlag. AG Holzminden NStZ **1987** 31 hat in einem entsprechenden Fall den irrtümlich erlassenen Verwerfungsbeschluß „zurückgenommen".

[52] Vgl. dazu auch RGSt **59** 419; BGHSt **17** 94, 96; OLG Nürnberg MDR **1966** 351; OLG Hamburg MDR **1976** 511; *Hanack* JZ **1973** 778 und LR-*Hanack* § 349, 30.

[53] Zur Beschränkung der Widerruflichkeit der Zustimmung des Gerichts zur Zurückstellung der Strafvollstreckung nach § 35 BtMG vgl. OLG Frankfurt NStZ **1987** 42; zum eigenartigen Fall OLG Hamm JMBlNW **1972** 35 vgl. die in Kap. **11** 34; **12** 56 erörterte Frage, ob der

Einstellungsbeschluß wegen Verletzung des Grundsatzes ne bis in idem nichtig war oder ob dem Beschuldigten der gegenüber der erstinstanzlichen Entscheidung günstigere, wenn auch per nefas ergangene Beschluß zugute kommt.

[54] Vgl. BGHSt **2** 63; **5** 338; **13** 388; **17** 44; **25** 321, 324; JR **1986** 300, 301 mit Anm. *K. Meyer*; zum Ganzen ausführlich LR-*Hanack* § 335, 15 ff.

[55] Bei dieser Erklärung soll übrigens einem Irrtum des Verfolgten durch ihre Formalisierung vorgebeugt werden: Sie ist nach § 41 Abs. 1 nur wirksam, wenn sie nach Belehrung zu richterlichem Protokoll abgegeben wird, während beim Rechtsmittelverzicht in der Hauptverhandlung nur § 273 Abs. 3 in Betracht kommt (s. dazu aber auch OLG Koblenz MDR **1981** 956).

auch die Zustimmung des Beschuldigten zur Einstellung des Verfahrens nach § 153 a jedenfalls dann, wenn der Beschuldigte die Auflagen und Weisungen erfüllt hat und die Tat nicht mehr als Vergehen verfolgt werden kann. Wenn z. B. nach Verkündung eines auf neun Monate Freiheitsstrafe lautenden Urteils der Angeklagte die Frage des Vorsitzenden, ob er das Urteil annehme, bejaht, weil er sich verhört hat und glaubt, das Urteil lautet auf drei Monate Freiheitsstrafe: ist er an seine einen Rechtsmittelverzicht darstellende Erklärung gebunden, wenn er nachträglich seinen Irrtum erkennt und er bei Kenntnis der wahren Sachlage nicht auf Rechtsmittel verzichtet hätte? Die herrschende Meinung bejaht die Frage: die Vorschriften des bürgerlichen Rechts (§§ 117 ff BGB) über die Bedeutung von Willensmängeln, die auf einer Abwägung der Belange der privaten Beteiligten beruhen, können im Strafprozeß auch keine entsprechende Anwendung finden; das Vertrauen der Öffentlichkeit in die Rechtskraft eines Strafurteils schließt es grundsätzlich aus, daß die Rechtskraft entfallen könnte, weil der Angeklagte seine Rechtsmittelverzichtserklärung wegen Irrtums anficht[56]. Das gleiche gilt für andere, die Rechtslage unmittelbar gestaltende Erklärungen wie etwa die Einverständniserklärung gemäß § 41 Abs. 3 IRG 1982. Verfahrensbedeutsame Erklärungen muß der Erklärende so gegen sich gelten lassen, wie sie für die anderen Verfahrensbeteiligten erkennbar zum Ausdruck gekommen sind, wobei der unrichtige Gebrauch technischer Ausdrücke nicht schadet (§ 300). Nur bei Mehrdeutigkeit des Wortlauts der Erklärung ist der Sinn durch Auslegung zu ermitteln, wobei das Gesamtverhalten des Erklärenden einschl. aller hervorgetretenen Nebenumstände zu berücksichtigen ist[57]. Auf den hinter der Erklärung stehenden verborgenen inneren Willen kommt es dagegen nicht an[58]. Beantwortet der Angeklagte nach Belehrung über die zulässigen Rechtsmittel (§ 35 a StPO) die Frage, ob er auf Rechtsmittel verzichte, vorbehaltlos bejahend, so liegt ein bindender Rechtsmittelverzicht vor, gleichviel, ob er glaubt, zu einer geringeren als der erkannten Strafe verurteilt zu sein — **Irrtum im Motiv**[59] —, oder ob er die Frage mißverstanden und geglaubt hat, er werde gefragt, ob er Berufung einlege — **Irrtum über den Inhalt der Erklärung**[60].

b) Abweichende Auffassungen. Den Erklärungsirrtum unberücksichtigt zu lassen, **24** mag im Einzelfall zu Härten führen und die Bemühungen des Schrifttums, namentlich beim Rechtsmittelverzicht, um Einschränkung des Grundsatzes oder um Abhilfsmöglichkeiten auf den verschiedensten Wegen einschl. der Berufung auf immanente Grundsätze des Prozeßrechts (Rdn. 24a) und einer kühnen sinngemäßen Inanspruchnahme des § 44 sind verständlich[61]. Aber andererseits: wenn schon nach bürgerlichem Recht (§ 122 BGB) der Erklärungsgegner des Irrenden oder ein Dritter Vertrauensschutz genießt, um wieviel mehr verdient das Vertrauen der Öffentlichkeit in die Rechtsbeständigkeit des formell rechtskräftigen Urteils Schutz gegenüber der Gefahr, daß der Angeklagte, indem er sich auf Erklärungsirrtum infolge Mißverstehens, Verhörens usw. beruft, in Wahrheit die Folgen einer vorschnell abgegebenen Verzichtserklärung zu korrigieren versucht. Auch darf die Situation des Anfechtungsgegners — man denke namentlich an den Privat- oder Nebenkläger — nicht unberücksichtigt bleiben, wenn er sich

---

[56] RGSt **57** 83; **64** 14; BGHSt **5** 341; BGH NJW **1954** 687; GA **1969** 281; NStZ **1983** 280, 281; LR-*Gollwitzer* § 302, 42; *Kleinknecht/Meyer*[37] 302, 10; *Eb. Schmidt* I 206; *Henkel* 242; *Peters*[4] 267; *Schlüchter* 649.2.

[57] BGHSt **7** 162, 165; BGH JR **1986** 38, 39.

[58] BGH JR **1986** 39 mit weit. Nachw. und zust. Anm. *Fezer*; BayObLG JR **1974** 523.

[59] Vgl. RG JW **1929** 49 Nr. 19 mit Anm. *Oetker*; *Peters*[4] 269.

[60] So die **h. M**; vgl. Nachweise bei *Henkel* 242 Fußn. 20; OLG Bremen NJW **1961** 2271; OLG Köln NJW **1968** 2349; OLG Hamburg NJW **1969** 1976; **a. M** z. B. *Peters*[4] 269.

[61] Vgl. etwa *Oetker* JW **1929** 49; *Peters*[4] 270; *Schulze* Einfluß von Willensmängeln 163.

etwa nur durch den Rechtsmittelverzicht des Angeklagten seinerseits zum Rechtsmittelverzicht veranlaßt sah. Schließlich war es Sache des Angeklagten, sich die Tragweite seiner Erklärung vor Augen zu halten und sich, wenn er nicht sicher sein konnte, ob er richtig verstanden und die Sachlage voll erfaßt habe, durch Fragen Gewißheit zu verschaffen. Daran ist festzuhalten, auch wenn dem — so *Peters*⁴ 268 — entgegengehalten wird, daß damit die psychologische Lage des Angeklagten und die Fähigkeiten eines in das Verfahren verwickelten Laien verkannt würden.

24a   Nach *Dencker* Willensfehler 72 schließlich ist „dem Prozeßrecht" zu entnehmen, „daß zur fehlerfreien prozessualen Willensbildung beim Rechtsmittelverzicht nicht nur das Fehlen von Willensmängeln gehört, sondern außerdem eine angemessene Entscheidungsfrist und die Möglichkeit, frei vom unmittelbaren Eindruck der Hauptverhandlung und Urteilsverkündung zu überlegen⁶². Damit ist aber die Auffassung nicht widerlegt, daß Willensmängel unbeachtlich sind, wenn der Angeklagte die ihm durch die Rechtsmittelfrist eingeräumte Überlegungsmöglichkeit nicht wahrnimmt. *Roxin*¹⁹ § 51 V 3 b stimmt *Denckers* Auffassung mit der Einschränkung zu, daß der Willensmangel nur innerhalb der Einlegungsfrist geltend gemacht werden könne; durch eine solche Befristung sei das Rechtssicherheitsinteresse hinreichend gewahrt. Auch dem kann nicht zugestimmt werden, vielmehr ist auch diesen Erwägungen gegenüber daran festzuhalten, daß der unmittelbar nach Urteilsverkündung, wenn auch auf Befragen des Vorsitzenden, eindeutig erklärte Rechtsmittelverzicht nur bei Hinzutritt besonderer Umstände rechtsunwirksam ist⁶³.

25   c) Eine andere Frage ist aber — und nach dieser Richtung ist die Lösung zu suchen —, ob Unbeachtlichkeit des Motiv- oder Erklärungsirrtums und — was dem Irrtum gleich zu stellen wäre — der mangelnden Einsicht in die Tragweite vorschnell und unüberlegt abgegebener Erklärungen auch dann anzunehmen ist, wenn der Willensmangel (im weiteren Sinn) auf **objektiv fehlerhaftes Verhalten der beteiligten Strafverfolgungsorgane**, insbesondere des Gerichts — auch durch Verletzung des Gebots fairer Prozeßführung — zurückzuführen ist (s. darüber Rdn. 28).

26   d) **Bei gerichtlichen Entscheidungen** kann sich, wenn sie unwiderruflich sind, die Frage nach der Bedeutung eines Verlautbarungsirrtums erheben, wenn die beschlossene Entscheidung von der verkündeten abweicht oder die Formel mit den Gründen der Entscheidung in Widerspruch steht. Die Frage, unter welchen Voraussetzungen ein solches Versehen durch Berichtigung behoben werden kann, ist bei LR-*Gollwitzer* § 268, 42 ff eingehend erörtert.

2. Täuschung und Drohung durch Justizorgane. Gerichtliche Herbeiführung des Rechtsmittelverzichts

27   a) **Täuschung und Drohung.** Nach § 136 a darf die Freiheit der Willensentschließung und Willensbetätigung des Beschuldigten nicht durch Täuschung und Drohung mit verfahrensrechtlich unzulässigen Maßnahmen beeinträchtigt werden. Das Verbot gilt für den Richter, den Staatsanwalt (§ 163 a Abs. 3), die Polizei (§ 163 a Abs. 4), aber auch für den Sachverständigen als Richtergehilfen (BGHSt **14** 21). Ein die Entschlußfreiheit beeinträchtigender Irrtum dagegen, in den der Beschuldigte von selbst oder durch seinen Verteidiger geraten ist, begründet nicht die Anwendung des § 136 a (BGHSt **14** 192). § 136 a gilt zwar nach seiner Stellung im Gesetz unmittelbar nur für

---

⁶² Ähnlich *Peters*⁴ 268.
⁶³ So auch z. B. OLG Köln VRS **48** (1975) 213; OLG Hamm NJW **1976** 1952; OLG Oldenburg MDR **1983** 73; KMR-*Sax* Einl. **X** 27, 32; KMR-*Paulus* § 302, 7.

Vernehmungen (vgl. das Aussageverwertungsverbot in § 136 a Abs. 3). Eine **früher herrschende Meinung** wollte dem § 136 a aber eine weitergehende Bedeutung beimessen und erklärte ihn für **entsprechend** anwendbar, wenn die Organe und Hilfsorgane der staatlichen Strafverfolgung in einer die Voraussetzungen des § 136 a erfüllenden Weise in die Freiheit der Willensschließung und -betätigung des Beschuldigten bei Prozeßhandlungen eingreifen und ihn etwa durch Täuschung oder Drohung zur Zurücknahme eines Beweisantrages oder eines Rechtsmittels oder zu einem Rechtsmittelverzicht veranlassen[64].

b) Wandel der Betrachtungsweise. BGHSt **17** 14[65] beschritt indessen andere **28** Wege. Die Entscheidung lehnte einerseits die entsprechende Anwendung des § 136 a auf Rechtsmittelerklärungen ab, weil es an der erforderlichen Rechtsähnlichkeit der zu vergleichenden Rechtsgebiete fehle; auch Gründe der Gerechtigkeit zwängen nicht dazu, die Frage der Gültigkeit solcher durch Willensmängel beeinflußten Erklärungen nach genau den gleichen Gesichtspunkten zu beurteilen wie die Frage, mit welchen prozessualen Mitteln die Wahrheit erforscht werden dürfe, und unter welchen Voraussetzungen das Gericht Beweisverboten unterliegen solle; auch eigneten sich nicht alle Einzelregelungen des § 136 a zu einer Anwendung auf Rechtsmittelerklärungen. Andererseits aber bekannte sich BGHSt **17** 14 zu dem **Grundsatz**, daß Willensmängel bei Rechtsmittelerklärungen nicht grundsätzlich und ausnahmslos unbeachtlich seien. Die Gerechtigkeit zwinge zu **Ausnahmen**; bei der Frage des Ausmaßes der Ausnahmen könnten die Grundgedanken des § 136 a mit berücksichtigt werden; im übrigen entschieden die Art des Willensmangels und seiner Entstehung darüber, ob überwiegende Gründe der Gerechtigkeit den Vorrang vor dem Gesichtspunkt der Rechtssicherheit beanspruchen müßten.

Trotz einer gewissen **Unbestimmtheit** der in BGHSt **17** 14 entwickelten Kriterien be- **29** wegt sich die Rechtsprechung jetzt auf der **Grundlage** der dort aufgestellten Grundsätze, die auch im Schrifttum[66] überwiegend Anerkennung gefunden haben, so daß die frühere herrschende Meinung von einer neuen abgelöst wurde. In den entschiedenen Einzelfällen kommt der Gedanke zum Ausdruck, daß es in den durch die Bedürfnisse der Rechtssicherheit gezogenen Grenzen zur „Fairness" der staatlichen Strafverfolgung (Kap. **6** 17 ff) und zur gerichtlichen Fürsorgepflicht (Kap. **6** 21) gehört, den Betroffenen von den nachteiligen Folgen einer Rechtsmittelerklärung zu entbinden, die er im Irrtum oder in Übereilung abgab, wenn diese Lage durch objektiv unrichtige Maßnahmen der staatlichen Strafverfolgungsorgane herbeigeführt wurde. Letztlich leitet sich diese Pflicht zur Fairness aus der auch nach dem Spruch nachwirkenden Wahrheitsforschungs- und Aufklärungspflicht, verbunden mit der Fürsorgepflicht, her (vgl. dazu BGHSt **21** 38). Zusammenfassend ist in BGH bei *Pfeiffer/Miebach* NStZ **1984** 18 ausgeführt, ein zulässiger Widerruf des protokollierten Rechtsmittelverzichts wegen Verstoßes gegen das „fair trial"-Gebot oder gegen die gerichtliche Fürsorgepflicht liege nur dann vor, wenn entweder dem Angeklagten vom Vorsitzenden des Gerichts eine Rechts-

---

[64] Vgl. OLG Bremen JZ **1955** 680 mit Anm. *Eb. Schmidt*; OLG Hamm JMBlNW **1956** 250; NJW **1960** 1967; OLG Düsseldorf NJW **1960** 210.

[65] Beschluß nach Vorlegung gemäß § 121 Abs. 2 GVG = NJW **1962** 598 = JZ **1963** 226 mit

zust. Anm. *Oehler* = JR **1962** 92 mit krit. Anm. *Eb. Schmidt*.

[66] Vgl. z. B. *Schmidt* JuS **1967** 158; LR-*Hanack* § 136 a, 14; KK-*Ruß* § 302, 7; 8; KMR-*Sax* Einl. **X** 28; einschränkend *Roxin*[19] § 22 B II 2 b.

mittelverzichtserklärung ohne gleichzeitiges Anheimgeben, sich zuvor eingehend mit dem Verteidiger zu beraten, *abverlangt* und der Verzicht somit praktisch unter Ausschaltung des Verteidigers erwirkt worden ist[67], oder wenn zwar ohne Einwirkung auf den Angeklagten, aber ohne daß diesem Gelegenheit zur vorherigen Beratung mit seinem Verteidiger geboten worden ist, ein entsprechender Verzicht zu Protokoll genommen wurde[68]. — Ein im unmittelbaren Anschluß an die Urteilsverkündung erklärter Rechtsmittelverzicht nimmt übrigens mit der Aufnahme in das Sitzungsprotokoll nicht an der Beweiskraft des § 274 StPO teil[69], genügt aber jedenfalls den an einen wirksamen Rechtsmittelverzicht zu stellenden Beweisanforderungen[70].

30   **c) Folgerungen.** Im Rahmen dieser kurzen Übersicht ist kein Raum für eine eingehende Darstellung der Einzelfälle; eine Beschränkung auf einige **Beispiele**, die die Marschrichtung der Rechtsprechung aufzeigen, ist erforderlich. Schon RG JW **1933** 1069 Nr. 22 hatte einen Rechtsmittelverzicht des Angeklagten, hervorgerufen durch die unrichtige Belehrung des Vorsitzenden, das Urteil sei unanfechtbar, für unbeachtlich erklärt, weil eine Erklärung, sich einem vermeintlich unanfechtbaren Urteil unterwerfen zu wollen, nicht ernstlich als Verzicht auf ein zustehendes Rechtsmittel verstanden werden könne. Eine ähnliche Rolle spielt, wie bereits erwähnt, die „Herausforderung" des Verzichts durch das Gericht oder der Umstand, daß der Verzicht in Abwesenheit des Verteidigers oder entgegen dessen Bedenken erfolgte. Im Fall BGHSt 18 257[71] hatte das Gericht, wenn auch ungewollt, durch eine unzulässige Strafaussetzung zur Bewährung (die nicht bestehen bleiben konnte, wenn die Staatsanwaltschaft Revision einlegte), den Angeklagten zum Rechtsmittelverzicht „geradezu begünstigt", den er dann auch (im Vertrauen auf den Bestand der Aussetzung) auf die ohne sachlich zureichenden Grund gestellte Frage des Vorsitzenden, ob er das Urteil annehmen wolle, aussprach; Bemühungen des Verteidigers, mit dem Angeklagten darüber zu sprechen, ob es bei dieser Erklärung bleiben solle, unterband der Vorsitzende mit dem Hinweis, daß der Angeklagte an seine Erklärung gebunden sei. Nach BGHSt **19** 101 entspricht es mindestens in Schwurgerichtssachen dem Sinn der notwendigen Verteidigung, daß der Angeklagte die Frage, ob er ein Rechtsmittel einlegen soll oder nicht, erst nach Beratung mit dem Verteidiger oder Gewährung von Gelegenheit zur Beratung entscheidet. „Wird dem Angeklagten vom Vorsitzenden in einem solchen Fall eine Erklärung über seinen Rechtsmittelverzicht abverlangt, ohne daß er zugleich darauf hingewiesen wird, er solle eine solche Erklärung erst nach eingehender Beratung mit seinem Verteidiger abgeben, und verzichtet der Angeklagte dann auf Rechtsmittel, muß der praktisch unter Umgehung oder Ausschaltung des Verteidigers erwirkte Rechtsmittelverzicht als unwirksam angesehen werden, weil er durch eine unzulässige Einwirkung zustande gekommen ist, wenn auch keines derjenigen Beeinflussungsmittel angewendet worden ist, die § 136 a StPO ausdrücklich verbietet." OLG Hamburg NJW **1964** 1039 verneinte die Verbindlichkeit eines eindeutig erklärten Rechtsmittelverzichts, weil man von dem unverteidigten Angeklagten — er hatte infolge eines mißverständlich formulierten Vordrucks von einem Antrag auf Bestellung eines Verteidigers abgesehen — trotz seiner Jugend (22 Jahre) und der Höhe der erkannten Strafe (zwei Jahre sechs Monate Freiheits-

---

[67] Verweisung auf BGHSt **19** 101, 104.
[68] Verweisung auf BGHSt **18** 257, 260.
[69] OLG Hamm NJW **1986** 2266 = NStZ **1986** 378.
[70] BGHSt **31** 113; NJW **1984** 1974; NStZ **1986** 277, 278; bei *Pfeiffer/Miebach* NStZ **1987** 19.
[71] = NJW **1963** 263 mit krit. Anm. *Stratenwerth*.

strafe) unmittelbar nach Urteilsverkündung überhaupt einen Rechtsmittelverzicht entgegengenommen habe, statt ihm zu raten, den Verzicht in Ruhe zu überlegen[72].

Unbeachtlichkeit des Rechtsmittelverzichts, weil der Angeklagte (oder sein Vertei- **31** diger) durch Handlungen des Gerichts in einen für die Rechtsmittelerklärung ursächlichen unverschuldeten Irrtum versetzt worden sei, nahm OLG Köln NJW **1968** 2349 = JR **1969** 392 mit abl. Anm. *Koffka* in einem Fall an, in dem nach der verkündeten Formel und der mündlichen Begründung des Berufungsurteils der Angeklagte (sein Verteidiger) davon ausgehen durften, eine im ersten Urteil ausgesprochene Nebenstrafe sei aufgehoben, während die schriftlichen Urteilsgründe die Nebenstrafe als fortbestehend bezeichnete. Dagegen liegt nach OLG Hamburg NJW **1969** 1976 keine für einen Irrtum ursächliche Fehlhandlung des Gerichts, sondern ein unbeachtlicher Motivirrtum vor, wenn das Gericht die erkannte Freiheitsstrafe zu Unrecht als durch eine kürzere Untersuchungshaft für verbüßt erklärt und der Angeklagte in der Annahme, die Sache sei nunmehr für ihn vollständig erledigt, auf Rechtsmittel verzichtet: er hätte — angesichts des Antrags der Staatsanwaltschaft auf eine höhere Strafe — damit rechnen müssen, daß die Staatsanwaltschaft Berufung mit dem Ziel einer höheren Strafe und Anrechnung nur der tatsächlichen Dauer der erlittenen Untersuchungshaft einlegen werde.

d) Einschränkungen des Rechtsmittelverzichts. Justizverwaltung und Gesetzgeber **32** sind seither bemüht, die Herbeiführung voreiliger Rechtsmittelverzichtserklärungen des Angeklagten im Anschluß an die Urteilsverkündung zu unterbinden. Nach Nr. 142 Abs. 2 RiStBV soll der Angeklagte nicht veranlaßt werden, im unmittelbaren Anschluß an die Urteilsverkündung zu erklären, ob er auf Rechtsmittel verzichte. Ferner: ein gewisser Anreiz für das Gericht, einen Rechtsmittelverzicht durch entsprechende Fragen an den Angeklagten herbeizuführen, mochte früher darin liegen, daß (nur) bei einem Rechtsmittelverzicht aller Beteiligten das Urteil in abgekürzter Form abgesetzt werden konnte (§ 267 Abs. 4 a. F.). Durch das 1. StVRG wurde die Zulässigkeit des abgekürzten Urteils auch auf den Fall erweitert, daß innerhalb der Anfechtungsfrist kein Rechtsmittel eingelegt wird (§ 267 Abs. 4 n. F.). Zwar diente diese Maßnahme in erster Linie der Beschleunigung des Verfahrens durch Entlastung des Gerichts; ihren Vorteil sah die Begr. des RegEntw. (BTDrucks. 7 551 S. 82) aber auch darin, daß „sie dem Gericht den durch den (bisher) geltenden Absatz 4 bedingten Anreiz nimmt, auf Rechtsmittelverzicht unmittelbar nach der Urteilsverkündung hinzuwirken, nur um ein abgekürztes Urteil schreiben zu können". Unter diesem Gesichtspunkt können schließlich auch die an sich anderen Zwecken dienenden Änderungen des § 267 Abs. 4 durch die StVÄG 1979 und 1987 gewürdigt werden[73].

---

[72] Wegen weiterer einschlägiger Fälle vgl. OLG Düsseldorf NStZ **1982** 521; OLG Zweibrücken NStZ **1982** 382 betr. falsche Prognose des Berufungsgerichts über die Erfolgsaussichten eines Rechtsmittels; OLG Hamm NJW **1983** 530 betr. Unwirksamkeit des Rechtsmittelverzichts eines Ausländers wegen mangelnder deutscher Sprachkenntnisse und Abwesenheit des nicht geladenen Verteidigers; OLG Oldenburg NStZ **1982** 250; OLG Düsseldorf JZ **1985** 960 betr.

Rechtsmittelverzicht eines Jugendlichen, wenn ihm mit Rücksicht auf seine geistige Entwicklung die genügende Einsicht für die Bedeutung des im Einzelfall anstehenden Rechtsmittelverzichts fehlt.

[73] Vgl. auch den Vorschlag zur Änderung des § 302 im DE Rechtsmittelgesetz (Kap. 5 87), wonach die Zulässigkeit des im Anschluß an die Urteilsverkündung erklärten Rechtsmittelverzichts erheblich eingeschränkt werden sollte.

33   **3. Zur Frage der Einwirkung auf den Nichtwiderspruch nach § 72 Abs. 1 OWiG.**
Der Entscheidung BGHSt **32** 394[74] lag folgender Sachverhalt zugrunde: Der Betroffene
hatte gegen den auf Geldbuße von 20 DM lautenden Bescheid der Behörde Einspruch
eingelegt. Über diesen entschied das Amtsgericht, da der Betroffene nach Hinweis gem.
§ 72 Abs. 1 OWiG nicht widersprach, durch Beschluß, erhöhte dabei aber — entgegen
dem Verschlechterungsverbot des § 72 Abs. 3 Satz 2 — die Geldbuße auf 80 DM. Der
Betroffene legte wegen der Verletzung des Verschlechterungsverbots Rechtsbeschwerde
ein, um deren Zulässigkeit es im Hinblick auf unterschiedliche Auffassungen in der
Rechtsprechung (und im Schrifttum) ging. Nach dem Gesetzeswortlaut wäre, da die
festgesetzte Geldbuße nicht mehr als 200 DM betrug, die Rechtsbeschwerde unzulässig,
denn nach § 79 Abs. 1 Nr. 5 OWiG ist die Rechtsbeschwerde nur zulässig, wenn durch
Beschluß nach § 72 entschieden worden ist, obwohl der Beschwerdeführer diesem Verfahren widersprochen hatte. Das Einverständnis mit dem Beschlußverfahren (in Form
des Nichtwiderspruchs) ist danach eine Prozeßvoraussetzung, deren Fehlen mit der
Rechtsbeschwerde gerügt werden kann, während Rechtsfehler bei der Durchführung
des zulässigen Beschlußverfahrens, also auch der Verstoß gegen das Verschlechterungsverbot, die Rechtsbeschwerde nicht begründen. Wenn gleichwohl trotz des Gesetzeswortlauts unterschiedliche Auffassungen über die Zulässigkeit einer auf die Verletzung
des Verschlechterungsverbots gestützten Rechtsbeschwerde bestehen, so erklärt sich
dies aus der Verlagerung der Fragestellung auf die Auslegbarkeit der im Nichtwiderspruch liegenden Prozeßerklärung. Ausgangspunkt ist dabei der Fall, daß das Gericht
seinen Hinweis nach § 72 Abs. 1 Satz 2 mit einer Belehrung über das Verschlechterungsverbot verbunden oder gar eine Zusicherung der Nichterhöhung der festgesetzten
Geldbuße abgegeben hat. Für diesen Fall wird weitgehend (Nachw. in BGH JR **1986**
38) angenommen, daß der Verstoß gegen Belehrung oder Zusicherung nicht mit der
Wirkung eines Ausschlusses der Rechtsbeschwerde durch die Einverständniserklärung
mit dem Beschlußverfahren „gedeckt“ sei. Darüber hinaus wird z. T.[75] mit unterschiedlicher Begründung die Auffassung vertreten, daß selbst dann eine auf Mißachtung des
Verschlechterungsverbots gestützte Rechtsbeschwerde zulässig sei, wenn einer förmlichen oder im Nichtwiderspruch liegenden Einverständniserklärung des Betroffenen mit
dem Beschlußverfahren ein Hinweis des Gerichts auf das Verschlechterungsverbot
nicht vorausgegangen sei. Der BGH aaO hatte sich nur mit einem Fall der letzteren Art
zu befassen und sich mit ausführlicher und überzeugender Begründung auf den Standpunkt gestellt, daß es sich bei dem Verstoß gegen das Verschlechterungsverbot um
einen Verstoß bei der Durchführung des durch Einwilligung (Nichtwiderspruch) zulässigen Beschlußverfahrens handele, dem keine weitergehende Bedeutung zukomme als
z. B. einem Rechtsfehler, der zu einer Verurteilung des Betroffenen statt zu einem Freispruch führte. Zu der Frage der Behandlung des Falles, daß der Einverständniserklärung des Betroffenen mit dem Beschlußverfahren ein gerichtlicher Hinweis auf das Verschlechterungsverbot vorausgegangen ist, brauchte der BGH keine Stellung zu nehmen. Immerhin ist er aber (JR **1986** 40) dem Argument des vorlegenden BayObLG, es
fehle an einem zureichenden Grund, einen Unterschied zu machen, je nachdem ob der
Einverständniserklärung ein Hinweis des Gerichts auf das Verschlechterungsverbot vor-
angegangen sei oder nicht, mit der Erwägung entgegengetreten, daß „das Schweigen

---

[74] Mit zustimmender Stellungnahme *Göhler*
NStZ **1985** 65 = JR **1986** 39 mit zust. Anm.
Fezer; ergangen auf Vorlage nach § 121
Abs. 2 GVG, § 79 Abs. 3 OWiG durch das

BayObLG NStZ **1984** 225 mit Anm. *Meurer*.
[75] So auch BayObLG NStZ **1984** 225 im Vorlagebeschluß.

des Betroffenen, den das Gericht auf das Verschlechterungsverbot hingewiesen hat, durchaus einen anderen Erklärungsinhalt haben [kann] als das Schweigen des Betroffenen, dem kein solcher Hinweis erteilt worden ist. Denn das Schweigen kann wohl nicht losgelöst vom Inhalt des gerichtlichen Hinweises ausgelegt werden; es stellt die ‚Antwort‘ auf diesen Hinweis dar." Hier klingt also deutlich der Gesichtspunkt einer „Herausforderung" der Einverständniserklärung (des Nichtwiderspruchs) oder der Täuschung des Betroffenen in seinen berechtigten Erwartungen an, der im Strafverfahren bei der Behandlung des Rechtsmittelverzichts eine Rolle spielt. Auf dieses vom BGH aaO aber im übrigen ausdrücklich offen gelassene Problem ist hier nicht weiter einzugehen[76].

4. Täuschung und Drohung durch Dritte. Unbeachtlich ist dagegen, wenn die **34** Prozeßhandlung des Beschuldigten durch **Täuschung** seitens Dritter veranlaßt wird; hier greift, wie beim Irrtum des Beschuldigten, der Gesichtspunkt durch, daß die Prozeßsicherheit, das öffentliche Vertrauen in die Rechtsbeständigkeit des Urteils den Vorrang beanspruchen. Das gilt grundsätzlich auch, wenn eine Prozeßhandlung durch die **Drohung** eines Dritten veranlaßt wird; doch kann hier in besonders liegenden Ausnahmefällen die Gerechtigkeit den Vorrang vor dem Gesichtspunkt der Rechtssicherheit beanspruchen, so etwa, wenn eine Rechtsmittelzurücknahme von einem Dritten unter ernster Todesdrohung erzwungen worden ist, die dem Beschuldigten keinen anderen Ausweg ließ[77]. Unbeachtlich ist jedenfalls die „Erzwingung" eines Rechtsmittelverzichts durch die Ankündigung des Staatsanwalts, selbst Revision zu ungunsten des Angeklagten einlegen zu wollen[78], oder die Ankündigung des Verteidigers, das Mandat niederzulegen, falls der Angeklagte das Urteil nicht annehme[79].

5. Andere Prozeßbeteiligte. Nach §§ 69 Abs. 3, 72, 161 a, 163 a Abs. 5 darf auf **35** Zeugen und Sachverständige nicht in einer die Voraussetzungen des § 136 a erfüllenden Weise eingewirkt werden. Diese Vorschriften enthalten einen allgemeinen und erweiterungsfähigen Gedanken dahin, daß neben dem Beschuldigten auch andere am Verfahren beteiligte private Personen (Privat- und Nebenkläger, Einziehungsbeteiligte), gegen Beeinträchtigung ihrer Willensfreiheit durch Maßnahmen der Verfolgungsorgane, in engsten Grenzen ausnahmsweise auch bei Einwirkung dritter Personen, Schutz genießen (OLG Neustadt NJW **1961** 1984). Keinesfalls wird aber die Wirksamkeit der Zurücknahme einer Privatklage dadurch in Frage gestellt, daß der Privatkläger durch die täuschende Erklärung des Angeklagten, er habe die ihm vorgeworfenen beleidigenden Äußerungen nicht getan, dazu veranlaßt wurde (OLG Neustadt aaO).

6. Endlich kommt bei **gerichtlichen Entscheidungen** eine Beeinträchtigung der **36** Wirksamkeit durch eine arglistige Täuschung oder Drohung gegenüber dem Gericht nicht in Betracht[80]. Daß ein Urteil durch „Täuschung" (falsche Angaben des Beschuldigten, falsche Zeugenaussagen usw.) herbeigeführt wird, gehört zu den Alltäglichkeiten; zur Abhilfe stehen nur die zulässigen Rechtsmittel und nach Rechtskraft der Weg der Wiederaufnahme (§§ 359 ff) zur Verfügung. Der Richter, der unter der Einwirkung einer **Drohung** das sachliche oder Verfahrensrecht vorsätzlich falsch anwendete, be-

---

[76] Vgl. dazu etwa *Fezer* JR **1986** 42; *Meurer* NStZ **1984** 13; s. auch *Göhler* NStZ **1986** 20 zur Frage, wann der Einspruch zugleich als Widerspruch gegen das schriftliche Verfahren anzusehen ist.

[77] BGHSt **17** 14, 18; *Peters*[4] 271; KMR-*Sax*

Einl. **X** 36; offengelassen von BGH bei *Pfeiffer/Miebach* NStZ **1987** 19.

[78] BGH bei *Pfeiffer/Miebach* NStZ **1987** 19.

[79] BGH NStZ **1986** 277.

[80] Ebenso *Eb. Schmidt* I 210; a. M – bzgl. der Drohung – *Peters*[4] 272.

Karl Schäfer

ginge Rechtsbeugung (§ 336 StGB), was wiederum, wie sich aus § 359 Nr. 3, § 362 Nr. 3 ergibt, nach Rechtskraft des Urteils nur im Weg der Wiederaufnahme berücksichtigt werden könnte. Entfiele die Schuld des Richters durch entschuldigenden Notstand (§ 35 StGB; vgl. das Beispiel bei *Peters*[4] 272: Bedrohung mit Erschießen), so würde dies nach dem Sinn des § 364 der Durchführung eines Wiederaufnahmeverfahrens nicht entgegenstehen; die fehlende Schuld trotz objektiv rechtswidriger Verwirklichung des Tatbestands des § 336 StGB müßte i. S. des § 364 als ein „anderer Grund" gewertet werden, der der Einleitung oder Durchführung eines Strafverfahrens entgegensteht, so daß das Wiederaufnahmeverfahren unabhängig von einer vorgängigen Verurteilung des Richters durchführbar wäre. — Übrigens sind nach den gemachten Erfahrungen Bemühungen von Banden, ihre in Untersuchungs- oder Strafhaft befindlichen Mitglieder durch psychischen Zwang auf die Justizorgane (Androhung der Tötung von Geiseln) zu befreien, nicht auf förmliche verfahrensbeendende Entschließungen (Einstellung des Verfahrens, Freispruch, Gnadenerweis usw.), sondern auf den tatsächlichen Akt der Freilassung gerichtet, der den staatlichen Strafanspruch unberührt läßt, den Staat also verpflichtet, alle zumutbaren Anstrengungen zu unternehmen, um der freigepreßten Person wieder habhaft zu werden und sodann das Strafverfahren oder die unterbrochene Strafvollstreckung gegen sie fortzusetzen[81].

VI. Bedingungen

37   Dem Begriff der Prozeßhandlung als einer gestaltenden, auf die Herbeiführung des erstrebten Prozeßausgangs gerichteten Handlung entspricht es, daß Erklärungen im allgemeinen bedingungsfeindlich sind, da einer bedingten Erklärung, deren Wirkung von einem zukünftigen ungewissen Ereignis abhängig gemacht wird, die Eignung abgeht, den Prozeß dem endgültigen Abschluß näher zu bringen und die Gefahr der Schaffung von Rechtsunklarheit besteht[82]. Bedingungsfeindlich mit der Wirkung, daß die Hinzufügung einer Bedingung die Erklärung unwirksam macht, sind insbesondere — abgesehen von den Fällen der §§ 315 Abs. 2, 342 Abs. 2 — die Einlegung eines Rechtsmittels[83] sowie die auf den Eintritt der Rechtskraft gerichteten Bewirkungshandlungen der Rechtsmittelzurücknahme und des Rechtsmittelverzichts[84]. Bedingungsfeindlich ist auch der Strafantrag[85]; auflösende Bedingungen sind unbeachtlich; aufschiebende Bedingungen machen den Strafantrag unwirksam[86]. Ebenso ist eine nur bedingt ausgesprochene Zurücknahme des Antrags wirkungslos[87]. Jedoch können Prozeßhandlungen mit Bedingungen verbunden werden, soweit dies mit ihrer **besonderen Zweckbestimmung vereinbar** ist. So ist nach Sinn und Zweck des § 470 Satz 2 zulässig die Zurücknahme des Strafantrags unter der Bedingung, daß der Antragsteller nicht mit Verfahrenskosten und Auslagen des Beschuldigten belastet wird[88]. Ein Beweisantrag kann bedingt gestellt werden[89]. Ein Widerspruch des Betroffenen gegen das Beschlußverfahren (§ 72 Abs. 1 OWiG) ist nicht deshalb unwirksam, weil er unter der „Bedingung" erhoben wird, daß das Gericht nicht im Beschlußverfahren zu einem Freispruch

---

[81] Vgl. BVerfGE **46** 215 ff = NJW **1977** 2355; zum Ganzen *Krey* ZRP **1975** 97.

[82] Vgl. zur Problematik *Schmid* Bedingte Prozeßhandlungen im Strafprozeß, GA **1982** 95.

[83] BVerfGE **40** 272, 274; BGH NJW **1954** 243; OLG Hamm NJW **1973** 257.

[84] RGSt **66** 267.

[85] RGSt **74** 188; OLG Oldenburg MDR **1953** 55.

[86] RGSt **14** 96; **74** 188.

[87] RGSt **48** 195; LK-*Jähnke* § 77, 14.

[88] BGHSt **9** 149; **16** 105, 107; *Henkel* JZ **1956** 164.

[89] Vgl. mit weit. Nachw. LR-*Gollwitzer* § 244, 160 ff; *Alsberg/Nüse/Meyer* 57 ff.

oder zur Einstellung des Verfahrens komme[90], oder weil er nur für den Fall erhoben wird, daß das Gericht von der Vernehmung eines bestimmten Zeugen keinen Gebrauch machen will[91]. Zulässig ist der Antrag der StA nach § 154 a Abs. 3 Satz 2, der unter der Bedingung gestellt wird, daß der Angeklagte zu einer geringeren als einer einjährigen Freiheitsstrafe verurteilt wird[92]. Stets zulässig ist die Verknüpfung mit einer reinen **Rechtsbedingung**[93]; dazu gehört auch die Stellung eines Strafantrags unter der „Bedingung", daß er nur gelten solle, falls er nicht zulässigerweise zurückgenommen werde (§ 77 d StGB). Schließlich ist zulässig die Verknüpfung von Prozeßhandlungen, soweit dies mit ihrer besonderen Zweckbestimmung vereinbar ist, mit Bedingungen, wenn die Beseitigung einer durch die Bedingung hervorgerufenen Unsicherheit im Machtbereich des Adressaten (des Gerichts) liegt[94].

---

[90] OLG Hamm VRS **44** 311.

[91] BayObLG MDR **1975** 250.

[92] BGHSt **29** 396 = NJW **1981** 354; näher LR-*Rieß* § 154 a, 36 mit weit. Nachw.

[93] Z. B. BGHSt **25** 187 mit Anm. *Hanack* JR **1974** 295.

[94] BGHSt **29** 396 = NJW **1981** 354; KMR-*Sax* Einl. **X** 43; *Kleinknecht/Meyer*[37] Einl. 118; *Schlüchter* 145.

Karl Schäfer

KAPITEL 11

Die Verfahrensvoraussetzungen im allgemeinen

Schrifttum. (Auswahl) *Arloth* Verfahrenshindernis und Revisionsrecht, NJW **1985** 317; *Bovensiepen* Der Freibeweis im Strafprozeß, Diss. Bonn 1978; *Karnowsky* Revisionszulässigkeit und Verfahrenshindernisse im Strafverfahren, Diss. Münster 1974; *von Kries* Die Prozeßvoraussetzungen des Reichsstrafprozesses, ZStW **5** (1885) 1; *Kühl* Unschuldsvermutung, Freispruch und Einstellung (1983); *D. u. U. Mann* Die Anwendbarkeit des Grundsatzes „in dubio pro reo" auf Prozeßvoraussetzungen, ZStW **76** (1964) 264; *Martin* Prozeßvoraussetzungen und Revision (1974); *Michael* Der Grundsatz in dubio pro reo im Strafverfahren (1981); *Niese* Prozeßvoraussetzungen und -hindernisse und ihre Feststellung im Strafprozeß, DRZ **1949** 505; *Rieß* Verfahrenshindernisse von Verfassungs wegen?, JR **1985** 45; *Schöneborn* Die Behandlung der Verfahrenshindernisse im strafprozessualen Verfahrensgang, MDR **1975** 6; *Stree* In dubio pro reo (1962); *Sulanke* Die Entscheidung bei Zweifeln über das Vorhandensein von Prozeßvoraussetzungen und Prozeßhindernissen im Strafverfahren (1974); *Többens* Der Freibeweis und die Prozeßvoraussetzungen im Strafprozeß, Diss. Freiburg 1979; *Volk* Prozeßvoraussetzungen im Strafrecht. Zum Verhältnis von materiellem Recht und Prozeßrecht (1978); *Volk* Verfahrensfehler und Verfahrenshindernisse, StrVert. **1986** 34; weiteres Schrifttum bei § 206 a, § 261 (zu in dubio pro reo).

Übersicht

I. Begriff und Wesen der Prozeßvoraussetzungen

1. Entwicklungsgeschichte. Nach § 274 ZPO sind mehrere nicht zu den Prozeß- **1** handlungen gehörende Tatsachen, darunter die Unzuständigkeit des Gerichts, die Unzulässigkeit des Rechtswegs, die Rechtshängigkeit sowie der Mangel der Parteifähigkeit, der Prozeßfähigkeit und der gesetzlichen Vertretung durch „prozeßhindernde Einreden" vorzubringen. Der Ausdruck ist irreführend; die Stellungnahme des Gesetzes zu der Frage, was für die Zulässigkeit eines Prozesses vorausgesetzt werden muß, ist auch sonst unzulänglich[1]. Indes haben Rechtslehre[2] und Rechtsprechung den Begriff der Prozeßvoraussetzungen **im Zivilprozeß** in dem Sinn herausgearbeitet, daß, während der Betrieb des Prozesses im allgemeinen der Parteiherrschaft unterworfen ist, doch die Prüfung von Amts wegen da verlangt werden muß, wo Erfordernisse des Verfahrens nicht nur den Bedürfnissen der Parteien zu dienen, sondern das öffentliche Wohl zu wahren haben[3].

Die Strafprozeßordnung war **in ihrer ursprünglichen Fassung**, obwohl die Unter- **2** suchung und Entscheidung der Strafsachen immer aus Gründen des öffentlichen Wohls erfolgt, noch dürftiger mit Vorschriften darüber ausgestattet, welche Bedeutung das Fehlen gewisser verfahrensrechtlich bedeutsamer Umstände hat, wann es zu berücksichtigen und wie es festzustellen ist. Aus § 260 a. F StPO ergab sich nur, daß es neben Urteilen, die eine Sachentscheidung auf die erhobene Anklage (Verurteilung oder Freisprechung) enthalten, Urteile gibt, die auf Einstellung des Verfahrens lauten, also das Verfahren förmlich abschließen, ohne eine Sachentscheidung zu treffen; als Gründe für eine Einstellung nannte das Gesetz das Fehlen oder die Zurücknahme des zur Strafverfolgung erforderlichen Strafantrags. § 205 a. F sah die vorläufige Einstellung durch gerichtlichen Beschluß vor, wenn nach erhobener Anklage Abwesenheit des Beschuldigten oder nachträglicher Verfall in Geisteskrankheit dem weiteren Verlauf entgegensteht. Die Rechtslehre sah angesichts der Schweigsamkeit des Gesetzes ihre Aufgabe darin, die Bedeutung der Verfahrensvoraussetzungen im Strafverfahren klarzulegen[4]. Sie konnte hierbei auch aus den reicheren Quellen des Zivilprozeßrechts schöpfen.

Die **Rechtsprechung** ist zunächst nur zögernd und manchmal schwankend nachge- **3** folgt. Ihre Zurückhaltung erklärte sich aus der Vorsicht, die da geübt werden muß, wo

---

[1] *Lent* ZAkDR **1942** 244.

[2] Grundlegend für den Zivilprozeß O. *Bülow* „Die Lehre von den Prozeßeinreden und den Prozeßvoraussetzungen" (1868). Als erster hat *von Kries* 1885 (ZStW **5** 1) den Voraussetzungen des Strafprozesses eine eingehende Darstellung gewidmet.

[3] Vgl. z. B. RGZ **70** 171; 185; **158** 153; **160** 344.

[4] Aus dem älteren Schrifttum u. a. *Beling* 85, 100, 165; ZStW **42** (1921) 257; *zu Dohna* 51;

Goldschmidt Der Prozeß als Rechtslage (1925); *v. Hippel* 9, 471; *Niethammer* DStR **1937** 127; *Sauer* Grundlagen 149, 211, 323, 363, 657; neuere Behandlung (neben der im Schrifttumsverzeichnis angegebenen) u. a. bei *Kleinknecht/Meyer*[37] Einl. 144 ff; KMR-*Sax* Einl. **XI**; *Eb. Schmidt* I 113 ff; *Henkel* 230 ff; *Peters*[4] 273 ff; *Roxin*[19] § 21; *Schlüchter* 367 ff; *Sax* JZ **1968** 534; vgl. in diesem Kommentar auch LR-*Rieß* § 206 a, 22 ff; LR-*Gollwitzer* § 260, 95 ff; LR-*Hanack* § 337, 29 ff.

die Bewährung einer umkämpften Meinung in der Anwendung noch nicht sicher berechnet werden kann, aus der Schwierigkeit, ältere Entscheidungen zu überwinden, und aus der Abneigung gegen das Ansinnen, nicht gerügten Mängeln nachzuspüren, um, wenn sich ein solcher ergibt, ein sachlich einwandfreies Urteil aufzuheben.

4   Die **Rechtsentwicklung nach dem ersten Weltkrieg**, namentlich die seitdem in größerem Umfang einsetzende Amnestiegesetzgebung, bot reichlichen Anlaß zur Vertiefung der Probleme und führte schließlich zu einer in den Grundzügen gefestigten Rechtsprechung, deren Ergebnisse z. T. in Novellenform Eingang in die StPO, z. T. auch ihren Niederschlag in einem Ausbau der Verfahrensvorschriften in den einzelnen Amnestiegesetzen fanden. Zunächst dehnte die Rechtsprechung den Satz, daß fehlender Strafantrag zur Einstellung des Verfahrens durch Urteil führe, auf alle Verfahrenshindernisse (Niederschlagung, vorgängige rechtskräftige Aburteilung, Rechtshängigkeit usw.) aus und ließ weiter die Einstellung auch durch **Beschluß außerhalb der Hauptverhandlung** zu, wenn der Mangel einer Verfahrensvoraussetzung auch ohne Hauptverhandlung einwandfrei festzustellen war. Diese Rechtsprechung legalisierte der Gesetzgeber durch Einführung des § 206 a (VO vom 13. 8. 1942, RGBl. I 512). Die gleiche VO erweiterte den § 205 auf alle in der Person des Angeschuldigten liegenden Hindernisse, die der Durchführung einer Hauptverhandlung entgegenstehen. Schließlich erhielt der Abs. 3 des § 260 durch das VereinheitlichungsG vom 12. 9. 1950 — im Anschluß an den Vorschlag in Art. 70 Nr. 142 EGStGB = Entw. 1930 — seine seitdem nur sprachlich geringfügig geänderte Fassung, die die Voraussetzungen für die Einstellung des Verfahrens durch Urteil generell umschreibt: „Die Einstellung des Verfahrens ist im Urteil auszusprechen, wenn ein Verfahrenshindernis besteht." Dabei gilt nach h. M für das Verhältnis der § 260 Abs. 3 zu § 206 a, daß § 206 a trotz seiner Stellung im 4. Abschnitt „Entscheidung über die Eröffnung des Hauptverfahrens" in **allen** Verfahrensstadien, auch in der Revisionsinstanz anwendbar ist und daß der Beschluß nach § 206 a die gleichen Wirkungen wie ein auf Verfahrenseinstellung lautendes Urteil entfaltet[5].

5   Die **spätere Rechtsentwicklung** ist seitdem gekennzeichnet durch vermehrte Anerkennung der von Amts wegen zu berücksichtigenden Verfahrenshindernisse; das erklärt sich aus dem „immer bewußter und entschiedener werdenden Streben nach Rechtsstaatlichkeit des Verfahrens"[6]. Dabei galt es allerdings auch, aufkeimenden Tendenzen zur Ausuferung und Verfälschung des Begriffs des Verfahrenshindernisses entgegenzutreten (Kap. 12 90 bis 98a).

6   **2. Begriff.** Ein Verfahrenshindernis ist ein Umstand, der den Erlaß eines Sachurteils, aber auch schon, sobald dieser Umstand erkannt ist, das weitere Prozedieren mit dem Ziel eines Sachurteils[7] ausschließt. Ein Verfahrenshindernis liegt, anders und ge-

---

[5] BGHSt **24** 212 betr. Erstreckung nach § 357; a. A *Meyer-Goßner* GA **1973** 366; vgl. dazu auch § 467 Abs. 3 Nr. 2; zur Bedeutung des § 206 b vgl. Rdn. 21.

[6] OLG Hamburg JR **1969** 310 mit Anm. *Eb. Schmidt.*

[7] Kein „Prozedieren" in diesem Sinn ist die Bestimmung des zuständigen Gerichts durch ein übergeordnetes Gericht, z. B. gemäß § 13 a StPO; erst dem so bestimmten Gericht und der danach zuständigen Strafverfolgungsbehörde obliegt die Prüfung, ob ein Verfahrenshindernis besteht (BGHSt **18** 19 = JZ **1963** 564 mit Anm. *Jescheck*). Bei tateinheitlichem Zusammentreffen äußert sich die Wirkung des Verfahrenshindernisses, das der Verfolgung **einer** der Gesetzesverletzungen entgegensteht, darin, daß dieses Delikt aus dem Verfahren ausscheidet; ebenso entfällt für Einzelhandlungen einer fortgesetzten Tat, die von einem Verfahrenshindernis betroffen sind, die Einbeziehung in die fortgesetzte Handlung (BGHSt **17** 157).

nauer ausgedrückt, vor, wenn eine Bedingung dafür fehlt, daß es zulässig ist, in einem bestimmten Verfahren — vor diesem Gericht, unter Mitwirkung dieser Prozeßsubjekte — zu einem Sachurteil in einer bestimmten Sache zu gelangen[8]. Solche Zulässigkeitsbedingungen bezeichnet man als Prozeßvoraussetzung; das Wesen der Prozeßvoraussetzung besteht darin, Zulässigkeitsbedingung dafür zu sein, unter den gegebenen Umständen zu einem Sachurteil zu gelangen (BGHSt 10 75). Die Begriffe Verfahrenshindernis und Prozeßvoraussetzung drücken danach, wie heute fast allgemein anerkannt ist, keinen Gegensatz aus, sondern bringen den gleichen Gedanken in negativer oder positiver Form zum Ausdruck; es kommt auf das gleiche hinaus, ob man z. B. das Vorhandensein des erforderlichen Strafantrags als Prozeßvoraussetzung oder sein Fehlen als Verfahrenshindernis bezeichnet[9].

3. Inhalt
a) Beschreibung. Zum Begriff der Prozeßvoraussetzung gehört, daß es sich um **7** einen Umstand handelt, der nach dem ausdrücklich erklärten oder aus dem Zusammenhang ersichtlichen Willen des Gesetzes für das Strafverfahren so schwer wiegt, daß von seinem Vorhandensein oder Nichtvorhandensein die Zulässigkeit **des Verfahrens im ganzen** (oder in ganzen Verfahrensabschnitten) abhängig gemacht werden muß, und zwar nicht nur im Interesse des Angeklagten, sondern im öffentlichen Interesse[10], daß sie eine Zulässigkeitsbedingung für das Verfahren *in seiner Gesamtheit* darstellt. Durch diese Begrenzung unterscheidet sich die Prozeßvoraussetzung (das Verfahrenshindernis) von Voraussetzungen, die nur für die Zulässigkeit einzelner Verfahrenshandlungen innerhalb des Verfahrens (Rdn. 10) gelten. Und zwar muß der „Umstand" so beschaffen sein, daß er — abstrakt ausdrückbar — an eine **bestimmte**, für das Verfahren im ganzen uneingeschränkt rechtserhebliche **Tatsache** angeknüpft werden kann.

Diese herkömmliche Begriffsbestimmung wird teilweise kritisiert[11] und ist gewiß **8** „wenig trennscharf"[12]; die volle **Tragweite des Begriffs** der Prozeßvoraussetzungen ergibt sich erst durch die Orientierung an bestimmten Fallgestaltungen. Das gleiche gilt aber auch für andere „tragende" Rechtsbegriffe, wie etwa — im Zivilrecht — die Figuren des allgemeinen Persönlichkeitsrechts oder der Produzentenhaftung, bei denen die Begriffsbestimmung der Abgrenzung durch Fallgruppenbildung bedarf[13]. Immerhin ist es bisher gelungen, mit Hilfe der herkömmlich entwickelten Merkmale der Verfahrensvoraussetzung die Kategorisierung bestimmter neu auftretender Verfahrenssituationen (wie überlange Verfahrensdauer usw.; dazu Kap. 12 90 ff) in einer für die Praxis maßgeblichen Richtung zu bewältigen. Auch in Zukunft wird es an neu auftretenden Problemen dieser Art nicht fehlen. Das zeigt OLG Oldenburg NStZ **1987** 90 betr. Aburteilung verbundener Verfahren unter Überschreitung des amtsgerichtlichen Strafbanns im beschleunigten Verfahren (§ 212 b Abs. 1 Satz 2) und dessen Korrektur durch das Berufungsgericht. Zur Bereinigung solcher Kontroversen für die Praxis steht letztlich der Weg des § 121 Abs. 2 GVG zur Verfügung.

---

[8] OLG Karlsruhe NStZ **1981** 228, 229.
[9] Vgl. auch BGHSt **26** 84, 88; LR-*Rieß* § 206 a, 22.
[10] BGHSt **15** 287 = NJW **1961** 567; BGHSt **19** 273, 278; **21** 81; **24** 239; **26** 91; BGH NJW **1975** 885; JZ **1972** 59; NJW **1982** 2191, 2192; NStZ **1984** 419 mit Anm. *Gössel* = JR **1985** 75 mit Stellungnahme *Rieß* JR **1985** 45; JR **1986** 300 mit Anm. *K. Meyer*; BayObLG NJW **1969** 807.

[11] So vor allem von *Volk* Prozeßvoraussetzungen; weit. Nachw. bei LR-*Rieß* § 206 a, 25.
[12] So *Rieß* JR **1985** 45 mit der hier nicht näher zu behandelnden Erwägung, äußerstenfalls den selbständigen Begriff eines „Verfolgungsverbots der schwerwiegenden Rechtsstaatswidrigkeit" zu entwickeln.
[13] Dazu *Staudinger-Schäfer*[12] § 823 Rdn. 206; § 831 Rdn. 170 ff.

Karl Schäfer

9   **b) Keine Verfahrenshindernisse** sind wechselnde **Umstände**, die Gegenstand **lediglich wertender** Beurteilung sind, wie z. B. die „schwerwiegende Rechtsstaatswidrigkeit" (vgl. *Rieß* JR **1985** 452) oder die „überlange Verfahrensdauer unter Vernachlässigung des Beschleunigungsgebots" (vgl. Kap. **12** 90 ff). Es gibt freilich auch Verfahrenshindernisse, deren Feststellung mit einer gewissen wertenden Beurteilung tatsächlicher Umstände verbunden ist, wie z. B. eine Niederschlagung des Verfahrens, sofern sie etwa voraussetzt, daß die Tat „aus unverschuldeter Not" oder daß sie nicht „aus Gewinnsucht" oder „gemeiner Gesinnung" begangen sei[14]. Die Figur des Verfahrenshindernisses würde aber alle Konturen verlieren, wenn sie an Umstände anknüpfte, die *lediglich* Gegenstand wertender Beurteilung mit sehr unterschiedlichen Ergebnissen sind. Gerade diese Erwägung hat mit dazu geführt, bei einem der hauptsächlichsten Verfahrenshindernisse, der Verjährung, einen klaren und abschließenden, an eindeutige Fakten anknüpfenden Katalog der Unterbrechungsvoraussetzungen aufzustellen (§ 78 c StGB).

10   **c) Zulässigkeitsbedingungen bestimmter Verfahrenshandlungen.** Begrifflich ist auch die wirksame Anfechtung Prozeßvoraussetzung des dadurch eingeleiteten Rechtsbehelfs- oder Rechtsmittelverfahrens. Indessen führt eine wegen Nichtbeachtung der Vorschriften über Frist und Form des Rechtsbehelfs oder Rechtsmittels unwirksame Anfechtung zur Verwerfung des Rechtsmittels als unzulässig und nicht etwa zur Einstellung des Rechtsmittelverfahrens wegen der der Sachentscheidung entgegenstehenden Rechtskraft der angefochtenen Entscheidung. Denn Einstellung bedeutet die förmliche Beendigung des Verfahrens in seiner Gesamtheit ohne Sachurteil.

11   **4. Bestrafungsvoraussetzungen.** Die Auffassung der Verfahrensvoraussetzungen als Voraussetzungen der Zulässigkeit des Verfahrens **beugt** ihrer **Verwechslung mit den materiellrechtlichen Voraussetzungen** der Bestrafung **vor**. Die Frage, ob der Beschuldigte sich in das Verfahren mit dem Ziel der Entscheidung über seine Täterschaft und Schuld einlassen müsse, kann nicht von der Feststellung der Tatsachen abhängig gemacht werden, deren Vorhandensein oder Nichtvorhandensein maßgebend dafür ist, ob er für schuldig zu erklären und wie er zu bestrafen oder ob er freizusprechen sei. Allein wenn die begriffliche Unterscheidung einleuchtet, so tauchen doch hinsichtlich gewisser Bestimmungen in Vorschriften des sachlichen Rechts Zweifel darüber auf, ob sie Tatbestandsmerkmale, Bedingungen der Strafbarkeit oder Verfolgungsvoraussetzungen aufstellen. Die Übersicht (Kap. **12**) über die einzelnen Verfahrensvoraussetzungen wird solche Zweifel erörtern.

12   **5. Austauschbarkeit.** Eine grundsätzliche Frage ist aber bereits in diesem Zusammenhang zu berühren: Prozeßvoraussetzungen und gewisse Bestandteile des sachlichen Rechts (z. B. objektive Bedingungen der Strafbarkeit, §§ 113, 323 a StGB, persönliche Strafausschließungsgründe) „stehen einander so nahe, daß sie bisweilen vertauschbar sind und die Zuweisung eines Umstandes zum materiellen oder formellen Recht oft von historischen Zufälligkeiten abhängt" (*Roxin*[19] § 21 C). Wie kann aber dann, so wird gefragt, „das Fehlen bestimmter Umstände überhaupt eine andere Erledigungsart als den Freispruch rechtfertigen?" (vgl. *Schlüchter* 367). Die Antwort ist nach *Volk* (Prozeßvoraussetzungen 204) einer Neubestimmung von Funktion und Zweck der Prozeßvoraussetzungen zu entnehmen. Danach ist Prozeßzweck die Sicherung des Rechtsfriedens; Prozeßvoraussetzungen sind dann solche typisierte Umstände, bei deren Fehlen ein wei-

---

[14] Vgl. dazu wegen der besonderen Verfahrensgestaltung in solchen Fällen zur raschen   Feststellung des Hindernisses LR-*Schäfer*[23] Vor § 12, 27 GVG.

teres Prozessieren zur Sicherung des Rechtsfriedens nicht geboten erscheint. Für das Verhältnis zwischen materiellem und Prozeßrecht ist der Grundsatz maßgebend, daß, wenn eine Prozeßvoraussetzung fehlt, kein Anlaß zur Bewährung der Strafrechtsordnung besteht. Diese Lehre, so beachtlich sie in ihrem Ansatz ist, führt in einer Reihe von Fällen zu Ergebnissen, die von der h. M abweichen. Eine Auseinandersetzung mit ihr würde aber den einer Einleitung gezogenen Rahmen weit überschreiten. Sie ist auch im vorliegenden Zusammenhang insofern entbehrlich, als der Ansatz von *Volk* nicht zu einer trennschärferen Abgrenzung führt und die Fälle des Dissenses einer pragmatischen Lösung zugänglich sind[15].

6. Die **Abgrenzung der Voraussetzungen der Zulässigkeit des Verfahrens im gan-** **13** **zen von Voraussetzungen geringeren Ranges**, nämlich von den Voraussetzungen der Zulässigkeit einzelner Verfahrenshandlungen, ist durch die Natur der Sache geboten und läßt sich, wenn sie auch in einzelnen Fällen erheblichen Schwierigkeiten begegnen mag, doch der Grundrichtung nach durchführen. Die Vorschriften der StPO treffen in ihrer weit überwiegenden Zahl lediglich Anordnungen darüber, wie die einzelnen Verfahrenshandlungen, insbesondere hinsichtlich der Zeit, des Orts und der Form vorzunehmen sind. Sie enthalten „Rechtsnormen über das Verfahren" im Sinne des § 344 StPO. Verstöße gegen diese Rechtsnormen ereignen sich oft und vielfach. Ihnen ist ein weit geringeres Gewicht beizumessen als den geschriebenen oder ungeschriebenen Rechtssätzen, von denen die Zulässigkeit des Verfahrens im ganzen, also die Frage abhängt, nicht nur, wie vorzugehen ist, sondern ob überhaupt in diesem Verfahren vorgegangen werden darf. Unter diesen Umständen bestehen keine Bedenken dagegen, es den Beteiligten zu überlassen, daß sie die Nachteile, die aus der Verletzung von Rechtsnormen über das Verfahren befürchtet werden, durch den **Gebrauch der gesetzlich gebotenen Rechtsbehelfe** abwehren. Der Grund zu einer **Prüfung von Amts wegen**, wie sie bei den Prozeßvoraussetzungen geboten ist (unten Rdn. 17), tritt gegenüber solchen Fehlern regelmäßig nicht hervor.

Solche Verstöße minderen Gewichts, die **kein Prozeßhindernis** erzeugen, sind **14** z. B. Verstöße gegen Zustellungsgebote wie die Unterlassung der Mitteilung der Anklageschrift und die Zustellung des Eröffnungsbeschlusses nach §§ 201, 215 (BGH JR **1986** 300). Das gleiche gilt, wenn es etwa unterblieb, dem Berufung gegen das amtsgerichtliche Urteil Einlegenden, dem das Urteil mit Gründen nicht zugestellt war, es gemäß § 316 Abs. 2 nach Einlegung der Berufung sofort zuzustellen. Wird in einem solchen Fall in der Berufungsverhandlung die Unterlassung weder vom Angeklagten noch von seinem Verteidiger beanstandet und ergeht ein Sachurteil, so ist für das Revisionsgericht der Verstoß gegen § 316 Abs. 2 nicht ein von Amts wegen zu beachtendes Verfahrenshindernis, das zur Aufhebung des Berufungsurteils führt, sondern ist nur auf Rüge hin zu beachten[16]. Im einzelnen bestehen Abgrenzungszweifel, so etwa, wenn das Fehlen der Zustimmung des Angeklagten zur Nachtragsanklage (§ 266) zwar nicht als Verfahrenshindernis, wohl aber die Nichtbeachtung als ein die Verfahrensvoraussetzungen eng berührender Verfahrensverstoß bezeichnet wird, der im Rechtsmittelverfahren die Einstellung des Verfahrens rechtfertigt[17]. Darauf ist hier nicht weiter einzugehen.

---

[15] Vgl. LR-*Rieß* § 206 a, 25.
[16] BGHSt **33** 183 = JR **1986** 300 mit Anm. *K. Meyer*; **a. M** OLG Hamm JMBlNW **1982** 107.

[17] BGH bei *Holtz* MDR **1978** 161.

Karl Schäfer

II. Einteilung der Prozeßvoraussetzungen

15   Das Schrifttum hat sich bemüht, die einzelnen Prozeßvoraussetzungen in Kategorien einzuordnen. Rein äußerlich schon läßt sich z. B. unterscheiden zwischen solchen, die, wenn sie bei Verfahrensbeginn vorliegen, von Anfang an jedes Prozedieren ausschließen, wie etwa fehlender Strafantrag (s. aber §§ 127 Abs. 3; § 130), Verjährung oder vorgängige rechtskräftige Aburteilung, und solchen, die nur von einem bestimmten Verfahrensstadium ab bedeutsam sind, wie etwa das Fehlen der Klage, die ja erst nach Abschluß des Ermittlungsverfahrens für das künftige Verfahren Bedeutung als Prozeßvoraussetzung gewinnt. Man kann auch unterscheiden zwischen allgemeinen Prozeßvoraussetzungen, die bei jedem Beschuldigten und bei jeder Straftat gegeben sein müssen, z. B. bei Unberührtheit der Sache, und den besonderen Voraussetzungen, die nur bei bestimmten Delikten oder bei bestimmten Beschuldigten oder nur bei bestimmten Verfahrensarten vorliegen müssen, z. B. der Strafantrag bei Antragsdelikten, die Verfolgungsgenehmigung der gesetzgebenden Körperschaft bei Abgeordneten. Eine weitere Unterscheidung betrifft behebbare oder nur vorübergehende und unbehebbare, die Verfolgung endgültig ausschließende Hindernisse; bei den ersteren kann ggf. unterschieden werden zwischen solchen, die nur der Tatrichter zu beachten hat, und solchen, bei denen auch das Revisionsgericht zu prüfen hat, ob sie noch bestehen und nicht nach Erlaß des angefochtenen tatrichterlichen Urteils weggefallen sind[18]. Oder es wird unterschieden nach der Herkunft der Prozeßvoraussetzung, ob sie dem Gebiet des Straf-, des bürgerlichen, des Verwaltungs-, Staats- oder Völkerrechts entstammt. Über die Befriedigung des Bedürfnisses nach systematischer Durchdringung hinaus sind solche Unterscheidungen für die praktische Rechtshandhabung ohne wesentliche Bedeutung, da sie Unterschiede hinsichtlich des Wesens und der Wirkung der Prozeßvoraussetzungen, soweit und solange sie fehlen, nicht begründen. Dies gilt auch für die Versuche einer Einteilung nach materiellen Kategorien, etwa nach Sachgestaltungs-, Verfolgungs- und Verfahrensvoraussetzungen *(Sauer)*, nach Prozeßvoraussetzungen im engeren Sinn und Strafklagerechtsvoraussetzungen usw., die *Eb. Schmidt* I 113 ff kritisch würdigt mit dem resignierenden Ergebnis: „Die Einteilung der Prozeßvoraussetzungen als wissenschaftliches Problem aufzufassen lohnt nicht. Es handelt sich nur um eine Frage einer möglichst übersichtlichen Darstellung" (aaO Fußnote 227).

III. Zeitliche Geltung

16   Die Verfahrensvoraussetzungen treten mit dem Gesetz, das sie ausspricht oder aufhebt, also z. B. das Antragserfordernis aufstellt oder fallen läßt, **in und außer Kraft**; sie äußern ihre Wirkung, falls das betreffende Gesetz nichts Abweichendes bestimmt, auch innerhalb schon anhängiger Verfahren[19]. Dies entspricht dem allgemein für das Strafverfahren geltenden Grundsatz, daß neues Strafverfahrensrecht, soweit nicht ausdrücklich etwas anderes bestimmt ist, auch für bereits anhängige Verfahren gilt, die in der Lage, in der sie sich beim Inkrafttreten der neuen Vorschriften befinden, nach diesen weiterzuführen sind[20]. Wegen einer als *Dauerrecht* gedachten Regelung des Anwen-

---

[18] Vgl. BGHSt **21** 55 betr. die Voraussetzung des selbständigen Einziehungsverfahrens, daß keine bestimmte Person verfolgt oder verurteilt werden kann, § 76 a StGB, § 440 StPO und dazu LR- *Schäfer*[23] § 440, 35.

[19] RGSt **75** 311; **77** 150, 183; BGHSt **20** 22, 27; **21** 367; OLG Hamm NJW **1961** 2030; **1970** 578; BayObLG NJW **1961** 2268.
[20] BVerfGE **45** 272, 297; BGHSt **22** 321, 325.

dungsbeginns von Vorschriften über die Wahl oder die Ernennung ehrenamtlicher Richter in der ordentlichen Gerichtsbarkeit s. § 6 EGGVG i. d. F. von Art. 3 des StVÄG 1987 (BGBl. I 475).

IV. Prüfung von Amts wegen. Freibeweis

1. Prüfung von Amts wegen. Auf die **Verfahrensvoraussetzungen** ist grundsätzlich **17** in **jeder Lage des Verfahrens** — auch in der Revisionsinstanz — **von Amts wegen** zu achten[21]. Denn die im Strafverfahren immer und überall durchdringende Rücksicht auf das allgemeine Wohl läßt, sofern ein Gesetz nicht ausdrücklich eine gegenteilige Regelung trifft, nicht zu, daß Versäumnisse und Verzichte der Beteiligten einen Einfluß gegenüber verfahrenshindernden Mängeln gewinnen. Dies gilt auch, wenn ein Formalurteil wie das Verwerfungsurteil des Berufungsgerichts nach § 329 Abs. 1 Satz 1 StPO nur mit der allgemeinen Sachrüge angegriffen wird (BGHSt **21** 242). Selbst der Umstand, daß das Urteil durch **Teilanfechtung** schon zum Teil rechtskräftig geworden ist, schließt nicht aus, daß das mit dem angefochtenen Teil befaßte Rechtsmittelgericht von Amts wegen das Vorhandensein von Verfahrenshindernissen prüft und, wenn es solche feststellt, die daraus sich ergebende Folgerung nicht nur für den noch anhängigen Teil, sondern für die gesamte Entscheidung zieht. Beschränkt sich also ein Rechtsmittel nur auf das Strafmaß oder nur auf einen Nebenpunkt, z. B. eine angeordnete Einziehung oder auch auf deren Kostenpunkt und wird ein Verfahrenshindernis, etwa fehlender Strafantrag oder Anwendbarkeit eines Straffreiheitsgesetzes, festgestellt, so wird das **ganze Verfahren** eingestellt[22]. Die Einstellung wegen eines Verfahrenshindernisses durch das Revisionsgericht erstreckt sich ferner gemäß § 357 StPO auf die Mitangeklagten, die keine Revision eingelegt haben, soweit das Hindernis auch sie betrifft[23]; und die gleiche Wirkung kommt als einem Surrogat des Einstellungsurteils dem gemäß § 206 a oder § 349 Abs. 4 wegen Außerachtlassung eines Verfahrenshindernisses ergehenden Einstellungsbeschluß zu[24].

2. Freibeweis. Die Prüfung von Amts wegen aber erfordert, gleichviel ob in Anwendung des § 206 a oder des § 260 Abs. 3 entschieden werden muß, daß das Gericht unabhängig von den Regeln der §§ 244 ff bei der Nachforschung den gesamten Akteninhalt heranzieht und überhaupt alle verfügbaren Erkenntnisquellen benützt, also nach den **Regeln des Freibeweises verfährt**[25]; eine z. T. im neueren Schrifttum vertretene Auffassung, die die Nachprüfung im Wege des Strengbeweises fordert[26], kommt für das Revisionsverfahren schon deshalb nicht in Betracht, weil sonst der Grundsatz der Amtsaufklärung aufgegeben werden müßte. Demnach kann von den Grundsätzen der Mündlichkeit und der Öffentlichkeit insoweit abgewichen werden, als Erhebungen über Verfah-

---

[21] RGSt **65** 150; **66** 173, 67 55; **67** 323; **68** 19; **68** 107; **69** 126; **69** 245; **69** 319; **71** 252; **71** 261; **72** 5; **72** 102; **72** 143; **72** 379; **73** 114; **74** 187; **74** 192; **75** 257; BGHSt **10** 75; **11** 394; **13** 128; **21** 242; ständ. Rspr.

[22] RGSt **74** 206; BGHSt **6** 304; **8** 269 = JZ **1956** 417 mit Anm. *Jescheck*; BGHSt **11** 393; **13** 128; **21** 242; BGH NJW **1961** 228; OLG Hamm NJW **1978** 654; LR-*Hanack* § 337, 32.

[23] RGSt **68** 18; BGHSt **12** 340; **19** 320, 321; **24** 210; StrVert. **1983** 3; **1983** 402; weit. Nachw.

aus Rechtsprechung und Schrifttum bei LR-*Hanack* § 357, 34, Fußn. 29.

[24] BGHSt **24** 208; LR-*Hanack* § 357, 7 f.

[25] RGSt **51** 72; **56** 109; **59** 36; **59** 56; **61** 118; **62** 14; **63** 321; **64** 187; **64** 237; **65** 166; **66** 319; **71** 261; **72** 5; BGHSt **16** 164, 166; **21** 21; **21** 81; **30** 215, 218; LR-*Rieß* § 206 a, 59; LR-*Hanack* § 337, 33.

[26] So z. B. *Roxin*[19] § 21 C; *Volk* 249; *Többens* 25 ff und NStZ **1982** 184; weit. Nachw. bei LR-*Gollwitzer* § 244, 4 Fußn. 9.

Karl Schäfer

rensvoraussetzungen anzustellen sind. Auch bleiben die Vorschriften außer Anwendung, die für die Beweisaufnahme zur Aufklärung der Tat und der Schuld und zur Bemessung der Strafe gelten. Ermittlungsanträge der Beteiligten, die sich auf Verfahrensvoraussetzungen beziehen, sind nur als Anregungen anzusehen; das Gericht nimmt ihnen gegenüber eine freie Stellung ein und kann sich einer besonderen Bescheidung solcher Anträge enthalten[27]. Einfache Stimmenmehrheit genügt, wie sich aus § 263 Abs. 3 StPO ergibt, für die Entscheidung über das Vorliegen der Verfahrensvoraussetzungen[28].

19   **3. Möglichkeit der Zurückverweisung.** Das **Revisionsgericht** hat zwar über die Voraussetzungen eines Verfahrenshindernisses grundsätzlich selbst zu entscheiden; es ist ihm aber nicht schlechthin verwehrt, die Sache zur Nachholung fehlender Feststellungen an den Tatrichter zurückzuverweisen, wenn sich die Ermittlung der maßgeblichen Tatsachen so schwierig gestaltet, daß eine Beweisaufnahme wie in der Hauptverhandlung vor dem Tatrichter erforderlich wäre, z. B. wenn das Verfahrenshindernis an bestimmte Voraussetzungen gebunden ist wie bei der Niederschlagung durch ein Straffreiheitsgesetz[29].

V. Prüfung durch das Rechtsmittelgericht

20   **1. Grundsatz.** In der Rechtsmittelinstanz setzt jedoch die Prüfung der Prozeßvoraussetzungen von Amts wegen voraus, daß die spezielle Verfahrensvoraussetzung des Rechtsmittelverfahrens, eine form- und fristgerechte Anfechtung, gegeben ist. Das Rechtsmittelgericht kommt demnach nur dann in die Lage, die Zulässigkeit des Verfahrens im Hinblick auf Verfahrenshindernisse zu prüfen, wenn es die Zulässigkeit des Rechtsmittels bejaht hat.

21   **2. In der Revisionsinstanz** gilt dieser Grundsatz jedoch nur mit **Einschränkungen**[30]. Es ist zu unterscheiden:

Ist die Revision **nicht fristgerecht** eingelegt (§ 341), so ist das Urteil rechtskräftig, da nur die rechtzeitig eingelegte Revision die Rechtskraft des Urteils hemmt (§ 343 StPO). Das Rechtsmittel ist als unzulässig zu verwerfen, und ein vom Tatrichter übersehenes Verfahrenshindernis bleibt außer Betracht. Denn die Verwerfung des Rechtsmittels als unzulässig hat dann nur deklaratorische Bedeutung[31]; einer sachlichen Befassung mit dem bereits rechtskräftigen Urteil stünde das Verbot ne bis in idem (Art. 103 Abs. 3 GG) entgegen.

22   Anders liegt es, wenn die Revision fristgerecht eingelegt wurde, die Frage, ob die Einlegung **formgerecht** erfolgte und/oder die Revisionsanträge form- und fristgerecht angebracht sind, aber noch nicht abschließend (§ 346 Abs. 2) beschieden ist. Nach h. M[32] tritt in solchen Fällen die Rechtskraft erst mit der Verwerfungsentscheidung des Revisionsgerichts (§ 346 Abs. 2) ein. Daß das Urteil nach § 346 Abs. 2 Satz 2 schon von der Verwerfungsentscheidung des iudex a quo ab vollstreckbar ist, bedeutet in diesen Fällen nach h. M[33], daß nicht bereits dieser Verwerfungsbeschluß die Rechtskraft des Urteils

---

[27] RGSt **53** 231; **59** 36; **59** 56; vgl. auch LR-*Gollwitzer* § 244, 7.

[28] RGSt **53** 276; KG GA **1970** 43.

[29] BGHSt **16** 399, 403; OLG Karlsruhe GA **1985** 134; LR-*Hanack* § 337, 33.

[30] S. dazu ergänzend LR-*Hanack* § 346, 32; LR-*Rieß* § 206 a, 11 ff.

[31] H. M; z. B. *Küper* GA **1969** 365, 366 mit Nachw.

[32] LR-*Hanack* § 346, 24 mit weit. Nachw.

[33] Nachw. bei LR-*Wendisch* § 449, 15.

herbeiführt, sondern daß hier — abweichend von dem Grundsatz des § 449 — das Urteil schon vor eingetretener Rechtskraft vorläufig vollstreckbar ist (vgl. BGHSt 22 213).

Hinsichtlich der Berücksichtigung von Verfahrenshindernissen bei der Entschei- **23** dung des Revisionsgerichts nach § 346 Abs. 2 kommen drei Möglichkeiten in Betracht: (1) ein **Verfahrenshindernis**, mag es vor oder nach der Entscheidung des Tatrichters eingetreten sein, **schlägt stets durch**, führt also zur Einstellung des Verfahrens[34]; (2) ein Verfahrenshindernis ist — ohne Rücksicht darauf, ob vor der nach dem Urteil eingetreten — nur zu berücksichtigen, wenn zuvor festgestellt ist, daß die Revisionsanträge und ihre Begründung frist- und formgerecht angebracht sind[35], weil für eine Prüfung der Zulässigkeit des Verfahrens nur Raum ist, wenn der Rechtsbehelf des Beschwerdeführers in vollem Umfang „die **Probe seiner Zulässigkeit bestanden** hat"; (3) die **Nichtbeachtung** eines **vor** dem Urteil eingetretenen Verfahrenshindernisses durch den Tatrichter stellt, weil „in das Urteil eingegangen", eine Gesetzesverletzung dar, die wie jede andere Gesetzesverletzung nur geprüft werden kann, wenn durch eine frist- und formgerecht eingelegte und begründete Revision dem Revisionsgericht der Zugang zur sachlichen Prüfung eröffnet ist. Ist aber das Hindernis erst **nach** dem Urteil eingetreten, so hat es den Vorrang vor der speziellen Verfahrensvoraussetzung einer formgerechten Einlegung und frist- und formgerechter Begründung der Revision, führt also zur Einstellung des Verfahrens[36].

3. Die **Rechtsprechung hat geschwankt.** BGHSt 15 203[37] bekannte sich zu der Auf- **24** fassung, auch das vom Tatrichter übersehene Hindernis sei zu berücksichtigen, weil es dem Revisionsgericht nicht zuzumuten sei, einem zu Unrecht ergangenen Urteil zur Rechtskraft zu verhelfen; es wäre eigenartig, wenn das Revisionsgericht einen erkannten Mangel (Nichtberücksichtigung eines Verfahrenshindernisses) nicht berücksichtigen dürfte und den offenbar zu Unrecht Verurteilten auf den Weg der Gnade verweisen müßte. Von dieser Auffassung ist der BGH aber abgegangen. Die jetzt in der Rechtsprechung vertretene[38], auch im Schrifttum überwiegend anerkannte[39] Auffassung unterscheidet, ob das Verfahrenshindernis schon bei Erlaß des tatrichterlichen Urteils vorlag, vom Tatrichter also übersehen oder verkannt ist, oder erst nach dem Erlaß des tatrichterlichen Urteils eintrat und daher vom Tatrichter nicht berücksichtigt werden konnte. Im

---

[34] So *Eb. Schmidt* JZ **1962** 155; Lehrk. I 200; *Roxin*[19] § 53 J I 2; *Peters*[4] 628.

[35] So die 21. Aufl. S. 74 mit Schrifttumsnachw.; *Schöneborn* MDR **1975** 6, 812.

[36] Zu berücksichtigen ist, daß es sich bei dieser Fallgestaltung früher vielfach oder meist um Fälle handelte, in denen nach dem tatrichterlichen Urteil Verjährung eingetreten war, weil Unterbrechungshandlungen nicht erfolgt waren. Diese Fallgestaltung kommt heute nicht mehr in Betracht, weil nach § 78 Abs. 3 StGB, wenn vor Ablauf der Verjährungsfrist ein Urteil des ersten Rechtszuges ergangen ist, die Verjährungsfrist nicht vor dem Zeitpunkt abläuft, in dem das Verfahren rechtskräftig abgeschlossen ist (ebenso § 32 Abs. 2 OWiG, wo dem Urteil des ersten Rechtszuges der ohne Hauptverhandlung ergangene gerichtliche Beschluß nach § 72

OWiG gleichgestellt ist). Es gibt aber andere Hindernisse, die vor oder nach dem erstinstanzlichen Urteil eintreten können, wie Niederschlagung des Verfahrens durch Straffreiheitsgesetz oder Zurücknahme des gestellten Antrags bei Antragsdelikten (§ 77 d Abs. 1 StGB).

[37] = NJW **1961** = JZ **1961** 390 mit Anm. *Stratenwerth*.

[38] Vgl. BGHSt **16** 115 = NJW **1961** 1684; BGHSt **22** 213 = NJW **1968** 2253 = JR **1969** 347 mit Anm. *Koffka* = LM Nr. 5 zu § 346 StPO mit Anm. *Martin*; BGHSt **25** 259, 261; BayObLGSt **1953** 97; NJW **1961** 432; OLG Hamburg NJW **1963** 265.

[39] Vgl. *Küper* GA **1969** 365 mit Nachw.; JR **1970** 272; NJW **1975** 1330; *Sieg* MDR **1975** 811; KMR-*Sax* Einl. **IX** 13; LR-*Rieß* § 206 a, 17; LR-*Hanack* § 346, 34 mit weit. Nachw.

ersteren Fall hat auch das Revisionsgericht das Verfahrenshindernis nicht zu berücksichtigen, während Verfahrenshindernisse zur Einstellung in der Revisionsinstanz führen, die erst nach Erlaß des tatrichterlichen Urteils eingetreten sind.

25 Dieser herrschenden **Auffassung** ist **zuzustimmen**. Hat der Tatrichter ein bereits im Zeitpunkt des Erlasses seiner Entscheidung bestehendes Verfahrenshindernis unberücksichtigt gelassen, so hat die darin liegende Verletzung des Gesetzes qualitativ keine andere, keine weitergehende Wirkung als jeder andere Gesetzesverstoß auf dem Gebiet des sachlichen oder des Prozeßrechts, kann also vom Revisionsgericht nur berücksichtigt werden, wenn ihm eine den Vorschriften des Prozeßrechts entsprechende Anfechtung des Urteils den Weg einer sachlichen Nachprüfung des Urteils eröffnet hat.

25a Hinsichtlich der **weiteren Behandlung** dieses Falles ist die Rechtsprechung nicht eindeutig. Die Frage ist, ob die Feststellung eines sowohl im ersten Rechtszug wie in der Berufungsinstanz übersehenen oder nicht erkannten Verfahrenshindernisses (z. B. eines in sich widersprüchlichen und deshalb unwirksamen Eröffnungsbeschlusses) zur Einstellung des Verfahrens unter Beseitigung der Wirkungen der vorangegangenen Entscheidungen führt[40] oder zur Zurückverweisung[41] oder zur Aufhebung des mit der Revision angefochtenen Urteils nach § 353 Abs. 1 und zu einer auf § 354 Abs. 1 gestützten Einstellung[42]. Dagegen beruht das Urteil nicht auf einer Gesetzesverletzung, wenn das Verfahrenshindernis erst **nach Erlaß des tatrichterlichen Urteils** eingetreten ist; es schlägt dann, da das Urteil begrifflich nicht auf einer Gesetzesverletzung des Tatrichters beruhen kann, der Grundsatz durch, daß ein Verfahrenshindernis in jeder Lage des anhängigen Verfahrens zu berücksichtigen ist, während der Grundsatz, daß nur eine prozeßordnungsgemäße Anfechtung den Zugang zu einer sachlichen Befassung mit dem Urteil eröffnet, unanwendbar ist, weil er nur gilt, wenn die Revision darauf gestützt ist, daß das Urteil auf einer Verletzung des Gesetzes beruhe (§ 337).

26 **4. Anwendbarkeit des § 206 b in der Revisionsinstanz.** Nur in einem äußerlichen Zusammenhang mit dem vorerörterten Problem steht der durch Art. 3 Nr. 4 des 4. StRG vom 23. 11. 1973 (BGBl. I 1725) neu geschaffene § 206 b, wonach ein gerichtlich anhängiges Verfahren durch Beschluß außerhalb der Hauptverhandlung einzustellen ist, wenn es eine Tat zum Gegenstand hat, die nach bisherigem Recht strafbar war, infolge Gesetzesänderung nach neuem Recht aber nicht mehr strafbar ist. Hier handelt es sich nicht um die Einstellung wegen eines Verfahrenshindernisses, sondern um die Vereinfachung des Verfahrensabschlusses, der durch das materiellrechtliche Gebot des § 2 Abs. 3 StGB bedingt ist; bei einer Entscheidung durch Urteil auf Grund einer Hauptverhandlung wäre nämlich nicht auf Einstellung nach § 260 Abs. 3, sondern auf Freisprechung nach § 267 Abs. 5 zu erkennen. § 206 b gilt auch, und zwar neben § 354 a, für das Revisionsverfahren[43]. Nach dem Zweck der Vorschrift, rasch und umfassend die Folgerungen aus § 2 Abs. 3 StGB zu ziehen, ist § 206 b bei rechtzeitiger Anrufung in der Revisionsinstanz auch dann anzuwenden, wenn bereits Teilrechtskraft eingetreten ist, z. B. der Schuldspruch rechtskräftig und das Verfahren nur noch wegen des Rechtsfolgeausspruchs anhängig ist[44]. Wie beim nachträglich eingetretenen Verfahrenshindernis ist

---

[40] So BGHSt **22** 217; vgl. auch LR-*Rieß* § 206 a, 15; ebenso BayObLG JR **1986** 430 mit insoweit zustimmender Anm. *Ranft* in einem besonders gelagerten Fall (Ablehnung der Eröffnung hinsichtlich einzelner Teilakte einer fortgesetzten Handlung).

[41] Vgl. BGHSt **29** 228.

[42] So BGH NStZ **1981** 448; vgl. auch LR-*Hanack* § 349, 35; § 354, 7.

[43] Vgl. zu dieser nicht unstreitigen Frage LR-*Rieß* § 206 b, 10.

[44] LR-*Rieß* § 206 b, 9 mit Nachw.

der Wegfall der Strafbarkeit nach Erlaß des angefochtenen Urteils in der Revisionsinstanz von Amts wegen (auch ohne Sachrüge) zu berücksichtigen[45].

5. Zurücknahme des Rechtsmittels. Ist die Revision frist- und formgerecht einge- **27** legt und begründet und ergibt sich, daß der Sachentscheidung ein vom Vorderrichter übersehenes oder nachträglich eingetretenes Verfahrenshindernis entgegensteht, so fragt sich, ob das Revisionsgericht auch dann noch das Verfahren einstellen kann, wenn der Angeklagte die gegen das verurteilende Erkenntnis eingelegte Revision zurücknimmt, bevor das Revisionsgericht entschieden hat. Diese Frage wird nahegelegt durch den Beschluß des BayObLG MDR **1975** 72[46].

In dem der Entscheidung zugrundeliegenden Fall war der Angeklagte im ersten **28** Rechtszug nach § 142 StGB und wegen zweier rechtlich zusammentreffender Ordnungswidrigkeiten verurteilt worden. Seine zunächst uneingeschränkt eingelegte **Berufung beschränkte** er in der Hauptverhandlung vor dem Berufungsgericht auf die Verurteilung aus § 142 StGB. Das Berufungsgericht sah diese Beschränkung als wirksam an und befaßte sich nur mit der Berufung betr. § 142 StGB, die es als unbegründet verwarf. Das vom Angeklagten mit der form- und fristgerecht eingelegten und begründeten Revision angerufene BayObLG erklärte die Beschränkung (= Teilzurücknahme) der Berufung für unwirksam, weil im Zeitpunkt der Beschränkung nach dem damals geltenden Recht (Rdn. 19 Fn. 6) mangels genügender Unterbrechungshandlungen in der Zeit nach dem ersten Urteil die Verfolgung bereits verjährt gewesen sei. Damit sei die in der Berufungsbeschränkung liegende Teilzurücknahme des Rechtsmittels „gewissermaßen ins Leere gegangen" und das Revisionsgericht genötigt, das Verfahren insoweit durch Beschluß (§ 206 a) oder Urteil (§ 260 Abs. 3) einzustellen. Denn es liege nicht in der Macht der Verfahrensbeteiligten, durch eine Rücknahmeerklärung die Urteilsrechtskraft noch in einem Zeitpunkt herbeizuführen, in dem das Urteil durch den Eintritt eines Verfahrenshindernisses und dem damit verbundenen Wegfall des staatlichen Strafanspruchs nachträglich seine Grundlage verloren habe und das Verfahren bereits einzustellen gewesen wäre. Es liege nicht anders, als wenn nach Erlaß eines Urteils, aber noch vor dessen Rechtskraft, ein für die abgeurteilte Tat Straffreiheit gewährendes Gesetz in Kraft trete. Dann sei das Rechtsmittelgericht gezwungen, das Verfahren einzustellen, und der Angeklagte gehindert, durch Rechtsmittelzurücknahme diese Folge auszuschließen, wie denn ja auch, wenn ein Rechtsmittel nicht eingelegt sei, bei Inkrafttreten eines Straffreiheitsgesetzes im Stadium zwischen Urteilsverkündung und Rechtskraft das Gericht des ersten Rechtszuges gezwungen sei, von Amts wegen das Verfahren gemäß § 206 a einzustellen.

Gegen diese Entscheidung, die in gewisser Weise auf die Gedankengänge von **29** BGHSt **15** 203 (oben Rdn. 24) zurückgreift, erheben sich **Bedenken**[47]. Zunächst erscheint es nicht richtig, wenn das BayObLG frühere amnestierechtliche Vorstellungen über die rückwirkende urteilszerstörende Kraft einer Niederschlagung, die durch die neuere Rechtsentwicklung überholt sind (Kap. **12** 76), auf andere Verfahrenshindernisse (hier die Teilrechtskraft als Folge der Rechtsmittelbeschränkung, deren rechtliche Zulässigkeit hier zu unterstellen ist) überträgt. Vor allem erhebt sich die Frage, ob es einem zwingenden Gebot der Gerechtigkeit entspricht, daß das Revisionsgericht sich über den

---

[45] LR-*Rieß* § 206 b, 11 mit Nachw.
[46] Mit ablehnender Besprechung *Schöneborn* MDR **1975** 6 = JR **1975** 120 mit abl. Anm. *Teyssen*.

[47] Kritisch auch *Schöneborn* MDR **1975** 6; *Teyssen* JR **1975** 121; LR-*Hanack* § 337, 32; LR-*Rieß* § 206 a, 13; *Kleinknecht/Meyer*[37] § 302, 2; **a. M** KMR-*Sax* Einl. **IX** 12.

Karl Schäfer

Willen des Angeklagten hinwegsetzt, der aus freiem Entschluß mit prozessual zulässigen Mitteln den der Nachprüfung des Berufungsgerichts unterbreiteten Prozeßstoff beschränkt hatte und vom Revisionsgericht auch nur eine Nachprüfung der restlichen Verurteilung erstrebte. Der Angeklagte kann ja gute Gründe haben, sich mit dem nicht angefochtenen Teil des ersten Urteils (hier: soweit es sich um die ihm zur Last gelegten Ordnungswidrigkeiten handelte) zufriedenzugeben und den Aufwand zu scheuen, der insoweit mit der weiteren Behandlung in der Rechtsmittelinstanz verbunden ist. Von dem vom BayObLG eingenommenen Standpunkt aus müßte es folgerichtig „ins Leere gehen", wenn der wegen eines Antragsdelikts verurteilte Angeklagte seine zunächst eingelegte Revision zurücknimmt, das Revisionsgericht aber feststellt, daß — entgegen der Annahme des Vorderrichters — ein wirksamer Antrag nicht vorlag. Warum aber soll ein Angeklagter, der seine Revision zurücknimmt, anders behandelt werden als ein Angeklagter, der von vornherein (vielleicht sogar in Kenntnis des Mangels) auf Einlegung eines Rechtsmittels verzichtete?[48]

VI. Zur Bindung des Revisionsgerichts an tatsächliche, das Verfahrenshindernis betreffende Feststellungen des Tatrichters

30   **1. Wandel der Rechtsprechung.** Ist dem Revisionsgericht der Weg zur Prüfung der Zulässigkeit des Verfahrens eröffnet, so ist es an die **tatsächlichen Feststellungen** des angefochtenen Urteils **nicht gebunden**, die unmittelbar hinsichtlich der Verfahrensvoraussetzung, also etwa, wenn die Rechtzeitigkeit des Strafantrags zu prüfen ist, hinsichtlich der Kenntnis des Antragsberechtigten von Tat und Täter getroffen sind. Es ist aber auch nicht gebunden an Feststellungen, die der Tatrichter zwar hinsichtlich der den Gegenstand der Urteilsfindung bildenden Tat getroffen hat, und die mittelbar für ein Verfahrenshindernis Bedeutung haben, die aber nicht zugleich für den Schuldspruch und die sichere Erfassung der ihm zugrundeliegenden Tat unerläßlich sind. Hat z. B. der Tatrichter — auch im Hinblick auf die Rechtzeitigkeit des gestellten Strafantrags — einen bestimmten Zeitpunkt der Tatbegehung in den Urteilsgründen angenommen, so bindet diese Feststellung das Revisionsgericht nicht, wenn die genaue datumsmäßige Festlegung des Tatgeschehens für den Schuldspruch als solchen entbehrlich wäre. Das ist — nach der hier vertretenen Auffassung mit Recht — der Standpunkt der neueren Rechtsprechung des BGH[49]. Der BGH wandte sich damit von der Rechtsprechung des RG[50] und der früheren Rechtsprechung des BGH ab[51].

31   RGSt **69** 318 hatte zu der Frage, ob das Revisionsgericht bei **Prüfung** des Eingreifens eines **Straffreiheitsgesetzes** an Feststellungen des Tatrichters über den Zeitpunkt der Tat gebunden sei, die Auffassung vertreten, die Nachprüfung durch das Revisionsgericht im Wege des Freibeweises erstrecke sich nur auf die dem jeweiligen Straffreiheitsgesetz „wesenseigenen" Merkmale, wie Motive („aus wirtschaftlicher Not") und Gesinnungsmerkmale, die die Straffreiheit begründen oder ausschließen („gemeine Ge-

---

[48] Wegen eines bei Auslegung des § 357 auftauchenden ähnlichen Problems, ob es wirklich die Gerechtigkeit erfordert, gegenüber einem Nichtrevidenten, der sich mit dem gegen ihn ergangenen Urteil zufrieden gibt, „über seinen Kopf hinweg" Folgerungen daraus zu ziehen, daß das Revisionsgericht im Verfahren auf die Revision eines Mitangeklagten ein auch den Nichtrevidenten betreffendes Verfahrenshindernis feststellt, vgl. LR-*Hanack* 1; *Kleinknecht/Meyer*[37] 7 je zu § 357.

[49] BGHSt **22** 90 = JR **1968** 466 mit Anm. *Kleinknecht* = JZ **1968** 433 mit Anm. *Eb. Schmidt.*

[50] RGSt **69** 318; **71** 259.

[51] BGH bei *Dallinger* MDR **1955** 143; GA **1963** 126.

sinnung"), während zu den die Tat selbst betreffenden tatsächlichen Feststellungen, an die das Revisionsgericht gebunden ist, auch die Feststellungen über Tatort und Tatzeit gehören, da Raum und Zeit einen unlösbaren und nicht wegzudenkenden Bestandteil der Tat bildeten. BGHSt **22** 90 (betr. Rechtzeitigkeit des Strafantrags) hält dem entgegen, daß die Identität eines bestimmten geschichtlichen Vorgangs nicht notwendig und immer von der genauen datmäßigen Einordnung des Vorgangs abhänge, eine datenmäßige Verschiebung diese Identität vielmehr häufig unberührt lasse; im übrigen aber könne es für die Frage der Bindung des Revisionsgerichts nicht auf die bloße Zufälligkeit ankommen, ob der Urteilsverfasser sich in den Gründen mit einer zum Schuldspruch ausreichenden Bezeichnung einer unbestimmten Zeitspanne („in nicht rechtsverjährter Zeit", „zu Anfang des Monats Dezember") begnügt oder statt dessen ein „in der Beweisaufnahme einer Überprüfung gar nicht für wert befundenes und am Ende nicht einmal mehr besonders erwähntes Tagesdatum" anführt. „In dieser Weise Einstellung oder Nichteinstellung eines Strafverfahrens von reinen Zufälligkeiten abhängig zu machen, ist nicht vertretbar."

Nur dann sind danach **tatrichterliche Feststellungen zur Tatzeit für das Revisions-** **32** **gericht verbindlich**, wenn sie für den Schuldspruch und die sichere Erfassung der Tat unerläßlich sind, so vor allem, wenn eine Begehung der Tat durch den für überführt erachteten Angeklagten zu einem anderen als diesem genau fixierten Zeitpunkt nach den Umständen nicht in Betracht kommen könnte. Entsprechendes gilt dann auch für tatrichterliche Feststellungen über die Tatzeit, die mittelbar für die Verjährung von Bedeutung ist. Die Folge dieser Auffassung ist dann freilich, daß auch sorgfältige und in Anwendung des Strengbeweises getroffene Feststellungen vom Revisionsgericht beiseite geschoben werden können, wenn diesem Bedenken hinsichtlich des Verfahrenshindernisses auftauchen; nur daß eben das Revisionsgericht gegenüber solchen Feststellungen in aller Regel keinen Anlaß zu eigenen Feststellungen haben wird.

2. Im **Schrifttum** wurde BGHSt **22** 90 unterschiedlich aufgenommen. Dieser Ent- **33** scheidung entsprechende Gedankengänge waren schon vorher vertreten und als „im Vordringen befindlich" bezeichnet worden[52]; die Auffassung von BGHSt **22** 90 wird heute wohl überwiegend geteilt[53]. Im übrigen reichen die von BGHSt **22** 90[54] abweichenden Stimmen über die Behandlung der sog. doppelrelevanten Tatsachen aus den verschiedensten Gründen — z. B. Vorrang der vom Tatrichter durch Strengbeweis getroffenen Feststellungen wegen präsumtiv größerer Zuverlässigkeit, Begrenzung der Aufgabe des Revisionsrichters — von Bedenken gegen eine allgemeine Gültigkeit der Grundsätze von BGHSt **22** 90[55] bis zu deren Ablehnung unter Festhalten an RGSt **71** 259, 261[56].

3. **Einschränkungen bei Verhandlungsunfähigkeit?** Eine andere Frage ist, ob der **34** Grundsatz der bindungsfreien Nachprüfungskompetenz des Revisionsgerichts auch für solche Verfahrenshindernisse betreffende tatrichterlichen Feststellungen gilt, die auf dem **unmittelbaren persönlichen Eindruck** des Tatrichters und der sich darauf gründenden Würdigung des Sachverhalts beruhen. Dies gilt namentlich für die Frage, ob dem

[52] Nachweise bei *Eb. Schmidt* I 197 Fußn. 349 und *Hanack* JZ **1973** 729.

[53] Nachw. bei LR-*Hanack* § 337, 36 Fußn. 66.

[54] S. auch BGHSt **30** 215, 218; NStZ **1982** 25; BayObLGSt **1979** 44, 45.

[55] So LR-*Hanack* § 337, 36.

[56] LR-*Meyer*[23] § 337, 35; *Peters*[4] S. 657. Wegen weiterer Einzelheiten vgl. LR-*Hanack* § 337, 33 ff; s. auch LR-*Gollwitzer* § 244, 6 mit Fußn. 11 u. 12.

Karl Schäfer

Prozedieren das Verfahrenshindernis der **Verhandlungsunfähigkeit** des Beschuldigten (Kap. **12** 101) entgegensteht. RGSt **64** 15 (betr. Bedenken gegen die Rechtswirksamkeit eines Rechtsmittelverzichts wegen Verhandlungsunfähigkeit des Angeklagten) nahm an, daß die im angefochtenen Urteil getroffene Feststellung der Verhandlungsfähigkeit in tatsächlicher Beziehung einer Nachprüfung des Revisionsgerichts entzogen sei. Im Schrifttum ist diese Entscheidung auf Widerspruch gestoßen[57]. Abweichend von RGSt **64** 15 prüft der BGH (vgl. z. B. NStZ **1983** 280) die Frage der Verhandlungsunfähigkeit selbständig. Mit Recht. Denn in der Tat läßt es sich — jedenfalls bei der ständigen (im Gegensatz zur vorübergehenden) Verhandlungsunfähigkeit — nicht begründen, Unterschiede zu machen, je nachdem ob der Richter auf Grund seines persönlichen Eindrucks urteilt oder ob seiner Auffassung etwa nur das Gutachten eines Sachverständigen zugrunde liegt. Auch hier gilt jedoch, daß im allgemeinen das Revisionsgericht zu eigenen Ermittlungen keinen Anlaß haben wird, wenn es erkennt, daß der Tatrichter sich bemüht hat, sich mit Hilfe eines Sachverständigen und auf Grund eigener unmittelbarer Wahrnehmungen ein zutreffendes Bild von der psychischen und physischen Beschaffenheit des Angeklagten zu verschaffen[58].

VII. Nachprüfung des Rechtsmittelgerichts bezgl. der Verfahrensvoraussetzungen der Vorinstanz

35   **1. Allgemeines. Bei Zulässigkeit** des Rechtsmittels hat das Rechtsmittelgericht grundsätzlich auch zu prüfen, ob für die **Tätigkeit der Vorinstanzen** die speziellen Prozeßvoraussetzungen für ihr Verfahren gegeben waren. Das Revisionsgericht prüft also, wenn gegen die Sachentscheidung des Berufungsgerichts form- und fristgerecht Revision eingelegt ist, ob gegen das Urteil des Amtsgerichts rechtzeitig Berufung eingelegt war, und es prüft, wenn das Amtsgericht eine Sachentscheidung gefällt hat, nachdem ein vorangegangenes Strafbefehlsverfahren durch Einspruch in das ordentliche Hauptverfahren übergeleitet war, ob der Rechtsbehelf form- und fristgerecht angebracht worden ist. Denn wenn diese Fragen zu verneinen sind, so stand in den Vorinstanzen dem Erlaß eines Sachurteils das Verfahrenshindernis der Rechtskraft entgegen. Wenn also das Revisionsgericht feststellt, daß der Einspruch gegen den Strafbefehl verspätet eingelegt war, so verwirft es den Einspruch als unzulässig und hebt die in Verkennung der bereits eingetretenen Rechtskraft ergangenen Urteile des Amtsgerichts und das Berufungsgerichts auf[59]. Das gleiche gilt, wenn das Amtsgericht in einer Bußgeldsache trotz verspäteten Einspruchs sachlich durch Urteil entschieden hat (*Göhler*[8] § 70, 8). Zur Frage der Nachprüfbarkeit durch das Revisionsgericht, wenn der Angekl. mit der Revision gegen ein Verwerfungsurteil des Berufungsgerichts nach § 329 Abs. 1 geltend macht, er habe unter der Anschrift, unter der ihm die Ladung zur Hauptverhandlung im Wege der Ersatzzustellung zugestellt wurde, keine Wohnung gehabt, vgl. BayObLG NStZ **1986** 281 (Vorlegung nach § 121 Abs. 2 GVG).

36   **2. Vorrang des Verbots der reformatio in peius.** Hat aber das Amtsgericht, die Verspätung des Einspruchs übersehend, auf eine gegenüber dem Strafbefehl mildere Strafe erkannt, so muß, wenn der Angeklagte Berufung eingelegt hat, das Berufungsge-

---

[57] *Eb. Schmidt* I 197; weit. Nachw. bei LR-*Hanack* § 337, 40 Fußn. 70; s. auch LR-*Rieß* § 206 a, 29, 33.
[58] Vgl. BGH NStZ **1984** 329; LR-*Hanack* aaO.

[59] BGHSt **13** 306 = NJW **1960** 109; BGHSt **26** 183 = NJW **1975** 2027 mit weit. Nachw.; *Hanack* JZ **1974** 56; LR-*Hanack* § 337, 51.

richt auch hier dem Verbot der Verschlechterung (§ 331) Rechnung tragen und darf unter Aufhebung des angefochtenen Urteils den Einspruch nur mit der Maßgabe als unzulässig verwerfen, daß es bei der herabgesetzten Strafe verbleibt[60]. Das gleiche gilt für das Revisionsgericht, wenn der Angeklagte Revision einlegt, nachdem das Berufungsgericht, die bereits eingetretene Rechtskraft des Strafbefehls übersehend oder verkennend, die Strafe gegenüber dem ersten Urteil herabsetzte. Entsprechendes muß dann aber auch gelten, wenn der Vorderrichter in anderer Weise gegen den Grundsatz ne bis in idem verstieß, also z. B. das Berufungsgericht übersah, daß die Berufung sich nur gegen den Strafausspruch richtete und den schon rechtskräftig gewordenen Schuldspruch zum Vorteil des Angeklagten abänderte[61] oder bei einer Beschränkung der Berufung auf die Ablehnung der Strafaussetzung zur Bewährung die Rechtskraft des Strafausspruchs übersah und die Strafe herabsetzte[62]. Auch hier muß das Revisionsgericht dem Verbot der Verschlechterung (§ 358) Rechnung tragen. Eine solche Behandlung ist allerdings nur möglich und gerechtfertigt, wenn man davon ausgeht, daß ein im Widerspruch zu dem Grundsatz ne bis in idem ergangenes Urteil nicht schlechthin nichtig ist, sei es, daß man überhaupt dem Verstoß gegen das Verbot der Doppelbestrafung die Folge der Nichtigkeit der späteren Entscheidung abspricht, sei es, daß man mit BGHSt **13** 306[63] die Nichtigkeit jedenfalls dann verneint, wenn der **Verstoß sich innerhalb desselben Verfahrens** in verschiedenen Abschnitten oder Rechtszügen ereignet. Vgl. dazu Kap. **12** 57 und Kap. **16** 10.

VIII. Zusammentreffen von Verfahrenshindernissen.

Außer dem zuvor erörterten Fall, daß ein Rechtszughindernis und ein allgemeines Verfahrenshindernis zusammentreffen, ist auch eine **Konkurrenz mehrerer** allgemeiner **Verfahrenshindernisse** möglich, z. B. fehlender Strafantrag neben Verjährung. Dieser Fall bietet im allgemeinen keine Probleme: die Verfahrenshindernisse sind grundsätzlich rechtlich gleichwertig, und es spielt keine Rolle, ob die Einstellung aus dem einen oder dem anderen Grunde oder aus beiden Gründen ausgesprochen wird, wenn beide Verfahrenshindernisse dargetan sind. Ein **Rangverhältnis** zwischen mehreren Verfahrenshindernissen besteht nach der Rechtsprechung nur, wenn die Niederschlagung durch ein Straffreiheitsgesetz mit anderen Verfahrenshindernissen (fehlender Strafantrag, Verjährung) zusammentrifft. Dann haben diese vor der Niederschlagung den Vorrang, weil es für den Beschuldigten in der Wertung der Öffentlichkeit im allgemeinen beschwerender wirkt, wenn er „nur" auf Grund einer allgemeinen Amnestie aus dem Verfahren entlassen wird[64]. Im übrigen kann das Rangverhältnis eine gewisse Rolle spielen, wenn neben einem liquiden vorübergehenden Hindernis, das nur diesem anhängigen Verfahren ein Ende setzt — wie z. B. die Abgeordnetenimmunität bei fehlender Verfolgungsgenehmigung — ein dauerndes unbehebbares Hindernis, das auch jede künftige Verfolgung ausschließt — wie z. B. Verjährung — in Frage steht.

37

---

[60] BGHSt **18** 127 = NJW **1963** 166; Bay-ObLGSt **1953** 34; OLG Hamm NJW **1970** 1092; LR-*Hanack* § 358, 20; LR-*Schäfer*[23] § 411, 4.

[61] Vgl. dazu OLG Bremen JZ **1958** 546 mit Anm. *Spendel.*

[62] OLG Oldenburg NJW **1959** 1983.

[63] = NJW **1960** 109; ebenso BGHSt **18** 127 = NJW **1963** 166.

[64] So für das Verhältnis von Amnestie zu fehlendem Strafantrag RG DStR **1937** 206, und von Amnestie zu Verjährung RG HRR **1939** Nr. 1014; BGHSt **12** 15; s. auch LR-*Gollwitzer* § 260, 100; Zweifel gegen ein solches Rangverhältnis bei LR-*Rieß* § 206 a, 49.

Karl Schäfer

Dann wird grundsätzlich wegen der Abgeordnetenimmunität eingestellt; die Fürsorgepflicht kann aber gebieten, die Verjährungsfrage zu prüfen, wenn dies ohne besondere Schwierigkeiten und Zeitverlust möglich ist.

IX. Geltung des Grundsatzes „in dubio pro reo"

38   **1. Problemstellung.** Eine Verurteilung setzt in **sachlichrechtlicher** Beziehung voraus, daß das Gericht in tatsächlicher Hinsicht die Überzeugung von einem **bestehenden** staatlichen **Strafanspruch** erlangt hat, d. h. die Überzeugung (Kap. **13** 50), daß positiv der Angeklagte alle Merkmale des gesetzlichen Tatbestandes rechtswidrig und schuldhaft verwirklicht hat und daß negativ keinerlei Strafausschließungs- und Strafaufhebungsgründe sachlichrechtlicher Art ihm zur Seite stehen; nicht behebbare Zweifel an dem Vorliegen dieser Voraussetzungen wirken sich zugunsten des Angeklagten aus („in dubio pro reo")[65], sofern nicht das Gesetz selbst Ausnahmen vorsieht, so, wenn z. B. § 60 StGB Offensichtlichkeit des Verfehltseins von Strafe fordert. Die Frage, ob dieser für das materielle Recht entwickelte Satz überhaupt auf nicht behebbare Zweifel hinsichtlich der Prozeßvoraussetzungen übertragbar ist, wird im allgemeinen bejaht[66]. Eine andere Betrachtungsweise verneint zwar dogmatisch diese Anwendbarkeit des Grundsatzes „in dubio pro reo", zieht aber aus der Funktion der Prozeßvoraussetzung als Zulässigkeitsbedingung für das weitere Prozedieren mit dem Ziel der Gewinnung einer Sachentscheidung Folgerungen, die sich im Ergebnis weitgehend mit demjenigen bei Anwendung der Wohltat des Zweifels decken[67]. Noch nicht abschließend geklärt ist aber die Frage, ob der Grundsatz der Wohltat des Zweifels allgemein oder nur mit Einschränkungen für die Prozeßvoraussetzungen (d. h. für ihre *tatsächlichen* Grundlagen) mit der Wirkung gilt, daß ein Sachurteil nicht ergehen kann, wenn nicht zur Überzeugung des Gerichts die Prozeßvoraussetzung vorliegt oder — negativ ausgedrückt — wenn nicht auszuschließen ist, daß ein Verfahrenshindernis vorliegt.

39   **2. Frühere Betrachtungsweisen.** Das Reichsgericht hatte hinsichtlich der **Niederschlagung** durch ein Straffreiheitsgesetz in ständiger Rechtsprechung[68] unter weitgehender Zustimmung des Schrifttums die Geltung der Zweifelsbegünstigung mit der Begründung verneint, bei der Niederschlagung handele es sich um einen ausnahmsweise ergehenden Eingriff in den regelmäßigen Gang der Rechtspflege; dem Ausnahmecharakter entsprechend könne sie nur da eingreifen, wo ihre Voraussetzungen — es handelte sich dabei vornehmlich um den amnestieerheblichen Zeitpunkt der Tatbegehung — voll nachgewiesen seien. Als aber im Lauf der Zeit die Amnestievoraussetzungen durch den Einbau einschränkender und ausschließender Merkmale (Not, Gewinnsucht, gemeine Gesinnung, Vorstrafen) mehr und mehr verfeinert wurden, gewann die Auffassung Boden, daß wenigstens bei der Feststellung dieser Merkmale der Satz „in dubio pro reo" anzuwenden sei, weil es sich wiederum um Ausnahmen von der Regel der Gewährung der Straffreiheit handele[69]. Diese Konstruktion einer Ausnahme von der Ausnahme zeigt die Brüchigkeit einer verschiedenartigen Behandlung der einzelnen tatsäch-

---

[65] Wegen des Schrifttums zu diesem Grundsatz s. die Schrifttumsangaben zu § 261. Zum Verhältnis der Wahrunterstellung nach § 244 Abs. 3 zum Grundsatz „in dubio pro reo" („vorweggenommene Anwendung" dieses Grundsatzes) s. *Roxin*[19] § 43 C II; *Schlüchter* 553.3.

[66] Nachweise bei LR-*Rieß* § 206 a, 28 ff.
[67] So – im Anschluß an *Sulanke* 72 ff – LR-*Rieß* § 206 a, 30 ff.
[68] RGSt **71** 263; **72** 5; **72** 25.
[69] BGH JR **1954** 355 mit Anm. *Nüse*.

lichen Amnestievoraussetzungen; ein überzeugender Grund für eine solche Differenzierung läßt sich nicht aufstellen[70]. Der vom Reichsgericht entwickelte Gedanke, daß Verfahrenshindernisse, die „ausnahmsweise in den regelmäßigen Gang der Rechtspflege eingreifen", voll nachgewiesen werden müßten, wirkte aber z. T. noch nach. So besagte BGH bei *Dallinger* MDR **1973** 902[71], in dubio pro reo gelte nicht für das Verfahrenshindernis der Verhandlungsunfähigkeit, weil der Angeklagte normalerweise verhandlungsfähig sei. In der Folgezeit hat BGH NStZ **1983** 280 (dort machte der Verteidiger nachträgliche Zweifel geltend, ob der Angekl. bei der Erteilung der Ermächtigung zur Zurücknahme der Revision verhandlungsfähig gewesen sei) unter Berufung auf BGH MDR **1973** 902 die Geltung von „in dubio…" bei Zweifel an der Verhandlungsfähigkeit erneut verneint, aber in BGH NStZ **1984** 520 zu BGH MDR **1973** 902 einschränkend dahin Stellung genommen, diese Entscheidung „bedeutet, daß eine auf Verletzung des § 230 Abs. 1 StPO gestützte Verfahrensbeschwerde nur Erfolg haben kann, wenn der Verstoß nachgewiesen ist. Daran ist festzuhalten." Zu verneinen sei dagegen die davon zu unterscheidende Frage, ob die Hauptverhandlung gegen einen Angeklagten durchgeführt werden dürfe, wenn der *Tatrichter* Zweifel an dessen Verhandlungsfähigkeit hat und die in den §§ 231 Abs. 2, 231 a StPO bezeichneten Voraussetzungen nicht vorliegen. Auch bei dem Verfahrenshindernis der res iudicata wollte OLG Hamm NJW **1960** 1784[72] das Verfolgungsverbot des § 22 Abs. 2 a. F StVG (jetzt: § 56 Abs. 4 OWiG), also das Verfahrenshindernis des ne bis in idem nur eingreifen lassen, wenn die Erteilung einer gebührenpflichtigen Verwarnung voll nachgewiesen war. Auch diese Folgerung wird im Schrifttum ganz überwiegend abgelehnt[73].

BGHSt 1 207 wollte zwischen Prozeßvoraussetzungen und Prozeßhindernissen **40** unterscheiden und nur bei ersteren den genannten Grundsatz gelten lassen. Diese Unterscheidung fand aber keine Zustimmung, denn ein solcher Unterschied besteht nicht (oben Rdn. 6).

Nach anderer Auffassung[74] ließ sich entgegen den Auffassungen im Schrifttum, **41** die allgemein den Zweifelsgrundsatz, wenn auch z. T. mit verschiedener Begründung, auf die tatsächlichen Grundlagen erstrecken wollten[75], die Geltungsfrage **nicht einheitlich** beantworten, sondern bedürfe jeweils einer **besonderen Prüfung** für die einzelnen Hindernisse. Auch nach BGHSt 18 274, 277[76] verbieten die Grundsätze der Gerechtigkeit und Rechtssicherheit „eine schablonenhafte Antwort, die einheitlich gelten könnte".

3. Veränderte Fragestellung. Bei den in der täglichen Rechtshandhabung häufig- **42** sten Fällen hat sich aber seitdem eine verhältnismäßig **weitgehende Übereinstimmung,** eine „herrschende Meinung" ergeben, und es fragt sich, ob sich auf dieser Grundlage nicht eine generelle Antwort finden läßt, die so lange Geltung beansprucht, bis sich bei bestimmten Hindernissen erweist, daß eine Ausnahme geboten ist.

a) Verjährung. Entgegen der früheren Rechtsprechung ist seit BGHSt **18** 274 **43** jetzt wohl allgemein[77] anerkannt, daß der nicht behebbare, auf tatsächlichem Gebiet lie-

---

[70] *Stree*, in dubio pro reo S. 68 ff mit Nachw.
[71] S. auch OLG Hamburg MDR **1979** 426; BVerfG MDR **1980** 374.
[72] Vorlegungsbeschluß wegen beabsichtigter Abweichung von BayObLGSt **1956** 70.
[73] Vgl. zum Stand der Kontroverse KMR-*Paulus* § 244, 335, aber auch *Göhler*[8] § 56, 44.

[74] Z. B. KG JR **1954** 470; *Sarstedt/Hamm* 395; *Sax* JZ **1958** 178.
[75] Z. B. *Henkel* 353; *Peters*[2] 249; *Eb. Schmidt* I 98; *Mann* ZStW **76** (1964) 264.
[76] = NJW **1963** 1209 = LM Nr. 13 zu § 67 a. F StGB mit Anm. *Hengsberger* = JZ **1963** 605 mit Anm. *Eb. Schmidt*.
[77] Nachw. bei LR-*Rieß* § 206 a, 29 Fußn. 78.

Karl Schäfer

gende Zweifel, ob die Verfolgung der Tat **verjährt** ist, zugunsten des Angeklagten aus-
schlägt, denn „Gerechtigkeit und Rechtssicherheit stehen miteinander besser in Einklang, wenn sich das Verlangen nach Bestrafung des Schuldigen dem Anliegen unterordnet, ihn nicht in — möglicherweise — durch Verjährung wiedererlangter Rechtssicherheit anzutasten, als wenn es dieses Anliegen zurückdrängt und dabei die etwaige
Ungesetzlichkeit der Strafe in Kauf nimmt. Ein Verdacht ungesetzlichen Strafens schadet dem Vertrauen in die Rechtssicherheit der Strafrechtspflege mehr, als es die Gerechtigkeit befriedigt, wenn der Täter — nach langer Zeit — doch noch zur Rechenschaft
gezogen wird" (BGH aaO). Das gilt naturgemäß nicht nur bei Zweifeln, wann die Tat
begangen ist, sondern auch bei tatsächlichen Zweifeln anderer Art, z. B. über den Zeitpunkt einer wirksamen Verjährungsunterbrechungshandlung, soweit hier nach § 78 c
StGB, insbes. Absatz 2 noch Raum für solche Zweifel bleibt.

44   **b) Strafantrag.** Daß tatsächliche Zweifel, ob ein **wirksamer Strafantrag** vorliegt,
zugunsten des Angeklagten wirken, ist seit jeher anerkannt[78]. Das gilt auch dann, wenn
der Tatrichter, um die Rechtzeitigkeit des Strafantrags darzutun, tatsächliche Feststellungen über den Zeitpunkt der Tatbegehung getroffen hat, die vom Revisionsgericht im
Wege des Freibeweises angestellten Ermittlungen aber zu einem non liquet führen
(BGHSt **22** 90).

45   **c)** Der Grundsatz in dubio pro reo gilt bei tatsächlichen Zweifeln über den **Verbrauch der Strafklage.** BayObLG NJW **1969** 2118 hat zutreffend dargelegt, daß abweichende und einschränkende Auffassungen, wie sie früher in Rechtsprechung und
Schrifttum vertreten wurden, durch BGHSt **18** 274 überholt seien. Das leuchtet schon
deshalb ein, weil der verfassungsmäßig (Art. 103 Abs. 3 GG) garantierte Grundsatz ne
bis in idem keine geringere Wirkung entfalten kann als die Verjährung[79].

46   **d) Wirksamkeit eines Rechtsmittels oder Rechtsbehelfs.** Bei den speziellen **Prozeßvoraussetzungen des Rechtsmittelverfahrens** und eines sonstigen durch Ergreifung eines
Rechtsbehelfs eröffneten Nachprüfungsverfahrens ist streitig, ob bei einem Zweifel über
die Wirksamkeit des Rechtsmittels oder Rechtsbehelfs, soweit er sich auf die tatsächlichen Umstände der Einlegung oder des Weiterbestehens bezieht, überhaupt der Grundsatz in dubio pro reo Anwendung findet, und ob z. B. unter diesem Gesichtspunkt ein
vom Angeklagten eingelegtes Rechtsmittel als rechtzeitig eingelegt anzusehen ist, wenn
ein nicht aufklärbarer **Zweifel über den Zeitpunkt der Einlegung** besteht[80]. Nicht hierher gehören die Fälle, in denen ein Zweifel über die Rechtzeitigkeit sich aus Zweifeln
über den Fristbeginn ergeben könnte. Dieses Problem läßt sich formal (und auf dieser
Grundlage zugunsten des Rechtsmittelführers) lösen. So wird z. B. argumentiert, die
Frist für den Einspruch gegen einen Strafbefehl oder Bußgeldbescheid beginne erst mit
der förmlichen Zustellung dieser Entscheidungen zu laufen, und wenn ein Zustellungs-
nachweis nicht auffindbar sei, müsse der Einspruch als rechtzeitig behandelt werden[81].

---

[78] RGSt **47** 238; BGHSt **22** 90; BayObLGSt
1961 66; OLG Celle NJW **1963** 68; OLG
Stuttgart NStZ **1981** 184; Schrifttumsnachw.
bei LR-*Rieß* § 206 a, 29 Fußn. 76.

[79] So auch LR-*Rieß* § 206 a, 29; *Sarstedt/
Hamm* 398.

[80] Eingehende Nachw. über den Streitstand
bei KMR-*Paulus* § 244, 340 ff.

[81] OLG Braunschweig GA **1974** 152. Dazu als

Parallele BVerfGE **36** 85, 88: bestreitet der
Beschwerdegegner, daß ihm die Beschwerde
zur Gegenerklärung mitgeteilt worden sei
(§ 308), so ist trotz des in den Akten enthaltenen Absendevermerks von der Nichtmittei-
lung auszugehen; da Postsendungen verlorengehen können, besteht keine Vermutung für den Zugang.

Unproblematisch ist der Fall, daß schon der Eingang eines Rechtsmittels als solcher zweifelhaft ist; dann kann es nicht mit Hilfe von „in dubio ..." als eingelegt gelten[82]. Ebenso ist „in dubio ..." unanwendbar, wenn zweifelhaft bleibt, ob der die Rücknahme eines Rechtsmittels enthaltende Schriftsatz bei dem zuständigen Gericht eingegangen ist; es ist also über das Rechtsmittel zu entscheiden[83].

46a Überwiegend wird im Bereich der hiernach problematischen Fälle **verneint**, daß der Satz in dubio pro reo die Grundlage für die Entscheidung bilden könne. Die Begründung dafür ist nicht einheitlich. So wird etwa geltend gemacht, ob ein Rechtsmittel als rechtzeitig eingelegt zu behandeln sei, könne unmöglich von dem späteren sachlichrechtlichen Ausgang des Verfahrens abhängig gemacht werden[84]. Nach anderer Auffassung bildet der Satz vom Ausschlag des Zweifels zugunsten des Angeklagten deshalb keine Entscheidungsgrundlage, weil die Frage, ob ein Rechtsmittel bei unbehebbaren Zweifeln als rechtzeitig eingelegt zu behandeln ist, nur **einheitlich für alle Verfahrensbeteiligten** beantwortet werden könne, also gleichviel, ob es sich um ein Rechtsmittel des Angeklagten oder um ein zu seinen Ungunsten eingelegtes Rechtsmittel der Staatsanwaltschaft, des Privat- oder Nebenklägers handelt (BGH NJW **1960** 2202). Die von dieser Grundlage aus unternommenen Lösungsversuche gelangen zu sehr verschiedenen Ergebnissen mit widersprechenden Maximen („im Zweifel zugunsten der Rechtskraft"; „im Zweifel zugunsten des Rechtsmittels").

47 Bei der Lösung des Problems bildet z. T. die Erwägung den **Ausgangspunkt**, daß die Rechtskraft automatisch durch Fristablauf eintrete, wenn sie nicht durch einen Gegenakt, durch rechtzeitige Einlegung eines Rechtsmittels gehemmt wird (§§ 316, 343, 410 Abs. 1 StPO). Daraus wird — gewissermaßen unter dem Gesichtspunkt des Verhältnisses von Regel zur Ausnahme — gefolgert, daß die Rechtskraft nur entfalle, wenn die Rechtzeitigkeit des Rechtsmittels feststeht; ist dies bei dem vom Angeklagten eingelegten Rechtsmittel nicht der Fall, so hat die Rechtssicherheit den Vorrang vor dem Verteidigungsbedürfnis des Angeklagten. Es gilt dann also der Grundsatz: **im Zweifel zugunsten der Rechtskraft**; gegenüber dem Vorwurf einer unbilligen Verkürzung der Belange des Angeklagten wird auf die Möglichkeit einer Wiedereinsetzung in den vorigen Stand verwiesen[85]. In der gleichen Richtung liegt BGHSt 10 245[86]: hat der Verteidiger das von ihm eingelegte Rechtsmittel zurückgenommen und ist nicht aufklärbar, ob der Angeklagte die Rücknahmeermächtigung (§ 302 Abs. 2) vor oder nach der Rücknahme widerrufen hatte, so geht, nachdem der Angeklagte einmal dem Verteidiger die Rücknahmeermächtigung erteilt hatte, die Ungewißheit, ob er sie rechtzeitig widerrufen hatte, zu seinen Lasten („im Zweifel für Fortbestand der Rücknahmeermächtigung", d. h. praktisch „im Zweifel zugunsten der Rechtskraft"). Wie BGHSt 10 245 auch wieder BGH NStZ **1983** 469 (dort hatte der Angeklagte am 8. 12. im Anschluß an die Urteilsverkündung den Verteidiger zum Rechtsmittelverzicht ermächtigt, den dieser mit Schreiben vom 9. 12., eingegangen bei Gericht am 10. 12. vormittags, erklärte. Noch mit Schreiben vom 8. 12. hatte der Angeklagte die zuvor erteilte Ermächtigung zum Rechtsmittelverzicht widerrufen, das aber erst am 10. 12. zu einem nicht näher feststellbaren Zeitpunkt des Vormittags bei der Kanzlei des Rechtsanwalts einging. Die Ungewißheit,

---

[82] OLG Hamm NStZ **1982** 43.

[83] OLG Düsseldorf JZ **1985** 300; NStZ **1986** 42.

[84] OLG Celle NdsRpfl. **1967** 137; **1982** 140.

[85] So KG JR **1954** 470 mit abl. Anm. *Sarstedt*; OLG Düsseldorf NJW **1964** 1684 mit abl.

Anmerkung. *Schürmann* NJW **1964** 2265; OLG Stuttgart MDR **1981** 424.

[86] = JZ **1958** 179 mit abl. Anm. *Sax*; NStZ **1983** 469; s. auch *Dünnebier* JR **1957** 349; *Jescheck* GA **1959** 84; *Kleinknecht/Meyer*[37] § 302, 17.

Karl Schäfer

ob der Widerruf rechtzeitig vor dem Eingang der Verzichtserklärung beim Gericht erfolgte, geht zu Lasten des Angeklagten).

48   Im **entgegengesetzten Sinn** hat aber BGH NJW **1960** 2202 den Fall entschieden, daß an ein und demselben Tag innerhalb der Anfechtungsfrist ein Rechtsmittelverzicht des Angeklagten und eine zeitlich später von ihm angefertigte Rechtsmittelschrift bei Gericht eingingen und nicht festgestellt werden konnte, welche der beiden Erklärungen zeitlich früher eingegangen war. Der BGH nimmt — im Gegensatz zu KG JR **1954** 470 — an, daß das Rechtsmittel als rechtzeitig eingelegt zu behandeln sei. Wenn nämlich die Rechtzeitigkeit des Rechtsmittels in Frage stehe, so sei es nach §§ 319, 346 nur als unzulässig zu verwerfen, wenn es verspätet sei; der Richter müsse also die Überzeugung von der Verspätung erlangt haben und bei einem nicht behebbaren Zweifel von der Rechtzeitigkeit der Einlegung ausgehen. Der Vorwurf von OLG Celle NdsRpfl. **1967** 137, daß der BGH die Wirksamkeit der Einlegung „vornehmlich aus Gründen reiner Wortinterpretation" folgere, ist insofern nicht begründet, als der BGH sein Ergebnis an dem Erfordernis der Rechtssicherheit mißt, wenn er ausführt: „Die Rechtssicherheit wird nicht dadurch gefährdet, daß ein Rechtsmittel als zulässig behandelt wird, sofern nicht seine verspätete Einlegung feststeht. Das Gesetz geht von dem Gedanken aus, daß in den Fällen, in denen ein Rechtsmittel vorgesehen ist, die Nachprüfung im nächsthöheren Rechtszug grundsätzlich der gerechteren Entscheidung der Sache dient. Gerade dadurch wird die Rechtssicherheit am besten gewährt." Zuzugeben ist aber, daß die Argumentation aus dem Wortlaut der §§ 319, 346 nicht zwingend ist — die §§ 316, 343 lassen sich ebensogut dahin auslegen, daß die Rechtskraft nur durch rechtzeitige Einlegung gehemmt wird und daß als verspätet i. S. der §§ 319, 346 ein Rechtsmittel zu verwerfen ist, wenn seine Rechtzeitigkeit nicht feststeht — und daß die hier zutage tretenden Vorstellungen von der Bedeutung der Rechtssicherheit (Rechtssicherheit = Ermöglichung besserer Rechtsfindung) sich von den Vorstellungen entfernen, die üblicherweise mit dem Begriff der Rechtssicherheit verbunden werden.

49   Das zeigt sich alsbald, wenn bei einem **von der Staatsanwaltschaft zuungunsten des Angeklagten** eingelegten Rechtsmittel unbehebbare Zweifel bestehen, ob es rechtzeitig eingelegt ist. Nach OLG Celle NdsRpfl. **1967** 137, dem OLG Hamburg NJW **1975** 1750 zustimmt, ist ein solches Rechtsmittel als unzulässig zu verwerfen, denn aus Gründen der Rechtssicherheit (oder der Gerechtigkeit) müsse der Angeklagte sicher sein dürfen, daß er nicht in ein Rechtsmittelverfahren hineingezogen wird, das die Möglichkeit eines für ihn ungünstigen Ausgangs eröffnet, ohne daß sich die Wirksamkeit der Rechtsmitteleinlegung feststellen läßt: „Ein Angeklagter darf nicht darunter leiden, daß das Rechtsmittel möglicherweise nicht verspätet ist." Aber mit Rücksicht auf den in BGH NJW **1960** 2202 ausgesprochenen Grundsatz, daß die Frage, ob ein Rechtsmittel bei unbehebbaren Zweifeln an der Rechtzeitigkeit seiner Einlegung als rechtzeitig zu behandeln sei[87], für alle verfahrensbeteiligten Rechtsmittelführer nur einheitlich beantwortet werden könne, sieht sich OLG Celle nunmehr zu der Folgerung veranlaßt, daß auch das vom Angeklagten oder von der **Staatsanwaltschaft zu seinen Gunsten** eingelegte Rechtsmittel bei unaufklärbaren Zweifeln an der Rechtzeitigkeit der Einlegung als unzulässig zu verwerfen sei. Es gilt danach eben doch der Grundsatz „im Zweifel zugunsten der Rechtskraft", weil es „Sinn der strengen Fristbestimmungen nun einmal ist, daß die vorgeschriebenen Fristen eingehalten sein müssen; daß sie möglicherweise gewahrt

---

[87] Dem meist zugestimmt wird; vgl. auch OLG Karlsruhe NJW **1981** 138; *Schlüchter* 672.2 mit weit. Nachw.

sind, kann nicht genügen". Damit setzt sich das OLG Celle in offenen Widerspruch zu BGH NJW **1960** 2202, und seine Darlegungen, daß eine Vorlegungspflicht nach § 121 Abs. 2 GVG nicht bestehe, lassen sich kaum halten.

Im Ergebnis zeigt sich, daß sich BGH NJW **1960** 2202 mit dem Grundsatz „im **50** Zweifel zugunsten des Rechtsmittels, gleichviel von wem es eingelegt ist", nicht allgemein in der Rechtsprechung der Oberlandesgerichte durchzusetzen vermochte; so hielten OLG Düsseldorf NJW **1964** 1684; OLG Celle NdsRpfl. **1967** 137 an dem Grundsatz „im Zweifel zugunsten der Rechtskraft" fest. Das aber erscheint, soweit es sich um das **vom Angeklagten oder zu seinen Gunsten eingelegte Rechtsmittel** handelt, unbillig. Da jedoch auf der anderen Seite nicht zu leugnen ist, daß sein von OLG Celle aaO zutreffend dargelegtes Interesse an Rechtssicherheit mit dem von BGH NJW **1960** 2202 aufgestellten Grundsatz der Gleichbehandlung aller Rechtsmittel nicht in Einklang zu bringen ist, fragt es sich, ob nicht doch — ungeachtet aller theoretischen Skrupel über den Anwendungsbereich des Grundsatzes in dubio pro reo — eben die konsequente Durchhaltung dieses Grundsatzes zu billigen Ergebnissen führt.

Den **Ausgangspunkt** böte dann die in BGHSt **18** 274, 278 angestellte Erwägung, **51** daß „Gerechtigkeit und Rechtssicherheit miteinander besser im Einklang stehen, wenn sich das Verlangen nach Bestrafung des Schuldigen dem Verlangen unterordnet, ihn nicht in möglicherweise... wiedererlangter Rechtssicherheit anzutasten, als wenn es dieses Anliegen zurückdrängt und dabei die etwaige Ungesetzlichkeit der Strafe in Kauf nimmt. Ein Verdacht ungesetzlichen Strafens schadet dem Vertrauen in die Rechtsstaatlichkeit der Strafe mehr, als es die Gerechtigkeit befriedigt..." Das ist freilich nur für die Verjährung ausgesprochen, aber diese Erwägungen sind ganz allgemeingültiger Art und fordern auch bei Zweifeln über die speziellen Verfahrensvoraussetzungen eines zuungunsten des Angeklagten eingelegten Rechtsmittels Beachtung. Unter diesen Gesichtspunkten erscheint die Forderung **vertretbar, die These von der Gleichbehandlung aller Rechtsmittel** bei unaufklärbaren Zweifeln über die Rechtzeitigkeit der Einlegung usw. **preiszugeben.** Wenn der Angeklagte selbst ein Rechtsmittel einlegt, so ist er durch das Verbot der reformatio in peius vor einer weitergehenden Bestrafung geschützt; er kann seine Stellung nur verbessern. Ergreift er Rechtsbehelfe, bei denen dies Verbot nicht gilt (§ 411 Abs. 4 StPO; § 71 OWiG), so nimmt er freiwillig das Risiko einer härteren Bestrafung auf sich. Ergreift er keine Rechtsmittel, sei es, daß er dazu keinen Anlaß (und keine Möglichkeit) hat, weil das Urteil auf Freispruch oder Einstellung lautet, sei es, daß er sich mit dem verurteilenden Erkenntnis abfindet, so wird mit ungenutztem Ablauf der Rechtsmittelfrist das Urteil ihm gegenüber unanfechtbar; er erlangt damit einen Besitzstand, der ihm nur entzogen werden kann, wenn rechtzeitig ein Rechtsmittel zu seinen Ungunsten eingelegt ist. Die Rechtsstaatlichkeit mit den ihr immanenten Postulaten der Rechtssicherheit und Gerechtigkeit verlangt dann aber, wie OLG Celle aaO zutreffend dargelegt hat, daß er, wenn eine erweislich rechtzeitig gegen ihn gerichtete Anfechtung nicht erfolgt ist, in seinem Vertrauen auf den erworbenen prozessualen Besitzstand geschützt wird, daß er „nicht darunter leiden darf, daß das Rechtsmittel möglicherweise nicht verspätet ist". Wenn für das Verfahrenshindernis der res iudicata der Grundsatz in dubio pro reo gilt (Rdn. 45), so sollte dies auch in den Fällen gelten, in denen der Zweifel, ob die Sache rechtskräftig erledigt ist, darauf beruht, daß nicht aufklärbar ist, ob das gegen den Angeklagten betriebene Rechtsmittel rechtzeitig eingelegt wurde[88].

---

[88] Wie hier auch OLG Hamburg NJW **1975** 1750 = JR **1976** 254 mit dem Ergebnis zustimmender Anm. *Foth*; LR-*Hanack* § 341, 24 mit weit. Nachw.; a. M *Koffka* ZStW **84** (1972) 668 f; *Schlüchter* 672.1.

Karl Schäfer

52   **4. Ergebnis.** Insgesamt würde das Ergebnis der vorstehenden Einzelerörterungen dahin zusammenzufassen sein, daß der Grundsatz in dubio pro reo (gleichviel ob unmittelbar oder nach seinem Sinngehalt) grundsätzlich überall dort gilt, wo aus tatsächlichen Gründen ein unaufklärbarer Zweifel besteht, ob ein **durchsetzbarer** staatlicher **Strafanspruch** noch besteht[89]. Wenn in BGHSt **18** 274, 277 trotz der weitreichend dieses Ergebnis unterstützenden allgemeinen Erwägungen doch vor einer schablonenhaften Antwort gewarnt wird, die einheitlich gelten könnte[90], so mag dies durch die Vorsicht gerechtfertigt sein, die immer angebracht ist, wenn sich ein oberster Gerichtshof mit dem Teilaspekt eines Problems befaßt, das bis dahin in der Rechtsprechung überwiegend anders behandelt worden ist. Der Nachdruck liegt dabei auf der Warnung vor einer **schablonenhaften** Antwort, und es wäre in der Tat verfehlt, gewaltsam auf die Behandlung nach dem Grundsatz in dubio pro reo dringen zu wollen, wenn neue Fragen hervortreten sollten, bei denen überwiegende Gründe eine andere Behandlung erfordern. Die bisher in den Blickpunkt der Betrachtung getretenen Fälle von dauernden Verfahrenshindernissen scheinen aber zu einer differenzierenden Behandlung keinen Anlaß zu geben.

53   Für die hier vertretene Auffassung von der **Geltung des Grundsatzes** in dubio pro reo **allgemein** für die tatsächlichen Grundlagen von Verfahrenshindernissen, soweit nicht deutlich das Gesetz selbst oder unverzichtbare Bedürfnisse der Rechtspflege dem entgegenstehen, läßt sich auch eine **Erwägung allgemeiner Natur** anführen: Den Ausgangspunkt für die Behandlung der Frage der Erstreckung des genannten Grundsatzes auf die tatsächlichen Grundlagen der Prozeßvoraussetzungen bildete vielfach — ausgesprochen oder empfunden — die an zivilprozessuale Beweislastgrundsätze anklingende Vorstellung, daß einerseits die Entstehung eines staatlichen „Strafanspruchs" voll bewiesen werden müsse, daß andererseits aber auch prozessuale Hindernisse, die sich ausnahmsweise der Durchsetzung des Anspruchs im Verfahren entgegenstellen, voll bewiesen sein müßten. Dem läßt sich aber die andere Betrachtungsweise entgegenstellen, daß der Staat nur dann aburteilend in die Rechtsgüter des einzelnen, in seine Freiheit, seine Ehre, sein Vermögen, eingreifen dürfe, wenn alle Voraussetzungen eines solchen Eingriffs vorliegen und voll bewiesen sind. Auf dem **Gebiet des materiellen Rechts** geht die Entwicklung eindeutig in die Richtung, überall die volle Feststellung der Schuld zu fordern, mit der Wirkung, daß das Anwendungsgebiet des Satzes in dubio pro reo sich entsprechend erweitert. Die früheren Schuld- und Beweisvermutungen sind wohl durchweg beseitigt, insbesondere durch Wegfall der Beweisregel des § 259 a. F StGB bei der Hehlerei. Der alte Satz von der Bedeutungslosigkeit des Strafrechtsirrtums (ignorantia juris nocet) hat im Strafrecht keine Stätte mehr; die den Verbotsirrtum betreffenden Feststellungen aber stehen unter der Herrschaft von der Rechtswohltat des Zweifels. Auch die Figur der schuldunabhängigen objektiven Bedingung der Strafbarkeit ist in ihrem früheren Hauptanwendungsbereich, beim Widerstand gegen Vollstreckungsbeamte, durch § 113 Abs. 3, 4 n. F StGB weggefallen. Es ist angesichts dessen nur folgerichtig, wenn auch die **Rechtsentwicklung auf dem Gebiet verfahrensrechtlicher Voraussetzungen** für eine Bestrafung sich parallel vollzieht in dem Sinn, daß grundsätzlich auch hier die volle Überzeugung von dem Vorliegen der Voraussetzungen (in tatsächlicher Beziehung) gefordert wird, von denen die Zulässigkeit einer Strafe abhängt.

---

[89] So auch *Gössel* § 15 B II; *Roxin*[19] § 15 D 3 b; *Schlüchter* 389, 390; *Volk* Prozeßvoraussetzungen S. 229 Fußn. 229; s. auch *Kleinknecht/Meyer*[37] § 261, 34; KMR-*Paulus* § 244, 331.

[90] Und das Festhalten an dieser Auffassung z. B. darin zum Ausdruck kommt, daß in BGH NStZ **1983** 280 mit Nachw. bei Zweifeln an der Verhandlungsfähigkeit die Anwendbarkeit von in dubio pro reo verneint wird.

X. Verfahren nach erkanntem Verfahrenshindernis. Folgen der Nichtbeachtung

Ergibt die Nachforschung, daß eine Verfahrensvoraussetzung fehlt, und ist die **54** alsbaldige Beseitigung des Mangels nicht — wie z. B. bei fehlendem Strafantrag durch dessen fristgemäße, auch in der Revisionsinstanz noch zulässige[91] Nachholung — durchführbar, so muß gemäß §§ 260 Abs. 3, 206 a grundsätzlich das Verfahren je nach Lage durch Urteil oder Beschluß eingestellt werden[92], und zwar, wenn mit späterer Behebung des Mangels gerechnet werden kann, vorläufig, andernfalls endgültig. Doch muß oder kann **ausnahmsweise** dem Verfahrenshindernis auch **in anderer Weise als durch Einstellung** Rechnung getragen werden. So führt fehlende sachliche Zuständigkeit im allgemeinen zur Verweisung an das sachlich zuständige Gericht; die in der Revisionsinstanz erkannte Verletzung des Innehaltungsgebots nach § 154 e StPO begründet nur die Aufhebung des Urteils und die Zurückverweisung der Sache an die Vorinstanz[93]; bei doppelter Rechtshängigkeit kann ggf. das Revisionsgericht das zuerst ergangene Urteil aufheben und die Vorinstanz zur Verbindung der beiden Verfahren anweisen (BGHSt 10 363; Kap. **12** 20). Auf jeden Fall aber schließt der Mangel der Verfahrensvoraussetzung eine Sachentscheidung durch das mit der Sache befaßte Gericht aus; es ist also auch unzulässig, mit der Einstellung wegen eines Verfahrenshindernisses eine Sachentscheidung, sei es auch nur in der Form eines Schuldausspruchs ohne Strafausspruch, zu verbinden (BGHSt **20** 225, 333, 335). Ergeht trotzdem eine Sachentscheidung, weil das Gericht den Mangel der Verfahrensvoraussetzung nicht erkannt hat oder sich der Unzulässigkeit der Sachentscheidung nicht bewußt geworden ist, so ist diese doch der äußeren und der inneren Rechtskraft fähig; wird sie nicht rechtzeitig angefochten, so ist der Gegenstand des Verfahrens grundsätzlich entsprechend dem Inhalt der Sachentscheidung erledigt[94]. Ob es hiervon in gewissen Fällen Ausnahmen gibt, mit der Folge, daß der Gesetzesverstoß dem Urteil die Beachtlichkeit entzieht, wird im Zusammenhang mit der Behandlung der Frage der Nichtigkeit gerichtlicher Entscheidung zu erörtern sein (Kap. **16**).

XI. Sachaufklärung und Freispruch trotz fehlender Prozeßvoraussetzung

1. Freispruch. Die Pflicht des Gerichts, sich beim Fehlen einer Prozeßvoraussetz- **55** ung einer Sachentscheidung zu enthalten, kann für den Beschuldigten wie für den Verletzten **im Einzelfall zu Unbilligkeiten** führen. Das ist namentlich bei den verschiedenen Amnestien, die in der Zeit seit dem ersten Weltkrieg erlassen worden sind, zutage getreten. Die Niederschlagung eines anhängigen Strafverfahrens kann für den Beschuldigten zur Folge haben, daß ihm die Möglichkeit verlorengeht, durch einen Freispruch von dem erhobenen Verdacht gereinigt zu werden; für den durch eine Beleidigung Verletzten kann sie den Verlust der Rehabilitierungsmöglichkeit bedeuten, wenn über die Unwahrheit oder Nichterweislichkeit der rufgefährdenden Behauptung nicht mehr im Strafurteil entschieden wird. Die neuere Amnestiegesetzgebung ist bemüht, diesen Mängeln abzuhelfen, und zwar, indem sie dem Beschuldigten, der seine Unschuld geltend macht, das Recht einräumt, die Fortsetzung des Verfahrens zu beantragen[95] und dem

---

[91] RGSt **68** 120; BGHSt **3** 74; **6** 157; **29** 228.

[92] RGSt **53** 52; **52** 249; **52** 276; **69** 158.

[93] BGHSt **8** 154; Kap. **12** 131; vgl. auch LR-*Rieß* § 154 e, 17; 22 f.

[94] RGSt **40** 271, 273; **55** 100; **56** 352.

[95] Vgl. die Straffreiheitsgesetze vom 9. 7. 1968

– BGBl. I 773 (§ 9) – und vom 20. 5. 1970 – BGBl. I 509 (§ 11) –. S. dazu auch als vergleichbare Regelungen des allgemeinen Strafverfahrensrechts §§ 153 Abs. 2, 153 a Abs. 1, 2, 153 b Abs. 2, wonach es z. T. schon vor, meist nach Erhebung der Klage zur Ein-

Karl Schäfer

Verletzten das Recht, die Weiterführung des Verfahrens mit dem Ziel einer Feststellung über die Unwahrheit der Behauptung zu beantragen (Kap. **7** 11).

56   Darüber hinaus hat die Rechtsprechung im Interesse der **Rehabilitierung** bei dem Verfahrenshindernis der Niederschlagung die sachentscheidungsausschließende Wirkung wesentlich abgeschwächt, indem sie trotz Eingreifens eines Amnestiegesetzes die Freisprechung auch dann zuläßt und fordert, wenn deren Voraussetzungen nach dem Ergebnis der Hauptverhandlung vorliegen, es also weiterer Aufklärung nicht bedarf[96]. Dieser Grundsatz muß aber auch im Verhältnis zu anderen Verfahrenshindernissen, insbesondere bei der Verjährung durchgreifen[97]. Es muß dann das **Verfahrenshindernis hinter der „Justizgewährungspflicht" zurücktreten**, wenn der Sachverhalt schon im Sinne eines Freispruchs geklärt ist, weil sonst die als Wohltat für den Betroffenen gedachte Einstellung sich zu seinen Ungunsten auswirkte. § 85 des StPO-Entw. 1939 wollte dies durch folgende Vorschrift klarstellen: „Das Gericht stellt das Verfahren ein, wenn ein Verfahrenshindernis besteht und das Ergebnis der Hauptverhandlung den Freispruch nicht begründet"[98]. Ja, es scheint sogar die Auffassung vertretbar, daß das Gericht in Wahrnehmung seiner Fürsorgepflicht, mindestens eines nobile officium, berechtigt ist, die Hauptverhandlung trotz Feststehens eines Verfahrenshindernisses ausnahmsweise fortzusetzen, wenn die Möglichkeit eines Freispruchs sehr naheliegt und die noch erforderliche vollständige Sachaufklärung mit präsenten Beweismitteln und ohne nennenswerte Verzögerung erreichbar ist[99].

57   2. Wenn das Gericht **verfahrenswidrig** trotz feststehenden Verfahrenshindernisses die **Hauptverhandlung** bis zur Sachaufklärung **weiterführt**, die Schuld feststellt und erst dann das Verfahren einstellt, in den Urteilsgründen aber die Schuldfeststellung ausspricht, kann der Angeklagte dagegen nicht mit Erfolg Rechtsmittel mit der Begründung einlegen, daß die Einstellung sofort hätte erfolgen müssen und er durch die Schuldfeststellung in den Urteilsgründen beschwert sei (BGHSt **13** 75). Denn nach herrschender, freilich (namentlich für den Fall des Freispruchs wegen Schuldunfähigkeit statt aus objektiven Gründen) sehr umstrittener Auffassung[100] muß der Angeklagte unmittelbar durch den Inhalt des Spruchs beschwert sein, während eine Beschwer durch die Urteilsgründe nicht genügt. Auch ein Freispruch mangels Beweises nach durchgeführter

---

stellung des Verfahrens aus den in diesen Vorschriften genannten Gründen (geringe Schuld usw.) der Zustimmung des Angeschuldigten bedarf, damit ihm nicht durch ein Verfahrenshindernis der res iudicata (vgl. insbes. § 153 a Abs. 1 Satz 4, Abs. 2 Satz 2) sein Recht auf Durchführung des Verfahrens genommen wird, wenn er mit einem rehabilitierenden Freispruch rechnet (dazu Kap. **13** 84).

[96] RGSt **70** 193; BGHSt **13** 272 = NJW **1959** 2272; BGHSt **20** 333, 335; BayObLGSt **1963** 44, 47; LR-*Schäfer*[23] Vor § 12, 28 GVG.

[97] Vgl. u. a. BGHSt **20** 333, 335; KG NStZ **1983** 561; OLG Celle NJW **1968** 2119; LR-*Gollwitzer* § 260, 100; LR-*Hanack* § 337, 32.

[98] Diese Fassung läßt das, was gewollt war, nicht ganz deutlich erkennen. Der Wortlaut könnte dahin verstanden werden, als ob zunächst die Hauptverhandlung vollständig durchzuführen sei und dann erst die Frage, ob auf Einstellung oder Freispruch zu erkennen sei, sich stelle. Daß die Vorschrift so nicht gemeint war, ergibt sich aus der Begründung zu § 85 (S. 54): „Ist in dem Zeitpunkt, in dem beurteilt werden kann, ob ein Verfahrenshindernis besteht, der Sachverhalt dahin geklärt, daß der Angeklagte gar nicht schuldig ist, so hat ihn das Gericht demnach freizusprechen. Für eine Einstellung des Verfahrens ist nur Raum, wenn in diesem Zeitpunkt die Frage der strafrechtlichen Schuld oder Nichtschuld noch nicht geklärt ist, sondern weiterer Aufklärung bedürfte."

[99] Zustimmend *Hillenkamp* JR **1975** 140; KMR-*Sax* Einl. **IX** 3.

[100] S. dazu Kap. **13** 57, 58.

Hauptverhandlung statt der sofortigen Einstellung wegen eines offen zutage liegenden Verfahrenshindernisses (z. B. Verjährung) beschwert den Angeklagten nicht, weil ihn das freisprechende Urteil nicht schlechter stellt als das Einstellungsurteil, ihn vielmehr insofern begünstigt, als der Freispruch mit der Überbürdung seiner notwendigen Auslagen auf die Staatskasse verbunden ist, während bei alsbaldiger Einstellung wegen eines Verfahrenshindernisses ggf. die Auslagenüberbürdung entfallen kann (§ 467 Abs. 1, Abs. 3 Nr. 2 StPO).

3. Ist im Fall der **Tateinheit oder der Gesetzeskonkurrenz** der schwerere Schuld- **58** vorwurf nicht nachweisbar, während ein Schuld- und Strafausspruch wegen des geringeren Delikts durch ein Verfahrenshindernis ausgeschlossen ist, so lautet das Urteil einheitlich auf Freispruch[101].

---

[101] LR-*Gollwitzer* § 260, 101; BGH bei *Pfeiffer/ Miebach* NStZ **1985** 495 Nr. 17; s. dazu auch wegen eines Sonderfalles *Hertweck* NJW **1968** 1462.

Karl Schäfer

KAPITEL 12

Die hauptsächlichen Prozeßvoraussetzungen (Verfahrenshindernisse)

Übersicht

Stand: 1. 5. 1987

Karl Schäfer

I. Klage und Eröffnungsbeschluß

1   **1. Allgemeines.** Klage und Eröffnungsbeschluß sind Verfahrensvoraussetzungen; sie grenzen das Verfahren in persönlicher und sachlicher Hinsicht gegenüber anderen Personen und Taten ab[1]. Ihr Fehlen — oder, was dem gleichsteht, das Behaftetsein mit Mängeln, die die Abgrenzungsfunktion ausschließen — stellt ein von Amts wegen zu berücksichtigendes Hindernis für das weitere Verfahren dar[2]. Dem Fehlen eines Eröffnungsbeschlusses steht im Fall einer Nachtragsanklage (§ 266) das Fehlen des Einbeziehungsbeschlusses gleich[3].

2   **2. Die Klage.** Der von der Staatsanwaltschaft beherrschte, der Vorbereitung der öffentlichen Klage gewidmete erste Unterabschnitt des Strafverfahrens ist formfreier und unabhängiger gestaltet als die gerichtliche Untersuchung. In ihm können und müssen auch Ermittlungen angestellt werden, die zugleich oder ausschließlich der Aufklärung der Frage dienen, ob das Verfahren zulässig oder ob seine Unzulässigkeit etwa durch den Mangel des Antrags oder durch Verjährung begründet sei. Die Umstände des einzelnen Falls können Anlaß dazu bieten, die Ermittlungen auch durch Untersuchungshandlungen von einschneidender Wirkung, wie durch Anordnung der Beschlagnahme oder der Durchsuchung, der Verhaftung oder der Vorführung, auf die Gefahr hin zu betreiben, daß die Unzulässigkeit des Verfahrens als Ergebnis der Ermittlungen hervortritt. Dagegen ist die Eröffnung einer gerichtlichen Untersuchung nach § 151 StPO durch die Erhebung einer Klage bedingt. Die Untersuchung und Entscheidung des Gerichts erstreckt sich gemäß § 155 StPO immer nur auf die in der Klage bezeichnete Tat und auf den durch sie beschuldigten Menschen. Nur innerhalb dieser Grenzen ist das Gericht zu einer selbständigen Tätigkeit berechtigt. Die Klage ist hiermit als eine Voraussetzung für die Zulässigkeit der gerichtlichen Untersuchung und Entscheidung gekennzeichnet. Abgesehen vom Strafbefehlsverfahren, wo der Klage der Antrag auf Erlaß des Strafbefehls entspricht (§ 407 Abs. 1 Satz 4), kann nur ausnahmsweise — im beschleunigten Verfahren (§ 212) und bei Klageerweiterung (§ 266) — ohne schriftliche Klage und ohne Eröffnungsbeschluß zur Hauptverhandlung geschritten werden.

3. Der Eröffnungsbeschluß

3   **a) Verhältnis von Klage und Eröffnungsbeschluß.** Der Übergang vom Vorverfahren zum gerichtlichen Hauptverfahren erfolgt nach einem Zwischenverfahren (§§ 201, 202) durch den Eröffnungsbeschluß. Nach § 207 a. F hatte er die dem Angeklagten zur Last gelegte Tat unter Hervorhebung ihrer gesetzlichen Merkmale und das anzuwen-

---

[1] **Schrifttum** s. Vor § 199, § 200 und § 207; ferner aus neuester Zeit *Meyer-Goßner* Nachholung fehlender Erstentscheidungen durch das Rechtsmittelgericht, JR **1985** 452; *Palder* Anklage – Eröffnungsbeschluß – Urteil – Eine Trias mit Tücken, JR **1986** 94.

[2] BGHSt **25** 310; weit. Nachw. bei LR-*Rieß* § 206 a, 41 Fußn. 105.
[3] BGH NJW **1970** 904.

dende Strafgesetz zu bezeichnen; in der Hauptverhandlung wurde lediglich der Eröffnungsbeschluß — nicht die Anklage — verlesen (§ 243 Abs. 2 a. F). Damit war klargestellt, daß von seinem Ergehen ab der Eröffnungsbeschluß die Grundlage des weiteren Verfahrens bildete mit der Folge, daß das Fehlen eines Eröffnungsbeschlusses sich als Verfahrenshindernis darstellte, das grundsätzlich zur Einstellung des Verfahrens führte, auch wenn die Klage ordnungsmäßig erhoben war[4]. Mit dem StPÄG 1964 änderte sich das Bild. Nach wie vor besteht zwar die Bedeutung des Eröffnungsbeschlusses in der (nicht mehr förmlich ausgesprochenen) Bejahung, daß der Angeschuldigte nach den Ergebnissen des vorbereitenden Verfahrens einer strafbaren Handlung hinreichend verdächtig erscheint (§ 203). Nach § 207 n. F läßt aber der Eröffnungsbeschluß — ggf. mit Änderungen — die Anklage zur Hauptverhandlung zu, und in der Hauptverhandlung wird der Anklagesatz, aber nicht der Eröffnungsbeschluß verlesen (§ 243 Abs. 3). Das bedeutet indessen nicht, daß der Eröffnungsbeschluß lediglich eine Zwischenfunktion erfüllte und seine Bedeutung als Verfahrensgrundlage jedenfalls dann eingebüßt hätte, wenn das Gericht die Anklage unverändert zur Hauptverhandlung zuläßt. Denn auch in diesen Fällen hat der Eröffnungsbeschluß nicht nur die Bedeutung der grundsätzlichen Fixierung des Gerichts, vor dem die Hauptverhandlung stattfinden soll, sondern er bildet die Grundlage für die zugelassene Anklage. Damit stellt sich auch der Eröffnungsbeschluß in seiner neuen Gestalt weiterhin als eine Grundlage des Hauptverfahrens dar, so daß sein Fehlen sich als Verfahrenshindernis erweist[5]. Die **Verlesung des Anklagesatzes** dagegen gehört zwar zu den nach § 273 Abs. 1 im Protokoll aufzunehmenden wesentlichen Förmlichkeiten; die Unterlassung der Verlesung bildet aber weder ein Verfahrenshindernis noch einen absoluten Revisionsgrund i. S. des § 338, begründet aber angesichts des Zwecks der Verlesung, die Teilnehmer an der Verhandlung, darunter auch die Richter, denen der Akteninhalt nicht bekannt ist — unter ihnen besonders die Schöffen —, mit dem Gegenstand der Verhandlung und den Grenzen der Urteilsfindung bekanntzumachen, im allgemeinen die Revision nach § 337[6].

b) Inhalt des Eröffnungsbeschlusses. Inhaltlich ist zur **Wirksamkeit** eines Eröff- **4** nungsbeschlusses nicht erforderlich, daß er sich an den Wortlaut des § 207 Abs. 1 hält. Es genügt vielmehr — ohne Rücksicht auf die Formulierung — die schlüssige und eindeutige Willenserklärung des Gerichts, daß es eine bestimmt bezeichnete Anklage zur Hauptverhandlung zulasse; es kann z. B., wenn bereits auf eine Anklage hin das Hauptverfahren unter Zulassung der Anklage eröffnet ist und demnächst eine weitere Anklage erhoben wird, ein wirksamer Eröffnungsbeschluß bezgl. der zweiten Anklage darin gefunden werden, daß das Gericht die Verbindung beider Sachen zwecks gemeinsamer Verhandlung und Entscheidung beschließt[7]. Empfehlenswert ist es freilich nicht, durch Abweichung vom Gesetzeswortlaut Veranlassung zu mehr oder weniger mühsamen Rettungsaktionen zu geben.

Nicht in diesen Zusammenhang gehört der Fall LG Nürnberg-Fürth NStZ **1983** **4a** 136: erst nach Verlesung des Auflagesatzes stellte sich in der Hauptverhandlung heraus, daß die bei Erhebung der Anklage vorgelegten **Ermittlungsakten unvollständig** waren, indem ein Teil der im Ermittlungsverfahren erhobenen Aussagen entlastender Natur, bei deren Kenntnis der Eröffnungsbeschluß nicht ergangen wäre, fehlte. Statt, wie es richtig gewesen wäre, das Hauptverfahren fortzusetzen und sie, da eine Überführung nicht möglich war, durch Freispruch zu beenden, veranlaßte das Gericht, unter Aussetzung

---

[4] BGH JZ **1958** 93 mit Anm. *Kern.*
[5] BGH NStZ **1981** 151.
[6] BGH NStZ **1986** 374 mit weit. Nachw.

[7] BGH bei *Dallinger* MDR **1975** 197; näher
LR-*Rieß* § 207, 42.

Karl Schäfer

der Hauptverhandlung, neue Ermittlungen und hob auf Grund des Ergebnisses „in analoger Anwendung des § 33 a" den ergangenen Eröffnungsbeschluß auf und lehnte die Eröffnung des Hauptverfahrens ab — ein ungangbarer Weg[8].

5   **4. Folgerungen.** Daraus, daß Anklage und Eröffnungsbeschluß Verfahrensvoraussetzungen bilden, ist im einzelnen zu folgern[9]:

a) Fehlen und schwere Mängel. Unzulässig ist das Vorgehen des an sich sachlich und örtlich zuständigen Gerichts, das sich mit der Untersuchung oder der Entscheidung einer Sache befaßt, obwohl die Klage, die öffentliche oder die Privatklage, fehlt[10]. Dem Fehlen der Klage stehen schwerwiegende Mängel der Klage gleich, wie etwa Fehlen der Angabe des Beschuldigten oder der ihm zur Last gelegten Tat oder eine unzulängliche Bezeichnung der Tat, d. h., wenn der Verhandlungs- und Urteilsgegenstand so ungenau und unvollständig angegeben ist, daß weder der historische Ablauf des Tatgeschehens noch Art und Umfang des Schuldvorwurfs hinreichend zu erkennen sind[11]. Unwirksam ist nach BayObLG JR **1986** 430 (m. krit. Anm. *Ranft*) ein „in jeder Hinsicht widersprüchlicher" Eröffnungsbeschluß, durch den das Gericht das Hauptverfahren hinsichtlich der angeklagten fortgesetzten Tat eröffnet, zugleich aber wegen einzelner in demselben Fortsetzungszusammenhang stehender Teilakte die Eröffnung ablehnt. Da die Zulassung der Anklage zur Hauptverhandlung zum notwendigen Inhalt des Eröffnungsbeschlusses gehört, sind schwere Mängel der unverändert zugelassenen Anklage zugleich Mängel des Eröffnungsbeschlusses[12]. Ein Fall gänzlichen Fehlens des Eröffnungsbeschlusses liegt z. B. vor, wenn das Amtsgericht vor Zulassung der bei ihm erhobenen Anklage, statt nach § 209 Abs. 2 zu verfahren, die Sache dem Landgericht „gemäß § 225 a" zur Entscheidung über die Übernahme verlegt und dieses „die Sache gemäß § 225 a übernimmt" und die Hauptverhandlung ohne Entscheidung über die Zulassung der Anklage durchführt, da ein solcher „Übernahmebeschluß" den Eröffnungsbeschluß nicht ersetzen kann (BGH NStZ **1984** 520), oder wenn das örtlich zuständige Gericht sich zu Unrecht, aber durch unangefochten gebliebene Entscheidung für unzuständig erklärte, dann aber das Verfahren fortsetzt (BGHSt **18** 1) oder wenn das Verfahren von einem örtlich unzuständigen Gericht eröffnet ist und dieses (unzulässigerweise) die Sache an das örtlich zuständige Gericht verweist und letzteres das Verfahren entsprechend dem Verweisungsbeschluß fortsetzt (OLG Hamm NJW **1961** 232). Wie bei der Klage steht es dem Fehlen des Eröffnungsbeschlusses gleich, wenn er an schweren Mängeln leidet, die nicht durch ergänzende Heranziehung der mangelfreien Anklageschrift ausreichend behoben werden können[13]. Als solcher Mangel kommt z. B. in Betracht, wenn der Beschluß des Kollegialgerichts statt von drei Richtern nur von zwei oder einem Richter erlassen wird (wobei es nicht auf die Zahl der Unterschriften, sondern der bei der Fassung des Beschlusses Mitwirkenden ankommt; BGHSt **10** 278). Streitig

---

[8] Ebenso *Rieß* NStZ **1983** 247; *Meyer* JR **1983** 259; **a. A** *Hohendorf* NStZ **1985** 399; *Ulsenheimer* NStZ **1984** 440.

[9] Vgl. zum Schrifttum LR-*Rieß* § 207; ferner *Krause/Thon* Mängel der Tatschilderung im Anklagesatz und ihre rechtliche Bedeutung, StrVert. **1985** 282; zur Frage der Revisibilität im Hinblick auf § 336 Satz 2, § 210 vgl. BGH GA **1981** 321 mit Anm. *Rieß*.

[10] RGSt **37** 408; **41** 155; **56** 113; **63** 269; **67** 59; **68** 291; **72** 143; **77** 21; BGHSt **25** 46.

[11] RGSt **41** 155; **67** 59; **68** 107; **68** 291; **77** 21; BGHSt **10** 140; BGH GA **1973** 111; **1980** 108, 109; **1980** 468; NStZ **1984** 133; **1985** 464; **1986** 275 (betr. Fortsetzungszusammenhang); **1986** 276 (betr. Mittäterschaft); OLG Köln JA **1984** 703 mit Anm. *Solbach*.

[12] BGH GA **1973** 111; OLG Köln NJW **1966** 429 mit Anm. *Kohlhaas*.

[13] RGSt **43** 218; BGHSt **5** 225; **10** 137; **10** 278; JZ **1958** 93.

ist, ob das genannte Verfahrenshindernis vorliegt, wenn beim Eröffnungsbeschluß ein Richter mitwirkt, der von der Ausübung des Richteramts kraft Gesetzes ausgeschlossen ist[14]. Mängel in der Besetzung der Beschlußkammer berühren die Wirksamkeit des Eröffnungsbeschlusses nicht und sind nicht anders als Mängel in der Besetzung des in der Hauptverhandlung erkennenden Gerichts (vgl. § 338 Nr. 1), nur auf Verfahrensrüge zu berücksichtigen[15].

b) Verfahren nach erkanntem Mangel. Heilung. Wird das dem Verfahren die **6** Grundlage entziehende Fehlen von Anklage und/oder Eröffnungsbeschluß bzw. die Behaftung mit schweren, dem Fehlen gleichstehenden Mängeln bemerkt, so ist das Verfahren einzustellen, ohne daß auf andere Verfahrenshindernisse, wie Verjährung oder Eingreifen eines Straffreiheitsgesetzes, einzugehen wäre (RG HRR **1939** Nr. 545), und in der Rechtsmittelinstanz ist die Einstellung des gesamten Verfahrens auch dann geboten, wenn das Rechtsmittel auf einen Teil des Urteils, etwa auf den Strafausspruch, beschränkt ist (Kap. 11 17). Jedoch kann im *ersten* Rechtszug die Einstellung des Verfahrens wegen fehlenden und mangelhaften Eröffnungsbeschlusses dadurch vermieden werden, daß der Eröffnungsbeschluß noch in der Hauptverhandlung bis vor dem Abschluß der Instanz durch Sachurteil nachgeholt oder der Mangel behoben wird[16] und dies aus dem Sitzungsprotokoll (§§ 273, 274) ersichtlich ist[17]; in der Berufungsinstanz — und erst recht in der Revisionsinstanz (BGH NStZ **1981** 448) — entfällt diese Heilungsmöglichkeit, da über die Eröffnung des Hauptverfahrens nur das erstinstanzliche Gericht entscheiden kann[18]. Bei fehlender Zustellung des Eröffnungsbeschlusses genügt es, wenn der Vorsitzende in der Hauptverhandlung feststellt, daß ein die Anklage zulassender Eröffnungsbeschluß vorliege (OLG Karlsruhe MDR **1970** 438). Nach OLG Hamburg[19] soll auch genügen, wenn ein versehentlich nicht unterschriebener Entwurf eines Eröffnungsbeschlusses vom Gericht in der Hauptverhandlung verlesen wird. Mängel der zugelassenen Anklage, die auch den Eröffnungsbeschluß berühren, können behebbar sein, so etwa, wenn Art und Umfang des Schuldvorwurfs zwar in der zugelassenen Anklage nicht genügend klar bezeichnet sind, dies aber durch Hinzuziehung eines Haftbefehls oder sonstiger Aktenteile ausgeglichen werden kann und in der Hauptverhandlung zusätzliche Erläuterungen des Staatsanwalts oder des Vorsitzenden Zweifel über die Tragweite des Schuldvorwurds ausschließen[20].

c) Verfahrensfehler im Zwischenverfahren und bei der Eröffnung wie Zustellung **7** der Anklage erst nach Erlaß des Eröffnungsbeschlusses — entgegen § 201 — oder Eröffnung vor Ablauf der gemäß § 201 gesetzten Äußerungsfrist berühren die Zulässig-

---

[14] So RGSt **55** 113; BGH MDR **1954** 656; offengelassen in BGHSt **10** 278; mit Recht verneinend aber jetzt BGHSt **29** 351 = JR **1981** 379 mit Anm. *Meyer-Goßner* und die im Schrifttum überwiegend vertretene Meinung; **a. M** *Nelles* NStZ **1982** 96; LR-*Rieß* § 207, 51; *Peters*⁴ 539.

[15] BGHSt **10** 278; **22** 169; teilw. abweichend (keine Revisibilität) unter Hinweis auf BGH NStZ **1981** 447 LR-*Rieß* § 207, 71, dort auch weit. Nachw. zum Streitstand.

[16] BGHSt **29** 224 = NJW **1980** 1858; NStZ **1984** 520.

[17] BGH GA **1973** 111; NStZ **1984** 520.

[18] BGH NJW **1985** 1720; vgl. zum Zeitpunkt der Nachholbarkeit auch OLG Köln JR **1981** 214 mit Anm. *Meyer-Goßner* und dazu *Dencker* NStZ **1982** 154; zur Problematik der Nachholung ausführlich LR-*Rieß* § 207, 44 ff.

[19] NJW **1962** 1360; **a. A** OLG Stuttgart NJW **1962** 1834.

[20] Vgl. aus der Rechtsprechung RGSt **31** 104; **43** 218; RG JW **1928** 2260 mit Anm. *Oetker*; BGH NJW **1961** 1413; s. aber auch über die Grenzen solcher Erläuterungen und Ergänzungen durch den Vorsitzenden BGH GA **1963** 188.

Karl Schäfer

keit des weiteren Verfahrens nicht[21]. Der Angeklagte kann dann nur in der Hauptverhandlung unter Berufung auf solche Verfahrensfehler gegebenenfalls beantragen, die Hauptverhandlung zur genügenden Vorbereitung seiner Verteidigung — entsprechend dem Rechtsgedanken des § 265 Abs. 4 — auszusetzen; macht er von dieser Möglichkeit keinen Gebrauch, so beruht das Urteil nicht auf den im Zusammenhang mit dem Erlaß des Eröffnungsbeschlusses begangenen Verfahrensfehlern (BGHSt **15** 40). Der spätere Verlust der Urschrift des Eröffnungsbeschlusses steht dem Fortgang des Verfahrens nicht entgegen[22]. Zur Revisibilität einer unterbliebenen Mitteilung der Anklageschrift vgl. BGH NStZ **1982** 125.

8 **d) Mündliche Anklage.** Was zuvor über die schriftlich erhobene Anklage ausgeführt ist, gilt entsprechend auch für die **mündlich** erhobene Anklage nach §§ 212 a, 266[23].

9 **e)** Im **Wiederaufnahmeverfahren** bildet der im § 366 bezeichnete Antrag die Voraussetzung für das in den §§ 367 bis 370 vorgesehene Zulassungsprüfungsverfahren. Die Wiederaufnahme des Verfahrens und die Erneuerung der Hauptverhandlung setzt voraus, daß das Gericht sie gemäß § 370 Abs. 2 beschlossen hat (RGSt **35** 353).

10 **f) Besondere Arten des Verfahrens.** Für das **Strafbefehlsverfahren** ist mit den Änderungen, die der Wortlaut der §§ 407 ff durch das StVÄG 1987 erfahren hat, förmlich klargestellt, daß der Antrag der Staatsanwaltschaft (bei Steuervergehen der Antrag der Finanzbehörde, § 400 AO) auf Erlaß des Strafbefehls die Bedeutung der öffentlichen Klage hat (§ 407 Abs. 1 Satz 4 n. F) und demgemäß hat der antragsgemäß erlassene Strafbefehl, gegen den der „Angeklagte" zeit- und formgerecht Einspruch einlegt, für das anschließende Hauptverfahren die Bedeutung eines Eröffnungsbeschlusses, was auch im Gesetzeswortlaut dadurch zum Ausdruck kommt, daß der Richter den Strafbefehl nur erläßt, wenn er den „Angeschuldigten" für hinreichend verdächtig erachtet (§ 408 Abs. 2 n. F im Anschluß an § 203), während die den Erlaß des Strafbefehls ablehnende Entscheidung dem die Eröffnung des Hauptverfahrens ablehnenden Beschluß gleichsteht (§ 408 Abs. 2 Satz 2 n. F). Es bildet danach der Strafbefehl nach Einspruchseinlegung die notwendige Grundlage für das weitere Verfahren; auch hier steht dem völligen Fehlen eine durch das Fehlen wesentlicher Merkmale bedingte unheilbare Fehlerhaftigkeit gleich. Dagegen führen heilbare oder unwesentliche Fehler, wie etwa die unrichtige Bezeichnung des angewandten Strafgesetzes, die Versäumung der Angabe der Beweismittel oder bloße Mängel in der Konkretisierung der Tat, die durch entsprechende Hinweise des Vorsitzenden in der Hauptverhandlung behebbar sind, auch die versehentliche Nichtunterzeichnung des Strafbefehls, nicht zur Einstellung des Verfahrens[24]. Im **Sicherungsverfahren** (§ 414) ersetzt die vorliegende Anklageschrift die fehlende Antragsschrift nicht (RGSt **68** 291; **72** 143), und es muß das Gericht, wenn die Antragsschrift den wesentlichen Erfordernissen des § 414 StPO nicht genügt, die Eröffnung des (Sicherungs-)Hauptverfahrens bis zur Beseitigung des Mangels ebenso ablehnen wie im ordentlichen Verfahren, wenn die Anklageschrift wesentliche Mängel aufweist[25]. Auch für das **selbständige („objektive") Verfahren**, das die Anordnung von Einziehung, Verfall, Vernichtung, Unbrauchbarmachung und Beseitigung eines gesetzwidrigen Zustands betrifft (§§ 440, 442), bilden die Anträge von Staatsanwaltschaft oder Privatkläger (§ 440) die Verfahrensvoraussetzung[26].

---

[21] Vgl. BGHSt **6** 109, 114.
[22] RGSt **55** 159; **65** 251; weit. Nachw. bei LR-*Rieß* § 207, 43.
[23] OLG Koblenz VRS **49** (1975) 43.
[24] LR-*K. Schäfer*[23] § 409, 17.
[25] RG JW **1935** 532 Nr. 37, 2368 Nr. 18; s. LR-*K. Schäfer*[23] § 414, 4.
[26] LR-*K. Schäfer*[23] § 440, 21.

II. Gerichtsbarkeit und Gerichtsunterworfenheit

1. Gerichtsbarkeit. Sie stellt eine Verfahrensvoraussetzung dar, die Staatsanwalt- **11** schaft und Gericht zur Prüfung zwingt, ob der Gegenstand ihrer Betätigung eine Strafsache i. S. des § 13 GVG ist und ob nicht die Zuständigkeit eines Sondergerichts in Betracht kommt. Bei Auslandstaten von Ausländern, die sich im Inland befinden, ist im Hinblick auf § 7 Abs. 2 Nr. 2 StGB die deutsche Strafgerichtsbarkeit erst gegeben, wenn zur Gewißheit des Gerichts feststeht, daß der Täter auch an seinen Heimatort nicht ausgeliefert wird oder werden kann[27]. Die Gerichtsbarkeit ist, wie jede andere Verfahrensvoraussetzung in jeder Lage des Verfahrens, auch vom Revisionsgericht von Amts wegen zu prüfen[28]. Der Mangel der Gerichtsbarkeit führt auch hier zur Einstellung des Verfahrens. Ist — was zur Zeit nicht der Fall ist — die Gerichtsbarkeit des ordentlichen Gerichts durch die Zuständigkeit eines Sonderstrafgerichts beschränkt, so kann nach den früher zu dieser Frage ausgebildeten Rechtssätzen der Mangel der Gerichtsbarkeit des unrichtigerweise in der Sache tätig gewordenen ordentlichen Gerichts nachträglich geheilt werden, indem — falls zulässig — die Anklagebehörde des Sondergerichts die Sache zur Behandlung im ordentlichen Verfahren abgibt, bevor das Revisionsgericht gegen das Urteil des ordentlichen Gerichts entscheidet (RGSt **72** 379). Wird der durch die Zuständigkeit eines Sondergerichts begründete Mangel der Gerichtsbarkeit übersehen, so heilt die Rechtskraft den Mangel (§ 13, 15 GVG). Wegen weiterer Einzelheiten wird auf die §§ 13 ff GVG und die dortigen Erläuterungen verwiesen.

2. Gerichtsunterworfenheit. Die Frage, inwieweit das deutsche Strafrecht nicht **12** nur für die im Gebiet der Bundesrepublik Deutschland, sondern auch für die außerhalb dieses Gebiets begangenen strafbaren Handlungen, und nicht nur für Deutsche, sondern auch für Ausländer, gilt, gehört dem sachlichen Recht an; sie ist in den §§ 4 bis 7 StGB geregelt. Sie behandeln das Ausmaß der Geltung des **sachlichen** Strafrechts und befassen sich nicht mit der verfahrensrechtlichen Frage nach dem Umfang der Strafgerichtsbarkeit (BGHSt **20** 22, 25). Nach den genannten Vorschriften erfaßt die deutsche Gerichtsbarkeit grundsätzlich auch Täter, die Ausländer sind oder sich im Ausland aufhalten. Daß der Aufenthalt im Ausland die Ausübung der Gerichtsgewalt beeinträchtigt, ändert hieran nichts. Fehlende Anwendbarkeit des deutschen materiellen Strafrecht stellt sich aber verfahrensrechtlich als fehlende Gerichtsunterworfenheit und damit als Verfahrenshindernis dar[29]. Aus völkerrechtlichen Rücksichten durchbrechen jedoch die §§ 18 bis 20 GVG in der Fassung des Gesetzes vom 25. 3. 1974 (BGBl. I 761) den Grundsatz des § 3 StGB, indem sie die in diesen Vorschriften genannten Personen, insbes. die Mitglieder diplomatischer Missionen und konsularischer Vertretungen in der Bundesrepublik der deutschen Gerichtsbarkeit entziehen. Die hiermit vorgeschriebene Einschränkung dieser Gerichtsbarkeit macht das Verfahren gegen die Befreiten durchweg unzulässig (RGSt **17** 51) und ein gleichwohl ergehendes Strafurteil nichtig (RGSt **71** 377). Auf zwischenstaatlichen Vereinbarungen beruhen ferner weitere Exemtionen, die sich aus der Stationierung von Truppen fremder Mächte auf dem Boden der Bundesrepublik ergeben. Grundlage dieser Exemtionen ist das **Nato-Truppenstatut** (Gesetz vom 18. 8. 1961 — BGBl. II 1183 — und dazu Art. 19 des Zusatzabkommens — BGBl. II **1961** 1218 —). Auch hier ist das Strafurteil des deutschen Gerichts, das staatsvertragswidrig gegen ein Mitglied der ausländischen Streitkräfte ergeht, nichtig[30].

---

[27] BGH GA **1976** 242; NStZ **1985** 545.
[28] RGSt **12** 125; **17** 244; **18** 55; **27** 145; **34** 256; **59** 36; **69** 156; BGHSt **14** 139.

[29] OLG Saarbrücken NJW **1975** 509 = JR **1975** 291 mit Anm. *Oehler, Volk* 221.
[30] BayObLG NJW **1960** 162; vgl. auch LR-*Rieß* § 206 a, 37.

Karl Schäfer

13   Für die **Wiederaufnahme** eines durch rechtskräftiges **besatzungsgerichtliches Urteil** beendeten Verfahrens sind die deutschen Gerichte nicht zuständig[31]. Zu der Frage, inwieweit eine frühere besatzungsgerichtliche Aburteilung die Verfolgung von Straftaten im Rahmen der deutschen Gerichtsbarkeit hindert, vgl. S. 97 der 22. Aufl.

III. Unberührtheit der Sache. Verfahrenshindernisse der Rechtshängigkeit und Rechtskraft im allgemeinen

14   **1. Grundsätzliches.** Im Strafverfahren herrscht der Grundsatz der **Einmaligkeit der Strafverfolgung.** Unzulässig ist das Verfahren, das gegen den Beschuldigten ungeachtet dessen betrieben wird, daß gegen ihn wegen derselben Tat schon eine gerichtliche Untersuchung bei demselben oder einem anderen Gericht eröffnet und noch nicht beendet oder eine rechtskräftige Entscheidung seitens desselben oder eines anderen Gerichts ergangen ist. Die Unberührtheit der Sache bildet in diesem Sinn eine Verfahrensvoraussetzung. Die Rechtshängigkeit, also die noch bestehende Befassung desselben oder eines anderen Gerichts mit derselben Sache, und die Rechtskraft, also die Erledigung der Sache durch eine mit den ordentlichen Rechtsmitteln nicht mehr anfechtbare Entscheidung desselben oder eines anderen Gerichts, hindern das Verfahren. Beim Verfahrenshindernis der Rechtshängigkeit, das sich aus § 12 StPO ergibt, wiegen Gründe der Zweckmäßigkeit vor. Das Verfahrenshindernis der Rechtskraft hat dagegen eine viel ernstere Bedeutung. Insoweit wahrt der Grundsatz der Einmaligkeit die allgemeine Rechtssicherheit, sichert den Rechtsfrieden und gehört zu den großen Geboten der Gerechtigkeit. Art. 103 Abs. 3 GG trägt der hervorragenden Bedeutung jenes Grundsatzes Rechnung, indem er das Verbot des „ne bis in idem" in einprägsamer, wenn auch unvollständiger Form zum Verfassungssatz und zum Grundrecht erhebt: „Niemand darf wegen derselben Tat auf Grund der allgemeinen Strafgesetze mehrmals bestraft werden." Das Verfahrensrecht zieht die Folgerungen aus dem Verfassungssatz und umschreibt zugleich dessen Grenzen, indem es den Angriff auf die Rechtskraft des Urteils nur durch Antrag auf Wiederaufnahme des Verfahrens unter den in §§ 359 ff bezeichneten Voraussetzungen zuläßt (Rdn. 24 ff)[32].

15   **2. Wirkung ausländischer Entscheidungen.** Jedoch verlangt das deutsche Recht nur Rücksichtnahme auf eine beim inländischen Gericht eröffnete und noch nicht abgeschlossene Untersuchung sowie auf eine vom inländischen Gericht gefällte, nicht mehr anfechtbare Entscheidung. Ausländische Entscheidungen[33] werden nur insoweit berücksichtigt, als das deutsche Recht (vgl. § 51 Abs. 3 StGB, § 450 a StPO) es vorschreibt[34] oder zuläßt[35]. Besonderheiten gelten mit Rücksicht auf die Spaltung

---

[31] BGH NJW **1959** 779; BGHSt **21** 29; *Jescheck* JZ **1966** 808.

[32] S. dazu auch § 9 IRG, wonach auch die Auslieferung eines Ausländers unzulässig ist, wenn für die Tat auch die deutsche Gerichtsbarkeit begründet ist und in deren Ausübung durch Entscheidung bundesdeutscher Gerichte und Behörden Prozeßhindernisse gegen eine weitere inländische Verfolgung entstanden sind.

[33] Keine ausländischen Gerichte in diesem Sinn sind grundsätzlich die Gerichtshöfe supranationaler Gemeinschaften, denen die

Bundesrepublik als Mitgliedstaat angehört, wie der Gerichtshof der Europäischen Gemeinschaften. Jedoch ist dieser Grundsatz nur mit Ausnahmen durchführbar, wobei Härten durch entsprechende Anwendung des § 51 Abs. 3 StGB auszugleichen sind (BGHSt **24** 54).

[34] BVerfG NJW **1961** 868; BayVerfGH NJW **1963** 1003; BGHSt **6** 177; **24** 57; NJW **1969** 1542.

[35] Vgl. z. B. § 153 c Abs. 1 Nr. 3 StPO und dazu BGHSt **24** 62 betr. Bedeutung einer ausländischen Strafhaft.

Deutschlands in zwei Staatsgewalten mit z. T. sehr unterschiedlicher Rechtsauffassung. In welchem Umfang trotz Anhängigkeit einer gerichtlichen Untersuchung in der DDR oder trotz eines dort ergangenen rechtskräftigen Strafurteils ein Strafverfahren in der Bundesrepublik eingeleitet und durchgeführt werden darf und in welchem Umfang die dort erlassenen rechtskräftigen Entscheidungen einer Nachprüfung in der Richtung unterliegen, ob sie in der Bundesrepublik Vollstreckungswirkungen entfalten, ist in dem Gesetz über die innerdeutsche Rechts- und Amtshilfe in Strafsachen vom 2. 5. 1953 (mit späteren Änderungen) geregelt, dessen Bedeutung unter Berücksichtigung des Grundvertrages vom 21. 12. 1972 (BGBl. 1973 II 539) nebst Zustimmungsgesetz vom 6. 6. 1973 (BGBl. II 421) und der Entscheidungen BVerfGE **11** 150; **36** 1 und **37** 57 in der 23. Aufl. dieses Kommentars im Anhang C eingehend dargestellt ist.

IV. Rechtshängigkeit[36]

1. Prüfung von Amts wegen. Grundsatz der Priorität. Das Gericht muß, wenn **16** sich ein Anlaß hierzu bietet, eine nach Erhebung der Anklage durch den Eröffnungsbeschluß (§ 156) — bei den besonderen Verfahrensarten durch das entsprechende Verfahrensereignis — begründete Rechtshängigkeit **von Amts wegen prüfen**[37]. Die Prüfung ist selbständig vorzunehmen (RGSt **52** 262). Rechtshängigkeit liegt auch vor, wenn die Staatsanwaltschaft zunächst im subjektiven Verfahren Anklage beim Amtsgericht erhebt und das Verfahren unter Zulassung der Anklage eröffnet wird und sie später wegen des gleichen Sachverhalts die Eröffnung des Sicherungsverfahrens (§ 413) beim Landgericht beantragt (BGHSt **22** 185). Wird die anderweitige Rechtshängigkeit erkannt, so muß auch ein Gericht höherer Ordnung sein Verfahren einstellen, sobald es davon Kenntnis erlangt, daß ein Gericht niederer Ordnung die Untersuchung zuerst eröffnet hatte, soweit nicht durch Verbindung gemäß § 4 Abs. 2 oder durch Verweisung (§ 270) die Zuständigkeit des Gerichts höherer Ordnung begründet wird; das Verbot mehrfacher Rechtshängigkeit geht auch der Regelung des § 269 StPO vor (BGHSt **22** 232).

Eine **Ausnahme von dem Grundsatz**, daß dem Verfahren der Vorrang gebührt, **17** das zeitlich zuerst anhängig geworden ist, gilt aber, wenn bei dem nicht durch Priorität begünstigten Gericht eine Fortsetzungstat, bei dem anderen Gericht aber nur einzelne, von diesem Zusammenhang miterfaßte Teilhandlungen Gegenstand des Verfahrens sind; dann gebührt dem Gericht der Vorzug, vor dem die umfassendere, die Sache **erschöpfende Aburteilung** möglich ist (BGHSt **5** 384). Ebenso liegt es, wenn eine Straftat mehrere Gesetzesverstöße enthält und eine Verletzung getrennt von einem niederen Gericht verfolgt wird, während tateinheitlich zusammentreffende Verletzungen zur Zuständigkeit eines höheren Gerichts gehören und bei diesem verfolgt werden. Dann gebührt die Verfolgung dem Gericht höherer Ordnung, um zu vermeiden, daß dieses, vor dem allein die Sache rechtlich erledigt werden kann, sein Verfahren einstellt, das Gericht niederer Ordnung aber nach § 270 StPO verfahren müßte[38]. In einem solchen Fall bedeutet der auf der höheren Zuständigkeit beruhende Vorrang, daß die Untersuchung und Entscheidung dem Gericht höherer Ordnung auch dann überlassen werden muß, wenn sich erst, nachdem das zuerst mit der Sache befaßte Gericht niederer Ordnung ein Urteil erlassen hat und dieses Urteil mit einem Rechtsmittel angefochten wird, heraus-

---

[36] Vgl. dazu auch § 12, 8 ff; 16 ff; 27 ff; § 206 a, 42 ff; § 337, 49; ferner in der 23. Auflage § 407, 38 ff; § 411, 20 ff.

[37] RGSt **67** 53; BGHSt **10** 363.
[38] RGSt **70** 336; RG HRR **1938** Nr. 132; BGH JZ **1953** 639, 640; BGHSt **19** 177, 181.

stellt, daß die den Gegenstand des Urteils bildende Tat im Sinn des § 52 StGB zugleich ein die Zuständigkeit des höheren Gerichts begründendes Gesetz verletzt hat und deshalb bei diesem verfolgt wird[39].

18   Aber auch **unter Gerichten** der **gleichen Ordnung** ist der **Prioritätsgrundsatz** dahin **eingeschränkt**, daß dem Gericht der Vorrang gebührt, dem die Sache zu umfassenderer, den Sachverhalt erschöpfender Aburteilung unterbreitet ist (BGHSt **5** 384), also z. B. dem später tätig gewordenen Gericht, wenn es die Untersuchung wegen einer in Fortsetzungszusammenhang begangenen Tat eröffnet hat, während nur eine Einzelhandlung den Gegenstand der bei dem anderen Gericht früher eröffneten Untersuchung bildet[40]. Befassen sich aber zwei Gerichte gleicher Ordnung je mit einer fortgesetzten Handlung, so tritt der Prioritätsvorrang nicht deshalb zurück, weil das zweite Verfahren Einzelhandlungen von größerer Zahl oder erheblicherem Gewicht zum Gegenstand hat (BGH JZ **1953** 246).

19   **2. Folgerungen.** Demnach liegt es, wenn in den gedachten Fällen die gerichtliche Untersuchung zuerst vom Gericht niedrigerer Ordnung und hernach vom Gericht höherer Ordnung eröffnet worden ist, dem ersteren ob, das Verfahren einzuschlagen, das erforderlichenfalls zur **Verweisung** an das letztere führt. Im übrigen aber, also insbesondere im Verhältnis gleichgeordneter Gerichte zueinander, muß das Gericht, bei dem Hauptverhandlung in der schon anderweit anhängigen Sache angeordnet ist, sich einer **Sachentscheidung enthalten** und das Verfahren — übrigens nur vorläufig, bis zur Beseitigung der mehrfachen Rechtshängigkeit — einstellen[41]. Hat aber das den zeitlichen Vorrang nicht genießende Gericht eine Sachentscheidung unter bewußter oder unbewußter Nichtachtung der Rechtshängigkeit erlassen und ist diese Entscheidung rechtskräftig geworden, so bleibt freilich dem Gericht, dessen an sich begründeter Vorrang unbeachtet blieb, nichts übrig als die endgültige Einstellung des Verfahrens[42].

20   **3.** Auch in der **Revisionsinstanz** ist die doppelte Rechtshängigkeit von Amts wegen zu prüfen[43]. Doch zwingt hier § 260 Abs. 3 nicht immer zur Einstellung auch nur eines der beiden Verfahren, vielmehr ist so zu verfahren, wie es der Sachlage am besten entspricht. So kann das Revisionsgericht, wenn die Anwendbarkeit des § 52 StGB auf das gesamte Verhalten des Angeklagten in Frage steht, das Urteil aufheben und die Vorinstanz anweisen, die beiden Verfahren zu verbinden. Es kann sogar in der Sache selbst entscheiden, wenn im Falle einer Zurückverweisung und Verbindung an Art und Höhe der Strafe im Hinblick auf § 358 Abs. 2 nichts mehr geändert werden dürfte und eine Zurückverweisung einer umfangreichen Sache nur zwecks umfassender Berücksichtigung auch der rechtlichen Gesichtspunkte, die den Gegenstand des anderen Verfahrens bilden, dem Gebot der Prozeßwirtschaftlichkeit widerspräche; der Schutz des Angeklagten vor zweimaliger Verurteilung wird dadurch nicht beeinträchtigt, da die endgültige Einstellung des anderen Verfahrens die zwangsläufige Folge einer solchen Behandlung ist (BGHSt **10** 358). Ein der Doppelrechtshängigkeit vergleichbares Problem ergibt sich, wenn dieselbe Einzelstrafe in verschiedenen Verfahren in eine Gesamtstrafe einbezogen worden ist; dann muß in der Revisionsinstanz dem Verbot der Doppelbestrafung auch dann Geltung verschafft werden, wenn das Urteil, das die Gesamtstrafe richtig gebildet hat, nicht auf einer Gesetzesverletzung beruht und früher als das

---

[39] RGSt 70 337 – gegen RGSt **29** 179.
[40] RGSt **41** 109; **66** 19; **67** 56; **70** 337.
[41] RGSt **41** 109; **52** 264.

[42] So bereits RG vom 19. 5. 1920 – 1 D 279/20.
[43] Vgl. dazu BGH NStZ **1986** 564 und näher Kap. 10 17.

rechtskräftig gewordene Urteil mit der unrichtig gebildeten Gesamtstrafe erlassen wurde (BGHSt **9** 190).

4. Der Wandel, den die Rechtsprechung in der rechtlichen Würdigung des We- **21** sens der **gewerbs- und gewohnheitsmäßig begangenen Straftaten** vollzogen hat, indem sie die Lehre von der materiell- und verfahrensrechtlichen Zusammenziehung der Einzelhandlungen zu *einer* Straftat (Sammelverbrechen) aufgab (unten Rdn. 69), schränkt den Wirkungsbereich des Verfahrenshindernisses der Rechtshängigkeit stark ein. Hatte das Reichsgericht früher die Frage, wie zu verfahren sei, wenn eine gewerbsmäßig begangene Straftat desselben Täters bei einem Gericht, eine andere derselben Art bei einem anderen Gericht anhängig geworden ist, dahin entschieden, daß eines der beiden Gerichte sein Verfahren einstellen müsse, da eine und dieselbe Tat vorliege[44], so gilt dieser Grundsatz jetzt — nach Anerkennung der rechtlichen Selbständigkeit der mehreren Einzelhandlungen — nicht mehr. Näheres unten Rdn. 70 f.

5. Strafbefehlsverfahren. Wie oben Rdn. 10 dargestellt, entspricht im Strafbefehls- **22** verfahren grundsätzlich der Antrag auf Erlaß des Strafbefehls der Erhebung der öffentlichen Klage und der Erlaß des Strafbefehls dem Eröffnungsbeschluß. Abweichungen davon bestehen darin, daß einerseits auch vor Erlaß des Strafbefehls Rechtshängigkeit begründet wird, wenn der Richter unter den Voraussetzungen des § 408 ABs. 3 Satz 2 Hauptverhandlung anberaumt, zu der der „Angeklagte" geladen wird (§ 408 Abs. 3 Satz 3), und daß andererseits auch nach Erlaß des Strafbefehls die Rechtshängigkeit durch Zurücknahme von Einspruch und Klage enden kann (§ 411 Abs. 3).

6. Im **Bußgeldverfahren** vor der Verwaltungsbehörde ergeben sich keine Rechts- **23** hängigkeitsprobleme, weil bis zum Erlaß des Bußgeldbescheids die Staatsanwaltschaft die Verfolgung der Ordnungswidrigkeit übernehmen kann (§§ 2, 44 OWiG). Zur Frage des Beginns der Rechtshängigkeit beim Amtsgericht nach Einspruch gegen den Bußgeldbescheid vgl. *Göhler*[8] § 68, 21.

V. Rechtskraft

Schrifttum. (Auswahl) *Achenbach* Strafprozessuale Ergänzungsklage und materielle Rechtskraft, ZStW **87** (1975) 74; *Bertel* Die Identität der Tat (1970); *Berz* Möglichkeiten und Grenzen einer Beschleunigung des Strafverfahrens, NJW **1982** 733; *Bindokat* Zur Frage des prozessualen Tatbegriffs, GA **1967** 362; *Büchner* Der Begriff der strafprozessualen Tat, Diss. Würzburg, 1976; *Busch* Zum Verbrauch der Strafklage bei späterer Erkenntnis anderweitiger Tatgestaltung, ZStW **68** (1956) 3; *Dedes* Die Identität der „Tat" im Strafprozeß, GA **1965** 102; *Fliedner* Die verfassungsrechtlichen Grenzen mehrfacher staatlicher Bestrafung aufgrund desselben Verhaltens, AöR **99** (1974) 242; *Grunsky* Zur Bindungswirkung der materiellen Rechtskraft im Strafverfahren, FS Kern 223; *Grünwald* Die materielle Rechtskraft im Strafverfahren der Bundesrepublik Deutschland, in: Deutsche strafrechtliche Landesreferate zum IX. Internationalen Kongreß für Rechtsvergleich in Teheran 1974, Beiheft zur ZStW **86** (1971); *Herzberg* ne bis in idem — Zur Sperrwirkung des rechtskräftigen Strafurteils, JuS **1972** 116; *Hruschka* Der Begriff „Tat" im Strafverfahrensrecht, JZ **1966** 700; *Koucsoulis* Beiträge zur modernen Rechtskraftlehre (1986); *Krauth* Zum Umfang der Rechtskraftwirkung bei Verurteilung von Mitgliedern krimineller und terroristischer Vereinigungen, FS Kleinknecht (1985) 233; *Loos* Probleme der beschränkten Sperrwirkung strafprozessualer Entscheidungen, JZ **1978** 592; *Nagler* Rechtskraft und Ergänzungsklage, ZAkad DR **1939** 371, 401; *Neuhaus* Der strafverfahrensrechtliche Tatbegriff — ne bis in idem — (1985);

---

[44] RGSt **41** 109; **66** 19; **67** 56.

Niederreuther Rechtskraft und materielle Gerechtigkeit, GS **113** (1939) 305; *Oehler* Die Identität der Tat, FS Rosenfeld 139; *Oehler* Neuere Verschiebungen beim prozessualen Tatbegriff, Gedächtnisschrift Schröder 439; *Peters* Fehlerquellen im Strafprozeß, Bd. 3 (1974) §§ 1 ff; *Puppe* Die Individualisierung der Tat in Anklageschrift und Bußgeldbescheid und ihre nachträgliche Korrigierbarkeit, NStZ **1982** 230; *Eb. Schmidt* Materielle Rechtskraft — materielle Gerechtigkeit, JZ **1968** 681; *Schmidt* Schuldspruch und Rechtskraft, JZ **1966** 89; *Schwinge* Identität der Tat i. S. der StPO, ZStW **52** (1932) 203; *Tiedemann* Entwicklungstendenzen der strafprozessualen Rechtskraftlehre (1969); *Wolter* Tatidentität und Tatumgestaltung im Strafprozeß, GA **1986** 143.

24   **1. Grundsätzliches.** Die Rechtskraft eines Urteils, das in der Sache ergeht, verbraucht die Strafklage, so daß derselbe Täter wegen derselben Tat nicht mehr gerichtlich verfolgt werden darf — auch nicht auf Grund einer anderen rechtlichen Würdigung der Tat[45]. Das Nichtvorhandensein einer dieselbe Sache betreffenden gerichtlichen Entscheidung ist eine Verfahrensvoraussetzung, die jedes Gericht — auch das Revisionsgericht — in jeder Lage des Verfahrens von Amts wegen beachten und der es unter Verwendung aller verfügbaren Erkenntnismittel (Freibeweis) nachgehen muß[46].

24a   Von der Rechtskraft als **Verfahrenshindernis für künftige Verfahren**, die den gleichen Gegenstand betreffen, ist zu unterscheiden die streitige und von der Rechtsprechung[47] verneinte Frage, ob die Rechtskraft über diese negative Verbrauchs- oder Sperrwirkung hinaus positive Bindungswirkungen (Bindung an die Feststellung der Schuld oder Nichtschuld oder gar an die den Spruch tragenden tatsächlichen Feststellungen) entfaltet, wenn die rechtskräftige Entscheidung die präjudizelle Vorfrage für einen späteren Prozeß mit anderem Gegenstand bildet[48]. Die vorliegende Darstellung beschäftigt sich nur mit der Sperrwirkung des im vollen Umfang rechtskräftig gewordenen Urteils, also auch nicht mit den Wirkungen der **Teilrechtskraft**, z. B., wenn infolge Teilaufhebung oder Teilanfechtung das Urteil nur im Schuld-, nicht aber im Strafausspruch rechtskräftig wird[49]. Die Rechtsprechung[50] sieht hier die Wirkung der Rechtskraft in der Bindung des über die Straffrage entscheidenden Richters nicht nur an den Schuldspruch als solchen (Schuldfähigkeit, Schuldart, rechtliche Beurteilung der Tat), sondern auch an die dem Schuldspruch zugrundeliegenden Feststellungen, aus denen sich die Tat in ihrer konkreten Ausgestaltung ergibt[51].

25   **2. Bedeutung des Art. 103 Abs. 3 GG.** Der Satz **ne bis in idem** ist in der Strafprozeßordnung nicht ausdrücklich ausgesprochen; erst Art. 103 Abs. 3 GG brachte eine

---

[45] RGSt **68** 19; **70** 30; **72** 102.

[46] RGSt **35** 367; **41** 152; **61** 226; **64** 42; **64** 164; **68** 19; **69** 171; BGHSt **7** 283; **13** 306; **20** 292.

[47] RGSt **33** 303; **44** 257; OLG Hamm NJW **1959** 1742.

[48] Vgl. dazu eingehend *H. J. Bruns*, FS Eb. Schmidt, 602 ff.

[49] Vgl. dazu *Bruns* Teilrechtskraft und innerprozessuale Bindungswirkung des Strafurteils (1961); *Grünwald* Die Teilrechtskraft im Strafverfahren (1964); *Sieveking* Neue Aspekte und Wege der mit der Teilanfechtung von Urteilen verbundenen Probleme, Diss. Hamb. 1965; weitere Rechtsprechungs- und Schrifttumsnachweise BGHSt **24** 108.

[50] Vgl. insbesondere BGHSt **7** 283; **10** 71; OLG Saarbrücken NJW **1958** 1740; BayObLG DAR **1958** 23; vgl. dazu aus dem Schrifttum etwa *May* NJW **1960** 465; *Eckels* NJW **1960** 1643.

[51] Zur Frage der Bindung des Rechtsmittelgerichts an die tatsächlichen Feststellungen des Vorderrichters, wenn mehrere rechtlich selbständige Handlungen innerhalb einer Tat i. S. des § 264 StGB angeurteilt sind, das Urteil nur hinsichtlich einer Tat angefochten wird, und die für diese getroffenen Feststellungen auch für den nichtangegriffenen Teil der Vorentscheidung bedeutsam sind, vgl. BGHSt **24** 185, 188.

förmliche Vorschrift. An der Geltung dieses Satzes hatte freilich auch vorher kein Zweifel bestanden; er ergibt sich ohne weiteres aus den Vorschriften über die Wiederaufnahme des Verfahrens, die nur unter engen Voraussetzungen die Wiederaufrollung eines rechtskräftig abgeschlossenen Strafverfahrens zulassen. Art. 103 Abs. 3 GG hat also, was die Anerkennung des Grundsatzes anlangt, nur deklaratorische Bedeutung. Aber auch die **inhaltliche Umschreibung** in der genannten Verfassungsvorschrift brachte keine Änderung der Rechtslage. Sie konnte es auch nicht, weil Art. 103 Abs. 3 eine zwar einprägsame, aber inhaltlich unvollständige Formulierung des Grundsatzes darstellt. Denn er verbietet nur die „mehrmalige Bestrafung", und von einer solchen kann, streng genommen, nur gesprochen werden, wenn bereits *eine* Bestrafung erfolgt war. Bei wörtlicher Auslegung würde sich also Art. 103 Abs. 3 GG darauf beschränken, daß er eine nochmalige Bestrafung, auch in Form einer nachträglichen Verschärfung einer rechtskräftig erkannten Strafe oder einer zusätzlichen Bestrafung in anderer Weise verbietet. Der Satz ne bis in idem reichte und reicht aber viel weiter, denn er verbietet insbesondere auch die erneute Verfolgung eines rechtskräftig Freigesprochenen, wie auch den nachträglichen Freispruch eines rechtskräftig Schuldiggesprochenen[52] oder eine nachträgliche Milderung einer erkannten Strafe durch Urteilsspruch, sofern nicht die gesetzlichen Voraussetzungen einer Wiederaufnahme des Verfahrens gegeben sind. Offensichtlich wollte Art. 103 Abs. 3 GG aber die Grenzen der Rechtskraft, die ihr durch das Verfahrensrecht gezogen sind, nicht einengen; Art. 103 Abs. 3 verbietet daher auch die Einleitung eines neuen Strafverfahrens gegen einen Freigesprochenen (BGHSt 5 323).

Andererseits wollte er aber auch den bisherigen **Bereich des Verbots** der Doppel- **26** verfolgung **nicht ausdehnen**. Schon BVerfGE 3 248 = NJW **1954** 69 hat denn auch ausgesprochen, durch Art. 103 Abs. 3 sei der Grundsatz ne bis in idem nur mit den Einschränkungen verfassungsmäßig garantiert, die ihm durch den Stand des Prozeßrechts und dessen Auslegung bei Inkrafttreten des GG gezogen worden seien und hat mit dieser Begründung die auf Art. 103 Abs. 3 gestützten Angriffe gegen die (damals herrschende) Lehre von der beschränkten Rechtskraftwirkung des Strafbefehls zurückgewiesen. Das gleiche gilt, soweit der Grundsatz ne bis in idem in die **Landesverfassungen** aufgenommen ist[53]. Nur insoweit berührt Art. 103 Abs. 3 GG die früher entwickelten Grundsätze über den Umfang der Sperrwirkung der Rechtskraft, als diese Grundsätze inhaltlich auf die **objektive Wertordnung des Grundgesetzes auszurichten** sind (s. dazu BVerfGE 23 191 = NJW **1968** 982, 983 betr. die Frage, ob die aus Gewissensgründen erfolgende wiederholte Nichtbefolgung einer Einberufung von Kriegsdienstverweigerern zum zivilen Ersatzdienst dieselbe Tat i. S. des Art. 103 Abs. 3 GG darstelle, wenn bereits einmal eine Verurteilung wegen Dienstflucht erfolgt ist, oder ob die einer solchen Verurteilung nachfolgende Nichtbefolgung einer erneuten Einberufung eine neue Straftat i. S. des § 264 StPO darstellt, weil die erste Verurteilung das Dauerdelikt des Fernbleibens unterbrochen habe). BVerfGE 23 191 beantwortet die Frage im Sinn der ersten Alternative und findet dabei, wenn auch mit anderer Begründung (mehrfache

---

[52] Demgemäß steht, wenn der Schuldspruch – durch Beschränkung des Rechtsmittels auf das Strafmaß oder durch Aufhebung des Urteils nur im Strafausspruch – rechtskräftig geworden ist, die Rechtskraft einem Freispruch entgegen, wenn sich in der erneuten Hauptverhandlung die Schuldunfähigkeit des Angeklagten zur Tatzeit ergibt (BGHSt 7 283). Zur Bedeutung einer nach dem rechtskräftigen Schuldspruch eingetretenen Gesetzesmilderung vgl. BGHSt 24 106.

[53] BayVerfGH NJW **1963** 1003.

Verurteilung als Verstoß gegen den Verhältnismäßigkeitsgrundsatz) die Zustimmung des Schrifttums[54].

27   Die **Bedeutung des Art. 103 Abs. 3** besteht danach in **erster Linie** darin, daß er einen verfahrensrechtlichen Grundsatz zum Rang eines Verfassungssatzes und eines Grundrechts erhebt, dessen Verletzung mit der Verfassungsbeschwerde geltend gemacht werden kann (§ 90 BVerfGG). Die institutionelle Garantie der Rechtskraftsperrwirkung bedeutet aber auch das Verbot einer Aushöhlung durch die Prozeßgesetzgebung, wie sie die Kriegsgesetzgebung (Kap. 3 39) brachte, und der Ausweitung der rechtlichen Möglichkeiten einer erneuten Aburteilung in Durchbrechung der Rechtskraft in einem Maße, daß das Verhältnis von Regel zur eng umgrenzten Ausnahme verlorengeht.

28   **3. Die Problematik des Umfangs der Sperrwirkung.** Die Vorschriften über die Wiederaufnahme des Verfahrens regeln, wann ausnahmsweise ein rechtskräftiges Urteil beseitigt und durch ein neues Urteil ersetzt werden darf. Die Wiederaufnahmevorschriften besagen aber nichts darüber, wie weit die materielle Rechtskraft, die strafklageverbrauchende Wirkung eines formell rechtskräftigen Urteils, reicht, in welchem Umfang also das Urteil, das sich mit einem bestimmten Sachverhalt befaßt, ihn erledigt und das Verhalten des Beschuldigten abgilt. Auf diese Frage kommt es aber entscheidend an, wenn zweifelhaft ist, ob ein im Urteil nicht gewürdigter Teil des Sachverhalts von der materiellen Rechtskraft umfaßt wird. Denn nur im Umfang der Rechtskraftwirkung kommt eine Durchbrechung der Rechtskraft des Urteils unter den engen Voraussetzungen über die Wiederaufnahme des Verfahrens in Betracht, während ein von der Rechtskraftwirkung nicht erfaßter Teil des Sachverhalts ohne weiteres Gegenstand eines neuen Verfahrens sein kann, das das rechtskräftig abgeschlossene Verfahren um den unerledigt gebliebenen Teil ergänzt. Der Staatsanwalt kann durch eine **Ergänzungsklage** die Vervollständigung der bisherigen Teilaburteilung herbeiführen. Die Frage, nach welchen Merkmalen sich der Umfang der Verbrauchswirkung bestimmt, ist Gegenstand lebhaften Streits. Nach § 264 ist Gegenstand der Urteilsfindung die in der Anklage bezeichnete Tat, wie sie sich nach dem Ergebnis der Verhandlung darstellt. Es fragt sich daher, nach welchen Merkmalen der **Umfang der „Tat"** zu bestimmen ist, die im Urteil abgeurteilt wurde.

4. Die herrschende Meinung

29   a) **Grundsatz.** Die herrschende, namentlich vom Reichsgericht schrittweise entwickelte, vom Bundesgerichtshof übernommene und ausgebaute und von BVerfG NJW **1978** 414 für grundgesetzmäßig erklärte Auffassung[55] sieht in der „Tat" i. S. des § 264 StPO einen **selbständigen verfahrensrechtlichen Begriff**, der sich nicht mit dem materiell-rechtlichen Handlungsbegriff (§§ 52, 53 StGB) deckt, und lehrt, die Verzehrwirkung umfasse die Tat als geschichtlichen Vorgang in dem Umfang, in dem das erkennende Gericht die Strafklage nach § 265 umzuwandeln befugt war, ohne Rücksicht darauf, ob das Gericht von dieser Befugnis Gebrauch macht und ob es nach Sachlage konkrete Veranlassung gehabt hat, die Aufklärungspflicht über den dargebotenen

---

[54] So z. B. *Grünwald* ZStW **1974** Beiheft 94; *Roxin*[19] § 50 II 6; *Schlüchter* 612 Fußn. 65; *Struensee* JZ **1984** 645; *Nestler-Tremel* NStZ **1986** 80; **a. M** OLG Düsseldorf NJW **1985** 2429 betr. „Totalverweigerer" (Zeugen Jehovas).

[55] So auch BVerfGE **45** 434; **56** 22; näherer Überblick bei LR-*Gollwitzer* § 264, 3; 4; *Roxin*[19] § 50 B II 4; *Schlüchter* 361.1 Fußn. 5; *Hanack* JZ **1972** 355.

Prozeßstoff hinaus auszudehnen. „Tat" i. S. des § 264 bedeutet „den geschichtlichen Vorgang, auf welchen die Anklageschrift hinweist und innerhalb dessen der Angekl. sich als Täter oder Teilnehmer strafbar gemacht haben soll. Zur Tat gehören sämtliche zum selben geschichtlichen Vorgang gehörenden Straftaten und zwar auch solche, die in der Anklage nicht genannt sind..." (BGH NStZ **1981** 151). Oder, umfassender ausgedrückt, bedeutet „Tat" „den vom Eröffnungsbeschluß betroffenen Vorgang einschließlich aller damit zusammenhängenden und darauf bezüglichen Vorkommnisse, die geeignet sind, das in diesen Bereich fallende Tun des Angeklagten unter irgendeinem rechtlichen Gesichtspunkt als strafbar erscheinen zu lassen, also das gesamte Verhalten des Angeklagten, soweit es mit dem durch den Eröffnungsbeschluß bezeichneten geschichtlichen Vorkommnis nach der Auffassung des Lebens einen einheitlichen Vorgang bildet, ohne Rücksicht darauf, ob sich bei der rechtlichen Beurteilung eine oder mehrere strafbare Handlungen statt oder neben der im Eröffnungsbeschluß bezeichneten Tat ergeben"[56].

b) Im einzelnen erstreckt sich der Begriff „Tat" danach zunächst auf die Handlung im materiell-rechtlichen Sinn des § 52 StGB, und die Verzehrwirkung umfaßt alle durch die Handlung verwirklichten Gesetzesverletzungen, insbesondere alle tateinheitlich und in Gesetzeskonkurrenz zusammentreffenden Delikte und bei einer fortgesetzten Handlung sämtliche Einzelakte ohne Rücksicht darauf, ob ihr Umfang dem erkennenden Gericht bekannt war[57]. Es werden danach aber auch — und zwar auch hier ohne Rücksicht darauf, ob sie in der Hauptverhandlung hervortraten — in **Tatmehrheit** begangene Delikte, überhaupt der vom Eröffnungsbeschluß betroffene geschichtliche Vorgang in seiner Gesamtheit einschließlich aller damit zusammenhängenden und darauf bezüglichen Vorkommnisse und tatsächlichen Umstände erfaßt, die nach Auffassung des Lebens eine **„natürliche Einheit"** bilden[58]. Eine solche natürliche Einheit setzt in den Fällen der sachlichrechtlichen Tatmehrheit einen engen sachlichen Zusammenhang, eine notwendige innere Verknüpfung der mehreren Beschuldigungen voraus, die sich unmittelbar aus den ihnen zugrundeliegenden Handlungen und Ereignissen ergeben muß, dergestalt, daß keine der Beschuldigungen sinnvoll für sich allein abgeurteilt werden kann, vielmehr eine getrennte Würdigung und Aburteilung in verschiedenen Verfahren als unnatürliche Aufspaltung eines einheitlichen Lebensvorganges empfunden würde[59]. Soweit danach die Tatidentität reicht, ist für die Kognitionspflicht des Gerichts wie für den Umfang der Verzehrwirkung ein etwa fehlender Verfolgungswille des Klägers für Teile des Tatvorgangs bedeutungslos[60]; die Verzehrwirkung des rechtskräftigen Urteils erstreckt sich auch auf die nach § 154 a Abs. 1, 2 ausgeschiedenen und nicht nach Abs. 3 wieder einbezogenen Tatteile und Gesetzesverletzungen[61].

c) Einschränkungen. Bevor auf die Einwendungen einzugehen ist, die im Schrifttum gegen die vorstehend dargestellte Lehre erhoben werden (unten Rdn. 35), bedarf es zur Abrundung des Bildes über den derzeitigen Stand der Rechtsprechung des Hinweises auf drei Entscheidungen aus neuester Zeit.

30

31

---

[56] BGHSt **23** 141, 145 = JZ **1970** 327, 328 mit krit. Anm. *Grünwald*; ferner BGHSt **23** 270, 273; **24** 185, 186; **25** 72; **29** 228; **29** 341, 342; **32** 146, 148; **32** 215; NJW **1981** 977; JR **1984** 344.
[57] BGHSt **27** 115; BGH NStZ **1982** 128; 213.

[58] BGHSt **13** 321; **23** 273.
[59] BGHSt **13** 21 = JR **1959** 427 mit Anm. *Eb. Schmidt*; BGHSt **23** 273; **29** 288.
[60] BGHSt **23** 275; BGH NJW **1961** 1981; OLG Stuttgart MDR **1975** 423.
[61] Vgl. BGHSt **21** 327; NStZ **1981** 151.

31a   aa) „Täterwechsel". In dem in mancherlei Hinsicht eigenartigen Fall BGHSt **32** 215[62] handelt es sich allerdings nicht um die Frage, in welchem Umfang einem rechtskräftigen Urteil Verzehrwirkung für eine im Verfahren nicht gewürdigte Straftatbestandsverwirklichung zukommt. Die Entscheidung ist vielmehr für die Erörterung des ne-bis-in-idem-Grundsatzes deshalb von Interesse, weil sie trotz gewisser kritischer Bemerkungen, die sich auf die Behandlung der Tatidentität innerhalb des noch nicht abgeschlossenen Verfahrens beziehen, doch im Grundsatz an der bisherigen Rechtsprechung festhält. Im Verfahren gegen A und B lautete die zugelassene Anklage gegen A auf Mord in Tateinheit mit versuchter Vergewaltigung der C, gegen B auf Strafvereitelung (§ 258 StGB), weil er, von A in der Nacht nach der Tat geweckt und vom Geschehen unterrichtet, diesem bei der Verbergung der Leiche der C geholfen habe. Auf Grund der Hauptverhandlung kam das Gericht zu der Feststellung, daß nicht A, sondern B — in Abwesenheit des A — die C selbst umgebracht und sich am Wegschaffen ihrer Leiche „zumindest beteiligt habe" und verurteilte den B — *ohne daß eine diese Tat einbeziehende Nachtragsanklage* (§ 266) *gegen ihn erhoben worden wäre* — wegen Mordes usw., während A freigesprochen wurde. Auf die Revision des B stellte der BGH das Verfahren, soweit es sich auf dessen Verurteilung wegen Mordes usw. bezog, ein, da die insoweit abgeurteilte Tat nicht Gegenstand der zugelassenen Anklage gewesen sei. Ausführlich wird begründet, daß dieses Ergebnis im Einklang mit der ständigen Rechtsprechung stehe, wonach zum Tatbegriff i. S. des § 264 „das gesamte Verhalten des Angeklagten gehört, soweit es mit dem durch die Anklage bezeichneten geschichtlichen Vorkommnis nach der Auffassung des Lebens einen einheitlichen Vorgang bildet". (1) Zunächst komme die Einbeziehung in der Anklage nicht beschriebener Vorgänge in den Tatbegriff nur in Betracht, wenn der in der Anklage nicht erwähnte Vorgang das Verhalten *desselben* Angeklagten betreffe. „Wo nach der Anklage für beide Teile des Gesamtgeschehens verschiedene Personen als Täter beschuldigt werden, ist es ohne Belang, ob ihrer beider Tun sich zu einer „natürlichen Einheit" zusammenfügt, weil Tat i. S. des § 264 stets nur das dem einzelnen Angeklagten zur Last gelegte Vorkommnis sein kann." (2) Darüber hinaus sei die Tötung der C in der Anklage dem A als Alleintäter zur Last gelegt und damit bewußt aus dem Sachverhalt ausgeklammert worden, auf Grund dessen B sich strafbar gemacht haben sollte. Wenn es sich aber um voneinander trennbare, sich nicht überschneidende oder ineinanderübergehende Geschehensabläufe handle, so begrenze eine Anklage, die eine dieser Geschehnisse einem Mitangeklagten als Alleintäter zur Last lege, zugleich die Tat, die den Rahmen für die Prüfung der Strafbarkeit des anderen Mitangeklagten abgibt. (3) Selbst dann, wenn Anklage und Urteil sich nicht auf A und B, sondern allein auf B bezogen hätten, wäre der Mord nicht Gegenstand der gegen ihn erhobenen Anklage gewesen. Verändere sich nämlich im Lauf des Verfahrens das Bild des Geschehens, auf das die Anklage hinweist, so komme es darauf an, ob die Nämlichkeit (Identität) der Tat trotz dieser Änderungen noch gewahrt sei. Das aber lasse sich nur entscheiden, wenn zuvor feststeht, „welche Merkmale die Tat als einmaliges, unverwechselbares Geschehen kennzeichnen". Dann stelle sich die Frage, welche Kriterien darüber entscheiden, ob die Abweichung nur eine Modifikation derselben Tat darstellt oder deren Identität aufhebt. *„Das ist im Grundsätzlichen bislang nicht geklärt."* Bei der Suche nach den maßgeblichen Kriterien könne offen bleiben, ob dem Lösungsansatz von *Puppe* NStZ **1982** 230, 234, der „auf das unverändert Gebliebene" abhebe, zu folgen sei, denn auch nach den bisher von der Rechtsprechung zugrunde gelegten Maßstäben sei im vorliegenden Fall Tateinheit zu verneinen, weil diese

---

[62] = JR **1984** 344 mit Anm. *Roxin* = JZ **1984** 532 mit Anm. *Jung.*

(an einer Reihe von Entscheidungen des RG und des BGH dargestellte) Rechtsprechung — *„wiewohl im Grundsätzlichen nicht immer klar"* — der Sache nach stets darauf abgestellt habe, ob die Veränderung des Tatbildes „wesentlich" gewesen sei oder nicht. Danach seien Abweichungen vom Tatbild der Anklage regelmäßig nur dann als „unwesentlich hingenommen worden, wenn sich feststellen ließ, daß die Richtung des Täterverhaltens — auf ein bestimmtes Tatobjekt oder einen bestimmten Taterfolg — dieselbe geblieben" sei. Zu den einzelnen der angeführten Entscheidungen näher Stellung zu nehmen, biete der vorliegende Fall keinen Anlaß. Insbesondere könne offen bleiben, ob das jeweils als maßgeblich bezeichnete Merkmal für sich allein *ausreiche*, Tatidentität zu begründen oder womöglich nur eine der dafür *notwendigen* Voraussetzungen darstelle. Entscheidend sei vielmehr die klar zutage liegende *Unterschiedlichkeit in der Richtung des Täterverhaltens.* „Der Angriff auf ein Menschenleben ist nicht mit dem Bemühen vergleichbar, denjenigen, der es ausgelöscht hat, der Bestrafung zu entziehen. Beide Verhaltensweisen haben — nach Tatobjekt und Zielrichtung des Handelns — nichts miteinander gemein. Die Verschiedenheit der einander gegenüber zu stellenden Verhaltensweisen schließt es — jedenfalls bei voneinander abgrenzbaren Geschehnissen — aus, die Identität der Tat noch als gewahrt anzusehen; vielmehr handelt es sich hier — auch im Sinne des § 264 StPO — um verschiedene Taten."

Roxin und *Jung* stimmen mit Recht dem Ergebnis der Entscheidung zu[63]. Doch **31b** scheinen zwischen ihnen unterschiedliche Auffassungen darüber zu bestehen, welche Bedeutung den Argumenten, mit denen der BGH im vorliegenden Fall Tatidentität i. S. des § 264 verneint, für die Frage des Umfangs der Verzehrwirkung des rechtskräftigen Urteils zukommt, ob sie insoweit eine Abkehr oder eine grundsätzliche Neuorientierung gegenüber der bisher gerade von der Rechtsprechung getragenen herrschenden Meinung bedeute. *Roxin*, den Begriff eines „einheitlichen geschichtlichen Vorgangs" ablehnend, versteht[64] die hinter den tragenden Gründen „aufscheinende" Tatkonzeption dahin, daß es bei nicht „voneinander abgrenzbaren" — wie bei Idealkonkurrenz stehenden — Geschehnissen bei der bisherigen Betrachtungsweise bleibt und z. B. in dem Schulbeispiel (unten Rdn. 36, 38) der wegen Wilderei rechtskräftig Verurteilte nicht mehr wegen Tötungsverbrechens verfolgt werden kann, wenn sich nachträglich herausstellt, daß der abgegebene Schuß einem Menschen galt. Anders, wenn zu der in der Anklage beschriebenen Handlung eine neue selbständige Handlung hinzutrete. Stehe sie mit dem Anklagevorwurf in engem zeitlichen und sachlichen Zusammenhang und weise sie eine diesem vergleichbare Unrechtsqualität auf, so liege Tatidentität vor. Ziehe sie aber unendlich viel schwerere Unrechtsfolgen nach sich, so würde durch die Annahme von Tatidentität der Schutz ausgehöhlt, den das Akkusationsprinzip dem auf die Verteidigung nicht vorbereiteten Angeklagten gewährt. Die Frage aber, wann eine Vergleichbarkeit des Unrechtsgehalts noch bejaht werden kann, bedarf nach *Roxin* „einer ins einzelne gehenden Antwort, die hier nicht mehr gegeben werden kann", für deren Diskussion bei nochmaliger Überdenkung der Problematik des prozessualen Tatbegriffs BGHSt **32** 215 aber wertvolle Anregungen liefere.

Entgegen diesen optimistischen Erwartungen, die auf eine ins einzelne gehende Antwort als Ergebnis eines nochmaligen Überdenkens der Gesamtproblematik gerichtet **31c** sind, sieht *Jung* JZ **1984** 536 zwar die Gefahr einer „verschleierten Kasuistik", die mit „offen" umschriebenen Begriffen, wie dem des „geschichtlichen Vorgangs in seiner Ge-

---

[63] *Roxin* JR **1984** 344; *Jung* JZ **1984** 532; dazu auch *Meyer-Goßner* JR **1985** 452, 454; **a. A** *Peters*[4] 458, der die Behandlung durch die erste Instanz billigt.

[64] JR **1984** 344, ohne aber die Entscheidung „überinterpretieren" zu wollen.

samtheit, der nach der Auffassung des Lebens eine natürliche Einheit bildet", verbunden sei. Denn sie erlaubten, bei an sich gleichbleibendem Begriff, im Einzelfall Differenzierungen vom Ergebnis her. Er wirft aber nur skeptisch die Frage auf, ob es zu dem bisherigen Ansatz der „herrschenden Meinung" eine Alternative [i. S. einer weitgehend anerkannten besseren Lösung] gäbe — und verneint sie m. E mit Recht (s. unten Rdn. 39)[65].

32   **bb) Behandlung des Organisationsdelikts.** Nach der viel erörterten Entscheidung BGHSt **29** 288[66] besteht zwar grundsätzlich Tateinheit — nicht Tatmehrheit — zwischen der Straftat der Beteiligung als Mitglied an einer kriminellen Vereinigung (§ 129 StGB) — diese als Dauerstraftat verstanden — und den Straftaten, die das Mitglied in Verfolgung der Ziele der Vereinigung begeht. Anders als bei anderen Dauerdelikten oder fortgesetzten Handlungen verwirkliche sich aber die mitgliedschaftliche Beteiligung, die sich über Jahre erstrecken könne, in der Regel in völlig unterschiedlichen Verhaltensweisen, die gegen andere Strafnormen verstoßen und den verschiedensten Zwecken dienen können. Auf das Organisationsdelikt des § 129 StGB sei deshalb die für fortgesetzte Handlungen und Dauerstraftaten in der Rechtsprechung entwickelte Lehre zum Verbrauch der Strafklage nicht — jedenfalls nicht in vollem Umfang — übertragbar. Das bedeutet: Mit einem rechtskräftigen Urteil nach § 129 StGB sind — wie bei fortgesetzten Handlungen oder sonstigen Dauerstraftaten — auch solche vor der tatrichterlichen Verhandlung liegende Beteiligungsakte erledigt, die, weil sie dem Gericht nicht bekannt waren, in der Hauptverhandlung nicht erörtert und deshalb nicht aufgeklärt werden konnten. Entsprechendes gilt für strafbare Handlungen, die in Tateinheit mit Beteiligungsakten stehend, mit Strafen bedroht sind, die *nicht höher sind als die des § 129*. Dagegen werden die Höchststrafe des § 129 überschreitende idealkonkurrierende Straftaten nicht von der Rechtskraft eines wegen mitgliedschaftlicher Beteiligung ergangenen Urteils erfaßt, wenn sie tatsächlich nicht, auch nicht unter dem Gesichtspunkt mitgliedschaftlicher Beteiligung, Gegenstand der Anklage und der Urteilsfindung im früheren Verfahren waren; eine andere Handhabung entspräche weder dem Charakter des Organisationsdelikts des § 129 StGB noch, weil einer Privilegierung der Mitglieder gegenüber anderen Straftätern gleichkommend, dem Gebot materieller Gerechtigkeit. BVerfGE **56** 22[67] hat die Auffassung von BGHSt **29** 288 gebilligt. Die Stellungnahmen des Schrifttums[68] gingen alsbald dahin, daß der von BGHSt **29** 288 be-

---

[65] Zur Auswirkung von BGHSt **32** 215 auf die Rechtsprechung des BayObLG: In BayObLGSt **1983** 109 hatte der Senat Tatidentität zwischen dem Anklagevorwurf gegen A, als Kfz-Führer eine Straftat (Vergehen gegen § 142 StGB) begangen zu haben, und dem Vorwurf der Strafvereitelung gegen B, begangen durch die wahrheitswidrige Selbstbezichtigung, das Fahrzeug zur Tatzeit geführt zu haben, jedenfalls dann angenommen, wenn zwischen beiden Verhaltensweisen ein enger zeitlicher und örtlicher Zusammenhang vorliege. In BayObLG StrVert. **1985** 185 gab der gleiche Senat unter Berufung auf BGHSt **32** 215 diese Auffassung auf. Der Leitsatz lautet dahin, bei gleichem Sachverhalt „ermöglicht zumindest in der Regel"

auch ein enger örtlicher und zeitlicher Zusammenhang keine Verurteilung wegen Strafvereitelung, die darauf gestützt ist, daß sich der Angeklagte zu Unrecht als Täter der in Wirklichkeit von einem Dritten begangenen Straftat (hier: Vergehen gegen § 142 StGB) bezichtigt habe".

[66] Mit Anm. *Schmidt* LM § 129 StGB Nr. 12 = NJW **1980** 2718 mit Stellungnahme *Werle* NJW **1980** 2671 = NStZ **1981** 72 mit Anm. *Rieß*.

[67] = NJW **1981** 1433 = JR **1982** 108 mit Anm. *Gössel*.

[68] Vgl. etwa *Grünwald* StrVert. **1981** 326; *Dreher/Tröndle*[43] § 129, 9 b; *Rieß* NStZ **1981** 75; *Gössel* JR **1982** 111.

schrittene Weg trotz seiner Beschränkung auf § 129 StGB weit über diese Vorschrift hinausgreife und in seinen Auswirkungen nicht absehbar sei.

cc) Erstreckung von BGHSt **29** 288 **auf weitere Dauerdelikte**[69]. Dem Beschluß **33** des OLG Hamm JR **1986** 203 m. Anm. *Puppe*[70] liegt folgender Sachverhalt zugrunde: A wurde wegen vor 1970 begonnenen und 1983 beendeten unerlaubten Erwerbs und Besitzes (Führens) einer Zahl von Faustfeuerwaffen nach den Vorschriften des WaffenG durch im Jahre 1984 rechtskräftig gewordenes Urteil zu einem Jahr Freiheitsstrafe verurteilt; das Verfahren wegen weiterer bei A vorgefundener Schußwaffen war gemäß § 154 a eingestellt worden. 1985 erging gegen A Haftbefehl wegen des Verdachts, im Jahre 1981 einen Totschlagsversuch mit einer Pistole begangen zu haben. Auf Beschwerde des A wurde der Haftbefehl vom Landgericht wegen Verbrauchs der Strafklage aufgehoben. Der dagegen gerichteten weiteren Beschwerde der Staatsanwaltschaft gab das OLG statt: richtig sei zwar der Ausgangspunkt des LG, daß (trotz gewisser Abweichungen in Rechtsprechung und Schrifttum) zwischen dem Dauerdelikt des unbefugten Waffenführens und einem während dieser Zeit mit der Schußwaffe begangenen Tötungsdelikt Tateinheit (§ 52 StGB) anzunehmen sei und damit nach der Rechtsprechung auch Tatidentität i. S. des § 264 bestehe. Von dieser einheitlichen und gefestigten Rechtsprechung habe aber BGSt **29** 288 eine — allerdings auf den Bereich der sog. Organisationsdelikte beschränkte — wichtige Ausnahme gemacht. Die Erwägungen und Wertungen dieser von BVerfGE **56** 22 gebilligten Entscheidung beschränkten sich aber nicht auf den Bereich des Organisationsdelikts, sondern verlangten Anwendung auf vergleichbare Ausnahmefälle einer Tötung während der langen Dauer des unerlaubten Waffenbesitzes. Denn die Annahme des Strafklageverbrauchs auch hinsichtlich des Tötungsverbrechens widerspräche in unerträglichem Maße dem Gebot der Gerechtigkeit; der Satz ne bis in idem müsse in einer Weise gehandhabt werden, die nicht nur dem Schutz des Täters vor ungerechter Bestrafung, sondern auch dem Anspruch der Rechtsgemeinschaft auf Ahndung schwerster Verbrechen, insbes. bei Angriffen auf das Leben diene; eine zu weit gehende Verzehrwirkung liege nicht im Interesse des Rechtsfriedens, sondern vermittle den Opfern von Schwerkriminalität das Gefühl der Ohnmacht und Schutzlosigkeit und führe mit ihren unerträglichen Ergebnissen zur Beeinträchtigung der Rechtsgemeinschaft. Die gegen BGHSt **29** 288 erhobenen Bedenken[71] seien demgegenüber „letzten Endes" nicht überzeugend[72]. Auch das Problem, eine Mehrfachbestrafung zu vermeiden, sei nicht unüberwindlich, denn wenn auch das geltende Recht kein zur Problemlösung unmittelbar heranziehbares Institut kenne, so biete sich doch die entsprechende Anwendung vorhandener Regelungen, um „den Besonderheiten des ungewöhnlichen Falles" Rechnung zu tragen.

Demgegenüber erhebt *Puppe*[73] gegen den von OLG Hamm eingeschlagenen Weg **33a** einer Übertragung der von BGHSt **29** 288 zu § 129 StGB entwickelten Grundsätze auf andere Dauerdelikte grundsätzliche Bedenken. „Freilich wäre es unerträglich, wenn sich ein Täter dadurch, daß er für seine Verurteilung wegen unerlaubten Waffenbesitzes sorgte, Straffreiheit für alle die Taten verschaffen könnte, die er mit der betreffenden Waffe begangen hat." Aber das zu vermeiden, gehe im vorliegenden Fall der rechtskräf-

---

[69] Vgl. zum Dauerdelikt u. a. *Werle* Die Konkurrenz bei Dauerdelikten, Fortsetzungstaten und zeitlich gestreckten Gesetzesverletzungen (1981); *Krauth* FS Kleinknecht (1985) 215 ff.

[70] Im Ergebnis wie OLG Hamm auch OLG Zweibrücken NJW **1986** 2148.

[71] *Grünwald* StrVert. **1981** 326; *Werle* NJW **1980** 2671.

[72] Verweisung auf *Rieß* NStZ **1981** 74.

[73] Anmerkung zur Entscheidung, JR **1986** 205.

tigen Verurteilung wegen Waffenbesitzes und des nachträglichen Hervortretens eines Tötungsverbrechens mit der Waffe nicht in der Weise, daß in die wegen der letzteren Tat neu zu verhängende Strafe das Dauerdelikt einbezogen wird, „wobei das rechtskräftige Urteil ignoriert und in seiner Wirkung aufgehoben werden muß". Denn das liefe auf eine von der Rechtsprechung „mit guten Gründen" abgelehnte Ergänzungsklage „oder anders ausgedrückt auf eine Wiederaufnahme des Verfahrens zu Lasten des Angeklagten nur aufgrund des Auftauchens neuer Tatsachen entgegen § 362 hinaus" (S. 206 Fußn. 3), und damit wäre „die Axt an die Wurzel der Rechtskraft gelegt" und Art. 103 Abs. 3 GG verletzt. Das Problem könne also nicht durch Einschränkung der Rechtskraft gelöst, sondern müsse auf dem Gebiet des *materiellen* Rechts durch eine Überprüfung der herrschenden Lehre zur Idealkonkurrenz bei Dauerdelikten gesucht werden. Und zwar schlägt *Puppe* vor, das Dauerdelikt, wenn es mit einer oder mit mehreren voneinander unabhängigen *schweren* Tatbestandsverwirklichungen ideell konkurriert, in der Weise aufzuspalten, daß es in verschiedene Zeitbereiche zerlegt wird, die jeweils für sich bei der Strafzumessung nach dem schwereren idealkonkurrierenden Tatbestand und dem reinen Dauerdelikt berücksichtigt werden. Gegen diesen Vorschlag wendet sich *Kröpil* (DRiZ **1986** 448), weil er eine methodisch unzulässige Verschiebung der Bewertungsebenen darstelle. Vielmehr sei geboten, die verfahrensrechtliche Frage des Strafklageverbrauchs in Anwendung der von der h. M ausgebildeten Definition des prozessualen Tatbegriffs, also nur mit prozessualen Mitteln und ohne Rückgriff auf den materiellrechtlichen Tatbestand zu beantworten, während bei der Strafbemessung für das spätere schwere Delikt die vorangegangene Verurteilung wegen des Organisations- oder Dauerdelikts den Abwägungsgrundsätzen des § 46 Abs. 1, Abs. 2 Satz 1 StGB Rechnung zu tragen sei.

34   **dd) Eine Art Schlußbetrachtung.** Eine eingehendere Auseinandersetzung mit den Ausführungen von *Puppe* ist an dieser Stelle nicht möglich. Der Verfasser dieser Zeilen muß sich mit einer summarischen Bemerkung begnügen: Der Ansatz von *Puppe* ist ebenso wie der von OLG Hamm beschrittene Weg, die in BGHSt **29** 248 und BVerfGE **56** 22 für das Organisationsdelikt gezogenen Folgerungen auf das Dauerdelikt des unerlaubten Waffenführens zu übertragen, von dem Bestreben getragen, für das Rechtsgefühl unerträgliche Folgerungen zu vermeiden, die sich nach bisheriger Betrachtungsweise mit einer gewissen Zwangsläufigkeit aus der Figur des Dauerdelikts zu ergeben schienen. Die Behandlung von Verhaltensweisen, die sich über einen längeren Zeitraum erstrecken und deren klassisches Beispiel der Fortsetzungszusammenhang ist, als *eine* Tat, ist aber eine juristische Konstruktion, die ihre Entstehung pragmatischen Bedürfnissen verdankt. Die aus ihr gezogenen Folgerungen sind deshalb nicht zwingender, gewissermaßen apriorischer Natur, sie dürfen und müssen deshalb da zurücktreten, wo sie mit zwingenden Forderungen aus der Idee des Rechtsstaats und der Gerechtigkeit in Widerspruch geraten. Welcher Weg dazu bei der Dauerstraftat gewählt wird, ob auf prozessualem oder materiellrechtlichem Gebiet: Art. 103 Abs. 3 GG erscheint jedenfalls nicht verletzt. So ist daran zu erinnern, daß die ebenfalls rein konstruktiv aus pragmatischen Gründen geschaffene Figur des Sammel- oder Kollektivverbrechens (bei gewerbs-, gewohnheits- oder geschäftsmäßiger Tatbestandsverwirklichung) nach jahrelanger Anerkennung von der Rechtsprechung mit Billigung des Schrifttums wieder aufgegeben wurde (dazu Rdn. 69), als sie kriminalpolitisch nicht mehr vertretbar erschien. Aber insgesamt: ein „weites Feld", und die weitere Entwicklung bleibt abzuwarten.

35   **5. Stimmen des Schrifttums gegen die herrschende Meinung** (zu Rd, 29, 30). Der (bei Berücksichtigung der in Rdn. 31 bis 34 dargestellten Erwägungen und Beschränkungen) in der Praxis herrschenden und auch von einem Teil des Schrifttums gebilligten Auffassung mit ihrer verhältnismäßig weitgehenden Ausdehnung der Verbrauchswirkung, aber auch mit ihrer gewissen Unbestimmtheit, die sich aus der Verweisung auf die „natürliche Einheit nach der Auffassung des Lebens" ergibt, stehen Auffassungen des Schrifttums gegenüber, die den **Umfang der Verzehrwirkung** enger **begrenzen** wollen. Sie sind aus dem Bestreben erwachsen, durch bestimmte Betrachtungsweisen gewissen als unerträglich empfundenen Folgerungen zu entgehen, zu denen die herrschende Auffassung führt, wenn diese die Verzehrwirkung auf Tatseiten erstreckt, die dem Gericht bei der Aburteilung unbekannt waren, falls es nur rechtlich in der Lage gewesen wäre, sie zu erfassen, auch wenn es tatsächlich dazu keine Möglichkeit hatte, weil eine konkrete Veranlassung zu weiterer Sachaufklärung nicht bestand.

Vom Standpunkt der herrschenden Meinung aus ist die Strafklage auch dann verbraucht, wenn der **im Urteil gewürdigte Teil** des Lebensvorgangs einen verhältnismäßig **geringfügigen Teil des Gesamtvorgangs** darstellt, der Schwerpunkt aber auf der unerkannt und ungewürdigt gebliebenen Tatseite ruht und dadurch die erkannte Strafe in keinem Verhältnis zur Strafwürdigkeit des Gesamtverhaltens steht. Das mag an **Beispielen** illustriert werden. Zwar gehört das früher gern angeführte Schulbeispiel, daß der Täter, der einen Schuß abgegeben hatte und nur wegen gefährlichen Schießens an bewohnten Orten (Übertretung nach § 367 Nr. 8 a. F StGB) verurteilt wurde, nicht mehr verfolgt werden konnte, wenn sich später herausstellte, daß der Schuß einem Menschen galt und ein versuchtes oder vollendetes Tötungsverbrechen begangen wurde (vgl. RGSt 70 30), nach Beseitigung der Übertretungen der Rechtsgeschichte an[74]. Aber der Fall läßt sich variieren: A, der im Wald einen Schuß abgab, wird seinem Vorbringen entsprechend wegen Wilderei abgeurteilt; tatsächlich war der Schuß mit Tötungsvorsatz gegen einen Menschen abgegeben. Es gibt auch genug andere Beispiele. So, wenn A, der keine Fahrerlaubnis besitzt, die B unter dem Vorwand, sie nach Hause fahren zu wollen, bewegt, in seinen PKW einzusteigen und in eine andere Richtung fährt und deswegen nur wegen Fahrens ohne Fahrerlaubnis (§ 21 Abs. 1 Nr. 1 StVG) zu einer geringen Geldstrafe verurteilt wird, während sich später herausstellt, daß er seinem Vorhaben gemäß versucht hatte, die B mit Gewalt zum außerehelichen Beischlaf zu nötigen — versuchte Vergewaltigung in Tateinheit mit Entführung wider Willen, §§ 177, 237[75]. Oder wenn der angeklagte Kraftfahrer nur wegen unerlaubten Entfernens vom Unfallort (§ 142 StGB) nach dem Zusammenstoß mit einem anderen PKW verurteilt wird und unbekannt blieb, daß er fahrlässig den Tod der Insassen des angefahrenen Wagens verursacht hatte[76]. Oder wenn die Wegnahme eines Gegenstandes in Zueignungsabsicht nur mit einer geringen Strafe wegen Diebstahls vergolten wird und unerkannt blieb, daß der Täter sich ein Staatsgeheimnis zu Verratszwecken verschaffen wollte[77]. Oder wenn der Täter, weil er sich Aufnahme, Unterbringung und Verköstigung in einem Flüchtlingslager erschlich, eine geringe Betrugsstrafe erhält, und nicht erkannt wurde, daß er als Geheimdienstagent diesen Weg wählte, um seine geheimdienstliche Tätigkeit zu den Lagerinsassen aufzunehmen und er damit ein zur erstinstanzlichen Zuständigkeit des

---

[74] Zur Verzehrwirkung eines rechtskräftigen Bußgeldbescheids wegen einer Ordnungswidrigkeit nach § 55 Abs. 1 Nr. 25 WaffenG vgl. unten, Rdn. 51.

[75] BGH bei *Dallinger* MDR **1973** 556 mit Bespr. *Schöneborn* NJW **1974** 734.
[76] Vgl. OLG Hamm NJW **1974** 68.
[77] § 96 Abs. 1 StGB; vgl. dazu RKG **2** 31 und *Niethammer* ZWehrR **5** 261.

36

OLG gehöriges Vergehen nach § 99 StGB beging[78]. Hierher gehört schließlich auch der Fall, daß bei der Aburteilung einer fortgesetzten Handlung nur wenig Einzelakte bekannt waren und sich später herausstellt, daß sie nur einen verschwindend geringen Bruchteil der tatsächlich begangenen Einzelhandlungen darstellen[79].

36a   In Betracht kommt auch eine Verurteilung wegen fahrlässiger Körperverletzung, weil unbekannt war, daß das Opfer an den Verletzungsfolgen inzwischen verstorben war, oder wegen einfacher vorsätzlicher Körperverletzung, obwohl — dem Gericht unbekannt — eine schwere (§ 224 StGB) vorlag. Wenn der schwerere Erfolg aber im Zeitpunkt der Aburteilung noch nicht eingetreten war, so steht nach einer zum Teil im Schrifttum vertretenen Auffassung[79a] die herrschende Rechtskraftlehre einer **ergänzenden Verfolgung** (wegen fahrlässiger Tötung oder schwerer Körperverletzung) nicht entgegen, da die Verzehrwirkung die Tat nur in den Grenzen der Umgestaltungsmöglichkeit erfasse, eine Einbeziehung des späteren Erfolgs aber bei der Aburteilung *begrifflich* nicht möglich gewesen sei[80]. Jedoch kann mit der im Vordringen begriffenen neueren Ansicht[81] ein Bedürfnis für die ausnahmsweise Zulassung einer Ergänzungsklage nicht anerkannt werden. Das gilt auch, wenn in einem solchen Fall die Bestrafung wegen Körperverletzung nicht durch Urteil, sondern durch rechtskräftigen Strafbefehl erfolgte. Der BGH[82] ließ die erneute Verfolgung auf der Grundlage der damaligen Rechtsprechung zu, daß die Rechtskraft des Strafbefehls nicht die Verfolgung unter einem anderen, eine erhöhte Strafbarkeit begründenden Gesichtspunkt hindere. Jedoch erklärte BVerfGE 65 377 auf Verfassungsbeschwerde es als mit dem grundgesetzlichen Gleichheitssatz unvereinbar, daß der zunächst wegen fahrlässiger Körperverletzung rechtskräftig durch Strafbefehl Bestrafte nach dem Tod des Verletzten durch weiteren Strafbefehl zusätzlich mit Strafe belegt wurde. Seitdem ist die Frage einer nachträglichen Verfolgung des wegen fahrlässiger Körperverletzung rechtskräftig durch Strafbefehl Verurteilten im Hinblick auf den später eingetretenen Tod durch § 373 a i. d. F. des StVÄG 1987 erledigt.

37   **6. Keine Berufung auf fehlende Verhältnismäßigkeit der Strafe.** Es ist klar, daß, wer den Ausgangspunkt der herrschenden Meinung teilt, den als unbillig und ungerecht empfundenen Folgerungen, zu denen sie im Einzelfall führt, nicht mehr mit der allgemeinen Erwägung ausweichen kann, die Verzehrwirkung müsse entfallen, wenn die für den gewürdigten Teil des Vorgangs erkannte Strafe außer jedem Verhältnis zu der Strafe stehe, die bei voller Kenntnis des Gesamtvorgangs als angemessen verhängt wor-

---

[78] Vgl. BGHSt **9** 10, wo das Vergehen nach § 100 e StGB a. F zwar als selbständige Tat (§ 53 StGB) gegenüber dem Betrug, aber als Teil eines einheitlichen Lebensvorgangs gewürdigt wurde. Die Strafe wegen Betrugs war aber dort durch Strafbefehl festgesetzt worden, und nur wegen der nach damaligem Recht beschränkten Verzehrwirkung des Strafbefehls konnte die Frage einer erneuten Verfolgung wegen des Vergehens aus § 100 e a. F aufgeworfen werden.

[79] Vgl. BGHSt **6** 122: Verurteilung wegen fortgesetzten Betrugs auf Grund von sieben Einzelakten; später wurden 266 weitere bekannt, die infolge der Rechtskraft nicht mehr verfolgbar waren.

[79a] Vgl. z. B. *Henkel* 338; *Busch* ZStW **68** (1956) 11 f; *Roxin*[19] § 50 B II 4 b; *Bruns* JZ **1960** 585; *Rüping*[1] Rdn. 462; so auch die 23. Aufl. Einl. Kap. **12** 32 Fußn. 6.

[80] In Fällen, in denen ein Ableben in absehbarer Zeit möglich erscheint, wird der Richter aber die Verhandlung aussetzen; vgl. OLG Saarbrücken JR **1969** 430.

[81] Vgl. u. a. KMR-*Sax* Einl. **XIII** 28, 34; *Schlüchter* 604.2 mit – in Fußn. 36 – weit. Nachw.

[82] BGHSt **18** 41 = NJW **1963** 260; ebenso OLG Saarbrücken NJW **1969** 804 = JR **1969** 430 mit zust. Anm. *Koffka*.

den wäre. Der Verfassungssatz ne bis in idem (Art. 103 Abs. 3 GG) verlangt, daß der Umfang der Rechtskraftwirkung sich nach festen Grundsätzen bemißt, die nicht mehr oder weniger willkürlich im Einzelfall preisgegeben werden dürfen. Eine Entscheidung wie die des OLG München DJ **1938** 724, die aus den damaligen Vorstellungen von dem Vorrang der „materiellen" Gerechtigkeit gegenüber der „formalen" Rechtssicherheit erwachsen ist, daß nämlich der Grundsatz ne bis in idem zurücktrete, wenn das Festhalten daran „das Rechtsempfinden in schwerster Weise verletzen würde", ist heute schlechterdings unvorstellbar. Die im Schrifttum vertretenen, von der herrschenden Lehre abweichenden Auffassungen sind denn auch darauf gerichtet, **feste Maßstäbe zu gewinnen**, die zu einer Einengung der Verzehrwirkung führen. Diesen Bemühungen kann nicht etwa von vornherein mit der Erwägung begegnet werden, daß Art. 103 Abs. 3 GG ihnen entgegenstehe, weil der Verfassungsgesetzgeber sich stillschweigend mit der herrschenden Auslegung identifiziert habe[83]. Allerdings hat BVerfGE **3** 248; JZ **1961** 420 ausgesprochen, daß Art. 103 Abs. 3 GG keinen selbständigen, aus sich heraus auslegbaren Inhalt habe, sondern den Grundsatz ne bis in idem nur in den Grenzen verfassungsmäßig garantiere, die ihm durch den Stand des Prozeßrechts und dessen Auslegung bei Inkrafttreten des GG gezogen worden seien. Aber mit diesen Ausführungen, die sich dagegen wenden, daß die in der Rechtsprechung herrschende Auffassung von der beschränkten Verzehrwirkung des rechtskräftigen Strafbefehls mit Art. 103 Abs. 3 GG unvereinbar sei, sollte nicht zum Ausdruck gebracht werden, daß Art. 103 Abs. 3 GG Gesetzgebung und (herrschende) Auslegung bis in die Einzelheiten auf den Stand bei Inkrafttreten des GG festlege und jede weitere Beschränkung der Rechtskraftwirkung ausschließe. Art. 103 Abs. 3 GG steht jedenfalls Grenzkorrekturen kleineren und größeren Ausmaßes nicht entgegen[84].

7. Im **Schrifttum** sind, wie schon zum Teil oben Rdn. 31 bis 34 dargestellt, die **38** verschiedensten Wege und Methoden zu einer mehr oder weniger weitgehenden **Beschränkung der Rechtskraftverzehrwirkung** vorgeschlagen worden, etwa durch Verengung des Begriffs der Tat in § 264 StPO[85], durch Verneinung der Tatidentität bei Tatmehrheit[86], durch Beschränkung der Verzehrwirkung auf die Rechtsgutverletzung[87], auf die „Handlungssubstanz", auf den „Kerngehalt" des Vorgangs[88] oder „die Richtung des Tätigkeitsakts", über den der Richter urteilt[89], durch Beschränkung auf das tatsächliche Geschehen in den Grenzen der *praktisch* erfüllbaren richterlichen Kognitionspflicht[90] oder auch durch Ausschließung der Verzehrwirkung bei Verurteilung wegen eines „bloßen Polizeidelikts" (Vergehens) für ideell konkurrierende *echte* kriminelle Delikte[91] oder durch Ausschließung der Verbrauchswirkung eines amts- oder landgerichtlichen Urteils für solche (nicht gewürdigten) Tatseiten, die in die erstinstanz-

---

[83] So aber wohl BGHSt **18** 141, 146.

[84] So auch BVerfGE **56** 27 = NJW **1981** 1433, 1435, oben Rdn. 32.

[85] S. dazu *Dedes* GA **1965** 102; *Hruschka* JZ **1966** 700 (dagegen *Bindokat* GA **1967** 362); *Herzberg* JuS **1972** 117 (Beschränkung „auf die Handlung, so wie sie sich nach der Anklage darstellt").

[86] Nachweise bei *Eb. Schmidt* I 300, Fußn. 535; *Gössel* § 33 A II.

[87] *Bertel* Die Identität der Tat (1970), 134, 196 ff.

[88] *Oehler* Die Identität der Tat, FS Rosenfeld, 319 ff; weit. Nachw. bei *Jescheck* JZ **1957** 30; *Peters* JZ **1961** 426.

[89] *Peters*⁴ 508, für das in Rdn. 31 genannte Schulbeispiel gilt danach: „Wer nur das Schießen beurteilt, beurteilt nicht das Töten eines Menschen."

[90] *Henkel* 389, ähnlich *Hall* DRechtsw. **1941** 305; *Sauer* AllgProzRL 241; *Stock* StrafprozR 136.

[91] So *Busch* ZStW **68** (1956) 12; *Oehler* aaO 152.

liche Aburteilungszuständigkeit des OLG fallen[92]. Der von der Verzehrwirkung nicht erfaßte Tatteil soll dann im Weg einer **Ergänzungsklage**[93] oder auch einer **„Berichtigungsklage"**[94] geltend gemacht werden können.

39   **8. Zur Rechtfertigung der „herrschenden Meinung"**[95]. Eine eingehendere Auseinandersetzung mit den Rechtskraftlehren des Schrifttums müßte monografischen Charakter annehmen und kann nicht Aufgabe dieser Einleitung sein. Folgende Bemerkungen seien gestattet: Die Rechtsprechung hat — sieht man von den in Rdn. 31 bis 34 dargestellten und in ihren Auswirkungen noch nicht übersehbaren Beschränkungen ab — auch im Einzelfall **befremdlich anmutende Folgerungen**, die sich aus den in zahllosen Fällen bewährten Grundsätzen ergaben, um der Festigkeit willen **hingenommen**, die es bei Fragen der Rechtskraft aufzubringen gilt[96]. Andere Grundsätze könnten nur dann mit Recht beanspruchen, an die Stelle der bisher gehandhabten zu treten, wenn sie nicht nur die beanstandeten Folgerungen ausschlössen, sondern auch ihrerseits, ohne den der Verzehrwirkung grundsätzlich gebührenden Raum entscheidend einzuengen, unbillige Folgerungen vermieden, vor allem aber so beschaffen wären, daß mit ihrer Hilfe im Einzelfall die Frage, ob der Satz ne bis in idem einer weiteren Verfolgung entgegensteht, möglichst eindeutig beantwortet werden kann. Das verlangt die Rechtssicherheit, das verfassungsmäßig geschützte Bedürfnis des Abgeurteilten nach Rechtsruhe. Unvollkommenes durch Unvollkommenes ersetzen zu wollen, wäre kein berechtigtes Anliegen. Ein solches Übergewicht gegenüber der herrschenden Rechtskraftlehre kommt aber den im Schrifttum empfohlenen Grundsätzen über die Begrenzung der Rechtskraftwirkung nicht zu, wie ihre Verfechter z. T. selbst einräumen[97]. Es gibt eben keine Patentlösungen. Die Auffassung etwa, die nicht gewürdigte real konkurrierende Delikte von der Verzehrwirkung ausschließen will, vermeidet — von anderen Mängeln abgesehen[98] — weder eigene Unbilligkeiten noch bringt sie Abhilfe, wenn bei Tateinheit das Schwerge-

---

[92] In der 20. Aufl. (S. 46) dieses Werkes führte *Niethammer* unter Hinweis auf RKG **2** 31 und seine Besprechung ZWehrR **5** 261 sowie auf VGH DJ **1941** 1077 und OLG Dresden HRR **1942** Nr. 832 hierzu aus: „Ein Bedürfnis, sich von den Fesseln der Rechtskraft zu lösen, kann nur für oberste Gerichte des ersten Rechtszugs, für den Bundesgerichtshof und für die Oberlandesgerichte in Sachen wegen Hochverrats oder Landesverrats bei einem groben Mißverhältnis zwischen der Strafwürdigkeit der Tat und der im rechtskräftigen Urteil an sie geknüpften Rechtsfolge mit zwingender Gewalt hervortreten ... Innerhalb solcher Schranken mag eine Ausnahme vom Grundsatz des Verbrauchs der Strafklage durch eine rechtskräftige Entscheidung erträglich sein. Im übrigen ist Zurückhaltung dringend geboten."

[93] Dazu *Grünwald* FS Bockelmann 753; *Lemke* ZRP **1980** 141.

[94] *Achenbach* ZStW **87** (1975) 74: „Berichtigung" der ersten Verurteilung unter Anrechnung der in ihr festgesetzten Strafe.

[95] Der Verfasser ist sich bewußt, daß angesichts der in Rdn. 31 bis 34 dargestellten Umstände von einer gerade von der Rechtsprechung getragenen „festen" h. M nur mit gewissen Einschränkungen gesprochen werden kann. Er ist aber (mit *Jung* JZ **1984** 536) der Auffassung, daß im *Ansatz* die bisher von der Rechtsprechung entwickelte und im Schrifttum weitgehend akzeptierte Umschreibung des Begriffs der Tat i. S. des § 264 noch immer als „herrschend" angesehen werden muß, da eine „echte" Alternative i. S. einer weitgehend anerkannten besseren Lösung nicht besteht.

[96] Vgl. BGHSt **6** 122; s. auch BGHSt **20** 77, 80: „Gründe der Gerechtigkeit wiegen nicht unter allen Umständen Anliegen der Rechtskraft und der Rechtssicherheit auf." S. auch KMR-*Sax* Einl. **XIII** 32: „Art. 103 Abs. 3 GG will ohne Rücksicht auf das Individualinteresse im Allgemeininteresse Rechtsfrieden selbst auf Kosten der Gerechtigkeit schaffen."

[97] Z. B. *Herzberg* JuS **1972** 120.

[98] Vgl. z. B. *v. Hippel* 369.

wicht so auf der nicht gewürdigten Gesetzesverletzung ruht, daß die erkannte Strafe außer Verhältnis zur Schwere der Tat steht. Ein Abstellen auf den „Kerngehalt" der Tat oder „die Richtung des Tätigkeitsakts" führt zu schwierigen und angreifbaren Unterscheidungen, die den Umfang der Rechtskraftwirkung ungewiß machen. Aber auch die Beschränkung der Verzehrwirkung auf den Sachverhalt, den der Richter bei Erfüllung seiner Aufklärungspflicht nach den gegebenen Umständen feststellen kann, führt, wie *Busch* ZStW **68** 5 ff zutreffend dargelegt hat, zu erheblicher Unsicherheit. Denn es fragt sich, welcher Maßstab bei der Beurteilung anzulegen ist, ob das Gericht seiner Aufklärungspflicht (§ 155 Abs. 2) in dem erforderlichen Maß nachgekommen ist. Maßgebend soll sein, was von einem „Normalrichter" in einer solchen Lage billiger- und vernünftigerweise an Sachaufklärung zu fordern und zu erwarten ist. Aber die Vorstellungen darüber, wie weit im Einzelfall die praktisch erfüllbare Kognitionspflicht reichte, können sehr auseinandergehen. Der Ankläger und der Richter des späteren „Ergänzungsverfahrens" hätten dann darüber zu befinden, ob der frühere Richter seine Pflicht erfüllt hat.

9. Beschränkung der Wiederaufnahme. Reformmöglichkeit. Im übrigen aber sind zwei Gesichtspunkte zu erwägen:

a) Die Bemühungen des Schrifttums, den Umfang der Verzehrwirkung einzuengen, erklären sich daraus, daß das geltende Recht beim Urteil (§ 362) die **Wiederaufnahme des Verfahrens zuungunsten des Beschuldigten** nur in engstem Rahmen zuläßt und daß die Beibringung neuer Tatsachen zwar die Wiederaufnahme zugunsten des Verurteilten, aber nicht zuungunsten des Beschuldigten rechtfertigt. Das Problem der Rechtskraftwirkung wäre ohne wesentliche praktische Bedeutung, wenn, wie dies die 3. VereinfVO (Kap. **3** 41) im Anschluß an § 354 StPO = Entw. 1939 vorsah, die Gründe der Wiederaufnahme pro und contra parallel gestaltet wären und die Beibringung neuer Tatsachen die Wiederaufnahme mit dem Ziel einer wesentlich strengeren „Ahndung" (so § 354 StPO = Entw. 1939) ermöglichte. So gesehen laufen die Versuche, die Verzehrwirkung enger als die herrschende Meinung zu begrenzen, im Grunde darauf hinaus, **den Folgen auszuweichen, die sich aus der starken Beschränkung der Wiederaufnahme zuungunsten des Beschuldigten ergeben**, oder, wie man auch sagen könnte, die Schranken des Wiederaufnahmerechts auf dem Wege einer einschränkenden Bestimmung der Rechtskraftverzehrwirkung entscheidend zu erweitern, indem die Beibringung neuer Tatsachen zwar keine Wiederaufnahme, wohl aber ein neues ergänzendes Strafverfahren ermöglicht[99]. Das widerspricht aber gerade dem Sinn des geltenden Wiederaufnahmerechts mit seinem starken, ja vielleicht überstarken Schutz des abgeurteilten Angeklagten vor erneuter Verfolgung. Bei der schwierigen und heiklen Abwägung zwischen dem Interesse des Beschuldigten an Rechtssicherheit und Schutz vor erneuter Aburteilung und den Belangen der Allgemeinheit an Durchsetzung der „materiellen" Gerechtigkeit hat die geltende Strafprozeßordnung unmißverständlich dem Interesse des Beschuldigten den Vorrang eingeräumt. Die Gesetzgebung des „Dritten Reiches" ging den umgekehrten Weg und schuf neben der Erweiterung der Wiederaufnahmevoraussetzungen zur weiteren Durchbrechung der Rechtskraft im Interesse der „materiellen" Gerechtigkeit die Einrichtung der Nichtigkeitsbeschwerde und des außerordentlichen Einspruchs. Das VereinheitlichungsG ist zur Strenge des ursprünglichen Rechts zurückgekehrt. Mit der Aufnahme des Satzes ne bis in idem in das GG (Art. 103

___

[99] Über ähnliche Korrekturtendenzen beim
Problem des nichtigen Urteils s. Kap. **16** 23.

Abs. 3) hat die Verfassung die hohe Bedeutung der Rechtskraftsperrwirkung für ein rechtsstaatliches Verfahren zum Ausdruck gebracht und ihrerseits eine Sperre gegen eine Verflüchtigung der Sperrwirkung errichten wollen.

41 Das hindert den **Prozeßgesetzgeber** nicht, **bei künftigen Reformen** in Abwägung des Für und Wider Grenzkorrekturen vorzunehmen (Beispiel: neue Fassung des § 373 a durch das StVÄG 1987 zur Bereinigung des Streits über den Umfang der Verzehrwirkung des rechtskräftigen Strafbefehls), und unter diesem Gesichtspunkt sind die wissenschaftlichen Auseinandersetzungen über die sinnvollste Bemessung des Umfanges der Verzehrwirkung wertvoll. Auch die Rechtsprechung ist durch Art. 103 Abs. 3 GG nicht gezwungen, an allen von der vorkonstitutionellen Rechtsprechung entwickelten Ergebnissen festzuhalten. Dies schon deshalb nicht, weil der Verfassungssatz nur den Kern dessen garantiert, was als Inhalt des Satzes ne bis in idem herausgearbeitet wurde, ohne daß die offenen Randbereiche des Tatbegriffs jeder Weiterentwicklung von verfassungswegen entzogen wären. Deshalb kommt dem Satz, daß bei Tateinheit Tatidentität bestehe, zwar die Bedeutung einer Regel zu, die aber unter besonderen Umständen für Ausnahmen Raum läßt[100]. Wohl aber ist die Rechtsprechung durch Art. 103 Abs. 3 GG gehindert, die Aufgabe des Gesetzgebers übernehmend, lediglich aus Bedürfnissen des Einzelfalls eine ständige Rechtshandhabung *grundsätzlich* zu ändern. „Vielmehr tut es not, genau auf die gesetzliche Regelung, wie sie in der Wiederaufnahme des Verfahrens vorliegt und auf die allgemeine Wirkung im Rechtsleben, also darauf zu achten, daß nicht eine Ausnahme von dem … Grundsatz, indem sie einer einzelnen rechtskräftig abgeurteilten Sache zu einer anderen, der Forderung der Gerechtigkeit mehr genügenden Erledigung verhilft, den festen Grund, auf dem viele tausend rechtskräftige Urteile ruhen, in unerträglicher Weise erschüttere"[101].

42 b) Was diese **Reformmöglichkeiten** anlangt, so erhebt sich angesichts der neueren Gesetzgebung die allgemeine Frage, ob eine möglichst weitgehende Einschränkung der Klageverzehrwirkung überhaupt ein gesetzgeberisches Ziel ist. Dazu ein Blick auf einschlägige gesetzgeberische Maßnahmen aus neuester Zeit. Die moderne Entwicklung hat dazu geführt, daß der Staat in immer weiterem Umfang gesetzgeberisch ordnend durch Gebote und Verbote Lebens- und Umweltbereiche erfaßt und sich veranlaßt sieht, die Befolgung seiner Gebote und die Verletzung seiner Verbote durch Androhung von Sanktionen sicherzustellen. Dabei erwies es sich — auch im Interesse einer Entlastung der Strafverfolgungsbehörden — als notwendig, die (der Idee nach) leichteren Gesetzesverstöße als **Ordnungswidrigkeiten** von den schwereren Gesetzesverstößen, den Straftaten, abzusondern und die Ahndung der Ordnungswidrigkeiten durch „Geldbuße" dem Bußgeldverfahren zu überlassen, das — und auch hier wieder im Interesse der Beschleunigung — von den Bußgeldbehörden in einem Verfahren nach dem OWiG durchgeführt wird, das nicht in dem Maße mit Aufklärungs- und Kognitionspflichten im Interesse der Wahrheitsfindung ausgestattet ist wie das Strafverfahren (vgl. Kap. 3 92 ff). Ist ein Bußgeldbescheid der Verwaltungsbehörde durch Nichtanfechtung rechtskräftig, so kann (vgl. dazu Rdn. 51) nach § 84 OWiG „dieselbe Tat" nicht mehr als Ordnungswidrigkeit verfolgt werden, auch wenn sie — im Bereich der Ordnungswidrigkeiten — sehr viel schwerer wiegt, als die Bußgeldbehörde bei Festsetzung der Geldbuße annahm. Eine Wiederaufnahme des Verfahrens ist nach § 85 Abs. 3 OWiG zuungunsten des Betroffenen nur noch unter den (strengen und verhältnismäßig seltenen) Voraussetzungen des § 362 StPO und auch nur zu dem Zweck zulässig, die Verur-

---

[100] BVerfGE **56** 22, 34 = NJW **1981** 1433 und dazu oben Rdn. 32 und 33.

[101] *Niethammer* in der 20. Aufl. S. 46; s. auch *Eb. Schmidt* I 312.

teilung nach einem Strafgesetz herbeizuführen. Unabhängig von den Voraussetzungen des § 362 StPO ist ferner nach § 85 Abs. 3 Satz 2 OWiG die Wiederaufnahme *zuungunsten* auch zulässig, wenn neue Tatsachen und Beweismittel beigebracht sind, die geeignet sind, die strafgerichtliche Verurteilung des Betroffenen wegen eines *Verbrechens* zu begründen. Erkennbar hat der Gesetzgeber selbst das Risiko dieser weitreichenden Strafklageverzehrwirkung, die auch bei geringer Höhe der rechtskräftig festgesetzten Geldbuße ausschließt, daß die Tat verfolgt werden kann, wenn sie sich später als ein schweres *Vergehen* erweisen sollte, als unvermeidliche Kehrseite der mit dem Bußgeldverfahren erstrebten Vereinfachung und Beschleunigung des Bußgeldverfahrens gegenüber dem Strafverfahren in Kauf genommen.

Eine vergleichbare Lage zeigt sich bei der **Einstellung des Verfahrens** bei Vergehen **42a** nach § 153 a (unten Rdn. 47 ff). Die Vergleichbarkeit beider Fälle besteht darin, daß auch beim Verfahren nach § 153 a zur „Ahndung" der Tat als Sanktion nicht die Strafe dient, sondern die Reaktion auf den Gesetzesverstoß mit anderen Mitteln — hier Auflage und Weisungen, darunter auch Geldleistungen mit „Warnzettelfunktion" — erfolgen kann und zwar auch dies im Interesse beschleunigter und vereinfachter Verfahrenserledigung und nicht zuletzt im Interesse der Resozialisation des Betroffenen, der Fernhaltung einer diskriminierenden Bestrafung. Und auch hier nimmt das Gesetz es als unvermeidlich mit den erstrebten Zielen verbundenes Risiko in Kauf, daß, wenn die Sanktion durch Erfüllung der Weisungen und Auflagen erbracht und die vorläufige Einstellung in eine endgültige übergegangen ist, die Strafklage trotz mehr oder weniger beschränkter Sachaufklärung des Verfahrens auf der Vergehensebene vollständig verbraucht ist und nur noch die Verfolgung wegen eines **Verbrechens** übrig bleibt. Ferner: der Beschleunigung dient auch § 154 a als ein Muster für eine auf den „Kerngehalt der Tat" ausgerichtete Verfahrensgestaltung. Die Beschränkung der Verfolgung nach dieser Vorschrift wird endgültig, wenn das Gericht im Lauf des Verfahrens die ausgeschiedenen Teile der Tat nicht wieder einbezieht (§ 154 a Abs. 3); unterbleibt die Einbeziehung, so wird die Strafklage auch insoweit in vollem Umfang verzehrt, wenn die Annahme, die abgetrennten Teile fielen nicht beträchtlich ins Gewicht, sich später als völlig verfehlt erweist; auch dies ein unvermeidliches Risiko der erstrebten Beschleunigung. Schließlich: beim rechtskräftigen Strafbefehl hatte die Rechtsprechung bis zuletzt daran festgehalten, daß er auf der Vergehensebene die Strafklage nur in beschränktem Umfang verzehre; nach der Neufassung des § 373 a durch das StVÄG 1987 sind aber die Verzehrwirkungen des rechtskräftigen Strafbefehls denjenigen des rechtskräftigen Urteils angeglichen mit der Ausnahme, daß die Wiederaufnahme des Verfahrens auch zulässig ist, wenn neu beigebrachte Tatsachen oder Beweismittel geeignet sind, die Verurteilung wegen eines *Verbrechens* zu begründen.

10. Abstufungen des Umfangs der Verzehrwirkung nach der Art der Entscheidung

a) Die **unbeschränkte Verzehrwirkung** ist nur dem **Strafurteil** eigen, das auf **43** Grund einer Hauptverhandlung erging, in der das Gericht in Anwendung des § 264 StPO berechtigt und verpflichtet war, die Strafklage umzuwandeln, und das inhaltlich auf Grund eines Strafgesetzes zu der Frage Stellung nimmt, ob der Beschuldigte strafrechtlich verantwortlich zu machen sei[102] oder ob gegen den Schuld- oder Verhandlungsunfähigen ein staatlicher Sicherungsanspruch (§ 413) bestehe[103]. Ohne Bedeutung ist es, ob das Urteil auf öffentliche oder Privatklage erging[104] und ob es sich um

---

[102] RGSt **56** 166; **70** 216; **72** 102; **75** 388; **76** 270.

[103] RGSt **68** 171; **68** 384, 392; **69** 170; BGHSt **11** 322; vgl. LR-*Schäfer*[23] § 414, 12.

[104] LG Hamburg NJW **1948** 352.

die Entscheidung eines ordentlichen Gerichts oder eines Sondergerichts handelt. Auch ein auf Einstellung lautendes Urteil (§ 260 Abs. 3) hat Verzehrwirkung, wenn es das Vorliegen eines unbehebbaren Hindernisses feststellt, das jedem weiteren Verfahren entgegensteht oder wenn es zugleich eine Sachentscheidung getroffen hat, die im Urteilstenor nicht zum Ausdruck kommt[105]. Ein Urteil, das z. B. einstellt, weil Diebstahl geringfügiger Sachen vorliege und der erforderliche Strafantrag (§ 248 a StGB) fehle, schließt, wenn der Antrag nicht mehr nachholbar ist, eine erneute Verhandlung unter dem Gesichtspunkt eines gemeinen, eines Strafantrags nicht bedürftigen Diebstahls aus.

44   **b) Schuldfeststellung.** Die umfassende Verzehrwirkung knüpft auch an solche **Strafurteile** an, die sich zunächst **mit** einer **Schuldfeststellung begnügen** und die Verhängung einer Strafe von dem Ergebnis einer Bewährungszeit abhängig machen (vgl. §§ 59 ff StGB, §§ 27 ff JGG). Erfolgt Verwarnung mit Strafvorbehalt (§ 59 StGB) und sind nach Ablauf der Bewährungszeit die Voraussetzungen einer Verurteilung zu der vorbehaltenen Strafe nicht gegeben (§ 59 b Abs. 1), so stellt gemäß § 59 b Abs. 2, § 453 StPO das Gericht durch Beschluß fest, daß es „bei der Verwarnung sein Bewenden hat". Dieser Beschluß, sobald er rechtskräftig wird (vgl. § 453 Abs. 2 Satz 3 StPO), in Verbindung mit dem Vorbehaltsurteil verzehrt die Strafklage in gleichem Umfang, wie wenn wegen Nichtbewährung die Verurteilung zu der vorbehaltenen Strafe (durch Beschluß, § 453) nachgeholt wird.

45   **c)** Nur beschränkt ist die Verzehrwirkung des **rechtskräftigen Strafbefehls** (vgl. jetzt § 373 a i. d. F. des StVÄG 1987). Eine beschränkte Verbrauchswirkung kommt auch gewissen **gerichtlichen Beschlüssen** (§§ 174 Abs. 2, 211) zu, während der Einstellungsbeschluß nach § 206 a eine Sonderstellung einnimmt, indem er, wie ein Einstellungsurteil nach § 260 Abs. 3, auf eine endgültige Erledigung des Verfahrens abzielt[106]. Es steht deshalb einem neuen Verfahren entgegen, wenn sich nachträglich ergibt, daß das angenommene Verfahrenshindernis nicht bestand, z. B. wenn bei einer Einstellung wegen fehlenden Eröffnungsbeschlusses sich nachträglich herausstellt, daß dieser Beschluß sich in den Handakten der Staatsanwaltschaft befindet[107], oder wenn bei einer Einstellung wegen fehlenden Strafantrags der tatsächlich gestellte Strafantrag übersehen wurde[108].

11. Wirkung der Einstellung nach §§ 153 ff

46   **a) Einstellung nach § 153 Abs. 2.** Eine gewisse Verzehrwirkung kommt auch dem gerichtlichen Einstellungsbeschluß nach **§ 153 Abs. 2** zu[109]; sie wird darin gesehen, daß nach den rechtsähnlichen Vorbildern in § 211 StPO, § 47 Abs. 3 JGG die Verfolgung nur auf Grund neuer Tatsachen und Beweismittel, die dem Einstellungsbeschluß die Grundlage entziehen, wieder aufgenommen werden kann. Dagegen fehlt die Verzehrwirkung der Einstellungsverfügung der Staatsanwaltschaft nach **§ 153 Abs. 1**, auch wenn sie mit Zustimmung des Gerichts erfolgt[110].

47   **b) Einstellung nach § 153 a.** Nach **Absatz 2** des § 153 a kann nach Erhebung der Anklage das **Gericht** mit Zustimmung der Staatsanwaltschaft und des Angeschuldigten bei einem **Vergehen** das Verfahren vorläufig einstellen und unter der Bestimmung einer

[105] So z. B. LR-*Gollwitzer* § 260, 115 mit Nachw. in Fußn. 223; *Gössel* § 33 E III a 2; *Roxin*[19] § 50 B III 1 a; KMR-*Sax* Einl. **XIII** 12; *Schlüchter*, 601 Fußn. 14; *Többens* NStZ **1982** 186; a. M *Kleinknecht/Meyer*[37] Einl. 172 unter Berufung auf BGHSt **18** 1, 5.

[106] BGHSt **6** 111; **8** 383; vgl. näher LR-*Rieß* § 206 a, 75 ff.
[107] OLG Köln NJW **1981** 2208.
[108] BayObLG JR **1970** 391 mit abl. Anm. *Peters.*
[109] BGH NJW **1975** 1830.
[110] LR-*Rieß* § 153, 54; 85 mit weit. Nachw.

Frist dem Angeschuldigten bestimmte Auflagen und Weisungen erteilen, wenn diese Auflagen und Weisungen (im Falle ihrer Befolgung) „geeignet sind, bei geringer Schuld das öffentliche Interesse an der Strafverfolgung zu beseitigen". Die vorläufige Einstellung wirkt sich während der Dauer der „Bewährungsfrist" als Verfahrenshindernis für die Fortsetzung des Strafverfahrens aus. Erfüllt der Angeschuldigte fristgemäß die Auflagen und Weisungen, so kann nach § 153 a Abs. 2 Satz 2 in Vbdg. mit Abs. 1 Satz 4 „die Tat nicht mehr als Vergehen verfolgt werden", d. h., es entsteht ein endgültiges Verfahrenshindernis, aber mit der **beschränkten Wirkung**, daß eine Verfolgung der Tat unter dem Gesichtspunkt eines Verbrechens zulässig bleibt. Nach außen bedarf der Eintritt des endgültigen beschränkten Verfahrenshindernisses einer förmlichen gerichtlichen Verlautbarung. Über deren Rechtsgrundlage bestand zunächst in Rechtsprechung und Schrifttum Streit[111]. Um der Kontroverse praktisch ein Ende zu bereiten, wurde durch das StVÄG 1987 vom 27. 1. 1987 (BGBl. I 475) dem § 153 a Abs. 2 ein Satz 5 angefügt[112].

c) Staatsanwaltschaftliche Einstellung. Darüber hinaus kann schon im **Ermittlungs-** **48** **verfahren** die **Staatsanwaltschaft** nach § 153 a Abs. 1 eine solche mit Auflagen und Weisungen verbundene vorläufige Einstellung des Verfahrens anordnen, und die Erfüllung der Auflagen und Weisungen hat die gleiche **Verzehrwirkung** wie ein gerichtlicher Beschluß nach § 153 a Abs. 2, daß nämlich „die Tat nicht mehr als Vergehen verfolgt werden kann" (Absatz 1 Satz 4). Zu einer solchen vorläufigen Einstellung bedarf die Staatsanwaltschaft allerdings außer der Zustimmung des Beschuldigten grundsätzlich auch der Zustimmung des für die Eröffnung des Hauptverfahrens zuständigen Gerichts. Die Zustimmung des Gerichts ist aber (vgl. § 153 a Abs. 1 Satz 6 i. Verb. mit § 153 Abs. 1 Satz 2) entbehrlich bei einem Vergehen, das gegen fremdes Vermögen gerichtet und nicht mit einer im Mindestmaß erhöhten Strafe bedroht ist, wenn der durch die Tat verursachte Schaden gering ist. Geht die Staatsanwaltschaft von einer solchen Fallgestaltung aus, so hat also auch ihre ohne gerichtliche Mitwirkung angeordnete vorläufige Verfahrenseinstellung nach Erfüllung der Auflage zur Folge, daß „die Tat nicht mehr als Vergehen verfolgt werden kann".

Eine **staatsanwaltschaftliche Einstellungsverfügung mit** einer solchen **Verzehrwir-** **49** **kung** war ein **Novum**. Vor wie nach Schaffung des § 153 a durch das EGStGB 1974 war und ist diese Vorschrift, u. a. auch weil hier „grundgesetzwidrig ein erheblicher Teil der Kriminalität praktisch der Staatsanwaltschaft zugewiesen wird", Gegenstand heftiger Kritik des Schrifttums[113]. Unter dem Eindruck dieser Kritik erschien die Vorschrift als ein Schritt ins Ungewisse. Hinzu kam, daß hier der Einstellungsverfügung der Staatsanwaltschaft nach Erfüllung der Auflagen und Weisungen eine Verzehrwirkung in einem Umfang (diesseits der Grenze des Verbrechens) zugesprochen wird, die vor der Änderung des § 373 a durch das StVÄG vom 27. 1. 1987 (BGBl. I 475) die Rechtsprechung[114] dem richterlichen Strafbefehl absprach. Unter dem Eindruck der Kritik des Schrifttums und der Inkongruenzen bei der Ausgestaltung summarischer Erledigungsarten eines Strafverfahrens wurde in der 23. Aufl. dieses Kommentars (Kap. **12** 44 ff) die Frage aufgeworfen, ob der endgültig gewordenen Einstellung im Ermittlungsverfahren die gleiche Verzehrwirkung („nicht mehr als Vergehen") beigemessen werden könne, wie der gerichtlichen Einstellung, und nur als sinnvolle Lösung eine Begrenzung der Ver-

---

[111] Dazu LR-*Rieß* § 153 a, 71; LR-*Schäfer*[23] § 464, 49.

[112] Dazu Begr. des RegEntw. des StVÄG 1984 BT-Drucks. **10** 1313 S. 24.

[113] Vgl. LR-*Rieß* § 153 a, 11 mit umfassenden Nachw.

[114] BGHSt **28** 69; BayObLG NJW **1976** 2139.

zehrwirkung nach dem Vorbild des § 56 Abs. 4 OWiG vorgeschlagen, d. h., daß „die Tat" nicht mehr unter den tatsächlichen und rechtlichen Gesichtspunkten „als Vergehen" verfolgt werden könne, von denen die Staatsanwaltschaft bei der vorläufigen Einstellung und ihren späteren Maßnahmen (§ 153 a Abs. 1 Satz 3 Halbsatz 2) ausging. Diese Bedenken können heute nicht mehr aufrecht erhalten werden. § 153 a hat während der mehr als zehnjährigen Dauer seiner Geltung seine „Bewährungsprobe" bestanden; namentlich wird ihm attestiert, daß er (was heute im Zeichen zunehmender Verknappung der „Rechtsgewährungs-Resourcen" durch die angespannte staatliche Haushaltslage bei zunehmenden Kriminalitätsziffern bedeutsam ist) — mit etwa 160 000 Einstellungen nach § 153 a im Jahre 1981[115] — eine wesentliche, auch zahlenmäßig ins Gewicht fallende Entlastung der Strafgerichte und Staatsanwaltschaften gebracht habe (vgl. S. 10 des RegEntw eines StVÄG 1984)[116]. Da der Gesetzeswortlaut keine unterschiedliche Behandlung rechtfertigt, muß auch für § 153 a Abs. 1 gelten, daß der Begriff der „Tat" der gleiche ist wie in § 264 Abs. 1[117], eine weitere Verfolgung also nur in Betracht kommt, wenn sich auf Grund neuer Tatsachen und Beweismittel ergibt, daß die „Tat" sich als Verbrechen darstellt. So lange also das tatsächliche Verhalten im Vergehensbereich verbleibt, ist es bedeutungslos, ob und wie weit es auf Grund neuer Tatsachen und Beweismittel von den ursprünglich angenommenen Einstellungsvoraussetzungen abweicht[118]. Ebenso genügt es (arg. § 85 Abs. 3 OWiG) nicht, daß die Tat ohne Nova sich nur auf Grund anderer rechtlicher Beurteilung als Verbrechen darstellt[119]. Im übrigen muß auf die Erläuterungen zu § 153 a verwiesen werden.

50   **d) Keinerlei Verbrauchswirkung** kommt gerichtlichen „Einstellungsbeschlüssen" zu, die nur **deklaratorisch** den aktenmäßigen Abschluß des Verfahrens vermerken, z. B. wenn das Gericht das Verfahren „einstellt", weil nach vorangegangenem Strafbefehl auf Einspruch hin der Staatsanwalt nach § 411 Abs. 3 die Klage fallenläßt (RGSt **63** 268).

51   **12. Die Strafklageverzehrwirkung nach dem OWiG.** Was die Rechtskraftwirkung einer Entscheidung, die eine Ordnungswidrigkeit zum Gegenstand hat, anlangt, so kommt es nach § 84 OWiG entscheidend darauf an, ob es sich um den rechtskräftigen Bußgeldbescheid der Verwaltungsbehörde oder um das rechtskräftige Urteil des Strafrichters über die Tat handelt. Die Rechtskraft des Bußgeldbescheids der Verwaltungsbehörde bewirkt, daß die Tat (im verfahrensrechtlichen Sinn) nicht mehr als Ordnungswidrigkeit, wohl aber als Straftat (Vergehen oder Verbrechen) verfolgt werden kann. Dagegen steht das rechtskräftige Urteil über die Tat als Ordnungswidrigkeit auch ihrer Verfolgung als Straftat entgegen; dem rechtskräftigen Urteil stehen in dieser Wirkung der Beschluß nach § 72 OWiG und der Beschluß des Beschwerdegerichts (§ 79 OWiG) gleich. Die erweiterte Verzehrwirkung der Rechtskraft der gerichtlichen Entscheidung im Bußgeldverfahren hat ihren Grund darin, daß das Gericht im Bußgeldverfahren nach

---

[115] Näheres zur Entwicklung der Einstellungen nach § 153 a bei *Rieß* ZRP **1983** 93; **1985** 212.

[116] Im Zuge der Behandlung des RegEntw. des StVÄG 1984/1987 beschloß der Bundesrat, die Bundesreg. um Prüfung zu bitten, ob im weiteren Gesetzgebungsverfahren § 153 a „behutsam erweitert werden kann, etwa indem das gesetzliche Merkmal »bei geringer Schuld« durch das elastischere Merkmal, »und die Schuld des Täters nicht entgegensteht«, ersetzt wird". Zu einer solchen Ände-

rung des § 153 a ist es indes nicht gekommen (vgl. dazu *Waller* DRiZ **1986** 47, wo die Frage: „Empfiehlt es sich, § 153 a zu erweitern?" verneint wird).

[117] OLG Nürnberg NJW **1977** 1787; weit. Nachw. bei LR-*Rieß* § 153 a, 67.

[118] *Kleinknecht* in FS Bruns 186.

[119] *Kleinknecht/Meyer*[37] § 153 a, 52 54; KK-*Schoreit* § 153 a, 95; a. A LR-*Rieß* § 153 a, 69 mit weit. Nachw.

§ 81 OWiG die Tat auch unter strafrechtlichen Gesichtspunkten prüft, während der Verwaltungsbehörde eine entsprechende Kognitionsmöglichkeit fehlt (*Göhler*[8] § 84, 3, 4 und 16). Dabei macht das Gesetz keinen Unterschied, ob die vom Richter objektiv zu Unrecht nur als Ordnungswidrigkeit gewürdigte „Tat" in Wahrheit ein Vergehen oder ein Verbrechen darstellte. Jedoch kann im Wege der **Wiederaufnahme des Verfahrens** die weitreichende Verzehrwirkung unter den (gegenüber § 362 StPO erleichterten) Voraussetzungen des § 85 Abs. 3 OWiG zuungunsten des Betroffenen beiseite geschoben werden: nach § 85 Abs. 3 Satz 2 OWiG steht der Weg der Wiederaufnahme auf Grund neuer Tatsachen oder Beweismittel mit dem Ziel der Bestrafung wegen eines Verbrechens offen.

Diese gegenüber dem Strafurteil über eine Straftat **erweiterte Wiederaufnahmemöglichkeit** des § 85 Abs. 3 Satz 2 beruht auf der Erwägung, daß das Gericht im gerichtlichen Stadium des Bußgeldverfahrens nur die **Möglichkeit** gehabt hat, den Gesichtspunkt einer Verletzung von Strafvorschriften in seine Beurteilung einzubeziehen, daß das Verfahren also — gerade im Gegensatz zum Strafverfahren — nicht von vornherein eine Straftat zum Gegenstand hatte und daß überdies das vorangegangene Bußgeldverfahren nicht mit den Wahrheitsgarantien des Strafverfahrens durchgeführt wurde[120].   **52**

13. Zur Lehre von der Wirkung der Rechtskraft

a) Doppelwirkung der Rechtskraft. Außer der negativ-prozessualen Bedeutung als Verfahrenshindernis maß früher die Rechtsprechung des Reichsgerichts der Rechtskraft auch eine **positiv-materiellrechtliche Bedeutung** bei: eine erneute Aburteilung sei auch deshalb ausgeschlossen, weil die strafrechtliche Schuld durch das rechtskräftige Urteil **getilgt** sei[121]. Diese im Schrifttum[122] überwiegend abgelehnte Lehre von der **Doppelwirkung der Rechtskraft** entstand zu einer Zeit, als das Wesen der Prozeßvoraussetzungen als stets von Amts wegen zu berücksichtigender Verfahrenshindernisse noch nicht in voller Schärfe erkannt war, aus dem praktischen Bedürfnis heraus, die Verletzung des Satzes ne bis in idem auch dann als materiellrechtlichen Verstoß berücksichtigen zu können, wenn sie als Verfahrensverstoß nicht prozeßordnungsgemäß gerügt war oder — wie im Fall des früheren § 340 StPO — die Revision nur auf bestimmte Verfahrensverstöße gestützt werden konnte. Nachdem sich die Erkenntnis von der Unberührtheit der Sache als einer stets von Amts wegen zu berücksichtigenden Verfahrensvoraussetzung durchgesetzt hat und überdies Art. 103 Abs. 3 GG den Angeklagten dagegen schützt, daß durch einfaches Gesetz die Sperrwirkung der Rechtskraft beiseite geschoben werden könnte (vgl. BGHSt **5** 523), hat die Lehre von der Doppelwirkung keine praktische Bedeutung mehr.   **53**

b) Die prozessuale Gestaltungslehre. Eine Doppelwirkung hat die Rechtskraft aber nach anderer Richtung. Für den Verurteilten bedeutet der Satz ne bis in idem, daß er das rechtskräftige Urteil hinnehmen muß und eine weitere Nachprüfung seiner Richtigkeit außer auf dem Wege der Wiederaufnahme des Verfahrens nicht mehr herbeiführen kann. Widerspricht das Urteil der materiellen Rechtslage, so kann natürlich auch die Rechtskraft des Urteils, das den Angeklagten des Diebstahls zu Unrecht schuldig spricht, ihn nicht von Rechts wegen zum Dieb machen. Aber das richtige wie das unrichtige rechtskräftige Urteil gestaltet die Rechtslage, indem es den bisher nur der Tat Be-   **54**

---

[120] Vgl. Begr. zu § 74 Entw. OWiG; *Göhler*[8] § 85, 19.
[121] RGSt **25** 29; **35** 369 ff; **41** 153; **43** 62; **49** 170; **62** 154; **66** 423; **72** 102.

[122] Vgl. z. B. *Eb. Schmidt* I 276 ff mit Nachw.; **a. M** *Peters* ZStW **68** (1956) 388 unter Berufung auf die „reinigende Kraft" der Verurteilung.

schuldigten in die rechtliche Stellung eines Schuldiggesprochenen und Verurteilten versetzt und die Vollstreckungs- und Vollzugsorgane zur Durchführung des Urteils berechtigt und verpflichtet[123]. Der Verurteilte könnte sich, wenn er sich bei Ergreifung zwecks Vollstreckung den Amtshandlungen der Vollstreckungsbeamten widersetzt, in dem Strafverfahren wegen Widerstands (§ 113 StGB) nicht darauf berufen, daß er zu Unrecht verurteilt sei und seine Freiheit gegen rechtswidrige Angriffe verteidigt habe. Der Richter dürfte in eine Nachprüfung des Urteils nicht eintreten, und zwar nicht deshalb, weil der Satz ne bis in idem entgegenstünde — er greift nicht ein, da es sich nicht um denselben Gegenstand handelt — oder er an die Feststellung der Schuld oder die getroffenen tatsächlichen Feststellungen des früheren Urteils gebunden wäre — vgl. dazu Rdn. 24 a —, sondern weil er von der Gestaltungswirkung des früheren Urteils auszugehen hat, kraft derer die Vollstreckungsbeamten zur Durchführung des Urteils berechtigt und verpflichtet sind. Das Gesetz mutet auch dem zu Unrecht Verurteilten, dessen Unschuld infolge der Unzulänglichkeit menschlicher Erkenntnis bei der Aburteilung unbekannt blieb, im Interesse des Rechtsfriedens der Allgemeinheit zu, daß er sich dem Urteil gemäß behandeln lassen müsse. Stellt sich später bei einer Wiederaufnahme des Verfahrens die Unrichtigkeit des Urteils heraus, so wird der Verurteilte wegen des ihm durch die Strafvollstreckung entstandenen Schadens nach dem StrEG vom 8. 3. 1971 entschädigt, aber nicht unter dem Gesichtspunkt, daß der durch einen objektiv rechtswidrigen Eingriff des Staates in die Rechtssphäre des Beschuldigten entstandene Schade wiedergutgemacht werden müßte — der Staat handelt auch objektiv nicht rechtswidrig, wenn er die niemals ganz ausgeschlossene, aber nach ordnungsmäßiger Durchführung des Verfahrens gering gewordene Möglichkeit eines Justizirrtums unberücksichtigt läßt —, sondern unter dem Gesichtspunkt eines Aufopferungsanspruchs dafür, daß der Staat dem Verurteilten im höheren Interesse der Allgemeinheit an der Verbrechensbekämpfung und der Sicherung des Rechtsfriedens zumutet und zumuten durfte, das Urteil an sich vollziehen zu lassen und das Rechtsgut seiner persönlichen Freiheit zu opfern (vgl. BGH NJW **1973** 1323).

55   **c) Die prozeßrechtliche Rechtskraftlehre.** Grundsätzlich anders ist die — namentlich und mit Nachdruck von *Eb. Schmidt* I 284 vertretene — Lehre, die dem unrichtigen Urteil **jede rechtliche Kraft zur Veränderung der prozessualen Rechtslage abspricht.** Die Vollstreckung eines unrichtigen Urteils kann danach „nur eine rechtswidrige Rechtsgüterverletzung in der Rechtssphäre des Betroffenen bedeuten. Wer eingesperrt wird, weil ein unrichtiges rechtskräftige Urteil über ihn, der nicht gestohlen hat, eine Freiheitsstrafe wegen Diebstahls verhängt hat, erleidet eine rechtswidrige Freiheitsberaubung." Die Vollstreckungsorgane, die pflichtgemäß das Urteil vollstrecken, handeln zwar, weil durch den Urteilsbefehl gedeckt, schuldlos, begehen danach aber objektiv Freiheitsberaubung. Die Folgerung freilich — und damit verliert der Theorienstreit seine praktische Bedeutung —, daß der Verurteilte, wenn er die Vollstreckungshandlung unter Eingriff in Rechtsgüter der Vollstreckungsbeamten abzuwehren sucht, etwa den den Vollstreckungshaftbefehl vollziehenden Polizeibeamten niederschießt, sich auf Notwehr berufen könnte, will auch *Eb. Schmidt* nicht ziehen. Indem der Gesetzgeber für die Beseitigung von Unrichtigkeiten der staatlichen Justizgewährungsakte die ordentlichen und außerordentlichen Rechtsbehelfe zur Verfügung stellt, gebe er deutlich zu erkennen, daß jede andere Art, gegen diese Justizgewährungsakte anzugehen, untersagt sei. „Dem staatlichen Urteilsvollstreckungsbetrieb gegenüber greift § 32 StGB nicht Platz." Das faktische Duldenmüssen sei aber kein rechtliches Duldensollen. Prak-

---

[123] *Peters*[4] 503 und FS Dünnebier 56 Fußn. 9.

tisch bedeutet aber doch das auf der Versagung rechtlicher Abwehrmöglichkeiten beruhende „faktische Duldenmüssen", wenn ein anderer „Gerichtsbehelf" als die Wiederaufnahme des Verfahrens nicht in Betracht kommt, nichts anderes, als daß der Verurteilte die Vollstreckung des Urteils zu erdulden verpflichtet ist, bis dem Urteil durch den rechtsgestaltenden Akt der Wiederaufnahmeanordnung (§ 370 Abs. 2) die Vollstreckbarkeit entzogen ist. Bis dahin kann sich weder der Verurteilte noch ein Dritter (etwa wer den Verurteilten der Vollstreckung zu entziehen sucht, § 258 Abs. 2 StGB) auf die „Rechtswidrigkeit" des unrichtigen Urteils berufen[124].

14. Folgen der Doppelbestrafung
a) In getrennten Verfahren. Streitig ist, welche Folgen sich ergeben, wenn das **56** Verfahrenshindernis der rechtskräftig abgeurteilten Sache in einem neuen Verfahren **unbemerkt** bleibt und auch das neue Verfahren mit einem rechtskräftigen Sachurteil endet. Eine im Schrifttum vertretene Auffassung will an die Verletzung des Art. 103 Abs. 3 GG die Folge der Urteilsnichtigkeit knüpfen[125]. Dem kann aber nicht gefolgt werden[126]. Zur Begründung der abgelehnten Auffassung (soweit der hergebrachte Satz einer solchen überhaupt für bedürftig angesehen wird) beruft man sich dabei auf § 17 EG MilStGO 1898: „Ist ein Angeklagter sowohl durch ein militärisches wie durch ein allgemeines Gericht in einer denselben Gegenstand betreffenden Strafsache abgeurteilt worden, so gilt das Urteil, das zuerst die Rechtskraft erlangt hat", und sieht darin einen Rechtssatz von allgemein gültiger Bedeutung. Indessen regelte diese Vorschrift in erster Linie die Folgen eines Überschreitens der Gerichtsbarkeit[127] und kann schon deshalb nicht ohne weiteres zur Begründung des Satzes dienen, daß das spätere Urteil schlechthin unwirksam sei. Aber auch wenn man unterstellt, daß — über den Fall eines Überschreitens der Gerichtsbarkeit hinaus — in Ausnahmefällen ein formell rechtskräftiges Urteil wegen offenkundiger gröbster Gesetzesverletzungen nichtig (unwirksam) sein kann mit der Folge, daß jedermann zu jeder Zeit und in jeder Form die Unbeachtlichkeit des Urteils geltend machen kann (dazu Kap. **16**), fragt es sich, ob es sich bei dem Verstoß gegen den Satz ne bis in idem um einen Mangel von solcher Schwere handelt, daß die Aufrechterhaltung des späteren Urteils nach dem Geist der Rechtsordnung

---

[124] Für das hier erörterte Problem der Bedeutung des „wirklichen Rechts" gegenüber dem (unrichtigen) rechtskräftigen Urteil ist schwerlich dadurch etwas gewonnen, daß zwischen dem materiellen Strafanspruch und dem prozessualen Strafanspruch unterschieden wird. Nach *Zipf* GA **1969** 234, 236 ist der aus der Tatbegehung entstehende „materielle Strafanspruch weder realisierungsfähig noch -bedürftig. Er ist automatische Folge der Tat. Er ist nicht Gegenstand des Verfahrens, sondern existiert unabhängig davon und wird von seinem Ausgang nicht berührt. Ein unberechtigter Freispruch bringt keineswegs den materiellen Strafanspruch im Fortfall. Eine Verurteilung bestätigt nicht den materiellen Anspruch, sondern gibt dem prozessualen Strafverlangen statt... Nur die Stellungnahme des Gerichts zum Strafverlangen (die Entscheidung über den behaupteten prozes-

sualen Strafanspruch) erwächst in Rechtskraft." Immerhin hat der (unrichtige) rechtskräftige Freispruch zur Folge, daß der Täter die Fortexistenz des unberührbaren materiellen Strafanspruchs angesichts der Enge der Wiederaufnahmegründe (§ 362) mit Gelassenheit ertragen und daß er gegen jeden, der die Fortexistenz des materiellen Strafanspruchs behauptet („ist tatsächlich ein Dieb, obwohl der prozessuale Strafanspruch verneint worden ist") vorgehen kann (§ 190 Satz 2 StGB).

[125] Vgl. *Eb. Schmidt* I 257; *Peters*[4] 520 und FS Kern 338; *Henkel* 258; *Kleinknecht/Meyer*[37] Einl. 107; 171; KMR-*Sax* Einl. **X** 12; ebenso LG Darmstadt NJW **1968** 1642.

[126] Wie hier auch *Roxin*[19] § 50 C II 3; *Schlüchter* 600 Fußn. 10.

[127] LR-*Schäfer*[23] § 13, 15 GVG.

nicht erträglich wäre, und ob die globale Annahme der Unwirksamkeit des späteren Urteils in allen Fällen eine gerechte und zweckmäßige Lösung darstellt.

57   **b) Im gleichen Verfahren.** In anderem Zusammenhang (Kap. **11** 36) ist der Fall behandelt, daß in **demselben Verfahren** die schon vorher eingetretene Rechtskraft oder Teilrechtskraft einer vorangegangenen Entscheidung unbemerkt blieb und nach Rechtsbehelf oder Rechtsmittel der spätere Richter sich erneut mit der res iudicata befaßt. Hier wird, wenn das spätere Urteil rechtskräftig wird, der Verstoß nicht einmal (für Dritte, Außenstehende) offenkundig, denn das spätere Urteil ändert die frühere Entscheidung ab, und diese Änderung beruht auf der in dem späteren Urteil (wenn auch u. U. nur stillschweigend) getroffenen, freilich unrichtigen Feststellung, daß die frühere Entscheidung infolge rechtzeitiger und wirksamer Anfechtung nicht rechtskräftig geworden sei. Und wenn gar die spätere Entscheidung die frühere zugunsten des Angeklagten änderte, so leuchtet nicht ein, daß die Gerechtigkeit und Unverbrüchlichkeit der Rechtsordnung unabdingbar erfordern sollten, dem Angeklagten die, wenn auch per nefas gewonnene günstigere Position zu entziehen. Jedenfalls dann, wenn die erneute Aburteilung in demselben Verfahren erfolgt, ist von einer Nichtigkeit der späteren Entscheidung nicht zu sprechen[128].

58   **c) Folgerungen.** Die Rechtsfrage kann aber nicht anders beurteilt werden, wenn das spätere Urteil nicht in demselben (Rdn. 57), sondern in einem **neuen**, gegenüber dem früheren **selbständigen Verfahren** ergeht. Auch hier kann keineswegs immer oder auch nur in der Mehrzahl der Fälle von einem groben offenkundigen und unerträglichen Gesetzesverstoß gesprochen werden. BVerfGE **23** 1961 = NJW **1968** 982 betr. die Frage, ob die nach Aburteilung eines Kriegsdienstverweigerers wegen Dienstflucht aus Gewissensgründen andauernde Nichtbefolgung einer Einberufung zum zivilen Ersatzdienst noch dieselbe Tat i. S. des Art. 103 Abs. 3 GG, § 264 darstelle, über die selbst innerhalb des BVerfG divergierende Auffassungen zutage traten, macht deutlich, welche Schwierigkeiten die Frage bereiten kann, ob der Grundsatz ne bis in idem verletzt ist. Oder: bliebe in einem Verfahren wegen eines mittels einer Schußwaffe begangenen Mordes oder Totschlags unbemerkt, daß der Angeklagte in einem früheren Verfahren wegen des Schießens unter dem Gesichtspunkt des Waffenführens ohne Waffenschein zu einer geringfügigen Geldstrafe (durch Urteil auf Grund einer Hauptverhandlung) verurteilt war, so leuchtet schon vom Ergebnis her ein, daß das neue auf eine schwere Freiheitsstrafe lautende rechtskräftige Urteil nicht absolut nichtig sein kann mit der Folge, daß die Unbeachtlichkeit zu jeder Zeit und in jeder Form geltend gemacht werden dürfte und daß schon die Vollstreckungsbehörde von der Vollstreckung absehen könnte, wenn sie der Meinung ist, das spätere Urteil verstoße gegen das Verbot der Doppelbestrafung und sei nichtig. Angesichts der Schwierigkeit und Zweifelhaftigkeit der Frage, wie weit die Verzehrwirkung des ersten Urteils reicht, könnte von einem offenkundigen schweren Mangel des späteren Urteils, der ihm jeden Anspruch auf Geltung und Beachtung von vornherein entzöge, nicht die Rede sein.

59   **d) Abhilfemöglichkeiten.** Freilich gibt es verhältnismäßig einfache Fälle, in denen klar zutage liegt, daß eine gesetzwidrige Doppelbestrafung erfolgte. Es kommt z. B.

---

[128] So auch BGHSt **13** 306 = NJW **1960** 109; BGHSt **18** 127 = NJW **1963** 166; OLG Bremen JZ **1958** 546 und *Spendel* in der Anmerkung dazu mit weit. Nachw., während OLG Oldenburg NJW **1959** 1983 unterscheiden will, ob es sich um einen offensichtlichen, aus dem Urteil ohne weiteres entnehmbaren Verstoß gegen den Satz ne bis in idem handele, der das Urteil nichtig mache, oder ob es an der Offensichtlichkeit fehle.

nicht selten vor, daß Strafanzeigen wegen der gleichen Tat (insbesondere bei fortgesetzter Handlung oder Dauerdelikten) von verschiedenen Stellen bei zwei verschiedenen Staatsanwaltschaften eingehen und jede Staatsanwaltschaft, ohne von der anderen zu wissen, bei dem jeweils zuständigen Gericht einen Strafbefehl erwirkt, die der Beschuldigte beide rechtskräftig werden läßt. Die preußische Gnadenpraxis[129] ging früher davon aus, daß beide Strafbefehle wirksam seien und Abhilfe **nur im Gnadenweg** zu schaffen sei, wobei z. T. aus Billigkeitsgründen nicht ohne weiteres die später festgesetzte, sondern die schwerere der beiden Strafen erlassen wurde. Den doppelt Verurteilten an die Gnade zu verweisen, wäre aber keine rechtsstaatlichen Anforderungen und der Bedeutung des Art. 103 Abs. 3 GG Rechnung tragende Lösung. Als eine solche schlug — ebenfalls von der Vorstellung ausgehend, daß beide rechtskräftigen Straferkenntnisse wirksam nebeneinander bestehen — Art. 70 Nr. 195 EGStGB = Entw. 1930 die Einfügung eines § 360 a vor, wonach im Fall der Doppelverurteilung die Beseitigung des späteren Urteils oder Strafbefehls im Weg der **Wiederaufnahme des Verfahrens** erfolgen sollte. Dieser Weg ist, ohne daß es einer solchen Ergänzung bedürfte, heute ohne weiteres gangbar (vgl. LR-*Gössel* § 359, 72). Es ist eine „neue Tatsache", wenn nachträglich bekannt wird, daß bereits durch eine vorausgegangene Entscheidung der Strafanspruch verbraucht war. Die Beschränkungen in § 359 Nr. 5 a. F (Ausschluß von Tatsachen, die der Verurteilte im früheren Verfahren kannte und geltend machen konnte), die früher einer Wiederaufnahme des Verfahrens zugunsten des Verurteilten in solchen Fällen in amtsgerichtlichen Sachen entgegenstanden, sind seit dem VereinhG weggefallen. Einer Freisprechung i. S. des § 359 Nr. 5 entspricht auch die Einstellung des späteren Verfahrens wegen des Verfahrenshindernisses der rechtskräftigen Verurteilung. Steht aber zur Beseitigung eines Urteils der Weg der Wiederaufnahme zur Verfügung, so ergibt sich grundsätzlich schon daraus, daß nach dem Willen der Rechtsordnung nur dieser Weg beschreitbar ist und eine ipso-iure-Nichtigkeit des Urteils entfällt[130]. Ist dies richtig, so kommt auch der — als Ausweg vorgeschlagene — Weg einer **Anrufung des Vollstreckungsgerichts** nach § 458 nicht in Betracht[131].

---

[129] Vgl. *Grau/Schäfer*, Preuß. Gnadenrecht (1931) 126.

[130] *Eb. Schmidt* I 257 Fußn. 464, dem *Peters*[4] S. 520 zustimmt, macht demgegenüber geltend, das Wiederaufnahmeverfahren sei kein geeigneter Weg, das zweite Urteil aus der Welt zu schaffen, weil § 373 Abs. 1, der den Inhalt des in der erneuten Hauptverhandlung ergehenden Urteils eindeutig bestimme, hier nicht passe. Warum soll § 373 Abs. 1 nicht passen, wenn das Urteil im Wiederaufnahmeverfahren auf Aufhebung des zweiten Urteils und Einstellung des Verfahrens lautet? Wie hier z. B. LG Hannover NJW **1970** 288, 289. Widersprüchlich LG Darmstadt NJW **1968** 1642 mit Anm. *Hofmann*, das auf der einen Seite ein unter Verletzung des Verbots der Doppelbestrafung ergangenes Urteil für „unbeachtlich" erklärt, andererseits aber den Antrag (hier: der Staatsanwaltschaft zugunsten des Verurteilten) auf Wiederaufnahme des Verfahrens für zulässig hält, „weil Urteile die Vermutung der Wirksamkeit für sich haben und daher ihre Unwirksamkeit einer Feststellung bedarf". Wenn die Unwirksamkeit einer Feststellung bedarf, so ist dies doch das Gegenteil einer „Unbeachtlichkeit", deren Wesen darin besteht, daß sie jederzeit von jedermann in beliebiger Form geltend gemacht werden kann. Schwierigkeiten ergeben sich freilich, wenn das im Wege der Wiederaufnahme durch Verfahrenseinstellung in Wegfall gebrachte spätere Urteil auf eine geringere Strafe als das erste Urteil erkannt hatte. Hier wäre in erster Linie eine sinngemäße Anwendung des Verbots der reformatio in peius (Rdn. 57) oder notfalls an ein Eingreifen der Gnade zu denken.

[131] Dazu OLG Koblenz NStZ **1981** 195 = JR **1981** 520 mit krit. Anm. *Rieß*; LR-*Wendisch* § 458, 10.

60   e) Zur Verneinung der Urteilsnichtigkeit führt schließlich auch die Erwägung, daß nach Erschöpfung der prozeßordnungsmäßigen Abhilfemöglichkeiten die Verletzung des Art. 103 Abs. 3 GG mit der **Verfassungsbeschwerde** zum Bundesverfassungsgericht geltend gemacht werden kann (§ 90 BVerfGG). Erweist sie sich als begründet, so hebt nach § 95 Abs. 2 BVerfGG das Bundesverfassungsgericht die auf dem Verstoß beruhende Entscheidung auf. Auch hier folgt daraus, daß die Rechtsordnung zur Behebung des Mangels einen förmlichen und fristgebundenen (§ 93 Abs. 1 BVerfGG) Weg eröffnet hat, daß nach der Vorstellung des Gesetzgebers der Mangel nicht die ipso-iure-Nichtigkeit bewirkt.

15. Einzelfragen des Strafklageverbrauchs

61   a) Der Strafklageverbrauch setzt **Identität der Tat und des Täters** voraus (wegen der Einzelheiten sei auf die Erläuterungen zu § 264 verwiesen).

62   b) **Nämlichkeit dessen, der verfolgt wird.** Es versteht sich von selbst, daß eine zum Verbrauch der Strafklage geeignete Entscheidung diese immer nur gegenüber demjenigen verbraucht, über den sie entschieden hat. Ist A wegen einer von ihm allein begangenen Straftat rechtskräftig verurteilt worden, so bleibt es jederzeit zulässig, ein Strafverfahren gegen B zu betreiben, weil er der alleinige Täter sei; das setzt nicht voraus, daß zuvor die Wiederaufnahme des Verfahrens zugunsten des rechtskräftig Angeklagten in Angriff genommen werde.

62a   Eine andere Frage ist, **gegen wen entschieden** ist, wenn der **Abgeurteilte eine vom Angeklagten verschiedene Person** ist, wenn Anklage und Eröffnungsbeschluß sich gegen A richten, in der Hauptverhandlung aber B erscheint und vorgibt, der A zu sein, und eine rechtskräftige Verurteilung erfolgt, ohne daß die Täuschung erkannt wird. Kann also z. B., wenn A nur wegen Beihilfe angeklagt war und das Urteil auf eine milde Strafe lautet, der an Stelle des A erschienene Haupttäter B in einem künftig gegen ihn wegen der Täterschaft betriebenen Verfahren sich auf die Rechtskraft des Urteils berufen, weil es nur vermeintlich gegen A, tatsächlich aber gegen ihn ergangen sei? Die Auffassungen gehen auseinander. Nach der einen Meinung richtet sich das Urteil gegen denjenigen, gegen den das Verfahren durch Anklageerhebung und Eröffnungsbeschluß rechtshängig geworden ist, also gegen A[132]. Nach anderer Auffassung trifft das Urteil den, der tatsächlich vor Gericht gestanden hat, also B; wird das Urteil formell rechtskräftig, so erlangt es auch materielle Rechtskraft, und es bleibt nur der Weg der Wiederaufnahme des Verfahrens, wenn dessen Voraussetzungen vorliegen[133]. Nach einer dritten und überwiegend vertretenen Auffassung ist das Urteil „unbeachtlich", also nichtig[134], weil es sich gegen eine Person richtet, die gar nicht (durch Anklage und Eröffnungsbeschluß) in das Verfahren gezogen war. Den Vorzug dürfte die erstere Auffassung verdienen. Das Verfahren war gegen A rechtshängig geworden, über seine Schuld wollte das Gericht entscheiden. Wenn tatsächlich in seiner Abwesenheit entschieden wurde, so wird dieser (dem Gericht infolge der Täuschung verborgen gebliebene) Mangel — § 230 —, wenn das Urteil unangefochten bleibt, durch die Rechtskraft geheilt.

63   c) **Nämlichkeit der Tat, derentwegen verfolgt wird.** Wie Rdn. 29 ausgeführt, umfaßt die abgeurteilte „Tat" das den Gegenstand der Anklage bildende geschichtliche Vorkommnis in dem Umfang, als es sich um einen nach natürlicher Betrachtung ein-

---

[132] So LG Lüneburg MDR **1949** 768.
[133] So *Lucas/Dürr* 243, 359.
[134] So *Eb. Schmidt* I 293; KMR-*Sax* Einl. **XIII**

16; KMR-*Müller* § 230, 5; *Henkel* 386; *Roxin*[19] § 50 C II 2 c; *Peters*[4] 523; *Schlüchter* 161 Fußn. 80; LR-*Gollwitzer* § 230, 11.

heitlichen Lebensvorgang handelt. Jede Aburteilung (Verurteilung, Verwarnung mit Strafvorbehalt, Freispruch, Absehen von Strafe, endgültige Einstellung und endgültige Ausscheidung von Tatteilen und Rechtsverletzungen) einer Beteiligung (im weitesten Sinne) an dem einheitlichen Lebensvorgang bewirkt, daß der Betroffene auch nicht wegen einer anderen tatsächlichen oder rechtlichen Beteiligung an diesem Lebensvorgang in einem neuen Verfahren zur Verantwortung gezogen werden kann, wenn es bei der früheren Aburteilung rechtlich möglich (zulässig) war, auch diese Form der Beteiligung strafklageumgestaltend (ggf. durch Verweisung nach § 270) in die Aburteilung einzubeziehen. Es schließt demgemäß die Aburteilung als Anstifter oder Gehilfe eine spätere Verfolgung als Haupttäter aus. Das gleiche gilt aber auch für Formen der Beteiligung, die der Haupttat vorangehen oder nachfolgen. So verhindert der Freispruch von der Anklage der Nichtanzeige eines geplanten Verbrechens (§ 138 StGB) die spätere Verfolgung wegen Täterschaft des Verbrechens selbst oder der Teilnahme daran[135], wie umgekehrt auch der Freispruch von der Anklage des Mordes einer späteren Verfolgung wegen Nichtanzeige des Mordes entgegensteht (RGSt 14 78). Ebenso wird durch die Aburteilung der Begünstigung oder Hehlerei die Strafklage auch bzgl. der Vortat verbraucht, wie umgekehrt der Freispruch von der Anklage des Diebstahls einer späteren Aburteilung als Hehler entgegensteht (RGSt 55 187).

Es ist für den Umfang der Verzehrwirkung der Rechtskraft stets **ohne Bedeu- 64 tung, nach welcher Richtung die Kognition des Richters hinter der „Tat" zurückbleibt**, ob das rechtskräftige Urteil ein tatsächliches Stück der Tat außer Acht gelassen, oder ob es eine mögliche rechtliche Würdigung nicht angestellt hat; dies gilt auch bei einer Ausscheidung von Tatteilen oder Rechtsverletzungen nach § 154 a Abs. 1, 2 wegen der Möglichkeit ihrer Wiedereinbeziehung in das Verfahren (§ 154 a Abs. 3). Es darf also z. B. gegen denjenigen, der von der Beschuldigung eines Betrugs freigesprochen worden ist, der darin liegen sollte, daß er bei der Versicherungsgesellschaft Sachen, die nicht verbrannt sind, als verbrannt angegeben habe, später nicht wegen Betrugs vorgegangen werden, den er damals zugleich verübt habe, indem er seiner Rechtspflicht zuwider verschwieg, den Brand schuldhaft verursacht zu haben[136]. Ohne Bedeutung ist es auch, ob der Staatsanwaltschaft und dem Gericht daraus, daß der Vorgang nicht in dem rechtlich zulässigen Umfang zum Gegenstand der Untersuchung und Entscheidung gemacht wurde, ein **Vorwurf erwächst oder nicht**. Nur dann greift — und zwar auch bei Gesetzesverletzungen, die mit der abgeurteilten Tat in Tateinheit stehen — der Verbrauch der Strafklage nicht durch, wenn im früheren Verfahren die Verfolgung der Tat in einer bestimmten Richtung dem Gericht aus irgendeinem Grund **von Rechts wegen** verwehrt war, etwa, weil die Gerichtsbarkeit fehlte oder die Bedingung eines Auslieferungsvertrages entgegenstand oder der erforderliche Strafantrag noch nicht vorlag; dann ist für ein neues Verfahren zu dem Zwecke Raum, um die schon abgeurteilte Tat nachträglich daraufhin zu prüfen, ob der Angeklagte auch in der bisher der Prüfung verschlossenen Richtung gefehlt habe und die sich hieraus ergebende Rechtsfolge tragen müsse[137]. Dagegen wird die Verzehrwirkung nicht dadurch ausgeschlossen, daß das Gericht in Verkennung der Rechtslage Tatteile des einheitlichen Lebensvorganges von der Aburteilung ausgenommen hat, z. B. in der Annahme, es liege Tatmehrheit vor, das Verfahren z. T. abgetrennt hat, während bei richtiger rechtlicher Beurteilung Tateinheit gegeben ist. Ein solcher Fehler zwingt, wenn nur der Angeklagte Revision eingelegt hat, nicht

---

[135] RGSt **21** 78; BGH JR **1964** 225 mit Anm. *Schröder*; *Schlüchter* 605 Fußn. 38 mit weit. Nachw.

[136] RG HRR **1936** Nr. 651.
[137] RGSt **46** 367; **56** 166.

Karl Schäfer

zur Aufhebung des Urteils zwecks Ergänzung des Schuldspruchs, wenn prozeßökonomische Gründe (bei einer umfangreichen Sache) es erträglich erscheinen lassen, daß die
nicht gewürdigten Gesetzesverletzungen im Schuldspruch außer Betracht bleiben,
zumal wenn wegen des Verbots der reformatio in peius am Strafausspruch nichts geändert würde (BGHSt 10 363).

65   16. Einer besonderen Betrachtung bedürfen die Fälle der **fortgesetzten Handlung,
der Bankrottsachen, des Sammelverbrechens, der Dauerstraftat** und des Organisationsdelikts[138].

a) **Fortgesetzte Handlung**[139]. Wird eine Mehrheit von Willensbetätigungen wegen
des auf der Einheit des verletzten Rechtsguts, der Gleichartigkeit der Begehungsform
und der Einheitlichkeit des Vorsatzes beruhenden Zusammenhangs zu einer fortgesetzten Handlung im Sinne des sachlichen Rechts zusammengefaßt, so erledigt das Urteil,
das den Angeklagten wegen einer im Fortsetzungszusammenhang begangenen Gesetzesverletzung verurteilt, sobald es rechtskräftig wird, alle vor der Verkündigung des Urteils begangenen, in den Fortsetzungszusammenhang gehörigen Einzelhandlungen,
gleichviel, ob das erkennende Gericht sie berücksichtigt hat oder nicht, ob es sie kannte
oder nicht, ob es Anlaß und Gelegenheit, sich Kenntnis von ihnen zu verschaffen, hatte
oder nicht (RGSt 66 50), ob die Einzelakte sich gegen im Verfahren bekannt gewordene
oder auch gegen unbekannt gebliebene Verletzte richten[140] und ob die Zahl der bekannt gewordenen Einzelhandlungen nur einen kleinen Bruchteil der tatsächlich begangenen Einzelhandlungen bildet, so daß die erkannte Strafe außer Verhältnis zur
Schwere der Tat steht[141]. Die ganz andere Frage, ob ein anderes Ergebnis nicht materiellrechtlich durch strengere Anforderungen an den Betriff der fortgesetzten Handlung zu erreichen wäre, ist hier nicht zu erörtern.

66   Die Strafklage ist dann auch wegen einer Straftat verbraucht, die nur mit einer
der **Einzelhandlungen in Tateinheit** zusammentrifft (RG HRR **1939** Nr. 212). Nach der
neueren Rechtsprechung wird aber, wenn zwischen einem Einzelakt und einem
schwereren Delikt Tateinheit besteht, dadurch nicht Tateinheit zwischen dem schwereren Delikt und der Fortsetzungstat hergestellt, und mehrere selbständige strafbare
Handlungen werden nicht durch eine tateinheitlich begangene minderschwere Fortset-
zungs- oder Dauertat miteinander zur tateinheitlich begangenen Tat verbunden, vielmehr liegen insoweit selbständige Handlungen vor. Ob dies auch **verfahrensrechtlich**
dazu führt, daß die rechtskräftige Aburteilung des fortgesetzten Delikts eine spätere
Verfolgung des vorher nicht bekannten schwereren Delikts nicht hindert, wird in der
Rechtsprechung nicht einheitlich beantwortet[142].

67   **Zeitliche Grenzen der Verzehrwirkung.** Da die Urteilsfällung den Gegenstand der
Urteilsfindung zeitlich so begrenzt, daß alles, was nach der Verkündung des letzten
tatrichterlichen Urteils geschieht, von diesem nicht erfaßt, durch dieses nicht erledigt
wird, sondern einer künftigen Strafverfolgung zugänglich bleibt, so müssen **Einzelhand-**

---

[138] Vgl. aus dem **Schrifttum** u. a.: *Fleischer* Verhältnis von Dauerdelikt und Einzelstraftat,
NJW **1979** 1337; *Grünwald* Der Verbrauch
der Strafklage bei Verurteilung nach den
§§ 129, 129 a StGB, FS Bockelmann 737.

[139] Vgl. ausführlich LR-*Gollwitzer* § 264, 7; 32
ff.

[140] RGSt **51** 254; BGHSt **15** 268.

[141] BGHSt **6** 122: Verurteilung wegen fortgesetzten Betruges auf Grund von 7 Einzelhandlungen, während nachträglich 226 weitere bekannt wurden.

[142] Vgl. – verneinend BGHSt **6** 92 gegen
BGHSt 3 165 –, dagegen bejahend BGHSt **23**
150 = JZ **1970** 327 mit abl. Anm. *Grünwald*.

lungen, die der Täter **nach der Urteilsfällung** begeht, auch dann im Verhältnis zum Vorangegangenen als selbständige Taten gelten, wenn sie, vom Rechtsbegriff der fortgesetzten Handlung aus betrachtet, als unselbständige Glieder der vom Urteil ergriffenen Tat anzusehen wären (RGSt **66** 47). Das gilt auch, wenn das erstinstanzliche Urteil nur im Schuldspruch rechtskräftig geworden ist (BayObLG GA **1978** 81). Im übrigen begrenzt, wenn das Urteil des ersten Rechtszuges mit der Berufung angefochten worden ist, das Urteil des Berufungsgerichts den Fortsetzungszusammenhang, weil dieses Gericht berechtigt und verpflichtet ist, seine Entscheidung nicht nur auf alles das zu erstrecken, was vom angefochtenen Urteil im Rahmen des § 264 bei erschöpfender tatsächlicher und rechtlicher Würdigung als die unter Anklage gestellte Tat zu erfassen gewesen wäre, sondern darüber hinaus auch noch auf die begrifflich zu dieser Tat gehörigen, erst nach Verkündung des angefochtenen Urteils begangenen Einzelakte (RGSt **66** 48). In diesem Fall wie auch bei Zurückverweisung durch die Revisionsinstanz erfordert es, wenn der Angeklagte das Rechtsmittel eingelegt hat, die Gerechtigkeit, daß das Verbot der reformatio in peius in dem Umfang entfällt, als es zur Abgeltung der nach dem ersten Urteil begangenen Einzelhandlungen erforderlich ist[143]. Nach den zuvor dargelegten Grundsätzen muß das Gericht im neuen Verfahren **selbständig prüfen**, ob die Strafklage durch ein früheres Urteil verbraucht ist, das wegen einer fortgesetzten Tat verurteilt, aber die jetzt abzuurteilende Handlung nicht gekannt und deshalb nicht erwogen hat, ob sie auch in den Fortsetzungszusammenhang falle[144]. Wird eine einzelne Handlung in Unkenntnis, daß sie Bestandteil einer Fortsetzungstat ist, als *selbständige Tat* rechtskräftig abgeurteilt, so tritt hinsichtlich der weiteren Einzelhandlungen kein Strafklageverbrauch ein[145].

Verzehrwirkung für die nicht gewürdigten Einzelhandlungen hat aber nur die **68** verurteilende Entscheidung; der **Freispruch von der Anklage der fortgesetzten Handlung** beschränkt aus Gründen der Gerechtigkeit seine Wirkung auf die gewürdigten, nicht auf die unbekannt gebliebenen Einzelhandlungen[146]. Darin liegt[147] wohl auch keine Inkonsequenz. Denn zum Freispruch genügt, wenn *ein* Merkmal des inneren oder äußeren Tatbestandes zu verneinen ist, und das kann bei den untersuchten Einzelfällen zutreffen, ohne daß es auch für die unbekannt gebliebenen gelten müßte. Der Begriff der fortgesetzten Handlung aber ist kein apriorisch gegebener, sondern seine materiellrechtliche Begrenzung und verfahrensrechtliche Behandlung ist nach den Grundsätzen der Gerechtigkeit und Prozeßökonomie gestaltbar.

b) Sammelstraftaten. Das Reichsgericht hatte früher angenommen, daß in den **69** Fällen, in denen die **gewerbs-, gewohnheits-, berufs- oder geschäftsmäßige Begehung** ein

[143] BGHSt **9** 324 = JZ **1957** 479 mit abl. Anm. *Peters*; BGHSt **17** 5, 9; NStZ **1981** 73.

[144] BGHSt **15** 268 = JZ **1961** 426 mit Anm. *Peters* und Besprechung *Stratenwerth* JuS **1962** 220; *Hanack* JZ **1972** 356.

[145] BGH GA **1970** 84; bei *Hürxthal* DRiZ **1976** 867 und BGH 1. StS (vom 15. 1. 1985) NJW **1985** 1174 = StrVert. **1985** 183 = NStZ **1985** 325; *Kleinknecht/Meyer*[37] Einl. 175; **h. M**; Nachw. bei *Ranft* JR **1986** 433 Fußn. 8; **a. M** KMR-*Sax* Einl. **XIII** 26 und wohl auch *Schlüchter* 609; BGH (2. StS vom 16. 1. 1985) NJW **1985** 1173. Der hier zutage tretende Unterschied in der neuesten Rechtsprechung

des 1. und 2. StS des BGH (dazu *Geppert* Jura **1985** Heft 9 JK StPO § 264/6) beruht darauf, daß der 2. StS der Entscheidung BGHSt **15** 268 (5. StS) folgt und dem Richter des neuen Verfahrens das Recht zur Nachprüfung der rechtlichen Wertung im früheren Verfahren zugesteht, während die 1. StS in den Erwägungen von BGHSt **15** 268 ein obiter dictum sieht und die Beurteilung des früheren Richters für maßgeblich erklärt.

[146] RGSt **66** 26, **h. M**.

[147] Gegen *Beling* 267; *Eb. Schmidt* I 302; KMR-*Sax* Einl. **XIII** 26; *Schlüchter* 610.

Karl Schäfer

strafbegründendes oder strafschärfendes Tatbestandsmerkmal bildet, die mehreren dieses Merkmal erfüllenden Einzelhandlungen materiell- und verfahrensrechtlich eine Einheit (ein Sammel- oder Kollektivverbrechen) bildeten mit der Folge, daß die Strafe des Gesamtverbrechens nur einmal verwirkt sei und daß die Aburteilung alle bis zum Tage des tatrichterlichen Urteils geschehenen Einzelfälle decke, daß also die abermalige Strafverfolgung wegen später ermittelter Verfehlungen unzulässig sei (RGSt **68** 298). Diese Rechtsprechung gab das Reichsgericht später (ab 1938) allgemein auf, weil sie zu einer kriminalpolitisch nicht vertretbaren Schwächung der Bekämpfung des Gewohnheitsverbrechertums führe und sprach aus, daß die einzelnen Tatbestandsverwirklichungen die Eigenschaft selbständiger Handlungen dadurch nicht verlieren, daß sie gewerbs-, gewohnheits- oder geschäftsmäßig begangen werden[148]. Die Rechtsprechung des BGH hat daran festgehalten[149]. Demnach hindert die Rechtskraft eines Strafurteils, das den Angeklagten einer solchen Straftat für schuldig erkannt hat, nicht, daß er wegen eines weiteren Falls derselben Straftat verfolgt wird, die er vor dem früheren Urteil in derselben inneren Verfassung wie die abgeurteilte Tat begangen hat.

69a   Die **Änderung der Rechtsprechung** ist auch **im Schrifttum** ganz überwiegend **gebilligt** worden[150]. Die Bedenken, die in zurückliegender Zeit gegen sie erhoben wurden, betrafen hauptsächlich praktische Nachteile, die meist durch die neuere Gesetzgebung erledigt sind (vgl. dazu ausführlich in der 23. Aufl. Einl. Rdn. 71).

70   c) Ein entsprechender Wandel wie bei den Sammelvergehen hat sich auch bei **Bankrottsachen** vollzogen. Das Reichsgericht[151] nahm an, daß dieselbe Zahlungseinstellung oder Konkurseröffnung äußerlich und innerlich getrennte Handlungen, auch sofern sie gegen verschiedene Strafgesetze der damaligen KO verstießen, durch das Band der Zahlungseinstellung oder Konkurseröffnung als objektiver Bedingung der Strafbarkeit (heute § 283 Abs. 6 StGB) zu einer Einheit vereinigt würden. Von dieser Vorstellung wandte sich der BGH ab[152]. Diese Behandlung mehrerer Bankrotthandlungen wird auch heute nach der Übernahme des Konkursstrafrechts in das StGB (§§ 283 ff) durch das 1. WiKG 1976 als maßgeblich angesehen[153].

71   d) **Dauerstraftat.** Eine solche liegt vor, wenn der gesetzliche Tatbestand durch eine schuldhafte Willensbetätigung — Handlung oder Unterlassung — erfüllt wird, die ununterbrochen während eines gewissen Zeitraums fortdauert. Hier gilt, wie bei der Fortsetzungstat, der Grundsatz, daß das Urteil nur das vor der Aburteilung liegende Verhalten erfaßt und bei der Aufrechterhaltung der Dauerstraftat über den Zeitpunkt der letzten Tatsacheninstanz hinaus eine neue Straftat vorliegt, deren Verfolgung die Rechtskraft des vorangegangenen Urteils nicht entgegensteht[154]; das gleiche gilt auch, wenn das vorangegangene Urteil auf Freispruch lautet[155]. Im übrigen wirft die Figur

---

[148] RGSt **72** 164; **72** 257; **72** 285; **72** 401; **77** 16; **77** 98; **77** 329.

[149] BGHSt **1** 42; **18** 376; **26** 286; BayObLG MDR **1956** 119. Die davon zu trennende Frage, ob Gewerbsmäßigkeit auch vorliegen kann, wenn der Täter ohne Wiederholungsabsicht (nur) eine fortgesetzte Handlung begangen hat (vgl. BGH MDR **1975** 327), ist hier nicht zu erörtern.

[150] Nachw. bei LK-*Vogler* Vor § 52, 27 Fußn. 26, auch zur Gegenmeinung (Fußn. 27); wegen einer Mittelmeinung vgl. *Peters*[4] 512.

[151] RGSt **66** 91; **66** 269; **67** 73.

[152] BGHSt **1** 190; **3** 26; BGH GA **1971** 38; **1973** 133.

[153] *Dreher/Tröndle*[43] 40; *Schönke/Schröder/ Stree*[22] 66, je zu § 283.

[154] BGHSt **8** 96; BayObLG NJW **1958** 110; OLG Braunschweig NJW **1964** 1237; s. dazu aber auch BVerfGE **23** 283.

[155] BayObLG DRZ **1932** Nr. 763.

der Dauerstraftat eine Reihe sehr komplizierter und z. T. noch offener Fragen auf, die
sich — materiellrechtlich wie prozessual — dann ergeben, wenn der Täter während der
Dauerstraftat eine andere Straftat begeht. Die materiell-rechtliche Problematik kann
hier nur angedeutet werden. Bei der Frage, ob Tateinheit oder Tatmehrheit anzunehmen
ist[156], spielt die sog. Entklammerung eine Rolle. So schließt z. B. die Rechtsprechung
die Klammerwirkung der Trunkenheitsfahrt (§ 316 StGB) als Dauerstraftat dadurch
aus, daß sie bei einem vom Täter herbeigeführten Verkehrsunfall eine Zäsur annimmt,
die Tateinheit ausschließt[157]. Vorliegend spielt vor allem die Frage eine Rolle, wie weit
die Verzehrwirkung der Rechtskraft reicht, wenn nur das Dauerdelikt abgeurteilt wurde
und später hervortritt, daß der Täter während des Dauerdelikts eine (nach der angedrohten Höchststrafe) schwerere Straftat begangen hat. S. dazu — beschränkt auf die
Frage der Verzehrswirkung beim Organisationsdelikt und beim unerlaubten Waffen-
führen — oben Rdn. 32 bis 34.

17. Sicherungsverfahren. Die in Einzelheiten streitige Verbrauchswirkung der **72**
Rechtskraft des im Strafverfahren ergangenen Urteils hinsichtlich der Durchführung
eines selbständigen Sicherungsverfahrens (§§ 413 ff) und der Rechtskraft des im selbständigen Sicherungsverfahren ergangenen Urteils für den Straf- wie für den Sicherungsanspruch ist in LR-*Schäfer*[23] § 414, 13 ff eingehend erörtert; darauf kann hier verwiesen werden.

18. Verbrauch der Strafklage im Rechtsmittelzug. Für die Rechtsmittelgerichte er- **73**
gibt sich die Unzulässigkeit des weiteren Verfahrens auch dann, wenn das andere von
ihnen zu berücksichtigende Urteil erst **nach der Verkündung des ihrer Prüfung unterworfenen Urteils rechtskräftig geworden ist**[158]. Im übrigen legt die Pflicht, von Amts
wegen zu prüfen, ob das Vorhandensein einer dieselbe Sache betreffenden rechtskräftigen Entscheidung dem Fortgang des Verfahrens entgegensteht, den Rechtsmittelgerichten vornehmlich auch die Erörterung der Frage nach der Wirksamkeit des Rechtsmittels
auf (Kap. 11 17). Die **Rechtsmittelbeschränkung** hat, wenn sie wirksam ist, zur Folge,
daß das Urteil insoweit rechtskräftig wird, als der Beschwerdeführer von der Anfechtung rechtlich abgetrennter Teile Abstand genommen hat. Es liegt Teilrechtskraft vor.
Daher müssen die Rechtsmittelgerichte auch von Amts wegen prüfen, ob und inwieweit
Teilrechtskraft die weitere Untersuchung und Entscheidung verwehrt[159]. Teilrechtskraft kann auch dadurch eintreten, daß das Revisionsgericht der uneingeschränkt eingelegten Revision nur zum Teil stattgibt, im übrigen aber das Urteil bestätigt. Übrigens
kann ein Rechtsmittel auch in der Art beschränkt werden, daß der Beschwerdeführer
nur den Einwand der rechtskräftig entschiedenen Sache erhebt[160].

VI. Niederschlagung

1. Formen der Niederschlagung. Wie Vor § 12 GVG eingehend dargestellt ist, **74**
kann durch Bundesgesetz (Straffreiheitsgesetz) mit Wirkung für alle Strafjustizorgane
der Bundesrepublik die Niederschlagung anhängiger (= noch nicht rechtskräftig abgeschlossener) Strafverfahren unter generell bestimmten Voraussetzungen angeordnet

---

[156] Dazu z. B. LK-*Vogler* § 52, 25 ff.
[157] BGHSt **21** 203; **23** 141; **25** 72 und dazu
LK-*Vogler* § 52, 30; *Schönke/Schröder/Stree*[22]
Vor § 52, 85; *Dreher/Tröndle*[43] § 316, 4; *Puppe*
JR **1986** 207 Fußn. 12.

[158] RGSt **30** 341; **49** 170.
[159] RGSt **62** 13; **63** 344; **64** 20; **64** 152.
[160] RGSt **33** 22; **40** 274.

Karl Schäfer

werden. In gleicher Weise kann der Landesgesetzgeber im Rahmen seiner Gnadenzuständigkeit und soweit das Landesverfassungsrecht es zuläßt, durch Landesgesetz unter generell bestimmten Voraussetzungen Strafverfahren niederschlagen. Sind nach den §§ 7 ff die Gerichte mehrerer Länder zur Verfolgung derselben Straftat zuständig, so wirkt eine solche Maßnahme, wenn ein Gericht des niederschlagenden Landes zuerst die Untersuchung eröffnet hat und dadurch gemäß § 12 StPO ausschließlich zuständig geworden ist, dahin, daß auch die Strafjustizorgane der anderen Länder die Sache nicht verfolgen dürfen; dagegen ist sie außerhalb des eigenen Landes ohne Bedeutung, wenn sie angeordnet wird, bevor ein einheimisches Gericht gemäß § 12 ausschließlich zuständig geworden ist oder nachdem die ausschließliche Zuständigkeit eines Gerichts eines anderen Landes begründet war[161]. Schließlich kommt noch die Möglichkeit in Betracht, daß *ein einzelnes bestimmtes Verfahren durch Einzelgnadenerweis* des zuständigen Inhabers des Gnadenrechts niedergeschlagen wird (Abolition); diese Möglichkeit ist praktisch ohne Bedeutung, da Art. 60 GG kein Niederschlagungsrecht des Bundespräsidenten bei den in die Gnadenzuständigkeit des Bundes fallenden Strafsachen (§ 452 StPO) kennt und auch in den Ländern eine Niederschlagung durch Einzelgnadenerweis im allgemeinen ausgeschlossen ist[162].

75　　**2. Wirkung. Änderung der Betrachtungsweise.** In allen Fällen hat die Niederschlagung einen **Doppelcharakter**: materiellrechtlich bildet sie einen persönlichen Strafaufhebungsgrund, verfahrensrechtlich wirkt sie sich als Verfahrenshindernis aus, das in jeder Lage des Verfahrens von Amts wegen zu beachten ist[163].

76　　Nach **früherer Auffassung** beendete die Niederschlagung kraft Gesetzes die Rechtshängigkeit des Verfahrens und in der gerichtlichen Einstellungsentscheidung wurde lediglich der deklaratorische, das Verfahren aktenmäßig abschließende Ausspruch erblickt, daß das Verfahren kraft Gesetzes sein Ende gefunden habe. Daraus wurde gefolgert, daß das Gericht an diese Entscheidung nicht gebunden sei, sondern das Verfahren fortsetzen könne, wenn es später erkenne, daß es infolge eines tatsächlichen oder rechtlichen Irrtums zu Unrecht die Niederschlagung als eingetreten angesehen habe[164]. Diese Auffassung ermöglichte zwar, die meist sehr zahlreichen Fälle, in denen die Anwendbarkeit des Straffreiheitsgesetzes in Frage stand, rasch auf Grund einer vielfach summarischen Aufklärung zu erledigen, ohne den Verlust des Strafanspruchs als Folge einer vorschnellen Beurteilung befürchten zu müssen, trug aber dem berechtigten Verlangen des Beschuldigten nach Rechtssicherheit nicht Rechnung. Sie ist **durch die Entwicklung der neueren Amnestiegesetzgebung überholt**[165]. So sahen z. B. die Straffreiheitsgesetze vom 17. 7. 1954 — § 16 —, vom 9. 7. 1968 — § 7 — und vom 20. 5. 1970 — § 7 — die Möglichkeit vor, schon im vorbereitenden Verfahren, aber auch im Stadium zwischen Anklageerhebung und Eröffnungsbeschluß durch gerichtliche, mit befristetem Rechtsmittel anfechtbaren Beschluß über das Vorliegen der Amnestievoraussetzungen zu entscheiden und legten einem unanfechtbaren Einstellungsbeschluß die Wirkung bei, daß wegen der Tat nur auf Grund neuer Tatsachen oder Beweismittel Anklage erhoben werden könne. Daraus folgt, daß ein **Einstellungsurteil**, das die Anwendbarkeit einer Amnestie **bejaht**, in gleicher Weise den Strafanspruch verbraucht wie jedes andere Urteil, das das Verfahren wegen eines endgültigen, unbehebbaren Verfahrens-

---

[161] Näher 23. Aufl., Vor § 12, 43 ff GVG.
[162] Näher 23. Aufl., Vor § 12, 25 GVG.
[163] RGSt **69** 126; BGHSt **3** 136; **4** 289; **24** 265.
[164] So RGSt **54** 11; **67** 236; **67** 385; **69** 126.
[165] Dazu ausführlich 23. Aufl., Vor § 12, 27

GVG; diese Entwicklung wird von der in Kap. **11** 23 näher gewürdigten, die Verjährung betreffenden Entscheidung BayObLG MDR **1975** 72 verkannt.

hindernisses einstellt[166]. Dagegen würde ein die Amnestievoraussetzungen **verneinender formell unanfechtbarer Gerichtsbeschluß** das erkennende Gericht nicht binden und nicht von den Pflichten befreien, von Amts wegen und unter Benutzung aller Erkenntnisquellen nach den Grundsätzen des Freibeweises selbständig zu prüfen, ob das Verfahrenshindernis der Niederschlagung vorliegt.

3. Behandlung in der Hauptverhandlung. Verfahrensfortsetzung trotz Niederschlagung.   77

Das Verfahren, auch eine Hauptverhandlung, ist nur so lange fortzusetzen, bis beurteilt werden kann, ob die Voraussetzungen der Straffreiheit vorliegen; wird dies bejaht, so hat das Urteil weder im Spruch noch in den Gründen eine Schuldfeststellung zu treffen, sondern in den Gründen den Sachverhalt nur soweit darzulegen, als es zur Beurteilung der Straffreiheit erforderlich ist (BGHSt **10** 113). Die Einstellung durch Urteil entfällt, wenn nach durchgeführter Hauptverhandlung die Voraussetzungen eines Freispruchs gegeben sind[167]. Auch kann nach den neueren Amnestiegesetzen der Beschuldigte durch Antrag auf Fortsetzung des Verfahrens das Verfahrenshindernis der Niederschlagung zunächst beiseite schieben, während der durch Beleidigung, üble Nachrede oder Verleumdung Verletzte trotz Einstellung die Weiterführung des Verfahrens mit dem Ziele einer Feststellung der Unwahrheit oder Haltlosigkeit der von dem Beschuldigten aufgestellten oder verbreiteten Behauptung tatsächlicher Art verlangen kann (Kap. 7 11). Wegen der Anwendbarkeit des Grundsatzes in dubio pro reo vgl. Kap. **11** 39.

VII. Verjährung

1. Wesen. Über das Wesen der hier allein interessierenden Verfolgungsverjährung   78

herrscht ein bis heute unausgetragener Streit[168], der darum geht, ob die Verjährung nur dem materiellen Strafrecht (Erlöschen des staatlichen Strafanspruchs) oder nur dem Verfahrensrecht (Verfahrenshindernis) angehöre[169] oder ob sie einen Doppelcharakter habe und sowohl materiellrechtliche wie verfahrensrechtliche Züge aufweise. Auf diese Streitfrage ist hier nur kurz einzugehen. Die Rechtsprechung empfand schon früh das Bedürfnis, die verfahrensrechtliche Seite zu betonen. Die rein materiellrechtliche Betrachtung würde dazu führen, daß bei Eintritt der Verjährung der Angeklagte freizusprechen wäre[170], obwohl der rehabilitierende Charakter des Freispruchs als Lossprechung von strafrechtlicher Schuld der Sachlage nicht gemäß wäre und den wirklichen Grund der Entlassung aus dem Verfahren verschleierte, der nur durch Einstellung des Verfahrens richtig zum Ausdruck kommt[171]. Für die prozessuale Betrachtung spricht ferner das praktische Bedürfnis, die mangelnde Rechtzeitigkeit der Verfolgung in jeder

---

[166] BGHSt **10** 115; oben Rdn. 43.

[167] RGSt **70** 193; BGHSt **13** 272.

[168] Nachw. bei LK-*Jähnke* Vor § 78, 7 ff; *Dreher/Tröndle*[43] § 1, 11 a; Vor § 78, 4.

[169] Eine Variante in der Begründung der auf den verfahrensrechtlichen Charakter der Verjährung abstellenden Auffassung ist die Lehre von der Natur der Verjährung als *Verfolgungsverzicht*. Sie wird damit begründet, das Strafverfahren diene der Herbeiführung des Rechtsfriedens. Der Rechtsfrieden hänge aber nicht von dem an Strafzwecken ausgerichteten Strafbedürfnis noch von dem Stand

der Beweislage ab; er stelle sich vielmehr als ein Zustand dar, in dem es des Strafverfahrens nicht mehr bedürfe, weil das Tatgeschehen typischerweise nicht mehr friedenstörend nachwirke und der Staat deshalb auf Verfolgung verzichten könne (vgl. LK-*Jähnke* Vor § 78, 9 mit Nachw.). Auf diese – wiederum umstrittene – Begründung kann hier nicht weiter eingegangen werden.

[170] So in der Tat früher RGSt **12** 436; **40** 90; GA **47** (1900) 159.

[171] RGSt **32** 251; **53** 276; **63** 321; **66** 328; **76** 160.

Karl Schäfer

Lage des Verfahrens von Amts wegen zu berücksichtigen und, sobald sie mit dem Mittel des Freibeweises festgestellt ist, das Verfahren alsbald durch Einstellungsbeschluß nach § 206 a StPO beenden zu können, ohne eine bei klarer Sachlage überflüssige Hauptverhandlung durchführen zu müssen. Diesem praktischen Anliegen konnte auch die Lehre von der Doppelnatur gerecht werden, die den Grund der Verjährung sowohl materiellrechtlich in dem durch den Zeitablauf eingetretenen Wegfall des Strafbedürfnisses[172] wie verfahrensrechtlich in der Beweisschrumpfung sieht. Tatsächlich hat sich dann auch nach anfänglichem Schwanken das Reichsgericht in ständiger Rechtsprechung[173] und mit ihm die im Schrifttum überwiegende Meinung zu der Lehre von der Doppelnatur bekannt, ohne daß dabei berechtigte verfahrensrechtliche Anliegen zu kurz gekommen wären.

79 Die **Doppelnatur** war bei dieser Handhabung, ähnlich wie etwa die Doppelnatur der materiellen Rechtskraft (Rdn. 53) lediglich ein **Gegenstand dogmatischer Bemühungen ohne praktische Bedeutung.** Denn wo die Doppelnatur in der Rechtsprechung in Anspruch genommen wurde, um praktische Folgerungen daraus zu ziehen, geschah dies in einer Zeit, in der Wesen und Wirkungen der Prozeßvoraussetzungen als stets von Amts wegen zu berücksichtigender Verfahrenshindernisse noch nicht voll erkannt waren, so wenn RGSt **12** 434 aus der materiellrechtlichen Natur der Verjährung die Folgerung ableitete, daß eine nur auf Verletzung materiellen Rechts gestützte Revisionsrüge auch die Nachprüfung der Verjährung ermögliche oder wenn unter der Herrschaft des § 340 a. F StPO, der bei der Sprungrevision grundsätzlich die Rüge der Verletzung von Verfahrensrecht ausschloß, die Rüge fehlerhafter Anwendung der Verjährungsvorschriften mit der Begründung für zulässig erklärt wurde, daß die Vorschriften über die Verjährung nicht ausschließlich dem Verfahrensrecht angehörten[174]. In beiden Fällen hätte es bei der heutigen Auffassung vom Wesen des Verfahrenshindernisses eines Rückgriffs auf die Doppelnatur nicht bedurft.

80 **2. Geltung des Rückwirkungsverbots?** Die **praktische Bedeutung** der Lehre von der Doppelnatur zeigt sich aber, wenn die Frage auftaucht, ob eine durch Gesetz erfolgende Verlängerung von Verfolgungsverjährungsfristen bei bestimmten Delikten auch vor dem Inkrafttreten des Gesetzes begangene Taten erfaßt und ob die Verlängerung gar auch eine Verfolgung solcher Taten ermöglicht, bei denen die Verjährungsfrist des alten Rechts bei Inkrafttreten der neuen Vorschrift schon abgelaufen war, nicht aber die verlängerte Verjährungsfrist des neuen Rechts.

81 **a) Vor Inkrafttreten des Grundgesetzes.** Als Art. 103 Abs. 2 GG noch nicht galt, hinderte das Rückwirkungsverbot des § 2 Abs. 3 a. F StGB den Gesetzgeber jedenfalls nicht daran, noch nicht abgelaufene Verjährungsfristen zu verlängern. Bei rein prozessualer Auffassung der Verjährung setzte er sich mit diesem Verbot überhaupt nicht in Widerspruch, vom Standpunkt der rein materiellrechtlichen Würdigung oder der Lehre von der Doppelnatur aus gesehen bestanden keine rechtlichen Hindernisse, den § 2 Abs. 3 StGB einzuschränken, und es konnte nur die Frage sein, ob es bei einer Verjährungsverlängerung im Willen des Gesetzgebers lag, daß bei bereits begangenen Taten § 2 Abs. 3 zurücktreten und einer Verfolgung der Tat innerhalb der neuen Verjährungsfrist nicht entgegenstehen solle. In dieser Weise hat im Jahre 1942 RGSt **76** 64 das Problem angefaßt und hat, ohne zu Auseinandersetzungen über die rechtliche Natur der Verjährung genötigt zu sein, darauf abgestellt, daß nach dem Willen des Gesetzgebers

---

[172] Vgl. z. B. BGH JR **1985** 244.
[173] Vgl. zuletzt RGSt **59** 199; **61** 20; **66** 328.

[174] So RGSt **59** 199; **66** 328.

die verlängerte Verjährungsfrist auch für die vor dem Inkrafttreten der Verlängerung begangenen Taten gelten solle. Die Frage nach der Rechtsnatur der Verjährung konnte aber nicht offen bleiben, wenn die Frage zu beantworten war, ob die Verlängerung einer Verjährungsfrist auch die Verfolgung solcher Taten ermöglichte, bei denen die Verjährung nach dem früheren Recht bereits abgelaufen war, als die die Verjährung verlängernde Vorschrift in Kraft trat. Denn bei materiellrechtlicher Betrachtungsweise war dann der staatliche Strafanspruch bereits erloschen und konnte nach den Gesetzen der Rechtslogik nicht wieder aufleben. RGSt **76** 159 vertrat, dieser Frage gegenübergestellt, die Auffassung, bei der Verjährung handele es sich um ein rein verfahrensrechtliches Institut. Es begründe nur ein Verfahrenshindernis; sachlichrechtlich ändere der Zeitablauf nichts an der Schuld des Täters und seiner Strafbarkeit; werde die Vorschrift, die das Verfahrenshindernis begründet, nach der Tatbegehung beseitigt, so sei die Verfolgung der Tat von da ab ebenso zulässig, wie wenn ihr von Anfang an kein Hindernis entgegengestanden hätte. Damit war in der Rechtsprechung des Reichsgerichts der Übergang zur rein verfahrensrechtlichen Wertung der Verjährung vollzogen. Das Schrifttum folgte dem in weitem Umfang[175], ohne daß man indessen von einer herrschenden Meinung sprechen könnte.

b) Unter der Herrschaft des Art. 103 Abs. 2 GG stand die Frage der Rechtsnatur **82** der Verjährung unter dem Gesichtspunkt der Möglichkeit einer nachträglichen gesetzlichen Verjährungsfristverlängerung wiederholt im Brennpunkt der Erörterungen, und zwar mit unterschiedlichen Ergebnissen. Anlaß zu Erörterungen boten zunächst die nach Kriegsende von den Ländern erlassenen Vorschriften, wonach Taten, deren Verfolgung in den Jahren 1933 bis 1945 aus politischen Gründen unterblieben war, trotz inzwischen eingetretener Verjährung verfolgt werden konnten. Ihre Grundgesetzmäßigkeit wurde von BVerfGE **1** 418 bejaht. Da diesen Gesetzen der Gedanke eines partiellen Stillstands der Rechtspflege während der NS-Zeit zugrunde liegt, ergeben sich gegen ihre Gültigkeit auch bei (zugleich) materiellrechtlicher Bewertung der Verjährung keine Bedenken. Unabhängig davon schlossen sich aber BGHSt **2** 300, 305; **4** 382; NJW **1952** 271 der Auffassung von RGSt **76** 159 an und verneinten auch mit dem Hinweis auf den rein verfahrensrechtlichen Charakter der Verjährung einen Widerspruch mit Art. 103 Abs. 2 GG, wenn durch Gesetz rückwirkend die Verjährungsfrist verlängert wird. Spätere Entscheidungen des BGH befassen sich dagegen nicht mehr mit dieser Frage. BGHSt **11** 393, 395 besagt lediglich, wenn auch unter Hinweis auf BGHSt **2** 300, die Verjährung sei ein Verfahrenshindernis, läßt also offen, ob sie nur ein Verfahrenshindernis sei; BGHSt **18** 274, 277 (bei Prüfung der Frage, ob der Grundsatz in dubio pro reo auch für die Verjährung gilt) und BGHSt **21** 232, 237 lassen die Rechtsnatur der Verjährung offen, und BGHSt **21** 367 betr. die Bedeutung einer nachträglichen Verkürzung der Verjährungsfrist, gegen deren Vereinbarkeit mit Art. 103 Abs. 2 GG auch vom Standpunkt der materiellrechtlichen Lehre und der Lehre von der Doppelfunktion keine Bedenken bestehen, legt sich nicht auf eine der Lehren von der Rechtsnatur der Verjährung fest, sondern prüft die Bedeutung der Verkürzung an Hand der drei Theorien.

c) Dagegen setzte sich bei den **Erörterungen in der großen Strafrechtskommis- 83 sion** über die künftige Regelung der Verjährung[176] der Gedanke durch, daß die von der Rechtsprechung gezogene Konsequenz einer rein verfahrensrechtlichen Ausgestaltung,

---

[175] Vgl. z. B. *Eb. Schmidt* I 188; *Schönke/Schrö-der*[17] 3; LK-*Mösl*[9] 5, 6, je zu § 66 a. F StGB.

[176] Bd. 2 S. 329 ff der „Niederschriften" (1958).

abgelaufene Verjährungsfristen rückwirkend durch Gesetz verlängern zu können, zur Rechtsunsicherheit führe und mit rechtsstaatlichen Gründsätzen nicht zu vereinbaren sei, und daß es deshalb geboten sei, die Doppelnatur der Verjährung, die dem Prozeßrecht beläßt, was es billigerweise beanspruchen kann, durch Aufnahme der Verjährungsvorschriften in das Strafgesetzbuch und eine verdeutlichende Umschreibung der Verjährungswirkung klarzustellen. Dem entsprach der StGB-Entw. 1962 (vgl. dazu die amtl. Begr. S. 257 ff). Durch die Fassung des § 127 Abs. 1: „Durch Verjährung werden die Ahndung der Tat und die Anordnung von Maßnahmen ... ausgeschlossen" sollte ermöglicht werden, „die Verjährung als Einrichtung sowohl des sachlichen als auch des Verfahrensrechts zu deuten" (Begr. zu § 127).

84   **d) Frühere Erörterungen im Bundestag.** Die Erwägung, daß gesetzgeberische Maßnahmen, die durch Rückwirkung eine sonst nicht bestehende Bestrafungsmöglichkeit eröffnen, mit **rechtsstaatlichen Vorstellungen** unverträglich sind, auch wenn sie im Gewand „lediglich" verfahrensändernder Vorschriften auftreten, bestimmte auch im Jahre 1960, als bei einer Berechnung der Verjährungsfrist ab Kriegsende (8. 5. 1945) die Verjährung der in der NS-Zeit begangenen Totschlagsdelikte bevorstand, den Bundestag, sich Wünschen auf Verlängerung noch laufender Verjährungsfristen für die in der Zeit vor dem 8. 5. 1945 begangenen Straftaten zu versagen (*Arndt* NJW **1961** 15).

85   **e) Das Gesetz vom 13. 4. 1965.** Der Streit entbrannte aber im Jahre 1965 in voller Heftigkeit, als auch die Verjährung der in der NS-Zeit begangenen **Mordtaten** bevorstand. Jetzt wurde weithin in der öffentlichen Diskussion die Verlängerung der Verjährungsfrist gefordert, aber unter Ausschluß der Verlängerung („Wiedereröffnung") in den Fällen, in denen die Verjährung bereits eingetreten sei. Art. 103 Abs. 2 GG, so wurde etwa geltend gemacht, stehe einer Verlängerung nicht entgegen, da die Verjährung rein verfahrensrechtlichen Charakter trage und Art. 103 Abs. 2 GG das Vertrauen des Rechtsunterworfenen auf eine bestehende Rechtslage nur insoweit schützen wolle, als es schutzwürdig sei; das aber sei nur der Fall, soweit es sich um den Straftatbestand und die Höhe der angedrohten Strafe handele. Das Verbot der Wiedereröffnung der Verfolgbarkeit nach bereits eingetretener Verjährung aber ergebe sich aus dem allgemeinen Rechtsstaatsprinzip — nicht aus Art. 103 Abs. 2, der diese Frage nicht betreffe. Der aus dem rechtsstaatlichen Prinzip der Rechtssicherheit abgeleitete Vertrauensgrundsatz verbiete, den, der bereits den Besitzstand der Nichtverfolgbarkeit erlangt habe, in seinem Vertrauen zu enttäuschen. Abweichende Auffassungen gingen von einem anderen Verständnis des Rückwirkungsverbots aus, nämlich dem der auch in zeitlicher Hinsicht objektiven Begrenzung der Strafgewalt des Staates, die nicht nachträglich erweitert werden könne. Das im Widerstreit der Meinungen zustande gekommene Gesetz über die Berechnung strafrechtlicher Verjährungsvorschriften vom 13. 4. 1965 (BGBl. I 315) sollte die Weiterfolgung von NS-Mordtaten bis zum 31. 12. 1969 ermöglichen, soweit sie nicht bei Inkrafttreten des Gesetzes bereits verjährt waren. Um das Ziel zu erreichen, wurde indessen nicht der Weg einer förmlichen Verlängerung der Verjährungsfrist gewählt, sondern im Gesetz ausgesprochen, es bleibe bei der Berechnung der Verjährungsfrist die Zeit vom 8. 5. 1945 bis zum 31. 12. 1949 außer Betracht; in dieser Zeit habe die Verfolgungsverjährung geruht.

86   Dem anschließenden **Streit um die Verfassungsmäßigkeit** des Gesetzes bereitete BVerfGE **25** 269 = NJW **1969** 1059 ein Ende, das seine Grundgesetzmäßigkeit bejahte. Zwar habe, so wird in der (nicht einstimmig, sondern nur mit Stimmenmehrheit gefaßten) Entscheidung ausgeführt, die Verfolgung nicht i. S. des § 69 a. F StGB „geruht", denn eine Verfolgung dieser Taten sei in der Zeit vom 8. 5. 1945 bis 31. 12. 1949 möglich gewesen. Im Ergebnis stelle sich daher die Feststellung des Ruhens als eine Verlängerung der Verjährungsfristen dar. Diese sei aber nicht grundgesetzwidrig, da Art. 103 Abs. 2 GG nur die rückwirkende Strafbegründung und rückwirkende Strafverschärfung verbiete; eine Verlängerung oder Aufhebung von Verjährungsfristen falle aus dem Geltungsbereich des Art. 103 Abs. 2 GG heraus, da solche Vorschriften nur die Verfolgbarkeit beträfen, die Strafbarkeit aber unberührt ließen. Die Verlängerung stehe auch nicht im Widerspruch mit dem Rechtsstaatsprinzip und dem ihm immanenten Postulat der Rechtssicherheit, die für den Bürger in erster Linie Vertrauensschutz bedeute. Denn zur Rechtsstaatlichkeit gehöre nicht nur die Rechtssicherheit, sondern auch die materielle Gerechtigkeit, und bei einem Widerstreit dieser Prinzipien sei es Aufgabe des Gesetzgebers, sich für die eine oder andere Seite zu entscheiden; geschehe dies ohne Willkür, so könne die gesetzgeberische Entscheidung aus Verfassungsgründen nicht beanstandet werden. Insbesondere könne sich der Bürger nicht auf den Vertrauensschutz berufen, wenn sein Vertrauen auf den Fortbestand einer gesetzlichen Regelung eine Berücksichtigung durch den Gesetzgeber billigerweise nicht beanspruchen könne. Das aber sei hier der Fall, da die Verlängerung der (noch nicht abgelaufenen) Verjährungsfristen für die Verfolgung von Verbrechen, die mit lebenslanger Freiheitsstrafe bedroht sind, keinen verfassungsrechtlich relevanten Vertrauensschaden zur Folge habe; die Hoffnung des Täters, bis zum Ablauf der regulären Verjährungsfrist unverfolgt zu bleiben, sei bei der Schwere der in Frage stehenden Taten so wenig schutzbedürftig wie etwa die bei Tatbegehung gehegte Erwartung eines Mörders, die Spuren seines Verbrechens zu verwischen und dadurch der angedrohten Strafe entgehen zu können. Ebenso werde der gleichfalls vom Rechtsstaatsgedanken umfaßte Grundsatz der Verhältnismäßigkeit durch die Verlängerung nicht verletzt; angesichts der gesetzgeberischen Bewertung des Mordes und der Höhe der angedrohten Strafe liege in der Verlängerung der Verjährungsfristen keine übermäßige Ausweitung der staatlichen Strafgewalt. Endlich sei auch der Gleichheitssatz (Art. 3 Abs. 1 GG) nicht verletzt, denn die Verlängerung oder Aufhebung der Verjährungsfrist bei den mit lebenslanger Freiheitsstrafe bedrohten Verbrechen sei sachlich vertretbar und widerspreche nicht dem Sinn und Zweck der Verjährung.

f) Die Gesetze vom 4. 8. 1969 und 16. 7. 1979. Mit dieser Entscheidung war der **87** Boden bereitet für weitere gesetzgeberische Maßnahmen hinsichtlich der Verjährungsverlängerung, als sich im Jahre 1969 herausstellte, daß die durch das Gesetz vom 13. 4. 1965 durchgeführte Verjährungsfristverlängerung bis zum 31. 12. 1969 nicht ausreichte. Die Verlängerung erfolgte nunmehr in allgemeiner Form durch das 9. StrÄG vom 4. 8. 1969, das bei schweren Straftaten neue Verjährungsfristen einführte und Völkermord (§ 220 a) für unverjährbar erklärte (§§ 66 Abs. 2, 67 Abs. 1, 2 a. F.). Ein entsprechender Vorgang wiederholte sich, als im Jahre 1979 die noch nicht abgeurteilten nationalsozialistischen Mordtaten abermals zu verjähren drohten, indem nunmehr durch das 16. StrÄG vom 16. 7. 1979 neben Völkermord auch der Mord (§ 211 ff) — und zwar allgemein — für unverjährbar erklärt wurde. Aus dem Umstand, daß dieses Gesetz sowohl im parlamentarischen Bereich wie auch im Schrifttum[177] stark umkämpft war, erklären sich die Versuche, den Anwendungsbereich des § 78 Abs. 2 hinsichtlich der Beihilfe zum Mord einzuschränken[178]. Auch diese Verlängerungen bewirkten nicht die Wiedereröffnung der Verfolgbarkeit, wenn bei ihrem Inkrafttreten bereits Verjährung eingetreten war[179].

---

[177] Nachw. z. B. bei *Dreher/Tröndle*[43] § 1, 11 b.
[178] LG Hamburg NStZ **1981** 74 mit Anm. *Schünemann* und *Triffterer* NJW **1980** 2049; gegen diese Versuche z. B. LK-*Jähnke* § 78, 6.

[179] Art. 2 des 16. StrÄG; LK-*Jähnke* Vor § 78, 11; § 78, 6.

Karl Schäfer

88   **3. Die Rechtsnatur der Verjährung nach geltendem Recht.** Der Streit um die Rechtsnatur der Verjährung besteht auch jetzt noch weiter. Er ist insbesondere durch die seit dem 1.1. 1975 geltenden neuen Verjährungsvorschriften (§§ 78 ff StGB) nicht berührt worden. Bei den parlamentarischen Erörterungen dieser Vorschriften im BT-Sonderaussch. wurde die Frage der Rechtsnatur offen gelassen[180]. Die Fassung des § 78 Abs. 1 („Die Verjährung schließt die Ahndung der Tat und die Anordnung von Maßnahmen ... aus") entspricht sachlich dem Fassungsvorschlag des § 127 StGB-Entw. 1962 (oben Rdn. 83), der der Qualifizierung der Verjährung als gemischtes Institut Raum lassen sollte. Nach wie vor besteht gegen die allein auf dem Gedanken der Beweisschrumpfung beruhende rein prozessuale Wertung der Verjährung der Einwand, daß sie gewisse Abstufungen der Verjährungsfrist (vgl. insbes. § 78 Abs. 3 Nr. 1, 2) und die Unverjährbarkeit des Völkermords und des Mordes (§ 78 Abs. 2) dogmatisch nicht zu erklären vermag. Auch die Lehre von der Natur der Verjährung als Verfolgungsverzicht (oben Rdn. 78 Fußn. 169) vermag keine überzeugende („immer") Erklärung dafür zu bieten, warum — wenn etwa die Verjährung am 21.3. eingetreten ist — der Rechtsfrieden am 20.3. noch gestört ist, am 21.3. aber nicht mehr. Es läßt sich daher mit gleich gutem oder gar noch besserem Grund als bisher vertreten, daß dem Gesetz die gemischte Theorie entspricht[181]. Auch der Gesetzgeber hat, sieht man von den durch die Besonderheit der Umstände begründeten Regelungen durch die Gesetze vom 4.8. 1969 und 16.7. 1979 ab, bei Neuregelung von Verjährungsvorschriften, die mit einer Verlängerung der Verjährungsfrist verbunden sind, Übergangsvorschriften erlassen, die auf ein Rückwirkungsverbot hinauslaufen und damit — auch wenn dafür nur „Billigkeitsgründe" angeführt werden — den Folgerungen Rechnung tragen, die sich aus der Lehre von der Doppelnatur der Verjährung ergeben. So bestimmte aus Anlaß der Neuregelung des Rechts der Ordnungswidrigkeiten durch das OWiG vom 24.5. 1968 der Art. 155 Abs. 2 EGOWiG, daß die Vorschriften des neuen Rechts über die Verfolgungsverjährung (§§ 27 ff a. F.) auch für die vor dem Inkrafttreten des Gesetzes begangenen Taten gelten, jedoch die Verjährungsfristen des bisherigen Rechts maßgebend sind, wenn sie kürzer sind als die des neuen Rechts. Und die gleiche Regelung aus Anlaß des Inkrafttretens neuer Verjährungsvorschriften für Straftaten (§§ 78 ff StGB) und Ordnungswidrigkeiten (§§ 31 ff OWiG in der Fassung vom 2.1. 1975, BGBl. I 81) am 1.1. 1975 sah Art. 309 EGStGB vor. S. wegen einer allgemein geltenden Übergangslösung auch § 78 c Abs. 5 StGB.

89   **4. Wirkung der Verjährung.** Wie bereits ausgeführt, führt auch die Auffassung der Verjährung als eines gemischt materiell- und verfahrensrechtlichen Instituts dazu, daß im Verfahren die prozessuale Wirkung als Verfahrenshindernis voll zum Ausdruck kommt. Auf die Verjährung ist also in jeder Lage des Verfahrens von Amts wegen zu achten. Die Feststellung erfolgt, auch in der Revisionsinstanz, mit den Mitteln des Freibeweises. Zu der Frage, ob das Revisionsgericht an die tatsächlichen Feststellungen der Vorinstanz gebunden ist, die sich auf den Zeitpunkt der Tatbegehung beziehen, vgl. Kap. 11 26 ff. Beschränkt sich eine Revision auf die Rüge unrichtiger Anwendung der Verjährungsvorschriften, so führt dies ohne weiteres auch zur Nachprüfung der sachlichrechtlichen Würdigung des Sachverhalts, da die Frage, ob die Tat verjährt ist, sich gemäß § 78 Abs. 3 StGB danach richtet, mit welcher Strafe die Tat bedroht ist und diese Frage sich erst bei rechtlich zutreffender Einordnung der Tat beantworten läßt (BGHSt

---

[180] Ausschußbericht BT-Drucks. **V** 4095 S. 43, Prot. **V** 2069 ff, 2125.

[181] Ebenso *Dreher/Tröndle*[43] § 1, 11 b; s. auch *Jakobs* Strafrecht, AT 4 9 mit Nachw. in Fußn. 20; *Otto* Grundkurs Strafrecht[2] 19.

2 385). Kommen für eine Einstellung sowohl Verjährung wie Niederschlagung in Betracht, so hat die Verjährung den Vorrang[182]. Bei Teilanfechtung, z. B. bei Beschränkung des Rechtsmittels auf den Strafausspruch oder auf eine Nebenstrafe oder Nebenfolge erfaßt auch hier (Kap. 11 14) das Verfahrenshindernis den gesamten Urteilsausspruch. Bei Beschränkung der Anfechtung auf eine von mehreren selbständigen Taten ist, wenn das angefochtene Urteil auf eine Gesamtstrafe lautet, das Verfahren auch wegen der nicht angefochtenen Einzeltaten einzustellen, wenn die unter Übersehung der Verjährung erkannten Einzelstrafen in die Gesamtstrafe einbezogen sind (BGHSt 8 269). Voraussetzung für die Berücksichtigung ist aber eine fristgerechte Anfechtung (Kap. 11 17 ff).

VIII. Umstrittene Fälle

1. Überlange Verfahrensdauer. Auch wenn es in der Strafprozeßordnung nicht **90** ausdrücklich als Grundsatz ausgesprochen ist, hat nach durchaus herrschender Meinung der Beschuldigte ein Recht darauf, daß das Verfahren in angemessener Frist durchgeführt und er ohne vermeidbare Verzögerung abgeurteilt oder aus dem Verfahren entlassen wird; das ergibt sich aus Art. 6 Abs. I MRK[183] in Verb. mit zahlreichen, z. T. bis in die jüngste Zeit (StVÄG 1987) geschaffenen oder geänderten Einzelvorschriften der StPO, die, wie insbes. § 121 (Sechsmonatsgrenze der Untersuchungshaft) eine Beschleunigung des Verfahrens bezwecken. Es ist indessen eine vielbeklagte Erfahrungstatsache, daß sich häufig Strafverfahren aus den verschiedensten Gründen übermäßig in die Länge ziehen, zum Schaden der Wahrheitsfindung, des Vertrauens der Öffentlichkeit in die Funktionstüchtigkeit der Strafrechtspflege, aber auch, soweit er nicht selbst auf eine Verschleppung des Verfahrens hinarbeitet, zum Schaden des Beschuldigten durch schwere wirtschaftliche und psychische Belastung und nachteilige Auswirkungen auf seine Resozialisierung. Eine Beschleunigung des Strafverfahrens herbeizuführen war schon, wie oben Kap. 5 24 dargestellt, das Ziel des 1. StVRG. Aber allen gesetzgeberischen Beschleunigungsbemühungen sind Grenzen gesetzt, solange einer seit geraumer Zeit andauernden deutlich erkennbaren Zunahme des Geschäftsanfalls in Strafsachen aus Haushaltsmittelgründen keine entsprechende Vermehrung des zur Bewältigung erforderlichen Personals gegenüberstehen kann und die vielzitierte „Personen-Knappheit" fortbesteht.

Keine geeignete Lösung bedeutet daher der vereinzelt in der Rechtsprechung[184] **91** und im Schrifttum[185] unternommene Versuch, aus Art. 6 Abs. 1 MRK oder aus dem Gesichtspunkt einer Verwirkung des staatlichen Strafanspruchs ein **Verfahrenshindernis der überlangen Verfahrensdauer** herzuleiten, das der Fortsetzung eines bereits unverhältnismäßig langandauernden Verfahrens entgegenstehe. Das scheitert einmal an der Verkennung des Begriffs des Verfahrenshindernisses, der (Kap. 11 7) durch die Anknüpfung an bestimmte Tatsachen charakterisiert ist, im übrigen auch daran, daß das Gesetz an eine Verletzung des Beschleunigungsgebots gerade keine verfahrensrechtliche Sank-

---

[182] RGSt **53** 276; BGH NJW **1958** 1451; Kap. 11 37.

[183] Vgl. aus dem Schrifttum u. a. *Ulsamer* Art. 6 MRK und die Dauer von Strafverfahren, FS Faller (1984); *Kramer* Die europäische Menschenrechtskonvention und die angemessene Dauer von Strafverfahren und Untersuchungshaft, Diss. Tübingen 1973.

[184] LG Frankfurt JZ **1971** 234; LG Krefeld JZ **1971** 733; OLG Koblenz NJW **1972** 404; LG Flensburg MDR **1979** 76.

[185] Vgl. *Schwenk* ZStW **79** (1967) 721, 736; *Bruns* im Referat beim 50. DJZ 1974 (Sitzungsbericht K 82); *Hillenkamp* JR **1975** 133; weit. Nachw. bei LR-*Rieß* § 206 a Rdn. 56 Fußn. 155.

tion knüpft. Und das aus guten Gründen, weil es bei der Verschiedenheit der eine Verfahrensverzögerung verursachenden Gründe keinen zuverlässigen Maßstab zur Beurteilung gibt, wann es aus Gründen der Rechtsstaatlichkeit geboten sein könnte, einem lang andauernden Verfahren ein Ende zu bereiten.

92   Es ist nämlich zu erwägen: Auf die lange **Dauer** des Verfahrens **allein** kann es auch dann **nicht** ankommen, wenn sie nicht auf das Verhalten des Beschuldigten zurückzuführen ist. Wenn das Gericht das Äußerste tut, um der Wahrheitserforschungspflicht (§ 244 Abs. 2) zu genügen, wenn es sich etwa um die Ermittlung schwer auffindbarer Zeugen bemüht, die Wiedergesundung eines lange schwer erkrankten wichtigen Zeugen abwartet usw., kann die dadurch verursachte lange Verfahrensdauer unmöglich einen Grund zum Abbruch des Verfahrens bilden. Es müßten also, wenn man den Gedanken einer Verwirkung des Strafanspruchs in Erwägung zieht, schon verschuldete schwere Versäumnisse der Strafjustizbehörden vorliegen, die es als „illoyal" erscheinen lassen, daß der verfolgende Staat nicht dem Beschuldigten die unzumutbare Last des Verfahrensdruckes abnimmt. Aber wie sollte die Grenze sinnvoll gezogen werden? Sollte es etwa — um nur ein Beispiel zu nennen — schon genügen, wenn nicht nur das erste Urteil der Strafkammer in einem Großverfahren von sehr langer Dauer, sondern nach Aufhebung und Zurückverweisung durch die Revisionsinstanz auch ein zweites und drittes Urteil das gleiche Schicksal erleiden und sich jeweils wieder ein langes Verfahren im ersten Rechtszug anschließt? Erkennbar entspricht hier die Bejahung nicht den Absichten des Gesetzes, denn es gehört zu dem durch die Straftat ausgelösten Risiko des Angeklagten, daß nicht schon alsbald und nicht schon im ersten Rechtszug die „richtige", d. h. die endgültige Entscheidung getroffen wird[186]. Mit Recht lehnt deshalb im Ergebnis die in Rechtsprechung und Schrifttum ganz überwiegend vertretene Auffassung ein Verfahrenshindernis der überlangen Verfahrensdauer ab[187]. Eine übermäßige Länge des Strafverfahrens wird generell dadurch ausgeschlossen, daß nach § 78 c Abs. 3 StGB mit dem Ablauf des Doppelten der gesetzlichen Verjährungsfrist das Verfahrenshindernis der Verjährung eintritt. Das gilt aber gerade nicht, wenn vor Ablauf der Verjährungsfrist ein Urteil des ersten Rechtszuges ergangen ist (§ 78 c Abs. 3 Satz 3 in Verb. mit § 78 b Abs. 3 StGB); es käme also auf eine Unterlaufung dieser Vorschrift hinaus, wenn an die Stelle der ausgeschlossenen Verjährung als Verfahrenshindernis die überlange Dauer des Verfahrens fungieren könnte.

93   Um **Härten** zu vermeiden, bleiben gewisse Möglichkeiten, eine deutlich dem Beschleunigungsgebot zuwiderlaufende Verfahrensverzögerung, die nicht auf das Verhalten des Angeklagten zurückzuführen ist, auszugleichen. Kommt es zu einer Verurteilung, so kann eine ungewöhnliche Verzögerung bei der Strafzumessung angemessen berücksichtigt werden[188], und es darf dann eine Milderung nicht mit der Begründung abgelehnt werden, daß der Angeklagte durch Leugnen der Tat eine langandauernde weitere Beweiserhebung erforderlich gemacht habe[189]. Dem Gedanken der Verjährung ähnlich kann ein ungewöhnlich langer Zeitablauf das öffentliche Interesse an der Straf-

[186] LR-*Schäfer*[23] § 473, 31.

[187] BGHSt **21** 81 = NJW **1966** 2023; BGHSt **24** 239 = NJW **1972** 402; BGHSt **27** 274 = JR **1978** 246 mit krit. Anm. *Peters;* BGH NStZ **1982** 291 mit Angabe weiterer unveröffentlichter Entscheidungen aller Strafsenate des BGH; NStZ **1983** 135 und BGH vom 6. 5. 1986 bei *Pfeiffer/Miebach* NStZ **1987** 19; s. auch BVerfG NJW **1984** 967; *Jescheck* JZ

1970 204; *Hanack* JZ **1971** 705; *Roxin*[19] § 16 B; *Kleinknecht/Meyer*[37] Art. 6 MRK, 8; KMR-*Sax* Einl. **IX** 8; *Schlüchter* 388; *Kloepfer* JZ **1979** 215 Fußn. 53; weit. Nachw. in BGH NStZ **1982** 292.

[188] BGHSt **24** 239; **27** 274; NJW **1978** 503; NStZ **1982** 292; **1983** 135; NJW **1986** 1754.

[189] BGH vom 26. 1. 1983 – 3 StR 573/82 bei *Pfeiffer/Miebach* NStZ **1984** 18.

verfolgung zurücktreten lassen und eine Einstellung nach § 153 oder 153 a ermöglichen. Auf eine Verwarnung mit Strafvorbehalt (§ 59 StGB) darf freilich nur erkannt werden, wenn deren Voraussetzungen auch erfüllt sind (BGHSt **27** 274). Letztlich bleibt die Möglichkeit eines Gnadenerweises.

2. Unzulässige Tatprovokation polizeilicher Lockspitzel[190]
a) Zur Entwicklung der Rechtsprechung. Wie bei LR-*Rieß* § 206 a 57, 57 a darge- **94** stellt, hatte der 2. StS des BGH in der Entscheidung NJW **1981** 1626[191] die Auffassung vertreten, daß auch der polizeiliche Einsatz eines Lockspitzels (agent provocateur), der den Täter durch *erhebliche* Einwirkung zur Tat veranlaßt hat, ein Verfahrenshindernis bilden könne; ein Teil der Instanzgerichte und des Schrifttums folgten dieser Auffassung. Nachdem aber schon der 5. StS dagegen Bedenken geäußert hatte (StrVert. **1984** 58), lehnte der 1. StS sie in der ausführlich begründeten Entscheidung BGHSt **32** 345 = NJW **1984** 2300 ab; wegen der Begründung dieser Entscheidung und der seit BGH NJW **1981** 1626 zu dem Fragenbereich erwachsenen Rechtsprechung und Literatur ist auf die Nachweise bei LR-*Rieß* aaO zu verweisen. Hier ist nur die weitere Entwicklung in chronologischer Reihenfolge darzustellen.

BVerfG NJW **1985** 1767[192] hatte den Fall zum Gegenstand, daß ein Polizeibeam- **94a** ter in Zivil im Sperrgebiet eine nach ihrem Verhalten der Ausübung der verbotenen Prostitution verdächtige Frau frug, ob sie mit ihm schlafen wolle. Das BVerG ließ — unter Hinweis auf die kritischen Bedenken in BGHSt **32** 345 = NJW **1984** 2300 gegen die Annahme eines Verfahrenshindernisses — die Frage offen, welche Folgen das provozierende Handeln des polizeilichen Lockspitzels im Strafverfahren gegen den Provozierten zeitige, wenn jener die Grenzen des von Rechtsstaats wegen Hinnehmbaren überschritten habe und befaßte sich nur mit der aus dem Rechtsstaatsprinzip sich ergebenden verfassungsrechtlichen Seite des Problems: „Bei der Weite und Unbestimmtheit des Rechtsstaatsprinzips lassen sich im Einzelfall Folgerungen aus ihm nur ziehen, wenn sich unter Beachtung aller Umstände des Einzelfalls, insbes. der im Rechtsstaatsprinzip angelegten Gegenläufigkeiten **eindeutig** ergibt, daß es fundamentale Elemente des Rechtsstaats zu wahren gilt (BVerfGE **57** 250, 276, 283 = NJW **1981** 1719)." Bei der Bewertung verdeckter polizeilicher Tätigkeit bestehe ein Spannungsfeld zwischen den gebotenen Bedürfnissen einer wirksamen Strafrechtspflege zur Durchsetzung materialer Gerechtigkeit und des Rechtsgüterschutzes[193] auf der einen Seite und auf der anderen der Achtung der menschlichen Persönlichkeit und ihrer Würde als höchster Rechtswerte, die es verbietet, den Verdächtigen zum bloßen Objekt des Handelns der Strafverfolgungsbehörden zu stempeln. Dieses Spannungsfeld werde[194] in dem zur Entscheidung stehenden Fall nicht berührt, weil nur eine geringe Einwirkung auf die Befragte vorliege, die deren Willensentscheidungs- und Willensbetätigungsfreiheit unberührt lasse.

In BGH NStZ **1985** 361 (vom 20. 3. 1985) sah der 2. StS keine Veranlassung, zu **94b** der „von den Strafsenaten des BGH unterschiedlich beurteilten Frage" Stellung zu nehmen, ob eine Überschreitung der Grenzen zulässigen Lockspitzeleinsatzes zu einem

---

[190] Vgl. aus dem Schrifttum u. a. *Berz* JuS **1982** 416; *Bruns* NStZ **1983** 49; *Franzheim* NJW **1979** 2014; *Herzog* NStZ **1985** 153; *Körner* NStZ **1981** 18; *Schlüchter* 388.1, 2.
[191] = NStZ **1981** 70 = StrVert. **1981** 392 mit Anm. *Macke*.

[192] = StrVert. **1985** 178 mit Anm. *Lüderssen* = NStZ **1985** 131.
[193] BVerfGE **44** 153, 374 = NJW **1977** 1489 mit weit. Nachw.
[194] Anders als in den Fällen BGH GA **1975** 333; StrVert. **1984** 1761; **1981** 278; NJW **1984** 2300; StrVert. **1984** 406 und 407.

Verfahrenshindernis führen könne oder nicht. Er faßte dabei die in der Rechtsprechung des 2. StS entwickelten Grundsätze dahin zusammen: für die Annahme eines Verfahrenshindernisses sei maßgebend, ob das provozierende Verhalten des polizeilichen Lockspitzels ein derartiges Gewicht erlangt habe, daß der eigene Beitrag des Täters demgegenüber in den Hintergrund trete; er präzisierte die dabei in Betracht kommenden wesentlichen Beurteilungskriterien. In dem zu entscheidenden Fall wurde ein Verfahrenshindernis verneint, weil die Einwirkung des Lockspitzels nicht beträchtlich gewesen sei. Auch in der vorangegangenen Entscheidung des 2. StS NStZ **1985** 361 (vom 1. 2. 1985 betr. Tatprovokation von polizeilichen V-Leuten zur Lieferung von Drogen aus dem Ausland in die Bundesrepublik) war die Annahme eines Verfolgungsverbots mit der Begründung abgelehnt worden, daß angesichts seines eigenen Tatbeitrags des Täters (bereits vorhandene tiefe Verstrickung in das Drogengeschäft) die festgestellte Intensität der Einwirkung das zulässige Maß nicht überstiegen habe.

94c   Die Meinungsverschiedenheiten zwischen dem 1. und 2. StS über die Bedeutung unzulässiger Einwirkungen des Lockspitzels als Verfahrenshindernis erledigten sich schließlich auf folgende Weise: Der 2. StS gab (Beschluß v. 4. 6. 1985, StrVert. **1985** 309) seine Auffassung, daß eine solche Einwirkung zu einem Verfahrenshindernis führen könne, auf und schloß sich der eine solche Wirkung verneinenden Rechtsprechung des 1. StS in BGHSt **32** 345 an, rief aber zur Fortbildung des Rechts (§ 137 GVG) die Entscheidung des Großen Senats an, dabei im Vorlegebeschluß die Abkehr von seiner bisherigen Rechtsprechung hervorhebend. Der Große Senat (BGHSt **33** 356) verneinte aber die Voraussetzungen einer Entscheidung nach § 137 GVG und bemerkte gleichzeitig, daß in der Rechtsprechung des BGH derzeit die Auffassung nicht mehr vertreten werde, die unzulässige Einflußnahme eines verdeckt eingesetzten Polizeibeamten oder eines V-Mannes könne ein Verfahrenshindernis begründen, nachdem der 2. StS sie auch im Vorlagebeschluß abgelehnt habe. In der nach dieser Entscheidung des Großen Strafsenats ergangenen nächsten Entscheidung des 2. StS[195] vertritt dieser nunmehr die Auffassung, daß die Einwirkung eines polizeilichen Lockspitzels auf den Täter grundsätzlich nur **bei der Strafzumessung** und dort vor allem auch bei der Entscheidung **über den anzuwendenden Strafrahmen** nach den gleichen Grundsätzen wie bei der überlangen Verfahrensdauer zu würdigen ist; darauf ist hier nicht weiter einzugehen[196].

95   b) **Folgerung.** Mit der dargestellten Entwicklung erscheint jedenfalls für die Praxis das Problem der Würdigung der übermäßigen Tatprovokation durch den polizeilichen Lockspitzel durch die Verlagerung auf die Schuldfeststellung und Strafzumessung als erledigt. Diese Lösung verdient aber auch unter anderen Gesichtspunkten den Vorzug vor der die Annahme eines Verfahrenshindernisses implizierenden Lehre von der Verwirkung des staatlichen Strafanspruchs. Wenn es nämlich nach dieser darauf ankommt, ob das tatprovozierende Verhalten des Lockspitzels in seinem Gewicht den Beitrag des Täters deutlich überwiegt, so ist dies eine Frage lediglich wertender Beurteilung (dazu oben Kap. 11 7), und damit erheben sich gegen die Bewertung des Lockspit-

---

[195] BGH NJW **1986** 1764 = JZ **1986** 453 = NstZ **1986** 162 vom 8. 11. 1985. Vgl. dazu auch BVerfG NStZ **1987** 276 (vom 10. 3. 1987). wo unter Verweisung auf BGHSt. **33** 356 ausgeführt wird, es könne „dahinstehen, ob die Mitwirkung eines polizeilichen Lockspitzels bei der Überführung eines Straftäters überhaupt geeignet sein kann, die Durchset-

zung des staatlichen Strafanspruchs gegen den Betr. zu hindern . . . Selbst wenn man dies im Grundsatz für möglich erachten sollte, könnte ein derartiges Verbot nur in besonders gelagerten Ausnahmefällen aus dem Rechtsstaatprinzip hergeleitet werden . . .“

[196] Vgl. dazu auch *Puppe* Verführung als Sonderopfer NStZ **1986** 404.

zeleinsatzes als Verfahrenshindernis, weil es an einem eindeutigen Beurteilungsmaßstab fehlt (oben Rdn. 92), die gleichen Bedenken wie gegen die Anerkennung der übermäßig langen Dauer des Verfahrens als Verfahrenshindernis. Fällt aber die Theorie der Verwirkung des staatlichen Strafanspruchs, so erledigt sich wohl auch die als deren Minus vorgeschlagene Annahme eines Beweiswertungsverbots[197].

3. Herbeiführung der Verurteilung „um jeden Preis". Im Falle BGH NJW **1985** **96** 2838[198] hatte die Strafkammer[199] in dem Versuch der Polizeibeamten, „um jeden Preis" eine Verurteilung des Angeklagten herbeizuführen, ein Verfahrenshindernis gesehen, weil der Grundsatz des fairen Verfahrens in massiver Weise verletzt worden sei, so daß „ein rechtsstaatliches Verfahren nicht mehr möglich erscheint", hatte das Verfahren aber nicht nur eingestellt, sondern den Angeklagten freigesprochen. Demgegenüber wies der BGH aaO „in Übereinstimmung mit den in BGHSt **32** 345 = NJW **1984** 2300 herausgearbeiteten Richtlinien" darauf hin, es könne nicht aus dem Vorgehen der Polizeibeamten bei ihrer Aufklärungs- und Verfolgungstätigkeit oder aus ihrem Verhalten bei Gericht ein Verfahrenshindernis hergeleitet werden. Eine so weitgehende Folgerung sei dem geltenden Recht fremd, denn sie laufe darauf hinaus, Nachlässigkeiten, Mißgriffe oder schwerere Verfehlungen einzelner Bediensteter auf den Staat als solchen zu übertragen, ihn dem rechtswidrig handelnden Organ mit der Folge gleichzusetzen, daß er seinen Strafanspruch verliere. Dabei bleibe aber unberücksichtigt, daß das dem Staat übertragene Recht zur Strafverfolgung kraft des Legalitätsprinzips unlösbar mit seiner Pflicht zur Verfolgung verbunden sei und es insoweit um Schutz- und Friedensrechte aller und um die Pflicht des Staates, sie zu sichern, gehe. Der Staat könne daher — außerhalb der Gesetze — nicht auf die Wahrnehmung seiner Verfolgungsrechte und -pflichten verzichten, noch könnten diese durch rechtswidrige Handlungen seiner Organe bei der Strafverfolgung „verwirkt" werden. „Als Mittel der Disziplinierung ist der Verlust des Strafanspruchs weder zulässig noch geeignet." Insoweit seien, wenn die Ermittlungsbeamten ihr Ziel einer Verurteilung „um jeden Preis" durch strafbare Handlungen angestrebt haben sollten, gegen sie die einschlägigen Strafvorschriften anzuwenden. Auch der Gesichtspunkt der „Fairness des Strafverfahrens" spiele hier keine Rolle. Versuche am Ausgang eines Strafprozesses interessierter Personen, das Verfahren in unlauterer Weise zu beeinflussen, seien auch sonst nicht ganz ungewöhnlich. Auf Verwirrung angelegtes Prozeßverhalten, Falschaussagen und Rückgriffe auf verfälschte Beweismittel machten das gerichtliche Verfahren als solches noch nicht „unfair". Vielmehr müsse das Gericht, auch wenn es Ermittlungsbeamte solcher Machenschaften verdächtige, den Prozeß unter Beachtung seiner Aufklärungspflicht weiterführen, bis es — ggf. mit „in dubio pro reo" — zu einem sachlichen Ergebnis gelange, denn das Gericht habe nicht die Wahl, je nach Beweislage ein Verfahren schon abzubrechen oder noch weiterzuführen. „Schwierigkeiten und Unübersichtlichkeit des Verfahrens, die bisweilen an seiner Durchführbarkeit zweifeln lassen mögen, geben hier wie auch sonst kein Verfahrenshindernis ab" (BGH NStZ **1985** 230). Dieser Auffassung ist lediglich zuzustimmen.

4. Verschaffung der Kenntnis vom Verteidigungskonzept. Der vorstehend **97** (Rdn. 96) entwickelte Gesichtspunkt schließt es auch aus, ein Verfahrenshindernis darin

---

[197] Vgl. nach dieser Richtung *Lüderssen* FS Peters 349; KMR-*Sax* Einl. **IX** 8; a. M *Schroeder* JR **1983** 359.

[198] = JZ **1985** = NStZ **1985** 519 = StrVert. **1985** 399 mit Anm. *Becker*.
[199] LG Hannover StrVert. **1985** 94.

zu sehen, daß sich die Staatsanwaltschaft durch unberechtigte Beschlagnahme der Handakten des Verteidigers Kenntnis von dessen „Verteidigungskonzept" verschafft[200].

98 **5. Öffentliche Vorverurteilung.** Im Anschluß an einen Prüfungsauftrag des BT vom Mai 1984[201] ist die Frage diskutiert worden, ob eine „öffentliche Vorverurteilung" im Sinne einer massiven Beeinflussung der Entscheidung namentlich durch Einflußnahme der Medien durch ihre Berichterstattung aus dem Gedanken des „fair trial" heraus ein Verfahrenshindernis begründen könne. Die BReg hat in einem ausführlichen Bericht zu diesem Thema[202] das Bedürfnis nach einer gesetzlichen Regelung verneint und die Auffassung vertreten, daß die Qualifikation von Extremfällen öffentlicher Vorverurteilung als Verfahrenshindernis der weiteren Entwicklung der Rechtsprechung zum Institut der Verfahrenshindernisse überlassen bleiben müsse[203]. Nach der hier vertretenen Abgrenzung der Verfahrenshindernisse (Kap. 11 7), die wechselnde Umstände ausschließt, die lediglich Gegenstand wertender Beurteilung sind, kommt die Annahme eines Verfahrenshindernisses nicht in Betracht[204].

98a **6. Verletzung fremder Hoheitsrechte bei Festnahme.** Ein Verfahrenshindernis besteht auch nicht (oder ebenfalls nur in extrem gelagerten Fällen), wenn ein im Ausland sich aufhaltender Beschuldigter dadurch der inländischen Gerichtsbarkeit zur Durchführung eines Strafverfahrens zur Verfügung steht, daß er gegen seinen Willen ins Inland verbracht („entführt") wird. Bedeutungslos ist dabei, ob die ausländischen Behörden zur Auslieferung verpflichtet gewesen wären, da keine allgemeine völkerrechtliche Regel besteht, die der Durchführung des Strafverfahrens gegen den unter Verletzung fremder Gerichtsbarkeit ins Inland Verbrachten hindernd entgegenstünde[205].

IX. Eigenschaften und Beziehungen der Beteiligten

99 **1. Lebensalter des Beschuldigten.** Die Vorschriften in §§ 50 ff ZPO über die Parteifähigkeit und Prozeßfähigkeit finden im Strafverfahren auf den Beschuldigten keine Anwendung. Die strafrechtliche Verantwortlichkeit ist untrennbar vom Beschuldigten; eine Vertretung ist hierin ausgeschlossen; der Beschuldigte muß seine Rechte grundsätzlich selbst wahrnehmen[206]. § 19 StGB, der an die Stelle des früheren § 1 Abs. 3 JGG getreten ist, schließt aber, indem er durch Ausspruch der Schuldunfähigkeit für das

---

[200] BGH NJW **1984** 1903 = NStZ **1984** 419 mit Anm. *Gössel; Rieß* JR **1985** 45; *Arloth* NJW **1985** 417.

[201] BT-Drucks. 10 1496.

[202] BT-Drucks. 10 4608 vom 27. 12. 1985 (zusammenfassende Wiedergabe in DRiZ **1986** 187); vgl. auch *Hassemer* NJW **1985** 1921; *Bruns* Gedächtnisschrift Hilde Kaufmann (1986) 863; *Kohl* JZ **1985** 668 und NJW **1985** 1921 (Bericht über die 57. Tagung des Studienkreises für Presserecht und Pressefreiheit vom 31. 5. 1983); rechtsvergleichend *Eser/ Meyer* „Öffentliche Vorverurteilung und faires Verfahren" (1985), wortgleich in BT-Drucks. 10 4608, S. 34 ff.

[203] BT-Drucks. 10 4608, Textziffer 121 ff, wo

eine solche Entwicklung (Textziffer 123) als wenig wahrscheinlich bezeichnet wird.

[204] Ebenso LR-*Rieß* § 206 a, 58; über sonstige Möglichkeiten, den Einfluß öffentlicher Vorverurteilung zu neutralisieren, vgl. ausführlich den Bericht der BReg, BT-Drucks. 10 4608.

[205] BVerfG NJW **1986** 1427 = EuGRZ **1986** 18 = NStZ **1986** 178; BVerfG NJW **1986** 3021 = NStZ **1986** 468; BGH NStZ **1984** 563; a. M *Mann* NJW **1986** 2167; *Vogler* Strafprozessuale Wirkungen völkerrechtswidriger Entführungen von Straftätern aus dem Ausland, FS Oehler (1985) 379; *Lüttger* JR **1987** 87.

[206] RGRspr. 7 377; *Beling* 180.

sachliche Recht die strafrechtliche Verantwortlichkeit des zur Zeit der Tat noch nicht vierzehn Jahre alten Täters verneint, zugleich das verfahrensrechtliche Verbot einer strafgerichtlichen Verfolgung in sich[207]. Ergibt sich in der Verhandlung, daß der Angeklagte zur Zeit der Tat noch nicht vierzehn Jahre alt gewesen war, so ist er nicht freizusprechen, sondern das verbotswidrig betriebene Verfahren einzustellen, und zwar ohne Rücksicht darauf, ob er zur Zeit der Eröffnung der gerichtlichen Untersuchung oder der Aburteilung das vierzehnte Lebensjahr vollendet hatte[208]. Die materiellrechtliche Grundlage des Verfahrenshindernisses muß hier aber dazu führen, daß bei unaufklärbaren Zweifeln über das Alter zur Zeit der Tatbegehung nach dem Grundsatz in dubio pro reo zu verfahren ist[209].

Nach § 80 JGG kann *gegen* einen Jugendlichen (d. h. eine Person, die zur Tatzeit **100** jugendlich war, mag sie auch zu der Zeit, zu der der Verletzte gegen sie vorgehen will, das 18. Lebensjahr vollendet haben) **Privatklage** und Nebenklage nicht erhoben werden; das fehlende Alter ist hier Verfahrenshindernis. Dagegen ist gegen einen jugendlichen Privatkläger (bei der Klageerhebung vertreten durch seinen gesetzlichen Vertreter) Widerklage zulässig (§ 80 Abs. 2 JGG).

2. Verhandlungsunfähigkeit

a) Grundsatz. Das ordentliche Verfahren findet grundsätzlich nur statt, wenn der **101** Beschuldigte nach seiner körperlichen und geistigen Beschaffenheit seine Rechte wahrzunehmen vermag, wenn er verhandlungsfähig ist. Verhandlungsunfähigkeit[210] bildet also ein Verfahrenshindernis, das der Durchführung des Verfahrens entgegensteht (BGH bei *Dallinger* MDR **1958** 141, 142; MDR **1968** 552; NJW **1970** 1981; **1975** 887; h. M.). Diese Wertung findet ihre Begründung darin, daß bei einem Betrieb des Verfahrens gegen den Verhandlungsunfähigen dieser sich nicht nur nicht verteidigen könnte, ihm also das rechtliche Gehör versagt würde, sondern daß auch mögliche Fehlerquellen vervielfacht würden. Dies gilt insbesondere für die Hauptverhandlung. „Denn die Anwesenheit eines verhandlungsunfähigen Angeklagten in der Hauptverhandlung gibt ein verzerrtes Bild seiner Persönlichkeit und den nur scheinbaren Eindruck einer umfassenden Verteidigung" (BGH NJW **1975** 887). **Zeitweilige** Verhandlungsunfähigkeit ist ein vorübergehendes (§ 205 StPO), **nicht behebbare** Verhandlungsunfähigkeit ein dauerndes Verfahrenshindernis (§ 206 a). Bei beschränkter Verhandlungsfähigkeit — der Angeklagte ist infolge seines Zustandes an jedem Tag nur auf Stunden beschränkt verhandlungsfähig — wirkt sich das Verfahrenshindernis dahin aus, daß ohne ihn jeweils nach Eintritt der Verhandlungsfähigkeit nicht weiter verhandelt werden darf (BGHSt **19** 144). Verhandlungsfähigkeit, bei der es auf die Geschäftsfähigkeit des bürgerlichen Rechts nicht ankommt, bildet ferner nicht nur die Voraussetzung für das Verfahren gegen den Beschuldigten überhaupt, sondern ist auch **Wirksamkeitsvoraussetzung seiner Prozeßhandlungen** wie der Zurücknahme eines Rechtsmittels oder der Ermächtigung des Verteidigers zur Zurücknahme eines Rechtsmittels nach § 302 Abs. 2; insoweit muß er insbes. in der Lage sein, die Bedeutung von Prozeßerklärungen zu erkennen[211].

Verhandlungsunfähigkeit **des zur Tatzeit Schuldunfähigen** steht der Durchführung **101a** eines **Sicherungsverfahrens** nicht entgegen (§ 415).

---

[207] RGSt **57** 207; *Dreher/Tröndle*[43] § 19, 2.

[208] H. M, vgl. z. B. *Dreher/Tröndle*[43] § 19, 2; *Brunner* § 1, 13; *Schlüchter* 371.

[209] BGHSt **5** 366; **18** 274; *Dallinger/Lackner* § 1, 9.

[210] Schrifttum s. bei § 205, ferner *Czapski* Die

Verhandlungsfähigkeit des Beschuldigten als Verfahrenshindernis im Disziplinarverfahren unter Berücksichtigung verfassungsrechtlicher und strafprozessualer Grundsätze, ZBR **1986** 47.

[211] BGH NStZ **1983** 281.

Karl Schäfer

102   **b) Begriff.** Verhandlungsunfähigkeit, die nicht gleichbedeutend ist mit Schuldunfähigkeit[212], liegt vor, wenn der Beschuldigte auf Grund seiner physischen und psychischen Verfassung — in der Regel nur infolge schwerer körperlicher oder seelischer Mängel oder Krankheiten — nicht in der Lage ist, der Verhandlung zu folgen, die Bedeutung des Verfahrens sowie der einzelnen Verfahrensakte zu erkennen und sich sachgemäß zu verteidigen[213]. Verhandlungsunfähigkeit kommt auch in Betracht, wenn — hier greift auch der Grundsatz der Verhältnismäßigkeit Platz (Kap. **6** 10) — konkrete Anhaltspunkte für die Befürchtung vorliegen, der Beschuldigte werde bei Fortführung des Verfahrens, insbes. der Hauptverhandlung, schwerwiegende gesundheitliche Dauerschäden erleiden oder gar sein Leben einbüßen[214]. Ob die Verhandlungsunfähigkeit vom Angeklagten selbst herbeigeführt worden ist (z. B. durch einen mißglückten Selbstmordversuch), ist ohne Bedeutung (BGHSt **19** 144).

103   **c) Prüfung durch das Revisionsgericht.** Das Revisionsgericht muß von Amts wegen sowohl prüfen, ob der Angeklagte zur Zeit der Hauptverhandlung vor dem Tatrichter verhandlungsfähig war, als auch, ob er gegenwärtig verhandlungsfähig ist, also, wenn ihn ein Leiden am Erscheinen vor dem Revisionsgericht hindert, ob er genug Kraft und Klarheit hat, um mit seinem Verteidiger zu verhandeln und ihm alles mitzuteilen, was zu seiner Verteidigung vorgebracht werden kann (RG HRR **1936** Nr. 1477). Der Verzicht des Gesetzes auf die Anwesenheit in der Revisionshauptverhandlung (§ 350 Abs. 2) umfaßt naturgemäß nicht auch den Verzicht auf die Verhandlungsfähigkeit, wenn deren Fehlen dem Angeklagten die Wahrnehmung seiner Verteidigung unmöglich macht. Zur Frage, ob in der Revisionsinstanz die angefochtenen Urteil getroffene Feststellung der Verhandlungsfähigkeit einer Nachprüfung des Revisionsgerichts in tatsächlicher Beziehung entzogen ist, vgl. Kap. **11** 34.

104   **d) Bewußte Herbeiführung der Verhandlungsunfähigkeit.** Eine **Ausnahme** von dem Grundsatz, daß eine Hauptverhandlung gegen den Angeklagten dessen Verhandlungsfähigkeit voraussetzt, zeigte sich erforderlich, als in neuerer Zeit die Fälle sich häuften, in denen Beschuldigte die vorsätzliche Herbeiführung ihrer Verhandlungsunfähigkeit (z. B. auch durch Eintritt in einen Hungerstreik) als Mittel zur Verhinderung der Durchführung oder Fortsetzung einer Hauptverhandlung benutzten. Dem trägt der durch das 1. StVRErgG eingefügte § 231 a Rechnung[215]. Nach dieser Vorschrift, deren Grundgesetzmäßigkeit von BVerfGE **41** 246 anerkannt ist und die hier nur in ihren Grundzügen darzustellen ist, wird die Hauptverhandlung, wenn der Angeklagte noch nicht über die Anklage vernommen war (§ 243 Abs. 4), in seiner Abwesenheit durchgeführt oder fortgesetzt, falls er sich vorsätzlich und schuldhaft in den Zustand der Verhandlungsunfähigkeit versetzt hat und dadurch wissentlich die ordnungsgemäße Durchführung oder Fortsetzung der Hauptverhandlung in seiner Gegenwart verhindert; dies gilt nicht, soweit das Gericht seine Anwesenheit für unerläßlich hält. Das Verfahren nach § 231 a ist danach an 4 Voraussetzungen geknüpft: (1) Der Angeklagte muß sich vorsätzlich[216] und schuldhaft (§ 20 StGB) in den Zustand der Verhandlungsunfähigkeit versetzt haben; dazu genügt, daß er nur beschränkt (nur an einzelnen der Sitzungstage oder nur verkürzte Zeit an den einzelnen Sitzungstagen) verhandlungsfähig wäre[217];

---

[212] *Eb. Schmidt* I 145 Fußn. 260.
[213] BGH bei *Dallinger* MDR **1958** 141; NJW **1970** 1981; NStZ **1983** 280; LR-*Rieß* 205, 12.
[214] BVerfGE **51** 324, 346; näher LR-*Rieß* § 205, 17 mit weit. Nachw.
[215] Schrifttum s. bei den §§ 231, 231 a.

[216] Bedingter Vorsatz genügt; BGHSt **26** 228, 240; a. M *Roxin*[19] § 42 F II 3 b.
[217] BVerfGE **41** 246; BGHSt **26** 226; NJW **1981** 1052; auch im Schrifttum überwiegende Meinung; a. M z. B. *Roxin*[19] aaO; *Rudolphi* JA **1979** 7.

(2) er braucht zwar nicht in der Absicht („um zu") der Verfahrenssabotage gehandelt zu haben, vielmehr genügt, ist aber auch erforderlich, daß er wissentlich (um den Erfolg wissend oder ihn als sicher voraussehend) durch das vorangegangene Verhalten die ordnungsmäßige Durchführung (Fortsetzung) der Hauptverhandlung in seiner Gegenwart verhindert. Die Wissentlichkeit fehlt bei einem ernsthaften, d. h. den Tod wirklich erstrebenden Selbstmordversuch, da dann als Wissen um die Folge seines Tuns nicht die Verhinderung, sondern allenfalls die Gegenstandslosmachung einer Hauptverhandlung in Betracht kommt (im Ergebnis h. M). Die Verhinderung der „ordnungsgemäßen" Durchführung liegt vor, wenn die Hauptverhandlung nur mit einer dem allgemeinen Beschleunigungsgebot bei normalem Verlauf widersprechenden unangemessenen Verzögerung durchgeführt werden kann[218]; (3) der Angeklagte darf noch nicht über die Anklage vernommen sein; führt er die Verhandlungsunfähigkeit erst nach seiner Vernehmung zur Sache herbei, so findet nicht § 231 a, sondern § 231 Abs. 2 Anwendung[219]; (4) der Angeklagte muß — das erfordert der Grundsatz des rechtlichen Gehörs — nach Eröffnung des Hauptverfahrens Gelegenheit gehabt haben, sich vor dem Gericht oder einem beauftragten Richter (nicht einem ersuchten Richter) zur Anklage zu äußern (§ 231 a Abs. 1 Satz 2). Diese Gelegenheit zur Äußerung setzt indessen nach Sinn und Zweck der Vorschrift, eine Verfahrenssabotage durch bewußte Versetzung in den Zustand der Verhandlungsunfähigkeit zu verhindern, nicht voraus, daß der Beschuldigte verhandlungsfähig ist. Es genügt (ist aber auch erforderlich) der Besitz der **einfachen Vernehmungsfähigkeit**, die geringere Anforderungen als die Verhandlungsfähigkeit stellt und schon gegeben ist, wenn der Zustand des Angeklagten ihm erlaubt, den Gegenstand des Verfahrens zu erkennen und Erklärungen abzugeben[220]. Jedoch muß, um auch in solchem Fall die Verteidigungsrechte des der Hauptverhandlung fernbleibenden Angeklagten nicht zu verkürzen, ihm ein Verteidiger bestellt werden, falls er einen solchen nicht schon hat (§ 231 a Abs. 4). Aus der Durchführbarkeit (Fortsetzung) der Hauptverhandlung „in Abwesenheit" des verhandlungsunfähigen Angeklagten folgt nicht, daß er nicht in der Verhandlung anwesend sein dürfte, wenn sein Zustand dies zuläßt und er es wünscht; seine Fernhaltung ist, da er immerhin Angeklagter bleibt, unter den allgemeinen Voraussetzungen (§ 247 StPO, § 177 GVG) zulässig[221].

3. Tod des Angeklagten. Die Frage, welche verfahrensrechtlichen Folgen sich daraus ergeben, daß der Angeklagte vor rechtskräftigem Abschluß des Strafverfahrens stirbt, gehört zu den zählebigsten, bis heute andauernden Kontroversen. Vereinfachend dargestellt, stehen sich zwei Auffassungen gegenüber: die eine sieht in dem Tod ein Verfahrenshindernis i. S. des § 206 a mit der Folge, daß erst ein förmlicher Einstellungsbeschluß das Verfahren beendet; die andere Auffassung verneint den Charakter des Todes als Verfahrenshindernis, weil begrifflich ein subjektives Verfahren mit dem Ziel der Feststellung, ob Rechtsfolgen aus Anlaß einer rechtswidrigen Tatbestandsverwirklichung auszusprechen sind, ausgeschlossen sei, da solche Folgen gegen den Toten nicht ausgesprochen werden können; deshalb ende das Verfahren „automatisch" ohne beson-

105

---

[218] Vgl. LR-*Gollwitzer* § 231 a, 5; BVerfGE **41** 246; BGHSt **26** 246; BGHSt **26** 228; *Warda* FS Bruns 415; *Schlüchter* 444 Fußn. 91; **a. M** die Auffassung, die eine Beschränkung der Verhandlungsfähigkeit (s. Fußn. 217) nicht als Verhandlungsunfähigkeit i. S. des § 231 a gelten läßt.

[219] BGH NJW **1981** 1052.
[220] Bericht des Rechtsausschusses BT-Drucks. 7 2989, S. 6; Abg. *Gnädinger* in der 138. Sitzung des Bundestages vom 18. 12. 1974, Prot. S. 9502; *Rieß* NJW **1975** 93 Fußn. 183.
[221] BGHSt **26** 228, 234; MDR **1980** 631.

Karl Schäfer

deren Einstellungsbeschluß[222]. Zum Stand der Kontroverse ist in Kürze folgendes zu bemerken:

aa) BGH NJW **1983** 463[223] war die **erste Entscheidung des BGH,** die sich eingehender mit einem Teil des Bereichs der Kontroverse befaßt. In diesem Fall war der Angeklagte durch das verkündete erstinstanzliche Urteil (des LG) wegen versuchten Verbrechens zu einer Freiheitsstrafe verurteilt worden. Er starb noch am gleichen Tage; das Urteil wurde nicht mehr schriftlich abgesetzt. Seine Witwe legte fast ein Jahr später mit einem Schriftsatz an den BGH „Revision" ein mit dem Ziel, das Urteil zu beseitigen und die Unschuld des Angeklagten festzustellen. Das Rechtsmittel wurde als unzulässig verworfen, weil, von anderen Gründen abgesehen, das Verfahren mit dem Tod des Angeklagten ohne weiteres von selbst geendet und der staatliche Strafanspruch, der sich nur gegen eine lebende Person richten könne, seine Erledigung gefunden habe. Einer förmlichen Einstellung (§ 206 a) bedürfe es nicht, sie hätte nur deklaratorische Bedeutung: Mit dem Tod sei das Urteil gegenstandslos geworden (arg. § 465 Abs. 3) und weitere Sachentscheidungen ausgeschlossen; der Angeklagte gelte nicht als verurteilt, und es bestehe deshalb — anders als im Fall rechtskräftiger Verurteilung (§ 361) — für seine Angehörigen kein Bedürfnis, das nicht rechtskräftig gewordene Urteil zwecks Rehabilitierung des Toten zu beseitigen. Aus § 393 (betr. Tod des Privatklägers) lasse sich nichts Gegenteiliges herleiten, da diese auf einer anderen Interessenlage beruhende Vorschrift keine ausdehnende Auslegung gestatte.

105a   Mit dem weiteren Aspekt der Kontroverse — der **kosten- und auslagenrechtlichen Bedeutung** des Todes[224] — hat sich die Entscheidung nicht befaßt („Ob in Abweichung von den dargelegten Grundsätzen wenigstens über die Kosten und Auslagen des bisherigen Verfahrens entschieden werden darf, kann dahingestellt bleiben"), denn eine Entscheidung nach dieser Richtung habe die Witwe nicht begehrt; sie hätte auch nur vom Landgericht als dem im Zeitpunkt des Todes mit der Sache befaßtem Gericht getroffen werden können. Inzwischen hat der BGH[225] ausgesprochen, bei Tod des Angeklagten vor Urteilsrechtskraft könnten die ihm im Strafverfahren entstandenen notwendigen Auslagen nicht der Staatskasse auferlegt werden. Das entspricht der bisher schon in LR-*Schäfer*[23] § 467, 12 ff dargestellten und begründeten überwiegend vertretenen Auffassung von Rechtsprechung und Schrifttum.

105b   **bb)** Für die **Praxis** erscheint die Frage, ob der Tod ein Verfahrenshindernis i. S. des § 206 a (also Notwendigkeit der Einstellung durch konstitutiven Beschluß) darstellt, als durch BGH NJW **1983** 463 und BGHSt **34** 184 erledigt[226]. Im Schrifttum finden sich aber nach wie vor abweichende Auffassungen. So ist z. B. schon früher ein Vorzug der Auffassung des Todes als Verfahrenshindernis i. S. des § 206 a darin gesehen worden, daß sie in den — zwar seltenen, aber immerhin möglichen — Fällen, in denen Zweifel über den Tod eines Angeklagten bestehen, das Gericht dazu zwinge, im Wege des Freibeweises unter Amtsaufklärungspflicht durch den konstitutiven Einstellungsbeschluß Rechtsklarheit über das Ende des Verfahrens zu schaffen, während anderenfalls der Staatsanwaltschaft oder dem Nebenkläger (§ 400 Abs. 2 i. d. F. des OpferschutzG 1986)

---

[222] Zum Streitstand und zu den verschiedenen Varianten vgl. die Nachw. bei LR-*Rieß* § 206 a, 53 ff; BGH NJW **1983** 463 und zuletzt BGHSt **34** 184 = NJW **1987** 661 = NStZ **1987** 336 m. krit. Anm. *Kühl* = JR **1987** 346 mit zust. Anm. *Bloy.*

[223] = NStZ **1983** 179 mit zustimmender Anm. *Schätzler.*

[224] Dazu LR-*Schäfer*[23] § 467, 12 ff; 18 ff.

[225] BGHSt **34** 184 = NJW **1987** 661 = NStZ **1987** 336 mit Anm. *Kühl* = JR **1987** 346 mit zust. Anm. *Bloy.*

[226] *So auch Schätzler* NStZ **1983** 179; *Bloy* JR **1987** 349.

gegen einen lediglich deklaratorischen Einstellungsbescheid nur die unbefristete einfache Beschwerde zustehe, wenn das Gericht in der Annahme des Todes das Verfahren nicht weiterführt (wobei nur zu bemerken ist, daß es auch bei mit großen Aufwendungen betriebenen Schritten der Aufklärung von Amts wegen sehr sehr lange dauern kann, bis Gewißheit oder auch nur eine Wahrscheinlichkeit über den Tod besteht; man denke nur an den Fall des nach dem 2. Weltkrieg im fernen Ausland „untergetauchten" KZ-Arztes *Mengele*, der lange Zeit hindurch Gegenstand der Medienberichterstattung über die entfalteten Bemühungen war und bis in die Gegenwart noch ist). Gegen die Notwendigkeit einer Qualifizierung des Todes als Verfahrenshindernis unter dem vorerwähnten Gesichtspunkt hatte sich OLG Karlsruhe[227] mit der Begründung gewandt, aus einem Extremfall könnten keine Folgerungen für den Regelfall gezogen werden, während *Schmidt* (FS-K. Schäfer 239) die Auffassung vertritt, es lasse sich „gerade am Extremfall die Richtigkeit oder Unrichtigkeit einer Ansicht feststellen. Eine Rechtsauffassung sollte nicht nur für den Extremfall gelten". BGH NJW **1983** 463 ist auf diesen Gesichtspunkt nicht eingegangen; jedoch sieht LR-*Rieß* § 206 a, 54; 55 namentlich in den Folgerungen, die sich bei Zweifeln über den Todeseintritt aus § 206 a ergeben, ein Argument dafür, daß die Qualifizierung als Verfahrenshindernis „dogmatisch besser begründbar ist und zu praktikableren Konsequenzen führt". Dem Verfasser dieser Zeilen will diese „Rücksicht auf den Extremfall" im Zeichen der Bemühungen um Maßnahmen gegen eine Überlastung der Justiz nicht überzeugend erscheinen. Das gleiche gilt m. E. für die Folgerungen, die *Rieß* aaO aus § 393 Abs. 1 zieht, denn diese Vorschrift bezieht sich auf den Tod des Privatklägers, aber nicht den Tod des Angeklagten. Die Argumentation von *Rieß* — die tragende dogmatische Begründung der Gegenmeinung, mit dem Tode des Angeklagten falle ein den Prozeß konstituierendes Prozeßsubjekt weg, treffe zwar zu, lasse sich aber zwanglos auch mit dem Charakter als Verfahrenshindernis vereinbaren; denn anderenfalls müßte man entgegen der ganz h. M und dem Gesetzeswortlaut (§ 393 Abs. 1) auch dem Tod des Privatklägers eine automatische Verfahrensbeendigung zuschreiben und den Charakter als Verfahrenshindernis verneinen — geht doch wohl an wesentlichen Unterschieden vorbei, wenn sie den Tod des Privatklägers mit dem Tod des Angeklagten in Parallele setzt. Denn Ankläger im Offizialprozeß ist „die Staatsanwaltschaft", also eine Behörde, und als solche „unsterblich", insoweit kam eine dem § 393 Abs. 1 entsprechende Vorschrift überhaupt nicht in Betracht. Und dem Tode des Angeklagten als einer physischen Person wird die Eigenschaft als Verfahrenshindernis nicht mit der dogmatischen Begründung abgesprochen, es sei „ein den Prozeß konstituierendes Prozeßsubjekt" weggefallen, sondern deshalb, weil der staatliche Strafanspruch erloschen sei, da gegenüber einem Toten, der ein rechtliches Gehör nicht mehr ausüben kann, kein „Totengericht" stattfindet. Anders beim Tod des Privatklägers: hier mußte eine die Auswirkungen auf das Verfahren regelnde Vorschrift getroffen werden. Dabei hat die in § 393 Abs. 1 vorgesehene Einstellung, bei der ein Zuwarten bis zum Ablauf der Frist des § 393 Abs. 3 empfohlen wird (LR-*Wendisch* § 393, 1, 2), zwar konstitutiven Charakter und bildet insofern ein Verfahrenshindernis, aber nur ein solches von sehr begrenztem Umfang. Denn sie beendet nur das anhängige Verfahren und hindert lediglich die nach § 393 Abs. 2 Verfahrensfortsetzungsberechtigten, die die Frist des § 393 Abs. 3 versäumten, an der Fortsetzung des Verfahrens, steht aber weder einer öffentlichen Klage noch der Erhebung der Privatklage durch andere Berechtigte entgegen (LR-*Wendisch* § 393, 3). Der staatliche Strafanspruch gegen den Angeklagten geht also durch den Tod des Privatklägers nicht unter; wohl aber ist diese Folge automa-

---

[227] Justiz **1977** 243 = MDR **1977** 952.

Karl Schäfer

tisch an den Tod des Angeklagten im Privatklageverfahren geknüpft, der insofern (vgl. § 384) die gleiche Bedeutung hat wie der Tod des Angeklagten im Offizialverfahren. So bietet auch der Hinweis auf § 393 Abs. 1 als eine auf eine besondere Lage zugeschnittene Vorschrift keine überzeugende Brücke für Folgerungen von allgemeiner Bedeutung (so auch BGHSt **34** 184 = NStZ **1987** 337).

105c   Übrig blieb das von BGH NJW **1983** 463 nicht erörterte Problem der **Bedeutung des Todes des Angeklagten in kosten- und auslagenrechtlicher Hinsicht.** Wenn der BGH in jener Entscheidung[228] die in Rechtsprechung und Schrifttum bis in die neueste Zeit so umstrittene Frage, ob dem Erben des toten Angeklagten Ersatz für die von diesem erbrachten notwendigen Auslagen aus der Staatskasse zu leisten sei, „dahin gestellt bleiben" ließ (wenn auch mit ausführlichen Nachweisen über die bejahenden und verneinenden Stimmen), so geschah dies offensichtlich, um umfangreiche Ausführungen zu vermeiden, die, weil nicht die Entscheidung im vorliegenden Fall tragend, nur die Bedeutung von obiter dicta gehabt hätten und deshalb nach der Rechtsprechung des BGH, auch wenn im übrigen die Voraussetzungen des § 121 Abs. 2 GVG gegeben wären, eine Vorlegungspflicht nicht ausgelöst hätten[229]. Eine solche tragende Bedeutung von BGH NJW **1983** 463 wurde aber im Schrifttum verneint[230]. Erst BGHSt **34** 184 schloß die Lücke.

105d   Immerhin lag, was nicht selten unbeachtet blieb, eine bedeutungsvolle gerichtliche **Entscheidung** zu dem Fragebereich bereits vor in Form des Nichtannahmebeschlusses **des BVerfG** vom 23. 10. 1975[231]. Dort war die Verfassungsbeschwerde des Erben gegen die Ablehnung der Rückerstattung darauf gestützt, daß die Ablehnung mit Art. 3 Abs. 1 GG nicht vereinbar sei. Die Nichtannahme der Verfassungsbeschwerde wird damit begründet, daß von der Erstattung bei Nichtverurteilung nur wegen eines im Lauf des Verfahrens eingetretenen Verfahrenshindernisses nach § 467 Abs. 3 Satz 2 Nr. 2 nach Maßstäben abgesehen werden könne, die vorzugsweise an der Schuld (am Verdacht) orientiert seien, zu denen der Beschuldigte sich aber nicht äußern könne. „Die Verfahrensbeendigung durch den Tod des Beschuldigten sagt demgegenüber für sich nichts über die vor dem Tod vorhandene Chance aus, den staatlichen Strafanspruch gegen den Beschuldigten durchzusetzen. Soll aber, wie es der Systematik des § 467 StPO entspricht, die Frage der Auslagenerstattung nicht völlig losgelöst von der Schuldfrage entschieden werden, so wäre es nötig, über die Schuld des Toten doch noch in gewissem Umfang nachträglich zu richten. Das stünde im Widerspruch zu dem Grundgedanken der Verfahrensbeendigung durch Tod. Über die Schuld des Toten soll nicht mehr gerichtet werden, nicht nur, weil er nicht mehr bestraft werden kann, sondern auch, weil er sich nicht mehr rechtfertigen kann". Der diese Entscheidung des BVerfG[232] veranlassenden Ver-

---

[228] Anders jetzt aber BGHSt **34** 184 = NJW **1987** 661.

[229] Vgl. LR-*Schäfer*[23] § 121 GVG, 65 ff.

[230] So von LR-*Rieß* § 206 a Rdn. 55, der das kosten- und auslagenrechtliche Problem als bedeutungslos für die „dogmatisch richtige Einordnung des Todes des Angeklagten" ansieht, ferner G. *Schäfer* § 11 III 5, der einerseits BGH NStZ **1983** 179, 183 zustimmt, aber gleichzeitig eine Kostenentscheidung in entsprechender Anwendung des § 467 Abs. 3 Satz 2 Nr. 2 für möglich erklärt. Verständlich war allerdings, wenn *Schätzler* NStZ **1983**

179 sein Bedauern aussprach, über den Ausfall der „seltenen Gelegenheit der Rechtseinheit einen höheren Dienst zu erweisen". Inzwischen ist dieser „Ausfall" aber von BGHSt **34** 184 nachgeholt.

[231] Im Wortlaut wiedergegeben in OLG München JurBüro **1976** 790 sowie LR-*Schäfer*[23] § 467, 15.

[232] Die in den Rechtsprechungsnachweisen von BGH NStZ **1983** 179 nicht als solche zitiert wird, die vielmehr gewissermaßen nur mittelbar durch die Anführung von OLG München JurBüro **1976** 788 in Erscheinung tritt.

fassungsbeschwerde lag erkennbar noch die Qualifizierung des Todes als Verfahrenshindernis mit der Folge einer wenigstens analogen Anwendbarkeit des § 467 Abs. 3 Satz 2 Nr. 2 zugrunde. Sie würde für den einfachen Gesetzgeber kein Hindernis bilden, unter abweichenden Gesichtspunkten dem Erben dennoch aus Billigkeitsgründen einen Erstattungsanspruch zuzubilligen. Von dieser Erwägung geht wohl BGH NJW **1983** 463 aus; wenn dort ausgesprochen ist, der Tod habe mit einem Verfahrenshindernis nichts zu tun und ein verurteilendes Erkenntnis, das nicht rechtskräftig werden konnte, habe seine Bedeutung verloren, es bleibe jedoch Raum für eine Auslegung des Rechts des einfachen Gesetzgebers, daß er — mit den Worten von BGH NStZ **1983** 179 — „in *Abweichung* von den dargelegten Grundsätzen" es zulasse, dem Erben einen Anspruch auf Auslagenerstattung zu gewähren. Die lex lata bildet aber keine Grundlage für die Möglichkeit, im Wege der Auslegung eine Befugnis des Erben zu konstruieren, nach dem Tode des Angeklagten das dessen notwendige Auslagen betreffende Erstattungsverfahren zu betreiben. Mit Recht kommt BGHSt. **34** 184 = NStZ **1987** 338 nach ausführlicher Auseinandersetzung mit dahingehenden Versuchen zu dem negativen Ergebnis: „Dem Gesetz läßt sich nichts für eine Beteiligungsbefugnis entnehmen ... Nach der Auffassung des Senats kann eine Regelung nur vom Gesetzgeber getroffen werden ...". Eine in **Unkenntnis des Todes** erfolgende gerichtliche Entscheidung (außer dem Fall des § 371 Abs. 1; s. dazu auch § 11 StrEG) geht ins Leere; das kann, auch in Form der „Zurücknahme" der Entscheidung, aus Gründen der Rechtsklarheit durch Beschluß deklaratorisch ausgesprochen werden[233].

4. Abwesenheit des Angeklagten

Bei der Frage, inwieweit Abwesenheit des Beschuldigten[234] ein Verfahrenshindernis bildet, ist zu unterscheiden:

a) Verfahren gegen Abwesende i. S. des § 276. Nach § 285 findet gegen einen i. S. **106** des § 276 Abwesenden keine Hauptverhandlung statt; es kommt nur eine Beweissicherung für den Fall künftiger Gestellung und unter den Voraussetzungen des § 290 die Vermögensbeschlagnahme als psychischer Gestellungszwang und (oder) als Mittel in Betracht, eine Verwendung des Vermögens zur Begehung strafbarer Handlungen zu unterbinden. Der Sinn der durch das EGStGB 1974 durchgeführten vollständigen Beseitigung des Kontumazialverfahrens[235] ist, daß das ordentliche Verfahren nur stattfinden soll, wenn sich der Beschuldigte im tatsächlichen Machtbereich der deutschen Gerichtsbarkeit befindet, so daß das erkennende Gericht den Beschuldigten vor sich bringen und das Urteil über ihn gestalten kann, indem es ihn sieht und hört[236]. Die Abwesenheit i. S. des § 276 stellt sich hiernach als ein Verfahrenshindernis (§ 205) für das ordentliche Verfahren dar. Damit ist nicht unvereinbar, daß gegenüber durchreisenden Ausländern mit bekanntem Auslandsaufenthalt die neuere Gesetzgebung in §§ 127 a, 132 gewisse Sicherungs- und Gestellungsmittel vorsieht und bei ihnen, wenn Zustellungsmöglichkeiten bestehen, ggf. auch die Zustellung eines Strafbefehls in Betracht kommt[237]. Auch das sog. Ungehorsamsverfahren des § 232 stellt keine Ausnahme dar, denn es findet nicht auf Grund einer Ladung durch öffentliche Bekanntmachung statt, d. h. es setzt voraus, daß der Aufenthalt des Angeklagten bekannt ist und er sich im Machtbereich der deutschen Gerichtsgewalt aufhält und für sie erreichbar ist.

---

[233] Vgl. OLG Schleswig NJW **1978** 1016.
[234] Schrifttum s. bei § 230 und Vor § 276.
[235] Zur Entwicklungsgeschichte *Dünnebier* FS Heinitz 669.

[236] RGSt **52** 37; **70** 176.
[237] Vgl. *Rieß* JZ **1975** 268 mit weit. Nachw.

107　　b) **Hauptverhandlung gegen den nicht anwesenden Angeklagten.** Auch wenn die Voraussetzungen des § 276 nicht vorliegen, findet gegen einen Angeklagten, der ausbleibt (also nicht anwesend ist), eine Hauptverhandlung grundsätzlich nicht statt. Das ergibt sich aus § 230 Abs. 1, aus der Anwesenheitspflicht des erschienenen Angeklagten (§ 231) und im übrigen daraus, daß Ausnahmen von dem Grundsatz des § 230 Abs. 1 (darüber Rdn. 108) nur unter genau umschriebenen Voraussetzungen zulässig sind. Die Durchführung der Hauptverhandlung in Abwesenheit des Angeklagten, soweit sie nicht vom Gesetz zugelassen ist, ist absoluter Revisionsgrund (§ 338 Nr. 5). Der Grund für diese Regelung ist auch hier, daß in aller Regel das Gericht seiner Pflicht zur Wahrheitserforschung nur umfassend genügen kann und das Recht des Angeklagten auf rechtliches Gehör umfassend nur gewährleistet ist, wenn das Gericht den Angeklagten vor sich sieht und seine Verteidigung hört[238]. Daraus folgt: Bleibt ein Mitangeklagter bei Verhandlungsbeginn fern und wird deshalb das Verfahren gegen ihn vorübergehend abgetrennt, während die Mitangeklagten auch zu Anklagepunkten vernommen werden, die den Abwesenden mitbetreffen, so muß, wenn dieser (freiwillig oder vorgeführt) demnächst wieder erscheint und das Verfahren gegen ihn wieder mit dem gegen die übrigen Mitangeklagten verbunden wird, grundsätzlich der auch ihn betreffende Teil der Verhandlung wiederholt werden, und es genügt nicht, daß er nur über den bisherigen Verfahrensgang und die Aussagen der anderen Mitangeklagten „unterrichtet" wird[239]. Bei dieser Sachlage erhebt sich die Frage, ob auch hier eine durch Ausnahmevorschriften nicht gedeckte Abwesenheit des Angeklagten ein Verfahrenshindernis darstellt, das auch vom Revisionsgericht ohne besondere Rüge von Amts wegen zu beachten ist, oder ob (nur) ein Verfahrensverstoß vorliegt, der lediglich auf Grund einer entsprechenden form- und fristgerechten Verfahrensrüge zu berücksichtigen ist.

108　　c) **Ausnahmen.** Dabei ist in Betracht zu ziehen, daß — anders als beim Verbot einer Hauptverhandlung gegen einen Abwesenden i. S. des § 276 — der Grundsatz des § 230, daß die Hauptverhandlung in Anwesenheit des Angeklagten stattfinden muß, zunehmend von **Ausnahmen** durchbrochen worden und unter den im Gesetz genannten Voraussetzungen die Hauptverhandlung teils bei gänzlicher, teils wenigstens bei zeitweiliger Abwesenheit zulässig ist (vgl. §§ 231 Abs. 2, 231 a, 231 b, 231 c, 232, 233, 247[240], 387, 411 Abs. 2; 415)[241]. In der Berufungsinstanz (vgl. § 332) kommt eine

---

[238] BGHSt **3** 187, 190 = NJW **1952** 306; BGHSt **26** 84 = NJW **1975** 886; LR-*Gollwitzer* 230, 1.

[239] BGHSt **30** 74 = JR **1982** 33 mit Anm. *Maiwald*; BGH NStZ **1981** 111.

[240] Über Verfahrensfehler bei Anwendung des § 247 vgl. BGH bei *Pfeiffer/Miebach* NStZ **1987** 16.

[241] An dieser Stelle ist nicht zu erörtern, ob nicht ein Bedürfnis für weitere Lockerungen besteht. Diese Frage wird nahegelegt durch OLG Hamburg JR **1987** 78 mit Anm. *Foth*: Im Zuge einer Hauptverhandlung sollte eine gerichtliche Augenscheinseinnahme stattfinden, die die von dem Balkon eines Privathauses aus bestehenden optischen und akustischen Wahrnehmungsmöglichkeiten zum Beweisthema hatte. Hausrechtsinhaber der Wohnung, zu der der Balkon gehörte, war

der Zeuge K., der mit dem Angeklagten seit Jahren schwer verfeindet war und deshalb nicht gestattete, daß dieser den Weg zum Balkon durch seine Wohnung nehme. Vorgeschlagen wurde deshalb, der Angeklagte solle den Balkon auf einer Leiter ersteigen, was dieser im Hinblick auf eine Beinverletzung ablehnte. Auch der weitere Vorschlag, der Angeklagte solle, vom Verteidiger und von dem Vorsitzenden geführt, die Wohnung mit verbundenen Augen durchschreiten, fand nicht die Zustimmung des Angeklagten. Die Augenscheinseinnahme fand schließlich ohne diesen statt; seine gegen das verurteilende Erkenntnis eingelegte und auf Verletzung des Anwesenheitsrechts (§ 338 Nr. 5) gestützte Revision führte zur Aufhebung des Urteils und Zurückverweisung der Sache: die Strafkammer müsse „gegebenen-

Hauptverhandlung gegen den ausgebliebenen Angeklagten ferner in Betracht, wenn über die Berufung der Staatsanwaltschaft oder die des gesetzlichen Vertreters des Angeklagten zu verhandeln ist (§ 329 Abs. 2, § 330 Abs. 2 Satz 2 Halbsatz 2). In der Hauptverhandlung der Revisionsinstanz ist die Anwesenheit des Angeklagten überhaupt nicht erforderlich (§ 350 Abs. 2). Wegen der Durchführung der Hauptverhandlung im Sicherungsverfahren in Abwesenheit des Beschuldigten vgl. § 415. Im übrigen ist der Anwesenheitsgrundsatz gegenstandslos, wo das Gesetz an das unentschuldigte Ausbleiben des Angeklagten, der Berufung oder Einspruch gegen den Strafbefehl eingelegt hat, die Folge der Verwerfung des Rechtsmittels oder Rechtsbehelfs ohne Verhandlung zur Sache knüpft (§§ 329 Abs. 1 Satz 1, 412).

d) Streit um die Bedeutung der Abwesenheit. In der Frage, ob die fehlende Anwe-   **109**
senheit des Angeklagten in der Hauptverhandlung für die Revisionsinstanz ein von Amts wegen zu berücksichtigendes Verfahrenshindernis bildet oder ob die Verhandlung in Abwesenheit nur einen bei form- und fristgerechter Verfahrensrüge beachtlichen Verfahrensverstoß (§ 338 Nr. 5) darstellt, gingen die Auffassungen früher sowohl im Schrifttum wie in der Rechtsprechung der Oberlandesgerichte auseinander[242]. BGHSt 15 288 = NJW **1961** 567 hatte die Frage offengelassen; im übrigen war die Rechtsprechung des Bundesgerichtshofs zu einer Entscheidung, ob die Abwesenheit ein Verfahrenshindernis darstelle, nicht veranlaßt, weil da, wo die Abwesenheit eine Rolle spielte, eine zulässige Verfahrensrüge erhoben war. Zu einer Entscheidung wurde der BGH erst genötigt durch die gemäß § 121 Abs. 2 GVG erfolgte Vorlegung von BayObLG NJW **1974** 664. BGHSt 26 84 = NJW **1975** 885 hat mit ausführlicher Begründung in **verneinendem** Sinn zur Frage der Abwesenheit als eines in der Revisionsinstanz von Amts wegen zu berücksichtigenden Verfahrenshindernisses Stellung genommen. Ausgangspunkt ist, daß nach seiner ständigen Rechtsprechung[243] bei *zeitweiliger* Abwesenheit der mit form- und fristgerechter Verfahrensrüge geltend gemachte absolute Revisionsgrund des § 338 Nr. 5 nur durchgreift, wenn sich die Abwesenheit auf einen wesentlichen Teil der Hauptverhandlung erstreckt. Ob das der Fall war, könne nur auf Grund einer dem § 344 Abs. 2 Satz 2 entsprechenden Rüge geprüft werden, in der im einzelnen angegeben ist, wann der Angeklagte abwesend war. Damit entfalle aber zugleich die Möglichkeit, die zeitweilige Abwesenheit unter dem Gesichtspunkt eines Verfahrenshindernisses zu werten, denn „das Revisionsgericht wäre überfordert, wenn es immer von Amts wegen untersuchen müßte, ob der Angeklagte in einem Zeitpunkt abwesend war, in dem ein wesentlicher Teil der Hauptverhandlung stattfand" (NJW **1975** 887). Es lasse sich dann aber auch nicht begründen, bei der rechtlichen Charakterisierung einen Unterschied zwischen einstweiliger und ständiger (völliger) Abwesenheit zu machen. Einer abweichenden Bewertung der ständigen Abwesenheit als Verfahrenshindernis stehe auch entgegen, daß es an einem Grund fehle, die Verhandlung bei völliger Abwesenheit aus der Masse sonstiger, nur mit der Verfahrensrüge angreifbarer Verfahrensverstöße durch Erhöhung der Abwesenheit zum Verfahrenshindernis auszusondern. Das Wesen

---

falls versuchen, auf andere Weise ihrer Sachaufklärungspflicht zu genügen". Resigniert meint *Foth* in der Anm. aaO, es bleibe „im vorliegenden Fall die Feststellung, daß das Gericht außerhalb seines Sitzungssaals ein armer, von der Bereitschaft anderer Personen abhängiger Bittsteller ist", was aber – Verweisung auf *Herdegen* NStZ **1984** 203 – de lege

ferenda nicht davon abhalten sollte, über Abhilfemöglichkeiten nachzudenken, wie sie andere Rechtsordnungen gewähren.

[242] Vgl. dazu die Darstellung des Sach- und Streitstandes bei BGHSt 26 84 = NJW **1975** 885 und in Rdn. 105 der Voraufl.
[243] Nachw. bei LR-*Hanack* § 338, 84; *Schlüchter* 736.1 Fußn. 511.

des Verfahrenshindernisses bestehe darin, daß seine Beachtung nicht nur dem Interesse der jeweiligen Verfahrensbeteiligten, sondern der Wahrung übergeordneter Belange der Allgemeinheit oder sonstiger öffentlicher Interessen dienen solle, wie etwa bei der Rechtskraft der allgemeinen Rechtssicherheit, bei der Verjährung dem Rechtsfrieden. Derartige überindividuelle Interessen seien aber durch die ständige Abwesenheit des Angeklagten in der Hauptverhandlung nicht berührt. Diesem stehe es frei, das Urteil mit der naheliegenden Begründung seiner Nichtteilnahme an der Hauptverhandlung anzugreifen. Unterlasse er dies, weil er sich dadurch nicht beschwert fühle und etwa (nur) sachlich-rechtliche Fragen vom Revisionsgericht entschieden wissen wolle, so bestehe kein zwingender Anlaß, den Verfahrensmangel von Amts wegen zu berücksichtigen. Die Wertung der Verhandlungsunfähigkeit als Verfahrenshindernis werde hierdurch nicht berührt (oben Rdn. 101).

110   Dieser Entscheidung ist **im Ergebnis beizupflichten**[244]. Der Kern des grundsätzlichen Rechts und der Pflicht des Angeklagten zur Anwesenheit ist die Sicherung seines rechtlichen Gehörs (*Rieß* JZ **1975** 267), wie sich schon daraus ergibt, daß nach § 231 Abs. 2 das Verfahren fortgesetzt werden kann, wenn der Angeklagte sich nach seiner Vernehmung über die Anklage eigenmächtig entfernt oder bei der Fortsetzung einer unterbrochenen Hauptverhandlung ausbleibt[245]. Die Gewährung des rechtlichen Gehörs dient in der Tat nur den individuellen Interessen des Angeklagten; zu deren Wahrung genügt es aber, wenn dem Angeklagten, der sich in seinem Anspruch auf Gehör beschwert fühlt, die Verfahrensrüge zur Verfügung steht. Durch die verfassungsrechtliche Garantie des rechtlichen Gehörs (Art. 103 Abs. 1 GG) ändert sich daran nichts; sie wirkt sich nur dahin aus, daß dem Angeklagten ggf. auch die Verfassungsbeschwerde zur Verfügung steht. Gewiß ist eine weitere Seite des Anwesenheitsgrundsatzes die dem Gericht eröffnete bessere Möglichkeit der Wahrheitsfindung. Sie tritt aber an Bedeutung zurück; schließlich ist ja auch die Anwesenheit des Angeklagten für die Wahrheitsfindung ohne Bedeutung, wenn er in Ausübung seines Wahlrechts (§ 243 Abs. 4) sich darauf beschränkt, schweigend und passiv der Hauptverhandlung beizuwohnen. Davon abgesehen ist aber auch zunehmend der Anwesenheitsgrundsatz, und zwar gerade auch im Interesse einer funktionstüchtigen Strafrechtspflege, in einem Maße von Ausnahmen durchbrochen, daß ihm jene überragende Bedeutung und Singularität fehlt, die es rechtfertigen könnte, einem Verstoß unter Annahme eines Verfahrenshindernisses eine gegenüber anderen Verfahrensverstößen erhöhte Bedeutung beizumessen. Aus der Häufigkeit der Ausnahmen „ist zu entnehmen, daß der Gesetzgeber den Anwesenheitsgrundsatz nicht überbewerten wollte" (BGH NJW **1975** 886). Unbegründet erscheint das von *Roxin*[19] 124 gegen BGHSt **26** 84 gerichtete Argument, wenn schon die Verhandlungsunfähigkeit das Verfahren irregulär mache, so müsse dies erst recht für die völlige Abwesenheit des Angeklagten gelten. Dessen Verhandlungsunfähigkeit und Ab-

---

[244] So auch jetzt die h. M, z. B. LR-*Rieß* § 206 a, 33 Fußn. 88; LR-*Gollwitzer* § 230, 6; LR-*Hanack* § 338, 89; 92; *Meyer* JR **1986** 301; *Schlüchter* 372; **a. M** *Roxin*[19] § 21 B III 2.

[245] Auch dieses Ausbleiben am Tage der Fortsetzung muß eigenmächtig oder wenigstens die voraussehbare Folge des vorangegangenen eigenmächtigen Verhaltens sein. Erstreckt sich also die Hauptverhandlung über mehrere Sitzungstage, so rechtfertigt die eigenmächtige Entfernung des Angeklagten nach seiner Vernehmung über die Anklage am ersten Sitzungstag nicht die Fortsetzung der Hauptverhandlung ohne ihn an dem Fortsetzungstag (und begründet die Rüge aus § 338 Nr. 5), wenn er das Gericht sofort telefonisch wissen ließ, daß sein Versuch, pünktlich zu dem Fortsetzungstermin zu erscheinen, wegen eines Motorschadens während seiner Fahrt zum Gericht mißlungen sei (BGH NStZ **1986** 422).

wesenheit sind nicht vergleichbar: Der abwesende Angeklagte kann sich ohne weiteres der ihm zustehenden Rechtsbehelfe zur Abwehr von Nachteilen bedienen, nicht aber der Verhandlungsunfähige, der deshalb entscheidend schutzwürdiger ist[246].

e) Berufungsverwerfung. Abschließend ist noch in aller Kürze auf die Streitfrage **111** hinzuweisen, die hinsichtlich des Umfangs der Nachprüfung besteht, wenn der Angeklagte gegen die Verwerfung der Berufung nach § 329 Abs. 1 Satz 1 oder die Verwerfung des Einspruchs gegen den Strafbefehl nach § 412 Revision mit entsprechender Verfahrensrüge eingelegt hat. Es geht dabei — verkürzt dargestellt — hauptsächlich darum, ob das Revisionsgericht im Wege des *Freibeweises* die für die Beurteilung des Ausbleibens erforderlichen Feststellungen selbst zu treffen und in eigener Würdigung darüber zu befinden hat, ob die von ihm festgestellten Tatsachen eine genügende Entschuldigung ergeben[247] oder ob[248] die Nachprüfung Beschränkungen unterliegt, ähnlich der Bindung des Revisionsgerichts an die Urteilsfeststellungen des Tatrichters bei der revisionsrechtlichen Behandlung der echten Sachrüge[249].

5. Zugehörigkeit des Beschuldigten zu einem Gesetzgebungsorgan. Wegen der **112** Frage, in welchem Umfang sich aus Art. 46 GG, § 152 a StPO Verfahrenshindernisse ergeben, vgl. LR-*Rieß* zu § 152 a[250].

6. Klagerecht und Prozeßfähigkeit des Klägers sowie Vertretungsmacht seines gesetzlichen Vertreters. **113** In seltenen Fällen kann zu erörtern sein, ob derjenige, der die **öffentliche Klage** erhoben hat, befugt[251] und in Hinblick auf seine geistige Verfassung befähigt gewesen sei, im Namen der zuständigen Staatsanwaltschaft zu handeln. Tritt das Bedürfnis einer solchen Erörterung hervor, so muß die Prüfung von Amts wegen einsetzen. Sie richtet sich im Endergebnis auf die Feststellung des Vorhandenseins oder Nichtvorhandenseins der Verfahrensvoraussetzung der Klage, so daß auf die Ausführungen Kap. 12 2 zu verweisen ist.

Ebenso steht die zuvor bezeichnete Verfahrensvoraussetzung in Frage, wenn das **114** Gericht, wozu häufig Anlaß geboten wird, von Amts wegen zu prüfen hat, ob dem **Privatkläger**[252] das Recht zur Klage nach den Vorschriften des sachlichen Rechts als dem

---

[246] So mit Recht *Schlüchter* 372. S. dazu auch OLG Düsseldorf NStZ **1983** 270 betr. Prüfung durch das Rechtsbeschwerdegericht, wenn der Betroffene nach Einspruch gegen den Bußgeldbescheid in der Hauptverhandlung vor dem Amtsgericht ausgeblieben ist und Überprüfung der Verwerfung des Einspruchs beantragt.

[247] So die (bisher) von der Minderheit in Rechtsprechung und Schrifttum vertretene, auch von LR-*Gollwitzer* § 329, 100 ff geteilte Auffassung.

[248] So die bisher h. M.

[249] Zum gegenwärtigen Streitstand vgl. LR-*Gollwitzer* § 329, 100 ff; ferner LR-*Hanack* § 337, 92, wo *Hanack* – LR-*Gollwitzer* aaO z. T. zustimmend, z. T. abweichend – der Minderheit darin zustimmt, „daß das Revisionsgericht jedenfalls die tatsächlichen Voraussetzungen für die Verwerfung im Wege

des Freibeweises frei nachprüfen kann und muß". Jedoch liegt darin nicht eine Konzession an die früher vertretene Lehre vom Wesen der Abwesenheit als Verfahrenshindernis, sondern die Zulässigkeit des Freibeweises wird daraus gefolgert, daß es um Verfahrensfragen gehe, bei denen eine Bindung des Revisionsgerichts an die Feststellungen des Tatrichters „an sich gerade nicht besteht". S. im übrigen noch OLG Hamm NStZ **1986** 236 (nur Leitsatz).

[250] S. ergänzend *Härth* Berührt ein ausländisches Strafverfahren die Immunität eines deutschen Parlamentsabgeordneten? NStZ **1987** 109.

[251] Dazu LR-*Schäfer*[23] § 142, 7; 20 GVG.

[252] Vgl. dazu *W. Schmid* Zur Prozeßfähigkeit des Privat- und Nebenklägers, SchlHA **1981** 153.

Verletzten oder sonstwie Antragsberechtigten zusteht (§ 374 Abs. 1 und 2 StPO in Verbindung mit § 77 Abs. 3 StGB, § 22 UWG und anderen Vorschriften), ob er zur Klageerhebung befähigt ist oder ob derjenige Vertretungsmacht gehabt hat, der bei der Klageerhebung als sein gesetzlicher Vertreter aufgetreten ist[253]. Aus § 374 Abs. 3 StPO folgt, daß die „Prozeßfähigkeit" des Privatklägers und die Vertretungsmacht seines gesetzlichen Vertreters in Anlehnung an die entsprechenden Vorschriften der ZPO geregelt sind (LR-*Wendisch* § 374, 35 ff).

115   Auch der **Nebenkläger** muß in diesem Sinne prozeßfähig oder durch einen Prozeßfähigen gesetzlich vertreten sein (LR-*Wendisch* § 395, 22). Doch betrifft beim Nebenkläger, der ja erst nach Erhebung der öffentlichen Klage in das Verfahren eintritt, der Mangel der Prozeßvoraussetzung nicht die Zulässigkeit des Verfahrens im ganzen, sondern immer nur der einzelnen Verfahrenshandlung, vornehmlich seines Rechtsmittels (§§ 400, 401). Auch insoweit ist Prüfung von Amts wegen noch im Verfahren vor dem Revisionsgericht geboten[254]. Im Jugendstrafverfahren ist Nebenklage unzulässig (§ 80 Abs. 3 JGG). Wie beim Nebenkläger ist auch im Hinblick auf § 395 Abs. 1 Nr. 3 StPO für die Wahrnehmung der Rechte als **Verletzter im Klageerzwingungsverfahren** nach § 172 StPO Prozeßfähigkeit oder Vertretung durch einen gesetzlichen Vertreter zu fordern[255].

116   **7. Adhäsionsverfahren.** Auch im Verfahren nach §§ 403 ff muß der Antragsteller prozeßfähig oder gesetzlich vertreten sein (LR-*Wendisch* § 403, 5). Fehlt es daran, so ist von einer Entscheidung über den Antrag abzusehen (§ 405). Wegen der beim Beschuldigten nötigen Erfordernisse vgl. § 403 Rdn. 6 bis 9.

117   **8. Einziehungsbeteiligte.** Streitig ist, welche Anforderungen an den Einziehungsbeteiligten bei Wahrnehmung seiner Befugnisse (§ 433 Abs. 1) zu stellen sind, ob stets Verhandlungsfähigkeit genügt[256] oder ob, je nachdem, was er erstrebt oder wogegen er sich wehrt, Prozeßfähigkeit erforderlich ist[257] oder Verhandlungsfähigkeit genügt[258].

118   **9. Bei Zeugen und Untersuchungspersonen** i. S. des § 81 c StPO kann es ebenfalls auf ihre geistige Beschaffenheit ankommen, zwar nicht im Sinne eines Hindernisses für das Verfahren im ganzen, aber für die Vornahme von Untersuchungshandlungen und die Verwertung des Ergebnisses, nämlich dann, wenn die Vernehmung des Zeugen den Verzicht auf ein Zeugnisverweigerungsrecht voraussetzt und wenn die Vornahme einer Untersuchung von der Einwilligung des zu Untersuchenden abhängt. In diesen Fällen ist es für die Wirksamkeit des Verzichtes oder der Einwilligung entscheidend, ob die Beweisperson geistig reif ist in dem Sinne, daß sie das erforderliche Verständnis für die ihr vom Gesetz eingeräumte Berechtigung hat; fehlt es an dieser Reife, so steht die Ausübung der Berechtigung ihrem gesetzlichen Vertreter zu[259].

[253] OLG Dresden JW **1931** 1638 mit Anm. *Hegler*; OLG Hamm NJW **1961** 2322.
[254] RGSt **35** 25; **38** 405; **44** 7; **53** 215; **59** 127; **62** 209; BayObLG DRiZ **1931** Nr. 458.
[255] OLG Nürnberg GA **1965** 118; OLG Hamburg NJW **1966** 1934.

[256] So *Kleinknecht/Meyer*[37] § 433, 7; KK-*Boujong* § 433, 5; KMR-*Paulus* § 433, 4.
[257] So LR-*Schäfer*[23] § 433, 10 ff; vgl. auch RGSt **29** 52.
[258] So *Göhler*[8] § 87, 3.
[259] So schon vor der Neufassung des § 81 c BGHSt **12** 235, 240; **14** 159.

X. Erklärungen Dritter. Vorentscheidungen einer anderer Stelle

In dieser Gruppe sind ausschließlich besondere Verfahrensvoraussetzungen, das **119** heißt solche vereinigt, die nur bei bestimmten strafbaren Handlungen oder bei bestimmten Verhältnissen des Beschuldigten Platz greifen. Sie beruhen auf Gründen mannigfacher Art:

1. Strafantrag nach §§ 77 StGB. Der Strafantrag ist zwar im StGB geregelt, hat aber **119a** keinen materiellrechtlichen Charakter, sondern, wie heute fast allgemein anerkannt ist, lediglich verfahrensrechtliche Bedeutung; er bildet eine Verfahrensvoraussetzung[260]. Daß er im StGB und nicht in der StPO geregelt ist, erklärt sich nur aus dem praktischen Bedürfnis, das Strafantragserfordernis jeweils bei den einschlägigen Vorschriften des Besonderen Teils hervorzuheben; das führt dazu, auch die allgemeinen für den Strafantrag geltenden Regeln im StGB aufzustellen. Als Verfahrensvoraussetzung, deren Fehlen sich als Verfahrenshindernis auswirkt (mit den aus §§ 127 Abs. 3, 130 StPO sich ergebenden Einschränkungen), unterliegt der Strafantrag in vollem Umfang den in Kap. 11 15, 44 dargestellten Grundsätzen: sein Fehlen führt also z. B. zur Verfahrenseinstellung, sein Vorhandensein ist in jeder Lage des Verfahrens mit den Mitteln des Freibeweises von Amts wegen zu prüfen[261]; sein Mangel ist in jeder Lage des Verfahrens, also auch noch in der Revisionsinstanz durch fristgemäße Nachholung zu beheben[262]; bei Teilanfechtung führt die Feststellung des Mangels zur Einstellung des gesamten Verfahrens[263] usw. Hervorgehoben werden mag, daß die Verfahrensvoraussetzung unter besonderen Umständen schon durch Stellung des Antrags vor Begehung der Tat geschaffen werden kann (BGH NJW **1960** 443). Im übrigen wird, da der Antrag im StGB geregelt ist, auf die Erläuterungswerke zum StGB verwiesen.

2. Besonderes öffentliches Interesse an der Strafverfolgung
a) Allgemeines. Nach §§ 183 Abs. 2, 232 Abs. 1, 248 a, 257 Abs. 4 Satz 2, 259 **120** Abs. 2, 263 Abs. 4, 265 a Abs. 3, 266 Abs. 3, 303 c StGB ist der grundsätzlich erforderliche Strafantrag **entbehrlich**, wenn die Strafverfolgungsbehörde wegen des besonderen öffentlichen Interesses an der Strafverfolgung ein Einschreiten von Amts wegen für geboten hält. Dann ist statt des Strafantrags die entsprechende Erklärung der Staatsanwaltschaft Prozeßvoraussetzung[264]. Einer Ausdehnung auf andere Antragsdelikte im Wege entsprechender Anwendung ist diese für bestimmte Antragsdelikte getroffene Sonderregelung nicht fähig (BGHSt 7 256). Die Erklärung des besonderen öffentlichen Interesses erstreckt sich auf die gesamte Tat i. S. des § 265[265].

b) Form und Zeitpunkt der Erklärung. Eine **ausdrückliche** Erklärung der Staats- **121** anwaltschaft, sie nehme ein besonderes öffentliches Interesse, ist nicht erforderlich[266]; eine genügende formlose Bejahung des besonderen öffentlichen Interesses kann schon

---

[260] RGSt **61** 46; **67** 55; **68** 124; **73** 114; **74** 187; **75** 257; **75** 306; **76** 327; **77** 160; **77** 183; BGHSt **6** 155; **18** 123, 125.
[261] BGHSt **6** 155; OLG Frankfurt NJW **1983** 1208.
[262] RGSt **68** 124; BGHSt **3** 74; **6** 157.
[263] RGSt **62** 262; **65** 150.
[264] So die h. M in Rechtsprechung (Nachw. bei LR-*Rieß* § 206 a, 46) und Schrifttum. Grundsätzlich anders die z. T. im Schrifttum vertretene Auffassung, daß nicht die Erklä-

rung der Staatsanwaltschaft, sondern das gerichtlich nachprüfbare objektive Bestehen eines besonderen öffentlichen Interesses an der Verfolgung Verfahrensvoraussetzung sei (so z. B. LK-*Hirsch* § 232, 15 ff; *Schönke/Schröder/Stree*[22] § 232, 3 ff mit weit. Nachw.). BVerfGE **51** 177 = NJW **1979** 1591 hat die h. M für nicht grundgesetzwidrig erklärt.
[265] OLG Braunschweig MDR **1975** 862.
[266] BGH NJW **1964** 1630; OLG Karlsruhe NJW **1974** 1006.

in der Erhebung der Anklage oder in dem Antrag auf Erlaß eines Strafbefehls gefunden werden (BGHSt **6** 282; **16** 225); doch soll nach RiStBV Nr. 234 Abs. 2 bei fehlendem Strafantrag die StA in der Anklageschrift (Strafbefehlsantrag) erklären, daß wegen des besonderen öffentlichen Interesses ein Einschreiten von Amts wegen geboten sei. Die Erklärung kann auch noch abgegeben werden, nachdem der Verletzte die Antragsfrist ungenutzt verstreichen ließ (BGHSt **6** 258), während laufender Frist auf sein Antragsrecht verzichtete (BGH MDR **1956** 270) oder den rechtzeitig gestellten Antrag zurücknahm[267]. Auch hindert die Einstellung des Privatklageverfahrens, selbst durch Urteil, wegen fehlenden Strafantrags die Staatsanwaltschaft nicht, von neuem Anklage wegen eines besonderen öffentlichen Interesses zu erheben. Die Erklärung der Staatsanwaltschaft kann in jeder Lage des Verfahrens, auch noch in der Revisionsinstanz nachgeholt werden[268]. Diese Möglichkeit entfällt, wenn die Staatsanwaltschaft ein öffentliches Interesse verneint und das Verfahren vor dem Tatrichter daraufhin mit Einstellung oder Freispruch geendet hat (BGHSt **19** 377). Eine solche Verneinung liegt auch vor, wenn die Staatsanwaltschaft aus einem schwereren Strafgesetz Anklage erhoben hat und sie sich auf den Hinweis des Gerichts, daß abweichend von der im Eröffnungsbeschluß zugelassenen Anklage möglicherweise nur eine Verurteilung wegen eines der Rdn. 120 bezeichneten Antragsdelikte in Betracht komme (für das ein Strafantrag fehlt), weigert, eine Erklärung hierzu abzugeben (BGHSt **19** 377), während einer späteren Nachholung der Erklärung eines besonderen öffentlichen Interesses nichts im Wege steht, wenn der Sitzungsvertreter den gerichtlichen Hinweis nur schweigend entgegennahm[269].

122   **c) Zurücknahme der Erklärung.** Streitig ist, ob die Staatsanwaltschaft, wenn sie bei der Anklageerhebung das besondere öffentliche Interesse bejahte, diese Erklärung nach Eröffnung des Hauptverfahrens zurücknehmen kann. Z. T. war unter Berufung auf § 156 StPO die Auffassung vertreten, daß die Staatsanwaltschaft durch eine abweichende Erklärung, ein besonderes öffentliches Interesse liege nicht oder nicht mehr vor, dem Verfahren seine prozessuale Grundlage nicht mehr entziehen könne und nur ggf. eine Einstellung des Verfahrens wegen Geringfügigkeit nach § 153 Abs. 2 StPO in Betracht komme[270]. Den Vorzug verdient aber die überwiegend vertretene Gegenmeinung, daß aus praktischen Gründen der Staatsanwalt entsprechend einer wechselnden Verfahrenslage den bei der Anklageerhebung eingenommenen bejahenden Standpunkt ändern könne mit der Folge, daß nunmehr eine Prozeßvoraussetzung entfällt[271]. Nachdem BVerfGE **51** 177 = NJW **1979** 1591 ausgesprochen hat, die von der h. M angenommene Nichtüberprüfbarkeit der Wertung der Staatsanwaltschaft durch das Gericht sei

[267] Dies gilt nach KG JR **1986** 478 jedenfalls dann nicht, wenn der Verletzte zu einer Zeit, als das Vergehen nur auf seinen Antrag hin verfolgbar war, den gestellten Strafantrag zurückgenommen hat, weil er von dem Täter Schadensersatz erhalten hatte und erst nach diesem Zeitpunkt das Gesetz (hier § 109 UrhG) dahin geändert wird, daß der fehlende Strafantrag durch die Erklärung der Staatsanwaltschaft ersetzt wird, sie halte wegen des besonderen öffentlichen Interesses ein Einschreiten von Amts wegen für geboten, und die Staatsanwaltschaft eine entsprechende Erklärung abgibt; in einem solchen Fall sei dem Täter ein verfassungsrechtlicher, aus

dem Rechtsstaatsprinzip folgender Vertrauensschutz zuzubilligen (Verweisung auf BVerfGE **25** 269, 290 und dazu Kap. 12 86).
[268] BGHSt **6** 285; MDR **1974** 756; BGH bei *Dallinger* MDR **1975** 367.
[269] BGH bei *Dallinger* MDR **1975** 367.
[270] RGSt **77** 72; OLG Bremen JZ **1956** 663; *Oehler* JZ **1956** 632; LR-*Rieß* § 206 a, 46 mit weit. Nachw.
[271] BGHSt **19** 377, 380; BGH MDR **1974** 546; BGH vom 14. 1. 1982 – 4 StR 658/81; KG NJW **1961** 59; LR-*Wendisch* § 376, 18; *Kleinknecht/Meyer*[37] § 376, 7; weit. Nachw. bei LR-*Rieß* § 206 a, 46 Fußn. 122.

nicht grundgesetzwidrig, erscheint das Argument, die Staatsanwaltschaft könne sich nicht über eine abweichende Auffassung des Gerichts hinwegsetzen, nicht überzeugend. Auch läßt der Einwand, die h. M mache die Staatsanwaltschaft zum Herrn des Verfahrens, wenn sie noch in der Revisionsinstanz das besondere öffentliche Interesse wieder verneinen könne, unbeachtet, daß es auch sonst Ausnahmen vom Grundsatz des § 156 gibt (§§ 153 c Abs. 3; 153 d Abs. 2; 411 Abs. 3 Satz 1); die gerichtliche Nachprüfbarkeit der von der Staatsanwaltschaft angenommenen Bedeutung (§ 24 Abs. 1 Nr. 3 GVG) aber dient der Wahrung des Grundsatzes des gesetzlichen Richters, die im vorliegenden Zusammenhang nicht in Frage gestellt ist. Schließlich ist — dies gegen LR-*Rieß* § 206 a, 46 — im Zeichen des OpferschutzG 1986 wohl schwerlich zu besorgen, daß sich die Staatsanwaltschaft über die Belange des Verletzten hinwegsetzt, der im Vertrauen auf die staatsanwaltschaftliche Erklärung die Stellung eines Strafantrags unterlassen oder seinen Antrag zurückgenommen hat. Die Streitfrage ist ohne Bedeutung, wenn die Staatsanwaltschaft ihre Erklärung, daß ein besonderes öffentliches Interesse die Verfolgung gebiete, nach Eröffnung des Hauptverfahrens in Fällen zurücknimmt, in denen der Fortgang des Verfahrens durch einen wirksamen Strafantrag gesichert ist; dann hat die Erklärung, daß ein besonderes öffentliches Interesse nicht oder nicht mehr vorliege, keinesfalls die Wirkung, daß dem Verfahren die prozessuale Grundlage entzogen wird, sondern sie stellt sich lediglich als eine materielle Bewertung der Tat dar.

d) Abweichende Beurteilung des Gerichts. Eine problematische Situation ergibt **123** sich, wenn das Gericht bei Beurteilung der Tat von der Bewertung der Staatsanwaltschaft abweicht, nämlich wenn die Staatsanwaltschaft Anklage aus einem schwereren Gesetz ohne Antragserfordernis erhoben hat, während das Gericht ein geringeres Antragsdelikt annimmt[272]. Hat z. B. die Staatsanwaltschaft Anklage aus § 223 a StGB (gefährliche Körperverletzung; kein Antragsdelikt) erhoben, während das Gericht nur einfache Körperverletzung (§ 223 StGB; Antragsdelikt) annimmt, so fragt sich, ob es, wenn ein wirksamer Strafantrag fehlt, zu deren Aburteilung einer ausdrücklichen Erklärung der Staatsanwaltschaft bedarf, daß sie ein besonderes öffentliches Interesse an der Verfolgung annehme, oder ob das Gericht davon auszugehen hat, daß bereits in der Anklageerhebung eine entsprechende Bewertung der Tat nach allen Richtungen liegt, solange nicht die Staatsanwaltschaft das Gegenteil erklärt. Die gleiche Frage stellt sich, wenn die Staatsanwaltschaft unter ausdrücklicher Bejahung des besonderen öffentlichen Interesses (vgl. Nr. 234 Abs. 2 RiStBV) Anklage z. B. wegen vorsätzlicher Körperverletzung erhoben hat, das Gericht aber nur fahrlässige Körperverletzung annimmt und ein wirksamer Strafantrag des Verletzten nicht vorliegt. Nach RGSt **75** 341; **76** 8; **77** 357 ist davon auszugehen, daß die Staatsanwaltschaft, nachdem sie mit der Anklageerhebung die Verfolgung von Amts wegen für geboten hielt, unter diesen Umständen auch für das verbleibende Delikt die Verfolgung von Amts wegen wegen eines besonderen öffentlichen Interesses noch für geboten hält, solange sie nicht selbst eine gegenteilige Erklärung abgibt. BGHSt **19** 377 = NJW **1964** 1969 neigt, ohne die Frage zu entscheiden, zu der Auffassung, daß in einer kraft des Legalitätsprinzips erhobenen Anklage, weil es dabei für eine Ermessensentscheidung an jeder Grundlage fehle, eine positive Erklärung, es liege ein besonderes Interesse vor, nicht zu finden sei. Nach Nr. 234 Abs. 3 RiStBV soll der Staatsanwalt in diesem Fall erklären, ob er ein Einschreiten von Amts wegen für geboten halte; ein bloßes Zitat des § 232 in der Anklageschrift stellt keine genügende Erklärung dar (BGH vom 1. 8. 1978 — 5 StR 547/78 —). Wegen weiterer Einzelheiten muß auf die Erläuterungswerke zum Strafgesetzbuch, insbes. zu

---

[272] Vgl. dazu *Kröpil* DRiZ **1986** 19.

§ 232 StGB verwiesen werden. Über die Frage, inwieweit die Erklärung der Staatsanwaltschaft nach der Richtung, ob ein besonderes öffentliches Interesse an der Strafverfolgung vorliegt, der gerichtlichen Nachprüfung unterliegt, vgl. Kap. **8** 15 und LR-*Schäfer*[23] (§ 23, 26 EGGVG).

124   **3. Ermächtigung, Strafverlangen** (§ 77 e StGB). In einer Reihe von Strafvorschriften wird die Durchführung eines Strafverfahrens davon abhängig gemacht, daß eine Behörde oder Stelle ein Strafverlangen (§ 104 a StGB) stellt oder die Ermächtigung zur Verfolgung erteilt (§§ 90 Abs. 4, 90 b Abs. 2, 97 Abs. 3, 104 a, 194 Abs. 4, 353 a Abs. 2, 353 b Abs. 4 StGB). Diese Akte sind in gleicher Weise wie der Strafantrag nach §§ 77 ff StGB Prozeßvoraussetzungen. Jedoch sind (vgl. § 77 e) die für den Strafantrag geltenden Vorschriften auf Strafverlangen und Ermächtigung nur z. T. entsprechend anwendbar. Strafverlangen und Ermächtigung sind insbesondere nicht an die Antragsfrist des § 77 b gebunden. Wohl aber sind sie — wie der Strafantrag — zurücknehmbar (§§ 77 e, 77 d) und sachlich und persönlich teilbar; ferner gelten §§ 127 Abs. 3, 130 StPO in gleicher Weise wie bei zunächst fehlendem Strafantrag auch beim Ausstehen von Strafverlangen und Ermächtigung (s. auch § 78 b Abs. 1 Satz 2 StGB). Wo das materielle Recht neben dem Verletzten auch seinem Dienstvorgesetzten ein Antragsrecht einräumt (§§ 194 Abs. 3 Satz 1, 232 Abs. 2, 355 Abs. 3 StGB), handelt es sich um einen Strafantrag i. S. des § 77; § 77 a regelt, wer als Dienstvorgesetzter anzusehen ist.

125   **4. Eheschließung.** Im Fall des § 238 Abs. 2 StGB ist die Eheschließung ein auflösend bedingtes Verfahrenshindernis, das mit der **Auflösung und Nichtigkeitserklärung der Ehe** entfällt. Solange die Bedingung nicht eingetreten ist, führt also die Eheschließung zur Einstellung des Verfahrens[273].

5. Vorabentscheidung[274]

126   **a) Allgemeines.** Bei bestimmten Straftaten macht das Gesetz — hauptsächlich zur Vermeidung widersprechender Entscheidungen in rechtlicher oder tatsächlicher Hinsicht — die Verfolgung von der Vorabentscheidung einer anderen Behörde oder eines anderen Gerichts abhängig. Diejenige Behörde soll nach dem Willen des Gesetzes mit der Entscheidung vorangehen, die über die besseren Mittel zur tatsächlichen Feststellung und zur rechtlichen Würdigung verfügt. Das Gericht darf eine Sachentscheidung in dem bei ihm eingeleiteten Verfahren nicht erlassen, bevor die andere Behörde, die gleichfalls ein Gericht sein mag, abschließend entschieden hat. Z. T. ist dabei auch vorgeschrieben, daß der Strafrichter an die in dem vorausgehenden Verfahren (vor einer Verwaltungsbehörde oder — vgl. §§ 190, 258 Abs. 2 StGB — vor einem anderen Gericht) getroffene Entscheidung gebunden ist. Soweit es sich dabei um die Bindung an die im vorangehenden Verfahren getroffene Entscheidung **eines anderen Gerichts** handelt, unterliegen solche Vorschriften keinem rechtlichen Bedenken im Hinblick auf Art. 97 Abs. 1 GG. Denn diese Vorschrift garantiert die richterliche Unabhängigkeit nur im Verhältnis zu den Trägern nichtrichterlicher Gewalt; wird aber ein Gericht an die Entscheidung eines anderen Gerichts (des gleichen oder eines anderen Gerichtsbarkeitszweiges) gebunden, so liegt nur eine mit Art. 97 Abs. 1 GG vereinbare Aufteilung der Zuständigkeit unter verschiedenen Gerichten vor[275]. Rechtliche Bedenken bestehen auch nicht, wenn die Aussetzung des gerichtlichen Verfahrens bis zur Entscheidung einer Verwaltungsbe-

---

[273] RGSt **2** 62; **6** 334; **7** 298; **15** 122; **15** 262; **22** 137; **41** 155; **74** 382.

[274] Schrifttum s. bei § 262.

[275] BVerfG NJW **1961** 655; näher LR-*Schäfer*[23] § 1, 16 GVG.

hörde vorgeschrieben ist und diese Entscheidung entweder das Gericht nicht bindet oder nur deshalb bindet, weil es sich um einen rechtsetzenden (konstitutiven) Verwaltungsakt handelt[276].

b) Zweifelhaft ist dagegen, ob und inwieweit Vorschriften, die eine **Bindung des** **127** **Strafrichters an nichtrechtsetzende (nichtkonstitutive) Entscheidungen einer Verwaltungsbehörde** vorsehen und eine Aussetzung des Strafverfahrens bis zum Ergehen einer solchen Entscheidung vorschreiben, mit der Unabhängigkeit der Gerichte und ihrem Rechtsprechungsmonopol (Art. 92, 97 GG) vereinbar sind. Diese Frage wurde besonders bezüglich der §§ 7, 40 Abs. 3 des früher geltenden PersonenbeförderungsG vom 4. 12. 1934 (RGBl. I 1217) erörtert[277], wobei überwiegend und mit wechselnder Begründung diesen Vorschriften die Weitergeltung abgesprochen wurde.

c) Die **neuere Gesetzgebung** ist deshalb dazu übergegangen, von Bindungen des **128** Strafrichters an Vorabentscheidungen von Verwaltungsbehörden abzusehen. So ließ das Personenbeförderungsgesetz vom 21. 3. 1961 — BGBl. I 241 — (§§ 10, 60) die im PersonenbeförderungsG 1934 vorgesehene Bindung fallen. § 468 a. F RAbgO, wonach die rechtskräftige Entscheidung der Finanzbehörde (oder des Finanzgerichts) über Grund und Betrag des Steueranspruchs in bestimmtem Umfang Voraussetzung für die Entscheidung des Strafrichters über die Steuerhinterziehung oder fahrlässige Steuerverkürzung war (BGHSt **14** 11), wurde durch das ÄnderungsG vom 10. 8. 1967 (BGBl. I 877) aufgehoben, und § 396 AO 1977 bestimmt — in Klarstellung dessen, was sich bereits aus entsprechender Anwendung des § 262 Abs. 2 ergeben würde — lediglich, daß, wenn die Beurteilung einer Tat als Steuerhinterziehung davon abhängt, ob ein Steueranspruch besteht oder verkürzt ist oder ein Steuervorteil zu Unrecht erlangt ist, das Strafverfahren bis zum rechtskräftigem Abschluß des Besteuerungsverfahrens ausgesetzt werden kann; an die im Besteuerungsverfahren ergangene Entscheidung ist der Strafrichter nicht gebunden[278]. Aufgehoben wurde auch durch das gleiche ÄnderungsG § 423 a. F RAbgO, wonach die im ehrengerichtlichen Verfahren getroffene Feststellung einer Verletzung der Berufspflicht eine Voraussetzung für die Einleitung einer strafrechtlichen Verfolgung eines Rechtsanwalts wegen einer fahrlässigen Steuerzuwiderhandlung bildete; § 411 AO 1977 bestimmt lediglich, daß, bevor gegen einen Rechtsanwalt, Steuerberater, Steuerbevollmächtigten, Wirtschaftsprüfer oder vereidigten Buchprüfer ein Bußgeldbescheid wegen einer Steuerordnungswidrigkeit, die er in Ausübung seines Berufs bei der Beratung in Steuersachen begangen hat, erlassen wird, die Finanzbehörde der zuständigen Berufskammer Gelegenheit zu geben hat, die Gesichtspunkte vorzubringen, die von ihrem Standpunkt aus für die Entscheidung von Bedeutung sind; diese Vorschrift gilt nur für Bußgeldbescheide des Finanzamts, nicht aber für Bußgelderkenntnisse des Gerichts nach §§ 45, 82 OWiG.

d) Das Problem der **Vorabentscheidung als** Verfahrensvoraussetzung erhebt sich **129** nicht, wenn das Gesetz eine bestimmte vorangegangene Entscheidung eines Gerichts oder einer Verwaltungsbehörde zum **Tatbestandsmerkmal** oder wenigstens zur objektiven Bedingung der Strafbarkeit in der Strafnorm **erhoben hat**, wie dies — angesichts früherer Zweifelsfragen, die an §§ 90 a, 93, 129 a. F StGB anknüpften[279] — jetzt bei den

---

[276] Vgl. BayVerfGH **1963** 376; näher LR-*Gollwitzer* § 262, 15.

[277] Vgl. BayObLG NJW **1960** 1534 mit Nachw. aus Rechtsprechung und Schrifttum und *Gall* NJW **1960** 1509.

[278] Zur neuerdings viel diskutierten Problematik der Reichweite des § 396 AO vgl. näher LR-*Rieß* § 154 d, 7 mit weit. Nachw. sowie zuletzt BGH NJW **1987** 1274.

[279] Vgl. BGHSt **6** 318, 322 einerseits, BVerfG NJW **1961** 723; BGH NJW **1961** 1315 andererseits.

sog. Organisationsdelikten der §§ 84 ff StGB der Fall ist, deren Strafbarkeit von einem vorangegangenen unanfechtbaren oder wenigstens vollziehbaren Verbot (oder einer entsprechenden Feststellung ihres verbotenen Charakters) abhängt.

130   e) Ist ein **sofort vollziehbarer Verwaltungsakt sanktionsbewehrt** (durch Strafgesetz oder Bußgeldandrohung), so hat das Gericht, sofern er nicht offenbar nichtig ist, ohne Rücksicht auf seine mögliche Anfechtbarkeit von seiner Bestandskraft auszugehen. Dies gilt z. B. für die Anwendbarkeit des § 123 StGB, wenn der Täter entgegen einem öffentlichrechtlichen und für sofort vollziehbar erklärten Hausverbot in ein öffentliches Dienstgebäude eindringt[280]. Die Strafbarkeit (Ahndbarkeit) der Zuwiderhandlung bleibt auch dann bestehen, wenn der Verwaltungsakt nach Tatbegehung auf Grund einer vom Täter erhobenen Anfechtungsklage im verwaltungsgerichtlichen Verfahren aufgehoben wird; daher besteht keine Verpflichtung, ein Strafverfahren, das den Verstoß gegen den vollziehbaren Verwaltungsakt zum Gegenstand hat, wegen der Anhängigkeit des verwaltungsgerichtlichen Verfahrens über die Anfechtung auszusetzen[281].

131   f) Die **Hauptfälle**, in denen der Strafrichter eine Vorabentscheidung einer anderen Stelle abwarten muß, sind die folgenden: Nach § 154 e StPO, der an die Stelle der früheren §§ 164 Abs. 3, 191 StGB getreten ist, soll von der Erhebung der öffentlichen Klage wegen falscher Verdächtigung oder Beleidigung (§§ 164, 185 bis 187 a StGB) abgesehen werden, solange wegen der angezeigten oder behaupteten Handlung ein Straf-oder Disziplinarverfahren anhängig ist; ist die öffentliche oder eine Privatklage bereits erhoben, so hat das Gericht das Verfahren bis zum Abschluß des Straf- oder Disziplinarverfahrens einzustellen. Der Abschluß dieser Verfahren ist also Prozeßvoraussetzung für das Verfahren wegen falscher Verdächtigung oder Beleidigung[282]. Da § 154 e nur widersprechende tatsächliche Feststellungen ausschließen will, ist die Vorschrift unanwendbar, wenn das Verfahren betr. die falsche Verdächtigung oder Beleidigung sich bereits in der Revisionsinstanz befindet und erst jetzt das andere Verfahren anhängig wird (RGSt **26** 365). Die Nichtbeachtung des Verfahrenshindernisses führt in der Revisionsinstanz, da es sich nur um ein vorübergehendes Hindernis handelt, nicht zur Einstellung nach § 260 Abs. 3 (BGH GA **1979** 223), sondern zur Aufhebung und Zurückverweisung[283]. Der Tatrichter verstößt durch Aburteilung auch dann gegen das Gebot des § 154 e, wenn er zwar keine Kenntnis von der gegen den falsch Verdächtigten oder Beleidigten erstatteten Strafanzeige hat, sich diese Kenntnis aber aus den von ihm beigezogenen Akten hätte verschaffen können[284].

132   g) **Entscheidungskonzentration.** In anderen Fällen ist die **Entscheidung einer Rechtsfrage**, auf die es für die Entscheidung ankommt, einem bestimmten Gericht übertragen, sei es wegen der überragenden Bedeutung dieser Frage, sei es im Interesse

[280] BGHSt **23** 86, 91; dazu LK-*Schäfer* § 123, 47; *Dreher/Tröndle*[43] § 123, 8, jeweils mit weit. Nachw.

[281] BGHSt **23** 86 (betr. Bestrafung nach § 123 StGB wegen Eindringens während des sofort vollziehbaren Betretungsverbots); BVerfGE **32** 40 (betr. Zulässigkeit der Bestrafung eines Soldaten wegen Gehorsamsverweigerung, der nach Einreichung der verwaltungsgerichtlichen Klage auf Anerkennung als Kriegsdienstverweigerer, aber vor der Entscheidung sich weigerte, militärischen Dienst zu tun).

[282] RGSt **31** 231; **41** 155; BGHSt **8** 151; **10** 88.

[283] BGHSt **8** 154; Kap. **11** 54. Eine andere (und hier nicht weiter zu erörternde) Frage ist, ob der Verstoß in der Revisionsinstanz von Amts wegen (so die h. M) oder nur auf ordnungsmäßige Rüge nach § 344 Abs. 2 Satz 2 (so LR-*Rieß* 154 e, 22 mit weit. Nachw.) zu beachten ist.

[284] BayObLG JZ **1959** 253.

der Erhaltung oder Herbeiführung der Rechtseinheit. Dann hat das andere Gericht mit seinem eigenen Verfahren innezuhalten (Verfahrenshindernis) und die Frage dem dafür zuständigen Gericht vorzulegen und dessen Entscheidung als Vorabentscheidung für die eigene Entscheidung abzuwarten. Fälle dieser Art sind in § 121 Abs. 2 GVG und in Art. 100 Abs. 1, 2, 126 GG (Verfassungsmäßigkeit von Gesetzen; Zweifel, ob eine Regel des Völkerrechts Bestandteil des Bundesrechts ist, Fortgeltung von vorkonstitutionellem Recht als Bundesrecht) geregelt[285]. Auch hier ist, wenn das Gericht das Verfahrenshindernis übersieht und selbst entscheidet, mit der Rechtskraft der Entscheidung der Mangel geheilt.

6. Rücksicht auf das Verhältnis zu einer ausländischen Behörde. Wird ein Beschul- **133** digter von einer ausländischen Macht der deutschen Gerichtsgewalt ausgeliefert (Einlieferung), so kann der Umfang der Aburteilungsbefugnis, wie er sich aus den Vorschriften des deutschen Rechts ergibt, durch Erklärung des ausliefernden Staates im Einzelfall, durch bestehende Auslieferungsverträge, das EuAuslÜbK und schließlich durch den allgemeinen völkerrechtlichen Grundsatz der sog. Spezialität, der nach Art. 25 GG als Inlandsrecht gilt (s. auch § 12 IRG vom 23. 12. 1984), beschränkt sein (näheres vor § 156 GVG). Auslieferungsvertrag und Auslieferungsbescheid sind maßgebend für die tatsächliche und rechtliche Begrenzung der Verfolgung des ausgelieferten Beschuldigten. Also müssen die Gerichte — auch die Rechtsmittelgerichte — wenn sie über einen Ausgelieferten zu urteilen haben, von Amts wegen prüfen, ob und inwieweit die Verfolgung des Beschuldigten nach dem im Einzelfall geltenden Auslieferungsrecht zulässig ist; wird die Zulässigkeit verneint, so muß das Verfahren wegen Mangels der Verfahrensvoraussetzung eingestellt werden[286] (gegen die Annahme eines Prozeßhindernisses v. *Weber* JZ **1963** 515). Dagegen ist es Aufgabe der Behörden des ausliefernden Staats, darüber zu wachen, daß die Bewilligung der Auslieferung den dort geltenden Vorschriften entspricht; den deutschen Gerichten steht z. B. kein Nachprüfungsrecht zu, wenn der Beschuldigte geltend macht, daß er nicht habe ausgeliefert werden dürfen[287]. Wird das Verfahrenshindernis der beschränkten Aburteilungsbefugnis übersehen und die ergangene Entscheidung rechtskräftig, so ist das Urteil wirksam, denn es liegt hier nicht ein Fall fehlender Gerichtsbarkeit vor, in dem (s. Kap. **16** 7) die Überschreitung der Gerichtsbarkeit auch das rechtskräftige Urteil unwirksam (nichtig) macht[288].

XI. Sachliche und örtliche Zuständigkeit. Strafbann

1. Allgemeines. Auch sachliche und örtliche Zuständigkeit des Gerichts sind von **134** Amts wegen zu prüfende (§§ 6, 16 Satz 1) Verfahrensvoraussetzungen, deren Bedeutung sich im Hinblick auf den Grundsatz des gesetzlichen Richters (Art. 101 Abs. 1 Satz 2 GG, § 16 GVG) ergibt[289]. Und zwar ist sachliche Unzuständigkeit ein dauerndes Prozeßhindernis (BGHSt **18** 79, 81; NJW **1975** 886), örtliche Unzuständigkeit dagegen

---

[285] Näher LR-*Schäfer*[23] § 1, 16 GVG; LR-*Gollwitzer* § 262, 48 ff.

[286] RGSt **70** 286; BGHSt **18** 218; **19** 119; **22** 307; **29** 94; NJW **1960** 220; GA **1980** 314.

[287] BGH NJW **1977** 2355.

[288] BGH MDR **1982** 1031. Wegen weiterer Einzelheiten vgl. LR-*Rieß* § 206 a, 51; 52.

[289] Ganz h. M, vgl. nur BGHSt **18** 79, 81; LR-*Rieß* § 206 a, 38 f; **a. A** in neuerer Zeit wohl nur LR-*Niethammer*[20] Einl. S. 50, dagegen ausführlich LR-*Schäfer*[23] Einl. Kap. **12** 132 Fußn. 29.

nur ein Hindernis von zeitlich vorübergehender Bedeutung (§ 16, Satz 2, 3 StPO)[290]. Die sachliche Unzuständigkeit indessen führt, wenn sie hervortritt — und darin unterscheidet sie sich von anderen dauernden Prozeßhindernissen — nicht zur Einstellung des Verfahrens, sondern, soweit sie nicht nach § 269 überhaupt unbeachtlich ist, im Eröffnungsverfahren zur Eröffnung vor dem zuständigen Gericht (§ 209 Abs. 1) oder zur Vorlage an dieses Gericht (§ 209 Abs. 2), im Hauptverfahren zur Verweisung an das zuständige Gericht (§§ 270, 328 Abs. 3, 355).

135   **2. Formen der Zuständigkeitsverschiebung.** Die Verweisung an ein Gericht höherer Ordnung wegen sachlicher Unzuständigkeit erfolgt in der Hauptverhandlung durch Beschluß nach § 270. Hält das Gericht nach Ergehen des Eröffnungsbeschlusses, aber vor Beginn einer Hauptverhandlung die Zuständigkeit eines Gerichts höherer Ordnung für begründet, so erfolgt nach dem durch das StrÄG 1979 eingefügten § 225 a[291] keine Verweisung, vielmehr legt das Gericht die Sache (mit Vorlegungsbeschluß) dem für zuständig erachteten Gericht vor, das, wenn es seine Zuständigkeit bejaht, die Sache durch Übernahmebeschluß mit dem im § 225 a Abs. 3 bezeichneten Inhalt übernimmt, bei Verneinung seiner Zuständigkeit aber die Übernahme förmlich durch Beschluß ablehnt und die Akten an das vorlegende Gericht zurückleitet. Die Ablehnung der Übernahme schließt aber nicht aus, daß das Gericht, wenn es auf Grund in der Hauptverhandlung gewonnener *neuer* Erkenntnisse die Zuständigkeit des Gerichts höherer Ordnung für gegeben hält, trotz der früheren Ablehnung gemäß § 270 — und nunmehr mit bindender Wirkung — an dieses Gericht verweist[292].

136   **3. Prüfung der sachlichen Zuständigkeit.** Nach § 6 hat das Gericht seine sachliche Zuständigkeit in jeder Lage des Verfahrens von Amts wegen zu prüfen. Daraus ergibt sich, daß das Gericht des ersten Rechtszuges und das Berufungsgericht ihre sachliche Zuständigkeit stets nach den Regeln des Freibeweises zu prüfen haben und die Vorlegungspflicht (§ 225 a) sowie die Verweisungspflicht (§ 270 Abs. 1) ist nicht erst dann gegeben, wenn das Gericht die Tatsachen, aus denen die Zuständigkeit des anderen Gerichts folgt, als erwiesen, sondern schon dann, wenn es sie als wahrscheinlich ansieht (RGSt **64** 180). Dagegen wurde die Frage, ob das **Revisionsgericht** nur seine eigene sachliche Zuständigkeit oder auch die des vor ihm mit der Sache befaßten Gerichts von Amts wegen zu prüfen habe, früher nicht einheitlich beantwortet. Nach RGSt **34** 256; **62** 63 hatte zwar das RG seine eigene Zuständigkeit von Amts wegen zu prüfen, also, ob die Revisionszuständigkeit des Reichsgerichts oder des Oberlandesgerichts gegeben sei; dagegen sollte das Reichsgericht im Hinblick auf §§ 338 Nr. 4, 344 zur Prüfung der sachlichen Zuständigkeit der Vorinstanz nur berechtigt und verpflichtet sein, wenn ein Beteiligter die Unzuständigkeit rügte. Im Gegensatz dazu sah RGSt **61** 322 in der Überschreitung der sachlichen Zuständigkeit durch den Vorderrichter einen Mangel, der auch

---

[290] Wegen der Behandlung des Falles, daß ein Gericht mit erstinstanzlicher Spezialzuständigkeit für Straftaten nach bestimmten Vorschriften (des OLG nach § 120 Abs. 1 GVG) die Untersuchung zugleich mit der Anklage auf Gesetzesverletzungen beschränkt, die nicht seine erstinstanzliche Zuständigkeit begründen, vgl. BGHSt **29** 341 = NStZ **1981** 151 mit krit. Anm. *Dünnebier*; wegen des umgekehrten Falles, daß die zur allgemeinen Strafkammer erhobene Anklage auch Taten umfaßt, die zur Zuständigkeit einer Spezialkammer gehören (hier: wegen Steuerstraftaten, die zur Zuständigkeit der Wirtschaftsstrafkammer gehören), vgl. BGH NStZ **1987** 132.

[291] Vgl. näher die Erl. zu § 225 a sowie neuestens *Hohendorf* NStZ **1987** 389.

[292] LR-*Gollwitzer* § 225 a, 33.

ohne Rüge von Amts wegen aufzuklären und ohne Rücksicht darauf, ob das Urteil darauf beruht, durch Aufhebung des Urteils unter Verweisung nach § 355 zu berücksichtigen sei. Diese letztere Auffassung hat sich in der Folgezeit durchgesetzt[293]. Die unverändert beibehaltene „undeutliche Regelung" des § 338 Nr. 4 steht dem nicht entgegen; diese findet ihre Erklärung darin, daß bei Inkrafttreten der StPO die Lehre von den Prozeßvoraussetzungen und ihren Wirkungen noch nicht anerkannt war[294]. Ohne Bedeutung ist dabei, ob der Angeklagte durch die Verkennung der sachlichen Unzuständigkeit beschwert ist oder nicht (BGHSt **13** 157).

4. Jugendgericht und Erwachsenengericht. In diesem Bereich haben die Auffassungen mehrfach gewechselt. Ein Fall der unter dem Gesichtspunkt einer fehlenden Verfahrensvoraussetzung von Amts wegen zu würdigenden sachlichen Unzuständigkeit lag nach der Rechtsprechung des RG, der zunächst auch der BGH folgte, auch vor, wenn die **Erwachsenengerichte** mit Sachen befaßt werden, die vor die **Jugendgerichte** gehören, also z. B. an Stelle des Jugendrichters der Amtsrichter[295] oder an Stelle des Jugendschöffengerichts oder der Jugendkammer die große Strafkammer[296] entscheidet oder wenn umgekehrt das Jugendgericht in die Zuständigkeit des Erwachsenengerichts eingreift[297]. Dann gab, um Umständlichkeiten zu vermeiden, die durch öffentliche Interessen nicht geboten seien, BGHSt **18** 29 (GrS) = NJW **1963** 60 diese Rechtsprechung auf; ihm folgte überwiegend auch das Schrifttum, während abweichende Stimmen im Schrifttum[298] den „Schutzgedanken" des JGG ins Feld führten. Nach nunmehr herrschender oder wenigstens überwiegend vertretener Auffassung[299] lag jetzt eine von Amts wegen zu berücksichtigende sachliche Unzuständigkeit nur vor, wenn das (Jugend- oder Erwachsenen-)Gericht die eigene Strafgewalt überschritt, während im übrigen das versehentliche Eindringen in den Geschäftsbereich des Jugend- oder Erwachsenengerichts (z. B. Entscheidung durch den Amtsrichter statt durch den Jugendrichter) sich nur als ein Übergriff in den Geschäftsbereich einer anderen Gerichtsabteilung gleichen Ranges darstellte und vom Revisionsgericht nur auf Rüge zu prüfen war. Es konnte danach das irrtümlich angegangene Erwachsenengericht die Sache an das gleichrangige Jugendgericht des Gerichtsbezirks abgeben und umgekehrt (BGHSt **18** 173).

Schließlich fügte das StVÄG 1979 die §§ 209 a, 225 a ein und änderte die §§ 270 StPO, 103 JGG. Danach wird zwar die Zuständigkeit der Jugendgerichte in mancherlei Weise wie die Zuständigkeit eines Spruchkörpers höherer Ordnung behandelt. Jedoch wirkt sich das bloß für den Tatrichter aus, der die Zuständigkeit von Amts wegen auch ohne besonderen Einwand zu beachten hat, ohne daß dadurch der dem Jugendgericht beigelegte Vorrang vor dem allgemeinen Gericht den Charakter einer Verfahrensaussetzung im technischen Sinn angenommen hätte. Eingriffe des Erwachsenengerichts in die Zuständigkeit des Jugendgerichts und umgekehrt werden demgemäß nach h. M vom Revisionsgericht nur auf ordnungsgemäße Verfahrensrüge beachtet[300].

---

[293] RGSt **66** 256; **67** 58; BGHSt **7** 76; **10** 74; **13** 157; **13** 378; **14** 64; **18** 79, 81; BGH NJW **1960** 2203.

[294] BGHSt **10** 75; LR-*Hanack* § 338, 66.

[295] BayObLG NJW **1955** 959.

[296] BGHSt **7** 26; **8** 349; **10** 64; **13** 161; BGH NJW **1960** 2203.

[297] BGHSt **9** 399; **10** 74.

[298] Z. B. *Hanack* JZ **1971** 90; *Brunner* JR **1975** 202.

[299] Nachw. bei LR-*Hanack* § 338, 77; LR-*Rieß* § 206 a, 40.

[300] LR-*Rieß* § 209 a, 40; LR-*Hanack* § 338, 77. S. auch § 47 a JGG, wonach ein Jugendgericht sich nach Eröffnung des Hauptverfahrens nicht deshalb für unzuständig erklären darf, weil die Sache vor ein für allgemeine Strafsachen zuständiges Gericht gleicher oder niedrigerer Ordnung gehöre.

137

137

138   **5. Zuständigkeit besonderer Strafkammern.** Auch der Zuständigkeitsvorrang der in §§ 74 bis 74 c GVG bezeichneten Strafkammern (Schwurgerichts-, Staatsschutz- und Wirtschaftskammer) stellt sich — und zwar sowohl gegenüber den allgemeinen Strafkammern wie auch gemäß § 74 e GVG untereinander — nach der in §§ 6 a, 209 a, 225 a, 270 getroffenen Regelung nicht als eine Verfahrensvoraussetzung im technischen Sinn dar, da es sich nach dem Zweck der funktionellen Zuständigkeitskonzentration um eine Maßnahme handelt, die sich einer nur geschäftsverteilungsmäßig begründeten Zuteilung des sachlichen Geschäftsbereichs an bestimmte Spruchkörper nähert, so daß der Eingriff in diesen Bereich von geringerem Gewicht ist[301]. Im Verhältnis zwischen Erwachsenen- und Jugendgericht besteht keine dem § 6 a entsprechende Vorschrift[302].

138a   Im Zusammenhang mit den die Bedeutung des § 6 a in der **Berufungsinstanz** betreffenden Fragen[303] ist kurz auf die Problematik hinzuweisen, die sich ergibt, wenn die allgemeine Strafkammer erst in der Hauptverhandlung auf Grund neuer Tatsachenfeststellung die Zuständigkeit einer Spezialkammer erkennt. Im Fall OLG Celle JR **1987** 31 (m. abl. Anm. *Seebode*) war der Angekl. wegen gefährlicher Körperverletzung zu einer geringen Geldstrafe verurteilt worden; in der Berufungsinstanz kam die allgemeine Strafkammer auf Grund neuer tatsächlicher Feststellungen in der Hauptverhandlung zu dem Ergebnis, daß versuchter Totschlag vorliege, hob durch „Urteil" das schöffengerichtliche Urteil auf und verwies die Sache gemäß § 328 Abs. 3 an die Schwurgerichtskammer. Der Angeklagte legte dagegen „Revision" wegen Verletzung sachlichen Rechts ein. Das OLG sah in der „Revision" eine Beschwerde gegen einen Verweisungsbeschluß einer erstinstanzlichen Strafkammer, der im Hinblick auf § 6 a nicht hätte erfolgen dürfen, und verwarf die Beschwerde gegen die Verweisung in ihrer Eigenschaft als Eröffnungsbeschluß gemäß § 210 als unzulässig. Demgegenüber macht *Seebode* in seiner Anmerkung geltend, § 328 Abs. 3 sei vom Landgericht zutreffend angezogen worden. Eine *entsprechende* Anwendung des § 6 a mit der Rügebeschränkung nach Satz 2, 3 scheide aus, denn § 6 a verfolge zwar das „aller Ehren werte Ziel", Verfahrensverzögerungen zu vermeiden, der Grundsatz des gesetzlichen Richters habe aber den Vorrang. Das ist wenig überzeugend. Mit Wirkung vom 1. 4. 1987 ist übrigens durch StVÄG 1987 der § 328 Abs. 2 gestrichen worden, weil dies „ohne Einbuße an Rechtsschutz der Entlastung und Verfahrensbeschleunigung dient" (Begr. RegEntw. BT-Drucks. **10** 1313 S. 31), während der bisherige Abs. 3 — jetzt als Abs. 2 — bestehen bleiben mußte, denn „er konkretisiert für die Berufungsinstanz den in § 6 ausgesprochenen Grundsatz und vermeidet die sonst gebotene Verfahrenseinstellung" (Begr. aaO).

139   **6.** Im **gerichtlichen Bußgeldverfahren** hat das Gericht nicht von Amts wegen die sachliche Zuständigkeit der Verwaltungsbehörde zu prüfen, die den mit Einspruch angefochtenen Bußgeldbescheid erlassen hat[304].

140   **7.** Erwächst die Sachentscheidung, die das sachlich unzuständige Gericht erlassen hat, in Rechtskraft, so **heilt die Rechtskraft den Mangel**, wie sich ohne weiteres aus §§ 328 Abs. 2, 338 Nr. 4, 355 ergibt[305].

---

[301] Vgl. dazu LR-*Rieß* § 206 a, 40; LR-*Hanack* § 338, 74; 76.

[302] BGHSt **30** 260; BGH bei *Holtz* MDR **1981** 269.

[303] Dazu z. B. OLG Düsseldorf JR **1982** 514 mit Anm. *Rieß*; *Schlüchter* 680.

[304] So BayObLG GA **1974** 244 unter Auseinandersetzung mit abw. Stimmen im Schrifttum.

[305] RGSt **55** 100; **56** 352; **71** 378.

8. Die **örtliche Zuständigkeit** steht an Bedeutung hinter der sachlichen Zuständig- **141**
keit weit zurück. Während die Wahrung des öffentlichen Wohls maßgebend dafür ist,
daß die Untersuchung und Entscheidung bestimmter strafbarer Handlungen wegen
ihrer Schwere oder Eigenart Gerichten höherer Ordnung oder Gerichten mit besonderer
Besetzung (Jugendgerichte) oder Spezialspruchkörpern wegen der durch die Zuständigkeitskonzentration für bestimmte Geschäftsbereiche erworbenen besonderen Sachkunde (Schwurgerichtskammer usw.) anvertraut wird, üben auch Zweckmäßigkeitsgründe einen erheblichen Einfluß auf die Verteilung gleichartiger Strafsachen unter die
nach örtlichen Rücksichten ausgewählten Gerichte gleicher Ordnung aus. Dementsprechend ist die örtliche Zuständigkeit durch § 16 StPO in ihren Wirkungen abgeschwächt;
die Erörterung der Frage der örtlichen Zuständigkeit ist eingeschränkt[306]. Eine Prüfung von Amts wegen findet nach Eröffnung des Hauptverfahrens nicht mehr statt. Der
Beschuldigte muß den Einwand der örtlichen Unzuständigkeit in der Hauptverhandlung bis zum Beginn der Vernehmung zur Sache geltend machen. Führt die Verhandlung, nachdem das Recht des Beschuldigten zur Erhebung eines Einwandes erloschen
ist, zu einer tatsächlichen Feststellung oder zu einer rechtlichen Würdigung, aus der die
Unzuständigkeit des Gerichts an sich folgen würde, so muß es doch bei der einmal begründeten örtlichen Zuständigkeit verbleiben (RGSt **65** 267). Im Auslieferungsverfah-
ren wird der Beschluß des OLG über die Zulässigkeit der Auslieferung durch den Mangel der örtlichen Zuständigkeit (§ 14 IRG) nicht berührt (BGH NJW **1958** 759).

9. Für bestimmte Strafsachen sieht das GVG eine **Konzentration der Zuständig-** **142**
keit bei einem Gericht innerhalb eines größeren Gerichtsbezirks vor. So ist z. B. nach
§ 74 a GVG die Strafkammer des Landgerichts, in dessen Bezirk das Oberlandesgericht
seinen Sitz hat, als Staatsschutzstrafkammer bei bestimmten politischen Verbrechen und
Vergehen für den ganzen Oberlandesgerichtsbezirk zuständig. Über weitere Fälle dieser
Art s. insbes. § 74 c Abs. 3, 4 (Wirtschaftstrafkammer), § 78 a (Strafvollstreckungskammer), § 120 (Staatsschutzstrafsenat), § 140 a (Wiederaufnahmegericht). In solchen Fällen
handelt es sich um die Begründung einer sachlichen Zuständigkeit nur insoweit, als Gerichten mit Rang unter dem Gericht, bei dem die Zuständigkeit liegt (im Beispielsfall:
den Amtsgerichten des Oberlandesgerichtsbezirks) die Zuständigkeit entzogen ist. Dagegen liegt im Verhältnis zu den gleichrangigen Gerichten des Bezirks nur die Begründung einer örtlichen Zuständigkeit vor, so daß also, wenn in einer der in § 74 a GVG bezeichneten Strafsachen statt der Staatsschutzstrafkammer am Sitz des Oberlandesgerichts eine andere Strafkammer des Bezirks entscheidet, nicht die Überschreitung der
sachlichen, sondern nur die der örtlichen Zuständigkeit in Frage steht[307].

10. **Strafbann.** Ist die Kompetenz eines Gerichts auf eine bestimmte Höhe der **143**
Strafe begrenzt oder ist seine Kompetenz für andere Rechtsfolgen der Tat ausgeschlossen oder beschränkt, so ist nach überwiegend vertretener Auffassung in der Rechtsmittelinstanz die Überschreitung der Kompetenz unter dem Gesichtspunkt eines Prozeßhindernisses zu beurteilen. Dies gilt z. B. bei Verletzung des § 212 b Abs. 1 Satz 2[308]
oder des § 24 Abs. 2 GVG[309]. Streitig ist die Bedeutung solcher Kompetenzbegrenzun-
gen, wenn sie nicht schlechthin, sondern — wie im Fall des § 233 Abs. 1 Satz 2 — von bestimmten Voraussetzungen (dort: „in seiner Abwesenheit") abhängig gemacht ist[310].

---

[306] *Oetker* JZ **1928** 2260.
[307] BGHSt **13** 378; s. aber auch LR-*Schäfer*[23]
§ 74 a, 2 GVG.
[308] Dazu LR-*Rieß* § 212 b, 5, 22; **a. A** jetzt

OLG Oldenburg (Vorlagebeschluß) NStZ
1987 90.
[309] LR-*Schäfer*[23] § 24, 21 GVG.
[310] S. dazu LR-*Gollwitzer* § 233, 40.

Karl Schäfer

XII. Sühneversuch

144   Nach § 380 ist die Erhebung der Privatklage wegen bestimmter Vergehen erst zulässig, nachdem von einer Vergleichsbehörde die Sühne erfolglos versucht worden ist. Der Sühneversuch ist eine Klagevoraussetzung und erfordert Prüfung von Amts wegen. Hat ein Sühneversuch vor Erhebung der Klage nicht stattgefunden, so ist die Klage zurückzuweisen; eine Nachholung kommt — was freilich sehr streitig ist — nicht in Betracht (LR-*Wendisch* § 380, 32). Eröffnet aber (unrichtigerweise) das Gericht gleichwohl das Verfahren, so ist dadurch der Mangel der Klagevoraussetzung geheilt, da der Zweck, die Klage zu vermeiden, nicht mehr erfüllt werden kann und es dem Gericht jederzeit freisteht, den versäumten Sühneversuch durch die eigene Bemühung um gütliche Befriedigung zu ersetzen (§ 380, 45).

KAPITEL 13

Die Prozeßmaximen

Übersicht

Karl Schäfer

A. Allgemeines

1   **1. Begriff und Wesen.** Die Aufgabe, die die StPO dem erkennenden Gericht im Strafverfahren zuweist, ist, die Wahrheit zu erforschen und ein gerechtes Urteil zu fällen. Diese Zielsetzung erschien dem Gesetzgeber so selbstverständlich, daß sich die StPO in ihrer ursprünglichen Fassung nach beiden Richtungen eines ausdrücklichen Ausspruchs hierüber enthielt — erst Jahrzehnte nach dem Inkrafttreten der StPO und auch nur zur Verdeutlichung ist die Wahrheitserforschungspflicht des Gerichts in der Hauptverhandlung förmlich niedergelegt worden[1] — und sich damit begnügte, den

---

[1] Vgl. LR-*Gollwitzer* Entstehungsgeschichte zu § 244.

Weg zu regeln, auf dem die Wahrheit zu finden sei, und damit Garantien für die Fällung eines gerechten, dem sachlichen Recht entsprechenden Urteils zu schaffen. Dieser Weg aber ist nicht ein mehr oder weniger zwangsläufig durch die Natur der Sache, das Wesen des Prozesses oder Überlegungen der Dogmatik oder Rechtslogik gewiesener, sondern ist das Ergebnis eines positiv-rechtlichen Abwägens zwischen widerstreitenden Belangen (Kap. 4 1), und die Auffassungen über die zweckmäßigste Gestaltung des Verfahrens, über die „richtige", d. h. dem Ideal der Ausgleichung sich am meisten nähernde Grenzziehung zwischen der Macht des verfolgenden Staats und dem Schutzbedürfnis des Individuums, zwischen dem öffentlichen Interesse an straffer Durchführung des Prozesses im Zuge einer raschen und nachdrücklichen Verbrechensverfolgung und dem Interesse des Beschuldigten an möglichst weitgehender Ausdehnung seiner Schutz- und Verteidigungsrechte und seinem Interesse an Rehabilitierung und Resozialisierung sind, wie die Darstellung der Änderungen, die StPO und GVG seit ihrem Inkrafttreten am 1. 10. 1879 (auch durch ergänzende Nebengesetze wie BZRG und StrEG) bis heute erfahren haben, und die Übersicht über die in diesem Zeitraum hervorgetretenen und unerfüllt gebliebenen Reformwünsche (Kap. 3 bis 5) zeigen, wandelbar und werden vom Wechsel der weltanschaulichen Vorstellungen und der politischen und wirtschaftlichen Verhältnisse, ja selbst von gewissen vorübergehenden Tagesbedürfnissen beeinflußt. Schließlich wirken auch Regelungen des Auslands, die ihrerseits — unbeschadet der Übereinstimmung in gewissen grundsätzlichen Fragen, die aus der Menschenrechtskonvention und dem IPBR erhellt — von Staat zu Staat und von Kontinent zu Kontinent wechseln, auf die Reformideen und schließlich auch auf die gesetzgeberischen Maßnahmen ein. Immerhin haben sich aber mit der Durchsetzung des reformierten Strafprozesses im 19. Jahrhundert gewisse Grundprinzipien (Prozeßmaximen) herausgebildet, die, von der StPO übernommen, den deutschen Strafprozeß charakterisieren und die, in Zeiten des Krieges, wirtschaftlicher Not und haushaltsmäßig bedingter Verknappung der Rechtsgewährungs-„Ressourcen" (Personaleinschränkungen), bedrohlichen Anwachsens der Kriminalität und der Zunahme von Monstreprozessen mit über Monate sich erstreckenden Hauptverhandlungen und in einer der Vergangenheit angehörigen Periode entarteter Staatsgewalt vorübergehend abgeschwächt oder zurückgedrängt, bis heute, wenn auch nicht ohne mehr oder minder weitgehende Änderungen im einzelnen, so doch im Grundsatz in Geltung geblieben sind[2]. Sie werden ihrerseits von dem obersten Prinzip der Rechtsstaatlichkeit beherrscht, dessen immanente Wesensmerkmale die Gerechtigkeit, die Rechtssicherheit und die Verhältnismäßigkeit des Mittels zu dem erstrebten Zweck sind[3].

2. Einschränkungen. Diese Grundprinzipien sind aber nicht streng und bis zur **2** letzten Konsequenz durchgeführt, sondern von **Ausnahmen** durchbrochen, zu denen die Ausgleichung gegensätzlicher Interessen zwang. So ist z. B. der Verfolgungszwang (unten Rdn. 28 ff) zur Milderung von Schärfen, die er im Einzelfall mit sich bringt, aber auch aus kriminalpolitischen, Rationalisierungs- und Zweckmäßigkeitsgründen und aus Erwägungen der Staatsraison im Lauf der Zeit zunehmend eingeschränkt worden. Und der Grundsatz der Mündlichkeit und Unmittelbarkeit (unten Rdn. 59, 65) gilt zwar, wenn es zur Hauptverhandlung kommt, aber die überwiegende Zahl der kleineren

---

[2] Über den Wandel der Bedeutung der Prozeßmaximen (ursprünglich Beschreibung prinzipieller Gegenpositionen zum Inquisitionsprozeß, heute Determinierung von Funktionszusammenhängen) und die daraus folgende Notwendigkeit der Relativierung vgl. *Rieß* FS K. Schäfer 188 ff.

[3] Vgl. BVerfGE 7 89, 92; NJW **1969** 1059; BGHSt **18** 274, 279.

Straffälle wird ohne Hauptverhandlung, nämlich durch Strafbefehl, z. T. durch Einstellung gemäß § 153 a erledigt. Dem Grundsatz der Mündlichkeit wird hier dadurch Genüge getan, daß dem Beschuldigten das Recht zusteht, durch Einlegung des Einspruchs, im Falle des § 153 a durch Verweigerung seiner Zustimmung, eine Hauptverhandlung herbeizuführen. Auch gestattet das Gesetz zuweilen in Fällen, in denen eine Hauptverhandlung grundsätzlich stattfindet, zur Beschleunigung des Verfahrens bei einfacher Sachlage von der Hauptverhandlung abzusehen und im schriftlichen Verfahren durch Beschluß zu entscheiden (§§ 206 a, 206 b, 349 Abs. 2[4] und 4, 371 Abs. 1), z. T. auch in der Form, daß grundsätzlich durch Beschluß entschieden wird, eine mündliche Verhandlung aber stattfindet, wenn ein Beteiligter es beantragt oder das Gericht es von Amts wegen für angebracht hält (§ 441). Auch gibt es — abweichend von dem Grundsatz, daß die Hauptverhandlung mit einem Urteil schließt (§ 260 Abs. 1) — Kombinationen von Urteil und Beschluß. So wird neben dem Urteil in der Hauptsache über Nebenpunkte durch Beschluß entschieden (z. B. §§ 268, 268 a: Entscheidung über die Strafaussetzung zur Bewährung durch Urteil, über Bewährungszeit, Auflagen usw. durch gleichzeitigen Beschluß; §§ 464, 464 b: Entscheidung über die Kosten des Verfahrens und über die notwendigen Auslagen eines Beteiligten durch Urteil, über deren Höhe durch Beschluß), oder die Entscheidung, ob Urteil oder Beschluß, ist dem Gericht überlassen (vgl. § 8 StrEG: Entscheidung über die Entschädigung des Freigesprochenen im Urteil, notfalls durch Beschluß). Mitunter ist auch die Entscheidung durch Urteil vorgeschrieben, die Anfechtung erfolgt aber — wie bei einem Beschluß — durch Beschwerde (vgl. § 464 Abs. 3 betr. Verfahrenskosten).

B. Die einzelnen Grundsätze

I. Der Anklagegrundsatz

3   **1. Trennung von inquirierender und richtender Tätigkeit.** Ein wesentliches Merkmal des gemeinrechtlichen Inquisitionsprozesses war die Vereinigung der Tätigkeiten des Verfolgens und des Richtens in einer Hand, der des Richters. Zum Richten aber gehört innere Unbefangenheit, die bei dem nicht erwartet werden kann, der früher angreifend und ermittelnd in der Sache tätig geworden ist; und noch weniger wird der Beschuldigte dem Richter das Vertrauen der inneren Unbefangenheit und Unparteilichkeit entgegenbringen, wenn dieser ihm zunächst angreifend und inquirierend, gewissermaßen als Gegner gegenübergetreten ist. Auf der psychologischen Grunderfahrung von der Unvereinbarkeit der Stellung von Inquirent und Richter in einer Person beruhten die Forderungen in der Reformbewegung des 19. Jahrhunderts, beide Aufgabenbereiche zu

---

[4] Bei der Diskussion um die Aufrechterhaltung des § 349 Abs. 2 (Verwerfung der Revision als offensichtlich unbegründet durch Beschluß des Revisionsgerichts; vgl. Kap. **3** 71) war es also kein sinnvolles Argument gegen diese Vorschrift, wenn geltend gemacht wurde, das schriftliche Verfahren „verstoße" gegen den Grundsatz der Mündlichkeit, denn dieser Grundsatz gilt nicht apodiktisch, sondern nur in der Ausprägung und mit den Beschränkungen, die das geltende Recht vorsieht. Die Frage konnte also nur lauten, ob die lex lata insoweit auf einer zweckmäßigen Interessenabwägung beruhe. Auch mit Art. 6 Abs. 1 MRK, soweit er dem Beschuldigten Anspruch auf „öffentliches Gehör" zuerkennt, steht § 349 Abs. 2 nicht in Widerspruch, denn der Mündlichkeitsgrundsatz gilt in erster Linie für die Tatsacheninstanzen und läßt dem nationalen Gesetzgeber Raum für Vorschriften, die für das auf die rechtliche Nachprüfung beschränkte Revisionsverfahren Ausnahmen vorsehen.

trennen, die Aufgabe des Einschreitens und Ermittelns einem besonderen Organ, einem die Öffentlichkeit, die Staatsgewalt repräsentierenden Ankläger zu übertragen und dem Gericht die weitere Verfügung über das Verfahren erst durch einen förmlichen Akt, die Erhebung der öffentlichen Klage, zu überlassen, wenn der Ankläger auf Grund seiner Ermittlungen und des zusammengetragenen Belastungsmaterials einen hinreichenden Tatverdacht für gegeben hält. Diese Forderungen fanden um die Mitte des 19. Jahrhunderts im reformierten Strafprozeß ihre gesetzgeberische Verwirklichung, und auf diesem Grundgedanken beruht auch die Regelung der Strafprozeßordnung.

2. Die Klage als Prozeßvoraussetzung. Grundsätzlich wird danach gegen straf- **4** bare Handlungen von Amts wegen eingeschritten. Das Einschreiten von Amts wegen ist jedoch dem Gericht verwehrt. Nur ausnahmsweise hat der Richter des Amtsgerichts bei Gefahr im Verzug auf Grund des § 165 als „Notstaatsanwalt" einzelne der Vorbereitung der öffentlichen Klage dienende Untersuchungshandlungen vorzunehmen. Vielmehr wird die Eröffnung einer gerichtlichen Untersuchung gemäß § 151 durch die Erhebung einer Klage bedingt **(Anklagegrundsatz)**. Die Klage bildet eine Voraussetzung für die Zulässigkeit der gerichtlichen Untersuchung und Entscheidung; sie ist Verfahrensvoraussetzung, der Mangel einer ordnungsmäßigen Klage ein Verfahrenshindernis (Kap. **12** 1 ff). Zur Erhebung der öffentlichen Klage ist nach § 152 Abs. 1 der Staatsanwalt berufen. Er kann die von ihm erhobene öffentliche Klage nach § 156 regelmäßig nicht mehr zurücknehmen, wenn das Hauptverfahren eröffnet[5] und damit die Herrschaft des Gerichts über das Verfahren begründet ist (Ausnahme §§ 153 c Abs. 3, 4, 153 d Abs. 2, 411 Abs. 3 — mit der aus Satz 3 [i. d. F. des StVÄG 1987] sich ergebenden Einschränkung —), während der Privatkläger einer solchen Beschränkung nicht unterliegt (§ 391).

3. Konsequenzen und Einschränkungen

a) Prinzipielle Konsequenzen. In **strengster Folgerichtigkeit** durchgeführt, würde **5** der Anklagegrundsatz etwa zu folgender Verfahrensgestaltung führen: Die ermittelnde Tätigkeit liegt ausschließlich dem Staatsanwalt ob. Der Richter trägt keine Verantwortung für die Klage; die Klageerhebung führt alsbald zur Hauptverhandlung. In dieser treten zwei Beteiligte, der Kläger und der Angeklagte, behauptend und begehrend vor ihm auf. Sie tragen — zumeist widerstreitend — vor, was die Klage erhärten oder entkräften soll. Der Richter ist aus der untersuchenden Tätigkeit völlig verdrängt und ausschließlich damit betraut, den Stoff, den die am Verfahren Beteiligten vor ihm ausbreiten, in sich aufzunehmen und hieraus das Bild zu formen, auf das er die Entscheidung stützt. Das geltende Strafverfahren ist jedoch nicht so gestaltet.

b) Eröffnungsentscheidung. Eine Abweichung besteht zunächst darin, daß dem **6** Hauptverfahren, dessen Kernstück die Hauptverhandlung bildet, ein **Zwischenverfahren**, das **Eröffnungsverfahren** vorgeschaltet ist. Die Anklageschrift des Staatsanwalts enthält den Antrag, das Hauptverfahren vor einem bestimmten Gericht zu eröffnen (§§ 199 Abs. 2, 200 Abs. 1); das Gericht ist an die Zuständigkeitsauffassung der Staatsanwaltschaft jedoch nicht gebunden. Das Gericht prüft aber nicht nur seine örtliche und sachliche Zuständigkeit, sondern auch, ob der Angeschuldigte nach den bisherigen Ermittlungen einer strafbaren Handlung hinreichend verdächtig ist (§ 203). Der Angeschuldigte wird zuvor gehört (§ 201). Das Gericht kann ergänzende Ermittlungen an-

---

[5] Oder die Eröffnung des Hauptverfahrens abgelehnt ist (OLG Frankfurt JR **1986** 470 mit Anm. *Meyer-Goßner*; LR-*Rieß* § 156, 7 mit weit. Nachw.).

Karl Schäfer

ordnen (§ 202). Soweit es nicht wegen sachlicher Unzuständigkeit nach §§ 209 Abs. 2, 209 a verfährt, lautet seine abschließende Entscheidung auf Eröffnung des Hauptverfahrens und Zulassung der Anklage zur Hauptverhandlung oder Ablehnung der Eröffnung des Hauptverfahrens; vorübergehende Verfahrenshindernisse führen zu vorläufiger Einstellung des Verfahrens (§§ 203 bis 205). Der Sinn dieses Zwischenverfahrens ist die „negative Kontrollfunktion": dem Angeschuldigten zu ersparen, sich in einer öffentlichen Hauptverhandlung verantworten zu müssen, wenn nach Sachlage mit einer Verurteilung mangels hinreichenden Verdachts nicht zu rechnen ist, aber auch das erkennende Gericht von der Belastung mit einer überflüssigen Hauptverhandlung freizuhalten.

7   Die **Kehrseite dieser Vorprüfung** ist freilich, daß das in der Hauptverhandlung erkennende Gericht, obwohl an den Eröffnungsbeschluß nicht gebunden (§§ 261, 264 Abs. 2), doch wenigstens in den Augen des Angeklagten als innerlich festgelegt erscheinen kann. So ist — von den Vorwürfen, daß es schleppend und umständlich, aber auch ungeeignet sei, die Interessen der Anklage oder des Beschuldigten zu wahren, ganz abgesehen — die Zweckmäßigkeit des Eröffnungsverfahrens seit langem umstritten, und auch die Stellungnahme des Gesetzgebers und der amtlichen Reformgremien hat im Laufe der Zeit gewechselt[6].

8   c) **Frühere Voruntersuchung.** Eine weitere Durchbrechung des Grundsatzes, den Richter von inquirierender Tätigkeit freizuhalten, bildete früher die **gerichtliche Voruntersuchung** (§§ 178 ff a. F.), die durch das 1. StVRG vom 9. 12. 1974 beseitigt wurde. In ihr fiel dem Untersuchungsrichter die Aufgabe zu, durch eigene Sachaufklärung die dem beschließenden Gericht obliegende Entscheidung vorzubereiten, ob gegen den Beschuldigten hinreichender Tatverdacht besteht. Abgesehen von der Erwägung, daß es dem Schutz des Beschuldigten diene, wenn die Ermittlungen nicht in der Hand eines weisungsgebundenen Staatsanwalts, sondern in der eines unabhängigen Richters lägen (BVerfG NJW **1969** 1104, 1106), erwartete man bei der Schaffung der Strafprozeßordnung von ihr eine besonders günstige Aufklärung des Sachverhalts und sah darin einen Ausgleich für das Fehlen einer zweiten Tatsacheninstanz in den erstinstanzlich vor das Reichsgericht, die Oberlandesgerichte, die Schwurgerichte und die Strafkammern gehörigen Sachen. Die Voruntersuchung gehörte seitdem zu den umstrittensten Einrichtungen der Strafprozeßordnung[7].

9   Die **Erwägungen**, die schließlich 1974 **zur Beseitigung der Voruntersuchung** führten, stehen im Zusammenhang mit dem Hauptanliegen des 1. StVRG, das Strafverfahren durch Übertragung bisher richterlicher Zuständigkeiten auf den Staatsanwalt zu straffen und zu beschleunigen. Die Begründung des Entwurfs (BT-Drucks. 7 551, S. 38) führt dazu u. a. aus, die Übernahme der Voruntersuchung „aus dem durch uneingeschränkte Verfahrensherrschaft [des Richters] gekennzeichneten Inquisitionsprozeß" in die Strafprozeßordnung habe auf einem „gewissen Mißtrauen" des Gesetzgebers des Jahres 1877 „gegenüber dem damals noch jungen Amt des Staatsanwalts" beruht, das jedenfalls heute nicht mehr gerechtfertigt sei. Es möge zwar zutreffen, daß Angeschuldigter und Zeugen dem Untersuchungsrichter unbefangener und offener gegenüberträten als dem Staatsanwalt. Dem wird als Argument entgegengesetzt: „Ein Rechtsstaat sollte

---

[6] Vgl. dazu Vor § 198 Entstehungsgeschichte und Rdn. 13 ff mit weit. Nachw.; ferner 23. Aufl. Einl Kap. **13** 7 betr. die Vorschläge des EGStGB-Entw. 1930, des StPO-Entw. 1939 und Reformvorschläge des Schrifttums.

[7] Vgl. näher 23. Aufl., Einl. Kap. **13** 8; auch zu den verschiedenen Einschränkungsvorschlägen.

aber der vertrauenden Offenheit der Beteiligten nicht damit begegnen, daß er ein seiner Natur nach staatsanwaltschaftliches Amt durch einen Richter führen läßt, dessen Niederschriften zudem noch in der Hauptverhandlung als richterliche Protokolle zum Zwecke des Beweises verlesen werden können (§ 251 Abs. 1)"[8].

4. Beweisaufnahme in der Hauptverhandlung. Kritik

a) Allgemeines. Als eine **weitere Durchbrechung** des Grundsatzes, den Richter **10** von inquirierender Tätigkeit freizuhalten, kommt noch die im § 238 StPO angeordnete Übertragung der **Vernehmung** des Angeklagten und der Erhebung der Beweise in der Hauptverhandlung an den **Vorsitzenden** in Betracht. Seit langem werden auch diese Einrichtungen als lästiges Überbleibsel älterer, nach dem Untersuchungsgrundsatz geformter Ordnungen bekämpft. Reformvorschläge, vor allem von seiten der Anwaltschaft, gipfeln in dem Wunsch nach allgemeiner Einführung des dem anglo-amerikanischen Vorbild angepaßten Kreuzverhörs[9].

b) Das **Kreuzverhör im geltenden Recht** ist nach § 239 nur in beschränktem Um- **11** fang zulässig, nämlich nur, wenn Staatsanwalt und Verteidiger es übereinstimmend beantragen; es erstreckt sich nur auf die von ihnen benannten Zeugen und Sachverständigen. Sein Wesen besteht darin, daß die Aufnahme des Beweises insoweit vom Vorsitzenden (§ 238) auf die „Parteien" übergeht und die Sachleitung des Vorsitzenden während der Dauer des Kreuzverhörs sich auf die Verhinderung von Mißbräuchen und die Zurückweisung ungeeigneter oder nicht zur Sache gehöriger Fragen beschränkt (§ 241). Dagegen bewirkt das Kreuzverhör nicht, daß das Gericht für diesen Ausschnitt des Verfahrens in die Rolle des zuschauenden Unparteiischen versetzt wird, der lediglich das Ergebnis der Vernehmung so, wie es von den Parteien geformt ist, entgegenzunehmen und im Urteil zu werten hat; vielmehr tritt nach Beendigung des Kreuzverhörs die Aufgabe des Gerichts, das zur Erforschung der Wahrheit Erforderliche zu tun (§ 244 Abs. 2), wieder in Kraft, und der Vorsitzende hat demgemäß auch nach dem Kreuzverhör die ihm zur weiteren Aufklärung der Sache erforderlich erscheinenden Fragen an die Zeugen und Sachverständigen zu richten (§ 239 Abs. 2). **Ausgeschlossen** ist nach § 241 a das Kreuzverhör gegenüber Zeugen unter 16 Jahren[10].

Das Kreuzverhör in dieser Form hat **keine praktische Bedeutung erlangt**; in den **12** seltensten Fällen wird von ihm Gebrauch gemacht. Das mag sich daraus erklären, daß im System eines Verfahrensrechts, das dem **Gericht** die Aufgabe zuweist, die **materielle** Wahrheit als Grundlage seines Urteils zu erforschen, das Kreuzverhör sich als ein Fremdkörper darstellt und auch von den an die Formen des deutschen Strafprozesses gewöhnten Beteiligten so empfunden wird. So fehlt es denn völlig an praktischen Erfahrungen für eine Prognose, mit welchen Ergebnissen zu rechnen wäre, wenn die Beweisaufnahme nach dem Vorbild des anglo-amerikanischen Rechts umgestaltet würde, von dem die Befürworter einer solchen Reform sich eine Abhilfe gegenüber den Mängeln des deutschen Rechts und im Ergebnis eine Verminderung von Fehlurteilen versprechen[11].

---

[8] Vgl. näher, auch zur Kritik, 23. Aufl., Einl. Kap. 13 9, 10; s. ferner *Peters*[4] 533 (Forderung nach einer staatsanwaltschaftlichen Voruntersuchung); *Schünemann* JA **1982** 72.

[9] Vgl. dazu zuletzt u. a. jeweils mit weit. Nachw. *Dencker* Informelles Kreuzverhör, FS Kleinknecht (1985) 79; *Roxin* Fragen der Hauptverhandlungsreform im Strafprozeß, FS Schmidt-Leichner 145; *Weißmann* Die Stellung des Vorsitzenden in der Hauptverhandlung (1982) 25 ff mit weit. Nachw.; ferner die Nachw. in der 23. Aufl., Einl. Kap. 13 11 Fußn. 2.

[10] Vgl. zur Begründung die 23. Aufl., Einl. Kap. 13 12 mit Nachw.

[11] Ansätze zu einer empirischen Untersuchung aber bei *Weißmann* (Fußn. 9).

13 **c) Kritik.** Die **Mängel des geltenden Rechts** sehen seine **Kritiker** zunächst darin, daß der Vorsitzende (und neben ihm der Berichterstatter oder auch alle richterlichen Mitglieder des Gerichts) die Akten des Vorverfahrens kennt. Nach den Ergebnissen des Vorverfahrens könne er bereits eine mehr oder weniger feste Vorstellung von der Schuld des Angeklagten erlangt haben, die auf die Art seiner Verhandlungsleitung nicht ohne Einfluß sei. Es liege dann nahe, daß er seine Aufgabe darin sehe, den Angeklagten im Sinne der Anklage zu überführen. Auch verliere er, durch die Tätigkeit des Inquirierens in Anspruch genommen, den freien Überblick. Die Befürchtung oder gar die aus dem Verhalten des Vorsitzenden entnehmbare Erkenntnis, daß dieser ihn bereits für schuldig halte, nehme dem Angeklagten den Glauben an die Unbefangenheit und Unparteilichkeit des Gerichts und hemme ihn in seiner Verteidigung, die ohnedies dadurch beschränkt sei, daß der Angeklagte nicht alles ihm geeignet erscheinende Entlastungsmaterial selbst aufbieten könne, sondern auf die Stellung von Beweisanträgen angewiesen sei und in der Furcht lebe, ob seinen Anträgen auch stattgegeben werde.

14 **d)** Im **anglo-amerikanischen Strafprozeß**, namentlich im englischen Recht, liegt es freilich entscheidend anders[12]. Der englische Richter kennt keine Akten, er überwacht, gleichsam ein Schiedsrichter, das fair trial der Parteien, in deren Händen in vollem Umfang die Beweisaufnahme liegt. Dazu tritt ein System von komplizierten Beweisregeln, das dem deutschen Strafprozeß (vgl. § 261) fremd ist[13]. Allerdings wird dem englischen Richter auch nicht zugemutet, auf der Grundlage dieser weitgehend ohne sein Mitwirken erarbeiteten „formellen Wahrheit" über die Schuld des Angeklagten zu entscheiden; diese Entscheidung erfolgt vielmehr durch den Wahrspruch der Geschworenen, und die Mitwirkung des Richters beschränkt sich auf deren Rechtsbelehrung und den Strafausspruch, wenn der Wahrspruch auf schuldig lautet.

15 Zur Abrundung des Bildes ist wichtig zu wissen, daß in England nur etwa 2 % aller Strafsachen in dem geschilderten Verfahren unter richterlichem Vorsitz abgeurteilt werden; die übrigen 98 % werden im sog. **summarischen Verfahren** durch Magistrates-Laien-Friedensrichter — nur in einigen Großstädten berufsmäßige Richter — erledigt[14].

5. Stellungnahme zu den Reformwünschen

16 **a)** Die **früheren Entwürfe** hatten sich gegenüber den Wünschen einer Umgestaltung des Hauptverfahrens zum Parteiprozeß ablehnend verhalten. Art. 70 Nr. 133 EGStGB-Entw. 1930 schlug lediglich vor, das Kreuzverhör auch auf die von Amts wegen geladenen Zeugen und Sachverständigen zu erstrecken. Die Begründung (S. 83) bemerkt dazu, an die Erörterungen auf dem Salzburger Juristentag 1928[15] anknüpfend, „die zur Zeit noch nicht genügend geklärte Frage" müsse einer späteren Gesamtreform der StPO überlassen werden, um so mehr, als gewichtige Stimmen aus den Kreisen der Wissenschaft und insbesondere der Praxis sich über die angeblichen Vorzüge des Kreuzverhörs sehr skeptisch ausgesprochen hätten. Selbst der Vorschlag der Reichsratsvorlage, das Zustandekommen eines Kreuzverhörs dadurch zu erleichtern, daß der

---

[12] Vgl. aus dem neueren Schrifttum vor allem *Herrmann* Die Reform der deutschen Hauptverhandlung nach dem Vorbild des anglo-amerikanischen Strafverfahrens (1971); ferner *Meister* Zur englischen Strafgerichtsbarkeit, DRiZ **1978** 306; *Richter* Der englische Richter – ein Fürst? FS Wassermann

177; weiteres Schrifttum und ausführlichere Darstellung in der 23. Aufl., Einl. Kap. **13** 14 ff.
[13] Vgl. dazu auch *Middendorf* FS Sarstedt 248.
[14] *Grünhut* FS v. Weber 343.
[15] Vgl. Verh. des 35. DJT S. 134 ff – *Graf zu Dohna* – und S. 441 ff – *Alsberg* –.

Vorsitzende befugt sein sollte, schon auf Antrag *einer* der Parteien das Kreuzverhör anzuordnen, hatte im Reichsrat keine Mehrheit gefunden. Der StPO-Entwurf 1939 wollte das Kreuzverhör überhaupt beseitigen, weil es mit der Pflicht des Gerichts, die Wahrheit von Amts wegen zu erforschen, unvereinbar sei und in der gerichtlichen Praxis kaum Leben gewonnen habe. „Wurde es gelegentlich angewandt, so hat es meist dann versagt, wenn es auf die schwierige Feststellung innerer Tatsachen ankam. Die Gefahr eines Mißbrauchs, insbesondere durch suggestive Fragen, kann auch dadurch nicht ganz ausgeschlossen werden, daß der Vorsitzende nach der Regelung des bisherigen Rechts bei Mißbrauch einschreiten und nach Abschluß des Kreuzverhörs selbst ergänzende Fragen stellen kann." In Vorwegnahme dieser Reformpläne wurde das Kreuzverhör durch die 2. VereinfachungsVO vom 13. 8. 1942 beseitigt, durch das RechtsvereinheitlichungsG 1950 aber wieder in der bisherigen Form eingeführt. Doch hat auch in der Zeit danach das Kreuzverhör keine praktische Bedeutung erlangt.

    b) Schrifttum. Das deutsche Schrifttum hat sich bisher überwiegend ablehnend ge- **17** genüber den Wünschen einer Gestaltung der Beweisaufnahme nach anglo-amerikanischem Vorbild geäußert. Diese Stellungnahme war auch mit beeinflußt durch die Erfahrungen, als in der Zeit nach dem zweiten Weltkrieg die Besatzungsgerichte in Anlehnung an die Grundsätze des anglo-amerikanischen Prozeßrechts auf deutschem Boden Recht sprachen und die Öffentlichkeit sich an Ort und Stelle ein Bild über die Handhabung des Kreuzverhörs und seine ihm nachgerühmten Vorzüge machen konnte. Das Ergebnis dieser — freilich in einer ressentimentgeladenen Zeit gewonnen und deshalb nicht allgemeingültigen — Erfahrungen hat *Niethammer* unter Verweisung auf seine Ausführungen JZ **1951** 132 in der 20. Auflage dieses Werkes (S. 31) in die Worte gefaßt: „Die Lehre, die gezogen werden konnte, als fremde Gerichte das Kreuzverhör auf deutschem Boden gegen deutsche Angeklagte anwandten, läßt den Wunsch nicht aufkommen, daß diese Art der Beweiserhebung in der deutschen Strafrechtspflege Leben gewinne und sich ausbreite." Und ebenso meint *Eb. Schmidt* (I 365): „Daß unser Verfahrensrecht uns vor einem Anwalt des *Staates* bewahrt hat, der prozeßrechtlich in der Lage wäre, entlastendes Material zu unterdrücken, nur um als Partei die Anklage zu halten und die Verurteilung durchzusetzen, das sollte man gerade nach den Erfahrungen, die uns die Tätigkeit anglo-amerikanischer Ankläger in Prozessen auf deutschem Boden vermittelt hat, als eine niemals preiszugebende Errungenschaft zu würdigen wissen." Auch nach zeitlicher Entfernung von den vorerwähnten Ereignissen hat sich an der überwiegend ablehnenden Stellungnahme des Schrifttums nichts geändert[16].

    c) Kombinationsformen. Eine Beweisaufnahme nach anglo-amerikanischem Vor- **18** bild **ausschließlich in der Hand der Parteien** ist überhaupt nur denkbar in einem Verfahren, in dem nicht ein mit rechtsgelehrten Richtern (neben Laienrichtern) besetztes Ge-

---

[16] S. außer den im Text Genannten u. a. *Bader* NJW **1949** 737 ff; ders. in „Strafprozeß und Rechtsstaat", FS Pfenninger 8; ders. JZ **1962** 720 „. . . die schweren Unzulänglichkeiten des englischen Strafverfahrens mit seinen halb antiquierten, halb spielerischen Beweisregeln . . ."; *Dahm* Deutsches Recht (1959) 636; *Eb. Schmidt* MDR **1951** 1 ff; DRiZ **1957** 279; *Peters*[4] 362 (Gefahr suggestiver Einflüsse des Kreuzverhörs auch bei strenger richterlicher Kontrolle); *Henkel* 109; *Grützner* GA

1967 221: „Würde diese Art von Kreuzverhör in Deutschland eingeführt, dann würde wohl kaum einer die Neigung haben, als Zeuge auszusagen, sondern alle Möglichkeiten ausnutzen, dem zu entgehen." Ablehnend auch *Hartung* ZStW **82** (1970) 601, 608; *Peters* Fehlerquellen im Strafprozeß Bd. 2 (1972) 305 ff; a. A aber *Hirschfeld* Das Fehlurteil im Strafprozeß (1960); treffend gegen ihn *Kleinknecht* GA **1961** 45 ff.

richt über Schuld oder Nichtschuld entscheidet. Denn es ist — jedenfalls nach unseren Rechtsvorstellungen — ein unzumutbares Verlangen an den Richter, daß er eine solche Entscheidung treffe, solange er nicht die Überzeugung erlangt hat, daß alles zur Erforschung der Wahrheit Mögliche und Nötige getan sei. Es ist wohl denkbar — wie es im alten Schwurgericht mit seiner Trennung von Richter- und Geschworenenbank der Fall war und im anglo-amerikanischen Strafprozeß noch ist —, dem Richter die Schuldfeststellung abzunehmen und sie dem Wahrspruch der Geschworenen zu überlassen und den Richter auf die Straffrage zu beschränken. Überträgt man dem Richter aber auch die Schuldfeststellung, so muß er unabdingbar auch die Möglichkeit haben, den Sachverhalt selbst so aufzuklären, daß er einen Spruch mit seinem Gewissen und seiner Überzeugung vereinbaren kann. Ein Schuldspruch auf der Grundlage einer lediglich von den Parteien erbrachten formellen Wahrheit wäre ein sacrificium intellectus. Es hieße das Rad der Entwicklung zurückdrehen und einen Fortschritt preisgeben, der bei uns vor Jahrzehnten mit der Beseitigung des alten Schwurgerichts erzielt wurde.

19   Solange es also dabei bleibt, daß der Richter in Anwendung des § 244 Abs. 2 auch über die Schuldfrage entscheidet, wäre nur eine **gewisse Annäherung** an das System des anglo-amerikanischen Rechts diskutabel, etwa in dem Sinn, daß zwar den „Parteien" (Staatsanwalt und Verteidiger) das Recht des (gegenüber dem geltenden Recht erweiterten) Kreuzverhörs zusteht, dem Gericht aber das Recht und die Pflicht verbleibt, eine ihm unvollständig erscheinende Beweisaufnahme zu ergänzen. Für solche Übergangsformen und Kombinationen des Untersuchungsgrundsatzes mit dem Verhör durch die Beteiligten, die die inquirierende Tätigkeit des Richters in der Hauptverhandlung zurücktreten lassen, finden sich Vorbilder im ausländischen Recht[17]. Ob sie bessere Ergebnisse versprechen als das geltende deutsche Recht, ist eine andere und hier nicht zu erörternde Frage. Immerhin gibt es auch in England Reformtendenzen, die auf die Übernahme von Grundsätzen des kontinentalen Strafprozesses abzielen[18].

6. Andere und umfassende Vorschläge zur Reform der Hauptverhandlung

20   **a) Verhandlungsführer.** Neben den die Erweiterung des Kreuzverhörs und den Übergang zum „Parteiprozeß" nach anglo-amerikanischem Muster betreffenden Vorschlägen, die in der neuesten Reformdiskussion kaum noch gemacht werden, gibt es in der umfangreichen Reformliteratur Wünsche, die auf eine weniger eingreifende Neugestaltung der Hauptverhandlung mit anderen Mitteln abzielen. Empfohlen wird z. B. die **Bestellung eines besonderen Verhandlungsführers**, der die Akten kennt, aber bei der Entscheidung des Gerichts nicht mitwirkt[19].

20a   **b) Schuldinterlokut.** Einen der Schwerpunkte der gegenwärtigen Reformforderungen bildet gegenwärtig — teilweise auch nach dem Vorbild des anglo-amerikanischen Rechts — die Zweiteilung der Hauptverhandlung in zwei Abschnitte durch ein Schuld-

---

[17] Vgl. dazu u. a. mit unterschiedlichen Vorschlägen *Herrmann* (o. Fußn. 12); dazu *Koffka* ZStW **86** (1974) 1171; *Dahs sen.* FS Schorn (1966) 14; zum spanischen Recht als Reformmodell kontrovers *Tackenberg* Kreuzverhör und Untersuchungsgrundsatz im spanischen Strafprozeß (1960); dazu *Geerds* GA **1961** 159; *Volkmann-Schluck* Der spanische Strafprozeß zwischen Inquisitions- und Parteiverfahren (1979); dazu *Rieß* GA

1981 423; ferner *Schöch* Die Reform der Hauptverhandlung, in: Strafprozeß und Reform (1979) 52; *Sessar* ZStW **92** (1980) 698.

[18] Vgl. *Reynold* DRiZ **1964** 16; auch *Bottoms* JZ **1970** 477, 481.

[19] *Eb. Schmidt* DRiZ **1959** 20; mit gewissen Bedenken auch *Roxin* in: Probleme der Strafprozeßreform (1975) 59; vgl. umfassend mit weit. Nachw. *Weißmann* (Fußn. 9) 50 ff.

oder Tatinterlokut, deren erster die Schuldfeststellung (conviction) und deren zweiter den Strafausspruch (sentence) zum Gegenstand hat[20]. Die Zweiteilung soll vor allem verhindern, daß die vorzeitige Erörterung ungünstiger persönlicher Verhältnisse des Angeklagten, namentlich seiner Vorstrafen, zu seinem Nachteil auf die Feststellung seiner Schuld einwirkt und daß ihm zum Schutz seines Persönlichkeitsrechts die Bloßlegung seiner persönlichen Verhältnisse erspart bleibt, wenn es schließlich nicht zu einem Schuldspruch kommt. Sie soll ferner eine Intensivierung der Rechtsfolgenverhandlung ermöglichen und dem plädierenden Verteidiger besser ermöglichen, „hilfsweise" Strafmilderungsgründe geltend zu machen. Im einzelnen bestehen mancherlei Modelle. Einen ersten Schritt in der Richtung auf ein Schuldinterlokut bedeutet es, wenn nach § 243 Abs. 4 Vorstrafen, soweit sie für die Entscheidung von Bedeutung sind, frühestens bei der Vernehmung des Angeklagten zur Sache (nicht schon zur Person, § 243 Abs. 2) festgestellt werden dürfen[21].

c) Gesamtmodell. Neuerdings hat ein Arbeitskreis deutscher und schweizerischer **21** Strafrechtslehrer (Arbeitskreis AE) ein Reformmodell der Hauptverhandlung vorgelegt, das über das Schuldinterlokut hinaus weitere Reformpunkte enthält (AE-StPO-HV)[22]. Dem war für die kleinere Kriminalität ein Entwurf für ein vereinfachtes Verfahren vorausgegangen (AE-StPO-NöV)[23]; die Vorschläge des AE-StPO-HV betreffen daher das „Normalverfahren" der Hauptverhandlung gegen Erwachsene vor dem Strafrichter, dem Schöffengericht und der Strafkammer.

Insoweit enthält der AE-StPO-HV sechs Schwerpunkte, nämlich: (1) die Zwei- **21a** teilung der Hauptverhandlung durch ein obligatorisches **Schuldinterlokut** mit einem im Tenor schriftlich festzulegenden und grundsätzlich bindenden Zwischenbescheid; (2) die Verstärkung der Mitwirkung der **Gerichtshilfe**[24] mit dem Ziel einer besseren Aufklärung der sanktionsrelevanten Umstände; (3) die Umgestaltung der Beweisaufnahme in Form des **Wechselverhörs**, in dem der Vorsitzende sich auf die Entgegennahme des Berichts beschränkt und die eigentliche Vernehmung „im Wechsel" zwischen Verteidiger und Staatsanwalt durchgeführt werden soll; (4) die Einführung eines **genehmigten Diktatprotokolls** für den Inhalt der Aussage der Beweispersonen in der Hauptverhandlung; (5) das **Verbot der Aktenkenntnis für Laienrichter** und eine erhebliche **Einschränkung** der Prüfung **des** Tatverdachts im **Eröffnungsverfahren**, um der Gefahr der Voreinge-

---

[20] Das Schrifttum ist fast unübersehbar; vgl. die umfassenden Nachw. bei *Dölling* Die Zweiteilung der Hauptverhandlung (1978); *Schöch/Schreiber* ZRP **1978** 63; *Schunck* Die Zweiteilung der Hauptverhandlung (1982); ferner u. a. *Schünemann* GA **1978** 162; *Wolter* GA **1980** 8; älteres Schrifttum s. 23. Aufl., Einl. Kap. **13** 21.

[21] Über weitere mögliche Schritte in Richtung auf ein „informelles Schuldinterlokut" auf der Basis des geltenden Rechts vgl. *Kleinknecht* FS Heinitz 651; *Kleinknecht/Meyer*[37] § 258, 8; zur Anwendung in der Praxis im Rahmen empirischer Untersuchungen s. die Darstellungen von *Dölling* und *Schunck* (Fußn. 20).

[22] Alternativentwurf, Novelle zur Strafprozeßordnung – Reform der Hauptverhandlung (1985); dazu ausführlich mit krit. Würdigung *Rieß* FS Lackner (1987) 965 ff; ferner *Dahs* ZRP **1986** 181.

[23] Alternativentwurf, Novelle zur Strafprozeßordnung, Strafverfahren mit nichtöffentlicher Hauptverhandlung (1980); dazu u. a. *Dahs* Verh. des 54. DJT 1982, Bd. II Teil K 14 ff; *Engels/Frister* ZRP **1981** 111; *Hilger* NStZ **1982** 312; *Mehle* NStZ **1982** 309; *Schüler-Springorum* NStZ **1982** 305; *Zipf* Gutachten zum 54. DJT (1982) Bd. I Teil C.

[24] Dazu u. a. zuletzt *Schöch* FS Leferenz 127 ff.

nommenheit zu begegnen, und (6) den gesetzlichen Rahmen für eine Durchführung der Hauptverhandlung in einer **kommunikationsfördernden Atmosphäre**[25].

22   **d) Guilty plea; plea bargaining.** Schließlich ist hier noch der Überlegungen zu gedenken, ob nicht die bezeichneten Institute des amerikanischen Prozesses als Mittel einer durchgreifenden Verfahrensbeschleunigung des deutschen Verfahrens, und zwar auch zur Verkürzung der Untersuchungshaft, in Betracht kommen könnten[26]. Nach *Weigend* JZ **1982** 37 erfolgen in den USA 90 % aller Schuldsprüche nicht auf Grund einer Hauptverhandlung, sondern auf Grund eines Schuldanerkenntnisses (guilty plea) des Angeklagten; die Bedingungen werden meist zuvor von Staatsanwalt und Verteidiger ausgehandelt (plea bargaining), wobei sich neuerdings eine starke Tendenz zu offiziellen plea-Konferenzen zwischen den Parteien unter Mitwirkung des Richters feststellen lasse. Im allgemeinen wird die Eignung dieser Methode als Modell für das deutsche Verfahren verneint[27]. Eine gewisse Verwandtschaft mit diesem Ansatz hat allerdings das neuerdings vielfach diskutierte Phänomen, durch **Absprachen im Strafverfahren** zu einer Verkürzung des Verfahrens zu gelangen[28].

23   **7.** Die **Wirkung der Anklage** ist vor allem, daß sie den Prozeßgegenstand fest umgrenzt: Das gerichtliche Verfahren erstreckt sich nach § 155 Abs. 1 nur auf die in der Klage bezeichnete Tat (dazu § 264) und die durch die Klage beschuldigten Personen; nur unter den Voraussetzungen des § 266 kommt die Einbeziehung weiterer, in der Hauptverhandlung hervorgetretener Straftaten des Angeklagten in Betracht. Diese den Schutz des Beschuldigten gegen willkürliche Ausdehnung des gerichtlichen Verfahrens bezweckende Regelung richtet sich historisch gegen den Mißbrauch richterlicher Machtbefugnisse in der polizeistaatlichen Zeit des gemeinrechtlichen Inquisitionsprozesses (*Eb. Schmidt* I 353).

24   **8. Anklagesurrogate.** In einer Reihe von Fällen findet ein gerichtliches Verfahren statt, ohne daß eine förmliche Anklage erhoben ist. Eine Durchbrechung des Anklagegrundsatzes liegt aber in diesen Fällen nicht vor, vielmehr treten an die Stelle der Anklage Anklagesurrogate, so beim Sicherungsverfahren (§§ 413, 414 Abs. 2), beim selbständigen Einziehungsverfahren (§§ 440 bis 442) und beim Strafbefehlsverfahren (§ 407 Abs. 1) der Antrag der Staatsanwaltschaft, beim Strafbefehlsverfahren wegen Steuervergehen der Antrag des Finanzamts (§ 400 AO), beim Klageerzwingungsverfahren der Antrag des Verletzten (§ 172).

II. Das Anklagemonopol des Staatsanwalts[29]

25   **1. Öffentliche Klage, Privat- und Nebenklage.** Die Erhebung der öffentlichen Klage steht grundsätzlich der Staatsanwaltschaft zu (§ 152 Abs. 1), die die Anklage auch

[25] Dazu u. a. *Schreiber/Schöch/Bönitz* Die Jugendgerichtsverhandlung am „runden Tisch" (1981).

[26] Vgl. dazu u. a. jeweils mit weit. Nachw. *Adam* DRiZ **1978** 338; *Damaska* ZStW **90** (1978) 829; *Dielmann* GA **1981** 558; *Dünnebier* in: Probleme der Strafprozeßreform (1975) 50; *Schumann* Der Handel mit Gerechtigkeit (1977); *Weigend* ZStW **94** (1982) 206.

[27] *Dielmann* GA **1981** 571; *Rieß* FS K. Schäfer 188 Fußn. 124; *Weigend* ZStW **94** (1982) 206; *Herrmann* (Fußn. 17) 161 ff.

[28] Vgl. dazu mit weit. Nachw. u. a. *Baumann* NStZ **1987** 157; ferner *Schmidt-Hieber* Verständigung im Strafverfahren (1986); zu den verfassungsrechtlichen Grenzen BVerfG (Kammerentscheidung) NStZ **1987** 419 mit Anm. *Gallandi*.

[29] Vgl. dazu zuletzt *Geißer* Das Anklagemonopol der Staatsanwaltschaft GA **1983** 384.

in der Hauptverhandlung vertritt und ihre Anträge zum Urteil stellt (§ 258). Dieser Grundsatz ist aber nach mehreren Richtungen durchbrochen. Bei bestimmten Delikten, die das öffentliche Interesse weniger berühren, ist es dem Verletzten überlassen, durch Erhebung einer Privatklage die Verfolgung und Entscheidung herbeizuführen (§ 374). Soweit diese Möglichkeit besteht, wird die öffentliche Klage nur erhoben, wenn es im öffentlichen Interesse liegt (§ 376); doch steht es der Staatsanwaltschaft frei, ein auf Privatklage eingeleitetes Verfahren durch Übernahme der Verfolgung in ein Offizialverfahren umzuwandeln (§ 377). Nach Erhebung der öffentlichen Klage durch den Staatsanwalt kann neben ihm und mit selbständigen Rechten der Nebenkläger auftreten (§§ 395, 397). Darüber, daß anstelle des Staatsanwalts im Strafbefehlsverfahren in Steuersachen die Finanzbehörde antragsberechtigt ist, s. Rdn. 24.

2. Klageerzwingung[30]. Als Ausgleich dafür, daß der **Verletzte**, soweit er nicht im **26** Wege der Privatklage gegen den Täter vorgehen kann, infolge des Anklagemonopols der Staatsanwaltschaft keine Möglichkeit besitzt, selbst ein Strafverfahren herbeizuführen, wenn der Staatsanwalt die Erhebung einer Klage ablehnt, gewährt ihm § 172 das Recht, unter den dort bezeichneten Voraussetzungen die **Erhebung der Anklage** durch den Staatsanwalt **zu erzwingen**. Die Klageerzwingungsmöglichkeit reicht so weit, als das Legalitätsprinzip (unten Rdn. 27) gilt, erfaßt also nach überwiegend vertretener Auffassung auch das Jugendstrafverfahren, in dem das Legalitätsprinzip durch § 45 JGG zwar in weiterem Umfange aufgelockert, aber nicht grundsätzlich durch das Opportunitätsprinzip ersetzt ist[31]. Die Verwaltung des Anklagemonopols und die Wahrung des Legalitätsprinzips ist also in diesem Umfang der gerichtlichen Kontrolle unterstellt.

III. Die Verfolgungspflicht des Staatsanwalts (Legalitätsprinzip) und ihre Ausnahmen

1. Grundsatz. Die Kehrseite des Anklagemonopols, eine zwangsläufige Folgerung **27** daraus, ist der durch § 258 a StGB mit Strafschutz ausgestattete Grundsatz der Verfolgungspflicht (**Legalitätsprinzip**)[32], ohne den eine rechtsstaatlichen Anforderungen — möglichst vollständige Durchsetzung des materiellrechtlichen Strafanspruchs ohne Ansehen der Person — genügende Strafrechtspflege undenkbar erscheint; das Legalitätsprinzip stellt auch „eine Aktualisierung des Willkürverbots als eines allgemeinen Rechtsgrundsatzes des Grundgesetzes" dar (BVerfG NStZ **1982** 430). Nach § 152 Abs. 2 ist die Staatsanwaltschaft, soweit nicht gesetzlich anderes vorgeschrieben ist, verpflichtet, wegen aller gerichtlich strafbaren und verfolgbaren Handlungen einzuschreiten, sofern zureichende tatsächliche Anhaltspunkte vorliegen[33]. Die Verpflichtung der Polizei zum ersten Angriff von Amts wegen ist in § 163 und ihre Pflicht zur Mitwirkung bei der Verfolgung kraft Ersuchens in § 161 ausgesprochen.

2. Ausnahmen
a) Allgemeines. Der Verfolgungsgrundsatz ist aber von einer Reihe von Ausnah- **28** men durchbrochen („soweit nicht gesetzlich ein anderes bestimmt ist"). Die **Verfol-**

---

[30] Schrifttum s. bei § 172.

[31] Näher LR-*Rieß* § 172, 30 mit weit. Nachw.

[32] Wegen des Schrifttums, auch zu den Ausnahmen, s. bei § 152; ferner *Kerl* Das Opportunitätsprinzip als Magd des Legalitätsprinzips, ZRP **1986** 312.

[33] Zu den Auswirkungen der Verfolgungspflicht auf den Umfang des dem Gericht zu unterbreitenden Sachverhalts, wenn die Staatsanwaltschaft wegen einer einheitlichen Tat i. S. des § 264 Anklage erhebt, vgl. OLG Hamm NJW **1974** 68.

Karl Schäfer

gungspflicht entfällt dann mit der Folge, daß an die Stelle der Verfolgungspflicht Ermessensfreiheit (**Opportunitätsprinzip**) tritt. Die Zahl dieser Fälle war ursprünglich ganz gering; sie beschränkte sich bei Privatklagedelikten auf die Verweisung auf den Weg der Privatklage, sofern nicht — worüber der Staatsanwalt nach pflichtmäßigem Ermessen entscheidet — ein öffentliches Interesse an der Verfolgung besteht (§§ 374, 376), und auf die Herbeiführung des objektiven Einziehungsverfahrens (§§ 440 bis 442). Erst in einem späten Stadium der Geltung der Strafprozeßordnung (seit 1924) wurden weitere Ausnahmen vom Verfolgungszwang geschaffen, und sie sind seitdem aus den verschiedensten Erwägungen bis in die jüngste Zeit laufend vermehrt worden[34], zuletzt außerhalb der StPO als Spezialvorschrift und unter einschränkenden Voraussetzungen § 37 BtMG[35].

29   **b)** Was die **Gründe dieser Entwicklung** anlangt, so diente ursprünglich (1924) die weitergehende Lockerung des Verfolgungszwangs dazu, angesichts der wachsenden Zahl neu geschaffener Straftatbestände, namentlich auf dem Gebiet des Nebenstrafrechts, die Strafjustizorgane vor einer Überflutung mit Fällen der Kleinkriminalität (Übertretungen, geringfügige Vergehen) zu bewahren und zugleich dem Täter eine gerichtliche Untersuchung und Bestrafung zu ersparen. Soweit es sich um die früheren Übertretungen handelt, ist diesem Anliegen seitdem generell dadurch genügt, daß nach dem Inkrafttreten des OWiG 1952 die Aufstellung neuer Übertretungstatbestände weitgehend unterblieb und schließlich mit dem 1. 1. 1975 die Figur der Übertretungen überhaupt verschwand; die Verfolgung von Ordnungswidrigkeiten aber unterliegt dem Opportunitätsprinzip (§ 47 OWiG). Geblieben ist die Fülle von Fällen der „kleinen" Vergehen, insbesondere durch die Erhöhung der früheren Übertretung des „Mundraubs" (§ 370 Abs. 1 Nr. 5 StGB a. F.) zum Vergehen (§ 248 a StGB), die z. T. als Massenerscheinung (Ladendiebstähle usw.) auftreten. Andere Gründe für die Lockerung des Verfolgungszwangs sind die Zunahme des Auslandsverkehrs, die Rücksichtnahme auf Konfliktsituationen beim Täter und Erwägungen der Staatsraison. Immerhin ist das Legalitätsprinzip, wenn auch namentlich im Bereich der kleineren Kriminalität, in nicht unbeträchtlichem Umfang von Ausnahmen durchbrochen, mit Recht als Grundsatz aufrechterhalten worden. Eine so weitgehende Aushöhlung des Verfolgungszwangs, wie sie § 15 des StPO-Entw. 1939 vorsah (Kap. 4 19), würde das Mißtrauen nähren, daß es entgegen dem Gleichheitsgrundsatz (Art. 3 Abs. 1 GG) dem einflußreichen Rechtsbrecher auf dem Wege über Weisungen der Exekutive (§ 146 GVG) gelingen könnte, sich der verdienten Strafe zu entziehen.

29a   Dieses **Festhalten am Legalitätsprinzip als Grundsatz** gilt jedenfalls dann, wenn berücksichtigt wird, daß bei § 153 a immerhin eine „Sanktion" in Form der Auflagen und Weisungen erfolgt, die sich einem erstrebten Wunschbild einer „Konfliktslösung durch Kooperation" mittels Absprache nähern kann, und daß die §§ 154, 154 a von einem Deckungseffekt durch eine zu erwartende oder bereits verhängte Strafe oder Maßregel ausgehen. Doch sind kritische Stimmen nicht zu überhören[36].

30   **c) Zweck der Ausnahmen.** Im einzelnen dient die Einstellungsbefugnis aus § 153 Abs. 1 dazu, in Bagatellfällen, die durch geringe Schuld und fehlendes öffentliches Interesse an der Verfolgung gekennzeichnet sind, Härten des Verfolgungszwangs für den

---

[34] Näher, auch zur quantitativen Bedeutung, LR-*Rieß* § 152, 42 ff.

[35] Vgl. dazu die Erl. bei LR-*Rieß* § 153 a, 111 ff.

[36] Vgl. dazu, den heutigen Gesamtzustand resignativ analysierend, *Rieß* FS Schäfer 159 (das Legalitätsprinzip sei von drei Seiten in eine Legitimierungskrise geraten); ferner *Volk* JZ **1982** 87; vgl. auch LR-*Rieß* § 152, 55 ff.

Täter abzumildern, zugleich aber auch die Strafjustizorgane zu entlasten. Kriminalpolitische Zwecke, nämlich durch die Auferlegung einer „Sanktion" im Vorverfahren das an sich trotz geringer Schuld bestehende öffentliche Interesse an der Strafverfolgung zu beseitigen und dem Täter ein gerichtliches Verfahren zu ersparen, verfolgt die vorläufige Einstellung des Verfahrens unter Auflagen und Weisungen nach § 153 a Abs. 1. In Fällen, in denen nach materiellem Recht das Gericht von Strafe absehen könnte, soll das „Absehen" in Form der Verfahrenseinstellung durch die Staatsanwaltschaft mit Zustimmung des Gerichts in das Ermittlungsverfahren vorverlegt werden können (§ 153 b).

Im übrigen betrifft die Einstellungsbefugnis außerhalb der Bundesrepublik und **31** Berlins (West) begangene Taten, die entweder das inländische Interesse nicht berühren oder die aus der Konfliktsituation des einer anderen Rechtsordnung unterstehenden Täters erwachsen sind (§ 153 c Abs. 1 Nr. 1), ferner Auslandstaten von Ausländern und solche Inlandstaten eines Ausländers, bei denen die Ahndung wegen der Besonderheit des Tatorts (ausländisches Schiff oder Luftfahrzeug) dem Heimatstaat überlassen werden kann (§ 153 c Abs. 1 Nr. 2), weiter Fälle, in denen die Bestrafung im Hinblick auf eine bereits erfolgte oder noch zu erwartende Bestrafung nicht oder nicht beträchtlich ins Gewicht fällt oder die erfolgte oder zu erwartende Bestrafung zur Einwirkung auf den Täter und zur Verteidigung der Rechtsordnung ausreichend erscheint (§ 153 c Abs. 1 Nr. 3, §§ 154, 154 d), Fälle, in denen die Durchführung eines Verfahrens die Gefahr eines schweren Nachteils für die Bundesrepublik herbeiführen würde oder in denen der Verfolgung sonstige überwiegende öffentliche Interessen entgegenstehen (§§ 153 c Abs. 2, 153 d), Fälle von Staatsschutzdelikten, in denen der Täter in bestimmter Weise tätige Reue geübt hat (§ 153 e), Fälle, in denen im Interesse der Vereinfachung, Beschleunigung und klarerer Gestaltung des Verfahrens eine Beschränkung der Verfolgung auf den Kern der Tat unter Ausscheidung einzelner abtrennbarer Teile einer Tat oder — bei Tateinheit — einzelner von mehreren Gesetzesverletzungen angezeigt erscheint, weil die ausgeschiedenen Teile für die zu erwartende Strafe oder Maßregel der Sicherung und Besserung nicht beträchtlich ins Gewicht fallen (§ 154 a), Fälle, in denen wegen einer besonderen Konfliktsituation ein strafrechtliches Einschreiten unbillig wäre (§ 154 c), Fälle, in denen die Auslieferung oder Ausweisung eines Täters eine inländische Verfolgung entbehrlich macht (§ 154 b) und schließlich Fälle, in denen die besonderen Aufgaben und Ziele der Materie auf anderem Wege erreichbar sind, so auf dem Gebiet des Jugendstrafrechts § 45 JGG, auf dem Gebiet der Betäubungskriminalität § 37 BtMG. Eine besondere Lage berücksichtigt § 154 d, der dem Mißbrauch vorbeugen will, daß das Strafverfahren als kostenlose Vorbereitung eines Zivilprozesses oder eines sonstigen vor andere Gerichte gehörenden Rechtsstreits benutzt wird. Die Lockerung des Verfolgungszwanges als prozessuale Einrichtung ist an sich nicht zu verwechseln mit der materiellrechtlichen Lockerung des Strafzwanges, die dann gegeben ist, wenn das sachliche Recht es in das Ermessen des Gerichts stellt, von Strafe abzusehen (vgl. z. B. §§ 23 Abs. 2, 60, 158 StGB); § 153 b läßt aber den Verfolgungszwang entfallen, wenn nach materiellem Recht das Gericht von Strafe absehen darf. Die Entscheidung über die Abstandnahme von der Verfolgung trifft teils allein die Staatsanwaltschaft[37], teils ist sie an die Zustimmung des Gerichts, ausnahmsweise auch an die des Be-

---

[37] Das Absehen von Verfolgung ist im allgemeinen von der Absicht einer endgültigen Erledigung des Verfahrens getragen, ohne daß mit der Einstellung des Verfahrens durch die Staatsanwaltschaft der Verbrauch der Strafklage verbunden wäre. Es gibt aber auch Fälle, in denen die Einstellung von vornherein nur vorläufig erfolgt (vgl. § 154 Abs. 3, 4), und Fälle vorläufigerEinstellung, an die eine Art Bewährungszeit geknüpft ist, deren positiver Ausgang zur endgültigen, mit beschränkter Rechtskraft verbundenen Einstel-

      Karl Schäfer

schuldigten (§ 153 a Abs. 1) gebunden, der durch ihre Verweigerung die Anklage erzwingen kann, wenn er sich durch gerichtliche Entscheidung Reinigung vom Verdacht erhofft.

32   **d) Kronzeuge.** Die namentlich dem anglo-amerikanischen Verfahren bekannte Figur des Kronzeugen, der sich Straflosigkeit verdienen kann, indem er sein Wissen um die Tat preisgibt und zu deren Aufdeckung und zur Überführung der anderen Tatbeteiligten beiträgt, kennt das deutsche Recht als allgemeine Einrichtung (noch) nicht[38]. Anklänge finden sich in § 153 d StPO; eine Spezialregelung enthält § 31 Nr. 1 BtMG als Möglichkeit der Strafmilderung oder des Absehens von Strafe, also in materiell-strafrechtlicher Form[39]. Im Rahmen der Terrorismusbekämpfung ist der „Kronzeuge" bereits in der Entstehungsphase des 1. TerrorismusG vom 18. 8. 1976 (BGBl. I) erörtert, aber nicht verwirklicht worden[40]. Im RegEntw. des 2. TerrorismusG vom 19. 12. 1986 (vgl. Kap. 5 118) ist eine solche Lösung in Form eines zeitlich befristeten Sondergesetzes zwar vorgesehen gewesen[41]; sie ist aber nach heftigen Auseinandersetzungen vor allem deshalb (vorerst?) gescheitert, weil es mit einem rechtsstaatlichen Verfahren für unvereinbar gehalten wurde, einem geständigen Mörder in vollem Umfang Straffreiheit zu gewähren[42].

33   **3. Untersuchungspflicht des Gerichts.** Das Gegenstück zur Verfolgungspflicht des Staatsanwalts ist die Untersuchungspflicht des mit der Anklage angegangenen Gerichts (§ 155 Abs. 2). Auch sie ist von Ausnahmen durchbrochen. Der Grundsatz, daß die Anklage nach Eröffnung des Hauptverfahrens nicht mehr zurückgenommen werden kann (§ 156), zwang zu Abhilfemöglichkeiten für den Fall, daß die Voraussetzungen, unter denen die Anklageerhebung nach §§ 153 ff unterbleiben kann, erst nach Eröffnung der gerichtlichen Untersuchung zutage treten. Das Gesetz sieht hier teils die Zurücknahme der Klage „in jeder Lage des Verfahrens" (§§ 153 c Abs. 3, 153 d Abs. 2), teils die Einstellung des Verfahrens durch das Gericht auf Antrag oder mit Zustimmung des Staatsanwalts, z. T. auch mit Zustimmung des Angeschuldigten (§§ 153 a, 153 b) vor, jedoch ist eine solche Einstellung durch gerichtlichen Beschluß nicht in allen Fällen möglich, in denen der Staatsanwalt von der Verfolgung absehen darf (vgl. § 154 c StPO). Bei Privatklagesachen, wo es an einem Ermittlungsverfahren fehlt, ist es in der Natur der Sache begründet, daß die Einstellung wegen Geringfügigkeit durch das Gericht erfolgt (§§ 383 Abs. 2, 390 Abs. 5) und einer Zustimmung des Privatklägers nicht bedarf.

---

lung führt (§ 153 a Abs. 1). Ein Fall der Ausnahme von der Verfolgungspflicht liegt nicht vor, wenn die Staatsanwaltschaft vorübergehend mit ihrem Verfahren innehält, etwa wegen tatsächlicher Hindernisse i. S. des § 205 oder um – von dem Fall des § 154 d abgesehen – die Klärung einer präjudiziellen Vorfrage abzuwarten. Vgl. dazu *Krause* GA **1969** 97.

[38] Vgl. u. a. *Jung* Straffreiheit für den Kronzeugen? (1974); Der Kronzeuge – Garant der Wahrheitsfindung oder Instrument der Überführung? ZRP **1986** 38; *Jäger* Der Kronzeuge unter besonderer Berücksichtigung von § 31 BtMG (1986); *Oehler* Kronzeugen und Erfahrungen mit Kronzeugen im Ausland, ZRP **1987** 41; vgl. auch LR-*Rieß* § 152, 49.

[39] Vgl. mit weit. Nachw. *Slotty* NStZ **1981** 326; Übersicht über die Rechtsprechung zu § 31 BtMG bei *Schoreit* NStZ **1986** 58; eine ähnliche materiellstrafrechtliche Lösung auch in § 129 Abs. 6 Nr. 2 StGB.

[40] Nachw. u. a. bei *Slotty* NStZ **1981** 326; vgl. BR-Drucks. 176/75.

[41] BT-Drucks. 10 6286 Art. 3.

[42] Vgl. näher *Jung* JuS **1987** 250; Protokoll über die öffentliche Anhörung im RAussch.BT am 14. 11. 1986, Prot. 101 der 10. LegPer.; zur neuesten Entwicklung *Kube* DNP **1987** 295; vgl. auch BTDrucks. 11 17.

4. Verfolgungspflicht bei Antragsdelikten. Eine besondere Lage ergibt sich, wenn **34** Voraussetzung der Verfolgung ein Antrag des Verletzten oder die Ermächtigung oder das Strafverlangen (§ 77 e StGB) einer dritten Person oder Stelle ist, falls diese Erklärung zwar noch nicht vorliegt, aber noch beibringbar ist. Dann bewirkt der Umstand, daß die Erklärung noch nicht abgegeben ist, keineswegs, daß dem Staatsanwalt jede Verfolgungstätigkeit verboten ist oder er von jeder Verfolgungspflicht von vornherein befreit wäre (vgl. §§ 127 Abs. 3, 130). Vielmehr ist er zunächst verpflichtet, eine Stellungnahme des Einwirkungsberechtigten herbeizuführen, ohne seinen Entschluß, ob er die Verfolgung begehrt oder nicht, zu beeinflussen. Ferner ist es während des Schwebezustandes Sache des Staatsanwalts, alles Erforderliche für den Fall zu tun, daß die gesetzlichen Verfolgungsvoraussetzungen eintreten (der Antrag gestellt, die Ermächtigung erteilt wird usw.), insbesondere Beweise zu sichern, eine Beschlagnahme anzuordnen, den Verdächtigen vorläufig festzunehmen oder den Richter um Erlaß eines Haftbefehls anzugehen (RGSt **33** 381). Die Verfolgungspflicht wird erst dann von dem aus einem Verfahrenshindernis sich ergebenden Verfolgungsverbot verdrängt, wenn der Ausfall der Verfahrensvoraussetzung feststeht, also z. B. der Antragsberechtigte erklärt, einen Strafantrag nicht stellen zu wollen, oder die Antragsfrist ungenutzt abgelaufen ist. Beschränkungen gelten aber für die Dauer einer Untersuchungshaft (§ 130).

5. Abstufungen der Verfolgungspflicht. Die Verfolgungspflicht besteht nach § 152 **35** Abs. 2, wenn „zureichende tatsächliche Anhaltspunkte vorliegen". Die Anforderungen nach dieser Richtung sind naturgemäß in den einzelnen Stadien des Verfahrens verschieden. Zum ersten Einschreiten genügt bereits Kenntnis vom Verdacht einer strafbaren Handlung: die Verfolgungspflicht besteht hier in der Erforschung des Sachverhalts bis zur Gewinnung eines Urteils, ob die öffentliche Klage zu erheben ist (§ 160). Die Anklage in Befolgung des Legalitätsgrundsatzes ist nach § 170 zu erheben, wenn die Ermittlungen „genügenden Anlaß" zur Erhebung der öffentlichen Klage bieten[43]. Soweit es sich um die **tatsächliche** Würdigung des Ermittlungsergebnisses handelt, bedeutet dies in der Regel, daß der Beschuldigte einer strafbaren Handlung **hinreichend** verdächtig im Sinne des § 203 sein muß, d. h. es muß in tatsächlicher Hinsicht eine Verurteilung wahrscheinlich, die Erbringung des vollen Beweises in der Hauptverhandlung eher zu erwarten sein als ein non liquet. Denn nur wenn diese Voraussetzung gegeben ist, darf das Gericht die Eröffnung des Hauptverfahrens beschließen; aus dem Zusammenspiel der Verfahrensakte aber folgt ohne weiteres, daß die Erhebung der Anklage im allgemeinen nur gerechtfertigt ist, wenn der Staatsanwalt den Erlaß eines Eröffnungsbeschlusses erwarten kann[44]. Bestimmte, wesentlich in die Rechtssphäre des Beschuldigten eingreifende Verfolgungsmaßnahmen setzen einen erhöhten Verdachtsgrad voraus, so z. B. darf der Erlaß eines Haftbefehls nur bei dringendem Tatverdacht (§ 112) beantragt werden (s. dazu auch § 100 a: „auf bestimmte Tatsachen" gegründeter Verdacht, §§ 111 a, 132 a: „dringende Gründe" für die Annahme künftiger Entziehung der Fahrerlaubnis oder Anordnung eines Berufsverbots).

---

[43] Dazu ausführlich *Lüttger* GA **1957** 193 ff; ferner LR-*Rieß* § 170, 18 mit weit. Nachw.

[44] Die Auffassung von *Güde* NJW **1960** 519, daß die Staatsanwaltschaft trotz eigener Zweifel hieran bei besonderer Anteilnahme der Öffentlichkeit Klage erheben könne, ist vereinzelt geblieben, vgl. LR-*Rieß* § 170, 21.

6. Bedeutung zweifelhafter Rechtsfragen bei Vorliegen einer „festen höchstrichterlichen Rechtsprechung"

36   **a) Problemstellung.** Sehr streitig ist, wann für den Staatsanwalt „genügender Anlaß" zur Klageerhebung vorliegt, wenn die Beurteilung der Strafbarkeit oder Verfolgbarkeit von der Beantwortung zweifelhafter Rechtsfragen abhängt[45]. Für das über eine Anklage beschließende Eröffnungsgericht besteht hier kein Problem. Denn der unabhängige Richter entscheidet auch bei Rechtsfragen, soweit er nicht ausnahmsweise an die Rechtsauffassung des Revisionsgerichts (§ 358 Abs. 1) oder einer anderen Stelle (Kap. 12 126 ff) gebunden ist, nur gemäß seiner eigenen Überzeugung und handelt auch dann gesetzmäßig, wenn er es ablehnt, sich einer „ständigen Rechtsprechung" der oberen Gerichte anzuschließen[46]. Darf auch der Staatsanwalt unter Berufung auf § 150 GVG von der Anklage einer nach fester höchstrichterlicher Rechtsprechung eindeutig strafbaren Handlung absehen, weil er diese Auslegung des Gesetzes für unrichtig hält und etwa der im Schrifttum dagegen erhobenen Kritik sich anschließt? Gewiß wird der Staatsanwalt kaum jemals so verfahren und, selbst wenn ihm seine Arbeitslast Zeit ließe, sich in die Materie so zu vertiefen, daß er eine fundierte **eigene** Auffassung besäße, sich nicht auf seine wirklich oder vermeintlich bessere Einsicht versteifen, sondern den Rechtswirrwarr bedenken, der entstehen müßte, wenn jeder Staatsanwalt nur seiner eigenen abweichenden Rechtsüberzeugung folgen wollte. Aber das sind praktische Erwägungen, die die grundsätzliche Rechtsfrage nicht berühren, ob der Staatsanwalt bei der Beurteilung

---

[45] Die Diskussion um dieses bis dahin sporadisch als Randproblem behandelte Thema entbrannte im Jahre 1960 mit der Veröffentlichung der aus besonderem Anlaß (und auch damals wohl ohne Not) ergangenen Entscheidung BGHSt **15** 155 und erneut, als der 45. DJT 1964 es zum Verhandlungsthema erhob; dabei traten so unüberbrückbare Gegensätze in den Auffassungen zutage, daß keine Abstimmungsergebnisse zu erreichen waren (vgl. dazu Gutachten von *Nowakowsky*, Bd. I Teil 2; Referate von *Schwalm* und *Herrmann*, Bd. II Teil D S. 7 ff; Diskussion S. 68 ff). Aus dem reichen Schrifttum vgl. u. a. *Eb. Schmidt* MDR **1961** 269; *Dünnebier* JZ **1961** 312; *Arndt* NJW **1961** 1616; *Nüse* JR **1964** 281; *Sarstedt* NJW **1964** 1756; *Kohlhaas* DRiZ **1964** 286. Daß dieses Problem trotz des damaligen und seitdem fortgesetzten literarischen Eifers mehr von dogmatischer als von praktischer Bedeutung ist, zeigt sich darin, daß es jetzt zwar allgemein von Lehrbüchern und Kommentaren (eingehende Nachw. bei LR-*Rieß* § 170, 22, 23) pflichtgemäß behandelt wird, einschlägige praktische Fälle aber, soweit ersichtlich, nicht mehr hervorgetreten sind. Offenbar haben praktische Vernunft und der Sinn für die Bedürfnisse der Rechtssicherheit und möglichst einheitlicher Gesetzesauslegung es nicht dazu kommen lassen, die theoretischen Gegensätze in den juristischen Alltag hineinzutragen. Der Verfasser dieser Einleitung sah – auch bei Würdigung der zusammenfassend von *Rieß* aaO vorgetragenen Gegenargumente – keinen überzeugenden Grund, seine in den Vorauflagen vertretene Grundkonzeption preiszugeben. – Unproblematisch ist übrigens, daß der Staatsanwalt Anklage erheben darf, wenn er entgegen einer ständigen Rechtsprechung die Anwendbarkeit einer Strafvorschrift bejaht und Gründe vorbringt, die nach seiner Auffassung eine Überprüfung der bisherigen Rechtsprechung rechtfertigen. Außerhalb des Problems liegt ferner das Verhalten der Staatsanwaltschaft bei sog. Sitzblockaden, da die Frage der Bedeutung des von den demonstrierenden Atomwaffengegnern beabsichtigten „Fernziels" im Rahmen der Prüfung der Verwerflichkeit der Nötigung (§ 240 Abs. 2 StGB) von der höchstrichterlichen Rechtsprechung (BVerfG NJW **1987** 47; BGH NJW **1986** 1833) nicht eindeutig beantwortet wird und auch in der Rechtsprechung der Oberlandesgerichte umstritten ist (dazu neuestens OLG Düsseldorf NStZ **1987** 368), so daß von einer „festen höchstrichterlichen Rechtsprechung" insoweit nicht gesprochen werden kann.

[46] LR-*Schäfer*[23] § 1, 16 GVG.

des „genügenden Anlasses" von seiner eigenen Rechtsauffassung ausgehen darf, wenn er (ausnahmsweise) aus wohlerwogenen Gründen glaubt, sich der „ständigen Rechtsprechung" versagen zu müssen.

b) Es ließe sich sehr wohl daran denken, die **Antwort** auf die Frage **unmittelbar 37 aus** § 170 zu gewinnen, indem die mit den Worten „genügender Anlaß" angeordnete Prognose der Wahrscheinlichkeit einer Verurteilung nicht auf die tatsächliche Seite beschränkt, sondern auf die rechtliche Wertung erstreckt wird, wenn durch eine gleichförmige Rechtshandhabung — mag sie auch noch nicht zur Entstehung von Gewohnheitsrecht geführt haben — für die Strafrechtspraxis eine Rechtswirklichkeit entstanden ist, die eine Verurteilung im Falle der Anklageerhebung als gewiß erscheinen läßt[47]. Aber bei der Erörterung des Problems hat sich die Fragestellung verschoben. Woraus sollte sich, so wird gefragt[48], eine Bindung des Staatsanwalts bei seinen Entschließungen an Präjudizien ergeben, wenn auch der Richter (kraft seiner Unabhängigkeit) nicht daran gebunden ist und die Staatsanwaltschaft institutionell selbständig und im Einzelfall gemäß § 150 GVG von gerichtlichen Weisungen unabhängig ist? Muß der Staatsanwalt bei seiner Prognose überhaupt darauf abstellen, wie der Richter voraussichtlich die Rechtslage würdigen wird, oder ist nicht vielmehr für den Staatsanwalt maßgebend, welchen Antrag er selbst am Ende einer Hauptverhandlung bei Zugrundelegung seiner eigenen Rechtsauffassung stellen würde?[49] Entgegen dieser die Entschließungsfreiheit des Staatsanwalts im Grundsatz bejahenden Auffassung hält aber BGHSt **15** 155 = NJW **1960** 2346 den Staatsanwalt für anklagepflichtig, wenn sich auf der Grundlage einer festen höchstrichterlichen Rechtsprechung ein hinreichender Verdacht einer strafbaren Handlung ergibt, weil sich anderenfalls entgegen Art. 92 GG (Rechtsprechungsmonopol der Gerichte) der Staatsanwalt im Ergebnis dem Richter überordnete und auf dem Wege über die Weisungsbefugnis der Justizverwaltung (§§ 146, 147 GVG) Strafbarkeit und Strafverfolgung nicht mehr von der Gesetzesanwendung durch unabhängige Gerichte, sondern von der Auffassung der dafür unzuständigen Exekutive abhinge. Eine Korrektur fester Ergebnisse der Rechtsprechung sei nicht Sache der Verwaltung, sondern nur des Gesetzgebers. Jedenfalls sei, so wendet *Jagusch* JZ **1975** 320 diesen Gedanken, die Beachtlichkeit höchstrichterlicher Entscheidungen für den Staatsanwalt nicht geringer einzuschätzen als die Rechtsmeinung der weisungsberechtigten vorgesetzten Behörde.

c) Pflicht des Staatsanwalts zur Mitwirkung an einheitlicher Rechtsauslegung. Ob **38** der vorgenannte, auch im Schrifttum vertretene[50] Gedanke eines **Primats der Recht-**

---

[47] So wohl auch *Peters* ZStW **68** (1956) 383.

[48] Vgl. z. B. *Lüttger* GA **1957** 211; *Eb. Schmidt* MDR **1961** 269.

[49] So z. B. *Kleinknecht/Meyer*[37] § 170, 2.

[50] *v. Kries* S. 484; *Peters* ZStW **68** (1956) 383; der neue Strafprozeß (1975) S. 97 und Lehrb.[4] § 23 IV 1 a S. 167 (Bindung der Staatsanwaltschaft an die gefestigte Rechtsprechung der oberen Gerichte, denn „es ist mit einem Rechtsstaat nicht vereinbar, daß die Staatsanwaltschaft – möglicherweise aufgrund von Weisungen – durch andere Rechtsauslegung Strafgesetze faktisch außer Kraft setzt"). A. M LR-*Rieß* § 170, 23: ein solcher „Interpretationsvorsprung" der Rechtsprechung werde weder durch Art. 92 GG noch durch

das Gewaltenteilungsprinzip oder das Legalitätsprinzip gerechtfertigt. Der Auffassung vom „Vorrang" der Rechtsprechung nähert sich der Gedanke von *Henkel* 311, genügender Anlaß zur Erhebung der Klage bestehe, wenn eine höchstrichterliche (nicht notwendig eine „gefestigte" oder „ständige") Rechtsprechung die Strafbarkeit bejahe, weil diese Rechtsprechung „die Vermutung der Richtigkeit" für sich habe. Ähnlich auch KMR-*Sax* Einl. **IV** 11: Der Staatsanwalt muß, auch wenn er von der Rechtsprechung nicht überzeugt ist, Anklage erheben, denn es hat „nicht er, sondern das Gericht den Rechtswillen der Gemeinschaft verbindlich zu formen".

Karl Schäfer

sprechung gegenüber Staatsanwaltschaft und Justizverwaltung im Hinblick auf die institutionelle Selbständigkeit der Staatsanwaltschaft wirklich durchgreift und ob von einer Verletzung des Art. 92 GG gesprochen werden kann, wenn die Rechtsprechung keine Gelegenheit erhält, Entscheidungen zu fällen[51], kann hier dahingestellt bleiben. Im Ergebnis ist jedenfalls der Auffassung des Bundesgerichtshofs beizutreten[52]. Es ist gewiß richtig, daß die Instanzgerichte auch an eine feste höchstrichterliche Rechtsprechung nicht gebunden sind. Aber das rechtfertigt nicht die Folgerung, daß der Staatsanwalt kraft des § 150 GVG nicht weniger von Präjudizien unabhängig sei als „der Richter" kraft der richterlichen Unabhängigkeit. Denn „der Richter" in toto ist keineswegs bei seiner Entscheidung völlig frei gegenüber Präjudizien, sondern unterliegt den Bindungen, die ihm im Interesse der **Einheitlichkeit der Rechtsprechung** auferlegt sind. Allerdings trifft diese Bindung (in Form der Anrufungs- und Vorlegungspflicht nach §§ 136, 121 Abs. 2 GVG; § 79 Abs. 3 OWiG, § 42 IRG, Gesetz zur Wahrung der Einheitlichkeit der Rechtsprechung der obersten Gerichtshöfe des Bundes vom 19. 6. 1968 [BGBl. I 661] und anderen entsprechenden Vorschriften) nur die Revisions- und die Rechtsbeschwerdegerichte, weil der Gesetzgeber eine ernstliche Gefahr für die Einheitlichkeit der Gesetzesauslegung nur von einem Auseinandergehen dieser Gerichte befürchtet, während er bei den Gerichten der Tatsacheninstanz die Gefahren, die sich aus der richterlichen Unabhängigkeit für die Gleichmäßigkeit der Rechtsanwendung ergeben können, dadurch als hinreichend gebannt ansieht, daß ihre Urteile im Rechtsmittelweg letztlich vor die Revisionsgerichte gebracht werden können. § 121 Abs. 2 GVG zeigt die **zentrale Bedeutung**, die die neuere Gesetzgebung mit Recht — denn was bleibt von der Rechtseinheit übrig, wenn das dem Wortlaut nach einheitlich geltende Gesetz nicht auch in der Strafrechtspflege einheitlich ausgelegt wird — dem Gedanken der Einheitlichkeit der Gesetzesauslegung beimißt[53] und der ihr so gewichtig erscheint, daß sie in dem zur Erreichung des Ziels gebotenen Umfang die richterliche Freiheit und Unabhängigkeit bei der Auslegung des Gesetzes zurücktreten läßt. Die Richtigkeit des langsam gewachsenen, jetzt aber beherrschenden Gedankens, daß die richterliche Freiheit eine Grenze an dem höheren Interesse an einheitlicher Gesetzesauslegung finden müsse, tritt gerade in Zeiten einer umfassenden Rechtserneuerung hervor, in denen es bei der Fülle neu auftauchender Zweifelsfragen besonders wichtig ist, möglichst rasch durch Herbeiführung höchstrichterlicher Entscheidungen eine gleichmäßige Gesetzesauslegung zu gewährleisten. Die eminent praktische Bedeutung dieses Gesichtspunkts zeigt sich in der großen Zahl der Vorlegungsbeschlüsse, die in Anwendung des § 121 Abs. 2 ergangen sind und noch täglich ergehen.

39   So gesehen steht auch der **Staatsanwalt unter der Pflicht**, an der Herbeiführung und Erhaltung einer **einheitlichen Rechtsanwendung mitzuwirken**. Gegen diese Argumentation ist eingewandt worden[54], bei § 121 Abs. 2 handle es sich um einen seltenen Fall einer Beschränkung der richterlichen Entscheidungsfreiheit, aus der sich allgemeine

---

[51] Vgl. z. B. die kritischen Einwendungen von *Dünnebier* JZ **1961** 312 und *Göbel* NJW **1961** 856.

[52] Manche Autoren, z. B. *Dünnebier* JZ **1961** 312, treten im Ergebnis dem BGH bei, indem sie bei einer festen höchstrichterlichen Rechtsprechung in der Regel sowohl die Voraussetzungen des Gewohnheitsrechts als auch die des einer Rechtsquelle ähnlichen Richterrechts als erfüllt ansehen. Ihre Zweifel

gelten der Frage, wann eine „*gefestigte* höchstrichterliche Rechtsprechung" vorliegt (darüber später im Text). S. zur Frage der (nicht notwendig höchstrichterlichen) „gefestigten Rechtsprechung" auch *Schlüchter* 63, 64.

[53] Vgl. dazu LR-*Schäfer*[23] § 121, 33a ff GVG.

[54] So *Lüttger* GA **1957** 211; zustimmend *Kleinknecht/Meyer*[37] Vor § 141, 11 GVG.

Folgerungen für ein Verhalten der Staatsanwaltschaft nicht herleiten ließen. Das erinnert an heute schwer begreifliche Einwendungen, die vor langer Zeit gegen § 121 Abs. 2 GVG erhoben wurden; etwa daß die Vorlegungspflicht der Würde des vorlegungspflichtigen Richters widerspreche, da er sein Urteil selbst verantworten müsse, oder daß dies entmutigend wirke auf die Suche nach eigenen Lösungen und einen gedankenlosen Leitsatzkult begünstigt[55]. Richtig ist daran, daß die Vorschriften über den Divergenzausgleich nicht alle denkbaren Fälle erfassen, in denen Oberlandesgerichte voneinander abweichen, also z. B. — worauf sich *Bottke* GA **1980** 30; LR-*Rieß* aaO berufen — keine Vorlegungspflicht besteht, wenn Oberlandesgerichte bei der Entscheidung nach §§ 172 ff voneinander abweichen. Dazu ist zunächst zu bemerken, daß es an Bemühungen, die Vorlegung an den BGH auf andere Fälle der Divergenz zwischen verschiedenen Oberlandesgerichten zu erweitern, nicht gefehlt hat und daß sich zuletzt anläßlich der Behandlung des Entw. des StVÄG 1979 auch der Bundesrat ihrer angenommen hatte; wenn sie nicht zum Erfolg führten, so geschah es einmal mit Rücksicht auf beim OLG anhängige Eilsachen, deren Abschluß durch ein länger dauerndes Vorlageverfahren beeinträchtigt werden könnte, im übrigen aber mit Rücksicht auf die Lage beim BGH[56]. Negative Folgerungen für die Frage, welche Auswirkungen sich aus § 121 Abs. 2 GVG und weiteren den Divergenzausgleich zwecks einheitlicher Rechtsprechung betreffenden Vorschriften für die Mitwirkung der Staatsanwaltschaft ergeben, können bei dieser Lage aus der derzeitigen positivrechtlichen Umgrenzung der Vorlegungsvoraussetzungen nicht gezogen werden. Denn auch in dieser Gestalt bedeutet für das vorlegungspflichtige Oberlandesgericht § 121 Abs. 2 GVG eine Bindung von grundsätzlicher und auch praktisch-quantitativ weittragender Bedeutung, die nicht ohne Auswirkung auf die Frage sein kann, welche Bedeutung einer festen höchstrichterlichen Rechtsprechung für die Entschließung des Staatsanwalts, ob Anklage zu erheben sei, zukommt. Die Staatsanwaltschaft ist zwar institutionell selbständig; aber sie ist an das Gesetz und damit an das Rechtsstaatsprinzip mit dem diesem immanenten Postulat der Rechtssicherheit (BVerfG NJW **1969** 1059) gebunden, und diese Bindung verpflichtet sie, als Organ der staatlichen Strafrechtspflege zu ihrem Teil im Interesse der Rechtssicherheit zur Verwirklichung einer einheitlichen Rechtsanwendung mitzuwirken, auch wenn es an unmittelbaren ihr Verhalten regelnden Vorschriften fehlt. Wenn schon die letztinstanzlich entscheidenden Revisionsgerichte bei der Entscheidung von Rechtsfragen in weitem Umfang um der Einheitlichkeit der Rechtsauslegung willen gebunden sind und ihnen die Entscheidungsfreiheit entzogen ist, so wäre es mit den dieser Regelung zugrunde liegenden gesetzgeberischen Absichten unvereinbar, wenn der Staatsanwalt auch gegenüber einer festen höchstrichterlichen Rechtsprechung, gegenüber dem Recht, wie es in der praktischen Wirklichkeit lebt, rechtlich bindungslos wäre, zumal eine gerichtliche Nachprüfung einer Einstellungsverfügung nur unter den verhältnismäßig engen Voraussetzungen des § 172 in Betracht kommt und da entfällt, wo es, wie namentlich bei den Delikten gegen den Staat und die öffentliche Ordnung, an einem durch die Tat Verletzten fehlt, während doch immerhin gerichtliche Entscheidungen mit Rechtsmitteln anfechtbar sind. Natürlich bleibt es dem so zur Anklageerhebung verpflichteten Staatsanwalt unbenommen, seine abweichende Auffassung in jeder geeigneten und prozessual zulässigen Form (durch eine an das Eröffnungsgericht gerichtete Anlage zur Anklageschrift, durch Vortrag in der Hauptverhandlung, durch Einlegung von Rechtsmitteln) zum Ausdruck zu bringen, um eine erneute gerichtliche Überprüfung der „festen" Rechtsprechung herbeizuführen. Mit einer solchen Rücksichtnahme auf

---

[55] Nachw. bei LR-*Schäfer*[23] § 121, 34 GVG.   [56] Dazu LR-*Schäfer*[23] § 121, 88 ff GVG.

Karl Schäfer

die Belange des Beschuldigten würde sich auch das Argument der Gegner der Anklagepflicht[57] erledigen, das dahin geht, die Bindung der Staatsanwaltschaft an eine „anklagefreundliche" gefestigte Rechtsprechung laufe dem Gedanken des Beschuldigtenschutzes zuwider, der darin liege, daß der Verdächtige sich nur dann in öffentlicher Verhandlung solle verantworten müssen, wenn unabhängig voneinander Anklagebehörde und Eröffnungsgericht bei vorläufiger Tatbewertung die Strafbarkeit bejahten.

40 **d)** Eine noch offene Frage ist die nähere Umgrenzung des **Begriffs der „gefestigten höchstrichterlichen Rechtsprechung"**[58]. Gewiß erscheint nur, daß zur „höchstrichterlichen" in diesem Sinn auch die letztinstanzliche Rechtsprechung der Oberlandesgerichte zu rechnen ist. Im übrigen werden mehr oder weniger weitgehende Umgrenzungen vorgeschlagen, so etwa wenn nach *Dünnebier* JZ **1961** im allgemeinen nur übereinstimmende Entscheidungen mehrerer Gerichtskörper (mehrerer Senate des BGH, mehrerer Oberlandesgerichte) genügen oder wenn *Schwalm* (Gutachten zum 45. DJT Bd. II 7 ff) mindestens zwei Entscheidungen verschiedener höchstrichterlicher Gerichtskörper (verschiedener Gerichte oder verschiedener Senate desselben Gerichts) fordert. Genügen muß aber auch, wenn (beim BGH oder einem OLG) *einem* Spruchkörper durch Gesetz oder Geschäftsverteilungsplan Spezialgebiete zugewiesen sind und die „Festigung" seiner Rechtsprechung in einer Mehrzahl gleichförmiger Entscheidungen zutage tritt.

41 Darüber hinaus wird man aber wohl eine Verpflichtung des Staatsanwalts zur Erhebung der Anklage trotz eigener abweichender Rechtsauffassung, dem Grundgedanken des § 121 Abs. 2 GVG entsprechend, auch schon dann anzunehmen haben, wenn **noch keine feste Rechtsprechung**, wohl aber zu einer neuen oder nur gelegentlich auftauchenden Rechtsfrage bereits eine (nicht erkennbar überholte und nicht nur beiläufige) Entscheidung des Bundesgerichtshofs oder eines Oberlandesgerichts vorliegt, die ein als Revisionsgericht erneut mit dieser Frage befaßtes Oberlandesgericht zur Verlegung zwingen würde, wenn es von der Entscheidung abweichen will. Auch hier erfordert das öffentliche Interesse an einer einheitlichen Gesetzesauslegung, daß Bedenken gegen die Richtigkeit einer bereits vorliegenden höchstrichterlichen Entscheidung durch Herbeiführung einer neuen höchstrichterlichen Entscheidung, die die vorgetragenen neuen Gesichtspunkte zu würdigen hat, erledigt werden[59]. Auch solche Entscheidungen stellen (zunächst) für die Rechtshandhabung, für die Öffentlichkeit, der es auf eine bestimmte Auslegung des Gesetzes ankommt, konkretisiertes Recht dar. Der Bürger richtet sein Verhalten danach aus. Unter diesem Gesichtspunkt muß bei Zugrundlegung des strengsten Standpunktes eine Anklagepflicht bejaht werden, wenn — was gelegentlich vorkommt, dann aber von besonderem Schaden für die Einheitlichkeit der Rechtsprechung ist — voneinander abweichende gleichrangige höchstrichterliche Entscheidungen vorliegen. Über den durch die Vorlegungspflicht nach § 121 Abs. 2 GVG bezeichneten Bereich hinaus die Anklagepflicht bei zweifelhafter Rechtslage auszudehnen besteht allerdings keine Veranlassung. Ist also eine neu auftauchende Rechtsfrage bisher nur im Schrifttum streitig oder liegen nur widersprechende Entscheidungen von Amts- oder Landgerichten vor, so darf der Staatsanwalt seiner eigenen Rechtsüberzeu-

---

[57] *Bottke* GA **1980** 309; *Geppert* Jura **1982** 149; LR-*Rieß* § 170, 23.
[58] S. dazu *Schlüchter* 63, 64.
[59] In gleicher Weise wird der Staatsanwalt bei (eigenen) Bedenken gegen die Verfassungsmäßigkeit eines Gesetzes Anklage erheben müssen, um auf die Einholung einer Entscheidung des Bundesverfassungsgerichts durch das Gericht (Art. 100 Abs. 1 GG) hinzuwirken; vgl. dazu *Faller* JZ **1961** 478; insoweit ebenso LR-*Rieß* § 170, 25.

gung folgen; einen Rechtssatz, daß er bei mehreren vertretbaren Auslegungsmöglichkeiten der strengeren den Vorzug einräumen müsse, gibt es nicht (*Lüttger* aaO 213). Er ist aber auch nicht gehindert, entgegen seiner eigenen Auffassung Anklage zu erheben, wenn er dies zur Klärung der Streitfrage für angezeigt hält. Und er darf — das entspricht wiederum dem § 121 Abs. 2 GVG — selbst entgegen einer festen höchstrichterlichen Rechtsprechung, die zur Einstellung führen müßte, Anklage erheben, wenn er glaubt, daß gewichtige neue Gesichtspunkte zu einer Änderung dieser Rechtsprechung drängen. Insgesamt bildet aber die in den verschiedenen Ausführungen im Schrifttum sich äußernde „gewisse Unschärfe" des Begriffs einer gefestigten obergerichtlichen Rechtsprechung für die Anhänger der eine Anklagepflicht verneinenden Auffassung — dies gegen *Rieß* aaO m. Nachw. — keinen überzeugenden Grund, die Anklagepflicht *grundsätzlich*, also auch dann zu verneinen, wenn offensichtlich, wenn auch erst von einem gewissen Zeitpunkt an (etwa nach Ergehen einer klärenden Entscheidung gemäß §§ 121 Abs. 2, 136 GVG), eine gleichbleibende Rechtsprechung nicht zu bezweifeln ist.

e) Für die **Verfolgungspflicht der Polizei** beim ersten Angriff (§ 163) gelten diese **42** Ausführungen nur mit Einschränkungen. Es ist nicht Sache der Polizei als eines Hilfsorgans der Staatsanwaltschaft, in eigener Zuständigkeit über streitige Rechtsfragen zu entscheiden. Über eine feste Rechtsprechung darf sie sich selbstverständlich nicht hinwegsetzen (BGHSt **15** 155), und bei einer unausgetragenen Streitfrage, die noch nicht Gegenstand einer höchstrichterlichen Entscheidung war, wird sie im allgemeinen von dem strengeren Standpunkt ausgehen und die weitere Entschließung dem Staatsanwalt überlassen müssen.

7. Bedeutung der Weisungsgebundenheit. Nach § 146 GVG ist der Staatsanwalt **43** an die **dienstlichen Weisungen** seiner Vorgesetzten einschließlich der Justizverwaltung (§ 147 Nr. 1, 2 GVG) gebunden. Keinesfalls bedeutet dies eine Einschränkung des in § 152 StPO ausgesprochenen Verfolgungszwangs; das Legalitätsprinzip gilt vielmehr auch für die Justizverwaltung[60]. Das Recht, zur Nichterhebung einer Anklage anzuweisen, beschränkt sich sowohl nach der tatsächlichen wie nach der rechtlichen Seite auf den dem Staatsanwalt im Fall eigener Entschließung verbleibenden Ermessensspielraum. Weisungen, die entgegen einer klaren, einen vernünftigen Zweifel gar nicht aufkommen lassenden Sachlage erteilt wurden, sind unverbindlich und setzen den, der sie erteilt, und den, der sie gegen besseres Wissen befolgt, der Verfolgung nach § 258 a StGB aus. Unzulässig und unverbindlich sind vor allem auch Weisungen, die sich über eine feste höchstrichterliche Rechtsprechung hinwegsetzen (BGHSt **15** 161). Wenn Zentralbehörden bei Wahrnehmung ihres Aufgabenbereichs der Auffassung sind, daß eine solche Rechtsprechung, die durch die weisungsgemäß im Verfahren vom Staatsanwalt zur Geltung gebrachten Gegengründe nicht zu erschüttern ist, zu unvertretbaren Folgerungen und Störungen auf bestimmten Lebensgebieten führe, so steht zur Abhilfe nicht der Weg der Weisung an die Staatsanwaltschaften und Polizeibehörden, von der Verfolgung abzusehen, sondern nur der Weg zur Verfügung, eine Änderung des Gesetzes zu betreiben.

---

[60] BGHSt **15** 161; heute ganz unbestritten, vgl. LR-*Schäfer*[23] § 146, 3 GVG; vgl. auch LR-*Rieß* § 152, 14.

     Karl Schäfer

IV. Die Pflicht zur Wahrheitserforschung (Instruktionsmaxime)

44　　**1. Mittel der Wahrheitserforschung.** Wie oben (Rdn. 1) dargelegt, ist das vordergründige Ziel des Strafprozesses die Erforschung und Feststellung der materiellen Wahrheit, um auf dieser Grundlage die Entscheidung über Schuld oder Nichtschuld und die daraus zu ziehenden rechtlichen Folgerungen zu treffen. Dies ergibt sich aus der Summe der das Verfahren regelnden Vorschriften und würde auch gelten, wenn es an einem förmlichen Ausspruch darüber fehlte. Es ist deshalb zwar zu bedauern, aber unschädlich, daß die auf dem Gesetz vom 28. 6. 1935 beruhende alte Fassung des § 244 Abs. 2: „das Gericht hat von Amts wegen alles zu tun, was zur Erforschung der Wahrheit notwendig ist", durch die Neufassung des VereinheitlichungsG vom 12. 9. 1950 abgelöst wurde, die nunmehr — wenn auch systemgemäß — sich darauf beschränkt, die Bedeutung des Obersatzes für die Beweisaufnahme in der Hauptverhandlung klarzustellen. Die Wahrheitserforschungspflicht verlangt vom Gericht (vom Tatrichter) die Benutzung aller zumutbaren Mittel, die nach der jeweiligen Verfahrenslage in Betracht kommen. Die Art der Mittel ist nicht begrenzt. Zulässig und geboten ist jedes Mittel, das nach den Beweisbedürfnissen und der Beweislage des einzelnen Falles Aufklärungserfolg verspricht[61]. Dem Grundsatz der freien Beweiswürdigung (§ 261) entspricht die grundsätzliche Freiheit in der Wahl der Mittel, deren Gebrauch die Wahrheit fördern kann (BGH NJW **1960** 2156). Die Grenzen dieser Freiheit[62] ergeben sich aus den Ermittlungs-, Beweis- oder Beweisverwertungsverboten, die in Einzelvorschriften ausgesprochen sind oder aus allgemeinen Grundsätzen, insbesondere aus der Achtung der Menschenwürde (Art. 1 Abs. 1 GG) hervorgehen. Näheres dazu Kap. **14**.

45　　**2. Umfang der Erforschungspflicht.** Eine weitere Ausprägung des genannten Obersatzes enthält § 155 Abs. 2, wonach die Gerichte zu einer selbständigen — also von Amts wegen zu entfaltenden — „Tätigkeit" (zur Erforschung der Wahrheit) berechtigt und verpflichtet sind. Die Wahrheitserforschungspflicht macht sich also keineswegs nur in der Beweisaufnahme geltend, sondern bei jeder richterlichen Entschließung und Tat, schon bei der Frage, ob das Hauptverfahren zu eröffnen sei. Hat der Staatsanwalt eine Klageschrift eingereicht, ohne genügende Ermittlungen zur Vorbereitung der Klage angestellt zu haben, so ist das eröffnende Gericht berechtigt und verpflichtet, gemäß § 202 vorzugehen, gegebenenfalls auch dem Staatsanwalt eine Ergänzung seiner Ermittlungen anheimzugeben[63]. Auch die Vorbereitung der Hauptverhandlung, insbesondere die Entscheidung des Gerichts über Beweisanträge des Angeklagten und die Entschließung des Vorsitzenden über die von Amts wegen zu treffende Anordnung der Ladung von Zeugen oder Sachverständigen oder der Herbeischaffung anderer Beweismittel, wird durch jene Pflicht bestimmt. Sie ist maßgebend, wenn in Frage kommt, ob Haftbefehl gegen den Angeklagten zu erlassen sei; denn die Verhaftung kann einerseits erforderlich sein, um eine Verdunkelung zu verhüten, andererseits die Aufklärung des Sachverhalts erschweren, indem sie den Angeklagten verhindert, Beweismittel zu erkunden

---

[61] Zum Beweiswert der Zeugenaussage eines Polizeibeamten, er könne sich an den von ihm angezeigten Verkehrsvorgang nicht mehr erinnern, er würde aber den Verkehrsteilnehmer unter den von diesem behaupteten Umständen nicht angezeigt haben, vgl. BGHSt **23** 213; NJW **1970** 1558; OLG Köln NStZ **1981** 76.

[62] Vgl. näher § 261, 41; Schrifttum s. bei § 261; ferner *Herdegen* NStZ **1987** 193.

[63] LR-*Rieß* § 202, 12, 14. Zur Frage der Ermittlungskompetenz der Staatsanwaltschaft nach Eröffnung des Hauptverfahrens vgl. u. a. BGH NJW **1985** 1789 und dazu *Strate* StrVert. **1985** 337.

und beizubringen. Bei der Entscheidung über die Aussetzung oder Unterbrechung der Hauptverhandlung, über das nach der Unterbrechung einzuhaltende Verfahren, über die Verbindung zusammenhängender Strafsachen sowie über die vorübergehende Entfernung des Angeklagten aus dem Sitzungsraum steht die Pflicht des Richters, sich einen möglichst ungetrübten und vollkommenen Einblick in das Geschehene zu verschaffen, im Vordergrund. Sie hat eine große Bedeutung für die Entschließung darüber, ob die Hauptverhandlung, soweit dies zulässig ist, ohne den Angeklagten durchzuführen sei, da die allgemeine Lebenserfahrung lehrt, daß der Richter ein zuverlässiges Urteil über Täterschaft und Schuld und, wenn Täterschaft und Schuld bejaht werden, über die angemessene Strafe kaum jemals fällen kann, ohne den Angeklagten gesehen und über die Klage und die Aussagen der Zeugen gehört zu haben. Die Wahrheitserforschungspflicht muß den Vorsitzenden bestimmen, wenn er die Verhandlung leitet, den Angeklagten vernimmt und die vorhandenen Beweise erhebt. Die Art, wie er diese Tätigkeit ausübt, kann — je nach der Gesinnung, Gewissenhaftigkeit, Selbstbeherrschung, Menschenkenntnis und Klugheit des Vorsitzenden — die Wahrheit fördern oder ihr schaden.

In untrennbarem Zusammenhang mit der Wahrheitserforschungspflicht steht die **46** **Pflicht zu Gewährung des rechtlichen Gehörs** an die Prozeßbeteiligten entsprechend dem Verfassungssatz des Art. 103 Abs. 1 GG, dessen Auswirkung zwar in zahlreichen Einzelvorschriften der Strafprozeßordnung beschrieben, aber nicht erschöpfend geregelt ist (Rdn. 83 ff). Sie umfaßt über die in § 265 statuierten Pflichten hinaus die Sorge dafür, daß der Angeklagte nicht im Urteil mit der Feststellung eines für die Verurteilung wesentlichen tatsächlichen Gesichtspunktes überrascht wird, auf den er weder durch den Inhalt der Anklageschrift noch durch den Gang der Hauptverhandlung vorbereitet worden ist[64]. Das Verhältnis der Aufklärungspflicht des Gerichts zum Beweisrecht der Beteiligten ist unten (Rdn. 72) näher darzustellen.

3. Erforschungspflicht des Staatsanwalts. Eine Pflicht, zur Erforschung der mate- **47** riellen Wahrheit tätig zu werden, trifft aber auch — und gerade darin besteht nach verbreiteter Meinung der grundlegende Unterschied des „reformierten" Strafprozesses in seiner Ausprägung durch die Strafprozeßordnung zu dem Parteiprozeß des anglo-amerikanischen Rechts (Rdn. 14) — den Staatsanwalt. Sie ergibt sich aus § 160 Abs. 2, 3 und aus seinem Recht, Rechtsmittel zugunsten der Beschuldigten einzulegen (§§ 296 Abs. 2, 301) und den Antrag auf Wiederaufnahme des Verfahrens zugunsten des Verurteilten zu stellen (§ 365). Diese Mitwirkungspflicht des Staatsanwalts erwächst aus seiner Stellung als Organ des verfolgenden Staates. Da der Staat nur daran interessiert sein kann und darf, daß den wirklich Schuldigen die im sachlichen Recht vorgesehenen Unrechtsfolgen treffen, so muß die Tätigkeit der zur Verwirklichung des staatlichen Strafanspruchs berufenen Staatsorgane gleichermaßen — die des Staatsanwalts nicht anders als die des Richters — von dem Bestreben getragen sein, alles zu tun, daß nur der Schuldige bestraft, der unschuldig in Verdacht geratene Beschuldigte aber aus dem Verfahren entlassen wird. Diese Zielsetzung der dem Staatsanwalt übertragenen Aufgaben schließt es aus, ihn auch nur **formell als Partei** zu bezeichnen[65]. An der Erforschungspflicht wird auch nichts dadurch geändert, daß der Staatsanwalt — im Gegensatz zum unabhängigen Richter (§ 261) — weisungsgebunden ist. Denn er muß, wenn er selbst anderer Meinung ist, nur solche Weisungen befolgen, die sich — bei zweifelhafter oder verschieden

---

[64] RGSt **76** 85; BGHSt **11** 88, 91; **19** 88; **19** 141; MDR **1980** 107; LR-*Gollwitzer* § 265, 2 mit weit. Nachw.

[65] Kap. **9** 4; BGHSt **15** 144; BVerfG NJW **1983** 1043, 1044 mit weit. Nachw.; vgl. auch LR-*Rieß* § 151, 4.

beurteilbarer Tat- oder Rechtslage — innerhalb der Grenzen des zulässigen Ermessens halten (Rdn. 43). Das gilt auch, jedenfalls nach geltendem Recht[66], für Weisungen, die dem Staatsanwalt bzgl. seines Verhaltens **in der Hauptverhandlung**, insbesondere seiner Schlußanträge erteilt werden. Eine im voraus erteilte Weisung, in der Tatfrage unabhängig von den Ergebnissen der Hauptverhandlung einen bestimmten Antrag zur Schuld- oder Straffrage zu stellen, wäre danach, weil dem Legalitätsgrundsatz widersprechend, unverbindlich (*Dünnebier* JZ **1958** 421), verbindlich dagegen die bei Kenntnis des Beweisergebnisses erteilte Weisung, auf Verurteilung anzutragen, wenn der Sitzungsvertreter bereits die Anwendbarkeit des Satzes in dubio pro reo bejaht, der Weisende aber in vertretbarer Weise gegenteiliger Ansicht ist.

48   **4. Keine „Beweislast" im Strafverfahren.** Im Zivilprozeß entscheidet sich bei unaufklärbarem oder nicht eindeutig geklärtem Sachverhalt der Ausgang des Prozesses danach, welche Partei die Beweislast hat; es unterliegt, wer beweisfällig geblieben ist, den ihm obliegenden Beweis nicht geführt hat. Im Strafverfahren gibt es keine Parteien und damit auch keine Beweislast im zivilprozessualen Sinn. Das gilt auch im Privatklageverfahren, dessen Besonderheit insoweit nur darin besteht, daß den Privatkläger die aus der Amtsstellung des Staatsanwalts sich ergebende Pflicht zur Mitwirkung bei der Wahrheitserforschung nicht trifft[67]. Sofern man überhaupt im Strafprozeß von Beweislast im übertragenen Sinn sprechen kann, so trifft sie kraft der Wahrheitserforschungspflicht die Behörde, die „Herr" des betreffenden Verfahrensabschnitts ist, also im Vorverfahren den Staatsanwalt, sonst das Gericht. Verfehlt wäre auch die Vorstellung einer „materiellen" Beweislast, die darin bestehen soll, daß der Angeklagte, dessen Entlastungsbemühungen versagten, oder der Kläger, wenn das Gericht sich von der Schuld des Angeklagten nicht überzeugen kann, die Folgen der Ergebnislosigkeit der Bemühungen trage. Denn der Angeklagte ist zu solchen Bemühungen nicht verpflichtet, wenn es auch in seinem Interesse liegt, das Gericht durch die Angabe entlastender Umstände bei seiner Pflicht, die Wahrheit nach allen Richtungen zu erforschen, zu unterstützen, namentlich da, wo nach sachlichem Recht ein non liquet bezüglich bestimmter Umstände zu Lasten des Angeklagten wirkt (vgl. § 186 StGB). Der Kläger aber entfaltet die Bemühungen nicht einmal in seinem Interesse, sondern schon kraft seiner Amtsstellung zur Unterstützung des Gerichts bei der diesem obliegenden Wahrheitserforschung. Diese Pflicht des Gerichts, jede prozeßordnungsmäßig zulässige Möglichkeit zur Aufklärung des wirklichen Sachverhalts auszunutzen, können ihm Kläger und Beschuldigter nicht durch Verzichte auf Wahrheitserforschung ersparen, auch da nicht, wo ein einverständlicher Verzicht[68] auf die Einhaltung verfahrensrechtlicher Vorschriften ausnahmsweise zulässig ist (§§ 61 Nr. 5, 245 Abs. 1 Satz 2). Während nach anglo-amerikanischem Recht eine bei Verhandlungsbeginn abgegebene Schuldigerklärung des Angeklagten jede Be-

---

[66] LR-*Schäfer*[23] § 146, 10 GVG.

[67] Der *Privatkläger* kann auch nach durchaus h. M kein Rechtsmittel zugunsten des Angeklagten einlegen (LR-*Wendisch* § 390, 6); ein von ihm zuungunsten des Verurteilten eingelegtes Rechtsmittel wirkt allerdings (entsprechende Anwendung des § 301) auch zugunsten des Beschuldigten. Dem *Nebenkläger* steht kein Rechtsmittel zugunsten des Angeklagten zu; das ergibt sich schon daraus, daß § 400 (i. d. F. des OpferschutzG vom 18. 12.

1986, BGBl. I 2496) die Anfechtung des Urteils zuungunsten des Angeklagten beschränkt, also noch weniger eine Anfechtung zugunsten vorsieht (Begr. des Entw. BT-Drucks. 10 5305 S. 14, 15); auch hier bleibt es aber dabei, daß ein zulässigerweise zuungunsten eingelegtes Rechtsmittel sich zugunsten auswirken kann.

[68] Zur Bedeutung des Verzichts vgl. u. a. *Paulus* NStZ **1986** 523.

weisaufnahme erübrigt, darf sich das deutsche Gericht mit dem Geständnis des Angeklagten nur begnügen, wenn es ihm zur Bildung seiner Überzeugung voll glaubwürdig und ausreichend erscheint, um Schuldspruch und Strafbemessung zu tragen, und Entlastungsmöglichkeiten muß das Gericht auch gegen den Willen des Angeklagten nachgehen (RG HRR **1940** Nr. 840). Nur bei dem Strafbefehlsverfahren (§ 407), dem in gewisser Weise die vorläufige Einstellung mit Auflagen und Weisungen (§ 153 a) entspricht, können sich Gericht und Staatsanwaltschaft mit einer schmaleren Grundlage für die Bildung über Überzeugung von der Schuld begnügen; eine den Beschuldigten treffende Beweislast gibt es aber selbstverständlich auch hier ebensowenig wie ein Schuldzugeständnis des Beschuldigten, das ohne weiteres hinzunehmen wäre[69].

5. Kein Versäumnisurteil. Ein Versäumnisurteil — Verurteilung des ausgebliebenen Beschuldigten ohne Beweisaufnahme auf die Anklage hin — gibt es ebenfalls nicht;   **49** wo überhaupt die Verurteilung in Abwesenheit des Angeklagten stattfindet (Kap. **12** 108), wird die Hauptverhandlung im übrigen nach den allgemeinen Vorschriften durchgeführt. Wenn die Strafprozeßordnung die Verwerfung von Rechtsmitteln und Rechtsbehelfen des unentschuldigt ausgebliebenen Beschuldigten vorsieht (§§ 329 Abs. 1 Satz 1; 412), so ist dies keine Durchbrechung des Wahrheitserforschungsgrundsatzes, vielmehr liegt dem Gesetz entweder der Gedanke einer Verwirkung des Rechtsmittels zugrunde, oder es stellt — so die wohl herrschende Meinung — eine (freilich unwiderlegliche) Vermutung auf, daß mit dem unentschuldigten Ausbleiben stillschweigend die Zurücknahme des Rechtsmittels (Rechtsbehelfs) zum Ausdruck gebracht sei[70]; es liegt nicht anders als bei der ausdrücklichen Rücknahmefiktion des § 391 Abs. 2 — Ausbleiben des Privatklägers — (s. auch § 401 Abs. 3). Wollte man aber hier doch von Versäumnisurteilen sprechen, so liegt keine Verurteilung ohne Wahrheitserforschung vor, denn diese hat ja im vorangegangenen Verfahren stattgefunden, und die Verwerfung des Rechtsbehelfs als unzulässig zieht die Folgerungen aus der Befugnis des Angeklagten, über das eingelegte Rechtsmittel (durch Zurücknahme oder ein der Zurücknahme gleichstehendes unentschuldigtes Ausbleiben) zu verfügen (die Einschränkung der Regel des § 329 Abs. 1 Satz 1 durch Satz 2 soll Widersprüche zur Entscheidung des Revisionsgerichts vermeiden). Übrigens steht es dem ungenügend entschuldigten Ausbleiben i. S. der §§ 329 Abs. 1, 412 gleich, wenn der Angeklagte zwar erscheint, aber sich schuldhaft in einen seine Verhandlungsfähigkeit ausschließenden Zustand versetzt hat (Trunkenheit), so daß eine ordnungsmäßige Durchführung der Verhandlung ausgeschlossen ist (BGHSt **23** 331). Wegen der Bedeutung vorsätzlich herbeigeführter Verhandlungsunfähigkeit in anderen Fällen vgl. § 231 a.

Anders ist die Rechtslage im **Fall des § 74 Abs. 2 OWiG**, der die Folgen regelt, wenn   **49a** der Betroffene nach Einspruch gegen den Bußgeldbescheid in der Hauptverhandlung ausbleibt. Hier setzt die Verwerfung des Einspruchs außer dem unentschuldigten Ausbleiben voraus, daß das persönliche Erscheinen des Betroffenen angeordnet war, und

---

[69] Mit dem Geist der StPO unvereinbar ist daher die früher z. T. im Schrifttum vertretene Würdigung des Strafbefehlsverfahrens als eines Verfahrens, in dem der Richter die im Antrag des Staatsanwalts behauptete Tat mangels eigener Feststellung als wahr unterstellt und auf diese Behauptung hin eine Strafe festsetzt (so aber auch BVerfG NJW 1954 69; dazu LR-*Schäfer*[23] § 407, 61). Dieser Auffassung ist spätestens infolge der Änderungen des Strafbefehlsverfahrens durch das StVÄG 1987 jede Grundlage entzogen (dazu Kap. 7 5).

[70] LR-*Gollwitzer* § 329, 76; LR-*Schäfer*[23] § 412, 3; *Hanack* JZ **1973** 694.

die Verwerfung ist nicht zwingend vorgeschrieben, sondern es steht im Ermessen des Gerichts, ob es den Einspruch verwerfen oder die Hauptverhandlung in Abwesenheit des Betroffenen durchführen will. Die Verwerfung beruht demgemäß hier nicht auf einer unwiderleglichen Vermutung, mit dem Ausbleiben sei die Rücknahme des Einspruchs zum Ausdruck gebracht. Die Verwerfung ist vielmehr als Antwort auf den Ungehorsam charakterisiert: Lehnt der Betroffene es ab, zur Aufklärung des Sachverhalts beizutragen, so soll auch das Gericht von der Pflicht zur Prüfung der Beschuldigung entbunden sein; der Betroffene soll nicht in der Lage sein, die von ihm mit dem Einspruch erstrebte richterliche Entscheidung durch sein Ausbleiben zu verzögern (Begr. zu § 63 Entw. des OWiG). Eine dem § 329 Abs. 1 Satz 2 entsprechende Einschränkung ist in § 74 OWiG nicht vorgesehen; das Amtsgericht kann daher den Einspruch auch dann noch verwerfen, wenn ein zuvor ergangenes Sachurteil auf Rechtsbeschwerde hin aufgehoben worden ist[71]. Im Rahmen seiner Ermessensfreiheit muß aber das Amtsgericht prüfen, ob eine Verwerfung des Einspruchs einen Widerspruch zur Entscheidung des Rechtsbeschwerdegerichts auslösen oder dem Verschlechterungsverbot widersprechen würde[72].

V. Der Grundsatz „in dubio pro reo"

50   **1. Anwendungsbereich.** Eine Verurteilung setzt voraus, daß die Schuld des Angeklagten bewiesen ist. Das ist der Fall, wenn das Gericht die **Überzeugung**[73] erlangt hat, daß er alle Merkmale des gesetzlichen Tatbestandes rechtswidrig und schuldhaft verwirklicht hat. Wohl hat der Strafrichter bei der Beweiswürdigung gesicherte (sog. allgemeine) Erfahrungsgrundsätze zu berücksichtigen, aber das zivilprozessuale Institut des Anscheinsbeweises (prima-facie-Beweises) hat im Strafverfahren keinen Platz[74]. Ein Zweifel, der nach Erschöpfung aller Aufklärungsmöglichkeiten nicht zu beheben ist, wirkt sich also zugunsten des Angeklagten aus. Dieser „in dubio pro reo"-Grundsatz[75] ist zwar in dieser Form nicht ausdrücklich im Gesetz niedergelegt, ist auch hinsichtlich seiner Rechtsnatur (materiell- oder verfahrensrechtlich?) streitig, aber als unerläßliche Ergänzung des § 261 dem Rechtsstaatsprinzip entnehmbar[76]. Er erstreckt sich auf sämtliche Merkmale des äußeren und inneren Tatbestandes und sämtliche schuld- und rechtswidrigkeitsausschließende Umstände einschließlich persönlicher Strafaufhebungs- und Strafausschließungsgründe[77].

51   **Beispiele:** Die Rechtswohltat des Zweifels greift ein, wenn nicht auszuschließen ist: die Möglichkeit der Schuldunfähigkeit wegen seelischer Störungen (§ 20 StGB), des Handelns in Notwehr, des Vorliegens der Voraussetzungen eines strafbefreienden

---

[71] BGH NJW **1986** 1946.

[72] *Göhler* NStZ **1987** 58, 59.

[73] Über diesen Begriff s. LR-*Gollwitzer* § 261, 7; BGHSt **10** 210 mit Nachw.; NStZ **1983** 277; BayObLGSt **1971** 128; *Heescher* Untersuchungen zum Merkmal der freien Überzeugung in § 268 ZPO und § 261 StPO. Versuch einer Neubestimmung, Diss. Münster 1974.

[74] Näher LR-*Gollwitzer* § 261, 107 mit Nachw.

[75] Schrifttum s. bei § 261.

[76] Dazu LR-*Gollwitzer* § 261, 103; LR-*Hanack* § 337, 14.

[77] BGHSt **18** 274, 276; zur Auswirkung oder entsprechenden Anwendung des Grundsatzes vgl. auch BGHSt **5** 366; **12** 116 (Jugendstrafrecht bei Zweifeln über dessen Voraussetzungen); BGHSt **23** 203; BGH NJW **1970** 668 – dazu *Fuchs* NJW **1970** 1053; *Dreher* MDR **1970** 369; BGH NStZ **1983** 167 mit Anm. *Dingeldey* – (Anstifter oder Gehilfe); BGHSt **23** 8 (zur Auswahl des Sachverständigen); BGHSt **20** 189 (bei Unbeweisbarkeit wegen Anwendung des § 96); *Naucke* Über Generalklauseln und Rechtsanwendung im Strafrecht (1973) 23, 25 (in dubio bei Anwendung der Generalklauseln).

Rücktritts (§ 24 StGB) oder eines privilegierenden Umstandes, z. B. der Voraussetzungen des § 213 StGB oder — was freilich umstritten ist[78] — des Vorliegens einer Erstbeleidigung als Voraussetzung für Straffreierklärung des Zweitbeleidigers nach § 199 StGB, der die Erstbeleidigung auf der Stelle erwidert haben will. Er umfaßt auch die für die Strafzumessung bedeutsamen Tatsachen dergestalt, daß die eine höhere Bestrafung begründenden Tatsachen zur richterlichen Überzeugung bewiesen sein müssen, während ein Zweifel, ob die Voraussetzungen für die Annahme eines minder schweren Falles oder für eine sonstige Milderung oder das Absehen von Strafe gegeben sind, sich zugunsten des Angeklagten auswirkt[79]. Zur Bedeutung des Grundsatzes in dubio pro reo bei einer zulässigen Wahlfeststellung für die Urteilsformel vgl. BGHSt 25 182, 186. Darüber, inwieweit die Rechtswohltat des Zweifels auch bei Prozeßvoraussetzungen (Verfahrenshindernissen) in Betracht kommt, s. Kap. 11 38 ff.

Dagegen gilt der Grundsatz in dubio pro reo **nicht** für **Rechtsfragen**[80]. Bestehen **52** also über die Auslegung oder Anwendbarkeit eines Gesetzes Zweifel, so darf sich das Gericht nicht deshalb für eine bestimmte Auffassung entscheiden, weil sie für den Angeklagten günstiger ist. Er gilt auch nicht für behauptete Verfahrensfehler[81]; hier kann nur ein erwiesener — nicht aber nur ein möglicher — Verfahrensfehler den Bestand eines Urteils gefährden[82]. Auch dem sog. **Alibibeweis** kommt nach der umstrittenen Rechtsprechung Bedeutung nur zu, wenn er „gelungen" ist[83]. Der bezeichnete Grundsatz gilt schließlich nicht im Probationsstadium des Wiederaufnahmeverfahrens (§ 370 StPO), d. h. bei der Entscheidung, ob die im Wiederaufnahmeantrag aufgestellten Behauptungen eine genügende Bestätigung gefunden haben[84]. BVerfG MDR **1975** 469 hat offengelassen, „ob der Satz in dubio pro reo Verfassungsrang hat und ob er etwa deshalb uneingeschränkt auch im gesamten Wiederaufnahmeverfahren gelten müsse".

2. Ausnahmen. Der Grundsatz in dubio pro reo ist aber in gewissem Umfang von **53** Ausnahmen durchbrochen. In einigen Fällen stellt das materielle Recht widerlegbare Beweisvermutungen auf. Zwar ist die Rechtsentwicklung deutlich auf die Beseitigung solcher Vermutungen gerichtet. Wo aber widerlegbare und selbst unwiderlegbare Vermutungen im geltenden Recht noch bestehen, sind sie weder mit rechtsstaatlichen Grundsätzen noch mit Art. 6 Abs. 2 MRK unvereinbar[85].

---

[78] BGHSt **10** 373; dazu *Küper* JZ **1968** 651, 656.

[79] Vgl. zu § 157 StGB BGH bei *Dallinger* MDR **1952** 407 und BGH vom 13. 12. 1960 – 1 StR 507/60 –, zu § 158 StGB BayObLG NJW **1976** 860; *Blei* JA **1976** 165; *Küper* NJW **1976** 1828; a. M *Uibel* NJW **1960** 1893.

[80] BGHSt **14** 68, 73; OLG Celle NJW **1968** 2119.

[81] BGHSt **16** 164, 166; zweifelnd *Roxin*[19] § 15 D 3 c; vgl. auch LR-*Hanack* § 337, 14; 76.

[82] BGHSt **17** 351, 353; trotz Unanwendbarkeit des Grundsatzes in dubio pro reo sind aber nach einer neueren Lehre Zweifel am Vorliegen eines Verfahrensverstoßes dann beachtlich, wenn aus Gründen, die in der Sphäre der Justiz liegen, die Vermutung der Rechtmäßigkeit und Justizförmigkeit des staatlichen Verfahrens ernsthaft erschüttert ist (dazu LR-*Hanack* § 136a, 69 mit Nachw.).

[83] BGHSt **25** 285 = NJW **1974** 869; JR **1978** 348; s. dazu auch zur Klarstellung BGH NStZ **1983** 422 und LR-*Gollwitzer* § 261, 115; *Kleinknecht/Meyer*[37] § 261 25; krit. *Foth* NJW **1974** 1572; *Stree* JZ **1974** 298; *Schneider* MDR **1974** 944; *Volk* JuS **1975** 25; *Hanack* JuS **1977** 727, 731; *Tenckhoff* JZ **1978** 348; *Roxin*[19] § 15 D 1; *Peters*[4] S. 290.

[84] OLG Köln NJW **1968** 2119; OLG Karlsruhe GA **1974** 250 und Justiz **1984** 309; LR-*Gössel* § 370, 24; *Kleinknecht/Meyer*[37] § 370, 4; *Schöneborn* MDR **1975** 441, 443; a. M *Schünemann* ZStW **84** (1972) 870 ff; *Roxin*[19] § 55 C II; weit. Nachw. zur Streitfrage bei LR-*Gössel* aaO Fußn. 30; *Schlüchter* 773 Fußn. 68.

[85] BVerfG NJW **1959** 619; *Schröder* NJW **1959** 1903.

Karl Schäfer

54 **Beispiele:** Die Verwarnung mit Strafvorbehalt (§ 59 StGB) setzt die Erwartung voraus, daß der Täter künftig auch ohne Verurteilung zu Strafe keine Straftaten mehr begehen werde. Nach § 59 Abs. 2 ist die Verwarnung mit Strafvorbehalt *in der Regel* ausgeschlossen, wenn der Täter in den letzten drei Jahren vor der Tat mit Strafvorbehalt verwarnt oder zu Strafe verurteilt worden ist. Dann ist es nicht Sache des Angeklagten, darzutun und zu beweisen, daß Umstände vorliegen, die ein Abweichen von der Regel rechtfertigen (ihn trifft keine „Beweislast"). Vielmehr hat das Gericht (dazu § 267 Abs. 3 Satz 4 StPO) von Amts wegen in der Hauptverhandlung mit den ihm zur Verfügung stehenden Möglichkeiten die Frage aufzuklären, ob nicht trotz der vorangegangenen Verwarnung mit Strafvorbehalt oder Bestrafung (ausnahmsweise) die Voraussetzungen des § 59 Abs. 1 vorliegen; ein verbleibender Zweifel schlägt aber contra reum aus. Entsprechendes gilt für die Strafaussetzung zur Bewährung (§ 56 StGB), bei der zur Überzeugung des Gerichts die Erwartung begründet sein muß, daß der Verurteilte sich schon die Verurteilung zur Warnung hat dienen lassen und künftig auch ohne die Einwirkung des Strafvollzuges keine Straftaten mehr begehen werde. Es bedarf also einer positiven Sozialprognose; der Grundsatz in dubio pro reo kommt bei dieser Überzeugungsbildung nicht in Betracht; seine Anwendung beschränkt sich auf die ihr zugrundeliegenden Tatsachen[86]. Bei der Aussetzung der Reststrafe zur Bewährung (§§ 57, 57 a, 58 StGB; 454 StPO) mag anderes gelten, da es hier nur darauf ankommt, ob „verantwortet werden kann zu erproben, ob der Verurteilte außerhalb des Strafvollzugs keine Straftaten mehr begehen wird", eine positive Sozialprognose also nicht gefordert wird[87]. Eine den Grundsatz der Wohltat des Zweifels ausschließende Beweisregelung enthält § 186 StGB, wo die nicht erweisbare Wahrheit einer ehrenrührigen Behauptung nach ganz überwiegender Auffassung Bedingung der Strafbarkeit für die üble Nachrede ist: die Wahrheit der ehrenrührigen Behauptung ist Gegenstand der Amtsaufklärungspflicht; die Nichterweislichkeit der Wahrheit aber trifft (von gewissen Ausnahmefällen [s. *Sax* JZ **1976** 436] abgesehen) den Täter[88]. Schließlich hatte schon die Rechtsprechung (BGHSt **9** 390) im Falle des § 330 a a. F. StGB im Wege der Auslegung die Anwendbarkeit des Satzes in dubio pro reo verneint, soweit es sich um das Tatbestandsmerkmal des die Schuldfähigkeit ausschließenden Rausches handelt, und angenommen, daß wegen Vollrausches nicht nur zu bestrafen ist, wenn die rauschbedingte Schuldunfähigkeit festgestellt ist, sondern auch, wenn sie nicht auszuschließen ist; diese Auslegung ist jetzt durch § 323 a legalisiert.

55 **3.** Was die **Maßregeln der Besserung und Sicherung** (§§ 61 ff StGB) anlangt, so enthält § 69 StGB betr. Entziehung der Fahrerlaubnis in Abs. 1 eine dem § 323 a StGB entsprechende Regelung („weil seine Schuldunfähigkeit erwiesen oder nicht auszuschließen ist"). § 69 Abs. 2 sieht eine dem § 59 Abs. 2 StGB (Rdn. 54) entsprechende Regelung vor, indem bei den dort aufgezählten Straftaten der Täter „in der Regel als unge-

---

[86] *Dreher/Tröndle*[43] § 56, 6; LR-*Gollwitzer* § 261, 105 mit weit. Nachw. zur Frage in Fußn. 339.

[87] S. zu dieser hier nicht weiter zu erörternden Frage *Dreher/Tröndle*[43] § 57, 6 mit weit. Nachw., und zu § 57a i. Verb. mit § 454 Abs. 1 Satz 5 StPO *Kunert* NStZ **1982** 93; *Dreher/ Tröndle*[43] § 57a, 9.

[88] Zweifelhaft ist, ob der Grundgedanke des § 186 oder der Grundsatz in dubio pro reo durchgreift, wenn der Täter eine ehrenrührige Tatsachenbehauptung nur dem Beleidigten gegenüber aufstellt (§ 185 StGB) und der Wahrheitsbeweis mit einem non liquet endet. Für Anwendung der Rechtswohltat des Zweifels BayObLG NJW **1959** 57; OLG Köln NJW **1964** 2121; dagegen wohl mit Recht *Hartung* NJW **1959** 640; **1965** 1743; *Hirsch* Ehre und Beleidigung (1967) 204 ff; LK-*Herdegen* § 185, 22 mit weit. Nachw.

eignet zum Führen von Kraftfahrzeugen anzusehen ist"; ein Zweifel, ob ein Ausnahmefall vorliegt, geht also zu Lasten des Täters[89].

4. Die Wahrheitsfindung und die Entscheidung nach eigener Überzeugung finden ihre Grenze, wo das Gesetz eine **Bindung an Vorabentscheidungen** vorsieht (vgl. z. B. § 190 StGB und Kap. **12** 126 ff, 129). Prozessuale Beschränkungen ergeben sich durch das Verbot der reformatio in peius (§ 331) und die Sperrwirkung der Teilrechtskraft, wie sie durch Beschränkung des Rechtsmittels oder durch Teilaufhebung eines Urteils eintreten kann. So schließt die wirksame Beschränkung der Berufung auf das Strafmaß eine Nachprüfung der tatsächlichen Feststellungen des ersten Gerichts zur Schuldfrage durch das Berufungsgericht aus[90]. Jedoch erscheint die uneingeschränkte Anwendung dieses Grundsatzes, insbesondere bei offensichtlich unrichtiger Schuldfeststellung mit ungerechter Belastung des Angeklagten als Folge seiner Rechtsmittelbeschränkung, als Überschätzung der Bedeutung der „Teilrechtskraft"; als Abhilfe erscheint der Weg, die Beschränkung der Berufung als unwirksam anzusehen, wenn sie dem Berufungsgericht den Weg zu einer gerechten Sachentscheidung versperrt[91]. Verfolgungshindernisse sind dagegen auch bei Teilanfechtung stets zu beachten (Kap. **11** 14).   **56**

VI. Erforschungspflicht bei Nichtverurteilung

1. Freispruch. Einer Überzeugung des Gerichts davon, wie sich ein bestimmter Sachverhalt in der Außenwelt und im Innern des Täters abgespielt habe, bedarf es nur zur Verurteilung einschließlich der Anordnung von Maßregeln der Besserung und Sicherung oder (soweit ein Schuldspruch ohne Verhängung von Strafe zulässig ist, wie bei der Verwarnung mit Strafvorbehalt und beim Absehen von Strafe — § 260 Abs. 4 Satz 4 StPO — oder bei der Aussetzung der Verhängung der Jugendstrafe nach § 27 JGG) zum Erlaß eines Schuldspruchs. Zur **Freisprechung** genügt, daß das Gericht die für eine Verurteilung erforderliche Überzeugung von der Schuld des Angeklagten nicht zu erlangen vermag. Sobald dies feststeht, kann die Hauptverhandlung mit einem Freispruch beendet werden, und es erfordert die Wahrheitserforschungspflicht keine weitere Aufklärung nach der Richtung, ob über die Nichtbeweisbarkeit der Schuld hinaus die Unschuld des Angeklagten festgestellt und ein noch verbleibender, möglicherweise dringender Verdacht weiter entkräftet werden kann. Allerdings ist es für den Angeklagten unter dem Gesichtspunkt der Rehabilitierung von Bedeutung, ob der Freispruch nur mangels Beweises, der jeden Verdachtsgrad offenläßt, oder deshalb erfolgt, weil die Unschuld erwiesen oder dargetan sei, daß ein begründeter Verdacht nicht vorliege[92], während dies für den Ersatz der außergerichtlichen Kosten des Freigesprochenen aus der Staatskasse nach Beseitigung des sog. Freispruchs zweiter Klasse (Kap. **3** 75) wie auch für die Entschädigung wegen Strafverfolgungsmaßnahmen nach dem StrEG keine Rolle mehr spielt. Die **Fürsorgepflicht** des Gerichts (Kap. **6** 23) kann aber — im Sinne   **57**

---

[89] Zur Beurteilung des Zweifelsgrundsatzes bei den übrigen Maßregeln der Besserung und Sicherung vgl. *Dreher/Tröndle*[43] Vor § 61, 3.

[90] Vgl. LR-*Gollwitzer* § 318, 66 ff; eine im Verfahren zur Straffrage hervortretende, rechtlich oder tatsächlich fehlsame Schuldfeststellung ist bei der Strafzumessung zu berücksichtigen, führt aber weder zum Freispruch noch zur Mindeststrafe, BGHSt 7 283; GA **1959** 305; OLG Stuttgart Justiz **1972** 187.

[91] Dazu LR-*Gollwitzer* § 318, 41 ff; *Kleinknecht/Meyer*[37] § 318, 7 am Ende.

[92] Wegen ähnlicher Probleme beim Eingreifen eines Verfahrenshindernisses s. Kap. **11** 37, 55.

     Karl Schäfer

eines nobile officiums — gebieten, diesen Belangen Rechnung zu tragen, wenn ohne Schwierigkeiten und ohne jede Verzögerung des Prozesses eine weitergehende Aufklärung nach dieser Richtung möglich ist. Kann jedoch eine dahingehende Feststellung nach dem bisherigen Beweisergebnis nicht ohne weitere Ermittlungen getroffen werden, so kann der Angeklagte nicht verlangen, daß das Verfahren in seinem (privaten) Interesse weitergeführt werde, nachdem das im öffentlichen Interesse aufgestellte Prozeßziel — die Feststellung der Schuld oder Nichtschuld — erreicht ist[93]. Seinem Rehabilitierungsbedürfnis ist durch die im Freispruch liegende Verneinung strafrechtlicher Schuld genügt. Auch für ihn hat das rechtskräftige Urteil gestaltende Bedeutung, indem es ihn aus der Rechtsposition des Beschuldigten, auf dem der Vorwurf strafrechtlicher Schuld lastet, in die Rechtsposition des Freigesprochenen versetzt, gegen den ein Schuldvorwurf von Rechts wegen nicht mehr erhoben werden kann. Eine solche Verfahrensgestaltung verstößt[94] grundsätzlich weder gegen Art. 1 Abs. 1 noch gegen Art. 2 GG[95], und zwar um so weniger, als beim Hervortreten eines Verfahrenshindernisses, das zum Verzicht auf eine Sachentscheidung zwingt, wenn ein Freispruch nicht bereits ohne weitere Aufklärung nach dem bisherigen Ergebnis der Hauptverhandlung begründet ist (Kap. 11 57), der Beschuldigte grundsätzlich nicht einmal eine Fortsetzung des Verfahrens mit dem Ziele eines Freispruchs mangels Beweises verlangen kann[96].

58   **2. Keine Beschwer durch die Urteilsgründe.** Der mangels Beweises oder aus subjektiven Gründen Freigesprochene kann auch nicht Rechtsmittel einlegen mit dem Ziel, eine erneute tatsächliche Nachprüfung der objektiven Unschuld herbeizuführen, denn nach dem Grundgedanken des geltenden Rechtsmittelrechts kann eine Beschwer nur durch den Inhalt des Spruchs, nicht durch den Inhalt der Gründe erfolgen. Ob es freilich richtig ist, diesen Grundsatz ausnahmslos und auch da durchzuführen, wo die Urteilsgründe in vermeidbarer Weise den Angeklagten in seiner Ehre und seinem Fortkommen schwer beeinträchtigen, ist eine andere Frage[97]. Nach überwiegend vertretener Auffassung kann sich das Gericht damit begnügen, den Angeklagten wegen Schuldunfähigkeit zur Tatzeit freizusprechen, ohne den Sachverhalt nach der objektiven Seite weiter aufklären zu müssen, und der Freigesprochene kann dann mangels Beschwer durch den entscheidenden Teil des Urteils dieses nicht mit dem Ziel der Freisprechung aus objektiven Gründen anfechten[98]. Aber die immer wieder im Schrifttum[99] und in der Rechtspre-

---

[93] Vgl. BGHSt **7** 155; **8** 53; **13** 149; **15** 374, 379; *Hanack* JZ **1972** 114; **a. M** *Henrichs* MDR **1956** 196.

[94] Gegen *Schwenk* NJW **1960** 1932, der in der Freisprechung mangels Beweises zum mindesten dann einen Verstoß gegen die Menschenwürde (Art. 1 Abs. 1 GG) sehen will, wenn Beweise für die Unschuld des Angeklagten angeboten, aber nicht erhoben sind.

[95] BVerfGE **6** 7; MDR **1957** 22; BGHSt **7** 153; **13** 149.

[96] Auch die Vorschriften der Amnestiegesetze, die dem Beschuldigten, der seine „Unschuld" geltend macht, ein Recht zum Antrag auf Fortsetzung des Verfahrens beilegen (Kap. **11** 56), führen nicht zur Durchführung des Verfahrens bis zur restlosen Aufklärung des Sachverhalts, sondern nur zu einer Fortset-

zung des Verfahrens „nach den allgemeinen Vorschriften", d. h. bis zum Freispruch mangels Beweises, sobald dessen Voraussetzungen gegeben sind, ohne daß das Gericht genötigt wäre, den Sachverhalt weiter nach der Richtung aufzuklären, ob der Beschuldigte im engeren Sinne des Wortes unschuldig ist oder ein begründeter Verdacht nicht mehr besteht.

[97] Wegen möglicher Verfassungsbeschwerde vgl. BVerfGE **6** 7; **28** 151, 159; MDR **1970** 822.

[98] RGSt **69** 12; BGHSt **16** 374; BGH NJW **1954** 519; LR-*Gollwitzer* § 296, 29; *Hanack* JZ **1973** 659; – offengelassen in BGHSt **7** 153 – und die Mehrzahl der Oberlandesgerichte.

[99] Z. B. *von Hippel* 564; *Henkel* 366; *Koffka* ZStW **81** (1969) 964; *Peters*⁴ 614 mit Nachw.;

---

chung erneuerten Angriffe gegen diese Auffassung[100] lassen zweifelhaft erscheinen, ob hier nicht das Rehabilitierungsbedürfnis des Angeklagten — auch im Hinblick auf die Eintragung im Zentralregister (§ 12 Abs. 1 Nr. 2 BZRG) — zu sehr zurückgedrängt wird. Auf dem Gebiet des Beleidigungsrechts, wo der Rehabilitierungsgesichtspunkt sowohl für den Verletzten wie auch für den Beschuldigten, der nicht als Ehrabschneider dastehen will, besonders bedeutsam ist (Kap. 12 77), ist die Rechtsprechung denn auch bereits andere Wege gegangen. Sie sieht es als unzulässig an, daß der Täter ohne Aufklärung, ob die behauptete Tatsache wahr, nichterweislich wahr oder unwahr ist, mit der Begründung freigesprochen wird, es bedürfe einer solchen Aufklärung nicht, weil im Falle der Wahrheit der Freispruch aus § 186 StGB, im Fall der Unwahrheit aus § 193 StGB (Wahrnehmung berechtigter Interessen) gerechtfertigt sei[101]. Obwohl hier die Beschwer nur in den Gründen des Urteils liegt, wird bei Unterlassung des Wahrheitsbeweises jedenfalls dem Verletzten die Anfechtung des Urteils zugestanden; sie muß aber[102] folgerichtig dem aus § 193 StGB Freigesprochenen zustehen, wenn der von ihm angebotene Wahrheitsbeweis nicht erhoben wurde, da sein Rehabilitierungsbedürfnis doch wohl nicht geringer gewertet werden kann als das des Verletzten. Der StPO-Entw. 1939 (Kap. 4 21) wollte allgemein bei Freispruch oder Einstellung des Verfahrens dem Angeklagten die Anfechtung des Urteils und sogar die Wiederaufnahme des Verfahrens gewähren, wenn die Urteilsgründe seine Ehre schwer mindern oder ihn sonst erheblich schädigen (§§ 316, 355).

VII. Der Grundsatz der Mündlichkeit

1. Bedeutung. Nach § 261 schöpft das Gericht seine Überzeugung „aus dem Inbegriff der Verhandlung", d. h. der Hauptverhandlung. Das bedeutet, daß das Urteil sich nur auf den Prozeßstoff stützen darf, der in die Hauptverhandlung prozeßordnungsgemäß eingeführt und zum Gegenstand der Erörterungen gemacht worden ist. Erkenntnisquellen außerhalb der Hauptverhandlung darf der Richter für sein Urteil nicht verwerten[103]; er darf anderen Stoff auch dann nicht verwerten, wenn er den Verhandlungsteilnehmern bekannt und der Angeklagte mit seiner Verwertung einverstanden ist[104]. Der das gemeinrechtliche schriftliche Inquisitionsverfahren kennzeichnende Grundsatz: quod non est in actis, non est in mundo erklärte sich daraus, daß in allen bedeutsameren Strafsachen nicht der Inquisitionsrichter selbst das Urteil fällte, sondern die Urteilsfällung dritten Stellen (Schöppenstühlen und Juristenfakultäten, an die die Akten versandt wurden, oder dem Landesherrn als Inhaber der richterlichen Gewalt) oblag, denen eine umfassende schriftliche Grundlage ihres Spruchs geboten werden mußte (*Eb. Schmidt* I 427 f), beruhte also auf praktischen Notwendigkeiten der damali-

59

KMR-*Paulus* Vor § 296, 56. *Peters* aaO sieht als Mittel zur Abhilfe von Beschwerung durch die Urteilsgründe schon nach geltendem Recht die sofortige Beschwerde (§ 311) als gegeben an, die nach *Kühl* Unschuldsvermutung, Freispruch und Einstellung (1983) 58 ff nur de lege ferenda in Betracht kommt.

[100] Vgl. z. B. OLG Schleswig JZ **1958** 374 mit abl. Anm. *Eb. Schmidt*; OLG Stuttgart NJW **1959** 1840 mit abl. Anm. *Rech*. Ein Parallelproblem bietet die streitige Frage, ob der Angeklagte, der seine Unschuld geltend macht,

beschwert ist, wenn das Gericht durch Beschluß gem. § 206a wegen dauernder Verhandlungsunfähigkeit einstellt (dazu – bejahend – OLG Hamburg JZ **1962** 125; **1967** 546).

[101] BGHSt 4 194; 7 392; 11 273.

[102] Was BGHSt 11 278 – zur Verneinung neigend – offenläßt.

[103] RGSt 71 325; BGHSt 5 278; 5 354; 6 292; 7 6; 11 159; 13 73.

[104] BGHSt 17 112, 120.

gen Verfahrensgestaltung, die entfielen, als das moderne Recht dazu überging, die Entscheidung ausschließlich dem Gericht vorzubehalten. Das allein hätte zur Aufgabe des Schriftlichkeitsgrundsatzes nicht gezwungen. Der Übergang zum Mündlichkeitsprinzip entstammt vielmehr der aus den Mängeln des Inquisitionsverfahrens gewonnenen Erkenntnis und Überzeugung, daß die eigne unmittelbare Wahrnehmung des Prozeßstoffs durch die erkennenden Richter in einem durch die Verfahrensgesetze vorgeschriebenen mündlichen Verkehr am besten geeignet sei, dem Gericht ein zuverlässiges Bild der entscheidungserheblichen Tatsachen zu verschaffen und so ein gerechtes Urteil zu gewährleisten. Denn der mündliche Verkehr ist regelmäßig erschöpfender und eindrucksvoller als ein schriftlicher Bericht über die in der Vergangenheit liegenden Ermittlungsergebnisse. Er ermöglicht es in ungleich größerem Maße, daß das erkennende Gericht sich ein zutreffendes Bild von der Persönlichkeit des Angeklagten, von der Glaubwürdigkeit, Wahrnehmungs- und Beurteilungsfähigkeit der Zeugen usw. verschafft. Auf dem Gedanken, daß die mündliche Verhandlung, weil sie einen unmittelbaren Eindruck von der Person des Angeklagten vermittelt, eine größere Gewähr für die Findung der gerechten Strafe bildet als ein schriftliches Verfahren, beruht es z. B., wenn BGHSt **12** 1; **25** 384 = NJW **1975** 126 die streitig gewordene Frage, in welchem Umfang die Bildung einer Gesamtstrafe dem schriftlichen Beschlußverfahren nach §§ 460, 462 StPO überlassen bleiben könne, dahin beantwortet, daß grundsätzlich das erkennende Gericht in der Hauptverhandlung die Gesamtstrafe zu bilden habe.

60   2. Freilich hat auch das Mündlichkeitsprinzip seine (im Schrifttum häufig hervorgehobenen) **Schattenseiten**, die vor allem darin bestehen, daß die mündlichen Ergebnisse der Beweisaufnahme nicht mehr verkörpert, sondern dem Täuschungen unterworfenen Erinnerungsvermögen anvertraut sind. Insbesondere bei Prozessen, die bei einer Vielzahl von Angeklagten oder Anklagepunkten eine mehrwöchige oder auch mehrmonatige oder gar noch längere Hauptverhandlungsdauer erfordern, werden an die Konzentrationsfähigkeit und die Gedächtnisstärke der Mitglieder des Gerichts, namentlich der solcher Anstrengung ungewohnten Laienrichter, aber auch der übrigen Prozeßbeteiligten größte Anforderungen gestellt. Das in §§ 271, 273 Abs. 1 vorgeschriebene Protokoll über die Hauptverhandlung dient vorzugsweise zur Nachprüfung der Gesetzmäßigkeit der Hauptverhandlung in der höheren Instanz. Ein weitergehendes, auch die „wesentlichen Ergebnisse der Vernehmungen" umfassendes Protokoll ist nur in der Hauptverhandlung vor dem Strafrichter (= Einzelrichter) und dem Schöffengericht vorgeschrieben (§ 273 Abs. 2). Das StPÄG 1964 hatte dieses sog. **Inhaltsprotokoll** für alle tatrichterlichen Hauptverhandlungen vorgeschrieben; das 1. StVRG vom 20. 12. 1974 hat diese Erweiterung als verfahrensverzögernd wieder beseitigt und den früheren Rechtszustand wiederhergestellt, und nach dem StVÄG 1987 entfällt auch das Inhaltsprotokoll nach § 273 Abs. 2, wenn alle zur Anfechtung Berechtigten auf Rechtsmittel verzichten oder innerhalb der Rechtsmittelfrist kein Rechtsmittel eingelegt wird. Als knappes Inhaltsprotokoll — im Gegensatz zu dem unter den Voraussetzungen des § 273 Abs. 3 aufzunehmenden „Wortprotokoll" — hatte es übrigens als Gedächtnisstütze für die an einer Hauptverhandlung von langer Dauer Beteiligten nur sehr beschränkten Wert. Die Führung eines Nebenprotokolls in Kurzschrift, die zulässig ist, aber das Protokoll i. S. der §§ 271, 273 nicht ersetzt[105], oder die — jedenfalls mit Zustimmung der Beteiligten zulässige — Aufnahme der Äußerungen von Angeklagten, Zeugen und Sachverständi-

---

[105] *Eb. Schmidt* JZ **1956** 206; *Röhl* JZ **1956** 591; LR-*Gollwitzer* § 261, 39.

gen auf Tonband, um sie bei der Beratung als Gedächtnisstütze zu verwenden[106], mag in gewissem Umfang helfen können. Im allgemeinen aber bleibt es dem einzelnen Richter überlassen, sich Gedächtnisstützen in Form von Notizen zu schaffen. Durch beschränkende Vorschriften (§§ 229, 138 c Abs. 4, 231 a Abs. 3; § 34 Abs. 3 Nr. 6 EGGVG: Höchstdauer der Unterbrechung einer Hauptverhandlung, § 268 Abs. 3: Verkündung des Urteils spätestens am elften Tag nach Schluß der Verhandlung, § 275: Fristen für die schriftliche Absetzung des Urteils), aus denen sich zusammen mit anderen Vorschriften (§ 248) die sog. **Konzentrationsmaxime** ergibt, sucht das Gesetz den Gefahren für die Wahrheitsfeststellung, die sich aus der Schwäche der Erinnerung ergeben können, entgegenzutreten. Die Höchstdauer der Unterbrechung und der Urteilsverkündungsfrist waren im Interesse des Mündlichkeitsprinzips früher kürzer bemessen; die Erfahrungen mit langdauernden Hauptverhandlungen zwangen — trotz nicht abzuweisender Bedenken betreffend die Gefahr der „Auflösung“ der Grundgedanken der Verfahrenskonzentration (dazu *Peters*[4] 553) — aus Praktikabilitäts-, insbesondere Ersparnisgründen zu den vorgenommenen Änderungen. Übrigens bilden zwar Verstöße gegen die zulässige Dauer einer Unterbrechung keinen zwingenden Revisionsgrund i. S. des § 338, doch kann die Frage, ob das Urteil auf dem Verstoß beruht, nur in seltenen, besonders gelagerten Fällen verneint werden[107].

3. Bedeutung der Akten des Vorverfahrens. Auch unter der Herrschaft des Münd- **61** lichkeitsgrundsatzes verlieren die Akten des Vorverfahrens mit den darin enthaltenen polizeilichen und sonstigen Vernehmungsprotokollen nicht gänzlich ihre Bedeutung für die Hauptverhandlung. Sie dienen zunächst dazu, dem Vorsitzenden eine zweckgerechte Gestaltung der Hauptverhandlung zu ermöglichen. Wie der Vorsitzende, so dürfen selbstverständlich auch die richterlichen Beisitzer Aktenkenntnis haben, namentlich der Berichterstatter, der das Urteil abfassen soll. Für die Laienrichter gilt dies aber nicht. Die Rechtsprechung, gegen die sich freilich Bedenken erheben lassen[108], sah es bereits als einen Verstoß gegen die Grundsätze der Unmittelbarkeit und Mündlichkeit (§ 261) an, wenn die mitwirkenden Laienrichter vor oder während der Hauptverhandlung in das Ermittlungsergebnis der Anklageschrift Einblick nehmen[109], auch wenn dies ohne Zutun der richterlichen Mitglieder geschieht[110], weil die Lektüre der Anklageschrift geeignet sei, die Unbefangenheit der Laienrichter zu beeinträchtigen. Jedoch kann nach Nr. 126 Abs. 3 RiStVB den Schöffen, wenn ihnen auch die Anklageschrift nicht zugänglich gemacht werden darf, namentlich in Verfahren mit einem umfangreichen oder schwierigen Sachverhalt für die Dauer der Hauptverhandlung eine Abschrift des Anklagesatzes nach dessen Verlesung überlassen werden. Dem entsprach es, als § 249 Abs. 2 i. d. F. des StVÄG 1979 den Verzicht auf die Verlesung von Urkunden usw. durch das sog. Selbstleseverfahren zuließ, daß den Schöffen erst nach Verlesung des Anklagesatzes Gelegenheit zur Kenntnisnahme vom Wortlaut der Urkunde zu geben war[111].

---

[106] Vgl. BGHSt **19** 193; *Bruns* GA **1960** 160; *Hanack* JZ **1971** 170; der 50. DJT 1974 empfahl, die Befugnis des Gerichts zur Aufnahme der Aussagen von Zeugen und Sachverständigen auf Tonband gesetzlich festzulegen (Sitzungsbericht K 272).

[107] BGHSt **23** 224 = JR **1970** 309 mit Anm. *Eb. Schmidt.*

[108] Vgl. LR-*Gollwitzer* § 261, 31; kritisch z. B. *Hanack* JZ **1972** 314; *Roxin* Reform der

Hauptverhandlung (1975) 59; *Rüping* JR **1976** 272; vgl. zum Ganzen *Schreiber* FS Welzel 941; früher bereits *Schäfer* JR **1932** 196.

[109] RGSt **69** 120.

[110] BGHSt **13** 73 = JR **1961** 30 mit zust. Anm. *Eb. Schmidt*; vgl. aber auch (zweifelnd) BGH JR **1987** 389 mit Anm. *Rieß.*

[111] Zur Neufassung durch das StVÄG 1987, die hierauf verzichtet, vgl. Begr. BT-Drucks. **10** 1313 S. 29.

61a   In gewissem Umfang dürfen aushilfsweise auch **Aktenbestandteile verlesen** werden (§§ 249 Abs. 1, 251, 253, 254). Darüber hinaus gestattete zunächst der durch das StVÄG 1979 eingefügte Absatz 2 des § 249, die Verlesung einer Urkunde unter bestimmten Voraussetzungen durch das sog. *Selbstleseverfahren* zu ersetzen. Gegen diese Neuerung wurden grundsätzliche Bedenken erhoben[112]. Jedoch hat das StVÄG 1987 bei der Neufassung des § 249 Abs. 2 an dem Selbstleseverfahren nicht nur festgehalten, sondern es wegen seiner offensichtlich erheblichen prozeßökonomischen Vorteile (Verkürzung der Hauptverhandlungsdauer) in weiterem Umfang zugelassen[113]. Im übrigen kann der Akteninhalt, insbesondere bei nicht verlesbaren Schriftstücken, in Befolgung der Wahrheitserforschungspflicht (§ 244 Abs. 2) Veranlassung zu Fragen und Vorhaltungen geben (LR-*Gollwitzer* § 249, 84 ff; § 254, 24 ff). Das muß freilich in einer Art und Weise geschehen, die bei den Beteiligten keinen Zweifel aufkommen läßt, daß nicht das vorgehaltene Schriftstück, sondern die Antwort des Befragten zur Beweisgrundlage werden soll. So darf das polizeiliche Protokoll über ein Geständnis des Angeklagten zwar nicht zum Zweck der Beweisaufnahme verlesen werden (§ 254 Abs. 1), es darf aber dem als Zeugen vernommenen Verhörsbeamten zur Stützung seines Gedächtnisses vorgehalten und zu diesem Zweck ihm sogar vorgelesen werden[114]. In gleicher Weise kann auch das im Einverständnis mit dem Beschuldigten über ein Geständnis vor der Polizei aufgenommene Tonband zum Zweck des Vorhalts an die Verhörspersonen abgespielt werden (BGHSt **14** 339). Beweismittel bleibt aber allein die Erklärung des Zeugen. Kann er nur bekunden, die Angaben des Angeklagten getreulich aufgenommen zu haben, sich aber trotz Vorhalts an den Inhalt nicht mehr erinnern, so kann auf diese Zeugenaussage nicht die Feststellung gestützt werden, daß der Angeklagte ein polizeiliches Geständnis bestimmten Inhalts abgelegt habe, denn dann wäre in Wahrheit nicht die Zeugenaussage, sondern im Widerspruch zu § 254 das polizeiliche Protokoll die Beweisgrundlage[115]. Ebenso schließt, wenn ein vor der Hauptverhandlung richterlich vernommener Zeuge erst in der Hauptverhandlung von seinem Zeugnisverweigerungsrecht Gebrauch macht, das Verlesungsverbot des § 252 nicht aus, den Richter, vor dem die Aussage gemacht wurde[116], über den Inhalt der Aussage als Zeugen zu vernehmen und ihm zur Unterstützung des Gedächtnisses den Inhalt der nichtverlesbaren Urkunde zu vergegenwärtigen; auch hier kann aber nur die Bekundung des Zeugen zur Beweisgrundlage gemacht werden[117].

62   Soweit im **Schrifttum** gegen die dargestellte Rechtsprechung **Einwendungen** erhoben werden, liegt ihnen nicht (oder weniger) der Gedanke einer Verletzung des Mündlichkeitsgrundsatzes als vielmehr der der Umgehung eines Beweisverbotes (Kap. 14) zugrunde, so wenn geltend gemacht wird, es laufe auf eine Umgehung des § 254 hinaus, wenn zwar das Protokoll über das vor der Polizei abgelegte Geständnis nicht verlesen werden dürfe, das Geständnis des in der Hauptverhandlung in Wahrnehmung seines Wahlrechts (§ 243 Abs. 4 Satz 1) schweigenden Angeklagten aber durch Vernehmung der polizeilichen Verhörspersonen rekonstruiert werden könne[118]. Gegenüber diesen

---

[112] Vgl. *Geppert* Der Grundsatz der Unmittelbarkeit im deutschen Strafverfahren (1979) S. 191; *Peters*⁴ S. 323: „Die Vorschrift sollte möglichst bald beseitigt werden. Sie ist eine gesetzliche Fehlleistung."

[113] Dazu Begründung des RegEntw. BT-Drucks. **10** 1313 S. 28.

[114] Schrifttum zum Vorhalt s. bei §§ 249, 250.

[115] BGHSt **14** 310; **22** 170; BGH NStZ **1986** 276.

[116] Nicht auch andere, bei der Vernehmung anwesend gewesene Personen, BGHSt **13** 394.

[117] Insgesamt zu dieser streitigen Frage LR-*Gollwitzer* § 252, 27.

[118] Dazu *Grünwald* JZ **1968** 754; *Hanack* JZ **1972** 274.

Einwendungen betont die Rechtsprechung aber mit Recht das Interesse an der Wahrheitsfindung.

4. Geltungsbereich des Mündlichkeitsgrundsatzes. Der Mündlichkeitsgrundsatz be- **63** herrscht nur die Gewinnung des Tatsachenmaterials, das das Urteil über Täterschaft und Schuld und die sich daraus ergebenden Rechtsfolgen begründen soll; er gilt nicht bei der Feststellung von Tatsachen, die nicht unmittelbar Grundlage der Entscheidung zur Schuld- und Straffrage sein sollen[119]. Dies trifft z. B. zu für die Feststellung der gesetzlichen Voraussetzungen für die Vornahme von Prozeßhandlungen (BayObLG NJW **1960** 687) und insbesondere für die Feststellung der Verfahrensvoraussetzungen, von denen die Zulässigkeit des ganzen Verfahrens abhängt (Kap. **11** 15); das folgt schon daraus, daß es zur Hauptverhandlung gar nicht kommt, das Verfahren vielmehr außerhalb der Hauptverhandlung durch Beschluß eingestellt wird (§ 206 a), wenn im Wege des Freibeweises das Vorliegen eines Verfahrenshindernisses festgestellt ist.

5. Eine „mündliche Verhandlung" außerhalb der Hauptverhandlung kennt die **64** Strafprozeßordnung in den Fällen der §§ 118, 122, 138 d StPO. Über die Durchführung der mündlichen Verhandlung bestimmen §§ 118 a und 138 d, daß die anwesenden Beteiligten „zu hören" seien. Die Beweisaufnahme erfolgt zwar nach den Regeln des Freibeweises, aus dem Begriff der mündlichen Verhandlung ergibt sich aber, daß als Grundlage der Entscheidung nur solche Umstände berücksichtigt werden dürfen, die Gegenstand der mündlichen Erörterung in der Verhandlung waren. Nicht hierher gehören die Fälle, in denen (bei Neben- und Nachtragsverfahren) die Strafprozeßordnung von „mündlicher Verhandlung" spricht, gleichzeitig aber die Vorschriften über die Hauptverhandlung für entsprechend anwendbar erklärt (z. B. § 441 Abs. 3); der Sache nach handelt es sich hier um Hauptverhandlungen, die aber nicht das Ziel haben, über die strafrechtliche Schuld eines Beteiligten zu entscheiden[120].

VIII. Der Grundsatz der Unmittelbarkeit

1. Bedeutung. Der Grundsatz der Unmittelbarkeit steht in engem Zusammenhang **65** mit dem Grundsatz der Mündlichkeit[121]. In ihm „verschränkten sich" zwei an und für sich verschiedene Gesichtspunkte miteinander, die Unmittelbarkeit der **Beweiserhebung**, wonach es grundsätzlich Aufgabe des erkennenden Gerichts ist, die Beweise selbst zu erheben, um von ihnen „in unmittelbarer eigener sinnlicher Wahrnehmung" Kenntnis zu erlangen, und die Unmittelbarkeit des **Beweismittels**, wonach sich das Gericht seine Überzeugung **tunlichst** durch solche Beweismittel verschaffen soll, deren Benutzung an die Klarstellung des Sachverhaltes am nächsten heranführt[122]. Dem Erfordernis der Mündlichkeit wäre an sich genügt, wenn der Prozeßstoff in irgendeiner Form mündlich (durch das gesprochene Wort) in die Verhandlung eingeführt und zum Gegenstand mündlicher Rede und Gegenrede gemacht würde. Es ist mit diesem Grundsatz noch verträglich, wenn in weiterem Umfang die schriftlich niedergelegten Ergebnisse des Vor-

---

[119] LR-*Gollwitzer* § 251, 65.

[120] LR-*Schäfer*[23] § 441, 16; 17.

[121] Die scharfe begriffliche Abgrenzung bereitet deshalb Schwierigkeiten; teilweise wird ein begrifflicher Unterschied bezweifelt; vgl. *Eb. Schmidt* I 340; 444 ff; Schrifttum s. bei § 250.

[122] *Eb. Schmidt* I 144; *Henkel* 342 ff; Überlegungen zur methodischen Behandlung des Unmittelbarkeitsprinzips im Zuge einer Strafprozeßreform bei *Rieß* FS K. Schäfer 189.

         Karl Schäfer

verfahrens (die Erklärungen des Beschuldigten, die Aussagen der Zeugen usw.) durch Verlesen in der Hauptverhandlung mündlich in dieser ausgebreitet werden können oder wenn an die Stelle der Verlesung das durch das StVÄG 1979 eingeführte und durch das StVÄG 1987 erweiterte sog. Selbstleseverfahren tritt (vgl. § 249 Abs. 2). Der Grundsatz der Unmittelbarkeit dagegen verlangt, daß in der Regel der Angeklagte selbst in der Hauptverhandlung seine Erklärungen abgibt (dies übrigens auch unter dem Gesichtspunkt einer nachdrücklichen Gewährung rechtlichen Gehörs), die Zeugen ihre Aussagen mündlich in der Hauptverhandlung machen, ein Augenschein vom Gericht in der Hauptverhandlung erhoben wird usw. und daß auf entsprechende Akte, die außerhalb der Hauptverhandlung erfolgt sind, in der Hauptverhandlung (durch Verlesen) nur dann zurückgegriffen werden darf, wenn eine Einbringung unmittelbar in der Hauptverhandlung nicht oder nur mit unverhältnismäßigen Schwierigkeiten möglich ist oder wenn andere Gründe dies ausnahmsweise rechtfertigen.

66　　　**2. Folgerungen. Ausnahmen.** Dem Unmittelbarkeitsgrundsatz entspricht es, daß grundsätzlich eine Hauptverhandlung ausgeschlossen ist, wenn der Angeklagte ausbleibt (§ 230), weil es dann in der Regel dem Gericht nicht möglich ist, sich nach seinem Verhalten und seiner Einlassung ein unmittelbares Bild von der Persönlichkeit des Angeklagten und seiner Einstellung zu dem Schuldvorwurf zu machen. Auf dem gleichen Gedanken beruht die Pflicht des Angeklagten zum Verbleiben in der Verhandlung (§ 231 Abs. 1). Entfernt er sich unerlaubterweise aus der Hauptverhandlung, so darf diese nur dann ohne ihn zu Ende geführt werden, wenn er schon zur Anklage vernommen war und das Gericht seine weitere Anwesenheit nicht für erforderlich erachtet (§ 231 Abs. 2), wenn das Gericht also bereits ein genügend deutliches unmittelbares Bild von dem Angeklagten und seiner Einlassung erlangt hat. Durchbrochen ist der Grundsatz der Anwesenheitspflicht in den Fällen der §§ 231 a und 231 b; hier ist eine Verhandlung in Abwesenheit des Angeklagten zulässig, wenn das Gericht seine Anwesenheit nicht für unerläßlich hält. Es muß ihm aber wenigstens Gelegenheit gegeben worden sein, sich zur Anklage zu äußern. Den Fall einer nur vorübergehenden Entfernung aus dem Sitzungssaal regelt § 247. In den weiteren Fällen, in denen das Gesetz ausnahmsweise die Durchführung einer Hauptverhandlung gegen einen ausgebliebenen Angeklagten zuläßt (Kap. 12 106), tritt an die Stelle seiner unmittelbar vorgetragenen Einlassung zur Anklage die Verlesung seiner richterlichen Vernehmung außerhalb der Hauptverhandlung (§ 232 Abs. 3, § 233 Abs. 3). Gegenüber dem in der Hauptverhandlung erschienenen Angeklagten ist ein Rückgriff auf seine früheren schriftlich niedergelegten Erklärungen durch Verlesen nur unter den Voraussetzungen des § 254 möglich.

67　　　Am deutlichsten ist der Unmittelbarkeitsgrundsatz in § 250 ausgesprochen. Danach muß, wenn der Beweis einer Tatsache auf der Wahrnehmung einer Person beruht, diese **in der Hauptverhandlung vernommen** werden, und es darf die Vernehmung nicht durch Verlesung des Protokolls über eine frühere Vernehmung oder einer schriftlichen Erklärung ersetzt werden. Nur wenn eine „unmittelbare" Vernehmung aus bestimmten, in § 251 Abs. 1 Nr. 1 bis 3 bezeichneten Gründen nicht oder nur mit unzumutbaren Schwierigkeiten möglich ist — wobei ein strenger Maßstab angelegt werden muß; bei einem im Ausland wohnenden Zeugen muß sich das Gericht ggf. bemühen, ihn zum Erscheinen zu bewegen[123], und u. U. ist selbst einem in Übersee wohnenden Zeugen das

---

[123] BGHSt **22** 118; NStZ **1985** 281.

Erscheinen vor Gericht zuzumuten[124] — oder wenn alle Prozeßbeteiligten einverstanden sind (§ 251 Abs. 1 Nr. 4), darf an ihre Stelle die mittelbare durch Verlesung der Niederschrift über frühere gerichtliche Vernehmungen (dazu § 223) treten. Der Ersatz der persönlichen Aussage von Personen durch die Verlesung nichtrichterlicher Protokolle oder von in Urkunden enthaltenen schriftlichen Erklärungen ist auch nach der „vorsichtigen" Erweiterung des § 251 Abs. 2 durch das StVÄG 1987 nur unter den dort genannten strengen Kautelen zulässig[125]. Der Unmittelbarkeitsgrundsatz verlangt auch eine prozeßordnungsmäßige Einbringung der von dem **Sachverständigen** in seinem Gutachten verwerteten Tatsachen, die er sich durch Selbstinformation verschafft hat[126]. Dagegen ist der Grundsatz der Unmittelbarkeit in weiterem Umfange bei der Augenscheinseinnahme durchbrochen, indem § 225 ohne Einschränkung die Einnahme des Augenscheins außerhalb der Hauptverhandlung durch einen ersuchten oder beauftragten Richter zuläßt, deren Ergebnis in der Hauptverhandlung durch Verlesung des Augenscheinprotokolls verwertet wird (§ 249). Darüber hinaus kann auch die Ablichtung einer Urkunde Gegenstand des in der Hauptverhandlung eingenommenen Augenscheins sein, denn „einen allgemeinen Rechtssatz, wonach der Unmittelbarkeitsgrundsatz die Benutzung von Beweissurrogaten verbiete, gibt es nicht"; der Tatrichter muß sich dann des u. U. minderen Beweiswerts der Ablichtung gegenüber dem Original bewußt sein[127].

3. Beweisnähe. Dagegen bedeutet der Grundsatz der Unmittelbarkeit nach der **68** weitaus herrschenden Meinung nicht, daß grundsätzlich und allgemein das der Beweisfrage nähere Beweismittel den Vorzug vor dem ferneren verdiene. Beruht z. B. der Beweis einer Tatsache auf der Wahrnehmung eines ausgebliebenen Zeugen, so verbietet zwar § 250 Satz 2 die Verlesung des Protokolls über dessen frühere Vernehmung, verbietet aber nicht die alsbaldige Vernehmung dritter Personen **(Zeugen vom Hörensagen, mittelbare Zeugen)**, denen der unmittelbare Zeuge seine Wahrnehmungen mitgeteilt hat[128], einschließlich der Verhörspersonen einer früheren Vernehmung. In welchem Umfang der unmittelbare Zeuge den Vorrang vor mittelbaren Zeugen hat, ist also nicht aus dem Unmittelbarkeitsgrundsatz, sondern aus dem Wahrheitserforschungsgrundsatz des § 244 Abs. 2 zu beantworten[129]. Bejaht wird z. B. die Zulässigkeit der Vernehmung polizeilicher Zeugen vom Hörensagen, wenn die zur Tataufklärung eingesetzten Polizeibeamten nicht unmittelbar vernommen werden können, weil die oberste

---

[124] BGHSt **9** 230; NStZ **1981** 271; s. auch BGH NStZ **1983** 276; s. dazu aber auch BGH vom 21. 3. 1984 (2 StR 700/84), wo hinsichtlich des Ausmaßes der vom Tatrichter zu entfaltenden Bemühungen darauf abgestellt ist, „welche Bedeutung der Sache zukommt und wie wichtig die Zeugenaussage für die gerichtliche Wahrheitsfindung ist".

[125] S. dazu auch BGHSt **33** 83 betr. Zulässigkeit der Verlesung polizeilicher Vernehmungsprotokolle, bei denen § 68 Abs. 1 nicht eingehalten wurde.

[126] BGHSt **9** 292; Näheres Rdn. 69.

[127] BGH NStZ **1986** 519.

[128] BVerfGE **57** 250, 292 = NJW **1981** 1719, 1722; BGHSt **6** 209; **7** 382, 384; **22** 268; BGH NJW **1985** 1789; NStZ **1986** 520; *Hanack* JZ

1974 237; **a. M** *Peters*[4] 317; *Grünwald* JZ **1966** 494; *Seebode/Sydow* JZ **1980** 506; Schrifttum dazu bei § 250; vgl. mit weit. Nachw. LR-*Gollwitzer* § 250, 24 ff.

[129] Wegen des an dieser Stelle anklingenden vielumstrittenen Problems der prozessualen Einführung des Wissens anonymer Gewährspersonen – V-Leute – von Verfassungsschutzämtern, Polizei usw., die von diesen Stellen nicht oder nur mit Einschränkungen zur Vermeidung ihrer „Enttarnung" „freigegeben" werden – § 54 StPO –, muß auf LR-*Dahs* § 54, 9, 16 ff und auf die ausführliche Darstellung LR-*G. Schäfer* § 96, 25 ff, 30 ff (beide mit weit. Nachw.) verwiesen werden.

Dienstbehörde ihre Namen nicht bekanntgibt[130], während BGHSt **34** 15 auf die Fehlerquellen bei der Wahrheitsfindung hinweist, die bei „mittelbarer Beweisführung" unter
Verwendung dem Tatrichter in der Hauptverhandlung mitgeteilter Äußerungen aus der
Quelle eines nicht näher bezeichneten „befreundeten ausländischen Nachrichtendienstes" bestehen[131].

69   **4. Sachverständigenbeweis.** Eine Besonderheit gilt nach der Rechtsprechung[132]
für den Sachverständigenbeweis: hier dürfen sog. **Zusatztatsachen** (= Tatsachen, zu
deren Ermittlung und Wahrnehmung keine besondere Sachkunde erforderlich ist, die
vielmehr auch das Gericht mit den ihm zur Verfügung stehenden Erkenntnis- und Beweismitteln unmittelbar feststellen könnte) nicht ohne Einführung in die Hauptverhandlung durch eine weitere Beweisaufnahme — die ggf. auch in der Vernehmung des Sachverständigen als Zeugen bestehen kann — aus dem Gutachten übernommen werden,
wohl aber die sog. **Befundtatsachen** (= Tatsachen, die nur der Sachverständige auf
Grund seiner besonderen Sachkunde erkennen konnte). Wegen der Behandlung des Falles der Sachverständigenteamarbeit (der vom Gericht ernannte Sachverständige verwertet in seinem Gutachten die Untersuchungsergebnisse eines von ihm im Auftrag des Gerichts oder aus eigenem Entschluß herbeigezogenen Hilfssachverständigen, z. B. des
vom Psychiater beigezogenen Psychologen) und des Falles, daß der Sachverständige an
die selbständig ermittelten Ergebnisse eines anderen Sachverständigen anknüpft, vgl.
BGHSt **22** 268.

70   **5.** Der Grundsatz der Unmittelbarkeit gilt in der **Berufungsinstanz** nur mit Einschränkung (§ 325).

IX. Die Konzentrationsmaxime (Beschleunigungsgebot)

71   Die sog. Konzentrationsmaxime steht insofern in engem Zusammenhang mit dem
Grundsatz der Mündlichkeit, als aus den Vorschriften über die Zulässigkeit von Unterbrechungen der Hauptverhandlung (§ 229), über den Abschluß der Hauptverhandlung
durch Urteilsverkündung (§§ 260 Abs. 1, 268 Abs. 3) und über die Absetzung der schriftlichen Urteilsbegründung (§ 275) der gesetzgeberische Gedanke entnommen werden
kann, daß eine Hauptverhandlung möglichst in einem Zuge durchzuführen ist und Beratung, Urteilsverkündung und Absetzung der Urteilsgründe sich möglichst unmittelbar
an die Beweisaufnahme anschließen, damit sich alles dies unter dem frischen Eindruck
des Prozeßverlaufs vollziehe; daß die mitunter mehrere Monate andauernden oder gar
die Dauer eines Jahres überschreitenden Hauptverhandlungen dem Idealbild einer
Hauptverhandlung „in einem Zuge" nicht mehr entsprechen (mit der Folge mehrfacher
Änderungen des § 229 — zuletzt durch das StVÄG 1987 —), steht auf einem anderen
Blatt. Die in diesem Zusammenhang mitunter angeführten Rechtsmittelfristen haben
mit der Konzentrationsmaxime nichts zu tun; sie sollen — regelmäßig außerhalb der
Hauptverhandlung — einen Schwebezustand möglichst schnell zur Erlangung von
Rechtsgewißheit beenden; übrigens hat sich auch hier gezeigt, daß die ursprünglichen,

[130] Dazu BGH JZ **1985** 492 mit Anm. *Fezer*; **1985** 635.
[131] S. ferner BGH NStZ **1986** 231 betr. Zulässigkeit der Vernehmung des Richters als
Zeuge vom Hörensagen in einem anderen
Verfahren, wenn bzgl. der von ihm durchgeführten Vernehmung eines polizeilichen
V-Mannes ein Verwertungsverbot nach den
Grundsätzen von BGHSt **32** 115 bestand.
[132] BGHSt **18** 107; **20** 164; **22** 268, 271.

z. T. recht kurzen Rechtsmittelfristen den heutigen veränderten Lebensgewohnheiten (wie etwa mehrfache längere Abwesenheit vom Wohnort durch Urlaubsreisen) nicht mehr voll entsprachen und einer Verlängerung bedurften, so zuletzt die Einspruchsfristen gegen Strafbefehl und Bußgeldbescheid. Keinen unmittelbaren Zusammenhang mit der Konzentrationsmaxime hat auch das allgemeine Beschleunigungsgebot, das alle Verfahrensstadien beherrscht (Kap. **12** 90).

X. Das Beweisantragsrecht der Beteiligten

1. Bedeutung. Die Wahrheitserforschungspflicht des Gerichts ist unabdingbar; sie **72** kann dem Gericht durch Verzicht des Angeklagten oder des Anklägers auf weitere Beweiserhebung nicht abgenommen werden. Dagegen haben es Beschuldigter und Kläger in der Hand, das Gericht durch Beweisanträge (§ 244 Abs. 3; § 245 Abs. 2 Satz 1) zu Ermittlungen zu zwingen, die das Gericht, hätte es frei über den Umfang der Beweisaufnahme zu bestimmen, nicht erheben würde, weil nach seiner Auffassung alles zur Erforschung der Wahrheit Erforderliche bereits getan ist (Verbot der Beweisantizipation, Rdn. 73). Das Beweisantragsrecht der Beteiligten schlägt, sofern es ihnen eine gewisse Disposition über den Prozeßstoff einräumt, eine Brücke zu dem Beweiserhebungssystem des anglo-amerikanischen Prozeßrechts, bei dem die Parteien entscheiden, welche Beweise beigebracht werden sollen (Rdn. 14)[132a].

2. Entwicklungsgeschichte. Die Frage, ob und in welchem Umfang das Gericht **73** oder die Parteien **den Umfang der Beweisaufnahme bestimmen** dürfen, war schon im Entstehungsstadium der StPO lebhaft umstritten, und seit dem Inkrafttreten der StPO hat die Auffassung des Gesetzgebers wiederholt gewechselt. Im Entwurf der StPO war vorgesehen, daß das Gericht allgemein nach freiem Ermessen den Umfang der Beweisaufnahme bestimme, ohne hierbei durch Anträge oder Verzichte der „Parteien" gebunden zu sein. Die Reichstagskommission sah darin eine zu weit gehende Beschränkung der Parteirechte, wobei der Blick naturgemäß vorzugsweise auf die Verteidigungsrechte des Beschuldigten gerichtet war. Die Kompromißverhandlungen (Kap. **2**) führten zu einem Mittelweg: in den Verhandlungen vor den Schöffengerichten und, sofern Übertretungen oder Privatklagevergehen den Gegenstand der Verhandlungen bildeten, auch in den Verhandlungen vor den Landgerichten in der Berufungsinstanz sollte das Ermessen des **Gerichts**, im übrigen der **Wille der Parteien** insofern maßgebend sein, als sich die Beweisaufnahme grundsätzlich auf sämtliche vorgeladenen Zeugen und Sachverständigen sowie auf andere herbeigeschaffte Beweismittel erstrecken mußte; nur im Einverständnis mit Kläger und Angeklagten durfte das Gericht von der Erhebung einzelner Beweise absehen. Das in dieser Form nur sehr summarisch geregelte Beweisantragsrecht ist durch die Rechtsprechung des Reichsgerichts ausgebaut worden, das — gewissermaßen aus dem Nichts heraus — in langen Jahren feste Grundsätze entwickelte, wann bei dem „Strengbeweis" eine Ablehnung von Beweisanträgen zulässig sei. Sie beruhten auf dem Gedanken, daß eine **Vorwegnahme der Beweiswürdigung unzulässig** sei,

---

[132a] Diese Brücke erscheint freilich dem englischen Juristen nicht weit genug gespannt; er sieht im Hinblick auf die Grenzen, die § 244 Abs. 3 ff; § 245 Abs. 2 Satz 2, 3 dem Beweisantragsrecht zieht, den Vorzug des englischen Rechts darin, daß dem Angeklagten das angstvolle Warten erspart bleibt, wie das Gericht seinen Beweisantrag bescheidet

(*Allen* ZStW 72 [1960] Mitteilungsblatt 159). *M. Hirschberg* Das Fehlurteil im Strafprozeß (1960) macht für Fehlurteile im deutschen Strafverfahren u. a. den Mißbrauch der Möglichkeiten, Beweisanträge abzulehnen, verantwortlich und befürwortet auch aus diesem Grund die Übernahme des anglo-amerikanischen Systems.

Karl Schäfer

weil die Erfahrung lehre, daß der Gebrauch eines zur Verfügung stehenden, nicht offensichtlich untauglichen Beweismittels das Bild des zu beurteilenden Sachverhalts selbst dann wider Erwarten verändern könne, wenn das Gericht glaubt, die Feststellung einer Tatsache unbedenklich auf das bisherige Beweisergebnis stützen zu können (RGSt **65** 305).

74   Die **Emminger-Reform 1924** führte, obwohl der Wortlaut des § 245 Abs. 2 a. F. (abgesehen von der Einbeziehung der Verhandlungen vor dem Amtsrichter als Einzelrichter) nicht geändert wurde, zu einer Erweiterung des Bereichs, in dem das Ermessen des Gerichts den Umfang der Beweisaufnahme bestimmte, weil infolge Beseitigung der erstinstanzlichen Strafkammern deren Zuständigkeit auf die Schöffengerichte überging. Diese aus der Finanznot der Währungsumstellung geborene Erweiterung wurde indessen bereits durch das Gesetz vom 22. 12. 1925 (RGBl. I 475) wieder rückgängig gemacht. Danach bestimmte in Verhandlungen vor dem Amtsrichter, dem Schöffengericht und dem Landgericht als Berufungsinstanz das Gericht den Umfang der Beweisaufnahme nur noch bei Übertretungen und Privatklagevergehen. Auswüchsen des Parteibestimmungsrechts trat das Gesetz vom 27. 12. 1926 (RGBl. I 529) entgegen, indem es zum Zweck der Prozeßverschleppung gestellte Anträge für unbeachtlich erklärte. Die „Diktatur der Armut" in den Zeiten der 1930 beginnenden wirtschaftlichen Depression brachte von neuem erhebliche Beschränkungen der Parteidisposition: die 4. AusnVO vom 14. 6. 1932 (Erster Teil Kap. I Art. 3 § 1) bestimmte, daß in der Verhandlung vor dem Amtsrichter, dem Schöffengericht und dem Landgericht in der Berufungsinstanz das freie pflichtmäßige Ermessen des Gerichts den Umfang der Beweisaufnahme bestimme. Der „Strengbeweis" galt nunmehr nur noch für erstinstanzliche Gerichte, gegen deren Urteil es keine Berufung gab (Große Strafkammer, Schwurgerichte, Oberlandesgericht und Reichsgericht als Gerichte erster und letzter Instanz); das Erfordernis des Strengbeweises sollte hier die Gefahren abmildern, die sich aus dem Fehlen einer zweiten Tatsacheninstanz ergeben.

75   Das **Gesetz vom 28. 6. 1935** übernahm diese (z. Z. ihres Erlasses als vorübergehende Notmaßnahme gedachte) Regelung **förmlich als Dauerrecht in die StPO**, brachte aber wichtige Ergänzungen. Es führte für den Beweis durch Augenschein und Sachverständige allgemein das freie Ermessen des Gerichts ein und gab im übrigen dem Strengbeweis seinen gesetzlichen Inhalt, indem im Anschluß an die in der Rechtsprechung ausgebildeten Grundsätze die Voraussetzungen umschrieben wurden, unter denen ein Beweisantrag abgelehnt werden darf. Dabei wurde der bis dahin unausgesprochen gebliebene Grundgedanke, daß das Gericht von Amts wegen alles zur Erforschung der Wahrheit Erforderliche zu tun habe, förmlich niedergelegt und als beherrschender Grundsatz an die Spitze der Vorschriften über die Beweisaufnahme gestellt. Zugleich wurde die Pflicht des Gerichts, die Beweisaufnahme auf die präsenten Beweismittel zu erstrecken, beseitigt.

76   Die Regelung durch das Gesetz vom 28. 6. 1935 war zwar als Dauerrecht gedacht. Indessen wollte der **StPO-Entw. 1939 erneut** entscheidend **abweichen** und die Bestimmung des Umfangs der Beweisaufnahme allgemein dem richterlichen Ermessen überlassen. Das sollte zwar nicht mit dürren Worten, sondern in verhüllter Form ausgesprochen werden. Unter der Überschrift „Umfang der Beweisaufnahme" enthält § 64 des Entwurfs lediglich den Satz: „Das Gericht ist verpflichtet, von Amts wegen alles zu tun, was zur Erforschung der Wahrheit notwendig ist", und § 65 („Entscheidung über Beweisanträge") begnügt sich mit dem Satz: „Über Beweisanträge entscheidet der Vorsitzer durch Beschluß." Die Begründung (S. 46) führt dazu aus, der alles beherrschende Wahrheitserforschungsgrundsatz sei „so einfach und klar, daß eine gesetzliche Erläuterung des Umfanges der Beweisaufnahme durch Einzelvorschriften unnötig ist". Der

Entwurf, so heißt es weiter, verzichte abweichend vom geltenden Recht darauf, die in der Rechtsprechung herausgearbeiteten Ablehnungsgründe ausdrücklich in das Gesetz aufzunehmen und dabei zwischen Verfahren mit einem oder zwei Tatsachenrechtszügen zu unterscheiden, „denn das Gebot, von Amts wegen die Wahrheit zu erforschen, ist die erschöpfende Grundlage dieser Regeln und muß auch künftig in der Rechtsprechung Leitstern für die Bestimmung des Umfangs der Beweisaufnahme sein".

Aber während die summarischen Vorschriften des Entwurfs und die unklaren, **77** das Problem verhüllenden Ausführungen der Begründung der Rechtsprechung Raum zur Entwicklung neuer Grundsätze gelassen hätten, bekannte die **VO vom 1.9. 1939** (RGBl. I 1685) Farbe, deren § 24 bestimmte, daß das Gericht einen **Beweisantrag ablehnen** könne, wenn es **nach seinem Ermessen** die Erhebung des Beweises zur Erforschung der Wahrheit nicht für erforderlich halte. Der Sinn dieser Vorschrift ging eindeutig dahin, daß die bisher unterschiedliche Regelung des Beweisaufnahmerechts, je nachdem, ob zwei oder nur eine Tatsacheninstanz gegeben waren, entfallen und in den Verhandlungen vor allen Gerichten das pflichtmäßige Ermessen des Gerichts über den Umfang der Beweisaufnahme entscheiden solle. Die rechtspolitischen Bedenken gegen die globale Beseitigung des Verbots der vorweggenommenen Beweiswürdigung erwiesen sich aber stärker, als der Gesetzgeber angenommen hatte. Da die VO es unterlassen hatte, die Vorschriften der StPO förmlich zu bezeichnen und außer Kraft zu setzen, die durch die neuen Vorschriften ersetzt werden sollten, entstand im Schrifttum Streit, ob § 24 der VO nur den § 245 Abs. 1 (betr. Verhandlungen vor Amtsrichter, Schöffengericht und Landgericht als Berufungsinstanz) oder auch den § 245 Abs. 2 (betr. Verhandlungen vor den anderen Gerichten) ersetzt habe. Auch wurde darüber gestritten, nach welchen Gesichtspunkten das „freie Ermessen" auszuüben sei. Die Rechtsprechung (RGSt 74 147; **75** 11) — von *Niethammer* in der 20. Aufl. S. 53 f hart getadelt — zeigte sich zum Nachgeben gegenüber den gesetzgeberischen Absichten bereit. Gegen ein Wiederaufleben solcher Tendenzen richten sich die beschwörenden Mahnungen *Niethammers*, die Wahrheitserforschungspflicht mit größtem Ernst wahrzunehmen, die die Einleitung in der 20. Aufl. durchziehen.

3. Geltendes Recht
a) Strafsachen. Das VereinheitlichungsG kehrte grundsätzlich zu dem vor der **78** 4. AusnVO vom 14. 6. 1932 geltenden, auf dem Gesetz vom 22. 12. 1925 beruhenden Rechtszustand zurück, zog aber den Anwendungsbereich des Strengbeweises weiter als das frühere Recht: entgegen dem Vorschlag des Regierungsentwurfs wurden nur noch die Privatklagesachen — aber nicht mehr die Übertretungen — dem Strengbeweis des § 244 Abs. 3, § 245 entzogen (§ 384 Abs. 3). Jedoch ist die praktische Bedeutung der Ausnahmeregelung in § 384 Abs. 3 gering. Zwar wird in thesi die freiere Stellung des Richters und sein „förmliches" Recht, einen Beweisantrag abzulehnen, weil er die Sachlage für hinreichend geklärt halte, anerkannt, gleichzeitig aber betont, daß dies rechtlich nur dann unbedenklich sei, wenn auf Grund bereits vorgenommener Aufklärung der Sachverhalt eindeutig geklärt sei und an der Aussichtslosigkeit einer weiteren Beweiserhebung kein vernünftiger Zweifel bestehen könne; darüber hinaus wird geltend gemacht, daß zur Vermeidung des Vorwurfs der Vorwegnahme des Beweisergebnisses und eines gewissen Anreizes zur Rechtsmitteleinlegung auch bei § 384 eine Orientierung des Rechts zur Ablehnung von Beweisanträgen an der Regelung des § 244 Abs. 3 die richtige Lösung sei[133].

---

[133] LR-*Wendisch* § 384, 7 mit weit. Nachw.; s.
auch LR-*Gollwitzer* § 244, 171.

Karl Schäfer

79   **b) Ordnungswidrigkeiten. aa) Bisheriges Recht**. Mit der Umgestaltung der bisherigen Übertretungen in Ordnungswidrigkeiten wurde zwar praktisch in vollem Umfang die Rückkehr zu dem vor der 4. AusnVO vom 14. 6. 1932 geltenden Recht vollzogen, indem § 77 OWiG in wörtlicher Übereinstimmung mit § 384 Abs. 2 StPO bestimmt, daß unbeschadet des § 244 Abs. 2 das Gericht den Umfang der Beweisaufnahme bestimme. Doch zeigte sich auch hier in Rechtsprechung und Schrifttum das Bestreben, den durch die Entbindung vom Beweisantragsrecht des § 244 Abs. 3 eröffneten Ermessensspielraum des Gerichts ebenso eng zu begrenzen wie im Privatklageverfahren[134]. Generell — und wohl etwas zu summarisch, aber im Zusammenhang gerechtfertigt — heißt es in BGHSt **25** 368 = NJW **1974** 1570: „Die in § 77 vorgesehenen Erleichterungen bedeuten nicht, daß in Bußgeldsachen geringere Anforderungen an den Schuldnachweis zu stellen wären als im Strafverfahren."

80   **bb) Neues Recht**[135]. In neuerer und neuester Zeit hat auch eine ständig zunehmende Befassung mit Bußgeldsachen zur Überlastung der Justiz beigetragen. Im Vordergrund stehen dabei die Verkehrsordnungswidrigkeiten, bei denen die Häufung der Bußgeldverfahren ihren Grund in der Zunahme des Kraftfahrzeugverkehrs in Verbindung mit der Intensivierung der Verkehrskontrolle durch die Verwaltungsbehörden hat. Seitens der Gerichte gingen die Klagen dahin, daß die Hauptverhandlung wegen der regelmäßig unbedeutenden Verkehrsordnungswidrigkeiten im wesentlichen nach den Strengbeweisgrundsätzen der StPO durchgeführt werden müsse, es aber doch nicht angehen könne, wenn die Beweisaufnahme um ein Bußgeld von 40 DM oder weniger in gleicher Weise wie eine Schwurgerichtssache behandelt werde. Die Bemühungen der Justizverwaltungen von Bund und Ländern um Maßnahmen zur Beschleunigung und Straffung der Verfahren waren deshalb auch seit geraumer Zeit auf eine gewisse Abmilderung der Beweisanforderungen in der Hauptverhandlung gerichtet, Bemühungen, die bei der öffentlichen Diskussion über diese Vorhaben nicht ohne Widerspruch blieben. Das schließlich nach Einschaltung des Vermittlungsausschusses als Kompromißlösung zustande gekommene Gesetz vom 7. 7. 1986 (BGBl. I 977, in Kraft ab 1. 4. 1987) bringt, soweit es sich um die Beweisaufnahme in der Hauptverhandlung handelt, Neufassungen der §§ 77, 80 Abs. 2 und die Einfügung eines § 77 a OWiG. Hier können nur in aller Kürze die Neuerungen des Wortlauts dargestellt werden[136].

80a   Die **Auswirkungen des** jetzt drei Absätze umfassenden § 77 n. F. bestehen in folgendem: Abs. 1 Satz 1 entspricht, wenn auch in der Fassung leicht verändert, dem bisherigen § 77; neu ist der hinzugefügte Satz 2: „Dabei berücksichtigt es auch die Bedeutung der Sache." Läßt man diesen Satz 2 beiseite, so enthält § 77 Abs. 2 unter der Voraussetzung, daß „das Gericht den Sachverhalt nach dem bisherigen Ergebnis der Beweisaufnahme für geklärt hält", zwei Gründe, aus denen das Gericht über die Fälle des § 244 Abs. 3 StPO hinaus einen Beweisantrag ablehnen kann, nämlich (Abs. 2 Nr. 1) „wenn nach seinem pflichtgemäßen Ermessen die Beweiserhebung zur Erforschung der Wahrheit nicht erforderlich ist" und (Abs. 2 Nr. 2) „wenn nach seiner freien Würdigung das Beweismittel oder die zu beweisende Tatsache in einem Verfahren wegen einer geringfügigen Ordnungswidrigkeit ohne verständigen Grund so spät vorgebracht ist, daß die Beweiserhebung zur Aussetzung der Hauptverhandlung führen würde". Nach § 77

---

[134] Vgl. die Nachw. in Rdn. 76 der 23. Aufl. sowie LR-*Wendisch* § 384, 7 Fußn. 8.

[135] Vgl. näher u. a. *Böttcher* NStZ **1986** 393; *Göhler* NStZ **1987** 58; *Göhler*[8] § 77, 1 ff; 9 ff.

[136] Zu Auslegungsfragen sowie (eher skeptisch)

zur Entlastungswirkung näher *Böttcher* NStZ **1986** 393. S. auch *Göhler*[8] § 77, 12: es sei jetzt das Verbot der Beweisantizipation „etwas stärker abgeschwächt als bislang in der Rspr überwiegend angenommen".

Abs. 3 kann die Begründung für die Ablehnung eines Beweisantrags nach § 77 Abs. 2 Nr. 1 „in der Regel darauf beschränkt werden, daß die Beweiserhebung zur Erforschung der Wahrheit nicht erforderlich ist".

Der neue **§ 77 a** (Vereinfachte Art der Beweisaufnahme) sieht — unter der Voraussetzung, daß der Betroffene, der Verteidiger und die Staatsanwaltschaft, soweit sie in der Hauptverhandlung anwesend sind, zustimmen — (bei Aufrechterhaltung der Vorschriften in § 251 Abs. 1 Nr. 1 bis 3, Abs. 2 bis 4 sowie in §§ 252, 253 StPO) folgende Abweichungen vom Beweisrecht der StPO vor: a) Die Vernehmung von Zeugen, Sachverständigen und Mitbetroffenen darf über § 251 StPO hinaus durch Verlesung von Vernehmungsniederschriften und schriftlichen Äußerungen ersetzt werden; b) über § 256 StPO hinaus dürfen Erklärungen von Behörden verlesen werden; c) behördliche Auskünfte können auch *telefonisch* eingeholt und ihr wesentlicher Inhalt in der Hauptverhandlung bekanntgegeben werden. Der neue § 80 Abs. 2 OWiG bringt den Ausschluß der Zulassungsrechtsbeschwerde zur Kontrolle von Verfahrensfehlern im Bagatellbereich. **80b**

c) Wegen **weiterer Ausnahmen vom Beweisantragsrecht** des § 244 Abs. 3 vgl. §§ 436 Abs. 2, 437 Abs. 1 Satz 2, 439 Abs. 3, 440 Abs. 3, 442 Abs. 1, 444 Abs. 2, 3. **81**

d) Freibeweis. Das Beweisantragsrecht der Beteiligten zwingt das Gericht nur zur Beweiserhebung nach Strengbeweisrecht über Tatsachen, die für das Urteil über Täterschaft und Schuld und die daraus sich ergebenden Rechtsfolgen von Bedeutung sind (BGHSt **17** 337, 344); es gilt nicht für sonstige prozeßerhebliche Umstände, insbesondere nicht für die Feststellung von Verfahrensvoraussetzungen[137]. **82**

XI. Der Grundsatz des rechtlichen Gehörs

Schrifttum (Auswahl). *Arndt* Das rechtliche Gehör, NJW **1959** 6; *Bohnert* Das Problem des Anhörungsrechts Dritter im Strafverfahren, JZ **1978** 710; *Brüggemann* Rechtliches Gehör im Zivilprozeß, JR **1969** 361; *Dahs* Das rechtliche Gehör im Strafverfahren (1965); *Jagusch* Über das rechtliche Gehör im Strafverfahren, NJW **1959** 265; *Rüping* Der Grundsatz des rechtlichen Gehörs und seine Bedeutung im Strafverfahren (1976); *Wimmer* Die Wahrung des Grundsatzes des rechtlichen Gehörs, DVBl. **1985** 773; *v. Winterfeld* Das Verfassungsprinzip des rechtlichen Gehörs, NJW **1961** 849; *Zeuner* Der Anspruch auf rechtliches Gehör, FS Nipperdey (1965) 1016.

1. Gehörsrecht des Beschuldigten
a) Allgemeines. Art. 103 Abs. 1 GG bestimmt: „Vor Gericht hat jedermann Anspruch auf rechtliches Gehör." Wer behauptet, in diesem Recht verletzt zu sein, kann nach Erschöpfung des Rechtswegs Verfassungsbeschwerde zum Bundesverfassungsgericht erheben (§ 90 BVerfGG). Soweit es sich um das rechtliche Gehör des Beschuldigten im ordentlichen Strafverfahren handelt, sind die Vorschriften der StPO darauf ausgerichtet, daß der Beschuldigte schon frühzeitig und in allen Verfahrensstadien Kenntnis von dem gegen ihn erhobenen Schuldvorwurf und Gelegenheit zur Verteidigung erhält. **83**

b) Nach §§ 163 a, 169 a StPO ist im **Ermittlungsverfahren** der Beschuldigte spätestens vor dem Abschluß der Ermittlungen zu vernehmen oder es ist ihm — in einfachen Sachen — Gelegenheit zu schriftlicher Äußerung zu geben, es sei denn, daß das Verfahren zur Einstellung führt. Bei seiner Vernehmung durch Staatsanwalt oder Richter hat **84**

---

[137] LR-*Gollwitzer* § 244, 3 ff; *Kleinknecht/Meyer*[37] § 244, 5 ff.

sein Verteidiger das Recht auf Anwesenheit (§ 163 a Abs. 3 Satz 2, § 168 c Abs. 1). Hinzu tritt im vorbereitenden Verfahren bei der gerichtlichen Vernehmung von Zeugen und Sachverständigen und bei richterlichen Augenscheinseinnahmen, etwa der richterlichen Leichenschau, (nicht auch bei entsprechenden Maßnahmen der Staatsanwaltschaft) das Recht des Beschuldigten und seines Verteidigers auf Anwesenheit (§§ 168 c Abs. 2, 168 d Abs. 1 StPO). In erster Linie soll die Anhörungspflicht im Vorverfahren dem Beschuldigten die Möglichkeit eröffnen, die Erhebung einer ungerechtfertigten Anklage abzuwenden. Wo das Gesetz die Einstellung des Ermittlungsverfahrens wegen Geringfügigkeit von der Zustimmung des Beschuldigten abhängig macht (§ 153 a), dient dies auch der Gewährung richterlichen Gehörs im Hauptverfahren, die der Beschuldigte durch Verweigerung seiner Zustimmung herbeiführen kann.

85   **c) Nach Anklageerhebung.** Ist die Anklage erhoben, so wird dem Angeschuldigten die Anklageschrift mitgeteilt, und er erhält vor dem Beschluß über die Eröffnung des Hauptverfahrens Gelegenheit zu Einwendungen und Verteidigungsmaßnahmen (§ 201). **Nach Erlaß des Eröffnungsbeschlusses** soll ihm — dem nunmehr Angeklagten — die Mindestladungsfrist des § 217 eine sachgemäße Vorbereitung seiner Verteidigung ermöglichen; ihm erwächst das Recht, Beweisanträge zu stellen (§ 219) und, wenn dem Antrag auf Ladung von Zeugen und Sachverständigen nicht stattgegeben wird, diese unmittelbar zu laden (§ 220). Ihm, der durch Anklageerhebung und Eröffnungsbeschluß in nachdrücklicher Form mit einem Verdacht belastet wird (§ 203), erwächst — auch das ein Ausfluß des Gehörsgrundsatzes — grundsätzlich ein Recht auf Durchführung der Hauptverhandlung, die ihm Gelegenheit bietet, sich von dem Verdacht zu reinigen; dem tragen (in gewissem Umfang) Vorschriften Rechnung, die einen Abbruch des Hauptverfahrens durch Verfahrenseinstellung gegen den Willen des Angeschuldigten dadurch ausschließen, daß sie die Einstellung von seiner Zustimmung abhängig machen (§§ 153 Abs. 2, 153 a Abs. 2, 153 b Abs. 2).

86   **d)** Insbesondere die Vorschriften über die **Gestaltung der Hauptverhandlung** — grundsätzlich obligatorische Anwesenheit des Angeklagten, seine Vernehmung zur Sache schon zu Beginn der Hauptverhandlung nach Vortrag des Anklagesatzes nach Maßgabe der §§ 243 Abs. 4, 136 Abs. 2, „spätestens zu Beginn der Hauptverhandlung" die Mitteilung der Gerichtsbesetzung unter den Voraussetzungen des § 222 a, die Befragung des Angeklagten nach der Vernehmung einer jeden Beweisperson und jedes Mitangeklagten und nach der Verlesung eines jeden Schriftstückes, ob er etwas zu erklären habe (§ 257), die Belehrung über die Veränderung des rechtlichen Gesichtspunkts und neu hervorgetretene, strafbarkeitserhöhende Umstände (§ 265), das Beweisantragsrecht (§ 244 Abs. 3), das Recht zum Schlußvortrag (§ 258 Abs. 1) und das letzte Wort (§ 258 Abs. 2, 3) u. a. m. — bezwecken, daß der Angeklagte von allem ihm nachteiligen Prozeßgeschehen Kenntnis erhält und sich verteidigen kann. Sie bringen den Grundgedanken des Gesetzes zum Ausdruck, daß der Angeklagte nicht durch das Urteil mit der Feststellung von Tatsachen überrascht werden darf, auf die er weder durch Anklage und Eröffnungsbeschluß noch durch den Gang der Hauptverhandlung ausreichend vorbereitet war[137a].

87   **e)** Auch dem Erlaß des **Strafbefehls** muß die Vernehmung des Beschuldigten vor Abschluß der Ermittlungen vorausgehen (§ 163 a StPO); einer vorherigen gerichtlichen Vernehmung bedarf es freilich mit Rücksicht auf den Zweck des summarischen Verfahrens nicht (§ 407 Abs. 3); das Recht, sich vor dem Richter zu verteidigen, bleibt dem Be-

---

[137a] RGSt **76** 82; BGHSt **8** 92; JZ **1958** 284.

schuldigten dadurch erhalten, daß er Einspruch gegen den Strafbefehl einlegen und dadurch eine Hauptverhandlung erzwingen kann[138]. Dieses „Minimum von rechtlichem Gehör" darf dem Angeklagten — auch nach der Verlängerung der Einspruchsfrist von einer auf zwei Wochen durch das StVÄG 1987 — nicht in verfassungswidriger Weise durch überspannte Anforderungen bei Auslegung und Anwendung der die Fristwahrung betreffenden Vorschriften beschnitten werden. Zwar ist es nicht verfassungswidrig, den Lauf der Einspruchsfrist durch eine Ersatzzustellung nach § 181 oder § 182 ZPO zu eröffnen. Eine Verkürzung des Rechts auf rechtliches Gehör bedeutet es aber, wenn von einem Angeklagten, der eine ständige Wohnung hat und diese nur vorübergehend — z. B. während einer dreiwöchigen Urlaubsreise — nicht benutzt, verlangt wird, er müsse für die Zeit seiner Abwesenheit besondere Vorkehrungen treffen, daß ihm mögliche Zustellungen bekannt werden, und wenn ihm die Wiedereinsetzung in den vorigen Stand versagt wird, weil es ihm zum Verschulden gereiche (vgl. § 44 Satz 1 StPO), daß er infolge Unterlassens solcher Vorkehrungen von der Zustellung keine Kenntnis erlangt habe[139]. Auch die Anforderungen an die fristgerechte Glaubhaftmachung der Versäumnisgründe dürfen bei einem Wiedereinsetzungsantrag nicht überspannt werden (BVerfG MDR **1975** 31). Das gilt freilich nicht, wenn ihm ein Verschulden nach anderer Richtung zur Last gelegt werden kann, z. B. wenn er die Abholung vernachlässigt hat oder er sich einer erwarteten Zustellung vorsätzlich entziehen wollte (BVerfGE **25** 158). Jedoch liegt nach BVerfGE **31** 388 (mit dissenting vote S. 391) keine verfassungswidrige Verkürzung des Minimums an rechtlichem Gehör vor, wenn die Rechtsmittelbelehrung (§ 409 Abs. 1 Nr. 7) — und das gilt für alle Rechtsmittelbelehrungen (§ 35 a StPO) — keinen Hinweis darauf enthält, daß der Fristablauf wegen eines landesrechtlichen gesetzlichen Feiertags erst an einem bestimmten Tag abläuft und der Beschuldigte bei Zweifeln über das Ende der Einspruchsfrist eine rechtzeitige Erkundigung an rechtskundiger Stelle unterläßt und deshalb die Frist versäumt. Wird einem der deutschen Sprache nicht hinreichend mächtigen Ausländer ein Strafbefehl in deutscher Sprache ohne eine ihm verständliche Belehrung über den Rechtsbehelf des Einspruchs zugestellt, so folgt aus Art. 103 Abs. 1, daß er so zu behandeln ist, als wenn die Rechtsmittelbelehrung unterblieben wäre — § 44 Satz 2 StPO — (BVerfG NJW **1975** 1597).

2. Verhältnis des Art. 103 Satz 1 GG zu den die Anhörung regelnden Vorschriften der StPO

a) Selbständige Bedeutung des Art. 103 Abs. 1 GG. Es fragt sich, ob Art. 103 **88** Abs. 1 GG lediglich den Grundsatz des rechtlichen Gehörs zum Verfassungssatz erhebt, seine Ausgestaltung im einzelnen aber dem Prozeßgesetzgeber überläßt und sich auch mit derjenigen Ausgestaltung zufriedengibt, die das Grundgesetz bei seinem Inkrafttreten in den damals geltenden Verfahrensvorschriften vorfand — in diesem Sinne hat BVerfG NJW **1954** 69 die Bedeutung des Verfassungssatzes ne bis in idem in Art. 103 Abs. 3 GG aufgefaßt —, oder ob die Vorschrift einen allgemeinen Programmsatz enthält, der den Prozeßgesetzgeber zur Prüfung zwingt, ob es eines Ausbaues des Verfahrensrechts unter dem Gesichtspunkt weiterer Garantien des rechtlichen Gehörs bedarf oder ob schließlich die Verfassungsbestimmung unmittelbar geltendes Recht darstellt, indem sie — in freilich summarischer Weise und mit nicht ohne weiteres übersehbaren Auswirkungen — das geltende Verfahrensrecht unmittelbar ändert und ergänzt, soweit

---

[138] BVerfGE **3** 248, 253; **25** 158, 165 = NJW **1969** 1103, 1104.

[139] BVerfGE **25** 158 = NJW **1969** 1103; BVerfGE **26** 315; **34** 154; **35** 296, 298; **41** 432 = NJW **1976** 747.

Karl Schäfer

es den Grundsatz des rechtlichen Gehörs nicht voll verwirklicht. In diesem letzteren Sinn hat die Rechtsprechung unter Führung des BVerfG die Bedeutung des Verfassungssatzes gewürdigt. Sie sieht in dem mit Verfassungskraft ausgestatteten Anspruch auf rechtliches Gehör ein Grundrecht (BVerfGE **9** 95). Der Anhörungsanspruch ist danach eine Folgerung aus dem Rechtsstaatsgedanken für das Gebiet des gerichtlichen Verfahrens. Die Anhörung ist zunächst Voraussetzung einer richterlichen Entscheidung. Darüber hinaus erfordert die Würde der Person, daß über ihr Recht nicht kurzerhand von Obrigkeits wegen verfügt wird; der einzelne soll nicht nur Objekt der richterlichen Entscheidung sein, sondern soll vor einer Entscheidung, die seine Rechte nachteilig betrifft, zu Wort kommen, um Einfluß auf das Verfahren und sein Ergebnis zu nehmen (BVerfGE **9** 89, 95; **34** 7). Von dieser Wertung her stellte sich das BVerfG auf den Standpunkt, daß das geltende Prozeßrecht und seine Anwendung in der Praxis der Gerichte das rechtliche Gehör zwar weitgehend, aber doch nicht immer in ausreichendem Maße gewährleisten; es zog demgemäß den Art. 103 Abs. 1 GG nicht nur zur verfassungskonformen Auslegung des geltenden Verfahrensrechts heran, sondern leitete auch unmittelbar aus dem Grundrecht Anhörungspflichten her (BVerfGE **9** 89).

89   **b) Abschließende Regelung der StPO.** Wo aber das geltende Verfahrensrecht aus wohlerwogenen Gründen und in sorgfältiger Abwägung zwischen widerstreitenden Interessen bewußt eine vorherige Anhörung nicht fordert oder gar untersagt, um den Zweck einer auf gerichtlicher Entscheidung beruhenden Maßnahme nicht zu gefährden (wie beim Erlaß des Haftbefehls, der Anordnung von Durchsuchung und Beschlagnahme, § 33 Abs. 4), ist es nicht der Sinn des Art. 103 Abs. 1 GG, solche Einschränkungen zu beseitigen; in solchen Fällen muß aber die Anhörung nachträglich erfolgen, dem Betroffenen Gelegenheit zu Gegenvorstellungen gegeben werden (BVerfGE **9** 89). Ebenso verstößt es nicht gegen das Gebot des rechtlichen Gehörs, wenn das Gesetz in gewissem Umfang eine Verhandlung oder Entscheidung gegen den ordnungsmäßig geladenen, aber ohne genügende Entschuldigung ausgebliebenen Angeklagten zuläßt; er hat die ihm gebotene Möglichkeit des rechtlichen Gehörs nicht genutzt, und es geht nicht an, daß er durch seinen Ungehorsam oder seine Nachlässigkeit die Durchführung des Verfahrens verzögert oder unmöglich macht[140].

90   **3. Andere Gehörsberechtigte.** Gehörsberechtigt — außer dem Beschuldigten — ist auch jeder andere („jedermann"), der durch eine Maßnahme der Strafrechtspflegeorgane nachteilig in seinen Rechten berührt werden kann. Dabei ist es ein Ausfluß des Rechts auf Gehör, daß der von einer Verfahrensmaßnahme Betroffene sich auch grundsätzlich da, wo es im Gesetz nicht ausdrücklich vorgesehen ist, zur wirksamen Ausübung seines Anhörungsrechts des Beistands eines Rechtskundigen bedienen darf. Daraus folgt, daß ein Zeuge, wenn er dies zur Wahrnehmung seiner Rechtsposition für erforderlich hält, zu seiner Vernehmung einen Rechtsbeistand hinzuziehen darf (Kap. **6** 21 f).

91   **4. Form der Gewährung des Gehörsrechts.** Art. 103 Abs. 1 GG begründet kein Recht des Gehörsberechtigten auf Anhörung in einer mündlichen Verhandlung. Er überläßt es dem (einfachen) Gesetzgeber, zu bestimmen, ob nur auf Grund mündlicher Verhandlung oder auch ohne solche entschieden werden kann[141]. Läßt aber das Gesetz eine Entscheidung ohne mündliche Verhandlung zu, so muß in anderer Weise die Gewäh-

---

[140] Vgl. BGHSt **16** 287, 289; **23** 331 zu § 329 StPO.   [141] BVerfGE **5** 9, 11; **15** 249, 256; **21** 73, 77; **22** 232, 234; **25** 352, 357; **36** 85, 87.

rung des rechtlichen Gehörs vor der Entscheidung sichergestellt werden[142]. Im Beschwerdeverfahren gehört dazu, daß dem Beschwerdegegner mindestens die Beschwerdeschrift übersandt wird[143].

5. Inhalt des Gehörsrechts. Der Grundsatz des rechtlichen Gehörs verpflichtet **92** das Gericht, vor seiner Entscheidung dem Beteiligten von dem zugrunde liegenden Sachverhalt Kenntnis und zugleich Gelegenheit zu geben, sich dazu zu äußern[144], und seiner Entscheidung nur solche Tatsachen und Beweisergebnisse zugrunde zu legen, zu denen Stellung zu nehmen den Beteiligten Gelegenheit gegeben war[145]. Zum rechtlichen Gehör gehört auch eine entsprechende Behandlung des Verteidigers (oder anderer Beistandspersonen), deren zulässige Inanspruchnahme der Beteiligte dem Gericht angezeigt hat. Wenn also das Gesetz außerhalb einer Hauptverhandlung bestimmte gerichtliche Belehrungen des Beschuldigten (im Verfahren nach dem OWiG: des Betroffenen) über ihm offenstehende prozessuale Gestaltungsmöglichkeiten vorschreibt, entspricht es dem Grundsatz des rechtlichen Gehörs, daß auch dem Verteidiger, dessen Bestellung zu den Akten angezeigt ist, eine entsprechende Mitteilung zugeht und ihm Gelegenheit zur Äußerung geboten wird[146].

6. Im einzelnen bedeutet der Anhörungsgrundsatz:

a) Adressat. Das grundgesetzliche **Gebot**, rechtliches Gehör zu gewähren, richtet **93** sich an den **Richter** („vor Gericht")[147]. Den Staatsanwalt im Vorverfahren trifft keine aus Art. 103 Abs. 1 GG herleitbare Anhörungspflicht. Wenn der Prozeßgesetzgeber weitergehende Anhörungspflichten statuiert, so veranlassen ihn hierzu Gründe der Rechtsstaatlichkeit[148] oder der Zweckmäßigkeit, aber nicht das Verfassungsgebot.

b) Gegenstand. Nur **Tatsachen und Beweisergebnisse** sind Gegenstand der Anhö- **94** rung. Zwar muß das rechtliche Gehör auch Gelegenheit zu Rechtsausführungen geben[149]. Wo aber nur die rechtliche Würdigung eines Sachverhalts in Frage steht (wie bei einer auf die Rüge der Verletzung des sachlichen Rechts beschränkten Revision), besteht, soweit nicht die Verfahrensvorschriften (vgl. § 265) eine weitergehende Anhörung vorschreiben, keine durch Art. 103 Abs. 1 GG begründete Pflicht des Gerichts, die Rechtsauffassung des Gegners oder gar die Rechtsauffassung, von der das Gericht bei seiner Entscheidung auszugehen beabsichtigt, dem Beteiligten zur Stellungnahme bekanntzugeben; der Grundsatz des rechtlichen Gehörs verpflichtet das Gericht **nicht,** „Rechtsgespräche" mit den Beteiligten zu führen[150]. Legt also z. B. der Angeklagte Revision ein, mit der er Verletzung sachlichen Rechts durch fehlerhafte Anwendung des Gesetzes auf die festgestellten Tatsachen rügt, so ist zwar die Revisionsschrift der Staats-

---

[142] BVerfGE 34 7; **36** 87.

[143] BVerfGE **17** 190; **36** 88; s. dazu §§ 308, 311a.

[144] BVerfGE **34** 7 mit weit. Nachw., sei es auch nur mit Rechtsausführungen, BVerfGE **9** 261, 267.

[145] BVerfGE **7** 278 = NJW **1958** 665; **9** 261, 267 = NJW **1959** 1315; **9** 303, 305; BayVerfGH NJW **1960** 1051.

[146] BGHSt **25** 252, 255 betr. die Mitteilung an den „Betroffenen" gemäß § 72 Abs. 1 OWiG.

[147] Ebenso BVerfGE **9** 89; NJW **1970** 240; BGHSt **23** 46, 55; *Henkel* 248; *Peters*[4] 205.

[148] Vgl. BVerfG NJW **1970** 240.

[149] BVerfGE **9** 266; **57** 250, 274 = NJW **1981** 1719, 1721.

[150] H. M; u. a. BVerfG NJW **1965** 147; BGHSt **22** 336, 339; BayVerfGH NJW **1964** 2295; *Lesser* DRiZ **1960** 421; *Henkel* 250; LR-*Hanack* § 351, 7 Fußn. 15; *Schlüchter* 749. 2 jeweils mit weit. Nachw.; s. auch BVerfGE **31** 370; **a. M** *Arndt* NJW **1959** 6; JZ **1963** 65, 67; s. auch *Dahs* NJW **1961** 2106; *Müller* NJW **1957** 1016 und LR-*Schäfer*[23] § 138, 3, 4 GVG.

Karl Schäfer

anwaltschaft zuzustellen, die damit Gelegenheit erhält, in ihrer Gegenerklärung zur Rechtsfrage Stellung zu nehmen (§ 347 StPO); der Angeklagte hat aber keinen Anspruch darauf, daß ihm die Äußerung der Staatsanwaltschaft zwecks Gegenäußerung bekanntgegeben werde. Begründet der Angeklagte dagegen die Revision mit Verfahrensmängeln und enthält die Gegenerklärung der Staatsanwaltschaft für die Beurteilung der Verfahrensrügen erhebliche neue Tatsachen oder Beweisergebnisse, so verlangt der Grundsatz des rechtlichen Gehörs, daß dem Angeklagten diese Gegenerklärung mitgeteilt wird[151]. Jedoch weist Nr. 162 Abs. 3 RiStBV, ohne zwischen Gegenerklärungen auf materiellrechtliche oder auf verfahrensrechtliche Rügen zu unterscheiden, die Staatsanwaltschaft an, ihre Gegenerklärung dem Beschwerdeführer mitzuteilen[152].

95   **c) Zeitpunkt. Art.** Dem Beteiligten sind die entscheidungserheblichen Tatsachen und Beweisergebnisse in **einer Weise**, insbesondere so **rechtzeitig** mitzuteilen, daß er ausreichend Gelegenheit hat, sich zu ihnen zu äußern[153]. In der **Hauptverhandlung** vor dem Tatsachengericht hat im allgemeinen der Grundsatz des Art. 103 Abs. 1 GG keine selbständige Bedeutung, da bereits die Verfahrensvorschriften das rechtliche Gehör sicherstellen. So verpflichtet nach BVerfG NJW **1960** 30 der Grundsatz des rechtlichen Gehörs das Gericht, auch gerichtskundige Tatsachen zum Gegenstand der Verhandlung zu machen; für das Strafverfahren folgt dies aber bereits aus den allgemeinen verfahrensrechtlichen Grundsätzen[154]. Immerhin können sich auch in der Hauptverhandlung Verfahrenssituationen ergeben, die unter Rückgriff auf Art. 103 Abs. 1 GG zu behandeln sind[155].

96   In der **Beschwerdeinstanz** gereicht die mit der Einlegung der Beschwerde erstrebte Änderung der angefochtenen Entscheidung zum Vorteil des Beschwerdeführers in der Regel dem Beschwerdegegner zum Nachteil. Der Grundsatz des rechtlichen Gehörs verlangt, daß das Gericht, wenn es der Beschwerde stattgeben will, sie dem Gegner zur Gegenerklärung mitteilt. Dem entspricht § 308 StPO, wonach das Beschwerdegericht die angefochtene Entscheidung nicht zum Nachteil des Gegners ändern darf, ohne diesem die Beschwerde[156] zur Gegenerklärung mitgeteilt zu haben. Hierbei kommt es nicht darauf an, ob die Beschwerde auf neue Tatsachen gestützt ist; die Anhörung des Gegners ist vielmehr, um ihn vor Überraschungen zu schützen, auch bei unverändertem Sachverhalt vorgeschrieben. Damit ist aber die Bedeutung des Art. 103 Abs. 1 GG für das Beschwerdeverfahren nicht erschöpft. Vielmehr darf das Beschwerdegericht, wenn es neue Ermittlungen angestellt hat (§ 308 Abs. 2), deren Ergebnis nicht ohne vorherige (weitere) Anhörung zum Nachteil des Beschwerdeführers verwenden, und es muß, wenn nach seiner Auffassung diese Ermittlungen die vollständige oder teilweise Zurück-

---

[151] BVerfGE 7 275 = JZ **1958** 433 mit Anm. *Peters*.

[152] Dazu LR-*Hanack* § 347, 7. S. auch Kap. **3** 71.

[153] Dagegen läßt sich aus der Anhörungspflicht nicht herleiten, der Beschuldigte müsse so zeitig gehört werden, daß seine Erinnerung an die Vorgänge, aus denen der Vorwurf hergeleitet wird, noch nicht verblaßt sei (so mit Recht OLG Düsseldorf NJW **1961** 1734). Eine solche Verpflichtung wäre in vielen Fällen gar nicht erfüllbar. Den Gefahren für die Sachaufklärung, die durch Zeitablauf drohen

(Schrumpfung der Beweisgrundlagen), Rechnung zu tragen ist Sache der Verjährungsvorschriften (s. auch *Mendler* NJW **1961** 2103).

[154] LR-*Gollwitzer* § 261, 25.

[155] BGHSt **13** 123: Versagung des rechtlichen Gehörs durch Durchführung der Hauptverhandlung gegen einen gläubigen Juden an einem hohen jüdischen Feiertag, an dem er sich durch die Vorschriften seines Glaubens gehindert sieht, sich zur Sache zu erklären.

[156] Einschl. der Begründung, BVerfGE **17** 188, 190.

weisung der Beschwerde rechtfertigen, dem Beschwerdeführer selbst unter Mitteilung des Ermittlungsergebnisses Gelegenheit zur Stellungnahme geben[157].

d) Kenntnisnahme und Würdigung. Das Gericht hat von der Stellungnahme des **97** Gehörten **Kenntnis zu nehmen** und sie auch zu **würdigen**[158]. Der Anspruch auf rechtliches Gehör ist demgemäß z. B. verletzt, wenn das Gericht gemäß §§ 153 Abs. 2, 153 a Abs. 2, 153 b Abs. 2, 154 Abs. 2 StPO das Verfahren einstellt, bevor es über die vorliegende Anschlußerklärung als Nebenkläger entschieden hat[159]. Doch bedeutet die Pflicht zur Würdigung des Vorbringens des Gehörten nicht, daß das Gericht gehalten wäre, in den Gründen seiner Entscheidung auf jedes Argument einzugehen[160].

7. Verletzung. Folgen. Der Anspruch auf Gehör **ist verletzt**, wenn objektiv die er- **98** forderliche Anhörung unterbleibt; ob das Gericht daran ein **Verschulden** trifft, ist ohne Bedeutung. Eine Verletzung liegt also auch vor, wenn ein Schriftsatz des Anzuhörenden bereits bei Gericht eingegangen, aber noch nicht zur Kenntnis des entscheidenden Richters gelangt ist[161]. Der Erlaß einer Entscheidung unter Verletzung des Anspruchs auf rechtliches Gehör bedeutet einen Verfahrensverstoß, der nach den allgemeinen Vorschriften durch Einlegung der zulässigen Rechtsmittel gegen die ergangene Entscheidung geltend gemacht werden kann. Jedoch ist ein Urteil nur aufzuheben, wenn es auf dem Verstoß beruhen kann; er bildet keinen absoluten Revisionsgrund[162]. Auch reicht die Bedeutung des Verstoßes nicht so weit, daß er, wenn Rechtsmittel nicht oder nicht mehr in Betracht kommen, das Urteil unwirksam machte[163]. Denn für die Frage, ob ein Gesetzesverstoß die darauf beruhende Entscheidung unwirksam machen kann, kann es immer nur auf das Maß der Fehlerhaftigkeit der Entscheidung, nicht aber darauf ankommen, ob die verletzte Norm in einem einfachen Gesetz enthalten oder — mehr oder weniger zufällig — (auch) in einem Verfassungssatz niedergelegt ist.

8. Prüfung durch das Revisionsgericht. Eine Besonderheit des vorliegenden Ver- **99** fahrensverstoßes besteht aber darin, daß er — nach Erschöpfung der Rechtsmittel[164] — gemäß § 90 BVerfGG mit der Verfassungsbeschwerde geltend gemacht werden kann; wird der Verfassungsbeschwerde stattgegeben, so hebt nach § 95 Abs. 2 BVerfGG das Bundesverfassungsgericht die Entscheidung, die auf der Verletzung des Anspruchs auf rechtliches Gehör beruht, auf. Nach ständiger Rechtsprechung des BVerfG ist der Weg der Verfassungsbeschwerde ausgeschlossen, wenn die Verletzung des Gehörsrechts durch eine grundrechtlich orientierte Handhabung der Prozeßvorschriften ausgeräumt werden kann; daraus ergibt sich für das Rechtsmittelgericht die Pflicht, einen etwaigen Verstoß gegen Art. 103 Abs. 1 GG durch die Vorinstanz zu beseitigen[165]. In diesem Sinn hat BGHSt 22 26 den Grundsatz aufgestellt, daß in allen Fällen, in denen die Revision eine Verletzung des Art. 103 Abs. 1 in der durch § 344 Abs. 2 Satz 2 vorgeschriebenen Form schlüssig behauptet, schon das Revisionsgericht nicht nur berechtigt, sondern mit Rücksicht auf die Bedeutung der Verfassungsnorm auch verpflichtet sei, selbst den von

---

[157] BVerfGE **8** 184, 208; **32** 195.
[158] BVerfGE **21** 46, 48; **34** 347; **36** 97; BGHSt **22** 336, 339.
[159] § 396 Abs. 3; BVerfG NJW **1962** 2248.
[160] BVerfG NJW **1969** 1104, 1108.
[161] BVerfGE **11** 218, 220; **17** 265, 268; **34** 34; **60** 120, 122; **62** 347, 352; BayVerfGH NStZ **1987** 36, 37.

[162] BGHZ **31** 47; BVerfGE **7** 95, 99; **7** 239, 241; **8** 253, 256; **9** 123, 124.
[163] BGHSt **11** 288.
[164] D. h. aller durch das Gesetz zur Verfügung gestellten anderen Rechtsbehelfe; BVerfGE **33** 192, 194.
[165] BVerfGE **59** 252, 257; JZ **1979** 96; NStZ **1985** 277, 366.

    Karl Schäfer

der Revision erhobenen Vorwurf zu prüfen und sich dabei aller zur Verfügung stehenden Beweismittel (z. B. Einholung dienstlicher Äußerungen der beteiligten Richter) zu bedienen, auch wenn das Strafverfahrensrecht als solches eine Beweiserhebung nicht vorsieht (Freibeweis)[166].

100   **9. Nachholung der Anhörung.** Eine weitere Besonderheit der Verabsäumung des rechtlichen Gehörs besteht darin, daß die Anhörung von Amts wegen oder auf Antrag nachzuholen ist, wenn das Gericht in einem mit Rechtsmitteln oder Rechtsbehelfen nicht oder nicht mehr angreifbaren **Beschluß** zum Nachteil eines Beteiligten Tatsachen oder Beweisergebnisse verwertet hat, zu denen er noch nicht gehört worden ist, oder wenn das Beschwerdegericht einer Beschwerde durch nicht mehr anfechtbaren Beschluß ohne Anhörung des Gegners des Beschwerdeführers stattgegeben hat. Je nach dem Ergebnis der Anhörung und etwaiger daraufhin veranlaßter Aufklärungen kann das Gericht seinen Beschluß ändern (§§ 33 a, 311 Abs. 3 Satz 2, 311 a). Die in diesen Vorschriften zugelassene Durchbrechung der Unanfechtbarkeit eines Beschlusses soll der Bedeutung des rechtlichen Gehörs Rechnung tragen und zugleich die Verfassungsbeschwerde gegen solche Beschlüsse weitgehend überflüssig machen.

101   **10. Rechtsbehelfe bei Eingriffen in Rechte Dritter**[167]. Art. 103 I GG bestimmt nicht, daß eine Person, die, ohne Prozeßbeteiligter zu sein, durch eine gerichtliche Entscheidung betroffen wird, ein Recht auf vorherige Anhörung und ein Rechtsmittel gegen eine sie belastende Entscheidung haben müßte[168]. Doch entspricht es dem richtig verstandenen rechtlichen Gehör, einem Beteiligten, der nicht Beschuldigter ist, wenn er durch eine Entscheidung in gleicher oder gar stärkerer Weise wie der Angeklagte betroffen wird, zur Wahrung seiner Rechte diejenigen Rechtsmittel einzuräumen, deren sich auch der Angeklagte bedienen kann[169]. Auf diesem Grundgedanken, der auch in §§ 304 Abs. 2, 305 Satz 2 zum Ausdruck kommt, beruht es, wenn das EGOWiG 1968 Personen, die durch Anordnung der Einziehung, Verfallerklärung usw. in ihren Rechten beeinträchtigt werden könnten, die Stellung von Prozeßbeteiligten („Einziehungsbeteiligten") eingeräumt und sie mit Anhörungs- und Abwehrrechten ausgestattet hat (§§ 431 ff, 442). Hier sind auch, wenn eine rechtzeitige Verfahrensbeteiligung nicht möglich war, Rechtsbehelfe („Nachverfahren") geschaffen, um die Rechtskraft der Entscheidung, soweit sie auf Einziehung usw. lautet, erforderlichenfalls zu durchbrechen (§§ 439 bis 442).

102   **11. Kein selbständiger Rechtsmittelweg.** Aus Art. 103 Abs. 1 GG kann nicht hergeleitet werden, daß, wo das Gesetz gegen eine beschwerende Entscheidung Rechtsmittel nicht vorsieht, ein Rechtsmittelweg zur Nachholung und Vertiefung von Einwendungen in einer zweiten Instanz eröffnet werden müßte.

102a   **12.** Wegen der Beteiligungsrechte des **Verletzten** (des **Tatopfers**) vgl. die durch das OpferschutzG vom 18. 12. 1986 (BGBl. I 2496) geschaffenen §§ 406 d bis 406 h.

---

[166] Zur gleichwohl sprunghaften Zunahme von Verfassungsbeschwerden wegen Verletzung des rechtlichen Gehörs vgl. *Schumann* NJW **1985** 1134. Ihrer Bewältigung dienen die durch das BVerfGG-ÄnderungsG vom 12. 12. 1985 (BGBl. I 2226) eingefügten Vorschriften.

[167] Dazu ausführlich *Bohnert* JZ **1978** 710 (mit z. T. unannehmbaren Folgerungen).
[168] BVerfGE **1** 433, 437; BGH NJW **1957** 713; BGHSt **19** 7, 19.
[169] BGHSt **19** 7, 19.

XII. Öffentlichkeit der Verhandlung

Schrifttum (ergänzend zu den Angaben bei §§ 169 ff GVG in der 23. Aufl.). *von Becker* Straftäter und Verdächtige in den Massenmedien (1979); *Beulke* Neugestaltung der Vorschriften über die Öffentlichkeit des Strafverfahrens? JR **1982** 309; *Bornkamm* Pressefreiheit und Fairness des Strafverfahrens (1980); *Fögen* Der Kampf um die Gerichtsöffentlichkeit (1974); *Franke* Die Bildberichterstattung über den Angeklagten und der Öffentlichkeitsgrundsatz (1978); *Jung* Öffentlichkeit — Niedergang eines Verfahrensgrundsatzes? Gedächtnisschrift Hilde Kaufmann (1986) 891; *Kerscher* Gerichtsberichterstattung und Persönlichkeitsschutz, Diss. Hamburg, 1982; *Kohlmann* Die öffentliche Hauptverhandlung — überflüssig, zweckmäßig oder geboten, JA **1981** 581; *Marxen* Massenmedien und Unschuldsvermutung, GA **1980** 365; *Rüping* Strafverfahren als Sensation. Zur Freiheit der Gerichtsreportage und ihren Schranken, FS Dünnebier 391; *Scherer* Gerichtsöffentlichkeit und Medienöffentlichkeit (1979); *Zipf* Empfiehlt es sich, die Vorschriften über die Öffentlichkeit neu zu gestalten? Gutachten zum 54. DJT (1982).

1. Grundgedanke. Der Grundsatz der Öffentlichkeit der Verhandlung (§§ 169 ff **103** GVG), eine der „grundlegenden Einrichtungen des Rechtsstaats" (BGHSt **9** 280), schließt aus, daß die Tätigkeit des Gerichts hinter verschlossenen Türen stattfindet und dadurch Mißdeutungen und dem Argwohn ausgesetzt ist. Über die Entstehungsgeschichte dieses Grundsatzes und seine allgemeine Bedeutung vgl. die Vorbemerkungen Vor § 169 GVG. Der Grundsatz der Öffentlichkeit muß zurücktreten, wenn Schäden für vorgehende Belange — des öffentlichen Wohls wie auch von privaten Beteiligten — zu besorgen sind (§§ 170 ff, namentlich § 172 und jetzt § 171 b). Im Interesse der Erziehung Jugendlicher ist die Verhandlung vor den Jugendgerichten nicht öffentlich (§ 48 JGG); die Verhandlung gegen Heranwachsende ist zwar grundsätzlich öffentlich, doch kann auch hier die Öffentlichkeit ausgeschlossen werden, wenn dies im Interesse der Erziehung des Angeklagten geboten ist (§ 109 Abs. 1 Satz 4 JGG). Der Grundsatz der Öffentlichkeit verlangt, daß die Hauptverhandlung in einem Raum (an einem Ort) stattfindet, zu dem während der Dauer der Verhandlung grundsätzlich jedermann der Zutritt in dem nach der Größe und Beschaffenheit des Raums möglichen Umfang offensteht; die Öffentlichkeit ist auch dann gewahrt, wenn bei einem kleinen Raum Zuhörer nur in sehr begrenzter Zahl Zutritt haben, dagegen ist sie grundsätzlich gesetzwidrig beschränkt, wenn der Raum so eng ist, daß Zuhörer nicht teilnehmen können (BGHSt **5** 75). Über Einzelheiten s. LR-*Schäfer*²³ § 169, 3 GVG.

Daß der Öffentlichkeitsgrundsatz — von den vorgedachten Nachteilen abgese- **104** hen — auch **Schattenseiten** hat, ist durch zwei moderne Erscheinungsformen besonders deutlich geworden: es handelt sich einmal um Gefahren aus der sog. mittelbaren Öffentlichkeit (darüber sogleich), zum anderen um das organisierte Auftreten von Sympathisanten des Angeklagten als Zuhörer, die durch ihr Auftreten und Verhalten die Durchführung der Verhandlung stören oder unmöglich machen, die Wahrheitserforschung erschweren, indem sie auf das Gericht einzuwirken versuchen, und die das Tribunal zur Farce entwürdigen. Durch Erweiterung der Befugnisse des Vorsitzenden und des Gerichts gegen Störer versucht die Gesetzgebung, solche Perversionen des Öffentlichkeitsgrundsatzes zu unterbinden (§§ 175 ff GVG).

2. Mittelbare Öffentlichkeit

a) Problemstellung. Die technischen Errungenschaften der neueren und neuesten **105** Zeit, die es ermöglichen, Vorgänge, die sich innerhalb eines Raumes abspielen, auch solchen Personen, die sich außerhalb dieses Raumes befinden, akustisch (Tonbandaufnahmen, Rundfunkübertragungen) oder optisch (Filmaufnahmen, Fernsehen) oder optisch und akustisch zugleich zur Wahrnehmung zu übermitteln, sei es durch unmittelbare Sendung aus dem Raum, sei es durch spätere Verbreitung von Film- und Tonbandaufnahmen, hat zu dem Problem der sogenannten mittelbaren Öffentlichkeit geführt. Die Frage war namentlich, ob das Gericht und/oder die einzelnen Prozeßbeteiligten (insbesondere Angeklagter, Verteidiger, Zeugen) es im Interesse eines Informationsrechts der Öffentlichkeit hinnehmen müßten, daß durch Bild und Ton ihr Verhalten vor Gericht, in gleicher Weise, wie es für die im Gerichtssaal Anwesenden wahrnehmbar ist, der Wahrnehmung durch die Öffentlichkeit außerhalb des Gerichtssaals zugänglich gemacht werde.

106   b) **Entwicklungsgeschichte.** Die Auffassungen gingen zunächst weit auseinander. Im Widerstreit der Meinungen setzte sich aber schrittweise die die mittelbare Öffentlichkeit **einschränkende Tendenz** durch.

107   Zunächst sprach, vom Schrifttum überwiegend begrüßt, BGHSt 10 202 den Satz aus, daß gegen den Widerspruch eines einzelnen Prozeßbeteiligten, der damit zugleich sein allgemeines Persönlichkeitsrecht geltend macht, eine Übertragung des ihn betreffenden Teils der Verhandlung nicht zulässig sei. Denn es sei etwas anderes, ob der Prozeßbeteiligte vor der begrenzten Zahl von Zuhörern im Gerichtssaal auftritt oder ob er sich gewissermaßen der breitesten Öffentlichkeit und ihrer Kritik gegenübergestellt sieht. Diese Vorstellung kann ihn in gesteigertem Maß befangen machen, den Angeklagten bei seiner Verteidigung und seinen Verteidiger bei der Wahrnehmung seiner Aufgabe hemmen, auf den Zeugen in einem für die Wahrheitsfindung ungünstigen Sinn einwirken usw.

108   Dann schloß sich BGHSt **16** 111[170] der im Schrifttum vertretenen weitergehenden Auffassung, daß auch ohne Rücksicht darauf, ob ein Prozeßbeteiligter widerspricht oder einverstanden ist, das **Gebot der Wahrheitsfindung** es dem Vorsitzenden ausnahmslos oder doch in aller Regel verbiete, Aufnahmen von Teilen der Hauptverhandlung zwecks öffentlicher Vorführung oder Übertragung zuzulassen, insofern an, als dort ausgesprochen ist, daß alle Vorgänge in der Hauptverhandlung, auf die sich die Überzeugungsbildung des Gerichts stützen kann, nicht durch Fernsehen übertragen werden dürften.

109   c) Den (vorläufigen?) **Abschluß der Entwicklung** brachte schließlich der durch das StPÄG 1964 eingefügte Satz 2 des § 169 GVG, wonach Ton- und Filmaufnahmen zum Zweck der öffentlichen Vorführung oder Veröffentlichung ihres Inhalts unzulässig sind, ohne Rücksicht darauf, ob die Prozeßbeteiligten den Aufnahmen widersprechen oder nicht, ob sie ausdrücklich mit ihnen einverstanden sind oder sie gar förmlich begehren, denn die Vorschrift ist u. a. auch dazu bestimmt, einen möglichen Anreiz für den Angeklagten „zum Herostratentum" auszuschließen[171]. Dieses Verbot gilt auch — was bis dahin rechtspolitisch umstritten war — für die Urteilsverkündung und ist auch insoweit durch das Gebot der Wahrheitsfindung begründet, indem es ausschließt, daß die Beteiligten sich durch die Aufnahme davon abhalten lassen, noch während der Urteilsverkündung das Wort zur Stellung von Anträgen zu erbitten, oder daß der Vorsitzende sich bei seiner Ermessensentscheidung, ob er einer Wortmeldung stattgeben soll, bewußt oder unbewußt von der Rücksicht auf die Aufnahme beeinflussen läßt, oder daß gar die Erwartung der Aufnahme der Urteilsverkündung für Rundfunk oder Fernsehen die Beratung des Gerichts beeinflußt (BGH aaO).

110   d) Die **rechtspolitischen Auseinandersetzungen** über die Zulassung der „mittelbaren" Öffentlichkeit dauerten und dauern aber auch nach Schaffung des § 169 Satz 2

---

[170] = NJW **1961** 1781; ebenso BGH NJW **1964** 602.

[171] BGHSt **22** 83 = NJW **1968** 804 mit Anm. *Eb. Schmidt* = JZ **1968** 803 mit Anm. *Roxin*.

an[172]. So war die „mangelnde Durchsetzbarkeit" der Vorschrift Gegenstand der Klage[173]. Bemängelt wurde auch die „kleinliche Enge" der Vorschrift, die es nicht gestatte, „dem Schutz der justiziellen Atmosphäre im Gerichtssaal, der Würde des Gerichts, dem Ernst der Strafrechtspflege" genügend Rechnung zu tragen[174]. Gefordert wird auch, die auf den „normalen" Gerichtssaal beschränkte unmittelbare Öffentlichkeit dürfe nicht in anderer Form als durch Aufnahmen zwecks öffentlicher Vorführung und Veröffentlichung vor eine „künstlich erweiterte" Öffentlichkeit gebracht werden[175]. Im Zusammenhang damit steht auch der Streit über die Auslegung des absoluten Revisionsgrundes des § 338 Nr. 6: Nach einer im Schrifttum vertretenen Auffassung muß er — entgegen der Rechtsprechung (vgl. BGHSt **23** 82) — bei Erwachsenenstrafsachen nicht nur für die Fälle einer unzulässigen Beschränkung der Öffentlichkeit, sondern in gleicher Weise — mindestens für den Fall des § 169 Satz 2, nach einer weitergehenden Auffassung auch für die sonstigen Fälle — für die einer unzulässigen Zulassung oder Erweiterung der Öffentlichkeit gelten. Dem kann zwar nicht gefolgt werden, jedoch bleibt die Revision nach § 337 möglich[176].

3. Immanente Gefahren aus der Öffentlichkeit der Verhandlung. Die öffentliche **111** Durchführung der Hauptverhandlung dient auch dazu, das Interesse der breiteren Öffentlichkeit an Informationen über Strafverfahren, die die Aufmerksamkeit erregen, auf legitime Art — in erster Linie durch die Berichterstattung in Tageszeitungen — in einem Zeitpunkt zu befriedigen, in dem nach der Auffassung des Gesetzgebers im allgemeinen von der öffentlichen Ausbreitung des Prozeßstoffs vor der Öffentlichkeit keine Gefahren für die Wahrheitsfindung mehr zu besorgen sind. Aber auch hier drohen Gefahren. So sind z. B. Zeugen nach § 58 einzeln und in Abwesenheit der später anzuhörenden Zeugen zu vernehmen, damit der spätere Zeuge seine Aussage nicht auf die des früher Vernommenen abstimmen kann. Aber bei einer Hauptverhandlung von mehrtägiger oder noch längerer Dauer können die noch nicht vernommenen Zeugen sich jeweils über die Aussagen der bereits vernommenen Zeugen aus den Zeitungsberichten über die Verhandlung unterrichten. Das Gesetz sieht diese und ähnliche Schattenseiten des Öffentlichkeitsgrundsatzes um der vorrangigen Zwecke, denen die Öffentlichkeit der Verhandlung dient, als erträglich an. Die Presseerörterung kann aber für die Rechtsfindung bedrohlich werden, wenn sie, statt den Prozeßverlauf wahrheitsgetreu und objektiv zu schildern, zu dem Prozeß in einer Weise Stellung nimmt, die geeignet ist, auf das Verfahren und seinen Ausgang einzuwirken. Die Rechtsprechung sieht — was heute angesichts des § 249 Abs. 2 nur noch mit Einschränkung gilt — den Unmittelbarkeitsgrundsatz bereits als verletzt an, wenn die Schöffen vor oder während der Hauptverhandlung Kenntnis von dem Ermittlungsergebnis der Anklageschrift erhalten, weil sie davon eine Beeinträchtigung der Unbefangenheit des Laienbeisitzers, der die Darstellung der An-

---

[172] Nachw. über Reformliteratur etwa bei *Schlüchter* 438 Fußn. 74.

[173] *Kohlhaas* NJW **1970** 600.

[174] So *Eb. Schmidt* in der Anm. zu BGHSt **23** 123 = JZ **1970** 108, wonach § 169 Satz 2 nicht gilt für Ton-, Fernseh- und Filmaufnahmen, die während einer Verhandlungspause in Anwesenheit des Angeklagten gemacht werden.

[175] Nach *Kern/Roxin*[13] § 46 A stand es im Widerspruch zu § 169 Satz 2 (und müsse durch dessen entsprechende Anwendung ausgeschlossen werden), wenn eine Verhandlung eigens wegen des erwarteten Publikumsandrangs aus dem Gerichtsgebäude heraus „in außergerichtliche Massensäle verlegt" wird; a. M mit Recht *Seifert* NJW **1970** 1535; vgl. dazu auch *Jung* Gedächtnisschrift Hilde Kaufmann 903 f.

[176] Dazu LR-*Hanack* § 338, 106 ff; ferner *Rieß* FS Wassermann (1985) 969.

Karl Schäfer

klageschrift schon als erwiesen ansehen könnte, befürchtet (Rdn. 61). Aber nicht weniger wird seine Unbefangenheit gefährdet, wenn er in der Zeitung, mit großem Nachdruck und unter entsprechender Verteilung von Lob und Tadel an die Prozeßbeteiligten und Beweispersonen vorgetragen, liest, daß schon am ersten Verhandlungstag der Angeklagte vollständig überführt oder auch umgekehrt, daß die Anklage kläglich zusammengebrochen sei. Noch bedrohlicher sind solche Einwirkungen, wenn während einer **mehrtägigen Beratung** (§ 268 Abs. 3) Presseveröffentlichungen mit vorweggenommener Beweiswürdigung erscheinen; die durch das 1. StVRG vom 9. 12. 1974 eingeführte Beschränkung der Beratungsdauer auf die grundsätzliche Zehntagesfrist (§ 268 Abs. 3) beruht auch auf dem Bestreben, die Gefahr einer sachfremden Beeinflussung insbesondere der Laienrichter „zu verringern"[177].

112   **4. Öffentliche Erörterung von schwebenden Strafverfahren.** Die vorgedachten Gefahren für die Unbefangenheit der Prozeßbeteiligten sind aber keine spezifische Folge aus der Öffentlichkeit der Verhandlung, denn sie drohen stets, wenn ein schwebendes Verfahren vor die Öffentlichkeit gebracht wird — durch Presse, Rundfunk, Film, Protestversammlungen usw. — und durch die Art der Darstellung, durch Kritiken, Prognose, Forderungen in einer Weise erörtert wird, die das Ergebnis des Verfahrens vorwegnimmt. Das geltende Recht bietet nur geringe Möglichkeiten, diesen Gefahren entgegenzutreten (vgl. § 353 d Nr. 3 StGB: Verbot der öffentlichen Mitteilung des Wortlauts der Anklageschrift und anderer amtlicher Schriftstücke eines Strafverfahrens vor der Kundgabe in öffentlicher Verhandlung oder vor Verfahrensende). Die Forderung nach Schließung dieser Lücke durch ein strafbewehrtes Verbot, das künftige Ergebnis schwebender Strafverfahren in öffentlicher Erörterung vorwegzunehmen, wird seit langem erhoben. In Anknüpfung an den Entwurf des 1. StRÄG 1950[178] und an Vorbilder des ausländischen Rechts sah § 452 StGB-Entw. 1962 eine Strafvorschrift gegen Störung der Strafrechtspflege vor: „Wer öffentlich während eines Strafverfahrens vor dem Urteil des ersten Rechtszuges in Druckschriften, in einer Versammlung oder in Darstellungen des Ton- oder Fernsehrundfunks oder des Films 1. den künftigen Ausgang des Verfahrens oder den Wert eines Beweismittels in einer Weise erörtert, die der amtlichen Entscheidung in diesem Verfahren vorgreift, oder 2. über das Ergebnis nichtamtlicher Ermittlungen, die sich auf die Sache beziehen, eine Mitteilung macht, die geeignet ist, die Unbefangenheit der Mitglieder des Gerichts, der Zeugen oder der Sachverständigen oder sonst die Findung der Wahrheit oder einer gerechten Entscheidung zu beeinträchtigen, wird ... bestraft."

113   Solange es an solchen gesetzlichen Maßnahmen zur Erhaltung der Unbefangenheit fehlt, kann der Ausweg nicht darin gesehen werden, **mit Hilfe von Ablehnungsgesuchen** die ehrenamtlichen Richter auszuschließen, die vor oder während der Verhandlung in der örtlichen Presse etwa eingehende Darstellungen des Tatgeschehens lesen, wonach an der Schuld des Angeklagten kein Zweifel bestehe. Nach BGHSt 22 289, 294 ist davon auszugehen, daß „auch der Laienrichter seine Pflicht, solchen Einwirkungen keinen Einfluß zu gewähren und seine Überzeugungen ausschließlich auf Grund der Hauptverhandlung zu gewinnen, kennt und beachtet ... Wollte man ... demgegenüber ohne besonderen Anhalt im Einzelfall ganz allgemein davon ausgehen, daß jeder Laienrichter durch die Lektüre eines die Ergebnisse des Verfahrens ungehörig vorwegnehmenden Zeitungsartikels einen Grund für seinen Ausschluß von der Mitwirkung an der

---

[177] Vgl. Begründung des RegEntw. BT-Drucks. 7 551 S. 83.
[178] BT-Drucks. Nr. 1367 der Wahlperiode 1949/53; vgl. auch die ausführliche Darstellung im Bericht der BReg. BT-Drucks. 10 4608, Textziff. 44 ff.

Verhandlung und Entscheidung der betreffenden Sache schafft, so wäre damit nicht nur der Presse ein ihr nicht zukommender Einfluß auf die Besetzung der Gerichte eingeräumt, sondern auch die Mitwirkung von Laien an der Rechtspflege als Einrichtung von Grund auf in Frage gestellt." Auch der Gedanke, in der „Vorverurteilung" ein Verfahrenshindernis zu sehen, hat keine Anerkennung gefunden (s. Kap. **12** 98).

5. Gefahren aus Veröffentlichungen über die öffentliche Hauptverhandlung kön- **114** nen schließlich **für** die **Resozialisierung** des Angeklagten drohen, wenn mit Namensnennung seine Tat und sein Vorleben, soweit es Gegenstand der Verhandlung war, vor der weiteren Öffentlichkeit ausgebreitet werden. Hier sind unter dem Gesichtspunkt des zivilrechtlichen **Schutzes des allgemeinen Persönlichkeitsrechts** einschränkende Grundsätze über das Ausmaß der zulässigen Veröffentlichung entwickelt worden, auf die hier nicht weiter einzugehen ist[179].

XIII. Der gesetzliche Richter

Zu den Prozeßmaximen (im weiteren Sinn) läßt sich auch der Grundsatz zählen, **115** daß niemand seinem gesetzlichen Richter entzogen werden darf (Art. 101 Abs. 1 Satz 2 GG; § 16 GVG)[180]. Diese Vorschrift bezweckt, „der Gefahr vorzubeugen, daß die Justiz durch eine Manipulierung der rechtsprechenden Organe sachfremden Einflüssen ausgesetzt wird, insbesondere daß im Einzelfall durch die Auswahl der zur Entscheidung berufenen Richter ad hoc das Ergebnis der Entscheidung beeinflußt wird"[181].

1. Tragweite. Den Anspruch auf den gesetzlichen Richter haben nicht nur die „Par- **115a** teien" des Strafverfahrens, sondern alle, die sich — auch im Nebenverfahren und Nebenrollen (vgl. Kap. **9** 1, 3) — in einer **parteiähnlichen** Stellung befinden[182].

2. Normadressat. Die Vorschrift richtet sich an den Gesetzgeber und an alle Or- **116** gane der Staatsgewalt, auch an die Richter selbst, und gilt auch, soweit es sich um Maßnahmen innerhalb der Gerichtsorganisation handelt[183]. Verletzungen des Grundsatzes können auch mit der Verfassungsbeschwerde geltend gemacht werden (§§ 90 ff BVerfGG). § 336 Satz 2 hindert nicht, daß auch in den dort genannten Fällen die „Entziehung" des gesetzlichen Richters mit der Revision gerügt werden kann[184].

3. Inhaltlich besagt der aus dem Verbot der Richterentziehung entwickelte Grund- **117** satz des gesetzlichen Richters, daß grundsätzlich im voraus durch Gesetz und die in ihm vorgesehenen Maßnahmen (Geschäftsverteilungsplan der Gerichte, §§ 21 e ff GVG) nach **generellen Merkmalen** der künftig mit einer Sache befaßte Richter so eindeutig und genau wie möglich bestimmt werden muß[185] und daß niemand das Tätigwerden des Richters, der nach den allgemeinen (für jedermann geltenden) Vorschriften zur Ent-

---

[179] Vgl. dazu *Staudinger-Schäfer*[12] § 823, 246 ff BGB.

[180] Vgl. die Schrifttumsangaben bei § 16 GVG.

[181] BVerfGE **17** 299; **24** 54; BVerfG NJW **1982** 2368; s. auch BGHSt **33** 236; BGHSt **33** 290 = JR **1986** 473 mit krit. Anm. *Seebode*.

[182] Vgl. dazu – betr. Recht auf Richterablehnung – *Hamm* NJW **1974** 682.

[183] BVerfGE **4** 12; BGHZ **20** 358; BVerwG NJW **1960** 1542.

[184] S. dazu *Schroeder* NJW **1981** 1530 und BGHZ **85** 116, 118.

[185] BVerfGE **18** 345, 351; **21** 139, 145; **31** 145, 163.

scheidung über die in Frage stehende Tat berufen ist, durch andere als verfahrensmäßig zulässige Maßnahmen ausschließen darf. Selbst eine nach Verfahrensrecht zulässige Maßnahme wäre eine Entziehung, wenn sie darauf gerichtet ist, **aus sachfremden Erwägungen** den zunächst berufenen Richter durch einen anderen zu ersetzen, so wenn der Staatsanwalt die zunächst beim Landgericht wegen der besonderen Bedeutung des Falles erhobene Anklage (§ 24 Abs. 1 Nr. 3 GVG) vor der Eröffnung des Hauptverfahrens wieder zurücknähme (§ 156 StPO) und Anklage vor dem Schöffengericht erhöbe, um eine im Zwischenverfahren zutage getretene, für den Erfolg der Anklage möglicherweise ungünstige Auffassung der Eröffnungskammer auf diese Weise zu umgehen[186]. Das schließt nicht aus, daß notfalls ein Richter nach Maßgabe gesetzlicher Vorschriften ad hoc bestellt wird. So läßt § 21 i Abs. 2 GVG zu, daß, wenn bei Verhinderung eines Richters auch sein im Geschäftsverteilungsplan bestellter regelmäßiger Vertreter seinerseits verhindert ist, notfalls der Gerichtspräsident in richterlicher Unabhängigkeit als Vorsitzender des Präsidiums durch Bestellung eines zeitweiligen Vertreters für Abhilfe sorgt; diese Vorschrift, die unvermeidlichen Fällen Rechnung trägt, in denen eine generell-abstrakte Regelung im voraus nicht möglich ist, ist mit Art. 101 Abs. 1 Satz 2 GVG vereinbar[187].

118   **4. Erweiterungen des Entziehungsverbots.** Über den ursprünglichen Sinn der Regelung hinaus kann nach BVerfGE 10 200[188] eine Richterentziehung auch dadurch erfolgen, daß die abstrakte Zuständigkeitsregelung des GVG verletzt wird, indem durch Gesetz allgemein gewisse Sachen **einer Instanz zugewiesen** werden, **die nicht als Gericht** i. S. des Art. 92 GG **anzusehen** ist. Eine Ausweitung des Verbots der Richterentziehung über den Wortlaut des Art. 101 Abs. 1 Satz 2 GG hinaus liegt ferner darin, daß nach BVerfGE **21** 139 der Verfassungssatz nicht als eine „nur formale Bestimmung" verstanden werden darf, die stets dann schon erfüllt ist, wenn die Richterzuständigkeit allgemein und eindeutig geregelt ist; vielmehr wird aus ihm abgeleitet, es müsse im System der normativen Vorausbestimmung des gesetzlichen Richters **Vorsorge dafür getroffen** werden, daß im Einzelfall ein Richter, der nicht die Gewähr der Unparteilichkeit bietet, von der **Ausübung seines Amtes ausgeschlossen** ist **oder abgelehnt werden kann.**

119   **5. Bewegliche Zuständigkeit.** Der Grundsatz des gesetzlichen Richters bedeutet **nicht**, schon die allgemeinen gesetzlichen Zuständigkeitsvorschriften müßten **von vornherein** so beschaffen sein, daß in jedem Einzelfall das sachlich und örtlich zur Entscheidung berufene Gericht **unveränderlich** und ohne weiteres aus dem Gesetz ablesbar nach abstrakten Merkmalen feststeht und jede Sache **„blindlings"** in die Hand bestimmter Richter gelangt. Das ist freilich nicht unstreitig. Im Schrifttum wird z. T. die Auffassung vertreten, daß gesetzliche Vorschriften, die es Staatsorganen (Staatsanwaltschaft, Gericht) durch Einräumung von Beurteilungsfreiheit ermöglichen, im Einzelfall bestimmenden Einfluß auf die Begründung der Zuständigkeit des Gerichts zu nehmen, gegen Art. 101 Abs. 1 Satz 2 GG verstießen. Mit dieser Begründung ist namentlich im Schrifttum die „bewegliche" Zuständigkeitsregelung in §§ 24 bis 26 GVG (s. auch §§ 74 a Abs. 2, 120 Abs. 2 GVG), die dem Staatsanwalt in gewissem Umfang und vorbehaltlich der gerichtlichen Nachprüfung Beurteilungsspielraum läßt, das sachlich zuständige Ge-

---

[186] BGHSt **15** 11, 17; s. dazu aber auch BVerfGE **18** 423, 428 = NJW **1965** 1223 betr. Zurücknahme einer beim Schöffengericht erhobenen Anklage zwecks erneuter Anklage bei der Strafkammer.

[187] BVerfGE **31** 163 f.

[188] Zustimmend *Kern* JZ **1960** 244.

richt dadurch zu bestimmen, daß er bei ihm die Anklage erhebt, als grundgesetzwidrig angegriffen worden (Näheres zu § 16 GVG). Ebenso wird etwa bemängelt, daß für die örtliche Zuständigkeit bei einer Mehrzahl von Gerichtsständen keine gesetzliche Rangordnung besteht oder daß es nach § 162 Abs. 1 Satz 3 bei Ausnahmen von der Zuständigkeitskonzentration nur auf die Beurteilung der Staatsanwaltschaft ankomme[189].

Solche Auffassungen verkennen indessen, daß das Grundgesetz — wie bei dem **120** Verbot der Doppelbestrafung in Art. 103 GG (Kap. **12** 26) — dem Begriff des gesetzlichen Richters **keinen völlig neuen Inhalt** gegeben, sondern den Grundsatz in der durch die bisherige Gesetzgebung geprägten Form übernommen und mit institutioneller Verfassungsgarantie ausgestattet hat; dabei sind die der Durchführung des Verfassungsgrundsatzes dienenden einfachen gesetzlichen Vorschriften, wie jede andere Norm, **verfassungskonform** auszulegen. Unter diesen Gesichtspunkten hat BVerfGE 9 223[190] die Grundgesetzmäßigkeit der §§ 24, 25 GVG bejaht mit der Maßgabe, daß die Staatsanwaltschaft bei der Frage, bei welchem Gericht die Anklage zu erheben ist, nicht ein Ermessen auszuüben, sondern den unbestimmten Rechtsbegriff der „besonderen Bedeutung" auszulegen und den konkreten Fall darunter zu subsumieren hat, so daß die Staatsanwaltschaft, wenn sie die besondere Bedeutung bejaht, Anklage beim Landgericht erheben muß und nicht beim Amtsgericht erheben darf. Entsprechendes gilt für die bewegliche Zuständigkeit nach §§ 26, 74 b GVG[191] und nach §§ 74 a Abs. 2, 120 Abs. 2 GVG sowie nach § 25 Nr. 3 GVG[192].

Die verfassungskonforme Auslegung zur Vermeidung des Vorwurfs der Richter- **121** entziehung spielt auch in **anderen Zusammenhängen** eine Rolle. So wurde, als durch das StVÄG 1979 die Präklusion der Besetzungsrüge eingeführt worden war (dazu Kap. **5** 103), gegen die Regelung in § 222 b Abs. 1 in Verb. mit der in § 338 Nr. 1 vorgesehenen Beschränkung der Revisionsmöglichkeit der Vorwurf des Verstoßes gegen Art. 101 Abs. 1 Satz 2 GG erhoben, u. a. weil der Fall nicht berücksichtigt sei, daß der Prozeßbeteiligte trotz Bekanntgabe der Richterbesetzung den objektiv vorhandenen Mangel bis zum Ablauf der Rügefrist überhaupt nicht zu erkennen vermöge[193]. Eine verfassungskonforme Auslegung ergibt aber, daß in diesem Fall die Revisionsmöglichkeit bestehen bleibt[194]. Wegen der verfassungskonformen Handhabung des § 210 Abs. 3 („vor einer anderen Kammer", „vor einem anderen Senat") vgl. *Marcelli* NStZ **1986** 59.

6. Der überbesetzte Spruchkörper. Die Berücksichtigung des Grundsatzes des ge- **122** setzlichen Richters hat weiterhin die Rechtsprechung veranlaßt, feste Grundsätze auf-

---

[189] Herbe Kritik übt, andere kritische Stimmen zusammenfassend, neuestens *Achenbach* FS *Wassermann* (1985) 849, 859 f: die vom BVerfG aus Art. 101 Abs. 1 Satz 2 GG abgeleitete Forderung nach möglichst eindeutiger Bestimmung des zuständigen Gerichts aus einer allgemeinen Norm oder zumindest die Bestimmung nach im Gesetz vorgezeichneten Kriterien werde „von der Gesetzgebung und der h. M in Rechtspraxis und -lehre schlechthin nicht ernst genommen". „Das Verhältnis von Staatsanwaltschaft und gesetzlichem Richter ist weiterhin alles andere als unproblematisch, das harmonische Bild eines den Anforderungen der Verfassung genügenden Rechtszustandes trügt, ja, zum Teil ist nicht

einmal ein Problembewußtsein für die verfassungsrechtliche Bedenklichkeit der Annahme echter Wahlrechte und eines in den Grenzen des Mißbrauchsverbots unbeschränkten Auswahlermessens der Staatsanwaltschaft vorhanden."

[190] = NJW **1959** 871; ebenso schon vorher BGHSt **9** 367 und NJW **1958** 889.

[191] BGHSt **13** 297 = NJW **1960** 56.

[192] BVerfGE **22** 254 = NJW **1967** 2151; dazu kritisch *Grünwald* JuS **1968** 452.

[193] So z. B. *Ranft* NJW **1981** 1473.

[194] BVerfG NStZ **1984** 371; LR-*Gollwitzer* § 222a, 1 Fußn. 3; § 226, 18 Fußn. 9; LR-*Hanack* § 338, 51 mit weit. Nachw.

Karl Schäfer

zustellen, inwieweit die **Überbesetzung** einer Kammer oder eines Senats, d. h. ihre Besetzung mit mehr Beisitzern, als zu einem Spruch erforderlich sind, zulässig ist[195]. Über das verfassungsmäßig Notwendige hinaus[196] soll schließlich § 21 g GVG einer weiteren Durchführung des Grundsatzes des gesetzlichen Richters dienen, indem er dem Vorsitzenden einer Kammer (Senat) die Pflicht auferlegt, vor Beginn des Geschäftsjahres für dessen Dauer zu bestimmen, nach welchen Grundsätzen die Mitglieder **in** der Kammer (Senat) an den durch den Geschäftsverteilungsplan zugewiesenen Verfahren mitwirken. Praktikabilität und Tragweite dieser Vorschrift sind indessen zweifelhaft und streitig[197].

---

[195] BVerfGE **17** 294; **18** 65; **22** 282; vgl. LR-*Schäfer*[23] § 21 f, 6 GVG.

[196] BVerfGE **18** 351; **22** 286; BGHSt **21** 254.

[197] Dazu die Erl. zu § 21g GVG.

KAPITEL 14

Beweisverbote

Schrifttum. Grundlegend *Beling* Die Beweisverbote als Grenzen der Wahrheitserforschung im Strafprozeß (1903); Verhandl. des 46. DJT (1966) Bd. I Teil 3, Bd. II Teil F mit Gutachten von *Andernaes, Mueller, Nuvolone, Peters, Rupp* und *Jescheck* (Generalgutachten) und Referaten von *Klug* und *Sarstedt*. Weiteres neueres Schrifttum: *Amelung* Probleme der Einwilligung in strafprozessuale Grundrechtsbeeinträchtigungen, StrVert. **1985** 257; *Arzt* Der strafrechtliche Schutz der Intimsphäre (1970); *Arzt* Zum Verhältnis von Strengbeweis und freier Beweiswürdigung, FS Peters 223; *Baumann* Sperrkraft der mit unzulässigen Mitteln herbeigeführten Aussage, GA **1959** 33; *Baumgärtel* Die Verwertbarkeit rechtswidrig erlangter Beweismittel im Zivilprozeß, FS Klug 477; *Bonarens* Anfertigung von Lichtbildern für Zwecke des Strafverfahrens, FS Dünnebier 215; *Bosch* Grundsatzfragen des Beweisrechts (1963); *Bradley* Beweisverbote in USA und Deutschland, GA **1985** 291; *Dencker* Verwertungsverbote im Strafprozeß (1977); *Dencker* Belehrung des Angeklagten über sein Schweigerecht und Vernehmung zur Person, MDR **1975** 359; *Dingeldey* Der Schutz der strafprozessualen Aussagefreiheit durch Verwertungsverbote bei außerstrafrechtlichen Aussagen und Mitwirkungspflichten, NStZ **1984** 529; *Doller* Der schweigende Angeklagte und das Revisionsgericht, MDR **1974** 979; *Dünnebier* Die Tagebuchentscheidung des BGH, MDR **1964** 965; *Eser* Der Schutz vor Selbstbezichtigungen im deutschen Strafprozeßrecht, Beiheft zur ZStW **86** (1974) 136; *Eser* Aussagefreiheit und Beistand des Verteidigers, ZStW **79** (1967) 565; *Feldmann* Verwertbarkeit widerrechtlich erlangter Beweise, NJW **1959** 859; *Fincke* Die Verwertbarkeit von Aussagen des nicht belehrten Beschuldigten, NJW **1969** 1014; *v. Gerlach* Die Vernehmung von Mitangeklagten als Zeugen, NJW **1964** 2397; *Gössel* Die Beweisverbote im Strafverfahren, FS Bockelmann 801; *Gössel* Überlegungen zu einer neuen Beweisverbotslehre, NJW **1981** 2217; *Grünwald* Beweisverbote und Verwertungsverbote im Strafverfahren, JZ **1966** 497; *Grünwald* Die Verfahrensrolle des Mitbeschuldigten, FS Klug 493; *Haffke* Schweigepflicht, Verfahrensrevision und Beweisverbot, GA **1973** 65; *Hegmann* Die Belehrung des Angeklagten gemäß § 243 IV 1 StPO in der Berufungshauptverhandlung, NJW **1975** 915; *Herrmann* Aufgaben und Grenzen der Beweisverwertungsverbote, FS Jescheck (1985) 1291; *Honig* Beweisverbote und Grundrechte im amerikanischen Strafprozeß (1967); *Kaiser* Verwertbarkeit von Äußerungen Dritter während überwachter Telefongespräche (§ 100 a StPO), NJW **1974** 349; *Kleinknecht* Die Beweisverbote im Strafprozeß, NJW **1966** 1537; *Kohlhaas* Beweisverbote im Strafprozeß, DRiZ **1966** 286; *Kohlhaas* Strafprozessuale Beweisverbote im Straßenverkehrsrecht, DAR **1971** 62; *Krauß* Grenzen der Wahrheitserforschung im Strafprozeß, FS Schaffstein 412; *Krauß* Der Schutz der Intimsphäre im Strafprozeß, FS Gallas 365; *Kühne* Strafprozessuale Beweisverbote und Art. 1 GG (1970); *Lenckner* Mitbeschuldigte und Zeugen, FS Peters 332; *Montenbruck* „Entlassung aus der Zeugenrolle" — Versuch einer Fortentwicklung der materiellen Beschuldigtentheorie, ZStW **89** (1977) 878; *Nüse* Zu den Beweisverboten im Strafprozeß, JR **1966** 281; *Osmer* Der Umfang des Beweisverwertungsverbots nach § 136 a StPO, Diss. Hamburg 1966; *Otto* Grenzen und Tragweite der Beweisverbote im Strafverfahren, GA **1970** 289; *Otto* Die strafprozessuale Verwertbarkeit von Beweismitteln, die durch Eingriffe in die Rechte anderer von Privaten erlangt wurden, FS Kleinknecht (1985) 319; *Egbert Peters* Die Verwertbarkeit rechtswidrig erlangter Beweise und Beweismittel im Zivilprozeß, ZZP **1963** 145; *Petry* Beweisverbote im Strafprozeß (1971); *Prittwitz* Der Mitbeschuldigte im Strafprozeß (1984); *Prittwitz* Der Mitbeschuldigte — ein unverzichtbarer Belastungszeuge? NStZ **1981** 463; *Rengier* Die Zeugnisverweigerungsrechte im geltenden und künftigen Strafverfahrensrecht (1979); *Richter* Der Mitbeschuldigte als Zeuge, FS II Peters 235; *Rogall* Gegenwärtiger Stand und Entwicklungstenden-

Karl Schäfer

zen der Lehre von den strafprozessualen Beweisverboten, ZStW **91** (1979) 1; *Rogall* Der Beschuldigte als Beweismittel gegen sich selbst (1977); *Rüping* Beweisverbote als Schranken der Aufklärung im Steuerrecht (1981); *K. Schäfer* Einige Bemerkungen zu dem Satz „nemo tenetur se ipsum accusare", FS Dünnebier 11; *Eb. Schmidt* Sinn und Grenzen der Tragweite des Hinweises auf die Aussagefreiheit des Beschuldigten, NJW **1968** 1210; *Eb. Schmidt* Die Verletzung der Belehrungspflicht gem. § 55 Abs. 2 StPO als Revisionsgrund, JZ **1958** 596; *G. Schmidt* Zur Problematik des Indiskretionsdelikts, ZStW **79** (1967) 74; *Schöneborn* Die strafprozessuale Beweisverwertungsproblematik aus strafrechtlicher Sicht, GA **1975** 33; *Schöneborn* Das Problem der Rollenvertauschung und der Zeugnisverweigerungsrechte bei mehreren Mitbeschuldigten in vergleichender Betrachtung, ZStW **86** (1974) 921; *Schütz* Die Verletzung des § 55 StPO als Revisionsgrund, Diss. Erlangen 1960; *Seiler* Beweismethodenverbote im österreichischen Strafprozeß, FS Peters 447; *Sendler* Die Verwertung rechtswidrig erlangter Beweismittel im Strafprozeß mit Berücksichtigung des anglo-amerikanischen und französischen Rechts, Diss. Berlin, 1956; *Spendel* Wahrheitsfindung im Strafprozeß, JuS **1964** 465; *Spendel* Beweisverbote im Strafprozeß, NJW **1966** 1602; *Stürner* Strafrechtliche Selbstbelastung und verfahrensrechtliche Wahrheitsermittlung, NJW **1981** 1757; *Sydow* Kritik der Lehre von den Beweisverboten, Diss. Würzburg 1976; *Tiedemann* Privatdienstliche Ermittlungen im Ausland — strafprozessuales Verwertungsverbot? FS Bockelmann 819; *Wetterich/Plonka* Beweis und Beweisverbote (1985); weitere Schrifttumsnachweise bei den §§ 55, 100 a, 136, 136 a.

Übersicht

I. Allgemeines

Zweck des Strafverfahrens ist die Erforschung der materiellen Wahrheit. Diese **1** Erforschung ist nicht an bestimmte Beweismittel gebunden; entsprechend dem Grundsatz der freien Beweiswürdigung (§ 261) ist das Gericht vielmehr grundsätzlich frei in der Wahl der Mittel, die zur Ermittlung der Wahrheit dienlich sind (Kap. 13 44). Andererseits gibt es aber **Grenzen der Wahrheitserforschung**; es ist „kein Grundsatz der Strafprozeßordnung, daß die Wahrheit um jeden Preis erforscht werden müsse"[1]. Schon aus einer Reihe von Einzelvorschriften ergibt sich, „daß der Zweck, Straftaten aufzuklären und zu ahnden, zwar von überaus großer Bedeutung ist, aber nicht stets und unter allen Umständen das überwiegende Interesse des Staates ist und sein kann" (BGHSt **19** 329). So zeigen etwa die §§ 54, 96 StPO in Verb. mit §§ 61, 62 BBG; § 39 BRRG, daß das staatliche Interesse an der Aufklärung von Straftaten hinter anderen staatlichen Interessen zurücktreten kann. Insbesondere tritt in den Vorschriften über das Zeugnisverweigerungsrecht (§§ 52 ff), die dem Zeugen Konfliktslagen ersparen sollen, „der für einen Rechtsstaat selbstverständliche Grundsatz hervor, daß Zeugenpflicht und staatlicher Strafanspruch nicht rücksichtslos und unter allen Umständen durchgesetzt werden sollen" (BGHSt **17** 337, 348). Allgemein steht auch die Wahrheitserforschung unter den Geboten der Gerechtigkeit, die es verbietet, die Erforschung der Wahrheit mit Mitteln zu betreiben, die für den Beschuldigten oder andere Verfahrensbeteiligte oder -betroffene, insbes. Zeugen, unzumutbar sind, die den Verhältnismäßigkeitsgrundsatz grob verletzen, gegen die Menschenwürde verstoßen, zur Wahrheitsfindung ungeeignet sind oder sonst gegen öffentliche Interessen verstoßen. Dem Zweck, diesen Grundsätzen Geltung zu verschaffen, dienen die Beweisverbote.

Eine Reihe von ihnen sind der Strafprozeßordnung seit jeher bekannt. Parallel **2** mit der „Ethisierung" des materiellen Strafrechts hat sich aber eine Ethisierung des Strafverfahrensrechts vollzogen, die zu einer Zunahme der geschriebenen Beweisverbote geführt hat. Andere Verbote hat die Rechtsprechung aus verfassungsrechtlichen Obersätzen, aus den Grundsätzen der Verhältnismäßigkeit, den Grundrechten des Schutzes der Persönlichkeit und der Menschenwürde hergeleitet. Die Entwicklung ist dadurch gekennzeichnet, daß früher die Beweisverbote als Ausnahmen, als Einschränkungen des Rechts, die Wahrheit mit sämtlichen zur Verfügung stehenden Mitteln zu erforschen, angesehen wurden, während heute der Gedanke in den Vordergrund tritt, daß „der den Gerichten zur Verfügung stehende Aufklärungsbereich schon in seinem

---

[1] BGHSt **14** 365; ähnlich BGH NJW **1978** 1426: „Das Strafverfahren ist nicht darauf angelegt, den Schuldigen unter allen Umständen der gerechten Strafe zuzuführen."

Kern beschränkt wird"[2]. Die Diskussion um die Beweisverbote wurde belebt, als der 46. Deutsche Juristentag 1966 sie zum Verhandlungsgegenstand wählte. Sie ist seitdem nicht mehr abgeklungen. Starke Gegensätze sind dabei zutage getreten, wie sie sich regelmäßig im Spannungsfeld zwischen den Bedürfnissen einer nachhaltigen Verbrechensbekämpfung und der Rücksichtnahme auf andere beachtliche Belange, insbesondere auf Individualinteressen ergeben. Viele Sachfragen sind noch im Fluß; sie betreffen insbesondere die Verwertbarkeit unter Gesetzesverstoß erlangter Beweismittel, wobei dem nüchternen Beobachter scheinen will, daß mitunter unter der Devise der Rechtsstaatlichkeit Verwertungsverbote propagiert werden, ohne zu bedenken, daß der scheinbare Gewinn an Rechtsstaatlichkeit mit einem größeren Verlust an Rechtsstaatlichkeit erkauft wird, indem sich das Verbot zu Lasten einer gebotenen nachhaltigen Verbrechensbekämpfung auswirkt, die ja schließlich auch ein legitimes Anliegen des Rechtsstaats ist. Aber auch hinsichtlich der Terminologie besteht noch keine Einigkeit. So wird etwa von „Belastungsverboten" gesprochen, wenn ein Verbot seiner Zielsetzung nach den Rückgriff auf das Beweisergebnis nicht schlechthin untersagt, sondern nur die Verwertung zum Nachteil des Angeklagten ausschließt[3].

Die nachstehende Darstellung im Rahmen einer Einleitung muß sich mit einer allgemeinen Übersicht begnügen; die Vertiefung der Einzelfragen ist Sache der Erläuterungen an gehöriger Stelle des Kommentars[4].

II. Einordnung der Beweisverbote

3   Die Beweisverbote lassen sich unter verschiedenen Gesichtspunkten einordnen.

1. Beweismittel, Beweisthemen, Beweismethoden. Man kann einmal nach dem Gegenstand des Verbots unterscheiden zwischen Beweis**mittel**verboten, Beweis**thema**verboten und Beweis**methoden**verboten[5].

4   **a)** Ein **Beweismittelverbot** ist das Verbot, ein bestimmtes Beweismittel zu benutzen, während die Aufklärung des Beweisthemas mit anderen Mitteln offensteht. Beispiele: Verboten ist die Benutzung der Aussage des Zeugen, der von seinem Zeugnisverweigerungsrecht als naher Angehöriger keinen Gebrauch gemacht hat, weil die Belehrung über sein Zeugnisverweigerungsrecht unterblieben war (§ 52 StPO). Bei Aussageverweigerung des Beschuldigten (§§ 136, 163 a Abs. 3, 4, 243 Abs. 4) scheidet zwar seine Einlassung als Beweismittel aus; dies hindert aber nicht, den Beschuldigten anderen Personen zum Zweck der Klärung seiner Täterschaft gegenüberzustellen[6].

5   **b)** Beim **Beweisthemaverbot** darf ein bestimmter Sachverhalt nicht Gegenstand eines Beweises sein, wie (grundsätzlich) die dem Beratungsgeheimnis unterliegenden Vorgänge in der Beratung (§§ 43, 45 Abs. 3 DRiG), die Art der Ausübung des Wahlrechts bei geheimen Wahlen (Art. 28, 38 GG), die Wahrheit einer ehrenkränkenden Behauptung, wenn der Beleidigte vor der Behauptung wegen des Vorwurfs rechtskräftig freigesprochen worden war (§ 190 StGB). Ein Beweisthemaverbot enthalten auch die §§ 51, 61, 63 BZRG (i. d. F. vom 21. 12. 1984, BGBl. I 1229). Wenn dort aus Gründen der Reso-

---

[2] *Jescheck* Generalgutachten S. 4.
[3] LR-*Gollwitzer* § 261, 64.
[4] Vgl. z. B. LR-*Dahs* § 52, 53; § 54, 28; § 55, 22 ff (Zeugen); § 81a, 74 ff (körperliche Untersuchungen); LR-*G. Schäfer* § 97, 103 ff; § 98, 82 (Beschlagnahme); § 100a, 28 (Fern-

meldeüberwachung); LR-*Hanack* § 136, 53 ff; § 136a, 61 ff (Beschuldigtenvernehmung); LR-*Gollwitzer* § 244, 189 ff; § 252, 3 ff; § 261, 64 f; LR-*Hanack* § 337, 95 ff.
[5] Dazu *Gössel* GA **1977** 28.
[6] Dazu *Eb. Schmidt* JZ **1968** 354.

zialisierung strafgerichtlich Verurteilter verboten ist, nach Tilgung der Eintragung über eine Verurteilung im Bundeszentralregister oder nach Eintritt der Tilgungsreife die Verurteilung im Rechtsverkehr zum Nachteil des Betroffenen zu verwerten, so umfaßt dies auch das Verbot, in einem neuen Strafverfahren die — etwa aus den Akten erkennbare — Verurteilung als Beweisanzeichen bei der Beweiswürdigung oder bei der Strafzumessung zum Nachteil des Angeklagten zu berücksichtigen[7].

c) Ein **Beweismethodenverbot** liegt vor, wenn eine bestimmte Art der Beschaf- **6** fung eines Beweismittels absolut oder relativ (nach den Umständen des Einzelfalles) unzulässig ist, andere Methoden aber zur Verfügung stehen. Beispiele: der Ausforschungsbeweis, die Herbeiführung der Aussage des Beschuldigten oder der Bekundung eines Zeugen auf die in §§ 136 a, 69 Abs. 3 StPO verbotene Weise; die Ermittlung der Schuldfähigkeit des Beschuldigten durch eine Liquorentnahme (§ 81 a StPO) unter Verletzung des Grundsatzes der Verhältnismäßigkeit bei unerheblichen Straftaten[8]. Ein Beweismethodenverbot ergibt sich ferner z. B. aus § 81 c StPO, wonach bei Zeugen, wenn zu ermitteln ist, inwieweit geistige Defekte ihre Glaubwürdigkeit berühren, eine Untersuchung nur mit ihrer Einwilligung (bzw. derjenigen ihres gesetzlichen Vertreters oder Pflegers) zulässig ist; die Verweigerung der Einwilligung schließt aber lediglich die Untersuchung aus und läßt andere Wege der Beweiserhebung unberührt, wie z. B. die Zuziehung eines Sachverständigen zur Vernehmung des Zeugen in der Hauptverhandlung und die Vorbereitung eines Gutachtens gemäß § 81 StPO[9].

d) Die **Protokollverlesungsverbote** der StPO (§§ 250 ff) spielen unter dem Ge- **7** sichtspunkt der Beweisverbote nur insofern eine Rolle, als sie nicht der Wahrung der Grundsätze der Unmittelbarkeit und Mündlichkeit dienen, sondern im Zusammenhang mit Beweisverboten bedeutsam sind (vgl. § 252 i. Verb. mit § 52 StPO).

2. Beweisverfahrensverbote

a) **Begriff.** Von den Beweisverboten werden unterschieden die Verstöße gegen **Be- 8** weisregelungen** oder **Beweisverfahrensregeln**, die aus Gründen der äußeren guten Ordnung des Verfahrens Modalitäten der Beweiserhebung regeln. Wegen des mehr formalen Charakters wiegen Verletzungen der Beweisregelung weniger schwer mit der Folge, daß das so gewonnene Beweismittel (mag auch der Verfahrensverstoß selbst nach anderer Richtung angreifbar sein) bei der Entscheidung verwendet werden darf, ohne daß darauf eine Verfahrensrüge gestützt werden könnte.

b) Als **Beispiele** eines bloßen Beweisregelungsverstoßes werden zuweilen genannt **9** die Entnahme einer Blutprobe (§ 81 a) nicht durch einen Arzt, sondern einen Nichtarzt, wie einen Medizinalassistenten oder eine Krankenschwester, die Untersuchung einer Frau (§ 81 d) nicht durch eine Frau oder einen Arzt, sondern durch einen Nichtarzt, die Anwesenheit des später gehörten Zeugen bei der Vernehmung eines früher gehörten Zeugen (entgegen § 58); Nichtbelehrung des Beschuldigten über ein Schweigerecht (§§ 36, 163 a Abs. 3, 243 Abs. 4). „Allenfalls die Verletzung eines sog. Beweisverfahrensverbots" liegt vor, wenn die Polizeibeamten im Streifenwagen die Überschreitung der zulässigen Höchstgeschwindigkeit durch einen Kraftfahrer in der Weise feststellen, daß sie selbst unter Überschreitung der zulässigen Höchstgeschwindigkeit dem Fahrer fol-

---

[7] BVerfGE **36** 174 = NJW **1974** 179; BGHSt **24** 378; **25** 20; auf Zweifels- und Einzelfragen ist hier – unter Verweisung auf die Kommentare zum BZRG – nicht einzugehen.

[8] BVerfGE **16** 194; näher LR-*Dahs* § 81 a, 40, mit weit. Nachw.

[9] BGHSt **23** 1.

gen[10]. Eine andere Betrachtungsweise will die Verwertbarkeit des unter Verstoß gegen „Ordnungsvorschriften" gewonnenen Ergebnisses davon abhängig machen, daß es im konkreten Fall auch bei ordnungsgemäßem Vorgehen erlangt worden wäre[11].

10   **c) Abgrenzungsschwierigkeiten.** Gegen den Satz, daß die Verletzung „bloßer **Form- und** anderer **Ordnungsvorschriften"** bei der Gewinnung des Beweises dessen Verwertung nicht hindert, ist an sich nichts einzuwenden. Die Frage ist nur, was unter „bloßen Formvorschriften" zu verstehen ist (vgl. dazu auch Rdn. 15). Zur Illustration der insoweit bestehenden Schwierigkeiten: In der bekannten Streitfrage[12], ob die unter Verstoß gegen § 81 a durch einen Nichtarzt (hier: einen Medizinalassistenten) erfolgte Blutprobenentnahme den Untersuchungsbefund als Beweismittel unverwertbar macht, wurde die Formalnatur des § 81 a überwiegend — und mit Recht — damit begründet, daß die Vorschrift außerprozessualen Zwecken, nämlich dem Schutz der körperlichen Unversehrtheit des Beschuldigten gegen unsachgemäße Maßnahmen Unqualifizierter diene, oder daß das Ergebnis auch auf anderem Wege jederzeit erlangbar sei. Auch BGHSt **24** 125 = NJW **1971** 1097 hat die ein Verwertungsverbot verneinende Auffassung zwar u. a. — mehr nebenbei (S. 130) — auch damit begründet, die gesetzwidrig erlangte Probe hätte auch auf gesetzmäßigem Wege jederzeit erlangt werden können. Der entscheidende Gesichtspunkt aber ist für den BGH (S. 131), daß nach den Umständen des Falles (der Hilfsbeamte der Staatsanwaltschaft hatte den Beschuldigten durch Androhung von Gewalt zur Duldung der Entnahme veranlaßt, dabei aber irrtümlicherweise den Medizinalassistenten für einen Vollarzt gehalten) sich insgesamt der Fehler „nicht als so schwer darstellt, daß das Interesse an der Tataufklärung [hier: der Frage, ob der Beschuldigte bei dem Verkehrsunfall unter Alkoholeinwirkung stand] zurücktreten müßte, dem angesichts Tausender von Todesopfern, die der Alkohol am Steuer jährlich fordert, eine sehr erhebliche Bedeutung zukommt. Nicht zuletzt dieser Umstand ließe es als eine doktrinäre Überspitzung erscheinen, wollte man an den Verfahrensmangel in jedem Falle die Folge der Unverwertbarkeit knüpfen". Die Unverwertbarkeit würde sich allerdings aus der Verletzung des Anspruchs auf fair trial durch bewußten Mißbrauch staatlicher Zwangsbefugnisse ergeben, wenn dem den Zwang androhenden Beamten bekannt gewesen wäre, daß der entnehmende Medizinalpraktikant kein Arzt war. Da er sich aber in einem unverschuldeten tatsächlichen Irrtum befand, „kann in der Verwertung des Ergebnisses keine Beeinträchtigung grundlegender Elemente des Rechtsstaats gesehen werden" (S. 132).

11   Danach hängt also (jedenfalls im Fall des § 81 a) die **Qualifizierung** einer Vorschrift **als** Formal- oder **Ordnungsvorschrift** weitgehend von den Umständen des Falles ab, und wo solche Erwägungen angestellt werden müssen, entfernt sich der Verfahrensverstoß aus dem Bereich „bloßer Form- oder Ordnungsvorschriften" und gehört in den Erörterungsbereich von Rdn. 12. Entsprechendes gilt bei der Nichtbelehrung des Beschuldigten über sein Aussageverweigerungsrecht (Rdn. 15).

12   3. Im Schrifttum wird z. T.[13] unterschieden nach der Intensität des Verbots zwischen **Beweisverfolgungs-** und **Beweisverfahrensverboten**, wobei als Verfolgungsverbote diejenigen verstanden werden, deren Verletzung in besonders schwerwiegender Weise verfassungsrechtlich geschützte Werte antastet. Der Unterscheidung wird insbesondere Bedeutung beigemessen für die Behandlung in der Revisionsinstanz: Die Verletzung

---

[10] BayObLG NJW **1974** 1342 mit abl. Anm. *Schneider* NJW **1974** 1915.

[11] Vgl. z. B. *Grünwald* JZ **1966** 489, 496.

[12] LR-*Dahs* § 81a, 77.

[13] *Peters* Gutachten 93 ff; s. jetzt auch Lehrbuch 296 ff.

von Beweisverfahrensverboten (z. B. Liquorentnahme nach § 81 a unter Verletzung des Grundsatzes der Verhältnismäßigkeit) wird nur auf Verfahrensrüge (§ 344 Abs. 2) nachgeprüft, während die Verletzung von Beweisverfolgungsverboten[14] wie ein Verfahrenshindernis behandelt wird (also Nachprüfung von Amts wegen), weil im letzteren Fall ein „strafverfolgungsfreier Raum" begründet sei. Dieser Unterscheidung fehlt die Überzeugungskraft; sie ist im wesentlichen ohne Nachfolge geblieben[15].

4. Es ist weiter zu unterscheiden zwischen **Beweiserhebungsverboten** und **Beweis-** **13** **verwertungsverboten**[16]. Es gibt selbständig aufgestellte Verwertungsverbote, bei denen es auf die Art, wie das Beweismittel erlangt wurde, nicht ankommt (vgl. das Rdn. 5 angeführte Beispiel der getilgten Vorstrafe — § 51 BZRG —, die durch Zufall bekannt wird); dann entspricht dem Verwertungsverbot allenfalls ein stillschweigendes Verbot an die Strafverfolgungsorgane, sich um die Erlangung dieses Beweismittels zu bemühen[17]. Im **Regelfall** betrifft die Unterscheidung zwischen Erhebungs- und Verwertungsverboten die Frage, ob und inwieweit ein Beweis, der entgegen einem Verbot erhoben worden ist, bei der Urteilsfindung verwertet werden darf. Das Gesetz enthält nur z. T. ausdrückliche Regelungen. So sind z. B. nach § 52 nahe Angehörige des Beschuldigten vor jeder Vernehmung über ihr Zeugnisverweigerungsrecht zu belehren; es besteht also ein Verbot, sie ohne diese Belehrung zu vernehmen. Ein Verbot, das Ergebnis der Vernehmung zu verwerten, wenn die Belehrung unterblieben ist, ist aber im Gesetz nicht ausdrücklich ausgesprochen. Dagegen ist ausdrücklich bestimmt, daß die Aussage eines Beschuldigten oder Zeugen und das Gutachten eines Sachverständigen, die durch die in § 136 a verbotenen Vernehmungsmittel zustande gekommen sind, nicht verwertet werden dürfen, und zwar auch dann nicht, wenn der Betroffene der Verwertung zustimmt (vgl. § 136 a Abs. 3, 163 a Abs. 3, 5). Entgegen einer im Schrifttum vertretenen Auffassung, daß grundsätzlich oder doch in der Regel jedem Beweiserhebungsverbot ein Beweisverwertungsverbot entspricht[18], hält die Rechtsprechung mit Recht daran fest, daß es, wenn ein Verwertungsverbot nicht ausdrücklich ausgesprochen ist, der **Einzelprü-**

---

[14] Z. B. Einbruch in die Intimsphäre durch Verwertung höchstpersönlicher Tagebuchaufzeichnungen als Beweismittel; vgl. BGHSt **19** 325.

[15] Ablehnend z. B. *Grünwald* JZ **1966** 501; *Kleinknecht* NJW **1966** 1544; *Kohlhaas* DRiZ **1966** 288; *Sarstedt* Referat S. F 27; *Henkel* 269.

[16] S. dazu BGH JZ **1978** 764 = MDR **1978** 1035; *Kohlmann* JA **1978** 594.

[17] Vgl. BGHSt **25** 100, 102.

[18] Es wird z. B. gelehrt, daß sich das Verwertungsverbot schon aus der Begriffsbestimmung des Beweisverbots ergebe; von diesem Standpunkt aus liegt überhaupt kein Beweisverbot, sondern nur eine Beweisregelung vor, wenn der Erhebungsverstoß kein Verwertungsverbot begründet (so z. B. *Henkel* 270). Dem kann aber nicht gefolgt werden. Gegen eine zu weitgehende Annahme von Verwertungsverboten auch *Arzt* FS Peters 234: Nur

scheinbar bedeute eine Zunahme an Verwertungsverboten eine Zunahme an Rechtsstaatlichkeit, tatsächlich würden – rechtsstaatswidrig – an die richterliche Beweiswürdigung Anforderungen gestellt, die auf eine psychische Überforderung hinauslaufen; bei leichteren Verstößen gegen das Prinzip streng formaler Beweisaufnahme könne vernünftigerweise nur eine Mitberücksichtigung des Verstoßes bei der freien Beweiswürdigung verlangt werden. S. auch *Arzt* GA **1979** 352 (betr. Ermittlungsverfahren): „Man könnte aber auch darüber nachdenken, ob der rechtsstaatliche Gehalt eines Verfahrens wirklich mit der Stärkung des Schweigerechts zunimmt ... Daß die kooperative Haltung des (nichtschweigenden) Beschuldigten mit Anklageerhebung ,bestraft', der Gebrauch des Schweigerechts mit Einstellung ,honoriert' wird, läßt sehr unterschiedliche Schlußfolgerungen zu."

fung bedarf, ob eine Verletzung des Beweisverbots auch ein Verwertungsverbot zur Folge hat[19].

14   Die **Ergebnisse einer Einzelprüfung** sind sehr unterschiedlich[20]. So ist es z. B. anerkannt Rechtens, daß Gegenstände, die entgegen dem Verbot des § 97 beschlagnahmt worden sind, grundsätzlich nicht für die Überzeugungsbildung verwertet werden dürfen[21]. Unverwertbar ist auch die Aussage des Zeugen, der über ein Verweigerungsrecht aus § 52 nicht belehrt wurde (BGHSt **11** 213, 215). „Einfache" Beweisverbote, die nicht durch ein Verwertungsverbot „qualifiziert" sind, liegen dagegen vor, wenn das Gericht eine Aussage entgegennimmt, die ein Beamter über Umstände, auf die sich seine Pflicht zur Amtsverschwiegenheit bezieht, ohne die nach den beamtenrechtlichen Vorschriften erforderliche Genehmigung abgibt — § 54 StPO —, oder wenn ein Zeuge vernommen wird, bei dem die erforderliche Belehrung über ein Zeugnisverweigerungsrecht nach § 55 Abs. 2 unterblieben war (unten Rdn. 22). Der sog. Spezialitätsgrundsatz bei der Rechtshilfe in Strafsachen mit dem Ausland begründet ein Beweisverwertungsverbot[22]. Ein Beweisverwertungsverbot besonderer Art ergibt sich aus § 168 c Abs. 5, wonach bei richterlichen Vernehmungen des Beschuldigten oder eines Zeugen die zur Anwesenheit Berechtigten vorher von dem Termin zu benachrichtigen sind. Die Verletzung der Benachrichtigungspflicht verhindert die Verlesung des Vernehmungsprotokolls in der Hauptverhandlung, aber auch deren Surrogat durch Anhörung des Vernehmungsrichters zumindest dann, wenn der Betroffene — z. B. der Verteidiger, der der Meinung ist, seine und des Angeklagten Abwesenheit bei der Zeugenvernehmung könnten die Vernehmung zum Nachteil des Angeklagten beeinflußt haben — sofort gegen die beabsichtigte Verwertung Widerspruch erhebt[23].

III. Unterlassene Belehrung über ein Aussageverweigerungsrecht

1. Nichtbelehrung des Beschuldigten

15   a) **Problem.** Sehr streitig ist, welche Folgen sich daran knüpfen, wenn **bei** der **Vernehmung** des Beschuldigten der **Hinweis unterlassen** wird, daß es ihm freistehe, sich zu der Beschuldigung zu äußern oder nicht zur Sache auszusagen und jederzeit einen von ihm zu wählenden Verteidiger zu befragen (vgl. §§ 136 Abs. 1 Satz 2; 163 a Abs. 3, 4; 243 Abs. 4). Die Vernehmung ohne diesen „Hinweis" (der Sache nach handelt es sich um eine „Belehrung" über den Grundsatz „nemo tenetur se ipsum accusare") (dazu unten Rdn. 27 a) läßt sich als ein relatives Beweismittelverbot auffassen: nur der belehrte und aussagebereite Beschuldigte soll zur Sache vernommen werden. Die Frage ist, ob die Verletzung eines solchen Beweisverbots durch Unterlassung des Hinweises die Aussage des Beschuldigten bei der Urteilsfindung unverwertbar macht, also ein Verwertungsverbot vorliegt, wenn der Beschuldigte in der Folgezeit schweigt.

16   b) **Entwicklung der Rechtsprechung.** Die **Auffassungen** gehen weit auseinander[24]. Der Bundesgerichtshof[25] lehnte zunächst ein Verwertungsverbot ab; eine Rolle spielte

---

[19] BGHSt **19** 325, 331; **24** 125; oben Rdn. 10; s. auch BayObLG NJW **1974** 1342.

[20] Nach *Jescheck* Generalgutachten S. 10 wird „in der Regel" als Folge der Verletzung eines Erhebungsverbots ein Verwertungsverbot angenommen. In dieser Allgemeinheit trifft das nicht zu.

[21] BGHSt **18** 227; **25** 168; weit. Nachw. bei LR-*G. Schäfer* § 97, 103.

[22] *Linke* NStZ **1982** 419.

[23] BGHSt **26** 332; NStZ **1987** 132; näher zu den teilweise umstrittenen Einzelheiten LR-*Rieß* § 168 c, 58 ff.

[24] Vgl. die Nachw. bei LR-*Hanack* § 136, 54 ff; LR-*Gollwitzer* § 243, 76; 108 ff.

[25] BGHSt **22** 129, 170; ebenso die Mehrzahl der Oberlandesgerichte.

dabei die Überlegung, daß es sich bei der Belehrungspflicht um eine Sollvorschrift handele.

Im **Schrifttum** wurde überwiegend ein Verwertungsverbot angenommen, wobei **17** geltend gemacht wurde, daß der Klassifizierung der Belehrungsvorschrift des § 136 a. F. als einer Soll- oder Ordnungsvorschrift nach der Neufassung der §§ 136, 163 a, 243 durch das StPÄG 1964 der Boden entzogen sei, weil nach der Entstehungsgeschichte die Schaffung einer zwingenden Vorschrift beabsichtigt gewesen sei[26]. In BGHSt **22** 129 und 170 wurde dagegen die Annahme eines Verwertungsverbots hauptsächlich mit der Begründung abgelehnt, daß die Änderungen des StPÄG 1964 nur in der Verdeutlichung einer schon vorher bestehenden Rechtslage zu finden seien; wenn der Gesetzgeber, dem die Auslegung des § 136 a. F. durch die Rechtsprechung bekannt gewesen sei, ihren Sinn in der Richtung eines Verwertungsverbots hätte ändern wollen, so hätte er es deutlich sagen können und müssen. Anders möge es liegen, wenn die Unterlassung des Hinweises in dem Beschuldigten den Irrtum hervorgerufen hätte, zur Aussage verpflichtet zu sein; eine in diesem Sinn beabsichtigte Unterlassung könnte, als einer Täuschung gleichkommend, die unmittelbare oder entsprechende Anwendbarkeit des § 136 a Abs. 3 StPO begründen (BGHSt **22** 175).

Eine **Wendung der Rechtsprechung** bedeutete BGHSt **25** 325[26a] betr. Unterlas- **18** sung des in § 243 Abs. 4 Satz 1 vorgeschriebenen Hinweises. Thema dieser Entscheidung ist allerdings nicht primär die Frage, ob die unterlassene Belehrung die Einlassung des Beschuldigten unverwertbar macht, sondern die Beantwortung der gemäß § 121 Abs. 2 GVG vorgelegten Rechtsfrage, ob § 243 Abs. 4 Satz 1 zwingendes Recht darstelle, dessen Verletzung mit der Revision gerügt werden kann. Nach der Entscheidung, die sich damit *Hanack* (JZ **1971** 169) anschließt, spielt es für die Frage der Revisibilität keine Rolle, ob die genannte Vorschrift eine „bloße Ordnungsvorschrift" darstellt — so zu unterscheiden sei eine „methodisch veraltete Vorstellung" —; entscheidend sei vielmehr, welche Auswirkung der Verstoß nach dem Zweck der Belehrungspflicht auf die Rechtsstellung des Angeklagten hat (S. 329). Das Recht des Angeklagten, nach freier Wahl zu reden oder zu schweigen, sei nicht erst durch die gesetzlichen Belehrungspflichten geschaffen, sondern ergebe sich bereits aus den Grundsätzen eines rechtsstaatlichen fairen Verfahrens. Die Belehrungspflicht bezwecke, daß der Angeklagte nicht in Unkenntnis dieses Rechts bleibt. Kenne er sein Wahlrecht (insbesondere durch vorgängige Erörterungen seiner Verteidigungsmöglichkeiten mit seinem Verteidiger) bereits oder sei er schon von vornherein entschlossen, sich durch Aussage zur Sache zu verteidigen, so werde er durch die Unterlassung der Belehrung nicht beeinträchtigt. Wenn gleichwohl auch in solchen Fällen zu belehren sei, so habe dies nur die Bedeutung einer Ordnungsvorschrift. Eine Verkürzung der Verteidigungsmöglichkeiten des Angeklagten, eine Gesetzesverletzung von Gewicht, liege aber vor, wenn er von seinem Wahlrecht keine Kenntnis hat, der Hinweis nach § 243 Abs. 4 Satz 1 erforderlich war, ihn über seine Verteidigungsmöglichkeiten zu unterrichten und er bei einer solchen Unterrichtung die Aussage zur Sache verweigert hätte (S. 331). Da aber Schweigen nicht ohne weiteres die

---

[26] S. dazu auch die gewisse Mittelmeinung von *Eb. Schmidt* NJW **1968** 1209, 1218: zwar Verwertungsverbot, aber Zulässigkeit der Verwendung eines unter Unterlassung des Hinweises zustande gekommenen polizeilichen Vernehmungsprotokolls sowohl zu „Vorhalten" des Vorsitzenden in der Hauptverhandlung wie auch zur Stützung eines

hinreichenden Tatverdachts bei der Anklageerhebung durch den Staatsanwalt und der Eröffnung des Hauptverfahrens durch das Gericht.

[26a] = NJW **1974** 1570 mit Besprechung *Hegmann* NJW **1975** 915; *Dencker* MDR **1975** 359.

Karl Schäfer

zweckmäßigste Art der Verteidigung sei, sei es — bei Unterbleiben der Belehrung — nicht selbstverständlich, daß der Angeklagte sich nur deshalb äußerte, weil er um sein Schweigerecht nicht wußte. Daraus ergäben sich Folgerungen für den Tatsachenvortrag der Revisionsbegründung nach § 344 Abs. 2 Satz 2 (S. 332). Diese Grundsätze über die Verletzung des § 243 Abs. 4 Satz 1 seien aber nicht ohne weiteres auch für die Bewertung von Verstößen gegen die Belehrungspflicht im Vorverfahren maßgebend (S. 331); insoweit hat auch BGHSt 25 331 an der bisherigen Rechtsprechung[27] festgehalten.

18a Die Nichtgeltung eines Verwertungsverbots bei unterlassener **Belehrung im Vorverfahren** bekräftigte schließlich 1983 BGHSt 31 395[27a], wo der BGH — wie BGHSt 22 129 in einem Verfahren nach § 121 Abs. 2 GVG — veranlaßt war, sich mit den (nachstehend Rdn. 19 dargestellten) ablehnenden Auffassungen des Schrifttums auseinanderzusetzen, auf die sich das vorlegende OLG berief. Auch hier steht im Vordergrund die Erwägung, daß der Gesetzgeber bei allen Änderungen der StPO für § 136 kein Verwertungsverbot vorgesehen habe, eine entsprechende Anwendung anderer Vorschriften (§§ 252, 136 a Abs. 3 Satz 2, 243 Abs. 4 Satz 1) entfalle, die Annahme eines Verwertungsverbots bei *versehentlicher* Unterlassung auch systemwidrig wäre und auf erhebliche Abgrenzungsschwierigkeiten stoße. Zudem „würde es dem Erfordernis einer geordneten Strafrechtspflege zuwiderlaufen, wenn ein Versehen der Ermittlungsbeamten die Aussage des Beschuldigten unverwertbar machen würde, obwohl ein Zusammenhang zwischen dem Fehler und der gemachten Aussage regelmäßig nicht erweisbar ist". Im übrigen sei der Tatrichter nicht gehindert, das Zustandekommen und den Inhalt einer ohne vorherige Belehrung gemachten Aussage „besonders kritisch zu würdigen"[28].

19 **c) Schrifttum.** Im Schrifttum[29] sind gegen die die Revisibilität der Nichtbelehrung betreffenden Ausführungen von BGHSt 25 325 — unter verschiedenen Gesichtspunkten — ganz überwiegend **Bedenken** erhoben worden. Was die Belehrung des Angeklagten anlangt, so wird geltend gemacht, die generell angeordnete Belehrungspflicht bestehe mit gutem Grund auch gegenüber dem Angeklagten, der sein Aussageverweigerungsrecht kenne, nämlich ihm seine Entschließungsfreiheit voll zu sichern, während bei Unterlassung der Belehrung durch den Vorsitzenden „nicht wenige" Angeklagte sich vor einer Erklärung scheuten, gar nicht zur Sache aussagen zu wollen (so z. B. *Schlüchter; Hanack*). Bemängelt wird weithin die „revisionsrechtliche Sonderbehandlung" der Verfahrensrüge (LR-*Gollwitzer*), die „für den Fall der Anwesenheit eines Verteidigers befürwortete Verschiebung der Beweislast" (*Roxin*), vor allem aber die Annahme, daß bei einem Nichtberuhen des Urteils auf der unterlassenen Belehrung es bereits an einem Gesetzesverstoß fehle. Vielmehr werde regelmäßig auf dem Rechtsfehler der unterlassenen Belehrung das Urteil auch beruhen, und eine Ausnahme könne nur dann gelten, wenn klar auf der Hand liege, daß der Angeklagte in „gefestigter" Kenntnis seines Aussageverweigerungsrechts ausgesagt oder dies zwar in Unkenntnis seines Rechts getan habe, bei Kenntnis aber nicht anders gehandelt hätte. Ebenso wird angegriffen, daß BGHSt 25 331 nach wie vor in BGHSt 22 170 betr. Bedeutung der unterlas-

---

[27] BGH GA **1962** 148; BGHSt **22** 129, 170.

[27a] = NStZ **1983** 565 mit abl. Anm. *Meyer* = JZ **1983** 716 mit abl. Anm. *Grünwald* = JR **1984** 340 mit abl. Anm. *Fezer*.

[28] S. dazu auch BGH bei *Pfeiffer/Miebach* NStZ **1985** 493 Nr. 7.

[29] Z. B. *Dencker* MDR **1975** 359; *Hanack* JR **1975** 342 und LR-*Hanack* § 136, 54; 55; 59;

§ 337, 19; 95; *Hegmann* NJW **1975** 915; *Seelmann* JuS **1976** 157; *Fezer* JuS **1978** 107; *Gössel* GA **1977** 28; *Rieß* JA **1980** 300; *Roxin*[19] § 24 D III 2 e; *Schlüchter* 464 ff; *Bohnert* NStZ **1982** 5 ff, 10. Vgl. auch LR-*Gollwitzer* § 243, 108 ff; LR-*Meyer*[23] § 136, 65; § 337, 18; KMR-*Paulus* § 243, 64; *Kleinknecht/Meyer*[37] § 243, 32; *Sieg* MDR **1984** 725.

senen Belehrung des Beschuldigten im *Vorverfahren* festhalte, statt ihr die gleiche Bedeutung wie der Nichtbelehrung des Angeklagten in der Hauptverhandlung beizumessen. An dieser ablehnenden Haltung hat sich auch nach Ergehen von BGHSt **31** 395 nichts geändert (dazu LR-*Hanack* § 136, 54 ff). Eine Bereinigung der Kontroverse ist wohl nur vom Gesetzgeber im Zuge einer Gesamtreform des Strafverfahrens zu erwarten.

d) Heilung des Mangels. Auf jeden Fall darf ein Geständnis, das der Angeklagte **20** vor der Polizei nach ordnungsgemäßer Belehrung abgelegt hat, auch dann bei der Urteilsfindung verwertet werden, wenn er in einer vorausgegangenen Vernehmung durch Polizei und Staatsanwaltschaft inhaltsgleiche Angaben ohne Belehrung und selbst in der irrtümlichen Annahme einer Aussagepflicht gemacht hatte, denn durch die spätere, in Kenntnis des Wahlrechts abgegebene Aussage ist der Mangel der unterbliebenen Belehrung geheilt (BGHSt **22** 135).

e) Über die **Art und Weise**, in der frühere Aussagen des Beschuldigten verwertet **21** werden können, wenn er in der Hauptverhandlung schweigt, vgl. § 254 StPO und die Erl. zu dieser Vorschrift[30].

2. Nichtbelehrung von Zeugen

a) Stand der Rechtsprechung. Bei der Frage, inwieweit Zeugenaussagen verwert- **22** bar sind, die unter Verletzung der für die Vernehmung von Zeugen geltenden Pflichten, insbes. der Pflicht zur Belehrung über ein Zeugnisverweigerungsrecht, zustande gekommen sind, spielt die in der Rechtsprechung vertretene, im Schrifttum umstrittene sog. **Rechtskreistheorie** eine wesentliche Rolle[31]. Danach ist zu unterscheiden zwischen Beweisverboten z. B. aus § 52 (Rdn. 57) und aus §§ 53, 53 a (Rdn. 58) auf der einen und solchen aus §§ 54, 55 StPO auf der anderen Seite. Nach der Rechtskreistheorie kann der Angeklagte die Verletzung der Beweisverbote nach §§ 54, 55 nicht mit der Revision rügen, weil das erstere nur im staatlichen Interesse, das letztere nur im Interesse des Zeugen bestehe, beide Verbote also seinen Rechtskreis nicht berührten, soweit nicht §§ 136 a Abs. 3, 163 a Abs. 3, 5 eingreifen. Den durch das Beweisverbot Geschützten stehen ihrerseits keine Angriffsmittel gegen das Urteil zur Verfügung; auch die Staatsanwaltschaft hat kein Rechtsmittel, weil die Verwendung des verbotswidrig erlangten Beweismittels der Wahrheitsermittlung nicht schadet. Daraus ergibt sich eine mit Rechtsmitteln nicht angreifbare Verwertbarkeit des unter Gesetzesverletzung erlangten Beweismaterials[32]. Eine Stütze der Rechtskreistheorie wird in § 339 gesehen[33].

b) Die **Stellungnahme des Schrifttums zur Rechtskreistheorie** ist sehr unterschied- **23** lich: sie reicht von der Zustimmung zu dieser Theorie über deren Modifikationen bis zu ihrer völligen Ablehnung[34]. Für die letztere „strenge" Auffassung wird etwa angeführt: § 55 diene — ebenso wie § 52 — dazu, die Gefahr falscher Aussagen von der Rechtspflege abzuwenden; § 136 a Abs. 3 Satz 2 bringe einen allgemeingültigen Rechtsgedanken zum Ausdruck, nämlich daß Beweisverbote jeder Art als Einschränkungen der richterlichen Erkenntnisgewinnung zugleich Garantien gegen richterliche Schrankenlosigkeit seien, die auch bei der Wahrheitserforschung nur zu leicht zur Maßlosigkeit und damit zum Machtmißbrauch führe[35].

---

[30] S. auch BGHSt **21** 285 und unten Rdn. 35.
[31] Ausführliche Rechtsprechungs- und Schrifttumsnachw. zur Streitfrage bei LR-*Dahs* § 55, 22 und LR-*Hanack* § 337, 95 ff.
[32] Vgl. z. B. BGHSt (GrStS) **11** 213; **17** 245; BGH MDR **1969** 1024.

[33] Dazu etwa *Gössel* FS Bockelmann 816; vgl. auch LR-*Hanack* § 337, 97.
[34] Nachw. bei LR-*Hanack* § 337, 97 Fußn. 164, 168, 169.
[35] *Spendel* NJW **1968** 1108.

Karl Schäfer

23a   Dieser Auffassung steht aber der allgemeine strafprozessuale Grundsatz entgegen, daß der **Angeklagte** einen Verfahrensmangel **nur** insoweit **rügen** kann, als er durch ihn **selbst beschwert** ist; zur Wahrung der Rechtsstaatlichkeit des Verfahrens im allgemeinen ist er nicht berufen. Eine Verletzung des § 55 böte danach dem Angeklagten nur dann einen Revisionsgrund, wenn die Vorschrift zugleich bezweckte, mit Hilfe der Belehrung des Zeugen über sein Auskunftsverweigerungsrecht ihn von falschen, den Angeklagten benachteiligenden Aussagen fernzuhalten; das ist aber nicht der Zweck des § 55[36]. Nach LR-*Hanack* § 337, 98 ist die Diskussion um Modifikationen der von der Rechtsprechung gehandhabten Rechtskreistheorie aufgegangen in den generellen Bemühungen um eine sachgemäße Erfassung der Beweis- und Beweisverwertungsverbote. Einstweilen wird es also für die *Praxis* bei BGHSt **11** 213; **25** 325 sein Bewenden haben. Jedenfalls geht es aber nicht an, aus der Rechtskreistheorie Verallgemeinerungen und Erweiterungen für den Regelungsbereich der §§ 53, 53 a herzuleiten. Wenn also z. B. A bei einer gemeinschaftlich mit B begangenen Straftat verletzt wird und B ihn zum Arzt ins Krankenhaus verbringt, so kann, falls der Arzt von seinem Zeugnisverweigerungsrecht Gebrauch macht, auch die in der Aufnahmestelle tätig gewordene Arzthelferin nicht im Strafverfahren als Zeugin über Wahrnehmungen vernommen werden, die sie bei der Einlieferung des A bzgl. seines Begleiters B gemacht hat, und auch B könnte eine Verletzung des § 53 a rügen[37].

IV. Beweisverbote aus dem Grundgesetz. Grundsatz der Aufrechterhaltung der Funktionstüchtigkeit der Rechtspflege

24   **1. Allgemeines.** Beweiserhebungs- und -verwertungsverbote können eine **unterschiedliche Bedeutung** haben, je nachdem ob sie in einem geschriebenen Gesetz (hauptsächlich in der StPO) förmlich niedergelegt sind oder aus den Grundrechten der Verfassung hergeleitet werden. Im ersteren Fall ist der Rahmen des Verbots abgesteckt; seine Bedeutung im einzelnen, insbesondere seine Grenzen werden durch die Auslegung nach allgemeinen Grundsätzen bestimmt. Beweisverbote können sich aber auch aus den Grundrechten des Grundgesetzes ergeben.

25   **a) Erweiterung von Verboten des Verfahrensrechts durch das Grundgesetz.** Zunächst ist es denkbar, daß ein in der Verfahrensordnung vorgesehener und als **abschließend gedachter Katalog** von Beweiserhebungsverboten sich unter grundgesetzlichen Gesichtspunkten als zu eng erweist. Dieser Fall ist aber selten. Im Fall BVerfGE **33** 367 war geltend gemacht worden, es sei grundgesetzwidrig, daß § 53 nicht auch Sozialarbeitern (hier: Eheberatern) ein Zeugnisverweigerungsrecht einräume, denn auch bei ihnen verstoße der Zwang zur Preisgabe ihnen in dieser Eigenschaft anvertrauter oder bekanntgewordener Tatsachen aus der Privatsphäre der Ratsuchenden gegen Art. 1, 2 GG. Das BVerfG erklärte indessen die Beschränkung des Katalogs der aus Berufsgründen Zeugnisverweigerungsberechtigten für grundgesetzgemäß. Zwar kann danach im Einzelfall ausnahmsweise und unter ganz besonders strengen Voraussetzungen eine Begrenzung des Zeugniszwangs unmittelbar aus der Verfassung folgen, wenn unabhängig von der Berufszugehörigkeit des Zeugen dessen Vernehmung wegen der Eigenart des Beweisthemas in den durch Art. 1, 2 geschützten Bereich der privaten Lebensgestaltung des Einzelnen, insbesondere in seine Intimsphäre eingreifen würde (S. 374). Aber nur äußerst selten — etwa bei der Verfolgung bloßer Bagatelldelikte oder Ordnungswidrigkei-

---

[36] Dazu ausführlich BGHSt **11** 213 = NJW **1958** 557.

[37] BGHSt **33** 148 = JR **1986** 33 mit Anm. *Hanack* = NStZ **1985** 372 mit Anm. *Rogall*.

ten von geringer Bedeutung — habe der Richter Veranlassung, eine verfassungsrechtliche Begrenzung des Zeugniszwangs über die das Zeugnisverweigerungsrecht aus Berufsgründen regelnden Normen der Prozeßgesetze hinaus in Betracht zu ziehen
(S. 375). Selbst der (einfache) Gesetzgeber habe nicht freie Hand bei der Ausdehnung
des Zeugnisverweigerungsrechts auf neue Personengruppen, da jede Ausdehnung die
Beweismöglichkeiten und damit die Findung einer materiell richtigen und gerechten
Entscheidung einschränke. Die Einräumung von neuen beruflichen Zeugnisverweigerungsrechten bedürfe deshalb einer **besonderen Legitimation**, um vor der Verfassung
Bestand zu haben. Andernfalls verstoße sie gegen das Rechtsstaatsprinzip, das die Aufrechterhaltung einer *funktionstüchtigen* Rechtspflege gebietet und die Rücksichtnahme
auf die unabweisbaren Bedürfnisse einer wirksamen Strafverfolgung und insbesondere
die Aufklärung schwerer Straftaten verlangt. An diesen Grundsätzen hat das BVerfG in
ständiger Rechtsprechung[38] festgehalten: Es ist also z. B. grundgesetzmäßig, wenn § 53
Abs. 1 Nr. 3 wegen Vorranges der Wahrheitserforschung dem Tierarzt kein berufsbezo-
genes Zeugnisverweigerungsrecht einräumt[39] oder wenn das Auskunftsverweigerungsrecht nach § 55 Abs. 1 einem Zeugen versagt wird, der zu den Beweistatsachen zuvor als
Beschuldigter vernommen wurde und dabei eine Einlassung abgab, die die Gerichte in
dem durch Verurteilung rechtskräftig abgeschlossenen Verfahren für widerlegt erachtet haben[39a].

b) Ferner können die Grundrechte die **in der Strafprozeßordnung vorgesehenen 26
Eingriffe begrenzen** und insoweit in Anwendung des Verhältnismäßigkeitsgrundsatzes
zu relativen Beweisverboten führen. Dazu ist insbesondere auf die zu § 81 a erwachsene
Rechtsprechung des BVerfG zu verweisen[40].

c) **Schutz der Privat- und Intimsphäre** (des vertraulich gesprochenen und geschrie- 27
benen Wortes). Unabhängig von den Vorschriften der StPO sind — mit dem Vorbehalt
zu Rdn. 25 — Beweisverbote mit Verwertungsverbotswirkung auch **unmittelbar aus dem
Grundgesetz ableitbar**. Dies gilt in besonderem Maß für Beweiserhebungen, die mit
einer Verletzung der (durch § 201 StGB materiellrechtlich verstärkt mit Strafschutz
ausgestatteten und verfahrensrechtlich auch durch Art. 8 MRK geschützten) Privat- und
Intimsphäre verbunden sind; die StPO enthält insoweit keine abschließende Regelung[41].
Die Art. 1 und 2 GG gewährleisten die Unantastbarkeit der Menschenwürde und das
Recht auf freie Entfaltung der Persönlichkeit als Grundwerte der Rechtsordnung; sie

---

[38] S. BVerfGE **38** 312; **41** 246, 250; **44** 353;
BVerfG NJW **1977** 1490; zuletzt zusammenfassend BVerfG NStZ **1985** 277: „Soweit der
Grundsatz der Rechtsstaatlichkeit die Idee
der Gerechtigkeit als wesentlichen Bestandteil enthält, verlangt er auch die Aufrechterhaltung einer funktionstüchtigen Rechtspflege, ohne die der Gerechtigkeit nicht zum
Durchbruch verholfen werden kann. Wiederholt hat das BVerfG die unabweisbaren
Bedürfnisse einer wirksamen Strafverfolgung
anerkannt, das öffentliche Interesse an einer
möglichst vollständigen Wahrheitsermittlung
im Strafprozeß betont und die Aufklärung
schwerer Straftaten als wesentlichen Auftrag
eines rechtsstaatlichen Gemeinwesens bezeichnet ... Jede Ausdehnung des strafprozessualen Auskunftsverweigerungsrechts
schränkt aber die Beweismöglichkeiten der
Strafverfolgungsbehörden zur Erhärtung
oder Widerlegung des Verdachts strafbarer
Handlungen ein und beeinträchtigt deshalb
möglicherweise die Findung einer materiell
richtigen und gerechten Entscheidung."

[39] BVerfG MDR **1975** 467.

[39a] BVerfG NStZ **1985** 277.

[40] Z. B. BVerfGE **27** 211; näher mit weit.
Nachw. LR-*Dahs* § 81 a, 3; 27 f.

[41] BGHSt **19** 325; die Vorschriften des GVG
über den Schutz der Intimsphäre durch Öf-
fentlichkeitsausschluß (§§ 171b, 172 Nr. 2
GVG) interessieren in diesem Zusammenhang nicht.

Karl Schäfer

binden den Staat und seine Organe, aber auch jedermann im privaten Bereich[42]. Für das Strafverfahren hat ein solcher Schutzbereich die Bedeutung, daß grundsätzlich ein Verbot zur Verwertung der durch Einbruch in die Intimsphäre gewonnenen Beweismittel besteht, wenn der Betroffene nicht in die Benutzung als Beweismittel einwilligt. Auf dieser Grundlage wird aus der Pflicht der öffentlichen Gewalt zur Achtung der Menschenwürde das grundsätzliche Verbot hergeleitet, im Strafverfahren ohne Zustimmung[43] des Angeklagten gegen ihn **Tonbandaufnahmen**[44] als Beweismittel zu verwenden, die außerhalb des Strafverfahrens heimlich von Gesprächsteilnehmern über von ihm geführte Privatgespräche hergestellt wurden, soweit es sich nicht um die im geschäftlichen Verkehr übliche Festhaltung fernmündlicher Durchsagen, Bestellungen usw. handelt, bei denen das gesprochene Wort seinen privaten Charakter einbüßt und deshalb kein Einbruch in das grundsätzlich jedermann zustehende Recht zur alleinigen Verfügung über sein nicht öffentlich gesprochenes Wort vorliegt[45].

28   In gleicher Weise wie beim nicht öffentlich gesprochenen Wort besteht auch zum Schutz der Intimsphäre ein Recht des einzelnen zur alleinigen Verfügung über sein nicht für die Öffentlichkeit bestimmtes (sein „vertrauliches") **geschriebenes Wort**[46]. Die viel erörterte sog. „Tagebuchentscheidung", die im Schrifttum Zustimmung gefunden, aber auch Widerspruch ausgelöst hat, hat aus der Pflicht zur Achtung der Menschenwürde und dem Recht auf freie Entfaltung der Persönlichkeit das grundsätzliche Verbot gefolgert, tagebuchartige Aufzeichnungen des Beschuldigten, die mit der Persönlichkeitssphäre des Verfassers verknüpft sind und die er nicht zur Kenntnis Dritter bringen wollte, im Strafverfahren (in dem sie der Strafverfolgungsbehörde von dritter, privater Seite zur Verfügung gestellt wurden) als Beweismittel gegen seinen Willen zu benutzen.

2. Zu dem Grundsatz „nemo tenetur se ipsum accusare" (oder „nemo . . . se prodere")

29   a) **Problem und Begrenzung der Darstellung.** An dieser Stelle ist in Kürze des in der lateinischen Fassung oft zitierten Grundsatzes zu gedenken, Inhalts dessen „niemand" — also weder als Beschuldigter im Strafverfahren, als Betroffener im Bußgeld- oder Disziplinarverfahren oder als Zeuge in diesen Verfahren — zu selbstbelastenden Aussagen gezwungen werden darf[47]. Dieses Schweige- und Aussageverweigerungsrecht ist in den Verfahrensordnungen (StPO, OWiG, BDO usw.) ausgesprochen, auch in internationalen Vereinbarungen (Art. 14 Abs. 3 Buchst. g des IPBR) anerkannt und gilt als „eherner" Grundsatz, als „selbstverständlicher Ausdruck einer rechtsstaatlichen Grundhaltung, die auf dem Leitgedanken der Achtung vor der Menschenwürde beruht"[48]. Zwang kommt nur in Betracht zu passivem Verhalten, und auch dies nur, so-

---

[42] BVerfG NJW **1977** 1490.

[43] Oder unter Verletzung des § 136a (List als „Täuschung", vgl. LR-*Hanack* § 136a, 33); vgl. auch BGHSt **34** 39 = JR **1987** 212 mit Anm. *Meyer*, dazu *Wolfslast* NStZ **1987** 103 (Unzulässigkeit heimlicher Gesprächsaufnahme in der U-Haft zum Zwecke des Stimmvergleichs); s. auch Rdn. 34.

[44] Zur Anwendung dieser Grundsätze auf heimliche Photographien vgl. *Bonarens* FS Dünnebier 215 zu OLG Schleswig NJW **1980** 352; zu Aufnahmen (auch von Polizeibeamten) bei Demonstrationen *Jarass* JZ **1983** 282 mit weit. Nachw.

[45] BGHSt **14** 358; BVerfGE **34** 238, 246; JZ **1973** 504 mit Anm. *Arzt.*

[46] Dazu *Staudinger-Schäfer*[12] § 823, 218 ff BGB; BGHSt **19** 35 = NJW **1964** 1139 mit Anm. *Händel* = LM Nr. 9 zu Art. 2 GG mit Anm. *Krumme* und dazu *Dünnebier* MDR **1964** 965.

[47] Ausführliche Schrifttumsnachw. bei *K. Schäfer* FS Dünnebier, S. 11 Fußn. 1.

[48] BVerfGE **38** 105, 113; **56** 37, 43; BGHSt **14** 358, 364.

weit das Verfahrensrecht es zuläßt (§ 136 a StPO). Gewisse Zweifelsfragen, die auch der „eherne" Grundsatz (so z. B. bei „Gegenüberstellungen" des Beschuldigten mit Zeugen[49]) aufwirft, sind z. T. in den vorangegangenen und nachfolgenden Ausführungen erörtert oder gestreift; im übrigen muß auf die Ausführungen in diesem Kommentar zu den einschlägigen Vorschriften verwiesen werden, in denen die Anwendbarkeit des „nemo…"-Grundsatzes in Betracht kommt. Gegenstand einer kurzen Betrachtung soll hier nur die durch BVerfGE **56** 37[50] ins volle Rampenlicht getretene Frage sein, wie es mit dem „nemo…"-Grundsatz in der großen Zahl von Fällen steht, in denen *nach gesetzlicher Vorschrift außerhalb eines Strafverfahrens* jemandem die mit *Rechtszwang* durchsetzbare Verpflichtung zur Mitteilung und Anzeige von Fakten, zur Mitwirkung bei der Aufklärung von Umständen, zur Anfertigung von Aufzeichnungen oder zur Vorlegung von Gegenständen auferlegt ist und dabei keine Ausnahme für Umstände vorgesehen ist, die auf eine von dem Pflichtigen begangene Straftat oder Ordnungswidrigkeit hindeuten.

Verwandte, hier nur zu streifende Fragen können sich ergeben, soweit nicht Rechts- **29a** zwang, sondern allenfalls **Sachzwang** außerstrafprozessuale belastende Angaben bewirkt[51]. Auch insoweit wird deutlich, daß „der nemo-tenetur-Satz keine problemlos zu handhabende Verfassungsnorm ist, daß es vielmehr noch großer Anstrengungen bedarf, um die mit ihm typischerweise verbundenen Konfliktlagen angemessen zu bewältigen und seine Fernwirkungen so zu bestimmen, daß keine unvertretbaren Interessenverluste in Kauf zu nehmen sind"[52].

b) **Der Ausgangsfall** von BVerfGE **56** 37 betraf den Gemeinschuldner, der in sei- **30** nem Konkursverfahren auf Antrag des Konkursverwalters über die Übereignung von Vermögensgegenständen betreffende Fragen vernommen werden sollte. Er verweigerte die Aussage, weil wegen des Beweisthemas gegen ihn bereits ein Ermittlungsverfahren wegen Verdachts des Konkursvergehens anhängig sei und er sich durch Beantwortung der Fragen möglicherweise selbst einer strafbaren Handlung bezichtigen müsse. Das Konkursgericht ordnete gegen ihn gemäß §§ 75, 101 Abs. 2 KO Beugehaft an, weil er nach § 100 KO auskunftspflichtig und in der KO ein Verweigerungsrecht nicht vorgesehen sei. Die Beschwerde blieb erfolglos. Gegen diese Entscheidung richtete sich die Verfassungsbeschwerde[53]. Das BVerfG erklärte die Verfassungsbeschwerde für unbegründet, weil das geltende Recht zum Schutze gegen unzumutbare Eingriffe und Beeinträchtigungen unterschiedliche Vorkehrungen vorsehe und *kein ausnahmslos geltendes Gebot* kenne, daß niemand zu Auskünften oder zu sonstigen Handlungen gezwungen werden dürfe, durch die er eine von ihm begangene strafbare Handlung offenbart. Vielmehr unterschieden sich die Regelungen und die darin vorgesehenen Schutzvorkehrungen je

---

[49] Dazu *Grünwald* JZ **1981** 423; *Dencker* NStZ **1982** 153; *Burgdorf/Ehrentraut/Lesch* GA **1987** 106.

[50] = NJW **1981** 1431. Ausführliche Würdigung bei *K. Schäfer* FS Dünnebier 11 ff; ferner *Dingeldey* NStZ **1984** 529; *Schlüchter* 86; *Stürner* NJW **1981** 1757.

[51] Vgl. dazu die interessante Entscheidung OLG Hamburg JR **1986** 167 mit abl. Anm. *Meyer*, wo ein Asylbewerber im Asylverfahren den Gebrauch eines gefälschten Passes offenbarte. Das OLG hat in analoger Anwendung des § 393 AO und auch unter

Hinweis auf die Grundsätze des „Volkszählungsurteils" (BVerfGE **65** 1, 41, 45) für das Strafverfahren ein Beweisverwertungsverbot bejaht; dagegen mit beachtenswerten Ausführungen *Meyer* aaO.

[52] *Lackner* NStZ **1983** 254.

[53] Das BMJ hatte in seiner Stellungnahme zur Verfassungsbeschwerde namentlich unter Hinweis auf BGHZ 41 318 = NJW **1964** 1460 (dazu ausführlich *K. Schäfer* FS Dünnebier 15) die Verfassungswidrigkeit verneint.

Karl Schäfer

nach der Rolle der Auskunftsperson und der Zweckbestimmung der Auskunft. Aber aus der uneingeschränkten — oder allenfalls durch den Verhältnismäßigkeitsgrundsatz eingeschränkten — Auskunftspflicht des Gemeinschuldners im Konkursverfahren ergebe sich gleichzeitig unter verfassungsrechtlichen Gesichtspunkten eine Lücke. Denn — und darin liegt ein wesentliches Novum der BVerfG-Entscheidung — „das Persönlichkeitsrecht des Gemeinschuldners würde unverhältnismäßig beeinträchtigt, wenn seine unter Zwang herbeigeführten Selbstbezichtigungen *gegen seinen Willen zweckentfremdet* und der Verwertung für eine Strafverfolgung zugeführt würden…; die Zumutung der Selbstbezichtigung für Zwecke des Konkursverfahrens rechtfertigt es nicht, daß er zugleich zu seiner Verurteilung beitragen muß und daß die staatlichen Strafverfolgungsbehörden weitergehende Möglichkeiten erlangen als in anderen Verfahren".

31   Zu der Frage nach den **Voraussetzungen** der aus verfassungsrechtlicher Sicht bestehenden Lücke **und der Art der Schließung** enthält die Entscheidung (S. 51) verhältnismäßig wenige Ausführungen: „Die insoweit bestehende Lücke zu schließen **obliegt grundsätzlich dem Gesetzgeber**, zumal nur er das Verwertungsverbot näher ausgestalten und durch Offenbarungsverbote absichern kann. Erweist sich aber eine aus **vorkonstitutioneller Zeit** überkommene Regelung aus verfassungsrechtlichen Gründen als ergänzungsbedürftig, dann stellt sich auch für den **Richter** die Aufgabe, Gesetzeslücken bis zu einer Neuregelung durch den Gesetzgeber in möglichst enger Anlehnung an das geltende Recht und unter Rückgriff auf die unmittelbar geltenden Vorschriften der Verfassung zu schließen (vgl. BVerfGE **37** 67, 81; 49, 286, 301; ferner BVerfGE **32** 23, 34). Diese Ergänzung lehnt sich an die in § 136 a StPO und in § 393 Abs. 2 AO [dazu unten Rdn. 35] bereits vorgesehenen Verwertungsverbots an und steht in Einklang damit, daß dem Gemeinschuldner in einem strafrechtlichen Verfahren wegen begangener Konkursdelikte ohnehin ein Schweigerecht zusteht."

32   **c) Folgerungen.** Im *Strafverfahren* ergibt sich danach bzgl. der erzwungenen Selbstbezichtigung des Gemeinschuldners im Konkursverfahren ein begrenztes Verwertungsverbot: Die Selbstbezichtigung darf *nicht gegen seinen Willen* verwertet werden. Unberührt davon bleibt sein strafprozessuales Schweigerecht, und wenn er davon Gebrauch macht, so wird er praktisch im allgemeinen damit seinen Willen zum Ausdruck bringen, daß auch die Selbstbezichtigung im Konkursverfahren als strafprozessuales Beweismittel ausscheide. Eine entsprechende Situation ergibt sich auch in anderen Fällen, in denen nach gesetzlicher Vorschrift eine auch eine Selbstbezichtigung umfassende Auskunftspflicht besteht, dies aber nur — und das wird in BVerfGE **56** 37, 51 deutlich ausgesprochen —, wenn die Selbstbezichtigungspflicht sich aus einer **aus vorkonstitutioneller Zeit** überkommenen Regelung ergibt, während im übrigen die die Lückenschließung betreffende Regelung Sache des (einfachen) Gesetzgebers ist, „zumal nur er das Verwertungsverbot näher ausgestalten und durch Offenbarungsverbote absichern kann".

33   **Abschließend** mag noch folgendes bemerkt werden: Was den Hinweis in BVerfGE **56** 51 auf das „in § 393 Abs. 2 AO bereits vorgesehene Verwertungsverbot" anlangt, so darf wegen der an diese Vorschrift anknüpfenden komplizierten und umstrittenen Abwägungsprobleme auf *Schäfer* FS-Dünnebier S. 49 ff und LR-*Schäfer*[10] § 355, 52 ff StGB verwiesen werden. Wegen der Grenzen des „nemo…"-Grundsatzes ist ferner auf BVerfGE **55** 174 = NJW **1981** 1087 hinzuweisen: wenn ein „neueres Gesetz" (hier: § 31 a BSchVG i. d. F. vom 8. 1. 1969, BGBl. I 65) im Zuge der behördlichen Überwachung von Betrieben, Anlagen usw. einem Mitwirkungspflichtigen (Unternehmer usw.) unter Sanktionsandrohung (Ordnungswidrigkeit) die Pflicht zur Auskunftserteilung in Form der Pflicht zur Vorlage von Büchern oder Belegen zwecks Gewährung von Einsicht auferlegt, hinsichtlich der Auskunftserteilung durch Aussage aber ein Verweigerungsrecht zur Vermeidung der Selbstbezichtigung unberührt bleibt, so folgt daraus nicht, daß auch die Mitwirkung bei anderen Erkenntnismöglichkeiten, die den Bereich der *Aussagefreiheit* nicht berühren, von den Betroffenen unter Berufung auf die Aussagefreiheit sanktionslos verweigert werden dürfe. Ein Recht, über die Aussageverweigerung hinaus zur Verdeckung einer Ordnungswidrigkeit auch die Einsichtnahme in Bücher und Geschäftspapiere zu verweigern, lasse sich weder dem Grundgesetz noch dem Verhältnismäßigkeitsgrundsatz entnehmen, da es sich um objektiv taugliche Überwachungsmittel handele und ein wirksames, aber gleichwohl die Handlungsfreiheit des Pflichtigen weniger einschränkendes Überwachungsmittel nicht ersichtlich sei[54]. Ein Anwendungsfall dieses Grundsatzes wäre z. B. auch die unter Sanktionszwang stehende Pflicht zur Anbringung und Bedienung von Fahrtenschreibern usw. bei Fortbewegungsmaschinen, die bei Unfällen sowohl zur Entlastung wie zur Belastung des Führers dienen können[55].

3. Vorrang der Wahrheitserforschungspflicht bei Schwerkriminalität. Der Vorrang der Intimsphäre vor den Bedürfnissen der Strafrechtspflege nach Wahrheitserforschung (Rdn. 27) kann zurücktreten, wenn in Anwendung des Grundsatzes der Verhältnismäßigkeit unter Abwägung der Bedeutung des Grundrechts der Achtung der Menschenwürde und der freien Entfaltung der Persönlichkeit überwiegende Bedürfnisse der Strafrechtspflege die Zulässigkeit der Erlangung und Verwertung des Beweismittels verlangen, z. B. wenn die Verwertung von Tonbandaufnahmen und tagebuchartigen Aufzeichnungen das einzige strafprozessuale Mittel ist, eine andere Person von einer besonders schweren Anklage zu entlasten, oder wenn gegen den Beschuldigten ein hinreichender Verdacht schwerer Angriffe auf die Rechtsordnung — etwa gegen Leib und Leben anderer, gegen die existentiellen Grundlagen der freiheitlich-demokratischen Grundordnung oder gegen sonstige Rechtsgüter vergleichbaren Ranges — besteht[56]. Dieser Vorrang hat aber von vornherein *eine* Grenze: In dem oben (Rdn. 27 Fußn. 43) bereits angesprochenen Fall BGHSt **34** 39 wurde die Verwertbarkeit der zum Zwecke des Stimmenvergleichs herbeigeführten Tonbandaufnahme, obwohl es sich um einen Fall der Schwerkriminalität handelte, mit Recht verneint. Der BGH bezieht sich dabei u. a. auf BGHSt **31** 296, 299 = NJW **1983** 1569; BVerfGE **34** 298; überzeugend ist aber jedenfalls der Gesichtspunkt, daß nach dem „nemo tenetur…"-Grundsatz der Beschuldigte, da kein Fall des § 81 b vorliegt, nicht verpflichtet gewesen wäre, zu einer Tonbandaufnahme seiner Stimme (also durch eine Aussage mit belastender Wirkung) zwecks Vornahme eines Stimmenvergleichs durch den Sachverständigen aktiv mitzuwirken, und es sich bei der ungenehmigten Abhörung um eine „vom Gericht angeordnete *gezielte* Verleitung" zum unbewußten Schaffen von Anknüpfungspunkten für das Sachverständigengutachten gehandelt habe. Eine solche „gezielte Verleitung" aber steht qualitativ einer durch (arglistige) Täuschung herbeigeführten Aussage des Beschuldigten bei seiner Vernehmung gleich, und das (dem Beschuldigten nachteilige) Ergebnis erscheint ebenso unverwertbar als Beweismittel wie nach § 136 a Abs. 3 Satz 2 die erschlichene Aussage[57].

34

---

[54] Vgl. zu einem weiteren Anwendungsfall dieses Grundsatzes aus dem Jagdrecht betr. Pflichttrophäen schon BayObLGSt **1964** 50 und dazu *K. Schäfer* FS Dünnebier 13 f.

[55] *Bottke* JR **1983** 309.

[56] BGHSt **19** 325, 332 ff; BVerfGE **34** 238, 249 = NJW **1973** 891; s. auch BVerfGE **33** 367, 383 = NJW **1972** 2214; NJW **1975** 103, 104.

[57] S. dazu auch LR-*Hanack* § 136a, 44.

35   4. **Vorrang** der Bedürfnisse der Strafrechtspflege bei der Verfolgung **in** der Schwerstkriminalität **verwandten Bereichen**. Nach § 393 Abs. 2 AO, auf den BVerfGE **56** 37 (Rdn. 31) sich bezog, besteht, wenn der Staatsanwaltschaft oder dem Gericht in einem Strafverfahren aus **Steuerakten** Tatsachen oder Beweismittel bekannt werden, die der Steuerpflichtige der Finanzbehörde in Erfüllung steuerrechtlicher Pflichten offenbart hat, zur Wahrung des Steuergeheimnisses grundsätzlich das Verbot, diese Kenntnisse gegen ihn für die Verfolgung einer Tat zu verwenden, die keine Steuerstraftat ist. Nach § 393 Abs. 2 Satz 2 AO gilt dieses Verbot aber nicht für Straftaten, an deren Verfolgung ein *zwingendes* öffentliches Interesse besteht. Die Voraussetzungen eines „zwingenden öffentlichen Interesses" sind durch die Verweisung auf § 30 Abs. 4 Nr. 5 AO umschrieben. Ein zwingendes öffentliches Interesse ist danach namentlich gegeben, wenn Verbrechen und vorsätzliche schwere Vergehen gegen Leib und Leben oder gegen den Staat und seine Einrichtungen verfolgt werden oder verfolgt werden sollen[58].

35a   Nach § 100 a StPO tritt das grundsätzliche Beweiserhebungsverbot der **Überwachung** und Aufnahme **des Fernmeldeverkehrs** auf Tonträger zurück bei Verdacht bestimmter schwerer politischer und allgemeiner Straftaten[59]. Der Straftatenkatalog des § 100 a gibt wohl auch einen Anhaltspunkt dafür, wann ein schwerer Angriff auf die Rechtsordnung angenommen werden kann, bei dessen Verfolgung und Aufklärung ein Vorrang der Bedürfnisse der Strafrechtspflege gegenüber der Rücksichtnahme auf die Intimsphäre (Rdn. 28, 29) in Betracht kommt[60]. Die genannten Vorschriften sprechen aber jedenfalls gegen den im Schrifttum[61] aufgestellten Satz, daß die durch verbotene staatliche Eingriffe erlangten Beweismittel grundsätzlich ohne Rücksicht auf die Schwere der dem Beschuldigten zur Last gelegten Straftaten unverwertbar seien. Überholt erscheint auch das Argument, die durch § 100 a vorgenommene Abwägung des Strafverfolgungsinteresses gegenüber der geschützten Vertraulichkeit des Wortes sei nicht als ein auf andere Eingriffe erweiterungsfähiges Beispiel einer gerechten Abwägung anzusehen, weil § 100 a auf einer „bedauerlichen Überschätzung des öffentlichen Interesses an der Strafverfolgung und einer Unterschätzung des öffentlichen Interesses an Ermittlungen, die die Persönlichkeitsrechte des Verdächtigen achten", beruhe[62].

36   5. **Zur Schutzwirkung grundgesetzlicher Beweisverbote für Dritte.** Läßt das Grundgesetz zu, daß ein mit Beweisverbotsbedeutung ausgestattetes Grundrecht durch (einfaches) Gesetz durchbrochen wird, und gestattet dieses gegen bestimmte Personen bestimmte Formen der Beweiserhebung nur unter engen Voraussetzungen, so fragt sich, ob solche Beschränkungen mit Schutzwirkung für Dritte verbunden sind. So gestattet der durch Art. 10 GG zugelassene § 100 a die Überwachung des Fernmeldeverkehrs und seine Übertragung auf Tonträger nur gegen als Täter oder Teilnehmer bestimmter schwerer Straftaten Verdächtige und (Satz 2) den Nachrichtenvermittler. Werden nun bei einer nach § 100 a zulässigen Überwachung auch Äußerungen Dritter übertragen, aus denen sich gegen diese der Verdacht anderer als der in § 100 a bezeichneten Strafta-

---

[58] Wegen der Einzelheiten vgl. LK-*Schäfer* § 335, 48 ff StGB.
[59] Zur verhältnismäßig weiten Ausdehnung der Verwertbarkeit solcher Erkenntnisse außerhalb des unmittelbaren Nachweises von Katalogtaten vgl. mit Nachw. LR- *G. Schäfer* § 100a, 28 ff; zum (wegen § 148 Abs. 1) anders zu behandelnden Sonderfall der Über-

wachung des Verteidigers vgl. BGHSt **33** 347 = JR **1987** 75 mit Anm. *Rieß* und Bespr. *Welp* NStZ **1986** 294; *Beulke* Jura **1986** 642.
[60] BVerfGE **34** 250 läßt diese Frage offen.
[61] Z. B. *Grünwald* JZ **1966** 489, 496.
[62] So aber *Arzt* Der strafrechtliche Schutz der Intimsphäre 76; s. auch dort S. 91 f.

ten ergibt, so fragt sich, ob die Beschränkung der Zulässigkeit der Überwachung des Fernmeldeverkehrs auf bestimmte Taten zur Folge hat, daß die „Zufallsfunde" (vgl. § 108) in einem Strafverfahren gegen Dritte unverwertbar sind. Die Antworten lauten sehr verschieden und reichen von unbeschränkter Verneinung über die überwiegend vertretene beschränkte Bejahung bei „Zusammenhangstaten" Dritter (oben Rdn. 34, 35) bis zur seltenen unbeschränkten Bejahung[63].

6. Postgeheimnis. Zur Frage der Verwertbarkeit von Sendungen als Beweismittel **37** im Strafverfahren, die unter Verletzung des **Postgeheimnisses** (Art. 10 GG) an die Staatsanwaltschaft gelangen, vgl. BGHSt **23** 329[64].

V. Zur Fernwirkung der Beweisverbote

1. Übersicht. Das Problem der Fernwirkung kann **in verschiedener Gestalt** auftre- **38** ten. Einmal fragt sich, ob, wenn die Erhebung eines Beweises dadurch ausgeschlossen ist, daß von einem Aussageverweigerungsrecht Gebrauch gemacht wird, gerade aus dieser Rechtsausübung bei der Bildung der Überzeugung des Gerichts nachteilige Folgerungen für den Angeklagten gezogen werden dürfen oder ob nicht nach dem Sinn und Zweck des Beweiserhebungsverbots als dessen Fernwirkung solche Folgerungen ausgeschlossen sind. Bei den Beweisverboten mit Verwertungsverbotswirkung erhebt sich die Frage, ob das Verwertungsverbot sich auf das unmittelbar prozeßwidrig erlangte Beweismittel beschränkt oder sich auf die Beweismittel erstreckt, die mit Hilfe des unverwertbaren Beweismittels erlangt werden können oder erlangt sind. Endlich bleibt zu fragen, inwieweit ein nachträglich eingetretenes Beweisverbot den Rückgriff auf ein vorher rechtmäßig und verbotsfrei erlangtes Beweismittel ausschließt.

2. Aussageverweigerung
a) Bedeutung der Aussageverweigerung des Beschuldigten. Verweigert der Be- **39** schuldigte nach Hinweis auf sein Wahlrecht, auszusagen oder nicht auszusagen, die Aussage, so fragt sich, ob das damit eröffnete Verbot, Beweis durch seine Vernehmung zu erheben, sich darin erschöpft, daß seine Aussage als Beweismittel nicht geschaffen werden kann, oder ob ihm eine weitergehende Wirkung zukommt, nämlich die, daß auch aus der Tatsache der Aussageverweigerung selbst keine ihm nachteiligen Folgerungen bei der Überzeugungsbildung selbst gezogen werden dürfen. Dabei sind drei Fallgruppen zu unterscheiden, die des völligen, des zeitweisen und teilweisen Schweigens[65].

aa) Völliges Schweigen liegt vor, wenn der Beschuldigte in allen Stadien des Ver- **40** fahrens sich nicht zur Sache einläßt. Ein völliges Schweigen liegt auch in dem lediglich globalen Abstreiten der Täterschaft, etwa: „ich bin unschuldig", „ich bestreite die mir zur Last gelegte Tat" oder „ich bin nicht der Täter"[66]. Es ist unstreitig, daß aus der völligen Verweigerung der Einlassung zur Sache keine dem Täter nachteiligen Schlüsse gezogen werden dürfen, andernfalls würde ihm die vom Gesetz eingeräumte freie Entscheidung, zwischen Einlassung und Nichteinlassung zu wählen, verkümmert[67].

[63] Näher mit Nachw. LR-*G. Schäfer* § 100a, 35; ferner *Rieß* JR **1983** 125; *Schlüchter* 352.1.
[64] Dazu *Meyer* JR **1971** 162; **1972** 188; LK-*K. Schäfer* § 354, 51 ff; *Schlüchter* 342.1.
[65] S. dazu auch LR-*Hanack* § 136, 26 ff.

[66] OLG Celle NJW **1974** 202 mit Nachw.
[67] So z. B. BGHSt **20** 281, 298; **25** 368; BGH bei *Holtz* MDR **1980** 108; weit. Rechtsprechungs- und Schrifttumsnachweise bei LR-*Gollwitzer* § 261, 7 Fußn. 225.

Karl Schäfer

41   **bb) Zeitweises Schweigen** liegt vor, wenn der Beschuldigte sich in den verschiedenen Verfahrensstadien unterschiedlich verhält, z. B. im Vorverfahren bei der Vernehmung durch die Polizei schweigt, aber vor dem Haftrichter sich äußert, oder im Vorverfahren eine Einlassung verweigert, in der Hauptverhandlung erster Instanz sich einläßt oder in der Berufungsinstanz schweigt, während er im ersten Rechtszug redete. Auch hier dürfen aus der Aussageverweigerung — aus den gleichen Gründen wie bei gänzlichem Schweigen — keine dem Täter nachteiligen Schlüsse gezogen werden[68]. Daß nach der Rechtsprechung die Aussagen des früher redenden, später schweigenden Beschuldigten dennoch verwertet werden können, die Äußerungen im Vorverfahren durch Vorhalt oder Vernehmung der Verhörspersonen in der Hauptverhandlung[69], die Äußerungen in 1. Instanz in der Berufungsinstanz durch Verlesung des erstinstanzlichen Urteils zu Beweiszwecken[70], steht auf einem anderen Blatt.

42   **cc) Teilweises Schweigen.** Anders wertet — entgegen Auffassungen des Schrifttums — die Rechtsprechung den Fall, daß der Angeklagte sich nur teilweise zu dem Schuldvorwurf äußert, also auf Fragen teils — richtig oder falsch — antwortet, teils schweigt oder sie mit Ausflüchten umgeht[71]. Der These „im Spannungsfeld zwischen Aussagefreiheit und Wahrheitserforschung hat diese zurückzutreten, der Vorrang gebührt der Aussagefreiheit" (so *Stree* JZ **1966** 593, 600) hat sie den Grundsatz entgegengestellt, daß der freien Beweiswürdigung (§ 261) der Vorrang vor der nur teilweise ausgenutzten Aussagefreiheit gebühre[72]. Kein Teilschweigen liegt vor, wenn ein Beschuldigter, dem mehrere selbständige Taten vorgeworfen werden, zu einzelnen Taten völlig schweigt, zu den übrigen sich äußert[73]. Für die Beweiswürdigung kann das Teilschweigen je nach Lage des Einzelfalles einem völligen Schweigen, aber auch einem Geständnis gleichstehen[74].

43   Die **unterschiedliche Bewertung** des völligen Schweigens gegenüber der Teileinlassung findet eine Entsprechung und zugleich eine Rechtfertigung in anderen gesetzlichen Vorschriften. So erhält nach § 467 Abs. 1 der freigesprochene Angeklagte auch dann vollen Ersatz seiner notwendigen Auslagen, wenn er jegliche Einlassung verweigerte, während das teilweise Schweigen („obwohl er sich zur Beschuldigung geäußert hat") unter den Voraussetzungen des § 467 Abs. 3 Satz 2 Nr. 1 den Überbürdungszwang ausschließt[75]. In gleicher Weise und aus den gleichen Erwägungen unterscheidet auch das StrEG zwischen dem völligen Schweigen, d. h. dem Fall, daß der Beschuldigte „sich darauf beschränkt hat, nicht zur Sache auszusagen" (§ 5 Abs. 2 Satz 2), und dem teilweisen Schweigen, das in § 6 Abs. 1 Nr. 1 mit denselben Worten wie in § 467 Abs. 3 Satz 2 Nr. 1 StPO umschrieben ist.

44   **dd) Sonderfälle.** Besondere Schwierigkeiten für die Wahrheitserforschung durch das Schweigen des als Täter in Betracht Kommenden sind hervorgetreten, wenn beim

---

[68] BGHSt **20** 281 = NJW **1966** 210; BGH bei *Dallinger* MDR **1971** 18; StrVert. **1984** 143; NStZ **1984** 377 mit Anm. *Volk*; bei *Pfeiffer/Miebach* NStZ **1986** 208; OLG Stuttgart NStZ **1986** 182; weit. Nachw. bei LR-*Gollwitzer* § 261, 71.

[69] BGH MDR **1971** 18; BGHSt **25** 369; Kap. 13 61.

[70] OLG Hamm NJW **1974** 1880 mit Bespr. *Hassemer* JuS **1975** 58.

[71] OLG Hamm NJW **1973** 1708; OLG Celle NJW **1974** 202.

[72] BGHSt **20** 281, 282; **20** 298; **25** 368; LR-*Hanack* § 136, 27; LR-*Gollwitzer* § 261, 78; *Kleinknecht/Meyer*[37] § 261, 17; *Hanack* JZ **1971** 169; *Rieß* JA **1980** 295; *Rüping* 39 und NStZ **1986** 546; *Eb. Schmidt* JZ **1970** 340.

[73] BGHSt **32** 144 mit weit. Nachw.

[74] Dazu näher LR-*Hanack* § 136, 27 mit weit. Nachw.

[75] LR-*Schäfer*[23] § 467, 45, dort auch über die ratio legis dieser Ausnahme.

Führen eines Kraftfahrzeugs Gesetzesverstöße (in der Regel Ordnungswidrigkeiten im Straßenverkehr) begangen wurden und zwar der Halter des Fahrzeugs, nicht aber dessen Führer zur Tatzeit feststeht und der Halter sich darauf beschränkt, seine Täterschaft abzustreiten, und sich im übrigen nicht zur Sache einläßt. Auch hier gilt, daß aus diesem Verhalten keine nachteiligen Schlüsse für den Kraftfahrzeughalter gezogen werden dürfen. Die Rechtsprechung[76] versucht aber, wenigstens bei sog. Privatfahrzeugen, die überwiegend von ihren Haltern selbst gefahren werden, die Haltereigenschaft in Verbindung mit anderen Umständen und Erfahrungstatsachen, z. B. daß wertvolle Spezialfahrzeuge im allgemeinen nicht ohne Not Dritten überlassen werden, daß ein Arzt Gewicht darauf legt, seinen Wagen ständig für eilige Krankenbesuche zur Verfügung zu haben, usw., als genügende Beweisanzeichen für die Täterschaft des Halters zu verwenden. Wegen der nunmehr durch das Gesetz vom 7. 7. 1986 (BGBl. I 977) getroffenen Regelung s. Kap. **13** 80.

b) Bedeutung der Aussageverweigerung eines verweigerungsberechtigten Zeugen. 45
Nach der früheren Rechtsprechung ließ das Beweisverbot, das mit der Verweigerung des Zeugnisses eines nach § 52 verweigerungsberechtigten Angehörigen entstand, kraft des Grundsatzes der freien Beweiswürdigung die Befugnis des Gerichts bestehen, bei der Bildung seiner Überzeugung aus der Zeugnisverweigerung Schlüsse zum Nachteil des Angeklagten zu ziehen[77]. Von dieser Auffassung hat sich die spätere Rechtsprechung[78] abgewandt und aus den gleichen Gründen, die es verbieten, aus der (völligen) Aussageverweigerung des Beschuldigten nachteilige Schlüsse zu ziehen, hergeleitet, daß auch die Zeugnisverweigerung nicht zum Nachteil verwertet werden darf: wenn der Angehörige damit rechnen muß, daß das Gericht seine Aussageverweigerung gegen den Angeklagten verwerte, könne er von seinem Recht nicht unbefangen Gebrauch machen. Das Verbot, Schlüsse aus befugter Zeugnisverweigerung zu ziehen, gilt auch dann, wenn der Zeuge nur Aussagen macht, die für die Beurteilung der Tatfrage ohne Bedeutung sind, und sich im übrigen auf sein Zeugnisverweigerungsrecht beruft[79]. Es wird dabei nicht im Sinne der Rechtsprechung über die Teileinlassung des Beschuldigten unterschieden, ob der Zeuge „völlig" (d. h. in allen Verfahrensstadien) nicht aussagt oder ob er zunächst (im ersten Rechtszug) die Aussage verweigert, um später (im zweiten Rechtszug) auszusagen. Der Gedanke, der Zeuge dürfe nicht durch die Befürchtung über Auswirkungen seines Verhaltens bei der Beweiswürdigung in der freien Entschließung über den Gebrauch seines Zeugnisverweigerungsrechts beeinträchtigt werden, verbietet auch, Schlüsse auf die Glaubwürdigkeit der den Angeklagten entlastenden Aussage zu ziehen, wenn der Angehörige von der Aussageverweigerung zur Aussage übergeht[80]. Anders liegt es in den Fällen, in denen ein schweigeberechtigter Zeuge zu ein und demselben Lebensvorgang teilweise Angaben macht und teilweise schweigt, weil eine Beweiswürdigung, die nur das Ausgesprochene berücksichtigt, so einseitig wäre, daß mit ihr die Gefahr der Verfälschung der freien Beweiswürdigung verbunden wäre[81].

---

[76] BGHSt **25** 365 = MDR **1975** 67; *Göhler*[8] § 55, 11; zu ähnlichen Problemen beim Halter eines Privatflugzeuges vgl. OLG Frankfurt MDR **1974** 688 und dazu *Diersch* MDR **1975** 334.

[77] BGHSt **2** 351 mit weit. Nachw.

[78] BGHSt **22** 115; **32** 140; BGH NJW **1980** 794; JR **1981** 432 mit Anm. *Hanack*; NStZ **1985** 87.

[79] BGH NStZ **1981** 70.

[80] BGH NStZ **1985** 87.

[81] Vgl. BGHSt **32** 140 = JR **1985** 70 mit Anm. *Pelchen* (belastende Aussage des weigerungsberechtigten Ehemanns und Inanspruchnahme des Untersuchungsverweigerungsrechts nach § 81c Abs. 3 Satz 1, wodurch die Überprüfung der Aussage unmöglich wurde).

3. Fernwirkungen des Verwertungsverbots

46 **a) Problematik.** Ist die Verletzung des Beweisverbots mit einem **Beweisverwertungsverbot** verbunden, so taucht die Frage auf, ob nur die Verwendung des unmittelbar erlangten Beweismittels verboten ist oder ob dem Verwertungsverbot eine sog. **Fernwirkung** in dem Sinne zukommt, daß auch die Verwertung solcher Beweismittel verboten ist, deren Erlangung zwar selbständig erfolgte, aber erst durch das verbotswidrig erlangte Beweismittel ermöglicht wurde, jedenfalls nicht unabhängig von diesem möglich gewesen wäre. Wenn z. B. der Beschuldigte, der eines Tötungsverbrechens verdächtig ist, mit nach § 136 a verbotenen Mitteln zum Geständnis gebracht wird, so ist nach § 136 a Abs. 3 Satz 2 die Verwertung dieses Geständnisses bei der Urteilsfindung ausgeschlossen. Wird aber auf Grund des Geständnisses weiter ermittelt und die vergrabene Leiche des Getöteten gefunden, und ermöglicht dieser Umstand in Verbindung mit weiteren Ermittlungen die Überführung des Verdächtigen, so fragt sich, ob unter Ausschaltung des Geständnisses als Beweismittel der Schuldspruch auf die weiteren Tatsachenfeststellungen gegründet werden darf, die erst durch das Geständnis ermöglicht wurden, oder ob auch die Verwendung der mittelbar erlangten Beweismittel ausgeschlossen ist.

47 **b) Im amerikanischen Recht** gilt — mindestens bei der Verletzung bestimmter Beweisverbote wie unzulässige Durchsuchungen, Beschlagnahmen, Abhören von Telefongesprächen mittels Anzapfung der Leitung — der Grundsatz, daß sich das Beweisverwertungsverbot sowohl auf das unmittelbar durch Verletzung der Schutzregel erlangte Beweismaterial als auch auf die mittelbar dadurch erlangten Beweismittel erstreckt, weil gewissermaßen der Mangel ansteckend fortwirkt — „fruit of the poisonous tree doctrine"[82]. Begründet wird dieser Satz von der Unverwertbarkeit der „Früchte des vergifteten Baumes" besonders damit, daß er eine „Disziplinierung" der Polizei bezwecke; es ist das gleiche Argument, das im deutschen Schrifttum auch bei Angriffen gegen die „Rechtskreistheorie" verwendet wird (Rdn. 22), daß nämlich ein weitgehendes Verwertungsverbot als Folge eines Beweiserhebungsverbots eine Garantie gegen richterliche Schrankenlosigkeit mit ihrer Gefahr der Maßlosigkeit und des Machtmißbrauchs darstelle[83].

48 **c) Im deutschen Schrifttum** gehen die Meinungen weit auseinander[84]. Bei einer Grobeinteilung, die die Varianten unberücksichtigt läßt, kann man — wie bei tiefergreifenden Kontroversen üblich — drei Auffassungen unterscheiden, von denen die eine die Fernwirkung bejaht, die andere verneint, während eine dazwischen stehende Mittelmeinung auf die Besonderheiten des Falles abstellt. Nach der Auffassung derer, die *für* ein Fernwirkungsverbot eintreten, ergibt sich die Unverwertbarkeit der „Früchte" als Beweismittel schon aus dem Gesetzeswortlaut: wenn § 136 a Abs. 3 die Verwertung der „Aussage" verbiete, so sei damit auch verboten, die Aussage zum Ausgangspunkt und zur Grundlage weiterer Ermittlungen zu machen. Dem Gesetz wird als Grundgedanke

---

[82] *Jescheck* Generalgutachten 14; anders gewendet der Gedanke der „Ansteckung" (bezogen auf den Richter, der das unter das Verwertungsverbot fallende Wissen nicht „ausblenden" könne) bei *Arzt* FS Peters 231.

[83] Zu einschränkenden Tendenzen in der Rechtsprechung des US Supreme Court vgl. LR-*Hanack* § 136a, 66 Fußn. 154; nach Medienberichten (z. B. Frankfurter Neue Presse

v. 13. 9. 1985) hat das US-Repräsentantenhaus ein Gesetz beschlossen, das es zur Bekämpfung der Drogenkriminalität ermöglicht, „illegal erlangte Beweismittel vor Gericht zu verwerten, wenn die Fahnder dabei ‚in gutem Glauben' gehandelt haben".

[84] Nachw. bei LR-*Hanack* § 136a, 66 f Fußn. 152 bis 156.

entnommen, daß das Verfahren durch die verbotswidrige Herbeiführung der Aussage mit einem Makel behaftet sei und daß die Rückkehr zu einem gesetzmäßigen, makelfreien Verfahren nur durch die radikale Auslöschung des Makels zu erreichen sei, d. h. dadurch, daß die Aussage als nie erfolgt fingiert werde. Aber auch die **Gegenmeinung**, die ein Fernwirkungsverbot grundsätzlich verneint oder doch die Antwort von den Verhältnissen des Falles abhängig macht, beruft sich auf den Gesetzeswortlaut: das Verbot der Verwertung der „Aussage" bedeute nur das Verbot, die Aussage selbst als Beweismittel bei der Urteilsfindung zu verwenden; ein Verbot, andere Beweismittel zu verwenden, seien sie auch mit Hilfe der „Aussage" erlangt, sei nicht ausgesprochen. Die Lehre von der Fernwirkung müsse auch zu kriminalpolitisch unerträglichen Folgen (Freispruch des unzweifelhaft überführten Mörders), häufig aber auch zu kaum lösbaren Kausalitätsprüfungen führen, ob wirklich weitere Beweisergebnisse nur mit Hilfe der verbotswidrig zustande gekommenen Aussage erlangt seien; schließlich sei der Gedanke der amerikanischen Poisoned-fruit-Theorie und der ihr verwandten Makel-Theorie, erzieherisch auf das Vorgehen der Strafverfolgungsorgane einzuwirken, mit deutschen Rechtsvorstellungen so wenig vereinbar wie mit denen des nordischen Rechtskreises[85].

d) Stellungnahme. Es ist im Rahmen dieser Einleitung nicht möglich, das Pro- **49** blem an dieser Stelle weiter zu vertiefen[86]. Der Verfasser begnügt sich mit der Bemerkung, daß auf dem 46. DJT 1966 die weitaus größte Zahl der Teilnehmer sich **gegen die Fernwirkung** des Verwertungsverbots aussprach; er hält diesen auch in der Rechtsprechung[87] und im Schrifttum[88] vertretenen Standpunkt für richtig. Aber selbst vom Standpunkt derer aus, die für die Fernwirkung eintreten[89], muß es Grenzen geben. Gelänge es etwa, in Anknüpfung an eine Aussage, die mit einem Mittel hart an der untersten (leichtesten) Grenze des § 136 a Abs. 1 zustande kam, einen Massenmörder zu überführen, der lange den Schrecken eines weiten Bereichs bildete, oder auch nur den Kidnapper (§ 239 a StGB), der das entführte Kind tötete, dessen erpresserisches Vorgehen gegen die gequälten Eltern aber die Öffentlichkeit in Atem gehalten hatte, so erscheint es undenkbar, einen Freispruch auf eine extensive, die Fernwirkung umfassende Auslegung des § 136 a Abs. 3 Satz 2 zu gründen. Das ist keine bloß auf Emotionen beruhende Erwägung; es widerspräche vielmehr schlicht der Gerechtigkeit, an einen im Verhältnis zur Tat geringen Verstoß der Strafverfolgungsorgane die Folge zu knüpfen, daß die Strafrechtsordnung kapituliere und schwerste Rechtsbrüche nur deshalb ungeahndet lassen müßte, weil die eindeutigen Beweismittel nicht völlig von der (als Beweismittel unverwertbaren) Aussage losgelöst sind. Es mag dabei unter Verzicht auf weitere Ausführungen nur auf ein Parallelproblem aus dem Gebiet des Schutzes der Intimsphäre verwiesen werden: das deutsche Recht verbot bis vor einiger Zeit — damit alleinstehend[90] — ausnahmslos das Abhören von Telefongesprächen für Zwecke des Strafverfahrens (§ 12 FAG, Art. 10 GG); Durchbrechungen des Beweisverbots wurden als unzulässig angesehen[91]. Dagegen läßt — als Ergebnis bitterer Erfahrungen aus neuerer Zeit —

---

[85] Zu letzterem vgl. etwa *Jescheck* Generalgutachten 15 und *Dencker* Verwertungsverbote 52 ff (zur Systemfremdheit der „Gift"-Doktrin im deutschen Recht).

[86] S. dazu auch LR-*Hanack* § 136a, 37.

[87] OLG Stuttgart NJW **1973** 1941; BayObLG NJW **1974** 1342.

[88] Z. B. KMR-*Müller* § 136a, 20; *Schlüchter*

352.1; *Gössel* FS Bockelmann 817; *Rogall* ZStW **91** (1980) 39; s. auch LR-*Hanack* § 136a, 67.

[89] So z. B. *Dencker* Verwertungsverbote 76 ff; *Rüping* Lehrbuch[1] 412; Beweisverbote 35 ff.

[90] *Jescheck* Generalgutachten 39.

[91] Dazu *Zillmer* NJW **1965** 2094.

Karl Schäfer

§ 100 a unter engen Voraussetzungen bei bestimmten schweren Delikten die Überwachung und Aufnahme des Fernmeldeverkehrs auf Tonträger zu und räumt damit wesentlichen Interessen der Strafrechtspflege den Vorrang ein (Rdn. 34). Im Licht dieser Rechtsentwicklung müßte jedenfalls ein Fernwirkungsverbot sich Ausnahmen unter Anwendung des so verstandenen Verhältnismäßigkeitsgrundsatzes gefallen lassen. So hat denn auch BGHSt 29 244[92] zwar dem Beweisverwertungsverbot aus §.7 Abs. 3 des G 10 Fernwirkung zugesprochen, dabei aber zu erkennen gegeben, daß der BGH im übrigen eine Abwägung des Aufklärungsinteresses gegenüber dem Individualinteresse für geboten hält. Auch aus BVerfGE 44 353, 383 (betr. Beschlagnahme von Akten einer Suchtberatungsstelle) und aus der „Gemeinschuldner-Entscheidung" BVerfGE 56 37 (vgl. Rdn. 30 f) läßt sich *kein allgemeines* Fernwirkungsverbot entnehmen[93].

4. Das nachträglich eingetretene Beweisverbot

50 a) **Fragestellung.** Unter dem **Gesichtspunkt der Fernwirkung** läßt sich auch der Problembereich erörtern, ob ein nachträglich eintretendes Beweisverbot es ausschließt, die frühere **Aussage zu rekonstruieren.** Nach § 252 darf die Aussage eines vor der Hauptverhandlung durch eine Verhörsperson vernommenen Zeugen, der erst in der Hauptverhandlung von seinem Zeugnisverweigerungsrecht Gebrauch macht, nicht verlesen werden. Die Frage ist zunächst, ob § 252 ein bloßes Verlesungsverbot statuiert, das die Einführung der früheren Aussage auf anderem Wege in die Hauptverhandlung nicht hindert, oder ob er — über das Verlesungsverbot hinaus — ein Beweisverbot enthält. Wird die Frage im Sinn der 2. Alternative beantwortet, so stellt sich die weitere Frage, ob § 252 der nachträglichen Zeugnisverweigerung und dem damit entstehenden Verbot des Beweises durch Vernehmung rückwirkende Kraft in dem Sinn beilegt, daß die frühere Aussage als nicht erfolgt angesehen werden muß, also in keiner Form bei der Urteilsfindung verwertet werden darf, nicht anders, als habe der Zeuge von vornherein die Aussage verweigert (umfassende Fernwirkung), oder ob das nachträglich entstandene Beweisverbot nur eine beschränkte Fernwirkung entfaltet, indem es in gewissem Umfang eine Rekonstruktion der früheren Aussage erlaubt.

51 b) Die **Entwicklung der Rechtsprechung** im einzelnen ist in LR-*Gollwitzer* § 252, 4 dargestellt; darauf muß hier verwiesen werden. Das Schrifttum sah und sieht in § 252 stets ganz überwiegend ein umfassendes Verwertungsverbot, während das Reichsgericht, dessen Rechtsprechung aber nicht einheitlich verlief, ihm aus Gründen nachhaltiger Verbrechensbekämpfung die Bedeutung eines Verlesungsverbotes (Einschränkung des Urkundenbeweises durch Ausschluß der Protokollverwertung) beimaß. Die — im Schrifttum überwiegend bekämpfte[94] — Rechtsprechung des Bundesgerichtshofs hat eine Mittelstellung eingenommen: sie gibt einerseits dem Schrifttum darin recht, daß § 252 ein auf die Lage und Gefühle des nachträglich die Aussage verweigernden Zeugen Rücksicht nehmendes Verwertungsverbot enthalte, schränkt dies aber dadurch ein, daß sie bei den früheren Vernehmungen zwischen nichtrichterlichen und richterlichen Vernehmungen unterscheidet: die frühere Aussage darf nur (durch Vernehmung des Richters, Vorhaltungen an den Zeugen usw.) zum Gegenstand der Beweiserhebung gemacht und als Beweisgrundlage verwertet werden, wenn der Zeuge nach Belehrung gemäß § 52 Abs. 3 **vom Richter** (auch in einer früheren Hauptverhandlung) vernommen war.

---

[92] = NJW **1980** 1700; dazu ausführlich *Dünnebier* DuR **1980** 383; vgl. auch *Rieß* JR **1983** 125 f.
[93] Ebenso *Schäfer* FS Dünnebier 42; *Stürner*

NJW **1981** 1758; a. A *Rogall* ZStW **91** (1980) 38 ff.
[94] *Jescheck* JZ **1970** 206; *Hanack* JZ **1972** 238; weit. Nachw. LR-*Gollwitzer* § 252, 6.

Dann muß die Rücksichtnahme auf den Zeugen hinter dem Grundsatz der Wahrheitserforschung und den Bedürfnissen der Verbrechensverfolgung zurücktreten, und es muß „der Zeuge sich an seiner eigenverantwortlich getroffenen damaligen Entscheidung in der Weise festhalten lassen, daß seine frühere Aussage mittelbar verwertbar bleibt"[95]. Die Eigenverantwortlichkeit der früheren Aussage, die den Rückgriff auf sie erlaubt, wurde dabei in der Rechtsprechung nachdrücklich betont: ein kindlicher Zeuge wird vor einer Aussagebereitschaft, deren mögliche Folge er vielleicht nicht erkennen und beurteilen kann, dadurch geschützt, daß er der Zustimmung des gesetzlichen Vertreters zur Aussage bedarf (BGHSt **19** 85, 86); aber auch wenn dieser zustimmt, kann das Kind dennoch die Aussage verweigern und ist darüber zu belehren[96]. Der durch das 1. StVRG eingefügte Abs. 2 des § 52 hat die Ergebnisse der Rechtsprechung in verallgemeinerter Form (Erstreckung auf Minderjährige oder wegen Geisteskrankheit oder Geistesschwäche entmündigte Personen, die wegen mangelnder Verstandesreife oder wegen Verstandesschwäche von der Bedeutung des Zeugnisverweigerungsrechts keine genügende Vorstellung haben) übernommen. Dagegen hat die Rechtsprechung bei **nichtrichterlichen** (polizeilichen) Vernehmungen an dem Verbot der Vernehmung der Verhörspersonen auch festgehalten, nachdem durch das StPÄG 1964 für diese die Pflicht zur Belehrung über das Zeugnisverweigerungsrecht eingeführt war (§ 163 a Abs. 5); die Vernehmung des Polizeibeamten über den Inhalt der polizeilichen Vernehmung ist danach auch ausgeschlossen, wenn die Belehrung erfolgt war (BGHSt **21** 218). Das gleiche gilt auch bei Vernehmungen von Zeugen durch den Staatsanwalt (§ 161 a).

c) Zeitpunkt der Vernehmung der Verhörspersonen. Um dem **Beweisverwertungs-** **52** verbot des § 252 nachdrücklich **Geltung** zu verschaffen, ist in der Rechtsprechung der Grundsatz entwickelt worden, daß beim **Ausbleiben** des zeugnisverweigerungsberechtigten Zeugen in der Hauptverhandlung eine Vernehmung von Verhörspersonen nur zulässig sei, wenn Gewißheit bestehe, daß er zur Aussage bereit sei. Das setzt freilich voraus, daß der Zeuge erreichbar ist und befragt werden kann, ob er das Zeugnisverweigerungsrecht geltend machen wolle. Kann sein Aufenthalt aber nicht mehr ermittelt werden, so hat der Grundsatz der Wahrheitserforschung den Vorrang vor einer Rücksichtnahme auf den Zeugen, der durch das Verheimlichen seines Aufenthalts seinen Belangen selbst die Schutzwürdigkeit entzieht[97].

d) Den im Gesetz **ausdrücklich mit Verwertungsverbot ausgestatteten Beweisver-** **53** boten (so § 136 a Abs. 3 Satz 2) ist eigen, daß auch eine Rekonstruktion durch Vernehmung der Verhörspersonen ausgeschlossen ist, denn sonst würde die Aussage, die nicht verwertet werden darf, ja doch wieder verwertet werden. Das Verbot einer solchen mittelbaren Verwertung kann sich auch aus der Natur des Gegenstandes und dem Grund ergeben, der ihn dem Zugriff als Beweismittel entzieht; so darf nach BGHSt **19** 325, 334, wenn Tagebuchaufzeichnungen intimen Inhalts unter den dort bezeichneten Voraussetzungen aus Gründen des Persönlichkeitsschutzes nicht als Beweismittel verwendet werden dürfen, über ihren Inhalt auch nicht in anderer Weise, etwa durch Vernehmung von Personen, die Kenntnis von dem Inhalt haben, als Zeugen Beweis erhoben werden.

---

[95] BGHSt **2** 99, 106; **11** 338, 341; **13** 394, 398; **17** 324, 326; **20** 384; **21** 149, 150; **21** 218; **22** 219; **26** 284; **27** 231; **32** 29; BGH JZ **1978** 261; NJW **1979** 1722.

[96] BGHSt **21** 303, 306; **23** 221, 223; BGH JZ **1970** 261; NStZ **1984** 43.

[97] BGHSt **25** 176; dazu *Hanack* JZ **1977** 436; vgl. auch LR-*Gollwitzer* § 252, 12.

VI. Einteilung der Beweisverbote nach den Gründen für ihre Aufstellung

54   Die Gründe, die zur Aufstellung gesetzlicher Beweisverbote führten, können unter dem Gesichtspunkt der **Schutzbereichswirkung und des Verbotsadressaten** von Bedeutung sein. Dies gilt insbes. für die Frage, ob dem unmittelbar durch das Verbot Begünstigten die Verfügungsmacht zusteht, auf seine Einhaltung zu verzichten[97a]. Wo indessen über eine solche Verfügungsmacht nicht ausdrücklich Bestimmung getroffen ist (vgl. §§ 52, 53 Abs. 2, 136 a Abs. 3 Satz 2), können sich Zweifel ergeben, weil häufig Aufstellungsgründe zusammentreffen, die sowohl auf Berücksichtigung privater Interessen wie auf die öffentlicher Belange zurückzuführen sind.

55   1. Das **Verbot des § 136 a** ist ein typisches Beispiel für das Zusammentreffen einer Reihe von Verbotsgründen. Maßgebend sind hier sowohl die Gefahr für die Wahrheitserforschung, die Achtung der Menschenwürde, die Sicherung der Stellung des Beschuldigten als eines Prozeßsubjekts wie der Gedanke, daß Übergriffe der Verfolgungsorgane, auch wenn sie auf den Einzelfall beschränkt sind, doch geeignet sind, das Vertrauen der Allgemeinheit in die Rechtsstaatlichkeit des Strafverfahrens zu erschüttern und so dem Staatswohl zu schaden. Die Unverzichtbarkeit der Menschenwürde und die Rücksichtnahme auf das öffentliche Interesse schließen es hier aus, dem Beschuldigten eine Verfügungsmacht über die Verwertbarkeit der verbotswidrig zustande gebrachten Aussagen einzuräumen (§ 136 a Abs. 3 Satz 2).

56   Das Verbot richtet sich an die staatlichen Strafverfolgungsorgane und die etwa in ihrem Auftrag handelnden Personen[98]. Es richtet sich aber **nicht an Privatpersonen**. Die h. M folgert daraus, daß grundsätzlich kein Verwertungsverbot — mindestens aber nicht ohne weiteres ein Verwertungsverbot — für Beweismittel besteht, die von Privatpersonen in rechtswidriger Weise erlangt sind, außer wenn sie unter besonders krassem Verstoß gegen die Menschenwürde (z. B. Folter) erlangt sind[99]. Würde etwa der Verletzte den Täter durch Androhung körperlicher Gewalt zu einem schriftlichen Geständnis zwingen, so wäre dieses, in das Verfahren eingeführt, als Beweismittel verwertbar, und die Art seines Zustandekommens wäre nur bei der Beweiswürdigung von Bedeutung. Der Grundsatz der Bedeutungslosigkeit privater Einwirkungen, die zur Hervorbringung des Beweismittels geführt haben, gilt im allgemeinen auch bei den sonstigen Beweisverboten. Er gilt aber nicht, wo Beweisverbote aus Obersätzen des GG (Schutz der Menschenwürde und Persönlichkeitsentfaltung und daraus folgender Schutz der Intimsphäre) abgeleitet werden. Vom Standpunkt der (freilich umstrittenen) Lehre von der Drittwirkung der Grundrechte aus ergibt sich die Folgerung, daß ein Beweismittel unverwertbar ist, wenn es durch schwere und offensichtliche Grundrechtsverletzungen seitens eines Privaten geschaffen wurde. Dieser Gedanke kommt auch in der bisherigen Rechtsprechung zum Ausdruck. So besteht nach der „Tagebuchentscheidung" (BGHSt **19** 331) bei Tagebuchaufzeichnungen, die mit der Persönlichkeitssphäre des Verfassers verknüpft sind und der Kenntnis Dritter entzogen sein sollten, das aus dem GG sich ergebende Verwertungsverbot „gleichviel ob die Aufzeichnungen durch staatlichen Akt oder durch privates Eingreifen zur Kenntnis der Strafverfolgungsbehörde gelangen"[100].

[97a] Vgl. z. B. zur zulässigen entlastenden Berufung auf getilgte Vorstrafen (§ 51 BZRG) BGHSt **27** 108.

[98] Sachverständige; vgl. BGHSt **11** 211.

[99] BGHSt **27** 355, 357 = NJW **1978** 1390; NJW **1986** 2261, 2264; weit. Nachw. bei LR-*Hanack* § 136a, 10 Fußn. 10.

[100] S. dazu auch BGHSt **14** 364; **27** 355.

2. §§ 52, 252. Bei dem Beweisverbot aus § 52 steht der Gedanke im Vordergrund, **57**
dem Zeugen den aus dem nahen Angehörigenverhältnis sich ergebenden Konflikt zwischen der Zeugnispflicht und der Rücksichtnahme auf die Familienbande zu ersparen
(RGSt 19 396). Daneben entspringt[101] das Zeugnisverweigerungsrecht auch „der scho-
nenden Rücksicht auf die Familienbande, die den Angeklagten mit dem Zeugen ver-
knüpfen", d. h. nicht nur wegen des Gewissenskonflikts des Zeugen, sondern auch zum
Schutz der Familie des Angeklagten ist dem Zeugen das Aussageverweigerungsrecht eingeräumt, und insofern wird der Rechtskreis des Angeklagten unmittelbar berührt, wenn
bei unterlassener Belehrung der rechtsunkundige Zeuge sich nicht frei über den Gebrauch oder Nichtgebrauch des Weigerungsrechts entscheiden kann, mit der Folge, daß
der Angeklagte die Nichtbelehrung des Zeugen mit der Revision rügen kann. Schließlich könnte auch die Gefahr unzuverlässiger Sachverhaltsfeststellung — die Gefahr,
daß der Zeuge, der sich bei unterlassener Belehrung zur Aussage verpflichtet glaubt,
falsch zugunsten des Beschuldigten aussagt — als Begründung des Zeugnisverweigerungsrechts eine Rolle spielen; sie tritt aber — da sie ja auch besteht, wenn der Zeuge
nach Belehrung aussagebereit ist (vgl. dazu § 61 Nr. 2) — zurück, so daß das Gesetz es
dem Zeugen überläßt, ob er aussagen will, ihm aber auch das Recht gibt, den Verzicht
auf sein Weigerungsrecht später zu widerrufen. Der Widerruf hat die in § 252 bezeichnete Folge, die aber nach der umstrittenen Rechtsprechung nicht so weit reicht, die
einmal aus freiem Entschluß abgegebene Aussage jeglicher Verwertung zu entziehen
(oben Rdn. 51). Aus der Berücksichtigung der Konfliktslage als dem tragenden Grund
des Zeugnisverweigerungsrechts ergibt sich, daß das (beschränkte) Verbot der Verwertung früherer Aussagen nicht nur Aussagen, die in der Eigenschaft als Zeuge erstattet
wurden, sondern auch solche Aussagen umfaßt, die der jetzige Zeuge in einem Strafverfahren gegen einen nahen Angehörigen früher in einem gegen ihn selbst gerichteten
Strafverfahren als Beschuldigter gemacht hat[102]. Andererseits sind frühere Aussagen
des inzwischen verstorbenen Zeugen, weil die Konfliktslage entfallen ist, nach § 251
Abs. 2 verlesbar, auch wenn sie zu polizeilichem Protokoll abgegeben wurden und eine
Belehrung nach § 163 a Abs. 5 unterblieben war, denn „die berechtigte Forderung der
Allgemeinheit nach wahrheitsgemäßer Aufklärung von Straftaten, die dem § 251 Abs. 2
zugrunde liegt, braucht nicht weiter zurückzutreten, als es die schutzwürdigen Interessen des zeugnisverweigerungsberechtigten Zeugen verlangen"[103].

Das Verlesungs- und Verwertungsverbot des § 252 umfaßt auch **Schriftstücke**, die **57a**
der Zeuge bei seiner polizeilichen Vernehmung überreicht und zum Bestandteil seiner
Aussage gemacht hatte; Beweis über ihren Inhalt kann nur erhoben werden, wenn die
Schriftstücke unabhängig von der früheren Vernehmung als selbständige Beweismittel
in die Hauptverhandlung eingeführt werden können (BGHSt 22 219).

3. Die §§ 53, 53 a beruhen ursprünglich auf dem Gesichtspunkt der **Wahrung des** **58**
Berufsgeheimnisses. Da aber der Katalog der verweigerungsberechtigten Personen im
Lauf der Zeit ausgedehnt worden ist, ist das Zeugnisverweigerungsrecht nicht vom Ge-
heimnischarakter der anvertrauten oder bekannt gewordenen Tatsachen abhängig.
Maßgebend ist der Gedanke, ein bei der Berufsausübung bestehendes Vertrauensverhältnis deshalb zu respektieren, damit wichtige Berufe ungestört ausgeübt werden können. Eine Pflicht zur Belehrung über das Zeugnisverweigerungsrecht ist — anders als in

---

[101] So BGHSt **11** 213, 216.
[102] BGHSt **20** 384; BGH bei *Holtz* MDR **1979**
457.

[103] BGHSt **22** 35 = NJW **1968** 559; im Schrifttum streitig; Nachw. bei LR-*Dahs* § 52, 53
Fußn. 133; s. auch oben Rdn. 52.

§ 52 Abs. 3 — nicht vorgesehen[104]; ausnahmsweise kann aus Fürsorgegründen ein gerichtlicher Hinweis auf das Verweigerungsrecht bei solchen Zeugen in Betracht kommen, die dieses ihr Recht offensichtlich nicht kennen[105]. Die in § 53 Abs. 2 bezeichneten Berufsangehörigen dürfen das Zeugnis nicht verweigern, wenn sie von der Verschwiegenheitspflicht entbunden sind; in den übrigen Fällen des § 53 läßt die Entbindung das Zeugnisverweigerungsrecht unberührt. Verzichtet der Nichtentbundene auf sein Zeugnisverweigerungsrecht, so kann es sein, daß er sich nach materiellem Strafrecht (vgl. z. B. § 203 StGB) strafbar macht. Denn materiellrechtlich ist die Preisgabe eines Geheimnisses nicht schon deswegen „befugt", weil sie vor Gericht erfolgt; verfahrensrechtlich aber ist auch die unter Bruch des Berufsgeheimnisses erstattete Aussage als Beweismittel verwertbar (BGHSt **9** 59). Der Verzicht auf das Verweigerungsrecht aus §§ 53, 53 a ist in gleicher Weise widerruflich wie im Fall des § 52, und zwar mit der Folge, daß § 252 eingreift[106].

59   4. §§ 54, 96. § 54 dient dem **Schutz der öffentlichen Belange.** Eine Belehrung des Zeugen ist nicht vorgeschrieben. Die genehmigungslos gemachte Aussage darf das Gericht rügelos verwerten, da nach der (im Schrifttum umstrittenen) Rechtsprechung die Revision nicht darauf gestützt werden kann, daß der Beamte oder Zeuge ohne Genehmigung aussagte oder die Genehmigung inhaltlich überschritt und die Aussage als Beweismittel verwertet wurde, weil durch eine Wahrheitserforschung unter Verletzung anderer öffentlicher Belange der Rechtskreis des Angeklagten nicht berührt wird[107]. Die erteilte Aussagegenehmigung der Behörde ist widerruflich; widerruft sie, so darf zwar eine in einem früheren Verfahrensstadium erfolgte Aussage, auch bei richterlicher Vernehmung, nicht durch Vernehmung der richterlichen Verhörsperson verwertbar gemacht werden; dem steht das öffentliche Interesse entgegen. Die Rechtslage ist hier eine andere als bei späterem Widerruf des Verzichts auf das Aussageverweigerungsrecht in den Fällen der §§ 52, 53, 53 a. Eine Verletzung dieser Pflichten ist aber wiederum für den Angeklagten unrügbar. § 54 wird ergänzt durch § 96; bei dessen Verletzung gelten die gleichen Grundsätze wie bei Verletzung des § 54[108].

60   5. § 55. Das Auskunftsverweigerungsrecht aus § 55 beruht — anders als dasjenige nach § 52 — nicht auf den Beziehungen des Zeugen zum Angeklagten, sondern ist ein **Persönlichkeitsrecht** des Zeugen; es soll — wie bei der Einlassungsfreiheit des Beschuldigten — dem Zeugen ersparen, sich selbst oder einen Angehörigen, der nicht der Beschuldigte ist, zu belasten[109]. Verweigert der Zeuge später die Aussage, so greift der § 252 nicht ein; über die frühere Aussage dürfen die Verhörspersonen vernommen werden, auch wenn der Zeuge seinerzeit nicht über sein Aussageverweigerungsrecht belehrt worden ist[109a]. Da der Rechtskreis des Beschuldigten durch Verletzung des § 55 nicht berührt wird, kann er einen Verstoß gegen § 55 nicht mit der Revision rügen[110].

---

[104] BGHSt **18** 146, 150.

[105] BGH bei *Holtz* MDR **1980** 815; LR-*Dahs* § 53, 59 mit weit. Nachw.

[106] BGHSt **17** 245; **18** 146.

[107] LR-*Dahs* § 54, 29 Fußn. 37; dort auch zur Frage der Revisibilität unter anderen Gesichtspunkten.

[108] Vgl. LR-*G. Schäfer* § 96, 70.

[109] BGHSt **11** 213, 216; BVerfGE **38** 113 = NJW **1975** 104.

[109a] So BGHSt **17** 245; BGH MDR **1973** 19; StrVert. **1982** 405; BayObLG NJW **1984** 1246; im Schrifttum umstritten, vgl. mit Nachw. LR-*Dahs* § 55, 15; LR-*Gollwitzer* § 252, 1.

[110] BGHSt **11** 213; **17** 245; LR-*Dahs* § 55, 22 mit ausführl. Nachw.; s. auch Rdn. 22.

6. § 97. Wie § 96 den § 54, so ergänzt § 97 die §§ 52, 53, 53 a. Das **Beschlagnahme-** **61** **verbot** beruht auf dem Gedanken, daß das auf das gesprochene Wort bezügliche Zeugnisverweigerungsrecht unvollkommen wäre, wenn es durch Beschlagnahme der schriftlichen Mitteilungen zwischen dem Beschuldigten und den zeugnisverweigerungsberechtigten Personen, die sich in deren Gewahrsam befinden, umgangen werden könnte[111]. Das Beschlagnahmeverbot entfällt, wo der Gewahrsamsinhaber nicht als Zeuge, sondern (wegen Teilnahmeverdachts usw.) als Beschuldigter in Betracht kommt (§ 97 Abs. 2 Satz 3). Diese ratio bestimmt die Auslegung des § 97. Es erstreckt sich z. B., schon unter dem Gesichtspunkt des verfassungsrechtlichen Schutzes der Intimsphäre des Patienten, das Verbot, die ärztliche Karteikarte des Beschuldigten zu beschlagnahmen (§ 97 Abs. 1 Nr. 2), auch auf den Fall, daß diese sich nicht mehr im Besitz des behandelnden Arztes, sondern im Gewahrsam eines Berufskollegen befindet, der Praxis und Patientenkartei seines Vorgängers übernommen hat[112]. Andererseits verliert ein Verwertungsverbot, das an eine zunächst gegen § 97 Abs. 1 Nr. 1 verstoßende Beschlagnahme anknüpft, seine Bedeutung, wenn die zeugnisverweigerungsberechtigte Person sich durch eine Zeugenbekundung in der Hauptverhandlung einer Begünstigung verdächtig macht und nunmehr die Voraussetzungen einer Beschlagnahme nach § 97 Abs. 2 Satz 3 vorliegen; mit dem Beschlagnahmeverbot endet auch das frühere Verwertungsverbot und entfaltet keine Nachwirkungen (BGHSt **25** 168). Ist nach § 97 Abs. 2 Satz 3 eine Beschlagnahme wegen Teilnahmeverdachts eines Zeugnisverweigerungsberechtigten zulässig, so dürfen die beschlagnahmten Gegenstände nicht als Beweismittel für *andere* Straftaten des Beschuldigten verwendet werden, hinsichtlich deren kein Teilnahmeverdacht des Gewahrsamsinhabers besteht; das Verwertungsverbot entfällt aber, wenn das Gericht die Zustimmung des Zeugnisverweigerungsberechtigten einholt, und zwar in den Fällen des § 52 in entsprechender Anwendung des § 52 Abs. 3 unter Belehrung über sein Recht, die Verwertung des Beschlagnahmegegenstandes als Beweismittel zu verweigern (BGHSt **18** 227). Wegen der Bedeutung des Grundsatzes der Verhältnismäßigkeit auch in den Fällen des § 97 Abs. 2 Satz 3 vgl. BVerfGE **32** 381. Auch über den Geltungsbereich des § 97 hinaus können sich Beschlagnahmeverbote und entsprechende Beweisverwertungsverbote ergeben, wenn die Beschlagnahmeanordnung gegen den Grundsatz der Verhältnismäßigkeit verstößt[113]. Wegen der Beschlagnahme von Akten der Jugendgerichtshilfe durch das Jugendgericht s. *Eisenberg* NStZ **1986** 308.

7. § 100 a. Die **Beschränkung der Beweiserhebung** durch Überwachung und Auf- **62** nahme des **Fernmeldeverkehrs** auf Tonträger in § 100 a dient dem öffentlichen Interesse an der Erhaltung des Post- und Fernmeldegeheimnisses. Daraus folgt die Unverwertbarkeit der Beweismittel, die in Überschreitung der in § 100 a zugelassenen Ausnahmefälle erlangt sind[114]. Verstöße werden auch nicht durch Zustimmung des Betroffenen geheilt; das ergibt sich auch aus § 100 b Abs. 5.

8. Die aus dem **Persönlichkeitsrecht** ohne förmliche Grundlage in der Strafpro- **63** zeßordnung abgeleiteten Beweisverbote[115] dienen vorzugsweise dem Individualinteresse und unterliegen daher grundsätzlich der Verfügungsmacht des durch das Verbot Geschützten.

---

[111] BVerfGE **32** 373, 384.
[112] BVerfGE **32** 373.
[113] BVerfGE **44** 353, 383, 384 = NJW **1977** 1489 mit Anm. *Knapp* NJW **1977** 2119 betr. Beschlagnahme von Klientenakten einer öf-

fentlichrechtlich anerkannten Drogenberatungsstelle.
[114] BGHSt **31** 309; **32** 70; **33** 347 = JR **1987** 75 mit Anm. *Rieß*.
[115] Vgl. BGHSt **14** 358; **19** 325.

Karl Schäfer

VII. Die Rollenvertauschung

64   **1. Problem und Stellungnahme der herrschenden Meinung.** Unter dem Gesichtspunkt des Beweismethodenverbots wird auch die sog. Rollenvertauschung, d. h. der **Austausch von Verfahrensrollen** erörtert[116]. Sie soll hier nur insoweit kurz gestreift werden[117], als es sich um die Versetzung des Mitbeschuldigten oder -angeklagten in die Rolle des Zeugen handelt, die durch Abtrennung bisher nach §§ 2 bis 4, 237 verbundener Sachen herbeigeführt wird. Rechtsprechung und überwiegend auch das Schrifttum sehen eine Abtrennung zum Zweck des Rollenaustauschs grundsätzlich als zulässig an; nur das die gesamte Rechtsordnung beherrschende Willkürverbot verbiete es, daß die Strafverfolgungsbehörden aus sachfremden Erwägungen den Verdächtigen in die Rolle eines Zeugen drängen[118]. Nach BGH NJW **1964** 1034 ist es aber nicht mißbräuchlich, wenn der Richter verbundene Sachen vorübergehend nur zu dem einzigen Zweck trennt, einen Mitangeklagten im Verfahren gegen den anderen zu Anklagepunkten, die ihn nicht betreffen, als Zeugen zu vernehmen, sofern er die Vernehmung als Zeugen für zweckmäßig oder sogar für erforderlich hält, weil ihm die Aussage als Zeuge bessere Gewähr für die Ermittlung der Wahrheit zu bieten scheint als die Äußerung des Mitangeklagten. Problematisch ist bei einer Abtrennung freilich, daß der Mitangeklagte (auch zum Vorteil des anderen Mitangeklagten) schweigen darf, der Zeuge aber wahrheitsgemäß aussagen muß (§§ 57, 70), soweit er nicht nach § 55 die Antwort auf bestimmte Fragen verweigern darf. BGH JR **1969** 148 m. Anm. *v. Gerlach* hat daraus die Folgerung gezogen, „es ließe sich sehr wohl die Meinung vertreten, daß die vorübergehende Abtrennung der Strafsache gegen einen Angeklagten, nur um ihn im Verfahren gegen einen Mitangeklagten **zu demselben Tatgeschehen**, das auch ihm als Mittäter zur Last liegt, als Zeugen zu vernehmen, mit dem Gesetz nicht in Einklang stehe". Denn wenn auch im konkreten Fall der jetzige Zeuge nur über die Beteiligung des anderen Mitangeklagten an der Tat vernommen werden solle, so lasse sich doch diese Beteiligung von dem gesamten Tatgeschehen nicht trennen, so daß der jetzige Zeuge notwendig auch über seine eigene Beteiligung aussagen müßte; es bestehe bei solchem Verfahren zumindest die Gefahr, daß die so zustande gekommene Zeugenaussage verwertet werde.

65   Sehr deutlich — in einem die Vernehmung des Mitbeschuldigten als Zeugen stark einschränkender Sinn — hat in der Folgezeit auch BGHSt **24** 257 Stellung bezogen: die vorübergehende Abtrennung und spätere Wiederverbindung sei rechtlich unbedenklich, wenn in der weitergeführten Hauptverhandlung *ausschließlich* Vorgänge erörtert werden, die mit dem abgetrennten Verfahrensteil in keinem inneren Zusammenhang stehen. Hat die weitergeführte Hauptverhandlung aber Vorgänge zum Gegenstand, die den Mitangeklagten des abgetrennten Verfahrens *berühren*, so läuft diesem gegenüber nach der gemeinsamen Weiterführung der Hauptverhandlung gegen beide Mitangeklagte die vorangegangene Abtrennung auf eine Umgehung des Anwesenheitsgebots des § 230 hinaus, und der absolute Revisionsgrund des § 338 Nr. 5 greift ein, wenn

---

[116] Hierzu aus dem Schrifttumsverzeichnis Vor Rdn. 1 vor allem *v. Gerlach, Lenckner, Montenbruck, Prittwitz, Richter* und *Schöneborn*; ferner u. a. *Bruns* FS Schmidt-Leichner 1; *Fischer* StrVert. **1981** 85; *Schütz* NJW **1959** 975. Unter dem Gesichtspunkt des verbotenen Rollenaustauschs wird auch das Problem erörtert, inwieweit die Erklärungen des anonymen V-Mannes durch Verhörspersonen in die Hauptverhandlung eingeführt werden

können (dazu Kap. **13** 68); es wird dabei geltend gemacht, die Verhörsperson erfülle keine Zeugenfunktionen, sondern übernehme die dem Richter vorbehaltene Beweiswürdigung.

[117] Vgl. ausführlich LR-*Dahs* Vor § 48, 17 ff; ferner LR-*Gollwitzer* § 230, 13 ff; § 237, 16 ff.

[118] BGHSt **10** 12; näher LR-*Dahs* Vor § 48, 20.

nicht sicher auszuschließen ist, daß die — infolge der vorübergehenden Abtrennung — in Abwesenheit des Mitangeklagten geführte Hauptverhandlung den Gegenstand seiner späteren Verurteilung sachlich mitbetroffen hat[119]. Mit diesem Vorbehalt schließt also die bloße Tatsache der vorübergehenden Trennung zwecks Vernehmung des Mitbeschuldigten als Zeuge in einem anderen Verfahren für sich allein die Abtrennung und Wiederverbindung nicht aus. Dem folgt, mit z. T. abweichender Begründung[120], die im Schrifttum überwiegend vertretene Meinung[121].

2. Abweichende Stimmen. Demgegenüber wird von einer Minderheit im Schrift- **66** tum[122] die Auffassung vertreten, daß unabhängig von den Umständen des konkreten Falles die Rolle als Mitbeschuldigter oder Mitangeklagter einer von dem formalen Verfahrensstand unabhängigen Sachbeziehung entspringe; durch ein „Arrangieren" von Verfahrensverbindung und Verfahrenstrennung könne die Prozeßstellung des Mitbeschuldigten nicht verändert werden; der Mitbeschuldigte werde auch bei Abtrennung nicht Zeuge, sondern bleibe Mitbeschuldigter. Damit würden die psychologischen Auswirkungen der Rollenvertauschung (Anschein größerer Glaubwürdigkeit des „Zeugen") mit ihrer Gefahr für die Wahrheitsfindung ausgeschaltet. Indessen spricht schon § 60 Nr. 2 dagegen, dem geltenden Recht einen solchen allgemeinen Grundsatz zu entnehmen, der ohne zwingenden Grund die Ermittlungsmöglichkeiten einschränken würde, zumal sich die berechtigten Interessen der Beteiligten auch in anderer Weise wahren lassen[123].

VIII. Verfahrensrechtliches

Ob gegen ein Beweisverbot mit der Folge der Unverwertbarkeit des Beweismittels **67** verstoßen ist, unterliegt den Regeln des **Freibeweises**. Dies gilt auch für Verstöße gegen § 136 a im ersten Rechtszug[124]. In der Revisionsinstanz ist der Verstoß — anders als bei der Nichtbeachtung von Verfahrenshindernissen — nicht von Amts wegen, sondern nur auf Rüge gemäß § 344 Abs. 2 zu beachten[125]. Bei der Würdigung des Ergebnisses der Ermittlungen gilt der Grundsatz „in dubio pro reo" nicht; Verfahrensfehler müssen nachgewiesen werden[126]. Verstöße gegen das Verwertungsverbot des § 49 BZRG (=

---

[119] Wegen weiterer BGH-Entscheidungen betr. die Gefahren für den Bestand des Urteils, die sich aus der Abtrennung und Wiederverbindung inhaltlich zusammenhängender Verfahren mit Mitangeklagten ergeben können, und Warnungen vor den Risiken einer solchen Verfahrensweise vgl. BGH NJW **1984** 2172 = JR **1985** 125 mit Anm. *Gollwitzer*; BGH StrVert. **1985** 180 und BGH bei *Pfeiffer/Miebach* NStZ **1987** 16.

[120] So *Schlüchter* 478, 479 unter dem Gesichtspunkt einer „formal-materiellen" Betrachtungsweise, verbunden mit dem Appell an die Loyalität gegen immer noch nicht ganz ausgeschlossenen Mißbrauch.

[121] Vgl. Nachw. bei LR-*Dahs* 17 ff; *Kleinknecht/Meyer*[37] 21, je Vor § 48; LR-*Hanack* § 338, 91.

[122] So u. a. *Peters*[4] 323; ferner Gutachten 46. DJT; *Roxin*[19] § 26 III 1 („unwürdige Mani-

pulation"); *Gössel* § 25 A V 2 b; *Klug* Verh. des 46. DJT F 56 f; *Montenbruck*; *Prittwitz*; s. auch *v. Gerlach* JR **1969** 151.

[123] Dazu u. a. *Koffka* ZStW **81** (1969) 960 f; *Schöneborn* ZStW **86** (1974) 921.

[124] BGHSt **16** 164 = JR **1962** 108 mit Anm. *Eb. Schmidt*; h. **M** z. B. KK-*Boujong* 43; LR-*Meyer*[23] 53; KMR-*Müller* 21, je zu § 136a; ablehnend *Peters*[4] 339; kritisch LR-*Hanack* § 136a, 68; *Schlüchter* 474 mit weit. Schrifttumsangaben in Fußn. 210.

[125] Offengelassen in BGHSt **25** 25 f.

[126] BGH aaO; h. **M**; **a. M** die neuere Lehre, daß Zweifel am Vorliegen eines Verfahrensverstoßes dann beachtlich sind, wenn aus Gründen, die in der Sphäre der Justiz liegen, die Vermutung der Rechtmäßigkeit und Justizförmigkeit des staatlichen Vorgehens **ernsthaft** erschüttert ist (so LR-*Hanack* § 136a, 69; § 337, 76 mit weit. Nachw.).

§ 51 BZRG i. d. F. vom 21. 9. 1984, BGBl. I 1229) sieht BGHSt **25** 103, 233 als sachlich-rechtlichen Mangel an, der auf die allgemeine Sachrüge hin geprüft wird[127].

---

[127] Vgl. dazu auch *Doller* MDR **1974** 979 (zur Frage, ob rechtsfehlerhafte Folgerungen aus dem Schweigen schon auf die allgemeine Sachrüge zu prüfen sind).

KAPITEL 15

Mitwirkung des Volkes bei der Rechtsprechung

Schrifttum. *Baur* Laienrichter — heute, FS Kern 49; *Baur* Berufsrichter und Nichtberufsrichter, in Deutsche zivil-, kollisions- und wirtschaftsrechtliche Beiträge zum Internationalen Kongreß für Rechtsvergleichung in Budapest (1978) 150; *Benz* Zur Rolle des Laienrichters im Strafprozeß (1982); *Böttges* Die Laienbeteiligung in der Strafrechtspflege, Diss. Bonn 1979; *Casper/Zeisel* Der Laienrichter im Strafprozeß (1978); *Honig* Ehrenamtliche Richter im Schwurgericht, MDR **1974** 894; *Jescheck* Das Laienrichtertum in der Strafrechtspflege der Bundesrepublik Deutschland und der Schweiz, FS Schultz 229; *Klausa* Ehrenamtlicher Richter (1972); *Knittel* Mitbestimmung in der Strafjustiz (1970); *Kühne* Die Zusammenarbeit zwischen Berufsrichtern und ehrenamtlichen Richtern, DRiZ **1975** 390; *Kühne* Laienrichter im Strafprozeß? ZRP **1985** 237; *Nowakowski* Reform der Laiengerichtsbarkeit in Strafsachen, Verh. des 4. österr. Juristentages (1970) Bd. I; *Rüping* Funktionen der Laienrichter im Strafverfahren, JR **1976** 269; *Schorn* Der Laienrichter in der Strafrechtspflege (1955); *Volk* Der Laie als Strafrichter, FS Dünnebier 373.

1. Umfang der Mitwirkung. Zum Begriff des Gerichts i. S. des Art. 92 gehört, soweit es sich um die Besetzung handelt, daß wenigstens der Vorsitzende ein Berufsrichter ist (§ 28 Abs. 2 DRiG). Als Beisitzer können dagegen je nach den die Besetzung des Gerichts regelnden Vorschriften nur Berufsrichter oder neben Berufsrichtern ehrenamtliche Richter (sog. Laienrichter) oder nur ehrenamtliche Richter mitwirken. Diese ehrenamtlichen Richter sind nach Art. 97 Abs. 1 GG, § 45 DRiG in gleicher Weise wie die Berufsrichter sachlich unabhängig und nur dem Gesetz unterworfen. Das geltende Recht sieht im Strafverfahren die Mitwirkung von Laienrichtern als „Schöffen" vor. Diese Bezeichnung führen, statt der früheren Bezeichnung „Geschworene", heute auch die ehrenamtlichen Richter beim Schwurgericht (§ 45 a DRiG). Die Schöffen der Jugendgerichte heißen „Jugendschöffen" (§ 35 JGG). Und zwar wirken zwei Schöffen in der Hauptverhandlung vor dem Schöffengericht und vor der Großen Strafkammer als Gerichten des ersten Rechtszuges und vor der Großen und Kleinen Strafkammer als Berufungsgerichten mit. Bei dem früheren Schwurgericht, das einen selbständigen Spruchkörper eigener Art des Landgerichts bildete und jeweils auf besondere Anordnung zu Tagungen zusammentrat, wirkten in der Hauptverhandlung neben drei Berufsrichtern sechs Schöffen mit. Durch das 1. StVRG wurde „als Schwurgericht" eine Strafkammer der Landgerichte zuständig, die wie die übrigen erstinstanzlich entscheidenden Strafkammern mit drei Berufsrichtern und zwei Schöffen besetzt ist. Im Jugendstrafverfahren wirken **Jugendschöffen** mit in der Hauptverhandlung vor dem Jugendschöffenge-

Karl Schäfer

richt und vor der Jugendkammer als Gericht des ersten Rechtszuges und als Berufungsgericht. Eine Mitwirkung von Laienrichtern außerhalb der Hauptverhandlung kennt
das Gesetz nicht. In der Hauptverhandlung üben die Schöffen das Richteramt in vollem
Umfang und mit gleichem Stimmrecht wie die Berufsrichter aus (§§ 30, 77 GVG). Ohne
Mitwirkung von Schöffen entscheiden der Richter beim Amtsgericht und der Jugendrichter, wo das Gerichtsverfassungsgesetz und das Jugendgerichtsgesetz es vorsehen,
ferner die Oberlandesgerichte und der Bundesgerichtshof als Revisionsgerichte und die
Oberlandesgerichte als Gerichte des ersten Rechtszuges. Rechtlich besteht zwischen
den Schöffen bei den Schöffengerichten, den Strafkammern und den Strafkammern
„als Schwurgericht" kein Unterschied. Vorschriften über das Geschlecht der Laienrichter (etwa dahin, daß Männer und Frauen je in gleicher Zahl mitwirken müßten) sind im
Hinblick auf den Gleichberechtigungsgrundsatz (Art. 3 Abs. 2 GG) nicht vorgesehen,
doch „sollen" nach § 33 Abs. 3 JGG als Jugendschöffen zu jeder Hauptverhandlung ein
Mann und eine Frau herangezogen werden.

2. Entwicklungsgeschichte

2 **a) Ursprüngliche Regelung.** Die Mitwirkung von Laienrichtern in der Strafrechtspflege beruht auf den Reformideen und -forderungen des 19. Jahrhunderts, die
mit den Wünschen auf Mitwirkung des Volkes bei Gesetzgebung und Verwaltung parallel erhoben wurden. Die **ursprüngliche Regelung**, die die StPO und das GVG bei
ihrem Inkrafttreten am 1. 10. 1879 vorsahen, beruhte im Anschluß an die Rechtsgedanken des französischen Rechts auf der in § 1 a. F. StGB vorgenommenen Einteilung der
Straftaten in Verbrechen, Vergehen und Übertretungen. Über schwere und schwerste
Verbrechen entschied das Schwurgericht, dessen Besonderheit die Trennung des Gerichts in die Richter- und die Geschworenenbank war: den zwölf Geschworenen fiel die
Entscheidung über die Schuldfrage, den drei Berufsrichtern die Entscheidung über die
Straffrage zu. Die übrigen Verbrechen und die Masse der Vergehen wurden von der ausschließlich mit (fünf) Berufsrichtern besetzten Strafkammer abgeurteilt. Für leichtere
Vergehen und für Übertretungen war das Schöffengericht zuständig, bei dem die beiden Schöffen mit dem Berufsrichter gemeinsam über Schuld- und Straffrage entschieden. Bei den Rechtsmittelgerichten und beim Reichsgericht als erstinstanzlichem Gericht für Hoch- und Landesverrat wirkten Laienrichter nicht mit.

3 **b) Entwicklung bis 1933.** Schon bald **nach dem Inkrafttreten** von StPO und
GVG wurden **Reformwünsche** laut. Die Anhänger des Gedankens der Laienbeteiligung
in der Strafrechtspflege bemängelten, daß die erstinstanzlichen Strafkammern nur mit
Berufsrichtern besetzt und dadurch auf einem großen und wichtigen Gebiet das Volk
von der Teilnahme an der Rechtsprechung ausgeschlossen sei. Ferner wurde die Zulassung der Berufung gegen erstinstanzliche Strafkammerurteile und die Besetzung auch
der Berufungsinstanz mit Laienrichtern gefordert. Der Widerstand, den der Bundesrat
gerade dem letzteren Verlangen entgegensetzte, hat schließlich zum Scheitern der vor
dem ersten Weltkrieg betriebenen Reform geführt (Kap. 4 3). Sieht man von einer Erweiterung der Schöffengerichtszuständigkeit im ersten Weltkrieg (VO vom 21. 10.
1917, RGBl. 1037), von dem Gesetz über die Heranziehung der Frauen zum Schöffen-
und Geschworenenamt vom 25. 4. 1922 (RGBl. I 465) und von dem Gesetz zum Schutz
der Republik vom 21.7. 1922 (RGBl. I 585), das die erstinstanzliche Zuständigkeit des
Reichsgerichts für Hochverratssachen auf den bei diesem gebildeten, mit Berufs- und
Laienrichtern besetzten „Staatsgerichtshof zum Schutze der Republik" übertrug, ab, so
blieben die ursprünglichen Vorschriften über den Umfang der Laienbeteiligung unverändert bis zur Emminger-Reform vom 4. 1. 1924 bestehen. Diese brachte mit der Beseiti-

gung der Strafkammer als Gericht erster Instanz die grundsätzliche Beteiligung des Laienelements bei der Aburteilung im ersten Rechtszug, die freilich wieder dadurch eingeschränkt wurde, daß in nicht unerheblichem Umfang die Zuständigkeit des Amtsrichters als Einzelrichter begründet wurde. Sie erfüllte weiter das alte Reformverlangen nach allgemeiner Eröffnung einer zweiten Tatsacheninstanz und ihrer Besetzung mit Schöffen und wandelte schließlich das alte Schwurgericht unter Beibehaltung seines Namens in ein großes Schöffengericht um. Die grundsätzliche Beteiligung von Laien bei der erstinstanzlichen Aburteilung blieb auch aufrechterhalten, als die VO vom 14. 6. 1932 allgemein die Große Strafkammer als erstinstanzliches Gericht wieder einführte, deren Urteile aber nunmehr wieder nur mit der Revision anfechtbar waren.

c) An diesem Rechtszustand ist auch **in der Zeit nach 1933** und bis zum Beginn **4** des zweiten Weltkrieges förmlich nichts geändert worden. Jedoch brachte die Einführung der mit drei Berufsrichtern besetzten Sondergerichte als Dauereinrichtung in beträchtlichem Umfang die Ausschaltung der Laien. Mit Kriegsbeginn (VO vom 1. 9. 1939, RGGl. I 1658) entfiel die Mitwirkung von Schöffen und Geschworenen. Zwar handelte es sich hierbei nicht um eine auf Dauer berechnete Maßnahme. Immerhin aber wollte der StPO-Entw. 1939 die Laienbeteiligung einschränken (Begr. S. 2). Bei der kleinen und mittleren Kriminalität sollte danach — unter Wegfall der Schöffengerichte — im ersten Rechtszug nur der Amtsrichter als Einzelrichter, über Berufungen gegen seine Urteile die mit drei Berufsrichtern und zwei „Volksrichtern" besetzte „Schöffenkammer" entscheiden. In der gleichen Besetzung sollte — unter Wegfall der Schwurgerichte — die Schöffenkammer als erstinstanzliches Gericht für die schwere und schwerste Kriminalität zuständig sein, gegen deren Urteile nur die Revision vorgesehen war. Daneben sollten die bisherigen Sondergerichte in der Besetzung mit drei Berufsrichtern und unter der Bezeichnung als Strafkammer fortbestehen. Volksgerichtshof und die Oberlandesgerichte sollten im ersten und letzten Rechtszug für Hoch- und Landesverrat und einige gleichgestellte Straftaten zuständig sein und in der Besetzung mit zwei Berufs- und drei „Volksrichtern" entscheiden. Die Zurückdrängung des Laienelements bei der kleineren und mittleren Kriminalität wurde mit der „angespannten Arbeitslage und dem Mangel an Arbeitskräften" begründet.

d) Die **Nachkriegsgesetzgebung** führte allmählich — unterschiedlich in den einzel- **5** nen Ländern und Zonen — zur Wiederheranziehung der Schöffen und Geschworenen, und zwar im großen und ganzen im Anschluß an das Vorbild des vor Kriegsbeginn geltenden Rechts bei Wegfall der Sondergerichte. Aus diesem Rahmen fiel die Wiedereinführung des Schwurgerichts in alter Form mit der Trennung in Richter- und Geschworenenbank in Bayern (Kap. 3 47). Das RechtsvereinheitlichungsG vom 12. 9. 1950 brachte auch hier die Rechtseinheit unter Rückgriff auf den durch die EmmingerVO geschaffenen und durch die VO vom 14. 6. 1932 geänderten Rechtszustand. Eine Neuerung von Belang bedeutete die Änderung der Vorschriften über die Wahl der ehrenamtlichen Richter. Sie erfolgte früher durch den Wahlausschuß beim Amtsgericht aus den von den Gemeinden aufgestellten Urlisten, die alle schöffenfähigen Gemeindeeinwohner oder einen nach äußeren Merkmalen (Anfangsbuchstaben der Namen oder Straßen) beschränkten Teil enthielt. Nach dem neuen Recht (§ 36 GVG) trifft dagegen die Gemeindevertretung eine Vorwahl, indem sie aus der Zahl der schöffenfähigen Gemeindeeinwohner eine beschränkte Zahl auswählt (Vorschlagsliste); der Wahlausschuß (§ 40 GVG) ist dann bei seiner Wahl auf den in der Vorschlagsliste namhaft gemachten Personenkreis beschränkt. Durch diese Änderung sollte, von einer Vereinfachung des Schreibwerks abgesehen, vorzugsweise erreicht werden, daß dem Wahlausschuß nur für das Schöffenamt besonders geeignete Bürger präsentiert werden.

Karl Schäfer

6   **e) Spätere Änderungen.** Solche brachte zunächst das **1. StVRG 1974.** Sie bestanden, abgesehen von der Verminderung der bei der Strafkammer „als Schwurgericht" mitwirkenden Schöffen von (früher) sechs auf zwei, hauptsächlich in der Verlängerung der bisher zwei Jahre betragenden Amtsperiode der Schöffen in eine solche von vier Jahren (aus Gründen der Geschäftsvereinfachung), in der Herabsetzung des Wahlalters von bisher 30 auf 25 Jahre und in der Einführung einer Altersgrenze von 70 Jahren sowie in Richtlinien für die Aufstellung der Vorschlagslisten durch die Gemeinden und die Wahl der Schöffen durch den Wahlausschuß (neue Absätze 2 der §§ 36, 42). Eine Vorschrift, daß Männer und Frauen in gleichem Ausmaß vorzuschlagen seien, enthält das Gesetz nicht. Einer Wahl nach parteipolitischen Gesichtspunkten suchten § 36 Abs. 1 und 2 (neu), § 40 Abs. 2, § 42 Abs. 2 (neu) GVG entgegenzuwirken. Danach ist zur Aufnahme in die Vorschlagsliste die Zustimmung von 2/3 der gesetzlichen Mitgliederzahl der Gemeindevertretung erforderlich, die Vertrauenspersonen des Wahlausschusses müssen mit einer 2/3-Mehrheit gewählt werden, und der Wahlausschuß selbst wählt mit 2/3-Mehrheit. Die Vorschlagsliste soll alle Gruppen der Bevölkerung nach Geschlecht, Alter, Beruf und sozialer Stellung angemessen berücksichtigen; auf eine entsprechende Berücksichtigung soll auch bei der Wahl durch den Wahlausschuß geachtet werden (§ 36 Abs. 2; § 42 Abs. 2). Die Neuregelung, die das **StVÄG 1979** (dazu Kap. **5** 104, 114) hinsichtlich der Auswahl und Heranziehung der Schöffen traf, beruht ebenso wie die Änderungen des GVG (insbes. neuer Absatz 4 des § 36) durch das **StVÄG 1987** auf dem Bestreben, über die Einfügung der Rügepräklusion (§§ 222 a, 222 b, 338 Nr. 1 StPO) hinaus vor allem Besetzungsrügen wegen fehlerhafter Auswahl und Heranziehung zur Schöffenbesetzung zu vermeiden. In diesem Zusammenhang ist auch der Rechtsprechung zu gedenken, die es im Interesse der Erhaltung der Unvoreingenommenheit der Schöffen als unzulässig ansah, daß sie von dem Inhalt der Ermittlungsakten und dem Ermittlungsergebnis der Anklageschrift Kenntnis erhielten. Durch die Gestattung des sog. Selbstleseverfahrens (§ 249 Abs. 2) gilt auch die genannte Rechtsprechung nur noch mit Einschränkungen[1].

7   **f)** Besonderheiten gelten für die **Wahl der Jugendschöffen** (§ 35 JGG). An die Stelle der allgemeinen Vorschlagsliste tritt hier die vom Jugendwohlfahrtsausschuß aufgestellte Vorschlagsliste, in die nur erzieherisch befähigte und in der Jugenderziehung erfahrene Personen aufgenommen werden sollen. Männer und Frauen sollen in gleicher Zahl vorgeschlagen und gewählt werden.

8   **3.** Der **Sinn der Laienbeteiligung** ist, nachdem das alte Geschworenensystem mit seiner Aufgabenverteilung unter die Geschworenenbank und das Gericht der Vergangenheit angehört, allgemein der, das Vertrauen der Allgemeinheit (des Volkes) in die Strafrechtspflege zu erhalten und zu stärken. Dem Schwurgericht in seiner ursprünglichen Form lag der Gedanke eines Übergewichts des Laienelements (als der „Stimme des Volkes") gegenüber den rechtsgelehrten Richtern bei Findung des Schuldspruchs zugrunde. Ein Rest dieser Vorstellung erhielt sich auch bei der Umwandlung des Schwurgerichts in ein „erweitertes Schöffengericht" durch die Emminger-Reform 1924 in Form der Besetzung dieses Gerichts mit drei Berufsrichtern und sechs Schöffen. Auch dieser Rest ist jetzt geschwunden. Bei der Beseitigung der bisherigen Organisationsform des Schwurgerichts durch das 1. StVRG sah der Gesetzgeber keinen Anlaß mehr, das zahlenmäßige Verhältnis der Laienrichter zu dem der Berufsrichter in der Strafkam-

---

[1] Dazu Kap. **13** 61 Fußn. 111; vgl. auch *Rieß*
    JR **1987** 392.

mer „als Schwurgericht" anders zu gestalten als bei der „gewöhnlichen" erstinstanzlichen Großen Strafkammer. Wie bei letzterer, so ist auch bei der „Schwurgerichtsstrafkammer" nur noch der Gedanke eines gemeinsamen Zusammenwirkens zwischen ehrenamtlichen und Berufsrichtern bei der Willensbildung in der Schuld- und Straffrage der tragende Gesichtspunkt. Über die durch die Öffentlichkeit der Hauptverhandlung gebotenen Möglichkeiten hinaus soll danach das Volk durch seine Vertreter Einblick auch in die Geschehnisse im Beratungszimmer erhalten, die Schwierigkeiten, Zweifel und selbst Gewissenskonflikte, die bei der Findung des gerechten Spruchs entstehen, kennenlernen und durch Mitübernahme der Verantwortung für den gefundenen Spruch einer sonst nur leicht aufkommenden Kritik entgegenwirken, daß Urteile „vom grünen Tisch" her durch „welt- und lebensfremde" Juristen gesprochen seien[2]. Den Richter aber soll die Laienmitwirkung davor bewahren, in Routine zu versinken; er soll die Richtigkeit seiner Wahrnehmungen und Vorstellungen, die Überzeugungskraft seiner Überlegungen an den Einwendungen messen und klären, die ihm aus dem ungeprüften Rechtsempfinden her entgegengesetzt werden.

Der Gedanke, daß die Aufgabe der Laienrichter — etwa wie bei den ehrenamtlichen Richtern der Kammer für Handelssachen, der Arbeits- sowie der Verwaltungsgerichte — im Strafverfahren auch darin bestehe, durch **eigene Sachkunde** und **besondere Vertrautheit** mit der den Gegenstand der Verhandlung bildenden Materie den Richter zu unterstützen[3], liegt dem Gesetz fern; er tritt nur bei den Jugendschöffen zutage. Aus der beschränkten Zielsetzung des Gesetzgebers, durch die Beteiligung der Laien der Volkstümlichkeit der Rechtspflege in den Tatsacheninstanzen zu dienen, erklärt es sich auch, daß das Gesetz nicht die Gewinnung routinierter Laienrichter durch eine länger dauernde intensive Heranziehung zum Dienst anstrebt, wie sie etwa *Eb. Schmidt* I 574 empfiehlt. Denn nicht auf solchen Erwägungen, sondern in erster Linie auf dem Gedanken einer Vereinfachung und Beschränkung des Aufwands bei der Aufstellung der Vorschlagslisten und der Tätigkeit der Wahlausschüsse beruht es, wenn die Amtsperiode der Schöffen von ursprünglich einem Jahr zunächst auf zwei Jahre und schließlich auf vier Jahre verlängert wurde. Doch hat der Gedanke, daß eine zu seltene Heranziehung einer sinnvollen Ausübung des Amtes abträglich ist, weil es dann an einer genügenden allgemeinen Bekanntschaft mit den gesetzlichen Bestimmungen fehlt, dazu geführt, daß die ursprüngliche Beschränkung der Heranziehung (zu höchstens fünf Sitzungstagen im Jahr) aufgegeben wurde. Während der zweijährigen Amtsdauer sollte der Hauptschöffe mindestens zu zwölf Sitzungstagen im Jahr herangezogen werden; mit Rücksicht auf die Verdoppelung der Amtsperiode soll er jetzt zu nicht mehr als zwölf Sitzungstagen im Jahr herangezogen werden (§ 43 GVG). Im übrigen sollen Maßnahmen

---

[2] S. dazu BGHSt **22** 85: Ein Geschworener wird kurz vor Abschluß der Beweisaufnahme beim Besuch eines Ladengeschäfts auf den mutmaßlichen Ausgang des Verfahrens angesprochen, wobei ihm vorgestellt wird, dem Angeklagten sei bis jetzt noch nichts bewiesen worden. Seine Antwort „Das glauben Sie" führte zu seiner Ablehnung wegen Befangenheit, die für unbegründet erklärt wurde, weil einem beteiligten Geschworenen gegenüber der völlig einseitigen Abwertung der bisher erhobenen Beweise ein „klärendes

Wort", mit dem er nicht zugleich in bestimmter Weise eine eigene Auffassung zur Frage der Schuld oder Unschuld äußert, nicht versagt werden könne.
[3] Zu Vorschlägen, Schöffen mit spezieller Sachkunde heranzuziehen, s. *Rüping* JR **1976** 274. Wegen der Schwierigkeiten, die sich bei der Berufung von „Fach"-ehrenamtlichen Richtern ergeben können, vgl. etwa DRiZ **1986** 71 betr. „Streit um ehrenamtliche Richter in der Sozialgerichtsbarkeit".

Karl Schäfer

der Justizverwaltung[4] bewirken, daß die Laienrichter Kenntnis von den ihre Obliegenheiten regelnden Vorschriften erhalten, daß sie den Vorgängen der Verhandlung mit Verständnis folgen können und an der Beratung selbständig und mit dem Gefühl der Mitverantwortlichkeit für die Entscheidung teilnehmen. S. im übrigen auch Kap. **13** 113.

10   4. Die **Vorschläge de lege ferenda** gehen im allgemeinen auf die Beibehaltung der Laienbeteiligung; nur vereinzelt wird im Schrifttum ihre Beseitigung als entbehrlich empfohlen[5]. Die „Reform" des Schwurgerichts durch das 1. StVRG bedeutete eine Absage an die Gegner der Laienrichterbeteiligung, zugleich aber auch an solche Stimmen, die für eine verstärkte Laienbeteiligung, z. T. sogar für den Wiederaufbau des Schwurgerichts alten Stils eintraten. Schwer befriedigend lösbare Probleme ergeben sich, wenn Schöffen an Monate oder gar Jahre dauernden Monstreverfahren bei der erstinstanzlichen Großen Strafkammer oder der Strafkammer als Schwurgericht teilzunehmen haben, die ihre physischen und psychischen Kräfte übersteigen und ihre wirtschaftliche Bewegungsfreiheit erheblich beeinträchtigen können; die durch das StVÄG 1987 zugelassene Unterbrechung einer Hauptverhandlung bis zu 30 Tagen (§ 229 Abs. 2 Satz 3 n. F.) soll auch in dieser Hinsicht Erleichterung verschaffen.

---

[4] Übersendung eines Merkblatts an die Gewählten, z. T. Vorbereitung durch Vorträge, Empfehlungen an die Richter über die Durchführung der Hauptverhandlung und Beratung – s. Nr. 126 RiStBV –.

[5] So z. B. *Baur* Laienrichter – heute?; gegen ihn *Honig* MDR **1974** 898; s. auch *Volk* FS

Dünnebier S. 389: „Das einzige Argument, das dagegen spricht, die Laienbeteiligung abzuschaffen, liegt in der Ungewißheit über die Folgen, die eine solche Entscheidung auslösen würde; das einzige Argument, das für die Laienbeteiligung spricht, ist die Tatsache, daß es sie gibt."

KAPITEL 16

Zur Frage des nichtigen Urteils[1]

Schrifttum (Auswahl). *Grünberg* Nichtigkeitsbeschwerde gegen offensichtliche Rechtsmängel bei rechtskräftigen Strafurteilen, Diss. Tübingen 1977; *Grünwald* Zur Frage der Nichtigkeit von Strafurteilen ZStW 76 (1964) 250; *Luther* Zur Nichtigkeit von Strafurteilen, insbesondere im Jugendrecht, ZStW 70 (1958) 87; *Roeder* Die Begriffsmerkmale des Urteils im Strafverfahren. Ein Beitrag zur Lehre von der sog. absoluten Urteilsnichtigkeit, ZStW 79 (1969) 250.

[1] Zur Abgrenzung des Erörterungsbereichs ist folgendes zu bemerken:
a) Auf **Fragen der Terminologie**, über die keine Einigkeit besteht (nichtige Urteile, unbeachtliche oder unwirksame Urteile, Nichturteile, Scheinurteile usw.), soll hier nicht näher eingegangen werden, da sich keine praktischen Folgerungen daran knüpfen. Von „Nicht"-Urteilen wird meist gesprochen, wo nur durch die Wahl eines technischen Ausdrucks ganz entfernt eine Beziehung zu einem Urteil besteht, so wenn am Stammtisch Referendare ein „Urteil" in einer Prozeßsache „fällen" oder wenn sich (vgl. *Dürrenmatt* Der Richter und sein Henker) ein pensionierter Richter, ein im Ruhestand befindlicher Staatsanwalt und ein aus dem Berufsleben ausgeschiedener Rechtsanwalt regelmäßig zusammenfinden, um mit einem Gast als Beschuldigten „Strafprozesse" durchzuführen, oder wenn ein bloßer Urteilsentwurf als Urteil behandelt wird. Diese Fälle interessieren hier nicht. Von Scheinurteilen wird gesprochen, wenn staatliche Organe reine Schauprozesse veranstalten, d. h. nur äußerlich und zum Schein ein gerichtliches Verfahren durchgeführt wird, während es sich in Wahrheit bei dem „Urteil" um die Verhängung reiner Willkürmaßnahmen handelt (vgl. BGHSt **2** 173; **10** 300; KG NJW **1954** 1901 – sog. Waldheimer Urteile). Von einem „bloßen Scheinurteil" spricht aber auch BGH NJW **1964** 1568, 1569, wenn es „im Rechtssinn überhaupt nicht verlautbart" ist. So gesehen liegt ein bloßes Scheinurteil auch vor, wenn eine Entscheidung an einer nicht behebbaren Unbestimmtheit leidet, z. B. ein Strafbefehl gegen zwei bestimmt bezeichnete Personen eine **einzige Geldstrafe**

festsetzt, da auch bei Eintritt formeller Rechtskraft die völlige Unbestimmtheit seines Inhalts nicht behebbar wäre (vgl. OLG Karlsruhe MDR **1974** 955 mit weit. Nachw. betr. einen Bußgeldbescheid solchen Inhalts, wo dem Verfahren aktenmäßig durch Einstellung nach § 46 Abs. 1 OWiG, § 206a StPO ein Ende bereitet wurde).
b) Nach *Roeder* ZStW **79** (1967) 250, 294, 303 ist die Frage des nichtigen Urteils ein **bloßes Scheinproblem**; es gibt nur das Urteil („Strafurteil ist eine unter Mitwirkung mindestens eines mit Strafgerichtsbarkeit ausgestatteten, funktionell zuständigen Organes auf Grund einer vorausgegangenen mündlichen Verhandlung gefällte und in der Gerichtssprache verkündete Entscheidung über das Bestehen oder Nichtbestehen eines staatlichen Straf- oder Sicherungsanspruchs") und das **Nichturteil**, wobei auch das Strafurteil zum „Nichturteil" wird, wenn es lautet 1. auf völlig unbestimmte oder vom Gesetz nicht vorgesehene Strafen, 2. auf Unrechtsfolgen gegen eine vom Gesetz der inländischen Strafgerichtsbarkeit entzogene Person und 3. auf eine bereits rechtskräftig abgeurteilte Tat. Dem kann in dieser Allgemeinheit nicht beigepflichtet werden. In den nachfolgenden Ausführungen werden „nichtig, unbeachtlich" und „unwirksam" als synonyme Begriffe gebraucht.
c) Nicht erörtert wird das Problem der Unwirksamkeit von **Beschlüssen**, die jeglicher Rechtsgrundlage ermangeln (dazu Kap. **10** 12).
d) Nicht erörtert wird das Problem der Nichtigkeit (Unwirksamkeit) des von der **Verwaltungsbehörde erlassenen Bußgeldbescheids**. Es ist lediglich zu bemerken, daß hier vielfach

Karl Schäfer

Übersicht

1   **1. Heilung „gewöhnlicher" Mängel eines Urteils durch die Rechtskraft.** Beruht ein Strafurteil auf unrichtigen (dem wirklichen Sachverhalt widersprechenden) tatsächlichen Feststellungen, so steht nach Eintritt der Rechtskraft in engen Grenzen der Weg der Wiederaufnahme des Verfahrens (§§ 359 ff) zur Verfügung, um das falsche Urteil zu beseitigen und durch ein richtiges zu ersetzen. Es bedarf dann, wenn es sich um die hier vorzugsweise interessierende Wiederaufnahme zugunsten des Verurteilten handelt und die Wiederaufnahmegründe der Nr. 1 bis 4 des § 359 außer Betracht gelassen werden, der Beibringung neuer Tatsachen oder Beweismittel, die eine dem Verurteilten wesentlich günstigere Entscheidung zu begründen geeignet sind (§ 359 Nr. 5). Liegen die Voraussetzungen der Wiederaufnahme wegen fehlender Neuheit von Tatsachen oder Beweismitteln, die für die Unrichtigkeit des Urteils ins Feld geführt werden, nicht vor,

---

bei „völliger sachlicher" Unzuständigkeit der den Bußgeldbescheid erlassenden Behörde dessen Unwirksamkeit angenommen wird (OLG Hamm JMBlNRW **1975** 71; *Göhler*[8] § 36, 15; § 37, 13), wobei dann zweifelhaft ist, wann eine „völlige" Unzuständigkeit vorliegt, während bei örtlicher Unzuständigkeit diese Wirkung verneint wird (OLG Hamm aaO). Wegen der Bedeutung eines vom Amtsgericht erlassenen Bußgeldbescheids s. Fußn. 4.
e) Ausgeschieden ist das Problem einer **allgemeinen Nichtigkeit der Entscheidungen des Volksgerichtshofs.** Insoweit ist zu verweisen

auf die Entschließung des Bundestages vom 25. 1. 1985 (Sten. Berichte über die 118. Sitzung S. 8767 C) und aus dem dazu – vorangehend oder nachfolgend – erwachsenen Schrifttum u. a. auf *Fikentscher/Koch* NJW **1983** 12 (mit Verweisung auf landesgesetzliche Maßnahmen 1946/47); *Rüping* JZ **1984** 817 und FS Wassermann (1985) 983; *Rüping/Schwarz* JZ **1985** 2391; *Sonnen* NJW **1985** 1065. S. auch Presse-Erklärung vom 26. 11. 1986 in DRiZ **1987** 28 betr. Einstellung von Ermittlungsverfahren gegen Angehörige des Volksgerichtshofs.

so sind, soweit nicht ausnahmsweise eine Verfassungsbeschwerde (§ 93 BVerfGG) in Betracht kommt und zum Erfolg führt, Mängel des Urteils durch den Eintritt der formellen Rechtskraft nach der Grundidee der StPO „geheilt". Das gleiche gilt, wenn die Unrichtigkeit des Urteils auf Verfahrensverstößen oder auf unrichtiger Anwendung des Rechts auf die festgestellten Tatsachen beruht. Das erfordert die Rechtssicherheit: jedes Verfahren muß einmal ein Ende haben.

2. Problemstellung. Allgemeine Stellungnahme von Rechtsprechung und Schrift- **2**
tum. Es fragt sich aber, ob es nicht doch **Mängel von solcher Schwere** gibt, daß es auch bei Berücksichtigung der Belange der Rechtssicherheit und Rechtsgewißheit und des öffentlichen Vertrauens in die Rechtsbeständigkeit rechtskräftiger Urteile vom Standpunkt der Gerechtigkeit schlechthin unerträglich wäre, den Spruch als unabänderlich wirksam hinzunehmen, soweit nicht die Gnade für Abhilfe sorgt. Bejaht man dies, so fragt sich weiter, ob die Lücke, daß das Gesetz für die Beseitigung solcher fehlsamer Urteile ein förmliches Verfahren nicht vorsieht[2], dadurch auszufüllen ist, daß dem Urteil die rechtliche Wirksamkeit abgesprochen wird, dergestalt, daß die Unbeachtlichkeit (Nichtigkeit) überall und von jedermann, wo aus dem Urteil Folgerungen gezogen werden sollen, formlos geltend gemacht werden könnte. Es wäre dann etwa die Vollstreckungsbehörde, falls sie Nichtigkeit annimmt, in eigner Zuständigkeit und Verantwortung berechtigt und verpflichtet, von der Vollstreckung eines solchen Urteils abzusehen, so daß sie nur dann zur Einholung einer gerichtlichen Entscheidung nach § 458 genötigt wäre, wenn sie den auf die Nichtigkeit des Urteils gestützten Einwendungen des Verurteilten gegen die Zulässigkeit der Strafvollstreckung nicht Raum gäbe[3]. Oder es könnte in einem Strafverfahren gegen denjenigen, der dem rechtskräftig Verurteilten beistand, um ihn der Vollstreckung der Strafe zu entziehen, der Angeklagte mit der Begründung freigesprochen werden, ein vollstreckbarer Strafanspruch habe nicht bestanden, weil das Urteil wegen schwerster Mängel nichtig (unbeachtlich) sei.

In der Tat gibt es wenigstens **einen** Fall, in dem die Nichtigkeit eines Strafurteils **3** mit den bezeichneten Folgen fast allgemein anerkannt ist, nämlich beim **Fehlen der Gerichtsunterworfenheit** (Kap. **12** 12); über außerstrafrechtliche Beispielsfälle s. BGH NJW **1959** 723 betr. Übergriff des Gerichts der freiwilligen Gerichtsbarkeit in das Gebiet der streitigen Gerichtsbarkeit, ferner betr. Übergriffe deutscher Gerichte in die ausschließliche Streitentscheidungsbefugnis des Europäischen Gerichtshofs *Lutter* ZZP **86** 115 m. Nachw.[4]. **Darüber hinaus** wird in Rechtsprechung und Schrifttum die Mög-

---

[2] Art. 19 Abs. 4 GG bildet keine Grundlage, gegen solche Entscheidungen anzugehen. Denn Art. 19 Abs. 4 GG eröffnet keinen neuen Rechtsweg gegen Gerichtsentscheidungen, weil zur öffentlichen Gewalt i. S. dieser Bestimmung die Rechtsprechung nicht gehört. Art. 19 Abs. 4 gewährt Schutz durch den Richter, nicht gegen ihn (BVerfGE **4** 74, 96; BGHSt **13** 113; **15** 73; h. M).
[3] Vgl. LR- *Wendisch* § 458, 22.
[4] OLG Hamm NJW **1970** 1805 und JMBl-NRW **1975** 71 bezeichnet einen vom Strafrichter (statt von der Verwaltungsbehörde) erlassenen Bußgeldbescheid als „nichtig". Ob das in dieser Allgemeinheit zutrifft, läßt sich bezweifeln. Beantragt z. B. die Staatsanwalt-

schaft einen Strafbefehl wegen einer Verkehrsstraftat, und sieht der Richter nur eine Verkehrsordnungswidrigkeit als gegeben an, so handelt er zwar gesetzwidrig, wenn er als Ergebnis seiner Prüfung der in dem Strafbefehlsantrag bezeichneten Tat unter dem rechtlichen Gesichtspunkt einer Ordnungswidrigkeit (§ 82 OWiG) einen auf Bußgeld lautenden Strafbefehl (und gar unter der Bezeichnung Bußgeldbescheid) erläßt (*Göhler*[8] § 82, 6; 21; 28). Wenn der Betroffene aber keinen Einspruch einlegt, so bleibt die Frage, ob wirklich ein schwerster Mangel vorliegt, der Unwirksamkeit zur Folge hat. Im allgemeinen wird sich ja der Betroffene nicht schlechter stehen, als wenn das Amtsgericht

Karl Schäfer

lichkeit, daß eine Entscheidung (Urteil oder Beschluß) auch in anderen Fällen wegen schwerster Mängel — wenn auch unter deren Begrenzung „auf den allerengsten Raum", d. h. wenn die Entscheidung „mit der geltenden Rechtsordnung schlechthin unvereinbar ist" — unheilbar nichtig sein könne, im Grundsatz weithin bejaht[5].

4   Die Stimmen, die die **Unwirksamkeit allgemein** verneinen, treten an Zahl zurück[6].

5   Soweit nicht die Nichtigkeit auf bestimmte Fallgruppen beschränkt wird — im Vordergrund steht dabei die Verletzung des Grundsatzes ne bis in idem —, werden in der Regel **die Voraussetzungen der Nichtigkeit** mit allgemeinen Wendungen umschrieben, etwa, es müsse sich um einen so groben Mangel handeln, daß das Urteil in keiner Weise den Vorschriften und dem Geist der Rechtsordnung entspräche (RGSt **72** 78); es müsse das Urteil derart aus dem Rahmen der Strafprozeßordnung herausfallen und ihrem Geist widersprechen, daß es als schlechthin nichtig angesehen werden müßte (RGSt **75** 59); die gewollten Wirkungen der Entscheidung müßten vom Standpunkt unseres Rechts aus nicht denkbar sein, oder die Entscheidung müsse mit den Grundprinzipien unserer rechtsstaatlichen Ordnung im Widerspruch stehen und der Mangel für einen verständigen Beurteiler offenkundig sein (so vielfach unter Berufung auf § 44 VwVfG für Verwaltungsakte), oder es müsse an einer Norm für einen Spruch gänzlich fehlen usw.

6   **3. Geltendmachung der Nichtigkeit vor formeller Rechtskraft.** Liegen solche schwersten Mängel vor, dann soll — so wird z. T. gelehrt — die Frage der Nichtigkeit nicht erst praktisch werden, wenn die Entscheidung formell rechtskräftig geworden ist. Da ein nichtiges Urteil Rechtskraftwirkung nicht erlangen könne, ist es nach dieser Auffassung ohne Bedeutung, ob sich der Betroffene darum bemüht, durch Ergreifung zur Verfügung stehender Rechtsbehelfe auf eine förmliche Aufhebung oder Abänderung der Entscheidung hinzuwirken. Es sei zwar zulässig und im Interesse einer alsbaldigen förmlichen Bereinigung auch zweckmäßig, von den zulässigen Rechtsmitteln und Rechtsbehelfen Gebrauch zu machen, die Geltendmachung der Nichtigkeit sei aber auf diesen Weg nicht beschränkt. Diese Auffassung ist aber mit zwingenden Bedürfnissen der Rechtssicherheit und einer geordneten Rechtspflege unvereinbar[7]. Gewiß sollte jedenfalls sein, daß, wo die Gesetzgebung zur Geltendmachung von bestimmten erheblichen rechtlichen Mängeln eines rechtskräftigen Urteils außerordentliche Rechtsbehelfe zur Verfügung stellt (Rdn. 10), in diesem Bereich von einer Nichtigkeit des Urteils, die

---

den Staatsanwalt zur Zurücknahme des Strafbefehlsantrags veranlaßt und dieser die Sache an die Verwaltungsbehörde abgibt, die dann einen Bußgeldbescheid erläßt, den der Betroffene mit Einspruch angreift.

[5] Vgl. u. a. RGSt 40 273; **71** 378; **72** 78; **75** 59; BGHSt **29** 351; BGH MDR **1954** 400; JZ **1963** 289; BGHZ 42 360, 363; BGH JZ **1986** 51; KG NJW **1954** 1901; JR **1955** 350; OLG Oldenburg JW **1931** 2389; OLG Bremen JZ **1958** 546; OLG Düsseldorf MDR **1980** 335; **1982** 518; KMR-*Sax* Einl. **X** 9 ff; *Schlüchter* 137; *Beling* 202; *Gerland* 294; *von Hippel* 375; *Eb. Schmidt* I 253 ff; II Vor § 359, 5; *Peters*[4] 519; *Henkel* 257; *Spendel* ZStW **67**

(1955) 561 und JZ **1958** 547; *Heinitz* JZ **1963** 133; *Schneider* MDR **1956** 465; *Luther* ZStW 70 (1958) 87; *Roeder* ZStW **79** (1967) 250; *Gössel* JR **1979** 76; *Kleinknecht/Meyer*[37] Einl. 105; *Peters* FS Kern 338; *Roxin*[19] § 51 C; für den Bußgeldbescheid nach dem OWiG OLG Hamm JMBlNRW **1975** 71; *Göhler*[8] § 66, 57.

[6] Vgl. u. a. *v. Kries* 708, 761; *Niethammer* S. 61 der 20. Auflage dieses Werkes; *Sarstedt* JR **1953** 371; *Grünwald* ZStW **76** (1964) 250 und Beiheft zur ZStW **86** (1974) 123 ff; *Geppert* GA **1972** 182 Fußn. 134; *Rüping* 156; für den Bußgeldbescheid *Rebmann/Roth/Herrmann* § 66, 16 ff.

[7] So schon *Goldschmidt* Prozeß 501 f.

vor oder nach Eintritt der formellen Rechtskraft auch auf andere Weise formlos geltend gemacht werden könnte, keinesfalls gesprochen werden kann.

4. Einzelergebnisse der Rechtsprechung

a) Grundsätzliche Haltung. Die Rechtsprechung hat zwar im Grundsatz die Mög- **7** lichkeit nichtiger Urteile für „ganz seltene Ausnahmefälle" (BGHZ **42** 360, 363) bejaht; mitunter werden auch Beispielsfälle „besonders schwerer Mängel, die ausnahmsweise zur Unwirksamkeit führen", genannt[8]. Wo indessen in der Rechtsprechung die Frage der Nichtigkeit im Einzelfall zur Entscheidung stand, ist sie durchweg — häufig im Gegensatz zu Auffassungen des Schrifttums — verneint worden, und zwar bei den im Vordergrund des Interesses stehenden Verfahrensmängeln mit der Begründung, daß es sich im Vergleich mit Verfahrensverstößen, die die Strafprozeßordnung nur als absolute Revisionsgründe wertet (§ 338 StPO), nicht um so schwerwiegende Mängel handele, daß ein darauf beruhendes Urteil aus ihrem Rahmen herausfalle. So ist z. B. die Nichtigkeit eines Urteils verneint worden, das entgegen der Vorschrift des § 173 Abs. 1 GVG nicht öffentlich verkündet wurde[9], das gegen einen Auslieferungsvertrag verstieß[10] oder unter Nichtbeachtung einer Amnestie erging[11]. Das gleiche muß dann gelten, wenn das Verfahren zu Unrecht durch Urteil wegen Eingreifens einer Amnestie eingestellt wird[12]. Verneint wird die Nichtigkeit von Strafurteilen, die in Überschreitung der sachlichen Zuständigkeit ergingen, z. B. eines amtsgerichtlichen Urteils, das entgegen § 24 Abs. 2 GVG auf eine Freiheitsstrafe von mehr als drei Jahren oder auf Sicherungsverwahrung erkennt. Namentlich wurde von jeher verneint die Unwirksamkeit von Urteilen der Erwachsenengerichte gegen Jugendliche und Heranwachsende oder der Jugendgerichte gegen Erwachsene (Kap. **12** 137). Die gleichen Grundsätze gelten für den rechtskräftigen amtsrichterlichen Strafbefehl: er ist nicht unwirksam, weil die festgesetzte Strafe zugunsten oder zuungunsten des Beschuldigten von dem Antrag des Staatsanwalts abweicht[13], weil — in Überschreitung der für diese Verfahrensart gesetzten sachlichen Grenzen — die geahndete Tat ein Verbrechen darstellt (Verstoß gegen § 407 Abs. 1), oder weil unter Verletzung des § 407 Abs. 2 eine Freiheitsstrafe[14] oder eine nicht zugelassene Maßregel der Besserung und Sicherung angeordnet wurde, oder weil schließlich der Strafbefehl unter Verstoß gegen §§ 79, 104 JGG gegen einen Jugendlichen oder einen dem Jugendstrafrecht unterliegenden Heranwachsenden erging[15]; auch ist die die Berufung wegen Nichterscheinens des Angeklagten (§ 329) verwerfende Entscheidung nicht deshalb „gegenstandslos", weil das Berufungsgericht übersah, daß der Angeklagte nicht ordnungsgemäß geladen war[16].

b) Auch die **Entscheidung eines funktionell unzuständigen Gerichts** ist nicht als **8** unwirksam angesehen worden, so z. B. nicht ein Beschluß, durch den das Gericht des ersten Rechtszugs die Wiedereinsetzung gegen die Versäumung der Frist zur Einlegung

---

[8] So BGH JZ **1963** 289: Entscheidung durch ein Nichtgericht, fehlende Verlautbarung, fehlende Gerichtsbarkeit, inhaltliche Unmöglichkeit.

[9] RGSt **71** 381.

[10] RGSt **72** 78.

[11] KG DStR **1937** 165; OLG München SJZ **1950** 623; OLG Bremen NJW **1951** 123.

[12] Anders noch RGSt **54** 11 auf der inzwischen überholten Grundlage, daß es sich bei der Prüfung der Niederschlagung nicht um eine

echte Entscheidung über das Vorliegen eines Verfahrenshindernisses, sondern um die aktenmäßige Konstatierung einer ipso iure eingetretenen Verfahrensbeendigung handele; Kap. **12** 76.

[13] LR-*Schäfer*[23] § 408, 12.

[14] So auch *Vent* JR **1980** 400.

[15] BayObLG NJW **1957** 838.

[16] H. M; s. LR-*Gollwitzer* 117; *Kleinknecht/Meyer*[37] 21, je zu § 329; a. A OLG Karlsruhe NJW **1981** 471.

Karl Schäfer

des Rechtsmittels gewährt, während diese Entscheidung nach § 46 allein dem Rechtsmittelgericht zusteht[17], oder ein rechtskräftiger Beschluß, durch den das Gericht des 1. Rechtszuges, nachdem es unter Übersehung des Eingreifens einer Amnestie ein verurteilendes Erkenntnis erlassen hatte, seinen Fehler erkennend unter Berufung auf die Vorschrift des betreffenden Amnestiegesetzes, die die Einstellung anhängiger Verfahren gestattete, das Verfahren einstellte[18], oder schließlich — unter der Herrschaft des OWiG 1952 — ein Beschluß, durch den im gerichtlichen Bußgeldverfahren das Amtsgericht eine Rechtsbeschwerde wegen Frist- oder Formmangels als unzulässig verwarf, obwohl diese Entscheidung nach § 56 Abs. 4 OWiG 1952 nur das Oberlandesgericht treffen durfte[19]. Von diesem Standpunkt aus ist nicht zu billigen OLG Hamm NJW **1971** 1623, wo das Oberlandesgericht seinen die Revision gemäß § 349 Abs. 2 verwerfenden Beschluß zurücknahm, nachdem es erkannt hatte, daß zuständiges Revisionsgericht nicht das Oberlandesgericht, sondern der Bundesgerichtshof war[20]. Bedeutungslos ist es auch, wenn eine Entscheidung statt, wie vorgeschrieben, vom Kollegium (Strafkammer), von dessen Vorsitzenden allein erlassen wird[21].

9   c) Auch **Mängel in der Person des Richters** machen die Entscheidung nicht unwirksam. So verneinte OLG Frankfurt NJW **1954** 207 die Unwirksamkeit einer Entscheidung, die ein Gerichtsreferendar, dem nach damaligem Recht (§ 10 a. F. GVG) nur bestimmte richterliche Aufgaben übertragen werden konnten, unter Überschreitung seines Auftrags oder unter Übergriff in den Bereich nicht übertragbarer Aufgaben ge-

---

[17] RGSt **40** 271. Diese Entscheidung folgerte aus der Unanfechtbarkeit des die Wiedereinsetzung gewährenden Beschlusses (§ 46 Abs. 2) dessen „Rechtskraft", die auch der vom unzuständigen Gericht erlassenen Entscheidung zukomme. Der „Rechtskraft" i. S. der Rechtswirksamkeit entspricht die Unwiderruflichkeit (BVerfGE **14** 8, 10 = NJW **1962** 580). Wegen der Folgerungen, die sich nach h. M im einzelnen aus der „Rechtskraft" ergeben, vgl. LR-*Wendisch* § 46, 16 ff; nach *Schlüchter* Rdn. 158 ff ist – abweichend von der h. M – die vom iudex a quo unzulässigerweise gewährte Wiedereinsetzung beschwerdefähig (unter Berufung auf BGH bei *Holtz* MDR **1977** 284). S. dazu auch OLG Hamburg JR **1986** 382: Das Landgericht hatte übersehen, daß die Berufungsfrist infolge offensichtlicher postalischer Verzögerung bei der Beförderung der Berufungsschrift versäumt war und entschied in der Sache zuungunsten des Angeklagten; dieser, der von der Versäumung keine Kenntnis hatte, legte Revision ein; das OLG erkannte die Verspätung der Berufung, hielt sich aber aus Gründen der Prozeßökonomie für befugt, selbst von Amts wegen über eine zweifellos begründete Wiedereinsetzung zu entscheiden; die Revision hatte im übrigen nur einen Teilerfolg mit der Folge der Zurückverweisung an die Vorinstanz; mit Recht wendet sich *Gössel* JR **1986**

383 gegen diese Art der Behandlung der Heilung des prozessualen Mangels gewissermaßen im „Eilverfahren", jedoch wird die Wiedereinsetzung auch für das Landgericht als rechtskräftig erledigt anzusehen sein. Im Gegensatz zu dem strafprozessualen Meinungsstreit hat sich für das zivilprozessuale Verfahren wie auch für das der freiwilligen Gerichtsbarkeit die Auffassung durchgesetzt, daß gegen einen nach gesetzlicher Vorschrift unanfechtbaren Beschluß eine Beschwerde dann zugelassen werden müsse, wenn die Entscheidung jeder gesetzlichen Grundlage entbehre und inhaltlich dem Gesetz fremd sei, insbesondere wenn eine Entscheidung dieser Art oder dieses Inhalts oder dieser Stelle oder auf Grund eines derartigen Verfahrens im Gesetz überhaupt nicht vorgesehen sei (BGH JZ **1958** 482). S. noch BayObLG NJW **1961** 1982 zur Frage der Wirkung eines Beschlusses, durch den der unzuständige Tatrichter das Gesuch um Wiedereinsetzung gegen die Versäumung der Revisionsbegründungsfrist ablehnend beschieden hat.

[18] RGSt **75** 56.

[19] KG JR **1955** 350.

[20] Ablehnend auch *Jauernig* NJW **1971** 1819; *Geppert* GA **1972** 165.

[21] OLG Karlsruhe Justiz **1982** 138; *Kleinknecht/Meyer*[37] Einl. 105; a. M OLG Stuttgart Justiz **1982** 165.

fällt hatte. Dem ist (für die damalige Rechtslage) zuzustimmen[22]. Denn selbst die Entscheidung eines Richters, bei dessen Anstellung infolge falscher Angaben unerkannt blieb, daß ihm die Befähigung zum Richteramt (§ 5 DRiG) fehlt, ist nicht nichtig. Die Anstellung ist zwar (ggf. auf Grund richterlicher Entscheidung) zurücknehmbar (§§ 19, 62, 78 DRiG). Damit steht aber nur fest, daß das erkennende Gericht nicht vorschriftsmäßig besetzt war (§ 338 Nr. 1), und dieser Fehler verliert mit Rechtskraft des Urteils seine Bedeutung, da die Strafprozeßordnung — anders als § 579 Abs. 1 Nr. 1 ZPO — darin keinen Wiederaufnahmegrund sieht. Dann können aber auch keine Bedenken gegen die Wirksamkeit eines rechtskräftigen Urteils daraus hergeleitet werden, daß bei der Urteilsfällung ein geisteskranker oder ein kraft Gesetzes ausgeschlossener Richter mitgewirkt hat. Wenn das Gesetz dem Mangel der gesetzlichen Anstellungsvoraussetzungen keine Bedeutung für die Wirksamkeit der von dem Betroffenen erlassenen Amtshandlungen beimißt, so deshalb, weil die Rechtssicherheit es nicht zuläßt, die Wirksamkeit der vom Staat eingesetzten und unter staatlicher Autorität tätigen Organe im Hinblick auf die nachträglich — mitunter nach sehr langer Zeit — hervortretenden, in ihrer Person liegenden Umstände in Zweifel zu ziehen, die im Zeitpunkt der Amtshandlung nicht erkennbar waren[23]. Das gilt aber auch für Fälle der Ausschließung und der Geisteskrankheit des Richters. Die Frage, ob ein Richter kraft Gesetzes von der Ausübung des Richteramtes ausgeschlossen sei, bedarf regelmäßig einer eingehenden Untersuchung, bei der schwierige Rechtsfragen, wie die nach dem Begriff des Verletzten, zu lösen sind. Was die Geisteskrankheit eines Richters anlangt, so ist zunächst zu beachten, daß dessen Ernennung nur nichtig ist, wenn er im Zeitpunkt der Ernennung entmündigt war (§ 18 Abs. 2 Nr. 2 DRiG), und diese Nichtigkeit kann nach § 18 Abs. 3 DRiG erst geltend gemacht werden, wenn sie gerichtlich rechtskräftig festgestellt ist. Die Frage, ob Geisteskrankheit einen Richter unfähig gemacht habe, den Gegenstand der Klage zu erforschen und über ihn zu entscheiden, taucht aber immer nur dann auf, wenn das Leiden so verborgen war, daß es sich den mit dem Richter zusammenarbeitenden Menschen nicht rechtzeitig anzeigte; dann liegt aber der dem Urteil anhaftende Mangel nicht so offen zutage, daß jedermann zu jeder Zeit, also insbesondere auch ein Amtsträger, der im Sinne des § 258 a StGB zur Mitwirkung bei der Vollstreckung berufen ist, in der Lage sein und das Recht haben könnte, auf Grund seiner Ansicht zu erklären, das Urteil gelte nicht und sei nicht zu verwirklichen. Danach könnte zwar an Nichtigkeit eines Urteils gedacht werden, wenn die Geisteskrankheit des Richters für die Beteiligten offen, etwa in ungewöhnlich groben Mißgriffen bei der Tatsachenfeststellung oder der rechtlichen Beurteilung zutage tritt; aber ein solcher Fall ist doch wohl nur in der Theorie möglich[24]. Im übrigen liegt es hier nicht anders als in dem vergleichbaren Fall des während der Hauptverhandlung „schlafenden" Beisitzers[25].

---

[22] Vergleichbare Fälle sind in § 8 des RechtspflegerG ausdrücklich geregelt. Nimmt ein Richter ein Geschäft wahr, das dem Rechtspfleger übertragen ist, so wird nach § 8 Abs. 1 die Wirksamkeit des Geschäfts hierdurch nicht berührt, d. h. die Überschreitung der richterlichen Zuständigkeit kann nicht einmal zur Aufhebung der Entscheidung im Rechtsmittelzug führen. Weist der Richter durch förmliche Entscheidung (§ 7) dem Rechtspfleger ein richterliches Geschäft zu, das nach dem Gesetz nicht übertragen werden kann, so ist dieses vom Rechtspfleger wahrgenommene Geschäft wirksam, weil es durch die richterliche Entscheidung gedeckt ist (§ 8 Abs. 4 Satz 2 RPflG).

[23] S. dazu auch BGHSt **29** 351 = JR **1981** 377 mit Anm. *Meyer-Goßner* betr. verjährungsunterbrechende Wirkung eines Eröffnungsbeschlusses, an dem ein kraft Gesetzes ausgeschlossener Richter mitgewirkt hat.

[24] S. dazu auch *Peters*[4] § 55 I 3; *Kleinknecht/ Meyer*[37] Einl. 106.

[25] Dazu etwa BVerwG NJW **1986** 2721.

Karl Schäfer

9a   Unbeachtlich für den Bestand eines rechtskräftigen Urteils ist es, wenn die an seinem Erlaß beteiligten **Schöffen** vom Schöffenwahlausschuß nicht — dem § 42 GVG entsprechend — gewählt, sondern durch Auslosung bestimmt worden waren[26]. Dieser Gesetzesverstoß hat zwar zur Folge, daß die so getroffene „Auswahl" der Schöffen nichtig ist[27], aber dieser Mangel führt bei einem noch nicht rechtskräftigen Urteil, an dem solche Schöffen mitgewirkt haben, nicht zur Unbeachtlichkeit des Urteils, sondern lediglich zur Anfechtbarkeit nach § 338 Nr. 1 (BGH aaO) und wird bedeutungslos, wenn das Urteil unangefochten bleibt. Es liegt also ebenso, wie wenn in anderer Weise die Vorschriften des GVG über Auswahl und Verteilung der Schöffen verletzt wurden[28].

10   d) Die vielerörterte Frage, ob eine Entscheidung unwirksam sei, **die gegen den Satz ne bis in idem verstößt,** ist bereits in anderem Zusammenhang erörtert worden (Kap. 11 36; Kap. 12 56 ff). Hier verneint die Rechtsprechung — entgegen Stimmen im Schrifttum[29] — im allgemeinen die Unwirksamkeit des mit diesem Mangel behafteten späteren Urteils jedenfalls dann, wenn der Verstoß sich innerhalb desselben Verfahrens ereignet, also wenn unter Übersehung der bereits eingetretenen Rechtskraft oder Teilrechtskraft des ersten Urteils das Rechtsmittelgericht (oder trotz Rechtskraft des Strafbefehls auf verspäteten Einspruch hin das Amtsgericht) erneut entscheidet. Ist der Angeklagte dadurch beschwert, so kann er gegen die zweite rechtskräftige Entscheidung mit der Verfassungsbeschwerde (Art. 103 Abs. 3 GG, § 90 BVerfGG) angehen, die, wenn das Bundesverfassungsgericht sie als durchgreifend ansieht, zur Aufhebung der Entscheidung führt (§ 95 BVerfGG). Die Eröffnung dieses Weges schließt die Annahme einer ipso iure eintretenden Urteilsnichtigkeit ohne weiteres aus. Aber auch wenn trotz einer vorausgegangenen rechtskräftigen Aburteilung dieselbe Sache in einem selbständigen Verfahren erneut abgeurteilt wird, ist das spätere Urteil nicht unwirksam, sondern unterliegt — gleichviel ob es für den Angeklagten günstiger oder ungünstiger ist als das zuerst rechtskräftig gewordene Urteil — der Beseitigung im Wege der Wiederaufnahme des Verfahrens (§ 359 Nr. 5), wenn die Tatsache der vorausgegangenen Aburteilung dem Gericht unbekannt war; auch hier ist außerdem die Verfassungsbeschwerde gegeben.

11   5. Soweit es sich um die **Verurteilung auf Grund einer kraß fehlerhaften Anwendung des sachlichen Strafrechts** handelt, sind Rechtsprechung und Schrifttum geneigt, Urteilsnichtigkeit anzunehmen, wenn es an einer Norm für den Spruch überhaupt fehlt[30]. Die Fälle, die Veranlassung zur Aufstellung des Satzes gaben, lagen im allgemeinen so, daß das **Rechtsmittel auf die Straffrage beschränkt** war und das Rechtsmittelgericht zu dem Ergebnis kam, daß offensichtlich nach den tatsächlichen Feststellungen ein Strafgesetz, auf das der Strafausspruch gestützt werden könnte, nicht verletzt sei, so wenn infolge eines offensichtlichen Versehens die Verurteilung wegen Versuchs einer Tat erfolgt ist, obwohl der Versuch der Tat im Gesetz nicht mit Strafe bedroht ist (z. B. bei Verurteilung wegen versuchter Beleidigung). Hier fragt sich zunächst, ob die Beschränkung der Nachprüfungsbefugnis des Rechtsmittelgerichts auf den angefochtenen Teil (§§ 318, 327, 344, 352) lediglich eine prozessuale Bindung darstellt, über die sich das Rechtsmittelgericht ausnahmsweise in dem zur Vermeidung eines ersichtlich unge-

---

[26] BVerfG NJW **1985** 125 = NStZ **1985** 82.
[27] BGH NStZ **1985** 92 mit Anm. *Schätzler.*
[28] BGHSt **33** 261; NJW **1986** 2585; NStZ **1986** 565.

[29] Z. B. *Kleinknecht/Meyer*[37] Einl. 107; s. dort aber auch 109.
[30] So z. B. OLG Bremen JZ **1958** 546.

rechten Urteils erforderlichen Maß hinwegsetzen darf oder ob die „Teilrechtskraft" eine echte materielle Rechtskraft mit Verzehrwirkung bezüglich des Schuldspruchs darstellt, so daß der Satz ne bis in idem (Art. 103 Abs. 3 GG) einer erneuten Befassung mit dem Schuldspruch entgegensteht. Nur vom Standpunkt der letzteren Auffassung kann sich das Problem ergeben, ob das Rechtsmittelgericht nur dadurch zu der dem sachlichen Recht entsprechenden Freistellung kommen kann, daß es den Schuldspruch als nichtig ansieht. Die Rechtsprechung legt der (durch Beschränkung der Anfechtung oder der Aufhebung des Urteils auf den Strafausspruch eingetretenen) Rechtskraft des Schuldausspruchs allerdings Verzehrwirkung hinsichtlich der Schuldfrage bei. Eine im Verfahren zum Strafausspruch hervortretende Änderung der tatsächlichen Grundlagen des Schuldspruchs (des Hervortretens der Schuldunfähigkeit zur Tatzeit, oder einer anderen Schuldform) berührt — unbeschadet der Möglichkeit einer Wiederaufnahme des Verfahrens — im anhängigen Verfahren nicht die Strafbarkeit der Tat, sondern läßt nur eine Berücksichtigung im Rahmen der Strafzumessung zu[30a].

Eine andere Frage ist aber, welche Folgerungen das Gericht **beim Strafausspruch aus** **11a** **einem durch falsche Anwendung des sachlichen Rechts fehlerhaften Schuldspruchs**, den es hinnehmen muß, zu ziehen hat. Es ist nicht denkgesetzlich notwendig, aus der Rechtskraft des Schuldspruchs herzuleiten, daß eine Strafe auf jeden Fall ausgesprochen werden müsse, also etwa zwangsläufig bei rechtskräftigem Schuldspruch wegen versuchter Beleidigung mindestens auf die gesetzliche Mindeststrafe der vollendeten Beleidigung zu erkennen sei. Jedenfalls ist eine solche Folgerung nicht mehr zwingend, seitdem das Gesetz das Absehen von Strafe (freilich normalerweise nur in dem im materiellen Recht vorgesehenen Umfang) in leichtesten Fällen trotz rechtskräftiger Schuldfeststellung kennt (§ 260 Abs. 4 Satz 4). Die **Figur des Absehens von Strafe** in Fällen, in denen der rechtskräftige Schuldspruch inhaltlich keinen gesetzlichen Strafrahmen eröffnet, aus dem die Strafe entnommen werden kann, **rechtsanalog** anzuwenden erscheint zulässig und angemessen. Dieser Weg würde die widersprüchlichen Gedanken, dem rechtskräftigen Schuldspruch Anerkennung zu zollen, aber nur eine Strafe zu verhängen, die im Gesetz vorgesehen ist, angemessen versöhnen und schon deshalb den Vorzug vor der Lösung von *Spendel* ZStW **67** (1955) 561 verdienen, daß das Rechtsmittelgericht unter Feststellung der Nichtigkeit den „nur faktisch vorhandenen" Urteilsspruch zu beseitigen und den Angeklagten freizusprechen habe. Gegen die Annahme einer Nichtigkeit des teilrechtskräftigen Urteils erhebt sich im übrigen der schwerwiegende Einwand, warum die Bindung des über die Straffrage entscheidenden Richters an den rechtlich falschen Schuldspruch unerträglicher sein soll als die Bindung an den „nur" tatsächlich falschen Schuldspruch.

Aber selbst, wenn man dem Gedanken einer Unbeachtlichkeit des rechtskräftigen **11b** Schuldspruchs, der das „Schuldig" wegen einer im Gesetz nicht mit Strafe bedrohten Handlung ausspricht, in dem Sinn Raum gibt, daß das Rechtsmittelgericht nicht verpflichtet sei, den falschen Schuldspruch durch einen Strafausspruch zu vervollständigen, so ergeben sich daraus keine Folgerungen für die Behandlung des Falles, daß ein **rechtskräftiges Vollurteil** vorliegt, **dessen Strafausspruch durch den gesetzwidrigen Schuldspruch nicht getragen wird** (etwa bei Verurteilung wegen versuchter Beleidigung zu einer Strafe im Rahmen des § 185 StGB). Es wäre offenbar verfehlt, von einer Unbeachtlichkeit des Schuldspruchs bei Teilrechtskraft auf die Unbeachtlichkeit des Vollurteils zu schließen. Denn zunächst würde jene Unbeachtlichkeit nur für das Rechtsmittelge-

---

[30a] Vgl. z. B. BGHSt 7 282 sowie zum Fragenkreis mit weit. Nachw. ausführlich LR-*Gollwitzer* § 318, 23 ff; LR-*Hanack* § 344, 25, 39.

Karl Schäfer

richt gelten, während eine Unbeachtlichkeit des Vollurteils darin bestünde, daß jedermann die Unbeachtlichkeit in jeder Form und zu jeder Zeit geltend machen könnte. Andererseits ist die Rechtskraftwirkung eines Schuldspruchs bei Teilrechtskraft gegenüber der eines Vollurteils sehr begrenzt. Der rechtskräftige Schuldspruch ist ein Torso, der rechtliche Bedeutung erst mit seiner Vervollständigung durch einen rechtskräftigen Strafausspruch gewinnt. Dieser Vervollständigung durch die Entscheidung des Rechtsmittelgerichts aber können z. B. Verfahrenshindernisse entgegenstehen, die bei der im Strafausspruch angefochtenen erstinstanzlichen Aburteilung übersehen worden oder erst nach dieser eingetreten sind, oder auch ein Wechsel der Gesetzgebung (§§ 206 b, 354 a), während das Übersehen von Verfahrenshindernissen oder ein Wechsel der Gesetzgebung den Bestand des rechtskräftigen Vollurteils nicht berührt. Es bedarf also auch vom Standpunkt derjenigen aus, die Unbeachtlichkeit des rechtskräftigen Schuldspruchs für das Rechtsmittelgericht annehmen, wenn eine dem sachlichen Recht unbekannte Schuldfeststellung getroffen ist, einer gesonderten Prüfung, ob auch gegenüber einem rechtskräftigen, auf Strafe lautenden Urteil der Vorwurf der Unbeachtlichkeit wegen Fehlens einer die Verurteilung rechtfertigenden Norm erhoben werden kann[30b].

11c   Aber auch wenn man den Gedanken der Urteilsnichtigkeit wegen des Fehlens einer gesetzlichen Grundlage für den Schuldspruch auf den ersten Blick einleuchtend findet, ergeben sich die **Bedenken** bei näherer Prüfung an Hand praktisch denkbarer Fälle, was unter dem gänzlichen Fehlen einer Norm zu verstehen ist. Gehört hierher z. B. die Verurteilung auf Grund einer nichtigen Norm (KG JW **1932** 1774) oder auf Grund eines Gesetzes, das — infolge Hinausschiebung des Zeitpunkts seines Inkrafttretens — im Zeitpunkt der Verurteilung überhaupt noch nicht in Kraft getreten war? Auch die Verurteilung auf Grund eines Gesetzes, das zur Tatzeit noch nicht erlassen (entgegen Art. 103 Abs. 2 GG, § 2 Abs. 1 StGB) oder zur Zeit der Tat bereits aufgehoben war oder infolge Aufhebung nach Tatbegehung zur Zeit der Aburteilung nicht mehr galt (entgegen § 2 Abs. 2 StGB)? Fällt hierunter die Verurteilung wegen Versuchs einer Tat, wenn der Versuch nicht mit Strafe bedroht ist[31], z. B. wegen versuchter Beleidigung[32] oder (nach früherem Recht) wegen versuchter Übertretung[33]? Wie steht es, wenn zwar der Schuldspruch rechtlich einwandfrei ist, aber die **erkannte Strafe dem Gesetz widerspricht?** Es kann freilich kein Zweifel bestehen, daß ein Urteil nichtig wäre, das auf eine dem Strafensystem unbekannte Strafe (Todesstrafe, Prügelstrafe)[34] lautet[35]; das aber gehört nur dem Bereich der Phantasie an[36]. Wie aber bei Überschreitung des gesetzli-

---

[30b] Verneinend z. B. *Jauernig* NJW **1960** 1885, der Nichtigkeit des Urteils wegen Fehlens einer den Spruch tragenden materiellrechtlichen Norm schlechthin ablehnt.

[31] So besonders hervorgehoben bei *Spendel* ZStW **67** (1955) 561 und JZ **1958** 547; KMR-*Sax* Einl. X 15.

[32] Vgl. RMilGE **8** 115, 127.

[33] Vgl. BayObLGSt **17** 113, 115.

[34] S. dazu – nur am Rande – BGH NStZ **1986** 27; der Jugendstaatsanwalt züchtigt beschuldigte Jugendliche und stellt das Verfahren ein im Hinblick auf „vorangegangene erzieherische Maßnahmen".

[35] BGH bei *Dallinger* MDR **1954** 400.

[36] Wenn kurz nach einer Gesetzesänderung der Richter in Unkenntnis des neuen Rechts

noch nach altem Recht judiziert, bieten sich legale Mittel der Korrektur. Wenn z. B. im Widerspruch zu den Vorschriften des 1. StRG nach dem 1. 4. 1970 auf Zuchthausstrafe erkannt worden wäre, so wäre ein solches Urteil notfalls gemäß § 458 dahin zu berichtigen gewesen, daß auf Freiheitsstrafe von gleicher Dauer erkannt ist. Wäre damals versehentlich auf dem neuen Recht nicht mehr bekannte Nebenstrafen und Sicherungsmaßregeln (Aberkennung der bürgerlichen Ehrenrechte, Eidesunfähigkeit, Unterbringung im Arbeitshaus) erkannt und das Urteil rechtskräftig geworden, so müßte die Überlegung durchgreifen, daß ein solches per nefas ergangenes Urteil nach dem Inkrafttreten des 1. StRG keine weitergehenden Wirchen Höchstmaßes der Strafart (zeitige Freiheitsstrafe von 20 Jahren) oder der bei der Deliktsart zulässigen Höchststrafe (Freiheitsstrafe von mehr als zwei Jahren, wenn die Höchststrafe zwei Jahre beträgt)? Oder auch bei Unterschreitung der zulässigen Strafart, z. B. bei Verurteilung zu zwei Wochen Freiheitsstrafe (entgegen § 38 Abs. 2 StGB)? Wie, wenn gegen einen zur Tatzeit Jugendlichen Erwachsenenstrafrecht angewendet und er mit Erwachsenenfreiheits- oder Geldstrafe bestraft, wenn ein zur Tatzeit wegen kindlichen Alters Schuldunfähiger (§ 19 StGB) mit Jugendstrafe bestraft oder mit Jugendarrest belegt, wenn gegen einen zur Tatzeit Erwachsenen eine Maßnahme des Jugendstrafrechts verhängt wird? Liegt der Fall anders, als wenn ein zur Tatzeit jugendlicher Verwandter absteigender Linie unter Übersehung der Altersgrenze entgegen § 173 Abs. 3 StGB wegen Beischlafs zwischen Verwandten bestraft wird? Wie schließlich, wenn auf eine Rechtsfolge der Tat (Nebenstrafe oder Nebenfolge oder eine Maßregel der Besserung und Sicherung) erkannt wird, ohne daß die gesetzlichen Voraussetzungen vorliegen, z. B. entgegen dem § 74 Abs. 2 Nr. 1 StGB producta et instrumenta sceleris eingezogen werden, die nicht z. Zt. der Entscheidung dem Täter oder Teilnehmer gehören?

6. Notwendigkeit einer Beschränkung des Fragenbereichs. Wenn solche Fragen **12** (Rdn. 11 ff) aufgeworfen werden, so ist zunächst folgendes zu erwägen:

a) Freiheit des Richters bei der Auslegung. Der Richter ist **kraft seiner Unabhängigkeit** in der Auslegung des Gesetzes frei und weder an eine feste höchstrichterliche Rechtsprechung noch an ,,herrschende Meinungen" gebunden (Kap. 13 36). Wird sein Urteil rechtskräftig, so kann die Frage, ob seine **auf Auslegung** beruhende Rechtsanwendung richtig oder falsch, ob bei ,,richtiger" Rechtsanwendung eine Norm für die Bestrafung überhaupt nicht vorhanden ist, nicht danach bemessen werden, wie das Revisionsgericht entschieden hätte, wenn gegen das Urteil Rechtsmittel eingelegt worden wäre. Kraß falsch mit der Folge, daß Urteilsnichtigkeit in Erwägung zu ziehen wäre, kann also ein auf Auslegung des Gesetzes beruhendes Urteil nur sein, wenn Wortlaut und Sinn des anzuwendenden Rechts so eindeutig sind, daß für die rechtliche Würdigung des Sachverhalts schlechterdings kein Raum ist, sondern der Rechtsmangel unmittelbar aus dem Urteil offen zutage tritt. Von einer solchen Offenkundigkeit kann keine Rede sein, wenn das Gericht, ohne daß das schlechthin unvertretbar wäre, eine vollendete Tat annimmt, während bei ,,richtiger" rechtlicher Würdigung nur ein strafloser Versuch vorliegt.

b) Unrichtige tatsächliche Feststellungen. Der Gedanke an eine Unwirksamkeit **13** des Urteils muß ferner ausscheiden, wenn aus unrichtigen tatsächlichen Feststellungen rechtliche Folgerungen gezogen werden, die bei richtigen tatsächlichen Feststellungen zutreffend wären. Das ist z. B. der Fall, wenn das Gericht auf Grund unrichtiger Angaben über das Alter, die der Angeklagte macht oder die den Unterlagen in den Akten entnommen werden, tatsächlich feststellt, daß er zur Tatzeit die für die Anwendung des Ju-

---

kungen entfalten könnte, als sie einem früheren Urteil, in dem nach dem damals geltenden Rechtszustand zu Recht auf diese Nebenstrafen und Sicherungsmaßregeln erkannt wurde, nach § 90 bis 92 des 1. StrRG zukämen. In gleicher Weise wäre der Fall zu behandeln, daß kurz nach dem 1. 1. 1975 noch auf Polizeiaufsicht erkannt wäre; dem Urteil wäre insoweit die Wirkung in gleicher Weise abzusprechen, wie nach Art. 304 EGStGB ein vor dem 1. 1. 1975 ergangener, auf Zulässigkeit von Polizeiaufsicht lautender Ausspruch seine Wirkung verlor. Wenn man will, kann man von einer analogen Anwendung dieser Vorschrift sprechen.

Karl Schäfer

gend- oder des Erwachsenenstrafrechts maßgebliche Altersgrenze erreicht habe, und ihn demgemäß verurteilt oder wenn es zu diesem Ergebnis durch unzutreffende Feststellungen über den Zeitpunkt der Tatbegehung gelangt. Stellt sich nachträglich heraus, daß bei dem vermeintlich Jugendlichen das Verfahrenshindernis des kindlichen Alters vorlag (Kap. **12** 99) und daß der vermeintlich Heranwachsende durch Anwendung des Erwachsenenstrafrechts zu schwer bestraft worden ist, so steht zur Beseitigung der Weg der Wiederaufnahme des Verfahrens (§ 359 Nr. 5) zur Verfügung. Dann bleibt nur noch zu prüfen, ob und wie in solchen Fällen Abhilfe möglich ist, in denen es, wenn später die Unrichtigkeit des Urteils erkannt wird, (nach bisheriger Auslegung) an der Neuheit von Tatsachen oder Beweismitteln fehlt, weil das Gericht nicht über das wirkliche Alter irrte, sondern es versehentlich unterließ, diesem Umstand bei der Urteilsfällung Rechnung zu tragen.

14   Aber im **Schrifttum** finden sich gelegentlich auch Stimmen, die die Folge der Urteilsnichtigkeit (ausnahmsweise) auch an das **durch unzutreffende tatsächliche Feststellungen unrichtige Urteil** knüpfen wollen. So ist nach KMR-*Sax* Einl. X 12 die jugendrichterliche Maßnahme gegen ein Kind, nach *Luther* ZStW 70 (1958) 93 ein Urteil nichtig, das einen Jugendlichen mit einer Erwachsenenstrafe belegt, die dem Jugendstrafrecht fremd ist, ohne Rücksicht darauf, ob das Gericht irrtümlich von einer unzutreffenden Altersstufe ausging, weil ihm das wirkliche Alter nicht bekannt war, oder ob es trotz zutreffender Altersfeststellung versehentlich eine unrichtige rechtliche Einordnung vornahm, weil die Vollstreckung einer solchen jugendungeeigneten Strafe den Grundgedanken der Rechtsordnung zuwiderliefe[37].

15   Solchen Auffassungen kann nicht gefolgt werden. Die Korrektur von Urteilen, die sich nachträglich nach der tatsächlichen Seite als Fehlurteile erweisen, erfolgt nach den Grundgedanken des Prozeßrechts **ausschließlich im Wege der Wiederaufnahme des Verfahrens**; notfalls steht, wenn die (gewollte) Enge der Wiederaufnahmevoraussetzungen diesen Weg versperrt, die korrigierende Gnade zur Beseitigung von Unbilligkeiten zur Verfügung. Denn es ist ja gerade der Sinn der Wiederaufnahmeregelung, daß die Prüfung, ob neu beigebrachte Tatsachen und Beweismittel das Urteil als unrichtig erscheinen lassen, nicht incidenter, sondern nur in einem besonderen Verfahren erfolgen soll, ohne Rücksicht darauf, ob die Unrichtigkeit ohne Mühe festzustellen ist und alsbald offen zutage tritt — dann vereinfacht sich auch das Wiederaufnahmeverfahren (§ 371 Abs. 2) — oder ob umfangreiche Ermittlungen nötig sind, deren Ergebnis einer richterlichen Wertung bedarf. Eine Sonderbehandlung des Falles, daß gegen einen Jugendlichen eine Strafe des Erwachsenenrechts verhängt wird, kann auch nicht mit den schädlichen Folgen der Vollstreckung einer solchen Strafe begründet werden; schließlich ist ja auch eine Freiheitsstrafe, die gegen einen Erwachsenen erkannt wird, dessen schon zur Tatzeit vorhandene Geisteskrankheit erst nachträglich hervortritt, praktisch unvollziehbar, und doch kann nicht zweifelhaft sein, daß das Urteil nur durch Wiederaufnahme des Verfahrens zu beseitigen ist. Auch kann es nicht darauf ankommen, ob das Urteil gegen Vorschriften des Grundgesetzes verstößt; sonst müßten ja auch z. B. Verletzungen des Anspruchs auf rechtliches Gehör oder des Satzes: nulla poena sine lege (Art. 103 Abs. 1, 2 GG) das darauf beruhende Urteil nichtig machen, während die

---

[37] Die früher von *Schmidt* NJW **1957** 1628 vertretene Auffassung, ein Urteil, das gemäß § 40 a. F. StGB auf Einziehung der producta et instrumenta sceleris in der irrtümlichen Annahme erkennt, sie seien Eigentum des Täters oder Teilnehmers, während sie in Wahrheit einem tatunbeteiligten Dritten gehören, sei unheilbar nichtig, weil es sich um eine durch Art. 14 GG verbotene entschädigungslose Enteignung des Dritteigentümers handele, ist durch § 439 StPO überholt.

Vorschriften über die Verfassungsbeschwerde (§§ 90 ff BVerfGG) zeigen, daß Grundrechtsverletzungen allein die Wirksamkeit des Urteils nicht berühren, sondern nur — über das Rechtsmittel- und Rechtsbehelfssystem der StPO hinaus — mit Verfassungsbeschwerde geltend gemacht werden können, über die das Bundesverfassungsgericht entscheidet[38].

c) Begrenzung des Problems. Eine **Urteilsnichtigkeit kann daher nur in Betracht 16 kommen**, wenn es sich nicht um richtige Rechtsanwendung auf der Grundlage unrichtiger Tatsachenfeststellung, sondern um fehlerhafte Rechtsanwendung auf den (richtig oder falsch) festgestellten Sachverhalt handelt.

7. Prüfung von Einzelfragen bei verändertem Ausgangspunkt. Prüft man mit die- 17 ser Beschränkung des Fragenbereichs die Richtigkeit und Tragweite des in der Rechtsprechung z. T. aufgestellten Grundsatzes, ein Urteil sei nichtig, wenn es an einer Norm für die Verurteilung überhaupt fehle, so ergibt sich:

a) Nicht mehr oder noch nicht geltendes Gesetz. Von **Urteilsnichtigkeit** kann jeden- 17a falls dann **keine Rede** sein, wenn die Verurteilung in Anwendung eines zur Tatzeit noch nicht in Kraft gesetzten oder bereits wieder aufgehobenen Gesetzes erfolgt. Denn die **Verletzung des Grundsatzes nulla poena sine lege** (Art. 103 Abs. 2 GG) rechtfertigt die fristgebundene Verfassungsbeschwerde (§§ 90 ff BVerfGG i. d. F. vom 12. 12. 1985, BGBl. I 2229); hat die Verfassungsbeschwerde Erfolg, so hebt das Bundesverfassungsgericht die das Grundgesetz verletzende Entscheidung auf (§§ 93 b Abs. 2, 95 Abs. 2 BVerfGG). Aus dieser Regelung — der Fristgebundenheit der Verfassungsbeschwerde, dem Entscheidungsmonopol des Bundesverfassungsgerichts, der Notwendigkeit einer förmlichen Aufhebung der Entscheidung — folgt zwingend, daß ein Urteil, das den genannten Verfassungssatz verletzt, nicht von vornherein und unheilbar nichtig ist mit der Folge, daß die Nichtigkeit von jedermann und zu jeder Zeit und in jeder Form geltend gemacht werden könnte. Die Wirksamkeit eines solchen Urteils, das nicht fristgemäß und nicht erfolgreich mit Verfassungsbeschwerde angegriffen ist, kann nicht mehr in Zweifel gezogen werden.

b) Zur Zeit der Aburteilung außer Kraft getretenes Gesetz. Dann aber ist auch kein 18 Raum mehr für die Annahme von Nichtigkeit eines Urteils, das in Anwendung eines zwar zur Tatzeit geltenden, zur Zeit der Aburteilung aber außer Kraft getretenen Gesetzes erfolgt, denn eine solche Verletzung eines einfachen Bundesgesetzes (§ 2 Abs. 3 StGB) kann keine weiterreichenden Folgen haben als die rückwirkende Anwendung von Gesetzen, um so weniger, als ein solcher Verstoß keineswegs stets offenkundig ist, sondern häufig die schwierige Frage auftaucht, ob nicht ein Zeitgesetz (§ 2 Abs. 3 StGB) vorliegt.

c) Verkennung der Grenzen der Strafbarkeit. Erst recht muß Urteilsnichtigkeit ent- 18a fallen, wenn das Urteil geltendes Recht anwendet und nur die Grenzen der Strafbarkeit verkennt, also etwa wegen Versuchs bestraft, wo der Versuch nicht strafbar ist. Ein solcher Verstoß wiegt jedenfalls nicht schwerer als eine Bestrafung in Anwendung eines noch nicht oder nicht mehr geltenden Gesetzes oder auf Grund verbotener analoger An-

---

[38] Dazu BVerfG NJW **1985** 125: Keine Urteilsnichtigkeit wegen Verletzung des Art. 101 GG, wenn bei dem Urteil Schöffen mitge- wirkt haben, die entgegen § 42 GVG nicht gewählt, sondern ausgelost wurden.

wendung eines Gesetzes. Rechtsverstöße dieser Art liegen auf gleicher Ebene wie etwa die Bestrafung unter Übersehung strafausschließender Altersgrenzen wie z. B. die Bestrafung des jugendlichen Verwandten absteigender Linie wegen Verwandtenbeischlafs entgegen § 173 Abs. 3 StGB oder die Bestrafung eines männlichen Jugendlichen wegen homosexueller Handlungen entgegen § 175 StGB oder die Bestrafung wegen Versuchs in Übersehung, daß freiwilliger Rücktritt vorliegt (§ 24 StGB), oder schließlich eine Bestrafung, bei der das Vorliegen eines Verfahrenshindernisses wie Verjährung oder fehlender Strafantrag übersehen wird. Bei Rechtsfehlern dieser Art schließt schon das verhältnismäßig häufige Vorkommen den Gedanken an eine Nichtigkeit des rechtskräftig gewordenen Urteils aus; sie werden durch die Rechtskraft „geheilt".

19   **d) Verhängung gesetzwidriger Strafen.** Kann es dann bei der Verhängung (der Art oder Höhe nach) gesetzwidriger Strafen anders liegen? BGH MDR **1954** 400 nimmt — wie erwähnt — Urteilsnichtigkeit bei der Verhängung dem Strafsystem unbekannter Strafen (Todesstrafe, Prügelstrafe) an, will aber die Nichtigkeit wegen grober Gesetzwidrigkeit des Strafausspruchs auf diesen Fall beschränken und lehnt in Übereinstimmung mit OLG Hamburg NJW **1952** 1252 die Annahme von Urteilsnichtigkeit ab, wenn das Gericht infolge unrichtiger rechtlicher Einordnung den Jugendlichen nach Erwachsenenstrafrecht aburteilt. Hier wird also darauf abgestellt, ob die Strafe ihrer Art nach dem Strafensystem unbekannt ist und ob sie dem gesamten Strafensystem — nicht nur dem System des im Einzelfall anwendbaren Sonderrechts — unbekannt ist. Im Gegensatz dazu hat nach *Luther* ZStW 70 87 die Verhängung einer dem Jugendstrafrecht unbekannten Strafe des Erwachsenenstrafrechts stets Urteilsnichtigkeit zur Folge. Dagegen wollten — in der Zeit vor Einführung der Einheitsfreiheitsstrafe im Erwachsenenstrafrecht — *Dallinger/Lackner* § 1, 21 und *Lackner* GA **1955** 39 unterscheiden: wurde ein Jugendlicher zu Zuchthausstrafe verurteilt, so sei Urteilsnichtigkeit anzunehmen „in krassen Fällen", wenn der Vollzug der Zuchthausstrafe „absolut abwegig und für die weitere Entwicklung des Jugendlichen unerträglich wäre", und ebenso liege es, wenn ein Kind (trotz richtiger Beurteilung der Tatzeit und des Alters) zu Jugendstrafe verurteilt wird, falls es noch weit von der Altersgrenze entfernt ist. Indessen erscheint es unter rechtsstaatlichen Gesichtspunkten nicht angängig, die Frage einer Urteilsnichtigkeit von den **Verhältnissen des Einzelfalles** abhängig zu machen, etwa ein auf Jugendstrafe lautendes Urteil hinzunehmen, wenn das Kind die Tat unmittelbar vor der Erreichung des Strafmündigkeitsalters beging, oder (nach früherem Recht) die Unerträglichkeit einer Zuchthausstrafe zu verneinen, wenn der Jugendliche einen Mord am Vorabend seines 18. Geburtstages ausführte. Der Gesetzgeber würde bei einer gesetzlichen Regelung des Problems einer Korrektur grob falscher Urteile nicht so verfahren dürfen, sondern müßte nach generellen Merkmalen suchen.

20   Auch erscheint es nicht angängig, das Problem auf die grob unrichtige Bestrafung **von Kindern und Jugendlichen zu beschränken**; die Nachteile aus der Vollstreckung einer Strafe, die nach Art und Höhe nicht verhängt werden durfte, können auch bei Heranwachsenden und Erwachsenen, wenn auch vielleicht nach anderer Richtung, nicht weniger schwerwiegend sein als bei gesetzwidriger Bestrafung von Kindern und Jugendlichen. Aber wie sollte bei einer das gesetzlich zulässige Höchstmaß offenkundig übersteigenden Bestrafung die Grenze zwischen dem durch Rechtskraft heilbaren und dem unerträglichen, Nichtigkeit (des Urteils im ganzen oder nur des Strafausspruchs, soweit er das zulässige Maß überschreitet?) bewirkenden Verstoß gezogen werden? Nimmt man zur Vereinfachung des Problems nur den gröbsten Fall, daß durch Versehen (etwa infolge Benutzung einer veralteten Textausgabe) auf eine das Höchstmaß der angedrohten Vergehensstrafe beträchtlich überschreitende Freiheitsstrafe erkannt und dieses Urteil (wiederum infolge Verkettung von Umständen) rechtskräftig geworden wäre[38a]: müßte oder dürfte dieser Fall anders beurteilt werden, als wenn das Gericht, obwohl ihm das Alter des Angeklagten bekannt ist, dies versehentlich bei der Urteilsfällung nicht berücksichtigt und den zur Tatzeit noch Jugendlichen wegen homosexueller Handlungen mit einem minderjährigen Mann (§ 175 Abs. 1 StGB) zu Freiheitsstrafe verurteilt, obwohl dieser Tatbestand voraussetzt, daß der Täter nicht mehr jugendlich ist?

In dem vorgenannten Fall handelt es sich nicht um ein Vergreifen im Strafrah- **21** men, sondern um eine **rechtsirrtümliche Subsumtion** der Tat unter eine bestehende Norm. Es ist also keineswegs der zur Erörterung stehende Fall gegeben, daß es an einer Norm für den Spruch überhaupt fehlt; Nichtigkeit des Urteils kommt also auch bei Anerkennung des gedachten Satzes nicht in Betracht. Liegt aber dieser Fall einer unrichtigen Subsumtion infolge Übersehens entscheidungserheblicher Umstände qualitativ irgendwie anders als die versehentliche Entnahme der Strafe aus einem nicht zur Verfügung stehenden Strafrahmen? Läßt es sich wirklich mit Überzeugungskraft rechtfertigen, beide Fälle verschieden zu behandeln? Aber auch wenn man hier noch zweifeln wollte, weil der Beispielsfall infolge des Eingreifens einer Altersgrenze sich dem zuvor erörterten Fall der irrtümlichen Anwendung des Erwachsenenstrafrechts auf den zur Tatzeit noch Jugendlichen sehr nähert: wie wäre es, wenn das Gericht wegen eines besonders schweren Falls des Diebstahls (§ 243 StGB) zu einer hohen Vergehensstrafe verurteilt und dabei übersieht, daß eindeutig nur Diebstahl einer geringwertigen Sache (§§ 243 Abs. 2, 248 a StGB) in Betracht kommt, der zudem wegen fehlenden Strafantrags nicht hätte geahndet werden dürfen? Von Urteilsnichtigkeit wegen Fehlens einer Norm für die Vergehensstrafe könnte nicht gesprochen werden. Und wieder die Frage: Liegt ein solcher Fall grob irrtümlicher Rechtsanwendung entscheidend anders als ein Vergreifen im Strafrahmen?

e) **Ergebnis.** Der Satz, daß ein Urteil **nichtig** sei, wenn es an einer **Norm** für den **22** Spruch **überhaupt fehle**, mag also bestehen bleiben, aber er kommt dann nur in Betracht für **Phantasiefälle**, wie die Verhängung von Todes- oder Prügelstrafe, also dem gesamten Strafensystem der Art nach unbekannter Maßnahmen, aber nicht für Fälle grob falscher Rechtsanwendung, die auf einem Übersehen der für den Schuld- oder Strafausspruch erheblichen Umstände beruht, und auch nicht für Fälle, in denen lediglich das gesetzliche Höchstmaß der Strafe überschritten wird.

8. **Auswirkungen des Wiederaufnahmerechts.** Wenn die Rechtsprechung zwar in **23** thesi — gewissermaßen rein platonisch — daran festhält, daß Urteilsnichtigkeit wegen gröbster Rechtsverletzung begrifflich möglich sei, sich aber — von dem Fall fehlender Gerichtsunterworfenheit abgesehen — weigert, bei den „Betriebsunfällen" praktische Folgerungen daraus zu ziehen, so trägt sie damit nur der Grundkonzeption des geltenden Verfahrensrechts Rechnung. Bei der Frage, in welchem Umfang gegen ein rechtskräftiges Urteil Einwendungen gegen seine Richtigkeit erhoben werden können, wird — in gleicher Weise wie bei der Frage nach dem Umfang der Verzehrwirkung des rechtskräftigen Urteils (Kap. **12** 28 ff) — das problembeladene Spannungsfeld zwischen materieller Gerechtigkeit und Rechtssicherheit betreten. Mit der Regelung des Wiederaufnahmerechts hat das geltende Recht den Ausgleich in einer Weise vorgenommen, die

---

[38a] Ist die Strafe infolge der fehlerhaften Rechtsanwendung „übermäßig hart", so kann eine Verletzung der Menschenwürde des Verurteilten (Art. 1 GG) vorliegen (vgl. Bay- VerfGH Rpfleger **1962** 12). Aber eine solche Verletzung wäre nur mit der fristgebundenen Verfassungsbeschwerde (§§ 90 ff BVerfGG) rügbar (Rdn. 33).

eindeutig seine Auffassung erkennen läßt, daß eine Überprüfung des einmal nach Erschöpfung oder Nichtausnutzung der zulässigen Rechtsmittel rechtskräftig gewordenen Urteils (oder Urteilssurrogats) nur unter den dort bezeichneten Voraussetzungen und in dem dort beschriebenen Verfahren möglich und aus Gründen der Rechtssicherheit eine weitere Überprüfung ausgeschlossen sein soll. Wie bei jedem positivrechtlichen Ausgleich zwischen widerstreitenden Interessen sind Härten im Einzelfall unvermeidlich. Nach dieser Grundkonzeption soll auch eine grobe rechtliche Mangelhaftigkeit des Urteils ohne eine Veränderung der tatsächlichen Grundlagen bedeutungslos sein. Die Gesetzgebung hat zwar im Laufe der Zeit die Wiederaufnahmevoraussetzungen vorsichtig erweitert[39] und kannte sogar vorübergehend außerordentliche Rechtsbehelfe bei bestimmten Rechtsmängeln des rechtskräftigen Urteils (Kap. 3 38 ff). An der Grundtendenz der Regelung, daß die Rechtssicherheit nur in engsten Grenzen die Anzweifelung der rechtlichen und tatsächlichen Richtigkeit des rechtskräftigen Urteils und seiner Surrogate erlaubt, hat sich indessen nichts geändert. Es geht dann aber, wenn die zugelassenen Angriffsmöglichkeiten im Einzelfall als zu eng empfunden werden, nicht an, den Engpaß auf Kosten der Rechtssicherheit gewaltsam zu erweitern und neben die nach Voraussetzungen und Verfahren genau geregelten außerordentlichen Rechtsbehelfe der Wiederaufnahme und der Verfassungsbeschwerde (§ 90 BVerfGG) contra legem den außerordentlichen Rechtsbehelf der frei waltenden Urteilsnichtigkeit zu setzen. Wer so verfährt, maßt sich das Amt des zur Reform ausschließlich berufenen Gesetzgebers an.

9. Abhilfemöglichkeiten. Reformbestrebungen

24   **a) Allgemeines.** Damit freilich, daß man — von den Fällen fehlender Gerichtsbarkeit und der Verhängung von Strafen und Unrechtsfolgen, die die Rechtsordnung der Art nach überhaupt nicht kennt (Todesstrafe, Prügelstrafe) abgesehen — die Möglichkeit unheilbar nichtiger Urteile, die ohne weiteres als rechtlich wirkungslos behandelt werden könnten, verneint, ist das Problem nicht erschöpft. Es fragt sich, ob es nicht in gewissem Umfang dem Verfahrensrecht entsprechende und durch Auslegung, Gesetzes- oder Rechtsanalogie gewinnbare Abhilfemöglichkeiten gibt, wenn ein Urteil durch fehlerhafte Anwendung des Rechts, insbesondere durch Übersehen entscheidungserheblicher Umstände grob unrichtig ist. Denn es erscheint allerdings sehr unbefriedigend, daß z. B. der Weg der Wiederaufnahme zur Verfügung steht, wenn der erforderliche Strafantrag zulässigerweise nach Eröffnung des Hauptverfahrens durch Schriftsatz gegenüber dem Gericht zurückgenommen wird, der Schriftsatz aber versehentlich aus den Akten verschwindet und infolgedessen dem erkennenden Gericht in der Hauptverhandlung die Zurücknahme unbekannt ist — die nachträgliche Aufklärung dieses Sachverhalts ist i. S. des § 359 Nr. 5 StPO die Beibringung einer neuen (dem Gericht bei der Aburteilung unbekannten) Tatsache, die die Freisprechung in Form der Einstellung des Verfahrens des Angeklagten zu begründen geeignet ist —, während nur die Verweisung auf den Weg der Gnade möglich sein sollte, wenn das Gericht bei der Aburteilung die in den Akten enthaltene Zurücknahmeerklärung übersieht und das Versehen erst nach Rechtskraft des Urteils erkannt wird. Dazu kommt es aber, wenn als „neu" i. S. des § 359 Nr. 5 nur solche Tatsachen angesehen würden, die „dem erkennenden Gericht nicht vorgelegen haben, bei der Entscheidung also nicht in Betracht gezogen werden konnten" (so LR[22] § 359, 18 a); aus den Akten sich ergebende, aber übersehene Tatsachen wären danach nicht neu (dazu aber unten Rdn. 44). Ein Blick auf die Reformvor-

---

[39] Aus neuester Zeit ist dabei zu denken an § 85 OWiG i. d. F. des Gesetzes vom 7. 7. 1986, BGBl. I 977 und § 373a i. d. F. des StVÄG v. 27. 1. 1987, BGBl. I 475.

schläge und die gesetzgeberische Behandlung vergleichbarer Fragen mag Lösungsmöglichkeiten aufzeigen.

b) Der **EGStGB-Entw. 1930** wollte durch die in Art. 70 Nr. 195 vorgesehenen Änderungen des Wiederaufnahmerechts über das bisherige Recht hinaus zur Beseitigung fehlerhafter Urteile den Weg der Wiederaufnahme des Verfahrens nach drei Richtungen eröffnen: **25**

aa) durch eine **Ausweitung des Erfordernisses der „Neuheit"** der beizubringenden Tatsache. Nach § 360 i. d. F. des Entwurfs setzt die Wiederaufnahme zugunsten des Verurteilten die Beibringung von Tatsachen voraus, die geeignet gewesen wären, die Einstellung des Verfahrens, die Freisprechung oder in Anwendung eines milderen Gesetzes eine geringere Bestrafung zu begründen, es sei denn, daß „die Tatsachen dem erkennenden Gericht in der Hauptverhandlung bekannt gewesen sind". Nach der Begründung (S. 96) sollte durch diese Fassung festgestellt werden, „daß neue Tatsachen ... alle die sind, die bei der Urteilsfällung nicht berücksichtigt worden sind, ohne Rücksicht darauf, ob sie in den Akten des ursprünglichen Verfahrens bereits bekannt waren oder nicht". Damit wären in gewissem Umfang die Fälle des „Übersehens" entscheidungserheblicher Tatsachen einer Korrektur im Wege der Verfahrenswiederaufnahme zugänglich gemacht worden;

bb) durch Zulassung der Wiederaufnahme zugunsten des Verurteilten (§ 360 a), **26** „wenn das Gericht **auf eine Strafe**, Nebenstrafe oder Nebenfolge oder auf eine Maßregel der Besserung und Sicherung **erkannt hat, auf die** nach dem Gesetz **nicht erkannt werden konnte**". Die Begründung führt als Anwendungsfälle die Verhängung einer Zuchthausstrafe, obwohl das Gesetz nur Gefängnis zuließ, oder die Festsetzung einer den gesetzlichen Strafrahmen übersteigenden Strafdauer, also Fälle der Überschreitung des gesetzlichen Strafrahmens an. Aber der Wortlaut der Vorschrift deckt zur Not auch den Fall der Verhängung einer Strafe, der keine Strafnorm zugrunde liegt. Wären diese Vorschläge Gesetz geworden, so würde die Rechtsprechung vielleicht oder sogar wahrscheinlich in erweiterter Auslegung oder in entsprechender Anwendung der Vorschrift auch die Fälle hierher eingeordnet haben, in denen eine Strafe festgesetzt wurde, obwohl die Handlung im Gesetz nicht mit Strafe bedroht ist, also z. B. bei Verurteilung wegen versuchter Tat, obwohl der Versuch nicht mit Strafe bedroht ist, oder bei Verurteilung unter Anwendung einer Strafvorschrift, die zur Tatzeit bereits außer Kraft war;

cc) Durch Zulassung der Wiederaufnahme (§ 360 a Abs. 2), wenn bei Eintritt der **27** Rechtskraft des Urteils **bereits eine andere rechtskräftige Entscheidung** wegen derselben Tat **vorlag**.

Diese Vorschläge sind zwar nicht Gesetz geworden, aber die Vorschläge zu aa) **28** und bb) lassen sich auch **ohne förmliche Gesetzesänderung** auf dem Boden der lex lata durchführen. Wie Kap. 12 59 dargelegt, gewährt das geltende Recht jetzt die Möglichkeit, Verstöße gegen den Grundsatz ne bis in idem im Wiederaufnahmeweg zu korrigieren, wenn dem später entscheidenden Gericht nicht bekannt war, daß eine rechtskräftige Aburteilung wegen derselben Tat vorlag; daneben steht jetzt auch der Weg der Verfassungsbeschwerde (Art. 103 Abs. 3 GG, § 90 BVerfGG) zur Verfügung. Auch steht kein zwingendes Hindernis dem entgegen, die vorgeschlagene Erweiterung des Begriffs der „neuen" Tatsachen im Wege der Auslegung schon auf dem Boden des geltenden Rechts durchzuführen (dazu Rdn. 44). Und der Vorschlag des EGStGB-Entw. 1930, bei einer inhaltlich dem Gesetz widersprechenden Strafe die Wiederaufnahme zuzulassen, fand auf einem vergleichbaren Gebiet, nämlich im Disziplinarverfahren, bereits Verwirklichung. Und zwar zunächst im preuß. Recht (§ 60 Nr. 5 der preuß. Dienst-

Karl Schäfer

strafO für die richterlichen Beamten vom 27. 1. 1932; PrGS S. 79), das die Verfahrenswiederaufnahme zuließ im Fall einer Bestrafung, „die nach Art und Höhe gesetzlich
nicht verhängt werden konnte", und von da aus im Reichs- und Bundesdisziplinarrecht
(§ 83 Abs. 2 RDO vom 26. 1. 1937; § 97 BDO und § 123 Abs. 1 WehrdisziplO), wonach
die Wiederaufnahme auch zulässig ist, „wenn rechtskräftig eine Disziplinarmaßnahme
verhängt worden ist, die nach Art und Höhe im Gesetz nicht vorgesehen war". Ein innerer Grund, der es rechtfertigen könnte, die Voraussetzungen des Wiederaufnahmeverfahrens in diesem Punkt im Disziplinarverfahren anders als im Strafverfahren zu behandeln, erscheint nicht erkennbar. So erscheint es wohl auch nicht überkühn, sich für eine
rechtsanaloge Anwendung dieses Gedankens schon im geltenden strafprozessualen
Wiederaufnahmerecht auszusprechen und nicht erst eine Reform des Wiederaufnahmerechts abzuwarten, für die Änderungswünsche nach dieser Richtung schon hervorgetreten sind[40]. Jedenfalls aber bietet die disziplinarrechtliche Regelung ein weiteres Argument dafür, daß grundsätzlich die Verhängung einer nach Art und Höhe im Gesetz
nicht vorgesehenen Strafe usw. keine Nichtigkeit des Ausspruchs zur Folge haben kann.

29   **c) Nichtigkeitsbeschwerde und außerordentlicher Einspruch.** Mit dem Problem
der Abhilfe bei grober rechtlicher Unrichtigkeit eines rechtskräftigen Urteils beschäftigte sich in der Folgezeit auch der **StPO-Entwurf 1939.** Er suchte aber im Gegensatz
zum EGStGB-Entw. 1930 die Lösung nicht in einer Erweiterung der Wiederaufnahmevoraussetzungen, sondern in der Einführung neuer außerordentlicher Rechtsbehelfe,
der **Nichtigkeitsbeschwerde**[41] und des **außerordentlichen Einspruchs** „gegen rechtskräftige Urteile" (§§ 370 f), die an Vorbilder des österreichischen Strafprozeßrechts, die
Nichtigkeitsbeschwerde des Generalprokurators und die außerordentliche Wiederaufnahme, anknüpften. Nach § 370 des Entwurfs sollte der Oberreichsanwalt beim Reichsgericht die Nichtigkeitsbeschwerde binnen sechs Monaten nach Rechtskraft des Urteils
(des Amtsrichters, der Schöffenkammer und der Strafkammer) erheben können, wenn
das Urteil wegen eines groben Fehlers bei der Anwendung des Rechts auf die festgestellten Tatsachen ungerecht ist; bei Erfolg der Nichtigkeitsbeschwerde sollte das Reichsgericht das Urteil aufheben und entweder selbst in der Sache entscheiden oder, wenn die
tatsächlichen Feststellungen des Urteils dazu nicht ausreichen, die Sache an das Instanzgericht zu erneuter Verhandlung zurückverweisen. Als Beispiele grober Fehler in der
Rechtsanwendung führte die Begründung (S. 177) u. a. die Anwendung eines unrichtigen Strafgesetzes, die zu einer völlig abwegigen Beurteilung geführt hat, die irrige Anwendung oder Nichtanwendung eines Straffreiheitsgesetzes, die Wahl einer im angewendeten Strafgesetz nicht zugelassenen Strafart oder die Außerachtlassung der gesetzlichen Strafgrenzen an. Der ebenfalls vom Oberreichsanwalt beim Reichsgericht zu er-
hebende und in gleicher Weise wie die Nichtigkeitsbeschwerde fristgebundene außerordentliche Einspruch sollte nach § 378 des Entwurfs zulässig sein, wenn der Oberreichsanwalt „wegen schwerwiegender Bedenken gegen die Richtigkeit des Urteils eine neue
Verhandlung und Entscheidung in der Sache für notwendig hält". Die „schwerwiegenden Bedenken" sollten die Rechtsanwendung, die Ausübung des richterlichen Ermessens, die Richtigkeit der tatsächlichen Feststellungen oder der Strafbemessung betreffen
können (Begr. S. 179). Der Einspruch sollte nach § 374 den Wegfall des Urteils bewirken und zu einer neuen Verhandlung der Sache vor dem Reichsgericht führen (§ 375).
Die Kriegsgesetzgebung verwirklichte mit gewissen Abwandlungen die Vorschläge des
Entwurfs (Kap. 3 38 f).

---

[40] Vgl. u. a. *Hanack* JZ **1973** 401 Fußn. 84.   (aus neuerer Zeit) *Grünberg* (s. Schrifttum
[41] Dazu *Brettle* DJ **1941** 561; *Nüse* JR **1949**   Vor Rdn. 1).
    245; *Suchomel* FS Bumke (1939) 134 ff und

Durch die **Nachkriegsgesetzgebung** wurden Nichtigkeitsbeschwerde und außeror- **30** dentlicher Einspruch wieder beseitigt. Das entsprach nicht nur dem Bestreben des RechtsvereinheitlichungsG vom 12. 9. 1950, im Interesse einer raschen Wiederherstellung der Rechtseinheit schwierige Probleme auszuklammern, vielmehr kam darin zum Ausdruck, daß, ganz abgesehen von dem Odium des Mißbrauchs, mit dem diese Einrichtungen belastet waren, jedenfalls der außerordentliche Einspruch mit seinen unbestimmten Voraussetzungen, der auf den Vorstellungen der nationalsozialistischen Gesetzgebung von dem Vorrang der „materiellen" Gerechtigkeit gegenüber der „formalen" Rechtskraft beruhte, einen mit rechtsstaatlichen Anforderungen unverträglichen Eingriff in die Rechtskraft und die Rechtssicherheit bedeute. Die Nichtigkeitsbeschwerde als Rechtsinstitut, die das österreichische Recht nach dem Kriege beibehielt[42], würde dagegen bei sinnvoller Begrenzung solchen Bedenken nicht begegnen.

d) Folgerungen. Beiden **Lösungsversuchen** der vorgenannten Entwürfe ist **gemein- 31 sam**, daß sie — freilich in sehr verschiedenem Ausmaß und in technisch sehr verschiedener Ausgestaltung — zur Beseitigung von Urteilen, die durch fehlerhafte Rechtsanwendung unrichtig sind, den **Weg einer förmlichen gerichtlichen Nachprüfung** zur Verfügung stellen wollten. Beide Entwürfe wollten damit das Problem des nichtigen Urteils gegenstandslos machen, denn indem sie auch zur Beseitigung rechtlich mangelhafter Urteile Wege eröffneten, brachten sie zum Ausdruck, daß auf andere Weise und in anderen Fällen keine Einwendungen gegen die Rechtsbeständigkeit eines rechtskräftigen Urteils wegen falscher Rechtsanwendung in Betracht kommen sollten.

10. Neue Teilregelungen

a) Ausgangspunkt. So sehr die Lösungsversuche aus der Zeit der Weimarer Repu- **32** blik und aus der Zeit des Nationalsozialismus auch auseinandergehen, so liegt ihnen doch **gemeinsam die Überzeugung** der damals zur Mitwirkung bei der Gesetzgebung berufenen Organe zugrunde, daß es Fälle grob fehlerhafter Rechtsanwendung gibt, die der Abhilfe bedürfen und bei denen die Verweisung auf die Korrekturmöglichkeiten der Gnadenstellen unangemessen wäre, daß aber, den Bedürfnissen einer geordneten Rechtspflege entsprechend, Abhilfe nur durch Prüfung und Entscheidung in einem förmlichen gerichtlichen Verfahren möglich sein kann. Diese Grundgedanken, mit denen die Annahme, daß gröbste Rechtsverstöße zu einer ipso iure eintretenden Nichtigkeit des Urteils führen könnten, unverträglich ist, sind von zeitloser Gültigkeit. Sie liegen auch eindeutig den Regelungen zugrunde, in denen auf Teilgebieten das geltende Recht neue Wege zur Nachprüfung rechtskräftiger Urteile zur Verfügung stellt, wenn bestimmte Mängel geltend gemacht werden[43].

b) Verfassungsbeschwerde. Nach dem schon in anderem Zusammenhang mehr- **33** fach erwähnten § 90 BVerfGG kann jedermann mit der Behauptung, durch ein rechtskräftiges (ausnahmsweise nach § 90 Abs. 2 auch durch ein noch nicht rechtskräftiges)

---

[42] *Luther* ZStW 70 (1958) 102.

[43] Ergänzend zu der Darstellung der neuen Nachprüfungsmöglichkeiten (Verfassungsbeschwerde, Normenkontrollverfahren, Überprüfung von DDR-Urteilen) ist zu bemerken, daß auch die **Menschenrechtskonvention** eine Individualbeschwerde wegen Verletzung der in der Konvention enthaltenen Grundrechte – nach Erschöpfung des innerstaatlichen Rechtswegs (Art. 26) – an die Menschenrechtskommission vorsieht. Sie ist aber in diesem Zusammenhang nicht weiter zu erörtern, da eine Aufhebung rechtskräftiger Erkenntnisse, die auf einem Verstoß gegen die Grundrechte beruhen, durch die in der Konvention vorgesehenen Kontrolleinrichtungen nicht in Betracht kommt (*Woesner* NJW **1961** 1381).

Karl Schäfer

Strafurteil in einem Grundrecht oder in den in Art. 101, 103, 104 GG enthaltenen Rechten verletzt zu sein, fristgebundene (§ 93) **Verfassungsbeschwerde** zum BVerfG einlegen. Wird ihr stattgegeben, so hebt das Gericht das Urteil auf (§§ 93c Abs. 2, 95 Abs. 2). Aus dieser Regelung erhellt ohne weiteres, daß Verstöße der gedachten Art — also auch die Verletzung des Satzes: ne bis in idem (Art. 103 Abs. 3) und die Verletzung des Satzes: nulla poena sine lege (Art. 103 Abs. 2) — das Urteil nicht nichtig machen; vielmehr kann nur das BVerfG und auch es nur auf fristgebundene Verfassungsbeschwerde hin ein solches rechtskräftiges Urteil nachprüfen. Dadurch wird ein Antrag auf Wiederaufnahme des Verfahrens, soweit seine gesetzlichen Voraussetzungen in Betracht kommen, nicht ausgeschlossen; die Verfassungsbeschwerde ist dann wohl erst zulässig, wenn der Rechtsweg auch nach dieser Richtung erschöpft ist[44].

33a   In der **Erweiterung der Verfassungsbeschwerde** des Verurteilten auf jeden Verstoß gegen das materielle wie gegen das formelle Strafrecht, welches eine Entscheidung grob ungerecht macht, sieht *Lampe* GA **1968** 33 den richtigen Weg der Korrektur grob fehlerhafter Urteile[45]. Zur Tragweite der Verfassungsbeschwerde vgl. aber auch BVerfG DRiZ **1982** 32: auch das Beruhen einer Fehlentscheidung auf grober Aktenwidrigkeit kann die Verfassungsbeschwerde begründen, wenn sie einen Verstoß gegen das aus Art. 3 Abs. 1 GG abzuleitende Verbot darstellt, objektiv offensichtlich unsachliche Erwägungen zur Grundlage einer staatlichen Entscheidung zu machen.

34   c) **Normenkontrolle.** Das Bundesverfassungsgericht entscheidet im abstrakten Normenkontrollverfahren (Art. 93 Abs. 1 Nr. 2 GG; § 76 BVerfGG), im konkreten Normenkontrollverfahren (Art. 100 GG) und im Verfahren auf Verfassungsbeschwerde (§§ 90, 93 Abs. 2 BVerfGG) über die **Verfassungswidrigkeit von Gesetzen.** Bejaht es diese und spricht es mit rückwirkender Kraft die Nichtigkeit des Gesetzes aus (§§ 78, 82, 95 Abs. 3 BVerfGG), so ist nach §§ 79, 82, 95 Abs. 3 Satz 3 aaO gegen ein rechtskräftiges Strafurteil, das auf der für nichtig erklärten Norm beruht, „die Wiederaufnahme des Verfahrens nach den Vorschriften der Strafprozeßordnung zulässig". Das gleiche gilt nach § 79 Abs. 1 BVerfGG, wenn ein Strafurteil auf der Auslegung einer Norm beruht, die das BVerfG als für unvereinbar mit dem Grundgesetz erklärt hat[46].

35   Über die **Bedeutung dieser Vorschriften** entstand ein lebhafter Streit, als BVerfGE **10** 200[47] auf Verfassungsbeschwerde hin die im ehemaligen Land Württemberg-Baden erlassenen Vorschriften über die Friedensgerichte für verfassungswidrig und nichtig erklärte, weil die Friedensgerichte nicht Gerichte i. S. des Art. 92 GG seien. Über das rechtliche Schicksal der von den Friedens- und Friedensobergerichten erlassenen rechtskräftigen Urteile traten die verschiedensten Auffassungen zutage[48]. Nach der extremsten Auffassung lagen von Nichtgerichten erlassene, rechtlich unbeachtliche Nichturteile vor. Nach anderer Ansicht war gegen die Strafurteile in Anwendung des § 79 Abs. 1 BVerfGG die Wiederaufnahme des Verfahrens zulässig. Nach einer dritten Meinung waren die Strafurteile, soweit sie nicht gemäß § 95 Abs. 2 BVerfGG vom BVerfG zugunsten derjenigen, die Verfassungsbeschwerde erhoben hatten, aufgehoben waren, wirksam und unangreifbar, weil § 79 BVerfGG nur an Strafurteile denke, die auf einer für nichtig erklärten Norm des materiellen Rechts beruhen. Streitig war

---

[44] **A. M** *Pfeiffer* Die Verfassungsbeschwerde (1959) 31; *Arndt* NJW **1964** 166.

[45] Dazu kritisch *Eb. Schmidt* JZ **1968** 681 mit Erwiderung *Lampe* JZ **1969** 287.

[46] Ergänzung des § 79 Abs. 1 durch das Gesetz vom 21. 12. 1970 (BGBl. I 1765).

[47] = NJW **1960** 168 = BGBl. I **1960** 9.

[48] Nachw. bei LR-*Gössel* Vor § 359, 144 Fußn. 171, 172.

schließlich die Bedeutung des § 79 Abs. 2 BVerfGG in diesem Zusammenhang. Auf die Einzelheiten ist hier nicht einzugehen. In diesem Meinungsstreit griff zunächst BVerfG NJW **1960** 1051 mit dem Ausspruch ein, daß die Entscheidungen der Friedensgerichte keine „Nichturteile" seien, die von jedermann als nichtexistent behandelt werden könnten. Sie als schlechthin nichtig anzusehen, verbiete das Interesse des Rechtsfriedens und der Rechtssicherheit, nachdem die Friedensgerichtsbarkeit ein Jahrzehnt bestanden habe, ohne daß ihre Verfassungswidrigkeit erkannt worden wäre. Schließlich sprach BVerfGE **11** 265 = NJW **1960** 1563 aus, § 79 Abs. 1 (Wiederaufnahme des Verfahrens) gelte nur, wenn das Urteil auf einer für nichtig erklärten Norm des **materiellen** Rechts beruhe. Dem § 79 Abs. 2 liege der Gedanke zugrunde, daß bei der Behandlung von rechtskräftigen Gerichtsurteilen, die eine für nichtig erklärte Norm zur Grundlage haben, die Rechtssicherheit und der Rechtsfriede den Vorrang vor dem Rechtsschutz des einzelnen habe; solche Urteile könnten daher grundsätzlich nicht mehr angefochten werden. Nur für Strafurteile sei im § 79 Abs. 1 eine Ausnahme geschaffen, um den auf Grund einer nichtigen strafrechtlichen Norm Verurteilten die Möglichkeit einzuräumen, das Strafverfahren noch einmal aufzurollen. Auf Strafurteile, die auf nichtigen Normen des Gerichtsverfassungs- oder des Verfahrensrechts beruhten, erstreckte sich die Ausnahmevorschrift nach ihrem Sinn und Zweck nicht. Dies gilt auch für Strafurteile, die auf einer mit dem Grundgesetz für unvereinbar erklärten materiellrechtlichen Norm beruhen[49].

Auf der **Grundlage dieser Rechtsprechung ergibt sich folgendes Bild**: Erklärt das **36** BVerfG ein Gesetz für nichtig, so steht kraft der Wirkung, die § 31 BVerfGG dem Spruch beilegt, unangreifbar fest, daß das Gesetz von vornherein nichtig war. Bildet die für nichtig erklärte Norm die materiellrechtliche Grundlage eines Strafurteils, so ist jetzt offenkundig, daß es an einer Norm für die Verurteilung fehlte, mag auch das Fehlen einer die Verurteilung tragenden Norm zu der Zeit, als das Urteil erlassen wurde, nicht offenkundig gewesen sein. Die Wirksamkeit des (materiell unrichtigen) Urteils wird dadurch aber im Interesse der Rechtssicherheit nicht berührt. § 79 BVerfGG überläßt es vielmehr dem Verurteilten wie dem Staatsanwalt (§ 365), im Einzelfall einen Antrag auf rechtliche Nachprüfung des Urteils zu stellen, die in den Formen des Wiederaufnahmeverfahrens erfolgt.

Die **grundsätzliche Bedeutung des § 79 BVerfGG** besteht also darin, daß er — **37** wie es schon der EGStGB-Entw. 1930 vorschlug — den neuen **Wiederaufnahmegrund der Rechtsfehlerhaftigkeit des Urteils**[50] schuf, allerdings beschränkt auf den Fall, daß die Rechtsfehlerhaftigkeit auf der Anwendung einer grundgesetzwidrigen Norm oder der grundgesetzwidrigen Auslegung einer Norm beruht. Da die Wiederaufnahmevorschriften nur darauf zugeschnitten sind, daß eine Erschütterung der tatsächlichen Grundlagen des Urteils in Frage steht, können sie gegenüber dem neu geschaffenen Wiederaufnahmegrund nur sinngemäß anwendbar sein[51]. Gegenstand der Nachprüfung ist nur, welche Folgerungen sich aus dem Wegfall des für nichtig erklärten Gesetzes für den Schuld- und Strafausspruch ergeben. Die tatsächlichen Feststellungen des Strafurteils bleiben grundsätzlich unberührt[52]. Ein Freispruch kommt nur in Betracht, wenn es nunmehr an jeder Grundlage für eine Verurteilung fehlt. Ist eine solche aber unter einem anderen rechtlichen Gesichtspunkt — wegen einer tateinheitlich zusammentref-

---

[49] LR-*Gössel* Vor § 359, 144.
[50] Vgl. dazu u. a. *Ipsen* Rechtsfolgen der Verfassungswidrigkeit von Norm und Einzelakt (1980); *Dingeldey* NStZ **1985** 337.

[51] Dazu LR-*Gössel* Vor § 359, 140 ff mit weit. Nachw.
[52] OLG Hamm NJW **1962** 68.

Karl Schäfer

fenden Gesetzesverletzung, aus einer subsidiär anwendbaren Norm, die durch die für nichtig erklärte Norm verdrängt wurde, usw. — gerechtfertigt, so ist die neue Entscheidung der veränderten Rechtslage anzupassen. So ist es möglich, daß die neue Entscheidung trotz der veränderten Rechtslage im Ergebnis den Strafausspruch des Urteils unverändert aufrechterhält. Demgemäß führte, als BVerfGE **14** 174 = NJW **1962** 1563 die damaligen §§ 49 StVO, 71 StVZO für nichtig erklärte, die auf Grund dieser Vorschriften ausgesprochenen Strafen aber in § 21 StVG eine Grundlage fanden, die Wiederaufnahme nur zu einer Auswechslung der Strafvorschriften im Spruch, ohne daß der Schuldspruch und die hierzu getroffenen Schuldfeststellungen nachzuprüfen gewesen wären[53].

38   **d) Urteile der DDR.** In anderer Gestalt tritt das Problem der Urteilsnichtigkeit auf, wenn die Wirksamkeit der von **Gerichten der DDR erlassenen Strafurteile** in Frage steht. Diesen Fragenbereich regelt das Gesetz über die innerdeutsche Rechts- und Amtshilfe in Strafsachen (RHG). Dieses Gesetz geht davon aus, daß die DDR im Verhältnis zur Bundesrepublik kein ausländischer Staat ist, sondern die beiden deutschen Staaten trotz tiefstgreifender Unterschiede in Gesetzgebung, Rechts- und Weltanschauung im Grundsatz noch immer ein (der Regelung durch Vereinbarungen unterliegendes) einheitliches Rechtspflegegebiet darstellen, daß es aber nicht angeht, Urteile von Gerichten der DDR in der Bundesrepublik anzuerkennen, wenn diese mit dem Recht der Bundesrepublik und rechtsstaatlichen Grundsätzen unvereinbar sind, sei es, daß die Rechtsstaatswidrigkeit dem materiellen Recht anhaftet, auf dem das Urteil beruht, oder dem Verfahren, in dem es zustande gekommen ist, oder dem Inhalt des Urteils selbst. Die Frage der Rechtsstaatswidrigkeit eines DDR-Urteils kann hervortreten, wenn es sich darum handelt, ob in der Bundesrepublik den DDR-Behörden Rechtshilfe bei der Vollstreckung des Urteils (durch Ergreifung und Zulieferung des Verurteilten oder Vollzug in den Anstalten der Bundesrepublik) zu leisten ist, ob die Rechtskraft eines DDR-Urteils einer erneuten Aburteilung in der Bundesrepublik entgegensteht, ob die Verurteilung in der DDR im Bundeszentralregister zu vermerken ist und schließlich, wenn der Verurteilte ganz allgemein ein Interesse daran hat, daß die mangelnde Rechtsstaatlichkeit der Verurteilung (in Form des Ausspruchs der Unzulässigkeit der Vollstreckung, § 15 RHG) festgestellt wird. In allen diesen Fällen wird über die Rechtsstaatlichkeit der Verurteilung in einem förmlichen Verfahren entschieden (§§ 5, 11, 15 RHG). Eine Nichtigkeit eines DDR-Urteils, die von jedermann und bei jeder in Betracht kommenden Gelegenheit geltend gemacht werden könnte und über die jeweils incidenter zu entscheiden wäre, gibt es hier grundsätzlich nicht; nur bei den sog. Waldheimer-Urteilen hat die Rechtsprechung die Auffassung vertreten, daß es sich um offenkundige Willkürakte handele, die die Bezeichnung als Urteil überhaupt nicht verdienten (Fußn. 2 zu Rdn. 1).

39   **e) Rechtsprechungswandel.** In einem gewissen Zusammenhang mit dem Problem des nichtigen Urteils steht die Frage nach der **Bedeutung eines grundsätzlichen Wandels der Rechtsprechung** (des „Richterrechts") in der Auslegung eines Gesetzes[54]. Ein sol-

---

[53] BVerfGE **15** 309 = NJW **1963** 756; BGHSt **19** 46.

[54] **Schrifttum** zur Problematik: *Arndt* Probleme rückwirkender Rechtsprechungsänderung (1974); *Büchner* Vertrauensschutz bei Änderung der Rechtsprechung, Gedächtnisschrift Dietz (1973) 275; *Grunsky* Grenzen der Rückwirkung bei Änderung der Rechtsprechung (1970); *Groß* Über das „Rückwirkungsverbot" in der strafrechtlichen Rechtsprechung, GA **1971** 13; *Müller-Dietz* Verfassungsbeschwerde und richterliche Tatbestandsauslegung im Strafrecht, FS Maurach 41; *Schreiber* Rückwirkungsverbot bei einer

cher Wandel kann sich in der Weise vollziehen, daß bei der Auslegung eines Strafgesetzes ein bestimmtes Verhalten, das als straflos angesehen wurde, nunmehr als Verwirklichung des Tatbestandes gilt und damit auch der erfaßt wird, der im Zeitpunkt der Tat entsprechend der damaligen Rechtshandhabung straflos zu handeln glaubte. Die Frage ist, ob er sich nur auf unverschuldeten Verbotsirrtum (§ 17 StGB) berufen kann oder ob der Wandel der Rechtsprechung einer Gesetzesänderung gleichkommt und entsprechend dem Grundgedanken des § 2 StGB zu behandeln wäre. Diese Frage interessiert hier nicht. Umgekehrt kann eine Wandlung der Rechtsprechung in dem Sinn erfolgen, daß das bisher für strafbar gehaltene Verhalten nunmehr als straflos angesehen wird, und es fragt sich, ob ein unter der Herrschaft der früheren Auslegung Verurteilter eine Rückwirkung des Wandels für sich in Anspruch nehmen und sich auf den Standpunkt stellen kann, er sei ohne gesetzliche Grundlage verurteilt.

Nach der bisher herrschenden Meinung[55] ist ein solcher **Wandel der Rechtsprechung** **40** über die Auslegung eines Gesetzes **keine neue Tatsache**, die die Wiederaufnahme des Verfahrens zugunsten des Angeklagten ermöglichte. Unzulässig wäre es auch, einem solchen Urteil durch Entscheidung nach § 458 Abs. 1 die Vollstreckbarkeit abzusprechen; es bliebe danach nur der Weg der „korrigierenden" Gnade. Nachdem aber § 79 Abs. 1 BVerfGG den Schritt vollzogen hat, auch grundlegende Veränderungen in der Rechtswelt, und zwar auch, soweit sie in einer Veränderung der Auslegung einer Norm bestehen, zur Wiederaufnahmevoraussetzung zu erheben, wäre es wohl — jedenfalls de lege ferenda — richtiger, in dem vorbezeichneten Fall die Wiederaufnahme des Verfahrens zuzulassen.

Es versteht sich, daß damit nicht einer allgemeinen Erhebung des Wandels der **40a** Rechtsprechung zum Wiederaufnahmegrund das Wort geredet wird, obwohl es auch außerhalb der im Text erörterten Probleme Fälle geben kann, in denen der „Wandel der Rechtsprechung" die Frage nahelegt, ob es rechtspolitisch richtig ist, gegenüber rechtskräftigen Urteilen, die auf der Grundlage einer später aufgegebenen Auslegung erwachsen sind, in gleicher Weise wie bei einem Wandel der Gesetzgebung nur auf den Weg der Gnade oder eines mit einer Gesetzesänderung gekoppelten Straffreiheitsgesetzes zu verweisen. Insbesondere können sich bei **neuen Gesetzen** zunächst erhebliche Auslegungszweifel ergeben, bis sich schließlich eine feste Rechtsprechung bildet. Die Kontroverse wird dann sozusagen auf dem Rücken der Angeklagten ausgetragen. Wenn etwa OLG A als Revisionsgericht eine Auslegung vertrat, die die Verurteilung des Angeklagten zur Folge hatte, OLG B aber die entgegengesetzte Auffassung, die zum Freispruch führen muß, für richtig hält und gemäß § 121 Abs. 2 GVG vorlegt, so ist, wenn der Bundesgerichtshof dem vorlegenden Oberlandesgericht beistimmt und sich in der Folgezeit eine feste Rechtsprechung bildet, das im früheren Verfahren ergangene verurteilende Erkenntnis im Sinne der Rechtswirklichkeit als „falsch" erwiesen. Mit einer Nichtigkeitsbeschwerde, wie sie der StPO-Entw. 1939 vorsah, oder mit einer Erstreckung der Entscheidung des Bundesgerichtshofs nach Art. des § 357 wäre zum Teil Abhilfe denkbar. Auf die Problematik dieses weiten Feldes einzugehen, würde den Rahmen der vorliegenden Einleitung überschreiten.

Änderung der Rechtsprechung im Strafrecht? JZ **1973** 713; *Sommerlad* Die sog. Selbstbindung der Rechtsmittelgerichte, NJW **1974** 123; *Straßburg* Rückwirkungsverbot und Änderung der Rechtsprechung im Strafrecht, ZStW **82** (1970) 948; *Tröndle* Rückwirkungsverbot bei Rechtsprechungswechsel, FS Dreher 117.
[55] LR-*Gössel* § 359, 66 mit weit. Nachw.

Karl Schäfer

41   **11. Schlußbetrachtung.** Im Licht der vorerörterten Regelungen muß auch das **Gesamtproblem des nichtigen Urteils** behandelt werden. Die in Rdn. 33 ff genannten neueren Gesetze befassen sich mit Fällen, in denen ohne eine gesetzliche Regelung der Gedanke, ein Urteil als nichtig zu behandeln, mehr oder weniger nahe läge. Die gesetzgeberische Lösung der Probleme beruht aber gerade auf dem Gedanken, daß die Rechtssicherheit es ausschließt, ein mit Mängeln (inhaltlich, nach dem angewendeten Recht oder nach der Art seines Zustandekommens) behaftetes Urteil als nichtig anzusehen, dergestalt, daß die Unwirksamkeit jederzeit formlos geltend gemacht und incidenter darüber entschieden werden könnte; vielmehr können die schweren Mängel, mit denen sich der Gesetzgeber befaßt — des Verstoßes gegen Verfassungsvorschriften, der Verurteilung auf Grund eines nichtigen Gesetzes oder der grundgesetzwidrigen Auslegung eines Gesetzes, der Rechtsstaatswidrigkeit eines DDR-Urteils —, nur in einem besonders geregelten Verfahren geltend gemacht und geprüft werden. Angesichts dieser Regelungen läßt es sich — wenn man die Fälle eines Überschreitens der Gerichtsbarkeit und sinnloser Strafaussprüche (Todesstrafe, Prügelstrafe) beiseite läßt — schlechterdings nicht mehr vertreten, daß es unheilbar nichtige Strafentscheidungen geben könnte, deren Unwirksamkeit bei jeder sich bietenden Gelegenheit geltend gemacht werden könnte. Wie soll, wenn die Verurteilung auf Grund eines autoritativ für nichtig oder rechtsstaatswidrig erklärten Gesetzes wirksam bleibt, solange nicht in einem förmlichen Verfahren die aus dem Mangel sich ergebenden Folgerungen gezogen sind, noch Raum sein für einen Satz, daß eine Entscheidung nichtig sei, wenn es an einer Norm für die Entscheidung fehle?

42   Auf der anderen Seite zeigen die erörterten neueren Vorschriften, daß der Gesetzgeber — wie schon die Entwürfe der Jahre 1930 und 1939 — die **Wiederaufnahmevorschriften des geltenden Rechts nicht als ausreichend ansah**, um bei schweren Mängeln eines rechtskräftigen Urteils in dem durch die Gerechtigkeit und Rechtstreue geforderten Umfang eine Nachprüfung und Änderung des Urteils zu ermöglichen. Er erweiterte deshalb, ohne den Wortlaut der Strafprozeßordnung zu ändern, die Wiederaufnahmevoraussetzungen dahin, daß nicht nur eine Erschütterung der tatsächlichen Grundlagen des Urteils, sondern auch eine Veränderung in der Rechtswelt (durch rückwirkenden Wegfall des dem Urteil zugrunde gelegten sachlichen Rechts) zur Nachprüfung des Urteils führt. Er schuf ferner neben dem außerordentlichen Rechtsbehelf des Wiederaufnahmeverfahrens den außerordentlichen Rechtsbehelf der Verfassungsbeschwerde[55a].

43   Die Frage erhebt sich, ob es **nach dem Grundgedanken und der Tendenz dieser Rechtsentwicklung** möglich ist, auch andere mit groben Rechtsmängeln behaftete Urteile einer Nachprüfung und Korrektur in einem geordneten Verfahren im Wege einer (gewiß kühnen) Rechtsanalogie zuzuführen. Soweit verfahrensrechtliche Mängel eines Urteils in Frage stehen, ist das zu verneinen. Der Bereich der Verfassungsbeschwerde (§ 90 BVerfGG), mit der namentlich die Verletzung der Menschenwürde (Art. 1 Abs. 1 GG) und der in Art. 101, 103, 104 GG zu Verfassungsgeboten und -verboten erhobenen Rechtspflegefundamentalsätze geltend gemacht werden kann, ist so umfassend, daß mit Verfassungsbeschwerde nicht rügbare Verfahrensverstöße, die andere Abhilfemöglichkeiten zwingend geboten erscheinen lassen könnten, kaum denkbar sind, zumal nach der Auslegung des § 79 Abs. 1 BVerfGG durch das Bundesverfassungsgericht (Rdn. 35)

[55a] Der weitere außerordentliche Rechtsbehelf des Unzulässigkeitsantrags gegenüber DDR-Strafurteilen nach § 15 RHG trägt nicht allgemeinen kriminalpolitischen Forderungen, sondern einer besonderen staatsrechtlich-politischen Lage Rechnung und kann in diesem Zusammenhang außer Betracht bleiben.

der Wegfall verfahrens- und gerichtsverfassungsrechtlicher Vorschriften durch Nichtigkeitserklärung nicht zur Wiederaufnahme des Verfahrens führt. Die Regelung in § 90 BVerfGG ist also, was Verfahrensmängel anlangt, als abschließend anzusehen. Vertretbar erscheint es dagegen, bei sachlichrechtlichen Verstößen eine Nachprüfung in den Grenzen zuzulassen, in denen der EGStGB-Entw. 1930 eine Wiederaufnahme des Verfahrens zulassen wollte und das Disziplinarverfahren sie bereits heute zuläßt (Rdn. 28). Dann wären z. B. die Fälle erfaßbar, in denen das Gericht Erwachsenen-Verbrechensstrafe gegen den zur Tatzeit Jugendlichen verhängt, weil es das ihm aus der Hauptverhandlung bekannte jugendliche Alter bei der Urteilsfällung außer acht läßt. Es wäre auch nicht zu kühn, eine solche Nachprüfung und Abhilfe dem Wiederaufnahmeverfahren zuzuweisen, nachdem § 79 BVerfGG — darin dem Vorbild des EGStGB-Entw. 1930 folgend — und schon vorher das Disziplinarverfahrensrecht den grundsätzlichen Schritt vollzogen hat, das Wiederaufnahmeverfahren auf gewisse nachträglich zutage tretende Mängel des Urteils im sachlichen Recht zu erstrecken. Wer eine solche Rechtsanalogie für zu gewagt hält, könnte den prozessualen Anknüpfungspunkt in § 458 suchen[56].

Bekennt man sich ferner — entsprechend den Vorschlägen des EGStGB-Entw. **44** 1930 — zu der zunehmend vertretenen Auffassung, daß als „neu" i. S. des § 359 Nr. 5 auch Tatsachen anzusehen sind, die dem Gericht zwar aus den Akten bekannt oder erkennbar, aber versehentlich nicht in die Hauptverhandlung eingeführt und deshalb bei der Urteilsfällung nicht berücksichtigt worden sind[57], so ist schon auf dem Boden des geltenden Rechts bei manchen durch „Übersehen" wesentlicher tatsächlicher Umstände (z. B. der Zurücknahme des Strafantrags) rechtlich unrichtigen Urteilen Abhilfe im Rechtsweg möglich und insoweit der Notbehelf der korrigierenden Gnade entbehrlich.

In diesem Zusammenhang mag noch als Beitrag **zur Frage der Nichtigkeit „justiz- 45 förmiger" Verwaltungsakte** ein Blick auf die frühere Zweifelsfrage gestattet sein, welche Wirkung es auf **Beschlüsse des Präsidiums** über die Besetzung der Spruchkörper (§§ 21 a ff GVG) hat, wenn das Präsidium nicht ordnungsgemäß gebildet worden ist. Nach früherem Recht bestand die Möglichkeit, daß sich ein Prozeßbeteiligter auf die Nichtigkeit eines die Besetzung der Spruchkörper regelnden Beschlusses des Präsidiums berief, indem er rügte, das erkennende Gericht sei infolge fehlerhafter Zusammensetzung des Präsidiums nicht vorschriftsmäßig besetzt gewesen (§ 338 Nr. 1). Die Rechtsprechung[58] ließ offen, ob nicht diese Beschlüsse nichtig seien mit der Folge einer gesetzwidrigen Besetzung des Gerichts, wenn bei der Bildung des Präsidiums offensichtlich gegen eindeutige Gesetzesvorschriften oder gar bewußt dagegen in der Absicht verstoßen wurde, sachfremden Einfluß auf die Besetzung der Kammern und Senate zu gewinnen, verneinte aber eine Nichtigkeit der Beschlüsse jedenfalls dann, wenn die unrichtige Bildung des Präsidiums auf zwar letztlich unrichtiger, aber vertretbarer Auslegung nicht eindeutiger Gesetzesvorschriften beruht.

Nichtigkeitsprobleme dieser Art **bestehen** jetzt **nicht mehr.** Nach § 21 b Abs. 6 **46** GVG wird jetzt bei Zweifeln über die gesetzmäßige Zusammensetzung des Präsidiums in einem förmlich geregelten Verfahren entschieden, und selbst eine dabei festgestellte Fehlerhaftigkeit begründet keinesfalls die Rüge nicht ordnungsgemäßer Besetzung der Spruchkörper[59].

---

[56] A. M *Grünwald* ZStW **76** (1964) 259.
[57] So LR-*Gössel* § 359, 84 ff mit weit. Nachw.
[58] BGHSt **12** 227; **12** 402; **13** 268.
[59] LR-*Schäfer*[23] § 21b, 20 GVG.

Karl Schäfer

Strafprozeßordnung

Vom 1. Februar 1877 in der Fassung der Bekanntmachung
vom 7. Januar 1975

(BGBl. I 129)

ERSTES BUCH

Allgemeine Vorschriften

ERSTER ABSCHNITT

Sachliche Zuständigkeit der Gerichte

Vorbemerkungen

1. Sachliche Zuständigkeit. Von der Zuständigkeit der Gerichte ist im Strafverfahren in doppelter Hinsicht die Rede, von der sachlichen und von der örtlichen. Die örtliche Zuständigkeit der Gerichte erster Instanz, der Gerichtsstand, ist im zweiten Abschnitt geregelt, wegen der örtlichen Zuständigkeit der Rechtsmittelgerichte s. Vor § 7, 23. Die sachliche Zuständigkeit der Gerichte erster Instanz und der Rechtsmittelgerichte ist dem Gerichtsverfassungsgesetz zu entnehmen (§ 1). Dort wird u. a. auch bestimmt, welche Gerichte verschiedener Ordnung, vom Strafrichter (§ 25 GVG) bis zum Oberlandesgericht (§ 120 GVG) für die Untersuchung und Entscheidung einer Strafsache in der ersten Instanz zuständig sind. In erster Linie auf die **Veränderung** dieser Zuständigkeit im Sinn einer Verschiebung der Zuständigkeit auf ein höheres Gericht bezieht sich der erste Abschnitt. Er enthält sonst keine Vorschriften, durch die eine sachliche Zuständigkeit **begründet** würde. Solche Bestimmungen finden sich über die Strafprozeßordnung und das Gerichtsverfassungsgesetz verteilt. Dabei wird oftmals neben der sachlichen Zuständigkeit zugleich die örtliche und zuweilen auch die geschäftliche — zumeist funktionelle genannt, Rdn. 8 — festgelegt[1].

1

Ergänzende Bestimmungen zur sachlichen Zuständigkeit enthalten das Jugendgerichtsgesetz (§§ 39 bis 41) und für Strafsachen, die am 8. 5. 1945 bei einem Gericht anhängig oder rechtskräftig abgeschlossen waren, an dessen Sitz deutsche Gerichtsbarkeit nicht mehr ausgeübt wird, §§ 17 bis 19 ZustErgG.

2

Außer von der Änderung der sachlichen Zuständigkeit handelt der erste Abschnitt noch von deren Nachprüfung in § 6. Dieser wird ergänzt durch § 269. Weitere Bestimmungen über die **Nachprüfung der sachlichen Zuständigkeit** und die Beseitigung dabei festgestellter Mängel enthalten § 270 Abs. 1, § 338 Nr. 4, § 348 Abs. 1 und § 355.

3

---

[1] Beispiele: § 26 a Abs. 2, § 27 Abs. 1 bis 3, § 30, § 46 Abs. 1, § 111 l Abs. 3, § 121 Abs. 2 und 4, § 122 Abs. 4 Satz 1, Absatz 7, § 125 Abs. 2, § 126 Abs. 2, § 138 c Abs. 1, Absatz 3 Satz 1 und 2, § 153 Abs. 1 Satz 1, § 153 b Abs. 1, § 153 e Abs. 1 Satz 1, Absatz 2, § 169 in Vbdg. mit § 162, § 172 Abs. 4, § 199 Abs. 1, § 209, § 335 Abs. 2, § 346 Abs. 1, § 367 Abs. 1 in Vbdg. mit § 140 a GVG, § 444 Abs. 1, §§ 462 a, 463. § 407 Abs. 1 ist keine Zuständigkeitsbestimmung, sondern legt im Rahmen der in §§ 24, 25 GVG festgelegten Zuständigkeit eine besondere Verfahrensart fest.

Günter Wendisch

§ 354 Abs. 3 regelt den Sonderfall der Verschiebung der Zuständigkeit an ein niederes Gericht. Wegen der Zuständigkeit besonderer Spruchkörper mit gesetzlich zugewiesenem Geschäftsbereich vgl. § 6 a, 1 f.

4　　2. **Sachliche Zuständigkeit der Rechtsmittelgerichte.** Auch die Zuständigkeit der Rechtsmittelgerichte ist eine sachliche, eine örtliche und funktionelle Zuständigkeit; wegen der funktionellen s. Rdn. 8, wegen der örtlichen Vor § 7, 23. Die Regeln über die sachliche Zuständigkeit der Rechtsmittelgerichte bestimmen, welche Gerichte der verschiedenen Ordnung — Landgericht, Oberlandesgericht, Bundesgerichtshof — als Beschwerdegerichte (§ 73 Abs. 1, 2. Halbsatz GVG, § 121 Abs. 1 Nr. 2 GVG, § 135 Abs. 2 GVG), als Berufungsgerichte (§ 74 Abs. 3 GVG), beim Landgericht in welcher von zwei Besetzungsarten (§ 76 Abs. 2 GVG), und als Revisionsgerichte (§ 121 Abs. 1 Nr. 1 GVG, § 135 Abs. 1 GVG) zuständig sind. **Zuständig** ist stets **nur ein Gericht**, bei der Strafkammer nur entweder die kleine oder die große (BayObLGSt **1970** 63), und die Zuständigkeit richtet sich allein danach, welches Gericht in erster Instanz entschieden hat; ob dieses Gericht sachlich zuständig war, ist gleichgültig (*Beling* § 16 III Anm. 4; *Kleinknecht/ Meyer* 11).

5　　Die sachliche Zuständigkeit eines Rechtsmittelgerichts kann nur in zwei Fällen **geändert** werden: einmal wenn das Oberlandesgericht eine Sache dem Bundesgerichtshof nach § 121 Abs. 2 GVG oder nach § 29 Abs. 1 Satz 2 EGGVG vorlegt und dieser nicht nur die Rechtsfrage, sondern über das Rechtsmittel selbst entscheidet; zum anderen, wenn das Revisionsgericht nach § 354 Abs. 1 anstelle des Berufungsgerichts in der Sache selbst entscheidet.

6　　Wegen der **Verschiebung der örtlichen Zuständigkeit** von Rechtsmittelgerichten s. Vor § 7, 24 ff.

7　　In der Regel wird die Zuständigkeit der Rechtsmittelgerichte zur sog. **funktionellen Zuständigkeit** gerechnet. In Wahrheit gehört indessen die Einteilung in die Instanzen zur sachlichen Zuständigkeit[2]. Daß das Oberlandesgericht nicht als Beschwerdegericht oder als Gericht erster Instanz, sondern als Revisionsgericht entscheidet, weist sicher auf eine Funktion jenes Gerichts hin; aber diese Erkenntnis besagt nichts. Bedeutungsvoll ist allein, in welchem Fall das Oberlandesgericht und in welchem der Bundesgerichtshof, beides Revisionsgerichte, zur Entscheidung berufen ist. Das kann nur eine Regelung der sachlichen Zuständigkeit sein. Das gleiche gilt von der Zuständigkeit der Beschwerdegerichte; es trifft aber auch für das Berufungsgericht zu: die kleine und die große Strafkammer haben als Berufungsgerichte ebenso wie der Strafrichter und das Schöffengericht als erstinstanzliche Gerichte eine verschiedene sachliche Zuständigkeit (BayObLGSt **1970** 63 = VRS **39** 107; *Peters* § 35 IV 2).

8　　3. **Funktionelle Zuständigkeit.** Von der sachlichen und der örtlichen Zuständigkeit wird die sog. funktionelle oder geschäftliche Zuständigkeit geschieden. Man versteht darunter die Berufung verschiedener Rechtspflegeorgane, verschiedene Rechtspflegefunktionen in derselben Sache wahrzunehmen[3].

9　　Da die Tätigkeit als Gericht erster Instanz in bezug auf die sonstigen gerichtlichen Tätigkeiten in derselben Sache ebenfalls eine Rechtspflegefunktion ist, muß, wer unter der funktionellen Zuständigkeit nur eine andersartige als die sachliche und die ört-

---

[2] *Wieczorek* B V zu § 1: „sachliche Zuständigkeit im weiteren Sinn"; *Dallinger* MDR **1954** 153: „sachliche Zuständigkeit des Berufungsgerichts".

[3] *Wach* Handbuch des Deutschen Zivilprozeßrechts (1885) § 28 IV; *Rosenberg/Schwab* § 30 I, S. 154, § 31 I, S. 157.

liche, nicht aber zugleich auch eine **zusätzliche Zuständigkeit** sieht, die erstinstanzliche Tätigkeit aus dem Begriff der funktionellen Zuständigkeit ausscheiden. Aber auch innerhalb der gerichtlichen Untersuchung im ersten Rechtszug können sich verschiedene funktionelle Zuständigkeiten ergeben, so die als beschließendes und erkennendes Gericht. Demzufolge wird der Begriff noch weiter eingeschränkt auf die Zuständigkeit für Entscheidungen außerhalb des Erkenntnisverfahrens erster Instanz[4]. Da die funktionelle Zuständigkeit, die aus der Geschäftsverteilung erwächst, auch für das Erkenntnisverfahren erster Instanz eine Rolle spielt, folgt für die, die der eingeschlagenen Richtung folgen, eine weitere Einschränkung des Begriffs: die Zuständigkeit, die auf der Geschäftsverteilung aufbaut, wird als eine weitere Zuständigkeit, sowohl neben die örtliche und die sachliche, als auch neben die funktionelle Zuständigkeit gestellt (OLG Nürnberg NJW **1963** 502).

Ein solcher Begriff ist aber weder als vereinfachte Bezeichnung von **Nutzen,** **10** noch bringt er eine systematische Gemeinsamkeit zum Ausdruck, aus der die gemeinschaftliche Geltung prozessualer Grundsätze herzuleiten wäre (*v. Hippel* § 38 IV). *Paulus* (KMR Vor § 1, 34) hält den Begriff überhaupt für entbehrlich, weil er tautologischinhaltsleer sei. Der Satz, die funktionelle Zuständigkeit sei — anders als die sachliche — keine Verfahrensvoraussetzung, die das Revisionsgericht von Amts wegen zu prüfen hätte[5], ist im Grundsatz richtig, trifft aber gerade für das als Hauptfall der funktionellen Zuständigkeit angenommene Beispiel, die Instanzenordnung[6], nicht zu. Für die eigene Zuständigkeit des Revisionsgerichts ergibt sich das aus § 348 Abs. 1. Das Revisionsgericht muß aber auch, wenn die kleine Strafkammer über die Berufung gegen ein Urteil des Schöffengerichts (BayObLGSt **1970** 108 = VRS **39** 107) oder ein Oberlandesgericht über eine Berufung entschieden hat, diesen Mangel von Amts wegen feststellen und auch ohne Antrag die in § 355 vorgesehene Entscheidung treffen. Demzufolge werden hier die Zuständigkeiten im vorbereitenden Verfahren (§ 162 Abs. 1, § 165), als Rechtshilfegericht (§ 157 GVG) und als Rechtsmittelgericht (§ 73 Abs. 1, § 74 Abs. 3, § 120 Abs. 3 und 4, § 121 Abs. 1, § 135 GVG) als **besonders geregelte** örtliche und sachliche **Zuständigkeiten** aufgefaßt. Der („recht diffuse" — so *Rieß* GA **1976** 4) Begriff der funktionellen Zuständigkeit wird dabei vermieden und dafür derjenige der geschäftlichen Zuständigkeit verwendet.

4. Geschäftliche Zuständigkeit. Der Begriff der geschäftlichen Zuständigkeit wird **11** nur darum als einheitlicher Begriff verwendet, weil alle darunter gefaßten Zuständigkeiten im Revisionsverfahren nur auf Rüge geprüft werden. Das ist zwar auch bei der örtlichen Zuständigkeit der Fall, doch hat diese eine besondere Ausgestaltung erfahren, so daß sie deshalb von der geschäftlichen Zuständigkeit getrennt zu behandeln ist. Für die geschäftliche Zuständigkeit verbleiben: die Zuständigkeit jeweils als erkennendes (§ 76 Abs. 2, § 122 Abs. 2, § 139 Abs. 1 GVG), beschließendes (§ 76 Abs. 1, § 122 Abs. 1, § 139 Abs. 1 und 2 GVG) und vollstreckendes (Strafvollstreckungskammer; §§ 78 a, 78 b GVG) Gericht; als Kollegialgericht und als Vorsitzender (vgl. z. B. § 125 Abs. 2, § 126 Abs. 2); sowie die Zuständigkeit zufolge der Geschäftsverteilung (BGHSt **13** 380), sowohl nach dem Geschäftsverteilungsplan (§ 21 e Abs. 1 Satz 1 und 2, Absatz 3 Satz 1, Absatz 4, Absatz 8 GVG), als auch nach der Verteilung des Vorsitzenden (§ 21 g Abs. 1 und 2 GVG). Daraus ergibt sich, daß die geschäftliche Zuständigkeit stets in **mehrfacher Beziehung** vorliegt, weil die Zuständigkeit immer auch nach der Geschäftsverteilung zu bestimmen ist.

---

[4] *Henkel* § 27 III 1 c.
[5] BGHSt **13** 380.

[6] *Wach* Handbuch § 28 IV; *Rosenberg/ Schwab* § 31, S. 157 ff.

Günter Wendisch

12   Einen wegen seiner Bedeutung besonders geregelten Unterfall der geschäftlichen **Zuständigkeit** bildet die erstinstanzliche Zuständigkeit **besonderer Strafkammern** nach § 74 Abs. 2, § 74 a und § 74 c GVG. Bei ihr handelt es sich um eine gesetzliche Geschäftsverteilung. Das Gesetz gebietet, solche Strafkammern zu errichten und ihnen die vom Gesetz bestimmten Aufgaben zuzuweisen. Welche dogmatische Bedeutung dieser Zuständigkeit zukommt, läßt das Gesetz offen (Begr. BTDrucks. **8** 976, S. 22). § 6 a regelt das erforderliche Prüfungsverfahren entsprechend den Grundsätzen für die Prüfung der örtlichen Zuständigkeit. Dagegen lehnt sich das Verfahren zur Bestimmung der Folgen der Unzuständigkeit den Regelungen bei sachlicher Unzuständigkeit an. Wegen der Einzelheiten vgl. die Ausführungen zu § 6 a.

13   Zur **Feststellung der Zuständigkeit** ist in jedem Fall nach den Bestimmungen, die in der Strafprozeßordnung und im Gerichtsverfassungsgesetz enthalten oder diesen Gesetzen durch Auslegung zu entnehmen sind, die sachliche, die örtliche und die geschäftliche Zuständigkeit festzustellen. Alle drei zusammen ergeben erst die richtige Zuständigkeit. Alle drei Zuständigkeiten, die geschäftliche meist in mehrfacher Beziehung, sind von dem angerufenen Gericht von Amts wegen zu prüfen, bis eine Entscheidung ergangen oder — im Ermittlungsverfahren oder beim ersuchten Richter — die nachgesuchte oder gebotene Amtshandlung vorgenommen ist (OLG Nürnberg NJW **1963** 502), soweit nicht das Gesetz — wie in § 6 a, § 16 Satz 2, § 269 — Ausnahmen verordnet.

14   Das **Rechtsmittelgericht** prüft die sachliche Zuständigkeit des Gerichts, das das angefochtene Urteil erlassen hat, von Amts wegen (BGHSt **18** 83), die örtliche (KMR-*Paulus* § 338, 47) und die funktionelle Zuständigkeit (BGHSt **13** 378) nur auf Rüge.

15   5. **Zuständigkeitsstreit.** Im Gegensatz zu der ausdrücklichen Regelung, die in § 12 getroffen worden ist, um einen Streit über die örtliche Zuständigkeit dann auszuschließen, wenn mehrere Gerichte die Sache für sich in Anspruch nehmen, läßt die Strafprozeßordnung eine Vorschrift darüber vermissen, wie ein in bezug auf die sachliche Zuständigkeit entstandener positiver Kompetenzkonflikt zu lösen ist. Das Gesetz bietet jedoch, wie § 12, 8 ausgeführt, keinen Anhalt für die Annahme, § 12 habe nur Gerichte gleicher Ordnung im Auge; vielmehr ist der Zuständigkeitsregelung des Gerichtsverfassungsgesetzes zu entnehmen, daß § 12 auch dann gilt, wenn neben mehrfacher örtlicher Zuständigkeit auch verschiedene sachliche Zuständigkeit gegeben ist.

16   Aber auch darüberhinaus beanspruchen die zu § 12 gewonnenen Ergebnisse **allgemeine Gültigkeit.** Denn der Grundsatz der Prävention (§ 12, 1) und die zum Vorrang weiter entwickelten Regeln — umfassende Zuständigkeit (§ 12, 17); Erlöschen des Vorrangs, wenn die nicht vorrangige Sache rechtskräftig entschieden worden ist (§ 12, 23) — sind, weil sie auf der Wirkung der Rechtshängigkeit beruhen, allgemeiner Natur und damit auf jedes Verfahren bezogen (RGSt **29** 179). Danach ist § 12 Abs. 1 auch dann entsprechend anzuwenden, wenn bei gleicher örtlicher Zuständigkeit verschiedene sachliche Zuständigkeit vorliegt.

17   Für die Lösung eines **positiven Kompetenzkonflikts** über die sachliche Zuständigkeit gilt alsdann das zu § 12 Abs. 1 Ausgeführte entsprechend. Für eine entsprechende Anwendung von § 12 Abs. 2, der keinen allgemeinen Rechtsgedanken, sondern eine Sonderregelung für die örtliche Zuständigkeit enthält, ist kein Raum.

18   Ein **negativer Kompetenzkonflikt** ist durch die Zuständigkeitsregelungen, die in den §§ 209, 209 a, 225 a, 269, 270, 328 Abs. 3, § 355 getroffen worden sind, im allgemeinen ausgeschlossen, doch sind seltene Ausnahmefälle denkbar. In diesen ist er durch entsprechende Anwendung der §§14 und 19 zu lösen (RGSt **29** 178; BGHSt **18** 381; **31** 184)[7], wobei jedoch das obere Gericht nicht auswählen („bestimmen") kann, sondern bindend dasjenige Instanzgericht festzustellen hat, das nach den zu §12 entwickelten Regeln das (allein) zuständige ist[8].

Über **geschäftliche** (funktionelle) **Kompetenzkonflikte** gleichartiger und gleichran- **19** giger Spruchkörper — mithin nicht solche nach §74 Abs. 2, §§74a und 74c GVG — entscheidet grundsätzlich das Präsidium (BGHSt **25** 244; **26** 200)[9]. In Eilfällen findet §21 i GVG Anwendung (BGH bei *Holtz* MDR **1977** 461; KK-*Pfeiffer* §1, 27). Im übrigen gelten auch hier die Ausführungen zu Rdn. 16 f entsprechend.

§1

Die sachliche Zuständigkeit der Gerichte wird durch das Gesetz über die Gerichtsverfassung bestimmt.

1. Inhalt. Die Bestimmung ist eine inhaltsleere, entbehrliche Verweisungsvor- **1** schrift, die zudem unvollkommen ist, weil Vorschriften über die sachliche Zuständigkeit der Gerichte auch außerhalb des Gerichtsverfassungsgesetzes zu finden sind (Vor §1, 2). Für die sachliche Zuständigkeit der **Staatsanwaltschaften** vgl. §142 GVG.

2. Gerichte sind im **ersten Rechtszug** das Amtsgericht, das Landgericht und das **2** Oberlandesgericht. In diesem Rechtszug sind zuständig der Richter beim Amtsgericht als Strafrichter (§25 GVG), das Schöffengericht (§§28, 24 GVG), auch in der Form des erweiterten Schöffengerichts (§29 Abs. 2 GVG), die große Strafkammer (§74 Abs. 1, §76 Abs. 2, 2. Alternative GVG), auch als Schwurgericht (§74 Abs. 2 GVG), als Wirtschafts- (§74 c GVG) und als Staatsschutzstrafkammer (§74 a GVG), das Oberlandesgericht (§120 Abs. 1 und 2, §122 Abs. 2 GVG) und das Bayerische Oberste Landesgericht (§120 Abs. 1 und 2 Satz 2 GVG, §9 EGGVG, Art. 22 Nr. 1 BayAGGVG[1]).

In **Jugendsachen** sind zuständig der Jugendrichter (§39 JGG), das Jugendschöf- **3** fengericht (§40 Abs. 1 JGG) und die Jugendkammer (§41 Abs. 1 JGG).

In den **Rechtsmittelzügen** sind zuständig als **Berufungsgericht** die Strafkammer **4** (§74 Abs. 3 GVG) in der Form der kleinen und der großen Strafkammer (§76 Abs. 2 GVG), als **Revisions- und Rechtsbeschwerdegerichte** das Oberlandesgericht (§121 Abs. 1 Nr. 1, 3 GVG, §79 Abs. 3 OWiG) — in Bayern das Bayerische Oberste Landesgericht — und der Bundesgerichtshof (§135 Abs. 1 GVG); als **Beschwerdegerichte** die

---

[7] Ebenso OLG Saarbrücken NJW **1959** 1889; KG JR **1964** 470; OLG Düsseldorf NJW **1979** 1724; OLG München JR **1980** 78; *Busch* LM §14 StPO, 1; *Eb. Schmidt* JZ **1963** 715.

[8] Da die entsprechende Anwendung auf echte Kompetenzkonflikte, d. h. auf solche Fälle beschränkt bleiben muß, in denen sich sämtliche mit derselben Sache befaßten Gerichte für unzuständig erklärt haben, kann sie auf den Beschluß der Jugendkammer, mit dem diese die Übernahme nach §40 Abs. 2 JGG abgelehnt hat, keine Anwendung fin-

den, weil die sachliche Zuständigkeit der Jugendkammer erst mit deren Übernahmebeschluß begründet wird und es bis zu einer solchen Entscheidung bei der sachlichen Zuständigkeit des Jugendschöffengerichts verbleibt (OLG Karlsruhe MDR **1980** 427).

[9] Ebenso OLG Schleswig SchlHA **1977** 29; *Heintzmann* DRiZ **1975** 320; *Müller* JZ **1976** 587; KMR-*Paulus* Vor §1, 41.

[1] Vom 17. 11. 1956 (BayBS III 3) in der Fassung des Gesetzes vom 25. 7. 1969 (GVBl. 172).

Günter Wendisch

Strafkammer (§ 73 Abs. 1 GVG), das Oberlandesgericht (§ 121 Abs. 1 Nr. 2 GVG) und der Bundesgerichtshof (§ 135 Abs. 2 GVG).

5   3. **Die Einteilung der Delikte** in Verbrechen, Vergehen und Übertretungen wollte der Entwurf des Gerichtsverfassungsgesetzes nach französischem Vorbild auch für die Einteilung der Instanzen maßgeblich machen. Der Plan wurde jedoch im Laufe der Gesetzgebung schon weitgehend aufgegeben. Zufolge späterer Änderungen des Gerichtsverfassungsgesetzes und nach Wegfall des Begriffs der Übertretung kommt der Deliktseinteilung (§ 12 Abs. 1 und 2 StGB) verfahrensrechtlich außer der schädlichen und überflüssigen Stigmatisierung der „Verbrecher" **keine** größere Bedeutung als der einer abkürzenden Verweisung zu.

6   **Für** die Bestimmung der **sachlichen Zuständigkeit** ist die Deliktseinteilung **ohne Bedeutung.** Zwar macht § 74 Abs. 1 GVG die Strafkammer als erkennendes Gericht des ersten Rechtszugs zuständig für alle **Verbrechen,** die nicht zur Zuständigkeit des Amtsgerichts oder des Oberlandesgerichts gehören. Die Zuständigkeit des Oberlandesgerichts ist ohne die Verwendung des Worts Verbrechen bestimmt (§ 120 Abs. 1, 2 GVG). Verbrechen, die zur Zuständigkeit des Amtsgerichts gehören, gibt es nicht. Die Zuständigkeit des Amtsgerichts richtet sich vielmehr unabhängig von der Deliktseinteilung nach der Strafhöhe (nicht mehr als drei Jahre Freiheitsstrafe) oder der zu erwartenden Maßregel der Besserung und Sicherung (keine Unterbringung in einem psychiatrischen Krankenhaus oder in der Sicherungsverwahrung) und ist sonst eine Restzuständigkeit, wenn nicht die Zuständigkeit des Oberlandesgerichts nach § 120 Abs. 1, 2 GVG, des Landgerichts nach § 74 Abs. 2 (Schwurgerichtskammer), nach § 74 a GVG (Staatsschutzkammer) oder nach § 74 c GVG (Wirtschaftsstrafkammer) begründet ist oder die Staatsanwaltschaft wegen der besonderen Bedeutung des Falls Anklage beim Landgericht erhebt (§ 24 Abs. 1 Nr. 3 GVG). Da somit dem Wort „Verbrechen" in § 74 GVG keine die Zuständigkeit begründende Bedeutung zukommt — sowohl in Absatz 1 als auch in Absatz 2 könnte, ohne daß der Inhalt verändert würde, anstelle von „Verbrechen" das Wort „Straftat" stehen —, erübrigt es sich, die Einteilung der Delikte in Verbrechen und Vergehen zu erörtern.

§ 2

(1) ¹Zusammenhängende Strafsachen, die einzeln zur Zuständigkeit von Gerichten verschiedener Ordnung gehören würden, können verbunden bei dem Gericht anhängig gemacht werden, dem die höhere Zuständigkeit beiwohnt. ²Zusammenhängende Strafsachen, von denen einzelne zur Zuständigkeit besonderer Strafkammern nach § 74 Abs. 2, §§ 74 a, 74 c des Gerichtsverfassungsgesetzes gehören würden, können verbunden bei der Strafkammer anhängig gemacht werden, der nach § 74 e des Gerichtsverfassungsgesetzes der Vorrang zukommt.

(2) Aus Gründen der Zweckmäßigkeit kann durch Beschluß dieses Gerichts die Trennung der verbundenen Strafsachen angeordnet werden.

Schrifttum. *Barton* Die „Trennung" verbundener Strafsachen gem. §§ 2 II, 4 I und § 237 StPO (1978); *Dünnebier* Die Verbindung von Strafsachen nach §§ 2 bis 4, 13 StPO, JR **1975** 1; *Fahl* Zur Verbindung von Strafsachen gegen Jugendliche und Erwachsene gemäß § 103 JGG, NStZ **1983** 309; *Fischer* Zum Rollentausch zwischen Zeugen und Angeklagten, StrVert. **1981** 85; *Rosenmeier* Die Verbindung von Strafsachen im Erwachsenenstrafrecht (1973).

Entstehungsgeschichte. Durch Art. 1 Nr. 1 StVÄG 1979 ist Absatz 1 durch einen Satz 2 ergänzt worden.

Übersicht

I. Vorbemerkung

1. Sachverbindung. In den §§ 2 bis 5 wird die Verbindung zusammenhängender **1** Strafsachen bei verschiedener sachlicher Zuständigkeit, in § 13 diejenige bei verschiedener örtlicher Zuständigkeit geregelt. Berührt die Verbindung sowohl die sachliche als auch die örtliche Zuständigkeit, so sind die §§ 13, 2 bis 4 zu kombinieren (*John* §§ 2 bis 4, I 1), doch sind, wie sich aus § 4 Abs. 2 ergibt, die §§ 2 bis 4 ausschlaggebend (RGSt 45 167; BGHSt 22 234).

Strafsache i. S. des § 2 ist das staatsanwaltschaftliche oder gerichtliche Strafverfah- **2** ren gegen eine Person wegen eines geschichtlichen Vorgangs, der Tat i. S. des § 264, der in der Regel eine, zuweilen aber auch mehrere Straftaten umfaßt (ebenso KK-*Pfeiffer* 2; KMR-*Paulus* 18).

Wann ein **Zusammenhang** besteht, ist in § 3 bestimmt, der recht unglücklich zwi- **3** schen §§ 2 und 4 eingeschoben ist. Als Definitionsbestimmung gehört er an den Anfang der Verbindungsvorschriften. Dort ist er jedenfalls zu lesen.

2. Teilverbindung. Der Sonderfall einer Teilverbindung (BGHSt 4 153) zu dem **4** Zweck, eine Gesamtstrafe zu bilden, ist für die Hauptverhandlung in § 55 StGB, für die nachträgliche Gesamtstrafenbildung im Beschlußweg in §§ 460, 462 a Abs. 3, geregelt. Dabei gilt § 462 a Abs. 3 Satz 1, Satz 2 und Satz 3, erster Teilsatz nur für das Beschlußverfahren, § 462 a Abs. 3 Satz 3, zweiter Teilsatz, und Satz 4 auch für den Fall des § 55 StGB.

3. Besondere Verbindungen. Sind mehrere Sachen **noch nicht anhängig** und be- **5** rührt das Verbunden-anhängig-machen weder die örtliche noch die sachliche Zuständigkeit, so können Anklage und Eröffnungsbeschluß eine Mehrheit von Strafsachen gegen denselben Angeklagten oder mehrere Angeklagte umfassen, solange zwischen ihnen irgendein Zusammenhang besteht (RG GA 36 171; *John* §§ 2 bis 4, I 1).

Nach der **Eröffnung** des Hauptverfahrens können die Sachen vom Gericht, ohne **6** daß auf § 237 zurückgegriffen zu werden brauchte, verbunden werden, wenn sie sich gegen denselben Angeklagten richten und dieselbe sachliche, örtliche und funktionelle Zuständigkeit (einschließlich der nach der Geschäftsverteilung) besteht. Eine solche Verbindung ist jederzeit und in allen Instanzen möglich und in der Regel geboten, um eine Gesamtstrafe bilden zu können.

7   Der mit **Privatklage** Beschuldigte kann gegen den Verletzten bei dem Gericht, wo er angeklagt worden ist, Widerklage erheben, wenn zwischen der Straftat, wegen der er angeklagt ist, und einer mit der er verletzt worden ist, ein (loser, BGHSt 17 197) Zusammenhang besteht.

8   Von der in den §§ 2 bis 5 geregelten Sachverbindung zu unterscheiden, ist die **Verhandlungsverbindung** nach § 237. Sie ermöglicht zur prozeßtechnischen Erleichterung — ohne daß der in § 3 bezeichnete Zusammenhang gegeben zu sein braucht (BGHSt 26 273) — die Verbindung mehrerer bei demselben Gericht anhängigen Sachen zum Zweck gleichzeitiger Verhandlung, wenn damit kein Eingriff in die sachliche Zuständigkeit verbunden ist.

II. Gerichte verschiedener Ordnung

9   **1. Erstinstanzliche Zuständigkeit.** Ob Strafsachen zur Zuständigkeit verschiedener Gerichte gehören, bestimmt sich, wie sich aus § 2 („anhängig machen") ergibt, nach der Zuständigkeit des erkennenden Gerichts der ersten Instanz (RGSt 48 297), auch wenn die Sachen in höherer Instanz anhängig sind. Die Befugnis des höheren Gerichts zur Verbindung beruht auf dem Gedanken, der auch §§ 269, 270 Abs. 1, § 462 a Abs. 3 Satz 2 sowie Satz 3, zweiter Teilsatz zugrunde liegt, daß die weiter reichende Zuständigkeit die weniger weit gehende in sich birgt (RGSt 68 417).

10   Im Fall des § 2 Abs. 1 können nur erstinstanzliche Sachen verbunden werden („anhängig machen"). Für § 4 Abs. 1 folgt eine solche **Beschränkung** weder aus dem Wortlaut noch aus dem Zweck der Verbindung, noch aus prozessualen Notwendigkeiten (§ 4, 5 ff).

11   **2. Verschiedene Ordnung.** Nach dem Gerichtsverfassungsgesetz ergibt sich die Stufenfolge: Richter beim Amtsgericht als Strafrichter (§ 25 GVG) — Schöffengericht (§§ 24, 28 GVG)[1] — große Strafkammer (§ 74 Abs. 1 und 2, § 74 a Abs. 1, § 74 c GVG) — Oberlandesgericht (§ 120 Abs. 1 und 2 GVG).

12   Das erweiterte Schöffengericht (§ 29 Abs. 2 GVG) ist gegenüber dem dreigliedrigen Schöffengericht **kein höheres Gericht** (RGSt 62 270). Ebenso sind die Strafkammern des § 74 Abs. 2 (Schwurgericht), § 74 a (Staatsschutzkammer)[2], § 74 c (Wirtschaftsstrafkammer) GVG gegenüber den anderen Strafkammern und das Oberlandesgericht des § 120 Abs. 1 und 2 gegenüber den anderen Oberlandesgerichten keine höheren Gerichte[3]. Für das Schwurgericht vgl. dazu die Gleichordnung des § 74 Abs. 2 mit § 74 a GVG in § 24 Abs. 1 Nr. 1 GVG. Wegen des Verhältnisses der drei Spezialstrafkammern zueinander vgl. Rdn. 28; wegen der Verbindung von Strafsachen gegen Jugendliche und Heranwachsende vgl. Rdn. 29 f.

---

[1] BVerfGE **22** 260 = NJW **1967** 2151; BGHSt **9** 402; **18** 83, 176; **19** 178; RGSt **62** 270.

[2] So für die Staatsschutzkammer BGHSt **13** 378.

[3] *Hanack* JZ **1971** 90; a. A. *Schwarz* NJW **1956** 1306.

Die **kleine Strafkammer** (§ 76 Abs. 2, 1. Alternative GVG) ist kein erstinstanzli- **13** ches Gericht, hat aber in der zweiten Instanz eine niedrigere Ordnung als die große (Vor § 1, 7; § 1, 2).

Durch die Verbindung können die Sachen nicht vor ein Gericht gebracht wer- **14** den, das für **keine der beiden Sachen zuständig** ist.

3. Unzulässige und unzweckmäßige Verbindungen. Die hierzu anzustellenden **15** Erörterungen sind auch bei § 13 von Bedeutung, und wenn durch die Verbindung sowohl die sachliche als auch die örtliche Zuständigkeit berührt wird, greifen die §§ 2 bis 4 und § 13 ineinander (§ 13, 3). Aus diesem Grund wird die Frage an dieser Stelle auch insoweit abschließend behandelt, als sie § 13 allein betrifft.

Eine **Privatklagesache** darf nicht gleichzeitig mit einem Offizialverfahren vor der **16** Strafkammer als Schwurgericht (§ 74 Abs. 2 GVG) verhandelt werden (§ 384 Abs. 5). Übernimmt die Staatsanwaltschaft die Verfolgung (§ 377 Abs. 2), verliert die Sache die Eigenschaft als Privatklagesache i. S. des § 384 Abs. 5 (RGSt **46** 130). Diese Vorschrift findet nach ihrem Wortlaut keine Anwendung, wenn die Staatsanwaltschaft von vornherein selbst die öffentliche Klage erhebt (§ 376), doch wird sie das, wenn zugleich eine Schwurgerichtssache angeklagt wird, in aller Regel nicht tun (vgl. § 154 Abs. 1).

Dagegen ist die Verbindung **gemeiner Straftaten** mit denen, für die eine beson- **17** dere Zuständigkeit begründet ist, uneingeschränkt zulässig (*Rosenmeier* 83). Zwar ist Zurückhaltung geboten, um die zentralen Gerichte nicht ihrer eigentlichen Aufgabe zu entziehen, doch ist bei ihnen anzuklagen oder eine gemeine Strafsache mit einer bei ihnen anhängigen zu verbinden, wenn das erforderlich ist, um die Täterpersönlichkeit richtig zu beurteilen, oder wenn sonst ein einheitlicher Tatkomplex zerrissen würde.

III. Verbindung (Absatz 1)

1. Grundsatz und Zweck (Satz 1). Die Verbindung ist eine **Ermessensentscheidung** **18** aus Gründen prozessualer Zweckmäßigkeit; sie steht im pflichtgemäßen Ermessen des Gerichts (vgl. OLG Düsseldorf DRiZ **1981** 192). Die Ausübung dieses Ermessens nachzuprüfen und gegebenenfalls zu korrigieren, ist im Gesetz nicht vorgesehen. Denn der Angeklagte hat keinen Anspruch darauf, daß mehrere Verfahren verbunden (RGSt **54** 107) werden oder getrennt bleiben (BGHSt **18** 238). Das gerichtliche Ermessen wird nicht falsch, sondern richtig ausgeübt, wenn zwei in verschiedenen Verfahren Angeklagte durch die Verbindung zu Mitangeklagten werden. Denn das ist nach § 3 Voraussetzung und Folge der Verbindung (BGHSt **18** 240).

Die Verbindung dient regelmäßig der allgemeinen Funktionsfähigkeit der Straf- **19** rechtspflege (BVerfGE **45** 359 = NJW **1977** 1767). Denn sie erleichtert es, den **Sachverhalt** umfassend zu bearbeiten und verhilft dazu, Zusammenhänge zu erkennen. Sie erspart Doppelarbeit und verhindert, daß derselbe Sachverhalt verschieden beurteilt wird (BGHSt **11** 133). Sie ermöglicht, die Täterpersönlichkeit auf breiter und umfassender Grundlage sachgemäß zu beurteilen (BGHSt **18** 239) und vermeidet die unerwünschte nachträgliche Gesamtstrafenbildung (BGHSt **4** 153).

Die Verbindung einer Sache mit einer anderen, in der bereits ein **Teil der Haupt- 20** verhandlung stattgefunden** hat, bringt die Gefahr mit sich, daß das Gericht sich von den Eindrücken des bisherigen Teils des ersten Verfahrens nicht freihält (BGH NJW **1953** 836). Sie ist daher zweckmäßigerweise zu vermeiden.

21   **2. Zulässigkeit.** Mag auch in dem zuletzt genannten Fall die Verbindung unzweckmäßig sein, so hat doch der Angeklagte weder einen Anspruch darauf, daß mehrere Sachen verbunden werden, damit die Möglichkeit einer sonst (wegen vorläufiger Einstellung der einen Sache) unmöglichen Gesamtstrafenbildung geschaffen werde (OLG Stuttgart NJW **1960** 2353) oder damit auf diese Weise ein Zeuge gegen ihn ausscheide, noch darauf, daß eine Verbindung unterbleibt, damit ihm ein Zeuge erhalten bleibe (RG GA **45** 262; BGHSt **18** 240)[4], wenn es auch unerwünscht und praktisch erfolglos ist, in der genannten Absicht so zu verfahren (Rdn. 56).

22   Auch die Gefahr, **Prozeßvorschriften**, namentlich die §§ 231 und 261, **zu verletzen**, machen die Verbindung — wie auch die Trennung — grundsätzlich nicht unzulässig. Der Angeklagte ist darauf beschränkt, die im Zusammenhang mit der Verbindung begangenen Verfahrensfehler anzugreifen (BGHSt **18** 239). Dabei kann schon die bloße Tatsache einer auffälligen Verbindung ein Beweisanzeichen dafür sein, daß das Gericht gegen § 261 verstoßen hat (BGH NJW **1953** 836).

23   *Rosenmeier* erachtet die Verbindung für unzulässig, wenn mit ihr gegen das Beschleunigungsverbot verstoßen oder der **Rechtszug verkürzt** würde (128). Der letzten Erwägung steht die Idee der Strafprozeßordnung entgegen. Nach dieser wird die eininstanzliche Tatsachenverhandlung als besser der zweiinstanzlichen vorgezogen. Diese wird bei der Menge der kleineren Sachen nur eben in Kauf genommen, um das Landgericht zu entlasten (Nachweise bei *Dünnebier* DRiZ **1952** 199).

24   Der **Beschleunigungsgrundsatz** beruht auf Art. 5 Abs. 3 Satz 2 MRK, der für Verhaftete gilt, sowie Art. 6 Abs. 1 Satz 1 MRK, der den Anspruch auf Verhandlung innerhalb einer angemessenen Frist, wenn auch ohne Sanktion, allgemein garantiert. Er ist verletzt, wenn das Verfahren durch die Verbindung wesentlich verzögert und damit die Gesamtdauer des Verfahrens untragbar wird (*Rosenmeier* 124; ähnlich auch KK-*Pfeiffer* 3).

25   Bei **sachlichem** Zusammenhang ist dann, auch wenn Beweise auf diese Weise mehrfach erhoben werden müssen, auf die Verbindung zu verzichten. Beim **persönlichen** Zusammenhang ist Zurückhaltung geboten, weil das Urteil die Grundlage des Vollzugs bildet, dessen Ziel die Sozialisation ist (BVerfGE **35** 235 = NJW **1973** 1231; BGHSt **24** 42). Dafür wird eine umfassende Täterbeurteilung als Grundlage gebraucht.

26   In **Haftsachen** muß, um den Täter rasch aburteilen zu können, auch bei persönlichem Zusammenhang auf eine an sich erwünschte Verbindung verzichtet werden.

27   Danach kann auch in der Verbindung zu verfahrensrechtlich gerechtfertigten Zwecken bei Abwägung mit den Interessen des Angeklagten ein **Ermessensmißbrauch** vorliegen. Das kann, außer bei dem genannten Fall, dann in Betracht kommen, wenn dem Angeklagten durch die Verbindung ohne ersichtlichen Verfahrensgewinn die Ver-

---

[4] Zust. *Geyer* LM § 4, 4 und – mit Zurückhaltung – *Hanack* JZ **1971** 90. Davon unabhängig ist die Frage, ob der aus dem Prozeß vorübergehend entlassene oder in einem getrennten Verfahren aber am gleichen Sachverhalt beteiligte Angeklagte als Zeuge vernommen werden darf. Verneint man das – wie dies hier geschieht (Rdn. 56) – kann er durch eine Verbindung keine Zeugeneigenschaft verlieren. Wird bei dieser Anschauung die Prozeßrolle solange unaustauschbar beibehalten, bis der Beteiligte rechtskräftig aus dem Verfahren ausgeschieden ist, dann taucht auch die Frage nicht auf, ob durch Verbindung und Trennung Beweisverbote verletzt werden können. Zu den aufgeworfenen Fragen vgl. *Peters* Beweisverbote im Strafprozeß, 46. DJT I 3 A 136; *Fuchs* Beweisverbote bei der Vernehmung des Mitbeschuldigten, NJW **1959** 14; *v. Gerlach* JR **1969** 149.

teidigung durch den Anwalt seines Vertrauens unmöglich gemacht wird. Auch Fälle des Mißbrauchs des richterlichen Ermessens sind, wenn auch schwer vorstellbar, nicht völlig unmöglich. Alsdann ist die Verbindung unzulässig.

3. Verbindung zwischen Spezialstrafkammern (Satz 2). Durch Art. 2 Nr. 9 StVÄG **28** 1979 ist ein neuer § 74 e GVG eingefügt worden. In diesem wird für die drei Spezialkammern[5] eine Vorrangsregelung getroffen. Nach dieser kommt unter den drei Kammern der Vorrang zu in erster Linie der Schwurgerichtskammer[6] (§ 74 Abs. 2, § 74 d GVG), in zweiter Linie der Wirtschaftsstrafkammer (§ 74 c GVG) und in dritter Linie der sog. Staatsschutzkammer (§ 74 a GVG). Die Strafkammer (§ 74 Abs. 1 GVG) kann Gericht höherer Zuständigkeit i. S. des Satzes 1 sein; im Sinn des Satzes 2 kommt ihr niemals der Vorrang zu (vgl. dazu Begr. BTDrucks. 8 976, S. 67). Satz 2 überträgt die Regelung des Satzes 1 auf Strafsachen, „von denen einzelne zur Zuständigkeit besonderer Strafkammern gehören würden", mit der Maßgabe, daß es nicht auf die höhere Zuständigkeit ankommt — die es innerhalb der Strafkammern nicht gibt —, sondern auf den in § 74 e GVG bezeichneten Vorrang, eine konstruierte Rangfolge als technisches Mittel (Begr. BTDrucks. 8 976, S. 67). Danach können bei einer besonderen Strafkammer, die wiederum nach der Regelung des § 74 e GVG auszuwählen ist, alle Strafsachen gegen Erwachsene verbunden anhängig gemacht werden, die zur Zuständigkeit des Strafrich-

---

[5] § 74 e GVG spricht von Strafkammern. So sind die Gerichte auch in § 74 Abs. 2 GVG und in § 74 a GVG bezeichnet. In § 74 c wird die Bezeichnung *große* Strafkammer verwendet. In der Tat kann es sich bei § 2, wo von Anhängigmachen die Rede ist, nur um erstinstanzliche Gerichte handeln, also um große Strafkammern (§ 76 Abs. 2 zweite und dritte Alternative GVG). § 2 wird ergänzt durch § 4, der für die in § 2 genannten Sachen nach Eröffnung des Hauptverfahrens die Verbindung vorsieht. Diese ist auch in Rechtsmittelsachen zulässig (Rdn. 4, 5), doch kann von den besonderen Strafkammern nur die Wirtschaftsstrafkammer als Berufungsgericht entscheiden und diese nur über Berufungen gegen Schöffengerichtsurteile (§ 74 c Abs. 1 vorletzter Halbsatz GVG). Dann entscheidet die große Strafkammer (§ 76 Abs. 2 dritte Möglichkeit GVG). Danach hätte es der Hervorhebung als große Strafkammer auch in § 74 c Abs. 1 GVG nicht bedurft. Die (überflüssige) Bezeichnung stammt aus § 74 c GVG a. F. Dort war sie sinnvoll, weil die Zuständigkeit der großen Strafkammer — und nicht etwa auch der kleinen bei Berufungen gegen Urteile des Strafrichters (§ 76 Abs. 2 erste Möglichkeit GVG) — Voraussetzung für die Ermächtigung der Landesregierung war, Wirtschaftsstrafkammern zu errichten. Die wohl nur versehentlich übernommene Bezeichnung kann zur Auslegung der Vorschrift nichts beitragen.

[6] Die Strafkammer als Schwurgericht (§ 74 a Abs. 2 GVG) ist trotz der Bezeichnung in § 76 Abs. 2 zweite Möglichkeit und in § 74 e Nr. 1 GVG kein Schwurgericht. Nach der „Umbildung des Schwurgerichts in ein mittleres Schöffengericht" (v. Hippel § 30 II 8 e, S. 167) durch § 12 der EmmingerVO ist das beim Landgericht gebildete Schwurgericht, in welcher Besetzung es auch entschied, eine besondere Strafkammer und kein Gericht – was das Wesen des Schwurgerichts ausmacht –, in dem allein Vertreter des Volks den Schuldspruch fällen. Wahrscheinlich war *Belings* Charakterisierung (§ 13 II 2, S. 54) richtig, das (echte) Schwurgericht sei „von romantischen Vorstellungen verklärt", aber seitens der Theorie und Praxis . . . fast einhellig bekämpft. Vielleicht ist es ein Rest jener Romantik, die die besondere Strafkammer in Kapitalsachen freigebig und falsch mit der Bezeichnung Schwurgericht belehnt hat. Im Gebrauch sollte der Name Schwurgerichtskammer (vgl. BGHSt **26** 194) vorgezogen werden, weil er anders als „Schwurgericht" die Deutung zuläßt: Kammer mit der Zuständigkeit für Sachen, die (im Prinzip, in den Einzelheiten mehrfach geändert) bis 1924 dem (echten) Schwurgericht zukamen.

Günter Wendisch

ters (§ 24 GVG), des Schöffengerichts (§ 28 GVG) oder einer Strafkammer nach § 74 Abs. 1 GVG oder auch zu einer i. S. des § 74 e GVG nachrangigen Strafkammer gehören.

29   Für die **Verbindung** von Strafsachen gegen **Jugendliche** (Heranwachsende; § 105 JGG) **und Erwachsene** enthält § 103 in Vbdg. mit § 41 Abs. 1 Nr. 1 und 3 JGG eine entsprechende Regelung. Bei dieser ist anstelle der Rangfolge die Spezialität maßgebend (Begr. BTDrucks. 8 976, S. 21), allerdings bleibt es, wenn für Erwachsene besondere Strafkammern beteiligt sind (vgl. § 209 a, 29), nach § 103 Abs. 2 JGG bei der Rangfolge des § 74 e GVG mit der Änderung, daß anstelle des Schwurgerichts die Jugendkammer (§ 41 JGG) zuständig ist (§ 41 Abs. 1 Nr. 1 JGG; Begr. S. 70; *Katholnigg* NJW **1978** 2376). Für das Prüfungsverfahren gelten nach § 103 Abs. 2 Satz 3 JGG die bei § 6 a dargestellten Vorschriften. Diese Regelung wirkt sich über § 209 a auch auf § 4 Abs. 2 (Zuständigkeit für Verbindung und Trennung von Strafsachen nach Eröffnung des Hauptverfahrens) aus. Sie erlangt aber auch für § 2 Bedeutung, weil das Anhängigmachen eine Form der Verbindung ist[7]. Für § 2 Abs. 1 Satz 2 bedeutet das, daß eine Strafsache, die für einen Erwachsenen die Zuständigkeit der Schwurgerichtskammer (§ 74 Abs. 2 GVG) begründen würde, bei gleichzeitiger Anklage gegen einen Jugendlichen vor das Jugendgericht, also nicht zur Zuständigkeit der besonderen Strafkammer des § 74 Abs. 2 GVG gehört, auch dann, wenn die Zuständigkeit einer besonderen Strafkammer auf Grund des § 74 e GVG durch die der Schwurgerichtskammer verdrängt wird (Vgl. BTDrucks. 8 976, S. 70; vgl. § 209 a, 29 mit Fußn. 22).

30   Danach können bei der **Jugendkammer** alle Strafsachen gegen Jugendliche und Erwachsene verbunden anhängig gemacht werden, die für den Jugendlichen vor den Jugendrichter (§ 34 Abs. 1 JGG) und das Jugendschöffengericht (§ 40 JGG), für den Erwachsenen aber vor die Schwurgerichtskammer gehören. Vor der Wirtschaftsstrafkammer (§ 74 c GVG) und der sog. Staatsschutzkammer (§ 74 a GVG), die wiederum nach der Regelung des § 74 e GVG auszuwählen ist, können sie anhängig gemacht werden, wenn die Strafsache gegen den Erwachsenen zur Zuständigkeit einer dieser beiden Kammern gehört.

31   Welche **dogmatische Bedeutung** Zuständigkeiten besonderer Spruchkörper mit gesetzlich zugewiesenem Geschäftsbereich zukommt, will das Gesetz offenlassen (Begr. BTDrucks. 8 976, S. 22). Obwohl in der Entwurfsbegründung von Rangfolge (S. 21) und Vorrangreihenfolge (S. 67) gesprochen wird, soll damit keine Wertordnung der verschiedenen Strafkammern aufgestellt werden (S. 67). Nach § 209 a stehen die besonderen Strafkammern den Gerichten höherer Ordnung im Sinn des § 209 sowie des § 210 Abs. 2 gleich. Sie sollen *wie* Gerichte höherer Ordnung (Begr. S. 44), ihre Zuständigkeit aber nicht wie die sachliche Zuständigkeit behandelt werden. § 6 a regelt die Prüfung

---

[7] Vgl. den Gesetzestext des Absatzes 2: die Trennung der (= durch Anhängigmachen) *verbundenen* Strafsachen. Allg. Meinung Rdn. 38; *Dallinger-Lackner* Rdn. 4; *Eisenberg* Rdn. 12; *Grethlein*[2] Anm. 2, 3 a; *Potrykus*[3] Anm. 3; *Brunner* Rdn. 2, je zu § 103 JGG. – Zur Zeit dieser Kommentierungen lautete § 103 Abs. 2 Satz 1 JGG: „Die Staatsanwaltschaft erhebt die Anklage vor dem Jugendgericht, ... Diese Fassung ist durch Art. 3 Nr. 8 StVÄG 1979 in Wegfall gekommen. Daraus kann aber nicht geschlossen werden, daß Strafsachen gegen Jugendliche und Heranwachsende nicht mehr durch Anhängigmachen verbunden werden könnten. Denn die Streichung ist Folge des Neuaufbaus der Vorschrift, mit der das bisher dort geregelte Schwergewichtsprinzip für diesen Fall durch das Vorrangsprinzip ersetzt worden ist (Begr. BTDrucks. 8 976, S. 70). Eine Ausnahme von § 2 JGG (Anwendung des allgemeinen Rechts, also auch des § 2 StPO) konnte dadurch nicht begründet werden.

der Zuständigkeit besonderer Strafkammern — im Gegensatz zu der Prüfung der sachlichen Zuständigkeit in § 6 — nach denselben Grundsätzen wie die der örtlichen Zuständigkeit (§ 16) in der Weise, daß die Prüfung zeitlich stark eingeschränkt wird. Könnte man daraus ableiten, daß die besondere Zuständigkeit keine sachliche Zuständigkeit — wenn auch vielleicht besonderer Art — ist, so könnte aus der Stellung von Satz 2 das Gegenteil geschlossen werden. Denn die Vorschrift über das Anhängigmachen bei Strafkammern besonderer Art befindet sich im Abschnitt über die sachliche Zuständigkeit und im gleichen Absatz mit Satz 1, der von Gerichten verschiedener Ordnung der sachlichen Zuständigkeit handelt. Da die hier zu kommentierenden Vorschriften positiv-gesetzliche Regelungen enthalten, besteht kein Anlaß, an dieser Stelle die Frage zu erörtern, ob das Gesetz — das die Bestimmungen des § 2 Abs. 1 Satz 2, des § 6 a und eine entsprechende Vorschrift wie § 4 Abs. 2 auch als einen 1 a. Abschnitt hätte einfügen können — die Art der Zuständigkeit besonderer Strafkammern in der Tat offengelassen hat und wie sie sich, wenn das zutreffen sollte, darstellt.

Kritik. Wenn Strafsachen bei einer von mehreren Strafkammern verbunden wer- **32** den, die gleichrangig sind, aber verschiedene Spezialmaterien behandeln und dafür — wenigstens der Idee nach; die jährliche Geschäftsverteilung kann die Idee zunichte machen — besondere Spezialkenntnisse erworben haben, wäre es allein sinnvoll, die Sache dort zu verhandeln, wo das **Schwergewicht** des Verfahrens liegt, wie das früher in § 74 c Abs. 2 GVG a. F. und in § 103 Abs. 2 JGG a. F. bestimmt war. Der Gesetzgeber hat das Prinzip des Schwergewichts verworfen und das des **Vorrangs**, für Jugendsachen das der Spezialität gewählt (Begr. BTDrucks. 8 976, S. 1), weil das die für die Zuständigkeitsfrage größtmögliche Klarheit zur Folge habe (Begr. S. 21), die wiederum für die „Wahrung des Prinzips des gesetzlichen Richters" (Begr. S. 22) bedeutsam sei. Wer diesen Erwägungen folgt, wird der Wahl des Gesetzgebers zustimmen. Wer die von dem Ursprungszweck weit entfernte Übersteigerung des Prinzips des gesetzlichen Richters nicht nachvollzieht, muß für § 2 die ausschlaggebende Übernahme der Regelung des § 74 e GVG als unsachgemäß ansehen, weil die Wirtschaftsstrafkammer oder — trotz § 120 GVG — die Staatsschutzkammer über bessere Spezialkenntnisse verfügen kann als die Schwurgerichtskammer und solche Spezialkenntnisse für die Wahrheitsfindung entscheidend sein können.

4. Ermittlungsverfahren. Die **Staatsanwaltschaft** kann zusammenhängende Sachen **33** schon im Ermittlungsverfahren — formlos durch interne Verfügung in den Sachakten — verbinden. Entscheidend ist der Ermittlungszweck, die Sache so rasch wie möglich aufzuklären. Daher kann im staatsanwaltschaftlichen Verfahren mit den Ermittlungen gegen einen bekannten Täter das Verfahren gegen einen unbekannten Beteiligten verbunden werden.

Solange es zweckmäßig ist, die **Ermittlungen getrennt** zu führen, ist eine beab- **34** sichtigte Verbindung zunächst zurückzustellen und erst durchzuführen, wenn die Ermittlungen abgeschlossen sind. Man kann aber die Sachen auch alsbald verbinden — was den Vorzug hat, sie bei einem Dezernenten zu vereinigen — aber die Vorgänge für die einzelnen Fälle zunächst getrennt halten (Sonderakten) und erst dann zusammenfügen, wenn es zum Abschluß des Verfahrens kommt.

Die **vorgesetzte Staatsanwaltschaft** kann die der nachgeordneten zugeteilten **35** Sachen ohne weiteres von sich aus verfolgen oder an sich ziehen (§ 145 Abs. 1 GVG). Der Fall eines positiven Kompetenzkonflikts ist damit ausgeschlossen. Dem negativen Kompetenzkonflikt (die untere Behörde will nicht verfolgen, weil sie die obere für zuständig hält) wird durch das Weisungsrecht (§ 146 GVG) begegnet.

Günter Wendisch

36   Will eine höhere Staatsanwaltschaft Sachen einer niederen Staatsanwaltschaft aus einem **fremden Bezirk** übernehmen, hat sie sich mit dieser zu einigen. Kommt keine Einigung zustande, so entscheidet, weil es sich bei der Übernahme aus einem fremden Bezirk um die Regelung der örtlichen Zuständigkeit handelt, nach § 143 Abs. 3 GVG der beiden Staatsanwaltschaften gemeinsam vorgesetzte Beamte der Staatsanwaltschaft, wenn keiner vorhanden ist, der Generalbundesanwalt (§ 143 Abs. 3 GVG). Da § 143 Abs. 3 GVG nicht für Streitigkeiten über die sachliche Zuständigkeit gilt, bindet die Entscheidung des Generalbundesanwalts nicht, soweit in der Zuweisung an eine bestimmte Staatsanwaltschaft zugleich eine Bestimmung der sachlichen Zuständigkeit erblickt werden könnte. Insoweit ist die Bestimmung der zufolge der Zuweisung örtlich zuständig gewordenen höheren Staatsanwaltschaft maßgebend.

37   Der Frage kommt praktische Bedeutung nur in den wenigen Ländern zu, wo **selbständige Amtsanwaltschaften** bestehen.

38   **5. Anhängigmachen.** Nach Abschluß des Ermittlungsverfahrens bewirkt die Staatsanwaltschaft die gerichtliche Verbindung dadurch, daß sie die bei ihr verbundenen Sachen — gleichgültig, ob die Verbindung nur die sachliche oder auch die örtliche Zuständigkeit betrifft — in einer und derselben Klage bei dem Gericht der höheren Zuständigkeit anhängig macht oder, solange das Gericht das Hauptverfahren noch nicht eröffnet hat, bei dem bereits angegangenen höheren Gericht auch eine zur Zuständigkeit eines niederen Gerichts gehörige Sache angeklagt[8] und die gemeinschaftliche Eröffnung beantragt. Es ist selbstverständlich, daß in der Klage nicht mit dem Verfahren gegen einen benannten Angeklagten zugleich auch ein Verfahren gegen Unbekannt mit anhängig gemacht werden kann (OLG Hamburg *Alsb.* E 1 44).

39   **Klage** ist (§ 170 Abs. 1) die Anklage durch Anklageschrift (§ 199 Abs. 2) oder die mündliche Anklage im beschleunigten Verfahren (§ 212 a Abs. 2 Satz 2). Der Anklage stehen gleich der Antrag im Sicherungsverfahren (§ 414 Abs. 2 Satz 1), im objektiven Einziehungsverfahren (§ 440 Abs. 1), im objektiven Geldbußenverfahren gegen juristische Personen (§ 444 Abs. 3) und, nachdem das Strafbefehlsverfahren nach § 407 Abs. 1 n. F. auch in Schöffengerichtssachen zulässig ist und dem Schöffengericht eine höhere Zuständigkeit als dem Strafrichter zukommt (Rdn. 11), auch der — bei dem Vorsitzenden des Schöffengerichts anzubringende — Antrag der Staatsanwaltschaft (§ 408 Abs. 1) und der des Finanzamts (Hauptzollamts: § 435 AO), die Strafe durch schriftlichen Strafbefehl ohne Hauptverhandlung in Sachen festzusetzen, in denen die Zuständigkeit des Schöffengerichts begründet ist.

40   Für die Verbindung mehrerer Sicherungsverfahren und für die seltene, aber denkbare Verbindung von **Straf- und Sicherungsverfahren** gelten die Vorschriften für das Verfahren auf öffentliche Klage (§ 414 Abs. 2 Satz 1), doch ist diese Verbindung ausgeschlossen, wenn sich Straf- und Sicherungsverfahren gegen dieselbe Person wegen derselben Tat richten (BGHSt 22 186).

41   **6. Prozeßlage.** Aus dem Zweck der Verbindung (Rdn. 19) muß die Einschränkung hergeleitet werden, daß nur Sachen verbunden werden können, die sich in dersel-

---

[8] In BGHSt **20** 221 wird das nur für den Fall des § 13 für zulässig erklärt und ein Gegensatz zu § 2 hergestellt. Die Entscheidung, die zu § 237 und dort zu dem Begriff der Anhängigkeit (im Gegensatz zur Rechts- hängigkeit) ergangen ist, deutet den Unterschied zwischen § 2 und § 13 aber nur an, ohne – was nach dem Entscheidungsgegenstand auch nicht geboten war – eine Begründung zu geben.

ben **Verfahrenslage** befinden. Danach ist es unzulässig, zwei Sachen zu verbinden, deren eine zur Tatsachen-, deren andere zur Revisionsverhandlung ansteht, mag auch die eine Sache in der ersten Instanz vor ein niederes Gericht gehören als die andere.

Da die Verbindung nur zu der Sache möglich ist, für welche die erstinstanzliche **42** höhere Zuständigkeit gegeben ist, und da die untere Instanz nicht die Aufgaben der höheren übernehmen kann, ist die Verbindung einer in erster Instanz schwebenden **Schöffengerichtssache mit** einer **Strafrichtersache,** die sich in der Berufungsinstanz befindet, unzulässig (OLG Hamburg NJW **1958** 1698).

7. Beschwerde. Beläßt es das Gericht bei der von der Staatsanwaltschaft vorge- **43** nommenen Verbindung, steht dem Angeklagten gegen die (verbindende) Eröffnung des Hauptverfahrens kein Rechtsmittel zu (§ 210 Abs. 1).

Rosenmeier hält zwar das Verbunden-anhängig-machen der Staatsanwaltschaft **44** außer mit der Dienstaufsichtsbeschwerde für nicht anfechtbar (134), erblickt aber (135) in der Bestätigung der staatsanwaltschaftlichen Verbindung durch das Gericht eine **beschwerdefähige Entscheidung.** Die Beschwerde erachtet er entgegen § 305 Satz 1 für zulässig (169), weil die Verbindung nicht allein der Urteilsvorbereitung diene (91)[9].

Das ist indessen für Verbindung (und Trennung) zu bejahen (KG JW **1932** 962; **45** BayObLGSt **1952** 117). Denn die Verbindung bereitet die Hauptverhandlung vor, begrenzt den Gegenstand der **Urteilsfällung** und steht daher mit dieser ,,in innigstem **Zusammenhang"** (OLG Karlsruhe DRiZ **1931** 630; ebenso *Bohnert* 26).

8. Dauer. Nachdem das Hauptverfahren eröffnet worden ist, wird die Verbin- **46** dung **nicht** dadurch wieder **aufgehoben,** daß der Zusammenhang erlischt, das Urteil gegen einen von mehreren Angeklagten rechtskräftig wird (RGSt **48** 121; BGH MDR **1955** 755) oder die Sache, für welche das Gericht höherer Ordnung an sich zuständig ist, völlig (z. B. durch den Tod des Angeklagten) in Wegfall kommt[10]. Doch kann das Gericht die früher verbundenen Verfahren wieder trennen und damit die durch die Verbindung begründete Zuständigkeit beenden.

9. Staatsanwaltschaft. Für die Verbindung bei der Staatsanwaltschaft gilt der **47** Grundsatz der Fortdauer der Verbindung nicht. Wird daher das Verfahren eingestellt, das die Zuständigkeit der höheren Staatsanwaltschaft begründet hatte, so erlischt die Verbindung. Hatte die Staatsanwaltschaft das Verfahren nach § 145 GVG an sich gezogen, so steht es ihr frei, die Sache zu behalten oder abzugeben.

Hatte die Staatsanwaltschaft das verbleibende Verfahren jedoch, weil mit der **48** Verschiebung der sachlichen Zuständigkeit zugleich eine solche der örtlichen verbunden

---

[9] Dazu nimmt *Rosenmeier* Bezug auf OLG Hamburg JZ **1969** 241 und OLG Celle NJW **1971** 256, die beide nicht zu der hier erörterten Frage ergangen sind.

[10] *Eb. Schmidt* § 5, 6 nimmt an, daß die Auflösung des Zusammenhangs die Verbindung löse, ist aber dadurch gezwungen, in § 6 die Worte ,,für der Dauer der Verbindung" in ,,für die Dauer der Anhängigkeit" umzudeuten. Zwar führt diese Auslegung zu dem gleichen Ergebnis wie die hier vertretene

Auffassung, doch wird sie dem Begriff der ,,Dauer der Verbindung" nicht gerecht. Vertagung, Teilverurteilung usw. mögen den Zusammenhang gelöst erscheinen lassen, heben aber die Verbindung nicht auf. Schon technisch bleiben die Sachen verbunden. Auch können Entscheidungen in bezug auf die gesamte Sache weiterhin notwendig sein (z. B. nach § 111 l), nachdem der Zusammenhang gelöst worden ist.

Günter Wendisch

war, im Wege der Einigung von einer **auswärtigen Staatsanwaltschaft** übernommen oder vom Generalbundesanwalt zugewiesen erhalten, so muß sie es, weil kein örtlich zuständiges Gericht vorhanden ist, nach dem sich ihre Zuständigkeit bestimmen könnte (§ 143 Abs. 1 GVG), an die auswärtige Staatsanwaltschaft abgeben, es sei denn, daß inzwischen, etwa durch Zuzug des Beschuldigten in den eigenen Bezirk der Staatsanwaltschaft, ihre Zuständigkeit begründet worden ist.

IV. Trennung (Absatz 2)

49   **1. Natur der Trennung.** Für die Trennung gelten im allgemeinen die Ausführungen für die Verbindung (Rdn. 25) entsprechend, doch ergeben sich einige Besonderheiten aus der Natur der Trennung: nach § 237 können bei demselben Gericht anhängige Sachen im Fall irgendeines Zusammenhangs jederzeit zum Zweck gleichzeitiger Verhandlung verbunden und auch jederzeit wieder getrennt werden. Über diese lose Verhandlungsverbindung greift die Sachverbindung der §§ 2 und 4 hinaus; sie macht die verbundenen Sachen zu einem einheitlichen Prozeß, doch umfaßt die Sachverbindung stets die Verhandlungsverbindung (zustimmend *Fischer* 85). In dem einheitlichen Prozeß kann sich die Notwendigkeit ergeben (etwa wegen vorübergehender Erkrankung eines Angeklagten), die von der Sachverbindung umfaßte Verhandlungsverbindung zu lösen, entweder mit der Absicht, sie später wieder herzustellen oder mit dem Ziele, einen Teil des Prozesses getrennt zum Abschluß zu bringen. Dieses Recht ergibt sich aus § 237, der dem Gericht mit der Befugnis zur Verbindung stillschweigend auch die gibt, sie wieder aufzuheben.

50   Die Trennung nach § 2 Abs. 2 (und nach § 4 Abs. 1) ist daher mehr als bloße Verhandlungstrennung; nämlich die **Auflösung der** nach §§ 2, 4 herbeigeführten **Sachverbindung** mit der Folge, daß die abgetrennte Sache in die alte Zuständigkeit so zurückfällt, „als ob eine Verbindung...nicht stattgefunden hätte" (*John* §§ 2 bis 4, II 10).

51   Mit der Möglichkeit einer solchen Wiederherstellung des Zustandes vor der Verbindung hat der Gesetzgeber zugleich eine **Ausnahme von § 269** begründet. Wollte man das verneinen[11], müßte man die Trennung als bloße Verhandlungstrennung auffassen und damit § 2 Abs. 2 (ebenso wie § 4 Abs. 1), soweit er sich auf die Trennung nach Eröffnung des Hauptverfahrens bezieht, als inhaltsleer bezeichnen. Da der Gesetzgeber die Trennung gerade auch nach Eröffnung des Hauptverfahrens zugelassen hat, stellt sich die Vorschrift insoweit eindeutig als eine auch durchaus praktische Ausnahme von § 269 dar.

52   Die gegen diese systemimmanente Auslegung gerichtete Auffassung, mit dem Übergang auf das niedere Gericht als Folge der Trennung, werde der Satz beeinträchtigt, daß die Sache durch keine willkürliche Maßnahme auf einen anderen als den **gesetzlichen Richter** verschoben werden dürfe (OLG Hamburg MDR **1970** 523), schlägt nicht durch. Die gesetzlich zugelassene Trennung ist Gesetzesausübung und keine Willkür. Der Übergang einer Sache an ein anderes Gericht ist alltäglich (Beispiele Vor § 7, 24 ff). Gesetzlicher Richter ist nicht nur der „von vornherein" genau bestimmte, sondern auch jeder Richter, dem durch die Anwendung des Gesetzes die Sache zufällt. Das Gericht muß sich daher stets **klar entscheiden,** ob es nur die Verhandlungs- oder auch die Sachverbindung lösen will. Im ersten Fall gilt das bei § 237 Ausgeführte, im letzten Fall ergeben sich nachstehende Folgerungen:

---

[11] So OLG Hamburg MDR **1970** 523; *Eb. Schmidt* § 4, 11 (anders – wie hier – § 269, 4).

2. Zweck und Zulässigkeit. Wie die Verbindung zusammenhängender Strafsa- **53** chen, steht auch die Trennung verbundener Strafsachen im pflichtgemäßen Ermessen des Gerichts (BGHSt **18** 238; JR **1974** 429). Der Angeklagte hat keinen verfahrensrechtlichen Anspruch auf Trennung (BGH GA **1968** 306 = JR **1969** 148 mit zust. Anm. *v. Gerlach*).

Bloße **Notwendigkeiten des Verfahrens**, z. B. die vorübergehende Erkrankung **54** eines Angeklagten, werden es in der Regel nicht rechtfertigen, die Sachverbindung aufzuheben. Namentlich gehört nicht hierher das nach ursprünglichen Bedenken (RGSt **69** 22) zugelassene — und in Großprozessen, wenn mit Vorsicht angewendet, wohltuende — Trennen und Wiederverbinden zu dem Zweck, den Angeklagten von der Anwesenheit in der Hauptverhandlung zu entbinden, wenn Teile verhandelt werden, die ihn und seine Tat in keiner Weise berühren (RG JW **1935** 2980; RGSt **69** 23; **69** 362; **70** 67; BGHSt **24** 257); es ist nach § 237 zu behandeln. Zur vorübergehenden Abtrennung und zur Zulässigkeit der Erlaubnis, einzelnen Angeklagten nach § 231 c zu gestatten, sich während einzelner Teile der Hauptverhandlung zu entfernen vgl. BGH bei *Holtz* MDR **1979** 807; BGH NStZ **1981** 111; BGHSt **32** 100.

Früher wurde es als schlechthin zulässig erachtet, verbundene Strafsachen zu **55** dem Zweck zu trennen, den **Angeklagten** der einen Sache **als Zeugen** in der anderen zu vernehmen (RG GA **36** 168; RGSt **52** 140; zu dem umgekehrten Fall — Zeuge wird durch Verbindung Angeklagter — s. Rdn. 18). Die neuere Rechtsprechung kommt seit *Peters'* scharfer Ablehnung einer „Rollenvertauschung" (46. DJT **1** 3 A 136) zu einer differenzierten Lösung: Sie hält die Trennung für zulässig, um einen Mitangeklagten zu selbständigen Anklagepunkten, an denen er nach dem Eröffnungsbeschluß nicht beteiligt war, als Zeugen zu vernehmen (BGH NJW **1964** 1034), nicht aber zu demselben Tatgeschehen, das auch ihm als Mittäter zur Last gelegt wird (noch zögernd BGH GA **1968** 306 = JR **1969** 148; entschiedener BGH bei *Dallinger* MDR **1971** 897 und bei *Holtz* MDR **1977** 639; ebenso OLG Frankfurt StrVert. **1981** 85)[12].

Die Rechtsprechung löst das Problem des **Rollentauschs** nicht, sondern verschiebt **56** es auf die Trennungsfrage. Die Trennung kann aber aus anderen Gründen zulässig, ja geboten sein. Wer allein auf die Trennungsfrage abstellt, muß bei Trennung den „Rollentausch" zulassen, obwohl die gegen ihn sprechenden Gründe von der Trennung ganz unabhängig sind. So sah *von Gerlach* zunächst „keine rechtlichen Bedenken" gegen eine endgültige Trennung zu dem Zweck, einen Mitangeklagten als Zeugen gegen die übrigen Angeklagten zu gewinnen, und ließ nur die vorübergehende Trennung zu jenem Zweck nicht zu (NJW **1964** 2397). In Wirklichkeit sind — wie *von Gerlach* später richtig erkannt hat (JR **1969** 151) — Verbindung und Trennung unerheblich. Ein Mitbeschuldigter kann, soweit die Beschuldigungen auf den gleichen Vorgang gehen, niemals Zeuge sein (*Peters* 46. DJT **1** 3 A 136; *Dünnebier* 1, 3; zustimmend auch *Rosenmeier* 116).

Von den erörterten Fällen abgesehen, kann die **Trennung** etwa in Betracht kom- **57** men, wenn im Fall des mittelbaren Zusammenhangs der eine Angeklagte, mit anderen Angeklagten an seinem Wohnort angeklagt, nachträglich an den Tatort der allein ihn betreffenden Haupttat verzieht, wo auch die Zeugen wohnen, oder wenn bei persönlichem Zusammenhang der Verhandlung der Tat, welche die Zuständigkeit des höheren

---

[12] Vgl. zu diesem Problem auch *Hanack* JR **1977** 434 und KMR-*Paulus* 8 f mit weiteren Literaturnachweisen sowie die Erläuterungen zur Zeugnisfähigkeit (IV Vor § 48).

Günter Wendisch

Gerichts begründet hat, Hindernisse für eine unabsehbare Zeit entgegenstehen, während eine mit ihr verbundene an sich zur Zuständigkeit eines niederen Gerichts gehörige Sache vor diesem alsbald verhandelt werden kann.

58   **Unzulässig** ist die Trennung, wenn dadurch ein **Teil des geschichtlichen Vorgangs** i. S. des § 264 abgetrennt würde. Daher können Einzelfälle einer fortgesetzten Handlung oder eines Kollektivdelikts (wenn man diese Deliktsart anerkennt) nicht abgetrennt werden. Für ein ideell konkurrierendes Delikt versteht sich das von selbst. Wegen der Ausscheidung einzelner abtrennbarer Teile einer Tat oder einzelner von mehreren Gesetzesverletzungen s. § 154 a.

59   **3. Zeitpunkt und Form.** Bis zur Eröffnung des Hauptverfahrens kann die **Staatsanwaltschaft** verbunden anhängig gemachte Sachen durch Klagerücknahme wieder trennen.

60   Das **Gericht** trennt verbunden anhängig gemachte Sachen (§ 2 Abs. 1) dadurch, daß es die eine Sache bei sich, die andere vor dem niederen Gericht eröffnet (§ 209 Abs. 1). Hat das Gericht das **Hauptverfahren** in bezug auf verbunden anhängig gemachte Sachen **eröffnet**, so kann es sie jederzeit, schon in dem Verfahren zur Vorbereitung der Hauptverhandlung, aber auch nachdem das Hauptverfahren eröffnet worden ist, nach Absatz 2 wieder trennen. § 270 findet keine Anwendung.

61   · **4. Gerichtsbeschluß, Beschwerde.** Trennt man scharf zwischen der Verhandlungstrennung und der Sachtrennung, so ist bei dieser keine **stillschweigende Trennung** möglich (ebenso *Fischer* 86). Denn die Sachtrennung bewirkt, daß die abgetrennte Sache in der Lage, in der sie sich zur Zeit der Entscheidung befindet, auf dasjenige Gericht übergeht, das für sie an sich zuständig ist. Dazu ist ein **Beschluß** erforderlich, wenn er auch, wie etwa bei der Eröffnung vor einem niederen Gericht, nicht ausdrücklich die Trennung auszusprechen braucht.

62   Namentlich liegt keine stillschweigende Sachtrennung, sondern nur eine **Verhandlungstrennung** vor bei Einstellungen nach § 205 wegen vorläufiger Abwesenheit eines von mehreren Angeklagten (so auch OLG Frankfurt StrVert. **1981** 85 und *Fischer* mit allerdings unterschiedlichen Folgerungen) oder bei Vertagung gegen einen von mehreren Angeklagten zum Zwecke weiterer Beweiserhebung oder bei Einstellung mit Wiederaufnahmemöglichkeit (§ 154 Abs. 2 und 5, § 154 a Abs. 2 und 3, § 154 b Abs. 4 Satz 2 in Vbdg. mit § 154 Abs. 5).

63   Als **Entscheidungsmöglichkeiten** kommen in Betracht:
Bei der **Teileröffnung** vor einem niederen Gericht hat die Trennung die Form des Eröffnungsbeschlusses, den der Angeklagte nicht (§ 210 Abs. 1)[13], die Staatsanwaltschaft wegen der Verweisung an das Gericht niederer Ordnung mit der sofortigen Beschwerde anfechten kann (§ 210 Abs. 2).

64   Entscheidet das Gericht **nach der Eröffnung** des Hauptverfahrens, sind seine Entscheidungen nicht der Beschwerde unterworfen (§ 305), doch bleibt das Recht zur Beschwerde gewahrt gegenüber Beschlüssen, die nur hemmend auf das Verfahren einwirken. Das ist denkbar bei Trennungsbeschlüssen, wenn dadurch unzweckmäßigerweise die Verhandlung verzögert wird (BayObLGSt **1953** 86; vgl. dazu *Bohnert* 29 m. w. N.).

---

[13] **A. A.** *Rosenmeier* 91; vgl. hier Rdn. 44.

Im **Beschwerdeverfahren** setzt das Beschwerdegericht sein Ermessen an die Stelle **65** desjenigen des Vorderrichters. Es hat daher den angefochtenen Beschluß voll und damit auch die Ermessensentscheidung nachzuprüfen[14].

5. Urteil. Ausnahmsweise kann die Trennung auch durch Urteil vorgenommmen **66** werden. Das ist der Fall, wenn verbundene Sachen in der Revisionsinstanz teilweise rechtskräftig werden und die nicht rechtskräftige Sache für sich allein zur Zuständigkeit eines Gerichts gehört, das demjenigen nachgeordnet ist, welches das Urteil für die verbundene erlassen hatte. In diesem Fall kann das Revisionsgericht die Sache wegen der noch in Frage kommenden Tat an das Gericht niederer Ordnung verweisen (§ 354 Abs. 3) und damit die Trennung herbeiführen.

V. Revision

Mit der Revision kann nur gerügt werden, daß die gesetzlichen Voraussetzungen **67** für eine Verbindung oder für eine Trennung nicht vorgelegen hätten[15], daß ein unzuständiges Gericht (etwa das niedere anstelle des höheren) die Verfahren verbunden habe oder daß der Beschluß nicht in der vorgeschriebenen Weise zustandegekommen sei[16]. Dagegen kann — anders als im Beschwerdeverfahren (Rdn. 65) — nicht beanstandet werden, daß der Tatrichter sein Ermessen, ob er verbinden oder trennen oder die Sachen getrennt oder verbunden lassen wolle, falsch ausgeübt habe (BGH NJW **1953** 836).

Wohl aber kann **Mißbrauch des Ermessens** (Rdn. 27) gerügt werden (BGHSt **18** **68** 239; *Brunner* JR **1974** 429). Im übrigen ist der Angeklagte auf die Rüge angewiesen, daß im Zusammenhang mit Verbindung oder Trennung ein anderer Verfahrensfehler begangen, namentlich § 231 oder § 261 verletzt sei (RGSt **67** 417; BGH NJW **1953** 836; BGH bei *Holtz* MDR **1977** 639).

Ist es durch unsachliche Trennung unmöglich geworden, eine **Gesamtstrafe** zu **69** bilden, muß das später erkennende Gericht das bei der Strafzumessung berücksichtigen (OLG Stuttgart NJW **1960** 2383).

Durch eine zufolge einer Trennung herbeigeführte **Abwesenheit** eines Mitange- **70** klagten allein ist ein Angeklagter in der Regel ebensowenig beschwert (RGSt **38** 272) wie dadurch, daß zufolge einer Verbindung ein Zeuge Angeklagter wird (Rdn. 21; 55). Die letzte Frage ist, wie schon ausgeführt (Rdn. 56), unabhängig von Trennung und Verbindung nach der wirklichen Rolle zu beantworten, die aus der Beschuldigung oder aus der Zeugenschaft hervorgeht (*von Gerlach* JR **1969** 151).

---

[14] BayObLGSt **1953** 87; OLG Frankfurt StrVert. **1983** 92; **a. A.** – Ermessen ist nicht überprüfbar – OLG Hamm HESt **2** 102; *Eb. Schmidt* zu § 4, 16; KMR-*Paulus* zu § 4, 34.

[15] Beispiel: Eine erstinstanzliche Strafrichtersache wird mit einer vor der kleinen Strafkammer – keinem Gericht erster Instanz (Rdn. 13) – schwebenden Berufungssache verbunden (RGSt **48** 297).

[16] Beispiel: Die Strafkammer trennt in einer Verhandlungspause in Beschlußbesetzung ab.

§ 3

Ein Zusammenhang ist vorhanden, wenn eine Person mehrerer Straftaten beschuldigt wird oder wenn bei einer Tat mehrere Personen als Täter, Teilnehmer oder der Begünstigung, Strafvereitelung oder Hehlerei beschuldigt werden.

Entstehungsgeschichte. Die Vorschrift gebrauchte früher als Anknüpfungspunkt sowohl beim persönlichen als auch beim sachlichen Zusammenhang die Worte „strafbare Handlung". Durch Art. 21 Nr. 1 EGStGB 1974 wurde für den ersten Fall das Wort „Straftat" und für den zweiten das Wort „Tat" eingesetzt.

1   **1. Zusammenhang.** Der Zusammenhang muß sowohl im Fall des § 2 als auch des § 4 vorliegen. Der Begriff ist auch für § 13 maßgebend. Für die §§ 2 und 4 erfährt er dadurch eine Ergänzung, daß beide (RGSt 10 10) Vorschriften sich nur mit solchen zusammenhängenden Sachen befassen, die im ersten Rechtszug (§ 2, 6) einzeln zur Zuständigkeit verschiedener Gerichte gehören würden (§ 2 Abs. 1; BGHSt 4 153). § 3 zählt die Fälle des Zusammenhangs, die eine Verbindung nach den §§ 2 bis 4 begründen, erschöpfend auf.

2   **Andere Fälle** eines tatsächlichen Zusammenhangs (§ 237) rechtfertigen die Verbindung nicht. Hat z. B. in der Untersuchung gegen A der Zeuge B einen Meineid geleistet, so besteht kein Zusammenhang im Sinn des § 3; er liegt jedoch vor, wenn A den B zum Meineid angestiftet hat.

3   Handelt es sich um mehr als zwei Strafsachen, so hängt die Zulässigkeit der Verbindung nicht davon ab, daß sie alle mit der Strafsache, für die das Gericht höherer Ordnung zuständig ist, unmittelbar zusammenhängen. Ein **mittelbarer,** durch eine andere Sache vermittelter Zusammenhang genügt[1].

4   **2. Für eine Mehrheit von Taten** kommen folgende Möglichkeiten in Betracht:
Persönlicher oder subjektiver **Zusammenhang** liegt vor, wenn einem und demselben Beschuldigten vorgeworfen wird, mehrere Straftaten begangen zu haben (§ 53 Abs. 1 StGB).

5   Der Fall ist nicht gegeben und die §§ 2 bis 4 sind auch nicht entsprechend anzuwenden, wenn zwei **verschiedenartige Verfahren,** ein (subjektives) Strafverfahren (§ 200) und ein (objektives) Sicherungsverfahren (§ 413) wegen derselben Tat gegen dieselbe Person laufen. In diesem Falle ist die Verbindung ausgeschlossen und nach § 12 zu verfahren (BGHSt **22** 186).

6   **Sachlicher** oder objektiver **Zusammenhang** wird durch die Beziehung zu einer und derselben Tat hergestellt, an der mehrere Personen als Täter (§ 25 Abs. 1 StGB), Anstifter (§ 26 StGB), Gehilfe (§ 27 Abs. 1 StGB) oder der Begünstigung (§ 257 StGB), Strafvereitelung (§ 258 StGB) oder der Hehlerei (§§ 259, 260 StGB) beschuldigt werden. Soweit die mehreren Personen als Täter beschuldigt werden, können sie Mittäter

---

[1] Beispiel: Hat die Staatsanwaltschaft gegen A wegen Raubs mit Todesfolge (§ 251 StGB) und gegen B wegen Begünstigung dazu (§ 257 Abs. 1 StGB) Anklage bei der Strafkammer als Schwurgericht (§ 74 Abs. 2 GVG) erhoben, so kann sie B dort auch wegen Sachbeschädigung (§ 303 StGB) anklagen.

(§ 25 Abs. 2 StGB), Nebentäter (RGSt **25** 17; **34** 258; **43** 296)[2] oder notwendige Beteiligte sein, oder zu demselben rechtswidrigen Erfolg durch ihre Fahrlässigkeit, mag diese auch bei jedem anders gestaltet sein (vgl. RGSt **64** 379), beigetragen haben.

3. Bezugsbegriff

a) Nach **altem Recht** war ein Zusammenhang vorhanden, wenn (1.) eine Person **7** mehrerer strafbarer Handlungen beschuldigt wird (persönlicher Zusammenhang) oder wenn (2.) bei einer strafbaren Handlung mehrere Personen beschuldigt werden (sachlicher Zusammenhang). Für den ersten Fall hatte *Kleinknecht* (MDR **1958** 357) wohl unwiderlegbar nachgewiesen, daß wegen des Grundsatzes der Prävention (§ 12 Abs. 1) und der umfassenden Zuständigkeit (§ 12, 17) die strafbare Handlung als Tat i. S. des § 264 angesehen werden müsse. Für den sachlichen Zusammenhang (Rdn. 6) war seine Überlegung indessen nicht zwingend, so daß dafür der Ansicht des Bundesgerichtshofs (BGHSt **11** 133) der Vorzug zu geben war, wegen des Grundsatzes des gesetzlichen Richters (Art. 101 Abs. 1 Satz 2 GG) müsse als bestimmterer Begriff der des materiellen Rechts (strafbare Handlung) verwendet werden.

b) Nach der **Neufassung** wird der Zusammenhang als vorhanden angesehen, **8** wenn (1.) eine Person mehrerer „Straftaten" beschuldigt wird, oder wenn (2.) bei einer „Tat" mehrere Personen ... beschuldigt werden. Die Verwendung des Worts **Straftat** soll auf den sachlich-rechtlichen Begriff des Strafgesetzbuches der neuen Fassung Bezug nehmen, also die tatbestandsmäßige, rechtswidrige und schuldhafte Handlung bezeichnen, wie dies im Entwurf 1962 (BTDrucks. V 32, S. 119) in § 11 Abs. 1 Nr. 1 ausdrücklich gesagt worden war (vgl. Begr. BTDrucks. 7 550 S. 191). „Es empfiehlt sich", heißt es in der Begründung zu Art. 19 (später 21) Nr. 1, „den im Strafgesetzbuch durchgängig und einheitlich verwendeten Begriff Straftat auch in der Strafprozeßordnung anstelle des älteren Begriffs strafbare Handlung zu verwenden". ... Im übrigen soll „durch die vorgeschlagene Fassung die Streitfrage, ob bei der Anwendung der Vorschrift auf die Tat im Sinn des § 264 StPO oder auf die materiell-rechtliche Straftat abzustellen ist (vgl. BGHSt **11** 130)". ... im ersteren Sinn entschieden werden" (BTDrucks. 7 550, S. 289).

Wenn die Begründung auch nicht sehr einsichtig abgefaßt ist, kann doch kein **9** Zweifel sein, daß „bei der Anwendung der Vorschrift", also sowohl beim persönlichen als auch beim sachlichen Zusammenhang, die Tat i. S. des § 264 der Bezugspunkt ist (ebenso KK-*Pfeiffer* 2; KMR-*Paulus* 2). Für den **persönlichen Zusammenhang,** wo kein anderes Ergebnis möglich ist, bleibt dann allerdings die Verwendung des Wortes Straftat unverständlich, wenn auch unschädlich. Denn auf jeden Fall muß man den Begriff wie bisher den der strafbaren Handlung dahin modifizieren, daß die mehreren Straftaten, wenn sie zu einer Tat i. S. des § 264 StPO gehören, schon dadurch eine Prozeßeinheit bilden (*Kleinknecht/Meyer* 2).

c) Für den **sachlichen Zusammenhang** verwirft *Rosenmeier* (S. 25) die Begründung **10** mit der Bemerkung, es werde lediglich der auch im Strafgesetzbuch verwendete Begriff der Tat usurpiert und versucht, ihm eine andere Bedeutung zu unterschieben, denn die moderne Strafgesetzgebung verwende auch im materiellen Sinn den Begriff der Tat,

---

[2] Beispiel: Verbreiten eines und desselben Korrespondenzartikels durch mehrere Redakteure (RG GA **55** 109), dagegen nicht Druck und Nachdruck eines beleidigenden Artikels (RGSt **42** 133).

ohne damit etwa ein Bekenntnis zum erweiterten prozessualen Tatbegriff ablegen zu wollen.

11   In der Tat ist die Behauptung der **Begründung** (BTDrucks. 7 550, S. 289), daß im neuen Strafgesetzbuch „durchgängig und einheitlich" anstelle des älteren Begriffs strafbare Handlung der Begriff Straftat verwendet werden soll, in dieser Form **unrichtig**. Vielmehr gilt, was die Begründung zum Entwurf 1962 sagt (BTDrucks. IV 650, S. 119): Verwendet sei der Begriff Straftat für die rechtswidrige schuldhafte Handlung, die den Tatbestand eines Strafgesetzes verwirkliche. Lasse das Gesetz aber keinen Zweifel, daß nur ein solcher Sachverhalt gemeint sein könne, werde oft der Begriff Straftat durch den einfacheren der Tat ersetzt. Ein zweifelsfreies Beispiel dafür ist § 46 StGB, der die Grundsätze für die Strafzumessung enthält und deshalb nur von rechtswidrigen, schuldhaften Taten handeln kann, wo aber gleichwohl viermal das Wort Tat verwendet wird.

12   **d) Tat.** Trotz der unzutreffenden amtlichen Begründung wird deren Folgerung vom Sprachgebrauch der Strafprozeßordnung getragen. Denn in dieser werden konsequent die Begriffe „Straftat" (und „rechtswidrige Tat") als solche des materiellen Strafrechts verwendet und dem prozessualen Begriff der „Tat" gegenübergestellt. Dieser hat in der Strafprozeßordnung durch § 264 StPO seit Jahrzehnten seine feste Bedeutung (Einl. Kap. 12 IV) und mit dem Begriff der Straftat, etwa im Sinn der §§ 53, 55 StGB, „nichts gemein". Da derselbe Begriff an verschiedenen Stellen, besonders in verschiedenen Gesetzen, verschieden verwendet werden kann, kann nicht davon gesprochen werden, der Gesetzgeber habe den materiell-rechtlichen Tatbegriff für die Strafprozeßordnung „usurpiert"; er hat vielmehr einen dort schon vorhandenen Begriff, der eindeutig einen anderen als den materiell-rechtlichen Sinn hat, an einer neuen Stelle verwendet in der ausdrücklichen Absicht, durch den Wortwechsel den materiell-rechtlichen Bezugspunkt für die Verbindung durch den prozeßrechtlichen zu ersetzen[3].

13   **Verfassungsrechtlich** ist es ohne Bedenken, daß der Gesetzgeber vom materiellrechtlichen Begriff der strafbaren Handlung (Straftat) zu dem etwas weiteren und leicht unbestimmteren prozeßrechtlichen der Tat übergeht (*Dünnebier* JR 1975 4). Der danach ausschlaggebende Begriff **Tat** ist der gesamte geschichtliche Vorgang, soweit er nach der natürlichen Auffassung des Lebens eine sinnvolle Einheit bildet, gleichgültig ob sich bei der rechtlichen Würdigung des Geschehens eine oder mehrere Straftaten im Sinn des sachlichen Strafrechts ergeben (*Gollwitzer* § 264).

---

[3] Für den sog. Sachzusammenhang wird diese Absicht dadurch besonders deutlich, daß der Entscheidung BGHSt 11 130, die die sachlich-rechtliche Auslegung vertritt, in der Begründung ausdrücklich entgegengetreten wird. Welchen Wert im Gesetzgebungsgang unwidersprochene Begründungen auch immer haben mögen, der Wechsel zu einem traditionsreichen prozeßrechtlichen Begriff in einem Prozeßgesetz gibt die gesetzgeberische Absicht eindeutig kund, und das Argument, daß der Begriff auch im materiellen Recht vorkommt, sagt selbst dann nichts, wenn dort Tat zuweilen für Straftat verwendet wird.

§4

(1) Eine Verbindung zusammenhängender oder eine Trennung verbundener Strafsachen kann auch nach Eröffnung des Hauptverfahrens auf Antrag der Staatsanwaltschaft oder des Angeklagten oder von Amts wegen durch gerichtlichen Beschluß angeordnet werden.

(2) [1]Zuständig für den Beschluß ist das Gericht höherer Ordnung, wenn die übrigen Gerichte zu seinem Bezirk gehören. [2]Fehlt ein solches Gericht, so entscheidet das gemeinschaftliche obere Gericht.

Entstehungsgeschichte. In der ursprünglichen Fassung gab §4 Abs. 1 die für den Erlaß des gerichtlichen Beschlusses maßgebende Verfahrenslage mit den Worten „nach Eröffnung der Untersuchung" an. Dadurch entstandene Zweifel beseitigte die durch Art. 3 Nr. 1 VereinhG herbeigeführte Fassung, die auf die Eröffnung der Voruntersuchung oder des Hauptverfahrens abstellte. Durch Art. 1 Nr. 1 des 1. StVRG wurde nach Abschaffung der Voruntersuchung die Bezugnahme auf diese gestrichen. Weil nach der nunmehr allein verbliebenen Eröffnung des Hauptverfahrens nur vom Angeklagten gesprochen werden kann (§157), hat die Bekanntmachung 1975 die in der Verwendung des Wortes „Angeschuldigter" liegende Unstimmigkeit des Wortlauts auf Grund der Ermächtigung in Art. 323 Abs. 1 EGStGB 1974 dadurch beseitigt, daß das Wort „Angeklagter" eingesetzt worden ist. Durch Art. 1 Nr. 2 StVÄG 1979 sind in Absatz 2 die Worte „Gericht, zu dessen Bezirk die übrigen Gerichte gehören" ersetzt worden durch die Worte „Gericht höherer Ordnung, wenn die übrigen Gerichte zu seinem Bezirk gehören". Der bisherige zweite Halbsatz ist Satz 2 geworden.

Übersicht

1. Nach Eröffnung. Nach Eröffnung des Hauptverfahrens kann die Staatsanwalt- **1** schaft die Verbindung nur durch gerichtlichen Beschluß herbeiführen (§4 Abs. 1), sei es, daß sie den Antrag in bezug auf Sachen, die bei Gerichten verschiedener Zuständigkeit — z. B. Schöffengericht und Strafkammer (BGHSt 22 186), aber auch Strafrichter und Schöffengericht (vgl. §2, 11; §6, 5) — anhängig sind, bei dem höheren Gericht stellt, sei es, daß sie — solange dafür noch Raum ist — bei dem höheren Gericht, bei dem bereits eine Sache anhängig ist, Nachtragsanklage wegen einer zur Zuständigkeit eines niederen Gerichts gehörenden Sache erhebt und dabei die Verbindung beantragt.

Weil die Vorschrift die **Anhängigkeit** beider Sachen voraussetze, hält das Ober- **2** landesgericht Celle (MDR **1954** 375) das für unzulässig. Es ist aber unnötige Förmelei, zu verlangen, daß die Staatsanwaltschaft erst bei dem niederen Gericht anklagt und dann beim höheren Gericht Verbindung beantragt; sie kann dieses auch unmittelbar angehen (wie hier: KK-*Pfeiffer* 1; KMR-*Paulus* 6).

3   Das Oberlandesgericht München (GA **37** (1889) 223) erachtet es darüberhinaus für statthaft, **mit der Anklage** beim höheren Gericht die **Verbindung** mit einer bei einem niederen Gericht schon eröffneten Sache zu beantragen. Doch dürfte § 4 Abs. 1 voraussetzen, daß eine Sache bei dem Gericht höherer Ordnung eröffnet worden ist.

4   Der Eröffnung des Hauptverfahrens steht die Eröffnung des Sicherungsverfahrens (§ 413) gleich. Wegen der Besonderheiten und Beschränkungen bei der Verbindung von Straf- und Sicherungsverfahren s. die Erläuterungen zu § 414 sowie KK-*Pfeiffer* 4. In den **besonderen Verfahrensarten,** bei denen das Hauptverfahren nicht ausdrücklich eröffnet wird, sind der Eröffnung diejenigen gerichtlichen Akte gleichzustellen, die mit der Feststellung hinreichenden Tatverdachts oder danach die staatsanwaltschaftliche Verfügung über die Klage oder den Antrag ausschalten. Das **beschleunigte Verfahren** (§ 212) verträgt seiner Natur nach keine Verbindung nach der Anklage.

5   **2. Höhere Instanzen.** In der Berufungs- und Revisionsinstanz können Berufungen und Revisionen von Sachen, die bei Gerichten verschiedener Ordnung anhängig gemacht worden sind, verbunden werden, z. B. die Berufung gegen das Urteil eines Strafrichters mit der gegen das Urteil eines Schöffengerichts bei der großen Strafkammer (*Feisenberger* 5), die Revision gegen ein Berufungsurteil der Strafkammer mit der gegen ein erstinstanzliches Urteil der großen Strafkammer bei dem Bundesgerichtshof (RG DR **1941** 776). Ebenso kann mit einem von einer Strafkammer im ersten Rechtszug eröffneten Verfahren ein solches verbunden werden, das in erster Instanz vor das Amtsgericht gehört, im Zeitpunkt der Verbindung aber vor der Berufungsstrafkammer schwebt (BGHSt **26** 271).

6   Das hatte der **Bundesgerichtshof** zunächst — selbst für den Fall, daß § 4 Abs. 1 mit § 13 Abs. 2 zusammentrifft — unter Berufung auf RGSt **48** 119 anerkannt (BGHSt **4** 152; abl. *Eb. Schmidt* JZ **1953** 639), später aber — ebenfalls bei Zusammentreffen von § 4 Abs. 1 mit § 13 Abs. 2 — abgelehnt, weil sonst in den „durch die Gerichtsorganisation des Landes (Art. 30, 92 GG)"..., „festgelegten Instanzenzug" eingegriffen würde; einen solchen „Eingriff in die funktionelle Zuständigkeit" erachtet das Gericht für unzulässig (BGHSt **19** 179; **22** 251).

7   Inzwischen hat es für mehrere Fälle **Eingriffe in den Instanzenzug zugelassen**; Ausnahmen, die den Grundsatz erschüttern: Die Verbindung ist, auch wenn bereits ein Urteil des höheren Gerichts ergangen ist, zulässig, nachdem dieses Urteil aufgehoben worden ist, und das Gericht höherer Ordnung als erstinstanzliches (neu) entscheiden muß (BGHSt **25** 51). Im Fall des § 15 ist die Übertragung auch zulässig, wenn durch diese ein anderes Rechtsmittelgericht als das an sich allein zuständige zur Entscheidung über ein Rechtsmittel zuständig wird (BGHSt **22** 250; wegen der Eingriffe in den Instanzenzug vgl. auch KMR-*Paulus* 7 ff). Beim Übergang einer Haftsache nach § 126 Abs. 1 Satz 3 kann der Haftbefehl des abgebenden Richters beim Amtsgericht von einem bezirksfremden Landgericht aufgehoben werden (BGHSt **14** 181, 185; *Dünnebier* MDR **1968** 185). Auch wenn eine Sache durch den **Generalbundesanwalt** an die Landesstaatsanwaltschaft abgegeben wird (§ 142 a Abs. 2, 4 GVG), entscheidet über Haftentscheidungen des Ermittlungsrichters des Bundesgerichtshofs nunmehr das Landgericht (BGH NJW **1973** 476).

8   Auch der **Gesetzgeber** hat durch die Neufassung des § 354 Abs. 2 die Verschiebung der örtlichen Zuständigkeit des Berufungsgerichts zur Alltagsroutine gemacht (wegen weiterer Fälle s. Vor § 7, 24 ff).

9   Die Eindeutigkeit der örtlichen (und sachlichen) Zuständigkeit des funktionell als Berufungsgericht zuständigen Landgerichts (Vor § 1, 7; Vor § 7, 23), die der Bundesgerichtshof — in erster Linie, wie der Hinweis auf Art. 30, 92 GG erweist, auf die örtliche Zuständigkeit bezogen — als **funktionelle Zuständigkeit** bezeichnet (s. dazu Vor § 1, 10), ist daher ohnehin **nur eine grundsätzliche.** Der Bundesgerichtshof erhebt sie zu einem nahezu unantastbar erscheinenden, in der Wirklichkeit der Gerichtspraxis aber vielfach durchlöcherten, Dogma, ohne daß sachlich damit irgendetwas gewonnen wäre, ja zu Lasten sachlich anstrebenswerter Ergebnisse[1].

Der **Sinn** der §§ 2 bis 4 ist es, die Verschiebung der sachlichen Zuständigkeit zu **10** regeln (vgl. OLG Düsseldorf DRiZ **1981** 192 = MDR **1980** 1041). Aber auch wenn damit eine der örtlichen verbunden ist, richtet sich das Verfahren nach §§ 2 bis 4 (§ 13, 3). Der Wortlaut des § 4 Abs. 1 zwingt nicht zu dem Schluß, § 4 beziehe sich wie § 2 Abs. 1 nur auf zusammenhängende Strafsachen, „die einzeln zur Zuständigkeit von Gerichten verschiedener Ordnung gehören würden", doch wird diese Ergänzung im Wege der Auslegung aus § 2 Abs. 1 Satz 1 übernommen. Dabei ist zu beachten, daß § 2 Abs. 1 das Verfahren der Staatsanwaltschaft, nämlich das „Anhängigmachen" beim höheren, an sich sachlich, und ggf. auch örtlich, unzuständigen Gericht behandelt. § 4 Abs. 1 dagegen befaßt sich mit dem gerichtlichen Verfahren nach Eröffnung des Hauptverfahrens und gibt in seinem Text keine Begrenzung für den Zeitpunkt der Verbindung.

Wegen dieser fehlenden Begrenzung sind die in Absatz 1 nach dem Wort „zusam- **11** menhängender" (Strafsachen) im Wege der **systematischen Ergänzung** aus § 2 Abs. 1 Satz 1 zu übertragenden Worte, „die einzeln zur Zuständigkeit verschiedener Gerichte gehören", nach dem Aufbau des Abschnitts, der die (sachliche und örtliche) Zuständigkeit der höheren Gerichte weitgehend unbehandelt läßt, nicht wörtlich zu übertragen, sondern sinngemäß in der Weise, daß sie zu lesen sind: „die eine verschiedene erstinstanzliche Zuständigkeit haben"[2].

Im **Wiederaufnahmeverfahren** ist wegen der ausschließlichen Zuständigkeit eines **12** anderen Gerichts mit gleicher sachlicher Zuständigkeit wie das Gericht, dessen Urteil mit dem Wiederaufnahmeantrag angefochten wird (§ 140 a GVG in Verb. mit § 367), jede Verbindung unzulässig.

---

[1] So wären die Umwege, die BGHSt **20** 292 durch das „Labyrinth von Gesamtstrafen" (*Kohlhaas* LM § 79 StGB, 29), unternimmt, unnötig gewesen, wenn der Bundesgerichtshof die beim Oberlandesgericht gleichzeitig anhängige Revision mit der bei ihm zu verhandelnden verbunden hätte.

[2] Vereinigt sich die Berufungssache mit der erstinstanzlichen Sache bei demselben Landgericht, dann stellt sich das Problem nicht so dringend, weil solchenfalls § 237 die Verbindung zum Zweck gleichzeitiger Verhandlung gestattet (RGSt **20** 161; **48** 119; **57** 271). Indessen läßt eine derartige Verbindung die Selbständigkeit der einzelnen Sachen unberührt. Das ist für das Beweisverfahren anerkannt (RGSt **57** 271), für die Anfechtungsmöglichkeit dagegen bestritten. Sowohl nach der Rechtsprechung des Reichsgerichts (RGSt **48** 121; DR **1941** 776) als auch des Bundesgerichtshofs (MDR **1955** 755; 4 StR 346/55 vom 13. 10. 1955, Gründe nicht veröffentlicht, Leits. NJW **1955** 1890) soll § 5 entsprechend anzuwenden sein. Dem widerstreitet der Wortlaut des § 237, der die Verbindung nur zum Zweck gleichzeitiger Verhandlung zuläßt (folgerichtig allein *Eb. Schmidt* § 237, 13 und so wohl auch BGHSt **19** 182). Zum Streitstand ausführlich *Rosenmeier* 94 bis 97. Demzufolge muß, wenn die Verhandlungsverbindung nach § 237 nicht ausreicht, namentlich wenn wegen einer zu bildenden Gesamtstrafe ein einheitliches Rechtsmittel erforderlich ist, die Verbindung nach § 4 gewählt werden. Der alten Rechtsprechung des Reichsgerichts, die in sich widersprüchlich und in der Begründung mit den mitgeteilten Sachverhalten zuweilen unvereinbar ist, sind keine durchschlagenden Argumente zu entnehmen.

Günter Wendisch

13   **3. Ermessen.** Die Verbindung ist, wie zu § 2, 18 ausgeführt, eine Ermessensentscheidung aus Gründen prozessualer Zweckmäßigkeit; Verbindung und Trennung „können" angeordnet werden. Dabei ist für die Verbindung nur vorgeschrieben, daß die Sachen zusammenhängen müssen, für die Trennung in § 2 Abs. 2, daß diese „aus Gründen der Zweckmäßigkeit" angeordnet werden kann; in § 4 Abs. 1 fehlt jedes Merkmal, dem eine Voraussetzung für die Trennung entnommen werden könnte; wegen der Frage der revisionsrechtlichen Nachprüfung des Ermessens vgl. § 2, 67.

14   *Rosenmeier* faßt die Regelung des § 4 dahin zusammen, daß wegen der dauernden Möglichkeit der Verbindung, Trennung und Wiederverbindung der **gesetzliche Richter** zu keinem Zeitpunkt des Verfahrens mit Sicherheit endgültig feststehe (136), und daß wegen des nur sehr beschränkt nachprüfbaren Ermessens („kann" ... angeordnet werden; 133) das Recht auf den gesetzlichen Richter (Art. 101 Abs. 1 Satz 2 GG) verletzt und § 4 verfassungswidrig sei (138).

15   Das Bundesverfassungsgericht hat § 24 Abs. 1 Nr. 3 GVG nur wegen der Bindung des in dieser Vorschrift enthaltenen **unbestimmten Rechtsbegriffs** der „besonderen Bedeutung des Falles" für verfassungskonform erklärt (BVerfGE 9 229), für § 25 Nr. 3 GVG hat es den unbestimmten Rechtsbegriff der „Sache von minderer Bedeutung" dem Gesetz in verfassungskonformer Auslegung eingefügt (BVerfGE 22 261), für die Zurückverweisung nach § 354 Abs. 2 aber eine normative Festlegung des Gerichts, an das zurückverwiesen wird, mit dem Sinn der Regelung für unvereinbar erklärt (BVerfGE 20 342).

16   Da die letzte Entscheidung wesentlich auf die Aufgabe der Revisionsgerichte abstellt, kann sie nicht verallgemeinert werden. Vielmehr wird man — anders als bei dem mehrfachen Gerichtsstand (Vor § 7, 43) — *Rosenmeier* dahin zustimmen müssen, daß § 4 um ein normatives Tatbestandsmerkmal ergänzt werden sollte (164), wenn dadurch auch kaum erreicht wird, den Richter „möglichst eindeutig" zu bestimmen.

17   **4. Gerichtsbeschluß.** Nachdem das Hauptverfahren eröffnet worden ist, ist die Verbindung einem Gerichtsbeschluß vorbehalten. Der **Vorsitzende** allein ist nicht zur Verbindung befugt; er kann sie, wenn er nicht vor der Hauptverhandlung einen Beschluß herbeiführt, für diese aber in der Weise vorbereiten, daß er die für sie erforderlichen Maßnahmen (z. B. Ladung zur gleichen Terminsstunde) trifft. Beanstandet das Gericht die Maßnahme nicht und wird in ihrem Verfolg verhandelt, so tritt damit **stillschweigend** die **Verbindung** ein (RGSt 52 140; 70 68; RG GA 72 346). Doch sollten stillschweigende Verbindungen im Interesse der Klarheit (RGSt 70 70) und wegen § 33 vermieden werden.

18   **Keines Verbindungsbeschlusses** bedarf es, wenn das Gericht das Verfahren wegen verbunden anhängig gemachter Sachen (§ 2 Abs. 1) antragsgemäß eröffnet. Es kann auch bei der Eröffnung mit der zu eröffnenden Sache eine schon eröffnete verbinden (RGSt 46 130). Im übrigen ist der Verbindungsbeschluß in dem Verfahren zur Vorbereitung der Hauptverhandlung und auch während dieser **in jedem Verfahrensabschnitt** (RGSt 64 179) bis zum Urteil zulässig (RG GA 36 168; BGH NJW 1953 836); wenn auch im letzten Fall wegen der naheliegenden Möglichkeit, § 261 zu verletzen, nicht empfehlenswert.

19   Für die **Besetzung** gelten die allgemeinen Vorschriften, namentlich für Beschlüsse außerhalb der Hauptverhandlung § 76 Abs. 1, § 122 Abs. 1, § 139 Abs. 2 GVG.

20   Der gerichtliche **Beschluß** ist nach § 35 **bekanntzugeben.** Soweit er einen Antrag ablehnt, ist er zu **begründen** (§ 34). Da es indessen vom richterlichen Ermessen abhängt, ob eine Verbindung stattfindet (RGSt **52** 138), liegt in dem Beschluß begrifflich die Begründung, daß die Verbindung für angemessen erachtet werde (RGSt **57** 44). Praktisch läuft das darauf hinaus, daß eine Begründung unterbleibt (RG GA **36** 169; ebenso *Bohnert* 29).

Da der Beschluß nach Eröffnung des Hauptverfahrens vom erkennenden Gericht **21** erlassen wird, ist er nach §305 der **Beschwerde** entzogen.

5. Zuständigkeit (Absatz 2)

a) Die **Bedeutung** des Satzes 1 ist zunächst eine Klarstellung des vom Gesetzge- **22** ber Gewollten, aber nur unzulänglich zum Ausdruck Gebrachten (Begr. BTDrucks. 8 976, S. 32), wobei mit der Verwendung der Worte „höherer Ordnung" der Wortlaut zugleich an §5, §209 Abs. 2 und §209a angeglichen wird (vgl. Begr. S. 92, 108). In bezug auf die Verbindung zu einem Gericht höherer Ordnung ist bereits die frühere — nicht sachgemäße[3] — Fassung im Sinn des jetzigen Absatzes 2 Satz 1 ausgelegt worden. Das Gesetz will zweierlei besagen: (1) Die Beschlußfassung steht dem beteiligten Gericht höherer Ordnung zu, wenn das beteiligte Gericht niederer Ordnung seinem Bezirk angehört; (2) das Gericht höherer Ordnung kann alle innerhalb seines Bezirks (bei den „übrigen Gerichten") anhängigen Sachen, die mit einer bei ihm anhängigen Sache im Sinn des §3 zusammenhängen, an sich ziehen.

b) Darüber hinaus hält die Begründung die **Klarstellung** namentlich deshalb für **23** erforderlich, weil durch §209a den vorrangigen Spezialstrafkammern auch die Verbindung von Strafsachen in den Fällen übertragen werde, „in denen nur ein Teil der zu verbindenden Strafsachen deren" (d. h. der Spezialstrafkammern) „Zuständigkeit begründet" (Begr. S. 32). Die unklare Stelle der Begründung bedarf, weil sie auf §209a Bezug nimmt, zunächst eines Blicks auf diese Vorschrift. Dort wird in Nr. 1 bestimmt, daß im Sinn des §4 Abs. 2 (und anderer Vorschriften) die besonderen Strafkammern nach §74 Abs. 2, §74a, §74c GVG für ihren Bezirk gegenüber den allgemeinen Strafkammern und untereinander in der in §74e GVG bezeichneten Rangfolge Gerichten höherer Ordnung gleichstehen. Welche besonderen Strafkammern betroffen sind und welche Rangfolge ihnen zukommt, ist dargestellt in §2, 28.

Die Verweisung auf §209a mag die Klarstellung durch die Klausel vom **Gericht 24 höherer Ordnung** erforderlich machen. Warum die Klarstellung notwendig sein soll, weil nur „ein Teil der zu verbindenden Strafsachen" die Zuständigkeit der Spezialstrafkammern — die nach §209a den Gerichten höherer Ordnung gleichstehen — begründet, ist indessen nicht einzusehen. Denn bei der Verbindung von Strafsachen, die einzeln zur Zuständigkeit von Gerichten verschiedener Ordnung gehören würden, ist immer nur *ein* Gericht das vorrangige, das Gericht höherer Ordnung. Das aber bedeutet, es begründet *immer* nur „ein Teil der zu verbindenden Strafsachen" die Zuständigkeit zur Entscheidung über die Verbindung.

c) Wie bereits dargelegt (§2, 28), findet nach §209a die Vorschrift des §4 auch **25** Anwendung, wenn Sachen verbunden (oder getrennt) werden, die **alle zur Zuständigkeit besonderer Strafkammern** gehören. Bei diesen Sachen ist das Merkmal, „wenn die übri-

---

[3] *John* 1 §4, 1 IV 4: „Die hier getroffene Vorschrift gehört zu einer der unglücklichsten, die sich in der Strafprozeßordnung überhaupt finden." – Es gibt noch mehr dieser Art. Der Gesetzgeber hat bei vielen Änderungen von ihnen fast in keinem Fall Kenntnis genommen.

Günter Wendisch

gen Sachen zu seinem Bezirk gehören", nicht passend. Es wäre richtiger gewesen, diese Fälle nicht in § 4 einzubeziehen, sondern für sie eine besondere Vorschrift mit einem ihrer Eigenart angepaßten Text zu schaffen (§ 2, 30). Ein Amts- oder Schöffengericht „gehört" zum Bezirk des Landgerichts, aber verschiedene Spruchkörper des Landgerichts „gehören" nicht zum Bezirk derjenigen Strafkammer, die nach § 74 e GVG, § 209 a und § 4 Abs. 2 Gerichten höherer Ordnung gleichsteht. Vielmehr decken sich die Bezirke, wenn auch in den meisten Fällen nur teilweise. Von „gehören" könnte man allenfalls dann sprechen, wenn die verbindende Strafkammer einen größeren Bezirk umfaßt, wie es z. B. in aller Regel bei der Strafkammer nach § 74 a GVG der Fall ist, die den Bezirk des Oberlandesgerichts ausmacht. Gerade diese Strafkammer steht aber im Rangfolgekatalog des § 74 e GVG an letzter Stelle. Daher ist bei dem „wohl häufigsten Fall der Zuständigkeitsüberschneidung" (Begr. BTDrucks. 8 976, S. 67), demjenigen zwischen Staatsschutz- und Schwurgerichtskammer, die Schwurgerichtskammer als verbindendes Gericht zuständig. Diese ist notwendigerweise, damit eine örtliche Verknüpfung besteht, die Schwurgerichtskammer des (meist) kleineren Bezirks des örtlich zuständigen Landgerichts (Begr. S. 67). Zu diesem Bezirk „gehört" aber, selbst wenn die Deckung der Bezirke ausnahmsweise aufgrund staatlicher Besonderheiten gegeben oder auf dem Weg des § 74 d GVG erreicht worden ist, die den Bezirk eines Oberlandesgerichts umfassende Staatsschutzkammer auf keinen Fall. Da aber § 74 e GVG und § 209 a eindeutig sind, muß man die Worte, „wenn die übrigen Gerichte zu seinem Bezirk gehören", als Redaktionsversehen betrachten und nach der Natur der Sache dahin abwandeln, daß die Verbindung nach der Rangfolge des § 74 e GVG dann zulässig ist, wenn die Bezirke der an der Verbindung beteiligten Gerichte sich ganz oder teilweise decken. Wegen der Zuständigkeit und Regelung von Kompetenzkonflikten gleichartiger und gleichrangiger Spruchkörper desselben Gerichts vgl. Vor § 1, 19.

26   d) Wegen der **Staatsanwaltschaft** bei der Verbindung einer Staatsschutzsache zu einer Schwurgerichtskammer s. § 143 GVG.

27   **6. Gemeinschaftliches oberes Gericht.** Der Beschluß des gemeinschaftlichen oberen Gerichts ist erforderlich, wenn ein beteiligtes Gericht niederer Ordnung dem Bezirk des beteiligten Gerichts höherer Ordnung nicht angehört. Ob zwischen den mehreren Gerichten Meinungsverschiedenheit über die Zweckmäßigkeit der Verbindung besteht, ist gleichgültig.

28   Eine **Vereinbarung** der beteiligten Gerichte, wie sie § 13 bei verschiedener örtlicher Zuständigkeit vorsieht, macht die Entscheidung des gemeinschaftlichen oberen Gerichts nicht entbehrlich. Ein Grund für diese Verschiedenheit ist nicht ersichtlich. Sollte er in der Auffassung zu suchen sein, daß ein höheres Gericht mit einem niederen nichts vereinbaren könne, müßte diese als überholt angesehen werden.

29   **Zuständig** ist das Oberlandesgericht, zu dessen Bezirk alle beteiligten Gerichte gehören, sonst der Bundesgerichtshof (Vor § 7, 34).

30   **7. Folgen.** Durch die Verbindung **endet** die **Rechtshängigkeit** bei dem Gericht niederer Ordnung. War eine Sache bei einem Gericht niederer Ordnung anhängig, und ist sie dann nochmals zusammen mit anderen Sachen bei einem Gericht höherer Ordnung anhängig gemacht worden, so entfällt für das höhere Gericht, wenn es einen Verbindungsbeschluß erläßt, durch diesen das **Verfahrenshindernis anderweiter Rechtshängigkeit** (BGH NJW 1958 31).

31   Für die Dauer der Verbindung **verliert** die einzelne Strafsache ihre **Selbständigkeit,** es liegt nur noch ein einheitliches Strafverfahren vor. Deshalb ist z. B. der durch

einen einzelnen Straffall begründete Ausschluß eines Richters für die sämtlichen verbundenen Strafsachen wirksam (BGHSt **14** 222). Wegen weiterer Folgen, namentlich
für die **Rechtsmittel**, s. §5.

8. Für die Trennung, die §4 im Gegensatz zu §2 Abs. 2 nur nebenbei erwähnt, **32**
gilt das §2, 49 ff Ausgeführte entsprechend. Die in §2 Abs. 2 behandelte Trennung ist
auch vor dem in §4 Abs. 1 genannten Zeitpunkt (Eröffnung des Hauptverfahrens) zulässig. Dadurch ergibt sich nur insoweit eine Abweichung, als es keinen Fall gibt, bei
dem eine gerichtlich beschlossene Verbindung (§4 Abs. 1) im Eröffnungsverfahren
durch Trennung wieder aufgehoben werden kann, was bei §2 Abs. 2 durchaus möglich
ist.

9. Beschwerde. Weil die Vorschrift sich allein auf die Zeit nach Eröffnung des **33**
Hauptverfahrens bezieht, sind alle vorkommenden Entscheidungen solche des erkennenden Gerichts. Sie sind nach §305 von der Beschwerde ausgenommen (**a. A.** *Rosenmeier*91; s. dazu §2, 45). Wegen einer Ausnahme für **hemmende Beschlüsse** s. §2, 64.

§5

**Für die Dauer der Verbindung ist der Straffall, der zur Zuständigkeit des Gerichts
höherer Ordnung gehört, für das Verfahren maßgebend.**

1. Verfahren. Zufolge der Verbindung bestimmt sich das Verfahren nach dem **1**
Straffall, der zur Zuständigkeit des höheren Gerichts gehört, in doppelter Weise:

Zum ersten nimmt die verbundene Sache an **Vorrechten** teil, die der Sache zu- **2**
kommen, die vor das höhere Gericht gehört. Ist z. B. bei persönlicher Verbindung (§3,
1. Alternative) in einem Fall nach §140 Abs. 2 ein Verteidiger bestellt worden, gilt er zufolge der Verbindung als für das gesamte Verfahren bestellt, weil sich das Interesse an
der Verteidigung in bezug auf die verschiedenen, zusammengefaßten Delikte schon im
Hinblick auf die Bildung einer Gesamtstrafe (§74 StGB) nicht trennen läßt (RGRspr. **2**
767). Bei sachlicher Verbindung (§3, 2. Alternative) dagegen ist auf die Bedürfnisse
eines jeden Angeklagten abzustellen, doch spielt der Fall nur bei der Verbindung zum
Schöffengericht eine Rolle (vgl. §140 Abs. 1 Nr. 1).

Zum anderen sind die verbundenen Sachen **einheitlich** nach dem **Verfahrensrecht 3**
zu behandeln, das für das höhere erstinstanzliche Gericht gilt (BGH NJW **1955** 1198,
1890). Wird eine Berufungssache mit einer erstinstanzlichen Sache verbunden (§4, 5 ff),
so ist das gesamte Verfahren ein erstinstanzliches. §325 findet — anders als bei der Verhandlungsverbindung nach §237 (RGSt **20** 161; **57** 271) — keine Anwendung, wohl
aber §222 a Abs. 1.

Wegen der Auswirkung des **Zeugnisverweigerungsrechts** bei objektiver Verbin- **4**
dung s. §52.

2. Das Rechtsmittel richtet sich allein nach der Zuständigkeit des Gerichts, bei **5**
dem die Sachen verbunden sind, auch wenn eine zweitinstanzliche mit einer erstinstanzlichen verbunden worden ist (RGSt **59** 364; BGH NJW **1955** 1890), gleichgültig, ob persönliche (BGH MDR **1955** 755) oder sachliche Verbindung (BGH LM §135 GVG, 3)
vorliegt. Da die Verbindung nicht aufgehoben wird, wenn eine Sache teilweise erledigt
wird (§2, 46), spielt es auch keine Rolle, wenn die erstinstanzliche Sache inzwischen

Günter Wendisch

durch Einstellung erledigt ist und die Revision nur die ursprüngliche Berufungssache angreift (BGH MDR **1955** 755).

6   Die Einheitlichkeit der Sache gilt auch für die **Zurückverweisung** (§ 354 Abs. 2), die an das Gericht der höheren Zuständigkeit geht, doch kann das Revisionsgericht, wenn die Sache, die die höhere Zuständigkeit begründet hatte, inzwischen erledigt ist, an das Gericht niederer Ordnung zurückverweisen, zu dessen Zuständigkeit die noch in Betracht kommende Sache gehört (§ 354 Abs. 3; § 2, 66; KK-*Pfeiffer* 2).

7   **3. Im übrigen bleiben die Sachen selbständig,** z. B. hinsichtlich der Verjährung (RGSt **8** 312) und des Strafantrags (KMR-*Paulus* 4 ff; *Eb. Schmidt* 7 ff).

§ 6

Das Gericht hat seine sachliche Zuständigkeit in jeder Lage des Verfahrens von Amts wegen zu prüfen.

Übersicht

1   **1. Prüfung der Zuständigkeit.** Den Gegensatz zu dem für die sachliche Zuständigkeit gültigen § 6 bilden der die Zuständigkeit besonderer Strafkammern regelnde § 6 a (§ 6 a, 1 f) und der zu den Vorschriften über die örtliche Zuständigkeit des Gerichts erster Instanz, des Gerichtsstands, gehörende § 16. Nach beiden — insoweit gleichlautenden, vgl. 6 a Satz 2, § 16 Satz 2 — Vorschriften darf das Gericht, nachdem es das Hauptverfahren eröffnet hat, seine Unzuständigkeit nur auf Einwand des Angeklagten aussprechen, und zwar nur, wenn der Angeklagte den Einwand bis zum Beginn der Vernehmung zur Sache geltend gemacht hat (§ 6 a Satz 3, § 16 Satz 3). Zufolge dieser Regelung kann der Einwand verloren gehen und erlöschen das Recht und die Pflicht des Richters, den Gerichtsstand von Amts wegen zu prüfen, im Hauptverfahren frühzeitig.

2   Auf die — gewichtigere — Prozeßvoraussetzung der **sachlichen Zuständigkeit** hat weder Versäumnis noch Verzicht des Angeklagten einen Einfluß (vgl. RGSt **18** 55). Das Gericht hat vielmehr seine sachliche Zuständigkeit in jeder Lage des Verfahrens — also auch noch in der Revisionsinstanz (BGHSt **10** 74) — von Amts wegen dahin zu prüfen, daß es nicht seine Strafgewalt überschreitet und nicht in den Strafbann eines höheren Gerichts eingreift (BGHSt **18** 83), oder über eine ihm durch § 233 Abs. 1 Satz 2 (OLG Köln GA **1971** 27) oder durch § 331 Abs. 1, § 358 Abs. 2 (BGHSt **14** 7) bestimmte Strafgrenze hinausgeht. Es kann sich jedoch, wenn das Verfahren bei ihm anhängig geworden ist, nicht deshalb für unzuständig erklären, weil die Sache vor ein Gericht niederer Ordnung gehöre (§ 269). Das gilt aber **nicht für das Eröffnungsverfahren** (§ 209 Abs. 1). Erklärt sich das Gericht entgegen § 269 **rechtsirrtümlich** gleichwohl für **unzu-**

ständig und wird dieser Beschluß nicht angefochten, dann bleibt das Gericht — aber nicht auch ein anderes gleicher Zuständigkeit — unzuständig (BGHSt 18 5).

Die sachliche Zuständigkeit ist eine **Strafverfahrensvoraussetzung.** Prozeßvoraus- **3** setzungen beachtet das Gericht von Amts wegen (RGSt 68 19). Daher prüft das Rechtsmittelgericht nicht nur seine eigene sachliche Zuständigkeit, sondern auch — mit der sich aus § 269 ergebenden Einschränkung — die sachliche Zuständigkeit des Gerichts des ersten Rechtszugs ohne Revisionsrüge von Amts wegen (RGSt 66 256; 67 58; BGHSt 10 74; 13 161, 379; 18 81; 22 2). Die Prüfung setzt voraus, daß das Urteil angefochten worden ist. Bleibt das Urteil des sachlich unzuständigen Gerichts, das seine Strafgewalt überschritten hatte, **unangefochten,** erwächst es in Rechtskraft; Nichtigkeit (Unwirksamkeit) liegt nicht vor (RGSt 71 378; Einl. Kap. 16 IX; KK-*Pfeiffer* 7; KMR-*Paulus* 12).

Stellt sich das Prozeßhindernis der Unzuständigkeit heraus, so wäre das Verfah- **4** ren, wenn nicht Sondervorschriften bestünden, sowohl außerhalb der Hauptverhandlung (§ 206 a) als auch in dieser (§ 260 Abs. 3) einzustellen (vgl. BGHSt 18 3). Da nur ein Sachurteil die Strafklage verbraucht, wäre neue Klage möglich und wegen des Legalitätsprinzips geboten. Diesen umständlichen Weg vermeidet das Gesetz durch die in Rdn. 5 bis 23 dargestellten **Verweisungsmöglichkeiten** (BGHSt 21 247).

2. Bei Eröffnung des Hauptverfahrens gilt § 269 nicht. Das Gericht prüft daher, **5** nachdem es das in § 201 geregelte Verfahren (Mitteilung der Anklageschrift, Aufforderung zur Erklärung) durchgeführt hat (BGHSt 6 114), nicht nur ob ein höheres, sondern auch ob ein Gericht niederer Ordnung zuständig ist. Ist das letzte der Fall, kann der Richter beim Amtsgericht als Vorsitzender des Schöffengerichts das Verfahren vor dem Strafrichter — der im Verhältnis zum Schöffengericht ein Gericht niederer Ordnung ist (RGSt 62 270; BGHSt 18 83) — und jedes höhere Gericht (Oberlandesgericht, Landgericht) das Verfahren vor jedem ihm nachgeordneten Gericht eröffnen (§ 209 Abs. 1).

Diese Befugnis hat auch der Richter beim Amtsgericht als Vorsitzender Richter **6** eines gemeinsamen Schöffengerichts (§ 58 Abs. 2 GVG), weil die mehreren Amtsgerichte, für die das **gemeinsame Gericht** errichtet worden ist, zu seinem Bezirk i. S. des § 209 Abs. 1 gehören. Ebenso können die nach §§ 74 Abs. 2, 74 d; 74 a, 74 c Abs. 3 GVG gebildeten zentralen Strafkammern das Hauptverfahren vor den Amtsgerichten ihres Bezirks — nicht jedoch vor anderen Strafkammern — eröffnen.

Hält das Gericht die Zuständigkeit eines **Gerichts höherer Ordnung** für begrün- **7** det, legt es diesem die Akten über die Staatsanwaltschaft zur Entscheidung vor (§ 209 Abs. 2). Das gilt auch, wenn der Strafrichter das Schöffengericht für zuständig hält, gleichviel ob es ein gemeinsames Schöffengericht (§ 58 Abs. 2 GVG) oder das Schöffengericht am Amtsgericht des Strafrichters ist. Ist der Strafrichter im letzten Fall zugleich Vorsitzender des Schöffengerichts, kann er das Verfahren selbst vor dem Schöffengericht eröffnen.

3. Zwischen Eröffnung des Hauptverfahrens und Beginn der Hauptverhandlung. 8
Ergibt sich, daß das eröffnende Gericht seine sachliche Zuständigkeit irrtümlich angenommen hatte oder sind nach der Eröffnung des Hauptverfahrens Umstände eingetreten, die die Zuständigkeit eines Gerichts höherer Ordnung begründen, legt ersteres die Akten durch Vermittlung der Staatsanwaltschaft letzterem Gericht zur Entscheidung vor. Diese — von der neueren Rechtsprechung (BGHSt 18 290; 25 309), aber auch von

Günter Wendisch

der Lehre[1] — bereits für zulässig erachtete Möglichkeit hat der Gesetzgeber durch § 225 a — eingefügt durch Art. 1 Nr. 18 StVÄG 1979 — ausdrücklich übernommen und damit die Lücke zwischen der vor Eröffnung des Hauptverfahrens bestehenden Möglichkeit der Abgabe nach §§ 209, 209 a und der Verweisung in der Hauptverhandlung nach § 270 Abs. 1 geschlossen. Die Vorlage ist wie die nach § 209 Abs. 2 der Sache nach nur eine Anfrage, ob das Gericht höherer Ordnung das Verfahren übernehmen wolle; bedeutsam ist allein die Übernahme durch dieses Gericht. Wegen weiterer Einzelheiten s. § 225 a.

9   **4. In der Hauptverhandlung.** Das Gericht hat die Sache durch Beschluß an das zuständige höhere Gericht zu verweisen (§ 270 Abs. 1). Die Hauptverhandlung braucht nicht weiter geführt zu werden, als es zur Beurteilung der Unzuständigkeit erforderlich ist; u. U. kann der Verweisungsbeschluß alsbald ergehen, nachdem die Anklage verlesen worden ist (RGSt 64 108). Der Beschluß **bindet** das empfangende Gericht (BGHSt 19 294), selbst wenn das abgebende Gericht seine Zuständigkeit zu Unrecht verneint hatte (RGSt 44 395). Er hat den Inhalt des Anklagesatzes (§ 270 Abs. 2) und die Wirkung eines Eröffnungsbeschlusses (§ 270 Abs. 3). Bei der **Bekanntmachung** (§ 35) hat der Strafrichter und der vorsitzende Richter des Schöffengerichts dem Angeklagten Frist zu setzen für einen Antrag auf ergänzende Beweiserhebungen (§ 270 Abs. 4). Die **Akten** gehen vom überweisenden an das empfangende Gericht durch die Staatsanwaltschaft. § 209 Abs. 2 und § 348 Abs. 3 heben das besonders hervor, doch gilt das auch im Fall des § 270.

10   **5. Berufungsinstanz.** Hat der Strafrichter im Fall des § 25 Nr. 3 GVG eine höhere Strafe als Freiheitsstrafe von einem Jahr ausgeworfen, so hat er, wenn er sich im Rahmen des § 24 Abs. 2 GVG (Freiheitsstrafe bis zu drei Jahren) gehalten hat, seine Zuständigkeit gewahrt (KK-*Pfeiffer* 3). Ist das Amtsgericht (Strafrichter oder Schöffengericht) über diesen Rahmen hinausgegangen, hat es damit seine **Zuständigkeit überschritten** und die des Landgerichts in Anspruch genommen. Um diesem Mangel abzuhelfen, entscheidet das als Berufungsgericht angerufene Landgericht als erste Instanz erneut in der Form, daß es das erste Urteil aufhebt und neu erkennt, auch wenn es zu dem gleichen Urteil kommt wie der Erstrichter.

11   **Zuständig** ist, weil nur sie erstinstanzliche Zuständigkeit hat, die große Strafkammer (§ 76 Abs. 2, 2. und 3. Fall GVG). Ist die große Strafkammer Berufungskammer (§ 76 Abs. 2, 1. Fall GVG), so entscheidet sie selbst erstinstanzlich (RGSt 74 140; RG JW 1935 2055; RGSt 75 305; BGH MDR 1957 370), auch wenn sie nach der Geschäftsverteilung für die Sache als erstinstanzliches Gericht nicht zuständig ist; eine Abgabe an die nach der Geschäftsverteilung zuständige Kammer entfällt (RGSt 75 305). Ist die kleine Strafkammer Berufungskammer (§ 76 Abs. 2, erster Fall GVG), so verweist sie die Sache unter Aufhebung des angefochtenen Urteils an die große Strafkammer (*Gollwitzer* zu § 328 Abs. 3); formlose Abgabe genügt nicht (KMR-*Paulus* 9; unklar insoweit *Kappe* JR 1958 210 und *Gössel* GA 1968 359, die nur eine „Abgabe" fordern).

12   Die Rechtsprechung beruht auf der Übernahme des früheren § 369 Abs. 3 — jetzt § 328 Abs. 2 —, wonach das **Berufungsgericht,** wenn es in erster Instanz zuständig war, die Sache nicht an die zuständige Kammer zu verweisen, sondern **selbst zu erkennen** hatte. Die Bestimmung war gestrichen worden, als die Strafkammer als Berufungsgericht abgeschafft wurde. Sie ist, als sie diese Zuständigkeit wieder erhielt, wohl versehentlich

---

[1] Z. B. LR-*Dünnebier*[23] § 6, 48; *Eb. Schmidt* § 270, 4; *Rieß* GA 1976 15.

oder als selbstverständlich (RG JW **1935** 2056), nicht erneut aufgenommen worden (BGH MDR **1957** 370; ähnlich — gewohnheitsrechtliche Übernahme des § 369 Abs. 3 a. F. — *Gössel* GA **1968** 366).

Die große Strafkammer kann auch dann als erstinstanzliches Gericht verhandeln **13** und entscheiden, wenn die Staatsanwaltschaft mit dem Ziel der Straferhöhung, **Berufung** gegen das Urteil eines **Schöffengerichts** eingelegt hat, das seine Strafgewalt zwar innegehalten, aber etwa ausgeschöpft hatte, so daß damit gerechnet werden muß, die Strafgewalt des Schöffengerichts werde überschritten (BGHSt 21 229). Dieses Verfahren wird nicht etwa dadurch unzulässig, daß die Strafkammer dann doch im Strafbann des Schöffengerichts erkennt (§ 269; BGHSt 21 231). Die mit Berufung gegen das Urteil eines Strafrichters angegangene **kleine Strafkammer** muß in diesen Fällen die Sache unter Aufhebung des erstinstanzlichen Urteils an die große Strafkammer verweisen (§ 328 Abs. 3). Kleine und große Strafkammer haben verschiedene sachliche Zuständigkeit (Vor § 1, 7), so daß die bloße Abgabe an die große Strafkammer nicht ausreicht (im Ergebnis ebenso *Gössel* GA **1968** 365).

Die beiden Möglichkeiten scheiden jedoch aus, wenn das Schöffengericht zwar **14** seine Zuständigkeit im Hinblick auf die Straferwartung (§ 24 Abs. 1 Nr. 2 GVG) zu Unrecht angenommen, seinen Strafbann aber nicht überschritten hatte und **Rechtsmittel nur zugunsten des Angeklagten** eingelegt ist. Hier wird zufolge § 331 die Straferwartung durch das erste Urteil begrenzt, so daß eine höhere Straferwartung im Zeitpunkt der Prüfung des Rechtsmittelgerichts nicht mehr besteht (*Gössel* GA **1968** 369). Die kleine Strafkammer entscheidet über die Berufung selbst.

Die **Verweisung ans Schöffengericht** ist jedoch geboten, wenn der Strafrichter **15** wegen eines mit mehr als sechs Monaten Freiheitsstrafe bedrohten Vergehens entschieden hat, obwohl die Staatsanwaltschaft Anklage vor dem Schöffengericht erhoben hatte, dieses aber das Verfahren nicht ausdrücklich (förmlich) vor dem Strafrichter eröffnet hatte. Denn hier kommt es nicht auf die Straferwartung, sondern auf einen Antrag an, der nicht mehr nachgeholt werden kann. Ist der Angeklagte jedoch freigesprochen und das Urteil allein zu seinen Gunsten lediglich wegen der Auslagenerstattung angefochten, kann die kleine Strafkammer in entsprechender Anwendung des § 354 Abs. 3 selbst entscheiden (BayObLG MDR **1962** 841).

Gehört die Sache vor ein **höheres Gericht** (Oberlandesgericht), so hebt das Berufungsgericht das erste Urteil auf und verweist die Sache durch Urteil (RGSt 65 397; **16** BGHSt **26** 109), das den Erfordernissen des § 270 Abs. 2 entsprechen muß (vgl. RGSt 61 326; **69** 157; OLG Koblenz GA **1977** 374), an das zuständige Gericht (§ 328 Abs. 3). Das erstinstanzliche Urteil kommt als notwendige Folge allerdings auch dann in Fortfall (BGHSt 21 247), wenn es im Verweisungsurteil nicht ausdrücklich aufgehoben worden ist (*Hanack* JZ **1973** 694).

6. Revisionsinstanz. Hat das **Amtsgericht** seine Zuständigkeit überschritten und **17** hat das Landgericht das nicht bemerkt, dann hebt das Revisionsgericht das landgerichtliche Urteil auf und holt die vom Landgericht unterlassene Entscheidung (§ 328 Abs. 3) nach (RGSt 61 326; OLG Saarbrücken JBl. Saar **1964** 15).

War das **Landgericht** in erster Instanz zuständig, dann ist das ergangene Beru- **18** fungsurteil in der Regel in Wirklichkeit ein erstinstanzliches Urteil, sofern die Vorschriften über die Beweisaufnahme erster Instanz gewahrt worden sind (BGHSt 23 284); auf den Willen des Gerichts, die Form der Eröffnung (Verlesung des Urteils erster Instanz statt der Anklage) und auf die Urteilsformel (Verwerfung der Berufung) kommt es nicht an; sie sind im Gegensatz zur Form der Beweisaufnahme, für die Überzeugungsbildung (§ 261) und den Urteilsinhalt bedeutungslos (a. A. — entscheidend ist allein, ob das Gericht nach Protokoll und Urteil eine Berufungsverhandlung durchgeführt hat — BGH NJW 1970 156 ohne nähere Begründung). Ist das Landgericht aber **in der Beweisaufnahme als Berufungsgericht** verfahren (§ 323 Abs. 2, § 325), hat das Oberlandesgericht das Berufungsurteil aufzuheben und die Sache an die große Strafkammer zur erstinstanzlichen Entscheidung zu verweisen.

19   Hat erst die **Berufungsstrafkammer**, etwa auf Berufung der Staatsanwaltschaft oder durch die Bildung einer Gesamtstrafe, die **Strafgewalt** des Amtsgerichts **überschritten**, entsteht die gleiche Rechtslage. Handelt es sich auch in bezug auf die Beweisaufnahme um ein Berufungsurteil, verweist das Oberlandesgericht die Sache an die große Strafkammer. Hat die Kammer dagegen erstinstanzlich entschieden (BGH MDR 1957 370) oder liegt ein als erstinstanzlich anzuerkennendes Urteil vor (weitergehend — unerheblich, ob das Urteil den Anforderungen eines erstinstanzlichen Urteils genügt — OLG Celle MDR 1963 522), dann hebt, wenn die kleine Strafkammer entschieden hat, das Oberlandesgericht das angefochtene Urteil auf und verweist die Sache an die große Strafkammer.

20   Ebenso ist zu verfahren, wenn die **kleine Strafkammer** über die **Berufung** gegen ein Urteil **des Schöffengerichts** entschieden hat. Denn die große Strafkammer ist im Verhältnis zur kleinen in bezug auf die sachliche Zuständigkeit ein höheres Gericht (Vor § 1, 7). Das ist als Verfahrenshindernis der Unzuständigkeit von Amts wegen zu beachten (BayObLGSt 1970 62 = GA 1971 89).

21   Hat die **große Strafkammer** auf Berufung erstinstanzlich entschieden, geht die Revision an den Bundesgerichtshof (RGSt 75 304; BGHSt 23 285).

22   Ist das Oberlandesgericht im Wege der **Sprungrevision** (§ 335) angegangen worden, dann hebt es das amtsgerichtliche Urteil auf und verweist dabei die Sache durch Urteil an das zuständige Gericht (§ 355).

23   Hat die **Strafkammer** anstelle des Oberlandesgerichts entschieden, dann hebt der Bundesgerichtshof das Urteil auf und verweist die Sache durch Urteil (RGSt 61 326), das den Erfordernissen des § 270 Abs. 2 entsprechen muß (RGSt 69 157), an das zuständige Gericht (§ 355). Bleibt der tatsächliche und der rechtliche Inhalt derselbe wie im Anklagesatz, u. U. in Verbindung mit einem Änderungsbeschluß nach § 207 Abs. 2, ist es nicht erforderlich, die Taten, die in ihnen zu findenden Straftaten und die anzuwendenden Strafgesetze im Verweisungsbeschluß noch einmal anzugeben (BGHSt 7 28; BayObLGSt 1959 210; *Dallinger* MDR 1966 894).

24   Ist das **Rechtsmittel nur wegen einer Nebenstrafe** oder Nebenfolge beschränkt eingelegt, etwa zur Frage der Einziehung, kann das Rechtsmittelgericht die Sache in entsprechender Anwendung des § 354 Abs. 3 statt an das zuständige Gericht an dasjenige unzuständige Gericht zurückverweisen, das — unzulässigerweise — entschieden hatte (BayObLGSt 1962 88). Denn der Gedanke der Zuständigkeitsvorschriften, für bedeutsamere Sachen eine höhere Zuständigkeit zur Verfügung zu stellen, erheischt keine Berücksichtigung, wenn bei Rechtskraft des Schuld- und Strafausspruchs nur noch über Nebenstrafen oder Nebenfolgen Bestimmung zu treffen ist (BayObLGSt 1962 88; vgl. RGSt 70 342). Daß in diesem Stadium das beschränkte Wahlrecht der Staatsanwaltschaft (§ 24 Abs. 1 Nr. 3, § 25 Nr. 3, GVG) nicht mehr verwirklicht werden kann, muß im Interesse der Verfahrensvereinfachung hingenommen werden.

25   Für die Zuständigkeit der **Revisionsgerichte untereinander** ist § 348 maßgebend.

7. Rechtsmittel. Lehnt ein Gericht, statt nach §209 Abs. 2 zu verfahren, die **Eröff- 26 nung des Hauptverfahrens** ab, so steht der Staatsanwaltschaft gegen diesen Beschluß die sofortige Beschwerde zu (§210 Abs. 2). Das gleiche gilt, wenn das Gericht nach Eröffnung des Hauptverfahrens, aber vor Beginn der Hauptverhandlung einen — ersten oder neuen — Antrag der Staatsanwaltschaft ablehnt, die Sache zuständigkeitshalber einem Gericht höherer Ordnung vorzulegen oder wenn das auf ihren Antrag um Übernahme ersuchte Gericht höherer Ordnung diese ablehnt (§225a Abs. 3 Satz 3; §210 Abs. 2).

Gegen die **Aktenvorlage** nach §209 Abs. 2 findet, weil dadurch die Entscheidung 27 ohnehin dem höheren Gericht übertragen wird, keine Beschwerde statt.

Den **Verweisungsbeschluß** nach §270 Abs. 1 Satz 1 (Rdn. 9) kann der Angeklagte 28 nicht anfechten, die Staatsanwaltschaft nur dann, wenn das Gericht die Sache abweichend vom Antrag der Staatsanwaltschaft an das niedere von zwei zuständigen höheren Gerichten (Schöffengericht statt Strafkammer) verweist (§270 Abs. 3 Satz 2, §210 Abs. 2) und — im Gesetz, weil selbstverständlich, nicht erwähnt — wenn es die Sache an ein Gericht niederer oder gleicher Ordnung verweist.

Lehnt das Gericht einen **Antrag ab,** die Sache an ein anderes Gericht zu verwei- 29 sen, ist dieser Beschluß nach §305 unanfechtbar (OLG Braunschweig GA **1959** 91).

Gegen **Verweisungsurteile** des Berufungsgerichts (Rdn. 15) ist die Revision gege- 30 ben. Der Verweisungsbeschluß des Revisionsgerichts (Rdn. 25) unterliegt keiner Anfechtung (§348 Abs. 2).

8. Fehlerhafte und fehlende Verweisungsbeschlüsse. Hat nicht das Gericht in der 31 Hauptverhandlung, sondern der vorsitzende Richter oder aber die Kammer in Beschlußbesetzung entschieden, dann fehlt es an einem ordnungsgemäßen Verweisungsbeschluß und wird das angegangene Gericht nicht mit der Sache befaßt (BGHSt **6** 113). Dagegen **bindet** der Verweisungsbeschluß das höhere Gericht, wenn das niedere das Verfahren in der Form ordnungsgemäß, in der Sache aber zu Unrecht verwiesen hat (RGRspr. **7** 642; RGSt **44** 395).

Sachliche und formelle Mängel eines Verweisungsbeschlusses können mit der **Re- 32 vision** gerügt werden, doch hat die Rüge nur Erfolg, wenn das Urteil auf einem festgestellten Mangel beruht, d. h., wenn die Fehlerhaftigkeit des Verweisungsbeschlusses den Ausfall der Entscheidung beeinflußt haben kann (RGSt **52** 306). Das wird meist zu verneinen sein (RGSt **62** 271).

Hat das unzuständige Gericht **keinen Verweisungsbeschluß** erlassen, sondern 33 selbst entschieden, dann ist die Strafklage mit Rechtskraft des Urteils verbraucht, selbst wenn dem Gericht die Umstände, die seine Unzuständigkeit begründet hatten, nicht bekannt gewesen sind (BGH NJW **1953** 393). Wird das Urteil angefochten, so führt das regelmäßig zur Verweisung.

Im Fall BGHSt **1** 347 war der Angeklagte wegen Raubes mit Todesfolge (§251 34 StGB) statt beim Schwurgericht bei der Strafkammer — die damals ein niederes Gericht als das Schwurgericht war — angeklagt, von dieser aber nur wegen schweren Raubs (§250 StGB) verurteilt worden. Der Bundesgerichtshof war der Ansicht, es komme nur darauf an, ob die Strafkammer **bei Urteilsfällung** zuständig gewesen sei (ebenso BGH MDR **1974** 54); denn in diesem Fall könne die Sache nur an dasselbe Gericht als das zuständige verwiesen werden.

Die Urteile mögen praktischen Bedürfnissen entsprechen, sind aber — die Ände- 35 rung der Rechtslage hinsichtlich des Schwurgerichts außer acht gelassen — nicht zu billigen[2]. Weder aus § 338 Nr. 4 noch aus § 354 ergibt sich, daß die **Zuständigkeitsfrage** nach dem Zeitpunkt des Urteils beantwortet werden dürfe. Vielmehr folgte aus § 79 GVG, daß das Schwurgericht nicht nur für die Entscheidung, sondern auch für die Verhandlung zuständig war. Diese Zuständigkeit, die nicht nur im Interesse des Angeklagten begründet war, hatte die Strafkammer verletzt; sie war gar nicht zuständig, die Entscheidung zu treffen, daß (nur) ein Delikt vorliege, das zu ihrer Zuständigkeit gehöre. Daher ist die Entscheidung des Bundesgerichtshofs GA **1962** 149 vorzuziehen. Nach dieser kommt es allein auf den Verdacht in bezug auf den abzuurteilenden Vorwurf an, nicht aber auf die Feststellungen des Urteils.

36   **9. Püfung der ordentlichen Gerichtsbarkeit.** Ob die Gerichtsbarkeit der ordentlichen Gerichte begründet ist, muß in allen Instanzen von Amts wegen geprüft werden (RGSt **43** 225). Eine Sache, die nicht vor die ordentliche Gerichtsbarkeit gehört, kann nicht auf dem Wege der Verbindung nach § 2 dorthin gebracht werden (RGSt **39** 132). Wenn sich die Unzuständigkeit der ordentlichen Gerichte herausstellt, findet § 270 keine Anwendung, vielmehr ist das Verfahren einzustellen (RGSt **43** 228; **59** 36). Ebenso ist zu verfahren, wenn — etwa nach dem Überleitungsvertrag — keine deutsche Gerichtsbarkeit gegeben ist (OLG Karlsruhe JZ **1967** 419). Mit der sachlichen Zuständigkeit haben diese Fälle freilich nichts zu tun (*Geppert* GA **1972** 168).

§ 6 a

[1]Die Zuständigkeit besonderer Strafkammern nach den Vorschriften des Gerichtsverfassungsgesetzes (§ 74 Abs. 2, §§ 74 a, 74 c des Gerichtsverfassungsgesetzes) prüft das Gericht bis zur Eröffnung des Hauptverfahrens von Amts wegen. [2]Danach darf es seine Unzuständigkeit nur auf Einwand des Angeklagten beachten. [3]Der Angeklagte kann den Einwand nur bis zum Beginn seiner Vernehmung zur Sache in der Hauptverhandlung geltend machen.

Schrifttum. *Brause* Die Zuständigkeit der allgemeinen und besonderen Strafkammern nach dem Strafverfahrensänderungsgesetz, NJW **1979** 802; *Meyer-Goßner* Die Behandlung von Zuständigkeitsstreitigkeiten zwischen allgemeinen und Spezialstrafkammern beim Landgericht, NStZ **1981** 168; *Rieß* Das Strafverfahrensänderungsgesetz 1979, NJW **1978** 2265; *Rieß* Zur Zuständigkeit der allgemeinen und besonderen Strafkammern, NJW **1979** 1536.

Entstehungsgeschichte. Eingefügt durch Art. 1 Nr. 3 StVÄG 1979.

Übersicht

---

[2] *Dallinger* MDR **1952** 118; *Eb. Schmidt* § 270, 11, 12; *Fränkel* LM § 33 JGG, 3 zu der inzwischen überholten Entscheidung BGHSt **10** 64.

I. Bedeutung

Das Gerichtsverfassungsgesetz weist drei Strafkammern unterschiedliche, grund- **1** sätzlich ausschließliche, Zuständigkeiten zu. Es sind dies die Schwurgerichtskammer (§ 74 Abs. 2, § 74 d Abs. 1 GVG), die sog. Staatsschutzkammer (§ 74 a GVG) und die Wirtschaftsstrafkammer (§ 74 c GVG). Diese Strafkammern sind mit je einem eigenen, grundsätzlich (Ausnahme § 74 c Abs. 1 Nr. 6: „soweit" . . .) geschlossenen Zuständigkeitskatalog ausgestattet. Sie sind nach § 74 e GVG untereinander derart in ein Vorrangverhältnis gesetzt, daß in erster Linie der Schwurgerichtskammer, in zweiter der Wirtschaftskammer und in dritter Linie der Staatsschutzkammer der Vorrang zukommt, der dann auch vor der allgemeinen Strafkammer (§ 74 Abs. 1 GVG) besteht[1]. Trotz der geschlossenen Kataloge können Sachen versehentlich oder rechtsirrtümlich bei einer falschen Kammer anhängig gemacht (§ 2 Abs. 1) oder verbunden (§ 4 Abs. 1) werden oder es kann im Lauf der Verhandlung die Zuständigkeit einer vorrangigen oder nachrangigen Strafkammer hervortreten. Die Vorschrift regelt das dazu erforderliche Prüfungsverfahren nach den Grundsätzen, die für die Prüfung der *örtlichen* Zuständigkeit gelten, auch im Wortlaut fast gleichlautend mit § 16[2]. Die Verfahren zur Bestimmung der Folgen der Unzuständigkeit dagegen lehnen sich den Regelungen bei *sachlicher* Unzuständigkeit (§§ 209 a, 209; § 225 a Abs. 4; § 270 Abs. 1 Satz 2) an.

Wegen der **dogmatischen Bedeutung** ist zu bemerken: Nach der Begründung **2** (BTDrucks. 8 976, S. 33) soll die Zuständigkeit besonderer Strafkammern nicht wie die sachliche Zuständigkeit behandelt werden. Daraus könnte man wie bei § 2 (vgl. § 2, 31) ableiten, daß die besondere Zuständigkeit keine sachliche Zuständigkeit — wenn auch besonderer Art — ist. Indessen trifft die Erwägung nur für die beschränkte Prüfungsmöglichkeit zu. Die Stellung der Vorschrift und die Behandlung einer erkannten Unzuständigkeit, die der Prüfung bei der sachlichen Zuständigkeit folgt (Rdn. 6), könnten wieder auf das Gegenteil schließen lassen. Da auch hier positiv-gesetzliche Regelungen vorliegen, braucht — ebenso wie bei § 2 (§ 2, 31) — die dort angeschnittene Frage nicht weiter verfolgt werden.

---

[1] Wegen des grundsätzlichen Vorrangs der Jugendgerichte bei verbundenen Verfahren gegen Jugendliche und Erwachsene, für die § 6 a nicht gilt (BGHSt 30 260), vgl. § 103 Abs. 2 Satz 1 JGG sowie BGH bei *Holtz* MDR **1980** 456 und OLG Oldenburg NJW **1981** 1385.

[2] Abgesehen von den aus stilistischen Gründen gewählten Abweichungen im Einleitungssatz besteht der Unterschied darin, daß nach § 16 das Gericht seine Unzuständigkeit *ausspricht* (vgl. dazu § 16, 8), nach § 6 a aber (durch Verschiebung der Zuständigkeit) *beachtet* (vgl. Rdn. 6). Die Gesetzesfassung nimmt Rücksicht auf die verschiedenen Folgen, die in beiden Fällen aus der Feststellung der Unzuständigkeit erwachsen.

       Günter Wendisch

II. Prüfung (Satz 1)

3   **1. Allgemein.** Im Gegensatz zu den §§ 16 bis 18 a. F., die das Wort „prüfen" nicht enthielten, wird jetzt sowohl in § 16 (örtliche Zuständigkeit) als auch in § 6 a (Zuständigkeit besonderer Strafkammern) ausdrücklich vorgeschrieben, daß das Gericht diese Zuständigkeiten bis zur Eröffnung des Hauptverfahrens und bei diesem von Amts wegen zu prüfen hat. Das galt für die örtliche Zuständigkeit allerdings auch schon, ehe das Prüfungsgebot ausdrücklich verordnet wurde (vgl. LR²³ § 18, 6). In bezug auf die örtliche Zuständigkeit, den Gerichtsstand, handelt es sich um die Prüfung einer **Verfahrensvoraussetzung** von zeitlich vorübergehender Bedeutung (Einl. Kap. 12 XI). Bei der Zuständigkeit besonderer Strafkammern muß man das Gleiche annehmen, auf jeden Fall diese Zuständigkeit *wie* eine vorübergehende Prozeßvoraussetzung ansehen müssen. Zugleich stellt die Gesetzesfassung klar, daß die genaue Zuständigkeit auf jeden Fall keine beständige Prozeßvoraussetzung der Art ist, daß sie — wie die sachliche Zuständigkeit (Einl. Kap. 11 IV; 12 XI; § 6, 3) — auch im Revisionsverfahren von Amts wegen zu prüfen wäre (*Rieß* GA **1976** 25).

4   **2. Prüfung von Amts wegen.** Das Gericht prüft neben seiner sachlichen (§ 6) und örtlichen (§ 16) Zuständigkeit auch von Amts wegen, ob es im Hinblick auf eine der in § 74 Abs. 2, § 74 a, § 74 c GVG getroffenen Regelung zuständig ist. Die Staatsanwaltschaft und der Beschuldigte können die Prüfung beantragen. Das Recht und die Pflicht (Rdn. 3) des Gerichts, die Zuständigkeit von Amts wegen zu prüfen, dauern — anders als bei der sachlichen Zuständigkeit (§ 6, 2), aber in Übereinstimmung mit der Regelung bei der örtlichen Zuständigkeit (§ 16, 4) — bis zur Eröffnung des Hauptverfahrens (Satz 1; OLG Köln NStZ **1981** 491; KK-*Pfeiffer* 2). Sie umfassen dieses und gewinnen dort ihre besondere Bedeutung. Der Eröffnung des Hauptverfahrens steht diejenige des Sicherungsverfahrens (§§ 413 ff) gleich (§ 414 Abs. 1). Nach diesem Zeitpunkt ist die Prüfung nur noch auf Einwand des Angeklagten zulässig (Satz 2), wenn er diesen rechtzeitig (Satz 3) erhoben hat. Ist die Prüfungsmöglichkeit des Gerichts entfallen und hat dieses versehentlich oder rechtsirrtümlich seine Unzuständigkeit nicht erkannt, dann wird das an sich unzuständige Gericht von Rechts wegen zuständig.

5   In den **besonderen Verfahrensarten**, wo das Hauptverfahren nicht ausdrücklich eröffnet wird, sind der Eröffnung diejenigen gerichtlichen Akte gleichzustellen, die mit der Feststellung hinreichenden Tatverdachts oder danach den Beginn der gerichtlichen Untersuchung über die dem Verdacht zugrundeliegende Tat bezeichnen. Demzufolge stehen der Eröffnung des Hauptverfahrens gleich bei der Nachtragsanklage (§ 266 Abs. 2 Satz 1 in Vbdg. mit Absatz 1) der Einbeziehungsbeschluß (§ 266 Abs. 1), im objektiven Urteilseinziehungsverfahren (§ 411 Abs. 3) die Anberaumung der Hauptverhandlung (RGSt **19** 428), im Beschlußeinziehungsverfahren (§ 441 Abs. 2) die Zulassung des Antrags aus 440. Dasselbe gilt im selbständigen Verfahren bei Festsetzung von Geldbußen gegen juristische Personen oder Personenvereinigungen (444 Abs. 3 Satz 1).

III. Verfahren

6   **1. Übersicht.** Wenn auch das Prüfungsverfahren dem der *örtlichen* Zuständigkeit folgt, so ist die Verfahrensweise, die das Gericht einzuschlagen hat, um eine falsche Zuständigkeit zu korrigieren, von dem bei örtlicher Unzuständigkeit verschieden; es ist vielmehr dem bei erkannter *sachlicher* Unzuständigkeit (*Rieß* JR **1980** 80) angepaßt. Danach kommt es — anders als bei der örtlichen Zuständigkeit — in keinem Fall zur Einstellung des Verfahrens, sondern, wenn die eigene Zuständigkeit nicht bejaht wird, zu einer **Verschiebung der Zuständigkeit.** Dabei ist zu unterscheiden zwischen dem Verfahren bis zur Eröffnung des Hauptverfahrens (Rdn. 7, 8), dem bei Eröffnung des Hauptverfahrens (§ 199 Abs. 1; § 203; § 207 Abs. 1 und 2), für das die besonderen Regeln der §§ 209 a, 209 gelten (Rdn. 9), und dem Verfahren nach Eröffnung des Hauptverfahrens. Für dieses sind die Bestimmungen enthalten für die Zeit *vor* Beginn einer (nicht notwendigerweise der ersten; vgl. § 225 a) Hauptverhandlung in § 225 a Abs. 4 in Vbdg. mit den Absätzen 1 und 3 (Rdn. 10) und für die Zeit *nach* Beginn einer Hauptverhandlung in § 270 Abs. 1 Satz 2 in Vbdg. mit Satz 1 (Rdn. 11). Dazu kommt die Verweisungsvorschrift für das Revisionsgericht (§ 355).

2. Vor Eröffnung des Hauptverfahrens. Grundsätzlich prüft das Gericht seine Zu- 7 ständigkeit als besondere Strafkammer erst bei der Eröffnung des Hauptverfahrens, doch sind vorher Entscheidungen des später erkennenden Gerichts möglich. Bei (vor) diesen muß das Gericht, wie bei jeder Entscheidung, seine besondere Zuständigkeit prüfen, solange nicht die Prüfungssperre des Satzes 2 eingetreten ist. Als solche Entscheidungen kommen in Betracht die Anordnung, den Beschuldigten in einem öffentlichen psychiatrischen Krankenhaus zu beobachten (§ 81 Abs. 3) und die Bestellung eines Pflichtverteidigers (§ 141 Abs. 4). Die Prüfungspflicht, ohnehin selbstverständlich, ergibt sich dafür aus Satz 1[3], doch ist dem Gesetz nicht zu entnehmen, wie in jenen Fällen zu verfahren ist, wenn sich die angegangene besondere Strafkammer für unzuständig hält. Unmittelbar findet weder § 209 in Vbdg. mit § 209 a Anwendung, weil er nur für die Eröffnung des Hauptverfahrens, noch § 225 a Abs. 4 in Vbdg. mit Absatz 1, weil er nur für die Zeit nach Eröffnung des Hauptverfahrens bis zum Beginn einer Hauptverhandlung gilt[4], noch § 270, der nur während der Hauptverhandlung Platz greift. Auch die §§ 14, 19 finden unmittelbar keine Anwendung, weil sie nach der Überschrift des zweiten Abschnitts für den Gerichtsstand, die örtliche Zuständigkeit, gelten. Alle genannten Vorschriften regeln zudem grundsätzlich die Zuständigkeit für das gesamte weitere Verfahren, eine Folge, die nicht angebracht ist, wenn die Zuständigkeit für regelmäßig nur *eine* Entscheidung im vorbereitenden Verfahren streitig ist.

Zu prüfen ist daher, welche Vorschrift **entsprechend Anwendung** findet in der 8 Weise, daß die gerichtliche Entscheidung sich nicht auf das (gesamte) Verfahren bezieht, sondern allein auf die *einzelne* Anordnung der Beobachtung in einem psychiatrischen Krankenhaus oder die Bestellung eines Verteidigers. Da das Verfahren zur Prüfung der besonderen Zuständigkeit allein in bezug auf die Beschränkung der Prüfungszeit dem bei örtlicher Zuständigkeit angepaßt ist, sonst aber der Regelung bei *sachlicher* Unzuständigkeit folgt, und da das zur Eröffnung des Hauptverfahrens zuständige Gericht (§ 81 Abs. 3) zu der Entscheidung berufen ist[5], ist es systemgerecht, die Vorschrift über die Zuständigkeitsregelung im Eröffnungsverfahren (§ 209 in Vbdg. mit § 209 a) ent-

---

[3] Begr. BTDrucks. 8 976, S. 33. Für § 162 vgl. KMR-*Müller* § 162, 6; *Eb. Schmidt* § 162, 6.

[4] Das ergibt sich aus § 225 a Abs. 4 Satz 1, der klarstellt, daß nach Absatz 4 nur auf Einwand des *Angeklagten* zu entscheiden ist, also des Angeschuldigten, gegen den die Eröffnung des Hauptverfahrens beschlossen ist (§ 157 zweite Möglichkeit). Auch der Rechtsprechung, die zu der in § 225 a nunmehr gesetzlich geregelten Rechtslage geführt hat (vgl. BTDrucks. 8 976, S. 48),

spricht von dem Verfahrensabschnitt von der Eröffnung des Hauptverfahrens bis zur Hauptverhandlung (BGHSt 18 290; 25 312).

[5] Nach § 141 Abs. 4 entscheidet über die Bestellung der Vorsitzende des Gerichts, „das für das Hauptverfahren zuständig ist". Da das für die Hauptverhandlung zuständige Gericht darüber zu entscheiden hat, ob das Hauptverfahren zu eröffnen ist (§ 199 Abs. 1), begründet die Wortwahl keinen Unterschied in der Sache.

Günter Wendisch

sprechend anzuwenden[6], also so, daß die nach § 74 e GVG vorrangige Strafkammer die Sache an die nachrangige zur Fällung der notwendigen Anordnung abgibt oder daß die nachrangige Strafkammer der vorrangigen die Sache zur Entscheidung über die Zuständigkeit, ggf. zum Erlaß der Anordnung, vorlegt (so *Meyer-Goßner* 174). Wenn auch anzunehmen ist, daß der Gesetzgeber, hätte er den Fall für regelungsbedürftig erkannt, so entschieden hätte, so ist diese Auslegung doch nicht zwingend. Folgt das angegangene Gericht ihr nicht, dann muß es, wenn es sich für unzuständig hält, die beantragte Prozeßhandlung ablehnen; dagegen ist Beschwerde statthaft[7], doch kann die Staatsanwaltschaft statt dessen die Prozeßhandlung nunmehr auch bei einer anderen der besonderen Strafkammern beantragen. Erklärt sich auch diese für unzuständig, dann liegt ein sog. negativer Zuständigkeitsstreit vor (§ 14, 2), über den in entsprechender Anwendung des § 14 — in der Regel auf Antrag der Staatsanwaltschaft — zu entscheiden ist (*Meyer-Goßner* 174).

9   **3. Die Eröffnung des Hauptverfahrens** ist in § 209 geregelt. Danach kann jedes Gericht (höherer Ordnung) das Hauptverfahren vor jedem Gericht niedrigerer Ordnung seines Bezirks eröffnen. Das Gericht, das die Zuständigkeit eines Gerichts höherer Ordnung, zu dessen Bezirk es gehört, für begründet hält, legt diesem die Akten zur Entscheidung vor. Nach § 209 a Nr. 1 stehen im Sinn des § 209 (und anderer Vorschriften) die besonderen Strafkammern (Rdn. 1) gegenüber den allgemeinen Strafkammern und untereinander in der in § 74 e GVG bezeichneten Rangfolge Gerichten höherer Ordnung gleich. Solchen Gerichten stehen nach § 209 a Nr. 2 auch die **Jugendgerichte** gleich für die Entscheidung, ob bestimmte Sachen vor diese gehören; wegen der Abgrenzung der Zuständigkeit zwischen Jugendkammer und besonderer Strafkammer s. § 2, 29 f sowie *Rieß* NJW **1978** 2267. Einzelheiten s. bei §§ 209, 209 a.

10   **4. Nach Eröffnung des Hauptverfahrens.** Vor Beginn der Hauptverhandlung (dazu § 225 a) kann eine besondere Strafkammer ihre Unzuständigkeit nur auf Einwand des Angeklagten beachten (Satz 3). Dazu bestimmt § 225 a Abs. 4 Satz 1 in Vbdg. mit Absatz 1, daß ein Gericht, wenn es einen Einwand des Angeklagten nach § 6 a für begründet hält und eine besondere Strafkammer zuständig wäre, der nach § 74 e GVG der Vorrang zukommt, die Akten dem vorrangigen Gericht vorlegt. Dieses entscheidet, ob es die Sache übernimmt. Kommt dem Gericht, das die Zuständigkeit einer anderen besonderen Strafkammer für begründet hält, vor dieser nach § 74 e GVG der Vorrang zu, dann verweist es die Sache an diese mit bindender Wirkung (§ 225 a Abs. 4 Satz 2; *Brause* 802). Einzelheiten s. bei § 225 a.

11   **Nach Beginn einer Hauptverhandlung** kann der Angeklagte den Einwand, eine besondere Strafkammer sei zuständig, noch bis zum Beginn seiner Vernehmung zur Sache in der Hauptverhandlung (Rdn. 15) geltend machen. Dazu läßt § 270 Abs. 1 Satz 2 zu, daß das Gericht, wenn es einen rechtzeitig vorgebrachten Einwand des Angeklagten für begründet erachtet, die Sache durch Beschluß an die zuständige besondere Straf-

---

[6] *Meyer* (LR[23] § 81, 37) will bei Zuständigkeit nach § 6 der Strafkammer die Möglichkeit geben, die Sache dem Amtsgericht mit der Begründung weiterzugeben, daß sie im Hinblick auf § 24 Abs. 1 Nr. 2 oder 3 GVG das Hauptverfahren vor diesem Gericht eröffnen werde, zieht aber für den umgekehrten Fall den Weg des § 209 Abs. 3 Satz 1 a. F. (= § 209 Abs. 2 n. F.) nicht in Erwägung, sondern läßt bei Meinungsverschiedenheiten, auch wenn mehrere Gerichte *sachlich* zuständig sind, § 14 gelten.

[7] *Meyer-Goßner* 174 l. Sp.; *Eb. Schmidt* § 162, 14.

kammer verweist. Während § 270 Abs. 1 Satz 1 nur eine Verweisung „nach oben" zuläßt, kann und muß die besondere Strafkammer auch an eine Strafkammer verweisen,
die ihr im Sinn des § 74 e GVG nachrangig ist[8]. Denn ohne diese Verweisung „nach
unten" könnte dem Einwand des Angeklagten ggf. nicht stattgegeben werden. Das aber
wird für erforderlich gehalten, weil — anders als bei sachlicher Unzuständigkeit — der
Rechtsgedanke des § 269 nach Ansicht der Begründung (BTDrucks. 8 976, S. 57) nicht
anzuwenden ist. Der Begründung ist der Gesetzgeber durch die Formulierung des § 270
Abs. 1 Satz 2 gefolgt. Einzelheiten s. bei § 270.

IV. Einwand des Angeklagten (Satz 2)

1. Der **Begriff** Einwand ist dem Strafprozeß terminologisch und der Sache nach **12**
an sich fremd (s. aber § 16 und § 222 b). In § 6 a hat er die Bedeutung eines Antrags, der
nach Eröffnung des Hauptverfahrens die notwendige Voraussetzung für die Entscheidung des Gerichts bildet, daß es nach der Vorrangregelung des § 74 e GVG zuständig
oder unzuständig ist; von Amts wegen darf das Gericht dann seine Unzuständigkeit
nicht mehr beachten. Gleiche **notwendige Anträge** sind der Antrag auf Wiedereinsetzung in den vorigen Stand (§ 44 Satz 1), der Ablehnungsantrag wegen Besorgnis der Befangenheit (§ 24 Abs. 3 Satz 1)[9], der Antrag, als Beistand zugelassen zu werden (§ 149)
und die Anträge der Staatsanwaltschaft, daß der Richter eine Leichenöffnung anordnet
(§ 87 Abs. 1 Satz 1) oder an ihr teilnimmt (§ 87 Abs. 2 Satz 1) sowie, daß Auslieferungshaft nicht angerechnet wird (§ 450 a Abs. 3 Satz 1) und hauptsächlich der, eine Revision
als offensichtlich unbegründet zu verwerfen (§ 349 Abs. 2). Der Antrag der Staatsanwaltschaft, einen Haftbefehl zu erlassen (§ 125 Abs. 1; § 128 Abs. 2 Satz 2), ist zwar im
Grundsatz ebenfalls ein notwendiger Antrag, doch entfällt die Notwendigkeit, wenn
kein Staatsanwalt erreichbar ist.

2. Berechtigt zum Einwand ist der Angeklagte, im Jugendgerichtsverfahren auch **13**
der Erziehungsberechtigte und der gesetzliche Vertreter (§ 67 Abs. 1, § 103 Abs. 2 Satz 2,
3 JGG; KK-*Pfeiffer* 7; KMR-*Paulus* 11). Das Wort Angeklagter wird gebraucht, weil in
Satz 2 und 3 auf den Zeitpunkt nach Eröffnung des Hauptverfahrens (Satz 2: Danach)
abgestellt wird, und der Beschuldigte zu diesem Zeitpunkt Angeklagter heißt (§ 157
zweite Möglichkeit). Da sich der Wortgebrauch aus der Fixierung eines zeitlichen *End-
punkts* ergibt, besagt er nichts über die Möglichkeit, den Einwand früher vorzubringen[10]. Demzufolge ist nicht ausgeschlossen, daß der Beschuldigte (Angeschuldigte) den

---

[8] Ebenso *Meyer-Goßner* 171 l. Sp.; *Rieß*
NJW **1979** 1536; a. A. *Brause* 802; vgl. zu
diesem Problem auch *Bohnert* 36 ff.

[9] Über die Befangenheit eines Richters darf
das Gericht nie von Amts wegen entscheiden,
auch gibt es – entgegen weitverbreiteter ver-
waschener Ausdrucksweise – kein Selbstablehnungsrecht des Richters (OLG Rostock
GA **51** 68; § 30, 8), doch kann neben dem
Ablehnungsantrag (§ 26 Abs. 1) auch die
richterliche Anzeige (§ 30) die gerichtliche
Pflicht auslösen, zu entscheiden, ob ein Beteiligter Befangenheit besorgen kann. § 27
Abs. 2 Satz 3 enthält ein Selbst*entscheidungs-*
recht des Richters beim Amtsgericht, der
einen Ablehnungsantrag für begründet hält.

[10] Die Frage hat ihre Bedeutung weitgehend
verloren, nachdem zufolge des Wegfalls der
sofortigen Beschwerde (vgl. § 201 Abs. 2 in
der Fassg. von Art. 1 Nr. 14 StVÄG 1979)
die Rechtskraft der ergehenden Entscheidung weggefallen ist (§ 16, 13), der Einwand
also bis zum kritischen Zeitpunkt wiederholt
werden kann. Auch im Verfahren des § 81
Abs. 4 wird lediglich – auch in bezug auf die
Zuständigkeit – für den Beobachtungsfall
entschieden (s. Erl. zu § 81), so daß die Entscheidung über die Zuständigkeit der besonderen Strafkammer nur für die Beobachtung, nicht für das gesamte Verfahren
rechtskräftig wird.

Günter Wendisch

Einwand schon vor Eröffnung des Hauptverfahrens erhebt (Rdn. 16). Auf jeden Fall steht er ihm auch im vorbereitenden Verfahren zu (Rdn. 7). Denn die Zuständigkeit muß bei jeder richterlichen Handlung geprüft werden, solange das nicht gesetzlich (Satz 3) ausgeschlossen ist. Daraus folgt, daß die Unzuständigkeit immer eingewendet werden kann, sobald die Zuständigkeit zu prüfen ist. Im vorbereitenden Verfahren kann der **Beschuldigte** den Einwand beim rechtlichen Gehör erheben, aber auch mit der Beschwerde geltend machen (§ 81 Abs. 4 für die Beobachtung in einem psychiatrischen Krankenhaus; § 304 Abs. 1 für die Verteidigerbestellung).

14   Dem Angeklagten **stehen gleich** der Beschuldigte im Sicherungsverfahren (§ 414 Abs. 2 Satz 1 und 2), der Einziehungsbeteiligte (§ 433 Abs. 1), der Beschuldigte im selbständigen Einziehungsverfahren (§ 440 Abs. 1 und 3), der Antragsteller im Nachverfahren (§ 439 Abs. 1) sowie der Beteiligte im Verfahren bei Festsetzung von Geldbußen gegen juristische Personen und Personenvereinigungen (§ 444 Abs. 1, Absatz 2 Satz 2 in Vbdg. mit § 433 Abs. 1). Der **Staatsanwaltschaft** (§ 152 Abs. 1) steht zwar der Einwand, etwa um einen Irrtum bei der Anklage zu beseitigen, nicht zu, doch kann sie die Prüfung der Zuständigkeit beantragen, solange das Gericht diese von Amts wegen anzustellen hat (Rdn. 4). Der Umstand, daß sie mit der Adressierung der Klage und dem Antrag, das Hauptverfahren vor einer von ihr bezeichneten besonderen Strafkammer zu eröffnen, die Zuständigkeit behauptet hatte, steht einem solchen Antrag nicht entgegen.

15   **3. Zeitpunkt.** Der Beschuldigte muß den Einwand, die mit der Sache befaßte besondere Strafkammer sei nach § 74 e GVG unzuständig, spätestens als Angeklagter in der Hauptverhandlung — gemeint ist hier die **erste**; der Einwand ist also ausgeschlossen, wenn es nach einer Aussetzung (§ 228 Abs. 1 Satz 1) oder nach Zurückverweisung der Sache (§ 328 Abs. 3, § 354 Abs. 2) zu einer neuen Hauptverhandlung kommt (RGSt 70 241; KK-*Pfeiffer* 10) — *bis* zum Beginn seiner Vernehmung zur Sache geltend machen (BGH GA **1980** 255), also nicht mehr — wenn auch alsbald — *nach* dem Beginn (BGHSt **30** 187 = JR **1982** 511 mit zust. Anm. *Schlüchter*). Die Vernehmung beginnt (§ 243 Abs. 4 Satz 2), nachdem der Angeklagte sich nach dem Hinweis, es stehe ihm frei, sich zu der Anklage zu äußern oder nicht zur Sache auszusagen, zur Äußerung bereiterklärt hat (BGH NStZ **1984** 129). Im Anschluß an diese Erklärung, aber *vor* jeder Aussage muß er spätestens die Unzuständigkeit der besonderen Strafkammer „einwenden". Nach dem genannten Zeitpunkt ist der Einwand selbst dann nicht mehr statthaft, wenn die Tatumstände, aus denen die Unzuständigkeit folgt, erst im Lauf der Hauptverhandlung hervortreten (BGHSt **30** 187: weitere Zuständigkeit der allgemeinen Strafkammer trotz § 226 StGB bei Tod des Tatopfers erst nach Vernehmung des Angeklagten zur Sache) oder wenn die Tat abweichend vom Eröffnungsbeschluß beurteilt wird (so zum gleichlautenden § 16 Satz 3 schon RG GA **59** (1901) 138; RGSt **65** 268).

16   Entgegen früheren Fassungen des § 16[11] ist nicht bestimmt, daß der Einwand (nur) in der Hauptverhandlung geltend gemacht werden könnte; dort liegt nur der

---

[11] Nach Art. 4 Nr. 1 Buchst. h des Gesetzes zur Änderung des Strafverfahrens und des Gerichtsverfassungsgesetzes vom 28. 6. 1935 (RGBl. I 844) lautete § 16 nach (vorübergehender) Abschaffung der Voruntersuchung: Der Angeschuldigte (sic) muß den Einwand der Unzuständigkeit *in* der Hauptverhandlung bis zur Verlesung des Beschlusses über die Eröffnung des Hauptverfahrens geltend machen. In der derzeitigen Fassung bezieht sich das *in* auf die „Vernehmung" in der Hauptverhandlung nicht auf diese. Sonst müßte die Stelle heißen: Der Angeklagte kann den Einwand nur in der Hauptverhandlung bis zum Beginn seiner Vernehmung zur Sache geltend machen, wie ein Vergleich mit der Fassung von 1933 unzweideutig ergibt.

Endzeitpunkt der Berechtigung. Der Beschuldigte kann daher den Einwand vorbringen, sobald feststeht, welches Gericht mit der Sache befaßt ist. Hat er den Einwand **vor der Hauptverhandlung** erhoben, etwa nach Zustellung der Anklage (§ 201 Abs. 1), muß er ihn in dieser wiederholen, wenn das Gericht ihn ohne besondere Begründung übergangen hat (anders zum früheren Recht RGSt 70 240; RG JW **1933** 444)[12].

4. Hauptverhandlung bei abwesendem Angeklagten. Findet die Hauptverhand- **17** lung in Abwesenheit des Angeklagten statt, dann kann (und muß, wenn er wirksam sein soll: RGSt **19** 429) der Verteidiger den Einwand bis zu dem Ereignis geltend machen, das dem Beginn der Vernehmung zur Sache entspricht (*Kleinknecht/Meyer* 13). Findet im Sicherungsverfahren (Rdn. 14) die Hauptverhandlung ohne den Beschuldigten statt (§ 415 Abs. 1), dann tritt die Verlesung über die richterliche Vernehmung (§ 425 Abs. 4 Satz 2) an die Stelle der Vernehmung. Im Verfahren nach § 231 a ist der Inhalt der Äußerung des Angeklagten zur Anklage (§ 231 a Abs. 1 Satz 2) zu verlesen. In beiden Fällen ist der Antrag, wenn er nicht vorher schriftlich oder bei der richterlichen Vernehmung gestellt worden ist, vom Verteidiger vor Beginn der Verlesung anzubringen.

5. Form. Der Antrag ist an das mit der Sache befaßte Gericht zu richten. Da **18** über die Form eine Bestimmung fehlt, wird man Formfreiheit annehmen müssen und § 26 Abs. 1 entsprechend anwenden dürfen. Danach kann der Antrag bei Gericht in jeder Form angebracht werden, also innerhalb der Hauptverhandlung mündlich oder schriftlich und stets zu Protokoll des Urkundsbeamten der Geschäftsstelle. Wird der Antrag von einem abwesenden Angeklagten (Rdn. 17) *während* der Hauptverhandlung zu Protokoll des Urkundsbeamten gegeben, dann trägt der Angeklagte für die Behandlung des Antrags im Geschäftsgang die Gefahr allein. Sein Einwand ist verwirkt, wenn er dem Gericht zu dem kritischen Zeitpunkt (Rdn. 17) nicht vorliegt, selbst wenn das bei ordnungsgemäßer Behandlung möglich gewesen wäre. Das gilt auch, wenn der nicht auf freiem Fuß befindliche Angeklagte, der in einem auswärtigen Bezirk verwahrt wird, dort — wozu er wegen der Formfreiheit des Einwands berechtigt ist — seine Erklärung zu Protokoll der Geschäftsstelle des Amtsgerichts des Verwahrungsorts gibt. § 299 Abs. 2 findet keine entsprechende Anwendung.

V. Verlust und Verbrauch des Einwands

1. Verlust. Da der Angeklagte den Einwand nur bis zum Beginn seiner Verneh- **19** mung zur Sache geltend machen kann, ist die damit gesetzte Frist eine auf einen Prozeßabschnitt abgestellte Handlungsfrist. Als solche ist sie eine **Ausschlußfrist** mit der Wirkung, daß der Einwand nach Ablauf der Frist schlechthin unzulässig und die Wiedereinsetzung in den vorigen Stand gegen die Versäumung der Frist ausgeschlossen ist (§ 42, 5). Mit der Folge des Verlusts kann nur die Frist des Satzes 3 versäumt werden. Daher ist keine Säumnis gegeben, wenn der Angeschuldigte, der nach § 201 Abs. 1 bei der Zustellung der Anklage aufgefordert wird, seine Einwendungen gegen die Eröffnung des

---

[12] Das Gericht auf der anderen Seite ist nicht gezwungen, alsbald über den Antrag zu entscheiden. Wendet der Angeschuldigte nach Mitteilung der Anklageschrift (§ 201 Abs. 1) die Unzuständigkeit ein, so braucht die besondere Strafkammer nicht zu entscheiden, ob sie (oder eine andere besondere Strafkammer) dafür zuständig ist, über die Eröffnung des Hauptverfahrens zu entscheiden; sie kann die Erörterung der Zuständigkeit vielmehr dem Verfahren nach § 209 in Vbdg. mit § 209 a überlassen und wird wohl niemals anders verfahren.

Hauptverfahrens vorzubringen, es unterläßt, den Einwand der Unzuständigkeit der besonderen Strafkammer zu erheben.

20   **2. Verbrauch.** Aus dem Wortlaut „*den* Einwand", der Prozeßvoraussetzung für die Prüfung des Gerichts nach der Eröffnung des Hauptverfahrens ist, kann gefolgert werden, daß dem Angeklagten in der Zeit nach Eröffnung des Hauptverfahrens bis zum Beginn seiner Vernehmung zur Sache in der Hauptverhandlung der Einwand, es sei eine andere besondere Strafkammer zuständig, nur einmal zusteht und daß der Einwand mit der Entscheidung über ihn für diese Zeit verbraucht wird (a. A. *Meyer-Goßner* 170 l. Sp.). Hat z. B. der Angeklagte die Unzuständigkeit sofort nach Aufruf der Sache eingewendet, weil er keinen Augenblick vor einem unzuständigen Gericht stehen will, und hat das Gericht[13] daraufhin seine Zuständigkeit festgestellt, dann kann der Angeklagte den Einwand nicht beliebig oft bis zu seiner Vernehmung zur Sache wiederholen. Dagegen kann der Angeklagte bis zu diesem Zeitpunkt einen Einwand erneuern, der vor oder bei Eröffnung des Hauptverfahrens verworfen worden war (ebenso KK-*Pfeiffer* 12; *Meyer-Goßner* 169 r. Sp.). Die Abweichung vom früheren Rechtszustand, wie er bei der örtlichen Zuständigkeit gegeben war (LR[23] § 16, 29), folgt daraus, daß zufolge des Wegfalls der sofortigen Beschwerde (vgl. § 201 Abs. 2 in der Fassg. von Art. 1 Nr. 17 StVÄG 1979) die Rechtskraft der im Zwischenverfahren ergehenden Entscheidung weggefallen ist (§ 16, 15). Einem Einwand der Unzuständigkeit der besonderen Strafkammer im vorbereitenden Verfahren (Rdn. 7) kommt Verbrauchswirkung selbst dann nicht zu, wenn — wie in § 81 Abs. 4 — die sofortige Beschwerde, die natürlich auch wegen der Unzuständigkeit erhoben werden kann, gegeben ist, weil der vorläufige Stand der Ermittlungen keine endgültige Entscheidung zuläßt (Rdn. 8).

21   **3. Mehrere Beschuldigte.** Bei **Versäumung** der Frist verliert nur der Säumige den Einwand. Daher ist ein Angeklagter nicht deshalb gehindert, einen ihm noch zustehenden Einwand der Unzuständigkeit zu erheben, weil ein Mitangeklagter ihn durch Säumnis verloren hat. Das kann auch durchaus von Bedeutung sein, weil der Beginn der Vernehmung der Sache bei mehreren Angeklagten notwendigerweise verschieden liegt. Dagegen muß man den beschränkten (Rdn. 20) **Verbrauch** des Einwands, der nach der Eröffnung des Hauptverfahrens erhoben wird, auch für einen Berechtigten annehmen, wenn er ihn selbst nicht erhoben hat, aber dadurch am Zwischenverfahren über die Zuständigkeit der besonderen Strafkammer beteiligt gewesen ist, daß er vor der Entscheidung über den Einwand eines anderen Berechtigten nach § 33 gehört worden ist. Das bedeutet: Hat auf den Einwand auch nur eines von mehreren Angeklagten, den er nach der Eröffnung des Hauptverfahrens erhoben hat, das Gericht in einem förmlichen Verfahren (§§ 33, 34, 35, 35 a)[14] seine Zuständigkeit oder die Zuständigkeit einer anderen besonderen Strafkammer ausdrücklich festgestellt, dann ist das Recht zum Einwand für alle Beteiligten, auch wenn sie die Zuständigkeit einer dritten Strafkammer behauptet haben, verbraucht, weil das Gericht nicht in bezug auf einen von mehreren Angeklag-

---

[13] Was es nicht braucht; es kann die Entscheidung bis zum Beginn der Vernehmung des Angeklagten zur Sache zurückstellen.

[14] Zu den Anträgen Prozeßbeteiligter und zu der Absicht des Gerichts, von Amts wegen seine Zuständigkeit zu prüfen, sind die Staatsanwaltschaft (§ 33 Abs. 2) und *alle* Prozeßbeteiligten zu hören, selbst wenn die Tatsachen, über deren Tragweite für die Zuständigkeit gestritten wird, allen Beteiligten schon bekannt sind. Denn so wie einmal in jeder Instanz, muß auch in einem Zwischenstreit jeder Beteiligte ausdrücklich Gelegenheit erhalten, sich zu äußern (§ 33, 24).

ten, sondern, indem alle Beteiligten „hinsichtlich der Kompetenzfrage in lite" waren (*Hahn* Mat. **2** 1199), über die Zuständigkeit nach § 74 e GVG für das ganze verbundene Verfahren entschieden hat (vgl. RGSt **23** 156).

VI. Rechtsmittel

1. Beschwerde. Vor Eröffnung des Hauptverfahrens ergehende Beschlüsse sind **22** vom **Beschuldigten** mit der einfachen Beschwerde anfechtbar (OLG Rostock *Alsb.* E 1 52), wenn das nicht ausdrücklich ausgeschlossen ist (*Hahn* Mat. **1** 769). Das ist nach § 201 Abs. 2 Satz 2 der Fall, wenn die besondere Strafkammer den Einwand (§ 201 Abs. 2 Satz 1) des Angeschuldigten verwirft, nicht sie, sondern eine andere besondere Strafkammer sei zuständig. Der Eröffnungsbeschluß (§ 207) kann vom Angeklagten nicht angefochten werden (§ 210 Abs. 1). Nach der Eröffnung des Hauptverfahrens ist die Beschwerde nach § 305 Satz 1 ausgeschlossen. Besonders ausgesprochen ist das für den nach Eröffnung des Hauptverfahrens, aber vor Beginn einer Hauptverhandlung ergehenden Übernahmebeschluß der vorrangigen besonderen Strafkammer (§ 225 a Abs. 4 Satz 1 in Vbdg. mit Absatz 1 Satz 2, Absatz 3 Satz 3) und den Verweisungsbeschluß an die nachrangige Strafkammer (§ 225 a Abs. 4 Satz 2 letzter Halbsatz) sowie für die Verweisung an die vorrangige oder nachrangige Strafkammer nach Beginn einer Hauptverhandlung (§ 270 Abs. 1 Satz 2, Absatz 3 Satz 2).

Die **Staatsanwaltschaft** hat die Beschwerde überall dort, wo sie auch dem Beschul- **23** digten zusteht (§ 296 Abs. 1)[15], aber nur solange das Gericht die Zuständigkeit der besonderen Strafkammer prüfen kann und nach Eröffnung des Hauptverfahrens nur zugunsten des Angeklagten. Außerdem steht der Staatsanwaltschaft die **sofortige Beschwerde** zu

gegen den Beschluß, durch den abweichend von dem Antrag der Staatsanwaltschaft eine besondere Strafkammer die Verweisung an eine im Sinn des § 74 e GVG rangniedere Strafkammer oder ein Jugendgericht an ein für allgemeine Strafsachen zuständiges Gericht ausgesprochen hat (§ 201 Abs. 2 in Vbdg. mit § 209 a);

gegen den Beschluß, durch den eine im Sinn des § 74 e GVG ranghöhere Strafkammer nach Eröffnung des Hauptverfahrens, aber vor Beginn der Hauptverhandlung auf einen Einwand des Angeklagten an eine rangniedere Strafkammer mit bindender Wirkung überwiesen hat (§ 225 a Abs. 4);

---

[15] An sich ließe sich fragen, ob der Staatsanwaltschaft ein Rechtsmittel zusteht, wenn die Gerichtsentscheidung allein durch einen notwendigen Antrag (Rdn. 12) des Beschuldigten veranlaßt werden kann. Denn man könnte erwägen, daß der Staatsanwaltschaft, wenn sie kein eigenes Antragsrecht hat (für den Antrag auf Wiedereinsetzung in den vorigen Stand – allerdings bei dem Wortlaut: war der *Antragsteller* (jetzt: jemand) verhindert – vgl. RGSt **22** 31; OLG Bremen GA **1957** 87; LG Aachen NJW **1961** 86), auch das Beschwerderecht abgeht (so in einer inzwischen aufgegebenen Rechtsprechung OLG Frankfurt a. M. GA **51** 417 betr. Beschwerde der Staatsanwaltschaft in Nebenklagesachen). Indessen wird das Recht der Staatsanwaltschaft, Rechtsmittel zugunsten des Beschuldigten einzulegen (§ 296 Abs. 2) aus ihrer Stellung als Wächter des Gesetzes (RGSt **7** 409), als Hüterin der Rechtsordnung (OLG Nürnberg GA **1959** 317), hergeleitet und daher ganz unabhängig von dem Initiativrecht betrachtet und behandelt (RGSt **60** 190; **71** 75 hinsichtlich Entscheidungen, die ausschließlich den Nebenkläger beschweren; OLG Nürnberg GA **1959** 317 hinsichtlich Beschwerde nach § 305 a Abs. 1, wobei der Wortlaut, der Anlaß zu der Streitfrage gab, inzwischen geändert worden ist). Im einzelnen vgl. § 297 und *Kleinknecht* NJW **1961** 87. Dem ist beizutreten.

gegen den Beschluß, mit dem eine besondere Strafkammer nach Beginn der Hauptverhandlung auf einen Einwand des Angeklagten die Sache an eine nachrangige besondere Strafkammer verwiesen hat (§ 270 Abs. 3 Satz 2 in Vbdg. mit § 270 Abs. 1 Satz 2). Auch in den beiden letzten Fällen ist, weil auf § 210 verwiesen wird, die sofortige Beschwerde nur zulässig, wenn das Gericht abweichend von einem (ausdrücklichen) Antrag der Staatsanwaltschaft die Sache an eine rangniedere Strafkammer verwiesen hat (ebenso *Meyer-Goßner* 171; vgl. auch Erläuterungen zu § 225 a und § 270).

24 **2. Revision.** Der **Angeklagte** kann die mangelnde Zuständigkeit der besonderen Strafkammer mit der Revision rügen, wenn er den Einwand (Satz 2) rechtzeitig (Satz 3) erhoben hatte. Er kann die Revision dabei sowohl auf ein Urteil stützen, das den Einwand, eine besondere Strafkammer sei nicht zuständig gewesen, zu Unrecht verworfen hat (ebenso *Rieß* JR **1980** 81) — ein angesichts der vielfältigen Möglichkeiten der Zuständigkeitsverschiebung (Rdn. 6) sehr seltener Fall — als auch auf Beschlüsse, die der Eröffnung des Hauptverfahrens voraufgegangen und lediglich mit der einfachen Beschwerde anfechtbar sind (§ 336 Satz 1). Auch diese Fälle werden kaum vorkommen, wenn man die im vorbereitenden Verfahren ergehenden Beschlüsse als nicht bindend ansieht (Rdn. 8). Denn in allen Fällen, wo § 201 anwendbar ist, ist die Revision nach § 336 Satz 2 erste Möglichkeit ausgeschlossen. Es handelt sich um die Entscheidungen nach § 201 Abs. 1; § 225 a Abs. 4 Satz 1 in Vbdg. mit Absatz 3 Satz 3; § 225 a Abs. 4 Satz 2; § 270 Abs. 1 Satz 2 in Vbdg. mit Absatz 3 Satz 2. Es verbleiben für die Revision daher nur der Fall eines rechtzeitig erhobenen, aber nicht beschiedenen Einwands und der seltene Fall eines unwirksamen Beschlusses (enger KK-*Pfeiffer* 13, der die revisionsrechtliche Nachprüfung offenbar generell ausschließen will).

25 Die **Staatsanwaltschaft** kann wegen der dem Gericht in Satz 2 auferlegten Beschränkung die mangelnde Zuständigkeit der besonderen Strafkammer nicht zuungunsten des Angeklagten rügen, zu seinen Gunsten (§ 296) nur, wenn dieser rechtzeitig (Satz 3) den Einwand erhoben hatte, die besondere Strafkammer sei nicht zuständig (**a. A.** *Bohnert* 35: Staatsanwaltschaft hat keine zusätzliche Revisionsmöglichkeit; wie hier KMR-*Paulus* 22). Auf den Eröffnungsbeschluß und ihm nachfolgende Entscheidungen über die Zuständigkeit der besonderen Strafkammer nach § 225 a und § 270 (zusammengestellt Rdn. 23) kann sie die Revision nicht stützen, weil ihr die Möglichkeit der sofortigen Beschwerde zustand (§ 336 Satz 2 zweite Möglichkeit; ebenso *Meyer-Goßner* 170 r. Sp.)[16].

VII. Unzuständigkeit des Rechtsmittelgerichts

26 **1. Prüfungszeitpunkt.** Stellt sich die Frage der Zuständigkeit einer besonderen Strafkammer erst in der **Berufungsinstanz** heraus, weil das (für diesen Fall allein in Betracht kommende) erstinstanzliche — auch: erweiterte — Schöffengericht keine derartige gesetzliche Spezialzuständigkeit hat, ist § 6 a entsprechend anzuwenden[17]. An die Stelle der Eröffnung des Hauptverfahrens (Satz 1) tritt der **Beginn** des Vortrags des Be-

---

[16] Das galt schon, bevor Satz 2 in § 336 eingefügt wurde: RGSt **26** 342; **34** 215; RG LZ **1916** 335. Nachweis über die Literatur bei *Dünnebier* FS Dreher, S. 671 Fußn. 9; ebenso auch *Meyer-Goßner* 170.

[17] OLG Düsseldorf JR **1982** 514, mit zust. Anm. *Rieß*; KK-*Pfeiffer* 5; *Meyer-Goßner*

171; **a. A.** OLG München JR **1980** 77, das die §§ 14, 19 entsprechend anwenden will sowie KMR-*Paulus* § 209 a, 3; *Schlüchter* Rdn. 415 Fußn. 34; vgl. aber Rdn. 674 Fußn. 247 a, wo sie den hiesigen Standpunkt vertritt.

richterstatters (§ 324 Abs. 1 Satz 1; ebenso *Rieß* JR **1980** 80). Bis zu diesem Zeitpunkt muß die mit der Sache befaßte Berufungsstrafkammer von Amts wegen prüfen, ob gegen ein Urteil des Schöffengerichts die allgemeine Strafkammer oder die Wirtschaftsstrafkammer zuständig ist. Nach diesem Zeitpunkt hängt die Prüfung von einem die Unzuständigkeit der befaßten Strafkammer rügenden Einwand ab.

Meyer-Goßner will den Zeitpunkt dagegen auf das **Ende** des Vortrags des Berichter- **27** statters einschließlich der Verlesung oder der inhaltlichen Mitteilung des angefochtenen Urteils festlegen, weil erst in diesem Zeitpunkt alle Richter so über den Sachstand unterrichtet seien, daß sie die Zuständigkeitsfrage tatsächlich prüfen könnten (172 r. Sp.). Dem hält *Rieß* mit Recht entgegen, die Verlegung des Prüfungszeitpunkts auf das Ende des Vortrags des Berichterstatters führe dazu, daß der mit der Regelung des § 6 a verfolgte Zweck verfehlt werde, die Amtsprüfung *vor* Beginn der Hauptverhandlung zu beenden und diese nicht mit einer solchen Prüfung zu belasten (JR **1982** 515). Allerdings sollte auch seiner Erwägung nicht nähergetreten werden, als Zeitpunkt für den *hier* zu behandelnden Fall zeitlich noch weiter, nämlich auf die Terminierung der Sache durch den Vorsitzenden der Berufungskammer vorzuverlegen. Denn das würde — wie *Rieß* durchaus erkennt — u. U. ein zusätzliches „Zwischenverfahren" erforderlich machen (aaO 515).

2. Weiteres Verfahren. Hält die allgemeine Strafkammer die Wirtschaftsstrafkam- **28** mer für zuständig, so legt sie *bis* zum Beginn der Hauptverhandlung dieser die Sache zur Entscheidung über die Übernahme entsprechend § 225 a Abs. 4 Satz 1 (Rdn. 10) vor[18]. Erhebt der Angeklagte den Einwand erst *nach* Beginn der Berufungshauptverhandlung, kann die allgemeine Strafkammer sie an die Spezialstrafkammer mit bindender Wirkung nach § 270 Abs. 1 Satz 2, § 332 verweisen (Rdn. 11; ebenso *Rieß* JR **1980** 83; *Meyer-Goßner* 173).

---

[18] *Rieß* JR **1980** 82; **a. A.** *Meyer-Goßner* 173, entsprechende Anwendung von § 209 Abs. 1, 2, § 209 a Abs. 1.

Günter Wendisch

ZWEITER ABSCHNITT

Gerichtsstand

Vorbemerkungen

Entstehungsgeschichte. Der zweite (in den Entwürfen erste) Abschnitt ist mehrfach geändert worden. Die Änderungen sind bei den einzelnen Bestimmungen vermerkt. Die wichtigsten sind: Die Beseitigung des „fliegenden Gerichtsstandes der Presse" durch Gesetz vom 13. 6. 1902 (§ 7 Abs. 2); die Einführung eines allgemeinen Gerichtsstandes des Ergreifungsorts (§ 9) durch Art. 4 Nr. 2 des 3. StRÄndG und für Taten, die außerhalb des Geltungsbereichs der Strafprozeßordnung begangen worden sind, die mehrfache Neuregelung des Gerichtsstands für Straftaten auf Schiffen (§ 10 Abs. 1) durch Art. 3 Nr. 6 VereinhG und Art. 21 Nr. 3 EGStGB 1974 sowie auf Luftfahrzeugen (§ 10 Abs. 2) durch Art. 4 Nr. 3 des 3. StRÄndG, die Begründung eines — subsidiären — Gerichtsstands für Umweltkriminalität auf dem Meer (§ 10 a) durch Art. 5 Nr. 1 des 18. StRÄndG, die Ausdehnung der Gerichtsstandsbestimmung (§ 13 a) zufolge Art. 4 Nr. 4 des 3. StRÄndG sowie die Zusammenfassung der Regelungen über den Einwand der Unzuständigkeit nach §§ 16 und 18 in § 16 durch Art. 1 Nr. 5 u. 6 StVÄG 1979.

Übersicht

1. Örtliche Zuständigkeit

1   **a) Grundsatz.** Abweichend vom Sprachgebrauch früherer Strafverfahrensordnungen bezieht sich der Ausdruck „Gerichtsstand" in der Strafprozeßordnung ausschließlich auf die örtliche Zuständigkeit der Gerichte erster Instanz. Der zweite Abschnitt regelt, welche gleichartigen Gerichte verschiedener Bezirke für die Entscheidung einer Strafsache in der ersten Instanz zuständig sind.

2   **b) Weitere Vorschriften** über die örtliche Zuständigkeit enthalten § 388 Abs. 1 (Widerklage im Privatklageverfahren), § 441 Abs. 1 Satz 2 (Entscheidung über die selbständige Einziehung) und § 444 Abs. 3 Satz 2 (Entscheidung im selbständigen Verfahren bei Festsetzung von Geldbußen gegen juristische Personen).

3   Die örtliche Zuständigkeit zu **einzelnen Untersuchungshandlungen** — wobei zuweilen zugleich die sachliche und die funktionelle mit bestimmt werden (Vor § 1, 1) —

ist Gegenstand von § 98 Abs. 2 Satz 3 und 4, § 100 Abs. 4 Satz 1, § 125 Abs. 1, § 126 Abs. 1, § 128 Abs. 1 Satz 1, § 162 Abs. 1; § 157 GVG.

Vorschriften über die Erörterung und **Feststellung der Zuständigkeit** finden sich **4** in § 201 Abs. 2, § 338 Nr. 4, § 355. Eine **Verschiebung** der örtlichen Zuständigkeit regelt § 354 Abs. 2 Satz 1, 2. Alternative.

2. Weitere Gerichtsstände

a) Zusätzliche Gerichtsstände. Über die Gerichtsstände des zweiten Abschnitts **5** hinaus sind folgende Gerichtsstände gegeben:

In **Jugendsachen** ist — selbständig, nicht nur hilfsweise (BGHSt 13 210) — neben **6** dem Richter, der nach dem zweiten Abschnitt zuständig ist, örtlich zuständig der Richter, dem die vormundschaftlichen Erziehungsaufgaben für den Beschuldigten obliegen; der Richter, in dessen Bezirk sich der auf freiem Fuß (§ 35, 24 f) befindliche Angeschuldigte zur Zeit der Anklage aufhält; und — solange der Verurteilte eine Jugendstrafe noch nicht vollständig verbüßt hat — der Richter, dem die Aufgaben des Vollstreckungsleiters obliegen (§ 42 Abs. 1 JGG).

Nach § 3 Abs. 3 in Vbdg. mit § 2 Abs. 3 Satz 1 Buchst. a BinnSchiffVfG ist für die **7** Verhandlung und Entscheidung von Strafsachen, die **Binnenschiffahrtssachen** sind, das Amtsgericht des Tatorts ausschließlich zuständig. Liegt der Tatort auf einem Gewässer zwischen zwei deutschen Ufern, die zum Bezirk verschiedener Gerichte gehören, so sind die Gerichte beider Ufer zuständig. Fehlt es nach diesen Vorschriften an einem Gerichtsstand, dann gelten die allgemeinen Vorschriften, soweit die Landesregierung keine andere Regelung getroffen hat. Binnenschiffahrtssachen sind Strafsachen wegen Taten, die auf oder an Binnengewässern unter Verletzung von schiffahrtspolizeilichen Vorschriften begangen worden sind und deren Schwerpunkt in der Verletzung dieser Vorschriften liegt, soweit für die Strafsachen nach den Vorschriften des Gerichtsverfassungsgesetzes die Amtsgerichte zuständig sind (§ 2 Abs. 3 Satz 1 Buchst. a BinnSchiffVfG). Ausnahmen enthält Satz 2.

Nach § 14 BinnSchiffVfG ist für „Straf-"verfahren wegen Zuwiderhandlungen **8** gegen Schiffahrts- und Strompolizeivorschriften — nunmehr Ordnungswidrigkeiten — auf dem Rhein (Art. 34 RheinSchA) ausschließlich zuständig dasjenige **Rheinschifffahrtsgericht**, in dessen Bereich die „strafbare Handlung" begangen ist (Art. 35 RheinSchA), d. h. der Tatort. Die gleiche Zuständigkeitsregelung gilt nach Art. 35 Nr. 1 des Vertrags über die Schiffbarmachung der Mosel in Verbindung mit § 18 a BinnSchiffVfG für die Mosel-Schiffahrt. Danach ist zuständig das Amtsgericht als **Moselschiffahrtsgericht**. Weitere Einzelheiten siehe § 14 GVG.

Ist für eine nach § 7 des Gesetzes zur vorläufigen Regelung der Rechte am **Fest-** **9** **landsockel** vom 29. 7. 1964 (BGBl. I 497) oder nach Art. 2 des Gesetzes vom 26. 9. 1969 (BGBl. II 1939) zu dem Europäischen Übereinkommen vom 22. 1. 1965 zur Verhütung von **Rundfunksendungen,** die von Sendestellen **außerhalb der staatlichen Hoheitsgebiete** gesendet werden, rechtswidrige Tat kein Gerichtsstand nach §§ 7 und 10, 13, 98 Abs. 2 Satz 3, § 128 Abs. 1, § 162 Abs. 1 oder § 165 StPO oder § 157 GVG begründet, so ist Hamburg Gerichtsstand; zuständiges Amtsgericht ist das Amtsgericht Hamburg (§ 12 Ges. 1964; Art. 4 Ges. 1969). Hamburg ist auch Gerichtsstand für Straftaten gegen die Umwelt (Achtundzwanzigster Abschnitt des Strafgesetzbuchs), soweit diese außerhalb der Bundesrepublik Deutschland begangen werden (§ 10 a, 1; 4).

Örtliche Zuständigkeiten werden weiter festgelegt durch Art. I §§ 2 und 3 des Ge- **10** setzes über die Zuständigkeit der Gerichte bei **Änderung der Gerichtseinteilung** vom

6. 12. 1933 (BGBl. III 300-4) für die erste Instanz und durch § 5 für die Rechtsmittelinstanzen, sowie durch §§ 17 bis 19 ZustErgG.

11   **b) Konzentrationszuständigkeit.** Nach § 58 GVG — § 157 Abs. 2 GVG enthält eine entsprechende Regelung für Rechtshilfeersuchen — kann die Landesjustizverwaltung für den Bezirk mehrerer Amtsgerichte einem von ihnen die **Entscheidung in Strafsachen** ganz oder zum Teil zuweisen. Am Ort dieses Amtsgerichts ist die Zuständigkeit für den ganzen auf diese Weise vergrößerten Bezirk mehrerer Amtsgerichte begründet. Ist in den Fällen dieses Absatzes der Täter ein **Jugendlicher** oder Heranwachsender, so ist der Jugendrichter an dem in diesem Absatz genannten Amtsgericht zuständig (BGHSt 10 326)[1].

12   Durch § 4 Abs. 1 BinnSchG ist die Landesregierung ermächtigt, **Binnenschiffahrtssachen** für bestimmte Binnengewässer oder Abschnitte von ihnen einem Gericht für den Bezirk mehrerer Gerichte zuzuweisen. Länder können die Zuständigkeit **eines** Gerichts vereinbaren. In beiden Fällen ist das bestimmte Gericht für den ganzen Bezirk allein zuständig.

13   Die Gerichte der **Konzentrationszuständigkeit** sind in ihrem vergrößerten Bezirk gegenüber den anderen Gerichten gleicher Stufe dieses Bezirks ausschließlich örtlich zuständig.

14   In Strafverfahren wegen **Steuerstraftaten** (§§ 369 ff AO) ist, soweit das Amtsgericht sachlich zuständig ist, örtlich zuständig das Amtsgericht am Sitz des Landgerichts, falls die Landesregierung (oder die von ihr ermächtigte Landesjustizverwaltung) keine abweichende Bestimmung erlassen hat (§ 391 Abs. 1 Satz 1, Abs. 2 AO). Diese Ermächtigung erlaubt es auch, die Zuständigkeit über die Grenzen eines Landgerichtsbezirks hinaus bei einem Amtsgericht zu konzentrieren (OLG Zweibrücken MDR **1970** 1033)[2]. Der Gerichtsstand wird nicht dadurch berührt, daß das Verfahren nicht nur Steuervergehen zum Gegenstand hat (§ 391 Abs. 4 AO).

15   Eine gleiche Regelung wie § 391 AO trifft für das **Außenwirtschaftsrecht** § 43 Abs. 1 AWG, für bestimmte Tatbestände des Wirtschaftsstrafrechts § 13 Abs. 1 WiStG und für das Gesetz zur Durchführung der gemeinsamen Marktorganisation (MOG) § 34 Abs. 1 MOG.

16   Für die in § 74a GVG aufgeführten **Staatsschutzsachen** ist die Strafkammer des Landgerichts, in dessen Bezirk das Oberlandesgericht seinen Sitz hat, örtlich zuständig (BGHSt 13 378). Das gilt auch in Jugendsachen (§ 102 Satz 1 JGG). Strafkammern, die als Wirtschaftsstrafkammern (§ 74 c Abs. 1 GVG) oder als sog. **Schwurgerichte** (§ 74 Abs. 2 GVG) zuständig sind, können für den Bezirk mehrerer Landgerichte zuständig sein (§ 74 c Abs. 3, 4; § 74 d GVG).

17   **3. Konkurrenz der Gerichtsstände.** Der Gerichtsstand des Tatorts (§ 7 Abs. 1) wird für Pressedelikte, die im Offizialverfahren verfolgt werden, dahin **eingeschränkt,** daß als ausschließlicher Tatort derjenige fingiert („anzusehen") wird, an dem die Druckschrift erschienen ist; damit werden die weiteren Tatorte ausgeschaltet, die an

---

[1] Abl. *Grethlein* NJW **1957** 370; zust. *Kopacek* NJW **1961** 2147.

[2] In Bayern sind durch die VO vom 21. 11. 1967 (GVBl. 477) sieben Amtsgerichte für zuständig erklärt worden. – Gegen die Verfassungsmäßigkeit des § 391 Abs. 2 Satz 1 AO (von § 391 Abs. 1 Satz 1 AO abweichende Regelung der Zuständigkeit durch die Landesregierung zulässig) bestehen keine Bedenken (BVerfGE 30 106 = NJW **1971** 796 – noch zu dem früheren § 426 ergangen).

sich dort gegeben sind, wo die Druckschrift verbreitet wird (§ 7 Abs. 2). § 7 Abs. 1 wird **ergänzt** durch die Gerichtsstände des Heimathafens und des nächsten Hafens (§ 10) sowie durch den Gerichtsstand wegen Straftaten gegen die Umwelt (§ 10 a). Der Gerichtsstand des Wohnsitzes (§ 8 Abs. 1) wird ergänzt durch den besonderen Gerichtsstand für Exterritoriale und für Beamte, die im Ausland angestellt sind (§ 11).

Ohne einen solchen gedachten Zusammenhang mit den beiden Hauptgerichtsstän- **18** den des Tat- und des Wohnorts sind die **besonderen Gerichtsstände** der Ergreifung (§ 9) und des Auftrags für den Fall, daß ein Gerichtsstand fehlt (§ 13 a). Schließlich ist für zusammenhängende Strafsachen ein Gerichtsstand bei jedem Gericht begründet, das für eine der Strafsachen zuständig ist (§ 13 Abs. 1).

Dem Gerichtsstand des Wohnsitzes (§ 8 Abs. 1) **subsidiär** ist der des gewöhnli- **19** chen, und diesem der des letzten Aufenthalts (§ 8 Abs. 2). Dem Gerichtsstand des an sich zuständigen aber verhinderten Gerichts subsidiär ist der Gerichtsstand kraft Übertragung, wenn das zuständige Gericht verhindert ist (§ 15). Dem Gerichtsstand des Tatorts in Binnenschiffahrtssachen subsidiär ist jeder der gewöhnlichen Gerichtsstände (§ 3 Abs. 3 Satz 1 BinnSchG).

Sämtliche Gerichtsstände — wenn der Fall eintritt, für den sie bestimmt sind, **20** auch die subsidären — stehen dem **Kläger** zur **Wahl.** Wenn auch der Staatsanwalt dabei aus Zweckmäßigkeitsgründen handeln muß, so kann doch die Wahl — auch etwa eine des Privatklägers, der andere Erwägungen zugrundeliegen, — nicht geprüft und beanstandet werden. Jeder Gerichtsstand ist ein gesetzlicher, jedes Gericht gesetzlicher Richter i. S. des Art. 101 Abs. 1 Satz 2 GG, § 16 Satz 2 GVG. Wenn nicht das Verfahren unpraktisch werden soll, müssen notwendigerweise mehrere Gerichtsstände vorgesehen werden. Aus dieser Notwendigkeit und auf der Voraussetzung, daß die Rechtsprechung sämtlicher Gerichte gleichwertig ist, überläßt das Gesetz es dem Kläger im Einzelfall, unter mehreren gesetzlichen Richtern einen auszuwählen.

Danach liegt es im **Ermessen des Klägers,** ob er am Gerichtsstand des Tatorts **21** oder des untersuchenden Finanzamts, des Heimathafens oder des nächsten Hafens, den Gehilfen an seinem Wohnort oder mit dem Täter am Tatort, den Festgenommenen am Tatort oder am Ergreifungsort anklagt. Dabei ist es gleichgültig, ob an anderer Stelle schon ein Ermittlungsverfahren eingeleitet ist. Die Staatsanwaltschaften verständigen sich nach dem Gesichtspunkt der Zweckmäßigkeit.

Allerdings ist für den Gerichtsstand des **Tatorts** (§ 7 Abs. 1) praktisch ein **Vorzug 22** durch die Natur der Sache schon deswegen begründet, weil bei dem ersten Einschreiten häufig die Person des Täters und damit die Umstände unbekannt sind, die einen anderen Gerichtsstand auszuwählen gestatten. Zudem werden sich die Beweise meist am sichersten und schnellsten am Tatort erheben lassen. Daher wird es sich in der Regel empfehlen, die Sache am Gerichtsstand des Tatorts anhängig zu machen. Nur in zweiter Linie wird der Gerichtsstand des Wohnorts zu wählen sein, wenn das aus besonderen Gründen angezeigt erscheint, namentlich wenn viele Zeugen am Wohnort des Angeklagten wohnen. Der Gerichtsstand des Zusammenhangs wird zu wählen sein, wenn dadurch die Sache besser beurteilt werden kann. Bei nicht zu erheblichen Entfernungen darf auch die Prozeßökonomie (eine statt mehrerer Verhandlungen) eine Rolle spielen, doch tritt diese Erwägung als alleiniger Verbindungsgrund zurück, wenn in einer unbedeutenden Sache einem der mehreren Angeklagten eine zu weite Reise zugemutet werden müßte.

4. Örtliche Zuständigkeit der Rechtsmittelgerichte. Von der erstinstanzlichen Zu- **23** ständigkeit hängt die örtliche Zuständigkeit der Rechtsmittelgerichte derart ab, daß für die Entscheidung über ein Rechtsmittel jeweils dasjenige sachlich zuständige Rechtsmittelgericht (Vor § 1, 4) örtlich zuständig ist, zu dessen Bezirk das Gericht gehört, dessen Entscheidung angefochten ist. Geht die Sache im ersten Rechtszug von einem Gericht auf ein anderes über, wechselt damit ohne weiteres auch das Rechtsmittelgericht, soweit es nicht den beteiligten unteren Gerichten gemeinsam ist. Es ist stets nur *ein* Rechtsmittelgericht ausschließlich örtlich zuständig, und die Zuständigkeit ist von dem Gerichtsstand des Angeklagten in der Weise unabhängig, daß das Rechtsmittelgericht auch dann örtlich zuständig ist, wenn das untere Gericht seine örtliche Zuständigkeit zu Unrecht angenommen hatte.

24   Von dieser ausschließlichen Zuständigkeit läßt das Gesetz fünf **Ausnahmen** zu: Wenn ein Land dem Oberlandesgericht eines anderen Landes nach § 120 Abs. 5 Satz 2 GVG die Aufgaben in **Staatsschutzsachen** nach § 120 Abs. 1 bis 4 GVG übertragen hat — so z. B. zwischen der Freien Hansestadt Bremen und der Freien und Hansestadt Hamburg: zuständig ist das OLG Hamburg, sowie zwischen den Ländern Rheinland-Pfalz und Saarland: zuständig ist das OLG Koblenz (*Schäfer* zu § 120 Abs. 5 GVG) —, entscheidet das Oberlandesgericht des anderen Landes auch über Beschwerden gegen Verfügungen und Entscheidungen der nach § 74 a GVG zuständigen Strafkammer des Landes, das die Aufgaben übertragen hat (§ 120 Abs. 3 Satz 1 in Vbdg. mit § 73 Abs. 1 GVG).

25   Hebt das Oberlandesgericht das **Urteil eines Berufungsgerichts** auf und verweist es dabei nach § 354 Abs. 2 Satz 1, 2. Alternative, die Sache an ein anderes Landgericht — was täglich geschieht —, dann entscheidet in der „anderweitigen Verhandlung" (§ 358 Abs. 1) über die Berufung ein Landgericht, zu dessen Bezirk das Gericht, dessen Urteil mit der Berufung angefochten war, nicht gehört[3].

26   Da das Gericht, an das die Sache verwiesen werden kann, zwar zu demselben Land, aber nicht zu demselben Oberlandesgerichtsbezirk gehören muß, könnte nach dem Wortlaut des Gesetzes das Oberlandesgericht Köln die Sache auch ans Landgericht Düsseldorf verweisen, so daß bei einer neuen Revision auch das Revisionsgericht wechseln würde. Indessen ist — wie im Fall des § 15 (§ 15, 21) — aus dem Gerichtsaufbau die Folgerung herzuleiten, daß das Gericht, an das verwiesen wird, zum **Bezirk des verweisenden Gerichts** gehören muß. Der Befehl des § 354 Abs. 2, die Sache im Land zu lassen, schränkt dann nur die Befugnis des Bundesgerichtshofs ein, gibt dem Oberlandesgericht aber nicht das Recht, Sachen innerhalb des Landes in fremde Oberlandesgerichtsbezirke zu verweisen.

27   Die Beschränkung, daß die Sache nur auf ein Gericht übertragen werden könne, das zu demselben Lande gehört wie das Gericht, dessen Urteil aufgehoben ist, findet nicht statt, wenn bei **Verhinderung des** zuständigen **Berufungsgerichts** die Untersuchung nach § 15 einem gleichstehenden Gericht übertragen wird und die Übertragung dem Bundesgerichtshof zukommt (§ 15, 19). Die größere Freiheit, die damit dem Bundesgerichtshof erwächst, trägt der Notwendigkeit Rechnung, Verhinderungen von Gerichten abzuhelfen. Das Oberlandesgericht dagegen kann auch im Fall des § 15 die Zuständigkeit nicht auf das Gericht eines ihm fremden Bezirks übertragen (§ 15, 18).

28   Der Beschränkung des § 354 Abs. 2 ist auch das **Bundesverfassungsgericht** nicht unterworfen, wenn es eine Sache nach § 95 Abs. 2 BVerfGG zurückverweist (BVerfGE

---

[3] Beispiel: Urteil des Amtsgerichts Bonn, Berufungsurteil des Landgerichts Bonn, aufhebendes Urteil des Oberlandesgerichts Köln, neues Berufungsurteil (über das Bonner Urteil) des Landgerichts Köln.

12 132, 114 = NJW **1961** 822; Verweisung vom LG Göttingen ans LG Düsseldorf als Berufungsgericht über ein Urteil des Amtsgerichts Einbeck).

Durch **Übertragung nach § 12 Abs. 2** kann schließlich auch ein Wechsel in der ört- **29** lichen Zuständigkeit des Berufungsgerichts und des Oberlandesgerichts als Revisionsgericht herbeigeführt werden (§ 12, 50).

5. Dauer des Gerichtsstands

a) **Änderungen.** Der gesetzlich begründete Gerichtsstand wird nicht dadurch be- **30** rührt, daß sich die Verhältnisse ändern, die ihn begründet haben. So ändert sich der Gerichtsstand nicht, wenn der Angeschuldigte seinen Wohnsitz verlegt, nachdem die Klage erhoben worden ist (§ 8, 11). Ebenso bleibt, wenn der in § 13 bezeichnete Zusammenhang wegfällt, der nach dieser Vorschrift begründete Gerichtsstand bestehen (§ 13, 38). Auch wird das nach § 13 a bestimmte Gericht nicht dadurch unzuständig, daß nachträglich ein Gerichtsstand ermittelt wird (§ 13 a, 14).

Wenn der Ort, auf dessen Zugehörigkeit zum Gerichtsbezirk der Gerichtsstand **31** beruhte, nach Anhängigkeit aus dem Gerichtsbezirk **ausscheidet**, bleibt das Gericht, bei dem die Sache anhängig ist, weiterhin zuständig. Eine Veränderung der Zuständigkeit ist in §§ 2, 3 ZustG nur für den Fall vorgesehen, daß ein Gerichtsbezirk gänzlich aufgehoben wird[4]. Entsteht wegen solcher Veränderungen unter mehreren Gerichten Streit über den Gerichtsstand, so entscheidet das gemeinschaftliche obere Gericht (§§ 14, 19). Haben mehrere Gerichte das Verfahren eröffnet, gilt § 12.

b) **Übergangsrecht.** Ergänzungen des Gerichtsstands für Sachen, die bei Gerich- **32** ten in **weggefallenen Gebieten** anhängig waren (§§ 17 bis 19 ZustErgG), bringen für Sachen, die bei anderen Gerichten anhängig waren, und für die keine Zuständigkeit in der Bundesrepublik und in Berlin (West) gegeben ist, Art. IX des BEG-Schlußgesetzes vom 14. 9. 1965 (BGBl. I 1315), beschränkt auf Zwecke der Entschädigung (§ 44 Abs. 2 des Bundesentschädigungsgesetzes vom 29. 6. 1958 — BGBl. III 251-1). In beiden Vorschriften wird die Strafkammer für zuständig erklärt. Daher kann mit der Veränderung der örtlichen zugleich die der sachlichen Zuständigkeit verbunden sein.

6. Oberes Gericht

a) **Zuständigkeit; Entscheidung.** Bei der Regelung der örtlichen Zuständigkeit **33** haben vielfach die oberen Gerichte mitzuwirken (vgl. § 12 Abs. 2, § 13 Abs. 2 und 3, §§ 14, 15, 19).

Obere Gerichte im Sinn dieses Abschnittes sind der Bundesgerichtshof, die Ober- **34** landesgerichte und die Landgerichte[5]. Danach treffen die oben aufgeführten Entschei-

---

[4] Art. 1 § 1 Satz 1 ZustG. Durch jenes Gesetz ist die Entscheidung des Oberlandesgerichts München (*Alsb.* E 1 53) überholt. Dort war angenommen worden, daß für die Wiederaufnahme die Zuständigkeit wechsle, wenn ein Ort aus einem Gerichtsbezirk ausscheide und einem anderen zugelegt werde. Für den Fall des § 211 hatte das Bayerische Oberste Landesgericht ebenfalls bei bloßer Änderung des Gerichtsbezirks einen Wechsel des Gerichtsstandes angenommen (BayObLGSt **26** 123 = JW **1926** 2451).

Auch diese Entscheidung ist durch § 1 ZustG, der alle Nachtragsentscheidungen umfaßt, überholt. Unberührt davon ist die bei § 211 zu behandelnde Frage, ob die Staatsanwaltschaft das Verfahren auch bei dem Gericht wieder aufnehmen darf, das durch die Zulegung ebenfalls zuständig geworden ist.

[5] Das Bayerische Oberste Landesgericht ist kein oberes Gericht i. S. der vorgenannten Bestimmungen (BGHSt **11** 80; BayObLGSt **1957** 165 = NJW **1957** 1566).

Günter Wendisch

dungen: das Landgericht (§ 73 Abs. 2, § 76 Abs. 1 GVG), wenn es sich um Strafrichter oder Schöffengerichte desselben Landgerichtsbezirks handelt; das Oberlandesgericht (§ 122 Abs. 1 GVG), wenn es sich um Gerichte desselben Oberlandesgerichtsbezirks handelt und beteiligte Strafrichter oder Schöffengerichte verschiedenen Landgerichtsbezirken angehören; der Bundesgerichtshof (§ 139 Abs. 2 GVG), wenn es sich um Gerichte verschiedener Oberlandesgerichtsbezirke handelt. Hat das zunächst obere Gericht sich für die Übertragung als **unzuständig** erklärt, entscheidet das diesem vorgesetzte Gericht (RGSt 45 70).

35   Wenn nicht, wie in § 13, anders vorgeschrieben, erläßt das obere Gericht seine Entscheidungen auf Antrag oder von Amts wegen, also auch auf Anregung eines der beteiligten Gerichte. Die Entscheidungen ergehen als **Beschlüsse.** Nach § 33 Abs. 2 ist die Staatsanwaltschaft des beteiligten Gerichts **anzuhören.** Ein Fall des § 33 Abs. 3 liegt nicht vor. Daher steht es im Ermessen des Gerichts, ob es auch andere Prozeßbeteiligte hören will.

36   b) **Rechtsmittel.** Gegen die Entscheidung des oberen Gerichts findet **kein Rechtsmittel** statt. Die Unanfechtbarkeit folgt „aus den Vorschriften über die Beschwerde; denn dieses Rechtsmittel findet ... regelmäßig nur gegen Gerichte erster Instanz statt" (Mot. *Hahn* 1 81; BayObLG JW **1924** 1778; *Giesler* Der Ausschluß der Beschwerde gegen richterliche Entscheidungen im Strafverfahren (1981), S. 164; **a. A.** *Feisenberger* § 12, 7; wie hier *Bohnert* 20 ff). Das obere Gericht ist befugt, seinen Beschluß **aufzuheben** oder zu ändern (OLG Celle NdsRpfl. **1957** 39). Die Veranlassung hierzu kann auch ein gegen den Beschluß gerichteter Widerspruch eines Prozeßbeteiligten geben. Ein solcher Rücknahme- oder Änderungsbeschluß ist gleichfalls unanfechtbar (OLG Schleswig SchlHA **1958** 235).

37   7. Für das **vorbereitende Verfahren** finden sich Bestimmungen über das erste und zweite Buch verstreut. Die Hauptvorschrift ist § 162 Abs. 1, wonach für richterliche Untersuchungshandlungen während des Ermittlungsverfahrens das Amtsgericht des Bezirks zuständig ist, in dessen Bezirk die Handlung vorzunehmen ist, u. U. das Amtsgericht, in dessen Bezirk die Staatsanwaltschaft ihren Sitz hat. Dieses Amtsgericht ist notwendigerweise auch dann zuständig, wenn eine Untersuchungshandlung im Ausland vorzunehmen ist.

38   Für das **Haftverfahren** ist eine ins einzelne gehende Regelung in den §§ 125, 126, 126 a enthalten, die sich sowohl auf die örtliche als auch (§ 125 Abs. 2 Satz 1, § 126 Abs. 2 Satz 1 und 2) auf die sachliche Zuständigkeit bezieht. Das ist auch der Fall in § 81 Abs. 1 Satz 2.

39   **Weitere Vorschriften** sprechen nur von dem Richter (§ 81 a Abs. 2, § 81 c Abs. 5, § 98 Abs. 1, § 100 Abs. 1, § 105 Abs. 1, § 111 a Abs. 1, § 132 Abs. 2; vgl. auch §§ 12, 13 FAG), enthalten also den **Vorbehalt der richterlichen Entscheidung,** ohne zur Zuständigkeitsbestimmung etwas beizutragen, die dann in der Regel in § 162 Abs. 1 gesucht wird.

40   8. Zu der **örtlichen Zuständigkeit der Staatsanwaltschaft** s. § 143 GVG.

41   9. **Verfassungsmäßigkeit.** Für die **bewegliche** sachliche **Zuständigkeit** hat das Bundesverfassungsgericht grundsätzlich (Ausnahme BVerfGE **20** 342 = NJW **1967** 100) die Bindung an ein normatives Tatbestandsmerkmal verlangt (§ 4, 15).

Über eine Einschränkung der Wahl bei **mehrfachem Gerichtsstand** liegt, soweit **42** ersichtlich, keine höchstrichterliche Rechtsprechung vor. Auch im Schrifttum sind hierzu eindeutige Äußerungen selten. Allein *Maunz/Dürig/Herzog* (Rdn. 32 zu Art. 101) halten die Regelung der §§ 7 ff schlechthin für verfassungswidrig. *Eb. Schmidt* äußert zwar Zweifel, begründet diese aber allein mit Überlegungen, die sich auf die sachliche Zuständigkeit beziehen (Lehrk. I Rdn. 560 d; MDR **1958** 722). *Hamann/Lenz* erachten die §§ 7 ff, die sie im Zusammenhang mit den Vorschriften der §§ 24, 25 GVG über sachliche Zuständigkeit behandeln, als verfassungswidrig, doch stellen sie die Ansicht dadurch in Frage, daß sie durch § 35 ZPO („Unter mehreren Gerichtsständen hat der Kläger die Wahl") Art. 101 Abs. 1 Satz 2 GG als nicht berührt bezeichnen (Anm. B 2 c, S. 628), obwohl die Grundfrage, ob es beim Gerichtsstand mehrere gesetzliche Richter gibt, im Straf- und Zivilprozeß gleich ist.

Die **Verfassungsmäßigkeit** des § 35 ZPO ist, soweit ersichtlich, nirgends bezwei- **43** felt worden. Der darin festgelegte Grundsatz, daß unter mehreren Gerichtsständen der Kläger die Wahl habe, galt seit Inkrafttreten der Strafprozeßordnung, während der Geltung der Weimarer Verfassung (Art. 105 Satz 2) und bei den Beratungen des Parlamentarischen Rats auch für den Strafprozeß. Kein Anhalt ist gegeben, daß er durch Art. 101 Abs. 1 Satz 2 GG beseitigt werden sollte, und keine zwingende Notwendigkeit, dem Verfassungstext, daß niemand seinem gesetzlichen Richter **entzogen** werden sollte, die Auslegung zu entnehmen, daß der Gesetzgeber in bezug auf den ohnehin nur kurze Zeit überprüfbaren (§ 16) Gerichtsstand nicht mehrere gesetzliche Richter zur Verfügung stellen dürfe.

§ 7

(1) Der Gerichtsstand ist bei dem Gericht begründet, in dessen Bezirk die Straftat begangen ist.

(2) [1]**Wird die Straftat durch den Inhalt einer im Geltungsbereich dieses Bundesgesetzes erschienenen Druckschrift verwirklicht, so ist als das nach Absatz 1 zuständige Gericht nur das Gericht anzusehen, in dessen Bezirk die Druckschrift erschienen ist.** [2]**Jedoch ist in den Fällen der Beleidigung, sofern die Verfolgung im Wege der Privatklage stattfindet, auch das Gericht, in dessen Bezirk die Druckschrift verbreitet worden ist, zuständig, wenn in diesem Bezirk die beleidigte Person ihren Wohnsitz oder gewöhnlichen Aufenthalt hat.**

Schrifttum. *Dorbritz* Der strafprozessuale Gerichtsstand bei Rundfunksendungen (Fernsehsendungen) mit strafbarem Inhalt, NJW **1971** 1209; *Dose* Zur analogen Anwendung des § 7 Abs. 2 StPO (Gerichtsstand des Tatortes) auf Rundfunk- und Fernsehsendungen, NJW **1971** 2212; *v. Hippel* Zeit und Ort der Tat, ZStW 37 (1916) 1; *Kitzinger* Ort und Zeit der Handlung im Strafrecht, VDA 1 135.

Entstehungsgeschichte. Absatz 2 ist eingefügt durch Gesetz vom 13. 6. 1902 (RGBl. 227). In Absatz 2 Satz 1 ist das Wort „Inland" ersetzt worden durch „Geltungsbereich dieses Bundesgesetzes" durch Art. 4 Nr. 1 des 3. StRÄndG. Durch Art. 21 Nr. 2 EGStGB 1974 wurden die Worte „strafbare Handlung" durch „Straftat" ersetzt.

Übersicht

1. Gerichtsstand des Tatorts (Absatz 1)

1   **a) Tatbegehung.** Ob eine Tat begangen ist, wird erst durch das rechtskräftige Urteil festgestellt. Das Gesetz kann daher nur auf den hypothetischen Tatort abstellen, „an dem die Tat unter der (richtigen oder falschen) Voraussetzung, daß sie begangen sei, begangen ist" (*Beling* § 17 II 1).

2   Wo in diesem Sinn eine **Straftat begangen** worden ist, bestimmt das sachliche Strafrecht, namentlich

§ 9 StGB

(1) Eine Tat ist an jedem Ort begangen, an dem der Täter gehandelt hat oder im Falle des Unterlassens hätte handeln müssen oder an dem der zum Tatbestand gehörende Erfolg eingetreten ist oder nach der Vorstellung des Täters eintreten sollte.

(2) Die Teilnahme ist sowohl an dem Ort begangen, an dem die Tat begangen ist, als auch an jedem Ort, an dem der Teilnehmer gehandelt hat oder im Falle des Unterlassens hätte handeln müssen oder an dem nach seiner Vorstellung die Tat begangen werden sollte. Hat der Teilnehmer an einer Auslandstat im Inland gehandelt, so gilt für die Teilnahme das deutsche Strafrecht, auch wenn die Tat nach dem Recht des Tatorts nicht mit Strafe bedroht ist.

3   Liegt der Tatort **nicht im Geltungsbereich** der Strafprozeßordnung, findet § 7 keine Anwendung. Der Gerichtsstand bestimmt sich dann nach §§ 8 bis 13 a.

4   **b)** Zufolge der Regelung des § 9 StGB ergibt sich oft eine **Mehrheit von Begehungsorten.** Wegen der Einzelheiten muß auf die Kommentare zum Strafgesetzbuch verwiesen werden.

5   **c) Begünstigung** (§ 257 StGB), Strafvereitelung (§§ 258, 258 a StGB) und Hehlerei (§§ 259, 260 StGB) sind selbständige Taten und daher nicht (auch) am Ort der Vortat begangen (RGSt 43 84), doch ist, wenn der Vortäter angeklagt wird, nach § 13 in Vbdg. mit § 3 für den Begünstiger, Strafvereitler und Hehler ein Gerichtsstand auch bei dem Gericht begründet, das für die Strafsache des Vortäters örtlich zuständig ist.

2. Gerichtsstand der Presse (Absatz 2)

6   **a) Inhalt.** Absatz 2 Satz 1 beseitigt den sog. „fliegenden Gerichtsstand der Presse" (RGSt 25 155; BGHSt 11 59) und schränkt dazu die Geltung des ersten Absatzes für Erzeugnisse der Presse so ein, daß der Gerichtsstand des Begehungsorts nicht bei jedem Gericht, in dessen Bezirk das Druckwerk verbreitet worden ist, sondern grundsätzlich nur beim Gericht des **Erscheinungsorts** begründet ist (RGSt 36 271). Sind die Voraussetzungen der Vorschrift erfüllt, nimmt das Gericht, in dessen Bezirk das Druckwerk erschienen ist, den Platz des nach Absatz 1 zuständigen Gerichts ein.

7   Absatz 2 gilt nur für Druckwerke, die im Geltungsbereich der Strafprozeßordnung erscheinen. Für **ausländische Druckschriften** und für solche aus der DDR und aus

Berlin (Ost) bewendet es bei der Grundregel des ersten Absatzes, d. h. der Gerichtsstand ist dann an jedem Ort gegeben, wo die Druckschrift verbreitet worden ist. Das ist namentlich beim selbständigen Einziehungsverfahren staatsgefährdender Schriften und pornographischer Druckwerke aus dem Ausland und der DDR von Bedeutung. Allerdings wird, soweit schon die Einfuhr verboten ist (§ 86 Abs. 1, § 184 Abs. 1 Nr. 4 und 8, Abs. 3 Nr. 3 StGB), dem Gerichtsstand des **Einführungsorts** ein tatsächlicher Vorzug zukommen.

Eine **Ausnahme** von Absatz 2 Satz 1 greift nach Absatz 2 Satz 2 zugunsten des **Pri-** **8** **vatklägers** Platz (Rdn. 23), weil diesem nicht zugemutet werden soll, seine Genugtuung zu seiner Unbequemlichkeit vor einem vielleicht weit entfernten Gericht zu erlangen.

Die Ausnahmebestimmung des Absatzes 2 Satz 1 betrifft nur den in Absatz 1 gere- **9** gelten Gerichtsstand des Begehungsorts. Die **sonstigen Gerichtsstände** bleiben **unberührt.** Namentlich ist der Gerichtsstand des Wohnsitzes oder Aufenthaltsorts nach § 8 auch bei Druckwerken allgemein anwendbar, durch deren Inhalt der Tatbestand einer Straftat begründet wird.

Bei **Gefahr im Verzug** kann jedes Gericht die Beschlagnahme einer Druckschrift **10** anordnen (§ 21; für die Staatsanwaltschaft vgl. § 143 Abs. 2 GVG). Diese Ausführungen betreffen nur die Zuständigkeit; wegen der Voraussetzungen der Beschlagnahme s. § 97 Abs. 1 Satz 2, §§ 111 m, 111 n.

Für das **vorbereitende Verfahren** gilt Absatz 2, sofern man ihn nicht entsprechend **11** anzuwenden hat, nicht; die Zuständigkeit richtet sich nach den allgemeinen Vorschriften. Nach diesen wird regelmäßig eine Vielzahl von Amtsgerichten zuständig sein. Um zu gewährleisten, daß Pressesachen gleichwohl einheitlich bearbeitet werden, hat der Staatsanwalt, der ein Verfahren wegen eines Druckwerks, das nicht in seinem Bezirk erschienen ist, einleitet, diese Tatsache dem Staatsanwalt des Erscheinungsorts mitzuteilen (Nr. 250 Abs. 1 Satz 2 RiStBV). Anklage erheben kann nur der für dieses Gericht zuständige Staatsanwalt.

b) **Rundfunk.** Das Landgericht Arnsberg[1] will Absatz 2 Satz 1 auf Ton- und Fern- **12** seh-Rundfunkanstalten entsprechend anwenden (**Ausstrahlungsort**) mit der Begründung: Wie der Presse sei es auch Rundfunk und Fernsehen eigentümlich, daß Darstellungen und Gedankenäußerungen durch ein Massenverbreitungsmittel ungezielt an eine unkontrollierbar große Anzahl von Menschen an verschiedenen Orten übermittelt werden. Bei den im Wesen gleichartigen Tatbeständen sei es ein Gebot der Rechtsgleichheit, daß der fliegende Gerichtsstand auch bei Funk und Fernsehen weichen müsse.

Ob der Erwägung zuzustimmen ist, kann dahinstehen. Denn einmal ist sie nicht **13** vollständig, weil der „Ausstrahlungsort" keineswegs so eindeutig, wie der Erscheinungsort ist. Zum anderen berechtigt die Überlegung des Gerichts nicht zu seiner Folgerung. Daß bei ähnlicher, aber nicht gleicher Grundlage[2] für den Gerichtsstand bei der Presse und beim Rundfunk jeweils eine verschiedene Rechtslage besteht, ist jedermann, also auch dem Gesetzgeber, seit mehreren Jahrzehnten bekannt. Wenn dieser gleichwohl bei vielen Gelegenheiten das Gesetz nicht geändert hat, muß die darin liegende Entscheidung, für den Funk (zunächst oder für bestimmte Zeit) den **allgemeinen Ge-**

---

[1] NJW **1964** 1972 = UFITA **47** 345; zust. KMR-*Paulus* 11; *Löffler* § 25 LPG, **2** 109; *Scheer*, Dt. PrR (1966) D V 2 zu § 25 Nds. PrG; *Möller* ArchPR **1965** 520, *Dose* 2212; **a. A.** *Dorbritz* 1209.
[2] Der Inhalt des Presseerzeugnisses und der Erscheinungsort liegen für jedermann fest, der Inhalt der Sendung muß bewiesen werden. Der Ausstrahlungsort ist oft unbekannt, nicht stets am Sitz der Fernsehanstalt (an den wohl eher anzuknüpfen wäre), oft gibt es mehrere „Ausstrahlungsorte".

Günter Wendisch

richtsstand vieler Tatorte (die Tat ist an jedem Ausstrahlungsort und an jedem Empfangsort begangen) zu belassen, von der Rechtsanwendung respektiert werden (im Ergebnis ebenso KK-*Pfeiffer* 7; *Kleinknecht/Meyer* 9 unter Hinweis auf BGHZ **38** 356). Zudem wäre wohl eine differenzierte Regelung erforderlich, als die bloße Analogie zu Absatz 2 bieten kann (*Dorbritz* 1210).

14   c) **Druckschrift.** Absatz 2 gebraucht dieses Wort im Sinn von § 2 PreßG. Die Bestimmung ist überholt durch die neuen Begriffsbestimmungen der Landespressegesetze über Druckwerke (*Löffler* 2 § 7). Beisp.: § 7 PG BaWü: Druckwerke sind alle mittels der Buchdruckerpresse oder eines sonstigen zur Massenherstellung geeigneten Vermittlungsverfahrens hergestellten und zur Verbreitung (Bayern: in der Öffentlichkeit; BGHSt **13** 257: an einen größeren, nicht zu kontrollierenden Personenkreis) bestimmten Schriften, besprochenen Tonträger, bildlichen Darstellungen mit und ohne Schrift und Musikalien mit (Hessen: oder ohne) Text oder Erläuterungen. Es ist gleichgültig, auf welchem Stoff die Vervielfältigung vorgenommen (OLG München DJZ **1925** 351) oder mit welchem Mittel — etwa Öldruck oder Lichtbild — sie hervorgerufen wird (RGRspr. **3** 445, RGSt **4** 362). Auch Gedenk- und Erinnerungsmünzen, die nicht Wertträger sind, sondern der Verbreitung der auf ihnen angebrachten Aufschriften oder Darstellungen dienen, fallen, wenn die sonstigen Voraussetzungen vorliegen, unter jenen Begriff (PrOVG JW **1928** 2110).

15   Dagegen sind mit der Hand oder der **Schreibmaschine** hergestellte Abschriften oder Durchschläge keine Druckschriften (RGSt **47** 244; OLG Marienwerder LZ **1918** 462), wohl aber Massenvervielfältigungen auf Kopiermaschinen, auch im Handbetrieb (*Löffler* 2 § 7, 30).

16   d) **Erscheinungsort.** Ein Druckwerk erscheint dort, wo es mit dem Willen des Verfügungsberechtigten die Stätte der ihre Verbreitung vorbereitenden Handlungen zum Zweck der Verbreitung verläßt, d. h. wo es ausgegeben wird (RGSt **40** 357; **64** 292). Das ist in der Regel die Geschäftsniederlassung des Verlegers; doch kann je nach den besonderen Umständen des einzelnen Falls auch ein anderer Ort Ausgabeort sein; daraus können sich mehrere Erscheinungsorte ergeben (wegen der Folgen s. *Löffler* 2 § 8, 19 bis 22).

17   Absatz 2 kann, weil er das Anwendungsgebiet des Absatzes 1 einschränkt, die Auswahl nur unter Gerichtsständen treffen, in deren Bezirken die **Straftat begangen** worden ist; er setzt also voraus, daß die Straftat am Erscheinungsort kraft eines dort geltenden Gesetzes bestraft werden kann. Schon die Fassung, „so ist als das nach Absatz 1 zuständige Gericht nur das Gericht anzusehen, in dessen Bezirk die Druckschrift erschienen ist", ergibt, daß das Gericht des Erscheinungsorts nur zuständig sein soll, wenn auch dort eine Straftat begangen worden ist (RGSt **36** 258, 271; **37** 20).

18   Absatz 2 findet keine Anwendung, wenn erst eine auf die Druckschrift bezogene **nachfolgende Tätigkeit** die Strafbarkeit begründet (RG GA **56** 322).

19   e) **Presseinhaltsdelikt.** Die Absatz 2 einleitenden Worte haben denselben Sinn wie die Eingangsworte von § 74 d Abs. 1 StGB und der landesrechtlichen Regelungen. Beisp.: § 20 Abs. 2 PGBaWü: „Ist durch ein Druckwerk der Tatbestand einer mit Strafe bedrohten Handlung verwirklicht worden,...". Der Inhalt einer Druckschrift ist strafbar, wenn sie eine Gedankenäußerung enthält und diese gegen ein strafrechtlich geschütztes Verbot oder Gebot verstößt[3].

---

[3] RGSt **30** 198; **36** 146, 271; **40** 358; **66** 146; OLG Hamburg NJW **1965** 2168.

Da die Herstellung des Werks nur straflose Vorbereitung ist (RGSt 35 376), ist **20** die Straftat erst dann verwirklicht, wenn zur Drucklegung noch ein weiteres Merkmal, nämlich die **Kundgebung** in Gestalt einer Ankündigung, Anpreisung oder Verbreitung hinzukommt (RGSt 5 356; 32 70; 40 358).

Wird die Strafbarkeit erst durch eine Handlung begründet, die der Kundgebung **21** **nachfolgt,** ist Absatz 2 nicht anzuwenden (RG GA 56 322). Ebenso finden die allgemeinen Vorschriften Anwendung, wenn die bereits erschienene Druckschrift als Mittel benutzt wird, eine neue selbständige Straftat zu begehen, wie das der Fall ist, wenn jugendgefährdende Schriften verbotswidrig verbreitet werden (BGHSt 26 45; BayObLG MDR 1975 419). Verletzungen des Urheberrechts fallen nicht unter Absatz 2 (KG DJZ 1903 550).

Absatz 2 gilt nur für sog. **Presseinhaltsdelikte.** Ein Presseinhaltsdelikt liegt vor, **22** wenn eine Straftat begangen wird, durch die auf eine unbestimmte Vielzahl von Lesern einwirkende Verbreitung einer Druckschrift, deren geistig wirksamer Inhalt die in dem Tatbestand erforderliche Erklärung enthält, und außerhalb ihrer diejenigen Umstände gegeben sind, von denen die Strafbarkeit der Erklärung nach dem Tatbestand sonst noch abhängt[4]. **Presseordnungsvergehen** (*Löffler* 2 § 21) unterliegen § 7 Abs. 1, doch gilt bei Idealkonkurrenz wieder § 7 Abs. 2 Satz 1 (*Löffler* 1 12 — ProzeßR —, 3).

f) Privatklagedelikte. Absatz 2 Satz 2 dehnt den in Satz 1 eingeschränkten Gel- **23** tungsbereich des Gerichtsstandes des Begehungsorts zugunsten des Privatklägers wieder aus. Wird eine durch den Inhalt einer Druckschrift begangene Beleidigung nach §§ 185 bis 187 a und 189 StGB nach § 374 Nr. 2 im Weg der Privatklage verfolgt, so ist auch das Gericht, in dessen Bezirk die Druckschrift verbreitet worden ist, zuständig, wenn in diesem Bezirk der Beleidigte zur Zeit der Erhebung der Klage seinen Wohnsitz oder gewöhnlichen Aufenthalt (§ 8) hat. Daher ist nicht erforderlich, daß er seinen Wohnsitz oder gewöhnlichen Aufenthalt dort bereits zur Zeit der Verbreitung gehabt hat.

Verbreitung ist diejenige Handlung, mit der die Druckschrift einem größeren Per- **24** sonenkreis (BGHSt 19 74) gegenständlich — daher ist **Vorlesen kein Verbreiten** (BGHSt 18 63) — zugänglich gemacht wird (RGSt 7 114, 36 331). Nicht erforderlich ist, daß dieser Personenkreis eine unbestimmte Mehrheit darstellt (RGSt 36 331; BGHSt 13 258). Auch reicht die Zusendung an einen einzelnen Empfänger aus, wenn sie in der Absicht vorgenommen wird, daß dieser sie einem größeren Personenkreis zugänglich machen werde (RGSt 16 245).

Die Schrift muß **im gewöhnlichen Geschäftsbetrieb** verbreitet werden (*Eb.* **25** *Schmidt* 14; KMR-*Paulus* 17). Daher genügt es nicht, wenn der Beleidigte selbst oder ein Dritter sie an den Ort gebracht oder geschickt hat, wo der Beleidigte seinen Wohnsitz oder seinen gewöhnlichen Aufenthalt hat; vielmehr ist erforderlich, daß sie im gewöhnlichen Geschäftsgang dorthin gelangt ist.

Für periodische Drucksachen ist das im Reichstag anerkannt worden (10. Leg.- **26** Per., 2. Session 1900/03, S. 5268). Nach dem Sinn der Vorschrift gilt das aber auch bei nichtperiodischen Druckschriften. Danach gehört zum Begriff des „Verbreitens" bei allen Druckschriften, daß sie im **gewöhnlichen Geschäftsbetrieb** in den Besitz einer Person gekommen sind, die sich am Wohnsitz oder gewöhnlichen Aufenthalt des Beleidigten aufhält. Sonst liegt kein Pressedelikt vor, sondern die Beleidigung durch eine Druckschrift.

---

[4] RGSt 66 147; OLG Oldenburg NJW 1960 305; OLG Hamburg NJW 1965 2168.

Günter Wendisch

27   **g) Offizialverfahren.** Übernimmt die Staatsanwaltschaft die Verfolgung (§ 377 Abs. 2), sei es durch ausdrückliche Erklärung, sei es durch Einlegen eines Rechtsmittels, ist das Verfahren in der Lage, in der es sich befindet, nach den Vorschriften des ordentlichen Verfahrens fortzusetzen[5]. Zufolge der Worte „in der Lage", die die Perpetuierung der Rechtslage verordnen, bleibt der vom Privatkläger gewählte Gerichtsstand des § 7 Abs. 2 Satz 2 bestehen und tritt derjenige des § 7 Abs. 2 Satz 1, wenn beide auseinanderfallen, zurück (BGHSt 11 61).

28   Diese jetzt unangefochtene Ansicht (*Eb. Schmidt* 15; KMR-*Paulus* 16 ff; *Kleinknecht/Meyer* 10) **widerspricht** zwar sowohl **der Begründung** des Gesetzes (RTDrucks. 10. Leg.Per., 2. Session 1900/02 Nr. 560) als auch den Erklärungen im Reichstag (Sten. Ber. 10. Leg.Per., 2. Session 1900/03, S. 5144, 5268) und der früheren Rechtsprechung (RGSt 10 237; 29 422). Danach sollte das Verfahren, wenn die Staatsanwaltschaft es übernommen hatte, am Gerichtsstand des Absatzes 2 Satz 2 einzustellen und die Staatsanwaltschaft verpflichtet sein, am Gerichtsstand des Erscheinungsorts neu anzuklagen.

29   Die neuere Ansicht folgt jedoch sowohl aus dem Wortlaut des § 377 Abs. 2 Satz 1 als auch zwingend aus der Erwägung, daß die **Übernahmeerklärung** der Staatsanwaltschaft **nicht** die Macht haben kann, das bis zur Übernahme abgelaufene gerichtliche **Verfahren,** ja ggf. ein erstinstanzliches — wenn auch noch nicht rechtskräftiges — Urteil, zu **vernichten** (RGSt 46 128). Durch die Privatklage ist der gesetzliche Richter, in diesem Fall einer von mehreren nach der unkontrollierbaren Wahl des Privatklägers, endgültig bestimmt.

30   Bei der Empfindlichkeit, die in Fragen des gesetzlichen Richters derzeit herrscht, bleibt zu fragen, ob nicht wenigstens dann nach dem Willen des Gesetzgebers und nach der früheren Rechtsprechung zu verfahren ist, wenn das Privatklageverfahren **mißbraucht** wird. Beispiel: Ein beleidigter Minister, der mit Sicherheit damit rechnen kann, daß die Staatsanwaltschaft seine Privatklage ins Offizialverfahren übernehmen wird, erhebt im Gerichtsstand seines Wohnorts Privatklage, weil er der Rechtsprechung des Gerichts am Erscheinungsort „nicht traut". Die Staatsanwaltschaft übernimmt, wie erwartet, die Verfolgung. — Die Frage ist zu verneinen. Denn der Privatkläger nimmt sein Recht wahr. Daß er es zu einem anderen Zweck tut, als dem, für den es ihm eingeräumt ist (Rdn. 8), muß unbeachtlich bleiben. Wollte man seine Motive erforschen, wozu das Gesetz keine Handhabe bietet, käme man letztlich auch zur Prüfung, ob ein Verlag einen bestimmten Sitz etwa gewählt hat, weil er dort eine „liberale Rechtsprechung" zum Thema Pornographie erwartet, und sich dadurch einen ihm genehmen Richter „erschleicht". Das Beispiel mag deutlich machen, auf welch ungangbare Wege gerät, wer das Benutzen einer Rechtslage als Mißbrauch deklariert und daraus Folgerungen ziehen will.

§ 8

(1) Der Gerichtsstand ist auch bei dem Gericht begründet, in dessen Bezirk der Angeschuldigte zur Zeit der Erhebung der Klage seinen Wohnsitz hat.

(2) Hat der Angeschuldigte keinen Wohnsitz im Geltungsbereich dieses Bundesgesetzes, so wird der Gerichtsstand auch durch den gewöhnlichen Aufenthaltsort und, wenn ein solcher nicht bekannt ist, durch den letzten Wohnsitz bestimmt.

---

[5] RGSt 41 280; 49 119; 57 349; BGHSt 11 61.

Entstehungsgeschichte. Durch Art. 3 Nr. 3 VereinhG ist in Absatz 2 die Wendung „Deutsches Reich" in „Geltungsbereich dieses Bundesgesetzes" geändert worden.

1. Wohnsitz. Der Begriff des Wohnsitzes ist in den §§ 7 bis 11 BGB bestimmt und **1** für den Strafrichter maßgebend (*v. Hippel* 217). Der Absicht, für immer an dem gewählten Wohnort zu bleiben, bedarf es nicht (KG DJZ **1915** 1036). Hat jemand **mehrere Wohnsitze** (§ 7 Abs. 2 BGB), ist auch der Gerichtsstand des Wohnsitzes an mehreren Orten gleichzeitig begründet.

Der **Berufssoldat** — nicht der aufgrund der Wehrpflicht Wehrdienst Leistende — **2** hat seinen Wohnsitz am Standort und, wenn er im Inland keinen Standort hat, am letzten inländischen Standort (§ 9 BGB).

Da der Wohnsitz zwar regelmäßig (§ 7 Abs. 1 BGB), aber nicht stets mit dem tat- **3** sächlichen Lebensmittelpunkt übereinstimmt, wird zuweilen ein „fester" Wohnsitz (§ 113 Abs. 2 Nr. 2, § 127 a Abs. 1, § 132 Abs. 1) oder ein (tatsächliches) Wohnen (§ 116 a Abs. 3) verlangt.

2. Gewöhnlicher Aufenthalt. Absatz 2 greift nur ein, wenn der Beschuldigte im **4** Geltungsbereich der Strafprozeßordnung, d. h. in der Bundesrepublik und in Berlin (West), keinen Wohnsitz hat, nicht aber, wenn er bei nur formalem Wohnsitz den Mittelpunkt seiner Lebensbeziehungen, seinen gewöhnlichen Aufenthalt, an einem zweiten Ort begründet hat, wenn er sich z. B. dauernd in einem Landhaus aufhält.

Der Ausdruck „gewöhnlicher Aufenthaltsort" (richtig: **gewöhnlicher Aufenthalt;** **5** vgl. § 7 Abs. 2 Satz 2) ist dem Gesetz über den Unterstützungswohnsitz[1] (vgl. dessen § 10) entnommen (Begr. *Hahn* 1 78), an dessen Stelle die VO über die Fürsorgepflicht[2] (vgl. deren § 7 Abs. 2) und später das Bundessozialhilfegesetz[3] getreten ist (vgl. dessen § 98 Abs. 1, § 103 Abs. 1). Nach der zu den beiden zuerst genannten Gesetzen ergangenen Rechtsprechung des Bundesamts für das Heimatwesen ist gewöhnlicher Aufenthalt der bis auf weiteres und nicht nur vorübergehend oder besuchsweise, wenn auch für einen bestimmten Zeitraum (Dienstvertrag auf bestimmte Zeit), als gewollter Mittelpunkt des Lebens, der persönlichen Existenz, gewählte Aufenthalt (vgl. dazu auch BGHSt **13** 209).

Der Wille, einen gewöhnlichen Aufenthalt zu begründen, reicht nicht aus, wenn **6** die **Umstände** es **nicht zulassen,** den Willen zu verwirklichen. Da Wille und Umstände zusammentreffen müssen, kann ein **Zwangsaufenthalt** keinen gewöhnlichen Aufenthalt begründen, wohl aber ein durch die Umstände erzwungener (Altersheim, Siechenanstalt, Flüchtlingslager), wenn der auf diese Weise Untergebrachte, seinen Willen den Umständen anpassend, den Unterbringungsort zum Mittelpunkt seiner Existenz macht.

Der gewöhnliche Aufenthalt wird durch freiwillige, nur vorübergehende oder be- **7** suchsweise, selbst längere, Abwesenheit **nicht unterbrochen,** wenn bei der Entfernung die Absicht besteht, ihn beizubehalten.

Da man nur *einen* Mittelpunkt seiner Lebensbeziehungen haben kann, ist ein ge- **8** wöhnlicher Aufenthalt an **zwei Orten** — im Gegensatz zum Wohnsitz — unmöglich. Die Begründung eines neuen setzt voraus, daß der alte weggefallen ist oder gleichzeitig wegfällt[4].

---

[1] vom 6. 6. 1870 (RGBl. 360).
[2] vom 13. 2. 1924 (RGBl. I 100).
[3] vom 30. 6. 1961 (BGBl. III 2170-1).

[4] *Baath/Kneip/Langlotz,* Fürsorgepflicht, 13. Aufl. § 7 Abs. 2, III 2 a.

Günter Wendisch

9   Der **Soldat,** der nur aufgrund der Wehrpflicht Wehrdienst leistet (vgl. § 9 Abs. 2 BGB), wird in der Regel — wie seinen Wohnsitz — seinen gewöhnlichen Aufenthalt am Familienwohnort behalten. Löst er sich jedoch anläßlich der Einberufung von der Familie, dann begründet er seinen gewöhnlichen Aufenthalt grundsätzlich am Standort seines Truppenteils.

10   3. Der **Gerichtsstand des letzten Wohnsitzes** hängt von der doppelten Voraussetzung ab, daß der Beschuldigte keinen Wohnsitz im Geltungsbereich der Strafprozeßordnung hat und daß sein gewöhnlicher Aufenthalt unbekannt ist.

11   4. **Maßgebender Zeitpunkt,** nach dem die drei Gerichtsstände ermittelt werden, ist allein derjenige, in dem die Klage erhoben wird, d. h. bei Gericht eingeht (OLG Dresden *Alsb.* E 1 50). Unerheblich ist es, welchen Wohnsitz oder gewöhnlichen Aufenthalt der Beschuldigte zur Zeit der Tat, der Anzeige oder der Vorermittlungen gehabt hat oder welchen er erwirbt, nachdem die Klage erhoben worden ist (Mat, *Hahn* 1 78).

12   **Erhebung der Klage** sind die schriftliche Anklage (§ 199 Abs. 2, § 200), die mündliche Anklage im beschleunigten Verfahren (§ 212 a Abs. 2 Satz 2), die Privatklage (§ 381), der Antrag auf Erlaß eines Strafbefehls (§ 408 Abs. 1) und — die Klage ersetzend — der Antrag des Finanzamts (Hauptzollamts) auf Erlaß eines Strafbefehls (§ 400 AO). Die Vorschrift ist entsprechend anzuwenden auf den Antrag im Sicherungsverfahren (§ 414 Abs. 2), den Antrag im objektiven Einziehungsverfahren (§ 440 Abs. 1) und den Antrag im objektiven Geldbußenverfahren gegen juristische Personen (§ 444 Abs. 3). Für die mündliche Nachtragsanklage (§ 266 Abs. 2) ist die Vorschrift ohne Bedeutung, weil stets ein Fall des § 13 vorliegt.

§ 9

Der Gerichtsstand ist auch bei dem Gericht begründet, in dessen Bezirk der Beschuldigte ergriffen worden ist.

Entstehungsgeschichte. Die ursprüngliche Fassung stellte den Gerichtsstand des Ergreifungsortes als bloßen Hilfsgerichtsstand auf für den Fall, daß die Straftat im Ausland begangen und kein Gerichtsstand nach § 8 begründet war. Außerdem sah § 9 Abs. 1 Satz 2 die Gerichtsstandsbestimmung durch das Reichsgericht vor, wenn keine Ergreifung stattgefunden hatte, und Absatz 2, wenn bei inländischer Tat kein Gerichtsstand nach §§ 7, 8 gegeben war. Durch die Verordnung vom 6. 5. 1940 (RGBl. I 754) wurde mit § 8 a der Gerichtsstand auch bei dem Gericht begründet, in dessen Bezirk der Beschuldigte zur Zeit der Erhebung der Anklage auf behördliche Anordnung verwahrt wird. § 8 a ist durch Art. 3 Nr. 4 VereinhG aufgehoben worden. Gleichzeitig wurden durch Nr. 5 in § 9 die Wendungen „außerhalb" und „im Geltungsbereich dieses Bundesgesetzes" an die Stelle von „Ausland" und „Inland" gesetzt. Die gegenwärtige Fassung des § 9 beruht auf Art. 4 Nr. 2 des 3. StRÄndG.

Die Änderung soll dem praktischen Bedürfnis Rechnung tragen, einen **allgemeinen, nicht subsidiären Gerichtsstand** des Ergreifungsortes zu schaffen (Begr. BTDrucks. I 3713, 46). Die Gerichtsstandsbestimmung durch das oberste Gericht findet sich jetzt in § 13 a.

1. Der **Gerichtsstand der Ergreifung** ist ein **selbständiger,** neben den anderen Ge- **1** richtsständen gegebener, **gleichwertiger** Gerichtsstand.

Ergreifung ist die Handlung, durch die der Beschuldigte von einem hierzu berufe- **2** nen Beamten (§ 127 Abs. 2, § 152 GVG) oder im Fall des § 127 Abs. 1 von „jedermann" zum Zweck der Strafverfolgung festgenommen wird (RGSt 58 154; 60 265), gleichgültig, ob der Festnahme eine gerichtliche oder staatsanwaltschaftliche Anordnung zugrunde liegt oder nicht und gleichviel, ob der Beschuldigte gesucht wird oder sich freiwillig stellt. Das vorübergehende Festhalten eines bloß Verdächtigen im Identitätsfeststellungsverfahren nach § 163 b, 163 c ist noch keine Ergreifung im Sinn dieser Vorschrift; sie wird es aber, wenn der Verdächtige noch während seines Festhaltens zum Beschuldigten wird (KK-*Pfeiffer* 3; KMR-*Paulus* 5; *Kleinknecht/Meyer* 2).

Die Maßregeln, die der Ergreifung **nachfolgen,** die Inhaftnahme und die Einliefe- **3** rung in die Haftanstalt, sind für die Begründung des Gerichtsstands des § 9 bedeutungslos; § 9 begründet keinen Gerichtsstand des Verwahrungsorts. Wird also ein im Bezirk A ergriffener Täter im Bezirk B in Untersuchungshaft genommen (etwa weil nur dort eine Krankenbehandlung möglich ist), so ist für B, wenn nicht aus anderen Gründen auch dort ein Gerichtsstand begründet ist, kein Gerichtsstand gegeben.

Ist einem Amtsgericht für den Bezirk mehrerer Amtsgerichte die Entscheidung in **4** **Haftsachen** zugewiesen (§ 58 Abs. 1 GVG), so ist dieses das Gericht des Ergreifungsorts, selbst wenn der Täter im Bezirk eines anderen von den mehreren Amtsgerichten ergriffen worden ist (*Corves* MDR **1956** 335).

Die Einrichtung des Gerichtsstands des Ergreifungsorts verfolgt das Ziel, „kost- **5** spielige und sachlich unnötige Transporte" zu vermeiden (Begr. S. 46). Daraus folgt, daß nur eine **sachlich gerechtfertigte Ergreifung** den Gerichtsstand des § 9 begründet. Demzufolge muß die Ergreifung zum Erlaß eines Haftbefehls (§ 125, § 128 Abs. 2 Satz 2) geführt haben. Fehlt es hieran, erläßt namentlich der Richter keinen Haftbefehl, so wird durch die sachlich ungerechtfertigte Ergreifung der Gerichtsstand des § 9 nicht begründet.

2. Änderungen. Der durch die Ergreifung begründete Gerichtsstand wird durch **6** spätere, die Verwahrung betreffende Entscheidungen oder Umstände nicht geändert. Namentlich bleibt die Aufhebung des Haftbefehls selbst dann ohne Einfluß, wenn der Tatverdacht, sofern er nur ursprünglich bestanden hat, später entfallen ist. Die Verhaftung wird damit nicht nachträglich zu einer ungerechtfertigten. Denn der für die Verhaftung erforderliche dringende Tatverdacht kann sehr wohl bei dieser vorliegen, auch wenn er später entfällt. Ebenso hebt die Aussetzung des Vollzugs (§ 116) oder die Flucht den Gerichtsstand des § 9 nicht wieder auf.

Folgerichtig wird auch durch die **Wiederergreifung** der einmal begründete erste **7** Ergreifungsgerichtsstand nicht berührt. Am Ort der Wiederergreifung wird ein neuer Ergreifungsgerichtsstand begründet, der mit den Gerichtsständen der ersten Ergreifung, des Tatorts und des Wohnorts zur Auswahl des Staatsanwalts steht.

3. Beziehung der Ergreifung zur Straftat. Zur Begründung des Gerichtsstands des **8** Ergreifungsorts ist es gleichgültig, wo die Straftat begangen worden ist, ob im Ergreifungsbezirk oder anderwärts, ob im Geltungsbereich der Strafprozeßordnung oder im Ausland, in der DDR oder in Berlin (Ost). Es ist auch nicht erforderlich, daß der Ergreifung nur diejenige Tat zugrunde gelegen hat, die dann schließlich zur Anklage gelangt (RGRspr. 4 7; BGH bei *Dallinger* MDR **1954** 336). Die Ergreifung wirkt auch fort, wenn sie zur Strafhaft geführt hat. Demzufolge wird der Gerichtsstand des Ergreifungsorts auch dadurch begründet, daß sich der Angeschuldigte bis zur Erhebung der öffentlichen Klage zufolge Ergreifung wegen einer anderen Tat ununterbrochen in Untersuchungs- und nachfolgender Strafhaft befunden hat (OLG München MDR **1956** 566).

9   Ist die **Ergreifung** indessen **beendet,** so ist wegen einer neuen Tat nur die Verbindung nach § 13 zulässig. Ist sie nicht möglich, etwa weil das Verfahren wegen der der Ergreifung zugrunde liegenden Tat eingestellt oder die für diese Tat ausgesprochene Strafe verbüßt ist, so ist ein Gerichtsstand nach § 9 nicht etwa allein deshalb begründet, weil der Beschuldigte irgendwann einmal im Bezirk des angegangenen Gerichts ergriffen worden ist.

10   **4. Anwendung.** Die Vorschrift soll Kosten für unnötige — nicht für nötige — Transporte sparen helfen, nicht aber den Beschuldigten benachteiligen. Von dem Gerichtsstand ist daher nur dann Gebrauch zu machen, wenn der Beschuldigte geständig ist oder alsbald durch Zeugen überführt werden kann, die am Ergreifungsort vernommen werden können, ohne dorthin weite Reisen machen zu müssen.

11   Wird das Verfahren **nicht alsbald** von der Staatsanwaltschaft des Ergreifungsorts **übernommen,** ist der Beschuldigte in den Bezirk der Staatsanwaltschaft zu überführen, die ihn zur Verhaftung ausgeschrieben hatte. Denn sonst entstehen Kosten durch die Verteidigerbestellung bei der mündlichen Verhandlung zur Haftprüfung (§ 117 Abs. 1, 4, § 118 Abs. 1 bis 3).

12   Auch sollte der favor defensionis es ausschließen, dem Angeklagten ein Verfahren nach § 233 nahezulegen, wenn die Staatsanwaltschaft des Ergreifungsorts die **Übernahme** der Sache **abgelehnt** hat. Diese sollte aus dem gleichen Grund die Sache nicht übernehmen, wenn Zeugen in der Hauptverhandlung wohl vor dem Gericht des Ausschreibungsorts, wegen weiter Entfernung aber nicht vor dem des Ergreifungsorts vernommen werden können. Denn in diesem Fall käme der Verhaftete um sein Recht, die Zeugen in seiner Gegenwart aussagen zu hören und Rede und Antwort von ihnen zu verlangen (§ 224 Abs. 2; *Dallinger* JZ **1953** 441).

13   Handelt es sich indessen um eine **liquide Sache,** sollte die Staatsanwaltschaft des Ergreifungsorts sie auch übernehmen. Die zur Verfolgung ausschreibende Staatsanwaltschaft kann einer Ablehnung der Übernahme dadurch begegnen, daß sie das Verfahren alsbald nach der Ergreifung anklagereif abgibt. Dazu hat sie vor der Ausschreibung auf vollständige Ermittlung bedacht zu sein. Das versteht sich eigentlich von selbst, doch bleibt zu bedauern, daß Zeugen gelegentlich erst nach der Festnahme des Beschuldigten vernommen werden, obwohl das vorher möglich gewesen wäre.

§ 10

(1) Ist die Straftat auf einem Schiff, das berechtigt ist, die Bundesflagge zu führen, außerhalb des Geltungsbereichs dieses Gesetzes begangen, so ist das Gericht zuständig, in dessen Bezirk der Heimathafen oder der Hafen im Geltungsbereich dieses Gesetzes liegt, den das Schiff nach der Tat zuerst erreicht.

(2) Absatz 1 gilt entsprechend für Luftfahrzeuge, die berechtigt sind, das Staatszugehörigkeitszeichen der Bundesrepublik Deutschland zu führen.

Schrifttum. *Mankiewicz* Die Verfolgung der in einem Luftfahrzeug begangenen Straftat, GA **1961** 193; *Wille* Die Verfolgung strafbarer Handlungen an Bord von Schiffen und Luftfahrzeugen (1974).

Entstehungsgeschichte. Nach der Reichstagsvorlage sollte mit § 10 (damals § 3) ein Gerichtsstand errichtet werden für Straftaten, die „auf einem deutschen Schiffe in offener See begangen" wurden. Weil es dort an einem Gerichtstand fehlt, sollte einer „mittels einer gesetzlichen Fiktion geschaffen" werden (Mot. zu §§ 1 bis 3; Abs. 1; *Hahn* 1 78). Da aber „bei der Verschiedenheit in der Behandlungsweise von Delikten an Bord der Handelsschiffe nach den Rechten der seefahrenden Nationen" nicht ausgeschlossen werden konnte, daß „ein im fremden Hafen auf einem deutschen Handelsschiffe begangenes Delikt gänzlich ungestraft bleiben" könne, wurde in der 2. Lesung der Kommission die Wendung „auf einem deutschen Schiffe im Ausland oder in offener See" gewählt (*Hahn* Mat. 2 1194 f). Durch Art. 3 Nr. 6 VereinhG wurde bei den Worten „Ausland" und „deutscher" Hafen jeweils auf den „Geltungsbereich dieses Gesetzes" abgestellt.

Durch Art. 2 Nr. 1 EGOWiG wurden die Worte „in offener See" gestrichen. Durch Art. 21 Nr. 1 EGStGB 1974 wurden die Worte „auf einem deutschen Schiff" ersetzt durch die Worte „auf einem Schiff, das berechtigt ist, die Bundesflagge zu führen".
Der zweite Absatz ist durch Art. 4 Nr. 3 des 3. StRÄndG angefügt worden.

1. Inhalt. Die Vorschrift hat ihren ursprünglichen Charakter, namentlich zufolge **1** der Streichung der Worte „in offener See" (s. Entstehungsgeschichte), zum Teil geändert. Ursprünglich sollte sie einen Gerichtsstand für Delikte bereitstellen, die auf offener **See** begangen wurden. Mit dem späteren Zusatz „im Ausland" sollte der Gerichtsstand auch für Taten bereitgehalten werden, die auf deutschen Handelsschiffen in ausländischen Seehäfen begangen wurden.

Dagegen war nicht beabsichtigt, **Binnenschiffe** anders zu stellen als Eisenbahnen **2** (Abg. *Reichensperger, Hahn* Mat. 2 1194). § 10 brachte also einen besonderen Gerichtsstand, wenn der Tatort auf **Seeschiffen** lag. Zwar wurde erkannt, daß die Fassung Anwendung auf Binnenschiffe nicht ausschließe (Abg. *Thilo, Hahn* Mat. 2 1195); die mit der Bestimmung verfolgte Absicht kam aber noch im Entwurf 1930 (Art. 70 Nr. 4 EGStGB; Mat. zur StRRef. 7 12) deutlich in der Fassung zum Ausdruck: „Ist die Tat auf einem deutschen Seeschiff ... begangen". Die Entstehungsgeschichte; die Erwägung, daß man nur für Seeschiffe einen deutschen Gerichtsstand brauche; daß der Gesetzgeber bemüht war, die Gerichtsstände eingeschränkt zu halten; und die Interpretation des Wortes Ausland als „ausländischer Seehafen" zufolge der Verbindung mit Wort und Vorstellung der offenen See, zwangen zu der Folgerung, daß die Vorschrift sich allein auf Taten bezog, die auf deutschen Seeschiffen entweder in offener See oder in ausländischen Seehäfen begangen wurden.

Schon nachdem die Worte „in offener See" gestrichen worden waren, entfiel die **3** hierauf bezogene Auslegung und die Beziehung zum Entwurf und zum ersten Text. Nachdem seit 1975 auf die Berechtigung abgestellt wird, die Bundesflagge zu führen, gibt § 10 einen Gerichtsstand für alle Straftaten, die auf flaggenberechtigten Schiffen und Luftfahrzeugen außerhalb der Bundesrepublik und Berlin (West)[1], namentlich auf **offener See** und in ausländischen Häfen begangen werden, stellt aber darüber hinaus in

---

[1] Für Straftaten, die innerhalb der Bundesrepublik Deutschland und Berlin (West) auf einem Schiff oder in einem Luftfahrzeug begangen worden sind, fehlt eine entsprechende Vorschrift. Das kann bei der Ungewißheit des Tatorts besonders auf einer Luftfahrt zu Schwierigkeiten führen, denen, wenn ein sonstiger Gerichtsstand fehlt, nur durch die Zuständigkeitsbestimmung des § 13 a begegnet werden kann (§ 13 a, 1; *Wille* 195).

Günter Wendisch

Übereinstimmung mit § 4 StGB in bezug auf die **Binnenschiff- und Luftfahrt** ein **Privileg** auf, das den sonstigen grenzüberschreitenden Verkehrsmitteln (Eisenbahn, Omnibus) nicht gewährt wird.

4   Freilich ist die praktische Auswirkung für Straftaten, die im fremden Land begangen werden, nur beschränkt. Denn mit der Vorschrift soll nicht in die **ausländische Gerichtsbarkeit** eingegriffen werden. Sie beantwortet nicht die Frage, ob eine deutsche Gerichtsbarkeit (§ 4 StGB; dazu *Rudolf* NJW **1954** 219) — sei es ausschließlich, sei es konkurrierend mit einer ausländischen oder einer der DDR, oder einer solchen subsidiär — besteht, sondern stellt nur für den Fall, daß eine Gerichtsbarkeit der Bundesrepublik „ohne Kollision mit der Jurisdiktion des fremden Landes" gegeben ist, einen Gerichtsstand im Geltungsbereich der Bundesrepublik zur Verfügung (*Hahn* Mat. **2** 1195).

5   Trotz des Wortlauts („ist ... zuständig" im Gegensatz zu §§ 8, 9: Gerichtsstand ist auch begründet) wird durch die Vorschrift § 7 nur ergänzt, aber nicht verdrängt. Steht der Tatort, etwa bei der Fahrt auf einem Binnenschiff, fest, gilt auch § 7, wenn auch wegen der Zufälligkeit des Begehungsorts nicht mit seinem sonstigen (Vor § 7, 22) Vorzug. Auch die **übrigen Gerichtsstände** (§§ 8, 9, 11, 13) bleiben unberührt und stehen neben dem des § 10 zur Verfügung.

2. Die Bundesflagge zu führen, sind berechtigt:

6   **a) Seeschiffe**, deren Eigentümer Deutsche sind, die ihren Wohnsitz im Geltungsbereich des Grundgesetzes haben, also Einwohner der Bundesrepublik Deutschland und Berlin (West) (§ 1 Abs. 1 FlRG);

deren Eigentümer gewisse **Gesellschaften** und juristische Personen (§ 1 Abs. 2 FlRG) oder gewisse Partenreedereien und Erbengemeinschaften sind (§ 2 Abs. 2 FlRG);

deren Eigentümer Deutsche **ohne Wohnsitz** im Geltungsbereich des Grundgesetzes sind (§ 2 Abs. 1 FlRG). Nach dem Sprachgebrauch werden unter Deutsche auch Angehörige der DDR und von Berlin (Ost) verstanden (*Wille* 24); doch kommt diesem Umstand hier deshalb keine Bedeutung bei, weil die DDR eine eigene Staatsangehörigkeit und ein eigenes Zulassungsverfahren — auch für Berlin (Ost) — hat, so daß Schiffe solcher Deutschen nicht die Bundesflagge führen (*Wille* 25). Im übrigen ermangelt es auch der bundesgesetzgeberischen Zuständigkeit, für Schiffe der DDR in der Bundesrepublik einen Gerichtsstand zu begründen, wenn der Tatort außerhalb der Bundesrepublik, der nächste Hafen aber innerhalb dieser liegt;

Seeschiffe, denen das Recht, die Bundesflagge zu führen, **verliehen** worden ist (§§ 10, 11 FlRG). Befindet sich das Schiff in **Seenot,** gilt die Vorschrift auch für das Wrack sowie für Rettungsboote und Flöße (*Rietzsch* DJ **1940** 565).

b) Binnenschiffe, die nach § 14 Abs. 1 FlRG die Bundesflagge führen dürfen.

c) Schiffe der **Seestreitkräfte** der Bundeswehr[2].

---

[2] Vgl. Anordnung des Bundespräsidenten über die Dienstflagge der Seestreitkräfte der Bundeswehr vom 25. 5. 1956 (BGBl. III 1130-5). Daß Schiffe der Streitkräfte völkerrechtlich Boden des Heimatlandes sind (vgl. Art. 3 Abs. 1 des Internationalen Abkommens zur einheitlichen Feststellung von Regeln über die Immunität der Staatsschiffe vom 10. 4. 1926 – RGBl. 1927 II 484 –), ist für unsere Frage nur insofern von Bedeutung, als es die Zweckmäßigkeit des § 10 für den ursprünglichen Charakter der Vorschrift unterstreicht.

3. Der **Geltungsbereich** der Strafprozeßordnung fällt mit dem Hoheitsbereich der **7** Bundesrepublik Deutschland und Berlin (West) zusammen. Dieser Bereich umfaßt innerhalb der Grenzen das Landgebiet, die daran anschließenden Eigengewässer (die Häfen und die die Küste bespülenden Meeresteile) und das Küstenmeer, einen Meeresstreifen, der in drei Seemeilen Breite den Eigengewässern vorgelagert ist (*Mettgenberg* DJ **1940** 64; LK-*Tröndle* Vor $\S$ 3, 50). Mit dem Küstenmeer endet der deutsche Hoheitsbereich und beginnt die offene See, die **außerhalb des Geltungsbereichs** der Strafprozeßordnung liegt. Wegen des Bodensees s. *Dreher/Tröndle* $\S$ 3, 4.

4. Heimathafen ist derjenige deutsche Hafen, von dem aus die Seeschiffahrt mit **8** dem Schiff betrieben wird ($\S$ 480 Abs. 1 HGB; $\S$ 4 Abs. 1 der Schiffsregisterverordnung[3], $\S$ 3 Abs. 1 Nr. 7 der 1. DVO zum Flaggenrechtsgesetz[4]. Bei Binnenschiffen kann es an einem Heimathafen fehlen; es kommt dann auf den Heimatort an ($\S$ 4 Abs. 1 der Schiffsregisterverordnung), notfalls auf den Ort der Registereintragung ($\S$ 4 Abs. 3). Ist der Hafen, den das Schiff nach der Tat im Geltungsbereich der Strafprozeßordnung zuerst erreicht, ein **anderer als Heimathafen,** so ist der Gerichtsstand in den Bezirken beider Häfen begründet.

5. Luftfahrzeuge (Absatz 2) sind solche Fluggeräte ($\S$ 1 Abs. 2 LuftVG: Flug- **9** zeuge, Hubschrauber, Luftschiffe, Segelflugzeuge, Frei- und Fesselballone, Drachen, Flugmodelle und sonstige für die Benutzung des Luftraums bestimmte Geräte, namentlich Raumfahrzeuge, Raketen und ähnliche Flugkörper), die berechtigt — meist verpflichtet — sind, nach $\S$ 2 Abs. 5 LuftVG das Staatsangehörigkeitszeichen zu führen, d. i. nach II 1, III der Anlage 1 zur Luftverkehrs-Zulassungs-Ordnung die Bundesflagge und — mit Ausnahme bei Ballonen — der Buchstabe D.

Den Begriff des **Heimatflughafens** kennt das Luftverkehrsgesetz nicht. In entspre- **10** chender Anwendung von Absatz 1 und von $\S$ 480 Abs. 1 HGB ist als Heimathafen derjenige Flughafen anzusehen, bei dem das Luftfahrzeug zum Zweck seines Betriebs dauernd stationiert ist (zust. *Wille* 200).

Der **nächste Flughafen** ist nicht der räumlich nächste, weil Flugzeuge nicht **11** überall landen können, sondern derjenige, auf dem das Flugzeug zuerst landet.

Bei **Notlandungen** auf freiem Feld wird der Gerichtsstand erst durch die nachfolgende Landung auf einem Flugplatz begründet. Steigt das Flugzeug nach Notlandung auf freiem Feld nicht wieder auf, so muß das Gericht als zuständig angesehen werden, in dessen Bezirk das Luftfahrzeug niedergegangen ist (zust. *Wille* 199).

Es ist wenig sachgemäß, daß Absatz 2 sich auf eine Verweisung beschränkt. Die **12** **Vorschläge von** Art. 70 Nr. 4 EGStGB **1930,** die dem Gesetzgeber zum Aufbau dieser Vorschrift als Modell zur Verfügung standen, sind als Grundlage dafür weitaus klarer[5].

---

[3] vom 26. 5. 1951 (BGBl. III 315-18).
[4] vom 23. 2. 1951 (BGBl. III 9514-1-1).
[5] Dessen $\S$ 10 Abs. 2 sah folgende Fassung vor: Ist die Tat auf einem deutschen Luftfahrzeug außerhalb des Inlands begangen, so ist das Gericht zuständig, in dessen Bezirk das Luftfahrzeug nach der Tat zuerst landet

oder der Wohnsitz oder Sitz des Eigentümers des Luftfahrzeugs liegt. Hat der Eigentümer keinen Wohnsitz oder Sitz im Inland, so ist das Gericht zuständig, in dessen Bezirk das Verzeichnis der deutschen Luftfahrzeuge (Luftfahrzeugrolle) geführt wird.

Günter Wendisch

§ 10 a

Ist für eine Straftat im Sinne des Achtundzwanzigsten Abschnitts des Strafgesetzbuches, die außerhalb des Geltungsbereichs dieses Gesetzes im Bereich des Meeres begangen wird, ein Gerichtsstand nicht begründet, so ist Hamburg Gerichtsstand; zuständiges Amtsgericht ist das Amtsgericht Hamburg.

Entstehungsgeschichte. Eingefügt durch Art. 5 des 18. StRÄndG.

1   **1. Inhalt.** Die Vorschrift bestimmt Hamburg zum **subsidiären örtlichen** Gerichtsstand für die im Achtundzwanzigsten Abschnitt des Strafgesetzbuchs (§§ 324 bis 330 d StGB) aufgeführten Straftaten, soweit diese in strafbarer Weise auf dem Meer außerhalb der Bundesrepublik Deutschland begangen werden können (Begr. zu Art. 5 BTDrucks. 8 2382 S. 27). § 10 erfährt damit eine wichtige Ergänzung. Die neue Vorschrift verallgemeinert die in § 12 Festlandsockelgesetz[1] verankerte Sonderregelung[2].

2   **2. Straftaten** im Sinn des Achtundzwanzigsten Abschnitts des Strafgesetzbuchs sind: Verunreinigung eines Gewässers (§ 324 StGB), Luftverunreinigung und Lärm (§ 325 StGB), umweltgefährdende Abfallbeseitigung (§ 326 StGB), unerlaubtes Betreiben von Anlagen (§ 327 StGB), unerlaubter Umgang mit Kernbrandstoffen (§ 328 StGB), Gefährdung schutzbedürftiger Gebiete (§ 329 StGB), schwere Umweltgefährdung (§ 330 StGB) und schwere Gefährdung durch Freisetzen von Giften (§ 330 a StGB).

3   **3. Der Begriff Meer** umfaßt hier sowohl die Hohe See wie fremde Küstengewässer (vgl. SK-*Horn* StGB § 330 d, 2; in *Schönke/Schröder/Cramer* § 324, 6; *Dreher/Tröndle* § 324, 4). Soweit eine Straftat in inländischen Küstengewässern begangen worden ist, ist auch eine Zuständigkeit nach § 7 Abs. 1 gegeben; insoweit bedarf es mithin keines besonderen subsidiären Gerichtsstands (Vor § 7, 9).

4   **4. Die ausdrückliche Benennung des Amtsgerichts Hamburg** ist deshalb erforderlich, weil es in der Freien und Hansestadt Hamburg neben diesem noch fünf weitere Amtsgerichte gibt.

---

[1] Vom 24. 7. 1964 – BGBl. I 497 i. d. F. von Art. 190 Nr. 3 EGStGB – BGBl. 1974 I 591. § 12 lautet: Ist für eine Straftat nach § 7 ein Gerichtsstand nach §§ 7 bis 10, 13, 98 Abs. 2 Satz 3, § 128 Abs. 1, § 162 Abs. 1 oder § 165 der Strafprozeßordnung oder § 157 des Gerichtsverfassungsgesetzes im Geltungsbereich dieses Gesetzes nicht begründet, so ist Hamburg Gerichtsstand; zuständiges Amtsgericht ist das Amtsgericht Hamburg.

[2] Die gleiche Regelung enthält Art. 4 des Gesetzes zu dem Europäischen Übereinkommen vom 22. Januar 1965 zur Verhütung von Rundfunksendungen, die von Sendestellen außerhalb staatlicher Hoheitsgebiete gesendet werden, vom 26. 9. 1969 – BGBl. II 1939.

§ 11

(1) [1]Deutsche, die das Recht der Exterritorialität genießen, sowie die im Ausland angestellten Beamten des Bundes oder eines deutschen Landes behalten hinsichtlich des Gerichtsstandes den Wohnsitz, den sie im Inland hatten. [2]Wenn sie einen solchen Wohnsitz nicht hatten, so gilt der Sitz der Bundesregierung als ihr Wohnsitz.
(2) Auf Wahlkonsuln sind diese Vorschriften nicht anzuwenden.

Entstehungsgeschichte. In der ursprünglichen Fassung war von Beamten des Reichs oder eines Bundesstaats die Rede und wurde in erster Linie auf den Wohnsitz im Heimatstaat, dann auf dessen Hauptstadt abgestellt. Durch Art. 35 EGBGB wurde als weiterer Hilfsgerichtsstand Berlin bezeichnet. Die gegenwärtige Fassung beruht auf Art. 3 Nr. 7 VereinhG.

1. **Exterritoriale Deutsche** gibt es im Inland nicht, so daß sich die Bestimmung **1** nur auf im Ausland wohnende Personen bezieht. Der Kreis der Exterritorialen ist dem Völkerrecht zu entnehmen, das Art. 25 GG als Bestandteil des Bundesrechts anerkennt. Danach kommen als Deutsche, die das Recht der Exterritorialität genießen, namentlich die Missionschefs (Botschafter, Gesandte, außerordentliche Gesandte und Geschäftsträger), ihr Personal und ihre Familien in Betracht, nicht die Konsuln (*Dahm* 1 315, 325, 341, 369).

Der Gerichtsstand findet Anwendung, auch wenn der Exterritoriale oder Beamte **2** die Tat im Inland oder in einem anderen ausländischen Staat **begangen** hat als dem, in welchem er wohnt.

Das Gesetz, das vom Ausland spricht, ist trotz vielfältiger Änderungen der Straf- **3** prozeßordnung unverändert geblieben. Nach dem sorgfältig beachteten Sprachgebrauch gilt die Vorschrift alsdann nicht für exterritoriale Deutsche aus der Bundesrepublik, die **in der DDR** oder in Berlin (Ost) ihren **Dienstsitz** haben. Regelmäßig wird ein Gerichtsstand nach § 8 Abs. 2 begründet sein.

2. **Beamte.** Da die Vorschrift für Auslandstaten deutscher Repräsentanten im Aus- **4** land, die im Geltungsbereich der Strafprozeßordnung keinen Wohnsitz haben, einen Gerichtsstand schaffen will, ist der Begriff Beamter weit auszulegen, so daß auf jeden Fall auch höhere Angestellte darunter fallen. Deshalb kann § 11 den staatsrechtlichen Beamtenbegriff (so *Eb. Schmidt* 2) nicht im Auge haben. In Ermangelung eines Amtsträgerbegriffs, den die Vorschrift meint (*Wieczorek* § 15 A II Abs. 3), wird man daher auf den strafrechtlichen Beamtenbegriff zurückgreifen müssen (vgl. § 11 Abs. 1 Nr. 2, Nr. 4 Buchst. a StGB). Die **Familienmitglieder** der Beamten fallen nicht unter die Vorschrift.

Wegen der **in der DDR** und in Berlin (Ost) domizilierten Beamten gilt das zu **5** Rdn. 3 Ausgeführte entsprechend.

Beamte sind auch die **Konsuln** (§ 2 KonsG), von diesen die Wahlkonsuln Ehrenbe- **6** amte i. S. des § 5 Abs. 3 BBG. Da die **Wahlkonsuln** meist Ausländer sind und nur eine lose Verbindung zur Bundesrepublik haben, benötigen sie keinen Gerichtsstand im Geltungsbereich der Strafprozeßordnung. Daher mußten sie in Absatz 2 ausdrücklich ausgenommen werden.

3. Die Worte **Wohnsitz im Inland** umfassen nach dem Sprachgebrauch auch **7** einen solchen in der DDR und in Berlin (Ost). Das ist unschädlich, weil der Personenkreis des § 11, wenn er vor der Begründung eines ausländischen Wohnsitzes einen inlän-

Günter Wendisch

dischen hatte, diesen nach Lage der Sache im Geltungsbereich der Strafprozeßordnung gehabt hat.

8   **4. Sitz der Bundesregierung** ist Bonn. Nach dem Beschluß des Parlamentarischen Rats vom 10. 5. 1949 haben die leitenden Bundesorgane vorläufig ihren Sitz in der Stadt Bonn genommen (Sten. Ber. S. 264, 266).

§ 12

(1) Unter mehreren nach den Vorschriften der §§ 7 bis 11 zuständigen Gerichten gebührt dem der Vorzug, das die Untersuchung zuerst eröffnet hat.

(2) Jedoch kann die Untersuchung und Entscheidung einem anderen der zuständigen Gerichte durch das gemeinschaftliche obere Gericht übertragen werden.

Übersicht

I. Vorrang (Absatz 1)

1   **1. Inhalt.** § 12 steht an falscher Stelle; er ist so zu behandeln, als ob er auf § 13 a folgte. Denn durch ihn soll die Konkurrenz zwischen allen Gerichtsständen — und zu diesen gehört auch der des § 13 a — geregelt werden. Diese Regelung wird grundsätzlich — wegen Ausnahmen s. Rdn. 17 — nach dem einfachsten, augenfälligsten und am wenigsten bestreitbaren Grundsatz der **Prävention** oder Priorität vorgenommen, der auch im gemeinen Recht und in den meisten früheren Landesgesetzen herrschend war. Im Hinblick auf den Zeitpunkt ist diese Regelung auch allein möglich; denn es kann nur eine erste Anhängigkeit geben, aber mehrere nachfolgende.

2   Die **Ausnahmen** beruhen denn auch auf anderen Prinzipien als dem der zeitlichen Reihenfolge, u. a. auf dem der höheren Zuständigkeit, obwohl die Prävention grundsätzlich auch dann entscheidend ist, wenn dieselbe Sache bei zwei Gerichten verschiedener Ordnung mit gleicher (RGSt **29** 179) oder verschiedener (RGSt **55** 187) örtlicher Zuständigkeit anhängig geworden ist.

3   Die Lösung des Konflikts durch den Grundsatz der Prävention kann **unzweckmäßig** sein. Es kann geboten sein, dem Gericht, das in der gleichen Sache später die Untersuchung eröffnet hat, die Untersuchung und Entscheidung zu überlassen, oder, wenn nur ein Gericht mit der Sache befaßt ist, die Sache auf ein anderes, an sich zuständiges Gericht zu übertragen (Absatz 2).

4   **2. Mehrere Gerichte** sind zuständig, wenn für jedes Gericht ein Gerichtsstand nach einer der Vorschriften der §§ 7 bis 11 gegeben ist, auch soweit er zufolge eines Zusammenhangs nach §13 begründet ist, gleichviel ob der Grund der Zuständigkeit bei den verschiedenen Gerichten derselbe ist (mehrfacher Tatort, mehrfacher Wohnsitz), oder ob verschiedenartige Gerichtsstände (Wohnsitz und Tatort) miteinander konkurrieren.

§ 13 a ist in Absatz 1 nicht aufgeführt, die Vorschrift ist jedoch so zu lesen, als ob **5** das der Fall sei. Aus der Entstehungsgeschichte des § 13 a — sein Inhalt stand früher teilweise in § 9 — und aus der Erwägung, daß § 13 a ebenso ein selbständiger Gerichtsstand ist, wie es die in den §§ 7 bis 11, 13 bestimmten Gerichtsstände sind, folgt, daß § 12, namentlich sein Absatz 2, auch dann anwendbar ist, wenn das Gericht nach § 13 a bestimmt worden war (BGHSt 10 259).

Die Zuständigkeit muß eine **erstinstanzliche** sein, wie sich aus den Worten „das **6** die Untersuchung eröffnet hat" ergibt. Die erstinstanzliche Zuständigkeit kann bei den mehreren örtlich zuständigen Gerichten zugleich eine verschiedene sachliche Zuständigkeit sein.

Zwar wird, wenn mehrere Gerichte verschiedener sachlicher Zuständigkeit das **7** Hauptverfahren eröffnet haben, in der Regel das niedere unzuständig oder das **höhere** wegen umfassenderer Zuständigkeit (Rdn. 17) allein **zuständig** sein, aber doch nicht immer. Eine mehrfache sowohl örtliche als auch sachliche Zuständigkeit kann sich namentlich ergeben, wenn die Zuständigkeit von der Auslegung des unbestimmten Rechtsbegriffs der „besonderen Bedeutung des Falles" (§ 24 Abs. 1 Nr. 3 GVG) abhängt. Beispiel: Eine in A begangene Tat ist dort von Amts wegen untersucht und beim Landgericht A angeklagt worden. Auf Anzeige hat sich auch die Staatsanwaltschaft des Wohnorts mit der Sache befaßt und sie beim Schöffengericht B angeklagt. Beide Gerichte haben das Hauptverfahren eröffnet, das Schöffengericht kurz vor der Strafkammer. Es müssen mehrere Zeugen vernommen werden, die in A wohnen. Die Strafgewalt des Amtsgerichts reicht aus, doch ist die besondere Bedeutung der Sache nicht zu verneinen. Das Landgericht hat schon Termin anberaumt und die Zeugenladungen veranlaßt, als es von der Anhängigkeit beim Schöffengericht erfährt. Hier wird man nicht sagen können, daß das Schöffengericht unzuständig sei und sein Verfahren einstellen müsse; vielmehr schlägt § 12 ein. Nach Lage des Falls wird aber das obere Gericht die Sache dem Landgericht A übertragen, und es ist kein Grund ersichtlich, der dagegen sprechen könnte.

Zwar hat das Reichsgericht gelegentlich und in einem Nebensatz gesagt, § 12 **8** habe nur Gerichte gleicher Ordnung im Auge (RGSt 45 168), doch hat es sowohl vorher (RGSt 29 179) als auch später (RGSt 55 187) den Grundsatz der Prävention auch dann angewendet, wenn die verschiedenen Gerichte **verschiedene sachliche Zuständigkeit** hatten. Die Verzahnung der Zuständigkeiten zufolge der dem Staatsanwalt auferlegten beschränkten Wahl (§ 24 Abs. 1 Nr. 3, § 25 Abs. 1 Nr. 3 GVG) hat der Bestimmung des § 12 Bedeutung auch für den Fall verschafft, daß neben mehrfacher örtlicher auch verschiedene sachliche Zuständigkeit vorliegt (*Eb. Schmidt* 1 179, Anm. 308).

Obwohl § 12 nur von zuständigen Gerichten spricht, tritt die Präventionswirkung **9** auch dann ein, wenn die **Unzuständigkeit des zuerst befaßten Gerichts** behauptet wird. Dieses muß solange als zuständig anerkannt werden, als nicht es selbst oder das übergeordnete Gericht die Unzuständigkeit ausgesprochen hat.

3. Untersuchung

a) **Eröffnung der Untersuchung.** Die Prävention wird durch die Eröffnung der **10** Untersuchung begründet (BGHSt 20 219). Darunter fallen die Eröffnung des Hauptverfahrens (§ 203) und des Sicherungsverfahrens (§ 413).

Günter Wendisch

11   In den **besonderen Verfahrensarten,** bei denen das Hauptverfahren nicht ausdrücklich eröffnet wird, sind der Eröffnung des Hauptverfahrens diejenigen gerichtlichen Akten gleichzustellen, die mit der Feststellung hinreichenden Tatverdachts oder danach die staatsanwaltschaftliche Verfügung über die Klage oder den die Klage ersetzenden Antrag ausschalten. Wollte man, wie es die herrschende Meinung beim Strafbefehl tut, einen früheren Zeitpunkt wählen, so würde bei einer Übertragung nach Absatz 2 die Staatsanwaltschaft zu einem Zeitpunkt ausgeschaltet werden, in dem ihr die Verfügung über die öffentliche Klage noch zusteht. Eine solche Auslegung widerspräche dem Geist der Strafprozeßordnung (vgl. RGSt 45 176; BGHSt 10 392).

12   Danach **stehen der Eröffnung** des Hauptverfahrens **gleich** bei der Nachtragsanklage (§ 266 Abs. 2 Satz 1 in Vbdg. mit Absatz 1, erstem Halbsatz) der Einziehungsbeschluß (§ 266 Abs. 1), im Verfahren nach § 408 Abs. 2 (Hauptverhandlung nach beantragtem, aber nicht erlassenem Strafbefehl) der Beginn der Hauptverhandlung. Denn bis dahin kann die Staatsanwaltschaft die Klage (in entsprechender Anwendung des § 411 Abs. 3 Satz 1; BGH bei *Holtz* MDR **1977** 810; *Kleinknecht/Meyer* 7) zurücknehmen. Im Beschlußeinziehungsverfahren (§§ 440, 441 Abs. 2) steht erst der Beschluß selbst der Eröffnung der Untersuchung gleich, beim Strafbefehl (§ 407) erst das rechtskräftige Mandat, im Fall Einspruchs der Beginn der Hauptverhandlung (§ 411 Abs. 1; BGHSt **13** 186; **26** 374; KK-*Pfeiffer* 2).

13   Das **beschleunigte Verfahren** (§ 212) vereinigt als Eröffnungsverfahren die Eröffnung, das Hauptverfahren und das Urteil. Der Zeitpunkt, wann das Gericht festgestellt hat, daß hinreichender Tatverdacht vorliege, kommt im Verfahren nicht zum Ausdruck; er wird regelmäßig nach dem Beginn der Vernehmung des Angeklagten zur Sache liegen, kann aber nicht festgestellt und demzufolge nicht abstrakt festgelegt werden. Deshalb kann die Klage zurückgenommen werden, bis ein Urteil ergangen ist[1]. Dasselbe gilt für das vereinfachte Jugendverfahren (§ 76 Abs. 1 JGG). Daher begründet in beiden Fällen erst das Urteil die Prävention (a. A. *Rieß* § 212 a, 13; vgl. auch die zu Rdn. 42 angegebene Rechtsprechung)[2].

---

[1] *Schwarz* § 212, 2; a. A. – Rücknahme bis zum Beginn der Vernehmung des Angeklagten zur Sache – OLG Oldenburg NJW **1961** 1127; *Rieß* § 212 a, 2; *Eb. Schmidt* § 212 a, 1 b; KMR-*Paulus* 11; § 212, 16; *Kleinknecht/Meyer* § 212 a, 3.

[2] *Paulus* (KMR 11) will die Rechtshängigkeit mit dem Beginn der Vernehmung des Angeklagten zur Sache eintreten lassen, hält aber § 12 für unanwendbar, weil sich die Sache zur sofortigen Aburteilung nicht eigne, wenn sich herausstelle, daß besser ein anderes zuständiges Gericht mit der Sache befaßt würde. Der Fall, den er dabei im Auge hat, ist der des Absatzes 2, wogegen an der angeführten Stelle allein die Frage zu beantworten ist, wann im beschleunigten Verfahren die Prävention eintritt und damit das Hindernis, die gleiche Sache bei einem anderen Gericht anhängig zu machen. Er entnimmt auch zu Unrecht der Rechtsprechung des Bundesgerichtshofs den Satz, die Staatsanwaltschaft könne bis zur Rechtskraft des Urteils die Klage zurücknehmen. Das ist deshalb unrichtig, weil die nach § 156 entscheidende Eröffnungswirkung in dem Eröffnungsverfahren der §§ 212 ff auf jeden Fall mit dem ersten Urteil eintritt. Denn in diesem wird der hinreichende Tatverdacht (§ 203) mit Sicherheit festgestellt. Daß diese Sicherheit für einen früheren Zeitpunkt zwar bestehen kann, aber nicht feststellbar ist, ist schon ausgeführt. Daher kann, solange das beschleunigte Verfahren ein Eröffnungsverfahren ist, mit Rücksicht auf § 156 kein anderes als das hier dargestellte Ergebnis gewonnen werden. Schwierigkeiten in der Praxis sind daraus nicht zu erwarten. Sie könnten nur eintreten, wenn man die Präventionswirkung mit der Vernehmung des Angeklagten zur Sache eintreten läßt. Denn diese Wirkung könnte bis zur Verkündung des Urteils wieder beseitigt werden (§ 212 b Abs. 2 Satz 1).

Handlungen der Staatsanwaltschaft im **Ermittlungsverfahren,** wie die Klageerhe- **14** bung (RGSt 45 175) — die zur Anhängigkeit, aber nicht zur Rechtshängigkeit der Sache führt, — und gerichtliche Handlungen im vorbereitenden Verfahren, namentlich ein Haftbefehl (§ 125), begründen die Prävention nicht (BGHSt 3 139).

b) Gegenstand der Untersuchung ist die Tat i. S. des § 264 Abs. 1, d. h. der ge- **15** schichtliche Vorgang, innerhalb dessen der Angeklagte eine Straftat verwirklicht hat (BGHSt 10 397; Einzelheiten s. bei § 264).

4. Umfassende Zuständigkeit. Der Grundsatz der Prävention gilt nicht ausnahms- **16** los. Das Gericht muß die angeklagte (§ 155 Abs. 1) Tat aburteilen, wie sie sich nach dem Ergebnis der Hauptverhandlung darstellt (§ 264 Abs. 1), unabhängig vom Eröffnungs- beschluß (§ 264 Abs. 2) und von der Anklage (§ 155 Abs. 2). Fehlt dem Gericht, das das Verfahren eröffnet hat, dazu die Zuständigkeit, muß es sein Verfahren einstellen. Hier von einer Priorität zu einem Unzuständigkeitsbeschluß zu sprechen und das Gericht, das zuerst eröffnet hat, zu einem Verfahren nach § 270 zu zwingen (RGSt 29 179), ist ge- künstelt.

In Wirklichkeit muß man als Ausnahme von der Regel des Absatzes 1 aus dem Sy- **17** stem der Strafprozeßordnung den Satz herleiten, daß der **Grundsatz der Prävention** immer dann **zurücktritt,** wenn nur das Gericht, das die Untersuchung später eröffnet hat, die Tat (§ 264) vollständig aburteilen kann. Demzufolge gebührt dem zweiten Ge- richt der Vorrang, wenn dem Angeklagten im ersten Verfahren nur der unselbständige Teil eines Kollektivverbrechens (sofern man ein solches anerkennen will), im zweiten dieses selbst (RGSt 41 108; **66** 22), im ersten Einzelhandlungen einer fortgesetzten Tat, im zweiten die diese Einzelhandlungen umfassende fortgesetzte Tat im ganzen[3] vorge- worfen sind.

Sind **ideell konkurrierende Straftaten** (§ 52 StGB) getrennt bei verschiedenen **18** Gerichten angeklagt und ist für eine von ihnen allein die Zuständigkeit eines höheren Gerichts gegeben, so hat dieses den Vorrang, selbst wenn es die Untersuchung später eröffnet hat (RGSt 70 337; BGH NJW **1953** 273); denn nur bei ihm kann die Tat er- schöpfend abgeurteilt werden. Der Einstellung des zweiten Verfahrens bei dem höheren Gericht und der Verweisung (§ 270) des ersten Verfahrens vom niederen an das höhere Gericht — wie es RGSt 29 179 forderte — bedarf es nicht (RGSt 70 337).

Dagegen darf, wenn dem Angeklagten in zwei Verfahren, die bei Gerichten glei- **19** cher Ordnung schweben, **fortgesetzte Taten** zur Last gelegt werden, **die sich** teilweise **decken,** dem zweiten Verfahren nicht etwa deshalb der Vorrang eingeräumt werden, weil es Einzelhandlungen von größerer Anzahl oder von erheblicherem Gewicht zum Gegenstand hat[4]. Vielmehr gilt hier Absatz 1, doch kann ggf. nach Absatz 2 verfahren werden.

---

[3] RGSt **67** 56; BGH NJW **1953** 273; BGHSt **5** 384; BGH GA **1970** 85; OLG Stuttgart Justiz **1982** 304; *Hürxthal* DRiZ **1978** 86, 8.
[4] BGH NJW **1953** 273; ebenso KK-*Pfeiffer* 3; KMR-*Paulus* 3, der allerdings mit dieser

Ausnahme die von RGSt 41 108 und 66 22 für Sammelstraftaten und von BGH NJW **1953** 273 vertretene Auffassung (vgl. dazu Rdn. 17) nicht für vereinbar, vielmehr für überholt hält.

20   **5. Wirkung.** Das Gericht des Vorrangs ist **ausschließlich zuständig** (BGHSt 3 138); ein anderes Gericht kann den Vorrang nicht dadurch hinfällig machen, daß es seinerseits die Untersuchung eröffnet.

21   Demzufolge steht die **Niederschlagung,** die durch ein Straffreiheitsgesetz des Landes verfügt worden ist, dem das ausschließlich zuständige Gericht angehört, der Strafverfolgung in einem anderen Bundesland entgegen. Dagegen äußert die Niederschlagung keine Wirkung, wenn in dem amnestierenden Land zwar an sich ein Gerichtsstand besteht, das Gericht eines anderen Landes aber kraft Vorrangs ausschließlich zuständig geworden ist (BGHSt 3 134).

22   Das nicht bevorrechtigte Gericht hat sein Verfahren **einzustellen.** Die Einstellung ist jedoch nicht endgültig. Sie wirkt nur so lange, bis die Rechtshängigkeit bei dem bevorzugten Gericht wegfällt, ohne daß dabei das eingestellte Verfahren erledigt worden ist (RGSt 52 264)[5]. Daher ergeht die Einstellungsentscheidung aufgrund der gegenwärtigen Verfahrenslage und unter dem Vorbehalt, daß sich nicht das andere Verfahren erledigt (RGSt 67 57). In der Urteilsformel wird das nicht besonders zum Ausdruck gebracht (RGSt 52 264).

23   Der **Vorrang erlischt,** wenn das bevorzugte Gericht durch einen nicht mehr anfechtbaren Beschluß die Eröffnung des Hauptverfahrens abgelehnt (§ 204 Abs. 1) oder das Verfahren eingestellt (§ 153 Abs. 2 Satz 1, § 153 b Abs. 2, § 153 e Abs. 2, § 206 a Abs. 1) hat. Die vorläufige Einstellung (§ 153 a Abs. 2 Satz 1, § 154 Abs. 2, § 205 Satz 1) hat diese Wirkung nicht (OLG Düsseldorf GA **74** 150). Der Vorrang erlischt ferner, wenn das nicht bevorzugte Gericht in der gleichen Sache rechtskräftig entschieden hat (BGHSt 9 190).

II. Verfahren

24   **1. Vor Eröffnung.** Stellt sich, bevor das Haupt- oder das Sicherungsverfahren eröffnet worden ist, heraus, daß das Verfahren schon bei einem anderen Gericht eröffnet ist, so hat das Gericht im Fall der Prävention (Rdn. 1) die Eröffnung abzulehnen, falls sein Verfahren aber zufolge umfassender Zuständigkeit den Vorrang hat (Rdn. 16), beim zuerst befaßten Gericht darauf hinzuwirken, daß dieses sein Verfahren einstelle. Entsprechendes gilt für den Fall des Einziehungsbeschlusses (Rdn. 12).

25   Im **beschleunigten Verfahren** ist die anderweite Anhängigkeit stets Ablehnungsgrund (§ 212 b Abs. 1 Satz 1), selbst wenn, was praktisch kaum vorkommen wird, etwa der Fall der umfassenden Zuständigkeit (Rdn. 16) vorliegen sollte; das beschleunigte Verfahren verträgt keine Komplikationen.

26   Bei **Strafbefehlen** wird nach der Art der in diesen Verfahren anhängig gemachten Sachen regelmäßig nicht die umfassende Zuständigkeit vorliegen, so daß es zur Ablehnung der Anträge kommt. Liegt ausnahmsweise die umfassende Zuständigkeit vor, hat der Strafrichter, nachdem er den Strafbefehl erlassen hat, auf die Einstellung des Verfahrens beim zuerst befaßten Gericht hinzuwirken, jedoch erst dann, wenn der Strafbefehl rechtskräftig geworden oder Einspruch eingelegt und mit der Hauptverhandlung begonnen worden ist (Rdn. 12). Da auf diese Weise Komplikationen eintreten können,

---

[5] Beispiel: Das Amtsgericht A hat das Hauptverfahren wegen eines Diebstahls eröffnet, dieses aber mit der Begründung eingestellt, der Diebstahl sei Teil eines fortgesetzten Diebstahls, wegen dessen das Amtsgericht B später das Hauptverfahren eröffnet hat. Das Amtsgericht B stellt fest, daß keine fortgesetzte Handlung vorliegt und verurteilt den Angeklagten wegen mehrerer einzelner Diebstähle, nicht aber wegen des Diebstahls, der Gegenstand des Verfahrens beim Amtsgericht A war.

sollte der Strafrichter stets die Hauptverhandlung anberaumen (§ 408 Abs. 2) und alsbald nach ihrem Beginn das andere Gericht von der Rechtshängigkeit bei ihm benachrichtigen und auf die Einstellung der beim anderen Gericht anhängigen Sache hinwirken.

2. Nach Eröffnung. Stellt sich nach Eröffnung des Hauptverfahrens heraus, daß **27** mehrere Gerichte wegen derselben Sache die Untersuchung (Rdn. 10) eröffnet haben, so hat das nicht bevorzugte Gericht sein Verfahren einzustellen und die Untersuchung dem Gericht zu überlassen, dessen Vorrang, sei es durch Prävention, sei es zufolge umfassender Zuständigkeit, begründet ist. Dessen Zuständigkeit ist, wenn nicht nach Absatz 2 eine andere Regelung getroffen wird, die ausschließliche und diejenige des ersteren erloschen (RGSt **29** 179; **55** 178).

Für die Überlassung bedarf es, wenn unter den beteiligten Gerichten über den **28** Vorrang Einverständnis besteht, keiner Mitwirkung des **gemeinschaftlichen oberen Gerichts**; fehlt das Einverständnis, greift § 14 ein.

3. Rechtsmittelinstanz. Auch das Rechtsmittelgericht hat die Einstellung zu be- **29** schließen, wenn es über das Rechtsmittel in einem Verfahren zu entscheiden hat, das denselben Gegenstand wie ein anderweit rechtshängiges vorrangiges Verfahren hat (RGSt **67** 57).

Schwebt das vorrangige Verfahren vor dem **Revisionsgericht,** und betrifft das an- **30** derweit anhängige Verfahren eine Straftat, die zu der beim Revisionsgericht anhängigen in Tateinheit steht, hat das Revisionsgericht das ideell konkurrierende Delikt mit zu berücksichtigen (§ 155 Abs. 2). Kann es das wegen fehlender Feststellungen nicht, muß es grundsätzlich das in der vorrangigen Sache ergangene Urteil aufheben und die Sache zurückverweisen, weil ein zusätzliches ideell konkurrierendes Delikt — das mit oder ohne Verbindung mit der anderweit anhängigen Sache zu berücksichtigen ist — die Strafzumessung beeinflussen kann.

Hat nur der Angeklagte Revision eingelegt und kann somit die **Strafe nicht ver- 31 schlechtert** werden (§ 358 Abs. 2), ist der Angeklagte nicht beschwert, wenn eine an sich zulässige Änderung des Schuldspruchs unterbleibt. Das Revisionsgericht kann alsdann in der vorrangigen Sache entscheiden mit der Folge, daß das anderwärts anhängige Verfahren einzustellen ist und damit das ideell konkurrierende Delikt unbeachtet bleibt (BGHSt **10** 362). Das Revisionsgericht kann aber auch ausdrücklich nach § 154 a Abs. 1 und 2 verfahren.

4. Ermittlungsverfahren. Für das staatsanwaltschaftliche Verfahren gilt die Vor- **32** schrift nicht (BGHSt **14** 344; **21** 215; **23** 374; OLG Köln OLGSt § 12 StPO, 1).

Örtlich zuständig ist jede Staatsanwaltschaft, die die Sache bei dem Gericht, für **33** das sie bestellt ist (§ 143 Abs. 1 GVG), anhängig machen kann.

Fällt diese Zuständigkeit bis zum Anhängigmachen **weg** (etwa weil der Beschul- **34** digte seinen Wohnsitz wechselt), so muß die Staatsanwaltschaft die Sache abgeben, entweder an diejenige, die nunmehr zuständig geworden ist, oder an eine, die schon bisher zufolge mehrfachen Gerichtsstands zuständig war.

Unter **mehreren Gerichtsständen** hat die Staatsanwaltschaft die Wahl. Sie übt **35** diese nach Gesichtspunkten der Zweckmäßigkeit unter Beachtung der Interessen des Beschuldigten aus.

Der Umstand, daß eine Staatsanwaltschaft **früher** als die andere mit der Sache **36** **befaßt** ist, ist nicht entscheidend, doch wird die Staatsanwaltschaft, die sich zuerst mit der Sache befaßt hat, diese nur abgeben können, wenn besondere Gründe dafür sprechen.

37   Im Fall des — positiven wie des negativen — **Zuständigkeitsstreits** entscheidet der den streitenden Staatsanwaltschaften gemeinsam vorgesetzte Beamte der Staatsanwaltschaft, wenn die Staatsanwälte mehreren Ländern angehören, der Generalbundesanwalt (§ 143 Abs. 3 GVG). Die Landesjustizverwaltungen sind zur Entscheidung nicht berufen (a. A. *Eb. Schmidt* II b), können aber im Weg der Dienstaufsicht auf die ersten Beamten der Staatsanwaltschaft einwirken, so daß der Generalbundesanwalt nur angerufen werden wird, wenn zwischen Staatsanwaltschaften mehrerer Länder keine Einigung zu erzielen ist. Doch sollte es stets versucht werden und wird in der Regel möglich sein, daß die Generalstaatsanwälte eine Einigung herbeiführen.

III. Übertragung (Absatz 2)

38   1. **Zweck.** Absatz 2 läßt die Übertragung von dem Gericht, dem der Vorzug gebührt, auf ein anderes, an sich örtlich zuständiges Gericht zu, um das Verfahren zu erleichtern. Das obere Gericht wird von seiner Befugnis Gebrauch machen, wenn erhebliche Gründe der Zweckmäßigkeit, z. B. die Rücksicht auf den Wohnort der zu vernehmenden Zeugen oder auf Krankheit oder Reiseunfähigkeit eines Beteiligten, unter Wahrung der Interessen des Angeklagten die Übertragung gebieten.

39   Den Übertragungsbeschluß erläßt das **gemeinschaftliche obere Gericht.** Vgl. dazu Vor § 7, 34.

40   2. **Voraussetzung** der Übertragung ist, daß wenigstens ein Gericht das Hauptverfahren eröffnet hat. Denn Absatz 2 ist keine selbständige Bestimmung, sondern eine Ausnahme von Absatz 1 mit dem Inhalt, daß einem anderen Gericht als dem, das die Untersuchung zuerst eröffnet hat, das Verfahren übertragen werden kann. Auch kann die Staatsanwaltschaft die öffentliche Klage zurücknehmen, bis das Hauptverfahren eröffnet worden ist, und sie dann vor einem anderen zuständigen Gericht neu erheben. Deshalb widerspräche eine gerichtliche Übertragung vor der Eröffnung dem Geist der Strafprozeßordnung (RGSt 45 174; BGHSt 10 392; KK-*Pfeiffer* 7).

41   In den **besonderen Verfahrensarten,** bei denen das Hauptverfahren nicht ausdrücklich eröffnet wird, gilt das unter Rdn. 12 Aufgeführte.

42   Da im **beschleunigten Verfahren** (§ 212) und im **vereinfachten Jugendverfahren** (§ 76 JGG) — nicht dagegen im normalen Jugendgerichtsverfahren: hier findet § 12 Abs. 2 neben § 42 Abs. 3 JGG Anwendung (BGHSt 13 188) — die Verfügung der Staatsanwaltschaft erst durch das erste Urteil ausgeschaltet wird, ist dort eine Übertragung nach Absatz 2 ausgeschlossen (BGHSt 15 314; 12 184).

43   Im Verfahren mit **Strafbefehlen** ist erst der Beginn der Hauptverhandlung nach rechtzeitigem Einspruch der Eröffnung des Hauptverfahrens gleichzustellen (Rdn. 12). Daher ist erst nach diesem Zeitpunkt die Übertragung möglich (BGHSt 13 186; 26 374).

44   Die Übertragung ist nicht von einem **Antrag** eines Prozeßbeteiligten abhängig. Sie kann auch von Amts wegen beschlossen werden, also auch, wenn eines der beteiligten Gerichte es anregt.

45   3. **Empfänger** der Übertragung ist ein Gericht, das zu den nach §§ 7 bis 11, 13 a zuständigen Gerichten gehört. Absatz 2 knüpft an Absatz 1 an, der von mehreren Gerichten handelt, die in dem Zeitpunkt zuständig sind, in dem ein Gericht das Verfahren eröffnet hat. Daraus folgt, daß auch das Gericht, dem das Verfahren übertragen werden soll, schon zuständig gewesen sein muß, als das zuerst mit der Sache befaßte Gericht sein Verfahren eröffnet hatte (RGSt 45 175; BGHSt 13 210, 217; 16 392). Dieser Gerichtsstand ist im allgemeinen unveränderlich.

Eine **Ausnahme** ergibt sich für § 13 Abs. 1. Zwar ist zuständiges Gericht i. S. des **46** § 12 Abs. 2 auch das Gericht, für das bei zusammenhängenden Strafsachen ein Gerichtsstand nach § 13 Abs. 1 begründet ist. Dieser Gerichtsstand erlischt aber, wenn der Zusammenhang vor der Eröffnung des Verfahrens wieder entfällt (§ 13, 6). Da das Gericht, dem die Untersuchung und Entscheidung übertragen werden soll, auch im Zeitpunkt der Übertragung noch zuständig sein muß, ist die Übertragung auf ein Gericht, dessen Zuständigkeit, als das Verfahren bei einem anderen Gericht eröffnet worden ist, nach § 13 hätte begründet werden können, dann unzulässig, wenn im Zeitpunkt der Übertragung kein Sachzusammenhang mehr besteht (BGHSt 16 391).

4. Zulässigkeit. Das Verfahren kann in jeder Lage des ersten Rechtszugs übertra- **47** gen werden, solange noch kein Urteil ergangen ist (RG JW **1902** 574).

Die Übertragung **nach dem Urteil erster Instanz** wird für unzulässig erachtet **48** (RGSt 13 365; BGHSt 19 177 und für § 42 Abs. 3 JGG BGHSt 10 177; vgl. § 4, 6), weil damit der Instanzenzug durchbrochen und in die ausschließliche Zuständigkeit des Rechtsmittelgerichts eingegriffen würde.

Indessen ist eine **Verschiebung der Zuständigkeit der Berufungsgerichte** der Straf- **49** prozeßordnung nicht fremd (Vor § 7, 24 ff), im Fall des § 15 u. U. unumgänglich und zufolge § 354 Abs. 2 (Zurückverweisung an ein anderes Berufungsgericht durch das Oberlandesgericht als Revisionsgericht) sogar alltäglich. Aus den zu § 4, 7 ff angestellten Erwägungen ist daher auch für diesen Fall die Verschiebung der Zuständigkeit des Rechtsmittelgerichts zu rechtfertigen.

Im Hinblick auf die Vielfalt solcher Fälle (Vor § 7, 24 ff) ist die Übertragung **50** auch dann noch als statthaft anzusehen, wenn eine Strafsache, nachdem das Urteil in der Berufungs- (§ 328 Abs. 2) oder Revisionsinstanz (§ 354 Abs. 2) aufgehoben, **in die Vorinstanz zurückverwiesen** worden ist (a. A. BGHSt 18 261; KK-*Pfeiffer* 8; *Kleinknecht/Meyer* 7). Die Behauptung von *Paulus* (KMR 20), nach Zurückverweisung ständen nicht mehr mehrere örtlich (zu ergänzen: an sich) zuständige Gerichte zur Verfügung, entbehrt der Begründung. Die Zurückverweisung schafft keine ausschließliche Zuständigkeit.

5. Wirkung. Mit der Übertragung entfällt die Rechtshängigkeit bei dem an sich **51** bevorzugten Gericht (vgl. BGH NJW **1958** 31) und erlischt für die Dauer der Übertragung seine Zuständigkeit (RGSt 45 70). Die Rückübertragung der Sache auf das vorübergehend unzuständig gewordene Gericht ist nicht ausgeschlossen; sie macht dieses wieder zuständig. Ebenso ist es zulässig, die Sache auf ein drittes zuständiges Gericht weiter zu übertragen.

Dem beauftragten Gericht wird sein Gerichtsstand durch obergerichtliche Ent- **52** scheidung in der Weise bestätigt, daß es ihn von Amts wegen nicht mehr nachprüfen darf. Insoweit ist die Entscheidung des oberen Gerichts in bezug auf die örtliche Zuständigkeit für das niedere Gericht **bindend**. Dagegen bleibt dessen Verpflichtung unberührt, die sachliche Zuständigkeit in jeder Lage des Verfahrens von Amts wegen zu prüfen (§ 6).

Infolge der Übertragung **geht die Sache** von dem einen Gericht auf das andere in **53** der Lage **über**, in der es sich befindet. Die bisherigen Untersuchungshandlungen sind nicht zu wiederholen; ergangene Entscheidungen bleiben wirksam. Dagegen muß eine etwa begonnene Hauptverhandlung erneuert werden (§ 226), weil zufolge der Übertragung die Besetzung des Gerichts wechselt.

54   6. Wegen der **Unzulässigkeit der Beschwerde** s. Vor § 7, 36.

§ 13

(1) Für zusammenhängende Strafsachen, die einzeln nach den Vorschriften der §§ 7 bis 11 zur Zuständigkeit verschiedener Gerichte gehören würden, ist ein Gerichtsstand bei jedem Gericht begründet, das für eine der Strafsachen zuständig ist.

(2) ¹Sind mehrere zusammenhängende Strafsachen bei verschiedenen Gerichten anhängig gemacht worden, so können sie sämtlich oder zum Teil durch eine den Anträgen der Staatsanwaltschaft entsprechende Vereinbarung dieser Gerichte bei einem unter ihnen verbunden werden. ²Kommt eine solche Vereinbarung nicht zustande, so entscheidet, wenn die Staatsanwaltschaft oder ein Angeschuldigter hierauf anträgt, das gemeinschaftliche obere Gericht darüber, ob und bei welchem Gericht die Verbindung einzutreten hat.

(3) In gleicher Weise kann die Verbindung wieder aufgehoben werden.

Übersicht

I. Gerichtsstand des Zusammenhangs (Absatz 1)

1   **1. Inhalt.** Der Zweckmäßigkeit und Notwendigkeit, zusammenhängende Sachen gemeinschaftlich zu verhandeln und zu entscheiden, tragen bei verschiedener sachlicher Zuständigkeit die §§ 2 bis 4 dadurch Rechnung, daß der Staatsanwaltschaft erlaubt wird, sie beim Gericht der höheren Zuständigkeit anzuklagen, und den Gerichten, sie dorthin durch Verbindung zusammenzubringen. Bei der örtlichen Zuständigkeit, die wegen der Vielzahl der Gerichtsstände ohnehin weniger eindeutig ist als die sachliche, bietet das Gesetz eine einfachere Lösung: für zusammenhängende Sachen ist ein Gerichtsstand bei jedem Gericht begründet, das für eine der Sachen zuständig ist.

2   Aus der Erwähnung der §§ 7 bis 11 folgt, daß § 13 sich, obwohl das Wort „Zuständigkeit" verwendet wird, nur auf örtlich verschiedene zuständige Gerichte gleicher Ordnung (RGSt **45** 167; **48** 298; BGHSt **22** 234), also auf den **Gerichtsstand** bezieht.

3   Wird durch die Verbindung zusammenhängender Sachen sowohl die örtliche Zuständigkeit als auch die **sachliche geändert,** finden nach allgemeiner Auffassung die §§ 2 bis 4 Anwendung (§ 2, 1), doch wird die Voraussetzung für die Klage zum Gericht der höheren Zuständigkeit (§ 2 Abs. 1 Satz 1) und für die Verbindung bei diesem (§ 4 Abs. 1), soweit dadurch auch der Gerichtsstand berührt wird, durch § 13 Abs. 1 geschaffen[1].

Wegen des Begriffs **Zusammenhang** gilt § 3[2]. Der Begriff ist also sowohl bei Tat- **4** als auch bei Tätermehrheit (OLG Nürnberg MDR **1965** 678) anzuwenden (§ 3, 9). Im ersten Fall gewinnt die Vorschrift allerdings nur Bedeutung, wenn mehrere Taten, die an verschiedenen Tatorten begangen worden sind, bei dem Gericht eines der Tatorte angeklagt werden sollen. Im letzten Fall ist es für den Zusammenhang gleichgültig, ob die mehreren Sachen gegen Täter oder ob sie gegen Teilnehmer laufen. Für jeden, der an einer der mehreren zusammenhängenden Strafsachen beteiligt ist, ist der Gerichtsstand bei jedem der mehreren an sich örtlich unzuständigen Gerichte begründet, bei dem für einen der Beteiligten ein Gerichtsstand gegeben ist (BGHSt **11** 108).

Der Gerichtsstand des § 13 ist ein gesetzlich begründeter, **ursprünglicher Gerichts-** **5** **stand** (BGHSt **16** 393); das ergibt ein Vergleich zwischen § 2 („verbunden anhängig machen") und § 13 („ist begründet"). Zufolge des Zusammenhangs ist ein Gericht für eine Sache zuständig, die an sich zur Zuständigkeit eines anderen Gerichts gehört. Danach besteht für zusammenhängende Strafsachen mit unterschiedlicher örtlicher Zuständigkeit stets eine Mehrzahl von Gerichtsständen (§ 12).

Der Gerichtsstand des § 13 Abs. 1 steht gleichberechtigt neben den anderen Ge- **6** richtsständen der §§ 7 bis 11, 13 a, hat aber die Eigenart, daß er wieder **untergehen** kann, solange er noch nicht durch Anklage (OLG München NJW **1969** 149; **a. A.** OLG Zweibrücken NJW **1979** 827, aber auch KMR-*Paulus* 7: erst durch Eröffnung des Hauptverfahrens) oder durch gerichtliche Verbindung befestigt ist (BGHSt **16** 393).

2. Verschiedene Gerichte. Nach seinem Wortlaut findet § 13 nur Anwendung auf **7** Strafsachen, für die verschiedene Gerichtsstände nach den §§ 7 bis 11 gegeben sind, doch ergibt die Entstehungsgeschichte des § 13 a, der den Inhalt des früheren § 9 in sich aufgenommen hat, daß sowohl in § 12 als auch in § 13 neben den §§ 7 bis 11 auch § 13 a als Vorschrift einzusetzen ist, nach dem eine (örtliche) Zuständigkeit begründet ist. Demzufolge sind von § 13 alle Gerichtsstände erfaßt, und der Relativsatz könnte einfacher lauten: „die einzeln zur örtlichen Zuständigkeit verschiedener Gerichte gehören würden".

§ 13 gilt auch, wenn örtliche **Sonderzuständigkeiten** (Vor § 7, 16) gegeben sind, **8** doch wird der Zweck, der dazu geführt hat, Gerichte mit solchen Zuständigkeiten zu versehen, es ausschließen, Sachen, die dorthin gehören, an ein Gericht zu bringen, bei dem die erforderlichen Spezialkenntnisse nicht vorausgesetzt werden können. Auch für den umgekehrten Fall wird Zurückhaltung geboten sein, um die zentralen Gerichte nicht ihrer eigentlichen Aufgabe zu entziehen, doch ist bei ihnen anzuklagen oder eine andere Sache mit einer bei ihnen anhängigen zu verbinden, wenn dies erforderlich ist, um die Täterpersönlichkeit richtig zu beurteilen, oder wenn sonst ein einheitlicher Tatkomplex zerrissen würde.

Strafsachen gegen Erwachsene sollen mit solchen gegen **Jugendliche** und Heran- **9** wachsende nur verbunden anhängig gemacht oder nach der Klage verbunden werden, wenn das aus wichtigen Gründen, namentlich um die Wahrheit zu erforschen, geboten ist (§ 103 Abs. 1, § 112 Satz 1 JGG; wegen weiterer Besonderheiten zu diesem Problem vgl. OLG Düsseldorf DRiZ **1981** 192).

---

[1] John 1 § 4, IV 3; Kombination der die örtliche und die sachliche Zuständigkeit betreffenden Vorschriften.

[2] § 3 war im Entwurf ein Teil des § 13, damals § 7; *Hahn* Mat. 1 5.

Günter Wendisch

10   **3. Auswahl des Gerichtsstands.** Die Zuständigkeit der **Staatsanwaltschaft** wird durch diejenige des Gerichts bestimmt, für das sie bestellt ist (§ 143 Abs. 1 GVG). Ist danach der Gerichtsstand des Zusammenhangs gegeben, kann die Staatsanwaltschaft schon während der Ermittlungen die verschiedenen Sachen zusammenfassen.

11   **Fällt** die **Zuständigkeit weg,** weil kein Zusammenhang mehr besteht, muß die Staatsanwaltschaft die Sache an die nach §§ 7 bis 11, 13 a zuständige abgeben. Sie kann ein Gericht mit einer Sache, für die bei diesem kein Gerichtsstand begründet ist, nicht deshalb befassen, weil es zuständig wäre, wenn ein Sachzusammenhang, der vor der Klage bestanden hatte, nicht weggefallen wäre. Ist der Täter gestorben, bevor gegen ihn die Klage erhoben worden ist, kann gegen den Teilnehmer die Klage nicht bei dem Gericht erhoben werden, das zuständig gewesen wäre, den Täter abzuurteilen, bei dem aber kein Gerichtsstand für den Teilnehmer besteht (OLG München NJW **1969** 148).

12   Die Staatsanwaltschaft (ebenso der Privatkläger) hat unter den mehreren Gerichtsständen die **Wahl** (Vor § 7, 20; vgl. auch *Schermer* MDR **1964** 896). Sie übt diese nach Gesichtspunkten der Zweckmäßigkeit aus; dabei beachtet sie die Interessen des Beschuldigten. Sie macht die Sachen entweder verbunden anhängig (RGSt **31** 173; OLG Köln JMBlNRW **1961** 220) oder bewirkt die Verbindung dadurch, daß sie, bevor in einer bereits anhängigen Sache das Hauptverfahren eröffnet ist, zu dieser nachträglich zusammenhängende Sachen anklagt (BGHSt **20** 221). Sie kann das auch **später** noch tun, solange noch kein Urteil ergangen ist. Im laufenden Hauptverfahren aber sollte Nachtragsanklage in der Regel nur erhoben werden, wenn alsbald weiter verhandelt werden kann.

13   Das **Gericht,** bei dem mehrere zusammenhängende Strafsachen verbunden anhängig gemacht worden sind, ist gesetzlicher Richter i. S. des Art. 101 Abs. 1 Satz 2 GG und des § 16 Satz 2 GVG. Daher darf es die Motive, die für die Wahl des Klägers maßgebend gewesen sind, nicht erforschen. Es ist nicht berechtigt, die Eröffnung des Hauptverfahrens wegen der Sache, die ohne den Zusammenhang vor ein anderes Gericht gehören würde, mit der Begründung abzulehnen, daß es zweckmäßiger oder im Interesse des Angeschuldigten dienlicher sei, sie dort anhängig zu machen.

14   Die Rechtslage ist anders als bei § 2, wo das Gericht die von der Staatsanwaltschaft verbunden anhängig gemachten Sachen wieder trennen kann; dort wird für die verbundene Sache eine höhere Zuständigkeit begründet, hier wird von mehreren gesetzlich begründeten Gerichtsständen einer **ausgewählt.** Ebenso darf im umgekehrten Fall, wenn die Staatsanwaltschaft zusammenhängende Strafsachen nicht verbindet, sondern getrennt bei den zuständigen Gerichten anklagt, keines der mehreren Gerichte die Eröffnung des Hauptverfahrens deshalb ablehnen, weil Gründe der **Zweckmäßigkeit** naheliegen, die Sachen zu **verbinden.**

15   **4. Rechtsmittel.** Weil jedes der angegebenen Gerichte gesetzlicher Richter ist, ist auch gegen die Anklage bei dem einem und nicht bei dem anderen Gericht kein Rechtsmittel gegeben.

16   *Strubel/Sprenger* (NJW **1972** 1738) wollen trotz der tatsächlichen Zuständigkeit den Antrag auf gerichtliche Entscheidung nach § 23 ff EGGVG dann zur Verfügung stellen, wenn die Staatsanwaltschaft den Gerichtsstand **willkürlich ausgewählt** hat, um den Angeschuldigten zu benachteiligen. Beispiel: ein Autofahrer fährt ohne Fahrerlaubnis vom Schwarzwald nach Hamburg, doch wird ein Strafbefehl im Schwarzwald beantragt, „um die Gefahr eines Einspruchs zu verringern". Das Beispiel ist ein Katheterbeispiel; zu dem böswilligen Verfahren müßten ja zwei Staatsanwaltschaften zusammenwirken, und die im Schwarzwald wird das Verfahren, wenn der Täter in Hamburg wohnt, nicht übernehmen. Wäre es aber gleichwohl so, könnten die §§ 23 ff EGGVG keine Anwendung finden, weil sie nur subsidiär gelten. Zu entscheiden wäre vielmehr nach § 16 StPO. Das angegangene Gericht müßte prüfen, ob eine angeblich willkürliche Auswahl ein an sich zuständiges Gericht unzuständig macht. Das wird man schon deshalb verneinen müssen, weil für Willkür, für die ohnehin kein Anhalt vorliegt, kein Beweis zu erwarten ist.

II. Verbindung (Absatz 2)

1. Voraussetzungen. Sind zusammenhängende Sachen nicht schon verbunden an- **17** hängig gemacht worden, können sie nachträglich von den Gerichten verbunden werden. Voraussetzung ist, daß mehrere zusammenhängende (Rdn. 4) Strafsachen bei mehreren verschiedenen Gerichten gleicher Ordnung (BGH NStZ **1982** 294) anhängig gemacht worden sind, sachgemäße Erwägungen für eine Verbindung sprechen (OLG Nürnberg MDR **1965** 678) und daß der **Sachzusammenhang** im Augenblick der Verbindung noch besteht. Daher ist die Verbindung nicht zulässig, wenn ein Sachzusammenhang zwar früher bestanden hat, inzwischen aber weggefallen ist (BGHSt **16** 393; OLG München NJW **1969** 149; OLG Zweibrücken NJW **1979** 827).

Unter **Anhängigmachen** sind zu verstehen, die Erhebung der öffentlichen Klage **18** durch Einreichung einer Anklageschrift (§ 170 Abs. 1, § 200), die Privatklage (§ 381), die mündliche Anklage im beschleunigten Verfahren (§ 212 a Abs. 2 Satz 2), die Nachtragsanklage (§ 266 Abs. 2), der Antrag, einen Strafbefehl (§ 408 Abs. 1) zu erlassen, der Antrag im Sicherungsverfahren (§ 414 Abs. 2), der Antrag im selbständigen Einziehungsverfahren (§ 440) und im selbständigen Verfahren bei Festsetzung von Geldbußen gegen juristische Personen und Personenvereinigungen (§ 444 Abs. 3).

Weitere Voraussetzung ist, daß sich die Verfahren in **gleicher Verfahrenslage** be- **19** finden, also etwa alle in der ersten Instanz — sei es auch, daß ein Teil von ihnen inzwischen in der Revisionsinstanz war, aber wieder zurückverwiesen worden ist (RGSt **14** 396; OLG Nürnberg MDR **1965** 678) — oder im Berufungsverfahren schweben.

Der Fall der Verbindung einer erstinstanzlichen Strafkammersache mit einer **20** zweitinstanzlichen Schöffengerichtssache führt stets zugleich zu einem **Eingriff in die sachliche Zuständigkeit** und ist daher nach § 4 zu behandeln (BGHSt **22** 234; vgl. RGSt **45** 167). Bei § 13 spielt das Problem der Verbindung bei ungleicher Instanz (§ 4, 5) keine Rolle (BGH NStZ **1982** 294; KMR-*Paulus* 2; 5).

2. Anträge der Staatsanwaltschaft. Bei der Verbindung nach Absatz 2 Satz 1 müs- **21** sen mehrere Staatsanwaltschaften und Gerichte zusammenwirken. Stimmen die Anträge der beteiligten Staatsanwaltschaften überein und wollen auch die Gerichte die Verbindung, dann vereinbaren sie Abgabe und Übernahme durch übereinstimmende Beschlüsse, nachdem sie sich vorher durch Schriftwechsel der Übereinstimmung versichert haben.

Kommt es **nicht** zu **übereinstimmenden Anträgen** der Staatsanwälte, können die **22** Gerichte, auch wenn sie die Verbindung für zweckmäßig halten, keine Verbindung vereinbaren, weil die dafür notwendige Voraussetzung, der übereinstimmende Antrag der Staatsanwaltschaften, fehlt (RG GA **62** 488; BGHSt **21** 247; KG GA **74** 211). Freilich steht es ihnen frei, den Staatsanwaltschaften ihre Ansicht darzulegen und diese — notfalls durch Einschaltung des gemeinschaftlichen vorgesetzten Generalstaatsanwalts — zu bitten, ihre Entschließungen zu überprüfen. Es ist schwer vorstellbar, daß, wenn alle Beteiligten das Für und Wider erörtern, eine wirklich gebotene Verbindung unterbleibt.

Günter Wendisch

23   Durch die Verbindung kommt die Sache an ein (auch) zuständiges Gericht, sie wird aber zugleich einem (ebenfalls) zuständigen Gericht entzogen. Während der Kläger seine Wahl, wo er die Sache anhängig machen will, frei treffen kann (Vor § 7, 20), sind die **Gerichte** bei der Verbindung, weil sie damit in die Anhängigkeit einer Sache eingreifen, in ihren Erwägungen enger gebunden: Die Verbindung muß einen **Zweck** haben, sie muß sachgemäß sein (OLG Nürnberg MDR **1965** 678). In erster Linie wird der Zweck verfolgt werden, die Sachen einheitlich zu verhandeln, dadurch die Täter und ihre Motive besser zu beurteilen, Zeugen nur einmal zu vernehmen und ähnliches.

24   Die Gerichte sind aber, weil durch die Verbindung kein neuer Gerichtsstand begründet, sondern ein gesetzlicher Gerichtsstand gegen einen anderen ebenfalls gesetzlichen Gerichtsstand ausgewechselt wird, in ihren Erwägungen **freier als im Fall des § 4.** Lehnt z. B. ein Angeklagter (zwar unzulässigerweise, aber subjektiv nicht völlig unbegründet) ein ganzes Gericht ab, kann seinen Gefühlen dadurch Rechnung getragen werden, daß die Sache mit einer verbunden wird, die gegen ihn bei einem anderen Gericht schwebt.

25   3. **Verfassungsmäßigkeit.** *Rosenmeier* (s. Schrifttum zu § 2) erblickt in § 13 Abs. 2 eine Verletzung des Art. 101 Abs. 1 Satz 2 GG, weil sich zufolge § 12 Abs. 1 bei Mehrfachzuständigkeit der gesetzliche Richter in dem Augenblick konkretisiere, in dem sich ein zuständiges Gericht mit der Sache befaßt habe, und die Sache nicht lediglich auf Grund einer Ermessensentscheidung an ein anderes Gericht gelangen dürfe (S. 140). Für eine solche Bedeutung des § 12 Abs. 1 und für ein solches Verhältnis zwischen § 13 Abs. 2 und § 12 Abs. 1 fehlt es indessen an jedem Anhalt sowohl in der Entstehungsgeschichte als auch im Wortlaut. Wegen der Unschädlichkeit des Ermessens s. Vor § 7, 43.

26   4. **Gemeinschaftliches oberes Gericht.** Sowohl bei den Staatsanwaltschaften als auch bei den Gerichten können sich Meinungsverschiedenheiten darüber ergeben, ob es geboten ist, zusammenhängende Sachen zu verbinden. Die Entschließung der Staatsanwälte kann durch die der ihnen vorgesetzten Beamten der Staatsanwaltschaft ersetzt werden. Der Generalbundesanwalt ist kein vorgesetzter Beamter der Landesstaatsanwälte und daher, da § 143 Abs. 3 GVG nicht einschlägt, nicht zur Entscheidung berufen (**a. A.** *Kern* JZ **1956** 725). Die Landesjustizverwaltungen dürfen nicht entscheiden, können aber im Weg der Dienstaufsicht auf die ersten Beamten der Staatsanwaltschaft einwirken.

27   Kommt trotz übereinstimmender Anträge der Staatsanwaltschaften keine Vereinbarung der Gerichte zustande, entscheidet auf **Antrag einer der Staatsanwaltschaften** (ebenso des Privat- und Nebenklägers) oder des Beschuldigten — nicht auf Antrag eines der beteiligten Gerichte oder von Amts wegen — das gemeinschaftliche obere Gericht. Dagegen ist dessen Entscheidung **unzulässig,** wenn die Staatsanwaltschaften nicht übereinstimmen; die Entscheidung des oberen Gerichts kann nur die mangelnde Einigung der Gerichte ersetzen, nicht aber das **Fehlen übereinstimmender Anträge** der Staatsanwaltschaften (BGHSt **21** 247)[3]. Das folgt aus dem Wortlaut des § 13 Abs. 2, dessen Satz 2 zufolge die Worte „eine solche Vereinbarung" auf Satz 1 aufbaut und daher zu lesen ist: „Kommt eine den Anträgen der Staatsanwaltschaft entsprechende Vereinba-

---

[3] Ebenso RG GA **62** 489; HRR **1925** 1474;   9; KMR-*Paulus* 10; *Kleinknecht/Meyer* 8; KG GA **74** 211; *Feisenberger* 7; *Eb. Schmidt*   *Kern* JZ **1956** 724; *Hanack* JZ **1971** 91.

rung nicht zustande". Die gegenteilige Auslegung[4] verstößt nicht nur gegen den Wortlaut des §13, sondern auch **gegen** das **System** der Strafprozeßordnung. Nach diesem wählt unter mehreren Gerichtsständen der Kläger. Daher ist sein Antrag Entscheidungsvoraussetzung, wenn der zunächst gewählte Gerichtsstand nach Anhängigkeit geändert werden soll.

Anders ist es bei der **sachlichen Zuständigkeit.** Über diese kann der Kläger — **28** von den engen Auslegungsmöglichkeiten des §24 Abs. 1 Nr. 3, §74 Abs. 1 Satz 2 GVG abgesehen — allein nicht verfügen. Daher kann das Gericht nach §2 Abs. 2 einen von der Staatsanwaltschaft herbeigeführten Zusammenhang lösen und nach §4 jederzeit von Amts wegen verbinden und trennen.

Wegen des Begriffs **gemeinschaftliches oberes Gericht** s. Vor §7, 34. **29**

III. Weiteres Verfahren und Rechtsmittel

1. Wegen **Begründung** und Bekanntmachung der Entscheidung s. §4, 20. **30**

2. Ablehnung der Verbindung. Lehnen die Gerichte ab, entgegen den Anträgen **31** der Staatsanwaltschaften die Sachen zu verbinden, entscheidet nach Absatz 2 Satz 2 auf Antrag der Staatsanwaltschaft oder des Angeschuldigten das gemeinschaftliche **obere Gericht.** Bei dem Antrag handelt es sich um einen besonderen vom Gesetzgeber für den konkreten Fall vorgesehenen Rechtsbehelf, der eine Beschwerde nach §304 Abs. 1 unnötig macht und ausschließt (*Giesler*, Der Ausschluß der Beschwerde (1981), 166). Die Entscheidungsbefugnis des gemeinschaftlichen oberen Gerichts ist ausschließlich; auch gegen seine Entscheidung ist **keine Beschwerde** statthaft (Vor §7, 36; ebenso *Bohnert* 21 und KMR-*Paulus* 21)[5].

3. Verbindung. Wird die Verbindung beschlossen, nachdem in der übernommenen Sache zwar die öffentliche Klage durch Einreichen einer Anklageschrift (§170 **32** Abs. 1, §200) erhoben, aber das Hauptverfahren noch nicht eröffnet (§§203, 207 Abs. 1) worden ist, dann ist, wenn die **Anklageschrift** dem Angeschuldigten **noch nicht mitgeteilt** war, nach §201 Abs. 1 zu verfahren.

Hatte das abgebende Gericht die **Anklage** schon **zugestellt,** konnte der Angeschul- **33** digte zwar Anträge stellen und Einwendungen gegen die Eröffnung des Hauptverfahrens vorbringen, doch fehlte ihm die Gelegenheit, die örtliche Unzuständigkeit des Gerichts zu rügen, das die Sache erst nach Zustellung der Anklage übernommen hat. Diese Gelegenheit muß er nach Art. 103 Abs. 1 GG erhalten. Dazu hat ihn der Vorsitzende des übernehmenden Gerichts aufzufordern, Einwendungen gegen die Eröffnung des Hauptverfahrens in bezug auf den Gerichtsstand für die übernommene Sache vorzubringen. Dann ist weiter nach §201 Abs. 2 Satz 1 zu verfahren.

Wird die Verbindung beschlossen, nachdem das **Hauptverfahren** eröffnet worden **34** ist, kann der Beschuldigte außerhalb der Hauptverhandlung und in dieser den Einwand der fehlenden örtlichen Zuständigkeit erheben, während der Hauptverhandlung jedoch

---

[4] BGHSt **9** 222; *Busch* LM §13, 1.
[5] *Giesler*, der eine Beschwerde ebenfalls für unstatthaft hält (167), stützt seine Ansicht darauf, daß durch den vom Gesetz eröffneten besonderen Rechtsbehelf des Absatzes 2 Satz 2 – insoweit anders als im Fall der gerichtsinternen Nachprüfung nach §12 Abs. 2 – eine vorher ergangene gerichtliche Entscheidung überprüft werde; habe aber eine Überprüfung stattgefunden, sei eine nochmalige Überprüfung im Rahmen einer Beschwerde ausgeschlossen, weil diese einer (grundsätzlich unzulässigen) weiteren Beschwerde vergleichbar wäre.

Günter Wendisch

nur bis zum Beginn der Vernehmung zur Sache (§ 6 a, 15) in dem übernommenen Verfahren (§ 16). Gegen eine Entscheidung, die den Einwand verwirft, ist ihm die Beschwerde versagt (§ 305), doch kann er mit der Revision rügen, daß bei dem Gericht, das entschieden hat, kein Gerichtsstand gegeben war (§ 338 Nr. 4).

35   **4. Beschwerde.** Auf den angegebenen Wegen kann der Angeschuldigte nur rügen, daß der **Begriff des Zusammenhangs (§ 3) verkannt** und deshalb bei dem Gericht, das das Verfahren übernommen hat, kein Gerichtsstand begründet sei (§ 16). Dagegen ist dem nach diesen Vorschriften (allein) über den Gerichtsstand entscheidenden Gericht zu prüfen versagt, ob die Verbindung zweckmäßig ist.

36   Daher ist es nicht recht sinnvoll, daß das Gesetz dem Angeschuldigten die (einfache) **Beschwerde** gegen die Beschlüsse des abgebenden und des übernehmenden Gerichts zusteht[6]. Die damit dem Beschwerdegericht zugesprochene Befugnis, die **Zweckmäßigkeit der Verbindung** zu prüfen, wird der Absicht des Gesetzgebers kaum gerecht: Daß der Angeklagte dort angeklagt wird, wo einer von mehreren Gerichtsständen begründet ist, bleibt überall seinem Widerspruch entzogen. Absatz 2 Satz 2 räumt ihm ausnahmsweise das Recht ein, die Verbindung durch einen Antrag ans obere Gericht anzustreben.

37   Gleichwohl muß an der Ansicht, daß die Beschwerde statthaft ist, festgehalten werden. Denn sie entspricht dem **Wortlaut** des § 304 Abs. 1. Nach dem letzten Halbsatz dieser Bestimmung ist die Beschwerde nur dann unstatthaft, wenn das Gesetz (an sich beschwerdefähige) Entscheidungen einer Anfechtung entzieht. Da es an einem solchen ausdrücklichen Ausspruch des Gesetzgebers fehlt, können systematische Erwägungen nicht dazu führen, dem Angeschuldigten die Beschwerde zu versagen, es sei denn, daß das entscheidende Gericht ein erkennendes Gericht war (§ 305).

38   **5. Wirkung und Dauer.** Mit der Verbindung **endet die Rechtshängigkeit** bei dem abgebenden Gericht. Hat eines der zuständigen Gerichte in zusammenhängenden Sachen das Hauptverfahren eröffnet, nachdem die Sachen bei ihm verbunden anhängig gemacht oder durch Vereinbarung bei ihm verbunden worden sind, so erlangt es hiermit nach § 12 einen Vorzug auch hinsichtlich der nicht zu seiner ursprünglichen Zuständigkeit gehörigen Sache.

39   Sind zusammenhängende Strafsachen nach § 13 durch Klage oder gerichtlichen Beschluß — nicht aber allein durch staatsanwaltschaftliche Ermittlungen — verbunden worden, hört der durch die Verbindung geschaffene Gerichtsstand nicht von selbst auf, wenn der **Grund** der Verbindung wieder **wegfällt** (RGSt 49 10; BGHSt 16 393). Können die verbundenen Sachen wegen unerwarteter Hindernisse nicht gleichzeitig verhandelt und entschieden werden oder wird die Strafsache, die den Zusammenhang bewirkt hat, vorläufig oder endgültig erledigt, bleibt gleichwohl für die andere Sache der einmal begründete Gerichtsstand bestehen.

40   Dieser Gerichtsstand **endet** erst, wenn die Sachen nach § 13 Abs. 3 getrennt oder die Untersuchung und Entscheidung nach § 12 Abs. 2, §§ 14, 15, 354 Abs. 2 einem anderen Gericht übertragen werden (BGHSt 16 393)[7].

---

[6] Herrschende Ansicht. *Eb. Schmidt* 10; KMR-*Paulus* 21; *Kleinknecht/Meyer* 10; OLG Nürnberg MDR **1965** 678.

[7] Ebenso RGSt **25** 406; **49** 10; BGH bei *Dallinger* MDR **1957** 653; OLG Schleswig SchlHA **1958** 115; OLG München NJW **1969** 148; BGHSt **16** 391.

IV. Aufhebung der Verbindung (Absatz 3)

Absatz 3 bezieht sich nicht nur auf Absatz 2, sondern auch auf Absatz 1, gilt also **41** nicht nur, wenn zusammenhängende Strafsachen ursprünglich bei verschiedenen Gerichten anhängig gemacht waren, dann aber durch Gerichtsbeschluß verbunden worden sind, sondern auch, wenn Sachen getrennt werden sollen, die durch Klage verbunden anhängig gemacht worden sind (RGSt 31 174; OLG Schleswig SchlHA 1958 115).

Wegen der **Gründe** für die Trennung s. § 2, 57. **42**

Für die **Form** der Trennung gilt entsprechend, was für die Verbindung ausge- **43** führt ist (RGSt 49 9). Danach können verbundene Sachen dadurch getrennt werden, daß das Gericht, das trennen will, die Trennung mit dem Gericht vereinbart, dem es die abzutrennende Sache übergeben will. Bei diesem Gericht muß nach den §§ 7 bis 11, 13 a ein Gerichtsstand begründet sein oder ein weiterer Gerichtsstand nach § 13 bestehen (so auch KK-*Pfeiffer* 5). Die Vereinbarung kann nur zufolge eines übereinstimmenden **Antrags der** beiden beteiligten **Staatsanwaltschaften** getroffen werden.

Kommt trotz der übereinstimmenden Anträge keine Vereinbarung zustande, ent- **44** scheidet auf Antrag eines der Staatsanwälte oder des Angeklagten — nicht eines der Gerichte oder von Amts wegen — das **gemeinschaftliche obere Gericht.** In beiden Fällen ist es gleichgültig, wie die Verbindung zustandegekommen war. Auch wenn das obere Gericht die Sachen verbunden hatte, können sie durch Vereinbarung der unteren Gerichte wieder getrennt werden, falls der Trennung veränderte Umstände zugrundeliegen. Den Trennungsantrag braucht nicht derselbe **Prozeßbeteiligte** zu stellen, der die Verbindung beantragt hatte (*Hahn* Mat. 2 1197).

Mit der Trennung geht die abgetrennte Sache in der Lage, in der sie sich zur **45** Zeit der Trennung befindet, **auf das Gericht über,** das mit dem Gericht, bei dem die Sache verbunden anhängig war, die Trennung vereinbart hatte.

Wegen der **Rechtsmittel** gilt das zu Rdn. 32 ff Gesagte. **46**

§13a

Fehlt es im Geltungsbereich dieses Bundesgesetzes an einem zuständigen Gericht oder ist dieses nicht ermittelt, so bestimmt der Bundesgerichtshof das zuständige Gericht.

Entstehungsgeschichte. Eingefügt durch Art. 4 Nr. 4 des 3. StRÄndG. In § 9 a. F. war die Gerichtsstandsbestimmung vorgesehen bei Auslandstaten, wenn keine Ergreifung stattgefunden hatte und bei Inlandstaten, wenn ein Gerichtsstand des Tat- oder Wohnortes nicht ermittelt werden konnte.

1. Voraussetzungen der Gerichtsstandsbestimmung

a) **Fehlen eines Gerichtsstands.** An einem Gerichtsstand fehlt es, wenn die Tat **1** außerhalb des Geltungsbereichs der Strafprozeßordnung und nicht auf einem Schiff oder Luftfahrzeug i. S. des § 10 von einem nicht unter § 11 fallenden Beschuldigten begangen worden ist, der im Geltungsbereich der Strafprozeßordnung keinen Wohnsitz oder gewöhnlichen Aufenthalt hat, dort auch nicht ergriffen worden ist, dessen Tat auch nicht mit einer zusammenhängt (§ 13 Abs. 1), für die ein Gerichtsstand nach den §§ 7 bis 11 begründet ist, und wenn zudem ein Gerichtsstand nicht — wie im Fall des § 84 Abs. 2 JGG — aus Sinn und Zweck des Gesetzes abgeleitet werden kann (BGHSt 20 158).

2   **b) Nicht ermittelter Gerichtsstand.** Die zweite Möglichkeit ist nicht schon gegeben, wenn über die den Gerichtsstand begründenden Orte Ungewißheit besteht, sondern erst dann, wenn ein solcher Gerichtsstand nicht ermittelt ist. Ebenso wie für die Eröffnung des Verfahrens der Verdacht ausreicht, daß eine Straftat begangen sei, so genügt zur Begründung des Gerichtsstands die aus den Tatumständen hergeleitete Annahme, daß die Tat an dem fraglichen Ort begangen sei usw. Daher ist der Ort, wo die Leiche eines Getöteten gefunden wird, als Tatort zu behandeln, solange kein anderer ermittelt oder festgestellt worden ist, daß der Fundort nicht der Tatort ist. Ist das der Fall (z. B. bei einer vom fließenden Strom angeschwemmten Leiche, die schon längere Zeit im Wasser gelegen hat), ist die Zuässigkeit der Gerichtsstandsbestimmung nicht davon abhängig, ob vielleicht im weiteren Verlauf der Ermittlungen ein in den §§ 7 bis 11 vorgesehener Gerichtsstand ermittelt werden könnte. Maßgebend ist allein, daß keiner ermittelt worden ist (BGHSt 10 257).

3   **2. Bestimmung des Gerichtsstands.** Die Behörden (Polizei, Staatsanwaltschaft), in deren Bezirk sich Spuren einer Straftat befinden, sind in erster Linie verpflichtet, einzuschreiten. Ergibt sich dabei, daß der Gerichtsstand unbekannt ist, oder erfährt die Staatsanwaltschaft sonst von einer Straftat, für die kein Gerichtsstand bekannt ist, regt sie beim Generalbundesanwalt an, daß er vom Bundesgerichtshof einen Gerichtsstand bestimmen lasse.

4   Der Bundesgerichtshof kann auch, ebenso wie der Generalbundesanwalt, **von Amts wegen** tätig werden, der letztere etwa aufgrund von Anregungen Privater (z. B. eines zur Privatklage Berechtigten) oder der Zentralen Stelle der Landjustizverwaltungen in Ludwigsburg.

5   Die Bestimmung findet regelmäßig zu **Beginn des Ermittlungsverfahrens** statt, damit eine Staatsanwaltschaft (§ 143 Abs. 1 GVG) verpflichtet wird, sich der Ermittlungen anzunehmen (BGHSt 10 257; 18 20 = JZ **1963** 564 mit Anm. *Jescheck*). Sie kann später vorgenommen werden, wenn zunächst eine unzuständige Staatsanwaltschaft (§ 143 Abs. 2 GVG) die Ermittlungen aufgenommen hatte. Ist ein Landgericht als zuständiges Gericht bestimmt worden, so umfaßt die Gerichtsstandsbestimmung nicht auch die zu seinem Bezirk gehörenden Amtsgerichte. Werden in dem Verfahren Entscheidungen erforderlich, die von einem Amtsgericht zu treffen sind, so muß der Bundesgerichtshof auch das zuständige Amtsgericht bestimmen (BGHSt **32** 159).

6   Nach **Anhängigkeit** kann der Fall des § 13 a nur eintreten, wenn ein unzuständiges Gericht versehentlich mit der Sache befaßt worden ist, und sich herausstellt, daß ein zuständiges nicht ermittelt ist. Das ist ein höchst seltener Fall, doch sind im **Vollstreckungsverfahren** Entscheidungen ausnahmsweise vorgekommen (BGHSt 20 157).

7   Im **Wiederaufnahmeverfahren** (§§ 359 ff) hat die Vorschrift keine Bedeutung (a. A. KMR-*Paulus* 5). Denkbar wäre das nur bei einer Änderung der Gerichtseinteilung, doch sind die dabei entstehenden Zuständigkeiten durch das ZustG bestimmt. Entscheidungen, die sich auf Zuständigkeitsbestimmungen im Wiederaufnahmeverfahren beziehen, sind durch das ZustErgG und die neuere Rechtsprechung dazu (Rdn. 19) überholt.

8   Die Gerichtsstandsbestimmung verstößt nicht **gegen Art. 101 Satz 2 GG** (BVerfGE 20 343 = NJW **1967** 100).

9   **3. Inhalt der Zuständigkeitsbestimmung.** Die Aufgabe des Bundesgerichtshofs ist darauf beschränkt, einen Gerichtsstand zu bestimmen, damit die Staatsanwaltschaft und das Gericht tätig werden können. Daher prüft es lediglich, ob ein Gericht, das zur Gerichtsorganisation der Bundesrepublik gehört, überhaupt allgemein für Sachen der in

Betracht kommenden Art sachlich zuständig sein kann (vgl. BGHSt **11** 380; **12** 326), nicht aber, ob der Einleitung und Durchführung des Verfahrens ein Verfahrenshindernis entgegensteht; ob der hinreichende Verdacht einer Straftat vorliegt (§ 203); oder, ob bei einem Schuldunfähigen (§ 20 StGB) die Unterbringung in einem psychiatrischen Krankenhaus (§ 63 StGB) oder in einer sozialtherapeutischen Anstalt in Betracht kommt (§ 65 Abs. 3 StGB); ob die Anordnung einer Maßregel der Besserung und Sicherung zu erwarten ist (§ 413; BGHSt **18** 20; zust. *Jescheck* JZ **1963** 565). Dem Verfahren der für zuständig erklärten Staatsanwaltschaften und Gerichte kann nicht vorgegriffen werden.

Beschwerde ist nicht gegeben (§ 304 Abs. 4 Satz 1). **10**

4. Zuständiges Gericht. Die Vorschrift bezieht sich auf den **Gerichtsstand,** auf die **11** örtliche Zuständigkeit, nicht auf die sachliche.

Eine **Ausnahme** enthält § 17 Abs. 1 ZustErgG; dort wird neben der örtlichen zu- **12** gleich die **sachliche Zuständigkeit** in der Weise geregelt, daß die Strafkammer für zuständig erklärt wird. Die Rechtsprechung darf diese gesetzliche Ausnahme, die für eine ganz bestimmte Situation geschaffen worden ist, nicht im Weg der entsprechenden Anwendung ausdehnen.

Aus diesem Grund muß im vorbereitenden Verfahren die Gerichtsstandsbestim- **13** mung der **Auslegungskompetenz des Staatsanwalts** (§ 24 Abs. 1 Nr. 2 GVG) und der **Eröffnungskompetenz des Gerichts** (209) dadurch Rechnung tragen, daß, wenn nicht das Oberlandesgericht oder das Landgericht zweifelsfrei zuständig ist, die Zuständigkeit „für den Ort X" bestimmt wird.

5. Dauer der Bestimmung. Mit der Bestimmung durch den Bundesgerichtshof **14** tritt der von diesem bestimmte Gerichtsstand selbständig neben die sonstigen Gerichtsstände. Er entfällt nicht dadurch, daß später ein auf den §§ 7 bis 11 beruhender Gerichtsstand ermittelt wird (BGHSt **10** 257; **32** 159).

Wohl aber kann das nunmehr gemeinschaftliche **obere Gericht** die Untersuchung **15** und Entscheidung der Sache dem Gericht des ermittelten Gerichtsstandes **übertragen.** Daß § 13 a nicht in § 12 Abs. 1 aufgenommen worden ist, sagt nichts dagegen (BGHSt **10** 259; § 12, 5).

Der Gerichtsstand des § 13 a hat **nicht** etwa deshalb gegenüber den anderen Ge- **16** richtsständen einen **Vorrang,** weil er durch einen Beschluß des Bundesgerichtshofs begründet worden ist (*Schermer* MDR **1964** 896). Daher bedarf es in dem Verfahren nach § 13 Abs. 2 Satz 1 keiner Zustimmung des Bundesgerichtshofs.

6. Wegfall eines bundesdeutschen Gerichtsstandes. Die Vorschrift verleiht dem **17** Bundesgerichtshof nicht die Aufgabe, auf dem Weg der Zuständigkeitsbestimmung eine fehlende Gerichtsbarkeit der Bundesrepublik zu begründen (BGHSt **11** 381).

Für Gerichte, an deren Sitz **keine deutsche Gerichtsbarkeit** mehr ausgeübt wird **18** (§ 1 ZustErgG), und für Wehrmachtsgerichte (§ 18 Abs. 1 ZustErgG) ist die Materie abschließend in §§ 17 bis 19 ZustErgG geregelt.

Soweit in Vorschriften zur **Wiedergutmachung nationalsozialistischen Unrechts,** **19** die nach § 18 Abs. 2 Satz 2 ZustErgG von diesem Gesetz unberührt bleiben, kein Gericht im Geltungsbereich der Strafprozeßordnung ermächtigt ist, Strafurteile zu ändern oder zu beseitigen, trifft Art. IX BEG-SchlußG Vorsorge (BGHSt **22** 364); eine Zuständigkeitsbestimmung nach § 13 a ist unzulässig (BGHSt **11** 382).

Günter Wendisch

20　Ebenso bietet die Vorschrift, was selbstverständlich ist, keine Handhabe, in die Gerichtsbarkeit der **Deutschen Demokratischen Republik** (BGHSt 15 72) oder der früheren Besatzungsmächte (BGHSt 12 326) einzugreifen.

§ 13 b

behandelte Zuständigkeitsfragen für Strafkammern, die im Hinblick auf eine nach § 74 c Abs. 1 GVG a. F. ergangene Regelung entstehen konnten. Die Vorschrift ist wegen der Neufassung des § 74 c Abs. 1 GVG n. F. überholt; die Zuständigkeitsregelung ist jetzt in § 6 a enthalten. Demzufolge ist die Vorschrift durch Art. 1 Nr. 4 StVÄG 1979 **aufgehoben** worden.

§ 14

Besteht zwischen mehreren Gerichten Streit über die Zuständigkeit, so bestimmt das gemeinschaftliche obere Gericht das Gericht, das sich der Untersuchung und Entscheidung zu unterziehen hat.

1　**1. Voraussetzungen.** Durch die Vorschrift wird das gemeinschaftliche obere Gericht damit betraut, einen Streit über die gesetzlich bestimmte (OLG Frankfurt MDR **1982** 599) örtliche Zuständigkeit (OLG Düsseldorf DRiZ **1981** 192) zwischen mehreren Gerichten zu entscheiden. Bei dem Streit kann es sich, wie ein Vergleich der §§ 14 und 19 ergibt, sowohl um den positiven als auch um den negativen Zuständigkeitsstreit handeln, um den letzten allerdings nur, solange die angefochtenen Entscheidungen noch nicht rechtskräftig sind. Einen Streit, der nicht zwischen Gerichten, sondern innerhalb eines und desselben Gerichts zwischen verschiedenen Abteilungen entstanden ist, entscheidet regelmäßig das Präsidium (BGHSt **26** 199; OLG Schleswig OLGSt § 14 StPO, 3; vgl. auch OLG Schleswig bei *Ernesti/Lorenzen* SchlHA **1982** 114; OLG Düsseldorf MDR **1982** 689).

2　Ein **positiver Zuständigkeitsstreit** besteht, wenn mehrere Gerichte mit derselben Sache befaßt worden sind und keines — weil sich alle für zuständig halten, und keines den Vorzug des anderen anerkennt — sein Verfahren einstellen will, ein **negativer,** wenn sämtliche mit derselben Sache befaßten Gerichte sich für unzuständig erklärt haben. Wann der Zuständigkeitsstreit entsteht, ist gleichgültig. Zwar ist Voraussetzung, daß im Verfahren noch eine Entscheidung zu treffen ist, und ist danach das Verfahren grundsätzlich (s. aber Rdn. 4) bis zur Rechtskraft der Entscheidung zulässig. Doch wird der Streit in der Regel im **erstinstanzlichen Verfahren** zum Austrag kommen, weil für die Rechtsmittelinstanzen eindeutige, ausschließliche Zuständigkeiten gegeben sind. Allerdings findet § 14 auch Anwendung, wenn der Streit erst in einer höheren Instanz aufkommt, doch ist das wohl nur bei einer Änderung der Gerichtsbezirke denkbar.

3　Beim **negativen Zuständigkeitsstreit** ist nur dann nach § 14 zu verfahren, wenn zwischen Gerichten noch Streit besteht, d. h. wenn wenigstens zwei Entscheidungen noch anfechtbar sind (OLG Hamm VRS **58** 364); sonst gilt § 19.

4　Die Notwendigkeit, einen jeden Zuständigkeitsstreit jederzeit durch bindende Anordnung des gemeinschaftlichen oberen Gerichts zu beseitigen, erfordert es, § 14 auf Zuständigkeitsstreitigkeiten nach Rechtskraft, namentlich im **Vollstreckungsverfahren** (§ 462 a; BayObLG NJW **1955** 601; OLG Braunschweig NdsRpfl. **1975** 176), **entsprechend** anzuwenden.

5　**2. Beschwerde.** Die Vorschrift schließt nicht aus, daß die Erledigung des Zuständigkeitsstreits im Weg der Beschwerde gegen die Entscheidungen der streitenden Gerichte versucht wird, hat diesen Versuch aber — weil die Beschwerde in der Hand der Prozeßbeteiligten liegt — nicht zur Voraussetzung. Bei positivem Streit wird die Beschwerde in der Regel nicht gegeben sein: Den eröffnenden Beschluß kann der Angeklagte nicht anfechten und die Staatsanwaltschaft nicht deshalb, weil ihr nachträglich das Verfahrenshindernis der anderweiten Rechtshängigkeit bekannt geworden sei (§ 210 Abs. 1 und 2). Wird nach Eröffnung des Hauptverfahrens beantragt, das Verfahren nach § 206 a StPO einzustellen, so ist der Beschluß, mit dem dieser Antrag abgelehnt wird, nach § 305 Satz 1 unanfechtbar.

Dagegen ist beim **negativen Streit** gegen den Einstellungsbeschluß (§ 206 a Abs. 1) **6** die sofortige Beschwerde statthaft (§ 206 a Abs. 2), doch wird sie sich nur empfehlen, wenn mit einiger Sicherheit erwartet werden kann, daß durch die Beschwerdeentscheidung der Streit erledigt wird. Auch hat die Frage nur dann Bedeutung, wenn das gemeinschaftliche obere Gericht nicht zugleich das für die streitenden Gerichte gemeinschaftliche Beschwerdegericht ist.

3. Entscheidung. Führt die Beschwerde nicht zum Ziel oder wird sie nicht versucht, so entscheidet das gemeinschaftliche obere Gericht (zu diesem Begriff s. Vor § 7, 34) auf Antrag der Staatsanwaltschaft oder eines anderen Prozeßbeteiligten, auf Vorlage eines der beteiligten Gerichte oder von Amts wegen. Die Gerichtsvorlage ist in der Form einer Entscheidung zu fassen. In dieser hat das Gericht seine Unzuständigkeit auszusprechen und dabei den Angeklagten und die Tat nach § 200 Abs. 1 Satz 1 zu bezeichnen. **7**

Ein **Formmangel** steht der Entscheidung des oberen Gerichts jedoch nicht entgegen (BGHSt 11 58, 117). **8**

Das gemeinschaftliche obere Gericht kann nur **eines der streitenden Gerichte,** **9** nicht jedoch ein am Streit unbeteiligtes, bestimmen (BGHSt 26 164; 27 333; 31 244). Hält es alle beteiligten Gerichte für unzuständig, weil in Wirklichkeit das zuständige nicht ermittelt ist, so entscheidet es von Amts wegen nach § 13 a. Hält es alle beteiligten Gerichte für unzuständig, aber ein anderes für zuständig, lehnt es die Gerichtsstandsbestimmung ab (BGHSt 27 333). Allerdings kann es ein seiner Ansicht nach zuständiges Gericht in den Beschlußgründen nennen und der Staatsanwaltschaft so Gelegenheit geben, die Sache vor dieses Gericht zu bringen (BGHSt 26 162; 28 351; *Kleinknecht/Meyer* 2). Erst wenn die mehreren Gerichte unanfechtbare Unzuständigkeitserklärungen abgegeben haben, greift § 19 ein (§ 19, 1).

Bleibt auf diese Weise oder weil etwa das obere Gericht nicht angerufen wird, **10** der **Streit unentschieden,** so endet er mit dem zuerst rechtskräftig werdenden Urteil.

Der Beschluß des oberen Gerichts ist **unanfechtbar** (Vor § 7, 36). **11**

§ 15

Ist das an sich zuständige Gericht in einem einzelnen Falle an der Ausübung des Richteramtes rechtlich oder tatsächlich verhindert oder ist von der Verhandlung vor diesem Gericht eine Gefährdung der öffentlichen Sicherheit zu besorgen, so hat das zunächst obere Gericht die Untersuchung und Entscheidung dem gleichstehenden Gericht eines anderen Bezirks zu übertragen.

1. Gerichtsstand des Auftrags. Die Vorschrift — sie ist mit Art. 101 Abs. 1 Satz 2 **1** GG vereinbar (BVerfGE 20 343 = NJW 1967 99) — behandelt den durch Auftrag (Übertragung) des oberen Gerichts begründeten Gerichtsstand. Sie will verhindern, daß der schuldige Täter nicht bestraft oder der unschuldige Angeklagte nicht freigesprochen wird (BGHSt 22 252). Durch den Auftrag wird jedes Gericht, auch ein an sich unzuständiges, zur Untersuchung und Entscheidung in der ihm übertragenen Sache zuständig. Ist der Auftrag erteilt, dann steht der Gerichtsstand des § 15 selbständig neben den anderen Gerichtsständen, doch begründet die Übertragung, wenn sie nach Rechtshängigkeit ausgesprochen wird, zugleich den Vorzug vor anderen an sich auch zuständigen Gerichten, es sei denn, daß eines von ihnen, was dem oberen Gericht unbekannt geblieben ist, schon das Verfahren eröffnet hat. In diesem Fall regelt sich der Vorzug nach § 12.

2   **Voraussetzung** des Auftrags ist, daß ein an sich zuständiges Gericht die Gerichtsbarkeit nicht ausüben kann. An sich zuständig ist das Gericht, wenn es nach einem der in den §§ 7 bis 11, 13 bezeichneten Gerichtsstände oder zufolge Übertragung nach § 12 Abs. 2 zur Untersuchung und Entscheidung berufen ist. Der Auftrag kann also nur erteilt werden, wenn zur Zeit der Verhinderung im Geltungsbereich der Strafprozeßordnung ein Gerichtsstand besteht. Fehlt es in diesem Bereich an einem zuständigen Gericht, dann ist nicht § 15, sondern § 13a anzuwenden, doch gilt § 15 auch dann, wenn ein Gericht nach § 13a als zuständiges Gericht bestimmt worden war, danach aber ein Verhinderungsgrund eingetreten ist.

3   Die Vorschrift **unterscheidet sich** grundlegend **von § 12 Abs. 2 und von § 14:** In diesen beiden Fällen kann das obere Gericht nur ein zuständiges Gericht bezeichnen; im ersten Fall wählt es unter Beseitigung des Vorzugs aus mehreren an sich zuständigen Gerichten eines nach Gesichtspunkten der Zweckmäßigkeit aus, im zweiten Fall bezeichnet es das (richtigerweise allein oder ausschließlich) zuständige Gericht.

4   § 15 hat **Ähnlichkeit mit § 13 a:** in beiden Fällen muß einem Notstand abgeholfen werden, im letzten Fall, weil kein Gerichtsstand vorhanden oder festzustellen ist, im Fall des § 15, weil das Gericht des bekannten Gerichtsstands nicht tätig werden kann.

5   **2. Verhinderung.** Das Gericht kann aus rechtlichen oder aus tatsächlichen Gründen verhindert sein. **Rechtliche Verhinderung** liegt vor, wenn so viele Richter — einschließlich ihrer Vertreter (RGSt 40 436; 57 269) — ausgeschlossen (§ 22) oder abgelehnt (§ 24) und die Ablehnungen für begründet erklärt worden sind (§ 28 Abs. 1), daß das Gericht nicht mehr ordnungsgemäß besetzt (§ 27 Abs. 4) werden kann (RGSt 10 381). Die Gefahr allein, daß das gesamte Gericht voreingenommen sei[1], genügt nicht.

6   **Tatsächliche Verhinderung** ist gegeben, wenn durch Erkrankung von Richtern usw. das Gericht beschlußunfähig (§ 27 Abs. 4) geworden oder wenn Stillstand der Rechtspflege (BGHSt 1 214) durch Aufruhr, Besatzung, kriegerische oder kriegsähnliche Ereignisse u. ä. eingetreten ist[2]. Tatsächliche (nicht rechtliche) Verhinderung des Gerichts kann auch dadurch gegeben sein, daß der Angeklagte **nicht vor das** an sich **zuständige Gericht gestellt** werden kann (KK-*Pfeiffer* 3). Zwar kann das Gericht die Hauptverhandlung außerhalb seines Bezirks durchführen (BGHSt 22 250). Deshalb wird es nicht verhindert sein, wenn der Angeklagte sich verhandlungsfähig aber transportunfähig an einem nicht allzuweit entfernten Ort der Bundesrepublik aufhält. Eine Verpflichtung des Gerichts in jedem Fall, in dem der Angeklagte nicht vor das zustän-

---

[1] Vgl. fürs alte preußische Recht GA **11** (1863) 862. – Allerdings sollte de lege ferenda eine Übertragung auch für den Fall erwogen werden, daß das Gericht nicht unbefangen erscheinen könnte.

[2] *Oetker* GA **49** (1903) 114; *Ermel* DJZ **1914** 1380; *Beling* ZStW **36** (1915) 649.

dige Gericht kommen kann, außerhalb seines Bezirks zu verhandeln, besteht aber nicht[3].

Die Worte **in einem einzelnen Falle** (verhindert) sind unglücklich gewählt. Die **7** Entwürfe wollten sie streichen[4]; die Motive zur Zivilprozeßordnung erwähnen den Fall des Stillstands der Rechtspflege (*Hahn* ZPO 1 159). Daraus kann gefolgert werden, daß auch **allgemeine Verhinderung** als Verhinderung „in einem einzelnen Fall" anzusehen ist. Die Fassung schließt nur aus, daß das obere Gericht durch allgemeine Bekanntmachung die gesamte Gerichtsbarkeit oder Gruppen von ihr auf ein anderes Gericht überträgt. Es muß immer ein Beschluß in jedem Einzelfall ergehen.

3. Gefährdung der öffentlichen Sicherheit. Nicht nur wenn das zuständige Ge- **8** richt verhindert ist, hat das obere Gericht ein anderes zu beauftragen, sondern auch dann, wenn von der Verhandlung vor dem zuständigen Gericht eine Gefährdung der öffentlichen Sicherheit zu besorgen ist. Die Entwürfe enthielten den Begriff der „Störung der öffentlichen Ordnung". Die Abweichung von diesem Vorschlag präzisiert den jetzt verwendeten Begriff der Gefährdung der öffentlichen Sicherheit: die Übertragung ist dadurch von einer engeren Voraussetzung abhängig gemacht, daß anstelle von „Ordnung" von „Sicherheit" gesprochen wird, sie ist auf der anderen Seite dadurch erleichtert, daß das Wort „Störung" durch „Gefährdung" ersetzt worden ist.

Daraus folgt: es muß ein **erheblicher Angriff** zu erwarten sein, aber keine kon- **9** krete Störung; es genügt die naheliegende Wahrscheinlichkeit, daß es zu einer solchen kommen könne. Dabei ist namentlich an Protestdemonstrationen einer aufgebrachten Bevölkerung zu denken, die wegen ihres Umfangs der Kontrolle der Polizei zu entgleiten drohen und damit die öffentliche Sicherheit zu gefährden geeignet sind. Die öffentliche Sicherheit kann aber auch durch eine Bedrohung der Gerichtspersonen, des Angeklagten oder des Verteidigers gefährdet sein, nämlich dann, wenn sie so erheblich sind, daß der Ablauf der Verhandlung ernstlich in Frage gestellt und dadurch die Funktion der Rechtspflege in einer bedeutsamen Sache oder aber auch in einer Mehrzahl minder bedeutsamer Verfahren außer Wirkung gesetzt zu werden droht.

4. Das zunächst obere Gericht, das den Auftrag erteilt, ist gegenüber dem Straf- **10** richter und dem Schöffengericht das Landgericht, für dieses das Oberlandesgericht und für dieses der Bundesgerichtshof[5]. Steht unter einem oberen Gericht nur ein einziges unteres — wenn etwa für einen Landgerichtsbezirk nur ein gemeinsames Amtsgericht (§ 58 GVG) errichtet worden ist —, tritt das **nächste obere Gericht** ein, doch ist zu beachten, daß die bei einem Amtsgericht gebildete Strafkammer (§ 78 GVG) eine eigene

---

[3] Daher ist die Übertragung auf Berliner Gerichte ausgesprochen worden, wenn der Angeklagte sich in Berlin (West) aufhielt und nicht vor das zuständige Gericht transportiert werden konnte (BGHSt **16** 87; **22** 255). Doch liegt keine Verhinderung vor, wenn der Angeklagte sich weigert, nach Berlin (West) zu kommen, die Hauptverhandlung dort aber ohne seine Anwesenheit durchgeführt werden kann (BGH NJW **1967** 1046 = BGHSt **21** 215, wo der letzte Absatz fehlt).

[4] Begr. zum E 1908, Mat. zur StRRef. **11** 195; zum E 1909, Mat. zur StRRef. **12** 63; zum E 1909, Mat. zur StRRef. **14** 34.
[5] Das Bayerische Oberste Landesgericht ist in Strafsachen den Oberlandesgerichten nicht übergeordnet (BayObLGSt **1957** 167) und daher kein zunächst oberes Gericht, wenn die streitenden Gerichte mehreren bayerischen Oberlandesgerichtsbezirken zugehören.

Günter Wendisch

örtliche Zuständigkeit besitzt (RGSt 17 230; **50** 160; BGH bei *Dallinger* MDR **1958** 566).

11　　**Untersteht** das Gericht, dem die Sache übertragen werden soll, **nicht** dem Gericht, das für das verhinderte das zunächst obere ist, so muß dasjenige obere Gericht entscheiden, das sowohl dem verhinderten als auch dem zu beauftragenden Gericht übergeordnet ist, das gemeinschaftliche obere Gericht (BGHSt 16 84), u. U. der Bundesgerichtshof (BGHSt **12** 212; **22** 251).

12　　Hat das zunächst obere Gericht sich **zu Unrecht** zu einer Übertragung für **unzuständig** erklärt, kann das ihm übergeordnete Gericht die Übertragung vornehmen (RGSt **45** 70).

13　　**5. Übertragung.** Liegen die Voraussetzungen des § 15 vor, muß das obere Gericht die Übertragung vornehmen (RGSt **45** 69; KK-*Pfeiffer* 2). Die Übertragung ist in jeder Lage des Verfahrens und in allen Instanzen zulässig (BGHSt **22** 250). Dabei spielt es keine Rolle, wenn zufolge der Übertragung ein anderes Rechtsmittelgericht als das an sich allein zuständige zur Entscheidung über ein Rechtsmittel berufen wird. Die Notwendigkeit, daß eine Entscheidung auf jeden Fall möglich gemacht werden muß, zwingt dazu, den auch sonst mehrfach durchbrochenen (Vor § 7, 24 ff) Grundsatz aufzugeben, daß nur *ein* Rechtsmittelgericht ausschließlich zuständig ist.

14　　Die Übertragung kann sich auf die ganze Sache erstrecken, aber auch auf **einzelne Prozeßhandlungen**, etwa auf die Entscheidung über ein Ablehnungsgesuch. Sie kann auch schon während des Ermittlungsverfahrens angeordnet werden, doch darf dabei nur auf die Verhinderung des Gerichts abgestellt werden, nicht auf die der Staatsanwaltschaft. Daher ist während des Ermittlungsverfahrens die Gerichtsstandsbestimmung, die zugleich die Zuständigkeit der Staatsanwaltschaft begründet (§ 143 Abs. 1 GVG), für einzelne Untersuchungshandlungen (§ 162) stets zulässig, für die gesamte Untersuchung und Entscheidung dagegen nur dann, wenn zur Zeit der Übertragung feststeht, daß das Gericht auch bei Eröffnung des Hauptverfahrens noch verhindert sein wird.

15　　Das zunächst obere Gericht ist auch dann zuständig, wenn das verhinderte Gericht seine Zuständigkeit dadurch erhalten hat, daß ihm nach § 12 Abs. 2 von einem höheren Gericht als dem zunächst oberen die Untersuchung und Entscheidung **übertragen** worden war (RGSt **45** 68).

16　　Die Übertragung wird von dem verhinderten Gericht, auch von dessen Verwaltung, von der Staatsanwaltschaft oder vom Verteidiger **angeregt**, ja es ist nicht ausgeschlossen, daß am Verfahren unbeteiligte Personen oder Behörden die Anregung geben. Das Gericht entscheidet von Amts wegen. Der ergangene Beschluß ist unanfechtbar (Vor § 7, 36).

17　　**6. Auswahl.** Das obere Gericht darf die Untersuchung und Entscheidung nur auf ein Gericht übertragen, das dem verhinderten gleichsteht, also auf eines gleicher Ordnung; die Übertragung darf die sachliche Zuständigkeit nicht berühren.

18　　Nur scheinbar ergibt sich eine weitere Begrenzung der Auswahl daraus, daß das ausgewählte Gericht einem **anderen Bezirk** angehören muß. In Wirklichkeit sind die Worte „einem anderen Bezirk", da sie sich auf den Bezirk des verhinderten Gerichts beziehen, überflüssig (KMR-*Paulus* 9), ja, weil sie auf den Bezirk des übertragenden Gerichts bezogen werden könnten, sogar irreführend. Denn wie bei jeder Übertragung muß — und darin liegt die zweite Beschränkung der Wahlmöglichkeit — das Gericht, das die Sache erhält, dem Bezirk des übertragenden Gerichts angehören. Das Reichsgericht hat das als „selbstverständlich" angesehen (RGSt 45 69); der Bundesgerichtshof läßt es „ohne weiteres" aus der durch das Gerichtsverfassungsgesetz und der Strafprozeßordnung festgelegten Abgrenzung der Zuständigkeitsbereiche folgen (BGHSt 16 85). Dem ist zuzustimmen, wenn man auch wohl richtiger von einer jenen Gesetzen zu **entnehmenden** Abgrenzung sprechen sollte. Was danach das **Gesetz sagen will,** gibt E 1919 besser wieder mit den Worten: „... so überträgt das obere Gericht die Zuständigkeit auf ein anderes Gericht gleicher Ordnung, das zu seinem Bezirk gehört"[6].

Bei der Übertragung findet, wenn der Bundesgerichtshof entscheidet, die **Beschränkung des § 354 Abs. 2 Satz 2,** daß die Sache nur einem zu demselben Land gehörenden anderen Gericht gleicher Ordnung übertragen werden dürfe, nicht statt (BGHSt 22 252)[7]. **19**

Abgesehen von den beiden dargestellten Beschränkungen ist das obere Gericht **20** **frei.** Es kann die Sache ebenso auf ein anderes an sich zuständiges als auch auf ein unzuständiges Gericht übertragen. Die Übertragung auf ein unzuständiges Gericht setzt nicht voraus, daß das verhinderte Gericht das einzige an sich zuständige ist oder daß, wenn mehrere zuständige Gerichte vorhanden sind, bei ihnen allen die Voraussetzungen des § 15 vorliegen. Vielmehr kann das obere Gericht die Sache auch dann auf ein an sich unzuständiges Gericht übertragen, wenn außer dem verhinderten Gericht noch andere zuständige Gerichte vorhanden sind, die Verweisung an eines von ihnen aber unzweckmäßig wäre (RGSt 45 69; BGHSt 21 214).

7. Beauftragtes Gericht. Das beauftragte Gericht muß zwar neben der sachlichen **21** Zuständigkeit (§ 6) und derjenigen besonderer Strafkammern (§ 6 a) auch, wenn der Einwand zulässigerweise erhoben worden ist (§ 16), seine örtliche Zuständigkeit prüfen. Dieser Prüfung muß es aber den Umstand zugrunde legen, daß durch die Übertragung, wenn sie nach Rechtshängigkeit ausgesprochen worden ist, die örtliche Zuständigkeit des beauftragten Gerichts und der Vorzug vor anderen an sich auch zuständigen Gerichten begründet worden sind (Rdn. 1). Aus diesem Grund kann der Einwand der örtlichen Unzuständigkeit nur Erfolg haben, wenn die Übertragung im Ermittlungsverfahren vorgenommen worden ist (und die Staatsanwaltschaft bei einem örtlich unzuständigen Gericht Anklage erhoben hat), oder wenn schon ein anderes Gericht die Untersuchung eröffnet hatte und dadurch ausschließlich zuständig geworden war. Dagegen kann nicht anerkannt werden, daß das Gericht prüfen dürfte (so RGSt 10 382), ob das obere Gericht zu seinem Beschluß **zuständig** gewesen sei und innerhalb der durch § 15 gesetzten Grenzen gehandelt habe (BVerfGE 12 124). Die Zuständigkeit bleibt auch dann bestehen, wenn der Grund der Übertragung wegfällt. Sie **endet,** wenn die Übertragung zurückgenommen wird.

Der Vorzug des nach § 15 bestimmten Gerichts vor anderen auch zuständigen Gerichten tritt nicht ein, wenn der Gerichtsstand im **vorbereitenden Verfahren** bestimmt **22**

---

[6] § 13; Mat. zur StRRef. 14 5, Begr. S. 34; vgl. auch Begr. zu § 13 E 1909, Mat. zur StRRef. 12 63.

[7] Ist sowohl das Landgericht Bremen als auch die beim Amtsgericht Bremerhaven gebildete Strafkammer verhindert und steht daher dem Oberlandesgericht Bremen kein anderes zu seinem Bezirk gehörendes Landgericht zur Verfügung, so kann der Bundesgerichtshof die Sache dem Landgericht Hamburg übertragen, aber auch jedem anderen Landgericht, wenn das aus Gründen der Zweckmäßigkeit geboten wäre.

wird. Dann bleibt die Möglichkeit der Staatsanwaltschaft uneingeschränkt erhalten, unter mehreren Gerichtsständen, darunter auch den nach § 15 begründeten, einen auszuwählen (BGHSt **21** 215; KK-*Pfeiffer* 1).

23　　8. Wegen der **Beschwerde** s. Vor § 7, 36.

§ 16

[1]Das Gericht prüft seine örtliche Zuständigkeit bis zur Eröffnung des Hauptverfahrens von Amts wegen. [2]Danach darf es seine Unzuständigkeit nur auf Einwand des Angeklagten aussprechen. [3]Der Angeklagte kann den Einwand nur bis zum Beginn seiner Vernehmung zur Sache in der Hauptverhandlung geltend machen.

Schrifttum. *Behl* Verweisungsbeschluß gemäß § 270 StPO und fehlende örtliche Zuständigkeit des höheren Gerichts, DRiZ **1980** 182.

Entstehungsgeschichte. (ohne Berücksichtigung der Regelungen im Zusammenhang mit der früheren Voruntersuchung). Der Zeitpunkt war früher dahin bestimmt, daß der Einwand spätestens in der Hauptverhandlung bis zur Verlesung des Beschlusses über die Eröffnung des Hauptverfahrens geltend zu machen war (Bekanntmachung vom 22. 3. 1924 — RGBl. I 322). Durch Art. 2 der VO vom 13. 8. 1942 (RGBl. I 512) wurde alsdann bestimmt, daß die an der Verlesung des Eröffnungsbeschlusses geknüpften Wirkungen nunmehr mit dem Beginn der Vernehmung des Angeklagten zur Sache eintreten. Art. 3 VereinhG bestimmte alsdann, daß der Einwand spätestens in der Hauptverhandlung geltend zu machen ist, solange mit der Verlesung des Beschlusses über die Eröffnung des Hauptverfahrens nicht begonnen ist. Art. 7 Nr. 1 StPÄG 1964 gab der Vorschrift wieder den Inhalt, den sie durch die VO vom 13. 8. 1942 erhalten hatte, indem er als Zeitpunkt für die Geltendmachung nunmehr die Hauptverhandlung bis zum Beginn der Vernehmung des Angeklagten zur Sache bestimmte. Art. 1 Nr. 2 des 1. StVRG ließ die Vorschrift (insoweit) unberührt. Die jetzige Fassung hat sie durch Art. 1 Nr. 5 StVÄG 1979 erhalten. Sie faßt die bisherigen §§ 16 und 18 zusammen: § 18 wird Satz 2, § 16 wird Satz 3. Satz 1 spricht den schon bisher geltenden Grundsatz ausdrücklich aus.

Übersicht

I. Inhalt

1　　Die Vorschrift enthält Bestimungen über die Prüfung des Gerichtsstands. Sie bezieht sich allein auf diesen, die örtliche Zuständigkeit, und an keiner Stelle auf die sachliche (*Hahn* Mat. 1 156; OLG Breslau GA **71** 64). Weitere Vorschriften finden sich in

§ 206 a Abs. 1; § 328 Abs. 3, § 338 Nr. 4 und § 355. Der Bestimmung liegt die Absicht zugrunde, die Erörterung der örtlichen Zuständigkeit tunlichst einzuschränken, um den ungehinderten Fortgang des Verfahrens zu sichern (RGSt 4 232; 26 341; 40 356; 65 268). Der Grundsatz des § 6 (Prüfung der sachlichen Zuständigkeit jederzeit von Amts wegen) ist hier nicht wiederholt. Die sachliche Zuständigkeit ist — abgesehen von der sehr beschränkt auslegbaren Zuständigkeitsregelung des § 24 Abs. 1 Nr. 2 und 3, § 25 Nr. 2 und 3 GVG — eindeutig, örtliche Zuständigkeiten gibt es dagegen in der Regel mehrere. Daher besteht bei der örtlichen Zuständigkeit eine Wahlmöglichkeit der Kläger, der Staatsanwaltschaft und des Privatklägers. Aus diesem natürlichen Mangel an der Eindeutigkeit der örtlichen Zuständigkeit und wegen der Gleichwertigkeit der Rechtsprechung sämtlicher Gerichte gleicher Ordnung (*Hahn* Mat. 1 80; 2 1199) erklärt sich eine gewisse Unempfindlichkeit des Gesetzgebers gegenüber der Wahl des Gerichtsstands, die in §§ 35, 39 ZPO besonders zum Ausdruck gebracht wird. Um in der Folge dieser Gedanken die Prüfungsmöglichkeit zu beschränken, sind starre Fristen verordnet, die selbst dann nicht weichen, wenn sich die Unzuständigkeit als Folge einer anderen rechtlichen Würdigung erst nach dem Zeitpunkt herausstellt, der in den Sätzen 2 und 3 festgelegt ist (RGSt 65 267). Auch ist das Recht des Angeklagten, durch den örtlich zuständigen Richter abgeurteilt zu werden, weil auf den in seinem Belieben stehenden Einwand abgestellt wird (Satz 2) praktisch frühzeitig im Verfahren seinem Verzicht unterworfen. Auch für sog. ausschließliche Gerichtsstände ist keine Ausnahme vorgesehen.

II. Prüfung der örtlichen Zuständigkeit

1. Die örtliche Zuständigkeit der **Staatsanwaltschaft** wird durch diejenige des Gerichts bestimmt, für das sie bestellt ist (§ 143 Abs. 1 GVG), und zwar auch in den Fällen, wo bestimmte Strafsachen bei einem Gericht örtlich konzentriert sind (§§ 58, 74 a, 74 c Abs. 3 und 4, § 74 d GVG; KK-*Pfeiffer* 2). Abgesehen von den Nothandlungen eines unzuständigen Staatsanwalts (§ 143 Abs. 2) kann daher nur der Staatsanwalt handeln, der die Sache bei einem örtlich zuständigen Gericht anhängig machen kann. Auf einen etwaigen Mangel der örtlichen Zuständigkeit hat die Staatsanwaltschaft von Amts wegen zu achten. Der Beschuldigte kann dazu Anträge stellen und sich der Dienstaufsichtsbeschwerde bedienen, um sie durchzusetzen. **2**

Entfällt die **Zuständigkeit**, etwa weil der Beschuldigte verzieht, hat der Staatsanwalt die Sache an die nunmehr zuständige Staatsanwaltschaft abzugeben. Eine Fortdauer der staatsanwaltschaftlichen Zuständigkeit gibt es nicht[1]. Dieser Grundsatz wird allerdings in der Praxis zur Ausnahme. So kann sich, wie selbstverständlich ist, die an den Tatort (§§ 7, 10) oder an einen fingierten Wohnsitz (§ 11) geknüpfte Zuständigkeit nachträglich nicht ändern. Aber auch die nach § 13 a begründete Zuständigkeit ist, wenn der Bundesgerichtshof das zuständige Gericht schon im Ermittlungsverfahren bestimmt hat, auch dann unveränderlich, wenn bis zur Klageerhebung ein zuständiges Gericht ermittelt wird (§ 13 a, 14). Im Fall des § 15 gilt das gleiche, wenn die Sache dem anderen Gericht nicht nur in bezug auf einzelne Untersuchungshandlungen, sondern für die gesamte Untersuchung und Entscheidung übertragen worden ist (§ 15, 1); das ist nach dem Wortlaut des § 15 (Untersuchung *und* Entscheidung) der Regelfall. **3**

---

[1] Das gilt auch, wenn der Generalbundesanwalt nach § 143 Abs. 3 GVG entschieden hat. Denn seine Entscheidung begründet keine Zuständigkeit, er wählt nur unter mehreren bestehenden eine aus. Fällt die ausgewählte nachträglich weg, so entfällt damit die Zuständigkeit der mit der Sache befaßten Staatsanwaltschaft.

Günter Wendisch

4   **2. Gerichtliche Prüfung von Amts wegen.** Das Gericht prüft von Amts wegen alle Prozeßvoraussetzungen (Einl. Kap. 11 IV), darunter neben seiner sachlichen Zuständigkeit (§ 6) und derjenigen besonderer Strafkammern (§ 6 a) auch seine örtliche Zuständigkeit (Satz 1). Die Staatsanwaltschaft und der Beschuldigte können die Prüfung beantragen. Wie im Fall des § 6 a dauern das Recht und die Pflicht des Gerichts, den Gerichtsstand von Amts wegen zu prüfen — anders als bei der sachlichen Zuständigkeit (§ 6, 2), aber in Übereinstimmung mit der Regelung bei der Prüfung der Zuständigkeit besonderer Strafkammern (§ 6 a, 4) — bis zur Eröffnung des Hauptverfahrens, das sie mit umfassen. Der Eröffnung des Hauptverfahrens steht diejenige des Sicherungsverfahrens (§§ 413 ff) gleich (§ 414 Abs. 1). Die Prüfung von Amts wegen endet, nachdem das Gericht das Hauptverfahren eröffnet (§ 199, § 203, § 201 Abs. 1 und 2) hat. Nach diesem Zeitpunkt ist die Prüfung nur noch auf Einwand des Angeklagten zulässig (Satz 2), wenn er diesen rechtzeitig erhoben hat (Satz 3). Das dem Angeklagten zustehende Recht haben auch der Erziehungsberechtigte und der gesetzliche Vertreter eines Jugendlichen (§ 67 Abs. 1 JGG). Ist die Prüfungsmöglichkeit des Gerichts entfallen und hat dieses versehentlich oder rechtsirrtümlich seine Unzuständigkeit nicht erkannt, dann wird das an sich unzuständige Gericht von Rechts wegen zuständig.

5   Wegen der **besonderen Verfahrensarten**, wo das Hauptverfahren nicht ausdrücklich eröffnet wird, s. § 6 a, 5. Das beschleunigte Verfahren (212) vereinigt als Eröffnungsverfahren Verdachtsprüfung und Urteil. Die „Eröffnung des Hauptverfahrens" findet gedanklich statt, wenn das Gericht nach Vernehmung des Angeschuldigten und ggf. eines Teils der Belastungszeugen vom hinreichenden Tatverdacht überzeugt ist und die Hauptverhandlung fortsetzt, um zu prüfen, ob sich der Tatverdacht zur Schuldfeststellung verstärkt. Da dieser Zeitpunkt nicht festgelegt werden kann, kann erst das Urteil selbst der Eröffnung des Hauptverfahrens gleichgestellt werden. Die Vernehmung des Beschuldigten zur Sache findet vor jener gedanklichen Eröffnung des Hauptverfahrens statt. Die Prüfung von Amts wegen dauert also während des gesamten beschleunigten Verfahrens an. Das dürfte der Absicht des Gesetzgebers, der das beschleunigte Verfahren als Eröffnungsverfahren ausgestaltet hat (s. die Überschrift des vierten Abschnitts), am nächsten kommen.

III. Verfahren

6   **1. Übersicht.** Die Verfahrensweise, die das Gericht einzuschlagen hat, wenn sich seine Unzuständigkeit herausstellt, ist von der bei sachlicher Unzuständigkeit (§ 6) ebenso wie von der bei der Unzuständigkeit besonderer Strafkammern (§ 6 a) verschieden. Dort kommt es zu einer Verschiebung der Zuständigkeit (§ 6 a, 6). Da bei der örtlichen Zuständigkeit die Wahlmöglichkeit des Klägers solange als möglich gewahrt bleiben muß, finden sich Verweisungen nur in den Rechtsmittelinstanzen (§ 328 Abs. 3; § 325). Sonst kommt es zur Ablehnung, Unzuständigkeitserklärung oder Einstellung. Dabei ist zu unterscheiden zwischen dem Verfahren bis zur Eröffnung des Hauptverfahrens (Rdn. 7), dem zur Eröffnung des Hauptverfahrens (Rdn. 8) und dem Verfahren nach Eröffnung des Hauptverfahrens (Rdn. 10). Für dieses sind die Bestimmungen enthalten für die Zeit *vor* Beginn einer Hauptverhandlung in § 206 a und für die Zeit *nach* Beginn einer Hauptverhandlung in § 260 Abs. 3 (vgl. Erl. zu § 206 a). Dazu kommen die Verweisungsvorschriften für die Rechtsmittelinstanzen (§ 328 Abs. 3; § 355; Rdn. 9).

7   **2. Vor Eröffnung des Hauptverfahrens** spielt die Zuständigkeit des Gerichts, das sich örtlich „der Untersuchung und Entscheidung zu unterziehen hat" (vgl. § 14), oder des Gerichts, „das für die Eröffnung des Hauptverfahrens zuständig wäre" (vgl. § 80

Abs. 3), nur eine untergeordnete Rolle. Das Gesetz enthält in der Regel nur den Richtervorbehalt; die Zuständigkeit des im vorbereitenden Verfahren (§§ 158 bis 175) zuständigen Gerichts wird dann § 162 entnommen. Sie richtet sich nach dem Ort, wo die Handlung vorzunehmen ist, ggf. nach dem Sitz der Staatsanwaltschaft; hilfsweise ist jedes Gericht zuständig, wo ein Gerichtsstand begründet ist[2]. Im Fall des § 161 a ist grundsätzlich das Landgericht zuständig, in dessen Bezirk die Staatsanwaltschaft ihren Sitz hat[3]. Nur für die beiden § 6 a, 7 aufgeführten Fälle (§ 81 Abs. 3; § 141 Abs. 4) ist das Gericht zuständig, das für die Eröffnung des Hauptverfahrens zuständig wäre (vgl. § 6 a, 8, Fußn. 4). Hält das angegangene Gericht, im Fall des § 141 Abs. 4 der Vorsitzende, sich für unzuständig, dann lehnt es die begehrte Handlung ab. Wegen des weiteren Verfahrens s. § 6 a, 8 a. E.

3. Eröffnung des Hauptverfahrens. In der 23. Auflage war angenommen worden, **8** daß das Gericht, wenn es im Eröffnungsverfahren seine Zuständigkeit verneinte, die Eröffnung des Hauptverfahrens abzulehnen habe (dort § 16, 18). Diese Auffassung wird nicht aufrechterhalten. Sie führt zu der Konsequenz, daß der Haftbefehl aufzuheben ist (§ 120 Abs. 1 Satz 2). Das aber ist nur sinnvoll, wenn der Tatverdacht verneint wird, nicht aber, wenn sich der Gerichtsbeschluß auf Unzuständigkeit stützt, der hinreichende Tatverdacht erhalten bleibt und seinetwegen bei dem zuständigen Gericht alsbald wieder Anklage erhoben werden kann und in der Regel auch erhoben wird. Daher ist der Auffassung zu folgen, daß das Gericht sich für unzuständig zu erklären hat und demzufolge über die Eröffnung des Hauptverfahrens gar nicht befinden kann[4].

Zufolge der Unzuständigkeitserklärung wird das Gericht — auch wenn es sich **9** rechtsirrtümlich für unzuständig erklärt hat, dieser Beschluß aber nicht angefochten worden ist — unzuständig (BGHSt **18** 1). Das bisher durchgeführte Verfahren wird als **ungeschehen** behandelt. Der Eröffnungsbeschluß wird (stillschweigend) aufgehoben; er verliert seine rechtliche Wirksamkeit (BGHSt **18** 3; so auch KMR-*Paulus* 16). Demzufolge muß das Gericht, bei dem die Klage neu erhoben wird, von neuem über die Eröffnung des Hauptverfahrens beschließen[5]. Die Klage ist bei dem unzuständigen Gericht nicht mehr erhoben. Die Wirkung des § 156 **entfällt**[6]. Der Staatsanwaltschaft steht es frei, ob sie die neue Klage erhebt und wo (vgl. OLG Köln JMBlNRW **1962** 115), nur vor dem Gericht, das sich für unzuständig hält, darf sie es nicht tun. Sie ist durch das Legalitätsprinzip gebunden, aber nicht durch § 156. Wird die örtliche Unzuständigkeit in der Rechtsmittelinstanz festgestellt, dann bleibt das Verfahren bis zum Eröffnungsbeschluß bestehen, es wird nur die Hauptverhandlung vor dem zuständigen Gericht erneuert (§ 328 Abs. 3; § 355). Das Rechtsmittelgericht kann aber die örtliche Unzuständigkeit

---

[2] So ausdrücklich in § 125 Abs. 1. Vgl. im übrigen die Erläuterungen zu §§ 98, 100, 105, 110, 111 a und 111 e.

[3] Einzelheiten s. § 161 a.

[4] Vgl. dazu eingehend § 204, 6 f; zust. *Gössel* GA **1977** 282; ebenso *Kleinknecht/Meyer* 3. Grundsätzlich RGSt **32** 51: Das Gericht hat sich für unzuständig zu erklären. Die Ablehnung der Eröffnung wegen (im entschiedenen Fall: sachlicher) Unzuständigkeit bedeutet, daß die Entscheidung in der Sache (die „meritorische Würdigung") wegen Unzuständigkeit abgelehnt wird. „Dieser

Beschluß steht einer bloßen Unzuständigkeitserklärung völlig gleich". Im Ergebnis so wohl auch KK-*Pfeiffer* (4), der es allerdings für zulässig erachtet, wenn der Beschluß über die Unzuständigkeitserklärung auch die Ablehnung der Eröffnung des Hauptverfahrens ausspricht.

[5] Wegen der Erhaltung einzelner Untersuchungshandlungen s. § 20.

[6] Daher wird durch die Unzuständigkeitserklärung die Strafklage nicht verbraucht (RGSt **32** 51).

Günter Wendisch

nur feststellen, wenn der Angeklagte den Einwand der örtlichen Unzuständigkeit in der ersten Instanz rechtzeitig erhoben hatte (BGHSt 11 131).

10   **4. Nach Eröffnung des Hauptverfahrens. Außerhalb** einer Hauptverhandlung stellt das Gericht das Verfahren nach § 206 a Abs. 1 durch Beschluß ein, **in der Hauptverhandlung** nach § 260 Abs. 3 durch Urteil (BGHSt 18 3); in ihr ist die Beschlußeinstellung wegen des klaren Wortlauts des § 206 a (*„außerhalb* der Hauptverhandlung") ausgeschlossen. Ebenso ist die Verweisung nach § 270 unzulässig (OLG Hamm NJW **1961** 232; JMBlNRW **1969** 66; VRS **38** 346; OLG Braunschweig GA **1962** 284). Dies schließt nicht nur der Wortlaut des § 270 Abs. 1 („*sachliche* Zuständigkeit") aus, sondern auch der Aufbau der Strafprozeßordnung: Bei der sachlichen Unzuständigkeit ist das höhere Gericht nach dem Gerichtsverfassungsgesetz bestimmt, bei der örtlichen stehen in der Regel mehrere zur Wahl. Die Wahl aber überläßt das Gesetz in erster Linie dem Kläger, bei Streit mehrerer Gerichte dem oberen Gericht (§ 14). Dieses System verbietet es, daß ein Gericht, das sich für örtlich unzuständig hält, mit bindender Wirkung den Gerichtsstand festlegt[7]. Nur in der Rechtsmittelinstanz entscheidet das Rechtsmittelgericht durch Verweisungsurteil (§ 328 Abs. 3; § 355), doch werden solche Entscheidungen nur ganz ausnahmsweise vorkommen (Einwand war rechtzeitig erhoben, aber übergangen). Alle Entscheidungen nach Eröffnung des Hauptverfahrens ergehen nicht mehr von Amts wegen, sondern nur noch auf Einwand des Angeklagten (Satz 2) und nur, wenn dieser seinen Einwand rechtzeitig (§ 6 a, 15) vorgebracht hat.

IV. Einwand des Angeklagten

11   Hierzu gelten die Ausführungen § 6 a, 12 bis 18 entsprechend. Die Motive begründen die gewisse Unempfindlichkeit des Gesetzgebers gegenüber der Wahl des Gerichtsstands (Rdn. 1 sowie § 6 a, 15). „Der Staat, der seine Gerichte in allen Bezirken gleichmäßig einrichtet und überall die gleiche Gewähr für die Rechtsprechung bietet, wird regelmäßig kein Interesse dabei haben, ob die Entscheidung in einer Strafsache gerade durch das vom Gesetz bezeichnete örtlich zuständige Gericht oder durch ein anderes Gericht gleicher Ordnung erfolgt" (*Hahn* 1 80). Sie bringen damit eine Wahrheit zum Ausdruck, die — und nicht nur für den Staat, sondern auch für den Angeklagten — auch heute noch gilt, wo der Begriff des gesetzlichen Richters sich von seinem berechtigten Zweck zu einem Gegenstand zuweilen zweckloser Absolutheit entwickelt hat. Wegen der Hauptverhandlung bei abwesendem Angeklagten (§ 6 a, 17) ist noch auf die

---

[7] Verweist ein örtlich unzuständiges Gericht in rechtsirriger Anwendung des § 270 die Sache an ein anderes Gericht, so wird dieses nicht zuständig. Der (falsche) Abgabenbeschluß kann nicht in Rechtskraft erwachsen. Das empfangene Gericht kann die Sache zurückgeben. Es ist aber nicht gehindert, das Verfahren, um es abzuschließen, deshalb einzustellen, weil es nicht bei ihm eröffnet worden ist und der unzulässige Verweisungsbeschluß den fehlenden Eröffnungsbeschluß nicht ersetzen kann (OLG Hamm NJW **1961** 233). Eine solche Entscheidung stellt aber nur fest, daß das Verfahren nicht anhängig geworden ist; es ist, weil nur ein anhängig gewordenes Verfahren eingestellt werden kann, keine Einstellung nach § 206 a (OLG Hamm VRS **38** 347). War jedoch die Staatsanwaltschaft mit der Auswahl des neuen Gerichts durch das abgebende und mit der Abgabe dorthin einverstanden, und hat das neue Gericht das Verfahren bei sich eröffnet, dann ist dieses Gericht zuständig geworden (OLG Braunschweig GA **1962** 284; OLG Karlsruhe GA **1977** 58; KMR-*Paulus* 14). Denn die genannten Akte stehen der Einstellung durch das unzuständige Gericht und der Anklage bei dem zuständigen gleich.

bei §6a nicht anwendbaren Vorschriften hinzuweisen. Im Verfahren des §233 Abs. 1 tritt die Verlesung über die richterliche Vernehmung (§233 Abs. 3 Satz 2) an die Stelle der Vernehmung in der Hauptverhandlung. Das gleiche gilt im Verfahren nach §232 Abs. 1, falls eine richterliche Vernehmung stattgefunden hat (§233 Abs. 3); sonst ist der Einwand im Anschluß an die Verlesung des Anklagesatzes (§243 Abs. 3 Satz 1) anzubringen.

V. Verlust und Verbrauch des Einwands

1. Reichweite. Der Verlust des Einwands durch Säumnis oder der beschränkte **12** (§6a, 20) Verbrauch tritt ein in Beziehung auf das mit der Sache befaßte Gericht. Reicht die Staatsanwaltschaft, nachdem das angegangene Gericht sich für unzuständig erklärt hatte, die öffentliche Klage bei einem anderen Gericht ein, bleibt es dem Angeklagten unbenommen, die örtliche Zuständigkeit des anderen Gerichts zu bestreiten. Ebenso ist es, wenn das gemeinschaftliche obere Gericht die Sache nach §12 Abs. 2, §13 Abs. 2 Satz 2, §15 einem anderen Gericht überträgt oder wenn die Zuständigkeit durch Vereinbarung nach §13 Abs. 2 Satz 1 übergeht. Dasselbe ist — in Änderung der bisherigen Rechtslage — auch der Fall, wenn es zufolge Zurückverweisung (§328 Abs. 2, §354 Abs. 2; vgl. RGSt **43** 358), nach Vertagung (vgl. RGSt **70** 241) oder nach Wiedereinsetzung in den vorigen Stand gegen die Versäumung der Hauptverhandlung (§235) erneut zu einem Beginn der Vernehmung des Angeklagten zur Sache kommt.

2. Wegen des **Verlusts** gelten die Ausführungen §6a, 19 entsprechend. **13**

3. Verbrauch. Es ist zunächst auf §6a, 20 zu der Auslegung zu verweisen, daß **14** der Angeklagte den Einwand, das Gericht sei örtlich unzuständig, in der Zeit *nach* Eröffnung des Hauptverfahrens bis zum Beginn seiner Vernehmung zur Sache in der Hauptverhandlung nur einmal gebrauchen kann und daß der Einwand mit der Entscheidung über ihn für diese Zeit verbraucht wird; daß der Angeklagte aber bis zum Beginn seiner Vernehmung zur Sache in der Hauptverhandlung einen Einwand erneuern kann, der *vor* oder bei Eröffnung des Hauptverfahrens verworfen worden war (§201, 25).

Nach der früheren Rechtslage war der Einwand — auch für die Revision — ver- **15** braucht (§201, 25 Fußn. 28), wenn der Angeklagte ihn vor der Eröffnung des Hauptverfahrens erfolglos geltend gemacht hatte und gegen die Entscheidung des Gerichts die **sofortige Beschwerde** gegeben war[8], gleichgültig, ob der Angeklagte von ihr Gebrauch gemacht (RGSt **34** 215; RG LZ **1916** 335) oder das unterlassen oder die Frist versäumt hat (RGSt **26** 342). Dem lag die Erkenntnis zugrunde, daß mit der Bereitstellung der sofortigen Beschwerde ein Zwischenverfahren stattfindet, in dem der in diesem behandelte Punkt endgültig rechtskräftig erledigt wird[9]. Nachdem durch Art. 1 Nr. 14 StVÄG

---

[8] Das war der Fall, wenn vor (§ 180 Abs. 2) oder während (§ 181 Abs. 1) der Voruntersuchung oder nach Mitteilung der Anklageschrift (§ 201 Abs. 2) „der vom Angeschuldigten erhobene Einwand der Unzuständigkeit (§ 16) verworfen" worden war (§ 182 Abs. 1; § 201 Abs.2 Satz 2 zweiter Halbsatz). Der Abschnitt über die Voruntersuchung ist durch Art. 1 Nr. 57 des 1. StVRG aufgeho-

ben worden; in § 201 Abs. 2 sind die Sätze 1 und 2 zufolge Art. 1 Nr. 14 StVÄG 1979 durch den Satz ersetzt worden: Die Entscheidung ist unanfechtbar.

[9] RGSt **26** 342; aus neuerer Zeit (für § 28 Abs. 2 Satz 1) BGH NJW **1962** 261. Eingehend *Dünnebier* FS Dreher, S. 669, 672 f. Vgl. jetzt § 336 Satz 2.

1979 die sofortige Beschwerde **beseitigt** worden ist, ist diese Rechtslage überholt. Der Angeklagte kann einen bereits verworfenen Einwand gegen die örtliche Zuständigkeit des Gerichts bis zum Beginn seiner Vernehmung zur Sache in der Hauptverhandlung wiederholen. Die in § 201 Abs. 2 Satz 2 ausgesprochene Unanfechtbarkeit bezieht sich nur auf Entscheidungen, die in dem Verfahren des § 201 ergehen (näher § 201, 25; 41); nach Eröffnung des Hauptverfahrens ergehende Entscheidungen sind der Revision zugänglich (so auch Begr. BTDrucks. 8 976, S. 42).

VI. Rechtsmittel

16   1. **Beschwerde.** Vor Eröffnung des Hauptverfahrens ergehende Beschlüsse sind vom **Beschuldigten** mit der einfachen Beschwerde anfechtbar (OLG Rostock *Alsb.* E 1 52), wenn das nicht ausdrücklich ausgeschlossen ist (*Hahn* Mat. 1 769). Das ist nach § 201 Abs. 2 Satz 2 der Fall, wenn das Gericht den Einwand (§ 201 Abs. 2 Satz 1) des Angeschuldigten verwirft, es sei für die Verhandlung und Entscheidung der Sache unzuständig. Der Eröffnungsbeschluß (§ 207) kann vom Angeklagten nicht angefochten werden (§ 210 Abs. 1). Nach Eröffnung des Hauptverfahrens ist die Beschwerde nach § 305 Satz 1 ausgeschlossen, doch sind Einstellungsbeschlüsse nach § 206 a mit sofortiger Beschwerde anfechtbar.

17   Die **Staatsanwaltschaft** hat die Beschwerde dort, wo sie auch dem Beschuldigten zusteht (296 Abs. 1), aber nur, solange das Gericht die örtliche Zuständigkeit prüfen kann und nach Eröffnung des Hauptverfahrens nur zugunsten des Angeklagten. Die Anfechtung des Eröffnungsbeschlusses wegen Eröffnung vor einem anderen Gericht — wie bei der sachlichen Zuständigkeit (vgl. 210, 32) oder der Zuständigkeit einer besonderen Strafkammer (§ 6 a, 23) — entfällt, weil das Eröffnungsgericht das Hauptverfahren nicht vor einem anderen, von ihm für zuständig erachteten Gericht eröffnen kann (Rdn. 8). Dagegen steht der Staatsanwaltschaft die Beschwerde zu, wenn das Gericht sich im Eröffnungsverfahren für unzuständig erklärt (Rdn. 8) hat (§ 210, 32). Die sofortige Beschwerde steht ihr zu (§ 206 a Abs. 2), wenn das Gericht nach Eröffnung des Hauptverfahrens das Verfahren außerhalb der Hauptverhandlung einstellt (Rdn. 9).

18   2. **Revision.** Der **Angeklagte** kann den mangelnden Gerichtsstand mit der Revision rügen, wenn er den Einwand rechtzeitig (Satz 3) erhoben hatte. Voraussetzung für die Zulässigkeit der Rüge der mangelnden örtlichen Zuständigkeit ist allerdings, daß er die Tatsache der rechtzeitigen Erhebung in der Form des § 344 Abs. 2 Satz 2 geltend macht (BGH GA **1980** 255). Dabei kann er die Revision sowohl auf das Urteil stützen, das den Einwand der örtlichen Zuständigkeit verworfen hat, als auch auf Beschlüsse, die nach Eröffnung des Hauptverfahrens ergangen, aber nach § 305 unanfechtbar sind (RG JW **1933** 444). Beschlüsse, die der Eröffnung des Hauptverfahrens voraufgegangen sind, werden vom Revisionsgericht grundsätzlich nicht geprüft (§ 336, 3). Die **Staatsanwaltschaft** kann wegen der dem Gericht in Satz 2 auferlegten Beschränkung die mangelnde Zuständigkeit nicht zuungunsten des Angeklagten rügen, zu seinen Gunsten (§ 296) nur, wenn dieser rechtzeitig den Einwand erhoben hatte, das Gericht sei örtlich nicht zuständig. Auf den Eröffnungsbeschluß kann sie die Revision nicht stützen, weil ihr die Möglichkeit der sofortigen Beschwerde zustand (§ 336 Satz 2 zweite Möglichkeit).

19   Hat das Gericht sich zwar in der Hauptverhandlung für unzuständig erklärt, nach der Unzuständigkeitserklärung aber weiter verhandelt und entschieden, dann fehlen dem Verfahren Anklage und Eröffnungsbeschluß (Rdn. 9). Das ist bei einer gegen das Urteil eingelegten Revision als Prozeßhindernis **von Amts wegen** zu prüfen (Einl.

Kap. 12 I). Das Revisionsgericht hat das Verfahren durch Urteil einzustellen (BGHSt 18 3).

VII. Örtliche Unzuständigkeit des Rechtsmittelgerichts

Gelangt durch einen Irrtum die Sache an ein falsches Berufungs- oder Revisions- **20** gericht, nachdem sie in der ersten Instanz beim örtlich zuständigen Gericht anhängig war, ist §16 entsprechend anzuwenden. An die Stelle der Eröffnung des Hauptverfahrens (Satz 1) tritt der Beginn des Vortrags des Berichterstatters (§324 Abs. 1 Satz 1; §351 Abs. 1). Die Vernehmung zur Sache (Satz 3) ist für das Berufungsverfahren in §324 Abs. 2 geregelt; im Revisionsverfahren findet keine statt. Es wäre systemwidrig, dafür auf die Ausführungen des Angeklagten nach §351 Abs. 2 Satz 1 abzustellen, weil diese eher den Schlußvorträgen entsprechen. Daher wird im Revisionsverfahren der Einwand nur bis zum Beginn des Vortrags des Berichterstatters (§351 Abs. 1) als zulässig angesehen werden können.

§17

bestimmte, daß durch eine Entscheidung, die die Zuständigkeit für die Voruntersuchung festgestellt hatte, die Zuständigkeit auch für das Hauptverfahren festgestellt war. Die Vorschrift ist nach Wegfall der Voruntersuchung durch Art. 1 Nr. 3 des 1. StVRG **gestrichen** worden.

§18

bestimmte, was jetzt in §16 Satz 2 geregelt ist. Zufolge dieser Verschiebung ist die Vorschrift durch Art. 1 Nr. 6 StVÄG 1979 **gestrichen** worden.

§19

Haben mehrere Gerichte, von denen eines das zuständige ist, durch Entscheidungen, die nicht mehr anfechtbar sind, ihre Unzuständigkeit ausgesprochen, so bezeichnet das gemeinschaftliche obere Gericht das zuständige Gericht.

1. Mehrere Gerichte. Die Vorschrift bestimmt die Entscheidungszuständigkeit **1** des gemeinschaftlichen oberen Gerichts für den Fall, daß zwischen mehreren Gerichten — nicht verschiedenen Spruchkörpern eines und desselben Gerichts (OLG Düsseldorf MDR **1982** 689) — ein **negativer Kompetenzkonflikt** über die örtliche Zuständigkeit (BGHSt **31** 184 = JR **1983** 343 mit nur im Ergebnis zustimmender Anm. *Meyer*: keine Zuständigkeitsbestimmung bei Streit über die Art des Rechtsmittels) **bei unanfechtbaren Entscheidungen** vorliegt. Wegen der Regelung bei einem negativen sachlichen Kompetenzkonflikt s. Vor §1, 18. §14 dagegen behandelt sowohl den negativen als auch den positiven Kompetenzkonflikt und setzt voraus, daß beim negativen Kompetenzkonflikt wenigstens zwei Entscheidungen noch anfechtbar sind (14, 3).

Günter Wendisch

2   Der **Wortlaut** des § 19 ist **ungenau**. Es kommt nicht darauf an, daß die beteiligten Gerichte (selbst) ihre Unzuständigkeit ausgesprochen haben, sondern daß ihre Unzuständigkeit rechtskräftig festgestellt ist. Die Bestimmung ist also auch anzuwenden, wenn die Unzuständigkeit entgegen der Auffassung des beteiligten Gerichts von einem Beschwerdegericht ausgesprochen worden ist[1].

3   **2. Zuständiges Gericht.** § 19 findet nur Anwendung, wenn eines der beteiligten Gerichte nach den §§ 7 bis 11, 13 örtlich zuständig ist. Ist in Wirklichkeit ein anderes zuständig, liegt der Fall des § 19 nicht vor. Das obere Gericht hat dann den Antrag als unzulässig zu verwerfen. Es darf die Sache nicht an das von ihm für zuständig erachtete Gericht verweisen, vielmehr ist es Sache der Staatsanwaltschaft (des Privatklägers), Anklage zum zuständigen Gericht zu erheben oder beim Bundesgerichtshof einen Antrag nach § 13 a zu stellen.

4   Die **Staatsanwaltschaft** kann aber, wenn ihr die Zuständigkeit aller beteiligten Gerichte zweifelhaft und das gemeinschaftliche obere Gericht der Bundesgerichtshof ist, mit dem Antrag aus § 19 einen aus § 13 a verbinden.

5   **3. Nicht mehr anfechtbare Entscheidungen** — für anfechtbare gilt § 14 (OLG München JR **1980** 78) — können vorliegen, weil die Beteiligten (Staatsanwaltschaft, Angeklagter) von statthaften befristeten Rechtsmitteln (§ 206 a Abs. 2) keinen Gebrauch gemacht haben; sie können auch gegeben sein, wenn nach Gebrauch des Rechtsmittels kein weiteres mehr zulässig ist (§ 310 Abs. 2). Solange die Entscheidung auch nur eines der beteiligten Gerichte noch anfechtbar ist, ist das Verfahren nach § 19 unzulässig. Aus § 19 folgt, daß die Rechtskraft von Beschlüssen, durch die die Unzuständigkeit ausgesprochen wird, stets beschränkt ist und wieder beseitigt werden kann.

6   **4. Verfahren.** Da im Fall des § 19, anders als bei § 14, kein Streit zwischen mehreren Gerichten besteht, kann das gemeinschaftliche obere Gericht (vor § 7, 34) nicht durch die Vorlage eines der beteiligten Gerichte (§ 14, 7) mit der Sache befaßt werden, sondern nur durch den Antrag eines der Prozeßbeteiligten, nach der Natur der Sache regelmäßig der Staatsanwaltschaft (vgl. OLG Düsseldorf MDR **1982** 689) oder des Privatklägers. Das obere Gericht hat den Prozeßgegner des Antragstellers zu hören. Es entscheidet durch unanfechtbaren Beschluß (Vor § 7, 36).

7   Das obere Gericht bezeichnet das zuständige Gericht. Es ist nicht vorgeschrieben und auch nicht erforderlich, die von der Bezeichnung berührte **Unzuständigkeitserklärung** ausdrücklich **aufzuheben**. Diese tritt durch den Beschluß von Rechts wegen außer Kraft, gleichviel, welches Gericht sie erlassen hat und in welcher Lage des Verfahrens. Das gemeinschaftliche obere Gericht ist nicht gehindert, auch eine Unzuständigkeitserklärung unwirksam zu machen, die es selbst als Beschwerdegericht erlassen hatte.

---

[1] Der Gesetzestext hat folgenden Sinn: Ist für mehrere Gerichte, von denen eines das zuständige ist, durch unanfechtbare Entscheidungen die Unzuständigkeit ausgesprochen, so bezeichnet das gemeinschaftliche obere Gericht das zuständige Gericht.

§ 20

Die einzelnen Untersuchungshandlungen eines unzuständigen Gerichts sind nicht schon dieser Unzuständigkeit wegen ungültig.

1. Die Vorschrift enthält den **allgemeinen Verfahrensgrundsatz** (vgl. § 7 FGG, **1** § 22 d GVG; § 44 Abs. 3 Nr. 1 VwVfG), daß von einem örtlich unzuständigen Gericht erlassene einzelne richterliche Untersuchungshandlungen wirksam bleiben.

2. Der Begriff der einzelnen Untersuchungshandlung (§ 162) bildet den Gegen- **2** satz zu dem Verfahren als Ganzes. Als einzelne Untersuchungshandlung kommt namentlich in Betracht: die Vernehmung (§ 58) und Vereidigung (§ 59) von Zeugen und Sachverständigen (§ 72), die Unterbringung zur Beobachtung des Geisteszustands (§ 81) sowie die körperliche Untersuchung (§ 81 a) des Beschuldigten oder anderer Personen (§ 81 c), die Anordnung einer Beschlagnahme von Beweismitteln (§ 98 Abs. 1, § 100 Abs. 1) und Einziehungsgegenständen (§ 111 e Abs. 1), der Überwachung des Fernmeldeverkehrs (§ 100 a), der Durchsuchung (§ 105 Abs. 1), der vorläufigen Entziehung der Fahrerlaubnis (§ 111 a Abs. 1) oder eines vorläufigen Berufsverbots (§ 132 a). Die Anordnung einer Beschlagnahme wird also nicht dadurch hinfällig, daß das Gericht, das dieses Zwangsmittel angeordnet hat, sich nachher für örtlich unzuständig erklärt.

Für den Erlaß eines **Haftbefehls** (§ 114 Abs. 1) sowie für die weiteren richterli- **3** chen Entscheidungen und Maßnahmen (§§ 116, 116 a, 120, 126 a) gilt dasselbe, doch ist es angebracht, in einer Haftsache im Zusammenhang mit einer Unzuständigkeitserklärung ausdrücklich zu entscheiden, ob der Haftbefehl aufgehoben oder bis zur Entscheidung des zuständigen Gerichts aufrechterhalten wird. Das zuständige Gericht muß, sobald es mit der Sache befaßt wird, über die Fortdauer der Untersuchungshaft entscheiden.

3. Unzuständigkeit. Die Vorschrift regelt den Fall, daß ein örtlich unzuständiges **4** Gericht eine Untersuchungshandlung vorgenommen hat, weil es sich irrtümlich für zuständig gehalten hat. Die Gültigkeit der Handlungen, die ein für die Untersuchung unzuständiges Gericht in Ausübung der dem zuständigen Gericht zu leistenden **Rechtshilfe** (§§ 156, 157 GVG) oder bei Gefahr im Verzug nach § 21 ausgeführt hat, versteht sich, da das Gericht dafür zuständig ist, von selbst.

4. Wirkung der Gültigkeit. Einer Wiederholung der vom unzuständigen Gericht **5** vorgenommenen Untersuchungshandlung bedarf es weder im vorbereitenden Verfahren nach §§ 162, 165, 166, noch für das Zwischenverfahren. Demnach kann auch für das Verfahren zur Vorbereitung der Hauptverhandlung nach §§ 223 bis 225, wenn ein unzuständiger Richter in diesem Verfahren eine Untersuchungshandlung bewirkt hat, nicht gefordert werden, daß ein zuständiger Richter die Handlung wiederhole. Soweit die §§ 251, 253, 254 die Verlesung von Niederschriften über richterliche Untersuchungshandlungen zulassen, können auch Niederschriften über Untersuchungshandlungen verlesen werden, die ein unzuständiger Richter ausgeführt hat.

Dagegen zwingt, wenn das Gericht sich **in der Hauptverhandlung** für unzustän- **6** dig erklärt hat, das Gebot der Mündlichkeit und Unmittelbarkeit dazu, die Vernehmung des Angeklagten und die Beweisaufnahme, die vor dem unzuständigen Gericht stattgefunden haben, vor dem zuständigen Gericht zu **wiederholen.**

§ 21

Ein unzuständiges Gericht hat sich den innerhalb seines Bezirks vorzunehmenden Untersuchungshandlungen zu unterziehen, bei denen Gefahr im Verzug ist.

Entstehungsgeschichte. Der Text, in dem das letzte Wort „ist" an die Stelle von „obwaltet" getreten ist, beruht auf Art. 9 VereinhG in Vbdg. mit Anlage 3 zu diesem Gesetz.

1 1. **Unzuständigkeit.** Im Gegensatz zu § 20, der Untersuchungshandlungen eines Gerichts im Auge hat, das sich, wenn es die Handlung vornimmt, irrtümlich für zuständig hält, beauftragt § 21 ein Gericht, dem seine örtliche Unzuständigkeit bekannt ist, mit gewissen Untersuchungshandlungen.

2 Das Gesetz **macht** das Gericht **zuständig**, diese einzelnen Handlungen vorzunehmen. Die Eingangsworte müßten daher richtig heißen: „ein an sich unzuständiges Gericht".

3 Der gesetzliche Auftrag begründet **keinen Gerichtsstand.**

4 2. Als **Gericht** kommt jedes Gericht in Betracht mit Ausnahme des Bundesgerichtshofs, der keine allgemeine Zuständigkeit für Untersuchungshandlungen hat, und daher nach dem Sinn und Zweck der Vorschrift auch nicht kraft Gesetzes beauftragt werden sollte, einzelne Untersuchungshandlungen vorzunehmen. In erster Linie betrifft die Vorschrift Amtsgerichte. Landgerichte und Oberlandesgerichte werden nur ausnahmsweise in die Lage kommen, auf Grund des § 21 einzuschreiten[1].

5 Es darf immer nur ein an sich örtlich unzuständiges Gericht entscheiden, das sachlich auf der gleichen Ebene steht wie das örtlich zuständige Gericht. Die Vorschrift gestattet nicht, in die **sachliche Zuständigkeit** eines anderen Gerichts einzugreifen.

6 3. **Untersuchungshandlungen.** Da für den Fall, daß die öffentliche Klage noch nicht erhoben ist, die besondere Bestimmung des § 165 besteht, ist § 21 hauptsächlich auf den Fall einer bereits anhängigen Untersuchung zu beziehen, Es kommen stets nur einzelne Untersuchungshandlungen in Betracht. Das Notgericht leistet sie für das zuständige Gericht, aber nicht im Weg der Rechtshilfe sondern als eigene Aufgabe. Die Staatsanwaltschaft ist befugt und nach ihrer Amtspflicht ggf. verpflichtet, Anträge auf Vornahme schleuniger Untersuchungshandlungen zu stellen, doch ist die Verpflichtung des Gerichts, nach § 21 zu verfahren, nicht von einem Antrag des Staatsanwalts abhängig.

7 4. **Gefahr im Verzug** bedeutet nach den neueren Fassungen (§ 81 a Abs. 2, § 81 c Abs. 5) die Gefährdung des Untersuchungserfolgs durch Verzögerung, die einträte, wenn die Sache vor der Untersuchungshandlung an das zuständige Gericht abgegeben werden müßte. Der Begriff ist, wie auch an anderen Stellen der Strafprozeßordnung, rein prozessual; daß von dem Beschuldigten sonstige Gefahren, etwa für die öffentliche Sicherheit, drohen, ist ohne Bedeutung. Danach liegt Gefahr im Verzug vor, wenn ohne das Handeln des unzuständigen Gerichts die Prozeßhandlung nicht oder nur unter wesentlicher Erschwerung oder nur zu spät vorgenommen werden könnte.

8 **Weitere Verfügungen** hat alsdann das zuständige Gericht zu treffen.

---

[1] Beispiel: Die Strafkammer erklärt sich für örtlich unzuständig, erachtet es aber gleichzeitig für unumgänglich, den Angeschuldigten sofort in Haft zu nehmen.

DRITTER ABSCHNITT

Ausschließung und Ablehnung der Gerichtspersonen

Vorbemerkungen

Schrifttum. *Arloth* Zur Ausschließung und Ablehnung des Staatsanwalts, NJW **1983** 207; *Bruns* Ablehnung eines Staatsanwalts aus den Gründen des 24 StPO, insbesondere wegen Besorgnis der Befangenheit? GebGabe Grützner **1970** 42; *Bruns* Ungeklärte verfahrensrechtliche Fragen des Contergan-Prozesses, FS Maurach 469, 483; *Bruns* Inwieweit unterliegt die Mitwirkung eines als befangen abgelehnten Staatsanwalts der revisionsgerichtlichen Kontrolle — Fortentwicklung der Rechtsprechung? JR **1980** 397; *Buckert* Der Rechtsanspruch des Bürgers auf Ablösung eines befangenen Staatsanwalts und seine gerichtliche Durchsetzung, NJW **1970** 847; *Dästner* Bedenken gegen eine Einschränkung des Ablehnungsrechts im Strafverfahren, ZRP **1977** 53; *Dahs* Wechsel des Staatsanwalts im Wiederaufnahmeverfahren DRiZ **1971** 83; *Frisch* Ausschluß und Ablehnung des Staatsanwalts, FS Bruns 385; *Joos* Ablehnung des Staatsanwalts wegen Befangenheit? NJW **1981** 100; *Kuhlmann* Ausschließung und Ablehnung des Staatsanwalts, DRiZ **1976** 11; *Oppe* Wechsel des Staatsanwalts im Wiederaufnahmeverfahren, DRiZ **1971** 23; *Roxin* Fragen der Hauptverhandlungsreform im Strafprozeß, FS Schmidt-Leichner 145, 149; *Schairer* Der befangene Staatsanwalt (1983); *Schorn* Die Ausschließung eines Richters im Strafprozeß in Rechtsprechung und Schrifttum, GA **1963** 257; *Schorn* Die Ablehnung eines Richters im Strafprozeß in Rechtsprechung und Schrifttum, GA **1963** 161; *Sessar* Wege zu einer Neugestaltung der Hauptverhandlung, ZStW 90 (1978) 698, 701; *Wendisch* Zur Ausschließung und Ablehnung des Staatsanwalts, FS Schäfer 243.

Entstehungsgeschichte. Nach dem alten, später durch die Emminger VO gestrichenen § 23 Abs. 3 durfte der **Berichterstatter des Eröffnungsverfahrens** nicht am Hauptverfahren der Strafkammer teilnehmen. Ein Richter konnte ursprünglich nur bis zur Verlesung des Eröffnungsbeschlusses und in den Rechtsmittelinstanzen bis zum Beginn der Berichterstattung abgelehnt werden. Durch Art. 3 Nr. 9 VereinhG wurde dieser Zeitpunkt bis zum Beginn des Teils der Hauptverhandlung verschoben, der an die Vernehmung des Angeklagten zur Sache anschließt.

Das **StPÄG 1964** hat den Kreis der Richter, die durch eine Vortätigkeit befangen erscheinen könnten, erweitert: Im **Wiederaufnahmeverfahren** darf kein Richter mitwirken, der bei der Entscheidung beteiligt gewesen ist, die durch die Wiederaufnahme angefochten wird (23 Abs. 2)[1]. **Der Zeitpunkt für die Ablehnung** ist wieder dem Anfang der Hauptverhandlung nähergerückt worden (Beginn der Vernehmung des Angeklagten zur Sache), hat aber praktisch seine Bedeutung verloren. Denn die Ablehnung ist, wenn dem Ablehnenden die Ablehnungsumstände erst später bekanntgeworden sind, nunmehr bis zum letzten Wort zulässig (25).

Für **unzulässige Ablehnungen** stellt das Gesetz ein vereinfachtes Verfahren bereit (§ 26 a)[2], aber auch das regelmäßige Verfahren wird für den Fall vereinfacht, daß ein Richter beim Amtsgericht, auch als Strafrichter, abgelehnt wird (27 Abs. 3 Satz 3).

---

[1] Vgl. E 1930 (EG zum ADStGB; Mat. zur StrRRef. **7** 51).

[2] Vgl. Reformkommission (Prot. **1** 15; **2** 200, 403), E 1908, 1909 (Mat. zur StRRef. **13** 20), E 1919 (Reichsratsvorlage; Mat. zu StrafRRef. **14** 18), E 1939 § 127 Abs. 1 Nr. 3.

Günter Wendisch

Durch Änderung des § 28 wird die Anfechtung von Beschlüssen, die eine Ablehnung für unzulässig erklärt haben, in derselben Weise für statthaft erklärt wie bei Anträgen, die als unbegründet verworfen sind.

Art. 1 Nr. 7 StVÄG 1979 bringt eine Auflockerung des Verfahrens, indem er durch die Einfügung eines Absatzes 2 in § 29 die Möglichkeit eröffnet, die Entscheidung über einen erst in der Hauptverhandlung gestellten Ablehnungsantrag bis höchstens den Beginn des übernächsten Verhandlungstages zurückzustellen, wenn anderenfalls die Fortsetzung der Hauptverhandlung (übermäßig) verzögert würde.

Wegen weiterer — geringfügiger — Änderungen s. Entstehungsgeschichte zu den einzelnen Paragraphen.

1   **1. Ausschließung und Ablehnung.** Der Abschnitt handelt von der Ausschließung und von der Ablehnung von Berufsrichtern, Geschworenen, Schöffen und Urkundsbeamten, nicht von Staatsanwälten (Rdn. 8). Seine Vorschriften sind Art. 101 Abs. 1 Satz 2 GG nach einem materialen, höheren Prinzip als dem formalen des „möglichst eindeutigen" Richters (Nachweise bei *Schäfer* § 16 GVG), zugeordnet. Nach dem dazu vom Bundesverfassungsgericht ausgeformten Grundsatz muß gewährleistet sein, daß der Rechtsuchende nicht vor einem Richter steht, von dem er besorgen kann (vgl. *Arzt* NJW **1971** 1114), daß dieser die gebotene Distanz zum Rechtsuchenden (BVerfGE **21** 146 = NJW **1967** 1124) oder zur Sache (BVerfGE **30** 153 = NJW **1971** 1030) vermissen läßt. Dazu muß das Gesetz Vorsorge treffen, daß ein Richter, bei dem ein solcher Fall vorliegt, ausgeschlossen ist oder im Ablehnungsverfahren ausgeschlossen werden kann.

2   Zwischen Ausschließung und Ablehnung ist in bezug auf das Verfahren zu **unterscheiden,** was das Gesetz allerdings nur unzulänglich tut. Sachlich stehen sich die Ausschließung (§§ 22, 23) und die Ablehnung wegen Besorgnis der Befangenheit (§ 24 Abs. 2), sowohl in ihren Voraussetzungen als auch in ihren Wirkungen, gegenüber. Die Ausschließungsgründe sind fest und eng umrissen. Besorgnis der Befangenheit kann aus sehr verschiedenen Anlässen entstehen. Der gleiche Umstand kann sie bei dem einen hervorrufen, bei dem anderen nicht, auch kann seine Wirkung zu verschiedenen Zeiten verschieden sein. Wenn auch Ausschließung wie Befangenheit letztlich beide dazu führen, daß der Richter ausfällt, so sind doch ihre **Folgen** nicht völlig gleich.

3   Der **Ausschließungsgrund** wirkt ohne weiteres und ohne Ausnahme kraft Gesetzes (BVerfGE **21** 145 f = NJW **1967** 1123; **46** 37) in der Weise, daß der Ausgeschlossen sein Amt nicht ausüben darf, gleichviel ob ihm oder einem anderen der Ausschließungsgrund bekannt oder verborgen ist; ob der Verdacht einer Befangenheit[3] besteht oder ausscheidet; und ob ein Verfahrensbeteiligter der Amtsausübung widersprochen oder ihr zugestimmt hat. Denn die §§ 22, 23 sollen nicht nur verhindern, daß persönliche Empfindungen des Richters die Entscheidung beeinflussen (BGHSt **3** 69), sondern darüber hinaus, daß auch nur der Anschein eines Verdachts der Parteilichkeit entstehe (RGSt **28** 54; **59** 267; BGHSt **9** 193; **14** 221; **28** 265). „Gewisse Hinderungsgründe sind

---

[3] Der Unterschied zwischen Ausschließung und Befangenheit liegt neben der sachlichen Unterscheidung (Rdn. 2) auch darin, daß im ersteren Fall der Ausschluß eines Richters von der Mitwirkung bei einer Entscheidung kraft Gesetzes eintritt, das Gericht mithin nur deklaratorisch feststellt, der Richter sei ausgeschlossen. Im Fall der Befangenheit ist die Entscheidung des Gerichts dagegen konstitutiv; erst ihre Feststellung macht den Richter unfähig, an weiteren Entscheidungen des Gerichts mitzuwirken (BVerfGE **46** 37).

von der Art, daß schon die Rücksicht auf das Ansehen der Justiz die Ausschließung des Richters erheischt" (Mot. *Hahn* Mat. 1 82).

Der Ausschließung tritt, sie ergänzend — als Auffangtatbestand (*Schairer* 49) —, **4** das Institut der **Ablehnung wegen Besorgnis der Befangenheit** zur Seite. Kommt es beim Ausschluß allein darauf an, daß (objektiv) der Ausschließungsgrund besteht, und bleibt es unbeachtlich, welche Wirkungen er (subjektiv) auf den Richter und auf den Ablehnungsberechtigten hervorruft, so ist bei der Ablehnung wegen Besorgnis der Befangenheit entscheidend, daß der Ablehnende Grund hat zu besorgen, der Richter werde unter Einfluß des Ablehnungsgrundes sein Amt nicht in voller Unparteilichkeit ausüben (RGSt 33 309). Die Ablehnung wirkt daher immer nur in die Zukunft und macht nicht, wie die während der richterlichen Handlung oder nach ihr festgestellte Ausschließung, die Handlung rückwirkend fehlerhaft.

2. Gerichtspersonen. Der Abschnitt regelt in erster Linie die Ausschließung und **5** Ablehnung von Richtern. Unter **Richtern** (§§ 22 bis 26 a, § 27 Abs. 3, § 30) und richterlichen Mitgliedern (§ 27 Abs. 2) sind zu verstehen die Richter (auf Lebenszeit: § 10 DRiG; auf Probe: § 12 Abs. 1, § 19 a Abs. 3 DRiG und kraft Auftrags: § 14 DRiG), die die ordentliche (§ 5, § 5 b Abs. 1 DRiG) oder die außerordentliche (§ 7 DRiG; ordentliche Universitätsprofessoren der Rechte) Befähigung zum Richteramt haben, in Rechtshilfesachen auch die Referendare (§ 10 Satz 1 GVG) und die Teilnehmer an der einstufigen Ausbildung bei einem bestimmten Ausbildungsstand (§ 5 b Abs. 2 Satz 1 und 2 in Vbdg. mit § 10 Satz 1 DRiG). Der Abschnitt befaßt sich nur mit Richtern, die in Ausübung ihres Richteramts handeln.

Übt der Richter Maßnahmen der **Justizverwaltung** (BGHSt 3 68) aus, kann er **6** ebensowenig wie ein Staatsanwalt abgelehnt werden. Ist er als Richter ausgeschlossen, bleibt er zu den genannten Maßnahmen befugt. Er kann jedoch eine Entscheidung seiner Vorgesetzten darüber herbeiführen, ob er in der Amtsausübung zu ersetzen ist, und er muß das tun, wenn er Besorgnis der Befangenheit für begründet erachtet.

Die für die Richter geltenden Vorschriften werden summarisch auf **Schöffen** und **7** Urkundsbeamte und andere als Protokollführer verpflichtete und zugezogene Personen für anwendbar erklärt (§ 31). Außerhalb des Abschnitts behandeln — meist durch Verweisung auf ihn — die Ablehnung von Sachverständigen § 74, von Dolmetschern 191 GVG, von Rechtspflegern 10 RPflG und die Ausschließung von Gerichtsvollziehern § 155 GVG. Auf Konsularbeamte finden sie keine Anwendung (OLG Düsseldorf NStZ **1983** 469 = MDR **1984** 70).

3. Staatsanwalt. Der dritte Abschnitt ist auf Staatsanwälte nicht anwendbar **8** (BVerfGE **25** 345 = NJW **1969** 1106; RG LZ **1918** 454; BGH NJW **1980** 845; BayObLG GA **1983** 327; OLG Hamm NJW **1969** 808; OLG Stuttgart NJW **1974** 1394; vgl. auch KMR-*Paulus* 17 ff; KK-*Pfeiffer* § 22, 16). Auch den §§ 141 bis 151 GVG können keine Rechtssätze über Ausschließung oder Ablehnung von Beamten der Staatsanwaltschaft entnommen werden (RGSt 4 266). In den Motiven (*Hahn* 1 93) wird hierzu bemerkt: „Es erschien überflüssig, besondere Vorschriften hinsichtlich der Beamten der Staatsanwaltschaft zu geben. Die Organisation der Staatsanwaltschaft gestattet es, daß in Fällen, in denen die Ersetzung eines staatsanwaltschaftlichen Beamten durch einen anderen geboten oder wünschenswert erscheint, diese auf Antrag des Beschuldigten oder jenes Beamten selbst oder auch von Amts wegen durch die vorgesetzte Behörde bewirkt werden kann, ohne daß es eines förmlichen Verfahrens bedarf" (vgl. auch *Bohnert* 106 m. w. N.).

Günter Wendisch

9   Demzufolge kann der Beschuldigte bei dem Vorgesetzten eines Beamten der Staatsanwaltschaft beantragen, daß dieser durch einen anderen ersetzt werde (145 Abs. 1 GVG). Der Vorgesetzte muß das auf Antrag oder von Amts wegen immer tun, wenn ein Grund vorliegt, der beim Richter (abgesehen von den meisten Fällen der „Vortätigkeit") zur Ausschließung führt, oder wenn der Beschuldigte besorgen könnte, der Staatsanwalt sei befangen. In einem solchen Fall hat der Staatsanwalt auch selbst darauf hinzuwirken, daß er ersetzt wird, und sich, bis der Vorgesetzte entschieden hat, aller Amtshandlungen zu enthalten, wenn nicht Gefahr im Verzug ist (vgl. dazu im einzelnen *Wendisch* 260, 268 sowie § 145 a des Referentenentwurfs eines Gesetzes zur Änderung des Rechts der Staatsanwaltschaft (1976), abgedruckt in der 23. Aufl. bei § 145, 9 GVG)[4].

10   Dagegen kann der Beschuldigte weder einen Ablehnungsantrag bei Gericht anbringen[5] noch die Verfügung des vorgesetzten Beamten der Staatsanwaltschaft nach §§ 23 ff EGGVG anfechten (*Koffka* ZStW **84** (1972) 671; *K. Schäfer* zu § 23 EGGVG und § 145 GVG; OLG Hamm NJW **1969** 808; OLG Karlsruhe MDR **1974** 423)[6]; denn einmal ist die Entscheidung nach § 145 Abs. 1 (Rdn. 9) kein Justizverwaltungsakt[7], stellt vielmehr eine Prozeßhandlung dar, die wegen ihrer funktionalen Bedeutung für das Strafverfahren sachlich dem Bereich der Rechtsprechung zuzurechnen ist (*Wendisch* 263). Zum anderen wird der Beschuldigte durch eine solche Entscheidung des Dienstvorgesetzten des für befangen gehaltenen Staatsanwalts nicht in seinen Rechten verletzt. Die Befugnis, mit der Wahrnehmung der Amtsverrichtungen einen anderen als den zunächst zuständigen Staatsanwalt zu betrauen, ist dem Behördenleiter im Interesse einer sachgemäßen und geordneten Durchführung der staatsanwaltschaftlichen Tätigkeit, d. h. im Interesse der Allgemeinheit, eingeräumt. § 145 GVG begründet mithin kein Recht eines Prozeßbeteiligten, daß der Behördenleiter seine Befugnis in einem bestimmten Sinn ausübt (*Wendisch* 264 m. w. N. sowie *Arloth* 208; *Bruns* JR **1980** 400; *Bottke* JA **1980** 720)[8].

11   Es wäre allerdings verfehlt, hieraus herzuleiten, die Amtshandlungen eines Staatsanwalts seien, wenn er sich in einem Verhältnis der beschriebenen Art befinde, nicht fehlerhaft. Vielmehr stellt die unzulässige Mitwirkung des Staatsanwalts einen **Verfahrensverstoß** dar, weil „das Gesetz" (§ 337 Abs. 1), nämlich die den §§ 23 ff zugrundeliegenden Grundsätze in Verbindung mit denjenigen über die Stellung der Staatsanwaltschaft im Prozeß, verletzt ist. Demzufolge ist die Revision zulässig (OLG Stuttgart NJW **1974** 1394)[9].

---

[4] Ähnliche Regelungen enthalten § 7 NdsAGGVG vom 5. 4. 1963 – GVBl. 225 – und § 11 BWAGGVG vom 16. 12. 1975 – GBl. 868 –. Wegen der Bedenken gegen die Wirksamkeit der beiden landesrechtlichen Vorschriften vgl. *Wendisch* 247 m. w. N. sowie *Arloth* 208 und *Bohnert* 105; wegen des Verfahrens *Schairer* 165 ff; 171 ff.

[5] So aber *Frisch* 411, 413, *Arloth* 209, *Joos* 100 und wohl auch *Kuhlmann* 14.

[6] Offengelassen von OLG Stuttgart NJW **1974** 1394; *Schairer* 151; a. A. *Buckert* 848; *Bruns* GebGabe 50.

[7] Vgl. OLG Hamm NJW **1965** 1241, **1966** 684, **1969** 808, **1973** 1089; OLG Stuttgart NJW **1972** 2146, **1977** 2276; OLG Hamburg

NJW **1972** 1586; OLG Karlsruhe NJW **1976** 1417, **1978** 1595; OLG Nürnberg GA **1968** 59; OLG Koblenz GA **1975** 340; *Altenhain* JZ **1965** 757, DRiZ **1970** 105; *Lüke* JuS **1961** 208; *Meyer* JuS **1971** 297.

[8] Mit der Verneinung einer Rechtsverletzung wird auch dem angeblichen Widerspruch zu Art. 19 Abs. 4 GG die Grundlage entzogen.

[9] Ebenso *Frisch* 385, 414; *Kuhlmann* 11; *Schäfer* 116; wohl auch *Schairer* 71; a. A. *Bohnert* 115. Zur allgemeinen Frage der Befangenheit des Staatsanwalts vgl. im übrigen BVerfG JR **1979** 28; BGH NJW **1980** 845 = JR **1980** 431; BayObLG GA **1983** 328 sowie *Bruns* JR **1979** 31 und JR **1980** 397.

Das ergibt sich aus folgenden **Erwägungen:** Es besteht Übereinstimmung, daß **12** dem **Staatsanwalt** grundsätzlich (Ausnahmen: BGHSt 21 89; BGH bei *Dallinger* MDR 1957 16; abl. *Hanack* JR **1967** 230) versagt ist, in der Hauptverhandlung als Staatsanwalt aufzutreten, nachdem er in dieser als Zeuge vernommen worden ist (*Schairer* 100), sowie daß die Revision begründet ist, wenn er das gleichwohl tut und das Urteil auf dieser Gesetzesverletzung i. S. des 337 Abs. 1 beruht (RGSt **29** 236; BGHSt **14** 265)[10]. Das Urteil kann auf dem Mangel nur beruhen, wenn die Möglichkeit besteht, daß der Staatsanwalt das Gericht beeinflußt haben könnte (*Drucker* JW **1933** 523). Dafür wieder ist Voraussetzung, daß ein solcher **Einfluß** denkbar ist. Das ist in der Tat der Fall. Denn es ist Aufgabe der Staatsanwaltschaft — wie auch des Angeklagten und des Verteidigers —, Einfluß auf das Gericht auszuüben, damit dieses aufgrund der verschiedenen Einflüsse um so sorgfältiger die Tatsachen würdigen und das Recht anwenden kann. Demzufolge ist es als ein — zur Aufhebung des Urteils führender — Mangel angesehen worden, wenn der Staatsanwalt in der Hauptverhandlung es unterlassen hat, einen **Schlußantrag** zu stellen (OLG Düsseldorf NJW **1963** 1167; vgl. auch OLG Köln GA **1964** 156). Der Schlußantrag aber ist wiederum nur von Wert und der legale Einfluß von Mängeln frei und im Sinn des Gesetzes, wenn der Staatsanwalt unbefangen ist. Ist der Staatsanwalt der Vater des Angeklagten, wird er, wenn er korrupt ist, die Tat beschönigen; meist wird ihn die Furcht, nicht objektiv zu sein, zu unangebrachter Härte verführen. Die Sache unbefangen zu würdigen, wird er nicht in der Lage sein.

Freilich wird dieser Fall nicht vorkommen, aber Fälle ähnlicher **Befangenheit** sind **13** denkbar. Amtiert der Staatsanwalt dann gleichwohl, kann das Urteil ebensowenig Bestand haben wie in dem Fall, wo der als Zeuge vernommene Staatsanwalt nicht als Anklagevertreter ausgeschieden ist (*Bruns* GebGabe 46). Aus diesem Grund muß man dem Gericht einen Einfluß auf die Staatsanwaltschaft einräumen. Zwar ist es Sache des Staatsanwalts, dafür Sorge zu tragen, daß er ersetzt wird. Aber der Vorsitzende kann bei dem vorgesetzten Beamten der Staatsanwaltschaft auf die Ersetzung hinwirken. Denn es kann dem Gericht nicht zugemutet werden, ohne Abhilfe zu versuchen, eine Hauptverhandlung durchzuführen, die auf Rüge des Angeklagten wiederholt werden müßte.

Eine Befugnis, den Staatsanwalt zu **entfernen** (*Schairer* 45; 153), hat der Vorsit- **14** zende allerdings nicht. Sie wäre auch zwecklos, weil ihm die Möglichkeit fehlt, einen neuen Staatsanwalt einzusetzen. Ein — vermeidbarer — Streit ist mit den Mitteln der Dienstaufsicht auszutragen. Dazu muß das Gericht ggf. die Sache vertagen (OLG Düsseldorf NJW **1963** 1167). Gelingt es nicht, den Staatsanwalt zu ersetzen, ist die Hauptverhandlung allerdings fortzusetzen mit dem Risiko, daß sie nach erfolgreicher Revision wiederholt werden muß (*Frisch* 414; *Wendisch* 266; **a. A.** *Arloth* 210: Gericht muß schon in der Hauptverhandlung die Befugnis haben, von Amts wegen einen Beschluß über das Vorliegen eines Ausschließungs- oder Befangenheitsgrundes zu erlassen, mit der Folge, daß die Staatsanwaltschaft alsdann nicht mehr ordnungsgemäß vertreten sei).

Wenn auch Takt und Objektivität der Staatsanwälte **Beschwerden,** daß sie befan- **15** gen seien, weitgehend verhindert haben, so sollte man sich hüten, aus dem geringen Umfang der neueren Rechtsprechung zu dieser Frage den Schluß zu ziehen, daß fast

---

[10] St.Rspr. z. B. RG GA **67** (1919) 437; GA **71** (1927) 93; JW **1924** 1761 und JW **1925** 1403, beide mit Anm. *Alsberg* JW **1933** 523 mit Anm. *Drucker* BGHSt **21** 89; NJW **1980** 845 = JR **1980** 431; NStZ **1983** 135; BGH bei *Pfeiffer/Miebach* NStZ **1984** 14; *KK-Pfeiffer* 16; *Schairer* 182; **a. A.** *Eb. Schmidt* 3 sowie *Bohnert* 111, 115.

Günter Wendisch

nie ein Anlaß bestanden hätte, einen Staatsanwalt auszuschließen oder abzulehnen. Denn die Verteidigung kann es auch unterlassen haben, Revisionsrügen anzubringen, weil sie nach dem Stand der Rechtsprechung erfolglos erschienen. De lege ferenda ist jedenfalls zu fordern, den Gegenstand gesetzlich zu regeln. Einen ersten Vorschlag enthielt § 132 E 1939[11]. Eine konkrete Regelung sieht nunmehr § 145 a des Referentenentwurfs 1976 (Rdn. 9) vor; voll befriedigen vermag auch sie noch nicht[12].

16   **4. Reform.** Der Katalog der Ausschließungsgründe des § 22 ist umfassend, doch sollte der Ausschluß eines mit dem Beschuldigten oder mit dem Verletzten verlobten Richters eingefügt werden (vgl. E 1930, Mat. zur StRRef. 7 51).

17   § 23 erklärt den Richter für ausgeschlossen, der in der Sache schon tätig gewesen war. Hieran haben sich immer Reformwünsche geknüpft, den Richter der Ursprungssache nach **Wiederaufnahme** und nach Zurückverweisung aus der höheren Instanz sowie den Eröffnungsrichter auszuschließen. Der ersten Forderung hat das StPÄG 1964 mit Recht stattgegeben. Denn wenn auch die Kenntnis, die der frühere Richter vom Verfahren hat, für das wiederaufgenommene von Vorteil sein kann, so kann sie ihn doch ebenso belasten, den neuen Beweisen und ihrem Zusammenhang mit den alten unbefangen gegenüberzutreten; wenigstens kann — und darauf stellt das Recht der Ausschließung und Ablehnung ab — der Beschuldigte besorgen, daß das so sei.

18   Das ist bei der **Zurückverweisung** nicht immer der Fall, kann es aber oft sein (§ 23, 33). Indessen war es wohl nicht diese Verschiedenheit, die den Gesetzgeber bestimmt hat, den ersten Richter nicht auszuschließen, sondern sich mit der Anordnung ans Revisionsgericht zu begnügen, die Sache an eine andere Abteilung, an eine andere Kammer oder an ein anderes Gericht (§ 354 Abs. 2) zurückzuverweisen. Denn ursprünglich sollte ein Zwang bestehen, die Sache stets an ein anderes Gericht zurückzuverweisen, und nur wenn das nicht möglich ist, an eine andere Abteilung oder Kammer (BTDrucks. IV 2378, 69). Als die Verweisung an die andere Kammer zum Regelfall gemacht wurde (BTVerh. IV 132, 6506 B, 6472 A), ist wohl übersehen worden, dafür einen Ausschließungsgrund zu schaffen.

19   Absicht des Bundestags war nämlich, die Richter auszuschließen, weil Befangenheit besorgt werden könne[13]. Der gleiche Grund hat Veranlassung gegeben, im Wiederaufnahmeverfahren die Richter des Ursprungsverfahrens auszuschließen, obwohl kraft Gesetzes die Zuständigkeit einer anderen Abteilung oder Kammer oder eines anderen Senats begründet worden ist (140 a GVG). Indessen ist die ähnliche Frage bei der Zurückverweisung ausdrücklich anders geregelt als bei der Wiederaufnahme. Das ist verbindlich, sollte aber de lege ferenda im Sinn der ursprünglichen Absicht des Gesetzgebers geregelt werden.

20   Der Bundestag hatte vorgesehen, den Richter des **Eröffnungsverfahrens** in bestimmten Fällen auszuschließen (BTDrucks. IV 2378, § 23 Abs. 1, S. 42). Die Frage ist

---

[11] Danach sollte der Staatsanwalt ausgeschlossen sein, wenn er vom Richteramt ausgeschlossen wäre oder in der Sache als Richter, Verteidiger, Beistand oder Anwalt des Verletzten oder des Einziehungsbeteiligten tätig gewesen war.

[12] Von einer kritischen Würdigung muß im Rahmen dieser Kommentierung schon deshalb abgesehen werden, weil nicht feststeht,

ob und wann der Entwurf weiter verfolgt wird; erlaubt sei aber insoweit der Hinweis auf *Wendisch* 267 ff. Weitere Anregungen gibt LR-*Dünnebier*[23] Vor § 22, 13 Fußn. 4.

[13] BTVerh. IV 6470 A: die Sache soll an andere Richter gehen; 6471 C: der Angeklagte soll nicht vor demselben Richter stehen (s. auch § 23, 33).

einer (wohl kaum bald zu erwartenden) großen Prozeßreform vorbehalten worden (BTVerh. **IV** 132, S. 6475 B). Wird sie einmal gelöst werden, darf man nicht verkennen, daß die Eröffnung des Hauptverfahrens wichtiger als alle anderen Vorentscheidungen im Verfahren ist und daher am ehesten beim Angeklagten die Besorgnis erregen kann, der Richter, dem er „hinreichend verdächtig erscheint" (§ 203), treten ihm nicht unbefangen entgegen. Schließt der Gesetzgeber daher den Eröffnungsrichter aus, bringt er nur zum Ausdruck, daß er dem Gefühl des Angeklagten Rechnung trägt, nicht aber, daß er dessen Besorgnis teile oder gegen die Richter Mißtrauen hege[14].

Die **praktischen Schwierigkeiten,** die namentlich für kleinere Gerichte befürchtet **21** werden, sind zu überwinden, wenn man lediglich die Mitglieder von Kammern und Senaten ausschließt, die das Hauptverfahren eröffnet haben. Mängel des amtsgerichtlichen Verfahrens dagegen können grundsätzlich mit der — begründungsfreien — Berufung angefochten werden; dem Angeklagten, der den Strafrichter durch die Eröffnung als befangen ansieht, ist anzusinnen, sich vor der Berufungskammer Recht zu holen. Der Ausschluß wenigstens des Berichterstatters der Eröffnungskammer war 45 Jahre lang geltendes Recht und ist durch eine Ausnahmeverordnung der Reichsregierung beseitigt worden.

Ablehnung und Ausschließung des **Staatsanwalts** sind nach Voraussetzung, Verfahren und Anfechtungsmöglichkeit gesetzlich zu regeln. Auch wird zu prüfen sein, ob **22** nicht die Mitwirkung eines ausgeschlossenen Richters am Urteil wie in § 579 Abs. 1 Nr. 2 ZPO zum **Wiederaufnahmegrund** erhoben werden sollte (*v. Hippel* § 25 IV 3 Anm. 7). Das erscheint wenigstens für den Fall unabweislich, daß der Ausschließungsgrund erst nach Rechtskraft des Urteils bekanntgeworden ist.

Bei der vom Bundestag in Aussicht gestellten „großen Prozeßreform" (BTVerh. **23** **IV** 6475 B) sollte der Abschnitt auch **anders aufgebaut** werden. Es ist unglücklich, das Verfahren bei Ausschließung und das bei Ablehnung übereinstimmend zu behandeln, obwohl Voraussetzungen und Folgen bei beiden verschieden sind.

§22

Ein Richter ist von der Ausübung des Richteramts kraft Gesetzes ausgeschlossen:
1. wenn er selbst durch die Straftat verletzt ist;
2. wenn er Ehegatte oder Vormund des Beschuldigten oder des Verletzten ist oder gewesen ist;
3. wenn er mit dem Beschuldigten oder mit dem Verletzten in gerader Linie verwandt oder verschwägert, in der Seitenlinie bis zum dritten Grad verwandt oder bis zum zweiten Grad verschwägert ist oder war;
4. wenn er in der Sache als Beamter der Staatsanwaltschaft, als Polizeibeamter, als Anwalt des Verletzten oder als Verteidiger tätig gewesen ist;
5. wenn er in der Sache als Zeuge oder Sachverständiger vernommen ist.

Schrifttum. *Cuno* Die Ausschließung des Richters in den Fällen des § 23 StPO, Diss. Freiburg 1934; *Müller* Unter welchen Voraussetzungen ist jemand als Richter wegen früherer Befassung mit der Sache ausgeschlossen? NJW **1961** 102; *W. Schmid* Richterausschluß (§ 22 Nr. 5 StPO) durch „dienstliche Äußerungen"? GA **1980** 285.

---

[14] Vgl. die Ausführungen der Abgeordneten *Jahn* und *Güde,* BTVerh. **IV** 69, S. 3126 D, 3132 C.

Günter Wendisch

Entstehungsgeschichte. Durch Art. IV des Gesetzes über die Zulassung der Frauen zu Ämtern und Berufen der Rechtspflege vom 11. 7. 1922 (RGBl. I 573) wurde in Nr. 2 das Wort „Ehegatte" an die Stelle des Wortes „Ehemann" gesetzt. Durch Art. 21 Nr. 4 EGStGB 1974 wurden in Nr. 1 die Worte „strafbare Handlung" durch das Wort „Straftat" ersetzt. Durch Art. 7 Nr. 3 Buchst. a AdoptG sind die Worte „oder durch Annahme an Kindes Statt verbunden" gestrichen und ist der letzte Satzteil „auch wenn die Ehe, durch welche die Schwägerschaft begründet ist, nicht mehr besteht" durch die Worte „oder war" ersetzt worden.

Übersicht

I. Ausschließung als Verletzter oder wegen Beziehung zum Beschuldigten oder Verletzten (Nr. 1 bis 3)

1   **1. Straftat.** Die Ausschließung hängt, wie in Nr. 1 ausdrücklich gesagt wird, wie aber auch in Nr. 2 und 3 zu ergänzen ist, davon ab, daß der Richter selbst oder ein mit ihm in besonderer Beziehung Stehender durch die Straftat verletzt ist, oder davon, daß der Richter zu den in Nr. 2 und 3 Genannten in einem besonderen, meist nahen, Verhältnis steht oder stand. Das Wort Straftat ersetzt den früheren Begriff der strafbaren Handlung und begreift die tatbestandsmäßige, rechtswidrige und schuldhafte Handlung im Sinn des **materiellen Strafrechts** (Begr., BTDrucks. VI 3250, S. 181). Den Gegensatz bildet die Tat im Sinn des § 264 (Begr. zu Art. 19 Nr. 1 EGStGB 1974, BTDrucks. 7 550, S. 275).

2   In Nr. 4 und 5 dagegen wird von der Sache gesprochen, worunter das Strafverfahren wegen derselben **Tat im Sinn des § 264** gegen dieselbe Person zu verstehen ist (Rdn. 28). Der Anknüpfungspunkt für den Ausschluß kann aber in den einzelnen Nummern nicht verschieden sein (BGHSt 14 221). Der durch eine nicht angeklagte Straftat, eine mitbestrafte, konsumierte oder subsidiäre Straftat verletzte Richter, muß ebenso kraft Gesetzes als befangen angesehen werden wie derjenige, der in irgendeinem, auch später etwa nicht angeklagten Punkt der Sache, soweit sie zur Tat i. S. des § 264 gehört, ermittelt hat.

3   Das Wort Straftat bleibt daher, ebenso wie früher der Begriff der strafbaren Handlung, hinter dem zurück, was das Gesetz meint; es ist als **Tat** zu lesen. Die Verletzung braucht nicht durch die Straftat bewirkt zu sein, wegen der der Angeklagte angeklagt worden ist; es genügt die Verletzung durch einen Teil des gesamten geschichtlichen Vorgangs, dem das in der zugelassenen Anklage aufgeführte Tun des Angeklagten entnommen ist, soweit dieser Vorgang nach der Auffassung des Lebens eine sinnvolle Einheit bildet (vgl. § 242).

2. Gegenstand des Verfahrens. Auch damit ist der Anknüpfungspunkt für die Aus- **4** schließung noch nicht umfassend genug bezeichnet. Nach den §§ 2 bis 4 können zusammenhängende Strafsachen verbunden anhängig gemacht oder nach Eröffnung des Hauptverfahrens verbunden werden. Nach § 13 können zusammenhängende Strafsachen am gleichen Gerichtsstand angeklagt oder dorthin verbunden werden. Ist das geschehen, verliert die einzelne Strafsache für die Dauer der Verbindung ihre Selbständigkeit; es liegt nur noch ein einheitliches Strafverfahren vor.

Daraus ist zu Recht gefolgert worden, daß der durch eine Tat begründete **5** Ausschluß eines Richters für die sämtlichen verbundenen Strafsachen, d. h. für das gesamte durch die Verbindung entstandene **einheitliche Strafverfahren,** wirksam ist (BGHSt 14 222). Der Richter ist daher ausgeschlossen, wenn sich im Fall der Nr. 1 die Verletzung, in den Fällen der Nr. 2 und 3 die Beziehung zu dem Beschuldigten oder Verletzten auf den Gegenstand des Strafverfahrens bezieht, freilich vielleicht nur auf einen Teil von diesem, selbst wenn dieser bis zur Aburteilung — etwa durch Einstellung nach §§ 153 bis 153 e, 154, 154 a — wieder weggefallen ist (BGHSt 14 222; KG StrVert. 1981 13). Entscheidend ist allein, ob der Richter in irgendeinem Punkt durch die Straftat verletzt ist, unabhängig davon, ob der Beschuldigte (Angeklagte) deswegen noch zur Rechenschaft gezogen werden soll oder kann (BGHSt 14 219; MDR 1954 628; KG StrVert. 1981 14).

3. Begriffe Beschuldigter und Verletzter

a) Der Begriff **Beschuldigter** bedarf hier kaum der Erläuterung. Soweit er den **6** Angeschuldigten und den Angeklagten erfaßt — die Hauptfälle, wo die Ausschließung eine Rolle spielt —, ist die Abgrenzung 157 zu entnehmen. Die bei den § 136, 163 a erörterte, von der Redaktionskommission des Reichstags nicht geklärte (*Hahn* Mat. 2 1974) Frage, von wann an ein Verdächtiger (§ 160 Abs. 1: „Verdacht" einer Straftat) anfängt, Beschuldigter zu werden, kann kaum streitig werden, weil ein Richter im vorbereitenden Verfahren (§ 26 a Abs. 2 Satz 3) erst in Anspruch genommen wird, wenn feststeht, daß die Staatsanwaltschaft jenen einer Straftat beschuldigt.

b) Der Begriff **Verletzter** findet sich in der Strafprozeßordnung an vielen Stellen **7** (z. B. § 61 Nr. 2, § 111 b Abs. 3, § 111 e Abs. 3, 4, § 111 g Abs. 1, § 111 h Abs. 1, § 111 i, § 111 k Abs. 1; § 172 Abs. 1, § 272, § 374 Abs. 1, § 388 Abs. 1, § 395 Abs. 2, § 403, § 472 a), doch sind ihm nicht überall dieselben Grenzen gezogen (BGHSt 4 203; 5 87; 29 355 = JR 1981 377 mit Anm. *Meyer-Goßner*); er ist vielmehr nach dem Zweck der einzelnen Vorschrift bald enger, bald weiter auszulegen. Für § 22 muß wegen der Anfechtbarkeit der Handlungen eines ausgeschlossenen Richters (Rdn. 59) ein fest umgrenzbarer Begriff gefordert werden. Dieser Forderung kann eine mittelbare Verletzung (so *Eb. Schmidt* 6; *Peters* § 20 II 1; *Schorn* 261) nicht genügen, weil die Grenzen des Mittelbaren verfließen (BGHSt 1 299). Verletzt i. S. des § 22 ist daher, wer durch die abzuurteilende Tat **unmittelbar betroffen** ist, d. h. bei Straftaten gegen das Vermögen durch die Straftat einen unmittelbaren Nachteil an seinem Vermögen erleidet (RGSt 24 342; 25 170; 37 145; 67 219; 69 127; BGHSt 1 298).

Günter Wendisch

8   Auch die **mittelbare Verletzung** kann, und das wird oft naheliegen, die Befangenheit des Richters begründen. Dann sind die Wege der §§ 24 und 30 zu wählen. Die Verletzung wird nicht dadurch **beseitigt**, daß das auf die Hauptverhandlung ergehende Urteil die verletzende Straftat nicht feststellt; es kommt vielmehr allein darauf an, daß dem Angeklagten durch die Anklage eine Tat zur Last gelegt wird, aus der, wenn sie als begangen festgestellt wird, sich die Verletzung ergäbe (RGRspr. **8** 582).

4. Ausschlußgründe

9   **a) Verletzter Richter (Nr. 1).** Nach dem selbstverständlichen Grundsatz, daß niemand Richter in eigener Sache sein kann, ist der durch den **Gegenstand des Strafverfahrens** verletzte Richter ausgeschlossen. Wird der Richter durch eine Straftat verletzt, die nicht Gegenstand des Verfahrens ist, findet die Vorschrift keine Anwendung (BGHSt **14** 222). Der Richter wird also nicht dadurch ausgeschlossen, daß der Angeklagte ihn während der Verhandlung bestiehlt oder beleidigt. Allerdings kann der Fall des § 24 oder des § 30 vorliegen, aber nicht regelmäßig, wie sich schon aus § 178 GVG („vorbehaltlich der strafgerichtlichen Verfolgung") ergibt.

10   **b) Ehegatte, Vormund (Nr. 2).** Der Richter ist auch ausgeschlossen, wenn er zum Beschuldigten oder Verletzten in einem besonderen Verhältnis steht, z. B. dessen **Ehegatte** — nicht der oder die Verlobte — oder Vormund ist. Das erstere Verhältnis setzt voraus, daß eine im Inland oder auch im Ausland geschlossene, nach dem Recht der Bundesrepublik als gültig anzuerkennende Ehe, besteht oder früher bestanden hat. Gleichgültig ist dabei, aus welchem Grund — Scheidung, Aufhebung oder Nichtigkeitserklärung — das Eheverhältnis beendet worden ist (vgl. RGSt **18** 42; **41** 113; **47** 287; **56** 427; BGHSt **9** 37). Die Eigenschaft als Ehegatte ist allerdings zu verneinen, wenn eine formgültige Ehe überhaupt nie bestanden hat (Nichtehe). Die Eigenschaft als **Vormund** (§§ 1773, 1896 BGB) umfaßt auch die vorläufige Vormundschaft (§ 1906 BGB) und die Gegenvormundschaft (§ 1792 BGB; RGSt **11** 223), nicht aber die Pflegschaft (§§ 1909, 1910 BGB).

11   **c) Verwandter oder verschwägerter Richter (Nr. 3).** Auf die in Nr. 3 aufgeführten **Verwandtschaften** und **Schwägerschaften** finden nach Art. 33 EGBGB die Vorschriften des bürgerlichen Rechts Anwendung, d. s. § 1589 BGB für die Verwandtschaft und § 1590 BGB für die Schwägerschaft. Ausgeschlossen ist ein Richter, wenn er in **gerader Linie** mit dem Beschuldigten oder mit dem Verletzten verwandt ist. Ein solches Verhältnis besteht zwischen Personen, deren eine von der anderen abstammt (Eltern, Kinder), und zwar ohne Rücksicht auf den Grad ihrer Verwandtschaft. In der **Seitenlinie** verwandt sind Personen, die von derselben dritten Person abstammen (§ 1589 Satz 2 BGB), in erster Hinsicht also Geschwister. Da sich der Grad der Verwandtschaft nach der Zahl der zu vermittelnden Geburten (§ 1589 Satz 3 BGB) bestimmt, ist ein Richter wohl gegenüber voll- oder halbbürtigen Geschwistern und Geschwisterkindern (Neffen, Nichten) im Verfahren gegen die eigenen Geschwister oder die Geschwister ihrer Eltern (und umgekehrt), nicht aber gegenüber Geschwisterkindern (Vettern, Basen) im Verfahren gegen eines von ihnen ausgeschlossen. Für **nichteheliche** Kinder bestehen nach der Aufhebung des § 1589 Abs. 2 BGB durch das Gesetz vom 19. 8. 1969 (BGBl. I 1243) keine Besonderheiten, da auch die nichteheliche Geburt Verwandtschaft vermittelt. Mehrere nichteheliche Kinder derselben Mutter und desselben Erzeugers sind vollbürtige Geschwister. Wird das nichteheliche Kind auf Antrag des Vaters für ehelich erklärt (§ 1723 BGB), so erstrecken sich diese Wirkungen auch auf die Verwandten des Vaters, da § 1737 BGB weggefallen ist.

Seit der Neuordnung des Adoptionsrechts durch das AdoptG erlangt das ange- **12** nommene minderjährige Kind die rechtliche Stellung eines ehelichen Kindes des oder der Annehmenden (§1754 BGB). Die **Adoption** begründet bei Annahme eines **minderjährigen** Kindes die volle Verwandtschaft zwischen Kind und Annehmendem samt dessen Verwandten sowie die entsprechenden Schwägerschaften, während die bisherigen Verwandtschaftsverhältnisse grundsätzlich (Ausnahme §1756 BGB) erlöschen (§1755 BGB). Diese Rechtsfolgen sind auch für die Ausschließung maßgebend. Die Annahme eines **Volljährigen** begründet dagegen nur die Verwandtschaft zum Annehmenden selbst (§1770 BGB), erstreckt sich nicht auch auf dessen Verwandtschaft, es sei denn, daß das Vormundschaftsgericht nach §1772 BGB etwas anderes bestimmt; sie begründet die Ausschließung mithin auch nur in diesen Fällen.

Schwägerschaft (§1590 BGB) besteht zwischen einem Ehegatten und den Ver- **13** wandten des anderen; sie ist mithin gegeben im Verhältnis zu den Schwiegereltern (aufsteigende Linie), den Kindern des anderen Ehegatten (Stiefkinder, absteigende Linie) und den in der Seitenlinie mit seinem Ehegatten Verwandten. Zufolge Aufhebung von §1589 Abs. 2 BGB sind auch das nichteheliche Kind und seine Verwandten mit der Ehefrau seines Vaters und deren Verwandten, aber auch die Ehefrau des nichtehelichen Kindes mit dessen Vater und seinen Verwandten verschwägert. Keine Schwägerschaft besteht zwischen den Ehegatten selbst, den Verwandten eines mit den Verwandten des anderen Ehegatten, den Verschwägerten eines Ehegatten mit dem anderen, dem Ehegatten des Annehmenden mit dem Angenommenen, wohl aber zwischen dem Ehegatten des Kindes mit dem Annehmenden (§1754 BGB). Voraussetzung der Schwägerschaft ist aber auch hier, daß eine gültige Ehe besteht oder früher bestanden hat (Rdn. 10). Auch hier braucht die Ehe, durch welche die Schwägerschaft vermittelt worden ist, nicht mehr zu bestehen und ist es auch bedeutungslos, aus welchem Grund das Eheverhältnis beendet worden ist.

Für Verwandte in gerader Linie gilt der Ausschlußgrund ohne Einschränkung **14** (Rdn. 11), für Verwandte in der Seitenlinie bis zum dritten Grad, für Verschwägerte nur bis zum zweiten Grad; er schließt diese Grade ein.

Die **Verwandtschaft** oder Schwägerschaft **des Richters mit einem anderen** mitwir- **15** kenden **Richter,** mit dem Beamten der Staatsanwaltschaft, dem Urkundsbeamten, dem Verteidiger des Beschuldigten oder dem Anwalt des Privatklägers oder Verletzten oder mit einem Zeugen oder Sachverständigen fällt nicht unter die Vorschrift (BGH bei *Dallinger* MDR **1974** 547; *Eb. Schmidt* 12), doch kann ggf. Befangenheit des Richters zu besorgen sein (§24 Abs. 2, §30).

5. Einzelfälle

a) **Vermögensdelikte.** Beim **Diebstahl** ist sowohl der Gewahrsamsinhaber als auch **16** der Eigentümer verletzt (vgl. RGSt **10** 210; **19** 378; **50** 46; *Eb. Schmidt* 7). Beim **Betrug** ist verletzt, wer an seinem Vermögen beschädigt, dagegen nicht, wer getäuscht, aber ein anderer als der Geschädigte ist (RGSt **74** 170; BGH bei *Dallinger* MDR **1971** 363). **Konkursdelikte** verletzen jeden Konkursgläubiger, der wegen Unzulänglichkeit der Masse nicht voll befriedigt wird (RGSt **11** 233; **33** 309); nachträgliche Befriedigung beseitigt die Eigenschaft als Verletzter nicht (RGSt **21** 291). Dagegen verletzt eine Tat zum Nachteil der Konkursmasse den Konkursverwalter nicht (RG HRR **1938** 636).

Verwirklicht sich der schädliche Erfolg am **Vermögen einer Gesellschaft,** so **17** kommt es für die Frage, ob die Gesellschafter unmittelbar geschädigt sind, auf die Gesellschaftsform an: Bei der Gesellschaft des bürgerlichen Rechts steht das Eigentum am Gesellschaftsvermögen der Gesamtheit der Gesellschafter zu (§718 Abs. 1 BGB). Daher

Günter Wendisch

nimmt jeder Gesellschafter unmittelbar an dem Schaden teil, der das Geschäftsvermögen trifft. Dasselbe trifft auf die offene Handelsgesellschaft zu, da sie, wenn ihr auch § 124 HGB in gewissen Grenzen eine rechtliche Selbständigkeit einräumt, doch keine juristische Person, die rechtliche Stellung ihrer Gesellschafter vielmehr so geordnet ist, daß diese in ihrer jeweiligen Vereinigung Eigentümer des Gesellschaftsvermögens sind (RGSt 46 77). Es gilt auch für den nicht rechtsfähigen Verein und die Kommanditgesellschaft (KK-*Pfeiffer* 6).

18   Anders verhält es sich mit dem eingetragenen **Verein** (§ 21 BGB), der eingetragenen Genossenschaft (§ 1 GenG; RGSt 3 362), der **Aktiengesellschaft** (§ 1 AktG), der Kommanditgesellschaft auf Aktien (§ 278 AktG, RGSt 37 415; 69 128) und mit der Gesellschaft mit beschränkter Haftung (§ 13 GmbHG). In diesen Fällen liegt eine von ihren Gesellschaftern verschiedene Rechtspersönlichkeit vor. Dieser gehört das Vermögen; wird es verringert, bewirkt das für die Beteiligten nur einen mittelbaren Schaden (RGSt 37 415; 69 128; anders bei § 61 Nr. 2: BGHSt 4 202), der sich wegen des Umfangs des Vermögens, der inneren Ausgleichsmöglichkeiten, der Limitierung der Dividenden und anderer Faktoren auf das Vermögen des Gesellschafters oder Mitglieds nicht auszuwirken braucht, jedenfalls in der Regel als Einzelschaden nicht meßbar und nicht mit Sicherheit feststellbar ist. Demzufolge nimmt auch der **Prokurist einer Gesellschaft mit beschränkter Haftung** an dem Schaden, der dieser widerfährt, selbst dann nicht unmittelbar teil, wenn er Anteil am Gewinn der Gesellschaft hat (BGHSt 1 300).

19   Wird eine Stadtgemeinde, eine Kirchengemeinde oder eine andere **Körperschaft** des öffentlichen Rechts geschädigt, so trifft der Schaden unmittelbar weder die Mitglieder noch die verfassungsmäßigen Vertreter (RGSt 67 220), auf keinen Fall die Mitglieder willensbildender Organe, wie Kreistagsabgeordnete eines geschädigten Landkreises (BGH bei *Dallinger* MDR 1955 145).

20   **b) Beleidigung.** Der in einem voraufgegangenen Verfahren durch eine Beleidigung verletzte Richter ist wegen seiner Verletzung ausgeschlossen, diese Beleidigung abzuurteilen. Dabei ist es gleichgültig, ob er selbst oder ob der die Dienstaufsicht Führende Strafantrag gestellt hat (BGH MDR 1954 628). Dagegen ist der die **Dienstaufsicht führende Richter** niemals ausgeschlossen, mag er (§ 77 a Abs. 2 StGB) den Strafantrag gestellt (RGRspr. 4 209; RGSt 30 125) oder mag der Richter das selbst getan haben (RGRspr. 5 333), doch kann in dem ersten Fall Besorgnis der Befangenheit begründet sein (RGSt 30 124). Durch die Beleidigung des **gesamten Richterstands** (vgl. RGSt 4 342) oder sämtlicher Richter eines Landes (RGSt 25 179; KG JR 1978 422) werden nicht sämtliche Richter, sondern nur diejenigen verletzt, die persönlich getroffen werden sollen und gegen die damit die beleidigende Kundgebung unmittelbar gerichtet ist (RG JW 1912 942).

21   **6. Richter als Beschuldigter.** Die Nummern 2 und 3 schließen den Richter sowohl aus, wenn er zu dem Beschuldigten als auch wenn er zu dem Verletzten in einem besonderen Verhältnis steht. In Nr. 1 dagegen ist nur auf seine Verletzung durch die Straftat abgestellt. Den Parallelfall hierzu, daß der Richter selbst Beschuldigter ist, erwähnt das Gesetz nicht. Denn es ist selbstverständlich, daß niemand Richter über sich selbst sein kann. Daher ist der Richter nicht nur ausgeschlossen, wenn er Angeklagter ist, sondern auch, wenn er zufolge einer Anzeige als Beschuldigter geführt wird[1]. Der Richter ist

---

[1] Beispiel: Ein Richter des Strafsenats des Oberlandesgerichts ist wegen Rechtsbeugung angezeigt; das Verfahren wird eingestellt (§ 171), die Beschwerde gegen die Einstellung zurückgewiesen. Im Anklageerzwingungsverfahren (§ 172 Abs. 2) ist der Richter ausgeschlossen (OLG Stuttgart MDR 1971 67).

aber nicht nur ausgeschlossen, wenn er als Beschuldigter geführt wird, sondern auch, wenn er, ohne beschuldigt worden zu sein, **Täter ist,** gleichviel ob er das weiß oder nicht.

Unter den **Begriff des Täters** fällt der Richter, der der wirkliche Alleintäter ist **22** oder sich an der Tat als Mittäter (§ 25 Abs. 2 StGB), Nebentäter, Anstifter (§ 26 StGB) oder Gehilfe (§ 27 Abs. 1 StGB) beteiligt oder sich einer Begünstigung (§ 257 StGB) oder Strafvereitelung (258 StGB) in bezug auf den Täter der abzuurteilenden Straftat oder einer Hehlerei (§ 259 StGB) in bezug auf den Gegenstand der abzuurteilenden Tat schuldig gemacht hat; ein seltener Fall, der zudem, wenn er einmal vorliegen sollte, kaum bis zur Revision (§ 338 Nr. 2) aufgedeckt werden wird. Einen Wiederaufnahmegrund (§ 359) enthält er nach geltendem Recht nicht.

II. Ausschließung wegen nichtrichterlicher Vortätigkeit (Nr. 4 und 5)

1. Begriff der Sache. Im Unterschied zu § 23, der die Ausschließung bei richterli- **23** cher Vortätigkeit regelt, handeln die Nr. 4 und 5 vom Ausschluß, wenn der Richter in bestimmter Weise nichtrichterlich tätig geworden oder in der Sache vernommen worden ist. Im früheren § 23 Abs. 3 war als Mitglied des erkennenden Gerichts der Untersuchungsrichter in der Sache ausgeschlossen, in der er die **Voruntersuchung** geführt hatte. Zu Unrecht wurde der Begriff **Sache** in beiden Vorschriften unterschiedlich ausgelegt; dabei ist die Auslegung, die er zu § 22 gefunden hatte, aus folgenden Erwägungen zu verwerfen.

Zu der hier behandelten Bestimmung wurde dabei vor allem (wenn auch nicht im- **24** mer: RGSt 7 237) auf die Vortätigkeit als Staatsanwalt abgestellt: Nach § 23 Abs. 3 sollte der Untersuchungsrichter als erkennender Richter nur ausgeschlossen sein, wenn er die Voruntersuchung wegen derselben Straftat i. S. des 264 *und* gegen dieselbe Person geführt hatte (RGSt 54 316; 62 314; 68 377; BGHSt 9 194; GA **1968** 280; vgl. auch BGHSt 31 358). Im Fall des § 22 Nr. 4 dagegen sollte es beim Staatsanwalt ohne Rücksicht auf die verfolgten Personen allein auf die Tat i. S. des § 264 ankommen (RGSt 28 53; 57 275; BGH GA **1968** 280), ja es sollte die Sachgleichheit noch umfassender als die nach § 264 zu bestimmende Tatgleichheit verstanden werden (BGHSt 9 195). Demgegenüber faßt *Eb. Schmidt* (14) den Sachbegriff in beiden Fällen i. S. des § 264 auf „ohne Rücksicht auf die in den verschiedenen Verfahrensstadien ins Auge gefaßten Personen". *v. Beling* (JW **1929** 1039) dagegen will — zu Recht — den für den Untersuchungsrichter gewonnenen eingeengten Begriff (Personenidentität) auch auf den Staatsanwalt, den Polizeibeamten und den Verteidiger anwenden.

Zwar hat der gleiche Begriff an verschiedenen Stellen des Gesetzes oft verschie- **25** dene **Bedeutung.** Wenn er aber in zwei eng zusammenhängenden, einander unmittelbar folgenden und sich ergänzenden Vorschriften gebraucht wird, wie dies bisher der Fall war, liegt die Annahme nahe, daß er wenigstens insoweit den gleichen Inhalt hat, als er einen jetzt erkennenden Richter betrifft, der vor dem Hauptverfahren eine ermittelnde Tätigkeit, sei es als Staatsanwalt, sei es als Untersuchungsrichter, ausgeübt hat. In der Tat schlagen die für die Differenzierung durchgeführten Argumente nicht durch.

Die Auffassung, § 22 Nr. 4 verfolge ein **weiteres Ziel** als § 23 Abs. 3, weil er das **26** Strafverfahren nicht nur gegen Voreingenommenheit schützen, sondern schon den Verdacht der Parteilichkeit vermeiden wolle (RGSt 28 54; 59 267; RG GA 40 447; BGH NJW **1952** 1149; BGHSt 9 195), ist unrichtig. Denn dieser Zweck liegt allen Ausschließungsvorschriften zugrunde. So erklären die Motive (*Hahn* 1 82) zu der Unterscheidung zwischen Ausschließungs- und Ablehnungsgründen: „Gewisse Hinderungsgründe sind von der Art, daß schon die Rücksicht auf das Ansehen der Justiz die Ausschließung des Richters erheischt". Damit ist der Gegensatz zu § 24 gekennzeichnet; auf § 23 treffen die Motive in gleicher Weise wie auf § 22 zu.

27   Auch die Erwägung, der frühere § 23 Abs. 3 sei, anders als § 22 Nr. 4, eine **Ausnahme** von dem Grundsatz gewesen, daß eine richterliche Tätigkeit in der Sache, die der Mitwirkung als erkennender Richter vorausgehe, keine Befangenheit begründe (BGHSt 9 194; BGH GA **1968** 280), war nicht stichhaltig. In beiden Fällen ist zunächst die innere Freiheit des erkennenden Richters zu beurteilen; dabei kann die Frage, ob er aus einer Vortätigkeit befangen ist, nicht verschieden beantwortet werden, je nachdem, ob er als Richter, als Beamter oder als Anwalt mit der Sache befaßt war. Denn es kommt nicht darauf an, welche Eindrücke er früher empfangen hat, sondern allein darauf, wie er sich jetzt von ihnen freihalten kann. Zweifelhaft konnte nur die weitere Frage gewesen sein, ob der Beteiligte eher annehmen konnte, der Richter, der in der Sache Staatsanwalt oder Verteidiger gewesen sei, erscheine ihm befangener als einer, der in der Sache die Voruntersuchung geführt hat. Läßt man bloße unbegründete Gefühle beiseite, die ja auch die Ablehnung wegen Befangenheit nicht rechtfertigen (§ 24, 6), so ist eine solche Befürchtung nicht anzuerkennen.

28   Aus zwei Gründen schlägt auch die Begründung nicht durch, der **Staatsanwalt** ermittle gegen alle Personen, die als Tatbeteiligte in Betracht kommen (RGSt 57 276; **68** 377; BGH GA **1968** 280), der Untersuchungsrichter aber sei nur gegen die Personen vorgegangen, die der Antrag auf Eröffnung der Voruntersuchung erfaßt habe (RGSt 62 316). Denn einmal regte der Untersuchungsrichter, wenn der Verdacht gegen einen weiteren Beschuldigten auftauchte, an, die Voruntersuchung auch auf diesen auszudehnen, wozu er in dringenden Fällen von Amts wegen tätig werden mußte (RGSt 68 377). Zum anderen ist nicht einzusehen, warum der erkennende Richter in der Verhandlung gegen B soll befangen erscheinen können, wenn er gegen A als Staatsanwalt ermittelt hat, ohne zu wissen, daß B beteiligt war (RGSt 57 275), während keine solche Befangenheit sollte auftreten können, wenn er in der gleichen Lage das gleiche als Untersuchungsrichter getan hatte (RGSt 62 314). Danach ist der Begriff „Sache" in § 22 Nr. 3 in bezug auf den als Staatsanwalt tätig gewesenen Richter genauso aufzufassen, wie er es früher in 23 Abs. 3 war, nämlich als das **Strafverfahren wegen derselben Tat** i. S. des § 264 **gegen dieselbe Person** (a. A. KMR-*Paulus* 13). Für den Polizeibeamten muß dasselbe gelten.

29   Zur Sache **gehört** das gesamte Verfahren von den Ermittlungen an über die Hauptverhandlung (RGSt 17 174; 57 275; BGHSt 28 263), die Strafvollstreckung nach §§ 453 ff (OLG Karlsruhe Justiz **1983** 26) bis zum Wiederaufnahmeverfahren (RGSt 30 71)[2], **nicht** aber auch ein anschließendes **Verfassungsbeschwerdeverfahren** nach Art. 93 Abs. 1 Nr. 4 a GG in Verb. mit § 13 Nr. 8 a BVerfGG. Für dieses Verfahren ist die Ausschließung besonders geregelt. Zwar enthält § 18 Abs. 1 Nr. 2 BVerfGG eine dem Wortlaut des § 22 Nr. 4 ähnliche Regelung; jedoch läßt sich ein allgemeiner, verfahrensübergreifender Rechtssatz in bezug auf die Auslegung des dort durch die höchstrichterliche Rechtsprechung in Strafsachen festgelegten weiten Anwendungsbereichs auf das Verfahren über eine Verfassungsbeschwerde schon wegen der besonderen Eigenart dieses Verfahrens nicht herleiten. Für die Auslegung des Begriffs „dieselbe Sache" im Sinn

---

[2] Im Fall BGHSt **9** 193 war kein Ausschließungsfall gegeben. Die Umdeutung der Worte „in der Sache" in „in der Ursprungssache" verläßt unnötigerweise den Wortlaut des Gesetzes. Abhilfe mußte mit § 30 gefunden werden: Der Richter hätte, da seine Ablehnung begründet war, nach § 30 Anzeige machen, das Gericht hätte ihn wegen Besorgnis der Befangenheit ausschließen müssen.

von § 18 Abs. 1 Nr. 2 BVerfGG sind deshalb allein die Vorschriften des Verfassungs-
prozeßrechts maßgebend. Sie gebieten es, den Begriff in einem konkreten, strikt verfah-
rensbezogenen Sinn auszulegen. Es genügt nicht, daß der Richter in seiner früheren
amtlichen oder beruflichen Eigenschaft in einem mit dem anhängigen verfassungsgerichtlichen Verfahren in irgendeinem Zusammenhang stehenden Verfahren tätig geworden ist. Zu seinem Ausschluß kann regelmäßig nur eine Tätigkeit in dem verfassungsgerichtlichen Verfahren selbst oder in dem diesem unmittelbar vorausgegangenen und
ihm sachlich zugeordneten Verfahren führen (BVerfGE 47 108 = MDR 1978 553).
Wegen der Bedeutung des Begriffs, wenn die Vortätigkeit als Anwalt und als Verteidiger entfaltet worden ist, s. Rdn. 41; wenn der Richter als Zeuge vernommen worden ist,
s. Rdn. 44.

2. Begriff der Tätigkeit. Der Richter ist nach Nr. 4 ausgeschlossen, wenn er in **30**
der Sache in einer bestimmten Eigenschaft tätig geworden ist. Nach § 23 Abs. 3 war der
Untersuchungsrichter in Sachen ausgeschlossen, in denen er die Voruntersuchung „geführt" hatte.

Auch diesen Begriffen gab die Rechtsprechung — zu Unrecht — verschiedenen **31**
Inhalt: Bei § 22 Nr. 4 soll jede — auch nur formelle — Tätigkeit (RGSt 28 53; 55 113;
BGH NJW 1952 1149; RG GA 40 (1892) 447; vgl. auch *Schairer* 85) zum Ausschluß
führen, bei 23 Abs. 3 a. F. dagegen sollte das nur bei wesentlichen Untersuchungshandlungen der Fall sein (RGSt 61 415). Die Begründung, Nr. 2 bezwecke, alle Personen
vom Richteramt auszuschließen, bei denen auch nur die Möglichkeit einer Voreingenommenheit bestehe, gibt in Wirklichkeit keinen Unterschied zu 23 Abs. 3 a. F. ab
(Rdn. 26). Vielmehr ist der Begriff der Tätigkeit und des Führens (der Voruntersuchung) inhaltlich gleich aufzufassen. Denn in dem Hauptfall, der Vortätigkeit des
Staatsanwalts, besteht zu der, die früher dem Untersuchungsrichter zufiel, kein Unterschied in der Sachbehandlung.

Aus diesen Erwägungen umfaßt der Begriff der Tätigkeit jede Art amtliches Han- **32**
deln in der Sache, das geeignet ist, den **Sachverhalt zu erforschen** oder den **Gang des**
Verfahrens zu beeinflussen (RGSt 59 268; 70 162; BGHSt 9 193; BGH bei *Holtz* MDR
1982 281 = NStZ 1982 78). Danach ist der Begriff **Tätigkeit** weit zu fassen. Demzufolge
ist als Richter ausgeschlossen, wer als Beamter der Staatsanwaltschaft eine Verfügung
entworfen (RGSt 7 236) und die von einem nicht zeichnungsberechtigten Dezernenten
entworfene Verfügung in Vertretung des Abteilungsleiters unterzeichnet hat (BGH
NJW 1952 1149). Nicht ausgeschlossen ist dagegen, wer Akten abgegeben, nachdem er
seine Unzuständigkeit — und zwar schon aufgrund der Buchstabenzuteilung — festgestellt hat. Konnte er diese erst erkennen, nachdem er geprüft hat, ob der Verdacht eines
bestimmten Delikts besteht, war er aufgrund dieser Prüfung in der Sache tätig (RGSt 55
113) und deshalb ausgeschlossen. Dagegen ist ein Ausschlußgrund selbst dann zu verneinen, wenn ein Richter, der in einem früheren Verfahren gegen denselben Angeklagten
als Staatsanwalt tätig gewesen war, die in jenem Verfahren (von einem anderen Richter) verhängte Strafe in einem neuen Verfahren in die zu bildende Gesamtstrafe einbeziehen muß (BGHSt 28 262).

Der **leitende Beamte** der Staatsanwaltschaft, der „erste Beamte" (§ 144, § 145 **33**
Abs. 1 GVG), der mit der Sache selbst nicht befaßt gewesen ist (RGSt 70 163), ist man-
gels Tätigkeit nicht ausgeschlossen, wohl aber ist er es, wenn er auf die Sache selbst
Einfluß genommen hat, indem er z. B. die Beweisergebnisse oder Rechtsfragen mit dem
Dezernenten oder Abteilungsleiter, wenn auch nur mündlich, erörtert und dadurch,
auch ohne Weisungen zu erteilen, auf dessen Entschließung eingewirkt hat, wenn auch

Günter Wendisch

nur in der Weise, daß er dessen Ansicht bekräftigt hat. Nicht ausgeschlossen ist wiederum der (vorgesetzte) Staatsanwalt, der nur den Sitzungsdienst eingeteilt (*v. Beling* JW 1925 2779) oder — ohne Anordnungen in der Sache zu treffen — nur verfügt hat, daß die Akten dem Dezernenten nach Rückkehr aus dem Urlaub vorzulegen seien, und zwar selbst dann nicht, wenn er die prozessualen Fragen des Falls mit einem Referendar zu dessen Ausbildung besprochen hatte (RGSt 59 267).

34   Die **Rücknahme eines Steckbriefs** macht nur dann befangen, wenn sie auf eigener Beurteilung des Sachverhalts beruht. Ist sie nur die Konsequenz einer von einem anderen Staatsanwalt beschlossenen Einstellung, stellt sie eine unausweichliche und allein technische Entscheidung dar, die keine Einwirkung auf die Sache in sich schließt. Ebenso ist die Anordnung, gerichtliche Ladungen und Entscheidungen zuzustellen (RGSt 28 54), bloß technische Ausführung des Gesetzes. Daher kann sie den Richter nicht als befangen erscheinen lassen, mithin auch keinen Ausschluß begründen.

35   **3. Beamte der Staatsanwaltschaft (§ 146 GVG)** sind die Bundesanwälte (einschließlich der Oberstaatsanwälte bei der Bundesanwaltschaft), die Staatsanwälte (einschließlich der nach § 19 a Abs. 3 DRiG) und die Amtsanwälte (§ 142 Abs. 1 Nr. 3 GVG) — in beiden Fällen unabhängig von der Dienstbezeichnung — sowie die mit der Wahrnehmung staatsanwaltschaftlicher Aufgaben beauftragten Richter auf Probe (RGSt 7 236)[3], die mit der Wahrnehmung amtsanwaltlicher Aufgaben beauftragten Referendare (§ 142 Abs. 3 GVG; OLG Düsseldorf JMBlNRW 1965 103), die Teilnehmer an der einstufigen Juristenausbildung (§ 5 b Abs. 2 DRiG i. V. m. § 142 Abs. 3 GVG) und Angehörige des gehobenen Dienstes (unabhängig von der Dienstbezeichnung, meist Inspektoren). Beamte der Staatsanwaltschaft sind auf jeden Fall nach dem Sinn der Vorschrift auch die Hilfsbeamten der Staatsanwaltschaft (§ 152 GVG). Freilich werden sie in der Regel zugleich Polizeibeamte (Rdn. 37) sein.

36   Führen die aufgeführten Beamten der Staatsanwaltschaft **Geschäfte der allgemeinen Justizverwaltung,** wie die Bearbeitung von Dienstaufsichtsbeschwerden, so wird dadurch die Fähigkeit für eine spätere Richtertätigkeit in einer Strafsache, auf die die Aufsichtsbeschwerde Bezug hatte, nicht gehindert (*v. Beling* JW 1925 2779).

37   **4. Polizeibeamte,** die in einer Strafsache aus eigener Entschließung tätig geworden sind (§ 163 Abs. 1), sind in derselben Sache als Richter ausgeschlossen (RGSt 17 422), nicht jedoch Polizeibeamte, die ohne eigene Ermittlungen bloß eine Anzeige nach § 159 Abs. 1 erstattet haben (RG GA 49 118). Beschließt ein Bürgermeister nach eigener Prüfung, von weiteren Ermittlungen bis zur Entschließung der Staatsanwaltschaft abzusehen, so ist er damit in der Sache tätig geworden (RGSt 55 251). Als Polizeibeamter ist auch **anzusehen,** wer ohne als solcher angestellt zu sein, polizeiliche Dienste der Strafverfolgung leistet, z. B. der Richter, der — etwa um die polizeiliche Praxis und die dabei verwendeten Geräte kennenzulernen — an einer Geschwindigkeitskontrolle der Verkehrspolizei teilgenommen und selbst die Geschwindigkeit des Fahrzeugs gemessen hat, dessen Fahrer wegen der dabei festgestellten Geschwindigkeitsüberschreitung von ihm abzuurteilen wäre (OLG Karlsruhe VRS 39 109).

38   Polizeibeamte, die **nicht zur Sicherheitspolizei** gehören, sind nur ausgeschlossen, wenn sie in der Sache eine Tätigkeit in der Strafrechtspflege ausgeübt, namentlich eine

---

[3] Nicht aber auch der Richter beim Amtsgericht, der wegen Gefahr im Verzug und Nichterreichbarkeit eines Staatsanwalts als „Notstaatsanwalt" nach § 165 tätig geworden ist (RGSt 68 377; BGHSt 9 235; a. A. *Gössel* GA 1980 347 und *Kleinknecht* 12).

mit Strafe bedrohte Handlung oder Unterlassung erforscht haben (RGSt 17 424; RG JW 1892 199); sonst begründet die Tätigkeit innerhalb eines anderen Zweigs der Polizei, etwa der Wohlfahrts- (RGSt 17 419) oder der Gesundheitspolizei (RGSt 35 320), nicht die Ausschließung. Ebenso genügen Transport oder Bewachung eines Gefangenen nicht. Auch war nicht „als" Polizeibeamter tätig, wer als Kriminalbeamter ein kriminaltechnisches Gutachten erstattet hat (BGH MDR 1958 785); doch kann er mit Erfolg als befangen (§ 24) abgelehnt werden und hat, wenn das nicht geschieht, nach § 30 zu verfahren.

Die Begriffe **Sache** und **Tätigkeit** können bei Polizeibeamten nicht anders als bei **39** Staatsanwälten aufgefaßt werden.

5. Anwalt und Verteidiger. Unter **Anwalt** des Verletzten ist nur der Rechtsanwalt **40** zu verstehen (RG GA 47 377). Dabei ist es gleichgültig, ob er den Verletzten nur beraten, eine Anzeige für ihn aufgesetzt oder erstattet, ihn im Beschwerde- oder Anklageerzwingungsverfahren (§ 172) vertreten oder im Privatklageverfahren (§ 378) oder als Nebenkläger (§ 397) vertreten oder Beistand geleistet hat. **Verteidiger** sind die Wahlverteidiger (§ 138 Abs. 1), auch die „anderen Personen" des § 138 Abs. 2, und die Pflichtverteidiger (§ 142 Abs. 1) einschließlich der zum Verteidiger bestellten Rechtskundigen (vgl. *Dünnebier* JR 1973 367 Fußn. 2).

Der Begriff der **Sache** gilt auch hier in dem zu Rdn. 29 festgestellten Umfang der **41** Personenidentität: Er betrifft das Strafverfahren wegen derselben Tat gegen dieselbe Person (RG LZ 1918 452; *v. Beling* JW 1929 1039). Denn der Anwalt verteidigt die Person (vgl. RG GA 47 377); Art und Maß der Tätigkeit sind unerheblich. Auch wer den Antrag, die **Verteidigung** zu übernehmen, **ablehnt,** kann damit als Verteidiger tätig sein, nämlich dann, wenn er die Sache zur Kenntnis genommen oder die Handakten des bisherigen Verteidigers eingesehen hat (RG GA 40 447), nicht jedoch, wenn er überhaupt keine Verteidigungen übernimmt und nur aus Höflichkeit eine kurze Unterhaltung geführt hat, ohne sich geistig mit der Sache zu befassen.

6. Zeuge und Sachverständiger. Nach Nr. 5 ist der Richter nur ausgeschlossen, **42** wenn er in der Sache (Rdn. 29; weitergehend auch hier der Bundesgerichtshof; vgl. BGHSt 31 359) gerichtlich, polizeilich oder von der Staatsanwaltschaft, einem Finanz- oder Hauptzollamt oder einer Zollfahndungsstelle als Zeuge oder Sachverständiger mündlich vernommen worden ist, gleichviel ob er Bekundungen gemacht oder die Erklärung abgegeben hat, von der Sache nichts zu wissen. Der mündlichen Vernehmung steht die von einem Richter (nicht Beamten) angeordnete Abgabe eines schriftlichen Sachverständigengutachtens im vorbereitenden Verfahren (§§ 158 bis 177) gleich (§ 82).

Abgesehen von diesem Fall genügen **schriftliche Erklärungen,** etwa des Richters **43** der Ursprungssache, zu einer daraus entstandenen neuen Meineidssache über den Inhalt der Aussage in der ersten Sache, mögen sie auch im Einzelfall die Ablehnung wegen Besorgnis der Befangenheit begründen, nicht zur Ausschließung; denn Vernehmung ist nur persönliches Anhören, in der Regel zu Protokoll (RGSt 12 180; 58 286; RG JW 1913 1001; a. A. KMR-*Paulus* 20)[4]. Erst recht wird der Richter nicht dadurch ausge-

---

[4] Bedenken dagegen erhebt *W. Schmid* (GA 1980 285), soweit die Vernehmung durch eine dienstliche Äußerung des Richters ersetzt wird. Für diesen Fall unterscheidet er: Kein Richterausschluß, wenn der jetzt amtierende Richter im Zusammenhang mit einem Beweisantrag nur sein „Nichtwissen" versichert oder wenn er sich nur zu prozessual erheblichen Umständen dienstlich geäußert hat; Ausschluß dagegen, wenn er

schlossen, daß er als **Zeuge benannt** wird (RGSt 42 2; RG GA 59 126; BGHSt 11 206; BGH bei *Holtz* MDR 1977 107). Deshalb kann der als Zeuge benannte Richter auch über den gestellten Beweisantrag mitentscheiden (BGH aaO)[5]. Andernfalls hätte es der Angeklagte in der Hand, durch bloße Benennung des Richters als Zeugen, jedes Gericht ohne sachlichen Grund an der Ausübung seines Amts zu hindern und damit eine geordnete Rechtspflege unmöglich zu machen (BGHSt 7 331 = JR 1955 391 mit Anm. *Niese* = JZ 1956 31 mit Anm. *Kleinknecht*; KK-*Pfeiffer* 14; KMR-*Paulus* 20). Einen Ausschluß bewirkt auch die Ladung nicht (BGHSt 14 220), doch verhindert sie den Richter, wenn er zur Hauptverhandlung als Zeuge und nicht als Richter erscheint (RGSt 42 3), an ihr als Richter teilzunehmen, und zwar selbst dann, wenn er als Zeuge nicht vernommen wurde (BGHSt 7 46). Sagt der Richter aus, z. B. dadurch, daß er privates Wissen kundgibt, sei es in der Verhandlung, sei es unzulässigerweise nur in der Beratung, dann verläßt er damit die Stellung des Richters, nimmt die eines **Zeugen** ein und ist dadurch als Richter ausgeschlossen (RGSt 26 273; vgl. *W. Schmid* 294).

44   Ein bloßer **Vorhalt,** z. B. ob eine Örtlichkeit nicht dieser oder jener Beschaffenheit sei, ist ebensowenig Zeugenaussage wie der Umstand, daß der Richter allgemeinkundige Tatsachen, etwa Straßenverhältnisse, in der Hauptverhandlung zum Gegenstand der Verhandlung macht. Ist der Richter vernommen worden, darf er das Richteramt selbst dann nicht ausüben, wenn sich seine Aussage als **bedeutungslos** erweist (RGSt 12 181). Die Vernehmung schließt ihn auch für ein Wiederaufnahmeverfahren aus (RGRspr. 6 161; RGSt 30 70), nicht aber für Teile des Verfahrens, in denen zufolge Abtrennung die frühere Aussage keine Rolle mehr spielt (RGSt 17 173). Der **Dolmetscher** gehört nicht zu den Sachverständigen i. S. der Nr. 5.

III. Wirkungen und Folgen

45   **1. Wirkungen.** Liegt ein Ausschließungsgrund vor, ist der Richter „ohne Anregung von seiten der Parteien und unabhängig von einem etwaigen Verzicht derselben eo ipso, also kraft des Gesetzes" (RGSt 2 211), ausgeschlossen, das Richteramt auszuüben. Er steht einer Person außerhalb der Gerichte gleich (BVerfGE 4 417 = NJW 1956 545). Ob der Richter oder einer der Beteiligten den Ablehnungsgrund **kennt,** ist — anders als bei der Ablehnung wegen Besorgnis der Befangenheit — gleichgültig (RGSt 33 309).

46   Aus dem Grundsatz, daß der Ausschließungsgrund den Richter ausschließt, folgt zweierlei: Grundsätzlich bedarf es keiner Entscheidung, sondern nur im Zweifelsfall. Eine **irrtümliche Entscheidung,** der Richter sei nicht ausgeschlossen, ändert nichts an dem kraft Gesetzes eingetretenen Ausschluß. Der Grundsatz, daß bei einer auf Verfahrensirrtum beruhenden gesetzwidrigen Besetzung Art. 101 Abs. 1 Nr. 2 GG nicht angenommen werden kann, gilt nicht für den ausgeschlossenen Richter (BVerfGE 30 167 = NJW 1971 1033); für den umgekehrten Fall, daß ein Richter irrtümlich als ausgeschlossen angesehen worden ist, s. Rdn. 60).

---

sich in der dienstlichen Äußerung über sachlich erhebliche Umstände erklärt hat (298). Zur Frage der Einführung von Beobachtungen des beauftragten Richters zur Glaubwürdigkeit des kommissarisch vernommenen Zeugen in der Hauptverhandlung vgl. *Foth* MDR 1983 716.

[5] Ebenso zu § 41 Nr. 5 ZPO BVerwG DÖV 1980 142; in dieser Entscheidung wird außerdem klargestellt, daß dienstliche Äußerungen zu einem unter Beweis gestellten Sachverhalt keine Zeugenaussagen sind.

Der Ausschluß bezieht sich auf den **gesamten Verfahrensgegenstand.** Sind meh- **47** rere Sachen miteinander verbunden, so wirkt die Ausschließung, die zufolge der Beziehung zu der einen Sache begründet ist, für alle Sachen (BGH GA **1979** 311; auch zitiert bei *Holtz* MDR **1979** 281 — zu § 24 Abs. 2 StPO; sowie BGHSt **28** 264). Diese umfassende Ausschließung wird auch nicht dadurch beseitigt, daß das Verfahren wegen der Tat, auf der die Ausschließung beruht, sich — etwa durch Einstellung nach §§ 153 bis 153 e, 154, 154 a (BGHSt **14** 219)[6] oder durch Teilrechtskraft — erledigt, im übrigen aber fortgesetzt wird. Auch für unaufschiebbare Handlungen und bei Gefahr im Verzug gilt keine Ausnahme (RGSt **30** 71); lediglich das jedermann zustehende Festnahmerecht nach 127 Abs. 1 bleibt unberührt.

Der Richter ist nicht nur von Entscheidungen, sondern von jeder richterlichen Tä- **48** tigkeit im Verfahren schlechthin **ausgeschlossen.** Daher bezieht sich der Ausschluß auch auf Entscheidungen nach § 458 (OLG Hamm MDR **1957** 760) oder nach den §§ 462 und 463 (OLG Koblenz GA **1978** 157; OLG Düsseldorf StrVert. **1983** 361). Allerdings erstreckt sich der Ausschluß nur auf **richterliche Handlungen.** Er beginnt in dem Zeitpunkt, wo der Ausschlußgrund entsteht. Dieser Zeitpunkt wird regelmäßig vor Beginn der richterlichen Handlung liegen, kann aber ausnahmsweise, namentlich im Fall der Nummer 5, auch erst während des Verfahrens eintreten. Für **Maßnahmen der Justizverwaltung** — wie die Auslosung von Schöffen (BGHSt **3** 68) — gibt es keinen Ausschluß.

2. Verfahren. Sobald der Richter von einem Ausschließungsgrund Kenntnis er- **49** hält, hat er sich jeder Ausübung des Richteramts zu enthalten. Auch darf er nicht außerhalb von Diensthandlungen auf die Sache einwirken, etwa die Terminbestimmung durch seine Autorität beeinflussen (BVerfGE **4** 412 = NJW **1956** 545). Er ist verhindert i. S. von 21 f Abs. 2 GVG — so daß ein Vertretungsfall (21 e Abs. 1 Satz 1, § 22 b Abs. 2, 3 GVG) vorliegt — und i. S. des § 192 Abs. 2 GVG (Eintritt des Ergänzungsrichters).

Einer **Entscheidung** des Gerichts bedarf es nicht, wenn der Ausschließungsgrund **50** offensichtlich ist, wie regelmäßig in den Fällen des 22 Nr. 4 und 5 und meist im Fall der Verwandtschaft mit dem Beschuldigten (22 Nr. 3). Dann scheidet der verhinderte Richter aus und wird durch seinen nach der Geschäftsverteilung berufenen Vertreter ersetzt. Das ergibt sich aus der Ausschließung kraft Gesetzes sowie zusätzlich aus § 30, der die Entscheidung über Ausschließungsgründe nur für den Fall vorschreibt, daß Zweifel darüber bestehen, ob sie vorliegen. Hat ein Richter solche **Zweifel,** muß er die Entscheidung des Gerichts nach § 30 herbeiführen, entstehen bei Gericht Zweifel, hat es von Amts wegen zu entscheiden (§ 30). Die Entscheidung kann jeder **Prozeßbeteiligte** jederzeit während des ganzen Verfahrens **anregen** (ebenso *Bohnert* 70). Anspruch auf Entscheidung und Bescheidung hat er jedoch nur, wenn er das Verfahren nach § 24 Abs. 1, § 26 Abs. 1 und 2 betreibt (§ 24, 2), für das die zeitliche Grenze des § 25 nicht gilt (§ 25, 2).

3. Folgen

a) Prozeßhandlungen. Wirkt ein ausgeschlossener Richter im Strafverfahren mit, **51** sei es, weil er den Ausschließungsgrund nicht kennt, sei es, weil er etwa glaubt, dringende Amtshandlungen vornehmen zu dürfen, so sind alle vor, von oder mit ihm nach der Ent-

---

[6] Ob das auch für den mit Erfolg abgelehnten Richter gilt, kann zweifelhaft sein. Der 5. Strafsenat des Bundesgerichtshofs hat die Frage in der Entscheidung vom 7. 11. 1978 – GA **1979** 311 – offengelassen.

Günter Wendisch

scheidung über den Ausschließungsgrund bewirkten Amtshandlungen fehlerhaft[7]. **Ladungen** sind zwar zu befolgen, doch ist die Ladungsfrist nicht gewahrt (**a. A.** KMR-*Paulus* Vor § 22, 31). Die Untersuchungshaftanstalt hat den **Haftbefehl** zu beachten, doch ist er im Haftprüfungsverfahren oder auf Beschwerde aufzuheben (*Eb. Schmidt* 22, 11) und durch den Haftbefehl eines nicht ausgeschlossenen Richters, auch des Beschwerdegerichts (309 Abs. 2), zu ersetzen.

52   Das gleiche gilt für sonstige **Beschlüsse** — namentlich im Fall des § 23 Abs. 2 —, doch wird hier oft geboten sein, die Sache zur Beschlußfassung in die ordentlich besetzte Instanz zurückzuverweisen, damit dem Beteiligten keine Instanz verlorengeht (OLG Koblenz GA **1978** 157). Von der Zurückverweisung wird jedoch abzusehen sein, wenn der Inhalt der Entscheidung ohne Beurteilung der Sache selbst feststeht, z. B., wenn das falsch besetzte Gericht nur die Frage zu entscheiden hatte, daß ein vom Verurteilten persönlich in einem Schriftsatz angebrachter Wiederaufnahmeantrag unzulässig ist.

53   Soweit Prozeßhandlungen auf das Urteil Einfluß haben können, ist dem Zweck des Gesetzes ein **Beweisverbot** der Art zu entnehmen, daß die wegen des Ausschlusses vom Richteramt fehlerhaften Akte nicht verwertet werden dürfen (KMR-*Paulus* Vor § 22, 32). So ist der vor einem ausgeschlossenen Richter geleistete Eid gültig; er ist auch, wenn mit ihm vorsätzlich eine unwahre Aussage bekräftigt wird, ein Meineid (BGHSt 10 142). Im Prozeß darf er aber ebensowenig verwertet werden wie ein von einem ausgeschlossenen Richter aufgenommenes **Protokoll** (RGSt 30 72).

54   **Urteile** unterliegen auf Anfechtung, im Revisionsverfahren bei ordnungsmäßiger Rüge, der Aufhebung (§ 338 Nr. 2), erwachsen aber sonst in Rechtskraft (RGSt 72 181; OLG Bamberg HESt 3 1). Die letztere Folge gilt grundsätzlich in gleicher Weise für Beschlüsse; auch sie sind nach Eintritt formeller Rechtskraft regelmäßig nicht aufhebbar. Jedoch hat die Rechtsprechung zu Recht gewisse Ausnahmen anerkannt, wenn andernfalls die Unanfechtbarkeit der Entscheidung zu einem anders nicht zu beseitigenden groben prozessualen Unrecht führen würde (vgl. BayObLGSt **1970** 115 = JR **1970** 391 m. Anm. *Peters*). So hat die obergerichtliche Rechtsprechung die Rücknahme eines Verwerfungsbeschlusses nach § 349 Abs. 1 für den Fall gebilligt, daß dieser auf unrichtiger tatsächlicher Grundlage beruht (RGSt **59** 419; BGH NJW **1951** 771; OLG Köln NJW **1954** 692)[8]. Dieser Rechtsprechung ist auch deshalb zuzustimmen, weil es angesichts der an sich schwächeren Wirkung der Rechtskraft eines Beschlusses gegenüber einem Urteil geboten ist, in den genannten Ausnahmefällen der Gerechtigkeit gegenüber der Sicherheit den Vorzug zu geben, zumal da Urteile endgültige Entscheidungen sind, Beschlüsse dagegen vorwiegend Teilregelungen betreffen und die allgemeine Entwicklung (vgl. dazu Vor § 304, 39 ff) ohnehin eine gewisse Auflockerung erkennen läßt. Aus diesem Grund soll auch der Ansicht des OLG Düsseldorf (JMBlNRW **1979** 259) nicht entgegengetreten werden, wonach ein unanfechtbarer Beschluß auch dann zurückgenommen werden kann, wenn bei seiner Entscheidung ein Richter mitgewirkt hat, der nach § 23 Abs. 2 Satz 1 von der Mitwirkung ausgeschlossen war.

55   **b) Hauptverhandlung.** Entsteht ein Ausschließungsgrund während der Hauptverhandlung, so muß sie wiederholt werden. Denn § 226 (ununterbrochene Gegenwart der

---

[7] *Henkel* (§ 28 II Fußn. 6) unterscheidet zwischen Nichtigkeit im allgemeinen und Anfechtbarkeit bei Urteilen; zu den verschiedenen Rügemöglichkeiten vgl. auch *Bohnert* 82.

[8] Weitere Beispiele zu § 349 Abs. 1: KG JW **1937** 1835; OLG Braunschweig DRZ **1950** 332; zu § 349 Abs. 2: OLG Hamm NJW **1971** 1623, OLG Köln MDR **1979** 603 = VRS **57** 201; zu § 346 Abs. 2: OLG Schleswig NJW **1971** 1016.

zur Urteilsfindung berufenen Richter) kann nicht gewahrt werden, wenn ein Richter ersetzt wird. War jedoch ein **Ergänzungsrichter** zugezogen, und tritt er alsbald ein, nachdem der Ausschließungsgrund entstanden ist, wird die Hauptverhandlung fortgesetzt.

Wird ein von Anfang an bestehender Ausschließungsgrund erst **während der 56 Hauptverhandlung bekannt,** kann auch die Teilnahme und der Eintritt eines Ergänzungsrichters die Hauptverhandlung nicht immer retten: Der Ergänzungsrichter war zwar schon vor seinem Eintritt Richter, aber von Beratungen und Abstimmungen ausgeschlossen (BGHSt 18 332). Die bisherigen Entscheidungen des Gerichts sind daher ohne ihn ergangen; wegen der Teilnahme des ausgeschlossenen Richters sind sie fehlerhaft und mit der Revision anfechtbar, wenn das Urteil auf ihnen beruht. Um den Mangel zu beheben, müssen Entscheidungen, die sich auf das Urteil auswirken können, mit dem eingetretenen Ergänzungsrichter neu beschlossen, ggf. geändert werden.

Die bloße **Nachprüfung** der früheren Entscheidung bei der Urteilsfällung (so 57 RGSt 67 278; *Eb. Schmidt* III § 192 GVG, 20) macht die fehlerhaften Entscheidungen nicht fehlerfrei; sie kann auch, weil ein absoluter Revisionsgrund vorliegt (§ 338 Nr. 2 und 1) nicht zu der Feststellung führen, daß das Urteil nicht auf der mangelhaften Entscheidung beruhe.

Wird eine frühere Entscheidung unter Mitwirkung des Ergänzungsrichters nicht 58 bestätigt, und kann sie nicht mehr rückgängig gemacht werden, muß die **Hauptverhandlung wiederholt** werden[9]. Denn § 192 GVG hat nicht die Macht, fehlerhaften Entscheidungen Gültigkeit zu verleihen; er bietet ein für die meisten Fälle (Krankheit, Befangenheit) praktikables Verfahren, besagt aber nichts über die Frage, wie Entscheidungen zu behandeln sind, die wegen Mitwirkung eines ausgeschlossenen Richters fehlerhaft sind. Hierzu hätte im dritten Abschnitt eine dem § 20 entsprechende Regelung getroffen werden müssen. Das war nach der Natur der Sache nicht möglich.

4. Revision. Hat das Gericht die Mängel nicht durch Wiederholung beseitigt, so 59 können sie, wenn es zu einem Urteil gekommen ist, mit der Revision gerügt werden. Unterbleibt eine Anfechtung, erwächst das Urteil gleichwohl in Rechtskraft (RGSt 72 181; BGHSt 29 355). Soweit der Mangel dem Beweismaterial anhaftet, wird das Urteil stets auf ihm beruhen (§ 337 Abs. 1). Hat der ausgeschlossene Richter an der Hauptverhandlung mitgewirkt, beruht das Urteil stets auf der Gesetzesverletzung (§ 338 Nr. 2), auch wenn das Gericht irrtümlich verneint hatte, daß ein Ausschließungsgrund vorliege (Rdn. 45). Weitere Einzelheiten siehe § 28, 30.

Hat das Gericht einen **Verhinderungsgrund** angenommen, **obwohl** in Wirklichkeit 60 **keiner vorlag,** war es vorschriftswidrig besetzt. In diesem Fall ist § 338 Nr. 1 erster Halbs. aber nur dann verletzt, wenn jener Umstand auf einem klar zutage liegenden Gesetzesverstoß oder auf Willkür beruht (BGHSt 11 110; 12 406); ein schlichter Verfahrensirrtum reicht nicht aus (vgl. dazu auch *Dahs* GA 1979 354). Daher ist die Revision nicht begründet, wenn in Rechtsprechung und Schrifttum streitig ist, ob ein Ausschließungsgrund vorliegt, das Gericht einen angenommen, aber dafür nicht die Billigung des Revisionsgerichts hat (OLG Hamm GA 1971 186).

---

[9] **A. A.** RGSt 67 277, doch ist die Entscheidung im Ergebnis richtig, weil sie von einem Ablehnungsfall handelt, und die für zulässig erklärte Ablehnung keine Rückwirkung zeitigt (§ 27, 41). RGSt 35 372 handelt von einem Ausschließungsfall, doch ist nicht zu erkennen, daß das Gericht vor dem Eintritt der Ergänzungsgeschworenen Entscheidungen getroffen hatte.

61   Die Rechtsmittel stehen **allen Prozeßbeteiligten** zu. Auch Nr. 4 ist nicht nur zugunsten des Angeklagten gegeben. Daher kann auch die Staatsanwaltschaft rügen, daß die Vorschrift verletzt sei, selbst wenn sie das Urteil zum Nachteil des Angeklagten angreift (RGSt 59 267).

62   5. **Eröffnungsbeschluß.** Fehlt ein Eröffnungsbeschluß (§ 203), dann mangelt es an einer Prozeßvoraussetzung. Fehlt eine Prozeßvoraussetzung, ist das Verfahren einzustellen (BGHSt 10 279), sei es vom erkennenden Gericht, sobald es den Mangel bemerkt, sei es vom Rechtsmittelgericht (Einl. Kap. 11 IV). Das ist auch dann der Fall, wenn der Beschluß, der die Prozeßvoraussetzung schafft, vom Angeklagten nicht angefochten werden kann, wie das beim Eröffnungsbeschluß der Fall ist (§ 210 Abs. 1). Denn auch sonstige Verfahrensvoraussetzungen (z. B. Strafantrag, öffentliche Klage) sind der Anfechtung durch den Beschuldigten entzogen, aber gleichwohl von Amts wegen zu prüfen.

63   Dem Fehlen des Eröffnungsbeschlusses steht es nach der Rechtsprechung gleich, wenn er an schwerwiegenden **Mängeln** leidet (RGSt 68 107; BGHSt 10 140; 10 279), die im Laufe des Verfahrens nicht mehr behoben werden können. Dem ist für den Fall zuzustimmen, daß es sich um Mängel handelt, die „der Eröffnungsbeschluß gleichsam an der Stirn trägt" (BGHSt 10 281) und die dem Beschluß die einzige das Verfahren ggf. überdauernde Wirkung nehmen, den Gegenstand der Urteilsfindung erkennen zu lassen (§ 264 Abs. 1 in Vbdg. mit § 207 Abs. 1 und 2).

64   Als ein dem Fehlen gleichstehender Mangel ist es angesehen worden, wenn am Eröffnungsbeschluß ein **ausgeschlossener Richter mitgewirkt** hat (RGSt 55 113[10]; BGH bei *Herlan* MDR **1954** 656; *Eb. Schmidt* § 22, 10 und neuerdings *Rieß* § 207, 51 f). Diese Gleichstellung geht zu weit (BGHSt 29 356)[11]. Wie vielen anderen Prozeßhandlungen (Beschlüssen im vorbereitenden Verfahren, Vernehmungen) ist es auch dem Eröffnungsbeschluß nicht anzusehen, ob ein ausgeschlossener Richter mitgewirkt hat. Daher zeichnet eine solche Mitwirkung den Eröffnungsbeschluß nicht zu einem solchen, der wie ein als fehlerhaft erkannter zu behandeln ist. Er ist zwar mangelhaft; der Mangel ist aber in der Hauptverhandlung nur auf Hinweis und im Rechtsmittelverfahren nur auf — auch verzichtbare (RGSt 10 59; KMR-*Paulus* Vor § 22, 28; 30) — Rüge zu berücksichtigen[12].

---

[10] mit der freilich abzulehnenden Begründung, es habe ein Richter zu wenig entschieden.

[11] OLG Bamberg OGHSt 3 1; LG Kempten NJW **1975** 1937; Einl. Kap. 12 I; Kap. 16 I; LR-*Meyer-Goßner*[23] § 207, 37 und JR **1981** 380 r. Sp.; *Kleinknecht/Meyer* Vor § 22, 9; KMR-*Paulus* Vor § 22, 29; § 207, 40; *Kern* JZ **1958** 94. Auch der 1. Strafsenat des Bundesgerichtshof – bei *Herlan* MDR **1954** 656 – hält an seinem früheren Standpunkt nicht mehr fest (vgl. BGHSt 29 357).

[12] Vgl. BGHSt 10 280; 22 170 – beide freilich zu sogenannten Besetzungsrügen, bei denen die Ausschließungsfrage keine Rolle spielte –; offen gelassen in BGH NJW **1979** 2160 – insoweit in BGHSt 28 262 nicht abgedruckt –; *Kern* JZ **1958** 94 gegen RGSt 10 56; 55 113. Zu dem Problem der Anfechtung eines fehlerhaften Eröffnungsbeschlusses vgl. im übrigen die Erläuterungen zu § 207 sowie *Meyer-Goßner* JR **1981** 215 und 379.

§ 23

(1) Ein Richter, der bei einer durch ein Rechtsmittel angefochtenen Entscheidung mitgewirkt hat, ist von der Mitwirkung bei der Entscheidung in einem höheren Rechtszuge kraft Gesetzes ausgeschlossen.

(2) [1]Ein Richter, der bei einer durch einen Antrag auf Wiederaufnahme des Verfahrens angefochtenen Entscheidung mitgewirkt hat, ist von der Mitwirkung bei Entscheidungen im Wiederaufnahmeverfahren kraft Gesetzes ausgeschlossen. [2]Ist die angefochtene Entscheidung in einem höheren Rechtszug ergangen, so ist auch der Richter ausgeschlossen, der an der ihr zugrunde liegenden Entscheidung in einem unteren Rechtszug mitgewirkt hat. [3]Die Sätze 1 und 2 gelten entsprechend für die Mitwirkung bei Entscheidungen zur Vorbereitung eines Wiederaufnahmeverfahrens.

Schrifttum. *Arzt* Ausschließung und Ablehnung des Richters im Wiederaufnahmeverfahren, NJW **1971** 1112; *Cuno* Die Ausschließung des Richters in den Fällen des § 23 StPO, Diss. Freiburg 1934; *Dahs* Ablehnung von Tatrichtern nach Zurückweisung durch das Revisionsgericht, NJW **1966** 1691; *Müller* Unter welchen Voraussetzungen ist jemand als Richter wegen früherer Befassung mit der Sache ausgeschlossen? NJW **1961** 102; *Raacke* Zurückverweisung in Strafsachen und Nachtragsentscheidung, NJW **1966** 1697; *Zeitz* Ausschließung des Richters nach erfolgreicher Revision, DRiZ **1965** 393.

Entstehungsgeschichte. In einem ursprünglichen dritten Absatz war vorgeschrieben, daß der Richter, der bei Eröffnung des Hauptverfahrens Bericht über den Antrag der Staatsanwaltschaft erstattet hatte, am Hauptverfahren vor der Strafkammer nicht teilnehmen dürfe. Diese „Ausschließung des Berichterstatters" wurde durch § 21 Abs. 1 der Emminger VO beseitigt. Durch Art. 5 Nr. 1 StPÄG 1964 sind die beiden ersten Sätze des zweiten Absatzes, durch Art. 1 Nr. 4 des 1. StVRG ist der letzte Satz eingefügt worden.

Die Vorschrift enthielt früher einen **Absatz 3** mit dem Wortlaut: „Der Untersuchungsrichter darf in Sachen, in denen er die Voruntersuchung geführt hat, nicht Mitglied des erkennenden Gerichts sein, auch nicht bei einer außerhalb der Hauptverhandlung ergehenden Entscheidung der Strafkammer mitwirken". Dieser Absatz ist durch Art. 1 Nr. 4 Buchst. b des 1. StVRG zufolge Wegfalls der Voruntersuchung **gestrichen** worden.

Übersicht

I. Inhalt

Die Vorschrift enthält zwei scharf begrenzte Ausschließungsgründe. Sie schließen **1** sich an die Fälle des § 22 Nr. 4 an, bei denen der Richter als früherer Beamter oder An-

Günter Wendisch

walt ausgeschlossen ist, betreffen aber hier ausschließlich **richterliche** Vortätigkeit: Ein Richter darf nicht über ein Rechtsmittel gegen seine eigene Entscheidung entscheiden (Absatz 1); im Wiederaufnahmeverfahren und im Verfahren zu dessen Vorbereitung darf bei Entscheidungen kein Richter mitwirken, der an der ursprünglichen Entscheidung beteiligt war (Absatz 2)[1]. — Der Ausschließungsgrund im Wiederaufnahmeverfahren ist in seiner praktischen Bedeutung dadurch zurückgetreten, daß nach § 140 a GVG im Wiederaufnahmeverfahren im Regelfall ein anderes Gericht (nur beim Oberlandesgericht ein anderer Senat) entscheidet als das, gegen dessen Entscheidung sich der Wiederaufnahmeantrag richtet.

2   Aus der engen Begrenzung der Ausschließungsgründe ist zu entnehmen, daß die **verschiedenen Aufgaben** des Richteramts im übrigen grundsätzlich miteinander **vereinbar** sind (RGSt **62** 302) und daß die beiden Fälle der Unvereinbarkeit Ausnahmen von dem allgemeinen Grundsatz der Vereinbarkeit aller richterlichen Aufgaben miteinander darstellen. Als Ausnahmevorschrift ist § 23 eng und nicht über seinen Wortlaut hinaus auszulegen (RGSt **2** 91; **9** 287; **60** 325; BGHSt **9** 234). Denn die Ausschließungsgründe schlagen auch ein, wenn der Ablehnungsberechtigte keine Befangenheit besorgt, ja vielleicht dem ausgeschlossenen Richter sogar besonders vertraut. Daher darf ihm dem in erster Linie gesetzlichen Richter nur bei scharf begrenzten, weiter Auslegung nicht zugänglichen Tatbeständen (BVerfGE **30** 155 = NJW **1971** 1030) ein anderer, allerdings nunmehr auch gesetzlicher, Richter substituiert werden.

3   Freilich werden manche Fälle der Vortätigkeit **Besorgnis der Befangenheit** begründen können (Rdn. 32; § 24, 32 bis 34) und dem Richter, wenn er nicht abgelehnt wird, Veranlassung bieten, nach § 30 zu verfahren. Die — streng begrenzten — Ausschließungsgründe sind, wie *Arzt* (Der befangene Strafrichter 17) zutreffend ausführt, von verwandten Ablehnungsgründen umlagert. Das ist sowohl bei § 24 als auch bei § 30 zu beachten.

4   Was zu § 22 über die **Wirkungen und Folgen** der Ausschließung gesagt ist (§ 22, 45 ff), gilt auch für § 23, weil diese Vorschrift den Katalog des § 22 ergänzt.

II. Ausschluß von der Rechtsmittelentscheidung (Absatz 1)

5   **1. Entscheidung im unteren Rechtszug.** Der Ausschließungsgrund des Absatzes 1 liegt vor, wenn der Richter bei einer durch Rechtsmittel angefochtenen Entscheidung mitgewirkt hat. Der Begriff Entscheidung ist hier, unabhängig von dem Inhalt, den er an anderen Orten hat, allein nach Sinn und Zweck der Vorschrift selbst auszulegen. Danach ist Entscheidung jede mit einem Rechtsmittel anfechtbare Willensäußerung des Gerichts. Die Entscheidung wird wegen § 305 Satz 1 in der Regel ein Urteil sein, doch sind auch Beschlüsse denkbar.

6   Da nur die Mitwirkung an der Entscheidung, bei Kollegialgerichten an der Abstimmung, bedeutsam ist, schließt die Mitwirkung bloß an der **Verhandlung** — etwa als Ergänzungsrichter (§ 192 Abs. 2 GVG) oder als vor dem Urteil durch Ablehnung ausgeschiedener Richter — den Richter nicht aus, im ersten Fall selbst dann nicht, wenn er (unzulässigerweise) an der Beratung teilgenommen hat (RGSt **65** 41; vgl. BVerfGE **30** 157 = NJW **1971** 1030). Ebensowenig bewirkt die **Vorbereitung** der angefochtenen

---

[1] Einen weiteren Fall gesetzlicher Ausschließung regelt § 148 a Abs. 2. Danach darf der Richter, der mit Überwachungsmaßnahmen nach § 148 Abs. 2 betraut ist, mit dem Gegenstand der Untersuchung weder befaßt sein noch befaßt werden; über Kenntnisse aus der Überwachung hat er Verschwiegenheit zu bewahren. Wegen weiterer Einzelheiten vgl. die Erläuterungen zu § 148 a Abs. 2.

Entscheidung, etwa die Anordnung einer kommissarischen Vernehmung (RG JW **1925** 794), einzelner Beweiserhebungen oder eine Beweisaufnahme, den Ausschluß, gleichviel ob sie vor dem erkennenden Gericht stattgefunden hat oder ob der Richter sie zufolge Auftrags oder Ersuchens vorgenommen hat (RGSt **60** 322; **63** 337; RG JW **1901** 289; BGHSt **9** 223). War der Richter durch vorbereitende Entscheidungen für eine spätere jedoch schon weitgehend **festgelegt,** kann das die Besorgnis der **Befangenheit** begründen.

2. Rechtsmittel. Der Ausschluß hängt davon ab, daß eine Entscheidung durch ein **7** Rechtsmittel angefochten worden ist. Rechtsmittel sind nur Beschwerde (§ 304), Berufung (§ 312) und Revision (§§ 333 bis 335). **Keine Rechtsmittel** sind der Antrag auf Wiedereinsetzung in den vorigen Stand (§ 44), der Antrag auf Haftprüfung (§ 117 Abs. 1) und der Antrag auf mündliche Verhandlung im Haftprüfungsverfahren (§ 118 Abs. 1; vgl. RGSt **61** 416), der Antrag auf Wiederaufnahme des Verfahrens (§ 366; KG JW **1932** 2919) und der Einspruch gegen den richterlichen Strafbefehl (§§ 410, 411 Abs. 1). Der Fall der Entscheidung im **Wiederaufnahmeverfahren** ist indessen in Absatz 2 in ähnlicher Weise wie für das Rechtsmittelverfahren geregelt.

3. Entscheidung im höheren Rechtszug. Der Richter ist nur von der Mitwirkung **8** bei der Entscheidung ausgeschlossen, die im höheren Rechtszug über die von ihm in einem niederen Rechtszug erlassene oder miterlassene Entscheidung ergeht. Die Entscheidungen in den beiden Instanzen müssen einander entsprechen: Ergeht in erster Instanz ein Haftbefehl, kann ein Richter, der ihn erlassen hat, nach der Versetzung in die höhere Instanz an der Entscheidung über die Haftbeschwerde nicht mitwirken.

Die **Mitwirkung** ist aber **zulässig,** wenn die Entscheidungen in den beiden Instan- **9** zen einander nicht entsprechen. War der Richter in erster Instanz an der Anordnung der Untersuchungshaft beteiligt, darf er am Erlaß des Berufungsurteils mitwirken, wenn er vor dem Urteil erster Instanz aus dem erstinstanzlichen Gericht ausgeschieden ist. Aus dem gleichen Grund darf der Richter, der das Urteil in erster Instanz miterlassen hat, im Berufungsverfahren über das Ablehnungsgesuch gegen einen Berufungsrichter (RG DRiZ **1927** 326) oder über einen Wiedereinsetzungsantrag des Angeklagten gegen die Versäumung der Berufungshauptverhandlung (OLG Koblenz MDR **1982** 428) mitentscheiden. Ebenso ist ein Richter, der in der Beschwerdeinstanz mitgewirkt hat, nicht in der Berufungsinstanz (RG JW **1933** 444) und der Richter, der bei Erteilung sicheren Geleits (§ 295 Abs. 1) durch die Strafkammer beteiligt war, nicht vom Richteramt in der Hauptverhandlung ausgeschlossen (RGSt **59** 102).

Ist eine **weitere Beschwerde** (§ 310) oder nach der Berufung noch **Revision** einge- **10** legt, so wird zwar die Entscheidung des Beschwerde- oder des Berufungsgerichts überprüft, doch enthält die Entscheidung in der Regel zugleich die Rechtfertigung oder Mißbilligung der ersten Entscheidung. Der erste Richter ist daher auch in der dritten Instanz ausgeschlossen (KG JW **1928** 1949; OLG Königsberg GA **73** 65). Aus dem gleichen Grund darf ein Richter, der an einem auf Revision aufgehobenen Urteil mitgewirkt hat, an der Entscheidung nicht mitwirken, die nach erneuter Revision im Revisionsrechtszug zu treffen ist (OLG Schleswig SchlHA **1958** 318). Kein Verfahren im höheren Rechtszug ist das **Haftprüfungsverfahren** (§ 117 Abs. 1). Deshalb können — und das ist die Regel — die Richter, die den Haftbefehl erlassen haben, auch im Haftprüfungsverfahren mitentscheiden (RGSt **61** 416).

Dagegen ist das **Verfahren nach §§ 121, 122** ein Verfahren im höheren Rechts- **11** zug, wo geprüft wird, ob — außer bei der Staatsanwaltschaft — auch beim erkennenden

Gericht Umstände, die dem Urteil entgegenstehen, unabwendbar gewesen sind. Indessen findet Absatz 1 keine Anwendung, weil das Oberlandesgericht **nicht** auf **Beschwerde,** sondern von Amts wegen entscheidet. Daher wird ein Richter, der den Haftbefehl erlassen hatte und dann zum Oberlandesgericht versetzt worden ist, nach § 30 zu verfahren haben, wenn er berufen sein sollte, am Verfahren nach §§ 121, 122 an der Prüfung des Haftbefehls mitzuwirken, den er erlassen hatte.

12   **4. Entscheidung im niederen Rechtszug.** Der Gesetzgeber hat bei seiner Anordnung den Normalfall im Auge gehabt, bei dem sowohl die Sache von der unteren in die höhere Instanz geht als auch ein Richter vom niederen an ein höheres Gericht berufen wird. Es können aber auch Richter von höheren Gerichten bei niederen Gerichten Vorstandsposten erhalten und damit nach der Geschäftsverteilung berufen sein, an der Verhandlung einer Sache mitzuwirken, die durch das Urteil eines höheren Gerichts unter Mitwirkung des in die untere Instanz versetzten Richters an diese zurückverwiesen worden ist. Der Richter sitzt in diesem Fall zwar nicht über sein eigenes Urteil zu Gericht, was Absatz 1 ausschließen will. An die neue Entscheidung geht er aber auch nicht allein auf Grund des Ergebnisses der neuen Hauptverhandlung (§ 261) heran, sondern, wenigstens in der Regel, begleitet von den Eindrücken der Rechtsmittelverhandlung. Das braucht nicht stets der Fall zu sein, etwa wenn das erste Urteil lediglich wegen eines Verfahrensmangels aufgehoben worden ist. Im Regelfall indessen wird die besondere Art der richterlichen Vortätigkeit besorgen lassen, der Richter sei befangen. Weil aber der **Kreis der Ausschließungsgründe geschlossen** ist, ist § 22 nicht entsprechend anzuwenden (BGH bei *Dallinger* MDR **1971** 387; zweifelnd, aber eher wie hier OLG Hamm JMBlNRW **1966** 55). Wohl aber steht das **Ablehnungsverfahren** nach § 24 Abs. 1, 2. Halbsatz, § 25 offen. In der Regel wird der Richter Anzeige nach § 30 zu machen haben.

III. Ausschluß im Wiederaufnahmeverfahren (Absatz 2)

13   **1. Mitwirkung bei der ersten Entscheidung.** Die Ausschließung trifft die Richter, die bei einer Entscheidung mitgewirkt haben, die später durch einen Antrag auf Wiederaufnahme angefochten wird. Davon sind in erster Linie die Richter betroffen, die das Urteil in erster Instanz und in der Berufungsinstanz erlassen haben (wegen der Revisionsinstanz s. Rdn. 16). **Mitwirken** bedeutet, daß der Richter in seiner richterlichen Funktion an der Urteilsfindung, d. h. an den tatsächlichen Feststellungen und an den rechtlichen Folgerungen unmittelbar beteiligt ist, daß er also das Urteil mit zu verantworten hat (BVerfGE **30** 156 = NJW **1971** 1030). Demzufolge wird der Richter nicht ausgeschlossen, der nicht an der (abschließenden) Entscheidung mitgewirkt hat, sondern nur an **vorbereitenden Entscheidungen,** etwa am Eröffnungsbeschluß, oder allein an der Verhandlung (Beispiele Rdn. 6 f), etwa als Ergänzungsrichter (BVerfG aaO), beteiligt gewesen ist[2]. Im Regelfall wird aber darin ein Ablehnungsgrund liegen[3].

---

[2] Das Votum der Minderheit legt den „interpretationsbedürftigen Begriff der Mitwirkung" in einem weiteren Sinn aus, der dem Rechts- und Vertrauensschutz des Beschuldigten, „wie er heute verstanden wird", gerecht werde. Es erachtet die Teilnahme des **Ergänzungsrichters** als Mitwirkung, weil er seiner Funktion nur dann gerecht werde, wenn er das Ergebnis der Beweisaufnahme tatsächlich und rechtlich würdige, sich eine Überzeugung von Unschuld oder Schuld des Angeklagten bilde und Überlegungen zum Strafmaß anstelle (BVerfGE **30** 161, 163 = NJW **1971** 1032). Mit *Arzt* (1114) ist diese Dehnung des Begriffs der Mitwirkung abzulehnen, aber auf § 24 Abs. 2 und namentlich auf § 30 zu verweisen.

[3] Im Fall RGSt **65** 41 (unzulässige Teil-

Mit der Wahl des Wortes **Entscheidungen** trägt der Gesetzgeber der Erkenntnis **14** Rechnung, daß nicht nur gegen Urteile (§§ 359, 362) Wiederaufnahme begehrt werden kann, sondern auch gegen Strafbefehle (§ 373 a), Bußgeldbescheide (§ 85 OWiG) sowie gegen urteilsersetzende Beschlüsse nach § 322 Abs. 1 Satz 1, § 349 Abs. 1, 2 und 4, im letzten Fall allerdings nur, wenn das Revisionsgericht nach § 354 Abs. 1 in der Sache selbst entschieden hat[4].

Gegen **Einstellungsbeschlüsse** (§ 153 Abs. 2, § 153 a Abs. 2, § 153 b Abs. 2, § 153 e **15** Abs. 2, 154 Abs. 2, 154 b Abs. 4, 383 Abs. 2 ist keine Wiederaufnahme zulässig[5], ebenso nicht gegen Beschlüsse, durch die eine Gesamtstrafe gebildet wird (§ 363; **a.A.** BayObLGSt **1955** 47).

2. Mitwirkung der Revisionsrichter bei der ersten Entscheidung. War das Urteil, **16** gegen das sich der Wiederaufnahmeantrag richtet, mit der Revision angefochten worden, dann sind auch die Richter, die über die Revision entschieden hatten, im Wiederaufnahmeverfahren ausgeschlossen (BVerfGE **30** 168 = NJW **1971** 1033; BVerfGE **63** 80 = NStZ **1983** 324; OLG Düsseldorf JMBlNRW **1979** 259 = MDR **1980** 335; *Berkemann* JR **1983** 140). Der Fall kann, nachdem das **Revisionsgericht von Wiederaufnahmeentscheidungen ausgeschlossen** worden ist (§ 140 a Abs. 1 Satz 2 GVG), nur äußerst selten eintreten, etwa wenn ein Bundesrichter an ein Tatgericht übergeht, praktisch also nur, wenn er Oberlandesgerichtspräsident geworden ist und in einer Sache nach § 120 Abs. 1 und 2 GVG, über die er als Revisionsrichter (§ 135 Abs. 1 GVG) entschieden hatte, in seinem Senat im Wiederaufnahmeverfahren zu entscheiden hätte.

Zu der Ausschließung gelangt das Bundesverfassungsgericht, indem es an den Begriff der **Mitwirkung** (Rdn. 13) anknüpft, mit der Erwägung, daß der Revisionsrichter, **17** was in der Tat zutrifft, das tatrichterliche Urteil mit zu **verantworten** habe. Freilich wird damit die Forderung der **unmittelbaren Beteiligung** aufgegeben und der Begriff „Mitwirkung" sehr weit — nach Ansicht des Votums der Minderheit zu weit (BVerfGE **30** 170 = NJW **1971** 1034) — ausgedehnt[6].

Die Entscheidung des Bundesverfassungsgerichts nötigt nicht, die Richter des **Be-** **18** **rufungsgerichts** als ausgeschlossen anzusehen, wenn dieses nicht das mit dem Wiederaufnahmeantrag angefochtene Urteil erlassen, sondern nach § 328 Abs. 2 und 3 entschieden hat (**a.A.** KMR-*Paulus* 13); hier wird auch in der Regel kein Grund gegeben sein, den Richter als befangen abzulehnen. Ebenfalls nicht ausgeschlossen sind Richter, die an einem Urteil mitgewirkt haben, das vom Revisionsgericht aufgehoben ist, in einem

---

nahme des Ergänzungsrichters an der Beratung), der nach § 23 Abs. 1 zu entscheiden war, hätte der Richter nach § 30 verfahren müssen. Für § 23 Abs. 2 gilt dasselbe.

[4] Ebenso zu § 349 Abs. 1 und 2 *Eb. Schmidt* Nachtr. § 367, 9; zu § 349 Abs. 2 und 4 *Schmitt* JZ **1961** 17 Anm. 17; zu § 349 Abs. 4 OLG Braunschweig NJW **1950** 36.

[5] OLG Bremen NJW **1959** 353; OLG Hamburg JZ **1951** 185; OLG Hamm NJW **1952** 568; **a.A.** OLG Neustadt NJW **1961** 2363.

[6] Die Rechtsprechung hatte die Revisionsrichter nicht als ausgeschlossen angesehen (*Arzt* 1113 mit Fußn. 11). *Arzt* billigt die Ausdehnung des Begriffs, weist aber zu

Recht darauf hin, daß die Revisionsrichter nicht ausgeschlossen sind, wenn sie die Revision als unzulässig verworfen haben. Dasselbe nimmt er an, wenn das Revisionsgericht das angefochtene Urteil aufgehoben hat. So allgemein ist dieser Satz aber nicht richtig. Der Ausschluß kann durchaus begründet sein, wenn das Revisionsgericht das Urteil wegen eines Formfehlers aufhebt, sich aber — was oft geschieht – auch mit der materiellen Grundlage des Urteils befaßt und etwa gar Hinweise für die rechtliche Beurteilung in einer neuen Hauptverhandlung gibt.

Günter Wendisch

Wiederaufnahmeverfahren, mit dem das nach Aufhebung (ohne die ersten Richter) ergangene Urteil angegriffen wird (OLG Hamm NJW **1966** 2073).

19   Wenn das zweite Urteil die wesentlichen und die Entscheidung **tragenden Gesichtspunkte,** die zu der früheren Verurteilung geführt hatten, stellenweise wörtlich, sinngemäß in vollem Umfang **übernommen** hat, wird Ablehnung wegen Besorgnis der Befangenheit begründet sein[7].

3. Ausschluß bei Entscheidungen in einem höheren Rechtszug (Absatz 2 Satz 2)

20   **a) Berufungsinstanz.** Wird ein Wiederaufnahmeantrag gegen ein Berufungsurteil gestellt, sind — wie sich aus Satz 1 ergibt — die Richter des Berufungsgerichts ausgeschlossen. Da das Berufungsurteil in der Regel auch die erste Entscheidung, sei es rechtfertigend, sei es mißbilligend, mitbehandelt, sind ausdrücklich auch der Strafrichter oder der Richter beim Amtsgericht als Vorsitzender des Schöffengerichts ausgeschlossen, der das amtsgerichtliche Urteil erlassen hat.

21   Die genannten Richter beim Amtsgericht sind aber nicht ausgeschlossen, wenn ein **nach § 322 Abs. 1 Satz 1 erlassener Beschluß** im Wiederaufnahmeverfahren angegriffen wird. Denn das ist nur möglich, wenn der Antrag auf einen Wiederaufnahmegrund gestützt wird, der im Beschlußverfahren selbst liegt. Das ist nur in den seltenen Fällen von § 359 Nr. 3, § 362 Nr. 3 und allenfalls noch in entsprechender Anwendung des § 359 Nr. 1 (Beispiel: gefälschter Eingangsstempel) denkbar. In diesen Fällen liegt der angefochtenen Entscheidung nicht die „Entscheidung in einem unteren Rechtszug" (§ 23 Abs. 2 Satz 2, letzter Halbsatz), sondern der Vorgang der „Einlegung der Berufung" (§ 322 Abs. 1 Satz 1) zugrunde.

22   **b) Revisionsinstanz.** Richtet sich der Wiederaufnahmeantrag gegen die Entscheidung eines Revisionsgerichts, sind dessen Richter nicht ausgeschlossen, aber nur deshalb, weil sie im Wiederaufnahmeverfahren ohnehin nicht mitwirken können. Denn über einen Wiederaufnahmeantrag gegen ein im Revisionsverfahren erlassenes Urteil entscheidet ein anderes Gericht der Ordnung des Gerichts, gegen dessen Urteil die Revision eingelegt war (§ 140 a Abs. 1 Satz 2 GVG).

23   Ausgeschlossen sind in **Strafkammersachen** die Richter der Strafkammer, die das Urteil erlassen hatte, in **Amtsgerichtssachen** die Richter des Amtsgerichts, die in erster Instanz und die der Strafkammern, die in der Berufungsinstanz entschieden haben. Die Richter des Berufungsgerichts sind jedoch nicht ausgeschlossen, wenn sie zufolge Teilrechtskraft nur über einen Teil des ersten Urteils entschieden haben, gegen den sich der Wiederaufnahmeantrag nicht richtet, z. B. über den seinerzeit allein angefochtenen Strafausspruch. Diese Regeln gelten auch, wenn die urteilsersetzenden **Beschlüsse** nach § 349 Abs. 2 und 4 angegriffen werden. Für den Beschluß nach § 349 Abs. 1 gelten die gleichen Erwägungen wie für den nach 322 Abs. 1 Satz 1 (Rdn. 21).

24   **4. Mitwirkung im Wiederaufnahmeverfahren.** Der Richter ist von Entscheidungen im Wiederaufnahmeverfahren ausgeschlossen. Im Gegensatz zu Absatz 1 ist von Entscheidungen und nicht von der Entscheidung die Rede. Der Ausschluß erstreckt sich also nicht nur auf die Entscheidung in der neuen Hauptverhandlung (§ 373), sondern nach Wortlaut und Sinn des Gesetzes auch auf die Beschlüsse, die für das Schicksal der

---

[7] Im Fall des Oberlandesgerichts Hamm (NJW **1966** 2073) hätte der Richter nach § 30 verfahren müssen.

Wiederaufnahme oft am bedeutendsten sind, nämlich, ob der Antrag zulässig (§ 367; OLG Saarbrücken NJW 1965 167) und vornehmlich, ob er begründet ist (§ 370).

Nach dem Zweck der Vorschrift wäre es wohl unbedenklich, wenn der Richter **25** des ersten Urteils im Wiederaufnahmeverfahren an einem Beschluß über eine Richterablehnung oder über die Anordnung der Untersuchungshaft mitwirkte. Es wäre aber schon bedenklich, wenn er mitentschiede, ob eine Beweisaufnahme erforderlich ist (§ 369 Abs. 1). Da dem Gesetz keine Abgrenzungsrichtlinie zu entnehmen ist, und da Satz 3 den Richter auch von den Entscheidungen zur Vorbereitung des Wiederaufnahmeverfahrens ausschließt, muß man den Text wörtlich auslegen und im Wortlaut die gesetzgeberische Entscheidung finden, daß von **jeder Mitwirkung** im Wiederaufnahmeverfahren ausgeschlossen ist, wer am ersten Urteil — und wenn das angegriffene Urteil in einer höheren Instanz ergangen ist, auch an dem ihm zugrunde liegenden Urteil der Vorinstanzen — mitgewirkt hat. Danach ist der Richter des ersten Urteils — und ihm etwa voraufgegangener Urteile — bei schlechthin allen Entscheidungen im Wiederaufnahmeverfahren ausgeschlossen. Das gilt nicht nur bei den erstinstanzlichen Entscheidungen, sondern auch bei denen im **Beschwerdeverfahren** (OLG Bremen NJW 1966 168).

5. Verfahren zur Vorbereitung eines Wiederaufnahmeverfahrens (Absatz 2 Satz 3). **26** Nach § 364 b ist dem Verurteilten, der die Wiederaufnahme des Verfahrens anstrebt, schon für die Vorbereitung eines Antrags auf Wiederaufnahme des Verfahrens ein Verteidiger zu bestellen. Da der Verurteilte Veranlassung haben könnte, an der Unvoreingenommenheit eines Richters zu zweifeln, der bereits an dem Urteil mitgewirkt hat, gegen das sich der angestrebte Wiederaufnahmeantrag richten soll, ist dieser Richter von der Entscheidung über die Verteidigerbestellung kraft Gesetzes ausgeschlossen. Das Gesetz spricht, wohl an einen überholten Entwurf anknüpfend, von **Entscheidungen** zur Vorbereitung eines Wiederaufnahmeantrags, doch sind andere als die Verteidigerbestellung nicht (mehr) vorgesehen.

IV. Entscheidung nach Zurückverweisung

1. Keine Wiederaufnahme ist die Verhandlung und Entscheidung nach Zurückver- **27** weisung (§ 328 Abs. 2 und 3, § 354 Abs. 2). Daher kann nach dem Gesetzeswortlaut ein Richter, der an der aufgehobenen Entscheidung mitgewirkt hat, bei der Entscheidung in der neuen Hauptverhandlung im Fall des § 328 Abs. 2 vor dem Gericht des ersten Rechtszuges oder in den Fällen des § 354 Abs. 2 vor der anderen Abteilung oder Kammer dieses Gerichts, wenn er ihr inzwischen nach der Geschäftsverteilung angehört, oder vor dem anderen Gericht teilnehmen, wenn er dorthin versetzt worden ist (BVerfGE 30 155 = NJW 1971 1030; BGHSt 21 142; OLG Celle NJW 1966 168).

Dabei ist es gleichgültig, wo die **neue Verhandlung** stattfindet: vor einer anderen **28** Abteilung — auch einem Strafrichter (OLG Saarbrücken MDR 1970 347; OLG Hamm GA 1971 185) — oder einer anderen Abteilung oder Kammer des Gerichts, dessen Urteil aufgehoben worden ist (§ 354 Abs. 2, erste Alternative), vor einem zu demselben Land gehörenden anderen Gericht gleicher Ordnung (§ 354 Abs. 2, zweite Alternative), vor einem Gericht niederer Ordnung (§ 354 Abs. 3), vor dem zuständigen Gericht, wenn zuerst ein unzuständiges entschieden hatte (§ 328 Abs. 3, § 355), und in diesem Falle auch vor einem höheren erstinstanzlichen Gericht (RGSt 31 225)[8].

---

[8] Beispiel: Das Urteil in einer vor dem Schöffengericht verhandelten Sache ist wegen Unzuständigkeit des Amtsgerichts aufgehoben, die Sache zur neuen Verhandlung und Entscheidung an die Strafkammer verwiesen worden.

29   **2. Kein Ausschließungsgrund.** *Zeitz* faßt § 354 Abs. 2 unter Bezugnahme auf die Entstehungsgeschichte als **Ausschließungsgrund** für die Richter auf, die an dem vom Revisionsgericht aufgehobenen Urteil mitgewirkt haben; die Bestimmung müsse verstanden werden, als laute sie: „... ist die Sache an eine anders besetzte Abteilung oder Kammer ... zurückzuverweisen" (DRiZ **1965** 393). Die Auslegung ist nach der Entstehungsgeschichte nicht zwingend; 354 Abs. 2 kann — trotz ursprünglicher Absicht, einen Ausschließungsgrund zu schaffen (Vor § 22, 19) — **nicht** als ein **versteckter Ausschließungsgrund** angesehen werden (*Dahs* NJW **1966** 1693). In keinem der unter Rdn. 28 aufgeführten Fälle ist der Richter, der bei einer vom Revisionsgericht aufgehobenen Entscheidung mitgewirkt hat, nach Zurückverweisung der Sache von der Mitwirkung bei der neuen tatrichterlichen Entscheidung kraft Gesetzes ausgeschlossen (BGHSt **20** 253; **21** 144; BGH NJW **1966** 1718; **1967** 2217)[9]. Zudem sind die §§ 22 und 23 abschließend.

30   *Zeitz* übersieht auch, daß der Gesetzgeber für § 328 Abs. 2 keine dem § 354 Abs. 2 entsprechende Regelung getroffen hat. Er hat sein Ziel — wenn auch vielleicht versehentlich — (Vor § 22, 19) im großen durch die in § 354 Abs. 2 getroffene Anordnung verfolgt; verbleiben **Befangenheitsfälle,** ist mit den für Einzelfälle geschaffenen Mitteln der §§ 24 und 30 zu verfahren (OLG Frankfurt VRS **57** 207). Daß das Verfahren nach § 30 unzulässig wäre, weil nur die Auswirkung eines Gesetzes **umgangen** werden solle (*Zeitz* 394), ist unzutreffend. Das Gesetz stellt nicht die Fiktion auf, daß ein Richter, der am aufgehobenen Urteil mitgewirkt hat und inzwischen an das Gericht gelangt ist, das nun in der Sache zu entscheiden hat, dem Angeklagten als unbefangen zu erscheinen habe.

31   Ist schon der Richter nicht ausgeschlossen, wenn auch oft befangen, der nach Zurückverweisung der Sache erneut mit ihr befaßt ist, dann ist es auch der nicht, der an einem nach § 329 Abs. 1 erlassenen Urteil oder an einem die Wiedereinsetzung (§ 329 Abs. 2) versagenden Beschluß mitgewirkt und alsdann erneut nach § 324 zu verhandeln und entscheiden hat, nachdem der die **Wiedereinsetzung verwerfende Beschluß** vom Beschwerdegericht **aufgehoben** worden ist (OLG Stuttgart Justiz **1970** 311). Denn er war nicht mit der Sache befaßt, sondern nur mit dem Zwischenstreit über die Frage, ob das Ausbleiben genügend entschuldigt (§ 329 Abs. 1) und ob der Angeklagte ohne Verschulden verhindert war, den Termin einzuhalten (§ 329 Abs. 3 in Vbdg. mit § 44 Satz 1).

32   **3. Ablehnungsgrund.** Gegen die Mitwirkung desselben Richters in der neuen Verhandlung bestehen im Fall des § 329 Abs. 3 keine Bedenken. Das ist auch nicht immer der Fall, wenn eine Sache aus der Revisionsinstanz zurückverwiesen wird. Lag der Zurückverweisung ein Rechtsirrtum, ein nicht auf die Beweiswürdigung bezüglicher Prozeßverstoß oder gar eine Gesetzesänderung nach dem Urteil zugrunde, besteht kaum Veranlassung, Befangenheit des Richters zu besorgen, der an dem ersten Urteil mitgewirkt hatte. **Befangenheit** kann aber **besorgt** werden, wenn der Vorderrichter Denkgesetze nicht beachtet, Beweise — auch in einem früheren Verfahren — zu Unrecht nicht erhoben (OLG Frankfurt VRS **57** 207) oder andere Fehler gemacht hat, die sich auf die Tatsachenfeststellung und die Beweiswürdigung auswirken; wenn er bei der Strafzumessung abträgliche Werturteile über den Angeklagten und sein Verhalten vor oder nach der Tat abgegeben hat, die sich in rechtlich unzulässiger Weise nachteilig auf die Strafzumessung ausgewirkt haben könnten (BGH NJW **1972** 1288); oder wenn er

---

[9] OLG Celle NJW **1966** 168; JZ **1979** 486;
OLG Hamm NJW **1966** 362; JMBlNRW
1967 103; GA **1971** 186.

im Strafmaß mit mangelhafter Begründung grob von dem für gleiche Fälle Üblichen abgewichen ist.

In solchen Fällen entspricht die Mitwirkung des Vorderrichters nicht der **Absicht** **33** **des Gesetzgebers**. Nach dieser sollte die Sache zufolge der Verweisung an eine andere Abteilung oder Kammer (§ 354 Abs. 2 Satz 1) „grundsätzlich an andere Richter gehen" (Abg. *Dr. Kanka*, BTProt. IV 6470 A); der Angeklagte sollte nicht „vor denselben Richter stehen" (Bundesminister *Dr. Bucher*, BTProt. IV 6471 C). Daher wird eine Ablehnung wegen Besorgnis der Befangenheit begründet und wird, wenn keine Ablehnung angebracht wird, nach § 30 zu verfahren sein, wenn dem Gericht, das über eine zurückverwiesene Sache verhandelt, ein Richter angehört, der an der Entscheidung in der ersten Verhandlung mitgewirkt hatte, falls das aufhebende Urteil Beanstandungen erhebt, die sich auf die Tatsachenfeststellung, die Beweiswürdigung oder die Behandlung der Straf- oder Maßregelfrage im ersten Urteil beziehen[10].

Die Ansicht, daß ein Fall der **Verhinderung** vorliege und der Richter durch sei-   **34** nen Vertreter ersetzt werden könne (so noch *Müller-Sax*[6] § 354, 6 d Abs. 4; wie hier nunmehr KMR-*Paulus* 2 bis 5 sowie § 354, 43), findet in keiner gesetzlichen Bestimmung eine Stütze (*Dahs* NJW **1966** 1967; *Hanack* NJW **1967** 589; *Hamm* „Der gesetzliche Richter" Diss. 1973, 174). Der Richter ist nicht verhindert, sondern kann — und auch das nicht in allen Fällen — vom Standpunkt des Angeklagten aus als befangen erscheinen. Ob das der Fall ist, darf nur in den ordentlichen Verfahren der §§ 27, 30 entschieden werden.

Die Rechtsprechung erkennt zwar an, daß das Gesetz erstrebe, die Sache solle   **35** vor andere Richter kommen (BGH NJW **1966** 1718; BGHSt 21 144; OLG Hamm NJW **1966** 362), zieht aber daraus nicht den Schluß, daß der Richter **allein wegen** seiner **Mitwirkung** bei der früheren Entscheidung in bezug auf die Mitwirkung bei der neuen Entscheidung **befangen** sei (BGHSt 21 142, 342; 24 336; BGH NJW **1967** 2217; GA **1968** 372). Im Grundsatz kann dieser abstrakten Formulierung kaum widersprochen werden, doch ist eine differenziertere Betrachtung (und Darstellung der Sachverhalte) zu verlangen. Dann wird sich herausstellen, daß die Fälle, wo der Angeklagte zu Recht Befangenheit besorgen kann (BGHSt 24 336; BGH GA **1978** 243; LG Münster NJW **1966** 1723), wohl zahlreicher sind als die, wo eine solche Besorgnis unbegründet ist (vgl. auch *Arzt* JZ **1972** 34).

§ 24

(1) **Ein Richter kann sowohl in den Fällen, in denen er von der Ausübung des Richteramtes kraft Gesetzes ausgeschlossen ist, als auch wegen Besorgnis der Befangenheit abgelehnt werden.**

(2) **Wegen Besorgnis der Befangenheit findet die Ablehnung statt, wenn ein Grund vorliegt, der geeignet ist, Mißtrauen gegen die Unparteilichkeit eines Richters zu rechtfertigen.**

---

[10] *Enger* BGHSt 24 336; wohl noch weitergehend *Arzt* 1114. *Hanack* (JZ **1971** 91) verlangt „generelle Befangenheit" anzunehmen, wenn, nachdem die Sache gemäß § 354 Abs. 2 zurückverwiesen worden ist, ein früher beteiligter Richter erneut mit der Sache befaßt wird, „weil nur auf diese Weise die unmöglichen und verfassungswidrigen Konsequenzen des schlechten gesetzgeberischen Kompromisses zu § 354 Abs. 2 abzufangen sind". Ebenso, weil der Befangenheitsgrund auf dem „faktischen Niveau der Ausschließungsgründe" stehe, *Hamm* „Der gesetzliche Richter", Diss. 1973, 178.

Günter Wendisch

(3) [1]Das Ablehnungsrecht steht der Staatsanwaltschaft, dem Privatkläger und dem Beschuldigten zu. [2]Den zur Ablehnung Berechtigten sind auf Verlangen die zur Mitwirkung bei der Entscheidung berufenen Gerichtspersonen namhaft zu machen.

Schrifttum. *Arzt* Der befangene Strafrichter (1969); *Dahs* Ablehnung von Tatrichtern nach Zurückweisung durch das Revisionsgericht, NJW **1966** 1691; *Draber* Zur Neuregelung der Richterablehnung im Strafverfahren, DRiZ **1977** 330; *Gilles* Richterliche Unabhängigkeit und parteipolitische Bindung, DRiZ **1983** 41; *Hamm* Der gesetzliche Richter und die Ablehnung wegen Besorgnis der Befangenheit unter besonderer Berücksichtigung des Strafverfahrens, Diss. Frankfurt 1973; *Hamm* Können Ablehnungsgründe bei rechtzeitigem und zulässigem Ablehnungsgesuch auch verspätet sein? NJW **1973** 178; *Hamm* Recht des Verletzten im Strafverfahren zur Richterablehnung? NJW **1974** 682; *Krekeler* Der befangene Richter, AnwBl. **1981** 326 = NJW **1981** 1633; *Mahne* Der Befangenheitsantrag im Strafprozeß, Diss. Köln 1979; *Ohain* Die Ablehnung eines Richters wegen Besorgnis der Befangenheit aus politischen Gründen, Diss. Freiburg 1932; *Claus Rabe* Ablehnung des Strafrichters bei provokativem oder beleidigendem Verhalten des Angeklagten oder seines Verteidigers, NJW **1976** 172; *Claus Rabe* Der befangene Richter, AnwBl. **1981** 331; *Riedel* Das Postulat der Unparteilichkeit des Richters (1980); *Rostek* Ablehnung des Amtsrichters wegen Besorgnis der Befangenheit in der Hauptverhandlung, NJW **1975** 192; *Schorn* Die Ablehnung eines Richters im Strafprozeß in Rechtsprechung und Schrifttum, GA **1963** 161; *Seibert* Befangenheit und Ablehnung, JZ **1960** 85; *Stemmler* Befangenheit im Strafprozeß, Diss. Tübingen 1975; *Teplitzky* Probleme der Richterablehnung wegen Befangenheit, NJW **1962** 2044; *Teplitzky* Die Richterablehnung wegen Befangenheit, JuS **1969** 318; *Teplitzky* Auswirkung der neueren Verfassungsrechtsprechung auf Streitfragen der Richterablehnung wegen Befangenheit, MDR **1970** 106; *Wassermann* Richterablehnung wegen Befangenheit, NJW **1963** 429.

Übersicht

I. Grundsätze

1   **1. Ausgeschlossener Richter.** Ein Richter kann sowohl wegen Besorgnis der Befangenheit abgelehnt werden, als auch, wenn er kraft Gesetzes ausgeschlossen ist, das Richteramt auszuüben. Im letzten Fall bedarf es der Ablehnung an sich nicht. Wenn sie ausdrücklich auch hierfür zugelassen ist, „so liegt die Bedeutung dieser Bestimmung darin, daß auch über die Behauptung eines Beteiligten, es liege ein Fall der Ausschließung vor, in dem in diesem Abschnitt geordneten Verfahren verhandelt und entschieden werden soll" (Mot. *Hahn* **1** 90).

2   Lehnt der Ablehnungsberechtigte — statt sich auf die Anregung zu beschränken, die Frage der Ausschließung von Amts wegen zu prüfen (§ 22, 50) — den Richter in dem

Verfahren des § 24 ab, um einen Ausschließungsgrund geltend zu machen, dann finden nicht nur die auf dieses Verfahren bezüglichen Bestimmungen des § 27 und des § 26 Abs. 1 Anwendung. Vielmehr muß der Ablehnende, wenn er die Vorteile des Verfahrens erlangen will, auch die Last der **Glaubhaftmachung** (§ 26 Abs. 2) auf sich nehmen (**a. A.** *Schorn* 279), wobei freilich gewisse Erleichterungen gelten (§ 26, 16).

Mit der Ablehnung im förmlichen Verfahren tritt auch die **Folge des § 29** ein **3** (§ 29, 2; 5; 7; 8): der abgelehnte Richter darf nur noch solche Handlungen vornehmen, die keinen Aufschub gestatten.

2. Befangenheit

a) Begriff. Befangenheit ist, wie sich aus dem Sinn und den Vorläufern der Vor- **4** schrift (Mot. *Hahn* 1 82 ff) ergibt, die des Richters, nicht etwa[1] die des Angeklagten (*Thilo* 2). Sie ist ein innerer Zustand des Richters, der seine vollkommen gerechte, von jeder falschen Rücksicht freie Einstellung zur Sache, seine Neutralität und Distanz gegenüber den Verfahrensbeteiligten (BVerfGE **21** 146 = NJW **1967** 1123; BGHSt **1** 34), beeinträchtigen kann.

Dieser Zustand kann in der Regel nicht bewiesen werden. Daher ist die Ableh- **5** nung schon begründet, wenn ein Grund vorliegt, der **geeignet** ist, **Mißtrauen** gegen die Unparteilichkeit eines Richters **zu rechtfertigen** (*Arzt* 28; *Bohnert* 68). Es ist also nicht erforderlich, daß der Richter in der Tat parteilich oder befangen ist. Auch kommt es weder darauf an, ob er sich selbst für unbefangen hält (*Schairer* 104), noch darauf, ob er für Zweifel an seiner Unbefangenheit Verständnis aufbringt (BVerfGE **32** 290; BayObLGZ **1974** 135; DRiZ **1977** 244). Vielmehr ist die Ablehnung begründet, wenn der Ablehnende einen vernünftigen Grund zu der Annahme hat, daß der Richter befangen sei (RGSt **55** 57; **60** 44; **61** 69; RG JW **1912** 943; RG GA **71** (1927) 132; BGHSt **24** 338; OLG Koblenz VRS **44** 292; OLG Celle NdsRpfl. **1982** 101). Dafür spielt es keine Rolle, wie ein der Sache fernstehender Mensch die Sachlage beurteilt; ausschlaggebend ist vielmehr, ob die Umstände dem Ablehnenden von seinem Standpunkt aus begründeten Anlaß geben, an der Unparteilichkeit des Richters zu zweifeln (RGSt **61** 69; BGHSt **1** 36; **23** 285; BayObLGSt **1972** 220 = VRS **44** 208; OLG Frankfurt VRS **57** 206).

b) Begriffsgrenzen. Freilich kann, nicht nur aus Gründen der Prozeßökonomie, **6** sondern um Willkür und Mißbrauch zu verhindern, nicht auf einen **objektiven Maßstab** verzichtet werden (OLG Hamm JMBlNRW **1982** 222; OLG Düsseldorf VRS **66** 28; ähnlich EGH Frankfurt StrVert. **1981** 31), was sich schon aus dem Wort „rechtfertigen" ergibt. Die Rechtsprechung findet diesen Maßstab mit Recht in der „verständigen" (BGHSt **1** 39; BGH bei *Dallinger* MDR **1972** 572) oder „**vernünftigen Würdigung**" aller Umstände (BVerfGE **20** 14 = NJW **1966** 923; **32** 290). Diese Würdigung ist die, die ein vernünftig denkender Mensch (BayObLG Recht **1915** 581), ein unbefangener Dritter (BGH JR **1957** 68), ein verständiger (RGSt **65** 43), ein vernünftiger (BGHSt **21** 341) Angeklagter anstellen würde, wenn er der Angeklagte in der konkreten Situation wäre (abl. *Arzt* 23 mit Modifikationen 29).

Von diesem Standpunkt aus — und nur von diesem, nicht von einem richterli- **7** chen, der dem Angeklagten als der seine unterstellt wird — müssen die Ablehnungsgründe auch dem Gericht als **gerechtfertigt** erscheinen (RG GA **71** [1927] 132). Nur

---

[1] So wohl nur mißverständlich, von *Arzt* (3)
freilich als schönes Wortspiel aufgefaßt,
RGSt **61** 71.

wenn der Bezugspunkt der (verständigen) Würdigung der Anschauung des Angeklagten verfehlt wird, kann es zu einer so schlechthin unverständlichen Entscheidung kommen, daß der frühere Klägervertreter als unbefangener Richter gegen den wegen desselben Vorgangs Angeklagten als unbefangen angesehen wird (BGH bei *Dallinger* MDR **1972** 752). Bei seiner **Entscheidung** hat das Gericht nicht nur das Vorbringen des Ablehnenden, sondern alle Umstände (RGSt **58** 287; **61** 69) zu berücksichtigen (RGSt **60** 44; RG DRiZ **1927** 423), namentlich auch die dienstliche Äußerung des Richters (§ 26 Abs. 3).

8   c) **Grundsatzgrenzen.** Mehr als sonst ist in der Ablehnungsrechtsprechung auf den Einzelfall abzustellen (OLG Frankfurt VRS **57** 207). Daher ist, wenn zu der Prüfung, ob Befangenheit anzunehmen ist, Rechtsprechung verglichen wird, jede **Verallgemeinerung** einer, oft nur scheinbar, einschlägigen Entscheidung zu vermeiden, weil bei ähnlichen Sachverhalten schon feinste Abweichungen zu verschiedenen Ergebnissen führen können[2]. Zuweilen beruhen im Leitsatz allgemein gehaltene Erkenntnisse in Wirklichkeit nur auf besonderen Umständen des Einzelfalls. Deshalb ist die verständliche Forderung nach einem „echten Präjudizienrecht" (*Hamm* Diss. 215) schwer zu erfüllen. Wo es wesentlich auf den subjektiven Standpunkt des Ablehnungsberechtigten (Rdn. 5), ja auf den Zeitpunkt der Äußerung ankommt, die Befangenheit besorgen lassen kann (Vor § 22, 2), wird die Rechtsprechung immer nur eine anekdotische Grundlage liefern können, auf der sich nur Grundzüge eines Präjudizienrechts aufbauen lassen, die im Einzelfall immer wieder variiert werden müssen.

9   Ist die Besorgnis der Befangenheit aus politischen Verhältnissen hergeleitet worden, darf auch die **Zeit,** in der die einschlägige Entscheidung gefällt worden ist, und die, in der die neue zu treffen ist, nicht außer Betracht bleiben: Wer in ruhigen Zeiten tolerant und objektiv ist, kann, wenn schwere Auseinandersetzungen toben, seine Unbefangenheit verlieren; der Beschuldigte, der in ungestörten Verhältnissen politisches Andersdenken als selbstverständlich hinnimmt, kann daraus in Krisenzeiten bei besonderen Verhältnissen die Besorgnis der Befangenheit herleiten.

10   Namentlich die Rechtsprechung des **Bundesverfassungsgerichts** zur Befangenheit seiner Miglieder ist nur mit Zurückhaltung auf den Strafprozeß zu übertragen. Schon § 18 BVerfGG setzt besondere Maßstäbe. Der Rang des Gerichts, die Eigenschaft der Parteien und die Auswirkung eines Richterausschlusses begründen Besonderheiten (BVerfGE **35** 173 = NJW **1973** 1267), die in der allgemeinen Gerichtsbarkeit nicht gegeben sind.

II. Befangenheitsgründe

11   1. **Einflußnahme.** Grundlage der spezifischen richterlichen Tätigkeit ist die Unabhängigkeit der Richter (Art. 97 Abs. 1 GG), d. h. der Gerichtsbarkeit (vgl. Art. 95 Abs. 1 GG), der richterlichen — richtiger: rechtsprechenden (Art. 92 GG) — „Gewalt" (§ 1 GVG) und dazu des (einzelnen) Richters (§ 25 DRiG). Wird auf den Richter durch Empfehlungen, Hinweise oder auf ähnliche Art eingewirkt, muß dem Rechtsuchenden auch dann die Unabhängigkeit bedroht und der Richter befangen erscheinen (*Arzt* 111; *Schairer* 137), wenn dieser die Möglichkeit hat, sich gegen die unberechtigten Maßnahmen seiner Vorgesetzten zu wenden.

12   Das Oberlandesgericht Celle (MDR **1971** 774), das das verneint, stellt die (ideale) Richterpersönlichkeit in den Vordergrund und vernachlässigt die Erwägung, daß die

---

[2] Beispiel: BGH JR **1972** 119 mit Anm. *Peters.*

Wirkung auf den Rechtsuchenden, freilich auf einen vernünftigen, das Ablehnungsrecht auslöst. Kritisiert das Justizministerium scharf und unangemessen ein erstinstanzliches Urteil und stellt es Maßnahmen der Dienstaufsicht in Aussicht, können auch die Richter des **Berufungsgerichts** als befangen erscheinen (RGSt 66 390).

Historisch gesehen, ist bei der Unabhängigkeit in erster Linie an die von staatlicher Seite, aber auch von Vorgesetzten gedacht. Doch macht auch die Abhängigkeit von **privaten Stellen** und Personen befangen. Der Richter, dessen Kind als Geisel genommen worden ist, um seine Entscheidung in einer bestimmten Sache zu beeinflussen, kann in dieser Sache nicht rechtsprechen. Als weiteres theoretisches Beispiel sei der bestochene Richter genannt. Fälle dieser Art sind noch nicht bekannt geworden. **13**

2. Politische Bindung. Grundsätzlich rechtfertigt die Zugehörigkeit zu einer Partei, die andere Ziele als der Ablehnende oder gleiche Ziele mit anderen Mitteln oder auf anderen Wegen verfolgt (RG DRiZ **1931** 531), nicht die Ablehnung (BVerfGE **2** 297 = NJW **1953** 1097; **11** 3 = MDR **1961** 26; BGH bei *Dallinger* MDR **1957** 16; NJW **1962** 748; OLG Koblenz NJW **1969** 1177)[3]. **14**

Das gilt regelmäßig auch bei **Straftaten mit politischem Hintergrund** (RGRspr. **4** 854; *Ohain* 18), ist aber dort nicht völlig unerheblich und kann von Bedeutung werden, wenn weitere Umstände hinzutreten[4]. Als solche Umstände genügen jedoch nicht politische Äußerungen eines Richters außerhalb des Verfahrens, die mit diesem in keinem Zusammenhang stehen und sich allein aus der Teilnahme am politischen Leben erklären (BGH NJW **1962** 749). **15**

Doch ist wieder eine Ausnahme zu machen: Den Richter, der öffentlich die **demokratische Grundordnung** abgelehnt hat, kann die Staatsanwaltschaft in Staatsschutzverfahren stets (und mit Erfolg) ablehnen (*Ohain* 34). In einem Verfahren wegen Fortführung einer verbotenen Partei ist ein Schöffe befangen, der der aufgelösten Partei als Mitglied angehört hatte (RG HRR **1930** 1420). **16**

3. Persönliche Verhältnisse. Die Ausschließungsregelung in § 22 Nr. 1 bis 3 erweist, daß persönliche Verhältnisse des Richters als geeignet angesehen werden, dessen Entscheidungsfreiheit zu beeinträchtigen oder wenigstens den Anschein erwecken zu können, dies könnte der Fall sein. Zwar darf man im Grundsatz, soweit nicht die im Gesetz aufgeführten engen persönlichen Verhältnisse vorliegen, von der Fähigkeit des Richters ausgehen, sich von Befangenheit frei zu halten, und von der Einsicht der Prozeßbeteiligten, daß der Richter das tun werde; bei einzelnen Fallgruppen ist das aber nicht gerechtfertigt. **17**

Auf jeden Fall sind Ablehnungen unbegründet, die zwar auf einen besonderen Richter bezogen und mit Gründen belegt sind, die auch zutreffen, aber ihre **Grundlage in der Gerichtsverfassung** haben. So ist es unzulässig, wenn in einer Notzuchtsache ein Richter, nur weil er verheiratet ist, bei sexuellen Handlungen mit Kindern ein Richter, nur weil er Kinder hat, abgelehnt wird. Hier richtet sich der Befangenheitsvorwurf nicht **18**

---

[3] Ebenso KK-*Pfeiffer* (8) und *Teplitzky* (NJW **1962** 2045), der aber zu Recht Ausnahmen anerkennt; vgl. im übrigen auch *Gilles* 45.

[4] Beispiele: RGSt **55** 57; In einem Strafverfahren, in dem die Durchsetzung der neuen gegen die alte Ordnung eine Rolle spielt, ist

ein Richter befangen, der den Eid auf die neue Verfassung verweigert hat. RG DRiZ **1931** 781; DJZ **1932** 170; HRR **1933** 448: besondere politische Betätigung für eine Partei, die zu der des Angeklagten im scharfen Gegensatz steht. Weitere Beispiele s. bei *Gilles* 46.

Günter Wendisch

gegen den abgelehnten Richter, sondern gegen alle Richter mit gleichem **Familienstand** und damit gegen die Gerichtsverfassung überhaupt, die auf die Familienverhältnisse des Richters grundsätzlich (Ausnahme § 37 JGG) keine Rücksicht nimmt[5].

19   Kein Ablehnungsgrund ist die Zugehörigkeit zu einer **Religionsgemeinschaft** (RG JW **1930** 2560; **1932** 658), die andere Ziele als der Ablehnende oder gleiche Ziele mit anderen Mitteln oder auf anderen Wegen verfolgt. Das gleiche gilt für die Mitwirkung am **Gesetzgebungsverfahren** (BVerfGE **1** 67).

20   Stets als befangen angesehen ist der Richter, der mit der beschuldigten oder verletzten Person **verlobt** ist. Sehr enges freundnachbarliches **Verhältnis** (BGH NJW **1957** 387) kann ebenso Besorgnis der Befangenheit begründen wie Feindschaft (OLG Augsburg JW **1923** 839). Das gleiche kann der Fall sein bei schwerwiegenden Differenzen zwischen Richter und Verteidiger (KG JW **1931** 1104; OLG Oldenburg HESt **3** 2; OLG Hamm NJW **1951** 731), aber nicht bei jeder Spannung, wie sie das Verhandeln mit sich bringen kann (BGH bei *Dallinger* MDR **1971** 897). Auch ist die Ablehnung begründet, wenn der Richter dem Privatkläger, etwa in Urheberrechtssachen, ein **Gutachten** erstattet hatte (*Schorn* 162).

21   Ein **Kollegenverhältnis**, dienstliche und damit im Zusammenhang stehende Kontakte — ohne relevante positive oder negative Beziehung — (OLG Frankfurt NStZ **1981** 234; vgl. aber BGH StrVert. **1982** 99) zu dem Beschuldigten oder zu einem nahen Angehörigen des Beschuldigten rechtfertigt noch kein Mißtrauen in die Unparteilichkeit (OLG Zweibrücken NJW **1968** 1440; vgl. auch *Schairer* 120), kann es aber begründen, wenn das Dienstverhältnis besonders eng ist und auf das persönliche Verhältnis ausstrahlt (OLG Stuttgart MDR **1961** 1035; OLG Zweibrücken NJW **1968** 1440; LG Osnabrück NdsRpfl. **1980** 17). Befangenheit ist auch angenommen worden bei einem Schöffen, der Oberinspektor bei dem Bauamt war, das der Angeklagte **geschädigt** haben sollte (BGH bei *Dalllinger* MDR **1954** 150).

22   **4. Anzeigen.** Auf die Umstände des einzelnen Falls kommt es, wie schon allgemein, namentlich dann an, wenn Richter mit Anzeigen oder auf ähnliche Weise angegriffen werden. Die gegen jeden Richter bestehende Möglichkeit von Maßnahmen nach Art. 98 Abs. 2 GG läßt regelmäßig keine Befangenheit besorgen (OLG Düsseldorf NJW **1950** 395). Das gleiche gilt bei Auseinandersetzungen zwischen Vorsitzendem und Verteidiger (RG HRR **1933** 555; BGH bei *Dallinger* MDR **1971** 897)[6]. **Besorgnis** der Befangenheit kann **gerechtfertigt** sein, wenn der Verteidiger den Richter wegen falscher Anschuldigung angezeigt hat (OLG Oldenburg HESt **1** 2); sie wird es sein, wenn umgekehrt gegen den Angeklagten zufolge eines Strafantrags oder einer Strafanzeige des Richters ein Strafverfahren anhängig ist, oder wenn der Richter gegen den Verteidiger ein Strafverfahren herbeigeführt, der Verteidiger sein Mandat niedergelegt und der Angeklagte damit zufolge der Anzeige seinen Verteidiger verloren hat. Besorgnis der Befangenheit kann auch dann gerechtfertigt sein, wenn die dienstliche Äußerung eines Richters zu einem Ablehnungsantrag in wesentlichen Punkten objektiv unrichtig ist. Ein solches Verhalten kann auch bei einem besonnenen Antragsteller die Befürchtung be-

---

[5] Ebenso *Teplitzky* NJW **1962** 2046; *Arzt* 57; KMR-*Paulus* Vor § 22, 6 verneint die Ausnahme in § 37 JGG. – Vgl. für einen ähnlichen Fall aus der freiwilligen Gerichtsbarkeit (keine unvorschriftsmäßige Besetzung, wenn bei Entscheidung über elterliche Gewalt das Gericht nur aus männli-

chen Mitgliedern besteht) OLG Köln NJW **1972** 911.

[6] Ebenso KG JW **1931** 1104; OLG München HRR **1937** 471; OLG Oldenburg NdsRpfl. **1949** 93; OLG Hamm NJW **1951** 731; BayObLG Rpfleger **1975** 93; LG Aachen NJW **1974** 422.

gründet erscheinen lassen, dieser Richter werde auch sonst in seiner Sache unsorgfältig verfahren (OLG Frankfurt MDR **1978** 409; vgl. auch OLG Hamm NJW **1951** 731; *Rabe* 172).

Zeigt der Angeklagte den Richter — etwa wegen Rechtsbeugung — an, be- **23** schwert er sich über ihn, beantragt er gegen ihn ein Disziplinarverfahren, so wird das, da Richter täglich wegen ihrer Tätigkeit angegriffen werden, **in der Regel keine Besorgnis** der Befangenheit begründen (BGH NJW **1952** 1425; NJW **1962** 749; KG JR **1962** 113), doch kann das der Fall sein, wenn der Richter durch — auch unbegründete — Einwirkungen des Angeklagten zu wirklich unbefangener Beurteilung unfähig wird (*Arzt* 54).

Der Satz, ein Angeklagter könne aus seinem **eigenen Verhalten** keinen Ableh- **24** nungsgrund herleiten (RGSt **55** 57; BGH NJW **1952** 1425), ist nicht zu verallgemeinern, weil immer geprüft werden muß, wie es zu dem Verhalten gekommen ist. Ist das Verhalten verständig, dann ist die darauf gegründete Ablehnung nicht deshalb unzulässig, weil der Angeklagte sich eines ihm nicht genehmen Richters entledigen will. Ist sein Verhalten unverständig, dann begründet es nicht die Besorgnis der Befangenheit. Es kommt hier zwar grundsätzlich, aber nicht allein, auf die subjektive Reaktion des Betroffenen an[7].

III. Befangenheit wegen richterlicher Tätigkeit

1. Zwischenentscheidungen. Da das Gesetz mehrfach Entscheidungen des Rich- **25** ters im Prozeßverlauf verlangt, die eine Vorprüfung der Schuldfrage zum Inhalt haben, ist Vortätigkeit des Richters, wenn sie der Gesetzgeber nicht zum Ausschließungsgrund erhoben hat (§ 23), im allgemeinen kein Ablehnungsgrund, sofern zu ihr nicht besondere Umstände hinzukommen, die die Besorgnis der Befangenheit begründen (BGHSt **21** 142, 343; BGH NStZ **1983** 136; Beispiel für eine Ausnahme BGHSt **24** 338 und OLG Karlsruhe StrVert. **1981** 616).

Daher vermag auf jeden Fall die dienstliche Beteiligung eines Richters an **Prozeß-** **26** **vorgängen,** die der in Rede stehenden Diensthandlung voraufgegangen sind, auch dann nicht die Besorgnis der Befangenheit zu begründen, wenn sie, wie der Erlaß eines Haftbefehls, die Ablehnung der Haftentlassung nach Aufhebung des Urteils im Strafausspruch (*Martin* DRiZ **1962** 156), die Anordnung der Durchsuchung oder Beschlagnahme, die vorläufige Entziehung der Fahrerlaubnis, die Anordnung, daß der Beschuldigte in ein öffentliches psychiatrisches Krankenhaus gebracht und dort beobachtet werde, mit der zu treffenden Entscheidung enge Berührung haben. Denn ein verständiger Angeklagter wird von der (zutreffenden) Erwägung ausgehen, daß ein Richter sich auf Grund der ihm nach seiner Stellung, Erziehung und Ausbildung eigenen Haltung von Befangenheit frei hält und sich nicht durch dienstliche Vorentscheidungen bei künftigen Entscheidungen, namentlich dem Urteil beeinflussen läßt (BGHSt **9** 234)[8].

Dabei kann es auch keine Rolle spielen, daß jene Entscheidungen dem Angeklag- **27** ten **nachteilig** waren (RGRspr. **4** 529; RGSt **59** 410; RG DRiZ **1929** 204; RG GA **71** 132). Selbst geringfügige Prozeßverletzungen (RG DRiZ **1927** 422: Ortsbesichtigung

---

[7] An dieser scheint es im Fall OLG München (NJW **1971** 385) gefehlt zu haben, weshalb der Entscheidung im Ergebnis wohl beigepflichtet werden kann. Soweit auf den Grundsatz abgestellt wird, eine Partei könne aus ihrem eigenen Verhalten keinen Ablehnungsgrund herleiten, bleibt sie bedenklich.

[8] RGSt **58** 287; **59** 409; **60** 47; **61** 68; **62** 299; **65** 43; BGHSt **21** 341; NStZ **1983** 136; JR **1957** 68; KK-*Pfeiffer* 6.

Günter Wendisch

nur durch die richterlichen Mitglieder des Schwurgerichts und den Staatsanwalt) und rechtsirrige Beurteilung (BGH GA **1961** 115: die Einlassung des Angeklagten rechtlich unrichtig beurteilende Eröffnung des Hauptverfahrens) und verfehlte Rechtsansichten oder tatsächliche Irrtümer können im allgemeinen nicht den Verdacht der Befangenheit hervorrufen (BGH VRS **41** 205), jedoch nur, wenn es sich um vertretbare Ansichten und aus Versehen unterlaufene Irrtümer handelt[9].

28   **2. Zwischenbeurteilungen.** Befangenheit ist regelmäßig dann nicht zu besorgen, wenn der Richter gelegentlich sein vorläufiges Urteil über die **Prozeßaussichten** nach dem jeweiligen Stand des Verfahrens bekanntgibt (BGH GA **1962** 282); so, wenn er dem Angeklagten rät, den Einspruch gegen den Strafbefehl (OLG Hamm GA **1958** 58) oder die Berufung gegen das Urteil des Amtsgerichts (RGSt **60** 44) zurückzunehmen; wenn er zu erkennen gibt, daß er den Angeklagten für schuldig hält (OLG Köln JMBlNRW **1956** 284), es sei denn, daß er das trotz unsicherer Beweislage in sicherer Form tut (BGH GA **1962** 282)[10]; wenn er bei Vereidigung eines Zeugen den Sachverhalt würdigt (OLG Hamm JMBlNRW **1973** 272), selbst wenn er dabei eine Änderung seiner Rechtsansicht kundtut; BGH NJW **1962** 749). Auch die Ankündigung, es werde Haftbefehl ergehen, wenn der Angeklagte nicht zur Hauptverhandlung erscheinen werde, legt den Richter nicht fürs Urteil fest und begründet daher keine Besorgnis der Befangenheit (OLG Koblenz VRS **44** 293).

29   Es begründet auch keinen Unterschied, wenn der Richter seine Äußerung **außerhalb des Gerichtssaals** gegenüber einem Dritten abgibt, mag auch eine solche „Stilwidrigkeit" unerwünscht sein.[11] Auch die Tatsache, daß ein Laienrichter **Presseveröffentlichungen** gelesen hat, in denen das Ergebnis der Beweisaufnahme „vorweggenommen" worden ist, kann für sich allein kein Mißtrauen gegen seine Unbefangenheit rechtfertigen (BGHSt **22** 294). Noch weniger kann die Tatsache, daß der Richter als unbeteiligter Zuhörer Zeuge eines Meineids geworden ist, ihn befangen machen, diesen abzuurteilen (RGSt **58** 287).

30   **3. Die Eröffnung des Hauptverfahrens** (§ 207 Abs. 1) ist die wichtigste Vorentscheidung und Vorbeurteilung im Hauptverfahren. Daß bei der Eröffnung die Überzeugung des Gerichts, der Angeschuldigte sei der Tat hinreichend verdächtig, nicht mehr zum Ausdruck kommt, ist nur äußerlich. Denn nach wie vor ist diese Überzeugung Voraussetzung der Eröffnung (§ 203). Daher war gefordert und erwogen worden, den Eröffnungsrichter kraft Gesetzes von der Teilnahme an der Hauptverhandlung auszuschließen (Vor § 22, 20).

---

[9] Weitere Beispiele: KG JR **1957** 64; BayObLG DRiZ **1977** 244; OLG Bremen AnwBl. **1977** 74; zustimmend auch *Sarstedt* JR **1966** 315; *Schneider* MDR **1978** 64; KMR-*Paulus* Vor § 22, 8; *Teplitzki* JuS **1969** 323; *Gießler* NJW **1973** 982; *Krekeler* 1637; *Schairer* 130.

[10] Auch der Fall RGSt **60** 45 hätte eher zur Ablehnung führen sollen. Nachdem die Beweisaufnahme teilweise durchgeführt worden war, wurde dem Angeklagten der Rat erteilt, die Berufung zurückzunehmen, weil das Gericht nach dem Ergebnis der bisherigen Beweisaufnahme einstimmig die Überzeugung von der Schuld des Angeklagten habe. Es waren noch ein „nach § 57 Nr. 3 verdächtiger Zeuge" und 13 weitere Zeugen zu vernehmen.

[11] Beispiel: BGHSt **21** 86: Geschworener in einem Ladengeschäft mit der unerbetenen Meinung behelligt, der Angeklagte könne nicht verurteilt werden, antwortet: „Das glauben Sie".

Da das Gesetz aus der Eröffnung des Hauptverfahrens **keine Vermutung der Be-** 31
fangenheit herleitet (BVerfGE **30** 157 = NJW **1971** 1031), ist grundsätzlich auch die
Ablehnung nicht begründet. Daher können auch Richter am Oberlandesgericht grundsätzlich nicht deshalb abgelehnt werden, weil sie an dem Beschluß, daß die öffentliche
Klage zu erheben sei (§ 175 Satz 1), mitgewirkt haben. Das gilt jedenfalls dann, wenn
das Gericht von der Staatsanwaltschaft nur in Rechtsfragen abgewichen ist, oder wenn
das oberlandesgerichtliche Verfahren neues Beweismaterial zutage gebracht hat.

Hat jedoch das Oberlandesgericht die tatsächlichen Ergebnisse zuungunsten des 32
Angeklagten **abweichend** von der Ansicht der Staatsanwaltschaft **gewürdigt,** wird in der
Regel Befangenheit zu besorgen sein. Das gewinnt sowohl Bedeutung, wenn ein Richter
am Oberlandesgericht, der an dem Beschluß, daß die Klage zu erheben sei (§ 175 Satz 1)
mitgewirkt und danach, etwa als vorsitzender Richter in die Tatsacheninstanz zurückgekehrt ist und dort in der Tatsacheninstanz zur Entscheidung berufen ist (RGSt **19**
341), als auch wenn Richter, welche die Erhebung der Klage angeordnet hatten, dann
über eine Revision gegen das auf die Anklage ergangene Urteil zu entscheiden haben.
Kommt keine Ablehnung, wird es Pflicht des Richters sein, nach § 30 zu verfahren.

4. Frühere Verfahren. Hat ein Richter sich in einem früheren Verfahren — mag 33
es auch mit dem neuen in Zusammenhang stehen (OLG Düsseldorf JMBlNRW **1959**
237; NJW **1982** 2832) und den gleichen Sachverhalt betreffen — sachlich verhalten, so
kann er nicht allein wegen der Beteiligung an jenem Verfahren abgelehnt werden
(RGSt **59** 410; BGHSt **21** 341, 342), selbst wenn dabei ein Prozeßverstoß unterlaufen
ist (RGSt **65** 41: Teilnahme eines Ergänzungsrichters an Zwischenberatungen); anderenfalls hätte die frühere Tätigkeit die Bedeutung eines Ausschließungsgrundes (BGH
GA **1978** 243). Das aber hat der Gesetzgeber nicht gewollt; wäre er davon ausgegangen,
so müßte angenommen werden, daß er den gesetzlichen Ausschluß des mit der Sache
bereits anderweitig befaßt gewesenen Richters ausdrücklich bestimmt und in gleicher
Weise in § 23 aufgenommen hätte, wie er das bei Entscheidungen im Wiederaufnahmeverfahren bezüglich der Tätigkeit im Ursprungsverfahren getan hat (BGHSt **21** 342).
Da die Gefahr einer möglichen Befangenheit in diesen Fällen jedoch stärker ist als in
sonstigen Fällen (vgl. dazu § 23, 35), muß sich ein Richter, der in einem früheren Verfahren — auch Zivilverfahren — bei einer dem Angeklagten nachteiligen Entscheidung
mitgewirkt hat, „besonders behutsam verhalten und Zurückhaltung üben" (BGH GA
1978 243); Befangenheit wird daher — freilich nicht allgemein — aber doch häufig zu
bejahen sein, wenn sich der Richter in einem Vorprozeß, selbst in einem vorangegangenen Zivilverfahren, eine endgültige Überzeugung gebildet hat[12].

Hat der Richter in einem Vorprozeß einen Zeugen wegen Unglaubwürdigkeit 34
nicht vereidigt, das Berufungsgericht aber die Vereidigung angeordnet, so ist er in einem
nachfolgenden Meineidsprozeß **befangen** (RGSt **59** 410). Ebenso ist er, wenn er als
Richter des Vorprozesses den Angeklagten wegen Prozeßbetrugs oder einen Zeugen
wegen Meineids angezeigt hat, in dem durch die Anzeige ausgelösten Strafverfahren
stets als befangen anzusehen. Eindeutig befangen ist ein Richter in einem Verfahren
wegen Betrugs gegen einen Angeklagten, dessen Verhalten er als Prozeßbevollmächtig-
ter in einem Verfahren wegen „unerlaubter Handlung i. S. des § 823 Abs. 2 BGB in
Vbdg. mit § 263 StGB" als arglistig bezeichnet hatte (BGH bei *Dallinger* MDR **1972**
572).

---

[12] Noch weitergehender – Mitwirkung im
Vorprozeß macht regelmäßig befangen –
Teplitzky NJW **1962** 2044.

Günter Wendisch

35   **5. Hauptverhandlung.** Bereits bei der Beurteilung von Zwischenentscheidungen und Zwischenbeurteilungen sind Vorgänge in der Hauptverhandlung erörtert worden, wobei allerdings meist Befangenheit zu verneinen war oder Grenzfälle vorlagen. In dieser Anmerkung sind Ansichten und Entscheidungen zusammengestellt, in denen **Befangenheit bejaht** worden ist auf der Grundlage von Vorgängen, die sich — fast ausschließlich — in der Hauptverhandlung ereignet haben.

36   Als Grundsatz ist herauszustellen, daß Besorgnis der Befangenheit begründet ist, wenn das Gericht **ohne prozessuale Veranlassung** über die Schuldfrage berät und der Vorsitzende, um die Zurücknahme der Berufung zu erreichen, dem Angeklagten bekanntgibt, daß das Gericht einstimmig von seiner Schuld überzeugt sei[13]. Ebenso ist Befangenheit zu bejahen, wenn das Gericht ohne prozessuale Notwendigkeit bei unsicherer Beweisgrundlage in sicherer Form seine Überzeugung von der Schuld zum Ausdruck bringt (BGH GA **1962** 282); wenn der Richter vor dem Termin allein aufgrund der Akten dem Angeklagten eröffnet, für das Gericht stehe fest, daß er der Typus des Gewohnheitsverbrechers sei (BGH MDR **1961** 432) oder die dem Angeklagten zur Last gelegten Vorgänge der Presse als feststehende Tatsachen mitteilt (BGHSt 4 264); wenn er bei offener Beweislage bemerkt, der Zeuge habe jetzt endlich die Wahrheit gesagt (BGH GA **1978** 243); wenn ein Schöffe bei dem Hinweis des Richters, für einen bestimmten Vorwurf komme es darauf an, ob der Angeklagte mit verkehrswidrigem Verhalten von Kindern habe rechnen müssen, einwirft: „Eigentlich müßte er" (OLG Hamm JMBlNRW **1968** 68); wenn der Richter im Prozeß auf einen Zeugen einwirkt, von seinem Zeugnisverweigerungsrecht keinen Gebrauch zu machen (BGHSt 1 37), den Angeklagten durch ungewöhnlich scharfe Worte zu einer Schilderung des Tathergangs drängt (BGH NJW **1959** 55) oder von ihm mit ehrverletzenden Ausdrücken unter Verstoß gegen den richterlichen Verhandlungsstil spricht (OLG Hamm NJW **1967** 1577), das Verhalten bei der Tat mit starken Worten und abwegigen Vergleichen („Fahrweise wie auf einem Rummelplatz") kennzeichnet; wenn er vor dem Prozeß auf umlaufende Gerüchte in der Öffentlichkeit („Zigarrengeschäft") erklärt, als Richter werde er wissen, wie er derartige unsaubere Geschäfte zu bestrafen habe (RGSt **61** 67); oder wenn ein Rechtsanwalt als Mitglied des Ehrengerichts sich in der Öffentlichkeit über die Art der Verteidigung eines Kollegen in einer Weise äußert, die den Eindruck der Standeswidrigkeit des Verteidigerhandelns entstehen läßt, wenn dieses Verhalten Gegenstand des ehrengerichtlichen Verfahrens ist (EGH Frankfurt StrVert. **1981** 31). Weitere Beispiele LG Freiburg StrVert. **1982** 111, 112.

37   **Grobe Rechtsfehler,** z. B. Ablehnung, den Kunstbegriff zu erörtern, obwohl breite Kreise der außerjuristischen Literatur die Äußerung der Kunst zurechnen; Ablehnung einer — zumindest für die Straffrage erheblichen — Beweisaufnahme darüber, daß der Täter zur Tat von einem Lockspitzel verleitet worden sei, mit der Bemerkung: Wir werden die Sache nicht platzen lassen, auch auf die Gefahr hin, daß wir aufgehoben werden (BGH bei *Dallinger* MDR **1972** 571); bedeutsame Tatsachenirrtümer (Verwechslung von Verkehrszeichen); uneinsehbare Überraschungsentscheidungen (BGH VRS **41** 205) und „Vorbereitung" des Urteils schon während des Schlußvortrags des Verteidigers (BayObLG bei *Rüth* DAR **1979** 239) können in dem Angeklagten sehr wohl die Ansicht erwecken, der Richter „habe sein Urteil schon fertig" und sperre sich gegen Beweisaufnahmen, die sein (Vor-) Urteil erschüttern könnten. Alsdann ist die Besorgnis der Befangenheit begründet.

---

[13] *v. Beling* JW **1926** 1209; a. A. RGSt **60** 45. *Hamm* (NJW **1973** 185) generalisiert das Merkmal „ohne prozessuale Veranlassung" dahin, daß er Besorgnis der Befangenheit annimmt, wenn der Zwischenentscheidung „die Vorbehalte der Vorläufigkeit" fehlen.

IV. Verfahren

1. Ablehnungsberechtigte (Absatz 3 Satz 1). Nach den Motiven (*Hahn* 1 90) soll **38** das Ablehnungsrecht allen **Prozeßbeteiligten,** also dem Beschuldigten, der Staatsanwaltschaft und dem als Kläger (Privatkläger, Nebenkläger) auftretenden Verletzten zustehen. Für den Nebenkläger kommt das im Gesetzestext nicht zum Ausdruck; es ergibt sich aber aus § 397 (vgl. BGHSt **28** 274; OLG Düsseldorf VRS **66** 28; *Feisenberger* 10). Der Beschuldigte im Sicherungsverfahren (§ 413) hat nach § 414 Abs. 1, der Einziehungsbeteiligte (§ 431 Abs. 1 Satz 1, Abs. 3) nach § 433 Abs. 1, § 440 Abs. 3, der Antragsteller im Nachverfahren (§ 439 Abs. 1) nach § 441, der Beteiligte im Verfahren bei Festsetzung von Geldbußen gegen juristische Personen und Personenvereinigungen (§ 444 Abs. 1 Satz 1) nach § 444 Abs. 2 Satz 2 in Vbdg. mit § 433 Abs. 1 die Befugnisse des Angeklagten und damit das Ablehnungsrecht.

Dagegen steht dem **Verteidiger** (§ 138) und dem Rechtsanwalt als Beistand eines **39** Privatklägers (§ 387) kein eigenes Ablehnungsrecht zu, doch ist, wenn sie ablehnen, anzunehmen, daß sie das für den Angeklagten oder Privatkläger tun (OLG Hamm NJW **1951** 731).

Das Ablehnungsrecht steht allen Ablehnungsberechtigten **gleichmäßig** zu, auf **40** eine Beschwer kommt es nicht an; der Staatsanwalt kann immer zugunsten des Angeklagten ablehnen (*Arzt* 37). Umgekehrt kann, wenn ein Richter mit dem Beschuldigten verwandt ist, der Beschuldigte und nicht etwa nur der Staatsanwalt die Ablehnung anbringen. Tun es beide nicht, hat der Richter nach § 30 zu verfahren.

Kein Ablehnungsrecht haben Zeugen, Sachverständige und bei der Verhandlung **41** nicht beteiligte Personen im Ordnungsmittelverfahren (§§ 177, 178, 180, 181 GVG; §§ 70, 77). Das kann oft als ungerecht empfunden werden, ist aber der Natur der Sache nach nicht anders zu regeln, weil nicht jedesmal ein anderer Richter zugezogen werden kann, der Beweis über den Verstoß erhebt. Kein Ablehnungsrecht haben auch der Verletzte im Adhäsionsverfahren (§ 403) und im Prozeß, solange er sich nicht — soweit zulässig (§ 395 Abs. 2 Nr. 2) — als Nebenkläger angeschlossen hat. Das ergibt sich aus § 24 Abs. 3 und ist hinzunehmen, weil er keine Prozeßpartei ist und weil die ablehnungsberechtigte Staatsanwaltschaft die Interessen des Verletzten wahrnimmt.

Im **Anklageerzwingungsverfahren** (§ 172 Abs. 2) dagegen ist der Verletzte eine **42** auf sich allein gestellte Verfahrenspartei. Es widerspräche jeder Gerechtigkeit, ihn (etwa in dem Fall § 22, 21, Fußn. 1) darauf zu verweisen, daß das Gericht nach § 30 verfahren werde. Vielmehr ist ihm über den Wortlaut in sinngemäßer Anwendung der Vorschrift ein eigenes Ablehnungsrecht einzuräumen (OLG Karlsruhe NJW **1973** 1658; OLG Saarbrücken NJW **1975** 399; OLG Hamm NJW **1976** 1701)[14].

2. Namhaftmachung (Absatz 3 Satz 2). Zur Sicherung des Ablehnungsrechts gibt **43** das Gesetz den Ablehnungsberechtigten den Anspruch auf Auskunft über die Besetzung des Gerichts. Dem Sinn der Bestimmung entsprechend ist dem Verlangen auch stattzugeben, wenn die Richter zur Mitwirkung nicht bei einer Entscheidung, sondern bei einer anderen richterlichen Tätigkeit berufen sind. Die Vorschrift gilt allgemein — auch für die Entscheidung im Klageerzwingungsverfahren (OLG Düsseldorf NStZ **1983** 470) —; sie greift schon auf § 31 vor und regelt die Bekanntgabe sämtlicher Ge-

---

[14] *John* § 24, I 4; *Hartmann* JW **1928** 2965; *Teplitzky* MDR **1970** 108; JuS **1969** 323; *Hamm* 125; NJW **1974** 683; **a. A.** RGSt **52** 292; KG JR **1954** 35; *Eb. Schmidt* 7; KMR-*Paulus* 22; *Dalcke-Fuhrmann* 4; *Kleinknecht/Meyer* 10.

richtspersonen, also der Richter (§§ 22 bis 25), der Schöffen und Urkundsbeamten (§ 31 Abs. 1).

44   Den Namen des **Staatsanwalts** gibt das Gericht nicht bekannt. Der Beschuldigte kann den Namen beim Leiter der Staatsanwaltschaft erfragen. Dieser hat ihn, ohne eine Begründung zu verlangen, bekanntzugeben, damit der Berechtigte bei ihm, wenn er dafür einen Grund darlegt, Ersetzung durch einen anderen Staatsanwalt (Vor § 22, 9) erwirken kann.

45   Von Amts wegen ist keine Mitteilung zu machen („auf Verlangen")[15]. Ist aber Mitteilung gemacht, so ist jeder **Wechsel** von Amts wegen bekanntzugeben (RGSt **66** 10; RG JW **1930** 925). Abgesehen von der Namhaftmachung ist das Gericht nicht verpflichtet, dem Angeklagten tatsächliche **Unterlagen** zur Begründung seines Antrags zu liefern (RG JW **1933** 964), und zwar auch nicht im Rahmen der Entscheidung über einen Ablehnungsantrag (OLG Düsseldorf NStZ **1983** 471).

46   3. **Anfechtung.** Lehnt das Gericht die Bekanntgabe der Gerichtspersonen ab (etwa weil der Antragsteller nicht ablehnungsberechtigt ist), so steht ihm, sofern die Entscheidung nicht die eines — auch erstinstanzlich entscheidenden — Strafsenats ist (§ 304 Abs. 4), die Beschwerde zu (§ 304 Abs. 1 und 2). Die **Beschwerde** ist **ausgeschlossen,** wenn die Entscheidung vom erkennenden Gericht (§ 28, 12; 19) erlassen wird, es sei denn, der Antragsteller (etwa der bestrafte Zeuge, der unrichtigerweise ein Ablehnungsrecht in Anspruch nimmt) sei Dritter i. S. von § 305 Satz 2, § 304 Abs. 2. Nur wenn die Prozeßbeteiligten kein Beschwerderecht haben (RGSt **29** 62), können sie die Verletzung des § 24 Abs. 3 Satz 2, die in der Praxis nur durch das Unterlassen begangen werden wird, einen Wechsel in der ursprünglichen Liste von Amts wegen bekanntzugeben, mit der Berufung und namentlich mit der Revision rügen.

47   4. **Verweisungen.** Wegen der **Entscheidung** über den Ablehnungsantrag s. §§ 26 a, 18, wegen der **Rechtsmittel** § 28.

§ 25

(1) [1]**Die Ablehnung eines Richters wegen Besorgnis der Befangenheit ist bis zum Beginn der Vernehmung des Angeklagten zur Sache, in der Hauptverhandlung über die Revision bis zum Beginn seiner Ausführungen zur Revision, zulässig.** [2]**Alle Ablehnungsgründe sind gleichzeitig vorzubringen.**
(2) [1]**Nach diesem Zeitpunkt darf ein Richter nur abgelehnt werden, wenn**
1.   **die Umstände, auf welche die Ablehnung gestützt wird, erst später eingetreten oder dem zur Ablehnung Berechtigten erst später bekannt geworden sind und**
2.   **die Ablehnung unverzüglich geltend gemacht wird.**
[2]**Nach dem letzten Wort des Angeklagten ist die Ablehnung nicht mehr zulässig.**

Entstehungsgeschichte. Ursprünglich konnte ein Richter wegen Besorgnis der Befangenheit in der Hauptverhandlung des ersten Rechtszugs nur bis zur Verlesung des Eröff-

---

[15] Anders für LG- und OLG-Strafsachen im ersten Rechtszug; für diese Gerichte ergibt sich die Mitteilungspflicht der Gerichtsbesetzung aus § 222 a.

nungsbeschlusses und in der Hauptverhandlung über Berufung und Revision nur bis zum Beginn der Berichterstattung abgelehnt werden. Art. 2 Abs. 2 der VO über die Beseitigung des Eröffnungsbeschlusses im Strafverfahren vom 13. 8. 1942 (RGBl. I 512) verschob den kritischen Zeitpunkt auf den Beginn der Vernehmung des Angeklagten zur Sache. Art. 3 Nr. 9 VereinhG dehnte die Ablehnungsbefugnis bis zum Beginn des Teils der Hauptverhandlung aus, der der Vernehmung des Angeklagten zur Sache nachfolgt. Die gegenwärtige Fassung beruht auf Art. 5 Nr. 2 StPÄG 1964.

Geplante Änderungen. Nach Art. 1 Nr. 1 des StVÄGE 1984 soll Absatz 1 folgende Fassung erhalten:

„(1) Die Ablehnung eines erkennenden Richters wegen Besorgnis der Befangenheit ist nach Mitteilung der Besetzung des Gerichts, falls eine solche nicht stattgefunden hat, nach Beginn der Hauptverhandlung unverzüglich geltend zu machen, sobald die Umstände, auf welche die Ablehnung gestützt wird, dem zur Ablehnung Berechtigten bekannt sind."

S. ggfs. die Erläuterungen im Nachtrag zur 24. Auflage.

Übersicht

1. Inhalt. Die Vorschrift legt den Zeitpunkt fest, in dem das Ablehnungsrecht er- **1** lischt, d. h. die Ablehnung unzulässig wird. Das geschieht einmal absolut (Absatz 2 Satz 2) und dann für den Regelfall unbedingt (Absatz 1 Satz 1), aber zugleich für weitere Fälle in der Weise relativ, daß wichtige Ausnahmen zugelassen werden (Absatz 2 Satz 1). Die Bestimmung bezieht sich in allen ihren Teilen nur auf die **Ablehnung in der Hauptverhandlung** (Begr. BTDrucks. IV 178 S. 34; OLG Saarbrücken NJW **1975** 399; OLG Koblenz GA **1982** 471). Die „Vernehmung des Angeklagten zur Sache" ist die in § 243 Abs. 4 Satz 2, § 324 Abs. 2 angeordnete. Das ergibt sich aus dem Wort Angeklagter in Absatz 1 Satz 1, erstem Halbsatz; aus dem Zusammenhang (Absatz 1 Satz 1, zweiter Halbsatz: Hauptverhandlung über die Revision; Absatz 2 Satz 2: nach dem letzten Wort); und endlich aus der Entstehungsgeschichte: alle vorangegangenen Fassungen enthielten das Wort „Hauptverhandlung".

Wie nicht anders möglich, ist § 25 auf die Ablehnung wegen Besorgnis der Befan- **2** genheit beschränkt. Daher ist die Ablehnung eines Richters, der von der Ausübung des Richteramts kraft Gesetzes **ausgeschlossen** ist (§ 24 Abs. 1, erste Alternative), auch in der Hauptverhandlung jederzeit möglich und die Amtsprüfung (§ 30) jederzeit nötig. Das Recht, einen ausgeschlossenen Richter abzulehnen und die Pflicht zur Amtsprüfung enden erst mit der Hauptverhandlung (OLG Schleswig SchlHA **1953** 246). Daß ein ausgeschlossener Richter mitgewirkt hat, kann auch ohne vorgängige Ablehnung mit der Revision (§ 338 Nr. 2) und bei Beschlüssen, die außerhalb einer Hauptverhandlung ergangen sind, mit der Beschwerde gerügt werden.

　　　　Günter Wendisch

3　2. **Außerhalb der Hauptverhandlung** ist die Ablehnung jederzeit statthaft (OLG Schleswig SchlHA **1982** 32). Auch Absatz 1 Satz 2 gilt nur für die Hauptverhandlung. Denn für Ablehnungen außerhalb der Hauptverhandlung unterläßt es das Gesetz, das Ablehnungsrecht zeitlich zu begrenzen oder sonst einzuschränken. Hätte das Konzentrationsgebot des Absatzes 1 Satz 2 auch für Ablehnungen außerhalb der Hauptverhandlung gelten sollen, was an sich sinnvoll wäre, dann hätte die Vorschrift aus dem Zusammenhang derjenigen Bestimmungen gelöst werden müssen, die allein für die Hauptverhandlung anwendbar sind. Da das nicht geschehen ist, kann ein Richter, der außerhalb der Hauptverhandlung tätig wird, **jederzeit** in bezug auf künftige richterliche Handlungen und Entscheidungen abgelehnt werden (OLG Königsberg DStR **1935** 123), z. B. im Verfahren über ein Ablehnungsgesuch (BGH NJW **1968** 710), im Klageerzwingungsverfahren (OLG Karlsruhe NJW **1973** 1658) oder im Verfahren über die Fortdauer der Untersuchungshaft (OLG Koblenz OLGSt § 24 StPO, 13).

4　*Kleinknecht* (1), der die Ablehnung im Fall des § 165 für unzulässig hielt (vgl. zuletzt 33. Aufl.), hat sich inzwischen der hier vertretenen Ansicht angeschlossen (ebenso *Kleinknecht/Meyer* 1). Zwar ist die unaufschiebbare Handlung eines abgelehnten Richters auch dann wirksam, wenn die Ablehnung begründet ist (§ 29, 22). Der Schluß, daß der Antrag unzulässig sei, weil er wegen jener Wirksamkeit doch ohne Erfolg bleiben müsse, ist indessen nicht gerechtfertigt. Sowohl die Worte „keinen Aufschub gestatten" (§ 29), als auch „Gefahr im Verzug" (§ 165) sind auslegungsfähig. Im Fall des § 165 muß immer Zeit für den Versuch sein, einen Staatsanwalt zu erreichen. Dann aber kann, jedenfalls im Regelfall, die Handlung auch so lange aufgeschoben werden, bis ein anderer Richter beim Amtsgericht entschieden hat (§ 27 Abs. 3 Satz 2) und ggf. eingetreten ist. Seit der Gerichtsreform sind wohl bei allen Amtsgerichten mehrere Richter tätig. Auch kann in dem, vielleicht ungeschickt angebrachten, Ablehnungsantrag ein **Ausschließungsgrund** enthalten sein, der immer unfähig und die Handlung fehlerhaft macht (Rdn. 2).

5　Weil Absatz 1 Satz 2 außerhalb der Hauptverhandlung nicht gilt, kann in diesem Verfahrensabschnitt ein Ablehnungsantrag auch dann für begründet erklärt werden, wenn der Ablehnungsgrund **nicht unverzüglich** nach Bekanntwerden (Absatz 2 Satz 1 Nr. 1) geltend gemacht worden ist. Das Ablehnungsrecht erlischt jedoch in entsprechender Anwendung von Absatz 2 Satz 2 nach der Äußerung der Beteiligten (§ 33 Abs. 2; a. A. KMR-*Paulus* Vor § 22, 16). Bis zu diesem Zeitpunkt muß der Beteiligte sein Recht geltend machen und dazu verlangen, daß ihm die zu der Handlung und ggf. Entscheidung berufenen Richter namhaft gemacht werden (§ 24 Abs. 3 Satz 2). Daß er, wenn er das unterlassen hat, einen Richter auch noch ablehnen könnte, nachdem das Gericht entschieden hat (OLG Saarbrücken NJW **1975** 399; OLG Schleswig SchlHA **1976** 44), ist mit dem Ablehnungssystem unvereinbar und auch nicht aus 33 a herzuleiten (ebenso OLG Hamm NJW **1976** 1701; OLG Koblenz GA **1982** 471; VRS **64** 26 = MDR **1983** 151; vgl. aber KG JR **1984** 39). Die Rechtslage ist in mehreren Punkten nicht vergleichbar, entscheidend zudem, daß der Beteiligte sich im Ablehnungsverfahren nach 24 Abs. 3 Satz 2 sein Recht stets „auf Verlangen" verschaffen kann. Daß das, wie das Oberlandesgericht meint, ein „unverhältnismäßiger Aufwand" wäre, ist kein rechtliches Argument und trifft auch tatsächlich nicht zu, weil von der Ablehnung außerhalb der Hauptverhandlung nur sparsam Gebrauch gemacht wird (ebenso *Meyer-Goßner* NJW **1975** 1180, der zusätzlich noch auf „den Einbruch in die Rechtskraft" verweist).

6　3. **Beginn der Ablehnung.** Abgelehnt werden kann ein Richter, der einem Gericht angehört, das in der Sache tätig werden (§ 22, § 23 Abs. 3) oder entscheiden (§ 23 Abs. 1

und 2) muß. Die Ablehnung ist zulässig, sobald feststeht, welche Richter zur Mitwirkung (§ 24, 43) berufen sind (OLG Schleswig SchlHA **1953** 246; KG NStZ **1983** 44: für das staatsanwaltschaftliche Vollstreckungsverfahren), d. h. die richterlichen Handlungen vorzunehmen haben, von denen der Ablehnungsberechtigte sie fernhalten möchte (RGSt **21** 251). Der Ablehnungsberechtigte kann verlangen, daß ihm die Richter **namhaft gemacht** werden (§ 24 Abs. 2 Satz 2), doch sind weder das Verlangen noch die Namhaftmachung Voraussetzung der Ablehnung.

Müssen, weil nicht nach § 26 a entschieden werden kann, zur Ergänzung (§ 27, **7** 25) **Richter eintreten,** so können sie abgelehnt werden, sobald der Eintrittsfall feststeht. Die zufolge dieser Ablehnung eintretenden Richter kann der Berechtigte erst ablehnen, wenn feststeht, daß die vorher abgelehnten Richter nicht nach § 26 a selbst entscheiden können.

4. Erlöschen der Ablehnung. Das Ablehnungsrecht **erlischt,** wenn die Entschei- **8** dung ergangen (§ 33, 11 ff), also z. B. eine Revision nach § 346 Abs. 1, § 349 Abs. 1 als unzulässig oder nach § 349 Abs. 2 als offensichtlich unbegründet verworfen und der Beschluß bekanntgegeben worden ist (OLG Koblenz GA **1982** 471; OLG Hamm NJW **1976** 1701; **a. A.** OLG Saarbrücken NJW **1975** 399). Ein trotzdem, vielleicht in Unkenntnis, daß die Entscheidung schon ergangen ist, angebrachtes Gesuch ist als unzulässig zu verwerfen (KG NStZ **1983** 44). Die ergangene Entscheidung kann dann nicht mit der Begründung angefochten werden, der Richter sei befangen gewesen. Denn das Ablehnungsrecht steht den Verfahrensbeteiligten nur zu, um sicherzustellen, daß an noch bevorstehenden gerichtlichen Entscheidungen nur unbefangene Richter mitwirken (OLG Koblenz MDR **1977** 425). Diesen Zweck kann die Ablehnung nach Beendigung des Verfahrens durch eine Sachentscheidung nicht mehr erreichen.

5. Unbedingtes Ablehnungsrecht (Absatz 1 Satz 1). Das unbedingte Ablehnungs- **9** recht erlischt, nachdem das Gericht mit der Vernehmung des Angeklagten zur Sache begonnen hat. Auf der anderen Seite kann der Ablehnungsberechtigte (§ 24 Abs. 3) mit der Ablehnung bis zu diesem Zeitpunkt warten, gleichviel wann er von dem Ablehnungsgrund Kenntnis erhalten hat (BVerfGE **2** 297 = NJW **1953** 1097; BGHSt **4** 270), sofern er nur dadurch nicht das Konzentrationsgebot (Absatz 1 Satz 2) verletzt. Tritt der genannte Zeitpunkt **mehrfach** ein, etwa weil eine Hauptverhandlung länger als zehn Tage (§ 229 Abs. 1), in Ausnahmefällen (§ 229 Abs. 2) dreißig Tage, unterbrochen war oder weil eine Sache aus der Berufungs- (§ 328 Abs. 2) oder aus der Revisionsinstanz (§ 354 Abs. 2) zurückverwiesen worden ist, kann der Angeklagte den Richter in der erneuten Verhandlung ablehnen, auch wenn er ihn bei der ersten Verhandlung hingenommen hatte (RGSt **19** 335; BGHSt **23** 278; OLG Schleswig SchlHA **1953** 247; OLG Oldenburg NJW **1959** 2225).

Der Zeitpunkt gilt auch bei Vernehmung des Beschuldigten im **Sicherungsverfah-** **10** **ren,** des Einziehungsbeteiligten und des Vertreters der juristischen Person oder Personenvereinigung bei Festsetzung von Geldbußen (§ 24, 38).

6. Der **Beginn der Vernehmung** des Angeklagten zur Sache ist für die Hauptver- **11** handlung in der ersten Instanz in § 243 Abs. 4 Satz 2 (§ 6 a, 15), für die in der Berufungsinstanz in § 324 Abs. 2 festgelegt. Er ist ein genau bestimmter und — von den Fällen der Wiederholung der Hauptverhandlung abgesehen — einmaliger Vorgang. Durch Teilung der Vernehmung in sog. Punktesachen oder durch Wiederaufnahme einer zunächst beendeten Vernehmung in derselben, nicht unterbrochenen Hauptverhandlung wird kein neuer Vernehmungsbeginn gesetzt[1]. In Verfahren nach § 329 Abs. 1 und nach § 412 Abs. 1 ist der Antrag, weil nicht zur Sache verhandelt wird, alsbald nach Prüfung der Formalien anzubringen.

12   Sind **mehrere Personen** angeklagt, tritt der Zeitpunkt des Satzes 1 für jeden Angeklagten für sich ein. Die Staatsanwaltschaft, der Privat- und Nebenkläger haben grundsätzlich bis zur Vernehmung des ersten Angeklagten abzulehnen; der Nebenkläger kann nicht etwa bis zu dem Zeitpunkt warten, in dem er selbst gehört wird (BGHSt 5 154). Leiten die Vorgenannten den Ablehnungsgrund jedoch aus dem Verhältnis zu einem von mehreren Angeklagten ab (der Richter ist ein Freund des zuletzt vernommenen Angeklagten), können Staatsanwalt, Privat- und Nebenkläger, da sie nicht früher als der ablehnungsberechtigte Angeklagte abzulehnen brauchen, bis zum Beginn der Vernehmung dieses Angeklagten ablehnen.

13   In der **Revisionsinstanz** erlischt das unbedingte Ablehnungsrecht mit dem Beginn der Ausführungen des Angeklagten (Absatz 1 Satz 1, 2. Alt.) oder, was die Regel ist, seines Verteidigers zur Sache (§ 351 Abs. 2 Satz 1). Deshalb braucht der Staatsanwalt, wenn er Beschwerdeführer ist, einen Richter nicht schon bei Beginn seiner Ausführungen abzulehnen; es genügt, daß er das unmittelbar vor Beginn der Ausführungen des Angeklagten zur Sache tut. Auf der anderen Seite darf er, wenn der Angeklagte Beschwerdeführer ist, mit der Ablehnung nicht bis zum Beginn seiner, des Staatsanwalts, Ausführungen warten.

14   **7. Verfahren bei abwesendem Angeklagten.** Nicht immer ist der Angeklagte anwesend (§ 26, 5). Daher wird er auch nicht in jedem Verfahren zur Sache vernommen. In diesem Fall erlischt die Ablehnungsbefugnis mit dem Ereignis, das dem Beginn der Vernehmung des Angeklagten zur Sache entspricht. Läßt sich im **Privatklageverfahren** der Angeklagte durch einen Rechtsanwalt (§ 387 Abs. 1) oder im Verfahren nach § 232 Abs. 1 durch einen Verteidiger (§ 234) vertreten, dann erhalten diese Gelegenheit, für den Angeklagten Ausführungen zur Sache zu machen, so daß sich keine Besonderheiten ergeben.

15   Im Verfahren nach § 233 Abs. 1 tritt die **Verlesung** über die richterliche Vernehmung (§ 233 Abs. 3 Satz 2) an die Stelle der Vernehmung. Das gleiche gilt im Verfahren nach § 232 Abs. 1, falls eine richterliche Vernehmung stattgefunden hat; sonst ist ein Ablehnungsantrag im Anschluß an die Verlesung des Anklagesatzes (§ 243 Abs. 3) anzubringen. Findet im Sicherungsverfahren die Hauptverhandlung ohne den Beschuldigten statt (§ 415 Abs. 1), so tritt die Verlesung über die richterliche Vernehmung (§ 415 Abs. 4 Satz 2) an die Stelle der Vernehmung.

16   **8. Konzentrationsgebot (Absatz 1 Satz 2).** Satz 2 enthält eine Einschränkung des in Satz 1 gewährten Rechts, mit der Ablehnung bis zum Beginn der Vernehmung des Angeklagten zur Sache zu warten. Wer unbeschadet dieses Rechts einen Ablehnungsgrund früher geltend macht, muß dann auch alle ihm zu diesem Zeitpunkt bekannten Ablehnungsgründe zur gleichen Zeit vorbringen. Nach dem in Satz 1 genannten Zeitpunkt kommt dem Gebot keine Bedeutung mehr zu. Denn wenn die Ablehnung unverzüglich nach Bekanntwerden eines Ablehnungsgrundes geltend gemacht werden muß (Absatz 2 Nr. 2), versteht es sich von selbst, daß alle zur gleichen Zeit bekanntgeworde-

---

[1] Die frühere Rechtsprechung (BGHSt 13 358; **18** 46), die Abhilfe gegen das damals unbefriedigende Recht suchte, ist durch das bedingte Ablehnungsrecht des Absatzes 2 überholt.

nen Gründe gleichzeitig angebracht werden müssen. Zur Anwendung gelangt Satz 2 nur bis zu dem Zeitpunkt des Satzes 1.

Das Gewicht dieses Gebots ist indessen dadurch **gemindert,** daß es keiner Be- **17** hauptung bedarf, die Ablehnung hätte nicht zugleich mit einer früheren verbunden werden können, und keiner Glaubhaftmachung der Umstände, die das ausgeschlossen hatten. Denn die Voraussetzungen des rechtzeitigen Vorbringens sind nur in den Fällen des § 25 Abs. 2 glaubhaft zu machen (§ 26 Abs. 2 Satz 1), nicht im Fall des § 25 Abs. 1 Satz 2. Daß die Ablehnung verspätet ist (26 a Abs. 1 Nr. 1), wird daher nur dann erkennbar sein, wenn dies aus der Begründung der Ablehnung hervorgeht; wenn der Ablehnende, wozu er nicht verpflichtet ist, selbst erklärt, daß er in der Lage gewesen wäre, die Ableh- nung zusammen mit einer früheren geltend zu machen; und endlich im Fall der unverän- derten Wiederholung einer Ablehnung (§ 26 a, 11).

9. Bedingtes Ablehnungsrecht (Absatz 2 Satz 1)

a) Bekanntwerden. Mit dem Zeitpunkt des Absatzes 1 Satz 1 (Rdn. 9) wird die Ab- **18** lehnung wegen Besorgnis der Befangenheit unzulässig für alle Ablehnungsgründe, die dem Ablehnungsberechtigten bis dahin bekannt waren. Für das Erlöschen der Ableh- nungsbefugnis ist es gleichgültig, ob der Berechtigte in dem genannten Zeitpunkt anwe- send (BayObLGSt **1961** 37) oder vertreten ist. Nach diesem Zeitpunkt darf ein Richter nur noch abgelehnt werden, wenn die Umstände, auf die die Ablehnung gestützt wird, dem zur Ablehnung Berechtigten erst später bekannt werden. Wann diese Umstände **ein- getreten** sind, ist gleichgültig. Zwar erwähnt das Gesetz den Fall, daß die Umstände erst später, also nach dem Beginn der Vernehmung zur Sache, eingetreten sind. Diesem Fall kommt aber keine Bedeutung zu. Denn von dem weiter im Gesetz vorgesehenen Fall, daß die Umstände dem Berechtigten erst später bekannt geworden sind, werden auch solche erfaßt, die vor dem Zeitpunkt des Absatzes 1 Satz 1 entstanden sind. Für das Be- kanntwerden der Ablehnungstatsachen kommt es darauf an, wann der **Berechtigte** selbst **sie erfährt.** Wenn sein Anwalt früher von ihnen Kenntnis erhält als er selbst, scha- det das dem Berechtigten nicht; und es kommt ihm nicht zugute, wenn das später der Fall ist.

b) Geltendmachen. Das bedingte Ablehnungsrecht hängt außer von dem so- **19** eben beschriebenen Zeitpunkt der Kenntnis des Ablehnungsgrundes auch davon ab, daß der Berechtigte die Ablehnung unverzüglich geltend macht. **Unverzüglich** bedeutet, auf Handlungen des Gerichts bezogen, ein Handeln ohne eine nicht durch die Sachlage be- gründete Verzögerung (vgl. z. B. § 115, 9). Bei den Prozeßbeteiligten kann man auf ein subjektives Moment nicht verzichten, so daß **unverzüglich** als „ohne schuldhafte Verzö- gerung" auszulegen ist (vgl. BGHSt **21** 339). Demzufolge ist die Ablehnung noch unver- züglich, wenn der Angeklagte sich vorher mit seinem Verteidiger bespricht oder wenn der Verteidiger den Richter nicht in der Vernehmung eines Zeugen unterbricht, son- dern abwartet, bis der Angeklagte nach der Zeugenvernehmung Gelegenheit zur Erklä- rung erhält (§ 257). Da die Hauptverhandlung ein mündliches Verfahren ist (Einl., Kap. 13 VII), wird man den Beteiligten, obwohl die Ablehnung zu Protokoll der Ge- schäftsstelle erklärt werden kann (§ 26 Abs. 1, 2. Halbsatz), in der Regel zugestehen müs- sen, daß sie Ablehnungsanträge in der Hauptverhandlung vorbringen. Daher ist die Ab- lehnung regelmäßig auch dann noch unverzüglich, wenn der Beteiligte während einer kurzen Unterbrechung der Hauptverhandlung nicht zur Geschäftsstelle geht, sondern wartet, bis die Hauptverhandlung wieder begonnen hat. Dagegen ist bei einer größeren Unterbrechung (BGHSt **21** 344: 10 Tage; BGH StrVert. **1981** 163: 1 Woche) die Unver- züglichkeit zu verneinen, wenn der Ablehnungsantrag erst bei Wiederbeginn der Hauptverhandlung eingebracht wird. Der Staatsanwaltschaft ist — auch bei Einrechnung einer gewissen Überlegungsfrist und der für die Vorbereitung, Abfassung und Übermittlung des Antrags benötigten Zeit — regelmäßig zuzumuten, den Antrag noch am Tag der Kenntnis des Ablehnungsgrunds, allerspätestens jedoch am Vormittag des nächsten Tages, erforderlichenfalls auch außerhalb der Hauptverhandlung zu stellen (BGH NStZ **1982** 292).

20   Der Berechtigte muß die Ablehnung unverzüglich geltend machen (Absatz 2 Satz 1 Nr. 2), nachdem ihm der Ablehnungsgrund bekannt geworden ist (Absatz 2 Satz 1 Nr. 1). Daraus folgt, daß er besorgt sein muß, **Mittel zur Glaubhaftmachung** (§ 26 Abs. 2) zu beschaffen. Indessen kommt es für die Ablehnung auf Einzelheiten an; auch wird vom Ablehnungsberechtigten Sorgfalt verlangt. Demzufolge wird ihm der Ablehnungsgrund in einer Weise, die einem Ablehnungsantrag als Grundlage dienen kann, in der Regel erst dann bekannt sein, wenn er schriftliche Äußerungen von Zeugen in der Hand hält, sofern er sich nur alsbald um sie bekümmert hat. Seine Pflicht, das zu tun, gewinnt besondere Bedeutung, wenn er einen abgelehnten Antrag mit neuem Beweismaterial wiederholen (§ 26 a, 11) will. Er darf dann nicht warten, bis ihm neues Material zufällt, sondern muß sich alsbald darum bemühen (BGHSt **21** 353). Ihm zur Beschaffung solchen Materials oder zur Begründung seines Antrags eine Frist einzuräumen, ist unzulässig (OLG München NJW **1976** 436). Jedoch wird die (neue) Ablehnung unverzüglich sein, wenn **unverhofft neues Material** aus einer Richtung auftaucht, wo der Berechtigte zu suchen vernünftigerweise keinen Anlaß hatte.

21   **10. Absolutes Erlöschen des Ablehnungsrechts (Absatz 2 Satz 2).** Das unbedingte Ablehnungsrecht erlischt nach Beginn der Vernehmung des Angeklagten zur Sache (Rdn. 9); die bedingte Ablehnung (Rdn. 18) ist — für alle Berechtigten — noch während des letzten Worts des Angeklagten (§ 258 Abs. 2) möglich; danach ist sie unzulässig. Wird dann gleichwohl noch ein Antrag angebracht, ist er, weil verspätet, als unzulässig zu verwerfen (§ 26 a Abs. 1 Nr. 1). Aus diesem Grunde können namentlich solche Bemerkungen nicht zum Gegenstand der Ablehnung gemacht werden, die der Vorsitzende zu dem letzten Wort (§ 258 Abs. 2) oder zu den eigenen Äußerungen des Angeklagten (§ 258 Abs. 3) abgibt (Beispiel: „Ich bin unschuldig" — „Das werden Sie gleich sehen").

22   Das **letzte Wort** des Angeklagten ist in der Hauptverhandlung der ersten Instanz die Duplik auf die Replik des Staatsanwalts. Verzichtet dieser auf sein Recht zu erwidern, dann sind die Ausführungen des Angeklagten (§ 258 Abs. 1) sein letztes Wort. Entsprechend ist es in der Berufungs- und Revisionsverhandlung (§§ 326, 351 Abs. 2). Hatte der Angeklagte das Rechtsmittel eingelegt und demnach zuerst gesprochen, kann er nach den Ausführungen des Staatsanwalts das letzte Wort nehmen. Wird die Hauptverhandlung nach dem letzten Wort wieder aufgenommen, dann erhalten die Beteiligten erneut das Wort. Oft spricht das letzte Wort nicht der Angeklagte, sondern sein **Verteidiger.** In diesem Fall ist der Angeklagte zu befragen, ob er selbst noch etwas zu seiner Verteidigung auszuführen habe (§ 258 Abs. 3). Ausführungen, die er daraufhin macht, sind nicht das letzte Wort. Daher geben Umstände, die sich dabei ereignen, keine Grundlage zur Ablehnung.

23   Bei der Großzügigkeit, mit der das Ablehnungsrecht geregelt ist, ist es nicht verständlich, warum Vorfälle **nach dem letzten Wort** sowie bei den eigenen Ausführungen des Angeklagten und nach ihnen nicht mehr zur Ablehnung führen dürfen. Freilich muß einmal Schluß sein. Aber nachdem sich der Gesetzgeber zu einem praktisch unbeschränkten Ablehnungsrecht bekannt hat, wäre es besser gewesen, die letzten Möglichkeiten, bei denen ein Gerichtsmitglied durch seine Äußerungen die Besorgnis erregen kann, es sei befangen, nicht von der Ablehnung auszuschließen. Noch weiter geht *Hanack* (JR **1967** 230), der selbst in der Rechtsmittelinstanz noch neue Beweismittel für eine Befangenheit der Richter der vorangegangenen Verhandlung zugelassen sehen möchte[2].

§ 26

(1) Das Ablehnungsgesuch ist bei dem Gericht, dem der Richter angehört, anzubringen; es kann vor der Geschäftsstelle zu Protokoll erklärt werden.

(2) [1]**Der Ablehnungsgrund und in den Fällen des § 25 Abs. 2 die Voraussetzungen des rechtzeitigen Vorbringens sind glaubhaft zu machen.** [2]**Der Eid ist als Mittel der Glaubhaftmachung ausgeschlossen.** [3]**Zur Glaubhaftmachung kann auf das Zeugnis des abgelehnten Richters Bezug genommen werden.**

(3) Der abgelehnte Richter hat sich über den Ablehnungsgrund dienstlich zu äußern.

Entstehungsgeschichte. Durch Art. 5 Nr. 3 StPÄG 1964 ist in Absatz 2 Satz 1 das Wort ,ist' gestrichen und sind die Wörter „und in den Fällen des § 25 Abs. 2 die Voraussetzungen des rechtzeitigen Vorbringens sind" eingefügt worden.

Geplante Änderungen. Nach Art. 1 Nr. 2 des StVÄGE 1984 soll in Absatz 2 Satz 1 die Verweisung „§ 25 Abs. 2" durch die Verweisung „§ 25" ersetzt werden. S. ggfs. die Erläuterungen im Nachtrag zur 24. Auflage.

1. Anwendungsbereich. § 26 gilt nach seinem Wortlaut (Gericht, dem der Richter **1** angehört im Gegensatz zu § 27; Gericht, dem der Abgelehnte angehört) zunächst für die sog. „richterlichen Mitglieder" (§ 27 Abs. 2 Satz 1), doch ist er nach § 31 Abs. 1 für Schöffen (§§ 31 bis 34, 43, 48, 49, § 77 Abs. 1 GVG) und für Urkundsbeamte der Geschäftsstelle (§ 153 Satz 1 GVG) voll anwendbar.

2. Zuständigkeit. Gericht, dem der Richter angehört, ist — nach dem Zweck der **2** Vorschrift zu gewährleisten, daß die Frist gewahrt wird und der Antrag dorthin kommt, wo die Sache anhängig ist und meist auch die Entscheidung zu treffen sein wird — der Gerichtskörper (Senat, Kammer, Schöffengericht, Strafrichter), der mit der Sache befaßt ist, in der es zur Ablehnung kommt (RGSt **19** 336). Gehört ein Richter zugleich dem Amts- und dem Landgericht an (§ 22 Abs. 2, § 59 Abs. 2 GVG), ist das Gericht zuständig, bei dem die Strafsache schwebt, in der die Ablehnung angebracht wird. Wird der Richter eines auswärtigen Strafsenats (§ 116 Abs. 2 GVG) oder einer **auswärtigen Strafkammer** (§ 78 GVG) abgelehnt, ist das Gesuch dort anzubringen, auch wenn ein anderer Senat oder eine andere Kammer zur Entscheidung zuständig ist (§ 27, 5). Soll ein **ersuchter Richter** abgelehnt werden, ist der Antrag bei ihm anzubringen, nicht beim ersuchenden Gericht.

Die Regelung der Zuständigkeit für die Annahme des Antrags soll sichern, daß **3** die Fristen des § 25 innegehalten werden können und daß dieser Umstand leicht festgestellt werden kann. Daher muß der Antrag innerhalb der Frist des § 25 bei dem **Gericht, dem der Abgelehnte angehört,** angebracht, begründet und — anders als nach § 45 Abs. 2

---

[2] Der für Großverfahren erörterte, aber allgemein vorgetragene Vorschlag *Gerhard Schmidts* (JR **1974** 234), die erweiterte Ablehnungsmöglichkeit des Absatzes 2 wieder zu streichen oder einzuschränken, wäre ein das Rechtsempfinden verletzender Rückschritt, der nicht getan werden sollte.

Satz 2 — glaubhaft gemacht werden, auch wenn nicht dieses, sondern ein höheres Gericht (§ 27 Abs. 2 bis 4) zu entscheiden hat. Das gilt auch für Nachträge mit neuen tatsächlichen Behauptungen (RGSt 5 135), weil sie entweder Teil des Antrags oder ein neuer Antrag sind. Schriftsätze, die den Antrag lediglich **erläutern** oder die Rechtsausführungen enthalten, können jedoch dem höheren Gericht unmittelbar zugeleitet werden und sind von diesem zu beachten.

4   **3. Form des Antrags.** Der Antrag kann bei dem zu Rdn. 2 genannten Gericht in jeder Form (RGSt 13 304) angebracht werden, also innerhalb der Hauptverhandlung mündlich oder schriftlich (BGH StrVert. **1982** 134; KMR-*Paulus* 2; **a. A.** — nur mündlich — *Feisenberger* 2), außerhalb der Hauptverhandlung schriftlich und stets zu Protokoll des Urkundsbeamten. Der Grundsatz der Mündlichkeit der Hauptverhandlung steht der **schriftlichen Ablehnung** nicht entgegen. Er soll sicherstellen, daß der Angeklagte an der Verhandlung zur Schuld- und Straffrage beteiligt ist. Die Abgabe von Anträgen, die eine Verhandlung unmöglich machen sollen, erfordert die Anwesenheit des Angeklagten nicht.

5   Der **Erklärung zu Protokoll** des Urkundsbeamten kommt während der Hauptverhandlung dann Bedeutung zu, wenn ein ablehnungsberechtigter Angeklagter wegen des Ablehnungsgrunds nicht vor Gericht erscheint. Nimmt der Angeklagte, wie das regelmäßig der Fall ist, an der Hauptverhandlung teil, sollte er den schriftlichen Antrag oder die Übergabe einer Protokollanlage dem mündlichen Antrag vorziehen. Denn nach § 273 Abs. 1 sind zwar die Anträge zu protokollieren; auf die Protokollierung ihrer Begründung besteht aber kein Anspruch (RGSt 32 241). Die Begründung kann aber namentlich im Hinblick auf eine spätere Anfechtung von Bedeutung sein.

6   Wird der Antrag während einer Hauptverhandlung zu Protokoll der Geschäftsstelle gegeben, kommt es für den Zeitpunkt der Ablehnung (§ 25) darauf an, wann der Antrag **dem Gericht vorgelegt** wird. Der Ablehnungsberechtigte trägt für die Behandlung des Antrags im Geschäftsbetrieb alle Gefahr allein; sein Ablehnungsrecht erlischt, wenn der Antrag in dem maßgebenden Zeitpunkt dem verhandelnden Gericht nicht vorliegt, selbst wenn er bei ordnungsgemäßer Behandlung rechtzeitig hätte vorliegen können. Das gilt auch, wenn ein Angeklagter, der **nicht auf freiem Fuß** ist, in einem auswärtigen Bezirk verwahrt wird, dort seine Erklärung zu Protokoll der Geschäftsstelle des Amtsgerichts gibt, wozu er wegen der Formfreiheit der Erklärung befugt ist. § 299 Abs. 2 findet keine entsprechende Anwendung.

4. Begründung

7   **a) Entscheidungsvoraussetzung.** Zwar schreibt die Vorschrift nicht vor, daß der Ablehnende im Ablehnungsantrag die Ablehnungsgründe angeben muß. Gleichwohl ist neben der Glaubhaftmachung (Absatz 2 Satz 1) auch die Begründung Voraussetzung der Zulässigkeit des Antrags. Das ergibt sich — in Übereinstimmung mit der früheren Rechtsprechung (KG DJZ **1929** 184; BayObLGSt **1952** 188) — aus § 26 a Abs. 1 Nr. 2. Dort ist bestimmt, daß der Ablehnungsantrag als unzulässig zu verwerfen ist, wenn er keinen Grund zur Ablehnung oder kein Mittel zur Glaubhaftmachung enthält. Begründung und Glaubhaftmachung sind also gleicherweise Voraussetzung der Entscheidung. Weil demzufolge die Begründung des Antrags **Entscheidungsvoraussetzung** ist, kann sie nicht nachgeschoben oder, wenn sie nicht durchschlägt, durch eine andere ersetzt, wohl aber, wenn sie im Kern gegeben worden ist, verbessert und ergänzt werden.

8   Wird, etwa durch die dienstliche Äußerung des abgelehnten Richters (§ 26 Abs. 3), ersichtlich, daß nicht der angenommene wohl aber ein **anderer Ablehnungs-**

grund vorliegt, muß der Ablehnungsberechtigte diesen in einem neuen Verfahren nach § 25 Abs. 2 geltend machen. Das Gericht darf den neu bekanntgewordenen Ablehnungsgrund nicht von Amts wegen substituieren (*Peters* JR 1972 121; KMR-*Paulus* 5). Die das behauptende Ansicht von *Hamm* (NJW 1973 178) knüpft an eine gelegentliche Entscheidung an (BGH JR 1972 119), in der, um ein Verfahren endlich abzuschließen, die Frage der Antragsbegründung wohl etwas großzügig behandelt, aber keineswegs entschieden worden ist. Das Gericht wirft die Streitfrage nicht einmal auf; *Peters* ist eindeutig der hier vertretenen Ansicht (JR 1972 121). Die Auffassung *Hamms*, sobald ein Beteiligter die „Frage der Parteilichkeit ... mit einem Ablehnungsgesuch aufgeworfen habe", höre der Abgelehnte „auf, gesetzlicher Richter zu sein, und zwar **gleichviel aus welchen Gründen** die Zweifel berechtigt sind", höbe unser Ablehnungsrecht, eines der großzügigsten, das denkbar ist, aus den Angeln, ohne daß dazu ein Anlaß vorläge. Denn wenn ein anderer Ablehnungsgrund „bekannt wird", liegt der Fall des § 25 Abs. 2 Satz 1 vor.

b) Begründungsinhalt. Zur Begründung müssen die Namen der abgelehnten Rich- **9** ter (RGSt 13 305) und die Ablehnungsgründe, d. h. die Tatsachen, auf die sich die Ablehnung stützt (BayObLGSt 1952 188), angegeben werden; reines Behaupten eines Ablehnungsgrundes genügt nicht (BGH bei *Dallinger* MDR 1970 899). Ablehnungsgrund ist (§ 24 Abs. 2) derjenige, der geeignet ist, vom Standpunkt des — vernünftigen — Angeklagten aus (§ 24, 5) Mißtrauen gegen die Unparteilichkeit des Richters zu rechtfertigen (*Arzt* LitVerz. zu § 24, 26). Daß der Ablehnende Besorgnis der Befangenheit hege, braucht er nicht besonders vorzutragen (*Feisenberger* 1).

Ist der Ablehnungsgrund den **Akten** des laufenden Prozesses, namentlich dem **10** Hauptverhandlungsprotokoll, **zu entnehmen** oder beruht er auf dem Verhalten eines Richters in der Verhandlung, genügt es, die Tatsache kurz anzugeben; wegen der Einzelheiten kann auf das Gerichtskundige Bezug genommen werden. Denn was das Gericht weiß, braucht ihm nicht erst zur Kenntnis gebracht zu werden. Sonst aber darf zum Vortrag der Tatsachen nicht auf Akten oder Schriftstücke verwiesen werden. Die Begründungspflicht besteht auch, wenn **Ausschließungsgründe** geltend gemacht werden, doch wird hier die Möglichkeit, auf Gerichtskundiges Bezug zu nehmen, öfter gegeben sein.

Kann der Ablehnungsberechtigte **nicht feststellen,** auf welche von mehreren Rich- **11** tern ein Ablehnungsgrund zutrifft, reicht es aus, wenn er so deutliche Angaben macht, daß das Gericht eindeutig erkennen kann, welche Richter abgelehnt werden sollen (BVerfGE 2 297 = NJW 1953 1097).

Wird die Ablehnung in einer Hauptverhandlung erst **nach Beginn der Verneh-** **12** **mung** des Angeklagten zur Sache, in der Revisionshauptverhandlung erst nach Beginn der Ausführungen des Angeklagten zur Revision, angebracht, dann gehört zur Begründung die Angabe, wann die Umstände, auf die die Ablehnung gestützt wird, eingetreten und wann sie dem Ablehnungsberechtigten bekannt geworden sind (§ 25 Abs. 2 Nr. 1). Wird die Ablehnung nicht alsbald nach Bekanntwerden angebracht, ist ferner darzulegen, welche Umstände entgegengestanden haben, sie früher anzubringen (§ 25 Abs. 2 Nr. 2).

Wenn das Gericht einen nicht begründeten Antrag als unzulässig verwirft, kann **13** es verpflichtet sein, den behaupteten **Ausschließungsgrund von Amts wegen** zu prüfen, doch wird hierzu seltener Veranlassung bestehen, als wenn die Glaubhaftmachung unterblieben ist (Rdn. 17), weil ohne Tatsachenbehauptung in der Regel der Ansatzpunkt für eine Prüfung fehlen wird.

Günter Wendisch

14   **5. Glaubhaftmachung (Absatz 2).** Alles was zur Begründung des Antrags gehört, hat der Antragsteller glaubhaft zu machen. Absatz 2 Satz 1 erwähnt ausdrücklich, daß in den Fällen des § 25 Abs. 2 die Voraussetzungen des rechtzeitigen Vorbringens glaubhaft zu machen sind. Zu diesen Voraussetzungen gehört auch, wann die Umstände, auf welche die Ablehnung gestützt wird, dem zur Ablehnung Berechtigten bekanntgeworden sind; denn nur danach kann beurteilt werden, ob dieser sie unverzüglich geltend gemacht hat.

15   Nach dem Zusammenhang des § 26 muß der Antragsteller seine Angaben dann glaubhaft machen, wenn er den Antrag anbringt. Denn sonst kann über diesen nicht sachlich entschieden werden. Demzufolge gehört die Glaubhaftmachung nach dem Gesetzestext eindeutig zu den **Zulässigkeitsvoraussetzungen** (§ 26 a Abs. 1 Nr. 2). Daher muß der Ablehnende auch Ausschließungsgründe glaubhaft machen.

16   **Gerichtsbekannte Tatsachen** bedürfen keiner Glaubhaftmachung (OLG Neustadt GA **1956** 94; *Peters* JR **1974** 254; *Heyland* JR **1977** 402). Zu ihnen gehören Tatsachen, die das Gericht jederzeit aus den Akten feststellen kann, oder die sich in Ablehnungsfällen vor den Augen und Ohren des Gerichts ereignet haben (vgl. BGH bei *Dallinger* MDR **1972** 17). Im letzten Fall braucht auch die Rechtzeitigkeit nicht glaubhaft gemacht zu werden, wenn sie für das Gericht nach der Sachlage auf der Hand liegt (BGH MDR **1965** 1004). Demzufolge brauchen z. B. die Tatsachen, die eine Ausschließung nach § 22 Nr. 4 und 5 und nach § 23 begründen, regelmäßig nicht glaubhaft gemacht zu werden. Dagegen kann die Glaubhaftmachung in den Fällen des § 22 Nr. 1 bis 3 erforderlich sein, wenn die Verletzung nicht aktenkundig ist.

17   Hat das Gericht einen Antrag wegen mangelnder Glaubhaftmachung verworfen, kann gleichwohl die Verpflichtung bestehen, einen nicht glaubhaft gemachten **Ausschließungsgrund von Amts wegen** zu prüfen (§ 30).

18   **6. Form der Glaubhaftmachung.** Die Glaubhaftmachung soll den Richter in den Stand versetzen, ihm eine Wahrscheinlichkeitsüberzeugung (BayObLG NJW **1956** 640) verschaffen, auch ohne förmliche Beweiserhebung die behaupteten Tatsachen für wahr zu halten (BGHSt **21** 347). Dazu genügt eine Wahrscheinlichkeit, die nach Lage der Sache vernünftigerweise zur Entscheidung ausreicht (S. 350). Der Grundsatz in dubio pro reo gilt dabei nicht (S. 352); denn was zweifelhaft bleibt, ist nicht wahrscheinlich gemacht. Deshalb muß der Antragsteller das Gericht mit den verwendeten Beweismitteln in die Lage versetzen, über den Antrag zu entscheiden, ohne weitere, den Fortgang des Verfahrens verzögernde Ermittlungen anzustellen; unzulässig ist es deshalb, ihm zur Beibringung einer Begründung oder zur Glaubhaftmachung des Ablehnungsgesuchs eine Frist einzuräumen (OLG München NJW **1976** 436). Abgesehen von der Bezugnahme auf das Zeugnis des abgelehnten Richters (§ 26 Abs. 3) oder Schöffen (§ 31) reicht deshalb die Benennung von Zeugen in der Regel (Ausnahmen § 45, 20) nicht aus[1]; der Antragsteller muß eine eidesstattliche, mindestens schriftliche Erklärung des Zeugen beibringen (BGHSt **21** 347). Im übrigen gilt das zu § 45, 17 ff Vermerkte mit folgenden Ergänzungen: **Eid und eidesstattliche Versicherung** sind nach Absatz 2 Satz 2 nicht nur für den Beschuldigten, sondern für alle Ablehnungsberechtigten, also etwa

---

[1] Das OLG Celle hält nicht einmal die ausdrückliche Berufung auf die dienstliche Äußerung des abgelehnten Richter als Mittel der Glaubhaftmachung für erforderlich, wenn nur sie als solches in Betracht kommt und nach Absatz 3 ohnehin einzuholen ist (NdsRpfl. **1982** 100).

auch den Privatkläger (*Eb. Schmidt* 6), ausgeschlossen, doch bleibt die eidesstattliche Versicherung von Zeugen zulässig.

Der Berechtigte kann auf das **Zeugnis des abgelehnten Richters** Bezug nehmen **19** (Absatz 2 Satz 3; BayObLGSt 1957 11; BGHSt 23 202). Unter Zeugnis ist allein die in Absatz 3 bezeichnete dienstliche Äußerung zu verstehen (*Hahn* Mat. **2** 1527), nicht eine Aussage des Richters, die erst durch eine besondere Vernehmung gewonnen würde. Das **Gericht** kann aufgrund der Äußerung des Richters entscheiden, doch steht es ihm frei, weitere Beweise zu erheben. Verpflichtet dazu ist es nicht (KK-*Pfeiffer* 7). Es entscheidet nach pflichtgemäßem Ermessen, ob es die vom Ablehnungsberechtigten geltend gemachten Tatsachen für glaubhaft hält oder auf welche Weise — u. U. sogar von Amts wegen (BGH bei *Holtz* MDR 1978 111) — es sich weitere Kenntnisse für seine Entscheidung verschaffen will. Hat das Gericht die Vorgänge in der Hauptverhandlung selbst erlebt, so kann es ohne weiteres aufgrund der eigenen Wahrnehmungen entscheiden (BGH bei *Dallinger* MDR 1972 17).

7. Dienstliche Äußerung (Absatz 3). Die Vorschrift ist nur für das ordentliche **20** Verfahren des § 27 sinnvoll. Wird das Gesuch als unzulässig nach § 26 a verworfen, entfällt die dienstliche Äußerung (BVerfGE 11 3). Wird dagegen nach § 27 verfahren, ist der abgelehnte Richter dienstlich verpflichtet, sich zu äußern (BGHSt 23 203). Da die Äußerung ggf. dem Rechtsmittelgericht als Entscheidungsgrundlage dienen muß, muß sie notwendigerweise **schriftlich** sein. Sie wird zu den Sachakten genommen (*Pentz* JVBl. **1963** 186; BayObLG StrVert. **1982** 460).

Über den Zwischenstreit des § 27 wird außerhalb der Hauptverhandlung entschie- **21** den (§ 27, 8). Deshalb ist § 33 Abs. 2 und 3 anzuwenden. Demzufolge ist die Äußerung außer dem Staatsanwalt auch den anderen **Beteiligten** (§ 24 Abs. 3 Satz 1) **zur Kenntnis** zu bringen, bevor sie zu deren Nachteil verwertet wird (BVerfGE 24 62 = NJW 1968 1621; BGHSt 21 87; 21 345; 23 203).

Da Beschlüsse, die eine Ablehnung für begründet erklären, nicht anfechtbar sind **22** (§ 28 Abs. 1), liegt in der Anerkennung eines Ablehnungsgrundes kein **Nachteil.** Daraus folgt, daß nach § 33 Abs. 3 der Ablehnende, der Privat- und der Nebenkläger zu der Äußerung des abgelehnten Richters nur dann zu hören sind, wenn das Gericht nicht schon entschlossen ist, dem Antrag stattzugeben. Daß der Ablehnende benachteiligt wird, wenn das Gericht seinem Antrag nicht stattgibt, bedarf keiner Ausführung. Aber auch der Privat- und der Nebenkläger können benachteiligt sein, weil sie damit rechnen müssen, daß das Urteil aufgehoben wird, wenn das Gericht dem Ablehnungsantrag zu Unrecht nicht stattgegeben hat (*Pentz* JVBl. **1963** 186).

Wird die Bekanntgabe der dienstlichen Äußerung des Richters **unterlassen,** kann **23** der Berechtigte die Ablehnung unverzüglich (§ 25 Abs. 2 Nr. 2) wiederholen, nachdem er aus dem den Antrag verwerfenden Beschluß die ihm vorenthaltene Äußerung des Richters kennenlernt und wenn ihm aus dieser Äußerung Umstände bekannt werden, auf die er die Ablehnung noch nicht gestützt hatte (wohl weitergehend BGHSt 21 87; KK-*Pfeiffer* 8). Besteht diese Möglichkeit nicht, so kann er die Revision auf das unterlassene rechtliche Gehör stützen (§ 33, 25)[2]. Daß er verpflichtet wäre, ein Verfahren nach § 33 a selbst dann anzuregen, wenn er gegen den die Ablehnung verwerfenden Beschluß ein Rechtsmittel hat (so *Hanack* JR **1967** 230), ist mit dem Wortlaut des § 33 a nicht zu vereinbaren.

---

[2] Wegen der Form der Revisionsrüge vgl.
OLG Koblenz MDR **1978** 423.

Günter Wendisch

§ 26 a

(1) **Das Gericht verwirft die Ablehnung eines Richters als unzulässig, wenn**
1. **die Ablehnung verspätet ist,**
2. **ein Grund zur Ablehnung oder ein Mittel zur Glaubhaftmachung nicht angegeben wird oder**
3. **durch die Ablehnung offensichtlich das Verfahren nur verschleppt oder nur verfahrensfremde Zwecke verfolgt werden sollen.**

(2) [1]**Das Gericht entscheidet über die Verwerfung nach Absatz 1, ohne daß der abgelehnte Richter ausscheidet.** [2]**Im Falle des Absatzes 1 Nr. 3 bedarf es eines einstimmigen Beschlusses und der Angabe der Umstände, welche den Verwerfungsgrund ergeben.** [3]**Wird ein beauftragter oder ein ersuchter Richter, ein Richter im vorbereitenden Verfahren oder ein Strafrichter abgelehnt, so entscheidet er selbst darüber, ob die Ablehnung als unzulässig zu verwerfen ist.**

Schrifttum. *Sieg* Verwerfung der Richterablehnung und das Recht auf den gesetzlichen Richter, NJW **1978** 1962.

Entstehungsgeschichte. Eingefügt durch Art. 5 Nr. 4 StPÄG 1964. Die Richterbezeichnungen in Absatz 2 Satz 3 entstammen Art. 1 Nr. 5 des 1. StVRG.

Übersicht

1. Bedeutung

1   **a) Inhalt.** § 27 ordnet die regelmäßige Behandlung des Ablehnungsantrags. Als Ausnahme davon stellt § 26 a für die Ablehnung unzulässiger Anträge ein vereinfachtes Verfahren zur Verfügung. Im regelmäßigen Verfahren darf nur entschieden werden, nachdem der abgelehnte Richter ausgeschieden ist, in Unterbrechung der Hauptverhandlung und in Beschlußbesetzung (§ 27, 8 f). Demzufolge kann der Richter beim Amtsgericht nicht selbst über einen Ablehnungsantrag beschließen, vielmehr entscheidet ein anderer Richter beim Amtsgericht (§ 27 Abs. 3 Satz 2). Dagegen ist die Ablehnung unzulässiger Anträge dem Gericht, dem der Abgelehnte angehört, unter dessen Mitwirkung (Rdn. 37) oder dem abgelehnten Richter selbst (Rdn. 38 ff) zugewiesen. Der **Katalog** des Absatzes 1 ist — abgesehen von den zu Rdn. 25 ff; 29; 30 behandelten Fällen — **abschließend**. Der gelegentlich behandelte Fall der bloßen Unmutsäußerung (OLG Hamm JMBlNRW **1963** 49) ist zu Recht nicht aufgenommen worden.

2   **b) Kritik.** Mit dem Verfahren der vereinfachten Ablehnung werden Grundsätze, die für die Behandlung unzulässiger Rechtsmittel gelten, freilich in erweitertem Umfang, auf den Ablehnungsantrag übertragen: Nach § 319 Abs. 1 kann das Gericht des ersten

Rechtszugs die verspätete Berufung, nach 346 Abs. 1 das Gericht, dessen Urteil mit der Revision angefochten wird, eine Revision, die verspätet eingelegt oder begründet worden ist, als unzulässig verwerfen.

Der Vergleich mit diesen Bestimmungen zeigt, daß die Vorschrift **nicht in allen 3 Teilen zu billigen** ist: Nr. 1 (**verspätete** Ablehnung) sowie Nr. 2, soweit dort die vereinfachte Ablehnung von Anträgen zugelassen wird, in denen **kein Ablehnungsgrund** angegeben ist, enthalten eine verständliche und unangreifbare Verfahrensregelung, die dem Verfahren bei der Verwerfung unzulässiger Rechtsmittel entspricht. Nicht unbedenklich ist aber schon Nr. 2, soweit auf die **fehlende Glaubhaftmachung** abgestellt ist. Denn ob etwas glaubhaft gemacht worden ist, kann bei den weiten Möglichkeiten, die dafür bereitstehen (§ 45, 17 bis 20), durchaus zweifelhaft sein.

Größten Bedenken begegnet Nr. 3 über die Verwerfung der Ablehnung, wenn **4** mit dieser offensichtlich das Verfahren nur verschleppt oder nur **verfahrensfremde Zwecke** verfolgt werden (so auch *Deckers* AnwBl. **1981** 319). Denn bei dem weitgefaßten Tatbestand, der mehrere unbestimmte Rechtsbegriffe enthält, ist die Entscheidung unter Mitwirkung des abgelehnten Richters oder beim Strafrichter in der Hauptverhandlung gar allein durch diesen selbst der Gefahr ausgesetzt, daß die Forderung, die Interessen des Beschuldigten gegenüber den öffentlichen Interessen vorsichtig abzuwägen, dem Wunsch, dem Verfahren ungestört Fortgang zu geben, wenn auch nur unbewußt, untergeordnet wird. Zwar kann bei Entscheidungen, die außerhalb der Hauptverhandlung ergehen, die Beschwerde alsbald Abhilfe schaffen (§ 28 Abs. 1). Aber nur die wenigsten Fälle sind der Beschwerde zugänglich; denn die Hauptrolle spielt die Ablehnung in der Hauptverhandlung. Da bei dieser die Entscheidung erst mit dem Urteil angefochten werden kann (§ 28 Abs. 2), ist bei rechtsirrtümlicher Anwendung der Vorschrift die Gefahr gegeben, daß die Verhandlung wiederholt werden muß (§ 338 Nr. 3). Bei der Konzentration der Ablehnungsgründe (§ 25 Abs. 2 Satz 1) wäre die anfechtbare Regelung zu entbehren gewesen. Auf jeden Fall in der Hauptverhandlung sollte der Strafrichter das ordentliche Ablehnungsverfahren wählen.

c) **Verhältnis zu § 27.** Das Regelverfahren des § 27 findet nach dessen erstem **5** Halbsatz immer Anwendung, wenn der Ablehnungsantrag nicht als unzulässig verworfen wird. Entgegen der Ansicht des Bundesgerichtshofs (BGHSt 21 337) bezieht sich der Wortlaut des § 27 Abs. 1 nicht nur auf den Fall, daß der Antrag als unbegründet zurückgewiesen worden ist, und kommt es nicht darauf an, ob das erkennende Gericht den Antrag als zulässig angesehen hat. Vielmehr ist für die Zulässigkeit, § 27 anzuwenden, allein der Umstand maßgebend, daß nicht der Weg des § 26a gewählt worden ist. Dagegen kann das Verfahren nach § 27 nicht etwa mit der Begründung als unzulässig abgelehnt werden, der Antrag könne in dem vereinfachten Verfahren des § 26a verworfen werden. Denn § 27 Abs. 1 wird nicht mit der Wendung eingeleitet: „Ist die Ablehnung nicht als unzulässig zu verwerfen", sondern mit den Worten: „wird die Ablehnung nicht als unzulässig verworfen". Daraus folgt, daß nach § 27 sowohl, was allerdings der Regelfall sein wird, über zulässige als auch über unzulässige Anträge entschieden werden kann (BGHSt **21** 337; OLG Hamm JMBlNRW **1973** 273; vgl. Begr. zu § 21 E 1909, Mat. zur StRRef. **12** 70).

Das hat auch seinen guten **Grund.** Denn nur in den Fällen der Nummer 1 und **6** der ersten Alternative der Nummer 2 ist lediglich eine Formalentscheidung zu treffen. In den anderen Fällen, namentlich denen der Nummer 3, ist eine Wertung erforderlich, die vorzunehmen sich der abgelehnte Richter befangen fühlen könnte; zumindest könnte er dem Ablehnenden als **befangen** erscheinen.

Günter Wendisch

7   Ist das der Fall oder besteht der geringste **Zweifel,** ob nicht das beigebrachte Mittel doch als Glaubhaftmachung angesehen werden könnte; ob der Ablehnende nicht neben der Absicht der Verschleppung auch von anderen Absichten geleitet sein könnte; ob er wirklich lediglich verfahrensfremde Zwecke verfolgt oder ob er nicht vielmehr ernstlich verfolgte Verfahrenszwecke über diese Absicht hinaus auch noch verfahrensfremden Zwecken dienstbar macht, dann ist stets das **Regelverfahren** des § 27 einzuschlagen.

2. Unzulässigkeitsfälle

8   **a) Verspätung (Nr. 1).** Es entspricht der früheren Rechtsprechung (RGSt 54 328), daß der verspätete Antrag verworfen werden kann, ohne daß der Abgelehnte ausscheidet. Dieser Fall gewinnt besondere Bedeutung durch die Vorschrift, daß nach dem Zeitpunkt des § 25 Abs. 1 Satz 1 eine Ablehnung nur noch geltend gemacht werden darf, wenn die Umstände, auf die sie gestützt wird, erst später eintreten oder dem Berechtigten bekannt werden, und wenn die Ablehnung unverzüglich nach diesem Ereignis geltend gemacht wird (§ 25 Abs. 2).

9   Wird der Ablehnungsgrund **nach dem kritischen Zeitpunkt** angebracht, ohne daß die Voraussetzungen des § 25 Abs. 2 behauptet werden, bedarf es zur Entscheidung nur der Feststellung, daß der Antrag verspätet angebracht ist. Das ist in der Hauptverhandlung stets der Fall, wenn die Ablehnung nach dem **letzten Wort** angebracht worden ist (§ 25, 21), bei einer außerhalb der Hauptverhandlung ergehenden Entscheidung, nachdem die Beteiligten gehört worden sind (§ 25, 9). Werden die **Voraussetzungen** des § 25 Abs. 2 dargetan, sind sowohl der Zeitpunkt, in dem dem Ablehnungsberechtigten die Umstände bekanntgeworden sind, als auch der, in dem er sie geltend gemacht hat, vom Gericht **zu überprüfen.** Daß es nicht darauf ankommt, wann die Ablehnungsumstände **entstanden** sind, ist bei 25, 18 dargelegt.

10   **b) Wiederholung.** Zwar besteht keine Verpflichtung, Ablehnungsgründe außerhalb der Hauptverhandlung alsbald und während der Hauptverhandlung vor dem Zeitpunkt des § 25 Abs. 1 Satz 1 anzubringen. Da aber nach § 25 Abs. 1 Satz 2 alle Ablehnungsgründe **gleichzeitig vorzubringen** sind, ist ein Antrag auch vor dem Zeitpunkt des § 25 Abs. 1 Satz 1 verspätet, wenn der Ablehnende schon einen Antrag angebracht und dabei unterlassen hat, weitere ihm bekannte Ablehnungsgründe geltend zu machen. Indessen erstreckt sich die Glaubhaftmachung, wie § 26 Abs. 2 Satz 1 eindeutig ergibt, nur auf die Voraussetzungen des § 25 Abs. 2 (Bekanntwerden, Geltendmachen) und nicht auf die des § 25 Abs. 1 Satz 2 (Konzentration). Daher wird vor dem Zeitpunkt des § 25 Abs. 1 Satz 1 nicht allzu häufig festzustellen sein, daß bei einer weiteren Ablehnung das Konzentrationsgebot des § 25 Abs. 1 Satz 2 verletzt ist (§ 25, 17).

11   Eine solche Verletzung und damit die Verspätung i. S. des 26 a Abs. 1 Nr. 1 liegen jedoch auf der Hand, wenn der Ablehnende einen bereits beschiedenen Antrag unverändert **wiederholt.** Denn zweimal das gleiche kann er gleichzeitig vorbringen. Gleichwohl ist auch der wiederholte Antrag zu bescheiden (*Weber* GA **1975** 298); jedoch ist er als unzulässig zu verwerfen[1]. Da die schlichte Wiederholung selten vorkommt, ist stets sorgfältig zu prüfen, ob in dem Antrag nicht doch eine **neue Behauptung** enthalten oder

---

[1] Vgl. auch Begr. zu § 26 a, BTDrucks. **IV** 178, S. 35; OLG Hamm NJW **1966** 2074 (zust. *Kleinknecht/Meyer* 3) – das allerdings wie auch KMR-*Paulus* (4) zu Unrecht einen Fall des Absatzes 1 Nr. 2 annimmt – und zur früheren Rechtsprechung RGSt **11** 225; RG GA **44** 385.

für eine alte Behauptung ein neues Mittel der Glaubhaftmachung rechtzeitig (§ 25, 20) beigebracht worden ist. Alsdann ist der neue Antrag nicht unzulässig (RGSt **24** 14) und darf nicht nach § 26 a behandelt werden (vgl. Rdn. 18).

c) Fehlende Begründung (Nr. 2). Die Fassung der Nr. 2, die Ablehnung sei zu ver- **12** werfen, wenn ein Grund zur Ablehnung oder ein Mittel zur Glaubhaftmachung nicht angegeben werde, kann zu Zweifeln Anlaß geben. Liest man „ein" als Zahlwort, dann geht der Wortlaut über das Gewollte hinaus. Denn der Gesetzgeber hat nicht Anträge für unzulässig erklären wollen, in denen von mehreren Gründen einer nicht angegeben oder — und hier wird der Wortlaut von ausschlaggebender Bedeutung — einer nicht glaubhaft gemacht worden ist. Vielmehr ist, wenn von mehreren Gründen nur einer glaubhaft gemacht worden ist, nach § 27 zu verfahren. Mit der mißverständlichen Wortfassung ist gemeint, der Antrag sei als unzulässig zu verwerfen, wenn (überhaupt) **kein Grund** zur Ablehnung oder kein Mittel zur Glaubhaftmachung angegeben wird, wie dies der früheren Rechtsprechung (KG DJZ **1929** 184) entspricht[2].

Weil die Vorschrift nur klar liegende Formalentscheidungen ermöglichen will, ist **13** sie **eng auszulegen.** Sie ist nur anzuwenden, wenn sich der Ablehnende auf die bloße Erklärung der Ablehnung beschränkt und von jeder Begründung absieht oder zur Begründung nur solche Erwägungen vorbringt, die völlig ungeeignet sind, einen Ablehnungsantrag zu rechtfertigen (OLG Köln JMBlNRW **1967** 91; kritisch *Draber* DRiZ **1977** 331). Danach bereitet die Auslegung keine Schwierigkeiten, wenn der Ablehnende es bewußt gänzlich unterläßt, einen Ablehnungsgrund anzugeben („Ich lehne den Vorsitzenden ab. Gründe anzugeben ist ja doch zwecklos"). Aber auch Wertungen ohne Tatsachenbehauptung (Beispiele: „weil er ungerecht, mir nicht wohlgesonnen ist"; „weil der abgelehnte Personenkreis mit rassisch Verfolgten verwandt oder verschwägert war oder ist", BGH bei *Dallinger* MDR **1970** 899) sind keine Begründung. Dagegen berechtigen schwerverständliche oder **unvollständige Ablehnungsgründe**[3] nicht zur vereinfachten Verwerfung. Auch ist zu beachten, daß auf Gerichtsbekanntes nur hingewiesen zu werden braucht.

Die Vorschrift bezieht sich nur auf das Fehlen von Ablehnungsgründen. Wird **14** der abgelehnte Richter nicht mit dem Namen genannt, sondern nur durch Angabe einer bestimmten Vortätigkeit **bezeichnet,** so rechtfertigt das keine Entscheidung nach § 26 a[4]. Wegen der Unmöglichkeit, Gründe, die nicht durchschlagen, von Amts wegen durch neu bekanntgewordene zu ersetzen, s. § 26, 8.

d) Fehlende Glaubhaftmachung (Nr. 2). Das Mittel zur Glaubhaftmachung be- **15** zieht sich nicht nur auf den Ablehnungsgrund, sondern auch auf die Voraussetzungen des rechtzeitigen Vorbringens (§ 25 Abs. 2, § 26 Abs. 2 Satz 1). Der Antrag ist also in der vereinfachten Form des § 26 a zu verwerfen, wenn nach dem in § 25 genannten Zeitpunkt ein Ablehnungsgrund angegeben und glaubhaft gemacht, aber keine Glaubhaftmachung zu den Umständen des Absatzes 2 beigebracht wird. Werden in dem genannten Fall die in § 25 Abs. 2 Nr. 1 genannten Umstände glaubhaft gemacht, aber nicht die Unverzüglichkeit der Nummer 2, dann kann nach § 26 a verfahren werden.

---

[2] Die (schlechte) Fassung erklärt sich aus der auf einem sprachlichen Mißverständnis beruhenden Scheu der Gesetzessprache vor dem Wort „kein". Richtig: § 132 Abs. 1.

[3] Beispiel: Behauptung, der Richter sei ausgeschlossen, „weil ich mit ihm verschwägert

bin", ohne Angabe der die Schwägerschaft vermittelnden Personen.

[4] Beispiel: Die Richter, die in einem – näher angegebenen – früheren Verfahren mitgewirkt haben. Weiteres Beispiel s. BVerfGE **2** 297 = NJW **1953** 1097.

Günter Wendisch

16   **Liegt** jedoch die **Unverzüglichkeit** für das Gericht **zutage** (der Angeklagte lehnt den Vorsitzenden unmittelbar nach einem Vorhalt, den er als Ablehnungsgrund vorträgt, ab, ohne die Unverzüglichkeit glaubhaft zu machen), dann findet § 26 a keine Anwendung. Denn Gerichtskundiges braucht nicht glaubhaft gemacht zu werden.

17   Was zur Glaubhaftmachung gehört, ist zu § 26, 14 ff ausgeführt. Da das vereinfachte Ablehnungsverfahren nur zulässig ist, wenn **jegliche Glaubhaftmachung** fehlt, ist bei den weiten Möglichkeiten der Glaubhaftmachung Zurückhaltung in der Beurteilung geboten, daß ein angegebenes Mittel keines der Glaubhaftmachung sei[5]. Kann das Mittel unter irgendeinem Gesichtspunkt noch als Mittel der Glaubhaftmachung angesehen werden, ist das vereinfachte Ablehnungsverfahren unstatthaft.

18   **e) Verschleppung (Nr. 3).** Gelegentlich bringt ein Angeklagter, um den Prozeß zu verschleppen, einen Ablehnungsantrag nach dem anderen vor; obwohl er weiß, daß er mit den Anträgen keinen Erfolg haben kann, entweder weil die behaupteten, ins Zeugnis des abgelehnten Richters gestellten Tatsachen nicht vorliegen, oder weil sie zwar gegeben, aber für jeden verständigen Menschen keine Ablehnungsgründe sind.

19   Die Praxis erachtete es früher schon für zulässig, solche Anträge, denen nur der falsche Anschein einer Ablehnung gegeben sei, unter Mitwirkung der abgelehnten Richter (RGSt 30 273) abzulehnen (RGSt 56 49; RG JW 1901 397; RG GA 65 439; BayObLGSt 18 35). Die Rechtsprechung verlangte jedoch, um die Nachprüfung durch das Rechtsmittelgericht zu gewährleisten, sowohl in tatsächlicher als auch in rechtlicher Hinsicht eine eingehende **Begründung** (RGSt 30 273; RG GA 46 201). Diese sollte auf die Frage, ob die Ablehnung unbegründet sei, nicht eingehen dürfen, weil es unzulässig sei, aus der Unbegründetheit die Verschleppungsabsicht zu folgern (RG GA 65 540; RG LZ 1918 284).

20   Dieser Weg des — ohnehin schwer vorstellbaren — **Abstrahierens** ist nach der Neufassung durch Art. 5 Nr. 4 StPÄG 1964 nicht mehr gangbar. Die vereinfachte Verwerfung ist nur zulässig, wenn mit dem Mittel der Ablehnung offensichtlich lediglich der Zweck der Verschleppung verfolgt werden soll; sie ist aber „nicht anwendbar, wenn mit der Ablehnung neben den angegebenen gleichzeitig auch andere Zwecke erstrebt werden" (Begr. zu § 26 a, BTDrucks. IV 178, S. 35). Demzufolge darf die Verschleppungsabsicht nicht allein aus der Häufung der Anträge gefolgert werden; sie setzt vielmehr voraus, daß der Ablehnende Anträge stellt, obwohl er weiß, daß er *nur* das Entscheidungsverfahren (auf das es ihm ankommt), nicht aber das Ausscheiden des Richters (auf das es ihm nicht ankommt) erreichen kann. Dieser Absicht steht es regelmäßig entgegen, wenn ein Antrag vorgebracht wird, der begründet sein kann oder gar begründet ist. Macht der Angeklagte in Verschleppungsabsicht — aber nicht offensichtlich nur in dieser (BayObLGSt 1972 219 = VRS 44 206) — einen Ablehnungsgrund und die Voraussetzungen des rechtzeitigen Vorbringens (§ 26 Abs. 2 Satz 1), etwa das spätere Bekanntwerden (§ 25 Abs. 2 Nr. 1), geltend, darf nicht nach § 26 a verfahren werden.

21   Der Fall, daß durch die Ablehnung **offensichtlich,** also ohne jeden Zweifel zutage liegend, das Verfahren nur verschleppt, also nicht neben der Verschleppung auch prozeßordnungsgemäß verfahren wird, kann alsdann nur vorliegen, wenn der Ablehnende erklärt oder auf andere Weise eindeutig und zweifelsfrei zu erkennen gibt, daß ihm das Ausscheiden des Richters selbst dann gleichgültig sei, wenn sein Ablehnungs-

---

[5] Beispiel: Der Ablehnende verweist wegen einer Äußerung, die der Richter außerhalb der Hauptverhandlung abgegeben haben soll, auf das Zeugnis eines Beamten, weil er sich gescheut hat, diesen um eine eidesstattliche Versicherung zu bitten.

grund durchschlage. Anders ausgedrückt: Die Vorschrift darf nur angewendet werden, wenn es keinem Zweifel unterliegen kann, daß der Beteiligte ernstlich gar keine Ablehnung will, sondern allein und ausschließlich die Absicht hat, das Verfahren zu verschleppen (BGH bei *Dallinger* MDR **1955** 271). Da solche Absichten in der Praxis kaum je erweislich sein werden, wird der ersten Alternative der Nummer 3 keine Bedeutung zukommen (vgl. hierzu auch *Deckers* AnwBl. **1981** 319 und *Weiß* AnwBl. **1981** 325). Das wäre auch dann der Fall, wenn die angestellten Überlegungen nicht durchschlügen. Denn zufolge der Konzentrationsmaxime (§ 25 Abs. 1 Satz 2) und der Verpflichtung, Ablehnungsgründe, die erst nach dem Zeitpunkt des § 25 Abs. 1 Satz 1 eintreten oder bekanntwerden, unverzüglich vorzubringen und das rechtzeitige Vorbringen glaubhaft zu machen, sind **Verschleppungsanträge,** die nicht schon nach den Nummern 1 und 2 im vereinfachten Verfahren abgelehnt werden könnten, wenigstens in der Hauptverhandlung, wo ihre Behandlung bisher allein Schwierigkeiten verursacht hat, **kaum denkbar;** der Nr. 3 hätte es nicht bedurft.

f) **Verfahrensfremde Zwecke (Nr. 3).** Die zweite Alternative, daß durch die Ablehnung nur verfahrensfremde Zwecke verfolgt werden sollen, ist wie die erste zu behandeln; denn die Verschleppung ist nur ein Unterfall der verfahrensfremden Zwecke. Für den Fall der verfahrensfremden Zwecke gibt es keine feste oder ständige Rechtsprechung und keinen Vorgang in der Entwurfsgeschichte[6]. Die Begründung (S. 35) nennt unter verfahrensfremden Zwecken **Demonstrationszwecke** (Beispiele KG GA **1974** 220; OLG Koblenz MDR **1977** 425). Dabei ist wohl daran gedacht, daß der Angeklagte in der Hauptverhandlung, um seine Gesinnung darzutun, diejenige des Richters, sei es die vermutete, sei es eine allgemein oder nur dem Ablehnenden bekannte, durch ein (unbegründetes) Ablehnungsgesuch herabsetzt. Auch könnte der Fall hierunter zu zählen sein, daß der Angeklagte seine prozessuale Macht mißbraucht und den Richter durch den Schein einer Ablehnung verunglimpft (KG JR **1966** 230). Die Alternative ist gleichwohl entbehrlich, weil in den meisten Fällen die Nummern 1 und 2 durchschlagen. Liegen sie ausnahmsweise nicht vor, wird der Umstand, daß allein verfahrensfremde Zwecke verfolgt werden, kaum nachweisbar sein. **22**

Für gewöhnliche Prozesse wird die Vorschrift **keine Bedeutung** erlangen. Wird sie in außergewöhnlichen Prozessen, wo der Angeklagte auch mit unfairen Mitteln kämpft — statt des Wegs nach 26 a Abs. 1 Nr. 1 und 2 oder des § 27 — angewendet, wird sie Anlaß zu vermeidbaren Angriffen sein. Die Bedenklichkeit der Vorschrift (Rdn. 4) wird nur wenig dadurch gemildert, daß Kollegialgerichte die **Ablehnung nur einstimmig** verwerfen dürfen (Absatz 2 Satz 2). **23**

g) **Ablehnung des Gerichts als Ganzes.** Ein Gericht als Ganzes, das heißt als Behörde, kann nicht in einem Verhältnis stehen, das die Ausschließung nach §§ 22, 23 begründet. Eine Vorschrift über die Ablehnung eines Gerichts wurde nach den Motiven (*Hahn* 1 90) für überflüssig erachtet, weil sich aus dem Inhalt des Abschnitts von selbst ergebe, daß sich die Ablehnung immer nur gegen einzelne Richter wenden könne. In Übereinstimmung mit dieser Begründung hat die Rechtsprechung von jeher daran festgehalten, daß ein Ablehnungsantrag vom abgelehnten Gericht in seiner regelmäßigen Zusammensetzung als unzulässig zurückgewiesen werden muß, wenn er gegen ein Gericht als Ganzes oder gegen alle Richter oder alle Kammern oder Senate eines Gerichts **24**

---

[6] Der Entwurf 1939 hatte die vereinfachte Verwerfung offenbar mutwilliger Gesuche vorgeschlagen (§ 127). Die Kommission für die Reform des Strafprozesses hatte sie ausdrücklich abgelehnt (Prot. **2** 202) mit der Begründung, daß der Begriff zu dehnbar sei und auch mit ihm doch nicht alle denkbaren Mißbräuche verhindert werden könnten.

oder gegen eine Kammer oder einen Senat als Spruchkörper (und nicht gegen die ihn darstellenden Richter) vorgebracht wird (RGSt 27 175; 56 49; RG JW 1895 590; 1904 64; 1935 2894; LZ 1923 31).

25　　Die (unzulässige) Ablehnung eines Gerichts als Ganzes ist in § 26 a **nicht geregelt.** Die Begründung bemerkt dazu, § 26 a gelte nur für die Ablehnung eines einzelnen Richters, nicht für die Ablehnung des Gerichts (oder eines seiner Spruchkörper) als solches. Derartige Anträge seien, führt die Begründung weiter aus, wie durch die höchstrichterliche Rechtsprechung geklärt, vom Gericht in seiner gewöhnlichen Besetzung zu verwerfen (Begr. 35).

26　　Mit § 26 a soll dem Gericht die Möglichkeit eröffnet werden, unzulässige Anträge in seiner **gewöhnlichen Besetzung** zu verwerfen (Rdn. 36). Damit soll durch Gesetz bestimmt werden, was die Rechtsprechung, und zwar auch für die Ablehnung eines ganzen Gerichts, zugelassen hatte. Es wäre daher zweckmäßig gewesen, die Ablehnung des Gerichtskörpers in den Katalog des § 26 a Abs. 1 aufzunehmen. Auf jeden Fall stellt die Begründung klar, daß die bisherige Rechtsprechung gebilligt und ihre Fortführung als selbstverständlich angesehen wird. Da der Fall zu den klaren Fällen unzulässiger Ablehnung gehört, ist die Verwerfung auch weiterhin, wie in § 26 a geregelt, ohne Ausscheiden des abgelehnten Richters in der gewöhnlichen Besetzung des Gerichts auszusprechen.

27　　Keine Ablehnung des Gerichts als Ganzes ist es, wenn der Antragsteller **alle einzelnen Richter** namhaft macht, wenn auch nur dadurch, daß er auf die Sitzungsniederschrift verweist und angibt, warum er die Richter als befangen ansieht (RG JW 1924 1252; BGHSt 23 202). Dabei ist es gleichgültig, ob der Ablehnende für alle Abgelehnten verschiedene Ablehnungsgründe angibt oder den gleichen Grund. Der Antrag ist auch zulässig, wenn der Ablehnende zwar das Gericht ablehnt, aus dem Ablehnungsgrund aber erkennbar wird, daß unter der Sammelbezeichnung des Gerichts dessen Berufsrichter abgelehnt werden sollen (BGH bei *Herlan* MDR 1955 651).

28　　h) **Verfrühte Anträge** (§ 25, 6) betreffen noch keinen Richter, der (schon) zur Mitwirkung berufen ist. Dazu gehört eine Ablehnung aufgrund von Umständen, die zur Zeit nicht gegeben sind, sondern nur möglicherweise einmal eintreten werden (RGSt 66 391), oder die Ablehnung eines Richters, der demnächst vielleicht einmal als nach der Geschäftsverteilung ursprünglich zuständiger (OLG Colmar *Alsb.* 1 65) oder für einen ausscheidenden eintretender Richter entscheiden könnte.

29　　Die Entscheidung, daß ein Antrag verfrüht ist, ist ebenso eine **Formalentscheidung** wie die, daß einer verspätet ist. Ebenso wie die Entscheidung, daß ein Antrag verspätet ist (Absatz 2 Nr. 1), ist daher auch die, daß ein Antrag verfrüht ist, im Verfahren nach § 26 a abzulehnen.

3. Verfahren

30　　a) **Gericht.** § 27 Abs. 1 lautete früher: Über das Ablehnungsgesuch entscheidet das Gericht, dem der Abgelehnte angehört. Der Satz ist in § 27 Abs. 1 der geltenden Fassung wiederholt für den Fall, daß die Ablehnung nicht als unzulässig verworfen wird, allerdings mit dem klarstellenden Zusatz „ohne dessen Mitwirkung". Da § 26 a gegenüber § 27 die Vereinfachung enthalten soll, daß das Gericht unter Mitwirkung des abgelehnten Richters befinden soll (Begr., BTDrucks. IV 178, S. 35), ist in § 26 a unter Gericht dasjenige gemeint, dem der Abgelehnte angehört. Wie in § 27 Abs. 1 ist daher von Rechts wegen und ohne eine Möglichkeit der Änderung durch die Geschäftsverteilung das Gericht in der Gestalt zuständig, in der es vermöge sachlicher und örtlicher Zuständigkeit und der Geschäftsverteilung berufen ist, in der Strafsache tätig zu sein, bei der es zur Ablehnung kommt (§ 27, 4).

b) Gerichtskörper. Im regelmäßigen Ablehnungsverfahren des 27 Abs. 1 entschei- **31** det das Gericht, nachdem es die Hauptverhandlung unterbrochen hat und nachdem der abgelehnte Richter ausgeschieden und ersetzt worden ist, in Beschlußbesetzung (§ 27, 8 f). Die Gründe dafür sind, daß die Laienrichter nicht über die Ablehnung von Berufsrichtern entscheiden sollen, und der Umstand, daß nach Ausscheiden des abgelehnten Richters die Hauptverhandlung nicht fortgesetzt werden kann. Denn sie muß in ununterbrochener Gegenwart der zur Urteilsfindung berufenen Personen durchgeführt werden (§ 226); diese Gegenwart ist aber durch das Ausscheiden des abgelehnten Richters unterbrochen worden (RGSt 13 304). Beide Gründe liegen bei dem vereinfachten Verfahren des § 26 a nicht vor: Es wird nicht in der Sache entschieden, ob Ablehnungsgründe vorliegen, sondern darüber, ob ein Antrag zulässig oder unzulässig ist. Für ein Ausscheiden der Laienrichter ist daher kein Anlaß gegeben. Da auch der abgelehnte Richter nicht ausscheidet (Absatz 2 Satz 1), besteht kein Grund, die Hauptverhandlung zu unterbrechen; denn die ununterbrochene Gegenwart der zur Urteilsfindung berufenen Gerichtspersonen wird nicht gestört.

Aus diesen Erwägungen hatte die Rechtsprechung schon früher zugelassen, daß **32** das Gericht in seiner **regelmäßigen Zusammensetzung** entscheidet, wenn die Ablehnung sich unzulässigerweise gegen das Gericht als Ganzes richtet (RGSt 56 50; BGH bei *Herlan* MDR **1955** 651). Diesen Fall stellt die Begründung (BTDrucks. IV 178, S. 35) den anderen Verwerfungsfällen gegenüber mit der Bemerkung, daß § 26 a für ihn nicht gelte, weil Anträge, mit denen ein Gericht als Ganzes abgelehnt werde, vom Gericht in seiner gewöhnlichen Besetzung zu verwerfen seien. Aus dieser irreführenden Gegenüberstellung könnte der Schluß gezogen werden, daß im Fall des § 26 a eine außergewöhnliche Besetzung stattfinden müsse. Sie könnte nur darin liegen, daß das Gericht, wenn auch unter Mitwirkung der abgelehnten Richter, in Beschlußbesetzung zu entscheiden hätte.

Diese unklaren Gedanken haben im Gesetz keinen Ausdruck gefunden. Indem **33** § 26 a Abs. 2 von der Regelung in § 27 Abs. 2 ausdrücklich abweicht und allein entscheidende Richter ermächtigt, wider sie gerichtete Gesuche selbst abzulehnen, kann der Vorschrift, weil jeder Grund fehlt, die Hauptverhandlung zu unterbrechen, nur der Schluß entnommen werden, daß über unzulässige Anträge während der Hauptverhandlung zu entscheiden ist, ohne daß sie unterbrochen wird, und **in der gewöhnlichen Besetzung** des Gerichts, also — wenn sie zum Gericht gehören — unter Beteiligung der Schöffen (so auch *Sieg* 1962) und in erstinstanzlichen Hauptverfahren des Oberlandesgerichts in der Besetzung mit fünf Mitgliedern (§ 122 Abs. 2 GVG).

Dieses Ergebnis dürfte mit der **Rechtsprechung** übereinstimmen, die zu der Ver- **34** werfung unzulässiger Anträge ergangen ist, bevor § 26 a in das Gesetz eingefügt wurde. Zwar hat sich die Rechtsprechung zu dieser Zeit oft, ohne zu der Besetzungsfrage sonst Stellung zu nehmen, nur auf die Wendung beschränkt, es könne entschieden werden, ohne daß die abgelehnten Richter ausscheiden (BGH bei *Dallinger* MDR **1956** 527). Indessen lassen verschiedene Urteile erkennen, daß die Entscheidung ohne Unterbrechung der Hauptverhandlung von dem voll besetzten Gericht getroffen werden sollte. RGSt 11 225 führt aus, daß über unzulässige Wiederholungen in der Hauptverhandlung „im geordneten Verfahren" zu entscheiden sei. RG GA 44 385 gibt im gleichen Falle die Entscheidungsbefugnis dem „erkennenden Gericht". RGSt 49 11 läßt die Unterbrechung der Hauptverhandlung zwar zu, verlangt das aber nicht zwingend. Der Bundesgerichtshof hat für die Ablehnung eines unzulässigen Antrags (in einem anderen

Günter Wendisch

Fall als dem der Ablehnung eines Gerichts als solchem) die Strafkammer in ihrer regelmäßigen Besetzung „wie bei der Entscheidung über die Unzulässigkeit eines Beweisantrags" als zuständig angesehen (BGH bei *Herlan* MDR **1955** 651). Auch das Oberlandesgericht Hamm scheint es billigen zu wollen, wenn über die Ablehnung eines (als spontane Unmutsäußerung) als unzulässig angesehenen Antrags in der Besetzung mit Schöffen entschieden wird (JMBlNRW **1963** 45).

35   Auch der Entwurf 1909 sieht bei der mit § 26 a Abs. 2 übereinstimmenden Vorschrift des § 20 Abs. 3 vor, daß die Ablehnung dem Amtsgericht, d. h. dem vorsitzenden Richter beim Amtsgericht und den Schöffen zusteht, wenn der Vorsitzende während einer Hauptverhandlung des Schöffengerichts abgelehnt wird (Begr. zu § 20, Mat. zur StRRef. **12** 69; KommBer. zu § 21, S. 3165, Mat. zur StRRef. **13**).

36   c) **Zuständigkeit.** Aus dem in den beiden vorhergehenden Anmerkungen Ausgeführten folgt: Es entscheidet das mit der Sache befaßte Gericht. Während der **Hauptverhandlung** beschließt das vollbesetzte Gericht. Es scheiden keine Mitglieder aus, weder der abgelehnte Richter, noch Schöffen, noch bei den erstinstanzlich entscheidenden Strafsenaten der Oberlandesgerichte die die Zahl von drei übersteigenden Richter. Aus diesem Grund *kann* die Beratung auch im Sitzungszimmer mit leiser Stimme gehalten werden. Allerdings wird ein solches Verfahren fast nie angebracht sein, das Gericht sich vielmehr wohl stets ins Beratungszimmer zurückziehen. Dadurch wird, mag die Gerichtsbesetzung auch unverändert bleiben, die Hauptverhandlung unterbrochen. Im übrigen unterscheidet sich das Zwischenverfahren nicht von dem bei anderen Entscheidungen mit der Ausnahme, daß im Fall des Absatzes 1 Nr. 3 der Verwerfungsbeschluß einstimmig gefaßt werden muß (Absatz 2 Satz 2). Demzufolge entscheidet auch in dem seltenen Fall, daß die **auswärtige Strafkammer** (§ 78 GVG) Zuständigkeit nur für die Hauptverhandlung hat (§ 27, 6), diese und nicht die Strafkammer des Landgerichts.

37   **Außerhalb der Hauptverhandlung** ergeht die Entscheidung in Beschlußbesetzung unter Beteiligung des abgelehnten Richters. Ist das Gericht ein **einzelner** (untersuchender oder entscheidender) **Richter,** wie der Ermittlungsrichter (§ 169), der ersuchte Richter (§ 157 GVG), der Richter beim Amtsgericht im vorbereitenden Verfahren (§ 162 Abs. 1, § 165, § 128 Abs. 1), der Strafrichter (§ 25 GVG) oder der Jugendrichter (§ 39 JGG), dann entscheidet er selbst (Absatz 2 Satz 3). Insoweit folgt Satz 3 aus Satz 1; er soll ohne eigenen Inhalt die Rechtslage nur verdeutlichen und den Unterschied zu § 27 Abs. 3 deutlich machen.

38   Bei dem **beauftragten Richter** (§ 66 b Abs. 1, § 173 Abs. 3, § 223 Abs. 1, § 233 Abs. 2, § 369 Abs. 1, § 415 Abs. 2) könnte, wenn nur die Regelung des Satzes 1 zur Verfügung stünde, zweifelhaft sein, ob er selbst zu entscheiden hat oder das Gericht, dem er angehört. Für diesen Fall wird in Absatz 2 Satz 3 die ausdrückliche gesetzliche Anordnung getroffen, daß er allein entscheidet. Das ist sinnvoll, weil die Vorschrift vermeiden will, daß Amtshandlung unterbrochen werden.

39   d) Die **Entscheidung** ergeht als Beschluß (§ 28). Die Unzulässigkeit ist allein aus dem Inhalt und aus der Anbringung (Begründung, Glaubhaftmachung, Zeitpunkt) des Gesuchs herzuleiten. Grundsätzlich ist eine Beweisaufnahme ausgeschlossen. Während der **Hauptverhandlung** — der Regelfall der Vorschrift — sind die Beteiligten nach § 33 Abs. 1 zu hören. Wegen des Kreises der Beteiligten s. § 24, 38. Wird **außerhalb der Hauptverhandlung** entschieden, hat sich vor dem Beschluß die Staatsanwaltschaft zu erklären (§ 33 Abs. 2). Sonst Beteiligte (§ 33 Abs. 3) sind zu hören, weil ihnen ein Nachteil daraus erwachsen kann, daß ein Ablehnungsantrag als unzulässig verworfen wird. Denn im Rechtsmittelverfahren könnte das Urteil aufgehoben werden, weil der Antrag in Wahrheit nicht unzulässig war. Durch Beweisverlust in der neuen Hauptverhandlung könnte ihnen in ihren Rechten ein Nachteil entstehen.

Der Beschluß ist zu **begründen** (§ 34). Für Nummer 3 (Verschleppung) ist das in **40** Absatz 2 Satz 2 ausdrücklich hervorgehoben. Der Beschluß muß in diesem Fall darlegen, aus welchen Umständen sich ergibt, daß der Ablehnende gar nicht das Ausscheiden des abgelehnten Richters, sondern lediglich (Rdn. 21) eine Verzögerung der Hauptverhandlung erreichen wollte (BGH bei *Dallinger* MDR **1973** 375; BayObLGSt **1972** 218 = VRS **44** 206). Sonst ist der Ablehnungsgrund (Nr. 1; Nr. 2) anzugeben und die Verwerfung in der Regel kurz zu begründen. Der Gegenschluß (so *Kleinknecht* 2 bis zur 33. Aufl.), weil nur für den Fall der Nr. 3 eine Begründung vorgeschrieben sei, könne die Begründung bei fehlender Glaubhaftmachung der Rechtzeitigkeit (§ 26 Abs. 2 Satz 1, 2. Alternative) unterbleiben, ist im Hinblick auf § 34 und § 28 Abs. 2 nicht statthaft.

An sich ist die Vorschrift, daß die Umstände angegeben werden müssen, die den **41** Verwerfungsgrund angeben, weil selbstverständlich, **entbehrlich**. Denn es ist ohnehin unzureichend, den Gesetzeswortlaut formelhaft wiederzugeben (§ 34, 6).

Zur **Bekanntmachung** ist der Beschluß zuzustellen (§ 35 Abs. 2 Satz 1), wenn er in **42** der Hauptverhandlung ergeht, zu verkünden. In diesem Fall ist die Entscheidung zu protokollieren und § 274 anzuwenden. Der Ablehnende erhält, wenn er es verlangt, eine Abschrift, aber regelmäßig erst nach Schluß der Hauptverhandlung (§ 27, 46). Da der **abgelehnte Richter** an der Entscheidung mitwirkt, nimmt er auch an der **Verkündung** teil. Namentlich verkündet also der Vorsitzende die Entscheidung auch dann, wenn sich die Ablehnung gegen ihn gerichtet hatte.

e) **Rechtsmittel.** Wegen der Anfechtungsmöglichkeiten vgl. § 28, 11 ff; 26 ff sowie **43** § 338 Nr. 3.

§ 27

(1) Wird die Ablehnung nicht als unzulässig verworfen, so entscheidet über das Ablehnungsgesuch das Gericht, dem der Abgelehnte angehört, ohne dessen Mitwirkung.

(2) Wird ein richterliches Mitglied der erkennenden Strafkammer abgelehnt, so entscheidet die Strafkammer in der für Entscheidungen außerhalb der Hauptverhandlung vorgeschriebenen Besetzung.

(3) ¹Wird ein Richter beim Amtsgericht abgelehnt, so entscheidet ein anderer Richter dieses Gerichts. ²Einer Entscheidung bedarf es nicht, wenn der Abgelehnte das Ablehnungsgesuch für begründet hält.

(4) Wird das zur Entscheidung berufene Gericht durch Ausscheiden des abgelehnten Mitglieds beschlußunfähig, so entscheidet das zunächst obere Gericht.

Schrifttum. *Pentz* Formelle Fragen der Richterablehnung unter besonderer Berücksichtigung der geschäftsmäßigen Behandlung, JVBl. **1963** 185.

Entstehungsgeschichte. § 27 hatte ursprünglich nur den Inhalt der jetzigen Absätze 1, 3 und 4 mit der Maßgabe, daß in den Fällen des Absatzes 3 das Landgericht zu entscheiden hatte. Absatz 2 ist eingefügt worden durch § 21 Abs. 2 der VO über Gerichtsverfassung und Strafrechtspflege vom 4. 1. 1924 (RGBl. I 15) in Vbdg. mit der Bekanntmachung 1924. Durch die Dritte VereinfVO wurde die Entscheidungsbefugnis der Stelle übertragen, der die Dienstaufsicht über den Richter zusteht. Art. 3 Nr. 10 VereinhG hatte die frühere Fassung wiederhergestellt. Durch Art. 5 Nr. 5 StPÄG 1964 sind in Absatz 1, zur deutlichen Abgrenzung von § 26 a Abs. 2 Satz 1, die Worte eingefügt worden „ohne dessen Mitwirkung" und ist in Absatz 3 zur Entscheidung über Ablehnungen eines Richters beim Amtsgericht anstelle des Landgerichts ein anderer Richter jenes Amtsgerichts befugt worden. Durch Art. 1 Nr. 6 des 1. StVRG sind Bestimmungen entfernt worden, die sich auf Schwurgerichte und Untersuchungsrichter bezogen. Von dort stammen auch die neuen Richterbezeichnungen.

Übersicht

1   **1. Inhalt.** Von den Entscheidungen über Ablehnungsanträge scheidet § 26 a die einfacheren Fälle (der — allerdings nicht rein durchgeführten — Idee nach bloße Formalentscheidungen) zur Erledigung in einem vereinfachten Verfahren aus. In diesem erläßt das vollbesetzte Gericht unter Mitwirkung des abgelehnten Richters ohne Unterbrechung der Hauptverhandlung seinen Beschluß (§ 26 a, 36). Dagegen wird im Fall des § 27 ohne Mitwirkung des abgelehnten Richters in Unterbrechung der Hauptverhandlung in einem besonderen Zwischenverfahren in Beschlußbesetzung entschieden, in der Hauptverhandlung vor dem Amtsgericht von einem anderen Richter beim Amtsgericht, nachdem die Schöffen und bei den im ersten Rechtszug entscheidenden Strafsenaten des Oberlandesgerichts (§ 120 Abs. 1 und 2 GVG) zwei Richter ausgeschieden sind (§ 122 Abs. 1 GVG).

2   Wenn nicht nach § 26 a verfahren wird, gleichviel ob dessen Anwendung unzulässig, zweifelhaft oder nur übersehen war, ist nach § 27 zu entscheiden. Der nach § 27 zur Beschlußfassung berufene Gerichtskörper darf, wie schon ausgeführt (§ 26 a, 5), die Entscheidung nicht mit der Begründung ablehnen, es könne im vereinfachten Weg des § 26 a entschieden werden. Denn sonst könnte wegen der Verschiedenheit der Besetzung ein negativer **Kompetenzkonflikt** entstehen, für den keine Lösung vorgesehen ist.

3   Der Begriff **Gericht** ist derselbe wie in § 26 Abs. 1 (§ 26, 2; BGH NJW **1959** 1141) und in § 26 a Abs. 1, Abs. 2 Satz 1 (§ 26 a, 30), doch enthalten die Absätze 3 und 4 Ausnahmen. Obwohl Absatz 1 im Gegensatz zu § 26 Abs. 1 und § 26 a Abs. 1, Abs. 2 Satz 1 statt vom „Richter" von dem „Abgelehnten" spricht, bezieht sich § 27, namentlich dessen Absatz 2 und 3, wie sich für diese Bestimmungen aus dem Wortlaut ergibt und wie zudem für Absatz 1 und 4 aus § 31 Abs. 2 folgt, nur auf die sog. **„richterlichen Mitglieder"** (§ 27 Abs. 2). Wegen dieses Begriffs: Vor § 22, 5.

2. Entscheidendes Gericht

4   **a) Zuständiges Gericht.** Unter dem Gericht, dem der Abgelehnte angehört, ist das Gericht nicht in dem staatsrechtlichen Begriff (§ 12) zu verstehen, so daß es der Geschäftsverteilung offenbliebe, die Zuständigkeit eines von mehreren Spruchkörpern desselben Gerichts zu bestimmen. Vielmehr ist, wie sich aus den Worten „ohne deren Mitwirkung" ergibt, von Rechts wegen und ohne daß eine abweichende Geschäftsverteilung möglich bliebe, das Gericht in der Gestalt zuständig, in der es nach der sachlichen Zuständigkeit, dem Gerichtsstand und nach der auf die Strafsache bezogenen Geschäftsverteilung berufen ist, in der Strafsache tätig zu sein, in der es zur Ablehnung kommt (im Ergebnis ebenso OLG Zweibrücken NJW **1968** 1439; MDR **1971** 861).

Hiervon gibt es nur zwei **Ausnahmen** für die auswärtigen Strafsenate und namentlich die **auswärtigen Strafkammern,** denen keine volle Zuständigkeit verliehen ist. Nach §116 Abs. 2 GVG können außerhalb des Sitzes des Oberlandesgerichts für den Bezirk eines oder mehrerer Landgerichte Strafsenate gebildet und ihnen für diesen Bezirk die gesamte Tätigkeit des Strafsenats des Oberlandesgerichts oder ein Teil dieser Tätigkeit zugewiesen werden. Nach §78 Abs. 1 GVG kann bei einem Amtsgericht für den Bezirk eines oder mehrerer Amtsgerichte eine Strafkammer gebildet und ihr für diesen Bezirk die gesamte Tätigkeit der Strafkammer des Landgerichts oder ein Teil dieser Tätigkeit zugewiesen werden. **5**

Ist dem Spruchkörper nur die Tätigkeit als erkennendes Gericht in der **Hauptverhandlung** zugewiesen (wie in dem RGSt **44** 118 entschiedenen Fall), so ist für alle Entscheidungen, die außerhalb der Hauptverhandlung ergehen, also auch für solche über die Richterablehnung, der Strafsenat des Oberlandesgerichts oder die Strafkammer des Landgerichts zuständig, die nach der Geschäftsverteilung berufen ist, die nicht übertragenen Sachen zu erledigen (RGSt **41** 119). Es handelt sich um seltene Fälle. In der Regel wird die Strafkammer beim Amtsgericht die volle Zuständigkeit haben, auf jeden Fall aber als erkennendes Gericht, also von der Eröffnung bis zur Endentscheidung auch außerhalb der Hauptverhandlung, zuständig sein. **6**

b) Entscheidender Gerichtskörper. Aus §29 ergibt sich, daß die Ablehnung, auch wenn sie unbegründet ist, den Richter zu richterlichen Handlungen grundsätzlich unfähig macht. Aus §26 a Abs. 2 folgt, daß der Grundsatz eine Ausnahme erleidet, wenn ein Ablehnungsgesuch verworfen wird, weil es aus den dort genannten Gründen (und ebenso, weil es als verfrüht oder das Gericht als Ganzes abgelehnt wird; §26 a, 24; 28) unzulässig ist. Demzufolge bestimmt Absatz 1, daß der abgelehnte Richter bei der Entscheidung über das wider ihn gerichtete Gesuch nicht mitwirken darf, wenn es nicht nach §26 a als unzulässig verworfen wird. Der abgelehnte Richter hat also alsbald auszuscheiden, nachdem ein Ablehnungsgesuch angebracht worden ist (RGSt **13** 305), das nicht erkennbar unzulässig ist. **7**

Für die Hauptverhandlung folgt daraus, daß der **Zwischenstreit** über die Ablehnung nicht in ihr erledigt werden kann. Denn die Hauptverhandlung kann nach §226 nur in ununterbrochener Gegenwart der zur Urteilsfindung berufenen Richter stattfinden. Demzufolge muß für den Zwischenstreit notwendigerweise die **Hauptverhandlung unterbrochen** und über die Ablehnung in einer Beschlußsitzung entschieden werden (RGSt **13** 304). Auch wenn sofort im Gerichtssaal über das Ablehnungsgesuch verhandelt wird, ist das kein Teil der Hauptverhandlung (RGSt **21** 251). **8**

Da der Zwischenstreit keine Hauptverhandlung ist, wirken die **Schöffen** an der Entscheidung nicht mit und muß die Zahl der richterlichen Mitglieder ggf. geringer — bei der kleinen Strafkammer höher — sein als in der Hauptverhandlung (§122 Abs. 1 Satz 1, §139 Abs. 1, §76 Abs. 1 GVG; RGSt **49** 11). Die Modalität, daß ohne Laienrichter zu entscheiden ist, wird in Absatz 2 für die Strafkammer — beim Schöffengericht entscheidet, wenn ein richterliches Mitglied (Rdn. 3) abgelehnt wird, ein anderer Richter **9**

Günter Wendisch

beim Amtsgericht (Rdn. 16) — für die Ablehnung richterlicher Mitglieder ausdrücklich bestimmt. Diese Bestimmung ist **überflüssig**. Denn ihr Inhalt ergibt sich auch ohne eine ausdrückliche Vorschrift aus der oben dargelegten Erkenntnis, daß für den Zwischenstreit die Hauptverhandlung zu unterbrechen ist.

10   Auf der anderen Seite ist die Vorschrift unvollkommen, weil sie nicht regelt, wie die **erstinstanzlich entscheidenden Strafsenate** besetzt sind. Für diese folgt aus der Notwendigkeit, außerhalb der Hauptverhandlung in Beschlußbesetzung zu entscheiden: Wird lediglich ein Richter eines erstinstanzlichen Senats des Oberlandesgerichts (§ 122 Abs. 2 Satz 1 GVG) abgelehnt, so hat ein weiterer Richter auszuscheiden (§ 122 Abs. 1 GVG); eine Überbesetzung (vier statt drei Mitglieder) ist unzulässig (RGSt 49 11). Soweit sich die dafür erforderliche Besetzung nicht aus der Geschäftsverteilung ergibt, entscheidet der Vorsitzende über die Besetzung, doch wird es sich empfehlen, das dienstjüngste Mitglied ausscheiden zu lassen.

11   **c) Oberlandesgericht und Bundesgerichtshof (Absatz 1).** Werden Richter der Strafsenate der Oberlandesgerichte und des Bundesgerichtshofs abgelehnt, entscheidet der Strafsenat, dem der abgelehnte Richter angehört. Wird ein Richter eines auswärtigen Strafsenats des Oberlandesgerichts (116 Abs. 2 GVG) abgelehnt, entscheidet dieser, wenn er die volle Zuständigkeit hat. Während des Hauptverfahrens entscheidet er auch dann, wenn er die Zuständigkeit des erkennenden Gerichts hat. Ist ihm nur die Tätigkeit in der Hauptverhandlung zugewiesen — ein kaum denkbarer Fall —, entscheidet über Ablehnungen, die während der Hauptverhandlung angebracht werden, der nach der Geschäftsverteilung zuständige Strafsenat des Oberlandesgerichts, da die Entscheidung außerhalb der Hauptverhandlung ergeht (Rdn. 1).

12   Aus diesem Grund beschließt das **Oberlandesgericht** stets in der Besetzung von drei Mitgliedern mit Einschluß des Vorsitzenden (§ 122 Abs. 1 GVG). Der **Bundesgerichtshof** entscheidet mit fünf Mitgliedern einschließlich des Vorsitzenden (§ 139 Abs. 1 GVG), weil die Ablehnungsentscheidung in dem geschlossenen Katalog des § 139 Abs. 2 Satz 1 nicht aufgeführt ist. Wird ein **Ermittlungsrichter** des Bundesgerichtshofs oder des Oberlandesgerichts (§ 169 Abs. 1) abgelehnt, ist nach Absatz 1 zu verfahren.

13   **d) Strafkammer (Absatz 2).** Werden richterliche Mitglieder der erkennenden großen (§ 74 Abs. 1 und 2, § 74 a Abs. 1, § 74 c Abs. 1 in Vbdg. mit § 76 Abs. 2, 2. und 3. Möglichkeit GVG) oder kleinen (§ 76 Abs. 2, 1. Möglichkeit GVG) Strafkammer oder der Jugendkammer (§ 33 Abs. 2 und 3 JGG) abgelehnt, dann entscheidet die Strafkammer in der Besetzung von drei Mitgliedern mit Einschluß des Vorsitzenden (§ 76 Abs. 1 GVG).

14   Wird ein richterliches Mitglied einer bei einem Amtsgericht gebildeten (**auswärtigen**) **Strafkammer** (§ 78 GVG) abgelehnt, entscheiden deren Berufsrichter (§ 76 Abs. 1 GVG), wenn die Kammer die volle Zuständigkeit hat. Während des Hauptverfahrens entscheidet sie auch dann, wenn sie die Zuständigkeit des erkennenden Gerichts hat. Dabei ist es gleichgültig, ob die abgelehnten Richter solche beim Landgericht oder beim Amtsgericht (vgl. § 78 Abs. 2 Satz 1 GVG) sind.

15   Ist der auswärtigen Strafkammer **nur** die Tätigkeit in der **Hauptverhandlung** zugewiesen — ein Fall, der vermieden werden sollte —, entscheidet, weil die Entscheidung außerhalb der Hauptverhandlung ergeht, über Ablehnungen, die während der Hauptverhandlung angebracht werden, die nach der Geschäftsverteilung zuständige Strafkammer des Landgerichts.

16   **e) Richter beim Amtsgericht (Absatz 3 Satz 1).** Wird ein Richter beim Amtsgericht abgelehnt, gleichviel ob er als vorsitzender Richter des Schöffengerichts (§ 29

Abs. 1 GVG), als zweiter Richter beim erweiterten Schöffengericht (§ 29 Abs. 2 GVG), als Strafrichter (§ 25 GVG) oder als ersuchter Richter tätig wird, so entscheidet ein anderer Richter beim Amtsgericht[1]. Einer Entscheidung bedarf es nicht, wenn der Abgelehnte das Ablehnungsgesuch für begründet hält (Absatz 3 Satz 2). Voraussetzung dafür ist allerdings, daß er das Ablehnungsgesuch überhaupt für zulässig hält (Rdn. 27 ff).

Ist der abgelehnte Richter beim Amtsgericht **ersuchter Richter,** steht die Entscheidung einem anderen Richter desjenigen Amtsgerichts zu, dem der ersuchte Richter angehört, nicht einem des ersuchenden Gerichts. Wird der Richter beim Amtsgericht als Mitglied einer auswärtigen Strafkammer (§ 78 Abs. 2 GVG) abgelehnt, gilt nicht Absatz 3, sondern Absatz 2 (Rdn. 14). Welcher andere Richter beim Amtsgericht zur Entscheidung zuständig ist, bestimmt sich nach der **Geschäftsverteilung** (§ 21 e Abs. 1 GVG). **17**

f) Beschlußunfähigkeit (Absatz 4). Wird das zur Entscheidung zuständige Gericht dadurch beschlußunfähig, daß der abgelehnte Richter ausscheidet, entscheidet das zunächst obere Gericht. Denn der Grundsatz, daß die Gerichte nur in der im Gerichtsverfassungsgesetz bestimmten Richterzahl entscheiden dürfen (Mot. *Hahn* 1 91), läßt auch bei der Erledigung von Ablehnungsanträgen keine Ausnahme zu. Beschlußunfähig ist das Gericht, wenn nicht so viele nach der Geschäftsverteilung zur Vertretung berufene Richter zur Verfügung stehen, als erforderlich sind, den abgelehnten Richter zu ersetzen. **18**

Das Gericht ist **nicht beschlußunfähig,** wenn die erforderliche Richterzahl nur, etwa zufolge anderer Sitzungen, an einem bestimmten Tag fehlt (OLG Kassel GA **37** (1889) 449). Scheiden der vorsitzende Richter und sämtliche Mitglieder der Kammer aus, so wird diese dadurch so lange noch nicht beschlußunfähig, als der Vorsitzende, in Ausnahme von § 21 f Abs. 2 GVG, durch das Mitglied einer anderen Kammer ersetzt werden kann (BGH NJW **1959** 1141). Für die Ersetzung kommt es nicht nur auf die Vertreter (§ 21 e Abs. 1 Satz 1 GVG) an. Ein Gericht ist vielmehr so lange nicht beschlußunfähig, als die Beschlußfähigkeit durch das Präsidium (§ 21 e Abs. 1 Satz 1 GVG) in sinngemäßer Erweiterung (vgl. § 67 GVG a.F.) des doch recht unvollkommen formulierten § 21 e Abs. 3 GVG, notfalls durch den Präsidenten (§ 21 i Abs. 2 Satz 1 GVG), hergestellt werden kann (OLG Zweibrücken NJW **1968** 1439; OLG Stuttgart MDR **1974** 1035). Das **Verfahren nach § 70 Abs. 1, § 117 GVG** braucht nicht eingeschlagen zu werden (RGSt **40** 438). **19**

Werden Richter einer **auswärtigen Strafkammer** (§ 78 GVG) abgelehnt, kommt es für die Beschlußunfähigkeit auf die Besetzung der auswärtigen Strafkammer an (OLG Kassel GA **37** 450; *Müller* NJW **1963** 616), nicht auf die der Strafkammer des Landgerichts. Davon zu unterscheiden ist die Frage, ob es zur Zuständigkeit der auswärtigen Strafkammer gehört, über die Richterablehnung zu entscheiden (Rdn. 5, 6). **20**

g) Obere Gerichte i. S. des Absatzes 4 sind im Fall des Absatzes 3 Satz 1 das Landgericht (LG Hannover NdsRpfl. **1966** 275), im übrigen das Oberlandesgericht und der **21**

---

[1] Anders die Regelung in § 45 Abs. 2 Satz 1 ZPO, wonach – wenn der Amtsrichter den Antrag für unbegründet hält – das Landgericht entscheidet. Die unterschiedliche Regelung ist dadurch zu erklären, daß der Gesetzgeber, soweit sich die Ablehnung gegen den Amtsrichter als Zivilrichter richtet, von der Ansicht ausging, die (zivilen) Amtsgerichte seien, weil **nur** mit Einzelrichtern besetzt, im Fall eines Ablehnungsgesuchs beschlußunfähig (BGH NJW **1979** 551).

Günter Wendisch

Bundesgerichtshof. § 45 Abs. 1 ZPO bestimmt für den gleichen Fall als zuständig das „im Rechtszuge zunächst höhere Gericht". Ebenso lautete § 21 im ersten Entwurf. Aber schon in der Reichstagsvorlage wurde die Wendung durch die Worte „das zunächst obere Gericht" ersetzt. Die Änderung ist verständlich, weil wegen des Rechtsmittelzugs vom Landgericht zum Bundesgerichtshof eine von der Zivilprozeßordnung abweichende Formulierung zumindest aus Gründen der Klarheit ratsam war.

22   Bei dem Rechtsmittelsystem der Strafprozeßordnung ist die Wortänderung eine **Entscheidung in der Sache** (*John* Anm. zu § 27). Das leugnet das Bayerische Oberste Landesgericht mit einem Hinweis auf die Motive (BayObLGSt **18** 34). Die Bezugnahme auf die Motive ist verfehlt, weil diese versehentlich trotz Änderung der Vorlage noch in Anknüpfung an den ersten, inzwischen überholten, Entwurf von dem „Gericht der höheren Instanz" (*Hahn* Mat. **1** 91) sprechen. Nach der Ansicht des Bayerischen Obersten Landesgerichts wäre das zunächst obere Gericht das im Instanzenzug vorgesetzte. Da der Bundesgerichtshof dem Oberlandesgericht im Instanzenzug in der Mehrzahl aller Sachen nicht vorgesetzt ist, wäre er nach dieser Auffassung nur in Staatsschutzsachen für das Oberlandesgericht das zunächst obere Gericht, sonst aber für die Strafkammer, wenn diese in erster Instanz entscheidet. Folgerichtig wäre das Oberlandesgericht für das Landgericht nur dann das zunächst obere Gericht, wenn es diesem im Instanzenzug vorgesetzt ist, so wenn das Landgericht als Berufungsgericht (§ 121 Abs. 1 Nr. 1 Buchst. b GVG) entscheidet oder eine mit Beschwerde anfechtbare Entscheidung (§ 304 Abs. 1, § 310 Abs. 1) erläßt.

23   Danach wäre für den Instanzenzug die **Prüfung** notwendig, ob die Ablehnung in bezug auf eine künftige Entscheidung ergeht, die mit dem Urteil, oder auf eine solche, die mit der Beschwerde anfechtbar ist. Weil es aber auch innerhalb der Hauptverhandlung trotz § 305 Satz 1 Entscheidungen gibt, die mit Beschwerde anfechtbar sind, und weil die Ablehnung nicht in bezug auf einzelne Entscheidungen, sondern für das ganze Verfahren ausgesprochen wird, verursacht die Auslegung des Bayerischen Obersten Landesgerichts **Schwierigkeiten.** Gerade solche Schwierigkeiten und die Notwendigkeiten, sowohl das zunächst obere Gericht klar festzulegen, als auch ein dem beschlußunfähig gewordenen möglichst nahes Gericht zu bestimmen, dürften maßgebend dafür gewesen sein, § 27 Abs. 4 abweichend von § 45 Abs. 1 ZPO zu formulieren.

24   Der Wortlaut des § 27 Abs. 4 muß daher für maßgeblich erachtet werden. Danach ist das zunächst obere Gericht dasjenige Gericht, das unabhängig vom Instanzenzug in der Hierarchie der Gerichte an der **nächsten Stelle über dem beschlußunfähig gewordenen** steht. Damit erweist sich, daß das „zunächst obere" Gericht (§ 27 Abs. 4, § 15) das gleiche obere Gericht ist wie das „gemeinschaftliche obere" Gericht (Vor § 7, 33, vgl. *Feisenberger* 14), soweit nicht bei diesem eine Verschiebung nach oben eintritt, weil es das für mehrere Bezirke oder Länder obere Gericht sein muß. Es entscheidet also das Landgericht, wenn das Amtsgericht, das Oberlandesgericht, wenn das Landgericht, und der Bundesgerichtshof, wenn das Oberlandesgericht beschlußunfähig geworden ist. Das Bayerische Oberste Landesgericht ist kein oberes Gericht i. S. des § 27 Abs. 4. Sollte der schwer denkbare Fall eintreten, daß durch zulässige Ablehnungsanträge der **Bundesgerichtshof** beschlußunfähig wird, so wird man es für zulässig erachten müssen, daß die abgelehnten Richter mitwirken (*Puchelt* 3 Abs. 6; *Rasch* DJZ **1915** 97).

3. Verfahren

25   **a) Gericht.** Soweit nicht in Absatz 3 Satz 1 und 2 eine Sonderregelung vorgesehen ist, entscheidet das Gericht, dem der abgelehnte Richter angehört, nachdem dieser ausgeschieden ist. Der abgelehnte Richter darf auch nicht über den gegen einen gleichfalls abgelehnten anderen Richter gerichteten Antrag mit entscheiden, solange nicht der ihn betreffende Teil des Antrags erledigt (§ 29, 15) ist. Wird durch das Ausscheiden die für die Entscheidung vorgeschriebene **Richterzahl unterschritten,** so ist das Gericht auf dem zu Rdn. 19 aufgezeigten Weg zu ergänzen.

Für den **Richter beim Amtsgericht** gilt das zu Rdn. 16 und 17 Ausgeführte. Wird **26** ein **beauftragter Richter** (§ 66 b Abs. 1, § 173 Abs. 3, § 223 Abs. 1 und 2, § 233 Abs. 2, § 289, § 369 Abs. 1, § 415 Abs. 2) abgelehnt, dann entscheidet — wenn er nicht Richter beim Amtsgericht ist und nach Absatz 3 Satz 2 verfahren wird (Rdn. 16 und 17) — das Gericht, dem er angehört, nachdem er ausgeschieden und ein Ersatzmann eingetreten ist. Dasselbe gilt, wenn Richter, die in der Hauptverhandlung tätig werden sollen, **vor der Hauptverhandlung abgelehnt** werden, falls vor dieser entschieden wird (RGSt 21 251, **22** 136).

b) **Entbehrliche Entscheidung (Absatz 3 Satz 2).** Von einer Entscheidung kann ab- **27** gesehen werden, wenn ein abgelehnter Richter beim Amtsgericht (Rdn. 16 bis 18) — gleichviel ob er außerhalb eines Hauptverfahrens oder in der Hauptverhandlung abgelehnt wird — den Ablehnungsantrag für begründet hält, indem er in der nach § 26 Abs. 3 abzugebenden Äußerung die Ablehnungstatsachen als zutreffend anerkennt und — ebenso wie der Antragsteller, wenn auch vielleicht zufolge anderer Erwägungen — den Schluß zieht, daß er ausgeschlossen sei oder daß der Ablehnungsberechtigte besorgen könne, er sei befangen. Unsichere, fernliegende Möglichkeiten oder fragwürdige Schlüsse dürfen seine Erwägungen nicht leiten.

Im **Zweifel** muß er die stets zulässige (RGSt **5** 438; RG GA **38** (1891) 425; RG **28** LZ **1914** 1571) Entscheidung eines anderen Richters beim Amtsgericht herbeiführen. Die Staatsanwaltschaft kann hierauf antragen, doch zwingt das den abgelehnten Richter nicht zum Verfahren nach Absatz 3 Satz 1 oder 2, sondern nur zu neuer Prüfung. Nach dieser kann er bei dem Verfahren nach Satz 2 beharren.

Die Entscheidung des anderen Richters beim Amtsgericht ist jedoch **nicht entbehr-** **29** **lich,** wenn einem Richter beim Amtsgericht ein von ihm für begründet erachteter Ablehnungsgrund, der Besorgnis der Befangenheit rechtfertigt, **auf andere Weise** als durch Ablehnung bekannt wird. In diesem Fall ist nach § 30 zu verfahren. Wird dem Richter beim Amtsgericht auf diese Weise ein **Ausschließungsgrund** bekannt, der zweifelsfrei gegeben ist, bedarf es keiner Entscheidung; bestehen Zweifel, findet § 30 Anwendung (§ 22, 50).

c) **Entscheidung.** Das Gericht entscheidet über den behaupteten Ablehnungs- **30** grund, wie er durch die Beweisaufnahme, namentlich die dienstliche Äußerung des Richters, aufgeklärt und ggf. richtiggestellt, vorliegt (RGSt **60** 44). Die Beweisaufnahme kann den Ablehnungsgrund nur zum Teil bestätigen. Dann ist nur dieser Teil Entscheidungsgrundlage. Erbringt die Beweisaufnahme einen anderen Ablehnungsgrund, ist dieser nicht Gegenstand der Entscheidung, sondern muß neu angebracht werden (a. A. *Hamm* NJW **1973** 178; dazu § 26, 8). Über neu zutage getretene **Ausschließungsgründe** ist jedoch von Amts wegen zu entscheiden.

Der abgelehnte Richter gibt die **dienstliche Äußerung** nach § 26 Abs. 3 schriftlich **31** ab (BayObLG StrVert. **1982** 460); als Zeuge wird er nicht vernommen. Vom Ablehnenden benannte Zeugen werden vernommen (RGSt **61** 70), ihre Vereidigung ist zulässig, aber nicht notwendig.

Das Gericht entscheidet abweichend vom Verfahren des 26 a (§ 26 a, 36 ff) immer **32** — sowohl außerhalb der Hauptverhandlung als auch während des Hauptverfahrens — in **Beschlußbesetzung.** Denn wenn der Richter während der Hauptverhandlung abge-

Günter Wendisch

lehnt wird, ist diese, wie zu Rdn. 7 ausgeführt, zum Zwischenstreit über die Ablehnung zu unterbrechen; der abgelehnte Richter — und wenn notwendig ein weiterer Richter (Rdn. 9) — scheidet aus.

33   Weil auf diese Weise während der (unterbrochenen) Hauptverhandlung „außerhalb einer Hauptverhandlung" entschieden wird, richtet sich das **Gehör** nach § 33 Abs. 2 und 3. Die Staatsanwaltschaft erklärt sich zur Ablehnung, zu der Äußerung des Richters und zu etwa erlangten Beweisergebnissen. Die anderen Beteiligten (Angeklagter, Privatkläger, Nebenkläger) sind, sofern sie den Richter nicht selbst abgelehnt haben, zu hören, wenn ihnen die Ablehnungstatsachen nicht durch den Ablehnungsvorgang — etwa in der Hauptverhandlung — bekanntgeworden sind. Das kann alsbald formlos in der Weise geschehen, daß sie zu der Beschlußsitzung vorübergehend zugezogen werden, die dazu — als eine nichtöffentliche Sitzung — in den Verhandlungssaal verlegt werden mag. Eine mündliche Verhandlung findet jedoch nicht statt.

34   Das Gericht entscheidet durch **Beschluß** (§ 28). Der Beschluß, durch den die Ablehnung als unzulässig verworfen oder als unbegründet zurückgewiesen wird (§ 28 Abs. 2 Satz 1), ist, weil er durch ein Rechtsmittel angefochten werden kann (§ 28 Abs. 2), zu begründen; der stattgebende Beschluß kann ohne Begründung bleiben (§ 34).

35   d) **Reihenfolge der Entscheidungen.** Über die Ablehnung mehrerer Richter ist grundsätzlich in der Reihenfolge der Ablehnungen zu entscheiden, werden sie gleichzeitig abgelehnt, in der Reihenfolge, in der sie aufgeführt sind. Werden **alle Richter** der Kammer (§ 26 a, 27) abgelehnt, ist in der Reihenfolge zu entscheiden, die in der Geschäftsverteilung aufgeführt ist (OLG Schleswig bei *Ernesti/Lorenzen* SchlHA **1982** 115). Werden jedoch Richter, die zur Mitwirkung (§ 24, 43) berufen sind, und gleichzeitig Richter abgelehnt, die, falls nicht nach § 26 a entschieden werden sollte, zur Ergänzung (Rdn. 25) eintreten, dann ist, wenn nicht nach § 26 a, sondern nach § 27 entschieden wird (§ 26 a, 5), über den Ablehnungsantrag gegen die eintretenden Richter vorab zu entscheiden, und zwar in der Reihenfolge der Ablehnungen. Dadurch wird erreicht, daß, wenn ein Ablehnungsantrag für unbegründet erklärt wird, der zu Unrecht abgelehnte Richter alsbald (Rdn. 38) wieder mitwirken kann (BGHSt **21** 337).

36   Diese Reihenfolge hat auch das **obere Gericht** (Rdn. 24) zu beachten (OLG Frankfurt NStZ **1981** 234). Eine **Auswahl** der Ablehnungen, „die unbegründet sind oder die schwächste Begründung haben" (OLG Zweibrücken NJW **1968** 1439), **ist unzulässig;** ihr Ergebnis könnte den Grundsatz des gesetzlichen Richters verletzen. Das obere Gericht hat mit weiteren Entscheidungen innezuhalten, sobald das untere Gericht wieder beschlußfähig geworden ist (*Feisenberger* 12). Nur auf diese Weise kann angestrebt werden, daß „das Gericht, dem der Abgelehnte angehört" (§ 27 Abs. 1), nach Möglichkeit selbst entscheidet.

37   e) **Ablehnende Entscheidungen.** Über unzulässige Anträge wird regelmäßig nach § 26 a entschieden, doch kommen solche Anträge auch im Verfahren nach § 27 zur Entscheidung (§ 26 a, 5; § 27, 2). Diese Anträge werden als unzulässig verworfen (BGHSt **21** 337); unbegründete Anträge werden als unbegründet zurückgewiesen (§ 28 Abs. 2 Satz 1). **Unbegründet** ist der Antrag, wenn der behauptete Ablehnungsgrund nicht vorliegt, auch wenn ein (anderer) Ausschließungsgrund gegeben ist. Über diesen ist gleichzeitig von Amts wegen zu entscheiden.

38   Wird die ablehnende Entscheidung rechtskräftig oder eine gegen sie eingelegte sofortige Beschwerde (§ 28 Abs. 1) verworfen oder ist der Beschluß, weil ein erkennender Richter (§ 28, 11; 19) abgelehnt war, nur mit dem Urteil anfechtbar, so tritt der **Zustand** ein, der **vor der Ablehnung** bestanden hat, im letzteren Fall allerdings mit der Möglichkeit, daß das Rechtsmittelgericht im späteren Rechtsmittelverfahren die Entscheidung nicht billigt. Der Richter tritt — wenn er nicht aus anderem Grunde ausscheiden muß — wieder ins entscheidende Gericht zurück, der Ersatzmann scheidet aus. Der — zu Unrecht — abgelehnte Richter muß alsbald wieder an der Untersuchung und Entscheidung (BGHSt **21** 338) sowie an der Verkündung des die Ablehnung zurückweisenden oder verwerfenden Beschlusses (Rdn. 47) mitwirken.

Ist sachlich entschieden worden, dann ist der **Ablehnungsgrund verbraucht** und **39** ein weiteres Gesuch mit dem gleichen Inhalt unzulässig (RGSt **11** 224; RG GA **44** 385; OLG Hamm NJW **1966** 2073). Doch liegt **keine Wiederholung** vor, wenn dieselbe gegen denselben Richter gerichtete Behauptung mit anderen Tatsachen belegt oder mit neuen Mitteln rechtzeitig glaubhaft gemacht wird; wenn neue Gründe vorgebracht werden (RGSt **24** 14; BGHSt **21** 353); wenn die Hauptverhandlung neu begonnen hat, etwa weil das Gericht durch Ausscheiden eines anderen Richters nicht mehr weiter verhandeln konnte, weil eine Hauptverhandlung länger als zulässig unterbrochen war (§ 229); oder nach Zurückverweisung der Sache aus der Berufungs- (§ 328 Abs. 2) oder Revisionsinstanz (§ 354 Abs. 2).

f) **Stattgebende Entscheidungen** erklären die Ablehnung für begründet (§ 28 **40** Abs. 1). Durch die Entscheidung wird der abgelehnte Richter von dem Zeitpunkt an, in dem sie erlassen worden ist (vgl. § 338 Nr. 3; OLG Koblenz NStZ **1983** 471), einem ausgeschlossenen Richter gleichgestellt. Über die Wirkung der Ausschließung s. § 22, 47 f. Ein Urteil, an dem ein Richter mitgewirkt hat, nachdem ein wider ihn gerichteter Ablehnungsantrag für begründet erklärt worden ist, beruht stets auf einer Verletzung des Gesetzes (§ 338 Nr. 3).

Dagegen findet **Rückwirkung** auf richterliche Akte, die vor der stattgebenden **41** Entscheidung stattgefunden haben — anders als bei der Ausschließung —, selbst dann nicht statt, wenn der erst nach jenen Akten geltend gemachte Ablehnungsgrund schon bei ihnen bestanden hat[2]. Demzufolge kann der Richter sich nicht weigern, die Niederschrift über den Teil der Sitzung zu beurkunden, den er vor einer erfolgreichen Ablehnung geleitet hat. Daraus folgt, daß er auch eine Protokollberichtigung nicht verweigern darf, wenn sich die Berichtigung auf ein Ereignis bezieht, das stattgefunden hat, bevor er mit Erfolg abgelehnt worden war (OLG Hamm MDR **1964** 344).

Die **Wirkung** der einer Ablehnung stattgebenden Entscheidung umfaßt das ge- **42** samte Verfahren, in dem die Ablehnung für begründet erklärt worden ist. Sie erstreckt sich auch auf die Verhandlung gegen Mitangeklagte, und zwar unabhängig davon, ob diese selbst ein Ablehnungsgesuch angebracht haben oder ein solches Gesuch verworfen worden ist. Denn ein Richter kann in einem einheitlichen Strafverfahren nicht teilweise zur Ausübung seines Amts befugt und teilweise davon ausgeschlossen sein (BGH GA **1979** 311 sowie § 22, 47 f und Rdn. 40). Auf andere Verfahren gegen den gleichen Angeklagten, in denen der Richter nicht erfolgreich abgelehnt worden ist, äußert die Ablehnung keine Wirkung, kann den Richter aber veranlassen, nach § 30 zu verfahren.

---

[2] Eine Rückwirkung kann auch nicht durch analoge Anwendung der Vorschriften über die Wiederaufnahme des Verfahrens nach § 359 erreicht werden. Abgesehen davon, daß einer solchen Ansicht schon der Grundgedanke dieser Bestimmung, namentlich ihre Beschränkung auf fünf genau bezeich- nete Punkte entgegenstehen dürfte, muß eine analoge Anwendung auf jeden Fall daran scheitern, daß nichts dafür angeführt werden kann, diese auf die Richterablehnung zu beschränken, sie aber für andere Beschlüsse zu verneinen.

Günter Wendisch

43   **g) Bekanntmachung.** Die Entscheidung ergeht in Abwesenheit der davon betroffenen Personen. Sie wird wirksam, wenn sie an Personen außerhalb des Gerichts bekanntgemacht wird (§ 33, 12). Außerhalb des Gerichts befindet sich auch der abgelehnte Richter. Mit der Bekanntgabe an ihn tritt daher, wenn sie vor der Bekanntgabe an den Ablehnenden liegt, die Wirksamkeit der Entscheidung ein (BGHSt 15 386). Wegen der Formlosigkeit genügt es, die Entscheidung dem Richter mündlich zu eröffnen oder ihm die Urschrift vorzulegen (RGSt 58 288; RG GA 59 351).

44   Betrifft ein ablehnender Beschluß keinen erkennenden Richter (§ 28, 12; 19), ist er dem Antragsteller stets **zuzustellen** (§ 35 Abs. 2 Satz 1). So wird in der Regel auch verfahren, wenn ein erkennender Richter **vor der Hauptverhandlung** abgelehnt und auch vor der Hauptverhandlung über die Ablehnung entschieden wird, doch wird ein vor der Hauptverhandlung ergehender Beschluß, der die Ablehnung eines erkennenden Richters für begründet erklärt, ohne sonstige Bekanntgabe auch dadurch wirksam erlassen, daß er ausgeführt wird (RGSt 66 121), indem der Vertreter eintritt.

45   Ergeht der Beschluß in der Ablehnungssache wider einen erkennenden Richter im Zwischenverfahren einer unterbrochenen **Hauptverhandlung,** wird er in der Regel durch **Verkündung** bekanntgemacht, nachdem die Hauptverhandlung wieder eröffnet worden ist. Hiergegen bestehen keine Bedenken (RGSt 21 253; 58 287). Denn durch die Bekanntmachung der Entscheidung wird im Hinblick auf 28 Abs. 2 Satz 2 keine Frist in Lauf gesetzt. Es genügt daher formlose Mitteilung (§ 35 Abs. 2 Satz 2). Anstelle des formlosen Verfahrens kann aber das förmlichere der Verkündung gewählt werden. Wird so verfahren, ist die Entscheidung zu protokollieren; § 274 gilt (a. A. KMR-*Paulus* 13: §§ 273, 274 gelten nicht).

46   Der Ablehnende erhält, wenn er es verlangt, eine **Abschrift** (§ 35 Abs. 1 Satz 2). Dazu braucht die Hauptverhandlung nicht unterbrochen zu werden; die Abschrift kann nach Schluß der Hauptverhandlung erteilt werden. Denn der Ablehnende hat, weil er den Beschluß erst mit dem Urteil anfechten kann (§ 28 Abs. 2 Satz 2), kein Interesse, schon früher eine Abschrift zu erhalten.

47   Da mit der Zurückweisung oder Verwerfung eines Ablehnungsantrags die vorläufige Unfähigkeit des Richters (§ 29) wieder entfällt (Rdn. 38), kann er, nachdem ihm die Entscheidung bekanntgegeben worden ist, **bei der Verkündung** des die Ablehnung zurückweisenden oder verwerfenden Beschlusses **mitwirken** (RGSt 58 288; BGHSt 15 386). Namentlich kann also der Vorsitzende die Entscheidung auch dann verkünden, wenn sich die Ablehnung gegen ihn gerichtet hatte.

§ 28

(1) **Der Beschluß, durch den die Ablehnung für begründet erklärt wird, ist nicht anfechtbar.**

(2) [1]**Gegen den Beschluß, durch den die Ablehnung als unzulässig verworfen oder als unbegründet zurückgewiesen wird, ist sofortige Beschwerde zulässig.** [2]**Betrifft die Entscheidung einen erkennenden Richter, so kann sie nur zusammen mit dem Urteil angefochten werden.**

Entstehungsgeschichte. Ursprünglich hatte § 28 den Inhalt, den er jetzt hat, mit der Ausnahme, daß nicht geregelt war, wie verfahren werden mußte, wenn das Gericht die Ablehnung als unzulässig verworfen hatte. Art. 1 Nr. 1 der 3. VereinfVO schloß jede Anfechtung der Entscheidung über die Ablehnung aus. Art. 3 Nr. 10 VereinhG hat unter sprachlicher Verbesserung den ursprünglichen Inhalt wiederhergestellt. Durch Art. 5 Nr. 6 StPÄG 1964 wurde die Verwerfung einer unzulässigen Ablehnung der einer unbegründeten gleichgestellt und die Fassung redaktionell verbessert.

Übersicht

1. Stattgebende Beschlüsse. Entscheidungen, mit denen dem Ablehnungsantrag **1** entsprochen wird, sind unanfechtbar. Denn für ein Rechtsmittel besteht kein praktisches Bedürfnis (Mot. *Hahn* 1 90). Ein solches könnte nur der Gegner des Ablehnenden beanspruchen mit der Begründung durch die rechtsirrige Annahme eines Ablehnungsgrundes sei sein Anspruch auf den gesetzlichen Richter verletzt. Mit Recht dehnt das Gesetz den Grundsatz vom gesetzlichen Richter nicht so weit aus. Nach dem Gedanken des Gesetzes sind alle Richter der gleichen Instanz gleich befähigt (RGRspr. 10 355). Gesetzlicher Richter ist daher auch derjenige Richter, der ordnungsmäßig für einen Abgelehnten eintritt, wenn ein Gericht die Ablehnung für begründet erklärt hat (§ 28 Abs. 1; vgl. BGH GA 1962 338), oder die, falls eine Entscheidung von Rechts wegen unterbleiben kann, ein Richter beim Amtsgericht für begründet gehalten hat (§ 27 Abs. 3 Satz 2). Das Gericht ist auch dann ordnungsmäßig besetzt, wenn es der Ablehnung **rechtsirrig** zu Unrecht stattgegeben hat.

2. Ablehnende Beschlüsse. Entscheidungen, mit denen ein Ablehnungsantrag als **2** unzulässig verworfen oder als unbegründet zurückgewiesen wird, sind, wenn Rechtsmittel überhaupt statthaft sind (Rdn. 5, 27), stets anfechtbar, sowohl wenn die Ablehnung als unbegründet zurückgewiesen, als auch, wenn sie als unzulässig verworfen worden ist. Mittel der Anfechtung ist entweder die sofortige Beschwerde (Rdn. 5) oder, wenn die Anfechtung einen erkennenden Richter (Rdn. 12) betrifft, das ordentliche Rechtsmittel gegen das Urteil (Rdn. 26).

Die Unterscheidung findet jedoch nicht statt, wenn das **Gericht** nicht über die Ab- **3** lehnung entscheidet, sondern sich für **unzuständig** erklärt. Da eine Möglichkeit bestehen muß, die Entscheidung des zuständigen Gerichts herbeizuführen, ist auf solche Beschlüsse Absatz 2 Satz 2, der die Anfechtung während des Hauptverfahrens ausschließt, nicht anwendbar (a. A. KMR-*Paulus* 2). Nach einer gelegentlichen Bemerkung des Reichsgerichts soll die allgemeine Beschwerde (§ 304 Abs. 1) statthaft sein (RGSt 19 334), doch wird man wegen der gebotenen Beschleunigung Absatz 2 Satz 1 entsprechend anzuwenden haben. Danach ist die **Beschwerde** eine sofortige; sie findet aber nicht nur außerhalb des Hauptverfahrens, sondern entgegen Absatz 2 Satz 2 auch gegen Beschlüsse des erkennenden Gerichts statt. Das Beschwerdegericht darf nicht in der Sache selbst entscheiden; es hat sich auf die Frage der Zuständigkeit zu beschränken und muß die Sachentscheidung dem zuständigen Gericht überlassen (RGSt 19 338).

Dem im vorangegangenen Absatz behandelten Fall ist es nicht gleichzustellen, **4** wenn der **Richter beim Amtsgericht** einen Antrag selbst als unbegründet zurückweist, obwohl — anders als bei unzulässigen Anträgen (§ 26 a Abs. 2 Satz 3) — ein anderer Richter beim Amtsgericht zuständig gewesen wäre (§ 27 Abs. 3 Satz 1). Denn hier liegt eine in der Sache ergangene Entscheidung vor, wenn sie auch, weil von einem unzuständigen Richter erlassen, anfechtbar ist. Es bewendet daher bei dem Verfahren des Absatzes 2 Satz 2; d. h. der Beschluß kann nur mit dem Urteil angefochten werden, wenn der unzuständige Richter beim Amtsgericht ein erkennender Richter (Rdn. 12) war (OLG Saarbrücken NJW **1966** 169; **a. A.** LG Krefeld NJW **1964** 2438).

5   **3.** Die **sofortige Beschwerde ist** in allen Ablehnungsfällen statthaft, die nicht unter Absatz 1 oder unter Absatz 2 Satz 2 fallen, sofern der Beschluß überhaupt nach § 304 der Beschwerde unterliegt. Gegen Beschlüsse der Oberlandesgerichte findet, selbst wenn sie im ersten Rechtzug entscheiden, auch in den Fällen des Absatzes 2 Satz 1 nach § 304 Abs. 4 keine Beschwerde statt (BGHSt **27** 96; wegen der Verfassungsmäßigkeit von Absatz 2 Satz 2 vgl. BVerfGE **45** 363 = MDR **1978** 25; **a. A.** *Schmidt-Leichner* NJW **1977** 1804). Absatz 2 Satz 1 sagt also nur, daß die nach § 304 Abs. 1 und 2 statthafte **Beschwerde** eine **sofortige** und damit an die Wochenfrist des § 311 Abs. 2 Satz 1 gebunden ist (*Hahn* Mat. GVG 1 862).

6   **Beschwerdeberechtigt** ist nur, wer die Ablehnung angebracht hat, nicht auch ein sonst Ablehnungsberechtigter, der von seinem Ablehnungsrecht keinen Gebrauch gemacht hat. Der **Richter** ist nicht beschwerdeberechtigt, auch wenn er sich in Übereinstimmung mit dem Ablehnenden, aber im Gegensatz zur Ansicht des Gerichts für ausgeschlossen oder befangen hält.

7   **4. Beschwerdeentscheidung.** Das Beschwerdegericht hat den angefochtenen Beschluß voll nachzuprüfen und dabei, soweit eine Wertung in Betracht kommt, seine Wertung an die Stelle derjenigen des ersten Richters zu setzen. Auch wenn der erste Richter den Ablehnungsantrag als **unzulässig** verworfen hatte, ist das Beschwerdegericht berechtigt, alsbald in der Sache zu entscheiden (§ 309 Abs. 2; BGHSt **18** 203; **23** 265). Die Erwägung, daß der erste Richter dem Antrag, wenn er diesen für zulässig erachtet hätte, hätte entsprechen können und daß diese Entscheidung unanfechtbar gewesen wäre (§ 28 Abs. 1), rechtfertigt es nicht, die Entscheidungsbefugnis des Beschwerdegerichts auf die Zulässigkeitsfrage zu beschränken. Das Reichsgericht hat eine solche Beschränkung zwar für den Fall angenommen, daß der erste Richter seine Zuständigkeit verneint hatte (RGSt **19** 338). Dieser Gedanke darf aber nicht[1] verallgemeinert werden; er kann nur dort angewendet werden, wo der erste Richter in der Annahme fehlender Zuständigkeit überhaupt nicht zur Ablehnungsfrage entschieden hatte. In allen anderen Fällen hat das Beschwerdegericht die Befugnis, einen irrtümlich als unzulässig verworfenen Ablehnungsantrag darauf nachzuprüfen, ob er begründet ist (BGHSt **18** 203 mit Anm. *Philipp* NJW **1963** 1883).

8   Das Beschwerdegericht ist aber berechtigt, die Sache an den ersten Richter **zurückzuverweisen,** wenn dieser, weil er den Antrag für unzulässig erachtet hatte, notwendige Feststellungen unterlassen hat. Denn bei dieser Sachlage würde dem Beschwerdeführer durch die Sachentscheidung des Beschwerdegerichts eine Instanz genommen und damit namentlich die Möglichkeit vorenthalten, den Gründen des ersten Richters entgegenzutreten. Grundsätzlich wird die Sache auch dann in die Vorinstanz zurückzuverweisen sein, wenn dort ein (z. B. nach § 23 Abs. 2) **ausgeschlossener Richter**

---

[1] So RGSt **49** 12; *Dallinger* MDR **1955** 271;
Schaper NJW **1963** 1883.

mitgewirkt hat (OLG Saarbrücken NJW **1966** 167; OLG Bremen NJW **1966** 605). Zwar hat hier ein Richter sachlich über die Ablehnung entschieden, aber doch einer, von dem das Gesetz verlangt, daß er sich jeder Entscheidung enthält, und der deshalb dem Beschwerdeführer als befangen erscheinen kann.

In **klaren Fällen,** namentlich wenn ein von dem unzuständigen Richter verworfener Antrag wegen eines Formfehlers notwendigerweise verworfen werden muß, wird **9** das Beschwerdegericht sachlich über die Beschwerde entscheiden (KG JR **1967** 266).

5. Verbrauch. Ist über den Verwerfungsbeschluß durch sofortige Beschwerde ent- **10** schieden, kann wegen des gleichen Beschlusses nicht mehr Revision mit der Rüge der Verletzung des § 338 Nr. 3 erhoben werden (RGSt 7 175; BGH NJW **1952** 234; OLG Schleswig SchlHA **1982** 34). Aber selbst wenn der Ablehnungsberechtigte keine Beschwerdeentscheidung herbeigeführt hat, ist die Rüge nach § 338 Nr. 3 in Vbdg. mit § 336 ausgeschlossen, sofern nur die Möglichkeit der sofortigen Beschwerde bestanden hatte (BGH NJW **1962** 261; vgl. RGSt **20** 48; **44** 384), der Fall also nicht nach Absatz 2 Satz 2 zu behandeln war. Endlich eröffnet auch die Unmöglichkeit der Beschwerde nicht die Anfechtung nach Absatz 2, wenn die Ablehnung eines Richters, der nicht erkennender Richter ist, von einem Strafsenat, auch einem erstinstanzlich entscheidenden, für unbegründet erklärt worden ist. In allen diesen Fällen macht die Rechtskraft des Beschlusses die Anfechtung mit dem gegen das Urteil gerichteten Rechtsmittel unzulässig. Die **Rüge aus § 338 Nr. 2** (Ausschluß kraft Gesetzes) ist dagegen **niemals ausgeschlossen.**

6. Erkennender Richter

a) Begriff. Die Beschwerde ist ausgeschlossen, wenn die Entscheidung über das **11** Ablehnungsgesuch einen erkennenden Richter betrifft. Das ist erforderlich, weil große Verhandlungen mit vielen Zeugen und Sachverständigen nicht beliebig unterbrochen werden können, einer Beschwerde aber, „wenn sie Bedeutung haben sollte, aufschiebende Wirkung beigelegt werden müßte" (Mot. *Hahn* 1 92)[2].

Erkennende Richter sind die Richter, die berufen sind, in der Hauptverhandlung **12** mitzuwirken (BayObLGSt **24** 109), auch wenn ihre Mitwirkung sich nicht auf die Urteilsfindung beschränkt, sondern, wie beim Vorsitzenden, zugleich andere Maßnahmen und Entscheidungen umfaßt. Die Eigenschaft als erkennender Richter beginnt mit der Eröffnung des Hauptverfahrens (§ 199 Abs. 1, § 207 Abs. 1, 2; RGSt 7 175; BGH NJW **1952** 234)[3]; diese ist selbst schon ein Akt des erkennenden Gerichts, wenn sie von dem künftig entscheidenden Gericht beschlossen wird. Die Tätigkeit als erkennendes Ge-

---

[2] *Brack*, der diese Abweichung vom Zivilprozeß (§ 46 Abs. 2, 2. Halbsatz ZPO) rügt (SchlHA **1965** 11), legt den Besonderheiten des Strafprozesses nicht genügend Gewicht bei. Zudem ist seine Arbeit vor dem StPÄG 1964 abgefaßt, das mit § 25 Abs. 2 die (bedingte) Ablehnung bis zum letzten Wort zuläßt. Würde man die Beschwerde bis zu diesem Zeitpunkt gewähren, müßten sich die Mißhelligkeiten, die schon einer Beschwerde zu Beginn der Hauptverhandlung entgegengestanden haben, unerträglich vermeh-

ren. Für eine Änderung der geltenden Rechtslage zugunsten der Einführung eines Beschwerderechtszugs auch für den Fall, daß die Entscheidung über den Ablehnungsantrag einen erkennenden Richter betrifft, tritt neuerdings auch *Draber* ein (DRiZ **1977** 332).

[3] Ebenso OLG Koblenz VRS **44** 291; OLG Karlsruhe NJW **1975** 448; KG JR **1981** 169; OLG München MDR **1982** 773; OLG Schleswig SchlHA **1982** 31 und bei *Ernesti/ Lorenzen* SchlHA **1982** 115.

Günter Wendisch

richt erstreckt sich alsdann auf das ganze Hauptverfahren (RGSt **43** 181); Unterbrechungen oder Aussetzungen lassen die Stellung als erkennendes Gericht unberührt (BGHSt **31** 15).

13   Erkennender Richter ist auch der **Ergänzungsrichter** (§ 192 Abs. 2 GVG; OLG Celle NJW **1973** 1059), aber erst von dem Zeitpunkt an, wo feststeht, daß er eintritt. Erkennende Richter sind weiter die Richter, die nach Ausscheiden abgelehnter Richter nunmehr als Mitglieder des erkennenden Gerichts in dem Zwischenverfahren (§ 27, 8) an der Entscheidung über den Ablehnungsantrag mitwirken (KG JR **1976** 26).

14   **Eröffnet das höhere Gericht** vor dem niederen (§ 209 Abs. 1), wird dieses mit der Eröffnung erkennendes Gericht und werden seine Mitglieder erkennende Richter.

15   Die Eigenschaft als erkennender Richter **endet** mit der Urteilsfällung (OLG Schleswig SchlHA **1953** 246; OLG Celle NJW **1960** 210; NdsRpfl. **1982** 100). Demzufolge ist der Richter, der bei der Verwerfung eines Rechtsmittels nach § 319 Abs. 1, § 346 Abs. 1 mitwirkt, kein erkennender Richter (OLG Celle NJW **1960** 210). Das gleiche gilt für die Mitglieder einer Berufungskammer, die nach Verwerfung der Berufung gemäß § 329 Abs. 1 Satz 1 über einen Wiedereinsetzungsantrag wegen Versäumung der Berufungshauptverhandlung (§ 329 Abs. 3) zu entscheiden haben (OLG München MDR **1982** 773; a. A. OLG Frankfurt OLGSt § 28 StPO, 5; KMR-*Paulus* 9)[4].

16   **b) Zeitpunkt.** Da die Entscheidung einen erkennenden Richter betreffen muß, ist diese Eigenschaft nach dem Zeitpunkt zu beurteilen, in dem über den Ablehnungsantrag **entschieden** wird (OLG Karlsruhe NJW **1975** 459). Danach findet Absatz 2 Satz 2 (Anfechtung nur mit dem Urteil) Anwendung, wenn der Antrag vor der Eröffnung des Hauptverfahrens angebracht worden ist, das Gericht aber erst nach diesem Zeitpunkt darüber entschieden hat[5]. Ist dagegen die Entscheidung schon vor der Eröffnung des Hauptverfahrens ergangen (wie im Fall BGH NJW **1952** 234), betrifft sie keinen erkennenden Richter. Deshalb wird die sofortige Beschwerde gegen sie nicht dadurch ausgeschlossen, daß zwischen der Entscheidung und der Beschwerde das Hauptverfahren eröffnet worden ist (OLG München St **3** 433).

17   Dagegen kommt es auf den **Beginn der Hauptverhandlung** nicht an (KK-*Pfeiffer* 3). Absatz 2 Satz 2 findet auf einen nach der Eröffnung des Hauptverfahrens ergangenen Beschluß sowohl dann Anwendung, wenn er in der Hauptverhandlung als auch wenn er vor dieser ergangen ist (RGSt **7** 175; **22** 135; **43** 181; BGHSt **31** 15). Daß der abgelehnte erkennende Richter inzwischen als erkennender Richter aus der Sache ausgeschieden ist, macht Absatz 2 nicht unanwendbar (BayObLGSt **10** 328).

18   Der **Ausschluß der sofortigen Beschwerde** ist nur für die Hauptverhandlung selbst geboten (Rdn. 11). Für die Zeit von der Eröffnung des Hauptverfahrens bis zum Beginn der Hauptverhandlung kann er zweckmäßig sein, weil sonst durch mehrfache Ablehnungen der Termin in Frage gestellt werden könnte; er kann aber auch nachteilig wirken. Denn dem erkennenden Gericht könnte eine Entscheidung des Beschwerdegerichts erwünscht sein, damit die Hauptverhandlung nicht mit der Belastung durchgeführt werden muß, daß das Urteil aufgehoben werden könnte, weil sich herausstellen könnte, daß das Ablehnungsgesuch zu Unrecht verworfen worden war (§ 338 Nr. 3). Trotzdem darf die Rechtsprechung **keine Ausnahme** machen, weil der Wortlaut, der mit der allgemeinen Regel des § 305 Satz 1 übereinstimmt, eindeutig ist und keine Abwei-

---

[4] Auch die Mitglieder der Strafvollstreckungskammer sind keine erkennenden Richter (KG NStZ **1983** 44).

[5] A. A. – maßgeblich ist der Zeitpunkt der Ablehnung – KMR-*Paulus* 8; wie hier: *Kleinknecht/Meyer* 4; vgl. auch BGHSt **31** 15.

chung zuläßt[6]. Eine elastischere Regelung (Zulassung der Beschwerde durch das erkennende Gericht bis zum Zeitpunkt des § 25) wäre aber de lege ferenda zu erwägen.

7. Besondere Verfahrensarten. Findet das Verfahren ganz oder in der Instanz **19** ohne Eröffnungsbeschluß statt, so beginnt die Eigenschaft als erkennender Richter mit jeder gerichtlichen Verfügung, die bestimmt oder erkennen läßt, daß die Hauptverhandlung stattfinden soll und vor welchem Gericht. Ein nichtrichterlicher Akt, wie der Einspruch gegen einen Strafbefehl oder der Eingang der Akten beim Berufungsgericht, genügt ebensowenig wie im regelmäßigen Verfahren die Anklage. Durch diese kommt die Sache ans Gericht; das Verfahren wird anhängig. Rechtshängig wird das Verfahren erst durch einen richterlichen Akt, der die Feststellung in sich trägt, daß das Gericht zuständig, d. h. daß es das zur Entscheidung berufene Gericht (§ 27 Abs. 4, erster Halbsatz) ist. Erst durch diese richterliche Zuständigkeitserklärung, mag sie auch meist stillschweigend ergehen, erklärt sich das Gericht zum erkennenden Gericht. Nach diesen Erwägungen wird das Gericht erkennendes Gericht:

im **beschleunigten Verfahren** mit der Anordnung des Vorsitzenden, daß die **20** Hauptverhandlung sofort durchgeführt werde, oder mit der Anberaumung eines Termins dazu (§ 212 a Abs. 1; OLG Hamburg NJW **1964** 2123);

im **Berufungsverfahren** mit der Anberaumung des Termins zur Hauptverhand- **21** lung oder mit einer ihr vorangehenden Anordnung, den Angeklagten durch einen beauftragten oder ersuchten Richter (§ 323 Abs. 1 Satz 1 in Vbdg. mit 223 Abs. 1 und 2) zu vernehmen, oder mit sonstigen die Entscheidung vorbereitenden Maßnahmen (z. B. nach § 225 oder Anordnungen zur Aufklärung von Prozeßverstößen in der ersten Instanz; a. A. — mit Aktenvorlage durch die Staatsanwaltschaft — OLG Karlsruhe NJW **1975** 458; KG JR **1981** 169; KK-*Pfeiffer* 3; KMR-*Paulus* 8);

im **Revisionsverfahren** mit der Bestimmung eines Berichterstatters, der Terminbe- **22** stimmung oder ihr voraufgehenden, die Entscheidung vorbereitenden Maßnahmen (etwa zur Aufklärung von Prozeßverstößen in den Vorinstanzen), spätestens mit der Beschlußentscheidung nach § 349 Abs. 2 und 4;

im **Wiederaufnahmeverfahren** mit allen richterlichen Handlungen, die getroffen **23** werden, nachdem das Gericht die Wiederaufnahme des Verfahrens und die Erneuerung der Hauptverhandlung angeordnet hat (§ 370 Abs. 2) und in den Verfahren des § 371;

im **Verfahren nach § 408 Abs. 2** mit der Anberaumung der Hauptverhandlung; **24**

im Verfahren nach **Einspruch gegen einen Strafbefehl** (§ 411 Abs. 1) und im selb- **25** ständigen Einziehungsverfahren (§ 440) mit der Terminbestimmung (OLG Dresden *Alsb.* 1 68)[7]. Vgl. auch § 442 Abs. 1, § 444 Abs. 3.

8. Anfechtung mit dem Urteil. Nach dem Wortlaut des Absatzes 2 Satz 2 kann **26** die Entscheidung über die Ablehnung eines erkennenden Richters nur mit dem Urteil angefochten werden. Die Fassung entspricht nicht ganz dem Sinn der Vorschrift. Sie will **nicht** besagen, daß **neben** dem Rechtsmittel gegen das Urteil (Berufung oder Revision) eine besondere, bis zur Rechtsmitteleinlegung aufgeschobene Beschwerde gegen

---

[6] Das OLG Hamm (NStZ **1982** 352, 400: beide Fundstellen betreffen dieselbe Entscheidung) will auf den nach § 115 Abs. 1 StVollzG entscheidenden Richter wegen des revisionsrechtlich ausgestalteten Rechtsbe-

schwerdeverfahrens in Strafvollzugssachen § 28 Abs. 2 Satz 2 entsprechend anwenden.

[7] **A. A.** – bei Strafbefehl nach Einspruch – BayObLGSt **24** 108; OLG Köln MDR **1957** 437; OLG Oldenburg NdsRpfl. **1955** 59.

den Beschluß zulässig sein soll, **sondern** daß, falls der Abgelehnte am Verfahren oder an der Urteilsfällung teilgenommen hat (RGSt 60 112), aus der rechtsirrigen Verwerfung oder Zurückweisung des Ablehnungsantrags eine **Rüge zur Urteilsanfechtung** entnommen werden kann (OLG Hamm JMBlNRW **1973** 272), sofern das Urteil überhaupt anfechtbar ist (KG GA **57** 233; OLG Köln MDR **1976** 774). Da indessen Satz 2 für die gleiche Sache aus Gründen der Zweckmäßigkeit nur den Instanzenzug anders regelt als Satz 1 (RGSt **30** 277; BGHSt **27** 98), kann Satz 2 mit der Ausnahme der zeitlichen Verschiebung nicht mehr und nicht weniger geben als Satz 1.

27   Daraus folgt zum ersten, daß **Beschlüsse der Oberlandesgerichte,** auch wenn diese erstinstanzlich entschieden haben, deshalb nicht „mit dem Urteil" angefochten werden können, weil gegen sie keine sofortige Beschwerde zulässig ist (BGHSt **27** 99). Danach ist, wenn in einer beim Landgericht anhängigen Sache nach § 27 Abs. 4 das Oberlandesgericht entschieden hat, auch keine Anfechtung nach Satz 2 zulässig[8]. Zum anderen ergibt sich aus jener Voraussetzung, daß das Beschwerderecht nicht „qualitativ beschränkt" (RGSt **30** 277) sein soll, mithin über die mit der Revision angebrachte Rüge — verfassungsrechtlich unbedenklich (BVerfGE **44** 363, 369 = NJW **1977** 1815) — nach **Beschwerdegrundsätzen** (Rdn. 7) zu entscheiden ist (RGSt **22** 136; BGHSt **1** 36)[9].

28   Die Beschwerde gegen einen Beschluß, der einem gegen einen erkennenden Richter angebrachten Ablehnungsantrag nicht stattgegeben hat, ist indessen trotz Absatz 2 Satz 2 statthaft, wenn das erste Gericht die Entscheidung wegen **Unzuständigkeit** abgelehnt hat (Rdn. 3).

29   **9. Form.** Die **Anfechtung mit dem Urteil** ist die Berufung (§ 312) oder die Revision (§§ 333, 334) gegen das Urteil, das in dem Rechtszug ergangen ist, in dem der gegen einen erkennenden Richter angebrachte Ablehnungsantrag für unbegründet oder unzulässig erklärt worden ist. Demzufolge kann gegen das Urteil eines Berufungsgerichts Revision nicht mit der Begründung eingelegt werden, daß schon das **Amtsgericht** die Ablehnung zu Unrecht verworfen habe (RGSt 60 112).

30   Die formelle Anfechtung ist **Voraussetzung** für die Entscheidung des Rechtsmittelgerichts (Rdn. 33). Bei der Revision ergeben sich dabei keine Besonderheiten (§§ 344, 345). Denn da die Anfechtung nach Absatz 2 Satz 2 zusammen mit der **Revision** Teil dieses Rechtsmittels ist (RGSt **22** 136; **74** 296; OLG Köln GA **1974** 379; MDR **1976** 774), muß auch sie den strengen Anforderungen des § 344 Abs. 2 Satz 2 genügen (BGHSt **21** 340; **23** 265; BayObLGSt **1956** 249; **1971** 124 = VRS **42** 46; **1972** 217 = VRS **44** 207; OLG Stuttgart VRS **46** 145). Dazu gehört, daß der Beschwerdeführer, wenn er die Revision mit der Verletzung des § 338 Nr. 3 oder 2 begründet, nicht nur den Inhalt des Ablehnungsantrags, sondern auch die Gründe mitteilt, aus denen dieser zurückgewiesen worden ist (OLG Stuttgart NJW **1969** 1776; OLG Karlsruhe Justiz **1974** 65; mißverständlich insoweit die Formulierung *Bohnerts* 70, daß „der Rechtsbehelf . . . seinen Charakter als Beschwerde nicht verliere"). Dabei genügt die Wiedergabe einzelner Sätze des Gerichtsbeschlusses nicht (BGH bei *Dallinger* MDR **1972** 387); er muß — wenn auch nicht wörtlich — seinem ganzen Inhalt nach vorgetragen werden (OLG Schleswig bei *Ernesti/Jürgensen* SchlHA **1976** 172; OLG Koblenz MDR **1978** 423). Wegen weiterer Einzelheiten s. § 344: Begründung von Verfahrensrügen sowie KK-*Pfeiffer* 6.

---

[8] **A. A.** RGSt **33** 315; **37** 113; *Feisenberger* § 27, 13.
[9] Ebenso BGHSt **18** 203; **21** 340; **23** 266;

27 98; BGH JR **1957** 68; BayObLG StrVert. **1982** 460; KK-*Pfeiffer* 6; KMR-*Paulus* 15, Vor § 22, 37; *Kleinknecht/Meyer* 9.

Wird gerügt, der **Tatrichter** sei nach §§ 22 oder 23 **ausgeschlossen** gewesen, muß **31** der Revisionsführer die Tatsachen angeben, die die Revision begründen und den gesetzlich ausgeschlossenen Richter namentlich bezeichnen (BGH NJW **1962** 500). Rügt er, daß ihm trotz entsprechenden Verlangens die **Namen** der bei der Entscheidung mitwirkenden Richter oder eine nachträglich eingetretene Änderung in der Besetzung **nicht bekanntgegeben** worden seien (§ 24 Abs. 3 Satz 2), ist keine weitere Begründung erforderlich, kann namentlich nicht verlangt werden, daß der Beschwerdeführer auch vorträgt, welche Ablehnungsgründe er geltend gemacht hätte, wenn der Vorsitzende ihm die Namen bekanntgegeben hätte (RGSt **66** 10; *Schorn* GA **1963** 173). Denn da die Revision nicht darzulegen braucht, daß das Urteil auf der Gesetzesverletzung beruht (*Sarstedt/Hamm* 525), und da dieser Ursachenzusammenhang angenommen wird, solange die Möglichkeit seines Bestehens nicht widerlegt wird, ist es in der Regel nicht auszuschließen, daß das Urteil auf der Gesetzesverletzung beruht (anders, wenn der Angeklagte die Ablehnungsgründe angibt, diese aber nicht durchschlagen; RG JW **1930** 925). Wird die **Verletzung von § 26 a** gerügt, reicht die Behauptung nicht aus, das Gericht habe den Antrag nicht als unzulässig verwerfen dürfen. Weil es auch darauf ankommt, ob das Gesuch sachlich gerechtfertigt gewesen wäre (BGHSt **18** 200; **23** 265), muß die Revisionsbegründung auch die Tatsachen vortragen, aus denen sich ergeben soll, daß die Ablehnung unbegründet war (BGH bei *Holtz* MDR **1979** 637). Behauptet die Revision, der Tatrichter habe sein Gesuch zu Unrecht nach § 26 a Abs. 1 Nr. 1 als verspätet verworfen, muß die Revision den Verfahrensablauf, aus dem sich die Rechtzeitigkeit des Gesuchs beurteilen läßt, vollständig mitteilen (BGH bei *Holtz* MDR **1977** 109).

Bei der **Berufung** muß, obwohl dort die Begründungsfrist sonst belanglos ist, ge- **32** prüft werden, ob der Betroffene die Entscheidung, daß seine Ablehnung als unzulässig verworfen oder als unbegründet zurückgewiesen sei, innerhalb der Wochenfrist zur Begründung der Berufung (§ 317) angefochten hat (BayObLGSt **1956** 249. Die **Berufungsbegründung** ist zwar ins Belieben des Beschwerdeführers gestellt (§ 317), doch muß er sich ihrer bedienen, wenn er den Ablehnungsbeschluß anfechten will. Daher kann der Beschluß, durch den die Ablehnung eines im ersten Rechtszug erkennenden Richters als unzulässig verworfen oder als unbegründet zurückgewiesen worden ist, nur bis zum Ende der Frist zur Rechtfertigung der Berufung (§ 317) angefochten werden (BayObLGSt **1956** 249 = NJW **1957** 599).

Die Anfechtung kann nur auf die Tatsachen gestützt werden, die dem Ableh- **33** nungsbeschluß zugrunde gelegen haben (RGRspr. **4** 528). Deshalb dürfen — anders als im Ablehnungsverfahren gegen einen nichterkennenden Richter (vgl. OLG Schleswig SchlHA **1982** 32) — auch **neue Beweismittel** zur Glaubhaftmachung eines abgelehnten Ablehnungsgrundes beim Rechtsmittelgericht nicht mehr nachgebracht werden (BGHSt **21** 88). Daneben kann der Beschwerdeführer sich mit neu vorgebrachten Tatsachen der Rüge aus § 338 **Nr. 2** (Ausschluß kraft Gesetzes) — nicht Nr. 3 — bedienen, auch wenn er vorher kein Ablehnungsgesuch angebracht hatte.

10. Entscheidung des Rechtsmittelgerichts. Das Rechtsmittelgericht entscheidet **34** über die Anfechtung im Urteil, jedoch nach den für die Beschwerde maßgebenden Grundsätzen (Rdn. 27). Daher hat das Revisionsgericht die Ablehnungsbeschlüsse auch in tatsächlicher Beziehung frei nachzuprüfen (BGHSt **23** 267)[10]. Soweit aus dem Auftreten eines Richters in der Hauptverhandlung Schlüsse von den anderen anwesenden

---

[10] RGSt **7** 342; **22** 136; **65** 42; **74** 297;   **18** 203. Zu BGHSt **23** 267 krit. *Peters* JR
BGHSt **1** 36; **2** 11; BGH JR **1957** 68; BGHSt   **1970** 468.

        Günter Wendisch

Richtern auf die Besorgnis der Befangenheit zu ziehen sind, ist der Nachprüfung des dabei obwaltenden Ermessens jedoch dadurch eine gewisse Grenze gesetzt, daß dem Revisionsgericht die eigene Beobachtung fehlt (BayObLGSt **1949/51** 391).

35   War der Antrag als **unzulässig** verworfen, hält ihn das Rechtsmittelgericht aber für zulässig, so begründet der Umstand, daß das Gericht in fehlerhafter Besetzung entschieden hat, noch nicht den absoluten Revisionsgrund des § 338 Nr. 3. Vielmehr prüft das Revisionsgericht nunmehr grundsätzlich selbst, ob die Ablehnung begründet ist (BGHSt **18** 203; **21** 338; **23** 267)[11]. Dazu hat es ggf. die Äußerung des abgelehnten Richters herbeizuführen und sie dem Ablehnenden, wenn sie dessen Darstellung nicht bestätigt, zur Kenntnis zu bringen. Das Revisionsgericht braucht aber nicht so zu verfahren, sondern kann die Sache wegen Verletzung von § 27 durch Nichtanwendung (§ 337) aufheben und **zurückverweisen** (BGHSt **23** 203), namentlich wenn die Beurteilungsgrundlage nicht ausreicht, zu entscheiden, ob der Ablehnungsantrag sachlich gerechtfertigt war (BGH JR **1972** 268).

36   Das Gericht darf — soweit es nicht über die selbständige Revisionsrüge aus § 338 Nr. 2 entscheidet — nur diejenigen Ablehnungsgründe in Betracht ziehen, die vorgebracht waren, als das Gesuch verworfen worden ist (RGRspr. **4** 527; RG LZ **1921** 66; RGSt **74** 297). **Grundlage** seiner Entscheidung sind nur der Tatsachenvortrag und die Glaubhaftmachung, die — zulässigerweise (§ 26, 7; 15) — dem nach § 26 zuständigen Gericht vorgebracht waren. Beweismittel zur Glaubhaftmachung können in der Revisionsinstanz nicht nachgebracht (BGHSt **21** 88), „nachgeschoben" (OLG Stuttgart Justiz **1971** 312), werden.

37   Das **Berufungsgericht** kann in der Sache selbst entscheiden (§ 328 Abs. 1), das Verfahren aber auch wegen des Mangels in die erste Instanz zurückverweisen (§ 328 Abs. 2). Das wird sich in der Regel empfehlen; es wird notwendig sein, wenn ein kraft Gesetzes ausgeschlossener Vorsitzender abgelehnt, der Ablehnung aber zu Unrecht nicht stattgegeben worden war. Hat das Berufungsgericht nicht in Betracht gezogen, daß es die Sache zurückverweisen könne, darf das **Revisionsgericht** diese Ermessensentscheidung des Berufungsgerichts nicht selbst treffen. Es hat daher die Sache nicht an den Erstrichter, sondern an das Berufungsgericht zurückzuverweisen (BayObLGSt **1957** 11); dieses kann dann — je nach den Umständen des Falls — entweder selbst entscheiden oder eine rechtsirrtümlich unterlassene Zurückverweisung an den Erstrichter nachholen.

§ 29

(1) Ein abgelehnter Richter hat vor Erledigung des Ablehnungsgesuchs nur solche Handlungen vorzunehmen, die keinen Aufschub gestatten.

(2) ¹Wird ein Richter während der Hauptverhandlung abgelehnt und würde die Entscheidung über die Ablehnung (§§ 26 a, 27) eine Unterbrechung der Hauptverhandlung erfordern, so kann diese so lange fortgesetzt werden, bis eine Entscheidung über die Ablehnung ohne Verzögerung der Hauptverhandlung möglich ist; über die Ablehnung ist spätestens bis zum Beginn des übernächsten Verhandlungstages und stets vor Beginn der Schlußvorträge zu entscheiden. ²Wird die Ablehnung für begründet erklärt und muß die

---

[11] Allerdings kann es in diese Prüfung nur eintreten, wenn der Revisionsführer die Formvorschriften der §§ 344, 345 (Rdn. 30) beachtet, d. h. in der Revisionsbegründung die Tatsachen angegeben hat, aus denen sich ergeben soll, daß die Ablehnung nicht begründet war (BGH bei *Holtz* MDR **1979** 637 – zu § 26 a StPO).

Hauptverhandlung nicht deshalb ausgesetzt werden, so ist ihr nach der Anbringung des Ablehnungsgesuchs liegender Teil zu wiederholen; dies gilt nicht für solche Handlungen, die keinen Aufschub gestatteten. ³Nach Anbringung des Ablehnungsgesuches dürfen Entscheidungen, die auch außerhalb der Hauptverhandlung ergehen können, unter Mitwirkung des Abgelehnten nur getroffen werden, wenn sie keinen Aufschub gestatten.

Schrifttum. *F.-Ch. Schroeder* Kritische Bemerkungen zum Strafverfahrensänderungsgesetz 1979, NJW **1979** 1527.

Entstehungsgeschichte. Durch Art. 1 Nr. 7 StVÄG 1979 ist Absatz 2 an den unveränderten Absatz 1 angefügt worden.

Übersicht

I. Inhalt und Bedeutung der Vorschrift

Schon bei Erlaß der Strafprozeßordnung, als ein Richter wegen Besorgnis der Be- **1** fangenheit im ersten Rechtszug nur bis zur Verlesung des Eröffnungsbeschlusses abgelehnt werden konnte (s. §25 Entstehungsgeschichte), wurde als Zweck des §29 angesehen, ein Ablehnungsantrag dürfe für sich allein nicht die Wirkung haben, daß der Abgelehnte sogleich von **jeder** Mitwirkung in der Sache ausgeschlossen werde (Mot. *Hahn* 1 92). Das kommt im Gesetz eindeutig zum Ausdruck und versteht sich eigentlich von selbst. Denn sonst wäre der Beschuldigte imstande, dringliche Untersuchungshandlungen durch ein unbegründetes Ablehnungsgesuch zu verhindern.

Absatz 1 enthält den **Grundsatz,** daß die **Ablehnung amtsunfähig** macht (a. A. **2** KMR-*Paulus* 2), und die **Ausnahme,** daß der abgelehnte Richter befugt bleibt, **unaufschiebbare Handlungen** — dazu zählt nicht die Entscheidung über die Ablehnung — vorzunehmen. Der Regelung ist denknotwendigerweise die Folgerung zu entnehmen, daß die unaufschiebbare Handlung wirksam ist, auch wenn die Ablehnung für begründet erklärt wird.

Dagegen berührt die Vorschrift nicht die Fehlerhaftigkeit von Handlungen, die **3** ein kraft Gesetzes **ausgeschlossener Richter** (22, 51) vorgenommen hat. Demzufolge hat das Gericht, wenn es feststellt, der abgelehnte Richter sei ausgeschlossen gewesen, stets anzuordnen, daß die dringliche Handlung zu wiederholen sei.

Günter Wendisch

4   Das Gericht kann auch **wirksame Handlungen wiederholen**. Das empfiehlt sich, wenn Zweifel vorliegen, ob die Handlung eines erkennenden Richters unaufschiebbar war, weil die Frage im Fall der Anfechtung vom Berufungs- oder Revisionsgericht erst dann endgültig entschieden wird, nachdem die Hauptverhandlung bereits durchgeführt worden ist (§ 28 Abs. 2 Satz 2).

5   Der Grundsatz, daß allein durch die Ablehnung für alle Handlungen, die keinen Aufschub gestatten, Amtsunfähigkeit herbeigeführt wird, gilt auch dann, wenn der **Ablehnungsantrag unzulässig** ist (BayObLGSt **1954** 56). Darin kommt eine sehr weit gehende Vorsicht des Gesetzgebers zum Ausdruck. Sie wird in ihren Auswirkungen dadurch gemildert, daß — seit dem Inkrafttreten des Strafprozeßänderungsgesetzes 1964 — unzulässige Anträge in einem vereinfachten Verfahren — während der Hauptverhandlung ohne deren Unterbrechung — erledigt werden können (§ 26 a, 36) und daß der abgelehnte Richter bei der Entscheidung mitwirkt (§ 26 a Abs. 2 Satz 1).

6   Die Verwerfung als unzulässig ist u. a. auch — allerdings nur bei Einstimmigkeit (§ 26 a Abs. 2 Satz 2) — dann statthaft, wenn durch die Ablehnung offensichtlich das Verfahren *nur* verschleppt oder *nur* **verfahrensfremde Zwecke** verfolgt werden sollen (§ 26 a Abs. 1 Nr. 3). Die Vorschrift ist, weil der Umstand, daß *allein* verfahrensfremde Zwecke verfolgt werden sollen, kaum nachweisbar ist, als schwer anwendbar angesehen (§ 26 a, 22) und deshalb das ordentliche Ablehnungsverfahren des § 27 empfohlen worden (§ 26 a, 4), für das die Hauptverhandlung stets unterbrochen werden muß (§ 27, 8). Nicht allein, aber namentlich für diese Fälle bringt Absatz 2 Satz 1 eine Auflockerung des Verfahrens zur Entscheidung über die Ablehnung mit dem Ziel, **Verzögerungen der Hauptverhandlung** (Begr. BTDrucks. 8 976, S. 23) entgegenzuwirken, die notwendigerweise entstehen, wenn die Hauptverhandlung für rasch aufeinanderfolgende Ablehnungen mehrfach unterbrochen und nach Verwerfung des Ablehnungsantrags fortgesetzt werden muß, Vorgänge, für die mehr Zeit benötigt wird, als für die Erledigung des Ablehnungsantrags selbst. Die — komplizierte Regelung (so *Rieß* NJW **1978** 2268) — der Auflockerung wäre wohl schon bei der Ausdehnung des Ablehnungsrechts bis zum letzten Wort zu erwägen gewesen; sie wurde notwendig, als in einzelnen Verfahren Richterablehnungen in einem Maß erhoben wurden, das geeignet war, den Lauf der Hauptverhandlung zu lähmen.

II. Regel (Absatz 1)

7   **1. Abgelehnter Richter** ist nach § 24 Abs. 1 der Richter, gegen den ein Ablehnungsantrag angebracht worden ist, sei es weil der Ablehnende Befangenheit besorgt, sei es weil er behauptet, der Richter sei kraft Gesetzes davon ausgeschlossen, das Richteramt auszuüben. Danach findet die Vorschrift auf den Richter, dessen **Ausschließung behauptet** wird, insoweit Anwendung, daß er — auch wenn er in Wirklichkeit nicht ausgeschlossen ist — keine Handlung vornehmen darf, die Aufschub gestattet. Soweit die Vorschrift dagegen zuläßt, daß der abgelehnte Richter trotz der Ablehnung nicht aufschiebbare Handlungen vornimmt, ist sie wegen der Wirkung, die die Ausschließung von Rechts wegen hat, auf den ausgeschlossenen Richter nicht anwendbar. Daher darf der Richter, wenn er durch die Ablehnung erfahren hat, daß er nach § 22 von der Ausübung des Richteramts kraft Gesetzes ausgeschlossen ist, keine — auch keine dringliche — Handlung vornehmen (§ 22, 45; 49).

8   In bezug auf den **ausgeschlossenen Richter** (§§ 22, 23) hat die Vorschrift daher nur Bedeutung, wenn der Ausschließungsgrund zwar behauptet ist, aber offensichtlich nicht vorliegt (ebenso KMR-*Paulus* 3). Daß sie auch anzuwenden wäre, wenn der behauptete Ausschließungsgrund nicht alsbald feststellbar sei (*Eb. Schmidt* 2), kann nicht anerkannt werden. Zwar ist eine vorgenommene Handlung, die unaufschiebbar war, wirksam, wenn das Gericht später feststellt, daß kein Ausschließungsgrund gegeben ist (Rdn. 22). Wird aber ein solcher festgestellt, ist auch die im guten Glauben vorgenommene unaufschiebbare Handlung eines ausgeschlossenen Richters fehlerhaft; denn für die Ausschließung kommt es nicht darauf an, daß der Richter den Ausschließungsgrund kennt.

Dem ausgeschlossenen Richter stehen gleich der Richter, in bezug auf den eine **9** Ablehnung für begründet erklärt worden ist (§ 25 Abs. 1), sowie der **Richter beim Amtsgericht**, der einen Ablehnungsantrag für begründet hält (§ 27 Abs. 3 Satz 2). Auch dieser ist nicht befugt, dringende Amtshandlungen vorzunehmen. Er darf auch seine Feststellung, daß der Antrag begründet ist, wenn er weiß, daß er sie treffen muß, nicht aufschieben, um vorher eine dringliche Handlung vorzunehmen.

2. Erledigung des Ablehnungsantrags. Wann ein Ablehnungsantrag i. S. des § 29 **10** „erledigt" ist, ist streitig. Die Lösung hängt davon ab, ob man „Erledigung" — ein sonst in Zusammenhang mit der Bearbeitung von Anträgen nicht verwendeter Ausdruck — als „Entscheidung" liest, worunter die erste zu verstehen wäre, oder ob man dem Ausdruck entnimmt, daß die Entscheidung den Antrag „erledigt" haben müsse, worunter wohl nur die rechtskräftige Entscheidung verstanden werden kann. Abzulehnen ist die Erwägung, daß auch in § 30 (wie auch in § 48 ZPO) das Wort „Erledigung" als „Entscheidung" i. S. des § 27 Abs. 1 (§ 45 Abs. 1 ZPO) verwendet wird (Mot. zur ZPO *Hahn* 1 165). Das wäre ein bloß verbales Argument ohne Überzeugungskraft. Denn nachdem in § 47 ZPO das ungeklärte Wort „Erledigung" verwendet worden war, kann es dem Verfasser bei dem alsbald folgenden § 48 wieder in die Feder geflossen sein. Ohne eine amtliche Erläuterung des Wortes, die aber fehlt, kann man keine so weitreichende Folgerung ziehen.

Die sich aufdrängende Erklärung „Erledigung" müsse **mehr als Entscheidung** sein, **11** wird dadurch in Frage gestellt, daß Ablehnungsentscheidungen des erkennenden Gerichts mit der Entscheidung, sei es nach § 26 a (BGHSt 5 155), sei es nach § 27 (BGHSt 4 209), i. S. des § 29 erledigt sind (RG GA 59 351; RGSt 58 288). In diesen Fällen ist der Beschluß, der den Ablehnungsantrag verwirft, nur mit dem Urteil anfechtbar (§ 28 Abs. 2 Satz 2). Demzufolge muß das Gesetz einen anfechtbaren Zustand — obwohl er unerwünscht und daher nach Möglichkeit zu vermeiden ist — in Kauf nehmen, damit das laufende Verfahren zunächst, ungestört durch eine Beschwerde, zu Ende gebracht werden kann.

Die Ansicht (Erledigung = erste Entscheidung) übernimmt diese Auslegung auch **12** für den Fall, daß der den Ablehnungsantrag verwerfende Beschluß durch sofortige Beschwerde **anfechtbar** ist (§ 28 Abs. 2 Satz 1; § 28, 5) mit dem Hinweis auf § 307 Abs. 1[1]. Ihr ist indessen nicht zuzustimmen (vgl. RG JW 1902 249). Das Wort „Erledigung" kann nicht ohne zwingenden Grund — wie er für den Fall des § 28 Abs. 2 Satz 2 dargelegt ist — beiseite geschoben werden. Die dort gebotene Auslegung muß als Ausnahme angesehen werden, die nicht auf den Fall des § 28 Abs. 2 Satz 1 übertragen werden kann, bei dem keine Notwendigkeit für eine Ausnahmeregelung besteht. Denn es läuft keine Hauptverhandlung, und die Beschwerdefrist, deren Ablauf endgültige (§ 28, 10) Klä-

---

[1] RGZ **66** 46; KG JR **1968** 28; *Feisenberger* 2; *Schorn* 178; zweifelhaft, aber eher für die Möglichkeit der ersten Entscheidung, *Martin*   LM § 29, 1; unentschieden BGHSt 4 210; **5** 154; wie hier KK-*Pfeiffer* 4; KMR-*Paulus* 5; *Kleinknecht/Meyer* 3.

Günter Wendisch

rung als „Erledigung" bringt, ist nur kurz (§ 311 Abs. 2 Satz 1). Daher ist die Verfahrensverzögerung dem Zustand der Ungewißheit vorzuziehen.

13   Wer die erste Entscheidung auch bei gegebener sofortiger Beschwerde als Erledigung ansieht, muß auch die **Folgen** dieser Ansicht im Auge behalten: Hat das Gericht inzwischen in der Sache entschieden, muß es entweder die Beschwerde gegen die Verwerfung des Ablehnungsantrags als überholt ansehen oder sie zulassen mit der Folge, daß nicht nur die Ablehnungsentscheidung, sondern auch die Entscheidung in der Sache selbst in Frage gestellt wird. Die erste Lösung (RGZ 66 46) macht § 28 Abs. 2 Satz 1 weitgehend inhaltslos, was kaum Sinn des Gesetzes sein kann, die zweite bringt keinen ins Gewicht fallenden Zeitgewinn und bietet daher keinen Grund, eine zweifelhafte Auslegung einer sinnvollen vorzuziehen (im Ergebnis ebenso *Teplitzky* MDR **1970** 106).

3. Keinen Aufschub duldende Handlungen

14   **a) Grundsatz.** Keinen Aufschub gestatten Handlungen, die wegen ihrer Dringlichkeit nicht anstehen können, bis der Ersatzrichter eintritt (OLG Köln VRS **59** 428). Beispiele dafür sind die Sicherung von Beweisen, wenn sie während der Entscheidung über das Ablehnungsgesuch verlorengehen könnten (z. B. Vernehmung eines todkranken Zeugen), oder das nur in der Sitzung zulässige (BayObLGSt. **8** 75) und daher unaufschiebbare Verhängen eines Ordnungsmittels wegen Ungebühr nach § 178 Abs. 1 GVG (OLG Hamburg GA **70** 54) und bei Vorliegen besonderer Umstände auch die Terminbestimmung zur Hauptverhandlung (OLG Köln VRS **59** 428: um die sonst drohende Verfolgungsverjährung zu unterbrechen).

15   Nimmt der Richter eine unaufschiebbare Handlung vor, wird er den **Grund,** aus dem er sie für unaufschiebbar hält, **aktenkundig** machen. Bloße **Zweckmäßigkeit** macht die Sache nicht unaufschiebbar, ein selbst von weither gereister Zeuge kann die Reise erneut machen. Bei den heutigen Verkehrsmöglichkeiten und Nachrichtenverbindungen wird der Fall der unaufschiebbaren Handlung nicht oft eintreten.

16   Nicht ernstlich zu erörtern ist die Ansicht, die Entscheidung über die **Befangenheit** eines **weiteren Richters** sei für den zur Anzeige nach § 30 verpflichteten Richter unaufschiebbar oder er dürfe sie treffen, bevor er Anzeige nach § 30 macht (*Koch* DRiZ **1970** 328). Die Fragen, die sich bei Anzeigen sämtlicher Richter eines Gerichts nach § 30 stellen, sind mit § 27 Abs. 4 und den Erörterungen zu § 27 (Rdn. 35 ff) unschwer zu lösen (*Meyer* DRiZ **1971** 161).

17   **b)** Der **Erlaß eines Haftbefehls,** d. i. die schriftliche Anordnung der Untersuchungshaft (§ 114), **nach** Erhebung der öffentlichen **Klage** (§ 125 Abs. 2) ist für den abgelehnten Richter eines **Kollegialgerichts** regelmäßig keine Amtshandlung, die keinen Aufschub gestattet. Denn in dringenden Fällen kann der Vorsitzende — wenn er abgelehnt wird, der für ihn eintretende Vertreter — den Haftbefehl erlassen (§ 125 Abs. 2 Satz 2).

18   Lediglich wenn **alle Richter** eines Kollegialgerichts oder der **Strafrichter** abgelehnt werden und erwartet werden muß, daß der Angeklagte die Zeit, bis über die Ablehnung entschieden ist, zur Flucht benutzen wird, gestattet der Erlaß des Haftbefehls keinen Aufschub. Zwar ist der Staatsanwalt in diesem Fall befugt, den Angeklagten vorläufig festzunehmen (§ 127 Abs. 2); entgegen der Ansicht von *Peters* (§ 20 III 2 Abs. 8) braucht das Gericht sich jedoch nicht vom Handeln oder Unterlassen des Staatsanwalts abhängig zu machen. **Scheidet** der abgelehnte Richter **aus,** muß in der neuen Besetzung erneut über die Haftfrage entschieden werden.

Bei **neuen Straftaten** in der Hauptverhandlung ist das in der anhängigen Sache **19** verhandelnde Gericht in der Regel unzuständig, den Haftbefehl zu erlassen, wenn nicht ausnahmsweise der nach §125 Abs. 1 zuständige Richter als Strafrichter verhandelt und der Staatsanwalt den notwendigen Antrag stellt (§125 Abs. 1). Das Gericht ist aber nach §183 Satz 2 GVG berechtigt, „in geeigneten Fällen" die Festnahme des Täters zu verfügen. Im Fall der Ablehnung wird diese Vorschrift durch §29 ergänzt und beschränkt. Das Gericht ist danach zur Festnahme befugt, wenn ohne eine solche einer Flucht des Täters nicht vorgebeugt werden kann. Auch in diesem Fall braucht das Gericht nicht zu warten, ob der **Staatsanwalt** von seinem Festnahmerecht aus §127 Abs. 2 Gebrauch machen wird. Doch empfiehlt sich hier eine Verständigung zwischen Gericht und Staatsanwalt, weil — anders als im Fall des §125 Abs. 2 — für den nachfolgenden Erlaß des Haftbefehls durch den Richter beim Amtsgericht der Antrag des Staatsanwalts erforderlich ist (§125 Abs. 1).

4. Ergebnis

a) Wenn das Gericht feststellt, daß ein **Ausschließungsgrund** vorgelegen hat, ist **20** die vom Richter vorgenommene Handlung stets fehlerhaft (§22, 51), gleichgültig, ob sie aufschiebbar oder unaufschiebbar war, und gleichviel, welche Vorstellung der Richter über die Aufschiebbarkeit hatte.

b) Die **aufschiebbare Handlung** ist, gleichviel, welche Vorstellung der Richter **21** von der Aufschiebbarkeit hatte, nach dem Sinn der Vorschrift (Rdn. 2) stets fehlerhaft, auch wenn ein wegen Besorgnis der Befangenheit angebrachter Ablehnungsantrag für unbegründet erklärt oder festgestellt wird, daß kein Ausschließungsgrund vorgelegen hat. Denn die durch die Ablehnung bewirkte Amtsunfähigkeit kann nicht rückwirkend beseitigt werden (*Martin* LM §29, 1).

c) Die **unaufschiebbare Handlung** des wegen Besorgnis der Befangenheit abge- **22** lehnten Richters ist auch dann wirksam, wenn ein Ablehnungsantrag wegen Besorgnis der Befangenheit für begründet erklärt wird (Rdn. 2). Sie ist ferner wirksam, wenn festgestellt wird, daß kein Ausschließungsgrund vorgelegen hat. Sie ist dagegen unwirksam, wenn ein solcher festgestellt wird (Rdn. 3; 41).

Der Mangel kann mit der **Revision** gerügt werden. Das Revisionsgericht prüft **23** nach, ob die Handlung aufschiebbar war (*Eb. Schmidt* 3 Abs. 2), doch ist dem Richter, der die Prozeßhandlung vornimmt, ein gewisser Spielraum bei der Auslegung des unbestimmten Rechtsbegriffs der Unaufschiebbarkeit zuzugestehen.

d) Hat der durch Ablehnung amtsunfähige Richter an einem **Eröffnungsbeschluß 24** mitgewirkt, dann ist dieser zwar mangelhaft; jedoch nicht unwirksam (BGHSt 4 208)[2]. Da die durch eine Ablehnung herbeigeführte Amtsunfähigkeit aber nur ein vorläufiger Zustand ist, wirkt der Mangel nicht so stark, daß der mangelhafte Eröffnungsbeschluß einem fehlenden (§22, 62 ff) gleichzustellen wäre. Diese Folge tritt erst ein, wenn ein Ausschließungsgrund festgestellt oder ein Ablehnungsantrag für begründet erklärt wird.

Demzufolge ist der Eröffnungsbeschluß, an dem ein abgelehnter Richter mitge- **25** wirkt hat, nicht etwa im **Revisionsverfahren** von Amts wegen zu prüfen, sondern nur auf Rüge. Auf dem Mangel kann das Urteil nicht beruhen, wenn das Ablehnungsgesuch

---

[2] Nach neuer Rechtsprechung des Bundesgerichtshofs (vgl. BGHSt **29** 351) hat selbst die Mitwirkung eines ausgeschlossenen Richters keine Unwirksamkeit des Eröffnungsbeschlusses zur Folge (vgl. auch KK-*Pfeiffer* 5).

Günter Wendisch

nachträglich rechtskräftig zurückgewiesen wird (*Martin* LM § 29, 1; etwas abweichend — keine Beschwer des Angeklagten — BGHSt 4 209).

III. Ausnahme (Absatz 2)

26   **1. Grundsatz.** Entgegen dem Grundsatz des Absatzes 1, daß die Ablehnung den Richter — mit der Ausnahme für solche Handlungen, die keinen Aufschub gestatten — sofort amtsunfähig macht, gestattet Absatz 2 Satz 1 die Hauptverhandlung für eine bestimmte Zeit (Rdn. 35, 36) fortzusetzen und ermächtigt den Abgelehnten, in dieser Zeit Prozeßhandlungen vorzunehmen. Absatz 2 Satz 1 gilt nicht für das vorbereitende Verfahren und das Hauptverfahren in der Zeit, bevor die Hauptverhandlung begonnen hat (Begr. BTDrucks. 8 976, S. 34; Rdn. 27) und ist weiterhin von zwei Voraussetzungen (Rdn. 28, 30) abhängig. Im einzelnen kann Absatz 2 Satz 1 unter den folgenden Voraussetzungen angewendet werden.

27   **2. Hauptverhandlung.** Absatz 2 Satz 1 gilt nur während der Hauptverhandlung (Unterbrechungen einbezogen KK-*Pfeiffer* 7; kritisch dazu: *Schroeder* 1528 r. Sp.). Die Hauptverhandlung beginnt mit dem Aufruf der Sache (§ 243 Abs. 1 Satz 1) durch den Vorsitzenden oder durch eine andere Gerichtsperson, die auf seine Anordnung handelt. Einzelheiten dazu s. § 243. § 243 Abs. 1 Satz 1 gilt auch für die Hauptverhandlung im Berufungsverfahren (§ 324 Abs. 1 Satz 1). Im Revisionsverfahren ist der auch hier regelmäßig stattfindende Aufruf der Sache ohne Bedeutung; im Rechtssinn beginnt die Revisionsverhandlung erst mit dem Vortrag eines Berichterstatters (§ 351 Abs. 1), den auch der Vorsitzende selbst übernehmen kann (§ 351). Wann die Hauptverhandlung endet, ist für die hier behandelte Frage ohne Bedeutung, weil das Recht zur Ablehnung mit dem letzten Wort des Angeklagten (§ 25, 22 für die erste Instanz; § 326 Satz 2 für das Berufungsverfahren; § 351 Abs. 2 Satz 2 für das Revisionsverfahren) erlischt (§ 25 Abs. 2 Satz 2).

28   **3. Unterbrechung.** Die Fortsetzung der Hauptverhandlung ist nur zulässig, wenn sie wegen der Entscheidung über die Ablehnung unterbrochen werden müßte. Hauptverhandlung ist die mündliche Verhandlung vor dem Gericht in ununterbrochener Gegenwart der zur Urteilsfindung berufenen Personen, eines Staatsanwalts, eines Urkundsbeamten (§ 226), grundsätzlich des Angeklagten (§§ 230 ff) und bei notwendiger Verteidigung eines Verteidigers (vgl. § 145 Abs. 1). Wird diese gleichzeitige Gegenwart der genannten Personen aufgehoben, dann wird damit die Hauptverhandlung unmöglich; sie muß unterbrochen werden. Unterbrechung der Hauptverhandlung ist demzufolge das Einlegen eines verhandlungsfreien Zwischenraums zwischen mehrere Teile einer in sich zusammenhängenden Verhandlung (§ 228). Darunter fällt auch die Beratung des Gerichts über einen Ablehnungsantrag, weil sie geheim und ohne Beteiligung des Angeklagten, seines Verteidigers und des Staatsanwalts stattfindet und deshalb nicht Bestandteil der Hauptverhandlung ist (*Kleinknecht/Meyer* § 260, 2 für die Urteilsberatung).

29   Freilich gibt es **zwei Arten der Unterbrechung**: Im Fall des § 27 ist die Unterbrechung nach § 226 notwendig, weil der Abgelehnte nicht mitwirken kann (§ 27 Abs. 1); die Ablehnungsentscheidung wird in Beschlußbesetzung getroffen (§ 27, 8). Im Fall des § 26 a entscheidet das Gericht, ohne daß der abgelehnte Richter ausscheidet (§ 26 a Abs. 2 Satz 1); die Ablehnungsentscheidung trifft das voll besetzte Gericht (§ 26 a, 36). In diesem Fall *kann* die Beratung auch im Sitzungszimmer mit leiser Stimme gehalten werden (§ 193 GVG). Die leise Verständigung über die Verwerfung eines Ablehnungsantrags wird indessen fast nie angebracht sein, das Gericht wird sich wohl stets ins Beratungszimmer zurückziehen. Dadurch wird, mag die Gerichtsbesetzung im Fall des § 26 a auch unverändert bleiben, die Hauptverhandlung unterbrochen.

Da somit die Unterbrechung der Hauptverhandlung die Regel sein wird, erscheint die Bezugnahme auf dieses Merkmal nahezu unnötig (vgl. die Stellungnahme des Bundesrats BTDrucks. **8** 976, S. 93). Es erhält seine Kontur durch die Bestimmung, daß die Hauptverhandlung (nur) so lange fortgesetzt werden kann, bis eine Entscheidung **ohne Verzögerung der Hauptverhandlung** möglich ist. Daraus folgt, daß die Hauptverhandlung gar nicht erst fortgesetzt werden darf, sondern alsbald unterbrochen und über die Ablehnung entschieden werden muß, wenn dadurch die Hauptverhandlung nicht verzögert wird. Jede Zwischenentscheidung verzögert die Hauptverhandlung zumindest um Minuten. Dieser Umstand kann dem Gesetzgeber nicht verborgen gewesen sein. Wenn er gleichwohl die Fortsetzung der Hauptverhandlung an die Voraussetzung geknüpft hat, daß die Entscheidung über den Ablehnungsantrag eine Unterbrechung der Hauptverhandlung erfordern würde, kann daraus nur der Schluß gezogen werden, daß nicht jede, auf die ganze Hauptverhandlungsdauer bezogene geringfügige Verzögerung gemeint ist, sondern nur eine solche, die durch ihre Dauer oder wegen mehrfacher Wiederholung die Hauptverhandlung mehr aufhält als eine übliche Beratung; die Verzögerung muß also **übermäßig** sein. **30**

4. Verfahren. Liegen in der Hauptverhandlung (Rdn. 27) die Voraussetzungen der Unterbrechung (Rdn. 28) und einer dadurch verursachten übermäßigen Verzögerung (Rdn. 30) vor, dann kann die Hauptverhandlung mit dem abgelehnten Richter fortgesetzt werden; sie wird nicht unterbrochen. Über die Fortsetzung, d. h. darüber, daß die Hauptverhandlung nicht unterbrochen wird, entscheidet der Vorsitzende. Die Begründung (BTDrucks. **8** 976, S. 34) findet die Grundlage dafür in § 238 Abs. 1, doch sind weitere Überlegungen erforderlich, weil die Zuständigkeit, Unterbrechungen der Hauptverhandlung anzuordnen, in § 228 Abs. 1 geregelt ist. Daher ist zunächst auf diese Vorschrift einzugehen. **31**

Nach § 228 Abs. 1 entscheidet über die **Unterbrechung der Hauptverhandlung** für mehr als zehn Tage (§ 229 Abs. 2) das Gericht. Da das Gericht *über* die Aussetzung der Hauptverhandlung entscheidet, entscheidet es auch darüber, daß die Hauptverhandlung nicht unterbrochen (sondern fortgesetzt) wird. Kürzere (als die in § 229 Abs. 2 aufgeführten) Unterbrechungen „ordnet der Vorsitzende an" (§ 228 Abs. 1 Satz 2). Da der Vorsitzende aber auch davon absehen kann, eine Unterbrechung anzuordnen, ist die Fassung von § 228 Abs. 1 Satz 2 eine, wohl aus stilistischen Gründen gewählte, Vereinfachung. Der Sinn des Textes ist, daß — wie in den Fällen des Satzes 1 das Gericht —, im Fall des Satzes 2 *über* Unterbrechungen bis zu zehn Tagen der Vorsitzende entscheidet. Daher entscheidet er auch, daß solche Unterbrechungen nicht stattfinden. Da über eine Ablehnung stets innerhalb der Zehn-Tages-Frist entschieden wird, ist der Vorsitzende auch berufen zu entscheiden, daß die Hauptverhandlung fortgesetzt wird. **32**

Die Entscheidung des Vorsitzenden, daß die Hauptverhandlung unter Mitwirkung des abgelehnten Richters fortgesetzt werde, ist eine auf die **Sachleitung bezügliche Anordnung** des Vorsitzenden im Sinn des § 238 Abs. 2. Diese Vorschrift findet zwar bei einer Unterbrechung der Hauptverhandlung grundsätzlich keine Anwendung (vgl. dazu die Erläuterungen zu § 238). Die Entscheidung dagegen, vom Prinzip des Absatzes 1 abzuweichen und nicht — was auch möglich wäre (so *kann* diese ... fortgesetzt werden) — bei ihm zu verharren; die Fortsetzung der Hauptverhandlung mit einem abgelehnten Richter, der, wenn die Ablehnung durchschlägt, nicht mehr der gesetzliche Richter ist; die Fortsetzung einer Hauptverhandlung, die ggf. zu einem Teil wiederholt werden **33** muß, greift so stark in die Verfahrensrechte der Beteiligten ein, daß sie zur Sachleitung zu rechnen ist. Daher kann gegen die Entscheidung des Vorsitzenden diejenige des Gerichts angerufen werden (§ 238 Abs. 2; so auch die Begründung BTDrucks. 8 976, S. 34 und *Kleinknecht/Meyer* 21). Da der Vorsitzende bei der Sachleitung das Gericht vertritt (vgl. Erläuterungen zu § 238) und dieses nicht gehindert ist, schon während der Hauptverhandlung die Entscheidung an sich zu ziehen, wird man dem Vorsitzenden das Recht zugestehen müssen, die Entscheidung dem Gericht zu überlassen[3]. Die Regel sollte das freilich nicht sein, weil es dadurch zum Zweck der Beratung zu einer Unterbrechung der Hauptverhandlung kommt, die zu vermeiden, gerade der Zweck des Absatzes 2 Satz 1 ist. Muß ausnahmsweise so verfahren werden, wird immer zu prüfen sein, ob gleich über die Ablehnung entschieden werden kann, eine Frage, die durchaus nicht stets zu bejahen sein wird.

IV. Dauer der Fortsetzung

34   **1. Entscheidung ohne Verzögerung (Satz 1).** Sofern die Entscheidung über die Ablehnung nicht schon ohne Verzögerung alsbald nach der Ablehnung möglich war (Rdn. 30), ist sie zu treffen, sobald diese Möglichkeit eintritt. Zur Entscheidung gehört die Verkündung, weil jene erst durch diese wirksam wird (§ 33, 10). Wegen des Begriffs der Verzögerung als einer übermäßigen s. Rdn. 30. Die Möglichkeit zur unverzögerlichen Entscheidung wird in der Regel gegeben sein, wenn die Sitzung auf den nächsten Tag vertagt wird, doch kann ausnahmsweise die Anspannung der Sitzung eine anschließende Beratungssitzung ausschließen. Auch kann es geboten sein, am nächsten Tag zunächst eine am Vortag begonnene Beweisaufnahme zu beenden, wenn durch die Verkündung (und ihretwegen zu erwartende neue Ablehnungen) eine übermäßige Verzögerung noch zu befürchten ist. Doch muß im allgemeinen jede ohnehin notwendig werdende Verhandlungspause zur Erledigung des Ablehnungsantrags genutzt werden. Der Zeitaufwand muß ja einmal erbracht werden, die „Verzögerung" tritt notwendigerweise einmal ein. Daran kann die Vorschrift nichts ändern; sie will lediglich den Zwang lockern, die Hauptverhandlung *sofort* zu unterbrechen, damit die „geordnete Verhandlungsführung möglich bleibt" (Begr. BTDrucks. 8 976, S. 23).

35   **2. Spätester Termin (Satz 2).** Das Gesetz soll nach seiner Begründung Unzuträglichkeiten entgegenwirken, aber keine wesentlichen Eingriffe ins Abslehnungverfahren vornehmen (BTDrucks. 8 976, S. 23). Deshalb werden absolute Grenzen gesetzt: Über die Ablehnung ist bis zum **Beginn des übernächsten Verhandlungstags** zu entscheiden. Zwischen der Ablehnung des Richters und der Entscheidung darüber darf daher außer dem Verhandlungtag, an dem der Richter abgelehnt wird, nur noch ein weiterer Verhandlungstag liegen. Am dritten Tag muß die Verhandlung mit der Verkündung der Entscheidung über die Ablehnung beginnen; die Beratung darüber kann auch noch an diesem (übernächsten) Tag stattfinden, aber nur vor Beginn der Fortsetzung der Hauptverhandlung. Eine Begrenzung nach Kalendertagen (§ 42) oder nach Arbeitstagen (vgl. § 43 Abs. 2) sieht das Gesetz nicht vor. Danach wäre es möglich, daß über einen Ablehnungsantrag, der am Tage einer Aussetzung nach § 229 Abs. 2 für dreißig Tage angebracht wird, erst nach 32 Tagen entschieden wird. Das frische Erlebnis des Vorgangs,

---

[3] Der Sachverhalt ist anders als bei § 126 Abs. 2 Satz 3 und bei § 141 Abs. 4, wo der Vorsitzende nicht für das Gericht entscheidet, sondern allein zuständig ist und die Maßnahmen keine auf die Sachleistung bezüglichen Anordnungen des Vorsitzenden sind.

der zur Ablehnung geführt hat, ist dann in der Erinnerung verblaßt, die Entscheidung eine bloße Papierentscheidung. Solche Lagen sollten auf jeden Fall vermieden werden. Vor einer Aussetzung von dreißig Tagen sollte das Gericht über vorliegende Ablehnungsanträge entscheiden. Werden die **Schlußvorträge** vor Beginn des übernächsten Verhandlungstags gehalten, dann ist auf jeden Fall vor deren Beginn zu entscheiden und, wie Rdn. 34 ausgeführt, die Entscheidung zu verkünden. Schlußvorträge sind die Ausführungen und Anträge des Staatsanwalts und des Angeklagten nach dem Schluß der Beweisaufnahme (§ 258 Abs. 1; § 326 Satz 1), im Revisionsverfahren nach dem Vortrag des Berichterstatters (§ 351 Abs. 2 Satz 1). Werden anläßlich der Verkündung der Entscheidung über die Ablehnung neue Ablehnungsanträge gestellt, dann ist über diese sofort zu entscheiden. Jedoch findet wieder die Ausnahme des Satzes 1 statt, wenn die Beweisaufnahme wieder aufgenommen wird.

V. Folgen

1. Unzulässige und unbegründete Anträge. Wird der Antrag als unzulässig verwor- **36** fen oder als unbegründet zurückgewiesen, so ist, wenn nicht ein Oberlandesgericht entschieden hat, die Anfechtung zusammen mit dem Urteil zulässig (§ 28 Abs. 2 Satz 2; § 28, 30 bis 32). Die sofortige Beschwerde (§ 28 Abs. 1 Satz 1) ist unzulässig. Denn das Verfahren des Absatzes 2 Satz 1 findet nur während der Hauptverhandlung statt und in dieser Zeit betrifft die Entscheidung stets einen erkennenden Richter (§ 28, 12 bis 14). Die Hauptverhandlung wird also fortgesetzt. Nach Absatz 1 wären aufschiebbare Handlungen gleichwohl fehlerhaft (Rdn. 21). Der Sinn der Erlaubnis, die Hauptverhandlung fortzusetzen, ist aber gerade der, daß der abgelehnte Richter in der Fortsetzungszeit auch aufschiebbare Handlungen vornehmen kann mit der Wirkung, daß diese, was aus Satz 2 folgt, dann wirksam bleiben, wenn der Ablehnungsantrag erfolglos geblieben ist (so auch Begr. BTDrucks. 8 976, S. 35).

2. Begründete Ablehnungen führen, weil der abgelehnte Richter ausscheiden muß **37** (vgl. § 338 Nr. 3) und wegen § 226 kein neuer Richter eintreten kann, zur **Aussetzung der Hauptverhandlung**, d. h. dem Abbrechen der Hauptverhandlung mit der Folge, daß demnächst eine neue selbständige Hauptverhandlung stattfinden muß (§ 228)[4]. Die richterlichen Handlungen verlieren damit ihre Wirksamkeit mit Ausnahme solcher, die keinen Aufschub gestattet hatten (Rdn. 22) und die ihre Wirkung auch nach Abbruch der Hauptverhandlung beibehalten, wie etwa ein Haftbefehl. Diese Sachlage tritt nach der Gestaltung unseres Prozesses nicht nur grundsätzlich, sondern auch tatsächlich fast immer ein. Davon gibt es für die Richterablehnung nur eine Ausnahme, die in normalen Prozessen keine Rolle spielt, wohl aber bei Verhandlungen von längerer Dauer, häufig in Strafsachen nach § 129 a StGB oder aus dem Bereich der Wirtschaftskriminalität, nämlich die, daß zur Fortführung des Prozesses ein Ergänzungsrichter zur Verfügung steht.

Nach § 192 Abs. 2 GVG kann der Vorsitzende bei Verhandlungen von längerer **38** Dauer anordnen, **Ergänzungsrichter** (nach Absatz 3 auch Schöffen) zuzuziehen. Diese wohnen der Hauptverhandlung von Anfang an ununterbrochen bei und treten, wenn ein Richter verhindert wird, für diesen ein. Nachdem der Ergänzungsrichter eingetreten ist,

---

[4] *Schroeder* (1529 l. Sp.) sieht darin „erst recht eine Verzögerung"; um zu vermeiden, daß die Vorschrift geradezu ins Gegenteil verkehrt werde, sollte sie möglichst nur bei Ablehnungsgesuchen in Prozeßverschlep- pungsabsicht oder zu verfahrensfremden Zwecken (§ 26 Abs. 1 Nr. 3) sowie bei solchen mit geringer Erfolgswahrscheinlichkeit angebracht werden.

Günter Wendisch

wird die Verhandlung in dem bisherigen Stadium fortgesetzt (s. Erl. zu § 192 GVG), d. h. die Hauptverhandlung braucht nicht deshalb ausgesetzt zu werden, weil die Ablehnung für begründet erklärt worden ist (Satz 2 erster Teilsatz). Da die Hauptverhandlung zunächst fortgesetzt worden war (Satz 1), scheidet der Richter, wenn die Ablehnung für begründet erklärt wird, „zu spät" aus. Satz 2 legt die Folge jener Entscheidung daher zurück und zwar nach dem Grundsatz des Absatzes 1 auf den Zeitpunkt der Ablehnung. Als Folge wird verordnet, daß der Teil der Verhandlung zu wiederholen ist, der nach dem Ablehnungsantrag geführt worden ist. Der wiederholte Teil tritt für die Urteilsfindung (§ 261) an die Stelle dessen, den er ersetzt; diesen müssen die Richter ausschalten. Daß Handlungen, die in dem Zeitpunkt, wo sie vorgenommen wurden, keinen Aufschub gestatteten, nicht wiederholt zu werden brauchen, ergibt sich schon aus Absatz 1 (Rdn. 22 sowie *Rieß* NJW **1978** 2268) und wird wohl nur zur Verdeutlichung ausgesprochen.

39　　**3. Selbständige Entscheidungen (Satz 3).** Für eine gewisse Gruppe von Entscheidungen (Rdn. 40) wird die Möglichkeit, sie in Abweichung von Absatz 1 nach der Ablehnung in der nach Satz 1 fortgeführten Hauptverhandlung zu erlassen, durch Satz 3 grundsätzlich ausgeschlossen und nur für den in Absatz 1 vorgesehenen Fall zugelassen, daß sie keinen Aufschub gestatten (dazu Rdn. 14, 15); d. h. für diese Entscheidungen ist allein Absatz 1 anzuwenden. Das bedeutet: In der laufenden Hauptverhandlung dürfen solche Entscheidungen nicht durch „leise Verständigung" (Rdn. 29) beschlossen werden, auch wenn sie für einen eintretenden Eventualfall vorberaten waren. Da zur Entscheidung auch die Verkündung gehört (Rdn. 34), kann auch eine in einer Beratungspause beschlossene, aber mangels Verkündung noch nicht wirksam gewordene Entscheidung nicht verkündet werden — es sei denn, daß sie keinen Aufschub gestattet —, wenn nach Beschlußfassung, aber vor Verkündung ein Ablehnungsantrag angebracht wird. Vielmehr ist die Hauptverhandlung zu unterbrechen, was ohnehin der Regelfall sein wird. In der Beratung ist dann, im Fall des § 27 in anderer Besetzung, zuerst über die Ablehnung zu entscheiden; dann erst darf die andere Entscheidung getroffen werden. An dieser wirkt der abgelehnte Richter wieder mit, wenn die Ablehnung verworfen oder als unbegründet zurückgewiesen ist (§ 27, 38), da die Bekanntgabe an den abgelehnten Richter die Ablehnungsentscheidung wirksam macht (§ 27, 43).

40　　Welche **Entscheidungen**, die auch **außerhalb der Hauptverhandlung** ergehen können, der Gesetzgeber im Sinn gehabt hat, ist nicht klar ersichtlich. Die Begründung spricht von Entscheidungen über Untersuchungshaft, Beschlagnahme- und Durchsuchungsanordnungen, Anordnungen der Unterbringung nach § 81 und ähnlichem und meint, das Gericht könne sie auch während der Hauptverhandlung in der Besetzung erlassen, die für Entscheidungen außerhalb der Hauptverhandlung vorgesehen sind (BTDrucks. **8** 976, S. 35). Ob die Bemerkung zu der Besetzungsfrage zutrifft (vgl. zum Haftbefehl die Erl. zu § 126), kann hier auf sich beruhen, da die Gedanken der Begründung im Gesetz keinen Ausdruck gefunden haben. Unter Entscheidungen, die auch außerhalb der Hauptverhandlung ergehen können, sind sowohl solche zu verstehen, die im ausgesetzten Prozeß in Beschlußbesetzung erlassen werden, um den neubegonnenen Prozeß vorzubereiten (Anordnung nach § 81), als auch solche, die im zur Beratung unterbrochenen Prozeß (Rdn. 29) in voller Besetzung beschlossen, aber nicht in der Hauptverhandlung, sondern in der Beratungspause (durch Bekanntgabe an die Staatsanwaltschaft) verkündet werden (Haftbefehl), als auch endlich solche Entscheidungen, die im vorbereitenden Verfahren ergehen (aber auch später ergehen *können*) und die sich nicht mit der Ausführung erledigen, sondern weitere Wirkung behalten, meist sog. doppelfunktionelle Prozeßhandlungen, worunter in der Tat in erster Linie die in der Begründung genannten fallen[5].

VI. Weitere Folgen

1. Ausgeschlossener Richter. Da ein nach den §§ 22, 23 **ausgeschlossener Richter** **41** keinerlei Handlungen, auch nicht unaufschiebbare, vornehmen kann (Rdn. 22 Satz 3; Rdn. 3), muß, wenn nach Ablehnung eines ausgeschlossenen Richters (§ 24, 1) die Hauptverhandlung fortgesetzt wird — was nach dem Wortlaut des § 24 Abs. 1 möglich ist —, der Teil, der nach dem Ablehnungsantrag liegt, auch dann wiederholt werden, wenn die Handlung, als sie vorgenommen wurde, keinen Aufschub gestattete. Es ist daher nicht angebracht, Absatz 2 Satz 1 anzuwenden, wenn ein Richter mit der Begründung abgelehnt wird, er sei kraft Gesetzes ausgeschlossen (Rdn. 3). Ein unangemessener Gebrauch dieses Ablehnungsgrundes ist auch kaum zu befürchten.

2. Schöffen und Urkundsbeamte. Für Schöffen und Urkundsbeamte gilt die Vor- **42** schrift nach § 31 entsprechend. Wird ein Schöffe abgelehnt, bleiben „aufschiebbare" Entscheidungen nach Absatz 2 Satz 3 außerhalb der Hauptverhandlung zulässig; der Vorsitzende darf sie in der fortgesetzten Hauptverhandlung verkünden, weil auch hieran kein Schöffe mitwirkt (KMR-*Paulus* 22). Scheidet ein Urkundsbeamter aus, wird er durch einen anderen ersetzt; die Hauptverhandlung wird nicht ausgesetzt (§ 31, 8).

VII. Rechtsmittel

Mit der **Revision** kann der Angeklagte rügen: die Überschreitung der absoluten **43** Grenzen nach Absatz 2 Satz 1 sowie die Mißachtung des Wiederholungsgebots nach Absatz 2 Satz 2 (§ 261: der nicht wiederholte Teil ist nicht Inbegriff der Hauptverhandlung). Darüber hinaus kann der Angeklagte die Verkennung des Begriffs der Unaufschiebbarkeit ebenfalls rügen. Da dem Richter aber eine vertretbare und fehlerhafte Ermessensausübung einzuräumen ist (Rdn. 23; KK-*Pfeiffer* 14), findet nur eine beschränkte Prüfung statt und kann das Urteil auf der unrichtigen Anwendung nur dann beruhen (§ 337), wenn die vorgenommenen aufschiebbaren Prozeßhandlungen nicht wiederholbar waren. Wegen der Anfechtung der Entscheidung über die Anordnung der Fortsetzung der Hauptverhandlung (Absatz 2 Satz 1) vgl. Rdn. 33.

§ 30

Das für die Erledigung eines Ablehnungsgesuchs zuständige Gericht hat auch dann zu entscheiden, wenn ein solches Gesuch nicht angebracht ist, ein Richter aber von einem Verhältnis Anzeige macht, das seine Ablehnung rechtfertigen könnte, oder wenn aus anderer Veranlassung Zweifel darüber entstehen, ob ein Richter kraft Gesetzes ausgeschlossen ist.

Entstehungsgeschichte. Die 3. VereinfVO hatte § 30 mit § 27 vereinigt. Art. 3 Nr. 11 VereinhG hat die ursprüngliche Fassung wiederhergestellt.

---

[5] In Betracht kommen danach Beschlüsse nach § 81 Abs. 2, § 81 a Abs. 2, § 81 c Abs. 5, §§ 98, 100, 100 b, 105, 111 a, 111 e, 111 n, 114, 116, 125, 126, 126 a Abs. 2, § 132 a.

Günter Wendisch

Übersicht

1   **1. Inhalt.** Die Vorschrift begründet zwei Pflichten: Zum ersten die, über die Frage der **Ausschließung** eines Richters nicht nur zu befinden, wenn ein Ablehnungsberechtigter einen Ausschließungsgrund behauptet, sondern von Amts wegen immer dann zu prüfen und zu entscheiden, wenn sich ein Anhalt dafür zeigt, daß ein Ausschließungsgrund auf einen zur Mitwirkung berufenen Richter zutreffen könnte. Zum zweiten gibt sie jedem Richter die Möglichkeit, zu seiner Entlastung Zweifel darüber vom Gericht prüfen zu lassen, ob ein Beteiligter ihn als **befangen** ansehen könnte.

2   Diese Prüfung zu veranlassen, ist der Richter **verpflichtet;** einmal im Interesse der Beteiligten, da ja sehr wohl Ablehnungsgründe zwar dem Richter, nicht aber dem Berechtigten bekannt sein können, zum anderen im Interesse des Ansehens der Rechtspflege, weil Ablehnungsgründe von solcher Stärke vorliegen können, daß das Amtieren des Richters selbst dann unerwünscht ist, wenn der Berechtigte ihn nicht ablehnt, sei es aus Scheu oder Gleichgültigkeit, sei es in der Hoffnung auf einen Skandal, den er durch nachträgliche Bekanntmachung erregen könnte.

3   Das Verfahren des § 30 findet **jederzeit** statt, unabhängig von den zeitlichen Schranken des § 25 (RGSt **67** 276; BGH GA **1962** 338). Für die Prüfung, ob ein Ausschließungsgrund vorliegt, ist das selbstverständlich. Hinsichtlich der Prüfung, ob ein Beteiligter besorgen könne, der Richter sei befangen, ergänzt die Vorschrift § 24, hat aber einen Teil ihrer Bedeutung verloren, seitdem § 25 neu gefaßt und damit das Ablehnungsrecht, wenn auch unter bestimmten Voraussetzungen, bis zum letzten Wort ausgedehnt worden ist. Gleichwohl sollte die Vorschrift als ein **Eckpfeiler** des Ablehnungssystems, als Sicherung eines materialen Begriffs des gesetzlichen Richters (*Dünnebier* JR **1975** 5), angesehen und häufiger als bisher als eine aus Art. 101 Abs. 1 Satz 2 GG abzuleitende Rechtspflicht (*Hamm* LV zu § 24, 138) — allerdings unter Abwägung und Beachtung der Grenzen dieser Vorschrift (vgl. dazu LG Osnabrück NdsRpfl. **1980** 17) — angewendet werden.

4   **2. Verhältnis zu §§ 25, 26, 28.** Die Stellung der Vorschrift erweist, daß das Verfahren der §§ 25 und 26, 28 keine Anwendung finden soll, daß es sich vielmehr ausschließlich um ein gerichtsinternes Verfahren handelt, an dem nach der Absicht des Gesetzgebers die Verfahrensbeteiligten nicht teilnehmen sollten (vgl. § 48 Abs. 2 ZPO). Die gesetzgeberische Absicht ist im Gesetz klar zum Ausdruck gekommen. Denn wenn die Verfahrensbeteiligten auch an diesem Zwischenverfahren hätten voll teilhaben sollen, hätte die Vorschrift hinter § 26 eingesetzt werden müssen.

5   Durch **Art. 103 Abs. 1 GG** ist das Verfahren aus seiner Isolation herausgenommen worden (*Arzt* JR **1974** 76; *Pentz* JR **1967** 87; **1977** 270). Die Beteiligten sind zu hören (a. A. KK-*Pfeiffer* 6; wie hier KMR-*Paulus* 6). Die spitzfindige Auslegung, der Angeklagte habe „Anspruch auf rechtliches Gehör vor Gericht", nicht dagegen einen Anspruch darauf, auch zu der Frage gehört zu werden, wie dieses Gericht... zu besetzen sei (BGH GA **1962** 338), kann nicht überzeugen, weil auch die Änderung der Besetzung von dem Gericht entschieden wird, *vor* dem der Angeklagte steht.

Auf den grundsätzlichen **Rechtsmittelausschluß** (Rdn. 19) ist das Gehör ohne **6** Einfluß, weil der grundgesetzliche Eingriff in den ursprünglichen Text sich auf die Gehörsfrage beschränkt. Doch ist dieser Ausschluß durch die Neufassung des § 25 Abs. 2 ziemlich bedeutungslos geworden.

3. Zuständigkeit. Die Entscheidung steht dem Gericht zu, das nach § 27 zustän- **7** dig ist, über die Ablehnung zu entscheiden. Demzufolge findet auch § 27 Abs. 4 (Entscheidung durch das zunächst obere Gericht) Anwendung, wenn der Fall des § 30 bei so vielen Richtern vorliegt, daß die für die Entscheidung erforderliche Richterzahl nicht mehr gegeben ist.

4. Anzeige von einem Ablehnungsgrund

a) Anzeige. Das Gesetz kennt **kein Selbstablehnungsrecht** des Richters; § 27 **8** Abs. 3 Satz 2 enthält ein beschränktes Selbst*entscheidungs*recht. Dafür verpflichtet die Vorschrift jeden Richter, der berufen ist, im Verfahren mitzuwirken, mögliche Ablehnungsgründe dem Gericht anzuzeigen (OLG Schleswig SchlHA **1953** 69; vgl. auch BGH NJW **1970** 1644).

Ablehnungsgründe liegen nach § 24 Abs. 1 sowohl vor, wenn der Richter kraft Ge- **9** setzes ausgeschlossen ist (§ 22, 23), als auch wenn Besorgnis der Befangenheit (§ 24, 5 ff) besteht (§ 24 Abs. 2). Allein auf die Möglichkeit einer solchen Besorgnis hat der Richter abzustellen, nicht darauf, wie er die Frage der Befangenheit selbst beurteilt. Das wird nicht selten verkannt.

Die **Anzeige** ist Berufspflicht des Richters (BGH bei *Dallinger* MDR **1966** 24). Er **10** hat sie ungeachtet des Standes des Verfahrens jederzeit, auch nach dem in § 25 genannten Zeitpunkt, zu erstatten, wenn ihm der Ablehnungsgrund bekannt wird. Dabei kommt es nicht darauf an, ob er sich befangen fühlt, sondern darauf, ob ein Ablehnungsberechtigter Befangenheit besorgen könnte. Kann ein Ablehnungsgesuch noch angebracht werden, darf er es nicht abwarten. Er hat die Anzeige auch dann zu machen, wenn die Tatsachen, die seine Ablehnung rechtfertigen könnten, offenkundig und mithin auch den Ablehnungsberechtigten bekannt sind[1].

b) Anzeigende Richter. Die Anzeige können nur Richter machen, die zur **Mitwir- 11 kung** (§ 24, 43) berufen sind. Dazu gehören auch die Richter, die als **Vertreter** zur Ergänzung (§ 27, 25) eintreten, aber erst, wenn der Eintrittsfall eingetreten ist.

Da der Richter alsbald ausscheidet, sobald er die Anzeige gemacht hat (Rdn. 26), **12** können u. U. **viele (Vertretungs-)Richter** ausscheiden, aber immer nur nacheinander und erst, nachdem der vorhergehende Anzeige gemacht hat. Dann aber muß der eintretende Vertreter die Anzeige sofort machen. Er ist nicht berechtigt, vorher über das Ablehnungsgesuch gegen den Richter zu entscheiden, an dessen Stelle er eintritt[2].

Anders ist es bei den **Ergänzungsrichtern** des § 192 Abs. 2 GVG. Zwar steht auch **13** bei ihnen erst im Eintrittsfall mit Sicherheit fest, daß sie „zur Mitwirkung bei der Entscheidung berufene Gerichtspersonen" (§ 24 Abs. 3 Satz 2) sind. Es wäre aber widersin-

---

[1] Ebenso *Eb. Schmidt* 2; *Arzt* LV zu § 24, 37; KMR-*Paulus* 4; a. A. OLG München GA 37 223; OLG Colmar *Alsb.* E 1 62.

[2] Bei einem kleinen Amtsgericht kann es auf diese Weise vorkommen, daß kein Richter

(§ 27 Abs. 3 Satz 1) über die Anzeige des anderen Richters entscheidet (a. A. *Koch* DRiZ **1970** 328). Es ist dann nach § 27 Abs. 4 zu verfahren.

Günter Wendisch

nig, wenn ein Ersatzrichter, der einziger Ersatzrichter ist und einen Ablehnungsgrund kennt, diesen erst offenbaren könnte, wenn er für einen ausscheidenden Richter eintreten soll, aber alsbald wegen Befangenheit wieder ausscheiden müßte. Der Ergänzungsrichter des § 192 Abs. 2 GVG kann und muß daher, wenn die Voraussetzungen dazu vorliegen, alsbald Anzeige nach § 30 erstatten.

14   **5. Zweifel über einen Ausschließungsgrund.** Kommt es bei dem Ablehnungsgrund wegen Besorgnis der Befangenheit entweder auf die befristete (§ 25) Ablehnung (§ 26) oder auf die jederzeit mögliche, und nach der Amtspflicht gebotene, Anzeige des Richters an, so hat das Gericht Ausschließungsgründe bei jedem Stand des Verfahrens von Amts wegen zu beachten, gleichgültig ob sie ein Ablehnungsberechtigter zum Gegenstand eines rechtzeitigen (§ 25) Ablehnungsantrags macht (§ 25 Abs. 1); ob er nach dem Termin des § 25 auf sie hinweist; ob der Richter, den sie angehen, sie anzeigt; oder ob sie auf sonstige Weise, etwa durch Hinweise eines anderen Gerichtsmitglieds, Anträge der Staatsanwaltschaft oder Erörterungen in der Presse, bekannt werden. Der Zeitpunkt spielt dabei keine Rolle.

15   **6. Entscheidungsfälle. Keiner Entscheidung** bedarf es, wenn von außen, etwa vom Angeklagten, nach Ablauf des in § 25 genannten Zeitpunkts, Tatsachen vorgetragen werden, indessen zweifelsfrei ersichtlich ist, daß sie keinen Ablehnungsgrund ergeben. Es bedarf ferner keiner Entscheidung, wenn zweifelsfrei ein Ausschließungsgrund (§§ 22, 23) gegeben ist (BGHSt **25** 26; § 22, 50). Bestehen dagegen **Zweifel,** ob ein Ausschließungsgrund vorliegt, oder zeigt der Richter Umstände an, die seine Befangenheit besorgen lassen könnten, so hat das Gericht zu entscheiden. In den beiden genannten Fällen kann weder der Richter von selbst ausscheiden, noch kann ihn der Vorsitzende durch eine andere Verteilung innerhalb der Kammer oder des Senats (§ 21 g GVG) ersetzen. Denn mit der Zuteilung ist er der gesetzliche Richter geworden. Diese Eigenschaft kann er, wenn er nicht zweifelsfrei kraft Gesetzes ausgeschlossen ist, nur durch die gerichtliche Entscheidung verlieren (BGHSt **25** 125). In den beiden vorgenannten Fällen liegt aber schon nach dem Wortlaut des Gesetzes Zweifelhaftigkeit vor („könnte"; „Zweifel").

16   Auch der **Strafrichter** kann nicht, ohne daß ein anderer Richter des Amtsgerichts entschieden hat (§ 27 Abs. 3 Satz 1), ausscheiden, wenn er sich auf einen nicht von einem Ablehnungsberechtigten geltend gemachten, sondern ihm von Amts wegen bekanntgewordenen Ablehnungsgrund beruft, der die Besorgnis der Befangenheit begründet (OLG Hamm MDR **1964** 77); § 27 Abs. 3 Satz 3 (Ausscheiden ohne Entscheidung) gilt nur, wenn der Richter wegen Besorgnis der Befangenheit abgelehnt wird. Dagegen hat der Strafrichter einen ihm bekanntgewordenen **Ausschließungsgrund** auch ohne Entscheidung nach § 30 zu beachten, wenn die Ausschließung zweifelsfrei gegeben ist.

17   **7. Verfahren.** Das Gericht entscheidet in dem Verfahren des § 27 mit den Änderungen, die sich daraus ergeben, daß es keinen Antragsteller gibt, sondern das Verfahren eine innere Angelegenheit des Gerichts (BGHSt **3** 69) ist. Da eine Entscheidung des Gerichts ergeht, sind die **Beteiligten** gem. Art. 103 Abs. 1 GG nach § 33 **zu hören** (Rdn. 5)[3]. **Beteiligt** sind die von der Gerichtsbesetzung berührten Personen, der Angeklagte, der Staatsanwalt, der Privatkläger, der Nebenkläger, ggf. der Einziehungsbeteiligte.

18   Die Entscheidung ist den Beteiligten **bekanntzumachen.** Wegen der **Wirkung** s. Rdn. 26, 27.

---

[3] A. A. BGH GA **1962** 338; KK-*Pfeiffer* 6;
Kleinknecht/Meyer 5; wie hier KMR-*Paulus* 6.

8. Anfechtung

a) Anfechtungsausschluß. Unanfechtbar ist es, wenn der Richter von einem Ver- **19** hältnis, das seine Ablehnung rechtfertigen könnte, **keine Anzeige** macht (BGH bei *Dallinger* MDR 1966 24). Denn es handelt sich dabei um keine gerichtliche Entscheidung, sondern um eine Dienstpflicht des Richters, die er dem Gericht gegenüber zu erfüllen hat. Daß er das tut, kann selbst dann nicht durch Beschwerde oder Urteilsanfechtung erzwungen werden, wenn das Unterlassen einen Ermessensmißbrauch darstellt (a. A. OLG Neustadt NJW 1963 2087; KMR-*Paulus* 11; *Hamm* LV zu § 24, 147).

Hat das Gericht entschieden, daß Besorgnis der **Befangenheit zu besorgen** ist **20** oder daß ein Ausschließungsgrund vorliegt, ist in entsprechender Anwendung von § 28 Abs. 1 die Anfechtung unzulässig (§ 28, 1; RGSt 30 124; 67 277; BGHSt 3 69; BGH GA 1962 338). Hat das Gericht festgestellt, daß **keine Befangenheit** zu besorgen sei oder daß kein Ausschließungsgrund vorliege, hat der beteiligte Richter, wenn das Gericht entgegen seiner Ansicht entschieden hat, kein Beschwerderecht, muß sich vielmehr der Entscheidung fügen[4].

Auch die **Prozeßbeteiligten** können den Beschluß, wenn er ergeht, bevor das **21** Hauptverfahren eröffnet worden ist, selbst dann nicht mit der sofortigen Beschwerde anfechten, wenn das Gericht feststellt, daß kein Ausschließungsgrund vorliege. Denn sie sind an dem gerichtsinternen (BGHSt 3 68; weitergehend *Bohnert* (87): auch externe Wirkung) Verfahren allein durch das ihnen gesetzlich (Art. 103 Abs. 1 GG) eingeräumte Gehör (Rdn. 5) beteiligt; ein Anfechtungsrecht ist ihnen nicht gewährt und kann nicht durch Auslegung gewonnen, sondern allein durch den Gesetzgeber geschaffen werden. Dazu besteht indessen **kein Anlaß.** Durch das Gehör (Rdn. 17) erfährt der Beteiligte „die Umstände, auf welches die Ablehnung gestützt" werden kann. Damit kann er das Verfahren nach §§ 24, 25 einleiten und hat dann die Rechtsmittel des § 28 Abs. 2.

Ergeht die gerichtliche Entscheidung **nach dem Eröffnungsbeschluß**, findet aus **22** dem gleichen Grund § 28 Abs. 2 Satz 2 keine Anwendung (RGSt 67 277; BGHSt 3 69). Jedoch wird das Recht eines jeden Prozeßbeteiligten, die Rüge aus § 338 Nr. 2 mit einem statthaften Rechtsmittel zu erheben, nicht berührt, wenn die gerichtliche Entscheidung zu Unrecht verneint hat, daß der Richter, auf den sich das Verfahren des § 30 bezogen hatte, von der Ausübung des Richteramts kraft Gesetzes **ausgeschlossen** war (so auch *Bohnert* 91).

b) Anfechtungsmöglichkeit. Hat das Gericht im Verfahren des § 30 einen Richter **23** wegen Besorgnis der Befangenheit ausgeschieden, obwohl der Richter **keine Anzeige** nach § 30 gemacht hatte (und auch nicht nach § 24 abgelehnt worden war), ist die Entscheidung, weil die Anzeige Entscheidungsvoraussetzung ist, gesetzwidrig. Ist die Entscheidung nicht die eines erkennenden Gerichts, steht — wenn sie nicht von einem Strafsenat, auch von einem, der erstinstanzlich entschieden hat, erlassen worden ist (§ 304 Abs. 4) — das allgemeine Rechtsmittel der Beschwerde zur Verfügung (§ 304 Abs. 1). Hat die Entscheidung ein erkennendes Gericht (§ 28, 12) erlassen, ist die Beschwerde nach § 305 ausgeschlossen, dafür die Revision wegen Verletzung des § 16 Satz 2 GVG nach §§ 336, 337 zulässig und begründet (OLG Köln JMBlNRW 1965 214; vgl. dazu auch *Bohnert* 91 ff).

---

[4] OLG Köln *Alsb.* E 1 73; OLG Breslau GA 51 68; OLG Schleswig SchlHA 1953 69; OLG Celle NdsRpfl. 1966 118; a. A. – Richter hat Beschwerderecht – *Teplitzky* JuS 1969 325; wie hier KMR-*Paulus* 9; *Bohnert* 86.

Günter Wendisch

24   Das Oberlandesgericht Köln (aaO) will darüber hinaus die Anfechtung mit der Rüge der Verletzung des § 16 Satz 2 GVG immer zulassen, wenn der Vorsitzende eines Schöffengerichts oder einer kleinen Strafkammer erst nach **Beginn der Urteilsberatung** einen Schöffen für kraft Gesetzes ausgeschlossen oder befangen erklärt. Die Entscheidung[5] ist insoweit abzulehnen. Es können sehr wohl erst bei der Urteilsberatung Ausschließungsgründe hervortreten[6]. Alsdann ist der Ausschluß ungeachtet des Zeitpunkts zwingend. Auch eines Ablehnungsgrundes kann sich der Schöffe erst während der Beratung, nachdem er sich beim Vorsitzenden Rat eingeholt hat, bewußt werden. Wenn er dann Anzeige nach § 30 macht und Befangenheit zu besorgen ist, muß der Vorsitzende beschließen, daß er auszuscheiden hat. In beiden Fällen widerspricht es dem System des § 28 Abs. 1, § 30, die Revision für zulässig zu erklären.

25   Hat ein Richter von einem Verhältnis Anzeige gemacht, das seine Ablehnung rechtfertigen könnte, und hat das Gericht von einer Entscheidung darüber abgesehen und den **Richter einfach** durch einen anderen **ersetzt,** dann ist § 338 Nr. 1 verletzt und die Revision begründet. Das Revisionsgericht kann den nach § 30, § 27 Abs. 1 erforderlichen Beschluß nicht durch eigene Erwägungen ersetzen (BGHSt 25 127; a. A. *Arzt* JR 1974 77). Wenn das Verfahren des § 30 **mißbraucht** wird[7], wird eine Rüge, § 16 Satz 2 GVG sei verletzt, durchgreifen, doch ist die Frage nicht hier, sondern bei jener Bestimmung zu behandeln.

26   **9. Wirkung.** Tritt einer der Fälle des § 30 ein, scheidet der Richter bis zur gerichtlichen Entscheidung aus, was sich aus entsprechender Anwendung des § 29 (und eigentlich als Selbstverständlichkeit) ergibt. Entscheidet das Gericht, daß das angezeigte Verhältnis keine Ablehnung rechtfertige oder daß der Richter nicht ausgeschlossen sei, so tritt er alsbald wieder ein.

27   Wird die **Anzeige für begründet erklärt** oder die Ausschließung festgestellt, gelten die gleichen Grundsätze wie bei Entscheidungen, durch die einem Ablehnungsantrag stattgegeben worden ist (RGSt 30 124; BGHSt 3 69; § 27, 40). Der Richter, auf dessen Anzeige festgestellt worden ist, daß ein Ablehnungsberechtigter (§ 24 Abs. 3) Befangenheit besorgen könnte, steht einem kraft Gesetzes nach § 22 ausgeschlossenen Richter gleich. Tritt der Fall, was die Regel sein wird, während der Hauptverhandlung ein, gilt das zu § 22, 55 ff Ausgeführte. Der Umstand, daß diese Wirkung auf eine Anzeige des Richters zurückzuführen ist, berechtigt diesen nicht, nachdem die **Umstände,** die zu seiner Anzeige geführt haben, **weggefallen** sind, wieder richterliche Handlungen in dem Verfahren vorzunehmen, aus dem er ausgeschieden ist (OLG Schleswig SchlHA 1963 79).

28   Da das Verfahren ein **Internum des Gerichts** ist, äußert es nach außen, abgesehen vom rechtlichen Gehör, keine Wirkung, wenn es negativ ausgegangen ist. Das Gericht hat erneut zu entscheiden, wenn ein Ablehnungsberechtigter sich das vergebliche Vorbringen des Richters zu eigen macht, ihn damit ablehnt und sich das Verfahren der §§ 25 bis 28 eröffnet.

---

[5] die nach dem Sachverhalt nicht veranlaßt war, weil schon das Fehlen des Antrags die Revision begründete.

[6] Beispiel: Ein Schöffe schöpft in der Hauptverhandlung Verdacht, daß seine Frau Opfer des angeklagten Sammlungsbetrügers sein könnte, wagt den Vorsitzenden nicht zu unterbrechen und stellt die Verletzung erst durch ein Telefongespräch in der Beratungspause fest.

[7] Beispiel: Ein Richter erstattet Anzeige nach § 30 und wird ausgeschieden, obwohl er und das Gericht keine Befangenheit besorgen (sondern etwa ein peinliches Wiedersehen ersparen wollen).

§ 31

(1) Die Vorschriften dieses Abschnitts gelten für Schöffen sowie für Urkundsbeamte der Geschäftsstelle und andere als Protokollführer zugezogene Personen entsprechend.

(2) [1]Die Entscheidung trifft der Vorsitzende. [2]Bei der großen Strafkammer und beim Schwurgericht entscheiden die richterlichen Mitglieder. [3]Ist der Protokollführer einem Richter beigegeben, so entscheidet dieser über die Ablehnung oder Ausschließung.

Entstehungsgeschichte. Die Vorschrift wurde wiederholt, besonders durch die VO vom 4. 1. 1924 (RGBl. I 15), das Gesetz vom 9. 7. 1927 (RGBl. I 175) und die VO vom 3. 11. 1927 (RGBl. I 334) mit Rücksicht auf die Besetzung der Strafkammer mit Schöffen und auf den Wegfall der Bezeichnungen „Gerichtsschreiberei" und „Gerichtsschreiber" geändert. Die Beseitigung der Schöffen durch die §§ 13 und 14 der 1. VereinfVO hatte zur Folge, daß Absatz 1, soweit er sich auf Schöffen bezog, und Absatz 2 im ganzen Umfang unanwendbar wurden. Art. 1 Nr. 3 der 3. VereinfVO übertrug die Entscheidung über die Ablehnung von Urkundsbeamten dem Vorsitzenden. Art. 3 Nr. 13 VereinhG hat im wesentlichen den ursprünglichen Inhalt wiederhergestellt mit der Maßgabe, daß die Entscheidungsbefugnis für Schöffen und Urkundsbeamte übereinstimmend geregelt ist. Auch ist der Inhalt des früheren § 32 in § 31 aufgegangen. Die frühere Erwähnung der Geschworenen ist durch Art. IV Nr. 1 PräsVerfG gestrichen worden.

1. Schöffen. Die entsprechende Anwendung der für die Berufsrichter, die „richterlichen Mitglieder" des Gerichts (§ 27 Abs. 2), aufgestellten Vorschriften auf die Schöffen ist vorgeschrieben, weil sie das Richteramt in vollem Umfang und mit gleichem Stimmrecht wie die Richter ausüben (§ 30 Abs. 1, § 77 Abs. 1 GVG) und demzufolge bei den gerichtlichen Entscheidungen wie die Richter mitwirken (§§ 192 bis 197 GVG). Die entsprechende Anwendung bedeutet zweierlei: Einmal ist in den §§ 22 und 23 überall, wo Richter steht, auch Schöffe zu lesen. Zum anderen ergibt das Wort „mitwirken" in § 23, daß ein Schöffe ausgeschlossen ist, wenn er im vorangegangenen Verfahren als solcher, aber auch wenn er — freilich ein seltener Fall — als (später aus dem Dienst ausgeschiedener) Richter mitgewirkt hatte.

Sieht man von dem letzten Fall ab, dem ohnehin mehr theoretische Bedeutung zukommt, dann **scheiden** für eine entsprechende Anwendung **aus:** § 27 Abs. 2 und 4, weil er „richterliche Mitglieder", § 27 Abs. 3, weil er den Richter am Amtsgericht betrifft, und § 29 Abs. 1 (**a. A.** KMR-*Paulus* 1), weil unaufschiebbare Handlungen von Schöffen nicht denkbar sind. § 27 Abs. 1 ist durch § 31 Abs. 2 ersetzt, der auch § 30 in bezug auf die Schöffen modifiziert. Die übrigen Vorschriften des dritten Abschnitts sind voll anzuwenden.

Die Ausschließungsgründe der §§ 22, 23 werden ergänzt durch die Fälle der **Unfä- 3 higkeit.** Diese sind in § 32 GVG für die Schöffen am Amtsgericht aufgestellt. Für die Schöffen beim Schwurgericht und die Schöffen der Strafkammer wird in § 77 Abs. 1 GVG darauf verwiesen. Die Unfähigkeitsgründe sind in jeder Beziehung den Ausschließungsgründen gleichzustellen, namentlich also von Amts wegen zu beachten (RGSt **25** 415; enger *Bohnert* 95: Unfähigkeit geht der Ausschließung voraus).

2. Urkundsbeamte. Die gleichartige Behandlung der Urkundsbeamten beruht **4** hauptsächlich auf der Erwägung, daß ihre Protokolle Beweiskraft genießen (Mot. *Hahn* 1 92). Dabei ist in erster Linie an die Hauptverhandlungsprotokolle (§ 274) zu denken. Der Wortlaut der Ablehnungsvorschriften geht über das Ziel jener Erwägung weit hinaus, doch muß aus dem hauptsächlichen Zweck der Bestimmung und aus der

Günter Wendisch

Wortfassung „als Protokollführer zugezogene Personen" geschlossen werden, daß die Vorschrift nur auf Personen Anwendung findet, die **richterliche Handlungen beurkunden.**

5   Nimmt der Urkundsbeamte **sonst Erklärungen** zu Protokoll der Geschäftsstelle entgegen (z. B. § 345 Abs. 2), findet der dritte Abschnitt keine Anwendung (**a. A.** — ohne Begründung — RG JW 1893 419). Demzufolge ist der Urkundsbeamte, der als Sitzungsvertreter der Staatsanwaltschaft in der Hauptverhandlung tätig war, rechtlich nicht gehindert, die Revisionsbegründung in der gleichen Sache zu Protokoll zu nehmen (OLG Schleswig SchlHA 1959 107), ein heute freilich seltener Fall.

6   Von der **entsprechenden Anwendung** ist § 27 Abs. 2 und 4 aus den zu Rdn. 2 angegebenen Gründen **ausgeschlossen;** 27 Abs. 1 ist durch 31 Abs. 2 ersetzt, der auch hier § 30 in bezug auf die Urkundspersonen ändert.

7   Im Gegensatz zu den für die Schöffen geltenden Rechtslage ist bei den Urkundspersonen **23 nicht anzuwenden;** vielmehr darf in jedem Stande des Verfahrens derselbe Schriftführer tätig sein, weil er auf die Entscheidung keinen Einfluß hat und daher nicht durch eine vorgängige Entscheidung befangen sein kann. Demzufolge kann in der Berufungsverhandlung der Urkundsbeamte der ersten Instanz mitwirken (RGRspr. **3** 789). Entsprechendes gilt für das Revisionsverfahren. Aus diesen Erwägungen folgt jedoch, daß als Urkundsbeamter nicht tätig sein darf, wer vorher **als** (später aus dem Dienst ausgeschiedener) **Richter** i. S. des § 23 an einer Entscheidung mitgewirkt hat. § 29 findet, anders als bei den Schöffen, Anwendung.

8   Auch **§ 25 ist entsprechend anzuwenden.** § 25 Abs. 1 findet jedoch nur Anwendung, wenn der Urkundsbeamte seine Tätigkeit zu Beginn der Sitzung aufnimmt. Tut er das erst später, paßt § 25 Abs. 1 nicht. Denn durch diese Vorschrift soll vermieden werden, daß eine Hauptverhandlung unterbrochen und wiederholt werden muß. Sie setzt voraus, daß das Gericht während der ganzen Verhandlung gleich besetzt ist (226) und daß diese Besetzung vor der Sitzung oder zu ihrem Beginn den Ablehnungsberechtigten bekanntgegeben werden kann. Da indessen Urkundsbeamte der Geschäftsstelle auch während der Hauptverhandlung jederzeit wechseln können (vgl. BGHSt 21 89), sind diese Voraussetzungen bei ihnen nicht gegeben.

9   Gleichwohl bietet die Ablehnung eines Urkundsbeamten auch dann keine Besonderheiten, wenn er nach dem Zeitpunkt des § 25 Abs. 1 **in die Hauptverhandlung eintritt.** Denn § 25 Abs. 2 deckt diesen Fall. Es können nämlich, bevor der Urkundsbeamte eingetreten ist, Umstände, auf die die Ablehnung gestützt wird, nicht eingetreten sein. Mag der Umstand auch eine Äußerung des Urkundsbeamten vor der Sitzung betreffen, so wird er erst dadurch zu einem Ablehnungsgrund, daß der Beamte als Urkundsbeamter zu der zu verhandelnden Sache in amtliche Beziehung kommt. Ein vor der Sitzung liegender Umstand tritt daher i. S. des § 25 Abs. 2 erst dann ein, wenn der Urkundsbeamte in seine Stellung in der zu verhandelnden Sache einrückt. Unverzüglich nach diesem Zeitpunkt ist der Beamte abzulehnen.

10   **3. Entscheidung.** Für den Zeitpunkt der Ablehnung gilt § 25, für den Antrag § 26. Über unzulässige Anträge wird in der Hauptverhandlung nach 26 a entschieden. Die Entscheidung über Anträge, die nicht nach 26 a behandelt werden, obliegt beim Schöffengericht und bei der kleinen Strafkammer dem Vorsitzenden (Absatz 2 Satz 1). Ist ein Urkundsbeamter einem Richter beim Amtsgericht oder einem beauftragten Richter beigegeben, entscheidet dieser. Bei Kollegialgerichten entscheiden die „richterlichen Mitglieder" (Vor § 22, 5).

Das Gesetz ordnet das zwar nur für die Strafkammer (und — unnötigerweise oder **11** versehentlich? — für das Schwurgericht) an. Da es aber damit zu erkennen gibt, daß die Entscheidung außerhalb der Hauptverhandlung in Beschlußbesetzung ergeht, muß das gleiche auch — in bezug auf den Urkundsbeamten — für das **Oberlandesgericht**, das Bayerische Oberste Landesgericht und den Bundesgerichtshof entsprechend gelten (*Eb. Schmidt* 11). Aus diesem Grund müssen bei den erstinstanzlich entscheidenden Oberlandesgerichten bei der Entscheidung über die Ablehnung eines Urkundsbeamten zwei Mitglieder ausscheiden (§ 27, 9).

Wegen des **Ersatzes** eines ausgeschiedenen Schöffen vgl. § 49, § 77 Abs. 1 GVG. **12** Ein ausgeschiedener Urkundsbeamter wird im Verwaltungsweg ersetzt. Aus diesem Grund muß, da ein Urkundsbeamter jederzeit während der Verhandlung wechseln kann, nur dann nach § 31 Abs. 2 verfahren werden, wenn ein unbegründeter Ablehnungsantrag zurückgewiesen werden soll.

4. Rechtsmittel. Wegen der Anfechtung der Entscheidung s. § 28. Diese Vor- **13** schrift gilt unmittelbar. Für **Schöffen** ergibt sich das aus § 338 Nr. 3. Denn diese Vorschrift ist nur sinnvoll, wenn durch § 28 Abs. 2 Satz 2 die sofortige Beschwerde bei Entscheidungen ausgeschlossen ist, die sich auf erkennende Schöffen beziehen.

Wird die Ablehnung eines **Urkundsbeamten** für unbegründet erklärt, gilt § 28 **14** ebenfalls. Die Ansicht, daß diese Vorschrift weder unmittelbar noch entsprechend anwendbar sei (LG Stuttgart NJW **1964** 677), entbehrt — wenn sie auch für Ablehnungen während der Hauptverhandlung im Ergebnis zutrifft — der Begründung[1]. Sie entspricht auch nicht dem System der Strafprozeßordnung. Nach dieser wird der — seltene — Ausschluß eines Rechtsmittels stets besonders verordnet (z. B. § 28 Abs. 1, § 46 Abs. 2, § 153 Abs. 2 Satz 4, § 153 a Abs. 2 Satz 4, § 210 Abs. 1, § 212 b Abs. 2 Satz 2, § 305 Satz 1). Da es an einer solchen Anordnung fehlt, gilt § 28 auch für Ablehnungsgesuche, die sich auf Urkundsbeamte beziehen. Für § 28 Abs. 2 Satz 1 (sofortige Beschwerde) ergeben sich dabei keine Besonderheiten.

§ 28 Abs. 2 Satz 2 dagegen gilt seinem Wortlaut nach (,,erkennenden Richter") **15** bei der Ablehnung von Urkundsbeamten nicht unmittelbar. Da durch § 28 Abs. 2 Satz 2 die Unterbrechung der Hauptverhandlung vermieden werden soll, gilt die Vorschrift nach diesem Zweck aber über ihren Wortlaut hinaus entsprechend in der Weise, daß sie auch auf den Beschluß Anwendung findet, durch den die Ablehnung des Urkundsbeamten eines erkennenden Gerichts als unzulässig verworfen oder als unbegründet zurückgewiesen wird (insoweit zustimmend *Bohnert* 95). Daher ist die sofortige Beschwerde ausgeschlossen, aber die Anfechtung mit Berufung oder Revision in der Weise statthaft, daß Verletzung der §§ 336, 337 gerügt wird. Freilich ist die Revision nur begründet, wenn das Urteil **auf dem** gerügten **Mangel beruht** (§ 336). Das kann — und aus diesem Grund behalten die Anfechtungsgegner im Ergebnis recht — kaum je der Fall sein, weil das Urteil auf der Hauptverhandlung beruht, nicht aber auf der Tätigkeit des Urkundsbeamten oder auf dem Sitzungsprotokoll (RGSt **68** 273; **a. A.** *Bohnert* 96).

5. Wirkung. Für **Schöffen** gilt das hinsichtlich der Richter Ausgeführte (§ 27, 40). **16** Ist ein **Urkundsbeamter** ausgeschlossen oder mit Erfolg abgelehnt, darf er das Protokoll nicht führen. Tut er es gleichwohl, etwa weil er den Ausschließungsgrund nicht kennt,

---

[1] Offengelassen von KK-*Pfeiffer* 5: weil das Urteil auf der Hauptverhandlung und nicht auf der Tätigkeit des Urkundsbeamten, der zudem noch jederzeit austauschbar sei, oder auf dem Sitzungsprotokoll beruhe, komme es nicht darauf an.

Günter Wendisch

entbehrt sein Protokoll der Beweiskraft (RGSt **68** 273). Die Verlesung nach § 251 ist unzulässig, die Wirkung des § 274 tritt nicht ein (RGSt **13** 77).

17   Das **Revisionsgericht** hat behauptete Verfahrensverstöße im Freibeweis zu würdigen. Keinesfalls sind Behauptungen des Revisionsführers dadurch bewiesen, daß ihr Gegenteil wegen der Untauglichkeit des Protokolls aus diesem nicht nachgewiesen werden kann. Auf diese Weise kann der Angeklagte durch das Fehlen der Beweiskraft des Protokolls erheblich benachteiligt sein. Gleichwohl gibt ihm das Gesetz keine durchgreifende Möglichkeit, seine Revision auf die Mitwirkung eines ausgeschlossenen Urkundsbeamten zu stützen (Rdn. 15). Ein gewisser Ausgleich mag darin gefunden werden, daß die Revisionsgerichte an den Beweis eines Verfahrensverstoßes, wenn ein beweistaugliches Protokoll fehlt, keine sehr hohen Anforderungen zu stellen pflegen.

§ 32

hatte die entsprechende Anwendung der für Schöffen geltenden Vorschriften über Ausschließung und Ablehnung auf Geschworene vorgeschrieben. Art. 3 Nr. 12 VereinhG hat den Inhalt von § 32 in § 31 Abs. 1 übernommen, Art. 3 Nr. 13 den § 32 **gestrichen.**

VIERTER ABSCHNITT

Gerichtliche Entscheidungen und ihre Bekanntmachung

Vorbemerkungen

Entstehungsgeschichte. Der Abschnitt ist mehrfach von Vereinfachungsvorschriften während des Krieges betroffen worden, hat aber nur wenig bleibende Änderungen erfahren, die bei den §§ 35, 36, 37 und 39 erwähnt werden. § 35 a **(Rechtsmittelbelehrung)** ist durch das 3. StRÄndG eingefügt worden, um aus Gründen der Rechtsstaatlichkeit die Strafprozeßordnung an die Vorschriften für das Verwaltungsstreitverfahren anzupassen. Durch das StPÄG 1964 sind die Bestimmungen zur Sicherung des rechtlichen Gehörs um § 33 Abs. 3 und 4 und § 33 a erweitert worden. Dem gleichen Gesetz entstammt § 37 Abs. 2 (Doppelzustellungen). Durch Art. 1 Nr. 7 des 1. StVRG ist die Zustellung und Vollstreckung gerichtlicher Entscheidungen neu geregelt worden (§ 36). Die Zustellung obliegt dem Gericht, die Vollstreckung ist grundsätzlich Sache der Staatsanwaltschaft. Der durch Art. 1 Nr. 8 StVÄG 1979 eingefügte § 34 a enthält eine allgemeine Regelung über den Eintritt der Rechtskraft von nicht mehr anfechtbaren Entscheidungen auf ein rechtzeitig eingelegtes Rechtsmittel, die außerhalb der Hauptverhandlung ergehen.

1. Inhalt. Die Überschrift des Abschnitts entspricht dem Inhalt nur unvollständig. **1** Über die Begründung gerichtlicher Entscheidungen enthält die Strafprozeßordnung weitere Bestimmungen (§ 34, 8); die Beratung und Abstimmung bei gerichtlichen Entscheidungen sind in den §§ 192 bis 198 GVG geregelt. Auf der anderen Seite bezieht sich § 36 nicht nur auf die Bekanntmachung, sondern auch auf die Vollstreckung von Entscheidungen und regeln die §§ 37 bis 41 nicht nur die Bekanntmachung von Entscheidungen, sondern die Zustellung überhaupt.

2. Sprachgebrauch. Das Wort **Entscheidung** wird nicht einheitlich verwendet. **2** Den umfassendsten Gehalt hat es notwendigerweise in § 35, der von der Bekanntmachung handelt. Da die Entscheidung erst mit der Bekanntmachung existent wird, müssen hier auch die prozeßleitenden Verfügungen erfaßt werden (§ 35, 1). Diese und bloß gerichtsinterne Entscheidungen sind dagegen in §§ 33, 33 a nicht gemeint (§ 33, 4 ff; § 33 a, 4), doch ist der Begriff sonst sehr weit auf alle Urteile, Beschlüsse, Anordnungen, Befehle aller Gerichte innerhalb und außerhalb der Hauptverhandlung zu beziehen (§ 33, 6 ff). In § 34 wird ein besonderer Ausschnitt („durch ein Rechtsmittel anfechtbar") erfaßt.

Mit dem Ausdruck **Urteil** werden nur folgende Entscheidungen bezeichnet: die **3** die Hauptverhandlung erster Instanz abschließende, die Anklage erledigende Entscheidung (§ 260); die Entscheidungen der Rechtsmittelgerichte über die Berufung (§ 322 Abs. 1 Satz 2, § 328, § 329) und die Revision (§ 349 Abs. 5, § 353), soweit sie nicht in Beschlußform ergehen (§ 322 Abs. 1 Satz 1, § 349 Abs. 1, 2 und 4); die Entscheidung, die

Günter Wendisch

nach Wiederaufnahme des Verfahrens (§ 370 Abs. 2) das frühere Urteil oder den früheren Strafbefehl (§ 373 a) aufrechterhält oder aufhebt (§ 373), soweit sie nicht als Beschluß ergeht (§ 371 Abs. 1 und 2; BGHSt 8 383). Für die Unterscheidung des Urteils vom Beschluß ist nicht die Bezeichnung maßgebend; vielmehr ist unter Berücksichtigung des Inhalts der Entscheidung (RGSt 65 398; BGHSt 18 385) auf die Besetzung des erkennenden Gerichts, das vorgeschriebene Verfahren (Entscheidung aufgrund einer Hauptverhandlung oder ohne sie; BayObLGSt 1959 85) und den Rechtsmittelzug abzustellen (BGHSt 8 385).

4   **Strafbefehle** sind ohne Hauptverhandlung ergehende Entscheidungen des Strafrichters oder des Vorsitzenden des Schöffengerichts (§ 407 Abs. 1), die angefochten werden können, ohne daß eine Begründung gegeben zu werden braucht, und die, wenn sie rechtskräftig werden, die, wenn auch abgeschwächte (RGSt 56 253; BGHSt 18 142; BVerfGE 3 248 = NJW 1954 69; vgl. aber neuerdings BVerfG NJW 1984 604), Wirkung eines Urteils erlangen (§ 410).

5   Die übrigen gerichtlichen Entscheidungen werden **Beschlüsse** oder Verfügungen genannt; ausnahmsweise wird auch die Form der Entscheidung nicht bezeichnet (§ 118 a Abs. 4, § 122 Abs. 2, § 124 Abs. 3). Eine durchgängige Unterscheidung bewahrt die Strafprozeßordnung nicht. Jedoch ergehen Entscheidungen eines Kollegialgerichts niemals in der Form von Verfügungen. Die Schöffengerichte, Strafkammern und Strafsenate erlassen, soweit sie nicht in Urteilsform entscheiden, stets nur Beschlüsse. Dagegen wird für Entscheidungen des Strafrichters, des Richters beim Amtsgericht (§ 162) oder des Ermittlungsrichters des Oberlandesgerichts oder des Bundesgerichtshofs (§ 169 Abs. 1), der im vorbereitenden Verfahren Untersuchungshandlungen (§ 162 Abs. 1) vornimmt (§ 162 Abs. 3, §§ 165, 166, 168, 168 a, 168 c, 168 d), des beauftragten oder ersuchten Richters und des Vorsitzenden eines Kollegialgerichts (vgl. § 304 Abs. 1) sowohl die Bezeichnung Verfügung (vgl. § 219 Abs. 1 Satz 2) als auch Beschluß gebraucht (BGH NJW 1979 1612 für den Ermittlungsrichter des Bundesgerichtshofs).

6   Der Unterschied hat **keine** praktische **Bedeutung,** weil § 304, der die Beschwerde zuläßt und begrenzt, von Beschlüssen und Verfügungen, und § 305, der sie ausschließt, von Entscheidungen spricht (KMR-*Paulus* Vor § 33, 13; *Eb. Schmidt* Vor § 33, 12).

7   Bei **Anordnungen,** die eine Beschränkung der Freiheit des von ihr Betroffenen herbeiführen, gebraucht die Strafprozeßordnung den Ausdruck Befehl, so beim Haftbefehl (§ 114 Abs. 1), beim Unterbringungsbefehl (§ 126 a Abs. 1) und beim Vorführungsbefehl (§ 134 Abs. 2). Die besondere Ausdrucksweise hat keine sachliche Bedeutung. Die Befehle fallen ebenso unter den Begriff Verfügungen und Beschlüsse wie die den Befehlen nahestehenden Anordnungen[1].

8   **Staatsanwaltschaftliche Entscheidungen** unterstehen grundsätzlich nicht den Bestimmungen des vierten Abschnitts. Ihre Benennung ist noch uneinheitlicher (§ 151: Klage; § 154 d: Nachricht; § 111 f Abs. 2, § 161: Ersuchen, Auftrag; § 100 Abs. 2 und 4, § 171 Satz 1: Verfügung; § 105 Abs. 1 Satz 2 letzter Halbsatz, § 111 Abs. 2, § 111 e Abs. 1

---

[1] Vgl. § 33 Abs. 4 Satz 1, § 81 Abs. 2, § 81 a Abs. 2, § 81 c Abs. 3 Satz 3, Abs. 5, Abs. 6 Satz 2, § 82, § 87 Abs. 4 Satz 1, § 98 Abs. 1, § 100 a in Verb. mit § 100 b Abs. 1 bis 3, § 105 Abs. 1, § 111 Abs. 2, § 111 e Abs. 1 bis 3, § 111 f Abs. 3 Satz 3, § 111 l Abs. 3 Satz 1, § 111 m Abs. 2 und 3 in Verb. mit § 111 n   Abs. 1 Satz 3, § 114 b Abs. 1 Satz 2, § 119 Abs. 6 Satz 1, § 127 Abs. 1 Satz 1, § 127 a Abs. 1, § 132 Abs. 2, § 207 Abs. 4, § 304 Abs. 4 Satz 2 Nr. 5, § 331 Abs. 2, § 358 Abs. 2 Satz 2, § 373 Abs. 2 Satz 2, § 459 e, § 459 f.

Satz 1, § 111 l Abs. 2 Satz 1 und Abs. 6, § 120 Abs. 3 Satz 2, § 459 e: Anordnung; § 171 Satz 2: Bescheid).

3. Reform. Bei den Zustellungsvorschriften ist die Verweisung auf die Zivilprozeß- **9** ordnung nicht sachgemäß. Deren Vorschriften gelten nach § 37 entsprechend. Die Zustellungen sind solche von Amts wegen. Für diese schreibt § 208 ZPO vor, daß auf die von Amts wegen zu bewirkenden Zustellungen die Vorschriften über die Zustellung auf Betreiben der Parteien entsprechend gelten. Diese doppelte entsprechende Anwendbarkeit und der Umstand, daß der größere Teil der Zustellungsvorschriften der Zivilprozeß- ordnung nicht (§ 37, 3 ff) oder nur beschränkt (§ 37, 11 ff) anwendbar ist, machen den Anwendungsbereich der zivilprozessualen Vorschriften unübersichtlich.

In § 35 ist Absatz 3 als gesetzliche Regelung entbehrlich, dafür aber eine Anord- **10** nung über die **Übersetzung** für solche Zustellungsempfänger erwünscht, die der deut- schen Sprache nicht mächtig sind.

§ 33

(1) Eine Entscheidung des Gerichts, die im Laufe einer Hauptverhandlung ergeht, wird nach Anhörung der Beteiligten erlassen.

(2) Eine Entscheidung des Gerichts, die außerhalb einer Hauptverhandlung ergeht, wird nach schriftlicher oder mündlicher Erklärung der Staatsanwaltschaft erlassen.

(3) Bei einer in Absatz 2 bezeichneten Entscheidung ist ein anderer Beteiligter zu hö- ren, bevor zu seinem Nachteil Tatsachen oder Beweisergebnisse, zu denen er noch nicht gehört worden ist, verwertet werden.

(4) [1]Bei Anordnung der Untersuchungshaft, der Beschlagnahme oder anderer Maß- nahmen ist Absatz 3 nicht anzuwenden, wenn die vorherige Anhörung den Zweck der An- ordnung gefährden würde. [2]Vorschriften, welche die Anhörung der Beteiligten beson- ders regeln, werden durch Absatz 3 nicht berührt.

Schrifttum. *Arndt* Das rechtliche Gehör, NJW **1959** 6; *Arndt* Die Verfassungsbeschwerde wegen Verletzung des rechtlichen Gehörs, NJW **1959** 1297; *Bohnert* Zum Problem des Anhö- rungsrechts Dritter im Strafverfahren, JZ **1978** 710; *Dahs* Das rechtliche Gehör im Strafprozeß, 1965; *Gantzer* Die Rechtskraft prozessualer Beschlüsse und Verfügungen, Diss. München 1967; *Hamann* Rechtliches Gehör, AnwBl. **1958** 141; *Hanack* Rechtliches Gehör, Vollstreckbarkeit und Verhaftung beim Widerruf der Strafaussetzung zur Bewährung, JZ **1966** 43; *Jagusch* Über das rechtliche Gehör im Strafverfahren, NJW **1959** 265; *Karstendiek* „Erlaß" von Beschluß, Verfügung oder Bescheid, DRiZ **1977** 276; *Lesser* Anspruch auf rechtliches Gehör, DRiZ **1960** 420; *Röhl* Das rechtliche Gehör, NJW **1953** 1531; NJW **1958** 1268; *Rüping* Der Grundsatz des rechtlichen Gehörs und seine Bedeutung im Strafverfahren, 1976; *Schneider* Verfassungsrechtliche Grundlagen des Anwaltsberufs, NJW **1977** 833 (zum rechtlichen Gehör); *Wagner* Rechtliches Gehör und der Rechtsschutz des Strafgefangenen, GA **1975** 321; *Wiedemann* Die Korrektur strafprozessualer Entscheidungen außerhalb des Rechtsmittelverfahrens (1980); *von Winterfeld* Das Verfassungs- prinzip des rechtlichen Gehörs, NJW **1961** 849; *Woesner* Rechtliches Gehör und Sitzungspolizei, NJW **1959** 866).

Entstehungsgeschichte. § 33 bestand früher nur aus einem Absatz, der den Inhalt der jetzigen ersten beiden Absätze hatte. Die jetzigen Absätze 3 und 4 sind angefügt durch Art. 8 Nr. 1 StPÄG 1964, durch den auch die Teilung der alten Vorschrift in die beiden ersten Absätze herbeigeführt worden ist.

Günter Wendisch

Übersicht

I. Inhalt und Begriffe

1   **1. Zweck der Vorschrift.** Mit §§ 33, 33 a und den anderen Bestimmungen des Art. 8 StPÄG 1964 (§ 175 Satz 1, § 311 Abs. 3, § 311 a, § 472 Abs. 2) soll das **rechtliche Gehör** vor Gericht gesichert werden. Die Begründung bemerkt dazu: „§ 33 StPO in der geltenden Fassung bleibt hinter dem verfassungsrechtlichen Gebot (Art. 103 Abs. 1 GG), wonach vor Gericht jedermann Anspruch auf rechtliches Gehör hat, zurück. Zwar gilt Art. 103 Abs. 1 unmittelbar für alle Arten des gerichtlichen Verfahrens; aber die Strafprozeßordnung ist unvollständig, solange der Verfahrensgrundsatz des rechtlichen Gehörs nicht in ihr ausgeformt wird. Diesen Mangel will der Entwurf durch eine Generalklausel beseitigen (§ 33 Abs. 3). Der Anspruch auf rechtliches Gehör ist ein dem Einzelnen zustehendes Recht auf Gelegenheit zur Äußerung. Es bedeutet nicht dasselbe wie das Recht auf Beteiligung am Verfahren. Denn der Anspruch auf rechtliches Gehör kann auch verletzt werden, obgleich der Träger dieses Anspruchs in das Verfahren eingeschaltet worden ist. Das wäre der Fall, wenn das Gericht bei seiner Entscheidung neue Tatsachen oder Beweisergebnisse verwerten würde, zu denen sich der Beteiligte bei seiner Einschaltung in das Verfahren noch nicht äußern konnte" (Begr., BTDrucks. III 2037, S. 18). Das Gesetz will damit die Grundsätze berücksichtigen, die das Bundesverfassungsgericht in seiner Rechtsprechung zu Art. 103 Abs. 1 GG entwikkelt hat. Danach hat der Beteiligte eines gerichtlichen Verfahrens ein Recht darauf, daß ihm Gelegenheit gegeben wird, sich zu dem einer gerichtlichen Entscheidung zugrunde liegenden Sachverhalt vor Erlaß der Entscheidung zu äußern, vor und in der Hauptverhandlung Anträge zu stellen und Ausführungen zu machen (st. Rechtsprechung des BVerfG, vgl. etwa BVerfGE **1** 429; **25** 140; **36** 87; **50** 284; **53** 113; **54** 142; wegen weiterer grundsätzlicher Erwägungen dazu vgl. Einl. Kap. **13**, XI.; *Kleinknecht/Meyer* Einl. Rdn. 23 ff und *Rüping* Rechtliches Gehör, 198 f).

2   Die §§ 33, 33 a sind nur ein Teil der Bestimmungen, die das rechtliche Gehör sicherstellen sollen. Für **Rechtsmittelentscheidungen** wird das Gehör des Gegners des Beschwerdeführers herbeigeführt nach § 308 Abs. 1 (Beschwerde), § 320 (Berufung) und § 347 (Revision).

3   In vielen Vorschriften wird über das Minimum des § 33 hinausgegangen (Rdn. 21 ff; 30 f; 38 f). Eine **Ausnahme** von § 33 Abs. 3 enthält für das Strafbefehlsverfahren § 407 Abs. 4. Danach bedarf es der vorherigen Anhörung des Beschuldigten durch das Gericht nicht; der Beschuldigte kann sich durch Einspruch (§ 411) rechtliches Gehör verschaffen (BVerfGE 3 253 = NJW 1954 68).

2. Entscheidungen. Schon bei den Verhandlungen in der Reichstagskommission **4** bestand kein Einverständnis, was unter dem Begriff Entscheidungen zu verstehen sei. Es wurden die Auffassungen vertreten: Entscheidungen seien nur die der Kollegialgerichte und des Strafrichters; es seien nur Beschlüsse gemeint, mit denen einem Antrag stattgegeben oder ein Antrag verworfen werde. Entscheidung sei jede Entscheidung und Anordnung, die das Gericht durch Beschluß erläßt, mit Ausnahme der Entscheidungen des Richters im vorbereitenden Verfahren (Mat. *Hahn* 2 1209).

Keine der Auffassungen hat den **Gesetzestext** für sich. Dieser machte es gerade **5** notwendig, für die Entscheidungen des Richters im vorbereitenden Verfahren (und seinerzeit auch des Untersuchungsrichters) Ausnahmen vorzuschlagen, die aber nicht angenommen worden sind. Auch der schließlich gewählte Ausweg, das Gehör des Beschuldigten außerhalb der Hauptverhandlung nicht allgemein, sondern von Fall zu Fall zu regeln, macht deutlich, daß die Entscheidungen, zu denen nun allerdings nur die Staatsanwaltschaft zu hören war, alle Arten von Beschlüssen und Verfügungen sein sollten, sogar die prozeßleitenden Verfügungen, freilich nicht die des Richters im vorbereitenden Verfahren (Mat. *Hahn* 1 572).

Obwohl der Wortlaut keinem der Wünsche entspricht und kaum eine der Inter- **6** pretationen standhalten läßt, hat die Entstehungsgeschichte auf die Literatur eingewirkt, so daß im allgemeinen prozeßleitende Verfügungen sowie Anordnungen des Richters im vorbereitenden Verfahren nicht unter den Begriff Entscheidungen gezählt werden (*Feisenberger* 2; *Eb. Schmidt* 1). Diese **Einschränkungen** sind aber nur zum Teil zu halten: Der Wortlaut, der Sinn der Vorschrift und der Zweck, Art. 103 Abs. 1 GG auszuführen, gebieten eine weite Auslegung. Danach muß der Beteiligte oder sein prozessualer Gegner immer gehört werden, wenn über einen Antrag entschieden wird; wenn eine Entscheidung in seine Rechte eingreifen oder die Prozeßlage verändern kann; oder wenn eine Zwischenentscheidung ergeht. Dabei ist es gleichgültig, ob eine solche Entscheidung die eines erkennenden Gerichts ist, oder ob sie vom Richter im vorbereitenden Verfahren erlassen wird, wie sich aus Absatz 4 ergibt.

Nur die **prozeßleitenden Verfügungen** und alle Entscheidungen, die lediglich den **7** Gang des Verfahrens betreffen, wird man mit Sicherheit von dem in § 33 gemeinten Begriff ausnehmen können, weil sie keine Eingriffe in Rechte und Rechtsstellungen bewirken, sondern allenfalls vorbereiten. Dagegen können gerichtsinterne Entscheidungen (z. B. solche nach § 30) von § 33 durchaus erfaßt werden (§ 30, 5; enger BGH GA 1962 338; wie hier KK-*Maul* 2); so wird das Gehör der Beteiligten stets geboten sein, wenn das Gericht von Amts wegen über die Frage zu entscheiden hat, ob ein Richter kraft Gesetzes ausgeschlossen ist.

Von diesen Ausnahmen abgesehen sind **Entscheidungen** die Urteile, Beschlüsse, **8** Anordnungen und Befehle der erkennenden und beschließenden Gerichte, gleichviel ob sie von einem Kollegialgericht oder von einem Strafrichter erlassen werden; ob im Haupt- oder vorbereitenden Verfahren. Die notwendige Einschränkung ist nicht durch eine Auslegung des Wortes Entscheidung zu suchen. Vielmehr trifft sie das Gesetz in Absatz 3 dahin, daß es das Gehör nur unter bestimmten Voraussetzungen verlangt, allerdings nicht bei der Staatsanwaltschaft, sondern nur bei den anderen Beteiligten.

Günter Wendisch

3. Ergehen

9   **a) Allgemeines.** Eine Entscheidung ist ergangen, wenn sie für das Gericht, das sie beschlossen hat, außer in den gesetzlich vorgesehenen Fällen (§ 33 a, § 306 Abs. 2, § 311 Abs. 3 Satz 2, § 311 a Abs. 1), unabänderlich ist. Unabänderlich ist sie, wenn sie außerhalb des Gerichts Wirksamkeit entfalten kann, d. h. sobald sie bekanntgegeben ist. Solange die Entscheidung noch geändert werden kann, ist sie nur ein Entwurf (*Gantzer* 25). Für einen Schwebezustand von der Beschlußfassung bis zur Bekanntmachung (*Niese* JZ **1951** 758) läßt die Notwendigkeit klarer Rechtslagen im Prozeß keinen Raum (OLG Hamburg NJW **1963** 874). Auch die Einheitlichkeit des Begriffs verlangt, auf die Unabänderlichkeit abzustellen; denn nur diese ist für Rechtskraft und Vollstreckung brauchbar (OLG Hamm JZ **1951** 756; OLG Celle NJW **1951** 415). Endlich ist unbestritten, daß bei Entscheidungen, die in der Hauptverhandlung ergehen, nicht auf die — der Beschlußfassung entsprechende — Entscheidung im Beratungszimmer, sondern nur auf die Verkündung abgestellt werden kann. Bei Entscheidungen, die außerhalb der Hauptverhandlung erlassen werden, entspricht diesem Akt der Kundgabe nach außen die Zustellung oder Mitteilung (§ 35 Abs. 1 und 2; BayObLGSt **34** 109).

10   **b) Mündlicher Erlaß.** Danach ergeht eine **in der Hauptverhandlung** getroffene Entscheidung, sobald sie verkündet ist, gleichgültig ob der von ihr Betroffene bei der Verkündung anwesend oder abwesend ist (*Gantzer* 24 B 1; KMR-*Paulus* Vor § 33, 29). Sie kann allein durch Verkündung wirksam werden (OLG Hamm NJW **1962** 1734). Die Verkündung ist abgeschlossen, wenn die Entscheidungen, bei Urteilen die Urteilsformel und die Urteilsgründe, vollständig bekanntgegeben sind oder wenn nach Verlesen der Urteilsformel der Verkündungsakt — etwa wegen Erkrankung des Vorsitzenden — beendet werden mußte und daher die Gründe überhaupt nicht oder nur teilweise eröffnet werden konnten. Bis zu diesem Abschluß steht es dem Gericht frei, von der beschlossenen Entscheidung wieder abzugehen und sie durch eine andere zu ersetzen (BGH NJW **1953** 155; *Gantzer* 24 B 1), selbst wenn die ursprüngliche Entscheidung niedergeschrieben und die Niederschrift unterzeichnet ist; vor der Verkündung hat die Niederschrift nur die Bedeutung eines Entwurfs. Nach der Verkündung kann die Entscheidung nie geändert werden; nur offensichtliche Schreibfehler dürfen berichtigt werden.

11   Auch **im Verlauf anderer richterlicher Untersuchungshandlungen** kann eine Entscheidung mündlich erlassen werden, jedoch nur, wenn der von ihr Betroffene bei der Verkündung anwesend ist. Als Beispiele sind die Entscheidungen am Schluß der mündlichen Verhandlung bei der Haftprüfung (§ 118 a Abs. 4), bei der Ausschließung eines Verteidigers (§ 138 d Abs. 5), die Maßnahmen, die der Richter im vorbereitenden Verfahren oder der beauftragte oder ersuchte Richter nach § 70 bei gesetzwidriger Verweigerung des Zeugnisses oder der Eidesleistung ergreift, sowie die auf § 180 GVG beruhenden Maßregeln zur Aufrechterhaltung der Ordnung zu erwähnen. In Fällen dieser Art ergeht die Entscheidung wie in der Hauptverhandlung durch die Verkündung; auf den Zeitpunkt, in dem sie schriftlich abgefaßt wird, kommt es nicht an.

12   **c) Schriftlicher Erlaß.** Sonstige Entscheidungen, die **außerhalb der Hauptverhandlung** ergehen, sind erlassen, wenn sie, schriftlich abgefaßt und unterschrieben, auf Anordnung des Vorsitzenden (§ 36 Abs. 1 Satz 1), diese ausgeführt von der Geschäftsstelle (§ 36 Abs. 1 Satz 2), an eine Person außerhalb des Gerichts bekanntgegeben werden (OLG Bremen NJW **1956** 435; OLG Frankfurt MDR **1962** 744; OLG Hamburg NJW **1963** 874; OLG Koblenz VRS **42** 376, **48** 291; OLG Karlsruhe Justiz **1974** 436;

OLG Düsseldorf AnwBl. **1981** 288)[1], nicht schon dann, wenn sie zur Bekanntgabe an eine solche Person bestimmt werden[2]. Bis zur Bekanntgabe kann das Gericht, wie bis zur Verkündung, seine Entscheidung ändern (OLG Celle MDR **1976** 508), wenn auch nach den Umständen des Falls, z. B. beim Auftrag an die Post, praktisch die Möglichkeit, auf die Entscheidung einzuwirken, schon früher enden kann[3]. Im übrigen sind Entscheidungen, die außerhalb der Hauptverhandlung ergehen, namentlich solche, die der Vollstreckung durch die Staatsanwaltschaft bedürfen (§ 36 Abs. 2 Satz 1), erlassen, sobald sie im **regelmäßigen Geschäftsgang** — d. h. aufgrund der Anordnung des Vorsitzenden (BayObLGSt **1963** 140 = MDR **1963** 868; **1972** 23 = VRS **43** 58), die Entscheidung der Staatsanwaltschaft durch Vorlegung der Urschrift des Schriftstücks zuzustellen (§ 41 Satz 1) — bei dieser eingegangen sind (**a. A.** *Remmele* NJW **1974** 486 sowie BayObLG NJW **1981** 2589, wonach eine Entscheidung auch dann erlassen und nicht mehr abänderbar sein soll, wenn sie ohne richterliche Verfügung Verfahrensbeteiligten zur Kenntnis gebracht worden ist).

4. Beurkundung. Über die Beurkundung gerichtlicher Entscheidungen enthält die **13** Strafprozeßordnung Bestimmungen nur für Urteile (§§ 271, 273 Abs. 1, § 275 Abs. 1), jedoch nicht für andere gerichtliche Entscheidungen. Gleichwohl ist anerkannt, daß auch der Erlaß eines Beschlusses — etwa nach § 454 Abs. 1 — in der Regel durch die Unterschrift des oder der mitwirkenden Richter beurkundet wird und erst auf dieser Grundlage wirksam werden kann (OLG Schleswig SchlHA **1976** 186). Entscheidungen, die der Richter im vorbereitenden Verfahren, der beauftragte oder ersuchte Richter im Verlauf einer Untersuchungshandlung erläßt, werden durch die Verhandlungsniederschrift beurkundet.

In den **beratenden Sitzungen** der Gerichte bedarf es keiner Niederschrift über **14** den Hergang und das Ergebnis der Beratung; die in ihnen gefaßten Beschlüsse werden beurkundet, indem ein mitwirkender Richter, ein zur Ausbildung beschäftigter (§ 193 GVG) Referendar (§ 5 a DRiG) oder Rechtspraktikant (§ 5 b DRiG) oder eine

---

[1] Ebenso *Dalcke/Fuhrmann* 1; *Pohlmann/ Jabel* StVollStrO § 13, 10; *Geppert* GA **1972** 166; vgl. auch BayVerfGH MDR **1963** 376; HessVGH DRiZ **1983** 238 und *Sieg* NJW **1975** 530. Wegen der verschiedenen Theorien zu dieser Frage — Äußerungs- oder Kreationstheorie, Entäußerungs- oder Emissionstheorie, modifizierte Entäußerungstheorie, *(Nieses)* Rückwirkungstheorie (JZ **1951** 757) und Zugangstheorie – vgl. *Gantzer* 25 bis 35 sowie KMR-*Paulus* Vor § 33, 19 bis 27. Sonderregelungen enthalten § 78 c Abs. 2 Satz 1 StGB und § 33 Abs. 2 Satz 1 OWiG für die Verjährungsunterbrechung sowie § 34 a für die Strafzeitberechnung.

[2] So RGSt **56** 359; **66** 122; OLG Hamburg HESt **1** 161; OLG Köln NJW **1954** 1738; JR **1976** 514; OLG Hamm GA **1959** 287; JZ **1967** 185; *Eb. Schmidt* 12; KMR-*Paulus* Vor § 33, 28. Nach OLG Düsseldorf NJW **1950** 760 und auch *Karstendiek* 277 soll es auf den durch das Beschlußdatum ausgewiesenen Tag der unterzeichneten Entscheidung, nach OLG Köln JR **1976** 514 auf den Zeitpunkt der Übergabe an die Geschäftsstelle, ankommen.

[3] Aus diesem Grund stellen das OLG Celle (MDR **1976** 508), OLG Hamburg (MDR **1970** 949), KG (JR **1970** 72), BayObLG (MDR **1977** 778; **1980** 336), KK-*Maul* 4, *Kleinknecht/Meyer* Vor § 33, 8, *Meyer* (JR **1976** 516) sowie – für den Strafbefehl – *Remmele* (NJW **1974** 486) auf den Zeitpunkt ab, an dem die Entscheidung zum Zweck ihrer Bekanntgabe dadurch aus dem räumlichen Geschäftsbereich des Gerichts gelangt, daß der zuständige Geschäftsstellenbeamte sie an eine Person, die Staatsanwaltschaft oder eine sonstige Behörde hinausgibt; ähnlich *Schneider* (MDR **1979** 2), der den Beschluß mit der Absendung als existent = erlassen ansieht, seine Wirksamkeit dagegen erst mit der Zustellung eintreten läßt.

nach Abschluß der Beratung zugezogene Hilfskraft (nicht notwendigerweise ein Ur-kundsbeamter der Geschäftsstelle) sie niederschreibt. Daß alle mitwirkenden Richter unterschreiben, ist zwar zweckmäßig, aber, weil das Gesetz die für die Urteile gegebene Vorschrift des § 275 Abs. 2 nicht auf Beschlüsse erstreckt, nicht unerläßlich[4]. Sie müssen allerdings, damit der Beschluß wirklich erlassen ist, im Zeitpunkt der Vorlage der schriftlichen Fassung zur Unterschrift noch mitwirkungsfähig sein (HessVGH DRiZ **1983** 238). Unterschreiben nur[5] der Vorsitzende und der Berichterstatter oder unter-schreibt der Vorsitzende allein, dann ist es zweckmäßig, die Mitwirkung der übrigen Richter dadurch zu beurkunden, daß im Rubrum im Anschluß an die Gerichtsbezeich-nung die Namen der Richter in derselben Weise wie bei Urteilen aufgeführt werden. Die Form liegt nahe, wenn ein Richter auf Probe, ein Richter kraft Auftrags oder ein ab-geordneter Richter an der Entscheidung mitwirkt. Gesetzlich vorgeschrieben ist die An-gabe der Dienstbezeichnung — auch bei der Unterschrift — allerdings nicht. § 29 Satz 2 DRiG verlangt nur, daß ein solches Richterverhältnis im Geschäftsverteilungsplan kenntlich gemacht ist (*Schmidt-Räntsch* DRiG § 29, 7).

II. Im Laufe einer Hauptverhandlung ergehende Entscheidungen (Absatz 1)

15   **1. Begriff.** Die gerichtlichen Entscheidungen ergehen teils auf Grund einer münd-lichen Verhandlung, die vor dem entscheidenden Gericht stattfindet, teils auf Grund des Inhalts der Akten. Die mündliche Verhandlung wird Hauptverhandlung genannt, wenn sie während des Hauptverfahrens stattfindet; sonst wird der erste Ausdruck statt des letzten gebraucht (§§ 118, 118 a, 138 d; vgl. § 309 Abs. 1, § 462 Abs. 1), zuweilen aller-dings auch, obwohl eine mündliche Verhandlung in Rede steht, absichtlich vermieden (§ 124 Abs. 2 Satz 3).

16   Die Begriffe **Hauptverhandlung** und **Urteil** stehen zueinander in Wechselbezie-hung: Einerseits kann ein Urteil regelmäßig nur in einer Hauptverhandlung erlassen werden; diese Regel erleidet eine Ausnahme nur durch § 371 (RGSt **47** 166). Anderer-seits findet die Hauptverhandlung zwar zum Zweck der Urteilsfällung statt, doch kann das erkennende Gericht im Laufe der Hauptverhandlung auch andere Entscheidungen erlassen, z. B.: daß der Beschuldigte, um ein Gutachten über dessen psychischen Zu-stand vorzubereiten, in ein öffentliches psychiatrisches Krankenhaus oder in eine sozial-therapeutische Anstalt gebracht; daß ein als Beweismittel dienlicher Gegenstand nach § 94 in Verwahrung genommen; oder daß der Angeklagte auf Grund des § 112 verhaftet werde. Auch die Beschlüsse, durch die das Gericht die **Öffentlichkeit** gemäß § 173 Abs. 2 GVG für die Verkündung der Urteilsgründe **ausschließt,** gehören zu den hier in Betracht kommenden Entscheidungen (RGSt **69** 176, 401).

17   **2. Anhören der Beteiligten.** Daß alle Beteiligten (zum Begriff s. Einl. Kap. 9) sich äußern — oder wenigstens die Möglichkeit haben, das zu tun —, bevor eine gerichtliche Entscheidung ergeht, ist das wünschenswerte Ideal. Es läßt sich verwirklichen für die Hauptverhandlung, weil in ihr regelmäßig alle Beteiligten anwesend sind. Aus dieser Grundlage für das Gesetz ergibt sich auch die Ausnahme: In der Hauptverhandlung müssen nur die Beteiligten gehört werden, die anwesend sind (OLG Celle JR **1957** 72).

---

[4] RGSt **1** 210, 402; **43** 218; RGRspr. **1** 362, 697; RG JW **1901** 247; GA **63** 437; LZ **1916** 1384; OLG Köln NJW **1954** 1738; OLG Hamm NJW **1957** 802.

[5] wie dies z. B. nach § 14 Abs. 2 der Ge-schäftsordnung des Bundesgerichtshofs vom 3. 3. 1952 (BAnz. Nr. 83 – DRiZ **1963** 152) i. d. F. vom 21. 6. 1971 (BAnz. Nr. 114) zu-lässig ist.

Ermöglicht wird ihnen die Anwesenheit durch den Aufruf der Sache (§ 243 Abs. 1). Wird ein Beteiligter durch den unzulänglichen Aufruf der Sache gehindert, an der Verhandlung teilzunehmen, ist der Grundsatz der Gewährung rechtlichen Gehörs verletzt (BVerfGE **42** 364, 369 = DRiZ **1977** 54).

Beteiligter i. S. des Absatzes 1 ist der Angeklagte, der Staatsanwalt, der Privatklä- **18** ger, der Nebenkläger, der Verletzte nach § 111 e Abs. 3, 4, §§ 111 g, i, k, §§ 403 ff, der Verfalls- und Einziehungsbeteiligte nach § 431 Abs. 1 Satz 1, § 442 Abs. 2, der Geldbußenbeteiligte nach § 444, der Erziehungsberechtigte und gesetzliche Vertreter (§ 50 Abs. 2, § 67 JGG), die Finanzbehörde im Steuerstrafverfahren (§§ 403, 407 AO), aber auch jeder andere, der von der Entscheidung betroffen wird (§ 304 Abs. 2), ohne Prozeßbeteiligter zu sein, z. B. eine „bei der Verhandlung nicht beteiligte Person", gegen die ein Ordnungsgeld oder Ordnungshaft festgesetzt wird (§ 178 GVG). Beteiligte, die nicht Prozeßbeteiligte sind, sind nur zu den sie betreffenden Entscheidungen zu hören. Betroffen in diesem Sinn sind alle Personen, in deren Rechte die gerichtliche Entscheidung eingreift (BVerfGE **7** 95 = NJW **1957** 1228; **8** 253 = NJW **1958** 2011; **13** 140 = NJW **1962** 29; **17** 361 = NJW **1964** 1412; **21** 137 = NJW **1967** 492; **21** 373 = NJW **1967** 1411; BGHSt **19** 7, 15). Der Gehörsanspruch folgt mithin aus der Betroffenheit im eigenen Recht (*Bohnert* JZ **1978** 712)[6]. Prozeßbeteiligte müssen dagegen zu allen Entscheidungen gehört werden. **Ausdrücklich aufgefordert**, sich zu äußern, brauchen sie nicht zu werden (BGH JZ **1951** 655; KK-*Maul* 7); es genügt, dem Beteiligten auf irgendeine Weise Gelegenheit zur Äußerung zu geben, falls ihm nur dadurch sein Recht, sich erklären zu können, erkennbar zum Bewußtsein gebracht wird (RGSt **10** 94; **47** 343; **69** 401; *Feisenberger* 5; enger RGSt **37** 438; BGHSt **2** 114). Nicht ausreichend ist dagegen die bloße Möglichkeit (so BGHSt **1** 349), die „tatsächliche Gelegenheit" (BGH JZ **1955** 385; BayObLG StrVert. **1982** 460; vgl. auch BVerfGE **24** 61 = NJW **1968** 1621), Stellung zu nehmen (*Eb. Schmidt* 4; *Dahs* 61).

Der **Staatsanwalt** ist als berufsmäßiger Sitzungsvertreter mit dem Gang des Pro- **19** zesses vertraut und zu besonderer Aufmerksamkeit verpflichtet. Bei ihm ist daher § 33 Genüge getan, wenn er erkennen kann, daß eine Prozeßhandlung bevorsteht, und wenn er Gelegenheit nehmen kann, sich zu äußern (BGHSt **17** 341; OLG Köln JMBlNRW **1960** 107).

Verteidiger und Beschuldigter sind nicht zwei voneinander unabhängige Beteilig- **20** te. Regelmäßig ist der Beschuldigte gehört, wenn sein Verteidiger gehört ist (BGH bei *Dallinger* MDR **1974** 367; BGHSt **25** 252; KK-*Maul* 6; KMR-*Paulus* 15). Wenn das Gehör ausschließlich eine Tatsache betrifft, die der Verteidiger nicht kennen kann, genügt es, in der Hauptverhandlung den Beschuldigten zu hören; der Verteidiger kann nach § 257 Abs. 2 Erklärungen abgeben. Sonst und stets außerhalb der Hauptverhandlung muß der Verteidiger gehört werden, sei es allein, sei es neben dem Beschuldigten. Diesen allein anzuhören genügt nicht (BGHSt **25** 252; OLG Karlsruhe NJW **1968** 1438).

3. **Weitere Vorschriften.** Im Abschnitt über die Hauptverhandlung sind einige wei- **21** tere Vorschriften enthalten, mit denen vorgeschrieben wird, die Beteiligten zu hören: Nach § 248 Satz 2 sind die Staatsanwaltschaft und der Angeklagte zu hören, bevor die prozeßleitende Verfügung ergeht, daß Zeugen und Sachverständige entlassen werden.

---

[6] *Bohnert* will darüber hinaus in Verfahren, in welchen die Verhängung einer längeren Freiheitsstrafe droht, dem Ehepartner sowie den Kindern des Angeklagten aus Art. 6 Abs. 1 bis 3 GG eine eigene Rechtsposition zuerkennen, die ihnen ein selbständiges Äußerungs- und Anhörungsrecht aus Art. 103 Abs. 1 GG einräumt (713).

Günter Wendisch

Nach § 257 Abs. 1 soll der Angeklagte nach jedem Akt der Beweisaufnahme befragt werden, ob er etwas zu erklären habe. § 257 Abs. 2 schreibt vor, dem Staatsanwalt und dem Verteidiger Gelegenheit einzuräumen, Erklärungen abzugeben. Diese drei Vorschriften erweitern § 33.

22   Dagegen enthält § 258 Abs. 1 (ebenso wie § 326 Satz 1 und § 351 Abs. 2 Satz 1) nur eine Regelung, **wann und wie das letzte Wort** zu gewähren ist. Die Vorschriften, nach denen dem Angeklagten das letzte Wort gebührt (§ 258 Abs. 2, § 326 Satz 2 und § 351 Abs. 2 Satz 2), und die Bestimmung, daß der verteidigte Angeklagte auch selbst sprechen darf und zu befragen ist, ob er das will (§ 258 Abs. 3), erweitern § 33 ebenfalls, (vgl. BVerfGE 54 140 = MDR 1980 909), allerdings mehr im Technischen als im Prinzip. Alle in diesem und im vorhergehenden Absatz angeführten Bestimmungen sind neben § 33 sinnvoll und zweckmäßig.

23   § 265 Abs. 1 und 2 verlangt über § 33 hinaus, daß der Angeklagte auf die Veränderung des rechtlichen Gesichtspunkts hingewiesen werde. Es handelt sich um eine der Verallgemeinerung nicht zugängliche **Sondervorschrift** (BayVerfGH NJW 1959 285; zust. *Röhl*). Weder nach § 33 noch nach Art. 103 Abs. 1 GG haben die Verfahrensbeteiligten einen Anspruch, daß das Gericht seiner Entscheidung bloß solche rechtlichen Erwägungen zugrunde legt, auf die das Gericht sie hingewiesen hat, wenn die rechtliche Beurteilung im Rahmen dessen liegt, was nach Lehre und Rechtsprechung zu erwarten ist. Das Gericht ist nicht verpflichtet, ein **Rechtsgespräch** mit den Prozeßbeteiligten zu führen (BGHSt 22 339 mit weiteren Nachw.; BayVerfGH JZ 1963 64 mit abl. Anm. *Ad. Arndt*; *Rüping* Rechtliches Gehör, 140, 151, 157). Das Recht auf Gehör ist daher nicht verletzt, wenn das Gericht aus Angaben des Angeklagten andere Folgen zieht, als der Angeklagte es gewünscht hatte (BGH bei *Dallinger* MDR 1972 925), sofern diese Folge im Rahmen dessen lag, was ein vernünftiger Angeklagter (noch) erwarten konnte.

24   Dagegen muß das Gericht die Beteiligten auf eine **Rechtsansicht** hinweisen, die sie nicht voraussehen können (*Dahs* 35), sei es, daß das Gericht von seiner eigenen Rechtsprechung abweicht, sei es, daß es eine den Parteien bekanntgegebene Rechtsauffassung verläßt, sei es endlich, daß es dem Gesetz eine völlig neue Auslegung gibt[7]. Endlich sind die Beteiligten stets zu allen **Zwischenentscheidungen** zu hören (Rdn. 6), auch wenn es dabei nur auf Rechtsfragen ankommt und nicht auch auf Tatsachen und Beweisergebnisse, zu denen sie noch nicht gehört worden sind.

25   4. Revision. Der Angeklagte kann die Revision auf unterlassenes Gehör stützen (RGSt 69 404). Da kein Fall des § 338 Nr. 8 vorliegt — denn es fehlt, wenn der Beteiligte schlicht nicht gehört worden ist, an einem Beschluß, daß das rechtliche Gehör versagt werde —, kommt es darauf an, daß das Urteil auf einer Verletzung des Gesetzes beruht. Das kann auf doppelte Weise der Fall sein: Einmal könnte das Gericht auf Grund der Äußerung des Angeklagten die Entscheidung nicht oder anders erlassen haben. Zum andern könnte der Angeklagte, wenn er sich vor der Entscheidung hätte äußern können,

---

[7] Demzufolge braucht das Gericht im Anklageerzwingungsverfahren den Anzeigeerstatter nicht darauf hinzuweisen (wenn es das auch besser doch tun sollte), daß er und die Staatsanwaltschaft die Verjährung übersehen haben, wohl aber müßte der Angeklagte z. B. belehrt werden, wenn ein Gericht ihn – was niemand zu erwarten hat (BGHSt 17 144; durch den Tatbestand des § 142 StGB nicht erfaßt) – etwa deshalb wegen Verkehrsunfallflucht verurteilen wollte, weil er zwar nicht, wie die Anklage angenommen hatte, sich von der Unfallstelle entfernt, wohl aber nach dem Unfall Alkohol getrunken hatte, um seinen Blutalkoholgehalt zu verschleiern.

zufolge einer anschließenden Erörterung mit dem Gericht den Sinn der Entscheidung anders erkannt und alsdann weitere Entscheidungen beantragt haben. Immerhin wird von Bedeutung sein, ob der Angeklagte die ohne sein Gehör beschlossene Maßnahme beanstandet hat. Hat er sie gebilligt, wird es einleuchtender Ausführungen bedürfen, um das Gericht zu überzeugen, daß das Urteil auf dem Unterlassen des Gehörs beruht. So haben das Reichsgericht (RGSt **24** 14) und der Bundesgerichtshof (BGHSt **21** 85 und StrVert. **1982** 457) ein Beruhen für den Fall der Verletzung rechtlichen Gehörs durch Nichtbeachtung der Verpflichtung, die dienstliche Äußerung des Richters auf ein Ablehnungsgesuch dem Antragsteller vor der Entscheidung bekanntzugeben, mit der Begründung verneint, daß dieser nach Kenntnisnahme der dienstlichen Erklärung das Ablehnungsgesuch hätte erneuern können (dagegen mit beachtlichen Erwägungen *Hanack* JR **1967** 229; JZ **1971** 92 und Erl. zu § 337).

III. Außerhalb der Hauptverhandlung ergehende Entscheidungen (Absatz 2)

1. Inhalt. Das Ideal, vor einer gerichtlichen Entscheidung alle Beteiligten zu hö- **26** ren, läßt sich außerhalb der Hauptverhandlung regelmäßig nur verwirklichen, wenn man eine Verzögerung des Verfahrens in Kauf nimmt. Sowohl im Interesse der Wahrheitsfindung als auch im besonderen Interesse des Beschuldigten ist aber so rasch wie möglich die Endentscheidung anzustreben. Daher schränkt § 33 das Gehör aller Beteiligten mit Ausnahme der Staatsanwaltschaft (Rdn. 27 ff) ein; doch wird es in Sondervorschriften wieder erweitert (Rdn. 38 f).

2. Erklärung der Staatsanwaltschaft. Die Beschränkung der Idealforderung, vor **27** allen Entscheidungen alle Beteiligten zu hören, trifft die Staatsanwaltschaft nicht. Absatz 2 verlangt vielmehr, daß sie stets[8] zu hören ist. Denn sie ist dazu berufen, das öffentliche Interesse wahrzunehmen und darauf hinzuwirken, daß das Gesetz beachtet wird (Nr. 127 Satz 1 RiStBV). Eine solche öffentlich-rechtliche Verpflichtung haben der Privat- und der Nebenkläger nicht. Trotz § 385 Abs. 1 (und § 397) ist daher Absatz 2 wörtlich zu verstehen: Er bezieht sich nur auf die Staatsanwaltschaft (§ 142 GVG). Privat- und Nebenkläger sind „andere Beteiligte" i. S. des Absatzes 3. Bei der staatsanwaltschaftlichen Äußerung bildet die **schriftliche Erklärung** die Regel; nach ihr wird in der weit überwiegenden Zahl aller Fälle ohne weiteres Formerfordernis verfahren.

Eine **mündliche Erklärung** ist in § 118 a Abs. 3 Satz 1 für das Haftprüfungsverfah- **28** ren, in § 124 Abs. 2 Satz 3 vor der Entscheidung über die Beschwerde gegen den Beschluß, der den Verfall einer noch nicht frei gewordenen Sicherheit zum Gegenstand hat, in § 138 d Abs. 4 Satz 1 für das Verfahren über die Ausschließung des Verteidigers und in § 138 Abs. 2 GVG für die Beratung über die vom Großen Senat für Strafsachen oder von den Vereinigten Großen Senaten zu erlassenden Entscheidungen in dem Sinn vorgeschrieben, daß der Vertreter der Staatsanwaltschaft nicht verpflichtet ist, mündlich vorzutragen, aber einen Anspruch darauf hat, mit seinem mündlichen Vortrag gehört zu werden. Die Vorschriften sind sinnvoll, weil sie eine besondere Art der Erörterung mit dem Gericht sicherstellen.

---

[8] Eine Ausnahme gilt für die Durchführung von Überwachungsmaßnahmen gegen einen nicht auf freiem Fuß befindlichen Beschuldigten, wenn Gegenstand der Untersuchung eine Straftat nach § 129 a StGB ist. Denn die dem Überwachungsrichter obliegende Verschwiegenheitspflicht (§ 148 a Abs. 2 Satz 2 Halbsatz 1) gilt auch und gerade gegenüber der Staatsanwaltschaft (BayObLGSt **1979** 65 = MDR **1979** 863) und schließt deshalb ihre Anhörung aus.

29   Außer in den vorgenannten Fällen besteht **kein Anspruch** der Staatsanwaltschaft auf **mündliches Gehör** außerhalb der Hauptverhandlung. Da sie nie verpflichtet ist, sich außerhalb der Hauptverhandlung mündlich zu äußern, kommt diese Form sonst nur in Betracht, wenn Gericht und Staatsanwaltschaft sie übereinstimmend für zweckmäßig halten, etwa zur Erledigung einer größeren Anzahl von Amnestieentscheidungen nach Erlaß eines Straffreiheitsgesetzes. Wird ein Vertreter der Staatsanwaltschaft zu einer beratenden Sitzung des Gerichts zugezogen, so darf er zwar dem Vortrag des Berichterstatters beiwohnen, muß aber, wenn er seine Ansicht mündlich dargelegt hat, die Sitzung verlassen, bevor das Gericht berät und abstimmt (Mat. *Hahn* 1 95).

30   **3. Weitere Vorschriften.** Schwerer einzuordnen sind dagegen § 453 Abs. 1 Satz 2 (Gehör der Staatsanwaltschaft vor Nachtragsentscheidungen über die Strafaussetzung), § 454 Abs. 1 Satz 2 (Gehör der Staatsanwaltschaft vor Aussetzung des Strafrestes) und § 462 Abs. 2 Satz 1 (Gehör der Staatsanwaltschaft vor Entscheidungen, die bei der Strafvollstreckung und der nachträglichen Gesamtstrafenbildung notwendig werden). Die Aufnahme dieser Bestimmungen erklärt sich aus der Entstehungsgeschichte: In der ersten Lesung der Kommission waren aus § 33 (damals § 27) die Vorschriften entfernt worden, die sich auf Entscheidungen außerhalb der Hauptverhandlung bezogen; es blieb nur das Gehör während der Hauptverhandlung geregelt (*Hahn* Mat. 1 573). Demzufolge erschien es notwendig, in § 462 (§ 415) das Gehör besonders anzuordnen (*Hahn* Mat. 1 1143). Als in § 33 dann das Gehör der Staatsanwaltschaft auch außerhalb der Hauptverhandlung bestimmt wurde, ist wohl übersehen worden, in § 462 Abs. 2 die Anordnung, die Staatsanwaltschaft zu hören, wieder zu streichen. Die §§ 453 und 454 sind als spätere Einfügung dem Vorbild des § 462 nachgebildet worden. — Alle drei Bestimmungen sind wegen des über Absatz 3 hinausgehenden Gehörs des Beschuldigten bedeutsam, lassen aber keinen Rückschluß zu, § 33 Abs. 2 einschränkend auszulegen; er gilt vielmehr für sämtliche Entscheidungen, die nach der Strafprozeßordnung ergehen.

31   Nur für das **Beschwerdeverfahren** wird er durch § 309 durchbrochen. Die Einschränkung, die Absatz 2 dadurch erfährt, entspricht weder der Rolle der Staatsanwaltschaft im Verfahren noch der Bedeutung, die das Gehör aller Beteiligten nicht nur für diese, sondern auch für das Gericht selbst hat. Die Beschwerdegerichte wenden daher § 33 Abs. 2 regelmäßig an, d. h. sie betrachten alle Beschwerdesachen als geeignet, erst nach Gehör der Staatsanwaltschaft entschieden zu werden. Zum Charakter dieses Gehörsrecht s. KMR-*Paulus* 12.

IV. Gehör anderer Beteiligter (Absatz 3)

32   **1. Allgemein.** Im Gegensatz zum Verfahren in der Hauptverhandlung sind außerhalb einer solchen — abgesehen von der Staatsanwaltschaft (Absatz 2) — nicht alle anderen Beteiligten vor allen gerichtlichen Entscheidungen zu hören, wohl aber die, zu deren Nachteil die Entscheidung ergehen könnte. Das wird auch bei einem Verweisungsbeschluß (so BVerfGE **61** 37 = NJW **1982** 2367 zu § 281 ZPO) nach § 225 a Abs. 4, §§ 348, 355 regelmäßig der Fall sein. Selbst diese haben, soweit nicht Einzelvorschriften weitergehende Anordnungen treffen, nur einen beschränkten Anspruch: Sie brauchen nur gehört zu werden, wenn bei der bevorstehenden Entscheidung Tatsachen oder Beweisergebnisse zu ihrem Nachteil verwertet werden könnten, zu denen sie noch nicht gehört worden sind. Das Gehör ist darüber hinaus immer erforderlich, wenn der etwa benachteiligte Beteiligte sonst **überrascht** würde und bei allen Zwischenentscheidungen (Rdn. 24). Ergeht die Entscheidung außerhalb einer Hauptverhandlung, aber in einer **mündlichen Verhandlung** (Beisp.: § 118 a, § 124 Abs. 2 Satz 3, § 138 d), gilt wegen der Art und Weise der Anhörung das zu Rdn. 17 ff Ausgeführte entsprechend.

Im **schriftlichen Verfahren** sind dem Beteiligten das Thema der anstehenden Ent- **33** scheidung sowie die Tatsachen und Beweisergebnisse mitzuteilen. Sie werden in einem Schreiben aufgeführt oder es werden Abschriften übersandt. Der Beteiligte kann auch von einem Richter oder Beamten (etwa in der Strafanstalt) zu Protokoll gehört werden. Dem Verteidiger können die Akten übersandt werden. Es ist nicht erforderlich, daß das Gehör von einem Richter veranlaßt wird. Auch der Staatsanwalt kann es vornehmen, bevor er dem Gericht seine Stellungnahme abgibt. Nur muß dem Beteiligten erkennbar sein, daß er vor einer richterlichen Entscheidung gehört wird. Werden ihm Tatsachen und Beweisergebnisse mitgeteilt, ist ihm gleichzeitig Gelegenheit zu geben, zu ihnen Stellung zu nehmen. Zweckmäßigerweise wird dabei eine Frist genannt, nach deren Ablauf entschieden — oder wenn das Gehör von der Staatsanwaltschaft ausgeht, die Sache dem Gericht zur Entscheidung übergeben — werden wird, auch wenn keine Stellungnahme eingegangen sein sollte. Der Beteiligte wird sich in der Regel (wenn überhaupt) schriftlich äußern. Er hat keinen Anspruch, seine Erklärungen vor dem Urkundsbeamten der Geschäftsstelle abzugeben, doch sollte sie dieser von ungewandten Beteiligten entgegennehmen. Wegen des rechtlichen Gehörs im Verfahren mit **Strafbefehlen** s. § 407.

2. Beispiele. Der Rechtsprechung sind zu Bestimmungen, die nicht zur Sicherung **34** des rechtlichen Gehörs geändert worden sind, folgende Beispiele entnommen: Vor der Entscheidung nach § 67 e StGB in Vbdg. mit § 463 Abs. 1, § 462 Abs. 1 und 2 StPO ist der Verurteilte zu Beweisergebnissen, namentlich zu einer Äußerung der Anstalt zu hören. Die darin enthaltenen Werturteile werden sich dabei von den Tatsachenmitteilungen in der Regel nicht trennen lassen (BVerfGE 17 143 = NJW 1964 293; OLG Hamm JMBlNRW 1962 199)[9]. Dasselbe gilt bei Entscheidungen nach § 56 f Abs. 1, § 56 g Abs. 2 StGB in Vbdg. mit § 453 Abs. 1 Satz 2 StPO (BVerfGE 7 340) und nach § 57 Abs. 1 und 2 StGB in Vbdg. mit § 454 Abs. 1 Satz 2 StPO (OLG Hamm MDR 1960 424). Das Gehör ist nicht nur erforderlich, wenn das Gericht die Äußerung als entscheidungserheblich ansieht (OLG Hamburg NJW 1964 2315); das Recht aus Art. 103 Abs. 1 GG gewährleistet vielmehr die Möglichkeit, sich zu den Tatsachen in der Form zu äußern, wie sie dem Gericht zur Beurteilung vorliegen (zust. *Nöldeke* MDR 1972 480; **a. A.** KK-*Maul* 8). Daher ist es geboten, dem Verurteilten die Stellungnahme der Vollzugsanstalt (BVerfGE 19 201; OLG Hamm MDR 1960 424) bekanntzugeben (wie hier KK-*Maul* 10).

Beabsichtigt das Gericht, eine Beschwerde aus formellen Gründen zu verwerfen, **35** so hat es dem Beschwerdeführer jedenfalls dann Gelegenheit zur Stellungnahme zu geben, wenn ein angenommener Verfahrensmangel vielleicht nicht vorliegt oder behoben werden kann (OLG Köln JMBlNRW 1962 282). — Bevor über eine zeitweilige Entfernung des Angeklagten oder über den Ausschluß der Öffentlichkeit befunden wird, sind die Beteiligten anzuhören (BGH NJW 1968 167). — Eine Privatklage darf nicht zurückgewiesen (BVerfGE 8 184 = NJW 1958 1723), ein Privatklageverfahren nicht eingestellt (§ 383 Abs. 2) werden (BVerfGE 8 208), bevor dem Privatkläger erhobene Beweise bekanntgegeben worden sind. Ebenso darf ein Strafverfahren nicht nach § 153 Abs. 2 oder nach § 153 a Abs. 2 eingestellt werden, ehe über den Antrag des im Anklageerzwin-

---

[9] Ebenso OLG Köln JMBlNRW 1962 199;
H.-W. Schmidt MDR 1961 195; NJW 1965
1318; **a. A.** *Schütz* NJW 1961 583.

gungsverfahren erfolgreichen Anzeigeerstatters, ihn als Nebenkläger zuzulassen (§ 395 Abs. 1, Abs. 2 Nr. 2), entschieden worden ist (BVerfGE 14 323 = NJW 1962 2248). — Der Anspruch auf rechtliches Gehör ist verletzt, wenn der Angeklagte weder erschienen noch vertreten ist, und ein ihm nicht angekündigter Beweis erhoben und zu seinen Ungunsten verwertet worden ist (BayObLGSt 1972 251 = Rpfleger 1973 61 für Ordnungswidrigkeiten), wenn das Gericht eine offenkundige (BVerfGE 48 209) oder gerichtsbekannte (BVerfGE 10 182 = NJW 1960 31; 12 113) Tatsache zum Nachteil des Betroffenen zugrunde gelegt hat, ohne diesem vorher Gelegenheit zu geben, sich dazu zu äußern. Zwar bedürfen solche Tatsachen keines Beweises; jedoch enthebt dieser Umstand das Gericht nicht der Pflicht, die als offen- oder gerichtskundig behandelte Tatsache dadurch in den Prozeß einzuführen, daß es dem Betroffenen Kenntnis davon gibt. — Das rechtliche Gehör ist auch verletzt, wenn ein bei dem Gericht eingegangener, aber — wenn auch versehentlich — nicht zu den Akten gelangter Schriftsatz bei der Entscheidung unberücksichtigt geblieben ist (BVerfGE 46 185 = MDR 1978 201), oder wenn der dazu Berechtigte eine Frist erbeten, aber keine oder keine ausreichende (BVerfGE 4 193 = NJW 1955 1145; 8 90 = NJW 1958 1436) oder, obwohl er damit rechnen konnte, keinen Bescheid erhalten (OLG Oldenburg NdsRpfl. 1973 53) oder wenn das Gericht zwar eine Frist gewährt, ihren Ablauf — wenn auch versehentlich (BVerfGE 42 243, 247 = NJW 1976 1837) — aber nicht abgewartet hatte (BVerfGE 12 113; 49 215)[10].

36   Dagegen ist **keine Verletzung** des Art. 103 Abs. 1 GG angenommen worden bei Verwerfung der Berufung nach § 329 Abs. 1: Der Angeklagte kann sich mit dem Rechtsmittel der Revision oder mit dem Rechtsbehelf der Wiedereinsetzung in den vorigen Stand (§ 329 Abs. 3) rechtliches Gehör verschaffen (BayObLGSt 1966 58 = MDR 1966 941; OLG Hamm NJW 1965 410; OLG Frankfurt NJW 1968 218). Die Gehörsvorschrift ist nicht verletzt, wenn der Beteiligte sich ihm das nicht ausdrücklich eingeräumte rechtliche Gehör selbst verschafft hatte (BVerfGE 7 329). Ein Verstoß ist auch nicht darin zu sehen, daß die Ladung des Verteidigers des Betroffenen versehentlich unterblieben ist und die Hauptverhandlung ohne den Verteidiger stattgefunden hat. Denn Art. 103 Abs. 1 GG gewährleistet das rechtliche Gehör grundsätzlich nur als solches, nicht unbedingt durch die Vermittlung eines Rechtsanwalts (OLG Köln VRS 59 247). Eine Verletzung des Anspruchs auf rechtliches Gehör kann nicht geltend machen, wer die prozessualen Möglichkeiten, sich Gehör zu verschaffen, nicht wahrnimmt (BVerfGE 5 10 = NJW 1956 985; 15 267) oder gar eine Anhörung vereitelt (OLG Köln NJW 1963 875). Endlich ist das Gehör des Beschwerdegegners nicht erforderlich, wenn ohne weiteres zu seinen Gunsten entschieden werden soll (KG NJW 1954 1411).

37   Rechtliches Gehör ist nicht notwendig bei **sitzungspolizeilichen** Maßnahmen nach § 175 Abs. 1, § 176 GVG (*Woesner* 866); anders grundsätzlich bei Ordnungsmitteln nach § 178 GVG, es sei denn, eine Anhörung würde nur Anlaß zu weiteren Störungen und Ausfällen geben (s. § 178 GVG III). Es soll nicht erforderlich sein bei Entscheidungen über die Zulässigkeit eines Wiederaufnahmeantrags zuungunsten des Verurteilten (§ 367; BVerfGE 15 307 = NJW 1963 758, eine Entscheidung, die sowohl in der Sache als auch in der Begründung nicht unbedenklich ist).

---

[10] Nach BVerwG NJW 1979 1619 soll die Garantie des rechtlichen Gehörs es gebieten können, auch bei verspätetem (vorher angekündigtem) Eintreffen eines Verfahrensbeteiligten mit der Eröffnung, Fortsetzung oder Schließung der mündlichen Verhandlung zu warten, wenn und solange dies mit dem Interesse an der Einhaltung des Sitzungsplans (Tagesordnung) vereinbar ist.

V. Sonstige Regelungen der Anhörung von Beteiligten (Absatz 4 Satz 2)

Über das Gehör der Beteiligten finden sich in vielen Bestimmungen weitere Vor- **38** schriften: § 81 Abs. 1 Satz 1 (Gehör des Verteidigers vor der Beobachtung in einem psychiatrischen Krankenhaus); § 111 l Abs. 4 (Gehör des Beschuldigten, des Eigentümers und anderer, denen Rechte an der Sache zustehen, vor der Notveräußerung); § 118 a Abs. 3 Satz 1 (Gehör der anwesenden Beteiligten im mündlichen Haftprüfungsverfahren); § 122 Abs. 2 Satz 1 (Gehör des Beschuldigten und des Verteidigers im Prüfungsverfahren des Oberlandesgerichts); § 124 Abs. 2 (Gehör des Beschuldigten und des Bürgen vor der Entscheidung, daß eine Sicherheit verfallen ist); § 138 c Abs. 3 Satz 2 (Beteiligung des Vorstands der Rechtsanwaltskammer im Ausschließungsverfahren gegen einen Verteidiger, der Rechtsanwalt ist); § 175 Satz 1 (Gehör des Beschuldigten vor Anordnung der Klage im Klageerzwingungsverfahren); § 201 Abs. 1 (Gehör des Beschuldigten vor der Eröffnung des Hauptverfahrens); § 216 Abs. 2 (Befragung des nicht auf freiem Fuß befindlichen Angeklagten bei der Ladung zur Hauptverhandlung, welche Anträge er zu seiner Verteidigung zu stellen habe); § 225 a Abs. 2 Satz 1 (Hinweis an den Angeklagten auf die Möglichkeit, bei dem Vorsitzenden des um Übernahme ersuchten Gerichts die Vornahme einzelner Beweiserhebungen zu beantragen); § 308 Abs. 1 Satz 1 (Gehör des Gegners des Beschwerdeführers, bevor die angefochtene Entscheidung zu seinem Nachteil geändert wird); § 349 Abs. 3 Satz 1 (Mitteilung des Antrags der Staatsanwaltschaft an den Angeklagten, mit dem sie beantragt, seine Revision als offensichtlich unbegründet zu verwerfen); § 453 Abs. 1 Satz 2 (Gehör des Angeklagten vor Nachtragsentscheidungen über die Strafaussetzung); § 454 Abs. 1 Satz 2 und 3 (Gehör des Verurteilten vor Entscheidung über die Aussetzung des Strafrestes); § 462 Abs. 2 (Gehör des Verurteilten vor Entscheidungen, die bei der Strafvollstreckung und der nachträglichen Gesamtstrafenbildung notwendig werden).

Alle diese Bestimmungen **erweitern** § 33 Abs. 3; sie werden durch ihn nicht be- **39** rührt. Das Gehör hat — in den Fällen des § 308 unter der dort angegebenen Voraussetzung — stets stattzufinden, gleichviel ob Tatsachen und Beweisergebnisse in Rede stehen oder Rechtsfragen, und gleichviel ob, wenn Tatsachen und Beweisergebnisse verwertet werden sollen, diese Verwertung zum Nachteil des Beschuldigten in Aussicht genommen ist oder zu seinem Vorteil.

VI. Mit dem Prozeßzweck nicht zu vereinbarendes Gehör (Absatz 4 Satz 1)

1. Wegfall des Gehörs. Das in Absatz 3 vorgeschriebene Gehör entfällt, wenn die **40** vorherige Anhörung den Zweck der Anordnung gefährden würde[11]. Der Zweck der Anordnung wäre gefährdet, wenn der von ihr Betroffene sie, wüßte er vorher von ihr, vereiteln könnte. Das kommt in Betracht bei Anordnung der Untersuchungshaft (§ 114) durch Flucht; bei der Beschlagnahme (§ 98 Abs. 1, § 111 a Abs. 1), der Anordnung der Hausdurchsuchung (§ 105 Abs. 1) oder der Postbeschlagnahme (§ 100 Abs. 1) durch Vernichten oder Verstecken; bei der Anordnung, den Fernmeldeverkehr zu überwachen und aufzunehmen (§§ 100 a, 100 b), durch Unterlassen dieses Verkehrs. Die Vorschrift ersetzt bei gewissen Gruppen von Maßnahmen das vorherige Gehör durch das nachträgliche.

Das erscheint dem Gesetzgeber gerechtfertigt, weil es sich in **keinem Fall um end-** **41** **gültige Entscheidungen** handelt; weil die Anordnungen in der Regel rasch ergehen müs-

---

[11] Zum – schwächer ausgestalteten – rechtlichen Gehör durch Akteneinsicht vgl. Erl. zu § 147 Abs. 2; dort genügt für ihre Verweigerung, daß „sie den Untersuchungszweck gefährden kann".

Günter Wendisch

sen; und weil ihnen nach ihrem Inhalt leicht entgegengetreten werden kann. Nach diesem Sinn der Vorschrift ist keine zu weitgehende Abwägung im Einzelfall zu verlangen, ob die Persönlichkeit des Betroffenen und die Umstände des Einzelfalls eine Gefährdung nahelegen; sie wird vielmehr nach der Lebenserfahrung in der Regel anzunehmen sein, wenn nicht die Umstände des Einzelfalls die allgemeine Vermutung widerlegen.

42　　Ist eine Entscheidung nach § 33 Abs. 4 Satz 1 ohne vorherige Anhörung des Beteiligten ergangen, so ist diesem **nachträglich** nach § 33 a **Gehör zu gewähren** (BGHSt **26** 127), sobald die Gefährdung der Anordnung entfallen ist; spätestens ist das nach Vollzug der Anordnung der Fall, ggf. aber schon früher[12]. Über das Recht, nachträglich gehört zu werden, ist der Beteiligte zu **belehren** (BVerfGE **9** 107 = NJW **1959** 430; **18** 604 = NJW **1965** 1172). Stets kann vom Gehör nur abgesehen werden, wenn der **Zweck** der Anordnung **tatsächlich gefährdet** würde (weitergehend KMR-*Paulus* 22, wonach die Gewährung bereits unterbleiben darf, wenn der dafür erforderliche Aufwand zum Strafverfolgungsinteresse außer Verhältnis stände). Ist das nicht zu erwarten, muß der Beteiligte gehört werden, bevor zu seinem Nachteil Tatsachen oder Beweisergebnisse verwertet werden, zu denen er noch nicht gehört worden ist (BayVerfGH JR **1963** 477; OLG Hamm JMBlNRW **1960** 118).

43　　**2. Beschwerde.** Daß der Beteiligte nicht gehört worden ist, kann er mit der Beschwerde gegen die ohne sein Gehör ergangene Entscheidung, sofern sie nicht von einem — auch einem im ersten Rechtszug zuständigen — Strafsenat erlassen ist (§ 304 Abs. 4), beanstanden, gleichviel ob das Gehör versehentlich oder nach Absatz 4 Satz 1 absichtlich unterblieben ist. Dabei kann er alles vorbringen, was er geäußert hätte, wenn er gehört worden wäre. Sind ihm Tatsachen oder Beweismittel, die zu seinem Nachteil verwertet worden sind, noch unbekannt, und kennt das Gericht, dessen Entscheidung angefochten wird, diesen Umstand, dann hat es ihm die Tatsachen bekanntzugeben. Denn das Gericht hat einer begründeten Beschwerde abzuhelfen (§ 306 Abs. 2, erster Halbs.; § 311 Abs. 3 Satz 2), dazu gehört, daß einem Mangel abgeholfen wird, auch wenn das schließlich nicht zu einer Änderung der angefochtenen Entscheidung führt.

44　　Unterläßt das Gericht, dessen Entscheidung angefochten wird, das nachträgliche Gehör, dann hat es das **Beschwerdegericht** zu gewähren, für das Absatz 3 ebenfalls gilt. Das Beschwerdegericht hat dann in der Regel in der Sache selbst zu entscheiden. Lag kein Fall des Absatzes 4 Satz 1 vor, und sind auf die Äußerung der Beteiligten umfängliche Ermittlungen zu veranlassen, zu denen er dann wieder zu hören ist, dann kann das Beschwerdegericht ausnahmsweise auch die angefochtene Entscheidung aufheben und dem ersten Richter das Weitere überlassen, wenn die angegriffene Entscheidung ohne Beeinträchtigung des Verfahrens zunächst wegfallen kann.

---

[12] Beispiel: Der Ermittlungsrichter hat eine Durchsuchungsanordnung (§ 103 Abs. 1) erlassen, ohne den unbeteiligten Betroffenen anhören zu können. Hier wird es die Achtung vor der Unverletzlichkeit der Wohnung eines Unbeteiligten gebieten, daß ihm der die Durchsuchung durchführende Beamte oder Staatsanwalt vor der Durchsuchung Gelegenheit gibt, sich zwecks Anhörung an den zuständigen Richter zu wenden, wenn dieser alsbald zu erreichen ist und sichergestellt werden kann, daß der Betroffene den Zustand der Wohnung unverändert läßt.

§ 33 a

[1]Hat das Gericht in einem Beschluß zum Nachteil eines Beteiligten Tatsachen oder Beweisergebnisse verwertet, zu denen er noch nicht gehört worden ist, und steht ihm gegen den Beschluß keine Beschwerde und kein anderer Rechtsbehelf zu, so hat es, sofern der Nachteil noch besteht, von Amts wegen oder auf Antrag die Anhörung nachzuholen und auf einen Antrag zu entscheiden. [2]Das Gericht kann seine Entscheidung auch ohne Antrag ändern.

Entstehungsgeschichte. Eingefügt durch Art. 8 Nr. 2 StPÄG 1964.

1. Inhalt; Verhältnis zu § 311 a. Vor Erlaß des StPÄG 1964 bestand Streit, ob die **1** Verletzung rechtlichen Gehörs im Beschwerdeverfahren (§ 308 Abs. 1) entgegen dem Wortlaut des § 310 Abs. 2 die **weitere Beschwerde** eröffne. Diese Streitfrage ist durch Einfügung der §§ 33 a, 311 a überholt (OLG Karlsruhe NJW **1972** 653). Sie ist durch § 311 a dahin geregelt, daß dem Beschwerdegegner nachträglich rechtliches Gehör zu gewähren (und ggf. die Entscheidung zu ändern) ist, wenn das Beschwerdegericht ihm die Beschwerde nicht zur Gegenerklärung mitgeteilt (§ 308 Abs. 1), gleichwohl aber der Beschwerde stattgegeben hatte. § 311 a gilt also, anders als § 33 a, der die Verwertung von Tatsachen und Beweisergebnissen behandelt, auch dann, wenn mit der Beschwerde nur Rechtsirrtümer gerügt worden waren. Auf der anderen Seite bringt er keine Abhilfe, wenn das Gericht, nachdem es zufolge der Beschwerde Ermittlungen angestellt hatte (§ 308 Abs. 2), den Beschuldigten zu den dabei gewonnenen Tatsachen oder Beweisergebnissen vor der Entscheidung nicht gehört hat; insoweit greift § 33 a auch für das Beschwerdeverfahren Platz.

Die Vorschrift ist so auszulegen und anzuwenden, daß sie jeden Verstoß gegen **2** Art. 103 Abs. 1 GG in den Beschlußverfahren, auf die sie anwendbar ist, erfaßt (BVerfGE **42** 243 = NJW **1976** 1837). Sie übernimmt damit die **Auslegung** des Bundesverfassungsgerichts zu Art. 103 Abs. 1 GG für das einfache Recht (so auch *Goerlich* JZ **1977** 23), die dieses Gericht in einer Vielzahl von Entscheidungen nach seinem Grundsatzbeschluß vom 25. Oktober 1956 (BVerfGE **6** 12, 14 = NJW **1957** 17) getroffen hat, wonach „das Recht auf Gehör (Art. 103 Abs. 1 GG) verlangt, daß einer gerichtlichen Entscheidung ... nur solche Tatsachen und Beweisergebnisse zugrunde gelegt werden, zu denen sich die Beteiligten äußern konnten" (BVerfGE **42** 250 = NJW **1976** 1839). Diese Bezugnahme macht deutlich, daß das Bundesverfassungsgericht mit seinem Hinweis, Maßstab jeder Auslegung des § 33 a sei Art. 103 Abs. 1 GG, den Anwendungsbereich des § 33 a nicht erweitern wollte. § 33 a erfaßt weiterhin keine Rechtsfragen (so aber *Goerlich* JZ **1977** 24).

Ferner war durch die Rechtsprechung des Bundesverfassungsgerichts klargestellt **3** worden, daß das rechtliche Gehör — auch im Beschwerdeverfahren — unterbleiben könne, wenn es mit dem **Prozeßzweck unvereinbar** sei; daß der Betroffene dann aber nachträglich gehört (und ggf. die Entscheidung geändert) werden müsse (BVerfGE **9** 89 = NJW **1959** 427). Dieser Fall findet seine Regelung in § 33 a, der darüber hinaus aber auch alle Fälle umfaßt, in denen dem Beschuldigten vor einer Entscheidung irrtümlich oder versehentlich die Gelegenheit versagt worden ist, zu ihm unbekannten Tatsachen oder Beweisergebnissen Stellung zu nehmen. Praktisch **umfaßt** § 33 a die Hauptfälle des § 311 a unmittelbar. Dieser hat selbständige Bedeutung nur für den Fall, daß der Gegner des Beschwerdeführers nicht zu Rechtsausführungen der Beschwerdeschrift Stellung nehmen konnte.

Günter Wendisch

4   **2. Beschluß.** Die Vorschrift gilt, wie § 311 a, nur für Beschlüsse (*Geppert* GA **1972** 165, 176), **nicht für Urteile.** Bei diesen kann der Fall des § 33 a nicht eintreten, weil der Angeklagte in der Hauptverhandlung regelmäßig anwesend ist (§ 226, § 230 Abs. 1), im Fall seiner Abwesenheit aber Rechtsbehelfe (§ 235 Satz 1, § 329 Abs. 3) und in jedem Fall das Rechtsmittel der Revision hat. Bei Urteilen der Revisionsgerichte kann die Verwertung unbekannter Tatsachen oder Beweisergebnisse nicht vorkommen (§ 337; vgl. dazu auch *Goerlich* JZ **1977** 24). Wohl aber kann das Revisionsgericht einen Beschluß nach § 349 Abs. 2 dann nach § 33 a überprüfen, wenn es bezüglich des Vortrags von Verfahrensrügen das rechtliche Gehör verletzt (BGH bei *Holtz* MDR **1976** 634 und MDR **1979** 108; *Hanack* JZ **1977** 779). Auf Sachrügen ist dieser Satz nicht übertragbar (BGHSt **23** 102). § 33 a spricht von **Beschlüssen,** § 304, auf den er sich bezieht, von Beschlüssen und Verfügungen, § 33, den er ergänzt, von Entscheidungen (Absatz 1 bis 3) und Anordnungen (Absatz 4). Da § 33 a gerade auch wegen der Fälle des § 33 Abs. 4 eingefügt worden ist, umfaßt der Ausdruck „Beschlüsse" auf jeden Fall auch die Anordnungen des § 33 Abs. 4, wegen seiner Beziehung zu § 33 ist er aber in dem Sinn auszulegen, der dort dem Begriff „Entscheidung" zukommt (§ 33, 6 ff). Wegen der Beschlüsse des **erkennenden** Gerichts s. Rdn. 12.

5   **3. Beteiligter.** Wegen des Begriffs s. § 33, 18. Nach dem Zweck des § 33 ist Beteiligter i. S. des § 33 Abs. 1 (Gehör in der Hauptverhandlung) auch der **Staatsanwalt.** Das folgt aus § 33 Abs. 2, wonach der Staatsanwalt auch außerhalb der Hauptverhandlung — im Gegensatz zu den anderen Beteiligten — stets zu hören ist. Ist das außerhalb der Hauptverhandlung notwendig, so ist es in ihr erst recht geboten. Da aber in § 33 Abs. 1 der Staatsanwalt nicht besonders aufgeführt ist, muß er in dem Begriff „Beteiligter" enthalten sein.

6   Für § 33 a dagegen muß man den **Staatsanwalt** von dem Begriff des Beteiligten ausnehmen. Zwar könnte man vielleicht davon sprechen, daß Beweisergebnisse auch „zu seinem Nachteil" verwertet werden, obwohl ein solcher Sprachgebrauch in bezug auf den Staatsanwalt ungewöhnlich und kaum zutreffend wäre. Mit Sicherheit wird er aber durch die Motivation der Vorschrift ausgeschlossen: Mit ihr sollte dem Grundrecht des Art. 103 Abs. 1 GG Genüge getan werden. Das aber steht nur dem Staatsbürger gegenüber dem Staat, nicht der Staatsanwaltschaft gegenüber dem Gericht zur Verfügung. Zudem schließt der Gerichtsgebrauch zu § 309 Abs. 1 (§ 33, 31) es aus, daß die Staatsanwaltschaft mit Entscheidungen überrascht wird, deren Beweisgrundlage sie nicht kennt.

7   **4. Verwertung von Tatsachen.** Das Verfahren findet statt, wenn zum Nachteil eines Beteiligten Tatsachen oder Beweisergebnisse verwertet werden, zu denen er noch nicht gehört worden ist. Das Gericht darf mithin von ihm eingeholte Äußerungen von Behörden regelmäßig nicht verwerten, ohne sie dem Betroffenen zuvor zur Kenntnis zu bringen und ihm Gelegenheit zur Stellungnahme zu geben (BVerfG DAR **1976** 239 = BayVerwBl. **1976** 688). Zwei Ausnahmen bleiben gleichwohl zulässig: Der Beteiligte braucht nicht gehört zu werden, wenn zwar nachteilige Tatsachen oder Beweisergebnisse bekanntgeworden sind, das Gericht sie aber nicht „verwertet", d. h., etwa aus Rechtsgründen aus ihnen keine nachteiligen Folgen hergeleitet, sondern die Entscheidung allein auf Tatsachen und Beweisergebnisse gestützt hat, zu denen der Beteiligte gehört worden ist. Ferner kann das Unterlassen rechtlicher Erörterungen (§ 33, 23 f) nicht zu Anträgen nach § 33 a Anlaß geben.

Aus welchem Grund § 33 verletzt worden ist, spielt keine Rolle. Immer ist, von **8** Amts wegen, nachträglich Gehör zu gewähren, wenn es nach § 33 Abs. 4 unterblieben war. Darüber hinaus gilt § 33 a aber auch dann, wenn das Gericht aus **Irrtum** — es hielt die Beweisergebnisse nicht für entscheidungserheblich; es glaubte, der Beteiligte sei schon gehört worden, die dem Beteiligten gesetzte Frist sei schon abgelaufen — oder aus bloßem Versehen das Gehör unterlassen hat. Die Vorschrift ist so auszulegen und anzuwenden, daß sie jeden Verstoß gegen Art. 103 Abs. 1 GG in den Beschlußverfahren erfaßt, auf die sie anwendbar ist (BVerfGE **42** 243 = NJW **1976** 1837 = MDR **1977** 277; vgl. auch Rdn. 16), mithin auch für das Beschlußverfahren der Revisions- und Rechtsbeschwerdegerichte (BVerfG DAR **1976** 239 = BayVerwBl. **1976** 688). Schließlich erfaßt die Vorschrift selbstverständlich auch Fälle willkürlicher oder absichtlicher Gehörsverweigerung; allerdings dürften sie in der Praxis keine Rolle spielen.

5. Abhilfe durch Rechtsmittel. § 33 a ist eine ergänzende, subsidiäre Vorschrift. **9** Sie greift daher nur ein, wenn der Beteiligte das (nachträgliche) rechtliche Gehör nicht durch Rechtsbehelfe (z. B. Wiedereinsetzung) oder Rechtsmittel (z. B. Beschwerde) erzwingen kann (OLG Stuttgart NJW **1974** 284; **a. A.** KK-*Maul* 6). Das ist immer der Fall bei erstinstanzlichen Entscheidungen der Strafsenate mit Ausnahme besonders eingreifender Beschlüsse und Verfügungen der Oberlandesgerichte im ersten Rechtszug (§ 304 Abs. 4) und bei allen Beschwerdeentscheidungen, sofern nicht die in § 310 Abs. 1 genannten Ausnahmen (Haftsachen) vorliegen (§ 310 Abs. 2), aber auch bei Entscheidungen der Oberlandesgerichte im Klageerzwingungsverfahren. Dieses ist ein prozessual selbständiges Verfahren, so daß der Beschuldigte nicht darauf verwiesen werden kann, seine Einwendungen und Beweisanträge im Verfahren über die Eröffnung des Hauptverfahrens oder im nachfolgenden Hauptverfahren geltend zu machen (BVerfGE **42** 175 = NJW **1976** 1629). Hat der Strafsenat versäumt, den Beschuldigten anzuhören, bevor er eine diesem ungünstige Entscheidung getroffen hat, findet mithin § 33 a Anwendung.

Darüber hinaus gibt es Beschlüsse, die der **Anfechtung schlechthin entzogen** oder **10** nur aus bestimmten Gründen zugänglich sind (§ 138 d Abs. 6 Satz 3, § 210 Abs. 1 — vgl. dazu OLG Hamburg NJW **1965** 2417; *Kohlhaas* NJW **1968** 26 —, § 270 Abs. 3 Satz 2, § 304 Abs. 3, § 305 a Abs. 1 Satz 2, § 348 Abs. 2, § 453 Abs. 2 Satz 2, § 463 Abs. 2 in Verb. mit § 453 Abs. 2 Satz 2; sowie nur für den Nebenkläger bedeutsam: § 46 Abs. 2, § 153 Abs. 2 Satz 4, § 153 a Abs. 2 Satz 4, § 153 b Abs. 2 in Verb. mit § 397 Abs. 2, § 202 Satz 2); oder nur „zusammen mit dem Urteil angefochten werden" können. So ist der Ausschluß der Beschwerde in § 28 Abs. 2 Satz 2 ausdrücklich begründet, doch ist das der Grund allgemein für die Versagung der Beschwerde gegen Entscheidungen der erkennenden Gerichte (§ 305 Satz 1, § 336) mit den bedeutsamen Ausnahmen des § 305 Satz 2, nach dem Beschwerde statthaft ist gegen Entscheidungen der erkennenden Gerichte über Verhaftungen, die einstweilige Unterbringung, Beschlagnahmen, die vorläufige Entziehung der Fahrerlaubnis, das vorläufige Berufsverbot und die Festsetzungen von Ordnungs- oder Zwangsmitteln sowie gegen alle Entscheidungen, durch die dritte Personen betroffen werden.

Für die Fälle des **§ 305 Satz 2** gelten keine Besonderheiten: Der Beteiligte hat Ab- **11** hilfe mit der Beschwerde zu suchen; wird im Beschwerdeverfahren § 33 verletzt, gilt § 33 a. Weiter gewährt § 311 a Abhilfe bei Verletzungen des § 308, die nicht in der Vorenthaltung neuer Tatsachen und Beweisergebnisse bestehen. Daß die übrigen oben aufgeführten Fälle der nicht oder nur beschränkt anfechtbaren Entscheidungen von § 33 a

Günter Wendisch

erfaßt sind, ist nach dessen Wortlaut zweifelsfrei (OLG Hamburg NJW **1965** 2417; *Kohlhaas* NJW **1968** 26)[1].

12   Zweifel könnten nur bestehen in bezug auf die Entscheidungen der **erkennenden Gerichte** (§ 305 Satz 1) und die einen erkennenden Richter betreffende Ablehnungsentscheidung (§ 28 Abs. 2 Satz 2). Indessen wird man anerkennen müssen, daß sie zu den in § 33 a genannten Beschlüssen gehören (ebenso KK-*Maul* 2; KMR-*Paulus* 3). Dafür spricht einmal der Wortlaut; denn die Urteilsanfechtung ist weder eine Beschwerde noch ein Rechtsbehelf. Zum anderen spricht gegen eine Ausnahme die Erwägung, daß in § 33 a das gleiche Gericht entscheidet, das den Fehler gemacht hat (OLG Celle NJW **1973** 2306; OLG Koblenz MDR **1976** 598), so daß der Grund für den Ausschluß der Beschwerde gegen Entscheidungen der erkennenden Gerichte, das Verfahren nicht durch Zwischenentscheidungen höherer, oft entfernter, Gerichte zu stören, für das Verfahren nach § 33 a nicht zutrifft. Die verbleibende Störung durch neue Beratung (und ggf. Entscheidung) während der Hauptverhandlung tritt zurück hinter den Gesichtspunkten des fairen Verfahrens (Einl. Kap. **6** V. Fair trial), der freien Verteidigung und der umfassenden Sachaufklärung, denen der Grundsatz des rechtlichen Gehörs dient. Mit Recht wird auch darauf hingewiesen (*Kleinknecht/Meyer* 6), daß selbst bei anfechtbaren Beschlüssen die Beteiligten vom Gericht immer die Prüfung einer fehlerhaft herbeigeführten Entscheidung verlangen können.

13   **6. Nachteil.** Das Verfahren findet nur statt, wenn der Nachteil noch besteht. Der Nachteil ist nicht der Verlust des rechtlichen Gehörs, sondern die Folge dieses Verlusts, die nachteilige Entscheidung (§ 33 Abs. 3), für die Tatsachen und Beweisergebnisse kausal gewesen sind (BVerfGE **42** 257 = NJW **1976** 1839), zu denen der Beteiligte nicht gehört worden ist. Darauf, ob die Entscheidung richtig oder falsch ist und ob sie bei Gehör des Beteiligten anders ergangen wäre, kommt es nicht an, vielmehr ist allein ausschlaggebend, ob in die Rechtsposition des Betroffenen eingegriffen, mit anderen Worten, ob er beschwert ist (*Kleinknecht/Meyer* 7).

14   Ist die **Beschwer**, etwa durch Aufhebung eines Haftbefehls oder eines Beschlagnahmebeschlusses, **entfallen**, so ist das Verfahren unzulässig, auch wenn der Nachteil zunächst bestanden hatte (arg.: „noch besteht"). **Ziel** ist nicht, wie bei der Verfassungsbeschwerde, die Feststellung der Verfassungswidrigkeit eines — selbst gegenstandslos gewordenen — Beschlusses (BVerfGE **9** 93; **18** 404), sondern die Beseitigung des prozessualen Nachteils. Daraus muß aber weiter gefolgert werden, daß das Verfahren nicht mehr zulässig ist, wenn der Nachteil nicht mehr beseitigt werden kann (**prozessuale Überholung**), z. B. die richterliche Anordnung einer Untersuchung nach § 81 a oder § 81 c vollständig durchgeführt, eine richterliche Durchsuchungsanordnung nach §§ 102, 103, 105 Abs. 1 Satz 1 erster Halbs. abgeschlossen, ein Vorführungsbefehl nach § 134 Abs. 1 vollzogen (BVerfGE **49** 338 = NJW **1979** 154), Untersuchungshaft in Strafhaft übergegangen, die Hauptverhandlung ohne Mitteilung der Anklageschrift eröffnet und durchgeführt worden ist, aber auch, wenn der Verurteilte die Restfreiheitsstrafe nach Widerruf der Aussetzung des Strafrestes voll verbüßt hat (LG Krefeld NJW **1977** 642. Wegen allgemeiner Bedenken gegen die Grundkonzeption der Anwendung

---

[1] Wegen der Geltung der Vorschrift im Verfahren wegen Ordnungswidrigkeiten vgl. BayObLGSt **1971** 63 = NJW **1971** 1709; NJW **1973** 1140; OLG Zweibrücken VRS **56** 40; OLG Hamm VRS **62** 449, die – wie auch *Göhler* § 72, 75 sowie NStZ **1982** 13 – die Anwendung des § 33 a bei mangelnder Gewährung rechtlichen Gehörs im Beschlußverfahren nach § 72 OWiG im Gegensatz zu BayObLG VRS **53** 285 bejahen.

der Lehre von der prozessualen Überholung vgl. *Rieß/Thym* GA **1981** 197). Dann kann der Beteiligte das prozessuale Unrecht nur mit den zulässigen Rechtsmitteln, namentlich der Revision (§ 338 Nr. 8), rügen oder die Grundrechtswidrigkeit im Wege der Verfassungsbeschwerde feststellen lassen. Ein abstraktes Feststellungsverfahren nach dem Muster des § 28 Abs. 1 Satz 4 EGGVG stellt das Gesetz nicht zur Verfügung (BVerfGE **49** 342 = NJW **1979** 155)[2]. Kann dagegen das **prozessuale Unrecht noch beseitigt,** können z. B. zu Unrecht beschlagnahmte Urkunden herausgegeben, zu Unrecht gewonnene Ergebnisse der Überwachung des Fernmeldeverkehrs vernichtet werden, dann besteht der Nachteil noch und findet das Verfahren statt.

Die Gegenvorstellung kann auch — mit der im nächsten Absatz zu behandelnden **15** Ausnahme — nicht Wiedereinsetzung in den vorigen Stand verschaffen mit der Folge (§ 46, 11 ff), daß der Fortgang des Verfahrens und die **Rechtskraft von Urteilen** beseitigt werden. § 33 a eröffnet nur eine beschränkte Befugnis; sie ist möglich, solange der Schaden nach der Prozeßlage noch behoben werden kann (*Braun* NJW **1984** 348). Dagegen steht die **Rechtskraft von Beschlüssen** dem Verfahren nicht entgegen. Dieses ist vielmehr gegeben, um sie, soweit noch möglich, zu beseitigen (*Geppert* GA **1972** 176; so wohl auch, wenn auch nicht ausdrücklich ausgesprochen, BVerfGE **33** 195 = NJW **1972** 1227)[3].

Davon gilt auch für Beschlüsse nach § 322 Abs. 1 und § 349 Abs. 1 und 2, mit **16** deren Erlaß das angefochtene Urteil rechtskräftig wird, **keine Ausnahme** (Rdn. 8; vgl. auch Prot. des RAussch. IV **41** 17 und Anl. 4). Diese Ansicht teilt nunmehr auch der Bundesgerichtshof. Während er zunächst noch unentschieden gelassen hatte, ob § 33 a in Verfahren nach § 349 Abs. 1 und 2 einschlägt, soweit bezüglich des Vortrags von Verfahrensrügen der Grundsatz des rechtlichen Gehörs verletzt wäre (BGHSt **23** 103), hält er jetzt unter Hinweis auf BVerfGE **33** 192 = NJW **1972** 1227 die nachträgliche Anhörung für erforderlich (BGH bei *Holtz* MDR **1976** 635; ebenso OLG Köln MDR **1979** 603 = VRS **57** 201; vgl. aber BayObLG MDR **1983** 689). Sie entfällt aber weiterhin in diesen Verfahren, wenn der Revisionsführer nur die Sachrüge erhoben hat, weil dann eine Verletzung des Gehörs ausgeschlossen ist. Daß der nicht fristgebundene Antrag nach § 33 a, soweit er nach Rechtskraft des angefochtenen Urteils gestellt wird, zu Unzuträglichkeiten führen kann, ist bedauerlich. Insoweit Abhilfe könnte und sollte der Gesetzgeber dadurch schaffen, daß er einen Antrag nach § 33 a an eine Frist bindet, die mit dem Tag beginnt, an dem der Beteiligte von der Verletzung des § 33 Abs. 3, etwa durch Zustellung des ihm nachteiligen Beschlusses, Kenntnis erlangt.

7. **Verfahren.** In den Fällen des § 33 Abs. 4 und wenn das Gericht bemerkt, daß es **17** das rechtliche Gehör versehentlich unterlassen (BGH bei *Holtz* MDR **1976** 634) oder der Beschuldigte schuldhaft seine Anhörung vereitelt hatte (BGHSt **26** 127; vgl. auch OLG Düsseldorf JMBlNRW **1982** 141), holt es die Anhörung von Amts wegen nach und

---

[2] Vgl. auch BGHSt **28** 57: Zur Zulässigkeit eines Antrags auf richterliche Entscheidung gegen eine schon vollzogene staatsanwaltschaftliche Durchsuchungsanordnung und BGH NJW **1978** 1815 = MDR **1979** 69: Zur Zulässigkeit einer Beschwerde gegen eine die Durchsuchungsanordnung des Generalbundesanwalts bestätigende Entscheidung des Ermittlungsrichters des Bundesgerichtshofs.

[3] Ist durch das Verfahren nach § 33 a die bereits eingetretene Rechtskraft eines Beschlusses nachträglich wieder beseitigt und das Verfahren fortgesetzt worden, dann beginnt für die ihm zugrunde liegende Straftat oder Ordnungswidrigkeit eine neue Verfolgungsverjährung (OLG Frankfurt MDR **1978** 513 mit weit. Entscheidungen).

Günter Wendisch

entscheidet aufgrund der neuen Einlassung — förmlich, nicht stillschweigend — (BayObLGSt **1973** 44 = NJW **1973** 1140) neu. Dabei kann es die alte Entscheidung auch ohne Antrag des Beteiligten von Amts wegen ändern oder aufheben. Die (neue) Entscheidung kann aber auch dahin gehen, daß das Gericht trotz der Erklärung des Beteiligten — oder auch, weil er eine solche unterlassen habe — keinen Anlaß finde, die (alte) Entscheidung zu ändern.

18   Im übrigen ist das Gericht auf einen **Antrag** des Beteiligten angewiesen, der so lange zulässig ist, als es noch mit der Sache befaßt ist und den Nachteil beseitigen kann. Der Antrag muß die Voraussetzungen des § 33 a darlegen; sonst kann er als unzulässig verworfen werden. So lautet die Entscheidung auch dann, wenn kein Nachteil mehr besteht oder trotz bestehenden Nachteils keine Abhilfe mehr geschaffen werden kann. Der Antrag auf nachträgliches Gehör wird in der Regel mit einem Antrag verbunden sein, die Entscheidung zu ändern, doch kann das Gericht das auch ohne Antrag tun. Wegen der Frage, ob trotz abschließender Regelung der §§ 33 a und 311 a die Korrektur einer Versagung rechtlichen Gehörs aufgrund eines gleichzeitigen Verstoßes gegen das Prinzip der Rechtsstaatlichkeit ausnahmsweise zuzulassen sei, vgl. die umstrittene Entscheidung des LG Nürnberg-Fürth NStZ **1983** 136: Nachträgliche Aufhebung eines Eröffnungsbeschlusses trotz einer stattgefundenen aber inzwischen ausgesetzten Hauptverhandlung bei unvollständiger Aktenvorlage[4].

19   Die Entscheidung ist zu **begründen** (§ 34) und **bekanntzumachen** (§ 35). Rechtsmittelbelehrung ist nicht vorgeschrieben, da die beschränkt zulässige Beschwerde (Rdn. 20 ff) kein befristetes Rechtsmittel (§ 35 a) ist.

8. Beschwerde

20   **a) Unstatthaft.** Die neue Entscheidung, die ergeht, nachdem der Beteiligte nachträglich gehört und das Beweismaterial geprüft worden ist (**Überprüfungsentscheidung**). ist nicht mit der Beschwerde anfechtbar, gleichviel ob sie die alte Entscheidung aufhebt, ändert oder dadurch bestätigt, daß sie zum Ausdruck bringt, es bestehe kein Anlaß, die alte Entscheidung zu ändern[5]. Das ergibt sich daraus, daß § 33 a nur von Beschlüssen handelt, die nicht mit Beschwerde oder einem anderen Rechtsbehelf anfechtbar sind. Dann kann es die auf Gegenvorstellung ergehende Entscheidung auch nicht sein[6]. Dagegen kann der Mangel bei der Anfechtung des Urteils mit den zulässigen Rechtsmitteln, namentlich mit der Revision (§ 338 Nr. 8), gerügt werden.

---

[4] *Rieß* (NStZ **1983** 247) erachtet – zu Recht – weder die unmittelbare noch die analoge Anwendung des § 33 a für den Fall des Erlasses eines Eröffnungsbeschlusses aufgrund unvollständiger Akten für zulässig und folgerichtig die Rücknahme des Eröffnungsbeschlusses selbst für den Fall für ausgeschlossen, daß die vorenthaltenen Aktenteile ergeben, daß kein hinreichender Tatverdacht bestehe; *Meyer* (JR **1983** 258) hält den Beschluß für eine ,,indiskutable strafprozessuale Fehlentscheidung", für ,,einen krassen Verstoß gegen das Gesetz, an das die Strafkammer nach Art. 20 Abs. 3, § 1 GVG gebunden war", die – weil sie in keiner Weise

den Vorschriften und dem Geist der StPO entspreche – unwirksam sei.
[5] OLG Karlsruhe MDR **1974** 685; GA **1975** 284; *Hanack* JR **1974** 114; OLG Hamm NJW **1977** 61; OLG Celle NdsRpfl. **1983** 71; offen gelassen BGHSt **26** 127, 131.
[6] OLG Hamburg NJW **1965** 2417; **1972** 219; KG NJW **1966** 992; OLG Celle NJW **1973** 2306 = JR **1974** 112; OLG Karlsruhe MDR **1974** 686; GA **1975** 284; OLG Koblenz GA **1975** 315; OLG Hamm NJW **1977** 61; *Hanack* JR **1974** 113. Vgl. zu § 44: OLG Braunschweig NJW **1971** 1711, dazu: § 44, 41.

b) Statthaft. Die Beschwerde ist aber statthaft, wenn sie sich nicht gegen die **21** Nachtragsentscheidung, sondern dagegen richtet, daß das Gericht sie nicht treffen will, so wenn das Gericht das Nachholverfahren ablehnt, sei es, weil es den Antrag für unzulässig (Gehör gewährt; keine Abhilfe mehr möglich), sei es, weil es ihn für unbegründet hält (Beweisergebnis war in der Entscheidung nicht verwertet). Denn hier handelt es sich nicht um die sachliche Auswertung des Beweisergebnisses, sondern um die prozeßrechtliche Frage, ob eine solche Auswertung stattfinden muß oder unterlassen werden darf (OLG Hamburg NJW 1972 219; OLG Hamm NJW 1977 61)[7]. Verfassungsbeschwerde wegen Verletzung des rechtlichen Gehörs kann der Beteiligte erst erheben, nachdem er zuvor den Antrag nach §33a gestellt hat (BVerfGE 33 192 = NJW 1972 1237; 42 243, 251 = NJW 1976 1837, 1839).

Ein Mangel ist es, daß die Beschwerde an keine Frist gebunden ist. Solange der **22** Gesetzgeber die Beschwerde aber nicht als eine sofortige ausdrücklich bezeichnet, bleibt sie eine **einfache Beschwerde** (vgl. BayObLGSt 1955 154 = NJW 1956 32).

§34

Die durch ein Rechtsmittel anfechtbaren Entscheidungen sowie die, durch welche ein Antrag abgelehnt wird, sind mit Gründen zu versehen.

1. Anfechtbare Entscheidungen. §34 verlangt in seiner ersten Alternative die Angabe von Gründen für Entscheidungen, die durch ein Rechtsmittel — Beschwerde (§304), Berufung (§312), Revision (§333) — anfechtbar sind. Nach dem Zweck der Vorschrift ist sie jedoch teils weiter, teils enger aufzufassen, als ihr Wortlaut angibt. Die Begründung der Entscheidung hat den **Zweck,** die Ansichten und Absichten des Gerichts zu beurkunden, damit die Prozeßbeteiligten ihr Verhalten darauf abstellen und das Rechtsmittelgericht die Entscheidung prüfen kann (RGSt 75 13; OLG Oldenburg NJW 1971 1098). Bei anfechtbaren **Urteilen** ist das besonders vorgeschrieben (§267, §338 Nr. 7, erster Halbsatz), doch erheischt unabhängig von diesen Zwecken die Bedeutung von Urteilen auch im Hinblick auf das Wiederaufnahme- und Gnadenverfahren stets eine Begründung. Demzufolge sind auch Urteile der Revisionsgerichte zu begründen.

Stets zu begründen sind Entscheidungen, die **außerhalb der Hauptverhandlung** er- **2** gehen und den Angeklagten nicht — wie die Verteidigerbestellung — lediglich begünstigen[1]. **Nicht zu begründen** sind die unanfechtbaren Entscheidungen (§33a, 4), soweit nicht, was oft der Fall sein wird, die zweite Alternative einschlägt sowie Beschlüsse, durch die eine Revision als offensichtlich unbegründet verworfen wird (*Jagusch* NJW 1960 75); denn was offensichtlich ist, bedarf keiner Begründung (*Dahs* NStZ 1981 206).

---

[7] So auch *Kleinknecht/Meyer* 9; KMR-*Paulus* 22; weitergehend *Hanack* (JR 1974 115), der die Beschwerde zur Nachprüfung des Verfahrens auf die Frage erstrecken will, ob von dem nach §33a zuständigen Gericht „eine echte Nachgewährung des rechtlichen Gehörs überhaupt erfolgt ist"; **a.A.** OLG Braunschweig NJW 1971 1711; *Kallmann* NJW 1972 1478. Für den ähnlichen Fall des §46 Abs. 3 vgl. KG NJW 1966 992; **a.A.** – die besondere Art des Verfahrens schließt einen weiteren Rechtszug aus – OLG Celle NJW 1968 1391.

[1] Beispiel: Einweisung in ein öffentliches psychiatrisches Krankenhaus nach §81 (OLG Oldenburg NJW 1961 981).

Günter Wendisch

Von der Begründungsfreiheit der unanfechtbaren Beschlüsse ausgenommen und mit Gründen zu versehen sind die Beschlüsse des erkennenden Gerichts, die zwar nicht der Beschwerde, aber der Beurteilung des Gerichts der höheren Instanz unterliegen (§ 305 Satz 1, § 336) und das Prozeßverhalten der Beteiligten beeinflussen. Denn auch sie sind, wenn auch erst mit dem Urteil, durch Rügen der Verletzung des Prozeßrechts, anfechtbar. Das gilt allgemein, wenn es auch nur vereinzelt noch besonders angeordnet wird (§ 64), zuweilen nur durch das Verlangen nach einem Beschluß (§ 244 Abs. 6).

3   Andererseits versteht § 34 unter anfechtbaren Entscheidungen nur **Sachentscheidungen,** nicht aber Verfügungen, die lediglich den Gang des Verfahrens bestimmen (RGRspr. 4 324; KK-*Maul* 4; KMR-*Paulus* 3), obwohl auch diese nach § 304 Abs. 1 mit der Beschwerde angefochten werden können. Denn es läuft dem Zweck der Begründung zuwider, bei jeder Verfügung dieser Art, zum Beispiel bei derjenigen, mit der die Ladung eines Zeugen angeordnet wird, die Angabe von Gründen zu erfordern (*Graf zu Dohna* 84).

4   **2. Ablehnende Entscheidungen.** Die Vorschrift bezieht sich in ihrer zweiten Alternative nach ihrem Wortlaut nur auf Entscheidungen, die einen Antrag voraussetzen, nicht auf solche, die von Amts wegen zu treffen sind (BGHSt 15 253; a. A. KK-*Maul* 5, KMR-*Paulus* 4 ff; vgl. auch *Hanack* JZ 1971 92). Sie bereitet keine Schwierigkeiten für schriftliche Entscheidungen, bei denen ausführliche Begründungen ohnehin der Gerichtspraxis entsprechen. Sie erfordert vor allem sorgfältige Beachtung bei den mündlichen Entscheidungen in der Hauptverhandlung, die alle schon nach der ersten Alternative begründet werden müssen (Rdn. 1). Namentlich sind Beschlüsse, die einen Beweisantrag[2], eine beantragte Vereidigung oder die Aussetzung einer Hauptverhandlung (OLG Celle NJW 1961 1319) ablehnen, zu begründen. Das gleiche gilt für den Vorlagebeschluß, durch den ein Richter im Kostenfestsetzungsverfahren einer Erinnerung nicht abhilft, sie vielmehr dem Beschwerdegericht zur Entscheidung vorlegt (OLG München AnwBl. 1980 122).

5   Ob auch dann eine Ablehnung vorliegt, wenn das Gericht dem Antrag eines Beteiligten gegen den **Widerspruch** eines anderen Beteiligten entspricht, ist streitig (bejahend RGRspr. 4 324; verneinend RGRspr. 3 295; RG GA 59 454; BGHSt 15 253). Der verneinenden Ansicht ist zuzustimmen, wenn der Widerspruch nur eine unmotivierte Gegenvorstellung gegen eine von Amts wegen zu treffende Entscheidung ist, die nach § 238 Abs. 1 die Zuständigkeit vom Vorsitzenden aufs Gericht überträgt (RG GA 40 158). Wird der Widerspruch jedoch mit der Berufung auf eine Gegennorm begründet, so ist er wie ein Antrag zu behandeln. Denn es kann nicht von dem Geschick des Widersprechenden abhängen, ob er seinen Widerspruch in die Form eines Antrags zu kleiden versteht (ebenso *Eb. Schmidt* 5 a; kritisch *Fränkel* LM § 34, 2 und *Hanack* JZ 1971 92).

6   **3. Inhalt.** § 34 gilt nicht nur für die schriftliche Abfassung der Entscheidungen, sondern auch für deren Bekanntmachung, die sich, soweit das Gesetz nichts anderes vorschreibt, auch auf die Gründe erstrecken muß. Die Gründe müssen den Prozeßbeteiligten in die Lage versetzen, sein weiteres Verhalten auf die Meinung und die Absicht des Gerichts einzustellen, und das Rechtsmittelgericht, nachzuprüfen, ob das Gericht von zutreffenden Erwägungen ausgegangen ist (RGRspr. 4 324; RGSt 67 98; 75 13; OLG

---

[2] *J. Schulz* (GA 1981 301) bejaht – entgegen der ganz herrschenden Meinung – eine Begründungspflicht auch in bezug auf die Ablehnung eines Beweisermittlungsantrags.

Hamm NJW **1951** 166). Namentlich muß die Entscheidung eindeutig erkennen lassen, ob und inwieweit sie auf rechtlichen oder auf tatsächlichen Gründen beruht. Innere Gründe, wie die Absicht der Verschleppung (§ 244 Abs. 3 Satz 2), sind besonders sorgfältig zu begründen (RGSt **74** 154). Die Begründung muß die wahren Gründe angeben; es ist unzulässig, Gründe, die im Beschluß nicht dargelegt sind, im Urteil nachzuschieben (BGH NJW **1951** 368). Es reicht grundsätzlich nicht aus, daß nur der Gesetzeswortlaut wiedergegeben wird (OLG Hamm NJW **1951** 166; BayObLGSt **1952** 258 = NJW **1953** 233; OLG Schleswig SchlHA **1955** 228). Die Begründung, daß ein Antrag unerheblich sei, ist ungenügend (RG JW **1932** 2040), der Hinweis auf das künftige Urteil unzulässig (RG JW **1929** 259).

Hängt die Entscheidung lediglich vom **Ermessen** ab, so mag aus der Ablehnung **7** des Antrags die Begründung entnommen werden, daß das Gericht es nicht für angemessen erachtet habe, dem Antrag stattzugeben (RGSt **57** 44; **77** 332). Eine solche Begründung genügt aber nicht, wenn sie nicht erkennen läßt, ob der Fall einer Ermessensentscheidung vorliegt (OLG Celle NJW **1961** 1319); welchen Fall, für den das Gesetz eine Ermessensentscheidung zuläßt, das Gericht angenommen hat (BGHSt **1** 177); ob das Gericht überhaupt erkannt hat, daß es ein Ermessen auszuüben habe; und ob es ein ihm eingeräumtes Ermessen nicht mißbraucht hat. Sorgfältige Begründung macht dem Gericht den Gang seiner Überlegungen klar und ist daher am sichersten geeignet, gefühlsmäßige Entscheidungen zu vermeiden. Sorgfalt ist aber nicht mit Weitschweifigkeit zu verwechseln. Vielmehr muß das Gericht bei Ermessensentscheidungen die zur Entscheidung zu erwägenden tatsächlichen Feststellungen kurz und auf das Wesentliche beschränkt wiedergeben und die Erwägungen gedrängt, aber klar darlegen, nach denen es sein Ermessen ausgeübt hat (OLG Köln JMBlNRW **1971** 223). Das gilt auch für Nebenentscheidungen über Kosten, Auslagen und Entschädigungen (*Seier* GA **1980** 413; a. A. *Kleinknecht/Meyer* 3).

Sondervorschriften über den Inhalt der Begründung enthält die Strafprozeßord- **8** nung bei gewissen Ablehnungsentscheidungen (§ 26 a Abs. 2 Satz 2), für das Urteil (§ 267), den Haftbefehl (§ 114 Abs. 2 und 3), für die Beschlüsse, mit denen das Hauptverfahren eröffnet (§ 207 Abs. 1 und 2) oder die Eröffnung abgelehnt wird (§ 204 Abs. 1), für Vorlage- (§ 225 a Abs. 3) sowie Verweisungsbeschlüsse (§ 270 Abs. 2).

4. Beurkundung. Werden die Gründe der Entscheidung eines Kollegialgerichts **9** nicht in der Sitzung niedergeschrieben, sondern erst später durch einen mitwirkenden Richter abgefaßt, so hat zwar der Vorsitzende die Niederschrift auf ihren Inhalt und ihre Form zu prüfen, doch darf er sie nicht einseitig inhaltlich ändern. Er hat beim Abfassen der Entscheidungsgründe nur dasselbe Stimmrecht wie beim Beschluß über den mit der Entscheidung zu fällenden Spruch; er darf weder einen von der Kammer oder dem Senat gebilligten, ihm selbst aber nicht genehmen Entscheidungsgrund beseitigen noch einen Grund, den die Mehrheit nicht gutgeheißen hat, nach seinem Gutdünken hinzufügen (RGSt **24** 118; **28** 56; **44** 121; *Sachse* GA **70** (1926) 161).

5. Das Fehlen von Entscheidungsgründen ist bei Urteilen absoluter Revisions- **10** grund (§ 338 Nr. 7, erster Halbsatz). Ebenso werden schriftliche, außerhalb einer Hauptverhandlung ergehende Beschlüsse in der Regel (weitergehend — stets — OLG Köln JMBlNRW **1960** 44) aufzuheben sein, wenn ihnen die Begründung fehlt. Damit ist es auch regelmäßig unangemessen, daß das Beschwerdegericht in der Sache entscheidet (§ 309 Abs. 2). Es hat vielmehr die unbegründete Entscheidung aufzuheben und die Sache an den judex a quo zur ordnungsmäßigen Behandlung **zurückzuverweisen,** weil sonst dem Beschwerdeführer eine Instanz genommen würde (OLG Bremen NJW 1951 84; BayObLGSt 1953 167 = NJW 1954 123)[3]. Immerhin sind Ausnahmen hiervon denkbar, z. B. wenn ein privatschriftliches Wiederaufnahmegesuch ohne Begründung verworfen worden ist; hier wäre eine Zurückverweisung sinnlos; es genügt, wenn der Beschwerdeführer durch die Beschwerdeentscheidung über den Formmangel aufgeklärt wird.

11   Fehlt einem vom **erkennenden** Gericht erlassenen Beschluß die Begründung, so ist das zwar bei ablehnenden Beschlüssen „unter allen Umständen unzulässig und mit Revision anfechtbar" (RGSt 69 98), doch führt der Mangel nicht zur Aufhebung des auf seiner Grundlage ergangenen Urteils, wenn ersichtlich ist, daß der Beschwerdeführer über die Gründe nicht hat im Zweifel sein können (RG GA 64 373; RG JW 1931 2504; OLG Hamburg VRS 56 458).

§ 34 a

Führt nach rechtzeitiger Einlegung eines Rechtsmittels ein Beschluß unmittelbar die Rechtskraft der angefochtenen Entscheidung herbei, so gilt die Rechtskraft als mit Ablauf des Tages der Beschlußfassung eingetreten.

Schrifttum. *Pohlmann* Welche Bedeutung hat § 34 a StPO für die Strafzeitberechnung? Rpfleger 1979 126.

Entstehungsgeschichte. Eingefügt durch Art. 1 Nr. 8 StVÄG 1979.

1   **1. Zweck der Vorschrift.** Die Strafprozeßordnung enthält keine ausdrückliche allgemeine Regelung über den Eintritt der Rechtskraft von Entscheidungen. Einigkeit in Rechtsprechung und Lehre besteht nur darin, daß für den Anfechtungsberechtigten die formelle Rechtskraft von anfechtbaren Entscheidungen in dem Zeitpunkt eintritt, wo dieser auf die Einlegung des Rechtsmittels verzichtet hat oder die dafür vorgesehene Rechtsmittelfrist abgelaufen ist. Entscheidungen, gegen die kein Rechtsmittel (mehr) gegeben ist, werden mit ihrem Erlaß rechtskräftig. Zu letzteren zählen namentlich solche, über die durch **nicht mehr anfechtbaren** Beschluß auf ein rechtzeitig eingelegtes Rechtsmittel hin entschieden wird (vgl. Begr. zu Art. 1 Nr. 8 BTDrucks. 8 976, S. 35).

2   Streitig ist, wann ein solcher Beschluß **erlassen** ist. Nach der hier vertretenen Ansicht (§ 33, 12) ist eine Entscheidung, die außerhalb der Hauptverhandlung ergeht, wenn sie, schriftlich abgefaßt und unterschrieben, auf Anordnung des Vorsitzenden (§ 36 Abs. 1 Satz 1), diese ausgeführt durch die Geschäftsstelle (§ 36 Abs. 1 Satz 2), an eine Person außerhalb des Gerichts bekanntgegeben (OLG Bremen NJW 1956 435; OLG Frankfurt (Z) MDR 1962 744; OLG Hamburg NJW 1963 874; OLG Koblenz VRS 42 376, 48 291; OLG Karlsruhe Justiz 1974 436; OLG Düsseldorf AnwBl. 1981 288)[1] oder der Staatsanwaltschaft durch Übersendung der Akten mit der in ihnen enthaltenen un-

---

[3] Ebenso OLG Köln JMBlNRW 1960 44; OLG Oldenburg NJW 1971 1068; OLG Schleswig bei *Ernesti/Lorenzen* SchlHA 1982 118; LG Kleve AnwBl. 1978 356; LG Konstanz AnwBl. 1978 357.

[1] Ebenso *Dahlke/Fuhrmann* § 33, 1; *Eb.*

Schmidt Nachtr. II § 33, 9 a unter Aufgabe von II § 33, 12; *Pohlmann/Jabel* StVollStrO § 13, 10; *Geppert* GA 1972 166; vgl. auch BayVerfGH MDR 1963 376 und *Sieg* NJW 1975 530; **a. A.** *Kleinknecht/Meyer* Vor § 33, 8.

terschriebenen Entscheidung (§ 36 Abs. 2 Satz 1; § 36, 18) übergeben wird (OLG Celle NJW **1951** 415, JZ **1955** 124). Nach anderer Ansicht soll der Beschluß schon mit der förmlichen Anordnung des Vorsitzenden zur Herausgabe des Beschlusses aus dem inneren Geschäftsgang erlassen sein (RGSt **56** 360; **66** 122)[2]. Nach OLG Düsseldorf (NJW **1950** 760 zu § 349 Abs. 2, § 449) und *Karstendiek* (DRiZ **1977** 276) soll es auf den durch das Beschlußdatum ausgewiesenen Tag der unterzeichneten Entscheidung, nach OLG Köln (JR **1976** 514) auf den Zeitpunkt der Übergabe an die Geschäftsstelle ankommen[3].

§ 34 a enthält sich einer Entscheidung zu dem dogmatischen Streit über den tat- **3** sächlichen Eintritt der Rechtskraft. Er sieht statt dessen eine **allgemeine Regelung** vor, wonach der Eintritt der Rechtskraft bei Entscheidungen, über die durch nicht mehr anfechtbaren, auf ein rechtzeitig eingelegtes Rechtsmittel hin ergehenden Beschluß entschieden wird, als mit Ablauf des Tages der Beschlußfassung eingetreten gilt (Begr. zu Art. 1 Nr. 8 BTDrucks. **8** 976, S. 36). Die Regelung baut auf dem durch Art. 1 Nr. 32 StVÄG 1979 aufgehobenen § 450 Abs. 2 auf, wonach für die Berechnung der Strafzeit — in Form einer gesetzlichen Fiktion (OLG Hamm NJW **1956** 274) — die Rechtskraft des Urteils rückwirkend als zu Beginn des Tages der Beschlußfassung eingetreten galt.

Obwohl die Regelung in § 450 Abs. 2 den Anforderungen der Praxis in vollem **4** Umfang gerecht geworden ist, hat der Gesetzgeber sie für die — nunmehr allgemein geltende — Regelung des § 34 a nicht übernommen. Entscheidend dafür war u. a., daß sie in den Fällen zu unbefriedigenden Ergebnissen führen muß, in denen etwa ein **Berufsverbot** gegen Beamte oder Notare rechtskräftig wird, die noch am Tag der Beschlußfassung Handlungen vorgenommen haben, die Dritten gegenüber Rechtswirkungen entfalten und bei einer Rückwirkung auf den Beginn des Tages der Beschlußfassung unwirksam sein würden. „Entsprechend der Regelung des § 187 Abs. 1 BGB sollen die durch die Rechtskraft bedingten Wirkungen der angefochtenen Entscheidung daher erst mit Ablauf des Tages der Beschlußfassung eintreten, wobei sich bei der **Strafzeitberechnung** nur in den sehr seltenen Fällen der Schlechterstellung um einen Tag ergibt, in denen nach der engen Ausnahmevorschrift des § 51 Abs. 1 Satz 2 StGB die Untersuchungshaft nicht auf die erkannte Strafe angerechnet wird" (so Begr. zu Art. 1 Nr. 8 BTDrucks. **8** 976, S. 36). Auch für die Berechnung der Strafzeit gilt nunmehr § 34 a (Begr. zu Art. 1 Nr. 33 BTDrucks. **8** 976, S. 61).

2. Weitere Bedeutung. Abgesehen von dem im vorigen Absatz behandelten Fall **5** der Strafzeitberechnung — wegen der Anrechnung von Untersuchungshaft vgl. die Erläuterungen zu § 450 Abs. 1 — hat die Frage des Eintritts der Rechtskraft besondere Bedeutung für folgende **Fälle**: Wirksamkeit der Entziehung der Fahrerlaubnis (§ 69 Abs. 3 Satz 1 StGB; LK § 69, 53) sowie der Anordnung des Berufsverbots (§ 70 Abs. 4 Satz 1 StGB; *Dreher/Tröndle* § 70, 15); Zeitpunkt des Verlusts der in § 45 StGB bezeichneten Fähigkeiten, Rechtsstellungen und Rechte (§ 45 a Abs. 1 StGB; LK § 45 a, 43); die Frage der rechtskräftigen Aburteilung von Teilakten einer fortgesetzten Handlung; die Ausfüllung der Strafnachricht an das Bundeszentralregister, zu Unrecht entfernte Eintra-

---

[2] Ebenso OLG Hamburg HESt **1** 161; OLG Köln NJW **1954** 1738; JR **1976** 514; OLG Hamm GA **1959** 287; JZ **1967** 185; KMR-*Paulus* Vor § 33, 28.

[3] Wegen der verschiedenen Theorien zu dieser Frage – Äußerungs- oder Kreationstheorie, Entäußerungs- oder Emissionstheorie,

modifizierte Entäußerungstheorie, *(Nieses)* Rückwirkungstheorie (JZ **1951** 757) und Zugangstheorie vgl. *Gantzer* Die Rechtskraft prozessualer Beschlüsse und Verfügungen, Diss. München **1967** 25 bis 35 sowie KMR-*Paulus* Vor § 33, 19–27.

Günter Wendisch

gungen in das Bundeszentralregister (§ 24 BZRG; *Götz* BZRG § 24, 4; 5; § 46, 5 jeweils in Verb. mit § 1, 7; 8); Rückfall-Voraussetzungen (§ 48 StGB); Beginn der Bewährungszeit (§ 56 a Abs. 2 Satz 1 StGB; vgl. dazu OLG Düsseldorf MDR **1973** 426; OLG Hamm — 2. StS — MDR **1974** 947 und — 4. StS — NJW **1978** 2208), der Führungsaufsicht zufolge Anordnung (§ 68 c Abs. 2 Satz 1 StGB; LK § 68 c, 12 ff) im Gegensatz zur gesetzlichen nach § 67 d Abs. 4 StGB und § 68 f Abs. 1 Satz 1 StGB (LK § 68 c, 15) und Sperre für die Erteilung einer Fahrerlaubnis (§ 69 a Abs. 5 Satz 1 StGB; LK § 69 a, 25).

6　　3. Die **angefochtene Entscheidung,** deren Rechtskraft der Beschluß herbeiführt, ist regelmäßig ein Urteil im Straf-oder Bußgeldverfahren; sie kann auch ein Beschluß sein, der der Rechtskraft fähig ist. Auf jeden Fall muß es sich um eine Entscheidung handeln, gegen die ein befristetes Rechtsmittel, nämlich Berufung, Revision, Rechtsbeschwerde oder sofortige Beschwerde statthaft und **rechtzeitig eingelegt** worden ist. Wird die Entscheidung nicht rechtzeitig angefochten, wird sie mit dem Ablauf der Rechtsmittelfrist rechtskräftig (KK-*Maul* 6; KMR-*Paulus* 15; *Kleinknecht/Meyer* 6). Das gilt auch in bezug auf die sofortige Beschwerde. Zwar hemmt eine solche grundsätzlich nicht die Vollstreckung des angefochtenen Beschlusses (§ 307 Abs. 1); jedoch läßt dieser Umstand den Eintritt der Rechtskraft unberührt. Unmittelbar führt der Beschluß die Rechtskraft der angefochtenen Entscheidung herbei, wenn er selbst nicht mehr angefochten werden kann (Rdn. 9).

4. Anwendungsbereich

7　　a) **Keine Anwendung.** Die Vorschrift **gilt nicht** für Entscheidungen — Urteile oder Beschlüsse —, die im Lauf einer Hauptverhandlung ergehen (§ 33 Abs. 1) und auch nicht für Entscheidungen in anderen mündlichen Verhandlungen, wenn der von ihr Betroffene bei der Verkündung der Entscheidung anwesend war. Diese werden durch (mündliche) Verkündung erlassen und damit zugleich wirksam (§ 33 Abs. 1, § 35 Abs. 1 Satz 1; § 33, 10 f; *Kleinknecht/Meyer* 1, 10).

8　　§ 34 a gilt aber auch nicht für solche Beschlüsse, durch die ein Rechtsmittel wegen verspäteter Einlegung als unzulässig verworfen worden ist, wie aus der Formulierung „nach rechtzeitiger Einlegung" folgt. Sie findet mithin **keine Anwendung** auf Beschlüsse nach § 319 Abs. 1 (Verwerfung der Berufung durch das Gericht des ersten Rechtszugs als unzulässig; dagegen: Antrag auf Entscheidung des Berufungsgerichts nach Absatz 2); nach § 322 Abs. 1 (Verwerfung der Berufung als unzulässig durch das Berufungsgericht; dagegen: sofortige Beschwerde nach Absatz 2); nach § 346 Abs. 1 (Verwerfung der Revision als unzulässig durch das Gericht, dessen Urteil angefochten wird; dagegen: Antrag auf Entscheidung des Revisionsgerichts nach Absatz 2 Satz 1); nach § 349 Abs. 1 (Verwerfung der Revision als unzulässig durch das Revisionsgericht); in den letzten drei Fällen allerdings nur, soweit die **verspätete** Einlegung des Rechtsmittels der Grund der Verwerfung ist. In diesen Fällen tritt die Rechtskraft mit dem ungenutzten Ablauf der Rechtsmittelfrist ein (RGSt **53** 236; BGHSt **22** 219)[4].

9　　b) **Anwendung.** Zu den Beschlüssen, die — sobald sie selbst Wirksamkeit erlangt haben — die Rechtskraft im Sinn der neuen Vorschrift **unmittelbar** herbeiführen, gehö-

---

[4] Ebenso KG GA **71** 43 = DJZ **1926** 458; OLG Düsseldorf JMBlNRW **1951** 60; OLG Neustadt GA **1955** 185; OLG Hamburg NJW **1963** 265; *Niese* JZ **1951** 757; **1957** 77; *Küper* GA **1969** 364; nunmehr auch *Kleinknecht/Meyer* 4 unter Aufgabe der früheren teilweise abweichenden Ansicht; vgl. auch Begr. zu Art. 1 Nr. 8 BTDrucks. **8** 976, S. 36.

ren einmal die Beschlüsse nach § 322 Abs. 2, § 346 Abs. 2 und § 349 Abs. 1, soweit sie das Rechtsmittel aus anderen Gründen als wegen verspäteter Einlegung verwerfen (BGH NJW **1974** 373). Als **Hauptanwendungsfälle** sind jedoch zu nennen: der Beschluß, durch den die Revision nach § 349 Abs. 2 als offensichtlich unbegründet, die Rechtsbeschwerde nach § 79 Abs. 5 Satz 1 OWiG und der Antrag auf Zulassung der Rechtsbeschwerde nach § 80 Abs. 3 Satz 3 OWiG, einstimmig verworfen wird. Alle diese Entscheidungen führen die Rechtskraft unmittelbar herbei, weil sie unanfechtbar sind. Dagegen fallen alle Beschlüsse, durch die das Rechtsmittelgericht die Berufung nach § 322 Abs. 1 oder die Revision nach § 346 Abs. 1 als unzulässig verworfen hat, wie in Rdn. 6 ausgeführt, nur dann unter § 34 a, wenn ihre Rechtskraft nicht schon zufolge ungenutzten Ablaufs der Beschwerde- oder Antragsfrist, sondern erst durch die Entscheidung des Rechtsmittelgerichts eingetreten ist (vgl. dazu die Anmerkungen zu §§ 346, 349).

5. Unter dem Tag der Beschlußfassung ist der Tag zu verstehen, der in dem **10** Beschluß angegeben ist (OLG Frankfurt NJW **1965** 1725). Es kommt also nicht darauf an, daß die Verwerfung der Revision schon früher in mündlicher Beratung beschlossen wurde, wenn der Beschluß erst später, weil mit kurzer Begründung versehen, abgesetzt und unter dem Tag der Unterzeichnung zu den Akten gebracht wird; denn es ist ja gerade Sinn der Regelung, Zweifel jeder Art durch eindeutige Festlegung des für den Eintritt der Rechtskraft und in dem angeführten Beispiel des für den Beginn der Strafzeitberechnung maßgebenden Zeitpunkts auszuschließen.

6. Überleitungsregelung s. 23. Aufl. EB 9. **11**

§ 35

(1) ¹**Entscheidungen, die in Anwesenheit der davon betroffenen Person ergehen, werden ihr durch Verkündung bekanntgemacht.** ²**Auf Verlangen ist ihr eine Abschrift zu erteilen.**

(2) ¹**Andere Entscheidungen werden durch Zustellung bekanntgemacht.** ²**Wird durch die Bekanntmachung der Entscheidung keine Frist in Lauf gesetzt, so genügt formlose Mitteilung; dies gilt nicht für die Mitteilung von Urteilen.**

(3) **Dem nicht auf freiem Fuß Befindlichen ist das zugestellte Schriftstück auf Verlangen vorzulesen.**

Entstehungsgeschichte. Satz 2 des Absatzes 2 ist eingefügt durch Art. IV Nr. 1 der VO zur Vereinfachung der Zustellungen vom 17. 6. 1933 (RGBl. I 394).

Geplante Änderungen. Nach Art. 1 Nr. 3 des StVÄGE 1984 soll der letzte Halbsatz von Absatz 2 Satz 2 gestrichen werden. S. ggfs. die Erläuterungen im Nachtrag zur 24. Auflage.

Übersicht

Günter Wendisch

1   **1. Zweck.** Die Vorschrift bezweckt wie §§ 33, 34 die Sicherung des **Anspruchs auf rechtliches Gehör** im Strafverfahren. Durch die — mündliche oder schriftliche — Unterrichtung über Ergebnis und Begründung der ergangenen Entscheidung wird der betroffenen Person die Möglichkeit eröffnet, ihr weiteres prozessuales Vorgehen, namentlich die Frage abzuwägen, ob sie ein Rechtsmittel einlegen solle (vgl. BVerfGE **36** 88 = NJW **1974** 133; BGHSt **27** 88; KK-*Maul* 1).

2   **2. Entscheidungen.** Zu dem Begriff s. § 33, 4 ff, doch fallen hier auch die prozeßleitenden Verfügungen unter den Begriff (RGRspr. **1** 543; RGSt **1** 346; OLG Braunschweig JZ **1953** 640). Demzufolge gehören hierher u. a. auch Beschlüsse, durch die ein Beweisantrag (RGSt **1** 36) oder ein Vertagungsantrag (RGSt **23** 137) abgelehnt wird, sowie Beschlüsse über die Entbindung des Angeklagten vom Erscheinen in der Hauptverhandlung (RGSt **15** 203; **44** 48) und über die Anordnung und die Fortdauer der Untersuchungshaft (*Dörr* BayZ **2** 115).

3   **3. Wer Betroffener** ist, muß in jedem einzelnen Fall nach den Grundsätzen der Strafprozeßordnung und der Bedeutung der einzelnen Vorschrift beantwortet werden. Die Bemerkung des Kammergerichts (GA **59** 476), der Begriff des Betroffenen sei enger als der des Prozeßbeteiligten (§ 33, 18), ist im Grundsatz richtig. So ist z. B. von einem Beschluß, der die Ablehnung für unbegründet erklärt (§ 28 Abs. 2), nur betroffen, wer die Ablehnung angebracht hatte (§ 28, 6). Gleichwohl trifft die Ansicht des Kammergerichts in dieser Allgemeinheit nicht zu. Denn grundsätzlich ist von einer Entscheidung **jeder Prozeßbeteiligte** betroffen, den ihre Auswirkung berühren kann, gleichgültig ob er von ihr beschwert oder begünstigt ist (OLG Braunschweig JZ **1953** 641), also z. B. auch der Nebenkläger (OLG Hamburg HRR **1932** 1529). Da die Möglichkeit einer Auswirkung in der Regel bei jedem Prozeßbeteiligten besteht, wird dieser Begriff meistens mit dem des Beteiligten zusammentreffen. Die Staatsanwaltschaft ist, da sie auch zu Gunsten des Beschuldigten Rechtsmittel einlegen kann (§ 296 Abs. 2), im Offizialverfahren stets betroffen (KK-*Maul* 4; KMR-*Paulus* 17).

4   Für gewisse Fälle gibt das Gesetz **besondere Vorschriften,** die in der Regel den Kreis der Beteiligten einengen, so in § 114 a über die Bekanntmachung des Haftbefehls bei der Vollziehung oder unmittelbar danach, in § 201 Abs. 1 über die Mitteilung der Anklageschrift, in § 316 Abs. 2, § 343 Abs. 2 über die Zustellung von Urteilen. Ferner bestimmt § 54 Abs. 2 JGG, daß die Urteilsgründe dem Angeklagten nicht mitgeteilt werden, soweit davon Nachteile für die Erziehung zu besorgen sind, und § 67 Abs. 2 JGG, daß eine Mitteilung, die an den Beschuldigten vorgeschrieben ist, an den Erziehungsberechtigten und an den gesetzlichen Vertreter gerichtet werden soll (vgl. BayObLGSt **1954** 51 — Leitsatz a = NJW **1954** 1378).

5   **4. Durch Verkündung (Absatz 1 Satz 1)** werden den Beteiligten oder sonst Betroffenen Entscheidungen bekanntgemacht, die in ihrer Anwesenheit ergehen. Wegen der Verkündung früher erlassener Entscheidungen in einem späteren Termin s. Rdn. 20. Die Verkündung greift Platz nicht nur bei Entscheidungen, die in einer Hauptverhandlung ergehen, sondern auch bei denjenigen, die ein Richter im vorbereitenden Verfahren oder ein beauftragter oder ersuchter Richter bei einer Vernehmung oder einem Augenschein erläßt. Für die Verkündung des **Urteils** ist § 268 Abs. 2 maßgebend. Eine Bekanntgabe des Zeitpunkts der Urteilsverkündung ist nur geboten, wenn die Verkündung ausgesetzt wird, nicht aber dann, wenn die Beratung sich an die Verhandlung anschließt (RG JW **1933** 434). Für **Beschlüsse** gilt § 268 nicht; sie brauchen nicht verlesen zu werden; es genügt, wenn dem Betroffenen der wesentliche Inhalt mitgeteilt wird (RGSt **44** 54). Lehnt das Berufungsgericht in der Hauptverhandlung einen Antrag des insoweit bevollmächtigten Verteidigers in dessen Anwesenheit ab, den nicht erschienenen Angeklagten nach § 233 Abs. 1 vom Erscheinen in der Hauptverhandlung zu entbinden, so braucht der Beschluß dem Angeklagten selbst nicht bekanntgemacht zu werden (BGHSt **25** 281).

Die Verkündung ist eine richterliche Handlung. Sie obliegt regelmäßig dem **Vor- 6 sitzenden** als Verhandlungsleiter (§ 238 Abs. 1), ausnahmsweise einem anderen Richter des erkennenden Gerichts. Ein nichtrichtlicher Beamter (Protokollführer) darf sie nicht vornehmen. Einem Referendar darf die Verkündung nicht übertragen werden, wohl aber aus besonderen Gründen einem anderen richterlichen Mitglied (OLG Oldenburg NJW **1952** 1310). Der Richter muß die Entscheidung selbst dann verkünden, wenn der, den sie angeht, der deutschen Sprache nicht mächtig ist; die verkündete Entscheidung ist alsbald danach durch den Dolmetscher in die fremde Sprache zu übertragen.

Die Verkündung ist im Protokoll zu **beurkunden**. Ist die Entscheidung in einer 7 Hauptverhandlung ergangen, dann kann der Beweis, daß sie verkündet worden ist, nach § 274 nur durch die Niederschrift über die Hauptverhandlung erbracht werden. Ist die Entscheidung in einer dem Gesetz nicht genügenden, also rechtlich unwirksamen Weise verkündet oder fehlt es am Beweis der Verkündung, so kann der **Mangel** bei Beschlüssen durch Zustellung **geheilt** werden. Bei **Urteilen** ist er **unheilbar**. Die Hauptverhandlung ist nicht zu Ende geführt. Sie muß, soweit das noch möglich ist (§ 229), durch Verkündung zu Ende gebracht, sonst wiederholt werden.

5. Abschrift (Absatz 1 Satz 2). Das Recht auf *eine* Abschrift besteht kraft Gesetzes 8 aus dem staatlichen Interesse, den Betroffenen klar zu unterrichten. Das bedeutet allerdings nicht, daß einem der deutschen Sprache nicht hinreichend kundigen Ausländer auf Verlangen auch eine kostenfreie Übersetzung des Urteils auszuhändigen wäre (BVerfGE **64** 135 = JZ **1983** 659 mit zust. Anm. *Rüping*)[1]. Dieser braucht sein Interesse an der Abschrift und den Zweck, den er etwa mit ihr verfolgt, nicht darzulegen. Er kann durchaus das private Interesse haben, einen Vertrauten (etwa auch später vor einer Heirat) über die Tat aufzuklären oder Unterlagen für eigene Aufzeichnungen zu erlangen. Ein Zusammenhang mit strafrechtlichen Zwecken darf daher nicht gefordert werden (a. A. KG JR **1960** 352; KMR-*Paulus* 20; *Kleinknecht/Meyer* 9; wie hier: KK-*Maul* 9).

Mehr als eine Abschrift kann der Betroffene nicht verlangen, doch werden ver- 9 nünftige Wünsche auf mehrere Abschriften nicht abzulehnen sein. Abschriften **sonstiger**

---

[1] So schon früher OLG Hamburg NJW **1978** 2462; OLG Frankfurt NJW **1980** 1238; OLG Stuttgart NStZ **1981** 225; *Kleinknecht/Meyer* § 35, 11; Art. 6 MRK, 18; LR-*Schäfer*[23] § 184 GVG, 3; *Kissel* § 184 GVG, 10; KK-*Mayr* § 184 GVG, 3; KMR § 184 GVG, 8; differenzierend *Römer* NStZ **1981** 474; a. A. KK-*Schikora* § 464 a, 4; *Strate* AnwBl. **1980** 16; *Sieg* MDR **1981** 281; *Heldmann* StrVert. **1981** 253.

Aktenteile (OLG Rostock *Alsb.* E 1 107), namentlich des ganzen Hauptverhandlungsprotokolls (OLG Breslau GA 51 69; BayObLGSt 1953 29 = JR 1953 464) können aufgrund des § 35 nicht begehrt werden.

10   Das Recht auf eine Abschrift muß u. U. höheren Interessen gegenüber zurückstehen, namentlich wenn sich das Schriftstück mit Vorgängen und Nachrichten befaßt, die **im Staatsinteresse geheimzuhalten** sind (BayObLGSt 1932 178 = JW 1933 527). Grundsätzlich ist wenigstens dem Verteidiger die Abschrift mit Geheimverpflichtung auszuhändigen (BGHSt 18 369). Ist das in besonderen Fällen ausnahmsweise nicht möglich, ist namentlich bei Urteilen dem Angeklagten zu seiner Verwendung wenigstens eine gekürzte Abschrift auszuhändigen. Ist auch das nicht angängig, so ist, wie auch für weggelassene Teile, großzügig — unter Beachtung der Geheimhaltungsvorschriften (Nr. 213 RiStBV) — Akteneinsicht zu gewähren, um die Rechtsbeeinträchtigung soweit wie möglich auszugleichen.

11   **6. Zeitpunkt.** Die Abschrift muß, damit der Angeklagte in seinen prozessualen Rechten nicht beeinträchtigt wird, sobald als möglich (KK-*Maul* 10 und KMR-*Paulus* 23: unverzüglich) erteilt werden. Zwar kann der Angeklagte nicht verlangen, daß die Sitzung unterbrochen wird, damit ihm Abschrift etwa der Anordnung erteilt werde, das Gericht wolle von einem präsenten Beweismittel (§ 245) Gebrauch machen. Jedoch kann der Ansicht (RGSt 44 54) nicht beigepflichtet werden, daß während der Hauptverhandlung keine Abschrift eines in ihr verkündeten Beschlusses verlangt werden könne, wenn dadurch der Fortgang der Verhandlung gehemmt würde (einschränkend *Kleinknecht/ Meyer* 8; wie hier KK-*Maul* 10; KMR-*Paulus* 23). Einer solchen Auslegung steht der **Zweck der Abschrift** entgegen, dem Beteiligten eine klare, unverrückbare Unterlage für seine weiteren Prozeßhandlungen in die Hand zu geben (*Eb. Schmidt* 11; *Bendix* GS 39 (1887) 1). Der Ablehnung von Beweisanträgen kann der Angeklagte ohne schriftliche Unterlage schwer entgegentreten; die Beschwerde gegen ein Ordnungsmittel (§ 181 Abs. 1 GVG) ist in der Regel ohne Kenntnis des Protokoll- und Beschlußwortlauts nicht sachgemäß zu begründen. Demzufolge sind alle bedeutsameren Beschlüsse alsbald abzusetzen und später dem Protokoll als Anlage beizufügen (*Dünnebier* 41. DJT II G 16). Bedenken gegen dieses Verfahren bestehen nicht (RGSt 2 38; 25 250). Auf diese Weise wird der Anspruch der Beteiligten, alsbald eine Entscheidungsabschrift zu erhalten, wirksam gewährleistet.

12   Die Abschrift kann nicht nur unmittelbar nach der Verkündung, sondern auch zu jedem **späteren Zeitpunkt** verlangt werden (KG JR 1960 352), solange die Akten im Gewahrsam der Justiz sind.

13   **7. Zuständigkeit.** Über den Antrag, eine Abschrift zu erteilen, entscheidet das Gericht, das die Entscheidung, von der die Abschrift begehrt wird, erlassen hat (BayObLGSt. 5 237). Wird der Antrag **nach Rechtskraft** gestellt, trifft die Entscheidung die Justizverwaltungsbehörde, welche die Akten verwahrt (BayObLGSt 32 177 = JW 1933 527; KG JR 1960 352; Nr. 183 lit. c RiStBV), also die Staatsanwaltschaft.

14   Die Abschrift erteilt die **Geschäftsstelle** der Behörde, die über den Antrag bejahend entschieden hat. Sind die Akten nach Ablauf der Aufbewahrungsfrist nicht vernichtet, sondern ans **Staatsarchiv** abgeliefert worden, dann entscheidet dieses nach seinen Vorschriften.

15   **8. Kosten.** Für die Abschriften werden keine Kosten, wohl aber Schreibgebühren als Auslagen erhoben (§ 56 GKG). Auslagenvorschuß wird nicht erfordert (§ 68 Abs. 3

Satz 2 GKG). Die erste Ausfertigung oder Abschrift jeder Entscheidung, die einem Beschuldigten erteilt wird, ist auslagenfrei (§ 91 Abs. 2 Satz 1 GKG).

Damit erledigt sich, weil nach § 35 Abs. 1 nur *eine* Abschrift verlangt werden **16** kann, auch die Frage, ob einem freigesprochenen Angeklagten eine kostenfreie Urteilsabschrift zusteht. Nr. 140 Satz 1 RiStBV schreibt ausdrücklich vor, daß von einem rechtskräftigen Urteil sowie von einem Beschluß über Strafaussetzung zur Bewährung (§ 268 a) dem Angeklagten ohne Antrag eine Abschrift zu übersenden ist. Das Gericht ist aber auch sonst befugt, die Zusendung von Abschriften ohne Antrag anzuordnen, wenn es erforderlich ist, den Zweck der Strafe zu erreichen. Das kann namentlich bei verurteilenden Erkenntnissen der Fall sein, wenn sie ernste Warnungen für einen Rückfall enthalten, namentlich die Ankündigung der Sicherungsverwahrung oder sonstiger freiheitsentziehender Maßregeln.

9. Zustellungen (Absatz 2 Satz 1). Zustellung ist der in gesetzlicher Form zu bewir- **17** kende und zu beurkundende Akt, durch den dem Adressaten Gelegenheit zur Kenntnisnahme eines Schriftstücks verschafft wird (*Rosenberg/Schwab*[12] § 73 I 1). Sie dient dem Interesse sowohl des Anordnenden wie auch des Adressaten. Ersterer kann mit Hilfe der Zustellungsurkunde den Nachweis erbringen, daß der auf ihr bezeichnete Empfänger von dem zugestellten Schriftstück Kenntnis nehmen konnte. Für letzteren sichert sie auch die Verwirklichung des rechtlichen Gehörs, indem sie gewährleistet, daß der Adressat Kenntnis von dem zugestellten Schriftstück nehmen und seine Rechtsverteidigung oder Rechtsverfolgung darauf einstellen kann (BGHZ **12** 96; BGH (Z) JR **1978** 377). Zustellungen finden daher statt bei Entscheidungen, die in Abwesenheit der von ihnen Betroffenen ergehen, wenn durch ihre Bekanntmachung eine Frist in Lauf gesetzt wird, sowie stets bei in Abwesenheit verkündeten Urteilen[2]. Sonst genügt formlose Mitteilung (Rdn. 19). Auch wo sie ausreicht, kann jedoch Zustellung geboten sein. Hängt bei Entscheidungen, die auf Antrag ergangen sind, das weitere Verhalten des Betroffenen davon ab, ob dem Antrag stattgegeben ist, so wird Zustellung zu wählen sein, wenn das Gericht aus dem weiteren Verhalten Folgerungen ziehen, etwa eine Berufung verwerfen (vgl. RGSt **59** 279) oder einen Beschluß über die Aussetzung des Strafrestes widerrufen will (vgl. OLG Schleswig SchlHA **1979** 87). Die **Zustellung** ist auch vorzuziehen, wenn die Entscheidung von besonderer Bedeutung ist oder der Nachweis der Mitteilung als Grundlage für gerichtliche Maßnahmen oder erneuter Strafbarkeit (vgl. § 111 a in Vbdg. mit § 21 StVG) dienen kann. Demzufolge soll allen Beteiligten, auf jeden Fall aber dem Angeklagten, die Ladung zur Hauptverhandlung zugestellt werden (Nr. 117 Abs. 1 Satz 1 RiStBV). Dasselbe gilt von dem Beschluß, durch den der Angeklagte von der Verpflichtung entbunden wird, zur Hauptverhandlung zu erscheinen (§ 233 Abs. 1; RGSt **15** 202; **29** 70; **62** 259; *Eb. Schmidt* 13; KK-*Maul* 18) oder durch den außerhalb der Hauptverhandlung Termin zu ihrer Fortsetzung anberaumt wird (BGH NStZ **1984** 41 mit krit. Anm. *Hilger*). Zu dem **Verfahren** bei Zustellungen s. § 37.

Für das **staatsanwaltschaftliche Verfahren** gilt § 35 nicht, doch ist auf die Bekannt- **18** machung von Einstellungsbescheiden, gegen die Rechtsbeschwerde (§ 172 Abs. 1 Satz 1) gegeben ist, und gegen ablehnende Bescheide des Generalstaatsanwalts, gegen die Antrag auf gerichtliche Entscheidung statthaft ist (§ 172 Abs. 2 Satz 1), § 35 Abs. 2 sinn-

---

[2] Die Bekanntmachung durch Zustellung ist also kein wesentliches Erfordernis der Wirksamkeit schriftlicher Entscheidungen, wie auch aus einem Vergleich mit § 33 – dort wird von Erlaß, hier von Bekanntmachung gesprochen – erhellt; vgl. dazu im einzelnen *Gantzer* 32.

Günter Wendisch

gemäß anzuwenden (Nr. 91 Abs. 2, Nr. 105 Abs. 5 Satz 2 RiStBV). Wird die Form der Zustellung gewählt, was bei anfechtbaren Bescheiden allein zweckmäßig und geboten ist, dann beginnt der Fristlauf, wie auch sonst, mit der Zustellung oder Ersatzzustellung, gleichviel wann der Empfänger den Bescheid in seine Hand bekommt (OLG Hamm JMBlNRW 1963 109).

19   10. **Formlose Mitteilung (Absatz 2 Satz 2)** kommt vornehmlich für die Bekanntgabe unanfechtbarer Entscheidungen und für die Benachrichtigung von Terminen, z. B. im Fall des § 224, in Betracht. Die formlose Mitteilung besteht darin, daß eine Ausfertigung oder Abschrift der Entscheidung übersandt, in geeigneten Fällen auch ihr Inhalt **schriftlich mitgeteilt** wird. Mündliche Eröffnung und Beurkundung durch den Urkundsbeamten sind zulässig (offen gelassen von OLG Hamm VRS **57** 125), aber in der Regel wenig zweckmäßig.

20   Eine früher erlassene Entscheidung kann in einer späteren Verhandlung verkündet werden (*Feisenberger* 3; KMR-*Paulus* 11), wenn weder ihre Verkündung noch ihre Zustellung notwendig war. Alsdann ersetzt die **Verkündung** die formlose Mitteilung (BGHSt **15** 385), die in jeder Form, also auch derjenigen der Verkündung, zulässig ist.

21   11. Das **Vorlesen (Absatz 3)** ist ein von der Zustellung verschiedener Vorgang; es folgt dieser nach und kann sie nicht ersetzen. Die formrichtige Zustellung bleibt auch dann wirksam, wenn das Vorlesen unterlassen wird, obwohl seine Voraussetzungen erfüllt sind. Jedoch kann das Unterlassen u. U. den Antrag auf Wiedereinsetzung in den vorigen Stand begründen. Das Vorlesen obliegt dem Zustellungsbeamten, einem Anstaltsbeamten oder dem Urkundsbeamten der Geschäftsstelle des Amtsgerichts, in dessen Bezirk die Anstalt liegt. Entstehen Zweifel, hat das Gericht, dessen Entscheidung zugestellt wird, darüber zu bestimmen, kann mit dem Vorlesen aber, wenn ihm das Landesrecht nicht andere Beamte dazu zur Verfügung stellt, nur einen Gerichtsbeamten beauftragen.

22   Nach dem Wortlaut des Absatzes 3 ist das Vorlesen nur für den Fall der förmlichen Zustellung (Absatz 2 Satz 1) vorgeschrieben. Da aber Absatz 2 Satz 2, der die formlose Mitteilung betrifft, erst später eingesetzt worden ist, liegt es nahe, ein Redaktionsversehen dahin anzunehmen, daß in Absatz 3 die Ausdehung auf die **formlosen Mitteilungen** versehentlich unterblieben ist. Wenn der Gesetzgeber eine Fürsorge für Analphabeten oder sehschwache Menschen für angebracht hält, besteht sie bei allen gerichtlichen Entscheidungen, jedenfalls wenn der Verwahrte selbst der Zustellungsempfänger ist. Wird er nur von einer Zustellung an den Verteidiger unterrichtet (§ 145 a Abs. 4 Satz 1), besteht die Verpflichtung nach § 35 Abs. 3 nicht.

23   In Wirklichkeit ist die Vorschrift **überholt**; in der Praxis wird kein Vorlesen verlangt. Dieses **Verlangen ist** aber neben der Verwahrung **Voraussetzung** für die Notwendigkeit des Vorlesens. Eine Belehrung ist nicht vorgeschrieben und bei der überholten Vorschrift nicht zweckmäßig. Die Anstaltsleitung wird von Amts wegen und nicht nur auf Antrag dafür Sorge zu tragen haben, daß in den wenigen Fällen, wo die Notwendigkeit dazu besteht, einem kranken, blinden, des Lesens nicht kundigen oder sonst behinderten Empfänger eingehende Schriftstücke verlesen werden. Zusätzlich wird sie — auch über Art. 6 Abs. 3 Buchst. a und b MRK hinaus — die **Übersetzung** zu veranlassen haben, wenn der Verwahrte (Rdn. 24) der deutschen Sprache nicht so mächtig ist, daß er auch das oft schwer verständliche Amtsdeutsch verstehen kann. Dafür hat — auch ohne besondere Vorschrift — ebenfalls das Gericht zu sorgen, wenn ihm dieser Umstand bekannt ist. Hat der Verwahrte dauernd Beistand der Vertretung seines Landes, kann die Übersetzung unterbleiben, wenn nicht ein Fristverlust droht.

12. Nicht auf freiem Fuß Befindliche. Ein Schriftstück muß dem Zustellungsemp- **24** fänger bei der Zustellung auf Verlangen nur dann vorgelesen werden, wenn er sich nicht auf freiem Fuß befindet. Dieses Verhältnis, von dem sonst noch § 148 Abs. 2, § 216 Abs. 2, § 299 Abs. 1 und § 350 Abs. 2 Satz 2, Abs. 3 Satz 1 sprechen, während in § 168 c Abs. 4 und § 224 Abs. 2 die Formel „nicht in Freiheit befindlich" gebraucht wird, ist, soweit mit den Vorschriften ein Fürsorgezweck verfolgt wird (§§ 35, 216, 299), bei jeder Freiheitsentziehung im weitesten Sinn gegeben (BGHSt 4 309; 13 212).

Eine solche **Freiheitsentziehung** liegt nach dem allgemeinen Sprachgebrauch vor, **25** wenn dem Zustellungsempfänger die Freiheit durch behördlichen Akt der öffentlichen Gewalt wider seinen Willen oder wider den Willen des Inhabers der elterlichen Gewalt entzogen ist. Beruht die Freiheitsentziehung auf dem Willen des Vormunds eines Volljährigen oder Minderjährigen, so treten zufolge der Notwendigkeit der vormundschaftlichen Genehmigung (§§ 1800, 1897 BGB) die öffentlich-rechtlichen Elemente der Vormundschaft so in den Vordergrund, daß auch eine solche Unterbringung als Freiheitsentziehung anzusehen ist (vgl. für den Zustand vor dem Familienrechtsänderungsgesetz BVerfGE 10 324 = NJW 1960 813; OLG Hamm NJW 1960 2239). Demzufolge geht der Begriff „nicht auf freiem Fuß" über die Begriffe des Gefangenen und auf behördliche Anordnung Verwahrten (§§ 120, 121 StGB) hinaus und deckt sich mit dem Begriff des von einer Freiheitsentziehung Betroffenen i. S. des Art. 104 GG.

13. Einem der deutschen Sprache nicht mächtigen **Ausländer** muß die verkündete **26** Entscheidung durch einen Dolmetscher übersetzt werden (Art. 6 Abs. 3 e MRK; EuGH NJW 1978 477). Wegen der Form der Rechtsmittelbelehrung gegenüber Ausländern vgl. § 35 a, 21.

§ 35a

Bei der Bekanntmachung einer Entscheidung, die durch ein befristetes Rechtsmittel angefochten werden kann, ist der Betroffene über die Möglichkeiten der Anfechtung und die dafür vorgeschriebenen Fristen und Formen zu belehren.

Schrifttum. *Heldmann* Ausländer und Strafjustiz, StrVert. **1981** 251; *Warda* Um die Rechtsmittelbelehrung im Strafprozeß, MDR **1957** 717.

Entstehungsgeschichte. Eingefügt durch Art. 4 Nr. 5 des 3. StRÄndG zugleich mit der Streichung von § 268 Abs. 4 (Rechtsmittelbelehrung bei Urteilen) durch Art. 4 Nr. 31.

Geplante Änderungen. Nach Art 1 Nr. 3 des StVÄGE 1984 soll der Vorschrift folgender Satz 2 angefügt werden:

„Ist gegen ein Urteil Berufung zulässig, so ist der Angeklagte auch über die Rechtsfolgen des § 40 Abs. 3 und der §§ 329, 330 zu belehren".

Vgl. die Hinweise bei § 40 und ggfs. die Erläuterungen im Nachtrag zur 24. Auflage.

1. Sinn und Zweck der Vorschrift ist es, dem Betroffenen einen möglichst effekti- **1** ven Rechtsschutz zu gewähren (BVerfG MDR **1976** 604), ihn namentlich vor nachteiligen Folgen seiner Rechtsunkenntnis zu schützen (*Warda* 717).

Günter Wendisch

2　　**2. Bekanntmachung** ist die Verkündung nach § 35 Abs. 1 Satz 1 (§ 35, 5 ff) und die Zustellung nach § 35 Abs. 2 Satz 1 (§ 35, 17). Der Begriff Entscheidung knüpft an § 33 (§ 33, 15 ff), § 34 (§ 34, 1 ff; 4 f) und § 35 (§ 35, 2) an, wird aber dadurch eingeschränkt, daß die Vorschrift sich nur auf solche Entscheidungen bezieht, die durch ein **befristetes Rechtsmittel** (§ 34 betrifft auch unbefristete) angefochten werden können. Derartige Entscheidungen sind erstinstanzliche **Urteile** des Strafrichters und der Schöffengerichte (§ 312), der Strafkammern, auch als Schwurgerichte (§ 333), und der Oberlandesgerichte (§ 120 Abs. 1 und 2 GVG) sowie Berufungsurteile der Strafkammern (§ 74 Abs. 2 GVG, § 33).

3　　**Freisprechende Urteile** sind mit sofortiger Beschwerde anfechtbar, wenn die dem Angeklagten erwachsenen Kosten und notwendigen Auslagen nicht der Staatskasse (§ 467 Abs. 1) auferlegt worden sind (§ 464 Abs. 3). Dabei kann nur falsche Anwendung des § 467 Abs. 2 und 3 gerügt, nicht aber, wenn das Gericht den Angeklagten als nicht überführt angesehen hat, Freispruch wegen dargetaner Unschuld (BVerfGE **6** 7 = NJW **1956** 1833; BGHSt **7** 153; **13** 77) und bei Freispruch wegen Schuldunfähigkeit zufolge seelischer Störungen (§ 20 StGB) ein solcher wegen fehlender Tatbestandserfüllung (BGHSt **16** 374) begehrt werden. Auch der Freispruch wegen Schuldunfähigkeit (§ 20 StGB) kann nicht angefochten werden (BGHSt **5** 268; **16** 378; BVerfGE **28** 159). Alle diese Beschränkungen verletzen keine Grundrechte (BVerfGE **6** 12 = NJW **1956** 1833).

4　　Mit befristetem Rechtsmittel anfechtbar sind ferner von den Gerichten im ersten Rechtszug oder im Berufungsverfahren erlassene **Beschlüsse** und Verfügungen des Vorsitzenden, des Strafrichters und eines beauftragten oder ersuchten Richters und des Richters im vorbereitenden Verfahren (§ 304 Abs. 1), gegen die das Gesetz ausdrücklich die **sofortige Beschwerde** (§ 311) zuläßt[1].

5　　Schließlich zählt zu ihnen der binnen einer Notfrist von zwei Wochen mit der Erinnerung anfechtbare (§ 464 a Abs. 1 Satz 2, § 104 Abs. 3 Satz 2 ZPO) **Kostenfestsetzungsbeschluß** des Urkundsbeamten der Geschäftsstelle (OLG Saarbrücken JBlSaar **1960** 136) und die daraufhin ergehende Gerichtsentscheidung (§ 104 Abs. 3 Satz 5 ZPO).

6　　**Keine Rechtsmittel** sind der Antrag auf Wiedereinsetzung in den vorigen Stand (§ 44; vgl. OLG Hamm VRS **63** 362), der Antrag auf Entscheidung des Rechtsmittelgerichts bei Verwerfung einer verspäteten Berufung (§ 319 Abs. 2 Satz 1) oder Revision (§ 346 Abs. 2 Satz 1) sowie der Einspruch gegen einen Strafbefehl (§ 409 Abs. 1). Doch ist in den Hauptfällen § 35 a entsprechend anzuwenden (vgl. § 235 Satz 2, § 319 Abs. 2 Satz 3, § 409 Abs. 1 Satz 1 Nr. 7; **a. A.** unter Bezugnahme auf die Berliner Praxis *Heyland* JR **1977** 404 Fußn. 17 wie hier: KK-*Maul* 4; KMR-*Paulus* 6). In Haftsachen ist eine besondere Rechtsbehelfsbelehrung vorgeschrieben (§ 115 Abs. 4).

---

[1] Vgl. § 28 Abs. 2 Satz 1, § 46 Abs. 3, § 81 Abs. 4, § 111 g Abs. 2, § 124 Abs. 2 Satz 2, § 138 d Abs. 6, § 206 a Abs. 2, § 206 b Satz 2, § 210 Abs. 2, § 225 a Abs. 3 Satz 3 in Vbdg. mit § 210 Abs. 2, § 231 a Abs. 3 Satz 3, § 270 Abs. 3 Satz 2 in Vbdg. mit § 210 Abs. 2, § 322 Abs. 2, § 372 Satz 1, § 379 a Abs. 3 Satz 2, § 383 Abs. 2 Satz 3, § 408 Abs. 1 Satz 3, § 431 Abs. 5 Satz 2, § 441 Abs. 2, § 453 Abs. 2 Satz 3, § 454 Abs. 2 Satz 1, § 462 Abs. 3, § 463 Abs. 2 in Vbdg. mit § 453 Abs. 2 Satz 3, § 463 Abs. 3 in Vbdg. mit § 454 Abs. 2 Satz 1, § 464 Abs. 3 Satz 1, § 464 Abs. 3, § 467 a Abs. 3, § 469 Abs. 3, § 181 Abs. 1 GVG, zu dieser Vorschrift zustimmend OLG Hamm NJW **1963** 1791).

3. Betroffener ist, wer gegen eine Entscheidung, die ihm bekanntzumachen ist, **7** ein Rechtsmittel einlegen kann. Es ist gleichgültig, ob der Betroffene durch einen Anwalt vertreten ist; er soll sich selbst ein Bild von seinen Möglichkeiten machen können. Auch die Tatsache, daß der Betroffene im Einzelfall als gesetzeskundig bekannt ist, befreit nicht von der Belehrungspflicht, kann aber der Wiedereinsetzung entgegenstehen (§ 44, 65). Eine Einschränkung ergibt sich aus § 44 Satz 2: Wenn die Belehrung unterbleibt, ist die Versäumung als unverschuldet anzusehen mit der Folge, daß dem Betroffenen Wiedereinsetzung in den vorigen Stand zu gewähren ist, wenn er durch das Unverschulden verhindert ist, die Frist einzuhalten. Eine solche Kausalität ist undenkbar bei der **Staatsanwaltschaft,** dem Bundespräsidenten (§ 90 StGB) und den in § 90 b StGB genannten Verfassungsorganen oder deren Mitgliedern (§ 395 Abs. 3). Sie zu belehren ist nicht nur unnötig, sondern sogar unangebracht; wohl aber besteht eine Belehrungspflicht gegenüber der zur Einlegung von Rechtsmitteln im Bußgeldverfahren berechtigten Verwaltungsbehörde (BayObLGSt **1966** 90 = NJW **1967** 123).

Danach sind — unter Beachtung der genannten Ausnahmen — **Betroffene**: der **8** Privatkläger (§ 390 Abs. 1 Satz 1), der Nebenkläger (§ 401 Abs. 1 Satz 1), der Beschuldigte, Angeschuldigte und Angeklagte, der Einziehungsbeteiligte (§ 431 Abs. 1 Satz 1, Abs. 3; § 433 Abs. 1, § 439 Abs. 1, § 440 Abs. 3), die juristische Person oder Personenvereinigung bei Festsetzung von Geldbußen (§ 444 Abs. 1 Satz 1), wer für den Angeklagten Sicherheit geleistet hat und nach § 124 Abs. 2 Satz 1 gehört ist, Zeugen, Sachverständige und bei der Verhandlung nicht beteiligte Personen, gegen die ein Ordnungsgeld oder Ordnungshaft verhängt worden ist (§ 178 GVG).

4. Gesetzlicher Vertreter und Erziehungsberechtigter. Da die Rechtsmittelbelehrung **9** nur im Zusammenhang mit einer Bekanntmachung zu ergehen hat, entfällt sie gegenüber dem gesetzlichen Vertreter (§ 298), solange ihm die Entscheidung nicht bekanntzumachen ist. Dieser Fall tritt erst ein, wenn er sich durch Einlegen von Rechtsmitteln am Verfahren beteiligt hat. Alsdann wird er Betroffener i. S. des § 35 a.

Für den **Erziehungsberechtigten** und den gesetzlichen Vertreter von Jugendlichen **10** (§ 67 Abs. 2 JGG) gilt nichts Abweichendes. Er erhält zwar entsprechende Mitteilungen wie der Jugendliche, wird aber Verfahrensbeteiligter erst, wenn er von seinen besonderen Rechten (§ 67 Abs. 1 und 3 JGG) Gebrauch macht. Ist er bei der Urteilsverkündung anwesend, so ist er über das Rechtsmittel des Jugendlichen und über sein eigenes Rechtsmittel zu belehren. Ist der **Jugendliche abwesend,** dann ist ihm, dem gesetzlichen Vertreter und dem Erziehungsberechtigten das Urteil mit Rechtsmittelbelehrung zuzustellen. Dabei ist der Erziehungsberechtigte darauf hinzuweisen, daß er nur innerhalb der für den Angeklagten laufenden Frist von ihm Gebrauch machen kann (§ 67 Abs. 3 JGG in Verb. mit § 298 Abs. 1).

Ist nur der **Jugendliche anwesend,** so wird dieser belehrt, und es ist Sache des Erziehungsberechtigten, sich um die Rechtsmittelmöglichkeiten zu kümmern. Das wird er **11** tun, wenn er zwar Interesse an der Verhandlung hatte, aber verhindert war, ihr beizuwohnen. Ist er aus Interesselosigkeit ausgeblieben, besteht kein Anlaß, ihn zu belehren (BGHSt **18** 25; OLG Stuttgart NJW **1960** 2353)[2]. Teilt allerdings das Gericht dem Erziehungsberechtigten das in Gegenwart des Jugendlichen verkündete Urteil mit, wozu

---

[2] Ebenso KK-*Maul* 7; KMR-*Paulus* 8; *Potrykus* NJW **1954** 1836; zu § 67 JGG: *Dallinger/Lackner* 11, *Brunner* 10; nicht ganz eindeutig *Eisenberg* 22 a; **a. A.** — gesetzliche Vertreter und Erziehungsberechtigte sind stets Betroffene – *Eb. Schmidt* 8; BayObLGSt **1954** 51 = NJW **1954** 1378.

Günter Wendisch

nach § 67 Abs. 2 JGG keine Verpflichtung besteht (BayObLG DRiZ 1928 196), dann wird der Erziehungsberechtigte durch die Mitteilung Betroffener und ist über das dem Jugendlichen und über das ihm selbst zustehende Rechtsmittel zu belehren. Die Belehrung hat jedoch zu unterbleiben, wenn sie deshalb sinnlos ist, weil die Rechtsmittelfrist bei Mitteilung des Urteils schon verstrichen ist. Erachtet das Gericht es in einer zweifelhaften Sache für erwünscht, daß der in der Hauptverhandlung abwesend gebliebene Erziehungsberechtigte auf jeden Fall von dem Urteil Kenntnis erhalte und die Einlegung eines Rechtsmittels erwäge, so wird es ihm das Urteil rechtzeitig vor Ablauf der Rechtsmittelfrist zustellen oder wenigstens den Tenor mitteilen und ihn dabei über das Rechtsmittel belehren.

12   Es ist selbstverständlich, daß eine etwa dem Erziehungsberechtigten oder gesetzlichen Vertreter zu erteilende Rechtsmittelbelehrung **entfällt,** wenn der Jugendliche **volljährig** geworden ist (vgl. BGH NJW 1956 1607).

13   5. Die **Belehrung** muß klar, unmißverständlich und vollständig sein (BGHSt 24 25). Sie gibt die **Art** des Rechtsmittels — sofortige Beschwerde, Berufung, Revision —, bei Wahlmöglichkeit (§ 335 Abs. 1) diese und die zur Wahl stehenden Rechtsmittel an. Die Belehrung ist daher unvollständig, wenn das Gericht den Angeklagten nur über das Rechtsmittel der Revision, nicht aber auch der Berufung, belehrt hat, obwohl auch diese zulässig war (BayObLG NJW 1956 1368) oder umgekehrt (insoweit **a. A.** KG JR 1977 81; weitere Beispiele s. Rdn. 26). Auf die Möglichkeit, das Urteil zunächst nur anzufechten und nach Zustellung des Urteils innerhalb der Revisionsbegründungsfrist endgültig zu wählen (BGHSt 2 63), braucht, da nicht gesetzlich geregelt, nicht hingewiesen zu werden, doch ist eine Belehrung darüber — selbstverständlich — zulässig. Ist die Revision statthaft, so ist auch über die Notwendigkeit der Begründung (§ 344) zu belehren.

14   Anzugeben sind das für die Einlegung zuständige Gericht (Rdn. 26; BayObLG VRS 50 430; OLG Hamburg GA 1962 218), die gesetzliche **Frist** und der Tag ihres Beginns oder Endes (entweder: binnen der Frist von einer Woche, die am Tag nach der Zustellung beginnt, oder: binnen der Frist von einer Woche, die mit dem Tag endet, der durch seine Benennung dem Tag der Zustellung entspricht), der Hinweis, daß das Rechtsmittel innerhalb der Frist bei Gericht eingegangen sein muß (BGHSt 8 106; BVerwG NJW 1970 484; OLG Hamburg GA 1963 348; Nr. 142 RiStBV) und die Form, in der das Rechtsmittel einzulegen ist (Rdn. 26). Die konkrete **Berechnung** des Fristlaufs bleibt dem Betroffenen überlassen. Dieser hat dabei § 43 Abs. 2 (Fristende an Sonnabenden, Sonntagen und allgemeinen Feiertagen) in seine Berechnung selbst einzubeziehen. Er braucht nicht darüber belehrt zu werden, daß sich durch jene Bestimmung die Frist verlängert (BVerfGE 31 390 = NJW 1971 2217)[3]. Es bestehen aber auch keine Bedenken, das zu tun. Wenn auch die mündliche Belehrung dadurch wohl zu unübersichtlich würde, sollte doch in die Belehrungsvordrucke § 43 Abs. 2 mit einer geringfügigen Änderung („Fällt danach das Ende der Frist. . .") wörtlich übernommen werden.

---

[3] **A. A.** – § 43 Abs. 2 gehört zur Definition des gegebenen Fristbegriffs, etwa „Woche", und ist in die Belehrung aufzunehmen – *Weihrauch* NJW 1972 243. Das Verlangen *Weihrauchs* greift als Forderung – als Fürsorge ist es im Text empfohlen – zu weit. Die abgewogene Entscheidung des Bundesverfassungsgerichts geht von einem mündigen Bürger aus, der Abweichungen vom Normalen sieht und sich darum kümmert, ob sich daraus Folgen für ihn ergeben.

In bezug auf die **Form** ist auf die Möglichkeiten hinzuweisen, die Rechtsmittel **15** schriftlich oder zu Protokoll der Geschäftsstelle (§ 306 Abs. 1, § 314 Abs. 1, § 341 Abs. 1) einzulegen. Bei der Revision ist über die Form der Begründung allein durch einen Rechtsanwalt oder zu Protokoll der Geschäftsstelle (§ 345 Abs. 2) zu belehren. Zur Form gehört die Angabe des Gerichts, bei dem das Rechtsmittel einzulegen ist (§ 306 Abs. 1 Satz 1, § 314 Abs. 1, § 341 Abs. 1) oder bei dem es wahlweise auch eingelegt werden kann (§ 311 Abs. 2 Satz 2). Das Gericht ist nach Ort, Straße und Hausnummer zu bezeichnen. Befindet sich ein Beschuldigter, dem zugestellt werden soll, kraft behördlicher Anordnung nicht auf freiem Fuß, so ist er über die Möglichkeit zu belehren, seine Erklärungen zu Protokoll der Geschäftsstelle des Amtsgerichts abzugeben, in dessen Bezirk die Anstalt liegt, in der er verwahrt wird, und daß die Frist gewahrt ist, wenn das Protokoll innerhalb der Frist aufgenommen wird (§ 299; OLG Bremen MDR **1979** 517).

Der Betroffene ist, wie der Zusammenhang der Vorschrift ergibt, über die Mög- **16** lichkeiten, Formen und Fristen der Anfechtung durch ein Rechtsmittel zu belehren. Daher braucht sich bei Urteilen, die bei Ausbleiben des Angeklagten (§ 232 Abs. 1, § 329 Abs. 1, § 412 Abs. 1) oder des Privatklägers (§ 391 Abs. 3) ergehen, die Rechtsmittelbelehrung nicht auf die Möglichkeit der **Wiedereinsetzung** in den vorigen Stand zu erstrecken. Da indessen in den genannten Fällen der richtige Gebrauch der Rechtsmittel von der Kenntnis der Wiedereinsetzungsmöglichkeit abhängt, ist es wünschenswert, den Angeklagten auf diese hinzuweisen. Die Richtlinien für das Straf- und Bußgeldverfahren empfehlen das in Nr. 142 Abs. 3 Satz 2.

Die Belehrung ergeht zwar auch im öffentlichen Interesse an einem fairen Pro- **17** zeß, in dem die Beteiligten dem rechtsgelehrten Staatsanwalt nicht unterlegen sein sollen. Sie liegt aber hauptsächlich im privaten Interesse der Beteiligten und unterliegt daher ihrem **Verzicht** (OLG Hamm NJW **1956** 1330). Erklären kann ihn auch der Verteidiger des Angeklagten, wenn die ihm erteilte Vollmacht den Verzicht auf Rechtsmittel umfaßt (OLG Zweibrücken MDR **1978** 861). Unter dieser Voraussetzung kann als Verzicht sogar dessen Erklärung angesehen werden, er übernehme die Rechtsmittelbelehrung (OLG Hamm MDR **1978** 337 = VRS **54** 356). Von sich aus sollte das Gericht auf einen solchen nicht hinwirken. Es entspricht auch nicht der Würde des Gerichts, der Rechtsmittelbelehrung Formeln anzufügen, die zu einer Überlegung vor Gebrauch des Rechtsmittels ermahnen[4]. Daß die Rechtsmittelbelehrung in manchen Fällen zu unbegründeten Rechtsmitteln anreizt, hat der Gesetzgeber gewußt, als er die Vorschrift einfügte. Er hat den Nachteil um der von ihm verfolgten Ziele willen in Kauf genommen. Dieser gesetzgeberischen Entscheidung wird durch eine klare Belehrung ohne Vorbehalte und Ermahnungen Genüge geleistet. Der Verzicht auf die Belehrung ist zu protokollieren (OLG Hamm OLGSt § 35 a StPO, 9).

6. Form. Die Belehrung ist Sache des Gerichts, das die bekanntzumachende Ent- **18** scheidung erlassen hat (OLG Schleswig SchlHA **1955** 227; OLG Hamm NJW **1954** 812), nicht der Staatsanwaltschaft. § 35 a sagt nichts über die **Art und Weise** der Belehrung; daher steht sie dem Richter frei. Da sie jedoch mit der Bekanntmachung (§ 35) verbunden ist („bei der Bekanntmachung"), wird sie dieser in der Form regelmäßig, wenn auch nicht notwendigerweise, folgen. Daher wird bei Entscheidungen, die in Anwesenheit des Betroffenen ergehen, in der Regel mündlich belehrt werden, sonst schriftlich. Ist mündliche Bekanntmachung vorgesehen, muß die Belehrung auch dann erteilt wer-

---

[4] Die Beschwerde ist, „wenn Sie eine solche einlegen wollen" – oder gar „wenn Sie sich davon Erfolg versprechen" – innerhalb der Frist von ... einzulegen.

Günter Wendisch

den, wenn sich der Betroffene (Angeklagte, Privatkläger) zwar nach der Urteilsverkündung, aber **vor der Rechtsmittelbelehrung entfernt** hat. Sie äußert alsdann voll ihre Wirkung. Das bedeutet: Der Betroffene kann nicht mit der Behauptung, ihm sei keine Rechtsmittelbelehrung erteilt worden, Wiedereinsetzung in den vorigen Stand (§ 44 Satz 2) verlangen (im Ergebnis ebenso KG NJW **1955** 565).

19   Wird der Betroffene **mündlich belehrt,** kann der Vorsitzende wegen der Einzelheiten auf ein **Merkblatt** verweisen, das jenem ausgehändigt wird (Nr. 142 Abs. 1 Satz 2 RiStBV); doch macht das Merkblatt die Belehrung nicht überflüssig. Ist der zu Belehrende ohne Anwalt, sollte die mündliche Belehrung stets durch ein Merkblatt ergänzt werden. Denn der Beteiligte ist durch Verhandlung und Urteilsspruch oft aufgeregt und dadurch behindert, das gesprochene Wort zu verstehen und aufzunehmen. Die Belehrung wird im Hauptverhandlungsprotokoll vermerkt (Nr. 142 Abs. 1 Satz 3 RiStBV; vgl. OLG Hamm VRS **59** 347). Wird zusätzlich ein Merkblatt ausgehändigt, sollte das — da es mehrere Merkblätter gibt, mit der Bezeichnung (Umdrucknummer) des Merkblatts — ebenfalls im Protokoll angegeben werden.

20   Die **schriftliche Belehrung** wird am zweckmäßigsten in den Text der Entscheidung eingefügt, entweder hinter den Tenor oder mit der besonderen Überschrift Rechtsmittelbelehrung im Anschluß an die Gründe. Es ist zulässig, Merkblätter zu verwenden. Geschieht das, muß das Merkblatt mit seiner Bezeichnung (Umdrucknummer) als Gegenstand der Zustellung dergestalt in der Zustellungsurkunde aufgeführt werden, daß der Nachweis über den Inhalt der Belehrung geführt werden kann.

21   Nach Art. 6 Abs. 3 Buchst. e MRK hat der Angeklagte, wenn er die Verhandlungssprache des Gerichts nicht versteht, das Recht, zu verlangen, daß unentgeltlich ein Dolmetscher beigezogen wird (so auch *J. Meyer* ZStW **93** (1981) 514). Wird einem **Ausländer** zugestellt und enthalten die Akten nicht den Vermerk, er verstehe deutsch auch ohne Dolmetscher (Nr. 181 Abs. 1 RiStBV), so muß mindestens die Rechtsmittelbelehrung in seiner Sprache beigefügt werden mit dem Hinweis, daß er die Übersetzung des gesamten Schriftstücks verlangen könne (vgl. dazu *J. Meyer* aaO 526 f). Das gilt namentlich bei Entscheidungen, die, wenn sie unangefochten bleiben, das Verfahren rechtskräftig abschließen[5]. Der Dritte Zivilsenat des Bayerischen Obersten Landesgerichts (NJW **1977** 1596) und das Bundesverwaltungsgericht (DVBl. **1978** 888) halten das bei öffentlich-rechtlichen Verfahren mit dem Hinweis auf § 184 GVG und § 23 Abs. 1 VwVfG — „die Gerichts-(Amts-)sprache ist deutsch" — nicht für erforderlich und lehnen es auch ab, in der Regelung des Art. 6 Abs. 3 Buchst. a und e MRK sowie der Nr. 181 RiStBV einen über das Strafverfahrensrecht hinausgehenden allgemeinen Grundsatz zu sehen (ebenso OLG Hamburg NJW **1978** 2462 sowie KK-*Maul* § 35, 23; § 35 a, 8; KMR-*Paulus* § 35, 12; § 35 a, 13; *Kleinknecht-Meyer*7).

22   Ergibt sich aus einer Erklärung des Betroffenen, daß er die Belehrung falsch verstanden hat, dann kann die allgemeine **Fürsorgepflicht** des Gerichts es gebieten, diese, namentlich eine mündlich erteilte, schriftlich zu wiederholen (OLG Neustadt GA **1956** 92; OLG Hamm JMBlNRW **1963** 147; OLG Koblenz MDR **1977** 425). Der Richter braucht sich aber nicht zum Vormund eines Erwachsenen aufzuwerfen; er hat auch nicht die Pflicht, einer erkennbaren Sorglosigkeit abzuhelfen. In der Regel wird daher ein Hinweis auf den Irrtum und auf bestehende Unterrichtungsmöglichkeiten angemessen sein.

---

[5] z. B. § 319 Abs. 1, § 322 Abs. 1, § 329 Abs. 1 Satz 1, § 346 Abs. 1, § 349 Abs. 1 und 2, § 379 a Abs. 3 Satz 1, § 391 Abs. 3, § 410, § 412 Abs. 1 Satz 1; vgl. LG München NJW **1972** 416.

7. Beweisvermutung. Die Belehrung gehört — was trotz der unsachgemäßen Fol- **23** gen nicht bezweifelt werden kann — zu den wesentlichen Förmlichkeiten der Hauptverhandlung (§ 273 Abs. 1)[6]. Daraus folgt nach § 274: Fehlt die Beurkundung, ist damit der Beweis geführt, daß die Belehrung — auch wenn sie tatsächlich erteilt worden ist — unterblieben ist. Freilich muß der Beschwerdeführer das Unterbleiben der Belehrung behaupten (§ 344 Abs. 2 Satz 2), wobei der Anwalt der Wahrheitspflicht unterliegt (vgl. dazu die ausführlichen Erläuterungen Vor § 137). Ist die Belehrung beurkundet, gilt sie als erteilt, auch wenn sie tatsächlich unterblieben ist. Gilt die Belehrung als erwiesen, so muß man daraus aber auch die weitere Folge ziehen, daß mit der Protokollierung der Beweis der Vollständigkeit und Richtigkeit der Belehrung erbracht ist. Denn die Beurkundung, der Vorsitzende habe den Angeklagten über das Rechtsmittel belehrt, kann nicht wohl einen anderen Sinn haben als den, daß er das so getan habe, wie das Gesetz es vorschreibt.

8. Belehrungsmängel

a) Die **unterbliebene Belehrung** ist, anders als in § 172 Abs. 1 Satz 3 und im Ver- **24** waltungsverfahren (§ 58 Abs. 1 VwGO), auf den Fristablauf und auf die Wirksamkeit der Entscheidung ohne Einfluß (BayObLGSt **1957** 157, **1967** 68 = GA **1968** 55)[7]. Die Folgen einer Fristversäumnis können nicht dadurch beseitigt werden, daß die Entscheidung demselben Zustellungsempfänger nochmals bekanntgemacht und dabei die Rechtsmittelbelehrung nachgeholt wird; die Gegenansicht (OLG Neustadt GA **1955** 185) wird durch § 44 Satz 2 widerlegt (OLG Saarbrücken NJW **1964** 1633).

Der Umstand, daß die Rechtsmittelbelehrung unterblieben ist, begründet aber un- **25** widerlegbar die Annahme einer unverschuldeten Versäumung (§ 44 Satz 2) und gibt damit dem Betroffenen das Recht, **Wiedereinsetzung** in den vorigen Stand zu beantragen, wenn ihn das Fehlen der Belehrung gehindert hat, die Frist einzuhalten (§ 44, 64 ff; OLG Bremen MDR **1977** 597; **1979** 517). Dieser Grundsatz gilt auch dann, wenn die zunächst unterbliebene Rechtsmittelbelehrung dem Betroffenen nachträglich, aber noch innerhalb der Rechtsmittelfrist zugestellt wird. Wiedereinsetzung ist ihm selbst dann zu gewähren, wenn er die Rechtsmittelfrist bei telegrafischer oder telefonischer Rechtsmitteleinlegung (vgl. dazu Vor § 42, 26 ff) noch hätte einhalten können (OLG Stuttgart NJW **1976** 1279). Wiedereinsetzung kann dagegen nicht beanspruchen, wer ungeachtet der fehlenden Belehrung die Frist gekannt, aber aus anderen Gründen versäumt hat (zust. BayObLGSt **1967** 69 = GA **1968** 55)[8], doch wird Beweis darüber nur erhoben werden, wenn besondere Anhaltspunkte dafür vorliegen, daß das Unterlassen der Belehrung für die Versäumung der Frist nicht kausal war. Die Frist ist auch dann versäumt, wenn das Rechtsmittel zwar fristgemäß, aber **formfehlerhaft** eingelegt ist; der Betroffene hat dann die Frist mit dem vorgeschriebenen Rechtsmittel versäumt. Es begründet daher die Wiedereinsetzung auch, wenn keine Belehrung über die Form des Rechtsmit-

---

[6] § 273; *Eb. Schmidt* 10; KMR-*Paulus* 14; wohl auch *Kleinknecht/Meyer* § 273, 3 („alle gesetzlich vorgeschriebenen Belehrungen").

[7] Ebenso OLG Frankfurt NJW **1953** 1725; OLG Hamm NJW **1955** 433; **1963** 1791; OLG Saarbrücken NJW **1964** 1634; BGH (Z) NJW **1974** 1336; OLG Schleswig SchlHA **1976** 28; OLG Bremen MDR **1977** 598; BVerwG MDR **1976** 603.

[8] Ebenso OLG Oldenburg NdsRpfl. **1968** 196; OLG Celle NdsRpfl. **1972** 70; OLG Frankfurt MDR **1974** 159; OLG Bremen MDR **1977** 597; **1979** 517; BGH GA **1980** 469; KMR-*Paulus* 20, vgl. dazu näher § 44, 65.

Günter Wendisch

tels und dieses aus diesem Grunde in unzulässiger Form eingelegt worden ist (OLG Hamm **1956** 1572).

26   b) Die **unvollständige Belehrung** steht der unterbliebenen gleich, wenn die Unvollständigkeit das Fehlen der Belehrung über einen für das Rechtsmittel wesentlichen Punkt herbeiführt, wenn also nur über die Frist und nicht über die Form und umgekehrt belehrt worden ist; wenn nicht angegeben ist, bei welchem Gericht — für den Fall des § 299 (OLG Bremen MDR **1979** 517) — das Rechtsmittel (OLG Hamburg GA **1962** 218) oder der Antrag auf Entscheidung des Revisions- oder Rechtsbeschwerdegerichts (BayObLGSt **1976** 19 = JR **1976** 217) angebracht werden kann; wenn der Hinweis fehlt, daß das Rechtsmittel innerhalb der Frist bei Gericht eingegangen sein muß (OLG Hamburg GA **1963** 348); oder wenn bei Wahlmöglichkeit nur über die Berufung, nicht aber über die Revision belehrt worden ist (LG München NJW **1956** 1368); wenn im Verfahren nach § 72 Abs. 1 OWiG der Amtsrichter die Rechtsbelehrung nur auf die Kosten-, nicht aber auf die sachliche Entscheidung erstreckt hat, und zwar gleichgültig, ob die Voraussetzungen vorliegen, unter denen nach § 79 Abs. 1 Nr. 1 bis 3 und 5 OWiG ein Rechtsmittel gegen die Hauptentscheidung statthaft ist (OLG Koblenz VRS **56** 32); oder wenn bei der Rechtsmittelbelehrung eines Ausländers der Hinweis unterblieben ist, daß die schriftliche Rechtsmitteleinlegung in deutscher Sprache vorgenommen werden muß (BGHSt **30** 182; KG JR **1977** 129; OLG Düsseldorf MDR **1982** 866 = JMBlNRW **1982** 187; *Kleinknecht/Meyer* 3; vgl. auch *Heldmann* 253).

27   Bezieht sich die Unvollständigkeit **nicht auf einen wesentlichen Punkt**, ist im Einzelfall zu prüfen, ob es dem Betroffenen nicht möglich war, die Unvollständigkeit durch zumutbares eigenes Tätigwerden zu beseitigen. So gehören zwar zur Rechtsmittelbelehrung die Angaben von Ort, Straße und Hausnummer des zuständigen Gerichts. Das Gesetz will aber die Menschen nicht unmündig machen; wer eine Fristversäumnis wegen fehlender Anschriftsangabe behauptet, wird daher glaubhaft zu machen haben, daß er keine Möglichkeit gehabt hat, die Anschrift von dem Augenblick an, wo er das Rechtsmittel hat einlegen wollen, bis zum Fristablauf zu ermitteln.

28   c) Die **falsche Belehrung** ist nach den gleichen Grundsätzen zu behandeln wie die unvollständige. Eine falsche Belehrung liegt auch vor, wenn neben einer mündlichen Belehrung ein Merkblatt ausgegeben wird, das die richtig erteilte mündliche Belehrung falsch wiedergibt. Denn der Belehrte kann davon ausgehen, daß er die mündliche Belehrung in der Erregung falsch aufgefaßt habe und sich nach der schriftlichen richten müsse (OLG Saarbrücken NJW **1965** 1031). Ist eine Belehrung in wesentlichen Punkten falsch, liegt insoweit keine Belehrung und damit der Fall der unterbliebenen Belehrung vor (OLG Hamm Rpfleger **1961** 80).

29   Anders ist es bei **unwesentlichen Punkten** (a. A. KMR-*Paulus* 18). Wenn z. B. bei der Belehrung über die Berufung fälschlich eine Begründung verlangt worden ist, wird der Betroffene glaubhaft zu machen haben, daß er gerade zufolge dieses Umstands die Frist unverschuldet versäumt hat. Ebenso ist es, wenn etwa nach einem Umzug des Gerichts ein Formular mit der alten Anschrift verwendet wird, dem Betroffenen aber der Umzug bekannt und ihm möglich war, das Versehen zu erkennen und die neue Anschrift festzustellen. Die Vorschrift ist kein Freibrief für Gleichgültigkeit und Trägheit.

§ 36

(1)[1] Die Zustellung von Entscheidungen ordnet der Vorsitzende an. [2]Die Geschäftsstelle sorgt dafür, daß die Zustellung bewirkt wird.

(2)[1] Entscheidungen, die der Vollstreckung bedürfen, sind der Staatsanwaltschaft zu übergeben, die das Erforderliche veranlaßt. [2]Dies gilt nicht für Entscheidungen, welche die Ordnung in den Sitzungen betreffen.

Schrifttum. *Barre* Hat das Gericht oder die Staatsanwaltschaft die Revisionsschrift zuzustellen (§ 387 StPO)? GA **38** (1891) 15; *Doller* Zustellung von Straf- und Bußgeldentscheidungen (§ 36 StPO n. F.), DRiZ **1975** 280; *Doller* Entlassung des Verurteilten vor Rechtskraft des Aussetzungsbeschlusses, NJW **1977** 2153; *Frenzel* Die Anordnung der Zustellung gerichtlicher Entscheidungen, DRiZ **1982** 220; *Wendisch* Zustellung von Entscheidungen, die der Vollstreckung bedürfen, JR **1978** 445; *Wessels* Zur Vollstreckung von Ordnungsstrafen und Erzwingungshaftbeschlüssen in Strafsachen, FS Mayer 587.

Entstehungsgeschichte. Durch Art. 9 § 1 Abs. 1 der VO zur weiteren Vereinfachung der Strafrechtspflege vom 13. 8. 1942 (RGBl. I 508) ist in dem früheren Absatz 2 — jetzt Absatz 1 — das Wort „Amtsrichter" durch „Vorsitzer des Gerichts" ersetzt worden, um damit eine Gerichtspraxis (RGRspr. 4 323; RGSt 6 179) zu legalisieren. Art. 3 Nr. 14 VereinhG hat das Wort „Vorsitzer" durch „Vorsitzender" ersetzt.

Durch Art. 1 Nr. 7 des 1. StVRG ist die Vorschrift neu gefaßt worden. Sie stellt nunmehr eindeutig klar, wann das Gericht und wann die Staatsanwaltschaft Zustellung und Vollstreckung zu veranlassen haben, indem die Zuständigkeit für die Zustellung von der für die Vollstreckung gerichtlicher Entscheidungen getrennt wird: die Zustellung obliegt dem Gericht, die Vollstreckung der Staatsanwaltschaft (Begr. BTDrucks. 7 561, S. 58).

Übersicht

I. Gerichtliche Zustellung von Entscheidungen (Absatz 1)

1. Inhalt und Zweck. Das frühere Recht ging davon aus, daß es grundsätzlich **1** Sache der Staatsanwaltschaft sei, die Zustellung und die Vollstreckung gerichtlicher Entscheidungen zu veranlassen. Die Regelung beruhte auf der Erwägung, die Gerichte so weit wie möglich von allen Aufgaben zu entlasten, die außerhalb ihres Hauptaufgabengebietes, der Rechtsprechung, lagen. Ausgenommen waren solche Entscheidungen, die nur den inneren Dienst oder die Ordnung in den Sitzungen betrafen. Allerdings konnte der Vorsitzende auch in allen sonstigen Fällen die Zustellung und Vollstreckung seiner Entscheidungen unmittelbar veranlassen; bei Entscheidungen des Strafrichters, aber auch des Vorsitzenden des Schöffengerichts, war das zum Teil schon überwiegend die Regel.

2   Die neue Regelung gibt diesen Grundsatz im Interesse einer klaren Zuständigkeitsregelung auf. Diese ist schon deshalb zu begrüßen, weil sie eine **Zeitersparnis** zur Folge hat. Die Entscheidungen (Vor § 33, 2) — das gleiche gilt für Ladungsanordnungen (§ 214) — trifft stets der Richter. Für ihn bedeutet es keine Erschwernis, wenn er die nach seiner Entscheidung erforderlichen Maßnahmen selbst veranlaßt. Eine erhebliche **Vereinfachung** des Verfahrens tritt namentlich dann ein, wenn ein Hauptverhandlungstermin aufzuheben oder zu verlegen ist oder wenn der Angeklagte oder sein Verteidiger weitere Zeugen oder Sachverständige benennen, über deren Ladung der Richter zu entscheiden hat. Durch die neue Zuständigkeitsverteilung wird vermieden, daß die Akten zwischen Gericht und Staatsanwaltschaft — ohne Grund — hin- und hergesandt werden (*Herrmann* NJW **1978** 653). Der damit verbundene Zeitaufwand wird vermindert und damit zugleich der Forderung nach einem ökonomischen und zügigen Abschluß des Verfahrens Rechnung getragen (OLG Frankfurt GA **1980** 475).

3   **2. Entscheidungen,** die einer Zustellung bedürfen, sind die in Abwesenheit verkündeten Urteile (§ 35 Abs. 2 Satz 2 letzter Satzteil) und solche Entscheidungen, durch deren Bekanntgabe eine Frist in Lauf gesetzt wird (§ 35, 17). Formlose Zustellungen fallen nicht darunter, es sei denn, daß das Gericht im Einzelfall die Zustellung gleichwohl für erforderlich hält (vgl. dazu § 35, 17 a. E.).

4   **3. Zustellung.** Der **Begriff** Zustellung ist mehrdeutig, der Wortgebrauch leider uneinheitlich. In erster Linie erfaßt der Begriff jedoch die „Bewirkung" der Zustellung (§ 40 Abs. 1; § 167 Abs. 2 ZPO), auch Vollzug genannt (§ 212 b Satz 1 ZPO), d. h. den **Zustellungsakt** selbst, dessen Hauptfall die Übergabe einer Ausfertigung oder einer beglaubigten Abschrift des zuzustellenden Schriftstücks ist (§ 170 Abs. 1 ZPO). Dem Zustellungsakt gehen in der Regel **zwei weitere Akte** voraus: die richterliche Anordnung der Zustellung (Rdn. 5 ff) und die Ausführung der Anordnung (Rdn. 11 ff).

5   **4. Richterliche Anordnung (Satz 1).** Ursprünglich stand die Befugnis, Zustellungen (und Vollstreckungen) unmittelbar zu veranlassen, dem Untersuchungsrichter und dem Amtsrichter — jetzt: Richter beim Amtsgericht — zu. Jedoch wurde die Vorschrift gleichwohl so ausgelegt, daß auch der Vorsitzende einer Strafkammer oder eines Strafsenats befugt sei, eine Zustellung oder die Vollstreckung einer Entscheidung ohne Vermittlung durch die Staatsanwaltschaft herbeizuführen, wenn der Weg über diese zur Folge haben könnte, daß die beschlossene Maßnahme verzögert oder vereitelt wird, oder wenn sich eine Entscheidung kurzerhand vollstrecken läßt, ohne daß es einer außerhalb der Gerichtsstelle vorzunehmenden Handlung bedarf. In der Rechtsprechung wurde deshalb anerkannt, daß eine vom Vorsitzenden der Strafkammer unmittelbar veranlaßte Zustellung wirksam ist und die gesetzliche Frist in Lauf setzt (RGRspr. **4** 323; RGSt **6** 179). Mit Art. 9 § 1 Abs. 1 der VO vom 13. 8. 1942 sollte die von der Rechtsprechung gebilligte Rechtsanwendung legalisiert werden; er wollte das Anwendungsgebiet der Vorschrift erweitern; nicht etwa einschränken. Dieser nach der Entstehungsgeschichte nicht zweifelhafte Wille zur Erweiterung schließt die Annahme aus, daß die neue Fassung dem Amtsrichter die Befugnis zum unmittelbaren Vorgehen, die ihm bis dahin eingeräumt worden war, habe nehmen wollen. Sie sollte ihm weiterhin zustehen, auch wenn er nicht als Vorsitzender eines erkennenden Gerichts handelt (*Grau* DJ **1942** 615). Die vorstehende Rechtsansicht ist nie in Zweifel gezogen worden. Auch die Neufassung hat sie insoweit unberührt gelassen. Für die richterliche Anordnung sind daher wie bisher neben dem Vorsitzenden auch der **Strafrichter,** der Richter beim Amtsgericht im vorbereitenden Verfahren und der beauftragte oder ersuchte Richter (§ 223 Abs. 1) zuständig.

Die richterliche Anordnung gilt für jede Art der **Bekanntmachung** nach § 35 **6** Abs. 1 oder 2. Das kann nicht zweifelhaft sein, soweit bei Anwesenheit der betroffenen Person die Entscheidung durch Verkündung bekanntgemacht wird, gilt aber ebenso, wenn bei Abwesenheit der betroffenen Person die Entscheidung durch Zustellung oder formlose Mitteilung bekanntgemacht wird. Nach § 35 Abs. 2 Satz 1 ist die Zustellung von Entscheidungen ein Unterfall der in § 35 Abs. 1 Satz 1 geregelten Bekanntmachung. Wenn dem Richter die Anordnung der Zustellung übertragen wird, die zuweilen einer Vollstreckung schon recht nahekommt, muß ihm eine solche Befugnis bezüglich der Mitteilung einer Entscheidung, die regelmäßig in einem entfernteren Verhältnis zur Vollstreckung steht, erst recht zukommen. Absatz 1 Satz 1 kann daher nur als eine Teilregelung der (drei) Fälle von Bekanntmachungen aufgefaßt werden. Eine weitergehende Regelung war auch wohl deshalb nicht erforderlich, weil die Bekanntmachung in der Form der bloßen Mitteilung schon nach früherem Recht kaum je der Staatsanwaltschaft überlassen worden ist. Absatz 1 Satz 1 ist daher in dem Sinn zu lesen, daß der Vorsitzende die Bekanntmachung von Entscheidungen, namentlich deren Zustellung, anordnet.

Die **Anordnung** (RGSt 47 115) der Zustellung entspricht dem Zustellungsauftrag **7** der Partei (§ 167 ZPO). Das Reichsgericht bezeichnete sie auch als Auftrag (RGRspr. **9** 42) und Anweisung (RGZ **90** 297), die selbst stillschweigend erteilt werden könne. Sie umfaßt nicht nur die Befugnis, darüber zu entscheiden, daß und wann zugestellt werden soll, sondern muß auch eindeutig klarstellen, wem und in welcher Form zugestellt werden soll (BayObLG MDR **1982** 600; OLG Celle NdsRpfl. **1977** 26 = MDR **1977** 67; OLG Düsseldorf NJW **1982** 590; MDR **1983** 339; OLG Hamm NStZ **1982** 479). Die generelle Anordnung des Vorsitzenden an die Geschäftsstelle, alle in seinem Spruchkörper getroffenen Entscheidungen zuzustellen, soweit nicht die Staatsanwaltschaft dafür zuständig sei, genügt daher nicht (KK-*Maul* 2; *Kleinknecht/Meyer* 5; KMR-*Paulus* 4), wohl aber kann eine für einen Einzelfall getroffene — auch allgemein gehaltene — Anordnung ausreichen, wenn sie zweifelsfrei ergibt, wann und wem zugestellt werden soll (BGH NStZ **1983** 325). Wegen der Folgen bei Nichtbeachtung vgl. im übrigen Rdn. 8.

Die Befugnis des Richters, die Zustellung anzuordnen, könnte auf den Rechtspfle- **8** ger übertragen werden[1]; eine solche Übertragung hat aber nicht stattgefunden. Die **Übertragung richterlicher Geschäfte** auf die Geschäftsstelle ist unzulässig; wo sie etwa stattgefunden hat, ist das ohne rechtliche Wirksamkeit. Ohne richterliche Anordnung

---

[1] Dem Vorschlag *Dollers* DRiZ **1975** 281, de lege ferenda die Zustellung im Regelfall auf den Rechtspfleger zu übertragen, sollte gleichwohl nicht nähergetreten werden, weil die durch die Einschaltung eines weiteren Rechtspflegeorgans notwendig bedingte Verzögerung des Verfahrensablaufs erheblich über die Zeitersparnis hinausginge, die mit einer etwaigen Entlastung des Richters verbunden wäre.

Günter Wendisch

ausgeführte Zustellungen sind unwirksam (RGSt 47 114)[2]. Eine nicht vom Vorsitzenden (Richter) angeordnete Zustellung des angefochtenen Urteils setzt deshalb die Frist zur Begründung der Revision nicht in Lauf; die nur von dem Geschäftsstellenbeamten angeordnete Zustellung ist dazu in keinem Fall geeignet[3].

9   Wegen der Zustellung gerichtlicher Entscheidungen **an die Staatsanwaltschaft** s. § 41.

10   **5. Zuständigkeit des Staatsanwalts.** Aus dem Sinn und Zweck der Vorschrift wird man **hilfsweise** eine Zuständigkeit des Staatsanwalts für die Fälle annehmen dürfen, in denen der Richter die Anordnung unterlassen hat (OLG Schleswig bei *Ernesti/Lorenzen* SchlHA **1982** 116; KMR-*Paulus* 4, 10; *Kleinknecht/Meyer* 10). Denn auch die Staatsanwaltschaft ist, wie sich aus Absatz 2 ergibt (Rdn. 14) eine Zustellungsbehörde. Es würde dem mit der Neuregelung erstrebten Rationalisierungs- und Beschleunigungseffekt widersprechen, wenn der Staatsanwalt in einem solchen Fall die Akten an das Gericht zurückgeben müßte, damit die Anordnung nachgeholt wird. Um eine — zeitraubende — Aktenversendung zwischen Staatsanwaltschaft, Gericht und wieder Staatsanwaltschaft zu vermeiden, werden keine Bedenken dagegen erhoben werden können, daß alsdann der Staatsanwalt die Anordnung für den an sich zuständigen Richter trifft.

11   **6. Die Ausführung der Anordnung (Satz 2)** — nicht der Zustellung — obliegt der Geschäftsstelle. Sie besteht darin, daß die Geschäftsstelle den Zustellungsbeamten oder die Post beauftragt, den Zustellungsakt vorzunehmen (§ 211 Abs. 1 Satz 1 ZPO), mithin „dafür sorgt, daß die Zustellung bewirkt wird". Die Ausführung der Anordnung ist nur dann rechtswirksam, wenn sie sich im Rahmen der Anordnung, des Auftrags (Rdn. 7), hält (RGRspr. **9** 42; RGSt **47** 115; OLG Köln NJW **1962** 1929). Das ist nicht der Fall, wenn das anwaltliche Empfangsbekenntnis ausweist, daß die vom Vorsitzenden an den Pflichtverteidiger verfügte Urteilszustellung nicht an diesen, sondern an einen Sozius des Pflichtverteidigers (BGH StrVert. **1981** 12) oder den Betroffenen bewirkt worden ist. Denn es ist kein Grund ersichtlich, die Handlung der Geschäftsstelle, die sich über eine Verfügung des Richters hinwegsetzt, anders zu behandeln als eine ohne Anordnung des Vorsitzenden selbst veranlaßte Zustellung (OLG Zweibrücken VRS **53** 277). Eine Ausnahme von diesem Grundsatz ist jedoch für den Fall anzuerkennen, wo die Geschäftsstelle die richterliche Verfügung nur teilweise ausgeführt, z. B. die Zustellung nur an den Verteidiger bewirkt hat, obwohl sie auch an den Betroffenen angeordnet war.

---

[2] OLG Köln NJW **1962** 1929; OLG Hamm – 4. BS – VRS **49** 430 = MDR **1976** 66; – 6. StS – NStZ **1982** 479; OLG Stuttgart MDR **1976** 245; OLG Schleswig SchlHA **1976** 187; OLG Celle NdsRpfl. **1977** 26 = MDR **1977** 67; OLG Düsseldorf NJW **1982** 590; MDR **1983** 339; OLG Zweibrücken VRS **53** 278; *Doller* 281; KK-*Maul* 2; KMR-*Paulus* 10; 12; **a. A.** OLG Hamm – 5. BS – GA **1976** 27; – 1. StS – NStZ **1982** 479 und – neuerdings auch – KG JR **1977** 521 sowie *Kleinknecht/Meyer* 12.

[3] BGH – 3. StS – bei *Holtz* MDR **1976** 814; BayObLGSt **1982** 12 = MDR **1982** 600; OLG Stuttgart MDR **1976** 245; OLG Celle NdsRpfl. **1977** 26 = MDR **1977** 67 unter Aufgabe seiner im Vorlagebeschluß vom 13. 3. 1976 NdsRpfl. **1976** 138 = MDR **1976** 598 vertretenen, teilweise abweichenden Auffassung. Mit der Entscheidung des 3. Strafsenats des Bundesgerichtshofs dürfte auch der Vorlagebeschluß des Bayerischen Obersten Landesgerichts vom 8. 4. 1976 (VRS **51** 41) seine Erledigung gefunden haben, in welchem das Gericht darauf verzichtet hatte, Ausführungen dazu zu machen, welcher der einander widersprechenden Entscheidungen in der Sache der Vorzug zu geben sei.

Denn dann liegen bezüglich der Zustellung an den Verteidiger alle für deren Wirksamkeit bedeutsamen Voraussetzungen, Anordnung durch den Richter und Bewirkung durch die Geschäftsstelle, vor (OLG Düsseldorf VRS **64** 270). Die damit verbundenen Rechtsfolgen können nur unter den Voraussetzungen einer Wiedereinsetzung in den vorigen Stand beseitigt werden.

Die Auffassung, daß die Geschäftsstelle die **Zustellung ohne Anordnung** zu veranlassen habe (*Baumbach/Lauterbach* § 269, 1), kann für den Strafprozeß nicht übernommen werden. Im Zivilprozeß steht der Zustellungsempfänger durch § 176 ZPO fest. Fürs Strafrecht gilt diese Vorschrift nicht (§ 145 a, 1); meist stehen mehrere Zustellungsempfänger zur Auswahl (vgl. § 37 Abs. 2; § 145 a Abs. 4). Alsdann verbietet die (nur) entsprechende Anwendung (§ 37 Abs. 1) der Vorschriften der Zivilprozeßordnung die Übernahme einer Regelung, deren Voraussetzungen im Strafprozeß nicht vorliegen (a. A. OLG Celle MDR **1976** 599). Daher darf die Geschäftsstelle Zustellungen nicht anordnen, sondern nur Anordnungen des Richters ausführen. **12**

7. Zusammenfallen von Anordnung und Ausführung. Anordnung und Ausführung können **in einer Hand** liegen. z. B. dann, wenn der Richter eine ausländische Behörde ersucht, die Zustellung vorzunehmen (§ 199 ZPO). Ausführung der Anordnung und Bewirken der Zustellung können zusammenfallen, z. B. wenn das zu übergebende Schriftstück an der Amtsstelle dem ausgehändigt wird, an den die Zustellung zu bewirken ist (§ 212 b Satz 1 ZPO). **13**

II. Zu vollstreckende Entscheidungen (Absatz 2 Satz 1)

1. Inhalt. Absatz 2 Satz 1 regelt einen **Ausnahmefall von Absatz 1**, nämlich die Zustellung von Entscheidungen, die der Vollstreckung bedürfen. In bezug auf die Entscheidungen umfaßt er den gleichen Kreis wie Absatz 1, also solche, die an sich nach § 35 Abs. 2 deshalb zuzustellen sind, weil mit deren Bekanntgabe eine Frist in Lauf gesetzt wird oder weil es sich bei ihnen um in Abwesenheit des Angeklagten verkündete Urteile handelt. Andere — z. B. in Anwesenheit der betroffenen Person ergangene (§ 35 Abs. 1), aber auch rechtskräftige — Entscheidungen fallen nicht darunter. Erstere werden durch Verkündung bekanntgemacht (§ 35, 5 ff); letztere bedürfen in keinem Fall einer Zustellung. Soweit rechtskräftige Entscheidungen zu vollstrecken sind, gilt dafür der Erste Abschnitt des Siebenten Buchs (Vor § 449, 1 ff). Zwar spricht § 449 nur von Strafurteilen; jedoch ist der Begriff Strafurteil hier nicht im formellen Sinn zu verstehen; er umfaßt auch (vgl. dazu § 449, 1) Urteilssurrogate wie Strafbefehl, Entscheidungen nach §§ 460, 462 sowie Entscheidungen, in denen in einem Nachverfahren einem Strafurteil die ihm zunächst fehlende Vollstreckbarkeit erst oder die ihm entzogene Vollstreckbarkeit wieder verschafft wird, wie der Widerruf der Strafaussetzung zur Bewährung, der Aussetzung des Strafrestes sowie des Straferlasses (§ 453 Abs. 2 Satz 3, § 454 Abs. 3 Satz 1). Satz 1 ist daher mit folgendem Inhalt zu lesen: ‚Die Zustellung von nicht rechtskräftigen Entscheidungen, die der Vollstreckung bedürfen, ordnet der Vorsitzende nicht an; solche Entscheidungen sind vielmehr der Staatsanwaltschaft zu übergeben, die alsdann das Erforderliche veranlaßt'. Dieser Schluß, nämlich ausnahmsweise keine Anordnung der Zustellung durch den Vorsitzenden, ist die Folge des Gebots, solche Entscheidungen der Staatsanwaltschaft zu übergeben. **14**

Mit diesem Inhalt ist die Ausnahme von Absatz 1 nicht nur zweckmäßig, sondern unabweisbar. Umfangmäßig wird sie — wie in § 33 Abs. 4 Satz 1 — auf die Fälle beschränkt, wo anderenfalls der mit der Entscheidung verfolgte Zweck gefährdet wäre. **15**

Günter Wendisch

Eine **Gefährdung** ist anzunehmen, wenn der von ihr Betroffene die Anordnung in der Entscheidung, wüßte er vorher von ihr, vereiteln könnte (§ 33, 40). Um das zu verhindern, dürfen zahlreiche vollstreckungsbedürftige Entscheidungen wie Haft- und Unterbringungsbefehle, Beschlagnahme-, Durchsuchungs- oder Überwachungsanordnungen vor ihrer Vollstreckung dem Betroffenen nicht bekannt werden und müssen **Zustellung und Vollstreckung** zusammenfallen; sichergestellt werden kann das nur, wenn beides **in einer Hand** liegt (*Rieß* NJW 1975 86; *Doller* DRiZ 1975 280; NJW 1977 2153).

16 Wer gleichwohl meint, der Gesetzgeber habe an dem früheren Zustand nichts ändern wollen, wonach die Zustellung deshalb der Staatsanwaltschaft übertragen worden sei, um das Gericht von nichtrichterlichen Aufgaben zu entlasten, verwechselt die **Institution des Gerichts** mit der des Richters. Die Zuweisung der Zustellung an die Staatsanwaltschaft beruhte zur Zeit der Einführung der Staatsanwaltschaft, aber auch der Verkündung der Strafprozeßordnung, darauf, daß die Gerichte nur kleine und unvollkommen ausgestattete Geschäftsstellen hatten und der damalige Amtsrichter viele Aufgaben selbst erledigen mußte, die heute dem Rechtspfleger oder der Geschäftsstelle obliegen. Diese Zeit ist längst vorbei; die Gerichte haben große Geschäftsstellen, die ohne weiteres die Aufgaben übernehmen können, die früher von der Staatsanwaltschaft — notgedrungen und aushilfsweise — durchgeführt werden mußten. Der **Richter wird** durch die Anordnung der Zustellung auch **nicht** sonderlich **belastet**, weil er sich dabei in der Regel bestimmter Verfügungsmuster bedient. Eine auf diese Weise einfach gestaltete Anordnung der Zustellung wöge — wenn sie überhaupt als Belastung anzusehen wäre — die Vorteile nicht auf, die durch die gesetzliche Neuregelung einer Konzentrierung beim Richter erreicht worden ist.

17 **2. Vollstreckung.** Nach dem **Wortsinn** des Begriffs Vollstreckung umfaßt dieser die Befugnis des für die Vollstreckung zuständigen Organs, erforderlichenfalls (OLG Karlsruhe Rpfleger 1968 288), d. h. dann Gewalt anzuwenden, wenn anderenfalls der mit der Entscheidung erklärte Wille des Gerichts nicht durchzusetzen wäre. Vollstreckung im Sinn von § 36 Abs. 2 setzt die Möglichkeit voraus, die Entscheidung notfalls unter Anwendung von physischem Zwang gegen Personen oder Sachen zu erzwingen (RGSt 41 88). Nur diese Entscheidungen bedürfen einer Vollstreckung, nicht auch solche, bei denen eine zwangsweise Durchführung von vornherein ausscheidet. Der Ausdruck Vollstreckung ist daher nicht in dem weiteren Sinn von Ausführung, sondern in dem gewöhnlichen Wortsinn von **zwangsweiser Durchführung** zu verstehen (OLG Celle GA 37 (1889) 73; 59 (1912) 366; OLG Kassel GA 40 (1892) 357)[4]. Das war bis zum Inkrafttreten des Ersten Gesetzes zur Reform des Strafverfahrens nicht zweifelhaft und sollte es auch in Zukunft nicht sein, wenn auch — allerdings nur vereinzelt — versucht wird, einer weiten Auslegung das Wort zu reden. Wegen weiterer Einzelheiten zu diesem Problem s. *Wendisch* JR 1978 447.

18 Zu den **Anhängern einer weiten Auslegung** gehören *Kleinknecht* (bis zur 35. Aufl.), *Schätzler* und *Meyer*, der den Standpunkt *Kleinknechts* unverändert übernommen hat (vgl. *Kleinknecht/Meyer* 14)[5]. Alle drei sprechen sich für eine sehr weite Ausle-

---

[4] Ebenso OLG Karlsruhe Rpfleger **1968** 288; OLG Hamm JMBlNRW **1977** 235; – aufgegeben NJW **1978** 175; *Rieß* NJW **1975** 86; *Doller* NJW **1977** 2153; *Herrmann* NJW **1978** 653; KK-*Maul* 13.

[5] Zu ihnen muß wohl auch *Paulus* gezählt werden, der die Zuständigkeit von der Voll-
streckungsfähigkeit abhängig machen will. Sie soll – mit der Folge, daß alsdann die Staatsanwaltschaft Zustellungsbehörde wäre – immer dann zu bejahen sein, wenn die gerichtliche Entscheidung ohne weiteres zu vollziehen sei (KMR 17); dagegen zu Recht KK-*Maul* 13.

gung aus. Nach *Kleinknecht* (12) soll Absatz 2 Satz 1 schon dann Anwendung finden, wenn „zur Durchsetzung der Entscheidung etwas zu ‚veranlassen' ist, was über eine bloße Anordnung der Beendigung eines Freiheitsentzugs hinausgeht". *Schätzler* will zu den vollstreckungsbedürftigen Entscheidungen alle Fälle rechnen, in denen etwas zu veranlassen, auszuführen oder zu vollziehen ist, was in die Kompetenz der Staatsanwaltschaft gehört (JR **1977** 294). Den gleichen Standpunkt vertreten die Oberlandesgerichte Zweibrücken (JR **1977** 293 mit Anm. *Schätzler*); Hamm (NJW **1978** 175 — mit abl. Anm. *Herrmann* NJW **1978** 653 — unter Aufgabe seiner früheren Ansicht in JMBlNRW **1977** 235) und Celle (MDR **1978** 71, nur Leitsatz). Nach OLG Zweibrücken soll zu den Entscheidungen, die der Vollstreckung bedürfen, auch der Beschluß gehören, durch den — wie beim Aussetzungsbeschluß — die Rückgängigmachung eines Eingriffs angeordnet wird. Das OLG Hamm will unter Vollstreckung all das erfaßt sehen, was „über die Zustellung hinaus zur Durchsetzung der Entscheidungen geboten ist". Eine überzeugende Begründung ihrer Ansicht bleiben alle schuldig. Sie ist namentlich bei Aussetzungsbeschlüssen nicht zu führen, zumal da es bei ihnen nichts zu vollstrecken gibt.

Den Vertretern einer weiten Auslegung des Begriffs Vollstreckung ist weiter entgegenzuhalten, daß der Gesetzgeber die bisherige Praxis ausdrücklich aufgeben wollte, die — obwohl gesetzlich nicht geregelt war, in welchen Fällen die Staatsanwaltschaft und unter welchen Voraussetzungen das Gericht Zustellungen und Vollstreckungen zu veranlassen hatte — aufgrund der früheren Fassung des §36 davon ausging, daß die Zustellung und Vollstreckung von gerichtlichen Entscheidungen grundsätzlich Sache der Staatsanwaltschaft sei (BTDrucks. 7 551, S. 46 r, 57 r; Rdn. 1). Er hielt eine klare und einfache Regelung, nämlich die **Trennung der Zuständigkeit** für die Zustellung von der für die Vollstreckung gerichtlicher Entscheidungen auch deshalb für erforderlich, weil die bisherige Regelung gelegentlich zu nicht unerheblichen Schwierigkeiten geführt hatte. Um das zu vermeiden, entschied er: „Die Zustellung obliegt dem Gericht, die Vollstreckung ist grundsätzlich Sache der Staatsanwaltschaft" (vgl. Begr. BTDrucks. 7 551, S. 58 l). Dieser eindeutige Standpunkt trägt darüber hinaus dem Grundsatz Rechnung, daß die Anordnung der Zustellung von Entscheidungen grundsätzlich demjenigen obliegen sollte, der sie erlassen hat. Auch für den Empfänger dürfte es einleuchtender sein, wenn er eine Entscheidung unmittelbar von dem Rechtspflegeorgan erhält, das sie erlassen hat. Für gerichtliche Entscheidungen bedeutet das, daß grundsätzlich der Richter die Zustellungen anzuordnen hat (*Rieß* NJW **1975** 86). Diese Regelung ist zweckmäßig. Sie hält den Richter auch nicht von seiner eigentlichen Aufgabe fern, Recht zu sprechen; denn es bringt für ihn keine wesentliche Mehrarbeit, wenn er die Zustellung seiner Entscheidung selbst veranlaßt (Rdn. 2; 16).

3. Beispiele. Zu den Entscheidungen, die der **Vollstreckung bedürfen**, zählen: Ordnungsgeld- oder Ordnungshaftbeschlüsse nach §51 Abs. 1 Satz 2 und 3 gegen trotz ordnungsgemäßer Ladung ausgebliebene Zeugen; nach §70 Abs. 1 Satz 2 bei grundloser Zeugnis- oder Eidesverweigerung von Zeugen[6]; Ordnungsgeldbeschlüsse nach §77 Abs. 1 Satz 2 gegen Sachverständige, die zur Erstattung eines Gutachtens verpflichtet sind, wenn sie trotz ordnungsgemäßer Ladung nicht erschienen sind, oder wenn sie sich weigern, ein Gutachten zu erstatten; Anordnungen nach §81 a Abs. 2 (Entnahme von

---

[6] Wegen der Ausnahme bei Erzwingungshaft nach §70 Abs. 2 und der Herausgabe von Beweismitteln nach §95 Abs. 2 in Verb. mit §70 Abs. 2 vgl. §36 Abs. 2 Satz 2 (Rdn. 28).

Günter Wendisch

Blutproben, Vornahme anderer körperlicher Eingriffe); nach § 81 c Abs. 5 (Untersuchung anderer Personen als Beschuldigte, § 81 c)[7]; Beschlagnahmebeschlüsse nach § 98 Abs. 1 (für die Untersuchung bedeutsame Beweismittel), nach § 100 Abs. 1 in Vbdg. mit § 99 (Postbeschlagnahme) sowie — an sich auch — nach § 111 b (Gegenstände und Vermögensvorteile, die der Einziehung unterliegen oder deren Verfall das Gericht angeordnet hat)[8], nach § 111 n Abs. 1 (periodische Druckwerke), aber auch der nach § 111 a Abs. 3 als Anordnung der Beschlagnahme des Führerscheins wirkende Beschluß über die vorläufige Entziehung der Fahrerlaubnis sowie — bei Ausländern — der darüber anzubringende Vermerk in dem ausländischen Fahrausweis (§ 100 a Abs. 6 Satz 1); Beschlüsse nach § 100 b Abs. 1 Satz 1, mit denen die Überwachung und Aufnahme des Fernmeldeverkehrs auf Tonträger nach § 100 a angeordnet worden ist; Durchsuchungsbeschlüsse nach § 105 Abs. 1 in Vbdg. mit §§ 102 bis 104; Haftbefehle (§ 114, 39)[9], auch solche nach § 230 Abs. 2, § 236, § 329 Abs. 4 und § 453 c; der Widerruf des Aussetzungsbeschlusses durch Anordnung des (erneuten) Vollzugs nach § 116 Abs. 4; vorläufige Unterbringungsbefehle (§ 126 a); Steckbriefe aufgrund eines Haftbefehls (§ 131) und Vorführungsbefehle (§ 134), auch wiederum nach § 230 Abs. 2, § 236 und § 329 Abs. 4. Wegen der Durchführung der Vollstreckung vgl. Rdn. 22.

21   **Keiner Vollstreckung** im Sinn dieser Vorschrift **bedürfen**: der Beschluß, durch den ein Haftbefehl nach § 120, § 121 Abs. 2 oder § 122 a aufgehoben oder sein Vollzug nach § 116 Abs. 1 bis 3 ausgesetzt wird sowie der Beschluß, durch den ein Unterbringungsbefehl nach § 126 a Abs. 3 aufgehoben wird; die Anordnung einer Beobachtung in einem öffentlichen psychiatrischen Krankenhaus oder in einer sozial-therapeutischen Anstalt nach § 81 Abs. 1. Zwar hat die Staatsanwaltschaft auch eine solche Anordnung zu vollstrecken; jedoch unterliegt sie gleichwohl nicht der Regelung des § 36 Abs. 2 Satz 1 (a. A. LR-*Meyer*[23] § 81, 41; BayObLGSt **3** 411; OLG Düsseldorf GA **58** 257; OLG München Alsb. E **1** 183), weil die Vollstreckung erst nach Rechtskraft der Entscheidung zulässig ist (§ 81 Abs. 4 Satz 2; OLG Nürnberg OLGSt § 81 StPO, 9). Dieser Umstand sowie die Schwere des Eingriffs rechtfertigt es, daß dieser Fall wie die Vollstreckung eines Strafurteils oder eines ihm entsprechenden Beschlusses behandelt wird. Nicht vollstreckungsbedürftig sind, und zwar selbst dann, wenn man auch rechtskräftige Entscheidungen der Regelung des § 36 Abs. 2 Satz 1 unterstellen will, Urteile, durch die das erkennende Gericht die erkannte Strafe nach § 56 StGB, oder Beschlüsse, durch die die Strafvollstreckungskammer (§ 462 a Abs. 1) oder das Gericht des ersten Rechtszugs (§ 462 a Abs. 3) den Strafrest nach § 454 in Vbdg. mit § 57 StGB zur Bewährung ausgesetzt hat (a. A. OLG Hamm NJW **1978** 175; OLG Frankfurt GA **1980** 375; *Mrozynski* JR **1983** 140). Denn das auf Strafaussetzung zur Bewährung lautende Urteil oder der Beschluß, durch den ein Strafrest zur Bewährung ausgesetzt wird, enthält zunächst noch keinen vollstreckbaren Strafausspruch. Die Vollstreckbarkeit wird beiden erst durch den gestaltenden Akt des Widerrufs der Aussetzung beigelegt, der nach dem Grundgedanken des § 449 den Strafausspruch erst (oder erst wieder) vollstreckungsfähig macht, wenn der Widerrufsbeschluß rechtskräftig geworden ist (§ 453; a. A. OLG

---

[7] Wegen des Ausschlusses der Anordnung einer Beobachtung nach § 81 Abs. 1 vgl. Rdn. 21.

[8] Sie unterliegt nur deshalb nicht der Regelung des § 36 Abs. 2 Satz 1, weil sie ihre – wenn auch inhaltsgleiche – besondere Regelung in § 111 f erfahren hat.

[9] Die Feststellung des Verfalls der Sicherheit nach § 124 unterliegt deshalb nicht der Regelung des § 36 Abs. 2 Satz 1, weil der Eintritt des Verfalls regelmäßig keine besondere Vollstreckung erfordert (§ 116 a, 6).

Zweibrücken MDR **1977** 293; OLG Hamm NJW **1978** 175; OLG Schleswig SchlHA **1978** 87; sowie *Kleinknecht*[35] 12 und *Schätzler* JR **1977** 294; wie hier OLG Hamm JMBlNRW **1977** 235; OLG Frankfurt GA **1980** 475 und *Doller* NJW **1977** 2153).

4. Die **Übergabe an die Staatsanwaltschaft wird dadurch bewirkt, daß** das Gericht **22** die Akten — regelmäßig auf Anordnung des Vorsitzenden — mit der in ihnen enthaltenen unterschriebenen Entscheidung übersendet. Das Gericht hat keinen Einfluß auf den **Vorgang der Vollstreckung.** Die Staatsanwaltschaft, der die Entscheidung übergeben worden ist, führt die Vollstreckung nach dem Inhalt der Entscheidung, ggf. mit Hilfe der Polizei (Verhaftung) durch, bei Vollstreckung von Ordnungs- oder Erzwingungshaft (§§ 51, 70, 95) nach § 87 Abs. 1 StVollstrO, bei Vollstreckung derartiger Ordnungsgelder nach §§ 3 ff der Einforderungs- und Beitreibungsanordnung (EBAO) vom 20. 11. 1974 in der Fassung vom 10. 7. 1979 (*Pohlmann/Jabel* 531). Dabei obliegt ihr ggf. die Bewilligung von Ratenzahlungen (OLG Hamm GA **1960** 318; JMBlNRW **1971** 274). Die Zuständigkeit richtet sich allein nach § 36, nicht nach § 2 EBAO.

Zuständig ist die Staatsanwaltschaft bei dem Gericht, das die Entscheidung erlas- **23** sen hat, doch kann die höhere Staatsanwaltschaft einer ihr unterstellten die Zustellung übertragen (KK-*Maul* 11). Davon wird zweckmäßig Gebrauch gemacht, wenn die Akten, etwa nach Revisionsentscheidung des Oberlandesgerichts, ohnehin vom Generalstaatsanwalt an die Staatsanwaltschaft beim Landgericht zurückgehen und dort weitere Verfügungen getroffen werden müssen. Dagegen scheidet eine Übertragung aus, wenn die nachgeordnete Staatsanwaltschaft am Verfahren nicht beteiligt ist, z. B. bei Strafsachen, die in erster Instanz von dem Oberlandesgericht entschieden werden (§ 120 Abs. 1 GVG).

5. **Veranlassen des Erforderlichen.** Außer der Zustellung hat die Staatsanwalt- **24** schaft auch das Erforderliche zu veranlassen. Diese Regelung beruht auf der Erkenntnis, daß „die sachgerechte Veranlassung von Vollstreckungsmaßnahmen und deren Ausführung eher durch den Einsatz der vorzugsweise der Staatsanwaltschaft zur Verfügung stehenden Mittel zu verwirklichen sind" (Begr. BTDrucks. 7 551, S. 58 l.).

Die **Befugnis,** das Erforderliche zu veranlassen, hat nur der Staats- oder Amtsan- **25** walt. Daher darf die Geschäftsstelle die Zustellung vollstreckbarer Entscheidungen nicht anordnen, sondern nur Anordnungen des Staats- oder Amtsanwalts ausführen. Die Auffassung, bei der Staatsanwaltschaft könne die Anordnung der Zustellung der Geschäftsstelle übertragen werden (*Müller-Sax*[6] 2), ist abzulehnen, weil die Strafprozeßordnung, wenn sie von Staatsanwaltschaft spricht, immer den Staatsanwalt und Amtsanwalt meint (§ 142 GVG), die Übertragung daher einer — nicht vorhandenen — gesetzlichen Grundlage bedürfte. Dagegen können die Länder bestimmen, ob und unter welchen Voraussetzungen die **Anordnungen** des Staatsanwalts Beamte des gehobenen oder — wie es regelmäßig der Fall ist — des mittleren Dienstes **auszuführen** haben.

III. Richterliche Vollstreckung

1. **Ordnung in der Sitzung (Absatz 2 Satz 2).** Entscheidungen, welche die Ord- **26** nung in den Sitzungen betreffen, vollstreckt — wie schon bisher — der Richter selbst. Von der **Ordnung in den Sitzungen** handeln die §§ 176 bis 183 GVG; § 179 GVG schreibt vor, daß der Vorsitzende die Vollstreckung der zur Aufrechterhaltung der Ordnung in der Sitzung verhängten Ordnungsstrafen unmittelbar zu veranlassen hat. Die Staatsanwaltschaft ist zur Vollstreckung nicht befugt (RGSt **15** 230), wohl aber verpflichtet, auf

Günter Wendisch

eine versehentlich unterbliebene Vollstreckung hinzuwirken. Der Richter ist nicht berechtigt, die Vollstreckung zu unterlassen, kann aber einen Gnadenerweis anregen.

2. Weitere Zuständigkeiten

27   **a) Grundsatz.** Nach bisherigem Recht konnte der Richter die Vollstreckung von Beschlüssen und Verfügungen stets unmittelbar veranlassen. Dafür enthält die neue Fassung keine Grundlage mehr. Gleichwohl muß man dem Richter weiterhin die Befugnis und gegebenenfalls die Pflicht einräumen, auch Entscheidungen zu vollstrecken, die nicht nur die Ordnung in den Sitzungen betreffen. Für diese Ansicht spricht einmal, daß der Gesetzgeber — wie die Regelung des Satzes 2 bestätigt (Rdn. 26) — den **Richter** nicht schlechthin **als Vollstreckungsbehörde** ausschließt. Sie wird zusätzlich durch die Erwägung gestützt, daß mit den neuen Zuständigkeitsregelungen zugleich erreicht werden sollte, die Verfahren insgesamt zu beschleunigen und ein sachlich nicht gebotenes oder gar unsinniges Hin- und Hersenden der Akten zu vermeiden.

28   **b)** So muß der Richter auch künftig die Haft zur **Erzwingung** einer Zeugenaussage (§ 70 Abs. 2) oder zur Herausgabe von Beweismitteln (§ 95 Abs. 2 in Vbdg. mit § 70 Abs. 2) selbst vollstrecken. Das erscheint schon deshalb unumgänglich, weil jederzeit ein Vollstreckungshindernis eintreten kann (Aussage des Zeugen, Geständnis oder Tod des Beschuldigten, Amnestie, Bekanntwerden von Rechtfertigungs- oder Entschuldigungsgründen, die beim Beschuldigten liegen), das allein der Richter berücksichtigen kann (*Wessels* 600).

29   **c)** Auch die Anordnungen einzelner **Beweiserhebungen** wird — wie bisher — das Gericht (OLG Kassel GA **40** [1892] 357) oder sein Vorsitzender (OLG Celle GA **37** [1889] 73) durchzuführen haben, sofern nicht Maßnahmen in Betracht kommen, für die es den Gerichten an einer besonderen gesetzlichen Grundlage fehlt, während sie für die Staatsanwaltschaft gegeben ist (OLG Celle GA **59** [1912] 366). Das ist bei der Durchführung polizeilicher Ermittlungen der Fall. Bei diesen ist das Gericht auf die allgemeine Rechtshilfe angewiesen, die Staatsanwaltschaft hat dagegen ein Anordnungs-(§ 152 Abs. 1 GVG) und Auftragsrecht (§ 161 Satz 2).

30   **d)** Wegen der Anordnung und Ausführung von **Ladungen** — auch in Privatklagesachen — s. § 214 Abs. 1; wegen sonstiger **Zustellungen und Vollstreckungen in Privatklagesachen** s. § 385 Abs. 1 (allgemein) und § 390 Abs. 3 Satz 2 (Zustellung von Rechtsmitteln).

31   **e) Zustellung der Revisionsbegründung der Staatsanwaltschaft.** Die Zustellung der Revisionsanträge der Staatsanwaltschaft und ihre Begründung obliegt ebenfalls dem Vorsitzenden. Absatz 1 steht dieser Auffassung schon deshalb nicht entgegen, weil dieser nur gerichtliche Entscheidungen betrifft (OLG Düsseldorf GA **58** (1911) 258; OLG Celle GA **60** (1913) 302; *Barre* 15; KK-*Maul* 11). Eine Pflicht der Staatsanwaltschaft, ihre Revisionsbegründung selbst zuzustellen, besteht nicht. Sie kann namentlich nicht aus § 320 hergeleitet werden, nach dessen Satz 2 die Staatsanwaltschaft dem Angeklagten die **Berufungsschrift** selbst zustellen muß, wenn sie dieses Rechtsmittel eingelegt hat. Eine dieser Vorschrift entsprechende Regelung gibt es nicht.

32   Die **Anordnungszuständigkeit des Vorsitzenden** ist nicht nur zweckmäßig, sondern wegen der Besonderheiten des Revisionsverfahrens auch notwendig. Der Staatsanwalt muß die Revisionsbegründung — aus den Handakten — binnen bestimmter Frist (§ 345 Abs. 1) bei dem Gericht anbringen, dessen Urteil er angefochten hat und bei dem sich auch die Akten befinden. Die Revisionsbegründung muß dem Gegner zugestellt (§ 347 Abs. 1 Satz 1) und alsdann noch eine einwöchige Frist (§ 347 Abs. 1 Satz 2) zu einer etwaigen Gegenerklärung abgewartet werden, ehe die Akten der Staatsanwaltschaft zur Weiterleitung an das Revisionsgericht übergeben werden. Die Gegenerklärung kann der Revisionsgegner aber auch zu Protokoll der Geschäftsstelle des Gerichts abgeben. Bei diesem Verfahrensablauf wäre es außerordentlich unpraktisch, wenn nicht das Gericht, bei dem sich die Akten ohnehin befinden, die Zustellung der Revisionsbegründung anordnen würde, die Akten vielmehr hin und her wandern müßten. Es ist daher — wie bisher — davon auszugehen, daß die Zustellung der Revisionsbegründung der Staatsanwaltschaft ausnahmslos dem Gericht obliegt (OLG Düsseldorf GA **58** (1911) 258). Gleichwohl ist auch die Zustellung der eigenen Revisionsbegründung durch die Staatsanwaltschaft wirksam (OLG Breslau *Alsb.* E 1 87).

IV. Anfechtung

Soweit der von einer Vollstreckung Betroffene durch diese selbst, nicht durch die **33** ihr zugrunde liegende Anordnung, in seinen Rechten verletzt ist, kann er **Antrag auf gerichtliche Entscheidung** nach §§ 23 ff EGGVG stellen (BGHSt **28** 208). § 23 EGGVG schließt insoweit eine Lücke in der Strafprozeßordnung bezüglich des Rechtsschutzes gegen Vollstreckungsmaßnahmen der Strafverfolgungsorgane[10].

§ 37

(1) [1]Für das Verfahren bei Zustellungen gelten die Vorschriften der Zivilprozeßordnung entsprechend. [2]Als Notfristen im Sinne des § 187 Satz 2 der Zivilprozeßordnung gelten die gesetzlichen Fristen.

(2) Wird die für einen Beteiligten bestimmte Zustellung an mehrere Empfangsberechtigte bewirkt, so richtet sich die Berechnung einer Frist nach der zuletzt bewirkten Zustellung.

Schrifttum. *Arnold* Zustellungen, Ladungen, Vorführungen in der Bundeswehr, NJW **1957** 1220; *Blaese/Wielop* Die Förmlichkeiten der Revision in Strafsachen (1982), hier: Die Urteilszustellung, S. 76 ff; *Dünnebier* Fristberechnung bei mehrfacher Zustellung (§ 37 Abs. 2 StPO), JZ **1969** 94; *Kunz* Die Rechtskraft bei Zustellung an Minderjährige, MDR **1979** 723.

Entstehungsgeschichte. Obwohl § 37 zunächst nicht geändert wurde, ist doch das strafrechtliche Zustellungsverfahren durch vorübergehende Kriegsvereinfachungsmaßnahmen und durch Änderungen der Zivilprozeßordnung beeinflußt worden. Die bedeutsamste Änderung ist die über die Heilung von Zustellungsmängeln (§ 187 ZPO) durch Abschn. 2 Nr. 2 ZustVO, beibehalten durch Art. 2 Nr. 20 VereinhG. Satz 2 ist angefügt durch Art. 4 Nr. 6 des 3. StRÄndG, weil auch bei den gesetzlichen Fristen der Strafprozeßordnung ebenso wie bei den Notfristen der Zivilprozeßordnung der Nachweis der formgerechten Zustellung unerläßlich erschien (Begr. BTDrucks. I 3713, S. 46).

---

[10] Ebenso OLG Stuttgart NJW **1972** 2146 sowie OLGSt § 23 EGGVG, 85; OVG Hamburg NJW **1970** 1699; BayVerfGH NJW **1969** 229; vgl. auch OLG Stuttgart NJW **1977** 2276; OLG Koblenz JVBl. **1961** 237; *Altenhain* DRiZ **1970** 106; *Strubel/ Sprenger* NJW **1972** 1736; LR-*Meyer*[23] § 105, 21; LR-*Schäfer*[23] § 23 EGGVG, 78; kritisch *Lisken* NJW **1979** 1992; a. A. wohl OLG Karlsruhe NJW **1976** 1417.

Günter Wendisch

Absatz 2 ist eingefügt durch Art. 10 Nr. 1 StPÄG 1964. Das wurde notwendig, weil durch Art. 3 Nr. 4 (§ 145 a) die Zustellung an den Verteidiger neu geregelt worden und dadurch die Gefahr gewachsen ist, daß **mehrere Zustellungen** vorgenommen werden. Dem dadurch möglicherweise entstehenden Zweifel, wann die Frist beginnt (Rdn. 60), soll durch Absatz 2 begegnet werden.

Übersicht

I. Zustellungsverfahren (Absatz 1)

1 **1. Allgemein.** § 37 verweist auf die Vorschriften der Zivilprozeßordnung. Kein Teil von ihr ist das Haager Abkommen über den Zivilprozeß. Art. 1 dieses Abkommens ist daher für die Zustellung in Strafsachen nicht maßgebend (RGSt **67** 225; BayObLG GA **1981** 574). Wohl aber ist bei Zustellungen im Ausland das Europäische Übereinkommen über die Rechtshilfe in Strafsachen (EuRHÜbK)[1] anzuwenden. Dessen Art. 7 Abs. 2 enthält gegenüber dem bisherigen Recht insoweit eine Erleichterung des Nachweises der Zustellung (vgl. dazu Rdn. 22), als nunmehr auch im Strafverfahren — wie nach Art. 5 HaagerÜbK für Zivilverfahren — die Zustellung durch schriftliches Empfangsbekenntnis des Zustellungsadressaten nachgewiesen werden kann (BayObLG aaO).

---

[1] Das Übereinkommen vom 20. 4. 1959 (BGBl. **1964** II 1386) ist nach Art. 5 Abs. 2 des Gesetzes vom 3. 11. 1964 (BGBl. II 1369) in Verbindung mit Art. 27 Abs. 3 des Übereinkommens aufgrund der Bekanntmachung vom 8. 11. 1976 (BGBl. II 1799) für die Bundesrepublik Deutschland am 1. 1. 1977 in Kraft getreten. Es ist als (partikulares) Völkerrecht nach Art. 25 GG Bestandteil des Bundesrechts geworden.

Da § 37 nur die **entsprechende Anwendung** der Vorschriften der Zivilprozeßord- **2** nung vorschreibt, muß für jede einzelne von ihnen geprüft werden, ob sie sich nach ihrem Inhalt für die Anwendung im Strafverfahren eignet. Soweit das zutrifft, müssen die Vorschriften auch bei der Zustellung an die Staatsanwaltschaft nach § 41 beachtet werden (RGSt **72** 318). In der Zivilprozeßordnung handeln von der Zustellung die §§ 166 bis 213 a. § 261 b ZPO ist keine Zustellungsvorschrift und für das Strafverfahren auch nicht entsprechend anzuwenden (BayObLGSt **1953** 62 = NJW **1953** 1316).

2. Nicht anwendbare Vorschriften

a) §§ 166, 168, 169 ZPO. Eine Zustellung auf **Betreiben der Parteien** wäre allen- **3** falls im Privatklageverfahren denkbar, findet aber dort nicht statt (§§ 382, 384 Abs. 1). Für das Verfahren bei unmittelbarer Ladung von Zeugen und Sachverständigen (§ 220 Abs. 1 Satz 1, § 386 Abs. 2, § 397 Abs. 1) entspricht § 38 dem § 166 Abs. 1 ZPO und sind § 166 Abs. 2, §§ 168, 169 ZPO anwendbar.

b) § 171 ZPO. Der dem bürgerlichen Recht eigentümliche Begriff der **Prozeßfä- 4 higkeit** hat keine Bedeutung für den Beschuldigten. Im Verfahren bei Zustellungen wird weder zwischen dem volljährigen und minderjährigen (RG GA **41** 401; JW **1893** 582) noch zwischen dem geistig gesunden Beschuldigten und dem geisteskranken Antrags- gegner unterschieden. Bedeutsam ist nur die Unterscheidung zwischen verhandlungsfä- higen und verhandlungsunfähigen Beschuldigten. Auf **Privatkläger und Nebenkläger** ist der Begriff der Prozeßfähigkeit zwar anwendbar. Wenn sie jedoch gesetzlich vertreten werden (§ 374 Abs. 3, § 395 Abs. 1 Satz 1 in Vbdg. mit § 374 Abs. 3), steht der Vertreter an Stelle des Vertretenen und ist daher selbst Zustellungsempfänger.

c) §§ 173 bis 175, § 192, §§ 213, 213 a ZPO. Die Art des Strafprozesses verlangt, **5** daß wider den Willen des Beteiligten nicht einem anderen als ihm selbst zugestellt wird; ein **Bevollmächtigter** kann ihm nicht aufgezwungen werden, soweit der Gesetzgeber nicht ausdrücklich, wie in § 116 a Abs. 3, § 127 a Abs. 2, § 132 Abs. 1 Nr. 2 und in § 145 a Abs. 1, eine besondere Regelung getroffen hat. Der Ausschluß der §§ 173 bis 175 ZPO macht es indessen nicht unmöglich, einen **Zustellungsbevollmächtigten** zu bestellen (Rdn. 39 ff).

d) §§ 176 bis 178 ZPO. Die Vorschriften sind unanwendbar, weil es im Straf- **6** prozeß keine **Prozeßbevollmächtigten** gibt. Vergleichbare Sonderregelungen enthalten § 145 a, § 378 Satz 2, § 397 Abs. 1, § 434 Abs. 1 Satz 2.

e) § 189 ZPO (Zustellung für **mehrere Beteiligte**) findet keine Anwendung, weil **7** im Strafverfahren die Verteidigung mehrerer Beschuldigter, aber auch die Vertretung mehrerer Einziehungsbeteiligter nicht mehr zulässig ist (§§ 146, 434 Abs. 1 Satz 2), und für alle sonstigen denkbaren Anwendungsfälle, so z. B. für den Beistand für mehrere Pri- vat- oder Nebenkläger sowie deren Vertretung, Sondervorschriften (§§ 378, 397 Abs. 1) bestehen.

f) § 195 a ZPO ist wegen der bloßen **Fiktion** einer Zustellung für das Strafverfah- **8** ren unanwendbar. Da keine Benachrichtigung stattfindet, ist er auch mit § 182 ZPO nicht zu vergleichen.

g) §§ 196 bis 198 ZPO. Die Zustellung unter **Vermittlung der Geschäftsstelle 9** (§ 196 ZPO) und von Anwalt zu Anwalt (§ 198 ZPO) kommt im Strafverfahren nicht vor. Bei der unmittelbaren Ladung (§ 38) ist der Gerichtsvollzieher zu beauftragen, so daß deshalb § 197 ZPO ausscheidet.

Günter Wendisch

10   h) § 210 a ZPO (Zustellung einer **Rechtsmittelschrift**) gilt, weil auf den Parteibetrieb des Zivilprozesses abgestellt, nicht für das Strafverfahren.

3. Beschränkt anwendbare Vorschriften

11   a) §§ 167, 170 Abs. 2 ZPO haben Bedeutung nur bei der **unmittelbaren Ladung** (§ 38), doch sind in § 167 Abs. 1 ZPO die Worte „die Geschäftsstelle zur Beauftragung eines Gerichtsvollziehers mit der Zustellung" (zu ermächtigen) unanwendbar, weil es im Strafverfahren keine Zustellung unter Vermittlung der Geschäftsstelle gibt.

12   b) § 190 ZPO findet wegen der Sonderregelung in den §§ 212 ff ZPO im allgemeinen keine Anwendung, hat aber für die **unmittelbare Ladung** (§ 38) Bedeutung.

13   c) §§ 203 bis 207 ZPO. Da § 40 eine Sondervorschrift für die öffentliche Zustellung an den Beschuldigten enthält, die für den Einziehungsbeteiligten entsprechend gilt (433 Abs. 1), beschränkt sich die entsprechende Anwendbarkeit der die öffentliche Zustellung betreffenden Vorschriften der Zivilprozeßordnung im Strafverfahren auf die **Zustellung an Beteiligte, die** für den Beschuldigten **Sicherheit geleistet** haben (§ 124 Abs. 2 und 3), an Privatkläger und Nebenkläger. Die Zustellung hat das Gericht zu bewilligen, bei dem die Sache anhängig ist. Über den Antrag der Staatsanwaltschaft, die öffentliche Zustellung an den Nebenkläger, der Revision eingelegt hat, zu bewilligen, hat das **Gericht, dessen Urteil** der Nebenkläger angefochten hat, solange zu entscheiden, bis die Akten dem Revisionsgericht übersandt worden sind (BayObLG DRiZ **1932** 144).

4. Anwendbare Vorschriften

14   a) **Allgemein.** Die §§ 166 bis 213 a ZPO gelten nicht unmittelbar, sondern nach Absatz 1 Satz 1 entsprechend, also mit den Einschränkungen und den Modifikationen, die sich aus den Notwendigkeiten des Strafverfahrens ergeben. Eine weitere Komplikation ergibt sich, weil die §§ 166 bis 207 ZPO (Zustellung auf Betreiben der Parteien) ein zweites Mal nur entsprechend anzuwenden sind, nämlich nur insoweit, als sich nicht aus dem Charakter der Zustellung, als einer von Amts wegen, Abweichungen ergeben. Danach sind im einzelnen anwendbar:

15   b) § 170 Abs. 1 ZPO in Verb. mit § 207 ZPO enthält die **allgemeine Zustellungsregel.** Die Vorschrift sagt nicht, wem die Ausfertigung oder Abschrift zu übergeben ist, doch ergibt § 181 Abs. 1 ZPO, daß „die Person, der zugestellt werden soll" gemeint ist. Ausnahmen von der Regel enthalten die §§ 181 bis 184 ZPO in bezug auf den Zustellungsempfänger und § 186 ZPO in bezug auf den Akt der Aushändigung.

16   Die Strafprozeßordnung spricht nur in § 275 Abs. 4 von der **Ausfertigung,** in § 451 Abs. 1 dagegen von der beglaubigten Abschrift. Beide stehen einander gleich (RGSt **9** 274). Die Gültigkeit einer Zustellung wird nicht dadurch beeinträchtigt, daß an Stelle einer Ausfertigung eine beglaubigte Abschrift oder statt einer beglaubigten Abschrift eine Ausfertigung oder die Urschrift zugestellt wird (BGHSt **26** 140). Dagegen genügt eine einfache Abschrift nicht (OLG Köln GA **1955** 126). Die Zustellung ist auch dann wirksam, wenn der Urkundsbeamte der Geschäftsstelle der **Staatsanwaltschaft** die **Urteilsabschrift** beglaubigt hat (BGH bei *Herlan* GA **1973** 135; BGHSt **26** 141). Eine **Urteilsausfertigung** dagegen ist dem Urkundsbeamten der Geschäftsstelle des Gerichts vorbehalten.

17   Weitere Voraussetzung für eine wirksame Zustellung ist schließlich, daß der Urteilsausfertigung oder beglaubigten Abschrift **kein erheblicher Mangel** anhaftet (BGH MDR **1967** 834). Ein solcher Mangel ist zu bejahen, wenn etwa ein nicht ganz unwesentlicher Teil der Urteilsformel fehlt (BGH NJW **1978** 60). Zwar ist anerkannt, daß kleine

Fehler nicht schaden, wenn der Zustellungsempfänger aus der Ausfertigung oder Abschrift den Inhalt der Urschrift genügend entnehmen kann. Beim Fehlen einer Seite mit dem Großteil der Urteilsformel ist der Mangel jedoch als so erheblich anzusehen, daß eine Heilung durch Ergänzung des Urteilssatzes aus den Gründen ausgeschlossen ist. Die Urteilsformel entfaltet eine stärkere Kraft als die Entscheidungsgründe; ihre Berichtigung ist nur unter engeren Voraussetzungen möglich als die der Urteilsgründe. Fehler der Urteilsformel wiegen deshalb regelmäßig so schwer, daß die Zustellung einer solchen fehlerhaften Ausfertigung regelmäßig keine Frist in Lauf setzen kann (BGH NJW **1978** 60). Weitere Beispiele s. Rdn. 55 ff.

c) Ort der Zustellung (§ 180 ZPO). Die Vorschrift hat eine doppelte Bedeutung. **18** Sie besagt einmal, daß die Zustellung nicht nur am Wohnsitz des Empfängers, sondern in jeder Ortschaft ausgeführt werden kann, wo er sich aufhält. Der andere Sinn ist aus der Streichung des früheren Absatzes 2 zu entnehmen. Danach konnte, wer Wohnung oder Geschäftslokal am Ort hatte, die Annahme der Zustellung außerhalb dieser Stätten verweigern. Die Streichung legt dem Wort Ort die Bedeutung von **Stelle** bei und macht klar, daß Zustellungen auf der Straße, auf dem Feld, bei einem Obdachlosen, auf dem Arbeitsamt usw. zulässig sind. **Ausnahmen** hiervon enthalten die §§ 181 bis 183 ZPO (Rdn. 27 ff), die den Ort der Ersatzzustellung genau begrenzen.

d) Zustellung zur Nachtzeit (§ 188 ZPO). Bei einer von der **Staatsanwaltschaft** veranlaßten Zustellung (§ 36 Abs. 2 Satz 1) kann die Erlaubnis zur Zustellung an den ausgenommen Zeiten neben dem Richter auch der Staatsanwalt erteilen. **19**

e) Inhalt der Zustellungsurkunde (§ 191 ZPO). Die Vorschrift gewinnt für § 195 **20** Abs. 2, § 211 Abs. 1, § 212 ZPO Bedeutung.

f) Zustellung durch die Post (§§ 193 bis 195 ZPO). Die Vorschriften finden im **21** Strafverfahren Anwendung mit den Änderungen und Einschränkungen, die sich aus den §§ 209 bis 212 ZPO für die Zustellung **von Amts wegen** ergeben.

g) Zustellung im Ausland (§§ 199, 200, 202 ZPO). Das in § 202 ZPO vorgesehene **22** **Ersuchensschreiben** hat die Behörde zu erlassen, die nach § 36 die Zustellung veranlaßt. Das Zeugnis nach § 202 Abs. 2 ZPO vertritt die Zustellungsurkunde des Gerichtsvollziehers. Es kann nunmehr auch durch ein Empfangsbekenntnis des Empfängers ersetzt werden (Art. 7 Abs. 2 EuRHÜ; Rdn. 1). Die Zustellung im Ausland wird, falls nicht ein datiertes vom Empfänger unterschriebenes Empfangsbekenntnis vorliegt, durch ein schriftliches Zeugnis der ersuchten Stelle, daß die Zustellung vorgenommen worden sei, nachgewiesen, nicht schon durch die Urkunde, die der Zustellungsbeamte über den Zustellungsvorgang aufgenommen und die das (ausländische) Zustellungsorgan an die ersuchende (deutsche) Stelle übersandt hat (BayObLG GA **1981** 573).

h) §§ 208 bis 210, 211, 212 b ZPO. Diese Vorschriften behandeln die **Zustellung** **23** **von Amts wegen.** Ihnen kommt, weil im Strafverfahren, von geringfügigen Ausnahmen abgesehen (§ 38), alle Zustellungen von Amts wegen bewirkt werden, besondere Bedeutung zu. Wird nach § 36 Abs. 2 verfahren, dann hat die Geschäftsstelle der Staatsanwaltschaft, wird nach § 36 Abs. 1 verfahren, die Geschäftsstelle des Gerichts für die Zustellung Sorge zu tragen (§ 209 ZPO) und die **Abschriften zu beglaubigen** (§ 210 ZPO). Doch ist es unschädlich, wenn die Ausfertigung eines Gerichtsbeschlusses anstelle des gerichtlichen der staatsanwaltschaftliche Urkundsbeamte beglaubigt hat (OLG Bamberg HESt **3** 3; BGH bei *Dallinger* MDR **1973** 19 sowie BGHSt **26** 140) und umgekehrt. Nur Urteilsausfertigungen kann allein der Urkundsbeamte der Geschäftsstelle des Gerichts unterschreiben (§ 275 Abs. 4).

Günter Wendisch

24   **i) Zustellung an Anwalt (§ 212 a ZPO).** Zu einer von Amts wegen zu bewirkenden **Zustellung an** einen **Rechtsanwalt** nach dieser Vorschrift gehören als unabdingbare Voraussetzungen neben der tatsächlichen Übermittlung des zuzustellenden Schriftstücks auf seiten der Geschäftsstelle (§ 209 ZPO) der Wille, das Schriftstück zuzustellen, und auf seiten des Empfängers die Kenntnis von dieser Zustellungsabsicht und der **Wille**, das in seinen Gewahrsam gelangte **Schriftstück als zugestellt anzunehmen** sowie die Ausstellung eines mit Datum und Unterschrift versehenen Empfangsbekenntnisses (BGHZ 30 335 = MDR **1959** 996). Wenn auch grundsätzlich anzunehmen ist, daß Behörden und Anwälte diesen Willen alsbald nach Eingang des Schriftstücks haben und durch Datierung und Unterschrift beurkunden (BGH — Z — MDR **1975** 837; **1981** 302), so ist die Zustellung gleichwohl erst zu dem Zeitpunkt bewirkt, in dem der Rechtsanwalt tatsächlich persönlich Kenntnis von seinem Gewahrsam an dem ihm übersandten Schriftstück hat und den Willen äußert, das Schriftstück als ihm zugestellt anzunehmen. Das gilt selbst dann, wenn das von dem Rechtsanwalt unterzeichnete Empfangsbekenntnis schon bei Eingang des Schriftstücks von einer Angestellten mit dem damaligen Datum gestempelt worden ist, der Rechtsanwalt aber erst zu einem späteren Zeitpunkt Kenntnis erhält und das — mit dem früheren Datum versehene — Empfangsbekenntnis unterzeichnet. Unschädlich ist dabei auch, wenn er — einer langjährigen Übung entsprechend — das Datum bewußt nicht berichtigt, weil er irrtümlich glaubt, der Tag des Eingangs des Schriftstücks bei seiner Kanzlei sei der Tag der Zustellung (BGH — Z — JZ **1979** 571).

25   Da diese Zustellungsform die billigste ist — zumal wenn die Briefe nicht durch die Post übersandt, sondern durch Boten ins Fach der Anwaltszentrale gelegt werden —, sollte von ihr so oft Gebrauch gemacht werden, als das möglich ist. Ergeben sich bei der Datierung des Empfangsbekenntnisses **Zweifel,** kann ganz regelmäßig nicht festgestellt werden, daß der Annahmewille vor der Datierung bestanden hat. Es bleibt nur übrig, wenn sich solche Fälle wiederholen, bei dem Zustellungsempfänger die förmliche Zustellung zu wählen. In der Praxis hat dazu kaum je Anlaß bestanden.

5. Ersatzzustellung (§§ 181 bis 186 ZPO)

26   **a) Grundsätzliche Anwendung.** Die **wichtigste Form** der Sonderzustellung ist die **Ersatzzustellung.** Die sie regelnden §§ 181 bis 186 gehören zu den in Rdn. 14 bis 24 behandelten Bestimmungen, die grundsätzlich auch im Strafverfahren anzuwenden sind. Soweit die Ersatzzustellung zulässig ist, hat sie zur Folge, daß die auf diese Weise zugestellte Entscheidung auch dann wirksam zugegangen ist, wenn der Betroffene von ihr keine Kenntnis erlangt hat (BGHSt 27 88, wonach gegen die Rechtsgültigkeit einer durch Übergabe an die Ehefrau des Betroffenen ausgeführten Zustellung nach § 181 Abs. 1, § 195 Abs. 1, § 208 ZPO in Vbdg. mit § 37 keine Bedenken bestehen). Mit ihr wird auch das Recht des Betroffenen, sich im weiteren Verfahren rechtliches Gehör zu verschaffen, nicht berührt (vgl. BVerfGE 25 165 = NJW **1969** 1104; 26 318 = NJW **1969** 1531; BVerfG NJW **1976** 1838). Im einzelnen ist zu bemerken:

27   **b) § 181 ZPO. Wohnung** i. S. des § 181 ZPO ist ohne Rücksicht auf den Wohnsitz diejenige Räumlichkeit, die der Zustellungsempfänger zum Wohnen und nicht nur zum Aufenthalt benutzt (BayObLGSt **1961** 79 = JR **1961** 271; vgl. auch OLG Düsseldorf MDR **1983** 339). § 181 ZPO findet nur Anwendung, wenn der Empfänger die Wohnung zur Zeit der Zustellung tatsächlich **innehat.** Es kommt daher nicht darauf an, ob diese Räumlichkeit mit dem Wohnsitz des Adressaten i. S. von § 7 BGB übereinstimmt oder ob der Adressat in dieser Wohnung polizeilich gemeldet ist (BGH — Z — **1978**

377 = MDR **1978** 558); wesentlich ist vielmehr, ob der Zustellungsempfänger hauptsächlich in den Räumen lebt, wofür ein Indiz sein kann, daß er dort schläft (BGH LM BGB § 328 Nr. 15). Demzufolge sind Wohnwagen, Schiffe, Sommer- und Wochenendhäuser Wohnungen und kann ein Mensch mehrere Wohnungen haben und trotz Anmeldung und Belassen von Hausrat in einer Wohnung nicht wohnen, wenn er diese für längere Zeit verlassen hat, ohne die Absicht (BayObLGSt **1961** 79 = JR **1961** 271) oder bei bestehender Absicht die Möglichkeit zu haben, jederzeit dorthin zurückzukehren.

Andererseits wird die Beziehung zur Wohnung nicht durch die **vorübergehende 28 Entfernung** (Besuchs-, Urlaubs-, Geschäftsreisen) und selbst nicht durch eine vorläufige Festnahme (OLG Hamm NJW **1962** 264) aufgehoben. Sie geht erst verloren, wenn sich während der Abwesenheit des Zustellungsempfängers auch der räumliche Mittelpunkt seines Lebens an den neuen Aufenthaltsort verlagert (BGH — Z — JR **1978** 377 = MDR **1978** 558). Ob das der Fall ist, läßt sich regelmäßig nur nach den Umständen des Einzelfalls entscheiden. Geeignete Gesichtspunkte für eine solche Prüfung können die Dauer der Abwesenheit, das Vorhandensein einer neuen festen und dauerhaften Unterkunft (BayObLGSt **1971** 95 = VRS **41** 282), aber auch die Absicht und die Möglichkeit der Rückkehr sein. Ist letztere zufolge Verhaftung mit an Sicherheit grenzender Wahrscheinlichkeit auszuschließen, entfällt damit die Beziehung zur Wohnung mit der weiteren Folge, daß unter ihrer Anschrift jede Ersatzzustellung ausgeschlossen ist. Allerdings folgt aus dieser Auslegung auch, daß ein Beschuldigter, der sich außerhalb seiner Wohnung vor strafrechtlicher Verfolgung **verbirgt**, dadurch allein nicht ohne weiteres die Beziehung zu seiner Wohnung aufhebt (RG HRR **1932** 2327).

Ist jemand **verzogen**, kann nicht an den Hauswirt der alten Wohnung (OLG Neu- 29 stadt GA **1955** 348) oder an einen in der Wohnung verbliebenen Familienangehörigen (OLG Hamm JMBlNRW **1959** 161; OLG Bremen MDR **1960** 244) oder durch Niederlegung bei der Post (OLG Koblenz VRS **44** 209; vgl. auch MDR **1981** 1036; OLG Karlsruhe NJW **1981** 471 = JR **1981** 132) zugestellt werden, selbst wenn er die Abmeldung am alten Wohnort unterlassen hat (OLG Koblenz VRS **44** 209; OLG Köln NJW **1980** 2720). Ebensowenig ist die Ersatzzustellung in der Wohnung eines **Gefangenen** (BGH NJW **1951** 931; **1978** 1858)[2], eines für mehrere Monate ununterbrochen in einer Therapieeinrichtung befindlichen Suchtkranken (OLG Hamm NStZ **1982** 552) oder eines an einem anderen Ort dienenden Angehörigen der Bundeswehr (BayObLGSt **1967** 165 = NJW **1968** 513; **1971** 95 = VRS **41** 282) wirksam.

Bei Zustellung an einen zur Familie des Angeklagten gehörenden **erwachsenen 30 Hausgenossen** — dazu rechnet trotz einer im Wandel begriffenen Vorstellung über Ehe und Familie auch heute noch nicht die mit ihrem früheren Ehemann wieder zusammenlebende geschiedene Ehefrau (OLG Hamm JMBlNRW **1981** 143) — ist die Minderjährigkeit des unmittelbaren Zustellungsempfängers kein Hindernis für die Rechtswirksamkeit der Ersatzzustellung. (OLG Hamm NJW **1974** 1150; dort 17jähriger Sohn). Eine klare Grenzlinie zwischen erwachsenen und unerwachsenen Personen läßt sich mangels irgendwelcher Anhaltspunkte im Gesetz nicht ziehen. Entscheidend ist daher der Sprachgebrauch des täglichen Lebens (*Wieczorek* § 181 B III a 1; *Baumbach/Lauterbach* § 181 1 B). Davon ist der Gesetzgeber bei Unterlassen einer näheren Bestimmung dieses

---

[2] Ebenso OLG Oldenburg MDR **1968** 941; OLG Karlsruhe NJW **1973** 1315; OLG Koblenz OLGSt § 37 StPO, 11; OLG Hamm Rpfleger **1977** 177; LG Hagen NJW **1980** 1703; vgl. auch BGH – Z – MDR **1978** 558 = JR **1978** 378, der allerdings dahingestellt sein läßt, ob das auch bei einer nur einmonatigen Freiheitsstrafe gelten müsse.

Günter Wendisch

Begriffs ersichtlich ausgegangen (RGSt **47** 375). Erwachsen ist deshalb nicht gleichzu-setzen mit volljährig (vgl. BVerwG NJW **1962** 70); es bedeutet: körperlich genügend entwickelt (BGH VersR **1973** 156; OLG Hamm NJW **1974** 1150). Gleichwohl wird man einen Vierzehnjährigen regelmäßig noch nicht als erwachsenen Hausgenossen an-sehen können (OLG Schleswig SchlHA **1980** 214; anders in bezug auf einen Fünfzehn-jährigen BSG MDR **1977** 22): **Dienende Person** i.S. des § 181 Abs. 1 ZPO kann auch eine Verwandte sein, die regelmäßig für längere Zeit aus Gefälligkeit etwa zwei Stun-den täglich im Haushalt des Zustellungsempfängers tätig ist (OLG Hamm MDR **1982** 516; vgl. auch RG JW **1937** 1663).

31   **Hauswirt** i.S. des § 181 Abs. 2 ZPO ist auch dessen Vertreter gegenüber den Mie-tern (Verwalter, Hauswart, Hausvertrauensmann bei Genossenschaften). Den Ehe-frauen der Genannten kann — auch mit ihrer Einwilligung — nicht zugestellt werden (RGRspr. **2** 255), es sei denn, daß sie, was die Regel sein wird, diese in ihrer Funktion vertreten. Vermieter ist auch, wer einer Hausangestellten aufgrund des Dienstverhält-nisses Wohnung gewährt (RGSt **64** 243).

32   **c) § 182 ZPO.** Eine Ersatzzustellung durch **Niederlegung bei der Postanstalt** (§ 182 ZPO) ist nicht deshalb unwirksam, weil der verreiste Zustellungsempfänger vor der Abreise die Post beauftragt hatte, während seiner Abwesenheit eingehende Postsen-dungen an den Absender zurückgehen zu lassen (BayObLGSt **6** 213) oder an ihn unter der Reiseanschrift nachzusenden (BayObLGZ MDR **1981** 60; vgl. auch OLG Hamburg MDR **1982** 1041). Unwirksamkeit der Ersatzzustellung liegt auch nicht vor, wenn der Postbeamte die Postsendung zufolge Änderung der Organisation des postalischen Zu-stellungswesens nicht bei dem für den Zustellungsempfänger nächsten, sondern bei einem dafür besonders eingerichteten zentralen Postamt niedergelegt hat (OLG Köln VRS **57** 438).

33   Die **Wirksamkeit** der Zustellung hängt aber davon ab, daß zunächst versucht wor-den ist, in der Wohnung des Empfängers zuzustellen (BGH JR **1969** 61; NJW **1976** 149) und weiter, daß eine schriftliche **Mitteilung** über die Niederlegung in der bei gewöhn-lichen Briefen üblichen Weise abgegeben und diese — wie die Niederlegung selbst — durch die Postzustellungsurkunde beurkundet wird (BayObLG bei *Rüth* DAR **1978** 210). Da die Niederlegung die unsicherste Zustellungsart ist, genügt es nicht, wenn die Mitteilung über die Niederlegung in ein **Postfach** des Zustellungsempfängers eingelegt (BayObLGSt **1962** 222 = JR **1963** 67), auf dem Küchentisch in der Wohnung des Emp-fängers hinterlassen (BVerwG NJW **1973** 1945) oder seinem zehnjährigen Kind auf der Straße übergeben wird (LAG Hamm MDR **1978** 82), wohl aber, wenn die Mitteilung in den Briefschlitz der verschlossenen Haustür eingeworfen — und zwar selbst dann, wenn sich in dem betreffenden Haus mehrere Wohnungseinheiten befinden (OLG Hamm JMBlNRW **1981** 68) — oder mangels eines Briefschlitzes oder Briefkastens unter der Wohnungstür durchgeschoben wird (BVerwG NJW **1973** 1945).

34   **d) § 183 ZPO.** Die Wirksamkeit der Ersatzzustellung an die in § 183 ZPO be-zeichneten Gehilfen im **Geschäftsraum** hängt davon ab, daß der Zustellungsempfänger in diesem Raum noch regelmäßig tätig ist (RG HRR **1937** 2163) und daß sie innerhalb — nicht außerhalb — des Geschäftsraums vorgenommen wird (RG HRR **1926** 1755); daß sie eine persönliche Angelegenheit des Adressaten betrifft, berührt die Wirksamkeit nicht (BayObLG bei *Rüth* DAR **1982** 252). Die Hauswirtin des Geschäftslokals eines Rechtsanwalts ist selbst dann nicht seine Gehilfin, wenn sie Postvollmacht hat (OLG Braunschweig HESt **3** 5).

e) §§ 184, 185 ZPO. § 184 (**Ersatzzustellung an Behörden** usw.) und § 185 ZPO **35** (**Verbot der Ersatzzustellung** an den Gegner des Zustellungsempfängers; vgl. OLG Hamburg NJW **1964** 678) erlangen vor allem bei der Zustellung an Privatkläger, Nebenkläger und Einziehungsbeteiligte Bedeutung. Doch gilt das zuletzt genannte Verbot auch für die Ersatzzustellung an eine Person, die durch die dem Angeklagten vorgeworfene Straftat unmittelbar verletzt ist (OLG Hamburg NJW **1964** 678 = JR **1964** 230; zweifelnd *Kleinknecht/Meyer* 8).

f) Zustellung durch Übergabe. Die Vorschriften über die Ersatzzustellung gelten **36** uneingeschränkt auch dann, wenn der Angeklagte bei der Verkündung des Urteils nicht anwesend gewesen ist (§ 231 Abs. 2, § 231 b, § 233 Abs. 1, § 329 Abs. 1, § 387 Abs. 1, § 411 Abs. 2, § 412 Abs. 1; BGHSt **13** 184; OLG Celle NJW **1960** 931). Ebenso ist bei der Zustellung von Strafbefehlen jede Ersatzzustellung, auch die nach § 182 ZPO, zulässig (BVerfGE **25** 165 = NJW **1969** 1104; **26** 318; BGHSt **13** 182)[3]. Keine rechtlichen Wirkungen hat dagegen eine Zustellung, die aufgrund der Anordnung einer Postsperre durch das Konkursgericht nach § 121 Abs. 1 KO in einem gegen den Gemeinschuldner gerichteten Straf- oder Bußgeldverfahren nicht an diesen, sondern an den Konkursverwalter bewirkt wird. Denn abgesehen davon, daß dem Konkursverwalter nur die Verwaltung und Verwertung der Konkursmasse obliegt, wäre es auch sachlich unangemessen, wenn auch Zustellungen, die nicht die Konkursmasse betreffen, mit Wirkung gegen den Gemeinschuldner durch Auslieferung an den Konkursverwalter ausgeführt werden könnten (BayObLGSt **1979** 25 = JZ **1979** 318). Solche Zustellungen setzen deshalb auch keine Rechtsmittelfristen in Lauf.

Wenn die **Zustellung durch Übergabe gesetzlich** ausdrücklich **vorgeschrieben** ist, und **37** das ist allein in § 232 Abs. 4 der Fall, ist die Zustellung durch Niederlegung (§ 182 ZPO) ausgeschlossen, jede andere Art der Ersatzzustellung aber zulässig (BGHSt **11** 152).

g) Wiedereinsetzung in den vorigen Stand. Die Gültigkeit einer Ersatzzustellung **38** wäre im Strafprozeß ohne eine ergänzende Vorschrift eine untragbare Ungerechtigkeit. Die Ergänzung findet sich in § 44 Satz 1. Danach ist dem Betroffenen auf Antrag Wiedereinsetzung in den vorigen Stand zu gewähren, wenn er ohne Verschulden verhindert war, eine Frist einzuhalten. Das liegt u. a. dann vor, wenn der Zustellungsempfänger von einer Zustellung ohne sein Verschulden keine Kenntnis erhalten hat. Tritt sohin auch bei fehlgegangener Zustellung gegebenenfalls zunächst eine nachteilige Folge ein, so behält sie jedoch keinen Bestand, wenn den Empfänger kein Verschulden trifft (§ 44, 24 bis 36). Zufolge dieser Korrektur sind die Vorschriften über die Ersatzzustellung, die im Interesse eines glatten Geschäftsgangs nur schwer zu entbehren wären, durchaus tragbar.

6. Zustellungsbevollmächtigter

a) Grundsatz. Wenn auch, anders als im Zivilprozeß (§ 174 Abs. 1 ZPO), außer in **39** den Fällen des § 116 a Abs. 3, § 127 a Abs. 2, § 132 Abs. 1 Nr. 2, keine Pflicht besteht, einen Zustellungsbevollmächtigten zu bestellen, so kann sich doch der Zustellungsempfänger der in jenen Vorschriften anerkannten Einrichtung auch in anderen Fällen als in den dort geregelten bedienen (RGSt **43** 321). Seitdem der Pflichtverteidiger, der mit Vollmacht versehene Wahlverteidiger (§ 145 a Abs. 1) und der Vertreter des Einzie-

---

[3] Der Streit über die Ersatzzustellung, der namentlich wegen der Zustellung von Strafbefehlen durch Niederlegung geführt worden ist, sollte durch die im Text genannten Entscheidungen als erledigt angesehen werden.

Günter Wendisch

hungsbeteiligten (§ 434 Satz 2) als ermächtigt gelten, Zustellungen, außer Ladungen (§ 145 a Abs. 2), entgegenzunehmen, hat die Zustellungsvollmacht geringe Bedeutung. Sie kommt aber noch bei der Ladung zur Hauptverhandlung (RGSt 43 321) oder wenn anderen Personen als Verteidigern Zustellungsvollmacht erteilt werden soll, in Betracht.

40   Die Zustellungsvollmacht bleibt dem Gericht gegenüber so lange **wirksam,** bis diesem die Rücknahme zur Kenntnis gebracht worden ist, sei es durch eine Erklärung des Beschuldigten oder des Bevollmächtigten, sei es durch eine die Rücknahme darlegende konkludente Handlung (BayObLGSt 6 11). Wegen der **Zustellung an den Verteidiger** und an den Vertreter des Einziehungsbeteiligten s. § 145 a, wegen der an den Vertreter des Privatklägers s. § 378; wegen der Zustellung bei mehreren Zustellungsempfängern s. Rdn. 59.

41   **b) Keine Ausnahmen.** Eine feststehende Rechtsprechung schließt die Zustellung an einen Zustellungsbevollmächtigten aus, wenn der Nachweis der Zustellung dazu dient, „die persönliche Gestellung des Angeklagten zu ersetzen" (RGSt 44 48), wenn sie „zum Zwecke der Bekanntmachung stattfindet" (RGSt 19 390) oder „wenn sonst das rechtliche Gehör gefährdet" wäre (RGSt 63 14). Danach soll die Zustellung an den Zustellungsbevollmächtigten unzulässig sein (*Janetzke* NJW **1956** 620; ihm folgend auch KK-*Maul* 9) bei der Anklageschrift (§ 201 Abs. 1; *Eb. Schmidt* 15); dem Beschluß, durch den der Angeklagte von der Verpflichtung entbunden wird, in der Hauptverhandlung zu erscheinen (§ 233 Abs. 1; RGSt 44 48); der Ladung zur Verhandlung über die Berufung des Angeklagten (§ 323 Abs. 1 Satz 2; RGSt 63 11); in Abwesenheit verkündeten Urteilen mit Ausnahme derjenigen der Revisionsgerichte (RGSt 19 390; 34 331; 43 221; BGHSt 15 265; BayObLGSt. 3 173) und bei Strafbefehlen.

42   **Ausnahmen** werden anerkannt für die Zustellung an den in der Hauptverhandlung anwesenden Zustellungsbevollmächtigten eines bei der Urteilsverkündung nicht anwesenden Einziehungsbeteiligten (RGSt 34 331, 53 327) und an den nach § 116 a Abs. 3 bestellten Zustellungsbevollmächtigten eines bei der Urteilsverkündung anwesenden Angeklagten (RGSt 77 212; a. A. *Sarstedt/Hamm* 62). Auf der anderen Seite soll mit dem Ausschluß der Zustellung an einen Zustellungsbevollmächtigten „selbstverständlich... nicht gesagt sein, daß auch eine unter Umständen erforderliche **Ersatzzustellung** (§§ 181 ff ZPO) ausgeschlossen wäre" (RGSt 44 48), wozu — angenommen den Fall der Übergabe (§ 232 Abs. 4) — auch die Zustellung durch Niederlegung bei der Post (§ 182 ZPO) gehört (BGHSt 11 156; 13 185; OLG Hamm VRS 42 130).

43   Soweit die **Zustellung an den Verteidiger** (§ 145 a Abs. 1) und an den Vertreter des Einziehungsbeteiligten (§ 434 Abs. 1) vorzunehmen ist, ist die Rechtsprechung durch die Neufassung der genannten Bestimmungen überholt mit der einzigen Ausnahme des § 232 Abs. 4. Ferner ist Zustellung an die ausdrücklich zum Empfang von Zustellungen bestimmten Bevollmächtigten zulässig in den Fällen des § 116 a Abs. 3, § 127 a Abs. 2, § 132 Abs. 1 Nr. 2 sowie an den Vertreter des Privatklägers und des Nebenklägers.

44   Aus der Regelung des § 145 a Abs. 1 ist zu folgern, daß die Zustellung an Zustellungsbevollmächtigte auch zulässig ist, wenn sie **keine Verteidiger** sind. Denn wenn einer Person zugestellt werden kann, die kraft Gesetzes (nur) als ermächtigt **gilt,** Zustellungen entgegenzunehmen, muß sie erst recht an eine Person zulässig sein, die der Berechtigte dazu kraft seines Willens ermächtigt **hat.** Er hat ihn ja gerade ausgewählt, um durch die Zustellung an einen Vertrauensmann alle Zufälligkeiten auszuschließen, wie sie namentlich der Ersatzzustellung anhaften. Wird dem Zustellungsbevollmächtigten der Aufenthalt des Vollmachtgebers unbekannt, so kann er die Vollmacht durch Anzeige an das Gericht niederlegen.

7. Zustellung in geschlossenen Unterkünften

a) Allgemein. Weder die Strafprozeßordnung noch die Zivilprozeßordnung ent- **45** hält besondere Regeln über die Zustellung an Personen, die sich in geschlossenen Unterkünften befinden. Für die Zustellung gelten daher die allgemeinen Regeln, d. h. das Schriftstück ist **grundsätzlich** der Person, der zugestellt werden soll (§ 181 Abs. 1 ZPO), **durch** tatsächliche **Übergabe** (§ 170 Abs. 1 ZPO) selbst zuzustellen (OLG Colmar GA **51** (1904) 207), sei es in der Unterkunft, die hier die Wohnung (§ 181 Abs. 1 ZPO) ersetzt, sei es in deren Gelände (§ 180 ZPO). Nur wenn das nicht ausführbar ist, kann ersatzweise an den „Hauswirt oder Vermieter" zugestellt werden. Dabei ist nach Art der Unterkunft zu ermitteln, wer als Hauswirt oder Vermieter anzusehen ist. Dazu ist auf die tatsächliche Hausverwaltung abzustellen. In jedem Fall ist zu beachten, daß der längere Aufenthalt in einer geschlossenen Unterkunft die tatsächliche — wenn auch nicht rechtliche — Aufgabe der Privatwohnung herbeiführt, so daß in dieser in der Regel keine Ersatzzustellung bewirkt werden kann. Demzufolge kann an einen Strafgefangenen oder an einen Untersuchungshäftling (BGH NJW **1951** 931), an einen kasernierten Bundeswehrangehörigen, an den Insassen einer Lungenheilstätte[4] nicht in der beibehaltenen Privatwohnung im Wege der Ersatzzustellung zugestellt werden.

b) In **Strafanstalten** ist der Anstaltsleiter oder sein Vertreter als Hauswirt anzuse- **46** hen (RG DRpfl. **1939** 122), doch kann nach den Umständen auch der Leiter der Geschäftsstelle, ja bei mangelnder Besetzung selbst der Torwachtmeister als Vertreter des Hauswirts in Betracht kommen (einschränkend OLG Stuttgart Justiz **1982** 234: auf jeden Fall Zusatz „als Gerichtswachtmeister" erforderlich).

c) Die Zustellung in der **Bundeswehr** (*Arnold* 1220) ist durch Erlaß des Bundesmi- **47** nisters für Verteidigung vom 5. 8. 1965 (VMBl. 370) in der Fassung der Bekanntmachung vom 16. 3. 1983 (VMBl. 130) geregelt. Nach diesem ist die Ersatzzustellung an den Hauptfeldwebel zu bewirken, weil dieser nach seinen dienstlichen Aufgaben dem Hauswirt oder Vermieter gleichzustellen ist. Dem ist zuzustimmen, doch wird der anwesende Kompanieführer eine an ihn bewirkte Zustellung nicht ablehnen dürfen. Selbstverständlich macht die Nichtbeachtung der Regelung für die Bundeswehr eine nach den allgemeinen Vorschriften ordnungsgemäße Zustellung nicht unwirksam[5].

d) In **Krankenhäusern,** Heilstätten, Sanatorien und sonstigen Anstalten ist der Lei- **48** ter Zustellungsempfänger, wird aber in der Regel durch Personal seines Büros oder eine Oberschwester vertreten sein.

e) Kommissarische Gerichtswachtmeister. Wenn auch im allgemeinen erwartet **49** werden kann, daß der Begriff „Hauswirt" großzügig in einer der einzelnen Unterkunft angepaßten Weise ausgelegt wird, so kann doch die Übertragung jenes Begriffs auf die Unterkunftsverwaltung zu Schwierigkeiten führen, weil er dorthin eigentlich nicht paßt. Es ist deshalb empfehlenswert, wenn die Landesjustizverwaltungen (§ 153 GVG) Beamte oder Angestellte staatlicher und städtischer Einrichtungen, die zur Aufnahme von Menschen dienen (Strafanstalten, Untersuchungshaftanstalten, Krankenhäuser, Heime für Heranwachsende usw.) zu kommissarischen Gerichtswachtmeistern bestellen und ihnen die Ausführung der Zustellung übertragen. Alsdann kann die Zustellung nach §§ 211, 212 ZPO einfach und formgerecht durchgeführt werden. Dagegen ist die Zustellung an den Insassen einer Vollzugsanstalt, die von einem nicht zum Gerichtswachtmei-

---

[4] *Bläse/Wielop* 109, 63.
[5] Wegen der Zustellung an Mitglieder der **NATO-Streitkräfte** vgl. Art. 36, 37 ZusAbk.

zum Truppenstatut vom 3. 8. 1959 (BGBl. **1961** II 1183, 1218).

ster bestellten Vollzugsbeamten ausgeführt wird, unwirksam (BayObLGSt **1965** 7 = MDR **1965** 597). Wegen der Unwirksamkeit von Zustellungen in der Wohnung des Gefangenen vgl. Rdn. 29.

50   **8. Zustellungen im Ausland** sind nach Nr. 151 in Vbdg. mit Nr. 147 RiVASt. durch Ersuchen um Rechtshilfe an den ausländischen Staat im sog. kleinen **Rechtshilfeverkehr** zu bewirken. Ist der Zustellungsempfänger ein deutscher Staatsangehöriger, so kann in der Regel die deutsche Auslandsvertretung um Zustellung ersucht werden (Nr. 170, 175 RiVASt.; § 16 KonsG). In diesen Fällen ist der Rechtshilfeverkehr zwischen der Heimatbehörde und der diplomatischen oder konsularischen Vertretung im Ausland kein Rechtshilfeverkehr mit dem Ausland, sondern innerstaatlicher Rechts- und Amtshilfeverkehr, der nach innerdeutschen Bestimmungen stattfindet (Nr. 170 Satz 2 RiVASt.). Die Zuständigkeit, Ersuchen an ausländische Staaten im kleinen Rechtshilfeverkehr zu stellen, ist den Landesregierungen übertragen; diese haben das Recht der Weiterübertragung[6]. Ist die Tat, wegen der die Zustellung begehrt wird, eine politische, eine mit einer politischen zusammenhängende Tat oder eine sog. fiskalische Straftat, dann ist im allgemeinen der Bund zuständig. Ist die Zustellung durch Vermittlung der deutschen Auslandsvertretung bewirkt worden (Nr. 170 RiVASt.), dann genügt für den Nachweis der Zustellung das schriftliche Zeugnis (§ 19 Satz 2 KonsG) des Konsuls, aus dem sich ergibt, auf wessen Ersuchen, in welcher Strafsache und welches Schriftstück ausgehändigt worden und wann das geschehen ist (BGHSt **26** 140). Ist sie dagegen durch unmittelbares Ersuchen an eine ausländische Behörde bewirkt worden, wird der Nachweis entweder durch das vom Empfänger unterschriebene Empfangsbekenntnis oder durch schriftliches Zeugnis der ersuchten Stelle nachgewiesen (BayObLGSt **1981** 17 = GA **1981** 573). Eine solche Bescheinigung kann auch in der Rücksendung der vom Zustellungsorgan aufgenommenen Zustellungsurkunde mit dem Vermerk „nach Entsprechung rückgemittelt" gesehen werden (BayObLG GA **1982** 374).

9. Zustellungsmängel

51   **a) Heilung (§ 187 ZPO).** Bei der Beurteilung von Zustellungsmängeln sollte man sich stets vor Augen halten (BGHSt **10** 62): „Keine Verfahrensvorschrift besteht... um ihrer selbst willen; jede dient einem bestimmten über sie hinausgreifenden Zweck. Die Zustellungsvorschriften sollen gewährleisten, daß die Urkunde dem Empfänger wirklich zugeht und daß der Beweis dafür sicher geführt werden kann." Wenn dieser Beweis erbracht ist, wird jeder Zustellungsmangel wie auch das Fehlen eines Zustellungsnachweises geheilt, wie § 187 Satz 1 ZPO bestimmt, der in die Gruppe der im Strafverfahren anwendbaren Bestimmungen gehört (ebenso *Meyer* JR **1979** 124).

52   Indessen gewinnt diese Vorschrift, so erwünscht ein erweiterter Anwendungsbereich auch wäre, im Strafverfahren regelmäßig nur bei **Ladungen** Bedeutung. Denn § 187 Satz 1 ZPO gilt **nicht, soweit** durch die Zustellung der Lauf einer **Notfrist** in Gang gesetzt werden soll (§ 187 Satz 2 ZPO), und als Notfristen i. S. des § 187 Satz 2 ZPO gelten die gesetzlichen Fristen (§ 37 Satz 2; OLG Schleswig SchlHA **1978** 80; OLG Düsseldorf JMBlNRW **1982** 187). Da nur die Entscheidungen zugestellt werden, durch die

---

[6] Nr. 2 Buchst. c, Nr. 3 der Zuständigkeitsvereinbarung (BAnz. Nr. 78 vom 23. 4. 1952). Wegen der Übertragungen, meistens auf die Landesgerichtspräsidenten und die Oberstaatsanwälte vgl. die einzelnen Dele-

gationserlasse und -verordnungen der Bundesländer bei *Grützner/Pötz* Internationaler Rechtshilfeverkehr in Strafsachen (1982) I A 3.

eine Frist in Lauf gesetzt wird (§ 35 Abs. 2), und gerichtliche Fristen (z. B. § 201 Abs. 1 Satz 1) keine bedeutsame Rolle spielen, ist der unmittelbare Anwendungsbereich von § 187 Satz 1 ZPO im Strafverfahren von geringerer Bedeutung.

Zu Unrecht will das Oberlandesgericht Hamm (JMBlNRW **1959** 161; ebenso **53** KK-*Maul* 28) die Mängelheilung ausschließen, wenn ein **Strafbefehl** zugestellt worden ist; dasselbe müßte — wie die Berufung auf RGSt 63 12 zeigt — für Ladungen zur Berufungsverhandlung (§ 329 Abs. 1) und des Privatklägers (§ 391 Abs. 2) gelten. Indessen ist das Argument, daß die im Termin drohende Gefahr eine unmittelbare Ladung erheische, nicht durchschlagend.

Hat § 187 Satz 1 ZPO im Strafverfahren auch unmittelbar wenig Bedeutung, so **54** sollte sein Inhalt doch die Beurteilung von Zustellungsmängeln leiten. Im übrigen hat sich das **Gewohnheitsrecht** selbst gegenüber den Formvorschriften von § 187 Satz 2 ZPO, § 37 Satz 2 durchgesetzt: Zustellungen an Rheinschiffer sind kraft Gewohnheitsrecht auch dann wirksam, wenn sie in Abweichung von den gesetzlichen Vorschriften durch die Wasserschutzpolizei gegen Empfangsbekenntnis des Zustellungsempfängers vorgenommen werden (OLG Köln MDR **1954** 1197). Das gleiche Gewohnheitsrecht ist für die Unterweser, die norddeutschen Küstenkanäle und die Seehäfen (OLG Bremen Rpfleger **1965** 48) anerkannt. Nach Feststellung des Schiffahrtsobergerichts Hamm gilt es auf allen Wasserstraßen und in allen Häfen (NJW **1965** 1613). Danach dürfte es für die Seeschiffahrt innerhalb des deutschen Hoheitsgebiets und für die gesamte Binnenschiffahrt gelten.

b) Unwirksamkeit. Zustellungsmängel wiegen schwerer als Beurkundungsmängel; **55** sie machen grundsätzlich die Zustellung unwirksam. Das ist z. B. der Fall, wenn das Urteil entgegen dem Verbot des § 273 Abs. 4 (*Börtzler* MDR 1972 185) oder eine Urteilsausfertigung zugestellt wird, in der ein nicht ganz unwesentlicher Teil der Urteilsformel fehlt (BGH NJW **1978** 60), in wesentlichen Teilen unleserlich ist (BayObLG MDR **1982** 501) oder nur die Unterschrift des Vorsitzenden, nicht aber der übrigen richterlichen Mitglieder des Spruchkörpers, aufweist KG JR **1982** 251); wenn die Ersatzzustellung an einem Ort vorgenommen wird, wo der Zustellungsempfänger nicht wohnt (BayObLGSt **1967** 165 = NJW **1968** 513) oder wenn sie in dem im gleichen Gebäude wie seine Wohnung befindlichen Geschäftslokal einer Firma, deren Sohn der Inhaber des Betroffenen ist, durch Übergabe an einen Gehilfen bewirkt worden ist (BayObLG bei *Rüth* DAR **1978** 210); wenn die Ersatzzustellung durch Übergabe an ein Familienmitglied bewirkt worden ist, das nicht dauernd mit dem Zustellungsempfänger zusammenwohnt, sondern sich nur ganz vorübergehend bei diesem aufgehalten hat (OLG Hamm NJW **1969** 800; OLG Köln VRS **64** 199); wenn eine unbeglaubigte Abschrift zugestellt wird; wenn die Sendung niedergelegt wird, obwohl sie übergeben werden kann; wenn die Form der Ersatzzustellung gewählt wird, obwohl zu eigenen Händen des Empfängers zugestellt werden kann. Dagegen ist es nur ein unbedeutender Mangel, wenn statt an ein junges Hausmädchen an den erwachsenen Hauswirt oder wenn an die Ehefrau auf dem Trockenplatz statt in der Wohnung zugestellt wird.

Fehlt es im Fall des § 36 Abs. 1 an einer **Anordnung** des Vorsitzenden, dann ist, **56** weil dessen Zustellungswille nicht durch den des Urkundsbeamten ersetzt werden kann, die Zustellung unwirksam (§ 36, 8). Daraus folgt, daß eine Zustellung an den Angeklagten für die Fristberechnung außer Betracht bleibt, wenn der Vorsitzende die Zustellung nur an den Zustellungsbevollmächtigten verfügt, der Urkundsbeamte aber gleichwohl auch an den Angeklagten zugestellt hat (OLG Köln NJW **1962** 1929).

Da die Zustellung nicht nur Übergabe, sondern die nach der gesetzlichen Regelung **beurkundete Übergabe** ist, ist die Zustellung auf jeden Fall dann unwirksam, wenn **57**

Günter Wendisch

die Übergabe überhaupt nicht (OLG Dresden GA **71** (1927) 59) oder von einem zur Zustellung nicht ermächtigten Beamten (BayObLGSt **1965** 7 = MDR **1965** 597) beurkundet wird; wenn wesentliche Teile der Urkunde, wie Datum (vgl. GmS OGB NJW **1977** 621) oder Unterschrift, fehlen oder unrichtig angegeben werden (BayObLG bei *Rüth* DAR **1981** 248 u. DAR **1982** 252); wenn der Zustellungsbeamte in der Zustellungsurkunde eine andere Zustellungsart bekundet, als er wirklich vorgenommen hat (BayObLGSt **1962** 257; OLG Hamm MDR **1969** 850; JMBlNRW **1981** 68 = VRS **60** 200; OLG Karlsruhe MDR **1976** 162) oder dies nicht auszuschließen ist (BayObLG bei *Rüth* DAR **1978** 210); oder wenn er die nicht in Betracht kommenden Felder nicht durchgestrichen hat und daher die Voraussetzungen für eine an sich zulässige Ersatzzustellung nicht unmißverständlich ausgewiesen wird (OLG Hamm NJW **1974** 658). Das gleiche ist der Fall, wenn der Vermerk über die Benachrichtigung in der Urkunde über eine Zustellung nach §§ 182, 191 Nr. 4 ZPO fehlt (OLG Bremen NJW **1955** 643). Denn dann kann die zustellende Behörde nicht erkennen, ob das zuzustellende Schriftstück wenigstens durch die Benachrichtigung in den Bereich des Zustellungsempfängers gekommen ist. Die für eine verloren gegangene Zustellungsurkunde ausgestellte „Ersatzurkunde" beweist die Zustellung nicht (OLG Bremen MDR **1959** 862).

58   Dagegen wird die **Wirksamkeit** der Zustellung **nicht** dadurch **beeinträchtigt,** daß die Geschäftsstelle die Sendung entgegen § 211 ZPO mit einer unrichtigen Geschäftsnummer versieht (RGSt **37** 157); daß der Postbeamte den Grund für die gewählte Art der Ersatzzustellung (§§ 181 bis 186 ZPO) in der Ersatzurkunde nicht angegeben hat (RGZ **109** 267); oder daß er entgegen § 212 Abs. 1 ZPO in Verb. mit § 195 Abs. 2 ZPO den Tag der Zustellung auf der Sendung nicht vermerkt hat (RG JW **1909** 277), jedoch werden in diesem Fall die gesetzlichen Fristen (§ 187 Satz 2 ZPO in Vbdg. mit § 37 Abs. 1 Satz 2) nicht in Lauf gesetzt (GmS OGB NJW **1977** 621 = MDR **1977** 378). Eine zunächst ordnungsgemäß angeordnete und bewirkte Urteilszustellung verliert ihre Wirksamkeit nicht, wenn sich später herausstellt, daß die vom Richter und Urkundsbeamten unterzeichnete Sitzungsniederschrift im Zeitpunkt der Zustellung formelle Mängel aufweist und deshalb berichtigt werden muß (BayObLG NJW **1981** 1975).

II. Mehrfache Zustellung (Absatz 2)

59   **1. Inhalt.** Nach § 145 a Abs. 1, der mit § 378 Satz 2 zu vergleichen ist, gelten der gewählte Verteidiger, dessen Vollmacht sich bei den Akten befindet, sowie der bestellte Verteidiger und nach § 434 Satz 2 der bevollmächtigte Vertreter des Einziehungsbeteiligten als ermächtigt, Zustellungen für den Beschuldigten in Empfang zu nehmen. Darüber hinaus kann sich der Zustellungsempfänger der durch § 116 a Abs. 3, § 127 a Abs. 2, § 132 Abs. 1 Nr. 2 anerkannten Einrichtung eines **Zustellungsbevollmächtigten** auch in anderen Fällen als den dort geregelten bedienen (Rdn. 39 ff). Die Zustellung ist aber weder an den Verteidiger, der als Zustellungsbevollmächtigter gilt, noch an den ermächtigten Zustellungsbevollmächtigten vorgeschrieben. § 176 ZPO, der bestimmt, daß dem bestellten Prozeßbevollmächtigten zugestellt werden muß, ist von den in Absatz 1 für anwendbar erklärten Vorschriften ausgeschlossen, weil der Zustellungsbevollmächtigte, der Verteidiger und der Vertreter des Einziehungsbeteiligten keine Prozeßbevollmächtigten sind (vgl. die Erläuterungen zu § 145 a). Mithin können mehrfache Zustellungen vorkommen. Zwar sollten sie nach Möglichkeit vermieden werden (Nr. 154 Abs. 1 Satz 2 RiStBV), doch kann die Fürsorgepflicht sie in streng geprüften Ausnahmefällen gebieten (*Dünnebier* 96).

60   Für mehrfache Zustellungen setzt die Vorschrift nicht etwa jedem Zustellungsempfänger eine eigene Frist (vgl. *Mamroth* JW **1919** 998); sie geht vielmehr davon aus, daß eine **einheitliche Frist** gilt. Diese ist nicht nach der ersten, sondern nach der **letzten Zustellung** zu berechnen. Das bedeutet, daß die durch die erste Zustellung in Lauf gesetzte Frist so lange läuft, bis auch die durch die letzte Zustellung eröffnete Frist abgelaufen ist (BayObLG bei *Rüth* DAR **1975** 205). Die „formlose Zustellung" der Urteilsgründe an den Angeklagten mit dem Hinweis auf die Zustellung an den Verteidiger ist keine weitere Zustellung i. S. des Absatzes 2. Bei ihr handelt es sich in Wahrheit um die nach § 145 a Abs. 4 Satz 1 erster Halbs. vorgesehene Unterrichtung des Beschuldigten (vgl. § 145 a), die für die Begründungsfrist des § 345 Abs. 1 ohne Bedeutung ist. Verfügt der Vorsitzende allerdings ausdrücklich, daß das Urteil dem Angeklagten *und* dem Verteidiger zuzustellen sei, so beginnt, wenn diesen nicht gleichzeitig zugestellt wird, die Revisionsbegründungsfrist erst mit der zuletzt bewirkten Zustellung.

2. Rechtskraft. Kommen auch in der Regel nicht viele, sondern nur zwei Zustel- **61** lungsempfänger in Betracht, so ist doch nicht zu erzwingen, daß die Zustellung an sie gleichzeitig oder unmittelbar nacheinander angeordnet wird, wie das *Kohlhaas* (NJW **1967** 24) als Voraussetzung für die Anwendbarkeit der Vorschrift fordert. Da auf diese Weise das Ende des Zustellungsvorgangs ungewiß sein kann, begrenzt die herrschende Ansicht die Wirksamkeit der zuletzt bewirkten Zustellung. Sie räumt ihr Wirkung nur ein, wenn sie vor Ablauf der Frist angeordnet (KG JR **1967** 110, **1968** 391) oder gar bewirkt worden ist (BGHSt **22** 221; BayObLGSt **1967** 101 = NJW **1967** 2124; VRS **50** 293; OLG Zweibrücken VRS **53** 278; OLG Koblenz VRS **62** 449, **63** 59).

Für derartige Beschränkungen, die in vielen Fällen zur **Verleugnung des Gesetzes** **62** führen, ist weder der Entstehungsgeschichte noch dem Gesetzeswortlaut etwas zu entnehmen. Sie würden dazu führen, daß in manchen Fällen der zweite Zustellungsempfänger sein Rechtsmittel nicht fristgemäß einlegen könnte[7]. Es ist auszuschließen, daß der Gesetzgeber für solche Fälle im Hinblick auf die inzwischen eingetretene Rechtskraft im Gesetzestext nicht ersichtlich gemachte Ausnahmen von seiner Anordnung hätte zulassen wollen. Absatz 2 ist daher auf „alle denkbaren Fälle" anzuwenden, auch wenn dadurch die Rechtskraft durchbrochen wird.

3. Empfangsberechtigte. Wirksam sind nur Zustellungen, die an Empfangsberech- **63** tigte bewirkt werden. Empfangsberechtigt sind der Betroffene (§ 35 a, 7)[8], der Zustellungsbevollmächtigte (Rdn. 39), der Pflichtverteidiger sowie derjenige Wahlverteidiger[9], dessen Verteidigervollmacht — nicht notwendig zugleich Zustellungsvollmacht — sich bei den Akten befindet (§ 145 a), nicht der Vormund (OLG Schleswig bei *Ernesti/Lorenzen* SchlHA **1983** 106). Zustellungen an Wahlverteidiger ohne Vollmacht zählen bei der Fristberechnung nicht mit. Wird nur **eine Zustellung** bewirkt, so ist sie die letzte und für die Fristberechnung auch dann maßgebend, wenn die in § 145 a Abs. 4 vorgese-

---

[7] Beispiel: Zur Eröffnung einer Wochenfrist wird an den Bevollmächtigten im Inland, an den Beschuldigten im Ausland zugestellt. – Die zugleich mit der Zustellung an den Bevollmächtigten auch an den Beschuldigten bewirkte Zustellung geht fehl, eine neue Zustellung kann erst bewirkt werden, nachdem die durch die erste Frist eröffnete Zustellung abgelaufen ist.

[8] Er bleibt im Rahmen eines gegen ihn gerichteten Straf- oder Bußgeldverfahrens selbst dann empfangsberechtigt, wenn das Konkursgericht gegen ihn eine Postsperre (§ 121 Abs. 1 Satz 1 KO) angeordnet hat (BayObLG VRS **57** 225).

[9] Nachdem er den Verteidigungsauftrag entweder ausdrücklich oder durch schlüssiges Verhalten angenommen hat (OLG Hamm AnwBl. **1980** 308; vgl. auch BVerfGE **43** 94 = NJW **1977** 100 r. Sp. oben).

Günter Wendisch

hene Unterrichtung (entweder des Beschuldigten oder des Verteidigers) unterblieben ist (OLG Hamburg NJW 1965 1614).

64   Absatz 2 betrifft nur Zustellungen an mehrere Empfangsberechtigte. Wird an **denselben Empfangsberechtigten mehrfach zugestellt,** so ist für die Fristberechnung die erste (wirksame) Zustellung maßgeblich (OLG Hamburg NJW 1965 1614; BGH NJW 1978 60; BayObLG bei *Rüth* DAR 1979 240)[10]. Dies gilt auch dann, wenn eine der Formen der Ersatzzustellung gewählt wird. Der Brauch der „Hafenbehörden, eine doppelte Zustellung anzuordnen" („zunächst durch Niederlegung bei der Post und später durch die Hafenkontrolle an Bord"), ist ebenso ungesetzlich, wie die Auslegung (Schiffahrtsobergericht Köln JMBlNRW 1972 260), maßgeblich sei die zweite Zustellung. Vielmehr ist der Fall klar in § 44 Satz 1 geregelt und eindeutig allein nach dieser Vorschrift zu behandeln. Hat der Beschuldigte **mehrere Verteidiger,** auf die § 145 a Abs. 1 anzuwenden ist, und wird ihnen allen zugestellt — was nicht notwendig ist: Nr. 154 Abs. 1 Satz 2 RiStBV —, dann ist auch das eine mehrfache Zustellung an mehrere Empfangsberechtigte, so daß die Frist nach der zuletzt bewirkten Zustellung zu berechnen ist.

65   **4. Zustellung** ist nur die gebotene, zumindest die zulässige Zustellung. Die Zustellungsbehörde (§ 36) kann nicht dadurch gleichsam Wiedereinsetzung in den vorigen Stand gewähren, daß sie, nachdem eine Frist versäumt worden ist, demselben Empfangsberechtigten ein zweites Mal zustellt. Sie ist aber nicht gehindert, wenn sie einem von mehreren Empfangsberechtigten zugestellt und dieser die Frist versäumt hat, nunmehr einem anderen Empfangsberechtigten zuzustellen, dem sie vorher noch nicht zugestellt hatte[11]. Sie sollte das allerdings nur tun, wenn die weitere Zustellung aus einem wichtigen Grund geboten ist.

66   **Unwirksame Zustellungen** (Rdn. 55 ff) eröffnen — was selbstverständlich ist — keine Frist. Unwirksam sind auch Zustellungen, die ohne Anordnung des dazu Berechtigten bewirkt worden sind (§ 36, 7; 26; RGRspr. 9 42; RGSt 47 115; OLG Köln NJW 1962 1939).

§ 38

Die bei dem Strafverfahren beteiligten Personen, denen die Befugnis beigelegt ist, Zeugen und Sachverständige unmittelbar zu laden, haben mit der Zustellung der Ladung den Gerichtsvollzieher zu beauftragen.

1   **1.** Unter der **unmittelbaren Ladung** wird im Strafverfahren die Ladung eines Zeugen oder Sachverständigen verstanden, die von dem Zustellungsbeamten nicht im Auftrag der Staatsanwaltschaft oder des Gerichts, sondern unmittelbar im Auftrag des Beschuldigten, des Privatklägers oder des Nebenklägers bewirkt wird. Die Befugnis, Zeugen und Sachverständige unmittelbar zu laden, ist geregelt in § 220 Abs. 1 (Ladung von

---

[10] **A. A.** für den Fall, daß die Entscheidung einmal ohne, ein zweites Mal mit Rechtsmittelbelehrung zugestellt worden ist, OLG Neustadt GA 1955 187; dagegen mit Recht OLG Saarbrücken NJW 1964 1633.

[11] Das Urteil des Oberlandesgerichts Düsseldorf (JMBlNRW 1971 92), das die Frage der Doppelzustellung zu behandeln hatte, befaßt

sich nur mit der Unterbrechung der Verjährung. Es stellt fest, daß die Frist, was richtig ist, mit der ersten Zustellung in Lauf gesetzt wurde, beantwortet aber nicht die Frage (Rdn. 60), wie lange diese Frist lief und zieht § 37 Abs. 2 nicht in seine Betrachtung ein. Es trägt daher zu der hier erörterten Frage nicht bei.

Stand: 1. 4. 1984

Zeugen), § 323 Abs. 1 (Berufungsverhandlung), § 298 Abs. 2 in Verb. mit § 323 Abs. 1 (Berufung des gesetzlichen Vertreters), § 386 Abs. 1 (Privatkläger), § 397 Abs. 1 (Nebenkläger), § 414 Abs. 1 (Sicherungsverfahren), § 433 Abs. 1 (Einziehungsverfahren), § 440 Abs. 3 (selbständiges Einziehungsverfahren), § 444 Abs. 2 Satz 2, Abs. 3 (Verfahren bei Festsetzung von Geldbußen gegen juristische Personen und Personenvereinigungen).

2. Auftrag an den Gerichtsvollzieher. Wer unmittelbar zu laden berechtigt ist, **2** muß den Gerichtsvollzieher beauftragen, er kann weder die Vermittlung der Geschäftsstelle in Anspruch nehmen noch die Post unmittelbar angehen (§ 196 ZPO; BGH NJW **1952** 836). Dagegen kann der Gerichtsvollzieher seinerseits die Zustellung nach §§ 193 bis 195 ZPO durch die Post bewirken; der Auftraggeber kann den Gerichtsvollzieher hierzu anweisen, um sich vor unnötigen Kosten zu schützen. Die Beteiligten können eine durch die Post auszuführende Zustellung jedem in der Bundesrepublik Deutschland angestellten Gerichtsvollzieher übertragen (§ 160 GVG). Nur wenn die Zustellung ohne Mitwirkung der Post stattfinden soll, muß ein Gerichtsvollzieher beauftragt werden, zu dessen Amtsbezirk der Bestimmungsort gehört.

3. Verfahren. Die Ladung wird ausgeführt durch Zustellung einer vom Auftragge- **3** ber unterschriebenen Ladung. Der **unmittelbar geladene Zeuge** oder Sachverständige ist zum Erscheinen nur verpflichtet, wenn ihm bei der Ladung die gesetzliche Entschädigung für Reisekosten und Versäumnis bar dargeboten oder deren Hinterlegung bei der Geschäftsstelle (Gerichtskasse) nachgewiesen wird (§ 220 Abs. 2). Der Gerichtsvollzieher hat daher auf Verlangen des Auftraggebers dem Geladenen bei der Zustellung entweder die Entschädigung gegen Quittung zu übergeben oder die Hinterlegungsbescheinigung mit zuzustellen (§ 51 Abs. 2 GVGA).

Der **Gerichtsvollzieher** führt jedoch die Zustellung auch dann aus, wenn ihm der **4** Auftraggeber die Entschädigung weder zur Auszahlung übergeben noch sie hinterlegt hat. In diesem Fall darf die Ladung aber keinen Hinweis auf die gesetzlichen Folgen des Ausbleibens enthalten. Das ist in der Zustellungsurkunde ersichtlich zu machen (§ 51 Abs. 3 GVGA).

§ 39

Die Vorschrift, in der die Landesjustizverwaltungen ermächtigt wurden, in gewissen Fällen einfachere Formen für den Nachweis der Zustellung zuzulassen, ist durch Art. 4 Nr. 7 des 3. StRÄndG als überholt (vgl. Begr. BTDrucks. I 3713, S. 46) **aufgehoben** worden.

§ 40

(1) ¹Kann eine Zustellung an einen Beschuldigten, dem eine Ladung zur Hauptverhandlung noch nicht zugestellt war, nicht in der vorgeschriebenen Weise im Inland bewirkt werden, und erscheint die Befolgung der für Zustellungen im Ausland bestehenden Vorschriften unausführbar oder voraussichtlich erfolglos, so gilt die Zustellung als erfolgt, wenn der Inhalt des zuzustellenden Schriftstücks durch ein deutsches oder ausländisches Blatt bekanntgemacht worden ist und seit dem Erscheinen dieses Blattes zwei Wochen verflossen sind oder wenn das zuzustellende Schriftstück zwei Wochen an der Gerichtstafel des Gerichts des ersten Rechtszuges angeheftet gewesen ist. ²Die Auswahl des Blattes steht dem die Zustellung veranlassenden Beamten zu.

Günter Wendisch

(2) [1]**War die Ladung zur Hauptverhandlung dem Angeklagten schon vorher zugestellt, so gilt eine weitere Zustellung an ihn, wenn sie nicht in der vorgeschriebenen Weise
im Inland bewirkt werden kann, als erfolgt, sobald das zuzustellende Schriftstück zwei
Wochen an der Gerichtstafel des Gerichts des ersten Rechtszuges angeheftet gewesen
ist.** [2]**Von Urteilen und Beschlüssen wird nur der entscheidende Teil angeheftet.**

Schrifttum. *Michael J. Schmid* Die öffentliche Zustellung im Strafverfahren MDR **1978** 96.

Entstehungsgeschichte. Durch § 22 EmmingerVO in Vbdg. mit der Bekanntmachung
1924 ist die Möglichkeit eingefügt worden, auch im Fall des Absatzes 1 durch Anheften
an der Gerichtstafel zuzustellen. Art. 9 VereinhG in Vbdg. mit der Bekanntmachung
1950 hat die Worte „Deutsches Reich" durch „Inland" und „Instanz" durch
„Rechtszug" ersetzt.

Geplante Änderungen. Nach Art. 1 Nr. 5 StVÄGE 1984 soll der Vorschrift folgender
Absatz 3 angefügt werden:

> „(3) Die öffentliche Zustellung ist im Verfahren über eine vom Angeklagten eingelegte Be-
> rufung bereits zulässig, wenn eine Zustellung nicht unter einer Anschrift möglich ist, unter
> der letztmals zugestellt wurde oder die der Angeklagte zuletzt angegeben hat."

S. ggfs. die Erläuterungen im Nachtrag zur 24. Auflage.

1   **1. Anwendungsbereich.** Die Vorschrift findet nur auf Zustellungen **gerichtlicher**
Entscheidungen (wegen des Begriffs vgl. Vor § 33, 2 ff) Anwendung. Sie erfaßt mithin
Urteile, Beschlüsse, Anordnungen, Verfügungen und — allerdings nur ausnahmsweise
— auch Mitteilungen, so der Anklageschrift nach § 201 Abs. 1 oder des Antrags der
Staatsanwaltschaft auf Widerruf der Strafaussetzung nach § 453 Abs. 1 Satz 2. Wenn
auch in beiden Fällen das mitgeteilte Schriftstück selbst keine richterliche Entscheidung
ist, so ist diese aber in der in der Mitteilung enthaltenen Aufforderung zur Abgabe einer
Erklärung — im ersteren Fall sogar mit ausdrücklicher Fristsetzung — zu sehen (OLG
Karlsruhe NJW **1974** 712; a. A. KMR-*Paulus* 4). Die Regelung gilt grundsätzlich auch
für Befehle, namentlich Strafbefehle (so ausdrücklich *Schmid* 98 III 5 und LG München
MDR **1981** 71; a. A. LG Kiel SchlHA **1982** 76; LR-*Schäfer* zu § 407; KMR-*Paulus* 4 und
wohl auch KK-*Maul* 3). Allerdings sieht Nr. 175 Abs. 2 RiStBV vor, einen Strafbefehl
nur zu beantragen, wenn der Aufenthalt des Beschuldigten bekannt ist, so daß er diesem
in der regelmäßigen Form — nach § 35 Abs. 2 Satz 1, § 409 Abs. 1 Nr. 7 — zugestellt werden kann (Nr. 179 Abs. 1 Satz 1 RiStBV). Keine Anwendung findet die Vorschrift dagegen auf staatsanwaltschaftliche Entscheidungen (vgl. Vor § 33, 8); sie gilt mithin nicht
für die Ladung zur Vernehmung nach § 163 a Abs. 1 (*Schmid* 97 III 1).

2   Trotz der Verwendung der Worte Beschuldigter (Absatz 1) und Angeklagter (Absatz 2) ist die öffentliche Zustellung nicht auf das Verfahren bis zur Rechtskraft beschränkt (a. A. *M. J. Schmid* 97 I); auch der rechtskräftig Verurteilte wird Angeklagter
genannt (§§ 362, 453, 453 a). Daher ist die **öffentliche Zustellung** auch **bei** einem
Beschluß zulässig, durch den die **Aussetzung des Strafrestes** widerrufen wird. Das war
vor dem Erlaß des 1. StVRG, durch das mit Wirkung vom 1. Januar 1975 § 453 c in die
Strafprozeßordnung eingestellt worden ist, einhellige Meinung (OLG Hamburg GA
1960 152)[1], wird neuerdings aber — wenn auch nur vereinzelt — in Frage gestellt. So
hält das LG München II (NJW **1975** 2308) die bisherige Verfahrensweise deshalb für unzulässig, weil dafür keine Notwendigkeit mehr bestehe. Wo das Gesetz die Möglichkeit
eröffne, rechtliches Gehör vor Eintritt der Rechtskraft zu gewähren, dürfe dieses nach
dem Grundsatz der Verhältnismäßigkeit nicht in ein nachträgliches umgewandelt und

damit mehr als erforderlich beschränkt werden[2]. Das OLG Hamburg (MDR **1975** 1042 = NJW **1976** 1327) und ihm folgend OLG Frankfurt (StrVert. **1983** 113) meint, § 453 c sei gerade deshalb in die Strafprozeßordnung eingefügt worden, um vor Erlaß der Widerrufsentscheidung das gebotene rechtliche Gehör durchführen zu können und dadurch dem Betroffenen die Möglichkeit zu geben, von dieser Entscheidung Kenntnis zu nehmen, um gegen sie rechtzeitig ein Rechtsmittel einlegen zu können. Von seinem Standpunkt aus folgerichtig hält das OLG Hamburg die öffentliche Zustellung des Beschlusses auf Widerruf der Strafaussetzung dann für zulässig, wenn der Verurteilte *vor* dem Widerruf rechtliches Gehör erhalten hat, d. h. erst *nach* seiner Anhörung flüchtig geworden ist oder sich verborgen hält (JR **1978** 390 mit zust. Anm. *Krause*).

Die im vorhergehenden Absatz dargelegten Ansichten des LG München II und   **3** OLG Hamburg vermögen **nicht zu überzeugen**. Andere Obergerichte sind ihnen nicht gefolgt, haben sich sogar — überwiegend — dagegen ausgesprochen. So hat das OLG Bremen (MDR **1976** 865) in seiner Auseinandersetzung mit beiden Entscheidungen betont, es sei weder „zulässig noch ratsam", § 453 c in dem Sinn auszulegen, daß er den Widerruf der Bewährung ohne vorherige Anhörung des Verurteilten allein aufgrund der öffentlichen Zustellung des Widerrufsbeschlusses ausschlösse: Schon nach dem Wortlaut des Gesetzes — § 453 c spricht nur von ‚kann' — sei das Gericht nicht verpflichtet, einen Haftbefehl zu erlassen; auch die Begründung zum 1. StVRG (vgl. BTDrucks. 7 551, S. 97) ergebe nichts für einen gegenteiligen Standpunkt; denn danach habe der Gesetzgeber allein die Absicht verfolgt, das Widerrufsverfahren, das sich durch die Flucht und eine damit verbundene öffentliche Zustellung des Widerrufsbeschlusses verzögern kann, zu beschleunigen. Mit ähnlichen Erwägungen haben sich auch das Kammergericht (JR **1976** 424) sowie die Oberlandesgerichte Celle (MDR **1976** 948), Hamm (JMBlNRW **1977** 201) und Frankfurt (MDR **1978** 71) für die weitere Zulässigkeit der öffentlichen Zustellung des Widerrufsbeschlusses ausgesprochen[3]. Letzteres Oberlandesgericht hält — m. E. zu weitgehend — eine Verhaftung „zum Zwecke der Aufenthaltsfeststellung" (*Schmid* 99: zur Anhörung), wozu das Verfahren nach § 453 c führe, vom Gesetz nicht gedeckt.

2. Personenkreis. § 40 findet nur auf Zustellungen an den **Beschuldigten** und   **4** kraft ausdrücklicher Regelung in § 435 Abs. 1 2. Halbs. auch an den **Einziehungsbeteilig-**

---

[1] Ebenso OLG Karlsruhe NJW **1964** 1086; Justiz **1968** 187; MDR **1974** 686; OLG Düsseldorf JMBlNRW **1966** 46; OLG Braunschweig NJW **1971** 1710; OLG Hamm MDR **1972** 259; JMBlNRW **1974** 106; OLG Celle NJW **1973** 2306; MDR **1976** 948; OLG Saarbrücken NJW **1974** 283; OLG Stuttgart NJW **1974** 284; OLG Bremen MDR **1976** 865 und zuletzt BGHSt **26** 127 = NJW **1975** 2211 = MDR **1975** 679.

[2] So auch *Krause* (NJW **1977** 2250) unter ausführlicher Würdigung der Entscheidung des LG München II, aber auch der Entscheidungen des OLG Hamburg (NJW **1976** 1327) und des OLG Bremen (MDR **1976** 865).

[3] Ebenso LG Hamburg MDR **1977** 947, und zwar ausdrücklich gegen die Ansicht seines Oberlandesgerichts: Wer sich schuldhaft der Zustellungsmöglichkeit entziehe, nehme die Rechtskraft gegen ihn ergehender Entscheidungen in Kauf. Wie hier im Ergebnis auch *M. J. Schmid* (99 r); analoge Anwendung des § 40, weil ansonsten die öffentliche Zustellung nach den Vorschriften der Zivilprozeßordnung vorgenommen werden müßte. Unklar *Kleinknecht/Meyer*; nach § 40, 3 „muß" das Gericht erst von der Möglichkeit Gebrauch machen, einen Sicherungshaftbefehl zu erlassen; nach § 453 c, 3 soll dieses Verfahren dagegen nicht zwingend sein. Vgl. zu dem Problem auch die Erläuterungen zu § 453.

Günter Wendisch

ten Anwendung. Gegenüber diesen beiden kann und muß gegebenenfalls nach § 40 verfahren werden, gleichviel ob ihnen eine Ladung oder eine andere gerichtliche Entscheidung zuzustellen ist. Bei Ladungen zur Hauptverhandlung hat sie allerdings nur Bedeutung, wenn der Beschuldigte auf die öffentliche Ladung auch erscheint (§ 232 Abs. 2; so auch *Kleinknecht/Meyer* 5; *Eb. Schmidt* 2). Jedoch gilt diese Einschränkung nur für die erstinstanzliche Hauptverhandlung, da § 232 Abs. 2 auf die Berufungsverhandlung keine Anwendung findet. Eine Ladung nach § 40 Abs. 2 schließt deshalb die Anwendung des § 329 Abs. 1 nicht aus (RGSt **66** 76, 79; KG NJW **1969** 475; *Meyer* JR **1978** 393; a. A. OLG Frankfurt JR **1978** 392). Im Strafbefehlsverfahren gelten die gleichen Erwägungen für die Ladung zur Hauptverhandlung nach Einspruchseinlegung (§ 412 Satz 1; KMR-*Paulus* 5; *Schmid* 98 III 6). Für Zustellungen an **andere Beteiligte** gelten die §§ 203 bis 207 ZPO (§ 37, 13).

5   **3. Inland.** Die Vorschrift findet nur Anwendung, wenn eine Zustellung an den Beschuldigten im Inland nicht bewirkt werden kann und im Ausland unausführbar ist. Inland sind nach dem Sprachgebrauch der Strafprozeßordnung, die bei einer Beschränkung auf die Bundesrepublik die Worte „im Geltungsbereich dieses Gesetzes" verwendet, die Gebiete der Bundesrepublik Deutschland, der DDR und beider Teile Berlins (a. A. KK-*Maul* 6).

6   **4. Voraussetzungen.** Die Anwendung der Vorschrift setzt in den Fällen beider Absätze voraus, daß die Zustellung nicht in der vorgeschriebenen Weise im Inland bewirkt werden kann, d. h. daß das zuzustellende Schriftstück nicht in die Hände des Empfängers gelangen werde (OLG Rostock GA **42** 146). Diese Voraussetzung ist erfüllt, wenn der Aufenthalt des Beschuldigten unbekannt ist, sowie unter anderem auch dann, wenn er seinen Wohnsitz oder gewöhnlichen Aufenthaltsort aus dem Inland ins Ausland verlegt und im Inland einen Geschäftsbetrieb und einen Geschäftsraum für den Betrieb beibehalten hat, aber in diesem Raum selbst nicht mehr als Geschäftsinhaber regelmäßig tätig ist (RG HRR **1927** 2163; KG DStR **1942** 125), es sei denn, daß eine Zustellung im Inland an einen Zustellungsbevollmächtigten (RGSt **66** 79), an einen gewählten Verteidiger, dessen Vollmacht sich bei den Akten befindet, oder an einen bestellten Verteidiger (§ 145 a Abs. 1) bewirkt werden kann (OLG Hamburg MDR **1971** 775). Liegen die Voraussetzungen für eine öffentliche Zustellung vor, muß von ihr auch Gebrauch gemacht werden; für eine vorläufige Einstellung des Verfahrens wegen Abwesenheit des Angeklagten ist namentlich dann kein Raum, wenn ein Berufungsverfahren zufolge wirksamer öffentlicher Zustellung der Ladung durch Verwerfungsurteils nach § 329 abgeschlossen werden kann (OLG Stuttgart MDR **1982** 775).

7   Die Zustellung kann auch dann nicht im Inland bewirkt werden, wenn eine inländische Stelle (etwa eine den Beschuldigten verwahrende Stelle in der DDR) die ordnungsgemäße Zustellung **verhindert** (*Eb. Schmidt* 4 b). Doch wird die öffentliche Zustellung dann oft bedenklich und in der Regel nicht zweckmäßig sein. Hält sich der Beschuldigte im **Ausland** auf und ist sein dortiger Aufenthalt bekannt, ist im Fall des Absatzes 1 weitere Voraussetzung, daß es **unausführbar erscheint** oder keinen Erfolg verspricht, die für Zustellungen im Ausland bestehenden Vorschriften zu befolgen. Im Fall des Absatzes 2 ist diese Voraussetzung nicht erforderlich.

8   Die Voraussetzungen für die beiden Fälle sind verschieden gestaltet, weil von dem Beschuldigten, dem die **Ladung** zur Hauptverhandlung in der vorgeschriebenen Weise **im Inland zugestellt** worden ist (Absatz 2), verlangt werden muß, daß er sich um den Fortgang des Verfahrens kümmert und die gesetzlich vorgeschriebene Zustellung im Inland für die weiteren Mitteilungen ermöglicht (vgl. *Hahn* Mat. 1 97)[4]. War der Angeklagte zur Hauptverhandlung des ersten Rechtszugs nach den für Zustellungen im Inland bestehenden Vorschriften geladen worden, so kann demzufolge auch dann nach Absatz 2 verfahren werden, wenn der Angeklagte seinen Wohnsitz oder gewöhnlichen Aufenthaltsort aus dem Inland in das **Ausland** erst verlegt, nachdem er das im ersten Rechtszug ergangene Urteil mit der Berufung angefochten hat (RG JW **1927** 2040). Dieser allgemeine Grundsatz rechtfertigt es auch, Absatz 2 auch auf den Fall zu erstrecken, wo ein Angeklagter mit ausländischem Wohnsitz, der zur ersten Hauptverhandlung ordnungsgemäß geladen und erschienen war, nach Urteilsverkündung und Rechtsmitteleinlegung an seinen ausländischen Wohnsitz zurückkehrt (OLG Hamburg JR **1982** 122 mit zust. Anm. *Wendisch*). Er findet darüber hinaus Anwendung, wenn nach Einlegen der Berufung (RGSt **65** 417; **66** 79; KG NJW **1969** 475)[5] oder Revision, sei es, daß der Angeklagte (BayObLGSt **1952** 126 = JZ **1953** 92; OLG Köln NJW **1957** 153), sei es, daß die Staatsanwaltschaft (BayObLGSt **1962** 85 = JR **1962** 309) das Rechtsmittel eingelegt hat, sein Aufenthalt unbekannt geworden ist. In den beiden ersten Fällen ist das Gericht nicht verpflichtet, dem Angeklagten, der einen neuen Wohnsitz im Ausland begründet hat oder an seinen früheren Auslandswohnsitz zurückgekehrt ist, nach seinem bekannten ausländischen Aufenthaltsort Nachricht von einer an ihn ergangenen öffentlichen Zustellung zu geben (OLG Köln HRR **1931** 1616).

Die öffentliche Zustellung ist erst dann zulässig, wenn sich das Gericht aller Mittel, die ihm zu Gebot stehen und zumutbar sind, bedient hat, um den **Aufenthalt** des Beschuldigten zu **erforschen**[6]. Denn in erster Linie sind die ordentlichen Zustellungsverfahren anzuwenden, um die stets mit Gefahren verbundene öffentliche Zustellung zu vermeiden (OLG Hamm GA **1960** 152). Daher ist ein Rückbrief mit dem Vermerk „Empfänger unbekannt verzogen", keine ausreichende Grundlage, die öffentliche Zustellung anzuordnen (OLG Köln NJW **1956** 642). Sie darf an einen Ausländer regelmäßig erst angeordnet werden, wenn auch eine Anfrage beim Bundesverwaltungsamt — Ausländerzentralregister — in Köln erfolglos war (OLG Stuttgart VRS **51** 107 = NJW **1976** 1599); eine trotz fehlender Voraussetzungen angeordnete öffentliche Zustellung ist mithin unwirksam (OLG Celle NdsRpfl. **1976** 42). **9**

Die öffentliche Ladung **verliert** ihre **Wirksamkeit,** wenn dem Gericht ein inländischer Aufenthaltsort, an dem die Ladung in der nach § 37 vorgeschriebenen Weise bewirkt werden kann, bekannt wird, bevor es in die Verhandlung eintritt, zu der öffentlich geladen war (enger OLG Stuttgart MDR **1973** 950: Öffentliche Zustellung nicht — mehr — zulässig, wenn Anschrift bekannt wird, nachdem Schriftstück zwar schon an Gerichtstafel angeheftet, Zwei-Wochen-Frist aber noch nicht verstrichen ist; ebenso KK-*Maul*11). **10**

---

[4] So auch *Krause* JR **1978** 392, der dieses „gesetzgeberische Motiv" allerdings auf den Fall beschränkt wissen will, wo dem Verurteilten durch die vorherige Anhörung (vgl. OLG Hamburg JR **1978** 390) die konkrete Möglichkeit einer nachteiligen Entscheidung (in dem geschilderten Beispiel: eines Widerrufs) deutlich vor Augen geführt worden ist, für den Fall, daß der Verurteilte überhaupt nicht angehört werden konnte, dagegen bei seiner ablehnenden Ansicht (vgl. Rdn. 3 Fußn. 3) verbleibt.

[5] **A.A.** OLG Frankfurt JR **1978** 392; wie hier *Meyer* JR **1978** 393; KK-*Maul* 7; KMR-*Paulus* 8; *Kleinknecht/Meyer* 5.

[6] OLG Hamm MDR **1972** 259; JMBlNRW **1974** 106; OLG Stuttgart MDR **1973** 950; VRS **51** 108; OLG Köln VRS **64** 198; OLG Frankfurt StrVert. **1983** 233 und – für das Ordnungswidrigkeitenverfahren – BayObLG DAR **1983** 363 = NStZ **1984** 29.

11   **5. Art der öffentlichen Zustellung.** Die öffentliche Zustellung muß nach § 37 Abs. 1 Satz 1 in Vbdg. mit § 204 Abs. 1 ZPO durch das mit der Sache befaßte Gericht — nicht seinen Vorsitzenden — angeordnet werden (OLG Hamm JMBlNRW **1958** 262; MDR **1972** 259). Zuständig ist das **Gericht,** bei dem die Sache anhängig ist, in Revisionssachen dasjenige Gericht, dessen Urteil angefochten wird, bis zur Abgabe der Akten ans Revisionsgericht (BayObLG DRiZ **1932** 111). Es genügt, um die öffentliche Zustellung zu bewirken, daß das **zuzustellende Schriftstück** zwei Wochen lang an der Gerichtstafel **angeheftet** gewesen ist. Das Schriftstück besteht aus einer Ausfertigung oder aus einer beglaubigten Abschrift.

12   Das Schriftstück muß in den beiden Fällen immer, auch wenn der Angeklagte vor ein Gericht des höheren Rechtszuges geladen werden soll, an der **Gerichtstafel** des Gerichts **des ersten Rechtszugs** angeheftet werden; das Anheften an der Gerichtstafel des höheren Rechtszugs oder eines niederen Gerichts (Amtsgericht, wenn die Verhandlung in erster Instanz vor dem Landgericht stattgefunden hat; OLG Hamm GA **1960** 152) hat keine Wirkung. Erster Rechtszug ist die erste Instanz in der konkreten Sache, bei Strafkammeranklagen also das Landgericht (OLG Hamm GA **1960** 152), in Vollstreckungssachen — weil es hier um ein selbständiges Verfahren mit einem eigenen Rechtszug geht — das in den Verfahrensordnungen für das *Vollstreckungs*verfahren zur erstinstanzlichen Entscheidung im Einzelfall berufene Gericht, und zwar selbst dann, wenn im Erkenntnisverfahren ein anderes Gericht zuständig war (OLG Karlsruhe MDR **1981** 159). Es ist Sache der Geschäftsstelle, das Schriftstück anzuheften, wieder abzunehmen, wenn es lange genug angeheftet war, und dann auf ihm zu bescheinigen, daß es zwei Wochen an der Gerichtstafel angeheftet gewesen ist.

13   § 206 Abs. 3 ZPO, nach dem es auf die Gültigkeit der Zustellung keinen Einfluß hat, wenn das anzuheftende Schriftstück vom Ort der Anheftung **zu früh entfernt** wird, ist nicht anwendbar. Vielmehr gilt die Zustellung in beiden Fällen als in dem Zeitpunkt bewirkt, mit dem die zweiwöchige Frist abgelaufen ist, so daß, wenn von der Zustellung der Lauf einer Frist abhängt, diese nach §§ 42, 43 mit dem Tag beginnt, der auf jenen Zeitpunkt folgt.

14   Bundeseinheitliche **Vorschriften** über das Verfahren beim Anheften an die Gerichtstafel in Strafsachen sind nicht erlassen. Die entsprechende Anwendung von Nr. 44 Abs. 1 PrZusatzBest. zur AktO bieten sich an (AktO NRW Nr. 179).

15   Im Fall des Absatzes 1 kann der Richter, der die Zustellung nach § 36 Abs. 1 veranlaßt, die **Bekanntmachung** des Inhalts der zuzustellenden Schrift **durch ein** deutsches oder ausländisches **Blatt** statt der Anheftung an der Gerichtstafel oder neben ihr als Art der öffentlichen Zustellung bestimmen. Im Sinn des Absatzes 2 Satz 2 stehen Verfügungen den Beschlüssen gleich. Die Entscheidungsgründe brauchen in die zuzustellende Schrift in keinem Fall aufgenommen werden (OLG Hamm JMBlNRW **1974** 214), auch dann nicht, wenn öffentlich zugestellt wird, nachdem ein Rechtsmittel eingelegt worden war (OLG Königsberg HRR **1930** 1423).

16   **6. Beschwerde** (etwa durch den Verteidiger) gegen die Anordnung der öffentlichen Zustellung ist nach dem klaren Wortlaut des § 304 Abs. 1 statthaft (OLG Celle MDR **1976** 335). Es ist ein Mangel des Gesetzes, daß nicht die sofortige Beschwerde vorgeschrieben ist. Die Beschwerde ist ausgeschlossen, wenn das erkennende Gericht (§ 28, 11 ff; 19 ff) die Zustellung angeordnet hat (§ 305 Satz 1).

§ 41

[1]Zustellungen an die Staatsanwaltschaft erfolgen durch Vorlegung der Urschrift des zuzustellenden Schriftstücks. [2]Wenn mit der Zustellung der Lauf einer Frist beginnt, so ist der Tag der Vorlegung von der Staatsanwaltschaft auf der Urschrift zu vermerken.

1. Zustellung an die Staatsanwaltschaft. Ein Schriftstück kann der Staatsanwalt- **1** schaft nur auf zwei Wegen zugestellt werden, nämlich entweder förmlich nach § 37 unter Einhaltung der Vorschriften der Zivilprozeßordnung über Zustellungen oder — das ist die Regel[1] — in der vereinfachten Form des § 41, d. h. durch Vorlegung der **Urschrift** des zuzustellenden Schriftstücks. Dagegen erfüllt das formlose Zusenden oder Vorlegen einer Ausfertigung oder beglaubigten **Abschrift** die Erfordernisse der Zustellung nicht (RGSt **61** 352)[2]. Bei der Zustellung kommt es nicht auf den Willen und das Handeln des Beamten an, dem zugestellt werden soll, sondern allein auf den Willen und die Vorstellung des zustellenden Beamten, sofern nur der Zustellungswille der zustellenden Behörde einen erkennbaren Ausdruck gefunden hat (RGSt **57** 55; OLG Saarbrücken VRS **47** 367; OLG Hamm JMBlNRW **1982** 22). Wenn es auch keines ausdrücklichen Hinweises auf § 41 bedarf, so ist jedoch unbedingt erforderlich, daß die Staatsanwaltschaft aus der Übersendungsverfügung in Verbindung mit der aus den Akten zu ersehenden Verfahrenslage erkennen kann, mit der Übersendung an sie werde die Zustellung nach § 41 bezweckt (RGSt **61** 351). Dafür ausreichen kann schon eine Verfügung des Vorsitzenden mit dem Wortlaut „zur gefälligen Kenntnisnahme" (OLG Koblenz HESt **3** 7; OLG Zweibrücken VRS **54** 284) oder „zur weiteren Veranlassung" (OLG Hamm GA **1957** 183), nicht aber — entgegen § 36 Abs. 1 — eine Verfügung des Geschäftsstellenbeamten, die Akten und Beiakten an die Geschäftsstelle der Staatsanwaltschaft nach Erledigung zurückzusenden (OLG Hamm JMBlNRW **1977** 257). Ob aufgrund des erkennbaren Zustellungswillens in dem Beamten, dem das Schriftstück zugestellt wird, eine bestimmte Vorstellung über den Zweck der Zustellung erwachsen ist, ist ohne Bedeutung (OLG Hessen HESt **2** 125).

Wird der Staatsanwalt, dem zugestellt werden soll, in seinem Geschäftsraum **2** nicht angetroffen, so kann zufolge § 184 ZPO einem Beamten der **Geschäftsstelle** zugestellt werden. Der Behördenleiter ist allgemein als verhindert anzusehen (RGSt **72** 317). Es entspricht gewohnheitsrechtlicher Übung, daß bei ihm kein Versuch der Zustellung unternommen wird. Die Zustellung ist vielmehr bewirkt, wenn die Urschrift mit Zustellungswillen der zustellenden Behörde bei der Geschäftsstelle der Staatsanwaltschaft eingeht (Nr. 159 Satz 1 RiStBV). Gebräuchlich und allein zweckmäßig ist es, wenn das Schriftstück mit den Akten vorgelegt wird, weil die Staatsanwaltschaft alsbald weitere Vorkehrungen zu treffen haben wird, zu denen sie in der Regel die Akten benötigt.

2. Vermerk auf der Urschrift. Die dahingehende Anordnung in Satz 2 ist eine **3** Verwaltungsvorschrift, die nicht ins Gesetz gehört. Der Lauf einer Frist beginnt im Fall

---

[1] *Schätzler* (JR **1977** 295) will das vom Einzelfall abhängen lassen: was am schnellsten und mit dem geringsten Aufwand geht; das OLG Zweibrücken (JR **1977** 293) will den Weg über § 37 – trotz der Schwierigkeiten, die sich bei einem solchen Verfahren für die Vollstreckungsbehörde bei der Prüfung der Anfechtungsfrage ergeben können – selbst dann bevorzugen, wenn die Strafvollstreckungskammer entgegen dem Antrag der Staatsanwaltschaft die Aussetzung eines Strafrestes angeordnet hat.

[2] Ebenso OLG Hessen HESt **2** 125; OLG Köln MDR **1966** 947 = JMBlNRW **1967** 118; OLG Hamm GA **1957** 183; OLGSt § 41 StPO Nr. 2; JMBlNRW **1977** 257.

Günter Wendisch

des § 41 an dem Tag, an dem die zum Zweck der Zustellung vorgelegte Schrift bei der Staatsanwaltschaft eingeht, ohne Rücksicht darauf, wann der Leiter der Behörde, sein Stellvertreter oder der sachbearbeitende Staatsanwalt Kenntnis davon erhält, daß die Schrift zur Zustellung vorgelegt worden ist; eine entgegenstehende Anordnung des Behördenleiters (RGSt 72 317) oder des Geschäftsstellenleiters (OLG Hamm GA 1957 183) ist unerheblich. Für den Fristbeginn kommt es allein darauf an, wann die zuzustellende Schrift der Staatsanwaltschaft **tatsächlich vorgelegt** worden ist. § 41 Satz 2 verpflichtet die Staatsanwaltschaft zwar, den Vorlagetag auf der Urschrift zu vermerken; doch kann die Staatsanwaltschaft nicht dadurch Einfluß auf den Beginn der Frist ausüben, daß sie dieser Pflicht nicht ordnungsmäßig nachkommt. Der Lauf der Frist beginnt mit dem Tag der tatsächlichen Vorlage sowohl dann, wenn die Staatsanwaltschaft es versäumt oder sich weigert, diesen auf der ihr vorgelegten Schrift zu vermerken, als auch dann, wenn sie einen früheren oder späteren Tag dafür auf der Schrift angibt (RGSt 57 55; 61 352; OLG Marienwerder GA 51 70; KG GA 67 461; OLG Hessen HESt 2 125).

FÜNFTER ABSCHNITT

Fristen und Wiedereinsetzung in den vorigen Stand

Vorbemerkungen

Schrifttum. *W. Schmid* Über den Zugang strafprozessualer Willenserklärungen, FS Dünnebier 101.

Übersicht

I. Fristen

1. Allgemein. Fristen sind abgegrenzte Zeiträume, die bestimmt bezeichnet oder **1** jedenfalls bestimmbar sind (RGZ **120** 355, 362). Ihre Dauer kann zeitlich fest begrenzt sein oder in einem unbestimmten Rechtsbegriff — z. B. unverzüglich: § 25 Abs. 2 Nr. 2, § 115 Abs. 1 u. 2, § 115 a Abs. 2 Satz 1, § 118 Abs. 5, § 121 Abs. 3 Satz 3, § 128 Abs. 1 Satz 1; sofort, mit kürzester Frist: § 212 a Abs. 1 — bestehen[1]. **Regelungen** über Fristen enthalten sowohl materiellrechtliche als auch Verfahrensgesetze; z. Teil ordnen letztere ausdrücklich die Geltung materiellrechtlicher Bestimmungen an, so z. B. § 222 Abs. 1 ZPO, § 17 Abs. 1 FGG, § 31 Abs. 1 VwVfG, § 115 Abs. 2 Satz 1 FlurBG, § 108 Abs. 1 AO, wonach für die Berechnung der Fristen die Vorschriften des Bürgerlichen Gesetzbuchs gelten, und zwar §§ 187 bis 189 BGB. Eigene Fristenregelungen auf materiellrechtlichem Gebiet enthalten §§ 359, 361 HGB; Art. 36, 37, 72, 73 WG; Art. 29 Abs. 4, 30, 55 Abs. 1 u. 2, 56 ScheckG; § 7 VVG; § 69 UrhG; § 77 b StGB; auf verfahrensrechtlichem Gebiet § 222 Abs. 2 u. 3, § 223 ZPO; § 17 Abs. 2 FGG; § 31 Abs. 2 bis 7 VwVfG; § 115 Abs. 2 Satz 2 FlurBG; §§ 124 bis 127 RVO; § 102 Abs. 2 bis 6 AO; § 64 SGG und §§ 42, 43 StPO.

Bei den **Fristen der Strafprozeßordnung** handelt es sich einmal um solche, mit **2** denen das Gesetz die Wirksamkeit gewisser Handlungen davon abhängig macht, daß die Verfahrensbeteiligten diese vor dem Ablauf einer von einem bestimmten Ereignis an

---

[1] Letztere sind keine Fristen i. S. von §§ 42, 43. Ihrer Regelung unterliegt auch nicht die Sechsmonatsfrist des § 121, obwohl dort in Absatz 3 Satz 1 vom Fristenlauf die Rede ist sowie die Wochenfrist des § 36 Abs. 3 GVG.

Günter Wendisch

laufenden Frist vornehmen (Handlungs-, namentlich **Erklärungsfristen**), zum anderen um solche, die der Richter oder Staatsanwalt in der Weise innezuhalten hat, daß er entweder eine Handlung nicht vor Fristablauf vornehmen darf oder sie innerhalb einer bestimmten Frist vornehmen soll oder muß (**Zwischenfristen**). Zu den letzteren gehören die Ladungsfristen des Beschuldigten (§ 212 a Abs. 3 Satz 3), des Angeklagten (§ 217 Abs. 1), des Verteidigers im Verfahren über seine Ausschließung (§ 138 d Abs. 2 Satz 2), die Frist bei der öffentlichen Zustellung (40) und die Fristen, innerhalb derer eine bestimmte richterliche Handlung vorgenommen werden soll (§ 98 Abs. 3, § 111 a Abs. 2 Satz 1, § 115 Abs. 2, § 115 a Abs. 2 Satz 1, § 128 Abs. 1 Satz 1, § 129; **a. A.** insoweit KK-*Maul* § 43, 6) oder vorgenommen sein muß (§ 275 Abs. 1 Satz 2), im Fall des § 100 Abs. 2 mit der Folge, daß die von der Staatsanwaltschaft verfügte Beschlagnahme ohne diese Handlung außer Kraft tritt.

3   **2. Handlungsfristen.** Die von den Beteiligten wahrzunehmenden Fristen, meist Erklärungsfristen, sind teils gesetzliche, d. h. solche, deren Dauer das Gesetz allgemein bestimmt und die von einem bestimmten Verfahrensvorgang, etwa von der Verkündung oder Zustellung einer Entscheidung an zu laufen beginnen, teils richterliche, d. h. solche, deren Beginn und Dauer der Richter im einzelnen Fall durch Verfügung festsetzt. Die Dauer der gesetzlichen Fristen beträgt regelmäßig eine Woche (§ 45 Abs. 1 Satz 1, § 235 Satz 1, § 311 Abs. 2 Satz 1, § 314 Abs. 1, § 317, § 319 Abs. 2, § 341 Abs. 1, § 346 Abs. 2, § 409 Abs. 1 Nr. 7), ist aber ausnahmsweise auch länger (§ 172 Abs. 1: zwei Wochen; § 172 Abs. 2 Satz 1, § 345 Abs. 1, § 463 c Abs. 2: ein Monat). Richterliche Fristen sind z. B. vorgesehen in § 123 Abs. 3, § 201 Abs. 1 Satz 1, § 368 Abs. 2, § 379 a Abs. 1, § 382 und — als Beispiel aus dem Ordnungswidrigkeitenrecht — § 72 Abs. 1 Satz 2 OWiG (vgl. zu letzterem BGHSt **27** 85).

4   Der Lauf einer solchen Frist **beginnt,** wenn nicht bei richterlichen Fristen im einzelnen Abweichendes bestimmt wird, mit der Bekanntmachung der Entscheidung, durch die die „Frist in Lauf gesetzt wird" (§ 35, beachte aber §§ 42, 43). Eine richterliche Frist kann auch so bestimmt werden, daß sie mit einem in der Verfügung gesetzten Tag endet, so daß es auf den Beginn und die Regeln zur Fristberechnung nicht ankommt. **Gesetzliche** Fristen können **nicht verlängert** werden. Eine gleichwohl gewährte Verlängerung ist wirkungslos, wird aber in der Regel die Wiedereinsetzung in den vorigen Stand begründen, es sei denn, daß es sich um absolute Ausschlußfristen handelt (Rdn. 5). Dagegen ist bei richterlichen Fristen im Recht des Richters, ihre Dauer zu bestimmen, auch die Befugnis enthalten, die ursprünglich gesetzte Frist auf Antrag oder von Amts wegen zu verlängern, jedoch nur, wenn sie noch nicht abgelaufen ist.

5   **3. Ausschlußfristen.** Außerhalb der gesetzlichen Fristen i. S. dieses Abschnitts stehen die auf einen Prozeßabschnitt abgestellten Handlungsfristen (§ 6 a Satz 3, § 16 Satz 3, § 25, § 222 b Abs. 1, § 275 Abs. 1 Satz 2, § 303 Satz 1, § 388 Abs. 1, § 391 Abs. 1 Satz 2, § 439 Abs. 2 Satz 2)[2]. Sie sind Ausschlußfristen dergestalt, daß die in Rede stehende Prozeßhandlung schlechthin unzulässig und Wiedereinsetzung in den vorigen Stand ausgeschlossen ist, wenn die Handlung erst nach Eintritt der im Gesetz genannten Verfahrenslage vorgenommen wird.

---

[2] Zu den absoluten Ausschlußfristen zählen auch die Strafantragsfrist nach § 77 b StGB, die Verjährungsfrist im Fall der Nichtunterbrechung nach § 78 Abs. 2 StGB, die Frist für die Verfassungsbeschwerde nach § 93 BVerfGG, der Antrag nach Art. 26 MRK sowie die Feststellungsfrist des Konkursgläubigers nach § 152 KO.

II. Wahrung der Erklärungsfristen

1. Mündliche Erklärungen. Wird eine Erklärung mündlich zur Niederschrift bei **6** Gericht abgegeben, so ist die Frist gewahrt, wenn die Erklärung innerhalb der Frist von einem Urkundsbeamten des zuständigen Gerichts niedergeschrieben wird (KK-*Maul* § 43, 10). Die Zeit des Eingangs bei Gericht wird durch die Zeitangabe in der Niederschrift festgestellt. Kann die Erklärung auch privatschriftlich abgegeben werden, so kann das Protokoll auch von einer unzuständigen Stelle aufgenommen werden, doch kommt es dann, wie bei schriftlichen Erklärungen, darauf an, wann es bei der zuständigen Stelle eingeht. Der Nachweis, daß das Datum des Eingangsstempels oder des Protokolls unrichtig ist, ist zulässig.

Wird die Erklärung **im Laufe einer Hauptverhandlung** abgegeben, etwa ein **7** Rechtsmittel auf das Strafmaß beschränkt, so nimmt die Erklärung, auch hinsichtlich des im Protokoll angegebenen Datums, an der erhöhten Beweiskraft des Hauptverhandlungsprotokolls (§ 274) teil (RGSt **66** 419). Wird sie **nach Abschluß der Hauptverhandlung** abgegeben, aber — was nicht verlangt werden kann — noch ins Hauptverhandlungsprotokoll aufgenommen, dann findet § 274 keine Anwendung; die Behauptung, das Datum sei falsch beurkundet, ist in freier Beweiswürdigung zu beurteilen (RGSt 40 134).

2. Fernmündliche Erklärungen sind auch dann nicht dem Schriftverkehr zuzu- **8** rechnen, wenn die empfangende Behörde über sie eine Urkunde errichtet. Zwar kann der Erklärende einen anderen mündlich und auch fernmündlich ermächtigen, in seinem Namen eine Urkunde aufzusetzen. Indessen ist die behördliche Niederschrift über ein Ferngespräch eine Urkunde, die die Behörde kraft eigener Zuständigkeit und nicht kraft Ermächtigung errichtet. Telefonische Erklärungen sind daher, weil es an einer Sonderregelung fehlt, nur in Betracht zu ziehen, wenn die Erklärung nicht schriftlich sein muß, sondern entweder **formfrei** ist oder bei Formzwang zur **Niederschrift der Geschäftsstelle** erklärt werden kann (**Hauptfälle:** § 306 Abs. 1, § 311 Abs. 2 in Vbdg. mit § 306 Abs. 1, § 314 Abs. 1, § 341 Abs. 1).

Die **ältere Rechtsprechung** sah fernmündliche Rechtsmittel überwiegend als wir- **9** kungslos an[3]. Ihr kann indessen nicht beigetreten werden. Sie beruft sich auf die Unsicherheit der Identitätsfeststellung und die Möglichkeiten von Irrtümern im fernmündlichen Verkehr. Wären diese Argumente richtig, müßte auch — und noch mehr — die fernmündliche Telegrammaufnahme ausgeschlossen sein, die die Rechtsprechung schon seit langem zugelassen hat.

Mit Rücksicht auf den Ablauf der Arbeit in den Geschäftsstellen, wo sich meist **10** mehrere Bedienstete ein Zimmer teilen, auf die dadurch und durch sonstige Störungen möglichen Irrtümer und auf den Mangel einer gesetzlichen Regelung wird man dem Urkundsbeamten namentlich dann das Recht zugestehen müssen, eine **fernmündliche Pro-**

---

[3] RGSt **38** 282; BGH bei *Dallinger* MDR **1971** 547; OLG Hamm NJW **1952** 276; OLG Frankfurt NJW **1953** 1118; BFH NJW **1951** 174; *Eb. Schmidt* § 314, 6; *Seibert* DRiZ **1952** 8; *Sarstedt/Hamm* 70. Im verwaltungsgerichtlichen Verfahren ist die Frage ebenfalls strittig: Das Bundesverwaltungsgericht (BVerwGE **17** 176) und der Bundesfinanzhof (NJW **1965** 176) lassen eine fernmündliche Rechtsmitteleinlegung nicht zu, ebenso *Redeker/von Oertzen* § 81, 4; dagegen halten *Eyermann/Fröhler* VwGO § 81, 4 und *Klinger* VwGO § 81, 42 c die fernmündliche Rechtsmitteleinlegung für zulässig.

Günter Wendisch

tokollaufnahme abzulehnen, wenn der Anrufer eine längere Erklärung abgeben will[4]. Findet er sich aber bereit, das Protokoll fernmündlich aufzunehmen und bestehen über die Person des Erklärenden keine begründeten Zweifel (vgl. dazu *Dahs* NJW **1952** 276), so ist die Erklärung zur Niederschrift der Geschäftsstelle abgegeben und steht das so entstandene Protokoll in seiner Wirksamkeit einem anderen nicht nach. Ob der Erklärende selbst erscheint oder ob er die Geschäftsstelle anruft, ist für die Form der Niederschrift unerheblich[5]. Die Zulässigkeit der fernmündlichen Rechtsmitteleinlegung zu Protokoll der Geschäftsstelle wäre nur dann ausgeschlossen, wenn man annehmen wollte, daß die Verhandlung über die Aufnahme des Protokolls zwingend in Anwesenheit des Erklärenden durchgeführt werden müßte[6]. Die Strafprozeßordnung schreibt dies jedoch nirgends vor.

11   Der Bundesgerichtshof, der für das **Ordnungswidrigkeitenverfahren** entschieden hat, daß der Betroffene den Einspruch gegen einen Bußgeldbescheid nach § 67 Abs. 1 OWiG auch fernmündlich zur Niederschrift bei der Verwaltungsbehörde einlegen kann (BGHSt **29** 173), verneint diese Befugnis für die Einlegung eines Rechtsmittels im **Strafverfahren** (BGHSt **30** 64: für die Einlegung der Berufung nach § 314 Abs. 1 = JR **1982** 210 mit Anm. *Wolter*). *Maul* ist dieser Ansicht ohne Begründung gefolgt (KK § 43, 13); *Meyer* hat sie mit der auch vom Bundesgerichtshof gegebenen Begründung verteidigt, daß, wer Erklärungen zu Protokoll geben wolle, sich persönlich auf der Geschäftsstelle einfinden müsse, weil nur dann der Urkundsbeamte Identität und Berechtigung des Erklärenden sowie den Inhalt der Erklärung zulässig feststellen könne (*Kleinknecht/Meyer* Einl. 140). Abgesehen davon, daß er die Antwort darüber schuldig bleibt, warum diese Erwägungen für das Bußgeldverfahren nicht gelten sollen, ist sowohl ihm als auch *Maul* in Übereinstimmung mit *Wolter* entgegenzuhalten, daß sie allenfalls auf die Fälle einer **formgebundenen Rechtsmittelbegründung**, nicht aber auf die Einlegung des Rechtsmittels bezogen werden könnten (JR **1982** 214 3 c). Denn mit der **Rechtsmitteleinlegung** be-

---

[4] *Wolter* (JR **1982** 214, 3 a) will das nur für die telefonische Rechtsmittelbegründung gelten lassen, nicht aber für die Einlegung eines Rechtsmittels, hier soll der Urkundsbeamte zur Aufnahme einer Niederschrift verpflichtet sein.

[5] So für das Strafverfahren: OLG Schleswig NJW **1963** 1455; OLG Düsseldorf – 1 StS – NJW **1969** 1361; OLG Celle NJW **1970** 107; MDR **1970** 608; GA **1970** 218; OLG Köln Rpfleger **1977** 105; OLG Frankfurt DRiZ **1978** 186; BayObLG VRS **58** 426; LG Stolp JW **1929** 155; KMR-*Paulus* Vor § 42, 10; *Gössel* StVR (1977) 162; *Maschke* DRiZ **1930** 14; *Schönke* JZ **1953** 180; *Dahs* NJW **1952** 276; *Rötelmann* Rpfleger **1953** 31 und 251; für das Bußgeldverfahren: BGHSt **29** 173; BayObLG VRS **56** 371; LG Münster JMBlNRW **1979** 225; *Göhler* § 67, 26; *Rebmann/Roth/Herrmann* § 62, 17; *Rotberg* § 67, 5; *Müller/Rüth* StVerkR II § 67 OWiG, 7; für weitere Verfahrensordnungen: FG Düsseldorf EFG **1957** 59; LArbG Baden-Württemberg BB **1971** 1104; LG Aschaffen-

burg NJW **1969** 280; *Schultzenstein* ZZP **27** (1900) 514, 569; *Rötelmann* Rpfleger **1953** 32; *Schuwardt* FinRddsch. **1962** 417.

[6] So für das Strafverfahren: RGSt **38** 282; JW **1914** 895; OLG Naumburg DRiZ (Rspr.) **1929** Sp. 504 Nr. 1174; OLG Dresden JW **1929** 2773; OLG Hamm NJW **1952** 276; OLG Frankfurt NJW **1953** 1118 und ähnlich – allerdings nur für eine fernmündlich erklärte Rechtsmittelrücknahme – wohl auch OLG Hamburg MDR **1981** 424; *Eb. Schmidt* § 314, 6; *Seibert* DRiZ **1952** 8; für das Bußgeldverfahren: OLG Düsseldorf – 2 StS – JMBlNRW **1978** 229; für das Verwaltungs- und Finanzverfahren: BVerwGE **17** 166; BayVGH BayVerwBl. **1971** 238; VerwG Berlin BB **1953** 755; BFH BStBl. **1954** III 27; NJW **1965** 174; für weitere Verfahrensordnungen: OLG Hamburg OLG Rspr. **37** 146; BDHE **7** 128 = NJW **1965** 176; *Crevecoeur* NJW **1977** 1320; KK-*Maul* § 43, 13; *Kleinknecht/Meyer* Einl. 140.

kundet der Beschwerdeführer nur, daß er mit der angefochtenen Entscheidung nicht einverstanden und innerhalb der ihm vom Gesetzgeber bestimmten Frist, die er voll ausschöpfen darf, das zulässige Rechtsmittel geltend macht. Der Entscheidung, die kein Verfassungsrecht verletzt, kann auch sonst nicht gefolgt werden. Sie stellt für ihren Standpunkt auf **Besonderheiten** zwischen Straf- und Bußgeldverfahren ab, die — wie *Wolter* zu Recht betont (JR **1982** 212) — in Wahrheit nicht gegeben sind und führt die Rechtsentwicklung auf eine Stufe zurück, die aufgrund der noch in den Anfängen steckenden technischen Entwicklungen des Telefon- und Telegrafenverkehrs im Jahre 1905 (Entscheidung RGSt **38** 282) durchaus berechtigt war, aufgrund der heutigen fortgeschrittenen technischen Entwicklungen und den sich daraus ergebenden und auch auszunutzenden Möglichkeiten jedoch nicht mehr zu vertreten ist. Sie gibt deshalb keine Veranlassung, den hier vertretenen Standpunkt (Rdn. 10) aufzugeben.

Anders zu beurteilen ist es, wenn die Rechtsmittelschrift **beim Rechtsmittelgericht** **12** und nicht bei dem Gericht eingeht, das das angefochtene Urteil erlassen hat (§ 314 Abs. 1, § 317, § 341 Abs. 1, § 345 Abs. 1 Satz 1), und das unzuständige Gericht den Inhalt der Schrift dem zuständigen telefonisch bekanntgibt. Dann nimmt dieses das Rechtsmittel bei dem unzuständigen Gericht in Empfang (im Ergebnis mit abw. Begründung ebenso OLG Celle VRS **39** 359) in gleicher Weise wie fernmündlich durchgesagte Telegramme auf dem Postamt (Rdn. 27).

3. Schriftliche Erklärungen

a) Grundsatz. Bei schriftlichen Erklärungen ist die Frist auf jeden Fall gewahrt, **13** wenn sie vor Fristablauf bei dem **zuständigen** Gericht eingegangen ist. Auf die richtige Adressierung kommt es nicht an. Auch der Eingang bei einer Zweigstelle des Gerichts (BayObLG VRS **53** 434), statt bei dem auswärtigen Senat eines Oberlandesgerichts beim Stammgericht (BGH AnwBl. **1967** 25; KK-*Maul* § 43, 14), oder bei einer sonstigen falschen Abteilung des zuständigen Gerichts, wahrt die Frist (nicht auch der Eingang bei einer unzuständigen Stelle, dazu Rdn. 15). Es genügt aber nicht, daß das Schriftstück irgendwie körperlich in den Machtbereich des Gerichts, namentlich in dessen Amtsräume, gelangt. Der Einwurf in ein offenes Fenster, die Niederlegung der Schrift nach Dienstschluß auf dem Schreibtisch des nicht mehr anwesenden Beamten, die Abgabe an die Putzfrau oder an einen zur Entgegennahme nicht befugten Hausmeister wahren die Frist nicht (RGSt **10** 74; **22** 124; **31** 5; OLG Kiel GA **41** (1893) 155; wegen weiterer Beisp. s. *W. Schmid* 109). Erforderlich ist vielmehr, daß das Schriftstück rechtzeitig in die Hände eines Beamten — etwa des Urkundsbeamten der Geschäftsstelle (*W. Schmid* 104) — gelangt, der nach den Dienstvorschriften oder dem Dienstgebrauch befugt ist, sie für die zuständige Behörde zu empfangen und mit dem Eingangsvermerk zu versehen (RGSt **6** 85; RGZ **76** 129; BGHZ **2** 32)[7], und zwar ohne Rücksicht auf gegenteilige oder vermeintlich gegenteilige dienstliche Anordnungen, die dazu führen, Rechtsmittel als später eingegangen zu behandeln (OLG Hamburg HRR **1929** Nr. 2061).

Ob der Beamte und wann das Gericht von den Erklärungen **Kenntnis** nimmt, ist **14** bedeutungslos (RGSt **44** 351). Keine Rolle spielt auch, ob er das Schriftstück innerhalb

---

[7] Ebenso RGSt **44** 350; **67** 387; RG JW **1910** 480; **1929** 3157 m. Anm. *Jonas*; RG JW **1931** 2020; **1938** 2153; RG LZ **1915** 711; RG Recht **1923** Nr. 1282; BayObLGSt **1968** 86 = NJW **1969** 201; **1972** 25 = VRS **43** 124; OLG Hamm NJW **1956** 1168; GA **1959** 283; OLG Oldenburg NdsRpfl. **1955** 159; OLG Stuttgart Justiz **1972** 42; KK-*Maul* § 43, 14; KMR-*Paulus* 12; *Kleinknecht/Meyer* 10.

Günter Wendisch

oder außerhalb der Dienststunden (RGSt **31** 6)[8] oder innerhalb oder außerhalb des Gerichtsgebäudes in Empfang nimmt (RGSt **31** 6)[9]. Das gilt auch für den (zuständigen) Richter (RGSt **60** 330); allerdings genügt es nicht, daß ihm kurz vor Ablauf der Frist in seiner Privatwohnung ein Telegramm mit der Rechtsmitteleinlegung zugestellt wird (RGRspr. **2** 369), zumal da keine Amtspflicht zur dienstlichen Annahme von Schriftstücken außerhalb der Dienststunden im häuslichen Bereich besteht (*W. Schmid* 107; **a. A.** *Meyer* LR[23] § 341, 25). Ist eine Postsendung ordnungsgemäß in den Bereich des zuständigen Gerichts gelangt, so ist die Frist auch gewahrt, wenn der Beamte unter Verstoß gegen Verwaltungsvorschriften die Annahme wegen ungenügender Frankierung und Forderung einer Nachgebühr verweigert (OLG Hamm MDR **1971** 947). Die Zeit des Eingangs wird durch den Eingangsvermerk beurkundet; der Nachweis der Unrichtigkeit ist zulässig (RG DRiZ **1929** Nr. 77; OLG Oldenburg OLGSt § 341 StPO, 1).

15   Hat der Betroffene das Schriftstück bei einem **unzuständigen** Gericht oder bei der Staatsanwaltschaft eingereicht, kommt es für die Fristwahrung darauf an, daß die Schrift noch innerhalb der Einlegungsfrist dem zuständigen Gericht vorliegt (KG JR **1954** 391 mit Anm. *Sarstedt*; OLG Celle NJW **1960** 114; **1970** 218; MDR **1970** 608; GA **1970** 218; vgl. auch BVerfGE **60** 246 = NJW **1982** 1804; KK-*Maul* § 43, 18; KMR-*Paulus* 9; *Eb. Schmidt* § 314, 11; *Dahs/Dahs* 289; *Sarstedt/Hamm* 74). Die bloße Mitteilung an das zuständige Gericht vom Eingang des Schriftstücks genügt nicht, ausreichend ist aber eine telefonische Übermittlung des Inhalts (OLG Celle MDR **1970** 608; GA **1970** 218; enger OLG Zweibrücken VRS **61** 439: weiteres Erfordernis, der Urkundsbeamte des zuständigen Gerichts muß einen schriftlichen Aktenvermerk darüber aufnehmen). Bei der Abgabe des Schriftstücks an einen zur Entgegennahme nicht befugten Beamten gilt das entsprechend.

16   Die tatsächliche Gestaltung des Dienstbetriebes kennt jedoch in der Regel den Empfang bei dem Eingangsbeamten des Gerichts nicht mehr, vor allem, wenn mehrere Behörden in einem und demselben Gebäude untergebracht sind. **Eingangsstellen und Briefkästen** dienen nicht mehr allein der Bequemlichkeit des Publikums; sie sichern vor allem einen ungestörten Geschäftsbetrieb. Die Behörden betrachten daher regelmäßig Schriftstücke schon dann als eingegangen, wenn sie an den dafür vorgesehenen Stellen niedergelegt worden sind. Denn damit sind sie schon in ihre Verfügungsgewalt gelangt (BVerfGE **52** 203 = NJW **1980** 580; **57** 117 = NJW **1981** 1951)[10]. In diesen Fällen bewirkt der Eingangsstempel nicht den Empfang, sondern bescheinigt ihn nachträglich[11]. Sinnfällig wird das besonders bei einem vor Mitternacht in einen Nachtbriefkasten eingeworfenen Schriftstück, das erst am anderen Tag den Eingangsstempel des voraufgegangenen Einwurftages erhält.

---

[8] Ebenso RG JW **1904** 211; **1929** 3157 m. Anm. *Jonas*; RG Recht **1923** Nr. 1282; KG JW **1916** 1550; OLG Dresden GA **64** 564; OLG Oldenburg NdsRpfl. **1955** 159; *Kleinknecht/Meyer* 10; KMR-*Paulus* 12; *W. Schmid* 107.

[9] Ebenso RG JW **1904** 211; **1929** 3157 m. Anm. *Jonas*; RG Recht **1923** Nr. 1282; OLG Dresden GA **64** 564; *Eb. Schmidt* § 314, 11.

[10] Ebenso schon BVerwGE **18** 52 = NJW **1964** 1239; NJW **1974** 73; BFH BStBl. **1976**

II 571 und nunmehr auch BGH (Z) NJW **1981** 1261 = JR **1981** 331 m. Anm. *Grundmann*; BayObLG NJW **1983** 896 = MDR **1982** 601 unter Aufgabe von BayObLGSt **1974** 141 = JR **1976** 27; vgl. auch *Kleinknecht/Meyer* 10.

[11] **A. A.** die ältere Rechtsprechung RGRspr. **2** 613; **6** 85; RGSt **10** 74; **22** 124; **31** 5; KG JW **1916** 1550; OLG Dresden GA **64** (1917) 564; vgl. auch die bei *W. Schmid* 105 Fußn. 14 zitierte weitere Rechtsprechung.

Danach kommen folgende vor dem Schreibtisch des Empfangsbeamten liegende **17** Möglichkeiten in Betracht:

b) Übergabe durch Aushändigung des Einlieferungsscheins. Wird die Schrift **18** durch eingeschriebenen Brief übersandt und dieser in der Weise zugestellt, daß dem zuständigen Beamten der Einlieferungsschein ausgehändigt, ihm aber überlassen wird, den Brief bei der Post abzuholen, dann erhält die empfangende Behörde mit der Aushändigung des Scheins die Verfügungsgewalt über den Brief und ist dieser damit in diesem Zeitpunkt bei ihr eingegangen (RGSt 44 351; Recht **1918** 1747; Bedenken dagegen *W. Schmid* 116).

c) Briefkästen. Mit dem Bereithalten von Briefkästen gibt die Behörde die Erklä- **19** rung ab, daß sie das eingeworfene Schriftstück mit dem Einwurf entgegennehme (vgl. BVerfGE 41 323 = NJW **1976** 747 — für Fernschreiben; BVerfGE 42 128 = NJW **1976** 1255 — für einfachen Brief; ebenso schon BVerfGE 18 51 = NJW **1964** 1239 und NJW **1974** 73; OLG Frankfurt NJW **1974** 1959; OLG Hamm NJW **1976** 762). Dabei kann es keinen Unterschied machen, ob es sich bei dem Briefkasten um einen gewöhnlichen **Hausbriefkasten** handelt, bei dem der genaue Zugang des Schriftstücks nicht festgehalten werden kann, oder um einen Nachtbriefkasten (vgl. dazu Rdn. 20)[12]. Denn entscheidend für die Fristwahrung ist nicht, wann die Zusendung in die Hände des zur Entgegennahme Zuständigen gelangt, sondern daß sie vor Fristablauf in die Verfügungsgewalt des Gerichts gelangt. Dabei ist es gleichgültig, ob das innerhalb oder außerhalb der Dienststunden der jeweiligen Behörde der Fall ist (BVerfGE 41 323 = NJW **1976** 747), zumal da das Abstellen auf die Dienstzeit oder auf die üblichen Leerungszeiten wegen deren Uneinheitlichkeit zu Rechtsunsicherheit und Ungleichbehandlung führen kann (BVerfGE 42 128 = NJW **1976** 1255). Es schadet auch nicht, daß die zur Fristwahrung bestimmte Schrift erst einen Tag oder sogar mehrere Tage später in die Hände des zur Entgegennahme Zuständigen gelangt.

Nachtbriefkästen, für deren Einrichtung die Verwaltung Sorge zu tragen hat (*Os-* **20** *wald* DAR **1971** 323), müssen mit Einrichtungen versehen sein, die sie als solche erkennen lassen (Beleuchtung, Hinweis), und Vorrichtungen enthalten, die gewährleisten, daß die vor Mitternacht eingeworfene Post von der später eingegangenen getrennt wird. Denn wer Nachtbriefkästen zur Verfügung stellt, erklärt damit seine Bereitschaft, Briefe mit dem Einwurf entgegenzunehmen (BGHZ 2 32; BayObLGSt **1968** 105 = NJW **1969** 202). Da es allein auf diese Bereitschaft ankommt, ist allein die äußere Bezeichnung maßgebend, sei es, daß sie ausdrücklich „Nachtbriefkasten" lautet, sei es, daß sie die Aufschrift „Frist- und Eilsachen" aufweist (BayObLGSt **1972** 26 = Rpfleger **1972** 177). Aus dieser Erwägung folgt: Ist der Brief vor Mitternacht eingeworfen worden, ist er — wenn das auch oft schwer zu beweisen ist — auch dann am Tag des Einwurfs eingegangen, wenn die Trennvorrichtung versagt hat (BayObLGSt **1968** 106 = NJW **1969** 202) oder beim Abstempeln die Vortagspost versehentlich mit dem Stempel des Öffnungstages versehen worden ist, oder wenn gar keine Trennvorrichtung vorhanden war (BayObLGSt **1972** 26 = Rpfleger **1972** 177). Ist eine eindeutige Klärung nicht

---

[12] Bis zu den angeführten Entscheidungen des Bundesverfassungsgericht war diese Frage streitig. Bejaht hatten sie: BVerfGE 18 51 = NJW **1964** 1239; BVerfG NJW **1974** 73; OLG Frankfurt NJW **1974** 1959 = AnwBl. **1975** 171; OLG Hamm NJW **1976** 762; verneint hatten sie: RG Recht **1923** Nr. 1282; BGHZ 2 31; BayObLGSt **1968** 86 = NJW **1969** 201; **1968** 103 = NJW **1969** 201; MDR **1976** 67; OLG Hamm NJW **1956** 1168; GA **1959** 283; *Müller-Sax*[6] vor § 42, 4 a; *Dahs/Dahs* 321; wegen der historischen Entwicklung s. *W. Schmid* 110 ff.

Günter Wendisch

möglich, muß fristgemäßer Eingang unterstellt werden (BGHSt **11** 395; NJW **1960** 2202; OLG Düsseldorf — 2 StS — MDR **1969** 1031; OLG Hamburg NJW **1974** 68; OLG Celle NdsRpfl. **1983** 123; vgl. auch BVerwG NJW **1969** 1731; BSG NJW **1973** 535; BayVGH BayVerwBl. **1975** 561; **a. A.** KG JR **1954** 470 mit abl. Anm. *Sarstedt*; OLG Hamm GA **1957** 222; OLG Düsseldorf — 1 StS — NJW **1964** 1684).

21   Bei Briefkästen, die **mehreren Behörden gemeinsam** sind, nimmt mit der Entnahme, bei Nachtbriefkästen mit dem Einwurf, die zuständige Stelle an, falls auch sie sich im Hause befindet, gleichgültig, welche Aufschrift das Schriftstück trägt (Staatsanwaltschaft anstelle von Gericht, Landgericht anstelle von Oberlandesgericht), wenn nur aus seinem Inhalt für einen mit den Prozeßvorschriften Vertrauten der richtige Empfänger ermittelt werden kann (**a. A.** BGH — Z — NJW **1951** 71 zu § 518 Abs. 1 ZPO; BGH — Z — JR **1975** 64 zu § 253 Abs. 5 ZPO).

22   **d) Briefannahmestelle.** Das Personal der Briefannahmestelle ist stets empfangsberechtigt, ist die Annahmestelle für mehrere Behörden errichtet, für jede von ihnen, auch wenn nach Verteilung der Post auf die beteiligten Behörden dort ein zweiter Annahmevermerk angebracht wird. Es kommt nur auf den der Annahmestelle an. Im übrigen gilt hier das gleiche wie beim Briefkasten: Die Annahmestelle nimmt unabhängig von der Anschrift für die zuständige Behörde an (OLG Bremen NJW **1950** 395; KG — 2 StS — JR **1955** 152; OLG Hamm JMBlNRW **1956** 141; OLG Neustadt NJW **1962** 359)[13].

23   Ist die Schrift an eine **unzuständige**, der gemeinsamen Briefannahmestelle aber gleichfalls angeschlossene Behörde gerichtet, dann ist die Frist zumindest dann gewahrt, wenn die Schrift trotzdem rechtzeitig bei dem zuständigen Gericht eingeht. Nach allgemeiner Ansicht ist es auch unschädlich, wenn der Beamte der Briefannahmestelle den Fehler erkennt und sich sofort entschließt, das Schriftstück an die zuständige Behörde weiterzuleiten; ob es dort noch innerhalb der Erklärungsfrist ankommt, ist gleichgültig (BGH JR **1953** 430; NJW **1961** 361; OLG Saarbrücken JBlSaar **1964** 16)[14]. Die Frist muß sogar dann als gewahrt angesehen werden, wenn das bei der gemeinsamen Briefannahmestelle innerhalb der Frist eingegangene Schriftstück entsprechend der falschen Adressierung an die unzuständige Behörde weitergeleitet worden und bei dem zuständigen Gericht erst nach Fristablauf eingegangen ist (vgl. BVerfGE **57** 117 = NJW **1981** 1951; BGH — Z — NJW **1981** 1261 = JR **1981** 331 mit Anm. *Grundmann*; BayObLG MDR **1982** 601). Denn auch in diesem Fall ist es schon mit dem Eingang bei der gemeinsamen Annahmestelle in den Machtbereich des zuständigen Gerichts gelangt (OLG Bremen NJW **1950** 395; KG JR **1955** 152; OLG Hamm JMBlNRW **1956** 141)[15].

24   Der 5. Zivilsenat des Bundesgerichtshofs hat — zunächst nur für den ihm vorgelegten Fall — zusätzlich gefordert, daß der Annahmebeamte sich **innerhalb der Frist** zur Weiterleitung an die zuständige Stelle entschließt (JR **1953** 430; NJW **1961** 361; jeweils zu § 518 Abs. 1 ZPO). Der 3. Zivilsenat des Bundesgerichtshofs hat daraus abgeleitet, daß ein Rechtsmittel verspätet sei, wenn die mit unrichtiger Anschrift versehene Rechts-

---

[13] Ebenso KK-*Maul* § 43, 18; KMR-*Paulus* 15 f; *Kleinknecht/Meyer* 11; *Eb. Schmidt* § 314, 12; *Sarstedt* JR **1954** 391; *Sarstedt/Hamm* 75 f.

[14] Ebenso KK-*Maul* § 43, 18; *Küper* JR **1976** 29.

[15] Ebenso OVG Berlin JR **1952** 372; KK-*Maul* § 43, 18; KMR-*Paulus* 15; *Kleinknecht/Meyer* 11; *Eb. Schmidt* § 314, 12; *Sar-*

stedt/Hamm 76; **a. A.** noch BGH NJW **1951** 71; **1975** 2294; JR **1960** 381; BayObLGSt **1974** 141 = JR **1976** 26 m. abl. Anm. *Küper*; KG – 1 StS – JR **1954** 391 m. abl. Anm. *Sarstedt*; OLG Dresden JW **1930** 2081 m. abl. Anm. *Heilberg*; OLG Hamburg MDR **1960** 768; OLG Saarbrücken JBlSaar **1964** 116.

mittelschrift zwar fristgerecht an eine sowohl für das auf der Rechtsmittelschrift angegebene als auch für das wirklich zuständige Gericht bestimmte gemeinsame Einlaufstelle gelange, von dort aber entsprechend der unrichtigen Anschrift an das unzuständige Gericht weitergeleitet werde und erst **nach Fristablauf** an das zuständige Gericht gelange (JR 1960 381). Dieser Ansicht haben sich alsdann — auch für das Strafverfahren — das Oberlandesgericht Saarbrücken (JBlSaar 1964 116), der erste Strafsenat des Kammergerichts (JR 1954 391) und der 5. Strafsenat des Bayerischen Obersten Landesgerichts (BayObLGSt 1974 141, 143) unter Abweichung von dem Rechtsstandpunkt des 2. und 3. Strafsenats desselben Gerichts in zwei nicht veröffentlichten Entscheidungen (RReg. 2 St 70/74 und RReg. 3 St 38/74) angeschlossen. Ihrem Standpunkt kann nicht gefolgt werden. Gemeinsame Briefannahmestellen dienen dem Einlieferer; sie sollen auch dazu beitragen, Irrtümern bei der Angabe der Anschrift abzuhelfen. Wegen dieses Zwecks kann nur eine Auslegung in Betracht gezogen werden, die der durchschnittliche Einlieferer versteht, die also einfach ist. Dem entspricht nur die Auslegung, daß die gemeinsame Annahmestelle unabhängig von der Anschrift für die Behörden annimmt, für die sie errichtet ist (enger *W. Schmid* 118).

e) **Postschließfach.** Auf Sendungen, die in ein Postschließfach eingelegt werden, **25** können die Grundsätze zum Briefkasten (Rdn. 19) und zur Briefannahmestelle (Rdn. 22) nicht angewandt werden. Denn Einlegen einer Sendung in ein Postschließfach bedeutet benutzungsrechtlich bereithalten zur Abholung, nicht schon Auslieferung (*Florian/Weigert* PostO II § 53 Anm. 6 c (2); vgl. auch *W. Schmid* 115). Fristgebundene Schriftstücke, die am letzten Tag der Frist in ein Postschließfach des Gerichts eingelegt werden, sind mithin nur dann rechtzeitig zugegangen, wenn sie noch an diesem Tag abgeholt werden oder üblicherweise noch mit ihrer Abholung an diesem Tag zu rechnen war (RGZ 142 408; BGH DB 1955 214; BVerwG NJW 1960 1587; zu eng insoweit LG Hamburg MDR 1981 422 mit krit. Anm. *Karwacki* MDR 1981 690: schlechthin verfassungswidrig).

4. **Telegramme.** Schriftliche Erklärungen können auch durch Telegramm abgege **26** ben werden (BVerfGE 4 12 = NJW 1954 1235; RGSt 9 39; 38 283; 57 280; 62 53; 63 246; BGHSt 8 175)[16]. Der **Schriftform** ist dadurch genügt, daß der Beschwerdeführer die Post zur technischen Herstellung seiner schriftlichen Erklärung in Telegrammform veranlaßt. Alsdann wird das am Ankunftsort angefertigte Telegramm als die vom Aussteller unter Benutzung der Einrichtungen und des Personals der Post errichtete und von der Post mit Ermächtigung des Ausstellers unterschriebene **Urkunde** angesehen (RGSt 8 97; vgl. dazu auch BGHSt 31 8), und zwar selbst dann, wenn das Ankunftstelegramm mit der Aufgabeerklärung nicht wörtlich, wohl aber der Sache nach übereinstimmt. Da keine Eigenhändigkeit des Aufgabetelegramms vorgeschrieben ist (*Eb.-Schmidt* § 314, 10), ist es auch nicht erforderlich, daß die Ermächtigung zur Herstellung dieser Urkunde schriftlich gegeben wird; es genügt, wenn das Telegramm fernmündlich aufgegeben wird (BGHSt 8 174 m. w. Angaben; ebenso schon RGZ 139 45; 151 82).

Strittig ist, ob es für den rechtzeitigen Eingang auch genügt, wenn der Inhalt des **27** Ankunftstelegramms vom Postamt der Geschäftsstelle **fernmündlich zugesprochen** wird, während das Telegramm selbst erst nach Fristablauf bei Gericht eingeht. Ein Teil der

---

[16] Ebenso die Rechtsprechung in den anderen Gerichtszweigen, z. B. BVerwGE 1 103; 3 56; BSGE 1 245; 7 16; BAG JZ 1963 320; BFHE 92 438 = NJW 1969 256; OVG Münster MDR 1970 1042.

Günter Wendisch

Rechtsprechung und des Schrifttums[17] hat dies früher mit der Begründung verneint, daß die Frist nur durch eine der gesetzlich vorgeschriebenen Form genügende Erklärung gewahrt werden könne; es gehe deshalb nicht an, diese Regelung dadurch zu umgehen, daß eine fristgerechte mündliche Erklärung als ausreichend angesehen werde, die für die schriftliche Erklärung geltende Frist zu wahren. Der Bundesgerichtshof (BGHSt 14 233 = LM § 314 StPO, 1 m. Anm. *Geier*; ebenso OLG Neustadt ZfZ **1963** 20) sieht nunmehr in Übereinstimmung mit der Rechtsprechung der anderen Obergerichte die Frist auch dann als gewahrt an, wenn der Inhalt des Telegramms vom Postamt der Geschäftsstelle innerhalb der Frist zugesprochen wird, sofern dort eine zur Entgegennahme einer solchen Erklärung zuständige und bereite Person das Gespräch annimmt und darüber noch am Tag der Durchsage eine **Aktennotiz** fertigt[18], die den Inhalt des Telegramms wörtlich wiedergeben muß, weil nur so die Identität des durchgesprochenen Inhalts mit dem später einlaufenden Telegramm überprüft werden könne.

28   Auch diese Ansicht ist noch zu eng. Das Bayerische Oberste Landesgericht will sie dadurch erweitern, daß es dem Beamten, dem ein Telegramm mit Rechtsmitteleinlegung fernmündlich zugesprochen wird, für **verpflichtet** hält, die **Aktennotiz anzufertigen**. Es gewährt deshalb dem Antragsteller — ggf. ohne Antrag — Wiedereinsetzung in den vorigen Stand, wenn der Beamte die Aufnahme einer amtlichen Notiz unterläßt (BayObLGSt **1976** 82 = VRS **51** 436 = MDR **1977** 68; ebenso OLG Zweibrücken VRS **61** 439). Stellt dieser Standpunkt schon einen erfreulichen Schritt in die richtige Richtung dar, so wird er gleichwohl dem Interesse des Bürgers auf einen umfassenden und dann auch modernen und erleichterten Rechtsschutz noch nicht gerecht. Zwar ist nicht zu verkennen, daß die fernmündliche Ermächtigung zur Errichtung der Urkunde nicht mit der fernmündlichen Mitteilung ihres Inhalts verglichen werden kann. Wenn aber ein Brief unbekannten Inhalts als eingegangen behandelt wird, falls nur der Empfänger die Verfügungsgewalt über ihn erlangt hat (RGSt **44** 351), so muß erst recht die Telegrammurkunde als eingegangen angesehen werden, wenn die empfangende Behörde den Inhalt kennt und durch die fernmündliche Annahme die Zustimmung zur Zustellung der Urkunde in der für Briefe vorgeschriebenen Form erteilt. Diese Ansicht findet ihre Bestätigung in § 18 Abs. 1 Satz 2 und 3 der Telegrammordnung, wonach — bei Einverständnis des Empfängers — Telegramme auch durch Übermittlung über Fernsprech- oder Telexanschluß zugestellt werden können. Die empfangende Behörde nimmt die Urkunde damit auf dem Postamt in Empfang.

29   **5. Fernschreiben; Telebriefe.** Wird das Telegramm nicht fernmündlich, sondern **fernschriftlich** mitgeteilt, dann ist es in dem Zeitpunkt schriftlich eingelegt, in dem der Text des Telegramms der **Fernschreibstelle des Gerichts** vorliegt (BVerfGE **41** 323 = NJW **1976** 747)[19]. Die Fernschreibstelle dient insoweit als Briefannahmestelle

[17] BayObLGSt **1949/51** 505 = JZ **1952** 117 m. zust. Anm. *Niethammer* **1953** 265 = JR **1954** 353 m. Anm. *Herlan*; OLG Hamm NJW **1952** 276; JMBlNRW **1953** 108; **1954** 262; OLG Stuttgart NJW **1958** 2028; *Seibert* DRiZ **1952** 8; *Rötelmann* Rpfleger **1953** 32.

[18] *Hanack* JZ **1973** 693; KK-*Maul* § 43, 20; KMR-*Paulus* 18; ebenso BGH NJW **1953** 179 m. Anm. *Schöpke* für eine nur schriftlich eingelegte Rechtsbeschwerde in Landwirtschaftssachen; OLG Braunschweig HESt **3**

7; OLG Köln JMBlNRW **1952** 87; OLG Neustadt NJW **1952** 271; OLG Tübingen MDR **1954** 109; OLG Schleswig SchlHA **1974** 184; LG Tübingen MDR **1957** 567: Unwirksamkeit einer Durchsage, wenn sie nicht in einer Niederschrift festgehalten wird.

[19] Ebenso BGHSt **31** 9; BGHZ **79** 318; BayObLG NJW **1981** 2591; OLG Hamm NJW **1961** 2285; OLG Stuttgart Justiz **1972** 42.

(Rdn. 22). Wird das Fernschreiben dagegen von einer Stelle außerhalb des Gerichts angenommen — etwa von einer Polizeistation — und muß sein Text dem Gericht übermittelt werden, dann gelten dieselben Grundsätze wie beim Telegramm (Rdn. 26; BayObLGSt **1967** 61 = NJW **1967** 1816; KK-*Maul* § 43, 21; KMR-*Paulus* 19). Es bestehen auch keine grundsätzlichen Bedenken, sie auf die **Telekopie** zu übertragen, wenn diese von der zuständigen Stelle unmittelbar selbst (so BGHZ **79** 314 = NJW **1981** 1619) oder von einer anderen *öffentlichen* Stelle — z. B. der Deutschen Bundespost — aufgenommen wird und diese den Telebrief durch einen Boten oder auf postalischem Weg (BFHE **136** 38 = NJW **1982** 2520; BGH NJW **1983** 1498; BAG NJW **1984** 199; ebenso *Buckenberger* DB **1980** 291; **1982** 634; NJW **1983** 1475; *W. Schmid* NStZ **1983** 38) an die zuständige Stelle weiterleitet. Dagegen können die für die Übermittlung von Telegrammen und Fernschreiben allgemein anerkannten Grundsätze auf die Telekopie dann keine Anwendung finden, wenn diese zunächst einem *privaten* Zwischenempfänger übermittelt werden (BGH aaO; *Wolter* JR **1982** 213 l. Sp. o.; **a. A.** VGH München BB **1977** 568; kritisch auch *Buckenberger* NJW **1983** 1475).

6. Fristversäumnis. Die Wirkung der Fristversäumung ist verschieden und in **30** jedem Fall besonders zu prüfen: Die Versäumung einer Rechtsmittelfrist macht ein statthaftes Rechtsmittel unzulässig. Dabei spielt es auch keine Rolle, daß die Säumnis durch ein Verschulden der empfangenden Behörde (falsche Rechtsmittelbelehrung, säumige Behandlung eines bei einer falschen Stelle eingegangenen Schreibens, das bei richtiger Behandlung noch fristgemäß an die zuständige Stelle gelangt wäre) eingetreten ist. Solche Umstände begründen indessen in der Regel die **Wiedereinsetzung** in den vorigen Stand. Die Versäumung der **Berufungsbegründungsfrist** ist ohne jede Bedeutung für die Berufung, begrenzt aber das Recht, Beschlüsse anzufechten, durch die eine Richterablehnung zurückgewiesen worden ist (BayObLGSt **1956** 248 = NJW **1957** 599; § 28, 31).

III. Wiedereinsetzung in den vorigen Stand

Der fünfte Abschnitt betrifft nur die Wiedereinsetzung in den vorigen Stand **31** gegen die Versäumung einer **Frist**. Die Wiedereinsetzung gegen die Versäumung einer **Hauptverhandlung** ist geregelt in §§ 235, 315, 329 Abs. 3, §§ 342, 391 Abs. 4, § 412 Satz 2. Die Wiedereinsetzung gehört **nicht** zu den **Rechtsmitteln** der Strafprozeßordnung, die §§ 296 bis 298 können nicht ohne weiteres sinngemäß auf sie angewendet werden; auch eine dem § 365 entsprechende Vorschrift ist für sie nicht gegeben (RGSt **22** 31; RG JW **1891** 377; vgl. auch *Wendisch* JR **1981** 132). Die Wiedereinsetzung ist vielmehr der außerordentliche **Rechtsbehelf,** den das Gesetz mit der Macht ausstattet, das Verfahren in einen Abschnitt vor der Versäumung der Frist zurückzuversetzen und dabei Entscheidungen, die inzwischen auf Grund der Säumnis ergangen sind, und deren Rechtskraft zu beseitigen (RGSt **53** 289; **54** 287). Der mit der Behauptung einer unverschuldeten Versäumnis eintretende Zustand der Ungewißheit muß rasch beseitigt werden. Dazu stellt das Gesetz ein summarisches Verfahren zur Verfügung, das auch den Säumigen zu raschem und umfassendem Handeln zwingt.

Durch Art. 1 Nr. 9 des 1. StVRG ist die Wiedereinsetzung in einem weiteren **32** Punkt **erweitert** worden: Sie kann nunmehr auch, insoweit den Regelungen in § 60 Abs. 2 Satz 4 VwGO, § 56 Abs. 2 Satz 4 FGO, § 67 Abs. 2 Satz 4 SGG und § 26 Abs. 3 Satz 4 EGGVG entsprechend, von Amts wegen gewährt werden (§ 45 Abs. 2 Satz 2).

Günter Wendisch

IV. Reform

33   Die Verwendung der modernen **Fernmeldemittel** zum Einlegen von Rechtsmitteln ist durch die Rechtsprechung gefördert worden. Durch BGHSt **30** 64 hat sie einen Rückschlag erlitten (Rdn. 11). Das hängt damit zusammen, daß die Auslegung das Wort „schriftlich" nur schwer überspringen kann. Der Gesetzgeber sollte das formelle Haften an diesem Wort beseitigen und alle Formen der Fernmeldemittel ausdrücklich zur Verfügung stellen.

§ 42

Bei der Berechnung einer Frist, die nach Tagen bestimmt ist, wird der Tag nicht mitgerechnet, auf den der Zeitpunkt oder das Ereignis fällt, nach dem der Anfang der Frist sich richten soll.

1   **1. Nach Tagen bestimmte Fristen.** Die Vorschrift bezieht sich auf sämtliche Fristen (wegen des Begriffs s. Vor § 42, 1), gesetzliche wie richterliche, Handlungsfristen für die Beteiligten wie amtliche Fristen für den Richter. Sie besagt, daß eine nach Tagen bestimmte Frist mit Beginn (0 Uhr) des Tages zu laufen anfängt, der dem Tag folgt, an dem das Ergebnis stattgefunden hat, das den Fristbeginn auslöst. Beginnt eine Frist von drei Tagen am 1., so endet sie am 4., 24 Uhr, nicht schon mit dem Ende der Dienstzeit (BVerfGE **41** 323, 327 f = NJW **1976** 747; **42** 128 = NJW **1976** 1255).

2   Bei **richterlichen Fristen** schließt die Bestimmung des Richters die Regel des § 42 aus, wenn der Richter nicht nur eine Frist (etwa von drei Tagen) setzt, sondern zugleich ihren Anfang oder ihr Ende regelt. Daher endet eine Frist von drei Tagen am 3., 24 Uhr, wenn der Richter verfügt, daß sie am 1. beginnt.

3   **2. Fristende.** § 43 Abs. 2 bestimmt, daß Wochen- oder Monatsfristen, deren Ablauf auf einen Sonntag, einen allgemeinen Feiertag oder einen Sonnabend fällt, mit Ablauf des nächstfolgenden Werktages enden. Der Regelung liegt die Erwägung zugrunde, daß der von der Fristbestimmung Betroffene an Sonnabenden sowie an Sonn- und Feiertagen keine Beratungsmöglichkeit und wegen der geschlossenen Behörden keine Protokollmöglichkeiten vorfindet. Dieser Gedanke gilt allgemein; § 43 Abs. 2 findet daher trotz seiner Stellung im Gesetz grundsätzlich auch auf die Fristen des § 42 Anwendung (RGSt **62** 141; BayObLG MDR **1971** 678)[1]. Das gilt ausnahmslos für Handlungsfristen der Beteiligten, seien sie gesetzliche, seien sie richterliche.

4   Dagegen schließt der Wortlaut „nach Tagen bestimmt" es aus, § 43 Abs. 2 auf **richterliche Fristen** anzuwenden, wenn sie der Richter nach dem **Datum** bestimmt und als solches — was, wenn tunlich, zu vermeiden ist — einen Sonnabend, einen Sonntag oder einen allgemeinen Feiertag festgesetzt hat. Das Bayerische Oberste Landesgericht schiebt den Wortlaut unter Hinweis auf § 193 BGB beiseite (BayObLGSt **1971** 55 = JR **1972** 71; ihm wesentlich zustimmend *Meyer* JR **1972** 72; ebenso KK-*Maul* § 43, 26; KMR-*Paulus* 1). Indessen wäre eine Änderung allein Sache des Gesetzgebers, wenn er sie, was zweifelhaft ist, wollte. Zu der Willkür (vgl. auch § 43, 10 f; § 44, 38 ff; 59), ihm vorzugreifen, besteht um so weniger Anlaß, weil der Richter durchaus Grund haben kann, mit Rücksicht auf weitere Fristen oder eine gebotene Beschleunigung dem Betei-

---

[1] Wegen der Anwendbarkeit von § 43 Abs. 2 auf die Fristen zur Urteilsabsetzung nach § 275 vgl. BGH bei *Holtz* MDR **1980** 815 sowie die Erl. zu § 275.

ligten anzusinnen, ein Schriftstück so einzuwerfen, daß es ihm am Montag früh vorliegt. Hat der Richter für eine kurze Frist ein „ungeeignetes" Datum festgesetzt, wird in der Regel § 44 Platz greifen.

Für Fristen, die dem Richter gesetzt sind (**Zwischenfristen**), findet der Grundsatz **5** jedoch keine Anwendung, wenn nach deren Sinn und Zweck die Frist eine äußerste ist. Das ist der Fall bei den Vernehmungsfristen in Haftsachen (§ 115 Abs. 2, § 115 a Abs. 1 und 2, § 128 Abs. 1, § 129, § 135 — dieser gilt nach § 163 a Abs. 3 entsprechend, wenn der Beschuldigte auf Grund eines Vorführungsbefehls des Staatsanwalts diesem zur Vernehmung vorgeführt worden ist; Art. 104 Abs. 2 GG; *Eb. Schmidt*5), bei den Bestätigungsfristen für die Beschlagnahme (§ 100 Abs. 2) und die Überwachung und Aufnahme des Fernmeldeverkehrs (§ 100 b Abs. 1 Satz 3), bei der Dauer der Unterbrechung einer Hauptverhandlung (§ 229 Abs. 1 und 2; RGSt 57 266) und der Frist zur Urteilsverkündung (§ 268 Abs. 3).

3. Stundenfristen. Im Gegensatz zur Zivilprozeßordnung (§ 222 Abs. 3), dem Ver- **6** waltungsverfahrensgesetz (§ 31 Abs. 6) und der Abgabenordnung (§ 108 Abs. 6) enthält die Strafprozeßordnung keine ausdrückliche Regelung für Fristen, die nach Stunden bestimmt sind. Zwar schreibt § 212 a Abs. 3 Satz 3 vor, daß im beschleunigten Verfahren die Ladungsfrist 24 Stunden betrage; jedoch bringt das Gesetz damit nur zum Ausdruck, diese Frist ist keine Tagesfrist mit der Folge, daß der allgemeine Gedanke des § 43 Abs. 2 (vgl. Rdn. 3 a. E.) für diese Stundenfrist nicht gilt. Nach ihrem Wortlaut und Sinn ist sie vielmehr — abweichend von der sonstigen Regelung — dahin auszulegen, daß der Zustellungstag bei der Berechnung mitzählt. Es braucht also zwischen der Zustellung der Ladung und dem Verhandlungsbeginn ein Zeitraum von nur 24 Stunden zu liegen.

§ 43

(1) Eine Frist, die nach Wochen oder Monaten bestimmt ist, endet mit Ablauf des Tages der letzten Woche oder des letzten Monats, der durch seine Benennung oder Zahl dem Tag entspricht, an dem die Frist begonnen hat; fehlt dieser Tag in dem letzten Monat, so endet die Frist mit dem Ablauf des letzten Tages dieses Monats.

(2) Fällt das Ende einer Frist auf einen Sonntag, einen allgemeinen Feiertag oder einen Sonnabend, so endet die Frist mit Ablauf des nächsten Werktages.

Entstehungsgeschichte. Durch Art. 1 Nr. 3 des Gesetzes über den Fristablauf am Sonnabend vom 10. 8. 1965 (BGBl. I 753) sind in den bisherigen Text des Absatzes 2 die Worte „oder einem Sonnabend" eingefügt worden[1].

1. Wegen des Begriffs der Frist s. Vor § 42, 1 ff. Die Vorschrift findet auch auf **1** richterliche Fristen Anwendung, soweit sie als Wochen- oder Monatsfristen gesetzt sind.

2. Fristberechnung. § 43 Abs. 1 drückt durch das Festlegen des Endes einer Frist **2** dasselbe aus, was § 42 durch die Regelung des Fristbeginns erreicht: Der **Anfangstag**

---

[1] Den gleichen Wortlaut wie Absatz 2 haben § 77 b Abs. 1 Satz 2 StGB, § 222 Abs. 1 ZPO, § 17 Abs. 2 FGG, § 108 Abs. 3 AO, § 31 Abs. 3 Satz 1 VwVfG; inhaltlich entsprechen ihm § 193 BGB, Art. 72 WG, Art. 55 Abs. 2 ScheckG, § 127 Abs. 1 RVO, § 115 Abs. 2 Satz 2 FlurBG, § 64 Abs. 3 SGG, aber auch § 229 Abs. 3 Satz 2 StPO.

Günter Wendisch

wird nicht mitgezählt. Beginnt eine Siebentagefrist am 1., einem Dienstag, so endet sie nach § 42 am 8., 24 Uhr, der wiederum ein Dienstag ist, genau so wie eine am Dienstag, einem 1., beginnende Wochenfrist nach § 43 Abs. 1 am folgenden Dienstag, im Beispielsfall dem 8., 24 Uhr, endet (BVerfGE **41** 323, 327 f = NJW **1976** 747; OLG Frankfurt NJW **1974** 1959). Selbstverständlich gilt § 43 Abs. 1 auch für Fristen von nur einer Woche oder nur einem Monat.

3   Die Berechnung nach der entsprechenden **Benennung** bedarf kaum der Erläuterung, doch ist zu bemerken, daß § 43 Abs. 2 auf den Fristbeginn nicht entsprechend anwendbar ist. Eine am Gründonnerstag beginnende Wochenfrist endet, obwohl ein Feiertag, ein Sonnabend, ein Sonntag und ein weiterer Feiertag folgen, am Donnerstag nach Ostern.

4   Nach dem letzten Halbsatz des Absatzes 1 endet eine Monatsfrist, die am 31. August beginnt, am 30. September, eine am 31. Januar beginnende Frist am 28. Februar, in Schaltjahren am 29. Februar.

5   Stoßen zwei Fristen derart aneinander, daß die zweite ohne ein neues Ereignis sich **unmittelbar an die erste anschließt** (§ 345 Abs. 1 Satz 1), also alsbald nach Mitternacht beginnt, dann besteht kein Anlaß, den ersten Tag, der ja voll zur Verfügung steht, nicht mitzurechnen. Daraus folgt, daß die zweite Frist mit dem Tag endet, der durch seine Benennung oder Zahl dem Endtag der ersten Frist entspricht (BayObLG NJW **1968** 904; *Sarstedt/Hamm* 92). Der § 187 Abs. 2, § 188 Abs. 2, 2. Alternative BGB zugrunde liegende Gedanke ergänzt die etwas summarische Regelung des § 43.

6   **Gerichtsferien** sind für Strafsachen ohne Bedeutung (§ 200 Abs. 1 in Verb. mit Absatz 2 Nr. 1 GVG) und daher auf die Fristberechnung ohne Einfluß. Stillstand der Rechtspflege unterbricht den Fristablauf mangels einer dem § 245 ZPO entsprechenden Vorschrift nicht, begründet jedoch Wiedereinsetzung nach § 44 (RGSt **53** 300) zufolge unverschuldeter Verhinderung, eine Frist einzuhalten.

7   **3. Wochenenden und Feiertage (Absatz 2)** schieben das Fristende bis zum Ablauf des nächsten Werktags hinaus. Für die Berechnung von Fristen muß Sicherheit und dazu Eindeutigkeit bestehen. Absatz 2 ist daher weder auf staatlich geschützte Feiertage, die aber keine allgemeinen Feiertage sind (Mariä Empfängnis in Bayern), anzuwenden (BayObLGSt **1957** 131), noch auf Tage vor Feiertagen, an denen der Betrieb in Behörden und Anwaltskanzleien ruht, wie etwa am 24. Dezember, wenn dieser auf einen Montag fällt.

8   Warum das Ende der Frist auf einen der in Absatz 2 genannten Tag fällt, ist gleichgültig. Die Bestimmung findet daher auch dann Anwendung, wenn der nächste Werktag, an dem die Frist erst zufolge der Regel des Absatzes 2 endet, ein Sonnabend ist, etwa der nach Karfreitag. Alsdann ist § 43 Abs. 2 **zweimal anzuwenden**, so daß die Frist, da Ostermontag ein Feiertag ist, am Dienstag endet.

9   **4. Allgemeine Feiertage.** Die allgemeinen Feiertage sind gesetzlich abschließend festgelegt[2]. Danach sind in allen Ländern anerkannt: Neujahr, Karfreitag, Ostermon-

---

[2] Bund: Ges. über den Tag der deutschen Einheit (17. Juni) vom 4. 8. 1953 (BGBl. III – 1136 –1); Baden-Württemberg: Ges. vom 25. 7. 1962 (GBl. 173) in der Fassung vom 28. 11. 1970 (GBl. 1971, 1) mit Änderung durch Gesetz vom 14. 3. 1972 (GBl. 92) und vom 19. 7. 1973 (GBl. 227); Bayern: Ges. vom 15. 12. 1949 in der Fassung vom 14. 8. 1970 (GVBl. 422 = BS I 380) mit Änderung durch Gesetz vom 11. 1. 1974 (GVBl. 5) und

tag, 1. Mai, Christi Himmelfahrt, Pfingstmontag, 17. Juni, erster und zweiter Weihnachtstag. Der Buß- und Bettag ist in allen Ländern allgemeiner Feiertag, in Bayern indessen nur in überwiegend evangelischen Gemeinden. Nur in einigen Ländern oder Landesteilen sind weiter anerkannte Feiertage: Dreikönigstag, Fronleichnam, Mariä Himmelfahrt, Allerheiligen. Der 8. August ist nur im Stadtkreis Augsburg Feiertag.

5. Besondere Fristen. Im Fall des § 172 Abs. 1 Satz 1 und Absatz 2 Satz 1 (wegen **10** der Zustellung vgl. OLG Hamm JMBlNRW **1963** 109) beginnen die Fristen trotz des Wortlauts **mit** der Bekanntmachung. Für die erste Frist ist § 43 entsprechend anzuwenden, für die letzte Frist (Antrag auf gerichtliche Entscheidung) unmittelbar, weil die Frist notwendigerweise bei Gericht wahrzunehmen ist. Die Frist für den **Antrag auf gerichtliche Entscheidung** gegen einen am 5. Dezember zugestellten Beschwerdebescheid der Generalstaatsanwaltschaft endet also am 5. Januar; wenn dieser aber ein Sonnabend, ein Sonntag oder ein allgemeiner Feiertag ist, mit Ablauf des nächsten Werktags.

Die **Verjährungsfrist** unterfällt nicht § 43, namentlich nicht dessen Absatz 2; § 78 a **11** Abs. 1 StGB ist abschließend. Eine abschließende Regelung enthält auch § 77 b Abs. 1 und 2 StGB für die **Strafantragsfrist.** Sie **beginnt** mit dem Ablauf des Tages, an dem der zum Antrag Berechtigte von der Tat und der Person des Täters Kenntnis erlangt hat. Dieser Tag ist, da auf seinen „Ablauf" abgestellt wird, entgegen der früheren Rechtsprechung (RGSt 71 359) nicht in die Frist einzurechnen. Für das **Ende** der Frist enthält § 77 b Abs. 1 Satz 2 StGB eine Regelung, die wörtlich mit Absatz 2 übereinstimmt.

§ 44

¹War jemand ohne Verschulden verhindert, eine Frist einzuhalten, so ist ihm auf Antrag Wiedereinsetzung in den vorigen Stand zu gewähren. ²Die Versäumung einer Rechtsmittelfrist ist als unverschuldet anzusehen, wenn die Belehrung nach den §§ 35 a, 319 Abs. 2 Satz 3 oder nach § 346 Abs. 2 Satz 3 unterblieben ist.

Schrifttum. *Böhm* Die Wiedereinsetzung von Strafurteilen und die Anfechtung der Urteile mit Rechtsmitteln, JR **1925** 664; *Dahs* Die Wiedereinsetzung im Strafprozeß in der Krise, AnwBl. **1973** 331; *Deubner* Die Wiedereinsetzung im Strafverfahren, JuS **1968** 125; *Dittmar* Das Verschulden des Angeklagten und des Verteidigers bei der Wiedereinsetzung im Strafprozeß, MDR **1975** 270; *Dittmar* Wiedereinsetzung in den vorigen Stand bei Terminsversäumnis des nicht wirksam geladenen Angeklagten, NJW **1982** 209; *Doller* Wiedereinsetzungsquerelen, DRiZ **1975** 342; *Goerlich* Wiedereinsetzung und erster Zugang zu Gericht, NJW **1976** 1526; *Heiner* Offene Fragen im Wiedereinsetzungsrecht des Strafprozesses (1981); *Hilger* Wiedereinsetzung in den vorigen Stand

vom 4. 6. 1974 (GVBl. 245); Berlin: Ges. vom 28. 10. 1954 (GVBl. 615) mit Änderung durch Gesetz vom 17. 7. 1969 (GVBl. 1030); Bremen: Ges. vom 12. 11. 1954 mit Änderung durch Gesetz vom 10. 6. 1958, vom 8. 9. 1970 (SaBremR 113 – c – 1) und vom 1. 3. 1976 (GBl. 85); Hamburg: Ges. vom 16. 10. 1953 (SLR 113 – a) mit Änderung durch Gesetz vom 2. 3. 1970 (GVBl. 90); Hessen: Ges. vom 29. 12. 1971 (GVBl. II 17 – 6) mit Änderung durch Gesetz vom 15. 5. 1974 (GVBl. I 241); Niedersachsen: Ges.

vom 29. 4. 1969 (GVBl. Sb I 76) mit Änderung durch Gesetz vom 21. 6. 1972 (GVBl. 309) und vom 2. 12. 1974 (GVBl. 535); Nordrhein-Westfalen: Ges. vom 9. 5. 1961 (GVBl. 209) in der Fassung vom 22. 2. 1977 (GVBl. 98); Rheinland-Pfalz: Ges. vom 15. 7. 1970 (GVBl. 225); Saarland: Ges. vom 18. 2. 1976 (ABl. 213); Schleswig-Holstein: Ges. vom 30. 6. 1969 (GSSchlH 113, 1) mit Änderung durch Gesetz vom 25. 2. 1971 (GVOBl. 66) und vom 9. 12. 1974 (GVOBl. 453).

Günter Wendisch

bei „mangelhafter" Verfahrensrüge durch den Verteidiger? NStZ **1983** 152; *Kalthoener* Probleme aus dem strafprozessualen Recht der Wiedereinsetzung in den vorigen Stand (1957); *Kaiser* Wiedereinsetzung in den vorigen Stand beim Nachschieben von Verfahrensrügen, NJW **1975** 338; *Kohlhaas* Wiedereinsetzung für Privat- und Nebenkläger bei Verschulden des Anwalts, NJW **1967** 191; *Mertens* Wiedereinsetzung in den vorigen Stand und § 338 Nr. 7 StPO, NJW **1979** 1698; *Pahlmann* § 338 Nr. 7 StPO — ein absoluter Revisionsgrund, NJW **1979** 98; *Pentz* Wiedereinsetzung im Rahmen von § 346 StPO, NJW **1962** 1236; *Renke* Die Versäumung von Rechtsmittelfristen durch den Nebenkläger und Wiedereinsetzung nach der Neufassung von § 44 StPO, MDR **1975** 904; *M. J. Schmid* Wiedereinsetzung nach § 44 StPO bei Verschulden eines Dritten, der nicht Rechtsanwalt ist, NJW **1976** 941; *H.-W. Schmidt* Verschulden des Vertreters des Privat-Nebenklägers und des Antragstellers nach § 172 Abs. 2, 3 StPO als unabwendbarer Zufall? MDR **1963** 638; *Sieg* Zur Verjährung bei Wiedereinsetzung in den vorigen Stand, NJW **1975** 153; *Sieg* Zur Wiedereinsetzung in den vorigen Stand bei Versäumung einzelner Revisionsrügen — ein Beispiel, MDR **1979** 813; *Stein* § 338 Nr. 7 StPO und Wiedereinsetzung in den vorigen Stand, NJW **1980** 1086; *Strauss* Die Wiedereinsetzung in den vorigen Stand, GerS **108** (1936) 41; *Warda* Um die Rechtsmittelbelehrung im Strafprozeß, MDR **1957** 717.

Entstehungsgeschichte. Der letzte Halbsatz ist angefügt durch Art. 4 Nr. 8 des 3. StRÄndG als Folge der Einfügung von § 35 a (Begr. BTDrucks. I 3713, S. 46). Durch Art. 1 Nr. 8 des 1. StVRG ist die Vorschrift in ihrem Anwendungsbereich erweitert und sprachlich neu gefaßt worden. In Satz 1 sind die Worte „durch Naturereignisse oder andere unabwendbare Zufälle" durch „ohne Verschulden", in Satz 2 die Worte „als unabwendbarer Zufall ist es" durch „die Versäumung einer Rechtsmittelfrist ist als unverschuldet" ersetzt worden. Als Folge dieser Änderung ist der „vermutete Zufall" bei fehlgegangener unverschuldeter Zustellung — anders als bei unterbliebener Rechtsmittelbelehrung — entfallen. Dieser Fall unterliegt nunmehr der allgemeinen Wiedereinsetzungsregelung.

Übersicht

I. Wiedereinsetzungsanspruch (Satz 1)

1   **1. Inhalt und Zweck.** Die Vorschrift soll Hilfe geben, wenn ein Beteiligter eine Frist ohne Verschulden versäumt hat. Die frühere Fassung wurde diesem Anliegen nur unzureichend gerecht. Denn sie ließ Wiedereinsetzung in den vorigen Stand nur zu,

„wenn der Antragsteller durch Naturereignisse oder andere unabwendbare Zufälle an der Einhaltung der Frist verhindert worden" war.

Schon um die Jahrhundertwende hatte diese — zu enge — Regelung Wider- **2** spruch erfahren. Ihre **Änderungsbedürftigkeit** war erstmals im E 1908 anerkannt worden. Sein § 39 Abs. 1 sah die Wiedereinsetzung schon dann vor, wenn der Beteiligte „ohne sein Verschulden an der Einhaltung der Frist verhindert gewesen war". In der Begründung ist ausgeführt: „Diese Vorschriften (der §§ 44, 234, 370, 431 des geltenden Gesetzes) haben der Rechtsprechung erhebliche Schwierigkeiten bereitet, weil der Begriff des unabwendbaren Zufalls unklar ist; auch führen die Vorschriften zu ungerechtfertigten Härten. Infolgedessen ist die Praxis der Gerichte zu einer dem Wortlaute des Gesetzes kaum noch entsprechenden Auslegung übergegangen und nähert sich immer mehr dem Standpunkte, daß eine Wiedereinsetzung stattfindet, sofern nur die Frist ohne Verschulden des Angeklagten versäumt ist. Der Natur und den Zwecken des Strafverfahrens entspricht es in der Tat nicht, dem Beteiligten, der eine Frist oder einen Termin versäumt, ohne daß ihn dabei ein Vorwurf trifft, wichtige prozessuale Rechte, wie z. B. die Rechtsmittel, aus formalen Gründen abzuschneiden. Der Entwurf schlägt daher vor, das Recht auf Wiedereinsetzung allgemein zu gewähren, soweit der Beteiligte ohne eigenes Verschulden an der Einhaltung der Frist verhindert gewesen ist…"

Auch der Entwurf eines Gesetzes über den Rechtsgang in Strafsachen aus dem **3** Jahre 1919 (E 1919) stellte in § 54 bei der Wiedereinsetzung in den vorigen Stand auf das **Verschulden** ab. Eine ähnliche Regelung — unter fast wörtlicher Wiederholung der Begründung zum E 1908 — sah auch § 292 E 1939 vor (Begr. S. 136).

Die vorstehend angeführten Erwägungen trafen bis zur Neufassung weiterhin zu. **4** Mangels gesetzlicher Regelung hatte die Praxis, um **Unbilligkeiten** einzuschränken, den Begriff unabwendbarer Zufall schon weitgehend in der Richtung entwickelt, die nunmehr Gesetz geworden ist (vgl. 22. Auflage II 2 letzter Absatz), wenn auch ein Unterschied zwischen „entschuldigt" und „unabwendbarem Zufall" namentlich bei § 329 gelegentlich noch betont wurde (22. Auflage aaO, Fußn. 6).

Die **Neuregelung** trägt dieser Entwicklung nunmehr Rechnung, indem sie Wieder- **5** einsetzung schon zuläßt, wenn „jemand ohne sein Verschulden verhindert (war), eine Frist einzuhalten". Damit hat der Gesetzgeber auch für das Strafverfahren eine Regelung getroffen, für die er sich in den neueren Verfahrensordnungen — so in 60 Abs. 1 VwGO, § 56 Abs. 1 FGO, § 67 Abs. 1 SGG, § 22 Abs. 2 FGG und § 26 Abs. 2 EGGVG — schon wiederholt entschieden hat. Sie gilt in gleicher Weise für Rechtsbehelfe nach dem Strafvollzugsgesetz (§ 112 Abs. 2 StVollzG) und ist durch Art. 1 Nr. 20 des Gesetzes zur Vereinfachung und Beschleunigung gerichtlicher Verfahren (Vereinfachungsnovelle) vom 3. 12. 1976 nunmehr auch für das Zivilverfahren (§ 233 ZPO) übernommen worden.

2. **Versäumung.** Wiedereinsetzung setzt voraus, daß eine Frist versäumt ist. Das **6** ist daher zunächst festzustellen. Läuft die Frist in Wahrheit noch, ist der Antrag unzulässig, weil er eine unmögliche Rechtsfolge begehrt (BGHSt **17** 96; BayObLGSt **1971** 229 = NJW **1972** 1098; OLG Karlsruhe NJW **1981** 471 = JR **1981** 130). Dieser Fall kann sowohl bei Irrtümern über den Fristenlauf eintreten, als auch besonders, wenn eine Zustellung unwirksam ist. Denn unwirksame Zustellungen eröffnen den Fristenlauf nicht (Rdn. 34; § 37, 66). Umgekehrt ist der Antrag auch unzulässig, wenn der Betroffene ein ihm an sich zustehendes Rechtsmittel durch ausdrücklich erklärten Rechtsmittelverzicht verloren hat, weil es alsdann ebenfalls an der Versäumung einer Frist mangelt (OLG Hamm MDR **1974** 1035). — Wegen der **Fristen** s. Vor § 42, 1 ff, wegen der Wahrung und **Versäumung** der Fristen Vor § 42, 6 ff.

Günter Wendisch

7   **3. Fristen** i. S. des § 44 sind, wie sich aus den §§ 45 und 46 ergibt, prozessuale, notwendigerweise bei Gericht wahrzunehmende Fristen (OLG Bremen GA **1956** 185), gleichgültig ob sie gesetzliche oder richterliche und im letzten Fall ursprüngliche oder verlängerte (z. B. nach § 201 Abs. 1) sind. Wegen der Besonderheit bei der Versäumung dieser Erklärungsfrist vgl. § 201, 20.

8   Unter diesen Begriff **fallen nicht** die Fristen zur Veröffentlichung eines Urteils (BayObLGSt **10** 145) und zum Widerruf eines Vergleichs in einer Privatklagesache (OLG Oldenburg JW **1931** 2389 = HRR **1932** 299; LG Würzburg NJW **1954** 768; vgl. auch § 391, 15 ff). Die Wiedereinsetzung gegen die Versäumung einer Hauptverhandlung ist abschließend geregelt (Vor § 42, 27 ff). Demzufolge bietet § 44 keine Möglichkeit, die Wiedereinsetzung bei der Versäumung einer Hauptverhandlung im Fall des § 231 (OLG Breslau *Alsb.* E 1 106) oder derjenigen vor dem Revisionsgericht (OLG Dresden *Alsb.* E 1 105, OLG Köln NJW **1957** 74) zu gewähren. Fristen i. S. des § 44 sind auch nicht die Vor § 42, 3 genannten Handlungsfristen. Daher ist keine Wiedereinsetzung in den vorigen Stand möglich, wenn die Frist zur Wahl abgelaufen ist, ob ein zunächst ohne nähere Bezeichnung eingelegtes Rechtsmittel als Revision bezeichnet wird (BayObLGSt **1970** 159 = JR **1971** 120; BayObLG bei *Rüth* DAR **1972** 204; OLG Hamm NJW **1956** 1168; OLG Stuttgart Justiz **1974** 99; OLG Schleswig bei *Ernesti/Lorenzen* SchlHA **1983** 106; OLG Zweibrücken VRS **66** 138; KMR-*Paulus* 3; KK-*Maul* 7; *Kleinknecht/Meyer* 3). Das gilt selbst dann, wenn der Angeklagte bei der Rechtsmittelbelehrung nicht auf die Möglichkeit der Revisionseinlegung hingewiesen worden ist (KG JR **1977** 81). Wohl aber zählt zu den Fristen des § 44 die in § 45 bestimmte Frist für den Antrag auf Wiedereinsetzung (Mat. *Hahn* 2 1779; *Beling* § 45 III 1 Abs. 2; OLG Hamm NJW **1958** 1104; OLG Düsseldorf NJW **1982** 61); das gleiche gilt für den Antrag auf gerichtliche Entscheidung nach § 172 Abs. 2 Satz 1 (OLG Celle GA **1977** 150; vgl. dazu auch Rdn. 12 ff).

9   Die Voraussetzungen für die Wiedereinsetzung sind auch dann gegeben, wenn ohne Verschulden die vorgeschriebene **Form** (auch des § 344 Abs. 2; RGSt **67** 198) für die Abgabe einer Erklärung **versäumt** ist (BayObLGSt **1959** 275 = NJW **1960** 208; OLG Hamm NJW **1956** 1571; JMBlNRW **1963** 147; MDR **1978** 508; OLG Koblenz NJW **1962** 977; OLG Hamburg NJW **1965** 312; a. A. *Pentz* NJW **1965** 773). Denn dann hat der Betroffene zufolge nicht verschuldeter Umstände, etwa wegen einer unterbliebenen oder falschen Belehrung durch den Urkundsbeamten (RGSt **67** 199), die Frist insofern versäumt, als er bis zu ihrem Ablauf keine den Formerfordernissen entsprechende Erklärung abgegeben hat (*Sarstedt* JR **1955** 29; *Kalthoener* 41; *Dittmar* MDR **1975** 273; *Wendisch* JR **1978** 429).

10   Aus den Erwägungen in der vorhergehenden Randnummer ist auch einem Angeklagten, der in unverschuldeter Unkenntnis der gesetzlichen Regelung des § 146 oder seiner tatsächlichen oder rechtlichen Voraussetzungen die Begründung der Revision einem nach dieser Vorschrift ausgeschlossenen Verteidiger anvertraut hat, auf seinen Antrag Wiedereinsetzung in den vorigen Stand zu gewähren. Auch ihm darf dadurch kein Rechtsnachteil entstehen, daß die von einem solchen Verteidiger begründete Revision zufolge § 345 Abs. 2 als unwirksam anzusehen ist (BGHSt **26** 338, 373; StrVert. **1983** 225; OLG Hamm NJW **1980** 1059; *Wendisch* JR **1978** 429). Die Voraussetzungen für eine Wiedereinsetzung liegen dagegen nicht vor, wenn der Betroffene eine Rechtsmittelfrist deshalb bewußt verstreichen lassen hat, weil er keine Kenntnis von Umständen hatte, die sich später nachteilig für ihn auswirkten. Denn § 44 stellt nur auf unverschuldete Hindernisse **bei Einhaltung einer Frist** ab. Als ein solches Hindernis kommt nichtverschuldete Unkenntnis von Umständen nur insoweit in Betracht, als letztere für den Beginn und den Lauf der einzuhaltenden Frist maßgeblich sind, nicht aber die Unkenntnis von Umständen, die lediglich den Beweggrund zur Wahrung einer Frist beeinflussen können (BayObLGSt **1970** 149 = JR **1971** 29; BayObLG VRS **54** 285 = JR **1978** 428 mit zust. Anm. *Wendisch*; OLG Hamm VRS **50** 436. Wegen des gleichen Problems im Zusammenhang mit § 275 vgl. *Mertens* 1698; *Pahlmann* 98 und *Stein* 1086. Zur Frage des Verschuldens vgl. im übrigen Rdn. 20; 27; 50 ff).

4. Strafantrag und Beschwerde im Klageerzwingungsverfahren. Die Fristen des **11** § 77 b StGB (Strafantragsfrist) und des § 172 Abs. 1 (Beschwerde an den Generalstaatsanwalt) sind zwar prozessuale, aber **nicht notwendigerweise bei Gericht wahrzunehmen.** Der Strafantrag kann wohl bei Gericht angebracht werden, aber ebenso bei der Staatsanwaltschaft und der Polizei (§ 158 Abs. 2), für die Beschwerde des § 172 Abs. 1 ist das Gericht unzuständig. Bei beiden Fristen ist daher die Wiedereinsetzung in den vorigen Stand nach § 44 unzulässig (OLG Bremen GA **1956** 185)[1].

Das Ergebnis ist **unbefriedigend**. In der Rechtsprechung wird es dadurch gemil- **12** dert, daß beim Strafantrag die Auslegung des Wortes „unterläßt" (§ 77 b Abs. 1 StGB) die Berücksichtigung unverschuldeter Fristversäumnis gestattet (RGSt **71** 39; OLG Bremen GA **1956** 185), und daß für die Rechtsbeschwerdefrist des § 172 Abs. 1 die Wiedereinsetzung entweder in **entsprechender Anwendung** der §§ 44 ff[2] oder der verwaltungsrechtlichen Vorschriften über die Wiedereinsetzung nach § 70 Abs. 2 in Verb. mit § 60 Abs. 4 VwGO[3] oder durch Anerkennung eines in Allgemeingültigkeit erwachsenen Rechtsgedankens der Wiedereinsetzungsmöglichkeit gegen die schuldlose Versäumung prozessualer Fristen auf allen Rechtsgebieten[4] zulässig sei. Welcher der Meinungen der Vorzug zu geben ist, kann dahingestellt bleiben, solange dahin Einigkeit besteht, daß die **Entscheidungskompetenz** für den Wiedereinsetzungsantrag wegen Versäumung der Frist des § 172 Abs. 1 Satz 1 **der Generalstaatsanwaltschaft** zusteht. Dem widersprechen jedoch die Oberlandesgerichte Nürnberg, Stuttgart, Köln, Celle, Koblenz (vgl. Fußn. 2) und nunmehr auch das Kammergericht (JR **1982** 209). Sie meinen[5], auch für diese sei bereits das Oberlandesgericht zuständig. Sie begründen ihre Ansicht u. a. damit; daß der Verletzte auf jeden Fall zu einer gerichtlichen Entscheidung kommen müsse, da anderenfalls die gerichtliche Kontrolle des Legalitätsprinzips entfalle; daß die

---

[1] Ebenso für Strafantragsfrist: OLG Düsseldorf JMBlNRW **1973** 57; KK-*Maul* 10; KMR-*Paulus* Vor § 42, 37; *Kleinknecht/ Meyer* 3; für Rechtsbeschwerdefrist des § 172 Abs. 1: KG GA **42** (1894) 429; OLG Hamburg HansOLGSt **1928** 190; OLG Hamm JMBlNRW **1964** 92 sowie *Feisenberger* 3; für die ebenfalls bei der Staatsanwaltschaft zu wahrende Frist nach § 15 Abs. 2 RHG: OLG Köln NJW **1954** 406; OLG Celle NJW **1954** 974.

[2] Vgl. OLG Oldenburg NJW **1967** 1814; OLG Nürnberg MDR **1972** 67; OLG Köln VRS **43** 193; OLG Hamm NJW **1973** 1055; OLG Stuttgart NJW **1977** 61; OLG München NJW **1977** 2365; OLG Celle NdsRpfl. **1980** 37 = MDR **1980** 335; OLG Koblenz GA **1981** 324; ebenso LR-*Meyer-Goßner*[23] § 172, 19 f; *Kleinknecht/Meyer* Vor § 42, 7;

§ 172, 17; *Kleinknecht* MDR **1972** 69; KMR-*Paulus* Vor § 42, 35; KMR-*Müller* § 172, 14; *Kalthoener* 21 ff; *Roxin* § 22 A V 1 S. 117.

[3] OLG Celle NJW **1971** 1374 = MDR **1972** 68 mit Anm. *Kleinknecht* = JR **1972** 164 mit Anm. *Fuhrmann*: will sowohl diesen Weg als auch den über § 44 zulassen.

[4] *Eb. Schmidt* 3 und Nachtr. I § 44, 2.

[5] Die Oberlandesgerichte Köln und Celle nur für den Fall, daß die vorgesetzte Staatsanwaltschaft bereits über die Beschwerde sachlich entschieden hat und der Antrag auf gerichtliche Entscheidung nach § 172 Abs. 2 Satz 1 schon beim Oberlandesgericht anhängig ist (so auch LR-*Meyer-Goßner*[23] § 172, 21; 24; vgl. auch die Erl. zu § 172 in dieser Auflage).

Günter Wendisch

Frist des § 172 Abs. 1 Satz 1 „faktisch bereits Teil des Klageerzwingungsverfahrens" und daher „unmittelbar als eine gerichtliche Frist" (so OLG Nürnberg), die Frist mithin „funktionell als gerichtliche Frist" (so *Kleinknecht* Fußn. 2) anzusehen sei; und daß derjenige entscheiden müsse, „dessen Sachprüfungskompetenz von der Einhaltung der Frist abhänge" (so OLG Stuttgart; ähnlich OLG Köln und OLG Koblenz).

13   Die Erwägungen, namentlich der Oberlandesgerichte Nürnberg und Stuttgart (Rdn. 12 a. E.), vermögen nicht zu überzeugen. Sie widersprechen dem klaren Wortlaut des § 46 Abs. 1. Nach diesem hat das Gericht zu entscheiden, das zur Entscheidung in der Sache selbst berufen gewesen wäre. Im Fall des § 172 Abs. 1 Satz 1 ist aber kein Gericht zur Sachentscheidung berufen, sondern die Generalstaatsanwaltschaft. Es ist daher nur folgerichtig, wenn ihr — wie das § 70 Abs. 2 in Verb. mit § 60 Abs. 4 VwGO in bezug auf das verwaltungsgerichtliche Vorschaltverfahren für die Widerspruchsbehörde ausdrücklich vorsieht — auch im Vorschaltverfahren des § 172 Abs. 1 die **Entscheidungskompetenz** für die im Rahmen dieses Verfahrens beantragte Wiedereinsetzung zukommt (so im Ergebnis auch KK-*Maul* 13). Wer die §§ 44 und 45 auch auf die prozessuale, aber nicht bei Gericht wahrzunehmende Frist des § 172 Abs. 1 Satz 1 entsprechend anwenden will, muß die entsprechende Anwendung auch auf § 46 Abs. 1 erstrecken[6], wenn er dem Sinn und Zweck dieser Vorschrift gerecht werden will. Es geht nicht an, diese Kompetenz „durch die antizipierende Qualifikation der Beschwerdefrist nach § 172 Abs. 1 als im funktionellen Sinn gerichtliche Frist" zu leugnen und eine Entscheidungszuständigkeit des Oberlandesgerichts zu begründen (so mit Recht OLG München NJW **1977** 2366). Sie der übergeordneten Instanz nur zu dem Zweck zu eröffnen, um — unter Überspringung der Entscheidung der Generalstaatsanwaltschaft — dem Oberlandesgericht die Entscheidung in der Sache selbst zu ermöglichen, ist auch deshalb undenkbar, weil sie dem Wesen der Wiedereinsetzung widerspricht (OLG Celle NJW **1954** 974; OLG München NJW **1977** 2366). Bei diesem Ergebnis muß in Kauf genommen werden, daß die **ablehnende Entscheidung** der Generalstaatsanwaltschaft **unanfechtbar** ist (OLG Hamm NJW **1973** 1055; OLG München aaO), weil der ihr vorgesetzte Minister keine übergeordnete staatsanwaltschaftliche Behörde ist und deshalb zur Entscheidung im (Rechts-)Beschwerdeverfahren keine Zuständigkeit hat, die Wiedereinsetzung aber Teil dieses Verfahrens ist (ebenso *Kalthoener* 27)[7]. Weil die Wahrung der Beschwerdefrist des § 172 Abs. 1 keine Zulässigkeitsvoraussetzung des Klageerzwingungsantrags ist, wäre ein gleichwohl form- und fristgerecht angebrachter Antrag nicht als unzulässig, sondern als unbegründet zu verwerfen (OLG Celle NJW **1954** 975 a. E.; OLG München NJW **1977** 2367 a. E.).

14   Die **Entscheidung der Generalstaatsanwaltschaft** ist für das Oberlandesgericht bindend (OLG Hamm NJW **1973** 1055; OLG München NJW **1977** 2367; vgl. für den vergleichbaren Fall der Wiedereinsetzung im Widerspruchsverfahren nach § 70 Abs. 2, § 60 VwGO OVG Bremen DÖV **1981** 881), was OLG Nürnberg (MDR **1972** 67) ohne Begründung zu Unrecht als eine „mißliche Folge" ansieht. Das Gericht muß aber oft Prozeßlagen hinnehmen, die nicht von gerichtlichen Vorinstanzen, sondern von den Prozeßbeteiligten geschaffen worden sind. Auch kann im Gegensatz zum Zivilprozeß

---

[6] Wie das konsequenterweise OLG Oldenburg (NJW **1967** 1814), OLG Celle (NJW **1971** 1374 = MDR **1972** 67), OLG Hamm (NJW **1973** 1055) und OLG München (NJW **1977** 2367) auch tun.

[7] Sie wäre im übrigen auch sonst nicht anfechtbar, da die Generalstaatsanwaltschaft auf gleicher Ebene wie das Oberlandesgericht tätig wird, mit der Folge, daß eine Anfechtung auch entsprechend § 304 Abs. 4 Satz 2 erster Halbs. ausgeschlossen wäre.

die nächste Instanz die Wiedereinsetzungsentscheidung der Vorinstanzen nicht nach-prüfen und ändern (§ 46, 16) und daher auch nicht die irrtümliche Verwerfung des An-trags berichtigen. Die — irrtümlich — gewährte Wiedereinsetzung könnte es ohnehin nicht aufheben, weil dem der Grundsatz des Vertrauensschutzes entgegenstände (OLG Hamm NJW **1973** 1055), was *Fuhrmann* (JR **1972** 166) übersieht.

5. Nachholen von Verfahrensrügen. Schon das Reichsgericht hat in ständiger **15** Rechtsprechung entschieden (vgl. RGSt 24 250; Recht **1926** Nr. 1743; JW **1928** 2718 mit kritischer Anm. *Mannheim;* **1935** 1636), daß gegen die Versäumung der Frist zur An-bringung einzelner Verfahrensrügen **keine Wiedereinsetzung** in den vorigen Stand ge-währt werden könne. Der Bundesgerichtshof hat sich dieser Rechtsprechung grundsätz-lich für die Fälle angeschlossen, in denen sowohl der Angeklagte als auch sein Verteidi-ger in der Hauptverhandlung anwesend waren (BGHSt **1** 44; **14** 330; **26** 335)[8]. Begrün-det hat er seinen Standpunkt damit, daß das öffentliche Interesse verlange, den geordne-ten Fortgang des Verfahrens zu sichern und — ohne Verzögerung — alsbald eine klare Verfahrenslage zu schaffen. Wie unbefriedigend dieses Ergebnis ist, erhellt bereits daraus, daß nicht nur der Bundesgerichtshof, sondern auch die übrigen Obergerichte — zunehmend —, wenn auch mit dem Hinweis auf die besondere Verfahrenslage des Ein-zelfalls, **Ausnahmen** zulassen. So haben die Obergerichte Wiedereinsetzung gewährt, wenn der Verteidiger mit der wirksam erhobenen allgemeinen Sachrüge eine besondere Verfahrensrüge angekündigt, diese aber während der Begründungsfrist — z. B. zufolge Erkrankung — nicht begründet hat (BGH bei *Dallinger* MDR **1966** 25 — 3 Beispiele; BGH NStZ **1981** 110; **1983** 34; BGHSt **31** 161; OLG Köln NJW **1952** 558; OLG Stutt-gart GA **1959** 384; OLG Braunschweig NJW **1963** 2038); wenn dem Verteidiger die zur Begründung seiner Verfahrensrüge erforderliche Akteneinsicht zu spät gewährt wor-den ist (OLG Frankfurt NJW **1963** 1792); wenn das Gericht einem Angeklagten in einem Fall notwendiger Verteidigung einen Verteidiger erst nach Ablauf der Revisions-begründungsfrist bestellt (OLG Schleswig SchlHA **1978** 60) oder einen zu Recht abbe-rufenen erst nach diesem Zeitpunkt durch einen neuen ersetzt hat (BayObLGSt **1973** 143 = MDR **1974** 247)[9]; wenn der Angeklagte die Verfahrensrügen zufolge Verschul-dens des Urkundsbeamten nicht rechtzeitig angebracht hat (BayObLGSt **1959** 275 = NJW **1960** 208 = JR **1960** 145 mit Anm. *Sarstedt* = Rpfleger **1960** 213 mit Anm. *Lappe;* BayObLGSt **1978** 11 = MDR **1978** 777 = VRS **55** 128; OLG Celle GA **1968** 153; vgl. im übrigen auch OLG Hamm Rpfleger **1960** 213). Schließlich hat sie ein Nachschieben überhaupt verneint, wenn die Revisionsrechtfertigungsschrift ohne Verschulden des An-geklagten verspätet, eine danach abgegebene Ergänzung aber rechtzeitig eingegangen ist (BGHSt **14** 330; wegen weiterer Beispiele zu Ausnahmen vgl. *Hilger* 154 Fußn. 20 bis 27).

---

[8] Ebenso BGH NJW **1951** 572; MDR **1960** 862; NStZ **1981** 110; OLG Saarbrücken JBlSaar **1961** 49; OLG Oldenburg NJW **1968** 64; OLG Schleswig SchlHA **1978** 60 und bei *Ernesti/Lorenzen* SchlHA **1983** 107; vgl. auch OLG Hamm MDR **1978** 507; JMBlNRW **1981** 167. Grundsätzlich zu-stimmend auch *Eb. Schmidt* Vor § 44, 12; Nachtrag § 345, 8; *Dalcke/Fuhrmann* 1 a. E.; KK-*Maul* 15 f; KK-*Pikart* § 345, 26; ein-schränkend *Kleinknecht/Meyer* 7; KMR-

Paulus Vor § 42, 30; § 345, 31 f; *Kaiser* 339; kritisch, eher ablehnend, *Dittmar* 270, 274 und auch *Sarstedt* JR **1960** 146: zu BGHSt **1** 44; weitere Beispiele bei *Hilger* 156 Fußn. 19.

[9] Vgl. dazu auch die kritische Stellung-nahme von *Sieg* MDR **1979** 813 zu zwei – of-fensichtlich strengere Anforderungen stel-lende – nicht veröffentlichten Entscheidun-gen des Bundesgerichtshofs vom 26. 4. 1978 – 2 StR 95/78 – sowie des Bundesverfas-sungsgerichts – 2 BvR 523/78 –.

16   **Die Rechtsprechung** zur Frage des Nachholens von Verfahrensrügen, die die Möglichkeit von Ausnahmen in besonderen Verfahrenslagen für Einzelfälle zugesteht, ist ungerecht und in der Begründung nicht frei von Widerspruch. Wenn man darauf abstellt, daß § 44 nicht von der Versäumung einer Rechtshandlung, sondern einer Frist spricht, muß man die Möglichkeit der Wiedereinsetzung schlechthin verneinen und nicht nur für Regelfälle unter bestimmten Voraussetzungen, die zudem nicht auf den Begriff der Frist, sondern in Wirklichkeit auf den des fehlenden Verschuldens zu beziehen sind. Eine Wiedereinsetzung völlig abzulehnen, ist aber — man braucht nur an den Fall des Ausscheidens eines Anwalts zwischen Hauptverhandlung und Revisionsbegründung zu denken — unbillig und daher nur hinzunehmen, wenn der Gesetzeswortlaut, wie in den Fällen unter Rdn. 11, dazu zwingt (enger *Kaiser* 339). Das ist nicht der Fall. Ebenso wie bei der Versäumung der Form (Rdn. 9) ist die **Auslegung** zulässig, daß der Angeklagte unverschuldet die Frist insofern versäumt hat, als er bis zu ihrem Ablauf keine alle Angriffsmittel umfassende Begründung abgegeben hat (zust. OLG Hamm MDR **1973** 691). Es ist auch ungereimt, dem Angeklagten, der zufolge eines nicht zu vertretenden Umstands nicht fristgemäß alle Rügen erheben kann, die Wiedereinsetzung zu gewähren, wenn er mutig genug ist, die Begründung ganz zu unterlassen (*Sarstedt/Hamm* 124), ihm aber hinsichtlich einzelner Rügen, auf die allein das hindernde Ereignis eingewirkt hat, die Wiedereinsetzung zu versagen.

17   Es muß vielmehr schlechthin für zulässig erachtet werden, zum Nachholen einzelner Verfahrensrügen die **Wiedereinsetzung** in den vorigen Stand zu gewähren (OLG Frankfurt HESt **2** 76; OLG Bremen MDR **1968** 602; *Kohlhaas* NJW **1955** 742; *Kalthoener* 56; *Pentz* 1237 und im Ergebnis auch *Heiner* 89 f sowie — differenzierter — *Hilger* 156; offen — aber wohl eher zustimmend — KK-*Maul* 16; abl., aber mit Befürwortung einer gewissen Lockerung für Härtefälle, *Sarstedt/Hamm* 125 und KK-*Pikart* § 345, 26). Namentlich kommt eine Wiedereinsetzung nach Berichtigung des Hauptverhandlungsprotokolls in Betracht, wenn das Protokoll zwar geändert wird, die Änderung aber nicht dem Antrag des Angeklagten entspricht. Etwaigen Mißbräuchen dürfte die Notwendigkeit hinreichend entgegenwirken, daß der Betroffene nachgewiesen hat, er habe die nachgeholte Verfahrensrüge ohne Verschulden (Rdn. 49 ff) verspätet angebracht (*Wendisch* JR **1978** 430; ebenso *Dittmar* 274).

18   Der Bundesgerichtshof hält die Wiedereinsetzung in den vorigen Stand gegen die Frist zur (weiteren) Begründung der Revision auf jeden Fall dann für unzulässig, wenn das Verfahren durch eine vom Revisionsgericht erlassene Sachentscheidung zum **Abschluß** gekommen sei, weil die Rechtssicherheit keinen im Gesetz nicht ausdrücklich vorgesehenen Eingriff in die Rechtskraft gestatte (BGHSt **17** 95; **23** 103; **25** 91; BGH GA **1980** 390; BGH bei *Dallinger* MDR **1966** 728; BGH bei *Spiegel* DAR **1978** 1531; **1979** 190)[10]. Indessen schlägt dieser Grund nicht durch, weil das Institut der Wiedereinsetzung gerade geschaffen worden ist, um die Rechtskraft zu beseitigen (RGSt **53** 288)[11].

---

[10] Ebenso *Kaiser* 399; KK-*Maul* 17; *Kleinknecht/Meyer* 1; a. A. für den Fall einer bloßen Prozeßentscheidung OLG Düsseldorf MDR **1983** 106.

[11] Ebenso RGSt **67** 199. Ablehnend auch *Martin* LM § 44, 4; KMR-*Paulus* Vor § 42, 24; § 349, 35; *Kleinknecht/Meyer* 1; *Hanack* JZ **1971** 92; *Geppert* GA **1972** 176; *Schaper*

NJW **1962** 1358; der indessen der Auffassung des Bundesgerichtshofs für den Fall zustimmt, daß die vom Revisionsgericht erlassene Sachentscheidung ein Sachurteil ist. In Zivilsachen lehnte das Reichsgericht die Wiedereinsetzung zum Nachholen von Revisionsrügen ab (RGZ **121** 6; ebenso BAG NJW **1962** 2030). Dieser Auffassung ange-

6. Anspruchsberechtigte. Anspruch auf Wiedereinsetzung in den vorigen Stand **19** hat jeder am Verfahren Beteiligte: Der Beschuldigte, auch im Privatklageverfahren (KG DRiZ **1929** Rspr. Nr. 288), der gesetzliche Vertreter für Fristen aus eigenem Recht (§ 298; OLG Düsseldorf HRR **1941** 749; BayObLGSt **1954** 51 = NJW **1954** 1378), der Einziehungsbeteiligte (§ 433 Abs. 1, § 440 Abs. 3), wenn er vor der Fristversäumnis am Verfahren beteiligt war, der Vertreter im Verfahren bei Festsetzung von Geldbußen gegen juristische Personen und Personenvereinigungen (§ 444 Abs. 2 Satz 2), die Staatsanwaltschaft, der Privatkläger (§ 385 Abs. 1), der Nebenkläger (§ 397; RGSt **76** 179), wenn sein Anschluß vor der Fristversäumnis zugelassen war (RGSt **71** 173), der Bürge (§ 123 Abs. 3, § 124 Abs. 2), Zeugen und Sachverständige und bei der Verhandlung nicht beteiligte Personen (§ 178 Abs. 1, § 181 Abs. 1 GVG). § 296 Abs. 2 ist, da eine dem § 365 entsprechende Vorschrift fehlt, nicht analog anwendbar (RGSt **22** 31; OLG Bremen GA **1957** 87; *Kleinknecht* NJW **1961** 86; KMR-*Paulus* 5; KK-*Maul* 3; a. A. *Kalthoener* 99); doch kann ein solcher Antrag u. U. als Anregung betrachtet werden, von Amts wegen Wiedereinsetzung zu gewähren. § 297 räumt dem Verteidiger die Möglichkeit, einen Antrag zu stellen, für den Fall ein, daß er die Frist für ein Rechtsmittel versäumt hat, das er aus eigenem Recht eingelegt hatte (OLG Köln OLGSt § 145 a StPO, 11; KK-*Maul* 3; *Kleinknecht/Meyer* 9).

II. Ohne Verschulden

1. Begriff. § 44 stellt nur auf Hindernisse bei Einhaltung einer Frist ab. Als ein solches Hindernis kommt **nicht-verschuldete Unkenntnis** von Umständen nur insoweit in Betracht, als letztere **für den Beginn und** den **Lauf einer** einzuhaltenden **Frist** maßgeblich sind, nicht aber die Unkenntnis von Umständen, die lediglich den Beweggrund zur Wahrung einer Frist beeinflussen können (*Wendisch* JR **1978** 430). Weder die irrige Beurteilung der Erfolgsaussicht eines Rechtsmittels noch die Unvorhersehbarkeit einer nachträglichen Gesetzesänderung oder einer neueren Rechtsentwicklung auf dem Gebiet des sachlichen Rechts hindern die Fristeinhaltung als Verwirklichung des Willens, die Frist zu wahren (BayObLGSt **1970** 149 = JR **1971** 29; **1977** 189 = JR **1978** 428 mit zust. Anm. *Wendisch*; OLG Hamm VRS **50** 436; weitere Beispiele Rdn. 54). Wer eine Frist bewußt ungenutzt verstreichen läßt, verliert den Anspruch auf Wiedereinsetzung auch dann, wenn er ohne Verschulden keine Kenntnis von Umständen gehabt hat, die sich erst später nachteilig für ihn auswirkten (OLG Hamm MDR **1974** 1035).

a) Verhindern bedeutet soviel wie Unmöglichmachen. Was dem einen noch mög- **21** lich, ist dem anderen schon unmöglich. Daraus folgt, daß die Frage, ob jemand ohne Verschulden verhindert war, die Frist einzuhalten, stets nach den subjektiven Verhältnissen und Eigenschaften des Säumigen beurteilt werden muß. Daher ist die Rechtsprechung, die stets an einen besonderen Fall anknüpft, nur mit Vorsicht auf anscheinend, in Wirklichkeit aber vielleicht nur scheinbar, ähnliche Fälle zu übertragen.

Obwohl im Gesetz nicht aufgeführt, liegt es auf der Hand, daß eine Fristversäu- **22** mung, die auf ein **Naturereignis** zurückzuführen ist, von dem Beteiligten nicht verschuldet ist. Unter Naturereignis ist ein Vorgang zu verstehen, den die Natur ohne menschliches Zutun auslöst und der von Menschen nicht abgewendet, wohl aber in seinen Folgen gemildert oder beseitigt werden kann (Schneeverwehung, Hochwasser, Einfrieren der

schlossen hat sich *Rosenberg/Schwab,* 13. Aufl., § 143 III 1 S. 876 entgegen *Rosenberg,* 9. Aufl., § 141 III 4; zustimmt ihr auch *Wieczorek*[2], der aber § 295 Abs. 1 ZPO an-

wenden will (§ 554 D III c 2 S. 1277); ihr widerspr. *Stein/Jonas/Grunsky,* 20. Aufl., § 554 V 1 Rdn. 24 und *Pentz* ZZP **76** (1963) 186 f.

Günter Wendisch

Weichen der Eisenbahn). Ihnen nahe kommen Ereignisse, die auf menschlicher Tätigkeit beruhen oder mit beruhen (RGZ 71 323; RGSt 70 188), aber wegen ihrer Gewalt nicht alsbald abgewendet oder normalisiert werden (Revolution, Bürgerkrieg, kriegerische oder kriegsähnliche Ereignisse) oder zufolge der Technisierung oder wegen Einrichtungen der modernen Gesellschaft nur von bestimmten Kräften abgewendet oder beseitigt werden können, z. B. Stromausfall, Lahmlegung des Schienenverkehrs; Generalstreik (RGSt 53 300).

23　　**b) Verschulden.** Dagegen sind Ereignisse, die nur für einen einzelnen ein Hindernis bilden, nach dem neu eingeführten Begriff des Verschuldens zu behandeln. Dazu müssen unter Beachtung der **Eigenschaften und Verhältnisse des Säumigen** (RG JW 1920 899) und der allgemeinen Umstände (RGZ 166 208) die Anforderungen und die Sorgfalt ermittelt werden, die dem Handelnden gerechterweise zuzumuten sind (RGZ 138 350; RG JW 1928 1855). Auf dieser Grundlage und unter Verwertung und Fortführung der hierauf schon abzielenden früheren Rechtsprechung ist **Verschulden** schon anzunehmen, wenn derjenige, dem die Verfahrenshandlung wahrzunehmen obgelegen hatte, bei Anwendung der gerade ihm nach Lage des Falls gerechterweise zuzumutenden Sorgfalt den Eintritt oder die Folge des Ereignisses hätte abwenden können (RGSt 35 110; 40 120; 70 187). Im einzelnen kommen in Betracht:

24　　**2. Persönliche Verhältnisse. Unbeholfenheit** eines Angeklagten, der den Sitzungssaal nicht findet, kann u. U. Verschulden ausschließen, so wenn die Ladung versehentlich zu den Anwaltsakten genommen war (BayObLGSt 9 171); wenn das Auffinden des Saals im umgebauten Gebäude erschwert war (zu Unrecht verneint von OLG Rostock *Alsb.* E 1 127); wenn der Beschwerdeführer die — zufolge Umzugs geänderte — Anschrift der Behörde nicht erkannt oder Änderungen im Dienstbetrieb (RGSt 10 74) übersehen hat; wenn der Angeklagte eine Rechtsmittelbelehrung zufolge besonderer Erregung aufgrund einer hohen Freiheitsstrafe mißverstanden, eine bereits abgegebene, aber nicht protokollierte Rechtsmittelerklärung nach Hinweis des Vorsitzenden, sich die Sache noch einmal in Ruhe zu überlegen, nicht wiederholt hat; wenn ein schon älterer Angeklagter die Uhrzeit der Zeugenladung mit der für seine Vorladung verwechselt oder ein handschriftliches Zustellungsdatum falsch gelesen hat. Gerade bei solchen Irrtümern kommt es ganz auf den Einzelfall an; einzelne Entscheidungen zu verallgemeinern, ist hier besonders zu vermeiden. Wer allerdings eine Frist oder einen Termin zufolge bloßer **Unaufmerksamkeit** (OLG München *Alsb.* E 1 127: Verwechslung des Gerichts; LG Köln DAR 1979 339: Unzureichende Freimachung einer fristgebundenen Postsendung) versäumt, muß sich diese Säumnis genauso zurechnen lassen wie allgemeine **Gleichgültigkeit** bei der Behandlung von gerichtlichen Zustellungen (vgl. dazu OLG Hamm JMBlNRW 1975 166). Wer ohne weiteres darauf vertraut, daß einem Vertagungsantrag entsprochen werde, daß eine Privatperson (z. B. Prokurist: OLG Hamm DAR 1956 306; sonstiger Angestellter: KG JR 1955 274; OLG Neustadt GA 1955 378; Arbeitgeber: OLG Hamm BB 1965 603) — anders entgegen OLG Hamm JMBlNRW 1982 59 bei einem Ehegatten oder sonstigen nahen Angehörigen — den Auftrag ausführen werde, Rechtsmittel für ihn einzulegen, hat, wenn die Ausführung unterbleibt, die Fristversäumnis regelmäßig selbst verschuldet (BGH bei *Pfeiffer* NStZ 1981 93: Beauftragung eines Mitgefangenen). Das gleiche muß für einen Angeklagten gelten, der nach Berufungseinlegung und ohne Rücksicht auf den zu erwartenden Hauptverhandlungstermin einen Erholungsurlaub bucht und deshalb der Hauptverhandlung fernbleibt (OLG Düsseldorf VRS 64 438). Regelmäßig kann auch keine Wiedereinsetzung beanspruchen, wer von der öffentlichen Zustellung eines Widerrufsbeschlusses nach § 56 f StGB deshalb keine Kenntnis erlangt hat, weil er entgegen der ausdrücklichen Auflage dem Gericht einen Wohnungswechsel nicht mitgeteilt und dadurch die Feststellung seines Aufenthalts verhindert hat (OLG Hamm JMBlNRW **1977** 201).

Gleichgültigkeit soll Verschulden selbst dann nicht ausschließen, wenn ein **sprach-** **25** **unkundiger Ausländer** seine Untätigkeit damit begründet, daß er einem ihm durch Niederlegung zugestelltes Schriftstück deshalb keine Beachtung geschenkt habe, weil er dieses ohne fremde Hilfe nicht verstehe (OLG Hamm JMBlNRW **1974** 192), da regelmäßig jeder Ausländer in der Bundesrepublik sprachliche Hilfe erlangen könne. Beruht die Fristversäumnis dagegen nicht auf Gleichgültigkeit, sondern auf mangelnden Sprachkenntnissen (vgl. dazu Rdn. 67), so ist Verschulden zu verneinen (BVerfGE **40** 95 = NJW **1975** 1597); es sei denn, daß dem Betroffenen vorzuwerfen ist, er habe sich nicht zureichend um die Verfolgung seiner Interessen gekümmert, obwohl er nach Lage des Falls dazu Anlaß hatte und auch imstande war (BVerfGE **42** 120 = NJW **1976** 1021; vgl. auch OLG Köln MDR **1979** 864).

Unverschuldet ist eine plötzliche **Erkrankung** (RG Recht **1914** 3021), bei vorsätz- **26** licher Herbeiführung allerdings nur, wenn zwischen der vorsätzlichen Herbeiführung der Erkrankung und der darauf beruhenden Versäumung keine unmittelbare Beziehung besteht (OLG Hamburg MDR **1983** 152); die Niederkunft der Ehefrau (OLG Celle MDR **1966** 949), aber auch „Prüfungsneurose" kann es in engen Grenzen sein (OLG Köln VRS **42** 129). Dagegen sind krankhafte und normwidrige Dauerzustände, z. B. Schwerhörigkeit, weil dem Beteiligten bekannt, in ihren Folgen regelmäßig abwendbar[12]; eine auf ihnen beruhende Verhinderung ist daher verschuldet. **Geldmangel** schließt Verschulden regelmäßig nicht aus (OLG München *Alsb.* E **1** 125), weil im allgemeinen Erklärungen bei der nächstgelegenen Behörde, zumindest dem nächstgelegenen Gericht abgegeben und an die zuständige Stelle weitergegeben werden können oder aber, wenn Ortsanwesenheit notwendig ist, Reisekostenvorschuß beantragt werden kann. Doch kann, wenn solche Möglichkeiten nicht bestehen oder nicht erkannt werden, auch Geldmangel ein Verschulden ausschließen (OLG Königsberg JW **1927** 1659; OLG Karlsruhe JW **1925** 1035). Dabei muß man im Auge behalten, daß die nahezu allenthalben im behördlichen Verkehr vorgeschriebenen Belehrungen über Rechtsmittel und Rechtsbehelfe den Bürger eigener Initiative, sich über Abhilfen zu unterrichten, weitgehend entwöhnt haben.

Zu den persönlichen Verhältnissen zählen zwar auch Rechtskenntnisse. Gleich- **27** wohl rechtfertigen weder neue Überlegungen und Erkenntnisse, noch das Bekanntwerden neuer Entscheidungen, noch die irrige **Beurteilung der Erfolgsaussichten** eines Rechtsmittels die Wiedereinsetzung in den vorigen Stand. Denn die Regelung in Satz 1 stellt nur auf unverschuldete Hindernisse bei Einhaltung einer Frist ab. Als ein solches Hindernis kommt unverschuldete Unkenntnis von Umständen nur in Betracht, soweit sie für den Beginn und Lauf einer einzuhaltenden Frist maßgeblich sind, nicht dagegen die Unkenntnis von Umständen, die nur den Beweggrund zur Wahrung einer Frist beeinflussen können (BayObLGSt **1970** 149 = JR **1971** 29; **1977** 189 = JR **1978** 428 mit zust. Anm. *Wendisch*; OLG Hamm MDR **1974** 1035; JMBlNRW **1976** 67; OLG Düsseldorf JMBlNRW **1982** 176; a. A. für den Fall des Verstoßes gegen § 275 Abs. 1 *Pahlmann* NJW **1979** 98; wie hier *Mertens* 1698; *Stein* 1086; vgl. im übrigen Rdn. 54 ff).

---

[12] Das OLG Hamm will diesen Grundsatz sogar auf den Fall einer zeitweisen Verhandlungsfähigkeit zufolge übermäßigen Alkoholgenusses anwenden: Wer weiß, daß er sich durch Alkoholmißbrauch oft verhand- lungsfähig macht, muß die Zeit, in der er verhandlungsfähig ist, zu Vorkehrungen nutzen, damit Rechtshandlungen fristgerecht vorgenommen werden (MDR **1979** 424).

Günter Wendisch

28   Hat der **gesetzliche Vertreter** (§ 298 Abs. 1) oder der Erziehungsberechtigte (§ 67 Abs. 3 JGG) von den Umständen keine Kenntnis erhalten, die den Beginn einer Rechtsmittelfrist begründen, so wird die Wiedereinsetzung in den vorigen Stand allein weder durch seine Unkenntnis noch durch die Tatsache gerechtfertigt, daß ihm das Gericht die Entscheidung nicht bekanntgemacht hatte (BGHSt 18 25)[13]. Die Wiedereinsetzung kann aber zu gewähren sein, wenn der gesetzliche Vertreter oder Erziehungsberechtigte, etwa wegen Abwesenheit, gar keine Möglichkeit hatte, von dem Ereignis Kenntnis zu nehmen, das den Fristbeginn begründet hatte (OLG Düsseldorf HRR **1941** 749; s. auch Rdn. 64 ff).

29   **3. Fehlgegangene Zustellung.** Die Ungerechtigkeiten, die durch Ersatzzustellungen entstehen können (§ 37, 38), versuchte **das frühere Recht** dadurch auszugleichen, daß die Unkenntnis von einer Zustellung als unabwendbarer Zufall angesehen wurde. Allerdings wurde die **Vermutung des unabwendbaren Zufalls** dadurch etwas abgeschwächt, daß die Unkenntnis nicht verschuldet sein durfte. Darüber hinaus durfte das Verschulden allein auf die Unkenntnis bezogen werden. Für seine Bejahung galten, weil die Ersatzzustellung eine Irregularität ist, und um das rechtliche Gehör zu erhalten, strenge Maßstäbe.

30   Diese Grundsätze haben durch die Aufgabe des „vermuteten Zufalls" keine Änderung erfahren (BVerfGE 40 88 = NJW **1975** 1355), zumal da dieser Begriff für die Beurteilung der fehlgegangenen Zustellung ohnehin nicht in Betracht kam. Auch **nach neuem Recht** gelten alsdann weiterhin die Erwägungen, die das Bundesverfassungsgericht bisher schon veranlaßt haben, an das Verschulden immer dann weniger strenge Anforderungen zu stellen, wenn anderenfalls das rechtliche Gehör eingeschränkt würde, namentlich also, wenn das **rechtliche Gehör** nicht nur für einzelne Entscheidungen, sondern dafür maßgeblich ist, ob in diesem Verfahren überhaupt Gehör gewährt wird (BVerfGE 25 166 = NJW **1969** 1104; 26 318 = NJW **1969** 1531), besonders also beim Einspruch gegen einen Strafbefehl oder einen Bußgeldbescheid (BVerfGE 35 298 = MDR **1974** 25; 37 100 = MDR **1974** 822; 38 38 = NJW **1974** 1903; 40 88 = NJW **1975** 1355; 41 337 = NJW **1976** 1537; JZ **1975** 571) und beim Widerruf einer Strafaussetzung.

31   Wer eine **ständige Wohnung** hat und diese nur vorübergehend nicht benutzt (Abwesenheit eines Studenten während der Semesterferien; längstens etwa sechs Wochen: BVerfGE 41 336 = NJW **1976** 1537 = MDR **1976** 732), braucht selbst dann keine besonderen Vorkehrungen hinsichtlich möglicher Zustellungen zu treffen, wenn er schon polizeilich vernommen worden ist. Voraussetzung ist allerdings, daß die **Anwesenheit die Regel** und die Abwesenheit die Ausnahme bildet. Alsdann ist es dem Bürger nicht zuzumuten, im Hinblick auf mögliche, aber zeitlich eben ungewisse Zustellungen „besondere" Vorkehrungen zu treffen und kann er damit rechnen, daß er Wiedereinsetzung erhält, wenn ihm etwa während eines Urlaubs — auch außerhalb der allgemeinen Ferienzeit (BVerfGE aaO) — ein Schriftstück durch Niederlegung bei der Post zugestellt wird und er aus Unkenntnis der Ersatzzustellung eine Frist versäumt (BVerfGE 34 154 = NJW **1973** 178). — Anders liegt der Fall, wenn jemand — auch aus beruflichen Gründen — regelmäßig oder über Wochen hinweg auf Reisen ist. Weil alsdann nicht mehr

---

[13] Ebenso BayObLGZ DRiZ **1928** 196; OLG Düsseldorf HRR **1941** 749; a. A. – Wiedereinsetzung begründet, wenn dem in der Hauptverhandlung abwesenden gesetzlichen Vertreter nicht das Urteil mit Rechtsmittelbelehrung mitgeteilt wird – BayObLGSt **1954** 51 = NJW **1954** 1378.

von einer **nur vorübergehenden Abwesenheit** gesprochen werden kann, muß der Betroffene hier durch besondere Vorkehrungen sicherstellen, daß fristgebundene Rechtsmittel gegen Entscheidungen, die während seiner Abwesenheit zugestellt werden, rechtzeitig eingelegt werden (OLG Hamm JMBlNRW **1977** 92). Diesem Erfordernis genügt, wer wegen Antritts eines mehrwöchigen Urlaubs das Gericht bittet, alle weitere Korrespondenz mit seinem Verteidiger zu führen, zumal da er darauf vertrauen darf, daß das Gericht diesen selbst dann über eine getroffene Entscheidung unterrichten wird, wenn es die Zustellung an den Betroffenen schon vor Eingang seiner Bitte veranlaßt hat (OLG Köln VRS **57** 288). — Aus der Verpflichtung, besondere Vorkehrungen zu treffen, ist einem auswärts Tätigen, gegen den ein Bußgeldverfahren anhängig ist, zuzumuten, sich bei jedem Wochenendbesuch nach amtlichen Postsendungen bei seinen Angehörigen zu erkundigen. Unterläßt er das und versäumt er deshalb wiederholt Rechtsmittelfristen, ist ihm Wiedereinsetzung zu versagen (OLG Frankfurt VRS **56** 34).

Nicht schuldhaft handelt wiederum, wer davon absieht, sich nach Rückkehr von **32** einer Reise bei Hausgenossen nach einer Ersatzzustellung zu erkundigen (**a. A.** OLG Colmar *Alsb.* E 1 151) oder von einer Ersatzzustellung deshalb keine Kenntnis erhalten hat, weil seine mit ihm allein lebende — sonst selbständig und selbstverantwortlich bestimmte Tätigkeiten ausübende — dreizehnjährige Tochter den Benachrichtigungsschein nicht übergeben, sondern versehentlich weggeworfen hat (LG Frankfurt MDR **1979** 602). Ohne Verschulden handelt auch, wer es unterläßt, eine Revision vor Zustellung des Urteils zu begründen, weil er sich unter stetem Wechsel des Aufenthalts Arbeit suchen will (**a. A.** OLG Kiel GA **42** (1894) 150). Erst recht besteht keine Pflicht, keine Reise anzutreten oder gar als Seemann nicht anzuheuern (OLG Hamburg *Alsb.* E 1 150). Eine Wiedereinsetzung kommt allerdings auch in solchen Fällen nicht in Betracht, wenn dem Beteiligten anderweit ein Verschulden zur Last fällt, wenn er etwa die Abholung der niedergelegten Sendung vernachlässigt oder sich einer erwarteten Zustellung vorsätzlich entziehen wollte (BVerfGE **35** 299 = MDR **1974** 25; OLG Hamm JMBlNRW **1973** 260).

Verschulden liegt vor, wenn ein von der Reise Zurückkehrender die eingelaufene **33** Post, unter der sich eine an die Vermieterin bewirkte Zustellung befindet, aus Gleichgültigkeit nicht durchsieht. Ebenso ist Verschulden anzunehmen, wenn ein auf Bewährungsfrist Entlassener entgegen einer ihm erteilten Auflage seinen **Aufenthalt nicht mitteilt**, ihm öffentlich zugestellt (§ 40) wird, und er von dieser Zustellung keine Kenntnis erlangt hat (OLG Hamm MDR **1971** 862). Wer sich so verhält, muß mit öffentlicher Zustellung (Rdn. 35) rechnen und sich darauf einstellen (LG Flensburg NJW **1977** 1698).

4. Unwirksame Zustellung. Die Erwägungen zu der fehlgegangenen Zustellung **34** gelten im gleichen Maße, wenn zufolge einer unter Verletzung von Formvorschriften vorgenommenen und daher unwirksamen Zustellung keine Frist versäumt, der Beschuldigte aber irrtümlich als säumig behandelt worden ist (OLG München HRR **1938** 427; OLG Bremen MDR **1960** 244; OLGSt § 411 StPO, 13)[14]. Diese Grundsätze gelten

---

[14] Ebenso OLG Koblenz OLGSt § 44 StPO, 58; OLG Oldenburg MDR **1968** 941; OLG Stuttgart NJW **1970** 2224; Justiz **1973** 289; OLG Frankfurt JZ **1978** 409 = JR **1978** 522 mit Anm. *Rieß*; StrVert. **1983** 234; OLG Celle JR **1979** 122; OLG Schleswig SchlHA **1980** 214; OLG Hamburg MDR **1982** 250; OLG Düsseldorf JMBlNRW **1982** 68; VRS 64 200; KK-*Maul* 6, 24; *Dittmar* NJW **1982** 211. Noch weitergehend OLG Stuttgart VRS **51** 109, wonach in – gewiß seltenen – Ausnahmefällen selbst auf die Beschreitung dieses Wegs soll verzichtet werden können; ähnlich auch OLG Hamm JMBlNRW **1979** 179.

Günter Wendisch

auch für den Fall der Verwerfung einer Berufung nach § 329 Abs. 1 zufolge irriger Annahme einer ordnungsgemäßen Ladung (OLG Köln OLGSt § 329 StPO, 107; *Wendisch* JR **1976** 426 u. **1981** 131; a. A. KG JR **1976** 425: nach dem Willen des Gesetzgebers soll dem Angeklagten nur die Revision eröffnet sein; vgl. auch KG JR **1982** 388 für den Fall der Verwerfung einer sofortigen Beschwerde; ebenso: KK-*Maul* 6, 24; KMR-*Paulus* Vor § 42, 32; *Kleinknecht/Meyer* 2 und *Meyer* JR **1979** 122 sowie NStZ **1982** 523; wie hier: OLG Hamm JMBlNRW **1979** 179 und OLG Stuttgart Justiz **1973** 289). Das LG Siegen (NJW **1976** 2359) will einem Angeklagten für den Fall der Verwerfung der Berufung trotz nicht ordnungsgemäßer Ladung Wiedereinsetzung in den vorigen Stand von Amts wegen gewähren, das OLG Karlsruhe (JR **1981** 129) das Verwerfungsurteil sogar für gegenstandslos erklären, wenn der Angeklagte die Fehlerhaftigkeit des Urteils innerhalb einer Woche ab Zustellung — außerhalb der Revision — geltend macht (wegen der Bedenken dagegen s. *Wendisch* JR **1981** 131 sowie *Dittmar* NJW **1982** 209, 211). — Ob die Frist wirklich versäumt worden ist, ist im Rahmen des Wiedereinsetzungsverfahrens nicht mehr zu prüfen, wenn ein Rechtsmittel wegen Versäumung der Frist, wenn auch zu Unrecht, verworfen worden ist (BayObLGSt **1970** 73 = VRS **39** 272). Sofern aber noch ein ordentliches Rechtsmittel zur Verfügung steht, konkurriert dieses mit dem Wiedereinsetzungsantrag. — Nicht zu prüfen ist schließlich auch, ob den Angeklagten an der fehlerhaften Ladung ein (Mit-)Verschulden trifft (dazu ausführlich *Wendisch* JR **1981** 131 und im Anschluß daran OLG Hamm NStZ **1982** 523)[15].

35   **5. Öffentliche Zustellung.** Die frühere Regelung, wonach die Unkenntnis von einer Zustellung als unabwendbarer Zufall angesehen wurde (Rdn. 29), war zwar auf die Ersatzzustellung abgestellt (KG VRS **3** 328), galt aber nach Sinn und Wortlaut auch für die öffentliche Zustellung (BayObLGSt **9** 230; OLG Königsberg JW **1928** 839). Grundsätzlich braucht niemand einer **Zustellung nachzulaufen** (die Justiz arbeitet oftmals so langsam, daß man den Zeitpunkt einer Zustellung gar nicht abschätzen kann); es besteht keine Pflicht, zu handeln (OLG Karlsruhe NJW **1974** 1152). Wer eine Zustellung zu erwarten hat, handelt nicht schuldhaft, wenn er es unterläßt, die an der Gerichtstafel angehefteten Schriftstücke zu überwachen (BayObLGSt **11** 263; s. aber Rdn. 33), oder Vorsorge zu treffen, daß ihm Schriftstücke nachgesandt werden (*Löwenstein* JW **1921** 417; a. A. OLG Karlsruhe JW **1921** 417; OLG Köln NJW **1963** 875; OLG Hamm NJW **1970** 1429; **1974** 1477; MDR **1975** 422; VRS **42** 130; OLG Braunschweig NJW **1971** 1711).

36   Das Oberlandesgericht Braunschweig (NJW **1971** 1710) schlägt einen seltsamen Weg ein, um zu einer ihm erwünschten Nachprüfung zu kommen: Es versagt zwar dem Adressaten einer öffentlichen Zustellung die Wiedereinsetzung in den vorigen Stand, räumt ihm aber ein **Nachverfahren** ein, in dem er Gegenvorstellung erheben kann. Es beruft sich auf BVerfGE **9** 89 = NJW **1959** 427, obwohl dieser Entscheidung durch § 33 a, § 311 a Rechnung getragen ist. Die Zuständigkeit, über die Gegenvorstellung zu entscheiden, überläßt es aber nicht dem Gericht, dessen Entscheidung (öffentlich) zugestellt worden war, sondern zieht sie selbst an sich (ähnlich OLG Frankfurt NJW **1972**

---

[15] Im Ergebnis ebenso OLG Bremen OLGSt § 411 StPO, 13; OLG Koblenz OLGSt § 44 StPO, 58; OLG Frankfurt JZ **1978** 409; OLG Celle JR **1979** 121; OLG Düsseldorf JMBlNRW **1982** 68; OLG Hamburg MDR **1982** 250; a. A. OLG Stuttgart NJW **1970** 2224; Justiz **1973** 289; OLG Hamm – 4 StS – JMBlNRW **1979** 178; nicht ganz eindeutig OLG Bremen MDR **1960** 244; OLG Oldenburg MDR **1968** 941; BayObLGSt **1970** 73 = VRS **39** 272.

1095; OLG Koblenz MDR **1972** 965; OLG Celle 1. StrS Rpfleger **1972** 373; OLG Köln MDR **1972** 965; OLG Stuttgart NJW **1974** 284 und OLG Hamburg 2. StrS MDR **1974** 417). Sie alle entziehen das „Nachverfahren" dem Gericht, das nach § 33 a zuständig ist, und führen es aus praktischen Gründen über § 44 in der Rechtsmittelinstanz selbst durch. Das Rechtsmittelgericht ist aber nicht der gesetzliche Richter (§ 46, 6 ff, 20); (korrekt — nämlich Überprüfung im Nachverfahren — OLG Hamburg 1. StrS NJW **1972** 219; mit abl. Anm. *Kallmann* NJW **1972** 1478; OLG Oldenburg NdsRpfl. **1972** 246; OLG Celle 2. StrS NJW **1973** 2307; JR **1974** 112; MDR **1974** 948; OLG Saarbrükken NJW **1974** 283; OLG Karlsruhe MDR **1974** 686; GA **1975** 284; OLG Stuttgart Justiz **1975** 276; OLG Koblenz MDR **1975** 595 sowie — auf Antrag des Generalbundesanwalts — BGHSt **26** 127; im Grundsatz zustimmend auch *Hanack* JR **1974** 114).

6. Zustellung an Zustellungsbevollmächtigten. Bei Zustellung an einen Zustellungs- **37** bevollmächtigten (§ 116 a Abs. 3, § 127 a Abs. 3, § 132 Abs. 1 Nr. 2), an den gewählten Verteidiger, dessen Vollmacht sich bei den Akten befindet, und an den Pflichtverteidiger (§ 145 a Abs. 1), an den schriftlich bevollmächtigten Rechtsanwalt eines Privatklägers (§ 378 Satz 2) oder Nebenklägers (§ 397) und an jeden sonst ausdrücklich zur Entgegennahme von Zustellungen Ermächtigten ist der Zustellungsbevollmächtigte oder der Rechtsanwalt Zustellungsempfänger. Daher kann in diesen Fällen der Beschuldigte, der Privat- oder der Nebenkläger einen Antrag auf Wiedereinsetzung in den vorigen Stand nicht darauf stützen, daß er selbst von der Zustellung keine Kenntnis erlangt habe (RGSt **66** 350; BGH NJW **1977** 640; KK-*Maul* 25); wohl aber kann ein ausländischer Betroffener Wiedereinsetzung beantragen, wenn er die Einspruchsfrist gegen einen Bußgeldbescheid deshalb versäumt hat, weil der von ihm nach § 132 Abs. 1 Satz 1 Nr. 2 bestellte Zustellungsbevollmächtigte den Bußgeldbescheid verspätet und mit einfachem Brief an ihn weitergeleitet hat (LG Karlsruhe DAR **1982** 237). Wegen des umgekehrten Falls vgl. Rdn. 51.

7. Post und Beförderung. Der Beteiligte kann eine ihm eingeräumte Frist bis zur **38** äußersten Grenze ausnutzen (OLG Hamm JMBlNRW **1957** 178). Bedient er sich zur Beförderung seines Schreibens der Post, so muß er die gewöhnliche Laufzeit einer Postsendung je nach deren Art und je nach der Entfernung zwischen Aufgabe- und Zustellort, in die Fristberechnung einbeziehen (BGH NJW **1958** 2015), nicht aber eine Verzögerung der Postbeförderung (BGH NJW **1978** 1488; OLG Hamburg NJW **1974** 68). Die gewöhnliche **„normale" Laufzeit** ist objektiv — und zugleich dem Grundsatz der Gleichbehandlung Rechnung tragend — danach bestimmbar, wie die Deutsche Bundespost sie nach ihren organisatorischen und betrieblichen Vorkehrungen für den regelmäßigen Betriebsablauf selbst bemißt. Übliche Verlängerungen der Laufzeit, etwa wegen vermindertem oder ganz entfallendem Leerungs- (BVerfGE **40** 42, 45 = NJW **1975** 1405) und Beförderungsdienst an Wochenenden und Feiertagen, muß der Beteiligte bei seinen Überlegungen — in Zweifelsfällen durch besondere Erkundigung — berücksichtigen. Gleichwohl genügt es regelmäßig, daß ein Brief — selbst bei fehlender Angabe der vorgesehenen Postleitzahl (§ 3 Abs. 2 Nr. 3 PostO)[16] — bei mittleren Entfernungen

---

[16] So OLG Stuttgart NJW **1982** 2832 mit der Begründung, daß das Anbringen der Postleitzahl nicht unabdingbare Voraussetzung für die Beförderung einer Postsendung sei, die – wie die Praxis bei der Post beweise – bei sonst einwandfreier und deutlicher Anschrift regelmäßig ohne weitere Verzögerung bearbeitet und an den Empfänger befördert würde.

Günter Wendisch

am Vortag[17], bei größeren zwei Tage vor Fristablauf[18] aufgegeben wird. Der Beweis dafür wird regelmäßig durch den Poststempel auf dem Briefumschlag erbracht. Befindet sich dieser nicht bei den Akten und kann aus diesem Grund die rechtzeitige Aufgabe des Briefes nicht festgestellt werden, kann dieser Umstand dem Beteiligten nicht angelastet werden (LG Flensburg MDR **1976** 599). Damit das Gericht die Frage eines etwaigen Verschuldens oder auch nur Mitverschuldens hinreichend zuverlässig beurteilen kann, muß allerdings von dem Betroffenen verlangt werden, daß er die Umstände der Einlieferung der Sendung nach Zeit und Ort genau darlegt (OLG Hamm MDR **1977** 948).

39   **Sonstige Unregelmäßigkeiten** des Postverkehrs dürfen, weil der Betroffene darauf keinen Einfluß hat, ebenfalls keine Nachteile für ihn begründen. Eine zufolge solcher Unregelmäßigkeiten eingetretene Fristversäumung ist für den Betroffenen unverschuldet (OLG Dresden *Alsb.* E 1 129; OLG Hamm JMBlNRW **1971** 1261), einerlei ob es sich dabei um den ersten Zugang zum Gericht (BVerfGE **41** 23 = NJW **1976** 513) oder um Fälle des Zugangs zu einer weiteren Instanz (BVerfGE **44** 302 = NJW **1977** 1233; **63** 336) handelt. Der Grundsatz gilt ganz allgemein und für jedes rechtsstaatliche Gerichtsverfahren, mithin im Zivilprozeß (BVerfGE **50** 1 = NJW **1979** 641; **51** 146), und zwar auch für den Zugang fristwahrender Schriften innerhalb einer Instanz (BVerfGE **52** 203 = NJW **1980** 580), im Einspruchsverfahren gegen einen Vollstreckungsbeschluß nach §§ 699, 700 ZPO (BVerfGE **51** 352 = MDR **1979** 907), im arbeitsgerichtlichen Verfahren (BVerfGE **53** 29) sowie im Finanzgerichtsverfahren (BVerfGE **53** 151). Er findet auch Anwendung, wenn die Fristversäumnis auf Verzögerungen bei der Entgegennahme durch das Gericht beruht, die der Bürger nicht zu vertreten hat (BVerfGE **41** 327 f = NJW **1976** 747; **44** 307 = NJW **1977** 1233; **62** 221 = NJW **1983** 560; JMBlNRW **1983** 22). **Kleinere Verzögerungen** muß der Absender allerdings einrechnen (OLG München *Alsb.* E 1 133). Wird sonnabends nicht zugestellt, dann trägt § 43 Abs. 2 dem Rechnung. Entgegen der Ansicht von BVerfGE **40** 45 = NJW **1975** 1405 braucht der Beteiligte daher Einschränkungen der Post, die den Zustellungsdienst an Wochenenden oder Feiertagen betreffen, bei der Fristberechnung nicht zu berücksichtigen. Wegen der Zustellung von Telegrammen vgl. auch Vor § 42, 26 ff.

40   Gibt der Beteiligte die Erklärung **persönlich** ab, ist eine Zugverspätung (OLG Colmar *Alsb.* E 1 129) oder ein sonstiges Verkehrshindernis für ihn ein Ereignis, das ihn ohne sein Verschulden gehindert hat, die Frist einzuhalten. Doch muß er auch hier kleinere Verkehrsstörungen, als stets voraussehbar, auf sich nehmen; auf die Minute genau darf er die Beförderungszeit nicht bemessen (KG DJZ **1918** 193). Das gilt auch, wenn er ein **Kraftfahrzeug** benutzt. Dabei ist zwar ein (eigener) Unfall oder die Straßensperre wegen eines (fremden) Unfalls ein Umstand, der eigenes Verschulden ausschließt; Wartezeit an Tankstellen, Langsamfahrstellen an Baustellen und in Stoßzeiten sind aber „normal" und daher einzurechnen. Auch das Versehen eines verläßlichen **Boten** begründet kein Verschulden (BayObLGSt **1** 145), doch muß die Verläßlichkeit erprobt sein.

---

[17] Beispiele: OLG Hamburg NJW **1974** 68: Berlin/Hamburg; BVerfGE **41** 25 = NJW **1976** 513: Essen/Aschaffenburg; BVerfGE **41** 341: Hamburg-Bergedorf/Hamburg-Altona; BVerfGE **41** 357 = DRiZ **1976** 150: Porz/Köln; BVerfGE **42** 258: Kriftel/Düsseldorf; BVerfGE **43** 78: Erkelenz/Köln;

BVerfGE **43** 151: Hamburg/Neumarkt in der Oberpfalz; BVerfGE **50** 397: Fürth (Odenwald)/Kassel.

[18] Beispiele: BVerfGE **40** 42 = NJW **1975** 1405: Norden/Heidelberg; BVerfGE **46** 406: Bückeburg/Schweinfurt; BGH bei *Dallinger* MDR **1974** 547: München/Essen.

8. Behörden. Zwar liegt es jedem am Verfahren Beteiligten ob, seine Rechtsange- **41** legenheiten mit Sorgfalt selbst zu verfolgen; er darf sich nicht darauf verlassen, daß eine Behörde für ihn handeln werde. Ist er aber zu einer Amtsstelle in Beziehung getreten, dann darf er sich von dem Vertrauen leiten lassen, daß diese ihre Tätigkeit nach den bestehenden Vorschriften und sachgemäß ausübt (RGSt 68 300; RGZ 116 14; 129 174; OLG Düsseldorf JMBlNRW 1983 215). Ein Angeklagter kann deshalb grundsätzlich darauf vertrauen, daß das Tatgericht einen unmittelbar nach Beginn der Revisionsbegründungsfrist gestellten Antrag, ihm einen Pflichtverteidiger für die Revisionsbegründung beizuordnen, so rechtzeitig bescheidet, daß ihm für den Fall der Ablehnung noch die Möglichkeit verbleibt, sich entweder eines Wahlverteidigers zu bedienen oder die Revisionsbegründung zu Protokoll der Geschäftsstelle zu erklären (OLG Hamm MDR 1976 1038). Hat ein Beteiligter eine Rechtsauskunft erhalten, darf er bei seinem weiteren Verhalten davon ausgehen, daß sie richtig und vollständig ist (BGHSt 24 25). Danach ist amtliches Verschulden einer Behörde oder eines Amtsträgers, durch das ein Beteiligter eine Frist versäumt hat, diesem nicht anzulasten, wenn er nicht durch **eigenes Verschulden** die Versäumung mitverursacht hat (RGSt 70 188) und ohne sein eigenes Verschulden das der Behörde oder des Amtsträgers nicht zur Versäumung der Frist geführt hätte.

Da jeder Prozeßbeteiligte die Fristen bis zur äußersten Grenze ausnutzen kann **42** (vgl. Rdn. 38 sowie BVerfGE 40 44 = NJW 1975 1405; 41 328 = NJW 1976 747; 52 203 = NJW 1980 580), dürfen etwaige Fristversäumnisse, die auf Verzögerungen der Entgegennahme der Sendung durch das Gericht beruhen, dem Beteiligten nicht angelastet werden (BVerfGE 44 306 = NJW 1977 1255; 52 203 = NJW 1980 580; 57 117 = NJW 1981 1951). Es beruht nicht auf einem Verschulden des Beteiligten, wenn ein Schriftstück — auch ein Telegramm, nicht ein eingeschriebener Brief (OLG Karlsruhe *Alsb.* E 1 134) — **nach Dienstschluß** nicht mehr mit fristwahrender Wirkung eingereicht werden kann (OLG Hamm JMBlNRW 1957 178; *Oswald* DAR 1971 324). Das gleiche gilt, wenn eine Behörde ihre Briefe auf der Post abholen läßt und diese dadurch erst nach Fristablauf bei ihr eingehen (BVerfG NStZ 1983 83; RGSt 2 271; KG GA 39 184).

Wer seine Briefe **bei der falschen Stelle** einreicht, hat zwar selbst dafür einzuste- **43** hen (KG *Alsb.* E 1 122), doch kann er damit rechnen, daß ein unzuständiges, funktionell noch nicht oder nicht mehr zuständiges Gericht (OLG Hamm NJW 1958 1836; OLG-Zweibrücken OLGSt § 44 StPO, 69), die Staatsanwaltschaft (RG LZ 1919 1545; OLG Celle OLGSt § 44 StPO, 35; OLG Koblenz MDR 1973 691; OLG Hamm JMBlNRW 1975 191; OLG Zweibrücken VRS 54 127; NJW 1982 1008; OLG Düsseldorf JMBlNRW 1983 163; einschränkend jedoch JMBlNRW 1983 215; OLG Schleswig bei *Ernesti/Lorenzen* SchlHA 1983 108) oder eine Behörde (LG Flensburg DAR 1979 78), die früher mit dem Verfahren befaßt war oder sonst zu ihm in Beziehung gestanden hatte (z. B. Straßenverkehrsamt: OLG Hamm JMBlNRW 1978 229) — zumal wenn von dieser die Zustellung, die die Frist ausgelöst hat, ausgegangen war (OLG Celle NdsRpfl. 1973 27) — sie rechtzeitig an die zuständige Behörde weiterleitet. Tut sie das nicht, trifft den Betroffenen kein Verschulden (OLG Frankfurt StrVert. 1981 118). Wohl aber muß sich ein Beteiligter die unterbliebene Weiterleitung als eigenes Verschulden zurechnen lassen, wenn die Staatsanwaltschaft ein bei ihr — ohne Aktenzeichen — eingegangenes Schreiben mangels näherer Hinweise nicht der zuständigen Stelle zuleiten konnte und deshalb zur Ergänzung an ihn zurücksenden mußte (OLG Hamm JMBlNRW 1977 213 = MDR 1978 73).

Den **gleichen Standpunkt** nimmt auch der Große Senat des **Bundessozialgerichts 44** unter näherer Würdigung der jeweiligen Belange in den verschiedenen Prozeßarten ein

(BSGE **38** 249 = NJW **1975** 1380). Dort heißt es, Wiedereinsetzung nach § 67 Abs. 1 SGG könne dann gewährt werden, wenn „eine Rechtsmittelschrift trotz ordnungsgemäßer Rechtsmittelbelehrung nicht an das zuständige Gericht, sondern an eine unzuständige Stelle (z. B. Gericht, Behörde, Körperschaft oder Anstalt des öffentlichen Rechts) übersandt worden ist und infolge pflichtwidrigen Verhaltens dieser Stelle die Rechtsmittelschrift erst nach Ablauf der Rechtsmittelfrist beim zuständigen Gericht eingeht. Dies gilt jedenfalls dann, wenn der Rechtsmittelkläger eine natürliche Person ist". Das **Bundesverwaltungsgericht** will diesen Grundsatz — zu § 60 Abs. 1 VwGO — jedenfalls dann **eingeschränkt** wissen, wenn der Betroffene die Frist in vorwerfbarer Weise durch mangelnde Sorgfalt versäumt hat, während auf Seiten des unrichtigen Adressaten zwar eine gewisse Schwerfälligkeit, nicht aber eine außergewöhnliche Verzögerung in der Bearbeitung oder fehlerhafte Maßnahmen bei der Weiterleitung festzustellen seien (DÖV **1978** 616). Dagegen **lehnt** der **Bundesfinanzhof** (vgl. BFHE **90** 395 = BB **1968** 616) eine Wiedereinsetzung nach § 56 Abs. 1 FGO wegen einer durch schuldhaft falsche Adressierung verspätete Klageerhebung **ab.** „Wer das Risiko unrichtiger Adressierung schuldhaft übernimmt, kann zu seiner Entschuldigung auch nicht geltend machen, daß der unrichtige Adressat bei schnellerer Bearbeitung des Vorgangs die Sache noch rechtzeitig an die richtige Stelle hätte weiterleiten können."

45　　Kein Verschulden des Beteiligten liegt auch vor, wenn der noch anwesende **Urkundsbeamte** sich kurz nach Dienstschluß weigert, eine Erklärung entgegenzunehmen (OLG Colmar *Alsb.* E **1** 116); wenn ein unzuständiger Urkundsbeamter eine Erklärung entgegennimmt (RG JW **1911** 247; BayObLGSt **16** 99; VRS **55** 128); wenn der Urkundsbeamte die Aufnahme der Erklärung eines Bevollmächtigten ablehnt, weil dieser keine schriftliche Vollmacht, die indessen nachgereicht werden durfte, hat (OLG Bremen Rpfleger **1955** 108) oder weil er ein Rechtsmittel für unzulässig hält (RG JW **1925** 2779); wenn er einen Antrag unsachgemäß aufnimmt (RGSt **68** 299; OLG Braunschweig GA **70** 152) oder überhaupt fehlerhaft behandelt (BayObLG JR **1960** 145 mit Anm. *Sarstedt*); wenn er — oder das Gericht durch Aushändigen eines unzutreffenden Formblattes (OLG Neustadt VRS **15** 281) — oder sonst falsch belehrt (BayObLGSt **1959** 275; a. A. zu Unrecht OLG Hamburg *Alsb.* E **1** 124) oder eine gebotene Belehrung unterläßt (BayObLGSt **9** 174; OLG Hamm JMBlNRW **1974** 80). Dabei kann nach den Umständen, namentlich bei einem ungewandten, nicht durch einen Anwalt vertretenen Angeklagten, eine wiederholte Belehrung notwendig sein, wenn ersichtlich ist, daß er die erste, zumal wenn sie mündlich war, mißverstanden hat. Jedoch ist dem Angeklagten in einem solchen Fall zuzumuten, daß er sich sogleich an rechtskundiger Stelle über die form- und fristgerechte Einlegung des Rechtsmittels vergewissert. Unterläßt er dies und versäumt er dadurch die Frist, so hat auch er (durch eigenes Verschulden) eine Ursache für die Versäumnis gesetzt (OLG Hamm JMBlNRW **1973** 259; weitergehend noch OLG Hamm JMBlNRW **1963** 147) und kann deshalb keine Wiedereinsetzung beanspruchen (anders nunmehr OLG Hamm VRS **59** 166).

46　　Für den **Privatkläger** unverschuldet ist es, wenn das Gericht über seine Revision entscheidet, ohne vorher seinen Antrag auf Prozeßkostenhilfe beschieden zu haben (BayObLGSt **10** 135). Nichts anderes gilt für den Antragsteller im Klageerzwingungsverfahren, der unter Hinweis auf sein persönliches und wirtschaftliches Unvermögen, die dafür erforderlichen Prozeßkosten zu erbringen, zunächst um Bewilligung der Prozeßkostenhilfe (§ 114 ZPO) und Beiordnung eines Rechtsanwalts (§ 121 ZPO) nachgesucht hat. Auch ihm ist Wiedereinsetzung in den vorigen Stand zu gewähren, wenn er wegen verspäteten Zugangs der ablehnenden Entscheidung erst nach Ablauf der Monatsfrist des § 172 Abs. 2 Satz 1, aber binnen der Wochenfrist des § 45 Abs. 1, einen solchen Antrag stellt (OLG Celle MDR **1977** 160).

9. Vollzugsanstalten. Auch Strafgefangene und Untersuchungshäftlinge können **47** die ihnen eingeräumten Fristen bis zum äußersten ausnutzen. Sie sind nicht verpflichtet, eine etwa stattfindende Postkontrolle und die Eigenarten des inneren Betriebs der Anstalt einzurechnen (OLG Bremen NJW **1956** 233). Daher reicht es, wenn der normale Postlauf nicht länger dauert, in der Regel aus, wenn sie ihre Erklärungen einen Tag vor Fristablauf in der Anstalt abgeben. Läuft der Brief zufolge der **Anstaltsverhältnisse** verspätet ein, ist die Fristversäumung für den Absender unverschuldet. Das ist auch der Fall, wenn ein Gefangener trotz seinem Wunsch nicht (BayObLGSt **1** 31) oder verspätet (RGRspr. **1** 179; OLG Celle MDR **1963** 522) vorgeführt, die Annahme einer Erklärung abgelehnt (RG JW **1925** 2779) oder trotz Zusage nicht aufgenommen wird, obwohl sich der Gefangene um die Aufnahme bemüht hatte (OLG Hamm MDR **1963** 522); wenn ein Anstaltsbeamter einen Brief falsch frei macht, so daß ihn das Gericht nicht annimmt (OLG Hamburg *Alsb.* E **1** 130); oder wenn er falsche Auskünfte erteilt, es sei denn, daß der Gefangene von ihm wegen seiner Dienststellung keine sachgemäße Auskunft erwarten kann (OLG München *Alsb.* E **1** 125).

10. Verteidiger

a) Historische Entwicklung. Nach § 232 Abs. 2 ZPO[19] und § 22 Abs. 2 FGG ist **48** eine Versäumnis, die auf dem Verschulden eines Vertreters beruht, Verschulden der Partei. Obwohl der Verteidiger nicht Vertreter des Beschuldigten ist (s. Erl. Vor 137), hatten die Strafsenate des Reichsgerichts diesen Grundsatz auch für das Gebiet der Strafprozeßordnung vertreten (RGRspr. **1** 689; **8** 508; RGSt **10** 74). Andererseits hatte das Reichsgericht einen dem Beschuldigten nicht anzulastenden Umstand darin erblickt, daß der Vorsitzende dem Beschuldigten einen Verteidiger bestellt hatte, der die gesetzlichen Bestimmungen nicht handhaben konnte (RGSt **40** 121), und damit ausgesprochen, daß das Verschulden eines **Pflichtverteidigers** dem Beschuldigten nicht zum Nachteil gereichen dürfe. Später hat es diese Rechtsprechung erweitert und ein Verschulden des Verteidigers schlechthin, auch des **Wahlverteidigers,** als einen für den Beschuldigten „unabwendbaren Zufall" anerkannt, sofern nicht der Beschuldigte selbst durch eigenes Verschulden eine Ursache für die Versäumnis gesetzt hat (RGSt **70** 191). Der Bundesgerichtshof hat die Rechtsprechung fortgesetzt (BGHSt **14** 308)[20]. Sie gilt auch für **Versehen des Anwaltspersonals** (RGSt **35** 109; BGHSt **14** 332; OLG Schleswig GA **1956** 301), nicht aber für sonstige Dritte (LG Mainz NJW **1975** 2113).

b) Der **Rechtsprechung,** die hätte geeignet sein können, die Fristen im Strafpro-   **49** zeß „in erheblichem Umfang wirkungslos werden" zu lassen (KG HESt **1** 163), ist zuzustimmen. Sie hat in der Praxis zu keinen Schwierigkeiten geführt und ist auch — von

---

[19] Die Vorschrift ist durch das Gesetz zur Vereinfachung und Beschleunigung gerichtlicher Verfahren (Vereinfachungsnovelle) vom 3. 12. 1976 aufgehoben und bei gleichem Inhalt durch § 85 Abs. 2 ZPO ersetzt worden. Da die zitierte Rechtsprechung (vgl. dazu auch Rdn. 55 ff) zu § 232 ZPO ergangen ist, wird diese Bestimmung im Rahmen dieses Abschnitts mit dem Zusatz „jetzt § 85 Abs. 2" angeführt.

[20] Ebenso BGHSt **14** 332; **18** 34; **25** 92; NJW **1973** 1138 sowie KG GA **76** (1932) 166; JW **1934** 1681; HESt **1** 162; OLG Oldenburg NdsRpfl. **1953** 171; OLG Hamburg MDR **1974** 248.

wenigen auf besondere Einzelfälle beschränkte Ausnahmen abgesehen — in der Literatur gebilligt worden. Allerdings dürfen die aufgestellten Grenzen nicht unbeachtet bleiben.

50　　c) **Einzelfälle.** Wer einen ihm als liederlich bekannten Anwalt beauftragt, kann sich damit nicht Freiheit von den Fristen der Strafprozeßordnung erkaufen (ebenso *M. J. Schmid* 941). Allerdings kann eine solche Kenntnis bei einem rechtsunkundigen Angeklagten, der seinem Verteidiger weiterhin voll und ganz vertraut, obwohl er von einem Verwerfungsantrag der Staatsanwaltschaft und einem Verwerfungsbeschluß des Gerichts unterrichtet worden war, noch nicht angenommen werden (BGHSt **25** 94; vgl. auch OLG Frankfurt VRS **59** 431). — Nichts anderes gilt für den Fall, wo der anwesende Angeklagte trotz ordnungsgemäßer mündlicher und schriftlicher Belehrung auf die Richtigkeit einer vorherigen Auskunft seines Verteidigers vertraut, die Rechtsmittelfrist beginne erst mit der Urteilszustellung (BayObLG bei *Rüth* DAR **1979** 240). — Wer von seinem Anwalt aufgeklärt wird, dieser könne wegen seines Urlaubs eine Revision nicht begründen, handelt selbst schuldhaft, wenn er dies im Vertrauen auf eine spätere Wiedereinsetzung zuläßt (BGHSt **14** 306). — Wer eine Rechtsmittelfrist versäumt, weil der von ihm (schriftlich) beauftragte Rechtsanwalt es abgelehnt hat, wegen noch nicht — auch nicht nach Mahnung — bezahlter früherer Honorarforderungen für den Auftraggeber überhaupt tätig zu werden, hat die Versäumnis selbst verschuldet (OLG Hamm MDR **1975** 70).

51　　**Eigenes Verschulden** trifft auch den, der seinem *nicht* mit Vollmacht versehenen Wahlverteidiger (§ 145 a Abs. 1) den Tag der Zustellung nicht mitteilt und deshalb eine Frist versäumt (BayObLGSt **1952** 244; **1962** 237 = JR **1963** 70; OLG Hamm — 3 StS — VRS **53** 191). Dabei ist es gleichgültig, ob der Verteidiger die nach § 145 a Abs. 4 Satz 2 vorgeschriebene Unterrichtung über die an den Angeklagten bewirkte Zustellung erhalten hat oder ob diese unterblieben ist (BayObLGSt **1981** 193 = VRS **62** 197; a. A. LG Düsseldorf AnwBl. **1978** 72). Denn wenn der Beschuldigte auch davon ausgehen darf, daß nach dem Gesetz verfahren wird, so weiß er doch, daß er allein die Zustellung erhält und daß dem Verteidiger zwar die Tatsache der Zustellung mitgeteilt wird, der Zeitpunkt der Zustellung aber nicht genau bekannt sein kann (vgl. zum alten Recht BayObLGSt **1952** 244 und BayObLGSt **1962** 237 = JR **1963** 70; a. A. OLG Hamm — 2 StS — VRS **47** 272). Dagegen liegt kein Verschulden vor, wenn nicht nur dem bevollmächtigten oder bestellten Verteidiger (§ 145 a Abs. 1), sondern auch dem Beschuldigten, und diesem früher als dem Verteidiger, zugestellt wird und der Verteidiger von der Zustellung an den Beschuldigten nicht unterrichtet wird (OLG Hamm NJW **1965** 2216; OLG Köln VRS **42** 128; OLG Schleswig NJW **1981** 1682); es sei denn, daß diesen aufgrund der besonderen Umstände eine aktive Mitwirkungspflicht zum Zweck der Fristwahrung traf (OLG Hamm NJW **1973** 1338; OLG Frankfurt VRS **59** 429). Es ist um so mehr zu verneinen, wenn *nach* Einlegung der Revision durch den Verteidiger, dessen Vollmacht sich bei den Akten befindet, das Urteil entgegen Nr. 154 Abs. 1 Satz 1 RiStBV nur dem Angeklagten zugestellt und der Verteidiger entgegen § 145 a Abs. 4 Satz 2 nicht benachrichtigt wird (BayObLGSt **1975** 150 = Rpfleger **1976** 100 = VRS **50** 292; LG Stuttgart AnwBl. **1979** 38, 197; LG Berlin AnwBl. **1980** 120). Denn durch die Regelung des § 145 a in Verb. mit Nr. 154 Abs. 1 RiStBV soll dem bevollmächtigten oder bestellten Verteidiger die Fristenkontrolle übertragen werden. Der Beschuldigte kann sich — anders als im Fall des nicht bevollmächtigten Wahlverteidigers — darauf verlassen, daß der Verteidiger Kenntnis von wenigstens einer Zustellung erhält, nach der er sich, da die spätere maßgeblich ist (§ 37 Abs. 2), ohne weitere Rückfragen richten kann. — Eigenes Verschulden ist auch zu verneinen, wenn der Verteidiger eine ihm erteilte Vollmacht nicht zu den Akten gibt und der Beschuldigte diesen Umstand nicht kennt. — Ebenso kann der Angeklagte darauf vertrauen, daß der Verteidiger es tut, wenn er erklärt, er werde ein beschleunigt einzulegendes Rechtsmittel sofort einlegen. Der Angeklagte braucht weder telegrafische Erledigung zu verlangen (OLG Nürnberg MDR **1964** 614) noch die Einlegung nachzuprüfen.

Kein Verschulden trifft, wer dem Vorschlag seines Verteidigers zustimmt, ein **52** Rechtsmittel erst kurz vor Ablauf der Frist einzulegen und im Vertrauen darauf keine eigenen Maßnahmen trifft (OLG München MDR **1973** 868; OLG Köln VRS **46** 198; **a. A.** wegen zu hoher Anforderungen an das Verhalten des Angeklagten: BGH NJW **1973** 1138 mit im Ergebnis zust. Anm. *Peters* JR **1973** 471; abl. dagegen *Janknecht* NJW **1973** 1890, kritisch auch *Dahs* AnwBl. **1973** 331). Genauso zu beurteilen ist der Fall, wo trotz zutreffender mündlicher Rechtsmittelbelehrung der Angeklagte die Rechtsmitteleinlegungsfrist deshalb versäumt, weil sein Verteidiger ihm unmittelbar nach der Hauptverhandlung empfiehlt, damit bis zur Vorlage der schriftlichen Urteilsbegründung zu warten (OLG Frankfurt NJW **1983** 895; vgl. auch OLG Frankfurt NJW **1982** 60). — Unverschuldet ist auch die Fristversäumnis, wenn sich der Pflichtverteidiger des Angeklagten weigert, die von diesem für notwendig erachtete weitere Revisionsbegründung zu der schon erklärten Rüge der „Verletzung formellen und materiallen Rechts" abzugeben, und dem Antrag des Angeklagten, ihm einen neuen Pflichtverteidiger zu bestellen, erst nach Ablauf der Revisionsbegründungsfrist entsprochen wird (BayObLGSt **1973** 143 = MDR **1974** 247).

Die **Berufungsverhandlung ohne Verschulden versäumt** hat, wer im Vertrauen auf **53** die Auskunft seines Verteidigers, daß die Vertretung durch einen (nicht zur Vertretung bevollmächtigten) Verteidiger auch im Berufungstermin genüge, nicht erschienen ist (KG JW **1933** 1784; BayObLGSt **1956** 32 = NJW **1956** 838). Nichts anderes gilt für einen Angeklagten, der die Berufungsverhandlung deshalb versäumt hat, weil er sich auf die unrichtige Auskunft seines Verteidigers — oder auch seines Sozius' — über die genaue Terminsstunde (OLG Hamm VRS **42** 289; OLG Karlsruhe AnwBl. **1977** 244) oder über ihre angebliche Aufhebung verlassen hat (**a. A.** LG Köln MDR **1982** 73 mit abl. Anm. *Schmellenkamp*). Andererseits trifft den auf den Beginn der Berufungsverhandlung wartenden Angeklagten zumindest ein **Mitverschulden**, wenn er auf die Aufforderung des Verteidigers „kommen Sie, wir gehen" mit diesem das Gerichtsgebäude verläßt, so daß seine Berufung in der kurz darauf beginnenden Hauptverhandlung nach § 329 Abs. 1 Satz 1 verworfen wird (OLG Hamm JMBlNRW **1978** 115 = VRS **55** 275). Ein Mitverschulden ist auch anzunehmen, wenn ein Angeklagter im Hinblick auf einen Vertagungsantrags seines Verteidigers ohne weiteres dessen Erklärung anvertraut, die anberaumte Berufungsverhandlung werde sicherlich nicht bestehenbleiben, und deshalb zu dem angesetzten Termin nicht erscheint (OLG Hamm JMBlNRW **1979** 20).

d) Nur **durchschnittliche Rechtskenntnisse** des Verteidigers sind, wenn nicht ein **54** extremer Fall vorliegt (Beispiel: RGSt **40** 119), nicht unverschuldet i. S. dieser Vorschrift (ebenso *Hilger* 157). In dem Beispielsfall hatte der Verteidiger die Revision beim Reichsgericht eingereicht; sie ging verspätet beim Landgericht ein. Es ist zweifelhaft, ob das Reichsgericht auch dann einen unabwendbaren Zufall bejaht, d. h. Verschulden verneint hätte, wenn der Verteidiger die Revision zwar richtig angebracht, aber nur mit Angriffen auf die Beweiswürdigung begründet hätte. Zu Lasten des Beschuldigten geht es auch, wenn der Verteidiger einen Verfahrensverstoß nicht „entdeckt" (vgl. Rdn. 27), die Sperre für die Wiedererteilung der Fahrerlaubnis falsch berechnet (BayObLG *Rüth* DAR **1974** 181; *Dittmar* 274) oder die Erfolgsaussichten einer Revision irrig beurteilt (zweifelnd, eher zustimmend OLG Celle NdsRpfl. **1972** 70; OLG Düsseldorf MDR

1982 866) oder erst, nachdem die Frist abgelaufen ist, von einer der Revision günstigeren Rechtsprechung Kenntnis erlangt (BayObLGSt 1970 149 = JR 1971 29; 1978 428; OLG Hamm MDR 1974 1035; VRS 50 436; OLG Düsseldorf NJW 1982 61; *Wendisch* JR 1978 430). Der Angeklagte kann nicht nach Jahr und Tag eine zunächst als ergebnislos unterlassene Revision anbringen oder bei angebrachter oder verworfener Revision Verfahrensrügen nachschieben mit der Behauptung, es sei für ihn unverschuldet, daß sein (erster) Verteidiger den Mangel (etwa der Besetzung des Gerichts) nicht erkannt habe (vgl. *Pentz* 1237). Alsdann werden regelmäßig nur Fehler im Bürobetrieb oder solche, die auch der Verteidiger nicht abwenden konnte[21], die Annahme rechtfertigen, die Versäumung der Frist sei unverschuldet.

11. Anwalt als Vertreter

55   **a) Herrschende Ansicht.** Als das Reichsgericht das Verschulden des Wahlverteidigers als „unabwendbaren Zufall" anerkannte, hat es ausgeführt: „Nur eine dem § 232 Abs. 2 ZPO entsprechende, den Wahlverteidiger betreffende Sondervorschrift der Strafprozeßordnung könnte eine andere Auffassung rechtfertigen. Es besteht aber keine solche Vorschrift" (RGSt 70 191); auch nicht für die Fälle der Vertretung durch einen Rechtsanwalt im Strafprozeß. Die herrschende Ansicht[22] überträgt § 232 Abs. 2 — jetzt

---

[21] OLG Frankfurt HESt 2 76: Der Verteidiger hatte keinen Zugang zu den Akten; OLG Schleswig SchlHA 1972 35: Der Verteidiger hatte das Urteil nicht zur Hand und verkannte die Möglichkeit, sich zunächst mit der allgemeinen Sachrüge zu behelfen.

[22] **Betr.: Privatkläger:** OLG Hamburg HESt 2 75; NJW 1947/48 534; 1953 38; JR 1955 32; BayObLGSt 1949/51 556 = JZ 1952 429; VRS 39 40; OLG Düsseldorf JMBlNRW 1951 209; NJW 1964 1533; OLG Köln JR 1952 484; JMBlNRW 1962 260; OLG Braunschweig NJW 1954 1619; OLG Schleswig SchlHA 1954 209; OLG Celle MDR 1959 60; OLG Nürnberg OLGSt § 44 StPO, 1 = MDR 1964 252; OLG München NJW 1965 120; KG NJW 1965 1032; *Sarstedt/Hamm* 125; *Löwenheim* NJW 1947/48 516; KMR-*Paulus* 31 f; *Kleinknecht/Meyer* 19; *H. W. Schmidt* 638; **Betr.: Nebenkläger:** BayObLGSt 1951 557 = JZ 1952 429; 1970 9 = GA 1971 117; OLG München NJW 1962 1530; OLG Frankfurt GA 1965 185; OLG Oldenburg OLGSt § 44 StPO, 11; OLG Zweibrücken OLGSt § 44 StPO, 47, 65; OLG Hamm NJW 1961 475 und nunmehr auch BGHSt 30 309; **Betr.: Anklageerzwingungsverfahren:** OLG Braunschweig NJW 1954 1619; OLG Hamburg JR 1955 32; OLG Hamm JMBlNRW 1955 226; OLG Celle MDR 1959 60; OLG Düsseldorf MDR 1960 603; JMBlNRW 1983 53; OLG München NJW 1962 1530; OLGSt § 44 StPO, 6 = NJW 1965 120; OLG Köln JMBlNRW 1962 260; OLG Frankfurt GA 1965 185; OLG Hamm NJW 1972 1432; OLG Koblenz VRS 64 34; *Dallinger* JZ 1953 440; *Poppe* NJW 1953 1501; KK-*Maul* 36; *Kleinknecht/Meyer* § 172, 17; vgl. zum Gesamtkomplex auch *Dittmar* MDR 1975 271; **Betr.: Verfahren bei Einziehungen und Vermögensbeschlagnahmen:** KG DR 1983 127; **Betr.: Entschädigungsverfahren** nach StrEG: BGHZ 66 122 = NJW 1976 1218; OLG Schleswig SchlHA 1979 163; KG JR 1979 128; OLG Karlsruhe MDR 1980 693; **Betr.: Kosten- und Auslagenentscheidung:** BGHSt 26 127; OLG Celle NJW 1959 1932; OLGSt § 44 StPO, 31; OLG Hamm NJW 1961 1319 (L); OLG Oldenburg OLGSt § 44 StPO, 25; OLG Stuttgart OLGSt § 44 StPO, 29; OLG Karlsruhe MDR 1980 693; **Betr.: Strafvollzugssachen:** OLG Hamburg ZfStrVo. Sonderheft 1978 52; OLG Frankfurt NStZ 1981 408; 1982 351; a. A. unter Aufgabe seines früheren Standpunkts nunmehr auch *Calliess/Müller-Dietz* § 112, 3; § 118, 5 StVollzG sowie *Volckart/Schmidt* § 112, 9 AK StVollzG; **Betr.: Verfahren nach § 23 EGGVG:** OLG Hamburg NJW 1968 854; a. A. zu Recht OLG Hamm MDR 1983 70 bzgl. Antrag auf gerichtliche Überprüfung einer Entscheidung der Vollstreckungsbehörde nach § 35 BtMG.

§ 85 Abs. 2 — ZPO gleichwohl auf § 44. Die Argumente dafür sind in der Entscheidung des Großen Senats für Strafsachen des Bayerischen Obersten Landesgerichts (BayObLGSt **1970** 9 = GA **1971** 117) wie folgt zusammengestellt:

Wer sich im rechtgeschäftlichen Verkehr eines Vertreters bediene, müsse mit **56** Rücksicht auf den Geschäftsgegner die **Willenserklärung des Vertreters** gegen sich gelten lassen. Für den Fall der Versäumung gebe § 232 Abs. 2 — jetzt § 85 Abs. 2 — ZPO diesem allgemeinen Grundsatz der Rechtsordnung Ausdruck; die Partei, die ihren Rechtsstreit durch einen Vertreter führen lasse, werde so behandelt, als wenn sie den Prozeß selbst geführt hätte. Das habe das Reichsgericht für die Beteiligten des Strafprozesses zunächst bejaht und später das „Ergebnis" der Entscheidung RGSt 70 191, daß ein Verschulden des Verteidigers für den Angeklagten einen „unabwendbaren Zufall" darstelle, als Ausnahme von der Grundregel des § 232 Abs. 2 — jetzt § 85 Abs. 2 — ZPO verstanden. Diese Entscheidung sei zudem auf die Versäumung einer Frist durch den Angeklagten beschränkt. Ihre Argumente auch auf andere am Strafverfahren Beteiligte zu übertragen hieße an der Rechtsentwicklung vorbeigehen. Denn in den neuzeitlichen Verfahrensordnungen gelte der Grundsatz, daß der Verfahrensbeteiligte für das Verschulden seines Vertreters einstehen müsse. Daher sei „im umfassenden Hinblick" auf die derzeit geltenden Verfahrensordnungen die **Ausnahme**, daß für den Angeklagten das Verschulden seines Verteidigers ein „unabwendbarer Zufall" sei.

Maßgebend für diese Ausnahme seien **Billigkeitserwägungen:** der Angeklagte **57** dürfe in seinem Kampf um Ehre und Freiheit nicht durch ein für ihn unabwendbares Verschulden seines Verteidigers gehindert sein. Die Frage der Zurechenbarkeit des Vertreterverschuldens müsse aber „im Geltungsbereich der StPO" nicht nur einheitlich bejaht oder verneint werden, vielmehr sei auch eine — durch das ungleiche Gewicht der unterschiedlichen Interessen bedingte — Differenzierung möglich. — Dazu vergleicht das Gericht die Stellung des Privat- und Nebenklägers mit der Position der Verfahrensbeteiligten in den anderen Verfahrensordnungen und die Stellung des Angeklagten mit der des Privat- und des Nebenklägers anhand gesetzlicher Regelungen.

b) Kritik. Schon der **Ausgangspunkt** (§ 164 Abs. 1, § 166 Abs. 1 BGB) des über- **58** schaubaren Rechtsverkehrs des 19. Jahrhunderts ist für die Vertreterfrage des ausgehenden 20. Jahrhunderts, wo kaum jemand aus dem Publikum die Inhaber der großen Anwaltsbüros kennt, nicht zu billigen. Im rechtgeschäftlichen Verkehr entscheiden die Beteiligten immer frei, ob sie selbst oder durch einen Vertreter handeln wollen. Der Privatkläger und der Nebenkläger dürfen das zwar auch, sind aber faktisch nicht in der Lage, eine Privatklage persönlich zu führen; im Anklageerzwingungsverfahren (mit dem sich das Gericht allerdings nicht befaßt) darf der Verletzte das Verfahren nicht selbst betreiben. Der Sprung von einem, der seinen „Rechtsstreit durch einen Vertreter führen *läßt*", zu einem, der ihn praktisch nur durch einen Vertreter führen lassen *kann*, nimmt dem Argument die Überzeugungskraft. RGSt 70 191 behandelt zwar den Fall eines verteidigten Angeklagten. Der Satz: „nur eine ... Sondervorschrift ... könnte eine andere Auffassung rechtfertigen" ist aber allgemein. Mit ihm befreite sich das Reichsgericht vom zivilrechtlichen Denken, in das der Große Senat des Bayerischen Obersten Landesgerichts zurückfällt.

Für die **Billigkeitserwägungen,** aus denen er dem Angeklagten eine Ausnahme zu- **59** gesteht, muß er die gesetzliche Grundlage vermissen lassen, weil im Strafprozeß die angebliche Ausnahme eben die Regel ist. Der Vergleich mit anderen Verfahrensordnungen sucht eine **Einheit** der Rechtsordnung, die der **Gesetzgeber nicht gewährt** hat. Das Gericht will — wie auch an anderen Stellen (§ 42, 4; § 46, 20) — durch Auslegung erzwingen, was das Gesetz bei § 44 versagt hat. Die Erkenntnis, daß das Gesetz an ande-

Günter Wendisch

ren Stellen differenziert, sollte zu der Bescheidung führen, dem Gesetzgeber auch bei § 44 die Entscheidung zu überlassen und, solange er § 44 nicht ändert — wozu er, hätte er das gewollt, bei der alten Streitfrage oft Gelegenheit gehabt hätte —, den Wortlaut des Gesetzes zu achten, der nicht auf den Beschuldigten beschränkt ist.

60　Zu diesem **Gesetzesgehorsam** führt auch die Überlegung, daß § 232 Abs. 2 — jetzt § 85 Abs. 2 — ZPO und § 22 Abs. 2 FGG kein selbstverständlicher Rechtsgedanke ist, der gleichsam natürlicherweise auch im Strafprozeß Anwendung erheischt (*Scheffler* NJW **1964** 997, 998; BGH NJW **1975** 1332; ähnlich *M. J. Schmid* 941; a. A. OLG Hamburg NJW **1968** 854). Der Gedanke, der nunmehr in § 232 Abs. 2 — jetzt § 85 Abs. 2 — ZPO zum Ausdruck kommt, war selbst für den Zivilprozeß früher nicht herrschend (Mot. zur ZPO *Hahn* 1 245); er enthält eine gesetzgeberische Entscheidung. Diese mag für den Zivilprozeß — obwohl im „Gerechtigkeitswert fragwürdig" (*Bruns* JZ **1968** 456) — tragbar sein, weil sein Gegenstand in erster Linie Geldforderungen sind; diese kann der Anwalt, der eine Frist versäumt hat, ausgleichen. Im Strafprozeß führt die Fristversäumnis zum Verlust von Rechtsstellungen, für die es — wenn man bei der Grundsatzfrage die isolierte Anfechtung einer Kostenentscheidung außer Betracht läßt — keinen Ausgleich durch Schadensersatz gibt (so auch *M. J. Schmid* 941). Daß andere Verfahrensordnungen die Regelungen der Zivilprozeßordnung übernommen haben (*H.-W. Schmidt* MDR **1963** 639; OLG Hamburg NJW **1968** 854), zwingt nicht zu einem gleichen Schritt im Strafprozeß; eher sollte zu prüfen sein, ob das zivilrechtliche Denken bei der Entscheidung des Gesetzgebers in § 22 Abs. 2 FGG und selbst in der „Sondervorschrift" des § 232 Abs. 2 — jetzt § 85 Abs. 2 — ZPO etwa für Kindschaftssachen (abw. Votum *von Schlabrendorffs* zum Beschluß BVerfGE **35** 63 = NJW **1973** 1316) nicht der Korrektur bedarf.

61　c) **Ergebnis.** Nach dieser Rechtslage darf das Verschulden des Vertreters des Privat- oder Nebenklägers, aber auch seines Kanzleipersonals (so jetzt auch OLG Zweibrücken VRS **53** 120), für den **Privat-** oder **Nebenkläger** keine Nachteile zur Folge haben. Es darf ihm nur dann angelastet werden, wenn er selbst durch eigenes Verschulden eine Ursache für die Versäumnis gesetzt hat[23]. Dasselbe muß für den **Antragsteller im Klagerzwingungsverfahren**[24], in **Entschädigungsverfahren** nach § 9 Abs. 1 (Grundverfahren) und § 10 Abs. 1 StrEG (Betragsverfahren), aber auch in Verfahren nach § 23 EGGVG gelten. Die abgelehnte Ansicht (eingehend *H.-W. Schmidt* MDR **1963** 638; BayObLGSt **1970** 9 = GA **1971** 117; OLG Hamm NJW **1971** 1431; OLG Schleswig SchlHA **1978** 163; BGHZ **66** 122 = NJW **1976** 1218, alle mit ausf. Nachweisen) geht von der These aus, daß sich der Vertretene stets das Verschulden des Verteidigers und Vertreters zurechnen lassen müsse, und erläßt jene Zurechnung wegen der schweren Folgen nur gleichsam aus Gnade, wenn der Beschuldigte Strafe zu erwarten hat. Da es an einer gesetzlichen, dem § 232 Abs. 2 — jetzt § 85 Abs. 2 — ZPO entsprechenden Bestimmung in der Strafprozeßordnung fehlt, kehrt sie damit unzulässigerweise die Gesetzeslage um und maßt sich eine Entscheidung an, die nur dem Gesetzgeber zusteht. Deshalb ist auch die Ansicht, das Verschulden des Verteidigers sei dem Angeklagten zuzu-

---

[23] OLG Hamm NJW **1951** 854 (L); OLG Düsseldorf NJW **1964** 1533; OLG Koblenz OLGSt § 44 StPO, 40; OLG München AnwBl. **1974** 83; *Eb. Schmidt* 15; Nachtr. 8; *Roxin* § 22 B V 1, S. 118; *Schönke* JZ **1952** 431; *Rutkowsky* NJW **1953** 38; **1962** 1530;

1964 1533; *Kohlhaas* NJW **1967** 191, der auf einen unveröffentlichten Beschluß des Bundesgerichtshofs verweist.
[24] KG HESt 1 163; OLG Koblenz NJW **1962** 977.

rechnen, der nur eine **Änderung der Kostenentscheidung** begehrt[25], abzulehnen, wenn sie auch noch am ehesten hinzunehmen wäre.

12. Für die **Staatsanwaltschaft** ist die Wiedereinsetzung in den vorigen Stand **62** nicht ausgeschlossen, aber wesentlich eingeschränkt. Denn die Behörde handelt durch ihre Amtsträger. Deren Handlungen sind somit solche der Behörde, für die sie auch einstehen muß. Verschulden der Amtsträger ist mithin eigenes Verschulden und rechtfertigt keine Wiedereinsetzung (war für sie kein unabwendbarer Zufall: RG JW **1891** 116; **1925** 996; RGSt **67** 265; KG GA **41** 155; OGHSt **2** 135). Indessen muß es sich dabei um Beamte oder Angestellte handeln, die — wenn auch als Vertreter oder Beauftragte von Vorgesetzten oder auf deren Anordnung — mit einer gewissen Selbständigkeit innerhalb ihres Wirkungsbereichs auf die Sache einwirkend für die Behörde handeln, gleichviel ob entscheidend oder vorbereitend. Danach ist Verschulden gegeben, wenn der Beamte der Eingangsstelle Abgänge liegen läßt; kein Verschulden liegt dagegen vor, wenn der Wachtmeister Akten verlegt oder wenn die Scheuerfrau Akten vom Schreibtisch in den Kleiderschrank legt, um leichter saubermachen zu können (vgl. KG HRR **1927** 199 mit abl. Note von *Feisenberger*).

III. Vermutung der unverschuldeten Versäumung (Satz 2)

1. Inhalt. Durch Satz 2 wird für die fehlende Rechtsmittelbelehrung (wegen der **63** falschen und der unvollständigen: § 35 a, 6) die unwiderlegbare Vermutung aufgestellt, der Betroffene habe die Versäumung der Rechtsmittelfrist nicht verschuldet. Die gesetzliche Vermutung erstreckt sich danach nur auf das Schuldelement in Satz 1; auf den Begriff der Verhinderung ist die Vermutung dagegen ohne Einfluß. Die Wiedereinsetzung ist danach nur gerechtfertigt, wenn die Nichtkenntnis für die Verhinderung ursächlich war (Rdn. 65). Satz 2 gilt nicht für Rechtsbehelfe. *Maul* (KK § 45, 18), *Paulus* (KMR § 45, 12), aber auch das OLG Hamm (JMBlNRW **1982** 167) sehen darin zu Recht einen Mangel, für dessen Abhilfe der Gesetzgeber zumindest in den Fällen durch eine Belehrungspflicht Sorge tragen sollte, in denen ein Rechtsmittel wegen nicht frist- oder formgerechter Einlegung als unzulässig verworfen worden ist.

2. Unterbliebene Rechtsmittelbelehrung. Die Regelung des Satzes 2 stellt eine Er- **64** gänzung zu § 35 a dar, der die Rechtsmittelbelehrung bei der Bekanntgabe von Entscheidungen vorschreibt, die mit einem befristeten Rechtsmittel angefochten werden können. Die Vorschrift betrifft daher nur die Fälle, in denen eine Entscheidung zwar vorschriftsmäßig bekanntgemacht worden, dabei aber eine vorgeschriebene (§ 35 a, 13) Rechtsmittelbelehrung unterblieben ist. Ist dagegen, wie in § 67 Abs. 2 JGG, eine Bekanntmachung nicht zwingend vorgeschrieben (§ 35 a, 10), dann kann (entgegen BayObLGSt **1954** 51 = NJW **1954** 1378) nicht aus § 35 a gleichwohl die Notwendigkeit einer Rechtsmittelbelehrung hergeleitet und bei ihrem Unterbleiben § 44 Satz 2 angewendet werden (BGHSt **18** 25; s. auch Rdn. 28). Schließlich ist Satz 2 auch dann nicht anzuwenden, wenn der Verteidiger zufolge entsprechender Ermächtigung in der Vollmachtsurkunde ausdrücklich auf eine Rechtsmittelbelehrung verzichtet hat (OLG Zweibrücken MDR **1978** 861 = GA **1979** 193) und diese aus diesem Grund unterblieben ist.

---

[25] So BGHSt **26** 126; OLG Celle NJW **1959** 1932; OLG Hamm NJW **1961** 1319; OLG Oldenburg OLGSt § 44 StPO, 25 = NdsRpfl. **1968** 196 und **1972** 70; OLG Stuttgart OLGSt § 44 StPO, 29 = Justiz **1971** 189; OLG Schleswig SchlHA **1976** 29.

Günter Wendisch

65   Fehlt die Belehrung, so wird dadurch im Gegensatz zum Verwaltungsverfahren (§ 58 Abs. 1 VwGO) und zum Anklageerzwingungsverfahren (§ 172 Abs. 1 Satz 3, Abs. 2 Satz 2) die **Rechtsmittelfrist nicht gehemmt** (§ 35 a, 24). Mit dieser Regelung läßt der Gesetzgeber erkennen, daß er — mit Recht — von einer allgemeinen Kenntnis der Fristen des Strafprozesses ausgeht und daher, soweit nicht die Vermutung reicht, die Nachprüfung offenlassen will, ob das Fehlen der Rechtsmittelbelehrung für die Versäumung der Frist ursächlich war oder ob der Zustellungsempfänger die Frist trotz fehlender Belehrung gekannt, aber aus anderen Gründen versäumt hat. Denn sonst wäre die unterbliebene Rechtsmittelbelehrung nur der Form nach eine Wiedereinsetzung, in Wirklichkeit aber eine Fristhemmung (OLG Celle NdsRpfl. **1972** 70). Diese Form hat der Gesetzgeber ausdrücklich nicht gewählt. Daraus folgt: Die Behauptung, der Zustellungsempfänger habe die Rechtsmittelfrist nicht gekannt, ist zufolge der Vermutung nicht widerlegbar (Beispiel: LG Aachen AnwBl. **1980** 34). Dagegen ist ein **ohne diese Behauptung** angebrachter Antrag nicht ausreichend begründet[26]. Denn er läßt die Möglichkeit offen, daß der Antragsteller die Rechtsmittelfrist gekannt hat. Wer die Frist gekannt hat, war aber nicht durch die bloß vermutete Unkenntnis von ihr „an der Einhaltung der Frist verhindert"[27].

66   **3. Unvollständige Rechtsmittelbelehrung.** Die Grundsätze für die unterbliebene Rechtsmittelbelehrung gelten auch dann, wenn dieser eine unvollständige oder falsche Belehrung gleichsteht (§ 35 a, 24; 26; 28; OLG Hamm Rpfleger **1961** 80; OLG Hamburg NJW **1962** 602; OLG Saarbrücken NJW **1965** 1031; OLG Bremen MDR **1977** 597; **1979** 517; LG Saarbrücken NJW **1983** 2041); selbst wenn der Betroffene und sein nach § 138 Abs. 2 zugelassener Verteidiger Juristen sind (OLG Köln VRS **47** 189). Unvollständigkeit der Belehrung liegt nicht vor, wenn ein Hinweis auf § 43 Abs. 2 unterblieben ist (§ 35 a, 14; BVerfGE **31** 390 = NJW **1971** 2217), doch kann u. U. die Unfähigkeit, die Abweichung vom normalen Fristablauf zu erkennen und Erkundigungen über eine Fristverlängerung einzuziehen, Verschulden ausschließen und die Wiedereinsetzung begründen (vgl. *Weihrauch* NJW **1972** 243).

67   Schließlich gelten die Grundsätze für die unterbliebene Rechtsmittelbelehrung auch für den Fall, wo einem der deutschen Sprache nicht hinreichend mächtigen **Ausländer** ein Strafbefehl (oder Bußgeldbescheid) in deutscher Sprache ohne eine ihm verständliche Belehrung über den Rechtsbehelf des Einspruchs zugestellt worden ist. Versäumt er zufolge seiner mangelnden Sprachkenntnisse die Frist, kann er nicht anders behandelt werden, als wenn die Rechtsmittelbelehrung unterblieben wäre (BVerfGE **40** 95 = NJW **1975** 1597; BGHSt **30** 182; KG JR **1977** 130); es sei denn, daß dem Betroffenen vorzuwerfen ist, er habe sich nicht zureichend um die Verfolgung seiner Interessen

---

[26] Zust. BayObLGSt **1967** 69 = GA **1968** 55; OLG Oldenburg NdsRpfl. **1968** 196; OLG Celle NdsRpfl. **1972** 70; OLG Frankfurt MDR **1974** 159; OLG Hamm JMBlNRW **1977** 119; OLG Bremen MDR **1979** 517; OLG Stuttgart NJW **1981** 1971; KK-*Maul* 38; *Kleinknecht/Meyer* 21; *Warda* 717; KMR-*Paulus* § 35 a, 20; **a. A.** OLG Schleswig SchlHA **1976** 28; dagegen mit überzeugenden Erwägungen OLG Bremen MDR **1977** 598.

[27] Dieser Gedanke kommt – wie schon in der früheren – auch in der neuen Fassung schlecht zum Ausdruck. Erwünscht gewesen wäre eine gesetzgeberische Klarstellung dahin, daß zunächst festzustellen ist, ob der Antragsteller die versäumte Rechtsmittelfrist gekannt hat; erst wenn seine Nichtkenntnis festgestellt worden ist, ist alsdann die Frage des Verschuldens zu prüfen, wobei sich das Nichtverschulden als unwiderlegbare Vermutung aus unterbliebener Rechtsmittelbelehrung ergeben kann.

gekümmert, sich namentlich nicht um eine Übersetzung bemüht (OLG Düsseldorf MDR **1982** 247; vgl. auch OLG Köln VRS **63** 457), obwohl er nach Lage des Falls dazu Anlaß hatte und auch imstande war (BVerfGE **42** 120 = NJW **1976** 1021; OLG Köln MDR **1979** 864). Zu Recht hat schon das Kammergericht (JR **1977** 130) auch den Fall nach diesen Grundsätzen behandelt, d. h. Wiedereinsetzung gewährt, wo ein der deutschen Sprache nicht genügend mächtiger Ausländer eine Revisionserklärung deshalb entgegen § 184 GVG nicht in deutscher Sprache abgegeben hat, weil ihn das Gericht in der — in seiner Heimatsprache abgefaßten? vgl. dazu Nr. 181 Abs. 2 RiStBV — **Rechtsmittelbelehrung** nicht auf dieses Erfordernis hingewiesen hat (ebenso BGH MDR **1981** 949 = NJW **1982** 532; OLG Düsseldorf MDR **1982** 866). Zwar sind einem Ausländer, der die deutsche Sprache nicht hinreichend beherrscht, danach nicht nur Anklageschriften und gerichtliche Sachentscheidungen, sondern auch Ladungen, Haftbefehle und Strafbefehle mit einer Übersetzung in eine ihm verständliche Sprache bekanntzumachen. Nach seinem Grundgedanken, dem nicht sprachkundigen Ausländer in Verfahren vor deutschen Gerichten die gleichen prozessualen Grundrechte und den gleichen Anspruch für ein rechtsstaatliches Verfahren (vgl. dazu Art. 6 Abs. 3 Buchst. a und e MRK) wie einem Deutschen einzuräumen, muß dieser Grundsatz — zumal da Nr. 181 Abs. 2 RiStBV keine abschließende Regelung enthält — auch für die in ihrer Bedeutung nicht minder wichtige Rechtsmittelbelehrung gelten (§ 35 a, 21; vgl. zu diesem Problem auch *Römer* NStZ **1981** 476 sowie *Sieg* MDR **1981** 281 und **1983** 363). Wegen des engeren Standpunkts des Bundesverwaltungsgerichts vgl. DVBl. **1978** 888 sowie § 35 a, 21.

IV. Wirkung

Wegen der Wirkung und Folgen einer gewährenden Wiedereinsetzung s. § 46, **68** 11 ff.

§ 45

(1) ¹Der Antrag auf Wiedereinsetzung in den vorigen Stand ist binnen einer Woche nach Wegfall des Hindernisses bei dem Gericht zu stellen, bei dem die Frist wahrzunehmen gewesen wäre. ²Zur Wahrung der Frist genügt es, wenn der Antrag rechtzeitig bei dem Gericht gestellt wird, das über den Antrag entscheidet.
(2) ¹Die Tatsachen zur Begründung des Antrags sind bei der Antragstellung oder im Verfahren über den Antrag glaubhaft zu machen. ²Innerhalb der Antragsfrist ist die versäumte Handlung nachzuholen. ³Ist dies geschehen, so kann Wiedereinsetzung auch ohne Antrag gewährt werden.

Schrifttum. *Heyland* Zur Auslegung des § 45 Abs. 2 Satz 1 StPO n. F. — Bemerkungen zu der Entscheidung BVerfGE **41** 332 — JR **1977** 402; *W. Schmid* Über Eid und eidesstattliche Versicherung im strafprozessualen Freibeweisrecht SchlHA **1981** 41; *W. Schmid* Über Glaubhaftmachen im Strafprozeß SchlHA **1981** 73.

Entstehungsgeschichte. Satz 2 des Absatzes 2 ist durch Art. 2 Nr. 2 EGOWiG eingefügt worden. Durch Art. 1 Nr. 9 des 1. StVRG ist Absatz 1 dem modernen Sprachgebrauch von § 60 Abs. 2 VwGO, § 56 Abs. 2 FGO und § 67 Abs. 2 SGG angeglichen worden. Das Erfordernis der Glaubhaftmachung ist jetzt in Absatz 2 geregelt. Satz 1 dieses Absatzes läßt sie entsprechend der Regelung in den zuvor angeführten modernen Verfahrensordnungen auch noch während des Verfahrens über den Wiedereinsetzungsantrag zu. Satz 2 entspricht — mit der Erweiterung, daß die Handlung innerhalb der An-

Günter Wendisch

tragsfrist (Absatz 1 Satz 1) nachgeholt sein muß — dem bisherigen Absatz 2. Durch Satz 3 wird nunmehr dem Gericht die Möglichkeit eröffnet, Wiedereinsetzung in den vorigen Stand auch vom Amts wegen zu gewähren.

Übersicht

1. Inhalt und Zweck

1   **a) Das frühere Recht** ließ Wiedereinsetzung in den vorigen Stand weder von Amts wegen (allgemeine Ansicht seit RGSt **53** 300 und **76** 178) noch auf Antrag der Staatsanwaltschaft zu (erstmals RGSt **22** 31; ferner OLG Bremen GA **1957** 87 und LG Aachen NJW **1961** 86 mit zust. Anm. von *Kleinknecht*). Der Staatsanwaltschaft versagte es den Antrag, weil es sich hierbei mangels Devolutiv- und Suspensiveffekts nicht um ein Rechtsmittel, sondern um einen **Rechtsbehelf eigener Art** handelt, auf den § 296 Abs. 2 StPO (auch analog) keine Anwendung finde. Die Rechtsprechung versuchte, Härten dadurch auszugleichen, daß sie Wiedereinsetzung auch ohne förmlichen Antrag bewilligte, wenn nur aus den Umständen des Falles zu schließen war, daß der Beteiligte um Wiedereinsetzung in den vorigen Stand bitten wolle (so OLG Bremen aaO). *Müller-Sax*[6] (§ 44, 5) und *Kleinknecht*[31] (§ 44, 5) wollten einem unbilligen Ergebnis auch durch den Hinweis begegnen, daß bei offensichtlich unverschuldeter Fristversäumung die **prozessuale Fürsorgepflicht** Staatsanwaltschaft und Gericht gebieten könne, den Beschwerdeführer auf die Möglichkeit eines Wiedereinsetzungsantrags hinzuweisen.

2   **b) Entwürfe.** Schon die **Entwürfe** einer Strafprozeßordnung von 1908 (E 1908) und eines Gesetzes über den Rechtsgang in Strafsachen von 1919 (E 1919) sahen eine Vorschrift des Inhalts vor, daß Wiedereinsetzung auch ohne ausdrücklichen Antrag bewilligt werden könne. In der Begründung zum E 1908 ist hierzu ausgeführt, es werde nur vorausgesetzt, daß der Wunsch des Antragstellers auf Wiedereinsetzung irgendwo erkennbar zum Ausdruck gelangt sei. § 292 des Entwurfs einer Strafverfahrensordnung von 1939 (E 1939) verlangte zwar einen Antrag auf „Nachholung einer versäumten Handlung" (= Wiedereinsetzung in den vorigen Stand), erklärte aber zugleich die allgemeinen Vorschriften über Rechtsbehelfe für entsprechend anwendbar, so daß der Staatsanwaltschaft nach § 299 Satz 1 E 1939 die Möglichkeit gegeben war, auch zugunsten des Beschuldigten den Antrag auf Nachholung einer versäumten Handlung zu stellen.

3   **c) Andere Verfahrensordnungen.** Die neuen Verfahrensordnungen — so § 60 Abs. 2 Satz 4 VwGO, § 56 Abs. 2 Satz 4 FGO, § 67 Abs. 2 Satz 4 SGG, § 26 Abs. 3 Satz 4 EGGVG, § 112 Abs. 3 Satz 4 StVollzG und zufolge Änderung durch die Vereinfachungsnovelle vom 3. 12. 1976 nunmehr auch § 236 Abs. 2 Satz 2 letzter Halbsatz ZPO

— sehen Wiedereinsetzung in den vorigen Stand für den Fall von Amts wegen vor, daß der Beteiligte innerhalb der Antragsfrist die versäumte Handlung nachgeholt hat. Es ist zu begrüßen, daß diese Regelung auch für das Strafverfahren gilt, werden doch damit die unbilligen Härten vermieden, die darin liegen, daß — auch bei offensichtlichem Behördenverschulden — das Gericht gehindert war, dem Beschwerdeführer trotz Unverschuldens alsbald Wiedereinsetzung zu gewähren (Begr. BTDrucks. 7 551, S. 58)[1]. Abweichend von den zuvor genannten Verfahrensordnungen, die überwiegend eine zweiwöchige Wiedereinsetzungsfrist vorsehen, hält die Neufassung an der **Wochenfrist** fest und vermeidet damit eine Ungleichheit zwischen der Rechtsmitteleinlegungsfrist in Strafsachen, die ausnahmslos eine Woche beträgt, und der Wiedereinsetzungsfrist.

Zu Recht enthält § 45 — anders als § 60 Abs. 3 VwGO, § 56 Abs. 3 FGO, § 67 **4** Abs. 3 SGG, § 22 Abs. 2 Satz 4 FGG, § 26 Abs. 4 EGGVG, § 112 Abs. 4 StVollzG und § 234 Abs. 3 ZPO — auch **keine Ausschlußfrist** (OLG Düsseldorf NJW **1982** 61). Der für diese Vorschriften angeführte Gesichtspunkt, von einem gewissen Zeitpunkt an sollten klare Verhältnisse geschaffen werden (*Eyermann/Fröhler*, VwGO, Anm. 24 zu § 60), kann nicht ohne weiteres auf die Strafprozeßordnung übertragen werden. Eine — wenn auch im Fall höherer Gewalt abgeschwächte — Ausschlußfrist könnte im Strafverfahren zu unbilligen Ergebnissen und Härten führen.

2. Antrag (Absatz 1)

a) **Form (Satz 1).** Der **Antrag** ist in der Anbringungsform frei. Die bloße Behaup- **5** tung, der Antragsteller habe ohne sein Verschulden eine bestimmte Frist versäumt, ist ein — wenn auch unzulässiger — Wiederaufnahmeantrag und als solcher zu behandeln (RG HRR **1935** 1359). Er ist aber nur dann zulässig, wenn die Frist von einer Woche (§ 43, 2 ff) gewahrt ist; die Tatsachen zur Begründung des Antrags (Rdn. 13 ff) angegeben und — wenn auch gegebenenfalls später — glaubhaft (Rdn. 16 ff) gemacht worden sind; die versäumte Handlung nachgeholt (Rdn. 28) worden ist; und, falls sie einem Formzwang unterliegt (z. B. 345 Abs. 2, 390 Abs. 2), diesem genügt. Bestehen Zweifel, ob die Wochenfrist gewahrt ist, und können diese nicht ausgeräumt werden, so kann zugunsten des Antragstellers davon ausgegangen werden, daß er die Frist eingehalten hat (BGHSt **11** 395; OLG Hamburg NJW **1974** 68; OLG Stuttgart NJW **1981** 471; a. A. OLG Karlsruhe OLGSt § 45 StPO, 27; OLG Celle NdsRpfl. **1982** 140; KMR-*Paulus* 4; *Kleinknecht/Meyer* 3; wie hier KK-*Maul* 3). Wenn der Antrag **anders bezeichnet** wird, als im Gesetzestext angegeben, ist das nach dem sinngemäß anzuwendenden § 300 unschädlich.

In dem **Antrag** des Angeklagten **auf Entscheidung des Rechtsmittelgerichts** (§ 319 **6** Abs. 2 Satz 1, § 346 Abs. 2 Satz 1) liegt regelmäßig zugleich ein Antrag auf Wiedereinsetzung in den vorigen Stand. Darüber ist zuerst zu entscheiden, weil die Bewilligung der Wiedereinsetzung den Antrag auf Entscheidung des Rechtsmittelgerichts gegenstandslos macht, und auf der anderen Seite die Feststellung, daß die Frist nicht versäumt sei, die Entscheidung des Rechtsmittelgerichts vorschreibt (RGSt **53** 288; BGHSt **11** 154). Des Verfahrens nach § 44 bedarf es nicht, wenn das Gericht eine Entscheidung in der irrigen Annahme getroffen hat, daß eine Frist versäumt sei. Das Gericht kann und

---

[1] Das OLG Düsseldorf will diesen Grundsatz unter Hinweis auf BVerfGE **42** 257 = NJW **1976** 1840 auch auf die Versäumung eines Hauptverhandlungstermins anwenden und bei offensichtlichem Behördenverschulden auch in diesem Fall Wiedereinsetzung von Amts wegen gewähren (VRS **57** 441 = NJW **1980** 1705).

Günter Wendisch

muß in einem solchen Fall seine Entscheidung von Amts wegen aufheben oder ändern, sobald sich herausstellt, daß die irrigerweise angenommene Versäumnis in Wirklichkeit nicht vorliegt (RGSt **59** 419; RG JW **1927** 395). Ein — selbst unzulässiger — Wiedereinsetzungsantrag kann hierzu Veranlassung bieten.

7　　**b) Wegfall des Hindernisses.** Unter Hindernis ist der Umstand zu verstehen, der die Versäumung verursacht hat. Hat jemand das zur Wahrung der Frist Erforderliche getan, diese aber, ohne daß er das weiß, doch versäumt, dann bildet diese Unkenntnis das Hindernis. Das Hindernis ist **weggefallen**, wenn der Betroffene davon Kenntnis erlangt, daß er die Frist versäumt hat. Geht ein rechtzeitig aufgegebener Brief verloren, ist das Hindernis weggefallen, wenn dem Absender der Verlust bekannt wird. Hat jemand von einer Zustellung keine Kenntnis, ist das Hindernis weggefallen, wenn der Adressat von der Zustellung Kenntnis erlangt und dazu die Gelegenheit erhält, von dem Gegenstand der Zustellung Kenntnis zu nehmen. Ist jemand über eine Rechtsmittelfrist nicht belehrt worden und hat von ihr keine Kenntnis gehabt, ist das Hindernis weggefallen, wenn die Belehrung nachgeholt wird oder der Beteiligte sonst, etwa weil das Rechtsmittel verworfen worden ist, Kenntnis von der Frist erlangt. Hat der Verletzte innerhalb der Frist des Antrags auf gerichtliche Entscheidung nach § 172 Abs. 2 Satz 1 beantragt, ihm Prozeßkostenhilfe zu bewilligen und ihm einen Rechtsanwalt beizuordnen, und ist ihm der Beschluß, durch den ihm die Prozeßkostenhilfe mangels Erfolgsaussicht versagt worden ist, erst nach Ablauf der Antragsfrist zugegangen, so ist das Hindernis erst in diesem Zeitpunkt weggefallen. Denn Wiedereinsetzungsgrund ist in diesem Fall nicht die Fortdauer oder der Fortfall der Unmöglichkeit, die Kosten der Prozeßführung aufzubringen, sondern die Weigerung, Prozeßkostenhilfe zu bewilligen, nachdem der Verletzte den Antrag dafür rechtzeitig gestellt hatte (OLG Celle GA **1977** 150).

8　　Für die Frage, wann das Hindernis weggefallen ist, kommt es auf die **persönliche Kenntnis** des von ihm Betroffenen an (OLG Celle NJW **1973** 2307). Es schadet ihm nicht, wenn sein Anwalt früher (BayObLGSt **1956** 251 = NJW **1957** 192; OLG Hamm NJW **1965** 2216; OLG Braunschweig NJW **1967** 1432), und es kommt ihm nicht zugute, wenn sein Anwalt später (BayObLGSt **1955** 188 = NJW **1956** 154; OLG Köln VRS **42** 127; OLG Hamm NJW **1965** 2216; OLG Schleswig SchlHA **1959** 301 und bei *Ernesti/ Lorenzen* SchlHA **1983** 107) von dem Umstand Kenntnis erhalten hat als er selbst. Besteht zwischen Behörden Meinungsverschiedenheit über den hindernden Umstand und sind diese mit der Aufklärung befaßt, dann ist das Hindernis erst behoben, wenn dem Betroffenen die ermittelten Umstände bekanntgegeben worden sind und er damit endgültig Klarheit erlangt hat (OLG Hamburg *Alsb.* E 1 156).

9　　**c) Zuständigkeit (Satz 1 und 2).** Der Antrag ist bei dem Gericht zu stellen, bei dem die Frist wahrzunehmen gewesen wäre **(judex a quo)**. Zuständig ist darüber hinaus das Gericht, bei dem die versäumte Handlung auch vorgenommen werden durfte. Danach kann der Beschuldigte, der sich nicht auf freiem Fuß befindet (§ 35, 33), den Antrag auch bei dem Amtsgericht anbringen, in dessen Bezirk er verwahrt wird (§ 299; KG DRiZ **1929** 1151). Ist die **Frist für** eine **sofortige Beschwerde** versäumt, dann ist sowohl das Gericht, das die angefochtene Entscheidung erlassen hat (§ 306 Abs. 1 Satz 1), als auch das Beschwerdegericht (§ 311 Abs. 2 Satz 2) zuständig, den Antrag entgegenzunehmen.

10　　Hat der Angeklagte die Frist zur Berufungseinlegung (§ 314 Abs. 1) versäumt und hat der Strafrichter deshalb die Berufung durch Beschluß als unzulässig verworfen (§ 319 Abs. 1), so ist ein Antrag auf Wiedereinsetzung wegen **Versäumung der Beru-**

fungsfrist bei dem Amtsgericht — dem Gericht, bei dem die Frist wahrzunehmen war — zu stellen und von diesem über die Staatsanwaltschaft dem Berufungsgericht zur Entscheidung vorzulegen (§ 46 Abs. 1). Die Frist für den Antrag auf Wiedereinsetzung wird allerdings auch dann gewahrt, wenn der Antrag rechtzeitig bei dem Berufungsgericht angebracht worden ist (Satz 2).

Ist die Frist zur Einlegung der Revision (§ 341 Abs. 1) oder zur Begründung der **11** Revision (§ 345 Abs. 1) versäumt und hat der Tatrichter deshalb die Revision durch Beschluß als unzulässig verworfen (§ 346 Abs. 1), so ist der Antrag auf Wiedereinsetzung wegen **Versäumung der Revisionseinlegungs- oder Begründungsfrist** bei dem Tatgericht anzubringen, bei dem die Frist wahrzunehmen war und von diesem wiederum über die Staatsanwaltschaft dem Revisionsgericht zur Entscheidung vorzulegen (§ 46 Abs. 1). Auch in diesen beiden Fällen wird die Frist gewahrt, wenn der Wiedereinsetzungsantrag rechtzeitig bei dem Revisionsgericht angebracht worden ist (Satz 2; vgl. auch OLG Hamburg MDR **1978** 244 = JR **1978** 430 mit Anm. *Meyer*; KK-*Maul* 9; KMR-*Paulus* 13).

Die in den Randnummern 9 bis 11 behandelte Zuständigkeitsregelung ist **12** **zweckmäßig**, weil der Antrag auf diese Weise dorthin kommt, wo sich in der Regel die Akten befinden werden. Soweit Satz 2 diesen Grundsatz durchbricht, ist seine Regelung gleichwohl zu billigen. Denn es war unbefriedigend, daß bis zu seiner Einführung durch Art. 2 Nr. 2 EGOWiG (vgl. dazu Begr. BTDrucks. V 1319, S. 71) die Antragsfrist nicht gewahrt wurde, wenn der Antrag versehentlich bei dem Gericht eingereicht wurde, das darüber nach § 46 Abs. 1 zu entscheiden hat (judex ad quem).

3. Angabe der Versäumungsgründe und Glaubhaftmachung (Absatz 2)

a) Angabe der Versäumungsgründe (Satz 1). Der Antrag muß unter Behauptung **13** von **Tatsachen** so vollständig begründet werden (BayObLGSt **1949/51** 350), daß ihm die unverschuldete (vgl. § 44, 25) Verhinderung des Antragstellers entnommen werden kann. Versäumungsgründe nachzuschieben ist — wie schon nach früherem Recht — auch nach neuem Recht unzulässig. Denn Absatz 2 Satz 1 erweitert wohl die Frist zur Glaubhaftmachung, nicht aber für die Angabe der Tatsachen zur Begründung des Antrags. Sie müssen daher — wie bisher — mit der Antragstellung, spätestens innerhalb der Antragsfrist, vorgetragen werden. Das schließt indessen nicht aus, daß der Antragsteller sein fristgerecht angebrachtes Vorbringen nach Ablauf der Frist bis zur gerichtlichen Entscheidung erläutert, vervollständigt und ergänzt (vgl. BGH — Z — NJW **1951** 964), solange damit der fristgerecht vorgebrachte, anspruchsbegründende Tatsachenvortrag nicht verändert wird[2].

Umstände, die den Akten zu entnehmen (Zustellung durch Niederlegung oder an **14** Dritte, Unterlassen der Rechtsmittelbelehrung nach § 35 a, unrichtiger Akteninhalt) oder **gerichtskundig** sind (Überschwemmung, Schneeverwehung, Stillstand der Rechtspflege), unterliegen nicht der Darlegungspflicht (BayObLGSt **1952** 62; OLG Hamm NJW **1955** 1850; OLG Saarbrücken Rpfleger **1960** 344; OLG Düsseldorf VRS **64** 271).

Zu der **Aufklärung**, die der Antragsteller erbringen muß, gehört es, daß er dar- **15** legt, wann das Hindernis weggefallen ist und wodurch (OLG Saarbrücken NJW **1969** 1865; BGH bei *Dallinger* MDR **1972** 925; OLG Düsseldorf VRS **64** 271; OLG Celle

---

[2] Beispiel: Der Antragsteller trägt vor, er sei, im Begriff, einen Schriftsatz zur Post zu bringen, so erkrankt, daß er sein Vorhaben nicht habe ausführen können. Er gibt nach Fristablauf die Art der Erkrankung an und trägt vor, daß er allein im Haus gewesen sei und keinen Telefonanschluß unterhalte.

MDR 1982 774; vgl. auch OLG Schleswig bei *Ernesti/Lorenzen* SchlHA 1983 107; KK-*Maul* 6; KMR-*Paulus* 7; *Kleinknecht/Meyer* 5; *John* 3; *Puchelt* 5)[3]. Die entgegengesetzte Ansicht (BayObLGSt 1952 16; *Müller-Sax* [6] 2; *Eb. Schmidt* Nachtr. 2 5) beruft sich zu Unrecht auf den Wortlaut des § 45 und auf einen Vergleich mit § 236 Abs. 1 ZPO und § 22 Abs. 2 FGG. Denn es kann nicht der Sinn eines summarischen Verfahrens sein, über dessen erste Voraussetzung, ob die Frist gewahrt ist, Rückfragen zu halten und Beweise zu erheben.

16 b) Die **Glaubhaftmachung** soll den Richter in die Lage versetzen, ohne den Fortgang des Verfahrens verzögernde weitere Ermittlungen über den Antrag zu entscheiden (BGHSt 21 347; KG NJW 1974 657), d. h. auch ohne förmliche Beweiserhebung die behaupteten Tatsachen für wahr zu halten. Dafür wird indessen nicht die volle richterliche Überzeugung von der Richtigkeit der behaupteten Tatsachen gefordert. Es genügt, daß dem Richter durch die beigebrachten Beweismittel in einem nach Lage der Sache vernünftigerweise zur Entscheidung hinreichenden Maß die Wahrscheinlichkeit ihrer Richtigkeit dargetan wird (RGSt 28 10; BayObLGSt 1955 224 = NJW 1956 640; BGHSt 21 350). Diesem Zweck dienen präsente schriftliche Beweismittel, die der Richter unmittelbar, regelmäßig ohne andere Personen zu befragen, durch Einsicht würdigen kann; die bloße Bezeichnung eines Beweismittels, wie etwa die Benennung eines Zeugen, reicht in der Regel zur Glaubhaftmachung nicht aus (BGHSt 21 347). Der Grundsatz, daß im **Zweifel** für den Angeklagten zu entscheiden sei, gilt für die Glaubhaftmachung durch Beteiligte auch dann nicht, wenn sie dem Angeklagten dienen soll (BGHSt 21 352; ebenso *W. Schmid* 74).

17 c) Als **Mittel** der Glaubhaftmachung kommen etwa in Betracht ärztliche Zeugnisse, gewöhnliche schriftliche Erklärungen oder eidesstattliche Versicherungen von Zeugen (RGSt 28 11; 57 54; 58 148; 62 121; 70 268), etwa des Zustellungsempfängers, des Arbeitgebers oder eines Tankwarts, amtliche Bescheinigungen, in seltenen Fällen schriftliche Sachverständigengutachten und endlich eidesstattliche Versicherungen des Gesuchstellers selbst, soweit er nicht im gleichen Verfahren Beschuldigter ist (Rdn. 22). Soweit keine Darlegungspflicht besteht (Rdn. 14), bedarf es auch nicht der Glaubhaftmachung, namentlich also nicht für **gerichtsbekannte Tatsachen** (OLG Neustadt GA 1956 94; OLG Saarbrücken Rpfleger 1960 344; *Peters* JR 1974 254; *Heyland* 405).

18 Bis zum Inkrafttreten der Neufassung des § 45 (Art. 1 Nr. 9 des 1. StRVG) hatte das Bundesverfassungsgericht in ständiger Rechtsprechung den Standpunkt vertreten, auf die Glaubhaftmachung könne auch dann verzichtet werden, wenn dem Vorbringen selbst schon zufolge seiner schlüssigen und erschöpfenden Darstellung eines ausgesprochen naheliegenden, der Lebenserfahrung entsprechenden Versäumnisgrunds — z. B. Urlaub in der allgemeinen Ferienzeit — eine nicht unerhebliche Wahrscheinlichkeit innewohne (BVerfGE 38 39 = NJW 1974 1903; 40 91 = NJW 1975 1356; 40 186 = JZ 1975 571 = MDR 1975 997; vgl. dazu ausführlich *Goerlich* LV zu § 44, 1526 mit weiteren Hinweisen). Nach der Neufassung des Absatzes 1 sieht es nunmehr keinen Anlaß mehr, die Glaubhaftmachung durch „schlichte Erklärung" ganz allgemein auch bei naheliegenden Versäumnisgründen allein ausreichen zu lassen, zumal da Absatz 1 dem Betroffenen die Möglichkeit eröffnet, einen zunächst unzulänglich glaubhaft gemachten Wiedereinsetzungsgrund selbst in der Beschwerdeinstanz (vgl. dazu Rdn. 24 ff) noch zu vervollständigen (BVerfGE 41 332, 337 = NJW 1976 1537 = MDR 1976 732; Ergän-

---

[3] So schon zu § 33 VVG BVerwG MDR 1963 868; zu § 60 Abs. 2 VwGO OVG Koblenz NJW 1972 2326.

zung zu BVerfGE 40 182, 186). Ob gleichwohl die „schlichte Erklärung" ausnahmsweise einmal zur Glaubhaftmachung ausreichen kann (grundsätzlich verneinend OLG Köln VRS 51 52), haben nunmehr die Fachgerichte selbst zu entscheiden (BVerfGE 41 340; vgl. dazu Rdn. 21).

Wenn der **Verteidiger** den Antrag stellt, ist der Vortrag durch ihn allein — auch nicht **19** mit dem Hinweis, er habe das Vorbringen dem Beschuldigten vorgelesen und dieser es als richtig bezeichnet (BayObLG *Rüth* DAR 1974 181) — keine Glaubhaftmachung. Bestätigt er aber im Antrag die Wiedereinsetzungsgründe als **eigene Wahrnehmung,** so wird das in der Regel als Glaubhaftmachung genügen (OLG Neustadt MDR 1956 312; OLG Schleswig MDR 1972 165), wenn auch eine „anwaltliche Versicherung" angebrachter ist (OLG Köln NJW 1964 1038).

Ausnahmsweise kann auch die bloße **Benennung eines Zeugen** genügen: einmal, **20** wenn er als Bediensteter einer Behörde (Gericht, Staatsanwaltschaft, Vollzugsanstalt) angehört, die mit dem Antrag befaßt ist (etwas weitergehend BayObLGSt 1955 223 = NJW 1956 640), zum anderen, wenn der Antragsteller glaubhaft vorbringt, der Zeuge habe eine schriftliche Bestätigung verweigert (BayObLGSt 1955 210 = JZ 1956 341), und endlich, wenn es unangemessen oder voraussichtlich zwecklos ist, daß der Antragsteller den Zeugen um eine Erklärung angeht, und dieser Umstand entweder auf der Hand liegt oder glaubhaft gemacht worden ist.

Ist es dem Beschuldigten unmöglich, Beweismittel beizubringen, dann kann, na- **21** mentlich bei nicht von ihm zu vertretendem Beweisverlust — etwa eines Briefumschlags mit Poststempel auf der Behörde —, seine **eigene** schlichte (nicht eidesstattliche) **Versicherung** genügen (BGHSt 25 92)[4]. Auch kann seine — nicht zulässige, vgl. Rdn. 22 — eigene eidesstattliche Versicherung namentlich dann als schlichte Versicherung gewertet werden, wenn er die Versäumungsgründe durch die schlichte eigene Erklärung sogleich wahrscheinlich macht[5]. Dagegen ist es ausgeschlossen, sie (so OLG Hamm MDR 1965 843) als Beteuerung mit besonderer, bestärkter Bedeutung zu würdigen. In einem solchen Fall ist die Prüfung der Zulässigkeit schwer von derjenigen der Begründetheit zu scheiden[6]. Der Richter wird die vorgebrachte Behauptung nach den Umständen zu

---

[4] Ebenso BayObLGSt § 45 StPO, 15; OLG Hamm JMBlNRW 1954 134; NJW 1970 1429; OLG Bremen Rpfleger 1962 386; OLG Braunschweig GA 1966 56; KG NJW 1974 657 = JR 1974 253 mit Anm. *Peters*; LG Flensburg MDR 1976 599; VRS 60 42; KK-*Maul* 12 f; *Kleinknecht/Meyer* 9; **a. A.** KMR-*Paulus* § 26, 9; wie hier auch *Roxin* § 22 B V 1, S. 118.

[5] Dagegen hält das Kammergericht (NJW 1974 657 = JR 1974 252) ausnahmslos an dem Grundsatz fest, ein Verzicht auf die Glaubhaftmachung müsse auf den Fall beschränkt bleiben, daß es dem Antragsteller unmöglich sei, Beweismittel beizubringen; vermittelnd *Peters* JR 1974 253; wie Kammergericht *Heyland* 406: Eine sog. schlichte Erklärung enthält keine Glaubhaftmachung i. S. des § 45 Abs. 2 Satz 1. Im übrigen zieht *Heyland* aus der Aufgabe der

Rechtsprechung des Bundesverfassungsgerichts zur schlichten Erklärung den Schluß (402, 405), daß damit die Bindung der Fachgerichte an die Auffassung jenes Gerichts von der schlichten Erklärung als Glaubhaftmachung im Wiedereinsetzungsverfahren – das Kammergericht hatte in der o. a. Entscheidung dagegen verstoßen, BVerfGE 40 91 = NJW 1975 1356 – schlechthin entfalle.

[6] Weitergehend OLG Koblenz (VRS 64 372), wonach die eidesstattliche Versicherung des Beschuldigten den Wiedereinsetzungsantrag in keinem Fall unzulässig mache, weil der Richter in jedem Fall prüfen müsse, ob nicht ausnahmsweise seine Versicherung als schlichte Erklärung ausreiche, seine Säumnis zu entschuldigen. Diese Prüfung betreffe eher schon die Frage, ob sein Antrag auf Wiedereinsetzung in den vorigen Stand begründet sei oder nicht.

Günter Wendisch

beurteilen und dabei u. U. den Beschuldigten persönlich zu vernehmen haben. Freilich wird nicht jedes Vorbringen[7] glaubhaft sein. Im übrigen kann der Beschuldigte, wenn er erst verspätet ein Beweismittel erlangen konnte, Wiedereinsetzung wegen Versäumung der Wiedereinsetzungsfrist begehren (OLG Hamm NJW 1958 1104).

22   **d) Eidesstattliche Versicherung des Beschuldigten.** § 26 Abs. 2 Satz 2 und § 74 Abs. 3, zweiter Halbsatz schließen den Eid, und damit auch die ihn ersetzende eidesstattliche Versicherung (RGSt 57 54), des Ablehnungsberechtigten ausdrücklich aus. Die abweichende Fassung des § 45 Abs. 2 Satz 1 kann nicht schlechthin unbeachtet bleiben. Grundsätzlich ist daher der Antragsteller befugt, sich zur Glaubhaftmachung der eidesstattlichen Versicherung zu bedienen. Eine Ausnahme gilt jedoch für den Fall, daß der **Antragsteller der Beschuldigte** im Strafverfahren ist. Denn der Eid und die eidesstattliche Versicherung des Beschuldigten sind im Strafverfahren nach deutscher Auffassung, die im System der Strafprozeßordnung ihren Ausdruck findet, mit der Stellung des Beschuldigten nicht vereinbar. Wenn mit den genannten Mitteln der Glaubhaftmachung im Wiedereinsetzungsverfahren auch nicht die Schuld abgeschworen werden soll, so dienen doch auch sie der Verteidigung. Insoweit gehen die allgemeinen Erwägungen dem Fassungsunterschied bei der Auslegung vor (vgl. RGSt 57 53). Der Beschuldigte kann also seinen eigenen Wiedereinsetzungsantrag nicht mit einer eigenen eidesstattlichen Versicherung glaubhaft machen (RGSt 70 268; BGHSt 25 89, 92; BayObLGSt 1953 207 = NJW 1954 204; KG VRS 6 283; OLG Braunschweig GA 1966 55; OLG Hamm MDR 1965 843; NJW 1974 328)[8]; nicht ausgeschlossen ist es, sie als schlichte Erklärung zu werten (Rdn. 21). Dagegen kann er als Zeuge eines anderen Antragstellers eine solche Versicherung abgeben.

23   **e) Frist zur Glaubhaftmachung.** Nach der früheren Fassung des § 45 Abs. 1 mußte der Antrag fristgemäß unter Glaubhaftmachung angebracht werden; der Antragsteller mußte seine Angaben regelmäßig schon mit dem Antrag, spätestens jedoch bis zum Ablauf der Antragsfrist glaubhaft machen. Nach dem neuen Wortlaut von Absatz 2 Satz 1 genügt es nunmehr, wenn der Antragsteller die Tatsachen zur Begründung seines Antrags **im Verfahren über den Antrag** glaubhaft macht. Damit gilt für das Strafverfahren die gleiche Regelung, die sich in anderen Verfahrensordnungen (vgl. § 60 Abs. 2 VwGO; § 26 Abs. 3 Satz 2 EGGVG; § 112 Abs. 3 Satz 2 StVollzG und § 236 Abs. 2 Satz 1 ZPO)[9] bewährt hat und in der Praxis — allerdings zurückhaltend — schon geübt

---

[7] Beispiel: Der in den oberen Teil des Nachtbriefkastens eingeworfene Brief sei ohne Zeugen 23 Uhr eingeworfen worden; die Klappe müsse eine Stunde zu früh gefallen sein.

[8] Wie hier KK-*Maul* 13; *Eb. Schmidt* Nachtr. 3 11; *Mittelbach* JR 1955 274; *Heyland* 405; a. A. – auch Beschuldigter kann, um einen Versäumungsgrund glaubhaft zu machen, eine Versicherung an Eides Statt abgeben – *Gerland* 192; *Clemens* DStR 1939 197; OLG Hamburg JR 1955 274; OLG Hamm MDR 1965 843; LG Mainz MDR 1972 165; LG München NJW 1972 406. Beide Landgerichte berufen sich zu Unrecht auf BVerfGE 26 320 = NJW 1969 1532: dort wird nur – wie hier (Rdn. 21) – von der eigenen schlichten (d. h. nicht eidesstattli-

chen) Versicherung des Beschuldigten gesprochen. Auch die Annahme, RGSt 70 268 rücke von RGSt 57 73 ab, ist falsch. Das Landgericht Mainz gibt RGSt 70 268 unrichtig wieder; der Nebensatz („als sie Tatsachen betreffen, die für die Entscheidung der Schuldfrage unmittelbar von Bedeutung sind") bezieht sich nur auf eidesstattliche Versicherungen von **Zeugen**. Eidesstattliche Versicherungen von Beschuldigten hält auch diese Entscheidung „überhaupt" für unzulässig, wozu sie ausdrücklich auf RGSt 57 53 Bezug nimmt.

[9] Sie fehlt noch im Gesetz über die Angelegenheiten der freiwilligen Gerichtsbarkeit (vgl. § 22 Abs. 2 Satz 1 FGG) und im Sozialgerichtsgesetz (vgl. § 67 Abs. 2 Satz 3 SGG).

wurde. Denn der bisherigen Gesetzesfassung war nicht zu entnehmen, daß das Gericht nach Ablauf der Frist eingegangenes Beglaubigungsmaterial nicht berücksichtigen durfte; der Antragsteller hatte nur keinen Anspruch darauf, danach mit neuem Material zugelassen zu werden. Der neuen Regelung — sie ist ein weiterer Schritt auf dem Weg, die Verfahrensordnungen einander anzugleichen — ist **zuzustimmen,** vermeidet sie doch, daß ein Antragsteller gezwungen wird, nur deshalb einen zweiten Wiedereinsetzungsantrag zu stellen, weil es ihm oftmals unmöglich war, die unverschuldete Fristversäumnis innerhalb der einwöchigen Antragsfrist glaubhaft zu machen (vgl. OLG Nürnberg MDR **1963** 669; OLG Braunschweig MDR **1967** 321). Zwar ist nicht auszuschließen, daß durch die neue Regelung der mit der Behauptung einer unverschuldeten Fristversäumnis eingetretene Zustand der Ungewißheit über die Rechtsbeständigkeit der zufolge der Säumnis erlassenen Entscheidung etwas verlängert wird; jedoch sollte das wegen der nunmehr eindeutigen Lösung hingenommen werden.

Die Glaubhaftmachung ist auch weiterhin **Zulässigkeitsvoraussetzung.** Der Antrag **24** ist unzulässig, wenn er keine Glaubhaftmachung enthält; verändert worden ist nur der Zeitpunkt, bis zu dem das noch möglich ist. Fiel die zeitliche Grenze bisher mit dem Ablauf der Antragsfrist zusammen, so wird sie jetzt bis zum Abschluß des rechtskräftigen Wiedereinsetzungsverfahrens hinausgeschoben (BVerfGE 41 332, 338 = NJW **1976** 1538 = MDR **1976** 732; 43 95, 98; LG Karlsruhe NJW **1976** 1278; KK-*Maul* 15; KMR-*Paulus* 11; a. A. OLG Stuttgart NJW **1976** 1279 = MDR **1976** 509; OLG Hamm MDR **1976** 509; *Kleinknecht/Meyer* 7; *Heyland* 402). Die Glaubhaftmachung wird mithin zu einer bis zu diesem Zeitpunkt suspendierten Zulässigkeitsvoraussetzung in der Form einer Entscheidungsvoraussetzung. Wird die Glaubhaftmachung nicht bis zum Abschluß des erstinstanzlichen Verfahrens nachgeholt, ist der Antrag daher nicht als unbegründet, sondern als unzulässig zu verwerfen (OLG Koblenz VRS **64** 29; a. A. KK-*Maul* 10; wie hier *Kleinknecht/Meyer* 6). Jedoch lebt die Zulässigkeit wieder auf, wenn der Betroffene eine fehlende Glaubhaftmachung in der Beschwerdeinstanz nachholt oder eine unzulässige ergänzt (Rdn. 27)[10].

Heyland hält dieser Ansicht einmal die Motive des Gesetzgebers entgegen: Zwar **25** möge es dessen Absicht gewesen sein, die Voraussetzungen an die Wiedereinsetzung nicht zu überspannen; nirgends lasse sich aber nachlesen, daß er deshalb die Glaubhaftmachung auch noch in der Beschwerdeinstanz zulassen wollte (403 II 2). Das widerspreche auch dem inneren Zusammenhang mit einer gleichartigen Regelung in der Strafprozeßordnung, dem Wiederaufnahmerecht, wonach es ausgeschlossen sei, in dem Verfahren über die sofortige Beschwerde neue Beweismittel oder Tatsachen beizubringen (403 II 3). Als weiteren Gesichtspunkt für ihre Ansicht, daß die — erste — Glaubhaftmachung nur bis zum Abschluß der ersten Instanz zulässig sei, führt *Heyland* schließlich ins Feld, mit der Neuregelung sei eine Anpassung an die übrigen Verfahrensordnungen zum Zweck einer Verfahrensvereinfachung beabsichtigt gewesen (vgl. BTDrucks. 7 551 S. 52 und 59 zu Nr. 9 — § 45 StPO —); diese verständen aber den Begriff „im Verfahren über den Antrag" in dem von ihr vertretenen Sinn[11].

---

[10] Ist die Beschwerde in einem solchen Fall begründet, besteht allerdings kein Anlaß, die dem Antragsteller erwachsenden notwendigen Auslagen der Staatskasse aufzuerlegen, wenn er die Beweismittel zur Glaubhaftmachung schon in der ersten Instanz hätte beibringen können (OLG Hamm NStZ **1981** 112).

[11] Mit der letzteren Begründung rechtfertigt auch OLG Stuttgart NJW **1976** 1279 seinen – gleichen – Standpunkt. Es stützt sich ebenfalls auf die engere Auslegung des Begriffs „im Verfahren über den Antrag", die dieser in den Kommentierungen der Verwaltungsgerichtsordnung (vgl. *Eyermann/Fröhler* § 60, 17; *Redeker/von Oertzen* § 60, 13), der

Günter Wendisch

26   Trotz der Möglichkeit, die Tatsachen zur Begründung des Antrags noch im Verfahren über den Antrag glaubhaft zu machen, ist das Gericht gleichwohl nicht gehalten, den Antragsteller auf eine fehlende Glaubhaftmachung hinzuweisen. Hat der Antragsteller jedoch bei Anbringung seines Wiedereinsetzungsantrags angekündigt, er werde die behaupteten Tatsachen noch glaubhaft machen, so wird das Gericht ihm regelmäßig eine **angemessene Frist** einräumen mit dem Hinweis, daß es über den Antrag auch dann entscheiden werde, wenn die Glaubhaftmachung bis zu dem angegebenen Zeitpunkt nicht nachgeholt sei (so auch *Heyland* 404 II 4).

27   Mit der Neuregelung ist die **bisherige Streitfrage** hinfällig geworden, ob, wann und in welchem Umfang nach Ablauf der Antragsfrist eine unterlassene oder nur unzulängliche Glaubhaftmachung nachgeholt oder verbessert werden kann[12]. Sie ist nunmehr eindeutig dahin zu beantworten, daß sie auch noch in der Beschwerdeinstanz vervollständigt werden kann (vgl. OLG Stuttgart NJW **1976** 1279 = MDR **1976** 509), stellt sie doch nur einen Unterfall einer unterbliebenen — ersten — Glaubhaftmachung dar. Beide — gegenüber dem bis zum 31. Dezember 1974 geltenden Recht — Erweiterungen rechtfertigen es auch, die sogenannte schlichte Erklärung (vgl. Rdn. 18) zur Glaubhaftmachung eines besonders naheliegenden, der Lebenserfahrung entsprechenden Versäumungsgrundes nicht mehr ganz allgemein dem verfassungsrechtlichen Schutz der Art. 19 Abs. 4 und 103 Abs. 1 GG zu unterstellen (BVerfGE **41** 339 = NJW **1976** 1538; Ergänzung zu BVerfGE 40 186 = JZ **1975** 571 = MDR **1975** 997).

28   **f) Nachholen der versäumten Handlung (Satz 2).** Ist die versäumte Handlung noch nicht vorgenommen, muß sie innerhalb der einwöchigen **Antragsfrist** nachgeholt werden. Unterliegt sie besonderen Formerfordernissen (z. B. § 344 Abs. 2, § 345 Abs. 2), ist sie nur nachgeholt, wenn sie — innerhalb der Antragsfrist — diesen Erfordernissen genügt (RGSt **50** 253; **53** 289; **58** 156; OLG Hamm JMBlNRW **1978** 109; *Meyer* JR **1978** 432)[13]. Das bedeutet im Fall der Versäumung der Revisionsbegründungsfrist, daß die fehlende Revisionsbegründung grundsätzlich innerhalb einer Woche anzubringen ist (vgl. dazu auch § 44, 18). Eine **Ausnahme** ist allerdings für den Fall zuzulassen, wo der Antragsteller erst durch einen Zurückweisungsbeschluß des Revisionsgerichts erfährt, daß sein Verteidiger wegen Verstoßes gegen § 146 für ihn nicht tätig werden durfte. Ein solcher Zurückweisungsbeschluß stellt den Angeklagten vor eine völlig neue Lage. Wenn § 146 entgegen seinem Schutzzweck nicht zu seinen Ungunsten ausschlagen soll, muß in einem solchen (Ausnahme-)Fall die für das Anbringen der Revisionsanträge und ihre Begründung geltende Monatsfrist des § 345 Abs. 1 die an sich für das Nachholen der versäumten Handlung vorgesehene Wochenfrist des § 45 Abs. 1, Absatz 2 Satz 2

Finanzgerichtsordnung (vgl. *Hübschmann/ Hepp/Spitaler* § 56, 31) und in der Sozialgerichtsbarkeit (vgl. *Peters/Sautter/Wolff* § 67, 4 c) gefunden hat.

[12] Vgl. zum früheren Recht: Bejahend KG VRS **6** 383; JR **1975** 380; OLG Nürnberg MDR **1963** 699; OLG Saarbrücken NJW **1969** 1864; OLG Stuttgart Justiz **1972** 121; *Kleinknecht*[31] 2; *Müller-Sax*[6] 2 b Abs. 2; *Peters* JR **1974** 254; verneinend OLG Braunschweig MDR **1967** 321 = NJW **1967** 1433; offengelassen OLG Oldenburg NJW **1966** 1135.

[13] Einen Sonderfall betrifft die Entscheidung das OLG Zweibrücken VRS **57** 202 = MDR **1979** 957. Danach ist keine Nachholung der Revisionsbegründung erforderlich, wenn der Revisionsführer mit dem Antrag auf Wiedereinsetzung wegen Versäumung der Revisionsbegründungsfrist zugleich erklärt, die Revision nunmehr als Berufung zu behandeln; für diese Entscheidung zuständig ist alsdann das Berufungsgericht.

verdrängen (BGHSt **26** 335, 339)[14]. Für den Wiedereinsetzungsantrag selbst ist stets an der Wochenfrist des Absatzes 1 festzuhalten. War die Handlung schon, wenn auch verspätet — falls formgebunden, in rechter Form —, vorgenommen, braucht sie nicht wiederholt zu werden. Es genügt die Bezugnahme auf sie (OLG Celle NdsRpfl. **1951** 226), was unter Umständen auch stillschweigend möglich ist (OLG Bremen DRechtsZ **1950** 94; *Meyer* JR **1978** 432 r.).

g) Wiedereinsetzung ohne Antrag (Satz 3). Wiedereinsetzung in den vorigen **29** Stand kann auch ohne Antrag gewährt werden, wenn der Betroffene die versäumte Handlung innerhalb der Antragsfrist nachgeholt hat, aus dem Inhalt der Handlung oder dem Zusammenhang auf seinen Willen geschlossen werden kann, Wiedereinsetzung zu begehren, und wenn das Fehlen des Verschuldens offensichtlich ist und wegen Offenkundigkeit keiner Glaubhaftmachung bedarf oder aber durch die Akten selbst glaubhaft gemacht wird (OLG Frankfurt VRS **59** 429)[15].

§ 46

(1) **Über den Antrag entscheidet das Gericht, das bei rechtzeitiger Handlung zur Entscheidung in der Sache selbst berufen gewesen wäre.**

(2) **Die dem Antrag stattgebende Entscheidung unterliegt keiner Anfechtung.**

(3) **Gegen die den Antrag verwerfende Entscheidung ist sofortige Beschwerde zulässig.**

Entstehungsgeschichte. Durch Art. 1 Nr. 10 des 1. StVRG sind in den Absätzen 1 und 3 jeweils die Worte „das Gesuch" durch die Worte „den Antrag", in Absatz 2 ist das Wort „Gesuch" durch das Wort „Antrag" ersetzt worden.

1. Erledigung des Antrags

a) **Antrag.** Voraussetzung der gerichtlichen Entscheidung ist regelmäßig ein Antrag i. S. des § 45 Abs. 1. Jedoch kann das Gericht Wiedereinsetzung auch ohne Antrag **1** gewähren, wenn das fehlende Verschulden des Betroffenen auf der Hand liegt (Fristversäumung zufolge von Mängeln im behördlichen Verkehr, namentlich verspätete Beförderung der Fristsache aus der Vollzugsanstalt), durch die Akten selbst glaubhaft gemacht ist und die Prozeßhandlung, weil schon vorgenommen, nicht nachgeholt zu werden braucht (§ 45 Abs. 2 Satz 3).

---

[14] Daß die Ausnahmeregelung nur dann gilt, wenn das Versäumen einer rechtzeitigen und wirksamen Revisionsbegründung auf die Anwendung einer dem Schutz des Angeklagten im besonderen Maße dienenden Vorschrift zurückzuführen ist, betont besonders OLG Oldenburg NdsRpfl. **1979** 209: In anderen Fällen besteht für eine solche Verdrängung kein rechtfertigender Anlaß.

[15] Das OLG Düsseldorf (VRS **57** 438 = NJW **1980** 1705) hält eine Wiedereinsetzung von Amts wegen auch bei Versäumung der

Hauptverhandlung für zulässig: Zwar spreche § 235 StPO nur davon, daß der Angeklagte die Wiedereinsetzung in den vorigen Stand unter den gleichen Voraussetzung „nachsuchen" könne; jedoch müsse das nicht bedeuten, daß der Gesetzgeber die Möglichkeit einer Wiedereinsetzung von Amts wegen bei Terminversäumungen ausschließen wollte. Sie werde selbst bei Vorliegen der Voraussetzungen des § 342 Abs. 3 nicht ausgeschlossen (aaO S. 441; ebenso KK-*Maul* 17).

Günter Wendisch

2　　Der Staatsanwalt kann und wird eine solche Verfahrenshandlung anregen, falls die Voraussetzungen dafür erkennbar sind. Einen entsprechenden Antrag — zugunsten des Beschuldigten — stellen kann er nicht (RGSt **22** 31)[1]. Um ein Antragsrecht zu begründen, hätte es — wie es nach § 299 Satz 1 E 1939 (§ 45, 2) vorgesehen war — zumindest einer Verweisung auf § 296 Abs. 2 bedurft. Das ist aber unterblieben; eine entsprechende Anwendung dieser Vorschrift kann nicht in Betracht gezogen werden. Denn wenn der Staatsanwalt zugunsten des Angeklagten ein Rechtsmittel gebraucht, so handhabt er ein eigenes prozessuales Recht; die Wiedereinsetzung steht aber dem Versäumenden persönlich zu (*John* § 44, 2 Abs. 2). Demzufolge kann auch der gesetzliche Vertreter (§ 298) nicht für den Vertretenen Wiedereinsetzung beanspruchen (BayObLGSt **7** 423 = *Alsb.* F. **1** 110).

3　　**b) Zuständigkeit.** Das Verfahren ist dasselbe wie bei Rechtsmitteln. Der Antrag ist nach § 45 Abs. 1 in erster Linie dort anzubringen, wo die Frist wahrzunehmen gewesen wäre; er kann aber auch bei dem zur Entscheidung berufenen Gericht gestellt werden (§ 45, 9 ff). Die Entscheidung steht dem Gericht zu, das, wäre die Handlung rechtzeitig vorgenommen, zu der durch sie veranlaßten Entscheidung berufen gewesen wäre; wenn ein Rechtsmittel versäumt ist, also dem zur Entscheidung über das Rechtsmittel selbst berufenen judex ad quem (RGRspr. **8** 704; RGSt **40** 272), bei Versäumung der Einspruchsfrist gegen einen Strafbefehl oder Bußgeldbescheid der Amtsrichter (BGHSt **22** 52, 57). Das Gesetz will damit Weiterungen vermeiden, die in bezug auf die Rechtsmittel eintreten müßten, wenn über die Wiedereinsetzung bei versäumten Rechtsmitteln der judex a quo zu entscheiden hätte (Mot. *Hahn* **1** 98).

4　　Hat der Angeklagte ein Urteil, **das statt mit der Berufung mit der Revision angefochten** werden kann (§ 335 Abs. 1), ohne Bezeichnung des Rechtsmittels zulässigerweise (BGHSt **2** 63) nur angefochten, dabei aber die Rechtsmittelfrist versäumt, dann entscheidet das für das regelmäßige Rechtsmittel der Berufung zuständige Landgericht, nicht das Revisionsgericht (BayObLGSt **1962** 156 = NJW **1962** 1927)[2]. Anders ist es, wenn der Angeklagte das von ihm eingelegte Rechtsmittel **ausdrücklich** als **Berufung** bezeichnet hat. Zwar kann er auch dann noch innerhalb der Frist des § 345 Abs. 1 zur Revision übergehen (BGHSt **5** 338; **6** 207; **25** 324; BayObLGSt **1971** 74 = MDR **1971** 948; OLG Bremen Rpfleger **1958** 182; OLG Hamburg NJW **1972** 1146; OLG Koblenz VRS **42** 29), jedoch ist ihm der Übergang nach Ablauf dieser Frist versagt und kann er alsdann auch nicht Wiedereinsetzung zu diesem Zweck beanspruchen, und zwar selbst dann nicht, wenn ihn der Vorsitzende bei der Rechtsmittelbelehrung nicht auf die Möglichkeit der Revisionseinlegung hingewiesen hat (KG JR **1977** 81). Hat der Angeklagte dagegen **ausdrücklich Revision** eingelegt, alsdann aber die Revisionsbegründungsfrist ohne eigenes Verschulden verstreichen lassen und erklärt er nunmehr zugleich mit dem

---

[1] Ebenso OLG Bremen GA **1957** 87; *Eb. Schmidt* § 44, 5; KMR-*Paulus* § 44, 5; **a. A.** OLG München *Alsb.* **1** 110; *Kalthoener* 99.

[2] Eine etwas komplizierte Lage ergibt sich, wenn die Entscheidung des Rechtspflegers in Kostensachen verspätet mit Erinnerung angefochten und Wiedereinsetzung in den vorigen Stand begehrt wird. Denn dann gilt die Erinnerung als Beschwerde, wenn der für den Rechtspfleger zuständige Richter sie nicht für zulässig und begründet erachtet (§ 11 Abs. 2 RPflG). Daher ist der Richter des § 11 Abs. 2 RPflG zuständig, wenn er den Wiedereinsetzungsantrag für gerechtfertigt und die Erinnerung für begründet erachtet, sonst das Rechtsmittelgericht (OLG Hamburg MDR **1971** 509). Die hiergegen vorgebrachte Ansicht *Bergerfürths* (Rpfleger **1971** 395), die Entscheidung komme dem Rechtspfleger zu, geht fehl, weil in § 4 Abs. 1 RPflG lediglich von Maßnahmen die Rede ist, die zur Erledigung der dem Rechtspfleger übertragenen Geschäfte erforderlich sind, nicht aber von Entscheidungen, die die Erledigung der Geschäfte erst zulässig machen.

Antrag auf Wiedereinsetzung in die Revisionsbegründungsfrist den Übergang von der Revision auf das Rechtsmittel der Berufung, dann ist für diese Entscheidung das Revisionsgericht zuständig (OLG Schleswig SchlHA **1981** 40 = MDR **1981** 251), nicht das Berufungsgericht (so aber OLG Zweibrücken MDR **1979** 957). Denn „rechtzeitige Handlung" ist hier nicht die Ausübung des Wahlrechts, wofür das Gesetz überhaupt keine Frist vorsieht, sondern die Begründung der Revision (OLG Schleswig aaO).

c) **Rechtsmittelinstanz.** Aus der Befugnis, im Zivilprozeß bei der Prüfung der **5** Prozeßvoraussetzungen auch die Zulässigkeit der Wiedereinsetzung in den vorigen Stand gegen die Versäumung von Fristen der Vorinstanz zu prüfen (Rdn. 16), ist die Folgerung gezogen worden, daß das Rechtsmittelgericht auch über übergangene Wiedereinsetzungsanträge zu entscheiden und dabei auch vom Vorderrichter nicht festgestellte Tatsachen zu berücksichtigen habe (BGHZ 7 280 = NJW **1953** 504).

Das Bayerische Oberste Landesgericht übernimmt — ohne allerdings die Frage **6** der Tatsachenfeststellung zu entscheiden — diese Rechtsprechung für das Strafverfahren (BayObLGSt **1960** 114 = NJW **1960** 1730 und mit weiteren Erwägungen VRS 48 33). Seine Begründung, jene Befugnis erwachse aus der Pflicht, die Prozeßvoraussetzungen nachzuprüfen, verkennt jedoch, daß sich im Strafverfahren, anders als im Zivilprozeß, die Prüfung des Rechtsmittelgerichts lediglich darauf erstreckt, ob durch die Wiedereinsetzung eine Prozeßlage geschaffen worden war, die eine Entscheidung des Vorderrichters zulässig gemacht hatte (Rdn. 16). Das Oberlandesgericht Celle ist der dargestellten Rechtsprechung beigetreten (NdsRpfl. **1963** 237). Es begründet die Befugnis des Revisionsgerichts, über den Wiedereinsetzungsantrag zu entscheiden, mit der „sog. Devolutivwirkung". Indessen ist es lediglich eine der Begründung bedürftige Behauptung, daß der Effekt des Rechtsmittels, die Zuständigkeit zur Sachentscheidung vom ersten Richter auf das Rechtsmittelgericht zu übertragen, zugleich die Wirksamkeit habe, diesem auch die Zuständigkeit für Vorentscheidungen zu geben, die der erste Richter unterlassen hatte. Das Behauptete geht aus keiner Bestimmung der Strafprozeßordnung hervor, ergibt sich nicht aus dem Wesen der Devolutivwirkung und widerspricht dem Wortlaut des § 46 Abs. 1 sowie dem System der Strafprozeßordnung; diese hat die Devolutivwirkung in jedem Einzelfall ausgesprochen oder klar kenntlich gemacht.

Danach kann **keine Zuständigkeit des Rechtsmittelgerichts** anerkannt werden, **7** auf Wiedereinsetzungsanträge zu entscheiden, die der Vorderrichter übergangen hatte (zust. BGHSt 22 52)[3]. Es kann sich vielmehr lediglich fragen, ob Gründe der Prozeßökonomie es gebieten oder zulassen, daß das Rechtsmittelgericht selbst entscheidet, statt die Sache an den Vorderrichter zurückzuverweisen, wenn dieser etwa über einen Antrag auf Wiedereinsetzung in den vorigen Stand wegen Versäumung der Frist zum Einspruch gegen einen Strafbefehl nicht entschieden hat. Auch das ist unzulässig (BGHSt **22** 58). Eine solche Entscheidung wäre systemwidrig; und ein Fehler sollte nicht durch einen zweiten geheilt werden. Auch sachlich wäre es falsch, wenn das Rechtsmittelgericht einen vom Vorderrichter übergangenen Wiedereinsetzungsantrag verwerfen würde. Denn bei diesem, nicht aber bei jenem können Wiedereinsetzungsgründe gerichtskundig sein, so daß sie von der Darlegungspflicht und von der Glaubhaftmachung ausgenommen sind (§ 45, 19; 24). Die Wiedereinsetzung zu gewähren, wenn der Antrag offensichtlich begründet ist (OLG Düsseldorf JMBlNRW **1960** 71), mag oft im Ergebnis

---

[3] Ebenso *Mayer* JZ **1964** 386; die gegenteilige Auffassung von BayObLGSt **1963** 54; OLG Düsseldorf JMBlNRW **1960** 71 und OLG Celle NdsRpfl. **1964** 185 ist durch diese Entscheidung des Bundesgerichtshofs überholt.

Günter Wendisch

annehmbar sein; es bleibt aber systematisch bedenklich; gewährleistet nicht die Richtigkeit der Entscheidung und bietet den Anreiz, was in einem Fall eine erleichternde Großzügigkeit sein mag, dort zu wiederholen, wo es dem Berechtigten nachteilig sein kann.

8   Aus den gleichen Erwägungen sind die Entscheidungen abzulehnen (eingehend *Mayer* JZ **1964** 386), die dem Revisionsgericht die Befugnis zugestehen wollen, über einen Wiedereinsetzungsantrag zu entscheiden, der **hilfsweise** anläßlich einer Revision gegen eine Sachentscheidung angebracht wird, zu der der Tatrichter gelangt war, weil er den Einspruch gegen einen Strafbefehl irrigerweise für rechtzeitig gehalten hatte (BayObLGSt **1963** 54 = JZ **1964** 385), oder über einen, der gegen die Versäumung einer Einspruchsfrist erst im Revisionsverfahren gestellt wird (OLG Celle NdsRpfl. **1964** 185).

9   **d) Entscheidung.** Das Gericht entscheidet im allgemeinen aufgrund des vom Antragsteller beigebrachten Materials, kann aber, wenn es dieses zur Glaubhaftmachung nicht als ausreichend ansieht, sowohl dem Antragsteller Gelegenheit geben, es zu ergänzen, als auch selbst Beweise erheben (OLG München *Alsb.* E 1 157). Das wird namentlich dann geboten sein, wenn der hindernde Umstand allein durch die Angabe des Antragstellers bekundet werden kann und das Gericht persönlicher Vernehmung bedarf, um die Glaubwürdigkeit beurteilen zu können.

10   Die gerichtliche Entscheidung ergeht in Beschlußbesetzung durch schriftlichen **Beschluß,** nachdem die Staatsanwaltschaft (§ 33 Abs. 2) und die sonstigen Prozeßbeteiligten (§ 33 Abs. 3), z. B. der Privatkläger (BVerfGE 14 8 = NJW **1962** 580) **gehört** worden sind. Das Gericht kann auch (etwa wenn die Revisionsbegründungsfrist versäumt worden ist) in der Hauptverhandlung durch verkündeten Beschluß entscheiden, wenn nicht durch die Wiedereinsetzung eine neue Erklärungsfrist eröffnet wird. **Stillschweigende Wiedereinsetzung,** in der Weise, daß das Gericht, nachdem es die Fristversäumung und den Wiedereinsetzungsantrag festgestellt hat, dem Verfahren ohne ausdrückliche Entscheidung — z. B. durch Bestimmung des Termins zur Hauptverhandlung — Fortgang gibt, ist nicht ausgeschlossen (OLG Hamm NJW **1958** 880; VRS **51** 296; OLG Hamburg VRS 14 57; OLG Stuttgart NJW **1976** 1905 = VRS 50 433), aber besser zu vermeiden. Voraussetzung ist allerdings stets, daß sich aus den Umständen eindeutig der Wille des Richters ergibt, Wiedereinsetzung zu gewähren (BayObLG VRS **58** 366). Eine stillschweigende Wiedereinsetzung liegt danach nicht vor, wenn der Akteninhalt ergibt, daß das Gericht die Verspätung der vorzunehmenden Handlung deshalb — nur versehentlich — als rechtzeitig behandelt hat.

11   **e) Wirkung.** Der bloße **Antrag** auf Wiedereinsetzung hat auf die Rechtskraft einer zufolge der Fristversäumung ergangenen Entscheidung keinen Einfluß (§ 47 Abs. 1; RGSt **54** 287). Dagegen versetzt die gewährte **Wiedereinsetzung** in den vorigen Stand das Verfahren in den Abschnitt vor der Versäumung der Frist in der Weise zurück, daß sie die Rechtslage herstellt, die vor der Versäumung bestanden hätte, wenn die Handlung rechtzeitig vorgenommen worden wäre (OLG Hamm NJW **1972** 2098). Sie bringt eine Entscheidung, die zufolge der Versäumung ergangen war, von Rechts wegen in Wegfall, beseitigt ihre etwa eingetretene Rechtskraft (RGSt **53** 289; BGHSt **11** 154)[4] und macht etwa notwendige Prozeßhandlungen nachholbar (*Eb. Schmidt* § 44, 1)[5]. Eine in der Vollstreckung begriffene Strafe wird unterbrochen, wenn nicht mit der Wiedereinsetzung zugleich die endgültige Entscheidung über ein Rechtsmittel ergeht und

---

[4] Ebenso RGSt **54** 287; **61** 181; **65** 233; OLG Schleswig SchlHA **1956** 301.

[5] **A. A.** *Meyer* JR **1978** 432 l. Wiedereinsetzung in den vorigen Stand bedeutet, daß die

zugleich mit dem Wiedereinsetzungsantrag nachgeholte Handlung als rechtswirksam festgestellt wird; ebenso KMR-*Paulus* Vor § 42, 23; *Kalthoener* 18 ff.

damit eine Unterbrechung entbehrlich wird (OLG Hamm NJW **1956** 274). Im übrigen bleibt die **Rechtslage unberührt** (OLG Hamm NJW **1972** 2098; *Lichti* MDR **1954** 500). Es wird mithin keine neue Verjährungsfrist in Lauf gesetzt, wenn die Verfolgungsverjährung schon eingetreten war, bevor das Gericht einen Wiedereinsetzungsbeschluß wegen vermeintlicher Versäumung der Einspruchsfrist erlassen hatte (OLG Braunschweig GA **1974** 154 = NJW **1973** 2119; vgl. auch OLG Frankfurt VRS **50** 128).

Wird dem Angeklagten gegen die **Versäumung der Revisionsfrist** Wiedereinsetzung gewährt, so ist das Urteil nicht erneut nach § 345 Abs. 1 zuzustellen, wenn es schon vor der Wiedereinsetzung ordnungsmäßig zugestellt war; die Revisionsbegründungsfrist läuft nunmehr von der Zustellung des die Wiedereinsetzung gewährenden Beschlusses an (BGHSt **30** 335; RGSt **76** 280; OLG Koblenz MDR **1967** 857; OLG Celle NJW **1968** 809; OLG Hamm VRS **49** 33; BayObLGSt **1971** 189 = NJW **1972** 172 unter Aufgabe der abweichenden Meinung in BayObLGSt **1954** 26 = MDR **1954** 499 mit Anm. *Lichti*; *Kaiser* NJW **1975** 338). Ist das Urteil aber wegen **Abwesenheit** durch Zustellung bekanntgemacht worden (§ 341 Abs. 2), so wird der Lauf der Begründungsfrist durch eine Wiedereinsetzung in den vorigen Stand wegen Versäumung der Einlegungsfrist nicht berührt (BayObLGSt **1953** 26). Der Angeklagte muß daher auch für die Versäumung der zweiten Frist Wiedereinsetzungsgründe glaubhaft machen (OLG Koblenz NJW **1952** 1229). **12**

Eine **verbüßte Strafe** bleibt Strafhaft; sie kann sich nicht rückwirkend in Untersuchungshaft verwandeln (BGHSt **18** 36; OLG Hamm NJW **1956** 275). Ebenso bleibt die nach Rechtskraft laufende **Vollstreckungsverjährung** von der Wiedereinsetzung unberührt; sie kann nicht rückwirkend als Verfolgungsverjährung gewertet werden (OLG Hamburg VRS **29** 360; OLG Hamm NJW **1972** 2097; OLG Frankfurt VRS **50** 128; kritisch dazu *Sieg* NJW **1975** 153); vielmehr beginnt diese mit dem Erlaß des Wiedereinsetzungsbeschlusses neu (BayObLGSt **1953** 197; OLG Stuttgart Justiz **1972** 364); jedoch wird keine neue Verjährungsfrist in Lauf gesetzt, wenn die Verfolgungsverjährung schon vor dem Erlaß des Wiedereinsetzungsbeschlusses eingetreten war (OLG Braunschweig NJW **1973** 2119). **13**

Die durch die Wiedereinsetzung beseitigte Entscheidung braucht nicht förmlich **aufgehoben** zu werden (RGSt **53** 288; **61** 181), doch empfiehlt es sich, die von Rechts wegen eintretende Folge im Tenor der Entscheidung — deklaratorisch (*Geppert* GA **1972** 176) — auszusprechen; zumindest sollte das in den Gründen geschehen (*Wendisch* JR **1981** 132). **14**

f) Beschwerde. Wie im Fall des § 28 Abs. 1 ist die Entscheidung, die dem Antrag stattgibt, unanfechtbar (Absatz 2), die es verwirft, mit sofortiger Beschwerde des Antragstellers oder der Staatsanwaltschaft (*Kleinknecht* NJW **1961** 86) anfechtbar, soweit sie nicht vom Oberlandesgericht (§ 304 Abs. 4 Satz 2), auch soweit es im ersten Rechtszug entscheidet, oder vom Bundesgerichtshof (§ 304 Abs. 4 Satz 1) erlassen ist (BGH NJW **1976** 525). Das Gericht kann die gewährende Entscheidung nicht wieder aufheben (RGSt **40** 271; BVerfGE **14** 8 = NJW **1962** 580), wohl aber die verwerfende, wenn diese auf einer unrichtigen tatsächlichen Grundlage beruht (RGSt **59** 419; BayObLGSt **1951** 61; OLG Hamburg JR **1955** 274 mit Anm. *Mittelbach*). **15**

2. Fehlerhafte Wiedereinsetzungsentscheidungen

a) Grundsatz. Im Zivilprozeß ist die Entscheidung, mit der Wiedereinsetzung gewährt wird, zwar für die Instanz bindend (BGH NJW **1954** 880), doch prüft das Revisionsgericht mit der Zulässigkeit des Rechtsmittels auch die der Wiedereinsetzung **16**

Günter Wendisch

gegen die Versäumung der Fristen zum Einlegen und Begründen der Berufung[6]. Das Bayerische Oberste Landesgericht übernimmt aus dieser Rechtsprechung den Satz, daß die Wiedereinsetzung in den vorigen Stand auch im Strafverfahren von Amts wegen zu prüfen ist (BayObLGSt 1960 114 = NJW 1960 1730). Dem ist zuzustimmen, doch darf daraus nicht wie im Zivilprozeß (§ 238 Abs. 2 ZPO) die Folgerung gezogen werden, daß das Rechtsmittelgericht die Wiedereinsetzungsentscheidung der Vorinstanz nachprüfen und ggf. ändern dürfte; die Prüfung erstreckt sich im Rahmen der Feststellung der Prozeßvoraussetzungen nur darauf, ob durch eine Wiedereinsetzung eine Prozeßlage geschaffen worden ist, in der der Vorderrichter zu entscheiden befugt war (OLG Hamm NJW 1964 265). Denn Absatz 2 entzieht die dem Antrag stattgebende Entscheidung der Anfechtung und verleiht ihr damit Rechtskraft. Die Behandlung fehlerhafter Wiedereinsetzungsentscheidungen ergibt sich daher allein aus den allgemeinen Regeln der Rechtskraft. Nach diesen haben fehlerhafte Entscheidungen grundsätzlich Bestand, wenn sie in Rechtskraft erwachsen sind, es sei denn, daß die gewollte Wirkung vom Standpunkt des Rechts aus nicht denkbar ist oder mit Hauptgrundsätzen der Rechtsordnung in Widerspruch steht, oder daß die Entscheidung, ihr Bestand oder ihre Folge so unerträglich sind, daß sie sich mit einer geordneten Prozeßführung nicht vereinbaren lassen[7].

17   **b) Gewährende Beschlüsse.** Demzufolge ist die vom judex a quo gewährte Wiedereinsetzung rechtswirksam und für den judex ad quem bindend (BVerfGE 14 8 = NJW 1962 580; RGSt 40 271)[8], ebenso die von einem sonst unzuständigen Gericht — Oberlandesgericht statt Reichsgericht — (JW 1927 396) oder einer unzuständigen Behörde — Verwaltungsbehörde statt Amtsgericht, §§ 52, 68 OWiG — (OLG Hamm VRS 65 83) bewilligte Wiedereinsetzung. Hat ein unzuständiges Gericht die Wiedereinsetzung bewilligt, aber den gewährenden Beschluß wieder aufgehoben, so geht der letzte Beschluß ins Leere, weil die Wirkung der Rückversetzung eingetreten ist; er ist unbeachtlich (KG GA 76 237).

18   Als völlig prozeßordnungswidrig und daher **unwirksam** ist es anzusehen, wenn das Gericht gegen die Versäumung der in einem Privatklagevergleich vereinbarten Widerrufsfrist Wiedereinsetzung gewährt (OLG Oldenburg JW 1931 2389). Dagegen ist die Wiedereinsetzung gegen die Versäumung der Strafantragsfrist zwar unrichtig, aber vertretbar und daher bindend (OLG Bremen GA 1956 185; OLG Düsseldorf JMBlNRW 1973 57; a. A. — unwirksam — OLG Oldenburg JW 1931 2389; KMR-*Paulus* 16).

19   **c) Ablehnende Beschlüsse.** Für ablehnende Beschlüsse kann entgegen der Ansicht des Reichsgerichts (RGSt 75 172; ebenso OLG Neustadt GA 1960 121; OLG Hamm MDR 1979 426; OLG Schleswig bei *Ernesti/Lorenzen* SchlHA 1983 108) nichts anderes als für gewährende gelten (*Eb. Schmidt* 7). Daher erwächst auch der Beschluß, mit dem das Amtsgericht einen Antrag auf Wiedereinsetzung wegen Versäumung einer Rechtsmittelfrist verwirft, wenn er unangefochten bleibt, in Rechtskraft (KG JR 1956 111; OLG Düsseldorf GA 1968 247; a. A. OLG Hamm — Vorlagebeschluß — MDR 1972 77 und BGH — 4 StS — bei *Holtz* MDR 1977 284 unter Bezugnahme auf zwei frühere

---

[6] RGZ 100 269; 167 215; BGHZ 6 369 = NJW 1952 1137; BGHZ 12 165; BGHZ 21 142 = NJW 1956 1518.

[7] RGSt 40 273; 72 78; OLG Bremen GA 1956 186; JZ 1958 546; OLG Hamm NJW 1958 880; Einl. Kap. 16 II.

[8] Ebenso RG JW 1937 175; BayObLG VRS 59 214; KG GA 76 237; VRS 35 288; OLG Braunschweig NJW 1973 2119; OLG Karlsruhe Justiz 1981 21; OLG Schleswig bei *Ernesti/Lorenzen* SchlHA 1983 108.

nicht veröffentlichte Beschlüsse des 5. Strafsenats — 5 StR 373/59 — vom 1.9. 1959 und des 4. Strafsenats — 4 StR 143/60 — vom 29.3. 1960, aber auch BayObLG bei *Rüth* DAR **1978** 210)[9]. Das Amtsgericht kann ihn, wenn er auf unrichtiger tatsächlicher Grundlage beruht, wieder aufheben (Rdn. 15), nicht aber aus rechtlichen Erwägungen, etwa weil es seine Unzuständigkeit erkannt hat. Tut es das gleichwohl, hat die Aufhebung verfahrensrechtlich keine Bedeutung (KG JR **1956** 111). Der Antragsteller ist, um den Beschluß des unzuständigen Gerichts zu beseitigen, auf den Weg der sofortigen Beschwerde angewiesen. Ist das Beschwerdegericht (§ 73 Abs. 1, zweiter Halbsatz, § 121 Abs. 1 Nr. 2 GVG) nicht das nach Absatz 1 zur Entscheidung über den Wiedereinsetzungsantrag berufene Gericht, so ergeht die Beschwerdeentscheidung dahin, daß die angefochtene Entscheidung aufgehoben und die Sache dem zuständigen Gericht zur Entscheidung vorgelegt wird (OLG Schleswig bei *Ernesti/Lorenzen* SchlHA **1982** 117; a. A. KG JR **1983** 214).

Das Bayerische Oberste Landesgericht will diesen Weg vermeiden und anstelle **20** des Landgerichts das **Revisionsgericht** selbst über die sofortige Beschwerde entscheiden lassen, wenn mit dieser zugleich dessen Entscheidung nach § 346 Abs. 2 begehrt wird (BayObLGSt **1961** 157 = NJW **1961** 1982). Eine Benachteiligung des Angeklagten kann dadurch in der Tat nicht eintreten, doch ist der prozeßökonomische Gewinn zu gering, als daß er ein Abweichen vom Gesetz rechtfertigen könnte. Das angestrebte Ziel könnte durch die Auslegung erreicht werden, daß bei Beschwerden, mit denen eine Verletzung des Absatzes 1 gerügt wird, das Gericht zur Entscheidung über die sofortige Beschwerde zuständig ist, das bei rechtzeitiger Handlung zur Entscheidung in der Sache selbst berufen gewesen wäre (vgl. die Regelung in § 305 a Abs. 2). Dieser an sich sinnvollen Auslegung steht indessen entgegen, daß der Beschwerdeführer, wenn er sie nicht kennt und sich an das Gesetz hält (§ 306 Abs. 1), die Beschwerde bei dem alsdann unzuständigen Landgericht einlegen könnte. Sie ist daher unzulässig. Der Weg des Bayerischen Obersten Landesgerichts, im Einzelfall, wenn dem Beschwerdeführer kein Nachteil entstehen kann, einen prozeßkürzenden Weg zu suchen, ist unsystematisch und daher abzulehnen.

§ 47

(1) Durch den Antrag auf Wiedereinsetzung in den vorigen Stand wird die Vollstreckung einer gerichtlichen Entscheidung nicht gehemmt.
(2) Das Gericht kann jedoch einen Aufschub der Vollstreckung anordnen.

Entstehungsgeschichte. Durch Art. 1 Nr. 11 des 1. StVRG sind in Absatz 1 die Worte „das Gesuch um" durch die Worte „den Antrag auf" ersetzt worden.

1. Inhalt. Absatz 1 versagt dem Antrag auf Wiedereinsetzung in den vorigen **1** Stand die aufschiebende Wirkung, um den Mißbrauch auszuschließen, dem die Rechtseinrichtung der Wiedereinsetzung sonst preisgegeben wäre (Mot. *Hahn* **1** 98). Doch hemmt oder unterbricht der Beschluß, der dem Antrag stattgibt, die Vollstreckung einer gerichtlichen Entscheidung, wenn und soweit er das Verfahren in den Zeitpunkt vor

---

[9] Vgl. auch *Meyer* (LR[23] § 346, 39 a. E.), der eine Bindung an die rechtskräftige Ablehnung der Wiedereinsetzung jedenfalls für den Fall bejaht, wo das Revisionsgericht (nur) über den Antrag nach § 346 Abs. 2 entscheidet; wie BGH KK-*Maul* 10.

Günter Wendisch

dem Eintritt der Rechtskraft der in Betracht kommenden Entscheidung zurückversetzt (§ 46, 11). Demzufolge ist in der Zeit vom Anbringen des Antrags bis zum Beschluß des Gerichts ein Zustand der Unsicherheit gegeben. Um ihr zu begegnen, kann das Gericht den Aufschub der Vollstreckung anordnen (Absatz 2). Wegen der dabei zu treffenden Abwägung ist die Entscheidung in das pflichtgemäße Ermessen des Gerichts gestellt. Das Gericht darf dem Antrag nur stattgeben, wenn der Wiedereinsetzungsantrag zulässig, also fristgerecht angebracht, glaubhaft gemacht und, soweit erforderlich, die versäumte Handlung, wenn notwendig formgerecht, nachgeholt ist. Ist das der Fall, wird das Gericht dem Antrag stattgeben, wenn der Wiedereinsetzungsantrag erfolgreich erscheint. Da in der Regel über den Wiedereinsetzungsantrag alsbald entschieden werden kann, kommt Absatz 2, im Gegensatz zu § 360 Abs. 2, keine große Bedeutung zu.

2   **2. Aufschub.** Die Strafprozeßordnung versteht in Übereinstimmung mit § 34 Abs. 2 GnO unter Aussetzung der Vollstreckung (Strafausstand) den Strafaufschub (Strafausstand vor dem Vollzug; § 456) und die Strafunterbrechung (Strafausstand während des Vollzugs). So verwenden § 360 Abs. 2 und § 458 Abs. 3 die Worte „Aufschub oder Unterbrechung" und § 307 Abs. 2 den Oberbegriff „aussetzen". Dem Zweck des § 47 entsprechend kann die Wendung „Aufschub der Vollstreckung" in § 47 Abs. 2 nur untechnisch i. S. von Aussetzung verstanden werden, so daß sowohl Strafaufschub als auch Strafunterbrechung zulässig ist (*Eb. Schmidt* 1; KK-*Maul* 3), wenn es auch selten notwendig sein wird, die Vollstreckung einer Strafe zu unterbrechen.

3   **3. Zuständigkeit.** Da § 47 eine Ergänzung des § 46 ist, ergibt sich die Zuständigkeit, über den Aufschub zu entscheiden, aus § 46 Abs. 1; wegen der Anbringung des Antrags gilt § 45 Abs. 1, namentlich auch Satz 2. Zuständig zur Entscheidung ist danach das Gericht, das über den Wiedereinsetzungsantrag zu entscheiden hat (§ 46 Abs. 1). Da namentlich bei drohender Verhaftung eilige Maßnahmen des ortsnächsten Gerichts geboten sein können, muß man auch demjenigen Gericht die Befugnis zum Strafausstand zugestehen, bei dem der Wiedereinsetzungsantrag anzubringen ist (vgl. § 307 Abs. 2; *Eb. Schmidt* 2; KMR-*Paulus* 1).

4   *Feisenberger* 2 und *Kleinknecht/Meyer* 1 erachten das Gericht des § 45 nur als befugt, die Vollstreckung **einstweilig aufzuschieben.** Doch liegt hierin kein Unterschied. Denn Anordnungen nach Absatz 2 sind ihrer Natur nach einstweilig. Sie sind, wenn sich die ihnen zugrunde liegenden Tatsachen oder Beweise ändern, zugunsten und zuungunsten des Betroffenen aufzuheben oder umzugestalten. Demzufolge kann auch das Gericht des § 46 eine vom Gericht des § 45 getroffene Entscheidung aufheben und selbst eine neue treffen. In der Praxis ist die Frage ohne besondere Bedeutung, weil in Wiedereinsetzungssachen die Sachentscheidung meist ohne Beweisaufnahme rasch erzielt werden kann.

5   Das Gericht (nicht der Vorsitzende) **entscheidet** auf Antrag oder von Amts wegen. Gegen die Entscheidung steht, wenn ein Antrag verworfen wird, dem Antragsteller und stets der Staatsanwaltschaft die **Beschwerde** zu (§ 304 Abs. 1), soweit nicht ein Strafsenat, auch ein erstinstanzlich entscheidender, den Beschluß erlassen hat. Dabei ist § 307 zu beachten.

6   **4.** Die **Vollstreckungsbehörden** haben einen an das Gericht gerichteten Antrag mit ihrer Stellungnahme dorthin abzugeben.

7   Liegt ein Antrag vor, der **nicht an das Gericht gerichtet** ist, so sind die Vollstreckungsbehörden im Rahmen des § 456 befugt (auf Antrag des Verurteilten), die Vollstreckung aufzuschieben, nicht aber sie zu unterbrechen. Von Amts wegen dürfen sie jedoch nicht nach § 456 tätig werden. Sie haben auch keine Möglichkeit, wegen eines Wiedereinsetzungsantrags die Vollstreckung „nicht einzuleiten" (so KMR-*Paulus* 3). Sie müssen vielmehr beim Gericht eine Anordnung nach Absatz 2 beantragen oder ausdrücklich eine Gnadenentscheidung nach § 35 GnO oder den entsprechenden anderen Landesbestimmungen erlassen oder, wenn sie dazu keine Zuständigkeit haben, bei der Gnadenbehörde anregen.

Günter Wendisch

SECHSTER ABSCHNITT

Zeugen

Vorbemerkungen

Schrifttum. *Adam* Der Schutz von Zeugen in den USA, DRiZ **1978** 369; *Aengenendt* Die Aussage von Kindern in Sittlichkeitsprozessen (1955); *Aleksic* Persönliche Beweismittel im Strafverfahren (1969); *Arntzen* Psychologie der Zeugenaussage² (1983); *Arntzen* Untere Altersgrenze der Zeugeneignung, DRiZ **1976** 20; *Bach* Kindliche Zeuginnen in Sittlichkeitsprozessen (1957); *Baumann* Straffreiheit für den Kronzeugen? JuS **1975** 342; *Baumann* Strafprozeßreform in Raten, ZRP **1975** 38; *Baumgarten* Die Lüge bei Kindern und Jugendlichen² (1926); *Becker* Schutz kindlicher und jugendlicher Zeugen vor psychischer Schädigung durch das Strafverfahren, ZblJugR **1975** 515; *Büttikofer* Die falsche Zeugenaussage aus kriminologischer Sicht (1975); *Bilinsky* Die Stellung des Zeugen im sowjetischen Strafprozeß, ROW **1976** 208; *Brenner* Finanzbeamte als Zeugen vor Gericht, Steuer-Warte **1979** 145; *Bruns* Der „Verdächtige" als schweigeberechtigte Auskunftsperson und als selbständiger Prozeßbeteiligter neben dem Beschuldigten und Zeugen? FS Schmidt-Leichner 1; *Bull* Die Frage prägt die Antwort, DRiZ **1976** 53; *Dahs* Zum Persönlichkeitsschutz des „Verletzten" als Zeuge im Strafprozeß, NJW **1984** 1921; *Daninger* Ist der Privatkläger von der Einvernahme als Zeuge ausgeschlossen? DStR **1941** 95; *Deusinger* und *Haase* Psychologische Probleme der Personenbeschreibung. Zur Aufnahme und Beurteilung von Zeugenaussagen, BKA-Forschungsreihe Nr. 5 (1977); *Dose* Der Sitzungsvertreter und der Wirtschaftsreferent der Staatsanwaltschaft als Zeuge in der Hauptverhandlung, NJW **1978** 349; *Döhring* Die Erforschung des Sachverhalts im Prozeß (1964) 92; *J. Fischer* Zum Rollentausch zwischen Zeugen und Angeklagten, StrVert. **1981** 85; *Fraeb* Das Problem der Vereinigung von Partei- und Zeugenstellung und der Entwurf einer Strafprozeßordnung, GerS **80** (1913) 88; *Freiberg* Der Kronzeuge, ZStW **59** (1940) 33; *Fröhner* Kritik der Aussage (1954); *Gawrilowa* Zum Einfluß der Suggestion auf Zeugenaussagen, Kriminalistik und forensische Wissenschaften **1976** 35; *von Gerlach* Die Vernehmung von Mitangeklagten als Zeugen, NJW **1964** 2397; *Glaser* Zur Kritik des Zeugenbeweises im Strafprozeß, GerS **33** (1871) 1; *Gollwitzer* Die sinngemäße Anwendung der Strafprozeßordnung bei der Beweiserhebung parlamentarischer Untersuchungsausschüsse, FS Dünnebier 327 ff; *Grassberger* Psychologie des Strafverfahrens, 2. Aufl. (1968); *Grünwald* Die Verfahrensrolle des Mitbeschuldigten, FS Klug Bd. II 493; *Günter* Einführung in das Recht des Zeugenbeweises, JA **1979** 427; *Hammerstein* Der Anwalt als Beistand „gefährdeter Zeugen" NStZ **1981** 125; *R. Hauser* Der Zeugenbeweis im Strafprozeß mit Berücksichtigung des Zivilprozesses (1974); *Hauser* Zeuge und Beschuldigte im Strafprozeß, Kriminalistik **1978** 369; *Hecker* Über die Problematik des Zeugenbeweises, Diss. Bonn 1931; *Helgerth* Der „Verdächtige" als schweigeberechtigte Auskunftsperson und selbständiger Prozeßbeteiligter neben dem Beschuldigten und dem Zeugen, Diss. Erlangen/Nürnberg 1976; *Heinrich* Der Einfluß der Exekutive auf die Wahrheitsfindung im Strafprozeß, MDR **1980** 898; *Hellwig* Psychologie und Vernehmungstechnik bei Tatbestandsermittlungen⁴ (1951); *von Hentig* Entlastungszeuge und Entlastungstechnik (1964); *Hetzer/Pfeiffer* Glaubwürdigkeit geistig behinderter Tatzeugen, NJW **1964** 441; *Humborg* Die Rechte des Zeugen in der Hauptverhandlung, JR **1966** 448; *Jung* Straffreiheit für den Kronzeugen? (1974); *Knögel* Noch einmal „Tatrichter und Kinderaussagen" NJW **1953** 693; *Knögel* Jugendliche und Kinder als Zeugen in Sittlichkeitsprozessen NJW **1959** 1663; *Kohlhaas* Tatrichter und Kinderaussage, NJW **1953** 293; *Krause* Vorbereitungsrecht und Vorbereitungspflicht der polizeilichen Zeugen, Die Polizei **1981** 119; *Krekeler* Der Rechtsanwalt als Beistand des Zeugen und die Sitzungspolizei, NJW **1980** 980; *Kube* Polizeibedienstete als Zeugen und Sachverständige vor Gericht, DRiZ **1979** 38 ff; *Lenckner* Mitbeschuldigter und Zeuge, FS Peters 333; *Leonhardt* Das erdichtete Erlebnis in der eidlichen Zeugenaussage, ZStW **51** (1931) 770; *Lorenz* Über die Vernehmung des Privatklägers als Zeuge, JR **1950** 106; *Maeffert* Polizeiliche Zeugenbetreuung (1980); *Maeffert* Polizeiliche Zeugenbetreuung – Was wissen

Hans Dahs

wir heute darüber? StrVert. **1981** 370; *Matthes* Minderjährige „Geschädigte" als Zeugen in Sittlichkeitsprozessen (1961); *Mätzler* Das Opfer – verläßlicher Zeuge, Kriminalistik **1969** 186; *Meinert* Aussagefehler und Zeugenprüfung in der kriminalistischen Praxis (1948); *Meinert* Vernehmungstechnik[4] (1956); *J. Meyer* Brauchen wir den Kronzeugen? ZRP **1976** 25; *J. Meyer* Zur prozeßrechtlichen Problematik des V-Mannes, ZStW **95** (1983) 834; *Middendorf* Der Kronzeuge ZStW **85** (1973) 1102; *Mönkemöller* Psychologie und Psychopathologie der Aussage (1930); *Montenbruck* Entlassung aus der Zeugenrolle – Versuch einer Fortentwicklung der materiellen Beschuldigungstheorie, ZStW **89** (1977) 878 ff; *Müller-Luckmann* Über die Glaubwürdigkeit kindlicher und jugendlicher Zeugen bei Sexualdelikten, 2. Aufl. (1963); *Neumann* Grenzen der Zeugenpflicht im Strafprozeß (1930); *Niebler* Der Zeugenbeweis im amerikanischen Strafverfahren unter besonderer Berücksichtigung des Bundesrechts und seine Hauptlehren für die Ausgestaltung des deutschen Strafprozeßrechts, Diss. München 1958; *Niederreuther* Der Privatkläger als Zeuge? DStR **1941** 160; *Niederreuther* Zur Zeugnisfähigkeit des Privatklägers, DR **1942** 560; *Niehuus* Zur Psychologie der Zeugenaussage, SchlHA **1969** 2; *Nöldecke* Polizeibeamte als Zeugen vor Gericht, NJW **1979** 1644; *Orlowsky* Die Weigerungsrechte der minderjährigen Beweisperson im Strafprozeß (Juristische Studien Bd. 46), Diss. Tübingen 1972; *Peters* Zeugenlüge und Prozeßausgang (1939); *Pfäffli* Das falsche Zeugnis, Diss. Bern 1962; *Plaut* Der Zeuge und seine Aussage im Strafprozeß (1931); *Prittwitz* Der Mitbeschuldigte im Strafprozeß (1984); *Prittwitz* Der Mitbeschuldigte – ein unverzichtbarer Belastungszeuge? NStZ **1981** 463; *Probst* Kinder und Jugendliche als Zeugen[2] (1950); *Rebmann* Der Zeuge vom Hörensagen im Spannungsverhältnis zwischen gerichtlicher Aufklärungspflicht, Belangen der Exekutive und Verteidigerinteressen, NStZ **1982** 315 ff; *Richter* II Immer noch einmal: Der Mitbeschuldigte als Zeuge, FS II Peters 235; *Rengier* Die Zeugnisverweigerungsrechte im geltenden und künftigen Strafverfahrensrecht (1979); *Riegel* Rechtsprobleme der Rasterfahndung, ZRP **1980** 300 ff; *Rogall* Der „Verdächtige" als selbständige Auskunftsperson im Strafprozeß, NJW **1978** 2535; *Schermer* Der Polizeibeamte als Zeuge im Strafverfahren, Deutsche Polizei **1977** 19; *Scheunert* Das Kind als Zeuge, DJZ **1934** 711; *Schimmack* Kinder und Jugendliche als Zeugen im Strafverfahren, JW **1924** 1667; *Schmidhäuser* Zeuge, Sachverständiger und Augenscheinsgehilfe, ZZP **1959** 365; *G. Schmidt* Vom Wesen der Aussage (1956); *W. Schmidt* Mitbeschuldigten- und Zeugenrolle im Strafverfahren, Diss. Göttingen 1982; *Schnetz* Das Kind als klassischer Zeuge bei Sexualdelikten (1961); *Schöneborn* Das Problem der Rollenvertauschung und des Zeugnisverweigerungsrechts bei mehreren Mitbeschuldigten in vergleichender Betrachtung, ZStW **86** (1974) 921; *Schorn* Verfahrensbeteiligte als Zeugen, GA **77** (1933) 251; *Schumacher* Zur Psychologie der Zeugenaussage, DRiZ **1960** 286; *Schünemann* „Dienstliche Äußerungen" von Polizeibeamten im Strafverfahren, DRiZ **1979** 101; *Seebode* Hörensagen ist halb gelogen – das Zeugnis vom Hörensagen im Strafprozeß, JZ **1980** 506 ff; *Stamm* Das sexuell geschädigte Kind in der Strafuntersuchung, Diss. Zürich 1967; *Stamm* Befragung von Kindern in Sittlichkeitsdelikten, Kriminalistik **1968** 545; *Stamm* Zur Verläßlichkeit von Kinderaussagen in Sittlichkeitsdelikten, Kriminalistik **1968** 588; *Steinke* Das Recht des Zeugen auf Rechtsbeistand, Kriminalistik **1975** 250; *Stern* Die Aussage als geistige Leistung und als Verhörsprodukt (1904); *Stern* Jugendliche Zeugen in Sittlichkeitsprozessen (1926); *Stern* Zur Psychologie der Aussage, ZStW **22** (1902) 315; *Stern* Leitsätze über die Bedeutung der Aussagepsychologie für das gerichtliche Verfahren, ZStW **26** (1906) 180; *Stöhr* Psychologie der Aussage (1911); *Thomae* Beobachtung und Beurteilung von Kindern und Jugendlichen, 4. Aufl. (1962); *Thomae* Aussagen von Kleinkindern, DRiZ **1971** 177; *Thomann* Der Polizeibeamte als Zeuge, Kriminalistik **1982** 110 156; *Thomas* Der Zeugenbeistand im Strafprozeß, NStZ **1982** 489; *Töwe* Der Zeugenbeweis im kommenden deutschen Strafverfahren (1938); *Trankell* Der Realitätsgehalt von Zeugenaussagen (1971); *Trupp/Speer/Wächter* Der Zeuge im deutschen Strafprozeß, Rechtsmedizin **1975** 253; *Wasserburg* Strafverteidigung und Zeugenschutz, FS II Peters 285; *Weber* Verhalten vor Gericht. Polizeibeamte als Zeugen und Sachverständige, Taschenbuch für Kriminalisten Bd. 26 **1976** 9; *Wetterich* Der Polizeibeamte als Zeuge[2] (1977); *Wulf* Opferschutz im Strafprozeß, DRiZ **1981** 374

Übersicht

Entstehungsgeschichte. Der Abschnitt bestand lange Zeit ohne wesentliche Änderungen. Durch Abschnitt A Nr. 1 des Gesetzes zur Abänderung der Strafprozeßordnung vom 27. 12. 1926 (RGBl. I 529) wurde in § 53 Abs. 1 die Nummer 4 über das Zeugnisverweigerungsrecht für Redakteure, Verleger und Drucker eingefügt. Das Gesetz zur Einschränkung der Eide im Strafverfahren vom 24. 11. 1933 (RGBl. I 1008) brachte einschneidende Änderungen. Die §§ 59 bis 66 wurden neu gefaßt und die §§ 66 a bis 66 e eingefügt; damit wurde insbesondere der bis dahin vorgeschriebene Voreid durch den Nacheid ersetzt und die Vereidigung unter bestimmten Voraussetzungen in das Ermessen des Gerichts gestellt. Der Grundsatz, daß die Zeugen im Strafverfahren zu vereidigen sind, wurde jedoch nicht aufgegeben. Das geschah erst durch Art. 4 der Verordnung zur Durchführung der Verordnung zur Angleichung des Strafrechts des Altreichs und der Alpen- und Donau-Reichsgaue vom 29. 5. 1943 (RGBl. I 341), der § 59 dahin änderte, daß die Vereidigung in allen Fällen in das Ermessen des Gerichts gestellt war. Das VereinhG von 1950 stellte im wesentlichen die Rechtslage von 1933 wieder her. Durch Art. 4 Nr. 9 des 3. StRÄndG wurde § 53 neu gefaßt und insbesondere dahin erweitert, daß auch Abgeordnete und Mitarbeiter der Rundfunkanstalten zur Zeugnisverweigerung berechtigt sind; ferner wurde § 53 a eingefügt. Art. 9 Nr. 1 und 2 des 1. StrRG änderte wegen des Wegfalls der Eidesunfähigkeit nach § 161 StGB die §§ 60 und 61. Durch Art. 21 Nr. 5 bis 9 EGStGB 1974 wurden die §§ 51, 60, 61, 62 und 65 den Änderungen des sachlichen Strafrechts angepaßt, durch Art. 6 Nr. 1 des 5. StrRG in § 53 Abs. 1 die Nummer 3 a eingefügt und Absatz 2 entsprechend geändert. Art. 1 Nr. 12 bis 16 des 1. StVRG änderte die §§ 51, 52, 61 und 65 und hob § 66 auf. Durch das 1. StVRErgG wurden § 57 Abs. 2 und § 66 c neugefaßt, ein neuer § 66 d eingefügt, der bis dahin geltende § 66 e (sog. Sektenprivileg) aufgehoben und inhaltlich in § 66 c n. F. aufgenommen; § 66 d a. F. wurde mit neugefaßtem Absatz 2 § 66 e n. F. (im Hinblick auf BVerfGE **33** 23). Durch Art. I Nr. 1 des Gesetzes über das Zeugnisverweigerungsrecht der Mitarbeiter von Presse und Rundfunk vom 25. 7. 1975 (BGBl. I 1973) wurde § 53 Abs. 1 Nr. 5 neugefaßt und Nr. 6 aufgehoben. Die letzte Änderung hat der Abschnitt durch Art. I Nr. 9 und 10 des StVÄG 1979 erfahren, durch den § 51 Abs. 2 und § 68 geändert wurden.

Hans Dahs

I. Allgemeines

1   **1. Zeuge.** Der Zeuge ist wie der Sachverständige ein persönliches Beweismittel. Er ist eine Beweisperson, die in einem nicht gegen sie selbst gerichteten Strafverfahren Auskunft über Wahrnehmungen gibt [1]. Ob er sie zufällig, aus eigenem Interesse, bei der Berufstätigkeit, als Augenscheinsgehilfe im Auftrag des Gerichts (vgl. § 86, 3 ff) oder erst im Gerichtssaal (*Alsberg/Nüse/Meyer* 175) gemacht hat, spielt keine Rolle. Wahrnehmungen sind auch Mitteilungen, die dem Zeugen von anderen Personen gemacht worden sind; auch der „Zeuge vom Hörensagen" ist ein taugliches Beweismittel (vgl. dazu die Erläuterungen zu § 250). Wird jemand nur vor Gericht gestellt, damit die Prozeßbeteiligten ihn in Augenschein nehmen können, so ist er bloßes Augenscheinsobjekt, nicht Zeuge (*Alsberg/Nüse/Meyer* 171). Die §§ 48 ff regeln die Form, die einzuhalten ist, wenn Zeugen als Beweismittel zur Schuld- und Rechtsfolgenfrage vernommen werden. Erfolgt ihre Vernehmung im Freibeweis (§ 244, 3 f) zur Feststellung der Verfahrensvoraussetzungen oder anderer Tatsachen, die nur aus verfahrensrechtlichen Gründen von Bedeutung sind (vgl. BGHSt **16** 166 mit Nachw.), so sind diese Vorschriften jedenfalls insoweit zu beachten, als sie Schutzvorschriften für die Zeugen sind. Eine Auskunftsperson („Informant") die nicht Zeuge ist, kennt die Strafprozeßordnung nicht. Wer zur Sache gehört wird, muß daher als Zeuge vernommen werden (RGSt **42** 219; RG GA **52** [1905] 387; vgl. aber § 59, 5; § 136, 4, 7). Im Ermittlungsverfahren muß das nicht unbedingt mündlich geschehen; auch die schriftliche Anhörung ist zulässig (§ 69, 5). Die Vorschriften der §§ 48 ff gelten für staatsanwaltschaftliche Zeugenvernehmungen entsprechend (§ 161 a Abs. 1 Satz 2); sie sind auch im Bußgeldverfahren anzuwenden (§ 46 Abs. 1 OWiG).

2   **2. Gegenstand des Zeugenbeweises** sind die von dem Zeugen wahrgenommenen Tatsachen, nicht jedoch bloße Werturteile [2], auch nicht allgemeine Eindrücke, Rechtsbegriffe, reine Schlußfolgerungen, Mutmaßungen und Meinungen über tatsächliche Verhältnisse und ihre Bedeutung für das Verfahren [3]. Die Antworten auf derartige Fragen darf der Zeuge verweigern. Zur Abgrenzung des Zeugen- vom Sachverständigenbeweis und zum sachverständigen Zeugen vgl. § 85, 3 ff.

3   Wahrnehmungen des Zeugen beziehen sich regelmäßig auf vergangene **Tatsachen;** er kann aber auch über gegenwärtige Tatsachen Auskunft geben, sofern sie mit vergangenen in Beziehung stehen (*Eb. Schmidt* 13), insbesondere Tatfolgen sind [4]. Der Zeuge kann z. B. darüber vernommen werden, daß er noch jetzt als Folge der Mißhandlung durch den Beschuldigten Schmerzen leidet. Bei den Tatsachen kann es sich auch um innere Tatsachen handeln [5], z. B. darum, ob der Zeuge sich aufgrund der Täuschungshandlung des Beschuldigten geirrt, ob er bestimmte äußere Ereignisse gekannt, welche Absichten er mit bestimmten Handlungen verfolgt, welche Gefühle er anderen Personen entgegengebracht, welche Einstellung er zu einer bestimmten Frage gehabt hat (*Eb. Schmidt* NJW **1963** 1753). Auch hypothetische innere Tatsachen können Gegenstand der Zeugenvernehmung sein, etwa die Frage, wie der Zeuge in einem bestimmten Fall gedacht oder gehandelt hätte (*Alsberg/Nüse/Meyer* 192), sogenannte „fremdpsy-

---

[1] RGSt **52** 289; KK-*Pelchen* 1; KMR-*Paulus* 16; *Alsberg/Nüse/Meyer* 171 ff.

[2] RGSt **57** 412; *Kleinknecht/Meyer* [37] 3.

[3] BGH JZ **1951** 791 L; RGSt **57** 142; RG JR Rspr. **1926** Nr. 437; *Alsberg/Nüse/Meyer* 190; KK-*Pelchen* 1; *Kleinknecht/Meyer* [37] 2;

KMR-*Paulus* 20 ff; *Eb. Schmidt* 11; *von Kries* 356.

[4] *Alsberg/Nüse/Meyer* 190 f; KMR-*Paulus* 20.

[5] *Alsberg* GA **63** (1916/17) 105; *Alsberg/Nüse/Meyer* 191; *Kleinknecht/Meyer* [37] 2.

chische Tatsachen" (*Kleinknecht/Meyer*[37] 2) jedoch nur insoweit, als äußerlich wahrnehmbare Tatsachen bekundet werden, die Rückschlüsse auf Vorgänge im Inneren einer anderen Person zulassen (BGH bei *Pfeiffer/Miebach* NStZ **1984** 210).

Ohne Bedeutung ist, ob die Tatsachen Gegenstand **unmittelbarer** sinnlicher **Wahr-** **4** **nehmung** gewesen sind oder ob der Zeuge zu ihrer Kenntnis nur aufgrund eines eigenen Denkvorgangs gelangen konnte. Ein gewisses Maß an urteilender Tätigkeit ist bei fast jeder Zeugenaussage erforderlich[6] (vgl. auch § 85, 7). Dabei darf es sich aber immer nur um einfache, leicht verständliche Denkvorgänge handeln[7]. Die Bewertung des Zeugen muß auf allgemein anerkannten und für das Gericht wenigstens in ihren Umrissen erkennbaren Bewertungsmaßstäben beruhen[8]. Das Urteil muß sich jedem normal gebildeten Menschen ohne weiteres als etwas Naheliegendes und Selbstverständliches notwendig aufdrängen. Insbesondere muß die urteilende Tätigkeit gegenüber der sinnlichen Wahrnehmung untergeordnet und nebensächlich sein; den Bekundungen des Zeugen müssen immer Wahrnehmungen tatsächlichen Inhalts zugrunde liegen[9]. Unter diesen Voraussetzungen kann z. B. die Trunkenheit einer Person Gegenstand des Zeugenbeweises sein[10]. Soll jedoch bewiesen werden, daß die Schuldfähigkeit des Angeklagten durch Trunkenheit ausgeschlossen war, so handelt es sich um ein Urteil über einen psychischen Zustand, das nicht mehr in den Bereich des Zeugenbeweises fällt, sondern ein Sachverständigengutachten erfordert[11].

Gegenstand des Zeugenbeweises können auch die **Eigenschaften** einer Person **5** sein, sofern der Zeuge darüber nicht reine Werturteile abgeben, sondern seine Angaben auf die von ihm wahrgenommenen Tatsachen stützen soll[12]. Das kann sich auf den Ruf (Leumund) einer Person[13] und auf ihren Charakter beziehen[14], insbesondere auf ihre Glaubwürdigkeit[15], Lügenhaftigkeit[16], Verdorbenheit (RGSt **37** 372) oder Schwatzhaftigkeit (RG HRR **1933** 1059).

3. Zeugenpflichten. Der Zeuge hat die Pflicht, vor Gericht zu erscheinen, wahr- **6** heitsgemäß auszusagen und seine Aussage zu beeiden[17]. Für staatsanwaltschaftliche

---

[6] RG JW **1894** 109; **1930** 760 mit Anm. *Mannheim;* RG GA **40** (1892) 169; **41** (1893) 425; *Alsberg/Nüse/Meyer* 191 f; *Stein* JW **1923** 15.

[7] RGSt **37** 371; RG GA **46** (1898/99) 213; **56** (1909) 324; RG LZ **1914** 1366; *Alsberg* GA **63** (1916/17) 105; *Kleinknecht/Meyer*[37] 3.

[8] OLG Oldenburg NdRpfl. **1950** 164; *Alsberg/Nüse/Meyer* 196.

[9] RGSt **27** 96; **37** 372; **57** 412; RG JW **1930** 759 mit Anm. *Alsberg*; RG GA **68** (1920) 353; RG HRR **1940** 53; *Alsberg* GA **63** (1916/17) 105.

[10] BGH bei *Holtz* MDR **1979** 807; RGRspr. **3** 812; **7** 296; RG JW **1899** 476; BayObLG DRiZ **1929** Nr. 422; OLG Königsberg HRR **1938** 1154; KK-*Pelchen* 1; KMR-*Paulus* 21; a. A RG JW **1922** 301 mit Anm. *Alsberg*.

[11] RG Recht **1922** Nr. 359; **1928** Nr. 467; *Kleinknecht/Meyer*[37] 4; KMR-*Paulus* 22.

[12] BGH bei *Holtz* MDR **1979** 807; *Alsberg/Nüse/Meyer* 187; *Kleinknecht/Meyer*[37] 3; vgl. auch KG VRS **43** 200.

[13] RGSt **26** 70; **57** 412; **76** 365; RGRspr. **5** 143; RG JW **1894** 109; **1927** 1160 mit Anm. *Mamroth*; RG GA (1893) **41** 425; *Kleinknecht/Meyer*[37] 3; *Alsberg/Nüse/Meyer* 202; vgl. auch *Rilk* JW **1937** 716.

[14] RGSt **39** 363; **57** 412; RG JW **1937** 761; RG GA **65** (1918) 560; **68** (1920) 353; **77** (1933) 110; RG LZ **1914** 1366, a. A RG JW **1929** 1474 mit Anm. *Alsberg*.

[15] RG JW **1930** 760 mit Anm. *Mannheim*; RG JW **1936** 1381; **1937** 761; RG GA **46** (1898/99) 213; **56** (1909) 324; **77** (1933) 110.

[16] RGSt **37** 371; RG JW **1922** 1034 mit Anm. *Alsberg*; RG JW **1928** 2253 mit Anm. *Doerr*; RG LZ **1914** 1366; a. A RG GA **47** (1900) 442.

[17] Allg. Meinung; KK-*Pelchen* 2; *Kleinknecht/ Meyer*[37] 5; *Roxin* § 26 B; KMR-*Paulus* 26; *Peters* § 42 III.

Hans Dahs

Vernehmungen ergibt sich die Erscheinens- und Aussagepflicht aus § 161 a Abs. 1 Satz 1. Dabei handelt es sich um staatsbürgerliche Pflichten[18], die die Strafprozeßordnung nicht begründet, sondern voraussetzt (*Eb. Schmidt* 16 a). Die Pflichten treffen alle deutschen Staatsangehörigen, auch wenn sie sich im Ausland befinden, Ausländer und Staatenlose nur, wenn und solange sie sich im Inland aufhalten[19]. Exterritoriale sind zum Erscheinen vor Gericht nicht verpflichtet[20].

7　　Der Zeuge muß zur Vernehmung **erscheinen,** so oft das von ihm verlangt wird; er darf die Aussage nicht mit der Begründung verweigern, er sei bereits früher vernommen worden. Auch die weite Entfernung vom Vernehmungsort berechtigt ihn nicht, das Erscheinen vor Gericht zu verweigern (vgl. § 51, 5). In der Zeugnispflicht ist die Pflicht inbegriffen, sich anderen Personen (Zeugen, Sachverständigen, Beschuldigten) gegenüberstellen zu lassen (§ 58 Abs. 2), ebenso die (allerdings nicht wie bei dem Beschuldigten nach § 81 b mit unmittelbarem Zwang durchsetzbare) Pflicht, zum Zweck gerichtlicher Feststellungen eine bestimmte Kleidung zwecks Identifizierung anzulegen z. B. bei Gegenüberstellungen; dagegen kann er nach dem heutigen Verständnis des Persönlichkeitsrechtes nicht verpflichtet sein, sich fotografieren zu lassen (**a. A** *Kohler* GA 60 [1913] 214). Dagegen kann von dem Zeugen eine bestimmte Bart- oder Haartracht oder Haarfarbe nicht verlangt werden. Der Zeuge ist auch verpflichtet, an einer gerichtlichen Augenscheinseinnahme teilzunehmen (*Kleinknecht/Meyer*[37] 6) und hierbei erforderlichenfalls dem Richter diejenigen Örtlichkeiten, Gegenstände usw. zu bezeichnen, von denen in seiner Aussage die Rede ist. Dagegen umfaßt die Zeugnispflicht nicht die Pflicht zu irgendeiner außergerichtlichen Tätigkeit, z. B. zur Einziehung von Erkundigungen. Auch zur Anfertigung von Schriftproben ist der Zeuge nicht verpflichtet (§ 93, 6; vgl. aber *Hauser* Zeugenbeweis 118). Die Pflicht des Zeugen, Untersuchungen und Eingriffe zu dulden, ist in § 81 c geregelt.

8　　**4. Weigerungsrechte.** Die Zeugnispflicht entfällt, wenn der Zeuge gesetzlich berechtigt ist, die Aussage ganz oder teilweise zu verweigern. Die Weigerungsrechte ergeben sich aus der Strafprozeßordnung (§§ 52 bis 55), aber auch aus anderen Vorschriften. So folgt das Recht des Richters, über Vorgänge bei der Beratung und Abstimmung die Aussage zu verweigern, aus § 43 DRiG (vgl. die Erläuterungen zu dieser Vorschrift). Das Wahlgeheimnis (Art. 38 Abs. 1 GG) berechtigt den Zeugen, die Auskunft darüber zu verweigern, wie er gewählt hat. Das Interesse des Staates an der Aufklärung von Straftaten ist nicht höher zu schätzen als das Interesse des einzelnen an der Geheimhaltung seiner Abstimmung[21]. Auch sonst kann in Einzelfällen ein Weigerungsrecht unmittelbar aus der Verfassung (Art. 1 u. 2 GG) erwachsen[22] oder Inhalt und Umfang des Zeugnisses begrenzen (BayObLG NJW **1979** 2624).

---

[18] Allg. Meinung; BVerfG NJW **1979** 32; RGSt **18** 351; OLG Stuttgart NJW **1956** 840; KK-*Pelchen* 2; *Kleinknecht/Meyer*[37] 5; KMR-*Paulus* 26.

[19] OLG Hamburg MDR **1967** 686; *Kleinknecht/Meyer*[37] 5; KK-*Pelchen* 2; KMR-*Paulus* 26; *Eb. Schmidt* 16 a; *Göhler* § 59, 3; *von Hippel* 397; *Roxin* § 26 B I.

[20] KK-*Pelchen* 2; *Kleinknecht/Meyer*[37] 5; vgl. die Erläuterungen zu § 18 GVG.

[21] *Kleinknecht/Meyer*[37] 9; *Eb. Schmidt* Nachtr. I Vor § 52, 18; *Gerland* 206; *Alsberg/Nüse/ Meyer* 451; *Karger* Recht **1913** 517; *Tiede-* *mann* NJW **1967** 1013; **a. A** RGSt **63** 388 = JW **1930** 1221 mit Anm. *Perels*; RGRspr. **6** 517; *von Hippel* 400 Fußn. 8; *Härtel* DJZ **1930** 1579; *Hofmann* DJZ **1930** 1255; *Reichel* DJZ **1910** 985, 1225; *Werner* Recht **1913** 399; *Böckenförde* NJW **1967** 239 nimmt über das Zeugnisverweigerungsrecht hinaus ein unbedingtes Beweiserhebungsverbot an.

[22] BVerfGE **33** 374 = JZ **1973** 780 m. Anm. *Würtenberger*; **38** 325; BVerfG NJW **1979** 1286; LG Hamburg NStZ **1983** 182 m. Anm. *Dahs*; krit. *Rengier* 107 ff; vgl. auch BVerfGE **44** 353.

5. Sonstige Rechte des Zeugen. Zeugenbeistand. Die Rechtsstellung des Zeugen **8a**
im Strafverfahren ist in erster Linie durch die Betonung der sanktionsbewehrten Pflichten gekennzeichnet (*Dahs* NJW **1984** 1922). Dennoch ist er kein bloßes Verfahrensob-
jekt. Gegen ihn berührende sachleitende Anordnungen des Vorsitzenden steht ihm das
Recht auf Anrufung des Gerichts zu (§ 68 a, 8; § 238, 28); an ihn gerichtete unzulässige
Fragen kann er nach § 244 beanstanden (§ 68, 16). Er ist beschwerdebefugt, soweit er
durch gerichtliche Entscheidungen betroffen ist (§ 304 Abs. 2, § 305). Zu seiner Vernehmung kann er einen Rechtsanwalt als Rechtsbeistand hinzuziehen (näher § 58, 10 f). Im
übrigen soll nach verbreiteter Meinung in erster Linie die gerichtliche Fürsorgepflicht
gebieten, die Rechtsposition des Zeugen zu schützen (*Kleinknecht/Meyer*[37] 10; krit.
Dahs NJW **1984** 1924). Vgl. auch die Erläuterungen zu den §§ 68, 68 a.

II. Zeugnisfähigkeit, Allgemeines

Zeuge kann nur sein, wer die zu bekundende Tatsache wahrnehmen konnte, wer **9**
sie in der Erinnerung behalten hat und wer imstande ist, darüber Auskunft zu geben (vgl.
Hauser Zeugenbeweis 63). Diese Fähigkeit hat nicht jeder Mensch. Das Gesetz erklärt
jedoch niemanden von vornherein für unfähig, als Zeuge vernommen zu werden[23].
Auch wer körperliche oder geistige Gebrechen hat, kann Zeuge sein. Die Frage, ob die
zu vernehmende Person fähig ist, richtige Wahrnehmungen zu machen, das Wahrgenommene richtig aufzufassen, zu beurteilen und wiederzugeben, ist der freien Entscheidung des Richters überlassen[24]. Daher können auch Kinder als Zeugen vernommen
werden, wenn von ihnen eine verständliche Aussage zu erwarten ist. Eine bestimmte
Altersgrenze besteht nicht[25]. Auch die Vernehmung geisteskranker Zeugen ist, selbst in
der Hauptverhandlung, nicht ausgeschlossen. Sie kann immer stattfinden, wenn das Gericht sich von der Einlassung des Zeugen oder von der Art seines Auftretens vor Gericht
eine Klärung der Sache verspricht[26]. Ist aus tatsächlichen Gründen, etwa weil ein Taub-
stummer weder lesen noch schreiben kann und auch die Zeichensprache nicht beherrscht, eine eigentliche Aussage und insbesondere eine Vereidigung nicht möglich, so
kann die Person zwar nicht als Zeuge im eigentlichen Sinne vernommen werden; es ist
aber nach dem Grundsatz der freien Beweiswürdigung (§ 261) nicht ausgeschlossen, in
solchen Fällen die Kundgebungen, das tatsächliche Gebaren der Person als Beweishilfe
zu berücksichtigen[27]. Auch die Bestrafung wegen Meineids, anderer Aussagedelikte
oder anstößige Lebensführung schließen die Fähigkeit, als Zeuge vernommen zu werden, nicht aus (*Peters* § 42 II 1).

---

[23] RGSt **52** 139; RGRspr. **5** 529; *Gössel* § 25 A
I; *Roxin* § 26 A I; *Schlüchter* 476; *G. Schäfer*
§ 61 II; KMR-*Paulus* Vorb. § 48 29; *Eb.*
Schmidt 14.

[24] BGHSt **2** 270; RGSt **58** 396.

[25] RGSt **58** 396; RG GA **59** (1912) 131; *Klein-
knecht/Meyer*[37] 13; KMR-*Paulus* 29; *Eb.*
Schmidt 14; *Göhler* § 59, 3; *Gerland* 197; *von
Hippel* 396; *Alsberg/Nüse/Meyer* 174; *Het-
zer/Pfeiffer* NJW **1964** 441; *Scheunert* DJZ
1934 711; *Schimmack* JW **1924** 1667; *Skupin*

MDR **1965** 865; *Arntzen* DRiZ **1976** 20 hält
Kinder unter viereinhalb Jahren selten für
aussagetüchtig.

[26] RGSt **33** 393; **54** 108; **58** 396; RGRspr. **5**
529; RG JW **1895** 288; RG HRR **1932** 2329;
Kleinknecht/Meyer[37] 13; *Gerland* 197; *Gössel*
§ 25 A I; *Henkel* 201; *Alsberg/Nüse/Meyer*
174; *Schlüchter* 476 vgl. auch § 244, 281.

[27] RGSt **33** 403; *Kleinknecht/Meyer*[37] 13; *Als-
berg/Nüse/Meyer* 174; vgl. § 66 e, 5.

III. Zeugnisfähigkeit, Einzelfragen

10 1. **Antragsteller im Adhäsionsverfahren** nach §§ 403 ff können als Zeugen vernommen werden[28].

11 2. **Beistände.** Der nach § 149 als Beistand zugelassene Ehegatte oder gesetzliche Vertreter kann Zeuge sein[29]. Der Beistand nach § 69 JGG hat in der Hauptverhandlung die Rechte eines Verteidigers (§ 69 Abs. 3 Satz 2 JGG). Auch er kann daher als Zeuge vernommen werden (unten Rdn. 30 ff).

12 3. **Beschuldigte.** Im deutschen Strafprozeß gilt der Grundsatz, daß ein Beschuldigter niemals zugleich Zeuge in eigener Sache sein kann[30]. Wegen des Mitbeschuldigten vgl. unten Rdn. 18 ff.

13 4. **Bewährungshelfer.** Auch der dem Angeklagten bestellte Bewährungshelfer kann als Zeuge geladen und vernommen werden[31]; ein Zeugnisverweigerungsrecht hat er nicht (§ 53, 4).

14 5. **Dolmetscher** können Zeugen sein[32]. Sie dürfen ihre Aussage selbst in die fremde Sprache übertragen[33].

15 6. **Einziehungsbeteiligte** haben nach § 433 Abs. 1 alle Befugnisse, die einem Angeklagten zustehen. Daher scheiden sie als Zeugen aus[34]; sie sind formlos anzuhören. Etwas anderes gilt nur, wenn ihre Verfahrensbeteiligung sich nicht auf die Schuldfrage erstreckt (vgl. § 431 Abs. 2), zu der sie vernommen werden sollen[35]. Im selbständigen Verfahren zur Festsetzung einer Geldbuße gegen juristische Personen nach § 444 kann der Prokurist einer GmbH als Zeuge gehört werden (OLG Frankfurt GA **1969** 124).

16 7. **Erziehungsberechtigte und gesetzliche Vertreter** können Zeugen sein[36]. Das gilt jedoch nicht für den gesetzlichen Vertreter einer juristischen Person im Verfahren nach § 444. Dagegen kann der Prokurist einer GmbH vernommen werden (OLG Frankfurt GA **1969** 124; KK-*Pelchen* 17).

---

[28] KK-*von Stackelberg* § 404, 5; *Kleinknecht/ Meyer*[37] 23; KMR-*Müller* § 404, 9; *Schlüchter* 481 Fn. 236; *Alsberg/Nüse/Meyer* 187; *Henkel* 204.

[29] RGSt **22** 198; **59** 354; *Kleinknecht/Meyer*[37] 23; *Gerland* 197; *Henkel* 204; *Peters* § 42 II 2; *Alsberg/Nüse/Meyer* 186; *Fraeb GerS* **80** (1913) 110; *Schorn* GA **77** (1933) 258.

[30] BGHSt **10** 10; BGH NJW **1964** 1034; JR **1969** 149 mit Anm. *von Gerlach*; BGH bei *Dallinger* MDR **1971** 897; NStZ **1984** 464; RGSt **6** 280; **52** 138; OLG Schleswig SchlHA **1949** 215; *Kleinknecht/Meyer*[37] 21; *Gössel* § 25 A V; KMR-*Paulus* 37; *Eb. Schmidt* 3; *Henkel* 204; *Alsberg* DStrZ **1914** 244; *von Gerlach* NJW **1964** 2397; *Lenckner* FS Peters 333.

[31] OLG Oldenburg MDR **1977** 775.

[32] RGSt **45** 304; RG Recht **1914** Nr. 1936; *Alsberg/Nüse/Meyer* 189; *Kleinknecht/Meyer*[37] 23.

[33] RGSt **45** 304; *Kleinknecht/Meyer*[37] 23; KK-*Pelchen* 14; *Alsberg/Nüse/Meyer* 189; *Schorn* GA **77** (1933) 259.

[34] BGHSt **9** 251; RGSt **46** 88; *Alsberg/Nüse/Meyer* 181; *Kleinknecht/Meyer*[37] 23; *Henkel* 205; a. A *Alsberg* GA **61** (1914) 484.

[35] *Kleinknecht/Meyer*[37] 23; *Göhler* § 87, 22; vgl. auch bei § 431.

[36] BGHSt **21** 289; KK-*Pelchen* 14; *Kleinknecht/Meyer*[37] 23; KMR-*Paulus* 38; *Alsberg/Nüse/Meyer* 187.

8. Mitbeschuldigte

a) Grundsatz der prozessualen Gemeinsamkeit (h. M). Ob der Beschuldigte über **17** die einem Mitbeschuldigten zur Last gelegte Tat als Zeuge vernommen werden darf, richtet sich nach herrschender Meinung (über die Gegenansicht vgl. unten Rdn. 19) ausschließlich nach dem verfahrensrechtlichen Gesichtspunkt der prozessualen Gemeinsamkeit[37]. Es kommt nur darauf an, ob die Verfahren gegen die mehreren Beschuldigten in dem Zeitpunkt, in dem die Aussage gemacht wird, nach den §§ 2 ff, 237 verbunden sind. Ist das der Fall, so scheidet die Vernehmung von Mitbeschuldigten als Zeugen ausnahmslos aus[38]. Dabei spielt es keine Rolle, ob der Mitbeschuldigte über die gemeinschaftlich begangene Tat oder, wenn mehrere selbständige Straffälle Gegenstand des Verfahrens sind, über eine Tat Auskunft geben soll, bei der er selbst einer Beteiligung weder beschuldigt noch auch nur verdächtigt wird[39].

Das Verbot, den Mitbeschuldigten als Zeugen zu vernehmen, gilt aber immer nur **18** für denselben Verfahrensabschnitt (anders *Henkel* 205) und nur, solange die Verfahrensverbindung besteht[40]. Daher ist **nach Eröffnung des Hauptverfahrens** jede Auskunftsperson als Zeuge zu vernehmen, gegen die das Hauptverfahren nicht eröffnet worden ist, auch wenn sie teilnahmeverdächtig oder wenn deswegen bereits ein Verfahren gegen sie eingeleitet worden ist[41]. Ist die Verfahrensverbindung ausdrücklich oder stillschweigend aufgehoben worden, so muß der Mitbeschuldigte, wenn es auf seine Angaben ankommt, stets als Zeuge vernommen werden (§ 136, 7)[42]. Zeuge ist insbesondere der Mitbeschuldigte, gegen den das Verfahren nach § 153 (OLG Hamm NJW **1968** 954), § 154 Abs. 2 (BGH bei *Spiegel* DAR **1979** 187), nach § 205[43] oder nach §§ 206 a, 206 b eingestellt, oder der bereits, wenn auch noch nicht rechtskräftig, verurteilt[44] oder freigesprochen worden ist[45], auch wenn seine Berufung nach § 329 verworfen worden ist[46]. Wegen der Verfahrenstrennung zu dem Zweck, eine Zeugenaussage des Mitbeschuldigten zu erlangen, vgl. unten Rdn. 21.

---

[37] BGHSt 10 8; 10 188; **12** 10; **18** 240; **27** 141; BGH JR **1969** 149; BGH StrVert. **1984** 361 m. Anm *Prittwitz*.

[38] RGSt 6 279; **31** 139; BGHSt 10 8; *Alsberg/ Nüse/Meyer* 182; *Gössel* § 25 A V; KK-*Pelchen* 7; *Kleinknecht/Meyer* [37] 21; *G. Schäfer* § 82 I 2; *Eb. Schmidt* 4; *Schöneborn* ZStW **86** 923 ff; vgl. auch *Schlüchter* 478; *Grünwald* FS Klug Bd. II 498 ff.

[39] BGHSt **3** 152; 10 11; BGH NJW **1964** 1034; RGSt 6 281; **46** 89; RGRspr. **5** 528; 10 343; RG JW **1893** 416; RG GA **39** (1891) 315; **41** (1893) 147; **43** (1895) 291; **45** (1897) 290; *Alsberg/Nüse/Meyer* 182; *Gössel* § 25 V; *Henkel* 204; KK-*Pelchen* 7; *Kleinknecht/Meyer* [37] 21; *von Kries* 349; a. A *Beling* 296; *Alsberg* DStrZ **1914** 244; *Fraeb* GerS **80** (1913) 120.

[40] BGHSt 10 11, 188; BGH NJW **1964** 1034; RGRspr. **9** 403.

[41] BGHSt 10 11; BGH NJW **1964** 1034; RGSt 16 209; **27** 314; RG JW **1912** 943; RGRspr **5** 528; RG GA **63** (1916/17) 430; RG LZ **1916** 885, 1369; **1920** 662; *Eb. Schmidt* 4; a. A RGSt 16 232.

[42] BGH NJW **1964** 1034; JR **1969** 148 mit Anm. *von Gerlach*; RGSt **52** 289; RG JW **1919** 457 mit Anm. *Alsberg*; RG GA **66** (1918/19) 282; KK-*Pelchen* 9; *Kleinknecht/ Meyer* [37] 21; KMR-*Paulus* § 2; *Alsberg/Nüse/ Meyer* 182; *Dahs/Dahs* 209.

[43] BGHSt 10 188; BGH JR **1959** 67; BGHSt 24 259; **27** 140 f = JR **1977** 433 m. krit. Anm. *Hanack*; StrVert. **1984** 361 m. Anm. *Prittwitz*; *Grünwald* FS Klug Bd. II 498; a. A OLG Frankfurt bei *Fischer* StrVert. **1981** 85; dagegen *Prittwitz* NStZ **1981** 463; RGSt **52** 138.

[44] RGSt **31** 139; OLG Hamm VRS **42** 208; OLG Schleswig SchlHA **1949** 215; *Alsberg/ Nüse/Meyer* 183; zu Problemen, die sich für den rechtskräftig verurteilten Mitangeklagten bei seiner Vernehmung als Zeuge ergeben können vgl. OLG Düsseldorf NStZ **1982** 257 = StrVert. **1982** 344 m. abl. Anm. *Prittwitz*.

[45] RG Recht **1910** 3123; *Henkel* 204.

[46] RG JW **1933** 447 mit abl. Anm. *Merkel*; *Alsberg/Nüse/Meyer* 183.

Hans Dahs

19　　b) **Grundsatz der Tatbeteiligung (Mindermeinung).** Eine im Schrifttum vertretene Mindermeinung beurteilt die Frage, ob der Mitbeschuldigte als Zeuge vernommen werden darf, allein unter dem sachlichrechtlichen Gesichtspunkt der Tatbeteiligung. Auf den verfahrensrechtlichen Zufall, ob die Verfahren gegen die mehreren Beschuldigten verbunden oder getrennt geführt werden, soll es nicht ankommen[47]. Diese Ansicht führt einerseits dazu, daß der Angeklagte in der Hauptverhandlung als Zeuge gegen seinen Mitangeklagten, regelmäßig eidlich, vernommen werden muß, wenn er zu einer Tat aussagen soll, derentwegen er selbst nicht angeklagt und an der er auch nicht beteiligt gewesen ist. Andererseits ist er über eine gemeinsam begangene Tat auch dann als Beschuldigter zu vernehmen, wenn die gegen ihn und den Mitbeschuldigten eingeleiteten Verfahren niemals verbunden gewesen, die Verbindung wieder gelöst oder er wegen der Tat bereits – noch nicht rechtskräftig – verurteilt worden ist. Damit soll der Schlechterstellung vorgebeugt werden, in die Mitbeschuldigte durch die sog. Rollenvertauschung geraten können. Diese Ansicht ist abzulehnen (vgl. *Schöneborn* ZStW **86** [1974] 929 ff; Einl. Kap. 14 VII). Sie läßt sich mit dem Gesetz schon deshalb nicht vereinbaren, weil nach § 60 Nr. 2 sogar der bereits wegen der gemeinsamen Tat verurteilte Mitbeschuldigte uneidlich als Zeuge und nicht als Beschuldigter zu vernehmen ist. Die Auslegung, das beziehe sich nur auf den schon rechtskräftig Verurteilten, erscheint nicht haltbar; denn § 60 Nr. 2 will dem vernehmenden Richter die Prüfung des Teilnahmeverdachts ersparen, auch wenn das Urteil gegen den Zeugen noch nicht rechtskräftig ist (vgl. § 60, 46). Das Gesetz geht ganz offensichtlich davon aus, daß die Rechte des Mitbeschuldigten, der als Zeuge vernommen wird, durch die Möglichkeit der Auskunftsverweigerung nach § 55 und das Vereidigungsverbot nach § 60 Nr. 2 genügend gewahrt werden. Im übrigen ermöglicht es der Grundsatz der freien Beweiswürdigung (§ 261), den Beweiswert einer Aussage unabhängig davon zu beurteilen, ob die Auskunftsperson Zeuge oder Mitbeschuldigter ist[48]. Es besteht daher nicht einmal eine praktische Notwendigkeit, die Kunstfigur des „Beschuldigtenzeugen" zu schaffen, der zur Hauptverhandlung als Beschuldigter zu laden ist, auch wenn er sich nicht selbst rechtfertigen, sondern nur Auskünfte geben soll, der aber weder nach § 51 zum Erscheinen gezwungen, noch nach § 134 vorgeführt werden kann, der keine Zeugengebühren erhält, auch wenn er von weither angereist kommt (er erscheint ja als Beschuldigter), und der nach § 243 Abs. 4 Satz 1 über seine Aussagefreiheit zu belehren ist, auch wenn das Verfahren gegen ihn vielleicht längst nach § 153 eingestellt worden ist. Im wesentlichen dieselben Gründe stehen auch der ebenfalls nur im Schrifttum vertretenen formell-materiellen Betrachtungsweise[49] entgegen. Die Vernehmung des Mitbeschuldigten, dessen Verfahren abgetrennt ist, als Zeuge ist immer dann zulässig, wenn sie durch die Aufklärungspflicht (§ 244 Abs. 2) geboten ist und nicht dem Grundsatz widerspricht, daß niemand zum Beweismittel gegen sich selbst gemacht werden darf.

20　　c) **Manipulierte Rollenvertauschung.** Da nach herrschender Meinung die Zeugeneigenschaft nur davon abhängt, daß die mehreren Verfahren nicht verbunden oder wieder getrennt sind (oben Rdn. 18 ff), läßt sich praktisch eine Rollenvertauschung da-

---

[47] LR-*Wendisch* § 2, 56; *Roxin* § 26 A III; *Schäfer* § 62 I 2; *Dünnebier* JR 1975 3; *v. Gerlach* JR **1969** 150; *Jung* 73; *Lenckner* FS Peters § 42 II 2; *Montenbruck* ZStW **89** (1977) 873; *Müller-Dietz* ZStW **93** (1981) 1227; *Rüping* 52; *Peters* § 42 II 2; *ders.* Gutachten z. 46. DJT Bd. I A 136; *Schlüchter* 479; *Schorn* GA 77 (1933) 259.

[48] BGHSt **17** 134; **18** 241; **26** 62; BGH NJW **1964** 1034; BGH JR **1969** 148 mit Anm. *von Gerlach*; *Eb. Schmidt* JZ **1970** 342; *Schöneborn* ZStW **86** (1974) 929.

[49] *Gössel* § 25 A V 2; *Schlüchter* 478 f.

durch erreichen, daß das Gericht das Verfahren gegen den Mitbeschuldigten abtrennt, der als Zeuge vernommen werden soll. Das ist zulässig, wenn sich die Aussage auf eine Tat bezieht, die nicht auch der Auskunftsperson vorgeworfen wird[50], nicht aber, wenn diese über eine gemeinschaftlich begangene Tat vernommen werden soll[51]. Denn in diesem Fall führt die Verfahrenstrennung zu einer Umgehung des den deutschen Strafprozeß beherrschenden Grundsatzes (oben Rdn. 13), daß ein Angeklagter in dem gegen ihn geführten Strafverfahren nicht zugleich Zeuge sein kann[52]. Diese Grundsätze gelten entsprechend für die Anklageerhebung der Staatsanwaltschaft. Es kann aber durchaus sachgerecht sein (Beschleunigungsgebot), gegen den geständigen Mitbeschuldigten vorab Anklage zu erheben, auch wenn er damit für das spätere Verfahren gegen die bestreitenden zum Zeugen wird.

9. Nebenkläger. Der Nebenkläger ist nicht Ankläger, sondern nur neben dem **21** Staatsanwalt tätig, und zwar ausschließlich zur Wahrnehmung seiner eigenen Rechte. Sein Ausschluß als Zeuge würde nicht nur seine eigenen Interessen, sondern auch die der Anklagebehörde beschneiden, die unter Umständen einen wichtigen Zeugen nur deshalb verliert, weil er von seinem gesetzlichen Recht Gebrauch gemacht hat, sich dem Verfahren als Nebenkläger anzuschließen. Nach herrschender Auffassung darf der Nebenkläger daher als Zeuge vernommen werden[53]. Das gilt auch für seinen Prozeßbevollmächtigten[54].

10. Privatkläger. Da er selbst als Kläger auftritt, kann der Privatkläger nicht zu-**22** gleich Zeuge sein[55]. Der Privatkläger ist aber zur Abgabe von Erklärungen berechtigt, denen das Gericht glauben kann, obwohl er nicht Zeuge ist[56]. Auch die gesetzlichen Vertreter eines nicht geschäftsfähigen Privatklägers können, da sie dessen Rechte vertreten, nicht Zeugen sein[57]; der Verfahrensbevollmächtigte dagegen darf als Zeuge vernommen werden (*Alsberg/Nüse/Meyer* 179).

---

[50] BGHSt **24** 259; **27** 141; BGH NJW **1964** 1034; BGH bei *Dallinger* MDR **1971** 897; RG GA **36** (1888) 168; **72** (1928) 346.

[51] BGHSt **24** 257; BGH JR **1969** 148 mit Anm. *von Gerlach*; BGH bei *Dallinger* MDR **1971** 897; BGH bei *Holtz* MDR **1977** 639; OLG Hamm VRS **42** 208; *Alsberg/Nüse/Meyer* 183; *Henkel* 204, KK-*Pelchen* 9; *Kleinknecht/ Meyer* [37] 22; *Roxin* § 26 A III 1 b; *G. Schäfer* § 62 I 2; *Eb. Schmidt* Nachtr. I 2; *Rosenmeier* Die Verbindung von Strafsachen im Erwachsenenstrafrecht (1973) 110 ff; a. A die Verfahrenstrennung uneingeschränkt zulassen will wohl RGSt **52** 138; RG GA **36** (1888) 168.

[52] BGH bei *Dallinger* MDR **1971** 897; bei *Holtz* MDR **1977** 897.

[53] BGH LM Nr. 1 zu § 396; BGH bei *Dallinger* MDR **1952** 532, 659; RGSt **2** 384 -VerStS; RGSt **3** 47; RG LZ **1922** 415; BayObLGSt **10** 228; **1953** 27 = MDR **1953** 377; *Alsberg/ Nüse/Meyer* 180; *Gössel* § 25 VII; KK-*Pelchen* 13; *Kleinknecht/Meyer* [37] 23; KMR-*Paulus* 13; *Peters* § 42 II 2; *Roxin* § 26 A II 4 b; *Schorn*

GA **77** (1933) 257; *Schlüchter* 481; a. A RGRspr. **2** 174; *Eb. Schmidt* 6; *Beling* 295, 463; *zu Dohna* 233; *Henkel* 205; *Kronecker* GA **38** (1891) 140.

[54] *Alsberg/Nüse/Meyer* 181; *Gössel* § 25 A VII; KK-*Pelchen* 15; *Peters* § 42 II 2; *Roxin* § 26 A III 4 a; *Schlüchter* 481; *Fraeb* GerS **80** (1913) 106.

[55] RGRspr. **2** 174; BayObLGSt **7** 373; BayObLGSt **1953** 26 = MDR **1953** 377; BayObLGSt **1961** 192 = NJW **1961** 2318; *Kleinknecht/Meyer* [37] 23; *Eb. Schmidt* 6; *Peters* § 42 II 2; *Alsberg/Nüse/Meyer* 179; *Fraeb* GerS **80** (1913) 106; *Hartung* ZStW **71** (1959) 470; *Niederreuther* DStR **1941** 160; DR **1942** 560; *Schorn* GA **77** (1933) 258; *Seibert* MDR **1952** 278; *Woesner* NJW **1959** 706; a. A *Daninger* DStR **1941** 95; *Lorenz* JR **1950** 106; KMR-*Paulus* 33; vgl. auch § 384, 11.

[56] *Dürwanger/Dempewolf* 409; *Seibert* MDR **1952** 278; *Woesner* NJW **1959** 706; vgl. auch § 384, 15.

[57] OLG Düsseldorf JMBlNRW **1962** 198; *Alsberg/Nüse/Meyer* 179.

23   **11. Richter.** Daß der Richter als Zeuge vernommen werden darf, ergibt sich aus § 22 Nr. 5 (für den Schöffen vgl. § 31 Abs. 1). Nach dieser Vorschrift ist er von der Mitwirkung ausgeschlossen, wenn er bereits als Zeuge vernommen worden ist (vgl. dazu § 22, 42 ff). Allein die Möglichkeit, als Zeuge in Betracht zu kommen, macht den Richter nicht zum Zeugen (BGH bei *Holtz* MDR **1977** 107; zweifelnd *Eb. Schmidt* Nachtr. I 3). Auch die bloße Benennung als Zeuge führt nicht zu seinem Ausschluß. Der Angeklagte könnte sonst durch eine ganz abwegige Zeugenbenennung den gesetzlichen Richter ausschalten. Es kommt daher darauf an, ob der Richter nach objektiven Gesichtspunkten irgendwie als Auskunftsperson in Betracht kommt, weil er Augenzeuge oder Zeuge vom Hörensagen gewesen ist oder sonst etwas Sachdienliches bekunden kann. Erklärt er, daß ihm die Beweistatsachen nicht bekannt sind, dann darf er selbst an dem sich hieraus zwangsläufig ergebenden Beschluß über die Ablehnung des Beweisantrags mitwirken[58]. Seine dienstliche Erklärung hierüber ist keine Vernehmung im Sinne des § 22 Nr. 5[59]. Wird der zuvor noch nicht vernommene Richter nicht nur als Zeuge benannt, sondern für die Hauptverhandlung als Zeuge geladen, so ist er ebenfalls nicht ohne weiteres ausgeschlossen; andernfalls könnte der Angeklagte jeden ihm nicht genehmen Richter daran hindern, sein Amt auszuüben[60]. Der Richter ist aber ausgeschlossen, sobald er auf die Ladung als Zeuge im Sitzungssaal erscheint; ob es zu seiner Vernehmung kommt, spielt keine Rolle[61]. Nach Abschluß seiner richterlichen Tätigkeit kann der Richter in demselben oder in einem höheren Rechtszug Zeuge sein[62].

24   **12. Sachverständige** können zugleich als Zeugen vernommen werden[63].

25   **13. Staatsanwälte.** Da § 58 Abs. 1 nur eine Ordnungsvorschrift ist (vgl. dort Rdn. 18), kann der Staatsanwalt als Zeuge vernommen werden, auch wenn er zuvor an der Hauptverhandlung teilgenommen hat. Daß während seiner Vernehmung ein anderer Anklagevertreter seinen Platz einnehmen muß, folgt aus § 226. Das Reichsgericht vertrat die Ansicht, daß der Staatsanwalt auch nach seiner Vernehmung nicht mehr als Anklagevertreter amtieren darf, weil die Vereinigung der Stellung eines Zeugen mit der des öffentlichen Anklägers nicht bloß unangemessen, sondern schlechthin ungesetzlich ist[64]. Folgerichtig müßte, wenn der Staatsanwalt gleichwohl weiter auftritt, der zwingende Revisionsgrund des § 338 Nr. 5 vorliegen, weil die Anklagebehörde in der Hauptverhandlung nicht mehr ordnungsgemäß vertreten war (*Schorn* GA **77** [1933] 254). Das Reichsgericht hielt jedoch nur die Aussage des Staatsanwalts, der nach seiner Vernehmung weiter auftritt, für unverwertbar; den Bestand des Urteils gefährdet der Verfah-

[58] BGHSt 7 330 = JR **1955** 391 mit Anm. *Niese* = JZ **1956** 31 mit Anm. *Kleinknecht*; BGH bei *Holtz* MDR **1977** 107; RG GA **59** (1912) 126; *Alsberg/Nüse/Meyer* 176; *Gössel* § 25 A II 2; KK-*Pelchen* 10; *Kleinknecht/Meyer*[37] 15.

[59] BGHSt 7 330 = JR **1955** 391 mit Anm. *Niese* = JZ **1956** 31 mit Anm. *Kleinknecht*; BGHSt 11 206; RGSt 42 4; *Alsberg/Nüse/Meyer* 176 Fn. 4; *Henkel* 203; *Kleinknecht/Meyer*[37] 15; *Peters* § 42 II 2.

[60] BGHSt 7 46; RGSt 42 2; RGRspr. 10 196; *Alsberg/Nüse/Meyer* 176; KK-*Pelchen* 10; *Roxin* § 26 A III 2; *Schorn* GA **77** (1933) 251.

[61] BGHSt 7 44; BGH bei *Holtz* **1977** 107; *Als-*

berg/*Nüse/Meyer* 176; *Gössel* § 25 A II 2; *Henkel* 203; KK-*Pelchen* 10.

[62] BGHSt 2 99; *Alsberg/Nüse/Meyer* 176 f; *Peters* § 42 II 2.

[63] RGSt 45 304; *Alsberg/Nüse/Meyer* 187; KK-*Pelchen* 14; vgl. § 79, 16 ff.

[64] RGSt 29 236; RG JW **1924** 1761 mit Anm. *Alsberg*; RG JW **1925** 1403 mit Anm. *Alsberg*; RG JW **1933** 523 mit Anm. *Drucker*; RG GA 67 (1919) 436; 71 (1927) 92; RG LZ **1926** 832; ebenso *Eb. Schmidt* 7 u. Nachtr. I 2; *Henkel* 203; *von Hippel* 396; *Roxin* § 26 A III 3; *Peters* § 42 II 2; *Fraeb* GerS 80 (1913) 96; *Schorn* GA 77 (1933) 253; *Wendisch* FS Schäfer 255; **a. A** *Beling* 296; *Gerland* 196.

rensverstoß nach § 337 nur, wenn es auf der Aussage beruht. Lediglich in der Entscheidung RG JW **1933** 523 mit Anm. *Drucker* hielt es das Reichsgericht für wesentlich, ob die spätere Tätigkeit des Staatsanwalts als Vertreter der Anklage durch seine Zeugenvernehmung in einem solchen Maße beeinflußt war, daß auch eine Beeinflussung des Gerichts bei der Urteilsfindung im Bereich der Möglichkeit liegt.

Der **Bundesgerichtshof** hatte sich der Rechtsprechung des Reichsgerichts zu- **26** nächst ohne Einschränkung angeschlossen (BGH bei *Dallinger* MDR **1957** 16), dann aber eine Ausnahme für den Fall zugelassen, daß der Staatsanwalt nur über einen rein technischen, mit seiner Tätigkeit als Sachbearbeiter der Staatsanwaltschaft notwendig verbundenen Vorgang vernommen und daß durch Zuziehung eines weiteren Beamten der Staatsanwaltschaft Vorsorge dafür getroffen wird, daß er die von ihm bekundeten Vorgänge nicht als Vertreter der Staatsanwaltschaft würdigen muß[65]. Später hat der Bundesgerichtshof erkannt, daß diese Einschränkung nicht genügt, um der Staatsanwaltschaft eine Verfahrensgestaltung zu ermöglichen, die im Interesse einer zügigen und nachdrücklichen Strafverfolgung durchaus wünschenswert ist. In jedem größeren Strafverfahren, besonders aber in Großverfahren, sollte die Staatsanwaltschaft die Ermittlungen nicht oder wenigstens nicht vollständig ihren Hilfsbeamten überlassen, und sie sollte auch darauf bedacht sein, daß der Staatsanwalt, der die Ermittlungen geführt und die Anklageschrift verfaßt hat, in der Hauptverhandlung als Sitzungsstaatsanwalt auftritt. Es geht dann aber nicht an, daß jede Vernehmung des Staatsanwalts über das Ergebnis und die Umstände seiner Ermittlungen, insbesondere der Verhöre des Beschuldigten und der Zeugen, ihn unfähig macht, weiter an der Hauptverhandlung teilzunehmen. Der Bundesgerichtshof hat daher in der Entscheidung BGHSt. 21 89 = JR **1967** 228 mit krit. Anm. *Hanack* (ebenso JZ **1971** 91; **1972** 81) die weitere Mitwirkung des Staatsanwalts unter der Voraussetzung zugelassen, daß seine Vernehmung sich auf Wahrnehmungen bezieht, die nicht in unlösbarem Zusammenhang mit dem im übrigen zu erörternden Sachverhalt stehen, und daß die Würdigung seiner Aussage im Schlußvortrag einem anderen Staatsanwalt überlassen bleibt (ebenso BGH NStZ **1983** 135). Dem ist zuzustimmen[66]. Entsprechendes gilt, wenn sich die Vernehmung des Sitzungsstaatsanwalts nur auf einen von mehreren Angeklagten oder auf eine Tat bezieht, die nur einem der mehreren Angeklagten vorgeworfen wird[67].

14. Urkundsbeamte der Geschäftsstelle. Für sie gelten dieselben Grundsätze wie **27** für die Richter[68]. Vgl. oben Rdn. 24.

15. Verfallsbeteiligte stehen den Einziehungsbeteiligten gleich (§ 442 Abs. 1); die **28** Ausführungen oben Rdn. 16 gelten daher entsprechend.

16. Verteidiger. Aus § 53 Abs. 1 Nr. 2 ergibt sich, daß der Verteidiger als Zeuge **29** vernommen werden darf[69]. Bisher war aber streitig, ob er zugleich Zeuge und Verteidiger sein kann oder ob er nach seiner Vernehmung die Verteidigung entweder niederlegen muß oder von ihr auszuschließen ist. Im Schrifttum wurde die Ansicht vertreten,

---

[65] BGHSt **14** 265; grds. zust. *Dahs/Dahs* 208; ebenso KMR-*Paulus* 32.
[66] Ebenso *Alsberg/Nüse/Meyer* 179; *Dose* NJW **1978** 352; *Gössel* § 25 A III; KK-*Pelchen* 11; *Kleinknecht/Meyer*[37] 17.
[67] BGHSt **21** 89; KK-*Pelchen* 11; *Kleinknecht/*

Meyer[37] 17; *Dose* NJW **1978** 352; Bedenken erhebt hiergegen *Roxin* § 26 A III 3.
[68] *Kleinknecht/Meyer*[37] 16; *Eb. Schmidt* 8; *Gerland* 196; *Schorn* GA 77 (1933) 251.
[69] BGH NJW **1953** 1600; StrVert. **1984** 499; *Kleinknecht/Meyer*[37] 18; KMR-*Paulus* § 53, 9.

schon wegen der psychologischen Unmöglichkeit, im Schlußvortrag die eigene Aussage zu würdigen, könnte der in der Hauptverhandlung als Zeuge vernommene Verteidiger die Verteidigung nicht weiterführen[70]. Das Reichsgericht hielt die Rolle des Zeugen mit der des Verteidigers für grundsätzlich unvereinbar, ließ aber Ausnahmen zu (RGSt 24 104; 54 175). Es entwickelte den zuletzt gewohnheitsrechtlich geltenden (BVerfGE 16 218 = NJW 1963 1771) Rechtssatz, daß das Gericht befugt ist, den Verteidiger auszuschließen, wenn nicht ausnahmsweise, z. B. wegen der geringen Bedeutung der Aussage, die Weiterführung der Verteidigung nach der Zeugenvernehmung möglich erscheint. Die Ausschließung konnte schon stattfinden, wenn der Verteidiger in der Anklageschrift als Zeuge benannt war[71], insbesondere aber in der Hauptverhandlung, und zwar sowohl vor[72] als auch nach der Vernehmung[73]. Der Bundesgerichtshof hielt dagegen die Zeugen- mit der Verteidigerrolle für grundsätzlich vereinbar, eine Ausschließung von der Verteidigung also nur ausnahmsweise für erforderlich und möglich[74]. Nach seiner Auffassung war es sogar zulässig, daß der Wahlverteidiger während der Zeugenvernehmung die Verteidigung nicht niederlegte (BGH NJW 1967 404).

30   Diese Beurteilung der Rechtslage läßt sich **nicht** mehr **vertreten.** Zwar handelt der Rechtsanwalt standeswidrig, wenn er das Mandat übernimmt oder fortführt, obwohl er durch seine Vernehmung als Zeuge in eine Konfliktlage gebracht wird, weil er den Angeklagten belasten oder seine eigene Zeugenaussage in einer Weise würdigen muß, die mit der Stellung als Verteidiger nicht vereinbar ist (BVerfGE 16 217 = NJW 1963 1771). Es ist aber, wie auch in anderen Fällen standeswidrigen Verhaltens, nicht Aufgabe des Gerichts, darüber zu wachen, daß der Rechtsanwalt seine Standespflichten beachtet. Eine Ausschließung von der Verteidigung ist unzulässig. Denn durch die im Jahre 1974 eingefügten §§ 138 a, 138 b sind die Fälle, in denen der Verteidiger von der Mitwirkung ausgeschlossen werden darf, abschließend geregelt worden (*Dahs* NJW 1975 1390); eine Ausschließung wegen der Unvereinbarkeit der Zeugenrolle mit der Verteidigung ist nicht vorgesehen. Der Gesetzgeber hat hiervon bewußt abgesehen; er meint (BTDrucks. 7 2989 S. 5): „Hat der Verteidiger für den Beschuldigten entlastend ausgesagt, so wird ihn dies in seinen Verteidigerpflichten nicht behindern. Hat er den Beschuldigten belastet und entzieht ihm der Beschuldigte nicht das Mandat, kann möglichen Konfliktsituationen durch die Beiordnung eines Pflichtverteidigers neben dem Wahlverteidiger abgeholfen werden" (vgl. i.e. *Alsberg/Nüse/Meyer* 185 f).

31   Das **Verbot,** den **Verteidiger** wegen seiner Zeugeneigenschaft **auszuschließen,** darf das Gericht nicht dadurch umgehen, daß es ihm nach § 58 Abs. 1 vor seiner Vernehmung die Anwesenheit in dem Sitzungssaal nicht gestattet; die Vorschrift ist eine Ordnungsvorschrift, findet auch auf andere Zeugen (Nebenkläger, Erziehungsberechtigte, gesetzliche Vertreter) keine Anwendung (§ 58, 4) und braucht daher auch dann nicht beachtet zu werden, wenn der Verteidiger zugleich Zeuge ist. Ebensowenig darf das Gericht die Weiterführung der Verteidigung dadurch verhindern, daß es den Verteidiger nicht als Zeugen entläßt; auch hierzu besteht kein Anlaß, da der Verteidiger anwesend bleibt und erforderlichenfalls ergänzend gehört oder anderen Zeugen gegenübergestellt werden kann. Es ist stets Sache des Verteidigers, darüber zu entscheiden, ob er

---

[70] *Peters* 322; *Mamroth* und *Oetker* JW 1926 1219; *Schorn* GA 77 (1933) 256; *Anschütz*, Die Entziehung der Verteidigungsbefugnis, 1959, 65 ff.

[71] RGSt 24 296; *Eb. Schmidt* 9; **a. A** *Alexander* ZStW 51 (1931) 72.

[72] RGSt 55 219; RG GA 62 (1915/16) 154.

[73] RGSt 24 104; 54 175; RG JW 1906 792; 1937 2423 L; RG DJZ 1907 240; *Eb. Schmidt* 9; *Henkel* 159; *von Hippel* 396; *Gallas* ZStW 53 (1934) 264 ff.

[74] BGH NJW 1953 1601; vgl. auch *Ostler* JR 1960 172.

nach seiner Benennung als Zeuge oder nach seiner Zeugenvernehmung die Verteidigung weiterführt; das Gericht muß es ihm auf jeden Fall ermöglichen, die Verteidigung vor und nach der Vernehmung zu führen. Im Fall der notwendigen Verteidigung ist dem Angeklagten für die Zeit der Vernehmung des Verteidigers ein anderer Verteidiger beizuordnen[75]; wird das unterlassen, so beruht das Urteil darauf nicht, wenn sich nach den Umständen des Falles die Mitwirkung eines beigeordneten Verteidigers darin erschöpft hätte, daß er während der Vernehmung des Verteidigers anwesend war (vgl. BGH NJW **1967** 404). Die Beiordnung eines zweiten Verteidigers aus Fürsorgegründen wird nur ganz ausnahmsweise in Betracht kommen.

17. Vertreter von Behörden. In bestimmten Fällen sind Behörden kraft Gesetzes **32** an Straf- oder Bußgeldverfahren beteiligt, z. B. die Finanzbehörde (§ 407 Abs. 1 AO), die Kartellbehörde (§ 66 Abs. 1 Nr. 2 GWB), Verwaltungsbehörden (§ 76 OWiG). Ihre Vertreter können ohne Einschränkung als Zeugen vernommen werden (*Alsberg/Nüse/Meyer* 189 für das Finanzamt). Gleiches gilt für die Vertreter der Jugendämter, die im Rahmen der Jugendgerichtshilfe (§ 38 JGG) an der Verhandlung teilnehmen. Die Frage, ob sie nach ihrer Vernehmung weiterhin als Repräsentanten ihrer Behörde am Verfahren mitwirken können, richtet sich nach ihren Amtspflichten.

18. Wirtschaftsreferent der Staatsanwaltschaft. Seine Vernehmung als Zeuge ist **33** zulässig. Die Aussagegenehmigung richtet sich entsprechend dem Status des Wirtschaftsreferenten nach den für Beamte bzw. Angestellte geltenden Vorschriften. Im übrigen unterliegt er grundsätzlich dem allgemeinen Zeugenrecht, d. h. auch der Verpflichtung, sich vor seiner Vernehmung nicht im Sitzungssaal aufzuhalten (§§ 58 Abs. 1, 243 Abs. 2 S. 1). Dem Staatsanwalt kann er wegen seiner völlig anderen gesetzlichen Verfahrensposition nicht gleichgestellt werden (**a. A** *Dose* NJW **1978** 354).

19. Zeugenbeistand. Der Zeuge im Strafverfahren kann sich bei seiner Vernehmung im Strafprozeß der Beratung und des Beistandes eines Rechtsanwalts bedienen **34** (BVerfGE **38** 105; vgl. i. e. § 58, 10). Es ist kein Grund ersichtlich, der die Zulässigkeit der zeugenschaftlichen Vernehmung eines solchen Beistandes – nach Entbindung von der anwaltlichen Schweigepflicht – in Frage stellen könnte. Eine Sonderstellung z. B. im Hinblick auf § 58 Abs. 1, kann er nicht in Anspruch nehmen. Ob der Rechtsanwalt nach seiner Vernehmung weiterhin als Beistand des Zeugen tätig bleiben kann, muß er unter Beachtung seiner Standespflichten entscheiden. Das Gericht kann eingreifen, wenn durch die Doppelrolle die Wahrheitsfindung gefährdet wird.

§ 48

Die Ladung der Zeugen geschieht unter Hinweis auf die gesetzlichen Folgen des Ausbleibens.

Entstehungsgeschichte. Die Vorschrift enthielt ursprünglich einen Absatz 2, der die Ladung von Soldaten als Zeugen regelte. Der durch die Bek. 1924 neu gefaßte Absatz

---

[75] BGH NJW **1953** 1601; *Kleinknecht/Meyer* [37] 18; *Ulsenheimer* GA **1975** 117 Fußn. 91.

wurde 1945 gegenstandslos und daher in die 1950 verkündete Strafprozeßordnung nicht aufgenommen.

1   **1. Allgemeines.** § 48 gilt für die Ladung von Zeugen zu richterlichen Vernehmungen in allen Verfahrensabschnitten. Für die Ladung zur Hauptverhandlung besteht keine besondere Vorschrift. Nach § 161 a Abs. 1 Satz 2 ist § 48 auch auf Ladungen zu zeugenschaftlichen Vernehmungen durch die Staatsanwaltschaft anzuwenden. Die Ladung vor die Polizei ist im Gesetz nicht geregelt. Die Zulässigkeit der Vernehmung ist von der vorherigen Ladung des Zeugen nicht abhängig[1].

2. Form der Ladung

2   **a) Allgemeines.** Eine besondere Form schreibt das Gesetz für die Zeugenladung, anders als für die Ladung des Beschuldigten (§ 133 Abs. 1), nicht vor. Eine Ausnahme gilt nur für unmittelbare Ladungen durch die Prozeßbeteiligten; sie müssen nach § 38 durch den Gerichtsvollzieher bewirkt werden (vgl. BGH NJW **1952** 836). Sonst kann schriftlich, auch telegrafisch und durch Fernschreiber, aber auch mündlich, insbesondere telefonisch[2], geladen werden. Auch die aufgrund formloser Ladung in der Hauptverhandlung erschienenen Zeugen sind, abgesehen von dem Fall des § 38, präsente Beweismittel im Sinne des § 245.

Eine besondere **Ladungsfrist** schreibt das Gesetz nicht vor. Die ordnungsgemäße Ladung i. S. des § 51 erfordert aber in der Regel eine angemessene Frist (KK-*Pelchen* 4), damit der Zeuge sich auf den Termin einrichten und Vorbereitungen treffen kann, z. B. durch Beschaffung von Schriftstücken (Nr. 64 Abs. 2 RiStBV); ggfs. die Hinzuziehung eines Rechtsbeistandes (BVerfGE **38** 105, 116), eines Arztes oder einer Vertrauensperson (Nr. 19 a RiStBV). Ein Rechtsanwalt, der als Beistand des Zeugen zu den Akten legitimiert ist, sollte in Ausübung der gerichtlichen Fürsorgepflicht in der Regel vom Termin benachrichtigt werden[3].

3   **b) Bei schriftlichen Ladungen** genügt ein einfacher Brief (RGSt **40** 140; *Eb. Schmidt* 2). Da jedoch Ordnungsmittel und Vorführung nach § 51 Abs. 1 nur angeordnet werden dürfen, wenn der Zugang der Ladung nachgewiesen ist (§ 51, 3), empfiehlt sich die förmliche Zustellung in allen Fällen, in denen die Vernehmung dringlich ist und sich ein Ungehorsam des Zeugen nicht von vornherein ausschließen läßt (*Eb. Schmidt* 2). Zur Hauptverhandlung sollen die Zeugen grundsätzlich durch förmliche Zustellung geladen werden (Nr. 117 Abs. 1 S. 1 RiStBV).

4   **c) Mündliche Ladung.** Mündlich kann der Zeuge unmittelbar durch den Richter, etwa bei Unterbrechung oder Aussetzung der Verhandlung[4], aber auch durch einen Gerichtswachtmeister oder mit Hilfe der Polizei geladen werden (KMR-*Paulus* 8). Er darf, da eine Ladungsfrist nicht besteht, durch die Beamten zum sofortigen Erscheinen vor Gericht aufgefordert werden (*Eb. Schmidt* 7). Der Zeuge ist dann aber nicht gezwungen, den Weg zum Gericht in dem von diesen Beamten benutzten Beförderungsmittel, etwa in einem Funkstreifenwagen, zurückzulegen (KMR-*Paulus* 8). Unzulässig ist es, dem Zeugen bei seiner mündlichen Ladung durch einen Gerichtswachtmeister oder Polizeibeamten die sofortige Vorführung für den Fall anzudrohen, daß er dem Beamten nicht zum Gericht folgt[5] oder diesem einen Vorführungsbefehl mitzugeben (KMR-*Paulus* 8).

---

[1] RGSt **35** 232; *Eb. Schmidt* 3.
[2] *Kleinknecht/Meyer* 37 1; *Göhler* § 59, 7a.
[3] KMR-*Paulus* 12; *Thomas* NStZ **1982** 496.

[4] RGSt **35** 232; *Kleinknecht/Meyer* 37 1; *Eb. Schmidt* 2 u. Nachtr. I.
[5] KMR-*Paulus* 8; **a. A** LR-*Kohlhaas* 22 3; *Eb. Schmidt* 7; vgl auch § 51, 6.

3. Inhalt der Ladung

a) Allgemeines. Die Ladung muß klar erkennen lassen, daß der Geladene als **5** Zeuge vernommen werden soll. Wenn der Zweck der Untersuchung es nicht verbietet, ist der Name des Beschuldigten anzugeben (Nr. 64 Abs. 1 S. 2 RiStBV). Der Gegenstand der Beschuldigung muß aber nur bezeichnet werden, wenn das zur Vorbereitung der Aussage durch den Zeugen erforderlich erscheint. Ist anzunehmen, daß der Zeuge Schriftstücke oder andere Beweismittel besitzt, die für die Untersuchung von Bedeutung sein können, so ist er in der Ladung aufzufordern, sie bei der Vernehmung vorzulegen (vgl. § 95). Eine Belehrung über das Zeugnisverweigerungsrecht nach § 52 muß in die Ladung auch dann nicht aufgenommen werden, wenn feststeht, daß der Zeuge ein Angehöriger des Beschuldigten ist. Die Belehrung nach § 52 Abs. 3 Satz 1 ist mündlich vor der Vernehmung des Zeugen zur Sache zu erteilen (vgl. § 52, 48).

In Ausnahmefällen kann aufgrund der gerichtlichen Fürsorgepflicht (fair trial) in der Ladung ein Hinweis auf ein Zeugnisverweigerungsrecht nach §§ 52 ff oder auf § 55 und die Möglichkeit der Beauftragung eines anwaltlichen Rechtsbeistandes angezeigt sein[6].

b) Hinweis auf die gesetzlichen Folgen des Ausbleibens. Den Hinweis auf die Fol- **6** gen des § 51 schreibt § 48 für jede Zeugenladung zwingend vor. Er muß auch erteilt werden, wenn der schon vernommene Zeuge erneut vorgeladen wird. Der Hinweis muß wiederholt werden, wenn die Hauptverhandlung vertagt und der Zeuge mündlich zu dem neuen Termin geladen wird[7].

Der Hinweis muß **klar** und **vollständig** sein. Ein Hinweis mit dem Wortlaut des **7** § 48 („gesetzliche Folgen des Ausbleibens") reicht nicht aus. Der Zeuge muß vielmehr auf die in § 51 vorgesehenen Maßnahmen so eindeutig hingewiesen werden, daß er über die Folgen eines unentschuldigten Ausbleibens nicht im Zweifel sein kann. Nur dann dürfen gegebenenfalls Ordnungs- und Zwangsmittel angeordnet werden (vgl. § 51, 3).

4. Ausführung der Ladung. Hierüber bestimmt das Gesetz nur, daß der Vorsit- **8** zende des Gerichts die zur Hauptverhandlung erforderlichen Ladungen anordnet, daß sie durch die Geschäftsstelle bewirkt werden (§ 214 Abs. 1 Satz 2) und daß der Staatsanwaltschaft in jedem Stadium des Verfahrens (*Kleinknecht/Meyer*[37] § 38, 1) das Recht der unmittelbaren Ladung zusteht (§ 214 Abs. 3, § 161 a Abs. 1 S. 2). Ladungen zu gerichtlichen Vernehmungen vor und außerhalb der Hauptverhandlung werden wie die zur Hauptverhandlung auf Anordnung des Richters durch die Geschäftsstelle des Gerichts ausgeführt; § 36 Abs. 1 ist sinngemäß anzuwenden. Die Ladung ist auch dann unmittelbar zu bewirken, wenn sie dem Zeugen in einem anderen Gerichtsbezirk oder in einem anderen Land der Bundesrepublik zuzustellen ist (§ 160 GVG). Die unmittelbare Ladung durch die Prozeßbeteiligten regelt § 38.

5. Ladung in besonderen Fällen

a) Ausland. Deutsche oder nichtdeutsche Zeugen, die im Ausland wohnen, wer- **9** den nach den Vorschriften der Richtlinien für den Verkehr mit dem Ausland in strafrechtlichen Angelegenheiten (RiVASt) vom 15. 1. 1959 geladen. Danach ist ein unmittelbares Ersuchen, vor einem Gericht der Bundesrepublik zu erscheinen, regelmäßig unzulässig (Nr. 160 Abs. 2 RiVASt). Die ausländischen Behörden können um Zustellung der deutschen Ladungsurkunde (Nr. 151 RiVASt) oder um unmittelbare Ladung (Nr. 152 RiVASt) ersucht werden. Werden Zeugen in einem Vertragsstaat des EuRHÜ

---

[6] *Dahs* NStZ **1983** 184; NJW **1984** 1927; *Thomas* NStZ **1982** 496.

[7] OLG Hamm NJW **1957** 1330; *Eb. Schmidt* Nachtr. I.

geladen, so ist je nach Lage des Falles in der Ladung auf den Strafverfolgungsschutz nach Art. 12 EuRHÜ hinzuweisen (vgl. § 244, 266). Deutschen Staatsangehörigen kann die Ladung auch durch die Auslandsvertretung der Bundesrepublik zugestellt werden (Nr. 170 ff RiVASt). Vgl. auch § 37, 57.

10   **b) Kinder.** Auch wenn sie alt genug sind, um die Bedeutung der Ladung zu erfassen, werden Kinder zweckmäßigerweise nicht unmittelbar, sondern zu Händen ihrer gesetzlichen Vertreter geladen (KK-*Pelchen* 7; vgl. auch § 214, 3). Sollen Kinder und Jugendliche, denen die notwendige Verstandesreife fehlt, als Zeugen vernommen werden, so ist für ihr Erscheinen der gesetzliche Vertreter verantwortlich (OLG Hamm NJW **1965** 1613). Er allein ist dann zu laden und aufzufordern, sich mit dem Kind an Gerichtsstelle einzufinden[8]. Wegen der Anwendung von Ordnungsmitteln und Zwangsmaßnahmen vgl. § 51, 2 und 16 ff.

11   **c) Seeleute, Binnenschiffer.** Gewohnheitsrechtlich ist die Ladung nach Seemannsart zulässig. Sie erfolgt durch die Aufforderung, sich bei der nächsten Liegezeit des Schiffes auf der Geschäftsstelle des Amtsgerichts zu melden[9]. Zustellungen an Binnenschiffer können durch Vermittlung der Wasserschutzpolizei bewirkt werden[10].

12   **d) Soldaten.** Für die Ladung von Soldaten bestehen keine besonderen gesetzlichen Vorschriften. Nr. 17 des Erlasses des Bundesverteidigungsministers über Zustellungen, Ladungen, Vorführungen und Zwangsvollstreckungen in der Bundeswehr vom 5. 8. 1965 (VMBl. 370) i. d. F. des Änderungserlasses vom 20. 6. 1983 (VMBl. 182) weist daher darauf hin, daß die Ladung nach denselben Bestimmungen wie bei den Zivilpersonen erfolgt. Wegen der Zustellung vgl. § 37, 47.

13   Die Ladung von Angehörigen der **verbündeten Streitkräfte,** die in der Bundesrepublik stationiert sind, regelt Art. 37 des Zusatzabkommens zum Nato-Truppenstatut vom 3. 8. 1959 (BGBl. II **1961** 1218).

§ 49

[1]Der Bundespräsident ist in seiner Wohnung zu vernehmen. [2]Zur Hauptverhandlung wird er nicht geladen. [3]Das Protokoll über seine gerichtliche Vernehmung ist in der Hauptverhandlung zu verlesen.

Entstehungsgeschichte. Die Strafprozeßordnung sah in ihrer ursprünglichen Fassung in § 71 Vorrechte für die Landesherren und ihre Familienmitglieder sowie der „Fürstlichen Familie Hohenzollern" bei der Vernehmung als Zeugen vor. Die Vorschrift wurde 1918 gegenstandslos. Aufgrund der Ermächtigung des § 43 der Emminger VO wurde in die Bek. 1924 der § 49 über die Vorrechte des Reichspräsidenten und der Präsidenten der deutschen Länder aufgenommen. Ihre jetzige Fassung erhielt die Vorschrift durch Art. 3 Nr. 16 VereinhG.

---

[8] *Kleinknecht/Meyer*[37] 7; *Skupin* MDR **1965** 866; a. A *Schimmack* JW **1924** 1667; der immer eine Ladung des Kindes selbst verlangt; vgl. auch § 81 c, 53.

[9] OLG Bremen Rpfleger **1965** 48; AG Bremerhaven NJW **1967** 1721.
[10] OLG Hamm NJW **1965** 1613; OLG Köln NJW **1953** 1932.

1. Allgemeines. Der Bundespräsident ist grundsätzlich wie jeder Staatsbürger ver- **1**
pflichtet, als Zeuge auszusagen und seine Aussage zu beeiden. Insbesondere wird die
Eidesleistung nicht, wie nach §71 Abs. 2 a. F., durch Unterschreiben der Eidesformel ersetzt. Lediglich das Recht zur Zeugnisverweigerung (§§53 ff) wird durch §54 Abs. 3 erweitert. Der Stellung des Bundespräsidenten entspricht es aber nicht, daß er als Zeuge
vor Gericht erscheinen muß und dort vernommen wird. §49 bestimmt daher, daß er in
seiner Wohnung zu vernehmen ist. Dieses Vorrecht hat nur der Bundespräsident selbst,
nicht der Präsident des Bundesrats, wenn dieser ihn nach Art. 57 GG vertritt[1].

2. Vernehmung des Bundespräsidenten
a) Vernehmungsort. Nach §49 Satz 1 ist der Bundespräsident in seiner Wohnung **2**
zu vernehmen. Wohnung ist nicht nur die Wohnung am ständigen Wohnsitz, sondern
auch diejenige, die der Bundespräsident an einem anderen Ort vorübergehend, etwa bei
einem Urlaub oder Staatsbesuch, innehat. Er muß daher nicht unbedingt an seinem ständigen Wohnsitz vernommen werden[2]. Der Bundespräsident kann auf sein Vorrecht verzichten[3]. Er kann beantragen oder sich damit einverstanden erklären, daß er in seinen
Amtsräumen oder in den Räumen des Gerichts vernommen wird. Auch die Vernehmung in der Hauptverhandlung ist mit seinem Einverständnis zulässig. Da das mit der
Würde des Amtes des Bundespräsidenten aber kaum zu vereinbaren ist, wird eine solche
Vernehmung nur in ganz besonderen Ausnahmefällen stattfinden können. Es ist jedoch
nicht Sache des Gerichts, sondern des Bundespräsidenten, darüber zu entscheiden, ob
ein solcher Ausnahmefall vorliegt.

b) Vernehmungspersonen. Das Vorrecht des §49 bezieht sich nur auf den Verneh- **3**
mungsort; die Vorschrift bestimmt aber nicht ausdrücklich, daß der Bundespräsident
nur durch den Richter vernommen werden darf. Eine Vernehmung durch den Staatsanwalt (vgl. §161 a Abs. 1) ist daher rechtlich nicht ausgeschlossen. Da der Bundespräsident jedoch nach §49 Satz 2 zur Hauptverhandlung nicht geladen und da ein nichtrich-
terliches Vernehmungsprotokoll nach §49 Satz 3 nicht verlesen werden darf, wird auch
im Vorverfahren nur eine richterliche Vernehmung in Betracht kommen. An ihr muß
ein Urkundsbeamter teilnehmen (§168). Nach Anklageerhebung erfolgt die Vernehmung durch den beauftragten oder ersuchten Richter[4]. Auch das ganze Gericht kann
sie vornehmen, wenn das ausnahmsweise geboten erscheint. Der Vernehmungstermin
wird mit dem Bundespräsidenten formlos vereinbart (*Eb. Schmidt* 2).

c) Erzwingung der Aussage. Die Anwendung des §51 kommt nicht in Betracht, **4**
da sie eine Ladung des Zeugen voraussetzt, an der es bei der Vernehmung des Bundespräsidenten gerade fehlt (vgl. *Eb. Schmidt* 5). Dagegen ist §70 Abs. 1 und 2 anwendbar,
wenn der Bundespräsident das Zeugnis oder die Eidesleistung ohne gesetzlichen Grund
verweigert. Insoweit hat er keinerlei Vorrechte[5]. Er genießt zwar nach Art. 60 Abs. 4
GG den Immunitätsschutz der Abgeordneten; das schließt jedoch die Anordnung der in

---

[1] KK-*Pelchen* 1; *Kleinknecht/Meyer*[37] 1;
KMR-*Paulus* 1; *Dennewitz* in Bonn. Komm.
Art. 57 GG, II 5; *von Mangoldt/Klein* Art. 57
GG, V 4 ; **a. A** *Eb. Schmidt* 7; *Henkel* 207
Fußn. 1; *Maunz/Dürig/Herzog* Art. 57 GG, 7,
die das Vorrecht aus dem Amt, nicht aus der
Person herleiten.
[2] KK-*Pelchen* 1; *Kleinknecht/Meyer*[37] 1;
KMR-*Paulus* 1.

[3] *Kleinknecht/Meyer*[37] 1; KMR-*Paulus* 1; *Eb.
Schmidt* 2; *Dalcke/Fuhrmann/Schäfer* 1; *Feisenberger* 4.
[4] KMR-*Paulus* 2; *Eb. Schmidt* 4.
[5] KK-*Pelchen* 4; KMR-*Paulus* 4; *Eb. Schmidt*
5; *Dalcke/Fuhrmann/Schäfer* 2.

Hans Dahs

§ 70 vorgesehenen Maßnahmen und, mit Ausnahme der Ordnungs- und Beugehaft, ihre Vollstreckung nicht aus (Vgl. bei § 70, 43).

5   **d) Anwesenheit der Prozeßbeteiligten.** Nach herrschender Ansicht haben die Prozeßbeteiligten keinen Anspruch auf Benachrichtigung und Anwesenheit im Vernehmungstermin, gleichgültig, ob die Vernehmung durch das ganze Gericht, den beauftragten oder den ersuchten Richter erfolgt. Die §§ 223, 224 gelten nicht[6]. Auch § 168 c Abs. 2, der bei richterlichen Zeugenvernehmungen im Vorverfahren die Anwesenheit der Staatsanwaltschaft, des Beschuldigten und des Verteidigers gestattet, soll nicht anwendbar sein (obwohl seine Geltung durch den Gesetzestext nicht eingeschränkt wird). Das gilt aber nur, wenn die Vernehmung des Bundespräsidenten nach § 49 Satz 1 in dessen Wohnung oder in seinen Amtsräumen stattfindet. Wird er mit seinem Einverständnis in den Räumen des Gerichts vernommen, so gibt es keinen Grund, von der allgemeinen Regelung abzuweichen.

6   **3. Verlesung des Protokolls in der Hauptverhandlung.** Zur Hauptverhandlung wird der Bundespräsident vom Gericht nicht geladen (§ 49 Satz 2). Das schließt auch aus, daß die Prozeßbeteiligten ihn nach § 214 Abs. 3, § 220 Abs. 1 laden. Das Protokoll über die gerichtliche Vernehmung des Bundespräsidenten ist nach § 49 Satz 3 in der Hauptverhandlung zu verlesen; die Vorschrift enthält eine Ausnahme von § 250 Satz 2. Die Verlesung des Vernehmungsprotokolls setzt, da sie in § 49 Satz 3 gesetzlich vorgeschrieben ist, keinen besonderen Beschluß des Gerichts voraus[7]. § 251 Abs. 4 Satz 1 und 2 ist nicht anwendbar; jedoch gelten die Sätze 3 und 4 der Vorschrift entsprechend. Verlesbar ist auch die Niederschrift über eine Vernehmung, die bereits im Vorverfahren stattgefunden hat.

7   Die Anwendung des § 49 Satz 2 und 3 setzt voraus, daß der Bundespräsident zur Zeit der Hauptverhandlung **noch im Amt** ist. Hat er es nicht mehr inne, so muß er zur Hauptverhandlung geladen und dort vernommen werden[8].

§ 50

(1) Die Mitglieder des Bundestages, des Bundesrates, eines Landtages oder einer zweiten Kammer sind während ihres Aufenthaltes am Sitz der Versammlung dort zu vernehmen.

(2) Die Mitglieder der Bundesregierung oder einer Landesregierung sind an ihrem Amtssitz oder, wenn sie sich außerhalb ihres Amtssitzes aufhalten, an ihrem Aufenthaltsort zu vernehmen.

(3) Zu einer Abweichung von den vorstehenden Vorschriften bedarf es
für die Mitglieder eines in Absatz 1 genannten Organs der Genehmigung dieses Organs,
für die Mitglieder der Bundesregierung der Genehmigung der Bundesregierung,
für die Mitglieder einer Landesregierung der Genehmigung der Landesregierung.

(4) [1]Die Mitglieder der in Absatz 1 genannten Organe der Gesetzgebung und die Mitglieder der Bundesregierung oder einer Landesregierung werden, wenn sie außerhalb

---

[6] KK-*Pelchen* 5; *Kleinknecht/Meyer*[37] 1; KMR-*Paulus* 3; *Eb. Schmidt* 4; *Dalcke/Fuhrmann/Schäfer* 1; a. A *Feisenberger* 1.

[7] KMR-*Paulus* 5; *Dalcke/Fuhrmann/Schäfer* 3.

[8] *Kleinknecht/Meyer*[37] 2; KMR-*Paulus* 5; *Eb. Schmidt* 6.

der Hauptverhandlung vernommen worden sind, zu dieser nicht geladen. [2]Das Protokoll über ihre richterliche Vernehmung ist in der Hauptverhandlung zu verlesen.

Entstehungsgeschichte. Die Vorschrift, die erst von der Reichstagskommission eingefügt wurde, bezog sich in ihrer ursprünglichen Fassung auf den Reichskanzler, die Minister eines Bundesstaats, die Mitglieder der Senate der freien Hansestädte und die Vorstände der obersten Reichsbehörden und Ministerien; Absatz 4 fehlte. Aufgrund der Ermächtigung des § 43 der EmmingerVO wurde § 50 durch die Bek. 1924 den veränderten staatsrechtlichen Verhältnissen angepaßt; er galt nunmehr für die Mitglieder der Reichsregierung, einer Landesregierung, des Reichsrats und des Staatsrats eines deutschen Landes. Durch § 27 Abs. 5 Nr. 1 des Gesetzes über die Rechtsverhältnisse des Reichskanzlers und der Reichsminister (Reichsministergesetz) vom 27. 3. 1930 (RGBl. I 96) wurde Absatz 1 geändert; ferner wurde Absatz 4 eingefügt, der für die Mitglieder der Reichsregierung auf die besonderen Vorschriften des Reichsministergesetzes verwies. An seine Stelle trat § 159 Abs. 2 des Deutschen Beamtengesetzes vom 26. 1. 1937 (RGBl. I 39). Ihre jetzige Fassung erhielt die Vorschrift durch Art. 3 Nr. 16 VereinhG. Bezeichnung bis 1924: § 49.

1. Allgemeines. Abgeordnete und Regierungsmitglieder werden als Zeugen nach **1** den allgemeinen Grundsätzen vernommen und vereidigt. Da es jedoch die Arbeit der Parlamente und der Regierungen erheblich stören würde, wenn ihre Mitglieder auf Verlangen von Gerichten und Prozeßbeteiligten verpflichtet wären, als Zeugen zu auswärtigen Vernehmungsorten zu reisen, wird durch § 50 für Parlaments- und Regierungsmitglieder der Vernehmungsort besonders geregelt. Die Vorschrift gilt für alle Verfahrensabschnitte[1]. Ihre Bedeutung liegt jedoch hauptsächlich darin, daß sie für das Hauptverfahren eine Ausnahme von dem Grundsatz der Unmittelbarkeit der Beweisaufnahme über Zeugenwahrnehmungen (§ 250 Satz 2) bestimmt, indem sie für den Fall, daß der Amtssitz des Zeugen nicht zugleich der Sitz des erkennenden Gerichts ist, die Vernehmung durch einen beauftragten oder ersuchten Richter vorschreibt.

2. Vernehmung von Parlamentsmitgliedern (Absatz 1)
a) Personenkreis. § 50 Abs. 1 zählt die Mitglieder des Bundestages (Art. 38 ff GG), **2** des Bundesrats (Art. 51 GG), eines Landtages (maßgebend sind die Vorschriften der

---

[1] RGSt **26** 255; KK-*Pelchen* 1; *Kleinknecht/ Meyer*[37] 1; KMR-*Paulus* 1.

Hans Dahs

Landesverfassungen) und einer zweiten Kammer auf. Zu den Landtagen gehören auch das Abgeordnetenhaus von Berlin und die Bürgerschaften in Bremen und Hamburg. Eine zweite Kammer (Senat) gibt es nur in Bayern (Art. 34 Bay. Verf.); für die Senatsmitglieder gilt § 50[2]. Für die Abgeordneten des **Europäischen Parlaments** fehlt es an einer ausdrücklichen Regelung. Vor dem Hintergrund der Immunitätsregelung in Art. 10 des Protokolls über die Vorrechte und Befreiungen der Europäischen Gemeinschaften v. 8. 4. 1965 (BGBl. II 1482) (vgl. § 152 a, 11) und des Sitzes der Versammlung im Ausland werden die deutschen Abgeordneten an ihrem inländischen Aufenthaltsort zu vernehmen sein. § 50 Abs. 3 und 4 gilt entsprechend. In gleicher Weise sind die Mitglieder der **Beratenden Versammlung des Europarates** zu vernehmen (vgl. auch Art. 15 des Allgemeinen Abkommens über die Vorrechte und Befreiungen des Europarates v. 2. 9. 1949 – BGBl. II **1954** 494 – Art. 4 des Zusatzprotokolls v. 6. 11. 1952 – BGBl. II **1954** 501 – und Gesetz v. 4. 8. 1977 – BGBl. II 733 –).

3   **b) Vernehmungsort.** Die Mitglieder der Parlamente sind am Sitz der Versammlung zu vernehmen, wenn die Vernehmung in die (mit dem ersten Zusammentritt beginnende) Sitzungsperiode einschließlich der Parlamentsferien (BGH NStZ **1982** 158; KMR-*Paulus* 6; *Eb. Schmidt* 3) fällt und der Zeuge sich am Sitz der gesetzgebenden Versammlung aufhält. Befindet er sich dort nicht, so darf er an seinem Aufenthaltsort vernommen werden, auch wenn das Parlament am Tag seiner Vernehmung zu einer Sitzung zusammentritt[3]. Zwischen den Wahlperioden genießen nur die Mitglieder der in Art. 49 GG und den entsprechenden Vorschriften der Länderverfassungen bezeichneten Ausschüsse das Vorrecht des § 50[4].

4   **c) Vernehmung.** Ebensowenig wie dem Bundespräsidenten (§ 49, 3) gibt das Gesetz den Mitgliedern der Parlamente ausdrücklich das Vorrecht, daß sie nur richterlich vernommen werden dürfen. Eine Vernehmung durch den Staatsanwalt (§ 161 a) ist aber in allen Fällen, in denen es auf die Gewinnung eines in der Hauptverhandlung verlesbaren Protokolls ankommt, ohne Wert; denn nur richterliche Protokolle dürfen verlesen werden (§ 50 Abs. 4 Satz 2). Auch im Vorverfahren kommt daher im allgemeinen nur eine richterliche Vernehmung (§§ 162, 169) in Betracht. Nach Anklageerhebung wird sie durch den beauftragten oder ersuchten Richter nach den §§ 223, 224 vorgenommen, wenn der Sitz der Versammlung oder der Aufenthaltsort nicht zugleich der Sitz des erkennenden Gerichts ist. Auch das ganze Gericht kann sich an den Vernehmungsort begeben, wenn das ausnahmsweise geboten erscheint. Die Vernehmung erfolgt nicht in der Wohnung des Parlamentsmitglieds oder im Parlamentsgebäude, sondern in den Räumen des Gerichts am Sitz des Parlaments. Vor dieses Gericht muß der Zeuge geladen werden. Die Prozeßbeteiligten sind von dem Vernehmungstermin nach § 168 c Abs. 5 Satz 1, § 224 Abs. 1 Satz 1 zu benachrichtigen. Sie sind auch im Vorverfahren (vgl. § 168 c Abs. 2) zur Anwesenheit berechtigt[5], der Angeklagte, der nicht auf freiem Fuß ist, jedoch nur, wenn die Voraussetzungen der § 168 c Abs. 4, § 224 Abs. 2 vorliegen.

3. Vernehmung von Regierungsmitgliedern (Absatz 2)

5   **a) Personenkreis.** Mitglieder der Bundesregierung sind der Bundeskanzler und die Bundesminister (Art. 62 GG). Staatssekretäre gehören nicht zum Bundeskabinett, auch nicht die parlamentarischen Staatssekretäre nach dem Gesetz vom 24. 7. 1974 (BGBl. I 1538), selbst wenn sie die Bezeichnung Staatsminister führen. Da die parla-

---

[2]   *Kleinknecht/Meyer*[37] 2; KMR-*Paulus* 3.

[3]   KMR-*Paulus* 6; *Eb. Schmidt* 3; *Dalcke/Fuhrmann/Schäfer* 3.

[4]   KK-*Pelchen* 3; *Kleinknecht/Meyer*[37] 2.

[5]   KK-*Pelchen* 4; *Kleinknecht/Meyer*[37] 4; KMR-*Paulus* 7; *Eb. Schmidt* 1.

mentarischen Staatssekretäre Mitglieder des Bundestages sein müssen, genießen sie aber das Vorrecht des §50 Abs. 1. Wer Mitglied einer Landesregierung ist, richtet sich nach den Vorschriften der jeweiligen Verfassung des Bundeslandes. Die Senate von Berlin, Bremen und Hamburg sind Landesregierungen; ihre Mitglieder sind die Bürgermeister (in Berlin der Regierende Bürgermeister) und die Senatoren. In Bayern gehören auch die Staatssekretäre zur Regierung (Art. 43 Abs. 2 Bay.Verf.).

b) Vernehmungsort. Mitglieder der Bundes- oder einer Landesregierung sind an **6** ihrem Amtssitz oder, falls sie sich dort nicht befinden, an ihrem Aufenthaltsort zu vernehmen. Ob der Aufenthalt außerhalb des Amtssitzes dienstliche oder private (Urlaubsreise, Kuraufenthalt) Gründe hat, spielt keine Rolle[6]. Ohne Bedeutung ist auch, wie lange er dauert. Wenn es zu dem Aufenthalt nur gekommen ist, weil das Regierungsmitglied einer unzulässigen Ladung vor das dortige Gericht gefolgt ist, darf es nicht vernommen werden; andernfalls würde §50 Abs. 3 umgangen werden[7]. Die Vernehmung erfolgt nicht in der Wohnung oder den Amtsräumen des Regierungsmitglieds, sondern in den Räumen des Gerichts am Aufenthaltsort. Befindet sich am Aufenthaltsort kein Gericht, so hat die Vernehmung gleichwohl an diesem Ort stattzufinden, nicht etwa vor dem Gericht, das für den Aufenthaltsort zuständig ist[8].

c) Vernehmung. Wenn der Amtssitz oder der Aufenthaltsort des Regierungsmit- **7** glieds nicht auch der Sitz des vernehmenden Gerichts ist, hat die Vernehmung durch einen beauftragten oder ersuchten Richter stattzufinden. Ist der Gerichtsort hingegen mit dem Vernehmungsort identisch, so erfolgt die Vernehmung in der Hauptverhandlung. Im übrigen gelten die für die Parlamentsmitglieder entwickelten Grundsätze (oben Rdn. 4) entsprechend.

4. Ausnahme mit Sondergenehmigung (Absatz 3). Außerhalb des Versammlungs- **8** orts des Parlaments und des Amtssitzes oder Aufenthaltsorts des Regierungsmitglieds ist eine Vernehmung grundsätzlich nur statthaft, wenn eine Genehmigung der in §50 Abs. 3 genannten Stelle vorliegt (vgl. aber unten 10). Die Sondergenehmigung kann von Amts wegen oder auf Antrag des Gerichts, der Staatsanwaltschaft oder eines anderen Prozeßbeteiligten, der ein Interesse am Erscheinen des Zeugen in der Hauptverhandlung hat, erteilt werden[9]. Auch der Abgeordnete oder das Regierungsmitglied kann die Erteilung anregen (*Eb. Schmidt* 6). Über die Frage, ob eine Abweichung von §50 Abs. 1 und 2 und demzufolge die Einholung einer Sondergenehmigung angezeigt erscheint, hat das Gericht von Amts wegen oder auf Antrag zu entscheiden. Erteilung und Nachweis der Genehmigung sind an keine Form gebunden[10], daher genügt es, wenn der Zeuge (RG JW **1893** 289: eidlich) versichert, daß ihm die Genehmigung erteilt worden ist.

Die Sondergenehmigung ist auch **erforderlich,** wenn der Abgeordnete oder das **9** Regierungsmitglied mit einer nach §50 Abs. 1 oder 2 unzulässigen Vernehmung einverstanden ist. Denn bei diesen Vorschriften handelt es sich wie bei der Immunität um kein persönliches Vorrecht der dort genannten Personen, sondern um ein Privileg des Parlaments oder der Regierung, denen der Zeuge angehört. Er selbst kann hierauf nicht wirksam verzichten[11]. Auch wenn er vor Gericht erscheint, darf er daher ohne die Sonderge-

---

[6] KK-*Pelchen* 6; KMR-*Paulus* 6; *Eb. Schmidt* 4.

[7] KK-*Pelchen* 7; *Kleinknecht/Meyer*[37] 6; KMR-*Paulus* 9; *Eb. Schmidt* 4; *Feisenberger* 8; vgl. unten Rdn. 9 ff.

[8] KK-*Pelchen* 6; KMR-*Paulus* 6.

[9] KK-*Pelchen* 7; *Kleinknecht/Meyer*[37] 8; KMR-*Paulus* 8; *Eb. Schmidt* 6; *Dalcke/Fuhrmann/Schäfer* 6.

[10] KMR-*Paulus* 8; *Kleinknecht/Meyer*[37] 8; *Eb. Schmidt* 6.

[11] KK-*Pelchen* 7; *Kleinknecht/Meyer*[37] 1.

Hans Dahs

nehmigung nicht vernommen werden. Abgeordnete und Regierungsmitglieder dürfen die Vorschrift auch nicht dadurch umgehen, daß sie von vornherein erklären, sie würden sich am Tag der Hauptverhandlung, der noch gar nicht bestimmt ist, an dem auswärtigen Gerichtsort aufhalten. Auch in diesem Fall ist daher die Genehmigung nach § 50 Abs. 3 einzuholen. Zulässig ist es aber, bei einem Parlaments- oder Regierungsmitglied anzufragen, ob und wann es sich am Ort des Gerichts aufhält und für eine Vernehmung in der Hauptverhandlung, deren Termin sich dann nach der Antwort des Zeugen richtet, zur Verfügung steht[12].

10   Der Ausschuß für Wahlprüfungen, Immunität und Geschäftsordnung des Deutschen Bundestages legt § 50 Abs. 3 in ständiger Praxis dahin aus, daß eine Genehmigung nach dieser Vorschrift für auswärtige Vernehmungen von Abgeordneten nicht erforderlich ist, wenn der Vernehmungstermin **außerhalb der Sitzungswochen** des Bundestages liegt. Die Termine zur Vernehmung von Abgeordneten sollten daher möglichst so anberaumt werden, daß sie in die sitzungsfreien Wochen des Parlaments fallen.

11   **5. Ladung zur Hauptverhandlung (Absatz 4 Satz 1).** Findet die Hauptverhandlung an dem nach § 50 Abs. 1 und 2 zulässigen Vernehmungsort statt und war der Zeuge noch nicht richterlich vernommen, so ist er zur Hauptverhandlung zu laden und dort zu vernehmen[13]. Das gleiche gilt, wenn eine Sondergenehmigung nach § 50 Abs. 3 erteilt worden ist. Eine Ladung ist nach § 50 Abs. 4 Satz 1 aber unzulässig, wenn der Zeuge bereits außerhalb der Hauptverhandlung vernommen worden ist, gleichgültig, wo sie stattfindet. Wird der Zeuge trotzdem geladen, so braucht er nicht zu erscheinen; § 51 gilt dann nicht. Unzulässig ist eine Ladung in der stillschweigenden Erwartung, der Zeuge werde ihr folgen und dadurch seinen Aufenthalt vorübergehend an den Gerichtsort verlegen[14]. Ungeachtet der Regelung des § 50 Abs. 4 Satz 1 kann der Zeuge ausnahmsweise zu der an einem gesetzlich zugelassenen Vernehmungsort stattfindenden Hauptverhandlung geladen werden, wenn seine erneute Vernehmung aus Gründen der Sachaufklärung (§ 244 Abs. 2) geboten ist.

12   Wenn eine Ladung des Zeugen zur Hauptverhandlung unzulässig ist, haben auch die **Prozeßbeteiligten** nicht das Recht, ihn nach § 214 Abs. 3, § 220 Abs. 1 unmittelbar zu laden (*Kleinknecht/Meyer*[37] 9). Ferner schließt die Sonderregelung des § 50 grundsätzlich aus, daß die Zeugen von den Prozeßbeteiligten vor das Gericht geladen werden, vor dem sie nach dieser Vorschrift vernommen werden dürfen. Denn wenn das zulässig wäre, müßte das erkennende Gericht, auch wenn es die Vernehmung für überflüssig hält, aufgrund der Ladung des Prozeßbeteiligten und zu dem von diesem bestimmten Termin einen beauftragten Richter zu dem Vernehmungsort entsenden oder einen Richter an diesem Ort um die Vernehmung ersuchen. Einen solchen Befehl zur kommissarischen Vernehmung können aber die Prozeßbeteiligten dem Gericht nicht erteilen, auch nicht im Fall des § 50. Für die Ladung von Abgeordneten und Regierungsmitgliedern gelten die § 214 Abs. 3, § 220 Abs. 1 daher nur, wenn die Hauptverhandlung vor einem Gericht stattfindet, vor das diese Personen nach § 50 geladen werden dürfen, oder wenn eine Sondergenehmigung nach § 50 Abs. 3 bereits erteilt ist.

13   **6. Verlesung des Protokolls in der Hauptverhandlung (Absatz 4 Satz 2).** In der Hauptverhandlung wird das Protokoll über die richterliche Vernehmung des Zeugen verlesen. Insoweit gelten dieselben Grundsätze wie bei § 49 (vgl. dort Rdn. 6). Insbeson-

---

[12] KK-*Pelchen* 7; KMR-*Paulus* 8; vgl. auch BGH NStZ **1982** 158.

[13] KK-*Pelchen* 8; *Kleinknecht/Meyer*[37] 9; *Eb. Schmidt* 1.

[14] KMR-*Paulus* 8; *Eb. Schmidt* 4.

dere bedarf es auch hier keines besonderen Gerichtsbeschlusses über die Verlesung (KMR-*Paulus* 10; §49, 5). Den erfolglosen Versuch, eine Sondergenehmigung nach §50 Abs. 3 zu erhalten, setzt die Verlesung nicht voraus[15].

7. Revision. Die Vorschrift des §50 dient nicht den Interessen des Angeklagten, **14** sondern ausschließlich denen der Parlamente und Regierungen. Der Angeklagte kann, da sein Rechtskreis insoweit nicht berührt ist, die Revision nicht darauf stützen, daß die Vernehmung des Zeugen in der Hauptverhandlung nach §50 unzulässig gewesen sei (vgl. die Erläuterungen bei §337, 95 ff – Rechtskreistheorie). Die Revision kann aber begründet sein, wenn die Voraussetzungen, unter denen nach §50 Abs. 4 Satz 2 die Verlesung des Protokolls zulässig ist, nicht vorgelegen haben.

§51

(1) [1]Einem ordnungsgemäß geladenen Zeugen, der nicht erscheint, werden die durch das Ausbleiben verursachten Kosten auferlegt. [2]Zugleich wird gegen ihn ein Ordnungsgeld und für den Fall, daß dieses nicht beigetrieben werden kann, Ordnungshaft festgesetzt. [3]Auch ist die zwangsweise Vorführung des Zeugen zulässig; §135 gilt entsprechend. [4]Im Falle wiederholten Ausbleibens kann das Ordnungsmittel noch einmal festgesetzt werden.

(2) [1]Die Auferlegung der Kosten und die Festsetzung eines Ordnungsmittels unterbleiben, wenn das Ausbleiben des Zeugen rechtzeitig genügend entschuldigt wird. [2]Erfolgt die Entschuldigung nach Satz 1 nicht rechtzeitig, so unterbleibt die Auferlegung der Kosten und die Festsetzung eines Ordnungsmittels nur dann, wenn glaubhaft gemacht wird, daß den Zeugen an der Verspätung der Entschuldigung kein Verschulden trifft. [3]Wird der Zeuge nachträglich genügend entschuldigt, so werden die getroffenen Anordnungen unter den Voraussetzungen des Satzes 2 aufgehoben.

(3) Die Befugnis zu diesen Maßregeln steht auch dem Richter im Vorverfahren sowie dem beauftragten und ersuchten Richter zu.

Schrifttum. *Enzian* Das richterliche und das staatsanwaltschaftliche Vorführungsrecht, JR 1975 277; *Kaiser* Die Zelle als Verwahrungsort für Vorgeführte, NJW 1965 1216; *Kaiser* Betrunkene Beschuldigte und Zeugen im Strafverfahren, NJW 1968 185; *Lampe* Grenzen des Festhalterechts gegenüber vorgeführten Beschuldigten und Zeugen im Ermittlungsverfahren, MDR 1974 535; *Molketin* Der nicht erschienene Zeuge und §51 StPO, DRiZ 1981 385; *Renner* Kann ein jugendlicher Zeuge nach §50 StPO zu einer Strafe verurteilt werden? Recht 1917 378; *M. J. Schmid* Zustellungsvorsorge für Zeugenladungen, NJW 1981 858; *Schoene* Wann ist ein gemäß §51 StPO ergangener Ordnungsgeldbeschluß beschwerdefähig? GA 1980 418; *Skupin* Die Folgen beim Ausbleiben eines kindlichen oder eines jugendlichen Zeugen im Strafverfahren, MDR 1965 865; *Werny* Der Beschluß gem. §51 I StPO nach der Entscheidung der Hauptsache, NJW 1982 2170.

Entstehungsgeschichte. In seiner ursprünglichen Fassung sah Absatz 1 Satz 1 der Vorschrift eine Geldstrafe bis 300 Mark vor. Absatz 4, der die Festsetzung und Vollstreckung der Strafe gegen Militärpersonen regelte, wurde durch §14 des Gesetzes betreffend die Aufhebung der Militärgerichtsbarkeit vom 17. 8. 1920 (RGBl. I 1579) aufge-

---

[15] RGSt **26** 253; *Kleinknecht/Meyer*[37] 10; *Eb. Schmidt* 5; **a. A** *Feisenberger* 9.

hoben. Durch die Bek. 1924 wurde Absatz 1 dem Art. II der Verordnung über Vermögensstrafen und Bußen vom 6. 2. 1924 (RGBl. I 44) angepaßt und ein neuer Absatz 4 über die Vorführung von Angehörigen der Reichswehr eingefügt. Dieser Absatz wurde durch § 14 des Einführungsgesetzes zur Militärstrafgerichtsordnung vom 4. 11. 1933 (RGBl. I 921) ersetzt und, da durch die Zeitverhältnisse überholt, in die 1950 neu verkündete Strafprozeßordnung nicht mehr aufgenommen. Art. 21 Nr. 5 EGStGB 1974 faßte ohne sachliche Änderungen den Absatz 1 der Vorschrift (das Wort „Ordnungsstrafe" wurde durch das Wort „Ordnungsgeld" ersetzt, der Inhalt des bisherigen Satzes 1 in die Sätze 1 und 2 aufgeteilt) und Absatz 2 Satz 1 neu. Durch Art. 1 Nr. 12 des 1. StVRG wurde in Absatz 1 Satz 3 der Halbsatz 2 eingefügt und in Absatz 3 das Wort „Untersuchungsrichter" gestrichen sowie das Wort „Amtsrichter" durch das Wort „Richter" ersetzt. Durch Art. 1 Nr. 9 StVÄG 1979 wurde Absatz 2 neu gefaßt. Dabei wurden in Satz 1 die Worte „genügend entschuldigt ist" durch die Worte „rechtzeitig genügend entschuldigt wird" ersetzt, der Satz 2 eingefügt und in Satz 3 (bisher Satz 2) an die Stelle des Wortes „wieder" die Worte „unter den Voraussetzungen des Satzes 2" gesetzt.

Übersicht

I. Allgemeines

1   Die durch § 51 nicht erst begründete, sondern von der Vorschrift vorausgesetzte Pflicht, als Zeuge vor Gericht auszusagen, ist eine staatsbürgerliche Pflicht[1], die erzwungen werden kann. Das Gesetz sieht in § 51 zum Erzwingen des Erscheinens die Auferlegung der Kosten, die Festsetzung von Ordnungsgeld und -haft (Zwangsmittel) und die zwangsweise Vorführung des Zeugen, in § 70 zum Erzwingen der Aussage und ihrer Beeidigung außer den Ordnungsmitteln die Beugehaft vor. Das gilt sowohl für die von Amts wegen geladenen als auch für die von dem Angeklagten nach § 220 unmittelbar geladenen Zeugen. Die Befugnis, die Maßregeln des § 51 (mit Ausnahme der Ordnungshaft) anzuordnen, steht auch der Staatsanwaltschaft zu, wenn sie den Zeugen geladen hat (§ 161 a Abs. 2). Im Bußgeldverfahren gilt § 51 entsprechend (§ 46 Abs. 1 OWiG). Wegen ausländischer Staatsbürger vgl. Vor § 48, 7.

---

[1] BVerfGE **38** 105 118; RGSt **18** 351; OLG Stuttgart NJW **1956** 840; KK-*Pelchen* Vor   § 48, 2; KMR-*Paulus* Vor § 48, 26; *Eb. Schmidt* Vor § 48, 16 a.

II. Voraussetzungen der Maßnahmen des § 51

1. Schuldfähigkeit. Mit den Ordnungsmitteln des § 51 wird ein Rechtsverstoß, ein **2** Ungehorsam gegen gesetzliche Vorschriften, geahndet; das setzt Vorwerfbarkeit, also Schuld im strafrechtlichen Sinne, voraus[2]. Nach § 19 StGB ist schuldunfähig, wer bei Begehung der Tat noch nicht vierzehn Jahre alt ist. Das gilt entsprechend auch bei Verstößen gegen die Pflicht, als Zeuge vor Gericht zu erscheinen. Ordnungsgeld und Ordnungshaft dürfen daher gegen ein Kind nicht festgesetzt werden[3]. Dagegen ist die Vorführung eines Kindes nach § 51 Abs. 1 Satz 2 zulässig; denn sie bezweckt nicht die Ahndung eines Verstoßes gegen einen Gesetzesbefehl, sondern dient dazu, das Erscheinen des Zeugen vor Gericht sicherzustellen[4]. Bei Jugendlichen findet § 3 JGG analoge Anwendung[5], Heranwachsende sind wie Erwachsene zu behandeln[6].

2. Ordnungsgemäße Ladung. Die Pflicht des Zeugen, vor Gericht zu erscheinen, **3** wird nur durch eine ordnungsgemäße Ladung begründet. Die Ladung muß der Vorschrift des § 48 entsprechen und daher Ort und Zeit des Vernehmungstermins und den Hinweis auf die gesetzlichen Folgen des Ausbleibens enthalten[7]. Ihr Zugang muß nachgewiesen sein[8]. War die Verhandlung ausgesetzt und der Zeuge zu der neuen Verhandlung mündlich geladen worden, so muß das durch die Sitzungsniederschrift nachgewiesen sein[9]. Bei der Ladung eines nicht auf freiem Fuß befindlichen Zeugen muß auch seine Vorführung angeordnet werden[10]. Im Fall des § 220 muß die Ladung nach § 38 zugestellt worden und der Zeuge nach § 220 Abs. 2 zum Erscheinen verpflichtet sein. Die (formal zu verstehenden) Voraussetzungen einer ordnungsgemäßen Ladung sind auch dann erfüllt, wenn das dem Angeklagten nach § 220 zustehende Recht der Selbstladung zu dem Zwecke mißbraucht werden soll, den Zeugen in der Hauptverhandlung zu beleidigen und verächtlich zu machen. Das Strafprozeßrecht kennt keinen allgemeinen Rechtssatz, wonach in der StPO vorgesehene Prozeßhandlungen rechtsunwirksam sind, weil ihnen eine prozeßwidrige Motivation zugrunde liegt. Soweit der Zeuge persönliche Nachteile bei der Befolgung seiner Erscheinenspflicht zu erwarten hat, ist das Gericht aufgrund seiner Fürsorgepflicht gehalten, diesen mit Maßnahmen des Hausrechts und der Sitzungspolizei entgegenzutreten; für die Beweisaufnahme müssen die Rechte aus §§ 238, 241, 245 Abs. 2 ausreichen[11].

Wer **nicht** als Zeuge **geladen** worden ist, braucht vor Gericht nicht zu erscheinen **4** und unterliegt daher nicht den Maßnahmen des § 51. Das gilt vor allem für die Eltern

---

[2] Vgl. OLG Hamm MDR **1980** 322; BVerfGE **20** 331; **58** 159 zu § 890 ZPO; KK-*Pelchen* 22; *Kleinknecht/Meyer*[37] 15; KMR-*Paulus* 14; *Göhler* § 59, 54.

[3] LG Bremen NJW **1970** 1429; *Göhler* § 59, 55; *Brunner* § 1, 4; *Gerland* 201; *Kleinknecht/Meyer*[37] 15; *Skupin* MDR **1965** 865; vgl. auch BVerfGE **20** 332 f; **58** 159; OLG Hamm MDR **1980** 322; a. A OLG Hamm NJW **1965** 1613; *Dalcke/Fuhrmann/Schäfer* 5; *Eb. Schmidt* 9; *Renner* Recht **1917** 378, die Schuldfähigkeit nicht verlangen, weil es sich bei § 51 nur um Ordnungsrecht handelt.

[4] Vgl. OLG Düsseldorf FamRZ **1973** 547; *Skupin* MDR **1965** 866 hält auch die Vorführung für unzulässig.

[5] *Kleinknecht/Meyer*[37] 15; *Göhler* § 59, 55.

[6] BayObLG NJW **1972** 837; *Göhler* § 12, 7.

[7] Allg. M.; KK-*Pelchen* 1; KMR-*Paulus* 5; *Kleinknecht/Meyer*[37] 2; vgl. § 48, 5 ff.

[8] OLG Koblenz MDR **1981** 1036; KK-*Pelchen* 1; *Kleinknecht/Meyer*[37] 2; *Göhler* § 59, 54.

[9] OLG Hamm NJW **1957** 1330; *Eb. Schmidt* 16.

[10] *Kleinknecht/Meyer*[37] 2; a. A OLG Düsseldorf MDR **1982** 72 für Untersuchungshaft.

[11] LR-*Gollwitzer* § 220, 10 ff; *D. Meyer* MDR **1979** 814; *Wagner* JuS **1972** 315; a. A KG JR **1971** 338 m. Anm. *Peters*; *Schmid* MDR **1980** 115.

Hans Dahs

eines Kindes, das als Zeuge aussagen soll. Gegen sie darf auch dann kein Ordnungsgeld festgesetzt werden, wenn sie das Kind bewußt davon abhalten, der Ladung zu folgen[12]. Um die Gestellung des Kindes durch die Eltern zu erreichen, können vormundschaftsrichterliche Maßnahmen nach § 1666 BGB getroffen werden, die der Strafrichter anregen kann (*Skupin* MDR **1965** 867).

5   **3. Nichterscheinen.** Der ordnungsgemäß geladene Zeuge muß sich vor Gericht zu der in der Ladung festgesetzten Zeit einfinden[13], eine Wartepflicht des Gerichts von mehr als 5 bis 10 Minuten besteht nicht (*Schmid* NJW **1977** 1955). Erscheint der Zeuge mit größerer Verspätung, aber bevor Maßnahmen des § 51 angeordnet worden sind, so hat das keine Rechtsfolgen[14]. Das ergibt sich aus der ratio legis, die ein durch das Verhalten des Zeugen verursachtes Stocken der Hauptverhandlung sanktionieren will, nicht aber einen prozessual folgenlosen Verstoß gegen das Pünktlichkeitsgebot. Wäre der Zeuge nach dem Verhandlungsplan oder Verhandlungsverlauf ohnehin erst zu einem späteren Zeitpunkt vernommen worden, fehlt dem Ordnungsmittelbeschluß die innere Berechtigung. Der Zeuge muß vernehmungsfähig sein. Wer betrunken oder unter Drogeneinwirkung erscheint und daher nicht vernommen werden kann, steht einem nicht erschienenen Zeugen gleich[15]. Verweigert der nicht auf freiem Fuß befindliche Zeuge seine Vorführung, so ist er i. S. des § 51 nicht erschienen (*Kleinknecht/Meyer*[37] 3). Der Zeuge ist, wenn er dorthin geladen wird, auch verpflichtet, sich zur Vernehmung außerhalb der Gerichtsstelle einzufinden, etwa an dem Ort, an dem ein Augenschein eingenommen werden soll[16] oder an dem eine große Anzahl von Zeugen wohnt, die aus Zweckmäßigkeitsgründen nicht am Gerichtsort vernommen werden sollen. Der Zeuge muß der Ladung auch nachkommen, wenn der Vernehmungsort von seinem Wohnort weit entfernt ist (*Eb. Schmidt* 2). Er kann in diesem Fall das Gericht zwar um seine kommissarische Vernehmung nach § 223 bitten, muß aber trotzdem erscheinen, wenn er nicht abbestellt wird. Die Erklärung, er wolle von seinem Zeugnisverweigerungsrecht Gebrauch machen, entbindet den Zeugen (anders als im Zivilprozeß nach § 386 Abs. 3 ZPO) nicht von der Erscheinenspflicht; sie hindert daher auch nicht die Anwendung des § 51[17]. Jedoch gebietet es die richterliche Fürsorgepflicht (*Kleinknecht/ Meyer*[37] Einl. Rdn. 156 f), den Zeugen hierauf unverzüglich hinzuweisen, wenn er sein Nichterscheinen wegen eines Zeugnisverweigerungsrechts ankündigt.

6   Wenn ein ordnungsgemäß geladener Zeuge schon **vor dem Termin** erklärt, daß er nicht erscheinen werde, so ist er einem Nichterschienenen nicht gleichzusetzen. Eine Vorführung zu diesem Termin kommt nicht in Betracht; denn vorbeugende Maßnahmen läßt § 51 nicht zu[18]. Das Gericht sollte wegen einer Weigerungserklärung des Zeugen jedoch nicht den Termin aufheben, weil der Zeuge seine Einstellung immer noch ändern kann[19]; vielfach wird eine Unterbrechung (§ 229 Abs. 1) der Verhandlung mit Anord-

---

[12] OLG Hamm NJW **1965** 1613; KK-*Pelchen* 22; KMR-*Paulus* 5; *Dalcke/Fuhrmann/Schäfer* 5; *Göhler* § 59, 55; *Renner* Recht **1917** 378; *Skupin* MDR **1965** 867 ff.

[13] KG GA **69** (1925) 230; *Kleinknecht/Meyer*[37] 3; KK-*Pelchen* 3; KMR-*Paulus* 6; *Eb. Schmidt* 5.

[14] *Kleinknecht/Meyer*[37] 3; KMR-Paulus 6; **a. A** KK-*Pelchen* 3 f.

[15] BGHSt **23** 334; OLG Saarbrücken JBl. Saar **1962** 13; *Kleinknecht/Meyer*[37] 3; KK-*Pelchen*

2; KMR-*Paulus* 6; *Eb. Schmidt* 7; *Göhler* § 59, 61a; *Kaiser* NJW **1968** 188.

[16] KMR-*Paulus* 6; *Eb. Schmidt* 2.

[17] *Kleinknecht/Meyer*[37] 12; KK-*Pelchen* 12; KMR-*Paulus* 15; *Eb. Schmidt* 3; *Molketin* DRiZ **1981** 385; vgl. aber BGHSt **21** 12 = NJW **1966** 742 m. Anm. *Seydel.*

[18] OLG Stuttgart NJW **1956** 840 mit zust. Anm. *Reiff* NJW **1956** 1083; KK-*Pelchen* 5; KMR-*Paulus* 7; *Eb. Schmidt* Nachtr. I 7 a.

[19] *Eb. Schmidt* Nachtr. I 7 a.

nung der Vorführung des Zeugen ausreichen. Bei entsprechender Dauer des Termins wird auch die ohne weiteres zulässige Anordnung sofortiger Vorführung des Zeugen (*Eb. Schmidt* 5) zum Ziele führen. Ist jedoch der Termin wegen der erklärten Weigerung des Zeugen aufgehoben worden, so sind die präventive Vorführung zum nächsten Termin und ein Ordnungsgeldbeschluß nach dem klaren Inhalt des Gesetzes nicht zulässig[20].

Die Erscheinenspflicht schließt die Pflicht ein, **anwesend** zu **bleiben**[21]. Der Zeuge **7** muß sich daher, auch wenn er bereits vernommen worden ist, bis zur endgültigen Entlassung (§ 248) zur Verfügung des Gerichts halten. Bei eigenmächtiger vorzeitiger Entfernung, nicht aber bei lediglich kurzem Verlassen des Sitzungszimmers (KMR-*Paulus* 6), wird er wie ein nicht erschienener Zeuge behandelt[22]. Ein Zeuge, der sich ohne Genehmigung entfernen will, kann zwangsweise festgehalten werden; § 231 Abs. 1 Satz 2 gilt entsprechend[23].

4. Fehlen rechtzeitiger und genügender Entschuldigung

a) Entschuldigung. Nach der jetzt geltenden **Neufassung** des § 51 Abs. 2 genügt es **8** nicht mehr, daß überhaupt Entschuldigungsgründe vorliegen; der Zeuge ist vielmehr auch verpflichtet, sich rechtzeitig zu entschuldigen, sofern ihm dieses möglich ist (vgl. BTDrucks. 8 976, S. 36). Dem Gericht soll damit ermöglicht werden, entweder den Zeugen doch noch zum Erscheinen zu veranlassen oder den Termin aufzuheben und die Beteiligten abzuladen. Die Auferlegung der Kosten und die Festsetzung von Ordnungsmitteln unterbleiben nach § 51 Abs. 2 Satz 1 nur, wenn das Ausbleiben des Zeugen genügend entschuldigt *wird;* daß es genügend entschuldigt *ist,* reicht nicht aus. Ob der Zeuge von Amts wegen oder nach § 220 von dem Angeklagten selbst geladen worden ist, macht keinen Unterschied (vgl. auch § 220, 12). Zwar muß sich der Zeuge nicht selbst entschuldigen. Auch Entschuldigungen, die von Dritten vorgebracht werden, sind zu berücksichtigen[24]. Hat aber weder der Zeuge selbst noch für ihn ein Dritter irgendwelche Entschuldigungsgründe vorgebracht, so wird von dem Erlaß eines Ordnungsgeldbeschlusses nach § 51 Abs. 1 selbst dann nicht abgesehen, wenn sich in dem Termin, in dem der Zeuge ausgeblieben ist, dessen Verhinderung aus den Akten oder sonst aus den Umständen ergibt[25]. Das gilt auch dann, wenn der Richter bei sorgfältigem Aktenstudium die Verhinderung des Zeugen schon vor dem Termin hätte erkennen können oder wenn hierfür mindestens Anhaltspunkte ersichtlich waren, denen von Amts wegen hätte nachgegangen werden können. Von einem ordnungsgemäß geladenen Zeugen wird nunmehr verlangt, daß er sein Ausbleiben auch dann rechtzeitig entschuldigt, wenn er meint, die Ladungsbehörde werde selbst erkennen, daß er am Erscheinen verhindert ist. Die Entschuldigungsgründe müssen nicht zur vollen Überzeugung des Gerichts erwiesen sein; es genügt, daß sie glaubhaft sind[26] (vgl. dazu i. e. Rdn. 10). Vor allem im per-

---

20 *Dalcke/Fuhrmann/Schäfer* 2; KMR-*Paulus* 7; *Eb. Schmidt* Nachtr. I 7 a; *Reiff* NJW **1956** 1083; **a.** A OLG Königsberg DStR **1935** 219; OLG Stuttgart NJW **1956** 840; KK-*Pelchen* 5.

21 KK-*Pelchen* 4; *Kleinknecht/Meyer*[37] 4; KMR-*Paulus* 6; *Eb. Schmidt* 1; *Göhler* § 59, 61a.

22 KK-*Pelchen* 4; *Kleinknecht/Meyer*[37] 4; KMR-*Paulus* 6; *Göhler* § 59, 61a; **a.** A *Lampe* MDR **1974** 540, der in dem Sichtentfernen

eine nach § 70 zu ahndende Aussageverweigerung sieht.

23 Vgl. KK-*Pelchen* 4; *Kleinknecht/Meyer*[37] 4; KMR-*Paulus* 6; *Eb. Schmidt* 6; *Enzian* NJW **1957** 451; grundsätzlich **a.** A *Lampe* MDR **1974** 540.

24 KK-*Pelchen* 15; *Kleinknecht/Meyer*[37] 7; KMR-*Paulus* 9.

25 KK-*Pelchen* 15; *Kleinknecht/Meyer*[37] 7; **a.** A KMR-*Paulus* 9.

26 *Kleinknecht/Meyer*[37] 10; *Eb. Schmidt* 19; **a.** A KK-*Pelchen* 16; KMR-*Paulus* 10.

Hans Dahs

sönlichen Bereich liegende Umstände kann der Zeuge oft gar nicht erweisen, sondern nur glaubhaft machen, z. B. durch eine eigene eidesstattliche Versicherung. Ob das Ausbleiben genügend entschuldigt ist, entscheidet das Gericht nach pflichtgemäßem Ermessen (KMR-*Paulus* 12), ggfs. auch aufgrund eigener Ermittlungen. Eine unwahre Entschuldigung ist nicht strafbar. Zur nachträglichen Entschuldigung vgl. unten Rdn. 13.

9   **b) Rechtzeitig** ist die Entschuldigung, wenn der Zeuge dem Gericht seine Verhinderung zu einem so frühen Zeitpunkt mitteilt, daß der Termin noch aufgehoben und dies allen Beteiligten bekanntgegeben werden kann. Eine erst am Tage vor dem Termin eingegangene Entschuldigung wird im allgemeinen nicht als rechtzeitig angesehen werden können, insbesondere dann nicht, wenn auswärtige Zeugen oder Sachverständige geladen worden sind. Daß es gelingen könnte, die geladenen Personen in letzter Minute telefonisch oder mittels Eilbriefen und Telegrammen abzubestellen, macht die Entschuldigung nicht rechtzeitig. Grundsätzlich muß verlangt werden, daß der Zeuge sich so frühzeitig entschuldigt, daß eine Abbestellung aller zu der Verhandlung geladenen Personen noch im gewöhnlichen Geschäftsbetrieb des Gerichts möglich ist[27].

10   **Unverschuldete Verspätung.** Entschuldigt sich der Zeuge zwar vor dem Termin, aber nicht so rechtzeitig, daß der Termin noch aufgehoben werden kann, so wird von dem Erlaß eines Ordnungsgeldbeschlusses nur abgesehen, wenn der Zeuge glaubhaft macht, daß ihn an der Verspätung der Entschuldigung kein Verschulden trifft (§ 51 Abs. 2 Satz 2). Zur Glaubhaftmachung vgl. § 26, 25 ff; § 45, 21 ff; § 74, 23 ff. Der Zeuge kann zur Glaubhaftmachung auch eine eigene eidesstattliche Versicherung vorlegen. Einer besonderen Glaubhaftmachung bedarf es nicht, wenn bereits das glaubhafte Entschuldigungsvorbringen eine Erklärung dafür enthält, weshalb der Zeuge sich nicht früher entschuldigen konnte (plötzliche Erkrankung, Unfall u. ä.), oder wenn der Grund der Verspätung gerichtsbekannt ist. Wenn glaubhaft ist, daß den Zeugen an der Verspätung der Entschuldigung keine Schuld trifft, unterbleibt der Erlaß eines Ordnungsgeldbeschlusses endgültig; daß § 51 Abs. 2 Satz 2 nur einen „kurzen Aufschub der Maßregelung" bestimmt (wie *Kleinknecht/Meyer*[37] 9 behaupten), kann nicht angenommen werden[28]. Zur nachträglichen Entschuldigung vgl. Rdn. 25 f.

c) Entschuldigungsgründe

11   **aa) Unkenntnis von der Zeugenladung.** Das Nichterscheinen ist entschuldigt, wenn der Zeuge die Ladung nicht erhalten hat. Er ist grundsätzlich nicht verpflichtet, dafür zu sorgen, daß ihn Ladungen während der Abwesenheit von seiner Wohnung erreichen[29]. Ausnahmsweise besteht diese Pflicht aber, wenn der Zeuge Anlaß hat, mit der Zeugenladung zu rechnen, etwa weil ihm ausdrücklich bekanntgegeben worden ist, daß er in Kürze vernommen werden soll[30]. Gleiches gilt, wenn der Zeuge sich nur sehr selten an seinem Hauptwohnsitz aufhält[31]. Hat der Zeuge von der Ladung infolge Verschuldens dritter Personen keine Kenntnis erhalten, so ist er nicht ohne weiteres entschuldigt. Das gilt insbesondere bei Verschulden von Hilfspersonen[32]. So kann ein Rechtsanwalt, dessen Büropersonal seine Unkenntnis von der Ladung verursacht hat,

[27] Allg. Meinung; *Kleinknecht/Meyer*[37] 8; KK-*Pelchen* 10; KMR-*Paulus* 17; *Schlüchter* 482.

[28] KK-*Pelchen* 18; KMR-*Paulus* 19.

[29] KG Recht **1928** Nr. 464; *Kleinknecht/Meyer*[37] 11; KMR-*Paulus* 15; *Dalcke/Fuhrmann/Schäfer* 7.

[30] KK-*Pelchen* 13; KMR-*Paulus* 16; *Eb. Schmidt* 15.

[31] OLG Düsseldorf NJW **1980** 2721 für den Fall jahrelanger Abwesenheit; zust. *Kleinknecht/Meyer*[37] 11; **a. A** *M. J. Schmid* NJW **1981** 859; wie hier *Molketin* DRiZ **1981,** 385.

[32] KMR-*Paulus* 16; *Kleinknecht/Meyer*[37] 11.

nur dann als entschuldigt angesehen werden, wenn er durch Umstände, die er nicht zu vertreten hat, nicht in den Besitz der Ladung gekommen ist. Hat er seine Organisations- und Überwachungspflichten nicht erfüllt, liegt Verschulden vor[33].

bb) Irrtum über die Erscheinenspflicht. Bei einem Irrtum des Zeugen über die **12** Pflicht zum Erscheinen können die Grundsätze über den Verbotsirrtum (§ 17 StGB, § 11 Abs. 2 OWiG) entsprechend angewendet werden[34]; im allgemeinen wird die Nichtbefolgung der Ladung aber nicht auf einem unvermeidbaren Verbotsirrtum beruhen. Das gilt auch für die irrige Annahme, ein Zeugnisverweigerungsrecht zu haben und deshalb nicht erscheinen zu müssen[35]. Dagegen kann die falsche Auskunft eines Rechtsanwalts oder seines Personals, der Zeuge brauche trotz der Ladung nicht zu erscheinen, ein Entschuldigungsgrund sein[36]. Wenn ein Zeuge rechtzeitig ein Entschuldigungsschreiben eingereicht hat, aber vom Gericht keinen Bescheid erhalten hat, wird er regelmäßig davon ausgehen können, daß seine Entschuldigung anerkannt worden ist und er nicht zu erscheinen braucht[37]. So auch wenn er seinen Rechtsanwalt beauftragt hat, ihn bei Gericht zu entschuldigen und dieser ihm erklärt hat, ohne anderslautende Nachricht sei der Termin für ihn erledigt[38].

cc) Berufliche oder private Verpflichtungen. Die Pflicht des Zeugen, vor Gericht **13** zu erscheinen, geht grundsätzlich beruflichen Verpflichtungen, Geschäften und privaten Pflichten vor[39]. Eine Ausnahme gilt, wenn der Zeuge durch die Befolgung der Ladung erhebliche, nicht zumutbare Nachteile erleiden würde[40]; hier kommen auch unmittelbare finanzielle Nachteile in Betracht, soweit sie durch die Zeugenentschädigung nicht ausgeglichen werden. **Einzelfälle:** Der Zeuge muß private Angelegenheiten zurückstellen, auch wenn sie dringend sind. Die Verlegung eines vorausgeplanten Urlaubs ist dann zumutbar, wenn sie nicht zu finanziellen Nachteilen, z. B. Rücktrittsgebühren bei gebuchter Reise, Hotelkosten, führt[41]. Eine Verlegung des Urlaubs ist auch dann nicht zumutbar, wenn sie für den Zeugen (und seine Familie) zu einem erheblichen Verlust an Ferientagen führt, etwa weil der Urlaub nicht nachgeholt werden kann. Eine Unterbrechung des Urlaubs ist grundsätzlich zumutbar, jedoch z. B. nicht, wenn sich der Zeuge in fernen Ländern aufhält. Auch die kurze Unterbrechung einer Heilkur muß der Zeuge auf sich nehmen, es sei denn, der Kurerfolg wird dadurch nach ärztlicher Beurteilung ernsthaft gefährdet. Berufliche Aufgaben müssen grundsätzlich hinter der Zeugenpflicht zurücktreten, auch wenn sie dringend sind[42]. Auch hier ist die Zumutbarkeitsgrenze zu beachten. So kann der sofortige Abbruch einer Geschäftsreise wegen einer nachgeschickten Ladung nicht verlangt werden[43] ebensowenig von einem Arzt die Ver-

[33] OLG Hamm NJW **1956** 1935; KK-*Pelchen* 13; KMR-*Paulus* 16; *Dalcke/Fuhrmann/Schäfer* 1.

[34] KMR-*Paulus* 15; *Kleinknecht/Meyer*[37] 12.

[35] *Kleinknecht/Meyer*[37] 12; KK-*Pelchen* 14; KMR- *Paulus* 15; *Molketin* DRiZ **1981** 385.

[36] *Kleinknecht/Meyer*[37] 12; **a. A** OLG Oldenburg MDR **1976** 336; OLG Stuttgart Justiz **1973** 180; anders für Auskunft des anwaltlichen Personals KK-*Pelchen* 14.

[37] OLG Hamm HESt **3** 8 = MDR **1950** 179; KMR-*Paulus* 15; KK-*Pelchen* 14; *Kleinknecht/Meyer*[37] 12; *Eb. Schmidt* 15.

[38] OLG Oldenburg MDR **1976** 336.

[39] BDiszH MDR **1960** 334; OLG Hamm MDR **1974** 330 L; KK-*Pelchen* 11; *Kleinknecht/Meyer*[37] 12; KMR-*Paulus* 16.

[40] OLG Hamm MDR **1974** 330; KK-*Pelchen* 11; *Eb. Schmidt* 15.

[41] Vgl. dazu OLG Stuttgart Justiz **1968** 135; KMR-*Paulus* 16; *Göhler* § 59, 56; **a. A** *Kleinknecht/Meyer*[37] 12.

[42] BayObLGSt **7** (1907) 331; BayObLG DRiZ **1929** 531; OLG München *Alsb.* E 1 Nr. 180; KK-*Pelchen* 11, *Kleinknecht/Meyer*[37] 12; KMR-*Paulus* 16.

[43] OLG Posen *Alsb.* E 1 Nr. 178; *Eb. Schmidt* 15.

legung einer unaufschiebbaren Operation[44] und von einem Rechtsanwalt die Niederlegung eines Mandats wegen Terminkollision. Im kaufmännischen Bereich ist dem Zeugen der Verzicht auf einen terminlich gebundenen Geschäftsabschluß nicht zumutbar, auch nicht auf eine vergleichbar wichtige Besprechung mit Regierungsmitgliedern o. ä.[45]. Auch bei drohendem Verlust des Arbeitsplatzes ist der Zeuge entschuldigt[46]. Die gerichtliche Fürsorgepflicht gegenüber dem Zeugen gebietet es, nach Möglichkeit einen Interessenausgleich zu finden; so wird rechtzeitig mitgeteilten Verhinderungen des Zeugen oft durch eine den Verhandlungsgang nicht beeinträchtigende Verlegung des Zeitpunktes seiner Vernehmung Rechnung getragen werden können.

14   **dd) Furcht vor Nachteilen.** Gewisse persönliche Nachteile muß der Zeuge in Kauf nehmen. Sein Nichterscheinen ist nicht deshalb entschuldigt, weil er Angst vor dem Angeklagten hat (OLG Hamm MDR **1974** 330 L); eine konkrete Gefahr für Leib oder Leben braucht er jedoch nicht auf sich zu nehmen (so wohl auch *Molketin* DRiZ **1981** 385). Hier wird es darauf ankommen, mit Hilfe des Gerichts (Fürsorgepflicht) diese so weit zu reduzieren, daß das Erscheinen für den Zeugen zumutbar ist. Die Furcht, im Gerichtssaal aufgrund eines Haftbefehls in anderer Sache verhaftet zu werden, ist ein Grenzfall; ist die Besorgnis des Zeugen auf konkrete Tatsachen gestützt – und werden diese nicht ausgeräumt –, so wird man sein Erscheinen nicht verlangen können (keine Pflicht zur „Selbststellung")[47]. Bei kurzfristiger Ladung kann die Verhinderung des anwaltlichen Beistandes (§ 58, 10 f) ein Entschuldigungsgrund sein (LG Hildesheim StrVert. **1985** 229).

15   **ee) Unvorhersehbare Verhinderungen.** Der Zeuge ist entschuldigt, wenn er durch Naturkatastrophen, besondere Witterungsverhältnisse (z. B. Glatteis, Wolkenbruch), Streik, Krankheit, Unfall und ähnliche unabwendbare Ereignisse am rechtzeitigen Erscheinen verhindert ist. In anderen Fällen setzt die genügende Entschuldigung eines an sich erscheinungswilligen Zeugen voraus, daß er den Grund der Verzögerung nicht zu vertreten hat. Das kann bei ungewöhnlicher Verspätung des benutzten öffentlichen Verkehrsmittels und bei einer Motor- oder Reifenpanne der Fall sein, wenn der Zeuge ein Fahrzeug benutzt hat, das er für betriebssicher halten konnte (OLG Celle RdK **1950** 94), nicht aber bei Behinderungen, die nicht außergewöhnlich sind (KG Recht **1929** Nr. 1173). Daß er wegen erfolgloser Suche nach einem Parkplatz nicht rechtzeitig erscheinen konnte[48] ist ebensowenig ein Entschuldigungsgrund wie das Verschlafen am Terminstag, auch wenn der Zeuge angeordnet hatte, daß er rechtzeitig geweckt wird (OLG München *Alsb.* E **1** Nr. 179).

III. Ungehorsamsfolgen

16   **1. Auferlegung der Kosten.** § 51 Abs. 1 Satz 1 schreibt diese Folge für jeden einzelnen Fall des Ungehorsams ohne Rücksicht auf deren Anzahl zwingend vor[49]. Die Kosten sind dem Zeugen durch Gerichtsbeschluß aufzuerlegen. Ebensowenig wie bei anderen Kostenentscheidungen sind sie in dem Beschluß zu beziffern; auszusprechen ist nur die allgemeine Pflicht zum Ersatz der durch das Ausbleiben verursachten Kosten. Hier-

---

[44] *Kleinknecht/Meyer* [37] 12; *Eb. Schmidt* 15.
[45] KG JR **1971** 338 m. Anm. *Peters*; KMR-*Paulus* 16; *Kleinknecht/Meyer* [37] 12.
[46] Z. B. in einem Fall wie BGH NJW **1980** 950.
[47] Str.; wie hier OLG Bremen JR **1963** 232;

KK-*Pelchen* 11; **a. A** *Kleinknecht/Meyer* [37] 12; KMR-*Paulus* 16; *Molketin* DRiZ **1981** 385.
[48] *Kleinknecht/Meyer* [37] 11; *Molketin* DRiZ **1981** 385.
[49] *Kleinknecht/Meyer* [37] 14; KK-*Pelchen* 6.

auf hat der Angeklagte, da sich seine Pflicht zur Tragung der Verfahrenskosten (§ 465 Abs. 1) insoweit mindert, einen Rechtsanspruch[50]. Die bloße Möglichkeit, daß der Zeuge sein Ausbleiben nachträglich entschuldigt, rechtfertigt es nicht, von der Auferlegung der Kosten abzusehen (BGHSt 10 126). Die Frage, ob in der Kostenentscheidung des Urteils die von dem Zeugen zu ersetzenden Kosten zu berücksichtigen sind, ist bei §§ 465, 467 erörtert. Gerichtskosten, die dem Zeugen versehentlich nicht auferlegt worden sind, werden nach § 8 GKG auch von dem Angeklagten nicht erhoben.

Die Erstattungspflicht des Zeugen setzt einen **ursächlichen Zusammenhang** zwischen seinem Nichterscheinen und der Entstehung der Kosten voraus. Sie bezieht sich daher nur auf Kosten, die nach seinem Ausbleiben entstanden sind[51]. Der Höhe nach wird der Erstattungsanspruch der Staatskasse nach den Vorschriften der Kostenverfügung, der des Angeklagten oder eines anderen Prozeßbeteiligten nach § 464 b festgesetzt. Der Begriff Kosten ist in § 51 Abs. 1 umfassender als der des § 464 a Abs. 1 Satz 1; auch die dem Angeklagten entstandenen Auslagen fallen darunter[52]. Die Ersatzpflicht erstreckt sich aber nur auf die notwendigen Auslagen, deren Höhe insbesondere durch § 464 a Abs. 2 begrenzt wird[53]. Die Gegenmeinung[54] steht mit dem System der strafprozessualen Kostenerstattung nicht in Einklang; so bestimmt § 469 Abs. 1 Satz 1, daß selbst derjenige, der durch eine vorsätzliche unwahre Anzeige die Einleitung des Verfahrens veranlaßt hat, nur die notwendigen Auslagen des Beschuldigten ersetzen muß (vgl. dazu LG Hamburg NJW **1974** 509). Der Zeuge muß daher nicht ein vereinbartes Verteidigerhonorar erstatten, das den gesetzlichen Gebührenrahmen übersteigt[55]. Die Erstattungspflicht des Zeugen ändert im übrigen nichts daran, daß dem mit der Kostenfolge aus § 467 Abs. 1 freigesprochenen Angeklagten die notwendigen Auslagen aus der Staatskasse in vollem Umfang zu ersetzen sind[56]. Zu den Kosten, die der Zeuge zu tragen hat, gehören auch die durch die Vollstreckung des Ordnungsgeldbeschlusses entstandenen (KMR-*Paulus* 28).

2. Festsetzung von Ordnungsgeld
a) Festsetzung. Wiederholung. Der Erlaß eines Ordnungsgeldbeschlusses nach **18** § 51 Abs. 1 setzt voraus, daß der Zeuge in der Ladung auf seine Pflichten hingewiesen worden ist; das gilt auch für die Pflicht, etwaige Entschuldigungsgründe rechtzeitig mitzuteilen. Die Festsetzung von Ordnungsgeld sieht § 51 Abs. 1 Satz 2 zwingend vor, auch wenn auf die Vernehmung des Zeugen verzichtet worden ist, aber immer nur für den ersten Ungehorsamsfall in ein und derselben Strafsache. Im zweiten Fall steht sie nach § 51 Abs. 1 Satz 4 im Ermessen des Gerichts (anders *von Kries* 355). In weiteren Fällen ist sie nicht mehr zulässig, auch wenn der Rahmen für das Ordnungsgeld nach Art. 6 Abs. 1 EGStGB noch nicht ausgeschöpft ist. Ein Wiederholungsfall liegt aber nur vor, wenn es sich um denselben Vernehmungsfall handelt. Es ist daher statthaft, gegen den in der Hauptverhandlung ausgebliebenen Zeugen das Ordnungsmittel auch dann

---

[50] BayVerfGHE **18** II 138 = JR **1966** 197; *Kleinknecht/Meyer*[37] 14; KK-*Pelchen* 6; KMR-*Paulus* 26.

[51] OLG Braunschweig NJW **1967** 1381; LG Osnabrück AnwBl. **1969** 103.

[52] OLG Karlsruhe NJW **1980** 952; LG Itzehoe SchlHA **1966** 154; LG Mainz Rpfleger **1973** 437; KK-*Pelchen* 6; KMR-*Paulus* 28; *Kleinknecht/Meyer*[37] 14.

[53] OLG Karlsruhe NJW **1980** 952; LG Hamburg NJW **1974** 509; LG Kassel JW **1931** 2394; *Kleinknecht/Meyer*[37] 14; KK-*Pelchen* 6.

[54] OLG Hamm NJW **1954** 286; KMR-*Paulus* 28; *Dalcke/Fuhrmann/Schäfer* 3.

[55] LG Kassel JW **1931** 2394; a. A LG Flensburg AnwBl. **1973** 86.

[56] LG Münster NJW **1974** 1342; AnwBl. **1975** 101; *Kleinknecht/Meyer*[37] 14; vgl auch die Erläuterungen zu § 467.

zu verhängen, wenn gegen ihn im Vorverfahren vom Richter oder nach § 161 a Abs. 2
Satz 1 vom Staatsanwalt oder wenn in einer ausgesetzten Hauptverhandlung bereits
zweimal Ordnungsgeld festgesetzt worden ist[57]. Der Grundsatz des § 70 Abs. 4 findet
keine Anwendung[58].

19   **b) Bemessung. Zahlungserleichterungen.** Nach Art. 6 Abs. 1 EGStGB ist ein Ordnungsgeld von 5 bis 1 000 DM zulässig (die Art. 6 ff EGStGB sind im Anhang zu § 51
abgedruckt und erläutert). Die Höhe des Ordnungsgeldes bestimmt das Gericht in diesem Rahmen nach pflichtgemäßem Ermessen. Maßgebend sind die Bedeutung der
Sache und die Bedeutung der Aussage für die Entscheidung (a. A KMR-*Paulus* 30: Nur
Bedeutung der Sache) und die Schwere der Pflichtverletzung. Die wirtschaftlichen Verhältnisse des Zeugen sind zu berücksichtigen. Wegen der Bemessung vgl. im übrigen
§ 51 Anh., 2. Bei dem zweiten Ungehorsam wird das Ordnungsgeld regelmäßig höher
festzusetzen sein als beim erstenmal. Die Worte „das Ordnungsmittel noch einmal" in
§ 51 Abs. 1 Satz 4 beziehen sich auf die Wiederholung der Festsetzung, nicht auf die
Höhe des Ordnungsgeldes. Der Umstand, daß das zuerst festgesetzte Ordnungsgeld
noch nicht beigetrieben worden ist, braucht bei der Bemessung des wiederholten Ordnungsgeldes nicht mildernd berücksichtigt zu werden[59]. Wegen Zahlungserleichterungen vgl. Art. 7 EGStGB (§ 51 Anh., 6 ff).

20   **c) Geringfügigkeit. Verjährung.** In entsprechender Anwendung der § 153 StPO,
§ 47 Abs. 2 OWiG ist es zulässig, von der Festsetzung eines Ordnungsgeldes abzusehen
oder das Festsetzungsverfahren einzustellen, wenn das Verschulden des Zeugen nicht
schwer wiegt und eine Ahndung seines Ausbleibens nicht geboten ist[60]. Die Zustimmung
der Staatsanwaltschaft ist nicht erforderlich, weil es um eine Maßnahme im Rahmen der
Leitung und Durchführung der Hauptverhandlung geht, und die Staatsanwaltschaft insoweit keine eigenständigen Befugnisse hat (LG Landau NStZ **1982** 192 L). Das kommt
etwa in Betracht, wenn der Zeuge zwar mit großer Verspätung erscheint, die Hauptverhandlung dadurch aber nur unwesentlich verzögert worden ist (OLG Neustadt JR **1958**
310; *Eb. Schmidt* Nachtr. I 2), oder wenn der Zeuge infolge eines zwar unentschuldbaren, aber nicht schwerwiegenden Versehens nicht erscheint und seine Vernehmung,
z. B. bei Einstellung des Verfahrens (OLG Koblenz MDR **1979** 424), Rechtsmittelrücknahme oder allseitigem Verzicht, entbehrlich geworden ist. Auch wenn der Zeuge, an
dessen Unfähigkeit, vor Gericht zu erscheinen, kein Zweifel besteht oder dessen Ausbleiben sonst genügend entschuldigt ist, lediglich gegen die Pflicht der rechtzeitigen Mitteilung der Entschuldigungsgründe verstößt, wird vielfach auf eine Ahndung verzichtet
werden können. Das wird insbesondere zu erwägen sein, wenn das Ausbleiben des Zeugen zu keiner Verfahrensverzögerung geführt hat, etwa weil alle Beteiligten auf seine
Vernehmung verzichtet haben oder weil der Termin aus anderen Gründen ohnehin verlegt werden mußte. Die Verjährung richtet sich nach Art. 9 EGStGB (§ 51 Anh., 16 ff).

21   **3. Ordnungshaft** darf nach § 51 Abs. 1 Satz 2 nicht neben oder anstelle des Ordnungsgeldes, sondern nur für den Fall angeordnet werden, daß es nicht beigetrieben
werden kann. Wird Ordnungsgeld festgesetzt, so ist die Festsetzung der ersatzweisen
Ordnungshaft aber zwingend vorgeschrieben. Ist sie versehentlich unterlassen worden,

---

[57] *Kleinknecht/Meyer*[37] 19; KK-*Pelchen* 7;   JR **1958** 310; NJW **1962** 602; LG Trier NJW
      KMR-*Paulus* 36; *Eb. Schmidt*/10.   **1975** 1044; OLG Koblenz MDR **1979** 424;
[58] *Kleinknecht/Meyer*[37] 19; KMR-*Paulus* 36.   OLG Düsseldorf MDR **1982** 600; LG Landau
[59] Anders OLG Köln JMBlNRW **1968** 272.   NStZ **1982** 129 L; allg. Meinung im Schrift-
[60] OLG Hamm VRS **41** 285; OLG Neustadt   tum.

so wird das Ordnungsgeld erforderlichenfalls nach Art. 8 Abs. 1 EGStGB nachträglich in Ordnungshaft umgewandelt (§ 51 Anh., 13 ff). Die Festsetzung von Ordnungshaft darf nur der Richter anordnen, auch wenn die Staatsanwaltschaft das Ordnungsgeld verhängt hat (§ 161 a Abs. 2 Satz 2). Die Ordnungshaft beträgt nach Art. 6 Abs. 2 EGStGB mindestens einen Tag, höchstens sechs Wochen und wird nach Tagen bemessen (vgl. dazu § 51 Anh., 4 ff). Sie darf wie das Ordnungsgeld mehrfach festgesetzt werden (oben Rdn. 18).

4. Vorführung. Im Gegensatz zur Auferlegung der Kosten und der Festsetzung **22** des Ordnungsgeldes beim ersten Fall des Ungehorsams ist die Vorführung des Zeugen nach § 51 Abs. 1 Satz 3 zwar zulässig, aber nicht zwingend vorgeschrieben. Das Gericht ordnet sie an, wenn Grund zu der Annahme besteht, daß der Zeuge nicht nur infolge eines, wenn auch unentschuldbaren, Versehens nicht erschienen ist, sondern die Ladung ohne triftige Gründe unbeachtet gelassen hat und auch einer erneuten Ladung trotz der Festsetzung des Ordnungsgeldes nach § 51 Abs. 1 Satz 2 nicht folgen wird. Die Vorführung kann neben der Festsetzung eines Ordnungsgeldes angeordnet werden, kommt aber auch dann noch in Betracht, wenn eine Wiederholung des Ordnungsmittels nach § 51 Abs. 1 Satz 4 unzulässig ist[61]. Für die Vorführung gilt nach § 51 Abs. 1 Satz 3 Halbsatz 2 die Vorschrift des § 135 entsprechend. Auf die Erläuterungen zu dieser Vorschrift wird verwiesen. Sie gelten ohne Einschränkung auch für den Zeugen[62]. Er darf daher, falls das erforderlich ist, schon am Vorabend festgenommen werden (vgl. § 135, 5), und es ist zulässig, ihn zunächst zwangsweise festzuhalten, wenn er nicht sofort vernommen werden kann[63]. Ist von vornherein abzusehen, daß er vor Ablauf des auf die Festnahme folgenden Tages nicht vor den Richter gestellt werden kann, so ist die Vorführung jedoch unzulässig[64].

IV. Verfahren

1. Zuständigkeit. Für die Festsetzung der Ordnungsmittel und die Anordnung der **23** Vorführung ist das Gericht zuständig, vor dem der Zeuge aussagen soll, das erkennende Gericht auch außerhalb der Hauptverhandlung, wenn sie wegen der vorher erklärten Weigerung des Zeugen aufgehoben werden muß oder wenn die Entscheidung erst später getroffen wird. Der Vorsitzende allein ist zur Entscheidung nicht berechtigt[65]. In der Hauptverhandlung wirken die Schöffen mit (§ 30 Abs. 1, § 77 Abs. 1 GVG). Im Vorverfahren ist nach § 161 a Abs. 2 Satz 1 die Staatsanwaltschaft zuständig (außer für die Ordnungshaft), nach § 51 Abs. 3 ist auch der Richter beim Amtsgericht (§ 162), der Ermittlungsrichter nach § 169, nach Anklageerhebung auch der beauftragte und der ersuchte Richter zuständig. Letztere können selbst entscheiden, die Entscheidung aber auch dem ersuchenden Gericht überlassen.

2. Gerichtsbeschluß. Die Ungehorsamsfolgen werden von Amts wegen durch **24** Beschluß ausgesprochen; ein Antrag ist nicht erforderlich[66]. Der Beschluß muß nicht in der Verhandlung ergehen, in der der Zeuge ausgeblieben ist. Er ist aber spätestens

---

[61] *Kleinknecht/Meyer*[37] 20; KK-*Pelchen* 9; KMR-*Paulus* 37.

[62] *Kaiser* NJW **1965** 1216; vgl. auch *Lampe* MDR **1974** 540.

[63] KMR-*Paulus* 38; *Enzian* NJW **1957** 491.

[64] KMR-*Paulus* 38; *Lampe* MDR **1974** 540.

[65] *Kleinknecht/Meyer*[37] 22; KK-*Pelchen* 19; KMR-*Paulus* 1; *Fuhrmann* GA **1963** 75.

[66] *Kleinknecht/Meyer*[37] 23; KK-*Pelchen* 19; KMR-*Paulus* 24; *Eb. Schmidt* 12.

Hans Dahs

zu erlassen, wenn die Hauptsache zur Entscheidung reif ist[67]. Wird die Unterlassung des Beschlusses erst während der Urteilsberatung bemerkt, muß erneut in die Verhandlung eingetreten und der Beschluß erlassen werden. Sonst ist der Fehler nur über die sofortige Beschwerde gegen die Kostenentscheidung im Urteil zu korrigieren (vgl. BGHSt 10 126). Der Beschluß muß nach § 34 mit Gründen versehen werden. Vor seinem Erlaß wird die Staatsanwaltschaft gehört, wenn sie bei der Vernehmung vertreten ist; nimmt sie daran nicht teil, so muß sie nicht angehört werden (*Kleinknecht/Meyer*[37] 24). Der Zeuge braucht vorher nicht gehört zu werden, da er nach § 51 Abs. 2 Satz 2 die Möglichkeit hat, sein Nichterscheinen nachträglich zu entschuldigen[68]. Auch der Vorführungsbefehl setzt eine vorherige Anhörung des Zeugen nicht voraus[69]. Die Entscheidung kann jedoch aufgeschoben werden, bis dem Zeugen Gelegenheit zur Entschuldigung gegeben worden ist, vor allem wenn ein Entschuldigungsgrund vorliegt[70]. Der Beschluß ergeht gebührenfrei.

25   **3. Nachträgliche Änderung. Aufhebung.** Ist die Vernehmung des Zeugen entbehrlich geworden, so ist der wegen seines Ausbleibens erlassene Vorführungsbefehl aufzuheben, nicht aber der Ordnungsgeldbeschluß[71]. Im übrigen muß das Gericht den Beschluß, auch nach rechtskräftiger Erledigung des Strafverfahrens[72] und nach Beitreibung des Ordnungsgeldes[73], nach § 51 Abs. 2 Satz 3 aufheben, wenn der Zeuge sein Ausbleiben nachträglich genügend entschuldigt (§ 51 Abs. 2 Satz 2). An eine Frist ist die nachträgliche Entschuldigung nicht gebunden[74]. Zur genügenden Entschuldigung vgl. oben Rdn. 11 ff. Die nachträgliche Entschuldigung bedarf regelmäßig der Glaubhaftmachung; diese ist aber entbehrlich, wenn die Entschuldigungsgründe gerichtsnotorisch sind. Der Zeuge muß auch vortragen und glaubhaft machen, daß ihn an der Verspätung seines Entschuldigungsvorbringens keine Schuld trifft. Andernfalls wird der Aufhebungsantrag ohne sachliche Prüfung der Entschuldigungsgründe verworfen (*Kleinknecht/Meyer*[37] 25). Der Beschluß kann auch wegen der Höhe des Ordnungsgeldes geändert oder aufgehoben (§ 153 StPO, § 47 Abs. 2 OWiG) werden, wenn das Entschuldigungsvorbringen zwar zur völligen Entschuldigung nicht geeignet ist, den Ungehorsam des Zeugen aber als weniger schwerwiegend erscheinen läßt, als zunächst angenommen worden war. Der Beschluß ist nach § 34 mit Gründen zu versehen. Ist der Ordnungsgeldbeschluß aufgehoben worden, so darf er nicht deshalb erneut erlassen werden, weil nunmehr neues Material vorliegt, das die Richtigkeit der Ordnungsmittelfestsetzung bestätigt[75].

26   Das Gesetz sieht nicht vor, daß der Zeuge, gegen den ein Ordnungsgeldbeschluß nach § 51 Abs. 1 nur deswegen ergangen ist, weil seine Entschuldigung verspätet war und

---

[67] BGHSt 10 126; KMR-*Paulus* 24; *Kleinknecht/Meyer*[37] 23; *Eb. Schmidt* Nachtr. I 3; *Dalcke/Fuhrmann/Schäfer* 5; **a. A** LG Itzehoe SchlHA **1966** 154 und *Werny* NJW **1982** 2170, die die Beschlußfassung auch später noch für zulässig halten.

[68] *Kleinknecht/Meyer*[37] 24; KK-*Pelchen* 19; KMR-*Paulus* 24; *Eb. Schmidt* 12.

[69] *Kleinknecht/Meyer*[37] 24; KK-*Pelchen* 19; KMR-*Paulus* 24; anders *Enzian* JR **1975** 277, der das Gegenteil aus dem Anspruch auf rechtliches Gehör herleitet, aber § 33 Abs. 4 Satz 1 zu eng auslegt.

[70] BayObLGSt **1** (1901) 340; KMR-*Paulus* 24.

[71] *Kleinknecht/Meyer*[37] 25; KK-*Pelchen* 21; KMR-*Paulus* 42.

[72] BayObLGSt **7** (1907) 331; OLG Hamm NJW **1956** 1935.

[73] OLG Hamm MDR **1950** 179; *Kleinknecht/Meyer*[37] 25; KMR-*Paulus* 44.

[74] OLG Hamm MDR **1950** 179; *Kleinknecht/Meyer*[37] 25; *Dalcke/Fuhrmann/Schäfer* 7.

[75] OLG München *Alsb.* E **1** Nr.182; *Eb. Schmidt* 11.

er nicht glaubhaft gemacht hat, daß ihn hieran kein Verschulden trifft, diese **Glaubhaftmachung** nachträglich vornehmen darf. Offenbar hat der Gesetzgeber nicht erkannt, daß es grob unbillig ist, zwar dem Angeklagten bei jeder schuldlosen Fristversäumung Wiedereinsetzung in den vorigen Stand zu gewähren (§ 44), dem Zeugen aber zu verwehren, nachträglich Entschuldigungsgründe glaubhaft zu machen, die zur Aufhebung des nur wegen Verspätung der Entschuldigung ergangenen Ordnungsgeldbeschlusses führen können. Ein Zeuge kann durchaus verständliche Gründe dafür haben, daß er außerstande war, sein fehlendes Verschulden an der Verspätung sofort glaubhaft zu machen. § 51 Abs. 2 Satz 3 muß daher entsprechend auf den Fall angewendet werden, daß der Zeuge die Glaubhaftmachung nach § 51 Abs. 2 Satz 2 nachholt. Die **Kosten anwaltlicher Vertretung** des Zeugen in Ordnungsstrafverfahren sind u. U. erstattungsfähig[76].

V. Vollstreckung

27 Der Beschluß wird nach § 36 Abs. 2 Satz 1 von der Staatsanwaltschaft vollstreckt[77]. Die Vollstreckung gehört zu den Geschäften, die dem Rechtspfleger übertragen sind (§ 31 Abs. 2 und 4 RpflG). Das Ordnungsgeld wird nach den Vorschriften der Justizbeitreibungsordnung (§ 1 Abs. 1 Nr. 3 JBeitrO) und der Einforderungs- und Beitreibungsanordnung vom 20. 11. 1974 beigetrieben. Einzelheiten regelt § 88 StrVollstrO. Die Kosten der Beitreibung hat der Zeuge zu tragen (*Kleinknecht/Meyer*[37] 27).

VI. Anfechtung

28 1. **Beschwerdeberechtigte.** Die Staatsanwaltschaft kann gegen den Ordnungsgeldbeschluß, seine Ablehnung und seine Aufhebung nach § 304 Abs. 1, 3 Beschwerde einlegen. Der Zeuge kann den Beschluß, auch den des erkennenden Gerichts (§ 305 Satz 2), mit einfacher Beschwerde nach § 304 Abs. 2 anfechten, der Beschuldigte den die Auferlegung des Kostenersatzes ablehnenden oder aufhebenden Beschluß, wenn er dadurch beschwert ist[78]. Das Beschwerderecht steht dem Angeklagten auch zu, wenn die Auferlegung der Kosten nur stillschweigend abgelehnt worden ist (*Kleinknecht/Meyer*[37] 28). Die Ablehnung der Festsetzung von Ordnungsmitteln oder des Erlasses eines Vorführungsbeschlusses kann der Angeklagte nicht anfechten; denn diese Maßnahmen betreffen nur das Verhältnis des Zeugen zum Gericht und berühren die Interessen des Angeklagten nicht. Unanfechtbar sind die Beschlüsse des Oberlandesgerichts (§ 304 Abs. 4 Satz 2). Die weitere Beschwerde ist immer ausgeschlossen (§ 310).

29 Die Beschwerde kann noch **nach Vollstreckung des Ordnungsgeldes** oder der Ordnungshaft (*Kleinknecht/Meyer*[37] 28) und nach rechtskräftiger Erledigung des Strafverfahrens[79] eingelegt werden. Sie kann auf die Höhe des Ordnungsgeldes oder der Haft beschränkt werden. Die Vorschriften über das Verschlechterungsverbot (§§ 331, 358 Abs. 2) sind entsprechend anzuwenden; eine Verschärfung der Ordnungsmittel ist daher unzulässig[80].

---

[76] LG Gießen MDR **1981** 959 m. Anm. *Herfurth.*

[77] KMR-*Paulus* 40; *Wendisch* JR **1978** 445, 447.

[78] BayVerfGHE **18** II 138 = JR **1966** 197; BayObLG DRiZ **1928** Nr. 423; OLG Braunschweig NJW **1967** 1381; OLG Hamm NJW **1956** 1935; *Kleinknecht/Meyer*[37] 28; KK-*Pelchen* 20; KMR-*Paulus* 51; *Eb. Schmidt* 17.

[79] BayObLGSt **7** (1907) 331; OLG Hamm MDR **1950** 179; NJW **1956** 1935; *Kleinknecht/Meyer*[37] 28; *Eb. Schmidt* Nachtr. I 5.

[80] OLG Hamm MDR **1960** 946; *Kleinknecht/Meyer*[37] 28; KMR-*Paulus* 45; *Eb. Schmidt* 11.

Hans Dahs

30   **2. Rechtliches Gehör.** Vor der Beschwerdeentscheidung ist der Zeuge zu hören, wenn nicht er das Rechtsmittel eingelegt hat und wenn die Voraussetzungen des § 308 Abs. 1 vorliegen. Der Angeklagte muß gehört werden, wenn die Auferlegung des Kostenersatzes angefochten ist und die Entscheidung zu seinem Nachteil geändert werden soll[81].

31   **3. Zuständigkeit bei nachträglicher Entschuldigung.** Enthält die Beschwerde des Zeugen ein neues Entschuldigungsvorbringen für sein Nichterscheinen, so hat hierüber zunächst das Gericht zu entscheiden, das den Ordnungsgeldbeschluß erlassen hat[82]. In diesem Fall, nicht aber, wenn andere Beschwerdegründe geltend gemacht werden, ist erst gegen den Beschluß, mit dem das Ordnungsgeld aufrechterhalten wird, die Beschwerde zulässig[83]. Auch ein nachträglich eingehendes Entschuldigungsschreiben (OLG Hamm GA **1983** 366), das schon vor Erlaß des Ordnungsgeldbeschlusses abgefaßt worden ist, darf nicht als Beschwerde behandelt werden; zu entscheiden hat auch in diesem Fall zunächst der Richter, der den Ordnungsgeldbeschluß erlassen hat[84].

32   **4. Kosten.** Die Kosten der Vollstreckung des Ordnungsgeldbeschlusses, nicht aber die Kosten einer erfolgreichen Beschwerde, trägt der Zeuge. Sie sind der Staatskasse aufzuerlegen, auch wenn es sich um ein Privatklageverfahren handelt. Denn das Ordnungsgeldverfahren ist ein besonderes amtlich betriebenes Verfahren, das neben dem Privatklageverfahren herläuft.

VII. Revision

33   Auf Rechtsverstöße in dem Verfahren, das die Ungehorsamsfolgen betrifft, kann die Revision nicht gestützt werden[85]. Auch das Unterlassen der Festsetzung eines Ordnungsgeldes oder der Ordnungshaft ist für den Angeklagten, da er hierdurch nicht beschwert ist, kein Revisionsgrund[86]. Die Revision kann aber darauf gestützt werden, daß das Gericht die Aufklärungspflicht (§ 244 Abs. 2) verletzt hat, weil es nicht versucht hat, den ungehorsamen Zeugen zum Erscheinen zu zwingen (*Kleinknecht/Meyer*[37] 30).

VIII. Abgeordnete, Exterritoriale und Ausländer

34   Art. 46 Abs. 2 GG und die entsprechenden Bestimmungen der Länderverfassungen verbieten nicht die Auferlegung der Kosten und die Festsetzung des Ordnungsgeldes (*Kleinknecht/Meyer*[37] 31). Das gilt auch für die Anordnung der Ordnungshaft und die Vorführung[87]. Nur die Vollstreckung der Haft und des Vorführungsbefehls bedarf der Genehmigung des Parlaments[88] (vgl. § 152 a, 18).

---

[81] BayVerfGHE **18** II 139 = JR **1966** 197.

[82] OLG Hamm GA **1958** 92; **1972** 88; **1983** 366; OLG Frankfurt NJW **1964** 2124; *Kleinknecht/Meyer*[37] 28; *Eb. Schmidt* Nachtr. I 5; *Dalcke/Fuhrmann/Schäfer* 8; a. A *Schoene* GA **1980** 418.

[83] OLG Frankfurt NJW **1964** 2124; OLG Hamburg MDR **1982** 165 (L); OLG Düsseldorf MDR **1983** 690; OLG Hamm GA **1958** 92; **1983** 366; VRS **42** 283; *Kleinknecht/Meyer*[37] 28; KMR-*Paulus* 50; a. A *Schoene* GA **1980** 418.

[84] OLG Hamm GA **1972** 88 = VRS **42** 283.

[85] *Kleinknecht/Meyer*[37] 30; KMR-*Paulus* 52; § 70, 29.

[86] Vgl. RGSt **57** 30; **59** 250; **73** 34, *Kleinknecht/Meyer*[37] 30.

[87] *Eb. Schmidt* 13; *von Mangoldt/Klein* Art. 46 GG, IV A; *Maunz/Dürig/Herzog* Art. 46 GG, 40; *Kleinknecht/Meyer*[37] 31.

[88] *Kleinknecht/Meyer*[37] 31; *Dalcke/Fuhrmann/Schäfer* 5 a; *Maunz/Dürig/Herzog* Art. 46 GG, 56; *Bockelmann* 60.

Exterritoriale Personen sind den Ordnungsmaßnahmen des § 51 nicht unterworfen, weil sie nicht der deutschen Gerichtsbarkeit unterstehen (vgl. die Erläuterungen zu § 18 GVG). Auf sonstige **Ausländer,** die sich im Inland aufhalten, findet § 51 Anwendung, auf im Ausland befindliche Ausländer jedoch nur dann, wenn sie auf diese Weise ihrer Zeugenpflicht zu entgehen versuchen[89].

Anhang zu § 51

Ordnungs- und Zwangsmittel (Art. 6 ff EGStGB)

1. Vorbemerkung. Allgemeine Vorschriften über Ordnungsstrafen und Ordnungs- **1** haft wurden erstmals durch Art. II und III Abs. 1 Nr. 2 der Verordnung über Vermögensstrafen und Bußen vom 6. 2. 1924 (RGBl. I 44) erlassen. Diese Verordnung ist durch Art. 287 Nr. 26 EGStGB aufgehoben worden. Nunmehr enthalten die Art. 6 bis 9 EGStGB ausführliche Bestimmungen über die Ordnungs- und Zwangsmittel. Solche Maßnahmen sind in zahlreichen Verfahrensvorschriften vorgesehen und zugelassen. Im Strafverfahren kommen die §§ 51, 70, 77, 81 c Abs. 6, § 95 Abs. 2, § 161 a Abs. 1 Satz 2 StPO, §§ 56, 187 GVG in Betracht. Durch die Benutzung der Worte Ordnungsgeld und Ordnungshaft wird klargestellt, daß es sich nicht um Kriminalstrafen handelt.

Art. 6 EGStGB

Mindest- und Höchstmaß von Ordnungs- und Zwangsmitteln

(1) [1]Droht das Bundesgesetz Ordnungsgeld oder Zwangsgeld an, ohne dessen Mindest- oder Höchstmaß zu bestimmen, so beträgt das Mindestmaß fünf, das Höchstmaß tausend Deutsche Mark. [2]Droht das Landesgesetz Ordnungsgeld an, so gilt Satz 1 entsprechend.

(2) [1]Droht das Gesetz Ordnungshaft an, ohne das Mindest- oder Höchstmaß zu bestimmen, so beträgt das Mindestmaß einen Tag, das Höchstmaß sechs Wochen. [2]Die Ordnungshaft wird in diesem Fall nach Tagen bemessen.

1. Ordnungsgeld. Für die Bemessung des Ordnungsgeldes setzt Art. 6 Abs. 1 Satz **2** 1 einen Mindestbetrag und einen Höchstbetrag für den Fall fest, daß die Vorschrift, die das Ordnungsgeld androht, keine abweichende Regelung trifft. Innerhalb dieses Rahmens bestehen keine Beschränkungen. Das Ordnungsgeld muß nicht unbedingt so festgesetzt werden, daß es durch fünf oder zehn teilbar ist; allerdings empfiehlt sich diese Art der Bemessung schon wegen der ersatzweise festzusetzenden Ordnungshaft. Die Bemessung des Ordnungsgeldes hängt im übrigen davon ab, welcher Ungehorsam mit ihm geahndet wird. Allgemeine Grundsätze lassen sich nicht aufstellen. (Für § 51 vgl. dort Rdn. 19).

2. Zwangsgeld wird in der Strafprozeßordnung und im Gerichtsverfassungsgesetz **3** nicht angedroht.

---

[89] *Kleinknecht/Meyer* [37] 31; KK-*Pelchen* 25; KMR- *Paulus* 2.

　　　　　Hans Dahs

4   **3. Ordnungshaft.** Wenn nichts anderes bestimmt ist, beträgt sie mindestens einen Tag und höchstens sechs Wochen (Art. 6 Abs. 2 Satz 1); sie muß dann nach Tagen bemessen werden (Art. 6 Abs. 2 Satz 2). Ordnungshaft wird im Strafverfahren, ausgenommen § 178 GVG, nur für den Fall angedroht, daß das Ordnungsgeld nicht beigetrieben werden kann. Diese Ersatzhaft ist schon in dem Ordnungsgeldbeschluß festzusetzen, nicht erst, wenn sich herausstellt, daß die Geldzahlung nicht zu erlangen ist. Die nachträgliche Festsetzung ist aber möglich (Art. 8 Abs. 1).

5   Es empfiehlt sich, die Ersatzhaft so zu **bemessen,** daß ein Tag Haft mindestens fünf DM entspricht; unbedingt geboten ist das allerdings nicht (vgl. BGHSt **16** 300 für die Geldstrafe). In dem Ordnungsgeldbeschluß wird die Ersatzhaft üblicherweise mit ihrer gesamten Höhe bezeichnet (z. B. Ordnungsgeld von 500 DM, ersatzweise zehn Tage Ordnungshaft), einen Umrechnungsmaßstab für die Ersatzhaft braucht der Beschluß nicht zu enthalten (vgl. OLG Hamburg HESt **1** 30 für die Geldstrafe). Ein solcher Umrechnungsmaßstab (z. B. ein Tag Ordnungshaft für jeweils 50 DM Ordnungsgeld) ist aber zulässig, sofern die Teilung des gesamten Ordnungsgeldes durch den als Maßstab angegebenen Betrag eine ohne Rest errechenbare Zahl von ganzen Tagen ergibt (vgl. BayObLGSt **1959** 359 = NJW **1960** 878). Ist das Ordnungsgeld nur teilweise uneinbringlich, so muß der getilgte Teil im Verhältnis zu dem uneinbringlichen Teil quotenmäßig berechnet werden (vgl. OLG Hamburg HESt **1** 31 für die Geldstrafe). Entspricht der noch geschuldete Betrag nach dem Umrechnungsmaßstab der Ersatzhaft nicht einem Zeitraum von einem Tag, so bleibt der Bruchteil eines Tages für die Vollstreckung der Ersatzhaft außer Betracht (vgl. § 459 e Abs. 3 StPO für die Vollstreckung der Ersatzfreiheitsstrafe). Die Vollstreckung der Ersatzhaft setzt voraus, daß das Ordnungsgeld nicht beigetrieben werden kann. Mehr als ein einziger Vollstreckungsversuch braucht aber nicht unternommen zu werden.

Art. 7 EGStGB

Zahlungserleichterungen bei Ordnungsgeld

(1) [1]Ist dem Betroffenen nach seinen wirtschaftlichen Verhältnissen nicht zuzumuten, das Ordnungsgeld sofort zu zahlen, so wird ihm eine Zahlungsfrist bewilligt oder gestattet, das Ordnungsgeld in bestimmten Teilbeträgen zu zahlen. [2]Dabei kann angeordnet werden, daß die Vergünstigung, das Ordnungsgeld in bestimmten Teilbeträgen zu zahlen, entfällt, wenn der Betroffene einen Teilbetrag nicht rechtzeitig zahlt.

(2) [1]Nach Festsetzung des Ordnungsgeldes entscheidet über die Bewilligung von Zahlungserleichterungen nach Absatz 1 die Stelle, der die Vollstreckung des Ordnungsgeldes obliegt. [2]Sie kann eine Entscheidung über Zahlungserleichterungen nachträglich ändern oder aufheben. [3]Dabei darf sie von einer vorausgegangenen Entscheidung zum Nachteil des Betroffenen nur auf Gund neuer Tatsachen oder Beweismittel abweichen.

(3) [1]Entfällt die Vergünstigung nach Absatz 1 Satz 2, das Ordnungsgeld in bestimmten Teilbeträgen zu zahlen, so wird dies in den Akten vermerkt. [3]Dem Betroffenen kann erneut eine Zahlungserleichterung bewilligt werden.

(4) Über Einwendungen gegen Anordnungen nach den Absätzen 2 und 3 entscheidet die Stelle, die das Ordnungsgeld festgesetzt hat, wenn einer anderen Stelle die Vollstreckung obliegt.

6   **1. Zahlungserleichterungen.** Art. 7 Abs. 1 sieht wie die gleichlautenden § 42 StGB, § 18 OWiG als Zahlungserleichterungen für das Ordnungsgeld, nicht aber für die dem

Betroffenen auferlegten Kosten, die Stundung (Zahlungsfrist) und die Bewilligung von Teilzahlungen vor. In beiden Fällen ist die Vergünstigung so zu wählen, daß der Betroffene voraussichtlich in der Lage sein wird, das Ordnungsgeld in der erleichterten Weise zu zahlen[1]. Ob dazu die Stundung erforderlich ist oder ob die Bewilligung von Teilzahlungen genügt, hängt von den wirtschaftlichen Verhältnissen des Betroffenen ab.

Für die Zahlungsfrist besteht **keine zeitliche Grenze.** Das ergibt sich schon **7** daraus, daß die Vollstreckungsverjährung ruht, solange die Frist läuft (Art. 9 Abs. 2 Nr. 3). Der Teilzahlungsklausel kann nach Art. 7 Abs. 1 Satz 2 eine Verfallklausel zugefügt werden; das empfiehlt sich, wenn Zweifel daran bestehen, daß der Betroffene die Ratenzahlungen einhalten wird. Die Vergünstigung entfällt dann bei Verzug, auch mit nur einer Rate, von selbst, ohne daß es einer besonderen Widerrufsentscheidung bedarf. Erforderlich ist lediglich ein Aktenvermerk, daß die Vergünstigung fortgefallen ist (Art. 7 Abs. 3 Satz 1). Der Vermerk hat nach außen keine Wirkung. Er soll lediglich sicherstellen, daß die Vollstreckungsbehörde das Vorliegen der Voraussetzungen des Art. 7 Abs. 1 prüft[2]. Der Ansicht, daß in dem Vermerk nicht nur das Ausbleiben der Rate, sondern auch die wirtschaftlichen Verhältnisse des Betroffenen klargestellt werden müssen (so *Rotberg* § 18, 6), kann nicht zugestimmt werden. Denn wenn der Betroffene die Ladung zum Antritt der Ersatzhaft erhält, wird er seine wirtschaftlichen Verhältnisse von selbst darlegen, sofern er erneut eine Zahlungserleichterung erstrebt. Die Vollstreckungsbehörde kann sie erneut bewilligen (Art. 7 Abs. 3 Satz 2), insbesondere wenn der Betroffene seine unpünkliche Zahlung nachträglich entschuldigt. Sie darf auch die in dem Ordnungsgeldbeschluß gewährten Zahlungserleichterungen nachträglich ändern und aufheben (Art. 7 Abs. 2 Satz 2).

2. Bewilligung im Ordnungsgeldbeschluß. Die Vorschrift hat nur Bedeutung für **8** den Fall, daß bei der Bemessung des Ordnungsgeldes die wirtschaftlichen Verhältnisse des Betroffenen hinter anderen Bemessungserwägungen zurückgestellt worden sind. Regelmäßig wird dazu kein Anlaß bestehen; die Bewilligung von Zahlungserleichterungen in dem Ordnungsstrafbeschluß wird daher kaum in Betracht kommen. Ist dem Betroffenen nach seinen wirtschaftlichen Verhältnissen nicht zuzumuten, das Ordnungsgeld sofort zu zahlen, so können ihm in dem Ordnungsgeldbeschluß von Amts wegen oder auf Antrag Zahlungserleichterungen gewährt werden. Unzumutbar ist die Zahlung, wenn sie der Betroffene nach seinen wirtschaftlichen Verhältnissen selbst beim besten Willen nicht leisten könnte oder wenn er dazu zwar imstande wäre, dann aber die Erfüllung seiner Bedürfnisse oder Verpflichtungen in einer nicht zumutbaren Weise zurückstellen müßte (*Göhler* § 18, 3). Wenn eine Zahlungserleichterung keinen Erfolg verspricht, weil nicht zu erwarten ist, daß der Betroffene in absehbarer Zeit überhaupt etwas zahlen wird, darf die Vergünstigung unterbleiben[3].

3. Nachträgliche Bewilligung von Zahlungserleichterungen. Art. 7 Abs. 2 ent-**9** spricht § 459 a Abs. 1 und 2 StPO und § 93 Abs. 1 und 2 OWiG. Die Vorschrift sieht Zahlungserleichterungen nach Rechtskraft des Ordnungsgeldbeschlusses vor. Bis zur Rechtskraft ist die Stelle zuständig, die den Ordnungsgeldbeschluß erlassen hat (*Göhler* § 18, 4); sie kann Zahlungserleichterungen insbesondere im Wege der Abhilfe einer gegen den Beschluß eingelegten Beschwerde bewilligen. Nach Rechtskraft des Beschlusses ist die Vollstreckungsbehörde zuständig (Art. 7 Abs. 2 Satz 1), im Strafverfahren

---

[1] *Dreher/Tröndle* [42] § 42, 3.
[2] *Göhler* 6; *Rebmann/Roth/Herrmann* 7; beide zu § 18 OWiG.

[3] Vgl. BGHSt **13** 356; *Lackner* § 42, 2; *Göhler* § 18, 1.

Hans Dahs

also regelmäßig die Staatsanwaltschaft (§ 36 Abs. 2 Satz 1 StPO), für die wie bei der Vollstreckung der Geldstrafe nach § 459 c StPO der Rechtspfleger tätig wird (§ 31 Abs. 2 und 4 RpflG), ausnahmsweise nach § 179 GVG der Vorsitzende des Gerichts, an dessen Stelle nach § 31 Abs. 3 RpflG ebenfalls der Rechtspfleger zuständig ist.

10   Die Vollstreckungsbehörde ist nicht nur berechtigt, erstmals Zahlungserleichterungen zu gewähren, sondern auch befugt, die Entscheidung des Gerichts in dem Ordnungsgeldbeschluß oder die Ordnungsgeldverfügung der Staatsanwaltschaft **nachträglich** zugunsten oder zuungunsten des Betroffenen **zu ändern** (Art. 7 Abs. 2 Satz 2). Zugunsten des Betroffenen darf von dem Ordnungsgeldbeschluß auch abgewichen werden, wenn sich seine wirtschaftlichen Verhältnisse nicht geändert haben, die Vollstreckungsbehörde Zahlungserleichterungen aber für angebracht oder vertretbar hält. Der Rechtspfleger sollte sich dabei aber keine besseren Beurteilungsmöglichkeiten zutrauen als das Gericht oder die Staatsanwaltschaft und daher nach § 31 Abs. 6 Satz 2 RpflG Weisungen einholen, wenn er von der gerichtlichen oder staatsanwaltschaftlichen Entscheidung abweichen will. Ist in einer vorausgegangenen Entscheidung des Gerichts oder der Vollstreckungsbehörde eine für den Betroffenen günstige Entscheidung getroffen worden, so darf die Vollstreckungsbehörde hiervon zu seinem Nachteil nur abweichen, wenn neue Tatsachen oder Beweismittel vorliegen (Art. 7 Abs. 2 Satz 3). Dabei muß es sich um Tatsachen oder Beweismittel handeln, die der zuvor entscheidenden Stelle noch nicht bekannt waren (*Kleinknecht/Meyer*[37] § 459 a, 4). Sie müssen allein oder in Verbindung mit den schon früher bekannten Tatsachen geeignet sein, die Grundlagen der früheren Entscheidung zu beseitigen[4]. Das wird etwa der Fall sein, wenn nachträglich bekannt wird, daß der Betroffene Nebeneinnahmen hat, wenn sich seine wirtschaftlichen Verhältnisse gebessert haben oder wenn er sich böswillig der Zahlung entzieht (vgl. *Göhler* § 93, 3).

11   Eine erneute **Aufforderung** an den Betroffenen **zur Zahlung** oder Offenbarung seiner wirtschaftlichen Verhältnisse setzt Art. 7 Abs. 2 vor der Entscheidung über Zahlungserleichterungen, deren Änderungen oder Wegfall nicht voraus. Praktisch wird die Entscheidung aber nicht ergehen können, bevor der Betroffene gemahnt worden ist und, falls er Zahlungserleichterungen begehrt, die Gründe seiner Zahlungsunfähigkeit dargelegt hat.

12   **4. Anfechtung.** Wegen der Anfechtung des Ordnungsgeldbeschlusses, der Zahlungserleichterungen gewährt oder verweigert, vgl. die Erläuterungen zu den einzelnen Vorschriften, die Ordnungsmittel anordnen oder zulassen. Über die Einwendungen des Betroffenen gegen Maßnahmen des Rechtspflegers im Vollstreckungsverfahren entscheidet der Richter oder Staatsanwalt, an dessen Stelle der Rechtspfleger tätig geworden ist (§ 31 Abs. 6 Satz 1 RpflG). Vollstreckt die Staatsanwaltschaft nach § 36 Abs. 2 Satz 1 StPO gerichtliche Ordnungsgeldbeschlüsse, so können auch gegen ihre Entscheidungen Einwendungen erhoben werden; über sie entscheidet nach Art. 7 Abs. 4 das Gericht, das den Ordnungsgeldbeschluß erlassen hat. Hiergegen ist die Beschwerde nach § 304 Abs. 1 und 2 StPO zulässig, sofern nicht das Oberlandesgericht entschieden hat (§ 304 Abs. 4 Satz 2 StPO). Die weitere Beschwerde ist ausgeschlossen (§ 310 StPO). Wenn die Staatsanwaltschaft ihre eigenen Ordnungsgeldverfügungen vollstreckt, ist der Antrag auf gerichtliche Entscheidung nach § 161 a Abs. 3 StPO zulässig.

---

[4] *Göhler* § 18, 1; *Rebmann/Roth/Herrmann* 5; *Rotberg* 3; alle zu § 93 OWiG.

Art. 8 EGStGB

Nachträgliche Entscheidungen über die Ordnungshaft

(1) ¹Kann das Ordnungsgeld nicht beigetrieben werden und ist die Festsetzung der für diesen Fall vorgesehenen Ordnungshaft unterblieben, so wandelt das Gericht das Ordnungsgeld nachträglich in Ordnungshaft um. ²Das Gericht entscheidet nach Anhörung der Beteiligten durch Beschluß.

(2) Das Gericht ordnet an, daß die Vollstreckung der Ordnungshaft, die an Stelle eines uneinbringlichen Ordnungsgeldes festgesetzt worden ist, unterbleibt, wenn die Vollstreckung für den Betroffenen eine unbillige Härte wäre.

1. Umwandlung des Ordnungsgeldes in Ordnungshaft (Absatz 1). Hier handelt es **13** sich um eine spezialgesetzliche Regelung für den Fall der nachträglichen Umwandlung des Ordnungsgeldes in Ordnungshaft, die im Jahre 1974 in das Gesetz eingefügt worden ist. (Zum früheren Rechtszustand vgl. die 23. Aufl.).

Die nachträgliche Umwandlung ist ohne Rücksicht darauf zulässig, ob das Ge- **14** richt die Festsetzung der Ersatzhaft **bewußt oder nur versehentlich** unterlassen hat. Es kommt nur darauf an, daß sie unterblieben ist (vgl. BTDrucks. 7 550 S. 203). Die Entscheidung trifft bei staatsanwaltschaftlichen Ordnungsgeldverfügungen das nach § 161 a Abs. 2 Satz 2 StPO zuständige Gericht, sonst das Gericht, das den Ordnungsgeldbeschluß erlassen hat, auch wenn es mit der Strafsache nicht mehr befaßt ist, z. B. weil das Verfahren gegen den Beschuldigten inzwischen eingestellt worden oder weil die Sache in einen höheren Rechtszug gelangt ist. Es ist dann nicht Aufgabe des Rechtsmittelgerichts, das Versäumnis des unteren Gerichts nachzuholen. Das Gericht ist auch nach Rechtskraft des Verfahrens noch zuständig; die Staatsanwaltschaft darf Ordnungshaft nicht festsetzen (vgl. § 161 a Abs. 2 Satz 2 StPO). Die Entscheidung ergeht durch Beschluß nach Anhörung der Beteiligten (Art. 8 Abs. 1 Satz 2). Außer dem Betroffenen ist im Strafverfahren die Staatsanwaltschaft, nicht aber der Beschuldigte, gegen den das Ordnungsmittel nicht festgesetzt worden ist, beteiligt und zu hören. Gegen den Beschluß können der Betroffene und die Staatsanwaltschaft nach § 304 Abs. 1 und 2 StPO Beschwerde einlegen, sofern sie nicht durch § 304 Abs. 3 oder 4 StPO ausgeschlossen ist. Das Rechtsmittel kann auf die Höhe der ersatzweisen Ordnungshaft beschränkt werden. Weitere Beschwerde ist ausgeschlossen (§ 310 StPO).

2. Wegfall der Vollstreckung der Ordnungshaft (Absatz 2). Die Vorschrift ent- **15** spricht § 459 f StPO. Sie schreibt zwingend vor, daß die Vollstreckung der Ersatzhaft unterbleiben muß, wenn sie für den Betroffenen eine unbillige Härte wäre. Das ist der Fall, wenn er unverschuldet außerstande ist, das Ordnungsgeld, auch bei äußerer Anstrengung oder mit den in Art. 7 Abs. 1 vorgesehenen Erleichterungen, zu zahlen (*Kleinknecht/Meyer*[37] § 459 f, 5). Ein Antrag ist nicht erforderlich, wird aber regelmäßig gestellt werden müssen, weil sonst nicht beurteilt werden kann, ob die Vergünstigung geboten erscheint. Den Antrag können die Staatsanwaltschaft und der Betroffene stellen. Der Betroffene muß die Umstände, die die unbillige Härte begründen, glaubhaft machen. Das Gericht kann Ermittlungen anstellen. Zuständig für die Anordnung nach Art. 8 Abs. 2 ist das Gericht, das den Ordnungsgeldbeschluß erlassen oder die Haft nach § 161 a Abs. 2 Satz 2 StPO festgesetzt hat, gleichgültig, welches Gericht zur Zeit der Entscheidung mit der Strafsache befaßt ist. Die Anordnung erfolgt durch Beschluß. Die Staatsanwaltschaft ist vor der Entscheidung zu hören (§ 33 Abs. 2 StPO), wenn der An-

Hans Dahs

trag nicht von ihr selbst stammt. Lehnt das Gericht den Antrag ab, so ist hiergegen die Beschwerde zulässig (vgl. oben Rdn. 14). Die gerichtliche Anordnung bringt Vollstrek- kungsverfahren endgültig zum Abschluß, bedeutet aber keinen Verzicht auf das Ord- nungsgeld. Innerhalb der Verjährungsfrist kann die Vollstreckung daher wieder aufge- nommen werden, wenn bekannt wird, daß sich die Verhältnisses des Betroffenen so ge- bessert haben, daß die Zahlung von ihm verlangt werden kann (*Kleinknecht/Meyer* [37] § 459 f, 7).

Art. 9 EGStGB

Verjährung von Ordnungsmitteln

(1) [1]Die Verjährung schließt die Festsetzung von Ordnungsgeld und Ordnungshaft aus. [2]Die Verjährungsfrist beträgt, soweit das Gesetz nichts anderes bestimmt, zwei Jah- re. [3]Die Verjährung beginnt, sobald die Handlung beendet ist. [4]Die Verjährung ruht, so- lange nach dem Gesetz das Verfahren zur Festsetzung des Ordnungsgeldes nicht begon- nen oder nicht fortgesetzt werden kann.

(2) [1]Die Verjährung schließt auch die Vollstreckung des Ordnungsgeldes und der Ordnungshaft aus. [2]Die Verjährungsfrist beträgt zwei Jahre. [3]Die Verjährung beginnt sobald das Ordnungsmittel vollstreckbar ist. [4]Die Verjährung ruht, solange
1. nach dem Gesetz die Vollstreckung nicht begonnen oder nicht fortgesetzt werden kann,
2. die Vollstreckung ausgesetzt ist oder
3. eine Zahlungserleichterung bewilligt ist.

16   **1. Allgemeines.** Die Verjährung der Festsetzung und Vollstreckung von Ord- nungsmitteln war bis 1975 gesetzlich nicht bestimmt. (Zum früheren Rechtszustand vgl. die 23. Aufl.). Nunmehr regelt Art. 9 in Anlehung an die §§ 78 ff StGB, §§ 431 ff OWiG die Verjährung.

2. Verjährung der Festsetzung

17   **a) Dauer der Verjährungsfrist.** Die Verjährungsfrist beträgt nach Art. 9 Abs. 1 Satz 2, soweit das Gesetz im Einzelfall nichts anderes bestimmt, zwei Jahre. Eine Un- terbrechung der Verjährung sieht das Gesetz nicht vor. Für die Fristberechnung gilt nicht § 43 StPO, sondern § 187 Abs. 1, § 188 Abs. 2 BGB. Die Frist endet daher mit dem Beginn des ihrem Anfang entsprechenden Kalendertages, bei Fristbeginn am 1. April also am 31. März (vgl. *Dreher/Tröndle* [42] § 78 a, 12 mit Nachw.).

18   **b) Beginn der Verjährungsfrist.** Die Frist beginnt wie nach § 78 a Satz 1 StGB, § 31 Abs. 3 Satz 1 OWiG, sobald die Handlung beendet ist (Art. 9 Abs. 1 Satz 3). Im Fall des § 178 GVG ist daher der Verhandlungstag maßgebend, an dem die Ungebühr be- gangen worden ist. Bei der Weigerung, staatsbürgerliche Pflichten zu erfüllen (§§ 51, 70, 81 c Abs. 6, § 95 Abs. 2, § 161 a Abs. 2 Satz 1 StPO, § 56 GVG), beginnt die Frist wie bei den echten Unterlassungsdelikten des sachlichen Rechts grundsätzlich erst, wenn die Pflicht zum Handeln entfällt[5]. Beim Nichterscheinen (§ 51 StPO, § 56 GVG) und bei

---

[5] Vgl. RGSt **9** 157; **65** 362; BayObLGSt **1956** 239; **1962** 302; OLG Hamm NJW **1968** 1249; VRS **31** 312; **36** 29; OLG Saarbrücken JBl.   Saar **1964** 33; OLG Stuttgart VRS **33** 273; *Dreher/Tröndle* [42] § 78 a, 8.

der Zeugnis- und Eidesverweigerung (§ 70 StPO) ist jedoch nur der Tag der Verhandlung maßgebend, in der der Zeuge ausgeblieben ist oder nicht ausgesagt oder geschworen hat; denn nur der Ungehorsam an diesem Tag wird mit den Ordnungsmitteln geahndet. In dem Fall des § 81 c Abs. 6 StPO wird die Festsetzung von Ordnungsgeld nach längerem Zeitablauf nicht in Frage kommen, so daß Verjährungsfragen nicht entstehen können. Bei der Weigerung, Beweismittel herauszugeben (§ 95 Abs. 2 StPO), beginnt die Verjährung an dem Tag, an dem die Herausgabepflicht erfüllt wird oder entfällt (vgl. § 95, 13).

c) Ruhen der Verjährung. Nach Art. 9 Abs. 1 Satz 4 ruht die Verjährung, solange **19** nach dem Gesetz das Festsetzungsverfahren nicht begonnen oder nicht fortgesetzt werden kann. Die Vorschrift entspricht wörtlich den § 78 b Abs. 1 Satz 1 StGB, § 32 Abs. 1 Satz 1 OWiG. Da ein Ruhen der Verjährung im Verfahren zur Festsetzung von Ordnungsmitteln kaum eintreten wird, kann hier auf die Kommentare zu diesen Vorschriften verwiesen werden.

3. Verjährung der Vollstreckung
a) Dauer und Beginn der Verjährungsfrist. Bei der Vollstreckungsverjährung be- **20** trägt die Frist nach Art. 9 Abs. 2 Satz 2 ebenfalls zwei Jahre. Wegen der Berechnung vgl. oben Rdn. 17. Die Verjährung beginnt, sobald das Ordnungsmittel vollstreckbar ist (Art. 9 Abs. 2 Satz 3). Im Gegensatz zu den Vorschriften der § 79 Abs. 6 StGB, § 34 Abs. 1 OWiG kommt es auf die Rechtskraft der Entscheidung grundsätzlich nicht an. Da eine Beschwerde gegen den Ordnungsgeldbeschluß dessen Vollstreckung nicht hemmt (§ 307 Abs. 1 StPO), beginnt die Vollstreckungsverjährung mithin an dem Tag, an dem der Beschluß erlassen wird. Eine Ausnahme gilt nur, wenn Ordnungsmittel nach § 180 GVG außerhalb der Sitzung festgesetzt worden sind. Für diesen Fall schreibt § 181 Abs. 2 GVG ausdrücklich die aufschiebende Wirkung der Beschwerde vor. Die Vollstreckbarkeit beginnt dann erst mit der Rechtskraft des Beschlusses, d. h. mit dem Tag, an dem der Beschwerdebeschluß erlassen worden ist (dazu § 33, 14), oder, wenn keine Beschwerde eingelegt wird, nach Ablauf von einer Woche seit Verkündung oder Zustellung des Beschlusses[6].

b) Ruhen der Verjährung. Nach Art. 9 Abs. 2 Satz 4, der den § 79 a StGB, § 34 **21** Abs. 4 OWiG nachgebildet ist, ruht die Verjährung nicht nur, wie bei der Festsetzung von Ordnungsmitteln (oben Rdn. 19), wenn die Vollstreckung nach dem Gesetz nicht begonnen oder nicht fortgesetzt werden kann, sondern auch, wenn die Vollstreckung (im Gnadenwege) ausgesetzt oder eine Zahlungserleichterung nach Art. 7, also eine Zahlungsfrist oder Teilzahlungen, bewilligt worden ist.

§ 52

(1) Zur Verweigerung des Zeugnisses sind berechtigt
1.   der Verlobte des Beschuldigten;
2.   der Ehegatte des Beschuldigten, auch wenn die Ehe nicht mehr besteht;
3.   wer mit dem Beschuldigten in gerader Linie verwandt oder verschwägert, in der Seitenlinie bis zum dritten Grad verwandt oder bis zum zweiten Grad verschwägert ist oder war.

---

[6] Vgl. *Pohlmann/Jabel* § 88, 3.

Hans Dahs

(2) [1]Haben Minderjährige oder wegen Geisteskrankheit oder Geistesschwäche entmündigte Personen wegen mangelnder Verstandesreife oder wegen Verstandesschwäche von der Bedeutung des Zeugnisverweigerungsrechts keine genügende Vorstellung, so dürfen sie nur vernommen werden, wenn sie zur Aussage bereit sind und auch ihr gesetzlicher Vertreter der Vernehmung zustimmt. [2]Ist der gesetzliche Vertreter selbst Beschuldigter, so kann er über die Ausübung des Zeugnisverweigerungsrechts nicht entscheiden; das gleiche gilt für den nicht beschuldigten Elternteil, wenn die gesetzliche Vertretung beiden Eltern zusteht.

(3) [1]Die zur Verweigerung des Zeugnisses berechtigten Personen, in den Fällen des Absatzes 2 auch deren zur Entscheidung über die Ausübung des Zeugnisverweigerungsrechts befugte Vertreter, sind vor jeder Vernehmung über ihr Recht zu belehren. [2]Sie können den Verzicht auf dieses Recht auch während der Vernehmung widerrufen.

Schrifttum. *Bosch* Grundfragen des Beweisrechts (1963); *Brenner* Versäumte Vernehmungs-Belehrung und die Folgen, Deutsche Polizei 1976 18; *Buchwald* Die berechtigte Zeugnisverweigerung als Gegenstand freier Beweiswürdigung? SJZ 1949 360; *Busch* Zum Zeugnis- und Untersuchungsverweigerungsrecht der Angehörigen des Beschuldigten, FS Eb. Schmidt 569; *Danzer* Das Recht der Zeugnisverweigerung im Strafprozeß, Diss. Würzburg 1930; *K. H. Gössel* Kritische Bemerkung zum gegenwärtigen Stand der Lehre von den Beweisverboten im Strafverfahren, NJW 1981 649; *von Godin* Die berechtigte Zeugnisverweigerung als Gegenstand freier Beweiswürdigung? SJZ 1949 657; *Gossrau* Unterlassen der Zeugenbelehrung als Revisionsgrund, MDR 1958 468; *H. P. Hauser* Das Zeugnisverweigerungsrecht im Strafverfahren, Diss. Basel 1957; *Himmelreich* Auflage eines Fahrtenbuches unter besonderer Berücksichtigung des Aussage- und Zeugnisverweigerungsrechtes, NJW 1975 1199; *Karitzky* Die Geschichte der Zeugnisverweigerungsrechte, Diss. Heidelberg 1959; *Kohlhaas* Wie weit darf bei der Verwertung des Verhaltens einer zur Verweigerung des Zeugnisses berechtigten Auskunftsperson gegangen werden? JR 1955 43; *Kroth* Die Belehrung des Beschuldigten im Strafverfahren über sein Recht die Aussage zu verweigern, Diss. München 1976; *Mehner* Die Vernehmung von Verhörspersonen im deutschen Strafprozeß (1975); *Meier-Scherling* Die eheähnliche Lebensgemeinschaft, DRiZ 1979 296; *Meuthien* Das Zeugnisverweigerungsrecht der Angehörigen im Strafprozeß, Diss. Hamburg 1954; *Michaelis* Zum Zeugnisverweigerungsrecht im Strafverfahren, NJW 1969 730; *Nagel* Das Zeugnisverweigerungsrecht in der DDR, JR 1977 500; *Orlowsky* Die Weigerungsrechte der minderjährigen Beweisperson im Strafprozeß, Diss. Tübingen 1973; *Peters* Die Strafprozeßordnung und das Zeugnisverweigerungsrecht, das Beschlagnahme- und Durchsuchungsverbot, Strafrechtlicher Schutz der Informationsquellen 1975 51; *Petry* Beweisverbote im Strafprozeß (1971); *Plonka* Das Fahrtenbuch und das Zeugnisverweigerungsrecht, Die neue Polizei 1979 173; *Proskauer* Die Bewertung der Zeugnisverweigerung eines Angehörigen im Strafprozeß, NJW 1953 49; *Rengier* Die Zeugnisverweigerung im geltenden und künftigen Strafverfahrensrecht (1979); *Rengier* Grundlegende Verwertungsprobleme, Jura 1981 299; *Roestel* Das Kind als Zeuge im Strafverfahren gegen einen Angehörigen, SchlHA 1967 161; *Roestel* Das Zeugnisverweigerungsrecht des Kindes im Strafverfahren gegen einen Angehörigen, NJW 1967 967; *Rogall* Der Beschuldigte als Beweismittel gegen sich selbst (1977); *Schaub* Zur Strafverfahrensproblematik bei minderjährigen Zeugen und Beschuldigten aus vormundschaftlicher Sicht, FamRZ 1966 134; *H.-W. Schmitz* Tatgeschehen, Zeugen und Polizei. Zur Rekonstruktion und Beschreibung des Tathergangs in polizeilichen Zeugenvernehmungen, BKA-Forschungsreihe Bd. 9 (1978); *Schneider* Beweisverwertungsverbot der Zeugnisverweigerung eines Angehörigen gegen den Angeklagten, JuS 1970 271; *Schoene* Das Zeugnisverweigerungsrecht des Kindes und das gesetzliche Vertretungsrecht der Eltern, NJW 1972 930; *Schöneborn* Das Problem der Rollenvertauschung und das Zeugnisverweigerungsrecht bei mehreren Beschuldigten in vergleichender Betrachtung, ZStW 86 (1974) 921; *Schöneborn* Zeugnisverweigerung bei mehreren Mitbeschuldigten und Rechtskreistheorie, NJW 1974 535; *Schöneborn* Beweisverbotsproblematik der §§ 52 Abs. 2, 55 Abs. 2 StPO im Lichte des § 68 Abs. 2 StPO, MDR 1974 457; *Schubarth* Neue Formen der Lebensgemeinschaft und ihre Auswirkungen auf das Zeugnisverweigerungsrecht, FS Hinderling (1976) 231; *Seelmann* Revision wegen des Unterlassens der Belehrung über das Recht zur Aussageverweigerung – BGHSt 25, 325 –, JuS **1976** 157 ff; *Thien* Zeugenvernehmung im Ausland, Zur Problematik der Verwertbarkeit im deutschen Prozeß, Diss. Köln 1979; *Vetter* Probleme des Zeugnisverweigerungsrechtes, Diss. Zürich 1954; *Wach* Das Recht der Zeugnisverweigerung, GerS **66** (1905) 1; *von Weber* Die Ausübung des Zeugnisverweigerungsrechtes im Strafprozeß durch einen Stellvertreter, MDR **1962** 169; *Weinmann* Die Beschlagnahme von Geschäftsunterlagen des Beschuldigten bei Zeugnisverweigerungsberechtigten – Rückschau und Ausblick, FS Dünnebier 199; *de Witt/Huffmann* Nichteheliche Lebensgemeinschaft (1983); *Zottmann* Das Zeugnisverweigerungsrecht in den deutschen Verfahrensgesetzen, Diss. Erlangen 1960.

Entstehungsgeschichte. Absatz 2 lautete ursprünglich: „Die bezeichneten Personen sind vor jeder Vernehmung über ihr Recht zur Verweigerung des Zeugnisses zu belehren. Sie können den Verzicht auf dieses Recht auch während der Vernehmung widerrufen." Durch Art. 1 Nr. 13 des 1. StVRG wurden an seiner Stelle die Absätze 2 und 3 eingefügt. Durch Art. 7 Nr. 3 AdoptG wurden in Absatz 1 Nr. 3 die Worte „oder durch Aufnahme an Kindes Statt verbunden" gestrichen und der letzte Satzteil („auch wenn die Ehe, durch welche die Schwägerschaft begründet ist, nicht mehr besteht") durch die Worte „oder war" ersetzt. Bezeichnung bis 1924: § 51.

Übersicht

I. Allgemeines

Die Zeugnisverweigerungsrechte nach den §§ 52 bis 53 a sind Ausnahmen von der **1** grundsätzlichen Pflicht des Zeugen, vor Gericht (vgl. Vor § 48, 7) und Staatsanwaltschaft (§ 161 a Abs. 1 Satz 1) auszusagen. Sie schließen die Anwendung der in § 70 bezeichneten Ordnungsmittel und Beugemaßnahmen zur Erzwingung des Zeugnisses aus. § 52 berücksichtigt die Zwangslage eines Zeugen, der verpflichtet ist, bei seiner Vernehmung die Wahrheit zu sagen, aber befürchten muß, dadurch einen seiner Angehörigen zu schädigen[1]. In diesem Fall läßt das Gesetz das öffentliche Interesse an möglichst

---

[1] BGHSt **2** 354; **11** 217; **17** 327; **22** 36; BGH NJW **1961** 1484; BGH bei *Dallinger* MDR **1966** 384; RGSt **9** 39; **12** 145; **40** 47; **50** 20; **62** 144; **68** 277.

Hans Dahs

unbehinderter Strafverfolgung hinter das persönliche Interesse des Zeugen zurücktreten, nicht gegen einen Angehörigen aussagen zu müssen[2]. Das Zeugnisverweigerungsrecht besteht aber allgemein, nicht nur für belastende Aussagen[3]. Dabei genügt es, daß eine Konfliktlage objektiv vorliegt. Ob der Zeuge den Widerstreit empfindet, ist ohne Bedeutung[4]. § 52 ist daher auch auf Zeugen anzuwenden, die wegen Fehlens der Verstandesreife oder -kraft keine Vorstellung von der Bedeutung des Zeugnisverweigerungsrechts haben (§ 52 Abs. 2). Die Vorschrift dient aber nur dem Schutz des Zeugen und seiner familienrechtlichen Beziehungen zu dem Angeklagten; sie bezweckt nicht den Schutz der Wahrheitsfindung[5] oder des Angeklagten vor der Verwertung eines „konfliktbehafteten" und daher in seinem Wert vielleicht fragwürdigen Beweismittels[6]; sie ist auch nicht aus dem nemo-tenetur-Grundsatz abzuleiten (so aber *Petry* 45 ff). Das Zeugnisverweigerungsrecht besteht daher auch, wenn der Zeuge auf Antrag des Beschuldigten vernommen werden soll, dessen Angehöriger er ist[7]. Der Beschuldigte kann auf die Beachtung des § 52 nicht wirksam verzichten.

2   Der Angehörige darf die **Aussage zur Sache,** nicht jedoch die Angaben zur Person nach § 68 Satz 1, vor Gericht in allen Verfahrensabschnitten, vor der Staatsanwaltschaft (§ 161 a Abs. 1 Satz 2) und vor der Polizei (vgl. § 163 a Abs. 5) ohne Angaben von Gründen (unten Rdn. 23) verweigern. Das gilt auch, wenn er selbst den nach dem Gesetz erforderlichen Strafantrag gestellt oder die Strafanzeige erstattet hat (*R. Hauser* 179). Solange er die Weigerung nicht erklärt hat, ist er ein zulässiges Beweismittel; er muß vor Gericht erscheinen[8], und die Prozeßbeteiligten können seine Vernehmung beantragen[9]. Verpflichtet zur Zeugnisverweigerung ist er aber nicht. Wenn er aussagt, verletzt er damit nicht die Rechte der Prozeßbeteiligten[10]. Der Zeuge, der auf sein Recht nach § 52 verzichtet, ist aber berechtigt, wenigstens die Beeidigung des Zeugnisses zu verweigern (§ 63). Die Vorschrift des § 52 wird ergänzt durch § 81 c Abs. 3 für Untersuchungen und Blutprobenentnahmen und durch § 97 Abs. 1 Nr. 1 für die Beschlagnahme von schriftlichen Mitteilungen zwischen dem Beschuldigten und dem zeugnisverweigerungsberechtigten Angehörigen. Sie gilt nach § 46 Abs. 1 OWiG auch im Bußgeldverfahren.

3   Das Zeugnisverweigerungsrecht haben nur Zeugen. Auch wer zuvor nur als „Auskunftsperson" oder „informatorisch" gehört wurde, ist Zeuge (vgl. § 59 Rdn. 5). Stehen **Mitbeschuldigte** in einem Angehörigenverhältnis, so steht ihnen nicht deshalb das Recht zu, Angaben zur Sache zu verweigern (BGHSt **3** 149)[11]. Da sie aber ohnehin als Beschuldigte nicht zur Aussage verpflichtet sind (§ 136, 21 ff), ist die Frage rechtlich nicht von besonderer Bedeutung. *Fuchs* (NJW **1959** 14) hält die Entscheidung BGHSt **3** 149

[2] BGHSt **3** 152, 216; **12** 239 - GSSt.

[3] *R. Hauser* 180; mißverständlich RGSt **55** 20.

[4] BGHSt **12** 239; *Eb. Schmidt* Nachtr. I 5 und JR **1959** 369; *Henkel* 207 Fußn. 2; *Busch* FS Schmidt 570; *Orlowsky* 46.

[5] KK-*Pelchen* 1; **a. A** *Rengier* 11, 56 ff.

[6] BGHSt **11** 215 - GSSt -; **22** 37 f; **27** 142; KMR-*Paulus* Vor § 48, 77; *Schöneborn* MDR **1974** 457; **a. A** noch BGHSt **10** 394; *Eb. Schmidt* 1 und JZ **1958** 600; *Busch* JZ **1953** 703; *Gossrau* MDR **1958** 468; *Michaelis* NJW **1969** 730; *Niese* JZ **1953** 223; *Orlowsky* 180; *Wegner* JW **1925** 370; vgl. auch *Grünwald* JZ **1966** 497.

[7] RGSt **20** 187; *Kleinknecht/Meyer*[37] 1; *Eb. Schmidt* 1; *G. Schäfer* § 65 II 1 a; *Schlüchter* 484.

[8] *Kleinknecht/Meyer*[37] 2; *Eb. Schmidt* Nachtr. I Vor § 52, 13; vgl. auch § 51, 5.

[9] RGSt **40** 345; *Eb. Schmidt* Nachtr. I Vor § 52, 15; *Alsberg/Nüse/Meyer* 453.

[10] Vgl. RGSt **48** 270; **71** 21; RG JW **1936** 3009; *Eb. Schmidt* Nachtr. I Vor § 52, 11.

[11] Ebenso *Dalcke/Fuhrmann/Schäfer* 5; *Schütz* NJW **1959** 975.

deshalb für bedenklich, weil nach seiner Ansicht aus dem Schweigen des Angeklagten nachteilige Schlüsse gezogen werden dürfen; das trifft aber nicht zu (§ 136, 26).

II. Zeugnisverweigerungsrecht

1. Weigerungsberechtigte

a) Allgemeines. Zur Verweigerung des Zeugnisses sind nach § 52 die Angehöri- **4** gen des Beschuldigten berechtigt. Der strafprozessuale Angehörigenbegriff stimmt mit dem des Strafgesetzbuchs (§ 11 Abs. 1 Nr. 1 StGB) nicht überein. Er ist teils enger, weil Pflegeeltern und Pflegekinder zwar nach § 11 Abs. 1 Nr. 1 Buchst. c StGB, nicht aber nach § 52 Abs. 1 zu den Angehörigen zählen (unten Rdn. 15), teils weiter, weil Verwandte der Seitenlinie bis zum dritten Grad nach § 52 Abs. 1 zur Zeugnisverweigerung berechtigt sind, aber nach § 11 Abs. 1 Nr. 1 Buchst. a StGB nur Geschwister, nicht Geschwisterkinder, als Angehörige gelten.

b) Verlobte. Bei dem Zeugnisverweigerungsrecht der Verlobten ist auf die beson- **5** deren Bedürfnisse der Strafrechtspflege abzustellen; das Verlöbnis muß nicht nach bürgerlich-rechtlichen Maßstäben gültig sein[12]. Auch das Eheversprechen eines Minderjährigen ohne Einwilligung des gesetzlichen Vertreters berechtigt daher zur Zeugnisverweigerung[13]. Im übrigen erfordert das Verlöbnis im Sinne der Strafprozeßordnung ebensowenig wie das nach bürgerlichem Recht[14] die Beobachtung bestimmter äußerer Förmlichkeiten[15]. Insbesondere wird die Bekanntmachung des Eheversprechens nicht gefordert[16]. Ein Eheversprechen, das von einer Bedingung abhängig gemacht ist, begründet kein Verlöbnis[17].

Ein wirksames Verlöbnis setzt ein **gegenseitiges Eheversprechen** voraus; ein blo- **6** ßes Liebesverhältnis genügt nicht[18]. Das Eheversprechen muß von beiden Seiten ernst gemeint sein[19]. Unwirksam ist daher das Eheversprechen eines Heiratsschwindlers[20]. Das Eheversprechen darf auch nicht gegen das Gesetz oder die guten Sitten verstoßen[21]. Gegen die guten Sitten verstößt es bei noch bestehendem anderweitigen Verlöbnis[22] und insbesondere bei noch bestehender Ehe[23]. Aus Gründen der Rechtssicherheit und im Hinblick auf Art. 6 Abs. 1 GG ist eine Ausnahme auch nicht für den Fall anzunehmen,

---

[12] RGSt **10** 119; **24** 156; **35** 49; **38** 243; RG-Rspr. **6** 50, 54; OLG Düsseldorf DRiZ **1934** Nr. 357; *Eb. Schmidt* 12.

[13] BGH LM Nr. 25 zu § 222 StGB; RGSt **38** 242; *Eb. Schmidt* 12; *Peters* 292.

[14] Dazu BGH FamRZ **1961** 362; RGZ **61** 272.

[15] RGSt **10** 117; RG JW **1893** 481; RG GA **40** (1892) 152; **56** (1909) 318.

[16] BGH NJW **1972** 1334; RGRspr. **9** 130; RG JW **1928** 3047; *Eb. Schmidt* 12; *Dalcke/Fuhrmann/Schäfer* 4.

[17] RG GA **49** (1903) 266; KMR-*Paulus* 9; *Dalcke/Fuhrmann/Schäfer* 4; **a. A** RG GA **40** (1892) 152.

[18] RGSt **24** 156; **35** 49; RGRspr. **2** 182; RG JW **1928** 3047.

[19] BGHSt **3** 216 f; **29** 57; BGH NJW **1972** 1334; RGSt **24** 156; **35** 49; **75** 290; RG DR **1941** 1451 L; RG Recht **1921** Nr. 2487 a;

OLG Hamburg LZ **1928** 511; OLG Koblenz NJW **1958** 2028; allg. M im Schrifttum.

[20] BGHSt **3** 215; RG HRR **1939** 1070; OLG Düsseldorf DRiZ **1934** Nr. 357; *Kleinknecht/Meyer* 37 4; KMR-*Paulus* 9; KK-*Pelchen* 10; *Eb. Schmidt* Nachtr. I 2; **a. A** *Bruns* MDR **1953** 458.

[21] BGH VRS **36** 22; RGSt **10** 117; **38** 243; *Kleinknecht/Meyer* 37 4; KMR-*Paulus* 9; *Eb. Schmidt* 12.

[22] RGSt **71** 154; RGZ **105** 245; *Kleinknecht/Meyer* 37 4; *Dalcke/Fuhrmann/Schäfer* 4.

[23] BGH NStZ **1983** 564 m. Anm. *Pelchen*; VRS **36** 22; RGSt **14** 7; **24** 155; **53** 215; **61** 270; **75** 290; RGRspr. **6** 53; RG Recht **1921** Nr. 2471, 2487 a; OLG Karlsruhe Justiz **1967** 289; *Kleinknecht/Meyer* 37 4; KMR-*Paulus* 9; *Erman* Vor § 1297 BGB, 15; *Palandt/Diederichsen* Vor § 1297 BGB 1.

Hans Dahs

daß die Ehe bereits im ersten Rechtszug geschieden ist[24]; gleiches gilt, wenn die Beteiligten schon in einem **eheähnlichen Verhältnis** zusammenleben und die Scheidung ernstlich und mit Aussicht auf Erfolg in absehbarer Zukunft betrieben wird[25]. Ob die Rechtsprechung in Zukunft Ausnahmen von diesem Grundsatz anerkennen wird (nicht ausgeschlossen in BGH NStZ **1983** 564), ist offen. Ein Ehehindernis für die künftige Ehe nach § 6 EheG macht das Verlöbnis hingegen nicht unwirksam[26]. Das eheähnliche Zusammenleben ohne Heiratsversprechen steht dem Verlöbnis nicht gleich[27].

7   Das Verlöbnis berechtigt nur dann zur Zeugnisverweigerung, wenn es **noch** zur Zeit der Vernehmung **besteht;** daß es zur Tatzeit bestanden hat, ist weder erforderlich noch ausreichend[28]. Mit der Auflösung des Verlöbnisses entfällt daher das Zeugnisverweigerungsrecht[29]. Die Auflösung tritt bereits ein, wenn einer der Verlobten den Heiratsentschluß aufgibt, auch wenn er das dem anderen nicht erkennbar macht[30].

8   Behauptet der Zeuge, mit dem Beschuldigten verlobt zu sein, so hat der Richter nach **pflichtgemäßem Ermessen** darüber zu befinden, ob tatsächlich ein Verlöbnis vorliegt[31]. Auf die Meinung des Zeugen kommt es nicht an[32]. Das Gericht darf von den Angaben des Zeugen als richtig ausgehen, wenn niemand widerspricht[33], kann aber auch eine Glaubhaftmachung nach § 56 verlangen[34]. Das ist vor allem dann geboten, wenn das Gericht Zweifel an den Angaben des Zeugen hat[35]. Die Maxime ,,in dubio pro reo" findet keine Anwendung (BGH bei *Pfeiffer/Miebach* NStZ **1983** 354). Im Urteil brauchen ausdrückliche Feststellungen über das Bestehen des Verlöbnisses nicht getroffen zu werden; ihr Fehlen begründet daher nicht die Revision[36].

9   **c) Ehegatten.** Voraussetzung des Zeugnisverweigerungsrechts ist, daß im Zeitpunkt der Vernehmung, nicht notwendig schon bei Begehung der Tat (*Kleinknecht/Meyer*[37] 5), eine im Inland wirksam geschlossene oder eine im Ausland geschlossene, nach dem Recht der Bundesrepublik als gültig anzuerkennende Ehe besteht[37] oder daß sie früher bestanden hat. Ob Nichtigkeits- oder Auflösungsgründe vorliegen, ist ohne Bedeutung[38]. Das Zeugnisverweigerungsrecht bleibt bestehen, auch wenn die Ehe ge-

---

[24] LG Nürnberg-Fürth MDR **1956** 609; offengelassen von OLG Celle MDR **1983** 1045; *Erman* Vor § 1297 BGB 17.

[25] BGH NStZ **1983** 564 m. Anm. *Pelchen*; OLG Celle MDR **1983** 1045; BayObLG NJW **1983** 831 = JR **1984** 125 m. krit. Anm. *Strätz*; RGSt **14** 8; **24** 157; **53** 215; **61** 270; a. A LG Duisburg NJW **1950** 714 für Ehescheidung aus schwerwiegenden Gründen nach altem Scheidungsrecht; LG Heidelberg StrVert. **1981** 616; wie hier KK-*Pelchen* 1; *Eb. Schmidt* II 12; *Palandt/Diederichsen* Vor § 1297, 1; a. A *Kleinknecht/Meyer*[37] 5; KMR-*Paulus* 9.

[26] Vgl. RGSt **40** 420; RG GA **56** (1909) 318; KK-*Pelchen* 10; KMR-*Paulus* 9; *Eb. Schmidt* 12.

[27] Analogie erwägend *Meyer-Scherling* DRiZ **1979** 299; dagegen *de Witt/Huffmann* 56 ff; KK-*Pelchen* 11.

[28] RG JW **1894** 539; RG Recht **1930** Nr. 479; OGHSt. **2** 173; KK-*Pelchen* 12; KMR-*Paulus* 9; *Eb. Schmidt* 12; *Dalcke/Fuhrmann/Schäfer* 4.

[29] BGHSt **23** 17; BGH bei *Dallinger* MDR

1954 336; RGSt **31** 142; **71** 154; *Kleinknecht/Meyer*[37] 4; KK-*Pelchen* 12; KMR-*Paulus* 9; *Eb. Schmidt* 12.

[30] BGHSt **3** 215; RGSt **75** 290; OLG Koblenz NJW **1958** 2027; *Dalcke/Fuhrmann/Schäfer* 4; a. A RGSt **71** 154; OLG Kiel DStR **1937** 62.

[31] RG JW **1934** 3206 mit Anm. *Fraeb* ; OGHSt **2** 173.

[32] RGSt **14** 7; RGRspr. **2** 182; **6** 52; RG GA **40** (1892) 152; **49** (1903) 266.

[33] BGH NJW **1972** 1334; OGHSt **2** 174; *Kleinknecht/Meyer*[37] 4; KK-*Pelchen* 13; *Eb. Schmidt* 12.

[34] BGH NJW **1972** 1334; bei *Spiegel* DAR **1977** 178; OGHSt **2** 173; vgl. § 56, 2.

[35] BGH aaO; KK-*Pelchen* 13; KMR-*Paulus* 9; der in der Regel die Glaubhaftmachung verlangt.

[36] OGHSt **2** 174; *Kleinknecht/Meyer*[37] 4.

[37] KK-*Pelchen* 14; *Kleinknecht/Meyer*[37] 5.

[38] BGHSt **9** 38; RGSt **18** 42; **41** 114; **56** 427; *Kleinknecht/Meyer*[37] 5; KK-*Pelchen* 14; KMR-*Paulus* § 22, 9; *Eb. Schmidt* 13.

schieden[39], für nichtig erklärt[40] oder aufgelöst ist. Nur wenn eine formgültige Ehe überhaupt nie bestanden hat (Nichtehe), besteht kein Recht zur Zeugnisverweigerung. In diesem Fall ist zu prüfen, ob ein Verlöbnis vorliegt; auch daran fehlt es aber, wenn der Wille, im Inland eine rechtswirksame Ehe zu schließen, nicht festgestellt werden kann (RG HRR **1930** 1896). Zur eheähnlichen Beziehung vgl. oben Rdn. 6 a. E.

d) Verwandte. Nach Art. 33 EGBGB ist die Vorschrift des § 1589 BGB maßge- **10** bend (BGHSt **9** 38). In gerader Linie verwandt sind danach Personen, deren eine von der anderen abstammt (Eltern, Kinder). Nach § 52 Abs. 1 Nr. 3 gilt das Zeugnisverweigerungsrecht für alle in dieser Weise Verwandten ohne Rücksicht auf den Grad ihrer Verwandtschaft. Zeugnisverweigerungsberechtigt sind daher z. B. auch Urgroßeltern und Urenkel. In der Seitenlinie verwandt sind nach § 1589 Satz 1 BGB Personen, die von derselben dritten Person abstammen, in erster Hinsicht also Geschwister. Nach § 52 Abs. 1 Nr. 3 haben aber nur die in der Seitenlinie bis zum dritten Grad Verwandten das Zeugnisverweigerungsrecht. Der Grad der Verwandtschaft bestimmt sich nach der Zahl der sie vermittelnden Geburten (§ 1589 Satz 2 BGB). Zur Verweigerung des Zeugnisses berechtigt sind demnach nur voll- oder halbbürtige Geschwister und Geschwisterkinder (Neffen, Nichten) im Verfahren gegen die eigenen Geschwister oder die Geschwister ihrer Eltern (und umgekehrt), nicht aber Geschwisterkinder (Vettern, Basen) im Verfahren gegen eines von ihnen.

Für **nichteheliche** Kinder bestehen nach der Aufhebung des § 1589 Abs. 2 BGB **11** durch das Gesetz vom 19. 8. 1969 (BGBl. I 1243) keine Besonderheiten. Sie sind im Verfahren gegen ihren Vater und dessen Verwandte zur Zeugnisverweigerung berechtigt; dasselbe gilt im umgekehrten Fall. Mehrere nichteheliche Kinder derselben Mutter und desselben Erzeugers sind vollbürtige Geschwister[41].

e) Verschwägerte. Maßgebend ist nach Art. 33 EGBGB die Vorschrift des § 1590 **12** BGB[42]. Verschwägert sind demnach die Verwandten eines Ehegatten mit dem anderen Ehegatten (§ 1590 Abs. 1 Satz 1 BGB). Voraussetzung ist eine gültige Eheschließung (RGSt **60** 248); Schwägerschaft wird aber auch durch eine anfechtbare oder nichtige Ehe begründet (RGSt **41** 113). Das Zeugnisverweigerungsrecht besteht auch, wenn die Schwägerschaft erst nach Begehung der Tat begründet worden ist, zu der der Zeuge aussagen soll. Ferner kommt es für das Zeugnisverweigerungsrecht nach § 52 Abs. 1 Nr. 3 ebensowenig wie nach § 1590 Abs. 2 BGB darauf an, ob die die Schwägerschaft begründende Ehe noch besteht. Aus welchen Gründen sie weggefallen ist, spielt keine Rolle[43]. Das an Kindes Statt angenommene minderjährige Kind ist mit dem Ehegatten des Annehmenden verschwägert (bei gemeinschaftlicher Annahme durch beide Ehegatten entsteht ein Verwandtschaftsverhältnis), nicht aber der als Volljähriger Angenommene (§ 1770 Abs. 1 Satz 2 BGB) (Rdn. 14). Endet das Annahmeverhätnis durch Auflösung, so bleibt das Zeugnisverweigerungsrecht auch gegenüber den Verschwägerten bestehen.

Die Schwägerschaft begründet nach § 52 Abs. 1 Nr. 3 das Zeugnisverweigerungs- **13** recht nur, wenn sie in **gerader Linie** oder in der Seitenlinie bis zum zweiten Grad besteht. Der Ehegatte des Beschuldigten hat daher ein Zeugnisverweigerungsrecht gegen dessen Eltern, Großeltern, Urgroßeltern, nicht von ihm stammende Kinder, Enkel, Urenkel

---

[39] RGSt **47** 287; RG Recht **1925** Nr. 2113; *Kleinknecht/Meyer*[37] 5.

[40] BGHSt **9** 37; RGSt **47** 287; RG GA **54** (1907) 294; KK-*Pelchen* 14; *Kleinknecht/Meyer*[37] 5; *Eb. Schmidt* Nachtr. I 3.

[41] *Palandt/Diederichsen* § 1589, 3.

[42] BGHSt **9** 38; RGSt **41** 114.

[43] BGHSt **9** 37; *Kleinknecht/Meyer*[37] 7; KMR-*Paulus* § 22, 12; *Eb. Schmidt* Nachtr. I 3.

(und umgekehrt). In der Seitenlinie sind nur die Geschwister des Ehegatten des Beschuldigten verweigerungsberechtigt (RG GA **51** [1904] 47), also Schwager und Schwägerin (und umgekehrt), nicht aber deren Kinder. Das zwischen dem Ehegatten und dem Ehegatten des Blutsverwandten, z. B. zwischen den Ehemännern zweier Schwestern, bestehende Verhältnis begründet keine Schwägerschaft[44].

14   **f) Durch Adoption verbundene Personen.** Aufgrund des AdoptG vom 2. 7. 1976 erlangt das angenommene minderjährige Kind die rechtliche Stellung eines ehelichen Kindes des oder der Annehmenden (§ 1754 BGB). Dementsprechend haben die als Minderjährige angenommenen Kinder gegenüber den Annehmenden und deren Verwandten das Zeugnisverweigerungsrecht in demselben Umfang wic chclichc Kinder (Rdn. 10). Sind Volljährige als Kind angenommen worden, so haben sie ebenfalls gegenüber den Annehmenden das Zeugnisverweigerungsrecht wie eheliche Kinder (§§ 1767 Abs. 2, 1754 BGB). Im Verfahren gegen die Verwandten des Annehmenden besteht jedoch kein Zeugnisverweigerungsrecht, da sich die Wirkungen der Annahme auf diese Personen nicht erstrecken (§ 1770 Abs. 1 Satz 2 BGB). Anders ist es, wenn das Vormundschaftsgericht nach § 1772 BGB bestimmt hat, daß sich die Wirkungen der Annahme nach den Vorschriften der §§ 1754 bis 1756 BGB richten. Entsprechendes gilt für das Zeugnisverweigerungsrecht der Annehmenden und ihrer Verwandten im Verfahren gegen das angenommene Kind. Das Zeugnisverweigerungsrecht bleibt nach Aufhebung des Annahmeverhältnisses bestehen.

Gegenüber den bisherigen Verwandten behalten die als Kind Angenommenen trotz der in § 1755 Abs. 1 Satz 1 BGB bestimmten Auflösung des Verwandtschaftsverhältnisses das Zeugnisverweigerungsrecht. Das gleiche gilt für die Abkömmlinge der als Kind Angenommenen, die bereits bei der Begründung des Annahmeverhältnisses geboren waren. Die später geborenen Abkömmlinge waren mit den früheren Verwandten des als Kind Angenommenen niemals verwandt; für sie besteht daher insoweit kein Zeugnisverweigerungsrecht. In den Sonderfällen des § 1755 Abs. 2 BGB (Annahme des nichtehelichen Kindes eines Ehegatten durch den anderen Ehegatten), § 1756 Abs. 1 BGB (Verwandtschaft oder Schwägerschaft zwischen Annehmenden und Kind) und § 1756 Abs. 2 BGB (Annahme des ehelichen Kindes des Ehegatten, dessen frühere Ehe durch Tod aufgelöst ist, durch den anderen Ehegatten) tritt das Erlöschen des Verwandtschaftsverhältnisses nur im Verhältnis zu einem Teil der Verwandten ein. In diesem Umfang haben auch die Abkömmlinge des als Kind Angenommenen gegenüber dessen Verwandten das Zeugnisverweigerungsrecht. Dies alles gilt entsprechend für das Zeugnisverweigerungsrecht der bisherigen Verwandten des als Kind Angenommenen und ihre Abkömmlinge in einem gegen diese Person gerichteten Strafverfahren.

15   Das Verhältnis zwischen **Pflegekindern** und Pflegeeltern steht dem Adoptionsverhältnis nicht gleich und begründet daher kein Zeugnisverweigerungsrecht[45].

2. Voraussetzungen des Weigerungsrechts

16   **a) Beziehungen zu dem Beschuldigten.** Ein Zeugnisverweigerungsrecht haben nach § 52 nur die Angehörigen des Beschuldigten. Gleichartige Beziehungen zu anderen Prozeßbeteiligten, insbesondere zum Privatkläger und zum Nebenkläger, sind ohne Bedeutung[46]. Wenn allerdings der Privatkläger infolge einer Widerklage zugleich Angeklagter ist, besteht das Zeugnisverweigerungsrecht auch für seine Angehörigen[47].

---

[44] RGSt **15** 78; *Kleinknecht/Meyer*[37] 7; KMR-*Paulus* § 22, 12; *Eb. Schmidt* 14.

[45] *Kleinknecht/Meyer*[37] 9; KMR-*Paulus* 12; *Eb. Schmidt* 14.

[46] *Kleinknecht/Meyer*[37] 10; KMR-*Paulus* 2; *Eb. Schmidt* 11.

[47] BayObLG JW **1927** 1495 L; DRiZ **1927** Nr. 77; *Eb. Schmidt* 11.

Beschuldigter ist nur der **Tatverdächtige,** gegen den zur Zeit der Vernehmung **17** des Zeugen wenigstens schon ein Ermittlungsverfahren betrieben wird[48].

Verlobte sind zur Verweigerung des Zeugnisses nur berechtigt, wenn das Verlöb- **18** nis **noch** zur Zeit der Vernehmung **besteht** (BGHSt 23 17). Ob es zur Zeit der Tat oder einer früheren Vernehmung bestanden hat, spielt keine Rolle. Andererseits kann ein Zeuge, der bei seiner früheren Vernehmung noch nicht Angehöriger war, es bei einer späteren Vernehmung sein. Er muß dann nochmals nach Belehrung (§ 52 Abs. 3 Satz 1) vernommen werden, weil seine frühere Aussage auch nicht durch Vernehmung der Verhörsperson verwertbar ist[49].

b) Beziehungen zu einem von mehreren Beschuldigten
aa) Einheitliche Tat. Wenn das Verfahren gegen mehrere Beschuldigte gerichtet **19** ist und der Zeuge nur zu einem von ihnen in einem Angehörigenverhältnis nach § 52 Abs. 1 steht, ist er zur Verweigerung des Zeugnisses hinsichtlich aller Beschuldigten berechtigt, sofern der Sachverhalt, zu dem er aussagen soll, auch seinen Angehörigen betrifft[50]. Das Zeugnisverweigerungsrecht ist dann nicht teilbar. Es besteht in solchen Fällen auch, wenn der Mitbeschuldigte, dessen Angehöriger der Zeuge ist, bereits verstorben[51], rechtskräftig verurteilt[52], rechtskräftig freigesprochen[53] oder wenn das Verfahren gegen den Angehörigen abgetrennt[54], nach § 170 Abs. 2[55] oder § 205 (BGHSt 27 139) eingestellt worden ist. Für den Fall der Einstellung nach §§ 153 ff kann nichts anderes gelten. Ausreichend, aber auch stets erforderlich (vgl. unten Rdn. 21) ist, daß früher einmal in irgendeinem Verfahrensabschnitt, wenn auch nur im Ermittlungsverfahren, ein gegen die mehreren Beschuldigten gerichtetes zusammenhängendes einheitliches Strafverfahren bestanden hat[56]. Daß das Verfahren gegen die anderen Beschuldigten vor verschiedenen Gerichten, insbesondere vor Gerichten verschiedener Ordnung fortgesetzt wird, spielt keine Rolle (RGSt 27 272).

---

[48] RGSt **16** 154; **27** 314; **32** 73; RG GA **68** (1920) 351; RG LZ **1914** 1723; **1919** 1085; KK-*Pelchen* 5; *Kleinknecht/Meyer* [37] 10; *Eb. Schmidt* 4; *Dalcke/Fuhrmann/Schäfer* 5; *Rogall* NJW **1978** 2537; vgl. auch § 136, 4.

[49] Vgl. BGHSt **22** 220; **27** 231; BGH NJW **1972** 1334; **1977** 2365; **1980** 68; BayObLGSt **1965** 81 = NJW **1966** 117 mit Anm. *Michaelis; Kleinknecht/Meyer* [37] 10; *R. Hauser* 183; vgl. auch die Erläuterungen zu § 252.

[50] BGH NStZ **1984** 176; **1982** 389; bei *Holtz* MDR **1979** 953; **1978** 280; BGHSt **7** 194; RGSt **3** 161; RGRspr. **5** 239, 599; **10** 59; RG JW **1925** 370 mit Anm. *Wegner;* RG JW **1928** 2247 mit Anm. *Oetker;* RG GA **38** (1891) 343; **68** (1920) 352; BayObLG DRiZ **1927** Nr. 77; *R. Hauser* 136 ff; *Schöneborn* NJW **1974** 536; *Kleinknecht/Meyer* [37] 11; KMR-*Paulus* 5 ff; KK-*Pelchen* 6 ff; **a. A** *Beling* 306 und JW **1925** 1002; *Fuchs* NJW **1959** 17 ff.

[51] BGH bei *Holtz* MDR **1978** 280; MDR **1979** 953; BGH bei *Pfeiffer* NStZ **1982** 188; RGSt **33** 350; **48** 359; RG Recht **1922** Nr. 1030; KMR-*Paulus* 7; *Kleinknecht/Meyer* [37] 11; *Eb. Schmidt* 8.

[52] BGH bei *Holtz* MDR **1978** 280; RGSt **1** 207; **27** 272; RGRspr. **5** 809; **10** 59; RG JW **1925** 1001 mit abl. Anm. *Beling;* RG Recht **1930** Nr. 2139; OLG Hamm NJW **1959** 1277.

[53] RG JW **1932** 2730 mit Anm. *Jonas;* RG HRR **1933** 262; *Dalcke/Fuhrmann/Schäfer* 5.

[54] BGH bei *Dallinger* MDR **1973** 902; bei *Holtz* MDR **1978** 280; MDR **1979** 953; RGSt **27** 272; RG JW **1896** 493; *Schöneborn* ZStW **86** (1974) 921 und NJW **1974** 535.

[55] BGH bei *Holtz* MDR **1979** 953; **1978** 280; NJW **1980** 67; NStZ **1984** 176.

[56] BGHSt **32** 29; BGH NStZ **1985** 419; **1984** 176; bei *Pfeiffer* NStZ **1982** 188; **1982** 389; NJW **1980** 67; bei *Holtz* MDR **1978** 280; NJW **1974** 758; vgl. auch BGH StrVert. **1982** 557; RGSt **32** 73; **33** 350; RG JW **1900** 709; **1925** 369 mit Anm. *Löwenstein;* RG GA **49** (1903) 281; OLG Hamm Recht **1899** Nr. 25; *Kleinknecht/Meyer* [37] 11; KMR-*Paulus* 6; KK-*Pelchen* 6; *Dalcke/Fuhrmann/Schäfer* 5; *von Gerlach* JR **1969** 150; **a. A** RGSt **27** 312; RG GA **45** (1897) 366.

Hans Dahs

20   **bb) Mehrere rechtlich unabhängige Straffälle.** Umfaßt das gegen mehrere Beschuldigte gerichtete Verfahren mehrere sachlich voneinander unabhängige Straffälle und soll der Zeuge auch oder nur zu einem Fall vernommen werden, an dem sein Angehöriger nicht beteiligt ist, so hat er insoweit kein Zeugnisverweigerungsrecht; denn durch eine Trennung der verbundenen Sachen könnte es ohne weiteres beseitigt werden[57]. Sachlich voneinander unabhängig sind zwei Straffälle immer dann, wenn jede Beziehung der den einen Fall betreffenden Aussage auf den anderen und jede Verwertung bei der Urteilsfindung ausgeschlossen ist[58]. Entscheidend ist, ob eine einheitliche Tat in dem verfahrensrechtlichen Sinn des § 264 vorliegt, ob es sich also um dasselbe geschichtliche Ereignis handelt[59]. Hehlerei[60], Begünstigung und Strafvereitelung (*Eb. Schmidt* 10) und alle Teilnahmeformen wie Beihilfe und Anstiftung[61] sind im Verhältnis zu der Haupttat unselbständig[62]. Im Privatklageverfahren kann die Frage des Zeugnisverweigerungsrechts für Klage und Widerklage nicht getrennt behandelt werden[63].

21   **cc) Nicht verbundene Strafverfahren.** Das Zeugnisverweigerungsrecht besteht nicht schon deshalb, weil der Angehörige des Zeugen die Tat gemeinschaftlich mit dem Beschuldigten begangen hat, in dessen Verfahren er als Zeuge aussagen soll. Denn es kommt nicht auf die Teilnahme an ein und derselben Straftat an, sondern auf die Einleitung eines einheitlichen Verfahrens gegen die mehreren Beschuldigten. Wird gegen den Angehörigen des Zeugen überhaupt kein Ermittlungsverfahren eingeleitet, so hat der Zeuge in dem Verfahren gegen den Mittäter daher kein Zeugnisverweigerungsrecht (RGSt **27** 312; vgl. oben Rdn 17). Das gleiche gilt, wenn das Ermittlungsverfahren gegen den Mittäter erst eingeleitet wird, nachdem das gegen den Angehörigen schon rechtskräftig abgeschlossen war[64]. Werden also gegen Teilnehmer an derselben Tat selbständige Verfahren geführt, so haben die Verwandtschaftsverhältnisse der in § 52 Abs. 1 bezeichneten Art keine Bedeutung, wenn die Vernehmung in einem nicht gegen den Angehörigen gerichteten Verfahren stattfindet[65].

3. Ausübung des Zeugnisverweigerungsrechts

22   **a) Allgemeines.** Das Recht, das Zeugnis zu verweigern, ist ein höchstpersönliches Recht[66], auf dessen Ausübung die Verfahrensbeteiligten keinen Anspruch haben (oben Rdn. 2). Es dient nur den persönlichen Belangen des Zeugen, wenn es auch Reflexwirkungen zugunsten des Angeklagten hat (BGHSt **27** 142); diese haben aber keine Rechtsqualität. Eine Vertretung im Willen ist ausgeschlossen (BGH bei *Holtz* MDR **1979** 989). Auch der minderjährige Zeuge übt das Zeugnisverweigerungsrecht selbständig aus, wenn er nicht verstandesunreif im Sinne des § 52 Abs. 2 ist; seine gesetzlichen Vertreter

---

[57] RGSt **16** 154; **27** 272; RGRspr. **5** 239; **10** 24, 59; RG GA **38** (1891) 343; **45** (1897) 286; *Kleinknecht/Meyer*[37] 12; KMR-*Paulus* 5; KK- *Pelchen* 8; *Eb. Schmidt* 9; *Dalcke/Fuhrmann/Schäfer* 5.

[58] BGH StrVert. **1984** 1; RG GA **68** (1920) 352.

[59] BGH NStZ **1984** 177; NJW **1974** 758; RG GA **45** (1897) 286; *Kleinknecht/Meyer*[37] 12; KMR-*Paulus* 7.

[60] RGRspr. **5** 239; RG GA **38** (1891) 343; **68** (1920) 352; *Kleinknecht/Meyer*[37] 12.

[61] RG JW **1928** 2247 mit Anm. *Oetker*; *Kleinknecht/Meyer*[37] 12.

[62] KK-*Pelchen* 8; KMR-*Paulus* 5.

[63] BayObLG JW **1927** 1495 L; DRiZ **1927** Nr. 77; *Kleinknecht/Meyer*[37] 12; KMR-*Paulus* 2; *Eb. Schmidt* 11.

[64] RGSt **32** 72; RG LZ **1971** 1361.

[65] BGH StrVert. **1982** 557; BGHSt **7** 194; BGH NJW **1974** 758; RGSt **1** 207; **27** 270; RG GA **46** (1898/99) 322; **49** (1903) 281; KK-*Pelchen* 7; KMR-*Paulus* 6; *Eb. Schmidt* 8; *Schöneborn* ZStW **86** 931.

[66] BGHSt **21** 305; *Kleinknecht/Meyer*[37] 14; *Orlowsky* 60; *Roestel* NJW **1967** 967.

wirken nicht mit (*Kleinknecht/Meyer*[37] 14); das folgt aus einem Umkehrschluß aus §52 Abs. 2. Die Aussage kann ganz oder teilweise und in jedem Verfahrensstadium verweigert werden[67]. Der Zeuge darf aber, wenn er sich zur Aussage bereit erklärt, nicht wahrheitswidrig aussagen, er wisse nichts[68], und er darf nicht einfach wesentliche Tatsachen verschweigen (KK-*Pelchen* 2). Wenn er sich nicht der Bestrafung nach den §§ 153 ff StGB aussetzen will, muß er vorher eindeutig erklären, daß er über bestimmte Tatsachen keine Auskunft geben wolle (vgl. BGHSt 7 127).

Die Zeugnisverweigerung kann schon **vor dem Vernehmungstermin** nach Erhalt **23** der Ladung erklärt werden. Die Pflicht zum Erscheinen wird dadurch aber nicht beseitigt (§ 51, 5). Von dem Recht auf Zeugnisverweigerung kann der Zeuge auch noch während der Vernehmung Gebrauch machen. Über die Gründe für seine Weigerung braucht er keine Auskunft zu geben[69]; insbesondere muß er nicht erklären, ob er die Aussage zugunsten oder zuungunsten des Angeklagten verweigert[70]. Der Richter darf ihn nach seinen Beweggründen nicht fragen[71]. Stellt ein Prozeßbeteiligter solche Fragen, so sind sie nach § 241 Abs. 2 als ungeeignet zurückzuweisen[72]. Die Aufklärungspflicht nach § 244 Abs. 2 kann aber dazu zwingen, einen Zeugen, der schriftlich erklärt hat, er mache von seinem Zeugnisverweigerungsrecht Gebrauch, vor Gericht zu laden, um ihn darüber zu belehren, daß seine Ansicht, die Verweigerung schließe die Verwertung der früher gemachten Aussage völlig aus, auf Rechtsirrtum beruht[73].

Die Ausübung des Zeugnisverweigerungsrechts bedeutet nur, daß der Zeuge es **24** ablehnt, Aussagen **zur Sache** zu machen, d. h. zu dem gesamten historischen Ereignis, das Gegenstand der angeklagten Tat ist (BGH NStZ **1983** 564). Das schließt nicht aus, daß er bereit ist, **in anderer Weise** bei der Sachaufklärung **mitzuwirken,** etwa durch seine bloße Anwesenheit bei der Vernehmung eines anderen Zeugen[74]. Gegebenenfalls ist der Zeuge zu belehren, daß er auch zu dieser Mitwirkung nicht verpflichtet ist[75].

b) Zeugen ohne ausreichende Verstandesreife oder -kraft
aa) Allgemeines. Das Zeugnisverweigerungsrecht steht jedem Zeugen ohne Rück- **25** sicht darauf zu, ob er die Konfliktlage empfinden kann, die eintritt, wenn er zu einem Beweisakt gegen einen nahen Angehörigen veranlaßt werden soll (oben Rdn. 1). Es ist auch nicht erforderlich, daß er Bedeutung und Tragweite seiner Rechte erkennen kann. Verstandesunreife und verstandesschwache Personen sollen aber auch davor geschützt werden, daß sie aus Mangel an Verständnis eine den Beschuldigten belastende Aussage machen und sich dadurch später nach Eintritt der Verstandesreife oder nach Rückkehr der Verstandeskraft möglicherweise seelisch belastet fühlen[76]. Nach § 52 Abs. 2 Satz 1 dürfen daher minderjährige und wegen Geisteskrankheit oder Geistesschwäche entmündigte Zeugen, die von der Bedeutung des Zeugnisverweigerungsrechts keine genügende Vorstellung haben, nur vernommen werden, wenn nicht nur sie selbst zur Aus-

---

[67] Vgl. RGSt **48** 271; KMR-*Paulus* 79; *Dalcke/ Fuhrmann/Schäfer* 11.

[68] KMR-*Paulus* Vor § 48, 80; *Beling* 307.

[69] BGH NJW **1980** 794; JR **1981** 432 m. Anm. *Hanack*; StrVert. **1983** 353; NJW **1984** 136; RG JW **1930** 926 mit Anm. *Alsberg*; *Kleinknecht/Meyer*[37] 16.

[70] OLG Frankfurt StrVert. **1982** 65; KMR-*Paulus* 1, Vor § 48; 77.

[71] BGHSt **6** 279; OLG Frankfurt StrVert. **1982** 65; KMR-*Paulus* Vor § 48; 77; *Kohlhaas* JR **1955** 43; *Proskauer* NJW **1953** 50.

[72] Vgl. RG JW **1930** 926 mit Anm. *Alsberg.*

[73] BGHSt **21** 12 = NJW **1966** 742 mit Anm. *Seydel;* OLG Hamm MDR **1973** 427.

[74] BGH NJW **1960** 2156; *Kleinknecht/Meyer*[37] 15; KK-*Pelchen* 44; hiergegen *Eb. Schmidt* Nachtr. I Vor § 52, 21, der aber irrig anzunehmen scheint, der Bundesgerichtshof wolle den Zeugen zu dieser Mitwirkung zwingen.

[75] BGH NJW **1960** 2157; KK-*Pelchen* 44.

[76] Vgl. BGHSt **14** 160; **19** 86.

Hans Dahs

sage bereit sind, sondern auch ihr gesetzlicher Vertreter der Vernehmung zustimmt. Das wurde schon vor der Gesetzesänderung von 1974, mit der § 52 Abs. 2 eingefügt wurde, überwiegend in Rechtsprechung und Schrifttum angenommen[77]. Die Zustimmung des gesetzlichen Vertreters ersetzt aber nicht, wie nach § 81 c Abs. 3 Satz 1 bei der Untersuchung und bei der Blutprobenentnahme (vgl. § 81 c, 50), die Entscheidung des verstandesunreifen oder verstandesschwachen Zeugen vollkommen. Da das Zeugnisverweigerungsrecht ein höchstpersönliches Recht ist (oben Rdn. 22), darf auch die Entscheidung eines solchen Zeugen, ob er von ihm Gebrauch machen oder darauf verzichten will, nicht durch einen Dritten als Vertreter im Willen getroffen werden[78]. Der gesetzliche Vertreter ist nur befugt, durch die Verweigerung seiner Zustimmung zu verhindern, daß der Zeuge aussagt; insoweit darf er (vgl. § 52 Abs. 3 Satz 1) über die Ausübung des Zeugnisverweigerungsrechts entscheiden. Stimmt er dem Verzicht auf das Zeugnisverweigerungsrecht zu, so bindet das den Zeugen aber nicht. Der Zeuge kann dann immer noch selbst entscheiden, ob er aussagen oder die Aussage verweigern will (BGH NJW **1979** 1722). Darüber muß er belehrt werden[79].

26   Die Zustimmung des gesetzlichen Vertreters ist **vor der Vernehmung** des Zeugen einzuholen und zu erteilen. Sie kann aber auch nachgeholt werden, insbesondere wenn sich erst während oder nach der Beendigung der Vernehmung des Zeugen Bedenken gegen seine Verstandesreife oder -kraft ergeben. Hat der Zeuge inzwischen bei einer erneuten Vernehmung in der Hauptverhandlung seine Aussagebereitschaft widerrufen, so macht die nachträgliche Zustimmung des gesetzlichen Vertreters zu dem Verzicht auf das Zeugnisverweigerungsrecht in der früheren Hauptverhandlung die Aussage auch durch Vernehmung der Verhörspersonen nicht mehr verwertbar (BGHSt **23** 222).

27   bb) **Fehlende Verstandesreife.** Der Zeuge hat die notwendige Verstandesreife, wenn er den Widerstreit, in den er durch seine familiären Beziehungen zu dem Beschuldigten gestellt wird, verstandesmäßig erfassen kann; er muß erkennen können, daß dem Beschuldigten vorgeworfen wird, etwas Unrechtes getan zu haben, daß ihm hierfür Strafe drohen kann und daß die Zeugenaussage möglicherweise zu dieser Bestrafung beitragen kann[80].

28   Die Frage, ob der Zeuge die erforderliche Verstandesreife oder -kraft hat, muß der Tatrichter prüfen und entscheiden (BGHSt **13** 397; **14** 160). Nur auf seine Überzeugung kommt es an (OLG Stuttgart NJW **1971** 2238). Im Zweifelsfall ist so zu verfahren, als fehle die Verstandesreife (BGHSt **19** 86; **23** 222). Der Tatrichter muß dartun, daß er die Prüfung vorgenommen hat, wenn die Umstände die Annahme fehlenden Verständnisses für die Bedeutung des Zeugnisverweigerungsrechts nahelegen (BGH NJW **1967** 360). Eine feste Altersgrenze, von der ab anzunehmen ist, daß die Verstandesreife vorliegt, gibt es nicht[81]. Bei einem 7jährigen Kind wird sie in der Regel fehlen (BGHSt **14** 162), bei 14jährigen mit normaler Intelligenz (BGHSt **20** 235), ausnahmsweise sogar bei Schwachsinn (BGH NJW **1967** 360), bei 15jährigen (BGH VRS **36** 23) und bei 17jährigen (BGHSt **14** 24) wird sie vorhanden sein[82].

---

[77] Vgl. BGHSt **12** 235; **14** 159; **19** 85; **21** 303; **23** 222; BGH NJW **1967** 360; BGH GA **1962** 147; OLG Stuttgart NJW **1971** 2238; *Eb. Schmidt* Nachtr. I 5.

[78] BGHSt **21** 305; **23** 222; KK-*Pelchen* 22; mißverständlich BGHSt **19** 86; BGH NJW **1967** 360.

[79] BGHSt **21** 303; **14** 159; BGH StrVert. **1981**

4; *Gössel* § 25 II b 2; *Schlüchter* Rdn. 485; unten Rdn. 45.

[80] BGHSt **14** 162; BGH NJW **1967** 360.

[81] *Kleinknecht/Meyer*[37] 18; *Kohlhaas* NJW **1960** 5; a. A *Bosch* 72, der die Prozeßhandlungsfähigkeit mit 14 Jahren beginnen lassen will.

[82] Vgl auch *Kohlhaas* NJW **1960** 5; *Roestel* SchlHA **1967** 163.

cc) Entscheidung des gesetzlichen Vertreters. Nach § 52 Abs. 2 Satz 1 entscheidet **29**
der gesetzliche Vertreter, wenn der Betroffene von der Bedeutung seines Weigerungsrechts keine genügende Vorstellung hat. Das gilt bei minderjährigen Zeugen ohne Einschränkungen. Bei Zeugen über 18 Jahren ist der gesetzliche Vertreter zur Entscheidung nur befugt, wenn der Zeuge wegen Geisteskrankheit oder Geistesschwäche nach
§ 6 Abs. 1 BGB entmündigt ist. Der Entmündigungsbeschluß (§ 645 ZPO) muß nach
§ 661 ZPO wirksam geworden sein; eine Anfechtungsklage nach § 664 ZPO ist ohne
Bedeutung, solange der Entmündigungsbeschluß nicht rechtskräftig aufgehoben worden ist. Wenn ein Volljähriger verstandesunreif, aber noch nicht rechtskräftig entmündigt ist, muß ein Gebrechlichkeitspfleger bestellt werden[83].

Wer **gesetzlicher Vertreter** ist, bestimmt sich nach bürgerlichem Recht. Für ent- **30**
mündigte Volljährige (§ 1896 BGB) und für Minderjährige, bei denen die Voraussetzungen des § 1773 BGB vorliegen, ist es der nach § 1789 BGB bestellte Vormund, nicht
aber der Gegenvormund (§ 1792 BGB), in Ausnahmefällen nach § 1846 BGB das Vormundschaftsgericht[84]. Sonst stehen eheliche Kinder regelmäßig unter der elterlichen
Sorge beider Elternteile (§ 1626 Abs. 1 BGB), nichteheliche unter der der Mutter (§ 1705
BGB). Nach Scheidung der Ehe kommt es darauf an, welchem Elternteil nach § 1671
Abs. 1 BGB die elterliche Sorge übertragen worden ist; dieser ist allein vertretungsberechtigt. Ist nach § 1671 Abs. 4 BGB einem Elternteil die Personensorge, dem anderen
die Vermögenssorge übertragen worden, so ist derjenige vertretungsberechtigt, dem die
Personensorge obliegt[85].

Sind **mehrere gesetzliche Vertreter,** etwa mehrere Vormünder (§ 1797 BGB), vor- **31**
handen, so ist die Einwilligung eines jeden von ihnen erforderlich. Insbesondere bedarf
es nach § 1626 Abs. 2, § 1627 BGB der Einwilligung beider Elternteile[86]; dabei reicht es
aus, wenn einer von ihnen im Einverständnis des anderen die Einwilligung erteilt und
der andere zustimmt[87]. Die Einwilligungserklärung eines Elternteils genügt, wenn die
elterliche Sorge des anderen nach §§ 1673, 1674 BGB ruht oder (§ 1678 BGB) wenn der
andere Elternteil tatsächlich verhindert ist, die Erklärung abzugeben[88], wenn er für tot
erklärt (§ 1677 BGB) oder gestorben ist (§ 1681 BGB). Verweigert auch nur ein Elternteil
die Einwilligung, so ist die Vernehmung unzulässig[89]. Ist in anderen Fällen der gesetzliche Vertreter aus tatsächlichen Gründen verhindert, die Entscheidung zu treffen, so
muß dem Betroffenen ein Ergänzungspfleger nach § 1909 BGB bestellt werden.

dd) Ausschluß des gesetzlichen Vertreters. Nach § 52 Abs. 2 Satz 2 darf der ge- **32**
setzliche Vertreter, der in dem Ermittlungs- oder Strafverfahren, in dem die Vernehmung stattfinden soll, selbst Beschuldigter ist (gleichgültig, ob der Betroffene das Opfer
seiner Tat ist oder ein anderer), über die Ausübung des Zeugnisverweigerungsrechts
nicht entscheiden[90]. Wenn die gesetzliche Vertretung beiden Elternteilen zusteht, ist

[83] *Kleinknecht/Meyer*[37] 19; *Rieß* NJW **1975** 83
Fußn. 41.

[84] RGSt **75** 146; OLG Schleswig SchlHA **1955**
226.

[85] BGHSt **6** 156; BGH JZ **1952** 46 L; BGH bei
Dallinger MDR **1953** 596; RG DR **1944** 767;
OLG Hamm VRS **13** 212.

[86] Vgl. BGH FamRZ **1960** 177; BGH bei *Dallinger* MDR **1972** 923; BayObLGSt **1956** 159
= NJW **1956** 1608 mit Nachw.; OLG Hamm
FamRZ **1958** 377; OLG Stuttgart NJW **1971**
2238; *Bosch* 52,76; *Kohlhaas* NJW **1960** 4; JR
1972 326; *Orlowsky* 147.

[87] Vgl. BGH MDR **1957** 52; BayObLGSt **1956**
8 = NJW **1956** 521; BayObLGSt **1960** 268 =
JR **1961** 73; LG Kassel NJW **1960** 62.

[88] Vgl. BGH NJW **1967** 942 = JR **1967** 303
mit Anm. *Schröder*; BGH bei *Dallinger* MDR
1972 923; OLG Stuttgart NJW **1971** 2237.

[89] *Orlowsky* 153; **a. A** *Roestel* SchlHA **1967**
164, der dann die Anrufung des Vormundschaftsgerichts für zulässig hält.

[90] Die Frage war früher streitig; vgl. die Nachweise in der 23. Auflage Rdn. 32.

Hans Dahs

auch eine Entscheidung durch den nicht beschuldigten Elternteil ausgeschlossen[91]. Steht die gesetzliche Vertretung nur einem Elternteil zu, dann ist dieser von der Entscheidung dann nicht ausgeschlossen, wenn sein Ehegatte (Stiefvater oder -mutter des Zeugen) der Beschuldigte ist[92]. Ist der gesetzliche Vertreter ausgeschlossen, so muß das Vormundschaftsgericht einen Ergänzungspfleger nach § 1909 BGB bestellen (BGHSt 12 241 – GSSt.; *Bosch* 53). Den Antrag stellt der Strafrichter, wenn der Zeuge richterlich vernommen werden soll, sonst die Staatsanwaltschaft[93]. Das Vormundschaftsgericht ist an deren Ansicht gebunden, daß der gesetzliche Vertreter ausgeschlossen ist und daß dem Zeugen die genügende Verstandesreife oder -kraft fehlt[94].

33   **4. Verzicht auf das Weigerungsrecht.** Aus § 52 Abs. 3 Satz 2 ergibt sich, daß auf das Recht, das Zeugnis zu verweigern, verzichtet werden kann. Der Verzicht muß nicht ausdrücklich erklärt werden. Er kann stillschweigend darin liegen, daß der Zeuge nach der Belehrung über das Zeugnisverweigerungsrecht aussagt (RGSt **3** 325; **12** 404). Der Verzicht kann beschränkt werden, indem der Zeuge sich bereit erklärt, teilweise zur Sache auszusagen oder einzelne Fragen zu beantworten (*Kleinknecht/Meyer*[37] 21; vgl. oben Rdn. 22). Sagt der Zeuge aber in vollem Umfang aus, so kann er nicht den Umfang der Verwertbarkeit seiner Bekundungen bestimmen. Das Gesetz gibt ihm nur die Befugnis, von dem Zeugnisverweigerungsrecht Gebrauch zu machen oder auf dieses Recht zu verzichten; ein Drittes gibt es nicht (BGHSt **17** 328; KG JR **1967** 347). Ein Irrtum des Zeugen darüber, daß seine Aussage den Angeklagten belastet, ist ohne Bedeutung (KG JR **1967** 347).

5. Widerruf der Erklärungen

34   **a) Verzicht auf das Weigerungsrecht.** Die Erklärung des Zeugen, er wolle von seinem Zeugnisverweigerungsrecht keinen Gebrauch machen, ist nicht bindend. Der Verzicht kann jederzeit, also sowohl bei jeder neuen als auch im Laufe ein und derselben Vernehmung und sogar noch in der Hauptverhandlung (vgl. § 252) bis zur Beendigung der Vernehmung (§ 52 Abs. 3 Satz 2), widerrufen werden. Ist die Vernehmung nur vorläufig beendet und der Zeuge noch nicht vereidigt oder über seine Vereidigung noch nicht entschieden worden, so ist der Widerruf noch möglich. Ein in der Hauptverhandlung nach vollständiger Beendigung der Vernehmung erklärter Widerruf ist aber wirkungslos (*Gössel* § 25 II b 2).

35   Der Widerruf **bewirkt**, daß die Vernehmung nicht durch- oder nicht weitergeführt werden darf. Erfolgt der Widerruf in der Hauptverhandlung, so sind die früheren Aussagen nach Maßgabe des § 252 unverwertbar (vgl. die Erläuterungen zu dieser Vorschrift). Hatte der Zeuge aber in der Hauptverhandlung zunächst ausgesagt und erst im Laufe der Vernehmung den Verzicht auf das Zeugnisverweigerungsrecht widerrufen, so ist die in der Hauptverhandlung vor dem Widerruf geleistete Aussage verwertbar; der Widerruf hat dann keine rückwirkende Kraft[95]. Das gilt jedoch nicht für Aussagen,

---

[91] Auch diese Frage war früher streitig; vgl. die Nachweise in der 23. Auflage Rdn. 32.

[92] *Kleinknecht/Meyer*[37] 20; vgl. aber *Rieß* NJW **1975** 83 Fußn. 42, der eine „vorsichtige Analogie" für erwägenswert hält; zust. KK-*Pelchen* 29.

[93] Vgl. dazu *Kleinknecht/Meyer*[37] 20.

[94] LG Memmingen MDR **1982** 145; *Kleinknecht/Meyer*[37] 20; KMR-*Paulus* 24; **a. A**

Schaub FamRZ **1966** 136, dessen Ansicht aber dazu führt, daß der Vormundschaftsrichter einen unzulässigen Einfluß auf das Strafverfahren nimmt.

[95] BGHSt **2** 107; BGH – GSSt – NJW **1959** 445 für § 81 Abs. 2; *Kleinknecht/Meyer*[37] 22; KK-*Pelchen* 42; *G. Schäfer* § 65 II 1 e; **a. A** *Eb. Schmidt* 26.

die der Zeuge in früheren Hauptverhandlungen im selben (vgl. BGHSt **13** 394; **23** 223) oder in einem früheren Rechtszug (*Petry* Beweisverbote, 192) gemacht hat (vgl. bei §252).

Auch der **gesetzliche Vertreter** kann die nach der erforderlichen Belehrung er- **36** teilte Zustimmung widerrufen, solange die Vernehmung noch nicht beendet ist (§52 Abs. 3 Satz 2).

b) **Zeugnisverweigerung.** Nach allgemeiner Ansicht kann auch die Erklärung des **37** Zeugen, er wolle nicht aussagen, jederzeit, auch in einem späteren Verfahrensabschnitt, widerrufen werden[96].

6. Folgen der Zeugnisverweigerung

a) **Wegfall des Beweismittels.** Zeugen, die nach §52 die Aussage verweigert ha- **38** ben, verlieren die Fähigkeit, in dem Verfahren als Beweisperson vernommen zu werden. Sie sind kein zulässiges Beweismittel mehr[97]. Das schließt aber nicht aus, sie mittels Augenscheinseinnahme zum Gegenstand der Beweisaufnahme zu machen[98]; der Augenscheinsbeweis darf aber nicht das Verhalten des Zeugen bei der Verweigerung einbeziehen (*Alsberg/Nüse/Meyer* 456). Auch ihre früheren Aussagen sind nicht völlig unverwertbar. §252 bestimmt zwar, daß die Aussage eines vor der Hauptverhandlung vernommenen Zeugen, der erst in der Hauptverhandlung von seinem Recht, das Zeugnis zu verweigern, Gebrauch macht, nicht verlesen werden darf; ein absolutes Verwertungsverbot enthält die Vorschrift aber nicht (Näheres bei §252).

Wegen der **Verwertung** der in der Hauptverhandlung vor dem Widerruf des **39** Zeugnisverweigerungsrechts gemachten Angaben vgl. oben Rdn. 35. Angaben, die der Zeuge außerhalb des Strafverfahrens Dritten gegenüber gemacht hat, dürfen durch deren Vernehmung in das Verfahren eingeführt werden (vgl. dazu die Erläuterungen zu §252).

b) **Wegfall des Beweisantragsrechts.** Da ein Zeuge, der von seinem Zeugnisver- **40** weigerungsrecht Gebrauch gemacht hat, als Beweismittel nicht mehr zur Verfügung steht, ist die Aufklärungspflicht nach §244 Abs. 2 nicht verletzt, wenn er zur Hauptverhandlung nicht geladen wird (OLG Hamm JMBlNRW **1953** 165). Der Antrag eines Verfahrensbeteiligten, ihn zu vernehmen, darf nach §244 Abs. 3 Satz 1 als unzulässig[99], nach anderer Ansicht wegen Ungeeignetheit des Beweismittels[100], abgelehnt werden. Das gilt aber nur, wenn die Sachlage, aufgrund deren sich der Zeuge zur Verweigerung der Aussage entschlossen hatte, unverändert fortbesteht[101], also nicht, wenn der Ange-

---

[96] BGH NJW **1961** 1484; RGSt **2** 53; **38** 256; **40** 346; **63** 302; RGRspr. **6** 210; RG JW **1931** 1596 mit Anm. *Alsberg*; *Kleinknecht/Meyer*[37] 22; KMR-*Paulus* 81; *Eb. Schmidt* Nachtr. I vor §52, 14; *Dalcke/Fuhrmann/Schäfer* 2.

[97] RGSt **41** 32; KK-*Pelchen* 43; *Kleinknecht/Meyer*[37] 23; KMR-*Paulus* 81 f; *Eb. Schmidt* 34; *Alsberg/Nüse/Meyer* 452.

[98] OLG Schleswig bei *Ernesti/Jürgensen* SchlHA **1972** 160; OLG Hamm MDR **1974** 1036; OLG Karlsruhe DAR **1983** 93; KK-*Pelchen* 44; *Kleinknecht/Meyer*[37] 23; KMR-*Paulus* 82; *Nüse* JR **1966** 283; a. A *Rogall* 233 u. MDR **1975** 813; BGH GA **1965** 108 hält die Verwertung ihres äußeren Erscheinungsbildes bei der Beweiswürdigung

offenbar sogar ohne förmliche Augenscheinseinnahme für zulässig.

[99] RGSt **38** 256; **41** 32; RG JW **1890** 431; **1931** 949 mit Anm. *Alsberg*; RG JW **1937** 553; RG HRR **1937** 615; **1939** 1566; RG Recht **1930** Nr. 2139; *Kleinknecht/Meyer*[37] 23; *Eb. Schmidt* §244, 34; *Alsberg/Nüse/Meyer* 452.

[100] BGH NStZ **1982** 126; BGHSt **21** 13 = NJW **1966** 742 mit Anm. *Seydel*; RG HRR **1937** 615; *Hanack* JZ **1972** 115; vgl. §244, 43; 290; offengelassen in BayObLGSt **1967** 49 = JR **1967** 346.

[101] BGHSt **21** 12; RG JW **1935** 3110 mit Anm. *Siegert*; RG HRR **1939** 1566; *Alsberg/Nüse/Meyer* 452; *Kleinknecht/Meyer*[37] 24.

klagte im ersten Rechtszug, in dem der Zeuge die Aussage verweigert hatte, verurteilt worden ist und der Zeuge nunmehr im Berufungsrechtszug vernommen werden soll[102]. Der Beweisantrag darf auch dann nicht wegen der früheren Zeugnisverweigerung abgelehnt werden, wenn vorgetragen wird, der Zeuge wolle nunmehr aussagen[103] oder seine frühere Verweigerung sei durch Irrtum beeinflußt gewesen (BGHSt **21** 12; NStZ **1982** 126). Dabei genügt jedoch nicht die bloße Behauptung, sondern es muß dargetan werden, welche Kenntnis der Antragsteller von dem Sinneswandel des Zeugen hat (*Alsberg/Nüse/Meyer* 453).

41   c) **Beweiswürdigung.** Rechtsprechung und Schrifttum hielten es lange Zeit für zulässig, aus der berechtigten Weigerung eines Zeugen, zur Sache auszusagen, bei der Beweiswürdigung Schlüsse zum Nachteil des Angeklagten zu ziehen[104]. Die jetzt herrschende Ansicht lehnt das mit Recht ab. Denn aus der Zeugnisverweigerung lassen sich Schlüsse gegen den Angeklagten denkgesetzlich nur ziehen, wenn als Beweggrund für das Verhalten des Zeugen ermittelt worden ist, daß er bei wahrheitsgemäßen Angaben seinen Angehörigen zu belasten fürchtet. Das wird zwar oft so sein; die Zeugnisverweigerung kann jedoch auch auf bloßer Gleichgültigkeit beruhen oder sogar darauf zurückzuführen sein, daß der Angehörige mit dem Beschuldigten verfeindet ist und ihn daher nicht entlasten möchte (*R. Hauser* 160); auch geschiedene Ehegatten haben ja das Zeugnisverweigerungsrecht. Dem Richter ist es untersagt, die Beweggründe des Zeugen zu erforschen (oben Rdn. 23). Daraus folgt zwangsläufig, daß er aus der Zeugnisverweigerung nicht den Schluß ziehen darf, der Zeuge sage nur deshalb nicht aus, weil er sonst seinen Angehörigen belasten müßte[105]. Das Zeugnisverweigerungsrecht würde auch weitgehend entwertet werden, wenn jeder Angehörige damit rechnen müßte, daß das Gericht seine Aussageverweigerung zum Nachteil des Beschuldigten berücksichtigt. Der Zeuge könnte dann von seinem Recht nicht frei und unbefangen Gebrauch machen[106]. Das Verbot, Schlüsse gegen den Angeklagten zu ziehen, gilt auch dann, wenn der Zeuge im ersten Rechtszug aussagt und erst vor dem Berufungsgericht das Zeugnis verweigert hat[107]; ebenso wenn der Angehörige nach anfänglicher Zeugnisverweigerung später doch noch aussagt (BGH NJW **1980** 794; NStZ **1985** 87) oder nur Angaben macht, die für die Tatfrage ohne Bedeutung sind und sich im übrigen auf sein Zeugnisverweigerungsrecht beruft[108]. Das alles setzt aber eine berechtigte Zeugnisverweige-

[102] RG JW **1931** 1815 mit Anm. *Alsberg*; RG JW **1932** 3100 mit Anm. *Hirsch*; BayObLGSt **1967** 49 = JR **1967** 346; *Alsberg/Nüse/Meyer* 454; vgl. auch § 244, 290.

[103] Vgl. RGRspr. **6** 337; *Kleinknecht/Meyer*[37] 24; KMR-*Paulus* 83; *Eb. Schmidt* Nachtr. I Vor § 52, 15.

[104] BGHSt **2** 351; **6** 280; RGSt **55** 20; RGRspr. **8** 502; RG JW **1931** 1596 mit abl. Anm. *Alsberg*; RG HRR **1939** 729; OLG Hamm JMBlNRW **1950** 62 = HESt **3** 44; JMBlNRW **1953** 165; KMR-*Paulus* 84; *Dalcke/Fuhrmann/Schäfer* 2.

[105] BGHSt **22** 113; **32** 141; NJW **1980** 794; JR **1981** 157 m. Anm. *Hanack*; KG NJW **1966** 605 mit Anm. *Ad. Arndt* NJW **1966** 869; OLG Karlsruhe GA **1975** 182; *Kleinknecht/Meyer*[37] § 261, 20; KK-*Pelchen* 45; *Eb. Schmidt*

Nachtr. I 20; *Sarstedt/Hamm* 235; *Buchwald* SJZ **1949** 360; *Kohlhaas* JR **1955** 43; *Niese* JZ **1953** 223; *Nüse* JR **1966** 283; *Proskauer* NJW **1953** 49; vgl. auch bei § 261.

[106] BGHSt **22** 113 mit abl. Anm. *Ostermeyer* NJW **1968** 1789 und kritischer Stellungnahme *Schneider* JuS **1970** 271; OLG Hamm MDR **1970** 162; VRS **46** 364; *Eb. Schmidt* Nachtr. I Vor § 52, 20; *Henkel* 211 Fußn. 6; *Ditzen* Dreierlei Beweis 53 ff; *von Godin* SJZ **1949** 657; *Goldschmidt* DJZ **1925** 329; *R. Hauser* 158 ff.

[107] BayObLGSt **1968** 83 = NJW **1969** 200; *Kleinknecht/Meyer*[37] § 261, 21; a. A *R. Hauser* 160.

[108] BGH JR **1981** 432 mit Anm. *Hanack*; dazu *Dencker* NStZ **1982** 460; *Kleinknecht/Meyer*[37] § 261, 20; KK-*Pelchen* § 261, 42.

rung voraus. Verweigert der Zeuge die Aussage ohne rechtlichen Grund, so darf das bei der Beweiswürdigung berücksichtigt werden (BGH NJW **1966** 211; *Kleinknecht/Meyer*[37] § 261, 19; vgl. § 70, 2).

Wie bei dem Beschuldigten (§ 136, 30 ff) wird man es auch beim Zeugen, der sich **42** für den Verzicht auf das Zeugnisverweigerungsrecht entschieden hat, für zulässig halten müssen, aus der Verweigerung der Antwort auf **einzelne Fragen** oder auf die Erklärung, zu bestimmten Tatsachen nicht aussagen zu wollen, im Rahmen der freien Beweiswürdigung Schlußfolgerungen zu ziehen[109].

Vom Revisionsgericht wird ein Verstoß gegen diese Grundsätze auf **Verfahrens- 43 rüge** (§ 261) beachtet[110]. Näher § 337, 67; vgl. auch § 337, 127.

III. Belehrung

1. Allgemeines. § 52 Abs. 3 Satz 1 schreibt vor, daß die Zeugnisverweigerungsbe- **44** rechtigten vor jeder Vernehmung über ihr Recht zu belehren sind. Die Bestimmung gilt bei staatsanwaltschaftlichen (§ 161 a Abs. 1 Satz 2) und polizeilichen Vernehmungen (§ 163 a Abs. 5) entsprechend. Wird eine (mit Belehrung) begonnene Vernehmung in demselben Verfahrensabschnitt fortgesetzt oder ergänzt, so ist eine erneute Belehrung nicht erforderlich[111]. Die Anwendung der Bestimmung setzt voraus, daß das Zeugnisverweigerungsrecht nach § 52 Abs. 1 feststeht; seiner Feststellung dient die Befragung nach § 68 Satz 2. Hat der Zeuge ein Aussageverweigerungsrecht gegenüber mehreren Beschuldigten, so muß er über alle Verweigerungsrechte belehrt werden[112]. Die Belehrung ist auch erforderlich, wenn der Zeuge nur uneidlich vernommen werden soll[113]; sie kann aber unterbleiben, wenn er von sich aus erklärt, daß er sein Recht auf Zeugnisverweigerung kennt[114]. Auf die Möglichkeit, die getroffene Entscheidung zu widerrufen, braucht sie sich nicht zu erstrecken[115]. Die Tatsache der Belehrung ist im Protokoll zu beurkunden (KK-*Pelchen* 33).

2. Zu belehrende Personen. Zu belehren ist grundsätzlich nur der Betroffene **45** selbst, auch wenn er minderjährig oder aus anderen Gründen nicht geschäftsfähig ist (BGHSt **14** 24). Nur wenn die Voraussetzungen des § 52 Abs. 2 vorliegen, muß auch der gesetzliche oder der sonst zur Abgabe der Erklärung befugte Vertreter belehrt werden (§ 52 Abs. 3 Satz 1). Sind mehrere Vertreter vorhanden, so müssen alle belehrt werden (oben Rdn. 30 ff). Daneben ist aber stets die Belehrung des Zeugen selbst erforderlich, auch wenn er wegen Verstandesunreife oder -schwäche nicht imstande ist, den Sinn der Belehrung wirklich zu begreifen. Das ergibt sich klar aus dem Wortlaut der Vorschrift („auch ... deren ... Vertreter") und wurde schon früher in der Rechtsprechung angenommen (BGHSt **21** 306; RGSt **4** 398). Die Belehrung darf sich in diesen Fällen nicht darauf beschränken, daß der Zeuge nicht auszusagen braucht; er muß, weil darüber sonst Mißverständnisse entstehen können, auch darauf hingewiesen werden, daß ihn die Zustimmung seines Vertreters nicht zur Aussage verpflichtet (BGHSt **21** 306; **23** 223).

---

[109] So auch *Kleinknecht/Meyer*[37] § 261, 21; *Petry* Beweisverbote 49.

[110] OLG Karlsruhe GA **1975** 182; § 337, 67 u Fußn. 104; *Kleinknecht/Meyer*[37] § 261, 20; *Sarstedt/Hamm* 235; *Dahs/Dahs* 209.

[111] BGH JR **1954** 229; GA **1980** 420; NStZ **1984** 418; BayObLG bei *Rüth* DAR **1977** 205; *Kleinknecht/Meyer*[37] 29 Rdn. 50.

[112] RG JW **1936** 3009; *R. Hauser* 141.

[113] RGSt **2** 228; *Dalcke/Fuhrmann/Schäfer* 9.

[114] RG Recht **1902** Nr. 1651; *Dalcke/Fuhrmann/Schäfer* 10.

[115] BGHSt **32** 31; BGH bei *Dallinger* MDR **1969** 194; RG JW **1936** 3548 mit Anm. *Rilk*; RG LZ **1921** 421; KMR-*Paulus* 30; KK-*Pelchen* 33; *Dalcke/Fuhrmann/Schäfer* 9; **a. A** offenbar RGSt **62** 144 für Ausnahmefälle auch KMR-*Paulus* 30.

Hat der Vertreter bereits die Zustimmung verweigert, so ist die Belehrung des Zeugen natürlich überflüssig; denn seine Vernehmung ist dann nicht zulässig.

46   **3. Person des Belehrenden.** Die Belehrung ist Aufgabe des Richters, bei Kollegial-gerichten des Vorsitzenden; er darf sie nicht durch einen anderen erteilen oder vervoll-ständigen lassen[116]. Das schließt jedoch nicht aus, daß dem Zeugen der Hinweis gege-ben wird, er möge sich vor seiner Entscheidung von einem Dritten beraten lassen (KMR-*Paulus* 30), etwa von dem Beistand, den er zu seiner Vernehmung herangezogen hat (§ 58, 10). Bei Vernehmungen durch die Staatsanwaltschaft hat diese die Belehrung zu erteilen (§ 161 a Abs. 1 Satz 2), bei polizeilichen Vernehmungen der Polizeibeamte (§ 163 a Abs. 5).

47   **4. Zeitpunkt.** Ob die Belehrung vor oder nach der Vernehmung zur Person (§ 68 Satz 1) erteilt wird, ist gleichgültig[117]; jedenfalls muß sie vor der Vernehmung zur Sache erfolgen. Die Vernehmung muß der Belehrung nicht unmittelbar nachfolgen[118]. Stellt sich erst nach Beginn der Vernehmung heraus, daß ein Zeugnisverweigerungsrecht besteht, so ist die Belehrung sofort nachzuholen[119].

48   **5. Art der Belehrung.** Die Belehrung muß mündlich erteilt werden. Der Hinweis auf das Zeugnisverweigerungsrecht in der Ladung, der nicht vorgeschrieben ist, aber im Einzelfall zweckmäßig sein kann (§ 48, 5), macht sie nicht entbehrlich. Dem Richter bleibt es überlassen, wie er die Belehrung vornimmt[120]. Sie muß jedenfalls eindeutig und eindringlich sein (KMR-*Paulus* 30; KK-*Pelchen* 33; *Seibert* NJW **1956** 1082). Dem Zeu-gen muß die Bedeutung des Zeugnisverweigerungsrechts so begreiflich gemacht wer-den, daß er das Für und Wider seiner Entscheidung abwägen kann[121]. Die Frage an den Zeugen, ob er aussagen wolle, genügt dazu nicht[122]. Auf die Entschließungsfreiheit des Zeugen darf bei der Belehrung seitens der Verhörsperson nicht eingewirkt werden[123]. So ist es unzulässig, daß der Zeuge in die irrige Vorstellung versetzt oder in ihr gelassen wird, die Zeugnisverweigerung werde zu Lasten des Angehörigen gewertet. Dagegen ist es zulässig, daß der Richter den Zeugen über Rechtstatsachen (etwa über die Ver-wertbarkeit seiner früheren richterlichen Aussage durch Vernehmung der Verhörsper-son) unterrichtet, die für die Entscheidung des Zeugen von Bedeutung sein können[124]. Seitens dritter Personen wird die Entschließungsfreiheit des Zeugen nur dann unzuläs-sig beeinträchtigt, wenn Mittel angewendet werden, die nach § 69 Abs. 3, § 136 a verbo-ten sind (vgl. BGHSt 10 394).

49   Die **Prozeßbeteiligten** haben kein Recht, auf die Art der Belehrung Einfluß zu nehmen. Der Richter darf ihnen aber Vorhaltungen an den Zeugen zur Belehrung über Gegenstand und Bedeutung der Aussage gestatten (*Feisenberger* 13).

---

[116] BGHSt **9** 195; BGH StrVert. **1984** 405; *Kleinknecht/Meyer*[37] 27; KMR-*Paulus* 27; KK-*Pelchen* 30; *Eb. Schmidt* Nachtr. I 6.

[117] BGH StrVert. **1984** 405 m. zust. Anm. *Pe-ters*; a. A RGRspr. **10** 516; RG GA **39** (1891) 419; *Kleinknecht/Meyer*[37] 29; KMR-*Paulus* 29; KK-*Pelchen* 31; *Sieg* StrVert. **1985** 130.

[118] RGRspr. **5** 99; *Dalcke/Fuhrmann/Schäfer* 10.

[119] RGSt **25** 262; KK-*Pelchen* 31; KMR-*Paulus* 29.

[120] BGHSt **6** 280; BGH StrVert. **1984** 405 mit Anm. *Peters*.

[121] BGHSt **9** 197; KMR-*Paulus* 30; KK-*Pel-chen* 33; *Dalcke/Fuhrmann/Schäfer* 10.

[122] RG JW **1924** 1609; **1935** 958; RG DJ **1935** 940; KMR-*Paulus* 30; KK-*Pelchen* 33; *Eb. Schmidt* Nachtr. I 6; *Feisenberger* 13.

[123] BGHSt **1** 37; **9** 197; **10** 394; **21** 13 = NJW **1966** 742 mit Anm. *Seydel*; KMR-*Paulus* 30; KK-*Pelchen* 34.

[124] BGHSt **21** 13 = NJW **1966** 742 mit Anm. *Seydel*; BGH bei *Spiegel* DAR **1979** 189; OLG Hamm MDR **1973** 427.

6. Wiederholung. Die Belehrung muß vor jeder Vernehmung ohne Rücksicht auf **50** eine frühere Belehrung erneut erfolgen (BGHSt **13** 399), und zwar auch dann, wenn der Zeuge in einer früheren Vernehmung auf sein Weigerungsrecht ausdrücklich verzichtet hatte (RGSt **2** 192; RG JW **1934** 2914). Das gilt nicht nur bei Vernehmungen in verschiedenen Verfahrensabschnitten, sondern auch bei Vernehmungen nach einer Aussetzung der Hauptverhandlung, die über die Dauer des § 229 hinausgegangen ist. Auch bei Fortsetzungsverhandlungen innerhalb dieser Frist ist die erneute Belehrung erforderlich, wenn der Zeuge bereits entlassen war und für einen anderen Verhandlungstag neu geladen worden ist[125]. Jedoch wird das Unterlassen der Belehrung regelmäßig unschädlich sein, weil der Zeuge wohl kaum annehmen wird, daß er nunmehr zur Aussage verpflichtet sei. Bei einer nochmaligen Vernehmung am selben Verhandlungstag ist eine erneute Belehrung stets entbehrlich[126]. Das gleiche gilt, wenn der Zeuge am zweiten Verhandlungstag nur zu einer ergänzenden Befragung nochmals hervorgerufen wird. Ist sonst die Belehrung bei einer nochmaligen Vernehmung in derselben oder in einer neuen Hauptverhandlung desselben Rechtszugs unterlassen und der Mangel nicht geheilt worden (unten Rdn. 52), so ist zwar deren Inhalt unverwertbar, nicht aber das, was der Zeuge bei einer früheren Vernehmung in der Hauptverhandlung nach ordnungsgemäßer Belehrung ausgesagt hat[127].

7. Protokoll. Die Belehrung ist eine wesentliche Förmlichkeit im Sinne der **51** § 168 a Abs. 1, § 273 Abs. 1. Sie muß daher im Protokoll beurkundet werden[128]. Der Vermerk: „Zum Zeugnis bereit", läßt nicht erkennen, ob der Zeuge ordnungsgemäß belehrt worden ist (RG JW **1935** 958). Zu vermerken ist auch die auf die Belehrung abgegebene Erklärung des Zeugen: „Ich will aussagen", oder: „Ich verweigere die Aussage". Entsprechendes gilt für die Belehrung des gesetzlichen Vertreters und für seine zustimmende oder die Zustimmung verweigernde Erklärung. Hat der Vertreter außerhalb der Hauptverhandlung oder schriftlich zugestimmt, so empfiehlt sich ein Hinweis hierauf in der Sitzungsniederschrift.

8. Heilung des Unterlassens. Bemerkt das Gericht in der Hauptverhandlung, daß **52** der Angehörige ohne die nach § 52 Abs. 3 Satz 1 erforderliche Belehrung vernommen worden ist, so muß es den Verfahrensmangel heilen. Dazu reicht weder die bloße Nachholung der Belehrung noch die nachträgliche Belehrung über das Recht zur Eidesverweigerung nach § 63 aus (RG JW **1916** 1539). Dagegen ist der Mangel behoben, wenn der Zeuge auf entsprechende Befragung erklärt, daß er auch nach Belehrung von seinem Recht auf Zeugnisverweigerung keinen Gebrauch gemacht hätte[129]. Für die nach § 52 Abs. 2 erforderliche Zustimmung des gesetzlichen Vertreters gilt das entsprechend (*Kleinknecht/Meyer*[37] 31; KK-*Pelchen* 36). Sie kann daher noch nach der Vernehmung des Zeugen eingeholt werden. Eine Wiederholung der Zeugenaussage ist nicht erforderlich[130]. Erklärt der Zeuge, er hätte bei ordnungsmäßiger Belehrung nicht ausgesagt,

---

[125] BGH StrVert. **1984** 318; RGSt **12** 406; RG JR Rspr. **1926** Nr. 882.
[126] BGH JR **1954** 229; RG HRR **1928** 1385; RG LZ **1920** 929; BGH GA **1980** 421; BayObLG bei *Rüth* DAR **1977** 205; *Kleinknecht/Meyer*[37] 29; KMR-*Paulus* 31; KK-*Pelchen* 35; *Eb. Schmidt* 24.
[127] Anders offenbar *Eb. Schmidt* 24.
[128] RGRspr. **2** 217; **5** 266; *Eb. Schmidt* 18.

[129] Vgl. BGHSt **12** 242 – GSSt; BGHSt **20** 234; RGSt **25** 262; RG JW **1928** 1306; *Kleinknecht/Meyer*[37] 31; KMR-*Paulus* 32; KK-*Pelchen* 36; *Eb. Schmidt* 21; *von Kries* 358; *Sarstedt/Hamm* 233.
[130] Anders *R. Hauser* 154 ff; vgl. auch RGSt **25** 264, das die erneute Vernehmung für empfehlenswert hält.

Hans Dahs

oder ist eine Erklärung nicht mehr zu erlangen (etwa weil der Zeuge inzwischen gestorben oder weil er nicht mehr auffindbar ist), so kann der Mangel nur dadurch behoben werden, daß die Aussage bei der Beweiswürdigung unberücksichtigt bleibt und das in dem Urteil ausdrücklich festgestellt wird[131]. Den Verfahrensbeteiligten muß die Nichtberücksichtigung der Aussage so rechtzeitig mitgeteilt werden, daß sie sich auf die neue Beweislage einrichten und gegebenenfalls weitere Anträge stellen können.

IV. Verwertungsverbot bei unterlassener Belehrung

53   Nach allgemeiner Ansicht ist die Aussage des Zeugen unverwertbar, wenn die Belehrung nach § 52 Abs. 3 Satz 1 unterblieben ist[132]. Das gleiche gilt, wenn die nach § 52 Abs. 2 erforderliche Zustimmung des gesetzlichen Vertreters nicht eingeholt worden ist. Das Verwertungsverbot entfällt jedoch, wenn feststeht, daß der Zeuge seine Rechte gekannt hat und auch nach entsprechender Belehrung ausgesagt hätte; ein absolutes Verwertungsverbot besteht also nicht. Im übrigen ist zu unterscheiden: Erscheint der Zeuge in der Hauptverhandlung und verzichtet er nach entsprechender Belehrung auf sein Zeugnisverweigerungsrecht, so dürfen ihm aus einer früheren Vernehmung selbst dann Vorhalte gemacht werden, wenn er nicht zuvor belehrt worden war. Die Vernehmungsniederschrift darf nach § 253 verlesen werden. Verweigert der Zeuge jedoch in der Hauptverhandlung die Aussage, so darf der Inhalt seiner früheren Aussage, die ohne die notwendige Belehrung zustande gekommen ist, auch nicht durch die Vernehmung der richterlichen Verhörsperson in die Hauptverhandlung eingeführt werden (vgl. die Erläuterungen zu § 252). Ist der Zeuge vor der Hauptverhandlung verstorben, so darf die Niederschrift über seine frühere Vernehmung nach § 251 Abs. 1 Nr. 1, Abs. 2 auch dann verlesen werden, wenn die Belehrung nach § 52 Abs. 3 Satz 1 unterblieben war[133]. Gleiches soll auch gelten, wenn der Aufenthalt des Zeugen nicht ermittelt werden kann[134]. Kann er aus anderen Gründen in der Hauptverhandlung nicht vernommen werden, so ist die Verlesung der Niederschrift einer ohne vorherige Belehrung gemachten Aussagen unzulässig (vgl. die Erläuterungen zu § 251). Ist die Belehrung des Zeugen oder die Einholung der Zustimmung seines gesetzlichen Vertreters erst in der Hauptverhandlung unterlassen worden, so muß der Mangel noch vor Urteilserlaß geheilt werden (oben Rdn. 52). Wenn das unterlassen wird, liegt ein Revisionsgrund nach § 337 vor (unten Rdn. 54). Eine Fernwirkung in dem Sinne, daß die Aussage nicht nur als Beweismittel unverwertbar ist, sondern auch nicht dazu führen darf, daß aufgrund der Angaben des Zeugen weitere Ermittlungen angestellt und andere Beweise aufgefunden werden, hat das Unterlassen der Belehrung und der Einholung der Zustimmung des gesetzlichen Vertreters hier nicht zur Folge[135].

[131] BGHSt **13** 399; RGSt **29** 351; RG JW **1902** 575; *Kleinknecht/Meyer*[37] 31; *Eb. Schmidt* 21; *W. Schmid* JZ **1969** 761.

[132] BGHSt **14** 160; **23** 223; StrVert. **1981** 4; bei *Rüth* DAR **1969** 236; *Kleinknecht/Meyer*[37] 32; *Kleinknecht* NJW **1966** 1537; KMR-*Paulus* 37; *Roxin* § 24 D III 2 a; *Sarstedt/Hamm* 233; *Grünwald* JZ **1966** 497; vgl. auch Einl. Kap. **14** VI.

[133] BGHSt **22** 35 = JR **1968** 429 mit abl. Anm. *Peters*; BGH bei *Dallinger* MDR **1966** 384;

OLG Nürnberg HESt **3** 40; *Dahs/Dahs* 209; a. A *Roxin* § 24 D III 2 a; *Gössel* § 25 II b 2; *Michaelis* NJW **1969** 730; *Fezer* JuS **1978** 330.

[134] BGHSt **25** 176; KK-*Mayr* § 252; 11; *Hanack* JR **1977** 433.

[135] *Kleinknecht/Meyer*[37] 32; *Alsberg/Nüse/Meyer* 488; *Nüse* JR **1966** 283; a. A *Henkel* 271 Fußn. 41; *Schwarze* GerS **21** (1869) 71; zum Problem der „Fernwirkung" vgl. i. ü. § 136 Rdn. 66 f.

V. Revision

1. Unterlassene Belehrung. Ist die durch § 52 Abs. 3 Satz 1 vorgeschriebene Beleh- **54** rung des Betroffenen oder seines gesetzlichen Vertreters [136] unterblieben, so begründet das die Revision, wenn der Zeuge ausgesagt hat und das Urteil auf seinen Bekundungen beruht[137]. Ob dem Gericht das Angehörigenverhältnis überhaupt bekannt war, spielt keine Rolle[138]. Auf dem Unterlassen der Belehrung kann das Urteil nicht beruhen, wenn der Mangel noch in der Hauptverhandlung geheilt worden ist (oben Rdn. 52) oder wenn der Zeuge oder der gesetzliche Vertreter sein Recht zur Verweigerung des Zeugnisses gekannt hat[139]. Auf der unterlassenen Belehrung nach § 52 beruht das Urteil je nach Lage des Falles auch dann nicht, wenn der Zeuge nach § 55 belehrt worden ist und trotzdem ausgesagt hat (vgl. BGH NStZ **1984** 464). Den Rechtsfehler kann auch ein Mitangeklagter geltend machen, zu dessen Ungunsten die Aussage verwertet worden ist[140].

2. Unrichtige Belehrung. Wenn der Zeuge die Aussage verweigert hat, kann die **55** Revision darauf gestützt werden, daß das Gericht ihn irrtümlich für weigerungsberechtigt gehalten und entsprechend belehrt hat[141]. Sagt der Zeuge trotz der falschen Belehrung aus, so ist der Verfahrensverstoß unschädlich (BGH bei *Holtz* MDR **1979** 806). In dem umgekehrten Fall, daß der Zeuge irrtümlich darüber belehrt worden ist, er habe kein Weigerungsrecht, ist die Revision begründet, wenn die Aussage des Zeugen in dem Urteil verwertet worden ist[142]. Ein Irrtum des Gerichts über die Grundlagen des Zeugnisverweigerungsrechts (etwa Verwandtschaft statt Schwägerschaft) ist unschädlich, wenn die Belehrung beide Verweigerungsgründe deckt[143]. In den Fällen der falschen Belehrung ist die Revision auch dann zulässig, wenn der Beschwerdeführer gegen die Belehrung durch den Vorsitzenden nicht nach § 238 Abs. 2 das Gericht angerufen hat (KMR-*Paulus* 39). Denn der Mangel liegt nicht in der unrichtigen Belehrung, sondern darin, daß das Gericht die durch den Verfahrensverstoß gewonnene Aussage bei der Entscheidung berücksichtigt hat[144].

3. Unterlassene Einholung der Zustimmung des gesetzlichen Vertreters. Die Revi- **56** sion kann darauf gestützt werden, daß der Richter die Prüfung unterlassen hat, ob nach § 52 Abs. 2 die Zustimmung des gesetzlichen Vertreters erforderlich ist[145]. Hat der Tatrichter die Prüfung vorgenommen, so prüft das Revisionsgericht sie nur auf Rechtsfehler (BGHSt **22** 266). Die Ermessensentscheidung, ob der Zeuge die erforderliche Verstandesreife oder -kraft hat, ist nicht nachprüfbar (OLG Stuttgart NJW **1971** 2238).

---

[136] Vgl. BGHSt **12** 243 – GSSt; BGHSt **14** 160; a. A für den gesetzlichen Vertreter: *Orlowsky* 181.

[137] BGHSt **6** 280; **9** 39; RGSt **2** 192; **9** 386; **18** 42; **20** 187; RGRspr. **2** 217; RG JW **1936** 3009; **1938** 2270; DJ **1940** 940; DR **1939** 988; HRR **1940** 653; KMR-*Paulus* 37; KK-*Pelchen* 46; *Gössel* § 25 II a 2; *Dahs/Dahs* 209; *Gossrau* MDR **1958** 470.

[138] RGRspr. **7** 346; **9** 129; RG Recht **1920** Nr. 525; KMR-*Paulus* 34; KK-*Pelchen* 46; *Eb. Schmidt* 21; *von Kries* 358; *Sarstedt/Hamm* 233; a. A RGSt **16** 214.

[139] RG JW **1934** 2914; OLG Oldenburg MDR **1967** 607; KK-*Pelchen* 46; a. A *R. Hauser* 153.

[140] BGHSt **7** 196; **27** 141; BGH bei *Dallinger* MDR **1973** 902; **1979** 953; bei *Pfeiffer/Miebach* NStZ **1983** 354; NJW **1984** 136; RGSt **16** 154; RG JW **1936** 3009; RG HRR **1933** 262; *Kleinknecht/Meyer*[37] 34; KK-*Pelchen* 44; KMR-*Paulus* 36; *Gössel* § 25 II b 2; *Schöneborn* NJW **1974** 535.

[141] RGSt **32** 157; RG Recht **1928** Nr. 213; OGHSt **2** 174; KMR-*Paulus* 38; KK-*Pelchen* 47; *Eb. Schmidt* 22; *Sarstedt/Hamm* 234; *Schlüchter* 487; *Dahs/Dahs* 209.

[142] RGSt **57** 64; *Eb. Schmidt* 22; *Dahs/Dahs* 209.

[143] KMR-*Paulus* 38; *Eb. Schmidt* 22.

[144] Vgl. *Rilk* JW **1937** 886; a. A RGSt **71** 21.

[145] BGHSt **14** 161; *Kleinknecht/Meyer*[37] 34; *Orlowsky* 180.

§ 53

(1) Zur Verweigerung des Zeugnisses sind ferner berechtigt

1. Geistliche über das, was ihnen in ihrer Eigenschaft als Seelsorger anvertraut worden oder bekanntgeworden ist;

2. Verteidiger des Beschuldigten über das, was ihnen in dieser Eigenschaft anvertraut worden oder bekanntgeworden ist;

3. Rechtsanwälte, Patentanwälte, Notare, Wirtschaftsprüfer, vereidigte Buchprüfer, Steuerberater und Steuerbevollmächtigte, Ärzte, Zahnärzte, Apotheker und Hebammen über das, was ihnen in dieser Eigenschaft anvertraut worden oder bekanntgeworden ist;

3a. Mitglieder oder Beauftragte einer ermächtigten Beratungsstelle nach § 218 b Abs. 2 Nr. 1 des Strafgesetzbuches über das, was ihnen in dieser Eigenschaft anvertraut worden oder bekanntgeworden ist;

4. Mitglieder des Bundestages, eines Landtages oder einer zweiten Kammer über Personen, die ihnen in ihrer Eigenschaft als Mitglieder dieser Organe oder denen sie in dieser Eigenschaft Tatsachen anvertraut haben sowie über diese Tatsachen selbst;

5. Personen, die bei der Vorbereitung, Herstellung oder Verbreitung von periodischen Druckwerken oder Rundfunksendungen berufsmäßig mitwirken oder mitgewirkt haben, über die Person des Verfassers, Einsenders oder Gewährsmanns von Beiträgen und Unterlagen sowie über die ihnen im Hinblick auf ihre Tätigkeit gemachten Mitteilungen, soweit es sich um Beiträge, Unterlagen und Mitteilungen für den redaktionellen Teil handelt.

(2) Die in Absatz 1 Nr. 2 bis 3 a Genannten dürfen das Zeugnis nicht verweigern, wenn sie von der Verpflichtung zur Verschwiegenheit entbunden sind.

Schrifttum. *Amelung* Grenzen der Beschlagnahme notarieller Unterlagen, DNotZ **1984** 195; *Badewitz* Der Zeugniszwang gegen die Presse (1952); *Bappert* Das Zeugnisverweigerungsrecht des Redakteurs, ArchPR **1961** 165; *Bartsch* Ärztliche Schweigepflicht und Zeugnisverweigerungsrecht im Strafprozeß - eine Darstellung der Verhältnisse der materiellen zu den prozessualen Vorschriften, Diss. München 1972; *Baumann* Die Auseinanderentwicklung des Prozeßrechts, dargestellt am Beispiel der Beachtung der Verschwiegenheitspflicht bei der Zeugenvernehmung, FS Baur (1981) 187; *Bergmann* Anmerkung zu BVerfG 15.1.75 (Kein Zeugnisverweigerungsrecht für Tierärzte) DÖV **1975** 637; *Blau* Schweigepflicht und Schweigerecht der Fachpsychologen, NJW **1973** 2234; *Bockelmann* Strafrecht des Arztes (1968); *Bosch* Grundsatzfragen des Beweisrechts (1963); *Bringewat* Zeugnisverweigerungsrecht und Beschlagnahmeprivileg des Verteidigers, NJW **1974** 1740; *Cramer* Das Zeugnisverweigerungsrecht von Presse und Rundfunk (1968); *Dahs* Die Entbindung des Rechtsanwalts von der Schweigepflicht im Konkurs der Handelsgesellschaft, FS Kleinknecht (1985) 63; *Eser/Schumann/Gollner* Forschung im Konflikt mit Recht und Ethik. Zur Problematik des Zeugnisverweigerungsrechts – Strafrechtliche Immunität und freier Datenzugang des Forschers (1976); *Danzer* Das Recht der Zeugnisverweigerung im Strafprozeß, Diss. Würzburg 1930; *Delitz* Zeugnisverweigerungsrecht und Beschlagnahmeprivileg der Presse unter besonderer Berücksichtigung des anglo-amerikanischen Rechts, Diss. München 1976; *Delitz* Zweifelsfragen zum neuen Zeugnisverweigerungsrecht der Presse, ArchPR **1976** 106; *Dencker* Bemerkung zu Geppert DAR **1981** 301 (Beschlagnahme von Schadenakten privater Haftpflichtversicherer im Strafprozeß), NStZ **1982** 459; *Dencker* Bemerkung zu Kühne in JZ 1981 467 (Die begrenzte Aussagepflicht des ärztlichen Sachverständigen vor Gericht nach § 53 I Nr. 3, § 203 I Nr. 1 StPO), NStZ **1982** 460; *Ebermayer* Arzt und Patient (1924); *Erkel* Der Bundesgesetzgeber und das Zeugnisverweigerungsrecht, Strafrechtlicher Schutz der Informationsquellen, München **1975** 5; *Fezer* Grundfälle zum Verlesungs-und Verwertungsverbot im Strafprozeß, JuS **1978** 472; *Foth* Zur Schweigepflicht der freien Sozialdienste im Strafprozeß, JR **1976** 7; *Frey* Zur Frage des ärztlichen Zeugnisverweigerungsrechtes, FS Pfenninger 41; *Fuss* Pressefreiheit und Geheimnisschutz, NJW **1962** 2225; *Gabrian* Das Zeugnisverweigerungsrecht der Abgeordneten, Diss. Köln 1953; *Gehrhardt* Vermeintliche und wirkliche Mängel des neuen Zeugnisverweigerungsrechts, ArchPR **1975** 892; *Gehrhardt* Das neue Zeugnisverweigerungsrecht der Publizisten, ArchPR **1975** 893; *Gehrhardt* Zur Unbeschränktheit des Zeugnisverweigerungsrechtes der Mitarbeiter von Presse und Rundfunk, MDR **1976** 461; *Gehrhardt* Einschränkung des Zeugnisverweigerungsrechts der Publizisten durch die Rechtsprechung, ArchPR **1979** 234; *Gerhardt* Grundgesetz und publizistisches Zeugnisverweigerungsrecht – zum Problem des Ausschluß des Zeitungsartikels aus dem Zeugnisverweigerungsrecht, Film und Recht **1975** 154; *Giesen* Der Zeugniszwang gegen die Presse (1906); *Göppinger* Die Entbindung von der Schweigepflicht und die Herausgabe oder Beschlagnahme von Krankenblättern, NJW **1958** 241; *Gössel* Medienfreiheit und Strafverfolgung, Schriftenreihe des Instituts für Rundfunkrecht an der Universität Köln Band 38 (1985); *Gollner* Aussageverweigerungsrecht und Immunität. Forschung in Konflikt mit Recht und Ethik, **1976** 241; *Greiner* Wohnortangabe von Polizeibeamten als Zeugen vor Gericht, Kriminalistik **1979** 522; *Grohmann/Schulz* Polizeibeamte als Zeugen vor Gericht, DAR **1980** 74; *R. Groß* Zum Zeugnisverweigerungsrecht der Mitarbeiter von Presse und Rundfunk, FS Schiedermair (1976) 223; *Gross* Zum journalistischen Zeugnisverweigerungsrecht, Kriminalistik **1964** 121; *Gross* Zeugnisverweigerungsrecht und Beschlagnahmepriviley, ArchPR **1965** 542; *Gross* Neuregelung des journalistischen Zeugnisverweigerungsrechts, NJW **1975** 1763; *Haars* Das Verhältnis zwischen Gutachter und Beschuldigtem im Vergleich zum Arzt-Patient-Verhältnis, Diss. Kiel 1978; *Händel* Zeugnisverweigerungsrecht für Betriebsräte (Anm. zu BVerfG 19.1.79), DNP **1979** 224; *Hackel* Drittgeheimnisse innerhalb der ärztlichen Schweigepflicht, NJW **1969** 2257; *Haffke* Schweigepflicht, Verfahrensrevision und Beweisverbot, GA **1973** 65; *Hass* Die Grenzen des anwaltlichen Zeugnisverweigerungsrechts gemäß §53 Abs. 1 Nr. 3 StPO, NJW **1972** 1081; *Hass* Bemerkungen zum ärztlichen Zeugnisverweigerungsrecht nach der StPO, SchlHA **1973** 42; *Hass* Bemerkungen zum Zeugnisverweigerungsrecht des Geistlichen nach der StPO, SchlHA **1973** 164; *Hauber* Der Jugendgerichtshelfer als Sozialanwalt des jugendlichen Straftäters? ZBlJugR **1980** 509; *H. P. Hauser* Das Zeugnisverweigerungsrecht im Strafverfahren, Diss. Basel 1957; *Helgerth* Der „Verdächtige" als schweigeberechtigte Auskunftsperson und selbständiger Prozeßbeteiligter neben dem Beschuldigten und dem Zeugen, Diss. Erlangen/Nürnberg 1976; *Helm* Das strafprozessuale Zeugnisverweigerungsrecht von Journalisten im amerikanischen und deutschen Recht, Diss. Erlangen/Nürnberg 1980; *Hennemann* Pressefreiheit und Zeugnisverweigerungsrecht, Berliner Abhandlungen zum Presserecht H. 23, Diss. Heidelberg 1977/78; *Hiendl* Darf bei Alkoholverkehrsdelikten der die Blutprobe entnehmende Arzt vor dem Gericht die Aussage über den klinischen Befund verweigern? NJW **1958** 2100; *Hörster* Die soziale Gerichtshilfe zur Persönlichkeitserforschung, JZ **1982** 92; *Huppertz* Zeugnisverweigerungsrecht, Beschlagnahme- und Durchsuchungsverbot zugunsten des Rundfunks im Strafprozeß (1971); *Jarass* Konflikte zwischen Polizei und Demonstranten, JZ **1983** 280; *Kaiser* Zeugnisverweigerungsrecht der Diplompsychologen, NJW **1971** 491; *Kaiser* Gesellschaft, Jugend und Recht (1977); *Klose* Die richterliche Kontrolle des Zeugnisverweigerungsrechts der Berufsgeheimnisträger am Beispiel des Arztes, Diss. Marburg 1976; *Klug* Presseschutz im Strafprozeß (1965); *Kohlhaas* Das Zeugnisverweigerungsrecht der Journalisten, NJW **1958** 41; *Kohlhaas* Strafrechtliche Schweigepflicht und prozessuales Schweigerecht, GA **1958** 65; *Kohlhaas* Zeugnisverweigerungsrecht des Arztes nach Entnahme einer Blutprobe? DRiZ **1959** 246; *Kohlhaas* Zum Zeugnisverweigerungsrecht der Presse, ArchPR **1963** 395; *Kohlhaas* Zur Schweigepflicht der Psychologen, NJW **1969** 1566; *Kohlhaas* Das Zeugnisverweigerungsrecht der Journalisten, Presserecht und Pressefreiheit **1980** 143; *Krämer* Das „Verteidigungsprivileg" der §§ 97, 53 StPO im Ermittlungsverfahren nach dem GWB aus verfassungsrechtlicher Sicht, BB **1975** 1225; *Krauß* Schweigepflicht und Schweigerecht des ärztlichen Sachverständigen im Strafprozeß, ZStW **97** (1985) 81; *Kribs/Drees* Grenzen prozessualer Aussageverpflichtung des im Strafverfahren als Zeugen vernommenen, nach §53 II StPO von der Schweigepflicht entbundenen Geheimnisträgers, Deutsche Steuerzeitung **1978** 51; *Kühne* Zeugnisverweigerungsrecht im Strafprozeß - neue Wege für die Anwendung von Grundrechten? JuS **1973** 685; *Kühne* Die begrenzte Aussagepflicht des ärztlichen Sachverständigen vor Gericht nach §§ 53 I Nr. 3 StPO, 203 I Nr. 1 StGB, JZ **1981** 647; *Kühne* und *Hoffmann* Nochmals: Zeugnisverweigerungsrecht von nicht in §53 StPO erwähnten Personengruppen, insbesondere von Diplompsychologen, NJW **1971** 1438; *Kube/Leineweber/Banscherus* Polizeibeamte als Zeugen und Sachverständige, 2. Aufl. (1980); *Kurth* Zeugnispflicht und Postgeheimnis, NStZ **1983** 541; *Kunert* Das Gesetz über das Zeugnisverweigerungsrecht der Mitarbeiter von Presse und Rundfunk, MDR **1975** 885; *Lang* Das angestrebte Zeugnisverweigerungsrecht für staatlich anerkannte Sozialpädagogen aus strafrechtlicher und verfassungsrechtlicher Sicht, Nachrichtendienst des Deutschen Vereins für öffentliche und private Fürsorge 1981 319; *Leineweber* Zeugnisverweigerungsrecht der Mitarbeiter von Presse und Rundfunk, Deutsche Polizei 1976 24; *Leineweber* Nochmals: Das Zeugnisverweigerungsrecht der Presse, ArchPR 1964 405; *Lenckner* Ärztliches Berufsgeheimnis, in Arzt und Recht (1966) 159; *Lenckner* Aussagepflicht, Schweigepflicht und Zeugnisverweigerungsrecht, NJW 1965 321; *Leonhard* Das Beichtgeheimnis, seine Stellung im Strafprozeß und Strafvollzug, ZStW 26 (1906) 405; *Löffler* Das neue Zeugnisverweigerungsrecht und Beschlagnahmerecht im Presse- und Rundfunkbereich, ArchPR 1978 84; *Löffler* Lücken und Mängel im neuen Zeugnisverweigerungsrecht und Beschlagnahmerecht von Presse und Rundfunk, NJW 1978 913; *Löffler* Das neue Zeugnisverweigerungsrecht und Beschlagnahmerecht im Presse- und Rundfunkbereich, NJW 1978 1617; *Löffler* Presserecht 1. Band, 3. Aufl. 1983; *Löffler* Der Zeugniszwang gegen Presse und Rundfunk, NJW 1958 1215; *Lohmeyer* Zeugnis- und Auskunftsverweigerungsrecht des Steuerberaters, Der Steuerberater 1975 256; *Lohmeyer* Das Auskunftsverweigerungsrecht zum Schutz bestimmter Berufsgeheimnisse, Deutsche Steuerzeitung 1979 347; *D. Meyer* Zeugnisverweigerung analog §§ 53, 53 a StPO auch für private Haftpflichtversicherer? MDR 1973 812; *D. Meyer* Noch einmal: Zur Frage einer Ausdehnung des Zeugnisverweigerungsrechts der §§ 53, 53 a StPO auf private Haftpflichtversicherer, MDR 1975 896; *Möhl* Das Zeugnisverweigerungsrecht der Presse im Straf- und Disziplinarverfahren (1963); *Möllering* Schutz für den Forscher und sein Objekt - Zeugnisverweigerungsrecht für Soziologen, ZRP 1977 7; *Momberg* Die Ermittlungstätigkeit der Jugendgerichtshilfe und ihr Einfluß auf die Entscheidung des Jugendrichters, Diss. Göttingen 1982; *Müller/Pieroth/Rottmann* Strafverfolgung und Rundfunkfreiheit (1973); *Noll* Geheimnisschutz und Zeugnispflicht, FS Gerwig (1960) 153; *Peters* Seelsorge und Strafvollzug, JR 1975 402; *Rebmann/Ott/Storz* Das baden-württembergische Gesetz über die Presse (1964); *von Rechenberg* Die Aussagepflicht des Anwalts, Kriminalistik 1956 105; *Rehbinder* Das Zeugnisverweigerungsrecht für Journalisten im Recht der Vereinigten Staaten, Gesetzgebung und richterliche Entscheidungen, Film und Recht 1976 289; *Rengier* Kein Zeugnisverweigerungsrecht für Suchtkrankenstelle (Kurzberichte), Kriminalistik 1977 424; *Rengier* Die Zeugnisverweigerungsrechte im geltenden und künftigen Recht (1979); *Rengier* Zum strafprozessualen Zeugnisverweigerungsrecht des Betriebs- und Personalrats, BB 1980 231; *Rengier* Beschlagnahme von Buchungsunterlagen bei Wirtschaftsprüfern und Steuerberatern (Kurzberichte), Kriminalistik 1981 465; *Ruth* Das Zeugnisverweigerungsrecht der Ärzte nach der StPO und der ZPO, DJZ 1913 1198; *Sauter* Das Berufsgeheimnis und sein strafrechtlicher Schutz (1910); *Selmer* Steuerrecht und Bankgeheimnis (1981); *Schäfer* Bemerkungen zur ärztlichen Schweigepflicht, DStR 1937 197; *Scheer* Deutsches Presserecht (1966); *Schilling* Strafprozessuales Zeugnisverweigerungsrecht für Sozialarbeiter, Sozialpädagogen und Psychologen? JZ 1976 617; *Eb. Schmidt* Der Arzt im Strafrecht (1939); *Schneider* Zeugnisverweigerungsrecht der Geistlichkeit, DR 1937 332; *Schwalb* Beichtgeheimnis und Zeugnispflicht (1896); *Simonson* Das Berufsgeheimnis der Ärzte und deren Recht zur Zeugnisverweigerung, DJZ 1904 1014; *Solbach* Kann der Arzt von seiner Schweigepflicht entbunden werden, wenn sein Patient verstorben oder willensunfähig ist? DRiZ 1978 204; *Stascheit* Zeugnisverweigerungsrecht nur für die Sozialarbeiter der Reichen? KJ 1975 176; *Stein* Das strafprozessuale Schweigerecht von Seelsorgehelfern, Zeitschrift für Ev. Kirchenrecht 1976 418; *Stromberg* Über das Zeugnisverweigerungsrecht und die Genehmigungsbedürftigkeit von Zeugenaussagen kirchlicher Bediensteter - mit einem Ausblick auf die zu erwartende Erweiterung des § 53 StPO, MDR 1974 892; *Vogel* Zeugnisverweigerung in der Psychotherapie, NJW 1972 2209; *Wach* Das Recht der Zeugnisverweigerung, GerS 66 (1905) 1; *Walder* Zeugnisverweigerungsrecht und Aussagepflicht des Anwaltes, Kriminalistik 1958 32, 220; *Walter* Die ermittelnden, berichtenden und beratenden Aufgaben der Jugendgerichtshilfe, ZBl. 1973 485; *Walter* Zur Auskunftspflicht der Sozialarbeiter und Arbeitsämter in Ermittlungs- und Strafverfahren, NJW 1978 868; *Weihrauch* Zur Entbindungsbefugnis des Konkursverwalters von der Schweigepflicht, JZ 1978 300; *Weis* Die Ausnutzung der Beforschten und das Zeugnisverweigerungsrecht des Forschers, Forschung im Konflikt mit Recht und Ethik 1976 220; *Welp* Die Geheimsphäre des Verteidigers in ihren strafprozessualen Funktionen, FS Gallas 391; *Wex* Diskretionspflicht und Zeugnisverweigerungsrecht des Arztes, DJZ 1905 310; *Würtenberger* Der Schutz des Berufsgeheimnisses und das Zeugnisverweigerungsrecht des Sozialarbeiters, Gedächtnisschrift für Hans Peters (1967) 923; *Zottmann* Das Zeugnisverweigerungsrecht in den deutschen Verfahrensgesetzen, Diss. Erlangen 1960.

Entstehungsgeschichte. Die ursprüngliche Fassung der Vorschrift enthielt nur die Verweigerungsgründe des Absatzes 1 Nr. 1 und 2 und die der Nummer 3 mit der Beschränkung auf Rechtsanwälte und Ärzte. Durch Abschnitt A Nr. 1 des Gesetzes zur Abänderung der Strafprozeßordnung vom 27. 12. 1926 (RGBl. I 529) wurde als Absatz 1 Nr. 4 das Zeugnisverweigerungsrecht für Redakteure, Verleger und Drucker eingefügt. Diese Vorschrift wurde durch Art. 3 Nr. 17 VereinhG geändert. Art. 4 Nr. 9 des 3. StRÄndG faßte § 53 völlig neu. Dabei wurde das Zeugnisverweigerungsrecht in Absatz 1 Nr. 3 auf andere Personen als Rechtsanwälte und Ärzte erweitert und das Zeugnisverweigerungsrecht für Abgeordnete (Absatz 1 Nr. 4) und Rundfunkangehörige (Absatz 1 Nr. 6) eingeführt. Die bisherige Nummer 4 des Absatzes 1 wurde als Nummer 5 neu gefaßt. Art. 10 Nr. 2 StPÄG 1964 erweiterte Absatz 1 Nr. 3 auf Steuerbevollmächtigte. Durch Art. 6 Nr. 1 des 5. StrRG wurde in Absatz 1 die Nummer 3 a eingefügt und Absatz 2 entsprechend ergänzt. Art. 1 Nr. 1 des Gesetzes über das Zeugnisverweigerungsrecht der Mitarbeiter von Presse und Rundfunk vom 25. 7. 1975 (BGBl. I 1973) faßte in Absatz 1 die Nummer 5 neu und strich die Nummer 6. Nachdem das Bundesverfassungsgericht das 5. StrRG teilweise für nichtig erklärt hatte (BVerfGE **39** 1 = NJW **1975** 573), wurden die §§ 218 ff StGB durch das 15. StrÄndG neu gefaßt. Dadurch wurde eine Änderung des § 53 Abs. 1 Nr. 3 a erforderlich, die jedoch lediglich in einer Anpassung an den Gesetzeswortlaut des § 218 b Abs. 2 Nr. 1 StGB und in der Streichung der Bezugnahme auf die nach § 219 StGB a. F. zuständige Stelle besteht. Bezeichnung bis 1924: § 52.

Übersicht

Hans Dahs

I. Allgemeines

1   **1. Zweck der Vorschrift.** § 53 gibt den Angehörigen bestimmter Berufe ein Zeugnisverweigerungsrecht mit Rücksicht auf das Vertrauensverhältnis zwischen ihnen und denjenigen, die sich ihrer Hilfe und Sachkunde bedient haben[1]. Dieses Vertrauensverhältnis soll, auch im Allgemeininteresse[2], nicht durch die Besorgnis behindert werden, daß der Geistliche, Rechtsanwalt, Arzt usw. später einmal als Zeuge darüber vernommen werden könnte, was ihm anvertraut oder bekanntgeworden ist (BVerfGE **38** 323 = NJW **1975** 589). Die in § 53 genannten Personen sollen auch aus der Zwangslage eines Pflichtenwiderstreits (Wahrung des Vertrauens oder Berücksichtigung des allgemeinen Interesses an der Aufklärung einer Straftat) befreit werden (BGHSt **9** 61). Das Zeugnisverweigerungsrecht nach § 53 ist aber weniger umfassend als das der Angehörigen nach § 52. Es erstreckt sich in den Fällen des § 53 Abs. 1 Nr. 1 bis 3 a nur auf Tatsachen, die dem Zeugen in seiner beruflichen Eigenschaft anvertraut oder bekanntgeworden sind; in den anderen Fällen ist es ebenfalls begrenzt. Jedoch erlaubt § 53 Abs. 2 dem Beschuldigten in gewissem Umfang, die Zeugnisverweigerungsberechtigten von ihrer Verpflichtung zur Verschwiegenheit zu entbinden und sie dadurch zur Aussage zu zwingen. Von der Zeugnispflicht des Geheimnisträgers ist das Zeugnisverweigerungsrecht nach § 53 nicht abhängig; es besteht daher auch, wenn derjenige, der von der Schweigepflicht entbinden könnte, als Zeuge vernommen wird und unbeschränkt aussagen muß (BGH bei *Dallinger* MDR **1969** 723). Hat ein Ausländer nach dem Recht seines Staates ein berufliches Zeugnisverweigerungsrecht, z. B. ein schweizer Bankangestellter, so kann § 53 nicht analog angewendet werden. Für den Fall der Strafbarkeit der Verletzung einer Schweigepflicht vgl. § 55, 8 a.

2   Die Pflicht, vor Gericht zu erscheinen, wird durch § 53 nicht berührt[3]. Ein **Antrag auf Ladung** des Zeugen darf daher nicht unter Hinweis auf dessen Zeugnisverweigerungsrecht abgelehnt werden[4]. Die Vorschrift führt lediglich dazu, daß das Zeugnis nicht nach § 70 erzwungen werden darf. Das Recht, den Eid zu verweigern, sieht das Gesetz für den in § 53 bezeichneten Personenkreis nicht vor. Das Zeugnisverweigerungsrecht der Berufsträger dehnt § 53 a auf ihre Gehilfen aus. § 53 gilt nach § 46 Abs. 1 OWiG auch im Bußgeldverfahren. Für das Beschlagnahmeverfahren wird die Vorschrift durch § 97 dahin ergänzt, daß die Schriftstücke und Gegenstände, auf die sich das Zeugnisverweigerungsrecht bezieht, grundsätzlich auch nicht beschlagnahmt werden dürfen.

3   **2. Keine Anwendung auf andere Berufe.** § 53 enthält eine allgemeine Aussage darüber, bei welchen Berufen der Schutz des Vertrauensverhältnisses das Allgemeininteresse an der Aufklärung von Straftaten überwiegt. Im Einzelfall kann ausnahmsweise und unter ganz besonders strengen Voraussetzungen eine Begrenzung des Zeugniszwangs unmittelbar aus dem Grundgesetz herzuleiten sein, wenn die Vernehmung des Zeugen unabhängig von seiner Berufszugehörigkeit wegen des Beweisthemas in den durch Art. 1 Abs. 1, Art. 2 Abs. 1 GG geschützten Bereich der privaten Lebensgestaltung des einzelnen eingreifen würde[5]. Jedoch wird allein die Tatsache, daß bestimmte Berufs-

---

[1] BGHSt **9** 59; OLG Hamburg DStR **1936** 438 mit Anm. *Henkel*; OLG Koblenz NStZ **1985** 426 ff; LG Köln NJW **1959** 1598; KMR-*Paulus* Vor § 48 Rdn. 73; KK-*Pelchen* 1; *Eb. Schmidt* 3; *Rilk* JW **1937** 886.

[2] *Cramer* 31; *R. Hauser* 205; *Lenckner* NJW **1965** 322.

[3] *Kleinknecht/Meyer*[37] 1; KMR-*Paulus* Vor § 48; 78; *Eb. Schmidt* Nachtr. I Vor § 52, 13.

[4] *Kleinknecht/Meyer*[37] 1; *Alsberg/Nüse/Meyer* 452 f; *Welp* FS Gallas 407; vgl. § 52, 2.

[5] BVerfGE **33** 374 ff = JZ **1973** 780 mit Anm. *Würtenberger*; krit. *Rengier* 107; LG Hamburg NStZ **1983** 182 mit Anm. *Dahs*.

gruppen auf eine vertrauensvolle Zusammenarbeit mit ihren Kunden und Auftraggebern angewiesen sind, zu einer Erweiterung der in § 53 bestimmten Zeugnisverweigerungsrechte nicht führen können. Der Gesetzgeber hat aus gutem Grund nicht allen
nach § 203 StGB zur Wahrung ihrer Berufsgeheimnisse verpflichteten Personen (*Rengier* 174; krit. *Foth* JR **1976** 7), sondern nur den Vertretern solcher Berufe eine Aussa-
geverweigerungsbefugnis verliehen, in denen sich feste, von der Gemeinschaft gebildete
Maßstäbe dafür entwickelt haben, wie ein Berufsgeheimnis besteht und inwieweit es
Schweigen gebietet. Das Verweigerungsrecht in entsprechender Anwendung des § 53
auf andere Berufsgruppen auszudehnen, ist den Gerichten schon deshalb verwehrt, weil
nicht einmal der Gesetzgeber den Kreis der aus Berufsgründen zur Zeugnisverweigerung berechtigten Personen nach Belieben erweitern darf; denn die aus dem Rechtsstaatsprinzip folgende Notwendigkeit, eine funktionsfähige Rechtspflege zu erhalten,
zwingt dazu, diesen Kreis auf das unbedingt erforderliche Maß zu beschränken[6].

In der Rechtsprechung und im Schrifttum ist die **Ausdehnung** des Zeugnisver- **4**
weigerungsrechts des § 53 auf Angehörige anderer Berufe durchweg abgelehnt worden,
so für **Bankangestellte**[7], zumal ein strafrechtlich wirkendes „Bankgeheimnis" im deutschen Strafprozeß auch sonst nicht anerkannt ist[8]; **Betriebsräte**[9]; **Diplom-Psycholo-
gen**[10]; Angehörige von **Drogenberatungsstellen**[11], wobei allerdings die Beschlagnahme
von Klientenakten problematisch sein kann[12]; **Eheberater**[13]; Angehörige der **Gerichtshilfe, Jugendgerichtshilfe** sowie **Bewährungshelfer**[14]; Mitarbeiter von privaten **Haft-
pflichtversicherungen**[15]; **Naturheilkundige**[16]; **Personalräte**[17]; Angehörige des **Post-
scheckamtes**[18]; **Rechtsbeistände** (Rechtsberater, Prozeßagenten)[19]; **Schiedsmänner**[20];

---

[6] BVerfGE **33** 367 = JZ **1973** 380 mit Anm.
Würtenberger; BVerfGE **38** 321 = NJW **1975**
588 = DÖV **1975** 637 mit Anm. *Bergmann*;
vgl. auch BVerfGE **36** 211 = NJW **1974** 359;
eingehend zu dem gesamten Problemkreis
Rengier 127 ff, 173 ff.

[7] LG Hamburg NJW **1978** 958; LG Frankfurt
NJW **1954** 690 mit Anm. *Sichtermann*;
KMR-*Paulus* 5; KK-*Pelchen* 2; *Kleinknecht/
Meyer*[37] 2 f; *Schlüchter* 489.4; *Lohmeyer* JR
1970 251; *R. Müller* NJW **1963** 836; *Selmer*
61; *Hass* SchlHA **1974** 197.

[8] LG Hamburg NJW **1978** 958; *G. Schäfer*
§ 65 III 3; *Roxin* § 26 B II 2 g.

[9] BVerfG NJW **1979** 1286 mit Anm. *Rengier*
BB **1980** 321; *Kleinknecht/Meyer*[37] 3; KMR-
Paulus 5; KK-*Pelchen* 2; *Schlüchter* 489.4;
weitergehend *Peters* § 42 III 2 bb a.

[10] KMR-*Paulus* 5; KK-*Pelchen* 17; *Klein-
knecht/Meyer*[37] 3; *Gössel* § 25 III a 2; *G.
Schäfer* § 65 III 3; *Kaiser* NJW **1971** 491;
Lenckner Arzt und Recht 167; *Blau* NJW
1973 2234; *Vogel* NJW **1972** 2209; a. A *Kohlhaas* NJW **1969** 1567; *Kühne* NJW **1971**
1438; *Schumacher* NJW **1970** 1949; *Schlüchter* 489.4.

[11] BVerfGE **44** 372; LG Hamburg NStZ **1983**
182 mit Anm. *Dahs*; *Kleinknecht/Meyer*[37] 3;
Schlüchter 489.4.

[12] BVerfGE **44** 353.

[13] BVerfGE **33** 367.

[14] *Brunner* § 38, 14; *Dallinger/Lackner* § 38, 36
bis 38; KMR-*Paulus* 5; *Hauber* ZBlJugR.
1980 513 f; *Kaiser* 134 f; *Momberg* 323/325;
Sontag NJW **1976** 1436; *Schaffstein* 151
Fn. 4; *Walter* ZBlJugR. **1973** 495; *Wolter* GA
1985 90.

[15] KMR-*Paulus* 5; *Schlüchter* Rdn. 489.4; *Gössel* § 25 D III a; *D. Meyer* MDR **1973** 812;
MDR **1975** 896; *Geppert* DAR **1981** 301;
zust. *Dencker* NStZ **1982** 459; a. A *Bruns* FS
Maurach 484; *Meeger* VersR **1974** 945; mit
Einschränkungen auch OLG Celle NStZ
1982 393; *Rengier* 181 will ein Zeugnisverweigerungsrecht mit Hilfe einer „großzügi-
gen Auslegung des § 53 a" begründen.

[16] KMR-*Paulus* 55; KK-*Pelchen* 17.

[17] LG Hannover NdsRpfl. **1962** 40; KMR-*Paulus* 5.

[18] LG Frankfurt NJW **1980** 1478; dazu *Kurth*
NStZ **1983** 541.

[19] *Kleinknecht/Meyer*[37] 3; KMR-*Paulus* 5;
KK-*Pelchen* 15; *Buhrow* NJW **1966** 2152.

[20] BVerwGE **18** 58; KMR-*Paulus* 5; KK-*Pelchen* 2; a. A AG Werne MDR **1965** 599.

Hans Dahs

Sozialarbeiter[21]; **Sozialpädagogen**[22]; **Tierärzte**[23]. Der Vorschlag der Bundesregierung, staatlich anerkannte Sozialarbeiter und Sozialpädagogen sowie Psychologen mit staatlich anerkannter wissenschaftlicher Abschlußprüfung in gewissem Umfang von der Zeugnispflicht freizustellen (Art. 1 Nr. 1 des Entwurfs eines 2. StVRG - BTDrucks. 7 2526) ist von dem zuständigen Ausschuß des Bundestages nicht weiter erörtert worden (dazu *Schilling* JZ **1976** 617; *Rengier* 138).

II. Verhältnis zu § 203 StGB

5   **1. Allgemeines.** Das Zeugnisverweigerungsrecht nach § 53 steht im Zusammenhang mit der Schweigepflicht, deren Verletzung bei bestimmten Berufsangehörigen nach § 203 StGB bestraft wird. Beide Vorschriften stimmen aber weder in ihren Voraussetzungen noch in ihren Wirkungen überein. § 203 StGB droht Strafe für den Bruch eines dem Berufsausübenden anvertrauten oder bekanntgewordenen Geheimnisses an; § 53 ermächtigt zur Verweigerung des Zeugnisses über die dem Zeugen bei seiner Berufsausübung bekanntgewordenen Tatsachen ohne Rücksicht darauf, ob sie geheim, also höchstens einem beschränkten Personenkreis bekannt sind[24]. Unterschiedlich ist vor allem der betroffene Personenkreis. Es gibt ein Zeugnisverweigerungsrecht ohne strafrechtlich durchsetzbare Verschwiegenheitspflicht (Geistliche, Abgeordnete, Mitarbeiter von Presse und Rundfunk), und es gibt Schweigepflichten ohne Zeugnisverweigerungsrechte. Denn § 203 StGB faßt den Kreis der zur Verschwiegenheit verpflichteten Personen erheblich weiter als § 53 den der Zeugnisverweigerungsberechtigten, weil der Schutz vor Verletzung beruflicher Verschwiegenheitspflichten sachlichrechtlich umfassender sein kann als das Recht zur Zeugnisverweigerung, das zum Wegfall von wichtigen Beweismitteln für die Sachaufklärung und daher zu einer ernstlichen Behinderung der Strafrechtspflege führen kann. Die Ansicht von *Foth* (JR **1976** 7), aus der sachlichrechtlichen Schweigepflicht folge ohne weiteres das Zeugnisverweigerungsrecht, kann sich auf das geltende Recht nicht stützen.

6   In § 53 ist ein Zeugnisverweigerungsrecht auch für diejenigen nicht ausdrücklich vorgesehen, die nach dem Tod der zur Geheimhaltung verpflichteten und zur Zeugnisverweigerung berechtigten Person das Geheimnis von dem Verstorbenen oder aus dessen Nachlaß erlangt und daher nach **§ 203 Abs. 3 Satz 2 StGB** eine Verschwiegenheitspflicht haben. In solchen Fällen hält das Bundesverfassungsgericht bei verfassungskonformer Auslegung des § 97 ein Beschlagnahmeverbot für gegeben (BVerfGE **32** 381 = NJW **1972** 1123). Im selben Umfang wird man ein Zeugnisverweigerungsrecht anerkennen müssen (zust. KK-*Pelchen* 5).

7   **2. Befugte Offenbarung von Berufsgeheimnissen.** Ein Zeuge, der nach § 203 StGB zur Wahrung eines Berufsgeheimnisses verpflichtet, aber nicht nach § 53 zur Aussageverweigerung berechtigt ist, muß im Strafverfahren wie jeder andere Zeuge aussagen.

---

[21] BVerfGE **33** 367 = JZ **1973** 780 mit Anm. *Würtenberger*; KMR-*Paulus* 5; KK-*Pelchen* 2; *Roxin* § 26 B II 2 b; *Schlüchter* 489.4; weitergehend *Peters* § 42 III 2 c bb; krit. *Kühne* JuS **1973** 685; *Foth* JR **1966** 7; *Würtenberger* Peters-Gedächtnisschrift 923; *Blau* NJW **1973** 2234; *Jung* MSchrKrim. **1974** 258; *Schilling* JZ **1976** 617; *Staschcit* KJ **1975** 176.
[22] LG Hamburg NStZ **1983** 182 mit Anm.

Dahs; KK-*Pelchen* 2; KMR-*Paulus* 5; *Schilling* JZ **1976** 617.
[23] BVerfGE **38** 312 = DÖV **1975** 637 mit Anm. *Bergmann*; KMR-*Paulus* 5; KK-*Pelchen* 2, 17; *Kleinknecht/Meyer* [37] 3; *Roxin* § 26 B II 2 b; *Rengier* 175.
[24] *Kleinknecht/Meyer* [37] 4; KK-*Pelchen* 3; *Welp* FS Gallas 399; **a. A** *Lenckner* Arzt und Recht 190.

Wenn er vor Gericht Geheimnisse offenbart, handelt er nicht unbefugt im Sinne des §203 StGB[25]. Das gleiche gilt ohne Einschränkung für die nach §53 zur Verweigerung des Zeugnisses berechtigten Personen, wenn und soweit sie nach §53 Abs. 2 von der Verpflichtung zur Verschwiegenheit entbunden sind[26].

Im älteren Schrifttum wurde angenommen, die Aussage vor Gericht sei auch **8** sonst stets eine im Sinne des §203 StGB (früher §300 StGB) befugte Offenbarung von Berufsgeheimnissen[27]. Dabei wurde das Verhältnis, in dem die Vorschriften der §203 StGB und §53 StPO zueinander stehen, aber verkannt. Das **Schwergewicht** liegt nicht auf dem Recht zur Zeugnisverweigerung, sondern auf der Pflicht zur Verschwiegenheit nach §203 StGB. Der Zeugniszwang, der als Rechtfertigungsgrund für den Bruch dieser Schweigepflicht in Betracht kommt, ist durch das Zeugnisverweigerungsrecht des §53 ausdrücklich aufgehoben worden. Der Geheimnisverrat verliert seine Rechtswidrigkeit daher nicht schon deshalb, weil er durch eine Zeugenaussage begangen worden ist. Wer nach §53 Abs. 1 zur Zeugnisverweigerung berechtigt ist, darf im Gegensatz zu den anderen in §203 StGB genannten Personen ohne Verstoß gegen diese Vorschrift vor Gericht nur dann als Zeuge aussagen, wenn er dafür einen besonderen Rechtfertigungsgrund besitzt, etwa eigene Interessen zu wahren hat[28], insbesondere aber, wenn das Interesse des Geheimnisträgers an der Geheimhaltung der Tatsachen geringer ist als das Allgemeininteresse an ihrer Offenbarung. Das entspricht jetzt einhelliger Ansicht[29].

Die Bedeutung des §53 liegt mithin für den dort bezeichneten Personenkreis **9** darin, daß ihnen die Vorschrift die Wahrung der sachlichrechtlichen Schweigepflicht nach §203 StGB im Strafverfahren ermöglicht[30] und sie darüber hinaus ermächtigt, das Zeugnis selbst dann ohne Angabe von Gründen zu verweigern, wenn der Geheimnisbruch nach §203 StGB gerechtfertigt wäre[31]. §172 Nr. 3 GVG ergänzt die Vorschrift dahin, daß der Ausschluß der Öffentlichkeit zulässig ist, wenn ein privates Geheimnis erörtert wird, dessen unbefugte Offenbarung nach §203 StGB oder einer anderen Vorschrift mit Strafe bedroht ist.

3. Entscheidungsbefugnis des Zeugen. Die Entschließung, ob die Abwägung der **10** Interessen die Ausübung des ihm nach §53 zustehenden Zeugnisverweigerungsrechts gebietet oder einen Verzicht darauf rechtfertigt, hat der Zeuge unter eigener Verantwor-

---

[25] KK-*Pelchen* 4; KMR-*Paulus* 48; *Lenckner* NJW **1965** 323; *Welp* FS Gallas 401 Fußn. 35; *Schönke/Schröder/Lenckner* §203, 29; SK-*Samson* §203, 49; *Dreher/Tröndle* [42] §203, 12.

[26] RGSt **57** 64; *Bendix* GA **52** (1905) 13; *Lenckner* NJW **1965** 324; Rdn. 60.

[27] *Frank* §300 StGB, III 2 c; *Gerland* 544; *Sauter* 247 ff; *Kahl* ZStW **29** (1909) 358; *Ruth* DJZ **1913** 1198; *Wach* GerS **66** (1905) 24; ebenso wohl auch RGSt **19** 364; offengelassen in RGSt **48** 270.

[28] Vgl. BGHSt **1** 366; *Kleinknecht/Meyer* [37] 5; *Fezer* JuS **1978** 472.

[29] BGHSt **9** 61; **18** 147; OLG Hamburg DStR **1936** 437 mit Anm. *Henkel*; KK-*Pelchen* 4; *Kleinknecht/Meyer* [37] 5; KMR-*Paulus* 48; *Eb. Schmidt* 25; NJW **1962** 1749 und Arzt im Strafrecht 56 ff; *Roxin* §26 B I 2 b; *von Kries*

287; *Alsberg/Nüse/Meyer* 497; *Dreher/Tröndle* [42] §203, 31; *Lackner* §203, 6 a ff; *Schönke/Schröder/Lenckner* §203, 30 ff; SK-*Samson* §203, 46; *Bosch* 82; *Flor* JR **1953** 371; *Frey* FS Pfenninger 43 Fußn. 7; *Haffke* GA **1973** 68; *Hippe* GA **46** 291; *Kallfelz* JW **1936** 1346; *Kohlhaas* GA **1958** 72; *Lenckner* NJW **1965** 324 und Arzt im Recht 190; *Schäfer* DJ **1936** 376; *Simonson* DJZ **1904** 1014; *Welp* FS Gallas 398; *Wex* DJZ **1905** 309; *Woesner* NJW **1957** 694; vgl. auch RGZ **53** 315.

[30] *Bendix* GA **52** (1905) 13; *Bringewat* NJW **1974** 1741; *Welp* FS Gallas 400.

[31] *Bringewat* NJW **1974** 1742; *Kohlhaas* DAR **1957** 345; *Lenckner* NJW **1965** 327 und Arzt im Recht 194; *Welp* FS Gallas 402; a. A *Henkel* DStR **1936** 440; *Rilk* JW **1937** 887, die dann eine Aussagepflicht für gegeben halten.

Hans Dahs

tung zu treffen[32]. Der vernehmende Richter muß ihm hierzu Gelegenheit geben (BGHSt **15** 200), darf aber auf ihn nicht dahin einwirken, daß er sich nach der einen oder anderen Richtung entscheidet, insbesondere ihn nicht unter Hinweis auf einen Rechtfertigungsgrund zur Aussage veranlassen[33]. Der Zeuge entscheidet immer allein, auch wenn es von seiner Aussage abhängt, ob ein schwerer Schaden von einem Dritten oder von der Allgemeinheit abgewendet werden kann[34]. Der Richter darf die Entscheidung des Zeugen weder prüfen noch übergehen. Macht der Zeuge von seinem Verweigerungsrecht keinen Gebrauch, so muß er daher vernommen werden (RGSt **57** 64), auch wenn diese Entscheidung nach Ansicht des Gerichts im Hinblick auf die Strafvorschrift des § 203 StGB bedenklich ist. Es bleibt immer dem Zeugen selbst überlassen, ob er sich durch die Aussage der Gefahr einer Strafverfolgung nach § 203 StGB aussetzen will[35]. Auch die Verfahrensbeteiligten haben kein verfahrensrechtliches Mittel, den Zeugen an der Aussage zu hindern[36].

11   **4. Verwertbarkeit.** Ein Verstoß des Zeugen gegen die Verschwiegenheitspflicht nach § 203 StGB führt nach herrschender Auffassung zu keinem Verwertungsverbot[37]. Dem ist zuzustimmen; denn der vernehmende Richter könnte die Frage, ob der Zeuge sachlichrechtlich befugt oder unbefugt ausgesagt hat, mitunter gar nicht sicher entscheiden (BGHSt **9** 62).

III. Umfang des Zeugnisverweigerungsrechts

12   **1. Allgemeines.** In den Fällen des § 53 Abs. 1 Nr. 1 bis 3 a erstreckt sich das Zeugnisverweigerungsrecht nicht, wie das nach § 52, auf alles, was der Zeuge über den Beschuldigten weiß, sondern nur auf Tatsachen, die ihm bei seiner Berufsausübung anvertraut oder bekanntgeworden sind. Die Begriffe stimmen mit den in § 203 StGB verwendeten überein[38]. Anlaß für die Erlangung des Wissens muß immer die berufliche Beziehung zu dem Beschuldigten sein. Die Mitteilung an den Berufsträger muß in dessen Berufsausübung fallen oder wenigstens mit ihr zusammenhängen (*Eb. Schmidt* 6). Dazu gehört ggfs. auch die Anbahnung des Vertragsverhältnisses (BGH NStZ **1985** 372 mit Anm. *Rogall* für den Arzt und sein Hilfspersonal). Wenn ein Rechtsanwalt oder Arzt die Praxis eines Kollegen übernommen hat, werden ihm die in den Akten oder Karteien sei-

---

[32] BGHSt **15** 202; bei *Dallinger* MDR **1957** 527; KK-*Pelchen* 7; KMR-*Paulus* 49; *Eb. Schmidt* 24; *Henkel* 204 Fußn. 4; *Grünwald* JZ **1966** 498; *Haffke* GA **1966** 75; *Fezer* JuS **1978** 472; *Kurth* NStZ **1983** 542.

[33] BGHSt **20** 299; *Kleinknecht/Meyer*[37] 6; KK-*Pelchen* 6; KMR-*Paulus* 47; *Alsberg/Nüse/Meyer* 797.

[34] *Lenckner* NJW **1965** 327 und Arzt und Recht 194; a. A *Henkel* DStR **1936** 440.

[35] BGHSt **9** 61; **15** 202; **18** 147; RGSt **19** 364; **57** 64; BGH bei *Holtz* MDR **1980** 815; OLG Hamm NJW **1968** 1203; *Kleinknecht/Meyer*[37] 6; KK-*Pelchen* 7; KMR-*Paulus* (Befugnis zum Hinweis auf ZVR, nicht Verpflichtung). *Hippe* GA **46** (1898/99) 291; *Eb. Schmidt* Arzt im Strafrecht 57; a. A *Haffke* GA **1973** 74; *Lenckner* NJW **1965** 326.

[36] BGHSt **9** 61; **18** 147; RGSt **48** 270; **57** 64; **66** 275; **71** 21 = JW **1937** 886 mit zust. Anm. *Rilk*; KMR-*Paulus* Vor § 48; 77; KK-*Pelchen* 7; *Henkel* 208 Fußn. 4.

[37] BGHSt **9** 62; **15** 202; *Kleinknecht/Meyer*[37] 6; KK-*Pelchen* 9; KMR-*Paulus* 49; *Eb. Schmidt* 4; Nachtr. 2 und Arzt im Strafrecht 64; *Dalcke/Fuhrmann/Schäfer* 8; *Alsberg/Nüse/Meyer* 498; *Schlüchter* 489.2; *Geerds* FS Stock 182 Fußn. 61; *Niese* 145; a. A Roxin § 26 B I 2 b; *Haffke* GA **1973** 65; *Fezer* JuS **1978** 473; *Lenckner* NJW **1965** 325 ff; *Welp* FS Gallas 407; *Beulke* 209; *Dencker* 138 ff; *Kühne* JZ **1981** 651; *Rengier* 331.

[38] LK-*Mösl*[9] § 300 StGB a. F., 5; *Lenckner* Arzt und Recht 190.

nes Vorgängers festgehaltenen Tatsachen in seiner beruflichen Eigenschaft bekannt (BVerfGE **32** 382 = NJW **1972** 1124). Was dem Zeugen nur gelegentlich seiner Berufsausübung bekanntgeworden ist, mit ihr also nur in mittelbarem Zusammenhang steht, darf er vor Gericht nicht verschweigen[39]. Die Entscheidung, was in Ausübung und was nur bei Gelegenheit der Berufsausübung erlangt ist, trifft nicht der Zeuge, sondern das Gericht; denn dabei handelt es sich um eine Rechtsfrage. Der Zeuge braucht jedoch die Umstände, unter denen er seine Kenntnis erlangt hat, nur insoweit zu offenbaren, als er damit nicht indirekt den geschützten Bereich berührt: Im Zweifel wird - ggf. nach Anwendung des §56 - von einem Zeugnisverweigerungsrecht auszugehen sein (KK-*Pelchen* 12 a. E.).

2. Anvertraute Tatsachen. Das Zeugnisverweigerungsrecht bezieht sich auf alle **13** Tatsachen, die dem Berufsausübenden anvertraut worden sind. Ob der Beschuldigte selbst oder ein Dritter sie ihm anvertraut hat, ist ohne Bedeutung[40]. Ebensowenig kommt es darauf an, ob die Tatsache der Geheimsphäre des Beschuldigten oder eines anderen angehört (*Eb. Schmidt* 7; oben Rdn. 5). Regelmäßig wird eine Tatsache durch eine ausdrückliche schriftliche oder mündliche Mitteilung anvertraut. Notwendig ist das aber nicht. Es genügt, daß der Geheimnisträger die Tatsache auf irgendeine Weise bewußt preisgibt. Das kann auch dadurch geschehen, daß er dem Zeugen, etwa einem Arzt, Gelegenheit gibt, Beobachtungen zu machen oder Untersuchungen anzustellen[41]. Dabei kommt es nicht darauf an, daß die festzustellenden Tatsachen dem Geheimnisträger überhaupt bekannt sind; sie werden dem Zeugen auch anvertraut, wenn er sie nur aufgrund seiner besonderen Erfahrung und Sachkunde aufdecken kann[42].

Das Anvertrauen erfordert den ausdrücklichen Wunsch oder das stillschweigende **14** Verlangen nach **Geheimhaltung**[43]. Sie wird stillschweigend erwartet, wenn sich das aus den Umständen oder aus der Natur der Sache ergibt. Dabei ist nicht erforderlich, daß der Geheimnisträger die Tragweite seines Verhaltens und die Tatsachen, die er preisgibt, selbst erkennt oder überhaupt erkennen kann (z. B. bei einer ärztlichen Untersuchung, deren Ergebnis der Patient weder voraussieht noch erfährt). Der verständigerweise zu vermutende Wille nach Geheimhaltung tritt gegebenenfalls an die Stelle des wirklichen Willens[44].

3. Bekanntgewordene Tatsachen sind solche, die der Berufsträger in seiner Eigen- **15** schaft als Geistlicher, Verteidiger, Arzt usw. erfährt, ohne daß sie ihm von dem Beschuldigten oder einem Dritten anvertraut worden sind[45]. Von wem, zu welchem Zweck und aus welchem Anlaß er die Tatsachen erfährt, spielt keine Rolle (LK-*Mösl*[9] §300 StGB a. F., 8). Auch der Inhalt beruflicher Gespräche (BGH bei *Dallinger* MDR **1978** 281), Mitteilungen von Kollegen oder von den Berufskammern, Wahrnehmungen an einem Bewußtlosen, Beobachtungen anläßlich eines ärztlichen Hausbesuchs oder der Kran-

---

[39] *Schönke/Schröder/Lenckner* § 203, 15; LK-*Mösl*[9] § 300 StGB a. F., 5; a. A LG Köln NJW **1959** 1598; SK-*Samson* § 203, 31.

[40] RG JW **1912** 943; **1914** 435; RG GA **55** (1908) 325; RG LZ **1920** 929; *Kleinknecht/Meyer*[37] 8; *Eb. Schmidt* 7; *Dreher/Tröndle*[42] § 203, 7; LK-*Mösl*[9] § 300 StGB a. F., 6; *Schönke/Schröder/Lenckner* § 203, 13; SK-*Samson* § 203, 29.

[41] RGSt **13** 62; **66** 274; *Eb. Schmidt* 6 und Arzt

im Strafrecht 31 ff; LK-*Mösl*[9] § 300 StGB a. F., 5; *Schönke/Schröder/Lenckner* § 203, 13.

[42] *Eb. Schmidt* 6 und Arzt im Strafrecht 27; *Feisenberger* 2; *Schönke/Schröder/Lenckner* § 203, 14.

[43] RGSt **13** 60; **66** 274; LG Köln NJW **1959** 1599; *Dalcke/Fuhrmann/Schäfer* 5.

[44] LK-*Mösl*[9] § 300 StGB a. F., 7.

[45] *Schönke/Schröder/Lenckner* § 203, 15; *Lenckner* Arzt und Recht 174.

Hans Dahs

kenhausaufnahme des Patienten können bekanntgewordene Tatsachen sein. Erforderlich ist nur, daß der Zeuge die Kenntnis in seiner beruflichen Eigenschaft erlangt. Unerheblich ist ferner, ob die Tatsachen Geheimnisse im Sinne des § 203 StGB sind[46]. Insgesamt ist der Begriff des Bekanntwerdens *ausdehnend* auszulegen (BGH bei *Dallinger* MDR **1978** 281; vgl. aber auch BGH StrVert. **1984** 499). Wegen der dem Amtsarzt und dem ärztlichen Sachverständigen bekanntgewordenen Tatsachen vgl. unten Rdn. 30 ff.

16   **4. Zeitliche Dauer.** Das Zeugnisverweigerungsrecht dauert über die Beendigung des Auftrags hinaus (LG Düsseldorf NJW **1958** 1152). Es besteht wie die Verschwiegenheitpflicht nach § 203 Abs. 4 StGB auch dann weiter, wenn derjenige, dessen Vertrauen zu dem Berufsträger geschützt wird, verstorben ist[47]. Es erlischt auch nicht dadurch, daß der Zeuge inzwischen aus seinem Beruf ausgeschieden ist; der Grundsatz des § 54 Abs. 4 gilt entsprechend[48].

IV. Zur Zeugnisverweigerung berechtigte Personen

1. Geistliche (Absatz 1 Nr. 1)

17   **a) Allgemeines.** Das Zeugnisverweigerungsrecht des Geistlichen hat mit der sich aus dem Kirchenrecht ergebenden Verschwiegenheitpflicht (mit dem Beichtgeheimnis als Kern) nichts zu tun. Insbesondere ist das Zeugnisverweigerungsrecht der Strafprozeßordnung nicht an die Voraussetzung geknüpft, daß im Einzelfall auch kirchenrechtlich eine Verschwiegenheitpflicht besteht[49]. Das Zeugnisverweigerungsrecht geht über diese Verschwiegenheitpflicht hinaus und umfaßt alles, was dem Geistlichen bei der Ausübung der Seelsorge anvertraut oder bekanntgeworden ist. Ob er dabei innerhalb seiner örtlichen Zuständigkeit gehandelt hat, ist ohne Bedeutung[50].

18   Für **katholische Geistliche** ergibt sich das Recht zur Zeugnisverweigerung bereits aus Art. 9 des Reichskonkordats vom 20. 7. 1933 (RGBl. II 679; geltendes Recht gem. BVerfGE **6** 309), wonach Geistliche „von Gerichtsbehörden und anderen Behörden nicht um Auskunft über Tatsachen der Seelsorge angehalten werden (können), die ihnen bei Ausübung der Seelsorge anvertraut worden sind und deshalb unter die Pflicht der seelsorgerischen Verschwiegenheit fallen". Für evangelische Geistliche wird das gleiche gelten müssen[51].

19   Der Geistliche hat allein zu **entscheiden,** ob er von dem Zeugnisverweigerungsrecht Gebrauch macht oder darauf verzichtet (*Eb. Schmidt* 13; oben Rdn. 10). Entschließt er sich zur Aussage, so hat das Gericht nicht zu prüfen, ob er dadurch gegen die Verschwiegenheitpflicht verstößt, die das Recht seiner Kirche ihm auferlegt. Auf die Verwertbarkeit der Aussage sind solche Verstöße ohne Einfluß (*Eb. Schmidt* 12). Umgekehrt ist der Geistliche zur Aussage nicht verpflichtet. Eine Entbindung von der Schweigepflicht ist, wie sich mittelbar aus § 53 Abs. 2 ergibt, nicht zulässig.

[46] *Kleinknecht/Meyer*[37] 6; *Welp* FS Gallas 399; a. A *Lenckner* Arzt und Recht 190.

[47] BVerfGE **32** 384; RGSt **71** 22; BayLSG NJW **1962** 1789; OLG Düsseldorf NJW **1959** 821; OLG München AnwBl. **1975** 159; LG Augsburg NJW **1964** 1187 mit Anm. *Lenckner*; KK-*Pelchen* 5; *Eb. Schmidt* 8, Nachtr. I 2 und NJW **1962** 1748; *Feisenberger* 12; *Bockelmann* 39; *Bosch* 83; *Erdsiek* NJW **1963** 632;

Habscheid AnwBl. **1964** 303; *Solbach* DRiZ **1978** 205.

[48] *Kleinknecht/Meyer*[37] 10; *Eb. Schmidt* 8, Nachtr. I 2 und Arzt im Strafrecht 66.

[49] KMR-*Paulus* 7; *Dallinger* JZ **1953** 436; *Lenckner* NJW **1965** 322.

[50] BayObLGSt **10** (1910) 241; *Eb. Schmidt* 11.

[51] LG Fulda SJZ **1950** 826; *Eb. Schmidt* 10; *Bosch* 82.

b) Personenkreis. Die Vorschrift gilt nur für die Geistlichen der christlichen Kirchen **20** und der anderen staatlich anerkannten, also öffentlich-rechtlichen Religionsgemeinschaften[52]. Andernfalls würde es an einem entscheidenden Merkmal für die Bestimmung des Begriffs Geistlicher fehlen und die nur auf öffentlich-rechtlichen Gründen beruhende Vorzugsstellung, die §53 Abs. 1 Nr. 1 gewährt, ohne Grund auf andere Personen ausgedehnt werden (*Eb. Schmidt* 9).

c) Umfang des Zeugnisverweigerungsrechts. Nach §53 Abs. 1 Nr. 1 dürfen die **21** Geistlichen über das, was ihnen in ihrer Eigenschaft als Seelsorger (nicht, wie die Vorschrift bis 1953 lautete, „in Ausübung der Seelsorge") anvertraut oder bekanntgeworden ist (dazu oben Rdn. 13 ff), das Zeugnis verweigern. Hierunter fällt alles, was sie bei der Ausübung der Seelsorge wahrgenommen haben. Das ist bei der Beichte nicht nur deren Inhalt, sondern schon die Tatsache des Beichtgangs (RG JW **1928** 2142 mit Anm. *Mezger*). Auch was dem Geistlichen bei Hausbesuchen in Ausübung seelsorgerischer Betreuung oder bei Sühneversuchen zwischen Eheleuten oder anderen Familienmitgliedern anvertraut oder bekanntgeworden ist, braucht er nicht zu offenbaren[53].

Das Zeugnisverweigerungsrecht erstreckt sich jedoch nicht auf Tatsachen, die **22** dem Geistlichen **sonst,** auch in amtlicher Eigenschaft, z. B. als Vertreter seiner Kirchengemeinde bei Vermögenserwerb für die Kirche, aus karitativer, fürsorgerischer oder erzieherischer Tätigkeit oder beim Gang zur Ausübung der Seelsorge **bekanntgeworden** sind[54]. Das gilt insbesondere für Kenntnisse, die der Geistliche bei einer Tätigkeit als Vermittler zwischen einem Erpresser und seinem Opfer oder sonst aufgrund des Ansinnens eines Rechtsbrechers, ihm bei der Sicherung des Verbrechenserfolges behilflich zu sein, erlangt hat[55]. Die seelsorgerische Tätigkeit kann gelegentlich mit anderen Aufgaben des Geistlichen zusammentreffen. So kann ein Hausbesuch gleichzeitig Krankenbesuch und seelsorgerische Betreuung sein. Wenn dann eine Trennung nicht möglich ist, darf der Geistliche das Zeugnis verweigern.

Die **Unterscheidung** kann im einzelnen zweifelhaft sein. Der Geistliche hat sie **23** nach pflichtgemäßem Ermessen zu treffen (RGSt **54** 40). Allerdings ist seine Ansicht nicht entscheidend; es kommt auf die objektive Sach- und Rechtslage an. Das Gericht wird im allgemeinen aber keinen Anlaß haben, der Entscheidung des Geistlichen nicht zu folgen[56]. Die Anwendung des §56 wird nur ganz ausnahmsweise in Betracht kommen (oben Rdn. 12).

2. Verteidiger (Absatz 1 Nr. 2)

a) Personenkreis. Rechtsanwälte haben ein Zeugnisverweigerungsrecht schon **24** nach §53 Abs. 1 Nr. 3. Der Anwendungsbereich des §53 Abs. 1 Nr. 2 erstreckt sich auf die anderen Wahl- und Pflichtverteidiger. Außer den Hochschullehrern (§138 Abs. 1) erfaßt die Vorschrift die nach §138 Abs. 2 zur Verteidigung zugelassenen Personen, die

---

[52] KK-*Pelchen* 11; *Kleinknecht/Meyer*[37] 12; KMR-*Paulus* 7; *Eb. Schmidt* 9; *Dalcke/Fuhrmann/Schäfer* 3; *Göhler* §59, 31 B a; *Feisenberger* 6; *Henkel* 207 Fußn. 3; *Leonhard* ZStW **26** (1906) 430; *Wach* GerS **66** (1905) 18; **a. A** *Peters* §42 III 2 c bb α, der als Geistliche alle Religionsdiener ansieht, denen unter Heraushebung aus der Gemeinde das Amt des religiösen Vollzugs anvertraut ist.

[53] *Dalcke/Fuhrmann/Schäfer* 4; **a. A** OLG Nürnberg FamRZ **1963** 261 mit abl. Anm. *Bosch.*

[54] *Kleinknecht/Meyer*[37] 12; KK-*Pelchen* 12; KMR-*Paulus* 8; *Costa* MDR **1953** 578; *Dallinger* JZ **1953** 436; **a. A** *Peters* §42 III 2 c bb α, der nur die Vermögensverwaltung ausnehmen will; vgl. auch *Schneider* DR **1937** 332.

[55] *Kleinknecht/Meyer*[37] 12; KK-*Pelchen* 12; *Hass* SchlHA **1973** 164.

[56] KK-*Pelchen* 12; KMR-*Paulus* 8; *Bosch* 8; *Dallinger* JZ **1953** 436; ebenso *Kleinknecht/Meyer*[37] 12 für Grenzfälle.

Hans Dahs

Referendare, denen die Verteidigung nach § 139 übertragen worden ist, ferner auch die nach § 142 Abs. 2 bestellten Referendare[57]. Die Vorschrift gilt für die Verteidiger in Strafprozessen und allen anderen rechtlich geordneten Verfahren, z. B. OWi-Verfahren, Disziplinarverfahren, berufsgerichtlichen Verfahren. Gemeint ist nicht nur der gegenwärtige oder frühere Verteidiger des Beschuldigten, in dessen Strafverfahren die Vernehmung stattfinden soll, sondern auch der als Zeuge benannte Verteidiger eines anderen Beschuldigten. Die Worte „des Beschuldigten" in § 53 Abs. 1 Nr. 2 sind daher irreführend; sie besagen nur, daß Gegenstand der Zeugenaussage des Verteidigers Tatsachen sein müssen, die er bei der Verteidigung irgendeines Beschuldigten erfahren hat[58]. Die Befreiung von der Zeugenpflicht setzt nicht voraus, daß die Verteidigung tatsächlich geführt worden ist; die Wahl oder die Bestellung zum Verteidiger genügt[59].

25   **b) Umfang des Zeugnisverweigerungsrechts.** Der Verteidiger kann die Aussage über alle Tatsachen verweigern, die ihm im Zusammenhang mit seiner Beauftragung als Wahlverteidiger oder Bestellung als Pflichtverteidiger anvertraut oder bekanntgeworden sind (dazu oben Rdn. 13 ff). Dazu müssen wegen des notwendigen Vertrauensverhältnisses zwischen Klient und Verteidiger auch die Kenntnisse gerechnet werden, die er bei sogenannten „Anbahnungsgesprächen" im Vorfeld seiner erwogenen Wahl oder amtlichen Bestellung erhält. Dabei ist es nicht entscheidend, ob es tatsächlich zu einer Verteidigerbestellung kommt. Ist der Beschuldigte, in dessen Verfahren der Verteidiger als Zeuge aussagen soll, der Mandant, so wird die Ausübung des Aussageverweigerungsrechts praktisch zur Pflicht[60]. Was der Verteidiger nur gelegentlich der Berufsausübung, aber nicht in seiner Eigenschaft als Verteidiger irgendeines Beschuldigten erfährt, fällt nicht unter das Zeugnisverweigerungsrecht. Dieses Recht entfällt im übrigen, wenn der Beschuldigte den Verteidiger von seiner Schweigepflicht entbindet (§ 53 Abs. 2). Auch das Wissen, das der Verteidiger durch eigene Beteiligung an einer Straftat erhält, ist nicht geschützt[61].

26   Eine **Verwirkung** des Zeugnisverweigerungsrechts wegen Mißbrauchs wird im Gegensatz zur Verwirkung der Beschlagnahmefreiheit nach § 97 (vgl. dort Rdn. 45) nicht eintreten können[62]. Um Mißbräuche zu verhindern, genügt es, den Verteidiger zu verpflichten, über diejenigen Tatsachen auszusagen, die ihm ohne Zusammenhang mit seiner Wahl oder Bestellung anvertraut oder bekanntgeworden sind. Ohne Konnex mit der Verteidigerbestellung kann kein Zeugnisverweigerungsrecht bestehen, sonst würde man auch dem Beschuldigten das Recht einräumen, einen Belastungszeugen dadurch auszuschalten, daß er ihn zum Verteidiger wählt; im übrigen wird das Gericht Mißbräuchen mit den Mitteln der §§ 138, 138 a entgegentreten können.

3. Rechtsanwälte, Patentanwälte, Notare, Wirtschaftsprüfer, vereidigte Buchprüfer, Steuerberater, Steuerbevollmächtigte (Absatz 1 Nr. 3)

27   **a) Personenkreis.** Rechtsanwalt ist, wer nach § 12 BRAO als Rechtsanwalt bei einem deutschen Gericht zugelassen ist; auf ausländische Rechtsanwälte bezieht sich

[57] KMR-*Paulus* 9; KK-*Pelchen* 14; *Eb. Schmidt* 13; *Kohlhaas* GA **1958** 66; *Welp* FS Gallas 394 Fußn. 15.

[58] KK-*Pelchen* 14; *Kleinknecht/Meyer*[37] 13; KMR-*Paulus* 9; *Eb. Schmidt* 13; *Kohlhaas* GA **1958** 70; *Welp* FS Gallas 398.

[59] *Kleinknecht/Meyer*[37] 13; KMR-*Paulus* 9; KK-*Pelchen* 13; *Eb. Schmidt* 13.

[60] So mit Recht *Welp* FS Gallas 404 ff, der

aber dasselbe zu Unrecht auch für den Fall annimmt, daß es sich um den Verteidiger eines anderen Beschuldigten handelt.

[61] KK-*Pelchen* 14; KMR-*Paulus* 10; *Kleinknecht/Meyer*[37] 13.

[62] *Kleinknecht/Meyer*[37] 13; a. A *Bringewat* NJW **1974** 1740; dagegen *Krämer* BB **1975** 1225.

§ 53 Abs. 1 Nr. 3 nicht. Dem Rechtsanwalt stehen gleich der nach § 53 BRAO amtlich bestellte Vertreter, auch wenn er noch Referendar ist (*Eb. Schmidt* 14), und der nach § 55 BRAO zum Abwickler der Kanzlei eines verstorbenen Rechtsanwalts Bestellte. Patentanwälte sind die nach § 19 der Patentanwaltsordnung vom 7. 9. 1966 (BGBl. I 557) zur Patentanwaltschaft zugelassenen Personen. Notar ist, wer nach § 3 der Bundesnotarordnung (BNotO) vom 24. 2. 1961 (BGBl. I 98) zur hauptberuflichen Amtsausübung oder als Anwaltsnotar bestellt ist; ihm steht der Notarassessor (§ 7 BNotO) gleich. Die öffentliche Bestellung zum Wirtschaftsprüfer erfolgt nach § 15 der Wirtschaftsprüferordnung i. d. F. vom 5. 11. 1975 (BGBl. I 2803). Vereidigter Buchprüfer ist nach § 128 Abs. 1 der Wirtschaftsprüferordnung, wer nach den Vorschriften dieses Gesetzes als solcher anerkannt ist. Für die Bestellung zum Steuerberater und Steuerbevollmächtigten sind die §§ 40, 42 des Steuerberatungsgesetzes i. d. F. vom 4. 11. 1975 (BGBl. I 2735) maßgebend.

b) Umfang des Zeugnisverweigerungsrechts. Die Befreiung der Rechtsanwälte **28** und der anderen in § 53 Abs. 1 Nr. 3 bezeichneten Personen erstreckt sich auf alles, was ihnen bei der Ausübung des Berufs, nicht nur von ihren Mandanten, anvertraut und was ihnen bekanntgeworden (dazu oben Rdn. 13 ff) ist[63], gleichgültig, ob sie es in einer Strafsache, Zivilsache oder in einer anderen Rechtsangelegenheit erfahren haben. Dazu wird man auch Erkenntnisse aus der Phase der Anbahnung des Mandats zu rechnen haben (arg. ex BGH NStZ **1985** 372 mit Anm. *Rogall*). Ein Rechtsanwalt, der bei einer notariellen Beurkundung zur Unterstützung bei Interpretation und Formulierung zugezogen wird, ist in einem nachfolgenden Strafverfahren wegen Betruges zwischen den Vertragsparteien verweigerungsberechtigt (OLG Hamm GA **1969** 220). Nicht erfaßt werden dagegen Kenntnisse, die der Rechtsanwalt und die anderen Weigerungsberechtigten in der Eigenschaft als Aufsichtsratmitglied einer Firma erlangt haben (OLG Celle NJW **1983** 1573); gleiches gilt für Mitglieder von Beiräten u. ä. Nicht in anwaltlicher Eigenschaft sind auch Tatsachen bekanntgeworden, die Rechtsanwälte als Vermittler zwischen einem Erpresser und dessen Opfer erfahren haben (*Hass* NJW **1972** 1081). Führt ein Steuerberater oder Steuerbevollmächtigter die Buchhaltung seines Klienten, sollen auch die dabei erhaltenen Informationen nicht dem Zeugnisverweigerungsrecht unterliegen (LG Berlin NJW **1977** 725); anders wird es sein, wenn die Buchführung mit der Steuerberatung verbunden und deshalb in das Vertrauensverhältnis einbezogen ist.

4. Ärzte, Zahnärzte, Apotheker und Hebammen (Absatz 1 Nr. 3)
a) Personenkreis. Arzt ist jeder, der im Inland als Arzt approbiert ist (§ 3 BÄO) **29** oder nach § 2 Abs. 2 oder 3 BÄO zur vorübergehenden Ausübung des ärztlichen Berufs berechtigt ist. Die nur im Ausland approbierten Ärzte fallen nicht unter § 53 Abs. 1 Nr. 3[64]. Tierärzte sind nicht gemeint (vgl. oben Rdn. 4). Zahnarzt ist, wer nach § 1 des Gesetzes über die Ausübung der Zahnheilkunde vom 31. 1. 1952 (BGBl. I 221) als Zahnarzt bestallt ist oder die Erlaubnis zur vorübergehenden Ausübung der Zahnheilkunde besitzt; Apotheker, wer als Apotheker approbiert oder nach § 2 Abs. 2 der Bundes-Apothekerordnung vom 5. 6. 1968 (BGBl. I 601), zuletzt geändert durch Gesetz v. 13. 8. 1982 (BGBl. I 1138), zur vorübergehenden Ausübung des Apothekerberufs ermächtigt ist; Hebamme, wer nach § 6 des Hebammengesetzes vom 21. 12. 1938 (RGBl. I

---

[63] OLG Koblenz NStZ **1985** 426 ff; Zur Rechtslage bei den Notaren vgl. *Amelung* DNotZ **1984** 195, 205.

[64] *Rothschild* GA **45** (1897) 418; a. A *Auerbach* JW **1902** 381.

Hans Dahs

1893) als Hebamme anerkannt ist. Die Heilberufe, deren Angehörige zur Verweigerung des Zeugnisses berechtigt sind, führt § 53 Abs. 1 Nr. 3 abschließend auf. Heilpraktiker, Naturheilkundige, Krankenpfleger und Psychologen haben kein Zeugnisverweigerungsrecht (vgl. auch oben Rdn. 3 ff).

30   **b) Umfang des Zeugnisverweigerungsrechts.** Das Zeugnisverweigerungsrecht der Angehörigen der Heilberufe erstreckt sich auf alles, was ihnen bei der Anbahnung des Beratungs- und Behandlungsverhältnisses (BGH NStZ **1985** 372 mit Anm. *Rogall*), bei der Untersuchung oder Heilbehandlung unmittelbar oder mittelbar anvertraut oder bekanntgeworden ist (oben Rdn. 13 ff). Dazu gehören auch der Name des Patienten[65] und die Begleitumstände seiner Aufnahme (BGH NStZ **1985** 372). Auf welche Weise der Arzt mit dem Patienten befaßt worden ist, ob dieser ihn freiwillig aufgesucht hat, ob der Arzt zu ihm gerufen worden ist, ob ein anderer ihn herbeigerufen oder ob der Arzt ungerufen Hilfe geleistet hat, spielt keine Rolle (*Bockelmann* 37). Das Zeugnisverweigerungsrecht haben auch die Truppenärzte, wenn und soweit sich zwischen ihnen und den Soldaten ein persönlicher, durch das ärztliche Berufsgeheimnis abgeschirmter Vertrauenskreis gebildet hat[66], und unter denselben Voraussetzungen die im Justizvollzug tätigen Ärzte[67]. Amtsärzte sind ebenfalls zur Verweigerung des Zeugnisses über die ihnen zwar nicht anvertrauten, aber in ihrer beruflichen Eigenschaft bekanntgewordenen Tatsachen berechtigt[68]. Es ist nicht möglich, durch Vereinbarung Tatsachen in den Bereich des § 53 Abs. 1 Nr. 3 einzubeziehen, die ihrer Natur nach nicht hineingehören[69]. Wird die ärztliche Vertrauensperson zu Straftaten mißbraucht, so ist der Arzt zum Schweigen nicht verpflichtet (LG Köln NJW **1959** 1598).

31   **c) Ärztliche Sachverständige.** Ärzte, die von einer Strafverfolgungsbehörde oder einem Gericht zum Sachverständigen bestellt und mit Untersuchungen und der Erstattung eines Gutachtens für die Zwecke der Strafverfolgung beauftragt werden, nehmen im Verhältnis zum Untersuchten eine Sonderstellung ein. Ziel ihrer Tätigkeit ist nicht die Entwicklung einer wie auch immer gearteten Therapie zum Zwecke der „Heilung" eines Patienten, sondern nur die Ermittlung einer Diagnose und ggf. einer Prognose als Hilfsmittel für eine strafrechtliche Entscheidung. Mit einer solchen Aufgabe erfüllen sie eine gegenständlich und zeitlich begrenzte Funktion innerhalb der Strafrechtspflege, ohne daß es darauf ankommt, ob die zu untersuchende Person (Beschuldigter oder Zeuge) sich freiwillig mit der Untersuchung bzw. Begutachtung einverstanden erklärt oder diese aufgrund gesetzlicher Anordnung oder ihrer Vollstreckung (§§ 80, 81 a, 81 c) nur geduldet hat[70]. Tatsachen (Befund- und Zusatztatsachen – § 76, 2 ff, 21), die der ärztliche Gutachter im Zusammenhang mit der Erfüllung des verfahrensrechtlichen Auftrages in Erfahrung bringt, können nicht vom Zeugnisverweigerungsrecht des § 53 Abs. 1

---

[65] OLG Oldenburg NJW **1982** 2615; LG Köln NJW **1959** 1598; LG Karlsruhe StrVert. **1983** 144 mit Anm. *Kreuzer; Kleinknecht/Meyer*[37] 18; *Schönke/Schröder/Lenckner* § 203, 7; *Lenckner* Arzt und Recht 172; *Eb. Schmidt* Der Arzt im Strafrecht S. 28; *Laufs* Arztrecht 270, 283; *Becker* MDR **1974** 891.

[66] BDiszH NJW **1963** 409 = JR **1963** 413 mit Anm. *Eb. Schmidt;* ferner *Eb. Schmidt* Nachtr. I 3.

[67] *Kleinknecht/Meyer*[37] 19; KMR-*Paulus* 15;

Hass SchlHA **1973** 42; *Marx* GA **1983** 160; *Rengier* 16; *Zieger* StrVert. **1981** 559.

[68] BGHZ 40 293 = NJW **1964** 451; *Kleinknecht/Meyer*[37] 19; KMR-*Paulus* 15; *Dreher/Tröndle* § 203, 8; vgl. auch *C. Müller* NJW **1966** 1152 einschränkend *Jakobs* JR **1982** 361.

[69] *Hass* NJW **1972** 1081; *Kleinknecht/Meyer*[37] 19.

[70] BGHZ 40 296 = NJW **1964** 451; *Bockelmann* 38 nimmt bei freiwilliger Duldung eine Entbindung von der Schweigepflicht an.

Nr. 3 umfaßt sein[71]. Das gilt auch, wenn es sich bei dem Sachverständigen um einen pri- **31a** vat praktizierenden Arzt handelt[72].

Die Beziehung zwischen dem **Arzt** als **Hilfsperson der Strafrechtspflege** und dem Untersuchten ist rechtlich eine andere als das Verhältis zwischen dem von ihm in Anspruch genommenen Arzt seines Vertrauens[73]. So klar diese Situation aus rechtlicher Sicht ist, so schwierig kann sie in der Praxis werden, wenn die Position des ärztlichen Gutachters gegenüber dem Untersuchten nicht klargestellt worden ist und dieser irrig auf eine Schweigepflicht des Arztes vertraut. Da mit dem Berufsbild des Arztes in der Realität generell ein besonderes Vertrauensverhältnis verbunden wird (so zutr. *Kühne* JZ **1981** 648), muß der Sachverständige oder die ihn bestellende Behörde zuvor den Probanden darüber aufklären, daß eine Schweigepflicht und ein Zeugnisverweigerungsrecht nicht bestehen und alle Erkenntnisse des Gutachters der beauftragenden Behörde übermittelt werden. Beruft sich ein Verfahrensbeteiligter darauf, daß Informationen nur wegen eines Irrtums über die Funktion des ärztlichen Sachverständigen erteilt worden seien, muß diese Frage in tatsächlicher Hinsicht vom Gericht aufgeklärt werden (*Kühne* JZ **1981** 649 f). Ist das behauptete ärztliche Vertrauensverhältnis nicht widerlegbar, muß von Schweigepflicht (§ 203 Abs. 1 Nr. 1 StGB) und Zeugnisverweigerungsrecht (§ 53 Abs. 1 Nr. 3) ausgegangen werden. Das Zeugnisverweigerungsrecht gilt auch für Mitteilungen des Untersuchten gegenüber dem Sachverständigen aus früherer Behandlung (*Bockelmann* 45) und solche, die mit dem Gutachten in keinem Zusammenhang stehen und bei denen die Annahme geboten ist, daß sie unter der Voraussetzung der Geheimhaltung gemacht und empfangen worden sind[74].

5. Mitglieder oder Beauftragte von Schwangerschaftsberatungsstellen oder -begutachtungsstellen (Absatz 1 Nr. 3 a)

Dieses Zeugnisverweigerungsrecht knüpft nicht an eine bestimmte Berufsgruppe an, **31b** sondern schützt die Beratungsstelle als Institution (vgl. i. e. *Rengier* 25 ff). Sie muß allerdings „öffentlich" anerkannt sein (§ 218 b Abs. 2 Nr. 1 StGB).

a) Personenkreis. Mitglieder dieser Stellen sind außer dem Leiter alle Personen, **32** die zu ihnen in einem haupt- oder nebenamtlichen Dienstverhältnis stehen. Beauftragte sind alle anderen Personen, die mit der Wahrnehmung von Aufgaben der Stellen betraut sind (vgl. § 11 Abs. 1 Nr. 2 c StGB). Ob es sich dabei um Einzelaufträge handelt oder ob die Mitarbeit regelmäßig, aber ohne Anstellung erfolgt, spielt keine Rolle. Das Zeugnisverweigerungsrecht haben aber nur die unmittelbar mit der Beratung oder Begutachtung von Schwangeren befaßten Personen, in erster Hinsicht also Ärzte, Psychologen

---

[71] Das entspricht fast einhelliger Ansicht; BGHZ 40 294 ff = NJW **1964** 451; RGSt **61** 384; **66** 274 = NJW **1932** 3355 mit Anm. *Lehmann*; OGHSt **3** 63; OLG Hamm NJW **1968** 1202 = VRS **35** 32; OLG Schleswig SchlHA **1954** 25; KK-*Pelchen* 19; KMR-*Paulus* 16; *Eb. Schmidt* 16 und Arzt im Strafrecht 33; *Jessnitzer* 156 ff; *Dalcke/Fuhrmann/Schäfer* 16; *Dreher/Tröndle* [42] § 203, 7; LK-*Mösl* [9] § 300 StGB a. F., 12; *Schönke/Schröder/Lenckner* § 203, 16; *Henkel* 220 Fußn 3; *Bockelmann* 37; *Hass* SchlHA **1973** 43; *Kohlhaas* GA **1958** 73; *Kühne* JZ **1981** 647; *Rengier*

270 f; **a. A** *Frey* FS Pfenninger 53 ff; *Krauß* 110 für den Bereich außerhalb der Befundtatsachen.

[72] *Kohlhaas* DRiZ **1959** 246; DAR **1968** 74; **a. A** *Hiendl* NJW **1958** 2101.

[73] Dazu *Eb. Schmidt* 16; *Hiendl* NJW **1958** 2101; *Lehmann* JW **1932** 3356; **a. A** KMR-*Paulus* 18 für den Fall, daß eine Doppelbeziehung zwischen Gutachter und Proband entsteht; vgl. auch *Krauß* 81 ff.

[74] RGSt **61** 384; KK-*Pelchen* 19; KMR-*Paulus* 17; *Eb. Schmidt* 16; *Lenckner* Arzt und Recht 191.

und Sozialarbeiter, daneben auch Seelsorger, Juristen und Fachkräfte anderer Disziplinen (*Rengier* 28). Für das sonstige Personal der Beratungs- und Begutachtungsstellen gilt § 53 a.

33   **b) Umfang des Zeugnisverweigerungsrechts.** Die in § 53 Abs. 1 Nr. 3 a genannten Personen dürfen das Zeugnis über alle ihnen in ihrer Eigenschaft als Mitglieder oder Beauftragte der Begutachtungs- oder Beratungsstellen anvertrauten oder bekanntgewordenen Tatsachen (oben Rdn. 13 ff) verweigern. Um unmittelbar mit der Schwangerschaft zusammenhängende Tatsachen braucht es sich nicht zu handeln; denn die Tätigkeit der Beratungsstellen umfaßt die Lebensumstände der Schwangeren in vollem Umfang.

6. Abgeordnete (Absatz 1 Nr. 4)

34   **a) Allgemeines.** Das Zeugnisverweigerungsrecht der Abgeordneten dient der Erfüllung ihrer staatspolitischen Aufgaben, insbesondere der Kontrolle von Regierung und Verwaltung (vgl. i. e. *Rengier* 30 ff). Da schon Art. 47 Satz 1 GG die Mitglieder des Deutschen Bundestages zur Verweigerung des Zeugnisses berechtigt, hat § 53 Abs. 1 Nr. 4 insoweit nur deklaratorische Bedeutung[75]. Für die Abgeordneten der Länderparlamente vereinheitlicht die Vorschrift die entsprechenden Bestimmungen der Länderverfassungen[76]. Angehörige einer Zweiten Kammer sind die Mitglieder des Bayerischen Senats. Das Zeugnisverweigerungsrecht der Mitglieder des Europäischen Parlaments folgt aus § 6 EuAbgG. Mitglieder einer durch das Bundesverfassungsgericht für verfassungswidrig erklärten Partei haben mindestens von der Zeit an, ab welcher rückwirkend der Beginn verfassungswidriger Tätigkeit festgestellt wurde, kein Zeugnisverweigerungsrecht nach § 53 Abs. 1 Nr. 4 (*Eb. Schmidt* Anh. 10). Damit entfällt aber, etwa wenn eine Partei sich erst später fehlentwickelt hat, nicht das Zeugnisverweigerungsrecht eines nicht mehr gewählten Abgeordneten aus legalen Zeiten über das ihm damals Anvertraute.

35   Auf die Verschwiegenheit des Abgeordneten besteht kein Anspruch. Er entscheidet nach freiem **Ermessen** darüber, ob er aussagen oder von seinem Zeugnisverweigerungsrecht Gebrauch machen will; das Parlament ist nicht befugt, ihm hierüber Weisungen zu erteilen (*Maunz/Dürig/Herzog* Art. 47, 4 ff). Die Pflicht des Zeugen, auf Verlangen das Bestehen seines Aussageverweigerungsrechts glaubhaft zu machen (§ 56), besteht auch für die Abgeordneten (*Maunz/Dürig/Herzog* Art. 47, 13).

36   **b) Umfang des Zeugnisverweigerungsrechts.** Das Zeugnisverweigerungsrecht bezieht sich nicht nur auf Tatsachen, sondern auch auf Personen, d. h. auf die Namen der Gewährsleute des Abgeordneten und der Empfänger von Geheimnissen[77]. Über Tatsachen darf der Abgeordnete die Aussage nur verweigern, wenn sie ihm im Zusammenhang mit seiner Abgeordnetentätigkeit anvertraut worden sind. Was er als Privat- oder Geschäftsmann erfahren hat, muß er offenbaren. Von wem der Abgeordnete sein Wissen hat, ist für die Anwendung des § 53 Abs. 1 Nr. 4 gleichgültig. Sein Gewährsmann kann auch ein anderer Abgeordneter, ein Regierungsvertreter oder ein Beamter (*Rengier* 33) sein (KMR-*Paulus* 21). Ebenso wie die Angehörigen der in § 53 Abs. 1 Nr. 1 bis 3 a genannten Berufsgruppen dürfen Abgeordnete das Zeugnis nicht nur über die ihnen

---

[75] KK-*Pelchen* 22; KMR-*Paulus* 20; *Eb. Schmidt* 9; *Dallinger* JZ **1953** 436.
[76] *Dallinger* JZ **1953** 436; *Heitzer* NJW **1952** 89.

[77] KMR-*Paulus* 21; KK-*Pelchen* 23; *Eb. Schmidt* 11; *Rengier* 33.

anvertrauten (vgl. oben Rdn. 13 ff), sondern auch über die ihnen in ihrer Abgeordneten-eigenschaft bekanntgewordenen (vgl. oben Rdn. 15) Tatsachen verweigern; ihr Zeugnis-verweigerungsrecht ist gegenüber den anderen Berufen nicht eingeschränkt. In § 53 Abs. 1 Nr. 4 wurden bei der Gesetzesänderung von 1953 nur deswegen nicht auch die Worte „oder bekanntgeworden" aufgenommen, weil der Wortlaut der Vorschrift mit Art. 47 Satz 1 GG übereinstimmen sollte. Das Zeugnisverweigerungsrecht bezieht sich daher auch auf Tatsachen, die nicht vertraulich sind[78]. Anvertraut sind die Tatsachen dem Abgeordneten auch dann, wenn sie später durch eine Indiskretion öffentlich be-kannt werden[79]. Das Weigerungsrecht dauert über die Abgeordnetentätigkeit hinaus (oben Rdn. 16), erstreckt sich aber nur auf das, was der Abgeordnete während der Man-datszeit erfahren hat[80]. Wie sich aus dem Umkehrschluß aus § 53 Abs. 2 ergibt, kann der Abgeordnete nicht durch Befreiung von der Schweigepflicht zur Aussage gezwungen werden[81]. Auch § 54 ist insoweit nicht anwendbar.[82]

7. Mitarbeiter von Presse und Rundfunk (Absatz 1 Nr. 5)

a) Allgemeines. Das im Jahre 1926 eingeführte und 1953 auf die Mitarbeiter des **37** Rundfunks ausgedehnte Zeugnisverweigerungsrecht für Presseangehörige war in mehrfacher Hinsicht eingeschränkt. (Zur Entstehungsgeschichte *Gross* FS Schiedermair 223 ff). Es erstreckte sich nur auf Veröffentlichungen strafbaren Inhalts (Presseinhalts-delikte), konnte nur geltend gemacht werden, wenn der Redakteur oder ein für die Sen-dung Verantwortlicher wegen der Veröffentlichung bereits bestraft worden war oder wenn seiner Bestrafung keine Hindernisse entgegenstanden (Garantenhaftung), und be-rechtigte nur zur Verweigerung der Angaben über die Person des Verfassers, Einsen-ders oder Gewährsmanns, nicht jedoch über den Inhalt der von ihnen zur Verfügung ge-stellten Beiträge, Mitteilungen und Unterlagen. Ein weitergehendes Zeugnisverweige-rungsrecht sahen die meisten der nach 1945 erlassenen Landespressegesetze vor[83]. So-weit sie sich auf das Strafverfahren beziehen, sind diese Vorschriften aber wegen Versto-ßes gegen Art. 72 Abs. 1 GG unwirksam[84]. Da andererseits die Regelung der Strafpro-zeßordnung allgemein als unbefriedigend empfunden wurde, ist durch die Gesetzesän-derung von 1975 das Zeugnisverweigerungsrecht für die Mitarbeiter von Presse und Rundfunk in Anlehnung an die Pressegesetze der Länder beträchtlich erweitert wor-den[85]. Die Mitarbeiter von Presse und Rundfunk, die bei der Vorbereitung, Herstel-lung oder Verbreitung von periodischen Druckwerken und Rundfunksendungen be-rufsmäßig mitwirken oder mitgewirkt haben, sind nunmehr uneingeschränkt zur Ver-weigerung des Zeugnisses berechtigt. Sie haben das Zeugnisverweigerungsrecht auch dann, wenn die Aussage der Aufklärung schwerer Straftaten dienen soll. Den Vor-schlag, das Zeugnisverweigerungsrecht zu beschränken, wenn Gegenstand der Untersu-chung eine der in § 100 a aufgeführten Straftaten ist, hat der Gesetzgeber ausdrücklich abgelehnt (vgl. BTDrucks. 7 3118 S. 4). Demnach besteht das Zeugnisverweigerungs-recht selbst dann, wenn ein Schwerverbrecher einem Presseorgan Material über seine bisher nicht aufgeklärten Straftaten gegen hohe Bezahlung zur Veröffentlichung über-

---

[78] Anders *von Mangold/Klein* Art. 47 III 5 a.

[79] *Model/Müller* zu Art. 47 GG.

[80] *Maunz/Dürig/Herzog* Art. 47 GG, 7; *Kohl-haas* GA 1958 71.

[81] *Kleinknecht/Meyer*[37] 23; anders *Maunz/Dü-rig/Herzog* Art. 47 GG, 6.

[82] *Kleinknecht/Meyer*[37] 23; KMR-*Paulus* 21; KK-*Pelchen* 25.

[83] Bayern: § 12 LPG; Berlin: § 18 Abs. 1 LPG;

Hamburg, Hessen: § 22 LPG; Nordrhein-Westfalen: § 24 LPG; übrige Länder: § 23 Abs. 1 LPG; Gesetzesnachweise bei § 111 m.

[84] BVerfGE 36 193 = NJW 1974 356; BVerf-GE 36 314 = NJW 1974 743.

[85] Allgemein zum neuen Recht: *Gross* NJW 1975 1763; *Kunert* MDR 1975 885; *Delitz* AfP 1976 106; *Gehrhardt* MDR 1976 461; *Löffler* NJW 1978 913; *Rengier* 37 ff.

Hans Dahs

gibt[86], oder wenn ein Terrorist gegen Honorar ein Interview gibt, in dem er Geiselnahmen für den Fall ankündigt, daß die Behörden seine Forderungen nicht erfüllen[87]. Anders kann es bei sog. „Bekenneranrufen" oder „Bekennerbriefen" sein (BVerfG NStZ **1982** 253).

38   Der **Schutz des Vertrauensverhältnisses** zwischen Presse und privaten Informanten gehört zur verfassungsrechtlich (Art. 5 Abs. 1 Satz 2 GG) verbürgten Pressefreiheit (BVerfGE **36** 204 = NJW **1974** 358). Das Zeugnisverweigerungsrecht dient daher nicht in erster Hinsicht dem Schutz des Verfassers, Einsenders und Gewährsmanns, sondern der im öffentlichen Interesse liegenden Tätigkeit von Presse und Rundfunk[88]. Eine Entbindung von der Schweigepflicht kann, wie sich aus § 53 Abs. 2 ergibt, nicht wirksam erfolgen. Andererseits hat der Informant keinen Rechtsanspruch darauf, daß der Presse-oder Rundfunkmitarbeiter von seinem Zeugnisverweigerungsrecht Gebrauch macht[89].

b) Personenkreis

39   **aa) Periodische Druckwerke.** Das Recht zur Zeugnisverweigerung steht nicht allen Mitarbeitern von Pressebetrieben, sondern nur denjenigen zu, die bei der Herstellung und Verbreitung periodischer Druckwerke mitwirken oder mitgewirkt haben. Periodische Druckwerke sind nach der im wesentlichen übereinstimmenden Legaldefinition fast aller Landespressegesetze[90] Zeitungen, Zeitschriften und andere Druckwerke, die in ständiger, wenn auch unregelmäßiger Folge und im Abstand von nicht mehr als sechs Monaten erscheinen. Diese Begriffsbestimmung kann für § 53 Abs. 1 Nr. 5 übernommen werden. Sie läßt aber einige Fragen offen. So kann zweifelhaft sein, welche Druckwerke außer Zeitungen und Zeitschriften[91] zu der periodischen Presse zählen. Nach allgemeiner Ansicht fallen darunter auch regelmäßig erscheinende Plakate[92], nicht jedoch Druckwerke, die zwar regelmäßig erscheinen, deren einzelnen Exemplaren aber Abgeschlossenheit und Selbständigkeit fehlen, wie z. B. Fortsetzungslieferungen von Loseblattausgaben, Konversationslexika und Entscheidungssammlungen[93]. Auch Druckwerke, die zwar regelmäßig erscheinen, denen aber die Gleichartigkeit fehlt, wie z. B. Taschenbuchreihen, gehören nicht zu den periodischen Druckwerken[94]. Bei allen periodisch erscheinenden Druckwerken sind Auflagenhöhe, Aktualität, Mannigfaltigkeit des Inhalts und öffentliches Erscheinen ohne Bedeutung. Auch Familien- und Vereinszeitungen, Kurszettel und ähnliche periodische Verzeichnisse fallen darunter[95]. Zum Wesen eines periodischen Druckwerks gehört nicht, daß sein Erscheinen auf unabsehbare Zeit geplant ist, daß also die Absicht „ewiger Wiederkehr" besteht; es genügt, daß die Erscheinungsdauer nicht von vornherein begrenzt ist[96]. Zeitschriften, die

[86] *Rebmann/Ott/Storz* Vor § 23 LPG, 17 halten das für unerträglich; Bedenken auch bei KK-*Pelchen* 44.

[87] Vgl. dazu *Kunert* MDR **1975** 888; dagegen *Gehrhardt* MDR **1978** 462; zweifelnd KK-*Pelchen* 44.

[88] BVerfGE **20** 176; KK-*Pelchen* 27; KMR-*Paulus* 25; *Rebmann/Ott/Storz* § 23 LPG, 18; *Möhl* 100 ff.

[89] *Kleinknecht/Meyer*[37] 26; *Rebmann/Ott/Storz* § 23 LPG, 19; *Scheer* § 23 LPG, A IV.

[90] Hessen: § 4 Abs. 3 LPG; Rheinland-Pfalz: § 7 Abs. 3 LPG; übrige Länder außer Bayern: § 7 Abs. 4 LPG; Gesetzesnachweise bei § 111 m.

[91] Zu diesen Begriffen vgl. *Löffler*[3] I § 7 LPG, 17 ff; *Scheer* § 7 LPG, D I und II.

[92] *Löffler*[3] I § 7 LPG, 74 und 78; *Rebmann/Ott/Storz* § 7 LPG, 29.

[93] *Löffler*[3] I 77; *Rebmann/Ott/Storz* 31; vgl. aber auch *Scheer* III und IV; alle zu § 7 LPG.

[94] *Löffler*[3] I 78; *Rebmann/Ott/Storz* 31; *Scheer* III; alle zu § 7 LPG.

[95] *Löffler*[3] I § 7 LPG, 79.

[96] *Löffler*[3] I § 7 LPG, 75; a. A RGSt **14** 279; *Rebmann/Ott/Storz* § 7 LPG, 30; *Scheer* § 7 LPG, IV 1.

nur für begrenzte Dauer, wenn auch wiederkehrend, erscheinen sollen (Messe- oder Wahlkampfzeitungen), sind keine periodischen Druckwerke. Regelmäßige Abstände zwischen dem Erscheinen, d. h. dem Beginn der öffentlichen Verbreitung (*Löffler*[3] I §7 LPG, 75) der einzelnen Druckwerke sind nicht erforderlich, sofern jedenfalls das wiederkehrende Erscheinen beabsichtigt ist (*Scheer* §7 LPG, IV 2). Gelegentliche Überschreitungen der Sechsmonatsfrist aus technischen oder anderen Gründen sind unschädlich, wenn sich aus den Ankündigungen in dem Druckwerk oder aus den bisherigen Gepflogenheiten der Wille des Herausgebers ergibt, das Druckwerk mindestens in Abständen von sechs Monaten erscheinen zu lassen[97].

bb) Rundfunksendungen. Der Begriff umfaßt den Hör- und Bildfunk; auch Mitar- **40** beiter an **Fernsehsendungen** sind daher zur Zeugnisverweigerung berechtigt[98], jedoch nicht die der Filmberichterstattung[99]. Gesetzlich (bisher) nicht geregelt ist die Frage eines Zeugnisverweigerungsrechtes der Mitarbeiter von **Bildschirmtextdiensten**. Dabei handelt es sich um neue Massenkommunikationsmittel, bei denen der Teilnehmer über das Fernsehgerät gedruckte oder graphisch dargestellte Informationen abrufen kann, die ihm über das Telefonnetz von Anbietern übermittelt werden. Das Angebot an reinen Informationen wird in erster Linie von Presse- und Rundfunkorganen stammen, evtl. aber auch von Banken, Börsen-, Immobiliendiensten u. a. Daneben bieten Bildschirmtextdienste aber auch wechselseitige Kommunikationen mit Wirtschaftsunternehmen an, z. B. Bestellungen auf Angebote von Versandhäusern, Erledigung von Bankgeschäften usw. Bei diesem Aktionsbereich des Bildschirmtextdienstes fehlen alle wesentlichen Merkmale, die ein Zeugnisverweigerungsrecht i. S. des §53 Abs. 1 Nr. 5 begründen könnten. Dagegen könnte – unter dem Vorbehalt der weiteren Entwicklung dieses neuen Mediums – die Tätigkeit im „reinen" Nachrichten- und Informationsdienst der redaktionellen Arbeit der Presse und des Rundfunks so nahestehen, daß nach Sinn und Zweck des Zeugnisverweigerungsrechtes dieses den entsprechend tätigen Mitarbeitern (Rdn. 42) – wie beim Fernsehen – nicht zu versagen sein wird.

cc) Berufsmäßige Mitwirkung. Das Zeugnisverweigerungsrecht setzt eine be- **41** rufsmäßige Mitwirkung des Zeugen bei der Herstellung oder Verbreitung des Druckwerks oder der Sendung voraus. Die Gesetzesfassung („oder mitgewirkt haben") stellt klar, daß das Recht bestehen bleibt, wenn der Zeuge aus dem Beruf ausscheidet. Über die in §53 Abs. 1 Nr. 5 aufgeführten Tatsachen, die er während seiner Berufstätigkeit erfahren hat, braucht er auch dann nicht auszusagen, wenn er nicht mehr Presse- oder Rundfunkmitarbeiter ist[100].

Der in Betracht kommende **Personenkreis** ist in §53 Abs. 1 Nr. 5 nicht im einzel- **42** nen aufgeführt, sondern durch die Bezeichnung seiner Funktionen umschrieben. Danach haben das Zeugnisverweigerungsrecht nicht nur die in erster Hinsicht an der Herstellung und Verbreitung beteiligten Journalisten, Intendanten, Sendeleiter und Archivare. Es steht vielmehr allen Angehörigen des redaktionellen, kaufmännischen und technischen Personals zu, die aufgrund ihrer beruflichen oder dienstlichen Stellung bei der Herstellung oder Verbreitung der Druckschrift oder Sendung in die Lage kommen, von der Person des Verfassers, Einsenders oder Gewährsmanns oder von dem Inhalt der Mit-

---

[97] KG GA 70 (1926) 81; *Löffler*[3] I §7 LPG, 76; *Rebmann/Ott/Storz* §7 LPG, 32.

[98] *Kleinknecht/Meyer*[37] 30; KK-*Pelchen* 30; KMR-*Paulus* 28; *Gross* FS Schiedermair 239; *Huppertz* 21; *Kunert* MDR **1975** 886.

[99] *Kleinknecht/Meyer*[37] 30; KK-*Pelchen* 30; KMR-*Paulus* 28; zweifelnd *Löffler* NJW **1978** 914.

[100] *Kleinknecht/Meyer*[37] 31; *Löffler*[3] I §23 LPG, 9.

Hans Dahs

teilung Kenntnis zu erlangen[101]. Ob sie in verantwortlicher oder untergeordneter Stellung tätig sind, spielt keine Rolle. Da demnach zu dem weigerungsberechtigten Personenkreis auch die Hilfspersonen (Stenotypistinnen, Boten, Hilfskräfte) gehören, brauchte § 53 Abs. 1 Nr. 5 in § 53 a nicht besonders erwähnt zu werden (vgl. *Löffler*[3] I § 23 LPG, 38). Eine feste Anstellung bei einem Pressebetrieb oder einer Rundfunkanstalt setzt das Zeugnisverweigerungsrecht nicht voraus. Es steht auch freiberuflich schaffenden Journalisten zu[102]. Auch diejenigen, die nur als Zeitungshändler, Zeitungsausträger, Betreiber von Lesezirkeln an der Verbreitung der periodischen Druckwerke mitwirken, haben ein Zeugnisverweigerungsrecht[103]. Allerdings werden ihnen bei dieser beruflichen Tätigkeit Pressegeheimnisse in der Regel nicht bekannt sein.

43   Daneben kommen aber auch Personen in Betracht, die nur **nebenberuflich** an periodischen Druckwerken oder Rundfunksendungen mitwirken. Sie handeln berufsmäßig, wenn ihre Tätigkeit in der Absicht geschieht, sie durch wiederholte Ausübung zu einer dauernden oder doch wiederkehrenden Beschäftigung zu machen[104]. Gewerbsmäßig, d. h. mit der Absicht der Gewinnerzielung, braucht die berufsmäßige Tätigkeit nicht ausgeübt zu werden[105]. Daher kann der durch das Zeugnisverweigerungsrecht nach § 53 Abs. 1 Nr. 5 geschützte Verfasser, Einsender oder Gewährsmann selbst weigerungsberechtigt sein, wenn er die Voraussetzungen einer berufsmäßigen Mitarbeit bei dem Pressebetrieb oder Rundfunksender erfüllt[106]. Wer aber nur gelegentlich eine Nachricht weitergibt oder ein Manuskript zur Veröffentlichung einsendet, wirkt nicht berufsmäßig bei dem Druckwerk oder der Rundfunksendung mit[107].

44   **dd) Vorbereitung, Herstellung oder Verbreitung.** Zur Herstellung eines periodischen Druckwerks oder einer Rundfunksendung gehört regelmäßig auch deren Vorbereitung. Das Gesetz erwähnt trotzdem die Vorbereitung ausdrücklich, um klarzustellen, daß auch diejenigen Mitwirkenden zur Zeugnisverweigerung berechtigt sind, die an dem vorbereitenden Abschnitt des Herstellungsprozesses durch die Beschaffung von Informationen beteiligt sind[108].

45   Unter **Herstellung** des Druckwerks oder der Sendung ist die gesamte Tätigkeit des technischen, kaufmännischen und redaktionellen Personals des Pressebetriebs oder der Rundfunkanstalt zu verstehen, die darauf abzielt, die Druckschrift oder Sendung sprachlich und technisch zu gestalten[109].

46   Das **Verbreiten** umfaßt alle Handlungen, durch die das Presseerzeugnis oder die Sendung veröffentlicht, durch die sie also dem Publikum zugänglich gemacht wird[110].

---

[101] *Kleinknecht/Meyer*[37] 31; *Rebmann/Ott/Storz* § 23 LPG, 11; *Dallinger* JZ **1953** 436; *Kohlhaas* NJW **1958** 41.

[102] *Kleinknecht/Meyer*[37] 31; *Löffler*[3] I § 23 LPG, 46; *Kunert* MDR **1975** 886.

[103] KK-*Pelchen* 33; *Löffler*[3] I § 23 LPG, 45; a. A *Scheer* § 23 LPG A III 6 b.

[104] BGHSt **7** 129; RG DR **1943** 764; *Kleinknecht/Meyer*[37] 31; KK-*Pelchen* 31; KMR-*Paulus* 29; krit. *Löffler* NJW **1978** 913.

[105] *Rebmann/Ott/Storz* § 23 LPG, 3; *Scheer* § 23 LPG, A III 8.

[106] *Kleinknecht/Meyer*[37] 31; KMR-*Paulus* 29; *Rebmann/Ott/Storz* § 23 LPG, 11; *Kohlhaas* NJW **1958** 41; *Löffler* NJW **1958** 1216; *Delitz* AfP **1976** 106; weitergehend *Löffler*[3] I § 23 LPG, 46, 47.

[107] *Kleinknecht/Meyer*[37] 31; *Rebmann/Ott/Storz* § 23 LPG, 7; *Scheer* § 23 LPG, A III 2; *Huppertz* 34; *Groß* NJW **1975** 1763; *Kunert* MDR **1975** 886; *Löffler* NJW **1958** 1216; krit. *Löffler* NJW **1978** 913; ferner *Delitz* AfP **1976** 106.

[108] BVerfG **10** 118; OLG Bremen JZ **1977** 444; *Kleinknecht/Meyer*[37] 32; KK-*Pelchen* 33; *Kunert* MDR **1975** 886; *Löffler*[3] I § 23 LPG, 40.

[109] *Kleinknecht/Meyer*[37] 32; KK-*Pelchen* 33; *Löffler*[3] I § 23 LPG, 37.

[110] BGHSt **13** 257; **19** 71; RGSt **16** 245; **36** 147; *Scheer* § 23 LPG, A V 3 a.

Ein öffentliches Verbreiten setzt § 53 Abs. 1 Nr. 5 nicht voraus. Auch der Versand einer Druckschrift an Vereinsmitglieder oder an andere Mitglieder eines beschränkten Personenkreises ist daher ein Verbreiten im Sinne dieser Bestimmung (vgl. BTDrucks. 7 2539 S. 10).

c) Umfang des Zeugnisverweigerungsrechts

aa) Herkunft der Information. Die Mitarbeiter von Presse und Rundfunk dürfen **47** alle Auskünfte über die Person ihrer Informanten verweigern. Daher erstreckt sich das Zeugnisverweigerungsrecht auf alle Fragen nach der Person des Informanten, deren wahrheitsgemäße Beantwortung zu dessen Ermittlung führen könnte, nicht nur auf Fragen nach dem Namen[111]. Werden dem Zeugen Fragen gestellt, die nicht unmittelbar die Person des Informanten betreffen, deren Beantwortung aber mittelbar zur Aufdeckung des Pressegeheimnisses führen kann, so besteht auch insoweit ein Zeugnisverweigerungsrecht[112]. Auf Fragen nach den sonstigen Umständen der Veröffentlichung (*Kohlhaas* NJW **1958** 42) und auf solche, die nur auf die Feststellung des verantwortlichen Redakteurs hinauslaufen (RG JR Rspr. **1927** Nr. 1795), bezieht sich das Zeugnisverweigerungsrecht nicht. Ist der Name des Informanten den Ermittlungsbehörden bereits bekannt und geht es nur um die Aufklärung, ob die Information mit strafbaren Mitteln beschafft worden ist, so muß der Zeuge ebenfalls aussagen; insbesondere darf er Angaben darüber, welche Zahlungen an den Informanten geleistet worden sind, nicht verweigern[113]. Auch wenn die Presse selbst die Identität des Informanten schon preisgegeben und Einblick in das erhaltene oder gefertigte Informationsmaterial gewährt hat, besteht insoweit grundsätzlich kein Zeugnisverweigerungsrecht[114]. Eine allgemeine Beschränkung des Zeugnisverweigerungsrechts für den Fall, daß der Verdacht strafbarer Herkunft der Information besteht, sieht § 53 Abs. 1 Nr. 5 aber nicht vor.

§ 53 Abs. 1 Nr. 5 enthält nicht mehr die Einschränkung des § 53 Abs. 1 Nr. 6 Halb- **48** satz 2 in der bis 1975 geltenden Fassung, daß das Zeugnis über die Person des Verfassers, Einsenders oder Gewährsmanns nicht verweigert werden darf, der **selbst** im Rundfunk **spricht.** Im Hörfunk und im Fernsehfunk können daher Tonbandaufnahmen oder Fernsehaufzeichnungen mit Aussagen anonymer Informanten gesendet werden, ohne daß über deren Namen Auskunft gegeben werden muß[115].

bb) Verfasser, Einsender, Gewährsmann. Verfasser des Beitrags einer periodi- **49** schen Druckschrift oder einer Rundfunksendung ist dessen geistiger Urheber. Auf den journalistischen oder wissenschaftlichen Wert des Beitrags kommt es nicht an. Verfasser ist daher auch, wer Abhandlungen geringer Art, Berichte über Lokalereignisse und dgl. zur Verfügung stellt[116]. Der Verfasser muß dem Beitrag seinen geistigen Inhalt gegeben, ihn aber nicht selbst schriftlich abgefaßt haben. Auch wenn ein anderer ihn nach seinem Konzept oder Diktat niedergeschrieben hat, ist er Verfasser[117]. Daß der Beitrag unverändert in die periodische Druckschrift oder in die Sendung aufgenommen worden ist, wird nicht vorausgesetzt. Der Verfasser braucht daher auch dann nicht genannt zu

---

[111] BGHSt **28** 246; *Kleinknecht/Meyer*[37] 34; KK-*Pelchen* 34; KMR-*Paulus* 32.

[112] BVerfG MDR **1982** 636; *Löffler*[3] I § 23 LPG, 111; *Kohlhaas* NJW **1958** 42.

[113] BVerfGE **25** 296 = NJW **1969** 1019; BGHSt **28** 255; KMR-*Paulus* 33; *Kleinknecht/Meyer*[37] 34; KK-*Pelchen* 42; *Löffler*[3] I § 23 LPG, 111; *Rebmann/Ott/Storz* § 23 LPG, 17.

[114] BGHSt **28** 240, 243 ff = JA **1980** 682 mit

Anm. *Kühl*; BVerfG MDR **1982** 636; KK-*Pelchen* 34; *Kleinknecht/Meyer*[37] 34; krit. *Gehrhardt* AfP **1979** 234.

[115] KMR-*Paulus* 33; *Kleinknecht/Meyer*[37] 35; KK-*Pelchen* 35; *Gross* NJW **1975** 1764.

[116] Anders *Scheer* § 23 LPG, A V 2 b, der das unter den Begriff Einsender faßt.

[117] *Kleinknecht/Meyer*[37] 35; *Dalcke/Fuhrmann/Schäfer* 28; *Löffler*[3] I 51; *Rebmann/Ott/Storz* 12; *Scheer* A V 2; alle zu § 23 LPG.

Hans Dahs

werden, wenn der von ihm eingesandte Beitrag mehr oder weniger verändert worden ist[118]. Der Journalist, der ihn redigiert hat, ist dann der Mitverfasser.

50   **Einsender** ist, wer dem Pressebetrieb oder Rundfunksender oder einem ihrer Mitarbeiter Material für eine Veröffentlichung übergibt oder übersendet, dessen geistiger Urheber er selbst nicht ist. Es handelt sich also um Informanten, die die von anderen Personen verfaßten Beiträge, Briefe, Aufzeichnungen, hinterlassene Schriften oder andere Äußerungen und Stellungnahmen zur Verfügung stellen[119]. Ob die Einsendung den Zweck verfolgt, als Grundlage eines Beitrags in dem Druckwerk oder in dem Rundfunkprogramm zu dienen, oder ob sie nur für Archivzwecke zur Verfügung gestellt wird, spielt keine Rolle[120].

51   **Gewährsmann** ist eine Person, die, ohne Verfasser oder Einsender zu sein, die Anregung für einen Pressebericht oder eine Rundfunksendung gegeben oder das Material dafür ganz oder teilweise schriftlich oder mündlich zur Verfügung gestellt hat[121]. Insbesondere kommen Informanten in Betracht, die keine gestalteten Berichte, sondern nur das von der Redaktion erst zu bearbeitende Rohmaterial (Mitteilungen oder Auskünfte über bestimmte Ereignisse aus Gesellschaft, Politik, Wirtschaft, Kunst, Vereinsleben und dgl.) liefern. Gewährsleute sind auch Personen, die nicht Informationen, sondern Gegenstände (Lichtbilder, Tonträger) zur Verfügung stellen (*Kleinknecht/Meyer*[37] 36).

52   **cc) Inhalt der Information.** Das Zeugnisverweigerungsrecht erstreckt sich ferner auf die Mitteilungen, die den Presse- und Rundfunkmitarbeitern von Verfassern, Einsendern und Gewährsleuten gemacht worden sind. Unerheblich ist, ob die Mitteilungen bereits zu einer Veröffentlichung oder Sendung geführt haben und ob überhaupt beabsichtigt ist, sie zu veröffentlichen (OLG Bremen JZ **1977** 444)[122]. Auch über den Inhalt des sog. Hintergrundmaterials und des von dem Pressebetrieb oder Rundfunksender angelegten Archivs (*Scheer* § 23 LPG, A V 3 d) braucht keine Auskunft gegeben zu werden. Auf den publizistischen Wert des Beitrags oder der Mitteilung kommt es nicht an. Ob der Inhalt der Mitteilungen strafbar ist, spielt ebenfalls keine Rolle. Das Recht, Angaben über den Inhalt der Informationen zu verweigern, besteht daher nicht nur bei Presseinhaltsdelikten, sondern auch, wenn es um die Aufklärung der strafbaren Beschaffung der Nachricht geht. Immer muß es sich aber um Mitteilungen handeln, die dem Presse- oder Rundfunkmitarbeiter im Hinblick auf diese Tätigkeit gemacht worden sind (*Kleinknecht/Meyer*[37] 38). Auf selbst recherchiertes Material erstreckt sich das Zeugnisverweigerungsrecht nicht[123]; dabei kann es sich um Informationen, schriftliche Unterlagen, Filme, Fotos und deren Negative handeln[124]. Auch wenn unvollständige Informationen eines Dritten durch eigene Recherchen des Journalisten ergänzt werden, findet § 53 Abs. 1 Nr. 5 keine Anwendung, soweit eine Trennung möglich ist[125].

[118] *Rebmann/Ott/Storz* § 23 LPG, 13 halten den Urheber in diesem Fall nur für den Einsender.

[119] *Löffler*[3] I § 23 LPG, 51, 52; *Scheer* § 23 LPG, A V 2 b.

[120] BGHSt **28** 251; *Kleinknecht/Meyer*[37] 36; KK-*Pelchen* 41 (Hintergrundmaterial); *Löffler* NJW **1978** 915; *Huppertz* 31.

[121] *Kleinknecht/Meyer*[37] 37; KK-*Pelchen* 38; *Löffler*[3] I § 23 LPG, 53; *Huppertz* 30.

[122] *Löffler*[3] I § 23 LPG, 56; *Gross* NJW **1975** 1764.

[123] BVerfGE **56** 248; BGHSt **28** 240, 246; LG Bremen StrVert. **1981** 15 m. Anm. *Baisch*; LG

Hannover NStZ **1981** 154; LG Berlin ArchPR **1984** 417; KMR-*Paulus* 35 f; KK-*Pelchen* 39; *Kleinknecht/Meyer*[37] 39; *Gössel* (Medienfreiheit) 62; *Roxin* § 26 B II 2 c; *Gross* NJW **1975** 1764; *Kunert* MDR **1975** 887; krit. *Delitz* AfP **1976** 106; *Jarass* JZ **1983** 280; *Löffler* NJW **1978** 915.

[124] BVerfGE **56** 247; LG Bremen StrVert. **1981** 15 m. Anm. *Baisch*; LG Hannover NStZ **1981** 154; KMR-*Paulus* 35; *Roxin* § 26 B II 2 c; krit. *Löffler* NJW **1978** 1617.

[125] KK-*Pelchen* 39; krit. *Löffler* NJW **1978** 915.

Nach § 53 Abs. 1 Nr. 5 gilt die Einschränkung, daß es sich um Beiträge, Unterla- **53** gen und Mitteilungen für den **redaktionellen Teil** der Zeitung (einschließlich Leserbriefe – KG JR **1983** 382; zust. *Gössel* [Medienfreiheit] 57) oder des Rundfunkprogramms handeln muß. Auf den Anzeigenteil der periodischen Druckwerke und auf den Werbe-funk und das Werbefernsehen erstreckt sich das Zeugnisverweigerungsrecht nicht[126], jedoch kann in Sonderfällen ein Recht zur Zeugnisverweigerung unmittelbar aus dem Grundsatz der Pressefreiheit (Art. 5 Abs. 1 Satz 2 GG) hergeleitet werden[127].

V. Ausübung des Zeugnisverweigerungsrechts

1. Allgemeines. Die zu § 52, 22 ff entwickelten Grundsätze gelten entsprechend. **54** Zur Entscheidungsfreiheit des Zeugen vgl. oben Rdn. 10. Einen verfahrensrechtlichen Anspruch darauf, daß der Zeuge von seinem Weigerungsrecht Gebrauch macht, haben die Prozeßbeteiligten nicht[128]. Die Bekanntgabe der Gründe für die Zeugnisverweige-rung darf das Gericht nicht verlangen[129]. Es darf und muß aber prüfen, ob das Zeugnis-verweigerungsrecht nach der Sachlage überhaupt besteht; wenn es daran Zweifel hat, darf es die eidliche Versicherung des Zeugen nach § 56 verlangen. Ebensowenig wie die Angehörigen (vgl. § 52, 22) dürfen die nach § 53 Weigerungsberechtigten ihr Wissen ab-leugnen oder verschweigen, ohne förmlich die Aussageverweigerung zu erklären; an-dernfalls sind sie nach den §§ 153 ff StGB strafbar[130].

2. Verzicht auf das Weigerungsrecht. Die nach § 53 zur Zeugnisverweigerung be- **55** rechtigten Personen können auf dieses Recht ebenso wie die Angehörigen (§ 52, 34) ver-zichten[131]. Das setzt bei den nach § 203 StGB zur Verschwiegenheit verpflichteten Per-sonen eine sorgfältige Abwägung des Interesses des Beschuldigten an der Geheimhal-tung und der Allgemeinheit an der Offenbarung voraus (oben Rdn. 8). Der Verzicht kann auch beschränkt werden[132]. Er kann ausdrücklich oder stillschweigend erklärt werden (KMR-*Paulus* Vor § 48, 81), etwa dadurch, daß der Zeuge aussagt (RGSt **48** 271).

3. Widerruf der Erklärungen. Die Vorschrift des § 52 Abs. 3 Satz 2 gilt entspre- **56** chend. Ebenso wie nach dieser Bestimmung der Verzicht auf das Zeugnisverweige-rungsrecht[133] kann auch die Weigerungserklärung widerrufen werden (§ 52, 37). Der Widerruf des Verzichts ist noch während der Vernehmung möglich. Dann darf das bis-her Ausgesagte verwertet, der Zeuge aber nicht gezwungen werden, die Aussage zu beeiden[134].

---

[126] Vgl. dazu *Kleinknecht/Meyer* [37] 40; KK-*Pel-chen* 43; KMR-*Paulus* 34; *Kunert* MDR **1975** 887; krit. *Löffler* NJW **1978** 915; *Gössel* (Medienfreiheit) 58.

[127] BVerfGE **25** 305; **36** 211; **64** 116 = JZ **1983** 795 mit abl. Anm. *Fezer*; *Gross* FS Schieder-mair 242; *Jarass* ArchPR **1975** 215; *Löffler* ArchPR **1975** 730; *ders.* NJW **1978** 913; a. A BGHSt **28** 254; *Rengier* 107.

[128] BVerfG NStZ **1982** 253; RGSt **48** 270; **71** 21; *Kleinknecht/Meyer* [37] 26; *Eb. Schmidt* Nachtr. I Vor § 52, 11.

[129] RGSt **57** 65; *Flor* JR **1953** 371; *Frey* FS Pfen-ninger 48; vgl. § 52, 23.

[130] RGSt **48** 273; *Schwalb* 13; *Wach* GerS **66** (1905) 19.

[131] KMR-*Paulus* Vor § 48, 81; *Kleinknecht/Mey-er* [37] 41.

[132] RGSt **48** 269; KK-*Pelchen* 7; *Eb. Schmidt* Arzt im Strafrecht 64.

[133] RGSt **63** 302; BayObLGSt **1951** 78; *Klein-knecht/Meyer* [37] 42; KMR-*Paulus* Vor § 48, 81; vgl. § 52, 34.

[134] *Kleinknecht/Meyer* [37] 42; KMR-*Paulus* Vor § 48, 81; a. A KK-*Pelchen* 8.

Hans Dahs

57   **4. Protokoll.** Die Frage an den Zeugen, ob er aussagen wolle (BGHSt **15** 202), und seine Antwort sind wesentliche Förmlichkeiten im Sinne der § 168 a Abs. 1, § 273 Abs. 1. Beides muß daher in die Vernehmungs- oder Sitzungsniederschrift aufgenommen werden.

58   **5. Folgen der Zeugnisverweigerung.** Es gelten die gleichen Grundsätze wie bei § 52. Der Zeuge, der die Aussageverweigerung erklärt, fällt als Beweismittel weg (§ 52, 38). Die Möglichkeit, seine früheren Aussagen zu verwerten, bestimmt sich nach § 252[135]. Die berechtigte Zeugnisverweigerung darf bei der Beweiswürdigung nicht berücksichtigt werden[136]. Wegen des Beweisantragsrechts vgl. § 52, 40.

VI. Belehrung

59   Im Gegensatz zu § 52 Abs. 3 Satz 1 schreibt § 53 eine Belehrung des Zeugen über sein Aussageverweigerungsrecht nicht vor. Eine Belehrungspflicht besteht daher nicht[137]. Das Gericht darf grundsätzlich davon ausgehen, daß dem Zeugen seine Rechte bekannt sind; nur wenn er sein Weigerungsrecht offensichtlich nicht kennt (was schwer vorstellbar ist), kommt aus Fürsorgegründen eine auf diese Rechtsfrage beschränkte Belehrung in Betracht[138]. Das Gericht muß aber jede Einwirkung auf die Entschließungsfreiheit des Zeugen vermeiden (vgl. oben Rdn. 10). Es sollte es daher in der Regel unterlassen, auf Gesichtspunkte hinzuweisen, die für seine Entscheidung von Bedeutung sein können[139]. Auf die Verweigerung des Zeugnisses braucht der Richter insbesondere auch dann nicht hinzuwirken, wenn er meint, der Zeuge könne sich durch seine Aussage nach § 203 StGB strafbar machen (vgl. oben Rdn. 10). Hat der Beschuldigte den Zeugen von der Schweigepflicht entbunden, so ist gelegentlich eine Belehrung des Zeugen über die dadurch entstandene Rechtslage erforderlich; dabei ist notfalls darauf hinzuweisen, daß und in welchem Umfang er nunmehr zur Aussage verpflichtet ist (vgl. unten Rdn. 65).

VII. Entbindung von der Schweigepflicht

60   **1. Allgemeines.** Die in § 53 Abs. 1 Nr. 2, 3 und 3 a genannten Personen dürfen nach **§ 53 Abs. 2** die Aussage nicht verweigern, wenn sie von der Verpflichtung zur Verschwiegenheit entbunden sind. In den übrigen Fällen des § 53 ist die Entbindung rechtlich wirkungslos; sie kann aber Einfluß auf die Entscheidung des Zeugen haben, ob er auf sein Aussageverweigerungsrecht verzichtet (*Kleinknecht/Meyer*[37] 45). Die Entbindung beseitigt die Rechtswidrigkeit der Verletzung der Schweigepflicht nach § 203 StGB[140]. Sie kann auch beschränkt werden (unten Rdn. 65).

---

[135] BGHSt **17** 247; **18** 146; *Kleinknecht/Meyer*[37] 43; KK-*Pelchen* 10; vgl. die Erläuterungen zu § 252.

[136] *Kleinknecht/Meyer*[37] § 261, 20; vgl. auch bei § 52, 41 ff.

[137] BGH GA **1969** 92; BGH VRS **41** 94; BGH bei *Dallinger* MDR **1957** 527; **1958** 14; bei *Holtz* MDR **1980** 815; RGSt **48** 271; **54** 39; **66** 275; OLG Zweibrücken NJW **1968** 2301; *Kleinknecht/Meyer*[37] 44; KK-*Pelchen* 6; KMR-*Paulus* 47; *Eb. Schmidt* 28; a. A *Klug* 103 ff.

[138] BGH bei *Holtz* MDR **1980** 815; *Kleinknecht/Meyer*[37] 44; KK-*Pelchen* 6; *Welp* FS Gallas 407 Fußn. 58; *Molketin* MDR **1982** 98.

[139] *Eb. Schmidt* 26 und Arzt im Strafrecht 60 ff; *Frey* FS Pfenninger 48; *Niese* 146; a. A RGSt **54** 39; KMR-*Paulus* 47; *Gössel* § 25 D III 2 e; die Hinweise und Aufklärungen für zulässig erachten.

[140] KMR-*Paulus* 41; *Bockelmann* 40; *Frey* FS Pfenninger 42; *Göppinger* NJW **1958** 241; *Lenckner* Arzt und Recht 192; Rdn. 7.

2. Zur Entbindung berechtigte Personen. Von der Verschwiegenheitspflicht kann **61** nur derjenige entbinden, zu dessen Gunsten diese Pflicht gesetzlich begründet ist[141]. Sind mehrere geschützt, so muß jeder von ihnen die Entbindungserklärung abgeben[142]; eine gemeinsame Abgabe ist aber nicht erforderlich[143]. Der Konkursverwalter einer GmbH kann im Strafverfahren gegen deren Geschäftsführer einen Wirtschaftsprüfer dieser Gesellschaft nicht bindend befreien[144]. Ebenso ist im Konkurs der AG die Entbindung eines Rechtsanwalts und Notars nur durch die Erklärung des Konkursverwalters und der Mitglieder des Vorstandes möglich, soweit diese nach Lage des Falles durch die Schweigepflicht begünstigt sind (OLG Koblenz NStZ **1985** 426 ff). Generell steht die Entbindung von der Verschwiegenheitspflicht nicht allein zur Disposition der juristischen Person, wenn auch andere, z. B. Mitglieder ihrer Organe in das berufliche Vertrauensverhältnis einbezogen sind[145].

Schwierigkeiten können entstehen, wenn der **Geheimnisträger nicht** zugleich derjenige ist, der dem Zeugen die geheimzuhaltenden Tatsachen **anvertraut hat.** Dabei ist **62** zu unterscheiden: Hat der Zeuge die Tatsachen von Personen erfahren, die nicht selbst die Geheimnisträger sind (die Ehefrau gibt Auskunft über Krankheiten ihres Mannes), so sind diese Personen zur Entbindung von der Schweigepflicht nicht berechtigt; entbinden muß der Geheimnisträger selbst (in dem Beispiel also der Ehemann). Dessen Entbindungserklärung genügt aber; wer dem Zeugen die Tatsachen anvertraut hat, braucht nicht ebenfalls die Entbindung zu erklären[146]. Vertraut andererseits der Beschuldigte dem Zeugen in dessen beruflicher Eigenschaft Tatsachen an, die Geheimnisse eines Dritten sind, so kann dieser den Zeugen wirksam von der Schweigepflicht entbinden[147]. Es genügt aber auch die Entbindungserklärung des Beschuldigten; denn eine Entbindung des Geheimnisträgers zu fordern, wäre sinnlos, weil der Anvertrauende jederzeit selbst über die Drittgeheimnisse aussagen könnte[148]. Das gilt jedoch nicht für diejenigen Tatsachen, die dem Berufsausübenden bekanntgeworden sind (oben Rdn. 15), ohne daß der Beschuldigte sie ihm anvertraut (oben Rdn. 13 ff) hat; in diesem Fall muß der Dritte die Entbindung erklären[149].

[141] OLG Hamburg NJW **1962** 691; *Kleinknecht/Meyer* [37] 46; KK-*Pelchen* 46.

[142] OLG Hamm GA **1969** 220; *Eb. Schmidt* 31; LK-*Mösl* [9] § 300 StGB a. F., 10.

[143] *Kleinknecht/Meyer* [37] 46; KK-*Pelchen* 47.

[144] OLG Schleswig NJW **1981** 294; OLG Koblenz NStZ **1985** 426 ff; LG Düsseldorf NJW **1958** 1152; LG Kaiserslautern AnwBl. **1979** 119 (für Steuerberater); *Kleinknecht/Meyer* [37] 46; *Weihrauch* JZ **1978** 300; *Gülzow* NJW **1981** 265; *Dahs* FS Kleinknecht (1985); **a. A** LG Lübeck NJW **1978** 1014 (für Wirtschaftsprüfer einer GmbH & Co. KG).

[145] **a. A** *Mentzel/Kuhn/Uhlenbruch*, KO, 9. Aufl. § 6 Rdn. 30; *Jaeger* KO, 9. Aufl. § 207 Rdn. 34, zur Entbindung des Rechtsanwalts von der Schweigepflicht im Konkurs der Handelsgesellschaft vgl. i. ü. *Dahs* FS Kleinknecht (1985); 63.

[146] *Kleinknecht/Meyer* [37] 46; KMR-*Paulus* 42;

Eb. Schmidt 31 und Arzt im Strafrecht 68; LK-*Mösl* [9] § 300 StGB a. F., 10; *Schönke/Schröder/Lenckner* § 203, 23; *Göppinger* NJW **1958** 243; *Hackel* NJW **1969** 2257; *Lenckner* Arzt und Recht 178; **a. A** KK-*Pelchen* 46; vgl. auch OLG Karlsruhe NJW **1960** 1392.

[147] *Schönke/Schröder/Lenckner* § 203, 23.

[148] OLG Köln NStZ **1983** 412 m. abl. Anm. *Rogall*; KMR-*Paulus* 42; *Bockelmann* 46 Anm. 36; *Bosch* 91; *Kohlhaas* GA **1958** 73; NJW **1964** 1165; **a. A** OLG Hamburg NJW **1962** 691; KK-*Pelchen* 46; *Schönke/Schröder/Lenckner* § 203, 23; *Göppinger* NJW **1958** 243; *Hackel* NJW **1969** 2257; *Kaufmann* NJW **1958** 273; *Lenckner* Arzt und Recht 178.

[149] *Göppinger* NJW **1958** 243; *Hackel* NJW **1969** 2259.

Hans Dahs

63　　3. **Erklärung.** Die Entbindung muß ausdrücklich oder durch schlüssiges Verhalten erklärt werden; die mutmaßliche Einwilligung in die Aussage genügt nicht[150]. Benennt aber der Angeklagte die Vertrauensperson als Zeugen, so liegt darin in der Regel die Erklärung, daß er sie auch von der Verschwiegenheitspflicht entbinde (*R. Hauser* 227). Die Entbindung gilt nur für die Person, auf die sie sich ausdrücklich bezieht (dazu *Kribs/Drees* DStZ **1978** 51) und für seine Gehilfen (§ 53 a); sie wirkt nur in dem Strafverfahren, in dem sie abgegeben wird[151]. Die im Vorverfahren abgegebene Entbindungserklärung gilt aber auch für das Hauptverfahren (KMR-*Paulus* 41). Ob eine wirksame Entbindung vorliegt, ist eine Rechtsfrage, über die das Gericht, nicht der Zeuge entscheidet[152]. Sie kann, wenn der Geheimnisträger gestorben ist, in einer zu Lebzeiten abgegebenen Erklärung[153], insbesondere in einem nachgelassenen Brief[154], gesehen werden.

64　　4. **Vertretung.** Das Recht, den Berufsträger von der Verpflichtung zur Verschwiegenheit zu entbinden, ist höchstpersönlich. Der Entbindende muß nicht geschäftsfähig sein; es genügt, daß er die natürliche Urteilsfähigkeit besitzt[155], daß er also willensfähig ist[156]. Die Entbindung kann selbst bei völliger Willensunfähigkeit des Geheimnisträgers nicht von einem Vertreter erklärt werden[157]. Das Recht kann nach dem Tod des Geheimnisträgers nach allgemeiner Ansicht weder von den Erben noch von den nächsten Angehörigen ausgeübt werden; der Zeuge muß dann selbst entscheiden, ob er aussagen will[158].

65　　5. **Wirkung.** Die Entbindungserklärung führt in dem Verfahren, in dem sie abgegeben wird, grundsätzlich zur Aussagepflicht des Zeugen in vollem Umfang[159]. Jedoch ist eine Beschränkung in der Weise zulässig, daß der Zeuge nur ermächtigt wird, über bestimmte Tatsachenkomplexe (nicht aber über einzelne Tatsachen) auszusagen[160].

---

[150] KK-*Pelchen* 50; *Kleinknecht/Meyer*[37] 47; KMR-*Paulus* 41; *Lenckner* Arzt und Recht 193; *Solbach* DRiZ **1978** 205; vgl. jedoch *Schönke/Schröder/Lenckner* § 203, 27.

[151] *Kleinknecht/Meyer*[37] 47; KK-*Pelchen* 53; *Bockelmann* 40.

[152] BDiszH NJW **1960** 550; *Kleinknecht/Meyer*[37] 47; *Eb. Schmidt* Nachtr. I 6; *Dalcke/Fuhrmann/Schäfer* 16; *Bosch* 92; a. A RGSt **57** 64.

[153] OLG München AnwBl. **1975** 159; *Solbach* DRiZ **1978** 205.

[154] BDiszH NJW **1960** 550; *Eb. Schmidt* Nachtr. I 6; *Bosch* 93.

[155] *Schönke/Schröder/Lenckner* § 203, 24; *Lenckner* NJW **1965** 323 Fußn. 12.

[156] *Bockelmann* 46 Anm. 36; *Göppinger* NJW **1958** 241.

[157] KK-*Pelchen* 48; *Kleinknecht/Meyer*[37] 48; *Göppinger* NJW **1958** 244; *Kohlhaas* GA **1958** 73; a. A OLG München JW **1932** 2176; KMR-*Paulus* 44; *Bosch* 95; *R. Hauser* 226; *Lenckner* Arzt und Recht 179; *Woesner* NJW **1957** 692; *Solbach* DRiZ **1978** 204, die den gesetzlichen Vertreter für befugt halten (§ 52 Abs. 2).

[158] BGH bei *Holtz* MDR **1980** 815; BDiszH NJW **1960** 550; RGSt **71** 21 mit zust. Anm. *Rilk* JW **1937** 886; OLG Celle NJW **1965** 362 = JR **1965** 107 mit Anm. *Kohlhaas*; OLG München AnwBl. **1975** 161; BayLSG NJW **1962** 1789 mit Stellungnahme *Eb. Schmidt* NJW **1962** 1745; OLG Stuttgart MDR **1983** 236; LG Augsburg NJW **1964** 1187 mit Anm. *Lenckner*; *Kleinknecht/Meyer*[37] 48; KK-*Pelchen* 49; KMR-*Paulus* 43; *Eb. Schmidt* Nachtr. II 2 und Arzt im Strafrecht 66; *Dalcke/Fuhrmann/Schäfer* 16; *Henkel* 208 Fußn. 6; *Bosch* 92; *Erdsiek* NJW **1963** 632; *Frey* FS *Pfenninger* 42 Fußn. 2; *Göppinger* NJW **1958** 244; *Kohlhaas* GA **1958** 73; *Lenckner* NJW **1965** 324 und Arzt und Recht 181; *Schäfer* DStR **1937** 197; a. A LG Hildesheim NStZ **1982** 395; *Solbach* DRiZ **1978** 204: Angehörige i. S. des § 77 Abs. 2 StGB.

[159] BGHSt **18** 146; RGSt **57** 66; KK-*Pelchen* 51; *Eb. Schmidt* 30; *Bosch* 89; *Kohlhaas* JR **1958** 328; *Lenckner* NJW **1965** 323.

[160] OLG Hamburg NJW **1962** 689; KK-*Pelchen* 52; *Kleinknecht/Meyer*[37] 49; *R. Hauser* 227; vgl. auch *Bockelmann* 46 Anm. 38.

Ohne solche Beschränkungen ist der Zeuge verpflichtet, alles zu sagen, was er weiß. Ob der Geheimnisträger, der die Entbindung erklärt hat, diese Tatsachen sämtlich kennt, spielt keine Rolle. Es genügt, wenn ihm die Möglichkeit bewußt ist, daß Tatsachen dieser Art dem Zeugen bei dessen beruflicher Tätigkeit bekanntgeworden sind. Der Zeuge ist dann nicht berechtigt, mit seinem Wissen zurückzuhalten, weil er meint, die Rücksichtnahme auf den Geheimnisträger gebiete das. Vor Gericht hört das Recht auf Verschleierung der Wahrheit auf, das bestimmte Berufsgruppen ihren Auftraggebern gegenüber in Anspruch nehmen[161]. Die Entbindung bezieht sich auch auf Tatsachen, die der Zeuge ohne Kenntnis des Geheimnisträgers von Dritten erfahren hat[162].

6. Widerruf. Die Entbindungserklärung kann jederzeit in entsprechender Anwen- **66** dung des §52 Abs. 3 Satz 2 widerrufen werden[163]. Der Zeuge ist dann in seiner Entscheidung, ob er aussagen will, wieder frei und darf nur weiter vernommen werden, wenn er erklärt, daß er von seinem Zeugnisverweigerungsrecht keinen Gebrauch machen wolle. Verweigert er die Aussage, so können die Angaben, die er vor dem Widerruf der Entbindungserklärung gemacht hat, verwertet werden[164].

VIII. Revision

Da kein Prozeßbeteiligter einen Anspruch darauf hat, daß der Zeuge sein Aussa- **67** geverweigerungsrecht ausübt oder daß er darauf verzichtet (vgl. oben Rdn. 54), kann die Revision nicht damit begründet werden, daß der Zeuge sich falsch entschieden habe[165]. Mit der Revision kann aber gerügt werden, daß das Gericht auf die Entschließungsfreiheit des Zeugen durch unrichtige Belehrungen und Hinweise eingewirkt hat. Das kann dadurch geschehen sein, daß der Zeuge irrtümlich dahin belehrt worden ist, er dürfe die Aussage nicht verweigern, weil eine Verschwiegenheitspflicht nach §203 StGB nicht bestehe, insbesondere eine wirksame Entbindung von der Schweigepflicht erklärt worden sei, und daß der Zeuge daraufhin ausgesagt hat[166]. Das Reichsgericht vertrat die Ansicht, die falsche Belehrung sei kein Revisionsgrund, wenn dem Zeugen die Entschließungsfreiheit erhalten geblieben sei[167]; regelmäßig wird das aber nicht der Fall sein

---

[161] OLG Hamburg NJW **1962** 690; OLG Nürnberg NJW **1958** 274 mit abl. Anm. *Kaufmann*; *Bockelmann* 46 Anm. 34 und 38; *Bosch* 90; *Göppinger* NJW **1958** 243; *Kohlhaas* DAR **1957** 345; GA **1958** 73; JR **1958** 328; NJW **1964** 1164; a. A *Eb. Schmidt* Nachtr. I 6; *Lenckner* Arzt und Recht 192.

[162] Anders *Göppinger* NJW **1958** 243, dessen Ansicht aber dazu führt, daß der Zeuge, da nur der Geheimnisträger selbst zur Entbindung berechtigt ist, insoweit überhaupt nicht von der Schweigepflicht entbunden werden kann.

[163] BGHSt **18** 149; RGSt **57** 66; OLG Hamburg NJW **1962** 691; OLG Hamm GA **1969** 220; OLG Nürnberg NJW **1958** 274 mit Anm. *Kaufmann*; *Kleinknecht/Meyer*[37] 49; KK-*Pelchen* 54; *Eb. Schmidt* 30; *Bockelmann* 40; *Bosch* 90 Fußn. 279; *R. Hauser* 227; *Haffke* GA **1973** 80.

[164] BGHSt **18** 147; *Kleinknecht/Meyer*[37] 49; KK-*Pelchen* 54; KMR-*Paulus* 45; a. A OLG Hamburg NJW **1962** 691.

[165] KK-*Pelchen* 55; *Kleinknecht/Meyer*[37] 50; KMR-*Paulus* 52.

[166] BGH StrVert. **1985** 265; RGSt **71** 23 mit zust. Anm. *Rilk* JW **1937** 886; *Kleinknecht/Meyer*[37] 50; KMR-*Paulus* 51; *Eb. Schmidt* Arzt im Strafrecht 60; *Welp* FS Gallas 408; *Fezer* JuS **1978** 742; a. A RGSt **48** 270; einschränkend auch *Grünwald* JZ **1966** 498; der den Verstoß für unschädlich hält, wenn der Zeuge nur über Geheimnisse Dritter Auskunft gegeben hat.

[167] RGSt **57** 65; **66** 275; **71** 21; so auch OLG Köln OLGSt §261 S. 99; vgl. ferner *Grünwald* JZ **1966** 498: Nicht bei Preisgabe von Drittgeheimnissen.

Hans Dahs

oder jedenfalls nicht festgestellt werden können[168]. Die unrichtige Belehrung des Zeugen, er sei zur Aussageverweigerung berechtigt, begründet die Revision, wenn er darauf die Aussage verweigert hat; Revisionsgrund ist dann die Verletzung des § 245 oder, wenn der Zeuge nicht in der Hauptverhandlung anwesend gewesen ist, des § 244 Abs. 2[169]. Ein Revisionsgrund besteht auch dann, wenn das Gericht den Zeugen nach der Erklärung des Beschuldigten, er entbinde ihn nicht von der Schweigepflicht, entläßt, ohne ihn zu fragen, ob er auf sein Zeugnisverweigerungsrecht verzichten wolle[170]. Hat der Vorsitzende die Belehrung ausgesprochen oder die Vernehmung für zulässig erklärt, so ist die Revision auch statthaft, wenn nicht nach § 238 Abs. 2 die Entscheidung des Gerichts eingeholt worden ist[171].

§ 53 a

(1) [1]Den in § 53 Abs. 1 Nr. 1 bis 4 Genannten stehen ihre Gehilfen und die Personen gleich, die zur Vorbereitung auf den Beruf an der berufsmäßigen Tätigkeit teilnehmen. [2]Über die Ausübung des Rechtes dieser Hilfspersonen, das Zeugnis zu verweigern, entscheiden die in § 53 Abs. 1 Nr. 1 bis 4 Genannten, es sei denn, daß diese Entscheidung in absehbarer Zeit nicht herbeigeführt werden kann.

(2) Die Entbindung von der Verpflichtung zur Verschwiegenheit (§ 53 Abs. 2) gilt auch für die Hilfspersonen.

Schrifttum. *Kohlhaas* Die Schweigepflicht der in der Medizin technisch tätigen Personen, NJW **1972** 1502; *Peters* Seelsorge und Strafvollzug, JR **1975** 402; *Stein* Das strafprozessuale Schweigerecht von Seelsorgehelfern, Zeitschrift für evangelisches Kirchenrecht **1976** 418.

Entstehungsgeschichte. Die Vorschrift wurde durch Art. 4 Nr. 9 des 3. StRÄndG eingefügt.

I. Allgemeines

1   Nach § 203 Abs. 3 StGB erstreckt sich die Verschwiegenheitspflicht der in der Vorschrift bezeichneten Berufsangehörigen auf deren Hilfspersonen. Dementsprechend dehnt § 53 a das Zeugnisverweigerungsrecht der in § 53 Abs. 1 Nr. 1 bis 4 genannten Personen auf deren Gehilfen und auf diejenigen aus, die an der berufsmäßigen Tätigkeit zur Vorbereitung auf den Beruf teilnehmen. Dadurch soll verhindert werden, daß das Zeugnisverweigerungsrecht nach § 53 auf dem Umweg über die Gehilfen umgangen wird[1]. Berufsausübende, die bereits nach § 53 zur Zeugnisverweigerung berechtigt sind, wie der Sozius des Rechtsanwalts und der von einem Arzt zugezogene Kollege, werden von § 53 a nicht erfaßt[2]. Für das Beschlagnahmerecht wird § 53 a durch die Vorschrift des § 97 Abs. 4 ergänzt.

---

[168] So mit Recht *Eb. Schmidt* Arzt im Strafrecht 63.

[169] *Kleinknecht/Meyer*[37] 50; KMR-*Paulus* 51; *Welp* FS Gallas 408; vgl. auch § 52, 55; § 55, 23.

[170] BGHSt **15** 200; KMR-*Paulus* 51.

[171] Vgl. § 52, 55; **a. A** RGSt **71** 23; KK-*Pelchen* 56; wie hier KMR-*Paulus* 51.

[1] KK-*Pelchen* 1; KMK-*Paulus* 1; *Eb. Schmidt* 1; *Dallinger* JZ **1953** 436.

[2] *Kleinknecht/Meyer*[37] 2; KMR-*Paulus* 3; KK-*Pelchen* 3; *Dalcke/Fuhrmann/Schäfer* 2; *Kohlhaas* GA **1958** 72.

II. Hilfspersonen

1. Allgemeines. Ein arbeitsrechtliches Verhältnis der Hilfspersonen zu dem nach **2** § 53 Abs. 1 zur Verweigerung des Zeugnisses berechtigten Berufsangehörigen ist nicht erforderlich. Daher gilt § 53 a, anders als § 203 Abs. 3 StGB, auch für die nicht berufsmäßig tätigen Hilfspersonen, etwa die gelegentlich mithelfenden Familienmitglieder des Arztes oder Rechtsanwalts[3]. Die Anwendung des § 53 a setzt aber stets einen unmittelbaren Zusammenhang zwischen der Tätigkeit des Gehilfen und der Tätigkeit des Hauptberufsträgers voraus, die diesen nach § 53 zur Zeugnisverweigerung berechtigt. An diesem Zusammenhang fehlt es beim Hauspersonal, soweit es nicht ausnahmsweise unmittelbar bei der Berufsarbeit hilft, etwa Telefonanrufe entgegennimmt oder Patienten und Mandanten empfängt[4], und beim technischen Personal, insbesondere bei den Boten, Kraftfahrern, Gärtnern, Heizern und dem Reinigungspersonal[5]. Ebensowenig hat der Gehilfe eines Geistlichen ein Zeugnisverweigerungsrecht hinsichtlich der Tatsachen, die ihm bei einer nicht unmittelbar mit der Ausübung der Seelsorge zusammenhängenden Tätigkeit bekanntgeworden sind[6].

Hilfspersonen im Sinne des § 53 a sind nicht die selbständigen **Gewerbetreiben- 3 den,** die für einen nach § 53 zur Zeugnisverweigerung berechtigten Berufsausübenden Einzelaufträge erledigen, wie z. B. der von einem Rechtsanwalt beauftragte Detektiv[7], der für einen Zahnarzt tätige selbständige Zahntechniker[8] und der von einem Arzt herbeigerufene Krankentransportfahrer[9]. Auch die Mitarbeiter von Banken, kassenärztlichen Vereinigungen, Krankenkassen, Datenbanken und Berufskammern sind keine Hilfspersonen; denn zwischen ihren Aufgaben und der Berufstätigkeit des Arztes besteht regelmäßig nur ein mittelbarer Zusammenhang[10] (vgl. auch § 53, 4).

2. Einzelne Hilfspersonen

a) Beim Geistlichen kommen nur die selbst in der Seelsorge tätigen Hilfsperso- **4** nen in Betracht[11].

b) Beim Rechtsanwalt sind Hilfspersonen die juristischen Mitarbeiter, sofern sie **5** nicht selbst als Rechtsanwälte zugelassen sind, die in der Ausbildung befindlichen Referendare und Studenten, der Bürovorsteher und das Büropersonal.

c) Beim Arzt sind Hilfspersonen die bei der Untersuchung und Heilbehandlung **6** mitwirkenden Psychologen (*Hoffmann* NJW **1971** 1440), Krankenpfleger, Kranken-

---

[3] *Kleinknecht/Meyer*[37] 2; KK-*Pelchen* 2; KMR-*Paulus* 2; *Eb. Schmidt* 2 und Der Arzt im Strafrecht, 1939, 15; *Dreher/Tröndle*[42] § 203, 11; LK-*Mösl*[9] § 300 StGB a. F., 18; *Dallinger* JZ **1953** 436.

[4] *Kleinknecht/Meyer*[37] 2; *Eb. Schmidt* 3 und Der Arzt im Strafrecht, 1939, 15.

[5] *Kleinknecht/Meyer*[37] 2; KK-*Pelchen* 2; KMR-*Paulus* 2; *Dreher/Tröndle*[42] § 203, 11; LK- *Mösl*[9] § 300 StGB a. F., 18; *Bockelmann,* Strafrecht des Arztes (1968) 37.

[6] *Kleinknecht/Meyer*[37] 3; KK-*Pelchen* 4; KMR-*Paulus* 2; *Stromberg* MDR **1974** 892; LG Hagen Zeitschrift f. ev. Kirchenrecht **1976** 423; dazu krit. *Stein* 418; weitergehend auch *Peters* § 42 III 2 bb p.

[7] KK-*Pelchen* 3; *Kleinknecht/Meyer*[37] 2; an-

ders LG Frankfurt NJW **1959** 589 für den Fall, daß ausnahmsweise besonders enge Beziehungen zur Berufstätigkeit des Anwalts bestehen; zust. KMR-*Paulus* 2.

[8] KK-*Pelchen* 3; *Kleinknecht/Meyer*[37] 2; anders LBerufsG für Zahnärzte Stuttgart NJW **1975** 2255; zust. KMR-*Paulus* 2.

[9] KK-*Pelchen* 3; *Kleinknecht/Meyer*[37] 2; *Bokkelmann* Strafrecht des Arztes, 1968, 44 Anm. 17; a. A KMR-*Paulus* 2; *Kohlhaas* NJW **1967** 666.

[10] Vgl. *Kleinknecht/Meyer*[37] 2; KMR-*Paulus* 2; KK-*Pelchen* 3; *Lenckner* Arzt und Recht, 1966, 167.

[11] KK-*Pelchen* 4; KMR-*Paulus* 2; *Dalcke/Fuhrmann/Schäfer* 2; *Stromberg* MDR **1974** 892; *Peters* JR **1975** 404.

Hans Dahs

schwestern, Wochenpflegerinnen, medizinisch-technische Assistentinnen, Masseure, Bademeister, Krankengymnasten, Sprechstundenhilfen, aber auch technische Hilfskräfte wie Herzschrittmacherspezialisten und Personen, die nur mit Büroarbeiten beschäftigt sind, wie Sekretärinnen und Buchhalter[12]; ferner Medizinalassistenten und familierende Studenten. Auch der Verwaltungsdirektor eines Krankenhauses ist ärztlicher Gehilfe und als solcher zur Verweigerung des Zeugnisses (z. B. über die Namen von Patienten) berechtigt (OLG Oldenburg NStZ **1983** 39 m. abl. Anm. *Pelchen*; *Kleinknecht/Meyer*[37] 5). Die ärztlichen Hilfspersonen können das Zeugnis auch verweigern über Erkenntnisse, die sie bei der Anbahnung des Behandlungsverhältnisses gewonnen haben, z. B. bei der Ankunft des Patienten und seiner Aufnahme (BGH NStZ **1985** 372 mit Anm. *Rogall*).

7   **d) Beim Abgeordneten** kommen nur die Assistenten und Sekretärinnen in Betracht, nicht Fahrer, Sicherheitskräfte und Wahlhelfer.

III. Zeugnisverweigerungsrecht

8   Das Schweigerecht der Hilfspersonen ist kein selbständiges, sondern ein von dem Zeugnisverweigerungsrecht des Hauptberufsträgers abgeleitetes Recht[13]. Nach § 53 Abs. 1 Satz 2 ist daher dem Hauptberufsträger die Entscheidung über die Ausübung des Zeugnisverweigerungsrechts seiner Gehilfen vorbehalten. Nur er ist nach Vorbildung und Berufserfahrung in der Lage, die Tragweite der Aussage richtig zu beurteilen[14]. An seine Entscheidung ist der Gehilfe gebunden. Hat er entschieden, daß die Hilfsperson aussagen muß, so ist sie daher zur Aussage verpflichtet und kann hierzu nach § 70 gezwungen werden. Die Prüfung, ob die Offenbarung des Geheimnisses gegen § 203 StGB verstößt, steht dem Gehilfen nicht zu; meist wäre er dazu auch gar nicht in der Lage (anders *Lenckner* NJW **1965** 324, 327). Nur wenn die Entscheidung des Hauptberufsträgers nicht oder nicht in absehbarer Zeit herbeigeführt werden kann, z. B. bei Tod, schwerer Erkrankung oder längerer Abwesenheit[15] entscheiden die Hilfspersonen selbst (§ 53 a Abs. 1 Satz 2). Aussagen, die ein Gehilfe sonst ohne Genehmigung des Hauptberufsträgers macht, sind aber verwertbar[16].

9   Die Entscheidung des Hauptberufsträgers muß nicht **einheitlich** sein. Auch wenn er selbst das Zeugnis verweigert, kann er seine Hilfspersonen anweisen, auf das Zeugnisverweigerungsrecht zu verzichten[17]; das gleiche gilt im umgekehrten Fall (anders LG Köln NJW **1959** 1598, das aber die Aussage des Hauptberufsträgers, er wisse von dem Beweisthema nichts, der Zeugnisverweigerung gleichstellt). Denn die von dem Hauptberufsträger vorzunehmende Abwägung, ob für die Offenbarung des Geheimnisses vor Gericht ein Rechtfertigungsgrund vorliegt (vgl. § 53, 8 ff), kann insoweit zu durchaus unterschiedlichen Ergebnissen führen. Entsprechendes gilt, wenn mehrere Hilfspersonen als Zeugen vernommen werden sollen. Der Hauptberufsträger darf dann

---

[12] *Kleinknecht/Meyer*[37] 5; *Eb. Schmidt* Der Arzt im Strafrecht, 1939, 15; *Kleinewefers/Wilts* NJW **1964** 430; *Kohlhaas* NJW **1972** 1502.

[13] BGHSt **9** 61; LG Köln NJW **1959** 1598; *Kleinknecht/Meyer*[37] 7; *Eb. Schmidt* 5; *Dallinger* JZ **1953** 436; *Kohlhaas* GA **1958** 72.

[14] KMR-*Paulus* 4; KK-*Pelchen* 6.

[15] *Kleinknecht/Meyer*[37] 7; KK-*Pelchen* 6; KMR-*Paulus* 5.

[16] KK-*Pelchen* 8; *Kleinknecht/Meyer*[37] 7; anders *Eb. Schmidt* 12; KMR-*Paulus* 6; *Rengier* 324 Fn. 48.

[17] KK-*Pelchen* 7; KMR-*Paulus* 4; *Kleinknecht/Meyer*[37] 8; *Eb. Schmidt* 6; *Kohlhaas* GA **1958** 72.

den einen Gehilfen anweisen, als Zeuge auszusagen, dem anderen aber die Aussagegenehmigung verweigern[18]. Die Entscheidung des Hauptberufsträgers ist widerrufbar.

Umfang und zeitliche **Dauer** des Zeugnisverweigerungsrechts der Hilfspersonen **10** unterscheiden sich nicht von denen des Hauptberufsträgers. Wegen der Folgen der Zeugnisverweigerung vgl. § 53, 58. Einen Anspruch darauf, daß der Hauptberufsträger seinem Gehilfen die Genehmigung zur Aussage verweigert, hat der Angeklagte nicht[19].

Wird der Gehilfe in einem **gegen den Hauptberufsträger selbst** geführten Ermitt- **11** lungs- oder Strafverfahren als Zeuge vernommen, so hat er kein Zeugnisverweigerungsrecht nach § 53 a. Anders ist es, wenn ein Patient oder Auftraggeber des Hauptberufsträgers Mitbeschuldigter ist und die Hilfsperson über Tatsachen vernommen werden soll, auf die sich die Schweigepflicht des Hauptberufsträgers bezieht (z. B. bei der Abtreibung durch einen Arzt in Gegenwart der als Zeugin zu vernehmenden Sprechstundenhilfe). Über solche Tatsachen darf der Gehilfe ohne Genehmigung des Hauptberufsträgers nicht aussagen[20].

IV. Entbindung von der Schweigepflicht

Wenn der Geheimnisträger den Berufsausübenden nach § 53 Abs. 2 von der **12** Schweigepflicht entbindet, erstreckt sich das nach § 53 a Abs. 2 auch auf die Hilfspersonen. Ist die Entbindungserklärung wirksam, so müssen die Hilfspersonen daher aussagen; eine Entscheidungsbefugnis des Hauptberufsträgers besteht dann nicht (*Eb. Schmidt* 10). Die Entbindung von der Schweigepflicht ist nicht teilbar. Da die Hilfsperson kein selbständiges, sondern nur ein abgeleitetes Zeugnisverweigerungsrecht besitzt, können der Hauptberufsträger und seine Gehilfen nur gemeinsam entbunden oder nicht entbunden werden[21].

§ 54

(1) Für die Vernehmung von Richtern, Beamten und anderen Personen des öffentlichen Dienstes als Zeugen über Umstände, auf die sich ihre Pflicht zur Amtsverschwiegenheit bezieht, und für die Genehmigung zur Aussage gelten die besonderen beamtenrechtlichen Vorschriften.

(2) Für die Mitglieder der Bundes- oder einer Landesregierung gelten die für sie maßgebenden besonderen Vorschriften.

(3) Der Bundespräsident kann das Zeugnis verweigern, wenn die Ablegung des Zeugnisses dem Wohl des Bundes oder eines deutschen Landes Nachteile bereiten würde.

(4) Diese Vorschriften gelten auch, wenn die vorgenannten Personen nicht mehr im öffentlichen Dienst sind, soweit es sich um Tatsachen handelt, die sich während ihrer Dienstzeit ereignet haben oder ihnen während ihrer Dienstzeit zur Kenntnis gelangt sind.

---

[18] *Kleinknecht/Meyer*[37] 8; KMR-*Paulus* 4; *Eb. Schmidt* 6.

[19] BGHSt **9** 61; KMR-*Paulus* 4; KK-*Pelchen* 8; *Dalcke/Fuhrmann/Schäfer* 4.

[20] LBerufsG für Zahnärzte Stuttgart NJW 1975 2255; zust. KMR-*Paulus* 6; KK-*Pelchen* 9.

[21] *Kleinknecht/Meyer*[37] 10; KK-*Pelchen* 10; KMR-*Paulus* 7; *Dalcke/Fuhrmann/Schäfer* 6; *Dallinger* JZ **1953** 436.

Hans Dahs

Schrifttum. *Baring* Die Ablehnung der Aussagegenehmigung, ZBR **1956** 37, 71; *Böhm* Zum Erfordernis einer Genehmigung des Dienstherrn für Zeugenaussagen eines Polizeibeamten, NStZ **1983** 158; *van Calker* Die Amtsverschwiegenheitspflicht im deutschen Staatsrecht, Festgabe für Otto Mayer (1916) 119; *Düwel* Das Amtsgeheimnis (1965); *Fauser* Die Pflicht zur Amtsverschwiegenheit nach deutschem Staatsrecht (1931); *Feller* Persönliche und gegenständliche Reichweite der Vorschriften über die Verpflichtung zur Aussagegenehmigung, JZ **1961** 628; *von Freeden* Rechtsschutz für Vertrauenspersonen, Polizei **1957** 155; *Friemel* Die Zeugnisverweigerungspflicht des Beamten im Strafprozeß, Diss. Tübingen 1952; *Geißer* Das Anklagemonopol der Staatsanwaltschaft, GA **1983** 384; *Gribbohm* Der Gewährsmann als Zeuge im Strafprozeß, NJW **1981** 305; *Haas* Die Pflicht des Richters zur Amtsverschwiegenheit, Diss. Göttingen 1912; *Hamm* Welche Pflichten hat das Gericht bez. der Vernehmung eines Beamten als Zeugen? DJZ **1911** 16; *Hans* Die Verschwiegenheitspflicht der Gemeinderäte, DV **1948/49** 544; *Hartmann* Schweigepflicht der Richter, JW **1929** 236; *Hedemann* Amtsverschwiegenheit, DJZ **1907** 218; *von Hessert* Ist § 53 StPO auf den Untersuchungsrichter anzuwenden? DJZ **1900** 228; *Hilger* Zum Rechtsweg gegen Sperrerklärung und Verweigerung der Aussagegenehmigung in V-Mann-Prozessen, NStZ **1984** 145; *Hinrichsen* Ist § 53 StPO auf den Untersuchungsrichter anzuwenden? DJZ **1900** 137; *Keller* Polizeiliche Observation und strafprozessuale Wahrheitserforschung, StrVert. **1984** 521; *Köhler* Der Bruch des Amtsgeheimnisses, GerS **108** 126; *Krause/Nehring* Strafverfahrensrecht in der Polizeipraxis (1978); *Kube/Leineweber* Polizeibeamte als Zeugen 2. Aufl. (1980); *Leiss* Beschäftigte des öffentlichen Dienstes als Zeugen über dienstliche Vorgänge, DÖV **1956** 396; *Lüderssen* Zur „Unerreichbarkeit" des V-Mannes, FS Klug Bd. II 527; *Maetzel* Beweisverbote zwecks Geheimniswahrung, DVBl. **1966** 665; *Menzel* Die Aussagegenehmigung für Beamte und Soldaten vor Gericht, DÖV **1965** 1; *Merkl* Die Zeugenaussage nichtbeamteter Personen des öffentlichen Dienstes vor Zivil-und Strafgerichten - Aussagegenehmigung nach §§ 376 ZPO, 54 StPO; Zeugnisverweigerungsrecht nach § 383 Abs. 1 Ziffer 6 ZPO, Diss. Regensburg 1973; *J. Meyer* Zur prozeßrechtlichen Problematik des V-Mannes, ZStW **95** (1983) 834; *Plonka* Zum Rechtsschutz für Vertrauenspersonen, Polizei **1975** 80; *Richter* Die Verschwiegenheitspflicht der Beamten (1934); *Röhrich* Rechtsprobleme bei der Verwendung von V-Leuten für den Strafprozeß, Diss. Erlangen-Nürnberg 1975; *Rössler* Das Steuergeheimnis und die Stellung des Finanzbeamten als Zeuge vor Gericht, MDR **1969** 356; *Schmid* Die Aussagegenehmigung für Beamte im Strafprozeß, JR **1978** 8; *K. H. Schmid* Der „gesperrte" V-Mann, DRiZ **1984** 474; *Schweitzer* Die Versagung der Aussagegenehmigung, ZBR **1965** 201; *Sehrt* Müssen die Namen von Gewährsleuten auf Verlangen offenbart werden? Polizei **1966** 27; *Stegmann* Behördlich geheimgehaltene Zeugen als Beweismittel im Strafprozeß, Diss. Tübingen 1967; *Stromberg* Über das Zeugnisverweigerungsrecht und die Genehmigungsbedürftigkeit von Zeugenaussagen kirchlicher Bediensteter - mit einem Ausblick auf die zu erwartende Erweiterung des § 53 StPO, MDR **1974** 892; *Wetterich* Der Polizeibeamte als Zeuge (1970); *Woesner* Rechtsstaatliches Verfahren in Staatsschutzsachen, NJW **1961** 533; *von Zezschwitz* Verfassungsrechtliche Problematik administrativer Aussagebeschränkungen im Strafprozeß, NJW **1972** 796.

Entstehungsgeschichte. In ihrer ursprünglichen Fassung regelte die Vorschrift Notwendigkeit und Voraussetzungen der Aussagegenehmigung für Beamte ohne Verweisung auf die Beamtengesetze selbständig. Dabei blieb es auch nach den Änderungen der Vorschrift durch die Bekanntmachung vom 22. 3. 1924 (RGBl. I 299, 322) und durch § 27 Abs. V Nr. 2 des Gesetzes über die Rechtsverhältnisse des Reichskanzlers und der Reichsminister (Reichsministergesetz) vom 27. 3. 1930 (RGBl. I 96). Erst mit dem Inkrafttreten der §§ 8 und 9 des Deutschen Beamtengesetzes vom 26. 1. 1937 (RGBl. I 39) wurde § 54 zum Blankettgesetz. Ihre jetzige Fassung erhielt die Vorschrift durch Art. 3 Nr. 18 VereinhG. Bezeichnung bis 1924: § 53.

Übersicht

I. Allgemeines

Angehörige des öffentliches Dienstes haben gegenüber anderen Zeugen keine **1** Vorrechte (wegen des Bundespräsidenten und der Regierungsmitglieder vgl. §§ 49, 50). Ihre Pflicht, vor Gericht zu erscheinen, hängt nicht von einer Genehmigung der Dienstbehörde ab. Sie müssen der Ladung auch Folge leisten, wenn der Richter nach § 256 berechtigt ist, sich mit einer schriftlichen Auskunft zu begnügen. Schließlich dürfen sie die Aussage nicht mit der Begründung verweigern, daß nicht sie selbst, sondern die Behörde, der sie angehören oder untergeordnet sind, die Auskunft zu erteilen hat. Für die Vereidigung gelten ebenfalls keine Besonderheiten. Eine Versicherung der Richtigkeit der Aussage unter Bezugnahme auf den Diensteid sieht das Gesetz für den als Zeugen vernommenen Beamten nicht vor (für den Sachverständigen vgl. § 79, 11).

Im Gegensatz zu anderen Zeugen sind jedoch die Angehörigen des öffentlichen **2** Dienstes durch Beamtengesetze und Tarifverträge zur **Verschwiegenheit** verpflichtet. Diese Pflicht überträgt § 54 ohne Abänderung auf das Verfahrensrecht. Die Vorschrift schafft, wenn sachlichrechtlich ein Aussageverbot besteht, im Interesse des Staates an der Wahrung von Dienstgeheimnissen (nicht zur Wahrung der Verteidigungsrechte des Beschuldigten) ein verfahrensrechtliches Vernehmungsverbot. In den Grenzen der ihnen obliegenden Amtsverschwiegenheit entfallen für die in § 54 genannten Personen Aussagepflicht und Aussagebefugnis[1]. Eine Belehrung darüber sieht das Gesetz nicht vor; sie ist daher nicht erforderlich[2].

§ 54 **gilt** sowohl bei richterlichen als auch bei staatsanwaltschaftlichen (§ 161 a **3** Abs. 1 Satz 2) und polizeilichen Vernehmungen. Für das Beschlagnahmerecht wird die Vorschrift durch § 96 ergänzt. Auf Beschuldigte ist sie nicht entsprechend anwendbar[3]. Sie müssen sich selbst eine Aussagegenehmigung beschaffen, wenn sie meinen, durch ihre Einlassung gegen die Verschwiegenheitspflichten zu verstoßen. Die Beamtengesetze sehen jedoch für diesen Fall Aussagegenehmigungen unter erleichterten Voraussetzungen vor (vgl. § 62 Abs. 3 BBG, § 39 Abs. 4 BRRG).

Nach § 54 Abs. 4 gelten für die Vernehmung von Angehörigen des öffentlichen **4** Dienstes die Vorschriften der Absätze 1 bis 3 auch dann, wenn die Beamten, Regie-

---

[1] BGH bei *Dallinger* MDR **1952** 659.
[2] RGSt **13** 154; KMR-*Paulus* 11; *Kleinknecht/ Meyer*[37] 1.
[3] KMR-*Paulus* 5.

rungsmitglieder oder der Bundespräsident **nicht mehr im Amt** sind und über Tatsachen aussagen sollen, die sich während ihrer Dienstzeit ereignet haben oder ihnen während dieser Zeit zur Kenntnis gelangt sind.

II. Angehörige des öffentlichen Dienstes

1. Personenkreis

5　　a) **Richter.** Für die Pflicht der Richter aller Gerichtsbarkeiten zur Verschwiegenheit sind nach § 46 DRiG und den entsprechenden, durch § 71 Abs. 1 DRiG gebundenen, landesrechtlichen Bestimmungen die beamtenrechtlichen Vorschriften maßgebend, also §§ 61, 62 BBG für die Bundesrichter, die landesrechtlichen Vorschriften für die Richter der Länder. Die Vorschriften gelten auch, wenn ein Ermittlungsrichter in demselben Verfahren, in dem er tätig war, als Zeuge vernommen werden soll[4]. Die ehrenamtlichen Richter (Ausnahme: Landwirtschaftssachen – *Kleinknecht/Meyer*[37] 8) haben keine Verschwiegenheitspflicht; sie müssen lediglich das Beratungsgeheimnis wahren (§ 45 Abs. 1 Satz 2 DRiG). Die Frage, ob Berufsrichter und ehrenamtliche Richter über Vorgänge bei der Beratung und Abstimmung als Zeugen aussagen dürfen, ist in diesem Kommentar bei § 43 DRiG erörtert. Mit § 54 steht sie in keinem unmittelbaren Zusammenhang. Denn da das Beratungsgeheimnis auch gegenüber dem Dienstvorgesetzten zu wahren ist, ist die Erteilung einer Aussagegenehmigung ausgeschlossen. Da es für die Richter des Bundesverfassungsgerichts an einer gesetzlichen Regelung fehlt und für eine analoge Anwendung anderer Vorschriften keine Basis vorhanden ist[5], muß der betroffene Richter die Entscheidung selbst treffen[6].

6　　b) **Beamte.** Maßgebend ist der staatsrechtliche Beamtenbegriff. Danach ist Beamter, wer unter Berufung in das Beamtenverhältnis in einem öffentlichen Dienst- und Treueverhältnis zum Bund, einem Land, einer Gemeinde oder einer Körperschaft, Anstalt oder Stiftung des öffentlichen Rechts steht (vgl. § 1 BBG). Der Begriff umfaßt unmittelbare und mittelbare Bundes- und Landesbeamte, Berufsbeamte und Ehrenbeamte[7]. Erforderlich ist stets, daß der Beamte unter Aushändigung einer Ernennungsurkunde zum Beamten ernannt ist (vgl. § 5 Abs. 2 BRRG). Als öffentliche Beamte gelten die Mitglieder des Bundespersonalausschusses und der Personalräte (LG Hannover NdsRpfl. **1962** 40). Beamter auf Lebenszeit ist der schleswig-holsteinische Landesbeauftragte für den Datenschutz (§ 18 Abs. 2 LDSG Schleswig-Holstein vom 1. 6. 1978 – GVBl. SchlH **1978** 156), Beamte auf Zeit sind die Datenschutzbeauftragten von Baden-Württemberg (§ 15 Abs. 2 LDSG BW v. 4. 12. 1979 – GVBl. BW **1978** 534) und Nordrhein-Westfalen (§ 24 Abs. 3 DSG NRW v. 19. 12. 1978 – GV NRW **1978** 640).

7　　Die beamtenrechtliche **Verschwiegenheitspflicht** ist in den Beamtengesetzen ausdrücklich bestimmt. Für Bundesbeamte sind die §§ 61, 62 BBG maßgebend. Die Landesbeamtengesetze sind nach der Rahmenvorschrift des § 39 des Beamtenrechtsrahmengesetzes (BRRG) i.d.F. vom 3. 1. 1977 (BGBl. I 21; III 2030-1) weitgehend vereinheitlicht worden. Die Vorschriften lauten:

---

[4] RG bei *Hüfner* LZ **1929** 756; *Kleinknecht/ Meyer*[37] 8; KK-*Pelchen* 4; **a. A** KMR-*Paulus* 12; *Goldschmidt* JW **1929** 2996; *von Hessert* DJZ **1900** 228; *Hinrichsen* DJZ **1900** 137; vgl. auch *Röhrich* 39 ff; *Stegmann* 143 ff.

[5] KK-*Pelchen* 5.

[6] **A. A** KK-*Pelchen* 5: Plenum; *Eb. Schmidt* Nachtr. I 5: Senat.

[7] KK-*Pelchen* 6; *Kleinknecht/Meyer*[37] 4; *Düwel* 50; *Feller* JZ **1961** 628.

§61 BBG

(1) [1]Der Beamte hat, auch nach Beendigung des Beamtenverhältnisses, über die ihm bei seiner amtlichen Tätigkeit bekanntgewordenen Angelegenheiten Verschwiegenheit zu bewahren. [2]Dies gilt nicht für Mitteilungen im dienstlichen Verkehr oder über Tatsachen, die offenkundig sind oder ihrer Bedeutung nach keiner Geheimhaltung bedürfen.

(2) [1]Der Beamte darf ohne Genehmigung über solche Angelegenheiten weder vor Gericht noch außergerichtlich aussagen oder Erklärungen abgeben. [2]Die Genehmigung erteilt der Dienstvorgesetzte oder, wenn das Beamtenverhältnis beendet ist, der letzte Dienstvorgesetzte.

(3) [1]Der Beamte hat, auch nach Beendigung des Beamtenverhältnisses, auf Verlangen des Dienstvorgesetzten oder des letzten Dienstvorgesetzten amtliche Schriftstücke, Zeichnungen, bildliche Darstellungen sowie Aufzeichnungen jeder Art über dienstliche Vorgänge, auch soweit es sich um Wiedergaben handelt, herauszugeben. [2]Die gleiche Verpflichtung trifft seine Hinterbliebenen und seine Erben.

(4) Unberührt bleibt die gesetzlich begründete Pflicht des Beamten, strafbare Handlungen anzuzeigen und bei Gefährdung der freiheitlichen demokratischen Grundordnung für deren Erhaltung einzutreten.

§62 BBG

(1) Die Genehmigung, als Zeuge auszusagen, darf nur versagt werden, wenn die Aussage dem Wohle des Bundes oder eines deutschen Landes Nachteile bereiten oder die Erfüllung öffentlicher Aufgaben ernstlich gefährden oder erheblich erschweren würde.

(2) Die Genehmigung, ein Gutachten zu erstatten, kann versagt werden, wenn die Erstattung den dienstlichen Interessen Nachteile bereiten würde.

(3) [1]Ist der Beamte Partei oder Beschuldigter in einem gerichtlichen Verfahren oder soll sein Vorbringen der Wahrnehmung seiner berechtigten Interessen dienen, so darf die Genehmigung auch dann, wenn die Voraussetzungen des Absatzes 1 erfüllt sind, nur versagt werden, wenn die dienstlichen Rücksichten dies unabweisbar erfordern. [2]Wird sie versagt, so hat der Dienstvorgesetzte dem Beamten den Schutz zu gewähren, den die dienstlichen Rücksichten zulassen.

(4) Über die Versagung der Genehmigung entscheidet die oberste Aufsichtsbehörde.

§39 BRRG

(1) [1]Der Beamte hat, auch nach Beendigung des Beamtenverhältnisses, über die ihm bei seiner amtlichen Tätigkeit bekanntgewordenen Angelegenheiten Verschwiegenheit zu bewahren. [2]Dies gilt nicht für Mitteilungen im dienstlichen Verkehr oder über Tatsachen, die offenkundig sind oder ihrer Bedeutung nach keiner Geheimhaltung bedürfen.

(2) [1]Der Beamte darf ohne Genehmigung über solche Angelegenheiten weder vor Gericht noch außergerichtlich aussagen oder Erklärungen abgeben. [2]Die Genehmigung erteilt der Dienstherr oder, wenn das Beamtenverhältnis beendet ist, der letzte Dienstherr. [3]Hat sich der Vorgang, der den Gegenstand der Äußerung bildet, bei einem früheren Dienstherrn ereignet, so darf die Genehmigung nur mit dessen Zustimmung erteilt werden.

(3) [1]Die Genehmigung, als Zeuge auszusagen, darf nur versagt werden, wenn die Aussage dem Wohle des Bundes oder eines deutschen Landes Nachteile bereiten oder die Erfüllung öffentlicher Aufgaben ernstlich gefährden oder erheblich erschweren würde. [2]Durch Gesetz kann bestimmt werden, daß die Verweigerung der Genehmigung zur Aussage vor Untersuchungsausschüssen des Bundestages oder der Volksvertretung eines Landes einer Nachprüfung unterzogen werden kann. [3]Die Genehmigung, ein Gutachten zu erstatten, kann versagt werden, wenn die Erstattung den dienstlichen Interessen Nachteile bereiten würde.

(4) [1]Ist der Beamte Partei oder Beschuldigter in einem gerichtlichen Verfahren oder soll sein Vorbringen der Wahrnehmung seiner berechtigten Interessen dienen, so darf die Genehmigung auch dann, wenn die Voraussetzungen des Absatzes 3 Satz 1 erfüllt sind, nur versagt werden, wenn die dienstlichen Rücksichten dies unabweisbar erfordern. [2]Wird sie versagt, so ist dem Beamten der Schutz zu gewähren, den die dienstlichen Rücksichten zulassen.

Hans Dahs

8   **c) Angestellte des öffentlichen Dienstes.** Entgegen dem mißverständlichen Wortlaut des § 54 Abs. 1 richtet sich die Verschwiegenheitpflicht der Angestellten des öffentlichen Dienstes nicht nach den entsprechenden beamtenrechtlichen Vorschriften, sondern nach § 9 des Bundes-Angestelltentarifvertrages (BAT) vom 23. 2. 1961. Danach besteht, im Gegensatz zum Beamtenrecht, eine Schweigepflicht nur in den durch das Gesetz vorgesehenen oder vom Arbeitgeber angeordneten Fällen. Die Prüfung, ob eine
Tatsache ihrer Natur nach geheimhaltungsbedürftig ist, soll dem Angestellten erspart
bleiben. Das muß auch gelten, wenn er vor Gericht als Zeuge vernommen wird. Dagegen gelten die beamtenrechtlichen Bestimmungen über die Voraussetzungen, unter
denen eine Aussagegenehmigung zu erteilen ist (§ 62 Abs. 1 BBG, § 39 Abs. 3 Satz 1
BRRG), auch für die Angestellten des öffentlichen Dienstes[8]. § 9 des Bundes-Angestelltentarifvertrages hat folgenden Wortlaut:

§ 9 BAT

    (1) Der Angestellte hat über Angelegenheiten der Verwaltung oder des Betriebes, deren Ge-
heimhaltung durch gesetzliche Vorschriften vorgesehen oder auf Weisung des Arbeitgebers angeordnet ist, Verschwiegenheit zu bewahren.

    (2) [1]Ohne Genehmigung des Arbeitgebers darf der Angestellte von dienstlichen Schrift-
stücken, Formeln, Zeichnungen, bildlichen Darstellungen, chemischen Stoffen oder Werkstof-
fen, Herstellungsverfahren, Maschinenteilen oder anderen geformten Körpern zu außerdienst-
lichen Zwecken weder sich noch einem anderen Kenntnis, Abschriften, Ab- oder Nachbildun-
gen, Proben oder Probestücke verschaffen. [2]Diesem Verbot unterliegen die Angestellten bezüglich der sie persönlich betreffenden Vorgänge nicht, es sei denn, daß deren Geheimhaltung
durch Gesetz oder dienstliche Anordnung vorgeschrieben ist.

    (3) Der Angestellte hat auf Verlangen des Arbeitgebers dienstliche Schriftstücke, Zeichnun-
gen, bildliche Darstellungen usw. sowie Aufzeichnungen über Vorgänge der Verwaltung oder
des Betriebes herauszugeben.

    (4) Der Angestellte hat auch nach Beendigung des Arbeitsverhältnisses über Angelegenhei-
ten, die der Schweigepflicht unterliegen, Verschwiegenheit zu bewahren.

9   **d) Andere Personen des öffentlichen Dienstes.** Zur Verschwiegenheit sind auch
Personen verpflichtet, die weder Beamte noch Angestellte des öffentlichen Dienstes
sind, deren Amtsfunktion aber mit der einer Behörde im weitesten Sinne im Zusammenhang steht (*Stromberg* MDR **1974** 893). Dabei wird eine mehr als bloß mechanische
oder untergeordnete Tätigkeit vorausgesetzt[9]. Auf den Bereich staatlicher oder kom-
munaler Verwaltung ist die Verschwiegenheitpflicht nicht beschränkt (*Stromberg* MDR
1974 893). In Betracht kommen insbesondere die Mitglieder der Gemeinderäte[10],
Schiedsmänner[11], Geistliche, soweit sie nicht schon nach § 53 Abs. 1 Nr. 1 zur Zeugnisverweigerung berechtigt sind[12], Geschäftsführer einer Kreishandwerkerschaft[13]. Die
Vertrauensleute der Polizei und der Nachrichtendienste sind Personen des öffentlichen
Dienstes, wenn sie hauptberuflich mit festen Bezügen angestellt sind[14] oder regelmäßig

---

[8] *Clemens/Scheuring/Steingen/Wiese* § 9 BAT,
6; *Röhrich* 103.

[9] OVG Münster MDR **1955** 1440; KK-*Pelchen* 8; *Kleinknecht/Meyer*[37] 10; *Eb. Schmidt*
Nachtr. I 3.

[10] OVG Münster MDR **1955** 61; KK-*Pelchen*
8; KMR-*Paulus* 18.

[11] BVerwGE **18** 58 = NJW **1964** 1088; AG
Werne MDR **1965** 599; KK-*Pelchen* 8;
Kleinknecht/Meyer[37] 10; KMR-*Paulus* 18.

[12] KMR-*Paulus* 18; *Kleinknecht/Meyer*[37] 10;
KK-*Pelchen* 8; *Eb. Schmidt* Nachtr. I 4; *Feller*
JZ **1961** 629; *Stromberg* MDR **1974** 893;
Rengier 44.

[13] LG Aachen NJW **1954** 1213; KK-*Pelchen* 8;
Kleinknecht/Meyer[37] 10.

[14] BGH NStZ **1981** 70; KK-*Pelchen* 9; *Klein-
knecht/Meyer*[37] 11; *Krause/Nehring* 237;
Freeden Polizei **1958** 71.

für solche Behörden tätig und nach dem Verpflichtungsgesetz vom 2. 3. 1974 (BGBl. I 1942) besonders zur Verschwiegenheit verpflichtet sind[15]. Wegen der mit V-Leuten verbundenen Probleme s. die Erl. zu §96 (zur Zulässigkeit der Sperrerklärung, zur Zuständigkeit und zur Anfechtung), zu §250 (zum „mittelbaren Beweis" bei einer Sperrerklärung) und zu §163 (zur Zulässigkeit des Einsatzes und zur Zuständigkeit für die Vertraulichkeitszusage).

In einem öffentlich-rechtlichen Amtsverhältnis steht auch der **Wehrbeauftragte** 9a des Deutschen Bundestages (§15 WBeauftrG); seine Verschwiegenheitspflicht ist in §10 WBeauftrG geregelt. Gleiches gilt für den **Bürgerbeauftragten** des Landes Rheinland-Pfalz (§8 des Bürgerbeauftragten-Gesetzes vom 3. 5. 1974). Bei den **Datenschutzbeauftragten** des Bundes, der Länder und der öffentlich-rechtlichen Rundfunkanstalten ist die Verschwiegenheitspflicht teilweise ausdrücklich normiert, im übrigen folgt sie aus der Natur der Aufgabe. Der Datenschutzbeauftragte des Bundes steht in einem öffentlich-rechtlichen Amtsverhältnis (§17 Abs. 4 BDSG); seine Verschwiegenheitspflicht ergibt sich aus §18 Abs. 4 BDSG; zur Erteilung der Aussagegenehmigung ist der Bundesminister des Innern zuständig (§18 Abs. 4 BDSG). Für die Datenschutzbeauftragten der Länder Hessen, Rheinland-Pfalz und Saarland ist die Schweigepflicht gesetzlich festgelegt (§22 HDSG v. 31. 1. 1978 - GVBl. I 96, 1980 S. 1978; §8 LDatG Rh.-Pfalz v. 21. 12. 1978 - GVBl. S. 749; §19 Abs. 6 SDSG v. 17. 5. 1978 - AmtsBl. S. 581); gleiches gilt für den Datenschutzbeauftragten der evangelischen Kirche (§6 Abs. 4 des Kirchengesetzes über den Datenschutz v. 10. 11. 1977 - AmtsBl. EKD S. 2). Nicht ausdrücklich geregelt ist die Verschwiegenheitspflicht für die Datenschutzbeauftragten Bayerns und des Bayerischen Rundfunks (Art. 27, 21 BayDSG - anders für den Beirat; Art. 29 BayDSG v. 28. 4. 1978 - BayerGVBl. S. 165), Berlins und des Senders Freies Berlin (§§20, 27 BluDSG v. 12. 7. 1978 - GVBl. S. 1317), Bremens und Radio Bremens (§§17, 29 BrDSG v. 19. 12. 1977 - BremGBl. S. 393), Hamburgs und des Norddeutschen Rundfunks (HDSG v. 31. 1. 1978 - GVBl. I 96, 1980, 1978), Niedersachsens (§§17 ff NDSG v. 26. 5. 1978 - NiedersGVBl. S. 421), des Süddeutschen Rundfunks (§22 Abs. 5 LDSG BW v. 4. 12. 1979 – GBl. S. 534) und des Westdeutschen Rundfunks (§32 Abs. 2 DSG NRW v. 9. 12. 1978 – GV NRW S. 640; zu den beamteten Datenschutzbeauftragten vgl. Rdn. 6).

e) **Soldaten** sind keine Personen des öffentlichen Dienstes im Sinne des §54. Sie 10 sind aber nach §14 Abs. 1 und 2 des Soldatengesetzes i. d. F. vom 19. 8. 1975 (BGBl. I 2273; III 51 - 1) zur Verschwiegenheit verpflichtet. §54 ist daher auf sie entsprechend anzuwenden. Die für ihre Schweigepflicht maßgebenden Vorschriften lauten:

§14 Abs. 1 und 2 SoldG

(1) [1]Der Soldat hat, auch nach seinem Ausscheiden aus dem Wehrdienst, über die ihm bei seiner dienstlichen Tätigkeit bekanntgewordenen Angelegenheiten Verschwiegenheit zu bewahren. [2]Dies gilt nicht für Mitteilungen im dienstlichen Verkehr oder über Tatsachen, die offenkundig sind oder ihrer Bedeutung nach keiner Geheimhaltung bedürfen.

(2) [1]Der Soldat darf ohne Genehmigung über solche Angelegenheiten weder vor Gericht noch außergerichtlich aussagen oder Erklärungen abgeben. [2]Die Genehmigung erteilt der Disziplinarvorgesetzte, nach dem Ausscheiden aus dem Wehrdienst der letzte Disziplinarvorgesetzte. [3]§62 des Bundesbeamtengesetzes gilt entsprechend.

---

[15] BGH NJW **1980** 570; NStZ **1981** 70; OLG Celle NStZ **1983** 570; KK-*Pelchen* 9; *Woesner* NJW **1961** 533; *Röhrich* 52; wohl auch *Geißer* GA **1983** 48; BVerfGE **57** 250 und BGHSt – GSSt – **32** 115, 123; a. A *Kleinknecht/Meyer*[37] 11; KMR-*Paulus* 19; *Alsberg/Nüse/Meyer* 455; *J. Meyer* ZStW **95** (1983) 846.

10a　　f) **Bedienstete der Europäischen Gemeinschaften.** Für sie gelten ähnliche Beschränkungen bei Zeugenaussagen. Die Einzelheiten sind in Art. 19 des Statuts der Beamten und Art. 11 der Beschäftigungsbedingungen für sonstige Bedienstete der Verordnungen Nr. 31 (EWG) und Nr. 11 (EAG) vom 18. 12. 1961 (BGBl. II **1962** S. 953, 959, 997) geregelt.

11　　2. **Zeugnisverweigerung.** Die gesetzlichen Vorschriften über die Amtsverschwiegenheit begründen keine unbeschränkte Schweigepflicht. Über Mitteilungen im dienstlichen Verkehr und über andere Tatsachen, die offenkundig oder ihrer Bedeutung nach nicht geheimhaltungsbedürftig sind, darf der Zeuge ohne weiteres aussagen (vgl. § 61 Abs. 1 Satz 2 BBG, § 39 Abs. 1 Satz 2 BRRG). Ob der Angehörige des öffentlichen Dienstes nach den für ihn bindenden Vorschriften zur Aussage berechtigt ist, entscheidet zunächst er selbst[16]. Wenn er meint, daß er zur Verschwiegenheit verpflichtet ist, oder wenn er hieran auch nur Zweifel hat, ist er berechtigt und verpflichtet, das Zeugnis zu verweigern[17]. Das Gericht hat nicht die Aufgabe, den Zeugen auf seine Verschwiegenheitspflicht besonders hinzuweisen. Es darf aber den Zeugen über Umstände, auf die sich dessen Schweigepflicht bezieht, nicht vernehmen, auch nicht, wenn der Zeuge bereit ist, hierüber ohne Genehmigung seiner Behörde auszusagen[18]. Etwas anderes gilt für Hilfsbeamte der Staatsanwaltschaft. Es kann davon ausgegangen werden, daß ihnen allgemein die Genehmigung erteilt ist, vor Gericht und Staatsanwaltschaft als Zeugen auszusagen[19]; ausnahmsweise kann die zuständige Behörde (unten Rdn. 14) die Genehmigung einschränken (*Röhrich* 35 ff). Das Gericht darf das Zeugnisverweigerungsrecht nicht dadurch umgehen, daß es den Zeugen nicht über die dienstlichen Angelegenheiten selbst, sondern über Äußerungen befragt, die er hierüber in Privatgesprächen gemacht hat (RG Recht **1929** Nr. 934). Verweigert der Zeuge erst in der Hauptverhandlung die Aussage, so gilt wegen der im Vorverfahren gemachten Angaben der § 252 (vgl. die Erläuterungen zu dieser Vorschrift).

　　3. **Aussagegenehmigung**
12　　a) **Einholung.** Eine Aussagegenehmigung der zuständigen Behörde (unten Rdn. 14) muß eingeholt werden, wenn der Zeuge die Aussage mit Rücksicht auf seine Schweigepflicht verweigert. Das Gericht wird es hierauf aber nicht ankommen lassen, sondern die Genehmigung schon vor der Vernehmung des Zeugen einholen, wenn von vornherein abzusehen ist, daß er über Tatsachen aussagen soll, auf die sich seine Verschwiegenheitspflicht beziehen kann. Zur Einholung der Genehmigung ist das Gericht oder, wenn diese den Zeugen vernehmen wollen, die Staatsanwaltschaft oder Polizei verpflichtet[20]. Auch Angeklagte und Nebenkläger, nicht aber Privatkläger, sind berechtigt, die Aussagegenehmigung zu beantragen, weil ihnen das Selbstladungsrecht nach § 220 zusteht und das Gericht die Vernehmung der von ihnen geladenen und erschienenen Zeugen nach § 245 nur unter engen Voraussetzungen ablehnen darf[21]. Es ist nicht

---

[16] RGSt **13** 154; RGRspr. **9** 142; RG GA **48** (1901) 296; RG Recht **1911** Nr. 3882; KK-*Pelchen* 12; *Kleinknecht/Meyer*[37] 15; *Eb. Schmidt* Nachtr. I 7.

[17] RGSt **48** 38; RG GA **49** (1902) 133; RG Recht **1918** Nr. 1639; *Göhler* § 59, 39; *Welp* FS Gallas 422.

[18] KK-*Pelchen* 12; *Kleinknecht/Meyer*[37] 15; *Welp* FS Gallas 422.

[19] *Kleinknecht/Meyer*[37] 15; *Krause/Nehring* § 54, 4; *Böhm* NStZ **1983** 158; a. A *Kube/Leineweber* 116.

[20] *Kleinknecht/Meyer*[37] 17; KK-*Pelchen* 13; KMR-*Paulus* 25; *Eb. Schmidt* Nachtr. I 8; Nr. 66 RiStBV.

[21] BVerwGE **34** 252; *Kleinknecht/Meyer*[37] 17; KMR-*Paulus* 25; a. A KK-*Pelchen* 13, für Nebenkläger.

zulässig, dem Zeugen aufzugeben, sich die Genehmigung selbst zu beschaffen. Ist die Genehmigung nicht rechtzeitig beantragt worden, so darf von der Vernehmung des Zeugen nicht einfach abgesehen werden[22]. Auch Fragen an den Zeugen dürfen nicht mit der Begründung abgelehnt werden, es liege keine Aussagegenehmigung vor[23]. Ferner darf ein Beweisantrag auf Vernehmung des Zeugen nicht mit der Begründung zurückgewiesen werden, die Dienstbehörde des Zeugen pflege Genehmigungen zu verweigern[24]. Das setzt natürlich voraus, daß die Fragen oder der Beweisantrag sich auf für die Entscheidung wesentliche Tatsachen beziehen (RG JW 1935 2378). Falls erforderlich, muß für die Einholung der Genehmigung die Verhandlung unterbrochen oder ausgesetzt werden[25]. Einen Rechtsanspruch darauf hat der Angeklagte aber nur, wenn die Aufklärungspflicht (§ 244 Abs. 2) die Vernehmung des Zeugen gebietet.

In dem **Antrag** auf Erteilung der Aussagegenehmigung hat das Gericht die Vorgänge, über die der Zeuge vernommen werden soll, kurz, aber erschöpfend, anzugeben (Nr. 66 Abs. 3 Satz 1 RiStBV). Das kann dadurch geschehen, daß die an den Zeugen zu richtenden Fragen mitgeteilt werden. In der Regel empfiehlt es sich aber, das Beweisthema allgemein zu bezeichnen. Erforderlich ist jedenfalls, daß der Dienstvorgesetzte aufgrund des Inhalts des Antrags auf Erteilung der Aussagegenehmigung beurteilen kann, ob Versagungsgründe vorliegen. Erkennt das Gericht, daß möglicherweise ein Staatsgeheimnis in Frage steht, so muß es die vorgesetzte Behörde darauf hinweisen (KMR-*Paulus* 29). **13**

b) **Zuständige Behörde.** Die Aussagegenehmigung erteilt der gegenwärtige Dienstvorgesetzte des Beamten, bei Beendigung des Dienstverhältnisses der letzte Dienstvorgesetzte (§ 61 Abs. 2 Satz 2 BBG, § 39 Abs. 2 Satz 2 BRRG). Untersteht der Beamte zwei verschiedenen staatlichen Stellen, so ist der Disziplinarvorgesetzte zuständig. Soweit für Hilfsbeamte der Staatsanwaltschaft eine Aussagegenehmigung erforderlich ist (oben Rdn. 11), ist daher nicht der Leiter der Staatsanwaltschaft, sondern der polizeiliche Dienstvorgesetzte, der die Disziplinargewalt hat, zur Entscheidung befugt[27]. Hat der Zeuge früher einer anderen Behörde angehört und soll er über Umstände aussagen, die sich auf seine damalige Tätigkeit beziehen, so ist die Aussagegenehmigung zwar bei dem gegenwärtigen Dienstvorgesetzten zu beantragen; dieser darf aber die Genehmigung nur mit Zustimmung der anderen Behörde erteilen (§ 39 Abs. 2 Satz 3 BRRG). Falls die andere Behörde nicht mehr besteht, hat der jetzige Dienstvorgesetzte nach pflichtgemäßem Ermessen zu entscheiden[28]. Soll der Zeuge über Steuergeheimnisse (§ 30 AO) aussagen, so ist auch die Genehmigung des Steuerpflichtigen erforderlich, um dessen Geheimnisse es sich handelt (§ 30 Abs. 4 Nr. 1), es sei denn, daß das Verfahren sich auf ein Steuerdelikt des Beschuldigten bezieht (§ 30 Abs. 4 Nr. 1). Andernfalls darf der Dienstvorgesetzte die Aussagegenehmigung nicht erteilen. Einzelheiten zur Tragweite des § 30 AO können hier nicht erörtert werden. Vgl. daher die Kommentare zu dieser Vorschrift. Zur Wahrung des Sozialgeheimnisses (§ 35 Abs. 1 SGB I, § 73 SGB X; dazu *Rengier* 48 ff) und die Genehmigung zur Offenbarung personenbezogener Daten durch Zeugen, z. B. Angehörige der gesetzlichen Kranken-, Unfall- und Renten- **14**

---

[22] KMR-*Paulus* 24.
[23] RG JW 1935 2378; RG GA 48 (1901) 296.
[24] KG JW 1930 2591; KMR-*Paulus* 24; Alsberg/Nüse/Meyer S. 456.
[25] KMR-*Paulus* 29; Alsberg/Nüse/Meyer 457.
[26] KMR-*Paulus* 29; KK-*Pelchen* 13; Nr. 66 Abs. 3 RiStBV.

[27] OLG Hamm JMBlNRW 1956 36; KK-*Pelchen* 14; KMR-*Paulus* 27; *Kohlhaas* JR 1957 43.
[28] KMR-*Paulus* 28; KK-*Pelchen* 14.

Hans Dahs

versicherung im Strafverfahren vgl. die Kommentare zu den einschlägigen Vorschriften.

15   **c) Erteilung der Genehmigung.** Der Zeuge wird mit der Erteilung der Aussagegenehmigung zu einem zulässigen Beweismittel (KMR-*Paulus* 24). Die Dienstbehörde darf die Genehmigung nach den Vorschriften über die beamtenrechtliche Schweigepflicht nur versagen, wenn die Aussage dem Wohl der Bundesrepublik oder eines ihrer Länder Nachteile bereiten oder die Erfüllung der öffentlichen Aufgaben ernstlich gefährden oder erheblich erschweren würde (§ 62 Abs. 1 BBG, § 39 Abs. 3 Satz 1 BRRG). Die Behörde entscheidet darüber nach pflichtgemäßem Ermessen[29]. Liegen die gesetzlichen Voraussetzungen vor, ist allerdings für ein Ermessen kein Raum (BVerwGE **34** 252). Für die Genehmigung ist keine besondere Form vorgeschrieben (*Leiss* DÖV **1956** 398); im allgemeinen wird sie schriftlich erteilt, sofern nicht wegen besonderer Eilbedürftigkeit eine mündliche oder fernmündliche Genehmigung erforderlich erscheint. In der Entscheidung, mit der die Aussagegenehmigung versagt oder nur beschränkt erteilt wird, müssen die Versagungsgründe genannt und jedenfalls insoweit mit Tatsachen belegt sein, daß sie von der ersuchenden Stelle oder Person nachvollzogen und bei Anfechtung vom Verwaltungsgericht (Rdn. 24) auf Rechtsfehler überprüft werden kann[30]. Eine ausführliche Begründung kann sich dann verbieten, wenn es dazu eines Eingehens auf die Tatsachen bedürfte, die geheimhaltungsbedürftig sind.

16   **d) Beschränkung der Genehmigung.** Die Genehmigung kann in vollem Umfang erteilt oder versagt, aber auch in der Weise beschränkt werden, daß bestimmte Fragen oder Tatsachen ausgeschlossen werden[31]. So kann etwa die Person des Anzeigeerstatters oder die Angabe des Gewährs- oder Vertrauensmanns der Polizei oder eines Nachrichtendienstes von der Genehmigung ausgenommen werden[32]. Die Verwaltungsbehörde kann die Freigabe des Zeugen auch mit Bedingungen in Bezug auf die Modalitäten der Vernehmung verbinden, z. B. an besonders gesichertem Ort, unter Ausschluß der Öffentlichkeit u. a. (BGHSt **32** 125; vgl. auch § 247, 7; 16; 20). Die Frage, ob und mit welchen Modalitäten dann die Verhörsperson als Zeuge vom Hörensagen vernommen werden darf, ist bei § 250 erörtert (vgl. die Erläuterungen zu § 250). Die Genehmigung zur Angabe von Namen und Ladungsanschrift eines Zeugen, der vom Gericht vernom-

---

[29] Vgl. OVG Münster MDR **1955** 61; **1959** 1041; **1963** 250; VG Freiburg NJW **1956** 1941; VGH München NJW **1980** 198; *Düwel* 127.

[30] Vgl. dazu BVerfGE **57** 250; BGHSt **29** 112; BVerwG NJW **1983** 639; OVG Berlin StrVert. **1984** 279; *Kleinknecht/Meyer*[37] 21; a. A *Leiss* DÖV **1956** 398.

[31] BGHSt **17** 384; BGH bei *Dallinger* MDR **1952** 659; BGHSt **32** 126; RGSt **7** 74; RG JW **1935** 2378; RG GA **49** 270; RG DRiZ **1926** Nr. 223; OLG Celle HESt **2** 79 = NdsRpfl. **1948** 252; KK-*Pelchen* 17; *Kleinknecht/Meyer*[37] 22; KMR-*Paulus* 31; *Eb. Schmidt* Nachtr. I 9; *Röhrich* 92 ff; *Kohlhaas* JR **1957** 43; *Leiss* DÖV **1956** 398; *Fezer* JuS **1978** 474; a. A *von Zezschwitz* NJW **1972** 796.

[32] BGHSt – GSSt – **32** 115 = NStZ **1984** 36 mit Anm. *Frenzel*; BGHSt **30** 34; **17** 384; BGH bei *Holtz* MDR **1981** 101; bei *Dallinger* MDR **1952** 659; RG GA **72** (1928) 345; OLG Celle HESt **2** 79 = NdsRpfl. **1948** 252; OLG Hamm NJW **1970** 821; OLG Stuttgart NJW **1972** 67; OVG Berlin NJW **1955** 1940; LVG Köln GA **1957** 251 mit Anm. *Linke*; OVG Münster MDR **1959** 1041; KMR-*Paulus* 31; *Kleinknecht/Meyer*[37] 22; KK-*Pelchen* 17; *Kohlhaas* JR **1957** 41; *Tiedemann* MDR **1963** 459 und JuS **1965** 17; ausführlich zur Ermessensausübung: *Röhrich* 120 ff; einschränkend VG Freiburg NJW **1956** 1941; a. A BGH JR **1969** 305 mit Anm. *Koffka*; *Meilicke* NJW **1963** 425; vgl. auch *Ad. Arndt* NJW **1963** 433; *Schulz* GA **1958** 264.

men werden soll, darf nur in besonders gelagerten Fällen und unter den Voraussetzungen des § 96 verweigert werden[33] (vgl. die Erläuterungen zu § 96).

e) Bindung an die behördliche Entscheidung. Das Gericht oder die andere vernehmende Behörde ist an die Entscheidung der zuständigen Dienstbehörde über die Erteilung oder Versagung der Aussagegenehmigung gebunden[34]. Wird die Genehmigung erteilt, so muß der Zeuge auch dann vernommen werden, wenn das Gericht Bedenken gegen die Offenbarung der in sein Wissen gestellten Tatsachen hat. Wird die Genehmigung verweigert, so ist die Vernehmung schlechthin unzulässig, selbst wenn das Gericht die Versagungsgründe für gesetzwidrig hält[35]. Wegen Gegenvorstellungen und Dienstaufsichtsbeschwerden vgl. unten Rdn. 22 ff. In der Sitzungsniederschrift muß nicht festgestellt werden, daß für die vernommenen Zeugen eine Aussagegenehmigung vorliegt (RGSt **48** 38). **17**

f) Widerruf der Genehmigung. Die Dienstbehörde kann die Aussagegenehmigung jederzeit widerrufen[36]. Die Vernehmung des Zeugen ist dann unzulässig (unten Rdn. 19). Hat er bereits im Vorverfahren ausgesagt, so darf seine Aussage in die Hauptverhandlung auch nicht durch Vernehmung der Verhörsperson eingeführt werden (vgl. unten Rdn. 20). Hat der Zeuge aber bereits in der Hauptverhandlung ausgesagt, bevor der Widerruf bei Gericht eingegangen ist, so ist die Aussage bei der Beweiswürdigung verwertbar. **18**

g) Folgen der Versagung der Genehmigung. Mit der Versagung der Aussagegenehmigung durch die zuständige Behörde fällt der Zeuge als Beweismittel weg. Seine Vernehmung ist unzulässig[37]. Beweisanträge können nach § 244 Abs. 3 Satz 2 mit der Begründung abgelehnt werden, daß der Zeuge ein unerreichbares Beweismittel ist[38]. Fragen an den Zeugen, zu deren Beantwortung er keine Genehmigung hat, dürfen als unzulässig zurückgewiesen werden[39]. **19**

Hatte der Zeuge **bereits** im Vorverfahren entgegen § 54 **ausgesagt** und wird die später beantragte Aussagegenehmigung verweigert, so darf die Aussage nicht, auch nicht durch Vernehmung der Verhörsperson, verwertet werden[40]. **20**

Bei der **Beweiswürdigung** ist zu unterscheiden: War die Vernehmung des Zeugen zu einem bestimmten Beweisthema beantragt worden und hat die Dienstbehörde die Aussagegenehmigung versagt, so wird nicht als wahr unterstellt, daß die Beweistatsachen zutreffen (*Düwel* 198; vgl. auch die Erläuterungen zu § 96). Insoweit bestehen **21**

[33] BVerfGE **57** 282; BGHSt – GSSt – **32** 115 = NStZ **1984** 36 mit Anm. *Frenzel*; BGH NStZ **1984** 32 mit Anm. *Günther*; BGH StrVert. **1981** 110.

[34] BVerfGE **57** 282; BGH NStZ **1984** 38 mit Anm. *Frenzel*; BGHSt **17** 384; BGH bei *Dallinger* MDR **1952** 659; RGSt **7** 74; **44** 291; **48** 38; RG DRiZ **1926** Nr. 223; OLG Celle MDR **1959** 414; OLG Hamm NJW **1970** 821; *Kleinknecht/Meyer*[37] 24; KMR-*Paulus* 34; KK-*Pelchen* 19; *Alsberg/Nüse/Meyer* 456; *Eb. Schmidt* Nachtr. I 7; *Düwel* 197; *Feller* JZ **1961** 361; *Grünwald* JZ **1966** 498.

[35] RGSt **44** 292; *Kleinknecht/Meyer*[37] 24; *Eb. Schmidt* Nachtr. I 7; *Düwel* 203; zur Frage, ob in diesem Fall auch der mittelbare Beweis unzulässig ist, vgl. bei § 96 und bei § 250.

[36] *Kleinknecht/Meyer*[37] 23; KK-*Pelchen* 18; KMR-*Paulus* 32.

[37] RG GA **49** (1903) 133; *Kleinknecht/Meyer*[37] 25; *Feller* JZ **1961** 630.

[38] BVerfG NStZ **1981** 357; BGHSt **30** 34; OLG Hamm NJW **1970** 821; *Kleinknecht/Meyer*[37] 11; KK-*Pelchen* 20; vgl. auch *Tiedemann* JuS **1965** 17; a. A *Kleinknecht/Meyer*[37] 25; *Alsberg/Nüse/Meyer* 456; KMR-*Paulus* 24: Unzulässiges Beweismittel.

[39] OLG Celle HESt **2** 79 = NdsRpfl. **1948** 252; *Kleinknecht/Meyer*[37] 25; *Fezer* JuS **1978** 474.

[40] OLG Celle MDR **1959** 414; *Kleinknecht/Meyer*[37] 25; *Eb. Schmidt* Nachtr. I 7; a. A KMR-*Paulus* 24.

Hans Dahs

keine Unterschiede zu anderen unerreichbaren Beweismitteln. Im übrigen erlaubt aber der Grundsatz der freien Beweiswürdigung (§ 261) dem Gericht, Schlußfolgerungen daraus zu ziehen, daß die Aussagegenehmigung nicht oder nur beschränkt erteilt worden ist[41].

22   **h) Anfechtung der Versagung der Genehmigung.** Ist die Aussagegenehmigung verweigert worden, so ist das Gericht nicht verpflichtet, das Ersuchen um ihre Erteilung zu wiederholen[42]. Das Gericht und jeder Verfahrensbeteiligte kann aber bei der Behörde, die die Aussagegenehmigung versagt hat, Gegenvorstellungen erheben[43]. Das wird, weil andernfalls gegen die Amtsaufklärungspflicht nach § 244 Abs. 2 verstoßen wird, vor allem in Betracht kommen, wenn die Entscheidung nicht oder unzutreffend begründet ist oder sonst eine fehlerhafte Ermessensausübung erkennen läßt[44]. In anderen Fällen haben die Prozeßbeteiligten keinen Anspruch darauf, daß das Gericht Gegenvorstellungen erhebt[45].

23   Wenn die zur Entscheidung befugte Behörde eine Aufsichtsbehörde hat, kann diese Behörde mit einer **Dienstaufsichtsbeschwerde** angerufen weden, damit sie die Genehmigung selbst erteilt oder die nachgeordnete Behörde zu ihrer Erteilung anweist (RGSt 44 292). Zur Erhebung der Beschwerde ist das Gericht, aber auch jeder Verfahrensbeteiligte befugt, der ein Interesse an der Vernehmung des Zeugen hat[46].

24   Die Erteilung, Versagung oder Beschränkung der Aussagegenehmigung ist ein Verwaltungsakt mit unmittelbarer rechtlicher Wirkung nach außen[47]. Auf die Erteilung der Aussagegenehmigung besteht ein Rechtsanspruch, wenn die gesetzlichen Voraussetzungen für ihre Versagung nach § 62 Abs. 1 BBG, § 39 Abs. 3 Satz 1 BRRG nicht vorliegen. Die ganz oder teilweise versagende Entscheidung der Dienstbehörde kann daher im Verwaltungsrechtsweg angefochten werden[48]. Anfechtungsberechtigt ist der Verfahrensbeteiligte, der ein rechtliches Interesse an der Aussage hat[49], nicht aber das Gericht und auch nicht die Staatsanwaltschaft; sie sind nicht in ihren Rechten verletzt[50]. Die Verwaltungsgerichte sind auch zuständig, wenn die Erteilung der Aussagegenehmi-

---

[41] BVerfG NStZ **1981** 360; BGH NStZ **1981** 70; *Kleinknecht/Meyer* [37] 26; KK-*Pelchen* 22; *Düwel* 198.

[42] RGSt **44** 292; KMR-*Paulus* 34.

[43] BGH NStZ **1981** 70; KK-*Pelchen* 19; KMR-*Paulus* 35; *Kleinknecht/Meyer* [37] 27.

[44] BVerfGE **57** 288; BGHSt **29** 112; BVerwG NJW **1983** 639; OLG Hamm NJW **1970** 821; *Kleinknecht/Meyer* [37] 27; KK-*Pelchen* 19; KMR-*Paulus* 35.

[45] BVerwG NJW **1971** 161; RGSt **44** 292; *Alsberg/Nüse/Meyer* S. 457 Fußn. 220.

[46] RGSt **44** 291; RGRspr. **9** 123; VG Wiesbaden NJW **1950** 799 mit Anm. *Werner*; *Kleinknecht/Meyer* [37] 27; KK-*Pelchen* 19; KMR-*Paulus* 35; *von Kries* 360; *Tiedemann* JuS **1965** 16.

[47] BVerwG NJW **1983** 638; StrVert. **1984** 278; BVerwGE **18** 58; **34** 254; OLG Hamm NJW **1968** 1440; OVG Berlin NJW **1955** 1940; OVG Münster MDR **1963** 250; KK-*Pelchen* 20; KMR-*Paulus* 36; *Eb. Schmidt* Nachtr. I 8; *Düwel* 211; *Feller* JZ

1961 631; *Hilger* NStZ **1984** 145; *Schmid* JR **1978** 8; einschränkend *Leiss* DÖV **1956** 398.

[48] BVerwGE **18** 58; BVerwG NJW **1983** 638; **34** 254; OVG Berlin NJW **1955** 1940; OVG Münster MDR **1959** 1041; NJW **1960** 2116 mit Anm. *Finkelnburg* NJW **1961** 476; MDR **1963** 250; VGH München NJW **1980** 198; VG Freiburg NJW **1956** 1941; VG Wiesbaden NJW **1950** 799 mit Anm. *Werner*; *Kleinknecht/Meyer* [37] 28; KK-*Pelchen* 20; KMR-*Paulus* 36; *Roxin* § 26 B II 3 b; *Düwel* 210; *Leiss* DÖV **1956** 399; *Woesner* NJW **1961** 536; *Tiedemann* JuS **1965** 16; *Hilger* NStZ **1984** 145.

[49] BVerwG NJW **1971** 160; StrVert. **1982** 463; *Kleinknecht/Meyer* [37] 28; *Roxin* § 26 B II 3 b.

[50] *Kleinknecht/Meyer* [37] 28; KK-*Pelchen* 20; KMR-*Paulus* 36; *Düwel* 199; *Tiedemann* JuS **1965** 16; *Fezer* JuS **1978** 474 Fn. 34; *J. Meyer* ZStW **95** (1983) 842; für Klagerecht des Beamten bei Verletzung der Fürsorgepflicht des Dienstherrn *M. J. Schmid* JR **1978** 8.

gung für einen Richter oder Justizbeamten von der Justizverwaltung verweigert worden ist; es handelt sich dabei nicht um einen Justizverwaltungsakt im Sinne des § 23 EGGVG[51]. Zur Frage des Rechtsweges bei der Anfechtbarkeit von Sperrerklärungen nach § 96 s. bei § 96.

Einen unbedingten Anspruch auf **Aussetzung** des Strafverfahrens bis zur Entschei- **25** dung der Behörde über Gegenvorstellungen und Dienstaufsichtsbeschwerde oder bis zur Entscheidung des Verwaltungsgerichts über die Klage haben die Prozeßbeteiligten nicht. Das Gesetz enthält hierfür kein zwingendes Aussetzungsverbot[52]. Die Aussetzung steht daher im richterlichen Ermessen, das durch die Aufklärungspflicht nach § 244 Abs. 2 gebunden ist[53].

III. Regierungsmitglieder

Für die Mitglieder der Bundesregierung (vgl. § 50, 5) gelten die §§ 6, 7 des Geset- **26** zes über die Rechtsverhältnisse der Mitglieder der Bundesregierung (Bundesministergesetz) i. d. F. vom 27. 7. 1971 (BGBl. I 1166); § 6 Abs. 3 ist durch Art. 30 EGStGB geändert worden. Die Vorschriften lauten:

§ 6 BMinG

(1) [1]Die Mitglieder der Bundesregierung sind, auch nach Beendigung ihres Amtsverhältnisses, verpflichtet, über die ihnen amtlich bekanntgewordenen Angelegenheiten Verschwiegenheit zu bewahren. [2]Dies gilt nicht für Mitteilungen im dienstlichen Verkehr oder über Tatsachen, die offenkundig sind oder ihrer Bedeutung nach keiner Geheimhaltung bedürfen.

(2) Die Mitglieder der Bundesregierung dürfen, auch wenn sie nicht mehr im Amt sind, über solche Angelegenheiten ohne Genehmigung der Bundesregierung weder vor Gericht noch außergerichtlich aussagen oder Erklärungen abgeben.

(3) Unberührt bleibt die gesetzlich begründete Pflicht, strafbare Handlungen anzuzeigen und bei Gefährdung der freiheitlichen demokratischen Grundordnung für deren Erhaltung einzutreten.

§ 7 BMinG

(1) Die Genehmigung, als Zeuge auszusagen, soll nur versagt werden, wenn die Aussage dem Wohle des Bundes oder eines deutschen Landes Nachteile bereiten oder die Erfüllung öffentlicher Aufgaben ernstlich gefährden oder erheblich erschweren würde.

(2) Die Genehmigung, ein Gutachten zu erstatten, kann versagt werden, wenn die Erstattung den dienstlichen Interessen Nachteile bereiten würde.

(3) § 28 des Gesetzes über das Bundesverfassungsgericht in der Fassung der Bekanntmachung vom 3. Februar 1971 (Bundesgesetzbl. I S. 105) bleibt unberührt.

Für die Mitglieder der Landesregierungen (vgl. § 50, 5) gelten die entsprechenden Vorschriften der Länder.

---

[51] OLG Hamm NJW **1968** 1440; KK-*Pelchen* 20; *Kleinknecht/Meyer*[37] 28; KMR-*Paulus* 36; *Düwel* 202.

[52] RG GA **49** 133; RG Recht **1911** Nr. 953; KK-*Pelchen* 21; *Kleinknecht/Meyer*[37] 29; KMR-*Paulus* 37; *Woesner* NJW **1961** 536; a. A *Düwel* 198; *M. J. Schmid* JR **1978** 8.

[53] RG GA **49** (1903) 269; RG JW **1925** 372; vgl. auch RGRspr. **9** 123; KK-*Pelchen* 21; *Kleinknecht/Meyer*[37] 29; KMR-*Paulus* 37; *Alsberg/Nüse/Meyer* S. 457; *M. J. Schmid* JR **1978** 9.

IV. Der Bundespräsident

27   Nach § 54 Abs. 3 entscheidet der Bundespräsident selbst, ob er aussagen will oder nicht. Er kann das Zeugnis verweigern, wenn andernfalls dem Wohl des Bundes oder eines Landes Nachteile entstehen würden. Der Bundespräsident entscheidet darüber nach freiem, vom Gericht nicht nachprüfbaren Ermessen[54]. Das Gericht darf nicht verlangen, daß er seine Entscheidung begründet oder gar nach § 56 glaubhaft macht[55]. Das gleiche gilt für den Präsidenten des Bundesrats, wenn er nach Art. 57 GG die Befugnisse des Bundespräsidenten wahrgenommen hat und hierüber vernommen werden soll[56]. Wegen der parlamentarischen Untersuchungsausschüsse vgl. Art. 44 Abs. 2 GG.

V. Revision

28   Die in § 54 enthaltene Einschränkung der Zeugnispflicht ist nur im Interesse des Bundes und der Länder, nicht aber des Beschuldigten geschaffen (krit. *Rengier* 47 ff). Dessen Rechtskreis wird nicht dadurch berührt, daß den öffentlichen Interessen zuwidergehandelt wird. Er kann daher die Revision nicht darauf stützen, daß die in § 54 angeordneten Vorbedingungen der Vernehmung nicht erfüllt sind[57]. Dagegen kommt eine Aufklärungsrüge (§§ 337, 244 Abs. 2) in Betracht, wenn das Gericht die nach Lage der Sache gebotenen Maßnahmen unterlassen hat, um die (vollständige) Aussagegenehmigung herbeizuführen[58]; je nach Fallgestaltung kann die Revision auch auf Verletzung der §§ 223, 224 (BGH NStZ 1984 36) oder §§ 251 Abs. 2, 261 (BGHSt 29 109) gestützt werden (vgl. dazu die Kommentierung zu den genannten Vorschriften). Die Staatsanwaltschaft kann aus der Verletzung des § 54 keine Rechte herleiten[59]; gleiches gilt grundsätzlich auch für den Nebenkläger und Privatkläger[60], wenngleich insoweit je nach Fallgestaltung die oben erwähnten Rügen in Betracht kommen können.

§ 55

(1) Jeder Zeuge kann die Auskunft auf solche Fragen verweigern, deren Beantwortung ihm selbst oder einem der in § 52 Abs. 1 bezeichneten Angehörigen die Gefahr zuziehen würde, wegen einer Straftat oder einer Ordnungswidrigkeit verfolgt zu werden.

(2) Der Zeuge ist über sein Recht zur Verweigerung der Auskunft zu belehren.

Schrifttum. *Baumann* Kein Aussageverweigerungsrecht bei Gefahr disziplinarrechtlicher Verfolgung? FS Kleinknecht (1985) 19; *Bruns* Der Verdächtige als schweigeberechtigte Aus-

---

[54] *Kleinknecht/Meyer*[37] 31; *Eb. Schmidt* 12.
[55] KK-*Pelchen* 24; KMR-*Paulus* 39; *Eb. Schmidt* 12; *Feisenberger* 9.
[56] KMR-*Paulus* 39; KK-*Pelchen* 24.
[57] BGH NJW **1952** 151; BGH bei *Dallinger* MDR **1951** 275; RGSt 7 74; 44 292; 48 38; RG JW **1894** 500; **1930** 3404; RG LZ **1917** 127; OLG Celle HESt 2 79 = NdsRpfl. **1948** 252; MDR **1959** 414; *Kleinknecht/Meyer*[37] 32; KK-*Pelchen* 26; KMR-*Paulus* 40; *Roxin* § 24 D III 2 b; *Kleinknecht* NJW **1966** 1539; *Dahs/*

Dahs 209; *Kohlhaas* JR **1957** 43; im Ergebnis ebenso *Grünwald* JZ **1966** 498; a. A *Eb. Schmidt* 10; *Henkel* 206 Fußn. 4; *Peters* § 42 III 2 c dd; *Schlüchter* 492; *Niese* 148; *Welp* FS Gallas 423.
[58] BGHSt **29** 112; **31** 155; BGH NStZ **1984** 38; KK-*Pelchen* 26; *Kleinknecht/Meyer*[37] 32.
[59] *Kleinknecht/Meyer*[37] 22; KK-*Pelchen* 26; KMR-*Paulus* 40.
[60] KK-*Pelchen* 26; KMR-*Paulus* 4.

kunftsperson und als selbständiger Prozeßbeteiligter neben dem Beschuldigten und Zeugen? FS Schmidt-Leichner (1975) 1; *Esser* Der Schutz der Selbstbezichtigung im deutschen Strafprozeßrecht in: Deutsche strafrechtliche Landesreferate zum IX. Internationalen Kongreß für Rechtsvergleichung, Beiheft zur ZStW **86** (1974) 136; *Geerds* Auskunftsverweigerungsrecht oder Schweigebefugnis? FS Stock (1966) 171; *Grossrau* Unterlassen der Zeugenbelehrung als Revisionsgrund, MDR **1958** 468; *Günther* Die Schweigebefugnis des Tatverdächtigen im Straf- und Bußgeldverfahren aus verfassungsrechtlicher Sicht, GA **1978** 193; *Hammerstein* Der Anwalt als Beistand „gefährdeter" Zeugen, NStZ **1981** 125; *Krekeler* Der Rechtsanwalt als Beistand des Zeugen und die Sitzungspolizei, NJW **1980** 980; *Odenthal* Auskunftsverweigerungsrecht nach § 55 StPO bei Gefahr ausländischer Strafverfolgung, NStZ **1985** 117; *Orlowsky* Die Weigerungsrechte der minderjährigen Beweisperson im Strafprozeß (1973); *Rogall* Der Beschuldigte als Beweismittel gegen sich selbst (1977); *K. Schäfer* Einige Bemerkungen zu dem Satz „nemo tenetur se ipsum accusare", FS Dünnebier 11; *Eb. Schmidt* Die Verletzung der Belehrungspflicht gemäß § 55 Abs. II StPO als Revisionsgrund, JZ **1958** 596; *Schöneborn* Die Beweisverbotsproblematik der §§ 52 Abs. 2, 55 Abs. 2 StPO im Lichte des § 68 Abs. 2 StPO, MDR **1974** 457; *Schütz* Die Verletzung des § 55 StPO als Revisionsgrund, Diss. Erlangen 1960; *Steinke* Das Recht des Zeugen auf Rechtsbeistand, Kriminalistik **1975** 250; *Stern* Zeugnis-und Eidespflicht in Betreff eigener strafbarer Handlungen, GerS **63** (1904) 205; *Thomas* Der Zeugenbeistand im Strafprozeß, NStZ **1982** 489.

Entstehungsgeschichte. Absatz 2 wurde durch Art. 3 Nr. 19 VereinhG eingefügt. Durch Art. 2 Nr. 3 EGOWiG wurde Absatz 1 dahin ergänzt, daß auch die Gefahr, wegen einer Ordnungswidrigkeit verfolgt zu werden, zur Verweigerung der Auskunft berechtigt. Bezeichnung bis 1924: § 54.

Übersicht

1. Allgemeines. Der Beschuldigte ist nicht verpflichtet, gegen sich selbst auszusagen (§ 136 Abs. 1 Satz 2), und der Zeuge darf zu einer Aussage gegen einen Angehörigen nicht gezwungen werden (§ 52). Diese Vorschriften müssen notwendigerweise dahin ergänzt werden, daß der Zeuge auch davon befreit ist, bei einer Aussage sich selbst oder einen Angehörigen, der nicht der Beschuldigte ist, zu belasten (*Hahn Materialien* 1 107). Denn der Zeuge darf auch nicht dadurch in eine seelische Zwangslage gebracht werden, daß er unter dem Druck der Aussagepflicht eine Straftat oder Ordnungswidrigkeit offenbaren muß, die er selbst oder ein Angehöriger begangen hat. Ihn hiervor zu bewahren, ist der Zweck des § 55[1]. Die Vorschrift dient nur dem Schutz des Zeugen und seiner nahen Angehörigen, nicht auch dem des Angeklagten und der anderen Verfahrensbeteiligten. Das Auskunftsverweigerungsrecht des § 55 beruht auf der Achtung vor der Persönlichkeit des Zeugen. Die Vorschrift bezweckt nicht, auch nicht mittelbar, falschen

[1] BGHSt **9** 36; **17** 247; RGSt **36** 116; KK-*Pelchen* 1; KMR-*Paulus* 2; vgl. auch BVerfGE **36** 113 = NJW **1975** 103.

Aussagen des Zeugen vorzubeugen[2]. Die unbestreitbare Ausstrahlung des Auskunftsverweigerungsrechts auf die Wahrheitsfindung ist wohl nur ein Rechtsreflex.

Der Zeuge ist berechtigt, zu seiner Vernehmung einen **anwaltlichen Rechtsbeistand** heranzuziehen, der ihn über die Ausübung des Auskunftsverweigerungsrechts nach § 55 jeweils berät[3] (§ 58, 10).

2   § 55 **gilt** auch bei Vernehmungen durch die Staatsanwaltschaft (§ 161 a Abs. 1 Satz 2) und die Polizei (vgl. § 163 a Abs. 5). Die Vorschrift ist nach § 46 Abs. 1 OWiG im Bußgeldverfahren entsprechend anzuwenden.

3   **2. Verhältnis zu § 52.** Nach § 55 darf der Zeuge nicht nur Auskünfte verweigern, die ihn selbst belasten können, sondern auch solche, die seine Angehörigen der Gefahr aussetzen, wegen Straftaten oder Ordnungswidrigkeiten verfolgt zu werden. Unter Angehörigen versteht § 55 Abs. 1 die in § 52 Abs. 1 bezeichneten Personen (vgl. § 52, 4 ff). Das Auskunftsverweigerungsrecht nach § 55 liegt auf der gleichen Linie wie das Zeugnisverweigerungsrecht nach § 52 (RGSt 40 48). Es besteht aber auch, wenn der Angehörige, zu dessen Vorteil die Auskunft verweigert werden kann, nicht zugleich der Beschuldigte ist, in dessen Verfahren der Zeuge vernommen wird[4]. Nur in diesem Fall hat § 55 hinsichtlich der Angehörigen selbständige Bedeutung. Denn wenn der Angehörige der Beschuldigte ist, kann der Zeuge die Aussage schon nach § 52 verweigern; er kann das auch teilweise tun (§ 52, 22) und dadurch denselben Erfolg herbeiführen wie mit der Auskunftsverweigerung nach § 55. Der Zeuge hat in solchen Fällen nicht das Recht, zwischen den durch §§ 52 und 55 gegebenen Möglichkeiten zu wählen, sondern macht, wenn er teilweise die Aussage verweigert, stets von der Befugnis des § 52 Gebrauch[5]. Die Frage ist nicht nur deshalb von Bedeutung, weil von ihrer Beantwortung abhängt, ob der Zeuge sowohl nach § 52 Abs. 2 als auch nach § 55 Abs. 2 zu belehren ist, wenn nur in Betracht kommt, daß er den beschuldigten Angehörigen belasten könnte (vgl. unten Rdn. 18). Von ihr hängt auch die Bewertung der Aussageverweigerung des Zeugen ab, dem sowohl ein Zeugnisverweigerungsrecht nach § 52 als auch ein Auskunftsverweigerungsrecht nach § 55 zusteht (BGH StrVert. **1983** 353). Nach den Motiven für seine Zeugnisverweigerung darf der Zeuge nicht gefragt werden (vgl. BGH StrVert. **1983** 353).

4   **3. Auskunftsverweigerungsrecht.** § 55 gibt dem Zeugen das Recht, die Auskunft auf einzelne Fragen zu verweigern. Das bedeutet aber nicht, daß das Aussageverweigerungsrecht erst bei der Befragung nach § 69 Abs. 2 Bedeutung gewinnt. Der Zeuge kann vielmehr schon bei seinem zusammenhängenden Bericht nach § 69 Abs. 1 Satz 1 die Auskunft über einzelne Tatsachen ausdrücklich (vgl. unten Rdn. 13) verweigern[6]. Zur Ver-

---

[2] Sehr str.; wie hier BGHSt **1** 39; **11** 216 – GSSt –; **17** 246; BGH VRS **34** 218; **36** 23; BGH bei *Pfeiffer/Miebach* NStZ **1983** 354; BayObLGSt **1953** 92 = JZ **1953** 703 mit abl. Anm. *Busch*; BayObLGSt **1967** 184 = JR **1968** 29 mit Anm. *Koffka*; OLG Koblenz VRS **46** 451; OLG Düsseldorf NStZ **1982** 257 = StrVert. **1982** 344 m. Anm. *Prittwitz*; KK-*Pelchen* 1; *Kleinknecht/Meyer*[37] 1; KMR-*Paulus* 2; *Kleinknecht* NJW **1966** 1539; *Alsberg/Nüse/Meyer* 489; *G. Schäfer* § 65 V 4; **a. A** OLG Frankfurt NJW **1951** 614; *Geerds* FS Stock 173; *Gössel* § 25 V; *Niese* JZ

1953 223; *Orlowsky* 135; *Peters* § 42 III 2 c cc; *Petry* Beweisverbote im Strafprozeß (1971) 105; *Roxin* § 24 D III 2 c; *Rudolphi* MDR **1970** 98; *Eb. Schmidt* 9 und JZ **1958** 596.
[3] BVerfGE **38** 105.
[4] RGSt 40 46; 60 105; RG LZ **1929** 954.
[5] KK-*Pelchen* 11; *Kleinknecht/Meyer*[37] 1; vgl. auch *Geerds* FS Stock 177 Fußn. 30; **a. A** KMR-*Paulus* 4; *Eb. Schmidt* Nachtr. II 11; *Orlowsky* 141; *Schlüchter* 494.1, die ein Wahlrecht annehmen.
[6] KK-*Pelchen* 2; *Kleinknecht/Meyer*[37] 2; *Schlüchter* 493; *Geerds* FS Stock 174.

weigerung der ganzen Aussage ist er nach § 55 grundsätzlich nicht berechtigt[7]. Um ein Zeugnisverweigerungsrecht im eigentlichen Sinne handelt es sich daher bei dem Weigerungsrecht des § 55 nicht (BGHSt 10 104; 27 143); daß es in § 56 den Zeugnisverweigerungsrechten nach §§ 52, 53 gleichgestellt ist, steht dem nicht entgegen[8]. Unter Umständen kann aber die gesamte in Betracht kommende Aussage eines Zeugen mit seinem möglicherweise strafbaren oder ordnungswidrigen Verhalten in so engem Zusammenhang stehen, daß nichts übrig bleibt, was er ohne die Gefahr der Verfolgung wegen einer Straftat oder Ordnungswidrigkeit aussagen könnte. Dann wird das Auskunftsverweigerungsrecht praktisch zum Recht der Verweigerung des Zeugnisses in vollem Umfang[9].

Für die Anwendung des § 55 ist es gleichgültig, ob die Auskunft der **Entlastung** **5**
oder Belastung des Beschuldigten dienen soll (KK-*Pelchen* 8; *Eb. Schmidt* Nachtr. I 12; *Hammerstein* NStZ **1981** 126). Es kommt ebenfalls nicht darauf an, ob der Zeuge sich oder seinen Angehörigen bei wahrheitsgemäßer Beantwortung der Frage be- oder entlasten würde[10]. Denn die Möglichkeit der Belastung, die allein entscheidend ist, kann nur nach dem Inhalt der Frage bestimmt werden. Die Gegenmeinung, wonach der Zeuge die Auskunft nicht verweigern dürfen soll, wenn die wahrheitsgemäße Beantwortung der Frage ihn oder seinen Angehörigen nicht belastet, verlangt von dem Zeugen, daß er mit der Auskunftsverweigerung notwendig einen Verdachtsgrund schafft.

4. Gefahr der Verfolgung
a) **Verfolgung wegen Straftat oder Ordnungswidrigkeit.** Die Gefahr, wegen einer **6**
Straftat oder Ordnungswidrigkeit verfolgt zu werden, ist der einzige Grund, der zur Verweigerung der Auskunft berechtigt. Weder die Gefahr, daß die Aussage zu disziplinarrechtlicher[11] oder ehrengerichtlicher Verfolgung führen[12] oder dem Zeugen oder seinen Angehörigen zur Unehre gereichen könnte[13], noch drohende Vermögensnachteile oder die Notwendigkeit, Kunst- oder Betriebsgeheimnisse zu offenbaren[14], berechtigen zur Auskunftsverweigerung; § 172 Nr. 2 GVG läßt in solchen Fällen aber den Ausschluß der Öffentlichkeit zu[15]. Nur ausnahmsweise kann ein Auskunftsverweigerungsrecht unmittelbar aus dem Grundgesetz folgen, wenn die Vernehmung wegen der Eigenart des Beweisthemas in einen grundrechtlich geschützten Bereich unverhältnismäßig eingreift[16].

---

[7] OLG Stuttgart NJW **1950** 760; *Dalcke/Fuhrmann/Schäfer* 2; *G. Schäfer* § 65 V 2.

[8] BGHSt **17** 247; KK-*Pelchen* 2; *Kleinknecht/Meyer* [37] 2; krit. *Geerds* FS Stock 187.

[9] BGHSt **10** 105; **17** 247; BGH bei *Dallinger* MDR **1953** 402; RGSt **44** 45; RGRspr. **2** 263, 305; RG GA **39** (1891) 214; **62** (1915/16) 319; RG LZ **1917** 142; RG Recht **1914** Nr. 2954; **1930** Nr. 1387; KK-*Pelchen* 2; *Kleinknecht/Meyer* [37] 2; *Gössel* § 25 D V; *Alsberg/Nüse/Meyer* 450; *Peters* § 42 III 2 c cc; *Roxin* § 26 B II 4; *G. Schäfer* § 65 V 2; *Schlüchter* 493; *Schütz* 72; *Thomas* NStZ **1982** 493.

[10] RGSt **36** 117; KK-*Pelchen* 8; *Kleinknecht/Meyer* [37] 2; KMR-*Paulus* 3; *Geerds* FS Stock 179 Fußn. 44; a. A RGSt **40** 48; OLG Celle NJW **1958** 74; *Eb. Schmidt* Nachtr. II 13.

[11] OLG Hamburg JZ **1984** 104; KK-*Pelchen* 7; *Kleinknecht/Meyer* [37] 5; KMR-*Paulus* 5; *Eb. Schmidt* Nachtr. II 4; a. A *Rogall* 165; *Baumann* FS Kleinknecht (1985) 19 ff.

[12] *Henkel* 209; KK-*Pelchen* 7; *Kleinknecht/Meyer* [37] 5; KMR-*Paulus* 5.

[13] RG GA **43** (1895) 242; KK-*Pelchen* 7; *Rogall* 166; *Eb. Schmidt* Nachtr. II 4.

[14] KK-*Pelchen* 7; KMR-*Paulus* 5; *Eb. Schmidt* Nachtr. II 4.

[15] Vgl. dazu *Dahs* NJW **1984** 1921.

[16] BVerfGE **33** 367 = JZ **1973** 780 mit Anm. *Würtenberger*; BVerfGE **38** 312 = DÖV **1975** 637 mit Anm. *Bergmann*; BVerfG NJW **1979** 1286; vgl. auch BayObLGSt **1978** 152 = JR **1980** 432 mit Anm. *Hanack*.

7   Ob die Verfolgung wegen der Straftat zur Verhängung einer **Strafe** führen kann, ist gleichgültig. Auch wenn im Jugendstrafverfahren aus verfahrensrechtlichen Gründen nur noch Jugendarrest verhängt werden kann, ist § 55 daher anwendbar[17]. Der Verfolgung durch die Strafgerichte im Strafverfahren und durch die Verwaltungsbehörden im Bußgeldverfahren stehen die Gefahr einer Präsidentenanklage nach Art. 61 GG[18], einer Abgeordneten- oder Ministeranklage[19], einer Richteranklage nach Art. 98 Abs. 2 GG[20] und eines Verfahrens vor dem Bundesverfassungsgericht wegen Verwirkung von Grundrechten nach Art. 18 GG gleich[21].

7a   In **Disziplinarverfahren, Ehrengerichtsverfahren** und **berufsgerichtlichen Verfahren,** in denen die Vorschriften der StPO entsprechend gelten (z. B. §§ 25 BDO, 116 BRAO) erfährt die Anwendung des § 55 eine besondere Modifikation. Da der Grundsatz, daß niemand gezwungen werden darf, sich selbst zu belasten, alle rechtlich geordneten Verfahrensarten betrifft[22], bedeutet die entsprechende Anwendung des § 55, daß der als Zeuge aussagende Beamte, Rechtsanwalt o. a. die Auskunft auch auf solche Fragen verweigern darf, deren Beantwortung ihn der Gefahr einer disziplinarrechtlichen[23] oder ehrengerichtlichen Verfolgung (BGH NJW **1979** 324) aussetzen könnte. Anderenfalls würde das Schutzrecht des § 55 weitgehend zu einer Leerformel und der auf die jeweilige Verfahrensart auszurichtende Schutzzweck wäre nicht erreichbar[24].

8   **b) Gefahr.** Dem Zeugen wird es durch § 55 nicht schlechthin erlassen, über eine von ihm selbst oder einem nahen Angehörigen begangene Straftat oder Ordnungswidrigkeit auszusagen. Er wird von der Zeugnispflicht nur befreit, wenn und soweit die Gefahr besteht, daß er oder seine Angehörigen wegen der Tat verfolgt werden. Diese Gefahr ist aber nicht nur gegeben, wenn der Zeuge unmittelbar über die Straftat oder Ordnungswidrigkeit aussagen müßte; es genügt, wenn er bestimmte Tatsachen angeben müßte, die mittelbar den Verdacht einer solchen Tat begründen[25]. Ausreichend ist sogar die Gefahr, daß der Zeuge sich erst durch die Aussage selbst in die Gefahr der Verfolgung bringen könnte, z. B. wenn er bei jeder Abweichung von einer früheren, beschworenen Aussage mit der Gefahr der Strafverfolgung wegen Meineids zu rechnen hat (BGH bei *Dallinger* MDR **1953** 402). Die sichere Erwartung eines Straf- oder Bußgeldverfahrens ist nicht erforderlich; es genügt ein prozessual ausreichender (Anfangs-) Verdacht[26]; dagegen ist die bloße Vermutung der Einleitung von Ermittlungen nicht ausreichend (OLG Hamburg NJW **1984** 1635). Für einen Angehörigen besteht die Gefahr der Verfolgung wegen einer Straftat schon dann, wenn der Zeuge dessen beschworener Aussage widersprechen müßte (RG LZ **1929** 954). Ist der Angehörige der Beschuldigte, dann kommt es auf die Gefahr an, daß er wegen einer anderen als der ihm in dem anhän-

---

[17] BGHSt **9** 35; KK-*Pelchen* 5; *Kleinknecht/ Meyer*[37] 6; KMR-*Paulus* 5; *Eb. Schmidt* Nachtr. II 5.

[18] KK-*Pelchen* 6; KMR-*Paulus* 5; *Eb. Schmidt* Nachtr. II 6.

[19] BGHSt **17** 136; KK-*Pelchen* 6; *Kleinknecht/ Meyer*[37] 6; KMR-*Paulus* 5; *Eb. Schmidt* Nachtr. II 6.

[20] KK-*Pelchen* 6; KMR-*Paulus* 6; *Eb. Schmidt* Nachtr. II 8.

[21] KK-*Pelchen* 6; *von Weber* JZ **1953** 297; *Eb. Schmidt* Nachtr. II 7; a. A KMR-*Paulus* 5.

[22] BGH NJW **1979** 324; *Rogall* 167.

[23] BDHE **4** 59; OVG Münster JZ **1960** 99.

[24] Vgl. aber OVG Koblenz NJW **1982** 1414 zum Auskunftsverweigerungsrecht nach § 4 Fahrpersonalgesetz.

[25] KK-*Pelchen* 10; KMR-*Paulus* 6.

[26] KK-*Pelchen* 4; *Kleinknecht/Meyer*[37] 6; KMR-*Paulus* 7; *Geerds* FS Stock 174; *Hauser* 173; a. A *Peters* § 42 III 2 c cc, der nur die Gefahr eines gerichtlichen Strafverfahrens für ausreichend hält.

gigen Verfahren vorgeworfenen Taten verfolgt wird; die Gefahr der Belastung in dem anhängigen Verfahren wendet § 52 ab (vgl. oben Rdn. 3).

Das Auskunftsverweigerungsrecht nach § 55 StPO besteht grundsätzlich auch bei **8 a** Gefahr der **Strafverfolgung im Ausland** und zwar gleichgültig, ob der Zeuge Deutscher oder Ausländer ist (*Odenthal* NStZ **1985** 117). Auch in dem Sonderfall, daß der Zeuge durch seine Aussage eine Schweigepflichtverletzung ausländischen Rechts begehen würde (z. B. Art. 47 des Schweizerischen Bundesgesetzes über die Banken und Sparkassen vom 8. 11. 1934), ist die Anwendung des § 55 aufgrund der Pflicht zu fairer Verfahrensgestaltung geboten. Mißbräuche können durch eine genaue Prüfung der Verfolgungsgefahr (Rdn. 9) vermieden werden.

Die Gefahr der Verfolgung **droht nicht**, wenn sie zweifellos ausgeschlossen ist[27]. **9** Das ist trotz Verwirklichung der Tatbestandsmerkmale einer Straftat oder Ordnungswidrigkeit der Fall, wenn ersichtlich Rechtfertigungs- oder Entschuldigungsgründe vorliegen, die einer Verfolgung entgegenstehen[28]. Die Gefahr der Verfolgung droht ferner nicht, wenn der Angehörige, dem sie gedroht hat, inzwischen verstorben ist[29]; wenn der Zeuge oder der Angehörige bei Begehung der Tat strafunmündig war[30]; wenn er bereits rechtskräftig verurteilt wurde[31], auch wenn die Strafe oder Geldbuße noch nicht vollstreckt ist, es sei denn, daß nach Versäumung der Rechtsmittelfrist mit einer Wiedereinsetzung gerechnet werden muß (OLG Celle NStZ **1983** 377); wenn die Rechtsfolge der Tat im Gnadenweg endgültig erlassen oder wenn die Verfolgung im Straf- oder Bußgeldverfahren wegen eines nicht mehr behebbaren Verfahrenshindernisses ausgeschlossen ist[32], insbesondere wenn Verjährung[33] oder Straffreiheit eingetreten ist[34]; wenn dem Zeugen versichert wird, daß gegen ihn kein Ermittlungsverfahren geführt wird (BGH bei *Pfeiffer* NStZ **1981** 93). Nimmt der Zeuge § 55 wegen Gefahr ausländischer Strafverfolgung in Anspruch, so sind ihre Voraussetzungen in rechtlicher und tatsächlicher Hinsicht zu untersuchen. Wenn nach der Rechtslage des ausländischen Staates die Gefahr der Verfolgung besteht, kommt es darauf an, ob faktisch die Möglichkeit ausgeschlossen werden kann, daß der Zeuge (z. B. durch Auslieferung oder Reisen) in den Machtbereich der ausländischen Strafverfolgungsbehörden gelangen könnte. Dabei ist das Recht des Zeugen auf Freiheit und das Grundrecht auf räumliche Bewegungsfreiheit (Art. 2 Abs. 2 Satz 2 GG — *Maunz/Dürig* Art. 2, 34) zu beachten.

Die rechtskräftige **Ablehnung der Eröffnung** des Hauptverfahrens[35] und die **10** rechtskräftige **Freisprechung**[36] stehen der Annahme der Verfolgungsgefahr nicht entge-

---

[27] BGHSt **9** 35; BGH bei *Dallinger* MDR **1974** 16; bei *Holtz* MDR **1981** 632; bei *Pfeiffer/Miebach* NStZ **1981** 93; KK-*Pelchen* 4; *Kleinknecht/Meyer*[37] 8; KMR-*Paulus* 8.

[28] KK-*Pelchen* 4; *Kleinknecht/Meyer*[37] 8; KMR-*Paulus* 8; *Geerds* FS Stock 176.

[29] KK-*Pelchen* 4; *Kleinknecht/Meyer*[37] 8; KMR-*Paulus* 8; *Eb. Schmidt* Nachtr. II 10; *Dalcke/Fuhrmann/Schäfer* 4.

[30] KK-*Pelchen* 4; KMR-*Paulus* 8; *Eb. Schmidt* Nachtr. II 10.

[31] OLG Celle NJW **1962** 2315; NStZ **1983** 377; KK-*Pelchen* 4; KMR-*Paulus* 8; *Kleinknecht/Meyer*[37] 8; *Dalcke/Fuhrmann/Schäfer* 4.

[32] *Kleinknecht/Meyer*[37] 8; *Eb. Schmidt* Nachtr. II 10.

[33] BVerfG DB **1975** 1936; BGH bei *Dallinger* MDR **1958** 141; OLG Oldenburg NJW **1961** 1225; KK-*Pelchen* 4; *Kleinknecht/Meyer*[37] 8; KMR-*Paulus* 8.

[34] BGHSt **4** 131; **9** 35; BGH bei *Dallinger* MDR **1953** 402; *Kleinknecht/Meyer*[37] 8; KMR-*Paulus* 8; *Eb. Schmidt* Nachtr II 10.

[35] BGH bei *Dallinger* MDR **1953** 402; KK-*Pelchen* 4; *Kleinknecht/Meyer*[37] 9; KMR-*Paulus* 8.

[36] BGH StrVert. **1984** 408; KK-*Pelchen* 4; KMR-*Paulus* 9; *Eb. Schmidt* Nachtr. II 10; *Dalcke/Fuhrmann/Schäfer* 4; *G. Schäfer* § 65 V 1; *Stern* GerS **63** (1904) 210.

Hans Dahs

gen, wenn die Möglichkeit der Wiederaufnahme des Verfahrens nach den §§ 211, 362 gegeben ist. Ebenso bleibt die Gefahr der Strafverfolgung bestehen, wenn die Staatsanwaltschaft zwar nach § 45 Abs. 1 Satz 3 JGG von der Verfolgung abgesehen hat, aber durch die wahrheitsgemäße Aussage des Zeugen neue belastende Tatsachen offenbart würden, die die Weiterführung des Verfahrens veranlassen können[37], oder wenn die Staatsanwaltschaft das Verfahren nach §§ 170 Abs. 2, 153, 154, 154 a eingestellt hat und es daher jederzeit wieder aufgreifen kann[38].

10a   Die Verfolgungsgefahr muß grundsätzlich wegen einer **früheren Tat** drohen[39]. Das Risiko, wegen der Zeugenaussage selbst nach §§ 153 ff StGB strafrechtlich zur Verantwortung gezogen zu werden, wird vom Gesetz jedem Zeugen auferlegt. Eine Ausnahme soll auch dann nicht in Betracht kommen, wenn der Zeuge durch die Wiederholung einer in einem anderen Verfahren als Beschuldigter gemachten und von dem Gericht seinerzeit als widerlegt angesehenen Aussage sich mit den Feststellungen eines rechtskräftigen Urteils in Widerspruch setzen und deshalb zwangsläufig mit einer strafrechtlichen Verfolgung rechnen müßte[40]. Das erscheint bedenklich. Denn in diesem Fall muß der Zeuge nur wegen des von ihm nicht verschuldeten Wechsels von der Beschuldigten- in die Zeugenrolle mit einem Strafverfahren allein wegen der künftigen (und nicht auch wegen der inhaltsgleichen vergangenen) Aussage rechnen. Die Gegenmeinung mutet dem Zeugen zu, unter dem Druck der Strafdrohung der §§ 153 ff StGB evtl. wahrheitswidrig seine Aussage aus Gründen des Selbstschutzes an der gerichtlich festgestellten „Wahrheit" zu orientieren. Vor diesem Konflikt sollte der Rechtsstaat den Zeugen bewahren (Art. 20 Abs. 3 GG).

11   Ob die Gefahr besteht, daß die Auskunft zur Verfolgung wegen einer Straftat oder wegen einer Ordnungswidrigkeit führt, ist eine **Rechtsfrage**, die aufgrund bestimmter Tatsachen zu beurteilen ist. Über sie entscheidet das Gericht, nicht der Zeuge, erst recht nicht der Angeklagte (OLG Hamburg NJW **1984** 1635). Maßgebend sind die Umstände des Einzelfalles[41]. In der Hauptverhandlung entscheidet zunächst der Vorsitzende, das Gericht nur, wenn die Entscheidung nach § 238 Abs. 2 beanstandet wird[42].

5. Verweigerung der Auskunft

12   a) **Erklärung.** Die Entscheidung, ob er die Auskunft erteilen will, trifft der Zeuge selbst (vgl. § 52, 22). Er kann sich insoweit eines anwaltlichen **Rechtsbeistandes** bedienen[43] (§ 58, 10). Auch Zeugen, die verstandesunreif oder verstandesschwach sind, entscheiden allein, ob sie sich durch die Aussage belasten wollen; § 52 Abs. 2 wird aber entsprechend anzuwenden sein, wenn Angehörige belastet werden könnten[44]. Solange der Zeuge die Auskunftsverweigerung nicht erklärt hat, steht er als Beweismittel zur Verfügung. Das Gericht darf daher mit der Begründung, der Zeuge könnte sich der Gefahr

---

[37] BGHSt **10** 104; KK-*Pelchen* 4; KMR-*Paulus* 9; *Eb. Schmidt* Nachtr. II 5.

[38] *G. Schäfer* § 65 V 1; a. A KK-*Pelchen* 4.

[39] BGH bei *Dallinger* MDR **1958** 14; OLG Düsseldorf NStZ **1982** 257 = StrVert. **1982** mit Anm. *Prittwitz*; KK-*Pelchen* 9; *Kleinknecht/Meyer*[37] 4; *Schlüchter* 493 Fn. 302 a; a. A KMR-*Paulus* 6.

[40] BVerfG NStZ **1985** 277; a. A OLG Düsseldorf NStZ **1982** 257; a. A *Prittwitz* StrVert. **1982** 344.

[41] BGHSt **1** 39; **10** 104; RGRspr. **2** 305; RG GA **39** 214; OLG Frankfurt NJW **1951** 614; OLG Hamburg NJW **1984** 1636; KK-*Pelchen* 4; *Kleinknecht/Meyer*[37] 10; KMR-*Paulus* 10.

[42] KK-*Pelchen* 4; *Kleinknecht/Meyer*[37] 10; KMR-*Paulus* 10.

[43] BVerfGE **38** 105.

[44] KK-*Pelchen* 12; KMR-*Paulus* 14; *Orlowsky* 129 ff.

der Verfolgung aussetzen, weder einen Beweisantrag ablehnen[45], noch eine Frage an ihn nach §241 Abs. 2 zurückweisen[46].

Der Zeuge muß die Auskunftsverweigerung **ausdrücklich** erklären. Er darf, wenn **13** er sich nicht nach §§153 ff StGB strafbar machen will, die Tatsachen nicht einfach bei seiner Vernehmung verschweigen[47]. Die Auskunftsverweigerung ist bis zum Abschluß der Vernehmung zulässig[48]. Eine wahrheitswidrige Aussage kann der Zeuge bis zum Abschluß seiner Vernehmung widerrufen und von seinem Auskunftsverweigerungsrecht nach §55 Gebrauch machen[49]; die bisherige Aussage wird damit gegenstandslos und kann nicht gegen den Zeugen oder seine Angehörigen verwertet werden[50]. Ein Verzicht auf das Weigerungsrecht ist jederzeit möglich (vgl. im einzelnen §52, 33). Sowohl die Auskunftsverweigerung als auch der Verzicht darauf (RGSt **63** 302) können widerrufen werden (vgl. §52, 34 ff).

Ob der Zeuge zur Auskunftsverweigerung **berechtigt** ist, prüft das Gericht nach **14** pflichtgemäßem Ermessen[51]. Seinem freien Ermessen ist es überlassen, ob es eine Glaubhaftmachung nach §56 verlangt[52].

b) **Verfahrensrechtliche Folgen.** Macht der Zeuge von seinem Auskunftsverweige- **15** rungsrecht Gebrauch, so darf er über die in Betracht kommenden Punkte nicht weiter befragt werden. Was er bis dahin ausgesagt hat, ist verwertbar[53]. §252 ist nicht anwendbar; auch die Angaben, die der Zeuge vor der Hauptverhandlung gemacht hat, dürfen daher verwertet werden[54]. Insbesondere ist die Befragung der Verhörspersonen über den Inhalt früherer Vernehmungen zulässig[55]. Dem Angeklagten dürfen aus den Vernehmungsprotokollen Vorhalte gemacht werden[56], und auch die Verlesung der Vernehmungsniederschrift ist unter den Voraussetzungen des §251 zulässig[57]. Die Aussage darf aber weder nach §251 Abs. 1 Nr. 4 noch nach §251 Abs. 2 verlesen werden, wenn der Zeuge in der Hauptverhandlung erscheint und von seinem Aussageverweigerungs-

---

[45] RG JW **1931** 3560 mit Anm. *Bohne*; KK-*Pelchen* 12; KMR-*Paulus* 14; vgl. *Alsberg/Nüse/Meyer* 452.

[46] RGSt **9** 426; KK-*Pelchen* 12; KMR-*Paulus* 14.

[47] BVerfGE **38** 113 = NJW **1975** 103; BGHSt **7** 127; RGSt **57** 153; RGRspr. **5** 372; KK-*Pelchen* 12; *Kleinknecht/Meyer* [37] 11; KMR-*Paulus* 15; *Eb. Schmidt* Nachtr. II 3; vgl. auch §52, 22.

[48] BGH NStZ **1982** 431; OLG Celle NJW **1958** 74; KK-*Pelchen* 14; *Kleinknecht/Meyer* [37] 11; a. A offenbar BGHSt **11** 217 – GSSt.

[49] RGSt **44** 44; GA **62** (1915/16) 319; KK-*Pelchen* 14; *Kleinknecht/Meyer* [37] 11.

[50] BGH NStZ **1982** 431; RGSt **44** 44; RG GA **62** (1915/16) 319; KK-*Pelchen* 14; *Dalcke/Fuhrmann/Schäfer* 3.

[51] OLG Oldenburg NJW **1961** 1295; OLG Stuttgart Justiz **1972** 123; KK-*Pelchen* 13; *Kleinknecht/Meyer* [37] 10; KMR-*Paulus* 10.

[52] BGH bei *Dallinger* MDR **1971** 188; RGRspr. **2** 305; RG Recht **1928** Nr. 213; KK-*Pelchen* 13; vgl. §56, 2 ff.

[53] KK-*Pelchen* 15; *Kleinknecht/Meyer* [37] 12; KMR-*Paulus* 17; a. A *Schütz* 92 unter unzutreffender Bezugnahme auf RGSt **44** 44.

[54] BGHSt **6** 211; **17** 245; **17** 350; BGH MDR **1951** 180; BGH bei *Dallinger* MDR **1968** 202; BayObLG NJW **1984** 1246; KK-*Pelchen* 15; *Kleinknecht/Meyer* [37] 4; *Alsberg/Nüse/Meyer* 467; a. A KMR-*Paulus* §252, 10; *Gössel* §25 D V c; *Eb. Schmidt* Nachtr. I Vor §48, 9; *Dalcke/Fuhrmann/Schäfer* 3; *Geerds* FS Stock 179; *Hanack* JZ **1972** 238; *Hanack* FS Schmidt-Leichner 92; *Rogall* NJW **1978** 2538; *Schütz* 93; *Rengier* 236; weitere Nachweise bei §252.

[55] BGHSt **6** 211; **17** 245; BGH MDR **1951** 180; BGH bei *Dallinger* MDR **1973** 19; BGH StrVert. **1982** 405; OLG Celle NJW **1957** 194 L; KK-*Pelchen* 15; *Kleinknecht/Meyer* [37] 12; KMR-*Paulus* 17; *Sarstedt/Hamm* 236.

[56] KK-*Pelchen* 15; *Kleinknecht/Meyer* [37] 12; KMR-*Paulus* 17.

[57] BGHSt **10** 190; KK-*Pelchen* 15; *Kleinknecht/Meyer* [37] 12; KMR-*Paulus* 17; a. A *Schütz* 92.

Hans Dahs

recht Gebrauch macht[58]. Das Unterlassen der Belehrung nach § 55 Abs. 2 hat dagegen auf die Verwertbarkeit früherer Aussagen keinen Einfluß[59]. Bedenken unter dem Aspekt des fairen Verfahrens können aber entstehen, wenn eine Aussage verwertet werden soll, die der Angeklagte in einem anderen Verfahren als Zeuge ohne Belehrung nach § 55 Abs. 2 gemacht hat[60].

16 Der Zeuge ist, auch wenn er von dem Auskunftsverweigerungsrecht Gebrauch gemacht hat, zur **Eidesleistung** verpflichtet[61]. Häufig wird aber von der Vereidigung nach § 60 Nr. 2 abzusehen sein. Die Vereidigung scheidet natürlich aus, wenn der Zeuge die Auskunft in vollem Umfang (oben Rdn. 4) verweigert hat.

17 Die Tatsache, daß der Zeuge über bestimmte Fragen keine Auskunft gegeben hat, unterliegt der freien **Beweiswürdigung** (§ 261). Es dürfen daher aus der Auskunftsverweigerung auch Schlüsse gegen den Angeklagten gezogen werden[62]. Nachteile für den Zeugen dürfen damit aber nicht verbunden sein: Die Auskunftsverweigerung allein darf nicht zum Anlaß eines Ermittlungsverfahrens genommen werden[63]; sie darf in einem Strafverfahren gegen den Zeugen nicht zu seinem Nachteil verwertet werden (OLG Stuttgart NJW **1981** 1223), noch kann die Ausübung des Auskunftsverweigerungsrechts durch die Auferlegung von Kosten sanktioniert werden (LG Braunschweig AnwBl. **1979** 41).

18 **6. Belehrung.** Die Belehrung des Zeugen über sein Auskunftsverweigerungsrecht ist zwingend vorgeschrieben[64]. Nach § 161 a Abs. 1 Satz 2 ist auch die Staatsanwaltschaft, nach § 163 a Abs. 5 die Polizei zur Belehrung verpflichtet. Die Belehrungspflicht entsteht erst, wenn der Richter oder die andere Verhörsperson Grund zu der Annahme hat, der Zeuge könne sich oder einen Angehörigen der Gefahr aussetzen, wegen einer Straftat oder Ordnungswidrigkeit verfolgt zu werden. Eine bloß theoretische Möglichkeit genügt nicht[65]. Die Verfahrensbeteiligten können die Belehrung anregen, einen Anspruch auf ihre Durchführung haben sie nicht. Es muß auch nicht etwa jeder Zeuge vor seiner Vernehmung nach § 55 Abs. 2 belehrt und ihm dadurch zu verstehen gegeben werden, daß man ihm oder seinen Angehörigen die Begehung von Straftaten und Ordnungswidrigkeiten zutraut[66]. Unzulässig ist das aber nicht[67]; denn die Belehrung ist nie gesetzwidrig[68]. Wenn der Zeuge bereits nach § 52 Abs. 3 Satz 1 belehrt worden ist und

---

[58] BGH NJW **1977** 158; NStZ **1982** 342; StrVert. **1982** 405; **1983** 353; LG Düsseldorf MDR **1981** 249; KK-*Pelchen* 15; KMR-*Paulus* 17; **a. A** D. *Meyer* MDR **1977** 543; G. *Schäfer* § 65 V 5; *Kleinknecht/Meyer*[37] 12 für die Verlesung nach § 251 Abs. 1 Nr. 4.

[59] BGHSt **11** 218 - GSSt; BayObLGSt **1953** 92 = JR **1953** 703 mit abl. Anm. *Busch*; KK-*Pelchen* 15; *Kleinknecht/Meyer*[37] 12; *Alsberg/Nüse/Meyer* 489; *Sarstedt/Hamm* 236; vgl. i. ü. 22.

[60] BayObLG StrVert. **1984** 192.

[61] BGHSt **6** 383; RGSt **12** 193; **17** 118; **29** 34; **50** 166; RG JW **1902** 576; *Kleinknecht/Meyer*[37] 13.

[62] OLG Hamm HESt **3** 44 = JMBlNRW **1950** 62; KK-*Pelchen* 16; *Kleinknecht/Meyer*[37] § 261, 20; G. *Schäfer* § 65 V 3; **a. A** *Geerds* FS Stock 180; *Rogall* 235.

[63] *Peters* § 42 III 2 c cc; vgl. aber OLG Stuttgart Justiz **1972** 122.

[64] KK-*Pelchen* 17; *Kleinknecht/Meyer*[37] 14; *Sarstedt/Hamm* 236; *Schütz* 57; **a. A** *Koffka* JR **1968** 30, die § 55 Abs. 2 für eine Sollvorschrift hält.

[65] BGH bei *Dallinger* MDR **1954** 402; OLG Frankfurt NJW **1951** 614; KK-*Pelchen* 17; KMR-*Paulus* 12; *Kleinknecht/Meyer*[37] 14; *Eb. Schmidt* Nachtr. II 14; *Peters* § 42 III 2 c cc; *Schütz* 87.

[66] *Koffka* JR **1968** 30; **a. A** *Geerds* FS Stock 188.

[67] KK-*Pelchen* 17; *Kleinknecht/Meyer*[37] 14; KMR-*Paulus* 12; *Schütz* 88.

[68] BGH bei *Dallinger* MDR **1953** 402; OLG Oldenburg NJW **1961** 1225.

wenn nur in Betracht kommt, daß er mit seiner Aussage den beschuldigten Angehörigen belasten könnte, entfällt die Belehrungspflicht nach § 55 Abs. 2 (vgl. oben Rdn. 3). Umgekehrt ersetzt die Belehrung nach § 55 nicht die nach § 52 (BGH NJW **1980** 67).

Die Belehrung wird demnach, wenn schon zu diesem **Zeitpunkt** die Annahme be- **19** gründet ist, daß die Voraussetzungen des § 55 Abs. 1 vorliegen, vor der Vernehmung, sonst erst dann erteilt, wenn der Zeuge erkennbar beginnt, über Tatsachen zu sprechen, bei denen nach der Auffassung des Richters die Gefahr der Selbstbelastung oder der Belastung naher Angehöriger bestehen könnte[69] oder wenn ihm Fragen gestellt werden, die diese Gefahr in sich bergen. Die Belehrung muß in der Weise erfolgen, daß der Vernehmende dem Zeugen sagt, auf welche Fragen er die Auskunft verweigern kann[70]. Falls die Voraussetzungen dafür in Betracht kommen (oben Rdn. 4), ist der Zeuge auch dahin zu belehren, daß er berechtigt ist, die ganze Aussage zu verweigern[71]. Daß er möglicherweise durch seine Aussage eine Straftat begehen könnte, muß dem Zeugen nicht mitgeteilt werden[72]. Zu der Frage, ob der Zeuge im Beistand eines Rechtsanwalts erscheinen kann, um sich mit diesem gegebenenfalls über das Aussageverweigerungsrecht zu beraten, vgl. § 58, 10.

Die **Entscheidung** über die Belehrungspflicht trifft der Vorsitzende; erst im Fall **20** der Beanstandung nach § 238 Abs. 2 obliegt sie dem Gericht[73]. Mit der Belehrung darf nicht ein Dritter beauftragt werden (vgl. § 52, 46). Das Unterlassen der Belehrung begründet nicht die Revision (unten Rdn. 22).

7. Revision

a) Allgemeines. Der Angeklagte kann keinerlei Rechte daraus herleiten, daß der **21** Zeuge von seinem Auskunftsverweigerungsrecht Gebrauch gemacht hat; insbesondere kann er die Revision hierauf nicht stützen[74], auch nicht mit der Begründung, der Zeuge habe sein Recht nach § 55 Abs. 1 überhaupt nicht begriffen. Auf die Behauptung, der Zeuge sei nicht zur Auskunftsverweigerung berechtigt gewesen, kann die Revision nur gestützt werden, wenn geltend gemacht wird, das Gericht habe aus Rechtsirrtum, etwa weil es den Begriff des Angehörigen oder der Gefahr der Strafverfolgung (RG JW **1902** 575) verkannt hat, die Verweigerung hingenommen und dadurch gegen seine Aufklärungspflicht (§ 244 Abs. 2) verstoßen[75]. Die tatsächliche Beurteilung durch den Tatrichter kann dagegen nicht angegriffen werden; an sie ist das Revisionsgericht gebunden[76]. Der Antrag auf Vernehmung eines Zeugen, dem ein Auskunftsverweigerungsrecht nach § 55 zusteht, darf grundsätzlich nicht wegen „Unerreichbarkeit" des Zeugen abgelehnt werden (BGH StrVert. **1984** 408).

b) Unterlassene Belehrung. Da § 55 kein Schutzrecht für den Angeklagten be- **22** gründet (oben Rdn. 1), berührt es dessen Rechtskreis nicht, wenn der Zeuge ausgesagt

---

[69] *Kleinknecht/Meyer*[37] 10; *Dalcke/Fuhrmann/ Schäfer* 5.
[70] BGH bei *Dallinger* MDR **1953** 402; *Kleinknecht/Meyer*[37] 14.
[71] BGH bei *Dallinger* MDR **1953** 402; RG GA **62** (1915/16) 319; RG Recht **1914** Nr. 2954; OLG Stuttgart NJW **1950** 760; KK-*Pelchen* 18; *Kleinknecht/Meyer*[37] 14; KMR-*Paulus* 12.
[72] BGH bei *Dallinger* MDR **1958** 14; KK-*Pelchen* 18.

[73] KK-*Pelchen* 17; *Kleinknecht/Meyer*[37] 15; *Dalcke/Fuhrmann/Schäfer* 5; *Schütz* 87.
[74] RGSt **38** 320; **48** 270; *Kleinknecht/Meyer*[37] 16.
[75] RG Recht **1909** Nr. 2761; KMR-*Paulus* 20; *Schlüchter* Rdn. 493.
[76] BGHSt **10** 105; BGH MDR **1981** 632; RG Recht **1928** Nr. 213; **1930** Nr. 1387; OLG Oldenburg NJW **1961** 1225; KK-*Pelchen* 21; KMR-*Paulus* 20; *Alsberg/Nüse/Meyer* 161.

Hans Dahs

hat, ohne daß er nach § 55 Abs. 2 belehrt worden ist[77]. Die Gegenmeinung beruht teils auf der Auffassung, jeder Verstoß gegen die gesetzlich vorgeschriebenen Methoden der Wahrheitsfindung berühre den Rechtskreis des Angeklagten[78], teils auf der Annahme, die Vorschrift des § 55 diene auch dem Interesse des Angeklagten, weil sie Falschaussagen des Zeugen verhindern soll[79]. Die Staatsanwaltschaft kann das Unterlassen der Belehrung ebenfalls nicht rügen, weil der Gesetzesverstoß die Sachaufklärung nicht erschwert haben kann (*Kleinknecht/Meyer*[37] 17).

23   **c) Unrichtige Belehrung.** Wird der Zeuge fälschlich dahin belehrt, daß er nicht zur Auskunftsverweigerung berechtigt sei, und sagt er daraufhin aus, so kann das der Angeklagte, da der Verfahrensmangel seinen Rechtskreis nicht berührt (oben Rdn. 22), nicht mit der Revision rügen[80]. In dem umgekehrten Fall, daß der Zeuge aufgrund der unrichtigen Belehrung, ihm stehe das Auskunftsverweigerungsrecht nach § 55 Abs. 1 zu, einzelne Fragen nicht beantwortet, kann die Revision begründet sein. Jedoch kann nicht allein die Verletzung des § 55 zur Urteilsaufhebung führen, sondern nur die des § 245[81] oder des § 244 Abs. 2[82]. Die unrichtige Belehrung kann auch dann zur Urteilsaufhebung führen, wenn der Zeuge gleichwohl ausgesagt hat, aber zu besorgen ist, daß die Belehrung zu unrichtigen Vorstellungen über seine Zeugenpflichten geführt und ihn zu einer unwahren Aussage veranlaßt hat[83]. Wird der Zeuge aber über ein nicht bestehendes Auskunftsverweigerungsrecht belehrt, so schadet dies nicht, wenn er gleichwohl aussagt (BGH bei *Pfeiffer* NStZ **1981** 93).

§ 56

[1]Die Tatsache, auf die der Zeuge die Verweigerung des Zeugnisses in den Fällen der §§ 52, 53 und 55 stützt, ist auf Verlangen glaubhaft zu machen. [2]Es genügt die eidliche Versicherung des Zeugen.

Entstehungsgeschichte. Die in Satz 1 ursprünglich enthaltenen Paragraphenbezeichnungen wurden durch die Bek. 1924 geändert. Bezeichnung bis 1924: § 55.

---

[77] BGHSt **1** 39; **11** 213 - GSSt; BGH NJW **1955** 1146; BGH VRS **15** 113; **34** 218; **36** 23; BGH bei *Pfeiffer/Miebach* NStZ **1983** 354; RG JW **1931** 1596 mit Anm. *Alsberg*; BayObLGSt **1966** 184 = JR **1968** 29 mit Anm. *Koffka*; OLG Koblenz VRS **46** 451; OLGSt § 55 S. 11; OLG Oldenburg NdsRpfl. **1954** 176; KK-*Pelchen* 19; *Kleinknecht/Meyer*[37] 17; *Alsberg/Nüse/Meyer* 489; *Dalcke/Fuhrmann/Schäfer* 5; *Kleinknecht* NJW **1966** 1537; *Dencker* Verwertungsverbote im Strafprozeß (1977) 94; *G. Schäfer* § 65 V 4; *Grünwald* JZ **1966** 499; nur dem Ergebnis zust. *Sarstedt/Hamm* 236; a. A *Peters* § 42 III 2 c cc; *Roxin* § 24 D III 2 c; *Rengier* 314 ff; vgl. auch Einl. Kap. 14 III; näheres zur Rechtskreistheorie § 337, 95 ff.

[78] *Eb. Schmidt* Nachtr. II 14 und JZ **1956** 596; ähnlich *Schlüchter* 494.2.

[79] OLG Frankfurt NJW **1951** 614; *Henkel* 211; *Gössel* § 25 D V c; *Roxin* § 24 D III 2 c; *Peters* § 42 III 2 c cc; *Dahs/Dahs* 209; *Busch* JZ **1953** 703; GA **1959** 84; *Geerds* FS Stock 188; *Niese* JZ **1953** 223; *Petry*, Beweisverbote im Strafprozeß, (1971) 105, 191; *Rudolphi* MDR **1970** 98; *Schütz* 76 ff.

[80] BGH bei *Pfeiffer* NStZ **1981** 93; RGSt **38** 320; RG DRiZ **1930** Nr. 354; KK-*Pelchen* 19; *Dalcke/Fuhrmann/Schäfer* 5; a. A *Koffka* JR **1968** 31; *Sarstedt/Hamm* 236.

[81] BGH bei *Dallinger* MDR **1974** 16; OLG Celle NJW **1962** 2315; KK-*Pelchen* 20; KMR-*Paulus* 20; *Schütz* 77.

[82] BGH bei *Dallinger* MDR **1953** 402; RG GA **43** (1895) 242; *Schütz* 77.

[83] RG Recht **1909** Nr. 2761.

1. Allgemeines. Die Vorschrift ergänzt die §§ 52, 53 und 55. Auf § 54 bezieht sie **1** sich nicht; denn im Fall der Aussageverweigerung nach dieser Bestimmung kann und muß das Gericht selbst beurteilen, ob der Zeuge zur Verschwiegenheit verpflichtet ist. § 56 Satz 1 gilt auch bei Vernehmungen durch die Staatsanwaltschaft (§ 161 a Abs. 1 Satz 2); die eidliche Versicherung nach § 56 Satz 2 darf der Staatsanwalt jedoch nicht entgegennehmen (§ 161 a Abs. 1 Satz 3). Wird ein Zeuge durch die Polizei vernommen, so ist er zur Aussage ohnehin nicht verpflichtet. Er darf daher die ganze Aussage oder die Auskunft auf einzelne Fragen verweigern, ohne dafür Gründe angeben oder gar glaubhaft machen zu müssen[1].

2. Verlangen der Glaubhaftmachung. Wenn ein Zeuge die Aussage unter Beru- **2** fung auf § 52 oder § 53 (dem der Fall des § 53 a gleichsteht) verweigert, kann der Richter seiner Erklärung, daß die tatsächlichen Voraussetzungen dieser Vorschriften vorliegen, ohne weiteres glauben, insbesondere wenn niemand widerspricht[2]. Im Urteil braucht darüber nichts ausgeführt zu werden (OGHSt 2 174). Das gleiche gilt für die Auskunfts- verweigerung des Zeugen nach § 55, die in § 56 Satz 1 fälschlich als Zeugnisverweige- rung bezeichnet wird (vgl. § 55, 4). Auch hier liegt es im Ermessen des Gerichts, ob es sich mit der Behauptung des Zeugen begnügen will, er werde, wenn er aussagen müßte, sich oder einen Angehörigen der Gefahr aussetzen, wegen einer Straftat oder Ord- nungswidrigkeit verfolgt zu werden (vgl. unten Rdn. 5).

Nach § 56 Satz 1 kann aber immer **verlangt werden,** daß der Zeuge die Tatsachen **3** glaubhaft macht, auf die er in den Fällen der §§ 52, 53 und 55 die Zeugnis- oder Aus- kunftsverweigerung stützt. Da es im Ermessen des Gerichts steht, das Zeugnisverweige- rungsrecht auch ohne Glaubhaftmachung anzuerkennen, kann mit dem „Verlangen" nach Glaubhaftmachung in § 56 Satz 1 nur das Verlangen des Gerichts gemeint sein (BGH bei *Dallinger* MDR **1971** 188). Hierbei handelt es sich um eine Maßnahme der Sachleitung nach § 238 Abs. 1; es entscheidet daher zunächst der Vorsitzende, ob eine Glaubhaftmachung erforderlich erscheint[3]. Beanstandungen führen zu einem Gerichts- beschluß nach § 238 Abs. 2. Die Prozeßbeteiligten haben keinen Anspruch darauf, daß der Zeuge seine Behauptungen glaubhaft macht[4]; darauf gerichtete Beweisanträge darf das Gericht ohne Bindung an die gesetzlichen Ablehnungsgründe ablehnen (vgl. *Als- berg/Nüse/Meyer* 147). Entgegen KMR-*Paulus* 6 ist die Ablehnung aber begründungs- pflichtig (vgl. *Alsberg/Nüse/Meyer* 149). Bezweifelt der Richter die Angaben, auf die der Zeuge die Verweigerung des Zeugnisses stützt, ist in aller Regel geboten, ihn die Rich- tigkeit der Tatsachen eidlich versichern zu lassen, es sei denn, die Unrichtigkeit der für die Zeugnisverweigerung vorgebrachten Gründe ist bereits erwiesen (BGH NJW **1972** 1334).

3. Gegenstand der Glaubhaftmachung ist die Tatsache, auf die der Zeuge die Ver- **4** weigerung des Zeugnisses stützt (§ 56 Satz 1). In den Fällen des § 52 handelt es sich um die Tatsache, die das Angehörigenverhältnis begründet. Die Frage, ob der Zeuge der

---

[1] *Kleinknecht/Meyer* [37] 2; KK-*Pelchen* 1.
[2] BGH NJW **1972** 1334; BGH bei *Dallinger* MDR **1971** 188; RGSt **54** 39; RGRspr. **2** 156; RG JW **1928** 414 mit Anm. *Mamroth;* RG JW **1929** 861 mit Anm. *Alsberg;* RG HRR **1930** 1076; OGHSt **2** 173; KK-*Pelchen* 4; KMR- *Paulus* 7; *Eb. Schmidt* 4; *Dalcke/Fuhrmann/ Schäfer* 1.

[3] BGH bei *Dallinger* MDR **1971** 188; KK-*Pel- chen* 5; *Kleinknecht/Meyer* [37] 1; KMR-*Paulus* 6.
[4] KK-*Pelchen* 4; KMR-*Paulus* 6; *Eb. Schmidt* 4.

Ehegatte oder ob er mit dem Beschuldigten verwandt oder verschwägert ist, wird im allgemeinen zu Zweifeln keinen Anlaß geben. Wenn die Frage, ob der Zeuge mit dem Beschuldigten verwandt ist, Gegenstand der Vernehmung zur Sache ist, darf der Zeuge, der sich auf sein Weigerungsrecht nach § 52 beruft, nicht veranlaßt werden, das Verwandtschaftsverhältnis näher glaubhaft zu machen[5]. Bezeichnet sich der Zeuge als Verlobter des Beschuldigten, so wird das Gericht die Richtigkeit dieser Erklärung gelegentlich von vornherein aufgrund der bereits feststehenden Tatsachen für widerlegt halten dürfen. Häufig kann es aber die allein von der inneren Willensrichtung der Verlobten abhängige Ernsthaftigkeit ihres Heiratsversprechens nur beurteilen, wenn die tatsächlichen Grundlagen genügend glaubhaft gemacht sind (BGH NJW **1972** 1334). In den Fällen des § 53 ist glaubhaft zu machen, daß dem Zeugen die Tatsachen, über die er aussagen soll, bei der Ausübung seines Berufs anvertraut oder bekanntgeworden sind und daß er von ihnen nicht auch auf andere Weise Kenntnis erlangt hat.

5   In den Fällen des § 55 darf der Richter ohne weiteres auf der Auskunft bestehen, wenn die Beantwortung der Frage offensichtlich nicht geeignet sein kann, die Gefahr der Verfolgung wegen einer Straftat oder Ordnungswidrigkeit herbeizuführen. Vielfach wird aus dem Zweck und Inhalt der Frage und aus den bereits bekannten Umständen klar hervorgehen, daß der Zeuge die Auskunft nicht geben kann, ohne sich oder einen nahen Angehörigen einer solchen Gefahr auszusetzen. In Zweifelsfällen darf aber von dem Zeugen nicht verlangt werden, daß er über die Tat, derentwegen er oder seine Angehörigen verfolgt werden könnten, irgendwelche Angaben macht. Denn dadurch würde er die Gefahr gerade herbeiführen, vor der ihn das Gesetz schützen will (so mit Recht *Mamroth* JW **1928** 414). Das Gericht wird daher nähere tatsächliche Angaben nicht fordern dürfen und sich immer damit begnügen müssen, daß der Zeuge nach Unterrichtung über den Gegenstand des Verfahrens und seiner Vernehmung beschwört, er nehme nach bestem Wissen an, daß er durch die Auskunft sich selbst oder einen der in § 52 Abs. 1 bezeichneten nahen Angehörigen der Gefahr der Verfolgung wegen einer Straftat oder Ordnungswidrigkeit aussetzen würde[6].

4. Art der Glaubhaftmachung

6   a) **Allgemeines.** Da es sich um die Entscheidung über eine verfahrensrechtliche Frage handelt, bedarf es für den Nachweis des Zeugnisverweigerungsrechts keiner an die strengen Formen, wie sie für die Schuld- und Rechtsfolgenfrage vorgeschrieben sind, gebundenen Beweisaufnahme. Es gelten vielmehr die Grundsätze des Freibeweises[7]. Darüber hinaus läßt § 56 Satz 1 die Glaubhaftmachung genügen. Ein Nachweis zur vollen Überzeugung des Gerichts ist daher nicht erforderlich. Es reicht aus, daß dem Gericht die Richtigkeit der behaupteten Tatsachen in einem Maße wahrscheinlich gemacht wird, das nach Lage der Dinge vernünftigerweise als hinreichend anzusehen ist[8]. Bei der Entscheidung, ob die ein Zeugnisverweigerungsrecht begründenden Tatsachen glaubhaft gemacht sind, gilt der Grundsatz in dubio pro reo nicht[9].

7   Während in anderen Vorschriften der **Eid** als Mittel der Glaubhaftmachung ausgeschlossen ist (§ 26 Abs. 2 Satz 2, § 74 Abs. 3 Halbsatz 2), ist er in § 56 Satz 2 ausdrück-

---

[5] RG HRR **1928** 494; KK-*Pelchen* 4.

[6] RGRspr. **2** 305; RG JW **1929** 414; KK-*Pelchen* 4; KMR-*Paulus* 3; *Eb. Schmidt* 3; *Hammerstein* NStZ **1981** 125; *Kleinknecht/Meyer*[37] 2 (für § 55); *Geerds* FS Stock 193 hält die Regelung des § 56 für den Fall des § 55 für rechtspolitisch absolut unbefriedigend.

[7] § 244, 3 f; *Alsberg/Nüse/Meyer* 109 ff; *Kleinknecht/Meyer*[37] 3.

[8] BGHSt **21** 350; RGSt **28** 10; vgl. auch *W. Schmid* SchlHA **1981** 73; vgl. § 45, 21; § 74, 24.

[9] BGH bei *Pfeiffer/Miebach* NStZ **1983** 354; *Alsberg/Nüse/Meyer* 152.

lich zugelassen. Mehr als diese eidliche Versicherung (dazu unten Rdn. 8) darf das Gericht in keinem Fall verlangen[10]. Es kann sich auch mit der Glaubhaftmachung durch eine eidesstattliche Versicherung begnügen[11]. Versucht der Zeuge die Glaubhaftmachung durch andere Mittel als den Eid oder eine eidesstattliche Versicherung, so hat der Richter über deren Wert nach freiem Ermessen zu entscheiden. Auch die Leistung des Eides oder die Versicherung an Eides Statt schließt aber eine freie Beweiswürdigung keineswegs aus. Das Gericht braucht dem Zeugen keinen Glauben zu schenken, wenn andere Tatsachen die Unrichtigkeit seiner eidlichen oder an Eides Statt versicherten Angaben klar erweisen[12].

b) Eidliche Versicherung. Unter der eidlichen Versicherung nach § 56 Satz 2 ist **8** nicht eine eidesstattliche Versicherung im Sinne des § 156 StGB, sondern die Ableitung des körperlichen Eides (§ 66 c) oder die Bekräftigung nach § 66 d zu verstehen[13]. An die Stelle der Norm des Zeugeneides oder der Bekräftigung tritt die Tatsache, die glaubhaft gemacht werden soll (z. B.: „Sie schwören bei Gott dem Allmächtigen und Allwissenden, daß Sie und der Angeklagte einander ernsthaft die Ehe versprochen haben"). Im Fall des § 67 kann die eidliche Versicherung unter Berufung auf den geleisteten Eid abgegeben werden. Wird die Aussage nur teilweise verweigert, im übrigen aber von dem Zeugen beeidet, so kann der Zeugeneid zugleich auf die Erklärung bezogen werden, die den Weigerungsgrund des Zeugen betrifft[14]. Hierüber ist der Zeuge zu belehren; sowohl die Tatsache der Belehrung als auch die Ausdehnung des Eides auf den Grund der Zeugnisverweigerung muß in das Protokoll aufgenommen werden[15].

Die in § 56 Satz 2 vorgesehene eidliche Versicherung des Zeugen kann in **jedem 9 Abschnitt** des Verfahrens gefordert werden. Die Beschränkungen des § 65 gelten nicht[16]. Fehlt dem Zeugen die Eidesmündigkeit (§ 60 Nr. 1), so ist auch die eidliche Versicherung nach § 56 Satz 2 unzulässig[17]. Das Vereidigungsverbot des § 60 Nr. 2 besteht aber nicht; andernfalls wäre die Glaubhaftmachung, die § 56 gestattet, im Fall des § 55 praktisch unmöglich[18]. Die §§ 61 und 62 sind für die eidliche Versicherung nach § 56 Satz 2 ohne Bedeutung.

5. Revision. Hat zunächst der Vorsitzende ausdrücklich oder stillschweigend **10** darüber entschieden, daß eine Glaubhaftmachung nicht verlangt wird (oben Rdn. 3), so kann eine Revisionsrüge nur erhoben werden, wenn die Entscheidung des Gerichts nach § 238 Abs. 2 herbeigeführt worden ist[19]. Wenn das Gericht der Erklärung des Zeugen über das Bestehen eines Zeugnisverweigerungsrechts glaubt, kann die Revision gegen das Urteil nicht auf die Behauptung gestützt werden, das Gericht habe zu Unrecht angenommen, daß das Zeugnisverweigerungsrecht genügend glaubhaft gemacht worden sei (KMR-*Paulus* 8). Auch die Behauptung der Revision, die Erklärung des Zeugen sei unwahr, kann das Revisionsgericht nicht beachten. Auf die Anerkennung des Zeugnisver-

---

[10] KMR-*Paulus* 5; *Eb. Schmidt* 2.

[11] RGSt **28** 10; **58** 147; RG Recht **1928** Nr. 214; KK-*Pelchen* 6; *Kleinknecht/Meyer* [37] 3; **a. A** *Dalcke/Fuhrmann/Schäfer* 3.

[12] BGH NJW **1972** 1334; *Ditzen* Dreierlei Beweis im Strafverfahren (1926) 10; *Alsberg* JW **1929** 861.

[13] KK-*Pelchen* 6; *Eb. Schmidt* 1.

[14] KMR-*Paulus* § 59, 12; *Eb. Schmidt* 1.

[15] KMR-*Paulus* § 59, 12.

[16] KK-*Pelchen* 6; KMR-*Paulus* 4; *Eb. Schmidt* 5.

[17] KK-*Pelchen* 6; KMR-*Paulus* 4; *Eb. Schmidt* 6.

[18] KK-*Pelchen* 6; KMR-*Paulus* 4; *Eb. Schmidt* 6.

[19] RG JW **1929** 861 mit Anm. *Alsberg*; KK-*Pelchen* 7; KMR-*Paulus* 8.

weigerungsrechts kann die Revision vielmehr nur gestützt werden, wenn die Entscheidung erkennbar auf Rechtsirrtum beruht[20].

§ 57

[1]Vor der Vernehmung sind die Zeugen zur Wahrheit zu ermahnen und darauf hinzuweisen, daß sie ihre Aussage zu beeidigen haben, wenn keine im Gesetz bestimmte oder zugelassene Ausnahme vorliegt. [2]Hierbei sind sie über die Bedeutung des Eides, die Möglichkeit der Wahl zwischen dem Eid mit religiöser oder ohne religiöse Beteuerung sowie über die strafrechtlichen Folgen einer unrichtigen oder unvollständigen Aussage zu belehren.

Entstehungsgeschichte. Ursprünglich bestimmte § 59 (nach der Neubekanntmachung von 1924: § 60), daß der Richter den Zeugen vor der Leistung des Eides „in angemessener Weise auf die Bedeutung des Eides hinzuweisen" hat. Art. I des Gesetzes zur Einschränkung der Eide im Strafverfahren vom 24. 11. 1933 (RGBl. I 1008) fügte stattdessen den § 57 ein; der bisherige § 57 wurde § 60. Art. 4 Nr. 1 der Verordnung zur Durchführung der Verordnung zur Angleichung des Strafrechts des Altreichs und der Alpen- und Donau-Reichsgaue vom 29. 5. 1943 (RGBl. I 341) paßte die Vorschrift der gleichzeitigen Änderung des § 59 an. Art. 3 Nr. 20 VereinhG stellt im wesentlichen die Fassung von 1933 wieder her. Durch Art. 1 Nr. 1 des 1. StVRErgG erhielt Satz 2 unter Einführung der Belehrungspflicht über die Möglichkeit der Wahl zwischen dem Eid mit religiöser Beteuerung und ohne diese Beteuerung die geltende Fassung.

1   **1. Allgemeines.** Die Vorschrift sieht sowohl eine Ermahnung des Zeugen zur Wahrheit als auch eine Belehrung über die Bedeutung des Eides, die möglichen Formen der Eidesleistung und die strafrechtlichen Folgen einer Falschaussage vor. Das Gesetz erwähnt nicht ausdrücklich, daß die Belehrung mündlich erteilt werden muß. Das versteht sich jedoch von selbst. Eine schriftliche Belehrung, etwa in dem Ladungsvordruck, ist zwar nicht unzulässig (sondern wünschenswert), macht aber die mündliche Belehrung vor der Vernehmung nicht entbehrlich[1].

2   Bei einer Vernehmung durch die Staatsanwaltschaft ist § 57 entsprechend **anzuwenden** (§ 161 a Abs. 1 Satz 2). Da aber der Staatsanwalt den Zeugen nicht vereidigen darf (§ 161 a Abs. 1 Satz 3) und da die uneidliche Falschaussage vor der Staatsanwaltschaft, wie sich aus § 153 StGB ergibt, nicht strafbar ist, kommt insoweit nur die Ermahnung zur Wahrheit in Betracht. Auch bei polizeilichen Vernehmungen darf diese Ermahnung ausgesprochen werden[2]. Es entspricht im übrigen dem Rechtsgedanken des § 57, wenn Staatsanwaltschaft und Polizei den Zeugen darüber belehren, daß er sich durch eine falsche Aussage nach §§ 145 d, 164, 257, 258 StGB strafbar machen kann.

2. Belehrung
3   **a) Zeitpunkt.** Die in § 57 vorgesehene Ermahnung und Belehrung muß vor der Vernehmung des Zeugen erfolgen. Die Vorschrift verlangt aber nicht, daß sich die

---

[20] RG JW **1928** 414 mit Anm. *Mamroth;* RG JW **1929** 861 mit Anm. *Alsberg;* RG HRR **1928** 494; **1930** 1076; OGHSt **2** 174; *Alsberg/Nüse/Meyer* 161; KK-*Pelchen* 7; *W. Schmid* SchlHA **1981** 74.

[1] KK-*Pelchen* 2; *Kleinknecht/Meyer*[37] 1; insbes. *Lorenz* DRiZ **1965** 158.
[2] KK-*Pelchen* 1; *Eb. Schmidt* 1.

Vernehmung unmittelbar an die Belehrung anschließt. Es ist daher zulässig, alle erschienenen Zeugen gemeinsam vor der Vernehmung des ersten Zeugen zu belehren[3]. In der Praxis ist dieses Verfahren allgemein üblich. Unzulässig ist es dagegen, den Zeugen zunächst „informatorisch" über sein Wissen zu befragen und die Belehrung erst vorzunehmen, wenn sich abzeichnet, daß er förmlich als Zeuge vernommen werden muß[4].

b) Inhalt. Der Zeuge muß zunächst zur Wahrheit ermahnt und darauf hingewiesen werden, daß er voraussichtlich vereidigt wird. Die Belehrung nach §§ 53 Abs. 2, 64 Abs. 2 BZRG i. d. F. d. Neubek. v. 21. 9. 1984 muß bei Fragen im Rahmen des § 68 a Abs. 2 zusätzlich und ausdrücklich erfolgen (OLG Düsseldorf StrVert. **1983** 446). Sodann ist er über die Bedeutung des Eides, über die Möglichkeit der Wahl zwischen der Eidesleistung in religiöser Form und ohne religiöse Beteuerungsformel und über die strafrechtlichen Folgen einer unrichtigen oder unvollständigen Aussage zu belehren. Dazu gehört die Belehrung, daß auch die Angaben zur Person wahrheitsgemäß sein müssen und von dem Eid umfaßt werden[5], daß sowohl die mit dem Eid bekräftigte vorsätzliche Falschaussage (§ 154 StGB) als auch der fahrlässige Falscheid (§ 163 StGB) und die uneidliche Falschaussage (§ 153 StGB) unter Strafandrohung stehen. Eine Belehrung darüber, daß der Zeuge dem Eid nach § 66 c Abs. 3 eine Beteuerungsformel anfügen kann, ist nicht vorgeschrieben. § 57 sieht auch eine Belehrung darüber nicht vor, daß ein Zeuge, der aus Glaubens- oder Gewissensgründen keinen Eid leisten will, nach § 66 d die Wahrheit der Aussage ohne Eidesleistung bekräftigen kann. Das Gesetz geht davon aus, daß ein Zeuge, dem sein Glaube oder Gewissen den Eid verbietet, das auch ohne äußeren Anstoß erklären wird[6].

Die Belehrung muß den **Besonderheiten** des Verfahrens und den besonderen **5** Eigenschaften des Zeugen angepaßt werden. Im Vorverfahren unterbleibt der Hinweis auf die Notwendigkeit der Vereidigung und die Belehrung über die Bedeutung des Eides usw., wenn nach § 65 keine Vereidigung in Betracht kommt; erforderlichenfalls ist die Belehrung vor der Vereidigung nachzuholen. Der Zeuge darf aber bei der Vernehmung im Vorverfahren auf die Strafbarkeit der uneidlichen Falschaussage und darauf hingewiesen werden, daß er seine Aussage voraussichtlich in der Hauptverhandlung beschwören muß (vgl. auch Rdn. 2 a.E.). Bei der Vernehmung eidesunmündiger Zeugen (§ 60 Nr. 1) und von Zeugen, deren Vereidigung nach § 60 Nr. 2 von vornherein ausgeschlossen ist, hat sich der Richter ebenfalls auf die Ermahnung zur Wahrheit und die Belehrung über die Strafbarkeit einer uneidlichen Falschaussage zu beschränken[7]. Die in § 57 vorgesehenen Ermahnungen und Belehrungen wären leere Förmlichkeiten, wenn ein Richter, Staatsanwalt oder Rechtsanwalt als Zeuge zu vernehmen ist. Sie können dann, da § 57 nur eine Ordnungsvorschrift ist (unten Rdn. 9), unbedenklich unterbleiben (enger KMR-*Paulus* 4).

c) Form. Die Gestaltung des Hinweises und der Belehrung steht im Ermessen des **6** Richters. Sie müssen angemessen und wirkungsvoll sein (*Peters* § 42 V 2); es entspricht nicht der Würde des Gerichts, sie in überhastetem oder gleichgültigem Ton herunterzusprechen (vgl. *Hülle* DRiZ **1953** 89). Durch den Hinweis auf die Wahrheitspflicht darf nicht der Eindruck erweckt werden, das Gericht traue dem Zeugen von vornherein eine unwahre Aussage zu. Es empfiehlt sich daher die einleitende Bemerkung, daß das Ge-

---

[3] RG JW **1900** 709; KK-*Pelchen* 2; *Kleinknecht/Meyer*[37] 1; KMR-*Paulus* 3; *Eb. Schmidt* 5.

[4] RGSt **67** 288; KK-*Pelchen* 2; KMR-*Paulus* 5.

[5] RGSt **60** 408; KK-*Pelchen* 3; KMR-*Paulus* 3.

[6] Vgl. BTDrucks. 7 2526 S. 19.

[7] KK-*Pelchen* 3; *Kleinknecht/Meyer*[37] 2.

richt bei der Wahrheitsfindung auf die Unterstützung des Zeugen angewiesen ist, zu einem gerechten Urteil aber nur gelangen kann, wenn der Zeuge wahrheitsgemäß aussagt und nichts Wesentliches verschweigt. Die Belehrung über die Eidespflicht und die strafrechtlichen Folgen einer Falschaussage sollte nicht so erteilt werden, daß sie ehrkränkend oder einschüchternd wirkt. Sie sollte daher mit dem Hinweis darauf erteilt werden, daß sie nur erfolgt, weil das Gesetz sie vorschreibt (KMR-*Paulus* 4). Besteht nach dem Inhalt der Zeugenbekundungen dazu Anlaß, so kann die Belehrung während der Vernehmung immer noch in nachdrücklicherer Weise wiederholt werden.

7   **d) Wiederholung.** Ergeben sich während der Zeugenvernehmung Zweifel an der Richtigkeit der Aussage, so dürfen die Ermahnung und die Belehrung wiederholt und mit eindringlichen Vorhalten verbunden werden. Denn der Richter ist zur Erforschung der Wahrheit verpflichtet (§ 244 Abs. 2) und muß daher einer unrichtigen Zeugenaussage mit allen erlaubten Mitteln, zu denen insbesondere Hinweise, Ermahnungen und Warnungen gehören, entgegenwirken[8]. Der Zeuge darf auf seine früheren Aussagen und auf die Aussage anderer bereits vernommener Zeugen hingewiesen und darauf aufmerksam gemacht werden, daß seine Bekundungen zu ihnen in unüberbrückbarem Gegensatz stehen[9]. Zulässig ist auch die Anordnung der vollständigen Niederschrift der Aussage nach § 273 Abs. 3 und der Hinweis an den Zeugen, daß die Niederschrift zur Grundlage eines Ermittlungsverfahrens gegen ihn wegen vorsätzlicher oder fahrlässiger Falschaussage gemacht werden kann. In Betracht kommt schließlich die Belehrung des Zeugen über die Strafbarkeit der Begünstigung und Strafvereitelung nach den §§ 257, 258 StGB. Bei alldem muß der Vorsitzende aber darauf bedacht sein, daß seine Vorhaltungen, Belehrungen und Hinweise den Zeugen nicht zu einer bestimmten, womöglich sogar unwahren Aussage drängen (KMR-*Paulus* 6).

8   **e) Protokoll.** Die Belehrung nach § 57 gehört nicht zu den wesentlichen Förmlichkeiten im Sinne der § 168 a Abs. 1, § 273 Abs. 1, wird aber üblicherweise in die Vernehmungs- oder Sitzungsniederschrift aufgenommen. Die Beweisvermutung des § 274 gilt nicht[10].

9   **3. Revision.** Nach allgemeiner Ansicht ist § 57 eine Ordnungsvorschrift, die nur im Interesse des Zeugen, nicht des Angeklagten, erlassen ist und daher seinen Rechtskreis nicht berührt (dazu § 337, 95 ff). Ihre Verletzung begründet daher nicht die Revision[11].

§ 58

(1) **Die Zeugen sind einzeln und in Abwesenheit der später zu hörenden Zeugen zu vernehmen.**

(2) **Eine Gegenüberstellung mit anderen Zeugen oder mit dem Beschuldigten im Vorverfahren ist zulässig, wenn es für das weitere Verfahren geboten erscheint.**

---

[8] BGHSt **3** 199; RGSt **54** 297; KK-*Pelchen* 5; *Kleinknecht/Meyer* 37 3; KMR-*Paulus* 6.

[9] BGHSt **3** 199; RGSt **54** 197; *Kleinknecht/Meyer* 37 3; *Dalcke/Fuhrmann/Schäfer* 1.

[10] BGH bei *Martin* DAR **1958** 99; RGSt **56** 66; KK-*Pelchen* 6; *Kleinknecht/Meyer* 37 5; **a. A** KMR-*Paulus* 7.

[11] BGH VRS **22** 144; **36** 23; BGH bei *Martin* DAR **1958** 99; BGH bei *Spiegel* DAR **1981** 197; BGH bei *Pfeiffer/Miebach* NStZ **1983** 354; RGSt **6** 267; **40** 158; **56** 66; RG JW **1903** 216; **1937** 2423 L; RG HRR **1934** 1644; KK-*Pelchen* 7; *Kleinknecht/Meyer* 37 6; *Eb. Schmidt* 4; *Dalcke/Fuhrmann/Schäfer* 2; *Henkel* 210 Fußn. 2; *Dahs/Dahs* 209; einschränkend KMR-*Paulus* 8: Aufklärungsrüge; *Rudolphi* MDR **1970** 99.

Schrifttum. *Burghard* Gegenüberstellungen im Ermittlungsverfahren, Taschenbuch für Kriminalisten XXVI 87; *Dahs* Zum Persönlichkeitsschutz des „Verletzten" als Zeuge im Strafprozeß, NJW **1984** 1921; *Engelhardt* Konfrontationen, Archiv für Kriminologie **105** (1939) 140; *Griech/ Stadler* Die Wahlgegenüberstellung - Methodische Probleme des kriminalistischen Wiedererkennungsexperiments, StrVert. **1981** 565; *Grünwald* Probleme der Gegenüberstellung zum Zwecke der Wiedererkennung, JZ **1981** 423; *Hammelmann/Williams* Wiedererkennen eines Verdächtigen aus einem gegenübergestellten Personenkreis, ZStW **78** (1966) 737; *Hammerstein* Der Anwalt als Beistand „gefährdeter Zeugen", NStZ **1981** 125; *Heindl/Gerpke* Wie bei der Anfertigung von Steckbriefen und bei Gegenüberstellungen zum Zwecke der Identifizierung zu verfahren ist, Archiv für Kriminologie **89** (1931) 60; *Hellwig* Über die Technik von Gegenüberstellungen zur Feststellung der Personengleichheit, Zeitschrift für angewandte Psychologie **34** (1930) 213; *Hellwig* Psychologie und Vernehmungstechnik bei Tatbestandsermittlungen[4] (1951); *Hirschberg* Das Fehlurteil im Strafverfahren (1960); *Kalleicher/Grimm* Die Gegenüberstellung als kriminalistische Maßnahme, Grundlagen der Kriminalistik **11** 327; *Krekeler* Der Rechtsanwalt als Beistand des Zeugen und die Sitzungspolizei, NJW **1980** 980; *Lieb* Die Gegenüberstellung, Kriminalistik **1951** 19; *Nöldeke* Zum Wiedererkennen des Tatverdächtigen bei Gegenüberstellung und Bildvorlage, NStZ **1982** 193; *Odenthal* Die Gegenüberstellung im Strafverfahren, Diss. Köln 1984; *Peters* Fehlerquellen im Strafprozeß, Band 2 (1972); *Philipp* Die Gegenüberstellung (1981); *Rieder* Die Gegenüberstellung zur Identifizierung des Beschuldigten, Kriminalistik **1977** 111; *Schroth* Die Wahlgegenüberstellung im englischen Strafverfahren, ZStW **89** (1977) 849; *Schweling* Das Wiedererkennen des Täters. Beweiswert und Revisibilität, MDR **1969** 177; *Steinke* Die Problematik der Wahlgegenüberstellung, Kriminalistik **1978** 505; *Steinke* Das Recht des Zeugen auf Rechtsbeistand, Kriminalistik **1979** 250; *Thomas* Der Zeugenbeistand im Strafprozeß, NStZ **1982** 489; *Wieczorek* Oft genug von nur geringem Beweiswert - Anforderungen an eine Wahlgegenüberstellung, Kriminalistik **1984** 545.

Entstehungsgeschichte. Die Vorschrift erhielt durch die Neubekanntmachung im Jahre 1924 die Bezeichnung § 59. Durch Art. I des Gesetzes zur Einschränkung der Eide im Strafverfahren vom 24. 11. 1933 (RGBl. I 1008) wurde sie in veränderter Fassung, aber ohne sachliche Änderungen wieder als § 58 eingefügt; der bisherige § 58 Abs. 1 wurde in § 61 Abs. 3 aufgenommen, § 58 Abs. 2 wurde § 63.

Übersicht

1. Allgemeines. § 58 Abs. 1 gilt in allen Verfahrensabschnitten, auch in der Hauptverhandlung. § 58 Abs. 2 ist dagegen eine Sondervorschrift für das Vorverfahren. Bei staatsanwaltschaftlichen Vernehmungen ist die Vorschrift entsprechend anzuwenden (§ 161 a Abs. 1 Satz 2); auch bei Vernehmungen durch die Polizei ist sie zu beachten. **1**

2. Einzelvernehmung. Die durch § 58 Abs. 1 vorgeschriebene Einzelvernehmung des Zeugen ist schon aus Gründen der kriminalistischen Zweckmäßigkeit jeder anderen Form der Vernehmung vorzuziehen. Gruppenverhöre mit mehreren Zeugen kommen **2**

Hans Dahs

daher nicht in Betracht. Eine Ausnahme gilt für Gegenüberstellungen, die aber immer erst vorgenommen werden dürfen, wenn jeder der gegenüberzustellenden Zeugen vorher einzeln vernommen worden ist und nur noch strittige Fragen zu klären sind.

3. Abwesenheit der später anzuhörenden Zeugen

3   **a) Allgemeines.** Die Vorschrift des § 58 Abs. 1 ist vor allem für die Hauptverhandlung von Bedeutung. Sie verlangt, daß von den mehreren Zeugen, die zum selben Zeitpunkt erschienen sind, nach erfolgter Eidesbelehrung (§ 57) alle bis auf denjenigen, der zuerst vernommen werden soll, den Sitzungssaal verlassen müssen. Die Zeugen sollen, damit ihre Unbefangenheit und die Selbständigkeit ihrer Darstellung gewahrt bleiben, ihre Aussage ohne Kenntnis dessen machen, was der Angeklagte und die anderen Zeugen aussagen[1]. In besonderen Ausnahmefällen, z. B. wenn bei der Vernehmung eines Kleinkindes die Anwesenheit ihrer noch nicht als Zeugin vernommenen Mutter zweckdienlich erscheint, kann hiervon abgewichen werden (KMR-*Paulus* 5). Daß der noch nicht vernommene Zeuge sich während einer Verhandlungspause mit dem Angeklagten oder mit den bereits vernommenen Zeugen unterhält, kann und soll durch § 58 nicht verhindert werden (BGH NJW **1962** 260).

4   **b) Geltungsbereich.** § 58 Abs. 1 gilt grundsätzlich für alle Zeugen, insbesondere auch für den sachverständigen Zeugen[2], den anwaltlichen Rechtsbeistand des Zeugen (BVerfGE **38** 105, 116) und für den als Zeugen zu vernehmenden Beistand nach § 149[3]. Abweichend von § 58 Abs. 1 haben jedoch das Recht zur Anwesenheit während der ganzen Hauptverhandlung, auch wenn sie als Zeugen vernommen werden sollen, der Einziehungsbeteiligte (vgl. § 243,28), der Antragsteller im Adhäsionsverfahren nach §§ 403 ff (vgl. die Erläuterungen zu § 404), der Nebenkläger[4] und, sofern durch ihre Gegenwart die Wahrheitsfindung nicht beeinträchtigt wird[5], die nach § 67 JGG beteiligten Erziehungsberechtigten und gesetzlichen Vertreter[6]. Wegen des Verteidigers vgl. Vor § 48,30 und § 243,28, wegen des Sachverständigen § 80,9.

5   **c) Abwesenheit vor der Vernehmung.** Der erschienene Zeuge untersteht bis zu seiner Entlassung der Ordnungsgewalt des Gerichts und seines Vorsitzenden (vgl. § 248). Gehorcht er der Weisung des Vorsitzenden nicht, bis zu seiner Vernehmung den Sitzungssaal zu verlassen, so kann er mit Gewalt entfernt werden (KMR-*Paulus* 6). Auch ein Zuhörer kann durch eine sitzungspolizeiliche Anordnung des Vorsitzenden nach §§ 176, 177 GVG aus dem Zuhörerraum entfernt werden, wenn einer der Prozeßbeteiligten beantragt, ihn als Zeugen zu vernehmen, oder einen solchen Antrag ankündigt oder wenn das Gericht selbst die Vernehmung für erforderlich hält; eine unzulässige Beschränkung der Öffentlichkeit liegt darin nicht[7].

---

[1] Vgl. BGHSt **3** 388; BGH bei *Dallinger* MDR **1955** 396; RGSt **22** 434; **52** 161; BayObLGSt **1951** 50; *Kleinknecht/Meyer* [37] 2; KK-*Pelchen* 1; KMR-*Paulus* 1; *Eb. Schmidt* 2.

[2] KK-*Pelchen* 2; *Kleinknecht/Meyer* [37] 3; vgl. auch § 85, 12; § 243, 29.

[3] BGHSt **4** 205; RGSt **22** 199; **59** 353; KK-*Pelchen* 2; *Kleinknecht/Meyer* [37] 3; KMR-*Paulus* 5; *Schorn* GA **77** (1933) 258.

[4] BGH LM Nr. 1 zu § 396; BGH VRS **48** 18; BGH bei *Dallinger* MDR **1952** 532; RGSt **2** 388; **25** 177; **59** 354; RG JW **1891** 55; **1931**

2505 mit abl. Anm. *Beling;* OLG Dresden JW **1932** 964; KK-*Pelchen* 2; *Kleinknecht/Meyer* [37] 3; KMR-*Paulus* 5; *Gerland* 132; **a. A** *Schorn* GA **77** (1933) 258.

[5] Vgl. § 51 Abs. 2 JGG; BGH LM § 67 JGG Nr. 1.

[6] BGH NJW **1956** 520; KK-*Pelchen* 2; *Kleinknecht/Meyer* [37] 3; KMR-*Paulus* 5; *Brunner* § 67, 9.

[7] BGHSt **3** 388; KK-*Pelchen* 4; *Kleinknecht/Meyer* [37] 5; KMR-*Paulus* 6; *Eb. Schmidt* Nachtr. I 1; *Dalcke/Fuhrmann/Schäfer* 1; *Hilger* NStZ **1983** 343.

Die Bestimmung, daß die später abzuhörenden Zeugen bei der Zeugenverneh- **6** mung nicht anwesend sein dürfen, bedeutet nicht, daß ein Zeuge, der aus irgendwelchen Gründen der Vernehmung anderer Zeugen beigewohnt hat, ein ungeeignetes Beweismittel ist und daher als Zeuge nicht vernommen werden darf. Es ist insbesondere zulässig, jemanden, der vorher als **Zuhörer** im Sitzungssaal anwesend war, als Zeugen zu vernehmen[8]. Ein Beweisantrag auf Zeugenvernehmung darf daher nicht mit der Begründung abgelehnt werden, der Zeuge sei vorher Zuhörer gewesen[9]. Daß der Zeuge vor seiner Vernehmung an der Hauptverhandlung teilgenommen hat, kann sich aber bei der Beweiswürdigung auswirken.

d) Nach der Vernehmung hat sich der Zeuge bis zu seiner Entlassung zur Verfü- **7** gung des Gerichts zu halten (§ 248). Ob er der Vernehmung der weiteren Zeugen beiwohnen darf, ist gesetzlich nicht bestimmt. Denn § 58 Abs. 1 ist nicht dahin zu verstehen, daß die Vernehmung eines Zeugen in Anwesenheit der bereits gehörten Zeugen erfolgen muß[10]. Das Gericht entscheidet daher nach pflichtgemäßem Ermessen[11]. Regelmäßig werden keine Bedenken dagegen bestehen, dem vernommenen Zeugen die Anwesenheit im Sitzungssaal zu gestatten. Anders ist es, wenn beabsichtigt ist, ihn noch einmal ergänzend zu hören oder anderen Zeugen gegenüberzustellen, oder wenn zu besorgen ist, daß der Angeklagte oder ein anderer Zeuge in seiner Gegenwart nicht wahrheitsgemäß aussagt. In diesen Fällen kann der Vorsitzende anordnen, daß der Zeuge den Sitzungssaal verlassen muß[12]. Einen Anspruch darauf hat der Angeklagte aber nicht[13].

4. Reihenfolge der Vernehmungen. Grundsätzlich steht es im Ermessen des Ge- **8** richts, in welcher Reihenfolge es die Zeugen vernimmt und ergänzend hört[14]. Fürsorge- und Aufklärungspflicht können aber eine bestimmte Reihenfolge erforderlich machen. So sollten Kinder und Jugendliche möglichst vor den erwachsenen Zeugen vernommen und dann entlassen werden[15]. Der Beistand nach § 149 hat zwar keinen Rechtsanspruch darauf, als erster Zeuge vernommen zu werden[16]; damit er seine Rechte wahrnehmen kann, wird es jedoch regelmäßig geboten sein, daß der Vorsitzende ihn nicht erst am Schluß der Beweisaufnahme vernimmt (BGHSt 4 205). Auch Nebenkläger, Erziehungsberechtigte und gesetzliche Vertreter sollten, weil sie vor ihrer Vernehmung zur Anwesenheit berechtigt sind (oben Rdn. 4), als erste Zeugen vernommen werden. Verhörspersonen, die einen nach § 52 ff zur Aussageverweigerung berechtigten Zeugen vernommen haben, dürfen über die von ihnen entgegengenommenen Bekun-

[8] RGSt 2 54; RG JW **1934** 3286 L; RG GA **54** (1907) 386; OGHSt 2 21; OLG Dresden JW **1931** 88 mit Anm. *Alsberg;* KK-*Pelchen* 4; *Kleinknecht/Meyer*[37] 5; KMR-*Paulus* 8; *Dalcke/Fuhrmann/Schäfer* 1; *Henkel* 212 Fußn. 11; *Schorn* GA **77** (1933) 252; vgl. auch § 243, 27.
[9] RGSt 1 366; RGRspr. **3** 295; KG VRS **38** 56; KK-*Pelchen* 4; *Kleinknecht/Meyer*[37] 5; *Eb. Schmidt* 2.
[10] BGH bei *Dallinger* MDR **1955** 396; RGSt 48 211; *Eb. Schmidt* 3; *Kleinknecht/Meyer*[37] 6.
[11] BGH NJW **1962** 260; BGH bei *Dallinger* MDR **1955** 396; RGSt 48 211; RG LZ **1915** 631; *Kleinknecht/Meyer*[37] 6.
[12] RG Recht **1910** Nr. 252; KK-*Pelchen* 5; *Kleinknecht/Meyer*[37] 6; KMR-*Paulus* 7; vgl. auch § 243, 32.
[13] RGSt 48 211; RG GA **43** (1895) 51; KMR-*Paulus* 7; *Eb. Schmidt* 3.
[14] BGHSt 2 111; 4 206; BGH NJW **1962** 260; KK-*Pelchen* 3; *Kleinknecht/Meyer*[37] 4; KMR-*Paulus* 9.
[15] KK-*Pelchen* 3; *Kleinknecht/Meyer*[37] 4; KMR-*Paulus* 9.
[16] BGHSt 4 205; KK-*Pelchen* 3; *Kleinknecht/Meyer*[37] 4; KMR-*Paulus* 9.

dungen dieses Zeugen erst gehört werden, nachdem sich das Gericht vergewissert hat, daß er auf sein Aussageverweigerungsrecht verzichten werde[17].

5. Anwesenheitsrechte

9   **a) Allgemeines.** Im Vorverfahren richtet sich die Befugnis zur Anwesenheit bei der Vernehmung von Zeugen nach § 168 c Abs. 2; danach ist der Staatsanwaltschaft, dem Verteidiger und regelmäßig auch dem Beschuldigten die Anwesenheit zu gestatten. Für einen inhaftierten Beschuldigten gelten die Einschränkungen des § 168 c Abs. 4. Bei Gefährdung des Untersuchungszweckes kann der Richter den Beschuldigten nach § 168 c Abs. 3 von der Verhandlung ausschließen, nicht aber seinen Verteidiger (BGHSt **29** 5). Die Benachrichtigungspflicht regelt § 168 c Abs. 5; wenn der Untersuchungserfolg, d. h. die Gewinnung einer wahrheitsgemäßen Aussage (BGHSt **29** 3) gefährdet würde, darf die Benachrichtigung unterbleiben. Erscheint der Verteidiger gleichwohl, ist er nach BGHSt **29** 5 zuzulassen; vgl. näher die Erläut. zu § 168 c. Bei Zeugenvernehmungen durch die Staatsanwaltschaft und die Polizei haben weder der Beschuldigte noch der Verteidiger ein Anwesenheitsrecht; das ergibt sich daraus, daß die entsprechende Anwendung des § 168 c weder in § 161 a noch in § 163 a Abs. 5 bestimmt ist (KMR-*Paulus* 10). Auch wenn ein Rechtsanspruch nicht besteht, ist die Mitwirkung des Verteidigers doch nicht verboten und kann im Interesse der Sache zweckmäßig sein. Der Staatsanwalt ist jederzeit befugt, bei polizeilichen Zeugenvernehmungen anwesend zu sein.

10   **b) Anwaltlicher Rechtsbeistand.** Der Zeuge hat das Recht, in jedem Stadium des Verfahrens zu seiner Vernehmung einen Rechtsanwalt als Rechtsbeistand zuzuziehen. Das Bundesverfassungsgericht hat diesen Anspruch wegen des Fehlens einer positivrechtlichen Regelung unmittelbar aus Art. 2 Abs. 1 GG abgeleitet[18]. Er gilt für alle rechtlich geordneten Verfahren, also auch für das Vorverfahren, Verfahren vor Bußgeldbehörden, Disziplinarverfahren und berufsrechtliche Verfahren, soweit der Zeuge an dem Gegenstand seiner Aussage mit selbständigen, rechtlich geschützten Interessen beteiligt ist (BVerfGE **38** 112). Hier kommen in Betracht das Zeugnis- (§§ 52 ff), Auskunfts- (§ 55) und Eidesverweigerungsrecht (§ 63), das ungeschmälerte Aussagerecht (§ 69 Abs. 1), der Schutz der eigenen Person (§ 68), der Ehre (§ 68 a) sowie der Persönlichkeits- und Intimsphäre (§ 172 Nr. 2 bis 4 GVG). Der Rechtsbeistand soll gewährleisten, daß gegenüber dem Zeugen fair verfahren wird und er nicht in Gefahr gerät, zum Objekt staatlichen Handelns zu werden; insbesondere ist es seine Aufgabe, dafür zu sorgen, daß der Zeuge sach- und interessengerecht seine prozessualen Rechte und Möglichkeiten nutzt und so auf den Gang und das Ergebnis des ihn betreffenden Verfahrensteils Einfluß nimmt (BVerfGE **9** 95; **26** 71). Dieses Teilhaberecht am Verfahren kann u. a. durch Beanstandung der Sachleitung (§ 238 Abs. 2), von Fragen (§§ 241 Abs. 2, 68 a) und Anträge auf Entfernung des Angeklagten (§ 247) sowie den Ausschluß der Öffentlichkeit (§ 172 GVG) ausgeübt werden[19]. Der Rechtsbeistand soll bei der Vernehmung von Zeugen, die aus irgendwelchen Gründen in ihrer Aussagefähigkeit oder -bereitschaft behindert oder gehemmt sind, dazu beitragen, daß Aussagefehler und Mißverständnisse der Verfahrensbeteiligten vermieden werden. In der Aussage darf der Rechtsbeistand den Zeugen nicht vertreten. Allerdings soll der Rechtsbeistand nicht mehr Be-

---

[17] BGHSt **2** 110; OGHSt **1** 303; KK-*Pelchen* 3; *Kleinknecht/Meyer* [37] 4; KMR-*Paulus* 9.
[18] BVerfGE **38** 105 = NJW **1975** 103; vgl. dazu *Hammerstein* NStZ **1981** 125; *Steinke*

Kriminalistik **1975** 250; *Thomas* NStZ **1982** 489; *Wagner* DRiZ **1983** 21; s. a. *Humborg* JR **1966** 451.
[19] vgl. *Thomas* NStZ **1982** 493 f.

fugnisse haben als der Zeuge selbst, also keine selbständigen Antragsrechte, Akteneinsicht oder Anwesenheit außerhalb der Zeugenvernehmung bei nicht öffentlichen Vernehmungen oder Verhandlungen[19a]; auch soll kein Anspruch auf Unterbrechung der Vernehmung und auf Ladung des zu den Akten legitimierten Rechtsbeistandes bestehen (BVerfGE **38** 116).

Die Praxis geht in zutreffendem Verständnis des **Gebots sachgerechter Verfahrens- 10a gestaltung** und der Fürsorgepflicht für den Zeugen über diesen engen Rahmen hinaus[19b]. Das gilt z. B. für die Unterbrechung der Vernehmung zur Heranziehung eines Rechtsbeistandes, wenn der Zeuge für ihn überraschend mit Fragen konfrontiert wird, die seine rechtlich geschützten Interessen berühren. Auch Terminsnachrichten an den aktenkundigen Rechtsbeistand, Information über die Beweisthemen, Gestattung sachlicher Mitwirkung an der Aussage, sind nicht selten[20]. Ob der Zeuge bei der Ladung auf sein Recht, einen Rechtsbeistand hinzuzuziehen, hingewiesen werden muß, ist streitig[20a], ebenso die Frage, ob ihm ggfs. ein Rechtsbeistand von Amts wegen beizuordnen ist[21]. Gegen den Rechtsbeistand, der zwar zu den an der Verhandlung beteiligten Personen im S. von §177 GVG, nicht aber zu den dort aufgezählten ordnungspflichtigen Personen zählt, können Ordnungsmaßnahmen nach §177 GVG nicht ergriffen werden[21a], jedoch kann er im Falle des Mißbrauchs ausgeschlossen werden (BVerfGE **38** 120). Gegen die Zurückweisung des anwaltlichen Rechtsbeistandes durch die Staatsanwaltschaft im Ermittlungsverfahren ist der Rechtsweg nach §23 EGGVG nicht eröffnet; ggfs. kommt die Anrufung des Gerichts analog §98 Abs. 2 S. 2 in Betracht (OLG Hamburg NStZ **1984** 566).

6. Gegenüberstellungen. Nach §58 Abs. 2 ist die Gegenüberstellung des Zeugen **11** mit anderen Zeugen oder mit dem Beschuldigten schon im Vorverfahren zulässig, wenn sie für das weitere Verfahren geboten erscheint. Das ist immer der Fall, wenn sie der Sachaufklärung dienen kann; sie braucht dazu nicht das einzige oder das nächstliegende Mittel zu sein (KK-*Pelchen* 6). In der Hauptverhandlung steht der Zeuge dem Angeklagten regelmäßig gegenüber; denn in Abwesenheit des Angeklagten darf sie nur ausnahmsweise stattfinden (*Eb. Schmidt* 5). Die Gegenüberstellung von Zeugen in der Hauptverhandlung ist gesetzlich nicht besonders geregelt, weil sie bereits durch die Pflicht des Gerichts, die Wahrheit zu erforschen (§244 Abs. 2), gerechtfertigt ist. Zu unterscheiden sind Vernehmungs- und Identifizierungsgegenüberstellung:

a) Vernehmungsgegenüberstellung. Gegenüberstellungen können den Zweck ver- **12** folgen, Widersprüche zwischen der Aussage des Zeugen und den Angaben des Beschuldigten oder anderer Zeugen aufzuklären. Dabei handelt es sich um eine besondere Art

---

[19a] BVerfGE **38** 116; KK-*Müller* §161 a 3; *Kleinknecht/Meyer*[37] §161 a, 10; KMR-*Paulus* 10; **a. A** für öffentliche Verhandlungen *Hammerstein* NStZ **1981** 127; *Thomas* NStZ **1982** 495, die zu Recht dem Zeugenbeistand als Zuhörer und damit Teil der Öffentlichkeit die Anwesenheit im Sitzungssaal zubilligen.

[19b] vgl. LG Hildesheim StrVert. **1985** 229, das einen Zeugen i. S. des §51 als entschuldigt angesehen hat, dessen anwaltlicher Rechtsbeistand am Terminstage verhindert war.

[20] Dazu *Hammerstein* NStZ **1981** 127 f.

[20a] Bejahend *Dahs* NStZ **1983** 84; *Thomas* NStZ **1982** 489; verneinend *Kleinknecht/ Meyer*[37] Vor §48, 11.

[21] Verneinend BVerfG NStZ **1983** 374 = StrVert. **1983** 489 m. Anm. *Hauffe*; bejahend wohl LG Hannover NStZ **1983** 433; LG Bremen StrVert. **1983** 500; *Dahs* NStZ **1983** 193.

[21a] *Kissel* §177, 14; KK-*Mayr* §177, 2 GVG; *Krekeler* NJW **1980** 980; *Steinke* Kriminalistik **1975** 252; **a. A** *Kleinknecht/Meyer*[37] Vor §48, 11; KMR-*Paulus* 10; *Wagner* DRiZ **1983** 21; offengelassen in BVerfGE **38** 105.

Hans Dahs

der Vernehmung, bei der der Richter auch unmittelbare Fragen einer der beteiligten Personen an die andere gestatten kann[22]. Einen Anspruch, daß mehrere Zeugen einander gegenübergestellt werden, hat der Angeklagte nicht[23]. Soweit der Angeklagte aber sein Ziel dadurch erreichen kann, daß er einem Zeugen in Gegenwart eines anderen Zeugen Fragen stellt oder ihm die Aussage des bereits gehörten Zeugen vorhält, hat er durch sein Fragerecht die Möglichkeit, die Gegenüberstellung herbeizuführen (*Alsberg/Nüse/Meyer* 93). Auch muß das Gericht von Amts wegen oder auf Antrag prüfen, ob eine Gegenüberstellung zur Erforschung des Sachverhalts erforderlich ist[24].

13   **b) Identifizierungsgegenüberstellung.** Eine andere Art der Gegenüberstellung dient dem Wiedererkennen des Tatverdächtigen durch einen Zeugen. Für den Zeugen ist sie Teil seiner Vernehmung, die er ggfs. gemäß § 52 verweigern kann[25]. Der Beschuldigte kann auch gegen seinen Willen anderen Personen zum Zwecke des Wiedererkennens gegenübergestellt werden[26]. Rechtsgrundlage ist § 81 a (vgl. § 81 a, 34). § 58 Abs. 2 kann die zwangsweise Gegenüberstellung des Beschuldigten nicht rechtfertigen, weil er keine Eingriffsermächtigung enthält und nach seiner Entstehungsgeschichte allein die Vernehmungsgegenüberstellung regelt[27].

14   **c) Durchführung der Gegenüberstellung.** Die Gegenüberstellung zum Zwecke des **Wiedererkennens** erfolgt regelmäßig schon im Vorverfahren. Dem Zeugen, der den Täter identifizieren soll, sind mehrere Personen, nicht der Beschuldigte allein, gegenüberzustellen (Wahlgegenüberstellung, vgl. RiStBV Nr. 18). Die Vergleichspersonen müssen dem Beschuldigten sowohl in ihrer äußeren Erscheinung (Haartracht, Haarfarbe, Brille, Bart, Kleidung), in Größe, Gestalt und Alter, als auch hinsichtlich der vom Zeugen beschriebenen besonderen Tätermerkmale ähneln[28]. Fehler bei der Durchführung der Gegenüberstellung führen zwar nicht zu einem rechtlichen Verbot der Verwertung des Beweismittels. Sie beeinträchtigen aber den Beweiswert des Wiedererkennens und müssen bei der Beweiswürdigung berücksichtigt werden[29].

15   **d) Rekonstruktion der Gegenüberstellung.** Da dem wiederholten Wiedererkennen als solchem kein Beweiswert zukommt[30], muß die im Ermittlungsverfahren vorgenommene Beweiserhebung in der Beweisaufnahme der Hauptverhandlung im einzelnen nachvollzogen werden[31]. Daher müssen alle für die Beurteilung des Wiedererkennens

---

[22] RG JW **1931** 2818; RG GA **50** (1903) 274; KK-*Treier* § 240, 4.

[23] BGH 2.6. 1955-4 StR 162/55; BGH bei *Dallinger* MDR **1974** 724; bei *Dallinger* MDR **1976** 17; bei *Spiegel* **1979** 190; bei *Pfeiffer* NStZ **1981** 96; KK-*Pelchen* 6; *Kleinknecht/Meyer* [37] 8; KMR-*Paulus* 11.

[24] BGH NJW **1960** 2156; RG JW **1903** 92; RG GA **60** (1903) 93; OLG Hamm NJW **1957** 921; KK-*Pelchen* 12; *Alsberg/Nüse/Meyer* 93; *Kleinknecht/Meyer* [37] 8.

[25] BGH NJW **1960** 2156; KK-*Pelchen* 8; *Rogall* MDR **1975** 814; a. A KMR-*Paulus* 13.

[26] KG NJW **1979** 1669; KG JR **1979** 348; KK-*Pelchen* 8; *Kleinknecht/Meyer* [37] 6; KMR-*Paulus* 13; a. A *Grünwald* JZ **1981** 426.

[27] *Hahn* I 592; *von Hippel* 406; *Grünwald* JZ **1981** 425; a. A BGH 20. 7. 1970 – 1 StR 653/70; KG JR **1979** 348.

[28] OLG Karlsruhe NStZ **1983** 377 m. Anm.

Odenthal NStZ **1984** 137; *Kleinknecht/Meyer* [37] 11; *Burghard* 94; *Hellwig* 293; *Hirschberg* 45; *Philipp* 21; *Schweling* MDR **1969** 177; *Stern* DJZ **1909** 409.

[29] BGH bei *Spiegel* DAR **1976** 94; OLG Schleswig bei *Ernesti/Jürgensen* SchlHA **1971** 216; KG NStZ **1982** 215; AG Unna StrVert. **1982** 110 mit Anm. *Budde;* KK-*Pelchen* 9; *Odenthal* NStZ **1984** 137; vgl. auch BGHSt **16** 207; **28** 311.

[30] BGHSt **16** 204 m. Anm. *Kohlhaas* LM § 261 StPO Nr. 36; OLG Schleswig bei *Ernesti/Jürgensen* SchlHA **1971** 216; AG Unna StrVert. **1982** 110; *Schweling* MDR **1969** 177; *Nöldeke* NStZ **1982** 194.

[31] OLG Karlsruhe NStZ **1983** 377 m. Anm. *Odenthal* NStZ **1984** 137; *Nöldeke* NStZ **1982** 194; *Peters* (Fehlerquellen II) 91; *Schweling* MDR **1969** 179.

maßgeblichen Umstände für das erkennende Gericht in möglichst umfassender Weise festgehalten und insbesondere Lichtbilder oder ein Videofilm (BVerfG NStZ **1983** 84) über den Hergang der Gegenüberstellung aufgenommen werden. Nur so kann überprüft werden, ob der Angeklagte mit den Beweiswert des Wiedererkennens entwertenden Signalen ausgestattet war[32]. In den Fällen, in denen sich das Wiedererkennen nicht mit einem glaubhaften Geständnis oder einer überzeugenden Beweiskette verbindet, bedarf es außerdem einer Untersuchung der Verhältnisse, unter denen die Personenbeobachtung gemacht wurde[33].

Wenn Zweifel an der Wiedererkennungsfähigkeit des Zeugen bestehen, oder **16** wenn zwischenzeitlich dem Angeklagten ähnlich sehende Verdächtige ermittelt worden sind, kann durch ein **Wiedererkennungsexperiment** die Beeinflußbarkeit des Zeugen getestet werden[34]. Einen Anspruch darauf hat der Angeklagte nicht[35], es sei denn, durch eine erstmalige Gegenüberstellung soll eine Personenverwechslung geklärt werden[36].

e) **Ist zur Ermittlung** eines noch unbekannten flüchtigen Tatverdächtigen die **Vor-** **17** **lage von Lichtbildern** unerläßlich, sind dem Zeugen mehrere ähnliche (oben Rdn. 14) Photographien zur Auswahl vorzulegen. Die Anerkennung nur eines Lichtbildes hat keinen ausreichenden Beweiswert[37]. Da es sich um Bestandteile der Vernehmungsprotokolle handelt, sind die vorgelegten Lichtbilder zu den Ermittlungsakten zu nehmen, damit das mit der Sache befaßte Gericht den Beweiswert der Lichtbildidentifizierung beurteilen kann[38]. Auch die erfolglose Lichtbildvorlage ist als Beweisergebnis in den Akten zu dokumentieren. Denn nach einer vorangegangenen Lichtbildvorlage ist der Zeuge bei einer persönlichen Gegenüberstellung nicht mehr unvoreingenommen. Dies muß das Gericht bei der Beweiswürdigung berücksichtigen, wie überhaupt allen Widersprüchen zwischen der Aussage des Zeugen bei der Lichtbildvorlage und bei der persönlichen Gegenüberstellung nachgegangen werden muß[39].

7. **Revision.** §58 Abs. 1 ist trotz seines scheinbar entgegenstehenden Wortlauts **18** nur eine Ordnungsvorschrift[40]. Die Revision kann nur auf Ermessensmißbrauch oder auf Verletzung der Fürsorgepflicht gestützt werden. In beiden Fällen muß sie einen Verstoß gegen die Pflicht zur Sachaufklärung (§244 Abs. 2) rügen (*Dahs/Dahs* 209), so etwa, wenn das Gericht die Entfernung eines bereits vernommenen Zeugen bei der

---

[32] OLG Karlsruhe NStZ **1983** 377 mit Anm. *Odenthal* NStZ **1984** 137; AG Unna StrVert. **1982** 110; *Burghard* 101; *Kalleicher/Grimm* 340; *Nöldeke* NStZ **1982** 194; *Philipp* 19; zur Zulässigkeit der Aufzeichnung auf Videofilm BVerfG NStZ **1983** 84.

[33] *Hirschberg* 45; *Peters* (Fehlerquellen II) 99.

[34] RG JW **1896** 555; RG DR **1907** 2844; RGSt 60 179 = JW **1926** 2194 mit Anm. *Beling*; *Nöldeke* NStZ **1982** 194.

[35] RGSt 48 201; *Alsberg/Nüse/Meyer* 98.

[36] RG DR **1917** 1198; RGSt 58 80; KK-*Herdegen* §244 17; KMR-*Paulus* 15; einschränkend RG JW **1916** 1027 mit Anm. *Alsberg*; RG JW **1927** 911 = GA 71 (1927) 131 mit Anm. *Alsberg*.

[37] *Burghard* 106; *Kalleicher/Grimm* 332; *Nöldeke* NStZ **1982** 194; *Philipp* 39.

[38] OLG Karlsruhe NStZ **1983** 377 mit Anm. *Odenthal* NStZ **1984** 137; *Nöldeke* NStZ **1982** 194; *Philipp* 40.

[39] BGH StrVert. **1981** 55; **1981** 114; KG NStZ **1982** 215.

[40] BGH NJW **1962** 260; BGH bei *Pfeiffer* NStZ **1981** 93; RGSt 1 367; 40 158; 54 297; RG JW **1931** 2818; **1934** 3286; **1935** 541; RG GA 67 (1919) 437; BayObLGSt **1951** 50; KG VRS 38 56; KK-*Pelchen* 11; *Kleinknecht/ Meyer*[37] 13; KMR-*Paulus* 14; *Eb. Schmidt* 1; *Dalcke/Fuhrmann/Schäfer* 1; *Dahs/Dahs* Rdn. 209; a. A *Peters* §42 V 1 und in FS v. Weber 381 Fn. 18; *Rudolphi* MDR **1970** 99.

Hans Dahs

Vernehmung eines anderen Zeugen zu Unrecht für unzulässig hielt und die Möglichkeit besteht, daß der andere Zeuge in Abwesenheit des ersten Zeugen eine andere Aussage gemacht hätte (BGH bei *Dallinger* MDR **1955** 396). Auch das Unterlassen der Gegenüberstellung nach § 58 Abs. 2 rechtfertigt die Revision nur, wenn dadurch gegen § 244 Abs. 2 verstoßen worden ist[41]. Verstöße gegen Erfahrungssätze bei der Würdigung des Beweiswerts des Wiedererkennens kommen dagegen nicht selten vor und können die Revision begründen[42].

§ 59

[1]Die Zeugen sind einzeln und nach ihrer Vernehmung zu vereidigen. [2]Die Vereidigung erfolgt, soweit nichts anderes bestimmt ist, in der Hauptverhandlung.

Schrifttum. *Boehringer* Die Eidesreform im Strafprozeß und Strafrecht (1931); *Hegler* Die Eidesreform (1930); *Heimann-Trosien* Zur Beibehaltung und Fassung des Eides, JZ **1973** 609; *R. von Hippel* Zeugeneid, Beweismittel, Beweisrecht, Festgabe für Ernst von Hippel (1965) 117; *Hirsch* Über die Gesellschaftsbezogenheit des Eides, FS Heinitz 139; *Hirzel* Der Eid. Ein Beitrag zu seiner Geschichte (1902); *Hülle* Die Vereidigung des Zeugen in der Hauptverhandlung, DRiZ **1954** 118; *Kuckuk* Fragen der Vereidigung von Zeugen im Bußgeldverfahren, MDR **1976** 723; *Lange* Zur Problematik der Eidesverweigerung, FS Gallas 427; *Lehmann* Der Eid im Strafprozeß, DJ **1933** 372; *Schorn* Vereidigung und Nichtvereidigung der Zeugen im Strafprozeß, NJW **1966** 1014; *Schröder* Der Eid als Beweismittel, ZZP **1951** 216; *Schwarz* Der Eid im Strafrecht, ZRP **1970** 79; *Strathmann* Ist der gesetzliche Eid noch haltbar? FS von Zahn (1928) 55; *Woesner* Der Gerichtseid als Fremdkörper in der verfassungsmäßigen Ordnung, NJW **1973** 169.

Entstehungsgeschichte. Ursprünglich bestimmte § 60 (nach der Bek. 1924: § 61): „Jeder Zeuge ist einzeln und vor seiner Vernehmung zu beeidigen. Die Beeidigung kann jedoch aus besonderen Gründen, namentlich wenn Bedenken gegen ihre Zulässigkeit obwalten, bis nach Abschluß der Vernehmung ausgesetzt werden." Die Vorschrift, daß die Zeugen grundsätzlich erst in der Hauptverhandlung zu vereidigen sind, befand sich zuerst in § 65 Abs. 1 (nach der Bek. 1924: § 66 Abs. 1). Art. I des Gesetzes zur Einschränkung der Eide im Strafverfahren vom 24. 11. 1933 (RGBl. I 1008) fügte statt dieser Vorschriften den § 59 ein; der bisherige § 59 wurde § 58. Art. 4 Nr. 2 der Verordnung zur Durchführung der Verordnung zur Angleichung des Strafrechts des Altreichs und der Alpen- und Donau-Reichsgaue vom 29. 5. 1943 (RGBl. I 341) änderte die Vorschrift dahin, daß das Gericht in allen Fällen nach pflichtgemäßem Ermessen darüber entscheidet, ob ein Zeuge zu vereidigen ist. Art. 3 Nr. 21 VereinhG stellte den Text von 1933 wieder her.

---

[41] BGH bei *Dallinger* MDR **1974** 724; KK-*Pelchen* 12; *Kleinknecht/Meyer*[37] 13; KMR-*Paulus* 5; *Eb. Schmidt* 8.

[42] Vgl. BGHSt **16** 204; BGH 21.2.1979-2 StR 749/78, insoweit in BGHSt **28** 310 nicht

abgedruckt; BGH StrVert. **1981** 55; 114; 165; NStZ **1982** 342; OLG Schleswig bei *Ernesti/Jürgensen* SchlHA **1971** 216; KG StrVert. **1983** 95; *Schweling* MDR **1969** 179; § 337, 170 ff; vgl. auch die Erläuterungen zu § 261.

1. Allgemeines. Die Vorschrift bestimmt zwar ausdrücklich nur, wann und in wel- **1** cher Weise die Zeugen zu vereidigen sind. Ihr ist aber darüber hinaus der allgemeine Grundsatz zu entnehmen, daß jeder Zeuge vereidigt werden muß, wenn nicht Ausnahmen vorgeschrieben (§§ 60, 62, 63, 65 StPO, § 49 Abs. 1 JGG) oder zugelassen (§§ 61 StPO, 48 OWiG) sind[1]. Das gilt auch für den als Zeugen vernommenen Nebenkläger[2], Sachverständigen[3] und Augenscheinsgehilfen[4]. Nach dem Grundsatz der freien Beweiswürdigung (§ 261) ist es dem Richter zwar nicht verwehrt, sein Urteil auch auf unbeeidete Zeugenaussagen zu stützen. Wo es aber an einem gesetzlichen Grund für die Nichtvereidigung fehlt, darf die Vereidigung der Zeugen nicht unterbleiben. Denn das Gesetz geht, insbesondere wegen der an den Meineid geknüpften strengeren Rechtsfolgen (§ 154 StGB), davon aus, daß eine beschworene Aussage gewichtiger ist als eine unbeeidete[5], und der Richter darf kein gesetzliches Mittel, die Wahrheit zu erforschen, unbenutzt lassen.

2. Vereidigungpflicht

a) Allgemeines. Der Grundsatz, daß alle Zeugen zu vereidigen sind, gilt nur in **2** dem von Amts wegen geführten Strafverfahren, und dort auch nur für die Hauptverhandlung und für kommissarische Vernehmungen (§ 223) nach Erhebung der öffentlichen Klage. Im Privatklageverfahren sind die Zeugen regelmäßig uneidlich zu vernehmen (§ 62). Die grundsätzliche Vereidigungspflicht wird aber auch für das Amtsverfahren durchbrochen. Nach § 60 dürfen bestimmte Zeugen nicht vereidigt werden, weil von vornherein nicht anzunehmen ist, daß der Beweiswert ihrer Aussage durch den Eid erhöht werden kann. Die Vorschrift des § 61 stellt es in das Ermessen des Gerichts, von der Vereidigung des Zeugen abzusehen, wenn es auf seine Aussage nicht ankommt oder wenn die Eidesleistung aus anderen Gründen entbehrlich oder unangebracht erscheint. Da § 61 Nr. 5 eine Ausnahme von der Vereidigungspflicht auch für den Fall zuläßt, daß

---

[1] RG JW **1935** 2976; DRiZ **1934** Nr. 241, HRR **1935** 909; OLG Karlsruhe JZ **1980** 36; krit. zur Vereidigungsregelung KMR-*Paulus* 1 bis 4.

[2] BGH bei *Dallinger* MDR **1952** 659; RGSt **3** 49; RG LZ **1922** 415; KK-*Pelchen* 2; *Kleinknecht/Meyer*[37] 1.

[3] BGH NStZ **1982** 256; vgl. aber auch KK-*Pelchen* 5.

[4] *Alsberg/Nüse/Meyer* 228; *Hanack* JZ **1970** 563.

[5] *Heimann-Trosien* JZ **1973** 609; *Lange* FS Gallas 436; a. A *Roxin* § 26 III; *Woesner* NJW **1973** 170; *Zipf* FS Maurach 421; KMR-*Paulus* 4; vgl. auch *Domsch* GerS **36** (1884) 590 ff; *Peters* § 42 III 3 a.

alle Prozeßbeteiligten auf die Vereidigung verzichten, und da ein solcher Verzicht häufig erklärt wird, ist der Grundsatz des § 59 übrigens praktisch weitgehend eingeschränkt. Eine Ergänzung der Ausnahmebestimmungen der §§ 60 ff ergibt sich aus § 70. Da es nach dieser Vorschrift im Ermessen des Gerichts steht, ob es einen Zeugen, der grundlos den Eid verweigert, durch die Anordnung der Beugehaft zur Eidesleistung zwingt (§ 70, 18), ist es zulässig, allein wegen der Eidesverweigerung die Aussage der Beweiswürdigung unbeeidet zugrundezulegen[6].

3　　b) Keine Erweiterung der gesetzlichen Ausnahmegründe. Die §§ 60 ff zählen die Gründe, aus denen von der Vereidigung abgesehen werden muß oder darf, erschöpfend auf[7]. Das Interesse des Zeugen am Ausgang des Strafverfahrens[8] rechtfertigt daher, wenn nicht die Voraussetzungen des § 60 Nr. 2 vorliegen, die Nichtvereidigung ebensowenig wie der Umstand, daß der Zeuge die Strafanzeige erstattet oder den Strafantrag gestellt hat und offensichtlich voreingenommen ist. Auch Schwierigkeiten bei der Vereidigung, wie Schwerhörigkeit des Zeugen, lassen die Vereidigungspflicht unberührt. Ob der Zeuge wegen geistiger Gebrechen (Gedächtnis- oder Geistesschwäche) unvereidigt bleiben darf, bestimmt sich ausschließlich nach § 60 Nr. 1.

4　　Die Vereidigung darf, sofern nicht die Voraussetzungen des § 61 Nr. 3 gegeben sind, auch dann **nicht unterbleiben,** wenn der Zeuge erklärt, er wisse über das Beweisthema nichts (KK-*Pelchen* 6); oder wenn es für die Entscheidung des Gerichts nicht weiter darauf ankommt, ob der Zeuge seine Aussage beschwört. Von der Vereidigung darf daher nicht abgesehen werden, weil der Richter der Aussage auch ohne Eid glauben will (RGRspr. 1 359) oder wenn sie völlig unglaubhaft ist und auch durch den Eid nicht glaubhafter werden würde[9]. Auch wenn der Zeuge in einem anderen Strafverfahren bereits eine bestimmte Aussage beschworen hat, darf in dem neuen Verfahren, in dem er sie nur wiederholt, von der Vereidigung nicht abgesehen werden[10]; anders bei einem früheren Eid in demselben Verfahren (§ 67). Ein einseitiger Verzicht des Angeklagten oder der Staatsanwaltschaft auf die Vereidigung des Zeugen ist unbeachtlich[11]; nur wenn alle Prozeßbeteiligten auf die Vereidigung verzichten, darf der Zeuge nach dem Ermessen des Gerichts unvereidigt bleiben (§ 61 Nr. 5). Der Zeuge muß schließlich auch dann vereidigt werden, wenn nach seiner Vernehmung allseitig auf die Verwertung seiner Aussage verzichtet wird; denn die Aussage selbst wird dadurch nicht ungeschehen gemacht[12]. Allerdings wird in diesem Fall regelmäßig auf einen förmlichen Verzicht der Prozeßbeteiligten auf die Vereidigung nach § 61 Nr. 5 hinzuwirken sein.

5　　c) Informatorische Befragungen. Das Gesetz macht keinen Unterschied zwischen Vernehmungen zum Zweck bloßer Information (vgl. aber für das Ermittlungsverfahren § 136, 7 und bei § 163 a) und solchen, die zu Beweiszwecken stattfinden[13]. Jedoch ist die Anhörung von Personen, die zwar als Zeugen in Betracht kommen, bei denen man aber erst feststellen will, ob sie überhaupt Angaben zur Sache machen können, keine Ver-

---

[6] BGH GA **1968** 307; OLG Koblenz NJW **1952** 278; *Alsberg/Nüse/Meyer* 787; vgl. § 70, 11.

[7] BGHSt 1 10 = MDR **1951** 242 mit Anm. *Dallinger; Roxin* § 26 III 1 c.

[8] RG JW **1937** 761 L; OLG Karlsruhe JZ **1980** 36.

[9] RGSt **66** 115; *Kleinknecht/Meyer*[37] 1; *Eb. Schmidt* 7.

[10] RGSt **68** 311; *Eb. Schmidt* 6.

[11] RGSt **37** 194; **57** 263, **66** 115; RGRspr. 1 400; *Eb. Schmidt* 5.

[12] RGSt **37** 194; RG HRR **1932** 1804; RG Recht **1910** 2424; *Feisenberger* DJZ **1932** 454.

[13] BGH bei *Dallinger* MDR **1974** 369; RGSt **42** 219; **66** 113; **67** 288; RG GA **52** (1905) 387; KK-*Pelchen* 6; *Beling* JW **1924** 973; *Feisenberger* DJZ **1932** 454; vgl. auch Vor § 48, 2.

nehmung, die der Zeuge beeiden muß[14]. Das gleiche gilt für informatorische Auskünfte, die die eigentliche Vernehmung erst vorbereiten sollen, z. B. über Tatsachen, die für die Identität oder das Zeugnisverweigerungsrecht der Zeugen von Bedeutung sind[15]. Gelegentliche Auskünfte, die ein Zeuge ohne Verbindung mit seiner Vernehmung abgibt, müssen ebenfalls nicht beeidet werden. So braucht ein Zeuge, der vor oder nach Abschluß seiner Vernehmung gefragt wird, ob ihm der Aufenthalt eines anderen Zeugen bekannt sei, auf die Antwort nicht vereidigt zu werden[16]. Die Vereidigung ist ferner entbehrlich, wenn bei einer Augenscheinseinnahme durch das erkennende Gericht ortskundige Zeugen über die Örtlichkeit befragt werden und die Auskunft mit dem Gegenstand ihrer Vernehmung nicht im Zusammenhang steht[17]. Der Vereidigungszwang und das Verbot informatorischer Anhörungen gelten im übrigen nur für die Beweisaufnahme zur Schuld-und Rechtsfolgenfrage, nicht für Ermittlungen im Freibeweis (§ 244, 3 ff), die sich auf verfahrensrechtliche Maßnahmen, insbesondere auf die Prozeßvoraussetzungen, beziehen[18].

3. Teilvereidigung. Sie ist zulässig, wenn der Zeuge über verschiedene Vorfälle **6** aussagt und wenn er wegen der Aussage über einen oder mehrere dieser Vorfälle unvereidigt bleiben muß oder darf. So ist die Teilvereidigung geboten, wenn der Zeuge nur hinsichtlich eines Teils der Vorgänge, über die er aussagt, in einer Beziehung zu der Tat steht, die seine Vereidigung nach § 60 Nr. 2 ausschließt[19], oder wenn er in einem Verfahren gegen mehrere Beschuldigte vernommen wird, zu einem von ihnen in einem Angehörigenverhältnis nach § 52 Abs. 1 steht und insoweit von seinem Eidesverweigerungsrecht nach § 63 Gebrauch macht (§ 63, 1). Eine Teilvereidigung kommt ferner in Betracht, wenn von der Vereidigung des Zeugen nur teilweise nach § 61 Nr. 2 oder 3 abgesehen werden darf und das Gericht insoweit die Vereidigung nicht für erforderlich hält (§ 61 Rdn. 13, 17, 25). Wegen des Inhalts der Sitzungsniederschrift in diesen Fällen vgl. unten Rdn. 19.

Die Teilvereidigung setzt immer voraus, daß sich die Aussage auf **mehrere Straf-** **7** **fälle** im Sinne des § 264 bezieht; daß mehrere in sachlichrechtlichem Sinn (§ 53 StGB) selbständige Straftaten Gegenstand der Aussage sind, reicht nicht aus[20]. Es ist aber unzulässig, die Aussage in zeitlich verschiedene Tatsachenkomplexe aufzuteilen und die Vereidigung auf einzelne von ihnen oder auf die Bekundungen zu Tatsachen zu beschränken, die sich bis zu einem bestimmten Zeitpunkt ereignet haben[21]. Der Zeuge darf auch nicht unter Beschränkung auf denjenigen Teil seiner Aussage vereidigt werden, der Tatsachen zum Gegenstand hat, an die er sich noch genau erinnert[22].

---

[14] RGSt **2** 267; RG JW **1924** 973 mit Anm. *Beling*; BayObLGSt **1953** 137 = NJW **1953** 1524; KK-*Pelchen* 7; *Kleinknecht/Meyer*[37] 2; KMR-*Paulus* 11; *Eb. Schmidt* 9; *Dalcke/Fuhrmann/Schäfer* 3; *Alsberg/Nüse/Meyer* 145; vgl. auch *Feisenberger* DJZ **1932** 454; a. A LR-*Kohlhaas*[22] 1.

[15] RGSt **2** 268; **22** 54; KK-*Pelchen* 7; *Kleinknecht/Meyer*[37] 2; KMR-*Paulus* 11; *Eb. Schmidt* 9; *Alsberg/Nüse/Meyer* 145; *Henkel* 200 Fußn. 5.

[16] RG GA **40** (1892) 305; KK-*Pelchen* 7; KMR-*Paulus* 11.

[17] RG JW **1927** 2044 mit Anm. *Mannheim*; KMR-*Paulus* 11.

[18] RGSt **66** 113; KMR-*Paulus* 11; *Alsberg/Nüse/Meyer* 145; *Henkel* 200 Fußn. 5; vgl. auch RGSt **56** 102.

[19] KK-*Pelchen* 4; *Kleinknecht/Meyer*[37] 5; KMR-*Paulus* 13; § 60, 47.

[20] KK-*Pelchen* 4; KMR-*Paulus* 13; *Kleinknecht/Meyer*[37] 5.

[21] BGH bei *Dallinger* MDR **1958** 141; BGH GA **1968** 149; BGH NJW **1967** 454; RG GA **54** (1907) 81; KK-*Pelchen* 4; KMR-*Paulus* 13.

[22] KMR-*Paulus* 13; *Eb. Schmidt* 10.

8   **4. Zeitpunkt der Vereidigung.** Nach § 59 Satz 2 erfolgt die Vereidigung, wenn nichts anderes bestimmt ist, erst in der Hauptverhandlung. Die Voraussetzungen, unter denen sie schon im Vorverfahren, Zwischenverfahren (§ 65, 1) oder im Hauptverfahren vor der Hauptverhandlung zulässig ist, bestimmen die §§ 65, 223 Abs. 3, § 286 Abs. 2.

9   Die Zeugen sind nach § 59 Satz 1 einzeln **nach ihrer Vernehmung** zu vereidigen. Das bedeutet nicht, daß die Eidesleistung sich unmittelbar an die Vernehmung anschließen muß (unten Rdn. 12). Der Nacheid ist aber zwingend vorgeschrieben; er ist nach dem endgültigen Abschluß der Vernehmung zu leisten[23] und umfaßt nicht die Bekundungen des Zeugen bei einer nochmaligen Vernehmung[24]. Wird der Zeuge nach der Vereidigung erneut befragt, so muß daher abermals über die Eidesleistung entschieden und der Zeuge, wenn keine gesetzlichen Gründe für das Absehen von der Vereidigung vorhanden sind, vereidigt oder es muß nach § 67 verfahren werden; dabei ist die Aussage in ihrer Gesamtheit zu würdigen[25].

10   **5. Einzelvereidigung.** Das Gebot des § 59 Satz 1, daß die Zeugen einzeln zu vereidigen sind, bedeutet nicht, daß sie einzeln vor den Richter treten müssen[26]. Es ist zulässig und vielfach üblich, mit der Zeugenvereidigung bis zum Schluß der Beweisaufnahme zu warten und die Zeugen dann gemeinsam vorzurufen und zu vereidigen. Dabei darf der Richter die die Eidesnorm enthaltenden Worte an alle Zeugen gemeinsam richten; unzulässig ist es nur, die Zeugen die Eidesformel im Chor nachsprechen zu lassen (*Kleinknecht/Meyer*[37] § 66 c, 2). Wegen der Einzelheiten vgl. § 66 c, 3.

11   **6. Umfang des Eides.** Der Zeugeneid umfaßt alle Angaben des Zeugen, auch die zur Person und zu den Generalfragen nach § 68[27]. Hat der Zeuge die Aussage teilweise verweigert, so erstreckt sich der Eid jedoch nicht ohne weiteres auf die Angaben, die er zur Erläuterung seines Zeugnisverweigerungsrechts gemacht hat (vgl. § 56, 8).

7. Entscheidung

12   **a) Zeitpunkt.** Ob der Zeuge vereidigt wird oder nach den §§ 60, 61 unvereidigt bleibt, hat das Gericht von Amts wegen zu entscheiden[28]. Es kann darüber sofort nach der Vernehmung des Zeugen entscheiden oder, insbesondere wenn erst die weitere Beweisaufnahme abgewartet werden muß, um Klarheit über das Vorliegen der Gründe der §§ 60, 61 zu gewinnen, die Entscheidung bis zum Schluß der Verhandlung zurückstellen[29]. Maßgebend für die Entscheidung, ob ein Zeuge wegen Beteiligungsverdachts unvereidigt zu bleiben hat, ist der Zeitpunkt der Urteilsverkündung[30].

13   **b) Vorabentscheidung des Vorsitzenden.** Die Entscheidung darf zunächst der Vorsitzende des Gerichts treffen; dadurch werden überflüssige Beratungen vermieden. Das

---

[23] BGHSt **8** 310; OLG Koblenz VRS **44** 444; KK-*Pelchen* 3; *Kleinknecht/Meyer*[37] 4; KMR-*Paulus* 9; *Eb. Schmidt* 4.

[24] BGH bei *Spiegel* DAR **1981** 195; BayObLGSt **1956** 245 = GA **1958** 113; OLG Koblenz VRS **44** 444.

[25] BGHSt **1** 348; **4** 140; RGSt **19** 84; RG JW **1930** 3416; BayObLGSt **1956** 245 = GA **1958** 113; KG JR **1965** 267; OLG Saarbrücken VRS **23** 53; OLG Koblenz VRS **44** 444; KK-*Pelchen* 3; *Kleinknecht/Meyer*[37] 3; KMR-*Paulus* 9; *Eb. Schmidt* Nachtr. I 2; *Dahs/Dahs* 210.

[26] KK-*Pelchen* 2; KMR-*Paulus* 8; **a. A** *Eb. Schmidt* 2.

[27] RGSt **6** 267; **60** 407; *Kleinknecht/Meyer*[37] 4; KK-*Pelchen* 5; KMR-*Paulus* 12; *Eb. Schmidt* 8; *Schlund* NJW **1972** 1035; vgl. auch § 66 c, 8.

[28] RGSt **56** 95; OGHSt **2** 156; OLG Köln NJW **1954** 1820; MDR **1955** 311.

[29] BGHSt **1** 348; KK-*Pelchen* 9; KMR-*Paulus* 15; *Eb. Schmidt* 2; vgl. auch oben Rdn. 10.

[30] BGH NStZ **1981** 110; *Kleinknecht/Meyer*[37] 6; *Dahs/Dahs* 210; *Roxin* § 26 III 2 a.

gilt bei den Ausschlußgründen des § 60 (vgl. dort Rdn. 49) ebenso wie bei den Ermessensgründen des § 61 (vgl. dort Rdn. 41). Verpflichtet zu dieser Vorabentscheidung ist der Vorsitzende aber nicht. Er kann sofort das Gericht entscheiden lassen (KK-*Pelchen* 9). Die Verfahrensbeteiligten können dazu eine Stellungnahme abgeben, ohne daß aber eine vorherige Anhörung vorgeschrieben ist[31].

Der Vorsitzende muß über die Vereidigung **ausdrücklich** entscheiden. Wenn der **14** Zeuge im allseitigen Einverständnis entlassen wird, liegt in der Anordnung, daß er sich entfernen darf, nicht zugleich die stillschweigende Anordnung, daß er unvereidigt bleibt[32].

Hat der Vorsitzende eine Vorabentscheidung über die Vereidigung getroffen, so **15** wird eine **Entscheidung des Gerichts** nur erforderlich, wenn ein Mitglied des Gerichts oder ein Verfahrensbeteiligter sie beantragt. Dabei handelt es sich aber nicht um eine Anrufung des Gerichts nach § 238 Abs. 2[33]. Denn bei der Verhandlungsleitung nimmt der Vorsitzende eine ihm gesetzlich (§ 238 Abs. 1) übertragene Aufgabe wahr; die Anrufung des Gerichts nach § 238 Abs. 2 ist dann eine Art Zwischenrechtsbehelf (*Kleinknecht/Meyer*[37] 8). Bei der Vorabentscheidung über die Vereidigung handelt der Vorsitzende hingegen ohne ausdrückliche gesetzliche Ermächtigung anstelle des an sich zuständigen Gerichts[34]. Die Anrufung des Gerichts bedeutet daher nur, daß die Entscheidung des nach dem Gesetz zuständigen Spruchkörpers verlangt wird, und setzt nicht voraus, daß die Vorabentscheidung des Vorsitzenden als unzulässig beanstandet wird[35].

Findet die Verhandlung vor dem **Strafrichter** (Einzelrichter) statt, so kommt eine **16** Anrufung des Gerichts selbstverständlich nicht in Betracht[36].

c) Anträge der Prozeßbeteiligten. Bei einem Kollegialgericht liegt in dem Antrag, **17** den Zeugen zu vereidigen oder nicht zu vereidigen, das Verlangen nach Entscheidung des ganzen Gerichts. Hierüber muß das Gericht noch vor der Urteilsberatung entscheiden, damit der Antragsteller seine weitere Prozeßführung auf die Entscheidung ausrichten kann[37]. Das gilt jedoch nicht, wenn der Antrag nur hilfsweise gestellt ist; denn ebenso wie bei einem Beweisantrag (vgl. § 244, 160) liegt in der nur hilfsweisen Stellung eines Antrags zur Vereidigungsfrage der Verzicht auf die Entscheidung vor der Urteilsberatung[38].

---

[31] RG GA **38** (1891) 194; OLG Dresden DRiZ **1929** Nr. 546; OLG Hamm VRS **41** 124; *Kleinknecht/Meyer*[37] 7; KK-*Pelchen* 9; *Dahs/Dahs* 210; vgl. aber auch KMR-*Paulus* 15, der eine Anhörungspflicht annimmt.

[32] KG JR **1965** 267; OLG Hamm NJW **1972** 1531; KMR-*Paulus* 15; a. A OLG Braunschweig NdsRpfl. **1957** 249; KK-*Pelchen* 10; vgl. auch BGH NStZ **1981** 110; OLG Hamburg MDR **1979** 74 mit Anm. *Strate*.

[33] *Alsberg/Nüse/Meyer* 104; *Kleinknecht/Meyer*[37] 8; *Peters* 333; *Fuhrmann* JR **1962** 324 Fußn. 39; GA **1963** 78; NJW **1963** 1235; a. A BGH NJW **1952** 233; BGH bei *Dallinger* MDR **1958** 14; RGSt **3** 370; **57** 263; **68** 396; RGRspr. **5** 640; KMR-*Paulus* 15; offengelassen in RGSt **44** 65 und wohl auch von KK-*Pelchen* 11.

[34] Vgl. RGSt **44** 65; *Kleinknecht/Meyer*[37] 8; *Fuhrmann* GA **1963** 78; *Peters* 333, der daraus die Folgerung zieht, daß die Revision nicht die vorherige Anrufung des Gerichts voraussetzt; a. A BGHSt **1** 218; RGSt **3** 46; **19** 355, die auch darin einen Akt der Verhandlungsleitung nach § 238 Abs. 1 sehen.

[35] RGSt **44** 67; *Fuhrmann* GA **1963** 78.

[36] OLG Köln MDR **1955** 311; vgl. auch BayObLG VRS **24** 300.

[37] BGHSt **15** 253; RGSt **57** 263; RG Recht **1929** Nr. 2534; KG HRR **1931** 1498; *Eb. Schmidt* Nachtr. I § 60 1.

[38] RGSt **58** 372 = JW **1926** 594 mit Anm. *Themel*; RG JW **1930** 1066 mit Anm. *Alsberg*; RG LZ **1919** 907; *Alsberg/Nüse/Meyer* 105; a. A RGSt **57** 263; RG JW **1926** 1225 mit abl. Anm. *Beling* für den Fall des § 60 Nr. 2.

Hans Dahs

18   **8. Begründung.** In dem von Amts wegen geführten Strafverfahren ist die Vereidigung der in der Hauptverhandlung vernommenen Zeugen die Regel. Wird der Zeuge entsprechend dieser Regel vereidigt, so bedarf das keiner Begründung[39]. Das gilt selbst dann, wenn ein Prozeßbeteiligter die Nichtvereidigung beantragt[40]. Die Vereidigung braucht auch in den Urteilsgründen nicht gerechtfertigt zu werden[41]. Anders ist es, wenn der in dem Urteil festgestellte Sachverhalt es naheliegend erscheinen läßt, daß einer der Gründe vorliegt, aus denen die Vereidigung nach § 60 verboten ist; der Tatrichter muß dann in dem Urteil zum Ausdruck bringen, daß er die Frage, ob von der Vereidigung abgesehen werden muß, erkannt und geprüft hat (BGH NStZ **1985** 183; vgl. i. ü. § 60, 50). Wegen der Begründung der Nichtvereidigung vgl. § 64. Im Privatklageverfahren ist die Nichtvereidigung der Zeugen die Regel (§ 62); dort muß daher die Vereidigung begründet werden (anders die herrschende Ansicht; vgl. § 62, 13).

19   **9. Protokoll.** Die Vereidigung ist eine wesentliche Förmlichkeit im Sinne der § 168 a Abs. 1, § 273 Abs. 1[42]. Sie muß daher im Vernehmungsprotokoll und in der Sitzungsniederschrift beurkundet werden. Sind mehrere Zeugen vernommen worden, so muß aus dem Protokoll klar hervorgehen, welche von ihnen vereidigt worden sind. Dabei ist die Vereidigung jedes Zeugen einzeln zu beurkunden[43]. Wenn ein Zeuge nur teilweise vereidigt wird (oben Rdn. 6), muß die Sitzungsniederschrift eindeutig ergeben, welcher Teil der Aussage beschworen worden ist und welcher nicht[44].

10. Revision

20   **a) Unzulässige Vereidigung.** Wenn dem Zeugen entgegen § 59 Satz 1 statt des Nacheides der Voreid abgenommen wird, steht das der Nichtvereidigung gleich. Auf den Verfahrensfehler kann daher die Revision gestützt werden[45]. Die Rüge, der Zeuge hätte nach § 60 nicht vereidigt werden dürfen, betrifft nur diese Vorschrift, nicht den § 59. Auf die Behauptung, nach § 61 hätte von der Vereidigung abgesehen werden müssen, kann die Revision gestützt werden (vgl. § 61, 43); anders bei § 62 (§ 62, 16). Wegen des Verstoßes gegen das Gebot der Einzelvereidigung vgl. § 66 c, 3.

21   **b) Unterbliebene Vereidigung.** Die Nichtvereidigung kann regelmäßig mit der Revision nicht geltend gemacht werden, wenn keine Entscheidung des Gerichts nach § 238 Abs. 2 herbeigeführt worden ist[46]; Voraussetzung ist allerdings, daß der Verfahrensbe-

[39] BGHSt 4 255; **15** 253; **17** 187; BGH VRS **25** 40; RG JW **1935** 2817; RG GA **40** (1892) 158; RG Recht **1929** Nr. 1731; OGHSt **2** 98; BayObLGSt **1953** 151 = JR **1954** 113 mit Anm. *Sarstedt* = MDR **1954** 121 mit Anm. *Mittelbach*; OLG Celle VRS **19** 51; OLG Hamburg VRS **31** 204; OLG Hamm GA **1969** 316; KK-*Pelchen* 12; *Kleinknecht/Meyer*[37] 9; KMR-*Paulus* 16; *Schorn* NJW **1966** 1014.

[40] BGHSt **15** 253; RGSt **2** 109; **56** 378; RG GA **40** (1892) 158; KK-*Pelchen* 12; *Kleinknecht/Meyer*[37] 9; *Schorn* NJW **1966** 1014; a. A KMR-*Paulus* 16.

[41] BayObLGSt **1953** 151 = JR **1954** 113 mit Anm. *Sarstedt* = MDR **1954** 121 mit Anm. *Mittelbach*; *Dalcke/Fuhrmann/Schäfer* 7.

[42] RG DRiZ **1934** Nr. 241; OGH Köln NJW **1949** 796; OLG Freiburg DRZ **1947** 382;

OLG Hamm NJW **1972** 1531; OLG Koblenz OLGSt § 59 S. 3; OLG Saarbrücken VRS **48** 439; KK-*Pelchen* 13; *Kleinknecht/Meyer*[37] 10; KMR-*Paulus* 17; vgl. auch § 64, 5.

[43] RGRspr. **1** 814; BayObLGSt **1953** 137 = NJW **1953** 1524; OLG Koblenz OLGSt § 59 S. 3; KMR-*Paulus* 17; a. A KK-*Pelchen* 13.

[44] RG JW **1935** 2436; KK-*Pelchen* 13; *Kleinknecht/Meyer*[37] 10.

[45] BGH bei *Dallinger* MDR **1972** 198; KMR-*Paulus* 23; *Eb. Schmidt* 3; *Dahs/Dahs* 210.

[46] RGSt **71** 21; BayObLGSt **1949** 79; OLG Celle VRS **36** 211; OLG Hamm VRS **41** 123; OLG Koblenz VRS **42** 29; OLG Hamburg MDR **1979** 74; KK-*Pelchen* 14; *Kleinknecht/Meyer*[37] 11; KMR-*Paulus* 24; offengelassen in BGH NJW **1978** 1815.

teiligte oder sein Verteidiger bzw. Rechtsvertreter das Recht zur Anrufung des Gerichts kannte (vgl. dazu BGH NJW **1978** 1815). Der Anrufung des Gerichts bedarf es nicht, wenn überhaupt keine Entscheidung über die Vereidigung getroffen wurde[47]. Ist der Zeuge unvereidigt geblieben, ohne daß eine Anordnung über die Nichtvereidigung nach den §§ 60, 61 ergangen ist, so verstößt das Verfahren nicht gegen § 59, sondern gegen § 64 (vgl. dort Rdn. 7). § 59 ist dagegen verletzt, wenn die Gründe für die Nichtvereidigung rechtsfehlerhaft sind und der Zeuge hätte vereidigt werden müssen. Gegen die Vorschrift wird auch verstoßen, wenn der Zeuge, nachdem er bereits vereidigt worden war, nochmals vernommen worden ist und nunmehr weder die Nichtvereidigung angeordnet noch nach § 67 verfahren wird[48]. Es läßt sich im allgemeinen nicht ausschließen, daß der Zeuge unter Eid anders ausgesagt hätte als bei seiner uneidlichen Vernehmung[49]. Auf dem Verfahrensverstoß beruht das Urteil, wenn die Aussage des Zeugen bei der Beweiswürdigung herangezogen worden ist[50]. Anders ist es, wenn der Zeuge nur zu Nebenpunkten ausgesagt hat (BGH v. 26. 9. 78 - 1 StR 293/78 - unv.) oder der Angeklagte zu den vom Zeugen bekundeten Tatsachen (weitestgehend) geständig war. Die Revision greift nicht durch, wenn sich aus den Urteilsgründen ergibt, daß das Gericht die Aussage des unvereidigt gebliebenen Entlastungszeugen irrtümlich als eidliche gewertet hat; der Angeklagte ist hierdurch nicht beschwert (OLG Hamm NJW **1972** 1531). Bedenklich ist die Ansicht, das Urteil beruhe auch dann nicht auf dem Unterlassen der Vereidigung, wenn offensichtlich sowohl das Gericht als auch der Zeuge irrtümlich davon ausgegangen sind, daß sie erfolgt ist[51]; das Revisionsgericht wird meist nicht feststellen können, ob der Zeuge irrtümlich angenommen hat, er sei vereidigt worden (vgl. auch § 67, 22).

§ 60

Von der Vereidigung ist abzusehen
1. **bei Personen, die zur Zeit der Vernehmung das sechzehnte Lebensjahr noch nicht vollendet haben oder die wegen mangelnder Verstandesreife oder wegen Verstandesschwäche vom Wesen und der Bedeutung des Eides keine genügende Vorstellung haben;**
2. **bei Personen, die der Tat, welche den Gegenstand der Untersuchung bildet, oder der Beteiligung an ihr oder der Begünstigung, Strafvereitelung oder Hehlerei verdächtig oder deswegen bereits verurteilt sind.**

Schrifttum. *Bendix* Nichtbeeidigung von Zeugen wegen Verdachts der Beteiligung, Recht **1916** 623; *Eckert* Vereidigung eines in der Hauptverhandlung offensichtlich falsch aussagenden Zeugen? NJW **1963** 846; *Fraeb* Das Problem der Vereinigung von Partei- und Zeugenstellung und

---

[47] BGH NStZ **1981** 71; *Kleinknecht/Meyer*[37] 11; KMR-*Paulus* 24; KK-*Pelchen* 16.
[48] BGHSt **1** 348; RGSt **68** 396; KG NJW **1968** 808; OLG Koblenz VRS **44** 444.
[49] RGRspr. **2** 489; *Sarstedt/Hamm* 238; a. A OLG Dresden JW **1928** 3063, nach dessen Ansicht das Urteil nicht auf dem Mangel beruht, wenn es ergibt, daß das Gericht auch der uneidlichen Aussage geglaubt hat.

[50] BGHSt **1** 274; RGRspr. **1** 632; BayObLGSt **1956** 247 = GA **1958** 113; OLG Freiburg DRZ **1947** 382; OLG Köln HRR **1936** 510; MDR **1955** 311; KMR-*Paulus* 25; *Dahs/Dahs* 210.
[51] So RG DRiZ **1934** Nr. 241; OLG Koblenz OLGSt § 59 S. 3.

der Entwurf einer Strafprozeßordnung, GerS. **80** (1913) 88; *Hülle* Die Vereidigung des Zeugen in der Hauptverhandlung, DRiZ **1954** 118; *Lenckner* Begünstigung, Strafvereitelung und Vereidigungsverbot nach § 60 Nr. 2 StPO, NStZ **1982** 401; *M. Müller* Sinn und Wirkung der strafprozessualen Vereidigungsverbote, Diss. Köln 1961; *Niethammer* Das unbeeidete Zeugnis, JR **1935** 13; *Schläger* Nichtbeeidigung eines Zeugen wegen Teilnahme an der Straftat, JR **1932** 28; *W. Schmid* Zur Korrektur von Vereidigungsfehlern im Strafprozeß, FS Maurach, 535; *Schorn* Vereidigung und Nichtvereidigung der Zeugen im Strafprozeß, NJW **1966** 1014; *Seibert* Verdächtige Zeugen (§ 60 Ziff. 3 StPO), NJW **1963** 142; *Strate* Der Verzicht auf die Vereidigung - eine schädliche Unsitte! StrVert. **1984** 42; *Theuerkauf* Darf der in der Hauptverhandlung offensichtlich falsch aussagende Zeuge unvereidigt bleiben? MDR **1964** 204; *Wutscher* Der Verdacht der Beteiligung an der Tat in § 57 Ziffer 3 RStPO, Diss. Breslau 1932.

Entstehungsgeschichte. Die Vorschrift trug ursprünglich die Bezeichnung § 56; durch die Bek. 1924 wurde sie § 57. Art. I des Gesetzes zur Einschränkung der Eide im Strafverfahren vom 24. 11. 1933 (RGBl. I 1008) stellte sie mit der Änderung, daß in Nummer 3 (jetzt Nummer 2) der Verdacht der Tatbegehung ausdrücklich neben dem der Beteiligung aufgeführt wurde, als § 60 ein; der bisherige § 60 wurde § 57. Durch Art. 9 Nr. 1 des 1. StrRG wurde die Nummer 2 der Vorschrift („bei Personen, die nach den Bestimmungen der Strafgesetze unfähig sind, als Zeugen eidlich vernommen zu werden") gestrichen; die bisherige Nummer 3 wurde Nummer 2. Art. 21 Nr. 6 EGStGB fügte in Nummer 2 hinter dem Wort „Begünstigung" das Wort „Strafvereitelung" ein.

I. Allgemeines

1   Von der in § 59 bestimmten grundsätzlichen Eidespflicht schreibt § 60 Ausnahmen für den Fall vor, daß der Zeuge wegen seines jugendlichen Alters oder wegen seiner geringen geistigen Fähigkeiten keine genügende Vorstellung von der Bedeutung des Eides hat oder daß er an der dem Beschuldigten vorgeworfenen Tat beteiligt gewesen ist. Das Vereidigungsverbot ist zwingend. Die Zeugen dürfen auch dann nicht vereidigt werden, wenn alle Prozeßbeteiligten zustimmen oder die Eidesleistung sogar verlangen.

Der Grundsatz der freien **Beweiswürdigung** (§ 261) wird durch das Vereidigungs- **2** verbot nicht berührt. Das Gericht ist nicht gehindert, auch der Aussage des unvereidigt gebliebenen Zeugen zu glauben[1].

II. Eidesunmündige Zeugen (Nummer 1 Unterfall 1)

1. Personen unter 16 Jahren sind nicht eidesmündig; es ist nicht anzunehmen, **3** daß sie bereits ein genügendes Verständnis von der Bedeutung des Eides haben und daß der Beweiswert ihrer Aussage durch die Eidesleistung erhöht werden kann[2]. Sie dürfen daher nicht vereidigt werden. Das Lebensalter wird nach § 187 Abs. 2 BGB berechnet. Die Eidesunmündigkeit besteht mithin bis zu dem Beginn des Tages, an dem der Zeuge 16 Jahre alt wird[3]. Feststellungen darüber, ob der Zeuge eidesunmündig ist, werden nach den Regeln des Freibeweises (vgl. § 244, 3 f) getroffen[4]. Jugendliche über 16 Jahren können nach § 61 Nr. 1 unvereidigt bleiben.

2. Maßgebender Zeitpunkt ist grundsätzlich der Tag, an dem der Zeuge vernom- **4** men wird. Er darf daher nicht unvereidigt bleiben, weil er zur Zeit der Wahrnehmungen, über die er aussagen soll, noch nicht 16 Jahre alt war[5]. Dauert die Hauptverhandlung länger an und wird der Zeuge in der Zeit zwischen seiner Vernehmung und dem Erlaß des Urteils eidesmündig, so ist die Vereidigung nachzuholen, sofern sie noch möglich ist und keiner der Gründe der §§ 61, 62 vorliegt (KK-*Pelchen* 4). Denn der Grundsatz der Zeugenvereidigung nach § 59 erleidet keine Ausnahme für den Fall, daß die Eidesleistung vor der Urteilsberatung rechtlich zulässig ist. Aus demselben Grund muß die Vereidigung nachgeholt werden, wenn die Niederschrift über die Aussage des bei der Vernehmung eidesunmündigen Zeugen nach § 251 (RG JW **1910** 203) oder nach § 325 (RG JW **1930** 937 mit Anm. *Mamroth*) zu einem Zeitpunkt verlesen wird, in dem der Zeuge eidesmündig geworden ist.

3. Entscheidung. Über die Vereidigung entscheidet zunächst der Vorsitzende. **5** Gegen seine Entscheidung kann das Gericht angerufen werden[6].

4. Begründung. Wenn ein eidesunmündiger Zeuge unvereidigt bleibt, genügt in **6** der Sitzungsniederschrift die Anführung der Gesetzesstelle; denn das Alter des Zeugen ergibt sich aus seinen Antworten auf die Personalfragen, die üblicherweise in die Sitzungsniederschrift aufgenommen werden[7].

---

[1] BGHSt **17** 128; BGH bei *Dallinger* MDR **1971** 17; BGH bei *Pfeiffer/Miebach* NStZ **1983** 354; RGSt **6** 156; **53** 136; **57** 189; KK-*Pelchen* 2; *Kleinknecht/Meyer*[37] 1; KMR-*Paulus* 1; vgl. auch unten Rdn. 13.

[2] RGSt **6** 156; **70** 22; *Peters* § 42 III 3 b aa.

[3] Vgl. RGSt **22** 29; **35** 37; KK-*Pelchen* 4; *Kleinknecht/Meyer*[37] 4; KMR-*Paulus* 4; *Schlüchter* 518.1 Fn 391; *Eb. Schmidt* 10.

[4] RGSt **56** 102; *Kleinknecht/Meyer*[37] 1; KK-*Pelchen* 3; *Alsberg/Nüse/Meyer* 128.

[5] KK-*Pelchen* 4; *Eb. Schmidt* 10.

[6] KK-*Pelchen* 5; KMR-*Paulus* 27; vgl. unten Rdn. 49 und § 59, 13 ff.

[7] BGH VRS **22** 148; **41** 186; KK-*Pelchen* 7; *Eb. Schmidt* 7; *Schorn* NJW **1966** 1014.

  Hans Dahs

III. Eidesunfähige Zeugen (Nummer 1 Unterfall 2)

7   **1. Verstandesunreife und Verstandesschwäche.** Die ungenügende Vorstellung des Zeugen vom Wesen und von der Bedeutung des Eides schließt nach § 60 Nr. 1 die Vereidigung nur aus, wenn sie auf mangelnder Verstandesreife oder auf Verstandesschwäche beruht. Daß diese Ausnahmegründe vorliegen, muß feststehen; bloße Zweifel rechtfertigen die Anwendung der Vorschrift nicht[8]. Die erforderlichen Feststellungen werden im Wege des Freibeweises (§ 244, 3 f) getroffen[9].

8   Wegen mangelnder Vorstellung von der Bedeutung des Eides, die auf **anderen Gründen,** insbesondere auf Unwissenheit oder Unglauben, beruht, darf die Vereidigung nicht unterbleiben[10]. Auch eine sonstige Geistesschwäche, z. B. eine Gedächtnisschwäche[11], ein Nervenleiden[12], eine krankhafte Störung der Geistestätigkeit[13] und selbst eine Geisteskrankheit[14] schließen die Vereidigung nicht aus, wenn dadurch die Vorstellung des Zeugen vom Wesen des Eides nicht wesentlich beeinträchtigt wird[15]. Daher zwingt auch die Tatsache, daß der Zeuge wegen geistiger Gebrechen nach § 1910 Abs. 2 BGB unter Pflegschaft gestellt[16], daß er entmündigt[17] oder als früherer Mitangeklagter nach § 20 StGB wegen Schwachsinns freigesprochen worden ist (vgl. OLG Hamm GA **1969** 316), für sich allein nicht dazu, ihn unvereidigt zu lassen.

9   **Vorübergehende** Beeinträchtigungen der Geistestätigkeit, insbesondere infolge von Alkohol- oder Drogenkonsum, führen zur Verschiebung der Vereidigung (in aller Regel auch der Vernehmung) bis zu dem Zeitpunkt, in dem der Zeuge wieder nüchtern ist, rechtfertigen aber nicht das Absehen von der Vereidigung[18].

10   **2. Entscheidung.** Ob der Zeuge vom Wesen und von der Bedeutung des Eides eine genügende Vorstellung hat, entscheidet der Tatrichter nach pflichtgemäßem Ermessen[19]. Wenn Anhaltspunkte für mangelnde Verstandesreife oder für Verstandesschwäche des Zeugen bestehen, ist das Gericht zu der Prüfung verpflichtet, ob die Vereidigung nach § 60 Nr. 1 unzulässig ist. Eine solche Prüfung ist insbesondere bei einem Entmündigten[20] und bei einem in demselben Verfahren nach § 20 StGB freigesprochenen Zeugen unerläßlich (OLG Hamm GA **1969** 316). Da die Prüfung und die Entscheidung über die Eidesfähigkeit des Zeugen immer nur der vernehmende Richter vornehmen kann, obliegt sie auch dem ersuchten Richter; auf dessen Feststellungen kann sich

---

[8] RGSt **47** 297; RG HRR **1934** 453; OLG Marienwerder HRR **1928** 2243; KK-*Pelchen* 3; *Kleinknecht/Meyer* [37] 1; KMR-*Paulus* 5.

[9] RGSt **56** 102; KK-*Pelchen* 3; *Alsberg/Nüse/Meyer* 128; *Eb. Schmidt* 11.

[10] RGSt **28** 89; RG DJZ **1903** 550; RG LZ **1916** 469; KK-*Pelchen* 5; KMR-*Paulus* 5; *Eb. Schmidt* 11; a. A *Peters* § 42 III 3 b aa, der auch andere als intellektuelle Mängel als Grund für die Nichtvereidigung anerkennen will.

[11] BGHSt **22** 266; RGSt **53** 136; RG Recht **1919** Nr. 840; KMR-*Paulus* 5.

[12] OLG Marienwerder HRR **1928** 2243.

[13] RG JW **1932** 112; KK-*Pelchen* 5; KMR-*Paulus* 5.

[14] RGSt **33** 393; **58** 396; *Kleinknecht/Meyer* [37] 4; KK-*Pelchen* 5; KMR-*Paulus* 5.

[15] RGSt **20** 60; **33** 393; **58** 396; KK-*Pelchen* 5; *Kleinknecht/Meyer* [37] 4; KMR-*Paulus* 5; *Eb. Schmidt* 11.

[16] RG Recht **1930** Nr. 2355.

[17] BGHSt **22** 266; RGSt **33** 393; RG DJZ **1903** 550; RG GA **50** (1903) 398; RG Recht **1915** Nr. 153; *Kleinknecht/Meyer* [37] 4; KMR-*Paulus* 5.

[18] RGSt **34** 283; **53** 136; KK-*Pelchen* 5; *Kleinknecht/Meyer* [37] 4; KMR-*Paulus* 5; *Eb. Schmidt* 11.

[19] BGHSt **22** 266; RGSt **33** 395; KK-*Pelchen* 5; *Kleinknecht/Meyer* [37] 5; KMR-*Paulus* 27; *Alsberg/Nüse/Meyer* 159; *Schlüchter* 520.

[20] BGHSt **22** 266; RG GA **50** (1903) 398.

das erkennende Gericht stützen, wenn die Niederschrift über die Vernehmung nach § 251 verlesen wird (RGSt **26** 97). In der Hauptverhandlung entscheidet zunächst der Vorsitzende, bei Beanstandungen das Gericht[21].

3. Begründung. Bleibt ein Zeuge wegen Eidesunfähigkeit unvereidigt, so muß das **11** Gericht zum Ausdruck bringen, ob er wegen fehlender Verstandesreife oder wegen Verstandesschwäche nicht vereidigt worden ist[22]. Die allgemeine Angabe, daß der Zeuge von der Bedeutung des Eides keine genügende Vorstellung hat[23] und der allgemeine Hinweis auf den Gesundheitszustand des Zeugen (RG HRR **1934** 453) reichen nicht aus. Die Tatsachen, aus denen das Gericht auf diesen Mangel schließt, brauchen aber nicht mitgeteilt zu werden. Zu der Frage, ob das Urteil auf der mangelhaften Begründung beruht, vgl. unten Rdn. 57 und § 64,7.

IV. Tat- und teilnahmeverdächtige Zeugen (Nummer 2)

1. Allgemeines. § 60 Nr. 2 verbietet die Vereidigung eines Zeugen, der der Bege- **12** hung der Tat, die dem Beschuldigten vorgeworfen wird, oder der Beteiligung an ihr verdächtig oder deswegen bereits verurteilt worden ist, aus zwei Gründen: Ein solcher Zeuge hat nicht die Unbefangenheit gegenüber dem Angeklagten, die eine einwandfreie Aussage voraussetzt, sondern empfindet seine Stellung ähnlich der eines Beschuldigten[24]. Außerdem wird der Beweiswert solcher Zeugenaussagen erfahrungsgemäß durch die Vereidigung nicht erhöht[25]. Eine Schutzvorschrift zugunsten des Zeugen ist § 60 Nr. 2 nicht; die Vorschrift bezweckt nicht, ihn vor einem Meineid zu bewahren[26]. Liegen die Voraussetzungen des § 60 Nr. 2 vor, so ist die Vereidigung des Zeugen schlechthin unzulässig, also auch dann, wenn er nicht über seine eigene Beteiligung an der Tat, sondern über Tatsachen vernommen wird, bei denen für ihn kein Grund besteht, mit der Wahrheit zurückzuhalten (KMR-*Paulus* 6). Wegen der Möglichkeit der Teilvereidigung vgl. unten Rdn. 47.

Das Vereidigungsverbot des § 60 Nr. 2 wirkt sich auf die **Beweiswürdigung** inso- **13** fern aus, als der Erfahrungssatz zu beachten ist, daß Aussagen der wegen ihrer Beziehung zu dem Gegenstand des Verfahrens unvereidigt gebliebenen Zeugen nicht selten nur einen geringen Beweiswert haben (BGHSt **17** 134). Ein Verbot, dem Zeugen zu glauben, besteht jedoch nicht[27]; andernfalls stünde das Vereidigungsverbot in seiner

---

[21] KK-*Pelchen* 6; vgl. unten Rdn. 49 und § 59, 13 ff.

[22] RG GA **50** (1903) 398; RG LZ **1916** 469; RG Recht **1919** Nr. 840; OLG Marienwerder HRR **1928** 2243; KK-*Pelchen* 7; KMR-*Paulus* 29.

[23] RGSt **53** 136; RG LZ **1916** 469; KK-*Pelchen* 7; *Kleinknecht/Meyer*[37] 6; KMR-*Paulus* 29; *Schorn* NJW **1966** 1014.

[24] Vgl. BGHSt **1** 363; **4** 371; **6** 382 = JZ **1955** 343 mit Anm. *Henkel*; BGHSt **10** 67; **17** 134; BGH NJW **1952** 273; RGSt **8** 300; **50** 158, 166; **57** 186; **77** 204; BayObLGSt **1960** 279 = NJW **1961** 616; KG VRS **10** 301; OLG Hamm NJW **1954** 1659; OLG Stuttgart MDR **1970** 163; Justiz **1972** 122; KK-*Pelchen*

[25] 8; *Kleinknecht/Meyer*[37] 8; KMR-*Paulus* 6; *Eb. Schmidt* 16; *Gössel* § 25 IV a 2; *Seibert* NJW **1963** 143.

[25] BGHSt **4** 257, 371; **10** 67; RGSt **7** 332; **14** 26; **19** 392; BayObLGSt **1960** 279 = NJW **1961** 616; KK-*Pelchen* 8; *Kleinknecht/Meyer*[37] 8; KMR-*Paulus* 6; *G. Schäfer* § 66 II 1; *Lenckner* NStZ **1982** 402.

[26] OLG Stuttgart MDR **1970** 163; *Honig* JW **1929** 1808.

[27] BGHSt **10** 70; BGH bei *Pfeiffer/Miebach* NStZ **1983** 354; RG JW **1925** 998 mit Anm. *Beling*; KG VRS **10** 301; KK-*Pelchen* 8; *Kleinknecht/Meyer*[37] 8; *Seibert* NJW **1963** 144.

Wirkung einem Vernehmungsverbot gleich[28]. Jedoch muß aus dem Urteil ersichtlich sein, welche Gründe den Tatrichter bewogen haben, die Verurteilung des Angeklagten auf die Aussage des wegen seiner Tatbeteiligung unvereidigt gebliebenen Zeugen zu stützen (RG DR **1942** 1973).

14   **2. Tat.** Bei der Gesetzesänderung von 1933 wurde § 60 Nr. 2 dahin ergänzt, daß nicht nur der Verdacht der Tatbeteiligung, sondern auch der Verdacht der Tatbegehung die Vereidigung ausschließt. Die Rechtsprechung hatte diese Auffassung schon vorher einhellig vertreten. Der den Gegenstand der Untersuchung bildenden Tat ist der Zeuge verdächtig, wenn Anhaltspunkte dafür bestehen, daß er die Tat begangen hat, die dem Angeklagten zur Last gelegt wird, wenn also seine Täterschaft die des Angeklagten ausschließt[29]. Welche Tat den Gegenstand des Verfahrens bildet, richtet sich nicht nach der zugelassenen Anklage, sondern nach dem Ergebnis der Hauptverhandlung[29a].

15   Den **Begriff** Tat verwendet § 60 Nr. 2 nicht in sachlichrechtlichem Sinne. Ob Tateinheit (§ 52 StGB) oder Tatmehrheit (§ 53 StGB) vorliegt, ist daher nicht entscheidend[30]. Maßgebend ist vielmehr der verfahrensrechtliche (§ 264) Tatbegriff. Er umschließt den gesamten geschichtlichen Vorgang, innerhalb dessen der Tatbestand verwirklicht worden ist[31].

3. Beteiligung

16   **a) Begriff.** Auch der Begriff Beteiligung ist in weitestem Sinne auszulegen. Auf die Teilnahmeformen der §§ 25 ff StGB ist er nicht beschränkt[32]. Als Tatbeteiligter im Sinne des § 60 Nr. 2 ist daher jeder anzusehen, der bei dem zur Aburteilung stehenden

---

[28] BGH bei *Dallinger* MDR **1971** 17; *Kleinknecht/Meyer*[37] 1.

[29] BGH MDR **1961** 1031; RGSt 5 362; 8 300; 11 302; 31 220; 50 163; RGRspr. 4 237; RG JW **1930** 927; RG Recht **1915** Nr. 154; **1928** Nr. 1208; **1929** Nr. 935; BayObLG JW **1931** 1972; OLG Celle VRS **19** 52; *Eb. Schmidt* Nachtr. I 8; *Schläger* JR **1932** 30.

[29a] BGH VRS **14** 60; BGHSt **13** 320 = NJW **1960** 110; RGSt 11 4; 14 25; 31 220; RGRspr. 5 469; KG VRS **10** 299; KK-*Pelchen* 10; *Kleinknecht/Meyer*[37] 8; KMR-*Paulus* 8.

[30] BGHSt 4 371; 6 382 = JZ **1955** 343 mit Anm. *Henkel*; RGSt 36 310; RGRspr. 1 523.

[31] BGHSt 1 363; 4 255, 368; 6 382 = JZ **1955** 343 mit Anm. *Henkel*; BGHSt 21 148; BGH VRS **14** 60; **25** 40; BGH bei *Dallinger* MDR **1951** 538; **1975** 725; BGH bei *Holtz* MDR **1980** 630 = GA **1980** 420; BGH bei *Pfeiffer* NStZ **1981** 93; BGH StrVert. **1984** 105; OLG Hamm StrVert. **1984** 105; KK-*Pelchen* 9; *Kleinknecht/Meyer*[37] 9; KMR-*Paulus* 8; *G. Schäfer* § 66 II 1; *Roxin* § 26 B III 2 a; *Gössel* § 25 IV a 2; *Eb. Schmidt* 23; *Bindokat* GA **1967** 365. Diese Ansicht wird auch in zahlreichen weiteren Entscheidungen des Reichsgerichts und der Oberlandesgerichte vertreten: RGSt 7 331; 8 301; 11 300; 17 102, 119; **29** 34; **31** 219; **32** 32; **36** 310; **48** 85; **50** 163; **53** 169, 266; **54** 321; **56** 150; **57** 157; **59** 378; **64** 378; RG JW **1917** 171; RG DJ **1935** 1462; RG GA **68** (1920) 353; RG JR Rspr. **1925** Nr. 637; RG LZ **1916** 811, 1014; BayObLGSt **1957** 240 = NJW **1958** 231; KG VRS **10** 301; OLG Celle NdsRpfl. **1960** 164 = VRS **19** 52; OLG Hamm NJW **1957** 1411; **1969** 2297; OLG Neustadt NJW **1953** 1197; OLG Stuttgart MDR **1970** 163.

[32] BGHSt 1 363; 4 371; 10 67; BGH LM Nr. 2 zu § 68 a; BGH NJW **1951** 324; BGH bei *Holtz* MDR **1975** 725; **1980** 630 = GA **1980** 420; BGH StrVert. **1982** 342; BGH NStZ **1983** 516; KK-*Pelchen* 13; *Kleinknecht/Meyer*[37] 12; KMR-*Paulus* 9; *Schlüchter* 518.1; *Roxin* § 26 B III 2 a; *Gössel* § 25 IV a 2; *Eb. Schmidt* 23. Ebenso RGSt 31 220; 50 163; 64 378; RG JW **1922** 1031 mit Anm. *Mamroth*; RG DR **1940** 689; RG GA **48** 444; RG LZ **1919** 439; OLG Celle VRS **19** 52; OLG Hamm NJW **1954** 1659; **1957** 1411; **1969** 2297; VRS **11** 448.

Vorgang in strafbarer Weise (unten Rdn. 17 ff) und in derselben Richtung wie der Beschuldigte (unten Rdn. 22 ff) mitgewirkt hat[33].

b) Mitwirkung in strafbarer Weise

aa) Allgemeines. Das Vereidigungsverbot des § 60 Nr. 2 besteht nur, wenn der **17** Zeuge an der Tat des Angeklagten in strafbarer Weise mitgewirkt hat[34]. Der „notwendige" Teilnehmer muß daher vereidigt werden, wenn er nicht der strafbaren Anstiftung des Täters oder der Beihilfe verdächtig ist (vgl. unten Rdn. 39). Das gleiche gilt für den an der Tat mitwirkenden polizeilichen Lockspitzel, soweit dessen Beteiligung nicht strafbar ist[34a]. Wenn dem Zeugen nur der Vorwurf zu machen ist, daß er die Tat des Angeklagten nicht verhindert hat, kommt es darauf an, ob er hierzu rechtlich verpflichtet war. Bestand keine Rechtspflicht zum Handeln, so darf die Vereidigung nicht unterbleiben[35]. Daß er Mitwisser war, rechtfertigt die Anwendung des § 60 Nr. 2 nicht. Andererseits genügt es, daß die Tatbeteiligung überhaupt zur Bestrafung führen kann; daß eine Verurteilung des Zeugen aus Rechtsgründen ausgeschlossen ist, steht der Anwendung der Vorschrift nicht entgegen[36]. Hierzu gilt im einzelnen folgendes:

bb) Verfahrenshindernisse lassen das Strafwürdige des Verhaltens unberührt und **18** schließen daher die Anwendung des § 60 Nr. 2 nicht aus[37]. Der Zeuge darf daher auch dann nicht vereidigt werden, wenn er der Tatbeteiligung verdächtig, seine Bestrafung aber gehindert ist durch das Fehlen der deutschen Gerichtsbarkeit (RGSt 48 86) oder des Strafantrags[38], durch die Niederschlagung des Verfahrens aufgrund eines Straffreiheitsgesetzes[39] oder durch die Verjährung der Strafverfolgung[40].

cc) Rechtfertigungsgründe. Ist die Tatbeteiligung des Zeugen nach §§ 32 ff StGB **19** oder aus anderen Gründen nicht rechtswidrig, so entfällt die Strafbarkeit und damit auch das Vereidigungsverbot[41]. Das ist z. B. der Fall bei Handeln in Notwehr[42] oder

---

[33] BGHSt 4 255, 371; 6 382 = JZ **1955** 343 mit Anm. *Henkel*; BGHSt 10 67; BGH NJW **1951** 324; **1952** 1103; BGH GA **1962** 370; BGH bei *Dallinger* MDR **1951** 538; BGH bei *Holtz* **1975** 725; **1982** 626; BGH StrVert. **1983** 354; BayObLG StrVert. **1983** 142. Ebenso RGSt 8 300; 11 300; 17 102, 119; 44 172; 50 163; 53 169; 57 157, 186; 64 298, 378; 74 188; 77 204; RG DJZ **1925** 259; **1926** 597; RG DR **1940** 689; RG DRiZ **1932** Nr. 219; RG JR Rspr. **1925** Nr. 637; RG Recht **1928** Nr. 1208; OGHSt 2 100, 156; BayObLGSt **33** 139; BayObLGSt **1957** 240 = NJW **1958** 231; KG VRS 10 299; 14 289; OLG Kiel SchlHA **1948** 128; OLG Saarbrücken OLGSt § 60 S. 7.

[34] BGHSt 9 73; RGSt 19 391; 22 100; 31 220; 44 174; 57 186, 417; RGRspr. 9 312; KG VRS **31** 273; KK-*Pelchen* 13; *Kleinknecht/Meyer*[37] 13; KMR-*Paulus* 9; *Eb. Schmidt* 19; *Dalcke/Fuhrmann/Schäfer* 6; a. A OLG Dresden JW **1928** 1808 mit abl. Anm. *Honig*.

[34a] BGH NStZ **1982** 127; BGH NJW **1981** 1626; KK-*Pelchen* 14; *Kleinknecht/Meyer*[37] 13; *Roxin* § 26 B III 2 a; *Schoreit* NStZ **1982** 66; *Schmidt* MDR **1982** 886.

[35] BGHSt 4 255; BGH bei *Holtz* MDR **1982** 626; BGH NJW **1951** 324; OGHSt 2 101; KK-*Pelchen* 16; *Kleinknecht/Meyer*[37] 13; KMR-*Paulus* 10; *Eb. Schmidt* 24.

[36] RGSt 64 377; OLG Köln NJW **1957** 1373; KK-*Pelchen* 19; *Kleinknecht/Meyer*[37] 14; KMR-*Paulus* 11; *Gössel* § 25 IV a 2.

[37] BGHSt 4 131; RG HRR **1940** 966; KK-*Pelchen* 19; KMR-*Paulus* 11; *Eb. Schmidt* 22.

[38] BGH bei *Dallinger* MDR **1968** 896; RGSt 64 377; RG Recht **1920** Nr. 2729; BayObLGSt **1957** 240 = NJW **1958** 231; KK-*Pelchen* 19; KMR-*Paulus* 11.

[39] BGHSt 4 131; RGSt 55 233; RG JW **1937** 3024 L; KK-*Pelchen* 19.

[40] BGH NJW **1952** 1146; BGH VRS 14 60; RGSt 22 100; 64 378; 77 206; RGRspr. 8 34; KK-*Pelchen* 19; KMR-*Paulus* 11; *Kleinknecht/Meyer*[37] 14.

[41] KK-*Pelchen* 18; KMR-*Paulus* 10; *Kleinknecht/Meyer*[37] 14; *Eb. Schmidt* 17.

[42] RGSt 31 219; KK-*Pelchen* 18; KMR-*Paulus* 10.

Hans Dahs

in berechtigter Erfüllung von Dienstpflichten (RGSt 37 218) und bei wirksamer Einwilligung des Verletzten (KMR-*Paulus* 10).

20　　dd) **Schuldausschließungsgründe,** wie das Fehlen der Schuldfähigkeit nach § 20 StGB (OLG Hamm GA **1969** 316) oder die Notwehrüberschreitung nach § 33 StGB, schließen die Strafbarkeit und daher auch die Anwendung des § 60 Nr. 2 aus[43].

21　　ee) **Persönliche Strafausschließungs- und Strafaufhebungsgründe** lassen die Strafbarkeit der Beteiligung grundsätzlich bestehen und sind daher für die Frage der Vereidigung ohne Bedeutung[44]. Die Vereidigung ist insbesondere unzulässig, wenn der Zeuge wegen Rücktritts vom Versuch nach § 24 StGB[45] oder nach § 31 StGB[46], wegen jugendlichen Alters nach § 173 Abs. 3 StGB[47], wegen freiwilliger Offenbarung der Tat nach § 31 BtMG (BGH NStZ **1983** 516) oder wegen Strafvereitelung gegenüber einem Angehörigen nach § 258 Abs. 6 StGB[48] nicht bestraft werden kann. Das Vereidigungsverbot entfällt auch dann nicht, wenn der Zeuge eine den Angeklagten begünstigende Aussage noch in der Hauptverhandlung richtigstellt[49].

c) Mitwirkung in derselben Richtung
22　　aa) **Mittelbare Tatbeteiligung.** Die Vereidigung ist nach § 60 Nr. 2 nur ausgeschlossen, wenn der Zeuge verdächtig ist, an der Tat, die Gegenstand des Verfahrens gegen den Beschuldigten ist, in derselben Richtung wie der Beschuldigte mitgewirkt zu haben[50]. Da der Anwendung der Vorschrift der verfahrensrechtliche Tatbegriff zugrundezulegen ist (oben Rdn. 15), kommt es aber nicht darauf an, ob der Zeuge unmittelbar an der Straftat des Angeklagten beteiligt gewesen ist; es ist auch gleichgültig, ob er bewußt und gewollt mit diesem zusammengewirkt hat (BGH NStZ **1983** 516). Daher ist bei einer fortgesetzten Handlung auch derjenige als Teilnehmer anzusehen, der bei anderen Einzelakten beteiligt gewesen ist als der Angeklagte[51]. Entsprechendes gilt für die Mitwirkung an einer zusammengesetzten Tat, die im Rechtssinne eine natürliche Handlungseinheit ist (OLG Saarbrücken OLGSt § 60 S. 7). Die von dem Beschuldigten und dem Zeugen begangenen Straftaten müssen auch nicht gleichartig sein. Es ist daher unerheblich, ob das Verhalten des Zeugen ein anderes Strafgesetz verletzt als das des Angeklagten[52]. So besteht eine die Vereidigung ausschließende Mitwirkung des Zeugen darin, daß er die von dem Angeklagten geplante Straftat entgegen § 138 StGB nicht angezeigt (unten Rdn. 38), daß er sich als Beifahrer des Unfallverursachers der unterlassenen Hilfeleistung nach § 323 c StGB schuldig gemacht (unten Rdn. 41), oder daß er die Tat durch pflichtwidriges Unterlassen unterstützt hat (BGH bei *Holtz* MDR **1982** 626). Die Beteiligung muß sich nicht einmal auf die den Gegenstand des Verfahrens bil-

---

[43] KK-*Pelchen* 18; KMR-*Paulus* 10; *Kleinknecht/Meyer*[37] 14; *Eb. Schmidt* 18.

[44] BGH NStZ **1982** 78 = StrVert. **1982** 1; RGSt **22** 99; **64** 378; RG Recht **1920** Nr. 2729; KK-*Pelchen* 19; *Kleinknecht/Meyer*[37] 14; KMR-*Paulus* 11.

[45] BGH NStZ **1982** 78 = StrVert. **1982** 1; RGSt **14** 25; **22** 100; **56** 150; KK-*Pelchen* 20; KMR-*Paulus* 11; *Eb. Schmidt* 20; a. A OLG Dresden JW **1929** 1808 mit abl. Anm. *Honig*.

[46] BGH GA **1962** 370; BGH bei *Dallinger* MDR **1973** 191; KK-*Pelchen* 20.

[47] RGSt **19** 391; KK-*Pelchen* 20; *Eb. Schmidt* 20; *Dreher/Tröndle*[42] § 173, 8.

[48] BGHSt **9** 73; RGSt **28** 112; BayObLGSt **1951** 78 = HESt **3** 14; KK-*Pelchen* 20; *Eb. Schmidt* 20.

[49] BGH bei *Pfeiffer* NStZ **1982** 118; BGH NStZ **1982** 78 = StrVert. **1982** 1; BGH bei *Pfeiffer* NStZ **1981** 94; a. A: *Roxin* § 26 B III 2 a; vgl. auch BGH JZ **1982** 434.

[50] BGHSt **4** 256; **4** 370 f; BGH NStZ **1983** 516.

[51] BGHSt **21** 147; RG Recht **1910** Nr. 450; *Kleinknecht/Meyer*[37] 15.

[52] BGH VRS **14** 60; RGSt **11** 302; **17** 119; **64** 379; RG DJ **1935** 1462; KG VRS **10** 299.

dende Tat, sondern kann sich auf deren Vortat beziehen, z. B. bei Hehlerei, Begünstigung und Strafvereitelung[53]. Der Verdacht der Beihilfe zu einer strafbaren Vorbereitungshandlung begründet ebenfalls ein Vereidigungsverbot (BGH bei *Holtz* MDR **1983** 201).

bb) Bloßer Zusammenhang mit der Tat des Beschuldigten. Das Vereidigungsver- **23** bot besteht nicht, wenn der Zeuge an einer ähnlichen oder gleichartigen Tat des Beschuldigten beteiligt war, die nicht Gegenstand des Verfahrens ist[54], oder wenn er unabhängig von dem Angeklagten eine gleichartige, insbesondere gegen denselben Verletzten[55] oder gegen den Angeklagten (RG JW **1892** 261; **1922** 1032) gerichtete Tat verübt hat. Der Zeuge muß daher vereidigt werden, wenn er zwar verdächtig ist, an derselben kriminellen Vereinigung beteiligt gewesen zu sein wie der deswegen nach § 129 StGB Angeklagte, wenn er aber aus der Vereinigung ausgeschieden ist, bevor der Angeklagte sich an ihr beteiligte[56], anders bei gleichzeitiger Mitgliedschaft. Ebensowenig ist § 60 Nr. 2 anwendbar, wenn der Zeuge nur bei Gelegenheit der Tat des Angeklagten, wenn auch im Zusammenhang mit ihr, eine andere selbständige Tat begangen hat[57], z. B. unterlassene Hilfeleistung (§ 323 c StGB) nach einem Verkehrsunfall, an dem er nicht beteiligt war (unten Rdn. 41). Ferner hindert es die Vereidigung nicht, daß zwischen dem Verhalten des Zeugen und der zur Untersuchung stehenden Tat ein tatsächlicher Zusammenhang derart besteht, daß für die Feststellung beider Taten dieselben Beweismittel von Bedeutung sind[58]. Die objektive Förderung der Tat ohne Gehilfenvorsatz begründet kein Vereidigungsverbot (BGH bei *Holtz* MDR **1980** 630).

cc) Gegen den Zeugen gerichtete Tat. In derselben Richtung wie der Angeklagte **24** nimmt der Zeuge an der Tat nicht teil, wenn sie gegen ihn selbst gerichtet ist[59]; in diesem Fall kann von der Vereidigung nur nach § 61 Nr. 2 abgesehen werden. Das Vereidigungsverbot des § 60 Nr. 2 besteht insbesondere nicht, wenn der Zeuge das Opfer der von dem Angeklagten begangenen Nötigung ist (RGSt **11** 300), wenn der Angeklagte ihn zu erpressen versucht hat, auch wenn sich diese Erpressung auf einen von dem Zeugen begangenen Diebstahl bezieht[60], wenn der Zeuge von dem Angeklagten beleidigt worden ist, auch wenn er die Beleidigung auf der Stelle erwidert hat[61], und wenn er durch die Körperverletzung des Angeklagten geschädigt ist, selbst wenn er bei demselben Vorgang den Angeklagten seinerseits mißhandelt hat[62]. Auch bei Fahrlässigkeitsta-

---

[53] BGHSt **1** 360 = MDR **1951** 564 mit Anm. *Dallinger*; BGHSt **6** 382 = JZ **1955** 343 mit Anm. *Henkel*; BGHSt **21** 147; RGSt **2** 217; **42** 248; **58** 373; OLG Hamm NJW **1969** 2297; KMR-*Paulus* 13.

[54] BGH bei *Dallinger* MDR **1969** 535; RGSt **59** 166 = JW **1925** 1510 mit Anm. *Mamroth*; OLG Hamm NJW **1957** 1411; KMR-*Paulus* 17.

[55] BGH bei *Dallinger* MDR **1969** 535; RGSt **5** 362; **59** 166; KK-*Pelchen* 21; KMR-*Paulus* 17; *Schläger* JR **1932** 30.

[56] BGH 3 StR 2/72 I vom 28. 2. 1973; KK-*Pelchen* 21.

[57] BGHSt **6** 383 = JZ **1955** 343 mit Anm. *Henkel*; RGSt **6** 286; **11** 302; **12** 190; **17** 120; **50** 165; **57** 186; **77** 205; RGRspr. **3** 686; **9** 234; RG JW **1928** 2142; RG DStrZ **1920** 375; RG

GA **48** (1901) 444; RG Recht **1928** Nr. 1208; BayObLG GA **74** (1930) 164; KG VRS **10** 299; OLG Hamm NJW **1957** 1411; KK-*Pelchen* 21; KMR-*Paulus* 17; *Schläger* JR **1932** 30.

[58] RGSt **29** 32; OLG Hamm NJW **1957** 1411.

[59] RGSt **17** 120; **50** 165; RG JW **1917** 171; BayObLG GA **74** (1930) 164; KMR-*Paulus* 16; *Eb. Schmidt* 25.

[60] RGSt **12** 192; **17** 121; KK-*Pelchen* 22; KMR-*Paulus* 16.

[61] RGSt **17** 121; RG JW **1892** 261; KK-*Pelchen* 22; KMR-*Paulus* 16; *Eb. Schmidt* 25.

[62] RGSt **17** 121; **27** 267; RGRspr. **9** 234; RG JW **1922** 1032; RG DStrZ **1920** 375; RG GA **43** (1895) 129; RG Recht **1911** Nr. 1682; **1929** Nr. 1731; a. A RGSt **7** 331.

ten (dazu unten Rdn. 25) ist der Geschädigte zu vereidigen, wenn er an der Tat nicht in strafbarer Weise mitgewirkt, sich z. B. dem betrunkenen Fahrer nur als Fahrzeuginsasse anvertraut hat (KG VRS **31** 273). Wegen der notwendigen Teilnahme vgl. unten Rdn. 39. Die Vorschrift des § 60 Nr. 2 ist aber anzuwenden, wenn der Zeuge bei der dem Angeklagten vorgeworfenen Schlägerei nach § 227 StGB, auch auf der Gegenseite, mitgewirkt hat[63]. Unvereidigt muß auch der durch den Unfall verletzte Fahrzeuginsasse bleiben, wenn er dem führerscheinlosen Angeklagten das Kraftfahrzeug, dessen Halter er war, zur Verfügung gestellt hatte (KG VRS **14** 288). Selbst die Strafvereitelung zugunsten des Nebenklägers kann das Vereidigungsverbot begründen (OLG Hamm MDR **1982** 690).

25   **dd) Mitwirkung bei Fahrlässigkeitstaten.** Die Mitwirkung des Zeugen an der Tat des Angeklagten in derselben Richtung setzt kein bewußtes und gewolltes Zusammenwirken voraus (BGH StrVert. **1983** 354). Daher kommt eine Teilnahme im Sinne des § 60 Nr. 2 auch bei Fahrlässigkeitstaten in Betracht[64]. Die Vereidigung des Zeugen wegen Teilnahmeverdachts ist schon dann ausgeschlossen, wenn er durch seine Fahrlässigkeit, mag die Art der Tatbegehung und die Beteiligung auch anders gestaltet sein als bei dem Beschuldigten, zur Herbeiführung desselben rechtswidrigen Erfolges beigetragen hat[65]. Es ist nicht erforderlich, daß sowohl der Angeklagte als auch der Zeuge durch ihre Fahrlässigkeit die Verletzung eines Dritten verursacht haben; das Vereidigungsverbot besteht auch, wenn überhaupt kein unbeteiligter Dritter in Mitleidenschaft gezogen oder wenn der Zeuge selbst verletzt worden ist[66]. Der als Zeuge vernommene Verkehrsteilnehmer muß aber vereidigt werden, wenn er nach dem Ergebnis der Hauptverhandlung an der durch den Zusammenstoß bewirkten Verkehrsbeeinträchtigung offensichtlich oder nachweisbar in keiner Weise schuldhaft beteiligt war[67].

26   **d) Begünstigung, Strafvereitelung.** Das Vereidigungsverbot des § 60 Nr. 2 gilt nicht nur für Zeugen, die an der Tat des Beschuldigten teilgenommen haben, sondern auch für diejenigen, die verdächtig sind, sich nach Beendigung der Tat der Begünstigung (§ 257 StGB) oder der versuchten (OLG Stuttgart MDR **1975** 950) oder vollendeten Strafvereitelung nach § 258 StGB schuldig gemacht zu haben. Die Vortat braucht natürlich nicht erwiesen zu sein; denn die Vernehmung des Zeugen dient ja gerade dem Zweck, sie aufzukären. Es genügt daher auch insoweit, daß Tatverdacht besteht (OLG Celle MDR **1966** 605). Die Vortat muß nicht unbedingt die Tat sein, die dem Beschul-

---

[63] RGSt **17** 121; RGRspr. **9** 234; RG GA **55** (1908) 329; RG DStrZ **1920** 375; KK-*Pelchen* 22; vgl. auch RGSt **9** 380.

[64] BGH NJW **1952** 1103; BGH VRS **10** 141; RGSt **8** 299; RGRspr. **9** 414; RG DJZ **1925** 259; **1926** 596; RG DRiZ **1932** Nr. 219; RG DStR **1938** 323; RG JR Rspr. **1925** Nr. 1476; RG Recht **1906** Nr. 2047; **1928** Nr. 1208; **1929** Nr. 935; BayObLG JW **1931** 1972; GA **74** (1930) 164; KG DJZ **1929** 924; KK-*Pelchen* 23; KMR-*Paulus* 14; *Kleinknecht/Meyer*[37] 18; *Eb. Schmidt* 24; *Fincke* GA **1975** 176; *Schläger* JR **1932** 29.

[65] BGHSt **10** 68; BGH VRS **10** 141; **14** 60; **28** 421; RGSt **64** 377; KG VRS **10** 299; OLG Celle NdsRpfl. **1960** 164 = VRS **19** 52; OLG Hamm JMBlNRW **1974** 20; OLG Hamm

MDR **1982** 690; OLG Köln VRS **5** 622; OLG Stuttgart Justiz **1972** 122; KK-*Pelchen* 23; KMR-*Paulus* 14; *Kleinknecht/Meyer*[37] 18.

[66] BGHSt **10** 66; KG VRS **9** 364; **10** 300; **27** 207; OLG Neustadt DAR **1954** 141 = NJW **1953** 1197; KMR-*Paulus* 14; **a. A** Bay-ObLGSt **1953** 98 = GA **1953** 156; OLG Braunschweig HRR **1939** 1206; OLG Dresden DJZ **1929** 512; HRR **1930** 82; LZ **1930** 1276; OLG Rostock HRR **1930** 1897.

[67] BGHSt **10** 70; BGH bei *Martin* DAR **1958** 99; OLG Hamburg VRS **31** 204; KK-*Pelchen* 23; KMR-*Paulus* 14; mißverständlich, aber im Ergebnis nicht abweichend OLG Celle NdsRpfl. **1960** 164 = VRS **19** 50, wo von „vorwerfbarem" Verhalten die Rede ist.

digten zur Last gelegt wird; auch eine gemeinsame Vortat schließt die Vereidigung aus. Im Verfahren gegen den Hehler darf daher auch der Begünstiger des Diebes nicht vereidigt werden[68]. Eine nach den §§ 257, 258 StGB strafbare Tat steht aber der Vereidigung nicht entgegen, wenn der Zeuge nicht verdächtig ist, bei der Begünstigung oder Strafvereitelung die Tat des Beschuldigten wenigstens in ihrem Unrechtsgehalt gekannt zu haben. Weichen seine Vorstellungen von der Vortat in tatsächlicher oder rechtlicher Hinsicht von der Wirklichkeit völlig ab, so bestehen die Gründe nicht, die das Vereidigungsverbot rechtfertigen[69].

Bei der Strafvereitelung besteht das Vereidigungsverbot nur, wenn der Zeuge ver- **27** dächtig ist, schon **vor der Hauptverhandlung,** in der er vernommen wird, eine nach § 258 StGB strafbare Tat begangen zu haben. Der Zeuge darf daher nicht unvereidigt bleiben, wenn nur der Verdacht besteht, daß er in der Absicht der Strafvereitelung bei seiner gegenwärtigen Vernehmung falsch ausgesagt hat[70]. Das Gesetz will aber die Zwangslage berücksichtigen, in die sich der Zeuge dadurch gebracht hat, daß er bei einer früheren Vernehmung im Vorverfahren, in einem unteren Rechtszug oder in einer früheren Hauptverhandlung falsch ausgesagt hat, um die Bestrafung des Beschuldigten zu vereiteln[71]. Die Vereidigung ist daher unzulässig, wenn der Zeuge verdächtig ist, in einem früheren Zeitpunkt falsch ausgesagt und sich dadurch nach § 258 StGB strafbar gemacht zu haben[72], selbst wenn der Zeuge die Aussage nunmehr richtigstellt[73]. Dabei spielt es keine Rolle, ob seine jetzige Aussage glaubhaft ist[74] oder ob er nunmehr den Angeklagten sogar belastet[75]. Da die Vernehmung innerhalb ein und derselben Hauptverhandlung aber eine Einheit bildet, muß ein Zeuge vereidigt werden, der seine unwahre Aussage noch vor der Entscheidung über die Vereidigungsfrage berichtigt hat[76].

---

[68] BGHSt 6 383 = JZ **1955** 343 mit Anm. *Henkel*; OLG Hamm NJW **1969** 2297; KMR-*Paulus* 19.

[69] BGHSt 4 368; KMR-*Paulus* 19; *Dalcke/Fuhrmann/Schäfer* 7.

[70] BGHSt 1 360 = MDR **1951** 564 mit Anm. *Dallinger*; BGHSt **19** 114; BGH NJW **1952** 1386; BGH VRS **23** 369; BGH bei *Dallinger* MDR **1969** 724; BGH bei *Holtz* MDR **1979** 108; NStZ **1981** 268; **1981** 309; **1982** 430; StrVert. **1982** 342; bei *Pfeiffer/Miebach* NStZ **1983** 354; StrVert. **1983** 1; RGSt 8 407; 11 29; **69** 263; RGRspr. 5 720; RG JW **1936** 1380 L; **1937** 1357; **1938** 41 L; RG LZ **1921** 756; RG Recht **1902** Nr. 932; BayObLGSt **1957** 137 = NJW **1957** 1772; BayObLG JW **1931** 225; KG VRS 6 291; OLG Dresden LZ **1930** 1276; OLG Hamm GA **1973** 211; OLG Koblenz DAR **1973** 273 = VRS **45** 188; OLG Rostock DRiZ **1931** Nr. 870; OLG Saarbrücken OLGSt § 60 S. 8; OLG Stuttgart NJW **1978** 711; KK-*Pelchen* 24; *Kleinknecht/Meyer* [37] 20; KMR-*Paulus* 20; *Eb. Schmidt* 13; *Peters* § 42 III 3 b aa γ; *Roxin* § 26 B III 2 a; *G. Schäfer* § 66 II 1; *Schlüchter* 518.1; *Lenckner* NStZ **1982** 402; *Niethammer* JR **1935** 13;

Theuerkauf MDR **1964** 204; **a. A** RGSt 68 321; OGHSt 1 97; *Eckert* NJW **1963** 846; zweifelnd auch *Seibert* NJW **1963** 143.

[71] BGH bei *Dallinger* MDR **1969** 724; RGSt 69 264.

[72] BGHSt 1 363 = MDR **1951** 564 mit Anm. *Dallinger*; BGH bei *Dallinger* MDR **1970** 383; RGSt 28 111; 68 321; 69 264; RGRspr. 6 214; RG JW **1931** 1597 mit abl. Anm. *Alsberg*; RG JW **1936** 1380 L; BayObLGSt **1953** 151 = MDR **1954** 121 mit Anm. *Mittelbach*; BayObLGSt **1957** 137 = NJW **1957** 1772; OLG Hamm VRS **27** 133; OLG Koblenz VRS **45** 188; KK-*Pelchen* 26; *Kleinknecht/Meyer* [37] 20; KMR-*Paulus* 20; *Eb. Schmidt* 14; *Eckert* NJW **1963** 847; *Seibert* NJW **1963** 142.

[73] BGH bei *Pfeiffer* NStZ **1981** 94; NStZ **1982** 78 = StrVert. **1982** 1; bei *Pfeiffer* NStZ **1982** 118; KK-*Pelchen* 24; *Kleinknecht/Meyer* [37] 20.

[74] OLG Hamm VRS **27** 133; KMR-*Paulus* 20.

[75] BGH bei *Dallinger* MDR **1970** 383; KK-*Pelchen* 24; *Kleinknecht/Meyer* [37] 20; KMR-*Paulus* 20.

[76] RG HRR **1932** 1902; KK-*Pelchen* 26.

Hans Dahs

27a　Eine dem Angeklagten vor der Hauptverhandlung gegebene **Zusage** der **Falsch-aussage** schließt die Vereidigung des Zeugen nicht aus. Die vom BGH im Anschluß an die Rechtsprechung zu § 257 StGB a. F.[77] zunächst vertretene Ansicht, daß bereits die Absprache zwischen Angeklagtem und Zeugen über eine von diesem zu machende Falschaussage eine das Vereidigungsverbot auslösende Strafvereitelung sei[78], ist überwiegend auf Ablehnung gestoßen[79]. In neueren Entscheidungen hat der BGH zu erkennen gegeben, daß an dieser Rechtsprechung nicht festgehalten wird[80]. Die Zusage der Falschaussage vor der Hauptverhandlung kann bei einem Vermögensdelikt aber den Verdacht der Begünstigung und damit ein Vereidigungsverbot begründen[81]. Die Vereidigung ist schließlich nicht deshalb ausgeschlossen, weil der Zeuge sich durch seine Zusage nach §§ 30 Abs. 2, 154 StGB der Verabredung oder des Sichbereiterklärens zum Verbrechen des Meineids strafbar gemacht haben kann. Denn die von § 60 Nr. 2 vorausgesetzte Konfliktlage besteht nicht, da der Zeuge durch die in einer wahrheitsgemäßen Aussage liegende Aufgabe des Vorhabens Straffreiheit nach § 31 Abs. 1 Nr. 2 StGB erlangt[82]. Gerade in diesem Fall kann die Eidespflicht ein geeignetes Mittel zur Erzwingung einer wahrheitsgemäßen Aussage sein.

28　Da die **Selbstbegünstigung** nach § 257 Abs. 1 StGB und die Strafvereitelung zugunsten der eigenen Person nach § 258 Abs. 5 StGB straflos sind, muß ein Zeuge vereidigt werden, der nicht zugunsten des Angeklagten falsch aussagt[83]. Das gleiche gilt nach § 258 Abs. 5 StGB, wenn er zugleich in der Absicht handelt, auch den Beschuldigten der Strafverfolgung zu entziehen.

29　**e) Hehlerei.** Das Vereidigungsverbot besteht nicht nur, wenn der Zeuge verdächtig ist, eine Sache hehlerisch erworben zu haben, die der Angeklagte unmittelbar durch eine gegen fremdes Vermögen gerichtete Tat erlangt hat, sondern auch, wenn der Verdacht besteht, daß er die Sache von demjenigen erworben hat, der sie seinerseits durch Hehlerei an sich gebracht hat. Ferner ist die Vereidigung nach § 60 Nr. 2 unzulässig, wenn der der Hehlerei verdächtige Zeuge in dem Verfahren gegen den zweiten Hehler vernommen werden soll, dem er die gehehlte Sache weiterverkauft hat[84]. Da es genügt, daß die Tat, deren der Zeuge verdächtig ist, mit der dem Beschuldigten zur Last gelegten eine gemeinsame Vortat hat (oben Rdn. 22), ist die Vereidigung des Hehlers auch dann ausgeschlossen, wenn er in dem Verfahren gegen denjenigen vernommen wird, der angeklagt ist, den Vortäter begünstigt zu haben[85]. Hat der Zeuge eine Sache von

[77] BGHSt **19** 114; BGH LM Nr. 5 zu § 60 Nr. 3; BGH bei *Dallinger* MDR **1969** 724; RG JW **1929** 2730 mit Anm. *Heimberger*; RG JW **1936** 2806; OLG Hamm GA **1973** 211; *Eckert* NJW **1963** 847; *Seibert* NJW **1963** 142; vgl. auch RGSt **20** 233; *Kleinknecht/Meyer*[37] 21.

[78] BGH bei *Holtz* MDR **1979** 108; BGH NStZ **1981** 268 = StrVert. **1981** 269; BGH NStZ **1981** 309 = StrVert. **1981** 329; zust. KMR-*Paulus* 20; *G. Schäfer* § 66 II 1.

[79] OLG Bremen NJW **1981** 2711; KG NStZ **1981** 449; OLG Hamburg NJW **1981** 771 = JR **1981** 158 m. Anm. *Rudolphi*; OLG Hamburg StrVert. **1983** 325; KK-*Pelchen* 25; *Dreher/Tröndle*[42] § 258, 6, 14; *Schönke/Schröder/Stree* § 258, 31; *Lenckner* JR **1977** 75; NStZ **1982** 401; *Roxin* § 26 B III 2 a.

[80] BGHSt **31** 10 = NStZ **1982** 330 mit abl.

Anm. *Beulke*; NStZ **1982** 430; StrVert. **1982** 355; bei *Pfeiffer/Miebach* NStZ **1983** 43.

[81] BGHSt **27** 74; BGH bei *Holtz* MDR **1979** 108; BGH NStZ **1981** 268; *Kleinknecht/Meyer*[37] 21; *Strate* StrVert. **1984** 43; krit. *Lenckner* NStZ **1982** 402 ff.

[82] BGHSt **30** 332; KG NStZ **1981** 449; KK-*Pelchen* 25; *Lenckner* NStZ **1982** 403; *Schlüchter* 518.1 Fn 393; *Roxin* § 26 13 III 2 a; a. A OLG Hamburg NJW **1981** 771 = JR **1981** 158 mit Anm. *Rudolphi*.

[83] BGHSt **9** 71; RGSt **57** 417; **63** 235; OLG Koblenz VRS **45** 188; KMR-*Paulus* 21.

[84] RGSt **42** 248; RG LZ **1919** 439; KK-*Pelchen* 29; KMR-*Paulus* 22; *Eb. Schmidt* 24.

[85] RGSt **58** 373; KK-*Pelchen* 29; KMR-*Paulus* 22.

einem Dieb erworben, so muß er aber in dem Verfahren gegen einen anderen Hehler vereidigt werden, der zwar von demselben Dieb Sachen angekauft hat, von denen aber nicht feststeht, daß sie aus demselben Diebstahl stammen wie diejenigen, die der Zeuge erworben hat (RG LZ **1919** 439).

4. Einzelfälle

a) Abbruch der Schwangerschaft. In dem Verfahren gegen die Person, die eine **30** Schwangerschaft abgebrochen hat (§218 StGB), darf die Schwangere nicht vereidigt werden[86].

b) Anstiftung. Versuch der Beteiligung. Unzulässig ist die Vereidigung des Ange- **31** stifteten in dem Verfahren gegen den Anstifter[87]. Das gilt auch, wenn der Anstifter an sich wegen notwendiger Teilnahme straflos wäre[88]. Hatte die Anstiftung keinen Erfolg (§30 StGB), so muß der vergeblich zur Begehung einer Straftat motivierte Zeuge vereidigt werden[89]. Anders ist es, wenn er sich zur Begehung der Straftat bereit erklärt hat (§30 Abs. 2 StGB)[89a] oder wenn der Verdacht besteht, daß die Verleitung erfolgreich gewesen, dies aber nicht nachweisbar ist[90].

c) Begünstigung. Ebensowenig wie der Begünstiger in dem Verfahren gegen den **32** Begünstigten (oben Rdn. 26 ff) darf in dem umgekehrten Fall der Begünstigte vereidigt werden[91]. In dem Verfahren gegen den Begünstiger sind Teilnehmer an der die Untersuchung bildenden Tat ferner die Mittäter und Gehilfen des Begünstigten[92] sowie der Hehler (vgl. oben Rdn. 29). Dagegen entfällt das Vereidigungsverbot, wenn der Zeuge eine von der Wirklichkeit völlig abweichende Vorstellung von der Vortat hatte[92a].

d) Beihilfe. Das Vereidigungsverbot setzt nicht voraus, daß die Beihilfe zur Aus- **33** führung der Haupttat geleistet worden ist; es besteht auch, wenn zu bloßen Vorbereitungshandlungen des Täters Hilfe geleistet worden ist, sofern die Haupttat später mindestens zu einer strafbaren Versuchshandlung geführt hat[93]. Im übrigen ist die Vereidigung unzulässig, wenn der Zeuge zu derselben Tat Beihilfe geleistet hat wie der Angeklagte[94].

e) Bestechung. Vorteilsannahme. Das Vereidigungsverbot des §60 Nr. 2 gilt für **34** den aktiv Bestechenden in dem Verfahren gegen den Bestochenen nach §§331 ff StGB[95]. Das gleiche gilt für den Bestochenen in dem Verfahren gegen den Bestecher (*Kleinknecht/Meyer*[37] 12).

f) Betäubungsmittelvergehen. Am Erwerb von Betäubungsmitteln ist der die Betäu- **34a** bungsmittel Abgebende beteiligt (BayObLG MDR **1983** 778).

---

[86] BGHSt **4** 131; RGSt **57** 157; **72** 219; KMR-*Paulus* 10; *Eb. Schmidt* 24.

[87] BGH bei *Pfeiffer* NStZ **1981** 93; RGSt **70** 390; OLG Köln NJW **1957** 1373; KMR-*Paulus* 10.

[88] BGHSt **9** 72; vgl. aber unten Rdn. 39.

[89] RGSt **44** 172.

[89a] RG JW **1936** 512; RG HRR **1939** 1388.

[90] RGSt **32** 31; **56** 150; RG Recht **1914** Nr. 1030; *Henkel* 214; a. A RG GA **48** (1901) 444 für den Fall des früheren §159 StGB.

[91] BGHSt **1** 360 = **6** 383 = JZ **1955** 343 mit Anm. *Henkel*; RGSt **29** 35; RG GA **47** (1900) 438; OLG Hamm NJW **1954** 1659.

[92] BGHSt **4** 255; RG Recht **1920** Nr. 238 a; *Kleinknecht/Meyer*[37] 12; KK-*Pelchen* 13; *Eb. Schmidt* 24.

[93] BGH bei *Holtz* MDR **1983** 281; RG DR **1941** 995; vgl. auch RGSt **58** 114.

[94] BGHSt **21** 147; KMR-*Paulus* 8; KK-*Pelchen* 10; *Kleinknecht/Meyer*[37] 12.

[95] BGH bei *Dallinger* MDR **1969** 194 = GA **1969** 348; RGSt **17** 120; **64** 298; RGRspr. **8** 34; RG GA **68** 353; RG Recht **1913** Nr. 3211; **1920** Nr. 2728; **1929** Nr. 2535; *Kleinknecht/Meyer*[37] 15; *Eb. Schmidt* 24.

Hans Dahs

35   **g) Brandstiftung.** Hat der Zeuge die Brandstiftung auf Veranlassung eines Versicherungsbetrügers begangen, so darf er in dem Verfahren gegen diesen nicht vereidigt werden[96].

36   **h) Falschaussage.** Unvereidigt bleiben muß im Verfahren wegen falscher Aussage (§§ 153 ff StGB) der Teilnehmer an einer früheren Straftat, über die der Angeklagte als Zeuge unmittelbar[97] oder mittelbar[98] falsch ausgesagt hatte. § 60 Nr. 2 findet hingegen keine Anwendung auf denjenigen, der als Zeuge in demselben Zivilprozeß wie der deswegen Angeklagte einen Meineid geleistet hat (RG JW **1928** 2142) oder der nunmehr als Zeuge über denselben Vorgang aussagt wie der wegen Meineids Angeklagte, aber von der Aussage des Angeklagten abweichende Angaben macht, so daß eine der beiden Aussagen falsch sein muß (RG JW **1930** 927). Zur Mitwirkung beim fahrlässigen Falscheid vgl. RG DJZ **1925** 259; RG Recht **1906** Nr. 2047.

37   **i) Hehlerei.** Ebensowenig wie der Hehler im Verfahren gegen den Dieb (oben Rdn. 29) darf der Dieb in dem Verfahren gegen den Hehler vereidigt werden[99]. Wegen des Begünstigers des Diebes vgl. oben Rdn. 26.

38   **k) Nichtanzeige geplanter Straftaten.** Eine die Vereidigung des Zeugen ausschließende Mitwirkung an der Tat liegt auch darin, daß er es entgegen § 138 StGB unterlassen hat, sie anzuzeigen[100].

39   **l) Notwendige Teilnahme.** Wenn ein gesetzlicher Straftatbestand begrifflich nur dadurch verwirklicht werden kann, daß mehrere Personen beteiligt sind, so sind diejenigen, denen das Gesetz keine Strafe androht, grundsätzlich straflos (vgl. *Dreher/Tröndle*[42] Vor § 25,7). Die durch die Strafvorschrift geschützten Personen können selbst dann nicht bestraft werden, wenn sie zu der Tat angestiftet oder Beihilfe geleistet haben. Das ist insbesondere bei den Straftaten nach §§ 175, 180, 181 a StGB der Fall. Der durch § 175 StGB geschützte Minderjährige (vgl. *Dreher/Tröndle*[42] § 175, 3) muß daher ebenso vereidigt werden wie die nach § 180 StGB verkuppelte Person[101] und der Dritte, der mit ihr sexuelle Handlungen vorgenommen hat[102]. Ferner besteht das Vereidigungsverbot nicht, wenn die Prostituierte im Verfahren gegen den Zuhälter als Zeugin aussagt[103]. Entsprechendes gilt, wenn im Verfahren gegen den Wucherer der Bewucherte

---

[96] RGSt **44** 254; *Eb. Schmidt* 24.

[97] BGHSt **6** 382 = JZ **1955** 343 mit Anm. *Henkel*; *Kleinknecht/Meyer*[37] 10; KMR-*Paulus* 17; *Seibert* NJW **1963** 143.

[98] BayObLGSt **1960** 279 = NJW **1961** 615.

[99] BGHSt **1** 363 = MDR **1951** 564 mit Anm. *Dallinger*; BGHSt **6** 383 = JZ **1955** 343 mit Anm. *Henkel*; RGSt **2** 217; **17** 119; **19** 356; **22** 99; **42** 248; **58** 373; RGRspr. **3** 589; **7** 627; RG LZ **1919** 439; OLG Hamm NJW **1954** 1659; **1969** 2297; KMR-*Paulus* 22; *Kleinknecht/ Meyer*[37] 12; KK-*Pelchen* 29; *Eb. Schmidt* 24; *Seibert* NJW **1963** 143.

[100] BGHSt **6** 384; BGH LM Nr. 2 zu § 68 a; BGH JZ **1976** 35; BGH bei *Dallinger* MDR **1969** 535; RGSt **53** 169 = JW **1919** 386 mit Anm. *Kleinfeller*; KK-*Pelchen* 13; KMR-*Paulus* 13; *Kleinknecht/Meyer*[37] 15; *Eb.*

Schmidt 24; einschränkend RGSt **77** 203; *Dalcke/Fuhrmann/Schäfer* 6; *Rasch* GA **68** (1920) 253.

[101] RG JW **1937** 2386 L; *Dreher/Tröndle*[42] § 180, 25; KK-*Pelchen* 15; KMR-*Paulus* 10; a. A BGHSt **9** 74; **18** 285.

[102] *Schönke/Schröder/Lenckner* § 180, 32; a. A BGH bei *Dallinger* MDR **1968** 895; RG JW **1916** 1347, wo der Dritte sich aber nach der jetzt aufgehobenen Strafvorschrift des § 172 StGB des Ehebruchs schuldig gemacht hatte; vgl. auch *Dreher/Tröndle*[42] § 180, 5.

[103] Vgl. *Dreher/Tröndle*[42] § 181 a, 4; *Schönke/ Schröder/Lenckner* § 181 a, 27; KK-*Pelchen* 15; KMR-*Paulus* 10; a. A für die alte Fassung des § 181 a StGB: BGHSt **18** 285; **19** 107; RGSt **69** 109; offengelassen bei OLG Hamm NJW **1972** 882.

vernommen wird[104]. Maßgeblich ist die zur Tatzeit geltende Fassung des StGB (KK-*Pelchen* 15).

m) Üble Nachrede. Teilnehmer im Sinne des § 60 Nr. 2 ist der Zeuge, von dem **40** der wegen übler Nachrede Angeklagte die Behauptung übernommen hat (BayObLGSt **1957** 240 = NJW **1958** 231), nicht aber in dem umgekehrten Fall der Zeuge, der die ihm von dem Angeklagten zugetragenen ehrenrührigen Tatsachen weiterverbreitet hat (OLG Hamm NJW **1957** 1411).

n) Unterlassene Hilfeleistung. Wer sich als Beifahrer des Unfallverursachers nach **41** § 323 c StGB strafbar gemacht hat, muß als Teilnehmer unvereidigt bleiben[105]. Hatte der Zeuge aber zu den Unfallbeteiligten keine Beziehungen, so muß er vereidigt werden[106].

5. Tat- oder Teilnahmeverdacht. Das Vereidigungsverbot setzt einen Verdacht **42** zur Zeit des Urteilserlasses, nicht der Vernehmung, voraus. Die vor diesem Zeitpunkt getroffene Entscheidung über die Vereidigung hat immer nur vorläufige Bedeutung (vgl. unten Rdn. 53). Die Tatsache, daß der Zeuge nach § 55 belehrt worden ist, beweist daher nicht, daß das Gericht ihn für tat- oder teilnahmeverdächtig gehalten hat (RG Recht **1929** Nr. 1731). Andererseits ist der Zeitpunkt der Vernehmung insoweit maßgebend, als es nicht darauf ankommt, ob der Zeuge früher einmal im Ermittlungsverfahren im Verdacht der Tatbegehung oder -beteiligung gestanden hat[107]. Ohne Bedeutung ist ferner, ob sich nach Urteilserlaß herausstellt, daß der Verdacht zu Unrecht verneint[108] oder zu Unrecht angenommen worden war[109]. Wegen des Nachholens der Vereidigung, wenn der Verdacht bei der Urteilsberatung nicht mehr besteht, vgl. unten Rdn. 53.

Auf das **Maß** des Verdachts kommt es nicht an. Es muß kein hinreichender und **43** erst recht kein dringender Tat- oder Beteiligungsverdacht vorliegen; ein entfernter Verdacht reicht aus[110]. Jedoch muß der Verdacht tatsächlich bestehen; es genügt nicht, daß er nur als möglich erscheint[111]. Der Verdacht der Teilnahme wird nicht dadurch ausgeschlossen, daß der Angeklagte freigesprochen wird[112].

Der Verdacht kann **fortbestehen,** auch wenn das Ermittlungsverfahren gegen den **44** Zeugen eingestellt[113] oder der Zeuge wegen nicht erwiesener Schuld freigesprochen

---

[104] RG HRR **1942** 510; *Dalcke/Fuhrmann/Schäfer* 6.
[105] RG DR **1940** 689; KK-*Pelchen* 13; KMR-*Paulus* 13.
[106] BGH VRS 24 420; KMR-*Paulus* 13.
[107] BGH bei *Dallinger* MDR **1951** 538.
[108] RG JW **1925** 795 mit abl. Anm. *Löwenstein.*
[109] *Eb. Schmidt* 15; *Beling* 303
[110] BGHSt 4 256; 17 134; BGH LM Nr. 2 zu § 68 a; BGH NJW **1952** 1103; BGH JZ **1976** 35; BGH VRS 25 30; BGH bei *Dallinger* MDR **1975** 725; BGH GA **1980** 256; BGH NStZ **1983** 516; BGH NStZ **1985** 183; RGSt 44 385; RG JW **1937** 2706; KG VRS 10 299; 14 289; OLG Celle NdsRpfl. **1960,** 164 = VRS 19 52; MDR **1966** 605; OLG Hamburg

VRS 31 204; OLG Hamm NJW **1969** 2297; JMBlNRW **1974** 20; StrVert. **1984** 105; OLG Köln VRS 5 622; OLG Neustadt NJW **1953** 1198; OLG Saarbrücken OLGSt § 60 S. 7; OLG Stuttgart Justiz **1972** 122; KK-*Pelchen* 30; *Kleinknecht/Meyer* [37] 23; KMR-*Paulus* 24.
[111] BGH NJW **1952** 273; BGH NStZ **1985** 183; RGSt 44 385; 47 297; 59 167; 77 204; RG JW **1925** 795 mit Anm. *Löwenstein*; RG GA 51 (1904) 49; OLG Hamburg LZ **1928** 429; KK-*Pelchen* 30; KMR-*Paulus* 24.
[112] RG Recht **1907** Nr. 3605; **1912** Nr. 2617.
[113] BGH NJW **1955** 1488; BGH GA **1968** 149; RGSt 8 382; 14 26; 77 206; OLG Köln NJW **1957** 1373; KK-*Pelchen* 31; KMR-*Paulus* 24; *Dalcke/Fuhrmann/Schäfer* 8.

Hans Dahs

worden ist[114]. Andererseits steht der Umstand, daß der Zeuge sich selbst der Täterschaft oder Teilnahme bezichtigt oder daß gegen ihn ein Ermittlungsverfahren anhängig ist, der Vereidigung nicht entgegen, wenn das Gericht überzeugt ist, daß ein Verdacht gleichwohl nicht besteht[115].

45   Wenn der Zeuge tat- oder teilnahmeverdächtig ist, darf er unter keinen Umständen vereidigt werden. Es ist insbesondere unzulässig, ihm Gelegenheit zu geben, den Tat- oder Teilnahmeverdacht dadurch **auszuräumen,** daß er unter Eid seine Unschuld bekundet[116].

46   **6. Bereits wegen Tatbeteiligung verurteilte Zeugen.** Wenn der Zeuge bereits wegen der Mitwirkung an der dem Angeklagten vorgeworfenen Tat verurteilt worden ist, braucht das Gericht, das ihn vernimmt, über den Tat- oder Teilnahmeverdacht keinerlei Erwägungen anzustellen. Der Zeuge darf dann nicht vereidigt werden. Das gilt auch dann, wenn das Gericht bei der Verurteilung wegen Meineids von der Milderungsmöglichkeit nach §§ 157 Abs. 1, 158 Abs. 1 StGB Gebrauch gemacht hat. Rechtskräftig muß das Urteil nicht sein; dem Gericht soll die Prüfung des Teilnahmeverdachts stets erspart werden, wenn der Zeuge bereits verurteilt ist[117]. Ob die Strafe im Gnadenweg (RGSt 50 158) oder aufgrund eines Straffreiheitsgesetzes erlassen ist, spielt für die Vereidigungsfrage keine Rolle. Die Verurteilung steht der Vereidigung aber nicht mehr entgegen, wenn sie durch das Rechtsmittelgericht oder im Wiederaufnahmeverfahren aufgehoben worden ist; dann kommt es allein darauf an, ob der Zeuge tat- oder teilnahmeverdächtig ist.

47   **7. Teilvereidigung.** Da die Vereidigung eines Zeugen, auf den die Voraussetzungen des § 60 Nr. 2 zutreffen, schlechthin unzulässig ist (oben Rdn. 12), darf seine Aussage nicht nach der Zeitfolge der ihm bekannten Tatsachen getrennt und die Vereidigung hinsichtlich solcher zeitlich begrenzten Tatsachengrupppen erfolgen, über die mit der Wahrheit zurückzuhalten er keinen Grund hat (RG GA 54 [1907] 81; vgl. auch § 59, 7). Wenn dem Angeklagten jedoch mehrere rechtlich selbständige Taten zur Last gelegt werden, ist § 60 Nr. 2 nicht auf Zeugen anzuwenden, die nur wegen der einen Tat einer Beteiligung verdächtig sind, ihr Zeugnis aber ausschließlich über die anderen ablegen sollen. Wird in einem solchen Fall die Aussage über beide Straffälle erforderlich, so ist der Zeuge über die eine eidlich, über die andere uneidlich zu vernehmen[118], es sei denn, daß zwischen den mehreren verbundenen Sachen ein innerer Zusammenhang be-

---

[114] RGSt **8** 382; RGRspr. **3** 589; **5** 469; **8** 35; RG JW **1925** 998 mit Anm. *Beling*; RG LZ **1932** 967; RG Recht **1903** Nr. 284; OLG Saarbrücken OLGSt § 60 S. 5; OLG Stuttgart MDR **1970** 163; KK-*Pelchen* 31; KMR-*Paulus* 24; *Fraeb* GerS **80** (1913) 123.

[115] RGSt **16** 209; KK-*Pelchen* 31; KMR-*Paulus* 24; *Dalcke/Fuhrmann/Schäfer* 8.

[116] BGH VRS **14** 58; RG Recht **1915** Nr. 154; KG VRS **27** 207; OLG Celle NdsRpfl. **1960** 164 = VRS **19** 50; OLG Hamburg VRS **31** 204; OLG Hamm JMBlNRW **1974** 20; MDR **1953** 55; **1965** 505; OLG Köln VRS **5** 622; KK-*Pelchen* 31; *Kleinknecht/Meyer* [37] 23; KMR-*Paulus* 25; *Eb. Schmidt* Nachtr. I 6; *Dalcke/Fuhrmann/Schäfer* 8.

[117] KK-*Pelchen* 32; KMR-*Paulus* 26; *Kleinknecht/Meyer* [37] 25; **a.** A Lenckner FS Peters, 342 Fußn. 37, der diese einschränkende Auslegung des § 60 Nr. 2 zur Stütze seiner Ansicht benötigt: Mitbeschuldigte könnten auch bei fehlender Verfahrensverbindung keine Zeugen sein; vgl. dazu Vor § 48, 19.

[118] BGHSt **19** 109; BGH NJW **1954** 1655; BGH bei *Dallinger* MDR **1953** 21; BGH bei *Holtz* MDR **1983** 987; RGSt **11** 1; **49** 359; RGRspr. **7** 98; RG GA **54** (1907) 81; RG LZ **1919** 386; **1931** 1335; OLG Düsseldorf JMBlNRW **1962** 36; KK-*Pelchen* § 59, 4; *Kleinknecht/Meyer* [37] 26; KMR-*Paulus* § 59, 13; *Dalcke/Fuhrmann/Schäfer* 5.

---

steht, der die Glaubwürdigkeit des Zeugen auch hinsichtlich der nicht unter § 60 Nr. 2 fallenden Straftat beeinträchtigt[119]. Das ist immer der Fall, wenn die Aussage eine einheitliche Tat im Sinne des § 264 betrifft[120] oder wenn nach der besonderen Sachlage die Bekundungen des Zeugen zu einer Tat sich notwendigerweise auf die anderen miterstrecken (RGSt 49 359).

8. Entscheidung. Über die Vereidigungsfrage wird von Amts wegen entschieden **48** (§ 59, 12). Ob der Verdacht der Tatbeteiligung oder Begünstigung besteht, hat in tatsächlicher Hinsicht allein der Tatrichter nach seinem pflichtgemäßen Ermessen zu entscheiden[121].

Über die Vereidigung entscheidet zunächst der **Vorsitzende**; die Entscheidung **49** des Gerichts ist nur erforderlich, wenn die Vorabentscheidung des Vorsitzenden von einem Verfahrensbeteiligten beanstandet wird oder wenn ein Mitglied des Gerichts eine Beratung verlangt[122]. Näheres bei § 59, 13 ff.

9. Begründung. Wenn das Gericht den Zeugen nicht für tat- oder teilnahmever- **50** dächtig hält, muß es ihn vereidigen, ohne das begründen zu müssen (vgl. § 59, 18). Fehlerhaft ist es nur, wenn das Gericht, sofern der Fall dazu Anlaß gibt, nicht zum Ausdruck bringt, daß es die Vereidigungsfrage überhaupt geprüft hat (vgl. unten Rdn. 58). Das muß jedoch nicht in der Hauptverhandlung geschehen; es genügt, wenn das Urteil dazu Ausführungen enthält (OLG Hamm MDR 1965 505).

Sieht das Gericht nach § 60 Nr. 2 von der Vereidigung ab, so muß es das nach **51** § 64 begründen (vgl. dort Rdn. 2 ff). Dazu reicht der bloße Hinweis auf § 60 Nr. 2 regelmäßig nicht aus. Vielmehr muß erkennbar gemacht werden, welcher Art das Verhältnis des Zeugen zu der dem Angeklagten vorgeworfenen Tat ist[123]. Dazu genügt die Angabe, daß der Zeuge der Tat oder der Beteiligung an ihr[124], der Begünstigung[125], Strafvereitelung oder Hehlerei[126] verdächtig ist. Wenn der Grund der Nichtvereidigung für alle Beteiligten offenkundig ist, etwa weil der Zeuge im ersten Rechtszug rechtskräf-

[119] RG LZ 1919 386; 1931 1335; RG Recht 1930 Nr. 734; OLG Bremen OLGSt S. 17; *Kleinknecht/Meyer* [37] 26.

[120] BGH NJW 1954 1655; BGH GA 1968 149; BGH bei *Dallinger* MDR 1958 141; RGSt 49 359; KK-*Pelchen* § 59, 4; *Kleinknecht/Meyer* [37] 26; KMR-*Paulus* § 59, 13; *G. Schäfer* § 66 II 1; *Seibert* NJW 1963 144.

[121] BGHSt 4 255, 369; 9 72; BGH VRS 4 598; 15 113; 16 211; 25 40; BGH StrVert. 1982 251; 1982 342; BGH NJW 1983 2336; RGSt 44 173, 384; 56 150; 57 187; 59 186; RG JW 1922 35 mit Anm. *Löwenstein*; RG JW 1922 1031 mit Anm. *Mamroth*; RG DR 1940 689; OGHSt 2 100; BayObLGSt 1951 77 = HESt 3 13; BayObLGSt 1953 151 = JR 1954 113 mit Anm. *Sarstedt* = MDR 1954 121 mit Anm. *Mittelbach*; BayObLGSt 1960 281 = NJW 1961 616; OLG Celle VRS 19 51; OLG Hamburg VRS 31 204; OLG Hamm MDR 1953 55; 1965 505; OLG Koblenz VRS 45 188; KK-*Pelchen* 33; *Kleinknecht/Meyer* [37] 27; KMR-*Paulus* 15.

[122] BGHSt 1 216; RGSt 19 354; 44 65; 57 262; 58 372; 69 396; RGRspr. 5 535; RG GA 36 (1888) 324; 40 (1892) 159; RG HRR 1935 475; RG Recht 1929 Nr. 1731; OGHSt 1 208 = SJZ 1949 495 mit Anm. *Auffarth*; OGH Köln NJW 1949 797; OLG Hamburg NJW 1953 434; OLG Hamm JMBlNRW 1949 202; KK-*Pelchen* 33; *Kleinknecht/Meyer* [37] 27; KMR-*Paulus* 15; *Eb. Schmidt* 4; *Dahs sen.* NJW 1950 889; *Lehmann* DJ 1936 1012; vgl. auch § 61, 41.

[123] RGSt 4 324; 24 130; RG JW 1893 290; 1899 474; RG GA 36 (1888) 325; 48 (1901) 444; OLG Köln MDR 1974 861; KK-*Pelchen* 35; *Kleinknecht/Meyer* [37] 28; KMR-*Paulus* 29; *Dahs/Dahs* 211; *Schorn* NJW 1966 1015; *Seibert* NJW 1963 143.

[124] BGHSt 1 177; BGH NJW 1952 273; 1953 232; RGSt 4 324; 12 123; 19 356; 24 130; RGRspr. 5 468; 10 36; RG HRR 1934 1498.

[125] BGH VRS 25 40; BayObLGSt 1951 78 = HESt 3 14; BayObLG JW 1931 225.

[126] RGSt 25 44; OLG Koblenz VRS 45 188.

Hans Dahs

tig als Mittäter verurteilt worden war, kann die Angabe der Teilnahmeform ganz entfallen[127]. Die tatsächlichen Erwägungen, aus denen das Gericht den Zeugen für tat- oder teilnahmeverdächtig hält, brauchen weder in der Beschlußbegründung[128] noch in den Urteilsgründen[129] dargelegt zu werden. Das Fehlen einer näheren Begründung ist jedoch dann von Bedeutung, wenn sich aus der Sachlage ergibt, daß die Entscheidung über die Vereidigung durch Rechtsirrtum beeinflußt sein kann[130], insbesondere wenn die Urteilsfeststellungen darauf hindeuten, daß der Zeuge teilnahmeverdächtig ist[131].

52   Wenn der Zeuge nach § 60 uneidlich vernommen wird, braucht das Gericht **nicht** darauf **einzugehen,** ob auch einer der Gründe des § 61 die Nichtvereidigung rechtfertigt[132]. Das Gericht ist auch nicht verpflichtet, die Verfahrensbeteiligten darüber zu unterrichten, ob es dem Zeugen, der nach § 60 Nr. 2 unvereidigt bleibt, glauben will oder nicht[133].

53   **10. Nachholen der Vereidigung.** Wird über die Nichtvereidigung des Zeugen unmittelbar nach seiner Vernehmung entschieden, so hat das nur vorläufige Bedeutung. Denn maßgebend dafür, ob der Zeuge wegen Tat- oder Teilnahmeverdachts nicht vereidigt werden darf, sind die dem Gericht bei der Urteilsberatung bekannten Tatsachen[134]. Bei der Urteilsberatung muß die Vereidigungsfrage daher stets nochmals geprüft werden[135]. Kommt das Gericht dann zu der Überzeugung, daß entgegen der früheren Ansicht kein Tat- oder Teilnahmeverdacht besteht, so muß die Vereidigung nachgeholt werden, sofern das noch möglich ist[136]. Die Nachholung ist natürlich überflüssig, wenn von der Vereidigung aus anderen Gründen als denen des § 60 Nr. 2 abgesehen werden muß oder kann[137]. Ist die Nachholung nicht möglich, etwa weil der Zeuge inzwischen verstorben oder unauffindbar geworden ist, so muß der Mangel bei der Beweiswürdigung berücksichtigt werden[138].

---

[127] BGH NJW **1953** 232; BGH VRS **22** 147; RGSt **24** 130; RGRspr. **4** 237; RG JW **1925** 998 mit Anm. *Beling*; RG GA **36** (1888) 324; **69** (1925) 182; KK-*Pelchen* 35; *Kleinknecht/Meyer*[37] 28; KMR-*Paulus* 29.

[128] BGH NJW **1952** 273; BGH VRS **11** 50; **25** 40; RGSt **24** 130; **28** 113; **44** 384; RGRspr. **7** 98; **10** 36; RG DJ **1935** 1462; OGHSt **2** 100; BayObLGSt **1951** 78 = HESt **3** 14; Bay ObLG HRR **1930** 84; KG VRS **6** 292; OLG Koblenz VRS **45** 188; KK-*Pelchen* 35; *Kleinknecht/Meyer*[37] 28; *Bendix* Recht **1916** 623; *Schorn* NJW **1966** 1014; *Seibert* NJW **1963** 143.

[129] RG Recht **1913** Nr. 1952; BayObLGSt **1953** 151 = JR **1954** 113 mit Anm. *Sarstedt* =MDR **1954** 121 mit Anm. *Mittelbach*; *Kleinknecht/Meyer*[37] 28.

[130] BGH NJW **1953** 1402; BGH DAR **1956** 190 = VRS **11** 50; BGH VRS **25** 40; BGH GA **1980** 257; BGH NStZ **1985** 183; RGSt **28** 113; RG DJ **1935** 1462; KK-*Pelchen* 40; *Kleinknecht/Meyer*[37] 34; KMR-*Paulus* 33.

[131] RG Recht **1913** Nr. 1952; BGH GA **1980** 257; *Kleinknecht/Meyer*[37] 34.

[132] BGHSt **17** 186; vgl. § 64, 4.

[133] BGH bei *Dallinger* MDR **1951** 275.

[134] BGH NStZ **1981** 110; RGSt **31** 220; **64** 377; OLG Celle VRS **19** 51; OLG Saarbrücken OLGSt § 60 S. 7; KK-*Pelchen* 33; *Kleinknecht/Meyer*[37] 27; KMR-*Paulus* 23; *Peters* § 42 III 3 b aa γ; *Schlüchter* 518 Fn. 394; *Dalcke/Fuhrmann/Schäfer* 8; unklar BGHSt **10** 58 für den Fall der Verfahrenstrennung.

[135] *W. Schmid* FS Maurach 538.

[136] BGHSt **8** 155; BGH bei *Dallinger* MDR **1958** 14; RGSt **31** 220; RG JW **1917** 171; **1922** 1031 mit Anm. *Mamroth*; RG JW **1915** 1266; **1939** 88; RG DJZ **1925** 259; **1926** 596; RG LZ **1932** 967; RG Recht **1903** Nr. 1525; **1920** Nr. 2734; **1926** Nr. 2621; BayObLG JW **1931** 225; OLG Celle MDR **1966** 605; OLG Hamburg LZ **1928** 429; KK-*Pelchen* 33; *Kleinknecht/Meyer*[37] 29; KMR-*Paulus* § 59, 20; *W. Schmid* JZ **1969** 760; *Seibert* NJW **1963** 143.

[137] BGHSt **8** 157; BGH NStZ **1981** 110; KK-*Pelchen* 33; *Kleinknecht/Meyer*[37] 29; *W. Schmid* FS Maurach 541; *Seibert* NJW **1963** 143.

[138] *Kleinknecht/Meyer*[37] 29; *W. Schmid* JZ **1969** 761 und FS Maurach 542.

V. Heilung des Verstoßes gegen § 60

Wenn sich bei der Urteilsberatung ergibt, daß ein Zeuge entgegen dem Verbot **54** des § 60 Nr. 1 oder 2 vereidigt worden ist, muß das Gericht den Verfahrensmangel heilen. Es darf davon nicht deshalb absehen, weil es meint, auf dem Fehler könne das Urteil nicht beruhen. Der Verfahrensverstoß muß in der Weise geheilt werden, daß die Aussage bei der Beweiswürdigung als uneidliche gewertet wird[139]. Das darf jedoch nicht stillschweigend geschehen. Die Verfahrensbeteiligten müssen sich auf die veränderte Beweislage einrichten und gegebenenfalls weitere Beweisanträge stellen können. Das Gericht muß ihnen daher, notfalls nach Wiedereintritt in die Verhandlung, bekanntgeben, daß es die Aussage nur als uneidliche würdigen werde[140]. Es genügt also nicht, daß das Gericht in dem Urteil ausführt, es hätte dem Zeugen auch ohne Eid geglaubt[141]. Die Unterrichtung der Verfahrensbeteiligten ist in der Sitzungsniederschrift zu vermerken[142].

VI. Revision

1. Allgemeines. Ist der Zeuge auf Anordnung des Vorsitzenden vereidigt worden **55** (oben Rdn. 49), so kann mit der Revision die Verletzung des § 60 auch dann gerügt werden, wenn der Beschwerdeführer in der Hauptverhandlung nicht die Entscheidung des Gerichts herbeigeführt hat. Denn der Rechtsfehler liegt nicht nur in der unzulässigen Vereidigung, sondern vor allem darin, daß das Gericht die Aussage bei der Beweiswürdigung als eidliche gewertet hat, obwohl der Zeuge nicht hätte vereidigt werden dürfen[143]. In dem umgekehrten Fall, daß der Zeuge auf Anordnung des Vorsitzenden unvereidigt geblieben ist, kann jedoch der Beschwerdeführer, der die Entscheidung des Gerichts nicht beantragt hat, mit der Revision nicht das fehlerhafte Unterlassen der Vereidigung rügen[144]. Hat der Angeklagte den Antrag auf Entscheidung des Gerichts gestellt, ist sie aber unterblieben und der Zeuge vereidigt worden, so muß die Revision nicht die Fehlerhaftigkeit der Vereidigung rügen, sondern das Unterlassen des Gerichtsbeschlusses (§ 338 Nr. 8)[145].

[139] BGHSt 4 130; BGH NJW **1952** 1103, 1146; BGH bei *Dallinger* MDR **1970** 383; **1975** 725; BGH bei *Holtz* MDR **1979** 108; BGH NStZ **1981** 309; RGSt 6 155; 36 310; 56 94; 72 219; RGRspr. 5 122; 6 370; 7 89; RG JW **1891** 323; **1892** 141; **1925** 795 mit Anm. *Löwenstein*; RG JW **1927** 391 mit Anm. *Stern*; RG JW **1931** 1599 mit Anm. *Alsberg*; RG JW **1933** 2838; **1939** 88; RG Recht **1919** Nr. 842; **1920** Nr. 2733; **1921** Nr. 2288; OLG Braunschweig NJW **1957** 513; OLG Düsseldorf HESt 3 74 = SJZ **1950** 59 mit Anm. *Niethammer*; KK-*Pelchen* 34; *Kleinknecht/Meyer*[37] 30; KMR-*Paulus* § 59, 21; *Dalcke/Fuhrmann/Schäfer* 8; *W. Schmid* FS Maurach 542; kritisch dazu *Sarstedt/Hamm* 238.

[140] BGHSt 4 130; BGH NJW **1954** 1656; BGH bei *Dallinger* MDR **1975** 725; RGSt 72 219; BGH bei *Pfeiffer* NStZ **1981** 94; **1981** 309; OLG Schleswig bei *Ernesti/Lorenzen* SchlHA **1983** 109; OLG Bremen StrVert. **1984** 369; RG JW **1892** 141; KK-*Pelchen* 34; *Kleinknecht/Meyer*[37] 30; KMR-*Paulus* § 59, 21;

Eb. Schmidt 9; *Sarstedt/Hamm* 238; *Dahs/Dahs* 210; *Schlüchter* 519; *Seibert* NJW **1963** 143; vgl. aber auch RG JW **1927** 391 mit Anm. *Stern*.

[141] BGH NJW **1954** 1655; *Seibert* NJW **1963** 143.

[142] BGHSt 4 130; RGSt 72 219; KK-*Pelchen* 44; *Kleinknecht/Meyer*[37] 30; *W. Schmid* JZ **1969** 758 und FS Maurach 547.

[143] BGHSt 20 99; BGH GA **1962** 370; **1969** 348; BGH bei *Dallinger* MDR **1958** 14; BGH bei *Seibert* NJW **1963** 144; OLG Braunschweig NJW **1957** 513; OLG Köln NJW **1957** 1373; OLG Schleswig OLGSt § 61 S. 3; KK-*Pelchen* 38; *Kleinknecht/Meyer*[37] 31; *Schlüchter* 519; *Dalcke/Fuhrmann/Schäfer* 1; *Strate* StrVert. **1984** 45; a. A *Eb. Schmidt* Nachtr. I 1.

[144] OLG Koblenz VRS **42** 30; OLG Hamburg MDR **1979** 74; KK-*Pelchen* 37; *Kleinknecht/Meyer*[37] 31.

[145] RG GA 40 (1892) 158; OLG Hamburg NJW **1953** 434.

Hans Dahs

55a   Hat das Gericht die Aussage des unzulässig vereidigten Zeugen im Urteil als uneidlich gewertet, so kann die Rüge der Verletzung des § 60 nur Erfolg haben, wenn die erforderliche **Unterrichtung der Prozeßbeteiligten** (Rdn. 54) unterblieben ist. Das muß mit der Revision ausdrücklich behauptet werden[146].

56   **2. Verstoß gegen § 60 Nr. 1 Unterfall 1.** Ist ein Eidesunmündiger vereidigt worden, so begründet das auch dann die Revision, wenn das Gericht sich über das Alter des Zeugen geirrt hat[147].

57   **3. Verstoß gegen § 60 Nr. 1 Unterfall 2.** Ein Revisionsgrund kann darin liegen, daß das Gericht die Voraussetzungen des § 60 Nr. 1 nicht geprüft hat, obwohl dazu nach der Sachlage Anlaß bestand[148]. Ob das Gericht diese Umstände gekannt hat, spielt keine Rolle (BGHSt **22** 266). Hat das Gericht die Frage erörtert, so kann das Revisionsgericht das aber nur auf Rechtsfehler prüfen[149]. Eine Begründung, die nicht klar erkennen läßt, ob der Zeuge wegen Verstandesunreife oder wegen Verstandesschwäche unvereidigt geblieben ist, führt nur zur Aufhebung des Urteils, wenn die Sachlage einen Anhalt dafür bietet, daß der Tatrichter irrig ein auf anderen Gründen beruhendes Fehlen der genügenden Vorstellung vom Wesen und der Bedeutung des Eides für ausreichend gehalten hat, um die Nichtvereidigung zu rechtfertigen[150].

4. Verstoß gegen § 60 Nr. 2

58   **a) Unterlassene Prüfung.** Ergibt das Urteil tatsächliche Anhaltspunkte dafür, daß gegen den Zeugen ein Tat- oder Teilnahmeverdacht bestehen könnte, so ist es rechtsfehlerhaft, wenn das Gericht die Frage nicht geprüft oder sie rechtsfehlerhaft beantwortet hat. Hierauf kann die Revision gestützt werden[151].

59   **b) Unzulässige Nichtvereidigung.** Die Ermessensentscheidung des Tatrichters, ob Tat- oder Teilnahmeverdacht besteht, kann nur daraufhin überprüft werden, ob sie auf Rechtsfehlern beruht, insbesondere ob die Rechtsbegriffe der Beteiligung und des Verdachts verkannt worden sind[152]. Das kann sich aus dem Urteil ergeben, dessen Gründe zu dem die Nichtvereidigung begründenden Beschluß nicht in Widerspruch stehen dür-

[146] *W. Schmid* FS Maurach 547; vgl. auch RG JW **1933** 2838.
[147] RGSt **20** 163; KK-*Pelchen* 39; *Kleinknecht/Meyer*[37] 32; KMR-*Paulus* 33; *Schlüchter* 519; *Eb. Schmidt* Nachtr. I 3 a; vgl. auch BGHSt **20** 98.
[148] BGHSt **22** 266; OLG Hamm GA **1969** 316; *Kleinknecht/Meyer*[37] 33; KMR-*Paulus* 33.
[149] BGHSt **22** 267; RGSt **26** 99; BGH GA **1980** 257; StrVert. **1982** 251 f; **1982** 342; RG HRR **1934** 225; KK-*Pelchen* 39; *Kleinknecht/Meyer*[37] 21; *Alsberg/Nüse/Meyer* 158 ff; *Dahs/Dahs* 211; *Schlüchter* Rdn. 520.
[150] RGSt **53** 136; RG LZ **1916** 469; KK-*Pelchen* 7.
[151] BGHSt **4** 255; **21** 148; BGH NJW **1952** 1103; BGH VRS **15** 113; BGH GA **1980** 256; bei *Holtz* MDR **1983** 281; NStZ **1985** 183; OGHSt **2** 153; OLG Celle VRS **19** 51; OLG Hamburg VRS **31** 203; OLG Hamm NJW **1969** 2297; StrVert. **1984** 105; KK-*Pelchen*

40; *Kleinknecht/Meyer*[37] 34; KMR-*Paulus* 33; *Dahs/Dahs* 211.
[152] BGHSt **4** 255, 369; **9** 72; **21** 148; BGH NJW **1952** 273; BGH VRS **15** 112; BGH GA **1980** 256; StrVert. **1982** 251; **1982** 342; **1983** 138; NJW **1983** 2336; RGSt **57** 187; **59** 168; RG JW **1922** 35 mit Anm. *Löwenstein*; RG DJ **1935** 1462; RG DR **1940** 689; OGHSt **2** 100, 156; BayObLGSt **1951** 77 = HESt **3** 13; BayObLGSt **1953** 151 = JR **1954** 113 mit Anm. *Sarstedt* = MDR **1954** 121 mit Anm. *Mittelbach*; KG VRS **10** 299; **31** 274; OLG Celle NdsRpfl. **1960** 164 = VRS **19** 50; OLG Dresden JW **1929** 1808 mit Anm. *Honig*; OLG Hamburg VRS **31** 204; OLG Hamm MDR **1953** 55; NJW **1969** 2297; OLG Koblenz VRS **45** 188; OLG Saarbrücken OLGSt § 60 S. 5; KK-*Pelchen* 40; *Kleinknecht/Meyer*[37] 34; KMR-*Paulus* 33; *Alsberg/Nüse/Meyer* 158 ff; *Dahs/Dahs* 211; **a. A** *Eb. Schmidt* § 337, 11 ff.

fen[153]. Das Urteil beruht auf dem Verstoß, wenn das Gericht die Aussage bei der Beweiswürdigung berücksichtigt hat (BGHSt 8 158).

c) **Unzulässige Vereidigung.** Ist die Aussage nicht nur als uneidliche gewertet worden (vgl. oben Rdn. 54), so führt der Verfahrensfehler zur Aufhebung des Urteils, wenn es darauf beruht[154]. Regelmäßig ist die Möglichkeit nicht auszuschließen, daß das Gericht der Aussage des Zeugen um der Vereidigung willen größere Glaubhaftigkeit beigemessen hat, als es sonst getan hätte[155]. Auch die unterlassene Unterrichtung der Prozeßbeteiligten darüber, daß die Aussage als uneidliche gewürdigt wird (oben Rdn. 54), wird regelmäßig, aber nicht immer, zur Urteilsaufhebung führen müssen[156]. Eine Mitteilung, welche Anträge er bei rechtzeitigem Hinweis noch gestellt hätte, wird vom Beschwerdeführer nicht verlangt[157]. Ein Verstoß gegen das Vereidigungsverbot ist bei einer Bestrafung des Zeugen wegen Meineids strafmildernd zu berücksichtigen[158].

d) **Mangelhafte Begründung.** Vgl. § 64, 7.

60

61

§ 61

Von der Vereidigung kann nach dem Ermessen des Gerichts abgesehen werden
1. bei Personen, die zur Zeit der Vernehmung das sechzehnte, aber noch nicht das achtzehnte Lebensjahr vollendet haben;
2. beim Verletzten sowie bei Personen, die im Sinne des § 52 Abs. 1 Angehörige des Verletzten oder des Beschuldigten sind;
3. wenn das Gericht der Aussage keine wesentliche Bedeutung beimißt und nach seiner Überzeugung auch unter Eid keine wesentliche Aussage zu erwarten ist;
4. bei Personen, die wegen Meineids (§§ 154, 155 des Strafgesetzbuches) verurteilt worden sind;
5. wenn die Staatsanwaltschaft, der Verteidiger und der Angeklagte auf die Vereidigung verzichten.

Schrifttum. *Bauer* Zum Begriff des Verletzten in der StPO, JZ 1953 298; *Dahs sen.* Die Vereidigung der Zeugen im Strafprozeß. Zur Anwendung des § 61 Ziff. 3 StPO, NJW 1950 887; *Dahs* Zum Persönlichkeitsschutz des „Verletzten" als Zeuge im Strafprozeß, NJW 1984 192 f; *Eckert* Vereidigung eines in der Hauptverhandlung offensichtlich falsch aussagenden Zeugen? NJW 1963 846; *Hamm* Wert und Möglichkeit der „Früherkennung" richterlicher Beweiswürdigung durch den Strafverteidiger, FS Peters II S. 169; *Kelz* Die Einschränkung der Eide im Strafverfahren, JW 1934 129; *Kohlhaas* Zur Beeidigung Meineidiger, NJW 1970 649; *Lehmann* Der Eid im Strafprozeß, DJ 1933 872; *Lehmann* Das Ermessen des Strafrichters beim Absehen von der Vereidigung, DJ 1936 1008; *Niethammer* Das unbeeidigte Zeugnis, JR 1935 13; *W. Schmid* Zur Korrektur von Vereidigungsfehlern im Strafprozeß, FS Maurach 535; *Schorn* Vereidigung und Nichtvereidigung der Zeugen im Strafprozeß, NJW 1966 1014; *Strate* Der Verzicht auf die Vereidigung – eine schäd-

---

[153] RG JW 1922 1031 mit Anm. *Mamroth*; RG JW 1939 88; BayObLG JW 1931 225.

[154] BGHSt 4 130; BGH NJW 1952 1103, 1146; RGSt 6 155; 28 111; 31 221; 36 310; 44 256; 72 219; RGRspr. 6 370; 7 89; OGHSt 2 156; *Kleinknecht/Meyer*[37] 34.

[155] BGHSt 4 257; RGSt 6 155; 56 94; 72 219; OLG Hamm VRS 27 133; KK-*Pelchen* 42; *Kleinknecht/Meyer*[37] 34; *Eb. Schmidt* 9; *Strate* StrVert. 1984 44.

[156] BGHSt 4 132; BGH bei *Dallinger* MDR 1975 725; BGH bei *Pfeiffer* NStZ 1981 94;

BGH StrVert. 1981 329; OLG Hamm VRS 27 133; OLG Bremen StrVert. 1984 369; vgl. auch RGSt 72 219; KK-*Pelchen* 42; *Kleinknecht/Meyer*[37] 34; *Sarstedt/Hamm* 238; *Strate* StrVert. 1984 44.

[157] BGH bei *Pfeiffer* NStZ 1981 94; BGH StrVert. 1981 329.

[158] BGHSt 8 187; 23 30; 27 75; BGH JR 1977 74 mit Anm. *Lenckner*; 1981 248; BGH StrVert. 1981 269; 1982 521; OLG Hamm MDR 1977 1034; OLG Stuttgart NJW 1978 710; *Dreher/Tröndle*[42] § 154, 27.

Hans Dahs

liche Unsitte! StrVert. **1984** 42; *Theuerkauf* Darf der in der Hauptverhandlung offensichtlich falsch aussagende Zeuge unvereidigt bleiben? MDR **1964** 204.

Entstehungsgeschichte. Die Möglichkeit, von der Vereidigung eines Zeugen aus Ermessensgründen abzusehen, war ursprünglich in § 57 Abs. 1 (nach der Bek. von 1924: § 58 Abs. 1) nur für Angehörige des Beschuldigten vorgesehen. Der diese Möglichkeit erheblich erweiternde § 61 wurde eingefügt durch Art. I des Gesetzes zur Einschränkung der Eide im Strafverfahren vom 24. 11. 1933 (RGBl. I 1008); der frühere § 61 wurde als § 59 neu gefaßt. In seiner ersten Fassung erlaubte § 61 das Absehen von der Vereidigung aus den Gründen der jetzigen Nummern 1, 2, 3 und 5 sowie für den Fall, daß der Zeuge Auskunft auf Fragen gibt, die ihm oder seinen Angehörigen die Gefahr strafgerichtlicher Verfolgung zuziehen oder zur Unehre gereichen konnten. Nummer 5 (jetzt Nummer 3) lautete ursprünglich: „wenn alle Mitglieder des Gerichts die Aussage für unerheblich oder für offenbar unglaubhaft halten, und wenn nach ihrer Überzeugung auch unter Eid eine erhebliche oder eine wahre Aussage nicht zu erwarten ist". Nummer 6 entsprach wörtlich der Nummer 5 der geltenden Fassung. Durch Art. 4 Nr. 3 der Verordnung zur Durchführung der Verordnung zur Angleichung des Strafrechts des Altreichs und der Alpen- und Donau-Reichsgaue vom 29. 5. 1943 (RGBl. I 341) wurde § 61 aufgehoben; die gleichzeitige Umgestaltung des § 59 zu einer Ermessensvorschrift machte ihn überflüssig. Art. 3 Nr. 22 VereinhG fügte die Vorschrift in eingeschränktem Umfang wieder ein: Nummer 1 blieb unverändert, Nummer 2 faßte die früheren Nummern 2 und 3 zusammen, Nummer 5 wurde als Nummer 3 neu gefaßt, die übrigen Nummern entfielen. Durch Art. 9 Nr. 2 des 1. StrRG wurde Nummer 4, durch Art. 21 Nr. 7 EGStGB die Klammerverweisung in Nummer 4 und durch Art. 1 Nr. 14 des 1. StVRG die Nummer 5, die mit Nummer 6 der Fassung von 1933 wörtlich übereinstimmt, eingefügt.

I. Allgemeines

Die Vorschrift sieht für bestimmte Fälle eine Ausnahme von dem Vereidigungsgebot des §59 vor. Sie war im Jahre 1933 vor allem deshalb eingefügt worden, weil der Mißstand behoben werden sollte, daß das Gericht einen Zeugen trotz der klaren Erkenntnis von seiner Verstrickung in offenbare Unwahrheiten vereidigen mußte (vgl. RGSt 68 311); ferner sollte durch die den Verfahrensbeteiligten eröffnete Möglichkeit, auf die Vereidigung des Zeugen zu verzichten, dem Übermaß der Eide entgegengewirkt werden. Diese Zwecke der Vorschrift bestehen nach wie vor und sind daher bei der nach §61 zu treffenden Ermessensentscheidung im Auge zu behalten. Zu beachten ist, daß Voreingenommenheit und Unglaubwürdigkeit des Zeugen nicht die einzigen Gründe sind, die das Absehen von der Vereidigung rechtfertigen. Auch die Jugend des Zeugen, die Geringfügigkeit der Tat, die Bedeutung der Aussage für das Urteil, die Gefahr, daß der Zeuge einer Meineidsanzeige ausgesetzt wird, können berücksichtigt werden (vgl. KK-*Pelchen* 1). Zu einer einschränkenden Auslegung des §61 besteht kein Grund; denn nach §153 StGB ist auch die uneidliche Falschaussage vor Gericht strafbar. Die Neigung des Reichsgerichts, die Anwendung des §61 in Grenzen zu halten, erklärt sich daraus, daß bis zu der Einfügung des §153 StGB im Jahre 1943 nur der Meineid mit Strafe bedroht war. Der Eid darf aber nach wie vor zur Herbeiführung einer wahrheitsgemäßen Aussage benutzt werden; das ergibt sich insbesondere aus §61 Nr. 3 und aus §62. Sagt ein Zeuge offensichtlich falsch aus, so muß das daher nicht stets ein Grund sein, von seiner Vereidigung abzusehen. **1**

Wird nach §61 Nr. 1 bis 4 von der Vereidigung des Zeugen abgesehen, so hat das keinen unmittelbaren Einfluß auf die **Beweiswürdigung**. Das Gericht ist nicht gehindert, den unvereidigt gebliebenen Zeugen als voll glaubwürdig anzusehen[1]. Bei Nummer 5 ist die volle Glaubwürdigkeit des Zeugen sogar ein zulässiger Grund für die Nichtvereidigung (unten Rdn. 39). **2**

II. Jugendliche zwischen 16 und 18 Jahren (Nummer 1)

1. Allgemeines. Jugendliche, die zur Zeit ihrer Vernehmung das 16. Lebensjahr noch nicht vollendet haben, dürfen nach §60 Nr. 1 nicht vereidigt werden. Dasselbe gilt für alle anderen Zeugen, die wegen mangelnder Verstandesreife oder wegen Verstandesschwäche vom Wesen und der Bedeutung des Eides keine genügende Vorstellung haben. §61 Nr. 1 gibt dem Richter darüber hinaus die Möglichkeit, auf den Stand der geistigen Entwicklung und der sittlichen Reife eines noch nicht 18 Jahre alten Zeugen Rücksicht zu nehmen, der nicht schon nach §60 Nr. 1 eidesunmündig ist. Steht der Zeuge in dieser Entwicklung und Reife noch einem Jugendlichen unter 16 Jahren gleich, so darf von seiner Vereidigung abgesehen werden[2]. Zur Berechnung des Lebensalters und zum maßgebenden Zeitpunkt vgl. §60, 3 ff. **3**

2. Ermessensentscheidung. Die Entscheidung des Gerichts, ob der Jugendliche uneidlich oder eidlich vernommen werden soll, hängt davon ab, ob dem Zeugen nach seiner geistigen und sittlichen Reife die Bedeutung des Eides hinreichend bewußt ist (RGSt 70 23). Wenn das der Fall ist, wird in aller Regel zu vereidigen sein (**a.A** KK-*Pelchen* 5). Auf die Glaubwürdigkeit des Zeugen kommt es dabei nicht entscheidend an[3]. **4**

---

[1] BGHSt 1 175 = JZ **1951** 650 mit Anm. *Niethammer*; BGHSt 3 230; BGH NJW **1952** 192; RGSt 68 312; RG DRiZ **1935** Nr. 679; OLG Hamburg JR **1955** 433 mit Anm. *Sarstedt*; *Kleinknecht/Meyer*[37] 1; KMR-*Paulus* 2.

[2] KK-*Pelchen* 3; *Lehmann* DJ **1936** 1010.

[3] BGHSt 3 231; RGSt 70 24; KMR-*Paulus* 4; *Kleinknecht/Meyer*[37] 2; *Eb. Schmidt* 3; *Dalcke/Fuhrmann/Schäfer* 2.

Hans Dahs

Denn die Unglaubwürdigkeit eines Zeugen kann zwar eine Folge der Mängel seiner geistigen und sittlichen Entwicklung sein, kann aber auch andere Gründe haben[4]. Ob sie auf fehlende Eidesreife oder auf andere Gründe zurückzuführen ist, hat das Gericht nach pflichtgemäßem Ermessen zu beurteilen[5]. Andererseits zwingt das Fehlen der Eidesreife nicht zu der Annahme, daß die Aussage unglaubhaft ist. Diese Annahme liegt nicht einmal nahe, weil der Wille und die Fähigkeit, die Wahrheit zu sagen, eine weit geringere geistige und sittliche Reife voraussetzen als die Fähigkeit, eine Aussage verantwortungsbewußt zu beschwören[6]. Bestehen Zweifel daran, ob der Zeuge geistig und sittlich reif genug ist, die Bedeutung des Eides zu erkennen, so kann er unvereidigt bleiben (*Eb. Schmidt* 3).

5   **3. Begründung.** Zur Begründung für das Absehen von der Vereidigung genügt die Angabe, daß sie mit Rücksicht auf das Alter des Zeugen oder daß sie nach § 61 Nr. 1 unterblieben ist. Gründe für die Ermessensentscheidung brauchen nicht angegeben zu werden[7].

III. Verletzte (Nummer 2 Unterfall 1)

6   **1. Allgemeines.** Die Vorschrift läßt eine Ausnahme vom Eideszwang vor allem mit Rücksicht auf die Voreingenommenheit gegenüber dem Beschuldigten zu, die den Verletzten und seine Angehörigen erfahrungsgemäß in vielen Fällen beherrscht[8].

2. Verletzter

7   **a) Begriff.** Die Strafprozeßordnung knüpft an mehreren Stellen (§ 22 Nr. 1, §§ 172, 374, 403) Rechtsfolgen daran, daß jemand durch die Straftat verletzt ist[9]. Der Begriff Verletzter muß aber nicht überall gleich ausgelegt werden[10]. Nach der Rechtsprechung des Reichsgerichts war als Verletzter im Sinne des § 61 Nr. 2 nur anzusehen, wer, wie bei § 22 Nr. 1, durch die Straftat unmittelbar in seinen Rechten beeinträchtigt ist. Das setzte voraus, daß die Strafvorschrift, gegen die der Beschuldigte verstoßen haben soll, unmittelbar dem Schutz des Zeugen dient. Nicht verletzt war der Zeuge, in dessen Rechtssphäre durch die Straftat nur mittelbar eingegriffen worden ist[11]. Diese einschränkende Auslegung des § 61 Nr. 2 hat durch die Strafandrohung des § 153 StGB für die uneidliche Falschaussage ihre Berechtigung verloren (oben Rdn. 1).

8   Der **Bundesgerichtshof** nimmt mit Recht an, daß der Verletztenbegriff in § 61 Nr. 2 schon deshalb nicht derselbe sein kann wie in § 22 Nr. 1 und in § 172, weil es für die Frage der Vereidigung in erster Hinsicht auf die Gefahr der Voreingenommenheit ankommt, die auch dort bestehen kann, wo nur mittelbar in Rechte eingegriffen worden

---

[4] BGHSt **3** 230; RGSt **70** 24; KK-*Pelchen* 4; *Kleinknecht/Meyer*[37] 2; KMR-*Paulus* 4.
[5] KMR-*Paulus* 4; KK-*Pelchen* 4.
[6] BGHSt **3** 230; KMR-*Paulus* 4.
[7] BGHSt **3** 230; KK-*Pelchen* 6; KMR-*Paulus* 24; *Eb. Schmidt* § 60, 7, § 61, 4; **a. A** RGSt **70** 25; *Henkel* 215 Fußn. 9, die Angaben darüber verlangen, daß von der Vereidigung wegen der unzureichenden Entwicklung des Jugendlichen abgesehen worden ist.
[8] BGHSt **1** 180; **4** 203; **5** 87 = JZ **1954** 357 mit Anm. *Bauer*; BGHSt **10** 372; **17** 250 = JZ

1963 34 mit Anm. *Bauer*; RGSt **68** 311; **69** 127; OLG Köln NJW **1958** 561; KK-*Pelchen* 7; KMR-*Paulus* 6; *Peters* § 42 III 3 b bb β.
[9] Zum Verletzten-Begriff *Rieß* Verh. des 55. DJT Bd. I Teil C Rdn. 10 FN 27; Rdn. 86 FN 267 mit Nachw.; *Dahs* NJW **1984** 1921.
[10] Vgl. allgemein *Bauer* JZ **1953** 298; LR-*Wendisch* Vor § 374, 1 ff.
[11] RGSt **69** 107, 127; RG JW **1935** 2379; **1937** 175 L; RG HRR **1938** 636; ebenso OLG Braunschweig NJW **1952** 158; *Dalcke/Fuhrmann/Schäfer* 3.

ist[12]. Demgemäß ist Verletzter im Sinne des §61 Nr. 2 jeder, der durch die Straftat auch nur mittelbar in seinen durch §823 BGB geschützten Rechtsgütern[13] beeinträchtigt ist. Dabei genügt sogar die Rechtsgefährdung durch eine Gefährdungstat (BGHSt 10 372). Immer muß sich aber die Aussage des Zeugen auf diejenige Tat beziehen, durch die er verletzt worden ist; die Verletzung durch eine andere Straftat rechtfertigt die Anwendung des §61 Nr. 2 nicht[14].

9 Maßgebend ist im Vorverfahren der im **Zeitpunkt** der Vernehmung bestehende Tatverdacht, im Hauptverfahren der Inhalt der zugelassenen Anklage. Ergibt sich in der Hauptverhandlung ein anderer oder ein weiterer Tatverdacht, so kommt es auf diesen an (*Kleinknecht/Meyer*[37] 5). Der Verdacht reicht immer aus; daß die Tat schon in dem Zeitpunkt nachgewiesen ist, in dem über die Vereidigung entschieden wird, ist nicht erforderlich (RG JW **1936** 1132).

10 b) **Einzelfälle.** Verletzt im Sinne des §61 Nr. 2 ist immer derjenige, der nach §22 Nr. 1 und nach den §§172, 374, 403 die Stellung eines Verletzten innehat. Unmittelbar verletzt in diesem Sinne sind u. a. der Jugendliche in den Fällen der §§174, 175 StGB sowie des §180 StGB[15]; die vom Zuhälter ausgebeutete Prostituierte[16]; der durch einen Verkehrsteilnehmer an Gesundheit oder Eigentum unmittelbar Gefährdete[17]; der Beamte im Fall des §113 StGB[18].

11 **Mittelbar verletzt** ist der Gesellschafter einer GmbH im Untreueverfahren gegen deren Geschäftsführer[19]; der Gläubiger bei Schädigung der Konkursmasse[20]; der durch ein Eidesdelikt Benachteiligte[21], auch wenn er nur mittelbar in Mitleidenschaft gezogen worden ist (OLG Schleswig OLGSt §61 S. 1); der bei einer Schlägerei Verletzte, auch wenn die Anklage wegen Körperverletzung eines anderen Opfers erhoben wurde[22]; der getäuschte Vertreter einer geschädigten Firma[23]; wer durch ein Vermögensdelikt zwar nicht in seinem Vermögen geschädigt, aber als gutgläubiges Werkzeug zu kriminellen Zwecken mißbraucht und daher in den Verdacht der Teilnahme gebracht worden ist[24].

12 **Nicht,** auch nicht mittelbar, **verletzt** ist der Landrat eines Kreises dessen Sparkasse geschädigt wurde; ein Postbeamter bei einer Straftat zum Nachteil der Deutschen

---

[12] BGHSt 4 202; 5 87 = JZ 1954 357 mit Anm. *Bauer*; BGHSt 17 248 = JZ 1963 34 mit Anm. *Bauer*; ebenso OLG Celle NJW 1962 503; KK-*Pelchen* 8; *Kleinknecht/Meyer*[37] 5; KMR-*Paulus* 6; *Eb. Schmidt* 5 und Nachtr. I 1; *Bauer* JZ 1953 298.

[13] Vgl. BGHSt 17 251 = JZ 1963 34 mit Anm. *Bauer*; OLG Celle NJW 1965 1679; KK-*Pelchen* 8; *Kleinknecht/Meyer*[37] 5; KMR-*Paulus* 6; *Gössel* §25 E IV b; *Roxin* §26 B III 2 b; *G. Schäfer* §66 II 2; *Schlüchter* 521.

[14] BGHSt 17 249 = JZ 1963 34 mit Anm. *Bauer*; BGH VRS 27 33; RG HRR 1937 359; KK-*Pelchen* 8; *Eb. Schmidt* Nachtr. I 1.

[15] KK-*Pelchen* 9; *Kleinknecht/Meyer*[37] 6; *Dreher/Tröndle*[42] §180, 2; *Lackner* §180, 2; *Horstkotte* JZ 1974 86; a. A KMR-*Paulus* 8 und für das frühere Recht: BGHSt 9 74; 18 284.

[16] BayObLGSt 1974 41 = NJW 1974 1574; KK-*Pelchen* 9; *Kleinknecht/Meyer*[37] 6; a. A

KMR-*Paulus* 8 und für das frühere Recht: BGHSt 9 71; 18 284; RGSt 69 107; OLG Köln NJW 1957 960.

[17] OLG Hamm VRS 6 212; OLG Neustadt JZ 1953 311 = VRS 4 600; OLG Oldenburg DAR 1955 308; KMR-*Paulus* 7.

[18] *Schmid* JZ 1980 58.

[19] BGHSt 4 202; KK-*Pelchen* 10; *Kleinknecht/Meyer*[37] 7; KMR-*Paulus* 7; a. A RGSt 69 127.

[20] KK-*Pelchen* 10, KMR-*Paulus* 7.

[21] BGHSt 5 85 = JZ 1954 357 mit Anm. *Bauer*; KK-*Pelchen* 10; KMR-*Paulus* 7; a. A RG JW 1935 2379.

[22] OLG Köln NJW 1958 561; KK-*Pelchen* 10; KMR-*Paulus* 7.

[23] *Eb. Schmidt* 5; KK-*Pelchen* 10; KMR-*Paulus* 7; a. A RGSt 74 167; OLG Braunschweig NJW 1952 158.

[24] BGHSt 17 248 = JZ 1963 34 mit Anm. *Bauer*; *Kleinknecht/Meyer*[37] 7; KMR-*Paulus* 7.

Hans Dahs

Bundespost[25]; der Konkursverwalter bei Schädigung der Konkursmasse[26]; der Gerichtsvollzieher bei Arrestbruch[27]; der Dritte als angebliches Objekt einer fälschlich behaupteten Straftat im Falle der falschen Verdächtigung nach § 164 StGB[28].

13   **3. Teilvereidigung.** Sagt der Zeuge zu mehreren voneinander unabhängigen Tatvorwürfen aus und ist er durch eine oder mehrere dieser Taten nicht verletzt worden, so muß er insoweit vereidigt werden[29]; im übrigen kann er nach § 61 Nr. 2 unvereidigt bleiben. Lassen sich die einzelnen Anklagepunkte aber nicht trennen, weil die Gründe, die die Nichtvereidigung hinsichtlich der einen Straftat rechtfertigen, vernünftigerweise auch für die andere gelten, so kann von der Vereidigung in vollem Umfang abgesehen werden[30]. Vgl. im übrigen § 59, 6 ff und wegen der Sitzungsniederschrift § 59, 19.

14   **4. Ermessensentscheidung.** Bei der Ausübung des richterlichen Ermessens muß die Grundregel des § 59 Abs. 1, daß Zeugen grundsätzlich zu vereidigen sind, im Auge behalten werden[31]. Der Richter darf daher von der Vereidigung nicht allein deshalb absehen, weil der Zeuge der durch die Straftat Verletzte ist[32]. Vielmehr müssen hierfür triftige Gründe bestehen. Dabei dürfen alle Umstände berücksichtigt werden, die bei verständiger Würdigung eine Vereidigung untunlich erscheinen lassen. Die Besorgnis, daß der Verletzte voreingenommen sein und deswegen von der Wahrheit abweichen könnte, ist nur einer dieser Gründe[33]. Ein anderer Grund ist etwa die Besorgnis, daß der Verletzte, wenn er unter Eid aussagt, eine Meineidsanzeige des Angeklagten zu erwarten hat. Der Richter ist daher nicht etwa gehalten, jeden Verletzten als Zeugen zu vereidigen, der unvoreingenommen und glaubwürdig erscheint[34]. Andererseits ist es regelmäßig kein Ermessensmißbrauch, wenn das Gericht einen teilweise[35] oder ganz unglaubwürdigen und voreingenommenen Verletzten vereidigt[36]. Durch § 61 Nr. 2 soll dem Zeugen nicht das Recht gegeben werden, sich der Eidesleistung dadurch zu entziehen, daß er böswillig handgreifliche Unwahrheiten vorbringt (vgl. *Schneider* DR **1937** 31).

15   **5. Begründung.** Die Angabe, daß der Zeuge als Verletzter unvereidigt geblieben ist, reicht aus; die Gründe, die für die Ermessensentscheidung bestimmend waren, brauchen nicht dargelegt zu werden[37]. Der bloße Hinweis auf § 61 Nr. 2 genügt nur, wenn ohne weiteres erkennbar ist, daß der Zeuge selbst der Verletzte ist (vgl. unten Rdn. 19).

[25] OLG Schleswig bei *Ernesti/Jürgensen* SchlHA **1974** 181; KK-*Pelchen* 11; KMR-*Paulus* 8.

[26] RG HRR **1938** 636; KK-*Pelchen* 11; KMR-*Paulus* 8.

[27] Anders OLG Schleswig SchlHA **1961** 199.

[28] OLG Celle NJW **1962** 503; KK-*Pelchen* 11; KMR-*Paulus* 8.

[29] RG HRR **1937** 359; KK-*Pelchen* § 59, 4.

[30] OLG Celle NdsRpfl. **1963** 163; OLG Köln NJW **1957** 960; *Eb. Schmidt* Nachtr. I 1.

[31] BGHSt 1 178 = JZ **1951** 650 mit Anm. *Niethammer*; KK-*Pelchen* 14.

[32] BGHSt 1 175; BGH VRS **11** 438; OLG Hamm JMBlNRW **1959** 160; KK-*Pelchen* 14; KMR-*Paulus* 23; *Dalcke/Fuhrmann/Schäfer* 4.

[33] BGHSt 1 178 = JZ **1951** 650 mit Anm. *Niethammer*; BayObLG bei *Rüth* DAR **1964** 242; OLG Schleswig GA **1956** 365 = SchlHA

1956 298; KK-*Pelchen* 14; KMR-*Paulus* 23; *Eb. Schmidt* 6; *Niese* JZ **1953** 222; a. A RGSt 68 310 = JW **1934** 2980 mit Anm. *Richter*; RGSt 70 22; 73 334; RG JW **1935** 1416, 2976; **1936** 390, 668, 3473; **1937** 1068; RG DR **1942** 1274; RG HRR **1937** 359.

[34] BGHSt 1 175 = JZ **1951** 650 mit Anm. *Niethammer*; BGH NJW **1952** 192.

[35] OLG Hamburg JR **1955** 433 mit Anm. *Sarstedt*; *Kleinknecht/Meyer*[37] 9.

[36] BGH bei *Herlan* MDR **1955** 529; OLG Neustadt DAR **1958** 165.

[37] BGHSt 1 175 = JZ **1951** 650 mit Anm. *Niethammer*; BGH bei *Dallinger* MDR **1951** 464; OLG Hamm JMBlNRW **1959** 160; KK-*Pelchen* 17; KMR-*Paulus* 24; *Kleinknecht/Meyer*[37] 11; *Eb. Schmidt* § 60, 7; *Schorn* NJW **1966** 1014; a. A RGSt 68 310; *Henkel* 215 Fußn. 9.

IV. Angehörige des Beschuldigten oder Verletzten (Nummer 2 Unterfall 2)

1. Allgemeines. Angehörige des Beschuldigten oder des Verletzten machen oft **16** nur unzuverlässige Angaben. Sind sie Angehörige des Beschuldigten, so wollen sie ihn entlasten; Angehörige des Verletzten sind häufig genauso voreingenommen wie dieser selbst. Daher ermächtigt $\S$ 61 Nr. 2 den Richter, sie uneidlich zu vernehmen. Der Umstand, daß der Angehörige als Teilnehmer an der dem Angeklagten vorgeworfenen Tat bereits rechtskräftig verurteilt ist, steht dem nicht entgegen. Da die Angehörigen des Beschuldigten nach $\S$ 52 das Zeugnis verweigern können, kommt bei ihnen die Anwendung des $\S$ 61 Nr. 2 nur in Betracht, wenn sie auf dieses Recht verzichtet haben. Angehörige im Sinne der Vorschrift sind die in $\S$ 52 Abs. 1 bezeichneten Personen[38]; vgl. im einzelnen $\S$ 52, 4 ff. Die Anordnung, ein Zeuge solle gemäß $\S$ 61 Nr. 2 StPO nicht vereidigt werden, bezieht sich immer nur auf die bis dahin geleistete Aussage; wird der Zeuge in derselben Hauptverhandlung später nochmals vernommen, ist eine erneute Entscheidung über die Vereidigung notwendig (BGH GA **1980** 420).

2. Teilvereidigung. Richtet sich das Verfahren gegen mehrere Beschuldigte, so ge- **17** nügt es für die Anwendung des $\S$ 61 Nr. 2, daß auch nur ein einziger von ihnen Angehöriger des Zeugen ist[39]. Das gilt auch, wenn der Angehörige bereits rechtskräftig verurteilt worden ist und die Vernehmung nur noch einen anderen Beschuldigten betrifft, dem dieselbe Tat zur Last gelegt wird[40]. Handelt es sich aber um mehrere selbständige Straftaten und ist das Recht zur Verweigerung des Zeugnisses nur teilweise, d. h. nur für den einen oder anderen Fall, begründet, dann findet auch $\S$ 61 Nr. 2 nur in diesem Umfang auf den Zeugen Anwendung[41]. Voraussetzung ist allerdings, daß die Aussage nach Gegenstand und Inhalt eine solche Trennung zuläßt (OLG Dresden LZ **1922** 193). Die Rechtslage ist die gleiche wie bei $\S$ 52 (vgl. dort Rdn. 19 ff).

3. Ermessensentscheidung. Wie bei dem Verletzten selbst (oben Rdn. 14) kann **18** das Gericht auch bei dessen Angehörigen alle Gründe berücksichtigen, die bei verständiger Würdigung aller Umstände eine Vereidigung untunlich erscheinen lassen. Auch bei den Angehörigen des Beschuldigten wird die Nichtvereidigung nicht nur in Betracht kommen, wenn zu besorgen ist, daß der Zeuge durch das nahe Verhältnis von der Wahrheit abgelenkt worden ist und daß er auch unter Eid keine wahrheitsgemäße Aussage machen wird. Vielmehr kann das Gericht auch jeden ihm sonst wesentlichen Umstand berücksichtigen[42]. Keinesfalls muß aber jeder dreiste Lügner vor der Eidesleistung bewahrt werden; der Zeuge hat nicht die Möglichkeit, seine Vereidigung durch eine offensichtlich unwahre Aussage zu verhindern[43]. Im allgemeinen wird allerdings die Strafdrohung des $\S$ 153 StGB und der Hinweis auf sie eine Vereidigung entbehrlich machen. Bei der Ermessensentscheidung muß immer geprüft werden, ob besondere Gründe es rechtfertigen, von der Vereidigung abzusehen; unzulässig ist die Prüfung aus der entgegengesetzten Richtung, d. h. die Überlegung, ob besondere Gründe die Vereidigung nahelegen (OLG Hamm NJW **1958** 74). Wird der Zeuge erneut vernommen, bedarf es einer neuen Entscheidung über die Vereidigung[44].

---

[38] BGH bei *Dallinger* MDR **1954** 336; RGSt **68** 276; OLG Hamm NJW **1953** 1277.
[39] RGSt **3** 161; RG JW **1928** 2247; RG LZ **1922** 265; KK-*Pelchen* 13.
[40] RGSt **1** 207; RGRspr. **5** 809; RG LZ **1922** 265; OLG Hamm NJW **1953** 1277; KK-*Pelchen* 13; *Kleinknecht/Meyer*[37] 12.

[41] RGSt **16** 154; RGRspr. **10** 24; BayObLG HRR **1930** 578; KK-*Pelchen* 13; KMR-*Paulus* 9.
[42] RG DJ **1938** 597; KK-*Pelchen* 16.
[43] KMR-*Paulus* 23; *Peters* $\S$ 42 III 3 b bb β.
[44] BGHSt **1** 346; BGH bei *Pfeiffer* NStZ **1982** 188 = GA **1980** 420; KK-*Pelchen* 15.

Hans Dahs

19   **4. Begründung.** Der Hinweis, daß von der Vereidigung nach § 61 Nr. 2 abgesehen wird, reicht aus, wenn allen Beteiligten erkennbar ist, um welche Beziehungen des Zeugen zu dem Angeklagten oder Verletzten es sich handelt[45]. Die Begründung muß jedoch erkennen lassen, daß der Zeuge Angehöriger des Beschuldigten oder des Verletzten ist[46]. Um welches Angehörigenverhältnis es sich handelt, muß nicht unbedingt dargelegt werden. Angaben darüber, welche Erwägungen für die Entscheidung des Gerichts über das Absehen von der Vereidigung maßgebend waren, sind nicht erforderlich[47].

V. Unwesentliche Aussage (Nummer 3)

20   **1. Allgemeines.** Die Vereidigung eines Zeugen, dessen Aussage für das Urteil keine wesentliche Bedeutung hat und voraussichtlich auch nicht haben wird, wenn sie beschworen werden muß, ist überflüssig. Gleichwohl schreibt das Gesetz nicht zwingend vor, daß sie unterbleiben muß, sondern stellt das Absehen von der Vereidigung auch in diesem Fall in das Ermessen des Gerichts. Von § 61 Nr. 5 in der Fassung von 1933 unterscheidet sich § 61 Nr. 3 in der geltenden Fassung (zur Entstehungsgeschichte: *Dahs sen.* NJW 1950 888) dadurch, daß die Entscheidung nicht einstimmig ergehen muß und daß die Nichtvereidigung nur bei einer unwesentlichen, nicht auch bei einer offenbar unglaubhaften Aussage zulässig ist. Die in § 61 Nr. 3 genannten Voraussetzungen müssen beide vorliegen, damit von der Vereidigung abgesehen werden kann.

2. Voraussetzungen für das Absehen von der Vereidigung

21   **a) Keine wesentliche Bedeutung.** Ob eine Aussage im Sinne des § 61 Nr. 3 von wesentlicher Bedeutung ist oder nicht, beurteilt sich nur nach ihrem Inhalt; auf ihren Beweiswert, auf die Glaubwürdigkeit des Zeugen kommt es nicht an[48]. Das ergibt sich eindeutig aus einem Vergleich mit § 61 Nr. 5 in der ursprünglichen Fassung von 1933. Die wesentliche Bedeutung nach § 61 Nr. 3 ist von der unerheblichen Aussage nach § 61 Nr. 5 a. F. und von der ausschlaggebenden Bedeutung nach § 62 zu unterscheiden. Sie steht in der Mitte zwischen diesen Begriffen[49].

22   **Ohne wesentliche Bedeutung** ist die Aussage, wenn sie für die Entscheidung in der Schuld- und Rechtsfolgenfrage weder allein noch im Zusammenhang mit anderen Beweisen oder Beweisanzeichen wichtig ist[50]. Dabei macht es keinen Unterschied, ob schon das Beweisthema keine wesentliche Bedeutung für die Entscheidung hat oder ob nur das, was der Zeuge dazu bekunden kann, unwesentlich ist[51]. Die Aussage darf auch nicht von mittelbarer Bedeutung sein, etwa Schlüsse auf die Glaubwürdigkeit eines an-

---

[45] KG VRS **20** 360; KK-*Pelchen* 17; *Kleinknecht/Meyer*[37] 14.

[46] KK-*Pelchen* 17; *Kleinknecht/Meyer*[37] 14; KMR-*Paulus* 24.

[47] RGSt **21** 226; RGRspr. **1** 358; RG DJ **1938** 597; RG DR **1941** 2188 L.

[48] BGHSt **1** 12 = MDR **1951** 242 mit Anm. *Dallinger*; BGH NJW **1952** 74 mit abl. Anm. *Richter*; BGH NJW **1952** 151; BGH bei *Dallinger* MDR **1952** 659; RG JW **1937** 1358 mit Anm. *Rilk*; RG HRR **1935** 547; OLG Oldenburg NJW **1951** 731; KK-*Pelchen* 18; *Kleinknecht/Meyer*[37] 15; KMR-*Paulus* 11; *Peters* § 42 III 3 b cc α; *Eb. Schmidt* 12 ff;

Dalcke/Fuhrmann/Schäfer 6; *Dahs sen.* NJW **1950** 888; *O. H. Schmitt* NJW **1959** 1454; *Theuerkauf* MDR **1964** 204; a. A *Eckert* NJW **1963** 846; offengelassen in BGHSt **16** 101.

[49] BGHSt **1** 11 = MDR **1951** 242 mit Anm. *Dallinger*; KMR-*Paulus* 11.

[50] BGH NJW **1952** 74 mit Anm. *Richter*; RGSt **71** 54; RG HRR **1935** 547; OLG Saarbrücken JBl. Saar **1960** 64; KK-*Pelchen* 18; *Kleinknecht/Meyer*[37] 15; KMR-*Paulus* 11; *Dalcke/Fuhrmann/Schäfer* 5; *Dahs sen.* NJW **1950** 888; *Hülle* NJW **1951** 297.

[51] RGSt **71** 54; RG JW **1937** 1358 mit Anm. *Rilk*; *Dahs sen.* NJW **1950** 888.

deren Zeugen zulassen[52]. Sie darf bei der Entscheidung allenfalls in einem Nebenpunkt wesentlich sein. Vollständige Bedeutungslosigkeit wird nicht gefordert[53]. Wenn jedoch die Notwendigkeit besteht, in den Urteilsausführungen zur Beweiswürdigung die Aussage in einem Punkt, auf den es für die Entscheidung ankommt, zu berücksichtigen, dann ist sie nicht unwesentlich. Da andererseits die Beweisgründe des Urteils selten ganz Unwesentliches erörtern, wird eine Aussage, auf die die Beweiswürdigung gestützt ist, regelmäßig nicht unwesentlich im Sinne des §61 Nr. 3 sein[54]. Bestehen Zweifel an der Wesentlichkeit der Aussage, so wird sich die eidliche Vernehmung empfehlen[55].

b) Keine Erwartung einer wesentlichen Aussage. Für die Anwendung des §61 **23** Nr. 3 genügt es nicht, daß das Gericht der Aussage keine wesentliche Bedeutung beimißt, sondern es muß hinzukommen, daß nach der Überzeugung des Gerichts auch durch die Vereidigung des Zeugen keine Aussage von wesentlicher Bedeutung zu erreichen ist. Um das beurteilen zu können, ist eine Vorwegnahme der Beweiswürdigung unerläßlich[56]. Das Gericht muß die Glaubwürdigkeit des Zeugen beurteilen und die Frage beantworten, ob ihn der Eideszwang zu einer Berichtigung oder Vervollständigung seiner Aussage veranlassen werde. Diese Berichtigungen und Ergänzungen müssen aller Voraussicht nach von wesentlicher Bedeutung sein (RG JW **1937** 1358 mit Anm. *Rilk*); ob sie auch glaubhaft sind, ist unerheblich[57].

3. Nachholen der Vereidigung. Ob die Voraussetzungen des §61 Nr. 3 vorliegen, **24** kann zunächst nur aufgrund der Umstände beurteilt werden, die dem Gericht im Zeitpunkt der Zeugenvernehmung bekannt sind. Im weiteren Verlauf der Verhandlung, insbesondere bei der Schlußberatung, kann sich dann herausstellen, daß die Aussage des Zeugen entgegen ihrer ursprünglichen Bewertung für das Urteil wesentlich ist. Dann muß die unterlassene Vereidigung des Zeugen nachgeholt werden, sofern sie nicht aus anderen Gründen nach den §§ 60 ff unterbleiben muß oder darf[58]. Das muß den Prozeßbeteiligten mitgeteilt werden, damit sie sich auf die neue Prozeßlage einstellen können[59]. Dies alles gilt selbstverständlich auch dann, wenn nicht nur der Vorsitzende bei seiner Vorabentscheidung (unten Rdn. 41) die wesentliche Bedeutung der Aussage verneint, sondern wenn das ganze Gericht über diese Frage entschieden hatte. Gelegentlich kann es sich empfehlen, die Entscheidung über die Vereidigung des Zeugen zurückzustellen, bis sicher beurteilt werden kann, ob die Eidesleistung erforderlich ist[60].

4. Teilvereidigung. Zeugenaussagen sind häufig nicht in allen Teilen für die Ent- **25** scheidung von wesentlicher Bedeutung. In solchen Fällen muß der Zeuge gleichwohl

[52] KK-*Pelchen* 18; *Kleinknecht/Meyer*[37] 15; KMR-*Paulus* 11.

[53] BGHSt **1** 11 = MDR **1951** 242 mit Anm. *Dallinger*; OLG Oldenburg NJW **1951** 731; KK-*Pelchen* 18; *Kleinknecht/Meyer*[37] 15; a. A BGH bei *Martin* DAR **1958** 100; *Dahs sen.* NJW **1950** 888.

[54] So mit Recht *Eb. Schmidt* 15; *Kleinknecht/Meyer*[37] 15; KMR-*Paulus* 11.

[55] KMR-*Paulus* 11; *Eb. Schmidt* 19; *Hülle* NJW **1951** 297.

[56] KMR-*Paulus* 12; *Eb. Schmidt* 17; *Kleinknecht/Meyer*[37] 16; *Dahs sen.* NJW **1950** 888; *Dallinger* MDR **1951** 243.

[57] KK-*Pelchen* 19; *Kleinknecht/Meyer*[37] 16; *Eb. Schmidt* 17; *Dalcke/Fuhrmann/Schäfer* 6; *Dahs sen.* NJW **1950** 888.

[58] BGHSt **1** 218; **7** 281; BGH bei *Dallinger* MDR **1951** 464; RG JW **1939** 88; RG DR **1942** 1274; KK-*Pelchen* 20; *Kleinknecht/Meyer*[37] 15; *Eb. Schmidt* 19; *Dahs sen.* NJW **1950** 889; *Dallinger* MDR **1951** 243; vgl. im einzelnen *W. Schmid* FS Maurach 535 ff.

[59] BGHSt **7** 281; KK-*Pelchen* 20.

[60] BGHSt **1** 348; *Eb. Schmidt* 19; *Dallinger* MDR **1951** 243.

Hans Dahs

vereidigt werden, wenn nicht aus anderen Gründen nach den §§ 60 ff die Vereidigung untersagt ist oder unterbleiben darf. Eine nur auf die wesentlichen Teile der Aussage beschränkte Teilvereidigung ist unzulässig[61]. Anders ist es, wenn der Zeuge zu mehreren Anklagepunkten vernommen wird und seine Aussage nur für einen oder mehrere dieser Punkte von wesentlicher Bedeutung ist. In diesem Fall kann die Vereidigung auf den wesentlichen Teil der Aussage beschränkt werden (BGH bei *Dallinger* MDR **1953** 21). Vgl. zur Teilvereidigung § 59, 6 ff und wegen der Sitzungsniederschrift § 59, 19.

26   **5. Ermessensentscheidung.** Das Gesetz stellt die Entscheidung über die Vereidigung des Zeugen in das Ermessen des Gerichts. Auch wenn die Voraussetzungen des § 61 Nr. 3 vorliegen, darf der Zeuge daher vereidigt werden. Vernünftige Gründe, die den Richter veranlassen könnten, eine Aussage beeiden zu lassen, deren Inhalt unwesentlich ist und auch unter dem Druck des Eides nicht wesentlich werden wird, sind jedoch schwer vorstellbar. Das Absehen von der Vereidigung nach § 61 Nr. 3 ist nie ein Ermessensfehler.

27   **6. Begründung.** Der Hinweis, daß von der Vereidigung nach § 61 Nr. 3 abgesehen worden ist, soll nach h. M. ausreichen[62]; nach anderer Ansicht sind ausführlichere Angaben darüber notwendig, daß beide Voraussetzungen des § 61 Nr. 3 vorliegen[63].

VI. Wegen Meineids verurteilte Zeugen (Nummer 4)

28   **1. Allgemeines.** Die Verurteilung wegen Meineids nach § 154 StGB führte bis zum Jahre 1970 zur Aberkennung der Eidesfähigkeit (§ 161 StGB a. F.). Die Strafprozeßordnung[64] knüpfte daran ein absolutes Eidesverbot. Durch das Erste Gesetz zur Reform des Strafrechts vom 4. 8. 1969 wurde § 161 StGB aufgehoben[65] und auch § 60 Nr. 2 gestrichen. Der gleichzeitig eingefügte § 61 Nr. 4 stellt es nunmehr in das richterliche Ermessen, einen wegen Meineids vorbestraften Zeugen unvereidigt zu lassen. Nach § 68 a Abs. 2 darf er zum Zweck dieser Entscheidung nach seinen Vorstrafen gefragt werden (vgl. § 68 a, 4).

29   **2. Verurteilung.** Das Absehen von der Vereidigung setzt eine Verurteilung wegen Meineids nach § 154 StGB voraus. Das Urteil muß **rechtskräftig** sein[66]; die anderweitige Auffassung ist mit der auch hier zu beachtenden Unschuldsvermutung (Art. 6 Abs. 2 MRK) nicht zu vereinbaren, während § 60 Nr. 2 wegen des anderen Wortlauts und der unmittelbaren Verbindung zum Verfahrensgegenstand als Argument kein hinreichendes Gewicht hat. In Betracht kommen nur Urteile, die von Gerichten der Bundesrepublik einschließlich West-Berlins ausgesprochen worden sind. Denn die unterschiedliche Auf-

---

[61] KMR-*Paulus* 13; *Dalcke/Fuhrmann/Schäfer* 6; *Dahs sen.* NJW **1950** 889.

[62] BGHSt **1** 216; BGH bei *Dallinger* MDR **1951** 275 = LM Nr. 3 zu § 61; BGH VRS **5** 283; KG VRS **4** 381; KK-*Pelchen* 21; *Kleinknecht/Meyer*[37] 19.

[63] RGSt **68** 310, 395; *Eb. Schmidt* § 60, 7; *Dahs sen.* NJW **1950** 889; KMR-*Paulus* 24.

[64] § 56 Nr. 2; nach der Bek. 1924: § 57 Nr. 2; nach der Gesetzesänderung von 1933: § 60 Nr. 2.

[65] Nach Art. 91 des 1. StRG hat auch die früher ausgesprochene Aberkennung der Eidesfähigkeit keine Rechtswirkung mehr.

[66] *Kohlhaas* NJW **1970** 649; so auch für § 60 Nr. 2 a. F.: BGH bei *Dallinger* MDR **1952** 659; RGSt **73** 255; *Eb. Schmidt* § 60, 12; **a. A** KK-*Pelchen* 23; *Kleinknecht/Meyer*[37] 20; KMR-*Paulus* 14.

fassung der einzelnen Rechtssysteme darüber, was Meineid ist, verbietet die Berücksichtigung von Verurteilungen durch andere Gerichte[67].

Ob nach §§ 157, 158 StGB die Strafe gemildert oder ganz von **Strafe** abgesehen **30** worden ist, spielt keine Rolle[68]. Die Verurteilung wegen Versuchs (§ 22 f StGB) und Teilnahme (§§ 26, 27, 30 StGB) steht der Verurteilung wegen Meineids gleich[69]. Jedoch genügt die Bestrafung wegen fahrlässigen Falscheids nach § 163 StGB nicht (KMR-*Paulus* 14).

3. Getilgte oder tilgungsreife Strafen. Nach § 51 Abs. 1 BZRG i. d. F. d. Neubek. **31** v. 21. 9. 1984 - BGBl. I 1229 - dürfen, wenn die Eintragung über eine Verurteilung im Zentralregister wegen Fristablaufs nach §§ 45 ff BZRG (1984) oder auf Anordnung nach § 49 BZRG (1984) getilgt oder wenn sie tilgungsreif ist, die Tat und die Verurteilung dem Betroffenen im Rechtsverkehr nicht mehr vorgehalten und nicht zu seinem Nachteil verwertet werden. Die Nichtvereidigung eines Zeugen wegen seiner Verurteilung nach § 154 StGB ist formalrechtlich kein „Nachteil". Aber durch die Anwendung des § 61 Nr. 4 wird die Verurteilung dem Betroffenen im Sinne des § 51 BZRG (1984) vorgehalten. Das schließt es aus, von der Vereidigung abzusehen, wenn die Verurteilung getilgt oder tilgungsreif ist[70]. Eine gesetzliche Rechtsfolge der Verurteilung im Sinne des § 51 Abs. 2 BZRG (1984) ist das Absehen von der Vereidigung nicht.

4. Ermessensentscheidung. Der Grund für die Nichtvereidigung eines wegen Meineids **32** verurteilten Zeugen kann nur darin liegen, daß sich aus der Verurteilung Bedenken gegen seine Glaubwürdigkeit ergeben. Ein solcher Zeuge muß zwar nicht unbedingt unglaubwürdig sein, wenn er erneut vernommen wird. Möglicherweise hat die Bestrafung sogar dazu geführt, daß er nunmehr besonders gewissenhaft aussagt. Die Vereidigung darf daher nicht schematisch abgelehnt werden. Oft werden sich aber die Bedenken gegen seine Glaubwürdigkeit nicht ausräumen lassen. Dann kommt es für die Frage, ob er vereidigt werden soll, darauf an, ob seine Aussage von wesentlicher Bedeutung und ob zu erwarten ist, daß der Zeuge unter dem Druck des Eides wahrheitsgemäße Angaben machen wird. Regelmäßig wird das Absehen von der Vereidigung kein Ermessensfehler sein, und zwar selbst dann nicht, wenn das Urteil ergibt, daß das Gericht den Zeugen für glaubwürdig gehalten hat.

5. Begründung. Der Hinweis auf § 61 Nr. 4 genügt[71]. Wann und durch welches **33** Gericht der Zeuge wegen Meineids verurteilt worden ist, muß aber entweder in der Sitzungsniederschrift oder im Urteil dargetan werden (**a.A** KK-*Pelchen* 24), damit die rechtsfehlerfreie Anwendung der Vorschrift (Rdn. 29 ff) nachgeprüft werden kann.

VII. Verzicht auf die Vereidigung (Nummer 5)

1. Allgemeines. Mit der Einfügung der Nummer 5 durch die Gesetzesänderung **34** von 1974 ist das Gesetz insoweit zu dem Rechtszustand zurückgekehrt, der aufgrund des Gesetzes vom 24. 11. 1933 bis zum Jahre 1950 bestanden hatte, dann aber nicht mehr aufrechterhalten worden war, weil man befürchtete, der Gebrauch des Eides könnte all-

---

[67] KK-*Pelchen* 23; *Kleinknecht/Meyer*[37] 20; KMR-*Paulus* 14; *Kohlhaas* NJW **1970** 649.

[68] KK-*Pelchen* 23; KMR-*Paulus* 14; *Eb. Schmidt* Nachtr. II.

[69] KK-*Pelchen* 23; *Kleinknecht/Meyer*[37] 20.

[70] KK-*Pelchen* 23; *Kleinknecht/Meyer*[37] 20; KMR-*Paulus* 14; ebenso *Kohlhaas* NJW **1970** 649 vor Inkrafttreten des § 51 BZRG (1984).

[71] KK-*Pelchen* 24; *Kleinknecht/Meyer*[37] 22; KMR-*Paulus* 24.

Hans Dahs

zusehr eingeschränkt werden. Das hatte dazu geführt, daß eine nicht ganz unwesentliche Aussage auch dann beschworen werden mußte, wenn nach übereinstimmender Auffassung des Gerichts und der Verfahrensbeteiligten kein Anlaß bestand, an ihrer Richtigkeit zu zweifeln, oder wenn die Aussage unglaubhaft war und nicht angenommen werden konnte, daß der Zeuge sie unter Eid berichtigen werde. Von der Abnahme eines für die Wahrheitsfindung bedeutungslosen Eides kann nunmehr wieder mit dem Einverständnis aller Verfahrensbeteiligten abgesehen werden. Dadurch kann nicht nur ein Übermaß an Eiden vermieden, sondern auch eine Verfahrensbeschleunigung erzielt werden, etwa dadurch, daß von der Nachholung der Vereidigung kommissarisch vernommener Zeugen, die an sich nach § 251 Abs. 4 Satz 3 erforderlich wäre, im allseitigen Einverständnis abgesehen wird[72].

2. Verzicht

35   **a) Erforderliche Erklärungen.** Die Verzichtserklärung muß von der Staatsanwaltschaft, dem Angeklagten und dem Verteidiger abgegeben werden. Wenn der Angeklagte im Beistand eines Verteidigers erschienen ist, genügt es daher nicht, daß nur der Verteidiger verzichtet; der Angeklagte muß selbst befragt werden, ob er auf die Vereidigung verzichte, und er muß diese Frage bejaht haben[73]. Der Verteidiger kann auch gegen den Widerspruch des Angeklagten auf der Vereidigung bestehen; umgekehrt kann der Angeklagte die Vereidigung durchsetzen, auch wenn der Verteidiger auf sie verzichtet. Wirken an der Verhandlung Personen mit, denen das Gesetz dieselben Befugnisse wie der Staatsanwaltschaft und dem Angeklagten gibt, so müssen auch sie zustimmen. So können der Beistand nach § 69 Abs. 3 JGG, der Einziehungsbeteiligte nach § 433 Abs. 1 und der anwesende oder durch einen Rechtsanwalt vertretene Nebenkläger[74] die Vereidigung durch Widerspruch erzwingen (*Rieß* NJW **1975** 84). Der Erziehungsberechtigte und der gesetzliche Vertreter sowie der Beistand nach § 149 haben diese Rechte nicht[75]. Das Gericht kann jedoch ihre Erklärungen bei seiner Ermessensentscheidung berücksichtigen (vgl. BTDrucks. 7 551 S. 61).

36   **b) Verzichtserklärung.** Der Verzicht muß nicht ausdrücklich erklärt werden; schlüssiges Verhalten genügt[76]. Bloßes Stillschweigen ist aber nur dann eine schlüssige Verzichtserklärung, wenn der Prozeßbeteiligte sein Recht kennt, die Vereidigung zu verlangen[77], z. B. aufgrund seines Berufes (Staatsanwalt, Rechtsanwalt und Verteidiger) oder des Verhandlungsganges[78]. Die unterlassene Protokollierung beweist daher nicht

---

[72] Vgl. BTDrucks. **7** 551 S. 60 ff; kritisch wegen der infolge Verzichts zur Regel gewordenen Nichtvereidigung *Koch* ZRP **1976** 287; *Günter* DRiZ **1978** 273; *Strate* StrVert. **1984** 42.

[73] RG JW **1935** 1250; **1938** 2959; RG HRR **1938** 1325; KK-*Pelchen* 26; *Kleinknecht/Meyer*[37] 23; KMR-*Paulus* 17.

[74] BGHSt **28** 272; KK-*Pelchen* 26; *Kleinknecht/Meyer*[37] 23; KMR-*Paulus* 17; *Gollwitzer* FS K. Schäfer S. 81 f.

[75] KMR-*Paulus* 17; *Kleinknecht/Meyer*[37] 23; a. A für die beiden Erstgenannten KK-*Pelchen* 26.

[76] BGH GA **1976** 115; bei *Pfeiffer/Miebach* NStZ **1984** 209; OLG Köln VRS **61** 271; BayObLG MDR **1983** 511; OLG Schleswig bei *Ernesti/Lorenzen* SchlHA **1981** 92; KK-*Pelchen* 27; *Kleinknecht/Meyer*[37] 24; KMR-*Paulus* 19; *Roxin* § 26 B III 2 b; *G. Schäfer* § 66 II 2; *Schlüchter* 521.

[77] BGH GA **1976** 115; BGH NJW **1978** 1815; OLG Hamm MDR **1980** 953; OLG Schleswig bei *Ernesti/Lorenzen* SchlHA **1981** 92; KK-*Pelchen* 27; *Kleinknecht/Meyer*[37] 24; KMR-*Paulus* 19.

[78] BGH GA **1976** 115; NJW **1978** 1815; BayObLG DAR **1979** 240; MDR **1983** 511; OLG Bremen OLGSt § 261 S. 93; OLG Hamburg MDR **1979** 74 m. abl. Anm. *Strate*.

das Fehlen des Verzichts[79]; die Frage ist ggfs. im Wege des Freibeweises (vgl. § 244, 3 f) zu klären.

Der Verzicht **erstreckt** sich grundsätzlich nur auf die Aussage, die ihm vorausge- **37** gangen ist. Wird der Zeuge nachträglich nochmals vernommen, so darf von der Vereidigung nach § 61 Nr. 5 nur abgesehen werden, wenn der Verzicht für diesen Teil der Vernehmung wiederholt wird[80]. Wenn der Zeuge in einem solchen Fall nach der erneuten Vernehmung vereidigt wird, deckt der Eid auch den Teil der Aussage, für den das Gericht zunächst nach § 61 Nr. 5 von der Vereidigung abgesehen hatte (OLG München JW **1938** 2470).

Der Verzicht ist **unwiderruflich**[81]; die Verfahrensbeteiligten können aber darauf **38** hinwirken, daß das Gericht von seinem Ermessen, den Zeugen trotz des erklärten Verzichts zu vereidigen, Gebrauch macht[82].

3. Ermessensentscheidung. Der allseitige Verzicht auf die Vereidigung des Zeu- **39** gen berechtigt das Gericht, von ihr abzusehen. Ob der Aussage ausschlaggebende Bedeutung zukommt, spielt grundsätzlich keine Rolle. Das Gericht ist aber der Verpflichtung, den Zeugen zu vereidigen, nur enthoben, wenn es die Vereidigung selbst nach gewissenhafter Prüfung für überflüssig oder wenigstens für entbehrlich hält[83]. Das wird insbesondere dann der Fall sein, wenn die Aussage so glaubhaft ist, daß es auf ihre Bekräftigung durch den Eid offensichtlich nicht ankommt[84]. Bei einer offenbar unglaubhaften Aussage wird von der Vereidigung regelmäßig abgesehen werden können, wenn keine Aussicht besteht, durch den Eid die Wahrheit zu erzwingen. Auch hier gilt aber der Satz, daß der dreiste Lügner wegen der offenbaren Unrichtigkeit seiner Aussage nicht ohne weiteres von der Eidesleistung freigestellt werden sollte (vgl. oben Rdn. 18). Das Gericht kann auch dann wegen allseitigen Verzichts von der Vereidigung absehen, wenn ein Vereidigungsverbot z. B. nach § 60 Nr. 2 besteht[85]. Wenn die Aufklärungspflicht nach § 244 Abs. 2 es erfordert, muß der Zeuge trotz des Verzichts vereidigt werden (KK-*Pelchen* 29; *Rieß* NJW **1975** 84). Im allgemeinen wird es aber kein Ermessensfehler sein, wenn der Zeuge nach dem Verzicht aller Verfahrensbeteiligten unvereidigt bleibt.

4. Begründung. Die Angabe, daß auf die Vereidigung allseits verzichtet und des- **40** halb von der Vereidigung abgesehen worden ist, reicht als Begründung aus[86]. Weitere Angaben sind nicht erforderlich (RG JW **1936** 1918); auch die Anführung des § 61 Nr. 5 ist nicht unbedingt nötig, ggfs. aber als Begründung für die Nichtvereidigung ausreichend. Die Gründe, aus denen das Gericht die Vereidigung für entbehrlich hält, brauchen nicht mitgeteilt zu werden (anders offenbar RG JW **1935** 2976). Über die Glaub-

---

[79] BGH GA **1976** 115; OLG Schleswig bei *Ernesti/Lorenzen* SchlHA **1981** 92; KMR-*Paulus* 19; *Kleinknecht/Meyer*[37] 33; KK-*Pelchen* 30; *G. Schäfer* § 66 II 2.

[80] RGSt **68** 397; RG JW **1938** 2959; RG HRR **1935** 1194; OLG München JW **1938** 2470; **a. A** RG JW **1935** 1250, das mangels entgegenstehender Erklärungen der Prozeßbeteiligten ein stillschweigendes Weiterwirken des Verzichts annimmt.

[81] KK-*Pelchen* 28; *Kleinknecht/Meyer*[37] 26; KMR-*Paulus* 20; *Rieß* NJW **1975** 84.

[82] KK-*Pelchen* 28; *Kleinknecht/Meyer*[37] 27; KMR-*Paulus* 20; *Rieß* NJW **1975** 84.

[83] RG HRR **1939** 1207; KK-*Pelchen* 29; KMR-*Paulus* 23.

[84] BGH bei *Holtz* MDR **1978** 988; RG JW **1935** 2976.

[85] BGHSt **17** 186; vom 13. 4. 83 – 2 StR 441/82 –; OLG Hamm NJW **1973** 1940; krit. *Hamm* FS Peters II S. 172.

[86] KK-*Pelchen* 30; KMR-*Paulus* 24.

Hans Dahs

würdigkeit der Aussage muß sich das Gericht im Falle der Nichtvereidigung nach § 61 Nr. 5 nicht äußern (BGH bei *Holtz* MDR **1978** 988).

VIII. Entscheidung

41   **1. Zuständigkeit.** Nach herrschender Ansicht besteht das Recht des Vorsitzenden, über die Vereidigungsfrage eine Vorabentscheidung zu treffen[87], auch im Fall des § 61[88]. Der Wortlaut der Vorschrift („nach dem Ermessen des Gerichts") steht dem nicht entgegen. Der Vorsitzende darf zunächst auch die Entscheidung treffen, ob nach § 61 Nr. 3 von der Vereidigung abgesehen wird[89]; das gleiche gilt für den Fall des Verzichts nach § 61 Nr. 5 (RG DR **1942** 1551 L.) Wenn mehrere der in den §§ 60, 61 angeführten Gründe für die Nichtvereidigung des Zeugen vorliegen, kann sich das Gericht darauf beschränken, einen von ihnen zu nennen (BGH bei *Pfeiffer* NStZ **1981** 94). Vgl. im übrigen § 59, 13 ff.

42   **2. Erforderlichkeit.** Die Entscheidung nach § 61 ist bei jeder Vernehmung des Zeugen notwendig, auf den eine der Voraussetzungen dieser Vorschrift zutrifft. Die Anordnung, daß der Zeuge nach § 61 unvereidigt bleibt, bezieht sich nur auf die bis dahin erstattete Aussage. Wird er wiederholt vernommen, so muß entweder die Vereidigung erfolgen oder, wenn er bereits vereidigt war, nach § 67 verfahren oder in einer neuen Entscheidung beschlossen werden, daß die Vereidigung nach § 61 unterbleibt[90]. Dabei bindet die Vorentscheidung nicht. Der aus einem der Gründe des § 61 in einer früheren Hauptverhandlung oder in einem niederen Rechtszug unvereidigt gebliebene Zeuge kann bei seiner erneuten Vernehmung vereidigt werden; war er bei der Vorvernehmung vereidigt worden, so kann er nunmehr uneidlich vernommen werden (RGRspr. 1 358), insbesondere, wenn nunmehr alle Verfahrensbeteiligten nach § 61 Nr. 5 auf die Vereidigung verzichten. Wird der Zeuge in derselben Hauptverhandlung nochmals gehört, nachdem seine Nichtvereidigung nach § 61 Nr. 3 angeordnet worden war, so kann es ausnahmsweise unschädlich sein, daß keine erneute Entscheidung über die Nichtvereidigung nach dieser Vorschrift getroffen wird (OLG Koblenz VRS **42** 29). Das Berufungsgericht muß über die Frage der Vereidigung neu entscheiden, wenn es Aussagen der im ersten Rechtszug uneidlich vernommenen Zeugen gemäß § 325 verliest[91]. Einer erneuten förmlichen Beschlußfassung bedarf es aber nicht, wenn die Entscheidung des Erstrichters über die Beeidigung nach wie vor der Sach- und Rechtslage entspricht[92] und kein Antrag gestellt wird.

---

[87] Vgl. § 59, 13 ff; § 60, 49.

[88] BGH VRS **11** 439; RGSt **3** 46; **19** 354; **44** 65; **68** 396; RGRspr. **5** 535, 639, 809; RG JW **1930** 1066 mit Anm. *Alsberg*; RG JW **1935** 1250; **1936** 439; RG LZ **1915** 899; Bay ObLGSt **1951** 74 = HESt **3** 15; OLG Hamburg MDR **1979** 74 mit Anm. *Strate*; OLG Oldenburg NdsRpfl. **1949** 128; OLG Schleswig SchlHA **1968** 230; OLGSt § 61 S. 3; KK-*Pelchen* 2; *Kleinknecht/Meyer*[37] 29; KMR-*Paulus* 22; *Alsberg/Nüse/Meyer* 104; *Lehmann* DJ **1936** 1012; **a. A** OLG für Hessen HESt **3** 11; OLG Kiel MDR **1974** 271; *Henkel* 215 Fußn. 7; *Peters* § 42 III b bb β;

Gössel § 25 E IV d; *Auffarth* SJZ **1949** 498; *Niethammer* DRZ **1949** 194; **1951** 652.

[89] BGHSt **1** 216 = JZ **1951** 652 mit abl. Anm. *Niethammer*; BGHSt **7** 282; BGH bei *Dallinger* MDR **1951** 464; KK-*Pelchen* 2; *Dahs* sen. NJW **1950** 889; *Schorn* NJW **1966** 1014; **a. A** *Eb. Schmidt* 9.

[90] BGHSt **1** 346; BGH JR **1954** 229; BGH bei *Pfeiffer* NStZ **1982** 188 = GA **1980** 420; KK-*Pelchen* 15; *Kleinknecht/Meyer*[37] 29.

[91] OLG Stuttgart Justiz **1961** 235; OLG Hamm NJW **1965** 1344; MDR **1980** 953.

[92] OLG Stuttgart Justiz **1961** 235; OLG Hamm MDR **1980** 953.

IX. Revision

1. Allgemeines. Mit der Revision kann sowohl gerügt werden, daß der Zeuge **43** nach §61 unvereidigt geblieben ist, als auch umgekehrt, daß das Gericht rechtsfehlerhaft von dieser Vorschrift keinen Gebrauch gemacht hat[93], wobei der Ermessensvorbehalt (Rdn. 44) zu beachten ist. Im letzteren Falle wird das Urteil nur selten auf dem Verfahrensverstoß beruhen. Hatte zunächst der Vorsitzende entschieden (oben Rdn. 41), so kann, anders als im Fall des §60 (vgl. dort Rdn. 55), die Revision auf die unterlassene Vereidigung grundsätzlich (vgl. aber unten Rdn. 46) nur gestützt werden, wenn zuvor die Entscheidung des Gerichts herbeigeführt worden ist[94]. Ist trotz Beanstandung kein Gerichtsbeschluß ergangen, so kann hierauf die Revision gestützt werden[95]. Lag keiner der Gründe des §61 vor, so ist das unschädlich, wenn die Vereidigung schon nach §60[96] oder nach §62 unzulässig war (OLG Hamm NJW **1973** 1940). Ist die Vereidigung aus mehreren der Gründe des §61 unterblieben, so ist die Revision erfolglos, wenn auch nur einer dieser Gründe das Absehen von der Vereidigung rechtfertige[97]. Ist ein Zeuge nicht vereidigt worden, ohne daß der Vorsitzende eine dahingehende Anordnung getroffen hat, so kann die Revision auch ohne Beschluß nach §238 Abs. 2 darauf gestützt werden (BGH GA **1984** 473).

Im übrigen kann die Revision nur darauf **gestützt** werden, daß die Entscheidung **44** des Gerichts auf rechtlich unzulässigen Erwägungen oder auf Ermessensmißbrauch beruht und aus diesen Gründen dazu geführt hat, daß von dem Vereidigungsgebot des §59 abgewichen worden ist, ohne daß dies nach §61 gerechtfertigt war[98]. Der Fehler kann sich sowohl aus der Begründung für die Nichtvereidigung als auch aus dem Urteil ergeben[99]. Nachprüfbar ist immer die Verkennung von Rechtsbegriffen, z. B. der Verletzteneigenschaft nach §61 Nr. 2 (BGHSt 4 202) und des Begriffs unwesentliche Bedeutung nach §61 Nr. 3[100].

2. Einzelne Rechtsverletzungen

a) §61 Nr. 2. Die Nichtvereidigung des Verletzten ist eine Frage des tatrichterli- **45** chen Ermessens, die vom Revisionsgericht grundsätzlich nicht nachgeprüft werden kann[101]. Es kann nur prüfen, ob der Begriff Verletzter verkannt worden ist[102]. Ist ein Zeuge als Angehöriger des Verletzten oder Beschuldigten unvereidigt geblieben, so prüft das Revisionsgericht auf entsprechende Rüge, ob der Tatrichter die rechtlichen Grundlagen für die Angehörigeneigenschaft verkannt hat (RGSt 53 215). Ist das der Fall, so liegt ein Verstoß gegen §59 vor[103]. Hat das Gericht den Verletzten der Straftat

---

[93] BGHSt **5** 88 = JZ **1954** 357 mit Anm. *Bauer*; BGH VRS **11** 439; BGH bei *Dallinger* MDR **1971** 897; OLG Neustadt DAR **1958** 165; KK-*Pelchen* 32; KMR-*Paulus* 26.

[94] BGHSt **3** 368; BGH StrVert. **1984** 319; OLG Hamm VRS **41** 123; OLG Koblenz VRS **42** 29; OLG Hamburg MDR **1979** 74 mit Anm. *Strate*; KK-*Pelchen* 31; *Kleinknecht/ Meyer*[37] 30; KMR-*Paulus* 26; *Dahs/Dahs* 210; a. A *Peters* §42 III b bb β.

[95] RG GA 40 (1892) 158; BayObLGSt **30** 116; OLG Hamburg NJW **1953** 434.

[96] RGSt **53** 215; OLG Hamm NJW **1954** 1659; *Kleinknecht/Meyer*[37] 30; *Dahs/Dahs* 211.

[97] BGHSt **17** 186; *Kleinknecht/Meyer*[37] 31; vgl. auch §64, 4.

[98] KK-*Pelchen* 33; *Kleinknecht/Meyer*[37] 30; KMR-*Paulus* 26; *Peters* §42 III 3 b bb β; *Schlüchter* 521; *Sarstedt/Hamm* 240; *Dahs/ Dahs* 211.

[99] BGHSt 1 178 = JZ **1951** 650 mit Anm. *Niethammer*; KK-*Pelchen* 33; KMR-*Paulus* 27; *Dahs/Dahs* 211; *Sarstedt/Hamm* 242.

[100] BGHSt 1 11 = MDR **1951** 242 mit Anm. *Dallinger*.

[101] BGH bei *Dallinger* MDR **1971** 897; OLG Hamburg JR **1955** 433 mit Anm. *Sarstedt*.

[102] BGHSt 4 202; 5 85; *Sarstedt/Hamm* 240; *Sarstedt* JR **1955** 433.

[103] RGSt 30 75; RG JW **1891** 504; vgl. §59, 21.

Hans Dahs

nicht vereidigt, ohne darüber einen Beschluß gefaßt zu haben, so liegt darin ebenfalls ein Verfahrensmangel[104].

46   **b) § 61 Nr. 3.** Das Revisionsgericht kann prüfen, ob der Tatrichter den Zeugen unter Verkennung des Rechtsbegriffs der wesentlichen Aussage unvereidigt gelassen hat[105]. Der Rechtsfehler besteht dann darin, daß das Gericht die Aussage eines Zeugen, von dessen Vereidigung es nach § 61 Nr. 3 abgesehen hat, bei der Beweiswürdigung in einem für die Urteilsfindung wesentlichen Punkt herangezogen hat[106]. Der Beweis hierfür kann nur durch die Urteilsgründe geführt werden[107]. Dabei genügt es nicht, daß der Zeuge in dem Urteil bei der zusammenfassenden Angabe der Beweismittel aufgeführt ist[108]. Ist der Zeuge aufgrund einer Vorabentscheidung des Vorsitzenden (oben Rdn. 41) unvereidigt geblieben, so kann die Rüge der Verletzung der §§ 59, 61 Nr. 3 auch dann erhoben werden, wenn der Beschwerdeführer keine Entscheidung des Gerichts herbeigeführt hat. Denn Sache des Gerichts war es, die Vereidigung nachzuholen, wenn die weitere Verhandlung ergab, daß die Voraussetzungen des § 61 Nr. 3 nicht vorlagen, weil die Aussage wesentliche Bedeutung hatte[109].

47   **c) § 61 Nr. 4.** Hat das Gericht die Verurteilung wegen Meineids nicht gekannt und den Zeugen daher ohne weiteres vereidigt, so begründet das nicht die Revision[110]. Die abweichende Ansicht von *Kohlhaas* (NJW **1970** 649) beruht auf einer unzulässigen Gleichsetzung der Rechtslage nach dem aufgehobenen § 60 Nr. 2, der ein Vereidigungsverbot bestimmte, mit der des § 61 Nr. 4. Hat das Gericht trotz nicht rechtskräftiger Verurteilung des Zeugen wegen Meineides ein Eideshindernis angenommen, ist dies ein revisionsrechtlicher Rechtsfehler (vgl. Rdn. 29).

48   **d) § 61 Nr. 5.** Das Revisionsgericht kann, wenn allseits auf die Vereidigung verzichtet worden ist, in der Regel davon ausgehen, daß der Eid zur Wahrheitsforschung nicht notwendig war; andernfalls hätten nicht alle Beteiligten darauf verzichtet (vgl. BTDrucks. 7 551 S. 61). Es ist daher regelmäßig zwecklos, daß ein erst nach dem Urteilserlaß beauftragter Verteidiger die Rüge erhebt, der Verzicht auf die Vereidigung hätte das Gericht nicht veranlassen dürfen, von ihr abzusehen.

49   Zu Rechtsfehlern im Zusammenhang mit der **Begründung** von Beschlüssen zu § 61 vgl. § 64 Rdn. 2 ff, 7.

---

[104] BGHSt **1** 346; OLG Karlsruhe NJW **1980** 716.
[105] BGHSt **1** 11 = MDR **1951** 242 mit Anm. *Dallinger*; OLG Oldenburg NJW **1951** 731; KK-*Pelchen* 33; KMR-*Paulus* 27; *Kleinknecht/Meyer* [37] 31; *Dahs/Dahs* 211.
[106] BGHSt **1** 11 = MDR **1951** 242 mit Anm. *Dallinger*; BGHSt **7** 281; BGH VRS **6** 48; OLG Hamm NJW **1973** 1940; OLG Köln JMBlNRW **1958** 180; OLG Saarbrücken JBl. Saar **1960** 64; *Kleinknecht/Meyer* [37] 31; KMR-*Paulus* 27; *Dahs/Dahs* 211; *Dahs sen.* NJW **1950** 889.
[107] BGHSt **1** 9 = MDR **1951** 242 mit Anm. *Dal-*

linger; BGH NJW **1951** 325; BGH VRS **5** 283; OLG Oldenburg NJW **1951** 731; *Kleinknecht/Meyer* [37] 31; KMR-*Paulus* 27; *Dalcke/Fuhrmann/Schäfer* 6.
[108] BGH NJW **1951** 325; BGH bei *Dallinger* MDR **1972** 17; OLG Saarbrücken JBl. Saar **1960** 64; KK-*Pelchen* 33; *Kleinknecht/Meyer* [37] 31; KMR-*Paulus* 27; *Eb. Schmidt* 15; *Hülle* NJW **1951** 297.
[109] BGHSt **7** 281; vgl. auch KK-*Pelchen* 31; a. A OLG Celle NdsRpfl. **1963** 164.
[110] KK-*Pelchen* 33; *Kleinknecht/Meyer* [37] 32; KMR-*Paulus* 27.

§ 62

Im Privatklageverfahren werden Zeugen nur vereidigt, wenn es das Gericht wegen der ausschlaggebenden Bedeutung der Aussage oder zur Herbeiführung einer wahren Aussage für notwendig hält.

Schrifttum. *Seibert* Der Eid der kleinen Leute, JZ 1952 475.

Entstehungsgeschichte. Die Vorschrift wurde durch Art. I des Gesetzes zur Einschränkung der Eide im Strafverfahren vom 24. 11. 1933 (RGBl. I 1008) eingefügt. Der frühere § 62 betraf die Eidesformel und wurde § 66 c. Durch Art. 4 Nr. 4 der Verordnung zur Durchführung der Verordnung zur Angleichung des Strafrechts des Altreichs und der Alpen- und Donau-Reichsgaue vom 29. 5. 1943 (RGBl. I 341) wurde § 62 aufgehoben; die gleichzeitige Umgestaltung des § 59 zu einer Ermessensvorschrift machte ihn überflüssig. Art. 3 Nr. 22 VereinhG fügte § 62 in veränderter Fassung (die Zulässigkeit der Vereidigung hängt nicht, wie nach der ursprünglichen Fassung, von der „Bedeutung", sondern von der „ausschlaggebenden Bedeutung" der Aussage ab) wieder ein. Durch Art. 21 Nr. 8 EGStGB wurde wegen des Wegfalls der Übertretungen der Anwendungsbereich der Vorschrift auf das Privatklageverfahren beschränkt.

Übersicht

1. Allgemeines. Im Privatklageverfahren geht es meist um Bagatellsachen, so daß **1** die Abnahme des Zeugeneides in keinem rechten Verhältnis zur Bedeutung der Sache steht. Deshalb schränkt § 62 für solche Strafsachen den Grundsatz der allgemeinen Vereidigungspflicht (§ 59) noch über § 61 hinaus ein. Die Vorschrift kehrt das Regel-Ausnahme-Verhältnis der §§ 59 bis 61 um; im Privatklageverfahren ist die Nichtvereidigung der Zeugen die Regel, ihre Vereidigung die Ausnahme. Das Druckmittel des Eides wird aber nicht grundsätzlich ausgeschlossen; ebensowenig wird die Pflicht des Gerichts zur vollständigen Sachaufklärung (§ 244 Abs. 2) eingeschränkt (*Seibert* JZ 1952 475). Denn im Privatklageverfahren kommt es auf die Ermittlung der Wahrheit in keinem geringeren Maße an als im gewöhnlichen Strafverfahren[1].

Mit § 62 wörtlich **übereinstimmende Regelungen** enthalten § 49 Abs. 1 JGG für **2** das Verfahren gegen Jugendliche (nicht gegen Heranwachsende) vor dem Jugendrichter und § 48 Abs. 1 Satz 1 OWiG für das Bußgeldverfahren.

---

[1] BGHSt **14** 377; KK-*Pelchen* 1.

3   **2. Verhältnis zu §§ 60, 61.** Auch im Privatklageverfahren gelten die Vereidigungs-verbote des § 60 Nr. 1 für Zeugen, denen aus Alters- oder Verstandesgründen die Vor-stellung von der Bedeutung des Eides fehlt, und des § 60 Nr. 2 für teilnahmeverdächtige Zeugen. Beide Bestimmungen gehen dem § 62 vor; diese Vorschrift braucht daher nicht herangezogen zu werden, wenn der Zeuge aus einem der in § 60 genannten Gründe nicht vereidigt werden darf[2]. Da gegen die Verbote des § 60 nicht verstoßen wird, wenn der Zeuge, aus welchen Gründen immer, nur uneidlich vernommen wird, ist es aber un-schädlich, wenn die Vereidigung nach § 62 unterblieben ist, obwohl sie schon nach § 60 nicht hätte erfolgen dürfen[3]. Die Vorschrift des § 61, insbesondere die Zulässigkeit des Absehens von der Vereidigung wegen unwesentlicher Aussage (§ 61 Nr. 3), tritt hinter § 62 zurück. Denn in § 61 werden Ausnahmen von dem Eideszwang des § 59 nur in engen Grenzen zugelassen, während im Fall des § 62 die Nichtvereidigung der Aussage gerade die Regel ist[4]. § 61 hat aber auf die nach § 62 zu treffende Ermessensentschei-dung des Gerichts insofern Einfluß, als von einer Vereidigung nach § 62 abgesehen wer-den sollte, wenn das sogar im gewöhnlichen Strafverfahren nach § 61 zulässig wäre (vgl. unten Rdn. 9).

3. Vereidigungsgründe

4   **a) Allgemeines.** Da § 62 eine Sonderregelung gegenüber § 59 enthält, ist im Privat-klageverfahren die Nichtvereidigung des Zeugen die Regel[5]. Die Vereidigung muß stets unterbleiben, wenn keine der in § 62 genannten Voraussetzungen vorliegt[6]. Andererseits ist die Vereidigung nicht zwingend vorgeschrieben, wenn diese Voraussetzungen gege-ben sind; vielmehr entscheidet der Richter dann nach seinem Ermessen über die Vereidi-gung[7].

5   **b) Ausschlaggebende Bedeutung der Aussage.** Ob eine Aussage von ausschlagge-bender Bedeutung ist, läßt sich nicht allgemein begrifflich, sondern nur nach den Um-ständen des Einzelfalls sagen (BGHSt **16** 103). Dabei kommt es nicht nur auf den In-halt, sondern auch auf den Beweiswert der Aussage an (OLG Schleswig SchlHA **1957** 313). Der Richter ist daher, wie übrigens auch bei der Anwendung des § 61 (vgl. dort Rdn. 23), zu einer gewissen Vorwegnahme der Beweiswürdigung gezwungen.

6   Die Aussage ist immer ohne ausschlaggebende Bedeutung, wenn sie schon nach ihrem **Inhalt** für die Entscheidung nicht wesentlich ist (BGHSt **16** 103). Ausschlagge-bende Bedeutung hat sie insbesondere dann nicht, wenn sie nur zusätzlich zu anderen, bereits genügenden Beweismitteln verwertet wird[8]. Auch wenn andere Beweise oder Be-weisanzeichen vorhanden sind, kann die Aussage aber ausschlaggebend sein, sofern erst sie für die Beweiswürdigung entscheidend ist[9]. Eine ausschlaggebende Bedeutung kommt der Aussage demnach zu, wenn sie das alleinige Beweismittel (OLG Neustadt NJW **1952** 118) oder bei der Beweiswürdigung das „Zünglein an der Waage" ist[10].

---

[2] BGHSt **10** 66; KG VRS **27** 207; KMR-*Pau-lus* 2; *Eb. Schmidt* 5.

[3] Vgl. OLG Hamm VRS **28** 277; KMR-*Pau-lus* 2.

[4] BGHSt **16** 102; KG VRS **26** 288; OLG Köln JMBlNRW **1958** 179.

[5] BGHSt **10** 112; **16** 102.

[6] KG NJW **1968** 808; OLG Karlsruhe NJW **1965** 1871; OLG Schleswig SchlHA **1957** 313.

[7] KK-*Pelchen* 4; *Kleinknecht/Meyer*[37] 1.

[8] OLG Schleswig SchlHA **1957** 313; *Eb. Schmidt* Nachtr. I 3; *Rotberg* § 48, 3.

[9] OLG Hamm NJW **1973** 1940; OLG Köln NJW **1954** 570; KMR-*Paulus* 5; *Rotberg* § 48, 3.

[10] BGHSt **16** 103; KG VRS **28** 288; OLG Hamm JMBlNRW **1970** 156; KK-*Pelchen* 2; *Kleinknecht/Meyer*[37] 2; KMR-*Paulus* 5; *Göh-ler* § 48, 3.

Dabei macht es keinen Unterschied, ob es sich um belastende oder um entlastende Aussagen handelt (OLG Hamm NJW **1973** 1940).

Auch eine Aussage, die nach ihrem Inhalt an sich wesentlich ist, hat für die Ent- **7** scheidung keine ausschlaggebende Bedeutung, wenn sie ersichtlich **unwahr** ist[11]. Daraus folgt, daß der Angeklagte keinen Anspruch darauf hat, daß der Richter den Entlastungszeugen entweder glaubt oder sie vereidigt[12]. Eine andere Auslegung würde dazu führen, daß der Richter durch Vereidigung in Bagatellstrafsachen die Zahl der Meineide noch vermehren müßte[13]. Ohne ausschlaggebende Bedeutung ist auch die Aussage eines Zeugen, der behauptet, er erinnere sich an nichts (OLG Schleswig SchlHA **1957** 313). Ausschlaggebend ist ferner die Aussage eines Zeugen nicht schon deshalb, weil sie im Widerspruch zu der eines anderen Zeugen steht, der wegen der ausschlaggebenden Bedeutung seiner Aussage vereidigt worden ist. Denn denkgesetzlich kann nur eine dieser Aussagen wahr und daher wirklich ausschlaggebend sein[14]. Die Vereidigung des später vernommenen Zeugen ist jedoch zulässig, wenn das Gericht nunmehr dessen Aussage für ausschlaggebend hält[15].

c) **Herbeiführung einer wahren Aussage.** Auch im Privatklageverfahren geht das **8** Gebot der Wahrheitsfindung dem Bestreben nach Einschränkung der Zeugeneide vor (*Seibert* JZ **1952** 475). § 62 läßt daher die Vereidigung auch zu, wenn der Richter der Überzeugung ist, daß der Zeuge erhebliche Tatsachen verschwiegen hat, sie aber unter dem Zwang des Eides bekunden werde[16]. Allein die Überzeugung des Gerichts, daß der Zeuge die Unwahrheit sagt oder mit der Wahrheit zurückhält, genügt demnach für die Vereidigung nicht. Es muß auch zu erwarten sein, daß er unter Eid die Wahrheit sagen werde und daß die Tatsachen, die er dann bekunden wird, für die Entscheidung wesentlich sein werden. Ausschlaggebend brauchen sie jedoch nicht zu sein. Wenn sie aber voraussichtlich nicht einmal wesentlich sein werden, so daß sogar im gewöhnlichen Strafverfahren nach § 61 Nr. 3 von der Vereidigung abgesehen werden könnte, erfolgt auch im Privatklageverfahren keine Vereidigung.

4. **Ermessensentscheidung**
a) **Ermessensausübung.** Das Vorliegen einer der beiden Voraussetzungen des § 62 **9** ist vom Gericht stets zu prüfen[17], gestattet jedoch allein noch keine Ausnahme von dem grundsätzlichen Vereidigungsverbot. Erforderlich ist weiter, daß der Richter die Vereidigung für notwendig hält. Er kann sie selbst dann für entbehrlich erachten, wenn die Aussage von ausschlaggebender Bedeutung ist[18]. So kann etwa von der Vereidigung des

[11] BGHSt **16** 99; BayObLG bei *Rüth* DAR **1964** 242; KG VRS **26** 287; KK-*Pelchen* 2; *Kleinknecht/Meyer*[37] 2; KMR-*Paulus* 4; *Eb. Schmidt* Nachtr. I 3; *Brunner* 3; **a. A** OLG Neustadt NJW **1959** 783 mit abl. Anm. *Kohlhaas* NJW **1959** 1190 und Anm. *O. H. Schmitt* NJW **1959** 1454.
[12] BGHSt **16** 105; KG VRS **28** 288.
[13] BGHSt **16** 104; OLG Hamm NJW **1973** 1941; *Kohlhaas* NJW **1959** 1190.
[14] *Kleinknecht/Meyer*[37] 2; **a. A** OLG Köln NJW **1954** 750; OLG Neustadt NJW **1959** 783; KK-*Pelchen* 2; KMR-*Paulus* 5; vgl. auch *Göhler* § 48, 8.
[15] *Kleinknecht/Meyer*[37] 2; *Göhler* § 48, 8.

[16] BGHSt **16** 103; OLG Hamm NJW **1973** 1940; OLG Schleswig SchlHA **1957** 313; KK-*Pelchen* 3; *Kleinknecht/Meyer*[37] 3; KMR-*Paulus* 6.
[17] OLG Breslau HRR **1936** 228; OLG Schleswig SchlHA **1957** 313; *Seibert* JZ **1952** 475.
[18] BGHSt **10** 112; **16** 104; BayObLGSt **1952** 9 = Rpfleger **1952** 428; BayObLGSt **1957** 247 = GA **1958** 307; KG DAR **1957** 50; **1961** 172; OLG Hamburg NJW **1975** 989; OLG Köln NJW **1954** 442; OLG Neustadt NJW **1952** 118; OLG Saarbrücken JBl. Saar **1963** 14; KK-*Pelchen* 4; *Kleinknecht/Meyer*[37] 4; KMR-*Paulus* 7.

Hans Dahs

einzigen Tatzeugen, dessen Aussage für die Entscheidung ausschlaggebend ist, abgesehen werden, wenn der Richter ihm auch ohne Eid glauben will[19]. Wenn der Richter die Aussage für unwahr hält, ist er ebenfalls nicht gezwungen, den Zeugen zu vereidigen; auch insoweit hat er freies Ermessen (OLG Hamm NJW **1973** 1940). Liegt einer der Gründe des § 61 vor, die das Absehen von der Vereidigung auch bei ausschlaggebender Bedeutung der Aussage zulassen, so ist das bei der Ermessensentscheidung zu berücksichtigen. Denn im Privatklageverfahren sollen nicht mehr, sondern weniger Eide abgenommen werden als im gewöhnlichen Strafverfahren[20].

10   Über die Frage, ob der Zeuge nach § 62 zu vereidigen ist, kann nach der Vernehmung zunächst nur **vorläufig** entschieden werden. Ergibt sich im weiteren Verlauf der Verhandlung, insbesondere bei der Urteilsberatung, daß sich die Entscheidungsgrundlagen geändert haben, so ist die Vereidigung des zunächst unvereidigt gebliebenen Zeugen, gegebenenfalls nach Wiedereintritt in die Verhandlung, nachzuholen[21]. Hat das Gericht einen Zeugen nach § 62 vereidigt, so ist es an diese Entscheidung auch bei einer nochmaligen Vernehmung des Zeugen gebunden; denn die Aussage kann insoweit nur einheitlich gewertet werden[22]. Der Zeuge muß daher abermals vereidigt oder es muß nach § 67 verfahren werden.

11   **b) Zuständigkeit.** Die Entscheidung, ob der Zeuge nach § 62 vereidigt wird, trifft zunächst der Vorsitzende[23]. Das Gericht entscheidet nur, wenn hiergegen ein Mitglied des Gerichts oder ein Prozeßbeteiligter Einwendungen erhebt. Es gelten dieselben Grundsätze wie bei den §§ 60, 61 (vgl. daher § 60, 49, § 61, 41; weitere Einzelheiten bei § 59, 13 ff). Hat das Gericht die Nichtvereidigung beschlossen, so ist der Vorsitzende bei einer nochmaligen Vernehmung daran gebunden und darf den Zeugen nicht vereidigen[24].

12   **5. Begründung.** Im Strafverfahren wird, wie überall, nicht begründet, warum der gesetzlichen Regel gefolgt, sondern warum von ihr ausnahmsweise abgewichen wird. Demnach muß im Privatklageverfahren nicht, wie im gewöhnlichen Strafverfahren, die Nichtvereidigung, sondern die nur ausnahmsweise zulässige Vereidigung begründet werden[25]. Bleibt der Zeuge unvereidigt, so genügt daher der Hinweis, daß es sich um ein Privatklageverfahren handelt, oder die bloße Angabe des § 62 (OLG Hamm JMBlNRW **1955** 131).

13   Nach **herrschender Ansicht** ist es umgekehrt. Der Richter muß dartun, ob er von der Vereidigung abgesehen hat, weil er der Aussage keine ausschlaggebende Bedeutung beimißt oder sie zwar für ausschlaggebend, aber eine Vereidigung trotzdem nicht für geboten hält, oder ob er den Zeugen nicht vereidigt, weil er, wenngleich er dessen Aussage für unwahr erachtet, auch unter Eid keine wahre Aussage über wesentliche Tatsachen zu erlangen hofft oder jedenfalls die Vereidigung zu diesem Zweck nicht für notwendig hält. Eine solche Begründung soll deshalb erforderlich sein, weil den Verfahrensbeteiligten Gelegenheit gegeben werden muß, auf tatsächliche und rechtliche Ge-

---

[19] BGHSt **10** 113; **16** 104; OLG Neustadt NJW **1952** 118; KK-*Pelchen* 4; *Eb. Schmidt* 3.

[20] Vgl. KK-*Pelchen* 1; *Eb. Schmidt* 5.

[21] Vgl. BayObLG JR **1965** 233 = VRS **28** 275; vgl. § 60, 53.

[22] KG NJW **1968** 807; KMR-*Paulus* 10.

[23] KG VRS **5** 366; KK-*Pelchen* 8; *Kleinknecht/ Meyer*[37] 5; KMR-*Paulus* 8; **a. A** *Gössel* § 25 E IV d.

[24] OLG Oldenburg NdsRpfl. **1953** 172; *Dalcke/Fuhrmann/Schäfer* 4.

[25] BayObLGSt **1952** 9 = Rpfleger **1952** 428; OLG Breslau HRR **1936** 229; OLG Hamm VRS **9** 44; OLG Schleswig GA **1955** 316, das aber eine Einschränkung bei einem rechtsunkundigen Angeklagten machen will; *Göhler* MDR **1970** 468.

sichtspunkte einzugehen, die der Ansicht des Gerichts entgegenstehen, und sachgemäße Anträge zu stellen[26]. Nur die für die Ausübung des Ermessens maßgebenden tatsächlichen Erwägungen brauchen nicht angegeben zu werden[27].

Diese Rechtsprechung wird in der **Praxis** der unteren Gerichte aus begreiflichen **14** Gründen selten beachtet. Wird eine Revisionsrüge erhoben, so versuchen die Revisionsgerichte meist, das Urteil mit der Begründung zu halten, ausnahmsweise sei der bloße Hinweis auf § 62 ausreichend gewesen, weil sich aus der Sachlage ohne weiteres ergeben habe, aus welchen Gründen von der Vereidigung abgesehen worden ist. Daß unter diesen Umständen ein Verstoß gegen die Begründungspflicht unschädlich ist, erkennt die herrschende Meinung ausdrücklich an[28].

Der Entschluß des Bundesgerichtshofs, seine Rechtsprechung zu § 62 auf das Buß- **15** geldverfahren zu übertragen (BGHSt **24** 69), hat dem **Gesetzgeber** Anlaß gegeben, die Gerichte durch § 48 Abs. 1 Satz 2 OWiG in der seit dem 1. 1. 1975 geltenden Fassung ausdrücklich von einer näheren Begründung der Vereidigung oder Nichtvereidigung zu entbinden. In der Amtlichen Begründung des Regierungsentwurfs zu Art. 4 Nr. 2 des 1. StVRG (BTDrucks. 7 551 S. 105) heißt es dazu: „Aus rechtsstaatlichen Gründen ist es weder geboten, den Beteiligten durch die Begründung der Nichtvereidigung die Möglichkeit einer besonderen Mitprüfung der Vereidigungsfrage und des Beweiserhebungsverfahrens schlechthin zu geben, noch ist es notwendig, dem Rechtsbeschwerdegericht die Möglichkeit der Nachprüfung einzuräumen, ob das Gericht die Voraussetzungen für die Nichtvereidigung mit Recht bejaht hat oder nicht. . .“ Der Gesetzgeber muß das, da er § 48 OWiG entsprechend dem Regierungsvorschlag geändert hat, für überzeugend gehalten haben. Die Meinung des Bundesgerichtshofs, in Bagatellsachen sei insoweit eine Verschärfung der Rechtsüberwachung erforderlich (BGHSt **14** 377), hat er offensichtlich nicht geteilt. Er sollte nunmehr auch für das Privatklageverfahren vorschreiben, daß die Nichtvereidigung ebensowenig wie die Vereidigung begründet werden muß. Die Rechtsprechung hat sich hier auf einen Irrweg begeben.

6. Revision

a) **Vereidigung des Zeugen.** Ist der Zeuge nach § 62 vereidigt worden, so begrün- **16** det das nie die Revision, auch wenn die Voraussetzungen der Vorschrift nicht vorgelegen haben. Denn das Urteil kann nicht darauf beruhen, daß die Wahrheit mit einem stärkeren Mittel erforscht worden ist, als das Gesetz vorsieht[29].

b) **Nichtvereidigung des Zeugen.** Hat über die Nichtvereidigung nur der Vorsit- **17** zende entschieden (oben Rdn. 11), so ist die Rüge, das Gericht habe den Zeugen zu Unrecht nicht nach § 62 vereidigt, nur zulässig, wenn der Beschwerdeführer gegen diese Entscheidung das Gericht angerufen hatte[30]. Anders ist es, wenn der Zeuge mit der Be-

---

[26] BGHSt **10** 109; **14** 374; BGH VRS **30** 298; BayObLG bei *Rüth* DAR **1964** 242; KG NJW **1968** 808; VRS **20** 360, 362; OLG Bremen NJW **1953** 1565; OLG Celle NdsRpfl. **1961** 231; **1963** 215; **1969** 22 = VRS **36** 211; OLG Hamburg GA **1973** 278; OLG Hamm DAR **1956** 53; JMBlNRW **1970** 156; NJW **1973** 1940; OLG Karlsruhe NJW **1965** 1871; OLG Köln NJW **1954** 442, 570; JMBlNRW **1958** 179; KK-*Pelchen* 5; *Kleinknecht/Meyer*[37] 4; KMR-*Paulus* 9; *Eb. Schmidt* Nachtr. I 6; *Schorn* NJW **1966** 1015; *Seibert* JZ **1952** 472.

[27] BGHSt **10** 113; KK-*Pelchen* 5.
[28] BGHSt **10** 112; **14** 378; BGH VRS **30** 298; KG DAR **1957** 50; VRS **20** 362; OLG Bremen NJW **1953** 1565; OLG Hamburg GA **1973** 278; OLG Hamm NJW **1974** 1940; OLG Karlsruhe NJW **1965** 1871; KK-*Pelchen* 5; KMR-*Paulus* 9; *Kleinknecht/Meyer*[37] 4.
[29] OLG Köln JMBlNRW **1958** 179; KMR-*Paulus* 11; *Göhler* § 48, 4.
[30] OLG Celle NdsRpfl. **1969** 22 = VRS **36** 211; KK-*Pelchen* 8; *Kleinknecht/Meyer*[37] 5; KMR-*Paulus* 11; vgl. auch § 61, 43.

Hans Dahs

gründung unvereidigt geblieben ist, daß seine Aussage nicht von ausschlaggebender Bedeutung sei, das Urteil aber ergibt, daß sie doch für die Schuld- oder Rechtsfolgenfrage in ausschlaggebender Weise gewürdigt worden ist. Das ist ein revisibler Rechtsverstoß, den nicht der Vorsitzende, sondern das Gericht verschuldet hat[31]. Die Rüge, die wegen Fehlens einer ausschlaggebenden Bedeutung unbeeidete Aussage sei in Wahrheit doch ausschlaggebend gewesen, kann nur durch den Inhalt des Urteils bewiesen werden[32].

18 **c) Unterlassen der Beschlußfassung über die Vereidigung.** Hat das Gericht den Zeugen unvereidigt gelassen, ohne zu erwägen, ob seine Vereidigung nach § 62 zulässig und geboten ist, so kann das die Revision begründen[33]. Der Fehler kann nicht dadurch geheilt werden, daß die Aussage des Zeugen in dem Urteil als eidliche gewürdigt wird (OLG Hamm JMBlNRW **1963** 87).

19 **d) Fehlen der Begründung.** Wenn das Gericht seine Entscheidung über die Vereidigung nicht oder nicht vollständig begründet hat, ist nicht § 62, sondern § 64 verletzt (vgl. dort Rdn. 7).

§ 63

Die in § 52 Abs. 1 bezeichneten Angehörigen des Beschuldigten haben das Recht, die Beeidigung des Zeugnisses zu verweigern; darüber sind sie zu belehren.

Entstehungsgeschichte. Das Eidesverweigerungsrecht der Angehörigen des Beschuldigten und die Belehrungspflicht waren ursprünglich in § 57 Abs. 2 (nach der Bekanntmachung von 1924: § 58 Abs. 2) geregelt. Der jetzige § 63 wurde durch Art. I des Gesetzes zur Einschränkung der Eide im Strafverfahren vom 24. 11. 1933 (RGBl. I 1008) eingefügt; der frühere § 63 betraf die Eidesformel und wurde § 66 c. Durch Art. 3 Nr. 23 VereinhG wurde § 63 ohne sachliche Änderungen neu gefaßt.

1. Recht zur Eidesverweigerung

1 **a) Allgemeines.** Nach § 63 haben nur die Angehörigen des Beschuldigten, nicht die des Verletzten, das Recht, den Eid zu verweigern. Wer Angehöriger ist, bestimmt § 52 Abs. 1. Hat der Zeuge nur teilweise ein Aussageverweigerungsrecht (§ 52, 20), so darf er auch nur teilweise den Eid verweigern[1]. Der Umfang des geleisteten Eides ist dann in der Sitzungsniederschrift zu beurkunden (vgl. § 59, 19).

2 **b) Folge der Eidesverweigerung.** Wenn der Zeuge erklärt, daß er von seinem Weigerungsrecht Gebrauch machen wolle, unterbleibt die Vereidigung ohne weiteres; ein Gerichtsbeschluß über die Nichtvereidigung ist nicht erforderlich[2]. Die Weigerung ist ebenso wie der Verzicht auf das Weigerungsrecht im Sitzungsprotokoll zu beurkunden. Ebensowenig wie aus der Zeugnisverweigerung (§ 52, 41) dürfen aus der Eidesverweigerung des Angehörigen bei der Beweiswürdigung Schlüsse zum Nachteil des Angeklagten gezogen werden[3].

---

[31] BayObLG JR **1965** 233 = VRS **28** 275; OLG Hamm JMBlNRW **1970** 156; KMR-*Paulus* 11; mißverständlich *Kleinknecht/Meyer*[37] 5.

[32] OLG Hamm VRS **29** 39; vgl. auch § 61, 46.

[33] KG VRS **5** 365; KK-*Pelchen* 8; KMR-*Paulus* 11.

[1] RGSt **16** 156; KK-*Pelchen* 1; *Kleinknecht/Meyer*[37] 1; KMR-*Paulus* 1.

[2] KK-*Pelchen* 2; *Kleinknecht/Meyer*[37] 1; KMR-*Paulus* 2; *Eb. Schmidt* 2.

[3] *Kleinknecht/Meyer*[37] 1; **a. A** KK-*Pelchen* 4.

c) Widerruf der Erklärung. Der Zeuge, der zunächst erklärt hat, daß er von sei- **3** nem Weigerungsrecht keinen Gebrauch machen wolle, kann diese Erklärung ebenso wie den Verzicht auf das Zeugnisverweigerungsrecht (§ 52 Abs. 3 Satz 2) vor seiner Vereidigung widerrufen[4]. Umgekehrt kann der Zeuge, der sich zunächst geweigert hatte, den Eid zu leisten, später erklären, daß er auf sein Weigerungsrecht verzichten wolle[5]. Er kann dann aber nach § 61 Nr. 2 unvereidigt bleiben (KK-*Pelchen* 3). Darüber entscheidet zunächst der Vorsitzende, auch wenn zuvor das Gericht die Vereidigung des Zeugen beschlossen hatte[6].

2. Belehrung

a) Allgemeines. Die Belehrung des Angehörigen über sein Recht zur Verweige- **4** rung des Eides schreibt § 63 zwingend vor. Sie ist nicht schon in der Belehrung über das Zeugnisverweigerungsrecht nach § 52 Abs. 3 Satz 1 enthalten[7]. Von der Belehrung darf nicht deshalb abgesehen werden, weil sich der Zeuge zur Eidesleistung bereit erklärt[8]. Nur wenn er darauf hinweist, daß ihm das Weigerungsrecht bekannt ist, er aber dennoch den Eid leisten wolle, darf die Belehrung, die dann überflüssig ist, unterbleiben (KMR-*Paulus* 4). Die Erklärung des Zeugen muß aber in die Sitzungsniederschrift aufgenommen werden.

b) Zeitpunkt. § 63 schreibt nicht vor, daß die Belehrung über das Recht, den Eid **5** zu verweigern, schon vor der Aussage des Zeugen, also zugleich mit der Belehrung nach § 52 Abs. 3 Satz 1, erteilt werden muß. Die Belehrung ist daher erst notwendig, wenn das Gericht beschließt, daß von der Vorschrift des § 61 Nr. 2 kein Gebrauch gemacht werden soll[9]. Denn wenn der Zeuge keinen Eid leisten muß, entsteht für ihn kein Weigerungsrecht, über das er belehrt werden muß. Übrigens kann es für die Erforschung der Wahrheit sogar hinderlich sein, wenn die Belehrung schon vor der Aussage erteilt wird; möglicherweise wird dann die Aussage des Zeugen davon beeinflußt, daß er von vornherein nicht mit der Vereidigung rechnet (vgl. RGSt **46** 117).

c) Wiederholung. Der Zeuge ist bei jeder Vernehmung über sein Eidesverweige- **6** rungsrecht zu belehren[10], auch wenn bei einer erneuten Vernehmung der Eid durch die Versicherung nach § 67 ersetzt werden soll[11]. Die Belehrung darf nicht deswegen unterbleiben, weil der Zeuge bereits bei einer früheren Vernehmung den Eid nach Belehrung geleistet hat (RGRspr. **1** 358). Denn das hindert ihn nicht, den Eid nunmehr zu verweigern.

d) Protokoll. Die Belehrung ist eine wesentliche Förmlichkeit im Sinne der **7** § 168 a Abs. 2, § 273 Abs. 1. Sie muß daher im Protokoll beurkundet werden[12].

---

[4] RGSt **62** 144; KK-*Pelchen* 3; *Kleinknecht/ Meyer*[37] 1; KMR-*Paulus* 3; *Eb. Schmidt* 5.

[5] BayObLGSt **1951** 74 = HESt **3** 14; KK-*Pelchen* 3; *Kleinknecht/Meyer*[37] 1; KMR-*Paulus* 3; *Eb. Schmidt* 5; *Dalcke/Fuhrmann/Schäfer* 1.

[6] BayObLGSt **1951** 74 = HESt **3** 14.

[7] BGHSt **4** 217; BGH bei *Dallinger* MDR **1969** 194; RGSt **42** 321; **62** 142; RGRspr. **7** 357; RG JW **1928** 2142 mit Anm. *Mezger*; RG HRR **1942** 466; OLG Dresden DRiZ **1931** Nr. 703; KK-*Pelchen* 5; *Kleinknecht/Meyer*[37] 2; KMR-*Paulus* 4; *Eb. Schmidt* 3; *Dalcke/ Fuhrmann/Schäfer* 2; *Dahs/Dahs* 212.

[8] RGRspr. **5** 576; RG GA **56** (1909) 89; OLG Dresden DRiZ **1931** Nr. 703; KMR-*Paulus* 4.

[9] BGH bei *Dallinger* MDR **1969** 194; RGSt **46** 116; RG GA **37** (1885) 187; KK-*Pelchen* 5; *Kleinknecht/Meyer*[37] 2; KMR-*Paulus* 4; *Eb. Schmidt* 4.

[10] KK-*Pelchen* 6; *Kleinknecht/Meyer*[37] 2; KMR-*Paulus* 5.

[11] RGRspr. **5** 600; OLG Dresden DRiZ **1931** Nr. 703; KMR-*Paulus* 5.

[12] KK-*Pelchen* 8; *Kleinknecht/Meyer*[37] 2; KMR-*Paulus* 7.

Hans Dahs

8   **e) Heilung des Unterlassens.** Bemerkt das Gericht nach der Vereidigung, daß der Zeuge über sein Recht zur Eidesverweigerung nicht belehrt worden ist, so muß es diesen Mangel noch in der Hauptverhandlung heilen (vgl. auch § 52, 52). Wenn der Zeuge noch anwesend ist, muß er zu der Erklärung aufgefordert werden, ob er den Eid auch geleistet hätte, wenn er ordnungsmäßig darüber belehrt worden wäre, daß er ihn verweigern könne. Bejaht der Zeuge das, so kann die Eidesleistung berücksichtigt werden[13]. Verneint er die Frage oder kann er nicht mehr angehört werden, dann muß das Gericht die Aussage als uneidliche werten[14]. Darüber muß es die Prozeßbeteiligten vor Erlaß des Urteils unterrichten[15].

9   **3. Revision.** Das Unterlassen der Belehrung berührt unmittelbar die Interessen des Angeklagten an einer ordnungsmäßigen Verhandlungsführung; er kann den Verfahrensmangel daher mit der Revision rügen[16]. Ob das Gericht überhaupt gewußt hat, daß der Zeuge ein Angehöriger des Angeklagten ist, spielt keine Rolle[17]. Der Verfahrensverstoß ist aber kein zwingender Revisionsgrund; er führt nur dann zur Aufhebung des Urteils, wenn es auf ihm beruht[18]. Den Verstoß kann auch ein Mitangeklagter rügen, wenn das Verfahren gegen ihn dieselbe Tat betrifft, über die der Zeuge vernommen worden ist[19].

§ 64

Unterbleibt die Vereidigung eines Zeugen, so ist der Grund dafür im Protokoll anzugeben.

Entstehungsgeschichte. Die Vorschrift wurde durch Art. I des Gesetzes zur Einschränkung der Eide im Strafverfahren vom 24. 11. 1933 (RGBl. I 1008) eingefügt; der Inhalt des früheren § 64 wurde in die §§ 66 c und 66 d (jetzt § 66 e) aufgenommen. Durch Art. 3 Nr. 24 VereinhG wurde nach dem Wort „Zeugen" die Angabe „nach den §§ 60 bis 63" gestrichen.

1   **1. Allgemeines.** Die Vorschrift bezieht sich nur auf die Zeugenvernehmung in der Hauptverhandlung und auf kommissarische Vernehmungen nach § 223 (vgl. § 66 a, 2); sonst gilt § 66 a. Durch § 64 wird der sich bereits aus § 34 ergebende Begründungszwang für die Entscheidung über die Nichtvereidigung wiederholt. Ferner ergänzt die Vorschrift den § 273 Abs. 1 dahin, daß die Gründe für das Absehen von der Vereidigung in die Sitzungsniederschrift aufgenommen werden müssen.

---

[13] KK-*Pelchen* 7; *Kleinknecht/Meyer*[37] 2; KMR-*Paulus* 6.

[14] KK-*Pelchen* 7; *Henkel* 215 Fußn. 10; *Dahs/Dahs* 212.

[15] KK-*Pelchen* 7; KMR-*Paulus* 6.

[16] BGHSt 4 217; RGSt 9 386; **42** 321; RG JW **1928** 2142 mit Anm. *Mezger*; KK-*Pelchen* 9; *Kleinknecht/Meyer*[37] 3; KMR-*Paulus* 8; *Eb. Schmidt* Nachtr. I; *Henkel* 215 Fußn. 10; *Dahs/Dahs* 212.

[17] RGRspr. **7** 346; **9** 129.

[18] BGHSt 4 218; BGH bei *Dallinger* MDR **1969** 194; RGSt 9 387; RG HRR **1942** 466; *Kleinknecht/Meyer*[37] 3; KMR-*Paulus* 8; *Dahs/Dahs* 212.

[19] BGHSt 4 218; KK-*Pelchen* 9; *Kleinknecht/Meyer*[37] 3; KMR-*Paulus* 8.

2. Begründung der Nichtvereidigung. Wird ein Zeuge entsprechend der gesetzli- **2** chen Regel des § 59 vereidigt, so bedarf das keiner besonderen Begründung (§ 59, 18). Zu begründen ist nur, weshalb von dieser Regel abgewichen worden ist. Die Gründe, aus denen der Zeuge unvereidigt geblieben ist, sind sowohl in den Fällen des § 60 als auch in denen des § 61 bekanntzugeben (für § 62 vgl. dort Rdn. 12 ff), auch wenn die Entscheidung dem Antrag eines Prozeßbeteiligten entspricht. Die Begründungspflicht dient dem Zweck, dem Revisionsgericht die Prüfung zu ermöglichen, ob der Tatrichter von der Vereidigung ohne Rechtsfehler abgesehen hat, und sie soll die Verfahrensbeteiligten in die Lage versetzen, ihr weiteres Prozeßverhalten darauf einzurichten und gegebenenfalls weitere Anträge zu stellen[1]. Der bloße Hinweis auf § 60 oder § 61 reicht dazu regelmäßig nicht aus[2]. Einer Bekanntgabe der Gründe für die Nichtvereidigung bedarf es ausnahmsweise dann nicht, wenn sie offensichtlich sind[3].

Für den **notwendigen Inhalt** der Begründung gibt es nur zwei allgemeine Grund- **3** sätze. Einmal braucht das Gericht nicht die bloße Ausübung seines Ermessens zu begründen[4]. Zum anderen kann die Begründung sich auf das Notwendigste beschränken oder ganz entfallen, wenn für alle Verfahrensbeteiligten und auch für das Revisionsgericht ohne weiteres ersichtlich ist, weshalb der Zeuge nicht vereidigt worden ist[5]. Im übrigen läßt sich nicht allgemein sagen, welche Begründung erforderlich ist, um die Verfahrensbeteiligten zu unterrichten und dem Revisionsgericht die Prüfung zu ermöglichen. Die Frage ist daher bei den einzelnen Vorschriften der §§ 60, 61 erörtert.

Liegen **mehrere** der in §§ 60, 61 aufgeführten **Gründe** für die Nichtvereidigung **4** des Zeugen vor, so kann sich das Gericht darauf beschränken, einen von ihnen zu nennen. Der Angeklagte hat keinen Anspruch darauf, daß sie alle erörtert werden[6]. Es ist aber nicht unzulässig, daß das Gericht sich auf mehrere Gründe beruft; die Nichtvereidigung darf auch damit begründet werden, daß entweder der eine oder der andere Grund vorliegt[7].

3. Protokoll. Die Nichtvereidigung des Zeugen ist eine wesentliche Förmlichkeit **5** im Sinne der § 168 a Abs. 1, § 273 Abs. 1[8]. § 64 bestimmt, daß auch der Grund der Nichtvereidigung in dem Vernehmungsprotokoll oder in der Sitzungsniederschrift anzugeben ist. Das Fehlen eines Protokollvermerks kann nicht dadurch geheilt werden, daß die Gründe für die Nichtvereidigung in dem Urteil nachgeschoben werden; denn die Bekanntgabe in der Hauptverhandlung dient ja dem Zweck, die Verfahrensbeteiligten

---

[1] BGHSt 10 111; 14 375; BGH NJW 1952 273; 1960 1776; BGH bei *Dallinger* MDR 1951 275; RGSt 24 132; RG DR 1940 1528 L; OLG Koblenz HESt 2 81; OLG Köln MDR 1974 861; KK-*Pelchen* 1; *Kleinknecht/Meyer*[37] 1; KMR-*Paulus* 4; *Dahs sen.* NJW 1950 889; *Schorn* NJW 1966 1015.

[2] OLG Köln NJW 1954 443; vgl. auch *Kleinknecht/Meyer*[37] 1.

[3] BGH bei *Pfeiffer* NStZ 1981 93; vgl. auch BGH bei *Spiegel* DAR 1981 195.

[4] BGHSt 10 111; RGSt 77 332; RGRspr. 1 358; RG JW 1935 47, 542; OLG Hamburg JR 1950 568; OLG Hamm JMBlNRW 1949 201; OLG Oldenburg NdsRpfl. 1949 128.

[5] BGHSt 10 112; BGH GA 1980 420; RG LZ 1918 939; OLG Köln NJW 1954 442; KK-*Pelchen* 2; *Kleinknecht/Meyer*[37] 1; KMR-*Paulus* 4.

[6] BGHSt 17 186; BGH bei *Spiegel* DAR 1980 203; RG JW 1935 2976; 1936 1918; OLG Köln MDR 1974 861; KK-*Pelchen* 3; *Kleinknecht/Meyer*[37] 1; KMR-*Paulus* 4; *Seibert* NJW 1963 142.

[7] KK-*Pelchen* 3; *Kleinknecht/Meyer*[37] 1; *Seibert* NJW 1963 142.

[8] OGH Köln NJW 1949 796; KG VRS 5 366; OLG Saarbrücken VRS 48 439; *Kleinknecht/Meyer*[37] 2; KK-*Pelchen* 5; *Dahs sen.* NJW 1950 889; vgl. auch § 59, 19.

Hans Dahs

über diese Gründe schon vor dem Urteil zu unterrichten[9]. Enthält das Urteil eine weitere Begründung, so ist das unschädlich, wenn sie keine Rechtsfehler erkennen läßt und den in der Hauptverhandlung bekanntgegebenen Gründen nicht widerspricht (OLG Koblenz VRS **45** 188). Wird jedoch in dem Urteil ein anderer Grund für die Nichtvereidigung angegeben als in der Hauptverhandlung, so steht das dem Fall gleich, daß die Bekanntmachung der Gründe in der Hauptverhandlung unterblieben ist[10].

6   Ist der Zeuge nur **teilweise vereidigt** worden, so muß die Sitzungsniederschrift klar ergeben, welchen Teil der Aussage er beschworen hat und welchen nicht (vgl. § 59, 19).

7   **4. Revision.** § 64 wird häufig als bloße Ordnungsvorschrift bezeichnet[11]. Damit ist nur gemeint, daß die Revision nicht darauf gestützt werden kann, daß der Grund der Nichtvereidigung nicht im Protokoll vermerkt ist; vielmehr muß, weil bloße Protokollrügen unzulässig sind (vgl. § 344, 86), mit der Revision gerügt werden, daß die Gründe für die Nichtvereidigung in der Hauptverhandlung nicht bekanntgegeben worden sind[12]. Eine Anrufung des Gerichts gegen die Unterlassung des Vorsitzenden ist nicht erforderlich (BGH NStZ **1981** 71). Ein Verstoß gegen § 64 kann auch gerügt werden, wenn die Nichtvereidigung des Zeugen zwar begründet worden ist, diese Gründe aber unzureichend sind (*Dahs/Dahs* 213). Die Revision führt nicht zum Erfolg, wenn nach Lage der Sache für alle Beteiligten ohne weiteres zu erkennen war und auch für das Revisionsgericht erkennbar ist, warum der Zeuge unvereidigt geblieben ist[13]. Das gilt insbesondere, wenn sich aus dem Urteil ergibt, daß der Zeuge nach § 60 nicht vereidigt werden durfte. In diesem Fall kann sowohl das völlige Fehlen der Begründung als auch ihr fehlerhafter Inhalt unschädlich sein[14]. Hat der Beschwerdeführer das Absehen von der Vereidigung selbst beantragt, so wird das Urteil regelmäßig nicht auf der mangelhaften Begründung beruhen[15].

§ 65

Im vorbereitenden Verfahren ist die Vereidigung nur zulässig, wenn
1. **Gefahr im Verzug ist,**
2. **der Eid als Mittel zur Herbeiführung einer wahren Aussage über einen für das weitere Verfahren erheblichen Punkt erforderlich erscheint oder**

---

[9] BGHSt 1 10 = MDR **1951** 242 mit Anm. *Dallinger*; RGSt **24** 132; RG JW **1893** 290; **1894** 348, 395; **1925** 2780; RG DJZ **1909** 324; *Kleinknecht/Meyer*[37] 2; *Seibert* NJW **1963** 143.

[10] OLG Köln MDR **1974** 861; *Kleinknecht/Meyer*[37] 2; **a. A** RG HRR **1932** 1803, das die nachgeschobenen Gründe nur für unbeachtlich hält; RG LZ **1921** 756; KG VRS **6** 291 halten nur dann einen Revisionsgrund für gegeben, wenn die nachgeschobenen Gründe fehlerhaft sind.

[11] RG JW **1935** 47; RG DR **1940** 1528 L; RG HRR **1938** 717; KG VRS **5** 365; OLG Hamm JMBlNRW **1949** 202; *Dalcke/Fuhrmann/ Schäfer* 2.

[12] KG VRS **5** 364; OLG Hamm VRS **7** 128; *KK-Pelchen* 7; *Kleinknecht/Meyer*[37] 3; *KMR-Paulus* 6; *Eb. Schmidt* 3; *Sarstedt/ Hamm* 242; *Dahs/Dahs* 213; *Dahs sen.* NJW **1950** 889.

[13] BGHSt **10** 112; BGH bei *Dallinger* MDR **1951** 275; BGH VRS **31** 190; BGH GA **1980** 420; RG JW **1935** 47; OLG Koblenz VRS **42** 30; *KK-Pelchen* 7; *Kleinknecht/Meyer*[37] 3; *KMR-Paulus* 6.

[14] RGSt **53** 215; OLG Hamm NJW **1973** 1939; *Kleinknecht/Meyer*[37] 3; *KMR-Paulus* 6.

[15] BGH bei *Dallinger* MDR **1951** 275; *KK-Pelchen* 7; *KMR-Paulus* 6.

3. der Zeuge voraussichtlich am Erscheinen in der Hauptverhandlung verhindert sein wird.

Schrifttum. *Busch* Die unzulässige Vereidigung außerhalb der Hauptverhandlung, MDR **1963** 894; *Schmarje* Zur Anwendung des §66 Absatz 3 StrPO, DJZ **1926** 370.

Entstehungsgeschichte. Die Vereidigung von Zeugen im Vorverfahren regelte ursprünglich §65 Abs. 3 (nach der Neubekanntmachung von 1924: §66 Abs. 3). Bei der Neuregelung des Eidesrechts durch Art. I des Gesetzes zur Einschränkung der Eide im Strafverfahren vom 24. 11. 1933 (RGBl. I 1008) wurde der jetzige §65 eingefügt. Durch Art. 21 Nr. 9 EGStGB wurde Absatz 2, der die Vereidigung im vorbereitenden Verfahren wegen einer Übertretung verbot, gestrichen. Art. 1 Nr. 15 des 1. StVRG faßte die Vorschrift neu; Nummer 1 und 2 entsprechen dem bisherigen Recht, Nummer 3 ist neu.

1. Allgemeines. Der Zeuge wird nach §59 Satz 2 regelmäßig erst in der Hauptverhandlung vereidigt. Ausnahmen bestimmen die §§65, 223 Abs. 3, §286 Abs. 2. Nach §65 ist die Vereidigung im vorbereitenden Verfahren ausnahmsweise zulässig, wenn es aus bestimmten Gründen notwendig oder zweckmäßig ist, sie schon in diesem Verfahrensabschnitt vorzunehmen. Zum vorbereitenden Verfahren gehört auch das Klageerzwingungsverfahren; §65 gilt daher auch für Vernehmungen nach §173 Abs. 3[1]. Die Vorschrift ist ferner auf Vernehmungen nach §202 Satz 1[2] und auf Beweiserhebungen bei der vorläufigen Einstellung des Verfahrens nach §205 Satz 2 anzuwenden[3]. Die Vereidigung nach §65 setzt selbstverständlich voraus, daß kein Vereidigungsverbot nach §60 besteht (*Kleinknecht/Meyer*[37] 1) und daß der Zeuge nicht von seinem Eidesverweigerungsrecht nach §63 Gebrauch macht. Der Grund der Vereidigung ist nach §66a im Protokoll anzugeben. **1**

2. Zulässigkeit der Vereidigung
a) Gefahr im Verzug (Nummer 1). Die Gefahr bezieht sich nicht in erster Hinsicht darauf, daß eine Nachholung der Vereidigung nach §251 Abs. 4 Satz 4 gefährdet erscheint, sondern vor allem darauf, daß die Möglichkeit einer erneuten Vernehmung, bei der der Zeuge vereidigt werden könnte, unsicher ist. Gefahr im Verzug liegt daher stets vor, wenn der drohende Verlust einer als beeidet zu verwertenden Aussage durch die sofortige Vereidigung des Zeugen abgewendet werden muß[4]. Das ist z. B. der Fall, wenn der alsbaldige Tod des Zeugen zu befürchten ist oder wenn damit gerechnet werden muß, daß der Zeuge später nicht mehr aufzufinden ist. Daß die Niederschrift über die Vernehmung auch dann nach §251 Abs. 1 in der Hauptverhandlung verlesen werden darf, wenn der inzwischen verstorbene oder unerreichbar gewordene Zeuge uneidlich vernommen worden ist (vgl. die Erläuterungen zu §251), hindert die Vereidigung nicht; denn der Beweiswert der Aussage wird durch den Eid auf jeden Fall verstärkt[5]. Auch die Gefahr, daß der Zeuge in Siechtum verfällt und aus diesem Grunde nicht mehr eidlich vernommen werden kann, berechtigt zur Vereidigung nach §65 Nr. 3. **2**

---

[1] KK-*Pelchen* 1; *Kleinknecht/Meyer*[37] 1; KMR-*Paulus* 1; *Eb. Schmidt* 1; *Dalcke/Fuhrmann/Schäfer* 1; *Busch* MDR **1963** 894.
[2] *Eb. Schmidt* Nachtr. I §202, 13 hielt die entsprechende Anwendung des jetzt aufgehobenen §66 für geboten.
[3] KK-*Pelchen* 1; *Kleinknecht/Meyer*[37] 1;

KMR-*Paulus* 1; *Eb. Schmidt* §205, 24; *Busch* MDR **1963** 894.
[4] Vgl. RGSt **43** 337; KK-*Pelchen* 2; *Kleinknecht/Meyer*[37] 3; KMR-*Paulus* 3; *Eb. Schmidt* 7; *Kronecker* GA **26** (1878) 326.
[5] KK-*Pelchen* 2; KMR-*Paulus* 3; *Eb. Schmidt* 7.

Hans Dahs

3   **b) Herbeiführung einer wahren Aussage (Nummer 2).** Als Mittel zur Herbeiführung einer wahren Aussage erscheint die Vereidigung erforderlich, wenn aufgrund bestimmter Tatsachen[6] der Verdacht besteht, daß die Aussage falsch ist, und wenn sie sich auf einen Punkt bezieht, der für das weitere Verfahren erheblich ist. Das ist nur der Fall, wenn die erfolgreiche Weiterführung der Ermittlungen davon abhängt, daß der Zeuge wahrheitsgemäß aussagt[7]. Ob die Beweisaufnahme in der Hauptverhandlung durch die Vereidigung gefördert werden kann, spielt keine Rolle (*Eb. Schmidt*[8]).

4   **c) Voraussichtliche Verhinderung des Zeugen (Nummer 3).** Diese durch die Gesetzesänderung von 1974 eingefügte Vorschrift erweitert die Voraussetzungen der Vereidigung von Zeugen im Vorverfahren im Interesse der Verfahrensbeschleunigung. Der Zeuge darf auch dann vereidigt werden, wenn er voraussichtlich am Erscheinen in der Hauptverhandlung verhindert sein wird, z. B. infolge einer langen Auslandsreise, wegen Krankheit, Gebrechlichkeit oder hohen Alters. Durch seine Vereidigung im Vorverfahren wird eine kommissarische Vernehmung im Hauptverfahren nach § 223 entbehrlich; die Niederschrift über die Vernehmung im Vorverfahren kann nach § 251 Abs. 1 Nr. 2 in der Hauptverhandlung verlesen werden. Daß dem Zeugen das Erscheinen in der Hauptverhandlung wegen großer Entfernung nicht zugemutet werden kann, ist aber kein Vereidigungsgrund. Der Gesetzgeber wollte wegen der damit verbundenen Festlegung des Zeugen auf seine Aussage die Vereidigung im Vorverfahren auf möglichst wenige Ausnahmefälle beschränken (vgl. BTDrucks. 7 551 S. 62). Der Zeuge darf daher nicht etwa deshalb eidlich vernommen werden, weil er weit entfernt vom Gerichtsort wohnt, so daß die Verlesung der Niederschrift über seine Vernehmung in der Hauptverhandlung nach § 251 Abs. 1 Nr. 3 zulässig wäre[8].

5   **3. Entscheidung über die Vereidigung.** Die früher vorherrschende Ansicht, nur der Richter sei zu der Entscheidung darüber befugt, ob die Vereidigung erforderlich ist[9], wird heute mit Recht nicht mehr vertreten. Die Staatsanwaltschaft kann bei dem Richter, der auf ihren Antrag nach §§ 162, 169 einen Zeugen vernehmen soll, auch die Vereidigung des Zeugen beantragen, und der Richter muß diesem Antrag entsprechen, wenn er die Vereidigung nicht nach § 60 oder wegen Fehlens der Voraussetzungen des § 65 für rechtswidrig hält (§ 162 Abs. 3) (LG Verden NJW **1976** 1280). Lehnt er den Antrag ab, so steht der Staatsanwaltschaft das Beschwerderecht nach § 304 Abs. 1 zu[10]. Unabhängig von den Anträgen der Staatsanwaltschaft ist der Richter, auch wenn er nicht nach § 165 von Amts wegen tätig wird, nicht gehindert, von sich aus die Vereidigung vorzunehmen, sofern er einen der in § 65 aufgeführten Gründe für gegeben hält. Für den Fall, daß Gefahr im Verzug vorliegt, ist dies ein Gebot der Situation. Für die in § 65 Nr. 2 und 3 bezeichneten Vereidigungsgründe kann nichts anderes gelten; denn es ist nicht einzusehen, daß der Richter, obwohl die Voraussetzungen dieser Vorschrift vorliegen, von der Vereidigung nur deshalb absehen muß, weil die Staatsanwaltschaft keinen entsprechenden Antrag gestellt hat[11].

---

[6] *Schmarje* DJZ **1926** 370; vgl. auch *Kronecker* GA **26** (1878) 326.

[7] KK-*Pelchen* 3; *Kleinknecht/Meyer*[37] 3; KMR-*Paulus* 4.

[8] KK-*Pelchen* 4; kritisch *Peters* Der neue Strafprozeß, 1975, 141.

[9] *von Kries* 370; *Kronecker* GA **26** (1878) 327 ff.

[10] KK-*Pelchen* 5; KMR-*Paulus* 6; *Eb. Schmidt* 5.

[11] KK-*Pelchen* 5; KMR-*Paulus* 6; *Eb. Schmidt* 5.

Der ausdrückliche **Verzicht** des Staatsanwalts und des etwa bei der Vernehmung **6** anwesenden Beschuldigten und Verteidigers auf die Vereidigung des Zeugen ist auf die Entscheidung des Gerichts ohne Einfluß; §61 Nr.5 gilt im Vorverfahren nicht[12].

4. Weiteres Verfahren. Die Vereidigung nach §65 ist nur Bestandteil des Ermitt- **7** lungsverfahrens und ersetzt nicht die Vereidigung in der Hauptverhandlung. Wird der Zeuge dort erneut vernommen, so muß er daher abermals vereidigt werden[13]. Auch die Berufung auf den schon geleisteten Eid ist nach §67 ausgeschlossen (§67, 6). Wenn der Zeuge dagegen in der Hauptverhandlung nicht vernommen, sondern die Niederschrift über seine Aussage nach §251 verlesen wird, ist sie als eidliche zu verlesen (vgl. §251 Nr.4 Satz 3).

5. Revision. Die Vereidigung von Zeugen im Vorverfahren unter Verstoß gegen **8** §65 ist für das weitere Verfahren und das Urteil unschädlich[14]. Die Gründe, aus denen die Vereidigung im Vorverfahren zulässig ist, sind überdies Zweckmäßigkeitsgründe, die von dem Revisionsgericht nicht nachzuprüfen sind. Die Revision kann daher nicht darauf gestützt werden, daß in der Hauptverhandlung nach §251 die Niederschrift einer Aussage verlesen worden ist, deren Beeidigung im Vorverfahren nicht nach §65 statthaft war[15]. Verstieß die Vereidigung aber gegen §§60, 63, so ist die Revision bei einer Verlesung nach §251 ebenso begründet wie bei einer unzulässigen Vereidigung in der Hauptverhandlung[16].

§ 66

Weggefallen (Art.1 Nr.16 des 1.StVRG). Die Vorschrift betraf die Vereidigung in der Voruntersuchung. (Zuletzt kommentiert in der 22.Auflage.)

§ 66 a

Wird ein Zeuge außerhalb der Hauptverhandlung vereidigt, so ist der Grund der Vereidigung im Protokoll anzugeben.

Entstehungsgeschichte. Ursprünglich bestimmte §65 Abs.4 (nach der Neubekanntmachung von 1924: §66 Abs.4): „Erfolgt die Beeidigung im Vorverfahren, so ist der Grund in dem Protokoll anzugeben". §66a wurde durch Art.I des Gesetzes zur Einschränkung der Eide im Strafverfahren vom 24.11.1933 (RGBl.I 1008) eingefügt.

1. Vereidigung außerhalb der Hauptverhandlung. Im Vorverfahren ist die Vereidi- **1** gung der Zeugen nicht die Regel, sondern die Ausnahme (§59 Satz 2, §65). Daher be-

---

[12] KK-*Pelchen* 1; *Kleinknecht/Meyer*[37] 1; KMR-*Paulus* 6; *Eb. Schmidt* 6.
[13] KMR-*Paulus* 6; *Eb. Schmidt* 10.
[14] KK-*Pelchen* 6; KMR-*Paulus* 6; *Eb. Schmidt* 9.
[15] RGSt **10** 156; *Eb. Schmidt* 9; *Alsberg/Nüse/Meyer* 276; kritisch *Busch* MDR **1963** 894.
[16] KK-*Pelchen* 6; KMR-*Paulus* 7; *Eb. Schmidt* 9.

stimmt § 66 c im Gegensatz zu § 64, daß nicht der Grund der Nichtvereidigung, sondern der Grund der Vereidigung im Protokoll anzugeben ist. Gemeint ist das Protokoll nach § 168 a.

2   § 66 a bezieht sich entgegen seinem Wortlaut nicht auf alle eidlichen Vernehmungen außerhalb der Hauptverhandlung, sondern auf solche, bei denen die Vereidigung nur unter den **Voraussetzungen des § 65** zulässig ist. Es handelt sich um die Vernehmungen nach §§ 162, 165, 169, 173 Abs. 3 (*Eb. Schmidt* 1), § 202 Satz 1, § 205 Satz 2. Bei kommissarischen Vernehmungen nach § 223 ist der Zeuge wie bei Vernehmungen in der Hauptverhandlung zu vereidigen, wenn nicht die Voraussetzungen der §§ 60 ff vorliegen (§ 223 Abs. 3). In diesem Fall ist daher nicht der Regelfall der Vereidigung, sondern nach § 64 deren Unterlassen im Protokoll zu begründen[1]. Das gleiche gilt für § 286 Abs. 2.

3   **2. Protokollierung.** Die Eidesleistung ist eine wesentliche Förmlichkeit im Sinne des § 168 a Abs. 1 und muß daher in die Vernehmungsniederschrift aufgenommen werden. Nach § 66 a muß das Protokoll auch die Angabe enthalten, aus welchem der Gründe des § 65 der Zeuge vereidigt worden ist. Dabei genügt der Hinweis auf die Gesetzesstelle[2]. Eine nähere Darlegung des Vereidigungsgrundes in tatsächlicher Hinsicht ist nicht erforderlich (RGSt 10 158). Ist der Grund der Vereidigung ohne weiteres aus den Umständen ersichtlich, wie etwa bei einer lebensgefährlichen Körperverletzung, so kann die ausdrückliche Angabe des § 65 Nr. 1 entbehrlich sein (anders *Busch* MDR **1963** 896).

4   **3. Revision.** Da die Revision nicht einmal darauf gestützt werden kann, daß die Vereidigung nach § 65 unzulässig war (§ 65, 8), kann sie auch nicht mit Erfolg rügen, daß das Gericht gegen § 66 a verstoßen hat (vgl. aber *Busch* MDR **1963** 894).

§ 66 b

(1) Wird ein Zeuge durch einen beauftragten oder ersuchten Richter vernommen, so entscheidet zunächst dieser über die Vereidigung.

(2) [1]Die Vereidigung muß, soweit sie zulässig ist, erfolgen, wenn es in dem Auftrag oder in dem Ersuchen des Gerichts verlangt wird. [2]Der vernehmende Richter kann die Vereidigung aussetzen und einer neuen Entschließung des beauftragenden oder ersuchenden Gerichts vorbehalten, wenn bei der Vernehmung Tatsachen hervortreten, die zu uneidlicher Vernehmung berechtigen würden. [3]Diese Tatsachen sind in das Protokoll aufzunehmen.

(3) Die Vereidigung darf nicht erfolgen, wenn die uneidliche Vernehmung verlangt wird.

Entstehungsgeschichte. Die Vorschrift wurde durch Art. I des Gesetzes zur. Einschränkung der Eide im Strafverfahren vom 24. 11. 1933 (RGBl. I 1008) eingefügt. Durch Art. 4 Nr. 3 der Verordnung zur Durchführung der Verordnung zur Angleichung des Strafrechts des Altreichs und der Alpen- und Donau-Reichsgaue vom 29. 5. 1943

---

[1] KK-*Pelchen* 1; KMR-*Paulus* 1; *Kleinknecht/ Meyer*[37] 1; *Eb. Schmidt* 1; *Dahs/Dahs* 215.

[2] KK-*Pelchen* 2; *Kleinknecht/Meyer*[37] 1; KMR-*Paulus* 2; *Eb. Schmidt* 2; **a. A** *Busch* MDR **1963** 896.

(RGBl. I 341) wurde Absatz 2 Satz 2 geändert. Art. 3 Nr. 26 VereinhG stellte im wesentlichen die ursprüngliche Fassung wieder her.

1. Geltungsbereich der Vorschrift. § 66 b ist bei allen Vernehmungen anzuwen- **1** den, die ein von einem Gericht beauftragter oder ersuchter Richter im Strafverfahren vornimmt, gleichviel, in welchem Verfahrensabschnitt das geschieht. In Betracht kommen vor allem Vernehmungen nach § 173 Abs. 3, § 202 Satz 1 und nach § 223 Abs. 1. Beauftragter Richter ist das mit der Vernehmung betraute Mitglied des erkennenden Gerichts; ersuchter Richter ist der im Wege der Rechtshilfe nach § 157 GVG angegangene Richter beim Amtsgericht. Die Frage, wer über die Vereidigung entscheidet, wenn der Richter auf Ersuchen der Staatsanwaltschaft tätig wird, ist gesetzlich nicht geregelt; vgl. dazu § 65, 5.

2. Ersuchen um Vernehmung (Absatz 1). Bestimmt das Vernehmungsersuchen **2** nichts über die Vereidigung des Zeugen, so entscheidet hierüber zunächst der beauftragte oder ersuchte Richter, der den Zeugen vernimmt. Dessen Entscheidung ist jedoch nur vorläufig. Wenn er den Zeugen unvereidigt läßt, kann das beauftragende oder ersuchende Gericht nachträglich das Ersuchen stellen, ihn zu vereidigen. Hieran ist der vernehmende Richter nach Maßgabe des § 66 b Abs. 2 gebunden (unten Rdn. 3). Hat er den Zeugen vereidigt, hält das beauftragende oder ersuchende Gericht das aber für unzulässig, so wertet es die Aussage nach entsprechender Information der Prozeßbeteiligten als uneidliche[1].

3. Ersuchen um eidliche Vernehmung (Absatz 2). Wenn das beauftragende oder **3** ersuchende Gericht die Vereidigung des Zeugen verlangt, muß der vernehmende Richter sie vornehmen, soweit sie zulässig ist (§ 66 b Abs. 2 Satz 1). Liegt einer der Gründe vor, aus denen die Vereidigung nach § 60 unzulässig ist, oder macht der Zeuge von seinem Eidesverweigerungsrecht nach § 63 Gebrauch, so ist der Richter an das Vereidigungsersuchen nicht gebunden. In diesem Fall weist er bei der Aktenrücksendung auf das Vereidigungsverbot hin. Hängt das Verbot von einer wertenden Beurteilung des Sachverhalts ab (§ 60 Nr. 2) und liegen die die Vereidigung hindernden Gründe nicht klar zutage, so macht der Richter auf seine Bedenken aufmerksam. Verlangt das beauftragende oder ersuchende Gericht nachträglich die Vereidigung des Zeugen, so muß er dem Verlangen entsprechen, sofern die Entscheidung des Gerichts nicht gesetzwidrig ist.

Steht die Vereidigung des Zeugen nach §§ 61, 62 im **Ermessen** des Gerichts, so **4** muß der vernehmende Richter dem Ersuchen, den Zeugen zu vereidigen, nach § 66 b Abs. 1 Satz 1 stets entsprechen, wenn die Umstände, die zum Absehen von der Vereidigung berechtigen, bereits dem beauftragenden oder ersuchenden Gericht bekannt waren. Anders ist es, wenn diese Umstände erst bei der Vernehmung hervortreten. Der vernehmende Richter ist dann zwar befugt, den Zeugen zu vereidigen. Er kann aber die Vereidigung nach seinem Ermessen zunächst aussetzen und eine neue Entschließung des beauftragenden oder ersuchenden Gerichts abwarten (§ 66 b Abs. 2 Satz 2). An diese Entschließung ist er gebunden[2]. Die bei der Vernehmung neu hervorgetretenen Umstände, die die Nichtvereidigung rechtfertigen, sind in das Protokoll aufzunehmen (§ 66 b Abs. 2 Satz 3), damit das ersuchende Gericht für seine neue Entschließung die notwendigen tatsächlichen Grundlagen hat.

---

[1] KK-*Pelchen* 2; *Kleinknecht/Meyer* [37] 2;   [2] KK-*Pelchen* 3; *Kleinknecht/Meyer* [37] 2. KMR-*Paulus* 1; *Eb. Schmidt* 5.

5   Einer Beschlußfassung in der **Hauptverhandlung,** ob die von dem Vernehmungs-
richter ausgesetzte Vereidigung erneut anzuordnen ist, bedarf es nur, wenn eine an der
Verhandlung beteiligte Person die Nichtvereidigung des Zeugen als unzulässig beanstandet. Es gelten sinngemäß dieselben Grundsätze, die die Rechtsprechung für die
Vorabentscheidung des Vorsitzenden über die Zeugenvereidigung und deren Beanstandung (vgl. dazu § 59, 15) entwickelt hat[3].

6   **4. Ersuchen um uneidliche Vernehmung (Absatz 3).** An dieses Ersuchen ist der beauftragte oder ersuchte Richter unter allen Umständen gebunden, auch wenn er die
Vereidigung für geboten oder jedenfalls gerechtfertigt hält.

§ 66 c

(1) Der Eid mit religiöser Beteuerung wird in der Weise geleistet, daß der Richter
an den Zeugen die Worte richtet:
„Sie schwören bei Gott dem Allmächtigen und Allwissenden, daß Sie nach bestem
Wissen die reine Wahrheit gesagt und nichts verschwiegen haben"
und der Zeuge hierauf die Worte spricht:
„Ich schwöre es, so wahr mir Gott helfe."
(2) Der Eid ohne religiöse Beteuerung wird in der Weise geleistet, daß der Richter
an den Zeugen die Worte richtet:
„Sie schwören, daß Sie nach bestem Wissen die reine Wahrheit gesagt und nichts verschwiegen haben"
und der Zeuge hierauf die Worte spricht:
„Ich schwöre es."
(3) Gibt ein Zeuge an, daß er als Mitglied einer Religions- oder Bekenntnisgemeinschaft eine Beteuerungsformel dieser Gemeinschaft verwenden wolle, so kann er diese
dem Eid anfügen.
(4) Der Schwörende soll bei der Eidesleistung die rechte Hand erheben.

Schrifttum. *Grunau* Die Schwurfinger, DRiZ **1958** 347; *Heimann-Trosien* Zur Beibehaltung
und Fassung des Eides, JZ **1973** 609; *Knoche* Die religiöse Beteuerungsformel und Wahrheitsfindung, ZRP **1970** 119; *Salzl* Schwurfinger - Symbole christlichen Bekenntnisses, DRiZ **1959** 281.

Entstehungsgeschichte. Form und Inhalt des Eides waren ursprünglich in den §§ 61
bis 63 Abs. 1 (nach der Bek. 1924: §§ 62 bis 64 Abs. 1) geregelt. An deren Stelle setzte
Art. I des Gesetzes zur Einschränkung der Eide im Strafverfahren vom 24. 11. 1933
(RGBl. I 1008) den § 66 c. Durch Art. 3 Nr. 27 VereinhG wurde der Absatz 2 („Der Eid
kann auch ohne religiöse Beteuerung geleistet werden") eingefügt. Art. 1 Nr. 2 des
1. StVRErgG faßte die Vorschrift neu; sie wurde durch Absatz 3 ergänzt, sonst aber
sachlich nicht geändert.

1   **1. Allgemeines.** Nach § 59 Satz 1 sind die Zeugen einzeln und nach ihrer Vernehmung zu vereidigen. Über die Bedeutung des Eides müssen sie vor der Vernehmung be-

---

[3] RGSt **68** 378; RG JW **1934** 3286; KK-*Pel-*
chen 5; KMR-*Paulus* 3; *Eb. Schmidt* 6;
Dalcke/Fuhrmann/Schäfer 4.

lehrt werden (§ 57 Satz 2). § 66 c bestimmt, in welcher Form der Eid geleistet wird und welchen Inhalt er hat. Die Strafprozeßordnung sah ursprünglich (§ 62 in der Fassung von 1877) nur den Eid in religiöser Form vor. Da nach Art. 136 Abs. 4 WeimVerf. niemand zur Benutzung einer religiösen Eidesform gezwungen werden darf, erlaubte Art. 177 WeimVerf. die Eidesleistung unter Weglassung dieser Eidesform. Gleichwohl regelte der im Jahre 1933 eingefügte § 66 c nur die Eidesleistung mit religiöser Beteuerung. Erst die Gesetzesänderung von 1950 trug dem durch Art. 140 GG aufrechterhaltenen Art. 136 WeimVerf. dadurch Rechnung, daß in § 66 c Abs. 2 die Eidesleistung ohne Anrufung Gottes zugelassen wurde. Die Neufassung dieses Absatzes durch die Gesetzesänderung von 1974 bringt durch ihre größere Ausführlichkeit die Gleichwertigkeit des weltlichen Eides mit der Eidesleistung in religiöser Form zum Ausdruck[1]. Eine Belehrung des Zeugen über die Möglichkeit der Wahl zwischen dem Eid mit oder ohne religiöse Beteuerung war zunächst nicht vorgeschrieben. Nunmehr verpflichtet § 57 Satz 2 in der Neufassung von 1974 den Richter zu diesem Hinweis. Der durch die Gesetzesänderung von 1974 neu gefaßte § 66 c Abs. 2 stellt klar, daß bei der Eidesleistung in weltlicher Form die Eidesnorm nicht etwa in der religiösen Form zu sprechen ist[2].

2   Der neue Absatz 3 der Vorschrift läßt die Anfügung einer religiösen **Beteuerungsformel** an den Eid zu. Im übrigen wird § 66 c ergänzt durch § 66 d, der die Ersetzung des Eides durch die uneidliche Bekräftigung der Wahrheit der Aussage gestattet, und durch § 66 e, der die Eidesleistung von stummen Personen regelt. Nach § 70 ist die Erzwingung der Eidesleistung und der Bekräftigung zulässig. Die Strafbarkeit des vorsätzlichen und fahrlässigen Falscheids bestimmen die §§ 154, 163 StGB.

2. Form der Vereidigung

3   a) **Eidesnorm und Eidesformel.** Der Eid besteht aus der Eidesnorm („Sie schwören...") und der Eidesformel („Ich schwöre es..."). Die Eidesnorm spricht nicht der Zeuge selbst; vielmehr richtet der Richter an ihn die diese Norm enthaltenden Worte. Die Eidesformel muß der Zeuge selbst sprechen, und zwar grundsätzlich ohne Änderungen und Einschaltungen. Wegen konfessioneller Zusätze vgl. unten Rdn. 7; wegen der Ersetzung des Wortes „Gott" durch inhaltlich gleiche Begriffe vgl. § 66 d, 2. Der Richter spricht dem Zeugen die Eidesformel vor und fordert ihn sodann auf, sie nachzusprechen. Sind mehrere Zeugen zu vereidigen, so dürfen die die Eidesnorm enthaltenden Worte an alle gemeinsam gerichtet werden[3]; die Eidesformel muß aber jedem Zeugen einzeln vorgesprochen und von jedem einzeln nachgesprochen werden[4]. Jedoch wird das Urteil auf einem Verstoß hiergegen selten beruhen[5]. Gehörlosen kann ein Schriftstück, das Eidesnorm und -formel enthält, mit der schriftlichen Aufforderung vorgelegt werden, die Formel nachzusprechen. Auch die Zuziehung eines Dolmetschers ist statthaft (§ 186 GVG). Die Vereidigung stummer Personen richtet sich nach § 66 e.

4   b) **Personen, die der deutschen Sprache nicht mächtig sind,** leisten den Eid in der ihnen geläufigen Sprache (§ 188 GVG). Eine Übertragung der von einem Dolmetscher vorgesprochenen Eidesnorm und -formel in die deutsche Sprache ist nicht erforderlich[6]. Auch ist es zulässig, daß der Richter, wenn er die fremde Sprache beherrscht, dem

---

[1] Zu den ethischen Problemen der Anrufung Gottes im Gerichtssaal *Peters* § 42 III 3.

[2] *Peters* § 42 III 3; *Strobl* DRiZ **1964** 408.

[3] KK-*Pelchen* 2; *Kleinknecht/Meyer* [37] 2; KMR-*Paulus* 2; *Feisenberger* § 61, 2; **a. A** BGH bei *Dallinger* MDR **1954** 336; *Eb.-Schmidt* § 59, 2; *Henkel* 216 Fußn. 4.

[4] OLG Frankfurt NJW **1962** 1834; KK-*Pelchen* 2; *Kleinknecht/Meyer* [37] 2; KMR-*Paulus* 2; *Hülle* DRiZ **1954** 118.

[5] RGSt **2** 158; RG Recht **1930** Nr. 961.

[6] RGSt **45** 304; RG Recht **1908** Nr. 433.

     Hans Dahs

Zeugen die Eidesnorm und die Eidesformel in dessen Sprache vorspricht (*Dalcke/Fuhr-mann/Schäfer* 2). Die von dem Zeugen in fremder Sprache gesprochene Eidesformel muß jedoch immer von einem Dolmetscher übertragen werden[7].

5   **c) Erheben der Hand.** Bei der Eidesleistung soll der Schwörende die rechte Hand erheben (§ 66 c Abs. 4). Das ist aber kein wesentlicher Bestandteil der Eidesleistung (*Kleinknecht/Meyer*[37] 6); ein ohne Erheben der Hand geleisteter Eid ist wirksam (*Peters* § 42 III 3 c). Ein Zeuge, der sich weigert, die Schwurhand zu erheben, darf hierzu nicht gezwungen werden. Die Vornahme anderer symbolischer Handlungen neben dem Erheben der Hand, z. B. das Niederknien, ist nicht unzulässig, jedoch der eigenen Entschließung des Zeugen zu überlassen.

6   **d) Protokoll.** In dem Protokoll ist zu beurkunden, daß der Zeuge vereidigt worden ist. Angaben darüber, ob er den Eid in religiöser oder weltlicher Form geleistet hat, sind überflüssig (vgl. RGSt **57** 343).

7   **3. Anfügen von Beteuerungsformeln.** Seit jeher wurde in Rechtsprechung und Schrifttum angenommen, daß der Zeuge dem Eid religiöse Zusätze anfügen darf, sofern sie der Verstärkung der in dem Eid enthaltenen Beteuerungen dienen und nicht mit ihnen im Widerspruch stehen oder sie sogar aufheben[8]. Durch die Gesetzesänderung von 1974 ist dieses Recht des Zeugen ausdrücklich anerkannt worden. Die Anfügung der Beteuerungsformel setzt voraus, daß der Zeuge Mitglied einer Religions- oder Bekenntnisgemeinschaft ist, in der bestimmte Beteuerungsformeln üblicherweise verwendet werden. Für die Anwendung der Vorschrift reicht aber die Erklärung des Zeugen aus, daß er als Mitglied einer solchen Gemeinschaft eine zusätzliche Beteuerungsformel benutzen wolle. Ob er tatsächlich Mitglied der Religions- oder Bekenntnisgemeinschaft ist, prüft das Gericht nicht nach[9]. Das Anfügen einer Beteuerungsformel an den Eid ist keine wesentliche Förmlichkeit im Sinne der § 168 a Abs. 1, § 273 Abs. 1. Es muß daher im Protokoll nicht vermerkt werden (vgl. RGSt **57** 342).

8   **4. Umfang des Eides.** Der Zeugeneid deckt die gesamten Aussagen des Zeugen; er umfaßt also auch die Angaben zur Person nach § 68 Satz 1[10] und zu den Generalfragen nach § 68 Satz 2[11]. Wird der Zeuge auf seine Aussage nur teilweise vereidigt (§ 59, 6), so bleibt es bei der in § 66 c vorgeschriebenen Eidesnorm. Die Aufnahme eines Vorbehalts in die Eidesnorm ist nicht zulässig. Der Richter hat in diesem Fall aber den Zeugen über die Tragweite des Eides zu belehren und darüber einen Vermerk in die Sitzungsniederschrift aufzunehmen. Bei berechtigter teilweiser Zeugnis- oder Auskunftsverweigerung ist das nicht erforderlich; denn die Beteuerung des Zeugen, nichts zu verschweigen, bezieht sich nur auf die Aussage, die er gemacht hat, nicht auf den Teil, den er berechtigt unterlassen hat[12]. Im übrigen richtet sich der Umfang der Eidespflicht nach dem Gegenstand des Verfahrens und dem Umfang der Frage (OLG Kiel SchlHA **1948** 115). Näheres ist den Kommentaren zu § 154 StGB zu entnehmen.

9   **5. Revision.** Ein mit der Revision angreifbarer Verfahrensverstoß liegt vor, wenn bei der Formulierung der Eidesnorm oder -formel nicht die in § 66 c Abs. 1 und 2 vorge-

---

[7] KMR-*Paulus* 4; vgl. auch OLG Köln MDR **1969** 501.

[8] RGSt **10** 181; OLG Köln MDR **1969** 501; *Eb. Schmidt* 3.

[9] KK-*Pelchen* 4; *Kleinknecht/Meyer*[37] 3;

KMR-*Paulus* 6; *Schlüchter* 517; vgl. auch BTDrucks. 7 2526 S. 19.

[10] RGSt **6** 267; **60** 407.

[11] KMR-*Paulus* 9; *Schlund* NJW **1972** 1035.

[12] KMR-*Paulus* 9; *Eb. Schmidt* 5.

schriebenen Worte verwendet werden. Das Urteil wird aber hierauf regelmäßig nicht beruhen[13].

§ 66 d

(1) [1]Gibt ein Zeuge an, daß er aus Glaubens- oder Gewissensgründen keinen Eid leisten wolle, so hat er die Wahrheit der Aussage zu bekräftigen. [2]Die Bekräftigung steht dem Eid gleich; hierauf ist der Zeuge hinzuweisen.

(2) Die Wahrheit der Aussage wird in der Weise bekräftigt, daß der Richter an den Zeugen die Worte richtet:

„Sie bekräftigen im Bewußtsein Ihrer Verantwortung vor Gericht, daß Sie nach bestem Wissen die reine Wahrheit gesagt und nichts verschwiegen haben"
und der Zeuge hierauf spricht:

„Ja".

(3) § 66 c Abs. 3 gilt entsprechend.

Entstehungsgeschichte. Die Vorschrift wurde durch Art. 1 Nr. 3 des 1. StVRErgG eingefügt. Der frühere § 66 d wurde § 66 e.

1. Allgemeines. Dem Umstand, daß die Mitglieder bestimmter Religionsgesell- **1** schaften (Mennoniten, Philipponen, Herrnhuter u. a.) die Eidesleistung mit ihrem Glauben nicht vereinbaren können, haben seit altersher landesrechtliche Vorschriften Rechnung getragen, die diesen Zeugen den Gebrauch anderer Beteuerungsformeln anstelle des Eides gestatteten. Auch die Strafprozeßordnung befreite sie von der Eidespflicht und ließ stattdessen den Gebrauch von Beteuerungsformeln zu (§ 64 in der ursprünglichen Fassung; § 65 nach der Bek. von 1924; § 66 e nach dem Gesetz vom 24. 11. 1933). Dieses „Sektenprivileg" läßt sich nach der Auffassung des Bundesverfassungsgerichts unter der Herrschaft des Grundgesetzes nicht mehr als von hoher Hand einer Religionsgesellschaft gewährte Vergünstigung rechtfertigen; vielmehr müssen, weil das Grundrecht der Glaubensfreiheit nach Art. 4 Abs. 1 GG weder von der Mitgliedschaft in Religionsgesellschaften noch von gesetzlicher Anerkennung abhängig ist, alle Bürger, die sich aus einer individuell getroffenen Glaubensentscheidung zur Leistung eines Eides außerstande sehen, von der Eidespflicht freigestellt werden[1]. Die Entscheidung des Bundesverfassungsgerichts mußte zu einer gesetzlichen Regelung der Möglichkeit führen, die Wahrheit der Aussage eidesgleich, aber nicht in Eidesform, sondern sprachlich neutral zu bekräftigen. Diese Möglichkeit schafft § 66 d. Da die Vorschrift das Sektenprivileg des § 66 e in der bis 1974 geltenden Fassung einschließt, ist diese Bestimmung weggefallen.

2. Voraussetzungen der Bekräftigung. Die Bekräftigung ist zulässig, wenn der **2** Zeuge angibt, daß er aus Glaubens- oder Gewissensgründen keinen Eid leisten wolle (§ 66 d Abs. 1 Satz 1). Das Gericht ist nicht verpflichtet, den Zeugen über diese Möglich-

---

[13] KK-*Pelchen* 6; *Kleinknecht/Meyer*[37] 5; KMR-*Paulus* 10.

[1] BVerfGE 33 23 = NJW 1972 1183 = JZ 1972 515 mit Anm. *Peters*; dazu kritisch *Ebert* JR 1972 397; *Engelmann* MDR 1973 365;

Knoche DRiZ 1973 55; *Lange* FS Gallas 427; *Nagel* JR 1972 413; *Stolleis* JuS 1974 770; vgl. auch OLG Düsseldorf NJW 1966 1933; *Jünemann* MDR 1970 725; *Reuschert* DRiZ 1961 50.

keit zu belehren; denn von einem Zeugen, der aus Glaubens- oder Gewissensgründen keinen Eid leisten will, kann erwartet werden, daß er diese Gründe ohne äußeren Anstoß erklärt (vgl. § 57, 4). Ob der Eidesleistung tatsächlich die behaupteten Gründe entgegenstehen, hat das Gericht nicht zu prüfen[2]. Die schlichte Erklärung des Zeugen genügt für die Anwendung des § 66 d; er braucht weder eine besondere Versicherung abzugeben, noch muß er seine Angaben glaubhaft machen (vgl. BTDrucks. 7 2526 S. 19). Jedoch darf die Vorschrift nicht erweiternd dahin ausgelegt werden, daß der bloße Wunsch des Zeugen, anstelle des Eides eine Beteuerungsformel zu verwenden, die Bekräftigung zulässig macht. Ein mohammedanischer Türke etwa, der die Wahrheit seiner Aussage mit der „Beteuerungsformel seines Landes" bekräftigen möchte (vgl. den Fall OLG Köln MDR **1969** 501), hat damit noch nicht dargetan, daß er aus Glaubens- oder Gewissensgründen keinen Eid leisten wolle. Will ein Mohammedaner, nicht unter Anrufung Gottes, sondern Allahs schwören, so verweigert er nicht den Eid, sondern verlangt die Abwandlung des in § 66 c Abs. 1 vorgeschriebenen religiösen Eides; gegen diese Abwandlung bestehen keine Bedenken (*Jünemann* MDR **1970** 725).

3. Form der Bekräftigung

3   **a) Bekräftigungsnorm und Bekräftigungsformel.** Entsprechend der in § 66 c für den Eid getroffenen Regelung (vgl. § 66 c, 3) bestimmt § 66 d Abs. 2, daß nicht der Zeuge die Bekräftigungsnorm spricht, sondern daß der Richter an ihn die diese Norm („Sie bekräftigen...") enthaltenden Worte richtet. Die Bekräftigungsformel besteht aus dem Wort „Ja", das der Zeuge auf Aufforderung des Richters sprechen muß. Im übrigen gelten die Ausführungen zu § 66 c, 3 entsprechend.

4   **b) Anfügen von Beteuerungsformeln.** Nach § 66 d Abs. 3 ist bei der Bekräftigung der § 66 c Abs. 3 entsprechend anzuwenden. Der Zeuge darf daher dem Wort „Ja" eine Beteuerungsformel anfügen, wenn er erklärt, daß er Mitglied einer Religions- oder Bekenntnisgemeinschaft sei und die Beteuerungsformel verwenden wolle. In Betracht kommen auch symbolische Handlungen, vor allem die Bekräftigung durch Handschlag, wie sie bei den Mitgliedern bestimmter Religionsgemeinschaften (Mennoniteneid) üblich ist[3]. Auch wenn solche Handlungen nach den Vorschriften der Religionsgemeinschaft, der der Zeuge angehört, zur Bekräftigung der Wahrheit einer Aussage erforderlich sind, darf der Richter den Zeugen jedoch nicht zwingen, sie vorzunehmen. Für die Bekräftigung nach § 66 d genügt stets die Beachtung der in Absatz 2 der Bestimmung vorgeschriebenen Form (vgl. BGH bei *Dallinger* MDR **1972** 18).

5   **4. Protokoll.** In dem Protokoll ist zu beurkunden, daß der Zeuge die Wahrheit seiner Aussage bekräftigt hat. Die Verwendung zusätzlicher Beteuerungsformeln muß nicht vermerkt werden.

6   **5. Gleichstellung mit Eidesleistung.** Nach § 66 d Abs. 1 Satz 2 Halbsatz 1 steht die Bekräftigung dem Eid gleich. Verfahrensrechtlich bedeutet dies, daß alle Vorschriften über den Zeugeneid im Strafverfahren anzuwenden sind. Dazu gehört § 67; bei einer nochmaligen Vernehmung ist daher die Bezugnahme auf die Bekräftigung zulässig. Ferner kann die Bekräftigung nach § 66 d von dem Zeugen, der die Eidesleistung aus Glaubens- oder Gewissensgründen verweigert, durch die Zwangs- und Beugemittel des § 70 erzwungen werden[4]. Daß die Bekräftigung auch sachlichrechtlich bei der Bestra-

[2] KK-*Pelchen* 1; *Kleinknecht/Meyer*[37] 1;   [4] Vgl. BTDrucks. **7** 2526 S. 19; KK-*Pelchen* KMR-*Paulus* 1.   5; *Kleinknecht/Meyer*[37] 2; KMR-*Paulus* 3.

[3] Vgl. RGSt **52** 63; **57** 342.

fung von Falschaussagen nach §§ 154, 163 StGB dem Eid gleichsteht, ist in § 155 Nr. 1 StGB besonders bestimmt.

Der Richter muß den Zeugen ausdrücklich darauf **hinweisen,** daß die Bekräfti- **7** gung dem Eid gleichsteht (§ 66 d Abs. 1 Satz 2 Halbsatz 2). Der Hinweis ist vor der Bekräftigung zu erteilen, damit er dem Irrtum des Zeugen vorbeugen kann, die Unwahrheit der nicht beeideten, aber auf ihre Richtigkeit bekräftigten Aussage habe weniger schwerwiegende Folgen als die einer beeideten Aussage.

6. Revision. Die Revision kann nur darauf gestützt werden, daß das Gericht sich **8** mit der Bekräftigung begnügt hat, obwohl der Zeuge selbst nicht behauptet hat, daß er den Eid aus Glaubens- oder Gewissensgründen nicht leisten wolle. Sind in diesem Fall das Gericht und der Zeuge davon ausgegangen, daß eine wirksame Bekräftigung vorliegt, so wird das Urteil auf dem Verfahrensverstoß regelmäßig nicht beruhen (vgl. § 67, 21).

§ 66 e

(1) ¹Stumme leisten den Eid in der Weise, daß sie die Worte:
„Ich schwöre bei Gott dem Allmächtigen und Allwissenden, daß ich nach
bestem Wissen die reine Wahrheit bekundet und nichts verschwiegen habe"
niederschreiben und unterschreiben. ²Stumme, die nicht schreiben können, leisten den
Eid mit Hilfe eines Dolmetschers durch Zeichen.
(2) § 66 c Abs. 2, 3 und § 66 d gelten entsprechend.

Entstehungsgeschichte. Die Art der Eidesleistung stummer Personen war ursprünglich in § 63 Abs. 2 und 3 (nach der Bek. 1924: § 64 Abs. 2 und 3) geregelt. Durch Art. I des Gesetzes zur Einschränkung der Eide im Strafverfahren vom 24. 11. 1933 (RGBl. I 1008) wurde diese Vorschrift inhaltlich als § 66 d eingefügt. Art. 3 Nr. 28 VereinhG fügte den Absatz 2 an. Durch Art. 1 Nr. 4 des 1. StVRErgG erhielt die Vorschrift unter Neufassung des Absatzes 2 die Bezeichnung § 66 e. Der frühere § 66 e (Zulässigkeit von Beteuerungsformeln anstelle des Eides) wurde aufgehoben.

1. Stumm ist eine Person, deren Fähigkeit zu sprechen, für immer oder vorüber- **1** gehend vollständig aufgehoben ist¹. Wegen weiterer Einzelheiten vgl. die Erläuterungen zu § 186 GVG. Die bloße Behauptung des Zeugen, er sei stumm, zwingt nicht zur Anwendung des § 66 e. Der Richter kann die Richtigkeit der Behauptung im Wege des Freibeweises (§ 244, 3 f) nachprüfen².

Ein Stummer, der schreiben kann, muß den Eid in der **Schriftform** des § 66 e **2** Abs. 1 Satz 1 leisten. Die Übertragung durch einen Dolmetscher ist nur bei Analphabeten zulässig. Der nach § 66 e Abs. 2 entsprechend geltende § 66 c Abs. 2 und 3 berechtigt den Zeugen, den Eid unter Weglassung der Worte „bei Gott" zu leisten und der Eidesniederschrift eine Beteuerungsformel anzufügen (dazu § 66 c, 7). Ferner kann er nach dem ebenfalls entsprechend anwendbaren § 66 d die Wahrheit seiner Aussage ohne Eidesleistung bekräftigen, wenn er angibt, daß er aus Glaubens- oder Gewissensgründen keinen Eid leisten wolle. Bei der Bekräftigung schreibt der Zeuge den in § 66 d Abs. 2 vorgeschriebenen Satz mit den Eingangsworten: „Ich bekräftige..." nieder.

---

¹ BGHSt **13** 367; RG GA **59** (1912) 337. ² KK-*Pelchen* 1; *Kleinknecht/Meyer*³⁷ 1; *Eb. Schmidt* § 66 d a. F., 3.

Hans Dahs

3   **2. Stumme Analphabeten.** Der Stumme, der nicht schreiben kann, leistet den Eid nach § 66 e Abs. 1 Satz 2 mit Hilfe eines Dolmetschers durch Zeichen. Dabei muß er nicht den in § 66 e Abs. 1 Satz 1 vorgeschriebenen Satz mittels Zeichen erklären, sondern die in § 66 c Abs. 1 und 2 bezeichnete Eidesformel, im Fall des § 66 d das Wort „Ja". Die Eidesnorm wird ihm wie jedem anderen Zeugen vorgesprochen. Durch welche Zeichen der Zeuge den Eid leistet, bestimmt nicht das Gericht[3]; die Übertragung ist Sache des Dolmetschers.

4   Stumme, die keine ausreichende Schulbildung haben und daher nicht schreiben können, werden häufig vom Wesen und der Bedeutung des Eides keine genügende **Vorstellung** haben[4]. Von ihrer Vereidigung ist dann nach § 60 Nr. 1 abzusehen.

5   **3. Taubstumme** können als Zeugen nur vernommen werden, wenn sie sich schriftlich oder durch einen Dolmetscher verständlich machen können. Sind sie nur zu mimischen Darstellungen fähig, so ist es zwar zulässig, solche „Äußerungen" bei der Beweiswürdigung als Beweisbehelf zu werten[5]. Eine Vereidigung kommt aber, weil keine Vernehmung stattgefunden hat, nicht in Betracht[6].

§ 67

Wird der Zeuge, nachdem er eidlich vernommen worden ist, in demselben Vorverfahren oder in demselben Hauptverfahren nochmals vernommen, so kann der Richter statt der nochmaligen Vereidigung den Zeugen die Richtigkeit seiner Aussage unter Berufung auf den früher geleisteten Eid versichern lassen.

Schrifttum. *Von Schowingen* Zur Berufung auf den früher geleisteten Eid, JZ **1955** 267.

Bezeichnung bis 1924: § 66.

Übersicht

---

[3] KK-*Pelchen* 2; KMR-*Paulus* 2; anders *Eb. Schmidt* § 66 d a. F., 6.

[4] *Kleinknecht/Meyer*[37] 2; KMR-*Paulus* 1; *Eb. Schmidt* § 66 d a. F., 2.

[5] RGSt **33** 403; KK-*Pelchen* 3; *Dalcke/Fuhrmann/Schäfer* § 66 d a. F., 1.

[6] KK-*Pelchen* 3; *Eb. Schmidt* § 66 d a. F., 4; *Dalcke/Fuhrmann/Schäfer* § 66 d a. F., 1; **a. A** KMR-*Paulus* 1.

I. Nochmalige Vernehmung

Nach §59 Satz 1 muß der Zeuge nach jeder Vernehmung vereidigt werden. Für **1** den häufig vorkommenden Fall, daß er in einem Strafverfahren mehrmals vernommen wird, sieht §67 vor, daß er nicht stets erneut den Eid leisten muß, sondern in demselben Vorverfahren oder in demselben Hauptverfahren die Richtigkeit seiner nochmaligen Aussage unter Berufung auf den früher geleisteten Eid versichern kann. Um eine nochmalige Vernehmung handelt es sich immer, wenn der Zeuge seine Aussage bereits beschworen hatte und danach erneut zur Sache vernommen wird, auch wenn die erneute Vernehmung an demselben Verhandlungstag stattfindet wie die erste und der Zeuge noch nicht entlassen worden ist[1]. Auf den Inhalt der Aussage kommt es nicht an. Eine nochmalige Vernehmung liegt auch vor, wenn der Zeuge seine frühere Aussage nur wiederholt und erläutert (OLG Saarbrücken VRS **23** 53).

II. Früher geleisteter Eid

Die Versicherung nach §67 ist unter Berufung auf einen in religiöser oder weltli- **2** cher Form (§66 c Abs. 1 und 2) geleisteten Eid zulässig. Daß die Richtigkeit einer Aussage auch unter Berufung auf eine dem Eid gleichstehende Bekräftigung nach §66 d versichert werden darf, ergibt sich aus §155 Nr. 2 StGB.

III. Voraussetzungen der Berufung auf den Eid

1. Allgemeines. Die Anwendbarkeit des §67 ist nicht auf den Fall beschränkt, daß **3** der Zeuge bei seiner nochmaligen Vernehmung den Inhalt der früheren Aussage im wesentlichen nur wiederholt (oben Rdn. 1) oder ergänzt. Die Vorschrift gilt auch, wenn der Zeuge nunmehr von der früheren Aussage abweicht oder wenn der Gegenstand der nochmaligen Vernehmung ein anderer ist als der der früheren[2]. Die Zulässigkeit der Berufung auf den früher geleisteten Eid in solchen Fällen bedeutet allerdings nicht, daß die Abstandnahme von der förmlichen Vereidigung immer zweckmäßig ist (vgl. unten Rdn. 17). Daß der Zeuge sich an die Verhandlung, in der er früher ausgesagt hat, insbesondere auch an die frühere Eidesleistung, noch erinnert, setzt §67 zwar nicht zwingend voraus; es dürfte seiner Anwendung jedoch in der Regel entgegenstehen, wenn dies nicht der Fall ist. Die Vorschrift ist auch anwendbar, wenn die nochmalige Vernehmung dem Zweck dient, Mängel bei der ersten Vernehmung zu beheben[3].

Voraussetzung für die Anwendung des §67 ist aber immer, daß der Zeuge bei **4** der früheren Vernehmung **als Zeuge** vereidigt worden war. Wenn jemand im ersten Rechtszug als Sachverständiger vernommen und vereidigt worden ist, kann er daher die Richtigkeit der Aussage, die er im Berufungsverfahren als sachverständiger Zeuge macht, nicht unter Berufung auf diesen Eid versichern[4].

2. Verfahren gegen denselben Beschuldigten. Im Strafverfahren hat jeder Beschul- **5** digte grundsätzlich Anspruch darauf, daß die Zeugen den Eid in seiner Gegenwart leisten. Die Anwendung des §67 setzt daher voraus, daß die nochmalige Vernehmung in

---

[1] BGHSt **4** 142; RGSt **19** 84; RGRspr. **1** 398; RG JW **1901** 687; **1930** 3416; RG HRR **1935** 771; **1939** 1389; BayObLGSt **1956** 245; KK-*Pelchen* 1; *Kleinknecht/Meyer*[37] 1; KMR-*Paulus* 1; *Eb. Schmidt* Nachtr. I 1 a; *Dalcke/Fuhrmann/Schäfer* 3.

[2] RG GA **42** (1894) 136; KK-*Pelchen* 1.
[3] KMR-*Paulus* 4; *Dalcke/Fuhrmann/Schäfer* 3.
[4] OLG Köln MDR **1955** 183; *Kleinknecht/Meyer*[37] 1; KMR-*Paulus* 2; *Eb. Schmidt* Nachtr. I 2.

Hans Dahs

demselben Verfahren gegen den Beschuldigten stattfindet, der schon zur Zeit der Eidesleistung des Zeugen Beschuldigter war. Das ist nicht der Fall, wenn die Sache, in der der Zeuge eidlich vernommen worden ist, später mit einer anderen Strafsache verbunden wird und daher bei der nochmaligen Vernehmung des Zeugen neue Mitbeschuldigte beteiligt sind, die ebenfalls von der Aussage betroffen sind[5]. Betrifft die Aussage nur den Beschuldigten, in dessen Verfahren der Zeuge den Eid geleistet hat, so ist die Berufung auf diesen Eid aber trotz der Verbindung mit der anderen Sache zulässig. Entsprechendes gilt in dem umgekehrten Fall, daß verbundene Strafsachen nach der eidlichen Vernehmung des Zeugen getrennt werden. Der Zeuge darf sich in jedem der selbständig weitergeführten Verfahren auf den Eid berufen, den er geleistet hat, als die Verfahren noch verbunden waren. Unzulässig ist die Versicherung nach § 67 jedoch, wenn der Zeuge erstmals nach der Trennung der Sachen eidlich vernommen worden ist und nunmehr nicht in diesem abgetrennten Verfahren, sondern in dem anderen erneut vernommen wird[6].

6   **3. Dasselbe Vorverfahren.** Das Vorverfahren endet, sofern das Verfahren nicht eingestellt wird, mit der Erhebung der Anklage nach § 170 Abs. 1 und den ihr gleichstehenden Anträgen der Staatsanwaltschaft (vgl. dazu § 151, 8). Nur bei einer nochmaligen Vernehmung bis zu diesem Verfahrenseinschnitt ist § 67 im Vorverfahren anwendbar. Dabei kommt es nicht darauf an, ob die frühere Vereidigung nach § 65 zulässig war (RG GA **42** [1894] 136). Wird der Zeuge in dem Zwischenverfahren nach § 202 Satz 1 (*Eb. Schmidt* 3), insbesondere aber im Hauptverfahren (unten Rdn. 7 ff) nochmals vernommen, so ist die Berufung auf den früher geleisteten Eid unzulässig[7]. Das gilt auch, wenn der Zeuge später nicht in der Hauptverhandlung, sondern nach § 223 kommissarisch vernommen wird[8]. Die mehrfache (eidliche) Vernehmung im Zwischenverfahren erwähnt § 67 nicht (dazu Rdn. 7).

4. Dasselbe Hauptverfahren

7   **a) Allgemeines.** § 67 läßt die Berufung auf den früheren Eid nicht nur in derselben Hauptverhandlung, sondern in demselben Hauptverfahren zu. Darunter ist nach herrschender Ansicht das Verfahren von dem Erlaß des Eröffnungsbeschlusses bis zur Rechtskraft des Urteils zu verstehen[9]. Man wird aber auch das Zwischenverfahren nach § 202, das nicht mehr zum Vorverfahren gehört (oben Rdn. 6), hierzu rechnen müssen. Im einzelnen gilt folgendes:

8   **b) Verfahren im ersten Rechtszug.** Die Abgabe der Versicherung nach § 67 ist statthaft, wenn die Hauptverhandlung, in der der Zeuge den Eid geleistet hat, nach § 229

[5] RGSt **49** 251; RG Recht **1915** Nr. 1686; KK-*Pelchen* 2; *Eb. Schmidt* 2.

[6] RGSt **44** 352; **49** 251; KK-*Pelchen* 2; *Eb. Schmidt* 2; *Dalcke/Fuhrmann/Schäfer* 2.

[7] BGH bei *Dallinger* MDR **1953** 722; RGSt **12** 376; **64** 380 = JW **1931** 212 mit Anm. *Mezger*; RGSt **67** 333; RG JW **1926** 1214; **1930** 152 mit Anm. *Oetker*; RG JW **1934** 2850; KK-*Pelchen* 3; *Kleinknecht/Meyer* [37] 4; KMR-*Paulus* 4.

[8] RGSt **4** 439; **12** 376; RGRspr. **1** 656; RG

GA **42** (1894) 136; KK-*Pelchen* 5; *Kleinknecht/Meyer* [37] 2; *Eb. Schmidt* 3.

[9] BGHSt **23** 285; BGH GA **1968** 340; RGSt **4** 437; RGRspr. **6** 29; RG GA **63** (1916/17) 439; RG DRiZ **1926** Nr. 1089; KK-*Pelchen* 5; *Kleinknecht/Meyer* [37] 5; KMR-*Paulus* 5; *Eb. Schmidt* 4; a. A *Oetker* JW **1930** 512, der das Verfahren im höheren Rechtszug und nach Zurückverweisung als neues Hauptverfahren ansieht.

für die dort zugelassene Frist unterbrochen worden war[10] und wenn sie ausgesetzt war und später von neuem beginnt[11], insbesondere, wenn sie wegen eines Verfahrensmangels wiederholt wird[12]. Gleichgültig ist, ob die eidliche Vernehmung in oder außerhalb der Hauptverhandlung stattgefunden hat; auch wenn der Zeuge nach Eröffnung des Hauptverfahrens unter Eid kommissarisch vernommen worden ist, kann in der Hauptverhandlung nach §67 verfahren werden[13].

c) Verfahren im höheren Rechtszug. Bei der Anwendung des §67 macht es kei- **9** nen Unterschied, ob der Zeuge in demselben oder in einem höheren Rechtszug nochmals vernommen wird. Im Berufungsverfahren ist daher die Versicherung unter Berufung auf den im ersten Rechtszug geleisteten Eid zulässig[14]. Gleiches gilt, wenn die Strafkammer in einer Berufungssache als Gericht des ersten Rechtszuges verhandelt, weil das Amtsgericht seine Strafgewalt überschritten hatte oder weil die Strafkammer sie überschreiten will[15]. Um dasselbe Hauptverfahren handelt es sich auch, wenn das untere Gericht nach §270 seine sachliche Unzuständigkeit ausgesprochen hat und die Hauptverhandlung nunmehr in dem höheren Rechtszug stattfindet[16] oder wenn ein mit Berufung oder Revision angefochtenes Urteil aufgehoben und die Sache an den ersten Richter oder an das zuständige Gericht zurückverwiesen worden ist[17].

d) Wiederaufnahmeverfahren. Nicht um dasselbe, sondern um ein neues Haupt- **10** verfahren handelt es sich bei der Wiederaufnahme des durch rechtskräftiges Urteil abgeschlossenen Verfahrens. Daher ist die Berufung auf den in dem früheren Hauptverfahren geleisteten Eid nicht statthaft[18].

IV. Versicherung unter Berufung auf den Eid

1. Belehrung. Hat der Zeuge ein Eidesverweigerungsrecht nach §63, so muß er **11** belehrt werden, daß er auch die Versicherung nach §67 nicht abzugeben braucht[19]. Ferner ist er in sinngemäßer Anwendung des §57 Satz 2 über die Bedeutung dieser Versicherung zu belehren. Die rechtliche Wirksamkeit der Versicherung hängt aber von diesen Belehrungen nicht ab.

2. Zeitpunkt. Ebenso wie der Eid (§59 Satz 1) ist auch die Versicherung nach **12** §67 *nach* der Vernehmung abzugeben. Andernfalls handelt es sich um einen unzulässigen Voreid[20].

---

[10] BGH bei *Dallinger* MDR **1953** 723; RGSt **19** 28; KMR-*Paulus* 5; *Eb. Schmidt* 4; *Oetker* JW **1930** 153.

[11] RGRspr. **6** 29; KK-*Pelchen* 5; *Kleinknecht/ Meyer* [37] 5; KMR-*Paulus* 5.

[12] RG JW **1928** 2987 mit Anm. *Schreiber*.

[13] RGSt **4** 437; RG JW **1930** 3416; RG GA **42** (1894) 136; KK-*Pelchen* 5; *Kleinknecht/Meyer* [37] 5; KMR-*Paulus* 6; *Eb. Schmidt* 3; *Oetker* JW **1930** 153.

[14] RG GA **53** (1906) 78; OLG Dresden LZ **1930** 136; KK-*Pelchen* 5; KMR-*Paulus* 6; *Eb. Schmidt* 4; *von Schowingen* JZ **1955** 267; a. A *Oetker* JW **1930** 153.

[15] BGHSt **23** 285; BGH GA **1968** 340; RG GA **53** (1906) 78; **63** (1916/17) 439.

[16] KK-*Pelchen* 5; *Kleinknecht/Meyer* [37] 5; *Eb. Schmidt* Nachtr. I §270, 22; vgl. auch bei §270.

[17] RGSt **2** 234; RGRspr. **6** 29; RG GA **38** (1891) 51; RG Recht **1904** Nr. 1606; KK-*Pelchen* 5; *Kleinknecht/Meyer* [37] 5; KMR-*Paulus* 7; *Eb. Schmidt* 4; *von Kries* 371; a. A *Oetker* JW **1930** 153.

[18] RGSt **18** 417; RG Recht **1915** Nr. 377; **1930** Nr. 2140; KK-*Pelchen* 6; *Kleinknecht/Meyer* [37] 5; KMR-*Paulus* 8; *Eb. Schmidt* 6; *Dalcke/Fuhrmann/Schäfer* 2; *Oetker* JW **1930** 152.

[19] *Gössel* §25 III b 2.

[20] BGH bei *Dallinger* MDR **1972** 198; KK-*Pelchen* 8; *Kleinknecht/Meyer* [37] 7; *von Schowingen* JZ **1955** 267.

Hans Dahs

13   **3. Form.** Für die Versicherung nach § 67 schreibt das Gesetz keine besondere Form vor. Erforderlich ist aber stets, daß der Zeuge selbst die Erklärung abgibt, er versichere die Richtigkeit seiner Aussage unter Berufung auf den früheren Eid. Es genügt nicht, daß der Richter ihn auf den früheren Eid hinweist[21].

14   Die Versicherung muß nicht unbedingt mit den **Worten** des Gesetzes abgegeben werden[22]. Wesentlich ist nur, daß sich die Erklärung als unter Bezugnahme auf den geleisteten Zeugeneid abgegebene Versicherung des Zeugen darstellt, er habe bei seiner nochmaligen Aussage die Wahrheit gesagt (RGRspr. 2 704). Ausreichend dazu ist eine „Bezugnahme" auf den früheren Eid (BGH bei *Dallinger* MDR **1972** 198). Es genügt auch, daß der Zeuge die Frage des Richters, ob er die Wahrheit seiner Aussage auf seinen früheren Eid nehme, mit „Ja" beantwortet. Das Erheben der rechten Hand (§ 66 c Abs. 4) findet bei der Abgabe der Versicherung nicht statt.

15   **4. Wirkung.** Die Wirksamkeit der Versicherung nach § 67 setzt voraus, daß der Zeuge tatsächlich schon vereidigt worden war. Beruft er sich auf den im zweiten Rechtszug geleisteten Eid, während er in Wahrheit im ersten Rechtszug vereidigt worden ist, so kann das unschädlich sein (KG JW **1932** 3126). Ohne rechtliche Wirkung ist aber immer die Berufung auf einen überhaupt nicht geleisteten Eid[23]. Eine rechtswirksame Versicherung unter Bezugnahme auf einen früheren Eid oder auf eine frühere Bekräftigung steht der Eidesleistung gleich (vgl. § 155 Nr. 2 StGB). Daher darf sie nicht von einem Zeugen gefordert werden, der seit seiner Vereidigung in den Verdacht der Tatbeteiligung (§ 60 Nr. 2) geraten ist. Wenn die Versicherung falsch ist, macht sich der Zeuge nach §§ 154, 163 StGB strafbar.

V. Entscheidung des Gerichts

16   **1. Allgemeines.** Das Gericht darf eine Ersetzung des Eides oder der Bekräftigung durch die Versicherung nach § 67 nur verlangen und entgegennehmen, wenn feststeht, daß der Zeuge bei der früheren Vernehmung tatsächlich vereidigt worden ist oder die Bekräftigung abgegeben hat. Hierüber können Ermittlungen im Freibeweis (§ 244, 3 f) angestellt werden (KMR-*Paulus* 10). Hat die frühere Vernehmung in einer Hauptverhandlung stattgefunden, so gilt die Beweiskraft der Sitzungsniederschrift nach § 274 auch für den Nachweis der Eidesleistung oder der Bekräftigung.

17   **2. Ermessensentscheidung.** Ob der Richter den wiederholt vernommenen Zeugen nach § 59 abermals vereidigt oder ob er ihm die Versicherung nach § 67 abnimmt, steht in seinem Ermessen[24]. Entscheidet das Gericht, daß der Zeuge erneut vereidigt werden soll, so darf dieser den Eid daher nicht mit der Begründung verweigern, die Versicherung nach § 67 sei ausreichend (*Eb. Schmidt* 9). Die erneute Vereidigung ist vorzuziehen, wenn der Zeuge offensichtlich außerstande ist, die Bedeutung der Versicherung zu begreifen. Auch langer Zeitablauf nach der ersten Vernehmung (KMR-*Paulus* 11) und

---

[21] BGHSt **4** 140; RGSt **19** 28; **58** 302; RGRspr. 2 704; RG JW **1934** 2580; RG HRR **1935** 771; **1939** 1389; KK-*Pelchen* 8; *Kleinknecht/Meyer* [37] 7; KMR-*Paulus* 12; *Eb. Schmidt* 7; *Dalcke/Fuhrmann/Schäfer* 4; *Roxin* § 26 C II 5; *von Schowingen* JZ **1955** 267; vgl. auch bei § 79, 13.

[22] BGH bei *Dallinger* MDR **1972** 198;

RGRspr. 2 704; RG JW **1934** 2850; KK-*Pelchen* 8; *Kleinknecht/Meyer* [37] 7; KMR-*Paulus* 12.

[23] RGSt **64** 380 = JW **1931** 212 mit Anm. *Mezger*; RG Recht **1930** Nr. 1198; OLG Köln NJW **1963** 2333; *Kleinknecht/Meyer* [37] 7.

[24] KK-*Pelchen* 7; *Kleinknecht/Meyer* [37] 6; KMR-*Paulus* 11.

ein wesentlich anderer Inhalt der neuen Aussage (*von Schowingen* JZ **1955** 267) können Anlaß geben, den Zeugen erneut zu vereidigen. Das Gericht kann aber auch trotz früher geleisteten Eides bei der erneuten Vernehmung von der Vereidigung nach § 61 Abstand nehmen.

3. Vorabentscheidung des Vorsitzenden. Die Entscheidung, ob der Zeuge die Versicherung nach § 67 abzugeben oder erneut einen Eid zu leisten hat, trifft zunächst der Vorsitzende. Ein Gerichtsbeschluß ist nur erforderlich, wenn das Verfahren des Vorsitzenden von einem Mitglied des Gerichts oder von einem Prozeßbeteiligten beanstandet wird[25]. Es gelten insoweit dieselben Grundsätze wie bei der Vereidigung (vgl. dazu § 59, 13 ff). **18**

VI. Protokoll

Die Versicherung nach § 67 ist wie die Vereidigung nach § 59 eine wesentliche Förmlichkeit im Sinne der § 168 a Abs. 1, § 273 Abs. 1 und muß daher in das Protokoll aufgenommen werden[26]. Wann und wo der Zeuge den früheren Eid geleistet oder die Bekräftigung abgegeben hat, muß das Protokoll nicht feststellen. Der Protokollvermerk muß aber ersichtlich machen, daß der Zeuge selbst die Richtigkeit seiner Aussage unter Berufung auf den Eid oder die Bekräftigung versichert hat (oben Rdn. 13). Der richtige Protokollvermerk lautet: „Der Zeuge versicherte die Richtigkeit seiner Aussage unter Berufung auf den früher geleisteten Eid (auf die früher erklärte Bekräftigung)". Die Eintragung: „Der Zeuge versichert die Richtigkeit seiner Aussage", kann dahin ausgelegt werden, daß die Versicherung nach § 67 ordnungsmäßig abgegeben worden ist[27]. **19**

VII. Revision

1. Allgemeines. Da die Versicherung nach § 67 dem Eid gleichsteht, kann die Revision nicht mit Erfolg rügen, das Gericht habe sein Ermessen verletzt, als es auf die nochmalige Eidesleistung verzichtet und sich mit der Versicherung begnügt hat. War die Versicherung unzulässig, etwa weil sie vor der Vernehmung abgegeben worden ist, weil der Zeuge früher nicht vereidigt worden war oder weil seine nochmalige Aussage nicht in demselben Hauptverfahren stattgefunden hat, so kann dieser Verfahrensverstoß auch dann gerügt werden, wenn gegen die Vorabentscheidung des Vorsitzenden nicht das Gericht angerufen worden war (*Dallinger* MDR **1972** 199). Ist ein Angehöriger nicht entsprechend § 63 belehrt worden (oben Rdn. 11), so begründet das die Revision (vgl. § 63, 9). **20**

2. Unzulässige oder unwirksame Berufung auf den Eid. Wenn die Versicherung nach § 67 unzulässig war, weil der Eid, auf den sich der Zeuge berufen hat, nicht in demselben Hauptverfahren geleistet war oder weil die Versicherung nicht in der vorgeschriebenen Form abgegeben worden ist, liegt ein revisibler Verfahrensverstoß vor. Eine andere Frage ist, ob das Urteil auf ihm beruhen kann. Das soll nach herrschender Meinung regelmäßig dann nicht der Fall sein, wenn sowohl der Zeuge als auch das Gericht irrtümlich der Meinung gewesen sind, die Versicherung sei zulässig gewesen und wirksam abgegeben worden. Denn wenn der Zeuge sich infolge seiner Versicherung als unter Eid **21**

---

[25] OLG Braunschweig NJW **1957** 513; OLG Dresden LZ **1929** 1490; KK-*Pelchen* 7; KMR-*Paulus* 11; *Eb. Schmidt* 8.

[26] KK-*Pelchen* 9; *Kleinknecht/Meyer*[37] 8.

[27] RG DRiZ **1931** 533; vgl. auch BGHSt 4 142.

Hans Dahs

stehend betrachtet und das Gericht seine Aussage als eidliche wertet, könne das Urteil denkgesetzlich nicht anders lauten, als wenn die Versicherung zulässig und wirksam gewesen wäre[28].

22   Wenn der Zeuge die Richtigkeit seiner Aussage unter Berufung auf einen Eid versichert, den er gar **nicht geleistet** hat, liegt ein Verfahrensfehler vor. Das Urteil beruht aber nicht auf dem Verfahrensfehler, wenn das Gericht die Aussage irrtümlich als beeidigt angesehen und gewürdigt und der Zeuge seine Vernehmung als eidliche betrachtet hat[29]. Die Vorstellungen des Zeugen über die Frage, ob er seine Aussage als eidliche angesehen hat, sind im Wege des Freibeweises (§ 244, 3) zu ermitteln; bringt dieser keine Klärung, ist das Urteil aufzuheben[30].

§ 68

[1]**Die Vernehmung beginnt damit, daß der Zeuge über Vornamen und Zunamen, Alter, Stand oder Gewerbe und Wohnort befragt wird.**[2]**Besteht Anlaß zu der Besorgnis, daß durch die Angabe des Wohnorts in der Hauptverhandlung der Zeuge oder eine andere Person gefährdet wird, so kann der Vorsitzende dem Zeugen gestatten, seinen Wohnort nicht anzugeben.**[3]**Erforderlichenfalls sind dem Zeugen Fragen über solche Umstände, die seine Glaubwürdigkeit in der vorliegenden Sache betreffen, insbesondere über seine Beziehungen zu dem Beschuldigten oder dem Verletzten, vorzulegen.**

Schrifttum. *Greiner* Wohnortangaben von Polizeibeamten als Zeugen vor Gericht, Kriminalistik **1979** 522; *Herdegen* Bemerkungen zum Beweisantragsrecht, NStZ **1984** 200; *Herminghausen* Zur Altersangabe von Zeugen, DRiZ **1951** 225; *Humborg* Die Rechte des Zeugen in der Hauptverhandlung, JR **1966** 448; *Leineweber* Die Wohnortangabe nach dem Strafverfahrensänderungsgesetz 1979, Kriminalistik **1979** 38; *Leineweber* Die Entbindung von der Wohnortangabe bei der Vernehmung eines Zeugen zur Person gem. § 68 2 StPO, MDR **1985** 635; *Miebach* Der Ausschluß des anonymen Zeugen aus dem Strafprozeß, ZRP **1984** 81; *Molketin* § 68 Satz 2 StPO - ein Hemmnis effektiver Verteidigung des Angeklagten? MDR **1981** 466; *Rieß* Das Strafverfahrensänderungsgesetz 1979, NJW **1978** 2265; *Schlund* Was bedeutet Wohnort i. S. von § 68 StPO? NJW **1972** 1035; *Schöneborn* Die Beweisverbotsproblematik der §§ 52 Abs. 2, 55 Abs. 2 StPO im Lichte des § 68 Satz 2 StPO, MDR **1974** 457; *Seelmann* Der anonyme Zeuge – ein erstrebenswertes Ziel der Gesetzgebung? StrVert. **1984** 477; *Tiedemann/Sieber* Die Verwertung des Wissens von V-Leuten im Strafprozeß, NJW **1984** 753.

Entstehungsgeschichte. In seiner ursprünglichen Fassung schrieb § 68 Satz 1 auch die Befragung des Zeugen über das Religionsbekenntnis vor. In die Neubekanntmachung der Strafprozeßordnung vom 22. 3. 1924 (RGBl. I 299, 322) wurde das mit Rücksicht auf Art. 136 WeimVerf. nicht mehr aufgenommen. Bezeichnung bis 1924: § 67. Satz 2 wurde durch Art. 1 Nr. 10 StVÄG eingefügt; der bisherige Satz 2 wurde Satz 3.

---

[28] BGH bei *Dallinger* MDR **1953** 722; RGSt 64 379 = JW **1931** 212 mit Anm. *Mezger*; RG JW **1930** 152 mit Anm. *Oetker*; KG JW **1931** 1135; **1932** 3126; OLG Köln NJW **1963** 2334; OLG Saarbrücken VRS **23** 53; *Kleinknecht/Meyer*[37] 9; KMR-*Paulus* 15; a. A *Dahs/Dahs* 216; *Hülle* DRiZ **1954** 118; *Eb. Schmidt* 10, der aber die herrschende Auffassung offenbar mißversteht; vgl. auch KK-*Pelchen* 10.

[29] BGH bei *Dallinger* MDR **1953** 722; NStZ

1984 328; RGSt 64 380; JW **1929** 1047; **1930** 152; **1931** 212; KK-*Pelchen* 10; *Kleinknecht/Meyer*[37] 9; KMR-*Paulus* 15; a. A *Eb. Schmidt* 10.

[30] OLG Köln NJW **1963** 2333; KG NJW **1968** 808, das hier auch grundsätzliche Bedenken gegen den Freibeweis hat; *Kleinknecht/Meyer*[37] 9: „Zweifelsfreie" Feststellung nötig; a. A *Mezger* JW **1931** 212.

I. Allgemeines

Die §§ 68, 68 a und 69 regeln Gang (vgl. hierzu auch § 58) und Inhalt der Zeugen- **1** vernehmung. Nach § 68 Satz 1 beginnt die Vernehmung mit der Befragung zur Person; eine Ausnahme von der Verpflichtung zur Wohnortangabe besteht nach Satz 2 für gefährdete Zeugen; die sog. Generalfragen brauchen nach § 68 Satz 3 nur gestellt zu werden, wenn sie erforderlich sind. § 68 ist eine bloße Ordnungsvorschrift (vgl. unten Rdn. 19). Die Vorschrift gilt auch bei der kommissarischen Zeugenvernehmung (BGHSt -GrSSt- **32** 115). Zu der Frage, was Gegenstand einer Zeugenvernehmung sein kann, vgl. Vor § 48, 3 ff.

II. Personalfragen

1. Zweck der Befragung. Namen, Wohn- oder Aufenthaltsort der Zeugen muß **2** das Gericht den Prozeßbeteiligten schon vor der Hauptverhandlung bekanntgeben (§ 222 Abs. 1 Satz 1). Auch die Staatsanwaltschaft und der Angeklagte haben die von ihnen unmittelbar geladenen Zeugen rechtzeitig namhaft zu machen (§ 222 Abs. 1 Satz 2, Abs. 2). Dadurch soll dem Gericht und allen Prozeßbeteiligten ermöglicht werden, Erkundigungen über den Zeugen einzuziehen (vgl. § 246 Abs. 2 und 3 und dort Rdn. 9). Die Befragung des Zeugen zur Person in der Hauptverhandlung dient daher regelmäßig nicht dem Zweck, Namen und Anschrift erstmals kennenzulernen und bekanntzugeben, sondern soll Personenverwechslungen verhüten[1]. Anders ist es nur bei Zeugen, die in der Hauptverhandlung zum erstenmal auftreten, etwa die von dem Angeklagten nach § 222 Abs. 2 gestellten Zeugen. Daneben kann die Personalienangabe auch für die Beurteilung der Glaubwürdigkeit des Zeugen Bedeutung haben[2]. Ausnahmsweise, wenn die Feststellung der Identität des Zeugen der einzige Zweck seiner Vernehmung ist, können die Personalfragen zugleich die Vernehmung zur Sache sein.

2. Fragen zur Person
a) Namen. Die Frage nach dem Namen des Zeugen ist nur entbehrlich, wenn er **3** dem Gericht und allen Prozeßbeteiligten bekannt ist (RGSt **40** 157). Ist das nicht der

---

[1] RGSt **40** 157; vgl. den Fall RGSt **55** 22; s. a. BGHSt **23** 245; *Kleinknecht/Meyer* [37] 1.
[2] BGHSt – GrSSt – **32** 128 = NStZ **1984** 36 m. Anm. *Frenzel*; KK-*Pelchen* 1; vgl. auch

Herdegen NStZ **1984** 201; BGH NStZ **1985** 278; *K.-H. Schmid* DRiZ **1983** 475; *Tiedemann/Sieber* NJW **1984** 753; *Kleinknecht/ Meyer* [37] 1; krit. *Humborg* JR **1966** 449.

Hans Dahs

Fall, so muß der Zeuge unter allen Umständen nach seinem Namen gefragt werden. § 68 schließt dabei nicht aus, den Zeugen zusätzlich danach zu fragen, ob er einen Decknamen benutzt (BGH NStZ **1981** 71). Die Geheimhaltung der Personalien eines in der Hauptverhandlung vernommenen Zeugen vor dem Angeklagten und dem Verteidiger ist selbst dann unzulässig, wenn der Zeuge als Gewährsmann der Polizei in hohem Maße gefährdet ist[3]. Das soll aber nicht für das Vorverfahren gelten (BGH StrVert. **1985** 45). Denn schon die Personalien eines Zeugen sind geeignet, die Beurteilung seiner Glaubwürdigkeit zu beeinflussen (BGHSt **23** 244). Nur bei einem aus Sicherheitsgründen zur Identitätsänderung veranlaßten Zeugen kann auf die Angabe seines jetzigen Namens verzichtet werden, um so seine Vernehmung in der Hauptverhandlung zu ermöglichen[4]. Eine darüber hinausgehende Einschränkung der Pflicht zur Namensangabe kann nur der Gesetzgeber treffen[5], der durch die Einfügung des § 68 Satz 2 einen weitergehenden Zeugenschutz auf Kosten der Wahrheitsfindung abgelehnt hat (OLG Frankfurt NJW **1982** 1408).

4   **b) Alter.** Das Alter des Zeugen ist vor allem wegen der Vereidigungsbestimmungen der § 60 Nr. 1, § 61 Nr. 1 von Bedeutung (RGSt **40** 157). Die Frage nach dem Lebensalter ist aber auch dann zulässig, wenn der Zeuge offensichtlich älter als 18 Jahre ist. Denn auf das Lebensalter des Zeugen kann es auch aus sachlich-rechtlichen Gründen ankommen (vgl. etwa §§ 175, 176 StGB). Nach dem Alter kann in der Weise gefragt werden, daß der Zeuge aufgefordert wird, Geburtstag und -jahr zu nennen[6].

5   **c) Beruf.** Stand oder Gewerbe sind nur bei Gefahr von Personenverwechslungen von Interesse. Die Frage nach dem Beruf des Zeugen ist aber in jedem Fall zulässig. In der Praxis wird sie stets gestellt. Die Frage an eine Zeugin, die ihren gegenwärtigen Beruf bereits angegeben hat, ob sie früher als Prostituierte tätig war, gehört nicht zu dem Fragenkreis des § 68[7], sondern ebenso wie die Frage, ob sie im „Nebenberuf" Prostituierte sei, zur Sachvernehmung.

6   **d) Wohnort.** Die Frage nach dem Wohnort bezieht sich regelmäßig nicht auf die genaue postalische Anschrift des Zeugen (anders *Schlund* NJW **1972** 1035). Es genügt die bloße Ortsangabe (Hamburg, Berlin, Stuttgart). Etwas anderes gilt nur, wenn ein bisher unbekannter Zeuge erstmals vernommen wird und daher seine genaue Anschrift festgestellt werden muß. Bei Zeugen, deren Sicherheit selbst durch die Angabe des Wohnorts gefährdet wäre oder denen Belästigungen drohen, wie es bei Polizeibeamten, gelegentlich auch bei Richtern und Staatsanwälten, der Fall sein kann, wird, wenn nicht nach Satz 2 auf die Wohnortangabe ganz verzichtet wird, statt des Wohnorts die

---

[3] BGHSt **23** 244; **32** 115 – GSSt – = NStZ **1984** 36 m. Anm. *Frenzel* = JZ **1984** 430 m. Anm. *Fezer* = StrVert. **1984** 56 m. Anm. *Grünwald*; *Kleinknecht/Meyer* [37] 2; *Schlüchter* 483; *Tiedemann/Sieber* NJW **1984** 755; a. A noch BGH NJW **1981** 770; *Woesner* NJW **1961** 536; *Evers* Privatsphäre und Ämter für Verfassungsschutz, **1960** 254, der sogar ein auf der beamtenähnlichen Stellung des V-Mannes beruhendes Schweigerecht annimmt; zu den Folgen von Aussagen anonymer Zeugen vgl. LG Bremen StrVert. **1981** 19; auch *Herdegen* NStZ **1984** 201; *Seelmann* StrVert. **1984** 477; *Miebach* ZRP **1984** 81.

[4] BVerfG .NJW **1981** 1719; BGHSt **29** 109; OLG Frankfurt NJW **1982** 1408; KK-*Pelchen* 2; *Kleinknecht/Meyer* [37] 2; *Gribbohm* NJW **1980** 3050; zu weiteren Schutzvorkehrungen vgl. *Rebmann* NStZ **1982** 319.

[5] *Meyer* JR **1981** 480; *Tiedemann/Sieber* NJW **1984** 755.

[6] *Kleinknecht/Meyer* [37] 6; *Herminghausen* DRiZ **1951** 225 meint sogar, daß dies der ausdrücklichen Frage nach dem Alter vorzuziehen ist.

[7] BGH bei *Dallinger* MDR **1966** 383; KK-*Pelchen* 4; *Kleinknecht/Meyer* [37] 7.

Dienststelle oder Geschäftsanschrift festgestellt[8], es sei denn, die Aufklärungspflicht erfordert auch die Angabe der privaten Wohnanschrift. Auf die Wohnortangabe kann nach Satz 2 verzichtet werden, wenn die Geheimhaltung im Interesse der persönlichen Sicherheit des Zeugen oder Dritter erforderlich ist (Rdn. 8 ff). Ein Zeuge, der keinen festen Wohnsitz hat, wird nach dem Aufenthaltsort gefragt (vgl. §222 Abs. 1).

3. Religionszugehörigkeit. Nach dem durch Art. 140 GG aufrechterhaltenen **7** Art. 136 Abs. 3 Satz 1 WeimVerf. ist niemand verpflichtet, seine religiöse Überzeugung zu offenbaren; die Behörden dürfen aber nach der Zugehörigkeit zu einer Religionsgemeinschaft fragen, wenn davon Rechte und Pflichten abhängen. Ist die Frage nach einer bestimmten Religionszugehörigkeit für die Aufklärung des Sachverhalts, insbesondere für die Würdigung der Aussage des Zeugen, erheblich, so darf sie daher gestellt werden[9]. Gleiches gilt für Fragen nach Abstammung und Rasse[9a]. Diese Fragen sind dann aber Teil der Vernehmung zur Sache.

III. Verzicht auf Wohnortangabe

1. Allgemeines. Macht ein Zeuge in öffentlicher Gerichtsverhandlung die Angaben über seinen Wohnort, zu denen er nach §68 Satz 1 verpflichtet ist, so kann das dazu führen, daß er selbst oder andere Personen, insbesondere seine Familienangehörigen, durch die Zuhörer gefährdet werden oder daß zumindest Belästigungen durch sie drohen. Im Schrifttum bestand zuletzt Übereinstimmung darüber, daß der Zeuge bei erheblicher Gefahr für sich oder seine Angehörigen berechtigt ist, statt des Wohnorts die Dienststelle oder die Geschäftsanschrift anzugeben[10]. Dem Gesetzgeber erschien es gleichwohl mit Rücksicht auf unterschiedliche Auffassungen unter den Gerichten (die sich allerdings in veröffentlichten Entscheidungen nicht niedergeschlagen haben) geboten, die Frage gesetzlich zu regeln (vgl. BTDrucks. 8 976 S. 36). Hierfür hätte sich eine Regelung angeboten, nach der die Befragung des Zeugen nach seinem Wohnort, die wegen der Bekanntmachungspflichten nach §222 für die Verfahrensbeteiligten regelmäßig ohne Wert ist und allenfalls dem Zweck dient, Personenverwechslungen zu verhindern, ganz in das Ermessen des Gerichts gestellt wird. Stattdessen ist mit §68 Satz 2 eine Vorschrift eingefügt worden, die nur einem bestimmten Personenkreis unter bestimmten Voraussetzungen, deren Vorliegen durch Auslegung unbestimmter Rechtsbegriffe (Anlaß zu der Besorgnis, Gefährdung) festgestellt werden muß, die Nichtangabe des Wohnorts gestattet[11].

2. Nichtangabe des Wohnorts
a) Allgemeines. Die Nichtangabe des Wohnorts in der Hauptverhandlung (nicht **9** bei anderen richterlichen, staatsanwaltschaftlichen oder polizeilichen Vernehmungen) kann unter den Voraussetzungen des §68 Satz 2 allen Zeugen gestattet werden, nicht nur solchen, die die Angabe des Wohnorts durch die Mitteilung der Dienst- oder Geschäftsanschrift ersetzen können. Eine ersatzweise Angabe solcher Anschriften sieht

---

[8] *Kleinknecht/Meyer*[37] 8; *Greiner* Kriminalistik **1979** 522; *Schlund* NJW **1972** 1035.
[9] *Kleinknecht/Meyer*[37] 9; KMR-*Paulus* 5; *Kiesow* DJZ **1919** 873.
[9a] *Kleinknecht/Meyer*[37] 9; KMR-*Paulus* 5; *Eb. Schmidt* 4.
[10] *Greiner* Kriminalistik **1979** 522; *Kube/Leine-*

weber Polizeibeamte als Zeugen und Sachverständige vor Gericht (1977) 101 ff; *Leineweber* Deutsche Polizei **1975** 23; *Schlund* NJW **1972** 1035.
[11] Kritisch gegenüber der engen Gesetzesfassung *Herdegen* NStZ **1984** 201; *Miebach* ZRP **1984** 81.

Hans Dahs

§ 68 Satz 2 nicht einmal für den Fall vor, daß sie möglich wäre. Wenn dem Zeugen das Verschweigen seines Wohnorts gestattet wird, braucht er daher insoweit überhaupt keine Angaben zu machen. Jedoch wird der Vorsitzende die Angabe der Dienststelle verlangen können, wenn dadurch eine Gefährdung nicht zu befürchten ist. Ist dem Zeugen die Nichtangabe des Wohnortes gestattet, so darf er Angaben hierüber nicht nur bei der Vernehmung zur Person nach § 68, sondern während der ganzen Hauptverhandlung verweigern (*Rieß* NJW **1978** 2268). Das Fragerecht der Prozeßbeteiligten nach § 240 ist insoweit eingeschränkt[12].

10   **b) Gefährdung.** In erster Hinsicht kommt eine Gefährdung des Zeugen selbst oder anderer Personen (Angehörige, Freunde, Bekannte, aber auch sonstige Personen) an Leib oder Leben in Betracht. Da § 68 Satz 2 eine Gefährdung dieser Art aber nicht ausdrücklich voraussetzt, genügt auch die Gefahr von Anschlägen auf das Eigentum (Gebäude, Kraftwagen) des Zeugen oder anderer Personen. Dagegen reichen bloße Belästigungen, wie Telefonanrufe, Massensendungen oder fingierte Warenbestellungen, nicht aus[13].

11   **c) Anlaß zu der Besorgnis** einer Gefährdung des Zeugen oder anderer Personen besteht immer, wenn der Zeuge, einer seiner Angehörigen oder ein Dritter schon das Opfer von Anschlägen gewesen oder mit Anschlägen bedroht worden ist und wenn das im Zusammenhang mit der Tätigkeit oder mit den Bekundungen des Zeugen in dem Strafverfahren steht, in dem er nunmehr aussagen soll. Sonst kann sich die Besorgnis aus kriminalistischen Anhaltspunkten und kriminologischer Erfahrung[14], insbesondere aus der Erfahrungstatsache ergeben, daß Richter, Staatsanwälte, Polizeibeamte und Belastungszeugen in Verfahren gegen bestimmte Personen oder Personengruppen, insbesondere gegen Mitglieder oder Unterstützer krimineller (§ 129 StGB) oder terroristischer Vereinigungen (§ 129 a StGB), durch auf freiem Fuß befindliche Mitglieder der Vereinigung oder durch Personen und Personengruppen gefährdet werden, die mit den Tätern sympathisieren (vgl. *Leineweber* Kriminalistik **1979** 39/40).

12   **d) Grenzen.** § 68 Satz 2 gilt nur für Aussagen in der **Hauptverhandlung**[15]. Bei kommissarischen Vernehmungen (§ 223) sowie richterlichen, staatsanwaltlichen und polizeilichen Vernehmungen im Vorverfahren (§§ 161 a Abs. 1 Satz 2, 163 a Abs. 5) muß die Wohnadresse des Zeugen daher auch dann festgestellt werden, wenn die Besorgnis einer Gefährdung des Zeugen besteht[16]. Wegen § 222 darf der Wohnort ebenfalls nicht gegenüber dem Angeklagten geheimgehalten werden, der ihn ohnedies über das Akteneinsichtsrecht seines Verteidigers erfahren kann[17]. Daraus folgt, daß die Besorgnis der Gefährdung durch die Angabe des Wohnorts nur in öffentlicher Verhandlung besteht, weil die Wohnanschrift des Zeugen den Verfahrensbeteiligten bereits nach § 222 bekanntgegeben worden ist. Die dadurch entstehende Gefährdung muß der Zeuge in Kauf nehmen. Notfalls kann er Polizeischutz verlangen[18].

---

[12] KK-*Pelchen* 7; *Kleinknecht/Meyer*[37] 13; KMR-*Paulus* 17.

[13] KK-*Pelchen* 6; *Kleinknecht/Meyer*[37] 12; KMR-*Paulus* 14.

[14] KK-*Pelchen* 6; *Kleinknecht/Meyer*[37] 12; KMR-*Paulus* 14.

[15] *Kleinknecht/Meyer*[37] 10; KMR-*Paulus* 13; *Rieß* NJW **1978** 2268.

[16] *Kleinknecht/Meyer*[37] 10; KMR-*Paulus* 13.

[17] KMR-*Paulus* 13; *Kleinknecht/Meyer*[37] 10; *Engels* NJW **1983** 1531; *Grünwald* FS Dünnebier 360; *Roxin* § 26 c I 3; *Molketin* MDR **1981** 466.

[18] BVerfGE **57** 250 = NStZ **1981** 357; OLG Frankfurt NJW **1982** 1408.

IV. Generalfragen

1. Allgemeines. Die Generalfragen sind nach § 68 Satz 3 nur zu stellen, wenn es **13** erforderlich ist. Ob das der Fall ist, entscheidet das Gericht nach pflichtgemäßem Ermessen[19].

2. Glaubwürdigkeit. Aus § 68 Satz 3 ergibt sich die Pflicht des Zeugen, nicht nur **14** über seine Wahrnehmungen auszusagen, sondern auch Fragen zu beantworten, die seine Glaubwürdigkeit betreffen. Er kann daher über sein Vorleben, über seine körperlichen Eigenschaften (körperliche Gebrechen, besondere Geschicklichkeiten) und vor allem auch über seine Vorstrafen befragt werden. Für die Frage nach entehrenden Tatsachen und nach Vorstrafen gilt jedoch die besondere Regelung des § 68 a. Die Glaubwürdigkeit des Zeugen muß nach § 68 Satz 2 „in der vorliegenden" Sache von Bedeutung sein. Die Vernehmung darf sich aber selbstverständlich auch auf Umstände beziehen, die den Zeugen als überhaupt unglaubwürdig erscheinen lassen.

3. Beziehungen zu dem Beschuldigten und Verletzten. Die Klärung der Frage, in **15** welchen Beziehungen der Zeuge zu dem Beschuldigten und Verletzten steht, dient nicht nur allgemein der Beurteilung seiner Glaubwürdigkeit, sondern auch der Entscheidung über das Zeugnisverweigerungsrecht nach § 52, über das Auskunftsverweigerungsrecht nach § 55 und über die Vereidigung nach § 61 Nr. 2, § 63. Die Befragung darf unterbleiben, wenn bekannt oder doch ohne weiteres anzunehmen ist, daß Beziehungen der hierbei bedeutsamen Art (Ehe, Verwandtschaft, Schwägerschaft, Verlöbnis) nicht bestehen. Das Reichsgericht hat die Auffassung vertreten, daß die Befragung überhaupt nur stattfinden soll, wenn hierzu ein besonderer Anlaß besteht[20]. Inzwischen ist es aber in der Praxis üblich geworden, jeden Zeugen über etwaige verwandtschaftliche Beziehungen zu dem Angeklagten zu fragen[21]. Bestehen solche Beziehungen offensichtlich nicht, kann die Befragung unterbleiben (KG JR **1977** 295).

V. Fragerecht

Die Befragung steht dem Vorsitzenden zu. Die Fragen sind von Amts wegen zu **16** stellen; Anträge der Prozeßbeteiligten sind aber zu berücksichtigen. Der Verfahrensbeteiligte, der die Frage für unzulässig hält, kann die Entscheidung des Gerichts nach § 238 Abs. 2 herbeiführen[22]. Auch dem Zeugen, der nicht Verfahrensbeteiligter ist, steht das förmliche Beanstandungsrecht zu, wie sich mittelbar aus § 304 Abs. 2 ergibt[23]. In der Hauptverhandlung besteht das Fragerecht der Gerichtsmitglieder und der Prozeßbeteiligten nach § 240 auch hinsichtlich der Personal- und Generalfragen. Wird von der Wohnortangabe nach Satz 2 abgesehen, ist das Fragerecht entsprechend eingeschränkt; die Frage nach dem Wohnort ist gemäß § 241 Abs. 2 als unzulässig zurückzuweisen[24].

---

[19] KK-*Pelchen* 8; *Kleinknecht/Meyer*[37] 14; KMR-*Paulus* 19; *Dalcke/Fuhrmann/Schäfer* 1.

[20] RGSt **16** 214; **45** 406; RG LZ **1918** 577; RG Recht **1912** Nr. 958; **1922** Nr. 1032.

[21] *Kleinknecht/Meyer*[37] 16; kritisch dazu *Sabarth* DJZ **1921** 423; vgl. aber auch *Liebmann* LZ **1921** 611.

[22] KK-*Pelchen* 7; *Kleinknecht/Meyer*[37] 14; KMR-*Paulus* 2; *Eb. Schmidt* 6.

[23] *Kleinknecht/Meyer*[37] 14; *Lineweber* Kriminalistik **1979** 39; **a. A** KK-*Pelchen* 7.

[24] KK-*Pelchen* 7; *Kleinknecht/Meyer*[37] 13; KMR-*Paulus* 17; *Rieß* NJW **1978** 2268.

Hans Dahs

VI. Auskunftspflicht

17   Der Zeuge muß die Fragen zur Person auch dann beantworten, wenn er ein Zeugnisverweigerungsrecht hat, es sei denn, die Angabe der Personalien komme einer Aussage zur Sache gleich[25]. Die Verweigerung der Personalangaben ist nach § 111 OWiG bußgeldbewehrt. Dagegen ist die Verweigerung einer Antwort auf Generalfragen zulässig, wenn die Voraussetzungen des § 55 Abs. 1 vorliegen. Der Zeuge ist aber nicht berechtigt, die Antwort auf Generalfragen deshalb zu verweigern, weil es seiner Ansicht nach darauf für die Entscheidung des Gerichts nicht ankommt. Gegen die Entscheidung des Gerichts nach § 68 Satz 2 steht dem Zeugen, nicht den Prozeßbeteiligten (§ 305 Satz 1), das Recht der Beschwerde zu (*Leineweber* Kriminalistik **1978** 39).

VII. Protokoll

18   Die Vernehmung des Zeugen zur Person ist eine wesentliche Förmlichkeit im Sinne der § 168 a Abs. 2, § 273 Abs. 1. Sie muß daher im Protokoll beurkundet werden[26]. Enthält das Hauptverhandlungsprotokoll keine Eintragung, so gilt § 274. Üblicherweise werden nicht die Fragen, sondern nur die Angaben des Zeugen protokolliert („Der Zeuge erklärte zur Person. . .“). Meist wird auch die Erklärung des Zeugen, daß er mit dem Angeklagten nicht verwandt oder verschwägert sei, in das Protokoll aufgenommen. Notwendig ist das nicht; denn die Beantwortung der Generalfragen gehört zur Sachvernehmung und wird in dem Protokoll vermerkt, wenn die Voraussetzungen des § 273 Abs. 2 oder 3 vorliegen.

VIII. Revision

19   § 68 ist eine Ordnungsvorschrift, auf deren Verletzung allein die Revision nicht gestützt werden kann[27]. Das gilt sowohl für die Personalfragen[28] als auch für die Generalfragen[29]. Ob die Entscheidung nach Satz 2 schon deshalb nicht revisibel ist, weil sie den Rechtskreis des Angeklagten nicht berührt (KK-*Pelchen* 10), erscheint zweifelhaft, jedenfalls wird das Urteil regelmäßig auf dem Verfahrensverstoß nicht beruhen. Führt das Unterlassen der Befragung zur Person dazu, daß ein falscher Zeuge vernommen wird, so ist die Aufklärungspflicht verletzt; die Revision muß dann die Verletzung des § 244 Abs. 2 rügen[30]. Die Aufklärungsrüge kann auch mit der Begründung erhoben werden, das durch die Sitzungsniederschrift bewiesene (§ 274) Unterlassen der Befragung des Zeugen nach seinen Personalien habe dazu geführt, daß der Sachverhalt nicht genügend erforscht worden ist. Insbesondere kann die Geheimhaltung des Namens des Zeu-

[25] KMR-*Paulus* 1; vgl. auch RG HRR **1928** 494.
[26] RGSt **1** 199; **3** 100; KK-*Pelchen* 9; *Kleinknecht/Meyer* [37] 17; *Eb. Schmidt* 8.
[27] BGHSt **23** 244; RGSt **40** 157; **55** 22; KG JR **1977** 295; OLG Schleswig bei *Ernesti/Jürgensen* SchlHA **1973** 186; OLG Saarbrücken VRS **21** 202; KK-*Pelchen* 10; *Kleinknecht/Meyer* [37] 18; KMR-*Paulus* 22; *Sarstedt/Hamm* 231; krit. *Schlüchter* 483; *Frenzel* NStZ **1984** 39.
[28] RGSt **40** 157; **55** 22; RG GA **46** 122; KMR-*Paulus* 23; *Dalcke/Fuhrmann/Schäfer* 3;

Woesner NJW **1961** 536; a. A *Eb. Schmidt* 1; offengelassen in BGHSt **23** 244.
[29] RGSt **45** 405; OLG Saarbrücken VRS **21** 48; KMR-*Paulus* 23; *Eb. Schmidt* 2; a. A offenbar *Schöneborn* MDR **1974** 458.
[30] KK-*Pelchen* 10; *Kleinknecht/Meyer* [37] 18; KMR-*Paulus* 23; unklar RGSt **55** 22; RGRspr. **6** 69 läßt die Rüge der Verletzung des § 68 zu, wenn geltend gemacht wird, daß bezüglich der Identität oder der Eidesfähigkeit des Zeugen andere Angaben zu erlangen gewesen wären.

gen die Revision begründen (BGHSt **23** 244). Dagegen kann das Unterlassen der Generalfragen mit der Aufklärungsrüge nicht beanstandet werden; denn die Rüge kann regelmäßig nicht darauf gestützt werden, daß der Tatrichter ein benutztes Beweismittel nicht voll ausgeschöpft hat (vgl. § 344, 91; § 241, 33; ferner § 244, 342).

§ 68 a

(1) Fragen nach Tatsachen, die dem Zeugen oder einer Person, die im Sinne des § 52 Abs. 1 sein Angehöriger ist, zur Unehre gereichen können, sollen nur gestellt werden, wenn es unerläßlich ist.

(2) Der Zeuge soll nach Vorstrafen nur gefragt werden, wenn ihre Feststellung notwendig ist, um über das Vorliegen der Voraussetzungen des § 60 Nr. 2 oder des § 61 Nr. 4 zu entscheiden oder um seine Glaubwürdigkeit zu beurteilen.

Schrifttum. *Böttcher* Der Schutz der Persönlichkeit des Zeugen im Strafprozeß, FS Kleinknecht (1985) 25; *Dähn* Der Schutz des Zeugen im Strafprozeß vor bloßstellenden Fragen, JR **1979** 138; *Dahs* Zum Persönlichkeitsschutz des „Verletzten" als Zeuge im Strafprozeß, NJW **1984** 1921; *Händel* Vernehmung über Intimgeheimnisse, Die neue Polizei **1980** 97; *Helmken* Zur Zulässigkeit von Fragen zur sexuellen Vergangenheit von Vergewaltigungsopfern, StrVert. **1983** 81; *Herminghausen* Zur Altersangabe von Zeugen, DRiZ **1951** 225; *Hülle* Wie kann der Richter einer falschen Aussage in einem Rechtsstreit oder der Verdächtigung einer solchen vorbeugen? DRiZ **1953** 89; *Humborg* Die Rechte des Zeugen in der Hauptverhandlung, JR **1966** 448; *Jung* Die Stellung des Verletzten im Strafprozeß, ZStW **93** (1981) 1147; *Krauss* Der Schutz der Intimsphäre im Strafprozeß, FS Gallas 365; *Rieß* Zeugenschutz durch Änderung des § 338 Nr. 6 StPO? FS Wassermann (1985) 969; *Weimann* Revisibilität der Entscheidungen gemäß § 68 a Abs. 2 StPO, JR **1953** 20; *Wulf* Opferschutz im Strafprozeß, DRiZ **1981** 374.

Entstehungsgeschichte. Die Vorschrift wurde durch Art. II Nr. 1 des Gesetzes zur Einschränkung der Eide im Strafverfahren vom 24. 11. 1933 (RGBl. I 1008) eingefügt. Art. 3 Nr. 29 VereinhG faßte sie ohne sachliche Änderungen neu. Durch Art. 9 Nr. 3 des 1. StrRG wurde in Absatz 2 die Angabe „oder 3" durch die Angabe „oder des § 61 Nr. 4" ersetzt.

Zu Erwägungen über die Verbesserung des Zeugenschutzes (Verletztenschutzes) vgl. die Verhandlungen des 55. DJT: *Rieß* Gutachten C 42 f, C 109; Referate *Hammerstein* L 7 ff, *Odersky* L 29 ff sowie die Sitzungsberichte L 51 ff.

1. Allgemeines. Der Zeuge erfüllt mit dem Erscheinen vor Gericht und mit der **1** Bekundung seiner Wahrnehmungen eine staatsbürgerliche Pflicht (Vor § 48, 7). Er hat daher Anspruch darauf, daß er vor unangemessenen oder sogar ehrverletzenden Angriffen der Prozeßbeteiligten geschützt wird (BVerfGE **38** 114 f; *Peters* § 42 IV 2). Das gilt für die von den Prozeßbeteiligten unmittelbar geladenen Zeugen in keinem geringeren Maße als für diejenigen, deren Vernehmung das Gericht angeordnet hat. Jeder Zeuge steht unter dem Schutz des Gerichts. Allerdings läßt es sich im Interesse der Ermittlung der Wahrheit, zu der oft auch eine Erforschung der Glaubwürdigkeit des Zeugen gehört, bisweilen nicht vermeiden, daß an den Zeugen Fragen gestellt werden müssen, die ihm unangenehm sind oder die ihn sogar bloßstellen. In solchen Fällen kann der Zeuge aber verlangen, daß möglichst schonend mit ihm umgegangen wird[1]. Hierzu enthält § 68 a nähere Vorschriften.

---

[1] *Kleinknecht/Meyer*[37] 1; KMR-*Paulus* 3; *Hülle* DRiZ **1953** 89; *Humborg* JR **1966** 449; *Wulf* DRiZ **1981** 379 f; vgl. auch Nr. 19 a RiStBV.

Hans Dahs

2. Fragen nach entehrenden Tatsachen

2   **a) Entehrende Tatsachen** sind solche, die zwar nicht die Gefahr strafgerichtlicher Verfolgung (dann gilt § 55), aber eine Gefahr für die sittliche Bewertung des Zeugen oder seiner Angehörigen in der Umwelt bilden[2]. Das ist nach objektiven Maßstäben zu beurteilen; die besondere Empfindlichkeit des Zeugen ist nicht maßgebend[3]. Fragen nach ehrindifferenten Tatsachen aus dem persönlichen Lebens- und Intimbereich fallen nicht unter den Begriff der Unehre (*Dähn* JR **1979** 139).

3   **b) Unerläßlich.** Entehrende Fragen dürfen nach § 68 a Abs. 1 nur gestellt werden, wenn sie unerläßlich sind. Das ist immer dann der Fall, wenn ohne sie die Wahrheit nicht erforscht werden kann[4]. Die Sachaufklärung geht der Rücksicht auf den Zeugen vor, gleichviel, wie groß die Bedeutung des Strafverfahrens für den Angeklagten ist[5]. Dabei spielt es keine Rolle, ob die Aufklärung der Tatsache unmittelbar für die Entscheidung von Bedeutung ist oder ob es sich um eine Hilfstatsache handelt, die zur Beurteilung der Glaubwürdigkeit des Zeugen dienen kann, obwohl sie im übrigen mit der abzuurteilenden Tat nicht zusammenhängt[6]. Wenn die Frage dagegen für die Entscheidung des Gerichts ohne Bedeutung ist, darf sie nicht gestellt werden[7]. Ohne Bedeutung für die Glaubwürdigkeit eines Zeugen mittleren Alters sind regelmäßig Ereignisse in seiner Jugend, wie Fürsorgeerziehung oder Unterstellung einer Zeugin unter sittenpolizeiliche Kontrolle (OLG Saarbrücken VRS **21** 48). Nicht unerläßlich ist auch die Frage nach Tatsachen, die allenfalls für die Strafzumessung von untergeordneter Bedeutung sind (OLG Hamm NJW **1965** 1496).

4   **3. Fragen nach Vorstrafen.** § 68 a Abs. 2 bestimmt, daß der Zeuge nach Vorstrafen nur gefragt werden soll, wenn die Voraussetzungen des § 60 Nr. 2 (Tatbeteiligung) oder des § 61 Nr. 4 (Verurteilung wegen Meineids) vorliegen oder wenn die Vorstrafen zur Beurteilung der Glaubwürdigkeit des Zeugen festgestellt werden sollen. Damit soll dem Übelstand vorgebeugt werden, daß der Zeuge durch nicht zur Sache gehörige Erörterungen seiner Vorstrafen vor der Öffentlichkeit unnötig bloßgestellt und so zur Verletzung der Wahrheitspflicht verleitet wird. Im Rahmen des § 68 a Abs. 2 darf auch nach Verurteilungen gefragt werden, die noch nicht rechtskräftig sind[7a]. Wenn die Voraussetzungen der §§ 53 Abs. 1, 64 Abs. 1 BZRG i. d. F. d. Neubek. v. 21. 9. 1984 – BGBl. I 1229 – vorliegen, darf sich der Zeuge ohne Verstoß gegen seine Wahrheitspflicht als unbestraft bezeichnen[8]. Er braucht seine Vorstrafen nicht in weiterem Umfang zu offenbaren als der Beschuldigte. Das Gericht darf daher nicht anordnen, daß er über Vorstrafen Auskunft zu geben hat, die im Zentralregister getilgt sind (*Götz* § 51 BZRG a. F., 15). Im übrigen darf nicht etwa jeder Zeuge, damit die Frage der Vereidigung nach

---

[2] BGHSt **13** 252; OLG Hamm NJW **1965** 1495; *Kleinknecht/Meyer*[37] 3; KMR-*Paulus* 5; *Dalcke/Fuhrmann/Schäfer* 1; kritisch zu dem Begriff der Unehre *Dähn* JR **1979** 138; vgl. auch § 384 Nr. 2 ZPO.

[3] KK-*Pelchen* 1; *Kleinknecht/Meyer*[37] 3; KMR-*Paulus* 5; *Eb. Schmidt* Nachtr. I 1.

[4] BGHSt **13** 254; **21** 360; BGH NStZ **1982** 170; BGH bei *Pfeiffer* NStZ **1982** 188; BayObLG NJW **1979** 2624; OLG Hamm NJW **1965** 1495; VRS **31** 50; KK-*Pelchen* 2; *Kleinknecht/Meyer*[37] 4; *Eb. Schmidt* Nachtr. I 1; *Dalcke/Fuhrmann/Schäfer* 2.

[5] *Kleinknecht/Meyer*[37] 4; *Eb. Schmidt* Nachtr. I 2; *Krauss* FS Gallas 387; *Weimann* JR **1953** 20; vgl. auch BGH LM Nr. 9 zu § 244 Abs. 2; *Dähn* JR **1979** 141; a A KMR-*Paulus* 2, der eine Abwägung zwischen Aufklärungsinteresse und Persönlichkeitsschutz verlangt.

[6] BGHSt **13** 255; NStZ **1982** 170; OLG Hamm VRS **31** 50; OLG Saarbrücken VRS **21** 48; KK-*Pelchen* 2; *Kleinknecht/Meyer*[37] 5; KMR-*Paulus* 6; *Eb. Schmidt* Nachtr. I 2.

[7] BGHSt **13** 254; OLG Hamm VRS **31** 50.

[7a] KK-*Pelchen* 3; *Kleinknecht/Meyer*[37] 6; KMR-*Paulus* 7; *Dähn* JR **1979** 141.

[8] KK-*Pelchen* 3; *Kleinknecht/Meyer*[37] 6; *Eb. Schmidt* Nachtr. I 12.

§ 60 Nr. 2, § 61 Nr. 4 entschieden werden kann, nach seinen Vorstrafen gefragt werden, ohne daß hierzu besonderer Anlaß besteht[9].

Wird die Glaubwürdigkeit des Zeugen bezweifelt, so ist es zulässig, die **Vorstraf-** **5** **akten** beizuziehen und das Urteil zu verlesen, vor allem, wenn der Zeuge behauptet, unschuldig verurteilt worden zu sein[10]. Bedenken gegen die Glaubwürdigkeit des Zeugen lassen sich herleiten aus Aussagedelikten nach den §§ 153 ff StGB, aus Vortäuschung einer Straftat (§ 145 d), falscher Anschuldigung nach § 164 StGB (vgl. BGHSt 1 341), unter Umständen aus Vermögensdelikten nach den §§ 242, 246, 263 StGB, insbesondere aber aus allen Taten, die einer ehrlosen Gesinnung entsprungen sind. Die Glaubwürdigkeit eines Zeugen wird oft auch in Frage gestellt sein, wenn er wegen einer Straftat derselben Art verurteilt worden ist, wie sie dem Beschuldigten vorgeworfen wird. In Verkehrsstrafsachen kann die Einholung einer Auskunft aus dem Verkehrszentralregister erforderlich sein (vgl. LG Mannheim NJW **1981** 1795).

Über ihren Wortlaut hinaus verbietet § 68 a Abs. 2 nicht nur die Befragung des **6** Zeugen nach Vorstrafen, sondern auch deren Feststellung **ohne besondere Befragung,** z. B. durch Herbeiziehung eines Strafregisterauszugs oder von Strafakten. Hierauf gerichtete Anträge der Prozeßbeteiligten dürfen daher als unzulässig abgelehnt werden, wenn nicht dargetan ist, daß die Voraussetzungen des § 68 a Abs. 2 vorliegen.

4. Fragerecht. Ob die Frage unerläßlich ist, entscheidet zunächst der Vorsitzende **7** (§ 238 Abs. 1). Das Gericht entscheidet, wenn die Anordnung nach § 238 Abs. 2 von einem an der Verhandlung Beteiligten, zu denen auch der befragte Zeuge gehört[11], beanstandet wird[11a]. Es handelt sich um eine Ermessensentscheidung, bei der der Grundsatz der freien Beweiswürdigung nach § 261 gilt[12]. § 68 a Abs. 2 begrenzt das Fragerecht für alle Beteiligten; auch die Prozeßbeteiligten dürfen die Fragen nur stellen, wenn die Voraussetzungen der Vorschrift vorliegen[13]. Ist das nicht der Fall, so darf das Gericht die Frage nach § 241 Abs. 2 als ungeeignet zurückweisen (BGHSt 13 254; 21 360; OLG Celle NdsRpfl. **1951** 18; OLG Hamm VRS 31 50). Zurückzuweisen ist deshalb eine Frage, die das ihr zugrunde liegende Vorbringen in eine kränkende Form kleidet[14], die ohne ersichtlichen Grund vom Befragten eine Auskunft über seine politische Belastung oder die seiner Angehörigen verlangt[15], die einer Verfehlung des Befragten nachspürt oder die eine Aussage über seine Vorstrafen fordert, obwohl jeder verständige Grund fehlt, solche zu vermuten oder aufzudecken[16].

5. Auskunftpflicht. Der Zeuge ist verpflichtet, die Fragen, die das Gericht oder **8** die ein Verfahrensbeteiligter ohne Beanstandung durch das Gericht stellt, zu beantworten[17]. Wenn er glaubt, daß sie nach § 68 a unzulässig sind, kann er oder der von ihm herangezogene anwaltliche Beistand (BVerfGE **38** 116; § 58, 10) einen Gerichtsbeschluß gem. § 238 Abs. 2 bzw. § 242 Abs. 2 herbeiführen (§ 238, 28). Läßt das Gericht die Frage zu, muß sie beantwortet werden. Die Auskunft über Tatsachen, die nur entehrend sind,

---

[9] Vgl. RGSt **45** 405.
[10] BGHSt **1** 341; KK-*Pelchen* 5; KMR-*Paulus* 9; *Eb. Schmidt* Nachtr. I 9.
[11] *Kleinknecht/Meyer* [37] 7; KMR-*Paulus* 4; *Dähn* JR **1979** 141; *Rieß* Gutachten z. 55. DJT C 109; **a. A** KK-*Pelchen* 4.
[11a] KK-*Pelchen* 4; *Kleinknecht/Meyer* [37] 7; KMR-*Paulus* 11; *Gössel* § 25 C III b; *Peters* § 42 IV 3.
[12] BGHSt **13** 255; OLG Hamm VRS **31** 50.

[13] BGHSt **13** 254; KK-*Pelchen* 5; *Kleinknecht/Meyer* [37] 7; *Eb. Schmidt* Nachtr. I 4; *Dahs* Hdb. 161.
[14] RG GA **56** (1909) 324; RG DJZ **1911** 1093; RG JW **1923** 236; RG HRR **1925** Nr. 239; OLG Schleswig SchlHA **1948** 113.
[15] BGHSt **21** 335; dazu *Hanack* JZ **1972** 82.
[16] RG GA **53** (1906) 171; RG JW **1931** 1822.
[17] *Kleinknecht/Meyer* [37] 7; KMR-*Paulus* 12; *Dähn* JR **1979** 141.

Hans Dahs

aber nicht die Gefahr der Verfolgung wegen einer Straftat oder einer Ordnungswidrigkeit herbeiführen, darf insbesondere nicht nach § 55 Abs. 1 verweigert werden (vgl. § 55, 6).

9   **6. Revision.** § 68 a ist, wie sich aus dem Wort „soll" ergibt, eine bloße Ordnungsvorschrift, deren Verletzung die Revision nicht begründet[18]. Die Revision kann auch nicht auf eine Verletzung der Aufklärungspflicht gestützt werden, da der Beschwerdeführer mit der Behauptung, das Gericht habe ein Beweismittel nicht ausgeschöpft, regelmäßig nicht gehört wird[19]. Wird eine Frage dagegen nach § 68 a zu Unrecht zurückgewiesen und ist darüber ein Gerichtsbeschluß (§ 238 Abs. 2, 242) ergangen, kann dieser Verfahrensverstoß nach § 338 Nr. 8 zur Aufhebung des Urteils führen[20]. Umgekehrt begründet die Nichtbeachtung der dem Schutz des Zeugen dienenden Vorschrift durch zu weitgehende Fragen nicht die Revision, da dadurch die Wahrheitsermittlung nicht beeinträchtigt wird (*Dahs/Dahs* 209).

§ 69

(1) ¹Der Zeuge ist zu veranlassen, das, was ihm von dem Gegenstand seiner Vernehmung bekannt ist, im Zusammenhang anzugeben. ²Vor seiner Vernehmung ist dem Zeugen der Gegenstand der Untersuchung und die Person des Beschuldigten, sofern ein solcher vorhanden ist, zu bezeichnen.

(2) Zur Aufklärung und zur Vervollständigung der Aussage sowie zur Erforschung des Grundes, auf dem das Wissen des Zeugen beruht, sind nötigenfalls weitere Fragen zu stellen.

(3) Die Vorschrift des § 136 a gilt für die Vernehmung des Zeugen entsprechend.

Schrifttum. *Prüfer* Der Zeugenbericht (§ 69 Abs. 1 Satz 1 StPO), DRiZ **1975** 334; *Schünemann* „Dienstliche Äußerungen" von Polizeibeamten im Strafverfahren, DRiZ **1979** 101.

Entstehungsgeschichte. Absatz 3 wurde durch Art. 3 Nr. 30 VereinhG eingefügt. Bezeichnung bis 1924: § 68.

Übersicht

---

[18] OLG Celle NdsRpfl. **1951** 18; KK-*Pelchen* 6; *Kleinknecht/Meyer*[37] 8; KMR-*Paulus* 13; *Roxin* § 25 C I 5.

[19] KK-*Pelchen* 6; vgl. auch BGH LM § 244 Nr. 2; KMR-*Paulus* 13; *Eb. Schmidt* Nachtr. I 13; *Weimann* JR **1953** 20; § 241, 33.

[20] BGH NStZ **1982** 170; OLG Celle NdsRpfl. **1951** 18; KK-*Pelchen* 6; *Dahs/Dahs* 245; *Schlüchter* 483 Fn 240 b; a. A KMR-*Paulus* 13: § 244 Abs. 2; *Kleinknecht/Meyer*[37] 8: § 240.

1. Allgemeines. Auf die Vernehmung des Zeugen zur Person (§ 68 Satz 1) folgt er- **1** forderlichenfalls die Belehrung nach § 52 Abs. 3 Satz 1 oder nach § 55 Abs. 2. Sodann wird der Zeuge, wenn er kein Zeugnisverweigerungsrecht hat oder wenn er auf dieses Recht verzichtet, über den Untersuchungsgegenstand unterrichtet (§ 69 Abs. 1 Satz 2) und zur Sache vernommen. Die Zeugenvernehmung unterteilt sich in die Entgegennahme des zusammenhängenden Berichts des Zeugen (§ 69 Abs. 1 Satz 1) und das Verhör (§ 69 Abs. 2). Die Frage, was Gegenstand der Zeugenvernehmung sein kann, ist Vor § 48, 3 ff erörtert. Wegen „informatorischer Anhörung" von Zeugen vgl. § 59, 5.

2. Anwendungsbereich der Vorschrift. § 69 gilt für alle richterlichen Vernehmun- **2** gen von Zeugen in und außerhalb der Hauptverhandlung, auch für Vernehmungen durch den beauftragten oder ersuchten Richter[1]. Für Zeugenvernehmungen durch den Staatsanwalt bestimmt § 161 a Abs. 1 Satz 2 die entsprechende Anwendung der Vorschrift. Ihre Grundregeln sind auch bei polizeilichen Vernehmungen zu beachten; sie bezeichnen die zweckmäßigste Art der Vernehmung von Zeugen[2]. Die Vorschrift gilt nicht für Vernehmungen durch Konsulate und ausländische Gerichte, denen regelmäßig ein eingehender Fragenkatalog zugrunde liegt[3].

3. Unterrichtung über den Untersuchungsgegenstand. Nach § 69 Abs. 1 Satz 2, **3** der dem Satz 1 hätte vorangestellt werden sollen, müssen dem Zeugen vor seiner Vernehmung der Gegenstand der Untersuchung und die Person des Beschuldigten bekanntgegeben werden. Die Vorschrift ist aber eine bloße Ordnungsvorschrift (unten Rdn. 17); die Unterrichtung kann insbesondere entfallen, wenn dem Zeugen der Untersuchungsgegenstand und der Beschuldigte bereits bekannt sind[4]. Die Kenntnis des Untersuchungsgegenstandes schon bei Beginn der Vernehmung ist erforderlich, weil der Zeuge von Anfang an wissen muß, worüber er vernommen werden soll. Über die Person des Beschuldigten muß er unterrichtet werden, wenn ein Beschuldigter namentlich bezeichnet werden kann, also nicht schon, wenn sich das Verfahren zwar bereits gegen eine bestimmte Person richtet, diese aber noch nicht identifiziert ist. Ein bloßer Verdacht macht die Benennung des Verdächtigen nicht erforderlich[5]. Wenn sich aber das Verfahren gegen eine bestimmte Person richtet, muß sie dem Zeugen ohne Rücksicht darauf benannt werden, ob der Beschuldigte bereits vernommen worden ist.

4. Vernehmung zur Sache
a) Mündliche Vernehmung. Der Zeuge ist, wenn nicht der Ausnahmefall des **4** § 186 GVG (Vernehmung von stummen oder tauben Personen) vorliegt, mündlich zu vernehmen (vgl. aber unten Rdn. 5). Keine mündliche Zeugenvernehmung ist die Entgegennahme oder die Verlesung schriftlicher Erklärungen[6] oder die Entgegennahme der mündlichen Erklärung, der Zeuge nehme Bezug auf eine bereits bei den Akten befindliche schriftliche Äußerung[7] oder auf eine von einem anderen als dem Vernehmenden, z. B. von einem Referendar, vorbereitete Niederschrift[8]. Wenn der Zeuge mehrmals ver-

---

[1] BGH NJW **1953** 231; RGSt **74** 35; OLG Braunschweig NJW **1952** 119; KK-*Pelchen* 1; *Kleinknecht/Meyer*[37] 1; *Dalcke/Fuhrmann/ Schäfer* 1.
[2] *Kleinknecht/Meyer* 1; KMR-*Paulus* 1.
[3] BGH GA **1982** 40; bei *Holtz* MDR **1981** 632; bei *Dallinger* MDR **1971** 897; KK-*Pelchen* 2; *Kleinknecht/Meyer*[37] 1.

[4] *Kleinknecht/Meyer*[37] 2; KMR-*Paulus* 2.
[5] Anders offenbar *Eb. Schmidt* 8.
[6] RGSt **37** 330; KK-*Pelchen* 3; *Kleinknecht/ Meyer*[37] 4; KMR-*Paulus* 5; *Hauser* 290.
[7] OLG Rostock Alsb.E 1 Nr. 189.
[8] RGSt **65** 273; RG JW **1933** 1729 mit Anm. *Lang*.

nommen wird, gilt das Verbot der Verlesung für jede Vernehmung. Es ist daher unzulässig, dem Zeugen bei der späteren Vernehmung vor seiner Aussage die Niederschrift über seine frühere Aussage vorzulesen und ihn nur deren Richtigkeit bestätigen zu lassen[9]. Anders ist es, wenn außerhalb oder in der Hauptverhandlung nur die Vereidigung nachgeholt werden soll; in diesem Fall genügt die Verlesung der früheren Aussage des Zeugen[10]. Wegen der Erleichterung der Protokollaufnahme in dem Fall, daß der Zeuge seine frühere Aussage im wesentlichen wiederholt, vgl. unten Rdn. 14.

5　　Das grundsätzliche Gebot, Zeugen mündlich zu vernehmen, schließt nicht aus, im Vorverfahren einen Zeugen aufzufordern, dem Gericht **schriftliche Mitteilungen** über Beweisfragen zu machen, z. B. wenn der Zeuge weit entfernt oder im Ausland wohnt (KMR-*Paulus* 5). Das gilt auch in anderen Verfahrensabschnitten für Feststellungen, die im Wege des Freibeweises (§ 244, 3 ff) getroffen werden dürfen.

6　　**b) Veranlassung zum zusammenhängenden Bericht.** § 69 Abs. 1 Satz 1 schreibt zwingend und unverzichtbar (unten Rdn. 16) vor, daß der Zeuge zu veranlassen ist, seine Aussage im Zusammenhang zu machen. Der Bericht ist nicht nur Pflicht, sondern auch Recht des Zeugen, der seine Aussage nur verantworten kann, wenn er vollständig gehört worden ist[11]. Das gilt nicht nur für die erste, sondern auch für alle weiteren Vernehmungen eines Zeugen in derselben Strafsache[12]. Bei seiner Vernehmung muß erkennbar sein, was er aus lebendiger Erinnerung zu berichten weiß und was er erst mit Nachhilfe durch das Gericht bekunden kann (BGHSt **3** 284). Nur dann können die Zuverlässigkeit des Zeugen und der Beweiswert seiner Aussage richtig beurteilt werden. Der Zeuge soll sein Wissen über den Gegenstand der Vernehmung daher unbeeinflußt durch Fragen, Vorhalte oder frühere Aussagen selbständig und zusammenhängend wiedergeben[13]. Das schließt es aus, den Zeugen sogleich anderen Personen zum Zwecke der Vernehmung gegenüberzustellen. Die bloße Bestätigung der Richtigkeit früherer Aussagen, die ihm vorgelesen werden, genügt ebenfalls nicht (oben Rdn. 4).

7　　In dieser Weise läßt sich die Zeugenvernehmung aber nicht immer[14] durchführen. Denn viele Zeugen sind wegen Befangenheit oder Gedächtnisschwäche, aus Mangel an Intelligenz oder aus Altersgründen zu einer zusammenhängenden Schilderung ihrer Wahrnehmung gar nicht imstande. Dann ist dem Gesetz genügt, wenn wenigstens der **Versuch** gemacht wird, den Zeugen zu einer zusammenhängenden Darstellung zu veranlassen[15]. Die Vernehmung muß nicht etwa daran scheitern, daß es unmöglich ist, dem Gebot des § 69 Abs. 1 Satz 1 zu entsprechen (*Eb. Schmidt* 6). Auch sonst schließt die Vorschrift nicht aus, daß der Zeuge während seiner Schilderung durch Zwischenfragen, Vorhalte von früheren Aussagen, Angaben anderer Personen, Urkunden, Erfahrungstatsachen oder allgemeinkundigen Tatsachen und durch lenkende Hinweise unter-

---

[9] BGH NJW **1953** 35 = JZ **1953** 121 mit Anm. *Lay*; bei *Holtz* MDR **1981** 632; RGSt **62** 147 = JW **1928** 2144 mit Anm. *Mezger*; RGSt **74** 35 = DR **1940** 444 mit Anm. *Fraeb*; RGRspr. **10** 280; RG JW **1916** 602; **1934** 173; **1938** 658 mit Anm. *Rilk*; OLG Braunschweig NJW **1952** 119; OLG Colmar Alsb.E **1** Nr. 188; OLG Hamm JMBlNRW **1953** 44; OLG Köln DAR **1953** 218; OLG Stuttgart DAR **1955** 68; *Kleinknecht/Meyer* [37] 4; KK-*Pelchen* 4; KMR-*Paulus* 5; *Eb. Schmidt* 3; *Henkel* 211 Fußn. 8.

[10] BGH NJW **1953** 231; KMR-*Paulus* 6.

[11] BVerfGE **38** 105; RGSt **74** 35; *Gössel* § 25 c II b; *Schlüchter* 483; *Peters* § 42 IV 1; *Roxin* § 26 D 1; *Humborg* JR **1966** 448.

[12] RGSt **62** 147 = JW **1928** 2144 mit Anm. *Mezger*.

[13] RGSt **74** 35 = DR **1940** 444 mit Anm. *Fraeb*.

[14] *Hauser* 288 meint sogar: nur in seltenen Ausnahmefällen.

[15] BGH bei *Dallinger* MDR **1966** 25; RGSt **74** 35; RG Recht **1912** Nr. 348; OLG Hamm JMBlNRW **1953** 44; *Dalcke/Fuhrmann/Schäfer* 2.

brochen wird[16]. Sie verlangt nicht, daß der Richter, nur um die zusammenhängende Schilderung des Zeugen nicht zu unterbrechen, Weitschweifigkeiten, Nebensächlichkeiten, Ungereimtheiten und offenbare Unwahrheiten in der Darstellung des Zeugen zunächst unwidersprochen hinnehmen muß[17]. Zulässig ist auch die punktweise Vernehmung des Zeugen zu einzelnen Geschehensabschnitten[18], insbesondere wenn der Zeuge zu unterschiedlichen Anklagepunkten vernommen wird (KMR-*Paulus* 12; *Eb. Schmidt* 4).

c) Zusätzliches Verhör. Nach §69 Abs. 2 ist der Vernehmende stets berechtigt, nö- **8** tigenfalls weitere Fragen an den Zeugen zu stellen, sei es, daß die Vervollständigung der Aussage oder die Beseitigung von Unklarheiten und Widersprüchen erforderlich ist, sei es, daß die Gründe erforscht werden sollen, auf denen das Wissen des Zeugen beruht. Diese Gründe sind von Bedeutung, damit nicht Tatsachen, von denen der Zeuge nur durch Mitteilungen anderer Personen Kenntnis erlangt hat, irrtümlich als von ihm selbst wahrgenommen, behandelt werden[19]. Es muß auch verhindert werden, daß der Zeuge Schlüsse und Folgerungen, die er aus bestimmten Tatsachen gezogen hat, mit den Wahrnehmungen selbst verwechselt.

d) Vernehmungshilfen. Der Zeuge muß seine Aussage nicht unbedingt aus dem **9** Gedächtnis machen. Er ist verpflichtet, die reine Wahrheit zu sagen und nichts zu verschweigen. Wenn er dieser Forderung sonst nicht nachkommen kann, hat er nicht nur das Recht, sondern auch die Pflicht, sich bei seiner Vernehmung schriftlicher Unterlagen, insbesondere eigener Aufzeichnungen, zu bedienen, um sein Erinnerungsbild aufzufrischen und gegebenenfalls zu berichtigen[20]. Der Zeuge darf die Unterlagen nur unterstützend heranziehen, nicht aber seine Aussage verlesen[21]. Aufgabe des Gerichts ist es, den Zeugen bei der wahrheitsgemäßen und vollständigen Wiedergabe seines Wissens in geeigneter Weise zu unterstützen (RGSt 35 7). Befinden sich die Unterlagen in den Händen des Gerichts, so ist es daher verpflichtet, sie dem Zeugen vorzuhalten, vorzulesen oder zur Einsicht vorzulegen, wenn andernfalls eine ordnungsmäßige Aussage nicht zu erreichen ist[22]. Es ist statthaft, einen als Zeugen gehörten Vernehmungsbeamten zur Auffrischung seines Gedächtnisses Einsicht in Protokolle nehmen zu lassen, die er selbst aufgenommen hat, oder ihm diese Protokolle vorzuhalten oder vorzulesen[23]. Eine ausdrückliche Erklärung des Zeugen, daß er sich der Tatsachen nicht mehr erinne-

---

[16] BGH bei *Dallinger* MDR **1966** 25; KK-*Pelchen* 4; *Kleinknecht/Meyer*[37] 5; KMR-*Paulus* 11; *Dahs/Dahs* 209.

[17] *Kleinknecht/Meyer*[37] 5; Vgl. aber *Prüfer* DRiZ **1975** 334, der die Unterbrechung und Verkürzung abschweifender Berichte für verfehlt hält, weil gerade solche Berichte wichtige Anhaltspunkte für die Glaubwürdigkeit oder Unglaubwürdigkeit des Zeugen ergeben.

[18] BGH bei *Dallinger* MDR **1966** 25; KK-*Pelchen* 4; *Kleinknecht/Meyer*[37] 5; KMR-*Paulus* 12.

[19] KK-*Pelchen* 5; *Kleinknecht/Meyer*[37] 6; *Eb. Schmidt* 9; *Döhring* 109.

[20] BGHSt **1** 8; RGSt **8** 110; **35** 7; **36** 53; RGRspr. **10** 15; KK-*Pelchen* 3; *Kleinknecht/ Meyer*[37] 8; KMR-*Paulus* 7; *Alsberg/Nüse/*

Meyer 281; *Hanack* FS Schmidt-Leichner 93; *Eb. Schmidt* 11.

[21] *Schlüchter* 483; *Gössel* §25 c II b.

[22] BGHSt **1** 8; KK-*Pelchen* 3; *Kleinknecht/Meyer*[37] 8; KMR-*Paulus* 7.

[23] BGHSt **1** 8, 339; **3** 283; **14** 340; RGSt **36** 53; RGRspr. **8** 722; **9** 475; RG JW **1922** 1036; RG GA **37** (1889) 185; **42** (1894) 240; RG Recht **1910** Nr. 4223; **1925** Nr. 2363; KMR-*Paulus* 7; *Kleinknecht/Meyer*[37] 8; *Alsberg/Nüse/Meyer* 281; *Eb. Schmidt* 12; *Dalcke/Fuhrmann/Schäfer* 2; *Hanack* FS Schmidt-Leichner 93; a. A RG Recht **1917** Nr. 2113; **1918** Nr. 1643; bedenklich ist die Entscheidung RGSt **20** 105, wo die bloße Erklärung des Zeugen, die Verlesung sei seine Aussage, für zulässig gehalten wird.

Hans Dahs

re, ist dazu nicht erforderlich (BGHSt **3** 284). Ferner darf dem Zeugen die Einsicht in amtliche Berichte und eigene dienstliche Äußerungen (*Kleinknecht/Meyer*[37] 8; einschr. *Schünemann* DRiZ **1979** 106) gestattet werden, die er selbst erstellt hat (RGRspr. **9** 379). Vorhalte aus einem polizeilichen Protokoll dürfen dem Zeugen auch in den Fällen gemacht werden, in denen die Verlesung des Protokolls untersagt ist[24]. Erinnert sich der Zeuge auch nach Benutzung solcher Vernehmungshilfen bestimmter Tatsachen nicht mehr oder lassen sich Widersprüche mit seinen früheren Aussagen anders nicht beheben, so verfährt das Gericht nach § 253.

10   Ebenso wie dem Zeugen zur Herbeiführung einer wahrheitsgemäßen und vollständigen Aussage Schriftstücke und Protokolle vorgehalten und vorgelesen werden dürfen, ist auch die Verwendung von **Lichtbildern, Skizzen,** und **Zeichnungen**[25] als Vernehmungshilfen zulässig (vgl. § 86, 8). Auch Tonbänder dürfen abgespielt werden, wenn die Wiedergabe des dort Aufgezeichneten erforderlich und geeignet ist, das Gedächtnis des Zeugen zu stützen. Nach Ansicht des Bundesgerichtshofs wird der Inhalt des Tonbands dann sogar Bestandteil der Zeugenaussage[26].

11   Wenn es sich um Aussagen über den **Inhalt eigener Notizen** handelt, der im Gedächtnis schwer festzuhalten ist, etwa weil er aus umfangreichem Zahlenmaterial besteht, darf der Zeuge seine Aufzeichnungen verlesen und, soweit nötig, erläutern. Dem steht § 250 nicht entgegen. Denn der Grundsatz, den diese Vorschrift für die Hauptverhandlung aufstellt, verbietet nur, die mündliche Vernehmung eines Zeugen durch Verlesung des über seine Vernehmung aufgenommenen Protokolls oder einer schriftlichen Erklärung zu ersetzen. Dagegen besteht kein gesetzliches Verbot, die mündliche Vernehmung durch Verlesung früherer Erklärungen oder Aufzeichnungen des Zeugen zu ergänzen[27].

12   **5. Unzulässige Vernehmungsmethoden.** Nach § 69 Abs. 3 gilt § 136 a für die Vernehmung von Zeugen entsprechend. Das Verbot dieser Vorschrift, eine durch unerlaubte Mittel herbeigeführte Aussage zu verwerten, gilt daher auch beim Zeugen und für alle Vernehmungen, also auch im Ermittlungsverfahren (*Peters* § 41 II 2 a). Sein Verzicht auf die Einhaltung dieser Vorschrift ist ohne Bedeutung. Vgl. im übrigen die Erläuterungen zu § 136 a.

13   **6. Protokoll.** Bei richterlichen Vernehmungen im Vorverfahren ist ein Urkundsbeamter zuzuziehen (§ 168) und ein Protokoll herzustellen, in das die Angaben des Zeugen aufgenommen werden (§ 168 a). Bei staatsanwaltschaftlichen Vernehmungen soll ebenfalls ein Protokoll aufgenommen werden; zwingend vorgeschrieben ist das aber nicht (§ 168 b). Für polizeiliche Vernehmungen bestehen keine gesetzlichen Vorschriften. Üblicherweise werden alle Vernehmungen im Vorverfahren protokolliert und die Vernehmungsprotokolle dem Zeugen zum Unterschreiben vorgelegt. Mit dem Einverständnis des Zeugen darf seine Aussage auch auf Tonband aufgenommen werden. In der Hauptverhandlung gilt § 273 Abs. 2 und 3.

14   Der **Niederschrift über die Vernehmung** des Zeugen (§ 168 a) muß in jedem Fall zunächst zu entnehmen sein, daß der Zeuge vor dem Richter eine eigene zusammenhängende Darstellung seines Wissens gegeben hat oder daß ihm hierzu Gelegenheit gegeben worden ist. Wenn sich bei dieser zusammenhängenden Äußerung ergibt, daß der

---

[24] RG DJZ **1913** 867; vgl. auch bei § 253.
[25] BGHSt **18** 51; RGRspr. **9** 89; BayObLG JZ **1965** 771; *Kleinknecht/Meyer*[37] 9; KMR-*Paulus*7.

[26] BGHSt **14** 340; hiergegen *Roxin* § 28 C.
[27] RGRspr. **9** 379; **10** 15; vgl. auch *Wömpner* NStZ **1983** 293 ff.

Zeuge ganz oder teilweise dasselbe aussagt wie früher, dürfen ihm zur Erleichterung der Niederschrift die früheren Protokolle vorgelesen und darf in der Niederschrift auf sie Bezug genommen werden[28].

7. Revision

a) Allgemeines. Rechtssätze, deren Verletzung mit der Revision gerügt werden **15** kann, sind nicht die allgemeinen Erfahrensregeln über die zweckmäßige Gestaltung der Zeugenvernehmung[29]. In Betracht kommen nur Verstöße gegen §69.

b) Verletzung des §69 Abs. 1 Satz 1. Die Vorschrift ist zwingendes Recht[30]. Ihre **16** Verletzung kann gerügt werden, auch wenn gegen die unzulässige Vernehmung in der Hauptverhandlung kein Widerspruch erhoben worden ist (*Dahs/Dahs* 209). Wird gegen die Bestimmung zum Nachteil des Beschwerdeführers in der Hauptverhandlung verstoßen, so ist die Revision aber nur begründet, wenn zugleich ein Verstoß gegen §244 Abs. 2 vorliegt (BGH bei *Dallinger* MDR **1951** 658). Anders ist es, wenn der Zeuge im Vorverfahren oder kommissarisch unter Verletzung des §69 Abs. 1 Satz 1 vernommen und die Niederschrift darüber in der Hauptverhandlung nach §251 verlesen worden ist. Der Verfahrensfehler begründet dann die Revision, sofern das Urteil auf ihm beruhen kann[31]. Ein Verzicht auf die Einhaltung des §69 Abs. 1 Satz 1 ist unzulässig und unbeachtlich[32].

c) Verletzung des §69 Abs. 1 Satz 2. Die Vorschrift ist nur eine Ordnungsvor- **17** schrift. Ihre Verletzung begründet daher nicht die Revision[33].

d) Verletzung des §69 Abs. 2. Da das Revisionsgericht nicht feststellen kann, **18** welche Fragen an den Zeugen gestellt worden sind, kann die Revision nicht darauf gestützt werden, daß der Zeuge nicht nach §69 Abs. 2 befragt worden ist[34].

e) Verletzung des §69 Abs. 3. Insoweit gelten die Erläuterungen zu §136 a, 61 f **19** entsprechend.

---

[28] BGH NJW **1953** 35 = JZ **1953** 121 mit Anm. *Lay*; RGSt 74 35; RG DJ **1934** 1244; OLG Stuttgart DAR **1955** 68; *Kleinknecht/Meyer*[37] 11; KMR-*Paulus* 6; *Eb. Schmidt* 5; vgl. auch BGH GA **1964** 275 und §136, 42.

[29] BGH bei *Dallinger* MDR **1966** 25; KK-*Pelchen* 8; *Kleinknecht/Meyer*[37] 12; KMR-*Paulus* 16.

[30] BGH NJW **1953** 35 = JZ **1953** 121 mit Anm. *Lay*; BGH NJW **1953** 231; BGH bei *Pfeiffer/Miebach* NStZ **1983** 212; BGH StrVert. **1981** 269; RGSt **62** 147; 74 35; RGRspr. **10** 280; RG JW **1934** 173; OLG Braunschweig NJW **1952** 119; OLG Hamm JMBlNRW **1953** 44; OLG Köln DAR **1953** 218; KK-*Pelchen* 8; *Kleinknecht/Meyer*[37] 13; KMR-*Paulus* 17; *Eb. Schmidt* 2; *Dalcke/Fuhrmann/Schäfer* 2; *G. Schäfer* §21 III 3;

Schlüchter 483; *Roxin* §26 c I; **a. A** offenbar RGSt **6** 267.

[31] BGH NJW **1953** 35 = JZ **1953** 121 mit Anm. *Lay*; BGH bei *Holtz* MDR **1981** 632; RGSt 37 330; RG JW **1916** 602; **1933** 1729 mit Anm. *Lang*; *Kleinknecht/Meyer*[37] 13; KMR-*Paulus* 17; **a. A** KK-*Pelchen* 8.

[32] RG JW **1934** 175; **1938** 658 m. Anm. *Rilk*; OLG Braunschweig NJW **1952** 119; *Kleinknecht/Meyer*[37] 13.

[33] RGSt **6** 267; KK-*Pelchen* 9; *Kleinknecht/Meyer*[37] 14; KMR-*Paulus* 16; **a. A** *Eb. Schmidt* 7; *Peters* §42 V 1; *Schlüchter* 483; *Roxin* §26 C I.

[34] BGHSt **17** 351; OGHSt **3** 59; KK-*Pelchen* 10; *Kleinknecht/Meyer*[37] 16; KMR-*Paulus* 16; *Schlüchter* 483.

Hans Dahs

§ 70

(1) [1]Wird das Zeugnis oder die Eidesleistung ohne gesetzlichen Grund verweigert, so werden dem Zeugen die durch die Weigerung verursachten Kosten auferlegt. [2]Zugleich wird gegen ihn ein Ordnungsgeld und für den Fall, daß dieses nicht beigetrieben werden kann, Ordnungshaft festgesetzt.

(2) Auch kann zur Erzwingung des Zeugnisses die Haft angeordnet werden, jedoch nicht über die Zeit der Beendigung des Verfahrens in dem Rechtszug, auch nicht über die Zeit von sechs Monaten hinaus.

(3) Die Befugnis zu diesen Maßregeln steht auch dem Richter im Vorverfahren sowie dem beauftragten und ersuchten Richter zu.

(4) Sind die Maßregeln erschöpft, so können sie in demselben oder in einem anderen Verfahren, das dieselbe Tat zum Gegenstand hat, nicht wiederholt werden.

Entstehungsgeschichte. In ihrer ursprünglichen Fassung sah die Vorschrift in Absatz 1 Geldstrafe bis 300 RM und Haft bis zu sechs Wochen vor. Absatz 5 regelte die Festsetzung und Vollstreckung der Strafe gegen Militärpersonen; dieser Abatz wurde durch § 14 des Gesetzes betreffend die Aufhebung der Militärgerichtsbarkeit vom 17. 8. 1920 (RGBl. I 1579) aufgehoben. Bei der Bek. 1924 wurde Absatz 1 dem Art. II der Verordnung über Vermögensstrafen und Bußen vom 6. 2. 1924 (RGBl. I 44) angepaßt. Durch Art. 21 Nr. 10 EGStGB 1974 wurde Absatz 1 der Vorschrift ohne sachliche Änderungen (das Wort „Ordnungsstrafe" wurde durch das Wort „Ordnungsgeld", die Worte „Strafe der Haft bis zu sechs Wochen" durch das Wort „Ordnungshaft" ersetzt, der Inhalt des bisherigen Satzes 1 in die Sätze 1 und 2 aufgeteilt) geändert; in Absatz 2 wurden die Worte „und bei Übertretungen nicht über die Zeit von sechs Wochen" gestrichen. Art. 1 Nr. 17 des 1. StVRG strich in Absatz 3 die Worte „auch dem Untersuchungsrichter" und ersetzte das Wort „Amtsrichter" durch das Wort „Richter". Bezeichnung bis 1924: § 69.

Übersicht

I. Allgemeines

Die Vorschrift gilt für alle richterlichen Vernehmungen, auch im Vorverfahren. **1**
Sie ergänzt § 51 für den Fall, daß der Zeuge zwar erscheint, aber die Aussage oder die
Eidesleistung ohne gesetzlichen Grund verweigert. § 70 Abs. 1 gestattet dann die Ahndung des Ungehorsams durch die Festsetzung von Ordnungsgeld, § 70 Abs. 2 die Erzwingung der Aussage oder des Eides durch die Anordnung und Vollziehung der Beugehaft. Von den in § 51 vorgesehenen Maßregeln sind die nach § 70 nicht abhängig. Eine
Anrechnung der nach § 51 festgesetzten Ordnungsmittel auf das nach § 70 verhängte
Ordnungsgeld oder auf die Beugehaft ist daher nicht zulässig[1], und zwar selbst dann
nicht, wenn der Zeuge gerade wegen der vermeintlichen Berechtigung zur Verweigerung des Zeugnisses ausgeblieben war. Der Staatsanwaltschaft steht nach § 161 a Abs. 2
nur die Befugnis zu, gegen die von ihr zur Vernehmung geladenen Zeugen ein Ordnungsgeld zu verhängen; Haft darf nur der Richter anordnen.

Weigert sich ein Zeuge ohne gesetzlichen Grund, auszusagen oder den Eid zu lei- **2**
sten, so darf das bei der **Beweiswürdigung** berücksichtigt werden[2], ohne daß zunächst
die Mittel des § 70 benutzt werden müssen. Dem steht nicht entgegen, daß aus der Zeugnisverweigerung grundsätzlich keine dem Angeklagten nachteiligen Schlüsse gezogen
werden dürfen (§ 52, 41 ff). Denn im Gegensatz zu der berechtigten Aussageverweigerung nach §§ 52 ff liegt bei der Verweigerung ohne gesetzlichen Grund der Schluß nahe,
daß der Zeuge nur deshalb nicht aussagt, weil er den Angeklagten bei wahrheitsgemäßer Aussage belasten müßte.

War ein Zeuge mit den Maßregeln des § 70 zur Aussage oder zur Eidesleistung **3**
gezwungen worden, obwohl das **unzulässig** war, so ist die Aussage nach § 69 Abs. 3,
§ 136 a Abs. 3 Satz 1 unverwertbar[3]. Dabei spielt es keine Rolle, ob die Aussage richtig
oder falsch war (§ 136 a, 63). Die abweichende Ansicht des Reichsgerichts (RGSt 73 31)
erklärt sich daraus, daß die Entscheidung ergangen ist, bevor § 136 a in das Gesetz aufgenommen wurde[4].

II. Voraussetzungen der Maßnahmen des § 70

1. Schuldfähigkeit. Aus denselben Gründen wie im Fall des Nichterscheinens **4**
(§ 51, 2) dürfen die Ordnungsmittel des § 70 (Ordnungsgeld und Ordnungshaft) gegen
Kinder nicht festgesetzt werden[5]. Die Aussage des Kindes (seine Vereidigung ist nach
§ 60 Nr. 1 ohnehin unzulässig) darf auch nicht durch die Beugehaft nach § 70 Abs. 2 erzwungen werden; denn die Einsperrung von Kindern sieht die Rechtsordnung auch
sonst nirgends vor. Wenn das Kind das Zeugnis verweigert, darf das auch nicht zum
Anlaß genommen werden, die Maßregeln des § 70 gegen Eltern oder Erziehungsberechtigte anzuwenden (vgl. § 51, 4).

2. Verweigerung des Zeugnisses
a) Allgemeines. Die Anwendung der Maßregeln des § 70 setzt voraus, daß ein **5**
nach § 69 Abs. 1 Satz 2 über den Gegenstand der Untersuchung und die Person des Beschuldigten unterrichteter Zeuge (*Eb. Schmidt* 12) die Aussage ohne gesetzlichen

---

[1] KK-*Pelchen* 1;   *Kleinknecht/Meyer*[37] 1;
KMR-*Paulus* 2; *Eb. Schmidt* 10.
[2] BGH NJW **1966** 211 mit Anm. *Meyer* JR
1966 351; *Kleinknecht/Meyer*[37] § 261, 19;
KMR-*Paulus* 4.
[3] KK-*Pelchen* 18; *Eb. Schmidt* 9.

[4] BGHSt **9** 364 und KMR-*Paulus* 29, die sich
dem Reichsgericht anschließen, haben das
offenbar übersehen.
[5] *Kleinknecht/Meyer*[37] 3; KMR-*Paulus* 11;
KK-*Pelchen* 4; **a. A** *Dalcke/Fuhrmann/Schäfer*
4.

    Hans Dahs

Grund, also ohne ein Zeugnis- oder Auskunftsverweigerungsrecht nach den §§ 52 bis 55, verweigert. Ob die Aussage später beeidet werden soll oder nicht, spielt keine Rolle (OLG Colmar *Alsb.*E 1 Nr. 186). Als gesetzliche Gründe für die Verweigerung der Aussage kommen auch ein Verstoß gegen § 169 Satz 2 GVG und rechtfertigender Notstand nach § 34 StGB in Betracht[6]. Eine Begrenzung des Zeugniszwangs kann sich auch ausnahmsweise aus dem die Intimsphäre schützenden Grundrecht auf freie Entfaltung der Persönlichkeit (Art. 2 Abs. 1 GG) ergeben (BayObLG NJW **1979** 2624). Ob die Verweigerung ausdrücklich oder stillschweigend erklärt wird, ist für die Anwendung des § 70 ohne Bedeutung. Die offensichtlich wahrheitswidrige Erklärung des Zeugen, er wisse von dem Sachverhalt nichts, über den er vernommen werden soll, ist eine Verweigerung der Aussage (vgl. unten Rdn. 8).

6　　Jeder Zeuge ist verpflichtet, das Zeugnis so oft abzulegen, wie der Richter das verlangt (Vor § 48, 7). Die in § 70 bestimmten Maßnahmen dürfen daher auch gegen einen Zeugen angewendet werden, der zwar bei einer früheren Vernehmung die Zeugnispflicht erfüllt hat, bei einer späteren Vernehmung aber das Zeugnis ohne gesetzlichen Grund verweigert. Die Maßnahmen des § 70 dürfen aber nur angeordnet werden, nachdem dem Zeugen das **rechtliche Gehör** gewährt worden ist (unten Rdn. 37). Die Zeugnisverweigerung darf daher erst geahndet und die Aussage durch Beugehaft erst erzwungen werden, wenn dem Zeugen die Unzulässigkeit seiner Weigerung oder seines Weigerungsgrundes bekanntgegeben worden ist und er dennoch auf seiner Weigerung beharrt. Voraussetzung einer Ordnungsmaßnahme nach § 70 Abs. 1 (vgl. zu Abs. 2 unten Rdn. 17) ist stets ein schuldhafter Verstoß gegen die Zeugenpflicht[7]. Ein Rechtsirrtum des Zeugen über sein Weigerungsrecht ist nach den Grundsätzen des Verbotsirrtums (§ 17 StGB, § 11 Abs. 2 OWiG) zu beurteilen[7a]. Unvermeidbar wird er regelmäßig nicht sein; denn wenn das Gericht ihm bekanntgibt, daß die Maßnahmen nach § 70 in Erwägung gezogen werden, weil er die Aussage oder den Eid ohne gesetzlichen Grund verweigert, handelt der Zeuge, der seinen besseren Kenntnissen der gesetzlichen Gründe vertraut, auf eigenes Risiko[8]. Das gilt auch, wenn ein jugendlicher Zeuge die Aussage aufgrund von Weisungen seines Arbeitgebers verweigert[9].

7　　**b) Teilverweigerung.** Die Maßnahmen des § 70 sind in ihrem ganzen Umfang anwendbar, wenn der Zeuge die Erfüllung seiner Zeugenpflicht auch nur teilweise verweigert, z. B. wenn er nicht die Aussage überhaupt, sondern nur die Beantwortung einzelner Fragen ohne gesetzlichen Grund ablehnt[10]. Sie müssen daher auch angeordnet werden, wenn der Zeuge es ablehnt, die von einem Beisitzer oder einem anderen Frageberechtigten gestellte und von dem Gericht nach § 242 zugelassene Frage zu beantworten. Das gilt natürlich nicht, wenn an den Zeugen Fragen gestellt werden, die nicht Gegenstand des Zeugenbeweises sein können (vgl. Vor § 48, 2), wenn der Zeuge berechtigt ist, das Zeugnis zu verweigern, davon aber nur teilweise Gebrauch macht[11], oder wenn er den Verzicht auf das Zeugnisverweigerungsrecht nachträglich widerruft. Nicht er-

---

[6] BGH NStZ **1984** 31; KK-*Pelchen* 2; *Kleinknecht/Meyer*[37] 4; KMR-*Paulus* 7.
[7] BVerfGE **20** 323; BGHSt **28** 259; KK-*Pelchen* 4; *Kleinknecht/Meyer*[37] 3; KMR-*Paulus* 11.
[7a] *Kleinknecht/Meyer*[37] 4; KMR-*Paulus* 11 i. V. m. § 51, 14; *Eb. Schmidt* Nachtr. I 3; wohl auch BGHSt **28** 259.
[8] KK-*Pelchen* 4; *Kleinknecht/Meyer*[37] 4; anders offenbar *Eb. Schmidt* Nachtr. I 3.

[9] Anders LG Köln NJW **1959** 1599; zur Anordnung von Ordnungsgeld gegen einen ärztlichen Gehilfen vgl. BGH NJW **1982** 2615.
[10] BGHSt **9** 362; RGSt **73** 33; RG HRR **1935** 706; OLG Celle NJW **1958** 73; KK-*Pelchen* 3; *Kleinknecht/Meyer*[37] 5; KMR-*Paulus* 9; *Eb. Schmidt* 12.
[11] RG HRR **1935** 706; *Dalcke/Fuhrmann/Schäfer* 1.

zwingbar ist auch die Beantwortung der persönlichen Fragen des § 68, da es sich insoweit nicht um ein „Zeugnis" i. S. d. § 70 handelt[12]; es liegt dann aber eine Ordnungswidrigkeit nach § 111 OWiG vor. Die lückenhafte Beantwortung von Fragen ist keine teilweise Verweigerung des Zeugnisses, sondern eine unwahre Aussage[13].

c) Unwahre Aussage. Zur Erzwingung einer wahrheitsgemäßen Aussage ist § 70 **8** nicht anwendbar; körperliche Zwangsmittel sind der Erforschung der Wahrheit niemals dienlich[14], im übrigen unzulässig. Eine wahrheitsgemäße Aussage kann nur mittelbar durch Vereidigung unter der Androhung einer Bestrafung nach § 154 StGB erzwungen werden. Wenn stattdessen Maßnahmen nach § 70 getroffen oder auch nur angedroht werden, wird die Aussage des Zeugen regelmäßig nach § 69 Abs. 3, § 136 a Abs. 3 Satz 1 unverwertbar sein (oben Rdn. 3). Hiervon zu unterscheiden ist der Fall, daß der Zeuge offensichtlich wahrheitswidrig erklärt, er wisse über die Beweisfrage nichts; in diesem Fall geht sein Wille dahin, die Aussage zu verweigern, so daß die Maßnahmen des § 70 zulässig sind[15].

3. Verweigerung der Eidesleistung oder, falls der Zeuge aus Glaubens- oder Ge- **9** wissensgründen keinen Eid leisten will, der dann vorgeschriebenen Bekräftigung nach § 66 d steht der Verweigerung des Zeugnisses in jeder Hinsicht gleich. Auch die Beugehaft ist nach § 70 Abs. 2 zulässig. Daß in der Vorschrift nur von dem Zeugnis und nicht auch von dem Eid die Rede ist, beruht nach allgemeiner Ansicht auf einem Fassungsversehen, das der Gesetzgeber unerklärlicherweise trotz mehrfacher Änderungen des § 70 bis heute nicht berichtigt hat[16]. Ohne gesetzlichen Grund werden die Eidesleistung und die Bekräftigung verweigert, wenn die Vereidigung nicht nach § 60 verboten ist und kein Eidesverweigerungsrecht nach § 63 besteht. Die verfassungskonforme Auslegung des Bundesverfassungsgerichts, das als gesetzlichen Grund auch das Grundrecht der Glaubensfreiheit nach Art. 4 Abs. 1 GG anerkennt (vgl. § 66 d, 1), hat zur Einfügung des § 66 d geführt und ist seitdem für die Anwendung des § 70 ohne Bedeutung.

Der Zeuge darf die Eidesleistung nicht deshalb verweigern, weil er in dem Ver- **10** fahren **schon einmal** vereidigt worden ist. Auch gegen den Zeugen, der bei einer nochmaligen Vernehmung die wiederholte Eidesleistung oder die Abgabe einer Versicherung nach § 67 ohne gesetzlichen Grund verweigert, können daher die Maßregeln des § 70 angewendet werden.

Im Fall der Eidesverweigerung ist es dem Richter gestattet, bei der **Beweiswürdi- 11 gung** auch das unbeeidete Zeugnis zu verwerten; die Eidesverweigerung gilt als Grund, von der Vorschrift des § 59 abzuweichen[17].

[12] KG JR **1977** 295; *Roxin* § 26 B IV; **a. A** *Schlüchter* 524 Fn 423 a.

[13] BGHSt **9** 364; KK-*Pelchen* 3; KMR-*Paulus* 9; *Schlüchter* 524 Fn 423 a.

[14] BGHSt **9** 362; RGSt **73** 33; OLG Koblenz VRS **49** 188; KK-*Pelchen* 3; KMR-*Paulus* 9; *Eb. Schmidt* 4; *Dalcke/Fuhrmann/Schäfer* 1; *Peters* § 42 III 2 a; *Roxin* § 26 B IV; *Schlüchter* 524; *Henkel* 203.

[15] BGHSt **9** 364; KK-*Pelchen* 3; *Kleinknecht/Meyer*[37] 5; KMR-*Paulus* 3; *Eb. Schmidt* 12.

[16] RGSt **25** 136; **57** 29 = JW **1922** 1393 mit Anm. *Alsberg*; OLG Breslau GA **59** (1912) 203; KK-*Pelchen* 5; KMR-*Paulus* 10; *Eb.-Schmidt* 3; *Dalcke/Fuhrmann/Schäfer* 7; *Feisenberger* 3; *von Hippel* 398 Fußn. 2.

[17] RGSt **25** 134; RG JW **1890** 270; **1923** 994; OLG Dresden JW **1931** 238 mit Anm. *Mannheim*; OLG Koblenz NJW **1952** 278; *Eb. Schmidt* 22; *Dalcke/Fuhrmann/Schäfer* 2; **a. A** *Feisenberger* 3.

Hans Dahs

III. Ungehorsamsfolgen

12   **1. Auferlegung der Kosten (Absatz 1 Satz 1).** Dem Zeugen müssen die durch seine Weigerung entstehenden Kosten in jedem einzelnen Fall[18] auferlegt werden. Es steht nicht im Ermessen des Gerichts, hiervon abzusehen[19]. § 70 Abs. 4, der eine Wiederholung der Maßregeln verbietet, wenn sie erschöpft sind, bezieht sich nicht auf die Pflicht zur Tragung der Kosten. Für die Auferlegung der Kosten gelten im übrigen die Erläuterungen zu § 51, 16 ff entsprechend. Zu den Kosten gehören auch diejenigen, die durch die Vollstreckung der Maßnahmen nach § 70 entstehen. Die Frage, ob in der Kostenentscheidung des Urteils die von dem Zeugen zu ersetzenden Kosten zu berücksichtigen sind, ist bei §§ 465, 467 erörtert. Gerichtskosten, die dem Zeugen versehentlich nicht auferlegt worden sind, werden nach § 8 GKG auch von dem Angeklagten nicht erhoben.

2. Festsetzung von Ordnungsgeld (Absatz 1 Satz 2)

13   **a) Festsetzung.** Wenn die Voraussetzungen des § 70 Abs. 1 vorliegen, ist der Richter verpflichtet, das Ordnungsgeld festzusetzen. Er darf hiervon nicht nach seinem Ermessen absehen[20]. Das schließt aber nicht aus, daß er sich zunächst auf die Androhung der Maßregel beschränkt und den Erfolg dieser Androhung abwartet (*Alsberg* JW **1922** 1393). Wegen der Wiederholung der Maßnahme vgl. unten Rdn. 31.

14   **b) Bemessung.** Das Ordnungsgeld beträgt nach Art. 6 Abs. 1 EGStGB mindestens fünf, höchstens eintausend DM (die Art. 6 ff EGStGB sind im Anhang zu § 51 abgedruckt und erläutert). Bei der Bemessung (vgl. § 51 Anh., 2) ist auf die Schwere und Bedeutung der den Gegenstand des Verfahrens bildenden Straftat, auf den erklärten oder mutmaßlichen Grund des Ungehorsams des Zeugen und auf dessen wirtschaftliche Verhältnisse Rücksicht zu nehmen[21]. Daß die Aussageverweigerung eines in Freiheit befindlichen Zeugen weniger schwer wiegt als die eines Strafgefangenen (so OLG Hamm Rpfleger **1953** 543), kann nicht anerkannt werden. Ungebührliches Verhalten im Zusammenhang mit der Aussageverweigerung ist kein Grund, das Ordnungsgeld höher zu bemessen, sondern gibt Anlaß zur Festsetzung von weiteren Ordnungsmitteln nach § 178 GVG. Wegen Zahlungserleichterungen vgl. Art. 7 EGStGB (§ 51 Anh., 6 ff).

15   **c) Aufhebung.** Vgl. unten Rdn. 38.

16   **3. Ordnungshaft (Absatz 1 Satz 2)** ist nicht neben oder anstelle des Ordnungsgeldes, sondern nur für den Fall zulässig, daß es nicht beigetrieben werden kann. Das Mindestmaß beträgt einen Tag, das Höchstmaß sechs Wochen (Art. 6 Abs. 2 Satz 1 EGStGB). Die sofortige Festsetzung der ersatzweisen Ordnungshaft sieht § 70 Abs. 1 zwingend vor; wird sie unterlassen, so muß das Ordnungsgeld, wenn es nicht beigetrieben werden kann, nachträglich nach Art. 8 EGStGB in Ordnungshaft umgewandelt werden (vgl. § 51 Anh., 13 ff). Die Notwendigkeit, die ersatzweise Ordnungshaft festzusetzen, entfällt nicht deshalb, weil Beugehaft nach § 70 Abs. 2 verhängt wird (KMR-*Paulus* 15). Vgl. im übrigen § 51 Anh., 4 ff und wegen der Verjährung § 51 Anh., 16 ff.

---

[18] *Kleinknecht/Meyer*[37] 8.

[19] KK-*Pelchen* 4; *Kleinknecht/Meyer*[37] 8; KMR-*Paulus* 14; *Eb. Schmidt* 5.

[20] KK-*Pelchen* 4; *Kleinknecht/Meyer*[37] 10;

KMR-*Paulus* 14; *Eb. Schmidt* 5; *Alsberg/Nüse/Meyer* 105.

[21] Vgl. BDH NJW **1960** 550; *Kleinknecht/Meyer*[37] 10; *Dalcke/Fuhrmann/Schäfer* 4.

4. Beugehaft (Absatz 2)

a) Verhältnis zu den Ordnungsmitteln des § 51. Anders als die Ungehorsamsfol- **17** gen nach § 70 Abs. 1 setzt die Beugehaft als reines Zwangsmittel zwar kein Verschulden voraus, die Anordnung der Haft zur Erzwingung der Aussage oder des Eides ist jedoch nur zulässig, wenn Ordnungsgeld nach § 70 Abs. 1 bereits verhängt worden war oder wenn es gleichzeitig verhängt wird[22]. Die vorherige Vollstreckung der Ordnungsmittel setzt § 70 Abs. 2 aber nicht voraus. Die Beugehaft darf nicht etwa erst verhängt oder vollstreckt werden, wenn auch der Vollzug der Ordnungshaft nicht dazu geführt hat, daß der Zeuge seinen Ungehorsam aufgibt (anders KMR-*Paulus* 17). Denn die Vollstreckung der Ordnungshaft setzt den erfolglosen Versuch der Beitreibung des Ordnungsgeldes voraus (§ 51 Anh., 5), kann also niemals unmittelbar im Anschluß an die Verweigerung des Zeugnisses oder der Eidesleistung erfolgen, gerade die sofortige Vollstreckung der Beugehaft ist aber häufig unerläßlich, um die Weigerung des Zeugen alsbald zu überwinden und eine Aussetzung der Hauptverhandlung zu vermeiden. Auch im Vorverfahren kann die sofortige Anwendung des Zwangsmittels notwendig sein, um den schnellen Fortgang der Ermittlungen zu sichern oder die Einwirkung Dritter auf den Zeugen vor dessen Aussage auszuschließen. Die Verhängung der Beugehaft ist daher neben der Festsetzung der Ordnungsmittel ohne weiteres zulässig. Sind allerdings die Voraussetzungen für die Vollstreckung der Ordnungshaft eingetreten, so muß die Beugehaft unterbrochen werden, damit zunächst die Ordnungshaft vollstreckt werden kann.

b) Ermessensentscheidung. Die Anordnung der Beugehaft nach § 70 Abs. 2 steht **18** im Ermessen des Gerichts[23]. Der Verhältnismäßigkeitsgrundsatz ist zu beachten. Beugehaft darf daher nur verhängt werden, wenn sie nach den Umständen des Falles unerläßlich ist und in angemessenem Verhältnis zur Bedeutung der Strafsache und der Wichtigkeit der Aussage oder ihrer Beeidigung steht[24]. Die Anwendung von Zwangsmaßnahmen ist unzulässig, wenn zu befürchten ist, daß der Zeuge durch eine wahrheitsgemäße Aussage in Lebensgefahr gerät (BGH NStZ **1984** 31). Nach Auffassung des Bundesverfassungsgerichts muß bei Mitarbeitern von Presse und Rundfunk besonders geprüft werden, ob die Beugehaft auch unter Berücksichtigung der als Grundrecht gewährten Pressefreiheit als Zwangsmittel angemessen ist[25]. In allen Fällen kann (**a.A** KMR-*Paulus* 16: muß) der Richter von der Verhängung der Beugehaft überhaupt oder einstweilen absehen, wenn er glaubt, ohne die Aussage auskommen zu können, oder wenn er es aus einem anderen Grunde für geboten hält, den Zeugen mit der Haft zu verschonen. Auch der grundsätzliche Zwang, jeden Zeugen zu vereidigen (§ 59), nötigt den Richter nicht, gegen den die Eidesleistung verweigernden Zeugen die Beugehaft zu verhängen oder deren gesetzlich zulässige Dauer zu erschöpfen (OLG Koblenz NJW **1952** 278). Zur Verwertung der uneidlichen Aussage vgl. oben Rdn. 11.

c) Dauer. Die Beugehaft darf insgesamt nicht länger als sechs Monate dauern **19** (für das Bußgeldverfahren vgl. § 48 Abs. 2 OWiG). Die Ersatzhaft nach § 70 Abs. 1

---

[22] KK-*Pelchen* 6; *Kleinknecht/Meyer*[37] 12; KMR-*Paulus* 15; **a. A** *Eb. Schmidt* 17, der die sofortige Festsetzung der Beugehaft für zulässig hält.

[23] BGH NJW **1966** 211; BGH GA **1968** 305; RGSt **25** 136; **36** 92; **57** 30 = JW **1922** 1393 mit Anm. *Alsberg*; RGSt **59** 250; **73** 34; RG JW **1890** 270; **1910** 202; **1923** 994; OLG Koblenz NJW **1952** 278; *Kleinknecht/Meyer*[37] 13;

KK-*Pelchen* 17; *Eb. Schmidt* 5; *Alsberg/Nüse/Meyer* 787; *Peters* § 42 III 2 a; unklar *G. Schäfer* § 65 I.

[24] KK-*Pelchen* 5; *Kleinknecht/Meyer*[37] 13; KMR-*Paulus* 12.

[25] BVerfGE **15** 223 = NJW **1963** 147; KK-*Pelchen* 5; *Kleinknecht/Meyer*[37] 13; KMR-*Paulus* 12; kritisch dazu *Eb. Schmidt* Nachtr. I 3; vgl. auch BVerfG JZ **1983** 795 m. Anm. *Fezer*.

Satz 2 wird darauf nicht angerechnet (KMR-*Paulus* 17); die Freiheitsentziehung ist daher nicht um die Dauer der Ordnungshaft zu kürzen. Es ist dem Ermessen des Richters überlassen, auf welche Dauer er die Beugehaft im einzelnen Fall verhängt und ob er insbesondere das höchste zulässige Maß erschöpft[25 a]. Bei der Anordnung der Beugehaft braucht er aber noch nicht endgültig darüber zu entscheiden, wie lange sie dauern soll; denn seine Entschließung hierüber ist vom weiteren Verhalten des Zeugen und von dem späteren Verlauf des Verfahrens abhängig. Der Richter ist daher immer befugt, die Haft zunächst auf die gesetzliche Höchstdauer festzusetzen. Das ist sogar empfehlenswert. Denn wenn er zunächst nur eine geringere Dauer bestimmt, versetzt er den Zeugen möglicherweise in den Irrtum, daß die gegen ihn zulässige Maßregel schon nach Ablauf dieses Zeitraums erschöpft ist (KMR-*Paulus* 18). Die Anordnung ergeht daher zweckmäßigerweise in Anlehnung an den Wortlaut des § 70 Abs. 2 dahin, daß gegen den Zeugen die Haft angeordnet wird, jedoch nicht über die Zeit der Beendigung des Verfahrens in dem Rechtszug und nicht über die Zeit von sechs Monaten hinaus. Im übrigen gelten die für die Höhe des Ordnungsgeldes maßgebenden Gesichtspunkte (oben Rdn. 14) auch für die Beugehaft. In Betracht zu ziehen sind vor allem die Bedeutung der Sache und die mutmaßliche Wichtigkeit des Zeugnisses oder, falls die Eidesleistung verweigert wird, ob daraus auf die Unwahrheit oder Unvollständigkeit der Aussage zu schließen ist.

20   **d) Aufhebung.** Die Beugehaft muß aufgehoben bzw. geändert werden, wenn

21   **aa)** sich die Zeugnis- oder Eidesverweigerung **nachträglich** (teilweise oder in vollem Umfang) als **berechtigt** erweist[26];

22   **bb)** ein Zeugnis- oder Eidesverweigerungsrecht **nachträglich entsteht** (z. B. nach Verlobung der Zeugin mit dem Angeklagten);

23   **cc)** der Zeuge **nachträglich** seiner Zeugnis- (LG Hamburg NStZ **1983** 182) oder Eidespflicht **genügt;**

24   **dd)** das Zeugnis oder der Eid für die Entscheidung in der Sache **nicht mehr erforderlich** ist, etwa weil andere Beweismittel herangezogen werden konnten[27];

25   **ee)** der die Eidesleistung verweigernde Zeuge nachträglich die **Eidesfähigkeit verliert** oder ein sonstiger Grund eintritt, der die Vereidigung nach § 60 ausschließt, insbesondere wenn der Zeuge selbst Beschuldigter wird[28];

26   **ff)** die Dauer der bisher vollstreckten Beugehaft nicht mehr in **angemessenem Verhältnis** zur Bedeutung der Sache, der Aussage oder der Eidesleistung steht[29];

27   **gg)** die in § 70 Abs. 2 zugelassene **Höchstdauer** der Beugehaft **erschöpft** ist;

28   **hh)** das Verfahren in dem **Rechtszug beendet** ist. Denn mit der Beendigung des Verfahrens fällt der Zweck des gegen den Zeugen gerichteten Zwangsverfahrens und daher auch die Berechtigung der Zwangsanwendung weg. Die Beendigung des Verfahrens in dem Rechtszug muß aber, da nicht ohne weiteres angenommen werden kann,

---

[25a] BGH bei *Martin* DAR **1970** 124; RGSt **25** 136; KK-*Pelchen* 7; *Kleinknecht/Meyer*[37] 14; KMR-*Paulus* 18.
[26] *Kleinknecht/Meyer*[37] 15; LG Hamburg NStZ **1983** 182 m. Anm. *Dahs.*
[27] KK-*Pelchen* 8; *Kleinknecht/Meyer*[37] 15; KMR-*Paulus* 19; *Eb. Schmidt* 19.

[28] KK-*Pelchen* 8; *Kleinknecht/Meyer*[37] 15; KMR-*Paulus* 19; *Eb. Schmidt* 19.
[29] KK-*Pelchen* 8; *Kleinknecht/Meyer*[37] 15; KMR-*Paulus* 19; *Dalcke/Fuhrmann/Schäfer* 8.

daß ein Rechtsmittel eingelegt wird, einstweilen als die Beendigung des Verfahrens überhaupt angesehen werden. Im ersten Rechtszug, der hier das Vorverfahren einschließt, dauert das Verfahren bis zur Einstellung nach § 170 Abs. 2 Satz 1 oder gemäß §§ 153 ff, bis zur Ablehnung der Eröffnung des Hauptverfahrens nach § 204 Abs. 1, bis zur Einstellung wegen Abwesenheit nach § 205, längstens aber bis zum Urteil[30] oder einem ihm gleichstehenden Beschluß (§§ 206 a, 206 b, 441 Abs. 2), im Wiederaufnahmeverfahren bis zur Verwerfung des Wiederaufnahmeantrags nach § 370 Abs. 1, einem Beschluß nach § 371 Abs. 1 oder 2, längstens bis zu dem Urteil nach § 373 Abs. 1.

e) Aussetzung des Verfahrens. Die Verhängung der Beugehaft kann die Aussetzung des Verfahrens zur Folge haben; sie kann insbesondere, wenn sie in der Hauptverhandlung angeordnet wird, deren Vertagung nötig machen und rechtfertigen. Wäre eine solche Vertagung unstatthaft, so würde der Zeugniszwang im Hauptverfahren meist zwecklos sein; denn da eine Hauptverhandlung meist an demselben Tag begonnen und beendet wird und da ferner die Beugehaft aufgehoben werden muß, sobald das Urteil erlassen ist, würde sie regelmäßig sogleich oder doch nach wenigen Stunden ihr Ende erreichen und daher kaum geeignet sein, den Zeugen zur Erfüllung seiner Pflicht zu veranlassen. Ob die Vertagung angebracht oder ob es nicht vorzuziehen ist, insbesondere wenn sich der Angeklagte in Haft befindet, unter Verzicht auf das verweigerte Zeugnis das Urteil zu erlassen, muß nach den Umständen des Einzelfalls unter Berücksichtigung der Schwere der Tat und der mutmaßlichen Wichtigkeit des verweigerten Zeugnisses oder Eides beurteilt werden. Die Frage steht in keiner unmittelbaren Beziehung zu dem lediglich die rechtliche Stellung des Zeugen behandelnden § 70; für den Angeklagten liegt die Sache im Fall der Zeugnisverweigerung grundsätzlich nicht anders, als wenn die Benutzung eines bestimmten Zeugnisses aus einem anderen Grunde, etwa weil der Zeuge unerreichbar ist, zur Zeit unmöglich ist.

5. Wiederholung der Maßnahmen (Absatz 4)

a) Allgemeines. Die Wiederholung der Maßregeln des § 70 ist nicht mehr zulässig, wenn sie erschöpft sind. Das gilt für das Ordnungsgeld ebenso wie für die Beugehaft, führt aber bei beiden zu unterschiedlichen Folgen.

Ordnungsgeld darf, da in § 70 eine dem § 51 Abs. 1 Satz 4 entsprechende Vorschrift fehlt, in derselben Strafsache oder in einer anderen, die dieselbe Tat (unten Rdn. 33) zum Gegenstand hat, stets nur ein einziges Mal angeordnet werden[31]. Das Gericht darf die Anordnung auch dann nicht wiederholen, wenn die erste Anordnung nach § 161 a Abs. 2 Satz 1 von der Staatsanwaltschaft getroffen worden ist. Dabei spielt es keine Rolle, ob schon der zulässige Höchstbetrag von eintausend DM festgesetzt worden ist[32]. Das Berufungsgericht darf ein Ordnungsgeld daher nur festsetzen, wenn der Zeuge die Aussage oder den Eid nicht bereits im ersten Rechtszug verweigert hatte und mit einem Ordnungsgeld belegt worden war. Das gleiche gilt für die ersatzweise Ordnungshaft.

Beugehaft darf wiederholt angeordnet werden; § 70 Abs. 4 verbietet nur, Beugehaft von insgesamt mehr als sechs Monaten Dauer zu verhängen[33]. Ob die bisherige

29

30

31

32

[30] KK-*Pelchen* 9; *Kleinknecht/Meyer*[37] 15; KMR-*Paulus* 19; *Eb. Schmidt* 19.

[31] KK-*Pelchen* 12; *Kleinknecht/Meyer*[37] 10; *Eb. Schmidt* 15; *Peters* § 42 III 2; *Feisenberger* 6; a. A KMR-*Paulus* 20, der eine wiederholte Anordnung bis zum Erreichen der Höchstgrenze für zulässig hält.

[32] OLG Breslau GA **69** (1925) 201; *Eb. Schmidt* 15; KK-*Pelchen* 12; *Kleinknecht/ Meyer*[37] 16; *Siehr* DStrZ **1919** 374; a. A KMR-*Paulus* 20.

[33] KK-*Pelchen* 13; *Kleinknecht/Meyer*[37] 16; KMR-*Paulus* 21; *Peters* § 42 III 2; *Eb. Schmidt* 18.

Hans Dahs

Haft wegen einer Verweigerung der Aussage vor der Staatsanwaltschaft nach § 161 a Abs. 2 Satz 2 oder wegen Verweigerung einer richterlichen Vernehmung angeordnet worden war, spielt keine Rolle. Ist die Höchstdauer von sechs Monaten bereits erschöpft, so ist eine abermalige Verhängung der Zwangsmaßregel, auch in einem höheren Rechtszug oder in einem anderen Verfahren wegen derselben Tat (unten Rdn. 33), schlechthin unzulässig[34]. Das gilt auch, wenn das Verfahren mehrere selbständige Taten zum Gegenstand hat und der Zeuge über jede von ihnen die Aussage verweigert. Ist dagegen die Beugehaft vor Erschöpfung der zulässigen Höchstdauer, z. B. nach vier Monaten, aufgehoben worden, so ist die erneute Verhängung auf den übrigen Teil, also auf zwei Monate, in jedem Abschnitt des Verfahrens statthaft, wenn der Richter es für geboten hält, die Zwangsmaßnahme erneut anzuwenden. Das kann er auch, wenn die Aufhebung der Beugehaft als Folge der Beendigung des Rechtszugs eingetreten ist. Auch der Berufungsrichter ist daher zur Verhängung der weiteren Beugehaft befugt, solange die Höchstdauer nicht erreicht ist (*Eb. Schmidt* 18). Das gleiche gilt, wenn nach Aufhebung eines Urteils im Berufungs- oder Revisionsrechtszug die Sache zu neuer Verhandlung und Entscheidung an den ersten Richter zurückverwiesen worden ist (§ 328 Abs. 2, § 354 Abs. 2) und das nunmehr von neuem verhandelnde Gericht die Erzwingung des Zeugnisses oder Eides für erforderlich hält. Auch bei Wiederaufnahme eines durch eine rechtskräftige Entscheidung abgeschlossenen Verfahrens (§§ 211, 359 ff) ist die erneute Verhängung der Beugehaft zulässig.

33   **b) Identität der Tat.** Die Zeugnispflicht besteht immer in bezug auf eine bestimmte Tat. Daher soll es, wenn der Zeuge die Pflicht wiederholt verletzt, für den Umfang der gegen ihn zulässigen Maßnahmen keinen Unterschied machen, ob die spätere Weigerung in demselben oder in einem anderen Verfahren, das dieselbe Tat betrifft, erklärt wird (§ 70 Abs. 4). Die Zeugnis- oder Eidesverweigerung wegen derselben Tat gilt immer als ein einziger Ungehorsamsfall ohne Rücksicht darauf, wieviele Verfahren wegen dieser Tat anhängig sind[35]. Der Begriff „dieselbe Tat" ist nicht in sachlichrechtlichem (§ 52 StGB), sondern wie in § 264 in verfahrensrechtlichem Sinn zu verstehen[36]. Es muß sich um denselben Straffall handeln (vgl. die Erläuterungen zu § 264). Auf die strafrechtliche Bezeichnung der Handlung, auf die Unterscheidung zwischen Täterschaft und Teilnahme und auf die Person des Beschuldigten kommt es nicht an. Auch in einem neuen Verfahren, das denselben Straffall betrifft, aber gegen einen anderen Beschuldigten gerichtet ist, gilt daher das Wiederholungsverbot. Denn der Umfang der gegen den Zeugen gerichteten Maßnahmen kann nicht davon abhängen, ob die mehreren Tatbeteiligten in einem oder in mehreren Verfahren verfolgt werden. Wenn verbundene Sachen später getrennt werden, ist für die Anwendung des § 70 Abs. 4 maßgebend, ob die Maßregeln wegen der in Frage stehenden Straftat bereits angewendet gewesen sind. Die Trennung darf nicht etwa dazu benutzt werden, die Vorschrift des § 70 Abs. 4 zu umgehen. Bei alldem ist es ohne Bedeutung, ob die Beweisfrage, zu der der Zeuge gehört werden soll, in dem neuen Verfahren eine andere ist als in dem früheren Verfahren und ob der Zeuge nunmehr zwar aussagt, aber den Eid verweigert.

IV. Verfahren

34   **1. Zuständigkeit.** Den Beschluß über die Ordnungsmittel und die Beugehaft erläßt der Richter, vor dem der Zeuge die Aussage oder den Eid verweigert hat. In der

---

[34] KMR-*Paulus* 21; *Eb. Schmidt* 18.
[35] KK-*Pelchen* 14; KMR-*Paulus* 22.

[36] KK-*Pelchen* 14; KMR-*Paulus* 22; *Kleinknecht/Meyer* [37] 16.

Hauptverhandlung wirken die Schöffen mit (§ 30 Abs. 1, § 77 Abs. 1 GVG). Die Zuständigkeit geht, wenn das Verfahren nach Abschluß eines Verfahrensabschnitts in einen anderen tritt, von dem Richter des früheren auf den des späteren Abschnitts über. Zuständig ist auch der Richter im Vorverfahren und, nach Erhebung der Anklage, der beauftragte oder ersuchte Richter (§ 70 Abs. 3). Hierfür gelten folgende Besonderheiten:

Im **Vorverfahren** ist es Sache der Staatsanwaltschaft, die Bedeutung der Aussage **35** oder des Eides für die Ermittlungen zu beurteilen; denn sie führt die Ermittlungen und hat deren ordnungsmäßige Durchführung zu verantworten. Der Ermittlungsrichter hat daher die Staatsanwaltschaft zu hören, bevor er die Maßnahmen des § 70 verhängt. Die Beugehaft muß aufgehoben werden, wenn die Staatsanwaltschaft den Antrag auf Vernehmung des Zeugen zurücknimmt[37].

Der **ersuchte Richter** ist befugt, aber ohne besondere Weisung des ersuchenden **36** Gerichts[38] nicht verpflichtet, gegen den Zeugen sogleich nach § 70 Abs. 1 und 2 zu verfahren. Ob er von dieser Befugnis Gebrauch macht, unterliegt seinem Ermessen[39]. Er kann auch die Entscheidung des ersuchenden Gerichts über die Berechtigung des Verweigerungsgrundes einholen und die etwa zu ergreifenden Maßnahmen diesem Gericht überlassen. Oft wird er selbst gar nicht übersehen können, wie wichtig die Aussage für das Verfahren ist. Die Entscheidung des ersuchten Richters ist immer nur vorläufig (KK-*Pelchen* 11; *Eb. Schmidt* 21). Er hat das ersuchende Gericht über die Sachlage in Kenntnis zu setzen, und dieses Gericht muß über die Berechtigung des Weigerungsgrundes endgültig entscheiden. Es kann gegebenenfalls wegen der zu verhängenden Maßregel ein weiteres Ersuchen stellen. Die Höhe des etwa festzusetzenden Ordnungsgeldes wird es dem Ermessen des ersuchten Richters überlassen, der aber im übrigen an die Entscheidung des ersuchenden Gerichts gebunden ist. Er muß insbesondere Beugehaft innerhalb der gesetzlich zulässigen Grenze so lange aufrechterhalten, wie es das ersuchende Gericht verlangt (*Eb. Schmidt* 21). Für den beauftragten Richter gilt das entsprechend.

2. Gerichtsbeschluß. Die Entscheidung ergeht durch Beschluß. Ein Antrag ist **37** nicht erforderlich. Vor der Entscheidung ist die Staatsanwaltschaft zu hören, sofern ihr Vertreter bei der Vernehmung anwesend ist (*Kleinknecht/Meyer*[37] 17). Auch dem Zeugen muß rechtliches Gehör gewährt werden. Dabei muß er auf die Grundlosigkeit seiner Weigerung und auf die nach § 70 möglichen Folgen hingewiesen, und es muß ihm Gelegenheit gegeben werden, sich nochmals zu äußern[40].

3. Abänderung. Der Ordnungsgeldbeschluß wird nicht deshalb wieder aufgeho- **38** ben, weil der Zeuge nachträglich aussagt oder schwört oder weil seine Aussage entbehrlich wird, etwa weil alle Prozeßbeteiligten auf sie verzichten[41]. Ebensowenig ist eine nachträgliche Entschuldigung seines Ungehorsams von Bedeutung (KMR-*Paulus* 26). Zur Einstellung wegen Geringfügigkeit vgl. § 51, 20 (*Dahs* NStZ **1983** 184). Stellt das Gericht nachträglich fest, daß die Weigerung berechtigt war, so hat es den Ordnungsgeldbeschluß von Amts wegen wieder aufzuheben[42]. Zur Aufhebung der Beugehaft vgl. oben Rdn. 20 ff.

---

[37] KK-*Pelchen* 10; KMR-*Paulus* 25.
[38] *Kleinknecht/Meyer*[37] 17; KMR-*Paulus* 25.
[39] OLG Dresden LZ **1927** 1169; KMR-*Paulus* 25.
[40] BGHSt **28** 259; KK-*Pelchen* 15; *Kleinknecht/Meyer*[37] 18; KMR-*Paulus* 24; Dalcke/Fuhrmann/Schäfer 6.

[41] *Kleinknecht/Meyer*[37] 5; KMR-*Paulus* 26; *Eb. Schmidt* 15.
[42] *Kleinknecht/Meyer*[37] 18; KMR-*Paulus* 26; Dalcke/Fuhrmann/Schäfer 2; *Kurth* NStZ **1983** 328.

Hans Dahs

V. Vollstreckung

39   Nach § 36 Abs. 2 Satz 1 ist es **Aufgabe der Staatsanwaltschaft,** den Beschluß über die Ordnungsmittel zu vollstrecken. Die Geschäfte sind nach § 31 Abs. 2 und 3 RpflG dem Rechtspfleger übertragen. Das Ordnungsgeld wird nach den Vorschriften der Justizbeitreibungsordnung (§ 1 Abs. 1 Nr. 3 JBeitrO) und der Einforderungs- und Beitreibungsordnung vom 20. 11. 1974 beigetrieben. Die Vollstreckung der Beugehaft ist Sache des Gerichts (vgl. § 36, 28). Einzelheiten regelt § 88 StrVollstrO. Die Beugehaft wird unter denselben Beschränkungen vollzogen, die für die Untersuchungshaft gelten (*Eb. Schmidt* 16). Wird sie in Unterbrechung von Untersuchungshaft vollstreckt, so bleiben die Beschränkungen bestehen, die der Haftrichter angeordnet hatte. Die Kosten der Vollstreckung hat der Zeuge zu tragen.

VI. Anfechtung

40   Die Staatsanwaltschaft und der Zeuge können den Gerichtsbeschluß, wenn er nicht von einem Oberlandesgericht oder einem Ermittlungsrichter des Bundesgerichtshofs (BGHSt **30** 52) erlassen worden ist (§ 304 Abs. 4), mit der einfachen Beschwerde nach § 304 Abs. 1 und 2 anfechten. Andere Prozeßbeteiligte könnten ihn auch dann nicht anfechten, wenn er Ordnungsmittel oder Beugehaft ablehnt oder den Beschluß hierüber wieder aufhebt; denn das berührt ihre Rechte nicht (unten Rdn. 41). Anfechtungsberechtigt ist aber der Angeklagte, wenn die Auferlegung der Kosten abgelehnt oder der Beschluß insoweit aufgehoben wird (*Kleinknecht/Meyer*[37] 20). Ist der Ordnungsgeldbeschluß von dem ersuchten Richter aufgrund eines Ersuchens des ersuchenden Gerichts erlassen worden, so entscheidet über die Beschwerde das ersuchende Gericht (BayObLG DJZ **1934** 82). Die Beschwerde hat keine aufschiebende Wirkung (§ 307 Abs. 1). Eine weitere Beschwerde ist nach § 310 auch bei Beugehaft unzulässig[43]. Vgl. im übrigen § 51, 28 ff.

VII. Revision

41   Die Verhängung der Ordnungsmittel und die Anordnung der Beugehaft berühren nur das Verhältnis des Gerichts zu dem Zeugen und nicht die Rechte der Beteiligten. Insbesondere hat der Angeklagte kein Recht darauf, daß die Maßnahmen des § 70 angewendet werden[44]. Die Revision kann daher weder darauf gestützt werden, daß Ordnungsmittel und Beugehaft angeordnet worden (RGSt **73** 34), noch daß diese Maßnahmen unterblieben sind[45]. Allenfalls kann die Aufklärungsrüge erhoben und geltend gemacht werden, daß die Möglichkeiten des § 70 nicht ausgeschöpft worden sind[46].

42   Ein Revisionsgrund besteht, wenn der Zeuge nach § 70 zur Aussage oder zum Eid gezwungen worden ist, obwohl das **unzulässig** war (vgl. oben Rdn. 3). Die Revision

---

[43] BayObLGSt **7** 297; *Kleinknecht/Meyer*[37] 20; *Dalcke/Fuhrmann/Schäfer* 6; zur Geltung des Verbots der reformatio in peius vgl. *Gössel* § 36 B II.

[44] BGH NJW **1966** 211; RGSt **57** 29 = JW **1922** 1393 mit Anm. *Alsberg*; RGSt **59** 250; OLG Dresden JW **1931** 238 mit Anm. *Mannheim*.

[45] BGH GA **1968** 307; BGH v. 26. 7. 1983 – 5 StR 310/83 – unv.; BGH v. 10. 4. 1984 – 5 StR 165/84 – unv.; RGSt **25** 134; **36** 92; **57**

29 = JW **1922** 1393 mit Anm. *Alsberg*; RGSt **73** 34; RG JW **1890** 270; **1910** 202; RG HRR **1935** 706; OLG Dresden JW **1931** 238 mit Anm. *Mannheim*; OLG Koblenz NJW **1952** 278; KK-*Pelchen* 17; *Kleinknecht/Meyer*[37] 21; KMR-*Paulus* 29; *Eb. Schmidt* 8; *Dalcke/Fuhrmann/Schäfer* 6; *Dahs/Dahs* 209.

[46] BGH GA **1968** 307; bei Martin DAR **1970** 124; BGH v. 10. 4. 1984 – 5 StR 165/84 – unv.; KK-*Pelchen* 17; *Kleinknecht/Meyer*[37] 21; KMR-*Paulus* 29.

ist aber nur begründet, wenn das Urteil auf der Aussage oder auf dem Umstand, daß sie beeidet worden ist, beruht (OLG Koblenz OLGSt §70 S. 2).

VIII. Abgeordnete

Der Schutz des Art. 46 Abs. 2 und 3 GG steht dem Abgeordneten nicht gegen die **43** Verhängung des Ordnungsgeldes, der Ordnungshaft und der Beugehaft zu, sondern nur gegen die Vollstreckung der freiheitsentziehenden Maßnahmen[47].

§71

Der Zeuge wird nach dem Gesetz über die Entschädigung von Zeugen und Sachverständigen entschädigt.

Schrifttum. *Brocke-Reese* Die Entschädigung von Zeugen, Sachverständigen und ehrenamtlichen Richtern, 2. Aufl. (1964); *Lauterbach/Hartmann* Kostengesetze, 18. Aufl. (1976); *Meyer-Höver* Gesetz über die Entschädigung von Zeugen und Sachverständigen, 13. Aufl. (1969).

Entstehungsgeschichte. Die Vorschrift lautete ursprünglich: „Jeder von dem Richter oder der Staatsanwaltschaft geladene Zeuge hat nach Maßgabe der Gebührenordnung Anspruch auf Entschädigung aus der Staatskasse für Zeitversäumnis und, wenn sein Erscheinen eine Reise erforderlich macht, auf Erstattung der Kosten, welche durch die Reise und den Aufenthalt am Ort der Vernehmung verursacht werden." Die geltende Fassung beruht auf Art. X §8 Nr. 1 des Gesetzes zur Änderung und Ergänzung kostenrechtlicher Vorschriften vom 26. 7. 1957 (BGBl. I 861).

Das **Gesetz über die Entschädigung von Zeugen und Sachverständigen,** auf das **1** die Vorschrift verweist, gilt jetzt in der Fassung vom 1. 10. 1969 (BGBl. I 1757), zuletzt geändert durch Art. 11 des Gesetzes zur Neufassung des UStG und zur Änderung anderer Gesetze vom 26. 11. 1979 (BGBl. I 1953). Es gilt für die vom Gericht oder der Staatsanwaltschaft geladenen Zeugen. Bei polizeilichen Vernehmungen werden die Zeugen nach einigen landesrechtlichen Bestimmungen ebenfalls nach dem ZuSEntschG entschädigt[1]. Für die von dem Angeklagten in der Hauptverhandlung selbst geladenen Zeugen und Sachverständigen gilt §220 Abs. 2 und 3. Nicht entsprechend anwendbar ist das ZuSEntschG für die von einem Kreditinstitut zur Abwendung einer Beschlagnahme aufgewandten Personal- und Sachkosten für das Heraussuchen und Ablichten von Unterlagen[2]. Etwas anderes kann bei über die Herausgabepflicht hinausgehenden Leistungen wie Erstellen von Listen, Einholen von Auskünften und Auswerten von Buchungsunterlagen gelten[3].

---

[47] *Kleinknecht/Meyer*[37] 22; *Eb. Schmidt* §49, 5; *Bockelmann* (LV zu §152 a) 60.

[1] Vgl. §§ 11 Abs. 5 MEPolG; 17 Abs. 4 ASOG Bln; 12 Abs. 4 BremPolG; 11 Abs. 5 PolGNW; 14 Abs. 5 Nds. SOG; 12 Abs. 5 PVG Rheinl.-Pfalz.

[2] BGH NStZ **1982** 118; OLG Frankfurt NJW **1981** 1682; OLG Karlsruhe Justiz **1982** 169; OLG München JurBüro **1979** 1337; OLG Bamberg JurBüro **1979** 1685 m. zust. Anm. *Mümmler;* OLG Schleswig JurBüro **1978** 1368; OLG Bremen NJW **1976** 685; LG München I NStZ **1981** 107; LG Traunstein JurBüro **1979** 573; LG Bochum Betrieb **1979** 2080; **a. A** OLG Hamburg NStZ **1981** 107; OLG Frankfurt WM **1979** 1135; OLG Düsseldorf MDR **1978** 781; LG Düsseldorf Jur Büro **1980** 417; LG Nürnberg-Fürth JurBüro **1980** 417; LG Bochum Betrieb **1980** 875; LG Coburg MDR **1979** 1046; AG Diepholz MDR **1979** 1043 (LS) = WM **1979** 903.

[3] OLG Hamm MDR **1980** 604.

Hans Dahs

SIEBENTER ABSCHNITT

Sachverständige und Augenschein

Vorbemerkungen

Schrifttum

Allgemeines. *Albrecht* Überzeugungsbildung und Sachverständigenbeweis in der neuen strafrechtlichen Judikatur zur freien Beweiswürdigung (§ 261 StPO), NStZ **1983** 486; *Arbab-Zadeh* Des Richters eigene Sachkunde und das Gutachterproblem im Strafprozeß, NJW **1970** 1214; *Ad. Arndt* Der Fall Rohrbach als Mahnung, NJW **1962** 25; *Barton* Der psychowissenschaftliche Sachverständige im Strafverfahren, Diss. Hamburg 1981; *Barton* Sachverständiger und Verteidiger, StrVert. **1983** 73; *Bindokat* Die Sachverständigen, JZ **1954** 399; *Blau* Der Strafrechtler und der psychologische Sachverständige, ZStW **78** (1966) 153; *Blau/Müller-Luckmann* Gerichtliche Psychologie (1962); *Bleutge* Der öffentlich bestellte Sachverständige, DRiZ **1976** 170; *Bockelmann* Strafrichter und psychologischer Sachverständiger, GA **1955** 321; *Bohne* Fachpsychologen als Gerichtsgutachter, SJZ **1949** 9; *Bremer* Der Sachverständige, 2. Aufl. (1973); *Bresser* Der Sachverständige und das Bundeszentralregistergesetz, NJW **1973** 537; *Breuer* Forensische Psychiatrie und die Zweispurigkeit unseres Kriminalrechts, NJW **1979** 1922; *Cabanis* Möglichkeiten und Grenzen der forensisch-psychiatrischen Begutachtung (1971); *Damm* Die zivilrechtliche Haftung des gerichtlichen Sachverständigen — zu BGHZ 62, 54, JuS **1976** 359; *Deitigmann* Grundlagen und Praxis der gerichtlichen Handschriftenvergleichung (1954); *Dennemark* Das gerichtsärztliche Gutachten eine Vertrauenskrise? NJW **1970** 1960; *Dennemark* Das medizinische Fehlgutachten und seine Ursachen, Kriminalistik **1970** 275; *Dennemark* Das ärztliche Gutachten beim Strafgericht, DRiZ **1971** 232; *Dippel* Die Stellung des Sachverständigen im Strafprozeß (1986); *Döhring* Die Erforschung des Sachverhalts im Prozeß (1964) 256; *Dünhaupt* Die Überbeanspruchung des Sachverständigen im Strafverfahren, NdsRpfl. **1969** 131; *Englert* Nochmals: „Das gerichtsärztliche Gutachten eine Vertrauenskrise?", NJW **1971** 235; *Falck* Der technische Sachverständige im Strafprozeß, JR **1955** 285; *Falck* Über den gerichtlichen Sachverständigen, JR **1956** 255; *Fincke* Die Pflicht des Sachverständigen zur Belehrung des Beschuldigten, ZStW **86** (1974) 656; *Forsthoff* Der Zeithistoriker als gerichtlicher Sachverständiger, NJW **1965** 574; *Franzki* Über den Umgang mit Sachverständigen, DRiZ **1974** 305; *Frenken* Kritische Bemerkungen über Sachverständigengutachten als Urteilsgrundlage, DAR **1956** 291; *Frenken* Glanz und Elend des Sachverständigen, DRiZ **1957** 169; *Friederichs* Sachverständigengruppen und ihr Leiter — Fortentwicklung des Sachverständigenbeweises? JZ **1974** 257; *Frommer* Der psychiatrische Sachverständige vor Gericht, DJ **1934** 351; *Fuld* Sachverständige und kein Ende, JW **1912** 520; *Gaisler* Zur Ermittlung ausländischen Rechts durch Beweis im Prozeß, ZZP **1978** 176; *Geerds* Juristische Probleme des Sachverständigenbeweises, ArchKrim. **137** 61, 155; *Geppert* Die Stellung des medizinischen Sachverständigen im Verkehrsstrafprozeß, DAR **1980** 315; *Gerchow* Bemerkungen zur sog. Krise des Sachverständigenbeweises, ArchKrim. **134** 125; *Gerchow* Der Sachverständigenbeweis aus rechtsmedizinischer Sicht, FS Schmidt-Leichner 67; *Gässel* Behörden und Behördenangehörige als Sachverständige vor Gericht, DRiZ **1980** 363; *Gruhle* Gutachtentechnik (1955); *Gschwind/Peterssohn/Rautenberg* Die Beurteilung psychiatrischer Gutachten im Strafprozeß (1982); *Haars* Psychiatrisch-psychologische Gutachten im Strafverfahren — das Verhältnis zwischen Gutachter und Beschuldigtem im Vergleich zum Arzt-Patient-Verhältnis, Diss. Kiel 1978; *Haddenbrock* Der ärztliche Sachverständige (1960); *Haddenbrock* Die juristisch-psychiatrische Kompetenzgrenze bei Beurteilung der Zurechnungsfähigkeit im Licht der neueren Rechtsprechung, ZStW **75** (1963) 460; *Haddenbrock* Der Psychiater im Strafprozeß, DRiZ **1974** 37; *Häberlein* Über die Sachverständigen im deutschen Recht, Diss. Marburg 1911; *Händel* Zum Sachverständigenbeweis in Alkoholverfahren, Blutalkohol **1966** 405; *Händel* Akteneinsicht durch Sachverständige, Kriminalistik **1976** 494; *Hanack* Zum Problem der persönlichen Gutachterpflicht, insbesondere in Kliniken, NJW **1961** 2041; *Hartung* Das ärztliche Gutachten im Verkehrsstrafrecht aus der Sicht des Richters, Blutalkohol **1975** 162; *Heimann* Gutachten der Medizinisch-Psychologischen Institute, DAR **1977** 12; *Heinitz* Zulässigkeit eigener Ermitt-lungstätigkeit der Sachverständigen, FS Engisch 693; *Henrich* Die prozessuale Stellung des Sach-verständigen im Hinblick auf die Exploration von Zeugen und Mitbeschuldigten, Diss. Münster 1982; *Hepner* Richter und Sachverständiger (1966); *Himmelreich* Gutachten der Medizinisch-Psy-chologischen Institute, DAR **1976** 197; *Himmelreich* Brauchbarkeit der gegenwärtigen medizi-nisch-psychologischen Gutachten zur Überprüfung der Fahreignung, Blutalkohol **1979** 153; *R. von Hippel* Pragmatische Aspekte zum Problem der Rollenverkehrung beim Sachverständigen-beweis, FS Peters 285; *Janssen* Kritische Betrachtungen zur gegenwärtigen Gutachtersituation, Kri-minalistik **1970** 434; *Jessnitzer* Der gerichtliche Sachverständige, 8. Aufl. (1980); *Jessnitzer* Der ge-richtliche Sachverständige für Blutalkoholfragen, Blutalkohol **1967** 66; *Jessnitzer* Medizin und Tie-fenpsychologie in der gerichtlichen Praxis, NJW **1970** 1226; *Jessnitzer* Wege zur Vermeidung unzu-länglicher Sachverständigengutachten, JVBl. **1970** 78; *Jessnitzer* Sind Maßnahmen zur Vermei-dung unzulänglicher Sachverständigengutachten in Verkehrssachen erforderlich und möglich? Blut-alkohol **1970** 175; *Jessnitzer* Der Sachverständigenbeweis in Verkehrssachen, k + v **1971** 1; *Jessnit-zer* Gerichtliche Sachverständigengutachten von privaten Organisationen, NJW **1971** 1075; *Jessnit-zer* Juristen und Mediziner — Verständigungsschwierigkeiten, Blutalkohol **1974** 65; *Jessnitzer* Sachverständigenbeweis bei der Auswertung technischer Aufzeichnungen, DRiZ **1974** 98; *Jessnit-zer* Strafverteidiger und Sachverständiger, StrVert. **1982** 177; *Kahnt* Gerichtsmedizinische Gut-achterprobleme aus der Sicht des öffentlichen Gesundheitsdienstes, NJW **1971** 1868; *Kerameus* Die Entwicklung des Sachverständigenbeweises im deutschen und griechischen Recht (1963); *Klein* Die Pflichten und Rechte der Sachverständigen im deutschen Recht (1931); *Kohlhaas* Ände-rung des Sachverständigenbeweises im Strafprozeß? NJW **1962** 1329; *Kosyra* Der Sachverständige — Gehilfe, nicht Richter, Kriminalistik **1966** 298; *Krauß* Richter und Sachverständiger im Strafver-fahren, ZStW **85** (1973) 320; *Kube/Leineweber* Polizeibeamte als Zeugen und Sachverständige (1977); *Laufs* Zeitgeschichte und Rechtspflege — Eine Erwiderung, NJW **1965** 1521; *Lebrecht* Be-trachtungen zum technischen Sachverständigenwesen (1974); *Leferenz* Probleme des Sachverstän-digenbeweises, Erstes deutsch-sowjetisches Kolloquium über Strafrecht und Kriminologie, Hrsg. Jeschek/Kaiser (1982) 173; *Leibundgut* Der Stellenwert des psychiatrischen Gutachtens im Straf-verfahren und seine kriminalprognostischen Möglichkeiten, SchwZStR **1982** 159; *Lepmann* Fehler-quellen bei der Ermittlung des Sachverhalts durch Sachverständige (1912); *Ligges* Die Stellung des Sachverständigen im deutschen Strafprozeß, Diss. Münster 1963; *Luthe* Bemerkungen zur „Krise der Begutachtung", NJW **1975** 1446; *Lutze/Thieme* Zur medizinisch-psychologischen Begutach-tung von verkehrsauffälligen Kraftfahrern, Blutalkohol **1980** 111; *Maisch* Die psychologisch-psych-iatrische Begutachtung von Zeugenaussagen, MSchrKrim **1974** 267; *Maisch/Schorsch* Zur Proble-matik der Kompetenzabgrenzung von psychologischen und psychiatrischen Sachverständigen bei Schuldfähigkeitsfragen, StrVert. **1983** 32; *Mallach* Gedanken über das „medizinische Fehlgutach-ten und seine Ursachen", Kriminalistik **1970** 436; *Manasse* Der Sachverständige, 2. Aufl. (1932); *Mastronardi* Die Stellung des Sachverständigen im Strafprozeßrecht, Diss. Bern 1936; *Hellm. Mayer* Der Sachverständige im Strafprozeß, FS Mezger 455; *Menken* Die Rechte des Betroffenen bei der medizinisch-psychologischen Fahreignungsbegutachtung, DAR **1980** 225; *Mergen* Das kri-minologische Gutachten (1959); *J. E. Meyer* Der psychiatrische Sachverständige und seine Funk-tion im Strafprozeß, MSchrKrim. **1981** 224; *Mezger* Der psychiatrische Sachverständige im Prozeß (1918); *Michel* Gerichtliche Schriftvergleichung (1982); *Michel* Schriftvergleichung im Strafverfah-ren, StrVert. **1983** 251; *Mittermeier* Die Stellung und Wirksamkeit der Sachverständigen im Straf-verfahren, GA **1** (1853) 7, 107, 279; *Mügel* Der Sachverständige im Zivil- und Strafprozeß (1931); *E. Müller* Das ärztliche Gutachten im Verkehrsstrafrecht aus der Sicht des Anwalts, Blutalkohol **1975** 153; *K. Müller* Die Entschädigung des gerichtlichen Sachverständigen nach seiner erfolgrei-chen Ablehnung, JR **1981** 52; *K. Müller* Der Sachverständige im gerichtlichen Verfahren, 2. Aufl. (1978); *Niedenthal* Eine Entgegnung zu: Das medizinische Fehlgutachten und seine Ursache, Kri-minalistik **1970** 437; *Noelle-Neumann/Schramm* Umfrageforschung in der Rechtspraxis (1961); *Oettinger* Vom Sachverstand des Kunstsachverständigen, JZ **1974** 285; *Orlowsky* Die Weigerungs-rechte der minderjährigen Beweisperson im Strafprozeß, Diss. Tübingen 1972; *Patschan* Die straf-prozessuale Behandlung des Sachverständigenbeweises, Diss. Bonn 1930; *Päfflin* Verurteilungs-struktur und Ideologie psychiatrischer Gutachten über Sexualstraftäter (1978); *Perlewitz* Das Sach-verständigenwesen (1915); *Peterson* Die Bedeutung der Sachverständigen, DJZ **1907** 908; *Pfanne*

Zur Problematik der Handschriftenexpertise, JR **1965** 441; *Pfanne* Handschriftenvergleichung (1971); *Pieper/Breunung/Stahlmann* Sachverständige im Zivilprozeß (1982); *Pitzer* Zur Verfassungsmäßigkeit von Regierungsgutachten im Landesverratsverfahren, NJW **1962** 2235; *Plewig* Funktion und Rolle des Sachverständigen aus der Sicht des Strafrichters (1983); *Reitberger* Im Schlepptau der Experten? Kriminalistik **1964** 217; *Remscheid* Junge Volljährige im Kriminalrecht — zum psychiatrisch-psychologischen Sachverständigen, MSchrKrim. **1978** 79; *Rudolph* Das Zusammenwirken des Richters und des Sachverständigen, Justiz **1969** 24, 49; *Sachsse* Die Beurteilung veränderter Lebensmittel durch Sachverständige, NJW **1955** 1667; *Sarstedt* Der Strafrechtler und der psychiatrische Sachverständige, Justiz **1962** 110; *Sarstedt* Fragen des Sachverständigenbeweises zur Zurechnungsfähigkeit, FS Schmidt-Leichner 171; *Schimanski* Beurteilung medizinischer Gutachten (1978); *Schmidhäuser* Zeuge, Sachverständiger und Augenscheinsgehilfe, ZZP **52** (1959) 365; *Eb. Schmidt* Der Arzt als Sachverständiger im Strafprozeß, Hefte zur Unfallkunde **55** (1957) 162; *Eb. Schmidt* Gehört der Sachverständige auf die Richterbank? JZ **1961** 585; *Eb.-Schmidt* Richter und Sachverständiger in ihrem Zusammenwirken bei kriminologischen Problemen, FS Schneider (1962) 258; *Schneble* Juristische Probleme der indirekten Blutalkoholbestimmung, Blutalkohol **1980** 329; *Schorn* Der gerichtliche Sachverständige und die richterliche Urteilsfindung im Strafverfahren, GA **1965** 299; *Schreiber* Probleme des Beweisrechts, insbesondere des Sachverständigenbeweises, Erstes deutsch-sowjetisches Kolloquium über Strafrecht und Kriminologie, Hrsg. Jescheck/Kaiser (1982) 153; *Schwandt* Richter und gerichtlicher Sachverständiger, DJZ **1934** 395; *Schwarz* Zur Sachverständigentätigkeit des Arztes, FS Pfenninger 143; *Seibert* Die Kapazität, DRiZ **1960** 57; *Sigusch* Über die methodische Armut der Schulpsychiatrie und ihren unverstellten Blick auf die Dinge, MSchrKrim. **1981** 229; *Spann* Die Stellung des medizinischen Sachverständigen im Verkehrsstrafprozeß, DAR **1980** 315; *Täschner* Welcher Sachverständige ist für die Beurteilung des Geisteszustandes von Sexualdelinquenten zuständig? MSchrKrim. **1980** 108; *Tegel* Kunstsachverständige, Arch.Krim. **129** 1; *Tetzner* Demoskopische Gutachten als Beweismittel, JZ **1965** 125; *Tönnis* Die Tätigkeit des medizinischen Sachverständigen bei Straßenverkehrsunfällen vor Gericht, NJW **1966** 1843; *Tröndle* Der Sachverständigenbeweis, JZ **1969** 374; *Undeutsch* Zur Problematik des psychologischen Sachverständigen, FS Lange 703; *Varrentrapp* Die Stellung der gerichtlichen Sachverständigen, DRiZ **1969** 351; *Venzlaff* Fehler und Irrtümer in psychiatrischen Gutachten, NStZ **1983** 199; *Wagner* Das ärztliche Gutachten im Verkehrsstrafrecht aus der Sicht des Arztes, Blutalkohol **1975** 169; *Walter* Sachverständigenbeweis zur Schuldfähigkeit und strafrichterliche Überzeugungsbildung, Diss. Berlin 1982; *Wehner* Zum „Gutachter-Problem", Kriminalistik **1970** 273; *Weigelin* Die Heranziehung von Fachpsychologen als Gerichtsgutachter, JR **1951** 198; *Wellmann* (Hrsg.) Der Sachverständige in der Praxis, 2. Aufl. (1968); *Willms* Der Sachverständige im Landesverratsprozeß, NJW **1963** 190; *Wolf* Situation und Tätigkeit psychologischer Gutachter und Sachverständiger im Strafprozeß — eine kritische Studie und empirische Untersuchung, Diss. Augsburg 1980; *Wolff* Gutachterliche Kompetenz bei der Klärung der Schuldunfähigkeit oder: der Streit zwischen Psychiatrie und Psychologie, NStZ **1983** 537; *Wolschke* Leitgesichtspunkte zur Sachverständigenbeiziehung im Strafprozeß, Diss. Freiburg 1973; *Wüst* Richter und psychologischer Sachverständiger im Strafprozeß, Diss. München 1968; *Wyrsch* Der Psychiater im Strafverfahren, SchwZStr. **1960** 233; *Zink* Der Beweiswert von Doppelblutentnahmen, Blutalkohol **1981** 377; *Zumbansen* Das Recht der öffentlich angestellten und beeidigten Sachverständigen (1926).

Kriminaltechnischer Sachbeweis. *Ablanbauer/Kraatz/Megges* Forensisch-chemische Untersuchungen nach Sprengstoffexplosionen, ArchKrim. **171** (1983) 89; *Bauer* Moderne Verbrechensbekämpfung (1972); *Bauer* Grenzen und Möglichkeiten des Personal- und Sachbeweises, Grundlagen der Kriminalistik Bd. 4 (1968) 431; *Bauer/Eisenmenger/Schweiberer* Das Verletzungsmuster von Messerstichen und Schußverletzungen in der Notaufnahme, Kriminalistik **1986** 16; *Berkemüller* Der rote Faden, 9. Aufl. (1980); *Bijl/Theeuwen* Sichtbarmachung latenter Fingerspuren auf porösen und nicht-porösen Materialien mittels Jod-Benzoflavon-Vernebelung, ArchKrim. **172** (1983) 93; *Blei* Technik und Beweisverbot, BKA-Vortragsreihe Bd. 24 (1979) 143; *Brinkmann/Madea/Rand* Kasuistischer Beitrag zur Analyse von Mikroblutspuren, ArchKrim. **176** (1985) 163; *Bruch* Vorsätzliche Brandstiftungskriminalität, ArchKrim. **174** (1984) 65; *Brüschweiler/Schoch* Die Thermomikroskopie an Faserstoffen — eine methodische Ergänzung zur Faseranalyse, ArchKrim. **169** (1982) 89; *Brüschweiler/Schönbächler* Erfahrungen bei der mikrobiologischen Untersuchung von Heu bei Verdacht auf Selbstentzündung, ArchKrim. 170 (1982) 106; *Bunge* Möglichkeiten und Grenzen der Sprecherkennung und der Tonbandauswertung für die polizeiliche Praxis, ArchKrim. 176 (1985) 65; *Dahs* Der Standpunkt des Verteidigers zum Sachbeweis, BKA Vortragsreihe Bd. 24 (1979) 19; *Endriß/Poetsch-Schneider* Zum Beweiswert des menschlichen Lippen- und Nagelreliefs bei Identifizierungen, ArchKrim. 175 (1985) 13; *Foth* Richter und Sachbeweis, BKA Vortragsreihe Bd. 24 (1979) 25; *Frei-Sulzer* Probleme der Spurensicherung, Grundlagen der Kriminalistik Bd. 7 (1971) 31; *Geerds* Kriminalistik (1980); *Geerds* Sachbeweis und Sachverständigenbeweis aus kriminalistischer Sicht, ArchKrim. 172 (1983) 129; *Gemmer* Kriminalistischer Wert des Sachbeweises, BKA Vortragsreihe Bd. 24 (1979) 11; *Göbel* Anwendungsbereiche des Rasterelektronenmikroskopes, BKA Vortragsreihe Bd. 24 (1979) 121; *Göbel* Das Rasterelektronenmikroskop, ein neues Untersuchungsgerät für die Kriminaltechnik, Kriminalistik 1973 389; *Groß/Geerds* Handbuch der Kriminalistik, 2 Bde, 10. Aufl. (1977/78); *Händel* Offenlegung von Untersuchungsmethoden, DNP 1976 202; *Händel* Vorschnelle Äußerungen über Todesart und Todeszeitpunkt, Kriminalistik 1984 542; *Hallenberger* Spurensicherung durch Radiographie mittels Röntgen-Sofortbild-System, Kriminalistik 1982 625; *Haller* Experimentell-statistische Untersuchungen zur Abschätzung des Beweiswertes beim Vergleich menschlicher Kopfhaare, ArchKrim. 176 (1985) 109; *Hellmeß* Die kriminaltechnische Untersuchung von Brand- und Raumexplosionen, Kriminalistik 1982 177; *Hellmeß/Schwanebeck* Quantitative Thermoanalyse — eine Methode zur kriminaltechnischen Untersuchung von chemischen Selbsterhitzungsvorgängen, ArchKrim. 174 (1984) 77; *Helmer* Bildanalyse per elektronischer Bildmischung, Kriminalistik 1986 7; *Henning* Möglichkeiten der Differenzierung von Mineralölen, Gasölen und Vergaserkraftstoffen mit Hilfe der Gaschromatographie, ArchKrim. 170 (1982) 12; *Herold* Erwartungen von Polizei und Justiz in die Kriminaltechnik, BKA Vortragsreihe Bd. 24 (1979) 75; *Heyder* Die Gewinnung von Vergleichsmunition für Identifizierungszwecke, Kriminalistik 1983 530; *Huelke* Spurenkunde, 4. Aufl. (1977); *Jäger/Lombacher* Geschoß — oder Hülse — der „Fingerabdruck" der Schußwaffe, Kriminalistik 1982 415; *Jenne* Eine neue, rechnergestützte Möglichkeit zur Absicherung des Beweiswertes textiler Faserspuren, ArchKrim. 172 (1983) 32; *Kasper* Freie Beweiswürdigung und moderne Kriminaltechnik (1975); *Katterwe* „Luftblasenstruktur": Eindeutige Zuordnung nur bedingt möglich, Kriminalistik 1984 66; *Katterwe* Forensisch-physikalische Untersuchung von Polyurethan-Laufflächen, ArchKrim. 174 (1984) 89; *Katterwe/Deinet* Anwendung eines wahrscheinlichkeitstheoretischen Modells zur Bewertung des Übereinstimmungsgrades von Spurenmustern, ArchKrim. 171 (1983) 78; *Krause* Verfahren zum Aufdecken von Tonband-Manipulationen, ArchKrim. 172 (1983) 153; *Kriston* Über den Beweiswert der Textilmikrospuren, ArchKrim. 173 (1984) 109; *Krost* „Jungfräulichkeit" des Tatortes, Kriminalistik 1986 127; *Kubassek/Stoecklein* Untersuchung zur Identifizierung und Differenzierung von Lackbindemitteln durch Thermolyse-Dünnschichtchromatographie, ArchKrim. 1973 (1984) 151; *Kube* Beweisverfahren und Kriminalistik in Deutschland (1984); *Kube/Störzer/Brugger* Wissenschaftliche Kriminalistik, BKA Forschungsreihe 16/2 (1984); *Künzel* Dem Täter auf der Stimmspurpraxis der forensischen Sprecherkennung, Kriminalistik 1985 102; *Lange* Fehlerquellen im Ermittlungsverfahren (1980); *Lenzner* Über maximale Informationsausschöpfung bei der kriminalistischen Spurenfotografie durch Reprokameras, ArchKrim. 171 (1983) 161; *Leszczynski* Zur Weiterentwicklung der Kriminaltechnik, Kriminalistik 1974 293; *Leszczynski* Methoden der Kriminaltechnik, in: Kurzrock (Hrsg.), Kriminalität (1976) 119; *Lichtenberg* Untersuchung des Pulverschmauchs einer Munition mit bleifreien Anzündsätzen, Kriminalistik 1983 590; *Magulski* Auch an der kriminalistischen Basis — Kriminaltechnik statt Erkennungsdienst, in: Kurzrock (Hrsg.), Kriminalität (1976) 664; *Mally* Kriminalistische Spurenkunde, Schriftenreihe des BKA (1958); *Meier* Die Spurensicherung, Kriminalistik 1974 151; *Meier* Die Tatbestandsaufnahme bei Tötungsdelikten, Kriminalistik 1982 631; *Meier* Die Abklärung von Brandfällen — Gedanken zur Spurenkunde, Kriminalistik 1985 469; *Menzel* Künftig Bildverbesserungen durch Computer? — Die Untersuchung latenter Fingerabdrücke und andere Beweisführungen durch Laser, Kriminalistik 1985 346; *Nack* Der Indizienbeweis, MDR 1986 366; *Nennstiel* Dynamik des Hülsenauswurfs und Entstehung von Systemspuren, ArchKrim. 172 (1983) 106; *Nennstiel* Bestimmung des Munitionsherstellers, Kriminalistik 1984 542; *Neuendorf* Datenverarbeitung und Daktyloskopie, in: Datenverarbeitung, hrsg. v. BKA (1972) 37; *Niggemeyer* Begriff und Aufgaben der Kriminaltechnik, Grundlagen der Kriminaltechnik (1958) 7; *Oehmichen/König/Pedal* Zytologischer Befund als Indiz: Morphologische und immunhistochemische Identifizierung von menschlichem

Hirngewebe an der Täterkleidung, ArchKrim. **173** (1984) 129; *Peters* Kriminalistik und Strafrechtspflege, ArchKrim. **173** (1984) 1; *Philipp* Das Kriminaltechnische Institut des BKA, Kriminalistik **1973** 105; *Plate/Schmitz/Burghard* Tatortbesichtigung und Tathergang, BKA Vortragsreihe Bd. 24 (1979), 53; *Pohl* Handbuch der naturwissenschaftlichen Kriminalistik (1981); *Pollak/Mortinger* Kriminalistische Aspekte der indirekten Orbitaldachfrakturen, ArchKrim. **172** (1983), 159; *Schmitter/ Kiessling* Die Anwendung der Ultradünnschicht-isoelektrischen Fokussierung bei der Untersuchung von Blut- und Sekretspuren, ArchKrim. **171** (1983) 26; *H. W. Schmitz* Tatortbesichtigung und Tathergang, BKA Forschungsreihe (1977); *Schneider* Bemerkenswerte intracranielle Befunde bei einer Brandleiche, ArchKrim. **169** (1982) 129; *Siebert* Kriminalistische Spuren — ihre Entstehungsbedingungen, ihr System und ihre Untersuchung, Diss. Berlin 1965; *Teige/Behr* Elektronographische Darstellung von Fingerabdrücken an Leichenhaut, ArchKrim. **170** (1982) 83; *Thielemann* Altersbestimmung einer daktyloskopischen Spur, Kriminalistik **1982** 630; *Vordermayer* Spurennachweis in Explosionsschutt-Extrakten, Kriminalistik **1976** 81; *Walder* Die Beweisführung in Strafsachen, insbesondere der Indizienbeweis, Kriminalistik **1976** 81; *Wigger* Kriminaltechnik, Schriftenreihe des BKA Bd. 50 (1980); *Will* Nur barfuß ist teurer — Möglichkeiten der Identifizierung von Fuß- und Trittspuren, Kriminalistik **1982** 412; *Will* Schuhspuren überführter Raubmörder, Kriminalistik **1983** 241; *Will* Die Sicherung von Schuheindruckspuren im Schnee, Kriminalistik **1985** 114; *Wolschke* Leitgesichtspunkte zur Sachverständigenbeiziehung im Strafprozeß, Diss. Freiburg 1973.

Entstehungsgeschichte. Die schon in der StPO 1877 enthaltenen Vorschriften dieses Abschnittes haben nur wenige substantielle Änderungen erfahren, jedoch wurde der Abschnitt durch die Einfügung neuer Vorschriften ergänzt. Die gesetzlichen Regelungen zur Beschleunigung des Sachverständigengutachtens in § 73 Abs. 1 Satz 2, § 77 Abs. 2 wurden durch das 1. StVRG eingefügt. Im Jahre 1939 wurde der in § 79 vorgesehene Voreid durch den Nacheid ersetzt. Gleichzeitig wurde § 80 a eingefügt, der eine vorbereitende Tätigkeit des Gutachters schon im Vorverfahren normiert. Die Anforderungen an die Unterbringung des Beschuldigten zur Beobachtung in § 81 wurden durch Abs. 2 und Abs. 3 verschärft. Die §§ 81 a bis 81 c wurden ebenfalls 1933 eingefügt und erhielten ihren heutigen Inhalt im wesentlichen 1950. Auch die Vorschrift des § 81 d über die Untersuchung einer Frau geht auf das Vereinheitlichungsgesetz von 1950 zurück. Die Bestimmung über die Leichenschau und Leichenöffnung in § 87 wurde vor allem durch das 1. StVRG und StVÄG 1987 geändert. Insgesamt liegt der Schwerpunkt der Gesetzesänderungen des 6. Abschnittes in der Differenzierung der Eingriffsrechte bei gleichzeitig verstärktem Grundrechtsschutz. Zu den **Reformbestrebungen** auf dem Gebiet des Sachverständigenbeweises vgl. *Dippel* Die Stellung des Sachverständigen im Strafprozeß (1986).

Übersicht

1. Allgemeines. Die Zusammenfassung der Vorschriften über Sachverständige **1** und Augenschein im siebenten Abschnitt der Strafprozeßordnung bedeutet nicht, daß zwischen diesen beiden Beweisarten besondere Beziehungen bestehen. Der Beweis durch Sachverständige ist ein Personalbeweis, der mit dem Zeugenbeweis viel näher verwandt ist als mit dem Augenscheinsbeweis und auf den auch viele Bestimmungen über den Zeugenbeweis anzuwenden sind (§ 72). Der Augenscheinsbeweis ist hingegen ein sachlicher Beweis, der in einer Reihe mit dem Urkundenbeweis steht und mit den Personalbeweisen nur insofern zusammenhängt, als das Gericht Zeugen und Sachverständige als Augenscheinsgehilfen (Beweismittler) heranziehen kann (§ 86, 3 ff). Es sind daher nicht sachliche, sondern ausschließlich rechtshistorische Gründe, die dazu geführt haben, daß das Gesetz die Bestimmungen über Sachverständige und Augenschein in einem Abschnitt zusammenfaßt. Denn der Sachverständigenbeweis hat sich aus Augenscheinseinnahmen entwickelt, die entweder überhaupt nur von einem sachverständigen Augenscheinsgehilfen des Richters oder jedenfalls nicht ohne seine Mitwirkung durchgeführt werden können[1].

2   **2. Sachverständige.** Wie der Zeuge ist der Sachverständige ein persönliches Beweismittel[2]. Er wird herangezogen, weil er auf einem bestimmten Wissensgebiet eine Sachkunde hat, die dem Richter fehlt. Dabei braucht es sich nicht um wissenschaftliche Kenntnisse zu handeln. Auch ein Kaufmann oder ein Handwerksmeister ist auf seinem Fachgebiet ein Experte und kann deshalb Sachverständiger sein. Gegenstand eines Sachverständigengutachtens können auch Inhalt und Anwendung des ausländischen Rechts sein[3]. Seine besondere Sachkunde befähigt den Sachverständigen zu verschiedenartigen Tätigkeiten im Strafprozeß (Rdn. 4 ff). Immer handelt es sich aber darum, daß er Sachkunde übermittelt oder anwendet oder beides tut[4].

3   **3. Richtergehilfe.** Nicht zuletzt aus historischen Gründen ist es üblich, den Sachverständigen als Gehilfen des Richters zu bezeichnen[5]. Das könnte zu der Meinung führen, der Sachverständige sei überhaupt kein Beweismittel[6] oder habe einen höheren Rang als andere Beweismittel. In Wahrheit ist er ein Beweismittel wie jedes andere auch[7]. Ihn als Richtergehilfen zu bezeichnen, hat wenig Wert[8]. Es ist außerdem gefährlich, weil es dazu verleiten kann, dem Sachverständigen ein zu großes Übergewicht gegenüber anderen Beweismitteln einzuräumen. Die Verwendung des Begriffs Richtergehilfe ist nicht etwa deshalb geboten, weil dadurch klargestellt werden kann, daß der Sachverständige nicht selbst Richter ist, sondern dem Gericht bei der Wahrheitsfindung nur helfen soll. Das ist so selbstverständlich, daß es keinerlei begrifflicher Klarstellung bedarf.

---

[1] Dazu *Eb. Schmidt* 1; *von Hippel* 410 Fußn. 3.
[2] *Kleinknecht/Meyer*[37] 1; *Peters*[4] 325; *Dippel* 14 ff.
[3] RG Recht **1911** Nr. 2267; OLG Schleswig SchlHA **1952** 31; KK-*Pelchen* 1; *Kleinknecht/Meyer*[37] 6; *Alsberg/Nüse/Meyer* 139; *Peters*[4] 342; *Dahs/Dahs*[4] 248; *Koehler* JR **1951** 555; a. A KMR-*Paulus* 26, wonach die Existenz von Rechtsnormen nicht Inhalt des Sachverständigenbeweises sein kann.
[4] BGH NJW **1951** 771; OLG Hamm NJW **1954** 1820; KMR-*Paulus* 16; *Eb. Schmidt* 7; *Alsberg/Nüse/Meyer* 207.
[5] BGHSt **3** 28; **7** 239; **8** 113; **9** 292; **11** 212; **13** 4; RGSt **52** 161; **57** 158; **58** 301; **69** 98; BGH

GA **1957** 85; BGH bei *Dallinger* MDR **1976** 17; RG LZ **1915** 631; **1916** 682; RG Recht **1912** Nr. 2569; OLG Celle MDR **1956** 695; KK-*Pelchen* 1; *Kleinknecht/Meyer*[37] 8; *Eb. Schmidt* 16 und JZ **1957** 227; *Beling* 299; *Roxin*[19] § 27 A I; *G. Schäfer*[4] § 67; *Jessnitzer* 78; *Alsberg/Nüse/Meyer* 208; *Henkel* 217; *von Hippel* 411; *Dippel* 19 ff.
[6] Diese Ansicht vertreten *von Hippel* 411; *Hellm. Mayer* FS Mezger 463.
[7] RGSt **57** 158; OLG Koblenz VRS **61** 127; *Bremer* 21; *Gössel* DRiZ **1980** 365; *Jessnitzer* 85; *Peters*[4] 319; *Schorn* GA **1965** 300.
[8] *Eb. Schmidt* Nachtr. I 1; *Alsberg/Nüse/Meyer* 209.

4. Aufgaben des Sachverständigen

a) Bloße Verrichtungen. Sachverständigentätigkeit kann ausschließlich darin beste- **4** hen, im Auftrag einer Strafverfolgungsbehörde bestimmte Eingriffe am Körper von Beschuldigten oder Zeugen vorzunehmen. Der häufigste Fall dieser Art ist die Blutprobenentnahme nach § 81 a Abs. 1 Satz 2 und § 81 c Abs. 2. Auch die Anfertigung einer Röntgenaufnahme fällt hierunter, wenn keine weitere Tätigkeit des Arztes erforderlich ist, z. B. weil die Aufnahme im Magen des Beschuldigten den verschluckten Brillantring so deutlich zeigt, daß Erläuterungen überflüssig sind.

b) Übermittlung von Erfahrungssätzen. Gelegentlich beschränkt sich die Aufgabe **5** des Sachverständigen darauf, den Richter mit bestimmten Erfahrungssätzen, Forschungsergebnissen oder Erkenntnissen aus seinem Wissensbereich ganz allgemein vertraut zu machen, ohne daraus selbst irgendwelche Schlußfolgerungen auf den Sachverhalt zu ziehen, den der Richter zu beurteilen hat. Auf diese Weise wird der Sachverständige vor allem vor den Revisionsgerichten tätig. Ein Beispiel bildet die von dem Bundesgerichtshof aufgrund solcher im Freibeweis eingeholten Sachverständigenauskünfte entschiedene Frage, daß nach dem gegenwärtigen Stand der ärztlichen Wissenschaft ein Erfahrungssatz besteht, daß ein Kraftfahrer, bevor er am Steuer seines Fahrzeugs während der Fahrt einschläft, stets deutliche Zeichen der Ermüdung an sich wahrnimmt oder wenigstens wahrnehmen kann (BGHSt **23** 156). Auf die gleiche Weise ist entschieden worden, daß die Resorptionsphase nach Alkoholgenuß bis zu 120 Minuten dauern kann (BGHSt **25** 250). Weitere Beispiele sind bei *Eb. Schmidt* 7; *Jessnitzer* 22 angeführt.

c) Tatsachenfeststellungen. Zuweilen hat der Sachverständige lediglich die Aufga- **6** be, aufgrund seiner besonderen Sachkunde bestimmte Tatsachen festzustellen und dem Gericht mitzuteilen, ohne sie sachverständig zu würdigen. Hierunter fällt etwa der Arzt oder Chemiker, der die Blutalkoholkonzentration in einer dem Beschuldigten entnommenen Blutprobe feststellt, ohne sich zur Schuldfähigkeit oder Fahrtüchtigkeit selbst zu äußern, oder der Toxikologe, der die einer Leiche bei der Obduktion entnommenen Teile daraufhin untersucht, ob sie Giftstoffe enthalten.

d) Beurteilungen von Tatsachen. Die Anwendung seines Erfahrungswissens bei **7** der Begutachtung eines bestimmten Sachverhalts ist der häufigste Fall der Sachverständigentätigkeit. Unterschiedlich kann dann der Weg sein, auf dem er die Tatsachen erfährt, die er seinem Gutachten zugrunde zu legen hat. Grundsätzlich ist es Sache des Gerichts, sie dem Sachverständigen mitzuteilen. Hält der Sachverständige die Feststellung weiterer Tatsachen für nötig, so sind sie unter Beachtung des § 80 zu ermitteln. Häufig handelt es sich aber um Tatsachen, zu deren Gewinnung die Sachkunde des Sachverständigen erforderlich ist. Seine Aufgabe besteht dann darin, diese Tatsachen sowohl festzustellen, als auch sachverständig zu würdigen. Beispiele bilden der technische Sachverständige, der den Unfallwagen untersuchen und alsdann beurteilen soll, ob der Unfall auf dessen Zustand zurückzuführen ist, der medizinische Sachverständige, der den psychischen Zustand des Beschuldigten zu beurteilen hat und ihn untersucht, um die erforderlichen Tatsachen für diese Begutachtung zu gewinnen, und der psychologische Sachverständige, der sich über die Glaubwürdigkeit eines Zeugen äußern soll und zu diesem Zweck Tatsachen ermittelt.

Die Tatsachen, die der Sachverständige seinem Gutachten zugrunde legt, werden **8** üblicherweise als **Anknüpfungstatsachen** bezeichnet. Soweit er Tatsachenmaterial, das ihm nicht vom Gericht mitgeteilt worden ist, in seinem Gutachten ohne weiteres verwerten darf, spricht man von **Befundtatsachen**. Die Frage, was zu dieser Art Tatsachen gehört, ist aus zwei Gründen von Bedeutung. Einmal müssen die Befundtatsachen von denjenigen Tatsachen abgegrenzt werden, die der Sachverständige bei der Ausführung seines Sachverständigenauftrags erfährt, zu deren Feststellung es aber seiner Sachkunde nicht bedurfte; über solche **Zusatztatsachen** darf er nicht als Sachverständiger gehört, sondern muß er als Zeuge vernommen und vereidigt werden (vgl. im einzelnen § 79, 18 ff). Zum anderen sind Grundsätze darüber erforderlich, ob der Sachverständige auch Untersuchungsergebnisse anderer Sachverständiger als Befundtatsachen in seinem Gutachten verwerten darf, ob und in welchem Umfang es also einen „Sachverständigen vom Hörensagen" gibt (vgl. § 250, 30 ff).

9　　e) **Rechtsfragen.** Ungeachtet des Grundsatzes, daß der Richter das Recht kennt, fallen dem Sachverständigen auch auf diesem Gebiet Aufgaben zu. So kann es geboten sein, sich Kenntnisse ausländischen Rechts vermitteln zu lassen[9]. Gleiches gilt aber auch für Fragen des inländischen Rechts, wenn umstrittene Grundprobleme zu entscheiden sind[10] oder auch eine schwierige (etwa nicht durchnormierte, richterrechtlich geprägte) Spezialmaterie bewältigt werden muß. Es ist nicht einzusehen, daß Strafgerichte um der Fiktion der juristischen Allwissenheit willen rechtlich mangelhafte Entscheidungen fällen, obwohl dies durch die Anhörung des Richtergehilfen „Sachverständiger" vermieden werden könnte. Dessen Aufgabe ist dabei nicht die Übernahme oder Determinierung des Urteils, sondern die Vermittlung besonderer Rechtskenntnisse, die der Strafrichter nach Ausbildung und beruflich-fachlicher Tätigkeit nicht haben kann. Schließlich können auch völlig neuartige Probleme, die durch Rechtsfortbildung gelöst werden müssen, die Vernehmung eines Gutachters erfordern. Selbstverständlich unterliegen auch Rechtsgutachten der freien Beweiswürdigung des Strafgerichts (§ 261), so daß seine Rechtskompetenz für die Entscheidung erhalten bleibt.

10　　5. **Abgrenzung des Sachverständigen zu anderen Beweismitteln.** Die Unterscheidung zwischen dem Sachverständigen und dem sachverständigen Zeugen ist bei § 85, 3 ff, der Unterschied zwischen dem Sachverständigen- und dem Augenscheinsbeweis bei § 86, 3 ff und die Abgrenzung zum Dolmetscher bei § 185 GVG erörtert.

11　　6. **Der kriminaltechnische Sachbeweis.** Hierbei handelt es sich um eine in der StPO nicht geregelte, in der Praxis aber bedeutende und anerkannte Kombination von Sach- und Personalbeweis, die letztlich vom Sachverständigen dominiert wird und deshalb an dieser Stelle zu erwähnen ist. Als kriminaltechnischen Sachbeweis bezeichnet man die mit den modernen Mitteln der Kriminalistik vorgenommene Feststellung und Auswertung aller im Zusammenhang mit der Tat aufgenommenen Spuren[11]. Die sich ständig weiterentwickelnde naturwissenschaftliche Kriminalistik erlaubt den Ermittlungsbehörden heute eine nahezu vollständige Erfassung und Auswertung tatrelevanter Gegenstände, Substanzen und anderer Spuren: Durch den Einsatz der Datenverarbeitungstechnik bei der vergleichenden Daktyloskopie und beim Spurenvergleich können in kürzester Zeit Finger- und sonstige Spuren in einem bisher nicht gekannten Umfang ausgewertet werden[12]; mit Hilfe des Rasterelektronenmikroskopes können Substanzen noch in verschwindend kleinen Mengen sichtbar gemacht und fotografisch nachgewiesen werden[13]; die verschiedenen Verfahren der Chromatographie (Papier-, Dünn-

---

[9] *Gaisler* ZZP **1978** 176.
[10] Z. B. BVerfGE **45** 187; 213; *Peters*⁴ 366.
[11] *Bauer* Grundlagen der Kriminalistik 442; *Dahs* Hdb. 538; *Geerds* 476; *Mally* 10; *Siebert* 11; *Walder* Kriminalistik **1976** 86.

[12] *Gemmer* 13; *Herold* 80; *Neuendorf* 37; *Wigger* 123.
[13] *Böhm* ArchKrim. **147** (1971) 79; *Göbel* 121 und Kriminalistik **1973** 389; *Hantschel/Schwarz* ArchKrim. **148** (1971) 24.

schicht- und Gaschromatographie; Massenspektrometrie) ermöglichen die Trennung und Analyse von Substanzen unterschiedlichster Art[14]; durch die Auswertung von Blutspuren können zahlreiche Blutmerkmale mit einem dem Fingerabdruck nahekommenden Identifizierungswert erfaßt[15] und Mikroorganismen in Staub-, Schmutz-, Textil-, Faser- und sonstigen Spuren mit den Mitteln der Mikrobiologie nachgewiesen werden[16].

Strafprozessual ist dieser Sachbeweis **kein selbständiges Beweismittel,** sondern **12** eine zielgerichtete Kombination der klassischen Beweismittel Zeuge, sachverständiger Zeuge, Sachverständiger, Urkunde und Augenschein[17]. Der geschlossene Kreis strafprozessualer Beweismittel[18] kennt andere Beweismittel nicht; Beweisaufnahmen, die nicht als Zeugen-, Sachverständigen- oder Urkundenbeweis gesetzlich besonders geregelt sind, unterfallen den Regeln des Augenscheinsbeweises[19]. In den Prozeß eingeführt werden kann der Sachbeweis daher nur durch die Erhebung von Einzelbeweisen, wobei der den Sachbeweis zusammenfassende und auswertende Sachverständige am Anfang und Ende der Beweiskette steht, die lückenlos bis zu der am Tatort oder im Zusammenhang mit der Tat aufgenommenen Spur zurückverfolgt werden muß.

Das Auffinden des Beweisgegenstandes und die Feststellung der Tatspur sind Um- **13** stände, die im Wege des Zeugenbeweises durch die an der **Tatortuntersuchung** beteiligten Beamten in das Strafverfahren eingeführt werden. Wünschenswert ist schon hier der Einsatz des Sachverständigen, weil ggfs. nur er die Relevanz eines Fundes erkennt. Denn es bedarf fachkundiger Prüfung, ob eine vorgefundene Spur überhaupt mit der Tat in Verbindung gebracht werden kann, ob sie nach der Tat irgendwelchen verfälschenden Einflüssen ausgesetzt war und ob sie mit anderen tatrelevanten Vorgängen in Zusammenhang gebracht werden muß[20].

In einer zweiten Phase erfolgt Sicherung bzw. Dokumentation der Tatortspur **14** durch Fotografie, Stereofotografie, Skizze und andere kriminaltechnische Mittel[21], Vorgänge, die ebenfalls hohe Sachkunde erfordern. Die **Sicherstellung und Weiterleitung** der Asservate bedarf der Überprüfung durch Befragung der damit betrauten Beamten. Es muß sichergestellt sein, daß die kriminaltechnisch auszuwertende Spur nicht verändert und die Beweisqualität nicht beeinträchtigt wird[22].

In einer dritten Phase erfolgt dann die Auswertung des Sachbeweises durch die **15** eigentliche **kriminaltechnische Untersuchung.** Dazu bedarf es in der Regel der Heranziehung eines Sachverständigen[23] des Bundeskriminalamtes oder eines Landeskriminalamtes. Dieser muß dann nicht nur das Ergebnis, den Gang und die Methodik seiner wissenschaftlichen Untersuchung darlegen[24], sondern auch die Qualität des Untersu-

[14] *Groß/Geerds* I 576; *Henning* ArchKrim. 170 (1982) 12; *Kubassek/Stoecklein* ArchKrim. 173 (1984) 151; *Pohl* 492.

[15] *Brinkmann/Madea/Rand* ArchKrim. 176 (1985) 163; *Gemmer* 14; *Schmitter/Kiessling* ArchKrim. 171 (1983) 26; *Wigger* 486.

[16] *Brüschweiler/Schoch* ArchKrim. 169 (1982) 89; *Brüschweiler/Schönbächler* ArchKrim. 170 (1982) 106; *Groß/Geerds* I 566; *Kriston* ArchKrim. 173 (1984) 109.

[17] *Dahs* Hdb. 538 und BKA Vortragsreihe 20.

[18] *Krause* Jura **1982** 227.

[19] *KK-Pelchen* 1; *Alsberg/Nüse/Meyer* 221; *Dähn* JZ **1978** 641.

[20] *Dahs* BKA Vortragsreihe 20; *Foth* 27; *Frei-Sulzer* 31; *Gemmer* 12; *Krost* Kriminalistik **1986** 128; *Lange* 30; *Meier* Kriminalistik **1982** 631.

[21] *Magulski* Kriminalistik **1976** 664.

[22] *Dahs* BKA Vortragsreihe 20; *Foth* 27; *Hallenberger* Kriminalistik **1982** 625; *Lange* 41.

[23] *Lange* 58; *Peters*[4] 413.

[24] BGH, U. v. 14. 5. 74 – 3 StR 113/75 –; *Dahs* Hdb. 538 und BKA Vortragsreihe 21; *Händel* DNP **1976** 202.

Hans Dahs

chungsmaterials unter Auswertung der dazu erhobenen Einzelbeweise würdigen. Die Bedeutung des kriminaltechnischen Sachbeweises im Strafprozeß wird mit Sicherheit weiter wachsen und — mit Recht — eine Vormachtstellung erreichen.

16   **7. Problematik des Sachverständigenbeweises.** Nicht selten wird der Beweis durch Sachverständige als problematisch bezeichnet. Damit wird nicht oder nicht in erster Hinsicht auf die Qualität der von den Strafverfolgungsbehörden oder Gerichten herangezogenen Sachverständigen angespielt. Es gibt schlechte Sachverständige, so wie es unzuverlässige Zeugen gibt. Jedoch lassen sich Sachverständigengutachten regelmäßig leichter überprüfen als Zeugenaussagen. Problematisch ist der Sachverständigenbeweis aus anderen Gründen. Einmal hat sich der Abstand zwischen dem Allgemeinwissen und dem Erfahrungsgut der Wissenschaft in den letzten 100 Jahren so erweitert, daß der Richter in immer größerem Umfang gezwungen ist, Sachverständige heranzuziehen. Das gilt insbesondere für technische Vorgänge und den kriminaltechnischen Sachbeweis (Rdn. 11 ff). Dagegen erscheint die Gefahr, daß die Gerichte aus übertriebenem Respekt vor der modernen Medizin und Psychologie und in mangelndem Vertrauen auf die eigene Urteilskraft dazu neigen, sich die nötige Sachkenntnis sogar bei der Beurteilung von Zeugenaussagen abzusprechen, die ihre ureigenste Aufgabe ist[25], nicht (mehr) aktuell. Das „Vertrauen des Richters auf sein eigenes selbständiges Urteil" (BGHSt 3 28) ist wieder gewachsen[26] und wird von der revisionsgerichtlichen Rechtsprechung gestützt[27]. Gleichwohl bleiben Gutachten eine erhebliche Fehlerquelle für Strafurteile, wozu Verständigungsschwierigkeiten, insbesondere im Verhältnis zwischen Gericht und medizinischem Sachverständigen[28], in beträchtlichem Umfang beitragen.

17   Daß die Entwicklung des Sachverständigenbeweises sich als eine schrittweise **Entmachtung des Richters** erweist[29], ist nur bedingt richtig. Heute wird aber allgemein erkannt, daß es für das Strafverfahren keine größere Gefahr gibt als die Beschränkung der Befugnisse derjenigen, die es aufgrund rechtsstaatlich ausgeformter Vorschriften zu gestalten haben, zugunsten von Sachkundigen, deren naturwissenschaftliche Denkungsart nicht wie die des Richters auf die Beachtung von Menschenwürde und Rechtsstaatlichkeit ausgerichtet ist. Für manche Psychiater und Psychologen ist der Beschuldigte beispielsweise keineswegs das selbstverantwortlich handelnde Prozeßsubjekt, als das er nach der Strafprozeßordnung anzusehen und zu behandeln ist. Das rücksichtslose Eindringen in seine Intimsphäre, seine Herabwürdigung zum bloßen Untersuchungsobjekt ist für medizinische Sachverständige nicht selten eine Selbstverständlichkeit. Die „Exploration" nicht nur des Beschuldigten, sondern auch seiner Angehörigen sowie des auf seine Glaubwürdigkeit zu untersuchenden Zeugen geht über alles hinaus, was die Strafprozeßordnung Beschuldigten und Zeugen (Freiheitsentzug außer Betracht gelassen) sonst zumutet. Daß sie nur mit ihrem Einverständnis geschehen darf, bedeutet nicht viel, wenn man die Gründe für ihre Bereitwilligkeit näher untersucht.

18   Es ist schwierig, solche **bedenklichen Entwicklungen** unter Kontrolle zu halten. Die Richter müssen es zwar hinnehmen, daß sie die Gutachten mancher Sachverständigen, insbesondere der Techniker, kaum überprüft zur Urteilsgrundlage machen müssen; von komplizierten technischen Dingen verstehen die meisten Juristen eben nichts

---

[25] Vgl. *Spendel* JuS **1964** 469.
[26] Anders LR-*Meyer*[23] Vor § 72, 10.
[27] Vgl. beispielhaft BGH NJW **1961** 1636; BGH bei *Spiegel* MDR **1980** 209; BGHSt **23** 12; *Dahs/Dahs*[4] 275 ff.
[28] Vgl. *Arbab-Zadeh* NJW **1970** 1214.
[29] *Krauß* ZStW **85** (1973) 334.

oder zu wenig. Sie dürfen aber nicht aus Bequemlichkeit und Gleichgültigkeit dem medizinischen Sachverständigen in weitem Umfang das Feld überlassen. Der Psychiater, der die Schuldfähigkeit des Angeklagten beurteilen soll, bedarf genauer Weisung, von welchem Schuldvorwurf er auszugehen hat, und strenger Leitung seiner Tätigkeit (§ 78), damit seine Untersuchungen strikt an dem vorgegebenen rechtlich relevanten Ziel orientiert bleiben. Es darf auch nicht vorkommen, daß der Sachverständige die „Schuldfähigkeit im medizinischen Sinne" bejaht oder verneint, wobei die Unfähigkeit vieler, auch namhafter Mediziner, die rechtlichen Voraussetzungen der Schuldfähigkeit zu begreifen, immer wieder erstaunt.

Die Problematik des Sachverständigenbeweises ist ein **Problem der Strafrichter,** **19** nicht der Sachverständigen. Für die Richter gilt es, Tendenzen zu ihrer Entmachtung entgegenzuwirken. Daß der Sachverständige nicht auf die Richterbank gehört (vgl. *Eb. Schmidt* JZ **1961** 595), ist nicht das Problem. Es geht vielmehr um die Frage, wie der Richter gegenüber dem Sachverständigen der eigentliche Herr des Verfahrens bleiben kann. Dazu ist die Beschränkung des Sachverständigenbeweises auf die Fälle erforderlich, in denen er unentbehrlich ist. Wichtiger ist, daß die Strafrichter ihre gesetzliche Pflicht aktivieren, die Tätigkeit der Sachverständigen zu leiten und zu überwachen (§ 78) und deren Gutachten nachzuprüfen, soweit das möglich ist. Dazu ist ein gewisses Maß an Kenntnissen über das Sachgebiet, auf dem der Sachverständige tätig werden soll, wie auch die Überwindung der Neigung erforderlich, den Sachverständigen sich selbst zu überlassen.

§ 72

Auf Sachverständige ist der sechste Abschnitt über Zeugen entsprechend anzuwenden, soweit nicht in den nachfolgenden Paragraphen abweichende Vorschriften getroffen sind.

I. Allgemeines

Die Verweisung des § 72 auf die Zeugenvorschriften darf nicht dahin mißverstan- **1** den werden, daß alles Wesentliche über den Sachverständigenbeweis in diesen Vorschriften geregelt ist und die §§ 73 ff nur einige zusätzliche Gesichtspunkte enthalten. In Wahrheit sind die §§ 73 ff die wesentlichen Bestimmungen über den Sachverständigenbeweis, und die entsprechend anwendbaren Zeugenvorschriften ergänzen sie nur.

Entsprechend **anwendbar** sind nach § 72 nur die Zeugenvorschriften des sechsten **2** Abschnitts (§§ 48 ff). Die in der Strafprozeßordnung an anderer Stelle stehenden Bestimmungen über Zeugen (§ 243 Abs. 2, § 247) gelten nicht[1]. Auch die §§ 48 ff sind wegen der wesentlichen Unterschiede zwischen Zeugen- und Sachverständigenbeweis nicht sämtlich auf die Sachverständigen anwendbar, sondern nur, soweit die §§ 73 ff nichts anderes bestimmen.

---

[1] *Eb. Schmidt* 5; *Kleinknecht/Meyer*[37] 1; **a. A**
für § 247 KK-*Pelchen* 1; KMR-*Paulus* 1.

II. Anwendbare Vorschriften

3　　1. § 48 ist anwendbar. Der Sachverständige ist unter Hinweis auf die gesetzlichen Folgen des Ausbleibens zu laden, die bei ihm aber weniger streng sind als beim Zeugen (§ 77, 1). Eine besondere Form der Ladung ist nicht vorgeschrieben (§ 48, 2).

4　　2. § 49 hat keine praktische Bedeutung. Niemand wird den Bundespräsidenten zum Sachverständigen bestellen.

5　　3. § 50 ist anwendbar. Es empfiehlt sich aber nicht, Mitglieder oberster Staatsorgane als Sachverständige zu wählen.

6　　4. § 51 Abs. 1 ist für den Sachverständigen nicht entsprechend anzuwenden. Im Falle seines unentschuldigten Ausbleibens gilt § 77, der anders als § 51 Abs. 1 weder eine ersatzweise Ordnungshaft noch die zwangsweise Vorführung zuläßt. § 51 Abs. 2 und 3 gilt sinngemäß (§ 77, 1).

7　　5. §§ 52 bis 53 a sind nach § 76 Abs. 1 auch bei dem Sachverständigen anwendbar (§ 76, 1). Dementsprechend ist auch § 252 bei einem Sachverständigen anwendbar, der nach Erstattung seines Gutachtens von seinem Weigerungsrecht nach § 76 Gebrauch macht[2].

8　　6. § 54 ist nicht anwendbar. Für Sachverständige gilt die ähnliche Vorschrift des § 76 Abs. 2 (Näheres bei § 76, 7).

9　　7. § 55 ist entsprechend anwendbar. Das folgt nicht schon aus § 76 Abs. 1 Satz 1[3]; denn § 55 berechtigt nicht zur Zeugnisverweigerung, sondern nur zur Verweigerung der Auskunft auf einzelne Fragen (§ 76, 1).

10　　8. § 56 gilt für den Sachverständigen entsprechend. Auch er muß die Tatsachen, auf die er die Verweigerung des Gutachtens stützt, auf Verlangen glaubhaft machen, wobei seine eidliche Versicherung genügt (§ 76, 1).

11　　9. § 57 ist entsprechend anwendbar[4]. Allerdings werden Ermahnungen, Belehrungen und Hinweise gegenüber Sachverständigen, die häufig vor Gericht auftreten, regelmäßig überflüssig sein. In solchen Fällen kann die in § 57 Satz 1 vorgeschriebene Belehrung eine zwecklose Förmlichkeit sein[5]. Da § 57 ohnehin nur eine Ordnungsvorschrift ist[6], bleibt es ohne Rechtsfolgen, wenn der Richter in geeigneten Fällen von ihrer Einhaltung absieht. Wenn der Sachverständige nach § 79 vereidigt werden soll, ist § 57 Satz 2 entsprechend anzuwenden. Da die Nichtvereidigung die Regel ist (§ 79, 2), muß die in § 57 Satz 2 vorgeschriebene Belehrung aber nicht schon vor der Vernehmung, sondern erst vor der Vereidigung des Sachverständigen erteilt werden.

12　　10. § 58 ist, soweit Abwesenheit vorgeschrieben ist, nicht entsprechend anwendbar; insoweit ist § 80 die Sondervorschrift[7]. Der Sachverständige kann sein Gutachten

---

2 *Alsberg/Nüse/Meyer* 467.
3 Anders KK-*Pelchen* 3; *Eb. Schmidt* § 76, 2.
4 BGH VRS **22** 147; RGSt **56** 66; KK-*Pelchen* 3; KMR-*Paulus* 2.
5 RGSt **56** 66.

6 BGH VRS **22** 147; **36** 23; weitere Nachweise bei § 57, 9.
7 KK-*Pelchen* 2; *Kleinknecht/Meyer*37 1; KMR-*Paulus* 3; *Eb. Schmidt* 3; Näheres bei § 80, 9.

in Anwesenheit der später zu vernehmenden Sachverständigen abgeben; meist wird das sogar zweckmäßig sein[8]. Wird der Sachverständige auch als Zeuge vernommen, bestimmt der Vorsitzende, an welchen Teilen der Hauptverhandlung er teilnimmt[9]. Gegenüberstellungen (§ 58 Abs. 2) sind auch mit dem Sachverständigen in jeder Lage des Verfahrens zulässig[10]. Daß Sachverständige, wie Zeugen, nur einzeln vernommen werden können (§ 58 Abs. 1), versteht sich von selbst. Nicht erforderlich ist andererseits die ununterbrochene Anwesenheit des Sachverständigen in der Hauptverhandlung[11].

11. § 59 ist anwendbar, soweit er Zeitpunkt und Art der Vereidigung bestimmt **13** (§ 79, 7 ff). Ob der Sachverständige zu vereidigen ist, richtet sich nach § 79.

12. §§ 60 bis 62 sind entsprechend anwendbar (§ 79, 6), ausgenommen § 61 Nr. 5, **14** der durch die besondere Regelung des § 79 Abs. 1 ersetzt wird. § 60 Nr. 1 und § 61 Nr. 1 haben keine Bedeutung, weil Jugendliche nicht zu Sachverständigen bestellt zu werden pflegen.

13. § 63 ist anwendbar (§ 79, 6), kommt aber, da Angehörige des Beschuldigten **15** regelmäßig nicht zu Sachverständigen ernannt werden, praktisch nicht in Betracht.

14. § 64 ist nicht anwendbar. Beim Sachverständigen ist es die Regel, daß die Vereidigung unterbleibt (§ 79, 2); das braucht nicht begründet zu werden. Nach § 273 Abs. 1 **16** ist nur die Vorabentscheidung des Vorsitzenden oder die Entscheidung des Gerichts (§ 79, 4) und gegebenenfalls die Tatsache der Eidesleistung nach § 66 c oder der Bekräftigung nach § 66 d in die Sitzungsniederschrift aufzunehmen.

15. §§ 65 bis 66 d sind entsprechend anwendbar (§ 79, 7 ff). **17**

16. § 66 e kommt nicht in Betracht, weil niemand einen Stummen zum Sachver- **18** ständigen bestellen wird.

17. § 67 gilt entsprechend (§ 79, 9). **19**

18. §§ 68, 68 a gelten entsprechend[12]. **20**

19. § 69 ist anwendbar[13]. Ein früher erstattetes schriftliches Gutachten kann aber **21** ebenso behandelt werden wie frühere Vernehmungsprotokolle bei der Vernehmung eines Zeugen[14]. § 69 Abs. 3, der die entsprechende Anwendung des § 136 a bestimmt, gilt auch für Sachverständige (§ 136 a, 8).

20. § 70 gilt für Sachverständige nur teilweise. Die Absätze 1 und 2 werden durch **22** § 77 Abs. 1 Satz 1 ersetzt. Die Absätze 3 und 4 finden auf die Gutachten- und Eidesverweigerung des Sachverständigen entsprechende Anwendung (§ 77, 1).

21. § 71 wird für den Sachverständigen durch den gleichlautenden § 84 ersetzt. **23**

---

[8] RGSt **2** 158; **52** 161.
[9] RGSt **22** 434; KK-*Pelchen* 2; KMR-*Paulus* 3.
[10] *Eb. Schmidt* 3.
[11] BGH bei *Spiegel* DAR **1983** 205.

[12] *Jessnitzer* 171; a. A für § 68: *Eb. Schmidt* § 68, 4.
[13] *Jessnitzer* 171; a. A *Eb. Schmidt* 4.
[14] BGH GA **1964** 275; KK-*Pelchen* 3; KMR-*Paulus* 2.

§ 73

(1) [1]Die Auswahl der zuzuziehenden Sachverständigen und die Bestimmung ihrer Anzahl erfolgt durch den Richter. [2]Er soll mit diesen eine Absprache treffen, innerhalb welcher Frist die Gutachten erstattet werden können.

(2) Sind für gewisse Arten von Gutachten Sachverständige öffentlich bestellt, so sollen andere Personen nur dann gewählt werden, wenn besondere Umstände es fordern.

Schrifttum. *Barton* Sachverständiger und Verteidiger, StrVert. **1983** 73; *Bauer/Thoss* Die Schuldfähigkeit des Straftäters als interdisziplinäres Problem, NJW **1983** 305; *Blau* Der Strafrichter und der psychologische Sachverständige, ZStW **78** (1966) 153; *Blau* Zur Zulässigkeit und Zweckmäßigkeit psychologischer Glaubwürdigkeitsgutachten in Jugendschutzsachen, GA **1959** 293; *Blau/Müller-Luckmann* Gerichtliche Psychologie (1963); *Bockelmann* Strafrichter und psychologischer Sachverständiger, GA **1955** 321; *Bohne* Fachpsychologen als Gerichtsgutachter, SJZ **1949** 9; *Bresser* Der Psychologe und § 51 StGB, NJW **1958** 248; *Dippel* Die Stellung des Sachverständigen im Strafprozeß (1986); *Geller* Nochmals: Psychologische Gutachten in Sittlichkeitsprozessen, NJW **1966** 1851; *Gollwitzer* Behördengutachten in der Hauptverhandlung des Strafprozesses, FS Weißauer (1986) 23; *Hanack* Zum Problem der persönlichen Gutachterpflicht, insbesondere in Kliniken, NJW **1961** 2041; *Hülle* Zu den Strafverfahren wegen Sittlichkeitsverbrechen an Kindern, JZ **1955** 8; *Jessnitzer* Strafverteidiger und Sachverständiger, StrVert. **1982** 177; *Karpinski* Der Sachverständige im Strafprozeß, NJW **1968** 1173; *Kohlhaas* Die Glaubwürdigkeit der Kinderaussage und ihre Überprüfung durch Sachverständige, NJW **1951** 903; *Lürken* Auswahl und Leitung des Sachverständigen im Strafprozeß (§§ 73, 78 StPO), NJW **1968** 1161; *Maisch* Die psychologisch-psychiatrische Begutachtung von Zeugenaussagen, MSchrKrim. **1974** 267; *Maisch/Schorsch* Zur Problematik der Kompetenzabgrenzung von psychologischen und psychiatrischen Sachverständigen bei Schuldfähigkeitsfragen, StrVert. **1983** 32; *Marbe* Der Psychologe als Gerichtsgutachter im Straf- und Zivilprozeß (1926); *Rauch* Auswahl und Leitung des Sachverständigen im Strafprozeß, NJW **1968** 1173; *Redelberger* Psychologische Gutachten in Sittlichkeitsprozessen, NJW **1965** 1990; *Reusch* Wer ist psychiatrischer Sachverständiger? DRiZ **1955** 291; *Roesen* Der psychologische Sachverständige im Sittlichkeitsprozeß, NJW **1964** 442; *Sarstedt* Auswahl und Leitung des Sachverständigen im Strafprozeß (§§ 73, 78 StPO), NJW **1968** 177; *Täschner* Welcher Sachverständige ist für die Beurteilung des Geisteszustandes von Sexualdelinquenten zuständig? MSchrKrim. **1980** 108; *Undeutsch* Die Entwicklung der gerichtspsychologischen Gutachtertätigkeit (1954); *Undeutsch* Psychologische Gutachten in Sittlichkeitsprozessen, NJW **1966** 377; *Weigelin* Die Heranziehung von Fachpsychologen als Gerichtsgutachter, JR **1949** 84; *Wolff* Gutachterliche Kompetenz bei der Klärung der Schuldunfähigkeit oder: der Streit zwischen Psychiatrie und Psychologie, NStZ **1983** 537.

Entstehungsgeschichte. Durch Art. 1 Nr. 18 des 1. StVRG wurde dem Absatz 1 der Satz 2 angefügt.

Übersicht

I. Allgemeines

Die Vorschrift bestimmt nichts über die Notwendigkeit, einen Sachverständigen **1** zuzuziehen, sondern setzt sie voraus. Wann sie besteht, regelt das Gesetz, von den Sonderfällen der §§ 80 a, 81, 87, 91, 92 und § 73 JGG abgesehen, nicht in den §§ 72 ff; das ist vielmehr eine Frage der richterlichen Aufklärungspflicht nach § 244 Abs. 2 und des Beweisantragsrechts nach § 244 Abs. 3 und 4 (vgl. die Erläuterungen zu diesen Vorschriften). Für das Beweisantragsrecht ist § 73 Abs. 1 Satz 1 allerdings in zweifacher Hinsicht von Bedeutung. Da die Auswahl des Sachverständigen dem Richter obliegt, ist ein Beweisantrag nicht deshalb unzulässig, weil weder ein bestimmter Sachverständiger benannt, noch das Fachgebiet angegeben ist, dem der Sachverständige angehören soll (§ 244, 110)[1]. Zum anderen folgt aus § 73 Abs. 1 Satz 1, daß auch mit einem Beweisantrag nicht die Anhörung eines bestimmten Sachverständigen erzwungen werden kann; der Richter darf statt des benannten Sachverständigen einen anderen auswählen (§ 244, 110)[2]. Die Prozeßbeteiligten können die Vernehmung des von ihnen gewünschten Sachverständigen nur durch dessen unmittelbare Ladung, verbunden mit einem entsprechenden Beweisantrag, durchsetzen (§ 214 Abs. 3; §§ 220, 245).

II. Zuständigkeit zur Bestellung von Sachverständigen

1. Polizei und Staatsanwaltschaft sind berechtigt, im Ermittlungsverfahren einen **2** Sachverständigen ihrer Wahl hinzuzuziehen. § 73 Abs. 1 Satz 1 ist nicht so zu verstehen, daß sie dessen Auswahl beim Richter beantragen müssen. Die Vorschrift bezieht sich nur auf das gerichtliche Verfahren[3]. Der Staatsanwalt sollte aber dem Verteidiger Gelegenheit geben, vor der Auswahl des Sachverständigen Stellung zu nehmen, es sei denn, daß ein häufig wiederkehrender Sachverhalt, wie Blutalkoholgutachten, Gegenstand der Untersuchung oder daß eine Gefährdung des Untersuchungszwecks oder eine erhebliche Verzögerung des Verfahrens zu besorgen ist[4]. Findet das Gericht, bei dem die Sache anhängig wird, schon einen von der Polizei oder von der Staatsanwaltschaft ausgewählten Sachverständigen vor, so gibt ihm § 73 Abs. 1 Satz 1 das Recht, einen anderen zu bestellen, falls es nicht überhaupt die Vernehmung eines Sachverständigen für überflüssig hält. Die Ansicht, der Richter solle grundsätzlich nicht den von der Staatsanwaltschaft herbeigezogenen Sachverständigen hören[5], läuft darauf hinaus, daß nicht schon im vorbereitenden Verfahren der beste zur Verfügung stehende Sachverständige zuge-

---

[1] OLG Celle MDR **1969** 950; OLG Hamm MDR **1976** 338; OLG Celle NdsRpfl. **1982** 66; KK-*Pelchen* 3; *Alsberg/Nüse/Meyer* 52; *Dahs/Dahs*[4] 274; *Hanack* JZ **1970** 563.

[2] KK-*Pelchen* 3; KMR-*Paulus* 4; *Eb. Schmidt* 4; *Alsberg/Nüse/Meyer* 52; *Peters*[4] 368; *Roxin*[19] § 27 B II; a. A *Schulz* StrVert. **1983** 341.

[3] KK-*Pelchen* 1; *Kleinknecht/Meyer*[37] 1; KMR-*Paulus* 2; *Roxin*[19] § 27 B I; *Schlüchter* 526; *G. Schäfer*[4] § 22; *Karpinski* NJW **1968**

1173; *Lürken* NJW **1968** 1164; *Tröndle* JZ **1969** 375; a. A *Krauß* ZStW **85** (1973) 324; *Sarstedt* NJW **1968** 178; eingehend zur Auswahl *Dippel* 82 ff.

[4] Vgl. dazu *Lürken* NJW **1968** 1164; *Jessnitzer* JVBl. **1970** 28; Nr. 70 RiStBV.

[5] *Arndt* NJW **1962** 26; *Frenken* DRiZ **1957** 169 und DAR **1956** 291; *Lürken* NJW **1968** 1161; *Döhring* 271 ff.

zogen werden kann, weil es notwendig ist, ihn für das Hauptverfahren „aufzusparen". Was damit für die Rechtsstaatlichkeit des Verfahrens gewonnen sein soll, ist unklar[6]. Auf der anderen Seite ist es nicht selbstverständlich, daß der Sachverständige des Staatsanwalts auch der des Gerichts ist[7]. Der Richter muß von seinem Auswahlrecht Gebrauch machen.

3   **2. Richter.** Hat der Richter einzelne Untersuchungshandlungen im Ermittlungsverfahren vorzunehmen (§§ 162, 169), so darf er den Sachverständigen nur auswählen, wenn die Staatsanwaltschaft ihn ausdrücklich darum ersucht. Andernfalls muß er den Sachverständigen anhören, dessen Vernehmung die Staatsanwaltschaft beantragt hat[8]. Das folgt daraus, daß der Richter bei der Untersuchungshandlung nach § 162 Abs. 3 Fragen der Zweckmäßigkeit nicht zu prüfen hat (vgl. die Erläuterungen zu § 162).

4   Im **Eröffnungsverfahren** (§ 202) ist das Gericht zuständig, bei dem die Anklage erhoben worden ist, nach Eröffnung des Hauptverfahrens das erkennende Gericht. Eine Anhörung der Verfahrensbeteiligten ist nicht erforderlich; die Sachverständigen sind ihnen aber rechtzeitig namhaft zu machen (§ 74 Abs. 2 Satz 2; § 222 Abs. 1 Satz 1).

5   Die Auswahl eines Sachverständigen darf dem Richter aufgegeben werden, der nach § 223 um die Vernehmung **ersucht** wird. Die hiergegen von dem OLG Hamm[9] erhobenen Bedenken erscheinen unbegründet. Aus der Stellung des Sachverständigen als eines „Richtergehilfen" folgt nicht, daß die Auswahl nur bei dem Richter liegen darf, der über den Sachverhalt zu entscheiden hat, bei dessen Klärung der Sachverständige mitwirken soll. Der Begriff des Gehilfen, der ohnehin vermieden werden sollte (Vor § 72, 3), hängt nicht davon ab, daß seine Person von demjenigen bestimmt wird, dem er die Hilfe leistet. Der für die Sachentscheidung zuständige Richter kann es durchaus für zweckmäßig halten, die Auswahl einem anderen Richter zu übertragen, der sie im Einzelfall leichter treffen kann. Der Umstand, daß ein ersuchter Richter die bessere Kenntnis des örtlich für die Auswahl des Sachverständigen in Betracht kommenden Personenkreises hat, rechtfertigt die Übertragung ohne weiteres. Nicht zutreffend erscheint auch die Ansicht, praktisch komme die Übertragung des Auswahlrechts auf den ersuchten Richter nicht in Betracht, weil immer erst nach der Bestellung eines bestimmten Sachverständigen beurteilt werden könne, ob die Voraussetzungen des § 223 vorliegen (so *K. Müller* 99). Ob dem an einem bestimmten Ort wohnenden Sachverständigen das Erscheinen in der Hauptverhandlung wegen großer Entfernung nicht zugemutet werden kann (§ 223 Abs. 2), läßt sich mitunter auch beurteilen, wenn noch ungewiß ist, welcher der an diesem Ort vorhandenen Sachverständigen tätig werden soll.

6   **3. Sachverständige (Hilfskräfte).** Sachverständige brauchen bei der Vorbereitung des Gutachtens auf fremde Hilfe nicht zu verzichten. Für bestimmte Einzeluntersuchungen dürfen sie Hilfskräfte (medizinisch-technische Assistentinnen, Laboranten, Techniker) heranziehen[10]. Sie dürfen sich auch eines auf einem besonderen Gebiet erfahrenen Sachverständigen bedienen, um ihr eigenes Gutachten vorzubereiten. So darf der zum Sachverständigen bestellte Psychiater für bestimmte Teilfragen einen Psychologen zu-

---

[6] Vgl. *Jessnitzer* 108 ff; *Kohlhaas* NJW **1962** 1331; *Rudolph* Justiz **1969** 26; *Karpinski* NJW **1968** 1173.

[7] *Arndt* NJW **1962** 26; *Dahs* Hdb. 515; *Eb. Schmidt* JZ **1961** 585.

[8] KMR-*Paulus* 2; *Jessnitzer* 110 ff.

[9] JMBlNRW **1953** 117; ebenso *Dalcke/Fuhrmann/Schäfer* 2.

[10] KK-*Pelchen* 4; *Jessnitzer* 199; *K. Müller* 258; *Hanack* NJW **1961** 2044; *Friederichs* JZ **1974** 257; zu den Grenzen vgl. BSGE **8** 78; OLG Celle NJW **1964** 462.

ziehen, dessen Befunde er nach eigener Prüfung in sein Gutachten aufnimmt[11]. Das setzt aber stets voraus, daß der ernannte Sachverständige das Fachgebiet des hinzugezogenen Sachverständigen selbst beherrscht und daß seine eigene Beurteilung und seine eigene Verantwortung für den Inhalt des Gutachtens durch die Mitwirkung des anderen Sachverständigen nicht in Frage gestellt werden[12].

Eine sachkundige Person, die bei der Gutachtenerstattung mitwirkt, ist entweder **7** Sachverständiger oder dessen **Hilfskraft**; ein Drittes gibt es nicht[13]. Deshalb ist es mißverständlich, daß der Bundesgerichtshof in der Entscheidung BGHSt 22 272 in solchen Fällen von dem Verhältnis zwischen „Haupt-" und „Hilfssachverständigen" spricht. Sachverständige, auch Hilfssachverständige, darf der vom Gericht bestellte Sachverständige nicht ernennen[14]. Die anderen Sachverständigen, deren er sich zur Vorbereitung seines Gutachtens bedient, sind bloße Hilfskräfte.

Auch die Bildung einer **Sachverständigengruppe**, eines „Teams", ist dem Sachver- **8** ständigen nur gestattet, wenn er in der Lage ist, alle Einzelergebnisse seiner Mitarbeiter selbständig zu überprüfen und wenn er dafür auch die volle Verantwortung übernimmt[15]. Niemals darf er von sich aus weitere Sachverständige beauftragen, die auf einem Sachgebiet tätig sind, das er selbst nicht beherrscht[16]. Der Ansicht, bei einem erbbiologischen Gutachten dürfe der Sachverständige einen anderen Sachverständigen mit der Untersuchung der Kindesmutter und des Kindes beauftragen[17], ist ebenfalls nicht zuzustimmen; die Bestellung des anderen Sachverständigen ist nach §73 Abs. 1 Satz 1 Sache des Gerichts.

III. Auswahl des Sachverständigen (Absatz 1 Satz 1)

1. Fachgebiet des Sachverständigen
a) Allgemeines. Die Auswahl bezieht sich zunächst darauf, aus welchem Fach- **9** gebiet der Sachverständige herangezogen werden soll. Das ist manchmal nicht einfach zu entscheiden; eine gewisse Sachkunde des Richters ist unerläßlich. Ohne ein Mindestmaß an eigenem Wissen über die Grundlagen der anzuwendenden Wissenschaft oder Fachkunde wird die Auswahl des richtigen Sachverständigen immer ein Risiko bleiben[18]. Zuweilen sind sich allerdings selbst die Fachgelehrten nicht darüber einig, welches Fachgebiet für einzelne Gutachten zuständig ist[19]. Hat das Gericht hieran Zweifel, so darf es sie nicht dadurch zu überwinden versuchen, daß es einen „Auswahlgutachter" anhört. Vielmehr muß es einen Sachverständigen aus dem Fachgebiet bestellen, das ihm am ehesten geeignet erscheint, und gegebenenfalls einen weiteren Gutachter aus einer anderen Fachrichtung heranziehen[20]. Es müssen nicht etwa von vornherein Vertreter aller in Frage kommenden Fachrichtungen zugezogen werden[21]. Im einzelnen gilt für die am häufigsten erforderlichen Gutachten folgendes:

b) Blutalkoholbestimmung. Die Blutalkoholbestimmung ist ein chemisches Verfah- **10** ren, über das ein Chemiker oder ein auf dem Gebiet der einschlägigen Methoden (Widmark- oder ADH-Analyse, Gaschromatographie) erfahrener anderer Sachverständiger zu hören ist[22]. Die Rückrechnung des Blutalkoholgehalts zur Zeit der Blut-

---

[11] BGHSt **22** 273 = JR **1969** 426 mit Anm. Peters.
[12] *Rudolph* Justiz **1969** 31.
[13] *Friederichs* JZ **1974** 257.
[14] *Friederichs* NJW **1973** 2260; JZ **1974** 257.
[15] KK-*Pelchen* 4.
[16] *Jessnitzer* 75 ff.

[17] OLG Hamm NJW **1973** 1427 mit Anm. *Friederichs* NJW **1973** 2259; zust. KK-*Pelchen* 4.
[18] *Rudolph* Justiz **1969** 27; *Jessnitzer* 126 ff.
[19] Vgl. Hamm JMBlNRW **1964** 117.
[20] OLG Koblenz VRS **36** 18.
[21] *Rudolph* Justiz **1969** 27.
[22] *Hentrich* Blutalkohol **1961** 19.

Hans Dahs

probenentnahme auf die Tatzeit — soweit sie nach BGHSt **31** 42 überhaupt noch notwendig ist — ist oft eine einfache Rechenaufgabe, die erfahrene Richter ohne weiteres lösen können[23]. Wird trotzdem ein Sachverständiger für erforderlich gehalten, so kann jeder herangezogen werden, der auf diesem Spezialgebiet genügende Erfahrung hat, insbesondere auch ein Chemiker[24]. Wenn besondere Umstände (unabgeschlossene Resorption, Nachtrunk, zusätzliche Medikamentenbeeinflussung) vorliegen, darf jedoch nur ein in Fragen des Blutalkoholgehalts erfahrener medizinischer Sachverständiger hinzugezogen werden[25]. Das gleiche gilt, wenn der Blutalkoholgehalt ohne Blutprobe aufgrund der Angaben des Täters festgestellt werden soll[26] oder wenn der Blutalkoholgehalt in der Nähe der strafrechtlich relevanten Grenzwerte von 0,8 und 1,3 ‰ liegt[27].

11   **c) Glaubwürdigkeit von Zeugen-, insbesondere Kinderaussagen.** Im allgemeinen steht es im Ermessen des Gerichts, ob es einen Psychiater oder einen Psychologen heranzieht[28]. Ein Pädagoge ist ungeeignet[29]. Ein Psychiater muß gehört werden, wenn der Mangel an Glaubwürdigkeit wegen einer geistigen Erkrankung in Frage steht; in solchen Fällen sind Psychologen keine geeigneten Gutachter[30].

12   **d) Notwendigkeit von Maßregeln der Besserung und Sicherung (§§ 63 ff StGB).** Das Fachgebiet, dem der nach §§ 80 a, 246 a, 414 Abs. 3, § 415 Abs. 5 anzuhörende Sachverständige angehören muß, ist gesetzlich nicht bestimmt. Nach der Neufassung des § 246 a Satz 1 muß der Sachverständige nicht mehr unbedingt ein Arzt sein. Soweit die Unterbringung des Beschuldigten in einem psychiatrischen Krankenhaus, einer Entziehungsanstalt oder in der Sicherungsverwahrung in Betracht kommt, wird aber regelmäßig ein Psychiater zugezogen werden müssen[31].

13   **e) Schuldfähigkeit des Angeklagten.** Die Frage der Schuldfähigkeit ist in ihrem Kern eine Rechtsfrage. Ihre biologischen Voraussetzungen können nur durch die Anhörung eines Psychiaters oder Neurologen, nicht durch die eines Psychologen, Psychoanalytikers oder Tiefenpsychologen geklärt werden. Das kann keinem Zweifel unterliegen, soweit es sich um Krankheitszustände handelt. Sie festzustellen und zu beurteilen, ist allein Sache eines Arztes. Die in der Wissenschaft umstrittene Frage, ob statt eines Psychiaters ein Psychologe gehört werden darf, kann sich nur stellen, wenn es um die Beurteilung der nach §§ 20, 21 StGB bedeutsamen nicht krankhaften seelischen Anomalien (Psychopathie, Neurose, Triebstörung, Hypnose, Übermüdung, Affektsturm u. dgl.) geht. Aber auch in solchen Fällen ist der Psychologe nur nach oder neben dem Psychia-

---

[23] BGH VRS **21** 55; OLG Koblenz Blutalkohol **1973** 280; *Jessnitzer* 118.

[24] OLG Hamm VRS **36** 290, 434; KK-*Pelchen* 5; KMR-*Paulus* 8; *Jessnitzer* 128; **a. A** *Hentrich* Blutalkohol **1961** 20; *Martin* Blutalkohol **1970** 95, die nur die Sachkunde eines Arztes genügen lassen wollen.

[25] BGH VRS **34** 211; **21** 54; **29** 185; BGH Blutalkohol **1974** 136; OLG Koblenz VRS **55** 130; OLG Frankfurt NJW **1961** 283; OLG Hamm VRS **39** 429; **41** 274; KK-*Pelchen* 5; KMR-*Paulus* 8; *Jessnitzer* 118 und Blutalkohol **1978** 315.

[26] BGH bei *Martin* DAR **1971** 116.

[27] *Jessnitzer* 118.

[28] BGHSt **7** 85; **23** 12; BGH NJW **1961** 1636; KK-*Pelchen* 5; KMR-*Paulus* 8; vgl. auch *Geller* NJW **1966** 1851; *Redelberger* NJW **1965** 1990; *Jessnitzer* 119; *Roesen* NJW **1964** 442; dem Psychologen geben BGH bei *Holtz* MDR **1980** 274 (18jähriges Mädchen); BGH bei *Spiegel* DAR **1980** 209; *Bohne* SJZ **1949** 9 und *Kohlhaas* NJW **1951** 904 den Vorzug.

[29] BGHSt **2** 166; **7** 85; eingehend *Dippel* 30 ff.; s. a. § 244, 84; 88.

[30] BGHSt **23** 12 = JR **1970** 151 mit Anm. *Peters*; *Kleinknecht/Meyer*[37] 7; KK-*Pelchen* 5; *Jessnitzer* 127; *Geller* NJW **1966** 1851; *Hülle* JZ **1955** 11; vgl. auch OLG Karlsruhe MDR **1972** 800.

[31] *Wulf* JZ **1970** 160.

ter zuständig[32]. Das gilt auch, wenn die Schuldunfähigkeit infolge Alkoholgenusses in Betracht kommt[33]. Nach Ansicht des Bundesgerichtshofs steht es im Ermessen des Tatrichters, ob er einen Psychiater oder einen Psychologen anhört[34]. Zu der Frage, ob die Einsichtsfähigkeit des Angeklagten durch Alkohol-Medikament-Synergismus beeinträchtigt war, kann ein Pharmakologe gehört werden[35].

Der Sachverständige muß nicht unbedingt **Facharzt** für Psychiatrie oder Neurolo- **14** gie sein. Auch Gefängnis- und Gerichtsärzte mit besonderer Erfahrung auf dem Gebiet krankhafter psychischer Zustände können geeignete Sachverständige sein[36]. Das gilt auch für die in Bayern bestellten Landgerichtsärzte[37].

Bei **Hirngeschädigten** muß ein medizinischer Sachverständiger mit besonderen **15** Kenntnissen und Erfahrungen auf dem Gebiet der Hirnverletzungen herangezogen werden[38]. Nach der Entscheidung BGHSt 23 193 soll es erforderlich sein, in besonderen Fällen einen Sachverständigen für Sexualpathologie zuzuziehen. Diese Entscheidung, die in einem aus dem Rahmen sonstiger Kriminalfälle völlig herausragenden Ausnahmefall ergangen ist, darf nicht ohne weiteres verallgemeinert werden. In der Regel werden Sexualforscher zur Klärung der Schuldfähigkeit des Beschuldigten nichts beitragen können, jedoch wird es sich in besonders gelagerten Fällen häufig empfehlen, ihr spezielles Fachwissen zu nutzen.

f) Verantwortlichkeit Jugendlicher (§ 3 JGG) und Entwicklungsreife Heranwach- 16 sender (§ 105 JGG). Nach § 43 Abs. 3 Satz 2 JGG soll ein zur kriminalbiologischen Untersuchung von Jugendlichen befähigter Sachverständiger mit der Durchführung der Untersuchung beauftragt werden. Hier kommen neben Psychiatern auch geeignete Psychologen als Sachverständige in Betracht[39].

2. Person des Sachverständigen. Der Richter bestimmt auch die Person des Sach- **17** verständigen. Darüber enthält § 73 Abs. 2 die Richtlinie, daß in erster Hinsicht öffentlich bestellte Sachverständige ausgewählt werden sollen. Solche Sachverständige bieten eine besondere Gewähr für Zuverlässigkeit und fachliche Tüchtigkeit[40]. Der Richter muß sie aber nur wählen, wenn nicht besondere Umstände die Heranziehung anderer Personen erfordern. Ob das der Fall ist, beurteilt er nach seinem pflichtgemäßen Ermessen, das einer Nachprüfung durch das Revisionsgericht entzogen ist[41].

Der Richter hat bei der **Auswahl** darauf zu achten, daß der Sachverständige fach- **18** lich und persönlich geeignet ist, daß die von ihm vertretene Lehre und die von ihm ange-

[32] OLG Hamm JMBlNRW **1964** 117; OLG Karlsruhe MDR **1972** 800; Justiz **1974** 94; KK-*Pelchen* 5; KMR-*Paulus* 7; *Undeutsch* FS Lange 711; *Jessnitzer* 127; *Bresser* NJW **1958** 248; **1959** 2316; *Blau* ZStW **78** (1966) 175; krit. *Maisch/Schorsch* StrVert. **1983** 32; zur interdisziplinären Zusammenarbeit vgl. *Bauer/Thoss* NJW **1983** 305; *Wolff* NStZ **1983** 537.

[33] OLG Hamm JMBlNRW **1964** 117.

[34] BGH NJW **1959** 2315 mit Anm. *Bresser*; ebenso *Schorn* GA **1965** 306.

[35] OLG Koblenz VRS **36** 19.

[36] BGH VRS **34** 345; KK-*Pelchen* 5; KMR-*Paulus* 7; Bedenken äußert *Reusch* DRiZ **1955** 291.

[37] BGHSt **23** 311 = JR **1971** 116 mit Anm. *Peters.*

[38] BGH NJW **1952** 633; **1969** 1578; BGH VRS **16** 188; **37** 430, 437; BGH bei *Pfeiffer/Maul/Schulte* § 51 StGB a. F, 13; OLG Köln VRS **6** 49; **32** 217; *Jessnitzer* 128; *von Winterfeld* NJW **1951** 783.

[39] *Brunner* § 43 15; *Jessnitzer* 127; *Focken/Pfeiffer* DRiZ **1980** 20; *Blau* ZStW **78** (1966) 179; a. A *Helbig* NJW **1957** 1665, der Psychiater für geeigneter hält.

[40] *Jessnitzer* 127; *K. Müller* 96.

[41] RGSt **5** 85.

wendeten Methoden in Fachkreisen allgemein anerkannt sind (Außenseiter anzuhören, führt nur im Ausnahmefall zu durchschlagenden Erkenntnissen) und daß mit der Erstattung des Gutachtens in angemessener Zeit zu rechnen ist. Auch der beste Sachverständige ist für Zwecke des Strafverfahrens, vor allem, wenn es sich um eine Haftsache handelt, ganz unbrauchbar, wenn er mit Arbeit so überlastet ist, daß er das Gutachten in absehbarer Zeit nicht zustande bringt. Ist der Beschuldigte ein Ausländer, so muß der Richter keinen Sachverständigen wählen, der dem Kulturkreis des Beschuldigten angehört und dessen Sprache beherrscht[42]. Der Richter hat bei der Auswahl des Sachverständigen darauf Bedacht zu nehmen, daß kein Ablehnungsgrund nach § 74 besteht. Einen Sachverständigen zu bestellen, der offen erklärt hat, daß er die Grundlagen der heutigen Strafrechtspflege, insbesondere Begriffe wie Schuld, Verantwortlichkeit und Strafe, für unwissenschaftlichen Humbug halte, wird sich nicht empfehlen[43]. Insbesondere sollten Sachverständige, bei denen zwingende Ablehnungsgründe (§ 74, 4 ff) vorliegen, nicht herangezogen werden. Daß der Nebenkläger als Sachverständiger gehört werden darf[44], muß für den Richter kein Grund sein, ihn zu bestellen. Für die Leichenöffnung schließt § 87 Abs. 2 Satz 3 den Arzt aus, der den Verstorbenen wegen der dem Tod vorausgegangenen Krankheit behandelt hat.

19   Der Richter kann auch eine **Fachbehörde** zum Gutachter bestellen (§ 83 Abs. 3)[45]. Dann wird der Sachverständige nicht namentlich bezeichnet. Das ist aber die einzige zulässige Ausnahme von dem Grundsatz, daß der Richter die Person des Sachverständigen selbst auswählt. Er darf die Befugnis zur Auswahl des Sachverständigen nicht auf Privatpersonen übertragen[46]. Eine private Klinik oder ein Institut darf daher nicht mit der Gutachtertätigkeit beauftragt werden. Es darf nicht dem Klinik- oder Institutsleiter überlassen werden, das Gutachten selbst zu erstatten oder einen Mitarbeiter damit zu beauftragen[47]. In derartigen Fällen muß sich der Richter mit dem Leiter der Klinik oder des Instituts in Verbindung setzen und sich einen geeigneten Sachverständigen benennen lassen. Ähnliches gilt für den Fall, daß der Gutachterauftrag einem von zwei Ärzten erteilt werden soll, die ihre Aufgaben geteilt haben; auch hier darf es nicht den Ärzten überlassen bleiben, wer von ihnen als Gutachter tätig wird[48].

20   Ist dem Richter kein geeigneter Sachverständiger bekannt, so kann er die **Berufsorganisation oder Behörde,** in deren Geschäftsbereich die zu begutachtende Frage fällt, um Vorschläge ersuchen[49]. Er kann sich auch des Verzeichnisses bewährter Sachverständiger bedienen, das bei den Staatsanwaltschaften für die wichtigsten Gebiete geführt wird. Auch die Richtlinien für das Straf- und Bußgeldverfahren enthalten Hinweise über die Zuziehung geeigneter Sachverständiger.

IV. Anzahl der Sachverständigen

21   Das Gericht wird sich regelmäßig mit einem einzigen Sachverständigen begnügen, selbst wenn schon mehrere mit der Sache befaßt waren. So braucht von den zwei

---

[42] BGH bei *Dallinger* MDR **1973** 16; KK-*Pelchen* 6.
[43] *Eb. Schmidt* Nachtr. I § 78, 2; vgl. auch *Rudolph* Justiz **1969** 27.
[44] RG JW **1922** 1392 mit Anm. *Oetker*, RG HRR **1939** 358.
[45] Dazu *Gollwitzer* FS Weißauer (1986) 23.
[46] OLG München NJW **1968** 202 zu § 404 ZPO; KK-*Pelchen* 6; KMR-*Paulus* 10; *Bremer* 60 ff; *Jessnitzer* 121 ff; *Friederichs* NJW

1965 1101; DRiZ **1971** 312; NJW **1972** 1115; *Stern* NJW **1969** 2259; a. A BVerwG NJW **1969** 1591 mit abl. Anm. *Friederichs* NJW **1970** 1991; *Hanack* NJW **1961** 2041.
[47] KK-*Pelchen* 6; KMR-*Paulus* 10; *Jessnitzer* 121; vgl. auch BGHSt **22** 268.
[48] Vgl. *Dippel* 89 ff.; anders OLG Köln JMBlNRW **1962** 301.
[49] Vgl. *Jessnitzer* 129 ff.

Ärzten, die nach §87 Abs.2 Satz2 an der Leichenöffnung teilgenommen haben, nur einer zum Sachverständigen bestellt zu werden[50]. Wird ein Sachverständiger mit Erfolg abgelehnt oder erscheint sein Gutachten nicht ausreichend, so kann das Gericht nach §83 Abs.1 und 2 die Begutachtung durch einen anderen Sachverständigen anordnen. Diese Vorschrift schränkt aber die Befugnis des Richters, mehr als einen Sachverständigen zu bestellen, nicht ein[51]. Er kann von vornherein mehrere Sachverständige bestellen, etwa um in einer wissenschaftlich umstrittenen Frage Vertreter mehrerer Meinungen und Schulen oder um in einer schwierigen Gutachtenfrage mehrere Sachverständige verschiedener Fachrichtungen zu hören[52]. Wann das erforderlich ist, ist eine Frage der richterlichen Aufklärungspflicht (§244 Abs.2).

V. Absprache über die Frist zur Gutachtenerstattung (Absatz 1 Satz 2)

§73 Abs.1 Satz2 begründet die allgemeine **Verpflichtung des Richters**, vor der **22** Auswahl des Sachverständigen mit diesem eine Absprache über den Zeitpunkt der Erstattung des Gutachtens zu treffen. Auf diese Weise kann einmal geklärt werden, ob der Sachverständige überhaupt in der Lage ist, das Gutachten zu erstatten. Die Absprache mit dem Sachverständigen, die häufig fernmündlich erfolgen kann, soll weiter dazu dienen, das genaue Thema und den Umfang des zu erstattenden Gutachtens mit dem Sachverständigen zu erörtern. Ferner soll die Absprache den Richter in die Lage versetzen, dem Sachverständigen eine angemessene Frist zu setzen. Wegen fehlender Sachkunde wird der Richter allein in der Regel den Zeitbedarf des Sachverständigen für die Erstellung des Gutachtens nicht richtig einschätzen können. Außerdem kann er nicht frei über die Arbeitskraft des Sachverständigen verfügen. Zur Festsetzung einer angemessenen Frist ist daher die Rücksprache mit dem Sachverständigen erforderlich. Andererseits ist zu erwarten, daß die mit ihm vereinbarte Frist den Sachverständigen stärker bindet als ein von dem Richter allein festgelegter Termin zur Erstellung des Gutachtens.

§73 Abs.1 Satz2 ist eine **Sollvorschrift** in dem Sinne, daß der Richter nur bei **23** Vorliegen wichtiger Gründe von ihr abweichen darf, daß aber ihre Nichtbeachtung keine verfahrensrechtlichen Folgen hat[53]. In aller Regel wird kein Grund bestehen, die Absprache mit dem Sachverständigen zu unterlassen; denn sie dient der Beschleunigung des Verfahrens, also den Interessen des Angeklagten und nicht zuletzt auch denjenigen des Staates an einer zügigen Strafrechtspflege. Der Gesetzgeber mißt ihr eine so große Bedeutung bei, daß er in §77 Abs.2 die Festsetzung eines Ordnungsgeldes gegen den Sachverständigen vorsieht, der sich weigert, eine angemessene Frist abzusprechen.

Die **Absprache** sollte möglichst nicht in einem Schriftwechsel mit dem Sachver- **24** ständigen, sondern mündlich oder fernmündlich getroffen werden. Über den Inhalt der mündlichen oder fernmündlichen Absprache ist aber ein Aktenvermerk aufzunehmen. In der Regel wird es sich empfehlen, den Inhalt der Absprache in einem Schreiben an den Sachverständigen zu bestätigen. Auf diese Weise wird die Frist aktenkundig gemacht, innerhalb deren der Sachverständige versprochen hat, sein Gutachten zu erstellen. Das ist deshalb wichtig, weil gegen den Sachverständigen nach §77 Abs.2 ein Ordnungsgeld festgesetzt werden kann, wenn er auch nach Androhung unter Setzung einer Nachfrist die abgesprochene Frist versäumt (Näheres bei §77, 9).

---

[50] RG JW **1929** 113 mit Anm. *Oetker*.
[51] BayObLGSt **1955** 262 = NJW **1956** 1001.
[52] *Rudolph* Justiz **1969** 27.
[53] KK-*Pelchen* 7; KMR-*Paulus* 17.

Hans Dahs

VI. Öffentlich bestellte Sachverständige (Absatz 2)

25   Sie dürfen nicht mit den allgemein vereidigten Sachverständigen im Sinne des § 79 Abs. 3 verwechselt werden. Der öffentlich bestellte braucht nicht allgemein vereidigt, der allgemein vereidigte Sachverständige nicht öffentlich bestellt zu sein. Öffentlich bestellt können sowohl Einzelpersonen als auch Behörden sein. Hierfür gelten teils bundesrechtliche (z. B. § 36 Abs. 1 Satz 1 GewO, § 91 Abs. 1 Nr. 8 HandwO), teils landesrechtliche Regelungen. Öffentlich bestellt sind insbesondere die Gerichtsärzte[54]; auch sonst setzt die öffentliche Bestellung einen besonderen, auf diesen Zweck gerichteten Verwaltungsakt voraus[55].

26   Besondere Umstände, derentwegen **andere Personen** zu bestellen sind, können in der Verhinderung des öffentlich bestellten Sachverständigen oder darin liegen, daß es auf eine noch speziellere Sachkunde ankommt. Ein besonderer Umstand liegt auch darin, daß die wenigen öffentlich bestellten Sachverständigen infolge Arbeitsüberlastung nicht imstande wären, alle erforderlichen Gutachten zu erstatten. Die öffentliche Bestellung ist ein Anzeichen dafür, daß der Sachverständige persönlich und fachlich geeignet ist, enthebt den Richter aber nicht der Pflicht, das selbständig zu prüfen[56].

VII. Anfechtung

27   Eine auf die Auswahl des Sachverständigen beschränkte Beschwerde gegen den Beschluß über die Sachverständigenbestellung ist — in den Grenzen des § 305 — zulässig[57].

VIII. Revision

28   Die Frage zu beurteilen, ob der Sachverständige persönlich geeignet ist und die nötige Sachkunde besitzt, ist grundsätzlich Sache des Tatrichters. Mit der Revision kann die Ungeeignetheit des Sachverständigen nur gerügt werden, wenn sich Zweifel hieran aus dem Urteil ergeben. Die Revision kann dann, je nach den Umständen des Falles, die Aufklärungsrüge (§ 244 Abs. 2) erheben oder mit der Sachrüge geltend machen, daß die fehlende Sachkunde des Gutachters zu Feststellungen geführt hat, die gegen die Denkgesetze oder gegen allgemeine, insbesondere aber gegen wissenschaftliche Erfahrungssätze verstoßen[58].

§ 74

(1) [1]Ein Sachverständiger kann aus denselben Gründen, die zur Ablehnung eines Richters berechtigen, abgelehnt werden. [2]Ein Ablehnungsgrund kann jedoch nicht daraus entnommen werden, daß der Sachverständige als Zeuge vernommen worden ist.

(2) [1]Das Ablehnungsrecht steht der Staatsanwaltschaft, dem Privatkläger und dem

---

[54] KK-*Pelchen* 8; *Kleinknecht/Meyer*[37] 16.

[55] *Kleinknecht/Meyer*[37] 8; *Eb. Schmidt* 6; *Jessnitzer* 38 ff.

[56] *K. Müller* 96.

[57] *Kleinknecht/Meyer*[37] 18; **a. A** KK-*Pelchen* 9; KMR-*Paulus* 25; *Jessnitzer* 131; auch OLG

Celle MDR **1966** 949; OLG Hamburg MDR **1972** 1048 für den Bereich des § 81.

[58] BGHSt **7** 82; BGH StrVert. **1981** 602; KK-*Pelchen* 9; KMR-*Paulus* 17; *Dahs/Dahs*[4] 225; *Sarstedt/Hamm* 267.

Beschuldigten zu. [2]Die ernannten Sachverständigen sind den zur Ablehnung Berechtigten namhaft zu machen, wenn nicht besondere Umstände entgegenstehen.

(3) Der Ablehnungsgrund ist glaubhaft zu machen; der Eid ist als Mittel der Glaubhaftmachung ausgeschlossen.

Schrifttum. *Ahlf* Zur Ablehnung des Vertreters von Behördengutachten durch den Beschuldigten im Strafverfahren, MDR **1978** 981; *Dästner* Zur Anwendbarkeit des §74 StPO auf Polizeibedienstete als Sachverständige, MDR **1979** 545; *Deitigsmann* Ablehnung polizeilicher Sachverständiger im Strafverfahren, Kriminalistik **1959** 190; *Gössel* Behörden und Behördenangehörige als Sachverständige vor Gericht, DRiZ **1980** 363; *Gollwitzer* Behördengutachten in der Hauptverhandlung des Strafprozesses, FS Weißauer (1986) 23; *Kohlhaas* Änderungen des Sachverständigenbeweises im Strafprozeß, NJW **1962** 1329; *Krause* „Absolute" Befangenheitsgründe beim Sachverständigen? FS Maurach 549; *Krüger* Ablehnungsprobleme bei Polizeibediensteten als Sachverständige, Die Polizei **1982** 133; *Kube* Polizeibedienstete als Zeugen und Sachverständige vor Gericht, DRiZ **1979** 38; *Kube/Leineweber* Polizeibeamte als Zeugen und Sachverständige, 2. Aufl. (1980); *Leineweber* Die Rechtsstellung der Polizeibediensteten als Sachverständige vor Gericht, MDR **1980** 7; *Leineweber* Polizeibedienstete als Sachverständige vor Gericht, Die Polizei **1979** 12; *Leineweber* Gerichtliche Gutachtenerstattung durch Sachverständige der Polizeibehörden, Die Polizei **1979** 299; *Pfanne* Zur Frage der Befangenheit der Sachverständigen der Kriminalämter, JR **1968** 378.

Übersicht

1. Allgemeines. Die Ablehnung des Sachverständigen richtet sich gegen die Zulässigkeit des Beweismittels und ist daher ein Antrag zur Beweisaufnahme[1]. Das Gesetz läßt die Ablehnung nicht deshalb zu, weil Sachverständige als „Richtergehilfen" ähnlich behandelt werden sollen wie Richter[2], sondern weil sie austauschbar sind. Da man den Sachverständigen regelmäßig durch einen anderen ersetzen kann, muß man ihn nicht **1**

---

[1] RGSt **58** 301; RG JW **1932** 3099 mit Anm. *Bohne*, OLG Oldenburg JZ **1960** 291 mit Anm. *Peters*; *Eb. Schmidt* 18; *Alsberg/Nüse/Meyer* 105.

[2] *Eb. Schmidt* 1; *Gössel* § 26 B IV; **a. A** *Beling* 301; *Lürken* NJW **1968** 1161; *Hellm. Mayer* FS Mezger 467; vgl. auch *Kleinknecht/Meyer*[37] 1.

Hans Dahs

als Beweismittel benutzen, wenn Zweifel an seiner Unparteilichkeit bestehen. So kann verhindert werden, daß ein durch Befangenheit belastetes Gutachten auf die Entscheidung des Gerichts übergreift[3]. Jedoch kann ein Sachverständiger wegen Besorgnis der Befangenheit auch abgelehnt werden, wenn er aus irgendwelchen Gründen nicht ersetzbar ist (vgl. dazu § 85, 6). Daher kann der Sachverständige abgelehnt werden, der einen inzwischen verstorbenen Zeugen untersucht, einen danach verschrotteten Kraftwagen begutachtet oder einen inzwischen bestatteten Leichnam obduziert hat. Abgelehnt werden kann der Sachverständige, der den nach § 81 untergebrachten Beschuldigten beobachtet hat, selbst dann, wenn die Beobachtung wegen Ablaufs der Sechswochenfrist nicht wiederholt werden kann. Sogar wenn einmal der Fall eintritt, daß ein Sachverständiger als einziger die erforderliche Sachkunde besitzt, wäre seine Ablehnung zulässig[4].

2   Wegen der grundsätzlichen Austauschbarkeit des Sachverständigen braucht § 74 **nicht engherzig** angewendet zu werden. Das bedeutet aber nicht, daß mißbräuchlichen oder querulatorischen Ablehnungsgesuchen stattzugeben und dadurch praktisch dem Angeklagten die Auswahl des Sachverständigen zu überlassen ist. Auch bei der Ablehnung von Sachverständigen gilt der Grundsatz des § 26 a Abs. 1 Nr. 3, daß Ablehnungsgesuche zu verwerfen sind, wenn mit ihnen offensichtlich das Verfahren nur verschleppt oder nur verfahrensfremde Zwecke verfolgt werden sollen. Sachverständige, deren Unparteilichkeit zweifelhaft ist, sollten von vornherein nicht ausgewählt, und offenbar voreingenommene Sachverständige sollten nach § 76 Abs. 1 Satz 2 auch dann entbunden werden, wenn niemand sie wegen Befangenheit ablehnt.

3   **2. Anwendungsbereich der Vorschrift.** Der Sachverständige kann wegen Befangenheit nicht nur abgelehnt werden, wenn er im förmlichen Beweisverfahren zugezogen wird, sondern auch, wenn er im Wege des Freibeweises, etwa zur Frage der Verhandlungsfähigkeit des Angeklagten, gehört wird. Denn das Gesetz enthält insoweit keine Einschränkungen. Es sieht die Ablehnung des Sachverständigen aber immer nur wegen Befangenheit vor. Mangel an Sachkunde ist kein Ablehnungsgrund[5], sondern berechtigt dazu, die Anhörung eines weiteren Sachverständigen zu verlangen (§ 244 Abs. 4 Satz 2 Halbsatz 2). Eine Selbstablehnung des Sachverständigen ist nicht zulässig; § 30 gilt nicht entsprechend[6]. Erklärt ein Sachverständiger gleichwohl seine Selbstablehnung, so bedarf das keiner ausdrücklichen Bescheidung, wird aber, wenn dadurch Befangenheitsgründe erkennbar werden, regelmäßig zur Ablösung des Sachverständigen nach § 76 Abs. 1 Satz 2 führen. Abgelehnt werden können nicht nur die vom Gericht bestellten, sondern auch die von einem Prozeßbeteiligten nach § 214 Abs. 3, § 220 Abs. 1 geladenen Sachverständigen[7]. Die von der Polizei oder der Staatsanwaltschaft herangezogenen Sachverständigen können erst abgelehnt werden, wenn sie ihr Gutachten vor Gericht erstatten sollen (Rdn. 20). Vorher sind nur Gegenvorstellungen zulässig, über die die Staatsanwaltschaft entscheidet. Ist der Gutachter eine Behörde, so kann sie nicht in ihrer Gesamtheit abgelehnt werden; das Ablehnungsgesuch kann sich aber gegen eines ihrer Mitglieder richten[8].

---

[3] Eb. Schmidt 3; *Hanack* JR **1966** 427.

[4] KK-*Pelchen* 1; KMR-*Paulus* 1; *Hanack* JR **1966** 427.

[5] KK-*Pelchen* 1; KMR-*Paulus* 11; *Eb. Schmidt* 2; *Jessnitzer* 136; *Lürken* NJW **1968** 1162.

[6] KK-*Pelchen* 1; *Kleinknecht/Meyer*[37] 2; KMR-*Paulus* 3; *Eb. Schmidt* 10; *Jessnitzer* 140.

[7] OLG Hamm VRS **26** 365; *K. Müller* 137.

[8] OLG Hamm GA **71** (1927) 116; KK-*Pelchen* 1; *Kleinknecht/Meyer*[37] 1; KMR-*Paulus* 2; *Dahs* Hdb. 182; *Dästner* MDR **1979** 545; *Gössel* DRiZ **1980** 375; *Jessnitzer* 134; *Schlüchter* 528 Fußn. 443; a. A *Ahlf* MDR **1978** 983; *Leineweber* MDR **1980** 9; *Gollwitzer* FS Weißauer (1986) 34.

3. Zwingende Befangenheitsgründe

a) Allgemeines. Von dem Ausnahmefall des §87 Abs.2 Satz4 abgesehen, be- **4** stimmt das Gesetz nicht, daß der Sachverständige, wie nach §§22, 23 der Richter, unter gewissen Voraussetzungen von der Mitwirkung ausgeschlossen ist. Diese unterschiedliche Regelung ist deshalb gerechtfertigt, weil zur Entscheidung immer nur der gesetzliche Richter berufen ist, der nicht für den Einzelfall ausgewählt werden kann, das Gericht in der Auswahl der Sachverständigen aber frei ist und wegen seiner Pflicht, den Sachverhalt vollständig aufzuklären (§244 Abs.2), von vornherein keine Sachverständigen bestellen wird, deren Unbefangenheit zweifelhaft erscheint. Die Gründe, aus denen ein Richter kraft Gesetzes ausgeschlossen ist, sind beim Sachverständigen nur Ablehnungsgründe. Ohne eine ausdrücklich erklärte Ablehnung darf er auch dann tätig werden, wenn er als Richter nicht mitwirken könnte[9]. Allerdings sind die Gründe, die den Ausschluß als Richter zur Folge hätten, beim Sachverständigen *zwingende* Befangenheitsgründe[10]. Das folgt daraus, daß ein Sachverständiger nach §74 Abs.1 Satz1 aus denselben Gründen abgelehnt werden kann, die zur Ablehnung eines Richters berechtigen, und daß §24 Abs.1 die Ablehnung eines Richters auch in den Fällen zuläßt, in denen er von der Ausübung des Richteramts ohne weiteres ausgeschlossen ist. Die hiergegen von *Krause* (FS Maurach 557) erhobenen Bedenken überzeugen nicht. Das Gesetz schließt den Richter unter den Voraussetzungen der §§22, 23 gerade deshalb aus, weil in diesen Fällen immer Befangenheit, mindestens die Besorgnis der Befangenheit, vorliegen kann[11]. Bei der Anwendung des §74 muß das notwendigerweise dazu führen, daß dem Ablehnungsgesuch ohne weitere Prüfung stattzugeben ist, wenn einer der Gründe vorliegt, aus denen der Sachverständige als Richter ausgeschlossen wäre. Etwas anderes gilt nur für den Ausschließungsgrund des §22 Nr.5 (Rdn.9).

b) Verletzteneigenschaft. Nahes Verhältnis zum Beschuldigten oder Verletzten 5 (§22 Nr.1 bis 3). Der Sachverständige kann ohne weiteres abgelehnt werden, wenn er der Verletzte ist (§22 Nr.1; zum Begriff Verletzter vgl. §22, 9ff; 16ff), wenn er Ehegatte oder Vormund des Beschuldigten oder des Verletzten ist oder gewesen ist (§22 Nr.2) oder wenn er mit dem Beschuldigten oder mit dem Verletzten verwandt oder verschwägert im Sinne des §22 Nr.3 ist. Das Ablehnungsrecht hat in diesen Fällen auch derjenige Verfahrensbeteiligte, der durch die gesetzlich vermutete Befangenheit begünstigt erscheinen könnte. Der Beschuldigte kann also seinen eigenen Angehörigen als Sachverständigen ablehnen. Denn die Befangenheit eines solchen Sachverständigen kann sich durchaus zu seinen Ungunsten auswirken, weil der Sachverständige sein Streben nach Unparteilichkeit möglicherweise durch ein besonders strenges Gutachten beweisen will. Außerdem besteht immer die Gefahr, daß das Gericht von dem Gutachten eines Sachverständigen, bei dem offensichtlich ein Befangenheitsgrund vorliegt, Abstriche macht, um die vermutete Befangenheit auszugleichen, und daß es so auch bei einem völlig objektiven Gutachten verfährt.

c) Tätigkeit als Staatsanwalt, Verteidiger oder Polizeibeamter (§22 Nr.4). Ein **6** Sachverständiger, der in derselben Sache (zum Begriff Sache vgl. §22, 23ff), in der sein Gutachten erforderlich ist, in einer Amtsstellung tätig war (zum Begriff Tätigkeit vgl. §22, 30ff), die der Strafverfolgung oder Strafverteidigung des Beschuldigten diente,

---

[9] RG JR Rspr. **1927** Nr. 1265.
[10] BGHSt **18** 214; RGSt **17** 418; **33** 198; RGRspr. 7 502, 752; RG JW **1912** 942, 1068; RG JR Rspr. **1927** Nr. 1265; RG LZ **1914** 196; **1915** 360; KK-*Pelchen* 2; KMR-*Paulus* 7; *Eb.*

Schmidt 5; *Dahs* Hdb. 182; *K. Müller* 125; *Peters*[4] 345; *Roxin*[19] §27 B IV; *Schlüchter* 528; *von Kries* 385; *Beling* ZStW **42** (1921) 757.
[11] RGSt **17** 425.

Hans Dahs

kann ohne nähere Begründung wegen Befangenheit abgelehnt werden. Das gilt für Staatsanwälte (dazu § 22, 35 f), für Anwälte des Verletzten (dazu § 22, 40), insbesondere des Nebenklägers, und für Verteidiger (dazu § 22, 40 f).

7   Auch bei einem **Polizeibeamten** besteht ein zwingender Ablehnungsgrund nur, wenn er in dem Verfahren gegen den Beschuldigten tätig geworden ist[12]. Dabei genügt es nicht, daß er mit der Sache irgendwie befaßt war, z. B. als Beamter der Polizeiverwaltung die Strafanzeige weitergeleitet (RG GA **49** [1903] 118) oder als Rechnungs- und Kassenprüfer einen Fehlbetrag entdeckt und darüber einen Bericht erstellt hat[13]. Vielmehr ist erforderlich, daß er an den Ermittlungen teilgenommen hat. In dieser Weise wird jeder Polizeiangehörige tätig, der durch sein Amt zur Verfolgung von Straftaten berufen ist, sei es unmittelbar kraft Gesetzes (§ 163), sei es nach § 161 oder nach § 152 Abs. 1 GVG im Auftrag der Staatsanwaltschaft[14]. Kriminalbeamte, auch Angehörige des Bundeskriminalamts[15], die an der Strafverfolgung des Beschuldigten beteiligt waren, sind demnach ohne weiteres als befangen anzusehen[16]. Das gleiche gilt für Hilfsbeamte der Staatsanwaltschaft, die keine Polizeibeamten sind[17], aber gegen den Beschuldigten in irgendeiner Weise vorgegangen sind[18]. Daher besteht auch gegenüber den bei den Abteilungen für Wirtschaftskriminalität tätigen Wirtschaftsreferenten, die der Strafverfolgungsbehörde dienstrechtlich eingegliedert sind, die Besorgnis der Befangenheit[19]. Auf Beamte, die der Polizei nicht angehören und auch keine Hilfsbeamten der Staatsanwaltschaft sind, bezieht sich § 22 Nr. 4 dagegen nicht[20]. Beamte des Bundesamts und der Landesämter für Verfassungsschutz sind daher keine Polizeibeamten im Sinne der Vorschrift[21].

8   Gehört der Polizeibeamte einer **mit Ermittlungsaufgaben nicht betrauten Dienststelle** der Polizei an, die von den Strafverfolgungsbehörden auch organisatorisch getrennt ist, so besteht kein zwingender Ablehnungsgrund[22]. Das gilt vor allem für die kriminalwissenschaftlichen[23], technischen[24] und chemischen[25] Untersuchungsämter der Polizei und für deren Schriftsachverständige[26]. Ob erst deren Gutachten zur Einleitung des Ermittlungsverfahrens geführt haben, ist ohne Bedeutung[27]. Das schließt im Einzelfall die Ablehnung wegen Besorgnis der Befangenheit nicht aus[28]. Jedoch kann das Ablehnungsgesuch nicht darauf gestützt werden, daß die Untersuchungsämter der Polizei nicht, wie etwa Universitätsinstitute, vorzugsweise der wissenschaftlichen Forschung

[12] BGHSt **18** 216; RGSt **17** 418.

[13] RG Recht **1928** Nr. 1747.

[14] BGH MDR **1958** 785; RGSt **17** 423; *Eb. Schmidt* 9.

[15] BGHSt **18** 216.

[16] BGHSt **18** 214 = GA **1964** 46 m. Anm. *Schäfer*, RGSt **17** 422; RG HRR **1939** 815; KG VRS **25** 273; KK-*Pelchen* 2; *Kleinknecht/ Meyer*[37] 3; KMR-*Paulus* 7; *Jessnitzer* 139; *K. Müller* 128; *Schlüchter* 528; *Kube* DRiZ **1979** 40; vgl. auch *Gössel* DRiZ **1980** 371.

[17] Vgl. die Erl. zu § 152 GVG.

[18] RG JW **1912** 1068.

[19] *Dose* NJW **1978** 354; **a. A** OLG Zweibrücken NJW **1979** 1995; *Schlüchter* 528 Fußn. 443; offen gelassen in BGH NJW **1979** 2414 und BGH bei *Pfeiffer/Miebach* NStZ **1983** 208; vgl. auch Rdn. 14.

[20] RG HRR **1930** 852; dazu Rdn. 12 ff.

[21] BGHSt **18** 218 = GA **1964** 46 mit Anm. *Schäfer*; BGH NJW **1964** 1681.

[22] KK-*Pelchen* 2; *Kleinknecht/Meyer*[37] 7; *Schlüchter* 528; *Kube/Leineweber* 103; *Leineweber* MDR **1980** 7; *Jessnitzer* 139; *K. Müller* 129; *Deitigsmann* Kriminalistik **1959** 190; *Kohlhaas* NJW **1962** 1331.

[23] BGHSt **18** 216; BGH MDR **1958** 785; zust. *Krause* FS Maurach 555; *Jagusch/Hentschel*[29] § 316, 59 f; differenzierend *Dästner* MDR **1979** 45.

[24] KG VRS **25** 274.

[25] RGSt **35** 319; BayObLG DJZ **1933** 571; OLG Koblenz LRE **9** 133.

[26] OLG Frankfurt OLGSt § 74 S. 7; *Pfanne* JR **1968** 378.

[27] *Jagusch/Hentschel*[29] § 316, 59 mit Nachw.; KMR-*Paulus* 11; zweifelnd *Eb. Schmidt* Nachtrag I 2 a.

[28] *Krüger* Die Polizei **1982** 133.

dienen, sondern Einrichtungen der Verbrechensbekämpfung sind. Im allgemeinen kann unbedenklich davon ausgegangen werden, daß auch die Angehörigen der kriminaltechnischen Untersuchungsämter ihre Gutachten unparteiisch abgeben und nicht etwa daran interessiert sind, unter allen Umständen den Beschuldigten als Täter zu überführen. Auf Verbrecherjagd zu gehen, ist nicht ihre Aufgabe und wird von ihnen auch nicht als Inhalt ihres dienstlichen Auftrags angesehen. Vielmehr sind sie wie andere Sachverständige bestrebt, bei der Ermittlung des wahren Sachverhalts aufgrund ihres Fachwissens und mit den technischen Mitteln der polizeilichen Untersuchungsämter mitzuwirken. In der Praxis wird das durch die große Anzahl entlastender Gutachten solcher Sachverständigen bewiesen[29]. Es besteht daher kein Grund, Ablehnungsgesuchen gegen die Experten der Polizei, die übrigens, soweit es sich um die Auswertung von Fingerabdrücken und die Begutachtung von Schußwaffen handelt, durch private Sachverständige kaum ersetzt werden können[30], auch dann stattzugeben, wenn im Einzelfall keine bestimmten Ablehnungsgründe vorliegen.

d) Frühere Vernehmung als Zeuge oder Sachverständiger. Nach § 74 Abs. 1 Satz 2 **9** kann der Sachverständige nicht abgelehnt werden, weil er in der Sache als Zeuge vernommen worden ist. Insoweit findet § 22 Nr. 5 keine Anwendung. Die Vorschrift gilt aber für den Sachverständigen auch dann nicht, wenn er schon im Vorverfahren oder in einem früheren Rechtszug als Sachverständiger tätig gewesen ist[31]. Das erkennende Gericht darf sich also desselben Sachverständigen bedienen wie die Polizei und die Staatsanwaltschaft, das Berufungsgericht desselben wie das Gericht des ersten Rechtszuges[32]. Durch § 74 Abs. 1 Satz 2 wird jedoch eine Ablehnung wegen Befangenheit nicht ausgeschlossen, zu der der Sachverständige durch die Art seiner Zeugenaussage, sein Verhalten bei der Zeugenvernehmung oder den Inhalt des früheren Gutachtens Anlaß gegeben hat. Vgl. im übrigen Rdn. 12 ff.

e) Die sinngemäße Anwendung des § 23 kommt zwar ebenfalls in Betracht[33], führt **10** aber nur dazu, daß es ein zwingender Ablehnungsgrund ist, wenn der Sachverständige im ersten Rechtszug als Richter mitgewirkt hat[34]. Gleiches gilt im Wiederaufnahmeverfahren, wenn der Sachverständige bei der durch den Antrag auf Wiederaufnahme angefochtenen Entscheidung mitgewirkt hat (§ 23 Abs. 2).

4. Sonstige Befangenheitsgründe
a) Besorgnis der Befangenheit ist ein Rechtsbegriff, der beim Sachverständigen **11** nicht anders auszulegen ist als beim Richter (vgl. daher § 24, 4 ff). Das ergibt die Verweisung des § 74 Abs. 1 Satz 1 auf § 24 Abs. 2. Auch beim Sachverständigen ist daher nicht entscheidend, ob er wirklich befangen ist, sondern es kommt darauf an, ob vom Standpunkt des Ablehnenden aus verständigerweise ein Mißtrauen gegen die Unparteilichkeit des Sachverständigen gerechtfertigt erscheint[35]. Der Antragsteller muß für sein Ablehnungsbegehren vernünftige Gründe vorbringen, die jedem unbeteiligten Dritten

---

[29] Vgl. *Pfanne* JR **1968** 378.
[30] Vgl. *Reitberger* Kriminalistik **1964** 218 ff.
[31] BGHSt **8** 226; BGH bei *Dallinger* MDR **1972** 18; RGSt **33** 198; KK-*Pelchen* 3; KMR-*Paulus* 3; *Eb. Schmidt* 8.
[32] *K. Müller* 130.
[33] KMR-*Paulus* 3; KK-*Pelchen* 3; anders *Eb. Schmidt* 4; Beispielsfall: BGH NStZ **1985** 452.

[34] *K. Müller* 132.
[35] BGHSt **8** 145, 230; BGH bei *Pfeiffer* NStZ **1981** 94; BGH GA **1968** 305; BGH bei *Dallinger* MDR **1952** 409; RGSt **58** 262; RG JW **1912** 943; **1924** 212 mit Anm. *Klefisch*; RG JW **1938** 512; RG HRR **1938** 1572; RG LZ **1918** 452; KG VRS **25** 273; OLG Dresden DRiZ **1934** Nr. 306; OLG Hamm DAR **1957** 131.

Hans Dahs

einleuchten[36]. Die geltend gemachten Gründe müssen in ihrer Gesamtheit gewürdigt werden[37]. Ob der Sachverständige sich befangen fühlt, ist ohne Bedeutung[38].

12   **b) Befangenheit wegen Mitwirkung am Vorverfahren.** Wenn ein Sachverständiger, der nicht Polizeibeamter im Sinne des § 22 Nr. 4 ist und daher nicht ohne weiteres abgelehnt werden kann (oben Rdn. 7), im Auftrag der Polizei oder der Staatsanwaltschaft im Vorverfahren beratend tätig gewesen ist, so ist das für sich allein kein Ablehnungsgrund[39]. Andernfalls würde man die am besten geeigneten Sachverständigen für die Hauptverhandlung ausschalten oder Polizei und Staatsanwaltschaft zwingen, zunächst einen weniger geeigneten Sachverständigen heranzuziehen[40]. Damit ist niemandem gedient, am wenigsten dem Beschuldigten. Die im Vorverfahren tätig gewordenen Sachverständigen können auch nicht deshalb abgelehnt werden, weil erst ihr Gutachten Anlaß zu den Ermittlungen gegeben oder sie gefördert hat[41] oder weil der Sachverständige im Anschluß an seine Untersuchung Strafanzeige gegen den Beschuldigten erstattet hat[42]. Ebensowenig stellt es einen Ablehnungsgrund dar, daß der Sachverständige an polizeilichen Vernehmungen teilgenommen und den Beschuldigten dabei nach § 80 Abs. 2 befragt hat[43]. Das alles schließt nicht aus, daß der Sachverständige wegen der Art und Weise seines Auftretens abgelehnt werden kann, insbesondere wenn er sich durch besonderen „Jagdeifer" hervorgetan hat[44].

13   **c) Befangenheit aus anderen Gründen.** Ob die Besorgnis der Befangenheit besteht, läßt sich nur aufgrund der Umstände des Einzelfalls beurteilen. Sie wird regelmäßig vorliegen, wenn der Sachverständige mit einem Prozeßbeteiligten oder mit dem Verletzten befreundet oder verfeindet, wenn sein Gutachten im Ton unangemessen oder sonst unsachlich ist. In der Rechtsprechung ist die Ablehnung für begründet gehalten worden, weil der Sachverständige für den Verletzten[45], insbesondere für den Nebenkläger[46], oder für eine an der Sache interessierte Versicherungsgesellschaft[47] ein Privatgutachten erstattet hatte; weil er Angestellter der geschädigten Firma[48] oder eines Unternehmens war, mit dem der Angeklagte im Wettbewerb stand[49]; weil er den Angeklagten ohne dessen Einwilligung vor einem Auditorium von Studenten befragen wollte[50]; weil er Briefe des nach § 81 untergebrachten Beschuldigten unterdrückt hatte[51]; weil er die Ehefrau, deren Tötung dem Beschuldigten zur Last gelegt war, ärztlich behandelt hatte[52]; weil er ohne gerichtliche Ermächtigung gegen den Willen des Beschuldigten

[36] BGHSt **21** 341; BGH NJW **1969** 2293; BGH JR **1957** 68; OLG Hamm NJW **1966** 1880; VRS **26** 365.

[37] BGHSt **8** 235; RGSt **47** 241.

[38] BGH bei *Dallinger* MDR **1952** 409.

[39] BGHSt **18** 217; BGH GA **1968** 305; RGSt **33** 200; RG JW **1936** 1918 mit Anm. *Megow*; RG JW **1938** 3161; RG DR **1942** 573; BayObLG DJZ **1933** 571; BayObLGSt **1951** 390; KK-*Pelchen* 3; *Kleinknecht/Meyer*[37] 5; KMR-*Paulus* 11; *K. Müller* 133; *Schlüchter* 528; *Kohlhaas* NJW **1962** 1331; zweifelnd *Frenken* DAR **1956** 292.

[40] RG DR **1942** 573; *Kohlhaas* NJW **1962** 1331; *Schlüchter* 528.

[41] BGHSt **18** 216; BGH GA **1968** 305; RGSt **36** 209; KMR-*Paulus* 11.

[42] RG JW **1912** 1068; BayObLGSt **1951** 390; KG LRE **1** 120; OLG Düsseldorf LRE **2** 160; *Jessnitzer* 138.

[43] RG DR **1942** 573; KK-*Pelchen* 5; KMR-*Paulus* 11; *Eb. Schmidt* 9; a. A *Weimann* JR **1951** 199.

[44] KMR-*Paulus* 10; *Jessnitzer* 139; *K. Müller* 133.

[45] BGHSt **20** 245.

[46] OLG Hamm VRS **26** 265.

[47] RGSt **72** 250; OLG Hamm DAR **1957** 131; vgl. auch OLG Frankfurt VRS **51** 212.

[48] RGSt **58** 262; RG HRR **1931** 385.

[49] RG JW **1938** 512.

[50] BGH bei *Holtz* MDR **1980** 456.

[51] BGH NJW **1961** 2069.

[52] BGH bei *Dallinger* MDR **1972** 925.

körperliche Eingriffe vorgenommen hat[53] oder weil er die Beantwortung von Fragen, die der Entlastung des Angeklagten dienten, verweigert und dadurch den Eindruck erweckt hat, er verstehe den Gutachterauftrag dahin, daß er nur zur Überführung des Angeklagten bestimmt sei[54]; weil er während des nationalsozialistischen Unrechtssystems an Menschenversuchen teilgenommen hat[55]; weil er sich in einem wissenschaftlichen Verlag herabsetzend über die Verteidigungspraktiken in Wirtschaftsstrafverfahren geäußert hat[56]; weil er den Angeklagten provokativ fragt, ob er auf einem „bestimmten Paragraphen reisen" wolle[57]. Mit Erfolg abgelehnt wurde ein Sachverständiger auch wegen der Äußerung, „er hoffe nicht", daß gegen den Angeklagten nur eine zur Bewährung ausgesetzte Freiheitsstrafe verhängt werde[58].

Kein Ablehnungsgrund liegt darin, daß der Sachverständige bereits in einem frü- **14** heren Strafverfahren gegen den Beschuldigten tätig gewesen ist[59], daß er als Beamter schon wiederholt bei der Aufklärung strafbarer Handlungen mitgewirkt hat[60] oder ein Gutachten über einen Fall seines eigenen Tätigkeitsbereichs abgeben soll[61]. Daß der Sachverständige Polizeibeamter ist, ist für sich allein kein Ablehnungsgrund[62]. Anders kann es sein, wenn er nicht nur beratend für die Ermittlungen tätig zu werden pflegt, sondern vor allem sicherheitspolizeiliche Aufgaben zu erfüllen hat[63], insbesondere mit den Polizeibeamten, die die Ermittlungen gegen den Angeklagten geführt haben, unmittelbar in Verbindung steht oder sogar ihr Vorgesetzter ist. Der Betriebsprüfer des Finanzamts kann nicht deshalb abgelehnt werden, weil er die zur Einleitung des Steuerstrafverfahrens führende Buch- und Betriebsprüfung vorgenommen hatte, sofern er nicht bei den weiteren Ermittlungen mitgewirkt hat[64]. Dagegen wird der an den Ermittlungen beteiligte[65] Wirtschaftsreferent der Staatsanwaltschaft regelmäßig abgelehnt werden können. Etwas anderes gilt nur, wenn er sein Gutachten eigenverantwortlich und frei von jeder Beeinflussung erstattet hat[66]. Daß der Sachverständige ein Beamter des durch die Straftat geschädigten Staates ist, stellt keinen Ablehnungsgrund dar[67], ebensowenig der Umstand, daß er seine Ansichten bereits in Zeitschriftenaufsätzen niedergelegt[68], daß er in seinem Gutachten die Beweisaufnahme zum Nachteil des Angeklagten gewürdigt[69] oder dessen Einlassung als „insgesamt unglaubhaft" bezeichnet hat[70], daß er auf Schrifttum und Rechtsprechung zur Schuldfrage verwiesen[71], daß er seinem Berufsverband die Gutachtertätigkeit in einem Strafverfahren gegen ein anderes Mitglied angezeigt hat[72], daß er einem Institut angehört, das eine von anderen Sachverständigen nicht geteilte wissenschaftliche Auffassung vertritt[73], daß er den Verteidiger nicht an einer Besichtigung hat teilnehmen lassen, bei der dieser kein Anwesenheitsrecht

---

[53] BGHSt **8** 144.
[54] BGH bei *Dallinger* MDR **1975** 368.
[55] BGH StrVert. **1983** 361.
[56] LG Köln StrVert. **1981** 540.
[57] BGH bei *Holtz* MDR **1977** 983.
[58] BGH StrVert. **1981** 55.
[59] BGHSt **8** 235; BGH bei *Dallinger* MDR **1972** 18.
[60] BGHSt **18** 215.
[61] OLG Karlsruhe JW **1932** 965 mit Anm. *Heilberg*; a. A *Klug* Presseschutz im Strafprozeß (1965) 112 ff für Angehörige des Verteidigungsministeriums in Landesverratssachen.
[62] RGSt **17** 425; *Deitigsmann* Kriminalistik **1959** 191.

[63] BGHSt **18** 217; BGH NJW **1964** 1682; RGSt **36** 209; KG VRS **25** 273.
[64] RG JW **1931** 2027 mit Anm. *Mannheim*.
[65] Vgl. dazu G. *Schäfer* FS Dünnebier 557.
[66] BGHSt **28** 384; BGH NStZ **1984** 215; vgl. auch BGH StrVert. **1986** 465; *Gössel* DRiZ **1980** 371; vgl. i. ü. Rdn. 7.
[67] RG JW **1930** 2079; RG HRR **1931** 385.
[68] So RG LZ **1915** 554 – aber zweifelhaft –.
[69] BGH bei *Dallinger* MDR **1974** 367.
[70] BGH bei *Pfeiffer* NStZ **1981** 94.
[71] RG HRR **1940** 54.
[72] BGH NJW **1969** 2294.
[73] OLG Hamm NJW **1966** 1880.

hatte[74], oder daß er für den Beschuldigten ein Privatgutachten erstattet hat[75]. Aus seinem eigenen Verhalten kann ein Prozeßbeteiligter keinen Ablehnungsgrund herleiten[76]. Daher rechtfertigt die Tatsache, daß der Sachverständige gegen den Beschuldigten aus persönlichen Gründen Strafanzeige erstattet hat, die Ablehnung nicht, wenn der Beschuldigte ihn zu dem Zweck gereizt hat, einen Vorwand für die Ablehnung zu gewinnen[77], es sei denn, der Sachverständige läßt sich durch solche Angriffe seinerseits zu unsachlicher Polemik hinreißen[78].

15   **5. Ablehnungsberechtigte.** Zur Ablehnung des Sachverständigen sind nach dem Wortlaut des § 74 Abs. 2 Satz 1 nur die Staatsanwaltschaft, der Privatkläger und der Beschuldigte berechtigt. Es gibt aber keinen vernünftigen Grund, das Ablehnungsrecht auf diese Prozeßbeteiligten zu beschränken (*K. Müller* 140). Ebenso wie bei der Richterablehnung (§ 24, 38 ff) steht es daher allen Prozeßbeteiligten zu, auch dem Nebenkläger[79], dem Verfalls- und Einziehungsbeteiligten und dem gesetzlichen Vertreter[80]. Auch wer den Sachverständigen benannt oder selbst geladen hat, kann ihn ablehnen. Der Beistand (§ 149) hat kein Ablehnungsrecht, der Verteidiger kann es nur im Namen des Angeklagten ausüben[81].

16   Wer als Verletzter nach § 172 Abs. 2 gerichtliche Entscheidung beantragt hat, ist zur Ablehnung von Sachverständigen **nicht berechtigt**[82]. Den § 74 Abs. 2 auch insoweit wie den gleichlautenden § 24 Abs. 3 Satz 1 erweiternd auszulegen, besteht kein Grund. Denn das Oberlandesgericht kann, wenn es nach § 173 Abs. 3 Ermittlungen anstellen läßt, einen anderen Sachverständigen auch ohne förmliche Ablehnung bestellen (§ 76 Abs. 1 Satz 2), sofern der Antragsteller hierfür einleuchtende Gründe anführt. Damit wird dessen Interessen genügt. Auch im Adhäsionsverfahren nach §§ 403 ff hat der Verletzte kein Ablehnungsrecht. Eine endgültige Entscheidung kann gegen ihn in diesem Verfahren ohnehin nicht ergehen. Die Ablehnung eines Sachverständigen würde, mindestens wenn sie begründet ist, das Verfahren fast immer verzögern und daher einen Grund geben, den Verletzten nach § 405 Satz 2 aus dem Verfahren zu entfernen. Er steht sich daher besser, wenn man ihm das Ablehnungsrecht versagt. Wird seinem Antrag trotz der Befangenheit des Sachverständigen stattgegeben, so ist der Verletzte nicht beschwert; soweit der Antrag abgelehnt wird, kann er anderweitig geltend gemacht werden (§ 406 Abs. 3 Satz 2).

17   **6. Namhaftmachung.** Der ernannte Sachverständige ist den Ablehnungsberechtigten namhaft zu machen, wenn nicht besondere Umstände entgegenstehen. Durch diese Einschränkung unterscheidet sich § 74 Abs. 2 Satz 2 von § 24 Abs. 3 Satz 2, ferner aber auch dadurch, daß den Ablehnungsberechtigten die Richter nur auf Verlangen, die Sachverständigen auch ohne Verlangen genannt werden müssen. Die Namhaftmachung

---

[74] BGH VRS 35 428.

[75] KK-*Pelchen* 5; *Kleinknecht/Meyer*[37] 7; *Jessnitzer* 136; *E. Müller* Blutalkohol **1975** 156 ff.

[76] BGH bei *Dallinger* MDR **1972** 18.

[77] OLG München NJW **1971** 384; OLG Düsseldorf BB **1975** 627; KK-*Pelchen* 5; *Kleinknecht/Meyer*[37] 8; KMR-*Paulus* 11.

[78] OLG Stuttgart Justiz **1965** 196; *Jessnitzer* 138.

[79] So jetzt nach der Neufassung durch Ges. vom 18. 12. 1986 (BGBl. I S. 2496) ausdrücklich § 397 Abs. 1 Satz 2; ebenso bereits früher

BGHSt **28** 272; RGSt **52** 291; OLG Hamm DAR **1957** 131; KK-*Pelchen* 10; *Kleinknecht/Meyer*[37] 9; KMR-*Paulus* 12; *Jessnitzer* 140; *K. Müller* 135.

[80] KK-*Pelchen* 10; *K. Müller* 135.

[81] OLG Hamm NJW **1951** 731; KK-*Pelchen* 10; *K. Müller* 135.

[82] RGSt **52** 191; KK-*Pelchen* 10; *K. Müller* 135; **a. A** KMR-*Paulus* 12; *Jessnitzer* 140 sowie (zum gleichlautenden) § 24 LR-*Wendisch* § 24, 42 mit weit. Nachw.

unmittelbar nach der Ernennung des Sachverständigen ist zwingend vorgeschrieben; ihr Unterlassen kann aber die Revision regelmäßig nicht begründen (Rdn. 39). Der Sinn der Bestimmung liegt darin, daß der Ablehnungsberechtigte den Namen des Sachverständigen alsbald nach dessen Bestellung erfahren soll, damit im Fall einer begründeten Ablehnung Zeitverlust und vergebliche Arbeit vermieden werden[83]. Unter diesem Gesichtspunkt ist auch die Frage zu beantworten, was besondere Umstände sind, die der sofortigen Namhaftmachung entgegenstehen können. Dafür kommen niemals Gründe in Betracht, die es ratsam erscheinen lassen, einem Ablehnungsberechtigten den Namen des Sachverständigen überhaupt zu verheimlichen[84]. Denn wenn der Sachverständige zur Hauptverhandlung geladen wird, hat das Gericht ihn der Staatsanwaltschaft und dem Angeklagten unter allen Umständen nach § 222 Abs. 1 Satz 1 rechtzeitig namhaft zu machen; auch Privat- und Nebenkläger haben hierauf Anspruch (vgl. § 222, 6). Dabei ist, anders als bei der Namhaftmachung nach § 74 Abs. 2 Satz 2, sogar der Wohn- und Aufenthaltsort des Sachverständigen anzugeben. Wird der Sachverständige zur Hauptverhandlung nicht geladen, weil sein Gutachten nach § 256 verlesen werden soll, so erfahren die Ablehnungsberechtigten seinen Namen in der Hauptverhandlung. Bei den besonderen Umständen, die der Namhaftmachung nach § 74 Abs. 2 Satz 2 entgegenstehen, kann es sich daher immer nur um Gründe der Beschleunigung, der Gefahr im Verzug handeln, wie etwa den, daß ein Beweismittel (Augenscheinsobjekt, Zeuge), dessen der Sachverständige zur Vorbereitung seines Gutachtens bedarf, unbenutzbar zu werden droht, bevor der abwesende oder verhandlungsunfähige Prozeßbeteiligte verständigt werden kann. Die Angaben dürfen aber nicht deshalb verheimlicht werden, um dem Sachverständigen Gelegenheit zu geben, zunächst sein Gutachten abzuschließen.

Zur Namhaftmachung sind die **Polizei und die Staatsanwaltschaft** nicht verpflichtet, wenn sie Sachverständige im Ermittlungsverfahren heranziehen. Denn in diesem Verfahrensabschnitt hat der Beschuldigte noch kein Ablehnungsrecht (Rdn. 20)[85]. Ist der Gutachterauftrag zwei Ärzten mit dem Anheimgeben erteilt worden, daß einer von ihnen das Gutachten erstatten soll, so kann die Namhaftmachung dadurch erfolgen, daß beide genannt werden[86]. Wird eine Behörde als Gutachter bestellt, so kann zunächst nur sie, nicht der dem Gericht noch unbekannte Sachverständige benannt werden, der das Gutachten vor Gericht erstattet. Die genaue Namhaftmachung ist jedoch unverzüglich nach Bekanntwerden des Sachverständigen (vgl. § 256 Abs. 2) nachzuholen. **18**

7. Ablehnungsgesuch

a) Form. Eine besondere Form für das Ablehnungsgesuch ist ebensowenig wie bei der Richterablehnung (dazu § 26, 4 ff) vorgeschrieben. Ausreichend ist jede Form, die den Ablehnungswillen des Antragstellers deutlich macht[87]; es kann genügen, daß er Bedenken gegen die Ladung des Sachverständigen erhebt[88]. **19**

b) Zeitpunkt. Das Ablehnungsgesuch ist nicht zulässig, bevor der Sachverständige ernannt worden (BGH VRS **29** 26) und die Sache bei Gericht anhängig ist. Die im Ermittlungsverfahren von der Polizei oder von der Staatsanwaltschaft hinzugezogenen Sachverständigen können daher erst abgelehnt werden, wenn auch das Gericht sich ihrer bedienen will[89]. **20**

---

[83] KMR-*Paulus* 13; *K. Müller* 136.
[84] *K. Müller* 136.
[85] KK-*Pelchen* 11; **a. A** KMR-*Paulus* 13.
[86] OLG Köln JMBlNRW **1962** 301.
[87] *Eb. Schmidt* 17; *K. Müller* 138.

[88] OLG Schleswig SchlHA **1949** 87.
[89] OLG Düsseldorf MDR **1984** 71; KK-*Pelchen* 7; *Kleinknecht/Meyer*[37] 12; *K. Müller* 138; **a. A** KMR-*Paulus* 20; *Jessnitzer* 142; *Gössel* § 26 13 IV b.

Hans Dahs

21   Der Antragsteller ist nicht, wie nach § 25 Abs. 2 bei der Richterablehnung, dazu verpflichtet, das Ablehnungsgesuch **unverzüglich** nach Kenntnis der Ablehnungsgründe anzubringen. Er darf das Gutachten abwarten und den Sachverständigen sodann aus Gründen ablehnen, die ihm schon vorher bekannt waren; § 83 Abs. 2 geht ausdrücklich davon aus, daß der Sachverständige noch nach Erstattung des Gutachtens abgelehnt werden kann. Der Zulässigkeit des Ablehnungsgesuchs steht daher nicht entgegen, daß der Ablehnende es in Kenntnis des Ablehnungsgrundes zur Erstattung des Gutachtens hat kommen lassen. Insbesondere liegt ein Verzicht auf das Ablehnungsrecht nicht darin, daß der Ablehnende zunächst den Anschein erweckt, er wolle sich mit dem Gutachten zufriedengeben[90]. Der letzte Zeitpunkt, in dem die Ablehnung erklärt werden kann, ist der Schluß der Hauptverhandlung, in der das Gutachten verwertet werden soll. Nach Beginn der Urteilsverkündung ist das Gericht nicht verpflichtet, Ablehnungsgesuche entgegenzunehmen[91]. Die Prozeßbeteiligten können einen Sachverständigen, gegen den sie im ersten Rechtszug nichts eingewendet haben, noch im Berufungsrechtszug ablehnen. Entsprechendes gilt für die Ablehnung nach einer ausgesetzten Hauptverhandlung.

22   **c) Inhalt. Glaubhaftmachung.** In dem Ablehnungsgesuch müssen die Tatsachen, die den Ablehnungsgrund bilden, angegeben und glaubhaft gemacht werden. § 74 Abs. 3 Halbsatz 1 spricht zwar nur von der Glaubhaftmachung; wer in dem Antrag keine Ablehnungsgründe anführt, kann aber auch nichts glaubhaft machen. Etwas anderes gilt nur dann, wenn die Ablehnungsgründe für alle Prozeßbeteiligten und das Revisionsgericht offensichtlich sind[92]. Zur Angabe der Ablehnungstatsachen vgl. im einzelnen § 26, 9 ff. Die Pflicht zur Glaubhaftmachung bedeutet zweierlei:

23   Die **Glaubhaftmachung** muß den Richter in den Stand versetzen, auch ohne förmliche Beweiserhebung die behaupteten Tatsachen für wahr zu halten (vgl. § 45, 16). Die Amtsaufklärungspflicht (§ 244 Abs. 2) besteht hier nicht. Der Antragsteller hat die Beweislast; der Grundsatz, daß im Zweifel zugunsten des Angeklagten zu entscheiden ist, gilt nicht (BGHSt **21** 352). Ein Ablehnungsantrag, über dessen Begründetheit das Gericht nicht ohne weitere Ermittlungen entscheiden kann, ist unzulässig (BGHSt **21** 347; § 26, 18; § 45, 16). Für die Glaubhaftmachung gilt im übrigen dasselbe wie bei der Richterablehnung (dazu § 26, 14 ff) und der Wiedereinsetzung (dazu § 45, 16 ff). Ebensowenig wie dort reicht die Benennung von Zeugen aus[93]. Zur Glaubhaftmachung kann sich der Ablehnende jedoch auf das uneidliche Zeugnis des Sachverständigen berufen[94], dessen Anhörung dann formlos erfolgen kann[95]. Der Eid ist als Mittel der Glaubhaftmachung ausgeschlossen (§ 74 Abs. 3 Halbsatz 2) und damit auch eidesstattliche Versicherungen des Antragstellers[96]. Stellt der Beschuldigte den Ablehnungsantrag, so ist seine eigene eidesstattliche Versicherung schon nach allgemeinen Grundsätzen unzu-

[90] KMR-*Paulus* 15; *Kleinknecht/Meyer*[37] 12; *Jessnitzer* 140; *K. Müller* 139; *Dahs/Dahs*[4] 226; **a. A** OLG Stuttgart NJW **1957** 1646; *Eb. Schmidt* Nachtr. I 3.

[91] KMR-*Paulus* 15; *Gössel* § 26 B IV C; vgl. für Beweisanträge: BGH VRS **36** 368; BGH bei *Dallinger* MDR **1975** 24; RGSt **57** 142; **59** 421; OLG Saarbrücken OLGSt § 244 Abs. 2 S. 45; vgl. auch § 244, 102.

[92] OLG Hamburg VRS **56** 457.

[93] BGHSt **21** 347; KK-*Pelchen* 8; vgl. aber auch BayObLG **1956** 108; *K. Müller* 138,

wonach die Benennung eines Zeugen als Beweisangebot ausreichend ist, wenn der Antragsteller glaubhaft macht, daß der Zeuge die Abgabe einer schriftlichen Erklärung verweigert.

[94] RG Recht **1928** Nr. 2034; RG Recht **1911** Nr. 2266; KK-*Pelchen* 8; *Kleinknecht/Meyer*[37] 13; KMR-*Paulus* 16; *Alsberg/Nüse/Meyer* 129; *Jessnitzer* 141; *K. Müller* 138.

[95] RG Recht **1928** Nr. 2034.

[96] RGSt **57** 54; *Eb. Schmidt* 16; *W. Schmid* SchlHA **1981** 75.

lässig[97]. Eidesstattliche Versicherungen von Zeugen können jedoch beigebracht werden[98]. Im übrigen kommen Urkunden als Beweismittel in Betracht. Ergeben sich die Ablehnungsgründe aus den Gerichtsakten, so kann auf diese verwiesen werden (vgl. auch § 26, 16 und § 45, 16). Das Gericht kann, wenn es Zweifel an der Richtigkeit der vorgelegten Erklärungen oder an der Echtheit der beigebrachten Urkunden hat, Beweispersonen formlos anhören.

Das Erfordernis, die Ablehnungsgründe glaubhaft zu machen, bedeutet andererseits, daß das Gericht eine sichere **Überzeugung** von ihrer Richtigkeit nicht zu gewinnen braucht. Es genügt, daß die beigebrachten Beweismittel die Richtigkeit der behaupteten Tatsachen in einem Maße wahrscheinlich machen, das nach Lage der Sache vernünftigerweise als hinreichend anzusehen ist[99]. **24**

d) Wiederholung. Ein vor der Hauptverhandlung gestelltes Ablehnungsgesuch **25** kann, auch wenn darüber schon entschieden worden ist, in der Hauptverhandlung wiederholt werden, sogar mit derselben Begründung[100]. War ein Gesuch zurückgewiesen und die Beschwerde hiergegen verworfen worden, so ist der Tatrichter daher nicht gehindert, es bei erneutem Vorbringen wiederum zu prüfen[101]. Der Vorsitzende ist nicht unter allen Umständen verpflichtet, dem Gericht ein vorher angebrachtes, aber unerledigt gebliebenes Ablehnungsgesuch in der Hauptverhandlung zur Kenntnis zu bringen, damit nachträglich darüber entschieden werden kann[102]. Wiederholt der Antragsteller das Gesuch in der Hauptverhandlung nicht, so kann darin ein Verzicht auf die Ablehnung liegen[103]. Anders wird es sein, wenn der Antragsteller ohne Verteidiger ist. Hat jedoch der Vorsitzende zugesagt, daß über den Antrag in der Hauptverhandlung entschieden wird, so ist das Unterlassen der Wiederholung des Ablehnungsgesuchs selbst dann nicht als Verzicht anzusehen, wenn ein Verteidiger mitwirkt[104]. Die zu § 219 entwickelten Grundsätze (vgl. § 219, 24) gelten (anders RG JW **1922** 1034 mit Anm. *Alsberg*). Die Wiederholung eines in der Hauptverhandlung gestellten und zurückgewiesenen Ablehnungsgesuchs in derselben Hauptverhandlung mit derselben Begründung ist rechtsmißbräuchlich; das wiederholte Gesuch ist als unzulässig zu verwerfen[105]. Die Wiederholung eines Ablehnungsgesuchs zum Zweck der Prozeßverschleppung ist ebenfalls unstatthaft (Rdn. 2).

e) Zurücknahme. Das Ablehnungsgesuch kann jederzeit zurückgenommen werden, **26** auch wenn das Gericht die Ablehnung bereits für begründet erklärt hat. Der Vernehmung des zunächst abgelehnten Sachverständigen steht dann grundsätzlich nichts entgegen, auch nicht bei zwingenden Ablehnungsgründen[106]. Jedoch wird unter Umständen Anlaß dazu bestehen, den Sachverständigen nach § 76 Abs. 1 Satz 2 von Amts wegen abzulösen.

---

[97] BGHSt **25** 92; vgl. auch § 45, 22.
[98] RGSt **28** 10; **57** 53; weitere Nachw. bei § 45, 17.
[99] BGHSt **21** 350; RGSt **28** 10; BayObLGSt **1955** 224 = NJW **1956** 640; KK-*Pelchen* 8; vgl. auch § 45, 16.
[100] RGSt **47** 239; KK-*Pelchen* 9; *Kleinknecht/ Meyer*[37] 14; *Eb. Schmidt* 14; *Dahs* Hdb. 181; *K. Müller* 137.
[101] OLG Oldenburg JZ **1960** 291 mit Anm. *Peters*.

[102] RGSt **58** 301; KMR-*Paulus* 18; *Feisenberger* ZStW **43** (1922) 87; **a. A** RG JW **1922** 1034 mit Anm. *Alsberg*.
[103] RGSt **58** 301.
[104] Vgl. RGSt **61** 376; RG DRiZ **1929** Nr. 899; RG Recht **1928** Nr. 222; KMR-*Paulus* 18; **a. A** RG HRR **1931** 477.
[105] KK-*Pelchen* 9; *Kleinknecht/Meyer*[37] 14; KMR-*Paulus* 16; *K. Müller* 139.
[106] RG JR Rspr. **1927** Nr. 1265; KK-*Pelchen* 9; KMR-*Paulus* 17; *K. Müller* 138.

Hans Dahs

8. Entscheidung des Gerichts

27   **a) Zuständigkeit.** Über das Ablehnungsgesuch entscheidet der Richter, vor dem der Sachverständige tätig geworden ist oder tätig werden soll[107]. Im Eröffnungsverfahren ist das mit der Sache befaßte Gericht (§ 201 Abs. 2 Satz 1) zuständig, nach Eröffnung des Hauptverfahrens das erkennende Gericht. In der Hauptverhandlung wirken, anders als nach § 27 Abs. 2 bei der Richterablehnung, die Schöffen mit (§ 30 Abs. 1, § 77 Abs. 1 GVG). Der ersuchte oder beauftragte Richter entscheidet über die Ablehnung nicht selbst, sondern legt die Akten dem zuständigen Gericht zur Entscheidung über das Ablehnungsgesuch vor[108]; er wird durch das Gesuch aber nicht gehindert, den Sachverständigen kommissarisch zu vernehmen[109].

28   **b) Gerichtsbeschluß.** Über das Ablehnungsgesuch muß durch Beschluß entschieden werden. Der Sachverständige braucht vorher nicht gehört zu werden; § 26 Abs. 3 gilt nicht entsprechend[110]. Seine Anhörung kann jedoch zweckmäßig sein, auch wenn der Antragsteller sich nicht auf sie bezogen hat. Wenn sie zu seinem Nachteil verwertet werden soll, muß sie dem Antragsteller vor der Entscheidung bekanntgegeben werden.

29   Anträge auf Ablehnung von Sachverständigen sind **wie Beweisanträge** zu behandeln und wie diese zu bescheiden[111]. Eine stillschweigende Entscheidung über das Gesuch ist daher nicht zulässig[112]. Weder darf dem Ablehnungsantrag stillschweigend dadurch stattgegeben werden, daß ein anderer Sachverständiger bestellt wird, noch darf es stillschweigend dadurch abgelehnt werden, daß der abgelehnte Sachverständige vernommen wird. Etwas anderes gilt nur, wenn der Ablehnungsantrag bereits vor der Hauptverhandlung durch einen mit Gründen versehenen Beschluß zurückgewiesen und in der Hauptverhandlung nur wiederholt worden ist[113]. Der Entscheidung über das Gesuch darf auch nicht dadurch ausgewichen werden, daß der abgelehnte Sachverständige als sachverständiger Zeuge vernommen wird[114].

30   Sowohl die Zurückweisung des Ablehnungsgesuchs als auch der Beschluß, der ihm stattgibt[115], müssen nach § 34 **mit Gründen versehen** werden. Die Gründe müssen allen Prozeßbeteiligten eine hinreichende Grundlage für ihr weiteres Prozeßverhalten geben. Der Ablehnende muß unter Umständen in die Lage versetzt werden, das Ablehnungsgesuch mit besserer oder ausführlicherer Begründung zu wiederholen[116]. Die Gründe müssen auch dem Revisionsgericht die Prüfung ermöglichen, ob das Gericht die anzuwendenden Rechtsbegriffe zutreffend ausgelegt hat[117]. Das Fehlen einer Begründung ist ausnahmsweise dann unschädlich, wenn die Gründe für die Prozeßbeteiligten und das Revisionsgericht klar ersichtlich sind[118].

31   Der Beschluß erwächst nicht in **Rechtskraft.** Das Gericht kann ihn von Amts wegen oder auf Gegenvorstellungen, etwa des nicht beschwerdeberechtigten Sachverständigen, ändern[119].

[107] *Eb. Schmidt* 18.
[108] KK-*Pelchen* 12; *Kleinknecht/Meyer*[37] 16; KMR-*Paulus* 20; *K. Müller* 140.
[109] *K. Müller* 140.
[110] RGSt **25** 362; RG LZ **1915** 554; KK-*Pelchen* 13; *Kleinknecht/Meyer*[37] 17; *Jessnitzer* 141; **a. A** OLG Koblenz NJW **1977** 395 zu § 406 ZPO; KMR-*Paulus* 21.
[111] RG JW **1936** 666.
[112] OLG Hamm NJW **1966** 1880; KK-*Pelchen* 13; KMR-*Paulus* 21; *K. Müller* 142; *Eb.*

Schmidt 19; **a. A** RG JW **1924** 1609 mit Anm. *Beling*; *Feisenberger* 8.
[113] RG JW **1924** 1609 mit Anm. *Beling*.
[114] OLG Schleswig SchlHA **1949** 87; KK-*Pelchen* 14; KMR-*Paulus* 21; *Eb. Schmidt* 20.
[115] RG JW **1931** 2504 mit Anm. *Alsberg*.
[116] KMR-*Paulus* 23.
[117] KG JW **1930** 2592 mit Anm. *Mamroth*.
[118] RG JW **1931** 2504; OLG Hamburg VRS **56** 457; KK-*Pelchen* 13; KMR-*Paulus* 23.
[119] KMR-*Paulus* 26; *K. Müller* 143.

9. Folgen eines begründeten Ablehnungsgesuchs. Erklärt das Gericht die Ableh- **32** nung für begründet, so darf der Sachverständige nicht weiter vernommen, ein bereits erstattetes Gutachtet nicht verwertet werden[120], auch nicht in der Weise, daß das Gericht aus ihm die eigene Sachkunde herleitet. Der abgelehnte Sachverständige darf sein Gutachten nicht etwa als sachverständiger Zeuge erstatten[121]. Das von ihm gewonnene Untersuchungsergebnis darf auch nicht dadurch in den Prozeß eingeführt werden, daß ein anderer Sachverständiger, sei es auch der verantwortliche Leiter desselben Instituts, es dem Gericht vorträgt[122]. War der Sachverständige aufgrund eines Beweisantrags zugezogen worden, so muß nach seiner erfolgreichen Ablehnung ein anderer Gutachter beauftragt werden[123]. In allen anderen Fällen wird regelmäßig die Aufklärungspflicht (§ 244 Abs. 2) dazu zwingen, einen anderen Gutachter zu hören; denn wenn das Gericht nicht angenommen hätte, daß ein Sachverständiger zur vollständigen Erforschung der Wahrheit erforderlich sei, hätte es schon den abgelehnten nicht hinzugezogen[124]. Die Vorschrift des § 83 Abs. 2, wonach die Begutachtung durch einen anderen Sachverständigen auch angeordnet werden kann (nicht: muß), wenn ein Sachverständiger nach Erstattung des Gutachtens mit Erfolg abgelehnt worden ist, hat demgegenüber wenig praktische Bedeutung. Sie besagt im wesentlichen nur, daß eine neue Begutachtung nicht angeordnet zu werden braucht, wenn schon die erste überflüssig war[125].

Die **erfolgreiche Ablehnung** des Sachverständigen hindert nicht seine Verneh- **33** mung als Zeuge über Wahrnehmungen, deren Bekundung ohnehin nicht Teil seines Sachverständigengutachtens hätte sein können oder gewesen ist[126]. Der abgelehnte Sachverständige darf daher stets über Zufallsbeobachtungen vernommen werden, d. h. über die Wahrnehmung von Tatsachen, die er unabhängig von seiner Bestellung, insbesondere vor seiner Ernennung zum Sachverständigen, gemacht hat (§ 79, 17). Als Zeuge darf er auch über Zusatztatsachen aussagen, also über Tatsachen, die er zwar nur deshalb wahrgenommen hat, weil er zum Sachverständigen bestellt worden ist, zu deren Beobachtung er aber keine besondere Sachkunde brauchte und die das Gericht daher auch auf andere Weise hätte feststellen können (§ 79, 21). Fraglich kann nur sein, ob der erfolgreich abgelehnte Sachverständige auch über die sog. Befundtatsachen als sachverständiger Zeuge vernommen werden darf, also über solche Wahrnehmungen, die er bei Erfüllung seines Sachverständigenauftrages aufgrund seiner besonderen Sachkunde gemacht hat (§ 79, 19). Nach herrschender Ansicht ist seine Vernehmung als sachverständiger Zeuge ohne Einschränkung zulässig[127]. Eine Mindermeinung will die Zulässigkeit der Zeugenvernehmung auf den Fall beschränken, daß der Sachverständige Wahrneh-

---

[120] KK-*Pelchen* 14; *Kleinknecht/Meyer*[37] 19; KMR-*Paulus* 25; *Eb. Schmidt* 22; *Jessnitzer* 144; *K. Müller* 145; *Peters*[4] 369 f; *Schlüchter* 529; *Alsbergs/Nüse/Meyer* 427; *von Kries* 385.

[121] BGHSt **20** 224 = JR **1966** 424 mit Anm. *Hanack*.

[122] OLG Celle NJW **1964** 462; KMR-*Paulus* 25.

[123] KK-*Pelchen* 14; *Eb. Schmidt* 22; *von Kries* 385.

[124] Vgl. *Jessnitzer* 144.

[125] BayObLGSt **1955** 262 = NJW **1956** 1001; Näheres § 83, 8.

[126] KK-*Pelchen* 15; *Kleinknecht/Meyer*[37] 19;

KMR-*Paulus* 27; *Dahs* Hdb. 183; *K. Müller* 145; *Gössel* § 26 B IV d; *Schlüchter* 529.

[127] BGHSt **20** 222 = JR **1966** 424 mit abl. Anm. *Hanack* = LM § 85 StPO Nr. 1 mit Anm. *Kohlhaas*; RG JW **1931** 2027 mit Anm. *Mannheim*; KK-*Pelchen* 15; *Kleinknecht/ Meyer*[37] 19; KMR-*Paulus* 27; *Alsberg/Nüse/ Meyer* 189; *Gössel* § 26 IV d und DRiZ **1980** 372; *Henkel* 219; *Bremer* 159; *Jessnitzer* 144; *Schlüchter* 529; einschränkend *K. Müller* 146; unklar *Eb. Schmidt* § 74, 22; *Hegler* AcP **104** 268 nimmt an, der erfolgreich abgelehnte Sachverständige werde ohne weiteres zum Zeugen.

     Hans Dahs

mungen gemacht hat, die nicht wiederholbar sind[128]; eine andere Ansicht hält die Vernehmung des abgelehnten Sachverständigen als sachverständigen Zeugen für schlechthin unzulässig[129].

34　　Der Einwand dieser Mindermeinung[130], es sei ein Widerspruch, den amtlichen Auftrag als Abgrenzungsmerkmal zwischen Sachverständigen und sachverständigen Zeugen zu verwenden, den abgelehnten Sachverständigen aber gleichwohl als Zeugen zu vernehmen, hat Gewicht. Bei konsequenter Abgrenzung der beiden Beweismittel muß der Beweisverlust um der dogmatischen Stringenz willen aber hingenommen werden, wenn ein Sachverständiger wegen Befangenheit abgelehnt worden ist. Auch aus der Sicht der Praxis kann die Wahrheitsfindung kaum Schaden nehmen, wenn auf einen aus der Besorgnis der Befangenheit „gekürten" Zeugen verzichtet wird. Bedenkenswert ist auch das Argument[131], der sachverständige Zeuge sei verpflichtet, auf Befragen auch darüber Auskunft zu geben, wie er die von ihm wahrgenommenen Tatsachen bei der Beobachtung sachkundig beurteilt habe, und auf diesem Umweg fließe die Sachkunde des abgelehnten Sachverständigen auch dann in das Urteil ein, wenn er nur als sachverständiger Zeuge vernommen wird. Folgt man der herrschenden Meinung, so darf der zum Zeugen denaturierte Sachverständige jedenfalls nur die von ihm festgestellten Tatsachen bekunden und **kein „verkapptes" Gutachten** abgeben. Er darf keine einzige sachkundige Folgerung ziehen[132]. Diese Grenze wird in der Praxis nicht immer hinreichend beachtet.

35　　**10. Anfechtung.** Die Verweisung des § 74 Abs. 1 Satz 1 auf die für die Ablehnung von Richtern geltenden Vorschriften bezieht sich nur auf die Ablehnungsgründe, nicht auf das Ablehnungsverfahren[133]. Daher gilt die Vorschrift des § 28 nicht; auch der eine Ablehnung für begründet erklärende Beschluß ist anfechtbar[134]. Ferner ist gegen den auf das Ablehnungsgesuch ergangenen Beschluß nicht die sofortige, sondern die einfache Beschwerde nach § 304 Abs. 1 zulässig[135]. Beschlüsse des Bundesgerichtshofs und der Oberlandesgerichte sind unanfechtbar (§ 304 Abs. 4). Weitere Beschwerde ist nach § 310 ausgeschlossen. Mit der Beschwerde kann auch das Unterlassen einer Entscheidung über das Ablehnungsgesuch gerügt werden[136].

36　　**Beschwerdeberechtigt** sind alle Prozeßbeteiligten, die antragsberechtigt sind, auch wenn sie den Antrag nicht gestellt haben. Der Sachverständige selbst hat kein Beschwerderecht; er ist durch sein Ausscheiden oder durch sein Verbleiben im Prozeß nicht im Sinne des § 304 Abs. 2 betroffen[137].

37　　Mit der **Eröffnung des Hauptverfahrens** entfällt die Beschwerdemöglichkeit; § 305 Satz 1, wonach die der Urteilsfällung vorausgehenden Entscheidungen des erkennenden Gerichts (dazu § 28, 11 ff; vgl. auch die Erläuterungen zu § 305) unanfechtbar

---

[128] *Hellm. Mayer* FS Mezger 466; *Schmidhäuser* ZZP **1959** 388 ff.

[129] *Hanack* JR **1966** 425; *Geppert* DAR **1980** 321; LR-*Sarstedt*[22] § 85, 4.

[130] *Hanack* JR **1966** 425; *Lent* ZZP **1936** 18; *Schmidhäuser* ZZP **1959** 373 ff.

[131] LR-*Sarstedt*[22] § 85, 4.

[132] *Dahs* Hdb. 183; *Jessnitzer* 144; vgl. auch OLG Hamm NJW **1969** 567.

[133] RGSt **25** 361; **47** 239; KG JW **1930** 2592 mit Anm. *Mamroth*; KG JR **1959** 350; OLG Celle NJW **1966** 415; OLG Oldenburg JZ **1960** 291 mit Anm. *Peters*; *Eb. Schmidt* 14.

[134] RGRspr. **10** 353; OLG Celle NJW **1966** 415; KK *Pelchen* 16; *Kleinknecht/Meyer*[37] 20; *Eb. Schmidt* 19.

[135] RGSt **47** 240; OLG Hamburg NJW **1967** 2275.

[136] *K. Müller* 143.

[137] OLG Braunschweig OLGSt § 74 S. 1; OLG Oldenburg JZ **1960** 291 mit Anm. *Peters*; *Kleinknecht/Meyer*[37] 20; KMR-*Paulus* 29; *Jessnitzer* 143; *K. Müller* 142; *Schlüchter* 529.

sind, findet Anwendung[138]. Das hindert aber nicht, im Rahmen der nach § 81 Abs. 4 zulässigen sofortigen Beschwerde die Ablehnung des Sachverständigen zu erklären[139]. Auch Entscheidungen des erkennenden Gerichts, durch die die Ablehnung für begründet erklärt worden ist, sind nicht anfechtbar[140]. Das Berufungsgericht ist aber nicht gehindert, den Sachverständigen zu vernehmen, wenn es die Ablehnung für unbegründet hält.

Das **Beschwerdegericht** entscheidet nicht nur über Rechtsfragen, sondern prüft **38** auch die tatsächlichen Grundlagen der Entscheidung und kann sein eigenes Ermessen an die Stelle des Ermessens des ersten Richters setzen. Materielle Rechtskraft führt der Beschwerdebeschluß nicht herbei. Er hindert nicht die erneute Ablehnung des Sachverständigen vor dem erkennenden Richter, allerdings nur mit anderer Begründung; die bloße Wiederholung ist rechtsmißbräuchlich[141].

11. Revision

a) **Revisionsgründe.** Das Unterlassen der Namhaftmachung nach § 74 Abs. 2 **39** Satz 2 begründet die Revision nicht, weil die Prozeßbeteiligten über Namen und Anschrift des Sachverständigen bei der Ladung unterrichtet werden (§ 222 Abs. 1 Satz 1) oder den Namen in der Hauptverhandlung erfahren. Der Sachverständige kann dann auch ohne vorherige Namhaftmachung abgelehnt werden. Das Urteil kann daher auf dem Verfahrensverstoß regelmäßig nicht beruhen[142].

Auf die **Verletzung des § 74 Abs. 1** kann die Revision nur gestützt werden, wenn **40** der Sachverständige in der Hauptverhandlung, in der das Urteil gefällt worden ist, nicht nur in einer früheren, ausgesetzten[143], ausdrücklich abgelehnt worden ist[144]. Die allgemeine Rüge, der Sachverständige sei befangen gewesen, ist unzulässig[145], auch wenn ein zwingender Ablehnungsgrund (Rdn. 4 ff) vorliegt[146]. Ist über das Ablehnungsgesuch überhaupt nicht oder nur stillschweigend entschieden worden, so kann das die Revision begründen[147]. Das gleiche gilt, wenn der Beschluß, mit dem das Gesuch zurückgewiesen worden ist, keine zureichende Begründung hat, insbesondere die Ablehnungstatsachen nicht sachlich würdigt[148]. Anders ist es, wenn die Gründe für alle Prozeßbeteiligten und auch für das Revisionsgericht klar ersichtlich sind[149].

Die Revision kann sowohl darauf **gestützt** werden, daß einem Ablehnungsgesuch **41** zu Unrecht stattgegeben, als auch darauf, daß es zu Unrecht zurückgewiesen worden ist. In beiden Fällen ist § 74 Abs. 1 verletzt. Ist dem Gesuch stattgegeben worden, so wird das Urteil aber auf dem Verfahrensverstoß regelmäßig nicht beruhen, wenn statt des ausgeschiedenen ein anderer Sachverständiger mit gleichwertigen Sachkenntnissen vernommen worden ist[150]. Das gilt aber nicht, wenn der abgelehnte Sachverständige be-

---

[138] BayObLGSt **7** 274; KG JW **1928** 1949; **1930** 2592 mit Anm. *Mamroth*; KG JR **1959** 350; OLG Braunschweig OLGSt § 74 S. 1; OLG Celle NJW **1966** 415; OLG Düsseldorf NJW **1967** 692; OLG Hamburg *Alsb.* E **2** Nr. 135; NJW **1967** 2275; OLG Oldenburg JZ **1960** 291 mit Anm. *Peters*; OLG Schleswig SchlHA **1953** 222; OLG Zweibrücken MDR **1967** 687; **1968** 781; KK-*Pelchen* 16; *Kleinknecht/Meyer*[37] 20; KMR-*Paulus* 30; *Jessnitzer* 143; *K. Müller* 143; *Schlüchter* 529; *Dahs/ Dahs*[4] 226.

[139] OLG Celle NdsRpfl. **1956** 80.

[140] KG JR **1959** 350; *K. Müller* 143.

[141] KK-*Pelchen* 16; *K. Müller* 143.

[142] OLG Köln JMBlNRW **1962** 202; KMR-*Paulus* 33; *K. Müller* 144.

[143] RG JW **1932** 3099 mit Anm. *Bohne*.

[144] KK-*Pelchen* 17; KMR-*Paulus* 32; *Dahs/ Dahs*[4] 226; *K. Müller* 144.

[145] RG JW **1891** 323.

[146] RG LZ **1915** 360.

[147] OLG Hamm NJW **1966** 1880.

[148] RGSt **47** 241; RG HRR **1938** 1572.

[149] RG JW **1931** 2504; OLG Hamburg VRS **56** 457; KK-*Pelchen* 17.

[150] Anders RGRspr. **10** 355, nach dessen Ansicht sich regelmäßig nicht beurteilen läßt, ob nicht der zu Unrecht abgelehnte Sachverständige besser qualifiziert war.

reits vorher mündlich oder schriftlich ein Gutachten abgegeben hatte, das von dem des neuen Sachverständigen, dem das Gericht gefolgt ist, abweicht. Auf einer rechtsfehlerhaften Zurückweisung des Ablehnungsgesuchs beruht das Urteil nicht, wenn der Tatrichter das Gutachten des abgelehnten Sachverständigen nicht verwertet hat oder wenn das Urteil klar erkennen läßt, daß es ohne Berücksichtigung des Gutachtens zu demselben Ergebnis gelangt wäre.

42   **b) Die revisionsrechtliche Behandlung der Rüge,** daß das Ablehnungsgesuch unter Verstoß gegen § 74 zurückgewiesen worden ist, unterscheidet sich grundsätzlich von der Behandlung der Rüge, daß das gegen einen Richter gerichtete Ablehnungsgesuch zu Unrecht verworfen worden ist. Beim Richter ist das ein zwingender Revisionsgrund (§ 338 Nr. 3). Dabei wird nach Beschwerdegrundsätzen geprüft, ob die Ablehnung gerechtfertigt war (vgl. § 338, 64). Beim Sachverständigen ist die Rüge nach allgemeinem Revisionsrecht (§ 337) zu beurteilen[151]. Das Revisionsgericht ist an die Tatsachen gebunden, die der Tatrichter seiner Entscheidung zugrunde gelegt hat; es darf sie nicht durch eigene Ermittlungen ergänzen[152]. Ablehnungsgründe, die in dem Ablehnungsgesuch nicht vorgebracht waren, werden nicht berücksichtigt[153]. Das gilt auch, wenn diese Tatsachen in dem Urteil ausdrücklich festgestellt worden sind[154]. Neue Tatsachen können nicht nachgeschoben werden; auch eine ergänzende Glaubhaftmachung ist unzulässig[155]. Ob das tatsächliche Vorbringen in dem Ablehnungsgesuch richtig ist, entscheidet allein der Tatrichter[156]. Das Revisionsgericht prüft nur, ob der Tatrichter Rechtsbegriffe, etwa den Begriff des Verletzten in § 22 Nr. 1 oder den Begriff Polizeibeamter in § 22 Nr. 4, insbesondere aber den Begriff der Besorgnis der Befangenheit, zutreffend angewendet hat[157]. Die ältere Rechtsprechung des Reichsgerichts ging dahin, daß auch die Entscheidung des Tatrichters darüber, ob vom Standpunkt des Ablehnenden aus ein vernünftiger Grund zu der Besorgnis besteht, der Sachverständige sei befangen, als auf tatsächlichem Gebiet liegend von dem Revisionsgericht nicht geprüft werden darf[158]. Heute behandeln die Revisionsgerichte jedoch die Frage, ob Besorgnis der Befangenheit bestanden hat, als eine Rechtsfrage, die ihrer Nachprüfung unterliegt[159]. Diese Entwicklung der Rechtsprechung führt zu weitgehender Einebnung des Unterschieds zwischen der Ablehnung des Richters und der des Sachverständigen, jedenfalls was ihre Behandlung in der Revisionsinstanz betrifft.

---

[151] BGHSt **8** 232; BGH GA **1958** 305; BGH bei *Dallinger* MDR **1952** 409; RGSt 58 262; **72** 260; OLG Koblenz GA **1975** 28; KK-*Pelchen* 18; KMR-*Paulus* 31; *Eb. Schmidt* 23; *Alsberg/Nüse/Meyer* 161; *Dahs/Dahs*⁴ 226; *K. Müller* 144; *Sarstedt/Hamm* 213.

[152] BGHSt **8** 232; RGSt **25** 362; BGH bei *Spiegel* DAR **1979** 191; BGH StrVert. **1981** 55; OLG Koblenz GA **1975** 28.

[153] RGSt **36** 209.

[154] *K. Müller* 143 ff.

[155] *Kleinknecht/Meyer*³⁷ 21.

[156] BGHSt **8** 233.

[157] BGHSt **8** 233; RGSt 58 262; RG JW **1924** 912 mit Anm. *Klefisch*; RG GA **68** (1920) 354.

[158] RGSt **25** 362; RG JW **1912** 942; **1931** 2504 mit Anm. *Alsberg*; RG JW **1936** 1918 mit Anm. *Megow*; RG JW **1938** 3161; RG DJ

1938 1498 mit Anm. *Gährs*; RG HRR **1940** 54; RG LZ **1915** 554; RG Recht **1910** Nr. 3872; ebenso BayObLGSt **1951** 390; OLG Dresden DRiZ **1934** Nr. 306; OLG Karlsruhe JW **1932** 965 mit Anm. *Heilberg*; auch BGH bei *Dallinger* MDR **1952** 409 scheint noch diese Auffassung zu vertreten.

[159] BGHSt **8** 233; stillschweigend gehen hiervon aus: BGHSt **20** 245; BGH NJW **1961** 2069; **1969** 2294; BGH bei *Dallinger* MDR **1972** 925; BGH bei *Spiegel* DAR **1979** 191 (Nr. 7); BGH StrVert. **1981** 55; OLG Hamm NJW **1966** 1880; KK-*Pelchen* 18; *Kleinknecht/Meyer*³⁷ 21; KMR-*Paulus* 31; *Dahs/Dahs*⁴ 226; *Sarstedt/Hamm* 213; ebenso schon RGSt 58 262; **72** 250; *Alsberg* JW **1915** 308; *Ditzen* Dreierlei Beweis 83.

c) **Begründung der Revisionsrüge.** Die Revisionsrüge als solche wird nach Revi- **43** sionsgrundsätzen (§ 344 Abs. 2 Satz 2) geprüft[160]. Daher ist sowohl die Mitteilung des Antrags, mit dem der Sachverständige abgelehnt worden ist, als auch des Gerichtsbeschlusses, durch den der Antrag zurückgewiesen wurde, erforderlich[161].

§ 75

(1) Der zum Sachverständigen Ernannte hat der Ernennung Folge zu leisten, wenn er zur Erstattung von Gutachten der erforderten Art öffentlich bestellt ist oder wenn er die Wissenschaft, die Kunst oder das Gewerbe, deren Kenntnis Voraussetzung der Begutachtung ist, öffentlich zum Erwerb ausübt oder wenn er zu ihrer Ausübung öffentlich bestellt oder ermächtigt ist.

(2) Zur Erstattung des Gutachtens ist auch der verpflichtet, welcher sich hierzu vor Gericht bereit erklärt hat.

1. **Allgemeines.** Die Vorschrift setzt eine an bestimmte Voraussetzungen gebun- **1** dene und daher beschränkte, sonst aber der Zeugenpflicht entsprechende staatsbürgerliche[1] Pflicht zur Tätigkeit als Sachverständiger fest. Diese Pflicht besteht entgegen dem Gesetzeswortlaut („Ernennung") nicht nur, wenn der Richter den Sachverständigen nach § 73 ausgewählt hat, sondern auch, wenn der Sachverständige von einem Prozeßbeteiligten nach § 214 Abs. 3, § 220 Abs. 1 unmittelbar geladen und nach § 220 Abs. 2 zum Erscheinen verpflichtet ist[2]. Denn die Erscheinungspflicht hätte keinen Sinn, wenn nicht zugleich die Pflicht bestünde, das Gutachten vorzubereiten und abzugeben (Rdn. 8), zu dessen Erstattung der Sachverständige unmittelbar geladen worden ist. Der Sachverständige darf sich seiner Pflicht nicht dadurch entziehen, daß er einen Ersatzmann mit der Begutachtung beauftragt. Die Pflicht besteht auch gegenüber der Staatsanwaltschaft im Vorverfahren (§ 161 a Abs. 2), nicht aber gegenüber der Polizei, es sei denn, der Sachverständige hat sich zur Begutachtung bereit erklärt oder ist als Amtsträger einer öffentlich-rechtlichen Körperschaft zur Amtshilfe (Art. 35 GG) verpflichtet[3].

2. **Voraussetzungen der Sachverständigenpflicht**
a) **Öffentliche Bestellung.** Sie muß sich auf die Erstattung von Gutachten gerade **2** der erforderten Art beziehen. Hierher gehören vor allem die Gerichtsärzte (in Bayern die Landgerichtsärzte)[4], öffentlich bestellte Buchsachverständige und Wirtschaftsprüfer. Näheres bei § 73, 25.

---

[160] BGHSt **21** 340; BGH bei *Spiegel* DAR **1979** 191 (Nr. 6).
[161] BGH VRS **35** 428; OLG Koblenz GA **1975** 28; vgl. auch BGH NJW **1969** 2293.
[1] KK-*Pelchen* 1; KMR-*Paulus* 1; *Eb. Schmidt* 1.
[2] KK-*Pelchen* 1; *Kleinknecht/Meyer*[37] 1;

KMR-*Paulus* 1; *K. Müller* 148; **a. A** *von Kries* 387.
[3] KK-*Pelchen* 1; *Roxin*[19] § 27 B III; *Jessnitzer* 150; vgl. auch § 77, 2.
[4] Gesetz über die Gesundheits- und Veterinärverwaltung in Bayern v. 12. 7. 1986 – Bayer. GVBl. 1986, 120.

3　　**b) Öffentliche Ausübung** der Wissenschaft, der Kunst oder des Gewerbes zum Erwerb. Der Begriff Gewerbe ist weit auszulegen; es ist nicht der der Gewerbeordnung[5]. Gemeint ist jede Art von Erwerbstätigkeit in Industrie, Handel, Gewerbe oder in einem freien Beruf, die nicht nur vereinzelte Erwerbsakte umfaßt[6]. Ausübung zum Erwerb bedeutet, daß eine laufende Einnahmequelle erschlossen werden soll, wenn auch nicht die einzige oder die hauptsächliche[7]. Öffentliche Ausübung erfolgt gegenüber dem Publikum, also einem zahlenmäßig unbestimmten Personenkreis[8]; der Begriff „öffentlich" ist tatsächlicher, nicht rechtlicher Art[9]. Hiernach kann jeder praktizierende Arzt, jeder Apotheker, Schriftsteller, öffentlich auftretende oder seine Werke verkaufende Künstler und jeder Handwerker als Sachverständiger herangezogen werden, nicht dagegen ein Sachkenner, der sein Wissen nur aus Liebhaberei erworben hat und benutzt, wie z. B. ein Sammler von Briefmarken, Münzen und Kunstgegenständen[10].

4　　**c) Öffentliche Bestellung zur Ausübung** der betreffenden Fertigkeit ist vor allem jede Anstellung als Beamter. Hiernach sind besonders Universitätsprofessoren zur Sachverständigentätigkeit verpflichtet[11].

5　　**d) Öffentliche Ermächtigung zur Ausübung.** Hierunter fällt die Lehrbefugnis und die ärztliche Approbation. Es kommt nicht darauf an, ob die Tätigkeit schon oder noch ausgeübt wird[12]. Auch ein nicht praktizierender Arzt kann daher herangezogen werden.

6　　**e) Bereiterklärung (Absatz 2)** ist nicht schon das allgemeine Angebot an das Gericht, Gutachten aus einem bestimmten Wissensgebiet zu erstatten. Erforderlich ist die in einer bestimmten Strafsache abgegebene Erklärung[13]. Denn § 75 Abs. 2 spricht nicht allgemein von der Gutachtenerstattung, sondern von der Erstattung „des" Gutachtens. Die Bereiterklärung muß nicht, wie nach dem Gesetzeswortlaut scheinen könnte, mündlich „vor" Gericht, sondern kann auch schriftlich oder stillschweigend durch widerspruchslose Annahme des Gutachtenauftrags, insbesondere durch Erscheinen vor Gericht[14] und Beginnen mit der Gutachtertätigkeit[15], abgegeben werden. In erster Hinsicht ist hier an den Fall zu denken, daß der Sachkundige auf eine Anfrage des Gerichts, etwa nach § 73 Abs. 1 Satz 2, seiner Heranziehung zugestimmt hat. Die Bereiterklärung ist dann schlechthin unwiderruflich[16]; sonst hätte § 75 Abs. 2 keinen Sinn. Hat der Betreffende dagegen seine Bereitschaft unaufgefordert erklärt, so kann er diese Erklärung zurücknehmen, solange nicht das Gericht oder ein Prozeßbeteiligter durch Ladung nach § 214 Abs. 3, § 220 Abs. 1 davon Gebrauch gemacht haben.

7　　**3. Zumutbarkeit.** Eine weitere, vom Gesetz nicht erwähnte Voraussetzung für die Pflicht, als Sachverständiger tätig zu werden, ist die Zumutbarkeit[17]. Die Staatsbürgerpflicht geht nicht so weit, daß der Sachverständige wegen der Gutachtertätigkeit seine sonstige Berufsarbeit vernachlässigen muß. Bei Universitätsprofessoren sind z. B.

---

[5] *Eb. Schmidt* 5.
[6] KK-*Pelchen* 3; KMR-*Paulus* 3.
[7] *Eb. Schmidt* 4.
[8] *Eb. Schmidt* 4.
[9] KMR-*Paulus* 3.
[10] *Eb. Schmidt* 4.
[11] BayObLG JZ **1978** 482; KK-*Pelchen* 4; vgl. auch KMR-*Paulus* 2; *Peters*[4] 369.
[12] LG Trier NJW **1987** 722 (f. approbierten Krankenhausarzt); KK-*Pelchen* 5; KMR-*Paulus* 3; *Eb. Schmidt* 6; *Peters*[4] 369.

[13] KK-*Pelchen*　6;　*Kleinknecht/Meyer*[37]　2; KMR-*Paulus* 4; *Eb. Schmidt* 8; **a. A** *Jessnitzer* 146 unter Hinweis auf das zivilprozessuale Schrifttum.
[14] *Jessnitzer* 147.
[15] KMR-*Paulus* 4.
[16] KMR-*Paulus* 4; *Jessnitzer* 147.
[17] KMR-*Paulus* 5.

Forschung und Lehre ebenso wichtig wie die Erstattung von Gutachten. Auch ist ein stark beanspruchter Sachverständiger nicht verpflichtet, seinen Erholungsurlaub auf die Gutachtertätigkeit zu verwenden. Haben mehrere Gerichte Gutachteraufträge erteilt, so geht derjenige vor, den der Sachverständige früher erhalten hat. Daß die gesetzliche Vergütung für die Sachverständigentätigkeit hinter den Entgelten, die der Sachverständige sonst für seine Leistungen fordert und erhält, weit zurückbleibt, macht seine Heranziehung nicht unzumutbar; denn hierbei handelt es sich nicht um eine Erwerbstätigkeit, sondern um die Erfüllung staatsbürgerlicher Pflichten, für die man entschädigt, aber nicht nach den sonst zu erzielenden Sätzen bezahlt wird.

4. Inhalt der Sachverständigenpflicht. Sie ergibt sich aus dem jeweiligen Auftrag **8** und beschränkt sich nur in Ausnahmefällen darauf, im Termin zu erscheinen und die dort gestellten Fragen ohne Vorbereitung zu beantworten. Der Sachverständige hat vielmehr die für das Gutachten erforderlichen Vorarbeiten zu leisten, insbesondere die Akten zu studieren, notwendige Forschungsarbeiten durchzuführen, vorbereitende Aufklärungen nach § 80 zu betreiben und die sachverständigen Untersuchungen vorzunehmen, deren es zur Abgabe des Gutachtens notwendig bedarf. Das gilt auch, wenn der Auftrag nicht vom Gericht erteilt worden, sondern in einer unmittelbaren Ladung (§ 214 Abs. 3, § 220 Abs. 1) enthalten ist[18]. Das Recht des Angeklagten, den Sachverständigen unmittelbar zu laden, begründet daher für den Sachverständigen die Pflicht, im selben Umfang tätig zu werden wie bei der Ernennung durch das Gericht. Der Sachverständige hat sich in beiden Fällen den Anordnungen zu fügen, die der Richter ihm nach § 78 erteilt. In Zweifelsfällen hat er solche Weisungen zu erbitten. Auf Verlangen des Gerichts muß er das Gutachten schriftlich vorbereiten.

§ 76

(1) [1]Dieselben Gründe, die einen Zeugen berechtigen, das Zeugnis zu verweigern, berechtigen einen Sachverständigen zur Verweigerung des Gutachtens. [2]Auch aus anderen Gründen kann ein Sachverständiger von der Verpflichtung zur Erstattung des Gutachtens entbunden werden.

(2) [1]Für die Vernehmung von Richtern, Beamten und anderen Personen des öffentlichen Dienstes als Sachverständige gelten die besonderen beamtenrechtlichen Vorschriften. [2]Für die Mitglieder der Bundes- oder einer Landesregierung gelten die für sie maßgebenden besonderen Vorschriften.

Entstehungsgeschichte. Ursprünglich bestand Absatz 2 nur aus dem Satz: „Die Vernehmung eines öffentlichen Beamten als Sachverständigen findet nicht statt, wenn die vorgesetzte Behörde des Beamten erklärt, daß die Vernehmung den dienstlichen Interessen Nachteil bereiten würde." Durch § 27 Abs. V Nr. 3 des Gesetzes über die Rechtsverhältnisse des Reichskanzlers und der Reichsminister (Reichsministergesetz) vom 27. 3. 1930 (RGBl. I 96) wurden Satz 2 und 3 („Für die Mitglieder einer Landesregierung wird diese Erklärung von der Landesregierung abgegeben. Für die Mitglieder der Reichsregierung gelten die Vorschriften des Reichsministergesetzes vom 27. März 1930 [RGBl. I S. 96]") angefügt. Seine jetzige Fassung erhielt der Absatz 2 durch Art. 3 Nr. 31 VereinhG.

---

[18] *Eb. Schmidt* 1.

Hans Dahs

1. Verweigerung des Gutachtens

1 **a) Weigerungsrecht nach §§ 52 ff.** Nach § 76 Abs. 1 Satz 1 ist der Sachverständige unter bestimmten Voraussetzungen berechtigt, das Gutachten zu verweigern. Ob er von diesem Recht Gebrauch macht, ist seine Sache. Der Richter hat darauf nicht hinzuwirken. Das Weigerungsrecht setzt voraus, daß der Sachverständige an sich nach § 75 zur Erstattung des Gutachtens verpflichtet ist. Wenn die Voraussetzungen des § 75 nicht vorliegen, kann er den Auftrag ohne weiteres ablehnen, ohne das begründen zu müssen[1]. Liegen sie vor, kann er das Gutachten aus einem der in §§ 52 bis 53 a genannten Gründe verweigern (vgl. § 52, 4 ff; § 53, 17 ff; § 53 a, 2 ff); an die Stelle des § 54 Abs. 1 und 2 tritt § 76 Abs. 2. Aus der Anwendung des § 52 folgt, daß auch ein Angehöriger des Beschuldigten mit seiner Zustimmung als Sachverständiger herangezogen werden kann[2]; zu empfehlen ist das nicht. Das Auskunftsverweigerungsrecht nach § 55 fällt nicht unter § 76 Abs. 1, der ein Recht zur Verweigerung des Zeugnisses, nicht nur der Auskunft auf einzelne Fragen, voraussetzt. Jedoch ist § 55 nach § 72 entsprechend anzuwenden. Der Fall des § 55 kann bei einem Sachverständigen, z. B. dann eintreten, wenn er dafür benannt wird, daß das dem Beschuldigten zur Last gelegte Verhalten allgemein üblich und auch von ihm selbst für erlaubt gehalten und geduldet worden ist. Die Belehrungspflichten nach § 52 Abs. 3 Satz 1, § 55 Abs. 2 und die Pflicht zur Glaubhaftmachung nach § 56 gelten nach § 72 auch für den Sachverständigen[3].

2 **b) Schweigerecht ärztlicher Sachverständiger.** Hat der Beschuldigte oder ein Zeuge dem zum Sachverständigen bestellten Arzt bei der Untersuchung nach §§ 81 a, 81 c Tatsachen mitgeteilt, die zu den sog. Zusatztatsachen gehören, so ist der Arzt hierüber als Zeuge zu vernehmen (§ 79, 21). Daß er insoweit kein Schweigerecht hat, ergibt sich unmittelbar aus § 53 Abs. 1 Nr. 3 (vgl. § 53, 31). Die in § 76 Abs. 1 Satz 1 bestimmte entsprechende Anwendung dieser Vorschrift bezieht sich nur auf die sog. Befundtatsachen, also die Tatsachen, die der Sachverständige in Erfüllung seines Auftrages aufgrund seiner Sachkunde feststellt (§ 79, 19). Auch hierbei kann es sich um Mitteilungen des Beschuldigten oder Zeugen gegenüber dem Sachverständigen handeln. Ein Schweigerecht des Sachverständigen besteht auch insoweit nicht. Der Arzt, der mit einem Beschuldigten oder mit einem Zeugen nur dadurch in Berührung kommt, daß er in dem Strafverfahren gegen den Beschuldigten als Sachverständiger tätig wird und sein Gutachten vorzubereiten hat, nimmt Mitteilungen von vornherein in der deutlich erkennbaren Absicht entgegen, sie vor Gericht in seinem Gutachten zu verwerten. Von einem Anvertrautsein im Sinne des § 53 Abs. 1 Nr. 3 kann dabei nicht die Rede sein. Das gleiche gilt von Tatsachen, die dem Sachverständigen auf andere Weise bekanntgeworden sind, z. B. dem Inhalt einer nach Entbindung von der Schweigepflicht herbeigezogenen Krankengeschichte. Der Sachverständige darf daher in dem Verfahren, in dem er das Gutachten erstattet, die Wiedergabe derartiger Befundtatsachen nicht verweigern[4].

---

[1] KK-*Pelchen* 1; *Kleinknecht/Meyer*[37] 1; KMR-*Paulus* 1; *Jessnitzer* 152; *K. Müller* 149.
[2] KK-*Pelchen* 2; *Kleinknecht/Meyer*[37] 1; KMR-*Paulus* 2.
[3] *K. Müller* 189; zum Gutachtenverweigerungsrecht ausländischer Sachverständiger vgl. *Jessnitzer* 152; *Nagel* DRiZ **1977** 33.
[4] BGHZ 40 294 ff = NJW **1964** 451; RGSt **61** 384; **66** 274 = JW **1932** 3355 mit Anm. *Lehmann*; OGHSt **3** 63; BayObLG NJW

1973 2251; OLG Hamm NJW **1968** 1202 = VRS **35** 32; OLG Schleswig SchlHA **1954** 25; KK-*Pelchen* 3; *Eb. Schmidt* § 53, 16 und Arzt im Strafrecht 33; *Dreher/Tröndle*[43] § 203, 8; LK-*Mösl* § 300 a. F, 12; *Schönke/Schröder/Lenckner* § 203, 16; *Jessnitzer* 156 ff; *K. Müller* 178 ff; *Henkel* 220 Fn. 3; *Bockelmann* in Ponsold, Lehrbuch der Gerichtlichen Medizin, 3. Aufl. 1967, 13 ff.

Dabei macht es keinen Unterschied, ob der Beschuldigte oder der Zeuge die Untersuchung nur geduldet oder ob er sich mit ihr freiwillig einverstanden erklärt hat[5]. Denn ein Vertrauensverhältnis wie sonst zwischen Arzt und Patient kommt in keinem Fall zustande[6], und zwar auch dann nicht, wenn es sich bei dem Sachverständigen um einen privat praktizierenden Arzt handelt[7]. Etwas anderes gilt nur für Mitteilungen des Untersuchten gegenüber dem Sachverständigen, die mit dem Gutachten in keinem Zusammenhang stehen und bei denen die Annahme geboten ist, daß sie unter der Voraussetzung der Geheimhaltung gemacht worden sind[8], oder für die Aussage des Sachverständigen in einem anderen Verfahren als dem, in dem die Untersuchung angeordnet worden war[9].

Die **Gegenmeinung,** auch als vom Gericht bestellter Sachverständiger trete der **3** Arzt dem zu Untersuchenden als „Arzt und Helfer" gegenüber, so daß ihm Tatsachen in seiner Eigenschaft als Arzt, nicht als Sachverständiger mitgeteilt werden[10], geht von der Annahme aus, daß sowohl der Arzt als auch der zu Untersuchende die Aufgabe des medizinischen Sachverständigen im Strafverfahren gründlich mißverstehen. In Wahrheit wissen beide, daß der Arzt allein deshalb tätig wird, weil er im Auftrag des Gerichts bestimmte Tatsachen aufklären soll; wenn das bei dem Untersuchten in Vergessenheit gerät, sollte der Arzt ihn unmißverständlich daran erinnern. Eine „hippokratische Aufgabe" hat der Sachverständige nicht wahrzunehmen[11]. Ein Arzt, der in dem zu Begutachtenden vor allem den Patienten sieht, ist als Sachverständiger ungeeignet. Richtig ist allerdings, daß der Sachverständige davon absehen sollte, die ihm mitgeteilten Tatsachen auch dann in sein Gutachten aufzunehmen, wenn sie ersichtlich für das Untersuchungsergebnis ohne Bedeutung sind. Wo die Erheblichkeit fraglich sein kann, muß der Sachverständige aber wenigstens erkennen lassen, daß er mehr weiß, als er offenbart; die letzte Entscheidung zwischen der ärztlichen Pflicht zum Schweigen und der Sachverständigenpflicht muß er dem Gericht überlassen.

2. Entbindung von der Gutachterpflicht. Den ernannten Sachverständigen kann **4** das Gericht nach freiem Ermessen entbinden (§ 76 Abs. 1 Satz 2), insbesondere wenn die Durchsetzung der Gutachterpflicht, obwohl Verweigerungsgründe nach § 76 Abs. 1 Satz 1 nicht vorliegen, eine Härte bedeuten würde[12]. Das kommt vor allem wegen des hohen Alters des Sachverständigen oder wegen seiner beruflichen Überlastung in Betracht. Die Entbindung kann aber auch im Interesse der Sache geboten sein, z. B. wenn das Gericht seine Ansicht über die Erforderlichkeit der Gutachtenerstattung geändert hat, wenn die Sachkunde des ernannten Sachverständigen zweifelhaft geworden oder ein noch sachkundigerer Sachverständiger ausfindig gemacht worden ist, wenn ein Befangenheitsgrund vorliegt, aber nicht geltend gemacht wird, oder wenn der Sachverständige nicht in der Lage ist oder nicht mehr gezwungen werden kann, das Gutachten in an-

---

[5] BGHZ 40 296 = NJW 1964 451.

[6] KMR-*Paulus* § 53, 16; *Eb. Schmidt* § 53, 16; *Hiendl* NJW 1958 2101; *Lehmann* JW 1932 3356.

[7] *Kohlhaas* DRiZ 1959 246 und DAR 1968 74; KMR-*Paulus* § 53, 16; **a. A** *Hiendl* NJW 1958 2101.

[8] RGSt 61 384; KK-*Pelchen* § 53, 19; *Kleinknecht/Meyer*[37] § 53, 20; KMR-*Paulus* § 53, 17; *Jessnitzer* 157; *K. Müller* 179.

[9] BGHZ 40 294; KK-*Pelchen* § 53, 19; *K. Müller* 180.

[10] KMR-*Paulus* § 53, 18, der aber die Einschränkung für den Fall macht, daß die anvertrauten Mitteilungen mit dem Gutachtenauftrag in keinem Zusammenhang stehen bzw. für die Erstattung nicht unbedingt notwendig sind; vgl. auch *Jessnitzer* 158; *K. Müller* 197.

[11] Anders *Frey* FS Pfenninger 53; *Jessnitzer* 158.

[12] KK-*Pelchen* 4; *Kleinknecht/Meyer*[37] 3; KMR-*Paulus* 4; *Jessnitzer* 148; *K. Müller* 196.

Hans Dahs

gemessener Zeit zu erstatten[13]. Die Entbindung erfolgt von Amts wegen; der Antrag eines Prozeßbeteiligten ist nicht erforderlich[14].

5   Die Entbindung ist auch zulässig, wenn nicht das Gericht den Sachverständigen ernannt, sondern ein Prozeßbeteiligter ihn nach § 214 Abs. 3, § 220 Abs. 1 **unmittelbar geladen** hat. Auch dann können Gründe vorliegen, die es angemessen erscheinen lassen, den Sachverständigen von seiner Gutachterpflicht (§ 75, 1) zu entbinden. Jedoch darf der Weg des § 76 Abs. 1 Satz 2 nicht mißbraucht werden, um dem Prozeßbeteiligten das Recht der unmittelbaren Ladung zu nehmen. In diesem Sonderfall ist die Entbindung daher nur zulässig, wenn der Sachverständige oder der Prozeßbeteiligte, der ihn geladen hat, sie ausdrücklich beantragt[15].

6   Ist der vom Gericht ernannte oder der unmittelbar geladene Sachverständige bereits zur Hauptverhandlung **erschienen,** so kann er nur noch mit dem Einverständnis aller Prozeßbeteiligter nach § 76 Abs. 1 Satz 2 entbunden werden. Wenn es an dem Einverständnis fehlt, geht § 245, der die Frage besonders regelt, dieser Bestimmung vor[16].

7   **3. Angehörige des öffentlichen Dienstes. Regierungsmitglieder (Absatz 2).** Für die Vernehmung dieser Personen als Sachverständige gelten die besonderen beamtenrechtlichen oder sonst für sie maßgebenden Vorschriften. Soweit Angehörige des öffentlichen Dienstes mit der Erstattung des Gutachtens ihre Pflicht zur Amtsverschwiegenheit verletzen könnten, sind die Grundsätze zu § 54 anzuwenden; auf § 54, 7 ff wird verwiesen. Nach den beamtenrechtlichen Bestimmungen kann die Genehmigung zur Gutachtenerstattung auch sonst versagt werden, wenn sie den dienstlichen Interessen Nachteile bereiten würde (vgl. § 62 Abs. 2 BBG). Hierbei kann auch das Interesse der vorgesetzten Behörde von Bedeutung sein, daß das Gericht über Fragen, die ihren Geschäftskreis berühren, durch einen geeigneten Sachverständigen gutachtlich unterrichtet wird[17]. Ferner kann das Auftreten als Sachverständiger als Nebentätigkeit genehmigungsbedürftig sein (vgl. § 65 BBG); der Grund dafür liegt darin, daß die Arbeitskraft des Richters oder Beamten seinem Amt erhalten werden soll. Die Versagung der Genehmigung, als Sachverständiger tätig zu werden, kann auf dem Verwaltungsrechtsweg angefochten werden (vgl. § 54, 22 ff). Wegen der Sondervorschriften für Regierungsmitglieder vgl. § 54, 26.

8   **4. Anfechtung.** Gegen die Entbindung nach § 76 Abs. 1 Satz 2 steht dem Sachverständigen kein Rechtsmittel zu; er ist durch die Entscheidung nicht beschwert[18]. Im übrigen ist im Vorverfahren die einfache Beschwerde nach § 304 gegeben; der Sachverständige kann sie nach § 304 Abs. 2 gegen die Ablehnung seines Antrags auf Entbindung einlegen[19], jeder Prozeßbeteiligte nach § 304 Abs. 1 auch gegen die Entbindung. Entscheidungen des erkennenden Gerichts kann nur der Sachverständige anfechten (§ 305 Satz 2). Beschlüsse des Oberlandesgerichts sind unanfechtbar (§ 304 Abs. 4 Satz 2). Weitere Beschwerde ist nach § 310 ausgeschlossen. Das Beschwerdegericht entscheidet in allen Fällen nach seinem Ermessen.

---

[13] *Jessnitzer* 148; *K. Müller* 196.
[14] *Kleinknecht/Meyer*[37] 3; KMR-*Paulus* 4; *Eb. Schmidt* 3; *K. Müller* 195; *Jessnitzer* 148; **a. A** *Feisenberger* 2.
[15] KMR-*Paulus* 5; *Jessnitzer* 149; **a. A** *K. Müller* 195; der auch sonst sachliche Gründe für die Entbindung anerkennen will.
[16] KMR-*Paulus* 5; *K. Müller* 195; **a. A** KK-*Pel-*

chen 4; *Jessnitzer* 149: Vorrang des § 76 Abs. 1 Satz 2.
[17] RG GA **53** (1906) 441.
[18] KK-*Pelchen* 5; *Kleinknecht/Meyer*[37] 6; KMR-*Paulus* 7; *K. Müller* 196.
[19] KK-*Pelchen* 5; KMR-*Paulus* 7; *Jessnitzer* 150; *K. Müller* 196.

5. Revision. Das Verlangen der Glaubhaftmachung nach §§ 56, 72 steht im Ermes- **9**
sen des Gerichts (§ 56, 2), so daß die Revision auf die Unterlassung nicht gestützt werden
kann[20]. Mit der Revision kann aber gerügt werden, daß dem Sachverständigen aus
Rechtsirrtum nach § 76 Abs. 1 Satz 1 ein Verweigerungsrecht zuerkannt[21] oder daß es
ihm trotz Vorliegens der rechtlichen Voraussetzungen nicht zugestanden worden ist.
Das Urteil beruht auf der Verletzung des § 76 Abs. 1, wenn nicht auszuschließen ist, daß
der ausgeschiedene Sachverständige zu einem anderen Ergebnis gekommen wäre als der
an seiner Stelle vernommene[22] oder wenn das Gericht das Gutachten des Sachverständigen berücksichtigt hat, der ein Weigerungsrecht vergeblich geltend gemacht hatte[23].
Die Entbindung oder Nichtentbindung des Sachverständigen (§ 76 Abs. 1 Satz 2) kann
die Revision nur begründen, wenn das Gericht von seinem Ermessen einen rechtsfehlerhaften Gebrauch gemacht hat und das Urteil darauf beruht. Die Revision kann nicht darauf gestützt werden, daß die in § 76 Abs. 2 angeordneten Vorbedingungen der Gutachtenerstattung nicht erfüllt waren; die Frage, ob die Gutachtenerstattung gegen beamtenrechtliche Vorschriften verstoßen hat, berührt nicht den Rechtskreis des Angeklagten[24].

§ 77

(1) ¹Im Fall des Nichterscheinens oder der Weigerung eines zur Erstattung des Gutachtens verpflichteten Sachverständigen wird diesem auferlegt, die dadurch verursachten Kosten zu ersetzen. ²Zugleich wird gegen ihn ein Ordnungsgeld festgesetzt. ³Im
Falle wiederholten Ungehorsams kann neben der Auferlegung der Kosten das Ordnungsgeld noch einmal festgesetzt werden.

(2) ¹Weigert sich ein zur Erstattung des Gutachtens verpflichteter Sachverständiger,
nach § 73 Abs. 1 Satz 2 eine angemessene Frist abzusprechen, oder versäumt er die abgesprochene Frist, so kann gegen ihn ein Ordnungsgeld festgesetzt werden. ²Der Festsetzung des Ordnungsgeldes muß eine Androhung unter Setzung einer Nachfrist vorausgehen. ³Im Falle wiederholter Fristversäumnis kann das Ordnungsgeld noch einmal festgesetzt werden.

Entstehungsgeschichte. In der ursprünglichen Fassung drohte Absatz 1 Geldstrafe
von 300 RM, im Wiederholungsfall von 600 RM an. Absatz 2 regelte die Straffestsetzung
und Vollstreckung gegen Militärpersonen. Dieser Absatz wurde durch § 14 des Gesetzes
betreffend die Aufhebung der Militärgerichtsbarkeit vom 17. 8. 1920 (RGBl. 1579) aufgehoben. Durch die Neubekanntmachung der Strafprozeßordnung vom 22. 3. 1924
(RGBl. I 299, 322) wurde Absatz 1 dem Art. II der Verordnung über Vermögensstrafen
und Bußen vom 6. 2. 1924 (RGBl. I 44) angepaßt. Art. 3 Nr. 32 VereinhG fügte in dem

---

[20] BGH NJW **1972** 1334; BGH bei *Dallinger*
MDR **1971** 188; RGSt **54** 40; OGHSt **2** 173;
KK-*Pelchen* 6; KMR-*Paulus* 8; vgl. auch § 56,
10.
[21] RG JW **1928** 414; **1929** 861; OGHSt **2** 174;
KK-*Pelchen* 6; KMR-*Paulus* 8; *K. Müller*
194.

[22] *K. Müller* 194; enger KK-*Pelchen* 6, wonach das Beruhen regelmäßig zu verneinen
ist, wenn das Gericht einen anderen Sachverständigen hinzugezogen hat.
[23] KK-*Pelchen* 6; KMR-*Paulus* 8; *K. Müller*
195.
[24] Vgl. KK-*Pelchen* 6; KMR-*Paulus* 8; i. ü. die
Erl. zu § 54 sowie § 337, 95.

letzten Satz die Worte „neben der Verurteilung in die Kosten" ein. Art. 21 Nr. 11 EGStGB faßte die Vorschrift ohne sachliche Änderung (das Wort „Ordnungsstrafe" wurde durch das Wort „Ordnungsgeld" ersetzt, der Inhalt des bisherigen Satzes 1 in die Sätze 1 und 2 aufgeteilt) neu. Durch Art. 1 Nr. 19 des 1. StVRG wurde Absatz 2 angefügt.

Übersicht

I. Allgemeines

1   Absatz 1 der Vorschrift ersetzt für den Sachverständigen die für den Zeugen geltenden Bestimmungen über die Folgen des Nichterscheinens (§ 51 Abs. 1) und der Aussage- und Eidesverweigerung (§ 70 Abs. 1 und 2). Beim Sachverständigen sind die gesetzlichen Folgen des Ungehorsams wesentlich milder als beim Zeugen. Der Sachverständige darf weder zwangsweise vorgeführt noch in Beugehaft genommen werden; auch eine Ordnungshaft für den Fall, daß das Ordnungsgeld nicht beigetrieben werden kann, ist ausgeschlossen. So harte Ungehorsamsfolgen sind beim Sachverständigen nicht erforderlich, weil er notfalls durch einen anderen ersetzt werden kann. Außerdem ist ein erzwungenes Gutachten ohnehin von zweifelhaftem Wert; eine Zwangsanwendung zur Herbeiführung geistiger Leistungen ist im Grunde widersinnig[1]. Für die Eidesverweigerung treffen diese Erwägungen zwar nicht zu. Da § 77 Abs. 1 Satz 1 allgemein von der „Weigerung" des Sachverständigen spricht, treten die gegenüber § 70 Abs. 1 milderen Ungehorsamsfolgen aber auch ein, wenn der Sachverständige nur den Eid grundlos verweigert[2]. Die entsprechende Anwendung (§ 72) des § 51 Abs. 2 und 3 und des § 70 Abs. 3 und 4 wird hingegen durch § 77 nicht ausgeschlossen. Auch die Weigerung, eine Fristabsprache nach § 73 Abs. 1 Satz 2 zu treffen, und die Versäumung der abgesprochenen Frist darf nach § 77 Abs. 2 nur zur Festsetzung eines Ordnungsgeldes führen; Beugehaft und ersatzweise Ordnungshaft sind auch hier unzulässig. Zur Ahndung des Nichterscheinens eines Dolmetschers kann § 77 nicht analog herangezogen werden[3].

II. Zur Erstattung des Gutachtens verpflichtete Sachverständige

2   Gemeint sind die vom Gericht bestellten und die von einem Prozeßbeteiligten nach § 214 Abs. 3, § 220 Abs. 1 unmittelbar geladenen Sachverständigen, die der Ernen-

---

[1] *Eb. Schmidt* 2; *Beling* 308.
[2] KMR-*Paulus* 6; *Jessnitzer* 303; *K. Müller* 217.
[3] LG Nürnberg-Fürth NJW **1978** 1119.

nung nach § 75 Folge zu leisten haben und nicht nach § 76 berechtigt sind, das Gutachten zu verweigern. Im Vorverfahren sind die Sachverständigen im selben Umfang wie vor Gericht zur Gutachtenerstattung für die Staatsanwaltschaft verpflichtet (§ 161 a Abs. 1); die Zwangsbefugnisse des § 77 stehen auch der Staatsanwaltschaft zu (§ 161 a Abs. 2). Die Polizei hat eigene Zwangsrechte gegen Sachverständige ebensowenig wie gegen Zeugen[4]. Wenn ihr kein beamteter Sachverständiger zur Verfügung steht, zu dessen Dienstpflichten das Erstatten von Gutachten gehört, und wenn sie auch niemanden findet, der freiwillig zur Gutachtenerstattung bereit ist, muß sie sich an die Staatsanwaltschaft wenden, damit diese den Sachverständigen nach § 161 a vernimmt oder seine Vernehmung beim Gericht nach § 162 beantragt.

III. Voraussetzungen der Maßnahmen des § 77

1. Nichterscheinen. Der nach §§ 75, 76 zur Gutachtenerstattung verpflichtete **3** Sachverständige muß, wie sich aus §§ 72, 51 Abs. 1 ergibt, vor Gericht oder an einem anderen vom Gericht bestimmten Ort[5] nur erscheinen, wenn er ordnungsmäßig geladen ist. Dazu gehört nach §§ 72, 48, daß die Ladung, die nicht förmlich zugestellt werden muß (§ 48, 1), den Hinweis auf die gesetzlichen Folgen des Ausbleibens enthält (§ 51, 3). Anders als der zur Verweigerung der Aussage berechtigte Zeuge braucht der Sachverständige trotz ordnungsmäßiger Ladung nicht zu erscheinen, wenn er nach § 76 Abs. 1 Satz 1 zur Verweigerung des Gutachtens berechtigt ist[6]; denn nur das Nichterscheinen eines zur Gutachtenerstattung verpflichteten Sachverständigen zieht die Folgen des § 77 nach sich.

Wer verpflichtet ist, vor Gericht zu erscheinen, muß sich dort **zur festgesetzten 4 Zeit**[7] in vernehmungsfähigem Zustand[8] einfinden. Die bloße Verspätung führt zu keinen Rechtsfolgen, sofern der Sachverständige erscheint, bevor der Beschluß über die Festsetzung des Ordnungsgeldes erlassen wird; eine Ahndung der Verspätung sieht das Gesetz nicht vor[9]. Die Erscheinungspflicht schließt die Pflicht ein, anwesend zu bleiben (§ 51, 7). Der Sachverständige muß sich daher bis zur endgültigen Entlassung zur Verfügung des Gerichts halten (§ 248); bei eigenmächtiger vorzeitiger Entfernung wird er wie ein nicht erschienener Sachverständiger behandelt[10]. Das gleiche gilt, wenn er sich nur vorübergehend entfernt, dadurch aber den ordnungsmäßigen Ablauf der Verhandlung gefährdet[11]. Auf das Nichterscheinen kommt es nicht an, wenn der Termin wegen der Ankündigung des Sachverständigen, er werde nicht erscheinen, aufgehoben worden ist; § 77 Abs. 1 ist dann nicht anzuwenden, weil § 77 Abs. 1 die Sanktion ausdrücklich an die Verletzung der Erscheinenspflicht zu einem tatsächlich stattfindenden Termin anknüpft[12].

Nach § 51 Abs. 2 Satz 1, der entsprechend anzuwenden ist (§ 72), treten die Unge- **5** horsamsfolgen nicht ein, wenn das Ausbleiben des Sachverständigen **rechtzeitig genü-**

---

[4] KK-*Pelchen* 1; KMR-*Paulus* 1; vgl. auch § 81 a, 32.
[5] *Eb. Schmidt* § 51, 2; vgl. auch § 51, 5.
[6] KK-*Pelchen* 2; *Kleinknecht/Meyer*[37] 3; KMR-*Paulus* 1; *Jessnitzer* 169; *K. Müller* 123; *Roxin*[19] § 27 C II 3.
[7] KG GA **69** (1925) 230.
[8] OLG Saarbrücken JBl. Saar **1962** 13; OLG Königsberg DRiZ **1930** 562; *Eb. Schmidt* § 51, 7; *K. Müller* 214; *Göhler* § 59, 61 a; *Kaiser* NJW **1968** 188.

[9] *K. Müller* 214; vgl. auch § 51, 5.
[10] *K. Müller* 214; *Göhler* § 59, 61 a; *Jessnitzer* 303; **a. A** *Lampe* MDR **1974** 540, der darin einen Fall der Aussageverweigerung sieht.
[11] KMR-*Paulus* § 51, 6; vgl. auch *K. Müller* 214.
[12] Vgl. § 51, 6; **a. A** OLG Stuttgart NJW **1956** 840 mit Anm. *Reiff* NJW **1956** 1083.

Hans Dahs

gend entschuldigt wird. Dabei kommt es nach der Änderung des § 51 Abs. 2 Satz 1 auch auf die Rechtzeitigkeit der Entschuldigung an. Es genügt also nicht mehr, daß überhaupt Entschuldigungsgründe vorliegen, vielmehr ist es genauso wichtig, wann sie vorgebracht werden und von wem das Gericht sie erfährt[13]. Das Nichterscheinen infolge der irrigen Annahme, ein Recht zur Verweigerung des Gutachtens zu haben, entschuldigt nicht[14]. Über Entschuldigungsgründe vgl. im übrigen § 51, 11 ff und *Eb. Schmidt* § 51, 15.

6   **2. Verweigerung des Gutachtens.** Hierunter fällt nicht nur die Weigerung, das Gutachten zu erstatten, sondern auch die Weigerung, die von dem Sachverständigen selbst für erforderlich gehaltenen oder vom Gericht angeordneten Vorbereitungsarbeiten zu erledigen, etwa eine notwendige Untersuchung vorzunehmen[15], ferner die Weigerung, sich der Leitung des Gerichts (§ 78) zu unterwerfen oder den Eid zu leisten. Die Erstellung eines mangelhaften Gutachtens ist hingegen keine Verweigerung. Lehnt der Sachverständige es jedoch ab, einzelne Beweisfragen des Gerichts zu beantworten, dann steht das der Gutachtenverweigerung gleich[16]. Die Weigerung, das Gutachten zu erstatten, muß nicht ausdrücklich erklärt worden sein. Soll der Sachverständige ein schriftliches Gutachten erstatten, ist hierfür aber nicht nach § 73 Abs. 1 Satz 2 eine Frist vereinbart, so ist es als Weigerung anzusehen, wenn er es in angemessener Zeit trotz Mahnung nicht vorlegt. § 77 Abs. 2 besagt nicht, daß die verspätete Vorlegung eines Gutachtens nur unter den dort bestimmten Voraussetzungen zur Festsetzung eines Ordnungsgeldes führen darf. In sinngemäßer Anwendung der Vorschrift wird aber vor der Festsetzung des Zwangsmittels eine Frist für die Erstattung des Gutachtens gesetzt und die Festsetzung eines Ordnungsgeldes angedroht werden müssen.

7   Die Weigerung, das Gutachten zu erstatten, führt nicht zur Anwendung der in § 77 vorgesehenen Maßnahmen, wenn dem Sachverständigen die notwendigen Vorarbeiten oder die Anfertigung eines schriftlichen Gutachtens nicht möglich, die **Weigerung** also **entschuldigt** ist[17]. Ob das Gutachten in öffentlicher Verhandlung zu erstatten ist, entscheidet das Gericht, nicht der Sachverständige. Er darf es daher nicht mit der Begründung verweigern, vorher müsse die Öffentlichkeit ausgeschlossen werden[18].

8   **3. Verweigerung der Fristabsprache.** Nach § 73 Abs. 1 Satz 2 soll der Richter mit dem Sachverständigen vor dessen Ernennung eine Absprache treffen, innerhalb welcher Frist das Gutachten erstattet werden kann (§ 73, 22 ff). Ein Sachverständiger, der zur Gutachtenerstattung nach § 75 verpflichtet ist und sie nicht nach § 76 verweigern darf, muß diese Fristabsprache treffen. Er darf sie nur verweigern, wenn er Gründe geltend macht, die ausnahmsweise die Unzumutbarkeit der Gutachtenerstattung ergeben (§ 75, 7). Seine grundsätzliche Bereitschaft, das Gutachten zu erstatten, ist ohne Bedeutung, wenn er sich gleichzeitig weigert, eine Frist für die Erstellung des Gutachtens zu vereinbaren. Eine Verweigerung der Fristabsprache liegt ebenfalls vor, wenn der Sachverständige nur eine unangemessene Frist abzusprechen bereit ist[19]. Nach § 77 Abs. 2 Satz 1 darf dann gegen ihn ein Ordnungsgeld festgesetzt werden, vorausgesetzt, daß die Frist,

---

[13] Zur Änderung des § 51 Abs. 2 Satz 2 vgl. die Entstehungsgeschichte zu § 51; zur rechtzeitigen Entschuldigung § 51, 9.

[14] KK-*Pelchen* 2; KMR-*Paulus* 3; **a. A** *Eb. Schmidt* 3.

[15] LG Trier NJW **1987** 722; KK-*Pelchen* 3; *Kleinknecht/Meyer*[37] 4; *Jessnitzer* 303; *K. Müller* 216.

[16] RGSt **73** 33; KK-*Pelchen* 3; *Kleinknecht/ Meyer*[37] 4; KMR-*Paulus* 6; *Jessnitzer* 303; *K. Müller* 216.

[17] *K. Müller* 217.

[18] **A. A** *Herbst* NJW **1969** 548.

[19] KK-*Pelchen* 4; *Kleinknecht/Meyer*[37] 5; KMR-*Paulus* 7; *K. Müller* 218.

deren Absprache er ablehnt, angemessen ist. Das ist der Fall, wenn unter Abwägung des Interesses des Staates an zügiger Strafrechtspflege, insbesondere an beschleunigter Erledigung von Haftsachen, der Arbeitsbelastung des Sachverständigen und des Erfordernisses einer Vorbereitungszeit für das Gutachten eine Frist abgesprochen werden soll, deren Einhaltung unter solchen Umständen sich regelmäßig als möglich erwiesen hat. Im allgemeinen wird eine Frist von zwei bis drei Monaten auch bei schwierigeren Gutachtenfragen nicht unangemessen kurz sein[20]. Das Ordnungsgeld darf gegen den ungehorsamen Sachverständigen ohne weiteres festgesetzt werden. Die Sätze 2 und 3 des §77 Abs. 2 beziehen sich nur auf den Fall der Fristversäumung. Nur in diesem Fall hat die Setzung einer Nachfrist einen Sinn.

4. Versäumung der abgesprochenen Frist. Hat der Richter mit dem Sachverständi- **9** gen nach §73 Abs. 1 Satz 2 eine Frist für die Erstellung des Gutachtens abgesprochen, dann ist der Sachverständige verpflichtet, sie auch einzuhalten. §77 Abs. 2, der im wesentlichen mit §411 Abs. 2 ZPO übereinstimmt, sieht die Festsetzung eines Ordnungsgeldes zur Erzwingung dieser Pflicht vor, jedoch nur dann, wenn der Sachverständige zu dem Personenkreis gehört, der nach §75 zur Erstattung des Gutachtens verpflichtet ist und kein Weigerungsrecht nach §76 hat. Die Festsetzung des Ordnungsgeldes steht im Ermessen des Gerichts; es kann von ihr absehen, den Sachverständigen, der dann seine Gebührenansprüche verliert[21], nach §76 Abs. 1 Satz 2 abberufen und einen anderen ernennen. Das Ordnungsgeld darf nur festgesetzt werden, wenn der Sachverständige die Frist schuldhaft versäumt. Ist ihm ihre Einhaltung durch Krankheit, unvorhersehbare Arbeitsüberlastung oder berufliche Abordnung unmöglich, so führt das zu keinen Rechtsfolgen. Schuldhaft handelt der Sachverständige aber schon dann, wenn er die eigene Arbeitsüberlastung dem Gericht nicht unverzüglich mitteilt und so verhindert, daß ein anderer Sachverständiger herangezogen wird, oder wenn er die notwendigen Vorarbeiten nicht erledigen läßt, obwohl sie Hilfskräften übertragen werden können[22].

§77 Abs. 2 Satz 2 läßt die Festsetzung eines Ordnungsgeldes erst zu, nachdem **10** dem Sachverständigen eine **Nachfrist** gesetzt worden ist. Die Frist muß so bemessen sein, daß sie in Verbindung mit der ersten, versäumten Frist zur Erstellung des Gutachtens ausreicht. Ferner muß dem Sachverständigen angedroht werden, daß gegen ihn ein Ordnungsgeld festgesetzt wird, wenn er auch die Nachfrist versäumt. In welcher Höhe das Ordnungsgeld festgesetzt werden kann und wie hoch es das Gericht zu bemessen beabsichtigt, braucht dem Sachverständigen nicht mitgeteilt zu werden. Die Form der Androhung bestimmt das Gesetz ebensowenig wie die Form der Nachfristsetzung. Beides kann daher mündlich geschehen; Schriftform ist jedoch vorzuziehen, damit Mißverständnisse, wie sie bei Gesprächen entstehen können, unter allen Umständen vermieden werden.

Zugleich mit der Festsetzung des Ordnungsgeldes wegen der schuldhaften Frist- **11** versäumung kann das Gericht dem Sachverständigen eine **zweite Nachfrist** setzen und ihm die erneute Festsetzung eines Ordnungsgeldes für den Fall androhen, daß er auch diese Frist versäumt. Auch insoweit handelt das Gericht nach freiem Ermessen. Es kann von der Setzung der zweiten Nachfrist absehen und den Sachverständigen nach §76

---

[20] *Rieß* NJW **1975** 84 will §77 Abs. 2 nur anwenden, wenn die Unangemessenheit der von dem Sachverständigen vorgeschlagenen Frist ganz evident ist; vgl. auch *Kleinknecht/ Meyer*[37] 5.

[21] Vgl. OLG Hamm Rpfleger **1961** 131; OLG Köln MDR **1970** 855.
[22] OLG Celle NJW **1972** 1524; KK-*Pelchen* 5; vgl. auch *Jessnitzer* 304 f.

Hans Dahs

Abs. 1 Satz 2 von seinem Auftrag entbinden, wenn es weitere Versuche, den säumigen Sachverständigen zur Erbringung der erforderten Leistungen anzuhalten, für aussichtslos hält. Versäumt der Sachverständige, dem unter erneuter Androhung eines Ordnungsgeldes eine zweite Nachfrist gesetzt worden ist, auch diese Frist, so kann das Ordnungsgeld noch einmal festgesetzt werden (§ 77 Abs. 2 Satz 3). Danach sind gegen den Sachverständigen keine Zwangsmittel mehr zulässig. Wegen der zulässigen Höhe des Ordnungsgeldes vgl. Rdn. 15. Daß mit einem auf diese Weise mehrfach mit Zwangsmitteln belegten Sachverständigen eine gedeihliche Zusammenarbeit zu erwarten ist, wird man bezweifeln müssen[23]. Meist wird sich daher empfehlen, den Sachverständigen nach § 76 Abs. 1 Satz 2 zu entbinden und einen anderen zu bestellen.

IV. Ungehorsamsfolgen

12   **1. Auferlegung der Kosten.** Diese Folge ist in § 77 Abs. 1 für jeden einzelnen Fall des Ungehorsams ohne Rücksicht auf deren Anzahl zwingend vorgeschrieben[24]. Für die Fälle des § 77 Abs. 2 gilt sie nicht. Die Kosten sind dem Sachverständigen durch Gerichtsbeschluß aufzuerlegen (Rdn. 18). Ebensowenig wie bei anderen Kostenentscheidungen sind sie in dem Beschluß zu beziffern; nur die allgemeine Ersatzpflicht ist auszusprechen. Hierauf hat der Angeklagte, da sich seine Pflicht zur Tragung der Verfahrenskosten (§ 465 Abs. 1) insoweit mindert, einen Rechtsanspruch[25]. Die bloße Möglichkeit, daß der Sachverständige sein Ausbleiben und die Unterlassung rechtzeitiger Entschuldigung nachträglich entschuldigt, rechtfertigt es nicht, von der Auferlegung der Kosten abzusehen[26]. Vgl. im übrigen § 51, 16. Die Frage, ob in der Kostenentscheidung des Urteils die von dem Sachverständigen zu ersetzenden Kosten zu berücksichtigen sind, ist bei §§ 465, 467 erörtert.

13   Die Erstattungspflicht des Sachverständigen bezieht sich nur auf **Kosten,** die nach seinem Ausbleiben oder nach seiner Weigerung entstanden sind[27]. Der Höhe nach wird der Erstattungsanspruch der Staatskasse nach den Vorschriften der Kostenverfügung, der Anspruch des Angeklagten oder eines anderen Prozeßbeteiligten nach § 464 b festgesetzt. Der Begriff Kosten ist dabei nicht im Sinne des § 464 a Abs. 1 Satz 1 zu verstehen; auch die dem Angeklagten entstandenen Auslagen sind gemeint[28]. Die Ersatzpflicht erstreckt sich aber nur auf die notwendigen Auslagen, deren Höhe insbesondere durch § 464 a Abs. 2 begrenzt wird[29]. Die Gegenansicht[30] ist nicht haltbar, weil § 469 Abs. 1 Satz 1 bestimmt, daß selbst derjenige, der durch eine unwahre Anzeige die Einleitung des Verfahrens veranlaßt hat, nur die notwendigen Auslagen des Beschuldigten ersetzen muß[31]. Der Sachverständige muß daher nicht ein vereinbartes Verteidigerhonorar erstatten, das den gesetzlichen Gebührenrahmen übersteigt[32]. Die Erstattungspflicht des Sachverständigen ändert im übrigen nichts daran, daß dem mit der Kostenfolge aus § 467 Abs. 1 freigesprochenen Angeklagten die notwendigen Auslagen aus der

[23] *Franzki* DRiZ **1974** 307.
[24] KK-*Pelchen* 6; *Kleinknecht/Meyer*[37] 8; *K. Müller* 219; *Schlüchter* 526.1.
[25] BayVerfGHE **18** II 138 = JR **1966** 197; *Kleinknecht/Meyer*[37] § 51, 14; KK-*Pelchen* § 51, 6.
[26] BGHSt **10** 126.
[27] OLG Braunschweig NJW **1967** 1381; LG Osnabrück AnwBl. **1969** 103.
[28] LG Itzehoe SchlHA **1966** 154; LG Mainz Rpfleger **1973** 473; KMR-*Paulus* § 51, 28.

[29] LG Hamburg NJW **1974** 509; LG Kassel JW **1931** 2394; KK-*Pelchen* 6; *Kleinknecht/Meyer*[37] § 51, 14.
[30] OLG Hamm NJW **1954** 286; KMR-*Paulus* § 51, 28; *K. Müller* 219.
[31] So mit Recht LG Hamburg NJW **1974** 509.
[32] OLG Karlsruhe NJW **1980** 952: Notwendige Auslagen; LG Kassel JW **1931** 2394; KMR-*Paulus* § 51, 28; KK-*Pelchen* 6; *Kleinknecht/Meyer*[37] § 51, 14; **a. A** LG Flensburg AnwBl. **1973** 86.

Staatskasse in vollem Umfang zu ersetzen sind[33]. Zu erstatten hat der Sachverständige auch die durch die Vollstreckung des Ordnungsgeldbeschlusses entstehenden Kosten. Vgl. im übrigen § 51, 15; 17; 27.

2. Festsetzung von Ordnungsgeld

a) Festsetzung. Wiederholung. Ordnungsgeld sieht § 77 Abs. 1 nur für den ersten **14** Ungehorsamsfall in ein und derselben Strafsache zwingend vor. Im zweiten Fall steht seine Festsetzung im Ermessen des Gerichts. In weiteren Fällen ist sie nicht mehr zulässig[34]. Ein Wiederholungsfall liegt nicht vor, wenn der Ungehorsam eines Sachverständigen im Hauptverfahren zu ahnden ist und der erste Ungehorsam bereits im Vorverfahren vor dem Richter oder vor der Staatsanwaltschaft begangen und von dieser nach § 161 a Abs. 2 Satz 1 mit der Festsetzung eines Ordnungsgeldes geahndet worden war (vgl. § 51, 18). Ungehorsamsfolgen wegen Verweigerung des Gutachtens dürfen nach dem entsprechend anwendbaren § 70 Abs. 4 aber nicht in einem anderen Verfahren, das dieselbe Tat im Sinne des § 264 zum Gegenstand hat, wiederholt werden[35]. Das gilt auch, wenn die bereits festgesetzten Ordnungsgelder den zulässigen Höchstbetrag nicht erschöpft haben (§ 70, 31). Bei schuldhaftem Nichterscheinen findet der Grundsatz des § 70 Abs. 4 keine Anwendung (§ 51, 18). In den Fällen des § 77 Abs. 2 ist die Festsetzung eines Ordnungsgeldes nicht zwingend vorgeschrieben, sondern dem Ermessen des Gerichts überlassen. Mehr als eine einmalige Wiederholung der Festsetzung ist nicht zulässig (§ 77 Abs. 2 Satz 3).

b) Bemessung. Zulässig ist ein Ordnungsgeld von 5 bis 1000 DM[36]. Die Festset- **15** zung von Ordnungshaft für den Fall, daß das Ordnungsgeld nicht beigetrieben werden kann, ist ausgeschlossen; das Ordnungsgeld darf auch nicht nachträglich in eine Ordnungshaft umgewandelt werden. Die Höhe des Ordnungsgeldes bestimmt das Gericht innerhalb des gesetzlichen Rahmens nach pflichtgemäßem Ermessen. Maßgebend sind die Bedeutung des Gutachtens für die Sachentscheidung und die Schwere der Pflichtverletzung[37]; auch die wirtschaftlichen Verhältnisse des Sachverständigen können berücksichtigt werden (vgl. § 51, 19). Bei der zweiten Weigerung wird das Ordnungsgeld regelmäßig höher festzusetzen sein als beim erstenmal. Die Worte „das Ordnungsgeld noch einmal" in § 77 Abs. 1 Satz 3 und Abs. 2 Satz 3 beziehen sich auf die Wiederholung der Maßnahme, nicht auf die Höhe des Ordnungsgeldes. Der Umstand, daß das zuerst festgesetzte Ordnungsgeld noch nicht beigetrieben worden ist, braucht bei der Bemessung des wiederholten Ordnungsgeldes nicht mildernd berücksichtigt zu werden[38]. Vgl. im übrigen § 51, 19 und § 70, 14. Wegen Zahlungserleichterungen vgl. Art. 7 EGStGB und die Erläuterungen dazu § 51 Anh. 9 ff.

c) Geringfügigkeit. Verjährung. In entsprechender Anwendung der §§ 153 StPO, **16** 47 Abs. 2 OWiG ist es zulässig, wegen Geringfügigkeit von der Festsetzung eines Ordnungsgeldes abzusehen oder das Festsetzungsverfahren einzustellen[39]. Das kommt

[33] LG Münster NJW **1974** 1342; vgl. auch die Erl. zu § 467.
[34] KK-*Pelchen* 7; *Kleinknecht/Meyer*[37] 9; KMR-*Paulus* 9; a. A *Eb. Schmidt* 5; *Jessnitzer* 304, wenn die Hauptverhandlung nach §§ 228, 229 neu durchgeführt wird; nach *K. Müller* 222 soll die mehrmalige Verhängung von Ordnungsgeld stets zulässig sein.
[35] KK-*Pelchen* 7.
[36] Art. 6 Abs. 1 EGStGB; die Art. 6 ff EGStGB

sind im Anhang zu § 51 abgedruckt und erläutert.
[37] BDHE **1960** 550.
[38] Anders OLG Köln JMBlNRW **1968** 272; *Jessnitzer* 304.
[39] OLG Hamm VRS **41** 285; OLG Neustadt JR **1958** 310; NJW **1962** 602; OLG Koblenz MDR **1979** 424; KK-*Pelchen* 8; *Kleinknecht/Meyer*[37] § 51, 17; KMR-*Paulus* § 51, 35.

etwa in Betracht, wenn der Sachverständige mit großer Verspätung erscheint, die Hauptverhandlung dadurch aber nicht wesentlich verzögert worden ist[40]. Festsetzung und Vollstreckung des Ordnungsgeldes verjähren nach Art. 9 EGStGB in zwei Jahren (vgl. § 51 Anh. 17 ff).

V. Verfahren

17   **1. Zuständigkeit.** Nach den entsprechend anzuwendenden § 51 Abs. 3, § 70 Abs. 3 ist für die Festsetzung des Ordnungsgeldes das Gericht zuständig, vor dem der Sachverständige das Gutachten abgeben soll, das erkennende Gericht auch außerhalb der Hauptverhandlung, wenn der Sachverständige sich weigert, die für das Gutachten erforderlichen Vorarbeiten zu leisten, und in den Fällen des § 77 Abs. 2. Der Vorsitzende darf nicht allein entscheiden[41]. In der Hauptverhandlung wirken die Schöffen mit (§ 30 Abs. 1, § 77 Abs. 1 GVG). Über die Zuständigkeit im Vorverfahren und über die Zuständigkeit des beauftragten und des ersuchten Richters vgl. § 51, 23 und § 70, 36.

18   **2. Gerichtsbeschluß.** Die Ungehorsamsfolgen werden von Amts wegen durch Beschluß ausgesprochen; eines Antrags bedarf es nicht. Der Beschluß ist spätestens zu erlassen, wenn die Hauptsache zur Entscheidung reif ist[42]. Er muß nach § 34 mit Gründen versehen werden. Vor seinem Erlaß braucht der Sachverständige nicht gehört zu werden, wenn sein Nichterscheinen geahndet werden soll; hier genügt die Möglichkeit der nachträglichen Entschuldigung in sinngemäßer Anwendung des § 51 Abs. 2 Satz 3[43]. Bei Verweigerung des Gutachtens und der Fristabsprache ist die Anhörung erforderlich[44]; bei Fristversäumnis ist sie entbehrlich, weil die Zwangsmaßnahme vorher angedroht werden muß. Die Prozeßbeteiligten sind in jedem Fall nach § 33 vorher anzuhören[45]. Ist ersichtlich, daß der Sachverständige irrtümlich meint, er sei zur Weigerung berechtigt, so muß ihm die Unzulässigkeit des Weigerungsgrundes bekanntgegeben werden; nur wenn er auf der Weigerung beharrt, dürfen Maßnahmen nach § 77 angeordnet werden (§ 70, 6; 37). Wegen Versäumung der abgesprochenen Frist darf der Ordnungsgeldbeschluß erst ergehen, nachdem die Festsetzung des Ordnungsgeldes unter Setzung einer Nachfrist angedroht worden ist und der Sachverständige bei seinem Ungehorsam beharrt (§ 77 Abs. 2 Satz 2).

19   **3. Nachträgliche Abänderung.** Das Gericht kann den Beschluß nachträglich, auch nach rechtskräftiger Erledigung des Strafverfahrens[46] und nach Beitreibung des Ordnungsgeldes[47], ändern und aufheben, wenn er wegen Nichterscheinens des Sachverständigen erlassen worden ist und der Sachverständige die nicht rechtzeitige Entschuldigung und sein Ausbleiben später genügend entschuldigt; § 51 Abs. 2 gilt entsprechend. Auch der wegen Verweigerung der Gutachtenerstattung und Weigerung der Fristabsprache ergangene Beschluß kann nachträglich aufgehoben werden, wenn das Gericht sich davon überzeugt, daß die Weigerung berechtigt war[48]. Gleiches gilt für den Fall,

---

[40] *Eb. Schmidt* Nachtr. I § 51, 2.
[41] *Fuhrmann* GA **1963** 75; KK-*Pelchen* 9.
[42] BGHSt **10** 126; *Kleinknecht/Meyer*[37] § 51, 23; **a. A** LG Itzehoe SchlHA **1966** 154, das den Beschluß auch später für zulässig hält; vgl. auch *Werny* NJW **1982** 2170.
[43] KK-*Pelchen* 9; *Kleinknecht/Meyer*[37] § 51, 24; *Eb. Schmidt* § 51, 12; *K. Müller* 220; vgl. auch § 51, 24; **a. A** *Enzian* JR **1975** 277.

[44] KMR-*Paulus* 11.
[45] *K. Müller* 220.
[46] OLG Hamm NJW **1956** 1935; *Kleinknecht/Meyer*[37] § 51, 25; *K. Müller* 221.
[47] OLG Hamm MDR **1950** 179; vgl. § 51, 23.
[48] KK-*Pelchen* 9.

daß sich die Versäumung der Frist für die Gutachtenerstattung nachträglich als entschuldigt erweist. Ein Antrag des Sachverständigen ist nicht erforderlich[49]. Die spätere Erstattung des Gutachtens läßt jedoch den bereits ergangenen Bescheid unberührt. Auch wenn sich später herausstellt, daß das Gutachten für die Entscheidung entbehrlich war, darf der Beschluß nicht aufgehoben werden (vgl. § 70, 38).

VI. Vollstreckung

20 Der Beschluß wird nach § 36 Abs. 2 Satz 1 von der Staatsanwaltschaft vollstreckt[50]. Zuständig ist der Rechtspfleger (§ 31 Abs. 2 und 4 RpflG). Die Ansicht, auch das Gericht könne die Vollstreckung bewirken, wird nach der Neufassung des § 36 durch Art. 1 Nr. 7 des 1. StVRG nicht mehr vertreten[51]. Das Ordnungsgeld wird nach den Vorschriften der Justizbeitreibungsordnung (§ 1 Abs. 1 Nr. 3 JBeitrO) und der Einforderungs- und Beitreibungsanordnung vom 20. 11. 1974 beigetrieben.

VII. Anfechtung

21 Der Sachverständige und die Staatsanwaltschaft können den Ordnungsgeldbeschluß, auch den des erkennenden Gerichts (§ 305 Satz 2), mit einfacher Beschwerde nach § 304 Abs. 1 und 2 anfechten[52], der Beschuldigte den die Auferlegung des Kostenersatzes ablehnenden oder aufhebenden Beschluß, wenn er dadurch beschwert ist[53]. Das Beschwerderecht steht dem Angeklagten auch zu, wenn die Auferlegung der Kosten nur stillschweigend abgelehnt worden ist[54]. Beschlüsse des Bundesgerichtshofs und der Oberlandesgerichte sind unanfechtbar (§ 304 Abs. 4; vgl. KK-*Pelchen* 10; *Jessnitzer* 305; *K. Müller* 221). Die weitere Beschwerde ist ausgeschlossen (§ 310). Vgl. im übrigen § 51, 28 f und § 70, 40. Gegen Maßnahmen der Staatsanwaltschaft nach § 161a Abs. 2 kann der Sachverständige gerichtliche Entscheidung beantragen[55].

22 Enthält die Beschwerde des Sachverständigen ein **Entschuldigungsvorbringen** für die unterlassene Entschuldigung und sein Nichterscheinen, so hat hierüber entsprechend den zu § 51 entwickelten Grundsätzen zunächst das Gericht zu entscheiden, das den Ordnungsgeldbeschluß erlassen hat[56]. In diesem Fall, nicht aber, wenn andere Beschwerdegründe geltend gemacht werden, ist erst gegen den Beschluß, mit dem das Ordnungsgeld aufrechterhalten wird, die Beschwerde zulässig[57]. Vgl. auch § 51, 31.

23 Die Beschwerde kann noch **nach Vollstreckung** des Ordnungsgeldes[58] und nach rechtskräftiger Erledigung des Strafverfahrens[59] eingelegt werden. Sie kann auf die Höhe des Ordnungsgeldes beschränkt werden. Die Vorschriften über die Schlechterstellung (§§ 331, 358 Abs. 2) sind entsprechend anzuwenden (vgl. § 51, 29).

---

[49] *K. Müller* 220.
[50] *Kleinknecht/Meyer*[37] § 51, 27; *Wendisch* JR **1978** 445.
[51] *Pohlmann/Jabel* § 88, 12.
[52] KK-*Pelchen* 10; *K. Müller* 221.
[53] BGHSt **10** 126 = NJW **1957** 550; BayVerfGHE **18** II 138 = JR **1966** 197; BayObLG DRiZ **1928** Nr. 423; OLG Braunschweig NJW **1967** 1381; OLG Hamm NJW **1956** 1935; KK-*Pelchen* 10; *Kleinknecht/Meyer*[37] § 51, 28.
[54] Vgl. *Kleinknecht/Meyer*[37] § 304, 1.

[55] *Jessnitzer* 305; *K. Müller* 222.
[56] OLG Hamm GA **1958** 92; **1972** 88 = VRS **42** 283; KK-*Pelchen* 10; *Eb. Schmidt* Nachtr. I § 51, 18; *K. Müller* 221.
[57] OLG Frankfurt NJW **1964** 2124; OLG Hamburg MDR **1982** 165; *Kleinknecht/Meyer*[37] § 51, 28; a. A *Schoene* GA **1980** 418.
[58] *Kleinknecht/Meyer*[37] § 51, 28.
[59] BayObLGSt **7** 331; OLG Hamm HESt **3** 9 = MDR **1950** 179; NJW **1956** 1935; *Eb. Schmidt* Nachtr. I § 51, 18; *K. Müller* 222.

Hans Dahs

24   Vor der Beschwerdeentscheidung ist der Sachverständige zu **hören,** wenn nicht er das Rechtsmittel eingelegt hat und die Voraussetzungen des § 308 Abs. 1 vorliegen. Der Angeklagte muß gehört werden, wenn die Auferlegung des Kostenersatzes angefochten ist und die Entscheidung zu seinem Nachteil geändert werden soll[60].

VIII. Revision

25   Auf Rechtsverstöße in dem Verfahren, das die Ungehorsamsfolge betrifft, kann die Revision nicht gestützt werden[61]. Auch das Unterlassen der Festsetzung eines Ordnungsgeldes ist für den Angeklagten kein Revisionsgrund[62], und zwar selbst dann nicht, wenn die Eidesleistung nicht erzwungen und das uneidliche Gutachten bei der Entscheidung verwertet worden ist (vgl. § 70, 11). Die Revision kann allenfalls darauf gestützt werden, daß das Gericht gegen die Aufklärungspflicht (§ 244 Abs. 2) verstoßen hat, weil es nicht versucht hat, den ungehorsamen Sachverständigen zur Gutachtenerstattung zu zwingen, und deshalb den Sachverhalt ohne oder mit Hilfe eines anderen Sachverständigen geklärt hat[63].

§ 78

Der Richter hat, soweit ihm dies erforderlich erscheint, die Tätigkeit der Sachverständigen zu leiten.

Schrifttum. *Dippel* Die Stellung des Sachverständigen im Strafprozeß (1986); *Haddenbrock* Das Sachverständigendilemma im deutschen Strafprozeß ohne Tat-oder Schuldinterlokut, NJW **1981** 1302; *Jessnitzer* Wege zur Vermeidung unzulänglicher Sachverständigengutachten, JVBl. **1970** 78; *Lürken* Auswahl und Leitung des Sachverständigen im Strafprozeß (§§ 73, 78 StPO), NJW **1968** 1161; *Mengel* Die Erhebung des Sachverständigenbeweises im Strafprozeß: Richterliche Befugnisse und Verpflichtungen aus § 78 StPO, Diss. Köln 1978; *Rauch* Auswahl und Leitung des Sachverständigen im Strafprozeß, NJW **1968** 1173; *Sarstedt* Auswahl und Leitung des Sachverständigen im Strafprozeß (§§ 73, 78 StPO), NJW **1968** 177; *Thoss* Grenzen ärztlicher Partnerschaft in der Strafjustiz, NJW **1979** 1909.

Übersicht

---

[60] BayVerfGHE **18** II 139 = JR **1966** 197.
[61] KK-*Pelchen* 11; KMR-*Paulus* § 70, 29; *K. Müller* 223.

[62] RGSt **57** 30; **59** 250; **73** 34; BGH NJW **1966** 211; BGH GA **1968** 307; vgl. auch § 70, 41.
[63] KK-*Pelchen* 11; vgl. auch § 70, 41.

1. Allgemeines. Die Vorschrift ist eine der wichtigsten Bestimmungen des Sachver- **1**
ständigenbeweises[1]. In der Praxis wird sie viel zuwenig beachtet[2]. Ihre Bedeutung und
Wichtigkeit wird von den Richtern weit unterschätzt[3]. Die Bedeutung der Vorschrift
liegt vor allem darin, daß sie das rechtliche Verhältnis zwischen Richter und Sachverständigen deutlich macht. Es ist das Verhältnis zwischen Auftraggeber und Beauftrag-
tem. Dem Richter fällt daher die Aufgabe zu, die Tätigkeit des Sachverständigen zu leiten. Wie jeder Auftraggeber muß auch der Richter die Arbeit überwachen, die sein Beauftragter für ihn erledigt. Er ist dafür verantwortlich, daß der Sachverständige mit dem
Material versorgt wird, das er für die Begutachtung benötigt, und auch er, nicht der
Sachverständige allein, trägt die Verantwortung dafür, daß die Sachverständigentätigkeit sich in den Grenzen des rechtlich Zulässigen bewegt. Mit dem Grundgedanken des
§ 78 ist es keineswegs zu vereinbaren, daß der Richter es dem pflichtgemäßen Ermessen
des Sachverständigen überläßt, „auf welchem Wege und aufgrund welcher Unterlagen
er sein Gutachten erarbeitet", insbesondere ob er einen Dolmetscher heranzieht oder
nicht[4]. Dagegen ist es nicht Sache des Richters, dem Sachverständigen Weisungen für
die fachliche Durchführung seiner Untersuchungen zu erteilen[5].

Die Leitung der Tätigkeit des Sachverständigen kann es notwendig machen, daß **2**
der Richter ihn **belehrt und anweist,** und zwar sowohl bei der Vorbereitung als auch bei
der Erstattung des Gutachtens. Jedoch versteht § 78 unter Tätigkeit des Sachverständigen nicht seine Vernehmung, sondern nur die Vorbereitung des Gutachtens[6]. Daß der
Richter bei der Vernehmung des Sachverständigen in der Hauptverhandlung die Leitung hat, ergibt sich aus § 238 Abs. 1 und bedurfte keiner besonderen Regelung. An den
Untersuchungen des Sachverständigen kann der Richter teilnehmen, wenn das der Erreichung des Untersuchungszwecks förderlich und mit der Art der Untersuchung vereinbar ist[7]. Das wichtigste Mittel der Leitung ist aber nicht die Überwachung, sondern
die Unterrichtung des Sachverständigen. Sie muß mit der Auftragserteilung beginnen
und wird sich je nach Lage des Falles insbesondere auf die verfahrensrechtliche Stellung
des Sachverständigen, auf seine Pflichten und Befugnisse, auf die sachlichrechtliche
Grundlage des Straffalles und auf die dem Gutachten zugrundezulegenden Anknüpfungstatsachen beziehen. Dazu braucht der Richter Grundkenntnisse über die Wissen-
schaftsrichtung, aus deren Gebiet er den Sachverständigen heranzieht. Zur Leitung der
Sachverständigentätigkeit gehört schließlich auch, daß der Richter die Untersuchungen
des Sachverständigen fördert und unterstützt, insbesondere für das Erscheinen der Personen sorgt, deren Untersuchung durch Sachverständige er angeordnet hat.

Im **Vorverfahren** steht die Leitung der Sachverständigentätigkeit der Staatsanwalt- **3**
schaft oder Polizeibehörde zu, die ihn zugezogen hat[8].

2. Auftragserteilung. Zur Leitung der Tätigkeit des Sachverständigen gehört in er- **4**
ster Hinsicht, daß ihm der Auftrag klar und unmißverständlich erteilt wird. Die genaue
Beschreibung dessen, was der Richter von dem Sachverständigen erwartet, ist die unerläßliche Grundlage für die Erstattung des Gutachtens[9]. Die Fragen, zu deren Beant-

---

[1] Eingehend dazu *Dippel* 106 ff; *Krauß*
ZStW **85** (1973) 325; *Eb. Schmidt* JZ 1957
230.

[2] *Sarstedt* NJW **1968** 180.

[3] *Eb. Schmidt* FS Schneider (1962) 266.

[4] So aber BGH NJW **1970** 1242; zust. KK-
Pelchen 1.

[5] *Bremer* 163; *Jessnitzer* 85 f; *K. Müller* 325;
Gössel § 26 C I a; *Schlüchter* 516.2.

[6] KK-*Pelchen* 2; *Kleinknecht/Meyer*[37] 2 ff;
KMR-*Paulus* 1; **a. A** offenbar *Eb. Schmidt*
Nachtr. I 10.

[7] KK-*Pelchen* 4; KMR-*Paulus* 5; *Eb. Schmidt*
Nachtr. I 12.

[8] KK-*Pelchen* 1; *Kleinknecht/Meyer*[37] 2; *Jessnitzer* 86; *Schlüchter* 526.2.

[9] *Krauß* ZStW **85** (1973) 322; *Jessnitzer* 85.

        Hans Dahs

wortung das Gericht die Sachkunde des Sachverständigen benötigt, müssen eindeutig formuliert werden[10]. Das gilt insbesondere für Gutachtenaufträge nach § 81 a (vgl. § 81 a, 56), etwa den einem Psychiater erteilten Sachverständigenauftrag. Der Richter, der ihn nur anweist, den Angeklagten auf seine Schuldfähigkeit zu untersuchen, kommt seiner Pflicht zur Leitung der Sachverständigentätigkeit nicht nach[11]. Einer Überschreitung des dem Sachverständigen erteilten Auftrags ist entgegenzuwirken[12]. Die Anweisung, ob das Gutachten im Vorverfahren schriftlich oder mündlich zu erstatten ist, regelt § 82 besonders.

5   **3. Belehrung über verfahrensrechtliche Vorschriften.** Es kann erforderlich sein, den Sachverständigen in verschiedener Beziehung über seine verfahrensrechtliche Stellung aufzuklären[13]. Viele Sachverständige verkennen die Rechte, die ihnen § 80 einräumt. Der Hinweis, daß sie Tatsachen bewerten, nicht ermitteln sollen, daß sie insbesondere nicht berechtigt sind, Zeugen zu vernehmen (§ 80, 4), kann daher angezeigt sein[14]. Dem nach § 80 a bestellten Sachverständigen wird unter Umständen gesagt werden müssen, welche Art der Vorbereitung von ihm erwartet wird und wie er sie sich ermöglichen kann[15]. Im Fall des § 81 kann es notwendig werden, den Krankenhausarzt darauf hinzuweisen, daß die Sechswochenfrist möglichst nicht auszuschöpfen ist (vgl. § 81, 23) und daß körperliche Eingriffe einer besonderen Anordnung nach § 81 a bedürfen[16]. Hat der Sachverständige einen Zeugen, insbesondere ein Kind, auf seine Glaubwürdigkeit zu untersuchen, so kann es angezeigt sein, ihn darüber zu belehren, daß er nicht beliebige Testversuche anstellen darf[17].

6   Der Sachverständige muß davon **abgehalten** werden, den Sachverhalt, den er zu begutachten hat, anstelle des Richters juristisch zu bewerten[18]. Die sachlichrechtliche Einordnung der von dem Sachverständigen aufgrund seiner Sachkunde beurteilten Tatsachen ist Sache des Richters; von dem Sachverständigen wird weder erwartet noch verlangt, daß er hiervon etwas versteht. Die Leitung der Tätigkeit des Sachverständigen kann es erforderlich machen, alle Versuche des Sachverständigen, diese Grenzen seines Auftrags zu überschreiten, mit Nachdruck zu unterbinden[19].

7   **4. Belehrung über die sachliche Rechtslage.** Bei dem Auftrag, ein Gutachten über die Schuldfähigkeit des Angeklagten zu erstatten, kann sich mitunter die Notwendigkeit ergeben, den Sachverständigen über die rechtlichen Voraussetzungen der §§ 20, 21 StGB aufzuklären[20]. Es kann erforderlich werden, ihn darauf aufmerksam zu machen, daß es hier nicht um einen medizinischen, sondern um einen rechtlichen Krankheitsbegriff geht, daß die schon erwiesene Unrechtseinsicht die Frage nach dem Einsichtsvermögen gegenstandslos macht, daß Hemmungsvermögen etwas anderes ist als Willensfreiheit im philosophischen Sinne und daß die Frage, ob eine Verminderung des Einsichts- oder des Hemmungsvermögens erheblich ist, unter rechtlichen und nicht unter ärztlichen Gesichtspunkten gestellt werden muß. Insoweit wird die Leitung nicht immer

---

[10] KK-*Pelchen* 2; *Eb. Schmidt* Nachtr. I 8; *Tröndle* JZ **1969** 376; *Schlüchter* 526.2.
[11] *Sarstedt* NJW **1968** 181.
[12] KMR-*Paulus* 5; *Eb. Schmidt* Nachtr. I 3; *Kleinknecht/Meyer*[37] 3.
[13] KK-*Pelchen* 3; KMR-*Paulus* 5; *Jessnitzer* 86; *K. Müller* 325.
[14] BGH **5** StR 83/68 vom 7. 5. 1968 bei *Heinitz* FS Engisch 693; *Sarstedt* NJW **1968** 180.

[15] RGSt **68** 200.
[16] Vgl. den Fall BGHSt **8** 144.
[17] *Eb. Schmidt* Nachtr. I 4.
[18] KMR-*Paulus* 5; *Eb. Schmidt* Nachtr. I 3; *Gössel* § 26 c I a; *Sarstedt* NJW **1968** 181.
[19] Dazu näher *Eb. Schmidt* Nachtr. I 3 mit Nachw.
[20] *Jessnitzer* Blutalkohol **1974** 77; *K. Müller* 325.

die Form einer Belehrung annehmen müssen; oft genügt es, daß der Richter seine Fragen hinreichend genau stellt.

Keines der Fachgebiete, über deren Fragen Sachverständige vernommen zu werden pflegen, kennt einen Satz, der sich mit dem Grundsatz **in dubio pro reo** vergleichen ließe. Mit der Tätigkeit des forschenden Fachmanns ist dieser Grundsatz schon im Ansatz nicht vereinbar[21]. Deshalb wird dem Sachverständigen bisweilen nahegebracht und erläutert werden müssen, daß er sein Gutachten nicht auf Wahrscheinlichkeiten, sondern auf Gewißheiten aufbauen muß[22]. Gelegentlich verkennen Sachverständige, daß es ihnen gestattet ist, eine Frage mit Nichtwissen zu beantworten. Zur Leitung der Sachverständigentätigkeit gehört daher auch, daß der Richter den Eindruck vermeidet, er verlange von dem Sachverständigen unter allen Umständen eine bejahende oder verneinende Antwort, daß er ihn vielmehr ermutigt, offen zu sagen, wenn er eine Frage nicht zweifelsfrei beantworten kann[23].

5. Bekanntgabe der Anknüpfungstatsachen. Häufig erfordert die Leitung der Sachverständigentätigkeit, daß dem Sachverständigen die Tatsachen mitgeteilt werden, von denen er bei der Erstattung seines Gutachtens ausgehen soll (vgl. § 80, 1). Ihm einfach die Akten zu übersenden, damit er sie sich selbst heraussucht, erleichtert dem Richter zwar die Arbeit, ist aber in allen Fällen kein korrektes Verfahren, in denen sich der Sachverhalt nicht klar und eindeutig aus den Akten ergibt[24]. Es darf dem Sachverständigen nicht überlassen bleiben, Beweisfragen zu klären. Allerdings wird es oft nicht zu umgehen sein, ihm die Akten zugänglich zu machen; § 80 Abs. 2 sieht das ausdrücklich vor. Die Meinung, es sei empfehlenswerter, dem Sachverständigen statt dessen eine kurze Sachdarstellung zur Verfügung zu stellen[25], berücksichtigt nicht hinreichend, daß der Richter oft gar nicht überblicken kann, ob und welche sich aus den Akten ergebenden Tatsachen für den Sachverständigen von Bedeutung sind[26]. Hat der Sachverständige die Akten eingesehen, so ist aber mit besonderer Sorgfalt darauf zu achten, daß er seinem Gutachten nicht Tatsachen zugrunde legt, die nicht Gegenstand der Hauptverhandlung geworden sind, etwa Berichte der Gerichtshilfe, oder die das Gericht in der Beweisaufnahme anders festgestellt hat, als nach dem Akteninhalt zu erwarten war[27]. Der Vorsitzende muß die Vernehmung des Sachverständigen erforderlichenfalls bis zum Ende der Beweisaufnahme zurückstellen und ihn dann auffordern, bei seinem Gutachten von einem bestimmten Sachverhalt auszugehen. Unter Umständen kann es angezeigt sein, mehrere Sachverhaltsalternativen zu bezeichnen, die dem Gutachten zugrunde zu legen sind[28]. Oft wird sich nicht vermeiden lassen, daß das Gericht hierüber eine Zwischenberatung abhält[29]. Das Gesetz sieht sie auch sonst gelegentlich vor (§ 244 Abs. 3 und Abs. 4 Satz 2). Daß beratene Zwischenbeurteilungen von Verteidigern oft mit einem Ablehnungsgesuch beantwortet werden, verdeutlicht den verständlichen Argwohn gegen die verfahrensprägende Kraft solcher „Vor-Urteile", ändert an der Zulässigkeit und Notwendigkeit dieses Verfahrens jedenfalls in diesem Zusammenhang nichts. Es geht nicht an, nur um die eigene Unbefangenheit herauszustellen, es der Beurteilung des Sachverständigen zu überlassen, welcher Sachverhalt nach der bisherigen Be-

---

21 *Krauß* ZStW **85** (1973) 343.
22 KMR-*Paulus* 7.
23 *Jessnitzer* Blutalkohol **1974** 78; *Sarstedt* NJW **1968** 181.
24 *Rudolph* Justiz **1969** 29.
25 *Sarstedt* NJW **1968** 180; vgl. auch *Peters*[4] 369.

26 *K. Müller* 252; *Jessnitzer* 191 f; *Karpinski* NJW **1968** 1173; *Rausch* NJW **1968** 1175.
27 *Rudolph* Justiz **1969** 29.
28 *K. Müller* 252 f.
29 Zur Zulässigkeit von „Zwischenberatungen" BGHSt **17** 337.

Hans Dahs

weisaufnahme als erwiesen anzusehen ist. Wird der Sachverständige erst zugezogen, nachdem die übrige Beweisaufnahme schon ganz oder teilweise stattgefunden hat, so bleibt dem Gericht gar nichts anderes übrig, als ihn davon zu unterrichten, von welchem Sachverhalt er auszugehen hat. Allerdings wird es häufig erforderlich sein, ihm auch Alternativen vorzugeben. Das kann auch außerhalb der Hauptverhandlung geschehen[30]. Die Frage, wie zu verfahren ist, wenn der Sachverständige nach der Auftragserteilung die Beschaffung weiteren Tatsachenmaterials für sein Gutachten für erforderlich hält, ist in § 80 geregelt.

10   **6. Form.** Für die Leitung der Tätigkeit des Sachverständigen ist keine besondere Form vorgeschrieben. Ob das Gericht ihn mündlich oder schriftlich, innerhalb oder außerhalb der Hauptverhandlung, in Anwesenheit oder Abwesenheit der Prozeßbeteiligten, durch den Vorsitzenden, den Berichterstatter oder das ganze Kollegium, vor oder während der Erstattung des Gutachtens belehrt und anweist, ist ebenso seinem Ermessen überlassen wie der sachliche Inhalt der zur Leitung dienenden Äußerungen. Die Unterrichtung der Prozeßbeteiligten über alle wesentlichen Leitungsmaßnahmen gehört zur Gewährung rechtlichen Gehörs und zu fairer Verfahrensgestaltung.

11 *   **7. Revision.** Auf eine Verletzung des § 78 kann die Revision nicht unmittelbar gestützt werden. Jedoch können Maßnahmen des Gerichts auf dem Gebiet der Leitung und Unterlassungen in diesem Zusammenhang gegen andere Verfahrensvorschriften verstoßen, z. B. gegen §§ 136 a, 252, 261, oder auch zur Verletzung des sachlichen Rechts, etwa der §§ 20, 21 StGB, führen[31].

§ 79

(1) [1]Der Sachverständige kann nach dem Ermessen des Gerichts vereidigt werden. [2]Auf Antrag der Staatsanwaltschaft, des Angeklagten oder des Verteidigers ist er zu vereidigen.

(2) Der Eid ist nach Erstattung des Gutachtens zu leisten; er geht dahin, daß der Sachverständige das Gutachten unparteiisch und nach bestem Wissen und Gewissen erstattet habe.

(3) Ist der Sachverständige für die Erstattung von Gutachten der betreffenden Art im allgemeinen vereidigt, so genügt die Berufung auf den geleisteten Eid.

Entstehungsgeschichte. Nach der ursprünglichen Fassung der Vorschrift mußte der Sachverständige stets vereidigt werden, und zwar in der Form des Voreides oder der vorherigen Berufung auf einen allgemein geleisteten Eid. Ihren jetzigen Wortlaut erhielt die Vorschrift durch Art. II Nr. 2 des Gesetzes zur Einschränkung der Eide im Strafverfahren vom 24. 11. 1933 (RGBl. I 1008). Durch Art. 4 Nr. 4 der Verordnung zur Durchführung der Verordnung zur Angleichung des Strafrechts des Altreichs und der Alpen- und Donau-Reichsgaue vom 29. 5. 1943 (RGBl. I 341) wurde Absatz 1 Satz 2 gestrichen. Art. 3 Nr. 33 VereinhG stellte den Text von 1933 wieder her.

---

[30] BGHSt **2** 26; KK-*Pelchen* 2; KMR-*Paulus* 6.
[31] KK-*Pelchen* 5; *Kleinknecht/Meyer*[37] 7;

KMR-*Paulus* 8; vgl. auch *Dahs/Dahs*[4] 226; *Schlüchter* 526.2.

Übersicht

I. Anwendungsbereich der Vorschrift

Sachverständige werden im Strafverfahren nicht nur zum Beweis der in dem **1** Urteil festzustellenden Tatsachen zur Schuld- und Straffrage, sondern auch zu verfahrensrechtlichen Fragen gehört, z. B. zur Verhandlungsfähigkeit des Angeklagten, zur Vernehmungsfähigkeit eines Zeugen, zur Erreichbarkeit eines Beweismittels. Insoweit gelten die Regeln des Freibeweises (vgl. dazu § 244, 3 ff). Da er formlos erhoben werden kann, findet § 79 keine Anwendung[1]. Die Prozeßbeteiligten können daher in solchen Fällen nicht nach § 79 Abs. 1 Satz 2 die Vereidigung des Sachverständigen verlangen.

II. Vereidigung nach dem Ermessen des Gerichts (Absatz 1 Satz 1)

1. Ermessensentscheidung. Die Vereidigung des Sachverständigen steht, wenn **2** kein Prozeßbeteiligter sie beantragt, im Ermessen des Gerichts. Regelmäßig soll sie unterbleiben. Das Regel-Ausnahme-Verhältnis, das beim Zeugen dahin bestimmt ist, daß er grundsätzlich vereidigt werden muß (§ 59), regelt § 79 Abs. 1 Satz 1 im umgekehrten Sinne. Das hat seinen Grund darin, daß der Sachverständige regelmäßig zu dem Beschuldigten und seiner Tat keine näheren Beziehungen hat, so daß persönliche und sachliche Unbefangenheit vorausgesetzt werden kann; außerdem ist das Gutachten objektiv nachprüfbar (BGHSt **21** 228). Vielfach ist eine Vereidigung schon wegen der gerichtsbekannten Zuverlässigkeit, insbesondere wegen des hohen Ansehens und der forensischen Erfahrung des Sachverständigen, überflüssig. Ausnahmsweise wird die Vereidigung geboten sein, wenn Sachkunde und Gewissenhaftigkeit des Sachverständigen zweifelhaft erscheinen, wenn der Sachverständige gleichzeitig Zeuge und daher möglicherweise nicht unbefangen an sein Gutachten herangegangen ist, wenn das Gutachten nicht durch seine innere Logik überzeugt oder wenn es sich auf Gebieten bewegt, die dem Laien unzugänglich sind, so daß dem Gutachter blindlings gefolgt werden muß[2]. Einen

---

[1] BGH bei *Spiegel* DAR **1977** 172; **1979** 186; RG JW **1931** 214 mit Anm. *Oetker*; RG Recht **1928** Nr. 216; KK-*Pelchen* 1; KMR-*Paulus* 4; *Alsberg/Nüse/Meyer* 123; *Jessnitzer* 34.

[2] *Dahs* Hdb. 518; *K. Müller* 231 ff.

Grundsatz, daß der Sachverständige vereidigt werden muß, wenn sein Gutachten für die Entscheidung ausschlaggebende Bedeutung hat, gibt es nicht[3]. Trotzdem kann im Einzelfall die Vereidigung wegen der besonderen Bedeutung des Gutachtens für die Sachentscheidung angebracht sein. Daß das Gericht unter Mißbrauch des ihm eingeräumten Ermessens, also rechtsfehlerhaft, von der Vereidigung abgesehen hat, wird sich kaum jemals dartun lassen.

3   **2. Entscheidung des Gerichts.** Nach der älteren Rechtsprechung des Bundesgerichtshofs war eine ausdrückliche Entscheidung über die Nichtvereidigung des Sachverständigen erforderlich[4]. In der Entscheidung BGHSt 21 227 ist diese Ansicht aufgegeben worden; der Bundesgerichtshof hält es nicht mehr für sinnvoll, daß der Richter in jedem Einzelfall die Nichtvereidigung besonders beschließen muß, wenn er es bei der Regel beläßt, daß der Sachverständige unvereidigt bleibt[5]. Dieser Auffassung ist nicht beizutreten. § 79 Abs. 1 Satz 1 verlangt von dem Gericht eine Ermessensentscheidung, und es gibt keinen strafprozessualen Grundsatz, daß solche Entscheidungen unterbleiben dürfen, wenn das Gericht es bei dem gesetzlichen Regelfall beläßt[6]. Eine ganz andere Frage ist, ob ein Urteil darauf beruhen kann, daß die Entscheidung unterblieben ist. Das erscheint deshalb ausgeschlossen, weil kein Prozeßbeteiligter dadurch beschwert ist, daß der Richter stillschweigend von einer Vereidigung abgesehen hat, die das Gesetz nur ausnahmsweise vorsieht, und weil Angeklagter, Privatkläger und Staatsanwaltschaft die Vereidigung durch einen Antrag nach § 79 Abs. 1 Satz 2 erzwingen können[7].

4   **3. Vorabentscheidung des Vorsitzenden.** Über die Nichtvereidigung des Sachverständigen braucht regelmäßig nicht durch Gerichtsbeschluß entschieden zu werden. Für die Zeugenvereidigung gilt seit jeher der Grundsatz, daß anstelle des Gerichts zunächst der Vorsitzende eine Vorabentscheidung treffen darf[8]. Das gleiche gilt für die Entscheidung über die Vereidigung des Sachverständigen[9]. In der Sitzungsniederschrift genügt dann der Vermerk: „Der Sachverständige blieb unvereidigt."[10] Eine vorherige Anhörung der Prozeßbeteiligten ist nicht erforderlich[11]. Wenn sie mit der Entscheidung des Vorsitzenden nicht einverstanden sind, können sie nach § 79 Abs. 1 Satz 2 die Vereidigung beantragen. Da diesem Antrag stattgegeben werden muß, ist dann eine gerichtliche Entscheidung über die Vereidigung überflüssig[12]. Sie ist nur erforderlich, wenn ein Mitglied des Gerichts oder der Nebenkläger die Vorabentscheidung des Vorsitzenden beanstandet oder wenn der Vorsitzende den Sachverständigen gegen den Widerspruch eines Prozeßbeteiligten vereidigen will. Dabei handelt es sich aber nicht um eine Anrufung des Gerichts nach § 238 Abs. 2[13]. Denn bei der Verhandlungsleitung nimmt

---

[3] BGH bei *Herlan* MDR **1955** 651; KK-*Pelchen* 1; KMR-*Paulus* 10; *Kleinknecht/Meyer*[37] 1.

[4] BGH NJW **1952** 233; **1965** 643; ebenso *Eb. Schmidt* 5; *Henkel* 221 Fn. 2.

[5] Ebenso *Gössel* § 26 D I b; KK-*Pelchen* 2; *Jessnitzer* 183.

[6] Wie hier KMR-*Paulus* 9; *Eb. Schmidt* Nachtr. II 5; *Dahs/Dahs*[4] 228; *K. Müller* 233.

[7] Vgl. auch BGH VRS **22** 147.

[8] BGHSt **1** 218; BGH bei *Dallinger* MDR **1951** 464; RGSt **3** 46, 370; **19** 355; **44** 65; **57** 262; **68** 396; RGRspr. **5** 535, 640; **9** 536; KK-*Pelchen* 3; KMR-*Paulus* 10; **a. A** *Niese*

JZ **1953** 221; *Gössel* § 26 D I b; weitere Nachw. bei § 59.

[9] BGH NJW **1952** 233; OGHSt **1** 211; ausführlich *Eb. Schmidt* 2 ff.

[10] OGHSt **1** 211.

[11] OLG Hamm VRS **41** 124; KK-*Pelchen* 3; *K. Müller* 233.

[12] KMR-*Paulus* 12.

[13] *Fuhrmann* JR **1962** 324 Fußn. 39; GA **1963** 78; NJW **1963** 1235; **a. A** BGH NJW **1952** 233; BGH bei *Dallinger* MDR **1958** 14; RGSt **3** 370; **57** 263; **68** 396; RGRspr. **5** 640; KK-*Pelchen* 3; KMR-*Paulus* 10; *K. Müller* 233; offengelassen in RGSt **44** 65.

der Vorsitzende eine ihm gesetzlich (§ 238 Abs. 1) übertragene Aufgabe wahr; die Anrufung des Gerichts nach § 238 Abs. 2 ist eine Art Zwischenrechtsbehelf[14]. Bei der Vorabentscheidung nach § 79 Abs. 1 Satz 1 entscheidet der Vorsitzende hingegen ohne ausdrückliche gesetzliche Ermächtigung anstelle des an sich zuständigen Gerichts[15]. Die Anrufung des Gerichts bedeutet daher nur, daß die Entscheidung des nach dem Gesetz zuständigen Spruchkörpers verlangt wird, und setzt nicht voraus, daß die Vorabentscheidung des Vorsitzenden als unzulässig beanstandet wird (str.)[16]. Der Gerichtsbeschluß bedarf als Ermessensentscheidung keiner Begründung[17].

III. Vereidigung auf Antrag

Grundsätzlich **muß** der Sachverständige **vereidigt werden**, wenn der Staatsanwalt, **5** der Angeklagte oder der Verteidiger es beantragt[18]. Auch ein Antrag des Privatklägers (§ 384 Abs. 1 Satz 1, § 385 Abs. 1 Satz 1), nicht jedoch des Nebenklägers (§ 397 Abs. 1 n. F), zwingt zur Vereidigung[19]. Eine Ausnahme gilt im Verfahren vor dem Jugendrichter (§ 49 Abs. 1 Satz 2 JGG). Der Antrag läßt für eine Entscheidung des Gerichts keinen Raum; einen früher gefaßten Beschluß, den Sachverständigen nicht zu vereidigen, macht er gegenstandslos[20].

Die Vereidigung muß trotz des Antrags nach § 79 Abs. 1 Satz 2 **unterbleiben, 6** wenn der Sachverständige zur Eidesverweigerung nach § 63 berechtigt ist und von diesem Recht Gebrauch macht. Ferner gelten nach § 72 die §§ 60 bis 62 entsprechend[21]. Liegt einer der Gründe vor, aus denen der Zeuge trotz des grundsätzlichen Vereidigungsgebots des § 59 nicht vereidigt werden darf oder muß, so zwingt daher auch der Antrag nach § 79 Abs. 1 Satz 2 das Gericht nicht, den Sachverständigen zu vereidigen. Da das Gericht Jugendliche, Teilnahmeverdächtige und Angehörige des Angeklagten oder des Verletzten nicht zu Sachverständigen bestellen wird, hat das praktische Bedeutung nur für den Fall, daß der Sachverständige von dem Angeklagten oder dem Privatkläger nach § 220 Abs. 1, § 386 Abs. 2, § 397 Abs. 1 unmittelbar geladen wird und nach entsprechendem Antrag gemäß § 245 vernommen werden muß.

IV. Form der Vereidigung (Absatz 2)

Der Eid ist stets ein **Nacheid,** also nach Erstattung des Gutachtens zu leisten. In **7** aller Regel ist der Sachverständige erst in der Hauptverhandlung zu vereidigen, auch wenn er schon im Vorverfahren vernommen wird[22]. Ausnahmsweise kann er im Vorverfahren (§§ 65, 72), auch bei einer Vernehmung durch den beauftragten oder ersuchten Richter (§§ 66 b, 72), vereidigt werden.

Die Vereidigung geschieht **in der Weise,** daß der Richter an den Sachverständi- **8** gen die Worte richtet: „Sie schwören bei Gott dem Allmächtigen und Allwissenden, daß Sie das Gutachten unparteiisch und nach bestem Wissen und Gewissen erstattet haben",

---

[14] *Kleinknecht/Meyer*[37] § 238, 7; vgl. auch § 238, 16.

[15] Vgl. RGSt **44** 66; *Fuhrmann* GA **1963** 78; § 51, 15; **a. A** BGHSt **1** 218; RGSt **3** 46; **19** 355; KK-*Pelchen* 3; KMR-*Paulus* 10; die auch darin einen Akt der Verhandlungsleitung nach § 238 Abs. 1 sehen.

[16] RGSt **44** 67; *Fuhrmann* GA **1963** 78.

[17] KK-*Pelchen* 3; *K. Müller* 233.

[18] Vgl. *Dahs* Hdb. 518.

[19] KK-*Pelchen* 4; *Kleinknecht/Meyer*[37] 3; KMR-*Paulus* 11; *Jessnitzer* 183; *K. Müller* 232.

[20] *K. Müller* 232.

[21] RGSt **27** 400; RG Recht **1913** Nr. 297; KK-*Pelchen* 4; KMR-*Paulus* 11; *Eb. Schmidt* § 72, 8; *Gössel* § 26 D I a.

[22] RGSt **8** 360; RGRspr. **9** 454.

und daß der Sachverständige hierauf die Worte spricht: „Ich schwöre es, so wahr mir Gott helfe" (§ 66 c Abs. 1, § 79 Abs. 2). Der Eid kann auch ohne religiöse Beteuerung geleistet werden (§ 66 c Abs. 2, § 72). Gibt der Sachverständige an, daß er aus Glaubens- oder Gewissensgründen keinen Eid leisten wolle, so hat er die Richtigkeit seines Gutachtens zu bekräftigen (§§ 66 d, 72). In sinngemäßer Anwendung des § 79 Abs. 2 sind an den Sachverständigen dann die Worte zu richten: „Sie bekräftigen im Bewußtsein ihrer Verantwortung vor Gericht, daß Sie das Gutachten unparteiisch und nach bestem Wissen und Gewissen erstattet haben"; der Sachverständige bekräftigt die Richtigkeit seines Gutachtens, indem er mit „Ja" antwortet (§ 66 d Abs. 2). Die Bekräftigung steht dem Eid gleich; hierauf ist der Sachverständige hinzuweisen (§ 66 d Abs. 1 Satz 2, § 72).

9   Jeder Sachverständige ist **einzeln** zu vereidigen (§ 59); auf einem Verstoß hiergegen wird aber das Urteil regelmäßig nicht beruhen[23]. Die Vereidigung oder Bekräftigung muß nach § 273 Abs. 1 in der Sitzungsniederschrift beurkundet werden. Der Vermerk muß lauten: „Der Sachverständige leistete den Sachverständigeneid" oder: „Der Sachverständige bekräftigte die Richtigkeit seines Gutachtens". Wird der Sachverständige in demselben Verfahren nochmals vernommen, so gilt § 67, aber auch die Einschränkung, daß in der Hauptverhandlung die Berufung auf den im Vorverfahren geleisteten Eid unzulässig ist[24].

V. Berufung auf den allgemein geleisteten Eid (Absatz 3)

10   **1. Allgemeines.** Die allgemeine Vereidigung von Sachverständigen und der örtliche, zeitliche und sachliche Umfang, in dem sie sich auf den Eid berufen können, ist in der Strafprozeßordnung nicht geregelt. Hierfür gilt teils Bundesrecht[25], teils Landesrecht[26]. Der allgemeine Sachverständigeneid, der nicht von einem Gericht abgenommen werden muß[27], bezieht sich sachlich auf Gutachten auf einem bestimmten Fachgebiet, deckt aber auch die Beantwortung solcher Fragen, die auf einem anderen, wissenschaftlich damit zusammenhängenden Gebiet liegen[28]. Ist ein Sachverständiger von einem Gericht lediglich für dessen Bezirk allgemein vereidigt, was aufgrund landesrechtlicher Vorschriften möglich sein kann, so bezieht sich der Eid auf die vor diesem Gericht abgegebenen Gutachten[29], wobei es genügt, daß das Gericht als ersuchtes Gericht tätig wird[30]. Das gilt entsprechend für den vor einer Industrie- und Handelskammer oder Handwerkskammer für deren Bezirk geleisteten allgemeinen Eid[31]. Eine Berufung auf einen vor einer solchen Behörde geleisteten Eid macht die Vereidigung des Sachverständigen aber nur insoweit entbehrlich, als er sich über Handels- oder Handwerksfragen äußert[32]. Wenn das Amt eines gerichtlichen Sachverständigen niedergelegt worden ist,

---

[23] RGSt **2** 158; RG Recht **1930** Nr. 961; KK-*Pelchen* 5.

[24] RGRspr. **9** 453; vgl. auch § 67, 6.

[25] Vgl. etwa § 36 GewO, § 91 Abs. 1 Nr. 8 HandwO; dazu RGSt **45** 373; vgl. *Bleutge* BB **1973** 1416; *Jessnitzer* 49.

[26] Vgl. etwa § 3 des Bayer. Ges. über öffentl. bestellte und beeidigte Sachverständige v. 11. 10. 1950 – Bayer. GVBl. **1950** 219 i. V. m. dem Bayer. Ges. über die Gesundheits- und Veterinärverwaltung in Bayern v. 12. 7. 1986 – Bayer. GVBl. **1986** 120; § 3 der Hamburgischen VO über die öffentl. Bestellung und

Vereidigung v. Sachverständigen v. 17. 10. 1981 – Hamburgisches GVBl. **1981** 327.

[27] *K. Müller* 229.

[28] KMR-*Paulus* 16; *Jessnitzer* 184 f.

[29] RGSt **37** 364; **43** 159; RGRspr. **9** 409; RG GA **48** (1901) 442; RG Recht **1907** Nr. 551; **1920** Nr. 1767; KMR-*Paulus* 16; *Jessnitzer* 185.

[30] RGSt **26** 216; RG GA **42** (1894) 243.

[31] RGSt **45** 373.

[32] RG HRR **1930** 682 = JW **1931** 889 mit Anm. *Alsberg*; *Jessnitzer* 184.

verliert der allgemein geleistete Eid, der sich auf diese Tätigkeit bezogen hat, seine Wirkung[33].

2. Berufung auf Diensteid und anderen allgemeinen Eid. Ist der Sachverständige **11** Beamter und gehört die Erstattung des Gutachtens zu seinen Dienstpflichten, so kann er sich auf den Diensteid (vgl. § 58 Abs. 1 BBG) berufen, mit dem er beschworen hat, seine Amtspflichten gewissenhaft zu erfüllen[34]. Das gilt auch, wenn er außerhalb seines Amtsbezirks, aber in dem Bundesland, dessen Beamter er ist, als Sachverständiger gehört wird[35]. Wird ein Dolmetscher in der Hauptverhandlung als Sachverständiger vernommen, so genügt die Berufung auf die allgemeine Vereidigung als Dolmetscher nicht[36].

3. Feststellung der allgemeinen Vereidigung. Wenn die Tatsache, daß der Sachver- **12** ständige allgemein vereidigt ist, nicht gerichtskundig ist, muß das Gericht sie im Wege des Freibeweises feststellen[37]. Dazu kann die eigene Angabe des Sachverständigen ausreichen[38]. In die Sitzungsniederschrift muß das nur aufgenommen werden, wenn ein Prozeßbeteiligter die allgemeine Vereidigung in Zweifel zieht oder zum Gegenstand eines Antrags macht[39]. Bleibt zweifelhaft, ob der Sachverständige einen allgemeinen Eid geleistet hat, oder ist eine sofortige Klärung nicht möglich, so kann der Richter den Sachverständigen vereidigen[40].

4. Berufung auf den Eid. Es genügt nicht, daß der Richter den Sachverständigen **13** auf den allgemeinen Eid hinweist[41]. Der Sachverständige selbst muß sich auf ihn berufen[42]. Das kann aber in der Weise geschehen, daß er die Frage des Richters bejaht, ob er sich auf den Eid berufen wolle. Es genügt erst recht nicht, daß der Sachverständige lediglich die Frage des Gerichts bejaht, ob er allgemein vereidigt sei. Daß er sein Gutachten nach bestem Wissen und Gewissen erstattet habe, braucht er nicht zu versichern. Die Berufung auf den allgemein geleisteten Eid ist eine wesentliche Förmlichkeit, die nach § 273 Abs. 1 in die Sitzungsniederschrift aufzunehmen ist[43]. Der Vermerk lautet: „Der Sachverständige berief sich auf den allgemein geleisteten Eid." Wann und wo er ihn geleistet hat, braucht die Sitzungsniederschrift nicht anzugeben.

Hat der Sachverständige in dem anhängigen Verfahren bereits ein Gutachten **14** unter Berufung auf den allgemeinen Eid erstattet, so genügt es bei seiner **erneuten Vernehmung** nicht, daß er sich hierauf beruft. Erforderlich ist eine nochmalige Berufung auf den allgemein geleisteten Eid[44].

5. Berufung ersetzt Vereidigung. Die Berufung auf den allgemein geleisteten Eid **15** ersetzt die Vereidigung. Wenn feststeht, daß die Voraussetzungen des § 79 Abs. 3 vorliegen, ist daher eine Vereidigung ausgeschlossen; der Sachverständige darf den Eid ver-

---

[33] RGSt **29** 300.
[34] RGSt **3** 321; **4** 390; **8** 357; **28** 41; **42** 369; **43** 159; **45** 376; RG GA **52** (1905) 252; RG LZ 1914 1715; RG Recht **1907** Nr. 551; **1911** Nr. 652; **1915** Nr. 274; **1921** Nr. 2289; KK-*Pelchen* 6; Kleinknecht/*Meyer*[37] 5; KMR-*Paulus* 16; *Jessnitzer* 184; *K. Müller* 229.
[35] RGSt **43** 159.
[36] BGH NJW **1965** 643; BGH NStZ **1981** 69 mit Anm. *Liemersdorf*; KMR-*Paulus* 16.
[37] KK-*Pelchen* 6; KMR-*Paulus* 17; *Eb. Schmidt* 11.

[38] RGSt **6** 267; Kleinknecht/Meyer[37] 6; KMR-*Paulus* 17; *Eb. Schmidt* 11.
[39] RGRspr. **5** 444; **6** 295.
[40] KMR-*Paulus* 17; *Jessnitzer* 185.
[41] RGSt **3** 102, 326; RGRspr. **2** 216; Kleinknecht/Meyer[37] 5.
[42] RGRspr. **5** 250; KK-*Pelchen* 6; *Eb. Schmidt* 11; *Dahs/Dahs*[4] 228; *Jessnitzer* 185; *K. Müller* 229; vgl. auch § 67, 13.
[43] RG LZ **1919** 717; KK-*Pelchen* 6.
[44] RG GA **41** (1893) 407.

    Hans Dahs

weigern[45]. Die Rechtslage ist anders als bei § 67. Denn nach dieser Vorschrift *kann* der Richter den Zeugen die Richtigkeit seiner Aussage unter Berufung auf den früher geleisteten Eid versichern lassen. Nach § 79 genügt aber immer die Berufung auf den allgemein geleisteten Eid; der Richter darf nicht nach seinem Ermessen im Einzelfall dahin entscheiden, daß sie nicht genügt.

VI. Umfang des Sachverständigeneides

16 **1. Personalangaben.** Die gesetzlich vorgeschriebene Eidesformel (§ 79 Abs. 2) läßt keinen Zweifel daran, daß der Sachverständigeneid sich nicht auf die Angaben zur Person erstreckt[46]. Wenn das Gericht aus besonderen Gründen, etwa um sich von der wissenschaftlichen Qualifikation des Sachverständigen zu überzeugen oder um dessen persönliche Beziehungen zu dem Angeklagten oder zu dem Verletzten aufzuklären, hierüber eidliche Angaben wünscht, muß es dem Sachverständigen den Zeugeneid abnehmen[47]. Die beiden Eidesformeln lassen sich dann verbinden[48]: „ . . . daß Sie nach bestem Wissen die reine Wahrheit gesagt und nichts verschwiegen haben und daß Sie das Gutachten unparteiisch und nach bestem Wissen und Gewissen erstattet haben."

17 **2. Zufallsbeobachtungen.** Gegenstand der Vernehmung des Sachverständigen können auch sonst Tatsachen sein, die nicht Teil des Sachverständigengutachtens sind. Wenn das Gericht sie verwerten will, muß der Sachverständige als Zeuge vernommen und, sofern keiner der Ausnahmegründe der §§ 60 ff vorliegt, nach § 59 vereidigt werden. Das gilt grundsätzlich für alle Wahrnehmungen, die er unabhängig von seiner Bestellung zum Sachverständigen gemacht hat[49]. Dabei ist der Zeitpunkt nicht entscheidend. Wahrnehmungen vor der Bestellung können zum Gutachten gehören, Beobachtungen nach der Bestellung aber Zeugenaussagen sein. Als Zeuge muß der Sachverständige insbesondere über Zufallsbeobachtungen vernommen werden. Das sind Wahrnehmungen, die in keiner unmittelbaren Beziehung zu seinem Gutachten stehen. Dazu gehört das eigene Verhalten des Sachverständigen vor der Bestellung[50], die zufällige Beobachtung der Tat (der Arzt, der dem Opfer Erste Hilfe geleistet hat und über die Verletzungen als Sachverständiger gehört wird, hat den Täter gesehen und identifiziert) und Wahrnehmungen während der Sachverständigentätigkeit, die mit dem Gutachten nicht zusammenhängen (der Sachverständige beobachtet während der Tatortbesichtigung, wie der aus der Haft vorgeführte Beschuldigte einem Zuschauer einen Kassiber zusteckt).

3. Anknüpfungstatsachen

18 **a) Allgemeines.** Häufig ist es die Aufgabe des Sachverständigen, die Tatsachen, die er seinem Gutachten zugrunde legt, ganz oder teilweise selbst zu ermitteln (vgl. Vor § 72, 7). Anknüpfungstatsachen, die der Sachverständige aufgrund seiner besonderen Sachkunde ermittelt hat, sind Befundtatsachen. Als Zusatztatsachen werden dagegen diejenigen Tatsachen bezeichnet, die der Sachverständige zwar auch bei der Erledigung

---

[45] *Jessnitzer* 185; *Kleinknecht/Meyer*[37] 5; KMR-*Paulus* 19; anders KK-*Pelchen* 7.

[46] RGSt **12** 129; **20** 235; KK-*Pelchen* 7; *Kleinknecht/Meyer*[37] 9; KMR-*Paulus* 3; *Eb. Schmidt* Nachtr. I 6; *Alsberg/Nüse/Meyer* 187; *Gössel* § 26 C III; *Roxin*[19] § 27 C II 4; *Schlüchter* 526.1 Fußn. 429; *Jessnitzer* 186; a. A RGSt **6** 267; *von Kries* 388.

[47] RGSt **12** 129; **20** 235; a. A RG Recht **1903** Nr. 2895, das eine Beeidigung dieser Angaben für unzulässig zu halten scheint.

[48] Vgl. *Eb. Schmidt* § 85, 3.

[49] KK-*Pelchen* 7; *Alsberg/Nüse/Meyer* 187; *Dahs/Dahs*[4] 229; *Jessnitzer* 186.

[50] RG JW **1909** 520.

des Gutachtenauftrags festgestellt hat, zu deren Feststellung aber keine besondere Sachkunde nötig war[51]. Die Befundtatsachen vermittelt der Sachverständige dem Gericht als Teil seines Gutachtens; eine besondere Vernehmung als Zeuge erübrigt sich, ist aber nicht unzulässig[52]. Zusatztatsachen können nur Gegenstand einer Zeugenvernehmung sein; mit dem Sachverständigengutachten dürfen sie nicht in die Beweisaufnahme eingeführt werden. Im einzelnen gilt folgendes:

b) Befundtatsachen. Zu den Befundtatsachen, die der Sachverständige in Erfül- **19** lung seines Auftrags aufgrund seiner besonderen Sachkunde feststellt[53], gehören seine Wahrnehmungen bei der Leichenöffnung[54] oder am lebenden Körper eines Menschen[55], des Verhaltens einer zu untersuchenden Person[56], Beobachtungen bei der Besichtigung des Tatorts[57] oder der Unfallstelle[58], Feststellungen des fachlichen Inhalts der ausgewerteten Krankengeschichten und ärztlichen Gutachten[59], bei der Untersuchung von Lebensmitteln[60], bei der Einsicht in Handelsbücher[61] oder in bezug auf andere äußere Umstände[62].

Wahrnehmungen des Sachverständigen vor seiner Bestellung gehören auch dann **20** nicht zu den Befundtatsachen, wenn er sie aufgrund seiner besonderen Sachkunde, etwa als behandelnder Arzt, gemacht hat[63]. Denn der Unterschied zwischen Sachverständigen und Zeugen besteht gerade darin, daß der Sachverständige seine Wahrnehmungen aufgrund des behördlichen Auftrags macht, der Zeuge unabhängig davon (§ 85, 11). Dagegen kann nicht eingewandt werden, daß es keinen Unterschied machen könne, ob der Sachverständige bestimmte Wahrnehmungen aufgrund seiner besonderen Sachkunde, die er in seinem Gutachten verwertet, vor oder erst nach seiner Bestellung gemacht habe[64]. Auch sonst können Befund- und Zusatztatsachen in engem sachlichen Zusammenhang stehen, ohne daß deshalb die Berechtigung dieser Unterscheidung in Zweifel gezogen würde. Entscheidend ist, daß Gegenstand des Sachverständigenbeweises nur Feststellungen sein können, die die Beweisperson als Sachverständiger getroffen hat; daher kann auf den behördlichen Auftrag nicht verzichtet werden.

c) Zusatztatsachen sind diejenigen, zu deren Ermittlung und Wahrnehmung keine **21** besondere Sachkunde erforderlich ist und die daher auch das Gericht mit den ihm zur

---

[51] Grundlegend zu dieser Unterscheidung: BGHSt 9 293 = JZ **1957** 227 mit Anm. *Eb. Schmidt*; BGHSt 18 107; **20** 166; *Eb. Schmidt* Nachtr. I Vor § 72, 15; *Hanack* JR **1966** 425; *Hanack* JZ **1971** 127; *Russ* NJW **1963** 385; *Schröder* JZ **1963** 412; krit. *Fincke* ZStW **86** (1974) 656; *v. Hippel* FS Peters 285.

[52] OLG Hamm NJW **1969** 567.

[53] KK-*Pelchen* Vor § 72, 4; *Kleinknecht/Meyer*[37] 10; *Eb. Schmidt* Nachtr. I Vor § 72, 15; *Dahs/Dahs*[4] 200; *Jessnitzer* 227; *Peters*[4] 371; *Roxin*[19] § 27 D; *G. Schäfer*[4] § 63 III; *Schlüchter* 527.

[54] BGH VRS **32** 434; RGSt 2 389; RGRspr. 7 525; a. A RGSt 2 157.

[55] BGHSt 18 108.

[56] BGHSt 13 2.

[57] RG HRR **1932** 213.

[58] BGH GA **1956** 294 = VRS **10** 288; OLG Hamm VRS **29** 202; OLG Hamm JMBlNRW

1965 216; vgl. auch OLG Köln VRS **39** 277 zur Auswertung des Fahrtenschreiberschaublattes.

[59] BGHSt 9 293 = JZ **1957** 227 mit Anm. *Eb. Schmidt*; BGH NJW **1959** 829; OLG Celle GA **1961** 245 = NdsRpfl. **1961** 163; *Bremer* 152.

[60] RG JW **1894** 539.

[61] BGH NJW **1951** 771.

[62] RGSt 4 232; RGRspr. 3 611.

[63] RGSt 61 114; RG JW **1928** 2721 mit Anm. *Alsberg*; RG Recht **1928** Nr. 2035; OLG Hamm NJW **1954** 1820; KK-*Pelchen* 7; *Dahs/Dahs*[4] 229; *Henkel* 218; *Jessnitzer* 29 und Blutalkohol **1968** 187; *Mezger* Psychiatrischer Sachverständiger (1918) 20 und JW **1928** 2254; *K. Müller* 235.

[64] So aber LR-*Meyer*[23] 20; *Alsberg/Nüse/Meyer* 188; vgl. auch RGSt 44 12; **69** 97.

Hans Dahs

Verfügung stehenden Erkenntnissen und Beweismitteln feststellen könnte[65]. Bei ihnen handelt es sich in erster Hinsicht um die das Tatgeschehen oder die Rechtsfolgenzumessung betreffenden Tatsachen, die der Sachverständige durch Befragen des zu Begutachtenden oder von Auskunftspersonen oder auf andere Weise, etwa durch Augenschein, erfährt. Hierunter fällt insbesondere das Geständnis, das der Angeklagte vor ihm ablegt[66]. Über solche Tatsachen darf der Sachverständige nur als Zeuge Auskunft geben, und insoweit ist er auch als Zeuge zu vereidigen[67]. Auch der unmittelbare innere Zusammenhang dieser Tatsachen mit der eigenen Tätigkeit des Sachverständigen macht diese Wahrnehmungen nicht zum Teil seines Gutachtens[68]. Von dem Sachverständigeneid werden aber Angaben des zu Begutachtenden erfaßt, die nicht das Tatgeschehen betreffen, sondern ausschließlich für das Gutachten verlangt und erteilt werden, wie z. B. bei der Untersuchung auf den psychischen Zustand die Angaben des zu Untersuchenden über frühere Krankheiten und Erlebnisse oder über Erbkrankheiten in der Familie.

VII. Revision

22   **1. Verstöße gegen § 79 Abs. 1 Satz 1.** Mit der Revision kann nicht gerügt werden, daß der Tatrichter von seinem Ermessen einen unrichtigen Gebrauch gemacht habe[69]. Hat er den Sachverständigen vereidigt, so ist das nie ein Rechtsfehler; hat er ihn unvereidigt gelassen, so ist er nur der gesetzlichen Regel gefolgt. Der Revisionsführer hätte es überdies in der Hand gehabt, ihn durch Stellung eines Antrags nach § 79 Abs. 1 Satz 1 zur Vereidigung zu zwingen (Rdn. 3). Ist der Sachverständige unvereidigt geblieben, ohne daß hierüber wenigstens der Vorsitzende eine ausdrückliche Entscheidung getroffen hat, so ist das zwar ein revisibler Verfahrensverstoß[70]; jedoch wird das Urteil hierauf regelmäßig nicht beruhen (Rdn. 3).

23   **2. Verstöße gegen § 79 Abs. 1 Satz 2.** Wenn der Sachverständige unvereidigt gelassen worden ist, obwohl ein Antrag nach § 79 Abs. 1 Satz 2 gestellt worden war, begründet das die Revision. Der Angeklagte kann sie auch darauf stützen, daß ein Antrag des Staatsanwalts oder eines Mitangeklagten unbeachtet geblieben ist[71]. Auf einem Verstoß gegen § 79 Abs. 1 Satz 2 wird das Urteil regelmäßig auch beruhen; denn es ist nicht auszuschließen, daß der Sachverständige sein Gutachten ergänzt oder geändert hätte,

[65] BGHSt **13** 3; **18** 108; **20** 166; KK-*Pelchen* 7; *Kleinknecht/Meyer*[37] 11; *Alsberg/Nüse/Meyer* 188; *G. Schäfer*[4] § 69 III 2.

[66] *Eb. Schmidt* Nachtr. I 8.

[67] BGHSt **13** 3, 250; **18** 180; **22** 271; BGH NJW **1951** 771; BGH NStZ **1981** 256; BGH bei *Spiegel* DAR **1977** 175; BGH StrVert. **1982** 251; RGRspr. **2** 665; **7** 525; RG JW **1929** 3014 mit Anm. *Beling*; RG Recht **1909** Nr. 1828; OLG Hamm NJW **1973** 1427 mit Anm. *Friederichs* NJW **1973** 2259; OLG Koblenz DAR **1974** 276 = VRS **48** 33; KK-*Pelchen* 7; *Kleinknecht/Meyer*[37] 11; KMR-*Paulus* 2; *Dahs/Dahs*[4] 226; *Henkel* 218; *Jessnitzer* StrVert. **1982** 180; *Gössel* § 26 A I b 2 und DRiZ **1980** 367; *Roxin*[19] § 27 D 2; *G. Schäfer*[4] § 69 III; *Schlüchter* 527; a. A RGSt **43** 439;

OGHSt **3** 62; BayObLGSt **1951** 305; *Peters*[4] 371 hält wegen des Unmittelbarkeitsgrundsatzes eine Vernehmung des Sachverständigen über Zusatztatsachen überhaupt für unzulässig, sofern die Zusatztatsachen wegen des engen Zusammenhanges mit der Gutachtertätigkeit nicht im Wege des Sachverständigenbeweises verwertet werden dürfen.

[68] Anders RGSt **44** 12; RG DRiZ **1927** Nr. 833.

[69] BGHSt **21** 228.

[70] KMR-*Paulus* 20; *Dahs/Dahs*[4] 228; *K. Müller* 234; *Gössel* § 26 E II; a. A BGHSt **21** 227.

[71] OLG Hamm NJW **1960** 1361; KK-*Pelchen* 8; KMR-*Paulus* 21; *Dahs/Dahs*[4] 228; *K. Müller* 234; *Jessnitzer* StrVert. **1982** 180.

wenn er es hätte beschwören müssen, oder daß das Gericht, das dem unbeeideten Gutachten nicht gefolgt ist, dem beeideten gefolgt wäre. Die unterlassene Vereidigung des Sachverständigen ist aber unschädlich, wenn er auch als Zeuge vernommen und insoweit vereidigt worden ist. Der Zeugeneid deckt immer auch ein Sachverständigengutachten; denn die reine Wahrheit ist stets unparteiisch und genügt dem besten Wissen und Gewissen[72]. Ist eine Bekundung des Sachverständigen, die sich ihrem Inhalt nach als Zeugenaussage darstellt, nicht oder nur mit dem Sachverständigeneid beschworen worden, so liegt ein revisibler Verstoß gegen § 59 vor. Ob das Urteil auf ihm beruht, hängt von den Umständen des Einzelfalles ab.

3. Verstöße gegen § 79 Abs. 3. Wenn der Sachverständige sich auf einen allge- **24** mein geleisteten Eid berufen hat, dieser Eid aber nicht oder nicht in zulässiger Weise geleistet worden war oder aus irgendwelchen Gründen das Gutachten nicht gedeckt hat, liegt ein revisibler Verstoß gegen § 79 Abs. 3 vor. Das Revisionsgericht muß — mit den Mitteln des Freibeweises — prüfen, ob eine wirksame allgemeine Vereidigung für das Fachgebiet, auf dem das Gutachten erstattet ist, stattgefunden hatte[73]. Auf dem Verfahrensverstoß wird das Urteil nicht beruhen, wenn Sachverständiger und Gericht davon ausgegangen sind, daß die Berufung auf den allgemein geleisteten Eid zulässig war und fachlich das Gutachten abdeckte[74]. Wenn allerdings ein früherer Eid überhaupt nicht geleistet, sondern nur irrig angenommen wird, hat die Revision Erfolg, wenn die Aussage im Urteil verwertet ist[75].

§ 80

(1) Dem Sachverständigen kann auf sein Verlangen zur Vorbereitung des Gutachtens durch Vernehmung von Zeugen oder des Beschuldigten weitere Aufklärung verschafft werden.

(2) Zu demselben Zweck kann ihm gestattet werden, die Akten einzusehen, der Vernehmung von Zeugen oder des Beschuldigten beizuwohnen und an sie unmittelbar Fragen zu stellen.

Schrifttum. *Dippel* Die Stellung des Sachverständigen im Strafprozeß (1986); *Heinitz* Grenzen der Zulässigkeit eigener Ermittlungstätigkeit des Sachverständigen im Strafprozeß, FS für Engisch 693; *Kessler* Die tatsächlichen Grundlagen des Sachverständigengutachtens, Diss. Freiburg 1974; *Kraft* Zulässigkeit eigener Ermittlungstätigkeit des psychiatrischen und psychologischen Sachverständigen im Strafprozeß, Diss. Göttingen 1974; *Weimann* Probleme des medizinischen Sachverständigen im Strafprozeß, JR **1951** 199.

[72] BGH JR **1954** 271; BGH GA **1976** 78; RGSt **2** 157; **3** 102; **55** 183; RGRspr. **3** 611; **6** 154; RG JW **1901** 497; OLG Hamm NJW **1969** 567; KK-*Pelchen* 7; KMR-*Paulus* 21; a. A RGSt **53** 270; RG LZ **1915** 631; RG Recht **1919** Nr. 526; *Eb. Schmidt* § 85, 3.

[73] RGSt **4** 388; KMR-*Paulus* 22; *Eb. Schmidt* 11.

[74] BGH NStZ **1984** 328; **1986** 469 f; **1987** 132, jeweils betr. Dolmetscher; RG JW **1929** 1047 mit Anm. *Oetker*; KK-*Pelchen* 8; KMR-*Paulus* 22; a. A *Eb. Schmidt* § 67, 10; vgl. auch § 67, 21.

[75] OLG Köln NJW **1963** 2333; *Dahs/Dahs*[4] 222.

Hans Dahs

Übersicht

1   **1. Allgemeines.** Ein Sachverständiger, der nicht nur zu dem Zweck bestellt wird, dem Gericht allgemein Erfahrungssätze oder Forschungsergebnisse aus seinem Wissensgebiet zu vermitteln (vgl. Vor § 72, 5), kann sein Gutachten nur erstatten, wenn er die Tatsachen kennt, die ihm zugrunde zu legen sind. Diese Tatsachen werden allgemein als Anknüpfungstatsachen bezeichnet (§ 79, 18). Häufig gehört es zu den Aufgaben des Sachverständigen, sie sich selbst zu beschaffen, weil sie ohne Sachkunde nicht ermittelt werden können (vgl. Vor § 72, 6). Ihre Ermittlung darf ihm jedoch nicht überlassen werden, wenn für die Feststellung der Tatsachen seine besondere Sachkunde nicht erforderlich ist. Es ist dann Aufgabe des Gerichts, dem Sachverständigen die Anknüpfungstatsachen zur Verfügung zu stellen, und zwar, soweit sie bis dahin bekannt geworden sind, schon bei der Auftragserteilung[1]. Dem Sachverständigen kann dazu ein Sachbericht oder ein Aktenauszug übersandt werden; auch die gesamten Akten können ihm zur Verfügung gestellt werden (vgl. § 78, 9). Oft kommt aber der Sachverständige nach dem Studium dieses Materials zu dem Ergebnis, daß er das Gutachten ohne weitere tatsächliche Grundlagen nicht erstatten kann. Auf welche Weise ihm dann weitere Anknüpfungstatsachen verschafft werden, bestimmt § 80. Die Bedeutung der Vorschrift liegt nicht zuletzt darin, daß sie verbietet, dem Sachverständigen die weitere Aufklärung auf jede beliebige Weise zu ermöglichen, und daß sie insbesondere den Sachverständigen nicht selbst ermächtigt, Ermittlungen zu führen.

2. Gutachtenvorbereitung vor der Hauptverhandlung

2   **a) Erforderlichkeit weiterer Aufklärung.** § 80 Abs. 1 stellt die Beschaffung der Grundlagen für das Gutachten nicht in das Ermessen des Gerichts. Zwar darf das Gericht das Verlangen des Sachverständigen nach weiterer Aufklärung ablehnen, wenn feststeht, daß er für die Gutachtenerstattung ausreichend mit Tatsachenmaterial versehen ist. Meist wird es das jedoch nicht selbst beurteilen können. Dann wird schon die Aufklärungspflicht (§ 244 Abs. 2) das Gericht dazu zwingen, den Sachverständigen mit weiteren Anknüpfungstatsachen für sein Gutachten zu versorgen[2]. Das Verlangen des Sachverständigen, ihm nach § 80 Abs. 1 zur Vorbereitung des Gutachtens weitere Aufklärung zu verschaffen, kann jedoch immer abgelehnt werden, wenn das Gericht es für angebracht hält, daß der Sachverständige sein Gutachten ohne völlige Aufklärung des Sachverhalts erstattet. Denn nicht immer müssen die Anknüpfungstatsachen vor der Erstattung des Gutachtens ermittelt werden. Vielmehr kann der Richter dem Sachverständigen auch aufgeben, bestimmte Tatsachen zu unterstellen. Ein solches Verfahren kann sich aus Gründen der Prozeßwirtschaftlichkeit empfehlen. Man kommt gelegentlich einfacher und schneller zum Ziel, wenn man zunächst dem Gutachten entnimmt, auf

---

[1] KK-*Pelchen* 1; *Jessnitzer* 188; *K. Müller* 252.

[2] BGH GA **1963** 18 = JR **1962** 111; KK-*Pelchen* 1; KMR-*Paulus* 1; *Kleinknecht/Meyer*[37] 1; *Eb. Schmidt* 2; *Gössel* § 26 B II d.

welche Anknüpfungstatsachen es ankommt. Es ist eine Frage der Zweckmäßigkeit im Einzelfall, ob der Richter sich erst die Sachkunde oder erst die Tatsachenkenntnis verschafft. Er hat diese Frage unabhängig von dem Verlangen des Sachverständigen, weitere Tatsachen kennenzulernen, zu entscheiden.

b) Akteneinsicht. Nach § 80 Abs. 2 kann dem Sachverständigen zur Vorbereitung **3** seines Gutachtens die Akteneinsicht gestattet werden. Einem solchen Verlangen des Sachverständigen muß das Gericht nicht stets entsprechen. Im Vordergrund steht die Pflicht und die Befugnis des Gerichts, die Tätigkeit des Sachverständigen zu leiten, soweit dies erforderlich erscheint (§ 78). Es kann im Einzelfall durchaus ratsam erscheinen, dem Sachverständigen die Akteneinsicht zu verweigern oder zu beschränken, damit er sein Gutachten unabhängig von dem bisherigen Ermittlungsergebnis erstattet[3]. Auch dem von einem Verfahrensbeteiligten selbst unmittelbar geladenen Sachverständigen können die Befugnisse aus § 80 Abs. 2 versagt werden[4]. Dies hindert den Verfahrensbeteiligten aber nicht, dem Sachverständigen Abschriften oder Ablichtungen aus den Akten auszuhändigen[5].

c) Vernehmungen. Beschuldigte und Zeugen, deren Angaben und Aussagen der **4** Sachverständige für sein Gutachten benötigt, müssen vernommen werden. Wer die Vernehmungen durchzuführen hat, richtet sich nach den dafür geltenden Vorschriften. Im allgemeinen empfiehlt sich eine richterliche Vernehmung. Der Sachverständige darf der Vernehmung beiwohnen und Fragen an Beschuldigte und Zeugen stellen (§ 80 Abs. 2). Er selbst darf aber weder zur Vorbereitung seines Gutachtens noch zu anderen Zwecken Vernehmungen durchführen; denn sie würden nicht dieselben verfahrensrechtlichen Garantien für die Wahrheitsfindung bieten wie Vernehmungen durch Gerichte oder andere Strafverfolgungsbehörden[6]. Gleichwohl treffen den Sachverständigen als „Richtergehilfen" die aus §§ 52 ff; 136, 136 a folgenden Pflichten jedenfalls sinngemäß. Der Sachverständige ist also an § 136 a gebunden[7] und muß Beschuldigte über ihr Recht, die Aussage zu verweigern, sowie etwa befragte Zeugen über ihre Weigerungsrechte belehren[8]. Sonst könnten über die Vernehmung des Sachverständigen als Zeugen Bekundungen des Angeklagten oder seiner Angehörigen in die Hauptverhandlung eingeführt werden, die nach ordnungsgemäßer Belehrung nicht gemacht worden wären[9]. Der Sachverständige ist aber nur befugt, bei der Untersuchung einzelne Fragen an den Beschuldigten oder Zeugen zu richten, wenn das für das Gutachten unentbehrlich ist und keine Vernehmung im eigentlichen Sinne darstellt[10]. Er darf auch ausfindig machen, wer als Zeuge in Betracht kommt, und die Vernehmung dieser Personen durch das Gericht anregen[11]. Informatorische Befragungen sind dem Sachverstän-

[3] *Peters*[4] 372; *Roxin*[19] § 27 C I; vgl. auch *Kleinknecht/Meyer*[37] 3; KMR-*Paulus* 5; eingehend *Dippel* 121 ff, 152 ff; vgl. auch § 78, 9.

[4] *Sarstedt/Hamm* 292.

[5] *Jessnitzer* 192.

[6] Vgl. BGH NJW **1951** 771; BGH GA **1963** 18 = JR **1962** 111; BGH bei *Dallinger* MDR **1966** 383; BGH 5 StR 83/68 v. 7. 5. 1968 bei *Heinitz* FS Engisch 693; KK-*Pelchen* 2; KMR-*Paulus* 4; *Gössel* § 26 B II b; *Jessnitzer* 195; *Peters*[4] 370; *Dippel* 131 ff; *Kraft* 34; *Rudolph* Justiz 1969 31; *Weimann* JR **1951** 199; grundsätzlich **a. A** *Fincke* ZStW **86** (1974) 669 ff.

[7] BGHSt **11** 211; BGH NJW **1968** 2297 = JR **1969** 231 m. Anm. *Peters*; vgl. auch § 136 a, 8 ff.

[8] BGHSt **13** 394; *Peters*[4] 371; *Roxin*[19] § 27 C I; *Arzt* JZ **1969** 438; *K. Müller* 301; a. A BGH JZ **1969** 437; KK-*Pelchen* 2; LR-*Meyer*[23] 4; *Schlüchter* 527.

[9] *Dahs* Hdb. 512.

[10] BGH NJW **1968** 2297 = JR **1969** 231 m. Anm. *Peters*; vgl. auch *Kraft* 34 ff.

[11] KK-*Pelchen* 2; *Kleinknecht/Meyer*[37] 2; KMR-*Paulus* Vor § 72, 42; *Jessnitzer* 201.

digen nicht schlechthin verwehrt[12], dürfen aber immer nur den Zweck verfolgen, allgemein die Beweiserheblichkeit des Wissens der Auskunftsperson festzustellen. Zu diesem Zweck darf nicht etwa eine „informatorische" Befragung stattfinden, die in Wahrheit eine Vernehmung ist. Dem Gutachten zugrunde gelegt werden dürfen nur solche Tatsachen, die prozessual richtig durch das Gericht ermittelt worden und voll bewiesen sind[13].

5   Wenn der Sachverständige unter **Mißachtung dieser Grundsätze** und unter Überschreitung seiner Befugnisse „Vernehmungen" durchführt, handelt es sich nicht um Vernehmungen im Sinne des Verfahrensrechts[14]. Niederschriften darüber sind nicht nach § 251 Abs. 2 verlesbar. Das Gericht muß solche „Vernehmungen" auf ordnungsmäßige Weise wiederholen, wenn sie für das Gutachten von Bedeutung sind und in ihm verwertet werden sollen[15]. Daß der Sachverständige sich die tatsächlichen Grundlagen für sein Gutachten, sofern sie durch Angaben des Beschuldigten oder durch Zeugenaussagen gewonnen werden müssen, nur auf dem Wege der richterlichen Vernehmung verschaffen darf, macht die Begutachtung zweifellos oft umständlich und zeitraubend. Gegen eine „elastischere Auslegung" des § 80[16] bestehen trotzdem Bedenken. Insbesondere darf das Recht des Sachverständigen zu informatorischer Befragung von Beschuldigten und Zeugen nicht dadurch erweitert werden, daß ihm gestattet wird, aus diesen Personen so viel herauszufragen, wie er für sein Gutachten braucht, und das Gutachten dann aufgrund der Unterstellung anzufertigen, daß die richterliche Vernehmung der Auskunftsperson nachgeholt wird. Denn daß der Sachverständige die so gewonnenen Tatsachenkenntnisse verdrängt, wenn sich später herausstellt, daß der Zeuge gar nicht hätte befragt werden dürfen, ist wenig wahrscheinlich. Der richtige Weg, umständliche und zeitraubende Begutachtungen zu ersparen, liegt darin, Untersuchungen durch Sachverständige nur in den Fällen anzuordnen, in denen sie unerläßlich sind, nicht in den anderen, in denen ein Sachverständiger nur bemüht wird, weil der Richter meint, sein Urteil werde dadurch „revisionssicher".

6   Die vorstehenden Grundsätze gelten insbesondere auch für die **Explorationen** zur Sache, die psychologische Sachverständige mit den Untersuchungspersonen vorzunehmen pflegen[17]. Eine eigene Ermittlungstätigkeit steht ihnen ebensowenig zu wie anderen Sachverständigen[18]. Wenn deshalb das diagnostische Ziel nicht oder nur unter Schwierigkeiten erreicht werden kann[19], so ist das leichter in Kauf zu nehmen als eine Ausforschung des Beschuldigten oder des Zeugen durch Sachverständige. Ein Unterschied zwischen Exploration und Vernehmung besteht nicht[20]. Dagegen sind dem Sachverständigen Unterhaltungen mit dem Zeugen gestattet, dessen Glaubwürdigkeit er beurteilen soll (vgl. dazu aber Rdn. 4). Denn eine derartige Untersuchung ist keine Zeugenvernehmung, setzt das Einverständnis des Zeugen voraus (vgl. § 81 c, 8) und kann vielfach in Gegenwart und unter der verantwortlichen Leitung eines Vernehmungsbe-

---

[12] Vgl. BGHSt **9** 296; einschränkend *Kraft* 48 ff.

[13] *Dahs/Dahs*[4] 230.

[14] BGHSt **13** 4 = NJW **1959** 828; *Weimann* JR **1951** 198.

[15] BGHSt **9** 294; KK-*Pelchen* 2; *K. Müller* 255.

[16] Die *Heinitz* FS Engisch 702 empfiehlt.

[17] Dazu *Kraft* 75 ff.

[18] KMR-*Paulus* 4; *Bremer* 152, 167; *Jessnitzer*

198; *Blau* GA **1959** 304; *Roesen* NJW **1964** 442; *Rudolph* Justiz **1969** 31; a. A *Cabanis* NJW **1978** 2331; *Fincke* ZStW **86** (1974) 664; auch BGHSt **13** 2 hält eine Erforschung des Tatgeschehens bei der Exploration offenbar für zulässig; vgl. ferner BGHSt **13** 250.

[19] Vgl. *Undeutsch*, Die Entwicklung der gerichtspsychologischen Gutachtertätigkeit (1954) 15.

[20] So mit Recht *Kraft* 79.

amten nicht oder nicht erfolgreich durchgeführt werden[21]. Untersuchungen, die die Form von Vernehmungen zur Tatsachenaufklärung annehmen, sind dem Sachverständigen aber auch hier ausnahmslos verboten[22].

Der **Sachverständige** darf **als Zeuge** darüber vernommen werden, was ihm der Be- **7** schuldigte oder ein Zeuge über die Tat mitgeteilt hat (§ 79, 21; vgl. auch § 250, 34). Die Frage, ob Angaben, die dem Sachverständigen bei unzulässigerweise durchgeführten Vernehmungen gemacht werden, verwertet werden dürfen, wenn die Auskunftsperson in der Hauptverhandlung berechtigt die Aussage verweigert, ist bei § 252, 31 ff erörtert.

d) Sonstige Beweiserhebungen. Das Gesetz erwähnt als Beweismittel, durch deren **8** Benutzung dem Sachverständigen weitere Aufklärung verschafft werden kann, ausdrücklich nur Zeugen und den Beschuldigten (§ 80 Abs. 1). Es kann jedoch nicht zweifelhaft sein, daß ihm auch Urkunden, insbesondere schriftliche Unterlagen, Kontokarten, Geschäftsbücher und Augenscheinsobjekte zur Verfügung gestellt werden dürfen, wenn er ihre Besichtigung und Auswertung für erforderlich hält[23]. Örtlichkeiten darf der Sachverständige ohne die Mitwirkung des Gerichts besichtigen; Beschuldigte und Verteidiger braucht er davon weder zu benachrichtigen, noch muß er sie teilnehmen lassen[24]. Auf Verlangen des Sachverständigen kann das Gericht auch amtliche Auskünfte einholen und andere Sachverständige desselben oder eines anderen Wissensgebietes heranziehen. Zur Erlangung und Vertiefung seiner Sachkunde darf sich der Sachverständige aber stets auch unmittelbar mit anderen Sachverständigen in Verbindung setzen und sie befragen[25]. Ferner darf er Auskünfte einholen und Krankengeschichten und behördliche Akten heranziehen[26]. Schriftliche Berichte von Personen, die in der Hauptverhandlung als Zeugen vernommen werden müssen (Lehrer, Fürsorger), darf er weder einholen noch, wenn sie in den Akten sind, seinem Gutachten zugrunde legen[27].

3. Gutachtenerstattung in der Hauptverhandlung

a) Anwesenheitsrecht. Der Sachverständige gehört nicht zu den Personen, deren **9** ununterbrochene Anwesenheit in der Hauptverhandlung das Gesetz in § 226 vorschreibt (vgl. § 226, 15 ff). Vielfach, insbesondere wenn Fingerabdrücke, Schriftproben, Werkzeugspuren zu begutachten sind, oft auch, wenn ein Blutalkoholgutachten zu erstatten ist, wird es genügen, den Sachverständigen in der Hauptverhandlung nur sein Gutachten erstatten zu lassen und ihn dann zu entlassen. Es liegt nicht im Interesse des Angeklagten, der, wenn er verurteilt wird, die Vergütung für den Sachverständigen zu bezahlen hat, und muß mit Rücksicht auf die Arbeitsbelastung der meisten Sachverständigen unbedingt vermieden werden, sie länger in Anspruch zu nehmen, als das unbedingt erforderlich ist[28]. Dem Sachverständigen kann aber gestattet werden, der Vernehmung von Zeugen oder des Beschuldigten beizuwohnen und unmittelbar Fragen an sie zu richten (§ 80 Abs. 2). Das gilt auch für die Beweisaufnahme in der Hauptverhandlung[29] und

[21] BGHSt 7 82; *Blau* GA **1959** 304; *Heinitz* FS Engisch 699; *Kraft* 81; kritisch *Krauß* ZStW **85** (1973) 33, der es für bedenklich hält, auf diesem Wege in Intimbereiche vorzustoßen, die den Richter sonst verschlossen sind.

[22] *Roesen* NJW **1964** 443; **a. A** anscheinend BGHSt **18** 108.

[23] OLG Karlsruhe Justiz **1963** 36; *Kleinknecht/ Meyer*[37] 4; *Eb. Schmidt* 1.

[24] BGH bei *Dallinger* MDR **1966** 17 = VRS **35** 428; *Jessnitzer* 196; *KK-Pelchen* 2; anders nur, wenn der Richter im Vorverfahren bei

einer Augenscheinseinnahme Sachverständige hinzuzieht, vgl. § 168 d und die dort. Erl.

[25] BGH VersR **1960** 998; RGZ **151** 356; *KK-Pelchen* 2.

[26] *Heinitz* FS Engisch 699.

[27] BGH JR **1962** 111; *Jessnitzer* 197; *Kraft* 52.

[28] *Dünhaupt* NdsRpfl. **1969** 131.

[29] RGSt **52** 161; RG GA **47** (1900) 156; RG HRR **1932** 1804; RG Recht **1913** Nr. 2663; OLG Dresden DRiZ **1929** Nr. 921; *KK-Pelchen* 4; *KMR-Paulus* 4.

　Hans Dahs

trotz § 241 a auch für die Befragung von Zeugen unter 16 Jahren[30]. Der Sachverständige muß sein Fragerecht aber ordnungsgemäß ausüben. Unzulässige oder ungeeignete Fragen sind nach § 241 zurückzuweisen[31]. Es ist zulässig und vielfach empfehlenswert, dem Sachverständigen die Anwesenheit in der Hauptverhandlung von vornherein zu gestatten; § 243 Abs. 2 Satz 1 gilt nicht (vgl. § 243, 29). Es steht im Ermessen des Gerichts[32] und ist gelegentlich sogar durch die Aufklärungspflicht nach § 244 Abs. 2 geboten[33], den Sachverständigen der ganzen Verhandlung beiwohnen zu lassen. § 58 Abs. 1 ist nicht entsprechend anwendbar[34]. Die Anordnung trifft der Vorsitzende; nur wenn sie beanstandet wird, ist ein Gerichtsbeschluß erforderlich[35]. Das alles gilt auch, wenn der Sachverständige zugleich als Zeuge vernommen werden soll[36]. Meist wird es auch zweckmäßig sein, dem Sachverständigen die Anwesenheit bei der Gutachtenerstattung durch die anderen Sachverständigen zu gestatten[37]. War der Sachverständige bei den Vernehmungen, deren Ergebnisse in seinem Gutachten verwertet werden sollen, nicht zugegen, so ist er von ihnen zu unterrichten; das kann auch außerhalb der Hauptverhandlung geschehen[38].

10   **b) Befragung von Zeugen und Beschuldigten.** Dem Sachverständigen kann nach § 80 Abs. 2 gestattet werden, an Beschuldigte und Zeugen unmittelbar Fragen zu stellen. Der Zeuge muß sie beantworten, der Beschuldigte nicht. Aus der Weigerung des Beschuldigten kann das Gericht aber nach den auch sonst für das Schweigen des Beschuldigten geltenden Grundsätzen ungünstige Schlüsse ziehen[39]. Ob der Richter dem Sachverständigen das Fragerecht vor oder nach dem Verteidiger und dem Angeklagten einräumt, steht in seinem Ermessen[40]. Unzulässig ist es aber, dem Sachverständigen die Vernehmung eines Beschuldigten oder Zeugen völlig zu überlassen[41].

11   **4. Revision.** Ein Verstoß gegen § 80 kann die Revision nur begründen, wenn in der Nichtunterrichtung des Sachverständigen über Anknüpfungstatsachen eine Verletzung der Aufklärungspflicht nach § 244 Abs. 2 liegt, oder wenn sie dazu geführt hat, daß der Sachverständige von unrichtigen Erwägungen ausgegangen ist[42]. Auf eine Verletzung des § 80 Abs. 2, der nur eine Ordnungsvorschrift ist, kann die Revision nicht gestützt werden[43].

[30] *Jessnitzer* 191; vgl. auch § 241 a, 10.
[31] *Dahs* Hdb. 513.
[32] BGHSt **2** 27; RGSt **52** 161; RG JW **1927** 2040 mit Anm. *Unger*; RG Recht **1913** Nr. 2663; OLG Dresden DRiZ **1929** 921.
[33] BGHSt **19** 367.
[34] KK-*Pelchen* 4; *Kleinknecht/Meyer*[37] 5; KMR-*Paulus* 4; *Eb. Schmidt* § 72, 3; *Henkel* 221.
[35] RGSt **52** 162; RG JW **1891** 504; **1927** 2040 mit Anm. *Unger*; RG Recht **1930** Nr. 1878; KK-*Pelchen* 4; KMR-*Paulus* 4; *Eb. Schmidt* 4; *Gössel* § 26 B II d.
[36] RGSt **22** 434; RGRspr. **3** 496; RG GA **47** (1900) 156; RG LZ **1915** 899; **1917** 127; RG Recht **1930** Nr. 1878; KK-*Pelchen* 4; *Klein-

knecht/Meyer*[37] § 72, 1; KMR-*Paulus* 4; *Eb. Schmidt* 3; *Schlüchter* 526.3; **a. A** RG GA **38** (1891) 354, das aber darin keinen Revisionsgrund sieht, weil § 58 nur eine Ordnungsvorschrift ist; s. a. bei § 58, 18.
[37] RGSt **2** 158; **52** 161.
[38] BGHSt **2** 26.
[39] *Dahs* Hdb. 513.
[40] BGH NJW **1969** 437; KK-*Pelchen* 5.
[41] *Eb. Schmidt* 1; *Gössel* § 26 B II b; *Kraft* 36; *Peters*[4] 370; *Weimann* JR **1951** 199.
[42] KK-*Pelchen* 6; *Kleinknecht/Meyer*[37] 6; KMR-*Paulus* 6; *Dahs/Dahs*[4] 230; *Gössel* § 26 B II d.
[43] KK-*Pelchen* 6; *Unger* JW **1927** 2040; **a. A** *Gössel* § 26 B II d.

§ 80 a

Ist damit zu rechnen, daß die Unterbringung des Beschuldigten in einem psychiatrischen Krankenhaus, einer Entziehungsanstalt oder in der Sicherungsverwahrung angeordnet werden wird, so soll schon im Vorverfahren einem Sachverständigen Gelegenheit zur Vorbereitung des in der Hauptverhandlung zu erstattenden Gutachtens gegeben werden.

Entstehungsgeschichte. Die Vorschrift wurde durch Art. 2 Nr. 2 AGGewVerbrG eingefügt. In ihrer ersten Fassung enthielt sie nach dem Wort „Entziehungsanstalt" noch die Worte „oder seine Entmannung". Sie wurden durch die Aufhebung des § 42 k StGB durch Art. 1 des Kontrollratsgesetzes Nr. 11 vom 30. 11. 1946 (ABlKR 55) gegenstandslos und in die Neufassung der Strafprozeßordnung durch die Anlage zu Art. 3 VereinhG nicht übernommen. Art. 9 Nr. 4 des 1. StRG fügte die Worte „oder die Sicherungsverwahrung" ein. Durch Art. 21 Nr. 12 EGStGB wurde die Vorschrift neu gefaßt. Dabei wurden die Bezeichnung „Heil- oder Pflegeanstalt" durch die Bezeichnung „psychiatrisches Krankenhaus" ersetzt und die Worte „oder in einer Trinkerheilanstalt" gestrichen; ferner wurden hinter dem Wort „Entziehungsanstalt" die Worte „einer sozialtherapeutischen Anstalt" eingefügt. Das in Art. 7 Abs. 2 des 2. StrRG ursprünglich für den 1. 10. 1973 vorgesehene Inkrafttreten der Vorschriften über die Unterbringung in einer sozialtherapeutischen Anstalt und die Überweisung in den Vollzug dieser Maßregel wurde durch § 1 des Gesetzes über das Inkrafttreten des Zweiten Gesetzes zur Reform des Strafrechts vom 30. 7. 1973 (BGBl. I 904) auf den 1. 1. 1978 hinausgeschoben. Aus diesem Grunde sollte nach Art. 326 Abs. 5 Nr. 2 Buchst. a EGStGB die am 1. 1. 1975 in Kraft getretene Vorschrift bis zum 31. 12. 1977 in der oben wiedergegebenen Fassung angewendet werden. Durch Gesetz vom 22. 12. 1977 (BGBl. I 3104) erfolgte ein erneuter Aufschub auf den 1. 1. 1985 (vgl. *Schwind* NStZ **1981** 121). Nachdem die Vorschriften über die Unterbringung in einer sozialtherapeutischen Anstalt und die Überweisung in den Vollzug dieser Maßregel durch das StVollzÄndG vom 20. 1. 1984 (BGBl. I 97, 360) endgültig zugunsten einer reinen Vollzugslösung vor ihrem zuletzt für den 1. 1. 1985 in Aussicht genommenen Inkrafttreten aufgehoben wurden, ist die Behandlung in einer sozialtherapeutischen Anstalt nur im Rahmen des Strafvollzuges auf der Rechtsgrundlage des § 9 StVollzG möglich. Es bleibt damit endgültig bei der zunächst nur als Übergangslösung vorgesehenen Fassung des § 80 a.

1. Anwendungsbereich. Die Vorschrift gilt nur im Strafverfahren gegen einen **1** schuld- und verhandlungsfähigen Beschuldigten. Sie dient dem Interesse des Beschuldigten, dem sie eine medizinisch und pädagogisch angemessene Behandlung sichert, und dem Interesse der Anstalten, von denen ungeeignete Personen ferngehalten werden[1]. Für das Sicherungsverfahren nach §§ 413 ff enthält § 414 Abs. 3 eine mit § 80 a übereinstimmende Regelung.

2. Vorverfahren. Hierunter ist das staatsanwaltliche Ermittlungsverfahren zu ver- **2** stehen, auch soweit die Polizei Ermittlungen nach §§ 161, 163 durchführt. Die Auswahl des Sachverständigen erfolgt durch den Staatsanwalt (§ 73, 2). Eine Auswahl durch die Polizei ist zwar gesetzlich nicht ausgeschlossen, wird aber im Anwendungsbereich des § 80 a regelmäßig nicht in Betracht kommen. Das erkennende Gericht kann in jedem Fall

---

[1] *Peters*[4] 366.

Hans Dahs

einen anderen Sachverständigen auswählen (§ 73, 4), muß aber auch den des Vorverfahrens vernehmen, wenn ihn die Staatsanwaltschaft lädt (§ 214 Abs. 3, § 245). Ist § 80 a im Vorverfahren nicht beachtet worden, so ist die Hinzuziehung eines Sachverständigen alsbald nach Anklageerhebung, gegebenenfalls nach § 202 Satz 1 vor der Entscheidung über die Eröffnung des Hauptverfahrens, nachzuholen.

3   **3. Vorbereitung des Gutachtens.** Für die Hauptverhandlung schreibt § 246 a die Vernehmung eines Sachverständigen zwingend vor, wenn mit der Unterbringung des Angeklagten in einem psychiatrischen Krankenhaus oder einer Entziehungsanstalt oder wenn mit der Anordnung der Sicherungsverwahrung zu rechnen ist. Der Sachverständige muß in der Regel ein Arzt sein[2]. Das Gutachten des medizinischen Sachverständigen muß sich auf den psychischen und körperlichen Zustand des Angeklagten und auf die Behandlungsaussichten erstrecken. Daß ein Sachverständiger ein solches Gutachten aufgrund bloßer Beobachtung und Befragung des Angeklagten in der Hauptverhandlung erstatten könnte, erscheint so gut wie ausgeschlossen. Deshalb schreibt § 246 a Satz 2 vor, daß er Gelegenheit erhalten soll, den Angeklagten vor der Hauptverhandlung zu untersuchen, wenn er ihn nicht schon früher untersucht hat. Daß er dazu schon früher Gelegenheit erhalten muß, bestimmt § 80 a. Trotz des scheinbar entgegenstehenden Gesetzeswortlauts („soll... Gelegenheit gegeben werden") steht die Anwendung der Vorschrift nicht im Ermessen der Staatsanwaltschaft oder des Gerichts[3]. Nur wenn der seelische Zustand und die Gemeingefährlichkeit des Beschuldigten so offensichtlich sind (etwa aufgrund einer erst vor kurzem erfolgten Untersuchung in einem anderen Verfahren), daß ein vorbereitendes Gutachten überflüssig erscheint, darf von der Zuziehung eines Sachverständigen im Vorverfahren abgesehen werden[4].

4   **4. Verfahren.** Die Zuziehung des Sachverständigen erfolgt durch Verfügung der Staatsanwaltschaft oder durch Beschluß des Gerichts, der keiner Begründung bedarf. Ist der Beschuldigte auf freiem Fuß, so ist er vor den Sachverständigen zu laden. Verweigert der Beschuldigte die Untersuchung durch den Sachverständigen, kann die richterliche (§ 162) oder staatsanwaltliche Vernehmung (§ 163 a Abs. 2) im Beisein des Sachverständigen veranlaßt und der Beschuldigte vorgeführt werden (§ 133 Abs. 2). Da der Beschuldigte körperlich untersucht werden muß, ist regelmäßig auch eine Anordnung nach § 81 a zulässig und geboten, sofern er nicht freiwillig in die Untersuchung einwilligt[5]. Auch eine Unterbringung zur Beobachtung nach § 81 kommt in Betracht (§ 81, 7 ff).

5   **5. Anfechtung.** Gegen den Beschluß, mit dem ein Sachverständiger hinzugezogen wird, ist kein Rechtsmittel zulässig[6]; erst die Anordnung, daß der Beschuldigte von dem Sachverständigen untersucht (§ 81 a) oder daß er nach § 81 zur Beobachtung untergebracht werden soll, ist anfechtbar (§ 81, 42, § 81 a, 66 ff).

6   **6. Revision.** Die Revision kann nicht auf Verletzung des § 80 a, sondern nur auf die des § 246 a gestützt werden[7]. Die Beachtung des § 80 a kann auch nicht durch einen Aussetzungsantrag in der Hauptverhandlung erzwungen werden[8].

[2] Vgl. dazu KK-*Pelchen* 3; *Müller-Dietz* NStZ **1983** 204 zu § 63 StGB.
[3] KK-*Pelchen* 3; KMR-*Paulus* 1.
[4] Vgl. RG DJ 1939 481.
[5] BGH NJW **1972** 348; KK-*Pelchen* 4; KMR-*Paulus* 2; *Kleinknecht/Meyer*[37] 3.

[6] KK-*Pelchen* 5; *Kleinknecht/Meyer*[37] 4; KMR-*Paulus* 3.
[7] BGH NStZ **1984** 134; KK-*Pelchen* 5; *Kleinknecht/Meyer*[37] 5; KMR-*Paulus* 3; zur Einordnung als Ordnungsvorschrift s. *Bohnert* NStZ **1982** 5.
[8] BGH NStZ **1984** 134.

§ 81

(1) Zur Vorbereitung eines Gutachtens über den psychischen Zustand des Beschuldigten kann das Gericht nach Anhörung eines Sachverständigen und des Verteidigers anordnen, daß der Beschuldigte in ein öffentliches psychiatrisches Krankenhaus gebracht und dort beobachtet wird.

(2) [1]Das Gericht trifft die Anordnung nach Absatz 1 nur, wenn der Beschuldigte der Tat dringend verdächtig ist. [2]Das Gericht darf diese Anordnung nicht treffen, wenn sie zu der Bedeutung der Sache und der zu erwartenden Strafe oder Maßregel der Besserung und Sicherung außer Verhältnis steht.

(3) Im vorbereitenden Verfahren entscheidet das Gericht, das für die Eröffnung des Hauptverfahrens zuständig wäre.

(4) [1]Gegen den Beschluß ist sofortige Beschwerde zulässig. [2]Sie hat aufschiebende Wirkung.

(5) Die Unterbringung in einem psychiatrischen Krankenhaus nach Absatz 1 darf die Dauer von insgesamt sechs Wochen nicht überschreiten.

Schrifttum. *Baumann* Unterbringungsrecht (1966) 89; *Baumann* Die Bedeutung des Artikels 2 GG für die Freiheitsbeschränkungen im Strafprozeß, Festschrift für Eb. Schmidt (1961) 525; *Jessnitzer* Strafverteidiger und Sachverständiger, StrVert. **1982** 177; *Kornfeld* Unter welchen Voraussetzungen dürfen Geistesgesunde in Irrenanstalten aufgenommen werden? GerS **61** (1902) 451; *Löffler* Voraussetzungen für die Anwendbarkeit der §§ 81, 81 a StPO, NJW **1951** 821; *Maquet* Zweifelsfragen bei der Anordnung der Unterbringung eines Angeschuldigten in einer öffentlichen Irrenanstalt gemäß § 81 StPO, Diss. Kiel 1934; *Ortloff* Voraussetzungen und „Cautelen" der Verbringung eines Angeschuldigten in eine öffentliche Irrenanstalt nach § 81 StPO, GerS **35** (1883) 454; *Rasch* Die Unterbringung eines Angeschuldigten in die Irrenanstalt gemäß § 81 StPO, Recht **1912** 510; *Stenglein* Unter welchen Voraussetzungen dürfen Geistesgesunde in Irrenanstalten aufgenommen werden? GerS **62** (1903) 129.

Entstehungsgeschichte. Die Vorschrift war in dem Regierungsentwurf nicht enthalten; erst die Reichstagskommission fügte sie ein (dazu RGSt **23** 210; **37** 24). In ihrer ursprünglichen Fassung ließ sie nur die Unterbringung des Angeschuldigten zu, setzte also (§ 157) die Erhebung der öffentlichen Klage voraus. Ferner durfte die Unterbringung nur auf Antrag eines Sachverständigen angeordnet werden. Durch Art. 2 Nr. 3 des AGGewVerbrG wurden in Absatz 1 das Wort „Angeschuldigter" durch das Wort „Beschuldigter" und die Bezeichnung „Irrenanstalt" durch die Bezeichnung „Heil- oder Pflegeanstalt" ersetzt, der Satz 2 (jetzt Absatz 3) angefügt und Absatz 2 (der in seiner ursprünglichen Fassung die Verteidigerbestellung regelte) neu gefaßt. Art. 3 Nr. 34 VereinhG änderte Absatz 1 Satz 1 dahin, daß nicht mehr ein Antrag, sondern nur noch die Anhörung eines Sachverständigen erforderlich ist. Art. 21 Nr. 12 EGStGB faßte die Vorschrift neu. Dabei wurden in Absatz 1 Satz 1 die Worte „Heil- oder Pflegeanstalt" durch die Worte „öffentliches psychiatrisches Krankenhaus" ersetzt.

Übersicht

Hans Dahs

I. Allgemeines

1　　Die Vorschrift beruht auf der Erwägung, daß ein Sachverständiger über den psychischen Zustand des Beschuldigten nicht immer aufgrund ambulanter Untersuchungen ein abschließendes Gutachten abgeben kann. Daher wird die stationäre Beobachtung des Beschuldigten in einem psychiatrischen Krankenhaus zugelassen, wegen der Schwere des Eingriffs in das Grundrecht der persönlichen Freiheit nach Art. 2 Abs. 2 Satz 2 GG (vgl. BGHSt **8** 147) aber nur für die Dauer von insgesamt sechs Wochen und nur unter bestimmten sachlichen und förmlichen Voraussetzungen, die auch gelten, wenn die Unterbringungsanordnung in der Hauptverhandlung getroffen wird[1]. Zum Verhältnis des § 81 zu den Unterbringungsgesetzen der Länder vgl. *Baumann* Unterbringungsrecht 92.

II. Anwendungsbereich der Vorschrift

2　　Seit der Gesetzesänderung von 1933 darf schon der Beschuldigte, nicht erst der Angeschuldigte, zur Beobachtung untergebracht werden. Die Unterbringung ist also (§ 157) bereits im vorbereitenden Verfahren zulässig und setzt nicht wie das früher geltende Recht die Erhebung der öffentlichen Klage voraus. Die Unterbringung kann sowohl im gewöhnlichen Strafverfahren als auch im Sicherungsverfahren nach §§ 413 ff angeordnet werden; im Privatklageverfahren ist sie ausgeschlossen (unten Rdn. 12). Die Unterbringungsanordnung ist noch nach Beginn der Strafvollstreckung zulässig, wenn der Beschuldigte zu Freiheitsstrafe verurteilt und gleichzeitig seine Unterbringung nach § 63 StGB angeordnet worden ist, das Gericht nach § 67 Abs. 2 StGB die Vollziehung der Strafe vor der Maßregel bestimmt hat und das Urteil nur wegen der Maßregel angefochten worden ist. Die Zeit der Unterbringung nach § 81 muß dann aber auf die

---

[1] *Rasch* LZ **1916** 218 gegen *Bovensiepen* LZ **1915** 1580.

Strafzeit angerechnet werden (§ 39 Abs. 1, Abs. 3 Buchst. c StrVollstrO). Nach der Rechtskraft des Urteils ist § 81 weder für Zwecke der Strafvollstreckung[2] noch zur Vorbereitung von Entscheidungen nach § 67 g StGB anwendbar[3]. Dagegen ist die Unterbringung bei der Beweisaufnahme im Wiederaufnahmeverfahren nach § 369 zulässig[4]. Im Bußgeldverfahren ist sie ausgeschlossen (§ 46 Abs. 3 OWiG).

III. Beobachtung ohne Unterbringungsanordnung

Die gerichtliche Anordnung der Unterbringung nach § 81 ist auch erforderlich, **3** wenn sich der Beschuldigte in **Untersuchungs- oder Strafhaft** befindet, die Beobachtung aber außerhalb der Haftanstalt in einem psychiatrischen Krankenhaus erfolgen soll[5]. Für die Beobachtung des inhaftierten Beschuldigten in einer Haftanstalt bedarf es hingegen keiner besonderen Anordnung nach § 81, sondern allenfalls der Anweisung, daß er in die psychiatrische Abteilung des Krankenhauses der Vollzugsanstalt oder in eine andere Anstalt (Nr. 14 Abs. 3 UVollzO) zu verlegen ist[6]. Auch die Begrenzung der Beobachtungszeit auf sechs Wochen gilt dann nicht[7].

Wird gegen den Beschuldigten ein **Unterbringungsbefehl** nach § 126 a vollzogen, **4** so ist die Anordnung der Unterbringung nach § 81 regelmäßig überflüssig[8]. Auch die zeitliche Grenze des Absatz 5 gilt dann nicht[9]. Allerdings darf das Gericht nur bei dieser Anordnung, nicht bei der nach § 126 a, das psychiatrische Krankenhaus selbst auswählen (Rdn. 28). Wenn der Richter die Ärzte des Krankenhauses, in der die einstweilige Unterbringung nach § 126 a vollzogen wird, nicht für geeignet hält, den Beschuldigten auf seinen psychischen Zustand zu beobachten, muß er daher eine Anordnung nach § 81 treffen und ein anderes psychiatrisches Krankenhaus bestimmen, in dem der Beschuldigte untergebracht werden soll.

IV. Antragsrecht der Prozeßbeteiligten

Die Unterbringung ordnet das Gericht **von Amts wegen** an, meist auf Anregung **5** des nach § 81 a mit der Untersuchung des Beschuldigten beauftragten Sachverständigen. Maßgebend ist die Pflicht zur umfassenden Sachaufklärung nach § 244 Abs. 2. Mindestens im vorbereitenden Verfahren sind Anträge der Prozeßbeteiligten auf Beobachtung des Beschuldigten nach § 81 nur als Anregungen zu werten; denn das Recht, förmliche Beweisanträge zu stellen, besteht erst nach Eröffnung des Hauptverfahrens (§§ 219, 244 Abs. 3 bis 5). Das „Beweisantragsrecht" nach § 163 a Abs. 2 enthält nach verbreiteter

---

[2] OLG München *Alsb.* E **1** Nr. 195; *Rasch* Recht **1912** 510.

[3] OLG Hamm NJW **1974** 914, das mit Recht darauf hinweist, daß die Unterbringung in dem Verfahren wegen der Tat stattzufinden hat, derentwegen der Widerruf der bedingten Entlassung in Frage steht.

[4] BayObLGSt **24** 60; BayObLG LZ **1925** 50; *Kleinknecht/Meyer*[37] 1; KMR-*Paulus* 2; *Rasch* Recht **1912** 510; *Voß* GA **55** (1908) 198; DJZ **1911** 1491; *Winkler* GerS **78** (1911) 371; a. A OLG Düsseldorf *Alsb.* E 3 Nr. 231 = GA **60** (1913) 153; *Blanckmeister* Recht **1910** 661; *Kretschmann* Recht **1917** 507.

[5] OLG Stuttgart NJW **1961** 2077; **1973** 1426.

[6] RGSt **34** 309; OLG Karlsruhe Justiz **1972** 18; OLG Stuttgart NJW **1961** 2077; **1973** 1426; KK-*Pelchen* 3; *Kleinknecht/Meyer*[37] 2; KMR-*Paulus* 3; *G. Schäfer*[4] § 36 II 1; *Schlüchter* 281; *K. Müller* 273; a. A offenbar BayObLGSt **21** 187.

[7] OLG Stuttgart NJW **1961** 2077; KMR-*Paulus* 3.

[8] KK-*Pelchen* 3; *Kleinknecht/Meyer*[37] 2; KMR-*Paulus* 3; a. A OLG Hamburg MDR **1972** 1048.

[9] RGSt **34** 306; OLG Stuttgart NJW **1961** 2077; *Kleinknecht/Meyer*[37] 2.

Hans Dahs

Meinung im Grunde nur das Recht zu Beweisanregungen (vgl. die Erläuterungen zu § 163 a). Der Verteidiger hat ein vom Willen des Beschuldigten unabhängiges eigenes Antragsrecht[10].

6　　Das Reichsgericht ließ **Beweisanträge** der Prozeßbeteiligten auf Unterbringung nach § 81 auch nach Eröffnung des Hauptverfahrens nicht zu, weil § 81 Abs. 1 Satz 1 in der ursprünglichen Fassung nur den Sachverständigen zur Stellung solcher Anträge ermächtigte[11]. Nachdem die Gesetzesänderung von 1950 das Antragsrecht des Sachverständigen beseitigt hat, wird allgemein angenommen, daß nunmehr die Prozeßbeteiligten das Recht haben, förmliche Beweisanträge auf Anordnung der Unterbringung zu stellen[12]. Dem ist nicht zuzustimmen. Wenn der Beschuldigte noch nicht auf seinen psychischen Zustand untersucht worden ist, kann er nach § 244 Abs. 3 unter Behauptung bestimmter Beweistatsachen zwar die Untersuchung durch einen Sachverständigen verlangen, nicht aber die Anwendung bestimmter Untersuchungsmethoden[13], auch nicht die Beobachtung in einem psychiatrischen Krankenhaus. Hat die Untersuchung bereits stattgefunden, so liegt in dem Antrag auf Unterbringung zur Beobachtung der Antrag auf Heranziehung eines weiteren Sachverständigen nach § 244 Abs. 4 Satz 2[14]. Bedeutung könnte das nur haben, wenn die Beobachtung ein überlegenes Forschungsmittel im Sinne dieser Bestimmung wäre; das ist jedoch nicht der Fall[15]. Weder dem Beschuldigten noch den Mitbeschuldigten (BGH JR **1955** 472) oder den übrigen Prozeßbeteiligten steht daher ein Recht auf Stellung eines förmlichen Beweisantrags auf Unterbringung zur Beobachtung zu[16]. Solche Anträge sind immer nur **Beweisanregungen**. Das Gericht entscheidet über die Notwendigkeit der Unterbringung stets nach pflichtgemäßem Ermessen[17].

V. Sachliche Voraussetzungen der Unterbringung

1. Vorbereitung eines Gutachtens über den psychischen Zustand des Beschuldigten (Absatz 1 Satz 1)

7　　a) **Schuldfähigkeit.** Nach dem klaren Wortlaut des § 81 Abs. 1 Satz 1 ist die Unterbringung nur zur Vorbereitung eines Gutachtens über den psychischen Zustand des Beschuldigten zulässig. Sie darf daher nicht angeordnet werden, wenn lediglich seine Glaubwürdigkeit geprüft werden soll[18]. Die Unterbringung kommt in erster Hinsicht in Betracht, wenn zu klären ist, ob der Beschuldigte bei der Begehung der Straftat schuldunfähig (§ 20 StGB) oder erheblich vermindert schuldfähig (§ 21 StGB) war. Kann bei der Tat allenfalls eine vorübergehende Bewußtseinsstörung infolge Alkoholge-

---

[10] *Roxin*[19] § 19 A II 3 a; s. aber auch *Dahs* Hdb. 321.

[11] RGSt **20** 380; RG GA **38** (1891) 57; **69** (1925) 86; RG JW **1928** 2142 mit Anm. *Mezger*; **1931** 215 mit Anm. *Gerland*; **1937** 3101 mit Anm. *Schafheutle*; RG LZ **1914** 183; RG Recht **1923** Nr. 809; ebenso OLG Königsberg DJZ **1915** 623.

[12] BGH JR **1955** 472; OGHSt **2** 207; OLG Koblenz VRS **48** 184; KK-*Pelchen* 4; KMR-*Paulus* 19; *Eb. Schmidt* 10; *Rüping* 79; ebenso schon RGSt **27** 349; RG Recht **1920** Nr. 1769.

[13] RGSt 40 50.

[14] BGHSt 8 77; OGHSt **2** 207; KK-*Pelchen* 4.

[15] BGHSt 8 77; **23** 187; **23** 312 = JR **1971** 116 mit Anm. *Peters*; BGH JR **1955** 472; OLG Koblenz VRS **48** 184; *Kleinknecht/Meyer*[37] 3; KMR-*Paulus* 19.

[16] *Kleinknecht/Meyer*[37] 3; KMR-*Paulus* 19.

[17] RGSt **20** 378; RG JW **1937** 3101 mit Anm. *Schafheutle*; OLG Saarbrücken HESt **3** 19 = DRZ **1950** 259; daß es sich um eine Ermessensentscheidung handelt, räumt auch BGHSt 8 77 ein.

[18] BGH JR **1955** 472; KK-*Pelchen* 2; *Kleinknecht/Meyer*[37] 5; KMR-*Paulus* 9; *Roxin*[19] § 33 A I 1 b; *Schlüchter* 274; *K. Müller* 272.

nusses oder Tabletteneinnahme eingetreten sein, so ist die Unterbringung aber auch zur Prüfung der Schuldfähigkeit nicht zulässig, und zwar selbst dann nicht, wenn durch Experimente (Trinkversuche) die Alkohol- oder Drogenverträglichkeit des Beschuldigten festgestellt werden soll[19]. Steht fest, daß der Beschuldigte jetzt geistig gesund ist, so darf seine Unterbringung angeordnet werden, sofern es möglich ist, aus seinem gegenwärtigen Zustand Rückschlüsse auf seinen psychischen Zustand zur Tatzeit zu ziehen[20].

b) Gemeingefährlichkeit. Auf die Prüfung der Schuldfähigkeit ist die Anwendung **8** des §81 nicht beschränkt. Die Unterbringung kann auch angeordnet werden, wenn die Schuldunfähigkeit des Beschuldigten bereits feststeht, aber noch abschließend zu klären ist, ob er gemeingefährlich ist und deshalb nach §63 Abs. 1 StGB untergebracht werden muß[21]. Zum psychischen Zustand des Beschuldigten gehört, wie sich aus der geltenden Fassung der §§80 a, 246 a ergibt, auch die Frage, ob er nach §66 StGB in Sicherungsverwahrung zu nehmen ist, weil er einen Hang zur Begehung erheblicher Straftaten hat[22]. Zur Vorbereitung eines entsprechenden Gutachtens ist daher die Krankenhausunterbringung zulässig.

c) Verhandlungsfähigkeit. Der Beschuldigte darf nach §81 auch dann zur Beob- **9** achtung untergebracht werden, wenn festgestellt werden soll, ob er verhandlungsunfähig ist und ob daher nach §71 StGB Maßregeln der Besserung und Sicherung im Sicherungsverfahren nach §§413 ff selbständig angeordnet werden dürfen. Auch sonst ist es, selbst noch im Revisionsverfahren, zulässig, die Unterbringung nach §81 anzuordnen, sofern anders nicht sicher beurteilt werden kann, ob der Beschuldigte verhandlungsfähig ist[23]. Der geistig gesunde Beschuldigte darf nach §81 untergebracht werden, wenn dadurch geklärt werden kann, ob er bei Abgabe eines Geständnisses verhandlungsfähig war[24]. In all diesen Fällen ist die Unterbringung aber nur zulässig, wenn die Verhandlungsunfähigkeit wegen des psychischen Zustandes des Beschuldigten in Betracht kommt. Ob dafür andere Gründe vorliegen, darf durch die Unterbringung nicht aufgeklärt werden.

d) Entwicklungsstand eines Jugendlichen oder Heranwachsenden. Im Jugendge- **10** richtsverfahren und im Verfahren gegen Jugendliche und Heranwachsende vor den allgemeinen Strafgerichten ist die Unterbringung zur Beobachtung auch zulässig, wenn ein Gutachten über den Entwicklungsstand des Beschuldigten vorzubereiten ist[25]. Hierfür gelten die besonderen Vorschriften der §§73, 104 Abs. 1 Nr. 12, §109 Abs. 1 Satz 1 JGG. Die Unterbringung muß in einer zur kriminalbiologischen Untersuchung Jugendlicher geeigneten Anstalt erfolgen (§73 Abs. 1 Satz 1 JGG). Das Anwendungsgebiet des §73 JGG liegt im Bereich der abnormen Reifeentwicklung[26]. Besteht der Verdacht einer geistigen Erkrankung, kommt eine Anordnung nach §81 StPO in Betracht.

---

[19] BGH bei *Dallinger* MDR **1966** 383; KK-*Pelchen* 2; *Kleinknecht/Meyer*[37] 5; KMR-*Paulus* 11; a. A OLG Kiel DStR **1936** 376; *Eb. Schmidt* 7; *Löffler* NJW **1951** 821.

[20] RGSt **20** 378; **27** 348; BayObLGSt **12** 133; KMR-*Paulus* 10; *Eb. Schmidt* 7; *Löffler* NJW **1951** 821; *Ortloff* GerS **35** (1883) 457; *Stenglein* GerS **62** (1903) 132; a. A *Feisenberger* 6; *von Kries* 391; *Kornfeld* GerS **61** (1902) 451.

[21] *Arzt* JZ **1969** 439; KMR-*Paulus* 12; *Kleinknecht/Meyer*[37] 5; *Schlüchter* 274.

[22] Vgl. dazu *in der Beeck-Wuttke* SchlHA **1971** 74.

[23] KK-*Pelchen* 2; *Kleinknecht/Meyer*[37] 5; KMR-*Paulus* 10; *Eb. Schmidt* 6; *K. Müller* 272; *Roxin*[19] §33 A 1 b; *G. Schäfer*[4] §36 II 1; *Schlüchter* 274; *Rasch* Recht **1912** 511.

[24] *Stenglein* GerS **62** (1903) 132.

[25] KK-*Pelchen* 2; *Peters*[4] 327.

[26] *K. Müller* 276 f.

Hans Dahs

Sofern sich ausnahmsweise beide Untersuchungen als erforderlich erweisen, sollen sie nacheinander je bis zur Höchstdauer von 6 Wochen erfolgen dürfen[27]. Diese Auffassung ist wegen der weitgehend übereinstimmenden Anordnungsvoraussetzungen und im Hinblick auf den Wortlaut des Gesetzes (Abs. 5: „insgesamt") bedenklich.

11   **2. Dringender Tatverdacht (Absatz 2 Satz 1).** Die Anordnung nach § 81 setzt wegen ihrer einschneidenden Wirkung voraus, daß die Täterschaft des Beschuldigten wahrscheinlich ist. Der Tatverdacht muß dringend im Sinne der § 112 Abs. 1 Satz 1, § 112 a Abs. 1 Satz 1 sein, beim Vorliegen der Haftgründe des § 112 Abs. 2 oder der Wiederholungsgefahr nach § 112 a Abs. 1 also den Erlaß eines Haftbefehls rechtfertigen (zum dringenden Tatverdacht vgl. § 112, 21 ff). Das ist nunmehr durch § 81 Abs. 2 Satz 1 ausdrücklich bestimmt[28]. Ob dringender Tatverdacht vorliegt, ist nach der Aktenlage zu entscheiden, wenn die Anordnung nach § 81 nicht in der Hauptverhandlung getroffen wird. Das Gericht kann Beweise erheben, um den dringenden Tatverdacht zu prüfen; gelegentlich wird es dazu sogar verpflichtet sein[29]. Wenn jedoch das äußere Tatgeschehen aufgeklärt ist, darf die Unterbringung regelmäßig angeordnet werden, ohne daß der Beschuldigte zuvor zur inneren Tatseite vernommen worden ist[30]. Je nach Lage des Falles kommt auch in Betracht, zur Prüfung der Frage, ob die Bekundungen der Belastungszeugen zur Überführung des Beschuldigten ausreichen, eine Hauptverhandlung durchzuführen und sie auszusetzen, wenn die Anordnung nach § 81 dann noch gerechtfertigt erscheint[31].

3. Verhältnismäßigkeit (Absatz 2 Satz 2)

12   **a) Bedeutung der Strafsache.** Bei der Anordnung nach § 81 ist wie bei allen Eingriffen in die Freiheitsrechte des Beschuldigten das Übermaßverbot zu beachten[32]. Die Maßnahme darf zu der Bedeutung der Strafsache und zu der voraussichtlich zu erwartenden Strafe oder Maßregel der Besserung und Sicherung nicht außer Verhältnis stehen. § 81 Abs. 2 Satz 2 bestimmt das seit 1975 ausdrücklich; Rechtsprechung und Schrifttum haben nie eine andere Auffassung vertreten[33]. Die Beachtung des Verhältnismäßigkeitsgrundsatzes zwingt dazu, von der Unterbringungsanordnung abzusehen, wenn sie für den Beschuldigten schwerer wiegt als die Strafe oder Maßregel[34]. In Bagatellstrafsachen[35] und im Privatklageverfahren[36] ist sie ausnahmslos unzulässig. Im Bußgeldverfahren ist sie gesetzlich ausgeschlossen (§ 46 Abs. 3 Satz 1 OWiG).

[27] *Brunner*[8] § 73, 4; zweifelnd *Eisenberg*[2] § 73, 6.

[28] BayObLGSt **12** 132 und OLG Oldenburg NJW **1961** 982 hatten „hinreichenden Tatverdacht genügen lassen; vgl. auch *Kaiser* NJW **1965** 2381.

[29] BayObLGSt **9** 145.

[30] *Löffler* NJW **1951** 821; *Kleinknecht/Meyer*[37] 6.

[31] OLG Düsseldorf JMBlNRW **1958** 213; a. A LR-*Meyer*[23] 12; *Kleinknecht/Meyer*[37] 6.

[32] BVerfGE **16** 202 = NJW **1963** 1598; BVerfGE **17** 117 = NJW **1963** 2370; BVerfGE **27** 219 = NJW **1970** 506.

[33] Vgl. OLG Dresden LZ **1929** 743; OLG Hamm JMBlNRW **1956** 107; OLG Oldenburg NJW **1961** 982; OLG Saarbrücken JBl.

Saar **1962** 165; LG Berlin NJW **1960** 2256 mit Anm. *Sauer*; LG Krefeld MDR **1972** 533; KK-*Pelchen* 6; *Kleinknecht/Meyer*[37] 7; KMR-*Paulus* 14; *Peters*[4] 327; *Roxin*[19] § 33 A I 3; *Schlüchter* 276.

[34] BayObLG GA **69** (1925) 198; OLG Hamburg DStRZ **1916** 498; LZ **1917** 222; OLG Jena *Alsb.* E 1 Nr. 202; OLG München *Alsb.* E 1 Nr. 201; OLG Saarbrücken HESt **3** 19 = DRZ **1950** 259.

[35] KK-*Pelchen* 6; KMR-*Paulus* 16; *Eb. Schmidt* 6; *Löffler* NJW **1951** 821.

[36] KG DJZ **1928** 1687; OLG Hamburg JR **1955** 394; KK-*Pelchen* 6; *Kleinknecht/Meyer*[37] 7; KMR-*Paulus* 5; LR-*Wendisch* § 384, 21; *Dalcke/Fuhrmann/Schäfer* 2.

b) Unerläßlichkeit der Unterbringung. Der Verhältnismäßigkeitsgrundsatz for- **13** dert auch, daß die Maßnahme nur angeordnet wird, wenn sie unerläßlich ist[37]. Die Unterbringung zur Beobachtung darf daher nur stattfinden, wenn ohne sie der psychische Zustand des Beschuldigten nicht beurteilt werden kann[38]. Sie darf nicht der bloßen Bequemlichkeit dienen und ist unzulässig, wenn der Sachverständige durch ambulante Untersuchungen ein genügend sicheres Bild von dem psychischen Zustand des Beschuldigten gewinnen kann[39]. Bevor die Unterbringungsanordnung getroffen wird, müssen, notfalls unter Zwangsanwendung, alle anderen geeigneten Erkenntnismittel erschöpft sein[40]. Ist wegen des Widerstandes des Beschuldigten eine ambulante Untersuchung nicht durchführbar, so ist die Unterbringung aber zulässig[41]. Dagegen darf der Beschuldigte auch zu einer nur eintägigen ambulanten Untersuchung mangels gesetzlicher Grundlage nicht gezwungen werden[42]. Wenn der Beschuldigte schon früher auf seinen psychischen Zustand untersucht worden war, muß geprüft werden, ob eine neue Untersuchung unbedingt erforderlich ist[43]. Die Unterbringung ist unzulässig, wenn von vornherein feststeht, daß selbst eine Beobachtung von sechs Wochen Dauer keine Klarheit über die psychische Verfassung des Beschuldigten bringen wird. Hat der Beschuldigte sich freiwillig zur Beobachtung in eine private Anstalt begeben, deren Ärzte das Gericht als Sachverständige für geeignet hält, so ist die Unterbringung nach § 81 überflüssig und daher nicht statthaft[44].

VI. Förmliche Voraussetzungen der Unterbringung

1. Anhörung eines Sachverständigen. § 81 Abs. 1 bestimmt, daß die Unterbrin- **14** gungsanordnung erst nach Anhörung eines Sachverständigen und des Verteidigers erlassen werden darf. Seit der Gesetzesänderung von 1950 ist nicht mehr der Antrag eines Sachverständigen, sondern nur noch seine Anhörung erforderlich. Sie soll sicherstellen, daß eine stationäre Beobachtung des Beschuldigten nur stattfindet, wenn eine ambulante für eine zuverlässige abschließende Beurteilung seines psychischen Zustandes nicht ausreicht. An die Sachkunde des Sachverständigen müssen besonders hohe Anforderungen gestellt werden, da von seiner Äußerung der mit der Unterbringung verbundene schwere Eingriff in die Freiheitsrechte des Beschuldigten abhängt. Der Sachverständige muß Psychiater oder Neurologe sein[45]. Die Unterbringung aufgrund der Äußerung eines weniger sachkundigen Arztes anzuordnen und abzuwarten, ob die Krankenhausärzte den Beschuldigten alsbald wieder entlassen, weil sie eine Beobachtung nicht für erforderlich halten, ist nicht zulässig. Im allgemeinen empfiehlt es sich, den Sachverständigen anzuhören, der den Beschuldigten in dem psychiatrischen Krankenhaus beob-

---

[37] BVerfGE **17** 117 = NJW **1963** 2370; *K. Müller* 291.

[38] BayObLGSt **11** 83; OLG Karlsruhe NJW **1973** 573.

[39] OLG Düsseldorf JMBlNRW **1961** 45; OLG Frankfurt NJW **1967** 690; KMR-*Paulus* 15; *Kleinknecht/Meyer*[37] 8; nach OLG Bamberg MDR **1984** 602 kommt dann die Anordnung einer ambulanten Untersuchung in Betracht.

[40] RG JR **1965** 69; OLG Breslau DRiZ **1930** Nr. 746; OLG Hamburg LZ **1917** 222; OLG Hamm JMBlNRW **1952** 195; OLG Köln MDR **1957** 117 L; JMBlNRW **1960** 44; OLG Oldenburg NJW **1961** 982; **1971** 1098; OLG

Rostock *Alsb.* E 1 Nr. 199; OLG Saarbrücken JBl.Saar **1964** 116; OLG Schleswig SchlHA **1954** 330; KK-*Pelchen* 6; *Kleinknecht/Meyer*[37] 8; KMR-*Paulus* 15; *Eb. Schmidt* 5; *Peters*[4] 327; *Dahs* Hdb. 321; *Löffler* NJW **1951** 821.

[41] OLG Nürnberg OLGSt § 81 S. 11.

[42] A. A OLG Bamberg MDR **1984** 602.

[43] LG Berlin NJW **1960** 2256 mit Anm. *Sauer*.

[44] KK-*Pelchen* 6; *Kleinknecht/Meyer*[37] 8; KMR-*Paulus* 15.

[45] OLG Frankfurt NJW **1967** 690; OLG Saarbrücken JBl.Saar **1964** 116; KK-*Pelchen* 8; *Kleinknecht/Meyer*[37] 10; KMR-*Paulus* 21; *Löffler* NJW **1951** 822.

achten soll; wenn er auch ein Gutachten über den psychischen Zustand des Beschuldigten erstatten soll, wird seine Anhörung zwingend sein. Der Meinung, der Krankenhausarzt dürfe nicht gehört werden, weil die Unbefangenheit mit seiner Äußerung nicht gewahrt wäre[46], ist nicht zuzustimmen.

15   Der Sachverständige muß sich von dem Beschuldigten regelmäßig einen **persönlichen Eindruck** verschaffen und wenigstens den Versuch einer Untersuchung unternehmen, bevor er sich zur Frage der Notwendigkeit der Krankenhausbeobachtung äußert[47].

16   Die Untersuchung muß nicht **zu dem ausdrücklichen Zweck** stattgefunden haben, zur Frage der Unterbringung nach § 81 Stellung zu nehmen. Es kann genügen, daß der Sachverständige den Beschuldigten schon von früheren Untersuchungen her kennt und deshalb zuverlässig beurteilen kann, daß eine endgültige Klärung seines psychischen Zustandes nur von einer stationären Beobachtung zu erwarten ist[48]. Bedenklich ist jedoch die Ansicht, in besonderen Ausnahmefällen könne es sogar ausreichen, wenn bereits das Aktenstudium und sonstige Umstände für den Sachverständigen klar ersichtlich machen, daß eine stationäre Beobachtung unumgänglich ist[49]. Solche Umstände können einen persönlichen Eindruck fast niemals ersetzen[50]. Erscheint der Beschuldigte vor dem Sachverständigen nicht freiwillig, kann er gerichtlich vorgeladen und ggfs. vorgeführt und von dem Sachverständigen nach § 80 Abs. 1 vernommen werden[51].

17   Die **Äußerung des Sachverständigen** muß sich ausdrücklich auf die Frage der Unterbringung nach § 81 beziehen, und zwar auf ihre Notwendigkeit und ihre voraussichtlich erforderliche Dauer (Rdn. 23). Es genügt nicht, daß ein Sachverständigengutachten vorliegt, in dem die Anwendbarkeit der §§ 20, 21 StGB verneint wird[52]. Der Sachverständige muß, wenn er sich nicht ausnahmsweise in einer mündlichen Verhandlung in Anwesenheit der Verfahrensbeteiligten äußert, seine Stellungnahme schriftlich abgeben[53]. Dabei muß er begründen, weshalb er eine stationäre Beobachtung des Beschuldigten für erforderlich hält. Nur dann ist der Verteidiger, der anschließend zu hören ist, in der Lage, seinerseits zu der Unterbringungsfrage Stellung zu nehmen. Eine telefonische Äußerung des Sachverständigen dem Richter gegenüber reicht daher niemals aus[54].

18   Das **Gericht** ist an die Auffassung des Sachverständigen nicht gebunden[55]. Ob die Unterbringung notwendig ist, hat es selbst zu beurteilen. Will es aber diese Notwendigkeit entgegen der Ansicht des Sachverständigen bejahen, so wird es regelmäßig

---

[46] So *K. Müller* 274.
[47] KG JR **1964** 231; **1965** 69; OLG Hamburg DStrZ **1916** 498; OLG Hamm JMBlNRW **1952** 195; OLG Karlsruhe NJW **1973** 573; OLG Kiel HRR **1928** 495; OLG Köln MDR **1957** 117 L; OLG Oldenburg NJW **1961** 982; OLG Schleswig SchlHA **1954** 330; KK-*Pelchen* 8; *Kleinknecht/Meyer*[37] 11; KMR-*Paulus* 21; *Eb. Schmidt* Nachtr. I 13; *Dahs* Hdb. 321; *K. Müller* 274; *Roxin*[19] § 33 A I 2 c; *Schlüchter* 278.1; vgl. auch *Peters*[4] 367.
[48] KG JR **1964** 231; **1965** 69; a. A OLG Karlsruhe NJW **1973** 573 = MDR **1973** 427.
[49] So OLG Hamburg JR **1964** 191 = MDR **1964** 434; OLG Karlsruhe MDR **1984** 72; StrVert. **1984** 369; KK-*Pelchen* 8; KMR-*Paulus* 21; *Peters*[4] 366.

[50] KG JR **1965** 69; OLG Hamm JMBlNRW **1952** 195; OLG Oldenburg NJW **1961** 982; OLG Schleswig SchlHA **1954** 330; *Kleinknecht/Meyer*[37] 11; *Dahs* Hdb. 321; *Jessnitzer* 210; *Roxin*[19] § 33 A I 2 c; *Schlüchter* 278.1.
[51] KK-*Pelchen* 8; *Kleinknecht/Meyer*[37] 11; *Schlüchter* 278.2; a. A *Jessnitzer* 211, der eine Anordnung nach § 81 a für erforderlich hält.
[52] OLG Hamm NJW **1957** 1290.
[53] *Schlüchter* 278.1.
[54] KG JR **1964** 231; OLG Karlsruhe MDR **1984** 72; KK-*Pelchen* 8; *Kleinknecht/Meyer*[37] 12; KMR-*Paulus* 22; *Schlüchter* 278.1.
[55] RG GA **68** (1920) 86; *Kleinknecht/Meyer*[37] 13; *K. Müller* 274.

einen weiteren Sachverständigen anhören müssen[56]. Die Unterbringung des Beschuldigten darf nicht etwa entgegen der Stellungnahme des Sachverständigen im Vertrauen darauf angeordnet werden, daß die Krankenhausärzte den Beschuldigten wieder entlassen, wenn sie eine stationäre Beobachtung für überflüssig halten. Ordnet das Gericht entgegen der Stellungnahme des Sachverständigen die Krankenhausbeobachtung nicht an, so kann darin eine Verletzung seiner Aufklärungspflicht nach § 244 Abs. 2 liegen (unten Rdn. 43).

2. Anhörung des Verteidigers. Nach § 140 Abs. 1 Nr. 6 ist dem Beschuldigten ein **19** Verteidiger zu bestellen, wenn eine Unterbringung nach § 81 in Betracht kommt. Wenn die Verteidigung nach § 140 Abs. 1 Nr. 6 notwendig geworden ist, bleibt sie es bis zum rechtskräftigen Abschluß des Verfahrens, auch wenn es nicht zur Krankenhausbeobachtung kommt[57]. Die Frage, wann eine Unterbringung „in Frage kommt", ist bei § 140 erörtert.

Der Verteidiger muß nur **angehört** werden; sein Einverständnis mit der Unter- **20** bringung ist nicht erforderlich. Die Anhörung muß erfolgen, nachdem der Sachverständige den Beschuldigten untersucht[58] und sich zur Frage der Notwendigkeit der Unterbringung geäußert hat[59]. Das rechtliche Gehör erfordert, daß dem Verteidiger von dem Ergebnis der Ermittlungen alles mitgeteilt wird, was für die Frage der Krankenhausbeobachtung erheblich sein kann[60]. Ihm muß Gelegenheit gegeben werden, sich in den Fall einzuarbeiten, mit dem Beschuldigten in Verbindung zu treten und die einzelnen Voraussetzungen für die Anordnung nach § 81 zu prüfen[61].

Neben dem Verteidiger muß auch dem **Beschuldigten** die gutachtliche Äußerung **21** des Sachverständigen zugänglich gemacht und Gelegenheit zur Stellungnahme gegeben werden[62]. Dagegen hält die herrschende Meinung die Anhörung des Beschuldigten nur für zweckmäßig[63]. Die Pflicht, den Beschuldigten vor der Entscheidung zu hören, folgt jedoch verfassungsrechtlich aus dem Grundsatz des rechtlichen Gehörs (Art. 103 Abs. 1 GG) und einfachgesetzlich aus § 33 Abs. 3. § 81 Abs. 1 schränkt das rechtliche Gehör nicht ein, sondern fordert nach richtigem Verständnis die **zusätzliche** Anhörung des nach § 140 Abs. 1 Nr. 6 notwendig zu bestellenden Verteidigers[64]. Auch sonst ersetzt die Anhörung des Verteidigers nicht immer die des Beschuldigten[65]. Auf die Anhörung des Beschuldigten kann entsprechend § 33 Abs. 4 nur verzichtet werden, wenn dadurch der Zweck der Untersuchung gefährdet würde[66]. Wenn der Beschuldigte infolge seines geistigen Zustandes zu einer Äußerung nicht in der Lage ist, ist der gesetzliche Vertreter analog §§ 52 Abs. 2, 81 c Abs. 3 Satz 2 zu hören[67].

[56] OLG Hamm NJW **1957** 1290; *Kleinknecht/ Meyer*[37] 13; KMR-*Paulus* 23; *Eb. Schmidt* Nachtr. I 13; *K. Müller* 274.

[57] BGH NJW **1952** 797; RGSt **37** 22; **67** 261; RG LZ **1916** 1043; OLG Hamburg LZ **1929** 282; KK-*Pelchen* § 140, 17; *Kleinknecht/ Meyer*[37] § 140, 13; KMR-*Paulus* 24; *Eb. Schmidt* 13; *von Kries* 237; *Lenz* GerS **54** (1897) 219.

[58] OLG Karlsruhe NJW **1972** 1584.

[59] KG JR **1964** 231; KK-*Pelchen* 8; *Kleinknecht/Meyer*[37] 14; *Jessnitzer* 211; *Löffler* NJW **1951** 821.

[60] OLG Karlsruhe MDR **1984** 72; KMR-*Paulus* 24; *Eb. Schmidt* 13; *Löffler* NJW **1951** 821.

[61] OLG Frankfurt NJW **1967** 689; vgl. auch OLG Karlsruhe NJW **1972** 1584.

[62] KMR-*Paulus* 25; *K. Müller* 274; *Schlüchter* 279 Fußn. 370.

[63] OLG Karlsruhe NJW **1972** 1584; KK-*Pelchen* 8; *Kleinknecht/Meyer*[37] 14; LR-*Meyer*[23] 24; *Eb. Schmidt* 13; *G. Schäfer*[4] § 35 II 2.

[64] *Schlüchter* 279 Fußn. 30.

[65] BGHSt **25** 252; vgl. § 33, 20.

[66] KMR-*Paulus* 25; *K. Müller* 275.

[67] KMR-*Paulus* 25; *K. Müller* 275.

22　3. **Anhörung der Staatsanwaltschaft.** Daß sie zu hören ist, ergibt sich aus § 33 Abs. 2[68].

VII. Unterbringung in einem psychiatrischen Krankenhaus

23　1. **Zulässige Dauer.** Nach § 81 Abs. 5 darf die Dauer der Unterbringung insgesamt sechs Wochen nicht überschreiten. Das gilt auch beim Einverständnis des Beschuldigten[69]. Ob nach Ablauf dieser Zeit eine Beurteilung schon möglich ist, spielt keine Rolle. Andererseits darf der gesetzliche Rahmen nicht voll ausgeschöpft werden, wenn die Beurteilung schon früher möglich ist; vielmehr muß der Sachverständige den Beschuldigten dann sofort entlassen[70]. Von der angeordneten Unterbringung hat er völlig abzusehen, wenn er zu der Ansicht kommt, daß tägliche ambulante Untersuchungen ausreichen[71], die aber nicht erzwungen werden dürfen[72]. Der Sachverständige muß die nach § 81 zulässige Beobachtung und eine etwa vom Gericht nach § 81 a angeordnete Untersuchung sobald wie möglich, nicht erst kurz vor Ablauf der Sechswochenfrist, vornehmen. Die Vorgeschichte soll er möglichst vor der Aufnahme des Beschuldigten in das Krankenhaus erheben[73].

24　Die **Anordnung der Unterbringung** darf nicht einfach dahin lauten, daß der Beschuldigte sechs Wochen unterzubringen ist[74]. Das Gericht muß anordnen, daß er „bis zu sechs Wochen" oder „höchstens sechs Wochen" unterzubringen ist. Am zweckmäßigsten ist es, den Wortlaut des § 81 Abs. 5 zu benutzen und anzuordnen, daß die Verwahrung in dem Krankenhaus die Dauer von sechs Wochen nicht überschreiten darf[75]. Die Angabe der Höchstdauer der Unterbringung ist in jedem Fall erforderlich[76]; ein Hinweis darauf, daß die Entlassung erfolgen muß, sobald der Zweck der Unterbringung erreicht ist, empfiehlt sich. Kann das Gericht bereits überblicken, daß eine kürzere Zeit ausreicht, so ist die Unterbringung von vornherein auf diese Zeit zu beschränken[77]; die Verlängerung bis zur Höchstdauer von sechs Wochen ist aber zulässig. Der Sachverständige muß sich stets auch zur Dauer der Unterbringung äußern[78].

25　Ein **in Haft befindlicher Beschuldigter** darf, nachdem er in einem psychiatrischen Krankenhaus sechs Wochen beobachtet worden ist, weiterhin in der psychiatrischen Abteilung des Krankenhauses der Vollzugsanstalt zur Beobachtung untergebracht werden[79].

26　2. **Wiederholung der Unterbringung.** Die Unterbringungsanordnung ist mit der Entlassung des Beschuldigten aus dem psychiatrischen Krankenhaus auch dann erledigt, wenn die Unterbringung weniger als sechs Wochen gedauert hat[80]. Durch einen neuen Gerichtsbeschluß darf dann aber die wiederholte Unterbringung angeordnet werden;

---

[68] Vgl. KMR-*Paulus* 25; *Eb. Schmidt* 13.

[69] RG JW **1891** 504; KK-*Pelchen* 7; *Kleinknecht/Meyer*[37] 17; KMR-*Paulus* 27; *Jessnitzer* 211; *K. Müller* 272.

[70] KK-*Pelchen* 7; *Kleinknecht/Meyer*[37] 17.

[71] BGH bei *Dallinger* MDR **1974** 724.

[72] **A. A** OLG Bamberg MDR **1984** 602.

[73] *Jessnitzer* 212; *K. Müller* 273.

[74] BayObLGSt **12** 132; OLG Karlsruhe NJW **1973** 573; OLG Oldenburg NJW **1961** 982.

[75] *Kleinknecht/Meyer*[37] 17; KMR-*Paulus* 27; *Eb. Schmidt* 20; *Schlüchter* 280.

[76] OLG Saarbrücken JBl.Saar **1964** 116; OLG Stuttgart NJW **1961** 2077.

[77] OLG Oldenburg NJW **1961** 982; *Kleinknecht/Meyer*[37] 17; KMR-*Paulus* 27; *Jessnitzer* 211; *Dahs* Hdb. 321.

[78] OLG Karlsruhe NJW **1973** 573.

[79] RGSt **34** 306; KK-*Pelchen* 7; *Rasch* Recht **1912** 516.

[80] KK-*Pelchen* 7; *Kleinknecht/Meyer*[37] 18.

nur insgesamt darf sie niemals länger als sechs Wochen dauern. Daß die Wiederholung zulässig ist, hat die Gesetzesänderung von 1974 (Absatz 5: „insgesamt") nur klargestellt; schon vorher wurde es überwiegend angenommen[81]. Die Wiederholung kann insbesondere notwendig werden, wenn der erste Krankenhausarzt erfolgreich wegen Befangenheit abgelehnt worden ist oder wenn sich nachträglich herausstellt, daß die Beurteilung des Krankenhausarztes der Ergänzung und deshalb auch ergänzender Beobachtungen bedarf.

3. Auswahl des Krankenhauses. Das Gericht, nicht die Staatsanwaltschaft und **27** selbstverständlich auch nicht der Sachverständige, wählt das psychiatrische Krankenhaus aus, in dem der Beschuldigte beobachtet werden soll[82]. Die namentliche Bezeichnung des Sachverständigen, der den Beschuldigten beobachten soll, ist nicht erforderlich[83]. Auch die Art der Unterbringung innerhalb des Krankenhauses braucht nicht geregelt zu werden[84].

Zulässig ist nur die Unterbringung in einem **öffentlichen psychiatrischen Kranken- 28 haus** (§ 81 Abs. 1). Es muß sich um eine, wie auch immer bezeichnete, Anstalt für psychisch Kranke handeln. Ihr Träger muß der Staat, eine Gemeinde, ein Gemeindeverband oder ein anderer Hoheitsträger sein[85]; diese Krankenhäuser sind verpflichtet, den Beschuldigten zur Beobachtung aufzunehmen. Eine Privatanstalt oder ein öffentliches Krankenhaus, das kein Spezialkrankenhaus für psychisch Kranke ist, sondern nur eine Station für Psychiatrie und Neurologie unterhält, darf nicht ausgewählt werden[86]. Ein in Freiheit befindlicher Beschuldigter darf nicht in der psychiatrischen Abteilung des Krankenhauses einer Untersuchungshaft- oder Strafanstalt untergebracht werden[87]. Wer bereits in Untersuchungs- oder Strafhaft ist, darf dort aber ohne besondere Anordnung beobachtet werden (oben Rdn. 3).

4. Zulässige Maßnahmen während der Unterbringung. In dem Krankenhaus darf **29** der Beschuldigte aufgrund der Unterbringungsanordnung nur festgehalten und beobachtet werden[88]. Körperliche Untersuchungen jeder Art, Entnahmen von Blutproben und andere körperliche Eingriffe sind ohne seine Einwilligung nur zulässig, wenn sie nach § 81 a besonders angeordnet worden sind[89]. Eine solche Anordnung wird regelmä-

---

[81] BGH NJW **1968** 2298 = JZ **1969** 438 mit Anm. *Arzt*; RGSt **23** 209; OLG Hamm NJW **1953** 1237; OLG Köln JMBlNRW **1961** 220; OLG Schleswig MDR **1959** 415; *Eb. Schmidt* Nachtr. I 21; a. A *Feisenberger* 14; *Löffler* NJW **1951** 822; vgl. auch BGHSt **8** 121.

[82] BayObLGSt **21** 198; OLG Frankfurt NJW **1967** 690; OLG Kiel DStR **1936** 376; OLG München *Alsb.* E 1 Nr. 204; OLG Schleswig SchlHA **1954** 330; OLG Stuttgart NJW **1961** 2077; KK-*Pelchen* 7; *Kleinknecht/Meyer*[37] 19; KMR-*Paulus* 29; *Eb. Schmidt* 22; *Dippel* 142 ff.

[83] OLG Nürnberg OLGSt § 81 S. 10; KK-*Pelchen* 7; *Kleinknecht/Meyer*[37] 19; a. A OLG Colmar LZ **1914** 973.

[84] OLG Hamm NJW **1953** 1237; *Jessnitzer* 212.

[85] BayObLGSt **21** 198; OLG Frankfurt NJW **1967** 690; KK-*Pelchen* 7; *Kleinknecht/Meyer*[37] 19; KMR-*Paulus* 29; *K. Müller* 273.

[86] OLG Hamburg LZ **1920** 452.

[87] Eb. Schmidt 22; *K. Müller* 273; *Rasch* LZ **1912** 513; a. A KG *Alsb.* E 1 Nr. 205 b.

[88] *Eb. Schmidt* 24; *Baumann* Unterbringungsrecht 90.

[89] BGHSt **8** 114 = JR **1956** 68 mit Anm. *Eb. Schmidt*; BGH NJW **1968** 2297 = JR **1969** 231 mit Anm. *Peters* = JZ **1969** 437 mit Anm. *Arzt*; OLG Kiel DStR **1936** 376; KK-*Pelchen* 9; *Kleinknecht/Meyer*[37] 20; KMR-*Paulus* 35; *Jessnitzer* 212; *Dahs* Hdb. 322; *K. Müller* 272; *Roxin*[19] § 33 A I 2 c; *Schlüchter* 281; *Dürig* in *Maunz/Dürig*, Komm. z. GG, Art. 2 Abs. 2 Rdn. 51; *Eb. Schmidt* NJW **1962** 664; *Löffler* NJW **1951** 822; *Rüping* JZ **1982** 744; *Wühne* NJW **1971** 227; a. A *Peters*[4] 327 und JR **1969** 233, der übliche und ungefährliche Untersuchungen zulassen will, und OLG Schleswig NStZ **1982** 81 für EKG und Blutdruckmessung.

Hans Dahs

ßig mit der Unterbringungsanordnung nach § 81 verbunden werden müssen; denn der psychische Zustand des Beschuldigten läßt sich selten durch bloße Beobachtungen klären. Auch ohne besondere Anordnung nach § 81 a ist der Sachverständige berechtigt, den Beschuldigten über dessen psychischen und körperlichen Zustand zu befragen; Antworten darf er aber nicht erzwingen[90]. Ohne Einwilligung des Beschuldigten darf auch eine Heilbehandlung nicht vorgenommen werden, und zwar weder zur Heilung einer Geisteskrankheit noch einer anderen Krankheit[91], es sei denn, dies wäre nach § 34 StGB gerechtfertigt[92]. Notfalls können einzelne Untersuchungen nach § 81 a auch nach Beendigung der sechswöchigen Unterbringung angeordnet werden[93].

30   Den **Schriftverkehr des Untergebrachten** darf der Krankenhausarzt nicht überprüfen; Briefe darf er weder anhalten noch vernichten[94]. Wenn zur Aufrechterhaltung von Ordnung und Sicherheit in der Anstalt eine Briefkontrolle erforderlich wird, ist jedoch der Richter gem. § 119 Abs. 3, 6 befugt, sie vorzunehmen, wenn gegen den Untergebrachten die Untersuchungshaft angeordnet ist. Wird ein auf freiem Fuß befindlicher Beschuldigter nach § 81 untergebracht, ist eine Briefkontrolle mangels gesetzlicher Ermächtigungsgrundlage für einen solchen Grundrechtseingriff (Art. 10 GG) unzulässig.

31   5. **Kosten der Unterbringung.** Ob die Kosten der Unterbringung von dem Justizfiskus oder von dem Träger des psychiatrischen Krankenhauses zu tragen sind, ist bundesrechtlich nicht geregelt. Streitfragen hierüber zu klären, unterliegt nicht der Zuständigkeit der Strafgerichte[95]. Die Kosten der Unterbringung sind nach Nr. 1910 des Kostenverzeichnisses (Anlage 1 zu § 11 Abs. 1 GKG) Auslagen, also Kosten des Verfahrens (§ 464 a Abs. 1 Satz 1).

32   6. **Anrechnung im Urteil.** Die Krankenhausunterbringung wird nach § 51 Abs. 1 Satz 1 StGB auf eine zeitige Freiheitsstrafe und auf eine Geldstrafe angerechnet[96]. Wird nur auf eine dieser Strafen erkannt, so ist ein Ausspruch im Urteil nicht erforderlich[97]. Anders ist es, wenn Freiheits- und Geldstrafe nebeneinander verhängt werden[98].

VIII. Gerichtsbeschluß

33   1. **Zuständigkeit.** Die Unterbringungsanordnung erläßt im Ermittlungsverfahren das Gericht, das für die Eröffnung des Hauptverfahrens zuständig wäre (§ 81 Abs. 3). Sind mehrere Gerichte sachlich oder örtlich zuständig, so besteht die Wahlzuständigkeit auch für die Anordnung nach § 81; bei Meinungsverschiedenheiten gilt § 14. Wenn die Frage, ob das Schöffengericht oder die Strafkammer zuständig ist, von dem Vorliegen der Voraussetzungen des § 24 Abs. 1 Nr. 2 oder 3 GVG abhängt, ist für die Zuständigkeit zu der Anordnung nach § 81 maßgebend, bei welchem Gericht die Staatsanwaltschaft die Anklage zu erheben beabsichtigt. Die Strafkammer kann jedoch die Entscheidung

[90] BGH NJW **1968** 2298.
[91] *Arzt* JZ **1969** 440.
[92] *Baumann* Unterbringungsrecht 90.
[93] OLG Hamm JMBlNRW **1951** 244; *Jessnitzer* 212.
[94] BGH NJW **1961** 2069; KK-*Pelchen* 9; *Kleinknecht/Meyer*[37] 20; KMR-*Paulus* 35; *Jessnitzer* 212; **a. A** *Koch* NJW **1969** 176, der eine solche Briefkontrolle für zulässig hält.
[95] OLG Hamm JMBlNRW **1955** 129.
[96] BGHSt 4 325 = NJW **1953** 1679; OLG

Bamberg BayJMBl. **1962** 23; AG Osterode NdsRpfl. **1968** 259; KK-*Pelchen* 10; *Kleinknecht/Meyer*[37] 21; KMR-*Paulus* 36; *Baumgärtner* MDR **1970** 191.
[97] BGHSt **24** 29 = JR **1971** 296 mit Anm. *Schröder*; BGH NJW **1972** 730; BGH bei *Dallinger* MDR **1970** 13.
[98] BGH DRiZ **1971** 132; BGH NJW **1973** 1420; BayObLGSt **1972** 80 = NJW **1972** 1632.

dem Amtsgericht mit der Begründung abgeben, daß sie das Hauptverfahren nach §209 Abs. 1 vor diesem Gericht eröffnen werde. Der Entscheidung über die Zuständigkeit für die Eröffnung des Hauptverfahrens wird durch die im Vorverfahren getroffene Anordnung nach §81 nicht vorgegriffen. Gleiches gilt für die Zuständigkeit von Spezialstrafkammern im Sinne des §209a (vgl. §6a, 7f; §209, 4; §209a, 4). Nach der Anklageerhebung entscheidet das für die Hauptverhandlung zuständige Gericht. Das Revisionsgericht kann die Anordnung treffen, wenn die Verhandlungsfähigkeit des Angeklagten im Revisionsverfahren zu prüfen ist.

2. Begründung. Der Gerichtsbeschluß ist nach §34 mit Gründen zu versehen[99]. **34** Die Begründung muß ergeben, welche Zweifel an der Schuld- oder Verhandlungsfähigkeit des Beschuldigten bestehen und warum sie nur auf dem Wege der Beobachtung nach §81 geklärt werden können[100]. Andernfalls können der Beschuldigte und der Verteidiger nicht erkennen, ob ein Rechtsmittel aussichtsreich ist, und das Rechtsmittelgericht kann nicht prüfen, ob der Beschluß auf zutreffenden Erwägungen beruht. Zum notwendigen Inhalt des Beschlusses gehört auch die Bezeichnung des Krankenhauses, in dem der Beschuldigte untergebracht werden soll (Rdn. 27), und die Festsetzung der Dauer der Unterbringung (Rdn. 23).

3. Abänderung. Ist der Beschluß rechtskräftig geworden, so darf das Gericht ihn **35** nicht abändern, auch wenn sich nachträglich herausstellt, daß die Unterbringung in dem vom Gericht bestimmten Krankenhaus nicht durchführbar ist. In diesem Fall ist ein neuer Beschluß erforderlich, gegen den der Beschuldigte auch dann ein Rechtsmittel einlegen kann, wenn er den früheren nicht angefochten hatte[101]. Fallen nachträglich die Voraussetzungen des §81 weg, so kann der Beschluß aufgehoben werden, auch wenn er rechtskräftig geworden ist[102].

4. Bekanntgabe. Ergeht der Beschluß in der Hauptverhandlung, so ist er zu ver- **36** künden. Ob der Beschuldigte zugegen sein muß, richtet sich nach den allgemeinen Vorschriften (§§231, 231a, 247, 415). Der Verteidiger muß, da die Verteidigung nach §140 Abs. 1 Nr. 6 notwendig ist, immer anwesend sein. Ein außerhalb der Hauptverhandlung erlassener Beschluß wird dem Beschuldigten und dem Verteidiger nach §35 Abs. 2 durch Zustellung bekanntgemacht. Hierfür gilt §145a. Dem Verteidiger ist der Beschluß auch zuzustellen, wenn er keine Zustellungsvollmacht hat (§145a Abs. 1). Befindet sich die Vollmacht für den Wahlverteidiger nicht bei den Akten, so ist der Beschluß nur dem Beschuldigten zuzustellen[103]; damit wird die Beschwerdefrist in Lauf gesetzt[104].

---

[99] OLG Frankfurt NJW **1967** 690; OLG Karlsruhe NJW **1972** 1584; **1973** 573; OLG Köln JMBlNRW **1960** 44; OLG Oldenburg NJW **1961** 982; **1971** 1098; OLG Schleswig SchlHA **1954** 330; KK-*Pelchen* 11; *Kleinknecht/Meyer*[37] 24; KMR-*Paulus* 31; *K. Müller* 275.

[100] OLG Köln JMBlNRW **1960** 44.

[101] OLG Düsseldorf JMBlNRW **1961** 45; *Kleinknecht/Meyer*[37] 25; KMR-*Paulus* 33; *Eb. Schmidt* Nachtr. I 22.

[102] BayObLGSt **13** 497.

[103] OLG Hamm JMBlNRW **1956** 168; KK-*Pelchen* 11; *Kleinknecht/Meyer*[37] 26; KMR-*Paulus* 32.

[104] *Dalcke/Fuhrmann/Schäfer* 6; die vom OLG Breslau – *Alsb.* E 1 Nr. 207 – vertretene Gegenmeinung, wonach die Zustellung an den Beschuldigten die Rechtsmittelfrist wegen Unanwendbarkeit des §297 nicht in Lauf setzen könne, dürfte durch die Einfügung des §145a in die StPO überholt sein.

Hans Dahs

37　　5. **Vollstreckung.** Die Vollstreckung des rechtskräftigen Beschlusses ist nach § 36 Abs. 2 Satz 1 Sache der Staatsanwaltschaft[105]. Führt sie den Beschluß aus, so sollte sie sich mit dem Krankenhaus fernmündlich darüber verständigen, wann der Beschuldigte aufgenommen werden kann. Der auf freiem Fuß befindliche Beschuldigte muß aufgefordert werden, sich innerhalb einer bestimmten Frist in dem Krankenhaus oder in der Anstalt einzufinden; für den Fall der Nichtbefolgung ist ihm die zwangsweise Zuführung anzudrohen. Von dieser Aufforderung ist nur abzusehen, wenn nach dem Verhalten des Beschuldigten ohnehin nicht zu erwarten ist, daß er sie befolgt. Stellt sich der Beschuldigte nicht freiwillig, so ist er zwangsweise vorzuführen[106]. Ein zu diesem Zweck von der Staatsanwaltschaft erlassener Vorführungsbefehl ist nach § 23 EGGVG anfechtbar[107]. Enthält nicht bereits der Gerichtsbeschluß einen entsprechenden Hinweis, so hat die Staatsanwaltschaft den Sachverständigen darauf aufmerksam zu machen, daß die Unterbringung nicht länger dauern darf, als zur Beobachtung des Beschuldigten notwendig ist, und daß dieser entlassen werden muß, sobald Klarheit über seinen psychischen Zustand besteht.

IX. Anfechtung (Absatz 4)

38　　1. **Sofortige Beschwerde.** Der die Unterbringung anordnende Beschluß kann nach § 81 Abs. 4 mit der sofortigen Beschwerde angefochten werden, nach § 304 Abs. 4 Satz 2 Nr. 1 auch, wenn er von dem Oberlandesgericht als Gericht des ersten Rechtszuges erlassen worden ist. Das Rechtsmittel steht außer dem Beschuldigten, dem Verteidiger[108] und der Staatsanwaltschaft zu, nicht aber dem Sachverständigen. Der Verteidiger darf das Rechtsmittel auch gegen den Willen des Beschuldigten einlegen; der Beschuldigte kann es nicht wirksam zurücknehmen. Die Vorschrift des § 297 ist nicht anzuwenden, weil die geistige Gesundheit und daher auch die Verhandlungsfähigkeit des Beschuldigten zweifelhaft ist[109]. Das Rechtsmittel kann wie jede Beschwerde (vgl. bei § 304) auf einen Teil des Beschlusses, etwa auf die Auswahl der Anstalt, beschränkt werden[110]. Die sofortige Beschwerde hat entgegen der Regel des § 307 Abs. 1 aufschiebende Wirkung (§ 81 Abs. 4 Satz 2), auch wenn der Beschluß in der Hauptverhandlung erlassen worden ist[111]. Eine weitere Beschwerde ist nach § 310 Abs. 2 ausgeschlossen[112]. Ein bei der Zustellung des Beschlusses ohne Mitwirkung des Verteidigers erklärter Rechtsmittelverzicht des Beschuldigten wird regelmäßig unwirksam sein[113].

---

[105] BayObLGSt **3** 411; OLG München *Alsb.* E 1 Nr. 204; OLG Nürnberg OLGSt § 81 S. 9; KK-*Pelchen* 11; *Kleinknecht/Meyer*[37] 27; KMR-*Paulus* 34; *K. Müller* 273.

[106] BayObLGSt **3** 411.

[107] OLG Koblenz JVBl. **1961** 237; KK-*Pelchen* 11; *Kleinknecht/Meyer*[37] 27; *Altenhain* JZ **1965** 758; a. A OLG Hamm NJW **1966** 684.

[108] RGSt **37** 22 hielt ihn zu Unrecht nicht für rechtsmittelberechtigt.

[109] OLG Breslau *Alsb.* E 1 Nr. 207 = ZStW **43** (1922) 517; KK-*Pelchen* 12; KMR-*Paulus* 39; *Kleinknecht/Meyer*[37] 28; *Eb. Schmidt* 16; *K. Müller* 275; *Köhler* GerS **56** (1899) 192; *Rasch* Recht **1912** 513.

[110] Anders OLG Düsseldorf JMBlNRW **1961** 45; OLG Stuttgart NJW **1961** 2077; KK-*Pel-* *chen* 12; KMR-*Paulus* 39, die die Beschränkung allgemein für unzulässig erachten; OLG Hamburg MDR **1972** 1048 hält die isolierte Anfechtung der Auswahl des Sachverständigen für unzulässig, weil das Beschwerdegericht sie nicht nachzuprüfen habe; wie hier *Kleinknecht/Meyer*[37] 28.

[111] KK-*Pelchen* 12.

[112] OLG Bremen NJW **1949** 74; OLG Breslau HRR **1934** 1728; OLG Hamburg JR **1956** 192; KK-*Pelchen* 12; *Kleinknecht/Meyer*[37] 29; KMR-*Paulus* 42; *Eb. Schmidt* 15; *Gössel* § 36 D; *Roxin*[19] § 54 E; *K. Müller* 275; *Wendisch* FS Dünnebier 258.

[113] OLG Frankfurt NJW **1967** 690; dazu auch *Dahs* FS Schmidt-Leichner 17.

2. Entscheidungen des erkennenden Gerichts. Die sofortige Beschwerde ist auch **39** gegen den Beschluß des erkennenden Gerichts zulässig. Aus § 305 Satz 2 ergibt sich das nicht, weil die Vorschrift unter einstweiliger Unterbringung nur die nach § 126 a versteht. Die Vorschrift des § 305 Satz 1 steht aber der Anfechtung deshalb nicht entgegen, weil die Unterbringung auch dann nicht mehr rückgängig gemacht werden könnte, wenn das Revisionsgericht sie für rechtswidrig hält. Die Anordnung einer so einschneidenden Maßnahme muß daher von dem Beschwerdegericht auch überprüft werden, wenn sie von dem erkennenden Gericht stammt. Das entspricht jetzt allgemeiner Ansicht[114]. Wird nur die Auswahl der Anstalt oder des Gutachters beanstandet, ist jedoch die Entscheidung des erkennenden Gerichts nicht anfechtbar[115].

3. Prüfung des Beschwerdegerichts. Wie bei jeder Beschwerde[116] prüft das Be- **40** schwerdegericht die angefochtene Entscheidung grundsätzlich unter allen rechtlichen Gesichtspunkten, und es beurteilt dabei auch Zweckmäßigkeitsfragen nach seinem eigenen Ermessen[117]. Die Prüfung durch das Beschwerdegericht darf aber nicht so weit gehen, daß dem Tatrichter eine Beweiserhebung verboten wird, die er für erforderlich hält; denn den Umfang der Beweisaufnahme darf das Beschwerdegericht dem Tatrichter nicht vorschreiben[118]. Das Beschwerdegericht darf daher etwa bei der Frage, ob Zweifel an der Schuldfähigkeit des Beschuldigten bestehen, sein Ermessen nicht an die Stelle des Ermessens des Tatrichters setzen[119]. Die Unbefangenheit des Sachverständigen hat es aber zu prüfen, wenn ein Ablehnungsantrag gestellt worden ist[120].

Bei erheblichen **Verfahrensmängeln** kann das Beschwerdegericht von der ihm an **41** sich nach § 309 Abs. 2 obliegenden eigenen Sachentscheidung absehen und die Sache zu neuer Entscheidung an den ersten Richter zurückverweisen[121]. Dazu soll aber nicht schon das Fehlen der nach § 34 vorgeschriebenen Begründung[122] zwingen. Das kann

---

[114] BayObLGSt **1949** 472; KG JR **1965** 69; OLG Celle NJW **1966** 1881; OLG Hamm JMBlNRW **1956** 107; OLG Köln MDR **1951** 373; OLG Oldenburg HESt 3 18 = NdsRpfl. **1949** 63; OLG Saarbrücken HESt 3 18 = DRZ **1950** 259; OLG Stuttgart NJW **1961** 2077; LG Berlin NJW **1960** 2256 mit Anm. *Sauer*; KK-*Pelchen* 12; *Kleinknecht/Meyer*[37] 28; KMR-*Paulus* 39; *Eb. Schmidt* 17; *Dalcke/Fuhrmann/Schäfer* 7; *K. Müller* 275; *Schlüchter* 283.1; die ältere Rechtspr. war uneinheitlich. Wie die jetzt herrschende Ansicht: BayObLGSt **11** 80; BayObLG GA **69** (1925) 198; KG GA **41** (1893) 15; DJZ **1928** 1687; OLG Breslau GA **51** (1904) 70; OLG Darmstadt GA **48** (1901) 456; OLG Dresden LZ **1929** 743; JW **1931** 967 m. Anm. *Mannheim*; OLG Hamburg DStrZ **1916** 498; LZ **1917** 222; **1920** 452; OLG Jena DRiZ **1931** Nr. 362; OLG Kiel DStR **1936** 376; OLG München GA **41** (1893) 156; ebenso *Dalcke* GA **40** (1892) 412; *Köhler* GerS **35** (1883) 192. Die Gegenansicht vertraten: RGSt **20** 378; KG Recht **1927** Nr. 2622; **1928** Nr. 468; OLG Colmar GA **39** (1891) 361; OLG Hamburg JW **1938** 2133; OLG Kassel GA **52**

(1905) 266; OLG Marienwerder GA **54** (1935) 102; *Rasch* LZ **1912** 515.

[115] OLG Celle NJW **1966** 1881.

[116] Vgl. BGH NJW **1964** 2119.

[117] OLG Hamburg MDR **1972** 1048; OLG Hamm MDR **1950** 373; OLG Köln MDR **1951** 373; OLG Schleswig MDR **1959** 415; KK-*Pelchen* 12; *Kleinknecht/Meyer*[37] 29; KMR-*Paulus* 41; *Eb. Schmidt* 18; *K. Müller* 275.

[118] So mit Recht OLG Colmar LZ **1914** 973; DStrZ **1916** 89; das OLG Hamm NJW **1953** 1237 hält zu weitgehend jede Nachprüfung der Zweckmäßigkeit durch das Beschwerdegericht für unzulässig.

[119] *Schlüchter* 283.4.

[120] OLG Celle NdsRpfl. **1956** 80; KMR-*Paulus* 41.

[121] OLG Hamm JMBlNRW **1952** 195; OLG Karlsruhe NJW **1972** 1584; **1973** 573; OLG Oldenburg NJW **1961** 982; **1971** 1098; OLG Saarbrücken JBl.Saar **1964** 116; KK-*Pelchen* 12.

[122] OLG Oldenburg NJW **1961** 982; OLG Schleswig SchlHA **1959** 82; *Kleinknecht/Meyer*[37] 30.

       Hans Dahs

aber wohl nur gelten, wenn das Beschwerdegericht auch ohne Kenntnis der Beschluß-
gründe eine umfassende, zweifelsfreie Grundlage für seine Entscheidung hat[123].

42   **4. Anfechtung des die Unterbringung ablehnenden Beschlusses.** Gegen die Ablehnung der Anstaltsbeobachtung gibt es nach herrschender Ansicht kein Rechtsmittel, weil
§ 81 Abs. 4 die sofortige Beschwerde nur gegen die Unterbringung zuläßt[124]. Das erscheint nicht richtig. Die Vorschrift des § 81 Abs. 4 verdrängt nicht den § 304 Abs. 1; sie
bestimmt nur, daß die Unterbringungsanordnung nicht mit der einfachen, sondern mit
der nach § 311 Abs. 2 Satz 1 befristeten Beschwerde angefochten werden muß. Gegen
die Ablehnung des Antrags auf Unterbringung nach § 81 hat daher sowohl der Beschuldigte[125] als auch die Staatsanwaltschaft[126] das Rechtsmittel der einfachen Beschwerde
nach § 304 Abs. 1[127]. Praktische Bedeutung kann das aber bei zutreffender Beurteilung
des Antragsrechts nicht haben[128]. Denn im Vorverfahren gibt es kein Antragsrecht im
eigentlichen Sinne (Rdn. 5 ff), und Anträge der Prozeßbeteiligten bedürfen daher keines Bescheides. Nach Eröffnung des Hauptverfahrens ist die Anfechtung einer ablehnenden Entscheidung, selbst wenn man entgegen der hier (Rdn. 6) vertretenen Auffassung in diesem Verfahrensabschnitt ein Antragsrecht bejaht, aber unzulässig. Denn die
Beschwerde ist dann nach § 305 Satz 1 ausgeschlossen. Die Gründe, aus denen diese
Vorschrift im Fall der Unterbringungsanordnung nicht anzuwenden ist (Rdn. 39) gelten
nicht, wenn die Unterbringung abgelehnt wird.

X. Revision

43   Die Unterbringung zur Beobachtung kann mit der Revision nicht angefochten
werden; denn sie kann nur zu einer besonders gründlichen Klärung des psychischen Zustandes des Angeklagten geführt haben, auf der das Urteil nicht zum Nachteil irgendeines Prozeßbeteiligten beruhen kann. Außerdem ist gegen die Unterbringungsanordnung die sofortige Beschwerde zulässig; das schließt die Revision aus (vgl. § 336,
17; 19). Auf die Ablehnung der Unterbringung kann die Revision dagegen gestützt werden. War ein förmlicher Beweisantrag gestellt worden und hält ihn das Revisionsgericht entgegen der hier (Rdn. 6) vertretenen Auffassung für zulässig, so gelten
die Grundsätze des § 244 Abs. 3 und 4. Das Revisionsgericht prüft nur, ob bei der Ablehnung der Unterbringung ein Rechtsfehler unterlaufen ist, nicht aber, ob das Gericht von
dem ihm eingeräumten Ermessen richtig Gebrauch gemacht hat[129]. Auf der Nichtbe-
scheidung eines Beweisantrags auf Zuziehung eines weiteren Sachverständigen, der den
Angeklagten unter klinischer Beobachtung untersuchen soll, wird das Urteil im allgemeinen nicht beruhen[130]. Wird den Prozeßbeteiligten ein Recht zur Stellung eines Beweisantrags auf Krankenhausbeobachtung nicht zugesprochen (Rdn. 6), so kann die

---

[123] Vgl. OLG Koblenz OLGSt S. 21: Das Fehlen der Begründung muß *nicht in jedem Falle*
zur Aufhebung der Entscheidung führen.
[124] RG DStrZ **1915** 82; BayObLGSt **2** 194; **13**
497; OLG Celle NdsRpfl. **1962** 141; OLG
Hamm *Alsb.* E **1** Nr. 208; OLG Karlsruhe
HRR **1928** 923; Justiz **1972** 18; OLG Königsberg DJW **1915** 623; KK-*Pelchen* 13; KMR-
Paulus 38; *Eb. Schmidt* 19; *Gerland* 225;
Rasch Recht **1912** 512.
[125] OLG Nürnberg MDR **1966** 347.

[126] OLG Braunschweig NJW **1955** 1492; OLG
Stuttgart Justiz **1972** 321.
[127] *Kleinknecht/Meyer*[37] 31; *Köhler* GerS **53**
(1897) 191; *K. Müller* 276; *Schlüchter* 283.2.
[128] KK-*Pelchen* 13; *Kleinknecht/Meyer*[37] 31.
[129] BGHSt **8** 77; RGSt **20** 378; OLG Hamburg
DRiZ **1926** Nr. 1002; KK-*Pelchen* 14;
KMR-*Paulus* § 337, 24; *Alsberg/Nüse/Meyer*
161; *Kleinknecht/Meyer*[37] 32; *Schlüchter* 285.
[130] OGHSt **2** 207.

Verletzung des § 81 nur mit der Aufklärungsrüge geltend gemacht werden. Gegen die Aufklärungspflicht nach § 244 Abs. 2 kann verstoßen worden sein, wenn das Gericht aufgrund des Sachverständigengutachtens zu einer Überzeugung von der Schuldfähigkeit des Angeklagten gekommen ist, obwohl der Sachverständige selbst eine Beurteilung für so unsicher hielt, daß er eine Unterbringung nach § 81 angeregt hat[131]. Hat der Sachverständige hingegen den vom Tatrichter gegebenen Rahmen für die Unterbringung nicht voll ausgeschöpft, weil er das nicht für nötig hielt, so kann hierauf die Aufklärungsrüge nicht gestützt werden[132].

XI. Abgeordnete

Die Unterbringung zur Beobachtung ist eine freiheitsentziehende Maßnahme und **44** daher nach Art. 46 Abs. 3 GG und den entsprechenden Vorschriften der Länderverfassungen nur mit besonderer Genehmigung des Parlaments zulässig.

§ 81 a

(1) [1]Eine körperliche Untersuchung des Beschuldigten darf zur Feststellung von Tatsachen angeordnet werden, die für das Verfahren von Bedeutung sind. [2]Zu diesem Zweck sind Entnahmen von Blutproben und andere körperliche Eingriffe, die von einem Arzt nach den Regeln der ärztlichen Kunst zu Untersuchungszwecken vorgenommen werden, ohne Einwilligung des Beschuldigten zulässig, wenn kein Nachteil für seine Gesundheit zu befürchten ist.

(2) Die Anordnung steht dem Richter, bei Gefährdung des Untersuchungserfolges durch Verzögerung auch der Staatsanwaltschaft und ihren Hilfsbeamten (§ 152 des Gerichtsverfassungsgesetzes) zu.

Schrifttum. *Adolph* Gewaltsames Eindringen in eine Wohnung zur Anordnung der Blutentnahme nach § 81 a StPO, Polizei **1970** 301; *Amelung* Probleme des Rechtsschutzes gegen strafprozessuale Grundrechtseingriffe, NJW **1979** 1687; *Amelung* Zulässigkeit und Freiwilligkeit der Einwilligung bei strafprozessualen Grundrechtsbeeinträchtigungen, in: Freiheit und Verantwortung im Verfassungsstaat, Festgabe zum 10jährigen Jubiläum der Gesellschaft für Rechtspolitik 1984; *Arbab-Zadeh* Ist die zwangsläufige Blutentnahme nach Trunkenheitsdelikten noch verfassungskonform? NJW **1984** 2615; *Arndt* Die Durchsuchung des menschlichen Körpers im geltenden Prozeßrecht, Diss. Köln 1929; *Backmund* Pneumencephalographie im Strafprozeß, GA **1964** 304; *Balla* Tatbestandsdiagnostische Methoden und ihre strafprozessuale Zulässigkeit, Diss. Köln 1936; *Bekker* Blutnahmepflicht im Prozeß, JR **1953** 453; *Beling* Die Vornahme von Untersuchungen am menschlichen Körper als Prozeßmaßregel, ZStW **15** (1895) 471; *Braun* Zur Unzulässigkeit der zweiten Blutprobenentnahme, Polizei **1974** 178; *Bresser* Die Hirnkammerluftfüllung und ihre Anwendung gemäß § 81 a StPO, NJW **1961** 250; *Dahs/Wimmer* Unzulässige Untersuchungsmethoden bei Alkoholverdacht, NJW **1960** 2217; *Delius* Über Zulässigkeit von Eingriffen in die Unantastbarkeit des Körpers im Strafprozeß, LZ **1914** 1254; *Dippel* Die Stellung des Sachverständigen im Strafprozeß (1986); *Dzendzalowski* Die körperliche Untersuchung (1971); *Fezer* Rechtsschutz gegen erledigte strafprozessuale Zwangsmaßnahmen, JURA **1982** 18; *Flieger* Nachträglicher Rechtsschutz gegen Maßnahmen der öffentlichen Gewalt, MDR **1981** 17; *Franz* Blutentnahme und

---

[131] RG JW **1937** 3101 mit Anm. *Schafheutle*;   [132] BGH bei *Dallinger* MDR **1974** 725.
OGHSt **1** 193.

Freiheitsentziehung, NJW **1966** 1850; *Gänshirt* Die Bedeutung der Elektroencephalographie in der klinischen Neurologie, Der Nervenarzt **1959** 111; *Geerds* Über strafprozessuale Maßnahmen, insbesondere Entnahme von Blutproben bei Verdacht der Trunkenheit am Steuer, GA **1965** 321; *Genzel* Zulässigkeit des Rechtswegs gegen Maßnahmen der Staatsanwaltschaft nach § 81 a StPO, NJW **1969** 1562; *Geppert* Die Stellung des medizinischen Sachverständigen im Verkehrsstrafprozeß, DAR **1980** 315; *Gerchow* Unzumutbarkeit der Blutentnahme, Blutalkohol **1976** 392; *Göbbels* Die Duldung ärztlicher Eingriffe als Pflicht (1950); *Göppinger* Der ärztliche Eingriff in Narkose bei der Begutachtung im Strafprozeß (§ 81 a StPO), Der Nervenarzt **1952** 246; *Grabs* Der Körper des lebenden Menschen als Beweismittel im Strafverfahren, Diss. Jena 1930; *Grömig* Die Zulässigkeit einer Encephalographie gemäß § 81 a StPO, NJW **1954** 300; *Hahn* Die Unzulässigkeit der stationären Unterbringung nach § 81 a StPO, GA **1977** 65; *Händel* Unzulässige Untersuchungsmethoden bei Alkoholverdacht, Blutalkohol **1961** 37; *Händel* Blutprobenentnahme durch Medizinalassistenten, Blutalkohol **1972** 230; *Händel* Unzumutbarkeit der Blutprobenentnahme, Blutalkohol **1976** 389; *Händel* Verweigerung von Blutentnahmen durch Ärzte, Blutalkohol **1977** 193; *Hohorst* Die technische Befähigung eines Medizinalassistenten zur Blutentnahme, Blutalkohol **1966** 596; *Huß* Die körperliche Untersuchung im Strafverfahren, Diss. Erlangen 1934; *Jessnitzer* Der Blutentnahmearzt als Sachverständiger, Blutalkohol **1968** 184; *Jessnitzer* Grenzen der Verwertbarkeit einer durch einen Medizinalassistenten entnommenen Blutprobe, MDR **1970** 797; *Jessnitzer* Zur Verwertung des schriftlichen Berichts des Blutentnahmearztes im Strafverfahren, Blutalkohol **1970** 437; *Jessnitzer* Zur zivilrechtlichen Haftung bei fehlerhaften Maßnahmen nach §§ 81 a, 81 c StPO, insbesondere bei Zwangsblutentnahmen, Blutalkohol **1983** 301; *Kaiser* Zwangsmaßnahmen der Polizei gemäß § 81 a StPO, NJW **1964** 580; *Kaufmann* Der polizeiliche Eingriff in Freiheiten und Rechte (1951) 102; *Klaus* Die Frage der Duldungspflicht körperlicher Untersuchungen, Diss. München 1933; *Kleinknecht* Die Anwendung unmittelbaren Zwangs bei der Blutentnahme nach § 81 a StPO, NJW **1964** 2181; *Koch* Der klinische Befund des Blutprobearztes in der Hauptverhandlung, NJW **1966** 1154; *Köhler* Die Vornahme des Augenscheins, der Durchsuchung und der Untersuchung am lebenden menschlichen Körper im Strafprozeß, Diss. Tübingen 1950; *Kohlhaas* Körperliche Untersuchung und erkennungsdienstliche Maßnahmen (1972); *Kohlhaas* Verfahrensfragen bei der Blutprobenentnahme, DAR **1956** 201; *Kohlhaas* Eine Lücke im Verfahren der körperlichen Untersuchung nach §§ 81 a und 81 c StPO, DAR **1960** 254; *Kohlhaas* Die neuen wissenschaftlichen Methoden der Verbrechensbekämpfung und der Schutz der Rechte des Beschuldigten, JR **1960** 246; *Kohlhaas* Strafprozeß und Alkohol am Steuer, DAR **1968** 69; *Kohlhaas* Zweifelsfragen zu § 81 a StPO aus ärztlicher Sicht, NJW **1968** 2277; *Kohlhaas* Zur Zulässigkeit der Bartabnahme nach §§ 81 a, 81 b StPO, DRiZ **1972** 316; *Kohlhaas* Zur zwangsweisen Blutentnahme durch Ärzte und Nichtärzte, DAR **1973** 10; *Kruse* Zur Blutentnahme auf der Polizeiwache? Blutalkohol **1964** 365; *Kuhlmann* Nochmals: Zur Verwertung des schriftlichen Berichts des Blutentnahmearztes im Strafverfahren, Blutalkohol **1971** 276; *Kuhlmann* Hirnkammerlüftung und Hirnarteriographie als „Körperliche Eingriffe" gemäß § 81 a StPO, NJW **1976** 350; *Liebhardt/Janzen/Spann* Blutentnahme mit Gewalt, Blutalkohol **1971** 266; *Löffler* Voraussetzungen für die Anwendbarkeit der §§ 81, 81 a StPO, NJW **1951** 821; *Maase* Die Verletzung der Belehrungspflicht nach §§ 163 a Abs. 4, 136 Abs. 1 StPO gelegentlich der Blutentnahme und deren rechtliche Folgen, DAR **1966** 44; *Machule* Der Körper des lebenden Menschen als Gegenstand kriminalpolizeilicher Erforschungsmittel, Diss. Breslau 1935; *A. Mayer* Augenscheinseinnahme und Durchsuchung im geltenden Strafprozeßrechte (1911); *Messmer* Besteht eine Belehrungspflicht des Arztes bei Befragungen und Testungen gelegentlich der Blutentnahme? DAR **1966** 153; *Michallek* Die Durchsuchung von Personen, Diss. Frankfurt 1969; *Middelberg* Rechtsschutz gegen erledigte strafprozessuale Untersuchungshandlungen, Diss. Münster 1979; *Möhring* Die körperliche Untersuchung im Strafprozeß und die Verwertung ihrer Ergebnisse, Diss. Jena 1922; *Nau* Beschlagnahme des Führerscheins und Blutentnahme bei Abgeordneten, NJW **1958** 1668; *Odenthal* Die Gegenüberstellung im Strafverfahren, Diss. Köln 1984; *Ostertag/Sternsdorff* Die Computer-Tomographie, NJW **1977** 1482; *Peters* Zwangsbefugnisse nach § 81 a StPO, Blutalkohol **1964** 241; *Plonka* Zur Diskussion um § 81 a StPO, Polizei **1970** 17; *Plonka* Zum Verhältnis von Maßnahmen nach §§ 102 ff und 81 a StPO, Polizei **1970** 369; *Plonka* Die Entnahme von Blut beim Beschuldigten, Polizei **1973** 83; *Prittwitz* Der Lügendetektor im Strafprozeß, MDR **1982** 886; *Püschel/Horn* Blutentnahmen unter Zwang, Blutalkohol **1984** 479; *Rasch* Probleme des polizeilichen Zwanges, DVBl. **1980** 1017; *Reitberger* Der Beschuldigte als Beweismittel, Kriminalistik **1968** 349; *Rieß/Thym* Rechtsschutz gegen strafprozessuale Zwangsmaßnahmen, GA **1981** 189; *Rittner* Zur Bedeutung des Gesundheitsnachteils bei Zwangsblutentnahmen nach § 81 a StPO, Blutalkohol **1981** 161; *Rossmanith* Die Verfassungsmäßigkeit von körperlichen Eingriffen nach § 81 a StPO, Diss. Würzburg 1969; *Rüping* Therapie und Zwang bei untergebrachten Patienten, JZ **1982** 744; *Sautter* Die Pflicht zur Duldung von Körperuntersuchungen nach § 372 ZPO — Zugleich ein Beitrag zur Verfassungsmäßigkeit des § 81 a StPO, AcP **161** 215; *Schaffrath* Die körperliche Durchsuchung und Untersuchung im geltenden Strafprozeßrecht und ihre Regelung in den Entwürfen, Diss. Leipzig 1928; *Schellhammer* Blutentnahme durch Medizinalassistenten, NJW **1972** 319; *Schlichting* Blutentnahme durch einen Medizinalassistenten, Blutalkohol **1966** 591; *Eb. Schmidt* Zur Lehre von den strafprozessualen Zwangsmaßnahmen, NJW **1962** 664; *Eb. Schmidt* Ärztliche Mitwirkung bei Untersuchungen und Eingriffen nach StPO §§ 81 a und 81 c, MDR **1970** 461; *Schnebel* Juristische Probleme der indirekten Blutalkoholbestimmung, Blutalkohol **1980** 329; *Schorn* Der Schutz der Menschenwürde im Strafverfahren (1963); *Schöneborn* Verwertungsverbot bei nichtärztlicher Blutentnahme? MDR **1971** 713; *Schumann* Ein Beitrag zu § 81 a StPO, DAR **1951** 92; *Schwabe* Rechtsprobleme des Lügendetektors, NJW **1979** 576; *Solbach* Körperliche Untersuchungen bei Verdacht intrakorporalen Drogenschmuggels, MedR. **1987** 180; *Steigleder/Wille* Sind situationsnachahmende Trinkversuche sinnvoll? Blutalkohol **1964** 489; *Waldschmidt* Zwangsweise Verbringung eines Beschuldigten zur Blutentnahme, NJW **1979** 1920; *Walter* Eingriffe in Leben und körperliche Unversehrtheit im Rahmen des Strafverfahrens, Diss. Tübingen 1957; *Zink* Der Beweiswert von Doppelblutentnahmen, Blutalkohol **1981** 377.

Entstehungsgeschichte. Die Vorschrift wurde durch Art. 2 Nr. 4 des AGGewVerbrG eingefügt. In ihrer ersten Fassung lautete sie:

(1) Eine körperliche Untersuchung des Beschuldigten darf zur Feststellung von Tatsachen angeordnet werden, die für das Verfahren von Bedeutung sind. Andere Personen dürfen ohne ihre Einwilligung nur untersucht werden, wenn festgestellt werden muß, ob sich an ihrem Körper eine bestimmte Spur oder Folge einer strafbaren Handlung befindet.

(2) Entnahme von Blutproben und andere Eingriffe, die nach den Regeln der ärztlichen Kunst zu Untersuchungszwecken vorgenommen werden, sind ohne Einwilligung des zu Untersuchenden zulässig, wenn kein Nachteil für seine Gesundheit zu besorgen ist.

(3) Die Anordnung steht dem Richter, bei Gefahr im Verzug auch der Staatsanwaltschaft und den Polizei- und Sicherheitsbeamten zu, die als Hilfsbeamte der Staatsanwaltschaft ihren Anordnungen Folge zu leisten haben.

Art. 3 Nr. 35 VereinhG trennte die Bestimmungen über die Untersuchung des Beschuldigten und der tatunverdächtigen Personen; dazu wurde § 81 a neu gefaßt und ein neuer § 81 c eingefügt. Durch Art. 4 Nr. 10 des 3. StRÄndG wurde Absatz 1 Satz 2 dahin geändert, daß auch Blutproben nur von einem Arzt entnommen werden dürfen.

Übersicht

Hans Dahs

I. Allgemeines

1   Unter welchen Voraussetzungen die körperliche Untersuchung des Beschuldigten zulässig ist, war bis 1933 streitig. In der Rechtsprechung wurden die Vorschriften über die Durchsuchung (§§ 102, 105) angewendet[1]. Demgegenüber wurde im Schrifttum die Ansicht vertreten, daß die Durchsuchung der Person von der Besichtigung des Körpers eines lebenden Menschen, die sich nach den Vorschriften über den Augenschein richten müsse, zu unterscheiden sei[2]. Eine dritte Meinung ging dahin, daß die körperliche Untersuchung des Beschuldigten teils als Durchsuchung, teils als Augenscheinseinnahme unbeschränkt statthaft sei[3]. Die Entnahme von Blutproben und andere körperliche Eingriffe wurden überwiegend für unzulässig gehalten (vgl. § 81 c, 1).

2   Der im Jahre 1933 eingefügte **§ 81 a entschied den Streit** über die Zulässigkeit körperlicher Untersuchungen und Eingriffe. Er bestimmt — auch in der Neufassung von 1950, aber keineswegs mit der wünschenswerten Klarheit und Schärfe[4] — die Grenzen für die Anwendung dieser Maßnahmen und schützt dadurch Person und Menschenwürde des Beschuldigten vor rechtswidrigen Übergriffen. Die Vorschrift erlaubt insbesondere Eingriffe in das durch Art. 2 Abs. 2 Satz 1 GG geschützte Recht auf körperliche Unversehrtheit und verpflichtet den Beschuldigten zur Duldung von Untersuchungen und Eingriffen, die der Aufdeckung seiner Tat und der Auffindung von Beweismitteln dienen. Der Beschuldigte muß hinnehmen, daß er mit seinem Körper als Untersuchungs-

---

[1] RGSt **14** 189; **42** 440.
[2] *Hartung* in der 19. Auflage dieses Kommentars bei § 86, 3.

[3] *Beling* 508.
[4] Vgl. jedoch *Eb. Schmidt* Nachtr. I 1.

objekt und Beweismittel im Ermittlungsverfahren gegen sich selbst benutzt, daß er als „Augenscheinsobjekt" betrachtet wird[5].

Die **Verfassungsmäßigkeit des** §81a wird insbesondere aus diesem Grunde, aber **3** auch wegen der weitgehenden Unbestimmtheit der Vorschrift, etwa hinsichtlich der zulässigen Eingriffe und der erforderlichen Stärke des Tatverdachts, im Schrifttum bezweifelt. *Sax*[6] sieht in ihr eine handgreifliche Verletzung der Unschuldsvermutung nach Art. 6 Abs. 2 MRK[7]. *Sautter*[8] hält es mit dem Gebot, die Menschenwürde des Beschuldigten zu achten (Art. 1 Abs. 1 GG), für unvereinbar, ihn als bloßes Sach- und Zweckmittel zu gebrauchen; er sieht darin eine Erniedrigung des Menschen zum rechtlosen Objekt der staatlichen Strafverfolgung. *Rosmanith* (37) meint, daß jeder über die Blutprobenentnahme hinausgehende körperliche Eingriff gegen Art. 1 Abs. 1 GG verstößt[9], will aber auch die Blutprobenentnahme wegen Verstoßes gegen den Grundsatz, daß sich der Beschuldigte nicht selbst zu belasten braucht, nicht zulassen (80). Dabei wird aber nicht genügend beachtet, daß Untersuchungen und körperliche Eingriffe häufig auch dazu dienen, entlastende Umstände zu finden, wie etwa die Untersuchung des Beschuldigten auf seinen psychischen Zustand. Ferner ist zu bedenken, daß die Strafrechtspflege zu eindeutigen, der Rechtssicherheit dienenden Grenzziehungen zwischen erlaubtem und strafbarem Verhalten vielfach nur aufgrund körperlicher Untersuchungen des Beschuldigten und Eingriffen in seinen Körper gelangen kann, z. B. bei der Bekämpfung der verkehrsrechtlichen Trunkenheitsdelinquenz. Das Bundesverfassungsgericht vertritt daher mit Recht, wenn auch mit „schwächlicher Begründung"[10] die Ansicht, elementare Bedürfnisse des Strafrechts erforderten, daß die besondere Stellung des Beschuldigten besondere Eingriffe in seine Rechte erlaubt[11]. Jedoch verlangt das Bundesverfassungsgericht eine verfassungskonforme Auslegung des §81a dahin, daß die Vorschrift nur unter besonderer Beachtung des Verhältnismäßigkeitsgrundsatzes angewendet werden darf[12]. Damit wird den Bedenken gegen die Unbestimmtheit der in der Vorschrift verwendeten Begriffe Rechnung getragen[13]. Näheres zum Verhältnismäßigkeitsgrundsatz Rdn. 28 ff.

Im **Verhältnis zu der Unterbringung nach** §81 gestattet §81a teils geringere, teils **4** weitergehende Eingriffe in die Rechte des Beschuldigten. Ein Abhängigkeitsverhältnis zwischen den beiden Vorschriften besteht nicht[14]. Nach §81 darf die körperliche Freiheit des Beschuldigten beschränkt werden; §81a erlaubt dagegen Beeinträchtigungen seiner körperlichen Unversehrtheit. Jedoch darf auch nach §81a in das Grundrecht der Unverletzlichkeit der persönlichen Freiheit des Beschuldigten (Art. 2 Abs. 2 Satz 2 GG) eingegriffen werden, soweit das zur Vornahme (Rdn. 30) und Vollziehung (Rdn. 60 ff) der Untersuchungsanordnung unbedingt erforderlich ist.

Im **Bußgeldverfahren** gilt §81a Abs. 1 Satz 2 mit der Einschränkung, daß nur die **5** Entnahme von Blutproben und andere geringfügige Eingriffe zulässig sind (§46 Abs. 4 OWiG).

---

[5] *Eser* ZStW **86** (1974) Beih. 146.
[6] In *Bettermann/Nipperdey/Scheuner* Die Grundrechte, III/2 983 ff.
[7] Hiergegen *Rosmanith* 54 ff.
[8] AcP **161** 247 ff.
[9] Dahingehend auch *Schorn* 111.
[10] *Eb. Schmidt* MDR **1970** 461.
[11] BVerfGE **16** 194 = NJW **1963** 1597.

[12] BVerfGE **16** 202 = NJW **1963** 1597; **17** 117 = NJW **1963** 2368; **27** 211 = NJW **1970** 505; KK-*Pelchen* 1; *Kleinknecht/Meyer*[37] 1.
[13] Zweifelnd jedoch insoweit *Eb. Schmidt* Nachtr. II 3.
[14] BGHSt **8** 147 = JR **1956** 68 mit Anm. *Eb. Schmidt.*

Hans Dahs

II. Beschuldigter

6   Die Maßnahmen des § 81 a sind gegen den Beschuldigten zulässig. Dazu gehört nach dem Sprachgebrauch der Strafprozeßordnung jeder, gegen den ein Ermittlungsverfahren eingeleitet, die öffentliche Klage erhoben oder das Hauptverfahren eröffnet worden ist, also auch der Angeschuldigte und der Angeklagte[15]. Beschuldigter im weiteren Sinne ist auch der rechtskräftig Verurteilte. Auch gegen ihn dürfen Untersuchungen und Eingriffe nach § 81 a angeordnet werden, etwa zur Vorbereitung der Prognoseentscheidung nach § 57 Abs. 1, § 67 d Abs. 2 Satz 1 StGB[16].

7   Die **Einleitung des Ermittlungsverfahrens** bedarf keiner besonderen Form und kann gerade darin liegen, daß gegen den Tatverdächtigen eine Maßnahme nach § 81 a angeordnet wird[17]. Dadurch wird er zum Beschuldigten. In der Praxis (Blutprobenentnahmen nach Verkehrsstraftaten oder -ordnungswidrigkeiten) kommt es sogar häufig vor, daß das Ermittlungsverfahren mit der Anordnung nach § 81 a beginnt. Die Verwendung des Begriffs Beschuldigter in § 81 a ist daher nicht etwa so zu verstehen, daß gegen den Verdächtigen bereits durch andere Anordnungen ein Ermittlungsverfahren eingeleitet sein muß. Wesentlich ist aber, daß die Anordnung nur getroffen werden darf, wenn der Verdacht einer Straftat so erheblich ist, daß überhaupt die Einleitung eines Ermittlungsverfahrens gerechtfertigt ist, wenn also ,,zureichende Anhaltspunkte" im Sinne § 152 Abs. 2 vorliegen[18]. Die Maßnahmen sind nicht zulässig, wenn durch sie erst herausgefunden werden soll, ob überhaupt ein Tatverdacht besteht. Ziel der Maßnahmen nach § 81 a darf nur sein, einen bestimmten Tatverdacht zu erhärten oder zu entkräften[19]. Bei Verkehrsunfällen ist jeder Unfallbeteiligte[20], unter Umständen auch der Beifahrer[21], tatverdächtig. Beschuldigen sich mehrere Personen gegenseitig, den Kraftwagen gefahren zu haben, so sind sie zunächst alle als Beschuldigte zu betrachten.

8   Die Verwendung des Begriffs Beschuldigter besagt nichts darüber, welche **Stärke des Tatverdachts** die Maßnahmen nach § 81 a voraussetzen. So läßt die Vorschrift zwar ihrem Wortlaut nach alle körperlichen Eingriffe schon bei dem Beschuldigten im Ermittlungsverfahren zu. Das bedeutet aber nicht, daß schwere Eingriffe ohne weiteres angeordnet werden dürfen, bevor der Tatverdacht wenigstens so stark geworden ist, daß die Anklageerhebung gerechtfertigt erscheint. Andererseits geht es nicht an, bestimmte schwere Eingriffe erst zuzulassen, wenn gegen den Beschuldigten die Anklage erhoben, er also (§ 157) Angeschuldigter geworden ist. Die Auslegung des Begriffs Beschuldigter darf nicht von dem Gewicht des Eingriffs abhängig gemacht werden[22]. Denn der Eingriff kann gerade deshalb erforderlich sein, weil geklärt werden muß, ob überhaupt eine Anklageerhebung und nicht vielmehr ein Unterbringungsantrag im Sicherungsverfahren nach §§ 413 ff in Betracht kommt. Die Lösung dieser Fragen liegt nicht in der Verwendung der Begriffe Beschuldigter, Angeschuldigter oder Angeklagter, sondern in der Beachtung des Verhältnismäßigkeitsgrundsatzes (Rdn. 28).

III. Einwilligung des Beschuldigten

9   Die Anordnung der körperlichen Untersuchung, der Entnahme von Blutproben und der Vornahme anderer **leichter Eingriffe** ist überflüssig, wenn der Beschuldigte ein-

---

[15] *Fincke* ZStW **95** (1983) 918; vgl. § 157, 2.

[16] KK-*Pelchen* 2; *Kleinknecht/Meyer*[37] 2; anders OLG Hamm NJW **1974** 914; KMR-*Paulus* 23.

[17] *Kleinknecht/Meyer*[37] 2; *Schlüchter* 168; vgl. auch § 136, 4.

[18] *Jagusch/Hentschel* 2; *Schlüchter* 168.

[19] *Geerds* GA **1965** 327.

[20] OLG Hamm DAR **1962** 131.

[21] *Kohlhaas* DAR **1956** 204.

[22] *Jagusch/Hentschel* 2; *Schlüchter* 168; *Dzendzalowski* 17.

willigt. Mit seinem Einverständnis dürfen auch körperliche Eingriffe vorgenommen werden, die nach § 81 a Abs. 1 Satz 2 nicht zulässig wären. Bei schwerwiegenden Eingriffen macht die Einwilligung des Beschuldigten aber die Anordnung des Richters nicht entbehrlich. Das gilt vor allem, wenn sich Zweifel an der Zulässigkeit des Eingriffs aus § 226 a StGB ergeben[23]. Gegen die guten Sitten verstoßen insbesondere Eingriffe, die gefährlich sind[24] oder denen die Eignung zum Beweis der festzustellenden Tatsachen fehlt[25]. Die Einwilligung kann sich auch auf die Person des Eingreifenden beziehen; so kann sich der Beschuldigte mit der Entnahme von Blutproben durch eine Krankenschwester oder einen Sanitäter einverstanden erklären[26].

Die Einwilligung muß sich **ausdrücklich** auf die Untersuchung oder den Eingriff be- **10** ziehen, dem der Beschuldigte unterzogen werden soll. Sie muß eindeutig erklärt werden und liegt daher nicht schon in der bloßen Hinnahme der Untersuchung oder des Eingriffs. Erforderlich ist vielmehr die ausdrückliche Zustimmung des Beschuldigten in Kenntnis der Sachlage[27] und des Weigerungsrechts[28]. Bei erheblichen Eingriffen muß der Beschuldigte über Bedeutung, Gefährlichkeit und Nachwirkungen aufgeklärt werden[29], und ihm muß Gelegenheit gegeben werden, sich seine Zustimmung, gegebenenfalls nach Rücksprache mit dem Verteidiger, zu überlegen[30]. Zum Einverständnis des Beschuldigten in die aktive Mitwirkung bei körperlichen Untersuchungen vgl. unten Rdn. 21.

Die Einwilligung muß auf **freiem Entschluß** beruhen. Ist sie durch Drohung oder **11** Täuschung erreicht worden, so ist sie unwirksam[31]. Die Täuschung kann auch in der Behauptung oder in der bewußten Aufrechterhaltung des Irrtums liegen, auf eine Einwilligung komme es nicht an, notfalls könne Zwang angewendet werden[32]. Der Einwilligende braucht nicht geschäftsfähig zu sein. Ausreichend, aber auch erforderlich ist, daß er genügend Verstandesreife besitzt, um Sinn und Tragweite seiner Erklärung zu begreifen. Daran kann es bei erheblicher Alkoholbeeinflussung fehlen[33]. Andernfalls ist es Sache des gesetzlichen Vertreters, die Einwilligung zu erteilen oder zu versagen (§ 81 c, 5). Die Einwilligung ist bis zum Schluß der Untersuchung frei widerruflich. Was bis zum Widerruf ermittelt worden ist, bleibt verwertbar (vgl. auch § 81 c, 6).

IV. Untersuchungszweck

Die körperliche Untersuchung des Beschuldigten und Eingriffe in seinen Körper **12** sind nur zur Feststellung von Tatsachen zulässig, die für das Verfahren von Bedeutung sind (Absatz 1 Satz 1). Die Beschränkung des Untersuchungszwecks auf das Auffinden von Spuren oder Folgen der Tat, wie sie § 81 c Abs. 1 Satz 1 für die Untersuchung tatun-

---

[23] BVerfGE **27** 219 = NJW **1970** 505; KK-Pelchen 3; *Kleinknecht/Meyer*[37] 3; KMR-*Paulus* 12.
[24] *Löffler* NJW **1951** 822; *Ostertag/Sternsdorff* NJW **1977** 1482.
[25] KMR-*Paulus* 13.
[26] BayObLGSt **1964** 158 = NJW **1965** 1088; OLG Bremen VRS **36** 182; OLG Oldenburg NJW **1955** 683; *Kohlhaas* DAR **1956** 203; **1973** 10; JR **1966** 188; *Eb. Schmidt* MDR **1970** 465; *Jessnitzer* 210.
[27] *Kohlhaas* DAR **1956** 203; **1973** 13.
[28] Vgl. BGH NJW **1964** 1177; *Kohlhaas* DAR

1973 12; *Peters* JR **1969** 233; *Rogall*. Der Beschuldigte als Beweismittel gegen sich selbst (1977) 192.
[29] KK-*Pelchen* 3; *Kleinknecht/Meyer*[37] 4; *Eb. Schmidt* Nachtr. I 16; KMR-*Paulus* 13; *Kohlhaas* NJW **1968** 2277.
[30] BGH VRS **29** 203.
[31] OLG Bremen VRS **36** 182; KK-*Pelchen* 3; KMR-*Paulus* 13; *Kohlhaas* DAR **1973** 10.
[32] BGH VRS **29** 204.
[33] *Dahs sen./Wimmer* NJW **1960** 2220; *Eb. Schmidt* NJW **1962** 666.

Hans Dahs

verdächtiger Personen enthält, gilt für die Untersuchung des Beschuldigten nicht. Auch er darf aber nur untersucht werden, wenn konkrete Anhaltspunkte dafür bestehen, daß dadurch für das Verfahren bedeutsame Tatsachen festgestellt werden. Im menschlichen Körper darf nicht aufs Geratewohl geforscht werden[34]. Eine Beobachtung des Geisteszustandes, die nicht aufgrund körperlicher Mängel angeordnet wird und die nicht zu körperlichen Untersuchungen führt, fällt dagegen nicht unter § 81 a[35].

13   Zu den Tatsachen, die für das Verfahren **von Bedeutung** sind, gehören vor allem diejenigen, die zum, wenn auch nur mittelbaren[36], Beweis der Straftat, der Täterschaft und Schuld des Beschuldigten dienen oder für die Ahndung der Tat erheblich sind. Es kann sich also um Tatsachen handeln, die für die Verurteilung, die Freisprechung oder die Einstellung des Verfahrens, die Strafbemessung, die Anordnung von Maßregeln der Besserung und Sicherung, etwa die Gemeingefährlichkeit nach §§ 63, 66 StGB oder die körperliche oder geistige Eignung nach § 69 StGB, oder sonstige Rechtsfolgen der Tat bedeutsam sind. Tatsachen dieser Art sind die Beschaffenheit des Körpers und seiner Bestandteile, des Blutes, des Magensaftes, und das Vorhandensein von Fremdkörpern, die im Körper des Beschuldigten aufgefunden werden und als Beweismittel dienen können oder dem Verfall oder der Einziehung unterliegen[37], insbesondere auch der psychische Zustand des Beschuldigten. Die körperliche Untersuchung des Beschuldigten zur Beurteilung seiner Glaubwürdigkeit ist grundsätzlich unzulässig[38]; ohne seine freiwillige Mitwirkung ließe sie sich auf gesetzmäßige Weise (§ 136 a) ohnehin nicht durchführen. Nur wenn es darum geht, Behauptungen des Beschuldigten über körperliche Zustände zu bestätigen oder zu widerlegen, darf auch eine Untersuchung angeordnet werden, die darauf hinausläuft, seine Glaubwürdigkeit zu erforschen.

14   Die Untersuchung ist ferner zulässig, wenn die **Verhandlungsfähigkeit** des Beschuldigten als Voraussetzung für das Strafverfahren oder seine Verhandlungsunfähigkeit als Voraussetzung für eine Verhandlung in seiner Abwesenheit (§ 231 a) oder nach § 71 StGB für das Sicherungsverfahren nach §§ 413 ff geklärt werden soll[39]. Auch die Reisefähigkeit des Beschuldigten darf durch eine Untersuchung nach § 81 a festgestellt werden[40].

V. Einfache körperliche Untersuchung

15   **1. Allgemeines.** Die Untersuchung, die nicht notwendig von einem Arzt vorgenommen werden muß, besteht darin, die vom Willen des zu Untersuchenden unabhängige Beschaffenheit des Körpers oder einzelner Körperteile, insbesondere auch das Vorhandensein von Fremdkörpern im Körperinneren, mittels sinnlicher Wahrnehmung[41] oder den psychischen Zustand des Beschuldigten ohne körperliche Eingriffe festzustellen. Dazu gehört eine Prüfung der Arbeitsweise des Gehirns und der psychischen Funktionen, die körperlich bedingt sind[42]. Zu den Untersuchungen mittels körperlicher Eingriffe vgl. unten Rdn. 23 ff.

---

[34] KMR-*Paulus* 24; *Eb. Schmidt* Nachtr. I 10; *K. Müller* 268.

[35] OLG Bamberg MDR **1984** 602.

[36] KK-*Pelchen* 5; KMR-*Paulus* 24; *Kleinknecht/Meyer*[37] 6; *K. Müller* 268.

[37] BGHSt **5** 336; *Eb. Schmidt* Nachtr. I 5; *Schlüchter* 169.

[38] *Dzendzalowski* 20.

[39] Vgl. BVerfGE **27** 219 = NJW **1970** 506; BayObLGSt **1956** 187 = NJW **1957** 272 =

JR **1957** 110 mit Anm. *Eb. Schmidt*; OLG Celle NJW **1971** 257; OLG Schleswig NStZ **1982** 81; KK-*Pelchen* 5; *Kleinknecht/Meyer*[37] 6; *Schlüchter* 169; *Kaiser* NJW **1968** 186.

[40] *Kleinknecht/Meyer*[37] 3; KK-*Pelchen* 5; KMR-*Paulus* 24.

[41] *Eb. Schmidt* NJW **1962** 664.

[42] OLG Hamm NJW **1974** 713; *Kleinknecht/Meyer*[37] 9; KMR-*Paulus* 4.

2. Abgrenzung zur körperlichen Durchsuchung nach §102. Die körperliche Unter- **16** suchung nach §81 a unterscheidet sich von der körperlichen Durchsuchung nach §102 durch den Zweck, der mit ihr verfolgt wird[43]. Untersuchung nach §81 a ist jede Besichtigung des ganz oder teilweise unbekleideten Körpers, auch von Körperteilen, die normalerweise unbekleidet sind, mit dem Ziel, sich von dessen Beschaffenheit zu unterrichten. Dazu gehört insbesondere die Augenscheinseinnahme der Körperoberfläche zwecks Auffindens bestimmter Körpermerkmale (Warzen, Leberflecke, Muttermale, Tätowierungen) oder Tatspuren (Kratz- und Injektionsspuren, Blutspritzer auf der Haut, Blut oder Hautfetzen unter den Fingernägeln), sofern es sich nicht um Auffälligkeiten handelt, die sich offen darbieten, wie z. B. eine gut sichtbare Narbe an der Hand, und die daher bei der Vernehmung des Beschuldigten als deren Teil ohne weiteres wahrgenommen werden können (§86, 21). Die körperliche Durchsuchung nach §102 dient hingegen dem Zweck, Gegenstände zu finden, die in oder unter der Kleidung (vgl. §71 Abs. 3 Satz 1 ZollG), auch auf der Körperoberfläche (z. B. mit Heftpflaster befestigte Sachen) und in den natürlichen Körperöffnungen (Mund, Scheide, After) versteckt sind (§102, 34)[44]. Die Suche nach verschluckten oder sonst im Körperinneren befindlichen Gegenständen ist stets eine körperliche Untersuchung nach §81 a[45]. Praktische Bedeutung hat die Unterscheidung kaum. Denn weder die Voraussetzungen für die Durchsuchung nach §102 noch die Zuständigkeiten nach §105 sind von denen nach §81 a wesentlich verschieden. Die Ansicht, eine scharfe begriffliche Trennung sei notwendig, weil §81 d das weibliche Schamgefühl nur bei der Untersuchung nach §81 a, nicht aber bei der Durchsuchung nach §102 schütze[46], ist im Ausgangspunkt unrichtig. §81 d gilt ganz allgemein, insbesondere auch bei der Personendurchsuchung (§81 d, 2; §102, 34).

3. Duldungspflicht. Der Beschuldigte ist verpflichtet, die Untersuchung zu dul- **17** den, d. h. passiv hinzunehmen. Zu einem aktiven Tun darf er nicht gezwungen werden, auch wenn es bei Untersuchungen der jeweiligen Art üblich ist und für sie förderlich wäre. Das gilt aber nicht für selbstverständliche Vorbereitungen für die angeordnete Untersuchung oder den angeordneten Eingriff. Der Beschuldigte ist daher verpflichtet, sich für die Untersuchung zu entkleiden, die für die Untersuchung erforderliche Körperhaltung einzunehmen und für die Blutprobenentnahme den Ärmel aufzukrempeln[47]. Im einzelnen braucht der Beschuldigte

a) keine **Fragen** des Untersuchenden zu beantworten[48]; **18**

b) sich keinen **Prüfungen** zu unterziehen[49], insbesondere nicht einem Hirnlei- **19**

---

[43] *Kleinknecht/Meyer*[37] 9; **a. A** *Rüping* 79, der das Mittel der Durchsuchung als Unterscheidungsmerkmal ansieht.

[44] *Kleinknecht/Meyer*[37] § 102, 9; KK-*Pelchen* § 102, 9; *Schlüchter* 170; *Roxin*[19] § 33 A II 1; *Hoffmann* Polizei **1969** 13; *Kohlhaas* Körperliche Untersuchung 34; **a. A** *Eb. Schmidt* Nachtr. I 12, 13; *Peters*[4] 329 f; *Dzendzalowski* 16, die nur die Durchsuchung der Kleidung als körperliche Durchsuchung im Sinne des § 102 ansehen.

[45] *Kleinknecht/Meyer*[37] 9; vgl. auch *Schlüchter* 170.

[46] So *Eb. Schmidt* Nachtr. I 4.

[47] LG Düsseldorf NJW **1973** 1931.

[48] OLG Hamm NJW **1974** 713; KK-*Pelchen* 4; *Kleinknecht/Meyer*[37] 11; *Dahs* Hdb. 322; *Dahs sen./Wimmer* NJW **1960** 2218; *Eb. Schmidt* NJW **1962** 664.

[49] *Eb. Schmidt* Nachtr. I 9 und NJW **1962** 664; KK-*Pelchen* 4; *Jagusch/Hentschel* 4; **a. A** *Kaiser* NJW **1964** 581; unklar OLG Köln NJW **1962** 692 = VRS **22** 149.

Hans Dahs

stungstest[50] und einem Alkoholtest (Alcotest), d. h. dem Blasen in einen Beutel durch ein Röhrchen oder in ein anderes Testgerät zur Prüfung der Atemluft[51];

20   c) keine **sonstigen Tätigkeiten** vorzunehmen wie das Trinken von Alkohol zum Zweck eines Trinkversuchs[52], Gehproben, Kniebeugen, Armausstrecken[53] oder sich zwecks Feststellung des Drehnachnystagmus mehrmals herumzudrehen[54].

21   Derartige Handlungen kann der Beschuldigte aber **freiwillig** vornehmen, wobei eine besondere Belehrung über die Freiwilligkeit erforderlich ist[55], wenn es sich nicht um eine Mitwirkung handelt, die der Arzt üblicherweise bei der Untersuchung von seinen Patienten fordert und zu fordern berechtigt ist[56]. Tests bei der Blutprobenentnahme, wie Fingerprobe, Sichdrehen, Rombergtest, können regelmäßig ohne besondere Belehrung verlangt werden[57]. Die etwa erforderliche Belehrung über die Freiwilligkeit der Mitwirkung hat das Strafverfolgungsorgan zu erteilen, das die Untersuchung angeordnet hat; der Arzt ist dafür nicht zuständig[58], muß aber von einer Untersuchung, die die Mitwirkung des Beschuldigten fordert, absehen, wenn er erkennt, daß dieser irrtümlich glaubt, er sei zur Mitwirkung verpflichtet. Steht der Beschuldigte ersichtlich so unter Alkoholeinfluß, daß die Freiheit seiner Willensentscheidung, aktiv an der Untersuchung mitzuwirken, ausgeschlossen erscheint, so darf er zu der Mitwirkung, die dann aber auch entbehrlich sein wird, nicht veranlaßt werden[59]. Das gilt aber nicht schon bei jeder alkoholischen Beeinflussung[60].

VI. Körperliche Eingriffe

22   **1. Allgemeines.** Ein körperlicher Eingriff liegt vor, wenn natürliche Körperbestandteile wie Blut, Liquor, Samen, Urin entnommen, wenn dem Körper Stoffe zugeführt werden oder wenn sonst in das haut- und muskelumschlossene Innere des Körpers eingegriffen wird[61]. Dazu gehören nicht die natürlichen Körperöffnungen (Mund, Scheide, After); ihre Untersuchung auf Fremdkörper ist eine einfache körperliche Un-

[50] OLG Hamm NJW **1974** 713.
[51] BGH VRS **39** 185; BayObLGSt **1963** 16 = DAR **1963** 221 = NJW **1963** 772 = VRS **24** 383; BayObLGSt **1964** 34 = GA **1964** 310 = VRS **27** 190; OLG Schleswig VRS **30** 345 = SchlHA **1966** 43 mit Anm. *Naucke*; OLG Stuttgart Justiz **1971** 30; *Kleinknecht/Meyer*[37] 11; KMR-*Paulus* 17; *Kleinknecht* NJW **1964** 2187; *Roxin*[19] § 33 A II 1; *Schlüchter* 179.1; *Kohlhaas* DAR **1968** 71; *Dingeldey* JA **1984** 412; *Kühne* 238; *Jagusch/Hentschel* 4; *K. Müller* 271; *Jessnitzer* 209; *G. Schäfer*[4] § 36 III 1.
[52] BGH VRS **29** 203; OLG Hamm VRS **34** 289; LG Bremen NJW **1968** 208; LG Karlsruhe DAR **1959** 246; KK-*Pelchen* 4; *Kleinknecht/Meyer*[37] 11; *Jessnitzer* 208.
[53] OLG Hamm NJW **1967** 1524; *Jessnitzer* 208; *Dahs sen./Wimmer* NJW **1960** 2220; a. A *K. Müller* 271.
[54] *Jagusch/Hentschel* 4; *Klinkhammer/Stürmann* DAR **1968** 44.

[55] *Kleinknecht/Meyer*[37] 12; *Jagusch/Hentschel* 3.
[56] Vgl. OLG Köln NJW **1962** 692 = VRS **22** 150; *Kleinknecht/Meyer*[37] 12; *Schlüchter* 179.2; *K. Müller* 271; *Eb. Schmidt* NJW **1962** 665; *Messmer* DAR **1966** 153.
[57] OLG Hamm NJW **1967** 1524; **1968** 1203; *Kleinknecht* NJW **1964** 2187; *Messmer* DAR **1966** 153; a. A *Maase* DAR **1966** 44, der unter allen Umständen eine Belehrung nach § 136 Abs. 1, § 163 a Abs. 4 fordert.
[58] OLG Hamm NJW **1967** 1524; Blutalkohol **1980** 171; *Geppert* DAR **1980** 319; *Jagusch/Hentschel* 3; *Maase* DAR **1966** 44; *Messmer* DAR **1966** 153.
[59] *Dahs sen./Wimmer* NJW **1960** 2220.
[60] *Händel* Blutalkohol **1961** 39; *Eb. Schmidt* NJW **1962** 666.
[61] KK-*Pelchen* 6; *Kleinknecht/Meyer*[37] 15; *Schlüchter* 170; KMR-*Paulus* 6; *Dzendzalowski* 15.

tersuchung (Rdn. 16). Entsprechendes gilt für das Herausnehmen einer beweglichen Zahnprothese.

Körperlicher Eingriff, der nur von einem Arzt vorgenommen werden darf, ist ins- **23** besondere alles, was zu einer noch so geringfügigen **Verletzung des Körpers** führt. Das folgt daraus, daß das Gesetz sogar die harmlose und ungefährliche Entnahme von Blutproben zu den Eingriffen zählt, die dem Arzt vorbehalten sind. Ob die Untersuchung Schmerzen verursacht, ist nicht entscheidend; was als eine einfache körperliche Untersuchung beginnt, wird nicht dadurch zum körperlichen Eingriff, daß Schmerzen entstehen[62]. Auch die Benutzung von ärztlichen Instrumenten und Apparaten ist kein Unterscheidungsmerkmal (a. A LR-*Sarstedt*[22] 3). Blutdruckmessung, Elektrokardiographie und Hirnstromuntersuchung werden unter Verwendung von Apparaten und Geräten vorgenommen, sind aber gleichwohl nur einfache Untersuchungen, die üblicherweise durch ärztliches Hilfspersonal vorgenommen werden. Anders ist es bei der Entfernung von Fremdkörpern aus den natürlichen Körperöffnungen, soweit sie sich nicht offenkundig im Bereich der äußeren Peripherie des Körpers befinden. Das Eindringen in das Körperinnere über die natürlichen Körperöffnungen, das regelmäßig mit Instrumenten geschieht, ist wegen der Eindringtiefe und der **Verletzungsgefahr** ein körperlicher Eingriff[63], der auch außerhalb eines Ermittlungsverfahrens praktisch ausschließlich dem Arzt vorbehalten ist (a. A LR-*Meyer*[23] 23). Röntgenaufnahmen und -durchleuchtungen zählen zu den körperlichen Eingriffen, aber nicht wegen der Verwendung des Geräts, sondern weil der Körper einer Bestrahlung ausgesetzt wird, die gefährlich werden kann.

Körperliche Eingriffe sind nur **zulässig**, wenn sie dem Untersuchungszweck (Rdn. **24** 12 ff) dienen, den körperlichen Zustand des Beschuldigten erkennbar zu machen oder Gegenstände, die in den Körper geraten sind und als Beweismittel oder Verfalls- und Einziehungsgegenstände in Betracht kommen, zutage zu fördern[64]. Es ist nicht erlaubt, körperliche Eingriffe zu dem Zweck vorzunehmen, den seelischen Zustand des Beschuldigten, wenn auch nur vorübergehend für Untersuchungszwecke, zu verändern[65]. Daß Hypnose, Elektroschock und Narkoanalyse zur Herbeiführung von Aussagen verboten sind, folgt aus § 136 a (vgl. § 136 a, 25 und 45). Auch zu rein diagnostischen Zwecken dürfen diese Mittel selbst mit Einwilligung des Beschuldigten nicht angewendet werden[66].

Körperliche Eingriffe sind ferner zulässig, wenn sie nach den Regeln ärztlicher **25** Kunst **üblicherweise** zu Untersuchungszwecken vorgenommen zu werden pflegen[67]. Neuartige Untersuchungsmethoden, für deren Durchführung sich noch keine allgemein anerkannten Regeln der ärztlichen Kunst herausgebildet haben, dürfen nicht angewendet werden. Experimente am oder mit dem Körper des Beschuldigten sind verboten. Ob die körperlichen Eingriffe nach dem Gesetz oder nach der Spruchpraxis der Sozialgerichte duldungspflichtig sind, ist ohne Bedeutung[68]. Auf Zumutbarkeit kommt es, anders als bei Nichttatverdächtigen (§ 81 c Abs. 4), nicht an. Die Beachtung des Verhält-

---

[62] *Dzendzalowski* 15; *Kohlhaas* Körperliche Untersuchung 34; *Kleinknecht/Meyer*[37] 15; *Schlüchter* 170; KMR-*Paulus* 6.

[63] LG Trier NJW **1987** 722; *Solbach* MedR. **1987** 80 ff; a. A. *Dzendzalowski* 55.

[64] *Eb. Schmidt* SJZ **1949** 452.

[65] *Eb. Schmidt* Nachtr. I 7 und SJZ **1949** 452; *Becker* JR **1953** 453.

[66] *Kleinknecht/Meyer*[37] 16; KMR-*Paulus* 6; *Löffler* NJW **1951** 822; *Siegert* DRiZ **1953** 99.

[67] BGHSt **8** 148; BayObLGSt **1956** 186 = NJW **1957** 274; OLG Celle MDR **1956** 695; KK-*Pelchen* 6; *Kleinknecht/Meyer*[37] 16.

[68] *Löffler* NJW **1951** 822.

nismäßigkeitsgrundsatzes (Rdn. 28) wird aber regelmäßig dazu führen, daß unzumutbare Eingriffe auch unzulässig sind[69].

26   **2. Nachteile für die Gesundheit** dürfen durch den Eingriff nicht zu befürchten sein. Die Art des Eingriffs ist dabei nicht allein entscheidend; es kommt auch auf den Gesundheitszustand des Beschuldigten an[70]. Ein Nachteil für die Gesundheit liegt vor, wenn eine dauernde, mindestens aber erheblich über die Untersuchungsdauer hinauswirkende Beeinträchtigung des körperlichen Wohlbefindens eintritt[71]. Schmerzen und andere vorübergehende Unannehmlichkeiten sind allein kein Nachteil für die Gesundheit[72]. Das gleiche gilt für Angstzustände[73] und nachträgliche seelische Beeinträchtigungen[74]. Der Nachteil ist zu „besorgen", wenn er mit einer gewissen Wahrscheinlichkeit eintreten wird; sicher muß das nicht sein[75]. Erforderlichenfalls muß die Gefahr gesundheitlicher Nachteile aufgrund einer sachverständigen Beratung geprüft werden[76]. Ob die Besorgnis begründet ist, entscheidet aber allein der Richter, nicht der Arzt[77]. Allerdings wird man keinen Arzt zwingen können, einen Eingriff vorzunehmen, den er wegen der Gefahr für die Gesundheit des Beschuldigten nicht verantworten zu können glaubt[78].

3. Verhältnismäßigkeit

27   **a) Tatverdacht.** Nach dem Wortlaut des § 81 a Abs. 1 Satz 2 hängt die Zulässigkeit körperlicher Eingriffe nicht davon ab, daß ein bestimmter Grad von Tatverdacht besteht. Die Beachtung des Verhältnismäßigkeitsgrundsatzes, die bei der verfassungskonformen Auslegung der Vorschrift erforderlich ist (Rdn. 3), muß aber dazu führen, daß jeweils geprüft wird, ob der Tatverdacht so erheblich ist, daß er die Maßnahme rechtfertigt[79]. Dabei muß der Tatverdacht um so stärker sein, je schwerer der Eingriff in die körperliche Unversehrtheit des Beschuldigten ist. Die Blutprobenentnahme darf bereits angeordnet werden, wenn der zur Einleitung des Ermittlungsverfahrens ausreichende Anfangsverdacht (§ 152, 21 ff) besteht. Andere Eingriffe schwerwiegender Art, etwa die Liquorentnahme, setzen einen weitaus stärkeren Tatverdacht voraus, der mindestens so dringend sein muß, daß er den Erlaß eines Haftbefehls rechtfertigen würde, wenn ein Haftgrund nach § 112 Abs. 2 bestünde. Läßt er sich den Akten nicht entnehmen, so kann es erforderlich sein, weitere Beweise zu erheben[80]. Dabei kommt es auf den Verfahrensstand nicht an. Bestehen bereits im Ermittlungsverfahren keine ernsthaften Zweifel an der Täterschaft des Beschuldigten, so dürfen auch schwere Eingriffe, etwa zur Prüfung der Frage, ob Anklage zu erheben oder ein Unterbringungsantrag nach § 413 zu stellen ist, angeordnet werden. Dagegen sind schwerwiegende Eingriffe selbst nach Eröffnung des Hauptverfahrens unzulässig, wenn der Tatverdacht nur gering ist. Es ist im Einzelfall zu entscheiden, ob das Gewicht des Eingriffs so erheblich ist,

---

[69] *Eb. Schmidt* Nachtr. I 15.
[70] *Kleinknecht/Meyer*[37] 17; *Kohlhaas* NJW **1968** 2277.
[71] *Kleinknecht/Meyer*[37] 17; KMR-*Paulus* 26; *K. Müller* 269.
[72] *Schlüchter* 174; *Löffler* NJW **1951** 822.
[73] Anders *Bremer* 169.
[74] Anders KMR-*Paulus* 26; *Krumme/Sanders/Mayr* § 81 a C III 3.
[75] OLG Nürnberg BayJMBl. **1960** 36; *K. Müller* 269; *Löffler* NJW **1951** 822.

[76] BGHSt **8** 148; KK-*Pelchen* 6; *Kleinknecht/Meyer*[37] 17; *Bresser* NJW **1961** 251.
[77] *Löffler* NJW **1951** 822.
[78] So mit Recht *Kohlhaas* NJW **1968** 2278.
[79] BVerfGE **16** 202 = NJW **1963** 1597; BVerfGE **17** 117 = NJW **1963** 2370.
[80] BVerfGE **17** 119 = NJW **1963** 2370; KMR-*Paulus* 26.

daß vor seiner Anordnung zunächst die Beweisaufnahme in der Hauptverhandlung durchgeführt werden muß, um zu klären, ob ein strafbarer Tatbestand erwiesen ist (vgl. § 81, 11)[81].

b) Übermaßverbot. Der Grundsatz der Verhältnismäßigkeit fordert vor allem, **28** daß die Maßnahme nur angeordnet wird, wenn sie unerläßlich ist und in angemessenem Verhältnis zur Schwere der Tat steht, die aufzuklären und zu ahnden ist[82]. Schwere körperliche Eingriffe dürfen daher nur angeordnet werden, wenn die Tat auf andere Weise nicht aufgeklärt werden kann. Zunächst muß stets eine einfache Untersuchung vorgenommen werden[83]. Die Blutprobenentnahme ist nicht deshalb unverhältnismäßig, weil die Blutalkoholkonzentration durch Atemalkohol-Testgeräte ermittelt werden könnte[84]. Da diese Geräte bisher nicht vergleichbar zuverlässig sind, muß es — vorerst — beim körperlichen Eingriff bleiben[85]. Blutprobenentnahmen und andere leichte körperliche Eingriffe, die § 46 Abs. 4 OWiG sogar zur Aufklärung von Ordnungswidrigkeiten zuläßt, können angeordnet werden, auch wenn die Tat, deren der Beschuldigte verdächtig ist, nur leicht wiegt. Der Verdacht einer Übertretung i. S des früheren Rechts wurde als ausreichend angesehen[86]. Körperliche Eingriffe anderer Art setzen voraus, daß der Verdacht einer schwerwiegenden Straftat besteht[87]. In jedem Fall müssen die Tatsachen, die es aufzuklären gilt, schwerer wiegen als die Rücksicht auf die körperliche Unversehrtheit des Beschuldigten.

4. Unterbringung zur Eingriffsvornahme. Zum körperlichen Eingriff gehört die **29** fachgerechte Vorbereitung und die notwendige Nachbehandlung[88]. Beides läßt sich nicht immer ambulant durchführen. Obwohl § 81 a Abs. 1 grundsätzlich nur Eingriffe in die körperliche Unversehrtheit, nicht in die Freiheit, rechtfertigt (oben Rdn. 4), muß es daher zulässig sein, zugleich mit der Anordnung eines körperlichen Eingriffs, für dessen Vornahme ein stationärer Krankenhausaufenthalt erforderlich ist, die Anordnung zu treffen, daß der Beschuldigte sich für mehrere Tage in ein Krankenhaus zu begeben hat[89]. Auch eine stationäre Untersuchung zur Klärung der Verhandlungsfähigkeit ist nicht ausgeschlossen[90]. Wie lange der Krankenhausaufenthalt dauern darf, ist eine

[81] BVerfGE **17** 119; a. A LR-*Meyer*[23] 27; *Kleinknecht/Meyer*[37] 18.

[82] BVerfGE **16** 202 = NJW **1963** 1597; BVerfGE **17** 117 = NJW **1963** 2370; BayObLGSt **1956** 186 = NJW **1957** 274; BayObLGSt **1963** 214 = NJW **1964** 460; OLG Celle MDR **1956** 695; OLG Hamm NJW **1960** 1400; LG Göttingen MDR **1952** 629; KK-*Pelchen* 1; *Kleinknecht/Meyer*[37] 18; KMR-*Paulus* 26; *Peters*[4] 328; *Roxin*[19] § 33 A II 4 a; *Schlüchter* 172; *Eb. Schmidt* Nachtr. I 15; *Jessnitzer* 206; *Kohlhaas* NJW **1968** 2277; *K. Müller* 269.

[83] OLG Hamm NJW **1960** 1402; **1971** 1904.

[84] So *Arbab-Zadeh* NJW **1984** 2615.

[85] OLG Köln NStZ **1986** 234; *Hentschel* NJW **1985** 1318; *Gröhn/Schultek/Pribilla* Blutalkohol **1983** 356; *Grüner* 39; *Grüner/Penners* NJW **1985** 1377.

[86] BayObLGSt **1963** 15 = DAR **1963** 221 = NJW **1963** 772; BayObLGSt **1963** 213 =

NJW **1964** 460 = JR **1964** 149 mit Anm. *Dünnebier* = JZ **1964** 625 mit Anm. *Tiedemann*; OLG Schleswig NJW **1964** 2215; VRS **30** 345 = SchlHA **1966** 43 mit Anm. *Naucke*.

[87] BVerfGE **16** 194 = NJW **1963** 1598; OLG Hamm NJW **1960** 1401.

[88] KMR-*Paulus* 42.

[89] BayObLGSt **1956** 186 = NJW **1957** 273 = JR **1957** 110 mit abl. Anm. *Eb. Schmidt*; OLG Frankfurt MDR **1979** 694; *Kleinknecht/Meyer*[37] 24; KMR-*Paulus* 42; *Jessnitzer* 207; *K. Müller* 271; *Genzel* NJW **1969** 1563; *Löffler* NJW **1951** 823; a. A *Eb. Schmidt* Nachtr. I 19 und NJW **1962** 664; *Maunz/Dürig/Herzog* Art. 2 Abs. 2 GG, 51; *Baumann* FS Eb. Schmidt **1961** 539; vgl. auch *Peters* Blutalkohol **1964** 241; *Schlüchter* 179.4.

[90] OLG Celle NJW **1971** 257; *Kleinknecht/ Meyer*[37] 24; *Seetzen* DRiZ **1974** 260.

Hans Dahs

Frage des Einzelfalles[91]; mehr als vier oder fünf Tage werden nicht in Betracht kommen[92]. Der Anordnung steht nicht entgegen, daß der Beschuldigte sich freiwillig bereit erklärt hat, sich stationär untersuchen zu lassen[93].

30   **5. Vornahme des Eingriffs durch einen Arzt.** Blutprobenentnahmen und andere körperliche Eingriffe dürfen nach § 81 a Abs. 1 Satz 2 nur von einem Arzt vorgenommen werden. Darüber hinaus ist der Arztvorbehalt auch auf solche Untersuchungen zu erstrecken, die zwar keine körperlichen Eingriffe im Sinne des § 81 a Abs. 1 Satz 2 sind (Rdn. 22), die aber üblicherweise von einem Arzt vorgenommen werden, z. B. die Inspektion der natürlichen Körperöffnungen. Es genügt nicht, daß die Regeln der ärztlichen Kunst beachtet werden. Medizinisch-technische Assistentinnen, Medizinstudenten im Praktikum, Sanitäter und Krankenschwestern sind daher zu körperlichen Eingriffen nicht befugt[94]. Einen grundgesetzlich geschützten Anspruch darauf, daß Blutprobenentnahmen nur von einem Arzt vorgenommen werden, hat der Beschuldigte jedoch nicht[95]. Die Frage, ob Untersuchungsergebnisse verwertet werden dürfen, wenn der Eingriff nicht von einem Arzt vorgenommen worden ist, wird unter Rdn. 77 erörtert.

31   Bestimmte Eingriffe, die besonders **gefährlich** sind, dürfen nur von einem Facharzt ausgeführt werden[96]. Das gilt vor allem für die Liquorentnahme (Rdn. 40) und die Pneumencephalographie (Rdn. 47).

32   Der Arzt, der den Eingriff vornimmt, ist **Sachverständiger,** auch wenn er nur eine Blutprobe entnimmt[97]. Ob er zum Tätigwerden verpflichtet ist, bestimmt sich daher nach § 75. Auf polizeiliches Ersuchen brauchen Privatärzte nicht tätig zu werden[98]. Die Frage, ob der Arzt über die Wahrnehmungen, die er bei der Blutprobenentnahme aufgrund seiner Sachkunde gemacht hat, als Sachverständiger oder als sachverständiger Zeuge zu vernehmen ist, ist bei § 85, 14 erörtert. Ärztliche Berichte zur Entnahme von Blutproben dürfen nach § 256 Abs. 1 Satz 2 in der Hauptverhandlung verlesen werden.

VII. Einzelne Untersuchungen und Eingriffe

33   **1. Angiographie** (Arteriographie), insbesondere cerebrale Angiographie. Der Eingriff besteht darin, daß ein Kontrastmittel in die Halsschlagader injiziert wird; anschließend werden Röntgenaufnahmen des Gehirns hergestellt. Ernsthafte Nachwirkungen können nicht ausgeschlossen werden. Trotz seines diagnostischen Werts wird der gefährliche Eingriff daher zwangsweise nicht vorgenommen werden dürfen[99].

34   **2. Blutprobenentnahme.** Dieser Eingriff ist der häufigste Anwendungsfall des § 81 a. Er dient meist der Ermittlung des Blutalkoholgehalts zur Feststellung der Fahrtüchtigkeit (§§ 315 a, 315 c, 316 StGB), der Schuldfähigkeit (§§ 20, 21 StGB) oder

---

[91] KMR-*Paulus* 42.

[92] *Jessnitzer* 207; *Kleinknecht/Meyer*[37] 24; BayObLGSt **1956** 186 = NJW **1957** 273 hielt aber sogar 14 Tage für zulässig.

[93] OLG Celle NJW **1971** 257.

[94] Zur früheren Streitfrage, ob Medizinalassistenten befugt sind, vgl. LR-*Meyer*[23] 30 mit Nachw.

[95] BVerfG – 1 BvR 403/69 v. 14. 11. 1969 bei *Jessnitzer* MDR **1970** 798; **a. A** *von Münch/Niemöhlmann* Art. 2, 50; *Schellhammer* NJW **1972** 320.

[96] *Schlüchter* 175.

[97] *Jessnitzer* 209 und Blutalkohol **1968** 186; **1970** 438; *Kohlhaas* NJW **1968** 2277; *Messmer* DAR **1966** 153; *Roxin*[19] § 33 II 4 b; **a. A** *Hiendl* NJW **1958** 2100.

[98] BayObLGSt **1963** 214 = NJW **1964** 460; *Hiendl* NJW **1958** 2100; *Händel* Blutalkohol **1977** 196; *Jagusch/Hentschel* 4; *Jessnitzer* 210; *Kohlhaas* DAR **1956** 201; **1973** 11.

[99] *Kleinknecht/Meyer*[37] 21; *Dzendzalowski* 10; *Kuhlmann* NJW **1976** 351; *Schlüchter* 174 Fußn. 32.

der Zuwiderhandlung gegen das 0,8-Promille-Gesetz (§ 24 a StVG). Blutuntersuchungen sind jedoch auch zu anderen Zwecken, insbesondere für Vaterschaftsnachweise, erforderlich. Früher wurde die Blutprobe nach der Kapillarmethode durch einen Einstich in die Fingerbeere oder in das Ohrläppchen gewonnen[100]. Davon ist man wegen der Gefährlichkeit und Unzuverlässigkeit dieser Methode abgekommen. Heute wird das Blut mittels einer Kollarvenüle, mit oder ohne Zusatz, einer Vene, in der Regel der Ellenbeugenvene, entnommen[101]. Der Eingriff ist, wenn er sachgemäß vorgenommen wird, nahezu schmerzlos und kann allenfalls einem Bluter gefährlich werden[102]. Gleichwohl handelt es sich aber um einen Eingriff in die körperliche Unversehrtheit des Beschuldigten im Sinne des Art. 2 Abs. 2 Satz 1 GG[103].

Über die Feststellung von Alkohol im Blut bei Straftaten und Ordnungswidrigkeiten haben die obersten Landesbehörden bundeseinheitliche **Verwaltungsvorschriften** erlassen[104]. **35**

3. Elektroencephalographie (Hirnstromuntersuchung — EEG) ist kein körperlicher Eingriff[105], sondern eine einfache Untersuchung mittels eines Geräts, das die Potentialschwankungen der menschlichen Gehirnrinde mißt und aufzeichnet. In die Substanz des Körpers wird nicht eingegriffen; auf die Kopfhaut werden lediglich Kontaktklemmen aufgedrückt. Die Untersuchung verursacht keine Schmerzen und hat keine Nachwirkungen[106]. **36**

4. Elektrokardiographie (EKG) zur Prüfung der Herztätigkeit ist eine körperliche Untersuchung, kein Eingriff. Sie ist harmlos, schmerzlos und ohne Nachwirkungen. Der Beschuldigte ist jedoch nicht verpflichtet, an den üblichen Belastungstests mitzuwirken[107]. **37**

5. Die **Gegenüberstellung**, bei der der Beschuldigte allein (Einzelgegenüberstellung) oder in Begleitung von Vergleichspersonen (Wahlgegenüberstellung) zum Zwecke des Wiedererkennens Zeugen vorgeführt wird, ist eine körperliche Untersuchung im Sinne des § 81 a Abs. 1 Satz 1[108]. Anders als die Vernehmungsgegenüberstellung, bei der Zeugen und Beschuldigte zur Klärung von Widersprüchen in Rede und Gegenrede vernommen werden (§ 58 Abs. 2), ist die Gegenüberstellung zum Zwecke des **38**

---

[100] Vgl. dazu *Schöneborn* MDR **1971** 714.

[101] *Arbab-Zadeh/Prokop/Reimann* Rechtsmedizin 3. Aufl. 1977 338 ff; *Jagusch/Hentschel* § 316 StGB, 51 ff m. weit. Nachw.

[102] *Kleinknecht/Meyer*[37] 13; einschränkend *Rittner* Blutalkohol **1981** 161; *Püschel/Horn* Blutalkohol **1984** 479.

[103] So auch OLG Celle NJW **1969** 568 = VRS **36** 431; OLG Köln NJW **1966** 416 = VRS **30** 62; OLG Oldenburg NJW **1955** 683; offengelassen bei BVerfGE **5** 15 = NJW **1956** 986 und BGHSt **24** 129; zweifelnd LR-*Meyer*[23] 35.

[104] Baden-Württemberg Die Justiz **1978** 249; Bayern JMBl. **1977** 265; Berlin Dienstbl. des Senats I **1977** 76; Bremen ABl. **1977** 545; Hamburg JVerwBl. **1977** 123; Hessen JMBl. **1977** 592; Niedersachsen NdsRPfl. **1977**

225; Nordrhein-Westfalen JMBl. **1977** 205; Rheinland-Pfalz JustizBl. **1977** 208; Saarland GemMBl. **1977** 613; Schleswig-Holstein SchlHA **1978** 47; abgedruckt bei *Mühlhaus/Janiszewski* Anhang 4 C.

[105] OLG Koblenz OLGSt § 81 a S. 23.

[106] Vgl. BVerfGE **17** 115 = NJW **1963** 2368; *Kleinknecht/Meyer*[37] 20.

[107] OLG Schleswig NStZ **1982** 81; a. A *K. Müller* 271.

[108] KMR-*Paulus* 5; *Odenthal* NStZ **1985** 434; vgl. auch BVerfGE **47** 239 = NJW **1978** 1149; LG Hamburg MDR **1985** 72; KK-*Pelchen* 6; zum Beweiswert des Wiedererkennens s. § 58, 15 sowie *Köhnken* Forensia **1984** Bd. 5 1; *Sporer* MSchrKrim. **1984** 339; *Undeutsch* FS II Peters 461.

Hans Dahs

Wiedererkennens keine besondere Form der Vernehmung. Sonst wäre die Identifizierung gegen den Willen des von seinem Schweigerecht Gebrauch machenden Beschuldigten unzulässig[109]. Das Gesetz respektiert aber nur die Aussage- und Mitwirkungsfreiheit des Beschuldigten; zur Duldung gesetzlich vorgesehener Untersuchungshandlungen ist er verpflichtet. Die Identifizierung ist eine solche Untersuchung, weil sich der Zeuge mittels sinnlicher Wahrnehmung einen Eindruck vom äußeren Erscheinungsbild des Beschuldigten verschafft[110]. Demgegenüber werden in Rechtsprechung und Schrifttum auch § 58 Abs. 2[111] und § 81 b[112] als Rechtsgrundlage genannt. § 58 Abs. 2 bezieht sich aber nach Entstehungsgeschichte und Systematik ausschließlich auf Vernehmungen, und die Identifizierungsgegenüberstellung ist bewußt aus seinem Anwendungsbereich ausgeklammert worden[113]. Außerdem sind die in diesem Zusammenhang bestehenden Eingriffsbefugnisse der Strafverfolgungsbehörden abschließend in den §§ 51, 70 geregelt. Die Anwendung des § 81 b ist deshalb ausgeschlossen, weil die Gegenüberstellung des Beschuldigten keine der Aufnahme von Lichtbildern und Fingerabdrücken oder der Vornahme von Messungen gleichzusetzende Maßnahme ist. Die Gegenüberstellung unterscheidet sich von den in § 81 b geregelten Maßnahmen grundlegend dadurch, daß sie nicht sowohl erkennungsdienstlichen als auch strafverfahrensrechtlichen Zwecken dienen kann[114]. Sie ist ein ausschließlich strafverfahrensrechtlicher Eingriff, dessen Zulässigkeit sich nach § 81 a Abs. 1 Satz 1, Abs. 2 (richterliche Anordnung) bestimmt[115]. Zulässig sind auch vorbereitende Maßnahmen, ohne die die Gegenüberstellung nicht sachgerecht durchgeführt werden kann. Es kann notwendig sein, das äußere Erscheinungsbild des Beschuldigten so wie zur Tatzeit herzurichten. Eine Perücke oder Brille darf ihm aufgesetzt oder abgenommen, ein bestimmtes Kleidungsstück angelegt, das Haar frisiert und Schminke aus dem Gesicht entfernt werden[116]. Es ist nicht notwendig, daß der Beschuldigte die ihn betrachtenden Zeugen seinerseits wahrnehmen kann. Der Einsatz nur einseitig durchsichtiger (sog. venezianischer) Spiegel ist unbedenklich[117]. Wenn der Beschuldigte nicht freiwillig an der Gegenüberstellung teilnimmt und die erforderlichen Vorbereitungsmaßnahmen duldet, kann erforderlichenfalls unmittelbarer Zwang angewendet werden. Er ist aber nicht verpflichtet, durch die Einnahme eines „unverstellten" Gesichtsausdruckes aktiv an seiner Überführung mitzuwirken[118]. Obwohl § 81 a dem Verteidiger grundsätzlich kein Anwesenheitsrecht garantiert, wird ihm wegen der oft ausschlaggebenden Bedeutung des Wiedererkennens für

---

[109] Vgl. *Grünwald* JZ **1981** 423, der über die Anwendung der Vernehmungsvorschriften zu diesem Ergebnis kommt.

[110] *Odenthal* NStZ **1985** 434; *Kratzsch* JA **1981** 617; vgl. Rdn. 15.

[111] BGH v. 20. 7. 1970 – 1 StR 635/70; KG JR **1979** 348; *Kleinknecht/Meyer*[37] § 58, 11.

[112] *Schlüchter* 185; *Roxin*[19] § 33 A III d; *Reitberger* Kriminalistik **1968** 349.

[113] *Grünwald* JZ **1981** 424; *Odenthal* NStZ **1985** 434; *Kratzsch* JA **1981** 617; vgl. *Hahn* 592 f.

[114] Vgl. aber § 81 b, 9 zu Lichtbild- und Videoaufnahmen während der Gegenüberstellung.

[115] Dahingehend auch LG Hamburg MDR **1985** 72.

[116] Vgl. KK-*Pelchen* § 81 b, 3; *Kleinknecht/Meyer*[37] § 81 b, 10; *Odenthal* NStZ **1985** 434;

Philipp Die Gegenüberstellung (1981) 23; *Schlüchter* 185; zur Haar- und Bartabnahme s. Rdn. 39.

[117] KG JR **1979** 347; NJW **1979** 1668; *Kleinknecht/Meyer*[37] § 58 11; a. A *Grünwald* JZ **1981** 423; zu den kriminalistischen Fragen s. *Burghard* Taschenbuch für Kriminalisten XXVI 97; *Kalleicher/Grimm* Grundlagen der Kriminalistik Bd. 11 338.

[118] *Grünwald* JZ **1981** 428; *Kühne* 239; *Odenthal* NStZ **1985** 435; zu weitgehend daher KG JR **1979** 349 und NJW **1979** 1669, wonach der Beschuldigte durch das Anziehen von Knebelketten dazu gezwungen werden dürfen soll, einen „normalen" Gesichtsausdruck einzunehmen; zust. *Kleinknecht/Meyer*[37] § 58, 11.

Verfahrensfortgang und -ergebnis die Teilnahme an der Gegenüberstellung regelmäßig nicht verwehrt werden können[119].

6. Die **Veränderung der Haar- und Barttracht** des Beschuldigten ist kein körperli- **39** cher Eingriff, da weder in das haut- und muskelumschlossene Innere des Körpers eingegriffen (vgl. Rdn. 22) noch der Körper in irgendeiner Weise verletzt wird[120]. Die Entfernung des Gesichtsbartes und von Kopf- oder Körperhaaren ist eine Maßnahme, die zur Vorbereitung von körperlichen Untersuchungen nach § 81 a Abs. 1 Satz 1 erforderlich sein kann. Sie kommt in Betracht, wenn die unter den Haaren liegende Haut auf Narben, Tätowierungen und Körpermerkmale untersucht oder der Beschuldigte für eine Gegenüberstellung (vgl. Rdn. 38) hergerichtet werden soll. Verfassungsrechtlich ist es unbedenklich, wenn durch das Schneiden der Haare und die Abnahme des Bartes dem Beschuldigten zum Zwecke seiner Identifizierung ein Aussehen gegeben wird, welches er zu einem früheren Zeitpunkt frei gewählt hat[121]. Sonst hätte der Beschuldigte es dadurch, daß er nach der mutmaßlichen Tat sein Aussehen verändert, in der Hand, seine Identifizierung unmöglich zu machen[122]. Es verstößt nicht gegen die Pflicht, die Menschenwürde des Beschuldigten zu achten, wenn er daran gehindert wird, durch die bloße Nichtbenutzung eines Rasierapparates der Strafverfolgung zu entgehen. Eine Verletzung des Rechts auf körperliche Unversehrtheit (Art. 2 Abs. 2 Satz 1 GG) liegt ebenfalls nicht vor[123]. In dem Entfernen des Bartes und dem Schneiden der Haare liegt eine im Verhältnis zu der nachfolgenden Untersuchungshandlung (Betrachten der Hautoberfläche; Identifizierungsgegenüberstellung) selbständige Beschwer, weil dadurch das äußere Erscheinungsbild des Beschuldigten verändert wird und der Eingriff vor den Mitmenschen nicht geheimgehalten werden kann[124]. Es ist daher eine gesonderte richterliche Anordnung erforderlich, die nur ergehen darf, wenn diese Vorbereitungsmaßnahmen zur ordnungsgemäßen Durchführung der Untersuchungshandlung unbedingt notwendig sind[125]. Daß die Prozedur von einem Friseur, nicht von einem Polizeibeamten oder einem Arzt vorzunehmen ist, ist selbstverständlich.

7. **Liquorentnahme.** Die Entnahme der Gehirn- und Rückenmarkflüssigkeit, **40** deren Zustand Rückschlüsse auf bestimmte organische Erkrankungen des Zentralnervensystems zuläßt, ist ein schwerer körperlicher Eingriff. Sie geschieht durch Lumbal-

[119] Vgl. BGH v. 17. 5. 1973 – StB 24/73, nach *Rieder* Kriminalistik **1977** 112; *Dahs* Hdb. 243; *Grünwald* JZ **1981** 426; *Krause* StrVert. **1984** 171; *Odenthal* NStZ **1985** 435, allerdings mit z. T. abweichender Begründung; **a.** A KG NJW **1979** 1669.

[120] KK-*Pelchen* 6; *Kleinknecht/Meyer*[37] 23; KMR-*Paulus* 5; *Dzendzalowski* 23; *Kohlhaas* 37 und DRiZ **1972** 317; *Roxin*[19] § 33 A III d; *Schlüchter* 185; **a.** A *Eb. Schmidt* Nachtr. I 22; *Grünwald* JZ **1981** 429; *Odenthal* 53 und NStZ **1985** 434; *Sarstedt* in der 22. Aufl.; *Tröndle* NJW **1971** 1027, die diese Maßnahme daher für unzulässig halten, weil sie nicht von einem Arzt nach den Regeln ärztlicher Kunst (die es dafür gar nicht gibt) vorgenommen werden kann. *Peters*[4] 328 nimmt ebenfalls einen körperlichen Eingriff an,

den er aber wegen seiner Geringfügigkeit bei Hinzuziehung eines Friseurs für unbedenklich hält; ähnlich *Rüping* 80.

[121] BVerfGE **47** 239 = NJW **1978** 1149; zust. *Berkemann* JR **1978** 448; *Dingeldey* JA **1984** 412; *Kühne* 237.

[122] So schon *Delius* LZ **1914** 1257; vgl. auch *Ehrenfreund* GA **53** (1906) 19; *Kohler* GA **60** (1913) 212.

[123] Vgl. BVerwG NJW **1972** 1726; OLG Koblenz MDR **1974** 425; **a.** A OLG Celle NJW **1968** 123; *Odenthal* NStZ **1985** 434.

[124] Vgl. *Grünwald* JZ **1981** 427.

[125] Vgl. *Dzendzalowski* 23, der die Zulässigkeit des Haar- und Bartscherens von Verhältnismäßigkeitserwägungen abhängig machen will.

Hans Dahs

punktion (Einstich einer Hohlnadel zwischen dem 3. und 4. oder dem 4. und 5. Lenden-
wirbelfortsatz) oder durch Subokzipitalpunktion (Einstich einer Nadel im Nacken ober-
halb des Genicks). Der Eingriff ist ungefährlich, wenn er nach den Regeln der ärztlichen Kunst vorgenommen wird; dazu gehört, daß zuvor eine Untersuchung auf Gehirn-
tumore stattgefunden hat[126]. Er führt aber meist zu Übelkeit, Kopfschmerzen und Störungen des Allgemeinbefindens von kürzerer oder längerer Dauer. Die Anordnung des
Eingriffs ist nur bei schwerem strafrechtlichem Vorwurf und dringendem Tatverdacht
zulässig[127].

41   8. **Lumbalpunktion.** Siehe vorstehend Rdn. 40 unter Liquorentnahme.

42   9. **Magenaushebung** gilt allgemein als zulässiger körperlicher Eingriff[128], dürfte
aber kriminalistisch bedeutungslos sein[129].

43   10. **Narkoanalyse** besteht in der Beibringung chemischer Mittel (Derivate der Bar-
bitursäure), durch die der Beschuldigte in seiner Willensfreiheit beeinträchtigt wird, zur
Erzielung wahrheitsgemäßer Aussagen[130]. Hierbei handelt es sich um eine durch § 136 a
Abs. 1 verbotene Verabreichung von Mitteln[131].

44   11. **Narkosen** sind nur zur Ermöglichung oder Erleichterung anderer Eingriffe,
z. B. der Lumbalpunktion, zulässig[132]. Eine besondere Anordnung des Richters ist nicht
erforderlich; es versteht sich von selbst, daß schmerzhafte Eingriffe möglichst unter Betäubung vorgenommen werden sollen.

45   12. **Oktizipalpunktion.** Siehe vorstehend Rdn. 40 unter Liquorentnahme.

46   13. **Phallographie** (Aufzeichnung der Penisreaktion auf sexuelle Reize mittels
eines „Erektometers") ist zwar eine einfache körperliche Untersuchung, die aber schon
wegen Verstoßes gegen die Menschenwürde schlechthin unzulässig[133] und deren dia-
gnostischer Wert überdies zweifelhaft ist[134]. Die phallographische Untersuchung ist
auch dann nicht zulässig, wenn sie statt der Überführung des Beschuldigten der Prognose seines künftigen Verhaltens und der Wahl der richtigen Therapie dienen soll[135].
Die Phallographie ist deshalb unzulässig, weil die Aufzeichnung der bewußt nicht steu-

---

[126] *Bresser* NJW **1961** 251; Der medizinische
Sachverständige **1961** 5.

[127] BVerfGE **16** 198 ff = NJW **1963** 1597;
BayObLGSt **1951** 473; OLG Hamm NJW
1971 1904; OLG Nürnberg BayJMBl. **1960**
36; KK-*Pelchen* 7; *Kleinknecht/Meyer*[37] 22;
KMR-*Paulus* 27; *Bresser* NJW **1961** 253;
Bedenken erhebt *Eb. Schmidt* Nachtr. II 21;
Schlüchter 174 hält den Eingriff generell für
unzulässig.

[128] *Kleinknecht/Meyer*[37] 20; *Jessnitzer* 207;
Kohlhaas Körperliche Untersuchung 30.

[129] *Dzendzalowski* 54 ff.

[130] Vgl. *Schaumann* FS Pfenninger 137; *Eb.
Schmidt* SJZ **1949** 451; *Niese* ZStW **63**
(1950) 201.

[131] § 136 a, 25; *Kleinknecht/Meyer*[37] 16; KMR-
Paulus 6.

[132] *Eb. Schmidt* Nachtr. I 30 und JR **1956** 69
Göppinger Nervenarzt **1952** 247; *Löffler*
NJW **1951** 822.

[133] *Kleinknecht/Meyer*[37] 21; *Peters*[4] 332 f; GA
1977 109 und ZStW **87** (1975) 673; *G. Schäfer*[4] § 79 a II 1; wohl auch *Roxin*[19] § 33 A II 4
a; KMR-*Paulus* 18.

[134] OLG Düsseldorf NJW **1973** 2255; *Lange-
lüddeke/Bresser* Gerichtliche Psychiatrie, 4.
Aufl., 320; vgl. aber auch *Binder* NJW **1972**
321; *Jessnitzer* 220.

[135] A. A LG Hannover NJW **1977** 1110; *Jessnitzer* NJW **1977** 2128; *Peters*[4] 332 bezeichnet
diese Auffassung mit Recht als widersprüchlich.

erbaren Penisreaktion auf sexuelle Reize gegen die Menschenwürde verstößt. Hier kann nichts anderes als für die Anwendung des Polygraphen (vgl. § 136 a, 56) gelten. Auch die Einwilligung des Beschuldigten kann daher die Untersuchung nicht zulässig machen. Anderenfalls müßte sie auch gegen seinen Willen zulässig sein, weil die phallographische Untersuchung völlig ungefährlich ist.

14. Pneumencephalographie (Hirnkammerluftfüllung) ist ein schwerer körperli- **47** cher Eingriff, mit dem eine Röntgenaufnahme des Gehirns ermöglicht werden soll. Zunächst muß durch Lumbal- oder Subokzipitalpunktion (Rdn. 40) Rückenmarkflüssigkeit entnommen werden; diese wird dann durch Luft ersetzt[136]. Der Eingriff ist, da die Punktion unter örtlicher Betäubung vorgenommen wird, an sich nicht schmerzhaft. Werden die Regeln der ärztlichen Kunst beachtet, so ist er auch nicht gefährlich. Er führt aber wie die Liquorentnahme (Rdn. 40) zu Übelkeit, Erbrechen, Kopfschmerzen und Störungen des Allgemeinbefindens. Der diagnostische Wert der Pneumencephalographie ist streitig[137]. Ein Sachverständiger wird vorher darüber Auskunft geben müssen, welche zusätzlichen Erkenntnisse durch den Eingriff gewonnen werden können[138]. Die Anordnung des Eingriffs wird nur in besonderen Ausnahmefällen verantwortet werden können[139]. Das Röntgenverfahren der Computer-Tomographie kann in geeigneten Fällen die Pneumencephalographie ersetzen[140].

15. Röntgenaufnahmen und -durchleuchtungen gehören zu den körperlichen Ein- **48** griffen, weil der Körper des Untersuchten einer gefährlichen Bestrahlung ausgesetzt wird (Rdn. 23). Sie dürfen nur auf Anordnung des Richters gemacht werden, der zu prüfen hat, ob unter Berücksichtigung der bisherigen Strahlenbelastung eine Schädigung des Beschuldigten ausgeschlossen werden kann[141]. Der Eingriff ist dann bei Beachtung der gesetzlichen Vorschriften, insbesondere der Röntgenverordnung vom 1. 3. 1973[142], völlig ungefährlich[143].

16. Szintigraphie (Lokalisationsuntersuchung mit radioaktiven Stoffen) ist ein un- **49** gefährliches Verfahren zur Lokalisierung von Gehirntumoren. Der Eingriff besteht in der Injizierung von Radionukliden in die Ellenbeugenvene; anschließend wird die Verteilung der Aktivitätskonzentration mittels eines Abtastgeräts (Scanner) registriert und aufgezeichnet. Der harmlose Eingriff ist von hohem diagnostischen Wert und kann ohne Bedenken angeordnet werden[144].

---

[136] Vgl. dazu *Bresser* NJW **1961** 250.

[137] Vgl. *Bresser* NJW **1961** 252; gegen ihn *Backmund* GA **1964** 304; *Huber* in Handbuch der forensischen Psychiatrie, 1972, I 1529 hält das Verfahren für wertvoll und im Bereich des Fragenkomplexes der Hirnatrophie nicht ersetzbar.

[138] OLG Hamm NJW **1975** 2256.

[139] BVerfGE **17** 115 = NJW **1963** 2370; BGHSt **23** 186; BGH 5 StR 203/57 v. 1. 10. 1957 bei *Pfeiffer/Maul/Schulte* § 51 StGB a. F, 13; OLG Celle MDR **1956** 695; OLG Hamm NJW **1960** 1400; NJW **1975** 2256; LG Göttingen MDR **1952** 629; KK-*Pelchen* 7; *Kleinknecht/Meyer*[37] 22; *Jessnitzer* 208; *Kuhlmann* NJW **1976** 350; *Schlüchter* 174; *Bresser* NJW **1961** 250; dagegen halten OLG

Hamm JMBlNRW **1951** 243 und *Löffler* NJW **1951** 823 den Eingriff ohne weiteres für zumutbar; *Grömig* NJW **1954** 300 will ihn nicht zulassen.

[140] *Ostertag/Sternsdorf* NJW **1977** 1482; krit. *Stöppler/Vogelsang* NJW **1978** 577; vgl. auch OLG München VersR **1978** 56.

[141] OLG Schleswig NStZ **1982** 81.

[142] BGBl. I 173, geändert durch § 84 Abs. 5 Strahlenschutzverordnung v. 13. 10. 1976, BGBl. I 2905; zul. geändert durch die Erste Änderungsverordnung v. 22. 5. 1984, BGBl. I 445.

[143] *Kleinknecht/Meyer*[37] 20; KMR-*Paulus* 10.

[144] *Kleinknecht/Meyer*[37] 20; *Kuhlmann* NJW **1976** 351.

Hans Dahs

50   17. **Trinkversuche** dürfen, da sie eine aktive Mitwirkung erfordern, nur mit Einwilligung des Beschuldigten vorgenommen werden[145]. Der Bundesgerichtshof hält Trinkversuche zur Feststellung der Alkoholverträglichkeit mit Recht für ein ungeeignetes Beweismittel[146]. Der Beschuldigte darf sie ohne Nachteile ablehnen[147]. Geeignet können sie hingegen sein, wenn festgestellt werden soll, ob bei dem Angeklagten nach Genuß von Alkohol ein pathologischer Rauschzustand eintritt. Voraussetzung für die Zulässigkeit des Trinkversuchs ist dann allerdings, daß ein Gesundheitsschaden ausgeschlossen ist[148].

51   18. **Urinabnahme** mittels Katheters zum Nachweis von Giften im Körper ist ein Eingriff, der wegen der Gefahr einer Blasenentzündung nicht angeordnet werden darf[149].

VIII. Anordnung der Maßnahmen

52   1. **Zuständigkeit.** Die Anordnung steht grundsätzlich dem Richter zu (§ 81 a Abs. 2). Bis zur Erhebung der öffentlichen Klage sind das Amtsgericht nach § 162 Abs. 1 und der Ermittlungsrichter nach § 169 zuständig[150], wenn nicht vorher oder gleichzeitig eine Unterbringung zur Beobachtung nach § 81 angeordnet worden ist oder angeordnet werden soll. Dann ist das für die Eröffnung des Hauptverfahrens zuständige Gericht (vgl. dazu § 81, 33) auch zu dieser Anordnung berufen[151]. Nach Anklageerhebung entscheidet das für die Eröffnung des Hauptverfahrens zuständige Gericht, nach Eröffnung des Hauptverfahrens das erkennende Gericht in der für Beschlußentscheidungen vorgeschriebenen Besetzung, in der Hauptverhandlung unter Mitwirkung der Schöffen (§ 30 Abs. 1, § 77 Abs. 1 GVG).

53   Bei **Gefährdung des Untersuchungserfolges** durch Verzögerung, worunter das gleiche zu verstehen ist wie unter dem im Gesetz an anderer Stelle verwendeten Begriff Gefahr im Verzug, kann nach § 81 a Abs. 2 auch der Staatsanwalt oder ein Hilfsbeamter der Staatsanwaltschaft (§ 152 GVG), nicht jedoch ein anderer Polizeibeamter, die Untersuchung oder den Eingriff anordnen. Schwere Eingriffe sind niemals so eilig; sie darf nur der Richter anordnen[152]. Für Eingriffe, die eine nicht nur unbedeutende Freiheitsbeschränkung notwendig machen, gilt das schon wegen des Richtervorbehalts des Art. 104 Abs. 2 GG[153].

---

[145] *Jessnitzer* 208; offengelassen bei BGH VRS 29 204; vgl. auch Rdn. 9.

[146] BGHSt 10 267; BGH VRS 28 190; BGH bei *Holtz* MDR **1977** 108; BGH bei *Martin* DAR **1970** 123; **1972** 120; ebenso OLG Hamm VRS 34 289; OLG Karlsruhe DAR **1959** 246; OLG Oldenburg VRS 46 198; *Jagusch/Hentschel* § 316 StGB, 54; *Alsberg/Nüse/Meyer* 100; *Wiethold/Grüner* NJW **1955** 371; vgl. auch *Steigleder/Wille* Blutalkohol **1964** 489.

[147] BGH VRS 29 203.

[148] BGH bei *Pfeiffer* NStZ **1982** 189; OLG Hamm VRS 34 289; OLG Oldenburg VRS 46 198.

[149] *Adams/Gerhardt* NStZ **1981** 244; *Kleinknecht/Meyer*[37] 21; *Göhler* § 46, 24; a. A *Jessnitzer* 208; KMR-*Paulus* 8; *Kuhlmann* Kriminalistik **1980** 374 bei Verdacht schwerster Straftaten und Unerläßlichkeit der Beweiserhebung; *Dzendzalowski* 61; *Kohlhaas* NJW **1968** 2277.

[150] BGHSt 8 146; KK-*Pelchen* 8; *Kleinknecht/Meyer*[37] 25; KMR-*Paulus* 28; *Eb. Schmidt* Nachtr. I 24; *K. Müller* 270; *Jagusch/Hentschel* 5.

[151] OLG Karlsruhe Justiz **1972** 18; KMR-*Paulus* 28; *Eb. Schmidt* Nachtr. I 24.

[152] BVerfGE 16 194 = NJW **1963** 1597; KK-*Pelchen* 8; *Kleinknecht/Meyer*[37] 25; KMR-*Paulus* 29; *Jessnitzer* 207; *Eb. Schmidt* Nachtr. I 11, 15; *Schlüchter* 177.1 Fußn. 35; *Genzel* NJW **1969** 1564.

[153] BayObLGSt **1956** 185 = NJW **1957** 273 = JR **1957** 111 mit Anm. *Eb. Schmidt*; *Genzel* NJW **1969** 1564.

2. Anhörung des Beschuldigten. Richterliche Anordnungen dürfen ohne vorherige **54** Anhörung des Beschuldigten ergehen[154], wenn nicht die Voraussetzungen des §33 Abs. 3 vorliegen[155]. Auch sonst ist die Gewährung rechtlichen Gehörs angezeigt, u. a. um dem Betroffenen die Möglichkeit zu geben, ggfs. durch sein Prozeßverhalten den Eingriff überflüssig zu machen. Bei Gefahr im Verzug kommt eine vorherige Anhörung nicht in Betracht (vgl. §33 Abs. 4 Satz 1).

3. Form. Richterliche Anordnungen werden durch Beschluß erlassen, der nach **55** §34 mit Gründen versehen werden muß, wenn er anfechtbar ist. Wird bei Gefahr im Verzug der Staatsanwalt oder ein Hilfsbeamter der Staatsanwaltschaft tätig, so ist eine schriftliche Anordnung nicht erforderlich. Die mündliche Anordnung, insbesondere der Blutprobenentnahme, muß aber regelmäßig mit ausdrücklichen Worten getroffen werden. Ausnahmsweise genügt die Aufforderung an den Beschuldigten, dem Polizeibeamten zur Polizeidienststelle zu folgen, wenn klar erkennbar ist, daß dort die Blutprobe entnommen werden soll[156]. Eine ausdrückliche Anordnung ist jedoch notwendig, wenn der Beschuldigte vorher den Alkoholtest verweigert hatte und daher für ihn nicht erkennbar ist, ob dieser oder die Blutprobenentnahme erzwungen werden soll[157].

4. Inhalt. Die Anordnung muß den zugelassenen Eingriff und die Tatsachen, die **56** durch ihn festgestellt werden sollen[158], genau bezeichnen und bei schweren körperlichen Eingriffen auch deren Notwendigkeit und Unerläßlichkeit dartun. Es darf nicht dem Arzt überlassen werden, ob und welche Eingriffe vorgenommen werden sollen[159]. Die Art, in der der Eingriff vorgenommen wird, ist jedoch Sache des Arztes[160], es sei denn, daß Anlaß besteht, eine technische Ausführungsart wegen Gefahr für die Gesundheit des Beschuldigten auszuschließen[161]. Ohne eine ausdrückliche und bestimmte Anordnung darf der Arzt keinen Eingriff vornehmen, wenn der Beschuldigte damit nicht einverstanden ist[162]. Nur eine zweite Blutprobe darf er von sich aus entnehmen, wenn er sie zur Feststellung des Blutalkoholgehalts für erforderlich hält[163]; zweifelhaft ist aber, ob sie irgendeinen Beweiswert hat[164]. Die Anordnung kann vorbehaltlich der Einwilligung des Beschuldigten ergehen, wenn diese erforderlich ist[165]. Die Verweigerung der Einwilligung macht dann die Anordnung unzulässig[166]. Soll der Beschuldigte zum Zweck der Untersuchung oder der Eingriffsvornahme in ein Krankenhaus verbracht werden (Rdn. 29), so ist in der Anordnung die Höchstdauer des Aufenthaltes zu bezeichnen.

---

[154] Vgl. BGH VRS **29** 203.
[155] KK-*Pelchen* 8; KMR-*Paulus* 30; **a. A** *Kleinknecht/Meyer*[37] 25, der eine Anhörung in keinem Fall für erforderlich hält.
[156] OLG Neustadt DAR **1962** 243 = MDR **1962** 593 = Blutalkohol **1963** 115; *Kleinknecht/Meyer*[37] 26; KMR-*Paulus* 33; *Schlüchter* 177.2; vgl. auch OLG Koblenz DAR **1973** 219; offengelassen bei BGH VRS **39** 185.
[157] BayObLGSt **1963** 17 = DAR **1963** 221 = NJW **1963** 772 = VRS **24** 384.
[158] OLG Hamm JMBlNRW **1953** 117; KMR-*Paulus* 31; *K. Müller* 268; *Kleinknecht/Meyer*[37] 27.
[159] BayObLGSt **1956** 186 = NJW **1957** 274 = JR **1957** 112 mit Anm. *Eb. Schmidt*; OLG

Celle MDR **1956** 695; OLG Hamm JMBlNRW **1953** 117; NJW **1974** 713; *Kleinknecht/Meyer*[37] 27; *Eb. Schmidt* Nachtr. I 23; *Jessnitzer* 207; KMR-*Paulus* 31; *Dahs* Hdb. 323.
[160] *Schlüchter* 177.2.
[161] *Kleinknecht/Meyer*[37] 27.
[162] OLG Düsseldorf NJW **1964** 2217; OLG Hamm NJW **1970** 1985.
[163] *Kleinknecht/Meyer*[37] 27.
[164] Vgl. OLG Hamm VRS **39** 429; *Janiszewski* Blutalkohol **1974** 162; *Schöllkopf/Jainz* Blutalkohol **1973** 403; *Schwerd* Blutalkohol **1968** 441; vgl. aber auch *Braun* Polizei **1974** 178.
[165] BGH VRS **29** 203; OLG Hamm NJW **1974** 713.
[166] OLG Hamm NJW **1974** 713.

Hans Dahs

IX. Vollziehung der Maßnahmen

57   **1. Zuständigkeit.** Die gerichtliche Anordnung wird nach § 36 Abs. 2 Satz 1 von der Staatsanwaltschaft vollzogen[167]. Sie bedient sich dazu ihrer Hilfsbeamten oder anderer Polizeibeamter. Anders als bei tatunverdächtigen Personen (§ 81 c Abs. 6 Satz 2) darf unmittelbarer Zwang auch ohne besondere Anordnung des Richters angewendet werden[168]. Der Beschuldigte ist zunächst vor den Arzt oder Beamten zu laden, bei dem die Untersuchung oder der Eingriff vorgenommen werden soll[169]. Erscheint er nicht freiwillig, so läßt der Staatsanwalt ihn vorführen[170]. Eines förmlichen Vorführungsbefehls bedarf es nicht; es genügt eine formlose Anordnung[171]. Ordnungsgeld und Ordnungshaft dürfen nicht angeordnet werden.

58   Die Anordnung eines Staatsanwalts oder eines Hilfsbeamten der Staatsanwaltschaft **vollstreckt** die Polizei. Der vollziehende Beamte muß nicht seinerseits Hilfsbeamter der Staatsanwaltschaft sein[172].

59   **2. Festnahme bei Gefahr im Verzug.** Obwohl § 81 a Abs. 2 die Staatsanwaltschaft, insbesondere auch deren Hilfsbeamte, dazu ermächtigt, bei Gefahr im Verzug die körperliche Untersuchung des Beschuldigten und Eingriffe in seinen Körper anzuordnen, sagt die Vorschrift nichts darüber, daß diese Beamten auch das Recht haben, ihre Anordnungen sofort zu vollziehen, also im Wege des unmittelbaren Zwangs durchzusetzen. Es besteht aber Übereinstimmung darüber, daß sich dieses Recht aus § 81 a ergibt, weil die Vorschrift andernfalls weitgehend eine Einwilligung und Mitwirkung des Beschuldigten voraussetzen würde[173].

60   Streitig ist jedoch, ob die Vorschrift auch zuläßt, daß der Beschuldigte zur Vollziehung der Anordnung **vorübergehend festgenommen,** also wie nach § 127 in seiner Freiheit beschränkt wird. Im Schrifttum wird das teilweise für schlechthin unzulässig gehalten[174]. Wenn diese Ansicht richtig wäre, müßte der Beschuldigte, bei dem nach einem Verkehrsunfall eine Blutprobe entnommen werden soll, zwar den Eingriff dulden, dürfte aber nicht zwangsweise an den Ort geführt werden, wo er üblicherweise vorgenommen wird; der Arzt müßte ihn an der Unfallstelle vornehmen. Eine so „törichte Gesetzgebung"[175] sollte man dem Gesetzgeber nicht unterstellen. Die überwiegende

---

[167] Vgl. BayVerfGHE 21 II 178 = NJW **1969** 229; AG München MDR **1971** 596; KK-*Pelchen* 9; *Kleinknecht/Meyer*[37] 28; KMR-*Paulus* 36; *Jessnitzer* 209; *Schlüchter* 177.3; *Wendisch* JR **1978** 447.

[168] OLG Hamm NJW **1974** 713; KK-*Pelchen* 9; *Kleinknecht/Meyer*[37] 29; KMR-*Paulus* 37; *Kleinknecht* NJW **1964** 2181; a. A *Naucke* SchlHA **1963** 186.

[169] *Kleinknecht* NJW **1964** 2183.

[170] Anders LG Berlin MDR **1958** 861; *Dzendzalowski* 40; *Genzel* NJW **1969** 1564, die einen richterlichen Vorführungsbefehl für erforderlich halten.

[171] *Kleinknecht/Meyer*[37] 28; a. A BayVerfGHE 21 II 178 = NJW **1969** 229; AG München MDR **1971** 596; KMR-*Paulus* 38.

[172] *Schlüchter* 178; *Kleinknecht* NJW **1964** 2186; *Kohlhaas* DAR **1960** 254.

[173] BayObLGSt **1963** 213 = NJW **1964** 460 = VRS **26** 43 = JR **1964** 149 mit Anm. *Dünnebier* = JZ **1964** 625 mit Anm. *Tiedemann*; OLG Bremen NJW **1966** 744; OLG Köln NJW **1966** 417; OLG Neustadt DAR **1962** 243 = MDR **1962** 593; OLG Schleswig NJW **1964** 2215; VRS **30** 345 = SchlHA **1966** 43 mit Anm. *Naucke*; OLG Stuttgart Justiz **1971** 29; LG Berlin NJW **1971** 621; KK-*Pelchen* 10; *Kleinknecht/Meyer*[37] 29; KMR-*Paulus* 37; *Baumann* FS Eb. Schmidt 538; *Kleinknecht* NJW **1964** 2182; *Peters* Blutalkohol **1964** 242; *Kühne* 237; vgl. auch OLG Neustadt NJW **1952** 1028.

[174] *Geerds* SchlHA **1964** 60; GA **1965** 351; *Naucke* SchlHA **1963** 185; **1964** 44.

[175] *Dünnebier* JR **1964** 151.

Ansicht geht daher mit Recht dahin, daß §81 a bei Gefahr im Verzug auch Freiheitsbeschränkungen in Form einer Festnahme gestattet, die der vorläufigen Festnahme nach §127 ähnlich ist. Die Vorschrift des §81 a ist das förmliche Gesetz im Sinne des Art. 104 Abs. 1 Satz 1 GG[176]; der Richtervorbehalt des Art. 104 Abs. 2 gilt nicht, weil die Freiheitsbeschränkung von vornherein nicht auf einen länger andauernden Gewahrsam gerichtet ist[177].

Es ist daher **zulässig,** den Beschuldigten, gegen den wegen Gefahr im Verzug **61** eine Maßnahme nach §81 a von der Staatsanwaltschaft oder deren Hilfsbeamten angeordnet worden ist, zwecks Vollziehung dieser Anordnung auch dann festzunehmen, wenn die Voraussetzungen des §127 nicht vorliegen[178]. Das ist vor allem bei Verkehrsstraftaten von Bedeutung, zu deren Aufklärung die sofortige Anordnung von Blutprobenentnahmen erforderlich ist; denn die Weigerung, die Entnahme zu dulden, berechtigt allein nicht zur vorläufigen Festnahme nach §127. Verdunkelungsgefahr kann sie nicht begründen, weil hierzu ein aktives Tun des Beschuldigten erforderlich ist; Vorgänge in seinem Körper, die, wie der Abbau des Blutalkoholgehalts, von seinem Willen unabhängig sind, genügen nicht[179]. Eine ausdrückliche Erklärung darüber, daß er zur Vollziehung der ihm bekanntgegebenen Anordnung nach §81 a festgenommen wird, muß dem Beschuldigten nicht gegeben werden[180].

3. Einzelne Vollziehungsmaßnahmen bei Gefahr im Verzug. Der Vollzug einer **62** Anordnung nach §81 a, der auch von Polizeibeamten vorgenommen werden darf, die nicht Hilfsbeamte der Staatsanwaltschaft sind (Rdn. 58), berechtigt weder zur körperlichen Durchsuchung[181] noch zum Betreten und Durchsuchen der Wohnung des Beschuldigten oder eines Dritten zum Zweck seiner Ergreifung[182]. Dies ist vielmehr nur zulässig, wenn, wie regelmäßig bei Gefahr im Verzug, die Voraussetzungen der §§ 102, 103, 105 vorliegen[183].

Der die Anordnung nach §81 a vollziehende Beamte ist **berechtigt,** den Beschul- **63** digten bis zum Eintreffen des für den Abtransport bestellten Dienstwagens festzuhal-

---

[176] OLG Bremen NJW **1966** 744; KK-*Pelchen* 10; *Kleinknecht/Meyer*[37] 29; KMR-*Paulus* 40; *Kleinknecht* NJW **1964** 2182.

[177] OLG Schleswig NJW **1964** 2217; *Kaiser* NJW **1964** 581; *Kleinknecht* NJW **1964** 2183; *Peters* Blutalkohol **1964** 242; a. A *Franz* NJW **1966** 1850; *Geerds* GA **1965** 332.

[178] BayVerfGH NJW **1982** 1583; BayObLGSt **1963** 15 = DAR **1963** 221 = NJW **1963** 772 = VRS **24** 383; BayObLGSt **1963** 213 = NJW **1964** 460 = JR **1964** 149 mit Anm. *Dünnebier* = JZ **1964** 625 mit Anm. *Tiedemann*; OLG Saarbrücken NJW **1959** 1191 = VRS **17** 121; OLG Köln NStZ **1986** 236; *Waldschmidt* NJW **1979** 1921; KK-*Pelchen* 10; *Kleinknecht/Meyer*[37] 29; KMR-*Paulus* 40; *Roxin*[19] §33 A II 3; *Jagusch/Hentschel* 5; *Peters*[4] 328 und Blutalkohol **1964** 242; *Göhler* §46, 27.

[179] OLG Stuttgart Justiz **1971** 29; *Peters*[4] §40 II 2; *Roxin*[19] §33 A II 2; *Jagusch/Hentschel* 5;

Kaiser NJW **1964** 581; *Kleinknecht* NJW **1964** 2186; a. A OLG Braunschweig HESt **2** 82 = NJW **1949** 317; NJW **1956** 1808; OLG Saarbrücken NJW **1959** 1191 = VRS **17** 121; *Eb. Schmidt* Nachtr. I 25; *Schlüchter* 261.1; vgl. auch BGH VRS **40** 106 und §127, 16 ff.

[180] OLG Oldenburg NJW **1966** 1765; OLG Koblenz VRS **54** 357.

[181] LG Berlin NJW **1971** 621.

[182] *Kohlhaas* DAR **1968** 74.

[183] OLG Düsseldorf JMBlNRW **1972** 21 = VRS **41** 429; OLG Stuttgart Justiz **1971** 29; KK-*Pelchen* 10; KMR-*Paulus* 41; *Kleinknecht/Meyer*[37] 29; *Jagusch/Hentschel* 5; *Adolph* Polizei **1970** 301; *Plonka* Polizei **1970** 369; a. A *Kohlhaas* DAR **1968** 74, der, weil §102 eine Ergreifung zum Zweck einer Vernehmung nicht gestattet, die Durchsuchung für unzulässig hält; unklar OLG Köln VRS **48** 25; vgl. auch §102, 17.

Hans Dahs

ten[184]. Der Beschuldigte darf zur Blutentnahme zwangsweise einem Arzt oder einem Krankenhaus zugeführt werden[185]; Gefangener i. S des § 120 StGB ist er dabei aber nicht[186]. Bei der Auswahl des Arztes sind die Grundsätze der Notwendigkeit und Verhältnismäßigkeit zu beachten; regelmäßig ist der am schnellsten erreichbare Arzt aufzusuchen[187]. Zulässig ist es auch, den Beschuldigten zu einem Polizeirevier zu bringen und dort festzuhalten, bis der Arzt kommt[188]. Das Aufsuchen der Polizeiwache kann auch gerechtfertigt sein, wenn von dort aus ein zur Blutentnahme bereiter Arzt ausfindig gemacht werden soll oder wenn die Polizeibeamten, die den Beschuldigten zur Blutprobenentnahme festgenommen haben, abgelöst oder wenn ihr Kraftwagen ausgewechselt werden soll[189]. In eine Zelle darf der Beschuldigte nur eingeschlossen werden, wenn stärkere Störungen des Dienstbetriebs verhindert werden müssen[190]. Unstatthaft ist es, daß ein Polizeibeamter, der nicht Hilfsbeamter der Staatsanwaltschaft ist, den Beschuldigten am Tatort festhält, bis ein zur Anordnung nach § 81 a Befugter erscheint[191], oder ihn, ohne daß die Voraussetzungen des § 127 vorliegen, einem Polizeirevier zuführt, damit dort die Blutprobenentnahme oder eine andere Maßnahme nach § 81 a angeordnet werden kann[192].

64   **4. Unmittelbarer Zwang.** Zulässig ist jede Maßnahme, die unter Berücksichtigung des Verhältnismäßigkeitsgrundsatzes geeignet ist, den Widerstand des Beschuldigten gegen die Vollziehung der angeordneten Maßnahmen zu brechen. Er darf unter Anwendung körperlicher Gewalt[193] an den Ort gebracht werden, wo die Untersuchung oder der Eingriff stattfinden soll. Dort darf er auf einen Stuhl oder auf eine Trage geschnallt und von Polizeibeamten oder Krankenhauspersonal festgehalten werden. Er darf auch unter Anwendung körperlicher Gewalt in die für die Untersuchung oder den Eingriff erforderliche Körperhaltung gebracht werden. Kleidungsstücke dürfen ihm gewaltsam ausgezogen werden, wenn das zur Durchführung der Maßnahmen erforderlich ist. Gewaltsames Öffnen der Augen, um deren Rötung festzustellen, zwangsweises Wiegen und Messen und ähnliche Zwangsmaßnahmen, die für die Untersuchung erforderlich sind, sind zulässig. Das zwangsweise Verabfolgen einer Beruhigungsspritze ist dagegen nicht statthaft, weil es sich hierbei nicht um eine notwendige Vorbereitung der

---

[184] OLG Koblenz DAR **1973** 219.

[185] BayObLGSt **1963** 213 = NJW **1964** 460 = JR **1964** 149 mit Anm. *Dünnebier* = JZ **1964** 625 mit Anm. *Tiedemann*; OLG Bremen NJW **1966** 744; OLG Düsseldorf VRS **41** 429; OLG Hamm DAR **1962** 131; OLG Schleswig NJW **1964** 2215; VRS 30 345 = SchlHA **1966** 43 mit Anm. *Naucke*; OLG Stuttgart Justiz **1971** 29; LG Düsseldorf NJW **1973** 1931; *Kleinknecht/Meyer*[37] 29; KMR-*Paulus* 42; *Jagusch/Hentschel* 5; *Göhler* § 46, 28; *Kleinknecht* NJW **1964** 2183; *Peters* Blutalkohol **1964** 243.

[186] BayObLGSt **1984** 3 = MDR **1984** 511.

[187] BayObLGSt **1963** 214 = NJW **1964** 460 = JR **1964** 149 mit Anm. *Dünnebier* = JZ **1964** 625 mit Anm. *Tiedemann*; *Kleinknecht* NJW **1964** 2183 ff.

[188] OLG Hamburg MDR **1965** 152 = VRS **28** 199; OLG Köln NJW **1966** 417 = VRS 30

186; VRS **48** 25; OLG Neustadt DAR **1962** 243 = MDR **1962** 593; *Kleinknecht/Meyer*[37] 29; *Eb. Schmidt* Nachtr. I 29; *Kaiser* NJW **1964** 581; *Kleinknecht* NJW **1964** 2184; *Kruse* Blutalkohol **1964** 365; a. A *Peters* Blutalkohol **1964** 243.

[189] *Kleinknecht* NJW **1964** 2184.

[190] OLG Hamburg MDR **1965** 153 = VRS **28** 201; VRS **38** 440; *Kleinknecht/Meyer*[37] 29; vgl. auch *Jagusch/Hentschel* 5, wonach die Verbringung in eine Arrestzelle Freiheitsberaubung im Amt sein kann.

[191] *Kohlhaas* DAR **1960** 254; *Schlüchter* 177.3.

[192] OLG Saarbrücken NJW **1959** 1191 = VRS **17** 120; OLG Schleswig NJW **1964** 2217; KMR-*Paulus* 24; *Kleinknecht* NJW **1964** 2186; *Kohlhaas* DAR **1960** 254; **1968** 72; a. A *Kaiser* NJW **1964** 581.

[193] OLG Hamm DAR **1962** 132; *Kohlhaas* DAR **1956** 204.

Untersuchung handelt[194]. Maßnahmen, die die Untersuchung nur erleichtern, bedürfen der Einwilligung des Beschuldigten.

5. Anrechnung im Urteil. Die Zeit der zwangsweisen Vorführung gilt nicht als Freiheitsentziehung im Sinne des § 51 Abs. 1 Satz 1 StGB und wird daher nicht auf die Strafe angerechnet[195]. Anrechenbar ist aber die zwecks Vornahme eines ärztlichen Eingriffs angeordnete mehrtägige Unterbringung in einem Krankenhaus[195a]. **65**

X. Anfechtung

1. Richterliche Anordnungen, die noch nicht vollständig vollzogen sind, können, **66** sofern sie nicht im Eröffnungsverfahren ergehen[196] oder das Oberlandesgericht sie erläßt (§ 304 Abs. 4 Satz 2), mit der einfachen Beschwerde nach § 304 Abs. 1 angefochten werden[197].

Die Frage der Zulässigkeit einer Beschwerde zur **Feststellung der Rechtswidrig- 67 keit einer erledigten richterlichen Anordnung** wird unterschiedlich beantwortet. Der BGH und ein Teil des Schrifttums halten an der hergebrachten Auffassung fest, daß die Beschwerde unzulässig sei[198]; dies ergebe sich aus dem Inhalt der Beschwerdevorschrift. Zulässigkeitsvoraussetzung der Beschwerde sei u. a., daß der Rechtsmittelführer in seinen Rechten beeinträchtigt sei. Wenn die anzufechtende Entscheidung vollständig vollzogen sei, entfalle aber die Beschwerde wegen prozessualer Überholung[199]. Eine andere Auslegung gebiete auch Art. 19 Abs. 4 GG nicht, weil diese Vorschrift Rechtsschutz nur durch, nicht aber gegen den Richter gewähre[200]. Daher sei die Beschwerde unzulässig, wenn sie erst nach erfolgter Untersuchung oder Eingriff eingelegt werde[200a]. Dagegen steht die im Vordringen befindliche Ansicht der Literatur, wonach die Beschwerde — entsprechend der verwaltungsgerichtlichen Fortsetzungsfeststellungsklage — bei Bestehen eines berechtigten Interesses an der Feststellung der Rechtswidrigkeit der richterlichen Anordnung zulässig ist[201]. Die derzeitige Rechtslage ist unbefrie-

---

[194] *Kleinknecht/Meyer*[37] 29; *Geppert* DAR **1980** 318; *Kohlhaas* DAR **1973** 12.
[195] LG Oldenburg Rpfleger **1970** 175 mit abl. Anm. *Pohlmann*; *Kleinknecht/Meyer*[37] 28; *Lackner* § 51 StGB, 1 a; *Waldschmidt* NJW **1979** 1921; *Roxin*[19] § 33 A II 2; a. A LG Osnabrück NJW **1973** 2256; *Pohlmann* Rpfleger **1970** 175; *Pohlmann/Jabel* § 39 StrVollstrO, 45; *Dreher/Tröndle*[43] § 51, 3; SK-*Horn* § 51, 4; KMR-*Paulus* 46.
[195a] KK-*Pelchen* 9; *Kleinknecht/Meyer*[37] 28.
[196] § 202 Satz 2; vgl. aber OLG Hamm NJW **1974** 713 für unzulässige Anordnungen.
[197] OLG Frankfurt NJW **1957** 839; OLG Hamm NJW **1974** 713; OLG Schleswig SchlHA **1961** 24; NJW **1981** 2526; OLG Celle NJW **1971** 257; KK-*Pelchen* 13; *Kleinknecht/Meyer*[37] 30; KMR-*Paulus* 52; *Amelung* NJW **1979** 1690; *Fezer* Jura **1982** 19; *Gössel* § 4 III c 2; *K. Müller* 270; *Rieß/Thym* GA **1981** 195; *Schlüchter* 181; die Entscheidung des LG Göttingen MDR **1952**

629, das in sinngemäßer Anwendung des § 81 Abs. 5 die sofortige Beschwerde für zulässig hielt, ist vereinzelt geblieben.
[198] BGHSt **28** 58 = NJW **1978** 1815; BGH NJW **1973** 2035; KG NJW **1975** 354; KK-*Pelchen* Vor § 296, 7; *Kleinknecht/Meyer*[37] Vor § 296, 18; *Schlüchter* 181; *Stephan* NJW **1966** 2395; LR-*Meyer*[23] Rdn. 67.
[199] *Schlüchter* 624.
[200] LR-*Meyer*[23] Rdn. 67.
[200a] BGHSt **10** 91; BGH NJW **1973** 2035; OLG Celle NJW **1973** 863 = JR **1973** 340 mit Anm. *Peters*; KK-*Pelchen* 13; *Kleinknecht/Meyer*[37] Vor § 296, 17; KMR-*Paulus* 53; *Schlüchter* 181.
[201] *Amelung* Rechtsschutz gegen strafprozessuale Grundrechtseingriffe (1976) 49 und NJW **1979** 1690; *Dörr* NJW **1984** 2261; *Gössel* § 36 A IV; *Fezer* Jura **1982** 133; *Flieger* MDR **1981** 19; *Greiner* Kriminalistik **1980** 442; *Haffke* NW **1974** 1985; *Peters* JR **1973** 341; *Roxin*[19] § 29 D II; *Seibert* EuGRZ **1979** 57.

digend. Eine Gewährung rechtlichen Gehörs vor Anordnung des den Betroffenen in seinen Unverletzlichkeits- und Freiheitsrechten ggf. erheblich beeinträchtigenden Eingriffs findet nicht statt; eine nachträgliche Anhörung gem. § 33 a[202] ist nach den Erfahrungen der Praxis ein wirkungsloses Rechtsinstrument. Es fehlt der durch Art. 19 Abs. 4 GG auch gewährleistete effektive Rechtsschutz. Es ist verfassungsrechtlich auch nicht akzeptabel, daß der Betroffene möglicherweise verfassungswidrige Eingriffe in Grundrechte hinnehmen muß, ohne wenigstens die Feststellung ihrer Rechtswidrigkeit erreichen zu können[203]. Es spricht daher viel dafür, die Beschwerde jedenfalls dann zuzulassen, wenn der Eingriff für den Betroffenen nicht völlig unerhebliche negative Folgen (i. S. Rdn. 29, 40, 42, 47, evtl. auch 38, 39) gehabt hat (vgl. auch Rdn. 70 ff). Folgt man dagegen der (noch) herrschenden Auffassung, so wird eine Beschwerde, bei deren Einlegung die Zulässigkeitsvoraussetzungen noch bestanden haben, die aber dadurch gegenstandslos geworden ist, daß die angeordnete Maßnahme inzwischen vollzogen worden ist, ohne Kostenentscheidung für erledigt erklärt[203a].

68   Streitig ist, ob **Anordnungen des erkennenden Gerichts** angefochten werden können. Die Beschwerde wird teils nach § 305 Satz 1 ausnahmslos für unzulässig[204], teils mit der Begründung, § 305 Satz 1 könne nicht gelten, weil die einmal vollzogene Maßnahme nicht wieder rückgängig zu machen ist, ebenso ausnahmslos für zulässig gehalten[204a]. Eine vermittelnde Ansicht läßt die Beschwerde zu, wenn die Anordnung einem der in § 305 Satz 2 genannten Zwangseingriffe gleichkommt, also zu einer Freiheitsentziehung[205] oder zu einem, wenn auch nur leichten[206], körperlichen Eingriff führt[207]. Dieser Ansicht, die sich durchgesetzt hat, ist zuzustimmen.

69   Die Beschwerde hat **keine aufschiebende Wirkung** (§ 307 Abs. 1); jedoch kann der Richter die Vollziehung seiner Anordnung aussetzen (§ 307 Abs. 2), was bei schweren Eingriffen regelmäßig angezeigt sein wird. Das Beschwerdegericht prüft Rechtmäßigkeit und Zweckmäßigkeit des Eingriffs[208], darf jedoch dem Tatrichter die Untersuchung des Beschuldigten nicht untersagen, wenn dieser sie zur Aufklärung des Sachverhalts für erforderlich hält[209]. Eine weitere Beschwerde ist gemäß § 310 ausgeschlossen. Ist der angefochtene Beschluß entgegen § 34 nicht mit Gründen versehen oder ist die Begründung so unzureichend, daß nicht geprüft werden kann, ob die bei der Anordnung

---

[202] Befürwortet von *Rieß/Thym* GA **1981** 195.

[203] So LR-*G. Schäfer* § 98, 70 f; vgl. auch § 202, 17.

[203a] OLG Bremen MDR **1963** 335; OLG Frankfurt NJW **1957** 839; LG Hannover NJW **1967** 791; *Peters* JR **1973** 343; *Eb. Schmidt* JZ **1968** 363; a. A OLG Saarbrücken MDR **1974** 161, das sie für unzulässig hält.

[204] OLG Braunschweig GA **1965** 345 = NdsRpfl. **1965** 231; OLG Frankfurt NJW **1957** 839; OLG Hamburg HESt **2** 84 = MDR **1949** 122; OLG Hamm JMBlNRW **1956** 107; NJW **1959** 447; OLGSt § 81 a S. 31; JMBlNRW **1975** 189.

[204a] BayObLGSt **1956** 180 = NJW **1957** 272 = JR **1957** 110 mit Anm. *Eb. Schmidt* unter Aufgabe der in BayObLGSt **1951** 472 vertretenen Ansicht; OLG Nürnberg BayJMBl. **1960** 36; LG Bremen NJW **1968** 208; LG Göttingen MDR **1952** 629; *Eb. Schmidt*

Nachtr. I 33; *Dalcke/Fuhrmann/Schäfer* 7; *Amelung* Rechtsschutz gegen strafprozessuale Grundrechtseingriffe (1976) 21.

[205] OLG Celle MDR **1971** 506 = NJW **1971** 256; OLG Schleswig NStZ **1982** 81.

[206] Anders OLG Schleswig SchlHA **1961** 24, das Eingriffe erheblicher Art verlangt.

[207] OLG Celle NJW **1971** 1903; OLG Düsseldorf NJW **1964** 2217; OLG Hamm NJW **1970** 1985; **1971** 1903; MDR **1971** 507 L; OLG Koblenz OLGSt § 81 a S. 23; OLG Stuttgart Justiz **1967** 245; KK-*Pelchen* 13; *Kleinknecht/Meyer*[37] 30; KMR-*Paulus* 51; *K. Müller* 270; *Rieß/Thym* GA **1981** 195; *Schlüchter* 181; *Genzel* NJW **1969** 1564; vgl. auch § 202, 17.

[208] LG Göttingen MDR **1952** 629; KK-*Pelchen* 13; *Kleinknecht/Meyer*[37] 30.

[209] OLG Stuttgart Justiz **1967** 245; vgl. auch § 81, 44.

schwerer körperlicher Eingriffe maßgebenden Gesichtspunkte beachtet worden sind, so ist, abweichend von § 309 Abs. 2, die Zurückweisung der Sache an die Vorinstanz geboten[210].

2. Anordnungen der Staatsanwaltschaft und ihrer Hilfsbeamten sind nur bei Ge- **70** fahr im Verzug zulässig (§ 81 a Abs. 2) und werden daher sofort vollzogen. Bis vor kurzer Zeit überwog auch hier in Rechtsprechung und Literatur die Auffassung, daß die gerichtliche Überprüfung der vollzogenen Maßnahme wegen prozessualer Überholung ausgeschlossen sei[211]. Begründet wurde sie damit, daß alle Anordnungen der Staatsanwaltschaft und ihrer Hilfsbeamten in einem schwebenden Ermittlungsverfahren, die auf Aufklärung des Sachverhalts gerichtet seien, nur der Vorbereitung der Entscheidung darüber dienten, ob später eine Einstellungsverfügung zu treffen oder die öffentliche Klage gegen den Beschuldigten zu erheben sei. Derartige, auf Beweiserhebungen gerichtete Entscheidungen der Strafverfolgungsbehörden dürften, wenn der zügige Ablauf der Ermittlungen gesichert werden solle, nicht außerhalb dieses Verfahrens in einem Nebenverfahren gerichtlich auf ihre Rechtmäßigkeit überprüft werden. Statthaft sei nur die Dienstaufsichtsbeschwerde[212], die aber an dem Vollzug der Maßnahme nichts mehr ändern könne. Inzwischen hat sich unter dem Aspekt der Rechtsweggarantie des Art. 19 Abs. 4 GG, die auch für Ermittlungshandlungen der Strafverfolgungsbehörden gilt[213], ein Auffassungswandel vollzogen. Auf eine gerichtliche Kontrolle der staatsanwaltlichen und polizeilichen Anordnungen kann jedenfalls dann nicht vollständig verzichtet werden, wenn die Maßnahme nicht nur als Prozeßhandlung der Förderung des Verfahrens dient, sondern sie zugleich — wie regelmäßig bei Untersuchungen und Eingriffen nach § 81 a — als Grundrechtseingriff materiell-rechtlich die Rechtsstellung des Betroffenen beeinträchtigt. Die verfahrensbeendigende Entscheidung (Freispruch, Verurteilung oder Einstellung) kann diese gerichtliche Überprüfung nicht ersetzen[214], weil die Art der Verfahrenserledigung über die Berechtigung des Grundrechtseingriffs keine Aussage trifft. Wäre eine gerichtliche Überprüfung staatsanwaltlicher oder polizeilicher Grundrechtseingriffe nach Erledigung ausgeschlossen, hätte dies zur Folge, daß Anordnungen nach § 81 a, die in der Praxis in der Regel in Wahrnehmung der Eilzuständigkeit nach Abs. 2 getroffen[215] und sogleich vollzogen werden, weitgehend von jeder gerichtlichen Kontrolle freigestellt wären. Soweit es sich um in Grundrechte eingreifende Maßnahmen der Strafverfolgungsbehörden handelt, entspricht es der inzwischen herrschenden Meinung, daß der Betroffene gerichtliche Entscheidung beantragen kann, wenn wegen der erheblichen Folgen des Eingriffs oder wegen Wiederholungsge-

[210] OLG Hamm NJW **1971** 1904; vgl. auch *Kleinknecht/Meyer*[37] § 309, 7.
[211] OLG Karlsruhe NJW **1976** 1417; OLG Stuttgart NJW **1972** 2147; **1977** 2276; OLG Hamm NJW **1965** 1241; **1966** 684; **1969** 808; **1973** 1089; OLG Nürnberg GA **1968** 59; OLG Hamburg NJW **1972** 1586; KK-*Pelchen* 13; *Altenhain* DRiZ **1966** 361; **1970** 106; *Lüke* JuS **1961** 208; *D. Meyer* JuS **1971** 297.
[212] BayObLGSt **1956** 185 = NJW **1957** 273; *Eb. Schmidt* Nachtr. I 22.

[213] *Kalsbach* Die gerichtliche Nachprüfung von Maßnahmen der Staatsanwaltschaft im Strafverfahren (1967), 7; *Schenke* NJW **1976** 1819.
[214] So aber KG NJW **1972** 169 und GA **1976** 79, das deshalb eine gerichtliche Kontrolle nur für den Fall des Grundrechtseingriffs gegen einen Dritten zulassen will.
[215] Vgl. *Nelles* Kompetenzen und Ausnahmekompetenzen in der Strafprozeßordnung (1980), insbes. S. 229 zu Blutprobenentnahmen.

fahr ein nachwirkendes Bedürfnis für eine richterliche Überprüfung besteht[216]. Streitig ist aber nicht nur, wie das erforderliche Feststellungsinteresse zu konkretisieren ist[217], sondern auch die Frage, ob Rechtsschutz über das Verfahren nach §§ 23 ff EGGVG oder die entsprechende Anwendung des § 98 Abs. 2 in Betracht kommt.

71   Nach Erledigung der staatsanwaltlichen oder polizeilichen Maßnahme durch Vollzug soll nach einer Auffassung der Feststellungsantrag nach **§§ 23, 28 Abs. 1 Satz 4 EGGVG** zulässig sein[218]. Nach diesen Vorschriften können Maßnahmen der Staatsanwaltschaft und ihrer Hilfsbeamten angefochten werden. Denn es entspricht der ganz herrschenden Ansicht, daß insbesondere die Polizei, wenn sie in einem Ermittlungsverfahren auf Anordnung der Staatsanwaltschaft oder selbständig in Erfüllung des ihr in § 163 allgemein erteilten Ermittlungsauftrags tätig wird, Justizbehörde im Sinne des § 23 Abs. 1 EGGVG ist. Dieser Begriff darf nicht im organisatorischen Sinne, sondern muß im funktionellen Sinne ausgelegt werden[219]. Die Gegenmeinung[220] will die Nachprüfung solcher Anordnungen den Verwaltungsgerichten übertragen, also einer fremden Gerichtsbarkeit, der Erfahrung und Sachkunde zur Beurteilung der Notwendigkeit und Zweckmäßigkeit von Beweisanordnungen im strafprozessualen Ermittlungsverfahren häufig fehlen werden.

72   Demgegenüber befürworten der BGH in seiner neueren Rechtsprechung, einige Oberlandesgerichte und ein Teil des Schrifttums die entsprechende Anwendung des § 98 **Abs. 2 Satz 2**[221]. Das Verfahren nach den §§ 23 ff EGGVG müsse wegen seiner Subsidiarität (§ 23 Abs. 3 EGGVG) dahinter zurücktreten. Das Fehlen einer Feststellungsbefugnis in § 98 hindere eine Analogie oder eine erweiternde verfassungskonforme Auslegung nicht, weil es sich bei der Möglichkeit nachträglicher Feststellung um ein allgemei-

---

[216] BGHSt **28** 57; **28** 160; **28** 206 mit Anm. *Lisken* NJW **1979** 1992; BGH GA **1981** 223 = MDR **1981** 597; OLG Celle NdsRpfl. **1984** 265; StrVert. **1982** 513; OLG Stuttgart NJW **1972** 2146; OLG Karlsruhe NJW **1978** 1595; **1979** 2527; KG JR **1983** 304; *Kleinknecht/ Meyer*[37] 31; KMR-*Paulus* 48; *Amelung* Rechtsschutz gegen strafprozessuale Grundrechtseingriffe (1976), 34; NJW **1978** 1014; **1979** 1689; *Dörr* NJW **1984** 2258; *Fezer* Jura **1982** 23; *Flieger* MDR **1981** 19; *Gössel* § 3 B III b; *Peters* JR **1972** 301; *Rieß/ Thym* GA **1981** 201; *Schenke* VerwArch. **1969** 346; NJW **1976** 1816; *Schlüchter* 182; *Strubel/Sprenger* NJW **1972** 1734; einschr. *K. Meyer* FS Schäfer 133, der nach Vollzug regelmäßig das Feststellungsinteresse verneinen will; weitere Nachw. bei § 23 EGGVG.

[217] Vgl. dazu *Amelung* NJW **1978** 1014; **1979** 1689; *Dörr* NJW **1984** 2258; *Fezer* Jura **1982** 131; *Kleinknecht/Meyer*[37] § 23 EGGVG, 10; *Lisken* NJW **1979** 1992; *Meyer* FS Schäfer 122; *Middelberg* 71; *Rieß/Thym* GA **1981** 205; *Schenke* DÖV **1978** 732; vgl. auch die Erl. zu § 23 EGGVG.

[218] KG JR **1983** 304; OLG Celle StrVert. **1982** 513; *Kleinknecht/Meyer*[37] § 23 EGGVG, 10;

Dörr NJW **1984** 2258; *Flieger* MDR **1981** 19; *Meyer* FS Schäfer 130; *Schenke* NJW **1976** 1820.

[219] BVerwG NJW **1975** 893 = DÖV **1975** 275 mit Anm. *Naumann*; BayVerwGHE **19** I 155 = VerwRspr. **18** 968 = BayVerwBl. **1967** 97 mit Anm. *Samper*; OLG Hamburg MDR **1970** 865 = NJW **1970** 1811 L; OLG Hamm NJW **1973** 1090; OVG Münster NJW **1980** 855; VG Freiburg DVBl. **1965** 575 mit Anm. *Finkelnburg*; VG Stuttgart NJW **1975** 1294; *Kleinknecht/Meyer*[37] § 23 EGGVG, 2; *Altenhain* Polizei **1963** 18; JZ **1965** 759; DRiZ **1970** 107; *Genzel* NJW **1969** 1565; *D. Meyer* JuS **1971** 296; s. a. *Schenke* VerwArch. **1969** 339; *von Feldmann* VerwArch. **1971** 169 sowie die Erl. zu § 23 EGGVG.

[220] OVG Hamburg JVBl. **1962** 181; weitere Nachw. bei *D. Meyer* JuS **1971** 295 Fußn. 16.

[221] BGHSt **28** 57; **28** 160; **28** 206; BGH NJW **1978** 1013 mit Anm. *Amelung*; auch BGH GA **1981** 223; OLG Stuttgart MDR **1986** 689; OLG Karlsruhe NStZ **1986** 567; *Amelung* NJW **1979** 1689; *Dahs* Hdb. 311; *Fezer* Jura **1982** 23; *Gössel* § 3 B III b; KMR-*Paulus* 48; *Peters* JR **1972** 301; *Rieß/Thym* GA **1981** 201; *Schlüchter* 182; i. e. § 98, 72 ff, insbes. 74 f.

nes Prinzip handele, das in den §§ 28 Abs. 1 Satz 4 EGGVG, 113 Abs. 1 Satz 4 VwGO, 115 Abs. 3 StVollzG nicht abschließend geregelt sei. Für die analoge Anwendung des § 98 Abs. 2 Satz 2 spreche, daß die amtsgerichtliche Zuständigkeit über die Vollziehung der Zwangsmaßnahme hinaus erhalten bleibe, während nach der Gegenmeinung nach Vollzug der Maßnahme ein Zuständigkeitswechsel vom Amtsgericht zum Oberlandesgericht eintrete. Dieser Auffassung ist zu folgen. Zwar ist der Kritik insbesondere von *Meyer*[222] zuzugeben, daß das Verfahren nach § 98 Abs. 2 Satz 2 nicht der Überprüfung der Rechtmäßigkeit der Maßnahme der Staatsanwaltschaft dient, sondern nur der Entscheidung darüber, ob die von ihr angeordnete Beschlagnahme für die Zukunft aufrechtzuerhalten ist. Dies hindert jedoch nicht, die dadurch für den nachträglichen Rechtsschutz entstehende Regelungslücke im Hinblick auf Art. 19 Abs. 4 GG in erweiterter verfassungskonformer Auslegung zu schließen. Auch wenn die Schlußfolgerung, daß die analoge Anwendung des § 98 Abs. 2 Satz 2 der subsidiären der §§ 23 ff EGGVG vorgehe, nicht zwingend ist und nach der hier befürworteten Auffassung eine Rechtswegspaltung eintritt, wenn der Betroffene nicht nur die Anordnung der Untersuchung durch die Strafverfolgungsbehörde bei dem nach § 98 zuständigen Ermittlungsrichter, sondern auch die Art und Weise der Vollziehung bei dem nach § 23 EGGVG zuständigen Oberlandesgericht (Rdn. 73) beanstandet, spricht doch die größere Sachnähe für die Zuständigkeit des Ermittlungsrichters. § 98 Abs. 2 Satz 2 ist die Intention des Gesetzgebers zu entnehmen, grundsätzlich dem Ermittlungsrichter die Rechtmäßigkeitskontrolle zu übertragen. Die Zuständigkeitsspaltung erscheint akzeptabel, weil die Frage der Rechtmäßigkeit der Art und Weise der Vollziehung (dazu Rdn. 73) qualitativ von der nach der Rechtmäßigkeit der Anordnung getrennt werden kann, während ein Zuständigkeitswechsel bei der Überprüfung, ob die Anordnung rechtmäßig war oder nicht, je nachdem, ob die Anordnung bereits vollständig vollzogen ist oder nicht, systemwidrig und praktisch unbefriedigend wäre.

Gegen **Vorführungsbefehle** der Staatsanwaltschaft in Vollzug einer richterlichen **73** Anordnung und gegen die **Art und Weise des Vollzugs** durch die Strafverfolgungsbehörden ist der Antrag nach § 23 EGGVG dagegen zulässig[223]. Die gerichtliche Überprüfung erstreckt sich aber nicht auf die Rechtmäßigkeit der von dem zuständigen Gericht oder der Strafverfolgungsbehörde getroffenen Anordnung nach § 81 a.

XI. Verwertungsverbote

1. Allgemeines. Verstöße gegen § 81 a sollen die Verwertbarkeit des Untersu- **74** chungsergebnisses regelmäßig nicht berühren[224]. Im einzelnen gilt folgendes:

---

[222] FS Schäfer 126.

[223] BayVerfGE **21** II 178 = NJW **1969** 229; BGHSt **28** 206; OLG Koblenz JVBl. **1961** 237; OLG München v. 12. 3. 1969 – VAs 87/68 bei *Altenhain* DRiZ **1970** 106; OLG Stuttgart NJW **1972** 2146; OLG Karlsruhe NStZ **1986** 567; AG München MDR **1971** 596; KK-*Pelchen* 13; *Kleinknecht/Meyer*[37] 31; KMR-*Paulus* 50; *Meyer* FS Schäfer 131; *Rieß/Thym* GA **1981** 206; *Altenhain* JZ **1965** 758; DRiZ **1970** 106; *Strubel/Sprenger* NJW **1972** 1736; dazu eingehend *Genzel* NJW **1969** 1565; a. A *Fezer* Jura **1982** 132; *Lisken*

NJW **1979** 1992; *Peters* JR **1972** 182; *Schlüchter* 182, die auch insoweit eine analoge Anwendung des § 98 Abs. 2 Satz 2 befürworten. Das Bestreben, die Zuständigkeit einheitlich bei dem Ermittlungsrichter zu konzentrieren, dürfte so weitgehende Analogie jedoch nicht rechtfertigen.

[224] BGHSt **24** 128 mit Anm. *Wedemeyer* NJW **1971** 1902; OLG Oldenburg MDR **1955** 683; KK-*Pelchen* 14; *Kleinknecht/Meyer*[37] 32; *Alsberg/Nüse/Meyer* 500; *Roxin*[19] § 24 D III 2 f; *Gössel* FS Bockelmann 817; vgl. auch *Henkel* 225.

Hans Dahs

75   **2. Fehlerhafte Anordnung der Maßnahmen.** Bei richterlichen Anordnungen steht die Unzuständigkeit des Richters der Verwertbarkeit des Untersuchungsergebnisses nicht entgegen. Das gleiche gilt, wenn die Anordnung gegen den Verhältnismäßigkeitsgrundsatz verstoßen hat[225] oder wenn gesundheitliche Nachteile für den Beschuldigten zu besorgen waren oder eingetreten sind[226]. War die Maßnahme von einem Staatsanwalt oder Hilfsbeamten angeordnet worden, ohne daß Gefahr im Verzug vorlag, so ist das Untersuchungsergebnis ebenfalls verwertbar[227]. Unschädlich ist ferner, daß ein unzuständiger Beamter, insbesondere ein Polizeibeamter, der nicht Hilfsbeamter der Staatsanwaltschaft ist, die Maßnahme angeordnet hat[228] oder daß die Festnahme irrtümlich auf ausländischem Gebiet erfolgt ist[229]. Auch der Umstand, daß ein Hilfsbeamter der Staatsanwaltschaft eine Blutprobe hat entnehmen lassen, ohne zuvor entsprechend dem „Gemeinsamen Erlaß über die Feststellung von Alkohol im Blut bei Straftaten und Ordnungswidrigkeiten" einen Alkoholtest anzubieten, führt nicht zur Unverwertbarkeit[230]. Eine Blutprobe, die ohne entsprechende Anordnung entnommen worden ist, ohne daß die Einwilligung des bewußtlosen Beschuldigten vorgelegen hat, ist hingegen unverwertbar[231].

76   **3. Fehlende Belehrung über die Freiwilligkeit der Mitwirkung.** Das Ergebnis einer Untersuchung oder eines Eingriffs ist auch dann verwertbar, wenn der Beschuldigte dabei mitgewirkt hat, obwohl er nicht darüber belehrt worden ist, daß er hierzu nicht verpflichtet ist[232]. Ein Verwertungsverbot wird so lange nicht anerkannt werden, wie es in dem entsprechenden Fall verneint wird, daß der Beschuldigte ohne Hinweis auf seine Aussagefreiheit Angaben zur Sache gemacht hat (§ 136, 60). Bei Täuschung oder bewußter Aufrechterhaltung eines Irrtums des Beschuldigten über sein Recht, die Mitwirkung zu verweigern, ergibt sich die Unverwertbarkeit des Untersuchungsergebnisses, soweit es auf dieser Mitwirkung beruht, aus dem Rechtsgedanken des wegen seiner Beschränkung auf Vernehmungen nicht unmittelbar einschlägigen § 136 a.

77   **4. Fehlerhafte Eingriffsvornahme (Nichtarzt).** Daß schwere Eingriffe wie die Liquorentnahme oder die Hirnkammerluftfüllung nicht von einem Arzt vorgenommen werden, ist nicht vorstellbar. Zur rechtlichen Schwierigkeiten hat bisher nur die Frage geführt, ob die nicht von einem Arzt entnommene Blutprobe verwertbar ist. Die Antwort hängt davon ab, ob die Gesetzesänderung von 1953 die Blutprobenentnahme durch einen Arzt vorgeschrieben hat, weil nur so ein zuverlässiges Beweisergebnis geschaffen werden kann oder weil die Gesundheit des Beschuldigten geschützt werden soll. Überwiegend wird mit Recht angenommen, daß die Bewahrung von gesundheitlichen Nach-

---

[225] KK-*Pelchen* 14; *Kleinknecht/Meyer*[37] 32; *Alsberg/Nüse/Meyer* 500; *Kleinknecht* NJW **1964** 2186; **a. A** KMR-*Paulus* 59; *Dencker* Verwertungsverbote im Strafprozeß (1977) 93; *Henkel* 225 Fußn. 7.

[226] Anders *Grünwald* JZ **1966** 496.

[227] *Alberg/Nüse/Meyer* 500; *Kleinknecht/Meyer*[37] 32; KK-*Pelchen* 14; *Grünwald* JZ **1966** 496; *Rudolphi* MDR **1970** 97; **a. A** *Dencker* (Fußn. 225) 92.

[228] BayObLGSt **1965** 131 = NJW **1966** 416 = VRS **30** 65 = JR **1966** 187 mit Anm. *Kohlhaas*; *Schlüchter* 177.2; *Kleinknecht/Meyer*[37]

32; KK-*Pelchen* 14; KMR-*Paulus* 56; *Rudolphi* MDR **1970** 97 ff; **a. A** *Grünwald* JZ **1966** 496.

[229] OLG Köln VRS **60** 201.

[230] Vgl. dazu OLG Köln NStZ **1986** 234.

[231] BayObLG bei *Rüth* DAR **1966** 261; vgl. auch LAG Frankfurt NJW **1965** 2024.

[232] OLG Hamm NJW **1967** 1524; Blutalkohol **1980** 171; KK-*Pelchen* 14; *Kleinknecht/Meyer*[37] 32; *Alsberg/Nüse/Meyer* 491; *Jagusch/Hentschel* 3; *Janiszewski* 380; **a. A** KMR-*Paulus* 59; *Rogall* (Fußn. 28) 229.

teilen der Zweck der Gesetzesänderung gewesen ist[233]. Es steht daher der Verwertbarkeit des Untersuchungsergebnisses regelmäßig nicht entgegen, daß die Blutprobe von einem Sanitäter oder einer Krankenschwester abgenommen worden ist. Das entspricht fast allgemeiner Ansicht[234]. Der Verstoß gegen § 81 a kann für den den Eingriff vornehmenden bzw. anordnenden Nichtarzt aber strafrechtliche und zivilrechtliche Folgen haben[235].

5. Täuschung und rechtswidrige Zwangsanwendung. Werden unerlaubte Mittel an- **78** gewendet, um die Durchführung der Maßnahme zu erreichen, so ist das Untersuchungsergebnis unverwertbar. Die Frage, welche Mittel erlaubt sind, beurteilt sich aber nicht nach den Grundsätzen des § 136 a. Diese Vorschrift gilt nur für Vernehmungen, und ihre sinngemäße Anwendung scheitert daran, daß im Fall des § 81 a die Beweisergebnisse, anders als Aussagen, immer auch auf gesetzmäßigem Wege erlangt werden können[236]. Außerdem widerspräche es dem Zweck des § 81 a, wenn es in sinngemäßer Anwendung des § 136 a etwa untersagt wäre, einem Bewußtlosen oder einem Volltrunkenen eine Blutprobe zu entnehmen[237].

Das Beweisergebnis ist **unverwertbar,** wenn zu seiner Gewinnung Methoden ange- **79** wendet werden, die gegen die Grundsätze eines an Gerechtigkeit und Billigkeit orientierten Verfahrens verstoßen[238]. Das ist der Fall, wenn der Beschuldigte von einem Polizeibeamten bewußt darüber getäuscht wird, daß der die Blutprobe Entnehmende kein

---

[233] BGHSt **24** 128; OLG Oldenburg NJW **1955** 683; *Dähn* JA **1981** 9; *Dallinger* JZ **1953** 437; *Jessnitzer* MDR **1970** 798; *Schlichting* Blutalkohol **1966** 592; *Schöneborn* MDR **1971** 714; a. A *Eb. Schmidt* Nachtr. I 3 und MDR **1970** 463 ff.

[234] Dazu und zur Entnahme durch den früheren Medizinalassistenten BGHSt **24** 125 mit abl. Anm. *Wedemeyer* NJW **1971** 1902; BayObLGSt **1965** 128 = DAR **1966** 102 = NJW **1966** 415 = VRS **30** 64 = JR **1966** 186 mit Anm. *Kohlhaas*; BayObLG bei *Rüth* DAR **1966** 261 und **1970** 264; OLG Bremen VRS **36** 182; OLG Celle NJW **1969** 568 = VRS **36** 431; OLG Düsseldorf VRS **39** 211; OLG Hamm DAR **1964** 221 = JMBlNRW **1964** 92 = VRS **26** 435; DAR **1965** 181 = NJW **1965** 1089 = VRS **29** 464; DAR **1969** 276; VRS **38** 127; OLG Köln NJW **1966** 416 = VRS **30** 62; OLG Oldenburg NJW **1955** 683; OLG Stuttgart NJW **1960** 2257 L; KK-*Pelchen* 14; *Kleinknecht/Meyer*[37] 32; KMR-*Paulus* 57; *Grünwald* JZ **1966** 496; *Fezer* JuS **1978** 612; *G. Schäfer*[4] § 26 III 2; *Schlüchter* 173.3; *Gössel* FS Bockelmann 817; *Kleinknecht* NJW **1964** 2184; *Alsberg/Nüse/Meyer* 500; *Händel* Blutalkohol **1972** 230 ff; *Schöneborn* MDR **1971** 713; GA **1975** 40; a. A *von Münch/Niemöhlmann* Art. 2 GG,

50; *Kohlhaas* DAR **1956** 204; **1973** 14; JR **1960** 248; einschränkend aber DAR **1968** 73; *Jagusch/Hentschel* 6 ff; *Dzendzalowski* 76; *Schellhammer* NJW **1972** 319; *Eb. Schmidt* MDR **1970** 465; *Wedemeyer* NJW **1971** 1903.

[235] *Gössel* FS Bockelmann 817.

[236] BGHSt **24** 129 ff mit Anm. *Wedemeyer* NJW **1971** 1902; OLG Hamm DAR **1965** 181 = NJW **1965** 1090 = VRS **29** 464; NJW **1970** 528; OLG Düsseldorf VRS **39** 212; KK-*Pelchen* 14; *Kleinknecht/Meyer*[37] 33; *Alsberg/Nüse/Meyer* 502; KMR-*Paulus* 61; *Kleinknecht* NJW **1964** 2185; *Eb. Schmidt* MDR **1970** 464; *Schöneborn* MDR **1971** 215; die Grundsätze des § 136 a wollen aber anwenden: BayObLG bei *Rüth* DAR **1970** 264; Blutalkohol **1971** 67; OLG Celle NJW **1969** 568 = VRS **36** 430; OLG Hamm DAR **1964** 221 = JMBlNRW **1964** 92 = VRS **26** 435; NJW **1965** 2019; **1970** 1987 = VRS **40** 36; VRS **38** 127; *Dencker* (Fußn. 225) 88; *Schellhammer* NJW **1972** 319.

[237] BayObLGSt **1965** 130 = NJW **1966** 416 = VRS **30** 65 = JR **1966** 187 mit Anm. *Kohlhaas*.

[238] BGHSt **24** 141 mit Anm. *Wedemeyer* NJW **1971** 1902; *Rogall* ZStW **91** (1979) 37.

Hans Dahs

Arzt ist[239], nicht aber schon dann, wenn der Polizeibeamte es nur unterlassen hat, den Beschuldigten hierüber aufzuklären[240], oder wenn der Beschuldigte wegen Trunkenheit oder wegen eines Schockzustands nicht aufgeklärt werden konnte[241]. Unverwertbar sind die Untersuchungsergebnisse auch, wenn der Polizeibeamte die Vornahme der Blutprobenentnahme durch körperlichen Zwang oder dessen Androhung[242] durchgesetzt hat, obwohl er wußte, daß der Eingreifende kein Arzt ist[243]. Irrt jedoch auch der Polizeibeamte hierüber, so steht die Anwendung körperlichen Zwangs der Verwertbarkeit nicht entgegen[244]. Das gilt auch, wenn sich der Beschuldigte der Zwangsanwendung widersetzt, weil er argwöhnt, daß der Eingriff nicht von einem Arzt ausgeführt werden soll[245].

80   **6. Fehlerhafte Auswertung.** Fehler, die bei der wissenschaftlichen Untersuchung oder Auswertung der Blutprobe unterlaufen, führen nicht zu einem Verwertungsverbot, sondern sind bei der Beweiswürdigung zu berücksichtigen[246]. Das gilt auch bei groben Mängeln, z. B. wenn statt der vorgeschriebenen vier Untersuchungen nur eine Analyse durchgeführt wird; hier bieten sich größere Sicherheitsabschläge von der angegebenen Blutalkoholkonzentration an[247].

XII. Revision

81   Berücksichtigt der Tatrichter ein Untersuchungsergebnis bei der Beweiswürdigung, obwohl dem ein Verwertungsverbot entgegenstand, so begründet das die Revision, wenn das Urteil darauf beruht. Die Umstände, auf die das Verwertungsverbot gestützt wird, müssen nach § 344 Abs. 2 Satz 2 mit der Revision im einzelnen vorgetragen werden.

XIII. Abgeordnete

82   Die Festnahme eines Abgeordneten zur Vollziehung einer Anordnung nach § 81 a steht der vorläufigen Festnahme im Sinne des Art. 46 Abs. 2 GG und der entsprechenden

---

[239] OLG Hamm NJW **1965** 1090 = VRS **29** 464; NJW **1970** 528; KK-*Pelchen* 14; *Kleinknecht/Meyer*[37] 33; KMR-*Paulus* 60; *Alsberg/Nüse/Meyer* 502; *Fezer* JuS **1978** 614; *Schlüchter* 173.3; *Jagusch/Hentschel* 7; *Roxin*[19] § 24 D III 2 f; *Jessnitzer* 210; *Kohlhaas* JR **1966** 188.

[240] OLG Bremen VRS **36** 182; OLG Celle NJW **1969** 568 = VRS **36** 431; OLG Hamm NJW **1970** 528.

[241] BayObLGSt **1965** 130 = DAR **1966** 102 = NJW **1966** 415 = VRS **30** 65 = JR **1966** 187 mit Anm. *Kohlhaas*.

[242] BayObLG Blutalkohol **1971** 67.

[243] BGHSt **24** 131 mit Anm. *Wedemeyer* NJW **1971** 1902; OLG Hamm NJW **1970** 528; *Kleinknecht/Meyer*[37] 33; KMR-*Paulus* 60.

[244] BGHSt **24** 132 mit Anm. *Wedemeyer* NJW **1971** 1903; BayObLGSt **1964** 158 = NJW **1965** 1088; OLG Düsseldorf VRS **39** 211;

OLG Hamm DAR **1965** 181 = NJW **1965** 1090 = VRS **29** 464; KK-*Pelchen* 14; *Alsberg/Nüse/Meyer* 502; KMR-*Paulus* 60; *Jessnitzer* MDR **1970** 797; *Kleinknecht* NJW **1964** 2184; *Eb. Schmidt* MDR **1970** 461; a. A OLG Hamm DAR **1964** 221 = JMBlNRW **1964** 92 = VRS **26** 435; NJW **1965** 2019, das Unverwertbarkeit bei Zwangsanwendung ohne Rücksicht auf die Gutgläubigkeit des Polizeibeamten annimmt.

[245] Anders OLG Hamm NJW **1970** 1986 = VRS **40** 34.

[246] OLG Stuttgart DAR **1984** 294; LG Mönchengladbach MDR **1985** 428.

[247] OLG Hamm NJW **1974** 2064; OLG Hamburg DAR **1968** 334; vgl. auch OLG Stuttgart DAR **1984** 294, das Sicherheitsabschläge für nicht ausreichend hält, wenn die Untersuchung nur nach dem gaschromatographischen Verfahren durchgeführt wurde.

Vorschriften der Länderverfassungen gleich und ist daher bei auf frischer Tat betroffenen Abgeordneten ohne Genehmigung zulässig[248]. Ebenfalls zulässig sind Maßnahmen nach § 81 a gegen ausländische Konsularbeamte[249] und gegen Beschuldigte, für die das NATO-Truppenstatut und die deutsche Gerichtsbarkeit gilt. Gegen Exterritoriale dürfen Maßnahmen nach § 81 a nicht ergriffen werden.

§ 81 b

Soweit es für die Zwecke der Durchführung des Strafverfahrens oder für die Zwecke des Erkennungsdienstes notwendig ist, dürfen Lichtbilder und Fingerabdrücke des Beschuldigten auch gegen seinen Willen aufgenommen und Messungen und ähnliche Maßnahmen an ihm vorgenommen werden.

Schrifttum. *Achenbach* Vorläufige Festnahme, Identifizierung und Kontrollstellen im Strafprozeß, JA **1981** 660; *Bach* Erkennungsdienstliche Maßnahmen nach Einstellung des Ermittlungsverfahrens, NJW **1962** 1000; *Baum* Zur Frage der zwangsweisen erkennungsdienstlichen Behandlung, Kriminalistik **1965** 238; *Bellinghausen* Zu den Begriffen der Rechtmäßigkeit in § 113 StGB und „ähnliche Maßnahme" in § 81 b StPO, Kriminalistik **1976** 218; *Berndt* Kriminalakten — Ansprüche auf Einsicht und Vernichtung, Kriminalistik **1979** 475; *Bottke* Rechtsbehelfe der Verteidigung im Ermittlungsverfahren — eine Systematisierung, StrVert. **1986** 122; *Ender* Die Vernichtung erkennungsdienstlicher Unterlagen auf Antrag des Betroffenen, Kriminalistik **1960** 49; *Ender* Antrag auf Vernichtung erkennungsdienstlicher Unterlagen, Kriminalistik **1964** 591; *Ender* Die Vernichtung von ED-Unterlagen auf Antrag nach Einstellung des Ermittlungsverfahrens, Kriminalistik **1973** 151; *Ender* Vernichtung von ED-Unterlagen, Kriminalistik **1979** 565; *Fugmann* Erkennungsdienstliche Maßnahmen zu präventiv-polizeilichen Zwecken, NJW **1981** 2227; *Fuß* Rechtsfragen des polizeilichen Erkennungsdienstes, FS Wacke (1972) 305; *Greiner* Zur Zulässigkeit der erkennungsdienstlichen Behandlung eines Kindes, Kriminalistik **1979** 475; *Harbs* Erkennungsdienstliche Behandlung zur vorbeugenden Bekämpfung mit Strafe bedrohter Handlungen, Polizei **1961** 132; *Holland* Verwaltungsrechtsschutz gegenüber erkennungsdienstlichen Maßnahmen der Kriminalpolizei, JuS **1968** 559; *Hust* Erkennungsdienstliche Behandlung und Persönlichkeitsschutz, Kriminalistik **1965** 499; *Kohlhaas* Körperliche Untersuchung und erkennungsdienstliche Maßnahmen (1972); *Kohlhaas* Zur Zulässigkeit der Bartabnahme nach §§ 81 a, 81 b StPO, DRiZ **1972** 316; *Lampe* Nochmals: Erkennungsdienstliche Behandlung zur vorbeugenden Bekämpfung mit Strafe bedrohter Handlungen, Polizei **1961** 300; *Leineweber* Lichtbildaufnahmen von Beschuldigten in strafprozessualen Ermittlungsverfahren, Kriminalistik **1976** 560; *Mansperger* Die verwaltungs- und verfassungsrechtliche Problematik des polizeilichen Erkennungsdienstes, Diss. Würzburg 1972; *Marcelli* Nochmals: Zwangsweise erkennungsdienstliche Behandlung, Kriminalistik **1964** 607; *Oehm* Zur Frage der zwangsweisen Verbringung zur Polizeidienststelle zwecks Vornahme einer erkennungsdienstlichen Behandlung unter besonderer Berücksichtigung des Hessischen Landesrechts, MDR **1986** 99; *Potrykus* Über den Anspruch auf Beseitigung von ED-Unterlagen, Polizei **1966** 104; *Riegel* Zum Problem der Anfertigung und Vernichtung erkennungsdienstlicher Unterlagen, DÖV **1978** 17; *Riegel* Verwertbarkeit von Auskünften aus Kriminalakten über ge-

[248] OLG Bremen NJW **1966** 743 = VRS **31** 43; VRS **31** 114; OLG Oldenburg NJW **1966** 1764; KK-*Pelchen* 11; *Kleinknecht/Meyer*[37] 35; KMR-*Paulus* 20; *Bockelmann* Die Unverfolgbarkeit der Abgeordneten nach deutschem Immunitätsrecht (1951) 58; *Nau*

NJW **1958** 1670; *Reh* NJW **1959** 86; vgl. auch § 152 a, 19.
[249] Vgl. RdSchr. des BMJ v. 21. 3. 1973 GMBl. S. 186 unter IV B; s. dazu BayObLG NJW **1974** 431; KK-*Pelchen* 12; *Kleinknecht/Meyer*[37] 36.

tilgte Verurteilungen durch die Polizeibehörden als offene Flanke des Datenschutzes, JR **1979** 48; *Riegel* Probleme der polizeilichen Beobachtung und Observation, JZ **1980** 224; *Schäfer* Probleme des § 81 b StPO, Kriminalistik **1967** 60; *Schönbrunn* Zwangsweise erkennungsdienstliche Behandlung, Kriminalistik **1964** 425; *Schönbrunn* Und nochmals: Zwangsweise erkennungsdienstliche Behandlung, Kriminalistik **1965** 198; *Steinke* Rechtmäßigkeit von polizeilichen Fahndungsmaßnahmen unter Berücksichtigung des Datenschutzes, DVBl. **1980** 433; *Thomas* Erkennungsdienstliche Maßnahmen der Polizei, BayVerwBl. **1969** 50; *Wieczorek* Freiheitsentziehung nach § 81 b StPO, Kriminalistik **1970** 193; *Wieczorek* Kriminalistik, 6. Aufl. **1984**.

Entstehungsgeschichte. Die Vorschrift wurde durch Art. 2 Nr. 4 des AGGewVerbrG eingefügt. Die geltende Fassung erhielt sie durch Art. 3 Nr. 35 VereinhG; dabei wurde in dem Satzteil „Messungen oder ähnliche Maßnahmen" das Wort „oder" durch das Wort „und" ersetzt.

Übersicht

I. Inhalt der Vorschrift

1   **1. Allgemeines.** § 81 b enthält nicht nur Strafprozeßrecht, sondern auch materielles Polizeirecht. Der Unterschied ist vor allem wegen der Verschiedenheit der Rechtsbehelfe von Bedeutung (Rdn. 21 ff).

2   **2. Strafprozeßrecht.** Soweit die Vorschrift Identifizierungsmaßnahmen für die Zwecke der Durchführung des Strafverfahrens gegen den Willen des Beschuldigten zuläßt, handelt es sich um Strafprozeßrecht. Die Maßnahmen des § 81 b dienen solchen Zwecken, wenn sie Schuld oder Unschuld des Beschuldigten in einem gegen ihn anhängigen Strafverfahren beweisen sollen. Das ist z. B. der Fall, wenn von dem Beschuldigten Lichtbilder angefertigt werden, die Zeugen zur Identifizierung vorgelegt, oder wenn ihm Fingerabdrücke abgenommen werden, die mit Tatortspuren verglichen werden sollen. Die hierbei gewonnenen Unterlagen werden zu den Ermittlungsakten der Staatsanwaltschaft gebracht. Sie können aber später auch zu dem erkennungsdienstlichen Material der Kriminalpolizei genommen werden[1].

3   **3. Materielles Polizeirecht** enthält § 81 b, soweit er die erkennungsdienstliche Behandlung des Beschuldigten gestattet. Die Ansicht, die Vorschrift enthalte auch insoweit

---

[1] *Kleinknecht/Meyer*[37] 2; KMR-*Paulus* 17.

Strafprozeßrecht[2], wird heute nicht mehr vertreten[3]. § 81 b räumt der Polizei ein primäres und selbständiges Recht zu erkennungsdienstlichen Maßnahmen ein; die Vorschrift hat die bis 1933 teils gewohnheitsrechtlich, teils aufgrund landesrechtlicher Polizeigesetze geltenden Grundsätze vereinheitlicht[4]. Verfassungsrechtliche Bedenken gegen die Aufnahme materiellen Polizeirechts in die Strafprozeßordnung bestehen nicht. Die Gesetzgebungsbefugnis des Bundes folgt aus Art. 74 Nr. 1 GG und dem Sachzusammenhang[5].

Ausschließlich **erkennungsdienstlichen Zwecken** dienen die Maßnahmen des **4** § 81 b, wenn sie nicht die Überführung des Beschuldigten in einem bestimmten Ermittlungsverfahren bezwecken, sondern der Polizei bei ihrer künftigen Tätigkeit die Identifizierung tatverdächtiger Personen erleichtern sollen. In diesem Fall sind die Maßnahmen rein vorbeugender und sichernder Natur[6]. Sie können ohne Beziehung zu einem bestimmten Strafverfahren angeordnet und durchgeführt werden. In der Praxis werden der erkennungsdienstlichen Behandlung aber regelmäßig nur Tatverdächtige unterzogen, gegen die ein Ermittlungsverfahren eingeleitet ist oder eingeleitet wird. Die bei der erkennungsdienstlichen Behandlung gewonnenen Unterlagen gelangen nicht zu den Ermittlungsakten, sondern verbleiben bei den kriminalpolizeilichen Personalakten des Beschuldigten[7], werden aber auch, wie z. B. Lichtbilder und Fingerabdrücke, in die kriminalpolizeilichen Karteien aufgenommen.

Die **Polizeigesetze** der Bundesländer ermöglichen erkennungsdienstliche Maßnah- **5** men zur Identifizierung und zur Gefahrenabwehr auch außerhalb des Anwendungsbereichs des § 81 b[8]. Nach § 10 des von einigen Ländern bereits übernommenen Musterentwurfes eines einheitlichen Polizeigesetzes vom 25. 11. 1977[9] kann die Polizei erkennungsdienstliche Maßnahmen vornehmen, wenn eine Identitätsfeststellung auf andere Weise nicht oder nur unter erheblichen Schwierigkeiten möglich ist oder wenn dies zur vorbeugenden Bekämpfung von Straftaten erforderlich ist, weil der Betroffene verdächtig ist, eine Tat begangen zu haben, die mit Strafe bedroht ist, und wegen der Art der Ausführung der Tat die Gefahr der Wiederholung besteht. Ob die Bestimmungen der Polizeigesetze mit Art. 72 Abs. 1 GG vereinbar sind, wird bezweifelt[10]. Der Musterent-

---

[2] BVerwGE 2 302 = NJW **1956** 234 = MDR **1956** 313 mit Anm. *Bachof* und Anm. *Blau* NJW **1956** 805.

[3] Seit BVerwGE 11 182 = NJW **1961** 571.

[4] *Bachof* MDR **1956** 314.

[5] VGH Mannheim NJW **1973** 1664; *Fugmann* NJW **1981** 2228; *Riegel* DÖV **1978** 19; a. A *Mansperger* 41, der § 81 b 2. Var. für verfassungswidrig hält.

[6] OLG Düsseldorf NJW **1959** 1790; OVG Münster NJW **1972** 2148; OVG Saarlouis OVGE Rh-Pf. u. Saarl. **9** 307; a. A *Amelung* NJW **1979** 1688 Fn. 8, wonach erkennungsdienstliche Unterlagen, die zur Aufklärung zukünftiger Straftaten angelegt werden, der künftigen Repression und nicht der Prävention dienten; ebenso *Blau* NJW **1956** 805; *Naumann* DÖV **1975** 278; *Schwan* Verw-Arch. **1979** 121; *Benfer* NJW **1980** 902.

[7] OLG Düsseldorf NJW **1959** 1790; *Potrykus* Polizei **1966** 105.

[8] Baden-Württemberg: § 30 PolG v. 16. 1. 1968, GBl. S. 61; Bayern: Art. 13 BayPAG v. 24. 8. 1978, BayGVBl. S. 561; Berlin: § 16 BerlASOG v. 11. 2. 1975, BerlGVBl. S. 688; Bremen: § 12 i. V. m. § 31 BremPolG v. 21. 3. 1983, BremGBl. S. 141; Hessen: § 45 a HessSOG v. 26. 1. 1972, HessGVBl. S. 24; Nordrhein-Westfalen: § 10 PolG v. 25. 3. 1980, GVBlNW S. 205; Niedersachsen: § 13 SOG v. 17. 11. 1981, GVBl. S. 347; Rheinland-Pfalz: § 11 RhPfPVG v. 1. 8. 1981, GVBl. S. 180; Schleswig-Holstein: § 178 SchlHLVwG v. 19. 3. 1979, SchlHGVOBl. S. 182.

[9] Abgedr. in: *Heise/Riegel* Musterentwurf eines einheitlichen Polizeigesetzes, 2. Aufl. 1978.

[10] *Harbs* Polizei **1961** 132; *Hust* Kriminalistik **1965** 500; *Fugmann* NJW **1981** 2229; *Lampe* Polizei **1961** 300; *Sydow* ZRP **1977** 123.

Hans Dahs

wurf wollte die zwischen § 81 b und den Polizeigesetzen bestehenden Überschneidungen durch eine Beschränkung des § 81 b auf rein repressive Maßnahmen beseitigen[11]. Zu einer Gesetzesänderung ist es jedoch bisher nicht gekommen. Den verfassungsrechtlichen Bedenken wird man dadurch Rechnung tragen müssen, daß man den Anwendungsbereich der polizeilichen Vorschriften über die erkennungsdienstliche Behandlung auf solche verdächtige Personen begrenzt, die nicht Beschuldigte i. S des § 81 b sind[12]. Bei **Ausländern** können erkennungsdienstliche Maßnahmen gegen ihren Willen durchgeführt werden, wenn Zweifel über ihre Person oder Staatsangehörigkeit bestehen (§ 3 Abs. 1 Satz 3 AuslG). Im Strafvollzug rechtfertigt § 86 StVollzG erkennungsdienstliche Maßnahmen. Weitere bundesrechtliche Bestimmungen über erkennungsdienstliche Behandlungen enthalten § 13 Abs. 1 AsylVfG und § 19 BGSG.

II. Beschuldigter

6   Die Maßnahmen des § 81 b sind nur gegen Beschuldigte, nicht gegen Zeugen oder andere Personen gegen deren Willen zulässig. Die Beschuldigteneigenschaft wird durch die erste Ermittlungshandlung begründet, die sich gegen eine bestimmte Person richtet (näher die Erl. zu § 163 a). Der Tatverdacht braucht weder dringend noch auch nur so erheblich zu sein, daß er zur Anklageerhebung ausreicht. Es genügt der auf einen bestimmten Tatverdächtigen konkretisierte Anfangsverdacht des § 152 Abs. 2. Gegen Verdächtige, gegen die sich der Tatverdacht noch nicht so weit verdichtet hat, daß sie die Stellung eines Beschuldigten erlangt haben, kommen nur Maßnahmen nach § 163 b in Betracht. Die erkennungsdienstliche Behandlung ist von der Einleitung des Strafverfahrens an bis zu seinem endgültigen Abschluß zulässig[13]. Endgültig abgeschlossen ist das Strafverfahren erst mit dem Vollstreckungsverfahren, in dem daher erkennungsdienstliche Maßnahmen nach § 81 b ebenfalls zulässig sind[14]. Im Strafvollzug gilt § 86 StVollzG. Scheidet die Durchführung des Strafverfahrens gegen bestimmte Personen von vornherein aus, kommen gegen diese Maßnahmen nach § 81 b nicht in Betracht. Unzulässig ist daher die erkennungsdienstliche Behandlung von Schuldunfähigen und Strafunmündigen[15]. Auf Prozeß- und Verhandlungsfähigkeit kommt es demgegenüber nicht an.

7   Diese Grundsätze gelten auch für die erkennungsdienstliche Behandlung aus **präventiv-polizeilichen Gründen,** die ebenfalls nur im Rahmen eines anhängigen Strafverfahrens gegen einen bestimmten Beschuldigten zulässig ist[16]. Die Auffassung, daß die Maßnahmen des § 81 b aus präventiv-polizeilichen Gründen auch gegen Kinder und

---

[11] Vgl. *Fugmann* NJW **1981** 2227; *Riegel* DÖV **1978** 19.

[12] OVG Münster DÖV **1983** 603; *Kleinknecht/Meyer*[37] 4; *Fugmann* NJW **1981** 2227.

[13] BVerwGE **2** 303 = NJW **1956** 235; *Kleinknecht/Meyer*[37] 6; KMR-*Paulus* 5; *Ender* Kriminalistik **1964** 594; *Fuß* FS Wacke 306 ff; *Hust* Kriminalistik **1965** 499; **a. A** OVG Saarlouis OVGE Rh-Pf. u. Saarl. **9** 307; KK-*Pelchen* 3; *Eb. Schmidt* 7; *Bachof* MDR **1956** 315, wonach es nicht darauf ankommen soll, ob ein Ermittlungsverfahren bereits eingeleitet oder noch anhängig ist. Ohne Bezug

zu einem anhängigen Ermittlungsverfahren ist der Begriff des Beschuldigten jedoch konturlos.

[14] *Kleinknecht/Meyer*[37] 6; KMR-*Paulus* 5; *Fugmann* NJW **1981** 2228; **a. A** *Riegel* DÖV **1978** 19; *Fuß* FS Wacke 306.

[15] *Kleinknecht/Meyer*[37] 6; KMR-*Paulus* 6; *Fugmann* NJW **1981** 2228; **a. A** KK-*Pelchen* 2.

[16] BVerwGE **2** 202 = NJW **1956** 235; BVerwGE **66** 192 = NJW **1983** 772; *Bach* NJW **1962** 1000; *Fuß* FS Wacke 306; *Benfer* NJW **1980** 902; *Schwagerl* Kriminalistik **1965** 67; *Riegel* DÖV **1978** 17.

Schuldunfähige[17] und nach Einstellung des Ermittlungsverfahrens mangels hinreichenden Tatverdachts oder nach § 153 wegen Geringfügigkeit zulässig seien[18], ist mit dem Gesetzeswortlaut unvereinbar. Denn § 81 b verwendet einen einheitlichen Beschuldigtenbegriff[19]. Dieser Begriff kann nicht unterschiedlich ausgelegt werden, je nachdem, ob die erkennungsdienstliche Behandlung zum Zwecke des Strafverfahrens oder zum Zwecke des Erkennungsdienstes durchgeführt wird. § 81 b differenziert lediglich hinsichtlich der Zwecke, zu denen die erkennungsdienstliche Behandlung durchgeführt werden darf; die Anordnungsvoraussetzungen sind dagegen identisch. Erkennungsdienstliche Behandlungen außerhalb eines anhängigen Ermittlungsverfahrens oder gegen Personen, die von vornherein als Beschuldigte nicht in Betracht kommen, sind daher nur aufgrund anderer Rechtsvorschriften (vgl. Rdn. 5) zulässig.

III. Verhältnismäßigkeit

Wie bei allen Maßnahmen der Strafprozeßordnung, die mit Zwangseingriffen verbunden sind, ist auch bei den Maßnahmen des § 81 b der Verhältnismäßigkeitsgrundsatz zu beachten[20]. Das wird fast niemals bei Identifizierungsmaßnahmen für die Zwecke eines Ermittlungsverfahrens, häufig aber bei Maßnahmen für Zwecke des Erkennungsdienstes in Betracht kommen. Solche Maßnahmen dürfen in erster Hinsicht gegen gewerbs- oder gewohnheitsmäßig handelnde Rechtsbrecher und gegen solche Täter durchgeführt werden, bei denen Rückfallgefahr besteht. Andere Beschuldigte dürfen erkennungsdienstlich behandelt werden, wenn an ihnen nach Art und Schwere der begangenen Straftat ein besonderes kriminalpolizeiliches Interesse besteht. Wann das der Fall ist, haben die Polizeibeamten unter Würdigung aller Umstände zu beurteilen[21]. Dabei ist davon auszugehen, daß die Polizei nicht jeden, der einmal „aufgefallen" ist, deshalb als potentiellen Rechtsbrecher erkennungsdienstlich behandeln darf[22]. Notwendig ist eine erkennungsdienstliche Behandlung nur dann, wenn der Betroffene nach kriminalistischer Erfahrung auf Grund der Art und Schwere der ihm vorgeworfenen Straftaten, nach seiner Persönlichkeit sowie unter Berücksichtigung des Zeitraumes, während dessen er strafrechtlich in Erscheinung getreten ist, Anhaltspunkte für die Annahme liefert, daß er auch weiter wegen strafbarer Handlungen gesucht werden könnte[23]. Im Bußgeldverfahren sind erkennungsdienstliche Maßnahmen nur in seltenen Ausnahmefällen zulässig[24].

8

IV. Zulässige Maßnahmen

1. Einzelne Maßnahmen. § 81 b nennt ausdrücklich nur die Anfertigung von Lichtbildern, die Abnahme von Fingerabdrücken und die Vornahme von Messungen[25]. Maßnahmen dieser Art können den ganzen Körper oder einzelne Teile betreffen[26]. Zu den ähnlichen Maßnahmen, die nach § 81 b als zulässig angesehen werden, gehören die Ab-

9

---

[17] VG Freiburg NJW **1980** 901 mit abl. Anm. *Benfer*; *Kleinknecht/Meyer*[37] 7; *Greiner* Kriminalistik **1972** 92; *Krause/Nehring* 2.

[18] KK-*Pelchen* 2; *Kleinknecht/Meyer*[37] 7; *Fugmann* NJW **1981** 2227.

[19] *Benfer* NJW **1980** 902.

[20] KMR-*Paulus* 8; *Kleinknecht/Meyer*[37] 12; *Dahs* Hdb. 327; *Gössel* § 4 D III d 3; *Thomas* BayVerwBl. **1969** 53.

[21] Zu den Richtlinien des Bundeskriminalamtes vgl. *Schäfer* Kriminalistik **1967** 60; *Schwagerl* Kriminalistik **1965** 66.

[22] BVerwGE **26** 169.

[23] BVerwGE **11** 181 = NJW **1961** 571; OLG Hamburg MDR **1977** 80.

[24] *Göhler* § 46, 32.

[25] Vgl. dazu *Wieczorek* 128 ff.

[26] *Kleinknecht/Meyer*[37] 8.

Hans Dahs

nahme von Handflächen- und Fußabdrücken oder von Schriftproben[27], die Aufzeichnung des Beschuldigten bei einer Gegenüberstellung auf Videofilm[28] und die Fixierung des Klanges der Stimme oder seiner Sprechweise auf einen Tonträger zu Stimm- und Sprachvergleichszwecken[29]. Da der Beschuldigte zur aktiven Mitwirkung nicht verpflichtet ist, darf er jedoch zur Vornahme einer Schrift-, Sprech- oder Stimmprobe nicht gezwungen werden. Die Beschaffung solchen Vergleichsmaterials durch Täuschung dürfte unter Heranziehung des Grundgedankens des § 136 a zumindest sehr problematisch sein und wäre eine Umgehung des Verbots der zwangsweisen Beschaffung. Eine heimlich aufgenommene Stimmprobe ist mangels gesetzlicher Erhebungsgrundlage unverwertbar[30]. Ihre Zulassung durch den Gesetzgeber wäre unter dem Gesichtspunkt des § 136 a nicht unproblematisch. Dagegen kann ein einmal mit Zustimmung Rücksicht auf das Einverständnis des Beschuldigten nach § 81 b für einen Stimmenvergleich verwertet werden[31]. Die Aufnahme von Lichtbildern findet ihre Rechtsgrundlage in § 81 b, wenn sich das Ermittlungsverfahren gegen einen konkreten Verdächtigen richtet[32]. Werden dagegen beispielsweise Teilnehmer einer Demonstration fotografiert, um unbekannte Täter früherer Straftaten zu entdecken, handelt es sich um eine gewöhnliche Ermittlungsmaßnahme, die nach § 163 Abs. 1 zulässig sein soll[33]. Auch die polizeiliche Beobachtung als Maßnahme der vorbeugenden Verbrechensbekämpfung dürfte ihre Rechtsgrundlage in § 81 b finden[34]. In Betracht kommen nicht Maßnahmen, die nur augenblickliche Äußerungen des Beschuldigten registrieren sollen[35]. § 81 b soll aber sogar die Bezeichnung des Beschuldigten als Berufsverbrecher in der kriminalpolizeilichen Personalakte rechtfertigen[36].

10   **2. Vorbereitungsmaßnahmen.** Zulässig sind auch vorbereitende Maßnahmen, ohne die die in § 81 b ausdrücklich zugelassenen Maßnahmen nicht durchgeführt werden können. Dem Beschuldigten dürfen z. B., da anders die Anfertigung von Fingerabdrücken nicht möglich wäre, Schmutzkrusten an den Fingern mit Wasser und Seife entfernt werden. Bevor Lichtbilder angefertigt werden, kann es notwendig sein, das äußere Erscheinungsbild des Beschuldigten so herzurichten, daß er wieder so aussieht wie zur mutmaßlichen Tatzeit. Eine Perücke oder Brille darf ihm aufgesetzt oder abgenommen werden. Einer Frau darf Schminke aus dem Gesicht entfernt werden, die ihr Aussehen verändert; auch an ihrer Haartracht dürfen Änderungen vorgenommen werden. Bei einem männlichen Beschuldigten kommt insbesondere die Entfernung eines Bartes in Betracht, den er sich nach der mutmaßlichen Tat hat wachsen lassen[37].

---

[27] KMR-*Paulus* 12.

[28] BVerfG NStZ **1983** 84.

[29] *Kleinknecht/Meyer*[37] 8; KK-*Pelchen* 3; *Kühne* 239; *Kleinknecht* NJW **1966** 1541; *Schlüchter* 185; a. A KMR-*Paulus* 8.

[30] BGHSt **34** 39 = NJW **1986** 2261; vgl. auch *Wolfslast* NStZ **1987** 103.

[31] BGH StrVert. **1985** 397.

[32] OLG Köln MDR **1976** 67; KK-*Pelchen* 3; *Kleinknecht/Meyer*[37] 9.

[33] BGH NJW **1975** 2075; JZ **1978** 762; *Kleinknecht/Meyer*[37] 9; *Leineweber* Kriminalistik **1976** 559; a. A *Bergfelder* Kriminalistik **1976** 415; anders, wenn die bei einer Tätergruppe

von Demonstranten wegen der Vielzahl der Personen vorhandene Gefahr der Personenverwechslung durch Lichtbildaufnahmen ausgeschlossen werden soll; in diesem Fall ist § 81 b einschlägig: OLG Köln v. 26. 8. 1975 – Ss 149/75 –, mitgeteilt von *Bellinghausen* Kriminalistik **1976** 218; vgl. auch *Schäfer* Kriminalistik **1976** 560.

[34] Vgl. *Riegel* JZ **1980** 225.

[35] *Peters*[4] 330.

[36] VG Köln MDR **1972** 270.

[37] *Kohlhaas* DRiZ **1972** 316; vgl. auch § 81 a, 39; 38.

3. Lichtbilder. Die von dem Beschuldigten aufgenommenen Lichtbilder dürfen **11** ohne seine Einwilligung für Zwecke der Rechtspflege und der öffentlichen Sicherheit vervielfältigt, verbreitet und öffentlich zur Schau gestellt werden[38]. Die Verbreitung kann insbesondere in einem Steckbrief nach §131 erfolgen. §81b rechtfertigt dagegen nicht die Einführung von Lichtbildausweisen für Inhaftierte in Justizvollzugsanstalten[39].

V. Zuständigkeit

Für die Anordnung der Maßnahmen des §81b zum Zweck der Durchführung **12** des Strafverfahrens sind im **Ermittlungsverfahren** die Staatsanwaltschaft und die Beamten des Polizeidienstes (§163), nach Anklageerhebung das mit der Sache befaßte Gericht zuständig. Gefahr im Verzug braucht auch bei nichtrichterlichen Anordnungen nicht vorzuliegen. Durchgeführt werden die Maßnahmen stets von der Kriminalpolizei; denn nur sie verfügt über die erforderlichen Geräte und über Beamte, die mit ihnen umzugehen verstehen. Meist wird die Kriminalpolizei ohne besondere Anordnung bei der Durchführung der ihr nach §163 obliegenden Ermittlungen tätig.

Für rein erkennungsdienstliche Maßnahmen ist ausschließlich die **Kriminalpolizei 13** zuständig[40]. Ihre Beamten werden dabei nicht als Hilfsbeamte der Staatsanwaltschaft, sondern innerhalb ihrer eigenen Zuständigkeit tätig[41]. Sie brauchen nicht Hilfsbeamte der Staatsanwaltschaft zu sein und sind an Weisungen der Staatsanwaltschaft nicht nach §161 Satz 2 gebunden.

VI. Zwang

Die Maßnahmen des §81b dürfen unter Anwendung unmittelbaren Zwangs **14** durchgeführt werden. Ein bestimmtes Verfahren ist hierfür auch dann nicht vorgeschrieben, wenn die Maßnahmen für erkennungsdienstliche Zwecke von der Polizei vorgenommen werden sollen[42]. Insbesondere finden die §§12ff des Verwaltungs-Vollstreckungsgesetzes vom 27.4.1953[43] bei erkennungsdienstlichen Maßnahmen der Kriminalpolizei keine Anwendung. Die Zwangsmittel müssen nicht vorher angedroht werden; §81b gestattet Verwaltungszwang ohne weiteres[44]. Im einzelnen sind folgende Zwangsmaßnahmen erlaubt:

Der Beschuldigte darf zwangsweise **zur Dienststelle der Polizei verbracht** und **15** dort bis zur Erledigung der Maßnahmen festgehalten werden, wenn die erkennungsdienstliche Behandlung, wie meist, nur dort möglich ist[45]. Die zwangsweise Vorführung zu erkennungsdienstlichen Maßnahmen stellt nur eine Freiheitsbeschränkung dar, die nicht dem für Freiheitsentziehungen geltenden Richtervorbehalt unterliegt[46]. Die Durchsuchung von Räumen zwecks Ergreifung des Beschuldigten ist zulässig, wenn die erkennungsdienstlichen Maßnahmen für die Zwecke des Strafverfahrens erfolgen sollen

---

[38] §§24 KUG, 45 Abs. 2 und 3 UrhG.
[39] KG NStZ **1981** 77 mit Anm. *Müller-Dietz* NStZ **1981** 158.
[40] OLG Düsseldorf NJW **1959** 1790; OVG Münster NJW **1972** 2148; KK-*Pelchen* 5; *Kleinknecht/Meyer*[37] 13; KMR-*Paulus* 11.
[41] OLG Düsseldorf NJW **1959** 1790; OVG Saarlouis OVGE Rh-Pf. u. Saarl. **9** 307; *Kleinknecht/Meyer*[37] 13; *Thomas* BayVerwBl. **1969** 51.

[42] *Fuß* FS Wacke 316.
[43] BGBl. I 157.
[44] KK-*Pelchen* 6; *Kleinknecht/Meyer*[37] 15; *Marcelli* Kriminalistik **1964** 607; **a. A** *Schönbrunn* Kriminalistik **1964** 425; **1965** 198.
[45] *Kleinknecht/Meyer*[37] 15; *Gössel* § 4 D III d 3; *Baum* Kriminalistik **1965** 240; *Wieczorek* Kriminalistik **1970** 193; *Oehm* MDR **1986** 99.
[46] BayObLG BayVBl. **1984** 27 = DÖV **1984** 515.

Hans Dahs

(§ 102, 21). Um die Anfertigung von Lichtbildaufnahmen und Messungen und die Durchführung der anderen zulässigen Maßnahmen (Rdn. 9 ff) zu ermöglichen, darf der Beschuldigte von Polizeibeamten festgehalten werden; zur Abnahme der Fingerabdrücke dürfen seine Finger mit Gewalt über die Abdruckplatte bewegt werden[47]; entsprechendes gilt bei der Abnahme von Handflächen und Fußabdrücken. Unzulässig wäre es dagegen, den Beschuldigten durch das Anziehen von Knebelketten zu Schrift- oder Stimmproben zu zwingen.

VII. Aufbewahrung der Unterlagen

16   **1. Aufbewahrende Behörde.** Die für Zwecke der Durchführung eines Strafverfahrens gewonnenen Unterlagen sind und bleiben Bestandteil der Strafakten[48]. Einen Anspruch auf Herausgabe oder Vernichtung hat der Beschuldigte auch nach Abschluß des Strafverfahrens nicht, gleichgültig, wie es ausgegangen ist[49].

17   Die für **erkennungsdienstliche Zwecke** hergestellten Unterlagen bewahrt die Kriminalpolizei auf; sie nimmt auch damit polizeiliche Aufgaben außerhalb einer konkreten Strafverfolgung wahr[50]. An Weisungen des Gerichts und der Staatsanwaltschaft ist sie daher nicht gebunden[51]. Die Unterlagen werden nur für den Dienstgebrauch aufbewahrt; sie dürfen nicht nach außen unsachgemäß verwendet werden[52]. Ob sie auch Dritten zugänglich gemacht werden dürfen, z. B. bei der Einsichtnahme des Tatopfers (§ 406 e Abs. 1 S. 1) oder eines anderen Zeugen (Nr. 185 Abs. 3 RiStBV) in die Straftäterlichtbildkartei, ist im Einzelfall unter Abwägung der beiderseitigen rechtlich geschützten Interessen zu entscheiden.

18   **2. Zulässigkeit der Aufbewahrung.** § 81 b spricht ausdrücklich nur von der Gewinnung, nicht von der Aufbewahrung erkennungsdienstlicher Unterlagen. Nach herrschender Ansicht sind aus der Vorschrift aber auch die Grenzen für die Berechtigung der Behörde herzuleiten, die Unterlagen aufzubewahren[53]. Ebenso wie die Herstellung muß auch die Aufbewahrung der Unterlagen notwendig sein. Das öffentliche Interesse an der Aufbewahrung der erkennungsdienstlichen Unterlagen und die damit verbundene Beeinträchtigung des Betroffenen, insbesondere der mögliche Schaden, der ihm durch die Verwertung der Unterlagen bei einem nicht gerechtfertigten Verdacht entstehen kann, sind gegeneinander abzuwägen[54]. Der Verhältnismäßigkeitsgrundsatz, das Übermaßverbot, ist zu beachten[55]. Die Aufbewahrung von Unterlagen, die bei ermessensfehlerfreier Abwägung dieser Umstände nicht oder nicht mehr erforderlich ist, verstößt gegen das Gebot des Art. 1 Abs. 1 Satz 1 GG, die Menschenwürde des Staatsbür-

---

[47] *Eb. Schmidt* 3.
[48] Anders *Fuß* FS Wacke 320, der die ausschließliche Zuständigkeit der Kriminalpolizei für die Aufbewahrung annimmt.
[49] KK-*Pelchen* 7; *Kleinknecht/Meyer*[37] 16; KMR-Paulus 17.
[50] BVerwGE 26 170 = NJW 1967 1192; a. A *Blau* NJW 1956 805.
[51] BayVerwGHE 20 I 1 = DVBl. 1966 904.
[52] BVerwGE 26 172 = NJW 1967 1193.
[53] BVerwGE 11 182 = NJW 1961 572; BVerwGE 26 170 = NJW 1967 1192; BVerwGE 66 199 = NJW 1983 773; VGH

Mannheim NJW 1973 1664; OVG Münster NJW 1972 2148; DÖV 1983 603; OVG Saarlouis OVGE Rh-Pf. u. Saarl. 9 307; VG Neustadt NJW 1965 1935; *Fugmann* NJW 1981 2227; KK-*Pelchen* 7; *Kleinknecht/Meyer*[37] 16; *Riegel* DÖV 1978 17; KMR-*Paulus* 18; *Holland* JuS 1968 562.
[54] BVerwGE 26 171 = NJW 1967 1192; VGH Mannheim NJW 1973 1664.
[55] BVerwGE 26 172 = NJW 1967 1193; BayVerwGHE 20 I 1 = DVBl. 1966 904; *Kleinknecht/Meyer*[37] 16; *Hust* Kriminalistik 1965 501.

gers zu achten[56]. Hingegen wird die freie Entfaltung der Persönlichkeit (Art. 2 Abs. 1 GG) durch die Aufbewahrung der Unterlagen nicht beeinträchtigt; ebensowenig kommt ein Verstoß gegen die Unschuldsvermutung der Art. 6 Abs. 2 MRK in Betracht[57].

Die Aufbewahrung des erkennungsdienstlichen Materials ist **unzulässig,** wenn der **19** Tatverdacht gegen den Beschuldigten in dem Ermittlungsverfahren völlig ausgeräumt oder wenn der Beschuldigte wegen erwiesener Unschuld freigesprochen worden ist[58]. Dabei ist jedoch die Begründung des Strafurteils nicht maßgebend, wenn sie offensichtlich lückenhaft ist und schwerwiegende Belastungstatsachen nicht berücksichtigt[59]. Unzulässig ist die weitere Aufbewahrung auch, wenn die dem Urteil zugrundeliegende Strafvorschrift nachträglich aufgehoben worden ist[60]. In allen anderen Fällen soll es darauf ankommen, ob nach der konkreten Sachlage noch Anhaltspunkte dafür vorliegen, daß die erkennungsdienstlich behandelte Person zukünftig strafrechtlich in Erscheinung treten wird und daß die angefertigten Unterlagen hierbei die Ermittlungen der Polizei fördern können[61]. Ob das der Fall ist, ergibt sich aus kriminalistischen Erfahrungen und Erkenntnissen[62]. Es muß sich nicht um Täter handeln, die Straftaten gewerbs- oder gewohnheitsmäßig begehen oder von denen schwerwiegende Straftaten zu erwarten sind[63]. Wenn ein Tatverdacht bestehen bleibt und zu besorgen ist, daß der Beschuldigte künftig Straftaten begehen wird, hindern die Einstellung des Ermittlungsverfahrens mangels ausreichenden Tatverdachts[64] oder wegen eines Verfahrenshindernisses[65] und die Freisprechung des Beschuldigten wegen nicht erwiesener Schuld[66] die weitere Aufbewahrung nicht. Auch die Einstellung des Verfahrens wegen Geringfügigkeit nach § 153 steht ihr dann nicht entgegen[67]. Allerdings verlangen Verhältnismäßigkeitsprinzip und Freiheitsrechte des Betroffenen eine regelmäßige Überprüfung der Notwendigkeit weiterer Aufbewahrung (vgl. Rdn. 18). In vielen Fällen, insbesondere bei „Ersttätern" und geringer gewichtigen Delikten, dürfte die zulässige Aufbewahrungsfrist ein oder zwei Jahre nicht überschreiten.

3. Anspruch auf Vernichtung. Liegen die Voraussetzungen, unter denen die Auf- **20** bewahrung der erkennungsdienstlichen Unterlagen zulässig ist, nicht oder nicht mehr

---

[56] VG Berlin NJW **1955** 964 mit Anm. *von Köhler; Maunz/Dürig/Herzog* Art. 1 Abs. 1 GG, 37; *Drews/Wacke/Vogel/Martens* Gefahrenabwehr[9] (1986) § 12, 3 b.

[57] BVerwGE **11** 183 = NJW **1961** 572; BayVerwGHE **20** I 2 = DVBl. **1966** 904; *Peters*[4] 330; a. A VG Neustadt NJW **1955** 1934.

[58] OVG Saarlouis OVGE Rh-Pf. u. Saarl. **9** 307; KK-*Pelchen* 7; *Kleinknecht/Meyer*[37] 17; *Peters*[4] 330; *Roxin*[19] § 33 A III c; *Dahs* Hdb. 327; *Schlüchter* 185 Fußn. 71; KMR-*Paulus* 19; *Potrykus* Polizei **1966** 105; *Thomas* BayVerwBl. **1969** 54.

[59] VG Berlin NJW **1955** 964 mit Anm. *von Köhler; Kleinknecht/Meyer*[37] 17; a. A *Fuß* FS Wacke 322; *Potrykus* Polizei **1966** 105; *Thomas* BayVerwBl. **1969** 54, die das freisprechende Urteil für bindend halten.

[60] *Wulf* NJW **1969** 1612.

[61] BVerwGE **26** 172 = NJW **1967** 1193; BVerwGE **66** 189 = NJW **1983** 773; OVG

Münster NJW **1972** 2148; DÖV **1983** 603; VG Neustadt NJW **1965** 1934; KK-*Pelchen* 7; *Kleinknecht/Meyer*[37] 18; KMR-*Paulus* 19.

[62] BVerwGE **11** 183 = NJW **1961** 572; BVerwGE **26** 172 = NJW **1967** 1192; OVG Münster NJW **1972** 2148; *Holland* JuS **1968** 562; *Potrykus* Polizei **1966** 105; *Thomas* BayVerwBl. **1969** 54; kritisch wegen der Unbestimmtheit dieser Begriffe *Kühne* 241.

[63] Anders *Holland* JuS **1968** 562.

[64] BVerwGE **26** 172 = NJW **1967** 1193; BVerwGE **66** 199 = NJW **1983** 773; *Kleinknecht/Meyer*[37] 18.`

[65] *Potrykus* Polizei **1966** 105; *Thomas* BayVerwBl. **1969** 54; *Riegel* DÖV **1978** 17.

[66] BVerwGE DÖV **1973** 752; VGH Mannheim NJW **1973** 1664; a. A *Fuß* FS Wacke 322.

[67] OVG Münster NJW **1972** 2148; *Kleinknecht/Meyer*[37] 18; *Ender* Kriminalistik **1973** 151.

Hans Dahs

vor, so hat der Beschuldigte einen Rechtsanspruch darauf, daß sie vernichtet werden[68]. Ihre Herausgabe kann er nicht verlangen; er hat auch nicht das Recht, bei der Vernichtung der Unterlagen anwesend zu sein[69]. Der Anspruch auf Vernichtung umfaßt die Unterlagen bei allen Behörden, die erkennungsdienstliche Dokumente und Mitteilungen über den Betroffenen erhalten haben.

VIII. Anfechtung

1. Maßnahmen im Strafverfahren

21   **a) Gerichtliche Anordnungen.** Ordnet das Gericht Identifizierungsmaßnahmen an, die der Durchführung des anhängigen Strafverfahrens dienen, so kann der Beschuldigte hiergegen, sofern nicht § 202 Satz 2, § 304 Abs. 4 oder § 305 Satz 1 entgegenstehen, Beschwerde nach § 304 Abs. 1 einlegen[70]. Das Rechtsmittel hat keine aufschiebende Wirkung (§ 307 Abs. 1); eine weitere Beschwerde ist ausgeschlossen (§ 310 Abs. 2). Ein erst nach Durchführung der Maßnahmen eingelegtes Rechtsmittel ist unzulässig[71]. Eine Beschwerde, bei deren Einlegung die Zulässigkeitsvoraussetzungen noch bestanden haben, die aber dadurch gegenstandslos geworden ist, daß die angeordnete Maßnahme inzwischen vollzogen worden ist, wird ohne Kostenentscheidung für erledigt erklärt[72].

22   **b) Anordnungen der Staatsanwaltschaft und Polizei.** Gegen staatsanwaltliche und polizeiliche Anordnungen nach § 81 b kann der Betroffene unter dem Aspekt der Rechtsschutzgarantie des Art. 19 Abs. 4 GG nach heute allgemeiner Meinung gerichtlichen Rechtsschutz in Anspruch nehmen (§ 81 a, 70 ff)[73]. Streitig ist dagegen, ob der Rechtsschutz über § 23 EGGVG oder in entsprechender Anwendung des § 98 Abs. 2 Satz 2 zu gewähren ist. Die Vertreter der erstgenannten Auffassung argumentieren, Justizbehörden i. S des § 23 EGGVG seien nicht nur die Gerichte und die Staatsanwaltschaft, sondern auch die Polizei, soweit ihre Beamten bei der Strafverfolgung tätig werden. Da § 81 b keinen spezifisch strafprozessualen Rechtsbehelf vorsehe, müsse der subsidiäre Rechtsweg nach § 23 EGGVG gegeben sein, nach Vollzug der Anordnung in Form eines Feststellungsantrages, wenn der Beschwerdeführer ein berechtigtes Interesse an der Feststellung der Rechtswidrigkeit der vollzogenen Maßnahme habe. Dieses sei regelmäßig nicht auszuschließen, wenn die aufgrund der Anordnung angefertigten erkennungsdienstlichen Unterlagen noch aufbewahrt werden, weil die Rechtswidrigkeit der Anordnung Bedeutung für die Frage der weiteren Aufbewahrung habe[74].

---

[68] VG Neustadt NJW **1965** 1934; VG Bremen StrVert. **1981** 189; VG Hamburg StrVert. **1981** 351; OVG Münster NJW **1983** 1340; *Kleinknecht/Meyer*[37] 19; KMR-*Paulus* 18; *Riegel* DÖV **1978** 17; *Fugmann* NJW **1981** 2229.

[69] OVG Saarlouis Rh-Pf. u. Saarl. **9** 307.

[70] KK-*Pelchen* 8; *Kleinknecht/Meyer*[37] 21; *Eb. Schmidt* Nachtr. I 2; *Gössel* § 4 D III d 4; § 81 a, 66.

[71] Vgl. BGHSt **10** 91; BGH NJW **1973** 2035; OLG Celle NJW **1973** 863 = JR **1973** 340 mit Anm. *Peters;* KK-*Pelchen* 8.

[72] OLG Bremen MDR **1963** 335; OLG Frankfurt NJW **1957** 839; LG Hannover NJW **1967** 791; *Peters* JR **1973** 343; *Eb. Schmidt* JZ **1968**

363; **a. A** OLG Saarbrücken MDR **1974** 161, das sie für unzulässig, und *Kleinknecht/Meyer*[37] 21, die einen Beschluß über die Erledigung regelmäßig für entbehrlich halten.

[73] Vgl. zuletzt OLG Stuttgart MDR **1986** 689; *Bottke* StrVert. **1986** 122; anders LR-*Meyer*[23] 22 f u. KK-*Pelchen* 9, wonach allein Gegenvorstellung und Dienstaufsichtsbeschwerde statthaft sein sollen, sowie *Rüping* 82, der jeden richterlichen Rechtsschutz verneint.

[74] BVerwGE **47** 255 = NJW **1975** 893; *Kleinknecht/Meyer*[37] 21; *Amelung* Rechtsschutz gegen strafprozessuale Grundrechtseingriffe (1976), 35; *Gössel* § 4 D III d 4; *Fezer* Jura **1982** 133; *Roxin*[19] § 33 III b; vgl. auch *Rieß/Thym* GA **1981** 208.

Demgegenüber ist der Auffassung der Vorzug zu geben, daß in entsprechender An- **23** wendung des § 98 Abs. 2 Satz 2 gegen Anordnungen nach § 81 b das Amtsgericht angerufen werden kann[75]. Prozeßhandlungen der Ermittlungsbehörden, die in Grundrechte eingreifen, sind nach der Systematik der StPO entsprechend § 98 Abs. 2 Satz 2 der Überprüfung durch den Richter zugewiesen[76]. Es ist kein Grund ersichtlich, bei Maßnahmen nach § 81 b anders zu verfahren. Damit wird ein dogmatisch unerwünschtes Rechtsweg-Splitting vermieden und die Einheitlichkeit des Rechtsmittelsystems gewahrt. Auch die Erfordernisse der Strafrechtspraxis (formell unkomplizierter Rechtsbehelf, Verfahrensbeschleunigung, Orts- und Sachnähe des Gerichts) sprechen für diese Lösung (vgl. auch § 81 a, 71 f).

2. Maßnahmen für Zwecke des Erkennungsdienstes. Bei rein erkennungsdienstli- **24** chen Maßnahmen kommt eine Anfechtung der Anordnungen, auf denen sie beruhen, praktisch nicht in Betracht, weil der Betroffene von ihnen vorher nichts erfährt. Die Anfechtung muß daher regelmäßig die Vernichtung der gewonnenen Unterlagen erstreben. Das gleiche gilt für den Fall, daß die Unterlagen ursprünglich für Beweiszwecke in einem bestimmten Strafverfahren hergestellt, nach dessen Beendigung aber in die Verwahrung der Kriminalpolizei genommen worden sind. Erhält der Betroffene dagegen die förmliche Aufforderung, sich zur Aufnahme von Unterlagen zum Zwecke des Erkennungsdienstes bei der Polizei einzufinden, ist dagegen Widerspruch und Anfechtungsklage zulässig[77].

Die Ablehnung des Antrags auf Vernichtung erkennungsdienstlicher Unterlagen **25** ist ein **Verwaltungsakt,** der nach jetzt einhelliger Ansicht nicht in dem Verfahren nach § 23 EGGVG, sondern vor dem Verwaltungsgericht anzufechten ist[78]. Der Anspruch ist mit der Verpflichtungsklage nach § 42 Abs. 1 VwGO zu verfolgen[79]. Maßgebend für die Beurteilung der Rechtmäßigkeit der Aufbewahrung ist der Zeitpunkt der Entscheidung des Verwaltungsgerichts[80].

[75] So OLG Hamburg MDR **1977** 68 = OLGSt § 81 b StPO S. 1; OLG Schleswig bei *Ernesti/Lorenzen* SchlHA **1981** 92; OLG Stuttgart MDR **1986** 689; LG Flensburg StrVert. **1987** 56; KMR-*Paulus* 22; *Schlüchter* 187; *G. Schäfer*[4] § 36 V 2; eingehend § 81 a, 70 ff.

[76] Vgl. i. e. OLG Stuttgart MDR **1986** 690.

[77] BVerwGE **66** 192 = NJW **1983** 772 = MDR **1983** 609; OLG Hamburg MDR **1977** 80; *Kleinknecht/Meyer*[37] 22.

[78] BVerfGE **16** 94 = NJW **1963** 1819; BGHSt **28** 209 = NJW **1979** 892; BVerwGE **11** 182 = NJW **1961** 572 unter Aufgabe der Rechtsansicht in BVerwGE **2** 303 = NJW **1956** 313 mit Anm. *Bachof* und Anm. *Blau* NJW **1956** 805; BVerwGE **26** 170 = NJW **1967** 1192; BayVerwGHE **20** I 1 = DVBl. **1966** 904; OLG Düsseldorf NJW **1959** 1790; VGH

Mannheim NJW **1973** 1664; OVG Münster NJW **1972** 2147; VG Berlin NJW **1955** 964 mit Anm. *von Köhler*; VG Neustadt NJW **1965** 1934; KK-*Pelchen* 10; *Kleinknecht/ Meyer*[37] 22; KMR-*Paulus* 23; *Gössel* § 4 D III d 4; *Roxin*[19] § 33 III b; *G. Schäfer*[4] § 36 V 2; *Holland* JuS **1968** 559; *Potrykus* Polizei **1966** 105; *Thomas* BayVerwBl. **1969** 55.

[79] *Kleinknecht/Meyer*[37] 23; KMR-*Paulus* 23; *Fuß* FS Wacke 321; *Schmitz* NJW **1968** 1128; a. A *Thomas* NJW **1968** 438; BayVerwBl. **1969** 55: Anfechtungsklage; VG Neustadt NJW **1965** 1934; *Drews/Wacke/Vogel/Martens* § 12, 3 b: Folgenbeseitigungsanspruch; *Holland* JuS **1968** 559: unmittelbare Leistungsklage.

[80] VGH Mannheim NJW **1973** 1664; OVG Münster NJW **1972** 2148; KK-*Pelchen* 10; *Kleinknecht/Meyer*[37] 23.

Hans Dahs

§ 81 c

(1) Andere Personen als Beschuldigte dürfen, wenn sie als Zeugen in Betracht kommen, ohne ihre Einwilligung nur untersucht werden, soweit zur Erforschung der Wahrheit festgestellt werden muß, ob sich an ihrem Körper eine bestimmte Spur oder Folge einer Straftat befindet.

(2) [1]Bei anderen Personen als Beschuldigten sind Untersuchungen zur Feststellung der Abstammung und die Entnahme von Blutproben ohne Einwilligung des zu Untersuchenden zulässig, wenn kein Nachteil für seine Gesundheit zu befürchten und die Maßnahme zur Erforschung der Wahrheit unerläßlich ist. [2]Die Untersuchungen und die Entnahme von Blutproben dürfen stets nur von einem Arzt vorgenommen werden.

(3) [1]Untersuchungen oder Entnahmen von Blutproben können aus den gleichen Gründen wie das Zeugnis verweigert werden. [2]Haben Minderjährige oder wegen Geisteskrankheit oder Geistesschwäche entmündigte Personen wegen mangelnder Verstandesreife oder wegen Verstandesschwäche von der Bedeutung ihres Weigerungsrechts keine genügende Vorstellung, so entscheidet der gesetzliche Vertreter; § 52 Abs. 2 Satz 2 und Abs. 3 gilt entsprechend. [3]Ist der gesetzliche Vertreter von der Entscheidung ausgeschlossen (§ 52 Abs. 2 Satz 2) oder aus sonstigen Gründen an einer rechtzeitigen Entscheidung gehindert und erscheint die sofortige Untersuchung oder Entnahme von Blutproben zur Beweissicherung erforderlich, so sind diese Maßnahmen nur auf besondere Anordnung des Richters zulässig. [4]Der die Maßnahmen anordnende Beschluß ist unanfechtbar. [5]Die nach Satz 3 erhobenen Beweise dürfen im weiteren Verfahren nur mit Einwilligung des hierzu befugten gesetzlichen Vertreters verwertet werden.

(4) Maßnahmen nach den Absätzen 1 und 2 sind unzulässig, wenn sie dem Betroffenen bei Würdigung aller Umstände nicht zugemutet werden können.

(5) Die Anordnung steht dem Richter, bei Gefährdung des Untersuchungserfolges durch Verzögerung, von den Fällen des Absatzes 3 Satz 3 abgesehen, auch der Staatsanwaltschaft und ihren Hilfsbeamten (§ 152 des Gerichtsverfassungsgesetzes) zu.

(6) [1]Bei Weigerung des Betroffenen gilt die Vorschrift des § 70 entsprechend. [2]Unmittelbarer Zwang darf nur auf besondere Anordnung des Richters angewandt werden. [3]Die Anordnung setzt voraus, daß der Betroffene trotz Festsetzung eines Ordnungsgeldes bei der Weigerung beharrt oder daß Gefahr im Verzuge ist.

Schrifttum. *Achenbach* Zwangsbefugnisse der Staatsanwaltschaft bei Untersuchungsverweigerung Nichtbeschuldigter, NJW **1977** 1271; *Becker* Blutentnahmepflicht im Prozeß, JR **1953** 453; *Blau* Zur Zulässigkeit und Zweckmäßigkeit psychologischer Glaubwürdigkeitsgutachten in Jugendschutzsachen, GA **1959** 293; *Bosch* Grundsatzfragen des Beweisrechts (1963) 61; *Bott-Bodenhausen* Die Problematik von Glaubwürdigkeitsuntersuchungen (1969); *Busch* Zum Zeugnis- und Untersuchungsverweigerungsrecht der Angehörigen des Beschuldigten, FS Eb. Schmidt 569; *Dippel* Die Stellung des Sachverständigen im Strafprozeß (1986); *Dünnebier* Zweifelsfragen zu § 81 c StPO, GA **1953** 65; *Dzendzalowski* Die körperliche Untersuchung (1971); *Etterich* Die körperliche Untersuchung nicht beschuldigter Personen im Strafverfahren, Diss. Bonn 1952; *Friedrichs* Die körperliche Untersuchung dritter Personen, Recht **1901** 383; *Huss* Die körperliche Untersuchung im Strafverfahren, Diss. Erlangen 1934; *Janetzke* Die Beweiserhebung über die Glaubwürdigkeit des Zeugen im Strafprozeß, NJW **1958** 534; *Klaus* Die Frage der Duldungspflicht körperlicher Untersuchungen, Diss. München 1933; *Kohler* Die Person des Zeugen als Augenscheinsobjekt, GA **60** (1913) 212; *Köhler* Die Vornahme des Augenscheins, der Durchsuchung und der Untersuchung am lebenden menschlichen Körper im Strafprozeß, Diss. Tübingen 1950; *Kohlhaas* Körperliche Untersuchung und erkennungsdienstliche Maßnahmen (1972); *Kohlhaas* Die Glaubwürdigkeit der Kinderaussage und ihre Überprüfung durch Sachverständige, NJW **1951** 903; *Kohlhaas* Verfahrensfragen bei der Blutprobenentnahme, DAR **1956** 201; *Kohlhaas* Eine Lücke im Verfahren der körperlichen Untersuchung nach §§ 81 a und 81 c StPO, DAR **1960** 254; *Kohlhaas* Die prozessualen Schwierigkeiten bei der Aufklärung von Kindesmißhandlungen, JR **1974** 89; *Krause* Alte Fragen zum neuen § 81 c StPO, JZ **1976** 124; *Krüger* Darf ein mißhandeltes Kleinkind körperlich untersucht werden? Kriminalistik **1967** 461; *Machule* Der Körper des lebenden Menschen als Gegenstand kriminalpolizeilicher Erforschungsmittel, Diss. Breslau 1935; *Möhring* Die körperliche Untersuchung im Strafprozeß und die Verwertung ihrer Ergebnisse, Diss. Jena 1922; *Orlowsky* Die Weigerungsrechte der minderjährigen Beweisperson im Strafprozeß (1973); *Panhuysen* Die Untersuchung des Zeugen auf seine Glaubwürdigkeit (1964); *Pollmann* Die Besichtigung des Körpers unverdächtiger Personen im Strafverfahren, Diss. Erlangen 1927; *Roestel* Das Kind als Zeuge im Strafverfahren gegen einen Angehörigen, SchlHA **1967** 161; *Schaub* Zur Strafverfahrensproblematik bei minderjährigen Zeugen und Beschuldigten aus vormundschaftsrichterlicher Sicht, FamRZ **1966** 134; *Eb. Schmidt* Kritische Bemerkungen zu dem Beschluß des Großen Senats für Strafsachen vom 8. 12. 1958, betreffend das Untersuchungsverweigerungsrecht nach StPO § 81 c, JR **1959** 369; *Eb. Schmidt* Ärztliche Mitwirkung bei Untersuchungen und Eingriffen nach StPO §§ 81 a und 81 c, MDR **1970** 461; *Schoene* Das Zeugnisverweigerungsrecht des Kindes und das gesetzliche Vertretungsrecht der Eltern, NJW **1972** 930; *Schöneborn* Verwertungsverbot bei nicht ärztlicher Blutentnahme? MDR **1971** 713; *Schuster* Das Gutachten über die Glaubwürdigkeit von Zeugen im Strafprozeß, Diss. München 1966; *Seidel* Darf ein mißhandeltes Kleinkind körperlich untersucht werden? Kriminalistik **1967** 303; *Sieg* Verweigerung der Blutentnahme im Zivilprozeß bei Gefahr strafrechtlicher Verfolgung eines Angehörigen, MDR **1980** 24; *von Weber* Die Ausübung des Zeugnisverweigerungsrechts im Strafprozeß durch einen Stellvertreter, MDR **1962** 169.

Entstehungsgeschichte. Die Pflicht tatunverdächtiger Personen, Untersuchungen und körperliche Eingriffe zu dulden, war ursprünglich zusammen mit den entsprechenden Duldungspflichten des Beschuldigten in dem durch Art. 2 Nr. 4 des AGGewVerbrG eingefügten § 81 a geregelt. Der Wortlaut der ersten Fassung dieser Vorschrift ist bei § 81 a abgedruckt. Durch Art. 3 Nr. 35 VereinhG wurde ein neu gefaßter § 81 a eingeführt, der nur noch Untersuchungen des Beschuldigten zum Gegenstand hat. Ferner wurde die Vorschrift des § 81 c über die Untersuchungen nicht tatverdächtiger Personen eingefügt. Art. 4 Nr. 11 des 3. StRÄndG faßte Absatz 2 neu. In seiner ursprünglichen Fassung lautete er: „Zu dem in Abs. 1 bezeichneten Zweck ist die Entnahme von Blutproben ohne Einwilligung des zu Untersuchenden zulässig, wenn kein Nachteil für seine Gesundheit zu besorgen und der Eingriff zur Erforschung der Wahrheit unerläßlich ist"; der jetzige Satz 2 fehlte. Durch Art. 21 Nr. 13 EGStGB 1974 wurden in Absatz 1 die Worte „strafbare Handlung" durch das Wort „Straftat" ersetzt und Absatz 4 Satz 3 (jetzt Absatz 6 Satz 3) ohne sachliche Änderung (das Wort „Ordnungsstrafe" wurde durch das Wort „Ordnungsgeld" ersetzt) neu gefaßt. Art. 1 Nr. 20 des 1. StVRG stellte die jetzige Fassung der Vorschrift her. Dabei wurden in Absatz 1 die Sätze 2 und 3 gestrichen und nahezu wörtlich als Absatz 3 Satz 1 und Absatz 4 eingestellt. Der bisherige Absatz 3 wurde unter Einfügung der Worte „von den Fällen des Absatzes 3 Satz 3 abgesehen" Absatz 5, der bisherige Absatz 4 ohne Änderungen Absatz 6. Absatz 3 wurde mit Ausnahme des Satzes 1 (früher Absatz 1 Satz 2) neu eingefügt.

Übersicht

Hans Dahs

I. Allgemeines

1   Schon **vor der Einfügung** des § 81 a in die Strafprozeßordnung im Jahre 1933 wurde überwiegend angenommen, daß neben Beschuldigten auch tatunverdächtige Personen verpflichtet seien, eine Besichtigung ihres Körpers zu Beweiszwecken zu dulden. Das Reichsgericht hielt die Vorschriften über die Durchsuchung (§§ 103, 105) für anwendbar. Danach war die körperliche Untersuchung einer unverdächtigen Person gegen ihren Willen zulässig, wenn Spuren strafbarer Handlungen gefunden werden sollten und Tatsachen vorlagen, aus denen zu schließen war, daß diese Spuren sich an dem Körper des zu Durchsuchenden befanden[1]. Im Schrifttum wurde die Besichtigung des Körpers unverdächtiger Personen auch aufgrund der Vorschriften über den Augenschein (§ 86) für zulässig gehalten[2]. Ein Weigerungsrecht wurde selbst dann nicht anerkannt, wenn das Recht zur Zeugnisverweigerung nach § 52 bestand[3]. Entnahmen von Blutproben und andere körperliche Eingriffe ohne Einwilligung des zu Untersuchenden waren nach herrschender Meinung unzulässig[4].

2   **Nunmehr** regelt § 81 c im Anschluß an §§ 81 a, 81 b, in denen die Pflicht des Beschuldigten zur Duldung von Untersuchungen und körperlichen Eingriffen bestimmt ist, die entsprechenden Duldungspflichten von Personen, die nicht tatverdächtig sind. Dabei gelten für die körperlichen Untersuchungen der Zeugengrundsatz (Rdn. 12) und der Spurengrundsatz (Rdn. 13). Der Kreis der zur Duldung verpflichteten Personen wird hierdurch eingeschränkt. Bei der Entnahme von Blutproben und bei der Untersuchung zur Feststellung der Abstammung gilt hingegen seit der Gesetzesänderung von 1953 der Aufklärungsgrundsatz (Rdn. 24). Eine dem § 81 c entsprechende Regelung für den Zivilprozeß enthält § 372 a ZPO[5].

---

[1] RGSt **14** 193; **42** 440; ebenso KG ZStW **44** (1924) 484; *Beling* ZStW **15** (1895) 471; *zu Dohna* 112; *Kohler* GA **60** (1913) 212.
[2] *Feisenberger* § 86, 3; *von Kries* 410; vgl. i. e. *Hartung* in der 19. Aufl. dieses Kommentars bei § 86, 3.

[3] RGSt **19** 366; *Stenglein* GerS **57** (1900) 17.
[4] RGSt **64** 162 = JW **1931** 69 mit Anm. *Alsberg*; RGSt **66** 274; *Hellwig* JW **1930** 1558; *Schorn* DRiZ **1931** 89; *Wachinger* JW **1932** 3041; a. A *Alsberg* JW **1931** 69.
[5] Zur Entstehung beider Vorschriften vgl. *Dünnebier* JZ **1952** 427.

Das Gesetz schützt die **körperliche Unversehrtheit** der tatunverdächtigen Perso- **3** nen, jedoch ausschließlich in deren eigenem Interesse (KMR-*Paulus* 1, 3), mehr als die der Beschuldigten. Der einzige körperliche Eingriff, zu dessen Duldung sie gezwungen werden können, ist die Entnahme von Blutproben. Diese Duldungspflicht ist durch den Gesetzesvorbehalt in Art. 2 Abs. 2 Satz 3 GG gedeckt[6]. Die Maßnahmen, die mit einer nach wissenschaftlich anerkannten Grundsätzen unternommenen Abstammungsunter-suchung verbunden sind, enthalten im allgemeinen keine weiteren körperlichen Eingriffe (vgl. aber Rdn. 25).

II. Einwilligung des Betroffenen

Die Einschränkungen des § 81 c gelten nur, wenn der Betroffene nicht freiwillig **4** bereit ist, Untersuchungen und Eingriffe zu dulden. Seine Einwilligung macht grund-sätzlich alle Untersuchungen und Eingriffe zulässig; etwas anderes gilt nur, wenn die Einwilligung gegen die guten Sitten verstößt (dazu § 81 a, 9). Die Einwilligung kann sich darauf beziehen, daß die Blutprobenentnahme nicht durch einen Arzt durchgeführt wird (§ 81 a, 9); andere körperliche Eingriffe müssen auch bei Einwilligung von einem Arzt vorgenommen werden[7]. Soll aufgrund der Einwilligung nicht nur eine Untersu-chung oder ein harmloser Eingriff stattfinden, so macht die Einwilligung nicht die An-ordnung einer der nach § 81 c Abs. 5 zuständigen Personen entbehrlich. Vorausset-zungen und Zulässigkeit der Maßnahmen müssen dann auch bei Einwilligung des Betroffe-nen geprüft werden[8].

Die Einwilligung muß **auf freiem Entschluß** beruhen und sich ausdrücklich auf **5** die Untersuchung beziehen, der der Betroffene unterzogen werden soll. Sie liegt nicht schon in der bloßen Hinnahme der Untersuchung oder des Eingriffs. Einwilligung ist nur die freiwillige, ernstliche und in Kenntnis der Sachlage und des Weigerungsrechts erteilte ausdrückliche Zustimmung[9]. Erklärt sich jemand, der zur Zeugnisverweigerung berechtigt ist, nur zur Aussage bereit, so liegt darin nicht ohne weiteres die Einwilligung in eine körperliche Untersuchung. Auch das freiwillige Erscheinen bei dem Sachverstän-digen bedeutet keine Einwilligung, wenn zweifelhaft ist, ob der Betroffene die Notwen-digkeit der Einwilligung überhaupt erkannt hat[10]. Der Einwilligende braucht nicht ge-schäftsfähig zu sein. Es genügt, daß er genügend Verstandesreife oder -kraft besitzt, um Sinn und Tragweite seiner Erklärung zu begreifen[11]. Andernfalls ist es Sache seines ge-setzlichen Vertreters, die Einwilligung zu erteilen oder zu versagen[12]. Der Betroffene muß darüber belehrt werden, daß die Untersuchung und der Eingriff nur mit seiner Ein-willigung vorgenommen werden dürfen[13]; nur dann beruht die Einwilligung auf freiem

---

[6] BVerfGE **5** 13 = NJW **1956** 986 für den in-soweit gleichlautenden § 372 a ZPO.

[7] *Kleinknecht/Meyer*[37] 2; KMR-*Paulus* 4; *Eb. Schmidt* Nachtr. I 6.

[8] *Kleinknecht/Meyer*[37] 2; weitergehend KMR-*Paulus* 4, wonach die Anordnung stets erfor-derlich ist.

[9] Vgl. BGH NJW **1964** 1177; KK-*Pelchen* 8; *Kleinknecht/Meyer*[37] 3; *Jessnitzer* 202; *G. Schäfer*[4] § 36 IV 4; *Peters* JR **1969** 233; vgl. auch § 81 a, 10.

[10] *Janetzke* NJW **1958** 535; *Kleinknecht/Mey-er*[37] 3; KMR-*Paulus* 5.

[11] BGHZ **29** 33 = NJW **1959** 811; KK-*Pel-chen* 8; *Kleinknecht/Meyer*[37] 3; *Jessnitzer* 202.

[12] RGSt **64** 162.

[13] *Kleinknecht/Meyer*[37] 4; KMR-*Paulus* 6; *Eb. Schmidt* Nachtr. I 14; *Alsberg/Nüse/Meyer* 491; *Hanack* JZ **1971** 126; *Schlüchter* 189; *Fezer* JuS **1978** 765; *G. Schäfer*[4] § 36 IV 4 a; *Heinitz* FS Engisch, 700 unter Aufgabe der in JR **1960** 227 vertretenen Ansicht; *Panhuysen* 83; **a. A** BGHSt **13** 399 = JR **1960** 225 mit Anm. *Heinitz*; KK-*Pelchen* 11; *Bockelmann* GA **1955** 332.

Hans Dahs

Entschluß. Das gilt insbesondere, wenn er ein Zeugnisverweigerungsrecht nach § 52 Abs. 1 hat, daher nach § 81 c Abs. 3 Satz 1 sogar eine zwangsweise Untersuchung verweigern könnte und hierüber nach § 81 c Abs. 3 Satz 2 Halbsatz 2, § 52 Abs. 3 Satz 1 belehrt werden müßte[14]. In diesem Fall ist eine doppelte Belehrung über die Freiwilligkeit und über das Untersuchungsverweigerungsrecht erforderlich[15]. Die Belehrung erteilt nicht der Sachverständige, sondern das Strafverfolgungsorgan, das die Untersuchung veranlaßt (Rdn. 35). Eine durch Täuschung oder Drohung erlangte Einwilligung ist unwirksam. Die Täuschung kann in der Behauptung oder in der bewußten Aufrechterhaltung des Irrtums liegen, eine Einwilligung sei nicht erforderlich.

6   Die Einwilligung ist bis zum Schluß der Untersuchung frei **widerruflich**[16]. Was bis zum Widerruf ermittelt worden ist, bleibt verwertbar[17]. Das gilt auch für die Einwilligung von Personen, die ein Zeugnisverweigerungsrecht haben, und ihren Widerruf (vgl. Rdn. 36).

7   Das Gericht ist verpflichtet, **von Amts wegen** zu klären, ob der Betroffene die Einwilligung in eine Untersuchung erteilt, zu deren Duldung er nicht gezwungen werden kann, die das Gericht aber selbst für erforderlich zur Sachaufklärung hält. Das gilt erst recht, wenn ein Prozeßbeteiligter eine solche Untersuchung beantragt[18].

III. Untersuchung auf den psychischen Zustand und auf die Glaubwürdigkeit

8   Die Pflicht der nicht tatverdächtigen Personen, Untersuchungen und Eingriffe in ihren Körper zu dulden, wird durch § 81 c abschließend geregelt. Untersuchungen des psychischen Zustands, auch soweit er durch die Tat verändert worden ist, z. B. infolge eines Schocks[19], und Untersuchungen der Glaubwürdigkeit[20] und der Zeugentüchtigkeit erwähnt die Vorschrift nicht. Sie sind daher unzulässig, wenn nicht der zu Untersuchende oder, falls es ihm an der dazu erforderlichen Verstandesreife oder -kraft fehlt (Rdn. 41), sein gesetzlicher Vertreter (Rdn. 44 ff) sein Einverständnis erklärt[21].

9   Das gilt aber nur für Untersuchungen **im eigentlichen Sinne**. Das Gesetz verbietet nicht, Erkenntnisse über die Glaubwürdigkeit des Zeugen dadurch zu gewinnen, daß ein Sachverständiger in oder außerhalb der Hauptverhandlung dessen richterlicher Vernehmung beiwohnt, unmittelbar Fragen an ihn stellt (§ 80 Abs. 2) und sich anschließend gutachtlich äußert[22]. Die Gegenmeinung[23] beruht auf den Erwägungen, der Sachverstän-

---

[14] Vgl. BGHSt **13** 399 = JR **1960** 225 mit Anm. *Heinitz*; BGHSt **20** 234; *Kleinknecht/ Meyer*[37] 4; *Schlüchter* 189; *Eb. Schmidt* Nachtr. I 14; KMR-*Paulus* 6.

[15] *Kleinknecht/Meyer*[37] 4; *Alsberg/Nüse/Meyer* 491; *Dahs* Hdb. 328.

[16] KK-*Pelchen* 8; *Kleinknecht/Meyer*[37] 5; KMR-*Paulus* 5; *Panhuysen* 85; *G. Schäfer*[4] § 36 IV 4 c; *Schlüchter* 189.

[17] Anders *Eb. Schmidt* Nachtr. I 17.

[18] BGHSt **14** 24; RGSt **64** 162; *Panhuysen* 82.

[19] *K. Müller* 282.

[20] *Maisch* MSchrKrim. **1974** 267; *Cabanis* NJW **1978** 2329.

[21] BGHSt **13** 398 = JR **1960** 225 mit Anm. *Heinitz*; BGHSt **14** 23; BGH NJW **1970** 1242; BGH bei *Dallinger* MDR **1955** 651; bei *Holtz*

MDR **1969** 989; BGH NStZ **1982** 432; OLG Hamm JZ **1957** 186; KK-*Pelchen* 9; *Kleinknecht/Meyer*[37] 7; *Alsberg/Nüse/Meyer* 491; *Jessnitzer* 215; *K. Müller* 282; *Roxin*[19] § 33 B I 2; *Schlüchter* 203.1; *Eb. Schmidt* Nachtr. I 8 und NJW **1962** 665; *Bockelmann* GA **1955** 332; *Eschke* NJW **1975** 354; *Janetzke* NJW **1958** 535; *Panhuysen* 79; *Kühne* 242.

[22] BGHSt **23** 2 = JR **1970** 67 mit Anm. *Peters*; BGH NStZ **1982** 432; KK-*Pelchen* 9; *Kleinknecht/Meyer*[37] 7; KMR-*Paulus* 7; *Jessnitzer* 215; *Schlüchter* 203.2; *Eschke* NJW **1975** 354; *Heinitz* JR **1960** 227; *Janetzke* NJW **1958** 536.

[23] OLG Hamm JMBlNRW **1957** 45; *Dalcke/ Fuhrmann/Schäfer* 8; *Peters* JR **1970** 69.

dige sei keine Vernehmungsperson und der Zeuge sei nur verpflichtet, über Wahrnehmungen auszusagen, könne aber nicht gezwungen werden, Fragen zu beantworten, die
sich auf seine Glaubwürdigkeit und Zeugentüchtigkeit beziehen. Beides ist falsch. Daß
der Sachverständige gleichzeitig Beweismittel und (unter Aufsicht und im Beisein des
Richters) „Vernehmungs"person sein kann, folgt aus § 80 Abs. 2. Ferner schließt, wie
§ 68 Satz 2 eindeutig ergibt, die Pflicht des Zeugen zur Aussage ein, daß er die Prüfung
seiner Glaubwürdigkeit dulden muß[24]. Dabei muß er sogar Fragen nach Tatsachen beantworten, die ihm zur Unehre gereichen oder seinen persönlichen Lebensbereich betreffen, vorausgesetzt, daß es unerläßlich ist, sie zu stellen (§ 68 a).

Ob die Befragung des Zeugen in der Hauptverhandlung dem Sachverständigen **10**
eine **ausreichende Grundlage** für die Beurteilung der Glaubwürdigkeit und Zeugentüchtigkeit bieten kann, erscheint allerdings zweifelhaft. _Peters_[25] warnt mit Recht davor, so
komplizierte geistige Vorgänge aufgrund einer Befragung in der Hauptverhandlung zu
entscheiden. Dabei darf aber nicht außer acht gelassen werden, daß der Richter unter
allen Umständen verpflichtet ist, sich eine Meinung über die Glaubwürdigkeit des Zeugen aufgrund des Ergebnisses der Hauptverhandlung zu bilden. Auch eine auf unzulänglichen Grundlagen beruhende Unterstützung durch einen Sachverständigen kann in
schwierigen Fällen der Entscheidung des Richters ohne diese sachverständige Hilfe vorzuziehen sein. Im übrigen ist der Sachverständige berechtigt und verpflichtet, die Erstattung des Gutachtens abzulehnen, wenn er meint, die Grundlagen dafür reichen nicht
aus.

Ebensowenig wie eine Untersuchung des psychischen Zustands kann eine Unter- **11**
suchung des Zeugen auf das Vorhandensein **körperlicher Gebrechen** erzwungen werden, auch wenn davon die Richtigkeit seiner Bekundungen abhängen kann. Der Zeuge
ist daher nicht verpflichtet, seine Sehfähigkeit untersuchen zu lassen[26].

IV. Untersuchung auf Spuren und Tatfolgen (Absatz 1)

1. Duldungspflichtige Personen (Zeugengrundsatz). Die Pflicht, eine Untersu- **12**
chung im Sinne des § 81 c Abs. 1 zu dulden, ist der Zeugenpflicht nahe verwandt[27]. Das
ergibt sich insbesondere daraus, daß die Untersuchung aus den gleichen Gründen wie
das Zeugnis verweigert werden darf (§ 81 c Abs. 3 Satz 1) und daß sie wie das Zeugnis
erzwungen werden kann (§ 81 c Abs. 6). Aus der Fassung des § 81 c Abs. 1 („ . . . als Zeugen in Betracht kommen") geht aber hervor, daß die Pflicht zur Duldung der Untersuchung nicht davon abhängt, daß der Betroffene bereits die verfahrensrechtliche Stellung eines Zeugen hat. Es genügt die Möglichkeit, ihn als Zeugen zu vernehmen. Sie besteht auch, wenn der Betroffene zwar durch die Tat verletzt worden ist, sie aber nicht
wahrgenommen hat, etwa weil er bei ihrer Begehung geschlafen hat oder bewußtlos gewesen ist; auch das kann Gegenstand seiner Zeugenaussage sein[28]. Die Vernehmung als
Zeuge ist hingegen nicht möglich, wenn das Tatopfer ein Säugling, ein Kleinkind oder
ein schwer Geistesgestörter ist. Bei buchstabengetreuer Anwendung des § 81 c Abs. 1
wäre es unzulässig, diese Personen ohne Einwilligung ihrer gesetzlichen Vertreter auf
Spuren oder Folgen der Straftat zu untersuchen. So kann die Vorschrift aber nicht gemeint sein; denn es gibt schlechterdings keinen vernünftigen Grund dafür, ausgerechnet
solche Tatopfer von der zwangsweisen Untersuchung auf Tatspuren und -folgen auszu-

---

[24] BGHSt **23** 2; RGSt **40** 50; _Kleinknecht/Mey-_
_er_[37] 8; _Eb. Schmidt_ Nachtr. I 8.
[25] JR **1970** 69.
[26] OLG Hamm VRS **21** 63.

[27] BGHSt **5** 133; **13** 394; _Dippel_ 177 ff.
[28] KK-_Pelchen_ 1; _Kleinknecht/Meyer_[37] 10;
K. Müller 280; _Schlüchter_ 191; _Eb. Schmidt_
Nachtr. I 5.

Hans Dahs

nehmen[29]. Es kann daher nicht verlangt werden, daß der zu Untersuchende vernehmungsfähig ist; es genügt, daß er als Zeuge in Betracht kommen würde, wenn er vernommen werden könnte[30]. Der in § 81 c Abs. 1 aufgestellte Zeugengrundsatz, der seine Entstehung einer Improvisation bei der dritten Lesung des Gesetzes verdankt[31], ist ein gut gemeinter, aber unzureichend überlegter Versuch des Gesetzgebers, den Kreis der zur Duldung verpflichteten Personen möglichst einzuschränken. Er hindert nicht, jede tatunverdächtige Person, bei der Spuren oder Tatfolgen zu vermuten sind, ohne ihre Einwilligung zu untersuchen, und verbietet lediglich Reihenuntersuchungen nach Spurenträgern[32], die allerdings wohl auch ohne das Verbot niemand vornehmen würde.

13   **2. Zweck der Untersuchung (Spurengrundsatz).** Körperliche Untersuchungen nach § 81 c Abs. 1 dürfen nur stattfinden, um Spuren oder Tatfolgen zu suchen. Die Suche nach bestimmten Körpermerkmalen, die nicht Folgen einer Straftat sind, ist unzulässig. Beruft sich z. B. ein Angeklagter zum Beweis für seinen intimen Umgang mit der Zeugin auf deren gewöhnlich nicht sichtbare Körpermerkmale, so darf die Zeugin ohne ihre Einwilligung hierauf nicht untersucht werden[33].

14   **Spuren** sind die unmittelbar durch die Tat verursachten Veränderungen am Körper des Opfers, die Rückschlüsse auf die Person des Täters oder die Tatausführung zulassen. Dazu gehört etwa die Stichwunde, aus der sich die Art der Tatwaffe ergibt, oder bei Schußwunden der Einschußkanal, dessen Winkel Aufschluß über den Standort des Täters geben kann. Um Spuren handelt es sich aber auch, wenn am oder im Körper des Opfers Stoffe vorhanden sind, deren Untersuchung für die Ermittlungen wichtig sein kann. Das ist z. B. der Fall, wenn am Körper des Opfers Spuren vom Blut des Täters oder wenn unter den Fingernägeln des Opfers Blutreste oder Hautfetzen vorhanden sind, die vom Täter herrühren, oder wenn in der Scheide der vergewaltigten Frau Spermien nachzuweisen sind.

15   **Tatfolgen** sind unmittelbar oder mittelbar durch die Tat eingetretene Veränderungen am Körper des Opfers, die keine Hinweise auf den Täter oder die Tatausführung geben, etwa Hautabschürfungen, Zahnlücken, Ansteckung mit einer Krankheit. Die Tatfolgen brauchen nicht dauerhaft zu sein. Sie müssen auch nicht zum gesetzlichen Tatbestand der Straftat gehören[34]. So kann Tatfolge der Vergewaltigung die Defloration des Opfers sein[35], die kein Tatbestandsmerkmal des § 177 StGB ist. Auch die Eignung zum Beweis der Tat gehört nicht zum Begriff der Tatfolge. Bei der Freiheitsberaubung, beim Kindesraub, bei der Verschleppung kann der schlechte Ernährungszustand des Opfers Tatfolge sein, ohne daß damit die Überführung des Täters ermöglicht wird. Es genügt, daß die Tatfolgen für die Strafzumessung von Bedeutung sind.

16   Nur **bestimmte** Spuren oder Folgen einer Straftat dürfen am Körper des Betroffenen gesucht werden. Tatunverdächtige dürfen ebensowenig wie Beschuldigte (§ 81 a, 12) aufs Geratewohl einer körperlichen Untersuchung unterzogen werden. Bevor die Untersuchung angeordnet wird, müssen daher bestimmte Vorstellungen und Anhalts-

---

[29] KK-*Pelchen* 1; *Kleinknecht/Meyer*[37] 10; *Jessnitzer* 213; *K. Müller* 280; *Roxin*[19] § 33 B I 1; *Schlüchter* 191; *Kleinknecht* Kriminalistik **1967** 462; *Krause* JZ **1976** 125; *Kohlhaas* JR **1974** 90; a. A *Krüger* Kriminalistik **1967** 461; *Seidel* Kriminalistik **1967** 303, die die Vorschrift wörtlich nehmen wollen.

[30] KK-*Pelchen* 1; *Eb. Schmidt* Nachtr. I 5; *K. Müller* 280.

[31] Vgl. *Dünnebier* GA **1953** 65.

[32] *Dünnebier* GA **1953** 68; *Krause* JZ **1976** 124; *Schlüchter* 192 Fußn. 86.

[33] Vgl. auch *Peters*[4] 329; *G. Schäfer*[4] § 36 IV 2 a.

[34] *Dzendzalowski* 25; *Kleinknecht/Meyer*[37] 13; *K. Müller* 281; *Schlüchter* 192.

[35] *Jessnitzer* 213.

punkte über die Spuren oder Tatfolgen bestehen, die durch die Untersuchung gefunden werden können[36]. Die Vermutung, daß überhaupt irgendwelche Spuren oder Tatfolgen durch die Untersuchung zutage gefördert werden können, genügt nicht[37]. Auch der Spurengrundsatz steht demnach Reihenuntersuchungen nach Spurenträgern entgegen[38]. Wie bestimmt die Anhaltspunkte dafür sein müssen, daß Tatspuren oder -folgen gefunden werden können, und wie genau schon vorher die Vorstellungen sein müssen, die der Ermittlungsführer von der Beschaffenheit der Spur oder Tatfolge hat, hängt von den Umständen des einzelnen Falles ab. Geht es um die Aufklärung eines schweren Verbrechens oder um die Auffindung eines besonders zuverlässigen Beweismittels, so sind an den Bestimmtheitsgrad der Erwartung und an die Genauigkeit ihres Inhalts geringere Anforderungen zu stellen als bei Bagatellstraftaten, bei ohnehin wenig überzeugenden Spuren und bei Tatfolgen, die nur für die Strafbemessung eine Rolle spielen.

3. Notwendigkeit der Untersuchung. Die Untersuchung auf Spuren oder Tatfolgen darf nur stattfinden, wenn sie zur Erforschung der Wahrheit erforderlich ist (§ 81 c Abs. 1). Es ist daher unzulässig, eine unverdächtige Person einer körperlichen Untersuchung zu unterziehen, auf deren Ergebnis es für das Ermittlungsverfahren nicht ankommt. Aus dem Wortlaut des Gesetzes („festgestellt werden *muß*") darf aber nicht geschlossen werden, daß die körperliche Untersuchung des Tatunverdächtigen nur als letztes Mittel in Betracht kommt, wenn die übrigen Beweismittel nach erschöpfender Auswertung noch Zweifel an der Tat lassen und andere Beweismittel nicht oder nur unter Schwierigkeiten zur Verfügung stehen[39]. Dieser Auslegung steht schon die Erfahrungstatsache entgegen, daß Spuren und Tatfolgen am Körper des Verletzten oft schnell vergehen und einen Wert häufig nur haben, wenn sie so früh wie möglich festgestellt werden. Es ist daher oft notwendig, die Untersuchung des Verletzten auf Spuren oder Tatfolgen zu einem Zeitpunkt anzuordnen und vorzunehmen, zu dem sich noch gar nicht absehen läßt, ob vielleicht schon die übrigen Beweismittel ausreichen[40]. *Sarstedt* hat dazu in der 22. Aufl. dieses Kommentars ausgeführt: „Man soll die Freiheitsrechte des Dritten, die mit dem Untersuchungsinteresse kollidieren, in vernünftigen Grenzen berücksichtigen; aber man sollte den erforderlich werdenden Eingriff in sie nicht dramatisieren. Es ist für den Anzeigeerstatter, der verprügelt zu sein behauptet, weit weniger unangenehm, wenn man ihn sofort — nicht als ‚letzten Ausweg', sondern als allererstes! — zwingt, seine Striemen vorzuzeigen, als wenn man es darauf ankommen läßt, ob drei Monate später, wenn nichts mehr zu sehen ist, sein Eid den Richter überzeugt. Selbst wenn das der Fall ist, setzt man ihn noch einer Meineidsanzeige des Verurteilten aus, die, auch wenn sie schließlich ohne Erfolg bleibt, allemal für den Betroffenen weit unangenehmer ist als eine noch so eingehende körperliche Untersuchung." Daß die Untersuchung nur zulässig ist, soweit zur Erforschung der Wahrheit festgestellt werden muß, ob sich am Körper des zu Untersuchenden Spuren oder Folgen der Straftat befinden, bedeutet demnach nur, daß von der Untersuchung abzusehen ist, wenn die anderen, bereits bekannten Beweismittel die Aufklärung des Sachverhalts mit genügender Sicherheit ermöglichen oder wenn sichere Anhaltspunkte dafür vorliegen, daß andere Beweismittel gefunden werden können, die eine körperliche Untersuchung des Tatopfers überflüssig erscheinen lassen. Wenn hieran auch nur Zweifel bestehen, darf die körperliche Untersuchung des Verletzten angeordnet werden.

17

---

[36] *Kleinknecht/Meyer*[37] 14; KMR-*Paulus* 14.
[37] *Eb. Schmidt* Nachtr. I 7; *K. Müller* 282.
[38] KK-*Pelchen* 1; *Kleinknecht/Meyer*[37] 14; KMR-*Paulus* 14; *Dünnebier* GA **1953** 68.

[39] So aber *K. Müller* 282.
[40] KK-*Pelchen* 5; *Kleinknecht/Meyer*[37] 15; KMR-*Paulus* 20; *Schlüchter* 193; *Fezer* JuS **1978** 765 Fußn. 1.

Hans Dahs

18   **4. Art und Umfang der Untersuchung.** § 81 c Abs. 1 regelt nur die Pflicht des Betroffenen, Untersuchungen an seinem Körper zu dulden. Die Zulässigkeit der Durchsuchung seiner Kleidungsstücke, deren Zustand zur Aufklärung der Straftat gelegentlich entscheidend beitragen kann, bestimmt sich nach § 103, obwohl sich die Vorschrift ihrem Wortlaut nach nur auf die Durchsuchung von Räumen bezieht[41].

19   Nach § 81 c Abs. 1 darf sich die Untersuchung des Betroffenen ohne seine Einwilligung nur darauf erstrecken, ob sich **an seinem Körper** eine bestimmte Spur oder Tatfolge befindet. Erlaubt sind demnach nur körperliche Untersuchungen (§ 81 a, 15 ff), bei denen keine körperlichen Eingriffe vorgenommen werden. Das bedeutet aber nicht, daß nur die Körperoberfläche, nicht auch die natürlichen Körperöffnungen Gegenstand der Untersuchung sein dürfen. Die Auslegung, nach der zum Begriff der Untersuchung nur das Beobachten[42] gehört, ist zu eng. Die Grenzziehung liegt nicht in der Unterscheidung zwischen Körperoberfläche und Körperinnerem, sondern in dem Unterschied zwischen eingriffsloser Untersuchung und der körperlichen Untersuchung mittels körperlichen Eingriffs, die § 81 a bei dem Beschuldigten gestattet. Daher läßt § 81 c Abs. 1 auch die Untersuchung der natürlichen Körpöffnungen zu, deren Inneres ohne ärztliche Eingriffe sichtbar gemacht werden kann[43]. Die Vornahme eines Scheidenabstrichs[44], das gewaltsame Öffnen des Mundes zwecks Besichtigung der eingeschlagenen Zähne[45] sind erlaubt. Auch eine Wunde darf unter Verwendung einer Sonde besichtigt werden. Dagegen ist eine Magenaushebung[46] ebensowenig zulässig wie die Untersuchung in Narkose[47] und die einen körperlichen Eingriff bedeutende (§ 81 a, 23 und 48) Röntgenaufnahme und -durchleuchtung[48]. Die Ansicht, aus rechtspolitischen Gründen müsse § 81 c Abs. 1 erweiternd dahin ausgelegt werden, daß auch körperliche Eingriffe zulässig sind, die für den Betroffenen keine Beschwer darstellen[49], ist abzulehnen. Der klare und eindeutige Wortlaut des Gesetzes läßt diese Auslegung nicht zu.

20   Die **Pflicht,** Untersuchungen zu dulden, umfaßt die Pflicht, zur Untersuchung zu erscheinen und sich erforderlichenfalls selbst längere Zeit für ihre Durchführung zur Verfügung zu stellen. Ferner muß der Duldungspflichtige alle Bedingungen schaffen, die eine Untersuchung erst ermöglichen. Er muß sich also, falls das für die Untersuchung notwendig ist, entkleiden und auf Verlangen die jeweils erforderliche Körperhaltung einnehmen. Dagegen ist der Betroffene nicht verpflichtet, in anderer Weise an der Untersuchung aktiv mitzuwirken (vgl. § 81 a, 17 ff).

21   **5. Zumutbarkeit der Untersuchung (Absatz 4).** Im Grunde versteht es sich von selbst, daß die Untersuchung unzulässig ist, wenn sie dem Betroffenen bei Würdigung aller Umstände nicht zugemutet werden kann[50]. Dabei können sowohl die persönlichen Verhältnisse der Beteiligten als auch Art und Folgen der Untersuchung von Bedeutung sein[51]. Wesentlich ist auch, in welchem Verhältnis die Untersuchung zur Bedeutung der

---

[41] KK-*Pelchen* 3; KMR-*Paulus* 2; *Peters*[4] 448; Näheres bei § 103, 9 ff.

[42] KMR-*Paulus* § 81 c, 2; § 81 a, 4, 11.

[43] KK-*Pelchen* 4; *Kleinknecht/Meyer*[37] 16; *Jessnitzer* 213; *Schlüchter* 192; wohl auch *Eb. Schmidt* Nachtr. I 6, der das ohne ärztlichen Eingriff zugängliche Körperinnere nicht von der Untersuchung ausnehmen will.

[44] *Kleinknecht/Meyer*[37] 16; *Dzendzalowski* 53; *Kohlhaas* Körperliche Untersuchung 46.

[45] *Kleinknecht/Meyer*[37] 16; *Schlüchter* 192.

[46] KK-*Pelchen* 4; *Kleinknecht/Meyer*[37] 16;

KMR-*Paulus* 15; *Jessnitzer* 213; **a. A** *Peters*[4] 328; *Roxin*[19] § 33 B II 1.

[47] KK-*Pelchen* 4; *Kleinknecht/Meyer*[37] 16; KMR-*Paulus* 15; BGH NJW **1970** 1242 sieht das zu Unrecht als eine Frage der Zumutbarkeit an.

[48] KK-*Pelchen* 4; *Kleinknecht/Meyer*[37] 16; KMR-*Paulus* 15; *Jessnitzer* 213; *Schlüchter* 192.

[49] *K. Müller* 281.

[50] *Kohlhaas* JR **1974** 90.

[51] *Dallinger* SJZ **1950** 733.

Straftat steht[52]. Das Aufklärungsinteresse und das Persönlichkeitsrecht des Betroffenen müssen gegeneinander abgewogen werden[53]. In Bagatellsachen wird eine Untersuchung regelmäßig unzumutbar sein[54]. Eine und dieselbe Untersuchung kann je nach den Umständen in einem Fall zumutbar sein, im anderen nicht. Bei der Abwägung sind die Nachteile und Unannehmlichkeiten der Untersuchung sowie die persönlichen Verhältnisse des Betroffenen, insbesondere sein Verhältnis zu dem Beschuldigten[55], zu der Schwere der Tat, der Stärke des Tatverdachts und der mutmaßlichen Beweisbedeutung des Untersuchungsergebnisses in Bezug zu setzen. Verteidigt sich z. B. jemand, der einer Vergewaltigung beschuldigt wird, mit der Behauptung, die angeblich Verletzte sei noch unberührt, so wird ihr eine ärztliche Untersuchung zuzumuten sein. Die gleiche Untersuchung wird aber als unzumutbar angesehen werden müssen, wenn sie dem Wahrheitsbeweis (§ 186 StGB) für die aufs Geratewohl aufgestellte Behauptung dienen soll, das Mädchen sei nicht mehr unbescholten[56]. In einem solchen Fall muß es in Kauf genommen werden, daß der Wahrheitsbeweis nicht erbracht werden kann und der Angeklagte bestraft wird. In anderen Fällen führt die Unzumutbarkeit zur Anwendung des Grundsatzes *in dubio pro reo*.

Obwohl das Gesetz nicht vorschreibt, daß die körperliche Untersuchung nur von **22** einem **Arzt** vorgenommen werden darf, wird es nicht nur im allgemeinen zweckmäßig, sondern vielfach auch allein zumutbar sein, daß ein Arzt tätig wird[57]. Für die Untersuchung einer Frau gilt § 81 d, der aber nicht etwa bedeutet, daß jeder Frau jede Untersuchung zuzumuten wäre[58].

V. Blutprobenentnahme und Untersuchung zur Feststellung der Abstammung (Absatz 2)

1. Allgemeines. Die Entnahme einer Blutprobe ist der einzige körperliche Ein- **23** griff, den § 81 c Abs. 2 Satz 1 ohne Einwilligung des Betroffenen gestattet. Blutprobenentnahmen sind in erster Hinsicht für Abstammungsuntersuchungen erforderlich. Bei Verletzten, die nicht Beschuldigte sind, sind sie gelegentlich auch in Verkehrsunfallsachen von Bedeutung. Schließlich können sie notwendig sein, wenn die Infizierung mit einer Krankheit als Tatfolge nachzuweisen ist. Der Feststellung der Abstammung dienen außer Blutprobenentnahmen zur Bestimmung der Blutgruppen[59] anthropologisch-erbbiologische Untersuchungen. Sie sollen den Vergleich der Erbmerkmale der für den Blutsverband in Frage kommenden Personen, also ein „Ähnlichkeitsgutachten", ermöglichen[60]. Wird die Abstammungsuntersuchung angeordnet, so umfaßt das die Blutprobenentnahme zum Zweck dieser Untersuchung[61]. Die Anordnung verpflichtet die Betroffenen zur Duldung von Lichtbildaufnahmen, Messungen und Fingerabdrücken[62]. Blutprobenentnahmen und Untersuchungen darf nur ein Arzt vornehmen (§ 81 c Abs. 2 Satz 1). Zum Begriff Arzt vgl. § 81 a, 30.

---

[52] BGH bei *Dallinger* MDR **1956** 527.
[53] KK-*Pelchen* 7; *Kleinknecht/Meyer*[37] 17; KMR-*Paulus* 22; *Jessnitzer* 213; *Peters*[4] 328; *K. Müller* 282; *Roxin*[19] § 33 B II 2; *G. Schäfer*[4] § 36 IV 2 e.
[54] *Panhuysen* 18; *Schlüchter* 184.
[55] Vgl. *Bosch* DRiZ **1951** 108.
[56] *Peters*[4] 329.
[57] KK-*Pelchen* 7; *Kleinknecht/Meyer*[37] 17.
[58] *Eb. Schmidt* Nachtr. I 9.
[59] Dazu *Prokop* in Ponsold, Lehrbuch der Ge-

richtlichen Medizin, 3. Aufl. 1967, 529 ff; *Rittner/Wehner* in Mueller, Gerichtliche Medizin, 1975, Band 2, 1225 ff.
[60] Dazu *Baitsch* in Ponsold, Lehrbuch der Gerichtlichen Medizin, 3. Aufl. 1967, 526 ff; *Beitzke* ebenda 583 ff; *Harrasser* Das anthropologisch-erbbiologische Vaterschaftsgutachten, Handbuch für den Vormund, Heft 10 a, 1957 und NJW **1962** 659.
[61] KMR-*Paulus* 17; *Jessnitzer* 213.
[62] *Kleinknecht/Meyer*[37] 18.

Hans Dahs

24   **2. Aufklärungsgrundsatz.** Nach der ursprünglichen Fassung der Vorschrift galt auch für Blutprobenentnahmen der Zeugen- und Spurengrundsatz (Rdn. 12, 13 ff). Das hatte zur Folge, daß Blutgruppenuntersuchungen nicht zur Feststellung von Meineiden in Unterhaltssachen benutzt werden durften; denn weder kam das unterhaltsberechtigte Kind als Zeuge in Betracht, noch war die Blutprobe eine Spur oder Tatfolge des Meineids[63]. Nachdem der Bundesgerichtshof auf diesen unbefriedigenden Rechtszustand hingewiesen hatte[64], beseitigte die Gesetzesänderung von 1953 den Zeugen- und Spurengrundsatz im Anwendungsbereich des § 81 c Abs. 2. Nunmehr gilt hier wie in § 372 a ZPO der Aufklärungsgrundsatz. Zur Duldung der Entnahme einer Blutprobe und von Abstammungsuntersuchungen sind daher auch Personen verpflichtet, die nicht als Zeugen in Betracht kommen, und es ist nicht erforderlich, daß durch die Maßnahmen Spuren oder Tatfolgen gefunden werden sollen.

25   **3. Ohne Nachteil für die Gesundheit.** § 81 c Abs. 2 Satz 1 spricht überflüssigerweise aus, daß die dort vorgesehenen Maßnahmen ohne Einwilligung des Betroffenen nur zulässig sind, wenn kein Nachteil für seine Gesundheit zu befürchten ist. Das ergibt sich bereits aus der Bestimmung, daß die Maßnahmen unzulässig sind, wenn sie dem Betroffenen nicht zugemutet werden können (§ 81 c Abs. 4). Bei Blutprobenentnahmen (dazu § 81 a, 35) ist ein gesundheitlicher Nachteil allenfalls zu befürchten, wenn der Betroffene ein Bluter ist. Sonst ist bei diesem harmlosen Eingriff, der überdies nur von einem Arzt vorgenommen werden darf (§ 81 c Abs. 2 Satz 2), jeder gesundheitliche Nachteil ausgeschlossen[65]. Auch Untersuchungen zur Feststellung der Abstammung, die ebenfalls nur ein Arzt vornehmen darf, führen im allgemeinen, soweit sie nach wissenschaftlich anerkannten Grundsätzen vorgenommen werden, nicht zu einem Nachteil für die Gesundheit des Betroffenen. Bleibt im Einzelfall zweifelhaft, ob mit einer gewissen Wahrscheinlichkeit eine Gesundheitsbeeinträchtigung eintreten wird (§ 81 a, 26), so ist die Untersuchung unzulässig. Das wird etwa bei dem genetischen Wirbelsäulenvergleich nach *Kühne* der Fall sein[66], weil hier eine Röntgenbestrahlung erforderlich ist, deren Ungefährlichkeit zweifelhaft sein kann[67].

26   **4. Unerläßlichkeit der Maßnahme.** Im Gegensatz zu § 81 c Abs. 1, der die körperliche Untersuchung gestattet, wenn eine bestimmte Tatsache zur Erforschung der Wahrheit festgestellt werden *muß*, verlangt Absatz 2 Satz 1, daß die Maßnahme zur Erforschung der Wahrheit *unerläßlich* ist. Darin liegt zweifellos eine Steigerung der Anforderungen, die um so unverständlicher ist, als § 372 a ZPO die gleichen Maßnahmen schon dann zuläßt, wenn sie zur Feststellung der Abstammung erforderlich sind und eine Aufklärung des Sachverhalts versprechen. Eine engherzige Auslegung der Vorschrift ist daher nicht angebracht. Die Maßnahmen des § 81 c Abs. 2 Satz 1 sind zwar nur zulässig, wenn ohne sie die Wahrheit nicht erforscht werden kann[68], insbesondere wenn die bereits erhobenen Beweise bei vernünftiger Beurteilung noch Zweifel lassen[69]. Ist der Sachverhalt bereits aufgeklärt, so sind weitere Untersuchungen unzuläs-

---

[63] *Dünnebier* GA **1953** 66; *Schlüchter* 200.1.

[64] BGH bei *Dallinger* MDR **1953** 148 = LM Nr. 1.

[65] *Gerchow* Blutalkohol **1976** 392; *Händel* Blutalkohol **1976** 389; zur Gefahr psychischer Schäden wegen einer Spritzen-Phobie vgl. OLG Koblenz NJW **1976** 379.

[66] Vgl. hierzu *Kühne*, Die Wirbelsäulenme-

thode der Abstammungsprüfung, Handbuch für den Vormund, Heft 10 c, 1959; *Saller* NJW **1951** 182.

[67] *Beitzke* in Ponsold, Lehrbuch der Gerichtlichen Medizin, 3. Aufl. 1967, 585; *Sautter* AcP **161** 234.

[68] *Eb. Schmidt* Nachtr. I 20.

[69] OLG Saarbrücken FamRZ **1959** 35.

sig. Sie dürfen nicht nur der Bestätigung bereits gesicherter Erkenntnisse dienen. Die Unerläßlichkeit ist aber andererseits wesentlich an dem Grundsatz der Aufklärungspflicht nach § 244 Abs. 2 zu messen[70] und setzt nicht voraus, daß erst alle anderen Beweismöglichkeiten geprüft und als ungenügend befunden worden sind, bevor die Maßnahmen des § 81 c Abs. 2 Satz 1 in Betracht kommen[71]. Allerdings ist die Anordnung eines erbbiologischen Gutachtens zur Feststellung der Abstammung nur statthaft, wenn zuvor eine Blutgruppenbestimmung erfolgt ist und für die Abstammungsfrage kein eindeutiges Ergebnis erbracht hat[72], denn der Beweiswert des Gutachtens ist geringer als der einer Blutgruppenuntersuchung, mit der die Vaterschaft ausgeschlossen, gelegentlich sogar bewiesen werden kann[73].

5. Zumutbarkeit der Maßnahmen (Absatz 4). Die Maßnahmen nach § 81 c Abs. 2 **27** Satz 1 sind nur zulässig, wenn sie dem Betroffenen bei Würdigung aller Umstände zugemutet werden können. Hierbei scheiden Nachteile für seine Gesundheit aus; denn dies ist ein besonderer Grund für die Unzulässigkeit der Maßnahmen (Rdn. 25). In Betracht kommen andere sachliche Umstände, aber auch die persönlichen Verhältnisse des Betroffenen. Das Interesse des Betroffenen und das Aufklärungsinteresse der Strafverfolgungsbehörde sind gegeneinander abzuwägen[74].

Zu den sachlichen Umständen, die die Maßnahmen als unzumutbar erscheinen **28** lassen, gehören in erster Hinsicht solche, die sie nach dem **Verhältnismäßigkeitsgrundsatz** ausschließen[75]. So wird im Privatklageverfahren eine Abstammungsfeststellung regelmäßig unzumutbar sein. Ferner sind dem Betroffenen Untersuchungen nicht zuzumuten, die nicht nach anerkannten Regeln der Wissenschaft vorgenommen werden. Der Betroffene ist nicht verpflichtet, die Erprobung neuer und noch unsicherer Untersuchungsmethoden über sich ergehen zu lassen[76]. Niemand braucht zu dulden, daß wissenschaftliche Experimente gegen seinen Willen mit oder an ihm vorgenommen werden[77]. Die Unzumutbarkeit kann sich auch daraus ergeben, daß die dem Betroffenen angesonnene Untersuchung geeignet ist, seine Menschenwürde zu beeinträchtigen. Das ist bei Untersuchungen zur Feststellung der Zeugungsfähigkeit der Fall, weil sie voraussetzen, daß der Betroffene ein auf unnatürliche Weise gewonnenes Ejakulat zur Verfügung stellt[78].

Persönliche Umstände, die die Maßnahmen als unzumutbar erscheinen lassen, **29** sind nicht die wirtschaftlichen Verhältnisse des Betroffenen[79]. Die Gefahr, daß die Bekanntgabe des Untersuchungsergebnisses der Abstammungsfeststellung zum Verlust eines Zivilprozesses oder eines Unterhaltsanspruchs oder dazu führen werde, daß der Betroffene als Unterhaltsschuldner in Anspruch genommen wird, ist für die Frage der Zumutbarkeit ohne Bedeutung[80]. Die Frage, ob die Maßnahmen für den Betroffenen

---

[70] OLG Saarbrücken FamRZ **1959** 35.
[71] KK-*Pelchen* 5; *Kleinknecht/Meyer*[37] 20; *K. Müller* 285 f; weitergehend KMR-*Paulus* 21; *Schlüchter* 200.1, wonach der Eingriff erst zulässig sein soll, wenn alle anderen Beweismöglichkeiten ausgeschöpft worden sind.
[72] KMR-*Paulus* 17; *Kleinknecht/Meyer*[37] 20.
[73] BGHZ **45** 234 = NJW **1966** 1863; OLG Köln NJW **1966** 405; OLG Schleswig NJW **1968** 1188.
[74] *K. Müller* 286; Rdn. 21.
[75] KK-*Pelchen* 5.

[76] OLG Celle NJW **1954** 1331; *Sautter* AcP **161** 224 zu § 372 a ZPO.
[77] *Maunz/Dürig/Herzog/Scholz* Art. 2 Abs. 2, 34.
[78] Dazu *Doepfner* in Ponsold, Lehrbuch der Gerichtlichen Medizin, 3. Aufl. 1967, 522; *Sautter* AcP **161** 235.
[79] *Kleinknecht/Meyer*[37] 21; KMR-*Paulus* 24.
[80] Vgl. für § 372 a ZPO: OLG Frankfurt NJW **1955** 110 L; OLG Karlsruhe FamRZ **1962** 396; OLG Köln JMBlNRW **1951** 54; OLG Nürnberg FamRZ **1970** 598.

Hans Dahs

unzumutbar sind, wenn die Gefahr besteht, daß er oder einer seiner Angehörigen strafgerichtlicher Verfolgung ausgesetzt wird, ist bei Rdn. 38 ff erörtert.

VI. Untersuchungsverweigerungsrecht (Absatz 3)

1. Weigerungsrecht der Angehörigen (§ 52 Abs. 1)

30   a) **Allgemeines.** Das Recht, Untersuchungen und Blutprobenentnahmen zu verweigern, ist dem Zeugnisrecht des § 52 verwandt. Auch durch die Duldung einer körperlichen Untersuchung oder eines körperlichen Eingriffs soll der Betroffene nicht dazu beitragen müssen, einen der in § 52 Abs. 1 aufgeführten nahen Angehörigen einer Straftat
zu überführen[81]. Er darf daher nicht nur nach § 52 Abs. 1 das Zeugnis, sondern nach
§ 81 c Abs. 3 Satz 1 auch die Untersuchung oder beides verweigern[82]. Die Einnahme des
richterlichen Augenscheins an seiner Person nach § 86 wird dadurch aber nicht ausgeschlossen[83]. Das Untersuchungsverweigerungsrecht besteht auch, wenn das Verfahren
sich gegen mehrere Beschuldigte richtet und der Betroffene nur zu einem von ihnen in
einem Verhältnis der in § 52 Abs. 1 bezeichneten Art steht (§ 52, 19 ff). Es bleibt bestehen, auch wenn das Verfahren gegen den Angehörigen abgetrennt worden ist[84].

31   Zur **Ausübung** des Untersuchungsverweigerungsrechts ist jeder Betroffene mit
der dazu erforderlichen Verstandesreife und -kraft berechtigt. Die Streitfrage, ob bei
Minderjährigen, selbst wenn sie die genügende Verstandesreife (Rdn. 42) haben, die
Zustimmung des gesetzlichen Vertreters erforderlich ist[85], hat der Gesetzgeber durch
die Gesetzesänderung von 1974 entschieden. Aus § 81 c Abs. 3 Satz 2 ergibt sich nunmehr, daß die Zustimmung des gesetzlichen Vertreters nicht wegen des jugendlichen Alters des Betroffenen erforderlich werden kann, sondern nur wegen dessen mangelnder
Verstandesreife.

32   Verweigert der Betroffene die Untersuchung oder die Blutprobenentnahme, so
muß er die Tatsachen, auf die er die Verweigerung stützt, auf Verlangen **glaubhaft
machen** (§ 56). Aus der Weigerung dürfen keine Schlüsse zum Nachteil des Angeklagten
gezogen werden. Etwas anderes gilt nur dann, wenn der über sein Zeugnisverweigerungsrecht belehrte Angehörige aussagt, die Prüfung der Richtigkeit seiner Aussage
aber dadurch unmöglich macht, daß er von seinem Untersuchungsverweigerungsrecht
Gebrauch macht[86].

33   b) **Belehrungspflicht.** Nach § 81 c Abs. 3 Satz 2 Halbsatz 2 ist § 52 Abs. 3 Satz 1
entsprechend anzuwenden. Der Betroffene ist daher über sein Weigerungsrecht nach
§ 81 c Abs. 3 Satz 1 zu belehren[87], und zwar auch dann, wenn er bereit ist, sich freiwillig

[81] Kritisch dazu *Kohlhaas* Körperliche Untersuchung 48 und JR **1974** 91.

[82] Zu möglichen Auswirkungen der abweichenden Regelung in § 372 a ZPO auf das Strafverfahren vgl. *Sieg* MDR **1980** 24.

[83] OLG Hamm MDR **1974** 1036 = VRS **48**
105; KK-*Pelchen* 10; *Kleinknecht/Meyer*[37] 23;
KMR-*Paulus* 27; vgl. auch § 86, 21.

[84] BGH bei *Dallinger* MDR **1973** 902; KK-*Pelchen* 10; *Kleinknecht/Meyer*[37] 23; § 52, 19. Zur
Frage, wann ein gemeinschaftliches Ermittlungsverfahren vorliegt, vgl. BGH NJW **1987**
1033.

[85] Verneinend: BGHSt **14** 24; bejahend: *Bosch*
74 für Kinder unter 14 Jahren; *Orlowsky* 127
für alle Jugendlichen.

[86] BGHSt **32** 140 = JR **1985** 70 mit Anm. *Pelchen* = NStZ **1984** 377 mit Anm. *Volk* = LM
§ 52 StPO Nr. 7 mit Anm. *Schmidt*.

[87] Diese Ansicht wurde schon vor der Gesetzesänderung von 1974 fast einhellig vertreten,
BGHSt **5** 135 [GSSt]; **13** 399 = JR **1960** 225
mit Anm. *Heinitz*; *Eb. Schmidt* Nachtr. I 14;
Dünnebier GA **1953** 71; *Heinitz* FS Engisch
1969, 700 unter Aufgabe der in JR **1960** 227
vertretenen Ansicht; *Kohlhaas* DAR **1956**
205; *Orlowsky* 120; a. A BGH LM Nr. 1.

untersuchen zu lassen (Rdn. 5). Zu belehren ist grundsätzlich nur der Betroffene selbst, auch wenn er minderjährig oder aus anderen Gründen nicht geschäftsfähig ist[88]. Etwas anderes gilt, wenn er wegen mangelnder Verstandesreife oder wegen Verstandes- schwäche keine genügende Vorstellung von der Bedeutung des Weigerungsrechts hat. Dann ist nach §81 c Abs. 3 Satz 2 Halbsatz 2, §52 Abs. 3 Satz 1 *auch* der zur Ausübung des Untersuchungsverweigerungsrechts befugte Vertreter (Rdn. 45 ff) zu belehren. Sind mehrere Vertreter vorhanden, so müssen sie alle belehrt werden[89]. Die Belehrung des Betroffenen selbst ist niemals entbehrlich. Finden mehrere Untersuchungen statt, so ist vor jeder von ihnen zu belehren (vgl. §52 Abs. 3 Satz 1: „vor jeder Vernehmung"), so- fern es sich nicht nur um die Fortsetzung einer nicht zum Ende gebrachten Untersu- chung handelt. Die Belehrung ist nicht deshalb überflüssig, weil der Betroffene bereits über sein Zeugnisverweigerungsrecht nach §52 belehrt worden war[90].

Ist die Belehrung vor der Untersuchung oder vor dem Eingriff unterblieben, so **34** wird der Mangel **geheilt,** wenn der Betroffene nachträglich belehrt wird und nunmehr ausdrücklich seine Zustimmung erklärt[91]. Erklärt er sie nicht, so kann der Mangel auch dadurch geheilt werden, daß das Untersuchungsergebnis nicht verwertet wird und das Gericht dies ausdrücklich ausspricht[92]. Entsprechendes gilt, wenn die Belehrung des ge- setzlichen Vertreters unterlassen worden ist, obwohl sie nach dem entsprechend anzu- wendenden §52 Abs. 3 Satz 1 erforderlich war. Die Ansicht, das Untersuchungsergeb- nis dürfe, wenn die Belehrung unterblieben ist, selbst dann nicht verwertet werden, wenn der gesetzliche Vertreter dem nachträglich zugestimmt hat[93], erscheint unrich- tig[94]. Ist der Betroffene erst nach der Untersuchung Angehöriger des Beschuldigten ge- worden, so ist das Untersuchungsergebnis ohne weiteres verwertbar; denn eine dem §252 entsprechende Vorschrift gibt es für die Untersuchungsverweigerung nicht[95].

Die **Belehrung** muß eindeutig und eindringlich sein; auf die Entscheidung des Be- **35** troffenen darf aber nicht eingewirkt werden[96]. Zuständig zur Erteilung der Belehrung ist der Richter, wenn er die Untersuchung oder den Eingriff anordnet. Erfolgt die An- ordnung nach §81 c Abs. 5 durch die Staatsanwaltschaft oder deren Hilfsbeamte, so haben sie nach den entsprechend anwendbaren §161 a Abs. 1 Satz 2, §163 a Abs. 5 die Belehrung auszusprechen[97]. Die Entscheidung BGHSt 12 242 (GSSt), wonach stets der Richter die Belehrung zu erteilen hat, ist ergangen, bevor durch das StPÄG die Beleh- rungspflichten der Staatsanwaltschaft und der Polizei über das Zeugnisverweigerungs- recht nach §52 eingeführt worden sind; sie hat daher insoweit keine Bedeutung mehr. Der Sachverständige ist zur Belehrung über das Untersuchungsverweigerungsrecht

[88] BGHSt 14 24.

[89] *Eb. Schmidt* Nachtr. I 14.

[90] BGHSt 13 399 = JR 1960 225 mit Anm. *Hei- nitz; KK-Pelchen* 11; *Kleinknecht/Meyer*[37] 24; *Alsbergs/Nüse/Meyer* 481; *Fezer* JuS 1978 766; *Schlüchter* 197.1.

[91] BGHSt 12 242 – GSSt; KK-*Pelchen* 13; *Kleinknecht/Meyer*[37] 24; KMR-*Paulus* 30; *Alsberg/Nüse/Meyer* 492; *Eb. Schmidt* Nachtr. I 15; *Fezer* JuS 1978 766; *Kohlhaas* JR 1974 91; *Jessnitzer* 214; *K. Müller* 284; *Schlüchter* 197.2.

[92] BGHSt 13 399; RGSt 29 351.

[93] BGHSt 12 242 – GSSt, der aber die Verwer- tung dann für zulässig hält, wenn – was in der

Praxis die Regel sein wird – der gesetzliche Vertreter aufgrund nachträglicher richterli- cher Belehrung einwilligt. Entsprechendes muß für die heute ebenfalls belehrungs- pflichtige StA und ihre Hilfsbeamten gelten; *Kohlhaas* JR 1974 91.

[94] KK-*Pelchen* 13; *Eb. Schmidt* Nachtr. I 15; *Schlüchter* 198; *Alsberg/Nüse/Meyer* 492.

[95] A. A *Rengier* Jura 1981 304.

[96] BGHSt 1 37; 21 13; KK-*Pelchen* 12; s. a. §52, 48.

[97] KK-*Pelchen* 12; *Kleinknecht/Meyer*[37] 24; *Jessnitzer* 214; *K. Müller* 283; *G. Schäfer*[4] §36 IV 5; *Schlüchter* 197.1; *Eb. Schmidt* JR 1959 371.

Hans Dahs

nicht befugt[98]. Stellt er vor oder bei der Untersuchung fest, daß der Betroffene versehentlich nicht belehrt worden ist, so muß er von der Untersuchung absehen oder sie abbrechen und veranlassen, daß die Belehrung von dem zuständigen Richter oder Beamten nachgeholt wird[99].

36   c) **Widerruf.** Der Betroffene kann nach § 52 Abs. 3 Satz 2, der nach § 81 c Abs. 3 Satz 2 Halbsatz 2 ebenfalls entsprechend anzuwenden ist, den Verzicht auf das Weigerungsrecht widerrufen. Hierüber braucht er aber nicht belehrt zu werden[100]. Erfolgt der Widerruf vor der Untersuchung, so darf sie nicht stattfinden. Hatte sie bereits begonnen, so darf sie nicht fortgesetzt werden; jedoch dürfen die vor dem Widerruf erlangten Untersuchungsbefunde als Beweismittel verwertet werden[101]. Nach beendeter Untersuchung ist ein Widerruf des ordnungsmäßig belehrten Betroffenen bedeutungslos[102]. Die Zeugnisverweigerung des Betroffenen in der Hauptverhandlung hindert daher nicht, daß die Befunde über seine körperliche Untersuchung durch den Sachverständigen in das Verfahren eingeführt werden. § 252 ist nicht entsprechend anwendbar[103]. Widerrufbar ist auch die Untersuchungsverweigerung (vgl. § 52, 37).

37   2. **Kein Weigerungsrecht nach §§ 53 bis 55.** Als Grundlage eines Untersuchungsverweigerungsrechts kommen die §§ 53, 53 a und 54 nicht in Betracht. Das Anvertrauen und Erfahren von Geheimnissen hinterläßt keine Spuren oder Folgen am Körper; andererseits gehören die gesuchten Spuren und Folgen nicht zu den geschützten Geheimnissen[104].

38   Die Vorschrift des § 55 gibt kein Zeugnisverweigerungsrecht, sondern nur das Recht, die Auskunft auf einzelne Fragen zu verweigern. Darauf erstreckt sich die Bezugnahme in § 81 c Abs. 3 Satz 1 schon nach ihrem Wortlaut nicht[105]. Daß § 81 c Abs. 3 Satz 1 nicht auch das Auskunftsverweigerungsrecht des § 55 erwähnt, ist kein Versehen; denn auch § 372 a Abs. 2 ZPO, der ausdrücklich die entsprechende Anwendung der §§ 386 bis 390 ZPO bestimmt, sieht die Untersuchungsverweigerung nicht aus den Gründen des § 384 Abs. 2 ZPO vor. Dem Gesetz ist daher mindestens zu entnehmen, daß nicht jede Gefahr strafgerichtlicher Verfolgung des Betroffenen oder eines seiner Angehörigen zur Untersuchungsverweigerung berechtigt.

39   Eine andere Frage ist, ob bei Vorliegen dieser Gefahr der Grundsatz der **Zumutbarkeit** (Rdn. 21, 27) im Einzelfall ein Weigerungsrecht begründen kann. Die Zivilge-

---

[98] KK-*Pelchen* 12; *Kleinknecht/Meyer*[37] 24; KMR-*Paulus* 30; *Fincke* ZStW **86** (1974) 661; *Jessnitzer* 214.

[99] KK-*Pelchen* 12; *K. Müller* 283; *Schlüchter* 197.1 Fußn. 104.

[100] RG JW **1936** 3548 mit Anm. *Rilk*; **a. A** offenbar RGSt **62** 144.

[101] BGHSt **12** 242 – GSSt; KK-*Pelchen* 14; *Kleinknecht/Meyer*[37] 25; *K. Müller* 284; *Schlüchter* 197.1; *Fezer* JuS **1977** 816; **a. A** *Eb. Schmidt* Nachtr. I 17 und JR **1959** 369.

[102] KK-*Pelchen* 14; *K. Müller* 284.

[103] Anders *G. Schäfer*[4] § 65 II 2 C und wohl auch *Kleinknecht/Meyer*[37] 25.

[104] KK-*Pelchen* 10; *Kleinknecht/Meyer*[37] 23;

KMR-*Paulus* 28; *Schlüchter* 197.1; *Gössel* § 26 C I b 2; *Rüping* 246; *Kohlhaas* JR **1974** 91; **a. A** *Eb. Schmidt* Nachtr. I 11 für §§ 53, 53 a.

[105] KK-*Pelchen* 10; *Kleinknecht/Meyer*[37] 23; KMR-*Paulus* 28; *Rüping* 246; *Schlüchter* 197.1 Fußn. 101; anders OLG Braunschweig NJW **1954** 1053; OLG Saarbrücken FamRZ **1959** 36, die aber bei Blutgruppenuntersuchungen für den Regelfall ein Weigerungsrecht verneinen; *Eb. Schmidt* Nachtr. I 11 und JR **1959** 369; *Bosch* 67; *Gössel* § 26 C I b 2; *Krause* JZ **1976** 125; *K. Müller* 283; offengelassen von BGHSt **5** 134 = NJW **1954** 323.

richte lehnen das bei der Anwendung des §372a ZPO fast einhellig ab[106]. Für das Strafverfahren wird man zwischen der Gefahr der Selbstbelastung und der Angehörigenbelastung zu unterscheiden haben: §55 ergänzt die §§136 Abs. 1 Satz 2, 52, wonach der Beschuldigte nicht gegen sich selbst und der Zeuge nicht gegen einen Angehörigen aussagen muß (vgl. §55, 1). Die Auskunftsperson soll unabhängig davon, ob sie selbst bzw. ihr Angehöriger sich formal in der Beschuldigtenrolle befindet, davor bewahrt werden, unter dem Druck der Zeugenpflichten dazu beitragen zu müssen, daß sie selbst oder ein Angehöriger einer Straftat überführt wird. Daher dürfte es nicht gerechtfertigt sein, dem Betroffenen das Recht zuzugestehen, die Untersuchung mit der Begründung zu verweigern, er fürchte strafrechtliche Verfolgung aufgrund des Untersuchungsergebnisses, etwa bei gegenseitigen sadistischen Verletzungen. Denn mit einer so begründeten Weigerung würde er sich in der Praxis fast zwangsläufig in die Rolle eines Beschuldigten begeben, die Einleitung eines Ermittlungsverfahrens gegen sich veranlassen und die Anwendung des für ihn ungünstigeren §81a heraufbeschwören. Da der Betroffene als Beschuldigter nach §81a noch weitergehende Untersuchungen und Eingriffe zu dulden hat, hat es wenig Sinn, ihm als Zeuge über §55 ein Untersuchungsverweigerungsrecht wegen der Gefahr der Selbstbelastung einzuräumen. Wenn das Gesetz dem Beschuldigten diese Selbstbelastung zumutet, gibt es keinen Grund, sie dem Zeugen nicht zuzumuten. Daraus folgt aber, daß die Gefahr der Angehörigenbelastung anders zu behandeln ist. Dem Zeugen steht, sofern er nicht selbst Beschuldigter ist, in dem gegen seinen Angehörigen gerichteten Verfahren ein Untersuchungsverweigerungsrecht zu. Hier findet der Gedanke des §55 Anwendung, daß das Weigerungsrecht nicht dadurch ausgehöhlt werden darf, daß die Beweiserhebung in einem Verfahren erfolgen soll, in dem der Angehörige formal nicht Beschuldigter und der Zeuge daher nach den §§52, 81c Abs. 3 Satz 1 nicht weigerungsberechtigt ist. In diesem Fall ist dem Rechtsgedanken des §55 über das Zumutbarkeitsprinzip Rechnung zu tragen[107].

3. Betroffene ohne ausreichende Verstandesreife oder -kraft (Absatz 3 Satz 2 bis 5)
a) Allgemeines. Das Weigerungsrecht steht jedem Betroffenen ohne Rücksicht **40** darauf zu, ob er die Konfliktlage empfinden kann, die eintritt, wenn er zu einem Beweisakt gegen einen nahen Angehörigen veranlaßt werden soll. Es ist auch nicht erforderlich, daß er Bedeutung und Tragweite seiner Rechte erkennen kann. Verstandesunreife und verstandesschwache Personen sollen davor geschützt werden, daß sie sich aus Mangel an Verständnis untersuchen lassen und sich dadurch später nach Eintritt der Verstandesreife oder Rückkehr der Verstandeskraft möglicherweise seelisch belastet fühlen[108].

Verstandesreife liegt vor, wenn der Betroffene den Widerstreit, in den er durch **41** seine familiären Beziehungen zu dem Beschuldigten gestellt wird, verstandesmäßig erfassen kann; er muß erkennen können, daß der Beschuldigte möglicherweise etwas Unrechtes getan hat, daß ihm hierfür Strafe droht und daß die Untersuchung eventuell zu seiner Bestrafung beitragen kann[109].

---

[106] KG NJW **1969** 2208; OLG Hamburg NJW **1953** 1873; OLG Karlsruhe FamRZ **1962** 396; OLG Nürnberg FamRZ **1970** 599; a. A *Bosch* DRiZ **1951** 109; *Dünnebier* JZ **1952** 429; eingehend dazu *Sautter* AcP **161** 240 ff, 260.

[107] Anders *Gössel* §26 C I b 2; *Krause* JZ **1976** 125; *K. Müller* 283, die §55 stets und KK-*Pel-*

chen 10; *Kleinknecht/Meyer*[37] 23; KMR-*Paulus* 28; LR-*Meyer*[23] 39; *Schlüchter* 197.1 Fußn. 101, die §55 in keinem Fall anwenden wollen.

[108] BGHSt **14** 160; **19** 86.

[109] BGHSt **14** 162; BGH NJW **1967** 360; KK-*Pelchen* 15.

Hans Dahs

42   Die Frage, ob die zu untersuchende Person die erforderliche Verstandesreife oder -kraft hat, muß der **Tatrichter** prüfen und entscheiden[110]. Nur auf seine Überzeugung kommt es an[111]. Im Zweifelsfall ist so zu verfahren, als fehle die Verstandesreife[112]. Der Tatrichter muß dartun, daß er die Prüfung vorgenommen hat, wenn die Umstände die Annahme fehlenden Verständnisses für die Bedeutung der Belehrung nahelegen[113]. Eine feste Altersgrenze, von der ab anzunehmen ist, daß die Verstandesreife vorliegt, gibt es nicht[114]. Bei einem 7jährigen Kind wird sie in der Regel fehlen[115], bei 14jährigen mit normaler Intelligenz[116], ausnahmsweise sogar bei Schwachsinn[117], bei 15jährigen[118] und bei 17jährigen[119] wird sie vorhanden sein[120].

43   **b) Entscheidung des gesetzlichen Vertreters.** § 81 c Abs. 3 Satz 2 Halbsatz 1 bestimmt, daß der gesetzliche Vertreter entscheidet, wenn der Betroffene von der Bedeutung seines Weigerungsrechts keine genügende Vorstellung hat. Das gilt bei minderjährigen Betroffenen ohne Einschränkungen. Bei Betroffenen über 18 Jahren ist der gesetzliche Vertreter zur Entscheidung nur befugt, wenn der Betroffene wegen Geisteskrankheit oder Geistesschwäche nach § 6 Abs. 1 BGB entmündigt ist. Der Entmündigungsbeschluß (§ 645 ZPO) muß nach § 661 ZPO wirksam geworden sein; eine Anfechtungsklage nach § 664 ZPO ist ohne Bedeutung, solange der Entmündigungsbeschluß nicht rechtskräftig aufgehoben worden ist. Wenn ein Volljähriger verstandesunreif, aber noch nicht rechtskräftig entmündigt ist, muß ein Gebrechlichkeitspfleger bestellt werden[121].

44   Wer **gesetzlicher Vertreter** ist, bestimmt sich nach bürgerlichem Recht. Für entmündigte Volljährige (§ 1896 BGB) und für Minderjährige, bei denen die Voraussetzungen des § 1773 BGB vorliegen, ist es der nach § 1789 bestellte Vormund, nicht aber der Gegenvormund (§ 1792 BGB), in Ausnahmefällen nach § 1846 BGB das Vormundschaftsgericht[122]. Sonst stehen eheliche Kinder regelmäßig unter der elterlichen Sorge beider Elternteile (§ 1626 Abs. 1 BGB), nichteheliche Kinder unter der der Mutter (§ 1705 BGB). Nach Scheidung der Ehe kommt es darauf an, welchem Elternteil nach § 1671 Abs. 1 BGB die elterliche Sorge übertragen worden ist; dieser ist allein vertretungsberechtigt. Ist nach § 1671 Abs. 4 BGB einem Elternteil die Personensorge, dem anderen die Vermögenssorge übertragen worden, so ist derjenige vertretungsberechtigt, dem die Personensorge obliegt[123].

45   Der gesetzliche Vertreter muß als **Vertreter im Willen** (vgl. § 1626 Abs. 2 Halbsatz 2 BGB) darüber entscheiden, ob von dem Weigerungsrecht Gebrauch gemacht werden soll[124]. Sind mehrere gesetzliche Vertreter, etwa mehrere Vormünder (§ 1797

---

[110] BGHSt **13** 397; **14** 160; KK-*Pelchen* 15; *Jessnitzer* 202.

[111] OLG Stuttgart NJW **1971** 2238.

[112] BGHSt **19** 86; **23** 222; *K. Müller* 284 Fußn. 203; *Roxin*[19] § 26 B II 1 b.

[113] BGH NJW **1967** 360.

[114] *Kohlhaas* NJW **1960** 5; a. A *Bosch* 72, der die Prozeßhandlungsfähigkeit mit 14 Jahren beginnen lassen will; dahingehend auch *Jessnitzer* 202; wohl auch *G. Schäfer*[4] § 36 IV 5 b.

[115] BGHSt **14** 162.

[116] BGHSt **20** 235; vgl. auch *G. Schäfer* § 36 IV 5 b.

[117] BGH NJW **1967** 360.

[118] BGH VRS **36** 23.

[119] BGHSt **14** 24.

[120] Vgl. auch *Kohlhaas* NJW **1960** 5; *Roestel* SchlHA **1967** 163.

[121] *Rieß* NJW **1975** 83 Fußn. 41.

[122] RGSt **75** 146; OLG Schleswig SchlHA **1955** 226.

[123] BGHSt **6** 156; BGH JZ **1952** 46 L; BGH bei *Dallinger* MDR **1953** 596; RG DR **1944** 767; OLG Hamm VRS **13** 212.

[124] BGHSt **12** 240 – GSSt; BGHSt **19** 86; *Bosch* 75; *Eb. Schmidt* JR **1959** 371; vgl. auch *von Weber* MDR **1962** 169.

BGB) vorhanden, so ist die Einwilligung eines jeden von ihnen erforderlich[125]. Insbesondere bedarf es nach §1626 Abs. 2, §1627 BGB der Einwilligung beider Elternteile[126]; dabei reicht es aber aus, wenn einer von ihnen im Einverständnis des anderen die Einwilligung erteilt und der andere zustimmt[127]. Die Einwilligungserklärung eines Elternteils genügt, wenn die elterliche Sorge des anderen nach §§1673, 1674 ruht oder (§1678 BGB) wenn der andere Elternteil tatsächlich verhindert ist, die Erklärung abzugeben[128], wenn er für tot erklärt (§1677 BGB) oder gestorben ist (§1681 BGB). Verweigert auch nur ein Elternteil die Einwilligung, so ist die Untersuchung unzulässig[129]. Ist in anderen Fällen der gesetzliche Vertreter aus tatsächlichen Gründen verhindert, die Entscheidung zu treffen, so muß dem Betroffenen ein Ergänzungspfleger nach §1909 BGB bestellt werden.

c) **Ausschluß des gesetzlichen Vertreters.** Durch §81 c Abs. 2 Satz 2 Halbsatz 2 **46** wird auch die entsprechende Anwendung des §52 Abs. 2 Satz 2 bestimmt. Der gesetzliche Vertreter, der in dem Ermittlungsverfahren, in dem die Untersuchung stattfinden soll, selbst Beschuldigter ist (gleichgültig, ob der Betroffene Opfer seiner Tat ist oder ein anderer), kann daher über die Ausübung des Untersuchungsverweigerungsrechts nicht entscheiden[130]. Wenn die gesetzliche Vertretung beiden Elternteilen zusteht, ist auch eine Entscheidung durch den nicht beschuldigten Elternteil ausgeschlossen[131]. Steht die gesetzliche Vertretung nur einem Elternteil zu, dann ist dieser von der Entscheidung auch dann nicht ausgeschlossen, wenn sein Ehegatte (Stiefvater oder -mutter des Minderjährigen) der Beschuldigte ist[132]. Ist der gesetzliche Vertreter ausgeschlossen, so muß das Vormundschaftsgericht einen Ergänzungspfleger nach §1909 BGB bestellen[133]. Den Antrag stellt der Strafrichter. Das Vormundschaftsgericht ist an dessen Ansicht gebunden, daß der gesetzliche Vertreter ausgeschlossen ist und daß dem Betroffenen die genügende Verstandesreife oder -kraft fehlt[134].

Ist der gesetzliche Vertreter von der Entscheidung ausgeschlossen oder aus sonstigen Gründen (z. B. wegen Abwesenheit oder Krankheit) an einer rechtzeitigen Entscheidung über die Ausübung des Untersuchungsverweigerungsrechts gehindert, so steht das **47** einer zur **Beweissicherung** erforderlichen sofortigen Untersuchung des Betroffenen oder der Entnahme von Blutproben nicht entgegen. Nach §81 c Abs. 3 Satz 3 ist dazu aber eine besondere Anordnung des Richters notwendig. Auch bei Gefahr im Verzug ge-

---

[125] *Eb. Schmidt* Nachtr. I 13.
[126] Vgl. BVerfG NJW **1959** 1483; BGH FamRZ **1960** 177; BGH bei *Dallinger* MDR **1972** 923; BayObLGSt **1956** 159 = NJW **1956** 1608 m. Nachw.; OLG Hamm FamRZ **1958** 377; OLG Stuttgart NJW **1971** 2238; KK-*Pelchen* 16; *Jessnitzer* 203; *Bosch* 52, 76; *Kohlhaas* NJW **1960** 4; JR **1972** 326; *Orlowsky* 147.
[127] Vgl. BGH MDR **1957** 52; BayObLGSt **1956** 8 = NJW **1956** 521; BayObLGSt **1960** 268 = JR **1961** 73; LG Kassel NJW **1960** 62.
[128] Vgl. BGH NJW **1967** 942 = JR **1967** 303 mit Anm. *Schröder*; BGH bei *Dallinger* MDR **1972** 923; OLG Stuttgart NJW **1971** 2237.
[129] *Orlowsky* 153; a. A *Roestel* SchlHA **1967** 164, der dann die Anrufung des Vormundschaftsgerichts für zulässig hält.
[130] So schon bisher BGHSt **14** 162; BGH GA

1962 147; OLG Stuttgart NJW **1971** 2238; *Roestel* NJW **1967** 967; *Schaub* FamRZ **1966** 135.
[131] Die Frage war vor der gesetzlichen Regelung streitig: BGH FamRZ **1964** 43; OLG Stuttgart NJW **1971** 2237; *Roestel* NJW **1967** 967; SchlHA **1967** 164 wollten den anderen Elternteil allein entscheiden lassen; a. A (wie hier) *Bosch* 55; *Orlowsky* 164; *Schaub* FamRZ **1966** 153; *Schoene* NJW **1972** 932.
[132] KK-*Pelchen* 17; vgl. aber *Rieß* NJW **1975** 83 Fußn. 42, der eine „vorsichtige Analogie" für erwägenswert hält.
[133] BGHSt **12** 241 – GSSt; KK-*Pelchen* 17; *Schlüchter* 198; *Bosch* 53.
[134] Anders *Schaub* FamRZ **1966** 136, deren Ansicht aber dazu führt, daß der Vormundschaftsrichter einen unzulässigen Einfluß auf das Strafverfahren nimmt.

Hans Dahs

nügt eine Anordnung der Staatsanwaltschaft und ihrer Hilfsbeamten nicht (§ 81 c Abs. 5). Das Gesetz nimmt in diesen Fällen in Kauf, daß die Untersuchung und die Blutentnahme nicht so rechtzeitig vorgenommen werden können, daß sie für das Ermittlungsverfahren noch irgendeinen Beweiswert haben. Die besondere Anordnung des Richters ergeht durch unanfechtbaren Beschluß (§ 81 c Abs. 3 Satz 4), der insoweit die Zustimmung des verhinderten gesetzlichen Vertreters ersetzt. Der Beschluß, der von dem nach allgemeinen Grundsätzen zuständigen Richter (Rdn. 51) zu erlassen ist, muß nicht nur die Untersuchung oder Blutprobenentnahme anordnen, sondern ausdrücklich aussprechen, daß die Anordnung nach § 81 c Abs. 3 Satz 3 ergeht, weil (und aus welchem Grunde) die sofortige Durchführung der Maßnahme zur Beweissicherung erforderlich, der zur Entscheidung über die Ausübung des Weigerungsrechts befugte Vertreter aber nach § 52 Abs. 2 Satz 2 ausgeschlossen oder an einer rechtzeitigen Entscheidung gehindert ist.

48 Aufgrund der besonderen Anordnung des Richters nach § 81 c Abs. 3 Satz 3 tritt zunächst nur eine **Beweissicherung** ein. Die durch die Untersuchung oder den Eingriff gewonnenen Beweisergebnisse dürfen in dem Ermittlungsverfahren nicht ohne weiteres **verwertet** werden[135]. Dazu ist vielmehr nach § 81 c Abs. 3 Satz 5 die Einwilligung des hierzu befugten gesetzlichen Vertreters erforderlich, also entweder des von dem Vormundschaftsgericht bestellten Ergänzungspflegers (Rdn. 46) oder des gesetzlichen Vertreters, der nunmehr erreichbar geworden ist und die ihm zustehende Entscheidung daher nachträglich treffen kann. Die Einwilligung muß sich ausdrücklich auf die Verwertung der gewonnenen Beweise beziehen. Bedingungen und Einschränkungen sind unzulässig. Verweigert der gesetzliche Vertreter die Einwilligung, begründet § 81 c Abs. 3 Satz 5 ein selbständiges Beweisverbot. Das nach § 81 c Abs. 3 Satz 2 rechtmäßig gewonnene Untersuchungsergebnis ist unverwertbar[136]. Zuständig für die Einholung der Einwilligung sind im Vorverfahren auch die Staatsanwaltschaft oder die Polizei; der Richter muß sie nicht unbedingt selbst einholen.

49 **d) Widerruf.** Für den Widerruf der Einwilligung des gesetzlichen Vertreters gelten die allgemeinen Grundsätze (Rdn. 36). Auch der gesetzliche Vertreter kann die nach der erforderlichen Belehrung erteilte Einwilligung widerrufen, solange die Untersuchung noch nicht beendet ist. Auch im Fall des § 81 c Abs. 3 Satz 5 ist der Widerruf der Einwilligung (in die Verwertung der zur Beweissicherung erlangten Untersuchungsergebnisse) ohne Bedeutung, wenn die Verwertung bereits stattgefunden hat.

50 **e) Duldungspflicht des Betroffenen.** Bei der Entscheidung über die Ausübung des Untersuchungsverweigerungsrechts tritt der gesetzliche Vertreter in vollem Umfang an die Stelle des verstandesunreifen oder verstandesschwachen Betroffenen. Die Einwilligung in die Untersuchung durch den gesetzlichen Vertreter ist daher für den Betroffenen bindend. Die Rechtslage stimmt insoweit nicht mit derjenigen überein, die bei der Zustimmung des gesetzlichen Vertreters zur Aussage des verstandesunreifen Minderjährigen und des wegen Geisteskrankheit oder Geistesschwäche entmündigten Zeugen besteht. Sie dürfen nach § 52 Abs. 2 Satz 1 nur vernommen werden, wenn sie selbst zur Aussage bereit sind. Diese Vorschrift gilt nach § 81 c Abs. 3 Satz 2 Halbsatz 2 bei der Untersuchung und Blutprobenentnahme nicht entsprechend. Denn anders als bei einer Aussage wird der Betroffene im Fall des § 81 c nicht zu einem Tun gezwungen, sondern nur

---

[135] *Rogall* ZStW **91** (1979) 17.
[136] KK-*Pelchen* 18; *Kleinknecht/Meyer*[37] 27; *Als-*   *berg/Nüse/Meyer* 492; *Roxin*[19] § 33 B II 4; *G. Schäfer*[4] § 36 IV 5 b; *Schlüchter* 198.

zur Duldung der dort zugelassenen Maßnahmen. Sie zu verweigern, ist er nach erteilter Zustimmung seines gesetzlichen Vertreters nicht berechtigt[137].

VII. Zuständigkeit (Absatz 5)

Zu der Anordnung der Untersuchung nach § 81 c Abs. 1 und der Maßnahmen **51** nach Absatz 2 ist grundsätzlich nur der Richter zuständig. Im Vorverfahren entscheidet der Richter am Amtsgericht nach § 162 oder der Ermittlungsrichter nach § 169, im Zwischenverfahren nach § 202 das Gericht, bei dem die Anklage erhoben worden ist, nach Eröffnung des Hauptverfahrens das erkennende Gericht, in der Hauptverhandlung unter Mitwirkung der Schöffen (§ 30 Abs. 1, § 77 Abs. 1 GVG). Die Anordnung erfolgt von Amts wegen oder auf Antrag der Staatsanwaltschaft oder eines anderen Prozeßbeteiligten. Nach § 81 c Abs. 5 können die Staatsanwaltschaft und ihre Hilfsbeamten (§ 152 GVG) die Anordnung treffen, wenn sonst der Untersuchungserfolg durch Verzögerung gefährdet wäre. Das gilt nicht, wenn nach § 81 c Abs. 3 Satz 4 eine besondere Anordnung des Richters erforderlich ist (Rdn. 47). Gefahr im Verzug besteht insbesondere, wenn Blutalkoholbestimmungen vorgenommen oder wenn Tatfolgen oder Spuren untersucht werden sollen, die nicht dauerhaft sind. Gefahr im Verzug kann auch vorliegen, wenn Anhaltspunkte dafür bestehen, daß sich der Betroffene der Untersuchung oder dem Eingriff zu entziehen versucht. Große praktische Bedeutung hat die Zuständigkeit der Staatsanwaltschaft und ihrer Hilfsbeamten aber nicht. Denn wenn der Betroffene sich weigert, der Anordnung zu folgen, darf nach § 81 c Abs. 6 Satz 2 unmittelbarer Zwang nur auf Anordnung des Richters angewendet werden.

Die Ansicht, der Betroffene müsse vor der Anordnung nach § 33 Abs. 3 **angehört 52** werden[138], beruht auf einer Verkennung der Tragweite dieser Bestimmung. Sie schreibt nur vor, daß bei einer nachteiligen Entscheidung Tatsachen und Beweisergebnisse nicht ohne Anhörung des Betroffenen verwertet werden dürfen. Mit der Anordnung nach § 81 c hat das nichts zu tun[139].

VIII. Zwang

Der Betroffene ist zu der Untersuchung vorzuladen. Sollen Jugendliche unter- **53** sucht werden, denen die notwendige Verstandesreife fehlt, so ist für ihr Erscheinen der gesetzliche Vertreter verantwortlich[140]; er allein ist dann zu laden[141].

Weigert sich die zur Duldung der Untersuchung verpflichtete Person, sich unter- **54** suchen zu lassen, so ist § 70 entsprechend anwendbar (§ 81 c Abs. 6 Satz 1). Die Weigerung muß nicht ausdrücklich ausgesprochen werden; das Nichterscheinen zur Untersuchung wird regelmäßig als Weigerung aufzufassen sein[142]. Dem Betroffenen, der die

---

[137] So (schon vor der gesetzlichen Neuregelung) BGHSt 23 224; *Kleinknecht/Meyer*[37] 26; KMR-*Paulus* 31; *Schlüchter* 198 Fußn. 110; *Eb. Schmidt* Nachtr. I 14; *Roxin*[19] § 33 B II 4; *G. Schäfer*[4] § 36 IV 5 b; *Bosch* 72; *Kohlhaas* JR 1974 92; a. A *Peters*[4] 259 und JR 1970 68, der zunächst die Zustimmung des Betroffenen verlangt, damit der gesetzliche Vertreter nicht eine Entscheidung gegen den Willen des Minderjährigen treffen kann, die diesen unter Umständen das ganze Leben belastet.

[138] KMR-*Paulus* 25.
[139] KK-*Pelchen* 19; *Kleinknecht/Meyer*[37] 28.
[140] Vgl. OLG Hamm NJW 1965 1613.
[141] *Bosch* 77; a. A *Schimmack* JW 1924 1667; s. a. *Skupin* MDR 1965 865.
[142] Vgl. OLG Karlsruhe FamRZ 1962 395 zu § 372 a ZPO; KK-*Pelchen* 21; *Kleinknecht/Meyer*[37] 30.

Untersuchung ohne rechtlichen Grund verweigert, sind nach § 70 Abs. 1 die durch die Weigerung verursachten Kosten aufzuerlegen (vgl. dazu § 70, 12). Praktische Bedeutung hat das nur, wenn die Untersuchungsanordnung in der Hauptverhandlung oder kurz davor erlassen wird und die Weigerung zur Aussetzung der Verhandlung führt. Ferner ist gegen den Betroffenen nach § 70 Abs. 1 ein Ordnungsgeld und für den Fall, daß es nicht beigetrieben werden kann, Ordnungshaft festzusetzen (wegen der zulässigen Höhe und des Verfahrens vgl. § 70, 14 und 34 ff). Das gilt auch für minderjährige Betroffene, es sei denn, daß es ihnen an der notwendigen Verstandesreife fehlt. Gegen den gesetzlichen Vertreter darf weder ein Ordnungsgeld noch die Ordnungshaft festgesetzt werden[143]. Zur Festsetzung des Ordnungsgeldes und der Ordnungshaft ist nur der Richter zuständig[144]. Vollstreckungsbehörde ist die Staatsanwaltschaft (§ 36 Abs. 2 Satz 1; vgl. aber § 36, 26 ff). Die in § 70 Abs. 2 vorgesehene Beugehaft kommt nicht in Betracht, weil die Untersuchung und die Blutprobenentnahme, anders als das Zeugnis, das nach § 70 erzwungen werden soll, durch unmittelbaren Zwang herbeigeführt werden kann.

55   **Unmittelbarer Zwang** darf nach § 81 c Abs. 6 Satz 3 ohne weiteres angewendet werden, wenn Gefahr im Verzug besteht. Sonst setzt der Zwang voraus, daß der Betroffene bei seiner Weigerung beharrt, obwohl gegen ihn ein Ordnungsgeld festgesetzt worden ist[145]. Ob es bereits beigetrieben worden ist, spielt keine Rolle. Zwangsmittel dürfen nur aufgrund einer besonderen Anordnung des Richters angewendet werden (§ 81 c Abs. 6 Satz 2). Das gilt auch bei den eingriffslosen Untersuchungen nach § 81 c Abs. 1. Die Ansicht, in diesem Falle seien bei Gefahr im Verzug auch die Hilfsbeamten der Staatsanwaltschaft zur Anordnung und Anwendung körperlichen Zwangs befugt[146], steht im Widerspruch zu dem klaren Wortlaut des Gesetzes[147]. Für die Entscheidung des Richters kommt es darauf an, ob die sachlichen Voraussetzungen für die Zwangsanwendung noch vorliegen. Ob bei der Anordnung der Untersuchung oder Blutprobenentnahme durch die Staatsanwaltschaft oder ihre Hilfsbeamten Gefahr im Verzug bestanden hatte, ist nunmehr ohne Bedeutung[148]. Anordnungen der Staatsanwaltschaft und ihrer Hilfsbeamten prüft der Richter nicht nur auf Ermessensfehler. Vielmehr darf er unmittelbaren Zwang nur anordnen, wenn er die Anordnung selbst für zulässig hält[149].

56   Die zwangsweise Durchführung der angeordneten Maßnahmen (dazu § 81 a, 64) rechtfertigt lediglich kurzfristige **Freiheitsbeschränkungen**. Der Betroffene darf nicht etwa mehrere Tage festgehalten werden, damit schwierige erbbiologische Untersuchungen an ihm vorgenommen werden können[150]. Auch ist der Betroffene nicht verpflichtet, an Testübungen mitzuwirken, die der Sachverständige für die Untersuchung für zweckmäßig oder notwendig hält[151].

---

[143] Vgl. OLG Hamm NJW **1965** 1613; *Dalcke/ Fuhrmann/Schäfer* § 51, 5; KK-*Pelchen* 21; *Kleinknecht/Meyer*[37] 30; *Göhler* § 59, 55.

[144] KK-*Pelchen* 21; *Kleinknecht/Meyer*[37] 30; KMR-*Paulus* 37; *Achenbach* NJW **1977** 1271; *Roxin*[19] § 33 B II 5; *Wendisch* JR **1978** 447; *K. Müller* 284; *Schlüchter* 196.

[145] KK-*Pelchen* 22; *Kleinknecht/Meyer*[37] 30; KMR-*Paulus* 38; *Jessnitzer* 215; *K. Müller* 284; *Roxin*[19] § 33 B II 5; *Schlüchter* 196.

[146] *Kohlhaas* Körperliche Untersuchung 49.

[147] KK-*Pelchen* 22; KMR-*Paulus* 38; *Gössel* § 4 D III e 3; *Jessnitzer* 215; *K. Müller* 284; *Roxin*[19] § 33 B II 5; *G. Schäfer*[4] § 36 IV 3.

[148] *Dünnebier* GA **1953** 69; **a. A** offenbar *Eb. Schmidt* Nachtr. I 24.

[149] KMR-*Paulus* 38; *Eb. Schmidt* Nachtr. I 24; *K. Müller* 284.

[150] *Baumann* FS Eb. Schmidt 542.

[151] *K. Müller* 285; *Bockelmann* GA **1955** 331; *Eb. Schmidt* NJW **1962** 665.

IX. Anfechtung

Gegen richterliche Anordnungen steht dem Betroffenen die einfache Beschwerde **57** nach § 304 Abs. 2 zu, sofern nicht § 304 Abs. 4 entgegensteht. Das gilt auch für Anordnungen des erkennenden Gerichts (§ 305 Satz 2). Die Beschwerde hat nach § 307 Abs. 1 keine aufschiebende Wirkung. Sie ist unzulässig, wenn sie erst eingelegt wird, nachdem die Untersuchung oder der Eingriff bereits erfolgt sind[152] (näher § 81 a, 66 ff). Eine Beschwerde, bei deren Einlegung die Zulässigkeitsvoraussetzungen noch bestanden haben, die aber dadurch gegenstandslos geworden ist, daß die angeordnete Maßnahme inzwischen vollzogen worden ist, wird ohne Kostenentscheidung für erledigt erklärt[153].

Der Gerichtsbeschluß, durch den nach **§ 81 c Abs. 3 Satz 3** die sofortige Untersu- **58** chung oder Entnahme von Blutproben angeordnet wird, ist unanfechtbar (§ 81 c Abs. 3 Satz 4). Lehnt das Gericht den Antrag der Staatsanwaltschaft ab, eine solche Anordnung zu treffen, so ist, wenn nicht § 304 Abs. 4 Satz 2 entgegensteht, die einfache Beschwerde nach § 304 Abs. 1 zulässig.

Gegen **Anordnungen der Staatsanwaltschaft** und ihrer Hilfsbeamten kann in ent- **59** sprechender Anwendung des § 98 Abs. 2 gerichtliche Entscheidung beantragt werden (vgl. § 81 a, 72). Das Rechtsschutzbedürfnis fehlt nicht etwa deshalb, weil der Betroffene eine anfechtbare gerichtliche Entscheidung dadurch erreichen kann, daß er den Anordnungen keine Folge leistet (Rdn. 51). Die Möglichkeit, die Anordnungen der Staatsanwaltschaft und ihrer Hilfsbeamten auf ihre Rechtmäßigkeit hin überprüfen zu lassen, wäre dann mit dem Risiko belastet, daß bei einer richterlichen Bestätigung Ordnungsmittel festgesetzt werden; das ist dem Betroffenen nicht zumutbar[154]. Die (feststellende) richterliche Entscheidung über die Rechtswidrigkeit der Entnahme der Blutprobe (vgl. § 81 a, 70 ff) muß um der Effektivität des Rechtsmittels willen ein Verwertungsverbot zur Folge haben.

X. Revision

1. Nichtvorliegen der Voraussetzungen des § 81 c. Die verfahrensrechtlichen Fol- **60** gen eines Verstoßes gegen § 81 c sind je nach dessen Art verschieden. Sind in dem Urteil Untersuchungsergebnisse berücksichtigt worden, die gewonnen worden sind, obwohl die Voraussetzungen des § 81 c Abs. 1 und 2 Satz 1 nicht vorgelegen haben, so kann der Angeklagte hierauf die Revision nicht stützen. Denn diese Voraussetzungen stellt das Gesetz ausschließlich zum Schutz des Betroffenen auf; der Rechtskreis des Angeklagten wird dadurch nicht berührt (vgl. § 337, 95 ff). Das gilt insbesondere für den Fall, daß eine Untersuchung, zu deren Duldung der Betroffene nicht verpflichtet war, ohne seine Einwilligung vorgenommen worden ist[155] oder daß die Blutprobe entgegen § 81 c Abs. 2

---

[152] Vgl. BGHSt 10 91; BGH NJW 1973 2035; OLG Celle NJW 1973 863 = JR 1973 340 mit Anm. *Peters;* KK-*Pelchen* 23; *Kleinknecht/ Meyer*[37] 31; *Schlüchter* 199.

[153] OLG Bremen MDR 1963 335; OLG Frankfurt NJW 1957 839; LG Hannover NJW 1967 791; *Peters* JR 1973 343; *Eb. Schmidt* JZ 1968 363; KK-*Pelchen* 23; *Kleinknecht/Meyer*[37] Vor § 296, 17; vgl. § 81 a, 67; **a. A** OLG Saarbrücken MDR 1974 161, das sie für unzulässig hält.

[154] *Amelung* NJW 1978 1013; *Schlüchter* 199; **a. A** KK-*Pelchen* 23; *Kleinknecht/Meyer*[37] 31; *Gössel* § 4 D III e 3; *Dzendzalowski* 45; vgl. zum Anfechtungsrecht Nichtbeschuldigter auch KG NJW 1972 169 = JR 1972 297 mit Anm. *Peters;* KG GA 1976 79; *Meyer* FS Schäfer 125; *Rieß/Thym* GA 1981 199.

[155] Anders *Panhuysen* 86 ff.

     Hans Dahs

Satz 2 nicht von einem Arzt entnommen worden ist (vgl. hierzu § 81 a, 77). In diesen Fällen besteht kein Verwertungsverbot[156].

61   **2. Fehlende oder fehlerhafte Belehrung über das Untersuchungsverweigerungsrecht.** Hat der Betroffene sich freiwillig einer Untersuchung oder einem Eingriff unterzogen, ohne daß er über das Erfordernis der Einwilligung belehrt worden war (Rdn. 5), so kann der Angeklagte die Revision hierauf nicht stützen[157]. Anders ist es, wenn der Betroffene nicht nach § 81 c Abs. 3 Satz 2 Halbsatz 2, § 52 Abs. 3 Satz 1 über sein Weigerungsrecht belehrt worden ist. Das begründet die Revision, wenn ein ursächlicher Zusammenhang zwischen dem Unterlassen der Belehrung und der Gewinnung des Untersuchungsergebnisses besteht und das Urteil auf dessen Verwertung beruht[158]. Das Urteil beruht auf dem Verfahrensverstoß nicht, wenn der Mangel rechtzeitig geheilt worden ist (Rdn. 34). Einfach davon zu sprechen, das Unterlassen der vorschriftsmäßigen Belehrung mache das Untersuchungsergebnis „unverwertbar"[159], ist also nicht angängig. An dem ursächlichen Zusammenhang zwischen Verfahrensverstoß und Gewinnung des Beweisergebnisses fehlt es insbesondere, wenn der Betroffene gewußt hat, daß er zur Duldung der Untersuchung nicht verpflichtet ist[160], wenn er nachträglich auf sein Weigerungsrecht ausdrücklich verzichtet hat[161] oder wenn sein späteres Verhalten eindeutig erkennen läßt, daß er die Untersuchung auch nach Belehrung über seine Rechte geduldet hätte[162]. Fehlt die Belehrung des gesetzlichen Vertreters nach § 81 c Abs. 3 Satz 2 Halbsatz 2, § 52 Abs. 3 Satz 1, so gilt das gleiche[163]. Das Unterlassen der Belehrung eines Angehörigen des Angeklagten können auch dessen Mitangeklagte rügen, selbst wenn das Verfahren gegen sie abgetrennt ist[164].

62   Die Revision kann auch darauf gestützt werden, daß der Betroffene die Untersuchung nur deshalb verweigert hat, weil er **irrtümlich** darüber belehrt worden ist, daß er hierzu berechtigt sei[165]. Das gleiche gilt für den umgekehrten Fall, daß er fälschlich darauf hingewiesen worden ist, er sei nicht berechtigt, die Untersuchung zu verweigern (vgl. § 52, 55).

---

[156] BGH bei *Dallinger* MDR **1953** 148 = LM Nr. 1; KK-*Pelchen* 24; *Kleinknecht/Meyer*[37] 32; KMR-*Paulus* 44; *Alsberg/Nüse/Meyer* 503; *Dahs/Dahs* 183; *Grünwald* JZ **1966** 499; *Otto* GA **1970** 293 Fußn. 22; *Rudolphi* MDR **1970** 97; *Rüping* 247; *Schöneborn* GA **1975** 40; *Fezer* JuS **1978** 767; a. A *Henkel* 225 Fußn. 10; *Kohlhaas* DAR **1956** 206.

[157] KK-*Pelchen* 24; *Kleinknecht/Meyer*[37] 32; KMR-*Paulus* 44; *Alsberg/Nüse/Meyer* 491; *Grünwald* JZ **1966** 499; offengelassen in BGHSt 13 398.

[158] BGHSt **12** 243 (GSSt); **13** 399 = JR **1960** 225 mit Anm. *Heinitz*; RG JW **1936** 3009; **1938** 2270; KK-*Pelchen* 24; *Kleinknecht/Meyer*[37] 32; KMR-*Paulus* 45; *Busch* FS Eb. Schmidt 575; *Alsberg/Nüse/Meyer* 491; *Dahs/Dahs*[4] 186; *Fezer* JuS **1978** 766; *Schlüchter* 197.2.

[159] So *Eb. Schmidt* Nachtr. I 15 und JR **1959** 372.

[160] *Kühne* 540.

[161] *Schlüchter* 203.3.

[162] BGHSt **5** 133; **20** 234; OLG Hamm VRS **60** 201; KK-*Pelchen* 24; KMR-*Paulus* 45; *Alsberg/Nüse/Meyer* 492; *Schlüchter* 203.3.

[163] BGHSt **14** 160; KK-*Pelchen* 24; *Alsberg/Nüse/Meyer* 492; *Schlüchter* 199; a. A *Orlowsky*, der diesen Mangel nicht dem Rechtskreis des Angeklagten zurechnet.

[164] BGH bei *Dallinger* MDR **1973** 902; KK-*Pelchen* 24.

[165] KK-*Pelchen* 24; KMR-*Paulus* 46; vgl. § 52, 55.

§ 81 d

(1) [1]Kann die körperliche Untersuchung einer Frau das Schamgefühl verletzen, so wird sie einer Frau oder einem Arzt übertragen. [2]Auf Verlangen der zu untersuchenden Frau soll eine andere Frau oder ein Angehöriger zugelassen werden.

(2) Diese Vorschrift gilt auch dann, wenn die zu untersuchende Frau in die Untersuchung einwilligt.

Entstehungsgeschichte. Die Vorschrift wurde durch Art. 3 Nr. 35 VereinhG eingefügt.

1. Allgemeines. Es versteht sich von selbst, daß die körperliche Untersuchung **1** einer Frau, gleichgültig, ob sie Beschuldigte oder Zeugin ist, nach den Regeln des Anstands und der Schicklichkeit vorgenommen und deshalb unter Umständen einer Frau oder einem Arzt übertragen werden muß. Der Gesetzgeber von 1933 hatte bei der Einfügung des § 81 a davon abgesehen, diese Selbstverständlichkeit ausdrücklich zu bestimmen[1]. Im Jahre 1950 ist sie gleichwohl in das Gesetz aufgenommen worden. § 81 d enthält nicht unverbindliche Schicklichkeitsanforderungen, sondern unmittelbar aus Art. 1 GG folgende Rechtsansprüche der Betroffenen, in angemessener und in einer der menschlichen Würde entsprechenden Form behandelt zu werden[2].

Die Vorschrift kann in mehrfacher Hinsicht zu **Mißverständnissen** führen. Sie **2** spricht nur vom Schamgefühl der Frau. Nicht allein hierauf ist jedoch bei jeder körperlichen Untersuchung Rücksicht zu nehmen. Auch die allgemeinen Regeln der Schicklichkeit und des Anstands müssen gewahrt werden. Das gilt nicht nur, wie aus § 81 d geschlossen werden könnte, für die körperliche Untersuchung einer Frau nach §§ 81 a, 81 c, sondern auch für eine körperliche Untersuchung nach §§ 102, 103[3]. Andererseits brauchen weder das Schamgefühl noch die Regeln von Anstand und Schicklichkeit berücksichtigt zu werden, wenn zur Aufklärung einer nicht ganz unerheblichen Straftat Tatspuren oder Beweismittel am Körper einer Frau oder in deren Kleidung durch Untersuchung oder Durchsuchung unverzüglich fest- oder sichergestellt werden müssen und weder eine Frau noch ein Arzt rechtzeitig erreichbar ist[4]. Schließlich ist es auch mißverständlich, daß § 81 d nur die Verletzung des weiblichen Schamgefühls verbietet. Auch Männer haben natürlich Anspruch darauf, im Strafverfahren nach den Regeln der Schicklichkeit behandelt zu werden. Weibliche Kriminalbeamte sollten mit ihrer körperlichen Untersuchung oder Durchsuchung nicht beauftragt werden. Über den Wortlaut des § 81 d hinaus gilt daher der allgemeine Grundsatz, daß körperliche Untersuchungen und Durchsuchungen nicht von Angehörigen des anderen Geschlechts durchgeführt werden sollen[5]. Bei alledem spielt es keine Rolle, ob es sich um eine freiwillige oder unfreiwillige Untersuchung handelt (§ 81 d Abs. 2).

2. Frau im Sinne des § 81 d ist nicht, wie etwa bei § 177 StGB, jede Person weibli- **3** chen Geschlechts ohne Rücksicht auf ihr Alter[6]. Kinder weiblichen Geschlechts können auch von Männern untersucht werden, ohne daß damit gegen die Regeln von Anstand

---

[1] *Schäfer/Wagner/Schafheutle* GewVerbrG § 81 a, 7.

[2] *Peters*[4] 333.

[3] KK-*Pelchen* 1; *Kleinknecht/Meyer*[37] 1; KMR-*Paulus* 1; **a. A** *Eb. Schmidt* Nachtr. I § 81 a, 4.

[4] KK-*Pelchen* 1; KMR-*Paulus* 1.

[5] *Kohlhaas* Körperliche Untersuchung und erkennungsdienstliche Maßnahmen (1972) 53.

[6] So aber *Eb. Schmidt* 2; *Schulz/Berke-Müller* A.

Hans Dahs

und Schicklichkeit verstoßen wird[7]. Die Altersgrenze wird etwa mit dem schulpflichtigen Alter zu ziehen sein[8].

4   **3. Schamgefühl.** Ob die körperliche Untersuchung das Schamgefühl der Frau verletzen kann, hängt nicht von deren eigener Beurteilung ab. Maßgebend sind objektive Gesichtspunkte des geschlechtlichen Anstands[9]. Die Untersuchung der weiblichen Geschlechtsorgane durch einen Mann, der nicht Arzt ist, und die völlige Entkleidung vor ihm verletzen das Schamgefühl unter allen Umständen. Aber auch sonst sollte dem Wunsch der Frau nach Untersuchung durch einen Arzt aus dem Gesichtspunkt des Art. 1 Abs. 1 GG in der Regel gefolgt werden, zumal den Ermittlungsbehörden jedenfalls ein Polizeiarzt durchweg zur Verfügung steht. Außerdem wird die ärztliche Untersuchung auch ein qualifizierteres Ergebnis erbringen.

5   **4. Übertragung auf eine andere Frau oder auf einen Arzt.** Wenn die körperliche Untersuchung medizinische Fachkenntnisse erfordert, darf sie ohnehin nur von einem Arzt vorgenommen werden, der dann als Sachverständiger hinzuzuziehen ist; § 81 d hat für diesen Fall keine Bedeutung. Die Vorschrift sieht aber die Zuziehung eines Arztes zur Schonung des weiblichen Schamgefühls auch vor, wenn medizinische Kenntnisse nicht nötig sind. In diesem Fall wird der Arzt nicht als Sachverständiger herangezogen; über die Untersuchung ist er daher als Zeuge zu vernehmen. Die Untersuchung darf auch einer Frau übertragen werden. Dabei kann es sich um einen weiblichen Polizeibeamten oder um eine andere Frau handeln, die bereit ist, die Beschuldigte oder die Zeugin zu untersuchen. Eine staatsbürgerliche Pflicht, solche Untersuchungen vorzunehmen, besteht nicht[10].

6   Die Rücksichtnahme auf das Schamgefühl hindert auch das **Gericht,** eine zur Sachaufklärung erforderliche Augenscheinseinnahme am Körper einer Frau, unter Umständen auch am Körper eines Mannes (das Schamgefühl weiblicher Richter und Protokollführer verdient ebenfalls Schutz), selbst vorzunehmen. Auch insoweit gilt § 81 d. Der Arzt und die Frau, die das Gericht mit der Untersuchung beauftragt, sind Augenscheinsgehilfen (Beweismittler). Sie werden vom Richter entsprechend § 73 Abs. 1 ausgewählt und können entsprechend § 74 wegen Besorgnis der Befangenheit abgelehnt werden[11]. Nachdem sie den Augenschein eingenommen haben, werden die Augenscheinsgehilfen jedoch wie Zeugen behandelt. Sie sind zur Aussage verpflichtet und müssen nach § 59 vereidigt werden. Näheres zum Augenscheinsgehilfen bei § 86, 3.

7   **5. Zulassung einer anderen Frau oder eines Angehörigen.** § 81 d Abs. 1 Satz 2 bezieht sich sowohl auf die körperliche Untersuchung einer Frau durch einen Arzt als auch durch eine andere Frau. Die Vorschrift dient der besonderen Sicherung einer zu untersuchenden Frau gegen Unschicklichkeiten bei der Untersuchung. Es handelt sich um eine Sollvorschrift in dem Sinne, daß nur aus triftigen Gründen von ihrer Befolgung abgesehen werden darf. Solche Gründe können darin liegen, daß eine nicht zu verantwortende Verzögerung zu besorgen ist[12] oder daß die Untersuchung gestört werden könnte. Bei Störungen kann auch die bereits auf Verlangen der Frau zugelassene Person wieder entfernt werden. Ob eine andere Frau oder ein Angehöriger hinzugezogen wird, hängt grundsätzlich von den Wünschen der zu untersuchenden Frau ab. Wenn sie die

---

[7] KK-*Pelchen* 2; *Kleinknecht/Meyer*[37] 2; KMR-*Paulus* 1.
[8] KK-*Pelchen* 2.
[9] *Eb. Schmidt* 3.
[10] *Eb. Schmidt* 5.
[11] KK-*Pelchen* 3.
[12] KK-*Pelchen* 4; *Kleinknecht/Meyer*[37] 3; KMR-*Paulus* 3; *Eb. Schmidt* 6.

Zulassung ihres Ehemannes verlangt, darf der Arzt, der die Untersuchung vornimmt, nicht etwa eine ihm genehmere Krankenschwester hinzuziehen[13]. Da das Recht auf Hinzuziehung einer Vertrauensperson nicht allgemein bekannt ist, muß die betroffene Frau schon aus Gründen der Fairneß darüber belehrt werden.

6. Revision. Auf die Verletzung des § 81 d kann die Revision nicht gestützt wer- **8** den. War die Vorschrift bei der Untersuchung eines Zeugen verletzt, so berührt das den Rechtskreis des Angeklagten nicht (vgl. § 337, 95 ff). Ist er selbst unter Verstoß gegen § 81 d untersucht worden, so ist das Untersuchungsergebnis gleichwohl ein zulässiges Beweismittel[14].

§ 82

Im Vorverfahren hängt es von der Anordnung des Richters ab, ob die Sachverständigen ihr Gutachten schriftlich oder mündlich zu erstatten haben.

1. Gutachtenerstattung im Vorverfahren. Bei der Heranziehung eines Sachver- **1** ständigen durch Polizei oder Staatsanwaltschaft ist es eine Frage der Zweckmäßigkeit, ob er aufgefordert wird, sein Gutachten schriftlich oder mündlich zu erstatten[1]. Praktisch ist die schriftliche Gutachtenerstattung fast ausnahmslos die Regel; denn im vorbereitenden Verfahren müssen die Beweisergebnisse zu den Akten gebracht werden[2]. Nur bei einfachem Sachverhalt wird es genügen, daß der Sachverständige sich mündlich äußert. Wird er von der Staatsanwaltschaft vernommen, so soll darüber ein Protokoll gefertigt werden, soweit dies ohne erhebliche Verzögerung der Ermittlungen geschehen kann (§ 168 b Abs. 2). Auf jeden Fall ist das Ergebnis der Untersuchungshandlung in nachvollziehbarer Weise aktenkundig zu machen (§ 168 b Abs. 1).

Die Vorschrift des § 82 regelt den Fall, daß der **Richter** im Vorverfahren auf An- **2** trag der Staatsanwaltschaft nach § 162 Abs. 1, § 169 tätig wird. Es steht dann in seinem Ermessen, ob der Sachverständige sein Gutachten schriftlich oder mündlich zu erstatten hat. Die Anordnung schriftlicher Begutachtung kann sich aus verschiedenen Gründen empfehlen, etwa zur Erleichterung der Vorbereitung für Gericht, Staatsanwaltschaft und Verteidiger, zur Ermöglichung einer besseren Nachprüfung und zur Entlastung des Sachverständigen in den Fällen, für die § 256 eine Verlesung des Gutachtens in der Hauptverhandlung gestattet. Bei technischen und anderen Gutachten, bei denen es auf die Mitteilung von bestimmten Meßwerten, Daten und Berechnungen ankommt, wird sich stets die Anordnung einer schriftlichen Gutachtenerstattung empfehlen[3]. Eine ergänzende mündliche Anhörung des Sachverständigen ist zulässig.

Die **mündliche Gutachtenerstattung** erfolgt bei einer richterlichen Vernehmung **3** des Sachverständigen, bei der Staatsanwaltschaft, Beschuldigter und Verteidiger nach

---

[13] *Dzendzalowski* Die körperliche Untersuchung (1971) 38; **a. A** LR-*Sarstedt*[22] 3.

[14] KK-*Pelchen* 5; *Kleinknecht/Meyer*[37] 6; KMR-*Paulus* 4; *Bohnert* NStZ **1982** 5; *Gössel* JZ **1984** 363 und NJW **1981** 2219; *Rudolphi* MDR **1970** 97.

[1] KK-*Pelchen* 1; KMR-*Paulus* 1; *Eb. Schmidt* 3; *K. Müller* 308.

[2] KK-*Pelchen* 1; *Kleinknecht/Meyer*[37] 1; KMR-*Paulus* 1.

[3] *K. Müller* 308.

Hans Dahs

§ 168 c Abs. 2 ein Anwesenheitsrecht haben (Näheres bei § 168 c, 7 ff). Nach § 168 ist ein Urkundsbeamter der Geschäftsstelle zuzuziehen, und nach § 168 a muß ein Protokoll aufgenommen werden, das die Angaben des Sachverständigen enthält. Es genügt nicht, daß der Sachverständige dem Gericht in einem Vernehmungstermin ein schriftliches Gutachten überreicht und dazu erklärt, dies sei sein Gutachten, der Inhalt sei richtig. In einem solchen Fall handelt es sich nur um ein schriftliches Gutachten. Der Sachverständige darf aber ein schriftliches Gutachten zu der Vernehmung mitbringen und es verlesen. Es ist auch zulässig, daß er es dem Richter übergibt und daß dieser es verliest oder verlesen läßt (vgl. auch § 168 a, 15). Im Protokoll genügt dann die Wiedergabe dieses Vorgangs, die Bezugnahme auf das als Anlage beigefügte schriftliche Gutachten und die Bestätigung des Sachverständigen.

2. Gutachtenerstattung nach Anklageerhebung

4   **a) Vor der Hauptverhandlung,** insbesondere im Eröffnungsverfahren (§ 202), darf das Gericht eine schriftliche Gutachtenerstattung anordnen. Das kann zweckmäßig sein, wenn das Gutachten für die Entscheidung über die Eröffnung des Hauptverfahrens benötigt wird[4]. Auch zur Vorbereitung der Hauptverhandlung ist die Einholung eines schriftlichen Gutachtens zulässig und vielfach üblich[5]. Daß schriftliche Gutachten immer ein Übel sind[6], kann nicht zugegeben werden.

5   **b) In der Hauptverhandlung.** Der Grundsatz der Mündlichkeit (dazu Einl. Kap. 13) und der für den Sachverständigenbeweis geltende Grundsatz der Unmittelbarkeit (dazu Einl. Kap. 13) erfordern regelmäßig, daß der Sachverständige das Gutachten in der Hauptverhandlung ohne Bezugnahme auf ein etwa vorhandenes schriftliches Gutachten mündlich erstattet[7]. Das schließt nicht aus, daß auch im Hauptverfahren noch ein schriftliches Gutachten angefordert wird. Nicht selten ist die Beiziehung eines schriftlichen Gutachtens unerläßliche Voraussetzung für eine kritische Überprüfung des in der Hauptverhandlung mündlich erstatteten Gutachtens[8]. Die Ablehnung eines dahingehenden Antrags eines Verfahrensbeteiligten kann die Revision begründen[9]. Als Urteilsgrundlage kann das Gutachten jedoch nur verwertet werden, wenn es Gegenstand der Beweisaufnahme in der Hauptverhandlung gewesen ist. Hiervon läßt das Gesetz Ausnahmen zu. Nach § 256 dürfen die dort genannten schriftlichen Gutachten verlesen werden, nach § 251 Abs. 1 und 2 die Niederschrift über die Vernehmung des Sachverständigen, nach § 251 Abs. 2 auch schriftliche Erklärungen. Vernehmung in diesem Sinne ist nur eine mündliche Gutachtenerstattung, die den oben Rdn. 3 aufgeführten Anforderungen entspricht.

6   Der **Mündlichkeitsgrundsatz** gilt nur, wenn mit dem Sachverständigengutachten die Urteilsgrundlagen für die Schuld, Straf- und Maßregelfrage gewonnen werden sollen. Für die Feststellung der Prozeßvoraussetzungen gelten die Regeln des Freibeweises (vgl. § 244, 3 ff). Ein Gutachten zur Frage der Verhandlungsfähigkeit des Angeklagten oder des Entschuldigtseins seines Ausbleibens in den Fällen der § 329 Abs. 1, § 412 Abs. 1 kann formlos erstattet und entgegengenommen werden. Die schriftliche Gutachtenerstattung, sogar die telefonische Durchgabe des Untersuchungsergebnisses reicht aus.

---

[4]   OLG Stuttgart *Alsb.* E 1 Nr. 214.
[5]   BGH GA **1963** 18 = JR **1962** 111; KK-*Pelchen* 2; *Kleinknecht/Meyer*[37] 3; KMR-*Paulus* 3; *K. Müller* 308.
[6]   *Karpinski* NJW **1968** 1173.

[7]   KK-*Pelchen* 3; *Peters*[4] 373; *Jessnitzer* 178; *Roxin*[19] § 27 C II 1; *K. Müller* 309.
[8]   *Peters*[4] 373; *G. Schäfer*[4] § 69 IV 2.
[9]   *Peters*[4] 373.

3. **Vernehmung des Sachverständigen.** Das Gesetz enthält hierüber keine besonde- 7
ren Vorschriften. Nach § 72 gelten daher die Bestimmungen für die Vernehmung von
Zeugen sinngemäß (§ 72, 21).

§ 83

(1) Der Richter kann eine neue Begutachtung durch dieselben oder durch andere
Sachverständige anordnen, wenn er das Gutachten für ungenügend erachtet.

(2) Der Richter kann die Begutachtung durch einen anderen Sachverständigen anordnen, wenn ein Sachverständiger nach Erstattung des Gutachtens mit Erfolg abgelehnt
ist.

(3) In wichtigeren Fällen kann das Gutachten einer Fachbehörde eingeholt werden.

Schrifttum. *Gollwitzer* Behördengutachten in der Hauptverhandlung des Strafprozesses, FS
Weißauer (1986) 23; *Ley* Die Pflicht des Strafrichters zur Anhörung weiterer Sachverständiger,
Diss. München 1966; *Schnellbach* Sachverständigengutachten kollegialer Fachbehörden im Prozeß,
Diss. Marburg 1964; *Wolschke* Leitgesichtspunkte zur Sachverständigen-Beiziehung im Straf-
prozeß, Diss. Freiburg 1973.

Übersicht

1. Neue Begutachtung bei ungenügendem Gutachten (Absatz 1)

a) **Allgemeines.** Schon aus § 73 Abs. 1 ergibt sich, daß der Richter mehr als einen 1
Sachverständigen bestellen kann. Diese Befugnis schränkt § 83 Abs. 1 nicht ein[1]. Die
Einholung eines weiteren Gutachtens setzt daher nicht voraus, daß die erste Begutachtung ungenügend war (§ 73, 21). Durch § 83 Abs. 1 soll nur klargestellt werden, daß ein
ungenügendes Gutachten im allgemeinen dazu zwingt, eine neue Begutachtung anzuordnen. Für die Pflicht zur Sachaufklärung sind in erster Hinsicht die § 244 Abs. 2
und 4, § 245 maßgebend[2]. § 83 Abs. 1 hat daneben geringe Bedeutung. Insbesondere
wird die Aufklärungspflicht nach § 244 Abs. 2 nicht dadurch eingeschränkt, daß § 83
Abs. 1 als Kannvorschrift ausgestaltet ist[3]. Das bedeutet nur, daß dem Richter die Befugnis erhalten bleiben soll, von der Anordnung einer neuen Begutachtung abzusehen,
wenn die Pflicht zur Sachaufklärung sie nicht erfordert.

b) **Anwendungsbereich.** § 83 Abs. 1 setzt voraus, daß bereits ein Gutachten vor- 2
liegt. Die Anordnung einer neuen Begutachtung durch den Richter wird daher nur in

---

[1] BayObLGSt **1955** 262 = NJW **1956** 1001;
KK-*Pelchen* 1; KMR-*Paulus* 1; *Dalcke/Fuhr-
mann/Schäfer* 1.

[2] KK-*Pelchen* 1; KMR-*Paulus* 1; *Alsberg/
Nüse/Meyer* 729; *K. Müller* 75.

[3] Anders offenbar RGSt **49** 437.

einem fortgeschrittenen Stadium des Verfahrens in Betracht kommen, etwa von der Erhebung der Anklage bis zur Hauptverhandlung, diese eingeschlossen. Im Vorverfahren sind auch Staatsanwaltschaft und Polizei befugt, einen weiteren Sachverständigen zu beauftragen, wenn sie das Gutachten des von ihnen herangezogenen Sachverständigen für ungenügend halten[4]. Auch der Richter kann aber, wenn diese Frage an ihn herangetragen wird, schon im vorbereitenden Verfahren eine neue Begutachtung anordnen. Praktisch werden Anordnungen nach § 83 vor Anklageerhebung aber nur im Haftverfahren und bei der Anwendung der §§ 81 ff zu treffen sein.

3   **c) Ungenügendes Gutachten.** Ob ein Gutachten ungenügend ist, entscheidet das richterliche Ermessen. Diese Voraussetzung muß nicht stets deshalb gegeben sein, weil das Gutachten den Richter nicht überzeugt[5]. Denn auch wenn er es nicht für überzeugend hält, kann es ihm unter Umständen die Sachkunde vermitteln, die es ihm ermöglicht, die zu entscheidende Frage selbst zu beantworten, wenn auch vielleicht in anderem Sinne als der Sachverständige[6]. Der Richter muß zu einem eigenen Urteil auch in schwierigen Fachfragen gelangen[7]. Dazu braucht er ein Gutachten, das ihn sachkundig macht; daß es ihn seinem ganzen Inhalt nach überzeugt, ist weniger wichtig. Andernfalls müßte der Rechtssatz aufgestellt werden, daß der Richter von einem Sachverständigengutachten nicht abweichen darf, ohne einen weiteren Sachverständigen zu hören; einen solchen Rechtssatz gibt es aber nicht. Übrigens kann das nicht überzeugende Gutachten den Richter auch zu der Auffassung gelangen lassen, daß die betreffende Frage sich auch durch eine neue Begutachtung nicht klären lassen wird. Dann braucht er die neue Begutachtung natürlich nicht anzuordnen. Ein Gutachten, das dem Richter die für die Entscheidung erforderliche Sachkunde vermittelt, wird daher niemals ungenügend im Sinne des § 83 Abs. 1 sein. Nicht ausreichend ist aber ein Gutachten, wenn die Sachkunde des Gutachters oder seine persönliche Eignung zweifelhaft sind, wenn Bedenken gegen die Richtigkeit der dem Gutachten zugrunde liegenden Tatsachenfeststellungen bestehen oder wenn das Gutachten nicht sorgfältig ausgearbeitet oder so unklar ist, daß Zweifel an der Richtigkeit seines Inhalts nicht auszuräumen sind. Solche Zweifel werden insbesondere bestehen, wenn nicht erkennbar ist, wo die gesicherten Erkenntnisse aufhören und die Theorie anfängt[8]. Liegen die Voraussetzungen des § 244 Abs. 4 Satz 2 Halbsatz 2 vor, so wird die Einholung eines weiteren Gutachtens unerläßlich sein.

4   Sind bereits **mehrere Gutachten** erstattet worden, die einander aber widersprechen, so muß deswegen keines von ihnen „ungenügend" sein[9]. Es kommt vielmehr darauf an, ob alle Sachverständigen von demselben Sachverhalt ausgegangen sind und ihren Gutachten die gleichen wissenschaftlichen Auffassungen zugrunde gelegt haben, gleichwohl aber zu verschiedenen, widerspruchsvollen Ergebnissen gelangt sind. Wenn das der Fall ist, können alle Gutachten ungenügend sein. Kommen die Sachverständigen hingegen aufgrund abweichender Sachauffassungen und wissenschaftlicher Meinungen zu verschiedenen Ergebnissen, so brauchen die Voraussetzungen ungenügender Gutachten nicht vorzuliegen[10].

5   **d) Neue Begutachtung.** Auch wenn das Gutachten ungenügend ist, muß nicht unter allen Umständen eine neue Begutachtung angeordnet werden[11]. Sie ist überflüssig, wenn der Richter zu der Auffassung gelangt, daß die Zuziehung eines Sachverstän-

---

[4] KK-*Pelchen* 1; *Kleinknecht/Meyer*[37] 1.
[5] KK-*Pelchen* 1.
[6] BGH NStZ **1984** 467.
[7] BGHSt **7** 240; **8** 118; **21** 62.
[8] *Bremer* 178.

[9] KK-*Pelchen* 2; *Eb. Schmidt* 4; *Bremer* 178; **a. A** KMR-*Paulus* 2.
[10] *Eb. Schmidt* 4.
[11] KK-*Pelchen* 2; *Eb. Schmidt* 4; **a. A** KMR-*Paulus* 2.

digen von vornherein überflüssig war[12], sei es, daß die zu beurteilende Frage auf rechtlichem Gebiet liegt, sei es, daß die Frage auch mit der Unterstützung eines Sachverständigen nicht beantwortet werden kann (oben Rdn. 3).

Um eine neue Begutachtung im Sinne des § 83 Abs. 1 handelt es sich nur, wenn **6** **dieselbe Beweisfrage** unter den Gesichtspunkten desselben Fachgebiets erneut beurteilt werden soll. Den Fall, daß ein Sachverständiger aus einem anderen Wissensgebiet tätig werden soll, meint die Vorschrift nicht. Ist etwa die Frage einer Urkundenfälschung von einem Schriftsachverständigen, soweit es dessen Fachgebiet betrifft, schlechthin überzeugend begutachtet worden, so kann das Gericht es gleichwohl für erforderlich halten, zusätzlich noch einen chemischen Sachverständigen zu hören, der die Richtigkeit der Anknüpfungstatsachen des Schriftgutachtens überprüfen soll[13].

e) Dieselben oder andere Sachverständige kann der Richter mit der neuen Begut- **7** achtung beauftragen. Das bedeutet nicht, daß immer nur mehrere Sachverständige in Betracht kommen. Es kann auch eine neue Begutachtung durch denselben oder durch einen anderen Sachverständigen angeordnet werden. Derselbe Sachverständige wird aber nur beauftragt werden können, wenn die bisherige ungenügende Begutachtung nicht auf mangelnder Sachkunde beruht, sondern auf der Berücksichtigung von Anknüpfungstatsachen, die das Gericht nicht für erwiesen hält.

2. Mit Erfolg abgelehnter Sachverständiger (Absatz 2). Das Gutachten eines mit **8** Erfolg abgelehnten Sachverständigen darf in keiner Weise verwertet werden, auch nicht in der Form, daß das Gericht aus diesem Gutachten eigene Sachkunde gewinnt (§ 74, 32). Regelmäßig wird hier die Begutachtung durch einen anderen Sachverständigen nicht zu vermeiden sein. Daß sie trotzdem nach § 83 Abs. 2 angeordnet werden „kann", nicht muß, ist nur in besonderen Ausnahmefällen von Bedeutung, z. B. wenn von mehreren Sachverständigen nur einer mit Erfolg abgelehnt worden ist. In diesem Fall braucht der Abgelehnte nicht notwendig durch einen anderen Sachverständigen ersetzt zu werden. Das Gericht kann zu der Auffassung gelangen, daß das Gutachten des nicht abgelehnten Sachverständigen ausreicht. In Betracht kommt auch, daß erst nach der erfolgreichen Ablehnung des Sachverständigen erkannt wird, daß das Gericht genügende eigene Sachkunde besitzt oder daß es der Begutachtung nicht bedarf, weil die Frage, um die es sich handelt, nicht beweiserheblich oder eine von dem Gericht selbst zu beantwortende Rechtsfrage ist[14]. Möglich ist ferner, daß das Gericht zu der Überzeugung gelangt, die Erstattung eines verwertbaren Gutachtens sei gar nicht durchführbar.

3. Gutachten von Fachbehörden (Absatz 3). Solche Gutachten können unabhän- **9** gig davon eingeholt werden, ob die Voraussetzungen des § 83 Abs. 1 und 2 vorliegen[15]. Ein anderer Sachverständiger muß nicht vorher gehört worden sein; Fachbehörden können sofort und in erster Hinsicht mit der Gutachtenerstattung beauftragt werden. Ihre Verpflichtung dazu wird durch § 83 Abs. 3 nicht begründet, sondern richtet sich nach den Vorschriften, die Organisation und Rechtsstellung der Behörde regeln[16]. Wo besondere Vorschriften fehlen, ergibt sie sich aus der allgemeinen Pflicht der Behörden zu gegenseitiger Amtshilfe (Art. 35 GG; vgl. dazu die Erläuterungen Vor § 156 GVG).

---

[12] BayObLGSt **1955** 262 = NJW **1956** 1001; *Alsberg/Nüse/Meyer* 728.

[13] Vgl. RG JW **1931** 949 mit Anm. *Beling*.

[14] Vgl. BayObLGSt **1955** 262 = NJW **1956** 1001.

[15] *Eb. Schmidt* 5.

[16] *Kleinknecht/Meyer*[37] 4.

Hans Dahs

10   Was „**wichtigere**" **Fälle** sind, entscheidet nicht die Behörde, sondern das Gericht. Denn nach dem Zusammenhang, in dem das Wort hier steht, geht es nicht um die Wichtigkeit für die Fachbehörde, sondern für die zu treffende Gerichtsentscheidung. Die Zulässigkeit der Befragung einer Fachbehörde ist im übrigen nicht auf die wichtigeren Fälle beschränkt. Auch wenn sie weniger wichtig sind, kann es an der Möglichkeit fehlen, den Sachverständigenbeweis in anderer Weise als durch die Einholung des Gutachtens einer Fachbehörde zu erheben.

11   **Fachbehörden** im Sinne des § 83 Abs. 3 sind Fakultäten und Fachbereiche der Universitäten, Sachverständigenkammern, Industrie- und Handelskammern, Handwerkskammern, Bundesbahndirektionen[17], Oberpostdirektionen, nicht jedoch z. B. der TÜV[18]; vgl. ferner §§ 91, 92. Die Gutachten von Fachbehörden können nach § 256 Abs. 1 verlesen werden. Vgl. im übrigen § 256, 55 ff sowie zur Ablehnung § 74, 3.

§ 84

Der Sachverständige wird nach dem Gesetz über die Entschädigung von Zeugen und Sachverständigen entschädigt.

Schrifttum. *Hartmann* Kostengesetze, 21. Aufl. (1983); *Meyer-Höver* Gesetz über die Entschädigung von Zeugen und Sachverständigen, 15. Aufl. (1982).

Entstehungsgeschichte. Die Vorschrift lautete in ihrer ursprünglichen Fassung: „Der Sachverständige hat nach Maßgabe der Gebührenordnung Anspruch auf Entschädigung für Zeitversäumnis, auf Erstattung der ihm verursachten Kosten und außerdem auf angemessene Vergütung für seine Mühewaltung." Die geltende Fassung beruht auf Art. X § 8 Nr. 2 des Gesetzes zur Änderung und Ergänzung kostenrechtlicher Vorschriften vom 26. 7. 1957 (BGBl. I 861).

1   Das **Gesetz über die Entschädigung von Zeugen und Sachverständigen,** auf das die Vorschrift verweist, gilt jetzt in der Fassung vom 1. 10. 1969 (BGBl. I 1757), zuletzt geändert durch Gesetz vom 9. 12. 1986 (BGBl. I 2326)[1].

2   Die **Sachverständigenentschädigung** erhält, wer als Sachverständiger tatsächlich vernommen worden ist; es kommt nicht darauf an, ob er als Sachverständiger geladen wurde[2]. Der sachverständige Zeuge wird dagegen als Zeuge entschädigt[3]. Die Entschädigungspflicht besteht auch dann, wenn Behörden oder sonstige öffentliche Stellen zu Sachverständigenleistungen herangezogen werden, es sei denn, der Behördenangehörige erstattet das Gutachten in Erfüllung seiner Dienstpflicht; in diesem Fall werden auch keine Auslagen erstattet[4].

---

[17] OLG Hamm GA **71** (1927) 116.
[18] *Gollwitzer* FS Weißauer 26 f.
[1] Zum Geltungsbereich vgl. *Jessnitzer* 255 ff;
   K. Müller 334.

[2] KK-*Pelchen* 1; *Kleinknecht/Meyer*[37] 2;
   KMR-*Paulus* 1.
[3] *Jessnitzer* 294.
[4] *Jessnitzer* 257.

§85

Soweit zum Beweis vergangener Tatsachen oder Zustände, zu deren Wahrnehmung eine besondere Sachkunde erforderlich war, sachkundige Personen zu vernehmen sind, gelten die Vorschriften über den Zeugenbeweis.

Schrifttum. *Dippel* Die Stellung des Sachverständigen im Strafprozeß (1986); *Hegler* Die Unterscheidung des Sachverständigen vom Zeugen im Prozeß, AcP **104** 151; *Lent* Zur Abgrenzung des Sachverständigen vom Zeugen im Zivilprozeß, ZZP **1936** 9; *Morgenthau* Zeugen und Sachverständige. Ihre Unterscheidung (1913); *Rieger* Sachverständige Zeugen im Strafverfahren, Diss. Würzburg 1927; *Schmidhäuser* Zeuge, Sachverständiger und Augenscheinsgehilfe, ZZP **1959** 365; *Weimann* Der sachverständige Zeuge, Diss. Breslau 1929.

Übersicht

I. Allgemeines

Die Frage, ob eine Beweisperson als Sachverständiger oder als Zeuge vernommen **1** werden muß, ist in mehrfacher Hinsicht von Bedeutung. Der Zeuge ist grundsätzlich zu vereidigen (§ 59), der Sachverständige nicht (§ 79). Der Sachverständige kann wegen Besorgnis der Befangenheit abgelehnt werden (§ 74), nicht aber der Zeuge. Der Antrag auf Vernehmung eines Zeugen darf nur aus den Gründen des § 244 Abs. 3, der auf Anhörung eines Sachverständigen auch dann abgelehnt werden, wenn das Gericht selbst die erforderliche Sachkunde hat (§ 244 Abs. 4 Satz 1). Die Ungehorsamsfolgen sind unterschiedlich (§§ 51, 70 für den Zeugen, § 77 für den Sachverständigen). Außerdem ist die Entschädigung des Zeugen erheblich geringer als die des Sachverständigen (§§ 2, 3 ZuSEntschG). Eine Entscheidung, in welcher Eigenschaft eine Beweisperson vernommen wird, ist daher unumgänglich. Sie darf nicht nach Billigkeitsgrundsätzen getroffen werden und hängt nicht vom Wohlwollen des Richters ab. Auch die Bezeichnung als Zeuge oder Sachverständiger in der Ladung ist nicht entscheidend[1]. Ausschlaggebend ist, ob die rechtliche Einordnung ergibt, daß die Auskunftsperson Zeuge oder Sachverständiger ist[2].

Das Gesetz äußert sich über die **Unterscheidung** des Zeugen vom Sachverständigen in § 85 nur unzulänglich. Der Vorschrift ist zu entnehmen, daß die Vernehmung einer Person über die Wahrnehmung vergangener Tatsachen oder Zustände ein Zeu- **2**

---

[1] KK-*Pelchen* Vor § 72, 7; *Alsberg/Nüse/Meyer* 213; *Jessnitzer* 27.

[2] OLG Düsseldorf Rpfleger **1975** 71; *Jessnitzer* 26 ff.

Hans Dahs

gen-, kein Sachverständigenbeweis ist, auch wenn zu der Wahrnehmung eine besondere Sachkunde erforderlich war. Im Grunde besagt das aber nur, daß ein Zeuge nicht deshalb zum Sachverständigen wird, weil er Beobachtungen, wie sie gewöhnlich von Zeugen bekundet werden, aufgrund besonderer Sachkunde gemacht hat[3]. Für eine eindeutige Abgrenzung des Zeugen- vom Sachverständigenbeweises ist damit wenig gewonnen.

II. Unterscheidung des Sachverständigen vom Zeugen

3   **1. Allgemeines zur Abgrenzung.** Sachverständiger ist ohne Zweifel die sachkundige Beweisperson, die Erfahrungssätze und Forschungsergebnisse aus ihrem Wissensgebiet nur allgemein vermittelt oder die den ihr vom Gericht mitgeteilten Sachverhalt aufgrund der Erfahrungssätze ihres Wissensbereichs beurteilt (vgl. Vor § 72, 2 ff). Zeugenbeweis kann diese Art der Beweiserhebung nicht sein; denn der Zeugenbeweis besteht immer darin, daß eine Beweisperson über die Wahrnehmungen von Tatsachen Auskunft gibt[4]. Schwierigkeiten können bei der Abgrenzung daher nur entstehen, wenn eine Beweisperson über die Wahrnehmung von Tatsachen vernommen werden soll, die sie aufgrund besonderer Sachkunde gemacht hat. Hier stimmt das Beweisthema des Sachverständigen mit dem des (sachverständigen) Zeugen überein, und es entsteht daher die Frage, was eine Tatsachenaussage zum Zeugnis macht und wann und inwiefern sie Sachverständigengutachten ist[5]. Damit darf die Frage nicht verwechselt werden, ob der bereits bestellte Sachverständige zusätzlich als Zeuge vernommen werden muß, weil er neben seinem Gutachten auch Tatsachen bekundet. Weder § 85 noch eine andere Vorschrift verbietet es, eine Auskunftsperson zugleich als Sachverständigen und als Zeugen zu vernehmen. Wenn die Sachverständigeneigenschaft feststeht, weil von der Beweisperson die Begutachtung bestimmter Tatsachen in der für Sachverständige kennzeichnenden Art verlangt wird, kann es sich nur darum handeln, ob bestimmte Tatsachenbekundungen noch Teil des Gutachtens sind oder ob der Sachverständige auch als Zeuge zu vernehmen und zu vereidigen ist. Die Frage ist bei § 79, 17 ff erörtert.

2. Untaugliche Abgrenzungsversuche

4   **a) Fähigkeiten und Eigenschaften der Beweisperson.** Die Sachkunde auf einem bestimmten Wissensgebiet ist für sich allein kein geeignetes Unterscheidungsmerkmal[6], sondern die Voraussetzung dafür, daß überhaupt Abgrenzungsschwierigkeiten entstehen[7]. Wenn eine Beweisperson keine besondere Sachkunde hat, kann sie nur Zeuge sein; nach § 85 kann sie es auch sein, wenn sie besondere Sachkunde besitzt. Zu beachten ist lediglich, daß sich besonderes Fachwissen nicht immer vom allgemeinen Erfahrungswissen unterscheidet[8].

5   Ohne Wert ist der Satz, der Sachverständige sei ein **Richtergehilfe,** der Zeuge ein bloßes Beweismittel[9]. Diese Unterscheidung führt zu nichts, weil auch der Zeuge dem Richter hilft, eine Überzeugung zu gewinnen, und weil auch der Sachverständige Beweismittel ist, soweit er etwas zur richterlichen Überzeugung beitragen soll[10].

---

[3] *Eb. Schmidt* Vor § 72, 12 und Nachtr. I § 85, 1; *Alsberg/Nüse/Meyer* 214.

[4] *Schmidhäuser* ZZP **1959** 374; vgl. auch *Dippel* 14 ff.

[5] *Eb. Schmidt* Vor § 72, 11; *Alsberg/Nüse/Meyer* 214; *Gössel* § 26 II b 1; *K. Müller* 243.

[6] *Eb. Schmidt* Nachtr. I 1.

[7] *Alsberg/Nüse/Meyer* 214.

[8] *Geerds* ArchKrim. **137** 67.

[9] *Henkel* 217; *von Kries* 381; *Hellm. Mayer* FS Mezger 463 halten das für maßgebend.

[10] *Eb. Schmidt* Vor § 72, 16; *Peters*[4] 364; *Schmidhäuser* ZZP **1959** 378; vgl. auch Vor § 72, 3.

Schließlich läßt auch die **Austauschbarkeit** der Beweisperson keine sichere Ab- **6** grenzung zu[11]. Daß der Sachverständige auswechselbar ist, der Zeuge nicht[12], ist ein praktischer, kein begrifflicher Unterschied[13]. Es gibt ersetzbare Zeugen und nicht ersetzbare Sachverständige. Wird eine Straftat vor zahlreichen Zuschauern auf offener Bühne oder auf einem Sportplatz begangen, so steht eine Vielzahl austauschbarer Zeugen des Vorgangs zur Verfügung. Wenn dagegen naturwissenschaftliche Erkenntnisse von einem einzigen Gelehrten vorangetrieben werden, kommt es vor, daß für eine gewisse Zeit nur dieser eine über die Sachkunde verfügt, die man benutzen will. Austauschbar ist überdies niemals die Beweisperson, die aufgrund besonderer Sachkunde unwiederholbare Wahrnehmungen gemacht hat, z. B. einen inzwischen verstorbenen Zeugen untersucht, eine Leiche obduziert, einen später verschrotteten Kraftwagen besichtigt hat. In solchen Fällen erleichtert die Erwägung, daß ein Sachverständiger regelmäßig durch einen anderen ersetzt werden kann, dem Richter die Entscheidung, ob er die Beweisperson als Zeugen oder als Sachverständigen vernehmen muß, in keiner Weise. Die Unterscheidung davon abhängig zu machen, ob der Zeuge noch lebt oder verstorben, das Auto noch vorhanden oder verschrottet, die Wahrnehmung also wiederholbar ist, würde zwar Schwierigkeiten vorbeugen, die bei einer erfolgreichen Ablehnung des nicht ersetzbaren Sachverständigen entstehen (§ 74, 33 ff), sonst aber offensichtlich verfehlt sein.

b) Inhalt der Bekundung. Da Abgrenzungsprobleme nur entstehen, wenn der **7** Sachverständige über Tatsachen aussagen soll (Rdn. 3), führt die Behauptung nicht sehr weit, der Sachverständige beurteile Tatsachen und ziehe Schlüsse aus ihnen, wende also Sachkunde an, der Zeuge teile hingegen die Tatsachen nur mit[14]. Überdies ist diese Behauptung so allgemein nicht richtig[15]. Schon die schlichte Mitteilung einer Tatsache kann ein Urteil sein[16]. Zuweilen beruhen die Aussagen des Zeugen offensichtlich auf Schlüssen, z. B. dem, daß der Angeklagte sehr schnell gefahren sei, daß schon Dämmerung geherrscht habe, daß der Beschuldigte angeheitert, aber nicht betrunken gewesen sei[17]. Andererseits beschränkt sich auch der Sachverständige mitunter auf die Mitteilung von Tatsachen, z. B. über den ermittelten Blutalkoholgehalt. Es trifft daher nicht zu, daß der Zeuge für den Urteilssyllogismus des Richters nur Untersätze liefert, der Sachverständige dagegen Obersätze[18].

Auch von der **Einfachheit oder Schwierigkeit** der Denkoperation, die zur Feststel- **8** lung der Tatsachen erforderlich ist, kann die Unterscheidung nicht abhängig gemacht werden[19]. Es gibt gutachtliche Äußerungen sachkundiger Auskunftspersonen, die denkbar unkompliziert sind, und Aussagen von nicht sachkundigen Personen, die gründlich vorbereitet werden müssen und große geistige Anstrengungen erfordern. Die Erwägung, im Gegensatz zum Zeugen, der nur die von ihm wahrgenommenen Tatsa-

---

[11] Anders KK-*Pelchen* Vor § 72, 7 und *Schmidhäuser* ZZP **1959** 394 ff, die sie jedenfalls bei den Pflichten, der Auswahl und der Ablehnung der Beweisperson für das Unterscheidungsmerkmal halten.

[12] BGH MDR **1974** 382; RGSt **47** 105; **57** 158; OLG Hamm NJW **1969** 567; KK-*Pelchen* 1; *zu Dohna* 102.

[13] *Geerds* ArchKrim. **137** 69.

[14] So aber RGSt **61** 114; RG JW **1887** 112; RG GA 40 (1892) 169; RG HRR **1940** 53; *Gerland* 220.

[15] OLG Frankfurt NJW **1952** 717; *Alsberg/Nüse/Meyer* 215; *Gössel* DRiZ **1980** 364; *Peters*[4] 342; *Geerds* ArchKrim. **137** 68.

[16] *Stein* JW **1923** 15.

[17] Vgl. RGSt **37** 371; OLG Oldenburg NdsRpfl. **1950** 163; *Alsberg/Nüse/Meyer* 216; *Peters*[4] § 42 I; a. A RG JW **1922** 301, das darin reine Sachverständigenfragen sieht.

[18] So aber *Lent* ZZP **1936** 10; *Stein* JW **1923** 15; weitere Nachw. bei *Alsberg/Nüse/Meyer* 216 Fußn. 70.

[19] So aber RGSt **27** 96; **37** 371.

Hans Dahs

chen bekundet, sage der Sachverständige auch über die Untersuchungen und Überlegungen aus, aufgrund deren er sie festgestellt hat[20], erscheint ebenfalls nicht richtig. Auch der Zeuge kann veranlaßt werden, dem Gericht mitzuteilen, welche Untersuchungen zur Feststellung der von ihm bekundeten Tatsachen erforderlich waren; wenn ihm eine besondere Sachkunde fehlt, wird er dadurch nicht zum Sachverständigen[21].

9   **c) Wiederholbarkeit der Wahrnehmungen.** Wie § 85 zeigt, ist der Gesetzgeber davon ausgegangen, daß der Sachverständige über gegenwärtige, der Zeuge über vergangene Tatsachen Auskunft gibt[22]. Das wird daher oft für entscheidend gehalten[23], muß aber keineswegs so sein. Der Obduzent wird über eine nicht mehr wahrnehmbare Tatsache vernommen, nämlich über den Zustand einer inzwischen bestatteten Leiche. Der Psychiater, der im gerichtlichen Auftrag der Vernehmung eines später verstorbenen Zeugen beigewohnt hat, gibt Auskunft über vergangene und nicht wiederholbare Wahrnehmungen. Daß Obduzent und Psychiater in diesen Fällen als Sachverständige zu vernehmen sind, ist aber unbestritten und unbestreitbar[24]. Sie können nicht deshalb Zeugen werden, weil die von ihnen wahrgenommenen Tatsachen nicht mehr feststellbar sind[25]. Andererseits ist eine Beweisperson, die Angaben darüber macht, ob sie als Folge der Mißhandlungen durch den Angeklagten noch jetzt Schmerzen verspürt, nicht deshalb Sachverständiger, weil sie eine gegenwärtige Tatsache bekundet[26].

10   **d) Anlaß der Wahrnehmungen.** Nach verbreiteter Ansicht besteht der Unterschied zwischen Zeugen und Sachverständigen darin, daß der Sachverständige seine Wahrnehmungen erst nach seiner Bestellung durch das Gericht oder eine andere Strafverfolgungsbehörde macht, während Zeuge ist, wer etwas über besondere Wahrnehmungen aussagen soll, die er unabhängig von seiner Heranziehung als Beweisperson gemacht hat[27]. Auch das ist so allgemein nicht richtig. Der nicht sachkundige Augenscheingehilfe wird vom Gericht beauftragt, bestimmte Tatsachen festzustellen, und ist trotzdem nur Zeuge, nicht Sachverständiger[28]. Man kann den Anlaß der Wahrnehmung nur dann als Abgrenzungsmerkmal verwenden, wenn man zuvor den Augenscheingehilfen aus der systematischen Streitfrage ausklammert. Das geht aber schon deshalb nicht an, weil der Auftrag des Gerichts an den Sachverständigen, Tatsachen zu ermitteln, sich von dem entsprechenden Auftrag an den Augenscheingehilfen durch nichts unterscheidet[29]. Unzutreffend ist allerdings der Einwand[30], als Unterscheidungsmerkmal sei die Auftragserteilung nicht geeignet, weil ja gerade fraglich sei, ob eine Beweisperson zum Sachverständigen bestellt werden muß oder nicht. Das ist deshalb nicht richtig, weil Abgrenzungsprobleme nicht bei der Bestellung, sondern bei der Vernehmung entstehen. Bei der Bestellung des Sachverständigen kann man den einfachen Satz gelten lassen, daß jeder Sachkundige, der im gerichtlichen Auftrag aufgrund seiner

---

[20] *K. Müller* 245.
[21] *Alsberg/Nüse/Meyer* 216.
[22] Vgl. *Hahn* Materialien **1** 121.
[23] BGH VRS **39** 96; RGSt **47** 106; **61** 114; RG JW **1924** 1760 mit abl. Anm. *Alsberg*; **1927** 1380 mit Anm. *zu Dohna*; RG HRR **1937** 909; OLG Schleswig SchlHA **1949** 87; *von Hippel* 415 ff.
[24] *Eb. Schmidt* Vor § 72, 13; *Alsberg/Nüse/ Meyer* 217.
[25] *Hegler* 233 ff.
[26] *Beling* 298.

[27] BGH GA **1956** 294; RG JW **1928** 2254 mit Anm. *Mezger*; RG JW **1928** 2721 mit Anm. *Alsberg*; KK-*Pelchen* 1; *Geppert* DAR **1980** 320; *Jessnitzer* 22 und Blutalkohol **1968** 187; *K. Müller* 245; *Hegler* AcP **104** 249.
[28] RG JW **1931** 2831 mit Anm. *Kern*; *Alsberg/ Nüse/Meyer* 218; *Roxin*¹⁹ § 27 A II 2 b; Näheres bei § 86, 5.
[29] *Hanack* JR **1966** 426.
[30] *Geerds* ArchKrim. **137** 69; *Hellm. Mayer* FS Mezger 464.

Sachkunde bestimmte Wahrnehmungen machen soll, zum Sachverständigen ernannt werden muß.

3. Abgrenzung zwischen Zeugen und Sachverständigen. Weder die Fähigkeiten **11** und Eigenschaften der Beweisperson oder der Inhalt ihrer Bekundungen noch Wiederholbarkeit oder Anlaß der Wahrnehmungen, über die sie Auskunft gibt, sind demnach für sich allein zureichende Unterscheidungsmerkmale. Es gibt kein Einzelkriterium, das die Abgrenzung ohne Rest leisten kann[31]. Daher müssen diejenigen Unterscheidungsmerkmale zusammengefaßt werden, die der Abgrenzung schon für sich allein am nächsten kommen. Das ist einmal die Sachkunde der Auskunftsperson, zum andern der Anlaß ihrer Wahrnehmungen. Daraus folgt: Der Zeuge gibt Auskunft über Wahrnehmungen, die er entweder ohne Auftrag einer Strafverfolgungsbehörde, gleichviel, ob mit oder ohne besondere Sachkunde, oder die er im Auftrag einer solchen Behörde (als Augenscheinsgehilfe oder Beweismittler) ohne besondere Sachkunde gemacht hat. Der Sachverständige hingegen übermittelt Tatsachen, zu deren Wahrnehmung eine besondere Sachkunde erforderlich war und die er im Auftrag des Gerichts, der Staatsanwaltschaft oder der Polizei festgestellt hat[32]. Das gleiche gilt für eine sachkundige Auskunftsperson, die im Auftrag eines Prozeßbeteiligten (Beschuldigter, Privatkläger, Nebenkläger) bestimmte Tatsachen feststellt, sofern diese Feststellungen im Hinblick auf ein bereits eingeleitetes oder den Umständen nach bevorstehendes Strafverfahren getroffen werden. Sachverständiger ist daher z. B. auch, wer im Auftrag des späteren Beschuldigten die nach § 42 Abs. 1 Satz 2 LMBG zurückgelassene Gegenprobe eines Lebensmittels untersucht. Die Abgrenzung zwischen sachverständigen Zeugen und Sachverständigen soll nach h. M nicht hindern, den mit Erfolg abgelehnten Sachverständigen als sachverständigen Zeugen über die Wahrnehmung von Befundtatsachen zu vernehmen (Näheres bei § 74, 33 f).

III. Sachverständiger Zeuge

Die Beweisperson, die aufgrund besonderer Sachkunde über vergangene (§ 85) **12** oder gegenwärtige (Rdn. 9) Tatsachen ohne Auftrag einer Strafverfolgungsbehörde oder eines Prozeßbeteiligten Wahrnehmungen gemacht hat und hierüber vor Gericht Auskunft gibt, bezeichnet das Gesetz (§ 5 Satz 1 ZuSEntschG) als sachverständigen Zeugen. Die Bezeichnung „sachkundiger Zeuge", bei der die Vermischung zweier Beweisbegriffe vermieden würde, wäre genauer[33]. Der sachverständige Zeuge ist ein Zeuge wie jeder andere[34]. Für ihn gelten daher nach § 85 ausschließlich die Vorschriften über den Zeugenbeweis; er wird auch nur wie ein Zeuge entschädigt. Keine für den Sachverständigen bestimmte Vorschrift kann auf ihn angewendet werden[35]. Eine Grenzziehung zwischen sachverständigen und anderen Zeugen hat keinen Sinn. Das größere oder geringere Maß oder auch das völlige Fehlen von Sachkunde bei einem Zeugen ist verfahrensrechtlich völlig unerheblich. Soweit § 5 Satz 1 ZuSEntschG für Verrichtungen eines sachverständigen Zeugen besondere Gebühren vorsieht, kommt es

---

[31] *Hanack* JR **1966** 427; *Roxin*[19] § 27 A II 2 b.
[32] OLG Frankfurt B. v. 2. 7. 1986 – 2 Ws 151/86 – unv.; *Kleinknecht/Meyer*[37] 3; *Eb. Schmidt* Vor § 72, 17; *Alsberg/Nüse/Meyer* 218; *Dahs/Dahs*[4] 223; *Gössel* § 26 A II b und DRiZ **1980** 365; *Jessnitzer* 27; *Mezger* JW **1919** 323; *Roxin*[19] § 27 A II 2; *Rüping* 170; *G.*

Schäfer[4] § 67; *Schlüchter* 481.
[33] *Schmidhäuser* ZZP **1959** 369.
[34] KK-*Pelchen* 3; *Kleinknecht/Meyer*[37] 1; *Eb. Schmidt* Vor § 72, 12 und Nachtr. I § 85, 1; *G. Schäfer*[4] § 67 unter 3; *Beling* 300; *von Hippel* 415.
[35] *Dahs/Dahs*[4] 223.

nicht auf die Rechtsstellung als sachverständiger Zeuge, sondern nur auf die Verrichtung an.

IV. Zusätzliche Vernehmung als Sachverständiger

13   Ebenso wie bei der Anhörung eines Sachverständigen zweifelhaft werden kann, ob er zusätzlich als Zeuge vernommen werden muß (§ 79, 16 ff), kann bei der Vernehmung eines sachverständigen Zeugen die Frage entstehen, ob er auch zum Sachverständigen zu bestellen ist, weil er aufgefordert wird, die von ihm bekundeten Tatsachen zu begutachten. Da der Zeugeneid auch gutachtliche Äußerungen des Sachverständigen deckt (§ 79, 23), ist die Frage nur für die Ablehnung nach § 74 und die Entschädigung nach § 2 ZuSEntschG von Bedeutung. Sie läßt sich nicht allgemein beantworten. Entscheidend ist vielmehr, ob die Wiedergabe der unmittelbaren Wahrnehmung oder die sachverständige Beurteilung überwiegt. Liegt das Schwergewicht auf der Tatsachenbekundung, so wird die Beweisperson nicht deshalb zum Sachverständigen, weil sie sich auch gutachtlich äußert[36].

V. Einzelfälle

14   **1. Ärzte** sind als Sachverständige zu vernehmen, wenn sie aufgrund gesetzlichen Auftrags (z. B. nach § 41 LMBG) oder im Auftrag einer Strafverfolgungsbehörde bestimmte Wahrnehmungen gemacht haben. Der Arzt, dem Hilfsbeamte der Staatsanwaltschaft einen Beschuldigten zur Blutprobenentnahme nach § 81 a Abs. 1 vorführen, ist inzidenter beauftragt, aufgrund seiner besonderen Sachkunde auch Feststellungen darüber zu treffen, ob der Beschuldigte nach seinem äußeren Erscheinungsbild und nach seinem Verhalten den Eindruck eines Angetrunkenen oder Betrunkenen macht. Er ist daher als Sachverständiger sowohl dann zu vernehmen, wenn er über die Art und Weise der Blutprobenentnahme gehört wird (§ 81 a, 32), als auch dann, wenn er über seine Wahrnehmungen bei der Blutprobenentnahme vernommen wird[37]. Demgegenüber wird fast allgemein, immer aber ohne nähere Begründung, die Meinung vertreten, insoweit sei der Arzt als Zeuge zu vernehmen[38]. Ohne behördlichen Auftrag tätig gewordene Ärzte sind auch dann nur sachverständige Zeugen, wenn ihre Tätigkeit die Bestellung eines Sachverständigen erspart hat[39]. Der Pathologe, der ohne Auftrag einer Strafverfolgungsbehörde eine Leiche obduziert hat, ist sachverständiger Zeuge, nicht Sachverständiger, wenn er über seine Feststellungen bei der Leichenöffnung gehört wird. Wenn er zusätzlich darüber aussagen soll, welches die mutmaßliche Todesursache gewesen ist, und wenn dabei die Wahrnehmungen bei der Obduktion in den Hintergrund treten, ist er auch als Sachverständiger zu vernehmen[40].

---

[36] RGSt **61** 114; RG JW **1899** 145; **1901** 497; **1902** 531; BGH NStZ **1984** 465; BayObLGSt **1951** 305; OLG Frankfurt NJW **1952** 717; KK-*Pelchen* 3; *Kleinknecht/Meyer*[37] 4.

[37] *Kleinknecht/Meyer*[37] 5; *Alsberg/Nüse/Meyer* 219; *Geppert* DAR **1980** 320; *Jessnitzer* 28 Fußn. 23 und Blutalkohol **1968** 184; **1970** 177.

[38] KG VRS **31** 273; OLG Hamburg NJW **1963** 409; OLG Hamm NJW **1967** 1524; OLG Köln Blutalkohol **1966** 609; VRS **37** 35; KK-*Pelchen* 4; KMR-*Paulus* 2; *Händel* Blutalkohol **1966** 412; *Hartung* Blutalkohol **1975**

164; *Koch* NJW **1966** 1154; *Kohlhaas* DAR **1973** 11; *Rüping* 172; offengelassen bei OLG Hamm NJW **1965** 1091; MDR **1967** 1029; NJW **1969** 567 = VRS **36** 428; OLG Hamm Blutalkohol **1980** 171; OLG Köln OLGSt § 261, 98.

[39] KK-*Pelchen* 1; *Kleinknecht/Meyer*[37] 5; *Alsberg/Nüse/Meyer* 219; *Jessnitzer* 28; *K. Müller* 244; *Peters*[4] 342; *G. Schäfer*[4] § 67 unter 3.

[40] *Gössel* DRiZ **1980** 367; *Alsberg/Nüse/Meyer* 219.

2. Technische Sachverständige werden auch dann als sachverständige Zeugen ver- **15** nommen, wenn sie zwar Sachverständige von Beruf sind, ihre Wahrnehmungen aber ohne behördlichen Auftrag gemacht haben. Sachverständiger Zeuge, nicht Sachverständiger, ist daher der Kraftfahrzeugsachverständige, der den Unfallwagen im Auftrag des Haftpflichtversicherers besichtigt hat. Wird er zusätzlich über die Unfallursache vernommen und liegt das Schwergewicht auf dieser sachkundigen Beurteilung, so muß er auch als Sachverständiger vernommen werden[41].

3. Wirtschaftsreferenten der Staatsanwaltschaft, die zu solchen Tatsachen gehört **16** werden, die sie — sei es auch im Auftrag der Ermittlungsbehörde und nur aufgrund ihrer besonderen Sachkunde — *wahrgenommen* haben, werden als sachverständige Zeugen gehört[42]. **Gerichtshelfer** werden stets als Zeugen vernommen[43].

§ 86

Findet die Einnahme eines richterlichen Augenscheins statt, so ist im Protokoll der vorgefundene Sachbestand festzustellen und darüber Auskunft zu geben, welche Spuren oder Merkmale, deren Vorhandensein nach der besonderen Beschaffenheit des Falles vermutet werden konnte, gefehlt haben.

Schrifttum. *Dippel* Die Stellung des Sachverständigen im Strafprozeß (1986); *Döhring* Die Erforschung des Sachverhalts im Prozeß (1964) 312; *Feckler* Die Verwendbarkeit von Tonbandaufnahmen als Beweismittel im Strafprozeß, Diss. Köln 1962; *Feldmann* Das Tonband als Beweismittel im Strafprozeß, NJW **1958** 1166; *Fredershausen* Die Augenscheinsobjekte im materiellen Strafrecht und im Prozeßrecht, Diss. Göttingen 1911; *Hahn* Ton-und Bildträger als Beweismittel im Strafprozeß, Diss. München 1964; *Hartnack* Nochmals: „Das Tonband als Beweismittel im Strafprozeß", NJW **1958** 1478 mit Schlußwort von *Feldmann*; *Henkel* Die Zulässigkeit und die Verwertbarkeit von Tonbandaufnahmen bei der Wahrheitserforschung im Strafverfahren, JZ **1957** 148; *Koch* Tatort und Augenschein in Verkehrsstrafsachen, DAR **1961** 275; *Kohlhaas* Tonbandaufnahmen im Strafprozeß, DRiZ **1955** 80; *Kohlhaas* Die Tonbandaufnahme als Beweismittel im Strafprozeß, NJW **1957** 81; *Krause* Zum Urkundenbeweis im Strafprozeß (1966); *Liermann* Die Tonbandaufnahme als Beweismittel im Strafprozeß, Diss. Bonn 1963; *Mönkehaus* Das Tonband im Strafverfahren unter besonderer Berücksichtigung des deutschen und schweizerischen Rechts, Diss. Basel 1970; *Mühlhaus* Unfallskizzen und Lichtbilder, DAR **1965** 12; *Reitberger* Nochmals: Tonbandaufnahmen als Beweismittel, Kriminalistik **1965** 229; *Robert* Der Augenschein im Strafprozeß (1974); *Roeber* Das Tonband und seine Stellung im Recht (1957); *Roggemann* Das Tonband im Verfahrensrecht (1962); *Schmidhäuser* Zeuge, Sachverständiger und Augenscheinsgehilfe, ZZP **1959** 365; *Eb. Schmidt* Die Verwendbarkeit von Tonbandaufnahmen im Strafprozeß, Gedächtnisschrift für Walter Jellinek (1955) 625; *Eb. Schmidt* Zulässigkeit und Verwendbarkeit von Tonbandaufnahmen im Strafverfahren, JZ **1956** 206; *Eb. Schmidt* Der Stand der Rechtsprechung zur Frage der Verwendbarkeit von Tonbandaufnahmen im Strafprozeß, JZ **1964** 537; *R. Schmitt* Tonbänder im Strafprozeß, JuS **1967** 19; *Scupin* Die Zulässigkeit und Verwertbarkeit von Tonbandaufnahmen im Strafprozeß, DÖV **1957** 548; *Siegert* Die Grenzen rechtmäßiger Tonbandaufnahmen im Strafprozeß, DRiZ **1957** 101; *Siegert* Verwertung rechtmäßiger Tonbandaufnahmen im Strafprozeß, GA **1957** 265; *Siegert* Die außergerichtlichen Tonbandaufnahmen und ihre Verwertung im Zivilprozeß, NJW **1957** 689; *Weinmann* Das Tonband als Beweismittel im Strafprozeß, Diss. Mainz 1959.

---

[41] *Kleinknecht/Meyer*[37] 5; *Alsberg/Nüse/Meyer* 219; vgl. auch KK-*Pelchen* 4.

[42] BGH bei *Pfeiffer/Miebach* NStZ **1983** 208.

[43] *Kleinknecht/Meyer*[37] 5; a. A *Sonntag* NJW **1976** 1436.

Übersicht

I. Augenscheinsbeweis

1   Der in § 86 verwendete Begriff Augenschein ist nach allgemeiner Ansicht umfassender, als das Wort erkennen läßt. Er ist der Oberbegriff für die Benutzung aller Beweismittel und umfaßt nicht nur Wahrnehmungen mittels des Sehvermögens, sondern sinnliche Wahrnehmungen jeder Art. Ob es sich um Beweisaufnahmen durch Sehen, Hören, Riechen, Schmecken oder Fühlen handelt, macht keinen grundsätzlichen Unterschied[1]. Bei so allgemeiner Verwendung des Begriffs Augenschein würde allerdings jeder Beweis ein Augenscheinsbeweis sein, auch der Beweis durch Zeugen und Sachverständige, durch Verlesen einer Urkunde und durch Vernehmung des Beschuldigten. Denn alle diese Beweismittel wirken auf den Richter durch die Sinne, und zwar nach gesetzlicher Vorschrift (§ 249) durch den Gehörsinn selbst da, wo wie beim Urkundenbeweis eine Wahrnehmung durch den Gesichtssinn an sich möglich wäre und vielleicht näher läge. Um Augenscheinsbeweis im Sinne des § 86 handelt es sich nur deshalb nicht, weil das Gesetz diese Beweismittel unter besonderen Bezeichnungen besonderen Regelungen unterwirft. Unter Augenscheinsbeweis versteht das Gesetz demnach jede Art von Beweisaufnahme, die nicht als Zeugen-, Sachverständigen-, Urkundenbeweis oder als Vernehmung des Beschuldigten gesetzlich besonders geregelt ist[2].

II. Richterlicher Augenschein

2   Richterlicher Augenschein besteht in der **Feststellung des** gegenwärtigen **Zustands** einer Sache oder einer Örtlichkeit oder in der Beobachtung einer Verhaltensweise oder eines wiederholbaren Vorgangs durch einen Richter oder durch das ganze Gericht[3]. Das ist die unmittelbarste Art der Überzeugungsbildung, die sich denken läßt. Das Ge-

---

[1] BGHSt **18** 53; RG JW **1896** 555; KG JW **1924** 912; LRE **5** 380; KK-*Pelchen* 1; *Kleinknecht/Meyer*[37] 1; *Eb. Schmidt* 6; *Alsberg/Nüse/Meyer* 221; *Peters*[4] 413; *Roxin*[19] § 28 A 1; *Schlüchter* 539; *Gössel* § 28 A II a; *Dahs/Dahs*[4] 232; *Krause* Jura **1982** 227.

[2] *Alsberg/Nüse/Meyer* 168; *Dippel* 14 ff.
[3] RGSt **47** 106; OLG Hamm VRS **34** 61; OLG Koblenz VRS **45** 50; *Kleinknecht/Meyer*[37] 2.

setz zwingt den erkennenden Richter aber nicht zu einer solchen unmittelbaren Beweiserhebung. Den Augenschein braucht der Richter weder selbst einzunehmen, noch muß er überhaupt einen derartigen Beweis erheben. Er kann die Augenscheinseinnahme jederzeit, auch in der Hauptverhandlung[4], einem beauftragten oder ersuchten Richter übertragen[5]. Das folgt aus § 249 Abs. 1 Satz 2, der die Verlesung von Niederschriften über die Einnahme des richterlichen Augenscheins ohne jede Einschränkung zuläßt[6]. Der Richter darf, wenn nicht ausnahmsweise die Aufklärungspflicht nach § 244 Abs. 2 entgegensteht (vgl. § 244, 38 ff), die Augenscheinseinnahme auch durch andere Beweismittel ersetzen, etwa Zeugen über ihre Wahrnehmungen vernehmen und hierbei Lichtbilder und Skizzen von dem Tat- oder Unfallort als Hilfsmittel (Rdn. 8) heranziehen, statt ihn selber zu besichtigen[7]. Denn nach § 244 Abs. 5 ist die Augenscheinseinnahme selbst dann in das Ermessen des Gerichts gestellt, wenn ein Verfahrensbeteiligter sie förmlich beantragt (vgl. § 244, 324). Nur die vom Gericht oder von der Staatsanwaltschaft herbeigeschafften Gegenstände müssen nach § 245 Abs. 1 in Augenschein genommen werden.

III. Augenscheinsgehilfen

Der Richter darf die Augenscheinseinnahme auch nichtrichterlichen Personen **3** übertragen; zuweilen darf oder kann er gar nicht anders verfahren. Eines Sachverständigen muß er sich bedienen, wenn die Augenscheinseinnahme nur bei sachkundiger Beurteilung einen Beweiswert haben kann, wie z. B. die Auswertung eines Fahrtschreiberdiagramms (Rdn. 10). In solchen Fällen findet eine Augenscheinseinnahme im eigentlichen Sinne nicht statt. Vielmehr handelt es sich um einen Sachverständigenbeweis[8]; das Augenscheinsobjekt wird von dem Sachverständigen als Befundtatsache (§ 79, 19) in seinem Gutachten verwertet. Um eine Augenscheinseinnahme im Rechtssinne handelt es sich auch dann nicht, wenn der Richter Personen ohne besondere Sachkunde oder wenn er Sachkundige, auf deren besondere Kenntnisse es dabei nicht ankommt, mit der Augenscheinseinnahme beauftragt[9]. Solche Personen werden als Augenscheinsgehilfen oder Beweismittler bezeichnet. Der Richter muß sie unter Umständen aus gesetzlichen oder tatsächlichen Gründen heranziehen. So darf er nach § 81 d die körperliche Untersuchung einer Frau nicht selbst vornehmen, wenn dies das Schamgefühl verletzen könnte. Überträgt er die Untersuchung einer anderen Frau oder einem Arzt, dessen medizinische Kenntnisse dabei aber nicht nötig sind, so sind sie Augenscheinsgehilfen (§ 81 d, 6). Der Richter kann auch deshalb außerstande sein, den Augenschein selbst einzunehmen, weil der zu besichtigende Gegenstand (etwa der Kranz eines hohen Schornsteins oder der First eines Daches) für ihn nicht erreichbar ist. Auch dann braucht er einen Augenscheinsgehilfen. Er darf sich eines solchen Beweismittlers aber auch sonst bedie-

[4] RGSt **20** 149.

[5] RGSt **47** 104.

[6] KK-*Pelchen* 2; *Kleinknecht/Meyer*[37] 2; KMR-*Paulus* 1; *Alsberg/Nüse/Meyer* 224; *Roxin*[19] § 28 A 2; vgl. auch § 249, 24 ff.

[7] BGH VRS **4** 122; **5** 541; **36** 23; **37** 55; RGSt 47 106; RG JW **1930** 714 mit Anm. *Alsberg*; RG HRR **1932** 689; RG JW **1933** mit Anm. *Alsberg*; OLG Hamm VRS **34** 61; OLG Koblenz DAR **1974** 25; VRS **45** 50; KK-*Pelchen* 2; *Kleinknecht/Meyer*[37] 3; *Alsberg/Nüse/ Meyer* 225; *Peters*[4] 413; *Schlüchter* 539.

[8] BGHSt **9** 293 = JZ **1957** 227 mit Anm. *Eb. Schmidt*; KK-*Pelchen* 4; *Kleinknecht/Meyer*[37] 5; *Alsberg/Nüse/Meyer* 226; *Jessnitzer* 31 und DRiZ **1974** 98; a. A *Henkel* 226, der die Vernehmung als sachverständigen Zeugen verlangt.

[9] KK-*Pelchen* 3; *Kleinknecht/Meyer*[37] 4; *Alsberg/Nüse/Meyer* 225; *Roxin*[19] § 27 A II 2 b; *Jessnitzer* 30 und StrVert. **1982** 177; a. A *Eb. Schmidt* 9.

Hans Dahs

nen, wenn er eine Sache oder eine Örtlichkeit nicht selbst besichtigen will[10]. Die Verfahrensbeteiligten müssen nicht über den Zeitpunkt informiert werden, bei dem die nichtrichterliche Hilfsperson den Augenschein außerhalb des Gerichts einnimmt[11] (vgl. auch § 168 d, 5).

4   Nimmt der **Richter** den Augenschein selbst ein, zieht er dazu aber Sachverständige heran, weil deren sachkundige Unterstützung seine eigenen Wahrnehmungen erst ermöglichen oder sie wenigstens fördern sollen (wie bei der Leichenschau nach § 87 Abs. 1), so handelt es sich um richterlichen Augenschein. Der Sachverständige ist kein Augenscheinsgehilfe. Im Schrifttum wird diese Art der Augenscheinseinnahme als „zusammengesetzter" oder „gemischter" Augenschein bezeichnet[12]. Irgendwelche rechtlichen Besonderheiten treten — abgesehen von der Regelung des § 168 d — nicht ein.

5   Das **Gesetz** enthält über den Augenscheinsgehilfen keine Vorschriften. Es ist daher streitig, ob er Zeuge, Sachverständiger oder ein Beweismittel eigener Art ist[13]. Nach richtiger Ansicht ist zwischen der Heranziehung und der Vernehmung des Augenscheinsgehilfen zu unterscheiden. Bei seiner Heranziehung müssen einige Vorschriften über den Sachverständigen sinngemäß angewendet werden[14]. Der Augenscheinsgehilfe wird durch den Richter ausgewählt (§ 73 Abs. 1) und kann wegen Besorgnis der Befangenheit abgelehnt werden (§ 74). Zum Tätigwerden ist er unter den Voraussetzungen des § 75 verpflichtet[15]. So dürfen sich etwa der Dachdeckermeister oder der Bezirksschornsteinfeger nicht weigern, auf dem Dach oder auf dem Schornstein eine Besichtigung vorzunehmen. Nachdem er den Augenschein eingenommen hat, wird der Beweismittler aber wie ein Zeuge behandelt. Seine Aufgabe besteht nunmehr darin, wie jeder Zeuge über seine Wahrnehmungen Auskunft zu geben[16]. Daß er sie als „gerufener Zeuge" im Auftrag des Gerichts gemacht hat, ist ohne Bedeutung[17]. Der Augenscheinsgehilfe ist zur Aussage verpflichtet und muß als Zeuge vereidigt werden (§ 59).

IV. Informatorische Besichtigungen

6   Von der richterlichen Augenscheinseinnahme ist die informatorische Besichtigung einer Sache oder einer Örtlichkeit durch den Richter zu unterscheiden. Eine solche informatorische Unterrichtung ist in der Strafprozeßordnung nicht geregelt. Während der Hauptverhandlung ist sie unzulässig, wenn sie praktisch die richterliche Augenscheinseinnahme ersetzen soll[18]. Dagegen ist sie zur Vorbereitung der Hauptverhandlung nicht nur zulässig, sondern häufig geboten. Der Richter darf und muß sich auf die Hauptverhandlung auch dadurch vorbereiten, daß er die bei den Akten befindlichen Lichtbilder, Skizzen und Zeichnungen und die als Tatwerkzeuge beschlagnahmten Ge-

---

[10] RGSt 47 106; *Alsberg* JW **1930** 714; *Alsberg/Nüse/Meyer* 226; *Eb. Schmidt* Vor § 72, 19; vgl. auch LG Trier NJW **1987** 722.

[11] OLG Frankfurt VRS **58** 368.

[12] Vgl. *Alsberg/Nüse/Meyer* 226.

[13] Vgl. die Nachweise bei *Alsberg/Nüse/Meyer* 227.

[14] *Kleinknecht/Meyer*[37] 4; *Alsberg/Nüse/Meyer* 227; *Rüping* 172; *Schmidhäuser* ZZP **1959** 395.

[15] Streitig; vgl. die Nachweise bei *Alsberg/Nüse/Meyer* 227; ablehnend *Gössel* § 28 A III a 4.

[16] RGSt 47 106; RG JW **1931** 2813 mit Anm. *Kern*; OLG Hamm VRS **34** 61; OLG Frankfurt VRS **58** 370; KK-*Pelchen* 4; *Kleinknecht/Meyer*[37] 4; KMR-*Paulus* Vor § 72, 49; *Henkel* 226; *Jessnitzer* 31.

[17] *Alsberg/Nüse/Meyer* 228; *Danckert* NStZ **1985** 469; a. A *Eb. Schmidt* Vor § 72, 21, der den Augenscheinsgehilfen wegen dieses Auftrages als Sachverständigen behandeln will.

[18] BGHSt 3 188.

genstände besichtigt. Es ist ihm auch keineswegs verwehrt, den Tatort oder die Unfallstelle vor der Hauptverhandlung zu besichtigen, um sich einen besseren Eindruck von
den örtlichen Gegebenheiten zu verschaffen, als die Akten ihm vermitteln können, oder
um die Entscheidung darüber vorzubereiten, ob zur Sachaufklärung eine förmliche
Augenscheinseinnahme erforderlich ist. Der Richter darf aber die bei der informatori-
schen Besichtigung gewonnenen Kenntnisse nur dazu verwenden, an Beschuldigte, Zeugen oder Sachverständige geeignete Fragen zu stellen oder Vorhalte zu machen[19]. Zur
Urteilsgrundlage dürfen solche Wahrnehmungen des Richters außerhalb der Hauptverhandlung niemals gemacht werden[20].

V. Gegenstand des Augenscheinsbeweises

Der Richter ist in der Wahl der Gegenstände seines Augenscheins nicht be- **7**
schränkt. Was er zur Bildung seiner Überzeugung für geeignet hält, kann er in Augenschein nehmen[21]. Dazu gehören Personen[22], Sachen jeder Art, feste, flüssige, gasför-
mige Körper, Gebäude, Örtlichkeiten, insbesondere auch alle Vorgänge, die der sinnlichen Wahrnehmung zugänglich sind[23]. Die Besichtigung des Körpers lebender Menschen ist in §§ 81 a, 81 c, die des Leichnams in § 87 besonders geregelt.

Werden Gegenstände, insbesondere Lichtbilder, Skizzen und Zeichnungen, bei **8**
der Beweisaufnahme nicht zum Zweck der unmittelbaren Überzeugungsbildung, sondern nur als **Hilfsmittel** verwendet, um Fragen an die Zeugen und Sachverständigen zu
erläutern und die Wiedergabe ihrer Bekundungen und gutachtlichen Äußerungen zu
veranschaulichen, so sind sie nicht Gegenstand des Augenscheinsbeweises. In der
Rechtsprechung wurden die als Vernehmungshilfen verwendeten Gegenstände gelegentlich fälschlich als Beweismittel bezeichnet[24]. Der Unterschied ist vor allem deshalb
von Bedeutung, weil die Benutzung der Hilfsmittel keine wesentliche Förmlichkeit der
Hauptverhandlung ist und daher nicht nach § 273 Abs. 1 in die Sitzungsniederschrift
aufgenommen werden muß[25].

VI. Einzelfälle des Augenscheinsbeweises

1. Abbildungen und Darstellungen in Büchern, Zeitungen, Zeitschriften und ande- **9**
ren Druckschriften, auf Plakaten und Postkarten können als Gegenstand einer Straftat
(z. B. nach §§ 86, 86 a, 90, 90 a, 90 b, 186 StGB), aber auch zum Zweck des mittelbaren

---

[19] BGH bei *Dallinger* MDR **1966** 383; RGSt
50 154; KG VR **17** 287; OLG Celle GA **1954**
316; OLG Hamburg NJW **1952** 1271; OLG
Hamm VRS **12** 448; OLG Koblenz MDR
1971 507; KK-*Pelchen* 5; *Kleinknecht/Mey-
er*[37] 6; *Eb. Schmidt* 5; s. a. die Erl. zu § 225.

[20] BGHSt **2** 3; BGH bei *Dallinger* MDR **1966**
383; OGHSt **2** 334; RGSt **26** 272; RG JW
1938 2736; RG DRiZ **1927** Nr. 835; OLG
Frankfurt StrVert. **1983** 192; KG VRS **17**
287; OLG Koblenz MDR **1971** 507; *Sarstedt/
Hamm* 313; *Dahs/Dahs*[4] 279; *Koch* DAR
1961 275; *Alsberg/Nüse/Meyer* 238.

[21] Vgl. BGH NJW **1960** 2156; RGSt **36** 56; **47**
237; *Dallinger* MDR **1956** 145; vgl. auch *Eb.*

Schmidt 21 und Nachtr. I Vor § 244, 4; *Spendel* JuS **1964** 468.

[22] OLG Hamm MDR **1974** 1036 = VRS **48**
105; KMR-*Paulus* Vor § 72, 50; *Eb. Schmidt*
5.

[23] *Eb. Schmidt* 5; zu *Dohna* 95; *Alsberg/Nüse/
Meyer* 229; *Voß* GA **60** (1913) 195; GerS **79**
(1912) 433; *Stein* Privates Wissen 52.

[24] Vgl. RG LZ **1923** 405; OLG Düsseldorf
VRS **33** 447.

[25] RG JW **1933** 1664; BayObLGSt **1951** 67;
OLG Hamm VRS **28** 380; **42** 370; **44** 118;
Kleinknecht/Meyer[37] 8; *Alsberg/Nüse/Meyer*
224; *Mühlhaus* DAR **1965** 14.

Hans Dahs

Beweises in Augenschein genommen werden, etwa um die Glaubwürdigkeit eines Zeugen zu beurteilen, der hierüber Angaben gemacht hat.

10   **2. Fahrtschreiberdiagramme** sind technische Aufzeichnungen im Sinne des § 268 StGB[26]. Auch als Beweismittel im Strafverfahren sind sie keine Urkunden, sondern Augenscheinsobjekte[27]. Sie können aber nur dann Gegenstand des richterlichen Augenscheins sein, wenn der Richter auch in der Lage ist, sie auszuwerten. Das kann der Fall sein, wenn es sich um Fahrtschreiberaufzeichnungen eines nachfahrenden Polizeifahrzeugs zur Feststellung der Geschwindigkeit des verfolgten Kraftwagens handelt[28]. Dagegen ist die Auswertung der Aufzeichnungen des durch § 57 a StVZO vorgeschriebenen eichfähigen Fahrtschreibers regelmäßig nur einem Sachverständigen, meist sogar nur einem Experten der Herstellerfirma möglich[29]. Der richterliche Augenschein ist dann überflüssig; die Aufzeichnungen sind Befundtatsachen (§ 79, 19), über die der Sachverständige dem Gericht bei seiner Gutachtenerstattung Auskunft gibt[30]. Soll aus dem Fahrtschreiberdiagramm nach § 57 a StVZO bewiesen werden, zu welcher Uhrzeit sich ein bestimmter Vorgang ereignet hat, so hängt die Beweiskraft der Scheibe davon ab, daß die Übereinstimmung von Uhrzeit des Fahrzeugs und Normalzeit festgestellt wird[31]. Das Gutachten über die Auswertung eines Fahrtschreibers darf nach § 256 Abs. 1 Satz 2 in der Hauptverhandlung verlesen werden.

11   **3. Filmstreifen** können vorgeführt und in Augenschein genommen werden; unmittelbar zu Beweiszwecken dienen sie, wenn sie ihren eigenen strafbaren Inhalt (etwa bei Straftaten nach den §§ 86, 86 a, 90, 90 a, 90 b, 184, 186 StGB) oder die Begehung der Straftat durch den Täter beweisen. Das ist der Fall, wenn eine automatische Kamera einen Banküberfall aufnimmt[32], die Polizei bei Demonstrationen und Sport- oder anderen Massenveranstaltungen Videoaufnahmen zur Identifizierung und Überführung von Straftätern anfertigt[33] oder der Täter sonst bei der Tatausführung gefilmt wird[34]. Sonst liefern sie mittelbaren Beweis[35] oder werden als Hilfsmittel bei der Vernehmung von Zeugen und Sachverständigen eingesetzt. Videoaufnahmen, die zur Dokumentation einer Gegenüberstellung zum Zwecke der Identifizierung des Tatverdächtigen aufgenommen worden sind[36], sind ein solcher Vernehmungsbehelf, weil sie der Veranschaulichung der Aussage des die Identifikation vornehmenden Zeugen dienen.

---

[26] *Dreher/Tröndle*[43] § 268, 6.
[27] OLG Hamm VRS **17** 211; OLG Köln JMBlNRW **1962** 203 = VRS **24** 62; OLG Stuttgart DAR **1959** 247 = NJW **1959** 1379 = VRS **17** 208; KK-*Pelchen* 6; *Full/Möhl/Rüth* § 57 a StVZO, 7; *Jagusch/Hentschel* § 57a StVZO, 6; *Alsberg/Nüse/Meyer* 234.
[28] BGH VRS **28** 461; OLG Hamburg VRS **22** 475.
[29] BGH VRS **28** 461; BayObLGSt **1958** 284 = VRS **16** 296; OLG Hamm DAR **1962** 59; OLG Köln VRS **31** 271; *Jagusch/Hentschel* § 57a StVZO, 6; *Kraft* DAR **1971** 125.
[30] Anders OLG Düsseldorf VRS **39** 277, das den Begriff Befundtatsache unrichtig anwendet.

[31] OLG Hamm VRS **35** 298; **39** 218; OLG Schleswig VerkMitt. **1957** 61; *Rüth* in Müller, Straßenverkehrsrecht 22. Aufl., Bd. I § 57 a StVZO, 9.
[32] OLG Celle NJW **1965** 1679.
[33] Vgl. BGH NJW **1975** 2075 = JZ **1976** 31 mit Anm. *W. Schmidt*.
[34] OLG Schleswig NJW **1980** 352; *Bonarens* FS Dünnebier 216.
[35] Vgl. BGH MDR **1976** 634; RGSt **65** 307 = JW **1932** 58 mit Anm. *Alsberg*.
[36] Vgl. BVerfG NStZ **1983** 84; *Görling* Kriminalistik **1985** 58; *G. Schmidt* Kriminalistik **1985** 239.

4. Fingerabdrücke können Gegenstand des Augenscheinsbeweises sein, wenn es **12** nur auf die Feststellung ankommt, daß sie vorhanden sind. Der Beweis, daß ein Fingerabdruck von einer bestimmten Person herrührt, kann dagegen nur durch Anhörung eines Sachverständigen geführt werden. Die gerichtliche Inaugenscheinnahme der von ihm ausgewerteten Fingerabdrücke ist daneben überflüssig; es ist aber zweckmäßig, Lichtbilder von den Abdrücken zur Erläuterung des Gutachtens als Hilfsmittel zu verwenden[37].

5. Gegenstände jeder Art können in Augenschein genommen werden, um ihre Be- **13** schaffenheit festzustellen. Dabei kann es sich um Tatwerkzeuge handeln, um Gegenstände, deren Beschaffenheit strafbarer Art ist (z. B. Kennzeichen im Sinne des § 86 a StGB), oder um Gegenstände mit beweiserherblichen Kennzeichen wie Wappen, Siegel, Ornamente.

6. Landkarten enthalten allgemeinkundige Angaben über örtliche Verhältnisse, **14** insbesondere Entfernungen zwischen verschiedenen Orten. Eine förmliche Augenscheinseinnahme ist überflüssig, weil allgemeinkundige Tatsachen keines Beweises bedürfen[38].

7. Lichtbilder können Gegenstand des Augenscheinsbeweises sein[39]. In den meisten **15** Fällen liefern sie aber keinen verwendbaren Beweis, sondern sind nur zur Veranschaulichung der Einlassung des Beschuldigten und der Aussagen von Zeugen und Sachverständigen zu verwenden, dienen also nur als Hilfsmittel[40]. Es kommt darauf an, zu welchem Zweck sie hergestellt sind und was sie darstellen[41]. Im einzelnen gilt folgendes:

Die bei einer **richterlichen Augenscheinseinnahme** nach § 225 auf Anordnung des **16** Richters angefertigten Lichtbilder können in der Hauptverhandlung ohne weiteres zu Beweiszwecken in Augenschein genommen werden, wenn sie Bestandteile des Protokolls nach § 86 sind[42].

Lichtbilder mit strafbarem Inhalt sind Augenscheinsobjekte wie andere Abbildun- **17** gen und Darstellungen (Rdn. 9). Gegenstände des Augenscheinsbeweises sind auch Lichtbilder, mit denen die Straftat unmittelbar bewiesen werden kann. Dazu gehören die bei Geschwindigkeitskontrollen mittels Radarmessungen angefertigten Lichtbilder und die durch selbsttätige Kameras hergestellten Aufnahmen von Kraftwagen und Fahrzeugführer, die eine Kreuzung unter Mißachtung des Rotlichts der Verkehrsampel überqueren[43]. Ob zusätzlich ein Beamter der Verkehrspolizei als sachverständiger Zeuge vernommen werden muß, hängt davon ab, welche Sachkenntnisse der Richter von den Meß- und Aufnahmevorgängen besitzt.

Auch Lichtbilder, die **mittelbaren Beweis** liefern, können Gegenstand des Augen- **18** scheinsbeweises sein. Das Lichtbild beweist allerdings nicht immer, daß es an einem be-

---

[37] RG LZ **1923** 405.

[38] Vgl. RG Recht **1913** Nr. 1547; *Alsberg/Nüse/ Meyer* 537; s. a. § 244, 328.

[39] BGH bei *Dallinger* MDR **1953** 723; RGSt 65 307 = JW **1932** 58 mit Anm. *Alsberg*; RG LZ **1923** 405; BayObLGSt **1965** 79 = NJW **1965** 2357 = JR **1966** 389 mit Anm. *Koffka*.

[40] BGHSt **18** 53; BGH VRS **36** 190; BGH GA **1968** 306; BGH bei *Martin* DAR **1969** 152; RGSt **47** 236; RG JW **1933** 1664; LZ **1923**

405; Recht **1923** 1495; BayObLG DRiZ **1931** Nr. 50; OLG Hamm VRS **44** 117; OLG Koblenz VRS **44** 434; OLG Stuttgart VRS **58** 438; *Mühlhaus* DAR **1965** 12; vgl. Rdn. 8.

[41] *Koffka* JR **1966** 389.

[42] BGH VRS **16** 274; RGSt **36** 56; *Eb. Schmidt* 20; *Alsberg/Nüse/Meyer* 230; vgl. Rdn. 38.

[43] OLG Düsseldorf VRS **33** 447; OLG Hamm VRS **44** 117; OLG Stuttgart VRS **59** 363.

Hans Dahs

stimmten Ort und zu einer bestimmten Zeit aufgenommen worden ist und einen bestimmten Gegenstand zeigt. Oft muß zusätzlich Beweis erhoben werden. Jedoch gelten die Grundsätze der freien Beweiswürdigung (§ 261); der Hersteller muß nicht unbedingt als Zeuge vernommen werden[44]. Unter Umständen kann aber sogar eine Auswertung durch einen Sachverständigen erforderlich sein; dann ist eine Augenscheinseinnahme überflüssig[45].

19   **8. Modelle** können ebenso wie Skizzen (Rdn. 24 ff) bei der Beweisaufnahme benutzt werden. Sie sind aber keine Augenscheinsobjekte, sondern dienen hauptsächlich dazu, den Zeugen die an sie gestellten Fragen zu erläutern und die Wiedergabe ihrer Wahrnehmungen anschaulich zu machen[46].

20   **9. Ortsbesichtigung** ist die Inaugenscheinnahme von Straßen, Grundstücken, Häusern, Räumen und Verkehrseinrichtungen zur Aufklärung der Verhältnisse an einem Tat- oder Unfallort[47]. Zum Augenschein an Ort und Stelle gehört auch die Feststellung, ob man von einem Standort sehen und hören kann, was an einem anderen vorgeht[48], oder wie lange man zu Fuß oder mit einem Fahrzeug von einem Punkt zum anderen unterwegs ist, ferner die Feststellung, ob an einer bestimmten Stelle Geräusche, etwa das Einsatzhorn eines Polizeifahrzeugs (§ 38 Abs. 1 StVO), wahrnehmbar sind[49].

21   **10. Personen** (Beschuldigte und Zeugen) können Augenscheinsobjekte sein, wenn es darum geht, die genaue Beschaffenheit ihres Körpers festzustellen (hierfür gelten jedoch die Sondervorschriften der §§ 81 a, 81 c), oder wenn sie sich zu Versuchen zur Verfügung stellen (dazu Rdn. 33). Sonst handelt es sich regelmäßig nicht um Augenscheinseinnahmen, sondern um einen Teil der Vernehmung. Insbesondere der äußere Eindruck von Beschuldigten und Zeugen, wie Erbleichen, Erröten, Mienenspiel, Gebärden, ist nicht Gegenstand richterlichen Augenscheins. Vielmehr handelt es sich um vom Richter „nicht aufgesuchte" Wahrnehmungen anläßlich der Vernehmung, die er der Beweiswürdigung ohne weiteres zugrunde legen darf[50]. Teil der Vernehmung, nicht Augenschein, ist auch das Betrachten der äußeren Erscheinung des Angeklagten oder Zeugen[51] und der sich offen darbietenden Körperbeschaffenheit, um gewisse Auffälligkeiten, etwa Ähnlichkeit zweier vernommener Zeugen[52], die Größe oder das Vorhandensein einer gut sichtbaren Narbe an der Hand[53] festzustellen. Eine Augenscheinseinnahme ist aber erforderlich, wenn die zu besichtigende Person nicht vernommen wird. Der Angeklagte, der die Einlassung zur Sache ablehnt, muß daher förmlich in Augenschein genommen werden[54]. Erforderlichenfalls kann er zur Duldung der Inaugenscheinnahme nach § 81 a gezwungen werden, etwa wenn er einem Zeugen zum Zwecke seiner Identifizierung vorgeführt wird[55]. Die äußere Erscheinung eines Zeugen, der

[44] RGSt **36** 57; OLG Koblenz VRS **44** 434; BayObLGSt **1965** 79 = JR **1966** 389 mit Anm. *Koffka*; OLG Hamm VRS **51** 47; OLG Stuttgart DAR **1977** 328; *Kleinknecht/Meyer*[37] 10; *Alsberg/Nüse/Meyer* 230.

[45] BGH VRS **23** 91.

[46] RG HRR **1932** 213.

[47] BGHSt **18** 53; RGSt **24** 233.

[48] RGSt **16** 147; **47** 100.

[49] OLG Hamm VRS **41** 136; OLG Oldenburg NdsRpfl. **1959** 187 = VRS **17** 360.

[50] BGHSt **5** 256; **18** 51; RGSt **33** 404; RG JW **1912** 541; KK-*Pelchen* 1; *Kleinknecht/Meyer*[37] 14; *Alsberg/Nüse/Meyer* 236.

[51] Vgl. OLG Koblenz VRS **47** 447; OLG Stuttgart VRS **58** 436.

[52] RGSt **39** 303.

[53] BGH bei *Dallinger* MDR **1974** 368.

[54] OLG Bremen MDR **1970** 165; *Alsberg/Nüse/Meyer* 237.

[55] Vgl. LG Hamburg MDR **1985** 72; OLG Bremen MDR **1970** 165; *Kratzsch* JA **1981** 617; *Odenthal* NStZ **1985** 434.

von seinem Zeugnis- und Untersuchungsverweigerungsrecht Gebrauch macht, darf ebenfalls für die Urteilsfindung verwertet werden[56]. Denn auch das Ineinandergreifen von Zeugnis- und Untersuchungsverweigerungsrecht erlaubt nicht die Schlußfolgerung, daß zeugnis- und untersuchungsverweigerungsberechtigte Angehörige als Gegenstand der Beweisaufnahme völlig ausscheiden. Der Angehörige darf lediglich nicht zur Aussage gezwungen werden. Die Gegenmeinung[57] verkennt, daß die Weigerungsrechte kein absolutes Verwertungsverbot enthalten. Sonst dürfte das Gericht auch nicht Zeugen darüber hören, was Angehörige des Beschuldigten ihnen gegenüber außerhalb des Verfahrens geäußert haben. Wollte man dem Gericht untersagen, die äußere Erscheinung des die Aussage verweigernden Zeugen zu Beweiszwecken zu besichtigen, müßten, sofern das äußere Erscheinungsbild beweiserheblich ist, Zeugen über diese Tatsachen gehört werden. Bei der kommissarischen Vernehmung müssen Beobachtungen anläßlich der Befragung von Beschuldigten und Zeugen in das Protokoll aufgenommen werden[58].

10 a. Rekonstruktionen des Tat- oder Unfallgeschehens sind Gegenstand des Augenscheinsbeweises[59]. Sind sie im Vorverfahren durch Ermittlungsbehörden (vgl. aber auch Rdn. 35) durchgeführt worden, so sind sie in der Regel in Lichtbildern, Filmen, Videoaufnahmen dokumentiert (dazu Rdn. 7, 11). Diese werden in der Hauptverhandlung durchweg als Vernehmungsbehelfe bei der Anhörung von Angeklagten und Zeugen dienen (vgl. Rdn. 42); bei Sachverständigen können sie auch Befundtatsachen sein (§79, 19). **21a**

11. Röntgenaufnahmen können Gegenstand des Augenscheinsbeweises sein, werden aber regelmäßig der Auswertung durch Sachverständige bedürfen und nur Hilfsmittel (Rdn. 8) bei deren Gutachtenerstattung sein. **22**

12. Schallplatten sind Augenscheinsobjekte[60]. Um Urkundenbeweis handelt es sich auch dann nicht, wenn Beweis über den Inhalt einer auf dem Tonträger aufgenommenen Äußerung erhoben wird. Das Gericht kann durch Abhören feststellen, ob der Inhalt der Aufzeichnung strafbarer Art ist, z. B. nach §§ 86, 86 a, 90, 90 a, 90 b, 184, 185 StGB. Auch soweit Tonaufnahmen als Grundlage für (auditiv-linguistische) Sachverständigengutachten über die Identität des Sprechers mit dem Angeklagten dienen, sind sie Objekte des Augenscheins und vom Gericht abzuhören (vgl. auch Rdn. 16). **23**

13. Skizzen vom Tat- oder Unfallort. Enthält eine amtliche Unfallskizze Angaben über den Straßenverlauf, so ist ein Augenscheinsbeweis nicht erforderlich, weil es sich um offenkundige Tatsachen handelt, die ebensowenig wie Eintragungen auf Landkarten (Rdn. 14) und Stadtplänen (Rdn. 27) eines Beweises bedürfen[61]. **24**

---

[56] OLG Hamm VRS **48** 105 = MDR **1974** 1036; OLG Karlsruhe DAR **1983** 93; OLG Schleswig bei *Ernesti/Jürgensen* SchlHA **1972** 160; a. A *Eb. Schmidt* 13; *Rogall.* Der Beschuldigte als Beweismittel gegen sich selbst (1977) 233 und MDR **1975** 813; vgl. auch BGH NJW **1960** 2156; GA **1965** 108; § 52, 38.

[57] *Rogall* MDR **1975** 813.

[58] Vgl. RGSt **37** 212.

[59] BGH NJW **1961** 1487; RG JW **1931** 2820 m. Anm. *Alsberg*; OLG Köln NJW **1955** 843; OLG Neustadt JR **1959** 71 m. Anm. *Sarstedt.*

[60] KK-*Pelchen* 6; *Kleinknecht/Meyer*[37] 11; *Dahs/Dahs*[4] 232.

[61] OLG Saarbrücken VRS **38** 454.

Hans Dahs

25 Die bei einer **richterlichen Augenscheinseinnahme** angefertigten und als Anlage zum Protokoll genommenen Skizzen dürfen ebenso wie Lichtbilder (Rdn. 16) in Augenschein genommen werden (Rdn. 38).

26 Als Gegenstand des Augenscheinsbeweises darf eine Skizze auch dann verwendet werden, wenn lediglich festgestellt werden soll, daß sie **angefertigt** worden ist[62], oder wenn dem Polizeibeamten vorgeworfen wird, sich durch ihre Anfertigung der Strafvereitelung (§ 258 StGB) schuldig gemacht zu haben[63]. Kommt es sonst auf ihren gedanklichen Inhalt an, so ist sie als Beweismittel aus Rechtsgründen ungeeignet. Denn nach § 250 Satz 1 muß die Person, auf deren Wahrnehmung der Beweis einer Tatsache beruht, in der Hauptverhandlung vernommen werden. Das schließt aus, die Skizze, auch wenn sie von einem Beamten angefertigt worden ist, als Beweismittel zu benutzen. Ihr Hersteller muß als Zeuge gehört werden. Die Skizze darf aber als Hilfsmittel (Rdn. 8) bei der Vernehmung von Beschuldigten, Zeugen und Sachverständigen verwendet werden[64]. Demgegenüber wird vielfach, jedoch immer ohne nähere Begründung, angenommen, die Skizze dürfe auch als Augenscheinsobjekt unmittelbar Gegenstand der Beweisaufnahme sein[65], jedenfalls wenn es sich um eine amtliche Skizze handelt[66].

27 **14. Stadtpläne** enthalten wie Landkarten (Rdn. 14) allgemeinkundige Tatsachen über die örtlichen Verhältnisse[67]. Eine Augenscheinseinnahme ist daher überflüssig. Als Vernehmungshilfen (Rdn. 8) können Stadtpläne jederzeit herangezogen werden.

28 **15. Technische Aufzeichnungen** über Daten, Meß- und Rechenwerte, Zustände oder Geschehensabläufe sind schon nach sachlichem Recht (§ 268 StGB) keine Urkunden; im Strafverfahren sind sie Gegenstände des Augenscheins[68]. Hierunter fallen insbesondere Lochstreifen, Papierstreifen in der Registrierkasse[69] oder in einer Kontrolluhr[70], Meßdiagramme.

29 **16. Tonbandaufnahmen** sind keine Urkunden, sondern Gegenstand des Augenscheins[71]. Im Schrifttum wird die Ansicht vertreten, das gelte nur, wenn lediglich die

[62] OLG Celle DAR **1967** 249 = VRS **33** 43.
[63] *Sarstedt/Hamm* 294 Fußn. 568.
[64] BGHSt **18** 53; BGH GA **1958** 305; VRS **4** 122; **36** 190; bei *Martin* DAR **1969** 152; OLG Celle DAR **1967** 249 = VRS **33** 43; OLG Düsseldorf VRS **3** 360; OLG Hamm DAR **1965** 160 = JMBlNRW **1965** 104 = VRS **28** 380; MDR **1972** 345 = VRS **42** 370; VRS **44** 117; OLG Schleswig RdK **1954** 123; SchlHA **1970** 199; KK-*Pelchen* 6; *Kleinknecht/Meyer*[37] 12; *Alsberg/Nüse/Meyer* 235; *G. Schäfer*[4] § 76 II 5 c; *Schlüchter* 540; *Sarstedt/Hamm* 294, die zu diesem Ergebnis aber durch den Hinweis auf § 249 Satz 2 kommen; *Mühlhaus* DAR **1965** 12; offengelassen in KG VRS **13** 267; vgl. auch die Erl. zu §§ 245, 23, 54.
[65] BGH VRS **5** 543; **27** 120, 192; BGH DAR **1977** 176; BayObLGSt **1965** 79 = NJW **1965** 2357 = JR **1966** 389 mit Anm. *Koffka*; OLG Düsseldorf VRS **31** 457; OLG Hamm NJW **1963** 2284; VRS **4** 603; **8** 370; **18** 55; OLG Neustadt MDR **1965** 407 = VRS **28** 377; *Jessnitzer* 196.
[66] KG NJW **1953** 1118 = VRS **5** 211; VRS **7** 132; OLG Hamburg DAR **1956** 226 = VRS **10** 372; OLG Neustadt VRS **23** 447; OLG Hamm NJW **1963** 2284.
[67] OLG Hamm VRS **14** 454.
[68] Dazu allgemein *Jöstlein* DRiZ **1973** 409; *Alsberg/Nüse/Meyer* 233.
[69] RGSt **55** 107.
[70] RGSt **34** 435; **64** 97.
[71] BGHSt **14** 341; **27** 136 = JR **1978** 117 mit Anm. *Gollwitzer*; KG NJW **1980** 952; *Alsberg/Nüse/Meyer* 231; OLG Celle NJW **1965** 1678; OLG Frankfurt NJW **1967** 1047; KK-*Pelchen* 6; *Kleinknecht/Meyer*[37] 11; *Eb. Schmidt* Nachtr. I 1 und JZ **1956** 207; *Dahs* Hdb. 535; *Dahs/Dahs*[4] 232; *Krause* 120 und Jura **1982** 227; *Gössel* § 28 A II b; *G. Schäfer*[4] § 73 II; *Roxin*[19] § 28 C; *Roggemann* 71; *Bruns* JZ **1957** 493; *Feldmann* NJW **1958** 1168; *Kleinknecht* NJW **1966** 1541; offengelassen in BGH NJW **1956** 558 = JZ **1956** 227 zu II; JZ **1956** 227 zu I.

Unversehrtheit der Aufnahme festgestellt oder ein Stimmenvergleich zur Identitätsfeststellung vorgenommen, nicht aber, wenn der in der Aufnahme niedergelegte gedankliche Inhalt festgestellt werden soll[72]. Dem ist nicht zuzustimmen. Denn der Urkundenbeweis setzt nach § 249 — trotz § 249 Abs. 2 n. F — die Verlesung eines Schriftstücks voraus, also die Vermittlung seines gedanklichen Inhalts durch einen Interpreten. Sogar ein Schriftstück kann ohne eine solche Mittelsperson nur Gegenstand des Augenscheins sein. Für Tonbänder, die unmittelbar auf den Gehörsinn wirken, kann nichts anderes gelten. Tonbandaufnahmen sind daher immer Gegenstand des Augenscheinsbeweises, und zwar auch dann, wenn das Tonband zugleich Bestandteil einer Zeugenaussage ist, z. B. wenn ein Zeuge die Echtheit der Wiedergabe der Vernehmung auf dem Tonband bestätigt[73].

30 Tonbandaufnahmen können Beweismittel **in mehrfacher Hinsicht** sein. Sie können ihren eigenen strafbaren Inhalt beweisen (vgl. §§ 86, 86 a, 90, 90 a, 90 b, 184, 185 StGB), Aufzeichnungen über die Tathandlung enthalten[74] und als Beweisanzeichen dienen, wie z. B. die bei der Überwachung des Fernmeldeverkehrs nach § 100 a hergestellten Tonbandaufnahmen (vgl. § 100 a, 18). Ferner können sie die Aussagen eines Beschuldigten, Zeugen oder Sachverständigen im Ermittlungsverfahren wiedergeben[75]. Das Abhören eines Tonbands zum Beweis dafür, daß der Beschuldigte im Ermittlungsverfahren bestimmte Angaben gemacht hat, ist unter der selbstverständlichen Voraussetzung, daß das Tonband rechtmäßig zustande gekommen ist, stets zulässig[76]. Regelmäßig wird der Beweiswert eines Tonbands allerdings davon abhängen, daß durch andere Beweise, insbesondere durch Zeugen, seine Beziehung zu dem Gegenstand des Verfahrens, gegebenenfalls auch seine Echtheit und Unverfälschtheit, festgestellt wird[77].

31 Soweit die Vernehmung eines Zeugen oder Sachverständigen nicht durch die Verlesung von Urkunden ersetzt werden darf, ist auch das **Abspielen** eines Tonbands unzulässig, in dem das Wissen der Vernehmungsperson festgehalten ist. Dies folgt aus § 250, der den Vorrang der persönlichen Vernehmung gegenüber sachlichen Vernehmungssurrogaten zum Ausdruck bringt[78]. Zulässig ist jedoch stets das Abhören des Tonbands neben der durch diese Vorschrift gebotenen Vernehmung. Beweismittel ist dann der Zeuge oder Sachverständige, nicht das Band. Das Tonband darf auch unter den Voraussetzungen des § 253 abgespielt werden[79]. Niederschriften der Strafverfolgungsbehörden von bei der Telefonüberwachung angefertigten Tonbandaufzeichnungen unterliegen demgegenüber dem Urkundenbeweis[80]. Die Frage, wann das Tonband wegen der unrechtmäßigen Art seiner Gewinnung einem Beweisverbot unterliegt, ist in der Einleitung (Kap. 14) und bei § 244, 201 erörtert.

---

[72] *Koffka* JR **1966** 390; *Schlüchter* 541; *Dallinger* MDR **1956** 146; *Henkel* JZ **1957** 152; *Kohlhaas* DRiZ **1955** 82; NJW **1957** 83; *Scupin* DÖV **1957** 553; *Siegert* GA **1957** 269; NJW **1957** 691; vgl. auch *R. Schmitt* JuS **1967** 21, der die Vorschriften über den Urkundenbeweis sinngemäß anwenden will.

[73] BGHSt 14 341.

[74] OLG Frankfurt NJW **1967** 1047.

[75] BGHSt **14** 339; BGH bei *Dallinger* MDR **1954** 337.

[76] Vgl. BGHSt **14** 340; BGH NJW **1956** 558 = JZ **1956** 227 zu II; BGH JZ **1956** 227 zu I; BGH bei *Dallinger* MDR **1954** 337; BGH StrVert. **1985** 397 = bei *Pfeiffer/Miebach*

NStZ **1986** 206; *Feldmann* NJW **1958** 1168; **a. A** *Eb. Schmidt* JZ **1956** 208; Jellinek-Gedächtnisschrift 638 ff; der die Verwendung nur zur Überprüfung des korrekten Ablaufs der Vernehmung zulassen will.

[77] BGHSt **14** 341; KK-*Pelchen* 6; *Kleinknecht/Meyer*[37] 11, *Fezer* JuS **1979** 188; *Geppert* Unmittelbarkeit (1979) 202; *Alsberg/Nüse/Meyer* 232; vgl. auch § 244, 333 ff.

[78] *Dahs/Dahs*[4] 232; *Geppert* Unmittelbarkeit (1979) 202; *Henkel* JZ **1957** 152; *G. Schäfer*[4] § 73 II; *Roxin*[19] § 28 C.

[79] BGH bei *Dallinger* MDR **1956** 527.

[80] BGHSt **27** 135; vgl. § 100 a, 27.

Hans Dahs

32   **17. Urkunden.** Ob ein Gegenstand durch Urkundenbeweis oder durch Augenscheinseinnahme in die Hauptverhandlung eingeführt werden muß, beurteilt sich in erster Hinsicht danach, ob es sich um die Feststellung eines gedanklichen Inhalts handelt, der verlesen werden kann (vgl. § 249, 1 f, 6 ff). Denn Urkundenbeweis setzt nach § 249 Verlesbarkeit voraus. Alle anderen Gegenstände, auch wenn sie im sachlichrechtlichen Sinn (§ 267 StGB) Urkunden sind, müssen als Beweismittel in Augenschein genommen werden. Jedoch können auch verlesbare Urkunden Gegenstand der Augenscheinseinnahme sein, wenn es nicht auf ihren gedanklichen Inhalt, sondern auf ihre äußere Beschaffenheit, insbesondere darauf ankommt, ob sie verfälscht worden sind[81]. Das gilt insbesondere, wenn die Urkunde Gegenstand einer richterlichen Schriftvergleichung ist[82]. Erfolgt die Schriftvergleichung durch Sachverständigengutachten (§ 93), so ist eine besondere Augenscheinseinnahme nicht erforderlich[83].

33   **18. Versuche und Vorgänge** können Bestandteil und Gegenstand eines Sachverständigengutachtens oder einer Zeugenaussage, aber auch Gegenstand des Augenscheinsbeweises sein[84]. Dazu gehören Fahrversuche[85], Trinkversuche[86], Bremsversuche[87], Schießversuche[88], Versuche zur Prüfung der Merkfähigkeit und der Stimmstärke, Stimmproben[89], Wiedererkennungsversuche[90], der Geschicklichkeit eines einarmigen Zeugen[91] und der Fähigkeit eines Zeugen zu Sinneswahrnehmungen[92]. Zur Rekonstruktion eines Unfall- oder Tatverlaufs vgl. Rdn. 21 a. Gegenüberstellungen zwecks Wiedererkennung des Angeklagten durch Zeugen sind Teil der Zeugenvernehmung, keine Augenscheinseinnahme[93].

34   **19. Zeichnungen.** Für sie gilt das gleiche wie für Skizzen (Rdn. 24 ff). Auch Zeichnungen dürfen, wenn sie Wahrnehmungen einer Person wiedergeben, nur zur Verdeutlichung von Zeugen- und Sachverständigenaussagen, nicht aber zum unmittelbaren Beweis benutzt werden[94]. Soll hingegen festgestellt werden, ob die Zeichnung einen strafbaren Inhalt hat, so ist die Augenscheinseinnahme die zulässige und gebotene Beweiserhebung.

VII. Verfahren

35   **1. Vor und außerhalb der Hauptverhandlung.** Die richterliche Augenscheinseinnahme im Vorverfahren (§§ 162, 165), im Eröffnungsverfahren (§ 202 Satz 1) und zur Vorbereitung der Hauptverhandlung (§ 225) ist der in § 86 geregelte Fall. Die Vorschrift

---

[81] RGSt **5** 400; **10** 115, 161; **17** 106; RGRspr. **3** 789; RG GA **37** (1889) 56; JW **1903** 217; OLG Hamm NJW **1953** 839; KK-*Pelchen* 6; *Kleinknecht/Meyer*[37] 13; KMR-*Paulus* § 249, 4; *Eb. Schmidt* 4; *Schlüchter* 531; *Roxin*[19] § 28 B 2.

[82] RGSt **65** 295.

[83] § 93, 1; *Alsberg/Nüse/Meyer* 235.

[84] BGH NJW **1961** 1486; OLG Braunschweig GA **1965** 372; *Alsberg/Nüse/Meyer* 97; s. a. § 244, 288.

[85] BGH VRS **16** 273; **35** 266; OLG Braunschweig GA **1965** 376; OLG Koblenz MDR **1971** 507; OLG Hamm VRS **49** 435.

[86] Vgl. BGH bei *Pfeiffer* NStZ **1982** 189.

[87] *Kleinknecht/Meyer*[37] 15.

[88] RG GA **59** (1912) 133.

[89] RG JW **1896** 555.

[90] RG DR **1907** 2844; RGSt **48** 201; **60** 179 = JW **1926** 2194 mit Anm. *Beling*; *Hellwig* Z. f. ang. Psych. **34** (1930) 223.

[91] RG JW **1927** 2044; *Alsberg/Nüse/Meyer* 99; *Mannheim* JW **1927** 2707.

[92] RGSt **40** 50.

[93] Vgl. BGHSt **16** 204 mit Anm. *Kohlhaas* LM Nr. 36 zu § 261; BGH Beschl. v. 17. 5. 1973 – StB 24/73; RG Recht **1907** Nr. 2844.

[94] RGSt **47** 236; RGRspr. **9** 89; RG GA **42** (1894) 247; **56** (1909) 226; LZ **1917** 1090.

setzt die Voraussetzung für die Verlesbarkeit des Protokolls über den richterlichen Augenschein (§ 249 Satz 2) fest. Sie gilt auch, wenn die Vornahme der Augenscheinseinnahme in der Hauptverhandlung angeordnet wird[95]. Das ist regelmäßig zulässig, oft auch zweckmäßig (vgl. § 225, 4 f).

Das **Anwesenheitsrecht** der Staatsanwaltschaft, des Beschuldigten und des Verteidigers bei der richterlichen Augenscheinseinnahme vor und außerhalb der Hauptverhandlung regelt § 168 d Abs. 1. Die Polizei hat keinen Anspruch auf Anwesenheit, die Zuziehung eines Kriminalbeamten kann aber zweckmäßig sein. Für den Fall, daß bei der Einnahme des richterlichen Augenscheins ein Sachverständiger zugezogen wird, kann der Beschuldigte die Ladung des von ihm für die Hauptverhandlung vorzuschlagenden Sachverständigen beantragen; wird der Antrag abgelehnt, so kann er den Sachverständigen selbst laden (§ 168 d Abs. 2 Satz 1). Dem vom Beschuldigten benannten Sachverständigen muß die Teilnahme an der richterlichen Augenscheinseinnahme, zu der das Gericht einen Sachverständigen zuzieht, gestattet werden; er kann auch an etwaigen Untersuchungen teilnehmen, soweit dadurch die Tätigkeit der vom Gericht bestellten Sachverständigen nicht behindert wird (§ 168 d Abs. 2 Satz 2; vgl. § 168 d, 15). **36**

Daß das Gericht grundsätzlich einen **Protokollführer** hinzuziehen soll und daß eine Niederschrift anzufertigen ist, folgt aus §§ 168, 168 a. Wird auf die Mitwirkung eines Protokollführers verzichtet (§ 168 Satz 1 2. Halbsatz), muß der Richter selbst das Protokoll fertigen, damit seine Handlung die Qualifikation einer gerichtlichen Augenscheinseinnahme erlangt[96]. Das Protokoll muß außer den nach § 168 a Abs. 1 erforderlichen Angaben das Ergebnis des Augenscheins wiedergeben (§ 86). Wirkt ein Protokollführer mit, darf es nur Wahrnehmungen enthalten, die der Richter und der Protokollführer gemeinschaftlich und übereinstimmend gemacht haben; beide müssen die Verantwortung für den gesamten Inhalt des Protokolls übernehmen[97]. Meinungsverschiedenheiten über den vorgefundenen Sachbestand sind im Protokoll zu vermerken[98]. Daraus folgt, daß abweichende Wahrnehmungen anderer Verfahrensbeteiligter nicht in das Protokoll aufzunehmen sind. Das protokollierte Ergebnis der Augenscheinseinnahme unterliegt der freien Beweiswürdigung. Das Protokoll muß von beiden Urkundspersonen unterschrieben werden (§ 168 a Abs. 3 Satz 3); andernfalls ist es kein richterliches Protokoll i. S. der §§ 86, 168. **37**

Da die Verlesung des Protokolls in der Hauptverhandlung (§ 249 Satz 2) dazu dienen soll, den Augenschein des erkennenden Gerichts zu ersetzen, muß sich der Richter um eine **anschauliche Darstellung** des vorgefundenen Sachbestandes bemühen, an der nichts fehlt, was eines der Gerichtsmitglieder für wesentlich halten könnte. In § 86 wird besonders die Notwendigkeit hervorgehoben, im Protokoll nicht nur den vorgefundenen Sachbestand festzustellen, sondern auch zu erwähnen, welche Spuren oder Merkmale nicht vorgefunden worden sind, obwohl ihr Vorhandensein nach der besonderen Beschaffenheit des Falles vermutet werden konnte. Es ist zulässig und meist empfehlenswert, die wörtliche Schilderung durch Lichtbilder, Skizzen und Zeichnungen zu ergänzen[99]. Diese Augenscheinsobjekte sind als Anlage zum Protokoll zu nehmen; es empfiehlt sich, sie mit der Unterschrift des Richters und ggfs. des Protokollführers zu versehen, erforderlich ist dies nicht[100]. In der Hauptverhandlung können sie als Beweismittel **38**

---

[95] RGSt 20 149.
[96] *Kleinknecht/Meyer*[37] § 168, 3.
[97] RGSt **16** 148 ff; *Eb. Schmidt* 19.

[98] RGSt **16** 149; KK-*Pelchen* 8; *Kleinknecht/ Meyer*[37] 16; *Eb. Schmidt* 19; KMR-*Paulus* 4.
[99] *Kleinknecht/Meyer*[37] 16.
[100] § 168 a, 6; RGSt **36** 56.

Hans Dahs

in Augenschein genommen werden, ohne daß ihr Hersteller, der weder Zeuge noch Sachverständiger, sondern bloßer Gehilfe ist[101], vernommen zu werden braucht[102]. Auch Tonbandaufnahmen bei der Augenscheinseinnahme sind zulässig.

39   Die in das Protokoll aufgenommenen **Erklärungen des Beschuldigten** und die Auskünfte anderer Personen dürfen in der Hauptverhandlung nach § 249 Satz 2 verlesen werden, soweit es sich nur um Hinweise, die die Augenscheinseinnahme betreffen, nicht aber um Vernehmungen im eigentlichen Sinne handelt[103].

40   **2. In der Hauptverhandlung** wird der Augenschein von allen Mitgliedern des Gerichts und von allen Prozeßbeteiligten gleichzeitig oder, wenn das nicht möglich ist (vgl. § 226, 19), nacheinander eingenommen. Die Augenscheinseinnahme ist dann Teil der Hauptverhandlung[104]. Sie findet im Gerichtssaal oder an dem Ort statt, wo sich der Gegenstand befindet; sie ist auch außerhalb des Gerichtsbezirks zulässig[105]. Das Gericht darf die Augenscheinsobjekte zur Betrachtung in das Beratungszimmer mitnehmen[106], aber nicht etwa die Beratung am Tatort vornehmen, um dort erforderlichenfalls neue Wahrnehmungen machen zu können[107]. Zur Öffentlichkeit der Verhandlung bei Ortsbesichtigungen durch das erkennende Gericht vgl. die Erläuterungen zu § 169 GVG.

41   In der **Sitzungsniederschrift** ist nur die Tatsache der Augenscheinseinnahme zu vermerken, nicht ihr Ergebnis; § 86 gilt nicht[108]. Die Augenscheinseinnahme ist eine wesentliche Förmlichkeit der Hauptverhandlung im Sinne des § 273 Abs. 1; sie kann nach § 274 nur durch das Protokoll bewiesen werden[109].

VIII. Nichtrichterliche Besichtigungen

42   Solche Besichtigungen sind jederzeit, auch noch während der Hauptverhandlung[110] zulässig; § 87 Abs. 1 sieht die nichtrichterliche Leichenschau, einen Sonderfall der Augenscheinseinnahme, als Regel vor. Solche Besichtigungen sind aber kein Augenschein im eigentlichen Sinne. Wenn ein Staatsanwalt oder ein Polizeibeamter Beweis durch Benutzung von Augenscheinsobjekten erhoben hat, muß er daher als Zeuge vernommen werden[111]. Seine Aufzeichnungen sind nicht als Urkunden nach § 249 Satz 2 verlesbar.

---

[101] RGSt **36** 58.

[102] KMR-*Paulus* 4; *Eb. Schmidt* 21.

[103] BGH MDR **1985** 776 = NStZ **1985** 468 mit Anm. *Danckert* = VRS **69** 133; RGSt **10** 10; **12** 309; **18** 187; RG JW **1902** 580; **1927** 2044; *Alsberg/Nüse/Meyer* 258; KMR-*Paulus* 5; *Mannheim* JW **1927** 2707; vgl. auch § 249, 28.

[104] BGHSt **3** 188; RGSt **42** 198; **66** 29.

[105] BGHSt **22** 250; RGSt **11** 355; **39** 348; *Alsberg/Nüse/Meyer* 239; KMR-*Paulus* 7; vgl. auch die Erl. zu § 166 GVG.

[106] RGSt **66** 29.

[107] RGSt **66** 29; OLG Hamm NJW **1959** 1192; *Alsberg/Nüse/Meyer* 240.

[108] RGSt **26** 277; **39** 257; RG Recht **1908** Nr. 3367; **1911** Nr. 3883; OLG Bremen NJW **1981** 2827; OLG Hamm GA **1973** 280; OLG

Köln NJW **1955** 843; JMBlNRW **1962** 203 = VRS **24** 62; OLG Neustadt MDR **1965** 407 = VRS **28** 377; KK-*Pelchen* 9; *Kleinknecht/Meyer*[37] 17; *Alsberg/Nüse/Meyer* 240; KMR-*Paulus* 8; *Dalcke/Fuhrmann/Schäfer* 1.

[109] RGSt **26** 277; OLG Düsseldorf VRS **39** 277; OLG Bremen NJW **1981** 2827; OLG Hamm NJW **1953** 839; VRS **4** 603; **8** 370; **44** 117; OLG Köln JMBlNRW **1962** 203 = VRS **24** 62; OLG Saarbrücken VRS **48** 211.

[110] BGH VRS **16** 274.

[111] Vgl. RGSt **18** 186 für die Augenscheinseinnahme durch den Urkundsbeamten; KK-*Pelchen* 11; *Kleinknecht/Meyer*[37] 18; *Alsberg/Nüse/Meyer* 223; *Dähn* JZ **1978** 640; *Dahs/Dahs*[4] 232; *Henkel* 223 Fußn. 2.

§ 87

(1) [1] Die Leichenschau wird von der Staatsanwaltschaft, auf Antrag der Staatsanwaltschaft auch vom Richter, unter Zuziehung eines Arztes vorgenommen. [2] Ein Arzt wird nicht zugezogen, wenn dies zur Aufklärung des Sachverhalts offensichtlich entbehrlich ist.

(2) [1] Die Leichenöffnung wird von zwei Ärzten vorgenommen. [2] Einer der Ärzte muß Gerichtsarzt oder Leiter eines öffentlichen gerichtsmedizinischen oder pathologischen Instituts oder ein von diesem beauftragter Arzt des Instituts mit gerichtsmedizinischen Fachkenntnissen sein. [3] Dem Arzt, welcher den Verstorbenen in der dem Tod unmittelbar vorausgegangenen Krankheit behandelt hat, ist die Leichenöffnung nicht zu übertragen. [4] Er kann jedoch aufgefordert werden, der Leichenöffnung beizuwohnen, um aus der Krankheitsgeschichte Aufschlüsse zu geben. [5] Die Staatsanwaltschaft kann an der Leichenöffnung teilnehmen. [6] Auf ihren Antrag findet die Leichenöffnung im Beisein des Richters statt.

(3) Zur Besichtigung oder Öffnung einer schon beerdigten Leiche ist ihre Ausgrabung statthaft.

(4) [1] Die Leichenöffnung und die Ausgrabung einer beerdigten Leiche werden vom Richter angeordnet; die Staatsanwaltschaft ist zu der Anordnung befugt, wenn der Untersuchungserfolg durch Verzögerung gefährdet würde. [2] Wird die Ausgrabung angeordnet, so ist zugleich die Benachrichtigung eines Angehörigen des Toten anzuordnen, wenn der Angehörige ohne besondere Schwierigkeiten ermittelt werden kann und der Untersuchungszweck durch die Benachrichtigung nicht gefährdet wird.

Schrifttum. *Dähn* Die Leichenöffnung — Augenscheins- oder Sachverständigenbeweis? JZ **1978** 640; *Falter* Tätigkeit des Polizeibeamten bei der Exhumierung einer Leiche, Kriminalistik **1962** 355; *Geerds* Leichensachen und Leichenschau aus juristischer Sicht, MedR **1984** 172; *Janetzke* Die Leichenöffnung, DRiZ **1957** 232; *Jansen* Rechtsmedizinische Probleme bei der diagnostischen Tätigkeit des Pathologen, Kriminalistik **1978** 5; *Karger* Probleme des Leichenrechts, ArchKrim **141** 134; *Koch* Pietät und Wahrheitsermittlung bei Obduktionen, NJW **1965** 528; *Maiwald* Zur Ermittlungspflicht des Staatsanwalts in Todesfällen, NJW **1978** 561; *Mallach/Weiser* Leichenschauprobleme bei der Erd- und Feuerbestattung, Kriminalistik **1983** 199; *Mätzler* Über Schwachstellen im Leichenwesen, Kriminalistik **1978** 205; *Metter* Ärztliche Leichenschau und Dunkelziffer bei unnatürlichen Todesfällen, Kriminalistik **1978** 155; *Oehmichen/Sternuns* Leichenschau und Todesbescheinigung, Kriminalistik **1985** 2; *Ponsold* Lehrbuch der Gerichtlichen Medizin, 3. Aufl. (1967) 284; *Schiermeyer* Gräber ohne Leichen, Kriminalistik **1980** 514; *Schlichting* Zu den rechtlichen Grundlagen der Gewinnung von Leichenblut, Blutalkohol **1967** 79; *Schneider* Leichenschau und Meldepflicht nicht natürlicher Todesfälle, Kriminalistik **1981** 182; *Seifrieds* Auf die Unzulänglichkeiten des ärztlichen Leichenschauwesens, Kriminalistik **1978** 449; *Struckmann* Obduktion ohne Anhörung der Angehörigen? NJW **1964** 2244; *Wehner* Ärztliche Todesbescheinigungen für Lebende, Kriminalistik **1978** 261; *Wehner* Leichenöffnung — in welchen Fällen? Kriminalistik **1979** 484.

Entstehungsgeschichte. Nach § 27 der VereinfVO vom 1. 9. 1939 (RGBl. I 1658) war bei der Leichenöffnung die Anwesenheit eines Arztes ausreichend. Art. 3 Nr. 36 VereinhG stellte die frühere Fassung des Absatzes 1 Satz 1 (jetzt Absatz 2 Satz 1) wieder her. Durch Art. 1 Nr. 21 des 1. StVRG wurde der Absatz 1 neu eingefügt. Der bisherige Absatz 1 wurde Absatz 2, wobei der Satz 1 durch die Sätze 1 bis 3 ersetzt wurde; die Sätze 2 und 3 wurden Satz 4 und 5. Der bisherige Absatz 2, der im wesentlichen dem jetzigen Absatz 1 Satz 2 entsprach, wurde gestrichen, Absatz 4 neu angefügt. Die geltende Fassung erhielt die Vorschrift durch Art. 1 Nr. 5 des StVÄG 1987 (vom 27. 1. 1987,

Hans Dahs

BGBl. I 475). Dabei wurde Absatz 2 im Hinblick auf die nicht mehr obligatorische Teilnahme der Staatsanwaltschaft in Satz 1 neu gefaßt. Die bisherigen Sätze 3, 4, 5 wurden Satz 2, 3, 4; Satz 5 und 6 wurden angefügt.

Übersicht

I. Allgemeines

1   Leichenschau und Leichenöffnung sind, wenn sie unter Leitung und in Anwesenheit eines Richters stattfinden, besondere Fälle des richterlichen Augenscheins. Das ergibt sich aus der Stellung des § 87 im Gesetz (im Anschluß an § 86) und aus seinem Wortlaut. In erster Linie ist der Staatsanwalt zur Teilnahme an der Leichenschau und zur Leitung (nach § 87 Abs. 4 aber nicht zur Anordnung) der Leichenöffnung berufen. Die Mitwirkung des Richters ist nur noch auf besonderen Antrag der Staatsanwaltschaft vorgesehen. Eine Augenscheinseinnahme im eigentlichen Sinne mit der Wirkung, daß das Protokoll darüber nach § 249 Satz 2 in der Hauptverhandlung verlesen werden darf, findet aber nur statt, wenn ein Richter anwesend ist[1]. Der Gesetzgeber hat es mit Recht für unangebracht gehalten, richterliche Beweisaufnahmen durch Verlesung staatsanwaltschaftlicher Niederschriften zu ersetzen, insbesondere auch, weil es mindestens nach der Leichenöffnung regelmäßig erforderlich ist, einen der beiden Ärzte, die die Leiche geöffnet haben, in der Hauptverhandlung zu vernehmen[2].

2   Leichenschau und Leichenöffnung müssen mit **größter Beschleunigung** durchgeführt werden; denn die ärztlichen Feststellungen über die Todesursache können schon durch geringe Verzögerungen an Zuverlässigkeit verlieren[3]. Das gilt insbesondere für Leichen von Personen, die durch elektrischen Strom getötet worden sind; die durch Elektrizität verursachten Veränderungen werden durch die Verwesung rasch verwischt.

3   Mit der Leichenschau oder Leichenöffnung kann eine **Besichtigung** des Fund- oder Tatorts und der dort oder in der Umgebung vorgefundenen Gegenstände verbunden werden[4]. Obwohl es sich hierbei selbst dann nur um eine bloße Augenscheinseinnahme nach § 86 handelt, wenn ein Richter anwesend ist, kann die Hinzuziehung von Ärzten nützlich sein.

---

[1] *Dähn* JZ **1978** 641.
[2] BTDrucks. 7 551 S. 64.
[3] *Maiwald* NJW **1978** 565.
[4] *Kleinknecht/Meyer*[37] 3.

II. Erforderlichkeit

In §87 Abs. 1 und 2 ist das Verfahren bei der richterlichen Leichenschau und Lei- **4** chenöffnung geregelt, aber nichts darüber bestimmt, wann sie vorgenommen werden müssen. Das richtet sich nach §§159, 160 Abs. 1 (vgl. die dortigen Erläuterungen).

Nach §159 Abs. 2 ist zur Bestattung die schriftliche **Genehmigung der Staatsan-** **5** **waltschaft** erforderlich, wenn Anhaltspunkte dafür vorhanden sind, daß jemand eines nicht natürlichen Todes gestorben ist, oder wenn die Leiche eines Unbekannten gefunden wird. Ob die Genehmigung erteilt werden kann, wird regelmäßig erst entschieden werden können, wenn eine Leichenöffnung, mindestens eine Leichenschau stattgefunden hat. Eine Leichenschau wird im allgemeinen schon notwendig sein, wenn eine strafbare Handlung als Todesursache nicht von vornherein ausgeschlossen werden kann[5]. Kann bei der Leichenschau die Todesursache nicht einwandfrei festgestellt werden oder ist damit zu rechnen, daß die Feststellungen bei der Leichenschau später angezweifelt werden, so ist grundsätzlich die Leichenöffnung geboten. Gegen die Versagung der nach §159 Abs. 2 erforderlichen Bestattungsgenehmigung durch die Staatsanwaltschaft können die Angehörigen nach Meinung von *Gössel* auf gerichtliche Entscheidung nach §23 EGGVG antragen[6].

Nach §160 Abs. 1 ist die Leichenöffnung, mindestens die Leichenschau regelmä- **6** ßig zur **Aufklärung der Tat** erforderlich, wenn zwar schon feststeht, daß der Tote einer Straftat zum Opfer gefallen ist, aber die Todesursache noch erforscht werden muß. Die Leichenöffnung ist jedoch niemals zwingend vorgeschrieben[7]. Sie kann unterbleiben, wenn die Todesursache einwandfrei feststeht[8], z. B. wenn der Tod erwiesenermaßen bei einem Eisenbahn- oder Straßenverkehrsunfall eingetreten ist, wenn jemand unter den Augen von Zeugen ins Wasser gefallen und tot geborgen oder in Gegenwart von Zeugen durch einen Kopfschuß getötet worden ist. Da die endgültige Beweisaufnahme aber immer dem später erkennenden Gericht zusteht, sollte die Leichenöffnung stets beantragt werden, wenn die Auffindung bisher unbekannter Tatsachen nicht von vornherein ausgeschlossen werden kann. Haben mehrere Personen bei demselben Ereignis den Tod gefunden, so kann sich die Leichenöffnung je nach den Umständen des Falles auf einen oder einige der Toten beschränken.

Der **Verhältnismäßigkeitsgrundsatz** kann der Leichenöffnung wegen des Totensor- **7** gerechts der Angehörigen[9] und des postmortalen Persönlichkeitsrechts des Verstorbenen[10] entgegenstehen[11]. Eine Verletzung des Verhältnismäßigkeitsgrundsatzes wird aber nur in Betracht kommen, wenn die Todesursache zweifelsfrei feststeht oder jedenfalls insoweit geklärt ist, daß eine weitere Klärung unter keinem strafprozessualen oder strafrechtlichen Gesichtspunkt erheblich werden kann.

III. Leichenschau (Absatz 1)

1. Allgemeines. Unter Leichenschau versteht §87 Abs. 1 die staatsanwaltschaft- **8** liche oder gerichtliche Besichtigung einer Leiche, wenn es nicht zur Leichenöffnung

---

[5] Krit. *Kaiser* NJW **1965** 2381.

[6] *Gössel* § 4 D III a 2; vgl. näher § 159, 15.

[7] RG GA **37** (1889) 360.

[8] KK-*Pelchen* 2; *Kleinknecht/Meyer*[37] 9; KMR-*Paulus* 4; *Eb. Schmidt* 3, *Koch* NJW **1965** 528; *K. Müller* 62.

[9] *Forkel* JZ **1974** 596; *Zimmermann* NJW **1979** 569.

[10] BGHZ **15** 259; *Maunz/Dürig* Art. 1 Abs. 1, 26; *Peters*[4] 325 f.

[11] LG Waldshut NJW **1972** 1148; KK-*Pelchen* 2; *Kleinknecht/Meyer*[37] 9; KMR-*Paulus* 5; *Koch* NJW **1968** 1317; *Maiwald* NJW **1978** 565.

Hans Dahs

kommt. Nimmt auf Antrag der Staatsanwaltschaft der Richter die Leichenschau vor, so handelt es sich um die Einnahme des richterlichen Augenscheins unter Zuziehung eines Sachverständigen[12]. Die staatsanwaltschaftliche Leichenschau ist eine bloße nichtrichterliche Besichtigung (§ 86, 42). Über das Ergebnis der Besichtigung kann der Staatsanwalt daher als Zeuge vernommen werden[13]. Die Leichenschau ist möglichst am Tatort oder am Fundort der Leiche durchzuführen. Von der Leichenschau zu unterscheiden ist die äußere Besichtigung einer Leiche, die bei Beginn der Leichenöffnung stattfinden muß (Rdn. 13); sie bildet einen Bestandteil der Leichenöffnung selbst und muß in Anwesenheit der Personen vorgenommen werden, die bei der Leichenöffnung zugegen sein müssen.

9   **2. Zuständigkeit.** Für die Leichenschau ist nach § 87 Abs. 1 Satz 1 in erster Hinsicht der Staatsanwalt zuständig. Eine richterliche Anordnung ist, anders als nach § 87 Abs. 4 Satz 1 bei der Leichenöffnung, nicht erforderlich. Die Staatsanwaltschaft kann aber bei dem nach § 162 zuständigen Richter beantragen, daß dieser an ihrer Stelle die Leichenschau vornimmt. Der Antrag setzt voraus, daß besondere Gründe vorliegen, die eine richterliche Leichenschau ausnahmsweise geboten erscheinen lassen. Solche Gründe können darin liegen, daß die Angelegenheit von besonderer Bedeutung ist oder daß die Gewinnung einer nach § 249 Satz 2 verlesbaren Niederschrift über die Leichenschau ermöglicht werden soll[14]. Ebensowenig wie bei sonstigen Untersuchungshandlungen, die er auf Antrag der Staatsanwaltschaft vornehmen soll, hat der nach § 162 zuständige Richter zu prüfen, ob die Leichenschau erforderlich und zweckmäßig ist. Die Prüfung beschränkt sich nach § 162 Abs. 3 auf die Frage, ob sie nach den Umständen des Falles rechtlich zulässig ist[15], die in LR-*Sarstedt*[22] unter Hinweis auf § 159 Abs. 2 vertretene Gegenmeinung läßt sich nach der Änderung dieser Vorschrift durch Art. 1 Nr. 41 des 1. StVRG (Wegfall der richterlichen Entscheidungsbefugnis) nicht aufrechterhalten. Ohne Antrag des Staatsanwalts darf der Richter die Leichenschau vornehmen, wenn ihm nach § 159 Abs. 1 ein unaufgeklärter Tod gemeldet wird und die Voraussetzungen des § 165 vorliegen[16]. Die Besichtigung einer Leiche durch die Polizei ist nicht nur zulässig, sondern geht praktisch der staatsanwaltschaftlichen oder richterlichen Leichenschau stets voraus; sie selbst ist aber keine Leichenschau im Sinne des § 87 Abs. 1.

10   **3. Zuziehung eines Arztes.** Der nach § 87 Abs. 1 Satz 1 regelmäßig zuzuziehende Arzt muß neben und mit dem Staatsanwalt oder Richter und dem Urkundsbeamten an der Besichtigung teilnehmen und deren Tätigkeit durch seine Sachkunde unterstützen und ergänzen[17]. Der Staatsanwalt oder Richter darf ihm aber die Besichtigung der Leiche nicht, auch nicht teilweise, allein überlassen und sich nicht mit dem begnügen, was der Arzt zu Protokoll erklärt[18]. Die Zuziehung eines Arztes darf unterbleiben, wenn sie zur Aufklärung des Sachverhalts offensichtlich entbehrlich ist (§ 87 Abs. 1 Satz 2). Das kann der Fall sein, wenn die Todesursache bereits ermittelt ist und es auf eine sachverständige Besichtigung der an der Leiche vorhandenen Verletzungen nicht ankommt. Ob von der Zuziehung eines Arztes abgesehen werden kann, entscheidet der Staatsanwalt oder der Richter, wenn dieser die Leichenschau vornimmt, nach pflichtgemäßem Ermessen. Durch die Fassung des § 87 Abs. 1 Satz 1 wird nicht ausgeschlossen,

---

[12] *Eb. Schmidt* 4; vgl. § 86, 4.
[13] *Alsberg/Nüse/Meyer* 223; *Dähn* JZ **1978** 641.
[14] *Lampe* NJW **1975** 197.
[15] LG Waldshut NJW **1972** 1147; AG Bremerhaven MDR **1972** 259; KK-*Pelchen* 3; *Kleinknecht/Meyer*[37] 5; *Koch* NJW **1968** 1317.

[16] *Kleinknecht/Meyer*[37] 5; *Maiwald* NJW **1978** 561; *H. A. Schmidt* DRiZ **1967** 78.
[17] RG Recht **1912** 154.
[18] RG Recht **1912** Nr. 154; *Kleinknecht/Meyer*[37] 13; *Dalcke/Fuhrmann/Schäfer* 2.

daß unter besonderen Umständen auch mehrere Ärzte zu der Leichenschau zugezogen werden[19]. Es gilt, jedenfalls bei der richterlichen Leichenschau, der § 73 Abs. 1, wonach der Richter die Sachverständigen auswählt und ihre Zahl bestimmt. Auch der bei der Leichenöffnung nach § 87 Abs. 2 Satz 4 ausgeschlossene behandelnde Arzt darf zu der Leichenschau zugezogen werden. Der Arzt nimmt an der Leichenschau stets als Sachverständiger teil[20], gleichgültig, ob er über den Befund der Leiche gutachtliche Äußerungen zu Protokoll erklärt oder nicht[21].

4. Anwesenheitsrechte. Bei der Leichenschau durch die Staatsanwaltschaft hat niemand ein Anwesenheitsrecht. Polizeibeamte können nach dem Ermessen des Staatsanwalts teilnehmen; meistens wird der Ermittlungsführer zugezogen. Für die richterliche Leichenschau gilt, da sie eine Augenscheinseinnahme im Sinne des § 86 ist, die Regelung des § 168 d. **11**

5. Protokoll. Das Ergebnis der staatsanwaltschaftlichen Leichenschau ist nach § 168 c aktenkundig zu machen. Die Herstellung eines Protokolls schreibt das Gesetz nicht vor; unzulässig ist sie nicht. Über die richterliche Leichenschau ist nach § 168 ein Protokoll aufzunehmen. Da sie ein Fall des richterlichen Augenscheins ist, gilt für den Inhalt des Protokolls § 86. Das Protokoll müssen alle Beteiligten unterschreiben (§ 168 a Abs. 4), auch der hinzugezogene Arzt[22]. Das Fehlen seiner Unterschrift ist aber unschädlich, weil die Mitwirkung eines Arztes bei der Leichenschau nicht zwingend vorgeschrieben ist[23]. In der Hauptverhandlung kann das Protokoll nach § 249 Satz 2 verlesen werden[24]. Der Arzt braucht daher als Sachverständiger nur vernommen zu werden, wenn hierzu ein besonderer Anlaß besteht, etwa wenn über die Ergebnisse der Besichtigung eine Meinungsverschiedenheit unter den mitwirkenden Personen besteht. **12**

IV. Leichenöffnung (Absatz 2)

1. Allgemeines. Die Leichenöffnung dient der Feststellung, in welchem Zustand sich das Innere einer Leiche befindet, insbesondere der Klärung der Todesursache. Ihr geht die Identifizierung des Toten (§ 88) und die äußere Besichtigung der Leiche (*K. Müller* 286) voraus. Über die Durchführung der Leichenöffnung enthalten die §§ 89 bis 91 besondere Vorschriften. Unabhängig von der Notwendigkeit einer Leichenöffnung können der Leiche Blutproben entnommen werden[25], die Zuständigkeit für die Anordnung richtet sich nach § 81 c Abs. 5[26]. **13**

An der Leiche eines Verstorbenen haben die **Angehörigen** ein Totensorgerecht[27]. Wenn sie sie nicht freiwillig zur Verfügung stellen, muß die Leiche daher nach § 94 beschlagnahmt werden[28]. Dabei kann von der vorherigen Anhörung der Angehörigen ab- **14**

[19] RGZ **98** 284; *Eb. Schmidt* 8.
[20] KK-*Pelchen* 3; *Kleinknecht/Meyer*[37] 6; KMR-*Paulus* 12; *Alsberg/Nüse/Meyer* 219; *Jessnitzer* 221 und StrVert. **1982** 177; *K. Müller* 62.
[21] Anders *K. Müller* 63.
[22] KK-*Pelchen* 3; *Eb. Schmidt* 4.
[23] KMR-*Paulus* 11.
[24] RGSt **53** 348; KK-*Pelchen* 3; *Kleinknecht/Meyer*[37] 16; *Alsberg/Nüse/Meyer* 257.
[25] Vgl. *Geilen* JZ **1975** 382.

[26] Vgl. *Jessnitzer* 223; *a. A Schlichting* Blutalkohol **1967** 79, der nur den Staatsanwalt für zuständig hält.
[27] KG FamRZ **1969** 414; LG Bonn JZ **1971** 58; *Holch* in Münchner Kommentar § 90 BGB, 23; *Gucht* JR **1973** 234; *Trockel* MDR **1969** 811.
[28] KK-*Pelchen* 4; *Kleinknecht/Meyer*[37] 9; KMR-*Paulus* 2; *Eb. Schmidt* § 86, 16; *Janetzke* DRiZ **1957** 233; *H. A. Schmidt* DRiZ **1967** 78; vgl. auch § 94, 2.

Hans Dahs

gesehen werden, wenn dadurch die Leichenöffnung unvertretbar verzögert würde oder die Anhörung zur Warnung der unbekannten Täter führen könnte[29]. Die richterliche Beschlagnahmeanordnung kann von den Hinterbliebenen ebenso wie die richterliche Anordnung der Leichenöffnung[30] nach § 304 mit der Beschwerde angefochten werden.

15   **2. Zuständigkeit.** Die Leichenöffnung darf nach § 87 Abs. 4 Satz 1 grundsätzlich nur auf Anordnung des nach § 162 zuständigen Amtsgerichts vorgenommen werden. Die Anordnung erfolgt im Fall des § 165 von Amts wegen, sonst auf Antrag der Staatsanwaltschaft. Die Staatsanwaltschaft selbst ist zu der Anordnung nur befugt, wenn der Untersuchungserfolg durch Verzögerung gefährdet würde. Die Gefährdung kann deshalb bestehen, weil die sofortige Obduktion der Leiche wegen deren Zustands erforderlich ist (Rdn. 2) oder weil die unverzügliche Aufklärung der Todesursache für die weiteren Ermittlungen notwendig ist. Die Hilfsbeamten der Staatsanwaltschaft (§ 152 GVG) dürfen die Leichenöffnung auch bei Gefahr im Verzug nicht anordnen.

16   Die Leichenöffnung wird nach § 87 Abs. 2 Satz 1 von zwei **Ärzten** vorgenommen. Bis 1975 war die Anwesenheit eines Richters obligatorisch, seitdem die der Staatsanwaltschaft. Nunmehr kann die Leichenöffnung auch allein durch zwei Ärzte vorgenommen werden (§ 87 Abs. 2 n. F.). Die Staatsanwaltschaft entscheidet nach pflichtgemäßem Ermessen, ob sie selbst teilnimmt oder gar einen Antrag auf Teilnahme des nach § 162 zuständigen Richters stellt. Sie wird im Regelfall aus Gründen der Arbeitsökonomie von der Teilnahme absehen können, wenn Kompetenz und Erfahrung der zugezogenen Ärzte zweifelsfrei und auch sonst Probleme nicht zu erwarten sind. Fehlt es daran, so ist die Teilnahme geboten, insbesondere wenn voraussichtlich im Rahmen der Leichenöffnung Beschlagnahmemaßnahmen (Rdn. 19) erforderlich werden oder die Ärzte den Wunsch nach Teilnahme des Staatsanwalts äußern. Die Zuziehung des Richters wird nur in Sachen von besonderer Bedeutung (z. B. politischer Mord) oder in absehbar problematischen und kontroversen Fällen in Betracht kommen. Dabei kann auch die Notwendigkeit, ein nach § 249 Satz 2 verlesbares Protokoll zu gewinnen, die Zuziehung eines Richters rechtfertigen. Das richterliche Protokoll hat nämlich auch dann einen eigenständigen und in der Regel erheblichen Beweiswert, wenn einer der Ärzte, die die Leiche geöffnet haben, als Sachverständiger in der Hauptverhandlung vernommen wird.

17   **3. Leitung durch Staatsanwalt oder Richter.** Ist auf Antrag der Staatsanwaltschaft ein Richter bei der Leichenöffnung zugegen, so leitet er die Untersuchung. Die Fassung des § 87 Abs. 2 Satz 6 („im Beisein auch des Richters") ist nicht etwa so zu verstehen, als erschöpfe sich die Tätigkeit des Richters in seiner Anwesenheit. Es gilt vielmehr der allgemeine Grundsatz, daß immer dann, wenn an einer Untersuchung sowohl ein Richter als auch ein Staatsanwalt teilnehmen, der Richter, nicht der Staatsanwalt, die erforderlichen Weisungen erteilt und für die Untersuchung in erster Hinsicht verantwortlich ist. Ist bei der Leichenöffnung nur der Staatsanwalt zugegen, so steht ihm die uneingeschränkte Leitungskompetenz zu. Auch wenn die Staatsanwaltschaft nicht teilnimmt, kann sie doch für die Durchführung der Leichenöffnung vorab Weisungen geben, z. B. bestimmte Körperteile zu asservieren o. ä. Wird die Maßnahme allein von den beiden Ärzten durchgeführt, so sollten diese beim Auftreten von Zweifelsfragen den Staatsanwalt (telefonisch) unterrichten und seine Weisung einholen. Der Staatsanwalt kann dann auch die Entscheidung treffen, nunmehr doch selbst die Leitung der Maßnahme

---

[29] *Struckmann* NJW **1964** 2244.   [30] *Gössel* § 4 D III a 2.

zu übernehmen. Außerdem können, auch ohne ausdrücklich gesetzliche Regelung, die Hilfsbeamten der Staatsanwaltschaft an der Leichenöffnung teilnehmen.

Auch wenn die Leichenöffnung im **Beisein eines Richters** stattfindet, ist sie nur insoweit eine richterliche Handlung, als es sich um die Einnahme des Augenscheins handelt. Im übrigen ist sie vor allem Untersuchung und Befundermittlung durch medizinische Sachverständige[31]. Der auf Antrag der Staatsanwaltschaft zugezogene Richter muß bei der Leichenöffnung von Anfang bis Ende zugegen sein[32] und sich davon überzeugen, daß der Befund, den üblicherweise einer der Ärzte diktiert, mit dem Augenschein übereinstimmt, soweit ein Nichtarzt das beurteilen kann. Knochenbrüche, äußere Wunden, Färbungen und vieles andere können auch medizinische Laien erkennen. Nimmt ein Richter an der Leichenschau teil, so sind auch er und der ggfs. gemäß § 168 zugezogene Urkundsbeamte für die richtige Protokollierung verantwortlich. **18**

Staatsanwalt und Richter spielen im übrigen bei der Leichenöffnung eine mehr **passive Rolle**; sie haben „dabei zu sein". Soweit die Äußerungen der Ärzte gutachtlich sind, nehmen sie sie nur entgegen; Verantwortung tragen sie für deren sachverständige Begutachtung nicht. Gleichwohl besteht auch bei der Leichenöffnung die Befugnis des Richters nach § 78, die Tätigkeit der Sachverständigen zu leiten[33]. Der Richter und ebenso der Staatsanwalt, wenn er allein anwesend ist, muß z. B. darauf bestehen, daß vor der Leichenöffnung die Identität des Verstorbenen festgestellt wird (§ 88). Ferner können Meinungsverschiedenheiten der Ärzte den Richter in die Lage bringen, ihnen für ihre Tätigkeit Weisungen zu geben. Ob der behandelnde Arzt zugezogen wird (§ 87 Abs. 2 Satz 4), bestimmt der Staatsanwalt, wenn er allein anwesend ist, sonst der Richter; der Staatsanwalt hat bei einer Leichenöffnung im Beisein des Richters nur ein Antragsrecht. Staatsanwalt und Richter sind dafür verantwortlich, daß die Ärzte die Vorschriften der §§ 89 bis 91 beachten[34]. Auch sonst können während der Leichenöffnung Anordnungen erforderlich werden, etwa die Beschlagnahme einer Zahnprothese oder anderer Beweisstücke zum Zweck sicherer Identifizierung des Toten. Findet die Leichenschau nicht im Beisein eines Richters statt, so wird der Staatsanwalt, bei seiner Abwesenheit auch ein Hilfsbeamter der Staatsanwaltschaft, die Beschlagnahme regelmäßig nach § 98 Abs. 1 wegen Gefahr im Verzug anordnen können. Da gewöhnlich der Staatsanwalt, anders als die Sachverständigen, die Ergebnisse der bisherigen Ermittlungen kennt, kann er in die Lage kommen, den Sachverständigen besondere Fragen zu stellen und ihnen besondere Untersuchungen aufzugeben. Der Staatsanwalt kann, wenn die Ärzte an der Notwendigkeit oder Angemessenheit zweifeln oder über sie streiten, die Entnahme von Körperflüssigkeiten oder Gewebeteilen zum Zwecke späterer Untersuchungen anordnen. Wenn ein Richter anwesend ist, trifft er diese Anordnungen. Schließlich muß der Staatsanwalt nach Beendigung der Leichenöffnung entscheiden, was nunmehr mit der Leiche geschehen soll, insbesondere ob sie zur Bestattung oder zur Verbrennung freigegeben wird; der Richter darf die Genehmigung zur Bestattung nicht erteilen (§ 159 Abs. 2). **19**

4. Mitwirkung zweier Ärzte

a) **Allgemeines.** Nach § 87 Abs. 2 müssen an der Leichenöffnung zwei Ärzte mitwirken, und nur einen von ihnen darf der Staatsanwalt oder Richter beliebig auswählen, sofern nicht sogar landesrechtliche Vorschriften bestehen, nach denen bestimmte Ärzte **20**

[31] *Eb. Schmidt* 5; *K. Müller* 62; *Geerds* Arch-Krim. **137** 156; *Roxin*[19] § 27 E; *Dähn* JZ **1978** 641.

[32] *Kleinknecht/Meyer*[37] 13; KMR-*Paulus* 14.

[33] KK-*Pelchen* 5; *Kleinknecht/Meyer*[37] 13; KMR-*Paulus* 14; *Eb. Schmidt* 5; a. A *K. Müller* 63.

[34] *Eb. Schmidt* 5.

Hans Dahs

hierfür berufen sind. Die beiden Ärzte müssen bei der Leichenöffnung von deren Beginn bis zu ihrem Ende ununterbrochen anwesend sein[35].

21   **b) Gerichtsarzt, Institutsleiter oder Institutsarzt.** Nach § 87 Abs. 2 Satz 2 muß einer der Obduzenten ein Gerichtsarzt oder ein Leiter eines öffentlichen gerichtsmedizinischen oder pathologischen Instituts oder ein von diesem beauftragter Arzt des Instituts mit gerichtsmedizinischen Fachkenntnissen sein. Damit soll sichergestellt werden, daß die Leichenöffnung von fachlich besonders geeigneten Ärzten durchgeführt wird. Gerichtsarzt ist ein Arzt, der zur Wahrnehmung der in gerichtlichen Angelegenheiten vorkommenden ärztlichen Geschäfte ein für allemal bestellt ist[36]; hierfür gelten die Vorschriften des Landesrechts[37]. Zu den öffentlichen gerichtsmedizinischen oder pathologischen Instituten gehören insbesondere Universitätsinstitute, nicht aber die Abteilungen für Pathologie der öffentlichen Krankenhäuser. Zur Leichenöffnung befugt ist grundsätzlich nur der Leiter solcher Institute. Ist einer der in § 87 Abs. 2 Satz 3 genannten Ärzte nicht rechtzeitig zu erreichen, so darf zu seiner Vertretung ein anderer Arzt zugezogen werden, wenn das wegen der Dringlichkeit des Falles erforderlich erscheint. Die zur Sachaufklärung notwendige Leichenöffnung darf nicht an der Unmöglichkeit scheitern, einen der vom Gesetz vorgesehenen Ärzte hinzuzuziehen[38].

22   **c) Ausschließung des behandelnden Arztes.** Der Arzt, der den Verstorbenen zuletzt behandelt hat, ist von der Mitwirkung bei der Leichenöffnung nach § 87 Abs. 2 Satz 3 ausgeschlossen. Nimmt er trotzdem an ihr teil, so sind die bei der Leichenöffnung gewonnenen Erkenntnisse nicht unverwertbar; es bedarf nur einer besonders kritischen Beweiswürdigung[39]. Haben mehrere Ärzte den Verstorbenen behandelt, so ist jeder von ihnen ausgeschlossen. Das Gesetz geht davon aus, daß die ärztliche Tätigkeit die Unbefangenheit des Arztes bei der gerichtlichen Untersuchung beeinträchtigen könnte. Das bezieht sich jedoch nur auf den Fall, daß die Behandlung wegen der dem Tod unmittelbar vorausgegangenen Krankheit stattgefunden hat. Die Begriffe Krankheit und Behandlung sind in weitestem Sinne zu verstehen. Zur Krankheit rechnen auch äußere Verletzungen, zur Behandlung jede ärztliche Hilfeleistung. Die Behandlung ist dem Tod unmittelbar vorausgegangen, wenn sie wegen einer Krankheit stattgefunden hat, an der der Verstorbene bis zu seinem Tod oder doch bis kurz vor dessen Eintritt gelitten hat. Ein ursächlicher Zusammenhang zwischen der Krankheit und dem Tod oder zwischen der Straftat und der Krankheit ist nicht erforderlich; er würde auch regelmäßig erst durch die Leichenöffnung festgestellt werden können.

23   Der Staatsanwalt oder der Richter, wenn dieser die Leichenöffnung leitet, können den **behandelnden Arzt** auffordern, der Leichenöffnung beizuwohnen, um aus der Krankheitsgeschichte Aufschlüsse zu geben (§ 87 Abs. 2 Satz 4); die mit der Leichenöffnung befaßten Ärzte sind dazu nicht berechtigt, können aber die Aufforderung durch den Staatsanwalt anregen. Der Arzt wird, falls das erforderlich erscheint, als sachverständiger Zeuge zugezogen[40]. Es ist aber auch zulässig, ihn in der Hauptverhandlung als Sachverständigen über das Ergebnis der in seiner Gegenwart vorgenommenen Leichenöffnung zu vernehmen. Denn ausgeschlossen ist er nur von der Leichenöffnung, nicht aber allgemein von jeder Sachverständigentätigkeit in der betreffenden Strafsa-

---

[35] KK-*Pelchen* 6; *Kleinknecht/Meyer*[37] 11.

[36] Vgl. OVG Berlin NJW **1961** 985.

[37] Vgl. etwa Gesetz über die Gesundheits- und Veterinärverwaltung in Bayern v. 12. 7. 1986, BayGVBl. **1986** 120.

[38] KK-*Pelchen* 6; KMR-*Paulus* 13.

[39] KK-*Pelchen* 6.

[40] KK-*Pelchen* 6; *Kleinknecht/Meyer*[37] 12; KMR-*Paulus* 16; *Jessnitzer* 222.

che. Der Arzt ist zum Erscheinen verpflichtet, wenn der Richter oder Staatsanwalt ihn an den Ort der Leichenöffnung zur Vernehmung lädt[41].

5. Anwesenheitsrechte anderer Personen. Dem Beschuldigten ist die Leiche vor **24** der Öffnung zur Anerkennung vorzuzeigen (§ 88 Satz 2). Weder er noch der Verteidiger haben aber das Recht, bei der Leichenöffnung anwesend zu sein. § 168 d gilt nicht, da es sich um keine eigentliche Augenscheinseinnahme handelt[42]. In begründeten Fällen wird es angebracht sein, einem von dem Beschuldigten benannten Sachverständigen die Anwesenheit bei der Leichenöffnung zu gestatten. Die Anwesenheit der Kriminalbeamten, die die Ermittlungssache bearbeiten, kann zweckmäßig, oft sogar im Interesse der Sachaufklärung notwendig sein[43]. Wenn der Verdacht besteht, daß der Tod einer Person, die in einer Krankenanstalt verstorben ist, durch eine Straftat verursacht wurde, empfiehlt es sich, den Anstaltsärzten die Anwesenheit zu gestatten, sofern nicht gewichtige Bedenken entgegenstehen; auch der Pathologe der Krankenanstalt, in der der Tod eingetreten ist, sollte zugezogen werden. Staatsanwalt und Richter können nach ihrem Ermessen weitere Sachverständige heranziehen, etwa einen Toxikologen oder einen Chemiker, wenn ein Vergiftungstod in Frage kommt, oder einen auf dem Gebiet der Elektrotechnik erfahrenen Sachverständigen, wenn eine Tötung durch elektrischen Strom vorliegen kann.

6. Protokoll. Findet die Leichenöffnung nicht im Beisein eines Richters statt, so **25** sieht § 168 b Abs. 1 nur vor, daß das Ergebnis der staatsanwaltschaftlichen Untersuchungshandlung aktenkundig zu machen ist. Es ist selbstverständlich, daß dazu eine Niederschrift der Befunde gehört, die von den Sachverständigen bei der Leichenöffnung festgestellt werden. Bei einer im Beisein des Richters stattfindenden Leichenöffnung ergibt sich die Notwendigkeit, über die Leichenöffnung ein Protokoll anzufertigen, aus § 168 Satz 1; auch die Leichenöffnung ist teilweise richterliche Untersuchungshandlung. Für den Inhalt des Protokolls gilt neben § 168 a auch § 86. Daneben werden aber auch die sachverständigen Bekundungen der Ärzte über die Befundtatsachen und die daraus gezogenen Schlußfolgerungen zu Protokoll genommen. Es handelt sich dann um eine Niederschrift, die teils Augenscheins-, teils Vernehmungsprotokoll ist[44]. Das Protokoll muß nach § 168 a Abs. 3 Satz 3 von dem Richter, ggfs. auch von dem Urkundsbeamten, aber auch von den Ärzten unterschrieben werden[45]. In der Hauptverhandlung darf es nach § 249 Satz 2 verlesen werden, soweit es richterlichen Augenschein beurkundet[46]. Die in dem Protokoll von den Ärzten festgestellten Befunde und ihre sachverständige Begutachtung dürfen nur unter den Voraussetzungen der §§ 251, 253 verlesen werden[47]. Sonst sind die Obduzenten als Sachverständige zu vernehmen; die Vernehmung eines von ihnen genügt[48], wenn sie zu übereinstimmenden Erkenntnissen gelangt sind. Waren Richter, Gerichts- oder Institutsarzt, der andere Arzt und ggfs. der Protokollführer nicht während der ganzen Leichenöffnung anwesend, so ist das Protokoll in der Hauptverhandlung auch nicht verlesbar, soweit es den richterlichen Augenschein be-

---

[41] *Eb. Schmidt* 11; für staatsanwaltschaftliche Ladungen vgl. § 161a Abs. 1 Satz 1.

[42] KK-*Pelchen* 7; *Kleinknecht/Meyer*[37] 15; **a. A** KMR-*Paulus* 12; zweifelnd LR-*Rieß* § 168 d, 4 mit weit. Nachw.

[43] *Kleinknecht/Meyer*[37] 15; *Schulz/Berke-Müller* D; *Falter* Kriminalistik **1964** 87.

[44] *Eb. Schmidt* 6.

[45] *Kleinknecht/Meyer*[37] 16.

[46] *Kleinknecht/Meyer*[37] 16; KMR-*Paulus* 18; *Alsberg/Nüse/Meyer* 257.

[47] RGSt **2** 159; **53** 348; RGRspr. **4** 699; KK-*Pelchen* 7; *Kleinknecht/Meyer*[37] 16; *Alsberg/Nüse/Meyer* 257.

[48] RG JW **1929** 113; *Kleinknecht/Meyer*[37] 16; KMR-*Paulus* 19.

Hans Dahs

trifft. Das gleiche gilt, wenn die Leichenöffnung entgegen § 87 Abs. 2 Satz 1 nur von einem Arzt vorgenommen worden ist.

V. Ausgrabung einer Leiche (Absatz 3)

26   **1. Allgemeines.** Nach § 87 Abs. 3 darf eine Leiche sowohl zum Zweck der Leichenschau als auch zur Vornahme einer Leichenöffnung ausgegraben werden. Schon bei der Ausgrabung sollte einer der Obduzenten anwesend sein, wenn eine Leichenöffnung beabsichtigt ist. Denn bereits bei dem Ausgrabungsvorgang kann ärztlicher Ratschlag notwendig werden. Wenn der Verdacht einer Vergiftung vorliegt, muß ein chemischer Sachverständiger herangezogen werden, der die Aufnahme von Erde, Sargschmuck, Sargteilen, Kleidungsstücken und Leichenteilen selbst vornehmen kann. Erdproben müssen entnommen werden, damit eine chemische Untersuchung auf Gifte stattfinden kann.

27   **2. Zuständigkeit.** Die Anordnung der Ausgrabung steht grundsätzlich nur dem Richter zu (§ 87 Abs. 4 Satz 1). Der Staatsanwalt ist nur zuständig, wenn der Untersuchungserfolg durch Verzögerung gefährdet würde. Daß diese Voraussetzungen vorliegen könnten, ist kaum vorstellbar. Der Staatsanwalt hat dafür zu sorgen, daß die Leiche, nachdem die Leichenschau oder Leichenöffnung stattgefunden hat, wieder bestattet wird. Das gilt auch, wenn auf seinen Antrag ein Richter an diesen Untersuchungshandlungen teilgenommen hat.

28   **3. Benachrichtigung von Angehörigen.** Nach § 87 Abs. 4 Satz 2 ist zugleich mit der Anordnung der Ausgrabung die Benachrichtigung eines Angehörigen des Toten anzuordnen. Angehörige sind die in § 52 Abs. 1 bezeichneten Personen. Sind mehrere bekannt, so ist derjenige zu benachrichtigen, der dem Toten am nächsten gestanden hat. Von der Benachrichtigung darf nur abgesehen werden, wenn der Angehörige nicht ohne besondere Schwierigkeiten ermittelt werden kann oder wenn durch die Benachrichtigung der Untersuchungszweck gefährdet würde. Ohne besondere Schwierigkeiten läßt sich ein Angehöriger ermitteln, wenn sein Name bekannt oder durch Vernehmung von Auskunftspersonen mühelos zu erfragen ist und wenn sein Aufenthaltsort mit den gewöhnlich im Ermittlungsverfahren angewendeten Methoden (Anfragen beim Einwohnermeldeamt, Hausermittlungen u. dgl.) erforscht werden kann. Weitere Maßnahmen, wie etwa die Ausschreibung im Bundesfahndungsblatt, sind nicht erforderlich. Der Untersuchungszweck würde durch die Benachrichtigung gefährdet werden, wenn der Angehörige selbst im Verdacht steht, an der Straftat beteiligt gewesen zu sein, die durch die Ausgrabung der Leiche aufgeklärt werden soll, oder wenn Anhaltspunkte dafür bestehen, daß er andere Tatverdächtige von der Ausgrabung unterrichten werde. Die Anordnung, daß ein Angehöriger zu benachrichtigen ist, trifft regelmäßig der Richter; der Staatsanwalt ist dazu nur befugt, wenn er die Ausgrabung der Leiche angeordnet hat. Ob die Voraussetzungen vorliegen, unter denen von der Benachrichtigung abgesehen werden kann, entscheiden Richter oder Staatsanwalt nach pflichtgemäßem Ermessen. Eine besondere Form ist für die Benachrichtigung nicht vorgeschrieben; sie kann auch mündlich, insbesondere telefonisch erfolgen. Unterbleibt die Benachrichtigung, obwohl sie möglich gewesen wäre, so hat das keine verfahrensrechtlichen Folgen; die Untersuchungsergebnisse sind verwertbar.

VI. Revision

Ein Verstoß gegen §87 kann die Revision regelmäßig nicht begründen[49]. Das gilt **29** auch, wenn die Leichenöffnung entgegen §87 Abs. 2 Satz 2 nur von einem Arzt vorgenommen worden ist oder unter Mitwirkung des nach §87 Abs. 2 Satz 3 ausgeschlossenen behandelnden Arztes stattgefunden hat[50]. Ein Verstoß gegen die Benachrichtigungspflicht nach §87 Abs. 4 Satz 2 ist kein Revisionsgrund.

§ 88

[1]**Vor der Leichenöffnung ist, wenn nicht besondere Hindernisse entgegenstehen, die Persönlichkeit des Verstorbenen, insbesondere durch Befragung von Personen, die den Verstorbenen gekannt haben, festzustellen.** [2]**Ist ein Beschuldigter vorhanden, so ist ihm die Leiche zur Anerkennung vorzuzeigen.**

1. Identifizierung des Verstorbenen (Satz 1). Es ist selbstverständlich, daß in den **1** Fällen, in denen das Auffinden einer Leiche oder der Tod eines Menschen zu Ermittlungen führt, der Staatsanwalt oder der auf seinen Antrag tätige Richter auch die Aufgabe hat, die Persönlichkeit des Verstorbenen festzustellen. §88 Satz 1 besagt außer dieser Selbstverständlichkeit nur, daß die Identifizierung, wenn irgend angängig, vor der Leichenöffnung, also bevor an der Leiche Veränderungen vorgenommen werden, zu geschehen hat. Auch das versteht sich im Grunde von selbst. Wenn der Verstorbene dem Richter oder Staatsanwalt bekannt ist, bedarf es keiner weiteren Maßnahmen. Andernfalls sind Personen, die den Verstorbenen gekannt haben, zu befragen; sie sind förmlich als Zeugen zu vernehmen[1]. Die Aufnahme ihrer Erklärungen in das richterliche Protokoll über die Leichenöffnung macht ihre erneute Vernehmung in der Hauptverhandlung nicht überflüssig, wenn es dann noch auf die Aussage ankommt und keiner der Gründe des §251 vorliegt[2]. Bei entstelltem Äußeren des Toten kann, um eine zuverlässige Identifizierung durch Zeugen zu ermöglichen, zunächst eine „Leichentoilette" (Säuberung, Rasieren, Frisieren, Einspritzen von Glyzerin in die eingefallenen Augäpfel) erforderlich sein. Zur Identifizierung sind auch erkennungsdienstliche Maßnahmen, insbesondere die Abnahme von Fingerabdrücken von der Leiche, zulässig.

2. Vorzeigen der Leiche zur Anerkennung (Satz 2). Ist bereits ein Beschuldigter **2** vorhanden, so ist ihm nach §88 Satz 2 die Leiche zur Anerkennung vorzuzeigen. Zu irgendwelchen Erklärungen ist er aber nicht verpflichtet. Bei der Vorzeigepflicht handelt es sich um eine Sollvorschrift[3]. Ein zwingendes Gebot kann dem §88 Satz 2 schon deshalb nicht entnommen werden, weil es vielfach gar nicht möglich ist, dem Beschuldigten die Leiche vorzuzeigen, z. B. wenn er flüchtig ist. Es ist daher auch nicht erforderlich, einen verhafteten Beschuldigten an den Ort der Leichenöffnung zu führen, wenn das mit Schwierigkeiten verbunden oder wenn dabei das Entweichen des Beschuldigten zu

---

[49] KK-*Pelchen* 9; *Kleinknecht/Meyer*[37] 19.
[50] Vgl. Rdn. 22; **a. A** *Kleinknecht/Meyer* 19.
[1] KMR-*Paulus* 1; *Eb. Schmidt* 1.

[2] RGRspr. **6** 394; KK-*Pelchen* 1; KMR-*Paulus* 1; *Alsberg/Nüse/Meyer* 258.
[3] KK-*Pelchen* 2; *Kleinknecht/Meyer*[37] 2; *Eb. Schmidt* 2; *Bohnert* NStZ **1982** 5.

Hans Dahs

befürchten ist. Steht die Person des Verstorbenen fest, so ist die „Anerkennung" durch den Beschuldigten überflüssig[4]. Einen Anspruch auf Teilnahme an der Leichenöffnung gibt die Vorschrift dem Beschuldigten nicht.

3   Die Nichtbefolgung des § 88 Satz 2 kann nur ganz ausnahmsweise **verfahrensrechtliche Folgen** haben, wenn sie nämlich dazu führt, daß die Identität des Verstorbenen nicht einwandfrei festgestellt werden kann und wenn es für die Feststellung der Täterschaft des Beschuldigten hierauf ankommt. Andererseits verstößt die Befolgung des § 88 Satz 2 niemals gegen andere Verfahrensvorschriften, gegen § 136 a auch dann nicht, wenn der Anblick der Leiche geeignet ist, die Willensentschließung und -betätigung des Beschuldigten zu beeinflussen. Da das niemals auszuschließen ist, hätte sonst § 88 Satz 2 durch § 136 a Abs. 1 seine Bedeutung völlig verloren. Wenn der Gesetzgeber das beabsichtigt hätte, dann hätte er den § 88 Satz 2 aufheben müssen. Gegen § 136 a verstößt es jedoch, wenn der Beschuldigte zu der Leiche nicht hingeführt wird, „um sie anzusehen", sondern um seine Sühnebereitschaft zu wecken und eine wahrheitsgemäße Schilderung des Tatgeschehens zu erlangen[5].

§ 89

Die Leichenöffnung muß sich, soweit der Zustand der Leiche dies gestattet, stets auf die Öffnung der Kopf-, Brust- und Bauchhöhle erstrecken.

1   **1. Öffnung der drei Höhlen.** Die Vorschrift stellt eine Grundregel über den Umfang der Leichenöffnung auf. Er ist nicht von dem Zweck der Untersuchung, sondern allein von dem Zustand der Leiche abhängig[1]. Wenn die Ärzte schon nach Öffnung der einen Höhle die Todesursache gefunden zu haben glauben, entbindet sie das nicht von der Verpflichtung zur Öffnung der übrigen Höhlen[2]. Denn ein zuverlässiges Urteil über die Todesursache kann regelmäßig erst nach Öffnung der drei Haupthöhlen abgegeben werden. Es besteht insbesondere die Möglichkeit, daß die Richtigkeit der nach Öffnung der einen Höhle gewonnenen Ansicht durch das Ergebnis der weiteren Untersuchung wieder in Frage gestellt wird. Selbst wenn über die Todesursache schon nach Öffnung der ersten Höhle kein Irrtum möglich wäre, werden unter Umständen noch andere, für das spätere Verfahren erhebliche Tatsachen festzustellen sein. Übrigens ist es mit der Öffnung der drei Höhlen nicht immer getan. Je nach dem Ergebnis der Besichtigung und dem Befund im Körperinneren können noch weitere Untersuchungen, vor allem auch die Entnahme von Blutproben, Mageninhalt und Leichenteilen, erforderlich sein. Bei Vergiftungsverdacht ist § 91 zu beachten.

2   **2. Revision.** Ein Verstoß gegen § 89 begründet nicht die Revision[3].

---

[4] BGH bei *Pfeiffer* NStZ **1981** 94; KK-*Pelchen* 2; *Kleinknecht/Meyer*[37] 2.
[5] BGHSt **15** 189; vgl. auch § 136 a, 32.

[1] *Eb. Schmidt* 1.
[2] KK-*Pelchen* 1; *Kleinknecht/Meyer*[37] 1; KMR-*Paulus* 1; *Dalcke/Fuhrmann/Schäfer* 1.
[3] KK-*Pelchen* 2; *Kleinknecht/Meyer*[37] 2.

§90

Bei Öffnung der Leiche eines neugeborenen Kindes ist die Untersuchung insbesondere auch darauf zu richten, ob es nach oder während der Geburt gelebt hat und ob es reif oder wenigstens fähig gewesen ist, das Leben außerhalb des Mutterleibes fortzusetzen.

Die Fassung des §90 ist insofern ungenau, als die Untersuchung nicht „auch", sondern vor allem darauf zu richten ist, ob das Kind nach oder während der Geburt gelebt hat. Das aufzuklären ist wegen der sachlichrechtlichen Bedeutung des Lebens als Voraussetzung der Tötungsdelikte, insbesondere des §217 StGB, aber auch der §§211 ff, 222 StGB, von besonderer Bedeutung. Es muß sich jedoch nicht immer um die Aufklärung von Tötungsdelikten handeln. In Betracht kommen auch Kunstfehler bei geburtshilflicher Tätigkeit[1]. Kindesleichen sind gegebenenfalls auch auf Anzeichen für versuchte oder vollendete Abtreibung zu untersuchen[2]. Die Obduzenten sind, falls das erforderlich ist, durch den Richter oder Staatsanwalt, der die Leichenöffnung leitet, zur Beachtung dieser Grundsätze anzuhalten.

§91

(1) Liegt der Verdacht einer Vergiftung vor, so ist die Untersuchung der in der Leiche oder sonst gefundenen verdächtigen Stoffe durch einen Chemiker oder durch eine für solche Untersuchungen bestehende Fachbehörde vorzunehmen.

(2) Es kann angeordnet werden, daß diese Untersuchung unter Mitwirkung oder Leitung eines Arztes stattzufinden hat.

Entstehungsgeschichte. Durch Art. 1 Nr. 22 des 1. StrVRG wurden in Absatz 2 die Worte „Der Richter kann anordnen" durch die Worte „Es kann angeordnet werden" ersetzt.

1. Verdacht einer Vergiftung. Die Vorschrift setzt nicht notwendig den Verdacht einer Tötung oder eines Tötungsversuchs voraus[1]. Sie gilt, wie die Worte „oder sonst gefundenen verdächtigen Stoffe" zeigen, für alle Fälle einer Vergiftung (§§229, 324, 326, 330 a StGB) und ist selbst dann anwendbar, wenn es, ohne daß der Verdacht einer Vergiftung vorliegt, auf die Ermittlung ankommt, ob ein bestimmter Stoff als Gift anzusehen ist.

2. Giftuntersuchung. Die Sorge für die Giftuntersuchung gehört zur Verantwortung des Richters oder Staatsanwalts, der die Leichenöffnung leitet[2]. Anhaltspunkte können sich aus der Befragung der Obduzenten, aber auch schon aus den bisherigen Ermittlungen ergeben. Regelmäßig müssen Leichenteile entnommen und konserviert werden, die für den chemischen Nachweis einer Vergiftung von Bedeutung sein können.

---

§90
[1] *Eb. Schmidt* 1; KK-*Pelchen* 1.
[2] *Ponsold* Lehrbuch der Gerichtlichen Medizin 3. Aufl. (1967) 286.

§91
[1] *Kleinknecht/Meyer*[37] 1.
[2] KK-*Pelchen* 1; *Kleinknecht/Meyer*[37] 2.

Hans Dahs

Der Richter oder Staatsanwalt muß gegebenenfalls auch für die Feststellung der Identität des untersuchten und des als verdächtig beschlagnahmten Stoffes und ferner dafür sorgen, daß zur Ermöglichung einer nochmaligen Untersuchung ein Teil des verdächtigen Stoffes von der Untersuchung ausgeschlossen und in unverändertem Zustand erhalten wird[3].

3   Die chemische Untersuchung **ergänzt** die Leichenöffnung. Der hinzugezogene Chemiker, der auf dem Gebiet der Giftkunde besonders erfahren sein muß[4], ist Sachverständiger im Sinne der §§ 72 ff[5]. Seine Auswahl ist ebenfalls Aufgabe des die Leichenöffnung leitenden Richters oder Staatsanwalts[6]. Nach § 73 Abs. 1 können auch mehrere Chemiker zu Sachverständigen bestellt werden. Die Bestimmung einer Fachbehörde (§ 83 Abs. 3) hat den Vorteil, daß ihr Gutachten in der Hauptverhandlung nach § 256 verlesen werden kann.

4   **3. Mitwirkung eines Arztes.** Ob ein Arzt oder mehrere Ärzte (§ 73 Abs. 1) bei der chemischen Untersuchung mitwirken oder sie sogar leiten, bestimmt nach § 91 Abs. 2 der Richter oder Staatsanwalt. Auch der Richter selbst könnte sie leiten (§ 78). Der mitwirkende Arzt muß nicht ein Gerichtsarzt oder einer der Ärzte sein, die die vorangegangene Leichenöffnung vorgenommen haben. Seine prozeßrechtliche Stellung[7] hängt davon ab, ob er dem Chemiker nur Mitteilungen über Beobachtungen macht, die ihm als behandelndem Arzt möglich waren (dann ist er sachverständiger Zeuge), oder ob er dem Chemiker Fragen aufgrund seines medizinischen Fachwissens stellt oder dessen Untersuchungsergebnisse medizinisch begutachtet (dann ist er Sachverständiger).

§ 92

(1) [1]Liegt der Verdacht einer Geld- oder Wertzeichenfälschung vor, so sind das Geld oder die Wertzeichen erforderlichenfalls der Behörde vorzulegen, von der echtes Geld oder echte Wertzeichen dieser Art in Umlauf gesetzt werden. [2]Das Gutachten dieser Behörde ist über die Unechtheit oder Verfälschung sowie darüber einzuholen, in welcher Art die Fälschung mutmaßlich begangen worden ist.

(2) Handelt es sich um Geld oder Wertzeichen eines fremden Währungsgebietes, so kann an Stelle des Gutachtens der Behörde des fremden Währungsgebietes das einer deutschen erfordert werden.

Entstehungsgeschichte. Die Vorschrift erhielt ihre geltende Fassung durch Art. 2 Nr. 14 EGStGB. Dabei wurden Absatz 1 Satz 1 und Absatz 2 ohne wesentliche sachliche Änderungen der Neufassung der §§ 146 ff StGB durch Art. 19 Nr. 60 EGStGB angepaßt.

1   **1. Geld- oder Wertzeichenfälschung** sind die in §§ 146 ff StGB behandelten Straftaten. Ihr Gegenstand sind nicht nur Metall- und Papiergeld im Sinne des § 146 StGB, sondern auch Wertzeichen im Sinne des § 148 StGB (Briefmarken, Stempelmarken und -zeichen, Versicherungsmarken u. dgl.) und die in § 151 StGB aufgeführten Wertpapiere, die auch von Privatpersonen ausgestellt sein können.

---

[3] KK-*Pelchen* 1; *Eb. Schmidt* 3.   [6] KK-*Pelchen* 1.
[4] KMR-*Paulus* 2; *Eb. Schmidt* 2.   [7] Dazu *Eb. Schmidt* 5.
[5] *Eb. Schmidt* 4.

2. Zuständige Behörde. §92 Abs. 1 Satz 1 bestimmt, daß das Geld oder die Wert- **2** zeichen, die Gegenstand des Strafverfahrens sind, der Behörde vorgelegt werden müssen, von der echtes Geld oder echte Wertzeichen dieser Art im Umlauf gesetzt werden. Die Behörde ist zu einem Gutachten über die Unechtheit oder Verfälschung zu veranlassen; es muß auch ein Gutachten darüber eingeholt werden, in welcher Art die Fälschung mutmaßlich begangen worden ist (§92 Abs. 1 Satz 2). Hiervon kann jedoch abgesehen werden, wenn die Fälschung und die Art ihrer Begehung durch bloßen Augenschein festgestellt werden können[1].

Die für die Begutachtung **zuständigen Stellen** sind die Deutsche Bundesbank in **3** Frankfurt (Main), Wilhelm-Eppstein-Str. 14, wenn es sich um in- oder ausländisches Geld handelt, und die Bundesschuldenverwaltung in Bad Homburg v.d.H., Bahnhofstraße 16, wenn es sich um Schuldverschreibungen oder Zins- und Erneuerungsscheine des Deutschen Reichs, der Bundesrepublik Deutschland, der Deutschen Bundesbahn und der Deutschen Bundespost handelt (vgl. Nr. 216 RiStBV). Bei Wertpapierfälschungen, die kommunale Schuldverschreibungen oder deren Zins- und Erneuerungsscheine betreffen, sollte die Körperschaft (z.B. das Land, die Gemeinde, der Gemeindeverband) beteiligt werden, die echte Schuldverschreibungen dieser Art ausgegeben hat oder in ihnen als Ausgeber genannt ist. Auch die Gesellschaften oder Privatpersonen, die Wertpapiere der in §151 StGB bezeichneten Art ausgegeben haben, können gegebenenfalls zur Begutachtung herangezogen werden[2]. Anstelle des Gutachtens der Behörde eines fremden Währungsgebiets kann nach §92 Abs. 2 das einer deutschen Behörde erfordert werden. Dadurch sollen die Weiterungen vermieden werden, die durch den Schriftwechsel mit Behörden außerhalb der Bundesrepublik Deutschland zu entstehen pflegen.

§ 93

Zur Ermittlung der Echtheit oder Unechtheit eines Schriftstücks sowie zur Ermittlung seines Urhebers kann eine Schriftvergleichung unter Zuziehung von Sachverständigen vorgenommen werden.

Schrifttum. *Bach* Zur Problematik des Schriftvergleichs nach §93 StPO, Kriminalistik **1975** 248; *Baer* Schriftgutachten und ESDA: Gesteigerter Beweiswert, Kriminalistik **1985** 459; *Bischoff* Der Beweis durch Schriftenvergleich und die Möglichkeiten seiner Verbesserung, ArchKrim. **117** (1956) 1; *Böhme* Über die Leistungsfähigkeit der Graphologie, GerS **108** (1936) 174; *E. A. Bohne* Fälschungen der Schreibmaschinenschrift und deren Feststellungen, DJZ **1927** 1099; *G. Bohne* „Mit einer an Sicherheit grenzenden Wahrscheinlichkeit", NJW **1953** 1377; *Brandt* Schriftalterbestimmung uno actu? ArchKrim. **175** (1985) 104; *Conrad/Rieß* Möglichkeiten und Grenzen der Schriftalterbestimmung mit Hilfe von Oberflächen-Tastschnittgeräten, ArchKrim. **176** (1985) 26; *Crown* Nahtlinien auf dem „Phantomoriginal", Kriminalistik **1985** 352; *Deitigsmann* Grundlagen und Praxis der gerichtlichen Handschriftenvergleichung (1954); *Deitigsmann* Der gerichtliche Schriftsachverständige, JZ **1953** 494; *Deitigsmann* Vom Wesen der Schriftfälschung, NJW **1956** 330; *Deitigsmann* Fehlurteile auf Grund von unrichtigen Schriftgutachten, NJW **1957** 1867; *Engelke* Wissenschaftliche Graphologie (1940); *Falck* Über den gerichtlichen Schriftsachverständigen, JR **1956** 255; *Felden* Der Beweiswert von Schriftgutachten in der forensischen Praxis, Diss.

---

[1] KK-*Pelchen* 1; *Kleinknecht/Meyer*[37] 2; [2] KK-*Pelchen* 3; *Eb. Schmidt* 1. KMR-*Paulus* 1; *Eb. Schmidt* 2.

Hans Dahs

Göttingen 1938; *Franzheim* Schriftvergleichung von Drucktypenschriften, ArchKrim. **115** (1955) 161; *Görtheim* Wissenschaftliche Graphologie und gerichtliche Schriftidentifizierung (1942); *Hekker* Handschriftenauswertung im Bundeskriminalamt, Kriminalistik **1971** 316; *Hecker* Fehlerquellen in der Schriftexpertise, Kriminalistik **1972** 21; *Klages* Handschrift und Charakter, 25. Aufl. (1965); *Köller* Schablonenschrift — Ein Aufgabengebiet der Handschriftenexpertise? Kriminalistik **1983** 595; *Lang* Der Aussagewert von Typenformbeschädigungen bei Schreibmaschinen-Identifizierungen, Kriminalistik **1969** 369; *Lang* Zur Praxis bei Schreibmaschinen-Identifizierungen, Kriminalistik **1971** 150; *Lange* Von dem Zufall, die eigene Unschuld nachweisen zu können, FS II Peters 179; *Langenbruch* Der Schriftsachverständige, JR **1950** 212; *Langenbruch* Vorschläge zur Untersuchung von Schreibmaschinenschriften, ArchKrim. **116** (1955) 158; *Langenbruch* Die Untersuchung und Vergleichung von Schreibmaschinenschriften, ArchKrim. **117** (1956) 45; *Legien* Zum Beweiswert der Ausführungstechnik der Maschinenschrift als Methode der Identifikation des Urhebers, ArchKrim. **175** (1985) 40; *Margadant* Die graphometrische Methode der Schriftvergleichung, ArchKrim. **141** (1968) 78, 157; *R. M. Mayer* Die gerichtliche Schriftuntersuchung (1933); *Meinert* Zur Problematik der gerichtlichen Schriftvergleichung, Polizei **1960** 235; *G. Meyer* Die wissenschaftlichen Grundlagen der Graphologie, 2. Aufl. (1925); *Michel* Die Verstellung der eigenen Unterschrift, ArchKrim. **154** (1974) 43, 65; *Michel* Bemerkungen zur Kritik der Schriftvergleichung, Mannheimer Hefte für Schriftvergleichung **1980** 110; *Michel* Gerichtliche Schriftvergleichung (1982); *Michel* Schreibhilfe durch Dritte bei der Niederschrift von Namenszügen und Testamenten, ArchKrim. **170** (1982) 173; *Michel* Die Fälschung der Hitler-Tagebücher, ArchKrim. **173** (1984) 65; *Oekelmann* Soll der Schriftsachverständige Akteneinsicht haben oder nicht, Kriminalistik **1976** 21; *Pfalzgraf* Zur Bewertung von Schreibfehlern bei der Schriftvergleichung, Kriminalistik **1966** 368; *Pfanne* Die Schriftexpertise und ihre Bedeutung für die Rechtsprechung (1954); *Pfanne* Lehrbuch der Graphologie (1961); *Pfanne* Handschriftenvergleichung für Juristen und Kriminalisten (1971); *Pfanne* Beschaffung von handschriftlichen Vergleichsschriftproben und ihre Probleme in der Praxis, Kriminalistik **1963** 453; *Pfanne* Zum Problem der Schriftvergleichung, ArchKrim. **131** (1963) 140; *Pfanne* Schriftprobenabnahme und § 136 a, Kriminalistik **1964** 125; *Pfanne* Zur Problematik der Handschriftenexpertise, JR **1965** 551; *Pfanne* Über Prinzipien in der Handschriftenexpertise, ArchKrim. **138** (1966) 16, 76; *Pfanne* Bestellscheinfälschungen aus der Sicht der Handschriftenexperten, ArchKrim. **141** (1968) 14; *Pfister* Praktische Hinweise für die Anwendung der Stereomikroskopie am Raster-Elektronenmikroskop bei Urkundenuntersuchungen, ArchKrim. **175** (1985) 95; *Philipp* Über die Beschaffung von Schriftproben für die Handschriftenvergleichung, Kriminalistik **1973** 257; *Philipp* Die 3-Kanal-Video-Vergleichs- und Infrarot-Anlage, in: BKA Vortragsreihe Bd. 24 (1979) 111; *Preyer* Zur Psychologie des Schreibens, 3. Aufl. (1928); *Scheffler* Die Bewertung von Schriftgutachten, DRiZ **1953** 141; *Schima* Schriftgutachten, kein allein ausreichendes Beweismittel? Mannheimer Hefte für Schriftvergleichung **1981** 3; *Schlothauer* Ein Fall für den Schriftsachverständigen, StrVert. **1981** 580; *Schneickert* Die Bedeutung der Handschrift im Zivil- und Strafrecht, Beiträge zur Reform der gerichtlichen Schriftexpertise (1906); *Schneickert* Leitfaden der gerichtlichen Schriftvergleichung (1918); *Schneickert* Die Verstellung der Handschrift und ihr graphologischer Nachweis (1925); *Schneickert* Die Gefahren der gerichtlichen Schriftvergleichung und ihre Ursachen, JW **1922** 274; *Schneickert* Über gerichtliche Schriftvergleichung, DJZ **1928** 728; *Schneickert* Die Graphologie als wissenschaftliche Grundlage der gerichtlichen Schriftvergleichung, ZStW **33** (1912) 637; *Schneickert* Der Wert der Schriftvergleichung für das Strafverfahren, GA **55** (1908) 105; *Schneidemühl* Handschriftenvergleichung und Schriftsachverständige (1918); *Schneidemühl* Gerichtliche Handschriftenvergleichung, DJZ **1928** 372; *Specht* Gedanken zur Bewertung von Schriftidentitätsbegutachtungen, GA **1955** 129; *Streicher* Die kriminologische Verwertung der Maschinenschrift (1919); *Streicher* Anonyme Maschinenschrift-Schriftstücke, Recht **1919** 371; *Stücki* Urkundenuntersuchung — was braucht es dazu? Kriminalistik **1972** 447, 493; *Wentzel* Der Schriftindizienbeweis (1927); *Wittlich* Angewandte Graphologie, 2. Aufl. (1951); *Wittlich* Graphologische Praxis (1961).

1   **1. Schriftvergleichung.** Die Handschriftenvergleichung kann durch richterlichen Augenschein (§ 86, 32) oder durch Sachverständigenbeweis erfolgen. Wird sie unter Zuziehung von Sachverständigen nach § 93 vorgenommen, so handelt es sich um einen

Sachverständigenbeweis[1]. Eine Inaugenscheinnahme der Schrift ist dann neben dem Sachverständigengutachten nicht erforderlich[2]. Auf die Mitwirkung von Sachverständigen darf nur in ganz eindeutigen Fällen verzichtet werden. Der Richter muß sich bei der Beurteilung seiner Fähigkeit, die Unechtheit und Verfälschung von Schriftstücken und Schriftzeichen zu erkennen, allergrößte Zurückhaltung auferlegen[3].

Nach §93 dient die Schriftvergleichung der Ermittlung der **Echtheit oder Unecht- 2 heit** eines Schriftstücks und der Ermittlung seines Urhebers. Im ersten Fall geht es um die Frage, ob gerade der anscheinende Urheber der wirkliche Urheber ist, im zweiten Fall um die umfassendere Frage, wer von mehreren in Betracht kommenden Personen der Urheber ist. Ob der mutmaßliche Urheber der Beschuldigte oder eine andere Person ist, macht keinen Unterschied[4]. Für die Anwendung des §93 ist es auch ohne Bedeutung, ob ein ganzes Schriftstück, einzelne Worte oder nur die Unterschrift zu identifizieren sind[5].

Von der Handschriftenvergleichung nach §93 zu unterscheiden ist die **psycho- 3 diagnostische Graphologie,** also die Beurteilung des Charakters des Schreibers[6]. Weder die geistige oder körperliche Gesundheit oder die Frage, ob dem Beschuldigten eine bestimmte Tat zuzutrauen ist, noch die Beurteilung der Glaubwürdigkeit eines Zeugen ist Aufgabe des Schriftsachverständigen. Dabei ist jedoch folgendes zu beachten: Der Versuch einer Erforschung auch des Charakters aufgrund der Handschrift ist, wenngleich das Gesetz sie weder an dieser Stelle noch anderswo behandelt, dem Gericht nicht verboten. Daß sich dabei große Vorsicht und Zurückhaltung empfiehlt, ist selbstverständlich. Es gibt nur wenige Sachverständige, denen ein derartiges Gutachten anvertraut werden kann, und seine Würdigung setzt voraus, daß der Richter sich mit der Arbeitsweise dieser Sachverständigen vertraut gemacht hat. Ferner wird auch die Schriftvergleichung, die den Gegenstand des §93 bildet, bisweilen den Umweg über die Charakterdeutung zu Hilfe nehmen. Sie beschränkt sich ohnehin nicht mehr ganz ausschließlich auf die Befassung mit ,,Zeichen`` (Einzelformen), sondern verwertet auch den Gesamteindruck einer Schrift. Zudem ist bei zeitlich weit auseinanderliegenden Vergleichsschriften die Frage, ob eine bestimmte Schriftentwicklung eines und desselben Schreibers möglich und naheliegend ist, nicht immer von der Frage zu trennen, ob eine dem entwickelten Schriftbild entsprechende Charakterentwicklung innerlich wahrscheinlich ist.

Die eigentliche Schriftvergleichung nach §93 ist ferner zu unterscheiden von **phy- 4 sikalischen und chemischen Methoden,** mit denen das Alter eines Schriftstücks, die Freiheit von späteren Verfälschungen und technische Besonderheiten beim Schreiben (Bleistiftspuren unter Tinte, Abdrucke, Paus- oder Kohlepapierspuren u. dgl.) ermittelt werden[7]. Zwar sind auch solche Methoden erlaubt; gelegentlich werden sie auch von den eigentlichen Schriftsachverständigen nebenher angewendet. Insoweit ist jedoch eine Kontrolle durch Physiker oder Chemiker möglich und bisweilen auch angebracht.

2. Vergleichsschriften. Der Schriftsachverständige braucht für die Begutachtung 5 außer dem zu untersuchenden Schriftstück oder Schriftzug Vergleichsschriften. Insoweit sind die vom Bundeskriminalamt herausgegebenen ,,Richtlinien für die Beschaffung

---

[1] KK-*Pelchen* 1; *Kleinknecht/Meyer*[37] 1; KMR-*Paulus* 1; *Eb. Schmidt* 1.
[2] *Alsberg/Nüse/Meyer* 235.
[3] *Eb. Schmidt* 1; *Kleinknecht/Meyer*[37] 1; *Jessnitzer* 223.
[4] *Eb. Schmidt* 2.

[5] *Eb. Schmidt* 3.
[6] *Jessnitzer* 224; *Michel* 3.
[7] *Pohl* Handbuch der Naturwissenschaftlichen Kriminalistik (1981), 253; *Brandt,* ArchKrim. **175** (1985) 104; *Conrad/Rieß* ArchKrim. **176** (1985) 26.

Hans Dahs

von Schriftproben für die Handschriftenvergleichung"[8] zu beachten. Wenn es irgend möglich ist, sollte ein Gutachten sich auf Originalschriftstücke stützen[9]. Obwohl das Fotokopieverfahren inzwischen so vervollkommnet worden ist, daß die Urschrift recht naturgetreu wiedergegeben wird, bestehen nach wie vor erhebliche Bedenken dagegen, der Begutachtung eine Ablichtung zugrunde zu legen[10]. Ablichtungen ermöglichen weder eine Urkundenprüfung mit den einschlägigen physikalisch-technischen Mitteln noch eine Untersuchung der Strichbeschaffenheit und Druckverteilung. Das Vergleichsmaterial muß so reichlich wie möglich beschafft werden, vor allem in Gestalt unbefangen zustande gekommener Schriftstücke[11]. Das Bundeskriminalamt hat Richtlinien für die Beschaffung von Schriftproben für die Handschriftenvergleichung entwickelt, die bei Rdn. 10 abgedruckt sind. Ihre Beachtung sollte ein Maßstab für die Würdigung des Beweismittels sein. Erforderlichenfalls sind die Urkunden mit den Vergleichsschriften (zu geeigneten Fundorten vgl. Rdn. 10) nach § 94 zu beschlagnahmen[12].

6   Besondere Sorgfalt ist auf die Frage zu verwenden, ob die Vergleichsschriften von dem **herrühren,** der als ihr Schreiber angegeben wird. Nur wenn das mit Sicherheit feststeht, handelt es sich um geeignetes Untersuchungsmaterial[13]. Gerade wegen dieser möglichen Ungewißheit ist es wertvoll, wenn der in Betracht kommende Beschuldigte oder Zeuge sich freiwillig bereitfindet, in Gegenwart des Sachverständigen und unter dessen Anleitung neue Vergleichsschriften anzufertigen. Dazu ist jedoch weder ein Beschuldigter[14] noch ein Zeuge verpflichtet[15]. Keinesfalls darf ein Zwang ausgeübt werden. Eine unter Zwang zustande gekommene Vergleichsschrift wäre übrigens als Grundlage des Gutachtens von sehr fragwürdigem Wert. Auch dürfen weder Beschuldigte noch Zeugen durch eine Täuschung darüber, daß das Geschriebene einer Schriftvergleichung dienen soll, zum Schreiben veranlaßt werden. Das würde gegen den Grundgedanken des § 136 a verstoßen, der allerdings nicht unmittelbar gilt, weil das Anfertigen von Vergleichsschriften keine Vernehmung ist (vgl. § 136 a, 13), und hätte die prozessuale Unverwertbarkeit der Schriftvergleichung zur Folge[16]. Der Hinweis an den Beschuldigten, daß aus einer Weigerung Schlüsse gezogen werden könnten, ist eine Drohung, die nach den Grundsätzen des § 136 a verboten ist. Denn solche Schlüsse dürfen aus der Weigerung, eine Schriftprobe herzustellen, ebensowenig gezogen werden wie aus der Weigerung, sich zur Sache einzulassen[17]. Mißtrauen gegen die Zuverlässigkeit von Schriftgutachten wird im allgemeinen eine ebenso naheliegende Erklärung für die Weigerung sein wie die Annahme, ihr liege das Bewußtsein der Schuld zugrunde. Entsprechendes gilt für die Weigerung des Zeugen. Andererseits ist das Gericht nicht

---

[8] Abdruck am Ende der Erl. bei Rdn. 10; Abdruck auch bei *Michel* 224 ff.

[9] OLG Braunschweig NJW **1953** 1036; LG Berlin MDR **1964** 694; *Deitigsmann* NJW **1957** 1868; *Langenbruch* JR **1950** 213.

[10] BGH NJW **1982** 2875; OLG Celle StrVert. **1981** 608 mit Anm. *Barton*; OLG Köln StrVert. **1981** 539 = NJW **1982** 249; KK-*Pelchen* 2; *Kleinknecht/Meyer*[37] 2; KMR-*Paulus* 2; *Jessnitzer* 224; *Michel* 95; *Schlothauer* StrVert. **1981** 582; *Specht* GA **1955** 133; *Philipp* Kriminalistik **1973** 257; vgl. aber *Hecker* Kriminalistik **1972** 24, der die Vergleichsuntersuchung aufgrund einer guten Reproduktion durchaus für möglich hält.

[11] *Deitigsmann* JZ **1953** 495; NJW **1957** 1868; *Michel* 88; *Schlothauer* StrVert. **1981** 584; *Pfanne* Kriminalistik **1963** 453; *Philipp* Kriminalistik **1973** 258.

[12] KK-*Pelchen* 3; *Kleinknecht/Meyer*[37] 2; KMR-*Paulus* 2; *Eb. Schmidt* 4; *Jessnitzer* 224.

[13] RGSt **15** 319; *Eb. Schmidt* 4.

[14] RGSt **15** 319; KK-*Pelchen* 3; *Kleinknecht/ Meyer*[37] 2; KMR-*Paulus* 2; *Jessnitzer* 224; *Gerland* 234; *Eb. Schmidt* 4.

[15] KK-*Pelchen* 3; *Kleinknecht/Meyer*[37] 2; KMR-*Paulus* 2; *Eb. Schmidt* 5; *Beling* 294; **a. A** *Feisenberger* Vor § 48, 5.

[16] *Pfanne* Kriminalistik **1964** 125.

[17] KK-*Pelchen* 3; KMR-*Paulus* 2.

verpflichtet, die von dem Angeklagten oder Zeugen angebotenen Schriftproben heranzuziehen, wenn unbefangen aufgezeichnetes Vergleichsmaterial zur Verfügung steht[18].

3. Auswahl des Sachverständigen. Auf dem Gebiet der Schriftvergleichung gibt es **7** weder eine allgemein geregelte Ausbildung[19] noch eine Abschlußprüfung. Bei der Auswahl des Sachverständigen ist daher besondere Vorsicht angebracht[20]. Es ist unerläßlich, daß sich der Richter selbst über den Stand der Dinge wenigstens so weit unterrichtet, daß er dem Sachverständigen nicht kritiklos ausgeliefert ist[21]. Unter Umständen bedarf es gerade bei Schriftsachverständigen besonders straffer Leitung (§78). Oft — besonders wenn das Schriftgutachten für die Beweiswürdigung von entscheidender Bedeutung sein kann — wird es sich empfehlen, mehrere Sachverständige zu bestellen[22], insbesondere auch einen Sachverständigen des Bundeskriminalamts heranzuziehen[23], und darauf zu achten, daß sie unabhängig voneinander arbeiten[24]. Akteneinsicht sollte ein Schriftsachverständiger im allgemeinen nicht erhalten, damit seine Unbefangenheit erhalten bleibt und sein Gutachten sich wirklich nur auf die Schriftvergleichung stützt[25].

4. Beweiswert des Gutachtens. Die Schriftvergleichung ist ein Indizienbeweis, der **8** auf der Erfahrungstatsache beruht, daß die Handschrift der Niederschlag einer individuellen Ausdrucksbewegung ist. Bei jeder Schriftvergleichung kommt es also darauf an, die individuellen Merkmale aufzufinden, die für eine Identität oder für eine Verschiedenheit des Schreibers sprechen. Die Frage, ob ein solches Gutachten für sich allein vollen Beweis erbringen oder ob es nur als zusätzliches Beweisanzeichen dienen kann, ist streitig[26]. In Wahrheit kann die Möglichkeit eines vollen Beweiswerts des Schriftgutachtens, das durch erfahrene und geeignete Sachverständige erstattet worden ist, nicht in Zweifel gezogen werden[27]. Die Gefahr einer Fehlbeurteilung sollte aber auch dann nicht aus den Augen verloren werden, wenn es gelingt, solche Sachverständige heranzuziehen[28]. Schon die Verschiedenheit der Methoden, deren sich die Sachverständigen bedienen, mahnt zu äußerster Vorsicht[29]. Die Gefahr eines Fehlurteils ist um so größer, je geringer die Vergleichsmöglichkeiten sind. Besondere Vorsicht ist daher angebracht, wenn nur eine kurze Unterschrift auf ihre Echtheit zu untersuchen ist[30]. Kommt der Schriftvergleichung für die Beweiswürdigung entscheidende Bedeutung zu, so werden mehrere Sachverständige gehört werden müssen[31].

---

[18] RGSt **15** 319; RG GA **39** (1891) 233; *Alsberg/Nüse/Meyer* 743.

[19] Zur Ausbildung bei der Polizei vgl. *Klozbücher* Kriminalistik **1966** 415; zur Ausbildungssituation allgemein *Michel* 19.

[20] OLG Braunschweig NJW **1953** 1036.

[21] *Deitigsmann* NJW **1967** 1869; *Pfanne* JR **1965** 443.

[22] OLG Düsseldorf StrVert. **1986** 376.

[23] BGHSt **10** 118.

[24] KK-*Pelchen* 4; *Kleinknecht/Meyer*[37] 1.

[25] OLG Celle NJW **1974** 616 mit abl. Anm. *Pfanne* NJW **1974** 1439; OLG Celle StrVert. **1981** 608 mit Anm. *Barton*; *Kleinknecht/Meyer*[37] 1; *Schlothauer* StrVert. **1981** 582; *Bach* Kriminalistik **1975** 248; *Specht* GA **1955** 133; vgl. auch *Scheffler* DRiZ **1953** 142; vgl. auch *Peters*[4] 372 und Fehlerquellen II 181.

[26] Vgl. OLG Köln OLGSt § 244 Abs. 2, 85; LG Duisburg NJW **1953** 478 = JR **1953** 311 mit Anm. *Scheffler*.

[27] BGH NJW **1982** 2882 mit Anm. *Peters* JR **1983** 164; OLG Braunschweig NJW **1953** 1035; KK-*Pelchen* 4; *Kleinknecht/Meyer*[37] 3; KMR-*Paulus* 3; *Michel* 217; *G. Bohne* NJW **1953** 1378 ff; *Deitigsmann* NJW **1957** 1867; *Falck* JR **1956** 257.

[28] *Eb. Schmidt* Nachtr. I 6; *Peters* Fehlerquellen 182; *Lange* Fehlerquellen im Ermittlungsverfahren (1980) 147 und FS Peters II 194.

[29] BGHSt **10** 119.

[30] OLG Köln StrVert. **1981** 540; OLG Celle StrVert. **1981** 608.

[31] BGHSt **10** 119; OLG Celle NJW **1974** 616; *K. Müller* 76.

Hans Dahs

9   **5. Maschinenschrift** kann, obwohl der Gesetzgeber von 1877 hieran nicht gedacht hat, ebenfalls Gegenstand einer Schriftvergleichung sein. Eine Schreibmaschine, die längere Zeit benutzt worden ist, hat ein völlig individuelles Schriftbild, das leichter und sicherer zu identifizieren ist als eine Handschrift[32].

10   **6. Kriminalpolizeiliche Richtlinien.** Das Bundeskriminalamt hat folgende „Richtlinien für die Beschaffung von Schriftproben für die Handschriftenvergleichung" herausgegeben:

Die nachfolgenden Richtlinien sollen dem meist nicht sachkundigen Ermittlungsbeamten sachdienliche Hinweise zur Beschaffung von geeignetem Material für schriftvergleichende Untersuchungen vermitteln.

In der Praxis werden sich weiterhin Zweifelsfälle ergeben. Dann muß sich der Beamte mit dem für seinen Bereich zuständigen Sachverständigen in Verbindung setzen.

Die Einhaltung dieser Richtlinien im Rahmen der Möglichkeiten ist erforderlich, um nichtwiedergutzumachende Versäumnisse zu vermeiden.

1. Allgemeines

1.1 Benötigtes Schriftmaterial

Für eine fundierte Handschriftenvergleichung müssen — von Ausnahmefällen abgesehen — zur Vergleichung mit dem fraglichen Material vorliegen:

— Unbefangene Vergleichsschriften nach Ziffer 3
— Diktatschriftproben nach Ziffer 4
— Der Bericht nach Ziffer 6.

1.2 Behandlung der Schriftstücke

Alles einer Vergleichung zu unterziehende Schriftmaterial darf nicht in die Akten ein- oder untereinander zusammengeheftet werden, sondern ist lose in besonderen Umschlägen zu den Akten zu nehmen. Es darf nicht verändert (z. B. beschnitten, gelocht, chemisch behandelt oder aufgeklebt) werden. Faltungen sollen Schriftzüge nicht kreuzen.

1.3 Kennzeichnung

Die Schriftstücke dürfen nur mit Bleistift an nicht störender Stelle durch eine Zahl oder einen Buchstaben gekennzeichnet werden. Sonstige Beschriftungen (Unterstreichungen, Einkreisungen, Pfeile usw.) sind unzulässig.

1.4 Ungewöhnliche Fälle

In allen ungewöhnlich erscheinenden Fällen ist möglichst frühzeitig der Schriftsachverständige zu Rate zu ziehen, damit er entscheiden kann, ob und inwieweit bei der Beschaffung des Materials durch Anwendung besonderer Verfahren von den folgenden Richtlinien abgewichen werden soll. Das gilt auch für nicht transportable Schriftträger (z. B. bei Aufschriften an Türen, Hauswänden usw.).

---

[32] Vgl. *E. A. Bohne* DJZ **1927** 1099; *Lang* Kriminalistik **1971** 150; *Langenbruch* ArchKrim. **117** (1956) 45; *Pohl* Handbuch der Naturwissenschaftlichen Kriminalistik (1981) 272; *Wigger* Kriminaltechnik (1980) 977; *Legien* ArchKrim. **175** (1985) 40.

2. Fragliches Material

Fragliche Schriftstücke (Tatschriften) müssen grundsätzlich im Original beschafft werden. Durchschriften und Reproduktionen jeder Art bilden keine geeigneten Grundlagen für eindeutige Untersuchungen.

3. Unbefangenes Vergleichsmaterial

3.1 Anzahl, Umfang, Art, Entstehungszeit

Vor einer Schriftprobenabnahme ist möglichst zahlreiches und umfangreiches Schriftmaterial der tatverdächtigen Personen zu beschaffen, und zwar aus der Zeit kurz vor und kurz nach Entstehung der fraglichen Schrift. Dabei sind von besonderem Wert Schriftproben in derselben Schriftart (z. B. deutsch, lateinisch, Druckbuchstaben, Ziffern) wie bei der fraglichen Schrift. Falls zum fraglichen Material Briefumschläge (Postkarten, Formularausfüllungen) gehören, soll auch entsprechendes unbefangenes Vergleichsmaterial beschafft werden.

„Kurz vor und kurz nach" Entstehung der fraglichen Schrift ist je nach Alter der tatverdächtigen Person verschieden auszulegen. Je jünger oder älter die tatverdächtige Person ist, desto mehr ist mit einer Schriftänderung zu rechnen, so daß manchmal schon Monate, bei fraglichen Testamenten oft Wochen oder gar Tage von großer Bedeutung sein können.

Außer Briefen usw. sind sowohl Konzeptschriften und flüchtige Notizen als auch „Schönschriften" (z. B. Bewerbungen, Lebensläufe) erwünscht.

3.2 Anerkennung des unbefangenen Materials

Es muß darauf geachtet werden, daß die beschafften Proben auch wirklich von der tatverdächtigen Person stammen. Stellt sie diese selbst zur Verfügung, soll ihre Echtheit von anderen Personen anerkannt werden. Werden sie von anderer Seite eingereicht, soll sich die tatverdächtige Person selbst zur Frage ihrer Echtheit äußern. Im übrigen darf auch zweifelhaftes Material mit eingereicht werden, doch muß es deutlich als solches bezeichnet sein, und es muß mitgeteilt werden, warum seine Herkunft nicht aufgeklärt werden konnte. In allen Zweifelsfällen sind amtliche Urkunden (z. B. Anträge auf Ausstellung eines Bundespersonalausweises, Reisepasses, Führerscheines, Zulassung eines Kfz und Meldebescheinigungen) mit heranzuziehen. Die Verantwortung für die Echtheit des Vergleichsmaterials trägt der Auftraggeber.

3.3 Unbefangenes Vergleichsmaterial bei Unterschriften

Handelt es sich bei dem fraglichen Material um Unterschriften, so müssen vom Namensträger möglichst viele (etwa 20) unbefangene Vergleichsunterschriften aus annähernd der fraglichen Zeit beschafft werden. Je verschiedenartiger die einzelnen Vergleichsunterschriften aussehen, desto größer ist die benötigte Anzahl.

Darüber hinaus sind auch Textschriftproben vom Namenseigner und von den tatverdächtigen Personen beizubringen.

3.4 Durchsicht des Schreibmaterials

In Sonderfällen kann auch die Durchsicht des Schreibmaterials einer tatverdächtigten Person wichtiges Beweismaterial zutage fördern (z. B. Druckrinnen im Papier eines Schreibblocks, Löschblattspuren, Vorübungen für die Nachahmung einer Unterschrift, die zur Herstellung einer „mechanischen" Fälschung benutzt worden sein kann, besondere Arten von Schreibwerkzeugen).

4. Abnahme von Schriftproben

4.1 Allgemeines

Bei den Diktatschriftproben kommt es darauf an, ein Vergleichsmaterial zu erhalten, das in der allgemeinen Schreibweise und in den äußeren Verhältnissen der fraglichen Schrift möglichst weitgehend entspricht (Tatschrifttreue).

Hans Dahs

Dem Schreiber darf zu diesem Zweck keinesfalls die fragliche Schrift gezeigt werden. Sollte er, aus welchen Gründen auch immer, das strittige Schriftstück gesehen haben, so darf die Abnahme der Schriftproben nicht unmittelbar nach dieser Einsichtnahme erfolgen.

4.2 Schreibgerechte Atmosphäre

Für die Abnahme von Schriftproben ist eine möglichst ruhige, vertrauensvolle und schreibgerechte Atmosphäre anzustreben.

Die tatverdächtigte Person muß bequem sitzen, gute Lichtverhältnisse und alle Hilfsmittel (z. B. Brille, Schreibunterlage) haben, die sie benötigt.

Werden aufgrund des Sachverhalts besondere äußere Schreibumstände (z. B. Schreiben im Stehen, an der Wand, auf besonders weicher Unterlage, mit oder ohne Brille usw.) vermutet, so sind diese auch bei der Schriftprobenabnahme zu berücksichtigen.

Weitere Ausnahmen sollten nur nach vorheriger Rücksprache mit dem Schriftsachverständigen gemacht werden.

4.3 Vorbereitendes Schreiben

Vor Abnahme gezielter Schriftproben empfiehlt es sich, zum „Einschreiben" von der tatverdächtigten Person einige Zeilen eines beliebigen Textes (z. B. Lebenslauf) in ihrer gewohnten Schreibweise fertigen zu lassen.

4.4 Einzelheiten der Probenabnahme

4.4.1 Schreibpapier und Schreibgerät

Das Schreibmaterial muß dem bei der fraglichen Schrift benutzten entsprechen. Es kommt nicht nur darauf an, daß das Papier etwa dieselbe Art (glatt, rauh usw.) und dasselbe Format hat, unliniert, liniert oder kariert ist, sondern es ist auch die Größe der Karos und der Abstand der Linien wichtig.

Beim Schreibgerät sind nicht nur Feder, Faser- und Kugelschreiber zu unterscheiden, sondern auch deren verschiedene Sorten und Strichbreiten.

Befindet sich die fragliche Schrift auf einem Formular (Vordruck), dann müssen gleichartige Formulare (Vordrucke) beschafft oder behelfsmäßig hergestellt werden. Es kommt nämlich darauf an, daß der Probengeber an den entscheidenden Stellen genau dieselben räumlichen Verhältnisse für seine Schriftprobe findet wie bei der fraglichen Schrift.

4.4.2 Schriftart

Es muß in der gleichen Schriftart geschrieben werden wie bei der fraglichen Schrift. Gemeint sind lateinische Schrift, deutsche Schrift und Druckbuchstabenschrift mit ihren verschiedenen Stilarten.

Sehr häufig behaupten die Schreiber, die von ihnen geforderte Schriftart nicht zu beherrschen. Dazu muß man wissen, daß bis 1941 an den deutschen Schulen sowohl die deutsche als auch die lateinische Schrift gelehrt wurde. Ab 1942 wurde an allen deutschen Schulen nur noch die lateinische Schrift gelehrt und gebraucht. Vereinzelt wird seit 1953 in der Bundesrepublik vom vierten Schuljahr ab auch die deutsche Schrift wieder gelehrt. Man kann davon ausgehen, daß alle Deutschen die lateinische Schrift kennen und alle vor 1936 geborenen Deutschen außerdem die deutsche Schrift. Ebenso muß man annehmen, daß alle Deutschen, die Gedrucktes zu lesen vermögen, eine Druckbuchstabenschrift schreiben können.

Es ist möglich, daß jemandem eine bestimmte Schriftart nicht mehr geläufig ist oder die betreffende Person behauptet, sie nicht zu kennen. Ihr ist vorzuhalten, daß sie diese Schriftart zumindest erlernt haben müsse.

Sind alle Bemühungen, die schreibende Person zur Hergabe einer Schriftprobe in der gewünschten Schriftart zu bewegen, erfolglos geblieben, ist sie aufzufordern, das Alphabet von der entsprechenden Vorlage abzuschreiben. Im Anschluß daran hat sie (nach Entfernung der Vorlage) von ihrer Abschrift eine weitere Abschrift zu fertigen. Unter Steigerung des Schreibtempos ist das Verfahren (Abschrift von der jeweils letzten Abschrift) so lange fortzusetzen, bis die schreibende Person das Alphabet beherrscht. Danach kann mit der eigentlichen Abnahme der Schriftproben begonnen werden.

Liegt eine Mischschrift vor, so ist in allen darin vorkommenden Schriften schreiben zu lassen.

4.4.3 Schreibgeschwindigkeit

Wird offensichtlich langsamer oder schneller geschrieben, als die fragliche Schrift entstanden zu sein scheint, so ist die schreibende Person anzuhalten, ihre Schreibgeschwindigkeit entsprechend zu ändern.

4.4.4 Einzelanweisungen

Weichen die bisher abgenommenen Schriftproben in der allgemeinen Schreibweise (z. B. Größe und Lage) grob auffällig von der fraglichen Schrift ab, so sind spezielle Einzelanweisungen zu geben. Die Art der Einzelanweisungen richtet sich nach der Lage des konkreten Falles. Volkstümliche Ausdrucksweise kann angebracht sein. Beispiele: Schreiben Sie größer und schwungvoller; kleiner und „mickriger"; enger und gedrängter; breiter und ausladender; mehr nach rechts (links) geneigt; ganz steil und aufrecht; schlicht und einfach; schulmäßiger, genauer, in „Schönschrift"; in flüchtiger Schmierschrift (sog. Doktor-Schrift); forscher und zügiger; zittriger usw.

4.4.5 Sonstiges

Die Rückseite der Proben darf in der Regel nicht beschrieben werden. Die einzige Ausnahme gilt dann, wenn das fragliche Schriftstück in einer ungewöhnlichen Weise auf seiner Rückseite beschrieben ist (z. B. quer zur Vorderseite).

Jedes beschriebene Blatt ist sofort aus dem Gesichtsfeld der schreibenden Person zu entfernen und in der Reihenfolge der Entstehung zu numerieren.

4.4.6 Fremdsprachige bzw. fremdartige Handschriften

Bei fremdsprachigen Texten in lateinischer Schrift (z. B. türkisch, jugoslawisch usw.) ist unbedingt eine von einem Dolmetscher gefertigte buchstabengetreue und möglichst zeilengerechte Abschrift (nicht Übersetzung) beizugeben. Dies gilt sowohl für die unbefangenen Vergleichsschriften und alle Schriftproben als auch für das fragliche Material.

Soweit Handschriften mit fremdartigen Schriftzeichen (z. B. kyrillisch, arabisch usw.) zur Untersuchung heranstehen, wird empfohlen, sich mit dem Schriftsachverständigen in Verbindung zu setzen.

4.5 Textschriften

4.5.1 Diktat

Der gesamte fragliche Text muß diktiert und darf keinesfalls abgeschrieben werden. Es soll wörtlich und in Sinnzusammenhängen (nicht zeilenweise) diktiert werden. Interpunktionen, Fehler, Unterstreichungen, Absätze, Ränder usw. werden in der Regel nicht angesagt. Fragen nach der Schreibweise eines Wortes sind nicht oder nur ausweichend zu beantworten. Es ist zweckmäßig, bei orthographischen oder grammatikalischen Fehlern sowie bei mundartlichen Ausdrücken und Fremdwörtern nicht zu deutlich zu diktieren, um die dem Schreiber eigene Schreibweise nicht zu beeinflussen.

Es empfiehlt sich, vor Beginn des Diktats kurze Angaben über den zu erwartenden Textumfang zu machen, den allgemeinen Verwendungszweck der fraglichen Schrift (z. B. Brief, Quittung, Anzeige) anzudeuten und Absenderangaben, Anschriften, Datumsangaben, Überschriften und Unterschriften gesondert anzusagen.

Ob anstößige oder sonst ungeeignete Textstellen wörtlich diktiert werden, ist im Einzelfall zu entscheiden. Werden sie nicht diktiert, sind Wörter mit ähnlichen Buchstabenverbindungen zu wählen.

Hans Dahs

4.5.2 Umfang

Der fragliche Text muß stets mehrfach geschrieben werden, und zwar um so häufiger, je kürzer er ist

— Einzelne Worte und Ziffern 20mal,
— Kürzere Texte bis zu einer DIN A 5-Seite bzw. einer klein beschriebenen Postkarte mindestens 5mal,
— Längere Texte mindestens 2mal.

Nur bei sehr langen Texten kann man sich darauf beschränken, den Anfang, ein Stück aus der Mitte und das Ende (jeweils im Zusammenhang) je zweimal zu diktieren.

Liegen mehrere Schriftstücke in offensichtlich derselben Schrift vor, dann wählt man für die Abnahme der Schriftproben zwei oder drei davon aus. Handelt es sich um mehrere Schriftstücke mit verschiedenen Schriftarten, so ist für jede Schriftart eine gesonderte Schriftprobe abzunehmen.

Gehören zum Material Anschriften und Absender auf Briefumschlägen oder Postkarten u.a., so sind diese unter Verwendung gleichartiger Schriftträger je zehnmal zu schreiben.

4.6 Unterschriften auf den Namen existenter Personen

Die Methodik der Schriftvergleichung bei Unterschriften unterscheidet sich von der bei Textschriften. Da bei nachgeahmten Unterschriften brauchbare Aussagen über die Person des Urhebers nicht möglich sind, ist die Untersuchung zunächst auf die Vergleichung mit Unterschriften des Namenseigners (Echtheitsprüfung) abzustellen.

4.6.1 Unterschriften des Namensträgers

Zusätzlich zu den unbefangenen Vergleichsunterschriften des Namensträgers sind von ihm mindestens 20 Unterschriftsproben nach Ziff. 4.6.3 abzunehmen.

4.6.2 Unterschriftsproben tatverdächtiger Personen

Von Tatverdächtigen sind 20 bis 30 auf den fraglichen Namen lautende Unterschriftsproben gemäß Ziff. 4.6.3 zu fertigen. In vielen Fällen ist es jedoch zweckmäßig, das Ergebnis der Echtheitsprüfung abzuwarten.

4.6.3 Abnahme von Unterschriftsproben

Bei der Abnahme von Unterschriftsproben sollte nicht gleich zu Beginn der fragliche Namenszug diktiert werden. Es empfiehlt sich vielmehr, zunächst einen besonders zusammengestellten Satz schreiben zu lassen, in dem die Buchstabenverbindungen der fraglichen Unterschrift (nicht aber diese selbst) vorkommen. Auch kann es zweckmäßig sein, nach jeweils einigen Unterschriftsleistungen diesen oder einen beliebigen Satz schreiben zu lassen, um stereotype Wiederholungen zu erschweren.

Die Unterschriftsproben dürfen nicht auf ein und dasselbe Blatt untereinander gesetzt werden. Für jede Unterschrift ist ein gesondertes Blatt (bzw. Vordruck u.a.m.) zu verwenden, das nach Unterschriftsleistung sofort aus dem Gesichtsfeld des Schreibers zu entfernen ist.

Wird die zu erzielende Schreibweise (Schriftart, Schriftlage, Schriftgröße o.ä.) damit nicht erreicht, so ist die Anzahl der Proben mit entsprechenden Einzelanweisungen angemessen zu erhöhen.

Im übrigen gelten auch hier die allgemeinen Grundsätze für die Abnahme von Schriftproben.

4.7 Fingierte Unterschriften

Bezeichnet der fragliche Namenszug eine vorerst nicht festzustellende Person (Verdacht auf fingierte Unterschrift), dann sind von den Verdächtigten die üblichen Schrift- bzw. Unterschriftsproben zu beschaffen. Von einer fingierten Unterschrift sollte man allerdings erst dann sprechen, wenn zuvor alle erforderlichen Ermittlungen nach der durch den Namenszug bezeichneten Person ergebnislos geblieben sind.

5. Geständnis

Durch ein Geständnis der tatverdächtigten Person wird die Abnahme von Schriftproben nicht überflüssig. Diese Person braucht dann nur aufgefordert zu werden, so zu schreiben, wie sie bei der Herstellung der fraglichen Schrift geschrieben hat. Die so entstandenen Schriftproben bieten für eine etwa später noch notwendig werdende Schriftvergleichung (Geständniswiderruf, falsches Geständnis) besonders günstige Möglichkeiten.

6. Bericht

Über jede Abnahme von Schriftproben ist ein Bericht anzufertigen und den Schriftproben beizufügen. Dieser Bericht muß enthalten:

— Name, Vorname (evtl. Geschlecht), erlernter und ausgeübter Beruf der schreibenden Person, Orte ihres Schulbesuchs und Art der Schule.
— Reihenfolge der Schriftproben.
— Abweichungen von den Richtlinien.
— Einzelanweisungen im Wortlaut mit Angabe der Nummer und Stelle der Schriftproben, bei denen sie gegeben oder wiederholt wurden.
— Ungewöhnliche Schreibumstände (z. B. linkshändiges Schreiben, körperliche Behinderungen).
— Verhalten des Schreibers und etwaige besondere Reaktionen auf bestimmte Anweisungen.
— Ort, Datum und Dauer der Schriftprobenabnahme.
— Name des abnehmenden Beamten.

Fundstellen für unbefangenes Vergleichsmaterial

Behörden, Ämter, Dienststellen

Polizeidienststellen	(ED-Akten)
Gerichte	(Akten von evtl. früheren Verfahren)
Zentrale Bußgeldstelle	(Anhörungsbogen)
Strafvollzugsanstalt	(Vollstreckungsakten)
Bundeswehrdienststellen	(Gesuche, schulische Arbeiten)
Notariate	
Gemeinden	(Standesamt, Meldestelle)
Landratsämter	(Sozial-, Jugend-, Ausländer- und Paßamt, Kfz-Zulassungsstelle usw.)
Arbeitsämter	
Innungen	
Berufsgenossenschaften	
Landwirtschaftliche Alterskasse	
Krankenkassen	(auch Beihilfestellen)
Gewerkschaften	
Vereine, Clubs	

Sonstige Institutionen

Versicherungsanstalten	(Anträge, Rentenakten usw.)
Banken, Sparkassen	(auch Postsparkassen, Postscheckämter, Kreditanstalten, Bausparkassen)
Öffentliche Verkehrsbetriebe	(Zeitkartenanträge)
Schulen	(auch Fahrschulen, Volkshochschulen, Fortbildungsinstitute usw.)
Krankenhäuser	(Kostensicherungsblatt, Zustimmung zu einem operativen Eingriff)

Hans Dahs

Aus der Umgebung des Schreibers

Arbeitsstelle	(Personalakten usw.)
Bekannte und Verwandte	(Briefe, Ansichtskarten, ggf. StPO beachten)
Private Korrespondenz	(Miet-, Pacht-, Lieferverträge, Bestellscheine für Versand- häuser, Notiz- und Tagebücher, Terminkalender, Telefon- verzeichnis, Kochbücher, Haushaltsbücher)
Rechtsanwälte	(Prozeßvollmachten, Honorarvereinbarungen o.ä.)

ACHTER ABSCHNITT

Beschlagnahme, Überwachung des Fernmeldeverkehrs und Durchsuchung.

Vorbemerkungen

Entstehungsgeschichte. Der Abschnitt hat lange Zeit unverändert bestanden. Art. 6 der 4. VereinfVO, der dem Staatsanwalt das Recht einräumte, Beschlagnahmen und Durchsuchungen anzuordnen sowie Briefe zu öffnen und Papiere durchzusehen, wurde durch Art. 8 Nr. 40 VereinhG wieder aufgehoben. Eine inhaltliche Änderung des § 97 brachte Art. 4 Nr. 12 des 3. StRÄndG. Durch Art. 4 Nr. 1 des 4. StRÄndG ist den §§ 98 und 105 je ein Absatz 4 über Durchsuchungen und Beschlagnahmen in Anlagen der Bundeswehr angefügt worden. Eingefügt worden sind: § 101 a, jetzt § 111 l (Notveräußerung) durch Art. 4 Nr. 13 des 3. StRÄndG, § 111 a (vorläufige Entziehung der Fahrerlaubnis) durch Art. 3 Nr. 1 des StraßenVSichG und die §§ 100 a, 100 b (Überwachung und Aufnahme des Fernmeldeverkehrs) durch Art. 2 Nr. 2 des G 10. Erhebliche Veränderungen hat der Abschnitt sodann im Jahre 1974 erfahren. Durch Art. 21 Nr. 15 ff des EGStGB 1974 wurde der Beschlagnahmeteil des Abschnitts auseinandergerissen. §§ 94 bis 101 gelten nur noch für die Beschlagnahme von Beweismitteln und Führerscheinen, die Beschlagnahme von Verfalls- und Einziehungsgegenständen bestimmt sich nach § 111 b ff. Die Vorschriften über die Durchsuchung (§§ 102 ff) finden auf Grund ausdrücklicher Bestimmung (§ 111 b Abs. 2 Satz 3) auch für die Beschlagnahme von Verfalls- und Einziehungsgegenständen Anwendung, der bisherige § 111 über die Herausgabe von beschlagnahmten Gegenständen wurde § 111 k und gilt für beide Beschlagnahmearten. Die Vorschrift über die Notveräußerung beschlagnahmter Sachen (§ 111 l, bisher § 101 a) hat nur für Verfalls- und Einziehungsgegenstände Bedeutung. Weitere wesentliche Änderungen des Abschnitts brachte Art. 1 Nr. 23 ff des 1. StVRG. Entsprechend dem Ziel der Reform, die Rechte der Staatsanwaltschaft im Vorverfahren zu erweitern, wurden die §§ 100, 110 und 111 l dahin geändert, daß Befugnisse, die bisher nur dem Richter zustanden, auf die Staatsanwaltschaft übertragen wurden. Ferner wurden die Zuständigkeiten in § 98 Abs. 2 ergänzend geregelt. Anstelle der bis dahin in den Landespressegesetzen enthaltenen Sondervorschriften für die Pressebeschlagnahme fügte Art. 1 des Gesetzes über das Zeugnisverweigerungsrecht der Mitarbeiter der Presse und Rundfunk vom 25. 7. 1975 (BGBl. I 1973) die §§ 111 m und 111 n in die Strafprozeßordnung ein. Eine Erweiterung des Rechts der Gebäudedurchsuchung erfolgte durch Art. 1 Nrn. 1 bis 3 des StPÄG 1978 mit einer Änderung der §§ 103, 105 und 108, während Art. 1 Nr. 4 desselben Gesetzes eine ausdrückliche gesetzliche Regelung über die Einrichtung von Kontrollstellen in § 111 einfügte.

Übersicht

Gerhard Schäfer

1   **1. Überblick.** Der achte Abschnitt regelt unter einer unzureichenden, lediglich Teilbereiche erfassenden Überschrift eine Reihe unterschiedlicher Zwangsmaßnahmen, die in verschiedene Grundrechte eingreifen.

2   **a) §§ 94 bis 98** betreffen die **Sicherstellung von Beweismitteln** und dienen damit der **Beweissicherung**; soweit freilich § 94 Abs. 3 die Vorschrift auch auf Führerscheine anwendet, die der Einziehung unterliegen, handelt es sich nicht um Beweissicherung, sondern um Sicherung der Einziehung des Führerscheins und um die Durchsetzung des Fahrverbots nach § 111 a, einer Präventivmaßnahme.

3   **b) §§ 99 bis 101** durchbrechen das **Postgeheimnis zur Beschaffung von Beweismitteln** und gestatten deshalb die Beschlagnahme von Briefen, Sendungen und Telegrammen „auf der Post" (§§ 99, 100) bzw. die Überwachung des Fernmeldeverkehrs (§§ 100 a bis 101).

4   **c) §§ 102 bis 110** regeln die Durchsuchung von Personen, Sachen und Räumen beim Beschuldigten und bei anderen Personen zur **Ergreifung des Beschuldigten** und zur **Beschaffung von Beweismitteln**. Die Vorschriften gelten nach § 111 b entsprechend für die Durchsuchung zur Beschlagnahme von Gegenständen, die dem Verfall oder der Einziehung unterliegen.

5   **d) §§ 111 a** enthält mit der **vorläufigen Entziehung der Fahrerlaubnis** eine **Präventivmaßnahme**, die mit den Maßnahmen in § 112 a, 126 a und 132 a eng verwandt ist und zweckmäßigerweise mit diesen zusammen in einen besonderen Abschnitt gehört.

6   **e) §§ 111 b bis 111 i und 111 l** regeln die **Sicherstellung von Gegenständen**, die dem Verfall oder der Einziehung unterliegen und **sichern damit die spätere Vollstreckung**. Gleichzeitig sollen diese Vorschriften aber auch die **Zugriffsmöglichkeit des Geschädigten sichern**.

7   **f) § 111 k** regelt **die Rückgabe** nach § 94 als Beweismittel sichergestellter oder nach §§ 111 b ff zur Sicherung des Verfalls oder der Einziehung beschlagnahmter beweglicher Sachen an den Verletzten.

8   **g) §§ 111 m und n** enthalten für den Bereich der **Pressebeschlagnahme** zur Sicherung der Einziehung Einschränkungen gegenüber §§ 111 b ff.

2. Abschließende Regelung

9   **a) Die Vorschriften** des achten Abschnitts enthalten für den jeweiligen Regelungsbereich eine nach Voraussetzungen und Verfahren abschließende Regelung (vgl. auch § 136 a Abs. 1 Satz 2: Zwang darf nur angewandt werden, soweit das Strafverfahrensrecht dies zuläßt). Insbesondere kann § 163 nicht die Ermächtigung zu weiteren Eingriffen entnommen werden[1], vgl. die Erläuterungen zu § 163. Auch § 34 StGB enthält

---

[1] KK-*R. Müller* § 163, 1; *Kleinknecht/Meyer*[37] § 163, 1; *Riegel* JZ **1980** 225; *Steinke* MDR **1980** 456.

keine Rechtsgrundlage für Grundrechtseingriffe im Bereich repressiver Verbrechensbekämpfung, soweit die StPO eine abschließende Regelung enthält[2].

b) Die Regelungen des achten Abschnitts gelten aber grundsätzlich nur für den **10** Bereich repressiver Verbrechensbekämpfung im Rahmen des Strafverfahrens. Die Zulässigkeit präventiver polizeilicher Maßnahmen bestimmt sich nach Polizeirecht[3], soweit nicht die StPO ausnahmsweise ausdrücklich präventivpolizeiliche Maßnahmen zuläßt[4]. Dies schließt nicht aus, daß Erkenntnisse, die durch präventivpolizeilich gestattete Maßnahmen gewonnen wurden, im Wege der Amtshilfe beigezogen und im Strafverfahren verwertet werden dürfen[5], auch wenn die Eingriffsvoraussetzungen nach der StPO im Einzelfall nicht gegeben waren. Dies zeigt das Beweisverwertungsverbot in § 7 Abs. 3 G 10. Die Grenzen der Amtshilfe aus Gründen des bereichsspezifischen Geheimnisschutzes werden bei §§ 161, 163 erörtert.

3. Verhältnismäßigkeit. Wie alle Zwangsmaßnahmen unterliegen auch die im **11** achten Abschnitt geregelten dem Grundsatz der Verhältnismäßigkeit. Das Ausmaß des Eingriffs in grundgesetzlich geschützte Rechte muß in einem gerechten Verhältnis zum erstrebten Zweck stehen. Vgl. dazu eingehend § 94, 35.

a) Diese **Abwägung** hat der Gesetzgeber zum Teil bereits selbst vorgenommen, so **12** daß es im Einzelfall nur einer ergänzenden Prüfung der Verhältnismäßigkeit bedarf. So ist die Überwachung der Fernmeldeverkehrs nach § 100 a nur bei dem auf bestimmte Tatsachen gegründeten Verdacht besonders schwerer Straftaten und nur dann zulässig, wenn der erstrebte Beweis sonst nicht oder nur unter erschwerten Voraussetzungen zu erlangen wäre. Eine vergleichbare Abwägung des Gesetzgebers findet sich in § 111. Die vorläufige Entziehung der Fahrerlaubnis in § 111 a und die Sicherstellung von Verfall und Einziehung in den §§ 111 b ff sind nur zulässig und deshalb auch verhältnismäßig, wenn die hohe Wahrscheinlichkeit („dringende Gründe") dafür besteht, daß die endgültigen Maßnahmen (Entziehung der Fahrerlaubnis bzw. Verfall oder Einziehung) angeordnet werden. Einer besonderen Prüfung der Verhältnismäßigkeit der vorläufigen Maßnahme bedarf es deshalb nicht: „dringende Gründe" liegen nämlich nur vor, wenn die endgültige Maßnahme selbst nicht unverhältnismäßig sein wird.

b) Gänzlich anders ist die **Rechtslage bei Beschlagnahme und Durchsuchung.** Die **13** entsprechenden Vorschriften gelten im Kern seit Inkrafttreten der StPO unverändert. Der Gesetzgeber fand seither keine Gelegenheit, hier den Grundsatz der Verhältnismäßigkeit in die Zulässigkeitsvoraussetzungen aufzunehmen. In diesen Fällen ist also in jedem Einzelfall die Verhältnismäßigkeit als ungeschriebene, von Verfassungs wegen den Eingriff begrenzende Voraussetzung umfassend mit zu prüfen[6]. Einzelheiten vgl. bei § 94, 35.

c) Der Grundsatz der Verhältnismäßigkeit kann dem **Legalitätsprinzip** Grenzen **14** setzen mit der Folge, daß in extremen Fällen ein Ermittlungsverfahren erst gar nicht ein-

---

[2] Vgl. *Dreher/Tröndle*[42] § 34, 24 a; *Schönke/ Schröder/Lenckner*[22] § 34, 7, jeweils mit Nachweisen.
[3] KK-*Laufhütte* Vor § 94, 2; KMR-*Müller* Vor § 94, 1; *Kleinknecht/Meyer*[37] Vor § 94, 2.
[4] Wie hier in §§ 111 a, 112 a, 127 a und 132 a; zur Rechtsnatur dieser Vorschriften eingehend LR-*Wendisch* § 112 a, 9.

[5] KK-*Laufhütte* Vor § 94, 4; vgl. auch *Denninger* ZRP **1981** 231; *Schlink* NJW **1980** 552; **1981** 565; *Schwabe* NJW **1980** 2396; **1981** 566.
[6] Ständige Rechtsprechung des Bundesverfassungsgerichts, vgl. nur BVerfGE 20 162, 186; 44 353, 373.

Gerhard Schäfer

geleitet werden kann oder mit Einstellung nach § 170 Abs. 2 endet, wenn die zur Überführung entscheidende Beweiserhebung unverhältnismäßig wäre, vgl. aber LR-*Rieß* § 152, 19. Dies läßt sich mittelbar aus § 100 a schließen, wonach die dort geregelte Überwachung des Fernmeldeverkehrs beim Verdacht anderer als der in Satz 1 aufgeführten Katalogtaten auch dann nicht zulässig ist, wenn sonst der Beweis nicht geführt werden kann und dies gilt auch dort, wo das Gesetz die Verhältnismäßigkeitsabwägung nicht ausdrücklich aufgenommen hat[7].

15   **4. Verfahrensfehler.** Die Konsequenzen von Verfahrensfehlern bei der Anordnung und Durchsetzung der Zwangsmaßnahmen des achten Abschnitts lassen sich angesichts der sehr unterschiedlichen Art der Eingriffe und der unterschiedlichen Eingriffsintensität nicht einheitlich beurteilen. Sie werden deshalb bei den einzelnen Vorschriften behandelt.

§ 94

(1) **Gegenstände, die als Beweismittel für die Untersuchung von Bedeutung sein können, sind in Verwahrung zu nehmen oder in anderer Weise sicherzustellen.**

(2) **Befinden sich die Gegenstände in dem Gewahrsam einer Person und werden sie nicht freiwillig herausgegeben, so bedarf es der Beschlagnahme.**

(3) **Die Absätze 1 und 2 gelten auch für Führerscheine, die der Einziehung unterliegen.**

Schrifttum. *Amelung* Zulässigkeit und Freiwilligkeit der Einwilligung bei strafprozessualen Grundrechtsbeeinträchtigungen, in Freiheit und Verantwortung im Verfassungsstaat, Festgabe zum 10jährigen Jubiläum der Gesellschaft für Rechtspolitik 1; *Amelung* Probleme der Einwilligung in strafprozessuale Grundrechtsbeeinträchtigungen, StrVert. **1985** 257; *Amelung* Grenzen der Beschlagnahme notarieller Unterlagen, DNotZ **1984** 195; *Amelung* Erweitern allgemeine Rechtfertigungsgründe, insbesondere § 34 StGB, hoheitliche Eingriffsbefugnisse des Staates? NJW **1977** 833; *Amelung* Nochmals: § 34 StGB als öffentlichrechtliche Eingriffsnorm? NJW **1978** 623; *Baur* Mangelnde Bestimmtheit von Durchsuchungsbeschlüssen, wistra **1983** 99; *Benfer* Grundrechtseingriffe im Ermittlungsverfahren (1982); *Benfer* Die Durchsuchungsregelung nach § 103 I Satz 2 StPO, Polizei **1979** 196; *Benfer* Die strafprozessuale Hausdurchsuchung als implizierte Befugnis? NJW **1980** 1611; *Blumers/Göggerle* Handbuch des Verteidigers und Beraters im Steuerstrafverfahren (1984); *Born* Kann auf die Zuziehung von Zeugen bei der Durchsuchung durch Polizeibeamte (§ 105 Abs. 2 StPO) wirksam verzichtet werden? JR **1983** 52; *Brenner* Zur Beschlagnahmefähigkeit von Buchhaltungen und Bilanzen beim Steuerberater, BB **1984** 137; *von Canstein* Die öffentlichrechtliche und privatrechtliche Tragweite der prozessualen Beschlagnahme, Diss. Köln 1934; *Dagtoglou* Das Grundrecht der Unverletzlichkeit der Wohnung (Art. 13 GG), JuS **1975** 753; *van Delden* Die privatrechtlichen Wirkungen einer Beschlagnahme nach § 94 StPO, Diss. Köln 1935; *Ehlers* Durchsuchung — Beschlagnahme — Bankgeheimnis, BB **1978** 1515; *Freyberg* Die Beschlagnahme als kriminalistische Maßnahme, ArchKrim **150** 167; *Friedrichs* Einziehung und Beschlagnahme in der Rechtsprechung des Reichsgerichts in Strafsachen, JW **1924** 260; *Geerds* Durchsuchungen von Personen, Räumen und Sachen, FS Dünnebier 171; *Gillmeister* Ermittlungsrechte im deutschen und europäischen Kartellordnungswidrigkeitenverfahren (1985); *Gössel* Verfassungsrechtliche Verwertungsverbote im Strafverfahren, JZ **1984** 361; *Greiner* Durchsuchungen bei Freiheitsentzie

---

[7] So ausdrücklich BVerfGE **44** 353, 373 zur Beschlagnahme.

hungen, Kriminalistik 1972 318; *Günther* Die Durchsuchung von Räumen und Sachen, Diss. Frankfurt 1973; *Huppertz* Zeugnisverweigerungsrecht, Beschlagnahme- und Durchsuchungsverbot zugunsten des Rundfunks im Strafprozeß (1971); *Jaeschke* Durchsuchung besetzter Häuser nach der Strafprozeßordnung, NJW 1983 434; *Kaiser* Notwendigkeit eines Durchsuchungsbefehls bei strafprozessualen Zwangsmaßnahmen? NJW 1980 875; *Kaufmann* Der polizeiliche Eingriff in Freiheiten und Rechte (1951); *Keller* Zur gerichtlichen Kontrolle prozessualer Ermessensentscheidungen der Staatsanwaltschaft, GA 1983 496; *Keller* Polizeiliche Observation und strafprozessuale Wahrheitserforschung, StrVert. 1984 521; *Koch* Die Beschlagnahme von Geschäftsunterlagen im Wirtschaftsstrafverfahren und der Grundsatz der Verhältnismäßigkeit, wistra 1983 63; *Krekeler* Probleme der Verteidigung in Wirtschaftsstrafsachen, wistra 1983 43; *Krekeler* Beeinträchtigungen der Rechte des Mandanten durch Strafverfolgungsmaßnahmen gegen den Rechtsanwalt, NJW 1977 1419; *Küper* Die Bedeutung des § 105 Abs. 2 StPO für die Rechtmäßigkeit der Diensthandlung (§ 113 Abs. 3 StGB), JZ 1980 633; *Laule* Steuerfahndung bei Dritten, DStZ 1984 599; *Löffler* Presserecht Band I 3. Auflage (1983); *Mayer-Wegelin* Der Rechtsschutz im Ermittlungsverfahren wegen Steuerhinterziehung: Theorie und Wirklichkeit, DStZ 1984 244; *Michallek* Die Durchsuchung von Personen, Diss. Frankfurt 1969; *Mothes* Die Beschlagnahme nach Wesen, Art und Wirkungen (1903); *Müller* Die Stellung der juristischen Person im Ordnungswidrigkeitenrecht (1985); *von der Pfordten* Beschlagnahme und Durchsuchung bei Abgeordneten, LZ 1923 208; *Plonka* Zum Verhältnis der Maßnahmen nach §§ 102 ff und § 81 a StPO, Polizei 1970 369; *Rengier* Praktische Fragen bei Durchsuchungen, insbesondere in Wirtschaftsstrafsachen, NStZ 1981 372; *Rieß* Amtlich verwahrte Beweisstücke (§ 147 StPO), FS II Peters 113; *Rieß* Der Hauptinhalt des Ersten Gesetzes zur Reform des Strafverfahrensrechts, NJW 1975 84; *Rogall* Der „Verdächtige" als selbständige Auskunftsperson im Strafprozeß, NJW 1978 2535; *Rogall* Moderne Fahndungsmethoden im Lichte gewandelten Grundrechtsverständnisses, GA 1985 1; *Rüping* Durchsuchung, Zufallsfunde und Verwertungsverbote im Steuerstrafverfahren, in Strafverfolgung und Strafverteidigung im Steuerstrafrecht 267; *G. Schäfer* Einige Fragen zur Verjährung in Wirtschaftsstrafsachen FS Dünnebier 541; *H. Schäfer* Der Konkursverwalter im Strafverfahren, wistra 1985 209; *H. Schäfer* Die Rückgabe beschlagnahmter Beweismittel nach Rechtskraft des Urteils, wistra 1984 136; *Schaefgen* Durchsuchung — Beschlagnahme — Bankgeheimnis, BB 1979 1498; *Schiller* Unzulässige Einschränkungen des Anwaltprivilegs bei der Beschlagnahme? StrVert. 1985 169; *Sieg* Aushändigung von Kopien beschlagnahmter Unterlagen, wistra 1984 172; *Schneidewin* Sind Beschlagnahmen und Durchsuchungen gemäß §§ 94 ff StPO auch im Strafvollstreckungsverfahren zulässig? LZ 1922 182; *Streck* Erfahrungen bei der Anfechtung von Durchsuchungs- und Beschlagnahmebeschlüssen in Steuerstrafsachen, StrVert. 1984 348; *Stypmann* Rechtliche und tatsächliche Probleme bei staatsanwaltschaftlichen Durchsuchungs- und Beschlagnahmehandlungen, wistra 1982 11; *Vogel* Strafverfahrensrecht und Terrorismus — eine Bilanz, NJW 1978 1225; *Werwigk* Zur Geltung des Richtervorbehalts bei der Durchsuchung von besetzten Häusern, NJW 1983 2366; *Zitzlaff* Zur Lehre von der Beschlagnahme von Druckschriften, GA 54 (1907) 42.

Entstehungsgeschichte. Ursprünglich enthielt Absatz 1 nach den Worten „von Bedeutung sein können" die Worte „oder der Einziehung unterliegen"; Absatz 3 fehlte. Die Vorschrift erhielt ihre jetzige Fassung durch Art. 21 Nr. 15 EGStGB 1974.

Übersicht

Gerhard Schäfer

I. Allgemeines

1   **1. Anwendungsbereich.** Bis zur Gesetzesänderung von 1974 galt § 94 für die Beschlagnahme sowohl von Beweismitteln als auch von Einziehungsgegenständen. Seither regeln die §§ 94 bis 99 nur noch die Voraussetzungen der Sicherstellung von Beweismitteln (§ 94 Abs. 1 und 2) und von Führerscheinen, die der Einziehung unterliegen (§ 94 Abs. 3). Die Beschlagnahme aller anderer Einziehungsgegenstände und der dem Verfall nach §§ 73 ff StGB unterliegenden Gegenstände regeln die §§ 111 b ff.

2   Die Vorschriften über die Beschlagnahme gelten im **Bußgeldverfahren** entsprechend (§ 46 OWiG). Allerdings kommt hier dem Verhältnismäßigkeitsgrundsatz besondere Bedeutung zu (vgl. dazu Rdn. 35). Soweit **ehrengerichtliche oder berufsgerichtliche Verfahrensordnungen** ebenfalls auf die StPO verweisen (wie § 116 BRAO und § 153 StBerG), wird aus Gründen der Verhältnismäßigkeit eine Beschlagnahme kaum in Betracht kommen.

3   **2. Begriffe. Sicherstellung** ist die Herstellung der staatlichen Gewalt über den als Beweismittel in Betracht kommenden Gegenstand. „Sicherstellung" ist also der Oberbegriff (vgl. § 111 k: „nach § 94 beschlagnahmt oder sonst sichergestellt"). Soweit in § 69 a Abs. 6 StGB, § 111 a Abs. 5 Satz 1 StPO, § 21 Abs. 2 Nr. 2 StVG von der „Sicherstellung oder Beschlagnahme" die Rede ist und soweit in § 2 Abs. 2 Nr. 4 StrEG Sicherstellung und Beschlagnahme nebeneinander aufgeführt sind, versteht das Gesetz dagegen unter Sicherstellung die formlose Sicherstellung als Gegensatz zur förmlichen Beschlagnahme. Die Sicherstellung erfolgt nach § 94 Abs. 2 **grundsätzlich formlos** (z. B. bei freiwilliger Herausgabe) oder durch Beschlagnahme. Die Sicherstellung von Beweismitteln „auf der Post" sowie „auf den Telegrafenanstalten" nach §§ 99, 100 ist nur durch Beschlagnahme zulässig. **Formen der Sicherstellung** sind nach § 94 Abs. 1 die Übernahme in amtlichen Gewahrsam oder „in anderer Weise" (z. B. durch Versiegelung). Unter **Beschlagnahme** versteht das Gesetz dagegen eine Handlung, nämlich die förmliche Sicherstellung eines Gegenstands. Davon zu unterscheiden ist die **Anordnung der Beschlagnahme**. Sie ist in § 98 geregelt. Anordnung der Beschlagnahme und Beschlagnahme selbst können zusammenfallen, wenn der Beamte, der die Beschlagnahme anordnet, sie bei Gefahr in Verzug sogleich auch selbst vollzieht (§§ 98 Abs. 1, 163).

3. Verhältnis der Sicherstellung von Gegenständen als Beweismittel zur Sicherung 4
von Verfall oder Einziehung nach §§ 111 b ff. In zahlreichen Fällen kommen Gegenstände als Beweismittel in Betracht, die auch der Sicherstellung nach §§ 111 b ff unterliegen: die Tatwaffe oder das gehandelte Rauschgift, das Bestechungsentgelt, der Erlös beim Rauschgifthandel, das bei strafbarem Glückspiel verwendete oder erlangte Geld[1]. Es fragt sich, welches Verfahren in diesen Fällen anzuwenden ist. Voraussetzungen und Verfahren für die Sicherstellung von Beweismitteln und für die Sicherung von Verfall und Einziehung sind verschieden geregelt: Während für die Beweismittelsicherstellung einfacher Tatverdacht grundsätzlich genügt, verlangt das Gesetz im Bereich der §§ 111 b ff „dringende Gründe" und damit dringenden Tatverdacht (§ 111 b Absatz 1). Die Sicherstellung von Beweismitteln kann insbesondere bei freiwilliger Herausgabe formlos erfolgen, die nach §§ 111 b ff bedarf bei solchen Gegenständen stets der förmlichen Beschlagnahme (§ 111 b Absatz 2), die — anders als bei Beweismitteln — ein Veräußerungsverbot zur Folge hat (§ 111 c Absatz 5). Die Beschlagnahme von Beweismitteln ist zwingend (vgl. § 94, 34), die von Verfalls- und Einziehungsgegenständen nach § 111 b Absatz 1 („können") dagegen grundsätzlich dem pflichtgemäßen Ermessen der Strafverfolgungsorgane überlassen; vgl. § 111 b, 19. Andererseits gilt der Beschlagnahmeschutz des § 97 nur für Beweismittel, nicht aber für Verfalls- und Einziehungsgegenstände[2]. Auch beim Verfahren finden sich Unterschiede z. B. bei der richterlichen Bestätigung nach nichtrichterlicher Beschlagnahme. Bei Beweismittelbeschlagnahme soll nach § 98 Absatz 2 Satz 1 unter bestimmten Voraussetzungen binnen 3 Tagen die richterliche Bestätigung herbeigeführt werden, bei der Beschlagnahme beweglicher Sachen zur Sicherung von Verfall oder Einziehung ist dies nach § 111 e Absatz 2 Satz 2 nicht erforderlich. Schließlich unterliegen nur Beweismittel dem Akteneinsichtsrecht des Verteidigers nach § 147.

Aus alledem hat *Achenbach* (NJW **1976** 1068) zutreffend geschlossen, daß dann, 5 wenn ein Gegenstand beiden Beschlagnahmezwecken dienen soll, die **Anforderungen beider Verfahrensarten** beachtet werden müssen und deshalb bei jeder Beschlagnahme klarzustellen ist, welchem Zweck sie dient. Dies gilt bei einer Beschlagnahme nach § 111 b Absatz 2 auch dann, wenn der **Gegenstand als Beweismittel** verwendet werden soll, wie z. B. die Tatwaffe. Andernfalls würde das Akteneinsichtsrecht des Verteidigers unterlaufen[3]. War ein Gegenstand **zunächst nur** nach §§ 94 ff als **Beweismittel** sichergestellt und ergeben sich erst später die Voraussetzungen der §§ 111 b ff, weil die „dringenden Gründe" im Sinne des § 111 b oder weil die Voraussetzungen für die Einziehung oder den Verfall zunächst nicht bejaht werden konnten, ist es erforderlich, ungeachtet der Sicherstellung als Beweismittel auch noch die Beschlagnahme nach §§ 111 b ff herbeizuführen, da sonst das Veräußerungsverbot nicht eintritt und da die Sicherstellung nach §§ 111 b ff nach §§ 111 g Abs. 3 auch zu Gunsten des Verletzten wirkt[3a].

II. Der Sicherstellung als Beweismittel unterliegende Gegenstände (Absatz 1)

1. Beweismittel. Das Strafverfahren kennt als Beweismittel Zeugen, Sachverständige, Urkunden und Objekte des Augenscheins (vgl. § 244, 3 ff). Auch der Beschuldigte 6 ist mit seinen Äußerungen und als Objekt des Augenscheins Beweismittel im weiteren Sinne[4]. Aus Beweismitteln lassen sich unmittelbar oder mittelbar Schlüsse auf Lebens-

---

[1] Vgl. dazu auch *Achenbach* NJW **1976** 1069.
[2] *Achenbach* NJW **1976** 1068; LR-*Meyer*[23] § 111 b, 2.
[3] KK-*Laufhütte* 2.

[3a] *Kleinknecht/Meyer*[37] § 111 b, 20; *Achenbach* NJW **1976** 1071.
[4] Vgl. *Alsberg/Nüse/Meyer* 167; *Kleinknecht/Meyer*[37] Einl. 49; *Peters*[4] § 40 ff; *Roxin*[19] § 25 I.

Gerhard Schäfer

sachverhalte, im Strafverfahren auf strafrechtlich oder strafverfahrensrechtlich erhebliche Lebenssachverhalte ziehen. Der Begriff „Beweismittel" ist deshalb nicht auf den Strengbeweis in der Hauptverhandlung (dazu vgl. § 244, 3 ff) beschränkt, sondern erfaßt sämtliche Erkenntnisquellen[5], auf die sich die Beweisführung im Strafverfahren stützen kann. Diese ist in jeder Lage des Verfahrens erforderlich (z. B. Begründung des Tatverdachts bei der Durchsuchung, bei der Anklageerhebung, bei der Eröffnung des Hauptverfahrens, beim Urteil). Deshalb müssen die Beweismittel für das Verfahren gesichert werden. Soweit **Gegenstände** Beweismittel sind, erfolgt dies durch **Sicherstellung** nach §§ 94 ff.

7   **2. Gegenstände als Beweismittel** können allein Urkunden und die meisten Objekte des Augenscheins sein. Dabei kann es sich nur um körperliche Gegenstände handeln; unkörperliche Gegenstände lassen sich zu Beweiszwecken nicht verwenden. Ob ein Recht oder eine Forderung besteht, kann zwar für die Untersuchung von Bedeutung sein; der Beweis dafür muß aber außer durch Zeugenaussagen oder Sachverständigengutachten mit körperlichen Gegenständen (Urkunden, insbesondere Geschäftsbüchern, Schriftwechsel) geführt werden. Beschlagnahmefähig sind sowohl bewegliche als auch unbewegliche körperliche Gegenstände (Grundstücke, Räume). Um Sachen im bürgerlich-rechtlichen Sinne braucht es sich nicht zu handeln. Auch genügt es, daß die Gegenstände lediglich für das Ermittlungsverfahren als Grundlage für ein Sachverständigengutachten benötigt werden.

8   Der **Körper des lebenden Menschen** ist — auch soweit er Objekt des Augenscheins ist — **kein Gegenstand**, der der Sicherstellung nach Absatz 1 zugänglich wäre; der Gebrauch des menschlichen Körpers zu Beweiszwecken ist in den §§ 81 a bis 81 d abschließend geregelt. Sichergestellt werden können jedoch abgetrennte Teile des menschlichen Körpers (Haare, Fingernägel) und Körperinhalte (Blut, Sperma, Mageninhalt, Urin, Kot) sowie dem Körper eingefügte Kunstteile (z. B. Herzschrittmacher). Die Gewinnung dieser Sachen richtet sich ausschließlich nach den §§ 81 a ff, soweit die Trennung nicht bereits außerhalb der strafrechtlichen Untersuchung erfolgt ist (z. B. bei einer Operation). Dem menschlichen Körper eingefügte Teile (herausnehmbare Gebisse, Prothesen) unterliegen der Sicherstellung, wobei freilich häufig eine sachverständige Untersuchung solcher Gegenstände zur Beweissicherung ausreichen wird.

9   **Leichen, Leichenteile** (z. B. Blut) und **Föten** können dagegen als Beweismittel sichergestellt werden[6].

10   Auf **Eigentum, Besitz und Gewahrsam an den Beweisstücken** kommt es ebensowenig an wie auf eine unmittelbare Beziehung der Gegenstände zu einer bei der Tat beteiligten oder durch sie betroffenen Person (Täter, Teilnehmer, Verletzter) und auf die Prozeßstellung des Besitzers[7]. Daher können auch Gegenstände als Beweismittel sichergestellt werden, die sich in der Hand des Privatklägers[8] oder eines völlig **Tatunbeteiligten** befinden[9]. Nur wenn Gegenstände mit einem Zeugnisverweigerungsrecht in Verbindung stehen, ist es nach § 97 Abs. 2 Satz 1 und 2 von Bedeutung, in wessen Gewahrsam

[5] *Alsberg/Nüse/Meyer* 168.
[6] KK-*Laufhütte* 3; *Kleinknecht/Meyer*[37] 4; KMR-*Müller* 2; *Grebing* GA **1979** 97; *Roxin* JuS **1976** 508; *Eb. Schmidt* § 86, 16.
[7] BGH bei *Pfeiffer* NStZ **1981** 94; KK-*Laufhütte* 5; *Eb. Schmidt* 1.
[8] LG Altona JW **1925** 2822.
[9] Beispiel: In einem Verfahren wegen eines umfangreichen unter Beteiligung von Banken durchgeführten Goldschmuggels ist die Beschlagnahme der Goldhandelsunterlagen einer tatunbeteiligten Bank zulässig, um festzustellen, wie der Goldhandel bei dieser Bank abgewickelt wurde, wenn auf anderem Wege (vgl. Rdn. 41) Aufklärung darüber nicht möglich ist.

sie sich befinden (§ 97, 16 ff). Deshalb steht der Beschlagnahme der im Besitz des **Konkursverwalters** befindlichen Geschäftsunterlagen nichts im Weg[9a].

3. Für die Untersuchung von Bedeutung. Die sicherzustellenden Beweisgegen- **11** stände müssen „für die Untersuchung" von Bedeutung sein. Daraus folgt zweierlei: Die Sicherstellung muß im Rahmen einer bereits stattfindenden Untersuchung erfolgen (Rdn. 12 bis 14) und die Sicherstellung muß für diese Untersuchung — auch für die Entscheidung verfahrensrechtlicher Fragen (Rdn. 19) — von Bedeutung sein (Rdn. 15 bis 18).

a) Untersuchung. Darunter ist das **ganze Strafverfahren** zu verstehen. Die Unter- **12** suchung beginnt mit der Einleitung des Ermittlungsverfahrens und endet mit dem rechtskräftigen Abschluß des Strafverfahrens. Im einzelnen gilt folgendes: Es muß ein **Ermittlungsverfahren bereits anhängig** sein. Dazu ist eine förmliche Einleitung nicht erforderlich, faktisches Verhalten genügt. Von einer Strafverfolgungsbehörde muß eine Maßnahme getroffen sein, die erkennbar darauf abzielt, gegen jemand wegen einer Straftat strafrechtlich vorzugehen[10]. Diese Einleitung des Ermittlungsverfahrens setzt nach § 152 Abs. 2 voraus, daß zureichende tatsächliche Anhaltspunkte für eine Straftat vorliegen; der sogenannte **Anfangsverdacht** muß gegeben sein, vgl. § 152, 21[11]. Dieser muß wenigstens im Kern auf Tatsachen beruhen, eine bloße Vermutung reicht nicht aus[12]; vgl. § 152, 21 f; der Verdacht braucht nicht dringend zu sein, es genügt, daß eine Straftat möglicherweise vorliegt. Daraus folgt für die Zulässigkeit der Beschlagnahme, daß — da sie nach § 94 Abs. 1 eine Untersuchung voraussetzt — dieser **Anfangsverdacht nicht erst durch die Beschlagnahme gewonnen werden darf**[13].

Die Notwendigkeit, daß zum Zeitpunkt der Beschlagnahme der Anfangsverdacht **13** im Sinne des § 152 gegeben sein muß, schließt nicht aus, daß die Beschlagnahme selbst die erste Ermittlungshandlung darstellt[14].

Zur Untersuchung im Sinn des § 94 Abs. 1 gehört neben dem Ermittlungsverfah- **14** ren das **gerichtliche Verfahren** einschließlich der besonderen Arten des Verfahrens wie des Sicherungsverfahrens nach §§ 413 ff und des Einziehungsverfahrens nach §§ 440 ff[15]. Im **Privatklageverfahren** ist die Beschlagnahme bereits im Prüfungsverfahren nach § 383 zulässig, vgl. § 384, 25. Beweismittel dürfen bis zum rechtskräftigen **Abschluß des Verfahrens** sichergestellt werden[16], nicht aber für Zwecke der Strafvollstrek-

---

[9a] *H. Schäfer* wistra **1985** 210.
[10] Vgl. dazu *G. Schäfer* FS Dünnebier 554.
[11] Vgl. dazu *Kleinknecht/Meyer*[37] § 152, 4; *Kühn* NJW **1979** 622; *Schlüchter* 393.3, 4; *G. Schäfer* § 18 I 1.
[12] OLG Hamburg GA **1984** 289; *Kleinknecht/ Meyer*[37] § 152, 4; *G. Schäfer*[4] § 18 I 1.
[13] Im Ergebnis einhellige Meinung; LG Köln StrVert. **1983** 275 spricht zu Unrecht von „ungeschriebener Voraussetzung"; vgl. im übrigen LG Köln StrVert. **1983** 56; **1983** 275: einem Steuerpflichtigen darf nicht ohne weiteres unterstellt werden, er setze ein Steuerdelikt zeitlich unbegrenzt fort; LG Düsseldorf wistra **1985** 201 zum Anfangsverdacht der Beihilfe zur Steuerhinterziehung bei Abwicklung von Geschäftsvorfällen bekannter

Kunden einer Bank über cpd-Konten; KK-*Laufhütte* 8; *Kleinknecht/Meyer*[37] 8; KMR-*Müller* 4; *Peters*[4] § 48 A I 2; *Schlüchter* 289 f; *Amelung* DNotZ **1984** 196; *Kaiser* NJW **1965** 2380; *Lüttger/Kaul* GA **1961** 74, 76; *Arndt* NJW **1962** 2001.
[14] OLG Celle NJW **1963** 407; KK-*Laufhütte* 8; *Lüttger/Kaul* GA **1961** 76; Beispiel: Ein Polizeibeamter findet zufällig die Leiche eines möglicherweise Ermordeten. Mit der Sicherstellung der Leiche als Beweismittel leitet er das Ermittlungsverfahren ein.
[15] Vgl. RGSt **44** 279; *Eb. Schmidt* Vor § 94, 5; *Lüttger/Kaul* GA **1961** 75.
[16] BayObLGSt **20** 228; 346; OLG Bremen NJW **1962** 649.

Gerhard Schäfer

kung[16a]. Insbesondere ist die Sicherstellung von Beweismitteln wegen der Möglichkeit der Zurückverweisung nach § 354 Abs. 2 nicht dadurch ausgeschlossen, daß gegen ein Urteil nur noch die Revision zulässig ist[17]. Im Wiederaufnahmeverfahren ist sie ebenfalls zulässig[18], auch wenn die Rechtskraft des Urteils noch nicht durch eine Entscheidung nach § 370 Abs. 2 beseitigt worden ist oder ein Wiederaufnahmeverfahren erst vorbereitet wird[19]. Zur **Beendigung und Aufhebung** der Beschlagnahme s. § 98, 58; 59.

15   b) Von **Bedeutung für die Untersuchung** ist jeder Beweisgegenstand, der die Aufklärung und Ahndung einer Straftat zu fördern geeignet ist. Das ist zunächst der Fall bei Beweisgegenständen, die für die **Schuld-, aber auch für die Rechtsfolgenfrage**[20] erheblich sind, und unmittelbar oder mittelbar für die Tat oder die Umstände ihrer Begehung, z. B. auch für die innere Einstellung des Beschuldigten[20a], Beweis erbringen. Darunter fallen die durch die Tat erlangten, hervorgebrachten oder veränderten Sachen, die Tatwerkzeuge sowie die Grundstücke und Räume, in denen die Tat begangen worden ist. Beweismittel sind auch solche Gegenstände, die zwar nicht selbst zum Beweis dienen können, aber Beweismittel an sich tragen, die von ihnen entweder gar nicht (Blut, Spermaflecke) oder nicht sofort (von Vieh verschluckte Beweisgegenstände) oder nur unter Schwierigkeiten (zerstörte Maschinenteile) getrennt werden können. Beweismittel können ferner Gegenstände sein, auf deren Wiedererkennung es ankommt und die daher Zeugen bei der Vernehmung vorzulegen sind (z. B. Kleidungsstücke des Beschuldigten), sowie Vergleichsgegenstände (Schriftproben, Schuhe), die mit der den Gegenstand des Verfahrens bildenden Straftat in keiner Weise zusammenzuhängen brauchen, mit deren Hilfe aber bewiesen werden kann, daß ein anderer Gegenstand, z. B. eine gefälschte Urkunde oder eine Spur, beweiserheblich ist.

16   Bei **Akten, Buchhaltungsunterlagen** oder anderen, ähnlichen Sachgesamtheiten ist die **Beschlagnahme insgesamt** zulässig, da einzelne Teile dieser Sachgesamtheiten (z. B. einzelne Verträge oder einzelne gefälschte Rechnungen bei Buchführungsunterlagen) für sich allein nur beschränkte Beweisbedeutung haben[21].

17   Diese Grundsätze gelten auch für die sogenannte „Rasterfahndung", bei der im Rahmen der Strafverfolgung[22] zur Sachverhaltsaufklärung, vor allem aber zur Auffindung von Beschuldigten private oder öffentliche Datensammlungen nach vorher festgelegten kriminalistischen Merkmalen (Rastern) durch EDV-Abgleich überprüft werden[23]. Rechtsgrundlage für die Rasterfahndung sind §§ 94, 103, 110 oder — soweit öffentliche Dateien herangezogen werden — § 96. Die herangezogene **Datei insgesamt** und nicht nur die herauszufilternden einzelnen Daten der gesuchten Personen ist **Beweismittel** i. S. des § 94, weil sie nur in ihrer Gesamtheit, nämlich durch den Vergleich aller Daten, beweiserheblich ist. Damit ist der zu beschlagnahmende Gegenstand auch hinreichend konkretisiert[24]. Von einem unzulässigen „Ausforschungsbeweis" kann keine Rede sein[25], solange wenigstens auf Grund kriminalistischer Erfahrung der Da-

[16a] OLG Rostock GA **54** (1907) 104; *Schneidewin* LZ **1922** 182.

[17] *Kleinknecht/Meyer*[37] 9.

[18] BayObLGSt **20** 346; *Kleinknecht/Meyer*[37] 9; *Schneidewin* LZ **1922** 184.

[19] BayObLG DRiZ **1931** Nr. 49; OLG Breslau GA **59** (1912) 172; KMR-*Müller* 4; *Kleinknecht/Meyer*[37] 9; *Dalcke/Fuhrmann/Schäfer* 3.

[20] OLG Celle NJW **1965** 362; KK-*Laufhütte* 11.

[20a] BGH bei Schmidt MDR **1984** 186.

[21] *H. Schäfer* wistra **1985** 16.

[22] Für den polizeirechtlichen Bereich der Gefahrenabwehr enthält § 29 BremPolG eine gesetzliche Regelung; vgl. *Rogall* GA **1985** 22.

[23] *Simon/Taeger* Rasterfahndung 20; JZ **1982** 142; *Rogall* GA **1985** 4.

[24] Zweifelnd *Rogall* GA **1985** 17.

[25] Vgl. aber *Simon/Taeger* JZ **1982** 142; *Rogall* GA **1985** 17.

tenabgleich Erfolg verspricht. Werden private Dateien nicht freiwillig herausgegeben, kann nach § 103 nach ihnen gesucht werden; vgl. § 103, 9. Der Datenabgleich selbst erfolgt nach § 110 („Durchsicht der Papiere") durch die Staatsanwaltschaft; vgl. § 110, 2. Gegen diese Verfahrensweise werden unter dem Aspekt des Datenschutzes Bedenken erhoben[26] und es wird eine bereichsspezifische gesetzliche Regelung gefordert. Eine solche dürfte nach der Entscheidung des Bundesverfassungsgerichts zur informationellen Selbstbestimmung[27] unabweisbar sein[28]. Allerdings bleibt die bisherige Praxis bis zu einer Neuregelung zulässig[29], da auch das Gebot der Aufrechterhaltung einer funktionstüchtigen Strafrechtspflege Verfassungsrang hat[30]. Dabei ist aber im Rahmen der Verhältnismäßigkeitsprüfung der Bedeutung des informationellen Selbstbestimmungsrechts Rechnung zu tragen mit der Folge, daß eine Rasterfahndung im wesentlichen nur unter den Voraussetzungen des § 100 a (Schwere Straftaten; auf bestimmte Tatsachen gestützter Tatverdacht; Unentbehrlichkeit) zulässig sein dürfte[31].

Sind **Unterlagen** auf **Bild- oder andere Datenträger gespeichert** (vgl. zu den Buch- **18** haltungsunterlagen §§ 238 Abs. 2, 257 Abs. 3 HGB, 146 Abs. 5 und 147 Abs. 2 AO), so sind Gegenstände im Sinne von § 94 Abs. 1 die Datenträger selbst, die technischen Hilfsmittel, mit deren Hilfe sie lesbar gemacht werden, sowie die Unterlagen über die Verfahrensdokumentation, mit deren Hilfe z. B. Buchführungen überhaupt prüfbar sind[32].

c) Auch **für verfahrensrechtliche Fragen** können **Beweisgegenstände** von **Bedeu- 19 tung** sein, wenn sie für die geordnete **Vorbereitung und Durchführung des Verfahrens** erheblich sind. Zulässig ist deshalb z. B. auch die Sicherstellung von Beweisgegenständen, die der Aufklärung der Voraussetzungen der Untersuchungshaft oder ihrer Fortdauer[33], der Ermittlung des Aufenthaltsorts des Beschuldigten[34] oder der Wiederherstellung verlorengegangener Akten zur Fortführung des Verfahrens[35] dienen.

d) **Potentielle Beweisbedeutung genügt.** Ein Gegenstand hat dann Bedeutung als **20** Beweismittel, wenn die Möglichkeit besteht, ihn im Verfahren zu Untersuchungszwecken in irgendeiner Weise zu verwenden, da sich die tatsächliche Beweisdeutung häufig erst nach der Sicherstellung bei der Auswertung ergibt[36]. In welcher Weise der Gegenstand Beweisbedeutung haben kann, braucht noch nicht festzustehen. Es genügt, daß der Gegenstand im Verfahren noch Beweisbedeutung erlangen kann[37], z. B. — bei Handschriften — in Verbindung mit einem noch einzuholenden Schriftvergleichsgutachten oder — bei Schußwaffen, bei Schußspuren oder bei Geschossen — in Verbindung mit einem noch einzuholenden kriminaltechnischen Gutachten. Bedeutung als Beweismittel hat ein Gegenstand auch, wenn der Beweis schon durch andere Beweismittel geführt werden kann und durch die Vorlage des Beweisgegenstands nur verstärkt

---

[26] Nachweise bei *Rogall* GA **1985** 21.

[27] BVerfGE **65** 1.

[28] Vgl. BVerfGE **65** 1, 44, 46; *Rogall* GA **1985** 21 und die dort mitgeteilten Regelungsmodelle.

[29] Ebenso *Rogall* GA **1985** 21; **a. A** *Dencker* NStZ **1983** 400; vgl. dazu insbesondere BVerfGE **61** 319, 356; **37** 217, 261.

[30] BVerfGE **51** 324, 343; **49** 24, 53; mit weiteren Nachweisen.

[31] Vgl. dazu auch KK-*Laufhütte* 7.

[32] Vgl. auch die Grundsätze ordnungsmäßiger Speicherbuchführung vom 5. 7. 1978 BStBl. **1978** I 250.

[33] OLG Hamburg NJW **1967** 166.

[34] BayObLGSt **20** 346.

[35] RG JW **1923** 17 mit Anmerkung *Mittermaier*.

[36] BGH bei *Schmidt* MDR **1986** 181; BGH bei *Pfeiffer* NStZ **1981** 94; OLG München NJW **1978** 601; OLG Hamburg NJW **1967** 166; OLG Bremen NJW **1962** 649; KK-*Laufhütte* 6; KMR-*Müller* 3; *Kleinknecht/Meyer*[37] 6; *Eb. Schmidt* 1.

[37] BGH bei *Pfeiffer* NStZ **1981** 94.

oder verdeutlicht wird[38]. Auch die Eignung des Gegenstands, Anhaltspunkte für die Vornahme weiterer Ermittlungen zu liefern, reicht aus. Der Sicherstellung als Beweismittel (bzw. der Aufrechterhaltung der Sicherstellung) steht auch nicht entgegen, daß der Gegenstand zunächst (z. B. in erster Instanz) nicht als Beweismittel benutzt wurde oder nicht beweiserheblich war. Lediglich wenn die fehlende Beweisbedeutung sicher feststeht, ist die Sicherstellung unzulässig[39].

21　　Die potentielle Beweisbedeutung besteht **solange, bis feststeht**, daß ein **Verfahren nicht oder nicht mehr durchgeführt** wird[40]. Die Sicherstellung ist deshalb unzulässig, wenn ein Verfahrenshindernis endgültig eingetreten ist, sie ist zulässig, solange dies nicht feststeht oder solange Verfahrensvoraussetzungen noch geschaffen werden können, wie dies insbesondere der Fall ist, wenn ein **Strafantrag** (§§ 77, 77a StGB), ein behördlicher Antrag, eine Ermächtigung (z. B. nach §§ 90 Abs. 4, 90 b Abs. 2; 97 Abs. 3; 104 a, 353 a Abs. 2, 353 b Abs. 3, 353 c Abs. 4 StGB) oder ein Strafverlangen (§ 104 a StGB) zwar noch nicht vorliegt, aber noch beschafft werden kann[41]. Einer Sicherstellung steht auch nicht entgegen, daß das Verfahren möglicherweise nach dem Opportunitätsprinzip erledigt wird; ob so verfahren werden kann, ist bei § 153 a stets, bei 153 nach Erhebung der öffentlichen Klage von der Zustimmung des Beschuldigten abhängig und deshalb nicht sicher. Die potentielle Beweisbedeutung und damit die Zulässigkeit der Sicherstellung als Beweismittel fehlt aber, wenn ein Ermittlungsverfahren nach § 170 Abs. 2 eingestellt wurde, die Anfechtungsfrist nach §§ 171, 172 Abs. 1 ergebnislos verstrichen ist und auch eine Dienstaufsichtsbeschwerde gegen die Einstellungsverfügung oder gegebenenfalls eine Privatklage nicht zu erwarten ist und wenn nach Sachlage mit einer alsbaldigen Wiederaufnahme des Ermittlungsverfahrens nicht zu rechnen ist.

22　　**4. In behördlichem Gewahrsam befindliche Gegenstände.** Auch in behördlichem Gewahrsam befindliche Gegenstände, namentlich Behördenakten, sind Gegenstände im Sinne von Absatz 1[42]. Die entgegenstehende Auffassung *Meyers* (23. Aufl. § 94, 3) kann nicht aufrechterhalten werden. Sie unterscheidet nicht genügend zwischen Absatz 1 und Absatz 2 und vermengt damit die Frage der Sicherstellung der Beweisgegenstände mit der, ob diese auch beschlagnahmt werden können. Da diese Gegenstände sich bereits im amtlichen Gewahrsam befinden, bedarf es einer besonderen Sicherstellung durch die Strafverfolgungsbehörden nicht. Die Überführung dieser Gegenstände in deren Gewahrsam bestimmt sich nach § 96. Einzelheiten, auch zur streitigen Frage der Beschlagnahme von Behördenakten und anderen im Behördengewahrsam befindlichen Beweismitteln s. § 96, 4.

III. Führerscheine (Absatz 3)

23　　Die Sicherstellung von Führerscheinen kann aus unterschiedlichen Gründen erforderlich werden: Führerscheine können als **Beweismittel** in Betracht kommen (z. B. für eine Urkundenfälschung), dann gilt für deren Sicherstellung § 94 Abs. 1 und Abs. 2 unmittelbar. Führerscheine können aber aus zwei Gründen der **Einziehung** unterliegen: als Tatwerkzeuge oder Tatgegenstände unterliegen sie der Einziehung nach § 74 Abs. 1 StGB; sie unterliegen aber auch dann der Einziehung, wenn die Fahrerlaubnis nach § 69

---

[38] *Peters*[4] § 48 A I.

[39] BGH bei *Schmidt* MDR **1981** 93.

[40] KMR-*Müller* 6; *Kleinknecht/Meyer*[37] 6; KK-*Laufhütte* 10.

[41] *Eb. Schmidt* 13; KK-*Laufhütte* 10; *Kleinknecht/Meyer*[37] 6; KMR-*Müller* 6; zum Son-

derfall der Ermächtigung zur Strafverfolgung durch die Bundesregierung bei Geheimnisverrat nach §§ 353 b, c StGB eingehend KK-*Laufhütte* 10.

[42] KK-*Laufhütte* 3; KMR-*Müller* 2; *Amelung* DNotZ **1984** 196; *Schneider* 136.

StGB entzogen wird (§ 69 Abs. 3 Satz 2 StGB). Für die Sicherstellung in den beiden letzten Fällen gilt § 94 Abs. 3. Das ist an sich systemfremd, da die Sicherung der Einziehung nach §§ 111 b ff erfolgt. Eine Erweiterung der Voraussetzungen der Sicherstellung erfolgt durch die Anwendung der §§ 94 ff aber nicht, da die Führerscheinbeschlagnahme nach dieser Vorschrift anders als die zur Sicherstellung als Beweismittel nach einhelliger Meinung (s. § 111 a, 60) ebenso wie die nach § 111 b dringende Gründe für die Annahme voraussetzt, der Führerschein werde später eingezogen werden. Eine Beschlagnahme nach § 94 Abs. 3 ist ferner in § 111 a Abs. 6 Satz 2 zum Zweck der Eintragung des Vermerks über die vorläufige Entziehung der Fahrerlaubnis in ausländischen Fahrausweisen (s. § 111 a, 70) vorgesehen. Schließlich ordnet § 463 b die Beschlagnahme zum Zweck der amtlichen Verwahrung wegen eines Fahrverbots nach § 44 StGB und zur Eintragung eines Vermerks über das Fahrverbot oder über die Entziehung der Fahrerlaubnis und die Sperre in ausländischen Fahrausweisen an. Die Sicherstellung des Führerscheins nach § 94 Abs. 3 bewirkt ein Verbot, Kraftfahrzeuge zu führen (§ 21 Abs. 2 Nr. 2 StVG). Eine Beschlagnahme ohne körperliche Wegnahme des Führerscheins ist daher unwirksam[43]. Die Einzelheiten der Sicherstellung von Führerscheinen zur Sicherung der Einziehung nach § 69 Abs. 3 Satz 2 StGB sind bei § 111 a, 58 ff erörtert.

IV. Sicherstellung: formlos oder durch Beschlagnahme

1. Allgemeines. Sicherstellung ist die Herstellung der staatlichen Gewalt über den **24** als Beweismittel in Betracht kommenden Gegenstand. Sie kann formlos oder durch Beschlagnahme erfolgen, vgl. Rdn. 2. Soweit eine formlose Sicherstellung möglich ist, ist eine Beschlagnahme häufig (s. aber Rdn. 26) nicht geboten, zumal ein Veräußerungs- oder Verfügungsverbot bei Beweismitteln anders als bei den der Einziehung oder dem Verfall unterliegenden Gegenständen nicht erforderlich ist.

2. Formlose Sicherstellung. Die Sicherstellung erfolgt formlos, wenn, wie bei her- **25** renlosen Sachen, ein Gewahrsam nicht besteht oder ein Gewahrsamsinhaber nicht bekannt ist[44] oder wenn der Gewahrsamsinhaber den Gegenstand freiwillig zur Verfügung stellt. Ist er minderjährig, so bedarf es der Zustimmung des gesetzlichen Vertreters, sofern der Jugendliche über den Gegenstand nicht selbst verfügen darf[45]. Von der förmlichen Beschlagnahme kann bei freiwilliger Herausgabe auch dann abgesehen werden, wenn bereits eine die Beschlagnahme gestattende gerichtliche Entscheidung vorliegt. **Freiwillig** ist die Herausgabe, wenn der Gewahrsamsinhaber **weiß**, daß er zu ihr **nicht verpflichtet** ist. Eine Belehrung darüber ist nicht erforderlich, wenn keine Anhaltspunkte dafür bestehen, daß er sich hierüber irrt. Ob der Gewahrsamsinhaber über die Sache ein materielles Verfügungsrecht hat oder ob er dem Willen des Eigentümers oder des sonst Berechtigten zuwiderhandelt, ist ohne Bedeutung. Wenn mehrere Personen Mitgewahrsam an einer Sache haben, müssen alle einwilligen, es sei denn, einer sei allein verfügungsberechtigt[46]. Die freiwillige Herausgabe bedarf keiner ausdrücklichen Willenserklärung; es genügt, daß der Gewahrsamsinhaber sich mit der Übernahme des Gegenstandes in die amtliche Verwahrung stillschweigend einverstanden erklärt. Aus welchen Gründen er das tut, ist gleichgültig; auch wer aufgrund einer Dienstpflicht handelt, gibt die Sache freiwillig heraus[47]. Eine freiwillige Herausgabe liegt ferner vor,

---

[43] OLG Schleswig VRS **34** 460; OLG Stuttgart VRS **35** 138.
[44] *Kleinknecht/Meyer*[37] 12.
[45] *Kleinknecht/Meyer*[37] 12; KK-*Laufhütte* 14.

[46] KK-*Laufhütte* 14; *Kleinknecht/Meyer*[37] 12; KMR-*Müller* 8.
[47] *Kleinknecht/Meyer*[37] 6; *Lüttger* MDR **1961** 814; *Lüttger/Kaul* GA **1961** 193.

wenn damit einem **Herausgabeverlangen nach § 95 Abs. 1** entsprochen wird. Anders ist es, wenn sie durch Zwang nach § 95 Abs. 2 veranlaßt worden ist. In diesem Fall hat die Zwangsanwendung den Gegenstand zwar in die Hand der Behörde gebracht; die Rechtsgrundlage, daß sie ihn weiterhin verwahren oder sonst sicherstellen darf, muß aber durch die Beschlagnahme geschaffen werden. Zieht der Gewahrsamsinhaber sein Einverständnis zurück, was jederzeit möglich ist, wendet sich ein Mitgewahrsamsinhaber gegen die Sicherstellung oder bestreitet ein Berechtigter die Freiwilligkeit der Herausgabe, so berührt das die Sicherstellung nicht unmittelbar. In all diesen Erklärungen liegt regelmäßig der Antrag auf gerichtliche Entscheidung nach § 98 Abs. 2 Satz 2; s. dazu § 98, 47; 51.

26   **3. Beschlagnahme.** Die Beschlagnahme ist die formelle Sicherstellung. Sie ist die regelmäßig, aber nicht notwendig gegen den Willen des Verfügungsberechtigten vorgenommene Entziehung oder Beschränkung der tatsächlichen Verfügungsgewalt über den Gegenstand in der Weise, daß er in amtliche Verwahrung genommen oder sonst sichergestellt wird (s. Rdn. 30 ff). Die Beschlagnahme ist nach § 94 Abs. 2 immer erforderlich, wenn Gegenstände, die im Gewahrsam einer Person stehen, nicht freiwillig herausgegeben werden. Zulässig ist die Beschlagnahme von Gegenständen aber auch bei freiwilliger Herausgabe[48]. Die Beschlagnahme setzt daher nicht voraus, daß der Gewahrsamsinhaber zuvor zur freiwilligen Herausgabe aufgefordert worden ist[49]. Auch bei Bereitwilligkeit des Besitzers kann die Beschlagnahme angebracht sein, weil nur die Sicherstellung durch Beschlagnahme, nicht nach freiwilliger Herausgabe, den strafrechtlichen Schutz des § 136 Abs. 1 StGB begründet[50]. Wenn ein Siegel angelegt ist, um eine Sache zu verschließen oder ihre Beschlagnahme zu bezeichnen, wird dadurch außerdem der Schutz des § 136 Abs. 2 StGB bewirkt.

27   **4. Anordnung der Sicherstellung.** Zur Anordnung der **formlosen** Sicherstellung schweigt das Gesetz. Da sie freiwillige Herausgabe oder fehlenden Gewahrsam voraussetzt, kann sie durch jedes Strafverfolgungsorgan formlos erfolgen. Die Zuständigkeit für die Anordnung der **Beschlagnahme** ist in § 98 Abs. 1 geregelt. Wegen Form, Inhalt und Bekanntmachung dieser Anordnung vgl. § 98, 16 ff; 37 ff.

28   **5. Durchführung der Sicherstellung.** Zur Durchführung der formlosen Sicherstellung schweigt das Gesetz ebenfalls. Da sie nur bei beweglichen Sachen denkbar ist, erfolgt sie dadurch, daß der sicherstellende Beamte sie tatsächlich in Gewahrsam nimmt. Die Vollstreckung der Beschlagnahmeanordnung erfolgt stets, auch bei richterlicher Anordnung (§ 36 Abs. 2), durch die Staatsanwaltschaft und ihre Hilfsbeamten. Die Beschlagnahme ist mit Schonung durchzuführen; jedoch kann, wenn die Vollstreckung sonst gefährdet wäre, Gewalt angewendet werden, und zwar gegen Personen, die sich der Wegnahme widersetzen, und gegen Sachen, die ohne gewaltsame Veränderung nicht weggenommen oder nicht von anderen Sachen getrennt werden können. Zu diesen Zwecken kommen in Betracht bei Personen körperliche Gewalt zum Brechen eines Widerstandes (§ 164) und Wegnahme von Hilfsmitteln der Sache (Schlüssel von Koffern, Aktentaschen, Schränken, Autos), bei Sachen das Aufbrechen von Türen und Verschlüssen[51] oder die Zerstörung einer Umhüllung. Dabei ist unter mehreren möglichen

---

[48] BGH NJW **1956** 1806; LR-*Meyer*[23] 20; KK-*Laufhütte* 15; *Kleinknecht/Meyer*[37] 13.
[49] KK-*Laufhütte* 15.
[50] RGSt **51** 237; *Kaufmann* 126.
[51] BGH JZ **1962** 611 mit Anm. *Baumann*.

und geeigneten Maßnahmen die am wenigsten eingreifende zu treffen. Auch darf ein durch die Zwangsmaßnahme zu erwartender Schaden nicht erkennbar außer Verhältnis zu dem angestrebten Erfolg stehen.

Die Beschlagnahmeanordnung allein rechtfertigt es nicht, Wohnungen und an- **29** dere Räume gegen den Willen des Berechtigten zu betreten, in der sich die zu beschlagnahmenden Sachen befinden. In der 23. Auflage hat *Meyer* (§ 98, 35) die Auffassung vertreten, eines Durchsuchungsbefehls bedürfe es nur, wenn nicht bekannt sei, wo der Gegenstand zu finden ist. Dieser Auffassung kann nicht gefolgt werden, weil sie dem Schutzzweck des Art. 13 GG nicht gerecht wird; s. § 102, 4; 6. Ergibt sich freilich aus den Umständen, daß die Beschlagnahme nur in geschützten Räumen vorgenommen werden kann (z. B. Beschlagnahme einer Maschine in einer Fabrikhalle), könnte in der Beschlagnahmeanordnung zugleich eine stillschweigende Durchsuchungsanordnung gesehen werden. Das wäre aber bedenklich, weil dann die umfassende Abwägung, ob der Eingriff insgesamt verhältnismäßig ist, schlechterdings nicht vorgenommen werden kann. Diese Grundsätze gelten im übrigen unabhängig davon, ob die Beschlagnahme richterlich angeordnet wird oder ob sie auf einer Anordnung der Staatsanwaltschaft oder der Hilfsbeamten der Staatsanwaltschaft beruht.

V. Formen der Sicherstellung: Verwahrung oder auf andere Weise

1. Allgemeines. Die Sicherstellung einer Sache wird nach § 94 Abs. 1 durch **Inver-** **30** **wahrungnahme** oder **auf andere Weise** bewirkt. Die Verwahrung der Sache ist demnach nur eine bestimmte Art der Sicherstellung. Daß das Gesetz an anderer Stelle (§ 51 Abs. 5 Satz 2, § 69 a Abs. 6 StGB; § 111 a Abs. 5 Satz 1, § 450 Abs. 3 StPO; § 21 Abs. 2 Nr. 2 StVG) die Verwahrung neben der Sicherstellung aufführt, ist unverständlich. In welcher anderen Weise als durch Verwahrung die Sicherstellung von Beweisgegenständen bewirkt werden kann, bestimmt das Gesetz nicht. Anders als bei Gegenständen, die dem Verfall oder der Einziehung unterliegen (§ 111 b), kommt daher bei beweglichen Sachen nicht nur die Kenntlichmachung durch Siegel oder in anderer Weise (§ 111 c Abs. 1) in Betracht, sondern jede Maßnahme, die zur Herbeiführung des Beschlagnahmeerfolges geeignet erscheint. Zur Bewirkung einer Beschlagnahme ist aber stets erforderlich, daß über die Sache durch Inbesitznahme oder sonstige Sicherstellung ein Herrschaftsverhältnis begründet wird[52]. Es muß eine amtliche Handlung vorliegen, die in geeigneter Weise erkennbar zum Ausdruck bringt, daß die Sache der freien Verfügung des Inhabers entzogen und der amtlichen Obhut unterstellt wird.

2. Amtliche Verwahrung ist nur an beweglichen Sachen möglich. Sie besteht in **31** der Überführung der Sache in den Besitz einer Behörde oder einer von ihr mit der Aufbewahrung betrauten Person oder Stelle. Der in dem zuletzt genannten Fall begründete mittelbare Besitz ist auch dann amtliche Verwahrung, wenn der unmittelbare Besitzer eine Privatperson ist. Die Sachen stehen unter dem Strafschutz des § 133 StGB. Sie sind nach § 109 (vgl. die Erläuterungen dort) zu verzeichnen und zu kennzeichnen. Die amtliche Verwahrung begründet ein öffentlich-rechtliches Verwahrungsverhältnis und die Haftung nach §§ 688 ff BGB. Vgl. Rdn. 63.

Werden Sachen in amtliche Verwahrung genommen, so hat die Polizei sie bei Abgabe **32** der Vorgänge (§ 163 Abs. 2 Satz 1) der **Staatsanwaltschaft** zu übergeben. Die Beweismittel sind Bestandteil der Akten. Sie unterliegen dem **Akteneinsichtsrecht** des Verteidi-

---

[52] BGHSt **3** 400; **15** 149.

Gerhard Schäfer

gers, dem sie freilich nicht ausgefolgt werden dürfen (§ 147 Abs. 4 und die Erläuterungen dazu), und werden dem Gericht mit der Anklageschrift vorgelegt (§ 199 Abs. 2; vgl. § 199, 9). Da die Beweismittel Bestandteile der Akten sind, werden sie von der jeweils die Akten führenden Stelle verwahrt. Auch wenn sie während des gerichtlichen Verfahrens technisch im Gewahrsam der Staatsanwaltschaft bleiben, handelt es sich um **Gerichtsakten**, über die der Vorsitzende ausschließlich disponiert (vgl. § 199, 9); vgl. zu allem *Rieß* FS II Peters 113. Einzelheiten über die Verwahrung sind landesrechtlich geregelt.

33   **3. Sicherstellung in anderer Weise als durch Verwahrung.** In anderer Weise müssen Gegenstände sichergestellt werden, die, wie Grundstücke oder Räume, nicht in Verwahrung genommen werden können, bei denen das, weil der Zweck der Beschlagnahme auch so erreicht werden kann, nicht angebracht ist oder die zum Zweck genauerer Untersuchung in ihrer Umgebung an Ort und Stelle, wenn auch nur vorübergehend, verbleiben müssen[53]. Als Maßnahmen der Sicherstellung kommen bei Grundstücken und Räumen das Verbot, sie zu betreten, das Absperren und die Versiegelung in Betracht[54], bei beweglichen Sachen Gebote und Verbote[55], z. B. das Verbot an den unmittelbaren Besitzer einer Sache, sie an einen anderen als den behördlich ausgewiesenen Empfänger herauszugeben[56], sie zu vernichten, zu verändern oder sonst über sie zu verfügen[57]. Ist eine amtliche Verwahrung an sich möglich, so wird sie durch Gebote und Verbote an den Besitzer nur ersetzt werden können, wenn der Gewahrsamsinhaber nicht der Beschuldigte und der Besitzer so vertrauenswürdig ist, daß ihm die Sache unbedenklich weiter überlassen werden kann[58]. Dabei ist zu beachten, daß auch eine zufällige Veränderung und ein zufälliger Untergang der Beweisstücke ausgeschlossen bleiben müssen. In der Praxis spielt diese Art der Sicherstellung keine große Rolle. Zu denken wäre an Buchhaltungsunterlagen, die dem Konkursverwalter überlassen werden können. Da bei der Sicherstellung in anderer Weise Gebote und Verbote erlassen werden müssen, ist sie **nur bei förmlicher Beschlagnahme**, nicht bei freiwilliger Herausgabe möglich[59].

VI. Kein Ermessen

34   Liegen die Voraussetzungen des § 94 Abs. 1 vor, kann also ein Gegenstand für eine Untersuchung als Beweismittel von Bedeutung sein (vgl. dazu Rdn. 10), **muß** er sichergestellt werden[60]. Das erfordert das Legalitätsprinzip und gilt auch dann, wenn die Möglichkeit einer Verfahrensbeendigung nach dem Opportunitätsprinzip besteht[60a]; bis zur Einstellung des Verfahrens nach §§ 153 ff kann der Gegenstand Beweisbedeutung haben und wegen des Zustimmungserfordernisses in § 153 a ist es auch keineswegs sicher, ob so verfahren werden kann. Mit der Formulierung des Bundesverfassungsgerichts, die Beschlagnahme sei in das Ermessen des Richters gestellt[61], dürfte

[53] LR-*Meyer*[23] 24; KK-*Laufhütte* 15; *Kleinknecht/Meyer*[37] 16.

[54] *Feisenberger* 3.

[55] BGHSt **15** 150; RGSt **18** 72; LR-*Meyer*[23] 24; *Kleinknecht/Meyer*[37] 16; *Eb. Schmidt* Vor § 94, 2; *v. Kries* 284; *Bohmeyer* GA **74** (1930) 191.

[56] RGSt **52** 117.

[57] BGH JZ **1962** 611 mit Anm. *Baumann*; RG LZ **1929** 1067; RG Recht **1920** Nr. 1072;

OLG Frankfurt HESt **2** 238; OLG Hamburg MDR **1961** 689; OLG Stuttgart MDR **1951** 692; *Bohmeyer* GA **74** 191.

[58] *Peters*[4] § 48 A I 1.

[59] KK-*Laufhütte* 15; *Kleinknecht/Meyer*[37] 16.

[60] KK-*Laufhütte* 12; *Kleinknecht/Meyer*[37] 6; KMR-*Müller* 5; *Achenbach* NJW **1976** 1068.

[60a] *Kleinknecht/Meyer*[37] 5.

[61] BVerfGE **20** 186 = NJW **1966** 1607; BVerfGE **27** 110.

das Gericht lediglich auf den Grundsatz der Verhältnismäßigkeit hingewiesen haben, ohne damit zum Ausdruck bringen zu wollen, den Ermittlungsbehörden oder dem Richter stehe insoweit ein Ermessen zu.

VII. Verhältnismäßigkeit

1. Allgemeines. Dem Grundsatz der Verhältnismäßigkeit, der **Verfassungsrang** 35 hat[62], kommt gerade im Recht der Sicherstellung erhebliche Bedeutung zu, da die gesetzlich formulierten Voraussetzungen dieses Eingriffs außerordentlich weit sind. Dabei sind im Einzelfall das Interesse der Allgemeinheit an einer leistungsfähigen Strafjustiz, die in den Gewährleistungsbereich des Rechtsstaatsprinzips gehört und deshalb ebenfalls Verfassungsrang hat[63], namentlich gegen das Grundrecht der allgemeinen Handlungsfreiheit aus Art. 2 Abs. 1 GG, aber auch gegen das auf Achtung der Privatsphäre des Einzelnen aus Art. 2 Abs. 1 i. V. m. Art. 1 Abs. 1 GG abzuwägen. Führt diese Abwägung zu dem Ergebnis, daß die dem Eingriff entgegenstehenden Interessen wesentlich schwerer wiegen als diejenigen der Allgemeinheit an wirksamer Strafverfolgung, ist der Eingriff unverhältnismäßig und damit rechtswidrig; die so gewonnenen Beweismittel dürfen nicht verwertet werden[64]; insoweit begrenzt der Grundsatz der Verhältnismäßigkeit auch das Legalitätsprinzip[65].

Namentlich folgende Gesichtspunkte sind nach der ständigen Rechtsprechung 36 des Bundesverfassungsgerichts gegeneinander abzuwägen[66]:

Die **Schwere des Eingriffs** in das Recht auf freie Entfaltung der Persönlichkeit 37 — ein Eingriff in die Privatsphäre (z. B. Patientenunterlagen einer Drogenberatungsstelle[67]) wird stets besonders schwerwiegen; ähnliches gilt für die Pressefreiheit[68] sowie für Eingriffe in die Sphäre besonders geschützter Berufe, wie von Ärzten, Rechtsanwälten, Notaren oder Steuerberatern. —

Die **Schwere des konkreten Vorwurfs**, also das Gewicht des konkreten Tatun- 38 rechts
— bei schwerem Unrecht werden auch schwere Eingriffe verhältnismäßig sein —
Das **Gewicht des angestrebten Beweismittels** für das Verfahren 39
— ist das angestrebte Beweismittel das zentrale, für die Überführung entscheidende Beweismittel wird der Eingriff eher gerechtfertigt sein, als wenn es lediglich der Abrundung oder Ergänzung anderer Beweismittel dienen oder lediglich eine Randfrage klären soll —
Der **Grad des Tatverdachts**[69] 40
— bei einem ganz vagen Tatverdacht gegen einen Arzt (z. B. Kassenbetrug; die Anfangsverdachtsschwelle nach § 152 Abs. 2 ist gerade erreicht) wird die Beschlagnahme der gesamten Patientenkartei unzulässig, die Beschlagnahme einiger weniger Karteikarten als Stichproben vielleicht gerade zulässig sein —
Die **Notwendigkeit des Mittels.** Die Notwendigkeit fehlt stets, wenn andere, weni- 41 ger einschneidende Mittel zur Verfügung stehen
— dem Betroffenen ist deshalb in jedem Fall Gelegenheit zu geben, die zu beschlag-

---

[62] BVerfGE **28** 264, 280; **20** 162, 186; **19** 342, 348; **17** 108, 117; **16** 194, 202; *Maunz/Dürig/ Herzog* Art. 20 GG „Rechtsstaatlichkeit" 71.
[63] BVerfGE **51** 324, 343 mit Nachweisen.
[64] BVerfGE **44** 353, 373, 383.

[65] BVerfGE **44** 353, 373; vgl. aber auch LR-*Rieß* § 152, 19.
[66] Vgl. BVerfGE **20** 162, 187; **44** 353, 373.
[67] Vgl. BVerfGE **44** 353.
[68] BVerfGE **20** 162, 187.
[69] Vgl. BVerfGE **20** 162, 213.

Gerhard Schäfer

nahmende Sache freiwillig herauszugeben, um ein Suchen nach dem Beweismittel zu vermeiden; häufig wird seine Vernehmung oder die vom Zeugen genügen.

42　　Unter Berücksichtigung aller dieser Umstände kann der Verhältnismäßigkeitsgrundsatz zur Unzulässigkeit der Beschlagnahme insgesamt (nachstehend 2) oder doch dazu führen, daß mildere Maßnahmen als die Beschlagnahme des Beweisgegenstands an deren Stelle treten (nachstehend 3).

43　　**2. Unzulässigkeit.** Die Sicherstellung eines Beweismittels ist stets unzulässig, wenn sie nicht **notwendig** ist. Deshalb muß sich die Beschlagnahme bei Druckschriften oder Filmen auf die Anzahl von Exemplaren beschränken, die zur **Beweisführung erforderlich** sind (vgl. dazu unten Rdn. 54). Eine Beweismittelbeschlagnahme ist auch dann unzulässig, wenn der **Beweis bereits mit anderen Mitteln** geführt werden kann. Aber dies wird selten der Fall sein. Liegt z. B. ein voll verwertbares richterliches Geständnis vor, dann ist die Beschlagnahme eines Briefes an die Lebensgefährtin, der neben einer höchstpersönlichen Lebensbeichte auch das Geständnis enthält, unverhältnismäßig.

44　　Besonders intensiver Prüfung bedarf die Verhältnismäßigkeit dann, wenn mit der Beschlagnahme in **gesetzlich geschützte Vertrauensverhältnisse** eingegriffen werden soll, wie das bei den nach § 203 StGB dem Schweigegebot unterworfenen Personen der Fall ist. Soweit hier nicht bereits § 97 einer Beschlagnahme entgegensteht — der Katalog der Schweigepflichtigen in § 203 StGB geht über § 53 StPO hinaus — ist das Strafverfolgungsinteresse ganz besonders sorgfältig gegen das Geheimhaltungsinteresse abzuwägen. So wird bei einem **Arzt** bei Verdacht eines Abrechnungsbetrugs oder einer Steuerhinterziehung die Beschlagnahme der Patientenkartei erst zulässig sein, wenn der Verdacht sich auf Grund überprüfter Tatsachen verdichtet hat und auf eine gewichtigere Straftat schließen läßt. Die Beschlagnahme der gesamten Patientenkartei einer im Sinne des § 203 Abs. 1 Nr. 4 StGB öffentlich-rechtlich anerkannten **Suchtberatungsstelle** hat das Bundesverfassungsgericht[70] zu Recht für unzulässig gehalten, solange nur der auf die allgemeine Lebenserfahrung gestützte Verdacht besteht, Klienten der Beratungsstelle — nämlich Drogenabhängige — hätten sich durch Erwerb und Besitz von Betäubungsmitteln strafbar gemacht und solche Mittel illegal bezogen. Der Begründung der Entscheidung kann andeutungsweise entnommen werden, daß die Beschlagnahme möglicherweise dann zulässig gewesen wäre, wenn von der Patientenkartei Hinweise auf Drogenhändler hätten erwartet werden können oder wenn Mitarbeiter der Drogenberatungsstelle selbst strafbarer Handlung verdächtig gewesen wären[71].

45　　Auch für die Beschlagnahme in einer **Anwalts- oder Steuerberaterkanzlei** in einem Verfahren gegen den Rechtsanwalt oder den Steuerberater wird in der Regel der Anfangsverdacht nicht ausreichen, es sei denn, es gälte schwerere Straftaten aufzuklären und auf anderem Wege wären Erkenntnisse derzeit nicht zu gewinnen[72].

46　　**3. Ersatzmaßnahmen.** Der Grundsatz der Verhältnismäßigkeit zwingt häufig dazu, anstelle der Sicherstellung der Beweismittelgegenstände weniger belastende Ersatzmaßnahmen zu ergreifen. Dabei ist zu beachten, daß bei der Vornahme solcher Ersatzmaßnahmen die **Voraussetzungen der Sicherstellung im übrigen** (Tatverdacht, Bedeutung als Beweismittel für eine Untersuchung) **vorliegen müssen**. Ausgangspunkt

---

[70] BVerfGE 44 354.
[71] Vgl. BVerfGE 44 354, 381 f.
[72] Vgl. zu der Problematik der Beschlagnahme gegenüber Rechtsanwälten *Krekeler* NJW

1977 1417 und die Entschließungen des 39. Deutschen Anwaltstags in München NJW **1977** 1439.

aller Überlegungen zur Frage, ob Ersatzmaßnahmen in Betracht kommen, ist der Grundsatz, daß der Eingriff möglichst gering zu halten ist. Dies ist namentlich auch für die Frage, wer die Ersatzmaßnahmen vornimmt und wer die Kosten trägt, von entscheidender Bedeutung.

a) Fotokopien von Urkunden. Bei der Beschlagnahme von Geschäftsunterlagen **47** oder Patientenkarteien und ähnlichen Gegenständen ist oft eine geordnete Weiterführung des Unternehmens oder der ärztlichen Praxis nicht möglich. Die Beschlagnahme oder Aufrechterhaltung der Beschlagnahme würde dann — abgesehen von ganz gravierenden Vorwürfen — unverhältnismäßig sein. In diesen Fällen sind deshalb den Betroffenen die Originalbeweismittel zurückzugeben, nachdem Fotokopien gefertigt wurden[73]. Kommt es für das Verfahren auf die Originalunterlagen an, weil z. B. Fälschungen zu untersuchen sind oder weil mit dem Fälschungseinwand zu rechnen ist, werden die Originalunterlagen zu beschlagnahmen oder deren Beschlagnahme aufrechtzuerhalten sein, dem Betroffenen sind dann aber die zur Betriebsfortführung erforderlichen Unterlagen in Fotokopie zur Verfügung zu stellen[74].

In Fällen dieser Art ist demnach entweder die **Aufrechterhaltung der Beschlag- 48 nahme der Originalbeweismittel** nur verhältnismäßig, wenn und soweit der Betroffene Fotokopien zur Verfügung gestellt erhält oder es ist nur die **Beschlagnahme** der sofort anzufertigenden **Fotokopien** zulässig, da auch diese den Zweck als Beweismittel erfüllen. Die dem Grundsatz der Verhältnismäßigkeit entsprechende Beschlagnahmeanordnung enthält deshalb die vorgenannten Begrenzungen ausdrücklich. Ob die Ermittlungsbehörden im Ermittlungsverfahren von der richterlichen Gestattung der Beschlagnahme Gebrauch machen, ist deren Sache. Gezwungen werden sie dazu nicht. Daraus folgt aber, daß dann, wenn es unverhältnismäßig wäre, dem Betroffenen nicht zumindest Fotokopien zu überlassen, die Ermittlungsbehörden auf ihre Kosten die entsprechenden Fotokopien zu fertigen haben. Bei dieser Rechtslage ist also weder die Fertigung der Fotokopien im Ermittlungsverfahren Sache des Gerichts[75], noch trägt die Kosten der Fotokopien in einem solchen Fall der Betroffene, wie die überwiegende Meinung unter Verkennung ebenfalls der Bedeutung des Verhältnismäßigkeitsgrundsatzes annimmt[76].

Von der Frage, wer in einem solchen Fall die Kosten der Fotokopie trägt, ist die **49** bei § 95 zu erörternde Frage zu trennen, ob der von einem Herausgabeverlangen nach § 95 Betroffene die **Kosten** für das **Heraussuchen** der Unterlagen erstattet erhält; vgl. § 95, 18. Im übrigen kann es der Verhältnismäßigkeitsgrundsatz in derartigen Fällen dem Richter gebieten, den Ermittlungsbehörden eine **Frist** zu setzen, innerhalb der die Fotokopien oder Originalurkunden dem Betroffenen zur Verfügung zu stellen sind.

b) Auskunftsersuchen. Namentlich gegenüber Banken, aber auch gegenüber son- **50** stigen Unternehmen verwendet die Praxis nicht selten das sogenannte „**Auskunftsersu-**

---

[73] BGH bei Schmidt MDR **1984** 186; zur Verwertbarkeit von Fotokopien im Urkundenbeweis vgl. BGHSt **27** 135, 137 = NJW **1977** 1545.

[74] Vgl. auch BGH bei Schmidt MDR **1984** 186; entgegen *Koch* wistra **1983** 63 ist festzuhalten, daß der Fälschungseinwand in Wirtschaftsstrafsachen keine nennenswerte Rolle spielt und deshalb in aller Regel Fotokopien für die Ermittlungen und Durchführung des

gerichtlichen Verfahrens völlig ausreichen.

[75] Wie *Koch* wistra **1983** 63 unter Verkennung des Grundsatzes der Verhältnismäßigkeit meint.

[76] BGH NStZ **1982** 118; OLG Düsseldorf NStZ **1983** 32; KK-*Laufhütte* 13; *Amelung* 197; anders aber im Ergebnis OLG Hamburg NStZ **1981** 107 und LG Hildesheim NStZ **1982** 376 ff; vgl. auch *Rieß* FS II Peters 128; *Sieg* wistra **1984** 172.

Gerhard Schäfer

chen". In ihm wird „statt der Durchsuchung oder Beschlagnahme" dem Betroffenen zur Auflage gemacht, über bestimmte, aus den Geschäftsunterlagen des Betroffenen ersichtliche Vorgänge (schriftlich) Auskunft zu erteilen und entsprechende Fotokopien vorzulegen[77]. Ein solches Auskunftsersuchen ist gegenüber einer Beschlagnahme das mildere Mittel und deshalb vorzuziehen. Es kann aber nur von der Stelle ausgehen, die die Beschlagnahme anordnen darf; das ist — da in diesen Fällen Gefahr im Verzug nie gegeben ist — der **Richter** (§ 98 Abs. 1). Da ein solches Auskunftsersuchen die Verjährung nicht unterbricht[78] und da für den Fall der Weigerung des Betroffenen ein Durchsuchungs- und/oder Beschlagnahmebeschluß noch erlassen werden muß, empfiehlt es sich, anstelle des Auskunftsersuchens sofort einen (Durchsuchungs- und) **Beschlagnahmebeschluß** zu erlassen und im Beschluß die **Abwendung der** (Durchsuchung und) **Beschlagnahme** durch freiwillige Herausgabe der Beweismittel oder Erteilung bestimmter Auskünfte zu gestatten[79]. Steht bei einem solchen Auskunftsersuchen mehr die Zeugenvernehmung im Vordergrund, kann es auch auf § 161 a gestützt werden; dann kann es auch von der **Staatsanwaltschaft** ausgehen. Zur Erstattung von Kosten vgl. § 95, 18.

51   **4. Recht auf Besichtigung.** Da der Beschlagnahmezweck mit der Sicherstellung des Beweismittels erfüllt ist, darf der Gewahrsamsinhaber durch seinen Verteidiger oder Rechtsanwalt die sichergestellten Gegenstände **jederzeit** einsehen. Gegenüber dem Beschuldigten kommt deshalb wegen der bei ihm sichergestellten Gegenstände auch eine Beschränkung nach § 147 Abs. 2 nicht in Betracht.

VIII. Pressebeschlagnahme

52   **1. Keine Sonderregelung.** Für die Sicherstellung von Beweismitteln im Bereich der Presse gibt es keine Sondervorschriften. Soweit die **Pressegesetze der Länder** in den jeweiligen §§ 23 Regelungen enthielten oder enthalten, die die Beweismittelbeschlagnahme gegenüber §§ 94 ff StPO einschränken, sind diese **nichtig**, weil es sich dabei nicht um Presserecht, sondern um Bestandteile des Beweiserhebungsrechts der Verfahrensordnungen handelt, die nach Art. 74 Nr. 1 GG in den Bereich der konkurrierenden Gesetzgebung fällt[80]. Dies hat das Bundesverfassungsgericht zu § 53 StPO ausdrücklich entschieden[81]. Nichts anderes kann für die Sicherstellung von Beweismitteln nach §§ 94 ff gelten. Der Bundesgesetzgeber hat deshalb durch Art. 1 Nr. 2 des Gesetzes über das Zeugnisverweigerungsrecht der Mitarbeiter von Presse und Rundfunk vom 25. 7. 1975 (BGBl. I 1973) das Beschlagnahmerecht im Zuge der Neuordnung des publizistischen Zeugnisverweigerungsrechts teilweise neu geordnet und § 97 Abs. 2 und Abs. 5 neu gefaßt[82].

53   **2. Verhältnismäßigkeit.** Die Beschlagnahme und Durchsuchung im Bereich der Presse kann zu schwersten Beeinträchtigungen der Pressefreiheit führen. Deren überra-

---

[77] Vgl. den Sachverhalt bei LG Kaiserslautern NStZ **1981** 438.

[78] LG Kaiserslautern NStZ **1981** 438.

[79] G. *Schäfer* FS Dünnebier 544.

[80] Die derzeitigen Fassungen der Landespressegesetze sind bei *Löffler* § 23 LPG abgedruckt.

[81] BVerfGE **36** 193 = NJW **1974** 356; **36** 314 = NJW **1974** 743.

[82] Eingehend dazu *Löffler* Einleitung 89 ff und zu § 23 LPG, 16 ff.

gende Bedeutung für die freiheitliche demokratische Grundordnung hat das Bundesverfassungsgericht wiederholt sehr nachhaltig hervorgehoben[83]. Deshalb ist hier eine Abwägung zwischen den Belangen der Strafverfolgung und dem Grundrecht auf Pressefreiheit besonders geboten. Je mehr die Strafverfolgungsmaßnahme den Pressebetrieb zu beeinträchtigen geeignet ist, desto höher sind die Anforderungen an das Strafverfolgungsinteresse zu stellen, desto schwerer muß das konkrete Delikt wiegen, wegen dem ermittelt wird, desto stärker muß der Tatverdacht und desto mehr muß gerade die Beschlagnahme (und Durchsuchung) erforderlich sein, um den Beweis führen zu können[84].

3. Einzelheiten. Die Beschlagnahme von Presseprodukten (oder Filmen usw.) als **54** Beweismittel ist grundsätzlich auf ein Exemplar zu beschränken, da dieses zur Beweisführung ausreicht. Warum zum Beispiel bei Filmen zwei Exemplare zu beschlagnahmen sein sollen[85] ist nicht ersichtlich[86]. Soll der Nachweis der Verbreitung von Schriftstücken geführt werden, bedarf es in der Regel nicht der Beschlagnahme. Es genügt z. B. die Fertigung eines Lichtbildes über die Schaufensterauslage; auch ist die Vernehmung des Ermittlungsbeamten als Zeuge in der Regel ein geeigneteres Beweismittel über die Art der Verbreitung als eine Beschlagnahme. Keinesfalls darf die Beweismittelbeschlagnahme zu einer Umgehung der strengeren Beschlagnahmevorschriften der §§ 111 m und 111 n zur Sicherung der Einziehung mißbraucht werden[87].

IX. Beschlagnahmeverbote

Das Gesetz nimmt von der Beschlagnahme zu Beweiszwecken nur die **in § 97 be- 55 zeichneten Gegenstände** aus (vgl. die Erläuterungen dort). Weitere Beweisverbote ergeben sich aus dem Grundsatz der **Verhältnismäßigkeit** (vgl. dazu oben Rdn. 35).

Darüber hinaus ergeben sich wichtige Beschlagnahmegrenzen aus der Verfas- **56** sung, namentlich aus dem Grundrecht aus Art. 2 Abs. 1 in Verbindung mit Art. 1 Abs. 1 GG. So sind nach der **Dreistufentheorie des Bundesverfassungsgerichts**[88] Beschlagnahmen unzulässig, soweit sie in den durch Art. 2 Abs. 1 in Verbindung mit Art. 1 Abs. 1 GG gewährten unantastbaren Kernbereich privater Lebensgestaltung, die Intimsphäre, eingreifen. Dieser engste Bereich ist jeglichen Eingriffen der öffentlichen Gewalt entzogen[89]. Diesem absoluten Schutz unterliegen z. B. **Tagebücher** mit höchstpersönlichen Eintragungen (aber nicht die des Verbrechers über seine Verbrechen). Die Tagebuchentscheidung des BGH[90] dürfte durch die Rechtsprechung des Bundesverfassungsgerichts insoweit überholt sein, als der Bundesgerichtshof zeitlich vor den einschlägigen Entscheidungen des Bundesverfassungsgerichts dort die Verwertung höchstpersönlicher Eintragungen in einem Tagebuch nach dem Verhältnismäßigkeitsgrundsatz beurteilt. In der Entscheidung BGHSt 31 296 ist der Bundesgerichtshof nunmehr in einem

---

[83] Vgl. nur BVerfGE **10** 118, 121; **20** 162, 186; **36** 193, 204; **64** 108, 114.

[84] Vgl. dazu grundsätzlich BVerfGE **20** 162, 187; KK-*Laufhütte* § 97, 18; *Löffler* § 23 LPG, 83.

[85] So OLG Frankfurt NJW **1973** 2074; KK-*Laufhütte* 13; *Kleinknecht/Meyer*[37] 19.

[86] Ebenso *Seetzen* NJW **1976** 499.

[87] OLG Frankfurt NJW **1973** 2074; KK-*Laufhütte* 13.

[88] Dazu *Gössel* NJW **1981** 655.

[89] Vgl. BVerfGE **44** 353, 372; **35** 39; **34** 238, 245; **33** 367, 376; **32** 373, 379; BGHSt **31** 296, 299; *Gössel* NJW **1981** 655; *G. Schäfer*[4] § 19 II 2 a.

[90] BGHSt **19** 325.

Gerhard Schäfer

Fall, in dem das gesprochene Wort im privaten Kreis durch Ermittlungsbehörden zufällig abgehört wurde, auf die Rechtsprechung des Bundesverfassungsgerichts eingeschwenkt, ohne freilich darauf einzugehen, daß Gegenstand dieses Gesprächs schwere Straftaten der Gesprächspartner waren[91]; vgl. dazu auch § 100 a, 44; § 97, 9.

57　　Die Beschlagnahme von **Briefen Untersuchungsgefangener** als Beweismittel im anhängigen Verfahren oder für ein anderes oder erst einzuleitendes Verfahren ist zulässig[92]. Wegen der Einzelheiten vgl. § 119, 66 ff, insbesondere 97 ff, ferner § 98, 12; § 108, 6.

X. Herausgabe nach Beendigung der Beschlagnahme

58　　**1. Anspruchsberechtigte.** Formlos sichergestellte oder beschlagnahmte Gegenstände sind herauszugeben, wenn die Beschlagnahme mit der rechtskräftigen Beendigung des Verfahrens erloschen (vgl. § 98, 58) oder die Beschlagnahmeanordnung aufgehoben worden ist (vgl. § 98, 59), es sei denn — bei rechtskräftiger Beendigung des Verfahrens — die Gegenstände seien nach § 74 StGB rechtskräftig eingezogen worden oder eine vorläufige Maßnahme nach §§ 111 b, 111 c sei erfolgt.

59　　Kommt die **Rückgabe** des Beweisgegenstands **an den Verletzten** in Betracht oder macht dieser Ansprüche auf Herausgabe geltend, so gilt § 111 k; vgl. die Erläuterungen dort. Ist der **Verletzte nicht bekannt**, steht aber fest, daß der Gegenstand unrechtmäßig in die Hände des letzten Gewahrsamsinhabers gekommen ist, dann ist die Sache nach § 983 BGB und den dazu erlassenen landesrechtlichen Vorschriften zu behandeln, die Versteigerung nach Aufgebot vorsehen[93]; vgl. § 111 k, 2 f. Ebenso ist zu verfahren, wenn die Gegenstände bei der Sicherstellung in niemandes Gewahrsam waren und kein Berechtigter bekannt ist.

60　　In den **anderen Fällen** ist der Zustand wiederherzustellen, der vor der Sicherstellung bestand, einerlei, ob die Sache freiwillig herausgegeben oder beschlagnahmt worden war. Die Sache ist also an den **letzten Gewahrsamsinhaber** zurückzugeben[94]. Das gilt auch dann, wenn dieser sie von dem Beschuldigten nur zur vorübergehenden Aufbewahrung erhalten hatte[95]. An andere Personen als den letzten Gewahrsamsinhaber darf die Sache nur mit dessen Zustimmung herausgegeben werden.

61　　Die Gegenstände sind **auf Verlangen zurückzubringen**. § 697 BGB gilt insoweit nicht; die Vorschrift kann auf zwangsweise verwahrte Sachen, die dem Betroffenen weggenommen worden waren, keine Anwendung finden[96].

62　　Wenn der letzte **Gewahrsamsinhaber verstorben** ist, müssen verwahrte Sachen an denjenigen herausgegeben werden, der sich als Erbe ausweist. Zum Ausweis ist ein Erbschein am besten geeignet, aber nicht immer zu fordern, insbesondere nicht bei Sachen von geringem Wert. Sind mehrere Personen Erben, dann dürfen verwahrte Sachen an einen von ihnen nur herausgegeben werden, wenn die anderen zustimmen. Sonst ist die

---

[91] Vgl. BGHSt **19** 325; *Gössel* JZ **1984** 362.

[92] BVerfGE **57** 170, 181 = NJW **1981** 1943.

[93] OLG Düsseldorf MDR **1984** 424; *Kleinknecht/Meyer*[37] § 111 k, 1.

[94] *H. Schäfer* wistra **1984** 137; OLG Frankfurt GA **1972** 212; *Bohmeyer* GA **74** (1930) 193; Nr. 75 II RiStBV.

[95] OLG Bremen MDR **1960** 603; OLG Düsseldorf MDR **1973** 499.

[96] **A. A** *Soergel/Mühl* 11. Aufl. (1980) zu § 697; *H. Schäfer* wistra **84** 137, der aber im Ergebnis auch zu einer Rückgabepflicht kommt. Zum weiteren Verfahren, wenn der Berechtigte die Sache nicht abnehmen will, vgl. *H. Schäfer* wistra **1984** 136 f.

Sache für die Erben gerichtlich zu hinterlegen, und es ist ihnen zu überlassen, durch Klage den Empfänger bestimmen zu lassen[97].

2. Schadensersatzansprüche. Mit der Übernahme eines als Beweismittel sicherge- **63** stellten Gegenstandes in amtliche Verwahrung, die mit einer Besitzergreifung durch die Behörde unter Ausschluß des Berechtigten von eigenen Obhuts-, Sicherungs- und Fürsorgemaßnahmen verbunden ist, wird ein **öffentlichrechtliches Verwahrungsverhältnis** begründet, auf das im wesentlichen die Vorschriften der §§ 688 ff BGB anzuwenden sind[98]. Für die **Haftung** gilt der subjektive Sorgfaltsmaßstab des § 690 BGB grundsätzlich nicht; statt dessen kommt **§ 276 BGB** zur Anwendung[99]. Die sich aus §§ 688 ff ergebenden Pflichten bestehen insbesondere auch gegenüber dem in § 111 k genannten Verletzten[100]. Bei Zerstörung, Beschädigung oder sonstiger Unmöglichkeit der Herausgabe greift eine Haftung entsprechend §§ 280, 282 BGB ein[101]. Schadensersatzansprüche sind im **ordentlichen Rechtsweg** geltend zu machen (§ 40 Abs. 2 VwGO)[102]. Zu den Rechten des Eigentümers einer gestohlenen Sache, die nicht in amtlichen Gewahrsam genommen wird, sondern deren Sicherstellung dadurch erfolgt, daß ihr Besitz einem Dritten überlassen wird, vgl. RG *Warneyer* 1925 Nr. 25. Werden beschlagnahmte Gegenstände an einen **Nichtberechtigten herausgegeben**, hat der geschädigte Eigentümer Anspruch auf Entschädigung nach § 2 Absatz 2 Nr. 4 StrEG[103].

XI. Abgeordnete

1. Abgeordnete als Beschuldigte
a) Artikel 46 GG. Ist der Abgeordnete Beschuldigter, ist er vor der Genehmi- **64** gung der Strafverfolgung durch das Parlament zunächst durch Art. 46 GG, der auch für die Mitglieder des Europäischen Parlaments gilt (vgl. § 152 a, 11), und die entsprechenden Vorschriften der Länderverfassungen vor Beschlagnahmen (und Durchsuchungen) geschützt, denn diese Maßnahmen sind ein „zur Verantwortung ziehen" im Sinne dieser Vorschrift. Unter den Immunitätsschutz fällt bereits das Ermittlungsverfahren als solches (§ 152 a, 15).

Allerdings haben der Deutsche Bundestag und einige Länderparlamente in ständi- **65** ger parlamentarischer Praxis jeweils für die laufende Wahlperiode im voraus in die Durchführung von Ermittlungsverfahren gegen Abgeordnete eingewilligt, es sei denn, es handle sich um Beleidigungen politischen Charakters. Diese allgemeine Genehmigung erfaßt nicht die Erhebung der öffentlichen Klage und freiheitsentziehende und freiheitsbeschränkende Maßnahmen im Ermittlungsverfahren. Vgl. zu Einzelheiten § 152 a, 28 f.

---

[97] Die an sich tunlichst zu vermeidende gerichtliche Hinterlegung ist auch dann nicht zu umgehen, wenn ein Gegenstand im Gewahrsam mehrerer Personen (z. B. von Eheleuten) war, aber der Ort des gemeinschaftlichen Gewahrsams, etwa durch Ehescheidung, aufgegeben worden und kein Einverständnis über die Herausgabe an einen der mehreren früheren gemeinschaftlichen Gewahrsamsinhaber zu erzielen ist. Die Sache bleibt dann gerichtlich für die letzten Gewahrsamsinhaber hinterlegt, bis einer von ihnen gegen den oder die anderen ein Urteil erwirkt hat, das

ihn zum Empfang berechtigt. Die herausgebende Stelle ist an diesem Verfahren nicht beteiligt.
[98] RGZ **115** 419, 421; BGHZ **1** 369; **4** 192; **34** 349; BGH MDR **1975** 213; LG Köln NJW **1965** 1440; *Palandt/Thomas*[42] Einführung vor § 688, 4 c; *Ossenbühl* Staatshaftungsrecht[3] (1983) 223.
[99] BGHZ **1** 369, 383; **3** 162, 174.
[100] RGZ **108** 251.
[101] BGHZ **3** 162, 174; **4** 192, 195.
[102] *Palandt/Thomas*[42] Einführung vor § 688, 4 c.
[103] BGHZ **72** 302.

66   Bei der Auslegung dieser allgemeinen Genehmigung sind Zweifel aufgetreten, ob Durchsuchung und Beschlagnahme bei einem Abgeordneten eine freiheitsbeschränkende Maßnahme in diesem Sinne darstellt und damit einer parlamentarischen Einzelgenehmigung bedarf. Dies wird überwiegend in ständiger Praxis bejaht. Diese Auslegung ist jedoch nicht unbestritten. Deshalb haben einzelne Landesparlamente[104] durch eine entsprechende Fassung der allgemeinen Genehmigung klargestellt, daß auch Durchsuchungen und Beschlagnahmen, die gegen Abgeordnete gerichtet sind, einer besonderen Entscheidung des Parlaments bedürfen (vgl. auch § 152 a, 29). Dies gilt auch für unaufschiebbare Sicherungsmaßnahmen; vgl. § 111 a, 96; **a. A** LR-*Rieß* § 152 a, 26.

67   **b) „Festnahme auf frischer Tat."** Diese Beschränkungen gelten nicht, wenn der Abgeordnete bei Begehung der Tat oder im Laufe des folgenden Tages festgenommen wird. Zum Begriff der Festnahme s. § 111 a, 96; vgl. auch § 152 a, 22 ff.

68   **2. Beschlagnahme bei nichtbeschuldigten Abgeordneten.** Soweit hier nicht § 97 Abs. 3 eingreift, ist die Beschlagnahme und die Durchsuchung zulässig. Artikel 46 Abs. 3 GG bezieht sich nach heute überwiegender Auffassung nur auf Beschränkungen der persönlich-körperlichen Bewegungsfreiheit[105] und erfaßt deshalb die hier zu erörternden Maßnahmen nicht.

§ 95

(1) **Wer einen Gegenstand der vorbezeichneten Art in seinem Gewahrsam hat, ist verpflichtet, ihn auf Erfordern vorzulegen und auszuliefern.**

(2) [1]**Im Falle der Weigerung können gegen ihn die in § 70 bestimmten Ordnungs- und Zwangsmittel festgesetzt werden.** [2]**Das gilt nicht bei Personen, die zur Verweigerung des Zeugnisses berechtigt sind.**

Schrifttum. *Masthoff* Entschädigung von Geldinstituten bei Beschlagnahmeanordnungen oder Auskunftsersuchen, wistra **1982** 100; *H. Schäfer* Ordnungs- und Zwangsmittel statt Beschlagnahme? wistra **1983** 102; *Sannwald* Entschädigungsansprüche von Kreditinstituten gegenüber auskunftsersuchenden Ermittlungsbehörden, NJW **1984** 2495.

Entstehungsgeschichte. Durch Art. 21 Nr. 16 EGStGB 1974 wurde Absatz 2 ohne sachliche Änderungen neu gefaßt. Dabei wurde in Satz 1 das Wort „Zwangsmittel" durch die Worte „Ordnungs- und Zwangsmittel" ersetzt.

Übersicht

---

[104] Z. B. der Landtag von Baden-Württemberg durch Beschluß vom 5. Juni 1984; vgl. Die Justiz **1984** 349.

[105] *Maunz/Dürig* Art. 46, 58, 66; *Magiera* in

Bonner Kommentar, Art. 46, 66, 78; **a. A** z. B. *Dohna*, Handbuch des Deutschen Staatsrechts I (1930) 439, 444; *v. Mangoldt/Klein*, 2. Aufl. (1964) Art. 46 Anm. IV 10.

1. Allgemeines. Die Vorschrift regelt die **Pflicht zur Herausgabe** von der Sicher- **1** stellung unterliegenden **Beweisgegenständen** (vgl. § 94, 7 ff) und von **Führerscheinen** (§ 94 Abs. 3) und sieht Maßnahmen zur **Erzwingung** der Herausgabe vor. Hauptanwendungsbereich der Vorschrift ist der Fall, daß ein Beweisgegenstand, der der Beschlagnahme unterliegt, sich im Gewahrsam einer Person befindet, bei einer Durchsuchung aber nicht gefunden werden konnte[1]. Nur soweit eine Beschlagnahme rechtlich zulässig ist, **darf § 95 angewandt** werden (str.; vgl. Rdn. 9); die Vorschrift darf nicht so ausgelegt werden, daß dadurch die gesetzliche Zuständigkeitsregelung für die Anordnung der Beschlagnahme (§ 98 Abs. 1)[2] oder die Beschlagnahmeverbote (Rdn. 6) außer Kraft gesetzt werden. Behördlich verwahrte Sachen können nicht nach § 95 herausverlangt werden. Ihre Herausgabe erfolgt nach § 96 aufgrund eines Amtshilfeersuchens (§ 96, 3).

2. Gegenstand der Herausgabepflicht (Absatz 1)
a) Grundsatz. Mit dem Wort „vorbezeichnet" knüpft § 95 Abs. 1 an § 94 an. **2** Unter Gegenständen der vorbezeichneten Art, deren Herausgabe gefordert werden darf, sind daher Gegenstände zu verstehen, die als Beweismittel für die Untersuchung von Bedeutung sein können (§ 94 Abs. 1), und Führerscheine, die der Einziehung unterliegen (§ 94 Abs. 3). Gegenstände, deren Sicherstellung § 111 b gestattet, weil sie dem Verfall oder der Einziehung unterliegen, sind nach dem klaren Wortlaut des § 95 Abs. 1 nicht gemeint. Der Anwendung des § 95 steht es aber nicht entgegen, daß der Beweisgegenstand zugleich dem Verfall unterliegt oder eingezogen werden kann. Im Gegensatz zu § 94 Abs. 1 umfaßt der Begriff Gegenstand in § 95 Abs. 1 nur bewegliche Sachen; Gewahrsam, Vorlegung und Auslieferung sind bei unbeweglichen Sachen nicht möglich. Ob ein Gegenstand als Beweismittel von Bedeutung ist oder ein Führerschein der Einziehung unterliegt, entscheidet allein die Strafverfolgungsbehörde. Der Gewahrsamsinhaber darf die Herausgabe nicht deshalb verweigern, weil er diese Eigenschaft des gesuchten Gegenstandes nicht anerkennt.

b) Buchführung mit Hilfe von Datenträgern. Nach §§ 238 Abs. 2, 257 Abs. 3 HGB **3** (vgl. auch §§ 146 Abs. 5 und 147 Abs. 2 AO) dürfen nach Handelsrecht aufzubewahrende Unterlagen so aufbewahrt werden, daß sie ohne zusätzliche technische Hilfsmittel nicht lesbar sind. In diesen Fällen treten im Rechtsverkehr an die Stelle der auf Bildträgern

---

[1] LG Bonn NStZ **1983** 327; KMR-*Müller* 1; *Kleinknecht/Meyer*[37] 1; *Roxin*[19] § 34 B II 3a.
[2] LG Bonn NStZ **1983** 327; LR-*Meyer*[23] 6;

KK-*Laufhütte* 3; a. A *Kleinknecht/Meyer*[37] 1; *Kurth* NStZ **1983** 327; *H. Schäfer* wistra **1983** 102.

oder anderen Datenträgern gespeicherten Unterlagen lesbare Reproduktionen. Auf sie und nicht auf die Datenträger erstreckt sich deshalb auch die Vorlegungs- und Herausgabepflicht nach § 95, da diese Art der Buchführung ausschließlich dem Interesse des Kaufmanns dient, der seinen Geschäftsbetrieb möglichst rationell führen will[3]. Während also § 94 lediglich zur Sicherstellung der Datenträger und der technischen Hilfsmittel führt, kann über § 95 die Vorlage und Herausgabe der reproduzierten Unterlagen erreicht werden. Aus diesem Grunde wird namentlich gegenüber **Banken** von dieser Vorschrift regelmäßig Gebrauch zu machen sein. In der Praxis findet sich häufig noch eine Mischform zwischen § 94 und 95: Da die Banken sich gegenüber ihren Kunden auf das Bankgeheimnis berufen wollen und die Herausgabepflicht in § 95 nicht als solche anerkennen oder akzeptieren wollen, wird regelmäßig mit einer Beschlagnahmeanordnung nach §§ 94, 98, die sich naturgemäß nur auf die Datenträger usw. erstrecken kann, die Befugnis verbunden, die Beschlagnahme durch Herausgabe der reproduzierten Unterlagen abzuwenden. Zur Frage der Kostenerstattung in solchen Fällen vgl. unten Rdn. 15 ff.

3. Verpflichteter

4   **a) Gewahrsamsinhaber.** Die Herausgabepflicht trifft nur den Gewahrsamsinhaber. Gewahrsam bedeutet, wie in § 246 StGB, das tatsächliche Herrschaftsverhältnis, gleichgültig, wie es zustande gekommen ist. Auch wer eine Sache unrechtmäßig im Gewahrsam hat, muß sie herausgeben[4]. Ist der Gewahrsamsinhaber nicht der Eigentümer der Sache, so hat er sie ohne Rücksicht darauf auszuliefern, ob der Eigentümer der Herausgabe zustimmt oder nicht. Eine Pflicht, zur Herausgabe der Sache beizutragen, hat der nichtbesitzende Eigentümer nicht[5]. Das Verfahren nach § 95 setzt stets voraus, daß der Gewahrsam des Verpflichteten feststeht. Bei bloßem Verdacht muß durchsucht werden.

5   **b) Beschuldigter.** Der Beschuldigte ist nicht verpflichtet, zu seiner Überführung beizutragen, und braucht daher Sachen, die zum Beweis gegen ihn verwendet werden können, weder vorzulegen noch herauszugeben[6]. Ihm kann aber Gelegenheit gegeben werden, zur Abwendung einer Durchsuchung oder allgemein zu der auch in seinem Interesse liegenden Beschleunigung des Verfahrens Gegenstände beizubringen; mit § 95 hat das aber nichts zu tun.

6   **c) Zeugen.** Auch **Zeugnisverweigerungsberechtigte** (vgl. §§ 52 ff) dürfen zur Herausgabe von Beweismitteln aufgefordert werden[7]. Dies folgt aus Absatz 2 Satz 2, nach dem gegen diese Personen bei einer Weigerung keine Ordnungs- und Zwangsmittel festgesetzt werden dürfen, die Weigerung also folgenlos bleibt. Eine Belehrung hierüber ist dem Rechtsgedanken des § 52 Abs. 2 folgend bei Angehörigen erforderlich. Soweit allerdings ein Beschlagnahmeverbot nach § 97 besteht, ist das Herausgabeverlangen unzulässig[8]. Der Privatkläger ist ohne Einschränkung zur Vorlage verpflichtet[9].

[3] Ebenso KK-*Laufhütte* 1; *Kleinknecht/Meyer*[37] 8; KMR-*Müller* 2; *Gillmeister* 114.
[4] *Kleinknecht/Meyer*[37] 4; KK-*Laufhütte* 3; KMR-*Müller* 3.
[5] KK-*Laufhütte* 3; *Kleinknecht/Meyer*[37] 4; zum Gewahrsam in einem Unternehmen vgl. BGHSt **19** 374; *Gillmeister* 118.
[6] KK-*Laufhütte* 2; *Kleinknecht/Meyer*[37] 5;

KMR-*Müller* 3; *Eb. Schmidt* 1; *Dalcke/Fuhrmann/Schäfer* 1; *Henkel* 291 Fußn. 9; *Beling* 508; *Niese* 140.
[7] OLG Celle NJW **1963** 407; *Kleinknecht/Meyer*[37] 6; *Peters*[4] § 48 A II.
[8] KK-*Laufhütte* 2.
[9] KK-*Laufhütte* 2; *Kleinknecht/Meyer*[37] 7.

Eine Ausnahme gilt für **Geistliche** in bezug auf Gegenstände, die ihnen bei der **7** Seelsorge anvertraut worden sind[10].

4. Herausgabeverlangen

a) Inhalt. Das Verlangen muß den Gegenstand so **genau bezeichnen**, wie dies bei **8** einer Beschlagnahmeanordnung erforderlich ist, da sonst nicht zuverlässig festgestellt werden kann, ob eine Weigerung im Sinne des Absatz 2 vorliegt. Auf die nach Absatz 2 für den Fall der Weigerung angedrohten Zwangsmittel ist hinzuweisen. Das gerichtliche Verlangen ergeht schriftlich als Beschluß, das der Staatsanwaltschaft und Polizei kann auch mündlich ergehen.

b) Berechtigte. Das Herausgabeverlangen kann nur von dem ausgehen, der im **9** konkreten Fall auch zur Beschlagnahme befugt wäre. Das Herausgabeverlangen geht also grundsätzlich vom Richter aus; lediglich bei Gefahr im Verzug sind auch Staatsanwaltschaft und Polizei dazu befugt[11]. Die gegenteilige Auffassung verkennt einmal §94, wonach die Alternative nicht freiwilliger Herausgabe die Beschlagnahme ist, und sie würde vor allem die gesetzlichen Zuständigkeitsregeln in §98 völlig unterlaufen. Es wäre widersinnig, die Beschlagnahmeanordnung grundsätzlich dem Richter vorzubehalten, die mit Ordnungsmitteln, darunter Zwangshaft, durchsetzbare Herausgabepflicht, die regelmäßig eine schwerere Belastung als die Beschlagnahme darstellt, aber der Polizei oder der Staatsanwaltschaft zu überlassen. Die Auffassung[12], angesichts der richterlichen Zuständigkeit für die Verhängung von Zwangsmaßnahmen nach Abs. 2 sei eine richterliche Präventivkontrolle wie in §98 Abs. 1 nicht erforderlich, verkennt den psychischen Druck eines derartigen „straf"-bewehrten Vorlegungsverlangens, das[13] gerade nicht zu einer freiwilligen Herausgabe führt.

Zu beachten ist allerdings, daß §95 die Befugnis der Ermittlungsbehörden unbe- **10** rührt läßt, Beschuldigte und Zeugen zur **freiwilligen Herausgabe** von Beweismitteln und Führerscheinen aufzufordern, wie dies in der Praxis tagtäglich geschieht. Nur bleibt hier eine Weigerung folgenlos[14].

5. Ordnungs- und Zwangsmittel (Absatz 2)

a) Allgemeines. Steht fest, daß der Verpflichtete dem Herausgabeverlangen **11** schuldhaft nicht nachgekommen ist, sind nach §95 Abs. 2 die in §70 bestimmten Ordnungs- und Zwangsmittel zulässig. Voraussetzung ist zunächst eine klare Bezeichnung des Beweisgegenstands im Herausgabeverlangen; ferner muß feststehen, daß der Betroffene den Gegenstand im Gewahrsam hat und zur Herausgabe auch tatsächlich in der Lage wäre[15].

b) Zeugnisverweigerungsberechtigte (Absatz 2 Satz 2). Die Ordnungs- und **12** Zwangsmittel dürfen nicht angewendet werden, wenn der Gewahrsamsinhaber berech-

---

[10] Nach Art. 9 des Reichskonkordats vom 20. 7. 1933 (RGBl. II 679) dürfen **katholische** Geistliche nicht um Auskünfte über Tatsachen angehalten werden, die ihnen bei Ausübung der Seelsorge anvertraut sind und deshalb unter die Pflicht der seelsorgerischen Verschwiegenheit fallen. Wer nach seinem Wissen nicht gefragt werden darf, darf auch nicht aufgefordert werden, Urkunden über das ihm vorbehaltene Wissen auszuliefern. Nichts anderes gilt für **evangelische** Geistliche

(LG Fulda SJZ **1950** 826; *Wieczorek* §385 ZPO, C II).
[11] LG Bonn NStZ **1983** 327; LR-*Meyer*[23] 6; KK-*Laufhütte* 3; *Gillmeister* 117; a. A *Kleinknecht/Meyer*[37] 1; *H. Schäfer* wistra **1983** 102; *Kurth* NStZ **1983** 327.
[12] *Kurth* NStZ **1983** 328.
[13] Entgegen *H. Schäfer* wistra **1983** 102.
[14] Das verkennt *H. Schäfer* wistra **1983** 102.
[15] KK-*Laufhütte* 4; KMR-*Müller* 5; *Kleinknecht/Meyer*[37] 9.

Gerhard Schäfer

tigt ist, das Zeugnis zu verweigern. Das ist stets der Fall bei den in § 52 Abs. 1 bezeichneten Angehörigen. Bei dem Personenkreis des § 53 besteht das Herausgabeverweigerungsrecht nur, wenn ihnen der Gegenstand in der in § 53 bezeichneten Eigenschaft anvertraut oder übergeben worden ist[16]. Meist wird daher der Fall des § 97 vorliegen, in dem das Verfahren nach § 95 ausgeschlossen ist (oben Rdn. 6). Die in § 53 Nr. 2 bis 3 a Genannten (Verteidiger, Anwälte, Ärzte usw.) haben kein Weigerungsrecht, wenn sie von der Verpflichtung zur Verschwiegenheit, d. h. hier zur Wahrung des Geheimnisses durch Verweigerung der Herausgabe, entbunden worden sind (vgl. § 53 Abs. 2)[17]. Im übrigen beseitigt das Einverständnis des Beschuldigten das Herausgabeverweigerungsrecht nicht (RG Recht **1927** Nr. 2623).

12a   Im Fall des § 55 besteht zwar kein Zeugnis-, sondern nur ein Auskunftsverweigerungsrecht (vgl. § 55, 4). § 95 Abs. 2 Satz 2 ist hier aber entsprechend anzuwenden, denn nach dem Sinn des § 55 ist niemand verpflichtet, durch die Herausgabe von Gegenständen die Strafverfolgung auf sich oder seine Angehörigen zu lenken[18].

13   c) **Zuständigkeit. Verfahren.** Zuständig ist der **Richter**; im Ermittlungsverfahren der Ermittlungsrichter (§§ 162, 165), nach Erhebung der öffentlichen Klage das mit der Sache befaßte Gericht; anders als nach § 161 a niemals die Staatsanwaltschaft[19]. Die Entscheidung ergeht (im Ermittlungsverfahren auf Antrag der Staatsanwaltschaft) durch Beschluß, vor dem unter Hinweis auf die nach § 70 möglichen Folgen rechtliches Gehör zu gewähren ist (vgl. § 70, 37). Zur Anfechtung der Entscheidung vgl. § 70, 40, zu seiner Vollstreckung § 70, 39.

14   d) **Ordnungs- und Zwangsmittel.** Absatz 2 verweist wegen der „Ordnungs- und Zwangsmittel" auf § 70, zwingt aber nicht zu deren Festsetzung, sondern stellt sie in das pflichtgemäße Ermessen des Richters („können"). In Betracht kommen Ordnungsgeld, Ordnungshaft und Beugehaft. Wegen der Einzelheiten dazu s. § 70, 13 bis 33; zur nachträglichen Abänderung der Entscheidung bei Herausgabe des verlangten Gegenstands vgl. § 70, 38.

6. Kosten der Vorlegung oder Herausgabe

15   a) **Problem.** Namentlich Kreditinstituten, aber auch sonstigen Dritten, können durch das Heraussuchen und Vorlegen von Buchhaltungsunterlagen erheblich Kosten entstehen. Insbesondere das Heraussuchen und Lesbarmachen mikroverfilmter oder sonst auf Datenträger gespeicherter Buchhaltungsunterlagen ist dann sehr zeit- und arbeitsaufwendig, wenn bei Kreditinstituten Kontobewegungen über längere Zeiträume hinweg festgestellt werden müssen[20]. Häufig werden von Banken darüber hinaus auch die Buchungsbelege ausgewertet und Aufstellungen über Zahlungsvorgänge gefertigt. Ob derartige **Vorarbeiten** entschädigungsfähig sind, wenn sie zur Abwendung einer Beschlagnahme, in Erfüllung der Pflicht des § 95 oder auf ein auf § 161 a gestütztes Ersuchen um schriftliche Auskunft (vgl. § 94, 51 und Erl. zu § 161 a) erfolgen, ist in der Rechtsprechung heftig umstritten. Eine unmittelbare Anwendung des ZuSEntschG kommt zweifelsfrei nicht in Betracht. Das ist unstreitig[21]. Ob dieses Gesetz entspre-

---

[16] KK-*Laufhütte* 5; *Kleinknecht/Meyer*[37] 10.

[17] *Kleinknecht/Meyer*[37] 10.

[18] KK-*Laufhütte* 6; *Kleinknecht/Meyer*[37] 10; KMR-*Müller* 4.

[19] Einhellige Meinung; KK-*Laufhütte* 4; *Kleinknecht/Meyer*[37] 9; KMR-*Müller* 7; *Kurth* NStZ **1983** 328.

[20] *Masthoff* wistra **1982** 100.

[21] Vgl. BGH Ermittlungsrichter NStZ **1982** 118; OLG Bremen NJW **1976** 685; LG Frankfurt StrVert. **1981** 36; *Sannwald* NJW **1984** 2495 jeweils mit Nachweisen.

chend anzuwenden ist, ist umstritten (eingehend zur Problematik *Sannwald* NJW **1984** 2495). Eine weitere Frage ist, ob für die in solchen Fällen regelmäßig vorgelegten **Fotokopien** Entschädigung zu leisten ist.

b) Stand der Meinungen. Die Stellungnahmen von Rechtsprechung und Literatur **16** zu der Frage lassen sich kaum mehr überblicken[22]. Grob vereinfacht wird folgendes vertreten: Soweit der Aufwand zur Abwendung einer Beschlagnahme erfolgt, dürfte die überwiegende Meinung eine Entschädigung verneinen. Die Vorlage der Buchhaltungsunterlagen (in Fotokopie) sei keine Zeugentätigkeit, die Entschädigungsvoraussetzungen der §§ 1, 2 ZuSEntschG lägen deshalb nicht vor[23]. Der Kaufmann sei nach dem in §§ 261 HGB, 147 Abs. 5 AO zum Ausdruck gebrachten allgemeinen Rechtsgedanken verpflichtet, auf seine Kosten Reproduktionen mikroverfilmter Buchhaltungsunterlagen anzufertigen[24].

Soweit der Aufwand auf **Grund eines Auskunftsersuchens** nach § 161 a erfolgt, **17** wird überwiegend die Erstattungsfähigkeit unter Hinweis auf die Ähnlichkeit zur Zeugenaussage bejaht[25]. Dasselbe gilt auch dann, wenn „zur Abwendung der Beschlagnahme" Aufstellungen, Auflistungen und sonstige über die bloße Reproduktion der Buchhaltung hinausführende Arbeiten vorgenommen werden[26].

c) Eigene Meinung. Im Ergebnis ist der Auffassung zu folgen, die für das Heraus- **18** suchen der Unterlagen und das Fertigen der Kopien Entschädigung zubilligt.

aa) Zeitaufwand. Nicht das Heraussuchen, wohl aber das Aufarbeiten der Ge- **19** schäftsunterlagen ist eine Tätigkeit, die der Vorbereitung des Zeugen auf seine Aussage entspricht. Bei Zeugen wäre ein derartiger Vorbereitungsaufwand nach § 11 ZuSEntschG entschädigungsfähig. Daran kann sich dadurch nichts ändern, daß die Äußerung schriftlich erfolgt[27].

bb) Kopieraufwand. Die Urkunden unterlägen als Beweismittel der Beschlagnah- **20** me. Soweit in diesen Fällen Fotokopien den Beweiszweck ebenso erfüllen, dürften auch bei einer Beschlagnahme regelmäßig nicht die Originale, sondern aus Gründen der Verhältnismäßigkeit lediglich Fotokopien sichergestellt werden, wobei der Ablichtungsaufwand Sache der Ermittlungsbehörden wäre. Die häufig vertretene Auffassung, wer Kopien übergebe, vermeide die Beschlagnahme und habe deshalb die Kopierkosten selbst zu tragen, verkennt die Bedeutung des Verhältnismäßigkeitsgrundsatzes (s. § 94, 35). Deshalb ist in solchen Fällen auch der Fotokopieaufwand zu erstatten, wobei die Selbstkosten maßgeblich sind. Das gilt aber nicht bei der Herstellung **mikroverfilmter oder auf Datenträger gespeicherter Unterlagen,** soweit hier der Herstellungsaufwand

[22] Vgl. den Stand der Meinungen bei *Sannwald* NJW **1984** 2495.

[23] BGH Ermittlungsrichter NStZ **1982** 118; OLG Bremen NJW **1976** 685; OLG Hamburg MDR **1980** 604; OLG Hamm NStZ **1985** 106; a. A OLG Hamburg NStZ **1981** 107; OLG Düsseldorf MDR **1978** 781; OLG Frankfurt WM **1980** 753; LG Coburg WM **1979** 901; LG Frankfurt StrVert. **1981** 36.

[24] Aus der Rechtsprechung OLG Bremen NJW **1976** 685; OLG Nürnberg **1980** 1861; OLG Hamburg NStZ **1981** 1682; OLG Karlsruhe MDR **1982** 605; LG Koblenz wistra **1985** 207; ferner z. B. *Baumbach/Du-*

den/Hopt[26] § 47, 1 HGB; a. A z. B. OLG Hamburg MDR **1981** 341; OLG Celle WM **1981** 1288; LG München NStZ **1981** 107; LG Coburg WM **1979** 902; LG Frankfurt NStZ **1982** 336; LG Hildesheim NStZ **1982** 337 mit Anm. *Benckendorff.*

[25] Vgl. z. B. OLG Hamm NStZ **1981** 106; weitere Nachweise bei Sannwald NJW **1984** 2495 Fußn. 1 und 2.

[26] Vgl. z. B. OLG Düsseldorf wistra **1985** 123; LG Koblenz wistra **1985** 207 für „Auskünfte".

[27] *Meyer/Höver* § 11, 332 m. Nachw.

den Kopieraufwand übersteigt. Die Pflicht des Kaufmanns, diese Unterlagen im Rechtsverkehr (§ 261 HGB) auf seine Kosten auszudrucken oder zu reproduzieren, besteht auch gegenüber den Ermittlungsbehörden im Strafverfahren, steht also der Entschädigungspflicht entgegen. Insofern enthalten §§ 261 HGB, 147 Abs. 5 AO einen allgemeinen Rechtsgedanken.

21		cc) **In jedem Verfahren** besteht diese Entschädigungspflicht. Es kann für die Entschädigung keinen Unterschied machen, ob das Aufarbeiten und die Herausgabe der Unterlagen zur Abwendung einer Beschlagnahme erfolgt oder auf einem Herausgabeverlangen nach § 95 oder auf einem auf § 161 a gestützten Auskunftsersuchen beruht, da allen diesen Maßnahmen sachlich das gleiche Begehren der Ermittlungsbehörden zugrundeliegt[28].

22		7. **Anfechtung.** Richterliche Herausgabeverlangen (nach § 304 Abs. 4 und 5 auch des Oberlandesgerichts im ersten Rechtszug oder des Ermittlungsrichters beim Bundesgerichtshof, da sie der Beschlagnahme gleichzustellen sind) sind mit der Beschwerde anfechtbar; für staatsanwaltschaftliche oder polizeiliche Herausgabeverlangen gilt bis zur Erledigung § 98 Abs. 2 Satz 2[29], danach bedarf es der richterlichen Beschlagnahme des herausgegebenen Gegenstandes.

		8. **Verwertungsverbot**
		a) **Fehlende Vorlegungs- und Herausgabepflicht**
23		aa) **Zeugen.** Nach der hier vertretenen Auffassung (Rdn. 6) fehlt es an einer Vorlegungs- und Herausgabepflicht, wenn ein Beschlagnahmeverbot besteht. Diesem Beschlagnahmeverbot entspricht (z. B. in den Fällen des § 97 und Art. 2 Abs. 1, 1 Abs. 1 GG) ein Verwertungsverbot. Da die Vorlegungs- und Herausgabepflicht in § 95 eine öffentlich-rechtliche Pflicht ist, die der vergleichbar ist, die Beschlagnahme zu dulden, sind Beweismittel nicht verwertbar, die unter Berufung auf die Vorlegungs- und Herausgabepflicht herausgegeben wurden, es sei denn, der Betroffene habe auf sein Recht, die Gegenstände nicht herausgeben zu müssen, verzichtet. Er ist deshalb über seine Rechte zu belehren. Zur Belehrung, zum Widerruf des Verzichts und zur Verwertbarkeit s. § 97, 33 bis 38.

24		bb) **Beschuldigter.** Wurde das Herausgabeverlangen unzulässigerweise gegenüber dem Beschuldigten ohne eine §§ 136 Abs. 1 Satz 2, 163 a Abs. 3 Satz 2 entsprechende Belehrung ausgeübt, so kommt es für die Verwertbarkeit der so gewonnenen Beweismittel darauf an, ob der Beschuldigte seine Rechte kannte. Die Rechtslage entspricht insofern der der unterlassenen Belehrung nach den genannten Vorschriften[30]; vgl. dazu § 136, 54 f.

25		b) **Verbotener Zwang.** Führte verbotener Zwang (gegen den Beschuldigten oder Zeugnisverweigerungsberechtigten) zur Herausgabe, besteht ein Verwertungsverbot auch dann, wenn der Gegenstand ansonsten hätte beschlagnahmt werden können[31];

---

[28] OLG Düsseldorf wistra **1984** 123.
[29] *Kurth* NStZ **1983** 329; a. A *Kleinknecht/Meyer*[37] 12: unanfechtbar.
[30] Die problematische und in der Literatur zu Recht ausnahmslos abgelehnte Entscheidung BGHSt **31** 395 läßt allerdings die Verwertbarkeit von Vernehmungen des Beschuldigten bei unterlassener Belehrung über das

Schweigerecht bis zur Grenze des § 136 a zu; vgl. dazu LR-*Hanack* § 136, 54 f mit umfassenden Nachweisen.
[31] LR-*Meyer*[23] 18; *Kleinknecht/Meyer*[37] 11; *Eb. Schmidt* 10; *Rogall* 228 ff; *Grünwald* JZ **1966** 498; a. A KK-*Laufhütte* 8; KMR-*Müller* Vor § 94, 22.

dies folgt aus dem auf Art. 1 GG beruhenden Verbot des Zwangs zur Selbstbelastung[32]. Ein Verwertungsverbot besteht auch nach verbotenem Zwang gegen den nach §55 sich weigernden Zeugen. Zwar wird nach h. M (vgl. §55, 1) bei einem Verstoß gegen die Belehrungspflicht in §55 Abs. 2 der Rechtskreis des Beschuldigten nicht berührt. Verbotener Zwang erreicht aber die Qualität des §136a mit der Folge des umfassenden Verwertungsverbots aus §136a Abs. 3 in Verbindung mit §163a Abs. 5.

9. Revision. Die Verwertung eines Beweismittels entgegen einem Verwertungsverbot **26** kann mit der Revision (Verfahrensrüge) geltend gemacht werden.

10. Abgeordnete. Das Herausgabeverlangen ist der Beschlagnahme gleichzustel- **27** len (vgl. deshalb §94, 64). Zur Verhängung und Vollstreckung von Ordnungsmitteln vgl. §70, 43.

§ 96

Die Vorlegung oder Auslieferung von Akten oder anderen in amtlicher Verwahrung befindlichen Schriftstücken durch Behörden und öffentliche Beamte darf nicht gefordert werden, wenn deren oberste Dienstbehörde erklärt, daß das Bekanntwerden des Inhalts dieser Akten oder Schriftstücke dem Wohl des Bundes oder eines deutschen Landes Nachteile bereiten würde.

Schrifttum. *Backes* Abschied vom Zeugen von Hörensagen, FS Klug 447; *Blankenburg* Die Staatsanwaltschaft im System der Strafverfolgung, ZRP **1978** 263; *Bruns* Präjudizierende Randbemerkungen zum Vorlage-Beschluß des BGH 2 StR 792/82, StrVert. **1983** 382; *Bruns* Der Beschluß des Großen Senats zum strafprozessualen V-Mann-Problem. Anfang oder Ende einer notwendigen Neuorientierung der Rechtsprechung, MDR **1984** 177; *Bruns* Neue Wege zur Lösung des strafprozessualen „V-Mann-Problems" (1981); *Dreher* Die Amtshilfe (1959); *Düwel* Das Amtsgeheimnis (1965); *Fezer* Zur Problematik des gerichtlichen Rechtsschutzes bei Sperrerklärungen gemäß §96 StPO, FS Kleinknecht (1985) 113; *Ernesti* Staatsanwaltschaft, Polizei und die Zusammenarbeit mit den Nachrichtendiensten, ZRP **1986** 57; *Füllkrug* Das Ende des V-Mannes? Kriminalistik **1984** 122; *Geisler* Stellung und Funktion der Staatsanwaltschaft im heutigen deutschen Strafverfahren, ZStW **93** (1981) 1109; *Geißer* Das Anklagemonopol der Staatsanwaltschaft und die Gewährsperson als Aufklärungsmittel im Ermittlungs- und als Beweismittel im Strafverfahren, GA **1983** 385; *Geppert* Der Grundsatz der Unmittelbarkeit im deutschen Strafverfahren (1979) S. 282 bis 303; *Gribbohm* Der Gewährsmann als Zeuge im Strafprozeß, NJW **1981** 305; *Görgen* Strafverfolgungs- und Sicherheitsauftrag der Polizei, ZRP **1976** 59; *Gössel* Der Schutz der Medienfreiheit im Strafverfahren, in: „Medienfreiheit und Strafverfolgung" Schriftenreihe des Instituts für Rundfunkrecht an der Universität Köln, Band 38 (1985) 50; *Gössel* Überlegungen über die Stellung der Staatsanwaltschaft im rechtsstaatlichen Strafverfahren und über ihr Verhältnis zur Polizei, GA **1980** 333; *Gropp* Diskussionsbeiträge der Strafrechtslehrertagung, ZStW **95** (1983) 998; *Grünwald* Der Niedergang des Prinzips der unmittelbaren Zeugenvernehmung, FS Dünnebier 347; *Gülzow* Die Verwertung verdeckt erlangter Erkenntnisse im Strafprozeß, Die Polizei **1984**

---

[32] Vgl. auch BVerfGE **56** 37, 43.

Gerhard Schäfer

331; *Herdegen* Bemerkungen zum Beweisantragsrecht — zugleich Besprechung von BGHGSSt 1/83, NStZ **1984** 97, 200, 337; *Heinisch* Der Einfluß der Exekutive auf die Wahrheitsfindung im Strafprozeß, MDR **1980** 898; *Hilger* Zum Rechtsweg gegen Sperrerklärung und Verweigern der Aussagegenehmigung in V-Mann-Prozessen, NStZ **1984** 145; *Kay* Zur Frage der Geheimhaltung von Gewährspersonen, Die Polizei **1982** 33; *Kienzle* Die Pflicht der Verwaltungsbehörden zur Vorlage von Akten an Gerichte, Justiz **1955** 257; *Körner* Verherrlicht und verteufelt — Der V-Mann, Kriminalistik **1983** 290; *Körner* V-Leute: Verbrannt und verblüht, Kriminalistik **1984** 338; *Körner* Der Grundsatz des fair play für den V-Mann und für den Zeugen, Kriminalistik **1984** 338; *Kramer* Die Beschlagnahmefähigkeit von Behördenakten im Strafverfahren, NJW **1984** 1502; *Kriegler* Beeinträchtigung des Rechtsschutzes durch staatliche Geheimhaltungsmaßnahmen unter Ausschluß patentrechtlicher Maßnahmen, Diss. München 1968; *Krüger* Verfassungsrechtliche Grundlagen polizeilicher V-Mann-Arbeit, NJW **1982** 855; *Lohmeyer* Beschlagnahme von Fahndungsakten und Steuergeheimnis, JR **1964** 171; *Lüderssen* Die V-Leute-Problematik ... oder Zynismus, Borniertheit oder „Sachzwang"? Jura **1985** 113; *Lüderssen* Zur „Unerreichbarkeit" des V-Mannes, FS Klug 527; *Messmer* Das Steuergeheimnis bei Anzeigen Dritter und die Beschlagnahme von Steuerakten im Strafverfahren, DStRdsch. **1956** 315; *Miebach* Der Ausschluß des anonymen Zeugen aus dem Strafprozeß — Vorschlag zur Korrektur der Entscheidung des Großen Senats des BGH, ZRP **1984** 81; *Jürgen Meyer* Zur prozeßrechtlichen Problematik des V-Mannes, ZStW **95** (1983) 834; *Jürgen Meyer* Zur V-Mann-Problematik aus rechtsvergleichender Sicht, FS Jescheck (1985) 1311; *Moll* Das Problem der Amtshilfe, DVBl. **1954** 697; *Ostendorf* Die Informationsrechte der Strafverfolgungsbehörden gegenüber anderen staatlichen Behörden im Widerstreit mit deren strafrechtlichen Geheimhaltungspflichten, DRiZ **1981** 4; *Pickel* Geheimhaltung und Offenbarung von Daten im Sozialrecht, MDR **1984** 885; *Preuß* Prozeßsteuerung durch die Exekutive, StrVert. **1981** 312; *Prost* Die Amtshilfe nach Bundesrecht, DÖV **1956** 80; *Rebmann* Der Einsatz verdeckt ermittelnder Polizeibeamter im Bereich der Strafverfolgung, NJW **1985** 1; *Rebmann* Der Zeuge vom Hörensagen im Spannungsverhältnis zwischen gerichtlicher Aufklärungspflicht, Belangen der Exekutive und Verteidigungsinteressen, NStZ **1982** 315; *Rüping* Das Verhältnis von Staatsanwaltschaft und Polizei, ZStW **95** (1983) 894; *Rudolphi* Grenzen der Überwachung des Fernmeldeverkehrs nach den §§ 100 a, b StPO, FS Schaffstein 433; *Rupprecht* Keine Bedenken gegen die Leitsätze zum Verhältnis Staatsanwaltschaft—Polizei, ZRP **1977** 275; *Helmut Schäfer* Das Recht eines früheren Beschuldigten auf Akteneinsicht und das Geheimhaltungsinteresse des öffentlichen Dienstes, MDR **1984** 454; *Herbert Schäfer* Die Prädominanz der Prävention, GA **1986** 49; *Herbert Schäfer* Das Ende des „V-Mannes"? JR **1984** 397; *Schiller* Unzulässige Einschränkungen des Anwaltsprivilegs bei der Beschlagnahme? StrVert. **1985** 169; *Schlinck* Die Amtshilfe (1982); *Schmid, Karl-Heinz* Der „gesperrte" V-Mann, DRiZ **1984** 474; *Schneider* Die Pflicht der Behörden zur Aktenvorlage im Strafprozeß (1970); *Schoreit* Datenschutz und Informationsrecht im Bereich der Strafverfolgung unter Berücksichtigung der Dateien des Bundeskriminalamts, ZRP **1981** 73; *Schoreit* Staatsanwaltschaft und Polizei im Lichte fragwürdiger Beiträge zur Reform des Rechts der Staatsanwaltschaft, ZRP **1982** 288; *Seelmann* Der anonyme Zeuge — ein erstrebenswertes Ziel der Gesetzgebung? StrVert. **1984** 477; *Steinke* Begriffsentwirrung: V-Mann, UCA, Vigilant, Gewährsperson..., Kriminalistik **1984** 285; *Stratenwerth* Zur Beschlagnahme von Behördenakten im Strafverfahren, JZ **1959** 693; *Tiedemann/Sieber* Die Verwertung des Wissens von V-Leuten im Strafverfahren — Analyse und Konsequenzen der Entscheidung des Großen Senats des BGH, NJW **1984** 753; *Uhlig* „Anspruch der Polizei: Herrin des Verfahrens?" StrVert. **1986** 117; *Ulrich* Das Verhältnis Staatsanwaltschaft — Polizei, ZRP **1977** 158; *Walder* Grenzen der Ermittlungstätigkeit, ZStW **95** (1983) 862; *Walter* Zur Auskunftspflicht der Sozialbehörden und Arbeitsämter in Ermittlungs- und Strafverfahren, NJW **1978** 868; *Weider* Zur Problematik des polizeilichen V-Mannes, StrVert. **1981** 151.

Entstehungsgeschichte. Durch Art. 3 Nr. 37 VereinhG wurde das Wort „Bundes" an die Stelle des Wortes „Reichs" gesetzt.

Übersicht

I. Allgemeines

1. Amtshilfe. Die Vorschrift ist **Ausfluß der auf allgemeinem Staatsrecht beruhen- 1 den Amtshilfepflicht** nach Art. 35 GG[1]. Sie beschränkt diese in zulässiger Weise, um das Dienstgeheimnis auch im Strafverfahren in Grenzen zu schützen[2]. Sie enthält ein Beweisverbot, und zwar ein Beweisverfahrensverbot[3]. Insoweit korrespondiert die Vorschrift sachlich mit § 54[4]. Ähnliche Regelungen finden sich in anderen Verfahrensvorschriften, z. B. in §§ 26 Abs. 2, 27 BVerfGG; § 99 VwGO; § 86 FinGO; § 119 SGG; § 19 BaWüStGHG.

Das in **§ 161** geregelte Auskunftsersuchen stellt gegenüber dem Aktenvorlagever- 2 langen in § 96 ein **Minus** dar, weshalb konsequenterweise die materiellen und formellen Voraussetzungen der Sperrerklärung nach § 96 auch dort gelten. Vgl. Rdn. 18.

---

[1] BGHSt **32** 115, 124; BVerwG NJW **1984** 2233 = StrVert. **1984** 278; *Schneider* 46.
[2] BVerfGE **67** 100, 133 = NJW **1984** 2271, 2273; BVerfGE **57** 250, 282; *Maunz* in *Maunz/Dürig* Art. 35, 9.

[3] BVerfGE **67** 100, 133 = NJW **1984** 2271, 2273.
[4] *Peters*[4] § 48 A III; *Schneider* 122; *Welp* FS Gallas 423.

3   **2. Gegenauffassung und Kritik.** Für die Gegenauffassung, die in § 96 nur einen **Unterfall der Herausgabepflicht des § 95** sehen will[4a], spricht allerdings die systematische Stellung im Gesetz und der an § 95 anknüpfende Wortlaut („Vorlegung oder Auslieferung"). Gleichwohl ist an der hier schon von *Dünnebier* (22. Aufl.) und *Meyer* (23. Aufl.) vertretenen Auffassung festzuhalten, denn nach der staatsrechtlichen Auffassung zur Zeit des Entstehens der StPO bedurfte es einer besonderen gesetzlichen Regelung der Amtshilfe, deren Umfang § 96 festlegte[5]. Auch ist heute neben der staatsrechtlichen Amtshilfe eine gesonderte auf Strafprozeßrecht beruhende Aktenvorlagepflicht nicht denkbar, wohl aber ist es erforderlich, die an sich unbeschränkte Amtshilfepflicht des Art. 35 GG aus Gründen des Geheimnisschutzes den Anforderungen der jeweiligen Verfahrensart entsprechend zu begrenzen[6]. Bei den anderen Verfahrensordnungen wird die Pflicht zur Aktenvorlage in gleicher Weise als Amtshilfe behandelt und begrenzt.

4   **3. Keine Beschlagnahme von Behördenakten.** Die wichtigste Konsequenz der hier vertretenen Auffassung ist freilich, daß eine **Beschlagnahme von Behördenakten niemals zulässig ist**[7], denn neben der Amtshilfe, zu der eine gesetzliche Verpflichtung besteht, kann es Zwangsmaßnahmen unter Hoheitsträgern grundsätzlich nicht geben.

4a   Soweit im Bereich der **mittelbaren Staatsverwaltung** die Amtshilfepflicht generell oder unter unzutreffender Berufung auf bereichsspezifische Geheimnisverpflichtungen im Einzelfall abgelehnt wird oder eine Ablehnung sicher zu erwarten ist oder soweit im Einzelfall eine Vernichtung von Beweismitteln zu befürchten ist (wofür die Praxis leider viele Fälle kennt), muß **ausnahmsweise** auch hier die Beschlagnahme zulässig sein. Der Zugriff auf das Beweismittel kann nicht aufgeschoben werden, bis die Verpflichtung zur Amtshilfe durch einen Rechtsstreit zwischen der Aufsichtsbehörde und der amtshilfepflichtigen Behörde geklärt ist oder bis die Beweismittel vernichtet sind. Dies gebietet das Interesse an einer leistungsfähigen Strafjustiz (vgl. dazu BVerfGE **51** 324, 343 mit Nachweisen sowie § 94, 35).

5   Der Auffassung, daß eine **Beschlagnahme** von Behördenakten **grundsätzlich unzulässig** ist, stehen weder §§ 99, 100[8] noch §§ 98 Abs. 4, 105 Abs. 3 entgegen. § 99 enthält wegen Art. 10 GG der Sache nach lediglich ein Auslieferungsersuchen an die Post, der die Durchführung der Beschlagnahme obliegt[9], und §§ 98, 105 betreffen nicht Maßnah-

---

[4a] KMR-*Müller* 1; KK-*Laufhütte* 1.

[5] *John* § 96, 4; *Schneider* 44 mit Nachweisen.

[6] *Maunz* in *Maunz/Dürig* Art. 35, 9.

[7] Ebenso RGSt **42** 291; **72** 268; KG JR **1980** 476 (Ermittlungsrichter); BayObLG DRiZ **1931** Nr. 130; LG Wuppertal NJW **1978** 902; LR-*Meyer*[23] 2; *Kleinknecht/Meyer*[37] 2; *Eb. Schmidt* 1: „eine ziemlich unmögliche Vorstellung"; *Rüping* 84; *Rudolphi* FS Schaffstein 438; *Stratenwerth* JZ **1959** 693; *Lohmeyer* JR **1964** 171; a. A OLG Hamm JMBl NW **1984** 232; LG Koblenz wistra **1983** 166; LG Hannover NJW **1959** 351; LG Düsseldorf NJW **1978** 903; LG Darmstadt NJW **1978** 901; LG Marburg NJW **1978** 2306; LG Bremen NJW **1981** 592; LG Stade MDR **1981** 960; LG Stuttgart Justiz **1980** 57; *Klein-

knecht*[35] 6; KMR-*Müller* 1; KK-*Laufhütte* 3: freilich nur dann, wenn eine Sperrerklärung nach angemessener Frist trotz Androhung der Beschlagnahme nicht erfolgt; *Kramer* NJW **1984** 1502; *Peters*[4] § 48 A III; *Schlüchter* 306; *Roxin*[19] § 34 C II; *Erdsiek* NJW **1960** 616; *Welp* Die strafprozessuale Überwachung des Post- und Fernmeldeverkehrs (1974), 152 ff; *Wagner* DRiZ **1985** 16; *Lüderssen* FS Klug 535.

[8] So aber zu Unrecht *Kramer* NJW **1984** 1502.

[9] *Dürig* in *Maunz/Dürig* Art. 10, 50; *Eb. Schmidt* § 99, 13; vgl. auch Nr. 79 RiStBV: „Die Beschlagnahmeanordnung ist dem zuständigen Postamt zu übersenden".

men, die gegen die Bundeswehr als Hoheitsträger gerichtet sind; vgl. § 98, 26; § 105, 38a.

II. Die Amtshilfe nach § 96

1. Berechtigte. Das Vorlegungs- und Herausgabeverlangen kann in jeder Lage **6** des Strafverfahrens gestellt werden, sobald und solange die von § 96 erfaßten Gegenstände als Beweismittel in Betracht kommen. Berechtigte sind danach die im jeweiligen Verfahrensstand für die Stoffsammlung verantwortlichen Organe, die **Staatsanwaltschaft** und das **Gericht**. Die **Polizei** ist berechtigt, soweit sie nach § 163 Abs. 1 im ersten Zugriff ermittelt; im übrigen hat sie die Entscheidung der Staatsanwaltschaft herbeizuführen.

2. Verpflichtete („Behörden und öffentliche Beamte")
a) Behörde. Aus der in Art. 35 GG zum Ausdruck kommenden Einheit der Staats- **7** gewalt[10] folgt, daß der Begriff „Behörde" im Bereich der Amtshilfe weit auszulegen ist. Das zeigen auch § 4 Absatz 1 in Verbindung mit § 1 Absatz 4 des Verwaltungsverfahrensgesetzes des Bundes und der entsprechenden Gesetze der Länder; danach ist amtshilfepflichtige Behörde „jede Stelle, die Aufgaben der öffentlichen Verwaltung wahrnimmt". Es bestehen keine Bedenken, diese Legaldefinition für die Frage der Amtshilfe auch auf Verwaltungsbereiche anzuwenden, die außerhalb des Geltungsbereichs dieser Gesetze liegen[11]. Amtshilfepflichtige Behörden i. S. des § 96 sind danach alle Organe des Bundes, der Länder, der Gemeinden sowie der Gebietskörperschaften[12]. Auch die Träger mittelbarer Staatsverwaltung gehören hierher, selbst wenn sie z. B. als öffentlich-rechtliche Körperschaften eigene Rechtspersönlichkeiten mit dem Recht der Selbstverwaltung sind, solange sie wenigstens der staatlichen Rechtsaufsicht unterliegen[13]. Behörden i. S. des § 96 sind deshalb auch die Organe der Sozialversicherungsträger[14], die der öffentlich-rechtlichen Rundfunkanstalten, der Rechtsanwaltskammern, der Handwerkskammern, der Industrie- und Handelskammern sowie der sonstigen rechtsfähigen Körperschaften, Anstalten und Stiftungen.

Keine Amtshilfepflicht besteht, soweit, wie z. B. bei den öffentlich-rechtlichen **8** Banken (Landesbanken, Sparkassen) oder im Postbankdienst, öffentliche Aufgaben (vgl. dazu BGHSt **31** 264, 271) im Wettbewerb mit nicht öffentlich-rechtlichen Gewerbeunternehmen wahrgenommen werden[15].

§ 96 bezieht sich selbstverständlich nur auf zur Amtshilfe verpflichtete Behörden **9** im Geltungsbereich der Strafprozeßordnung und auf Auslandsvertretungen der Bundesrepublik (vgl. Nr. 170 RiVASt.). Wegen des Ersuchens um Überlassung ausländischer Akten vgl. Nr. 156 RiVASt. Mit **Beamten** sind nach dem Zusammenhang nur solche gemeint, die für sich allein eine Behörde bilden[16].

Eine **gesetzgebende Versammlung** (Bundestag, Bundesrat, Landtag, Bürgerschaft, **10** Abgeordnetenhaus) ist keine Behörde, weil ihr die Vertretungsbefugnis fehlt. Diese Wortinterpretation kann jedoch nicht ausschlaggebend sein. Der Rang, der den Volks-

---

[10] *Maunz* in *Maunz/Dürig* Art. 35, 5.
[11] *Kopp* § 4, 16 VwVfG mit Nachweisen.
[12] Ähnlich *Eb. Schmidt* 2.
[13] Vgl. *Kopp* § 1, 34 VwVfG; *Martens* NJW **1964** 867.
[14] Nach BGH NJW **1964** 299 ist die Bundes-

versicherungsanstalt für Angestellte keine Behörde; dagegen zutr. *Haueisen* und *Martens* NJW **1964** 867 und 852.
[15] Vgl. auch BVerfGE **64** 229, 241.
[16] *Eb. Schmidt* 2; KK-*Laufhütte* 5; *Schneider* 60.

Gerhard Schäfer

vertretungen nach der Verfassungsordnung der Bundesrepublik zukommt, fordert, daß Bundestag und Landtage hinsichtlich des Schutzes, der ihren Akten und Schriftstücken von Staats wegen zugebilligt wird, anderen Staatsorganen gleichgestellt werden. Die Vorschrift des § 96 ist daher auf die Parlamente entsprechend anzuwenden[17], nicht jedoch auf Verwaltungsorgane wie Gemeinderäte, Kreistage und Stadtverordnetenversammlungen[18]. Bei Parlamenten erfolgt die Sperrerklärung nach außen durch deren Präsidenten; den Vorgang der Meinungsbildung selbst regelt die Geschäftsordnung.

11   **b) Zuständige Behörde.** Während die Herausgabepflicht des § 95 den trifft, der das Beweismittel in Gewahrsam hat, kommt es bei der Amtshilfe nach § 96 auf die **rechtliche Verfügungsmacht** und nicht auf den u. U. zufälligen Gewahrsam an, da nur der, der die rechtliche Verfügungsmacht hat, entscheiden kann, ob gegen die Herausgabe Bedenken aus Gründen des Staatswohls bestehen[19]. Die rechtliche Verfügungsgewalt über Akten steht in der Regel der Behörde zu, die sie angelegt hat. Bei anderen Gegenständen kommt es darauf an, welche Behörde sie erhoben hat oder für welche Behörde sie hergestellt wurden.

12   Soweit die **Polizei (wenigstens auch) repressiv** tätig ist, steht die Verfügungsgewalt in vollem Umfang **ausschließlich** der **Staatsanwaltschaft** zu. Das folgt aus der klaren und zweifelsfreien gesetzlichen Regelung in der Strafprozeßordnung über das Verhältnis zwischen Polizei und Staatsanwaltschaft. Nach §§ 160, 161, 162 und 163 gibt es keine eigene polizeiliche Zuständigkeit im Ermittlungsverfahren. Auch soweit die Polizei nach § 163 zu selbständigen Ermittlungen befugt ist, bleibt sie „verlängerter Arm der Staatsanwaltschaft", der in jeder Lage des Ermittlungsverfahrens die Leitungsbefugnis zusteht[20]. Diese Auffassung vom Verhältnis Staatsanwaltschaft—Polizei wird von der Polizei nahestehenden Autoren bestritten. Dabei wird teilweise aus § 163 auf ein eigenständiges Ermittlungsrecht der Polizei geschlossen[21], teilweise unter dem Schlagwort „operative Verbrechensbekämpfung" das Ineinandergreifen präventiver und repressiver Tätigkeit betont und daraus wegen des Vorrangs präventiver Aufgaben („Prädominanz der Prävention"[21a]) eine Eigenkompetenz der Polizei auch für den Bereich der Strafverfolgung abgeleitet[22]. Beide Konstruktionen überzeugen nicht, weil sich beide über die klare bundesrechtliche Aufgabenverteilung in §§ 160 bis 163 hinwegsetzen, nach der die Verantwortung für das Ermittlungsverfahren und damit für alle im Bereich repressiver Verbrechensbekämpfung erforderlich werdenden Maßnahmen der Staatsanwaltschaft auferlegt sind, mag im Einzelfall die Polizei zugleich auch präventiv tätig sein[23]. Deshalb ist Teil B III Anlage A RiStBV gesetzeswidrig.

---

[17] BGHSt **20** 189; *Kleinknecht/Meyer*[37] 6; KMR- *Müller* 5.

[18] *Kleinknecht/Meyer*[37] 6; *Schneider* 64; **a. A** KK-*Laufhütte* 5 für Gemeinderäte, soweit sie staatliche Aufgaben erfüllen.

[19] *Schneider* 67.

[20] BVerwGE **47** 255, 263; *Kleinknecht/Meyer*[37] § 163, 1, 3; KK-*R. Müller* § 160, 3; § 163, 2; KMR-*Müller* § 163, 10; *Roxin*[19] § 10 B I; *Schlüchter* 71; *Meyer* ZStW **95** 835; *Kuhlmann* DRiZ **1976** 265; *Geisler* ZStW **93** 1109, 1114; *Görgen* DRiZ **1976** 296; *Gössel* GA **1980** 325, 345; *Roxin* DRiZ **1969** 384; *Ernesti* ZRP **1986** 57; *Uhlig* StrVert. **1986** 117; vgl. dazu auch die **Gemeinsamen Verwaltungsvorschriften des Justizministeriums und des Innenministeriums Baden-Württemberg** zum Einsatz verdeckter Ermittler und zum Einsatz von V-Personen im Rahmen der Strafverfolgung, die bundeseinheitlich vereinbart sind und z. B. in Baden-Württemberg am 1. 4. 1986 in Kraft getreten sind, Justiz **1986** 80.

[21] *Rupprecht* ZRP **1977** 275 mit Nachw.

[21a] *Herbert Schäfer* GA **1986** 49.

[22] Vgl. z. B. *Herbert Schäfer* JR **1984** 397 sowie GA **1986** 49 und die Nachweise bei *Rüping* ZStW **95** 901; dagegen z. B. *Schoreit* ZRP **1981** 73, 75; *Ernesti* ZRP **1986** 57; *Uhlig* StrVert. **1986** 117.

[23] *Schoreit* ZRP **1981** 73, 75; vgl. dazu auch BVerwGE **47** 255, 265.

Für die **Entscheidung** über die Freigabe von Akten, Beweismitteln oder Erkennt- **13** nissen, die bei der Polizei wenigstens **auch** im Rahmen der **Strafverfolgung** angefallen sind, ist deshalb die Staatsanwaltschaft und nicht die Polizei zuständig. Daraus folgt z. B., daß es keine Sperre durch die Polizei gegenüber der Staatsanwaltschaft im laufenden Verfahren gibt. Dies gilt auch dann, wenn die Staatsanwaltschaft tatsächlich nicht informiert ist, denn sie hätte nach § 163 Abs. 2 Satz 1 ohne Verzug unterrichtet werden müssen. Im Klartext: Die derzeitige Praxis der Vertraulichkeitszusagen der Polizei und des Einsatzes verdeckter Ermittler ohne Zustimmung der Staatsanwaltschaft ist ebensowenig durch das Gesetz gedeckt wie die derzeitige Praxis, daß über die Freigabe derartiger Personen die Polizei und nicht die Staatsanwaltschaft entscheidet. Vgl. zu diesem Problem jetzt die in Fußn. 20 genannten Gemeinsamen Verwaltungsvorschriften, die aber als innerdienstliche Weisungen gesetzlich begründete Zuständigkeiten wie den ausnahmslosen Vorrang der Staatsanwaltschaft im Ermittlungsverfahren nicht abändern können.

3. Gegenstand der Amtshilfe. Die Vorschrift wird über ihren Wortlaut hinaus auf **14** alle als Beweismittel in Betracht kommenden Gegenstände sowie auf Auskunftsersuchen angewandt.

a) „Akten oder andere in amtlicher Verwahrung befindliche Schriftstücke". Ent- **15** scheidend ist ausschließlich, ob sich die Gegenstände zum Zeitpunkt des Amtshilfeersuchens aus dienstlichen Gründen im amtlichen Gewahrsam befinden[24]. Es kommt nicht darauf an, ob die Schriftstücke bei der Behörde entstanden oder in einer amtlichen Angelegenheit an sie gerichtet worden sind[25]; private Schriftstücke (z. B. Spionageberichte und Briefe), die in amtlichen Gewahrsam genommen wurden[26], sowie bei der Behörde hinterlegte Schriftstücke[27] wie Testamente oder in öffentlichen Bibliotheken oder Archiven verwahrte Nachlässe fallen ebenfalls unter § 96. Die amtliche Verwahrung wird nicht dadurch aufgehoben, daß Akten oder Schriftstücke zu amtlichen Zwecken (Einbinden, Restaurieren, Auswerten zu Forschungszwecken) vorübergehend an private Stellen herausgegeben werden. Diebstahl hebt den amtlichen Gewahrsam auf, nicht aber die Verfügungsmacht der Behörde für den Fall, daß eine Verfügung wieder möglich ist.

Auch in einer **anderen Strafsache** angefallene Akten gehören hierher[28], weshalb **16** in entsprechender Anwendung von § 96 die Staatsanwaltschaft (wegen des Akteneinsichtsrechts nach § 147) sogar bei ihr selbst angefallene Akten sperren kann[28a]. Gutachten von Behördenangehörigen für Strafverfahren, die bereits Teil der Akten geworden sind, sind aber einer Sperrerklärung nicht mehr zugänglich[29].

b) Auf **andere Gegenstände** als Akten und Schriftstücke, die als Beweismittel (im **17** weitesten Sinn, vgl. oben § 94, 7 ff) in Betracht kommen, erstreckt sich die Amtshilfe-

---

[24] KK-*Laufhütte* 6; *Schneider* 117.

[25] KK-*Laufhütte* 6.

[26] Vgl. LR-*Meyer*[23] 8; KK-*Laufhütte* 6.

[27] KK-*Laufhütte* 6; *Schneider* 117; **a. A** *Eb. Schmidt* 3; KMR-*Müller* 3; LR-*Meyer*[23] 8; *Kleinknecht/Meyer*[37] 3 unter Berufung auf die Materialien, die aber im Wortlaut keinen Niederschlag gefunden haben, vgl. dazu *Schneider* 116.

[28] OLG Frankfurt NJW **1982** 1408; KMR-*Müller* 3; *Kleinknecht/Meyer*[37] 3.

[28a] **A. A** OLG Hamburg StrVert **1984** 11; *Taschke* StrVert. **1986** 5; *Keller* StrVert. **1984** 521.

[29] BGHSt **18** 370.

Gerhard Schäfer

pflicht des Art. 35 Abs. 1 GG über den Wortlaut des § 96 hinaus entsprechend; für sie besteht in gleicher Weise wie für Akten ein Geheimhaltungsbedürfnis[30].

18   **c) Auskunftsersuchen.** § 96 wird auf staatsanwaltschaftliche und gerichtliche Auskunftsersuchen (§§ 161, 202, 244 Abs. 2) als einem Minus gegenüber dem Verlangen auf Aktenausfolge entsprechend angewandt[31], wobei sich freilich die Frage stellt, ob durch eine Auskunft an die Staatsanwaltschaft eine Gefahr für das Staatswohl überhaupt entstehen kann, da die Staatsanwaltschaft — anders als das Gericht, vgl. BVerfGE **57** 250, 288 — die Erkenntnisse ihrerseits gegenüber dem Gericht und damit gegen Dritte sperren kann (str.; vgl. dazu Rdn. 16).

19   § 96 und nicht § 54 gilt nach Voraussetzungen und Zuständigkeit seit BGHSt **30** 34 in nunmehr gesicherter Rechtsprechung insbesondere auch für das Verlangen nach **Auskunft** über den Namen und die ladungsfähige Anschrift eines **behördlich geheimgehaltenen** Zeugen entsprechend[32]. Diese Auffassung ist aber in der Literatur nicht unbestritten. Da es keinen Unterschied machen könne, ob die Auskunft über geheimgehaltene Zeugen von der Behörde unmittelbar oder über Zeugen verlangt werde, wollen *Kleinknecht/Meyer*[37] 12 f und *Herdegen* NStZ **1984** 97, 100 die beamtenrechtlichen Vorschriften (§ 54; §§ 62 Abs. 1 BBG, 39 Abs. 3 BRRG) anwenden[33], was deshalb unangemessen ist, weil dort zum Teil nicht die oberste Dienstbehörde zuständig ist, während die Weigerungsgründe trotz unterschiedlichem Wortlaut inhaltlich identisch sein dürften; vgl. Rdn. 25.

4. Unzulässigkeit des Ersuchens

20   **a) Behördliche Schweigepflicht.** Fraglich ist, ob und in welchem Umfang behördliche Schweigepflichten einem Herausgabeverlangen entgegenstehen können. Die Rechtsentwicklung ist im Fluß; Einzelheiten werden bei § 161 erörtert. Nach § 5 Absatz 2 Nr. 2 des Verwaltungsverfahrensgesetzes (VwVfG) des Bundes und den gleichlautenden Vorschriften der Verwaltungsverfahrensgesetze der Länder ist die ersuchte Behörde abgesehen von dem auch in § 96 enthaltenen Versagungsgrund auch dann nicht zur Amtshilfe verpflichtet, wenn „die Vorgänge nach einem Gesetz oder ihrem Wesen nach geheimgehalten werden müssen". Es bestehen keine Bedenken, § 5 VwVfG entsprechend auf § 96 anzuwenden. Gesetzliche Geheimhaltungspflichten auch gegenüber den Strafverfolgungsbehörden ergeben sich für **Sozialdaten** aus § 35 SGB I, §§ 67 ff SGB X, für das **Steuergeheimnis** aus § 30 AO, für das **Post- und Fernmeldegeheimnis** aus Art. 10 GG, §§ 5 f PostG, § 10 FAG; vgl. § 99, 1 ff, sowie ganz allgemein für **Privat- und Geschäftsgeheimnisse** aus § 30 VwVG. Alle diese Vorschriften enthalten für die Zwecke der Strafverfolgung Ausnahmen. Bei § 30 VwVG ist die Offenbarung zur Wahrung höherer Rechtsgüter der Allgemeinheit oder Einzelner befugt[34]; dazu gehört mit Sicher-

---

[30] KK-*Laufhütte* 4; *Kleinknecht/Meyer*[37] 1; LR-*Meyer*[23] 9; a. A KMR-*Müller* 1; nach *Schneider* 76 unterliegen diese Gegenstände nicht der Amtshilfe und können deshalb bei der Behörde ohne weiteres beschlagnahmt werden; auf sie könne sich eine Sperrerklärung nicht beziehen.

[31] BVerfGE **57** 250, 282; BGHSt **30** 34; **32** 115, 123; BGH bei *Holtz* MDR **1981** 101; für § 161 vgl. ferner KK-*R. Müller* § 161, 2 f; *Kleinknecht/Meyer*[37] § 161, 1; KMR-*Müller* § 161, 2; *Eb. Schmidt* § 161, 3.

[32] BVerfGE **57** 250; BGHSt **30** 34; **32** 115, 124; BGH bei *Holtz* MDR **1981** 109, OLG Celle NStZ **1983** 570; OLG Hamburg NJW **1982** 297; StrVert. **1984** 11; KK-*Laufhütte* 4; *Hilger* NStZ **1984** 145, 146 mit Nachw.; *Meyer* ZStW **95** (1983) 478; wohl auch *Rebmann* NStZ **1982** 315, 316.

[33] *Kleinknecht/Meyer*[37] 13 allerdings nur bezüglich der Weigerungsgründe, was nicht konsequent ist.

[34] *Kopp* § 30, 7 VwVfG mit Nachw.

heit die Strafverfolgung wegen eines Offizialdelikts. Ein **Bankgeheimnis** gibt es im Strafverfahren weder zugunsten der privaten (vgl. § 53, 4) noch der öffentlichrechtlichen Banken[34a]. Im übrigen sind die öffentlichrechtlichen Banken in bezug auf die Amtshilfe ohnehin nicht als Behörden zu behandeln (vgl. Rdn. 7 a. E).

Der Anspruch auf Achtung der **Privatsphäre** kann Vorgänge ihrem Wesen nach **21** geheim[35] und damit ein Ersuchen unzulässig machen, wenn dieses angesichts des Geheimhaltungsinteresses auf der einen und des Aufklärungsinteresses auf der anderen Seite unverhältnismäßig wäre[35a].

b) Entscheidung. Über die Zulässigkeit des Ersuchens kann in diesen Fällen — an- **22** ders als bei der durch § 96 ausdrücklich geregelten Sperrerklärung aus Gründen des Staatswohls — nur **die ersuchende Behörde** und nicht die ersuchte entscheiden, da nur sie die regelmäßig erforderlich werdende Abwägung zwischen dem Geheimhaltungsinteresse und dem Strafverfolgungsinteresse in Kenntnis der Bedeutung des Beweismittels für das Verfahren sachgerecht vornehmen kann. Weigert sich die ersuchte Behörde unberechtigt, dem Amtshilfesuchenden zu entsprechen, und erweist sich der Weg über die Aufsichtsbehörde als nicht gangbar, so ist jedenfalls im Bereich mittelbarer Staatsverwaltung ausnahmsweise eine Beschlagnahme gestattet, vgl. Rdn. 4a.

5. Das Ersuchen und seine Erledigung

a) Adressat des Ersuchens ist die **Behörde**, die für den den Akten zugrundeliegen- **23** den Vorgang zuständig oder die für den verwahrten Gegenstand sachlich verantwortlich ist, nicht die, die sie nur vorübergehend verwahrt[36]. Das **Ersuchen** muß im Hinblick auf die zahlreichen Geheimhaltungsvorschriften **begründet** werden, wenn es nicht offensichtlich zulässig ist. Andernfalls wäre die ersuchte Stelle zu einer Prüfung, ob sie unter Geheimnisschutzgesichtspunkten Bedenken gegen das Amtshilfeersuchen vorbringen könnte, nicht in der Lage[37].

b) Die Erledigung der Amtshilfe ist als solche in Art. 35 Abs. 1 GG, § 96 StPO ab- **24** schließend geregelt[38]; Einzelheiten, insbesondere die Art und Weise der Vorlegung (§ 168 GVG), können sich aus Landesrecht ergeben, soweit die Amtshilfe als solche nicht tangiert wird. So können bestimmte Urkunden (Grundbücherregister, Handakten) von der Versendung ausgeschlossen werden. Die beweisführende Behörde muß sich dann mit Abschriften, Ablichtungen oder Einsichtnahme, dem Augenschein am Verwahrungsort, begnügen. Kommt es für die beweisführende Stelle auf die Urkunde selbst an und genügt eine Fotokopie oder eine Abschrift nicht, muß die Urschrift vorgelegt werden, solange keine Sperrerklärung abgegeben wird[39].

[34a] *Kleinknecht/Meyer*[37] § 54, 10; LG Frankfurt NJW **1980** 1478 = JA **1980** mit Anm. *Solbach*; *Alsberg/Nüse/Meyer* 476 mit weiteren Nachweisen; *Kurth* NStZ **1983** 541.

[35] Vgl. *Kopp* § 5, 7 VwVfG.

[35a] Vgl. BVerfGE **27** 344, 353 zur Frage, wann die Beiziehung von Ehescheidungsakten im Disziplinarverfahren zulässig ist.

[36] *Schneider* 67.

[37] Vgl. auch BVerfGE **27** 344, 353.

[38] Vgl. *Maunz* in *Maunz/Dürig* Art. 35, 9; *Schneider* 48.

[39] Teilweise anders *Schneider* 77.

Gerhard Schäfer

III. Die Sperrerklärung

1. Voraussetzungen

25   **a) §§ 96 und 54.** Während nach § 96 materielle Voraussetzung der Sperrerklärung lediglich ist, daß das Bekanntwerden des Inhalts der Akten (bzw. der Auskunft) **dem Wohl des Bundes oder eines deutschen Landes Nachteile** bereiten würde, kann die Aussagegenehmigung nach § 54 in Verbindung mit § 39 Abs. 3 BRRG darüber hinaus auch dann versagt werden, wenn die Aussage die **Erfüllung öffentlicher Aufgaben** ernstlich **gefährden** oder erheblich **erschweren** würde. Aus dem unterschiedlichen Wortlaut beider Vorschriften wurde und wird verschiedentlich auf unterschiedlich weite Geheimhaltungsbereiche geschlossen[40], als ob der Umfang des öffentlichen Geheimhaltungsbedürfnisses davon abhängen könnte, ob das Gericht zu derselben Tatsache einen Zeugen hört, Akten beizieht oder eine Behörde um Auskunft ersucht[41]. Die Frage sollte durch die zu einem Auskunftsersuchen (Rdn. 31) ergangene grundlegende Entscheidung des Bundesverfassungsgerichts vom 26. 5. 1981[42], der der BGH in ständiger Rechtsprechung folgt[43], im Sinne einer harmonisierenden Auslegung dahin entschieden sein, daß der Begriff Staatswohl weit gefaßt wird und im Ergebnis die Amtshilfe nach § 96 aus allen in § 39 Abs. 3 BRRG genannten Gründen versagt werden kann (vgl. Rdn. 28)[44]. Bemerkenswert ist allerdings, daß keines der genannten Gerichte auf den unterschiedlichen Wortlaut bei §§ 39 BRRG, 96 StPO ausdrücklich näher eingeht[45], vielmehr häufig lediglich von den „in § 96 StPO und § 54 StPO in Verbindung mit § 39 Abs. 3 BRRG, § 63 Abs. 2 BBG anerkannten Gründen" für eine Sperrerklärung die Rede ist[45a].

26   **b) Bundesverfassungsgericht und Bundesgerichtshof** sehen die Sperrerklärung im **Spannungsfeld zwischen gerichtlicher Aufklärungspflicht und staatlichem Geheimhaltungsinteresse** bei der Erfüllung „verfassungsmäßig legitimierter staatlicher Aufgaben"[46] und verlangen für die Entscheidung eine Abwägung der im Spannungsfeld stehenden Rechtsgüter.

27   Das ist **auf der einen Seite** der **hohe Rang der gerichtlichen Wahrheitsfindung** für die Sicherung der Gerechtigkeit und das Gewicht des Freiheitsanspruchs des Beschuldigten. Dabei betont das Bundesverfassungsgericht, daß das Staatswohl und die Wahrung öffentlicher Belange es auch erfordern, sowohl die Grundrechte Einzelner zu schützen und niemanden einer ungerechtfertigten Verurteilung auszuliefern als auch den Strafanspruch durchzusetzen[47]. Dieser hohe Rang der gerichtlichen Wahrheitsfindung, der sich in der Aufklärungspflicht des § 244 Abs. 2 manifestiert, gebietet es grund-

---

[40] KK-*Herdegen* § 244, 93; *Kleinknecht/Meyer*[37] § 96, 12; *Franzheim* JR **1981** 346; *Geerds* JZ **1984** 46, 48; *Hilger* NStZ **1984** 145; *Lüderssen* FS Klug 529; *J. Meyer* JR **1983** 478; ZStW **95** (1983) 840; offengelassen von *Rebmann* NStZ **1982** 315, 316.

[41] Ähnlich *Schneider* 94.

[42] BVerfGE **57** 250.

[43] BGHSt **31** 149, 155; **31** 290; **32** 32, 35; **32** 115, 124 (GrS); BGH bei *Pfeiffer/Miebach* NStZ **1983** 355.

[44] Ebenso ausdrücklich *Herdegen* NStZ **1984** 100 und OLG Stuttgart B. v. 2. 4. 1986 – 4

VAS 9/86 – zum Abdruck in NStZ vorgesehen.

[45] Darauf weist *Hilger* NStZ **1984** 145 Fußnote 16 zutreffend hin.

[45a] Vgl. BGH NJW **1985** 1478 mit Nachw.

[46] BVerfGE **57** 250, 284; BGHSt **32** 32, 36 spricht insoweit unter Hinweis auf BVerfGE **57** 250, 289 von „berücksichtigungsfähigen Gesichtspunkten des Staatswohls", BVerfGE **67** 100, 139 von den von § 96 erfaßten „öffentlichen Belangen", zu denen auch das Steuergeheimnis zählen könne.

[47] BVerfGE **57** 250, 284.

sätzlich, das sachnähere als das bessere Beweismittel zu verwenden[48]; vgl. auch § 244, 69.

Auf der anderen Seite fassen Bundesverfassungsgericht und Bundesgerichtshof er-   **28** sichtlich den Begriff „Staatswohl" weit und anerkennen zwei Arten von „öffentlichen Interessen"[49], die eine Geheimhaltung rechtfertigen können. Einmal können dies **„verfassungsmäßig legitimierte staatliche Aufgaben"** sein, die zu ihrer Erfüllung der Geheimhaltung bedürfen[50], weil die Wahrnehmung dieser Aufgaben erheblich erschwert und in weiten Teilen unmöglich gemacht würde, wäre die Aufdeckung geheimhaltungsbedürftiger Vorgänge im Strafverfahren ausnahmslos geboten. Hierher zählt BVerfGE 67 100, 139 auch das Steuergeheimnis, dessen gesetzliche Regelung in § 30 AO indes bereits Ausnahmetatbestände enthält (vgl. § 30 Abs. 4 Nr. 4 und 5 AO). Aber auch die auf Art. 2 Abs. 2 Satz 1 und Art. 1 Abs. 1 GG beruhende **Pflicht des Staates, menschliches Leben und die menschliche Freiheit umfassend zu schützen,** kann die Geheimhaltung gebieten, wenn andernfalls rechtswidrige Angriffe auf diese Rechtsgüter ernsthaft zu besorgen sind[51].

Bei der **Abwägung dieser Rechtsgüter** werden regelmäßig die **Schwere der Straf-   29 tat**, das Ausmaß der **dem Beschuldigten drohenden Nachteile** und das Gewicht der einer bestmöglichen Aufklärung entgegenstehenden Umstände **(das Geheimhaltungsinteresse)** sowie der **Stellenwert des angestrebten Beweismittels** im Rahmen der Beweislage zu berücksichtigen sein[52]. Insbesondere ist im Rahmen der Sperrerklärung stets zu prüfen, ob es eine zulässige verfahrensrechtliche Möglichkeit gibt, dem Gericht den Zugriff auf das sachnähere und deshalb bessere Beweismittel zu ermöglichen oder ob andere Verfahren in Betracht kommen, die der Aufklärungspflicht und dem Geheimhaltungsbedürfnis in gleicher Weise gerecht werden[53]. Bei der Abwägung im Einzelfall ist namentlich der Wert des angestrebten Beweismittels von Bedeutung. Ist dieser gering, kann die Sperrerklärung auch aus Gründen erfolgen, die weit unter der Schwelle der Gründe liegen, die unter Rdn. 32 für die Auskunft über die Identität des behördlich geheimgehaltenen Zeugen dargestellt sind.

c) Sonderfall: Der behördlich geheimgehaltene Zeuge. Rechtsprechung und Lite-   **30** ratur haben die Voraussetzungen der Sperrerklärung und das Verfahren dabei im wesentlichen an der Frage erarbeitet, ob und wann die Auskunft über die Personalien eines Zeugen (namentlich eines Verdeckten Ermittlers oder V-Mannes; vgl. zu diesen Begriffen die Gemeinsamen Verwaltungsvorschriften, Fußn. 20) geheimgehalten werden können. Dabei kam es zu recht widersprüchlichen Entscheidungen zwischen Bundesverfassungsgericht und Bundesgerichtshof. Die Literatur ist kaum mehr zu überblicken.

aa) Auskunftsersuchen analog § 96. Einigkeit besteht in der **Rechtsprechung** zu-   **31** nächst darüber, daß das Ersuchen um Auskunft über die Personalien eines zu verneh-

---

[48] BVerfGE 57 250, 277; BGHSt 32 115, 123; 31 148, 152; 29 109, 111; BGH bei *Pfeiffer/Miebach* NStZ **1983** 355; NStZ **1982** 79; NJW **1981** 770; **1980** 2088; BGHSt 6 209; KK-*Herdegen* § 244, 28; *Kleinknecht/Meyer*[37] § 244, 12; *Eb. Schmidt* § 244, 8.

[49] BVerfGE **57** 250, 285.

[50] BVerfGE **57** 240, 284; BGHSt **32** 32, 35; BGH bei *Pfeiffer/Miebach* NStZ **1983** 355.

[51] BVerfGE **57** 250, 284; BGHSt **33** = StrVert. **1985** 47; BGHSt 31 290, 294; **31** 149, 155; **29** 109, 111 mit einer von BGHSt **32** 115 (Fußn. 64) abgelehnten verfahrensrechtlichen Konsequenz; vgl. auch *Rebmann* NStZ **1982** 316 mit Beispielen; *Herdegen* NStZ **1984** 100.

[52] BVerfGE **57** 250, 285.

[53] BVerfGE **57** 250, 285, 186; BGHSt **32** 115, 123; vgl. auch OLG Stuttgart Fußn. 44.

menden Zeugen **analog** § 96 zu behandeln ist[54], während in der Literatur *Herdegen* (NStZ **1984** 100) für das Verfahren, *Kleinknecht/Meyer*[37] 12 für die Voraussetzungen § 54 in Vbdg. mit §§ 62 Abs. 1 BBG, 39 Abs. 3 Satz 1 BRRG anwenden wollen.

32   **bb) Materielle Voraussetzungen der Sperrerklärung.** Während die Entscheidungen des Bundesverfassungsgerichts[55] und des Großen Senats des Bundesgerichtshofs[56] lediglich Grundsätze für eine allgemeine Interessenabwägung im oben Rdn. 26 ff dargestellten Umfang aufstellen, hat der 2. Strafsenat des Bundesgerichtshofs in zwei Entscheidungen dahin erkannt, daß das öffentliche Interesse an einer **wirksamen Verbrechensbekämpfung allein** die Sperrung eines als V-Mann eingesetzten Zeugen regelmäßig **nicht** rechtfertige. Dies gelte namentlich für die Fälle der bloßen **Enttarnung** einer Vertrauensperson, auch wenn dieser eine Vertraulichkeitszusage gemacht worden sein sollte. Eine Ausnahme wurde zu Recht lediglich für die Fälle anerkannt, in denen die Preisgabe der Personalien eine **Gefahr für Leib oder Leben** des Zeugen oder eines seiner Angehörigen bedeuten würde[57]. Demgegenüber hält der 1. Strafsenat[58] weitergehend in einer Sache, in der ,,konkrete Anhaltspunkte für eine Bedrohung" des Lebens des Zeugen vorlagen, eine Sperrerklärung ,,aus den in § 96 StPO und § 54 Abs. 1 StPO i. V. mit § 39 Abs. 3 Satz 1 BRRG (§ 62 Abs. 1 BBG) anerkannten Gründen" ,,sowohl bei zu besorgender Enttarnung als auch bei Gefährdung des Zeugen" für zulässig.

33   **cc) Verfahren. Der notwendige Inhalt der Sperrerklärung.** Bereits das Bundesverfassungsgericht hat sehr eingehend dargelegt, daß die Behörde bei der Sperrung eines Zeugen zu prüfen habe, ob nicht bereits bestimmte verfahrensrechtliche Vorkehrungen zur Wahrung ihrer Belange — hier zum Schutz des Zeugen — ausreichen[59] und dabei eine Reihe von verfahrensrechtlichen Möglichkeiten erörtert, die *Rebmann*[60] aufgriff und weiterführte. Dabei stand in der Rechtsprechung das Bestreben im Vordergrund, durch eine Stufung des Verfahrens und der Beweismittel[61] möglichst eine persönliche Vernehmung des Zeugen durch das Gericht, wenn auch unter optischer oder akustischer Abschirmung[62], kommissarisch in Abwesenheit des Angeklagten und des Verteidigers[63] oder unter Verzicht auf die Angabe der Personalien zu erreichen, um nicht auf Beweissurrogate wie die Vernehmung des V-Mannführers als Zeugen vom Hörensagen oder die Verlesung von polizeilichen Vernehmungsniederschriften oder von schriftlichen Erklärungen des Zeugen angewiesen zu sein.

34   Der **große Senat für Strafsachen** des Bundesgerichtshofs hat in seiner Entscheidung vom 17. 10. 1983[64] eine Wende dahin vollzogen, daß er zwar die Bedeutung des

---

[54] BVerfGE 57 250, 281; BGHSt 29 390, 393; 30 34, 35; 31 149, 154; 32 32, 35; 32 115, 123 (GrS); BGH NStZ **1984** 178; BGHSt 33 (v. 16. 4. 85 5StR 718/84).

[55] BVerfGe 57 250.

[56] BGHSt 32 115.

[57] BGHSt 31 290, 294 = StrVert. **1983** 225 mit Anm. *Weider* = JR **1983** 476 mit Anm. *J. Meyer*; BGHSt 33 83, 90 = StrVert. **1985** 45 mit Anm. *Taschke* = NStZ **1985** 278 mit Anm. *Arloth*.

[58] NJW **1985** 1478 = StrVert. **1985** 3.

[59] BVerfGE 57 250, 286.

[60] NStZ **1982** 315.

[61] Vgl. dazu BVerfGE 57 250, 286; BGHSt 32 115, 122.

[62] Vgl. *Rebmann* NStZ **1982** 319 und BGHSt 29 109, 111.

[63] BGHSt 31 149 mit Nachw.; BVerfGE 57 250.

[64] BGHSt 32 115 = NStZ **1984** 36 = StrVert. **1983** 490 = JZ **1984** 43; dazu und zum Vorlagebeschluß BGH NStZ **1984** 32 = StrVert. **1983** 314 vgl. *Bruns* StrVert. **1983** 382; MDR **1984** 177; *Frenzel* NStZ **1984** 39; *Grünwald* StrVert. **1984** 56; *Günther* NStZ **1984** 32; *Herdegen* NStZ **1984** 97, 200, 337; *J. Meyer* FS Jescheck 1311; *Schmid* DRiZ **1984** 474; *Fezer* JZ **1984** 433; *Tiedemann/Sieber* NJW **1984** 753.

sachnäheren Beweismittels für die Wahrheitsfindung betont, dessen Heranziehung und Verwertung aber davon abhängig gemacht hat, daß dies nach den Regeln der Strafprozeßordnung geschieht. Eine Reihe weiterer höchstrichterlicher Entscheidungen enthalten ergänzende Präzisierungen. Nach der **Rechtsprechung des Bundesgerichtshofs** gilt danach folgendes: Das Gericht ist durch die Aufklärungspflicht (§ 244 Abs. 2) gehalten, das sachnähere Beweismittel dem sachferneren vorzuziehen[65]. Das bedeutet, daß zunächst versucht werden muß, den Zeugen in der **Hauptverhandlung** zu vernehmen. Um der Gefahr für Leib und Leben des Zeugen zu begegnen, ist es gestattet, unter **Ausschluß der Öffentlichkeit** nach § 172 GVG[66] zu verhandeln und, wenn die Voraussetzungen des § 172 GVG gegeben sind, die Hauptverhandlung an einen besonders **gesicherten Ort** zu verlegen[67]. Auch eine Hauptverhandlung unter **Entfernung des Angeklagten** bei der Vernehmung und hier auch, anders als in den sonstigen Fällen des § 247[67a], bei der Vereidigung des Zeugen (nicht aber bei der Verhandlung über die Vereidigung!) wird in entsprechender Anwendung von § 247 Satz 1 für zulässig gehalten[68], obwohl der Große Senat insoweit lediglich davon gesprochen hatte, die Entfernung des Angeklagten komme in Betracht, wenn „die Voraussetzungen dafür erfüllt" sind[69] und gerade dieser Entfernungsgrund in § 247 nicht enthalten ist.

Nicht zulässig ist es dagegen nach der Entscheidung des Großen Senats, dem Zeu- **35** gen (in der Hauptverhandlung und bei einer kommissarischen Vernehmung) zu gestatten, entgegen § 68 seine **Personalien nicht anzugeben**[70], wobei bei einer Identitätsänderung dies für den jetzigen Namen nicht gelten soll[71], ihn bei der Vernehmung **optisch oder akustisch abzuschirmen**[72] oder gar **Verteidiger** oder Schöffen von der Hauptverhandlung wenn auch nur zeitweilig **auszuschließen**[73].

Scheidet nach alledem, was in der Sperrerklärung abzuwägen und vom Gericht **36** zu überprüfen ist, eine Vernehmung in der Hauptverhandlung aus, ist der Zeuge **unerreichbar** im Sinne des § 244 Abs. 3 und seine kommissarische Vernehmung nach § 223 Abs. 1 durch einen beauftragten oder (seltener) ersuchten Richter ist zu prüfen. Von dieser Vernehmung kann der Angeklagte[74], nicht aber sein Verteidiger[75] ausgeschlossen werden, eine akustische oder optische Abschirmung des Zeugen ist ebensowenig zulässig wie die Nichtangabe seiner Personalien[76].

dd) Kritik. Der Entscheidung des Großen Senats kann kaum widersprochen wer- **37** den. Der Hinweis auf die Notwendigkeit, die Regeln der Strafprozeßordnung einzuhalten, ist schlechterdings zwingend. So fand die Entscheidung auch wenig Kritik[77] und viel Anerkennung[78], wobei die zustimmenden Autoren zunächst freilich teilweise über-

---

[65] BGHSt **32** 115, 123 (Fußn. 64).
[66] BGHSt **32** 115, 125; BGH NStZ **1984** 522.
[67] BGHSt **32** 115, 125 (Fußn. 64).
[67a] BGHSt **26** 218; NStZ **1982** 256; StrVert. **1983** 181.
[68] BGH NJW **1985** 1478 = StrVert. **1985** 3; vgl. auch BGHSt **32** 115, 125; BVerfGE **57** 250, 286; vgl. auch § 247, 16; 20.
[69] BGHSt **32** 115, 125; vgl. dazu *Grünwald* StrVert. **1984** 57.
[70] BGHSt **32** 115, 127 f, **33** (19. 4. 1985); vgl. auch schon BGHSt **29** 109, 113.
[71] BGHSt **32** 115, 128; **29** 109, 113; offengelassen bei BGHSt **33** 178, 180.
[72] BGHSt **32** 115, 124; gegen BGHSt **31** 148,

156; **31** 290, 293; *Rebmann* NStZ **1982** 315, 318 ff.
[73] BGHSt **31** 115, 125.
[74] BGH NStZ **1985** 136; **32** 32; ebenso schon BVerfGE **57** 250, 286.
[75] BGHSt **31** 115, 129.
[76] BGHSt **31** 115, 124, 128.
[77] Vgl. aber *Herdegen* NStZ **1984** 200; *Miebach* ZRP **1984** 81.
[78] *Bruns* MDR **1984** 177; *Engels* NJW **1983** 1530; *Fezer* JZ **1984** 433; *Frenzel* NStZ **1984** 39; *Grünwald* StrVert. **1984** 56; *Schmid* DRiZ **1983** 474; *Spannhorst* JA **1984** 240; *Tiedemann/Sieber* NJW **1984** 753.

sehen haben, daß die Entscheidung, ohne dies allerdings anzudeuten, Ersatzwege zuläßt, die zur Verwertung weniger zuverlässiger Beweismittel führen[79].

38   Auf die grundsätzlichen, in der Literatur breit aufgeworfenen Fragen der **Verwertbarkeit von Beweissurrogaten** bei behördlicher Sperrung eines Zeugen geht die Entscheidung nicht ein[80]. Keineswegs kann davon die Rede sein, daß der anonyme Gewährsmann nunmehr „für das gerichtliche Verfahren ein Nullum" ist[81]. Zutreffend muß *J. Meyer*[82] feststellen, daß der Beschluß des Großen Senats „durchaus zu weniger statt zu mehr Rechtsstaatlichkeit und Prozeßfairneß führen" kann, wenn — und das muß hinzugefügt werden — die Tatrichter den Beweissurrogaten im Rahmen der Beweiswürdigung mehr Bedeutung beimessen, als solchen gerichtlich nicht überprüfbaren Beweismitteln zustehen kann[82a].

39   **a)** Die Sperrerklärung ist ein **Verwaltungsakt**[83]. Zur Anfechtbarkeit vgl. Rdn. 59 ff.

40   **b)** Die Sperrerklärung ist zu **begründen**, damit überprüft werden kann, ob die von der Rechtsprechung geforderte Abwägung der verschiedenen Interessen erfolgt ist[84]. Das bedeutet aber nicht, daß die Gründe der Behörde für die Sperrerklärung in vollem Umfang darzulegen wären; dies würde dem Sinn der Geheimnisschutzregelung zuwiderlaufen, da diese Gründe im gerichtlichen Verfahren den Beteiligten wegen des Anspruchs auf rechtliches Gehör nicht vorenthalten werden dürfen[85].

41   Die Begründungspflicht geht soweit, wie entgegenstehende Gründe des Geheimnisschutzes dies noch zulassen[86]. Die Begründung darf sich also nicht auf den Hinweis auf die gesetzlichen Voraussetzungen („Wohl des Bundes...") beschränken; sie muß **Tatsachen** enthalten und sie muß bei der **Abwägung** von den in BVerfGE 57 250 genannten Kriterien ausgehen: Eine Sperrerklärung, die die Schwere der Straftat, das Ausmaß der dem Beschuldigten durch die Sperrerklärung drohenden Nachteile, den Stellenwert des Beweismittels im Rahmen der Beweislage sowie das Gewicht der für die Sperrerklärung sprechenden Gründe nicht mit Tatsachen belegt und wertet, genügt nicht. Auch

---

[79] Vgl. dazu BGHSt **33** 178, Zulässigkeit der Vernehmung der Verhörsperson; BGHSt **33** 83 = StrVert. **1985** 45 = NStZ **1985** 278 m. Anm. *Arloth*: Zulässigkeit der Verlesung polizeilicher Vernehmungsprotokolle, bei denen § 68 Abs. 1 nicht eingehalten wurde; darauf weist auch *J. Meyer* FS Jescheck 1331 hin.

[80] Vgl. dazu Erl. zu §§ 251 und 224 sowie *Lüderssen* FS Klug 533; *Weider* StrVert. **1983** 228; *Bruns* Neue Wege 65; *Grünwald* JZ **1966** 494 und FS Dünnebier 347, 381; *J. Meyer* ZStW **95** (1983) 834, 850 ff.

[81] So aber *Frenzel* NStZ **1984** 39.

[82] FS Jescheck 1331.

[82a] Vgl. dazu BGH StrVert. **1986** 193 (zum Abdruck in BGHSt bestimmt) mit Nachweisen; BGHSt **33** 178, 181; **17** 382, 385; BVerfGE **57** 250, 292.

[83] KK-*Laufhütte* 11; BVerwG NJW **1983** 638

= DÖV **1983** 894; BVerwGE **34** 252, 254; **18** 58, 59 jeweils für die insoweit sachlich gleichgelagerte Aussagegenehmigung für einen Beamten im Strafprozeß.

[84] Das ist jetzt einhellige Meinung; vgl. BVerfGE **57** 250, 288; BGHSt **32** 115, 125; KK-*Laufhütte* 2; *Kleinknecht/Meyer*[37] 9; *Schlüchter* 427.1; anders noch LR-*Meyer*[23] 10; KMR-*Müller* 8; *Peters*[4] § 48 A III 2 a.

[85] BVerfGE **57** 250, 288; BVerwG NJW **1983** 638, 639; BGHSt **32** 115, 125.

[86] BVerfGE **57** 250, 288; vgl. dazu auch BGHSt **32** 115, 125; **31** 148, 155; **29** 109, 112; BVerwG NJW **1983** 638 zur Aussagegenehmigung nach § 54. Zutreffend weist *Fezer* FS Kleinknecht 113 darauf hin, daß hier zwei elementare Verfahrensgrundrechte (Art. 103 Abs. 1 GG und Art. 19 Abs. 4 GG) sich gegenseitig blockieren.

die Möglichkeit, besondere Schutzmaßnahmen zu ergreifen oder von der Sperrerklärung Beweismittelsurrogate auszunehmen oder andere Beweismittel anzubieten, ist zu erörtern. Soweit die Behörde die Gründe für die Sperrerklärung aus Gründen des Geheimnisschutzes nicht vollständig offenlegen kann, muß sie auch darlegen, warum die Geheimhaltung dieser Gründe geboten ist[87].

3. Herbeiführung der Sperrerklärung und Zuständigkeit

a) Herbeiführung. Die Sperrerklärung wird — anders als nach §54 die Aussage- **42** genehmigung — durch die Behörde herbeigeführt, bei der die Akten oder Schriftstücke verwahrt werden[88]. Gericht oder Staatsanwaltschaft fordern nur die Akten, Schriftstücke oder sonstige Beweismittel an. Entsprechendes gilt beim Auskunftsersuchen[89]. Die ersuchte Behörde führt, wenn sie gegen die Herausgabe Bedenken hat oder durch Dienstvorschriften dazu gehalten ist, die Entscheidung der vorgesetzten Behörde und diese gegebenenfalls die Erklärung der obersten Dienstbehörde herbei. Die ersuchte Behörde wird der Strafverfolgungsbehörde eine Zwischenmitteilung geben, wenn eine solche Prüfung eingeleitet wird, damit die Strafverfolgungsbehörde den weiteren Verfahrensgang auf das Verfahren bei der Verwaltungsbehörde abstellen kann.

b) Zuständigkeit. Die Sperrerklärung darf allein die **oberste Dienstbehörde** abge- **43** ben[89a]. Das ist die oberste Aufsichtsbehörde, an deren Spitze ein Regierungsmitglied oder — wenn die Landesregierung oberste Aufsichtsbehörde ist — alle Regierungsmitglieder stehen. Im Bund ist dies zum Beispiel nach Art. 65 Satz 2 GG das zuständige Fachministerium als oberste Fachaufsichtsbehörde. Für Gemeinden ist oberste Dienstbehörde das Landesinnenministerium, in Angelegenheiten im übertragenen Wirkungskreis, die einer besonderen Fachaufsicht unterliegen, das zuständige Fachministerium. Bei Parlamenten ist der Präsident für die Abgabe der Erklärung zuständig[90].

Die Entscheidung muß nicht unbedingt im Einzelfall ergehen. Für häufig vorkom- **44** mende und im wesentlichen gleichgelagerte Fälle ist vielmehr im Rahmen einer begrenzten Weisung eine Delegation zulässig[91]. Zur **Zuständigkeit** der Staatsanwaltschaft bei **repressiver Verbrechensbekämpfung** und damit zur Zuständigkeit des **Justizministeriums** und nicht des Innenministeriums vgl. Rdn. 13.

4. Folgen der Sperrerklärung

a) Gegenvorstellung. Das Gericht, im Ermittlungsverfahren die um Auskunft **45** nachsuchende Staatsanwaltschaft, ist durch die Aufklärungspflicht (§ 244 Abs. 2) gehalten, die Sperrerklärung auf ihre Rechtmäßigkeit zu **überprüfen**[92]. Diese Überprüfung erfolgt in **zwei Stufen**: Zunächst muß die Behörde ihrer **Auskunftspflicht** überhaupt **genügt** haben. Diese reicht soweit, wie entgegenstehende Gründe des Geheimnisschutzes dies noch zulassen, um wenigstens eine Überprüfung auf offensichtliche Fehler zu ermöglichen. (Vgl. Rdn. 41).

Ist die Behörde nach Auffassung des Gerichts ihrer Auskunftspflicht ausreichend **45 a** nachgekommen und sind insbesondere auch die erforderlichen Güterabwägungen erfolgt, hat das Gericht die Sperrerklärung auf ihre **Rechtmäßigkeit zu überprüfen**, namentlich, ob die Güterabwägung zutreffend vorgenommen wurde.

---

[87] BVerfGE **57** 250, 288; BGHSt **31** 149, 155, **32** 115, 125.

[88] KK-*Laufhütte* 3; *Kleinknecht/Meyer*[37] 7; KMR-*Müller* 6; *Eb. Schmidt* 4.

[89] Vgl. BVerfGE **57** 250, 289; BGH std. seit BGHSt **30** 34, 35; vgl. **32** 115, 123.

[89a] Zuständig ist die Behörde, nicht der Minister persönlich: OLG Stuttgart v. 2. 4. 1986, s. Fußn. 44.

[90] BGHSt **20** 190.

[91] BVerfGE **57** 250, 289.

[92] BVerfGE **57** 250, 288; BGHSt **32** 115, 126.

Gerhard Schäfer

46   Genügt die Sperrerklärung diesen Anforderungen nicht, sei es daß die **Gründe zu dürftig** sind, sei es daß die **Abwägung** nach Auffassung des Gerichts **unrichtig** ist, muß das Gericht auf Grund seiner Aufklärungspflicht begründete Gegenvorstellungen erheben und eine Überprüfung der Sperrerklärung durch die Behörde unter Berücksichtigung der Auffassung des Gerichts verlangen[93]. Um eine solche Überprüfung zu ermöglichen, muß eine laufende Hauptverhandlung unter Umständen unterbrochen, notfalls sogar ausgesetzt werden. Zwingen kann das Gericht die Behörde zu einer solchen Überprüfung freilich nicht[94]; bei einer unberechtigten Weigerung einer Behörde, die Sperrerklärung zu begründen oder zu prüfen, ist allerdings regelmäßig davon auszugehen, daß die Behörde dem Gericht das Beweismittel grundlos und damit rechtswidrig vorenthält[95].

47   b) An eine **endgültige Sperrerklärung** ist der Richter **gebunden**. Das Beweismittel ist mit der Sperrerklärung unerreichbar geworden[96], es ist nicht mehr verwendbar und verwertbar, auch wenn es sich (bei nachträglicher Sperrerklärung) noch bei den Akten befindet.

48   c) Streitig ist, welche **Konsequenzen** aus dieser auf einer behördlichen Entscheidung beruhenden **Unerreichbarkeit** eines Beweismittels zu ziehen sind.

49   In der **Literatur** wird zum Teil die Auffassung vertreten, ein solcherart gesperrtes Beweismittel scheide wegen widersprüchlichen staatlichen Verhaltens als Beweismittel insgesamt mit der Folge aus, daß auch Beweissurrogate (z.B. Zeugen vom Hörensagen) nicht zulässig seien. Sei das Beweismittel zum Beweis für eine entlastende Tatsache benannt worden, müsse diese nach dem Grundsatz „in dubio pro reo" als nicht widerlegbar gelten[97].

50   Zum Teil wird bei rechtswidriger Sperrerklärung auch eine Beschlagnahme der Behördenakten für zulässig gehalten[98].

51   Demgegenüber meint z.B. *Herdegen*[99], die auf einer behördlichen Sperrerklärung beruhende Unerreichbarkeit eines Beweismittels führe zu keinerlei besonderen Konsequenzen. Auch eine durch die Sperrerklärung nicht beweisbare entlastende Behauptung wirke nicht stärker „als ein Vorbringen, das nicht unter Beweis gestellt worden ist".

52   Die **Rechtsprechung** scheint zwischen rechtmäßigen und rechtswidrigen Sperrerklärungen unterscheiden zu wollen: Bei **rechtmäßigen Sperrerklärungen** wird das gesperrte Beweismittel als unerreichbar i. S. der §§ 251, 244, 223 angesehen. Beweissurrogate bis zu polizeilichen Vernehmungen ohne Angabe der Personalien[100] oder Zeugen vom Hörensagen[101] werden zugelassen[102]. Zu den Konsequenzen endgültiger **rechts-**

---

[93] BGHSt **33** 178, 180; **32** 115, 127; **31** 148, 155; **29** 109, 122; BVerfGE **57** 250, 288.

[94] BVerfGE **57** 250, 282; BGHSt **31** 149, 155.

[95] BGHSt **31** 149, 155.

[96] BGHSt **33** 178, 181; **33** 70, 72, 73; **32** 115, 126; **31** 148, 155; **29** 109, 112; vgl. auch BGHSt **29** 390, 391; BGH NStZ **1982** 40; BVerfGE **57** 250, 282; LR-*Gollwitzer* § 244, 271; *Kleinknecht/Meyer*[37] 10; KK-*Herdegen* § 244, 93; *Herdegen* NStZ **1984** 100.

[97] Vgl. dazu *Lüderssen* FS Klug 528, 538; *Grünwald* FS Dünnebier 347, 362; ferner *Bruns* StrVert. **1983** 382, 385; *Weider* StVert. **1983** 227.

[98] KK-*Laufhütte* 2; KMR-*Müller* 2; *Lüderssen* FS Klug 536; *Schlüchter* 306.1; *Peters*[4] § 48 A III 2 a; offengelassen bei BGHSt **33** 70, 72 = StrVert. **1985** 5 = NStZ **1986** 130 mit Anm. *J. Meyer.*

[99] NStZ **1984** 97, 101.

[100] BGHSt **33** 83 = NStZ **1985** 278 m. Anm. *Arloth.*

[101] BGHSt **33** 178, 181.

[102] Vgl. zu allem aus verfassungsrechtlicher Sicht BVerfGE **57** 250.

widriger Sperrerklärungen liegen aus der Rechtsprechung des Bundesgerichtshofs lediglich obiter dicta vor, die teils von einem Verwertungsverbot[103] oder einem Beweiserhebungsverbot[104] für das Beweismittel einschließlich seiner Surrogate ausgehen, teils aber lediglich darauf hinweisen, der Tatrichter habe in einem solchen Fall die Weigerung der Behörde und die dafür angegebenen Gründe bei der Beweiswürdigung zu berücksichtigen[105].

Eigene Auffassung. Bei **rechtmäßiger** Sperrerklärung darf auf die Surrogate bis **53** hin zu schriftlichen Äußerungen des Zeugen[106] zurückgegriffen werden, wobei es Sache der tatrichterlichen Beweiswürdigung ist, dem regelmäßig sehr geringen Beweiswert[107] des Surrogats gerecht zu werden[108]. Unterbleibt ein solcher Rückgriff, verstößt das Gericht gegen seine Aufklärungspflicht (§ 244 Abs. 2). Ist die Sperrerklärung **rechtswidrig**, darf auf Surrogate nicht zurückgegriffen werden, denn Unerreichbarkeit i. S. der §§ 251, 244, 223 ist dann nicht gegeben, wenn der Zeuge durch rechtswidriges Verhalten staatlicher Organe der Justiz nicht zur Verfügung steht. Insoweit besteht ein Verwertungsverbot. Die in der Literatur vereinzelt vorgeschlagene Beschlagnahme (vgl. Rdn. 50) kommt aus grundsätzlichen Erwägungen (vgl. Rdn. 4) nie in Betracht.

Dies alles gilt auch bei entlastenden Umständen. **Entlastungsvorbringen** kann also **54** weder bei rechtmäßiger noch bei rechtswidriger Sperrerklärung als wahr unterstellt werden; eine solche Beweisregel kennt das deutsche Prozeßrecht nicht. Das Entlastungsvorbringen ist aber auch nicht unerheblich. Es ist zusammen mit dem übrigen Beweisergebnis unter Abwägung aller belastenden und entlastenden Umstände zu überprüfen. Erscheint danach — aber erst danach — der behauptete Sachverhalt möglich, gilt — wie stets — „in dubio pro reo"[109].

IV. Sperrerklärung für Akten des jeweiligen Verfahrens?

§ 96 regelt unmittelbar nur den Fall, daß eine Strafverfolgungsbehörde für ein **55** Strafverfahren Beweismittel einer anderen Behörde beiziehen will.

1. Ermittlungsakten. In diesem Kommentar hat *Rieß* bei § 199 (Rdn. 13) die Auf- **56** fassung vertreten, daß bezüglich der zu den Akten eines Ermittlungsverfahrens bei der Staatsanwaltschaft gelangten Informationen eine Sperrerklärung nicht zulässig sei[110] (s. aber auch LR-*Rieß* bei § 163). Dem kann nicht gefolgt werden. Im Rahmen repressiver Verbrechensbekämpfung bei der Polizei als „verlängertem Arm der Staatsanwaltschaft"[111] angefallene Vorgänge stehen sachlich der Staatsanwaltschaft zu, die dafür auch die Verantwortung trifft. Dies gilt namentlich auch für Vertraulichkeitszusagen, Personalien und die Erkenntnisse verdeckter Ermittler. Es ist aber offenkundig, daß gerade insoweit, wenn auch nur in engen Grenzen, ein Geheimhaltungsbedürfnis bestehen kann, dem nur durch eine Sperrerklärung der der Staatsanwaltschaft vorgesetzten obersten Dienstbehörde gegenüber dem Gericht und damit gegenüber der Öffentlich-

---

[103] BGHSt **29** 109, 111; ihm folgend BVerfGE **57** 250, 290.

[104] BGHSt **31** 140, 144; 154; ähnlich **31** 290, 295.

[105] BGHSt **33** 178, 180.

[106] BVerfGE **57** 250, 273; BGH NStZ **1981** 270; *Schmid* DRiZ **1983** 475.

[107] BGHSt **17** 382, 385; **33** 178, 181; BVerfGE **57** 250, 292.

[108] Vgl. dazu auch *Schmid* DRiZ **1983** 475.

[109] OLG Hamburg StrVert. **1984** 11.

[110] Ebenso OLG Hamburg StrVert. **1984** 11.

[111] BVerwGE **47** 255, 263.

kcit analog § 96 Rechnung getragen werden kann. Soweit die Praxis hier Sperrerklärungen der der Polizei vorgesetzten obersten Dienstbehörde ausreichen läßt, ist dieses Verfahren rechtswidrig (vgl. Rdn. 13).

57   **2. Beigezogene Akten.** Entsprechendes gilt für Akten, die von der ermittelnden Staatsanwaltschaft beigezogen worden sind. Auch diese können gegenüber dem Gericht (und damit gegenüber der Öffentlichkeit) gesperrt werden[112]. Zuständig ist die Behörde, der die Akten sachlich zustehen. Das ist bei Ermittlungsakten die für die Ermittlungen im Ausgangsfall zuständige Staatsanwaltschaft, bei ausschließlich präventivpolizeilich entstandenen Akten dagegen die Polizei.

58   **3. Spurenakten.** Auch für **Spurenakten** gilt nichts besonderes. Unabhängig davon, ob man der (zutreffenden) Auffassung von LR-*Rieß* folgt, daß alle tatbezogenen Spurenakten dem Gericht nach § 199 Abs. 2 vorzulegen sind (§ 199, 16 bis 20), oder ob man einen anderen Aktenbegriff vertritt, in jedem Fall können nach der hier vertretenen Auffassung im Ermittlungsverfahren selbst angefallene Erkenntnisse durch die oberste Dienstbehörde der Staatsanwaltschaft gesperrt werden[113].

V. Anfechtbarkeit der Sperrerklärung

59   **1. Strafverfolgungsorgane.** Den **Strafverfolgungsorganen** (Gericht, Staatsanwaltschaft, am Verfahren beteiligte Behörden wie z. B. das Finanzamt) bleibt lediglich das Recht und (nach § 244 Abs. 2) die Pflicht bei ungenügender Begründung **Gegenvorstellungen** gegen die Sperrerklärung zu erheben[114].

60   **2. Andere Verfahrensbeteiligte.** Andere Verfahrensbeteiligte, namentlich der **Angeklagte,** aber beispielsweise auch der **Nebenkläger,** können die Sperrerklärung anfechten. Sie ist ebenso wie die Versagung der Aussagegenehmigung ein **Verwaltungsakt,** bei dem die Rechtsprechung des Bundesverwaltungsgerichts den Rechtsweg nach § 23 EGGVG deshalb ohne weitere Prüfung verneint, weil insoweit eine Maßnahme auf dem Gebiet des Beamtenrechts vorliege[115]. Zum Beurteilungsspielraum s. OLG Stuttgart Fußn. 44.

61   **a) Rechtsweg.** Sehr **streitig** ist, ob bei der Sperrerklärung nach § 96 der **Rechtsweg** nach § 40 VwGO zu den Verwaltungsgerichten oder nach § 23 EGGVG zu den ordentlichen Gerichten eröffnet ist. Literatur und Rechtsprechung dazu sind kaum mehr zu übersehen[116].

---

[112] OLG Frankfurt NJW **1982** 1409; insofern ebenso LR-*Rieß* § 199, 15.

[113] Vgl. dazu OLG Hamm StrVert. **1984** 194.

[114] BVerfGE **57** 250, 288; BGHSt **31** 149, 1556; **31** 290, 295; **32** 115, 126 (Hinweis auf 244 Abs. 2!) **33** 178, 180; KK-*Laufhütte* 2; *Kleinknecht/Meyer*[37] 9; **a. A** *Eb. Schmidt* Nachtr. I 6: Staatsanwaltschaft kann Verwaltungsrechtsweg beschreiten.

[115] BVerwGE **34** 252, 253; NJW **1983** 638, was zumindest zweifelhaft erscheint; vgl. auch *Hilger* NStZ **1984** 145.

[116] Vgl. die Zusammenstellung bei *Hilger* NStZ **1984** 145; ferner BVerwG NJW **1984** 2233 und OLG Stuttgart NStZ **1985** 136 mit Anm. *Hilger* sowie OLG Stuttgart wie Fußn. 44. Die Auffassung, die Sperrerklärung greife nicht in Rechte ein und sei deshalb nicht justiziabel (OLG Hamm MDR **1984** 73; LR-*Meyer*[23] 17) wird nicht mehr vertreten.

Die **überwiegende Meinung** hält wegen der Auswirkung der Sperrerklärung auf **62** das Strafverfahren den Rechtsweg nach § 23 EGGVG für gegeben[117].

Demgegenüber vertritt das **Bundesverwaltungsgericht** in zwei Urteilen vom 27. 4. **63** 1984[118] jedenfalls für die Vorlage von Akten[119] die Auffassung, es komme entscheidend nur auf die Rechtsnatur der angefochtenen Maßnahme — hier der Sperrerklärung — an, diese sei kein Akt der Strafrechtspflege, auch wenn die gesperrten Erkenntnisse im Rahmen eines Strafverfahrens gewonnen worden seien. Deshalb sei der **Verwaltungsrechtsweg** und nicht der Rechtsweg nach §§ 23 ff EGGVG gegeben[120].

Dieser Auffassung ist für jede Art der Sperrerklärung zuzustimmen. Für die Fra- **64** ge, ob ein Justizverwaltungsakt nach § 23 EGGVG vorliegt, stellt die überwiegende Rechtsprechung und die überwiegende Literatur zutreffend auf eine **funktionale Betrachtungsweise** ab, d. h. es soll unabhängig davon, von welcher Behörde die angefochtene Maßnahme ausgeht, die Rechtsnatur der Maßnahme (hier: die Verweigerung der Aktenvorlage oder Auskunft) maßgebend sein[121].

Nach diesen Grundsätzen ist die **Sperrerklärung** nach § 96 **kein Justizverwaltungs- 65 akt** im Sinne des § 23 EGGVG, denn sie schränkt die auf allgemeinem öffentlichen Recht beruhende Amtshilfe nach § 35 GG aus Gründen des Staatswohls zum Zweck der Gefahrenabwehr und damit aus **präventiv-polizeilichen Gründen**[121a] ein. Die Sperrerklärung hat zwar Auswirkungen auf die Strafrechtspflege, die bei der Abwägung auch zu beachten sind, sie ist selbst aber kein Akt der Strafrechtspflege. Dies gilt ausnahmslos. Insbesondere findet dieser Grundsatz auch dann Anwendung, wenn im Rahmen eines Ermittlungsverfahrens erworbene Erkenntnisse für dieses Verfahren selbst gesperrt werden. Auch in diesem Fall hat die Sperrung selbst ausschließlich präventiven, also ausschließlich polizeilichen Charakter, mag sie auch durch die einer Strafverfolgungsbehörde vorgesetzte oberste Dienstbehörde erfolgen[121b].

b) Klagebefugnis. Die **Klagebefugnis** (§ 42 Abs. 2 VwGO) des **Angeklagten** ergibt **66** sich aus seinem Anspruch auf ein faires Verfahren[122], denn durch die Sperrerklärung

---

[117] OLG Hamm MDR **1986** 163; OLG Stuttgart NStZ **1985** 136 und v. 2. 4. 1986 (s. Fußn. 44); OLG Hamburg NStZ **1984** 11; JR **1982** 434 mit Anmerkung *Franzheim*; StrVert. **1981** 537; OVG Lüneburg NJW **1984** 940 (die Entscheidung in der Sache: OLG Celle NStZ **1983** 570); OVG Münster NJW **1977** 1790; VG Darmstadt StrVert. **1982** 415; vgl. auch OLG Hamm NStZ **1984** 423 = StrVert. **1984** 194 für die Verweigerung der Einsicht in Spurenakten; VGH Kassel NJW **1984** 1253 (aufgehoben durch BVerwG NJW **1984** 2233) stellt darauf ab, ob die herauszugebenden Akten im Rahmen repressiver oder präventiver Verbrechensbekämpfung entstanden sind.

[118] 1 C 10.84 NJW **1984** 2233 und 1 C 43.83 DVBl **1984** 836.

[119] In der Sache NJW **1984** 2233 ging es um Akten des Landeskriminalamts mit Aussagen über Einsatzgrundsätze, Auswertungs- und Bekämpfungssysteme, aus denen sich die V-Mann-Eigenschaft eines Belastungszeugen ergeben sollte, in der Sache DVBl **1984**

836 ging es um Akten des Verfassungsschutzes.

[120] Ebenso im Ergebnis KK-*Laufhütte* 11; *Kleinknecht/Meyer*[37] 14, es sei denn, oberste Dienstbehörde sei der Justizminister; *Roxin* § 34 C II; *Peters*[4] § 48 A III 2 a; *Schlüchter* 472.1.

[121] BVerwGE **47** 255, 259; BVerwG NJW **1984** 2233; BVerwG DVBl **1984** 836; LR-*K. Schäfer*[23], § 23, 8 bis 12 EGGVG; *Kissel* § 23, 13 EGGVG; *Kleinknecht/Meyer*[37] § 23, 2 EGGVG.

[121a] Ebenso *Herbert Schäfer* GA **1986** 49, 58.

[121b] Ebenso im Ergebnis KK-*Laufhütte* 11; *Kleinknecht/Meyer*[37] § 23 EGGVG, 2; *Kissel* § 23 EGGVG 108; *Peters*[4] § 48 A III 2a.

[122] BVerfGE **57** 250; OVG Berlin StrVert. **1984** 280 für die Klage auf Erteilung der Aussagegenehmigung; OLG Hamburg JR **1982** 434 mit Anm. *Franzheim*; *Peters*[4] § 48 A III 2a; die abweichende Auffassung von LR-*Meyer*[23] § 96, 17 wird nicht aufrechterhalten.

Gerhard Schäfer

wird das Gericht auf sachfernere und damit weniger qualifizierte Beweismittel verwiesen. Deshalb ist die Klagebefugnis auch dann gegeben, wenn der Angeklagte die Beiziehung des gesperrten Beweismittels nicht begehrt hatte.

67   Das Rechtsschutzbedürfnis besteht ohne weiteres bis zur **Rechtskraft** des Urteils, das in dem Verfahren ergeht, in dem der Zeuge gehört werden sollte, da bis zu diesem Zeitpunkt eine Verwertung, u. U. nach Aufhebung und Zurückverweisung durch das Revisionsgericht, möglich ist[123]. Es besteht aber zur Erlangung eines Wiederaufnahmegrunds auch über die Rechtskraft des Urteils hinaus.

VI. Revision

68   **1. Fehlen einer (wirksamen) Sperrerklärung.** Lehnt das Gericht die Beiziehung eines Beweismittels als **unerreichbar** ab, ohne eine Sperrerklärung herbeizuführen oder auf deren ausreichende Begründung zu drängen, liegt bei Ablehnung eines Beweisantrags ein Verstoß gegen § 244 Abs. 3 Satz 2[124], im übrigen ein Verstoß gegen die Aufklärungspflicht nach § 244 Abs. 2[125] auch dann vor, wenn nach Erlaß des Urteils eine Sperrerklärung erfolgt[126].

69   Bedient sich das Gericht bei Fehlen einer (wirksamen) Sperrerklärung eines **Beweissurrogats** oder sonst eines Verfahrens, das bei wirksamer Sperrerklärung zulässig wäre, liegt ein Verstoß gegen die jeweilige Verfahrensvorschrift vor[127, 128]. Erfolgte die Sperrerklärung durch die falsche Behörde (vgl. Rdn. 13, 44) ist § 96 selbst verletzt und es kommt nicht darauf an, ob die richtige Behörde gleich oder anders entschieden hätte.

70   **2. Verwertung eines gesperrten Beweismittels.** Hat das Gericht ein nach § 96 gesperrtes Beweismittel (versehentlich) verwertet (weil es z. B. von einer Sperrerklärung keine Kenntnis hatte), so kann ebenso wie bei § 54 (vgl. dort Rdn. 28) darauf weder der Angeklagte noch die Staatsanwaltschaft die Revision stützen, weil durch die Verwertung der Geheimnisschutz bereits verletzt ist und die Wahrheitsfindung dadurch nicht beeinträchtigt wird[129].

---

[123] OVG Berlin StrVert. **1984** 280.

[124] BGHSt **29** 390; **30** 34.

[125] BGHSt **32** 115, 123.

[126] BGH MDR **1983** 949.

[127] § 247 Satz 1 ist verletzt, wenn das Gericht in Abwesenheit des Angeklagten verhandelt (BGHSt **32** 32), § 251 Abs. 1 Nr. 2, wenn das Protokoll einer kommissarischen Vernehmung nach dieser Vorschrift verlesen wurde, obwohl der Zeuge gar nicht (sicher) unerreichbar ist (BGHSt **31** 290; **31** 149, 151; BGH StrVert. **1983** 232; MDR **1983** 949), § 251 Abs. 2 wenn es sich um eine polizeiliche Niederschrift handelte (BGHSt. **33** 83, 85 = NStZ **1985** 279 mit Anm. *Arloth*). Dabei bedeutet ein fehlender Widerspruch des Angeklagten und/oder seines Verteidigers gegen die Verlesung noch nicht das **Einverständnis** i. S. des § 251 Abs. 1 Nr. 4 (BGH MDR **1983** 949 mit Nachw.). Fehlender Widerspruch führt auch nicht zur **Verwirkung des Rüge-**rechts, weil sonst das Erfordernis ausdrücklicher Zustimmung in § 251 Abs. 1 Nr. 4 leerliefe; BGHSt **32** 32; BGH MDR **1983** 949; im Ergebnis ebenso BGH StrVert. **1984** 231; strenger (i. Sinne einer Verwirkung) BGH StrVert. **1983** 232 unter Hinweis auf BGHSt **26** 332, 333; **9** 24, 28; NJW **1952** 1426.

[128] Zu den Anforderungen an die **Revisionsbegründung** in solchen Fällen vgl. BGH StrVert. **1983** 232; bei *Pfeiffer/Miebach* NStZ **1984** 213 (Nr. 32); *Weider* StrVert. **1983** 227.

[129] *Alsberg/Nüse/Meyer* 505; *Grünwald* JZ **1966** 498; *Kleinknecht/Meyer*[37] § 54, 22 und KMR-*Paulus* § 54, 40 zu der gleichgelagerten Frage bei § 54; a. A *Eb. Schmidt* Nachträge I 6, weil der Angeklagte durch jeden Rechtsfehler in seinen Rechten verletzt sei; *Schlüchter* 306.1, die ebenso wie *Eb. Schmidt* schon aus dem Beweiserhebungsverbot auf die Revisibilität schließt; KMR-*Müller* 24 vor § 94.

3. Unterlassene Aussetzung. Hat der Angeklagte eine Sperrerklärung gerichtlich **71**
angefochten, und hat das erkennende Gericht den Ausgang dieses Verfahrens nicht abgewartet, so kann dies nur ganz ausnahmsweise unter dem Gesichtspunkt des Verstoßes
gegen die Aufklärungspflicht (§ 244 Abs. 2) oder der fehlenden Rücksichtnahme auf die
Belange der Verteidigung[130] die Revision begründen, wenn das erkennende Gericht die
Sperrerklärung für (endgültig) rechtswidrig hält, Gegenvorstellungen erfolglos blieben
und das Urteil — bei einer entlastenden Tatsache — darauf beruht, weil es nicht von der
behaupteten entlastenden Tatsache ausging[131]. Maßgebliche Gesichtspunkte bei der
Prüfung der Aussetzung sind die Wahrheitsermittlung (Beweisbedeutung des Informanten, Chancen des verwaltungsgerichtlichen Verfahrens) einerseits und der Gedanke der
Verfahrensbeschleunigung (Dauer des verwaltungsgerichtlichen Verfahrens) andererseits[132].

4. Fehler in der Beweiswürdigung. Auf die **Sachrüge** prüft das Revisionsgericht, **72**
ob der Tatrichter bei der Beweiswürdigung dem begrenzten Beweiswert mittelbarer Beweismittel ausreichend Rechnung getragen hat[133].

§ 97

(1) Der Beschlagnahme unterliegen nicht
1. schriftliche Mitteilungen zwischen dem Beschuldigten und den Personen, die nach
   § 52 oder § 53 Abs. 1 Nr. 1 bis 3 a das Zeugnis verweigern dürfen;
2. Aufzeichnungen, welche die in § 53 Abs. 1 Nr. 1 bis 3 a Genannten über die ihnen
   vom Beschuldigten anvertrauten Mitteilungen oder über andere Umstände gemacht
   haben, auf die sich das Zeugnisverweigerungsrecht erstreckt;
3. andere Gegenstände einschließlich der ärztlichen Untersuchungsbefunde, auf die
   sich das Zeugnisverweigerungsrecht der in § 53 Abs. 1 Nr. 1 bis 3 a Genannten erstreckt.

(2) [1]Diese Beschränkungen gelten nur, wenn die Gegenstände im Gewahrsam der zur
Verweigerung des Zeugnisses Berechtigten sind. [2]Der Beschlagnahme unterliegen auch
nicht Gegenstände, auf die sich das Zeugnisverweigerungsrecht der Ärzte, Zahnärzte,
Apotheker und Hebammen erstreckt, wenn sie im Gewahrsam einer Krankenanstalt
sind, sowie Gegenstände, auf die sich das Zeugnisverweigerungsrecht der in § 53 Abs. 1
Nr. 3 a Genannten erstreckt, wenn sie im Gewahrsam der anerkannten Beratungsstelle
nach § 218 b Abs. 2 Nr. 1 des Strafgesetzbuches sind. [3]Die Beschränkungen der Beschlagnahme gelten nicht, wenn die zur Verweigerung des Zeugnisses Berechtigten einer Teilnahme oder einer Begünstigung, Strafvereitelung oder Hehlerei verdächtig sind oder
wenn es sich um Gegenstände handelt, die durch eine Straftat hervorgebracht oder zur
Begehung einer Straftat gebraucht oder bestimmt sind oder die aus einer Straftat herrühren.

(3) Soweit das Zeugnisverweigerungsrecht der Mitglieder des Bundestages, eines
Landtages oder einer zweiten Kammer reicht (§ 53 Abs. 1 Nr. 4), ist die Beschlagnahme
von Schriftstücken unzulässig.

---

[130] BGH NStZ **1985** 465.
[131] Vgl. auch *Alsberg/Nüse/Meyer* 457.

[132] BGH NStZ **1985** 465.
[133] BGH v. 5. 2. 1986 StrVert. **1986** 193 (für
BGHSt bestimmt).

Gerhard Schäfer

(4) Die Absätze 1 bis 3 sind entsprechend anzuwenden, soweit die in § 53 a Genannten das Zeugnis verweigern dürfen.

(5) [1]Soweit das Zeugnisverweigerungsrecht der in § 53 Abs. 1 Nr. 5 genannten Personen reicht, ist die Beschlagnahme von Schriftstücken, Ton-, Bild- und Datenträgern, Abbildungen und anderen Darstellungen, die sich im Gewahrsam dieser Personen oder der Redaktion, des Verlages, der Druckerei oder der Rundfunkanstalt befinden, unzulässig. [2]Absatz 2 Satz 3 gilt entsprechend.

Schrifttum. *Amelung* Einwilligung bei strafprozessualen Grundrechtsbeeinträchtigungen (1984); *Amelung* Grenzen der Beschlagnahme notarieller Unterlagen, DNotZ **1984** 195; *Baur* Mangelnde Bestimmtheit von Durchsuchungsbeschlüssen, wistra **1983** 99; *Beulke* Der Verteidiger im Strafverfahren (1980); *Birmanns* Die Beschlagnahme von Buchführungsunterlagen bei dem Steuerberater, MDR **1981** 102; *Brenner* Zur Beschlagnahmefähigkeit von Buchhaltung und Bilanzen beim Steuerberater, BB **1984** 137; *Bringewat* Zeugnisverweigerungsrecht und Beschlagnahmeprivileg des Verteidigers, NJW **1974** 1740; *Bringewat* Grenzen der Beschlagnahmefreiheit im Ermittlungsverfahren nach dem GWB, BB **1974** 1559; *Creifelds* Die Beschlagnahme von Handakten des Verteidigers, GA **1960** 65; *Dencker* Besprechung von Aufsätzen zum Straf- und Strafprozeßrecht, NStZ **1982** 459; *Felix/Streck* Rechtsstaatswidrige Verwaltungsanweisungen, wistra **1982** 165; *Fezer* Grundfälle zum Verlesungs- und Verwertungsverbot im Strafprozeß, JuS **1978** 767; *Freund* § 97 II n. F. StPO — eine ungewollte Gesetzesänderung? NJW **1975** 2057; *Freund* Wirtschaftskriminalität und Beschlagnahmeprivileg, NJW **1976** 2002; *Fuss* Pressefreiheit und Geheimnisschutz, NJW **1962** 2225; *Gehre* Wirtschaftskriminalität und Beschlagnahmeprivileg, NJW **1977** 710; *Geppert* Beschlagnahme von Schadenakten privater (Kraftfahrzeug-)Haftpflichtversicherer im (Verkehrs-)Strafprozeß, DAR **1981** 301; *Gillmeister* Ermittlungsrechte im deutschen und europäischen Kartellordnungswidrigkeitenverfahren (1985); *Göggerle* Durchsuchungen und Beschlagnahmen bei den Angehörigen der rechts- und steuerberatenden Berufe, BB **1986** 41; *Göppinger* Die Entbindung von der Schweigepflicht und die Herausgabe oder Beschlagnahme von Krankenblättern, NJW **1958** 241; *Gössel* Der Schutz der Medienfreiheit im Strafverfahren, in „Medienfreiheit und Strafverfolgung", Schriftenreihe des Instituts für Rundfunkrecht an der Universität Köln, Band 38 (1985) 50; *Gross* Zeugnisverweigerungsrecht und Beschlagnahmeprivileg, ArchPR **1965** 542; *Gülzow* Beschlagnahme von Unterlagen der Mandanten bei deren Rechtsanwälten, Wirtschaftsprüfern oder Steuerberatern, NJW **1981** 265; *Haffke* Einschränkung des Beschlagnahmeprivilegs des Verteidigers durch den Rechtsgedanken der Verwirkung? NJW **1975** 808; *Haffke* Zum Rechtsschutz bei bevorstehender richterlicher Durchsicht beschlagnahmefreier Papiere, NJW **1974** 1983; *Hassemer* Das Zeugnisverweigerungsrecht des Syndikusanwalts, wistra **1986** 1; *Heilmaier* Beschlagnahme von Buchführungsunterlagen des Mandanten bei seinem StB, WP oder RA, DStR **1980** 519; *Herdegen* Zur Beschlagnahme und Verwertung schriftlicher Mitteilungen im Gewahrsam von Angehörigen des Beschuldigten (§§ 52, 97 Abs. 1 Nr. 1, Abs. 2 Satz 2 StPO), GA **1963** 141; *v. Hippel* Über Grenzen der Beschlagnahme, ZStW **47** (1927) 523; *Höser* Nochmals: Die Beschlagnahme von Buchführungsunterlagen bei dem Steuerberater — Entgegnung auf den Beitrag von Birmanns, MDR **1981** S. 102 f, MDR **1982** 535; *Huppertz* Zeugnisverweigerungsrecht, Beschlagnahme- und Durchsuchungsverbot zugunsten des Rundfunks im Strafprozeß (1971); *Klug* Presseschutz im Strafprozeß (1965); *Kohlhaas* Zur Beschlagnahme von Arztakten nach Entbindung von der Schweigepflicht, JR **1958** 328; *Kohlhaas* Die strafprozessuale Verwertbarkeit beschlagnahmter Krankenblätter, NJW **1962** 670; *Kohlhaas* Herausgabepflicht und Beschlagnahme ärztlicher Aufzeichnungen, NJW **1964** 1162; *Krämer* Das „Verteidigerprivileg" der §§ 97, 54 StPO im Ermittlungsverfahren nach dem GWB aus verfassungsrechtlicher Sicht, BB **1975** 1225; *Krekeler* Beeinträchtigungen der Rechte des Mandanten durch Strafverfolgungsmaßnahmen gegen den Rechtsanwalt, NJW **1977** 1417; *Krekeler* Probleme der Verteidigung in Wirtschaftsstrafsachen, wistra **1983** 43; *Kunert* Beschlagnahme von Geschäftspapieren, die nach Gesetz aufzubewahren sind, bei den nach § 53 Abs. 1 Nr. 2, 3 zeugnisverweigerungsberechtigten Personen, MDR **1973** 179; *Lange* Zur Beschlagnahme von Geschäftsunterlagen beim Verteidiger, AWRdsch. **1963** 101; *Lenckner/Schumann/Winkelbauer* Selbstanzeige im Steuerrecht, wistra **1983** 176; *Löffler* Lücken und Mängel im neuen Zeugnisverweigerungs- und Beschlagnahmerecht von Presse und Rundfunk,

NJW **1978** 913; *Löffler* Presserecht Band I 3. Auflage 1983; *Lohmeyer* Für den Steuerberater bedeutsame Fragen im Zusammenhang mit der Durchsuchung und Beschlagnahme, Der Steuerberater **1982** 1; *Lohmeyer* Verwertungsverbote im Steuerfahndungs- und Betriebsprüfungsverfahren, Der Steuerberater **1982** 151; *Hellm. Mayer* Inwieweit ist Beweismaterial in der Hand des Verteidigers beschlagnahmefrei? SchlHA **1955** 348; *Meeger* Die Beschlagnahme von Schadensakten der Haftpflichtversicherer unter dem Blickwinkel verfassungsrechtlicher Zulässigkeit, VersR **1974** 945; *Müller-Dietz* Die Beschlagnahme von Krankenblättern im Strafverfahren, Diss. Freiburg 1965; *Pestke* Die Beschlagnahme von Buchhaltungsunterlagen beim Steuerberater, Steuerberatung **1986** 39; *Pfander* Beschlagnahme von Anwaltsakten im Rahmen eines Enqueteverfahrens? NJW **1970** 314; *von der Pfordten* Beschlagnahme und Durchsuchung bei Abgeordneten, LZ **1923** 208; *Quack* Sinn und Grenzen anwaltlicher Unabhängigkeit heute, NJW **1975** 1342; *G. Schäfer* Einige Fragen zur Verjährung in Wirtschaftsstrafsachen, FS Dünnebier 541; *H. Schäfer* Der Konkursverwalter im Strafverfahren, wistra **1985** 209; *K. Schäfer* Einige Bemerkungen zu dem Satz „nemo tenetur se ipsum accusare", FS Dünnebier 11; *Seibert* Können Handakten eines Rechtsanwalts beschlagnahmt werden? JZ **1951** 584; *Stypmann* Rechtliche und tatsächliche Probleme bei staatsanwaltschaftlichen Durchsuchungs- und Beschlagnahmehandlungen, wistra **1982** 11; *Waldowski* Durchsuchung und Beschlagnahme in der Anwaltskanzlei, AnwBl. **1975** 106; *Weinmann* Die Beschlagnahme von Geschäftsunterlagen des Beschuldigten bei Zeugnisverweigerungsberechtigten. — Rückschau und Ausblick, FS Dünnebier 199; *Welp* Die Geheimsphäre des Verteidigers in ihren strafprozessualen Funktionen, FS Gallas 391; *Wilhelm* Beschlagnahme von Gegenständen, die einem Rechtsanwalt (Verteidiger) von seinem Mandanten übergeben sind, NJW **1959** 1716; *Winklbauer* Der Rechtsschutz gegen die Durchsuchung einer Steuerberaterkanzlei, DStR **1978** 693.

Entstehungsgeschichte. Die Vorschrift lautete ursprünglich: „Schriftliche Mitteilungen zwischen dem Beschuldigten und den Personen, die wegen ihres Verhältnisses zu ihm nach §§ 52, 53 zur Verweigerung des Zeugnisses berechtigt sind, unterliegen der Beschlagnahme nicht, falls sie sich in den Händen der letzteren Personen befinden und diese nicht einer Teilnahme, Begünstigung oder Hehlerei verdächtig sind." Art. 4 Nr. 12 des 3. StRÄndG faßte die Bestimmung neu. Durch Art. 21 Nr. 17 EGStGB 1974 wurde in Absatz 2 Satz 2 (jetzt Satz 3) das Wort „Strafvereitelung" eingefügt und der letzte Satzteil gestrichen. Art. 6 Nr. 2 des 5. StRG ersetzte in Absatz 1 jeweils die Angabe „Nr. 1 bis 3" durch die Angabe „Nr. 1 bis 3 a"; in Absatz 2 wurde der Halbsatz 2 des Satzes 1 als Satz 2 neu gefaßt, der bisherige Satz 2 wurde Satz 3. Durch Art. 1 Nr. 2 des Gesetzes über das Zeugnisverweigerungsrecht der Mitarbeiter von Presse und Rundfunk vom 25.7. 1975 (BGBl. I 1973) wurde der letzte Satzteil des Satzes 3 (früher Satz 2) ohne sachliche Änderungen wieder eingefügt und Absatz 5 neu gefaßt. Der Absatz lautete ursprünglich: „Zu dem Zweck, die Person des Verfassers, Einsenders oder Gewährsmannes einer Veröffentlichung oder Sendung strafbaren Inhalts zu ermitteln, ist die Beschlagnahme von Schriftstücken unzulässig, die sich im Gewahrsam der nach § 53 Abs. 1 Nr. 5 und 6 zur Verweigerung des Zeugnisses Berechtigten befinden."

Nachdem das Bundesverfassungsgericht das 5. StRG, durch das im Jahre 1974 der Absatz 2 Satz 2 geändert worden war, teilweise für nichtig erklärt hatte (BVerfGE **39** 1 = NJW **1975** 573), wurden die §§ 218 ff StGB durch das 15. StRÄndG neu gefaßt und § 97 Abs. 2 Satz 2 dem angepaßt.

Übersicht

Gerhard Schäfer

Stand: 1. 4. 1986

I. Überblick

1. Beschlagnahmeverbot als Ergänzung des Zeugnisverweigerungsrechts. Durch **1** die Beschlagnahmeverbote des § 97 soll eine Umgehung des Zeugnisverweigerungsrechts nach §§ 52, 53 und 53 a verhindert werden[1]. Der Vertrauensschutz, den diese Bestimmungen einräumen, wäre unvollständig, wenn er auf das gesprochene Wort beschränkt bliebe. Von den Angehörigen des Beschuldigten (§ 52 Abs. 1), den in § 53 genannten Vertrauenspersonen und ihren Gehilfen (§ 53 a) soll ebensowenig wie durch ihre Aussage auf sonstige Weise ein Beitrag zur Überführung des Beschuldigten erzwungen werden dürfen. „Denn was der Mund nicht zu offenbaren braucht, darf auch der Hand nicht entrissen werden" (*Dünnebier*, Das Problem einer Sonderstellung der Presse im Strafverfahren [1966] 39). Deshalb enthielt § 97 schon immer ein Beschlagnahmeverbot für schriftliche Mitteilungen zwischen dem Beschuldigten und den zeugnisverweigerungsberechtigten Angehörigen und Vertrauenspersonen. Mit Rücksicht auf die beruflichen Gepflogenheiten insbesondere der Ärzte und Rechtsanwälte mußte der Schutz auf Aufzeichnungen erstreckt werden; wegen der technischen Untersuchungsmethoden war seine Ausdehnung auf Gegenstände erforderlich. Dies war das wesentliche Ziel der Gesetzesänderung von 1953[2]. Der gesetzgeberische Zweck, einer Umgehung der Vorschriften über das Zeugnisverweigerungsrecht entgegenzutreten, ist bei der Auslegung des § 97 stets im Auge zu behalten.

Soweit das Beschlagnahmeverbot reicht, besteht grundsätzlich ein **Verwertungs-** **2** **verbot** (Rdn. 103), sind **Beschlagnahme- und Durchsuchungsanordnungen** (Rdn. 102) sowie das **Herausgabeverlangen** (§ 95, 1, 6) unzulässig.

2. Beschlagnahmefreiheit und Zeugnisverweigerungsrecht

Die Reichweite des Beschlagnahmeverbots und des Zeugnisverweigerungsrechts **3** decken sich nicht.

a) Während das Zeugnisverweigerungsrecht den in **§ 53 Abs. 1 Nr. 1 bis 3 a** ge- **3a** nannten Zeugen umfassend zusteht und unabhängig davon gilt, ob das Vertrauensverhältnis zu einem Dritten oder zum Beschuldigten besteht, erfaßt das Beschlagnahmeverbot nach dem klaren Wortlaut von § 97 Abs. 1 Nr. 1 und Nr. 2 nur das Vertrauensverhältnis **zwischen dem Zeugnisverweigerungsberechtigten und dem Beschuldigten.** Deshalb sind zum Beispiel im Verfahren gegen den Täter Krankenunterlagen über das Opfer der Straftat ebensowenig von § 97 Abs. 1 erfaßt und damit vor Beschlagnahme geschützt[3] wie Anwaltshandakten bezüglich eines Mandanten, der Opfer der Straftat wur-

---

[1] BVerfGE **20** 162, 188; **32** 373, 385; OLG Frankfurt StrVert. **1982** 64; *Hahn* Materialien **1** 125; KK-*Laufhütte* 1; *Kleinknecht/ Meyer*[37] 1; *Schlüchter* 310; *Peters*[4] § 48 A III; *Roxin*[19] § 34 C II 1 a; *Alsberg/Nüse/Meyer*

506; *Amelung* DNotZ **1984** 198; *Klug* 46, 85; *von Hippel* ZStW **47** (1927) 528.
[2] Vgl. BTDrucks. I 3713 S. 49.
[3] OLG Celle NJW **1965** 362; LG Hildesheim NStZ **1982** 394.

de[4], während in beiden Fällen der Arzt oder der Anwalt als Zeuge im Verfahren gegen den Täter sich auf das Zeugnisverweigerungsrecht nach § 53 berufen könnte[5]; vgl. näher Rdn. 50 und Rdn. 7.

4   Da bei den **Abgeordneten** (§ 53 Abs. 1 Nr. 4) und bei den **Angehörigen der Presse** (§ 53 Abs. 1 Nr. 5) nicht das persönliche Vertrauensverhältnis zwischen zwei Personen geschützt werden soll, sondern die Stellung des Abgeordneten und die Pressefreiheit als solche, kommt es dort nach dem ausdrücklichen Wortlaut der genannten Vorschriften für das Beschlagnahmeverbot nicht darauf an, ob zwischen dem Beschuldigten und dem Zeugnisverweigerungsberechtigten ein Vertrauensverhältnis besteht; in diesen Fällen reicht das Beschlagnahmeverbot soweit, wie das Zeugnisverweigerungsrecht des Zeugen.

5   b) Das Beschlagnahmeverbot nach § 97 erstreckt sich in allen Fällen nur auf Gegenstände, die sich im **Gewahrsam des Zeugnisverweigerungsberechtigten** befinden, wobei in Grenzen auch abgeleiteter Gewahrsam geschützt wird (vgl. Rdn. 20). Deshalb dürfen z. B. Briefe des Zeugnisverweigerungsberechtigten bei Dritten und beim Beschuldigten beschlagnahmt werden. Soweit für Verteidigungsunterlagen anderes angenommen wird, beruht dies nicht auf § 97, sondern auf § 148 (vgl. Rdn. 57).

6   c) Bei den nach §§ 52, 53 Abs. 1 Nr. 1 bis 3 a und 5 Zeugnisverweigerungsberechtigten, **nicht** aber **bei Abgeordneten** (§ 53 Abs. 1 Nr. 4, § 97 Abs. 3) ist die Beschlagnahme ungeachtet des Zeugnisverweigerungsrechts zulässig, wenn diese Personen der **Teilnahme** u. s. f. verdächtig sind (vgl. Rdn. 23) oder wenn die Beschlagnahme **Deliktsgegenständen** gilt (§ 97 Abs. 2 Satz 3) (vgl. Rdn. 28).

3. Keine abschließende Regelung der Beschlagnahmeverbote

7   a) Eine **entsprechende Anwendung** der Vorschrift auf andere als die nach §§ 52, 53 zeugnisverweigerungsberechtigten Personen, namentlich auf andere Berufe, ist ebenso wie die **Ausdehnung** des Zeugnisverweigerungsrechts **unzulässig** (vgl. dazu § 53, 3), denn jede Ausdehnung des Beschlagnahmeverbots schränkt ebenso wie die Ausdehnung des Zeugnisverweigerungsrechts die Möglichkeiten justizförmiger Sachaufklärung ein und widerstreitet damit der aus dem Rechtsstaatsprinzip folgenden Notwendigkeit, eine funktionsfähige Strafrechtspflege zu erhalten[6]. Deshalb ist es auch dem Gesetzgeber nicht freigestellt, den Kreis der aus Berufsgründen zeugnisverweigerungsberechtigten Personen „nach Belieben" zu erweitern[7].

8   b) **Verhältnismäßigkeit.** Unabhängig von der Berufszugehörigkeit oder jenseits der Grenzen der durch § 97 geschützten Bereiche können sich unter „ganz besonders strengen Voraussetzungen" Beschlagnahmeverbote unmittelbar aus der Verfassung ergeben[8], wenn wegen der Eigenart des Beweisthemas in grundrechtlich geschützte Bereiche unter Verstoß gegen den Grundsatz der Verhältnismäßigkeit (vgl. § 94, 35) eingegriffen würde. Soweit das **Presseprivileg** nicht reicht (Presseangehörige als Beschuldigte oder Teilnahmeverdächtige, selbstrecherchiertes Material, Anzeigenteil, Filmmacher; vgl. Rdn. 92 f), kann im Einzelfall ein Beschlagnahmeverbot unmittelbar aus Art. 5 GG in Verbindung mit dem Verhältnismäßigkeitsgrundsatz herzuleiten sein[9]. Entsprechen-

[4] LG Koblenz MDR **1983** 779.
[5] Kritisch *Amelung* DNotZ **1984** 207.
[6] BVerfGE **38** 312, 321; **33** 367, 383.
[7] BVerfGE **33** 367, 383.

[8] BVerfGE **38** 103, 105.
[9] Vgl. BVerfGE **64** 108, 116 für den Anzeigenteil; ferner BVerfGE **36** 211; **25** 296, 304; **20** 162, 189; kritisch *Gössel* (Medienfreiheit) 66.

des gilt z. B. für **Sozialarbeiter** und **Eheberater**[10] oder andere Berufe oder Einrichtungen, z. B. eine **Drogenberatungsstelle**[11], oder nicht in § 52 geschützte **private Vertrauensverhältnisse** (Beschlagnahme des Briefwechsels zwischen Geliebten zur Aufklärung einer Zuwiderhandlung gegen die StVO).

c) **Intimsphäre.** Der engste Bereich privater Lebensgestaltung, die persönliche **In- 9 timsphäre**, ist unantastbar und jeglichen Eingriffen der öffentlichen Gewalt und damit auch der Beschlagnahme entzogen[12], vgl. § 94, 55. Dem Beschlagnahmeverbot unterliegen damit z. B. Tagebücher mit höchstpersönlichem Inhalt[13].

d) Aus dem aus Art. 2 Abs. 1 GG abgeleiteten Verbot, jemanden zur **Selbstbezich- 10 tigung**[13a] zu zwingen, kann ein Beschlagnahmeverbot dann folgen, wenn es sich um Gegenständen handelt, die unmittelbar auf Grund einer gesetzlichen[13b] Auskunftspflicht entstanden sind. So werden etwa Aufstellungen des Gemeinschuldners, die dieser zur Erfüllung seiner Pflichten nach §§ 75, 100 KO angefertigt hat, ebenso wie die Aussage des Gemeinschuldners selbst[14], nicht gegen ihn verwertet und deshalb auch nicht beschlagnahmt werden dürfen, auch wenn sich diese z. B. beim Konkursverwalter und damit bei einer nicht zeugnisverweigerungsberechtigten Person befinden. Stets muß es sich aber um gewichtige rechtliche Auskunftspflichten handeln, deren Verletzung unter Straf- oder Zwangsandrohung steht. Einfache vertragliche Pflichten, wie die Schadensmeldungen an die Versicherer, sog. „Obliegenheiten", gehören dem privaten Bereich an. Insoweit sind Beschlagnahmen zulässig. Dies gilt insbesondere für die Schadensmeldungen an die Haftpflichtversicherer, denen — z. B. bei Verkehrsunfällen — die Darstellung des Versicherten zum Schadensereignis (Unfallhergang) entnommen werden kann[15]. Der Verhältnismäßigkeitsgrundsatz bildet auch hier freilich eine Grenze der Zulässigkeit der Beschlagnahme[16].

e) Soweit die **Pressegesetze** der Länder das Beschlagnahmerecht abweichend von   **11** § 97 Abs. 5 regeln, sind diese wegen der dem Bund zustehenden Gesetzeskompetenz nichtig[17]; vgl. Rdn. 91. Die Bedeutung einer freien Presse erfordert eine besonders strikte Prüfung der Verhältnismäßigkeit im Einzelfall[18]; vgl. Rdn. 92.

f) Aus § 148 leiten Rechtsprechung und Literatur z. T. ein umfassendes **Verbot   12 der Beschlagnahme der der Verteidigung dienenden Unterlagen** auch beim Beschuldigten her. Insoweit kommt es also nicht darauf an, in wessen Gewahrsam diese Unterlagen stehen; vgl. dazu im einzelnen Rdn. 56.

---

[10] BVerfGE **33** 367, 374.

[11] BVerfGE **44** 353, 380.

[12] BVerfGE **44** 353, 372; **33** 367, 374; **32** 373, 379 und ständig; *Gössel* NJW **1981** 649, 2217.

[13] Die Tagebuchentscheidung BGHSt **19** 325 ist durch die Rechtsprechung des Bundesverfassungsgerichts insoweit überholt, als derartige Tagebücher stets dem unantastbaren Kernbereich privater Lebensgestaltung zuzurechnen sind.

[13a] Grundlegend BVerfGE **56** 37 und *K. Schäfer* FS Dünnebier 11.

[13b] Regelmäßig vorkonstitutionellen: *Dingeldey*

NStZ **1984** 529, 534; *K. Schäfer* FS Dünnebier 1, 37, 38.

[14] BVerfGE **56** 37.

[15] OLG Celle NJW **1985** 640 zu § 53; *Geppert* DAR **1981** 301 mit Nachweisen; *Kleinknecht/ Meyer*[37] 1; zweifelnd *Dencker* NStZ **1982** 458; **a. A** OLG Celle NStZ **1982** 393 = JR **1982** 475 mit abl. Anm. *Rengier.*

[16] *Geppert* DAR **1981** 301; Eingehend und grundsätzlich zum Gesamtproblem *K. Schäfer* FS Dünnebier 11.

[17] BVerfGE **36** 193; **36** 314.

[18] BVerfGE **64** 108, 118.

II. Allgemeine Voraussetzungen des Beschlagnahmeverbots

13   **1. Beweismittel.** Die Vorschrift bestimmt Beschlagnahmeverbote nur für Beweismittel. Für Gegenstände, die dem Verfall (§ 73 StGB) oder der Einziehung (§ 74 StGB) unterliegen und daher nach §§ 111 b ff beschlagnahmt werden können, gilt sie nicht[19]. Diese können daher bei zeugnisverweigerungsberechtigten Personen nach §§ 111 b ff auch dann beschlagnahmt werden, wenn sie zugleich Beweismittel sind und insoweit nach § 97 einem Beschlagnahmeverbot unterlägen[20]. Als Beweismittel dürfen sie dann auch ohne Rücksicht darauf verwendet werden, daß ihre Beschlagnahme unzulässig gewesen wäre, wenn sie nicht dem Verfall oder der Einziehung unterliegen würden, vgl. auch § 94, 4.

14   **2. Der Zeugnisverweigerungsberechtigte darf nicht Beschuldigter sein.** § 97 findet insgesamt keine Anwendung, wenn der **Zeugnisverweigerungsberechtigte** selbst **Beschuldigter** oder Mitbeschuldigter der Tat ist, zu deren Aufklärung das Beweismittel benötigt wird. § 97 dient nur dem Zweck, eine Umgehung der Vorschriften über das Zeugnisverweigerungsrecht zu verhindern (oben Rdn. 1). Die Vorschrift will nicht etwa Beschuldigte, die zum Kreis der zeugnisverweigerungsberechtigten Personen gehören, dadurch begünstigen, daß Schriftstücke und Gegenstände, auf die sich ihr Zeugnisverweigerungsrecht erstrecken würde, wenn sie nicht Beschuldigte, sondern Zeugen wären, bei ihnen nicht beschlagnahmt werden dürfen. Teils wird dies aus § 97 Abs. 2 Satz 3 geschlossen[21], teils (zutr.) aus dem Zweck des § 97, das Vertrauensverhältnis zwischen dem Zeugnisverweigerungsberechtigten und dem Dritten zu schützen[22]. Das Ergebnis ist jedenfalls nicht streitig[23]. Daß dadurch ein anvertrautes Geheimnis bekannt wird, nimmt das Gesetz in Kauf. Die Verwertung des durch die Beschlagnahme erlangten Wissens ist jedoch nur in dem Verfahren gegen den Beschuldigten selbst und im Verfahren gegen andere Beschuldigte zulässig, die derselben Tat verdächtig sind; vgl. Rdn. 107.

15   **Beschuldigter** ist im Unterschied zum Verdächtigen (vgl. § 97 Abs. 2 Satz 3) derjenige, gegen den das Verfahren als Beschuldigter betrieben wird. Der förmlichen Einleitung des Ermittlungsverfahrens bedarf es nicht. Es genügt, daß eine von einem Strafverfolgungsorgan getroffene Maßnahme erkennbar darauf abzielt, gegen jemanden wegen einer Straftat vorzugehen; vgl. § 136, 4. Die Beschlagnahme kann der erste Verfolgungsakt in diesem Sinne sein[24]. Ist der Zeugnisverweigerungsberechtigte nicht Beschuldigter, sondern lediglich der Teilnahme, Begünstigung, Strafvereitelung oder Hehlerei **verdächtig**, findet § 97 Anwendung. Das Beschlagnahmeverbot kann dann nach Absatz 2 Satz 3 ausgeschlossen sein. Vgl. Rdn. 23.

3. Gewahrsam des Zeugnisverweigerungsberechtigten

16   **a) Allgemeines.** Die Beschlagnahmebeschränkungen treten grundsätzlich nur ein, wenn sich die Gegenstände im **Gewahrsam des Zeugnisverweigerungsberechtigten** be-

---

[19] KK-*Laufhütte* 1; *Kleinknecht/Meyer*[37] 2.
[20] *Kleinknecht/Meyer*[37] 2.
[21] LR-*Meyer*[23] 5; *Kleinknecht/Meyer*[37] 4.
[22] *Schlüchter* 302.1.
[23] Vgl. **allgemein** KK-*Laufhütte* 6; *Kleinknecht/Meyer*[37] 4; *Eb. Schmidt* Nachtr. I 13; *Roxin*[19] § 34 C II; *Schlüchter* 302.1; zum **Arzt** BGH NJW **1967** 687; OLG Celle NJW **1965** 362 = JR **1965** 107 m. Anm. *Kohlhaas*; OLG

Celle NJW **1963** 406; **1962** 693; LG Koblenz NJW **1983** 2100; LG Hildesheim NStZ **1982** 394; zum **Abgeordneten** *Maunz/Dürig* Art. 47, 20; zu **Presseangehörigen** BVerfGE **20** 162, 192, 218; *Löffler* § 53 StPO, 101; *Huppertz* 55; *Kunert* MDR **1975** 889 mit Nachw.
[24] OLG Celle NJW **1963** 407; vgl. auch *G. Schäfer* FS Dünnebier 554.

finden (§97 Abs. 2 Satz 1). Deshalb sind von der Beschlagnahme auch Mitteilungen der Vertrauensperson an den Beschuldigten ausgenommen, die sich noch[25] oder wieder im Gewahrsam der Vertrauensperson befinden. Derartige Mitteilungen dürfen aber auch dann nicht beschlagnahmt werden, wenn sie von dem Beschuldigten an die Vertrauensperson, von der er sie empfangen hat, zurückgegeben worden sind. Was der **Beschuldigte im Gewahrsam** hat, kann jederzeit beschlagnahmt werden, auch wenn die Urschrift, Abschrift oder Ablichtung der Urkunde im Gewahrsam eines Zeugnisverweigerungsberechtigten ist[26]. Ausnahmen gelten wegen §148 für Verteidiger (unten Rdn. 56), nicht aber für Abgeordnete (unten Rdn. 89).

17   b) **Gewahrsam** ist die von einem Herrschaftswillen getragene tatsächliche Sachherrschaft, die — nach *Gössel*[27] — sozial manifest innerhalb einer bestimmten Schutzsphäre besteht[28]. Gewahrsam setzt nicht, wie die ursprüngliche Fassung des §97, stets voraus, daß der Zeugnisverweigerungsberechtigte die Beweismittel „in Händen" habe. Entscheidend ist die tatsächliche Verfügbarkeit. Gewahrsam besteht beispielsweise an den Beweisstücken in einem Schließfach, das der Zeugnisverweigerungsberechtigte nur gemeinsam mit dem Vermieter des Fachs, etwa einer Bank, öffnen kann[29]. In einem **Unternehmen** hat Gewahrsam, wer dieses tatsächlich und rechtlich beherrscht[29a]; bei juristischen Personen sind dies die zur Geschäftsführung berufenen Organe. Auf dem Postweg besteht weder Gewahrsam des Absenders noch des Empfängers; eine Beschlagnahme ist daher zulässig[30]; eine Ausnahme gilt auch hier wegen §148 für Verteidigerpost (unten Rdn. 56).

18   c) **Alleingewahrsam** des Zeugnisverweigerungsberechtigten ist **nicht erforderlich**, Mitgewahrsam genügt[31]. Die abweichende Auffassung[32] wird insbesondere den Eigenarten der Gemeinschaftspraxen bei Rechtsanwälten, Steuerberatern und ähnlichen Berufen nicht gerecht. Befinden sich die zur Beschlagnahme vorgesehenen Beweismittel deshalb im Mitgewahrsam einer Anwaltssozietät oder einer Steuerberatersozietät, so sind sie unabhängig davon geschützt, ob sämtliche Angehörige der Sozietät zeugnisverweigerungsberechtigt sind.

19   Der **Mitgewahrsam des Beschuldigten** führt jedoch zum Wegfall der Beschlagnahmefreiheit[33]. Der Herausgabeanspruch gegen den Gewahrsamsinhaber allein begründet noch keinen Mitgewahrsam des Beschuldigten[34]. Dies ist insbesondere für die Frage von Bedeutung, ob der Beschuldigte an Geschäftsunterlagen, die sich zur Buchführung beim Steuerberater befinden, Mitgewahrsam hat, vgl. Rdn. 67.

20   d) **Abgeleiteter Gewahrsam.** Gibt der nach §52 Zeugnisverweigerungsberechtigte den Gewahrsam auf oder stirbt er, dann steht der Beschlagnahme nichts mehr entgegen.

---

[25] KMR-*Müller* 4.

[26] *Kleinknecht/Meyer*[37] 12.

[27] ZStW **85** (1973) 591, 650.

[28] Vgl. im einzelnen *Dreher/Tröndle*[42] §242, 9; *Eb. Schmidt* Nachtrag I 6; RGSt **50** 241.

[29] *Eb. Schmidt* Nachtrag I 6.

[29a] BGHSt **19** 374; *Gillmeister* 118.

[30] LR-*Meyer*[23] 13; *Kleinknecht/Meyer*[37] 11; *Welp* FS Gallas 419.

[31] BGHSt **19** 374; KK-*Laufhütte* 6; KMR-*Müller* 4; *Schlüchter* 193.2 und 295; *Klug* 60; *Welp* FS Gallas 391, 411; *Amelung* DNotZ **1984** 198; *Höser* MDR **1982** 536.

[32] LR-*Meyer*[23] 14; *Kleinknecht/Meyer*[37] 12; *Birmanns* MDR **1981** 102.

[33] BGHSt **19** 374; KG JR **1967** 192; LG Aachen MDR **1981** 603; KK-*Laufhütte* 6; *Kleinknecht/Meyer*[37] 12; KMR-*Müller* 4; *Schlüchter* 295; *Höser* MDR **1982** 536; *Amelung* DNotZ **1984** 198; a. A für den Bereich der Presse *Klug* 60 ff; *Löffler* §53 StPO, 101.

[34] So aber LG Aachen MDR **1981** 603 und NJW **1985** 338; *Birmanns* MDR **1981** 102; dagegen zutreffend KK-*Laufhütte* 6; *Amelung* DNotZ **1984** 198; *Höser* MDR **1982** 536.

     Gerhard Schäfer

Denn dem neuen Gewahrsamsinhaber war die Mitteilung nicht gemacht und die Sache nicht anvertraut; er hat sie nicht aufgrund des Vertrauensverhältnisses erhalten, das § 97 schützen will. Das gilt ohne Einschränkung für die in § 52 Abs. 1 genannten Angehörigen; sie empfangen die Mitteilung als Person, so daß der Schutz endet, wenn sie das Beweismittel aus ihrem Gewahrsam entlassen oder wenn sie sterben. Auf die Tatsache, daß die Person, die das Schriftstück alsdann erhält, auch verweigerungsberechtigt ist, kann es nicht ankommen; denn das ist ein zufälliger Umstand[35].

20a   Die nach § 53 **zur Verweigerung berechtigten Vertrauenspersonen** nehmen das Geheimnis grundsätzlich als Inhaber eines Berufs entgegen, der Vertrauen erfordert und verspricht. Geben sie das Beweismittel, mit oder ohne Wissen des Beschuldigten, aus sachlichen Gründen, die auf der Art des Vertrauensverhältnisses beruhen, in die Hände Dritter, so ist es auch dort vor der Beschlagnahme geschützt, auch wenn der Dritte keinem der nach § 53 geschützten Berufe angehört. Deshalb ist der vom Zeugnisverweigerungsberechtigten abgeleitete Gewahrsam insbesondere dann geschützt, wenn beispielsweise Beweismittel beim Finanzamt, einer Treuhand- oder Buchprüfungsgesellschaft, einer ärztlichen Verrechnungsstelle aufbewahrt oder wenn Krankenunterlagen für unabsehbare Zeit bei der Ärztekammer hinterlegt werden[36]. Dasselbe gilt für den Fall, daß der Zeugnisverweigerungsberechtigte Kollegen zu Rate zieht, die gutachtliche Äußerung einer nicht zeugnisverweigerungsberechtigten Person, etwa eines Kraftfahrzeugsachverständigen, einholt, die Erledigung des Auftrags einem Kollegen überläßt oder daß etwa der Zeugnisverweigerungsberechtigte Informationen, die er als Mitarbeiter von Presse und Rundfunk erhalten hat, seinem zuständigen Ressortleiter übergibt (*Huppertz* 58). Die Beschlagnahmefreiheit dauert insbesondere auch dann fort, wenn der Zeugnisverweigerungsberechtigte sein Amt oder seine Praxis aufgibt und die ihm anvertrauten Geheimnisse in die Hand seines Nachfolgers gelangen läßt[37]. Erben, die den Nachlaß verwalten und noch nicht an einen Berufsnachfolger abgegeben haben, sind als Berufshelfer (§ 53 a) anzusehen.

21   Zum abgeleiteten Gewahrsam der **Krankenanstalten** und der Beratungs- und Begutachtungsstellen für Schwangere nach § 97 Abs. 2 Satz 2 vgl. Rdn. 72, zu dem der Redaktionen usw. nach § 97 Abs. 5 Satz 1 vgl. Rdn. 98.

22   **e) Gewahrsamsverlust.** Gibt der Gewahrsamsinhaber den Gewahrsam nicht freiwillig auf, sondern kommt ihm der Gegenstand, insbesondere durch Diebstahl, abhanden, so entfällt die Beschlagnahmefreiheit ebenfalls[38]. Wenn die anvertraute Mitteilung, Aufzeichnung oder Sache von einem anderen gefunden oder gestohlen worden ist, steht nichts im Wege, diesen als Zeugen zu vernehmen und so den Inhalt des Beweisgegenstandes zu ermitteln. Der Schutz, den § 97 herbeiführen will, daß nämlich nicht auf dem Umweg über eine Beschlagnahme die rechtlich fehlende Möglichkeit, über den Inhalt durch Vernehmung Beweis zu führen, geschaffen wird, ist dann ohnehin verloren gegangen[39]. Die Beschlagnahme bei dem Finder oder Dieb des Beweismittels ist daher zu-

---

[35] Vgl. RGSt **28** 285; LR-*Meyer*[23] 18; *Kleinknecht/Meyer*[37] 13; KMR-*Müller* 5; **a. A** *Eb. Schmidt* Nachtr. I 6 für den Fall der Weitergabe aus sachlich notwendigen Gründen.

[36] OLG Celle MDR **1952** 376 mit Anm. *Maassen; Kohlhaas* NJW **1964** 1163.

[37] BVerfGE **32** 381 kommt für den Praxisnachfolger eines Arztes durch verfassungskonforme Auslegung des Merkmals „Gewahr-

sam" des § 97 zum gleichen Ergebnis; ähnlich KK-*Laufhütte* 13; *Kleinknecht/Meyer*[37] 13; KMR-*Müller* 13.

[38] KK-*Laufhütte* 6; *Kleinknecht/Meyer*[37] 13; KMR-*Müller* 6; **a. A** *Eb. Schmidt* Nachtr. I 6; LR-*Dünnebier*[22] IV 5 a.E; *Löffler* § 23, 90 LPG; *Beulke* 210.

[39] *Kleinknecht/Meyer*[37] 13; *Huppertz* 60.

lässig[40]. Anders ist es, wenn das Beweisstück in einem anderen Ermittlungsverfahren beschlagnahmt worden ist. Dieser unfreiwillige Gewahrsamsverlust hindert die Beschlagnahme des Gegenstandes als Beweismittel wegen einer Tat, derentwegen die Beschlagnahme nicht zulässig wäre[41]. Anderes gilt nur für **Verteidigungsunterlagen**. Der in § 148 gewährte freie Verkehr des Beschuldigten mit seinem Verteidiger verbietet jegliche Kenntnisnahme von derartigen Unterlagen, soweit sie nicht vom Beschuldigten oder dem Verteidiger freiwillig zur Verfügung gestellt werden[42].

4. Ausschluß des Beschlagnahmeverbots bei Verdacht der Tatbeteiligung des Zeugnisverweigerungsberechtigten

a) Allgemeines. Da es nicht Aufgabe der Rechtsordnung sein kann, das zwischen **23** Rechtsbrechern bestehende Vertrauensverhältnis durch ein Beschlagnahmeverbot zu schützen, entfällt das Beschlagnahmeverbot nach § 97 Abs. 2 Satz 3 bei Zeugnisverweigerungsberechtigten, die der Teilnahme an der dem Beschuldigten zur Last gelegten Tat, der Begünstigung, Strafvereitelung oder Hehlerei verdächtig sind. Ob gegen sie bereits ein Ermittlungsverfahren eingeleitet worden ist, spielt keine Rolle. Die verfahrensrechtliche Stellung eines Beschuldigten (vgl. § 136, 4 ff) brauchen die Zeugnisverweigerungsberechtigten daher noch nicht erlangt zu haben[43]. Ferner ist es ohne Bedeutung, ob die Einleitung eines Ermittlungsverfahrens gegen sie überhaupt möglich, insbesondere ob sie wegen eines Verfahrenshindernisses ausgeschlossen ist[44]. Der Fall, daß der Zeugnisverweigerungsberechtigte allein tatverdächtig ist, wird von § 97 nicht erfaßt (oben Rdn. 14).

Der Ausschluß des Beschlagnahmeverbots wegen Teilnahmeverdachts **gilt nicht** **24** **für Verteidiger** (Rdn. 58) und **nicht bei Abgeordneten** (Rdn. 90).

b) Tatbeteiligung. Der Begriff Tat ist wie in § 60 Nr. 2 (vgl. dort Rdn. 15) nicht **25** im sachlichrechtlichen Sinn (§§ 52 ff StGB), sondern in dem verfahrensrechtlichen Sinn des § 264 auszulegen[45]. Die Teilnahme muß nicht strafbar sein. Die bloß **objektive Verstrickung** des Zeugnisverweigerungsberechtigten in die dem Beschuldigten zur Last gelegte Straftat genügt[46]. Der Verdacht der Teilnahme an einer anderen Tat, die nicht Gegenstand des Verfahrens ist, für dessen Zwecke die Beschlagnahme erfolgt, reicht hingegen nicht aus[47]. Unter **Teilnahme** ist nach § 28 Abs. 1 StGB zunächst Beihilfe (§ 27 StGB) und Anstiftung (§ 26 StGB), aber auch Mittäterschaft (§ 25 StGB)[48], nicht aber Nebentäterschaft[49] oder notwendige Teilnahme zu verstehen. Das Beschlagnahmeverbot entfällt ferner bei Begünstigung (§ 257 StGB), Strafvereitelung (§ 258 StGB), auch wenn sie zugunsten eines Angehörigen verübt worden und daher nach § 258 Abs. 6 StGB nicht strafbar ist[50], und bei Hehlerei (§ 259 StGB).

---

[40] *Kleinknecht/Meyer*[37] 13; *Eb. Schmidt* Nachtrag I 10.

[41] *Kleinknecht/Meyer*[37] 13; KMR-*Müller* 6; *Huppertz* 69.

[42] *Welp* FS Gallas 413; *Beulke* 210.

[43] BGH NJW **1973** 2035 mit Anm. *Specht* NJW **1974** 65 = JR **1974** 115 mit Anm. *Roxin* = JZ **1974** 421 mit Anm. *Welp*.

[44] *Kleinknecht/Meyer*[37] 17.

[45] BGHSt **18** 229.

[46] BGHSt **25** 169; **a. A** KK-*Laufhütte* 21; *Welp*

JZ **1974** 425; zweifelnd *Krekeler* NJW **1977** 1418.

[47] BGHSt **25** 169; *Eb. Schmidt* Nachtr. I 13; *Amelung* DNotZ **1984** 212.

[48] *Eb. Schmidt* Nachtr. I 13; *Amelung* DNotZ **1984** 212.

[49] *Kleinknecht/Meyer*[37] 19; **a. A** LR-*Meyer*[23] 22; *Krekeler* NJW **1977** 1418; *Gillmeister* 99.

[50] BGHSt **25** 168, 169 zu § 257 StGB a. F; *Kleinknecht/Meyer*[37] 17; **a. A** KK-*Laufhütte* 21.

Gerhard Schäfer

26   **c) Teilnahmeverdacht.** Der Verdacht muß **bei der Anordnung der Beschlagnahme** bestehen[51]. Eine Beschlagnahme, die den Teilnahmeverdacht erst begründen soll, ist rechtswidrig. Ergibt sich der Teilnahmeverdacht erst auf Grund der Beschlagnahme, wird diese dadurch nicht rechtmäßig. Sichergestellte Beweismittel sind zurückzugeben und dürfen nicht verwertet werden[52]. Vgl. Rdn. 102.

27   Es genügt grundsätzlich **einfacher Tatverdacht** gegen den Zeugnisverweigerungsberechtigten; das Gesetz verlangt keinen qualifizierten Tatverdacht wie z. B. in den Fällen des Verteidigerausschlusses (§ 138 a), der Eröffnung des Hauptverfahrens (§ 203), des Haftbefehls (§ 112) oder auch nur der Sicherstellung von Gegenständen nach § 111 b. Gleichwohl kann nicht jeder Tatverdacht den Eingriff rechtfertigen. Der Tatverdacht muß **auf Tatsachen gestützt** sein, die mit Hilfe kriminalistischer Erfahrung mit einiger Wahrscheinlichkeit den Schluß auf die Tatbeteiligung zulassen[53]. Der einfache Anfangsverdacht i. S. des § 152 Abs. 2 wird nur in Ausnahmefällen genügen. Im übrigen ist es eine Frage des Einzelfalls, wie stark der Tatverdacht sein muß. Der stets zu beachtende Verhältnismäßigkeitsgrundsatz verlangt, daß die Stärke des Tatverdachts, das Gewicht der konkreten Tat, die Tiefe des Eingriffs und die Bedeutung des zu erlangenden Beweismittels in einem angemessenen Verhältnis zueinander stehen müssen (vgl. § 94, 35 ff). Das bedeutet, daß namentlich bei Rechtsanwälten, Steuerberatern und Angehörigen der Presse der Tatverdacht unter dem Gesichtspunkt der Verhältnismäßigkeit zusätzlicher Prüfung bedarf. So wird der Umstand allein, daß der Steuerberater bei der Erstellung einer falschen Steuererklärung mitgewirkt hat, zwar den Anfangsverdacht im Sinne des § 152 Abs. 2 (vgl. § 152, 21 ff) begründen, eine (Durchsuchung und) Beschlagnahme seiner Handakten aber regelmäßig nicht rechtfertigen können.

28   **5. Ausschluß des Beschlagnahmeverbots bei Deliktsgegenständen.** Nach § 97 Abs. 2 Satz 3 gilt das Beschlagnahmeverbot nicht für Gegenstände, die durch eine Straftat hervorgebracht oder zur Begehung einer Straftat gebraucht oder bestimmt sind oder die aus einer Straftat herrühren. Damit sind — wie der teilweise identische Wortlaut beweist — die producta et instrumenta sceleris des § 74 Abs. 1 StGB bzw. die Tatvorteile des § 73 StGB gemeint[54], denn Gegenstände, die als Verfalls- oder Einziehungsgegenstände ohnehin schon in das Strafverfahren verstrickt sind und für die es ein § 97 entsprechendes Beschlagnahmeverbot nicht gibt, müssen im Strafverfahren auch als Beweismittel zur Verfügung stehen[55].

29   In allen Fällen müssen die Deliktsgegenstände mit der Straftat **zusammenhängen**, zu deren Aufklärung sie als Beweismittel beschlagnahmt werden sollen[56].

30   **Hervorgebracht** durch eine Straftat sind nur solche Gegenstände, die durch die Tat entstanden sind oder deren jetzige Beschaffenheit auf die Tat zurückzuführen ist[57], das ist z. B. die gefälschte Urkunde[58], der betrügerisch erlangte Kaufvertrag oder die Urschrift und sämtliche Ausfertigungen einer Urkunde in den Fällen des § 271 StGB[59].

---

[51] Von BGH NStZ **1983** 85 als selbstverständlich vorausgesetzt; ausdrücklich: LG Koblenz StrVert. **1985** 9; LG Köln NJW **1960** 1875; LR-*Meyer*[23] 23; KK-*Laufhütte* 21; *Kleinknecht/Meyer*[37] 20; **a. A** KMR-*Müller* 22.

[52] LG Koblenz StrVert. **1985** 9; LG Köln NJW **1960** 1875; KK-*Laufhütte* 21; **a. A** KMR-*Müller* 22.

[53] Ähnl. *Kleinknecht/Meyer*[37] 20; KK-*Laufhütte* 19; *Krekeler* NJW **1977** 1417.

[54] KK-*Laufhütte* 22; *Kleinknecht/Meyer*[37] 22;

Schlüchter 293.3; *Freund* NJW **1976** 2002; etwas einschränkend *Amelung* DNotZ **1984** 208.

[55] *Freund* NJW **1976** 2002; *Amelung* DNotZ **1984** 208.

[56] BGHSt **18** 227, 229; **25** 168, 169; *Eb. Schmidt* Nachtr. I 14; KMR-*Müller* 15.

[57] *Schönke/Schröder/Eser*[22] § 74, 8.

[58] *Dreher/Tröndle*[42] § 74, 5.

[59] *Amelung* DNotZ **1984** 209.

Gebraucht oder bestimmt zur Begehung einer Straftat sind nur solche Gegenstän- **31** de, die nach dem Täterplan in irgendeiner Phase — dies kann auch die Vorbereitungsphase sein[60] — zu der Tatausführung im weiteren Sinne Verwendung gefunden haben oder Verwendung finden sollten. Hierher gehören z. B. die Buchhaltungsunterlagen und Bilanzen bei der **Steuerhinterziehung,** da sie erst die Unrichtigkeit der Angaben in der Steuererklärung ermöglichen[61], sowie Verträge über die Gründung von Scheinfirmen zur unzulässigen Gewinnverlagerung ins Ausland. Handelt es sich dabei um notariell beurkundete Verträge, ist die Urkunde als solche Beweismittel und nicht nur deren im Einzelfall verwendete Ausfertigung. Deshalb darf die beim Notar verbliebene Urschrift (nicht aber dazugehörige Entwürfe und Korrespondenz) wie jede andere noch existierende Ausfertigung beschlagnahmt werden[62]. Anderes gilt nur dann, wenn die Urkunde nachträglich verfälscht wurde. Die Korrespondenz der Täter über die Planung der Tat genügt nicht[63], es sei denn sie enthielte wie ein Drehbuch den verbindlichen Tatplan[64]. Tatwerkzeuge sind ferner beim **Kreditbetrug** die falschen Bilanzen, samt den ihnen zugrundeliegenden falschen Buchhaltungsunterlagen[65], nicht aber die als Vorlage für die Fertigung der falschen Bilanzen verwendeten richtigen[66]; auch bei unterlassener **Konkursanmeldung** sind die (richtigen) Bilanzen nicht Tatwerkzeug[67]. Bei falschen Bilanzen und unrichtiger Buchführung ist beschlagnahmefähiger Deliktsgegenstand stets die gesamte Buchhaltung (Belege, Inventare, Konten, Bilanzen), auch wenn nur einzelne Belege gefälscht sind[68].

Aus einer Straftat herrühren werden Gegenstände, die dem Verfall nach § 73 **32** StGB unterliegen, also Vorteile, die **für** die Tat oder **aus** der Tat erlangt sind[69]. Das ist die Diebesbeute und der für sie erzielte Erlös, das sind Pläne und Zeichnungen bei §§ 17, 18 UWG.

III. Verzicht des Zeugnisverweigerungsberechtigten auf das Beschlagnahme-und Verwertungsverbot

1. Freiwillige Herausgabe. Ebenso wie ein zeugnisverweigerungsberechtigter **33** Zeuge auf sein Zeugnisverweigerungsrecht verzichten und aussagen kann (was in § 52 Abs. 3 Satz 2 für Angehörige ausdrücklich angesprochen ist und auch für § 53 gilt, vgl. § 53, 55), kann jeder Zeugnisverweigerungsberechtigte einen nach § 97 vor Beschlagnahme geschützten Gegenstand freiwillig herausgeben oder sich mit seiner Sicherstellung einverstanden erklären[70]. Die **Hilfspersonen des § 53 a** sind zur Herausgabe nicht befugt; es entscheidet stets der Zeugnisverweigerungsberechtigte (§ 53 Abs. 1 Satz 2), vgl. näher § 53 a, 8. Bei geschütztem, abgeleitetem Gewahrsam (Krankenanstalten, Beratungsstellen: Abs. 2 Satz 2; Redaktionen usw. Abs. 5 Satz 1) kommt es ebenfalls auf

---

[60] OLG Hamburg MDR **1981** 603; *Kleinknecht/Meyer*[37] 22; KK-*Laufhütte* 19; *Schönke/Schröder/Eser*[22] § 74, 12; *Freund* NJW **1976** 2002; a. A *Amelung* DNotZ **1984** 211.

[61] OLG Hamburg MDR **1981** 603; LG Aachen NJW **1985** 339; MDR **1981** 603; *H. Schäfer* wistra **1985** 16.

[62] *Kleinknecht/Meyer*[37] 22; a. A LG Köln NJW **1981** 1746; *Amelung* DNotZ **1984** 211.

[63] A. A LR-*Meyer*[23] 32; *Kleinknecht/Meyer*[37] 22; *H. Meyer* SchlHA **1955** 350.

[64] Ähnlich *Haffke* NJW **1975** 811.

[65] *Schönke/Schröder/Eser*[22] § 74, 12.

[66] LG Stuttgart NJW **1976** 2030; a. A *Freund* NJW **1976** 2002.

[67] A. A *H. Schäfer* wistra **1985** 16.

[68] Ebenso *H. Schäfer* wistra **1985** 16.

[69] *Schönke/Schröder/Eser*[22] § 73, 8.

[70] BGHSt **18** 230; KK-*Laufhütte* 3; *Kleinknecht/Meyer*[37] 5; KMR-*Müller* 24; *Huppertz* 62 für Mitarbeiter der Presse.

Gerhard Schäfer

den Verzicht des Zeugnisverweigerungsberechtigten an. Ob dieser mit der freiwilligen Herausgabe oder mit seiner Einverständniserklärung gegen berufliche Geheimhaltungspflichten, insbesondere gegen § 203 StGB verstößt, darf in dem Verfahren, in dem das Beweismittel benötigt wird, nicht geprüft werden, und hat auf die Verwertbarkeit des Beweismittels keinen Einfluß[71]. Die Gegenmeinung[72] verkennt, daß z. B. bei einem Verteidiger die freiwillige Herausgabe an sich geschützter Beweismittel Teil der Verteidigerstrategie sein kann[73] und deshalb die Frage, ob die Offenbarung befugt war, im anhängigen Verfahren nicht geklärt werden kann. Die Rechtslage kann hier nicht anders sein als beim Zeugen, der auf sein Zeugnisverweigerungsrecht verzichtet (vgl. dazu § 53, 10 ff).

34   **2. Belehrung.** In der freiwilligen Herausgabe von Beweismitteln und in dem Einverständnis mit ihrer Sicherstellung liegt ein Verzicht auf das Beschlagnahme- und Verwertungsverbot[74]. Verzichten kann man aber nur auf ein Recht, von dem man weiß, daß es besteht; das Einverständnis setzt daher die Kenntnis des Beschlagnahmeverbots voraus. Bei **Angehörigen** des Beschuldigten geht das Gesetz grundsätzlich davon aus, daß eine Belehrung über das Zeugnis- und Untersuchungsverweigerungsrecht (§ 52 Abs. 3 und § 81 c Abs. 3) erforderlich ist. Nichts anderes kann hier für den Verzicht auf das Beschlagnahme- und Verwertungsverbot des § 97 gelten. Anderes gilt für die **nach § 53 zeugnisverweigerungsberechtigten** Personen. Bei denen nimmt das Gesetz regelmäßig die Kenntnis ihrer Rechte an und sieht deshalb eine Belehrung über das Zeugnisverweigerungsrecht nicht vor. Eine Belehrung kommt hier in dem nur ganz unwahrscheinlichen Fall in Betracht, daß einem Zeugen seine Rechte nicht bekannt sein sollten[75]; vgl. dazu auch § 53, 59. Deshalb ist entsprechend § 52 Abs. 3 Satz 1 eine Belehrung über die Rechte nach § 97 nur gegenüber den nach § 52 zeugnisverweigerungsberechtigten Zeugen erforderlich[76].

35   Eine Belehrung ist auch erforderlich, wenn ein nach § 52 zeugnisverweigerungsberechtigter Zeuge das Beweismittel ohne Aufforderung **„spontan" für Ermittlungen** zur Verfügung stellt[77]. Anderes gilt nur dann, wenn das Beweismittel nicht im Rahmen von Ermittlungen, sondern z. B. bei einer Anzeige des Zeugnisverweigerungsberechtigten gegen seinen Angehörigen zu den Akten gegeben wird[78] (vgl. dazu Erl. zu § 252).

36   **Soweit eine Belehrung erforderlich** ist, ist jede **Aufforderung** an den Gewahrsamsinhaber, die Sache **freiwillig** zur Verfügung zu stellen oder sich mit ihrer Sicherstellung einverstanden zu erklären, mit dem **Hinweis** zu verbinden, daß sie nicht beschlagnahmt und nur mit Einwilligung des Gewahrsamsinhabers in amtliche Verwahrung genommen werden darf[79]. Wird diese Belehrung, die auch die Staatsanwaltschaft und ihre Hilfsbeamten erteilen können[80], unterlassen und gibt der Zeugnisverweigerungsberechtigte

---

[71] *Kleinknecht/Meyer*[37] 4; *Creifelds* GA **1960** 73; *Dahs* Hdb. 318.

[72] *Welp* FS Gallas 408; *Beulke* 209.

[73] Vgl. auch *Dahs* Hdb. 42, 318.

[74] BGHSt **18** 230; *Kleinknecht/Meyer*[37] 5; *Fezer* JuS **1978** 767.

[75] BGH bei *Holtz* MDR **1980** 815 für die Zeugenaussage.

[76] *Herdegen* GA **1963** 144; a. A LR-*Meyer*[23] 7, der eine Belehrung stets für erforderlich hält; wohl auch KK-*Laufhütte* 3, der darauf hinweist, daß eine Belehrung auch in den Fällen der §§ 53, 53 a in Betracht kommen kann und *Kleinknecht/Meyer*[37] 6.

[77] KK-*Laufhütte* 3; *Herdegen* GA **1963** 144; die abweichende Auffassung von LR-*Meyer*[23] 8 kann nicht aufrechterhalten werden.

[78] *Kleinknecht/Meyer*[37] § 252, 9.

[79] *Herdegen* GA **1963** 144; vgl. auch BGHSt **18** 230 für eine Beschlagnahme bei der Ehefrau des Beschuldigten.

[80] KK-*Laufhütte* 3; *Herdegen* GA **1963** 145.

die Sache daher in dem Glauben heraus, er sei hierzu verpflichtet, so wird dadurch das Beweisverbot des §97 nicht aufgehoben. Die Verwertbarkeit kann aber dadurch hergestellt werden, daß der Zeugnisverweigerungsberechtigte nach nachträglicher Belehrung sein Einverständnis mit der Verwertung erklärt[81].

3. Widerruf. Der Zeugnisverweigerungsberechtigte kann seinen **Verzicht** auf das **37** Beschlagnahmeverbot ebenso wie den auf das Zeugnisverweigerungsrecht **jederzeit widerrufen**[82]. Dieses Widerrufsrecht gilt ebenso wie beim Zeugnisverweigerungsrecht (vgl. §53, 56) auch für die nach §53 Zeugnisverweigerungsberechtigten. Die **weitere Verwertbarkeit** eines Beweismittels nach dem Widerruf des Verzichts auf das Beschlagnahme- und Verwertungsverbot ist wenig geklärt. Zunächst ist davon auszugehen, daß auf den Widerruf der Gegenstand dem Zeugnisverweigerungsberechtigten sofort zurückzugeben ist[83], er also unmittelbar nicht mehr zur Beweisaufnahme zur Verfügung steht. Im übrigen können die Folgen des Widerrufs hier kaum anders zu beurteilen sein als nach dem Widerruf des Verzichts auf das Zeugnisverweigerungsrecht nach §§52, 53 oder auf das Untersuchungsverweigerungsrecht des Angehörigen nach §81c.

Danach muß folgendes gelten: Erfolgt der Widerruf in der **Hauptverhandlung, 38** nachdem bereits über das Beweismittel Beweis erhoben wurde (der Brief wurde bereits verlesen), dann bleibt dieses Beweismittel für diese Hauptverhandlung ebenso verwertbar, wie eine in der Hauptverhandlung gemachte Zeugenaussage, wenn der Zeuge erst nach seiner Vernehmung den Verzicht auf sein Zeugnisverweigerungsrecht widerrufen hat[84], vgl. §52, 34 f. In den übrigen Fällen kommt, da das Beweismittel auf den Widerruf zurückzugeben ist, eine den Inhalt des Beweismittels reproduzierende Beweisaufnahme z. B. durch Vernehmung eines Ermittlungsbeamten, der das Beweismittel ausgewertet hatte, in Betracht. Diese ist aber in den **Fällen des §52** nur zulässig, wenn dem Verzicht auf das Beschlagnahmeverbot eine (nicht notwendig richterliche[85]) Belehrung vorausgegangen war. In den **Fällen des §53** bleibt das Beweismittel mittelbar verwertbar, da diese Zeugen ihre Rechte kennen und deshalb einer Belehrung nicht bedurften[86].

IV. Beschlagnahmeverbot nach §97 Abs. 1 — Geschützte Gegenstände —

1. Schriftliche Mitteilungen zwischen dem Beschuldigten und den nach §§52, 53 Abs. 1 Nr. 1 bis 3a Zeugnisverweigerungsberechtigten (Absatz 1 Nr. 1)

a) **Schriftliche Mitteilungen** sind Gedankenäußerungen, die eine Person (Absen- **39** der) einer anderen (Empfänger) zukommen läßt oder zukommen lassen will. Ob der Empfänger das Mitgeteilte liest oder sonst zur Kenntnis nimmt, ist gleichgültig; es kommt nur auf die Absicht des Mitteilens an. Daher tritt die Beschlagnahmefreiheit schon ein, wenn der zeugnisverweigerungsberechtigte Absender die Mitteilung abgesetzt

---

[81] BGHSt **18** 230; *Herdegen* GA **1963** 144.
[82] KK-*Laufhütte* 3; KMR-*Müller* 24.
[83] KK-*Laufhütte* 3.
[84] BGH bei *Pfeiffer/Miebach* NStZ **1985** 13.
[85] **A. A** *Kleinknecht/Meyer*[37] §81c, 25 für die Untersuchung des Zeugen.
[86] Demgegenüber wird in der Literatur nicht zwischen den nach §52 und 53 Zeugnisverweigerungsberechtigten unterschieden sowie

dem Widerruf ganz allgemein jede Bedeutung abgesprochen, wenn das Beweismittel schon verwertet worden ist, wobei unklar bleibt, ob für diese Verwertung auch die bloße Kenntnisnahme in einem Ermittlungsverfahren durch Ermittlungsbeamte ausreicht; LR-*Meyer*[23] 9; *Alsberg/Nüse/Meyer* 493; *Creifelds* GA **1960** 73; *Herdegen* GA **1963** 145.

Gerhard Schäfer

und zum Absenden bestimmt hat, auch wenn sie bei ihm liegen geblieben ist. Ob die schriftliche Mitteilung bei der Vertrauensperson im Original, in einer Durchschrift, Abschrift oder Fotokopie vorhanden ist, macht keinen Unterschied[87]. Ferner ist es bedeutungslos, ob der Absender die Mitteilung selbst geschrieben oder sich fremder Hilfe bedient hat, insbesondere ob er sie von einem Beauftragten als seine Mitteilung hat erstellen lassen[88].

40   Schriftliche **Mitteilungen** sind in erster Linie Briefe, Karten und Telegramme. Bei einem Tagebuch kommt es auf den Willen des Verfassers an, ob er den Inhalt dem anderen mitteilen oder das Buch bei ihm nur verwahren wollte. Auch Eintragungen in Gästebüchern oder auf Tanz- oder Tischkarten kommen in Betracht, aber auch — in entsprechender Anwendung — Mitteilungen durch Zeichnungen und Grafiken, durch Noten, in Rätselform, Ortsskizzen und dgl. Den schriftlichen Mitteilungen stehen ferner solche gleich, die auf einen Bild- oder Tonträger (Tonband, Schallplatte, Diskette) aufgezeichnet sind[89]. Es kann (insbesondere unter Berücksichtigung des in § 11 Abs. 3 StGB zum Ausdruck kommenden Grundsatzes) keinen Unterschied für das Beschlagnahmeverbot machen, ob eine Nachricht in schriftlicher Form oder durch Übersendung eines besprochenen Tonträgers erfolgt oder erfolgen soll. Solche Bild- und Tonträger wären als „andere Gegenstände" im Sinne des § 97 Abs. 1 Nr. 3 bei den Angehörigen nach § 52 Abs. 1 nicht geschützt. Eine ausdehnende Auslegung der Vorschrift ist daher unerläßlich[90].

41   **Sonstige Schriftstücke**, die keine Mitteilung an einen Empfänger enthalten, können „Aufzeichnungen" i. S. von Absatz 1 Nr. 2 oder „andere Gegenstände" i. S. von Absatz 1 Nr. 3 sein (z. B. Tagebücher, Werkzeichnungen, Verträge, Buchhaltungsunterlagen), sind dann aber nur bei den in § 53 Abs. 1 bis 3 a genannten Personen und nicht bei Angehörigen geschützt.

42   **b) Partner der Mitteilungen** müssen der Beschuldigte und der nach §§ 52, 53 Abs. 1 Nr. 1 bis 3 a Zeugnisverweigerungsberechtigte sein.

43   Wenn es sich um den Schriftwechsel mit **Angehörigen** handelt (§ 52 Abs. 1), sind Zweck und Inhalt gleichgültig[91]; eine Beziehung zu der Straftat oder zu dem Strafverfahren braucht nicht zu bestehen.

44   Bei den **anderen Zeugnisverweigerungsberechtigten** muß sich die Mitteilung inhaltlich auf einen Sachverhalt beziehen, auf den sich das Zeugnisverweigerungsrecht erstreckt (Rdn. 46). Dabei ist nicht erforderlich, daß die Mitteilungen nach der Tat erfolgten[92], denn selbstverständlich muß z. B. auch der Brief des Steuerberaters an den Beschuldigten geschützt sein, in dem dieser längst vor der Gründung der Domizilgesellschaft vor Steuerhinterziehungen mit derartigen Gesellschaften warnte. Näheres bei § 53, 21 (Geistliche), 25 (Verteidiger), 28 (Rechtsanwälte), 30 (Ärzte), 33 (Beratungsstellen), 36 (Abgeordnete), 47 (Presseangehörige).

2. Aufzeichnungen der in § 53 Abs. 1 Nr. 1 bis 3 a Genannten

45   a) „**Aufzeichnungen**". Der Begriff ist im weitesten Sinne zu verstehen. Ohne Bedeutung ist, ob der Zeugnisverweigerungsberechtigte die Aufzeichnungen selbst niedergeschrieben oder sich fremder Hilfe bedient, ob sich diese Hilfe nur auf das Schreiben oder auch auf die Fassung erstreckt hat, solange nur der Gedanke von einer zeugnisver-

---

[87] *Kleinknecht/Meyer*[37] 28; KMR-*Müller* 1.
[88] *Kleinknecht/Meyer*[37] 7.
[89] KK-*Laufhütte* 9; *Kleinknecht/Meyer*[37] 28; KMR-*Müller* 1.
[90] Ebenso KK-*Laufhütte* 9 im Anschluß an LR-*Meyer*[23] 34.
[91] *Kleinknecht/Meyer*[37] 8.
[92] **A. A** LR-*Meyer*[23] 33; *Creifelds* GA **1960** 68.

weigerungsberechtigten Person herrührt[93]. Beschlagnahmefrei sind neben schriftlichen Aufzeichnungen in jeder Form und Schrift auch Lochstreifen, Daten- und Tonträger[94]. Insbesondere gehören hierher Aufzeichnungen in Krankengeschichten und Karteien der Ärzte und in den Handakten der Rechtsanwälte sowie — namentlich bei den rechts- und steuerberatenden Berufen — Vertrags-, Bilanz-, Schriftsatzentwürfe. Zur Frage, ob die extern beim Steuerberater geführte Buchhaltung Aufzeichnungen im Sinne dieser Vorschrift sind, vgl. Rdn. 65.

b) Bezug zum Vertrauensverhältnis. Den Aufzeichnungen müssen Wahrnehmun- **46** gen zugrundeliegen, die sich auf das Verhältnis zwischen dem Zeugnisverweigerungs- berechtigten und dem Beschuldigten beziehen und auf die sich das Zeugnisverweige- rungsrecht erstreckt[95]. Ob der Beschuldigte oder ein Dritter dem Zeugnisverweige- rungsberechtigten die „Mitteilungen" anvertraut hat oder auf welche Weise sonst die- ser die „Umstände" wahrgenommen hat, ist gleichgültig[96]. Zu Einzelheiten vgl. die Er- läuterungen unten zu den einzelnen geschützten Berufen und bei § 53. Vgl. oben Rdn. 44.

Aufzeichnungen der Angehörigen (§ 52 Abs. 1) über vom Beschuldigten oder über **47** den Beschuldigten von Dritten Anvertrautes sind nach dem ausdrücklichen Wortlaut der gesetzlichen Regelung nach Absatz 1 Nr. 2 nicht geschützt. Sie können im Rahmen der Verhältnismäßigkeit beschlagnahmt werden (vgl. § 94, 35 und Rdn. 8 am Ende).

3. Andere Gegenstände, auf die sich das Zeugnisverweigerungsrecht der in § 53 Abs. 1 Nr. 1 bis 3 a Genannten erstreckt

a) „Andere Gegenstände". Die Reichweite dieser durch das 3. Strafrechtsände- **48** rungsgesetz 1953 eingefügten Vorschrift ist heftig umstritten, was sich derzeit insbeson- dere in höchst unterschiedlichen Stellungnahmen von Rechtsprechung und Literatur zu der Frage äußert, ob Buchhaltungsunterlagen beim Steuerberater usw. beschlagnahmt werden können; vgl. dazu im einzelnen Rdn. 65. Das Gesetz bezeichnet (beispielhaft?) die ärztlichen Untersuchungsbefunde als einen nach dieser Vorschrift geschützten Ge- genstand und im Gesetzgebungsverfahren wurden die „dem Anwalt übergebenen Doku- mente" ausdrücklich genannt[97]. Sosehr indes der Hinweis in Abs. 1 Nr. 3 auf die „Un- tersuchungsbefunde" und die sprachliche Anknüpfung an die Sachverhalte in Abs. 1 Nr. 1 und 2 dafür sprechen, daß „andere Gegenstände" nur solche sein sollen, die (eben- falls) im Rahmen eines **bestehenden Vertrauensverhältnisses entstanden** sind[98], sosehr muß doch der Sinn der gesetzlichen Regelung dagegen sprechen[99]. Schließlich kann es keinen Unterschied machen, ob der Beschuldigte dem Berater einen Vertrag zur Prü- fung mündlich mitteilt und der Berater sich hierüber (geschützte!) schriftliche Aufzeich- nungen fertigt oder der Beschuldigte dem Berater den Vertrag zur Prüfung überläßt.

Andere Gegenstände i. S. des Abs. 1 Nr. 3 sind danach z. B. Fremdkörper, die ein **49** Arzt aus dem Körper des Beschuldigten entfernt hat[100], und Schriftstücke, etwa Ge- schäftsunterlagen und -papiere, die der Beschuldigte oder ein Dritter[101] im Hinblick auf

---

[93] KMR-*Müller* 11.

[94] *Kleinknecht/Meyer*[37] 29; KK-*Laufhütte* 10.

[95] KK-*Laufhütte* 10; KMR-*Müller* 11.

[96] Vgl. *Creifelds* GA **1960** 68.

[97] Vgl. die Begründung zum Regierungsent- wurf BTDrucks. I 3713 Seite 49.

[98] So z. B. LG Stuttgart wistra **1985** 41; LG Braunschweig NJW **1978** 2108.

[99] Im Ergebnis ebenso LG Aachen MDR **1981** 160; LG Koblenz StrVert. **1985** 9; KK-*Lauf- hütte* 11; KMR-*Müller* 12; *Kleinknecht/Mey- er*[37] 10; *Haffke* NJW **1975** 808; *Gülzow* NJW **1981** 266; *Amelung* DNotZ **1984** 206.

[100] Vgl. BTDrucks. I 3713 S. 49.

[101] OLG Frankfurt StrVert. **1982** 64; *Creifelds* GA **1960** 67.

Gerhard Schäfer

dessen berufliche Stellung dem Verteidiger, Rechtsanwalt, Wirtschaftsprüfer oder Steuerberater übergeben hat[102]. Zu den ärztlichen Untersuchungsbefunden, die § 97 Abs. 1 Nr. 3 besonders erwähnt, gehören Lichtbilder, Röntgenaufnahmen, anatomische Präparate, Kardiogramme, Elektroenzephalogramme, Blutbilder, Alkoholbefunde[103]. Zur Frage, ob die beim Steuerberater extern geführte Buchhaltung hierher gehört, vgl. Rdn. 65.

50   **b) Bezug zum Vertrauensverhältnis.** Die Gegenstände müssen sich **auf Grund des Vertrauensverhältnisses zwischen dem Beschuldigten und dem Zeugnisverweigerungsberechtigten** in dessen Gewahrsam befinden. Zwar erwähnt Abs. 1 Nr. 3 im Gegensatz zu Nr. 1 und 2 den Beschuldigten nicht. Daraus darf aber nicht geschlossen werden, daß Nr. 3 wie das Zeugnisverweigerungsrecht des § 53 auch das Vertrauensverhältnis des Zeugnisverweigerungsberechtigten mit Dritten schützt[104]. Der Beschlagnahmeschutz ist enger als das Zeugnisverweigerungsrecht[105]; vgl. Rdn. 3. Hätte die Gegenauffassung Recht, wären Absatz 1 Nr. 1 und 2 überflüssig[106].

V. Beschlagnahmeverbot nach § 97 Abs. 1. — Geschützter Personenkreis — Einzelheiten —

51   **1. Allgemeines.** Die in § 97 Abs. 1 aufgeführten Gegenstände sind nur dann von der Beschlagnahme ausgenommen, wenn wegen eines Zeugnisverweigerungsrechts über das, was der Gegenstand offenbart, von dem Verwahrer (oder, wenn dieser eine Krankenanstalt, eine Beratungs- oder Gutachtungsstelle für Schwangere, ein Pressebetrieb oder eine Rundfunkanstalt ist, von demjenigen, der den Gewahrsam begründet hat) keine Aussage verlangt werden könnte. Deshalb kommt es für das Beschlagnahmeverbot nicht darauf an, ob zum Zeitpunkt der Beschlagnahme (oder der Verwertung) das Vertrauensverhältnis (Ehe, Verteidigung), sondern ob das Zeugnisverweigerungsrecht noch besteht. Das Beschlagnahmeverbot gilt aber stets nur dann, wenn die beim Zeugnisverweigerungsberechtigten zu beschlagnahmenden Gegenstände für das Verfahren gegen einen Beschuldigten von Bedeutung sind, zu dem das Vertrauensverhältnis besteht (Rdn. 3, 50).

52   Bei den nach § 53 Abs. 1 Nr. 2 bis 3 a Zeugnisverweigerungsberechtigten ist die Beschlagnahme zulässig, wenn der **Beschuldigte** in die Beschlagnahme **einwilligt** oder die Zeugnisverweigerungsberechtigten von ihrer Schweigepflicht entbunden hat, Rdn. 73.

53   **2. Angehörige (§ 52 Abs. 1, 97 Abs. 1 Nr. 1).** Zum geschützten Personenkreis vgl. § 52, 4 ff. Das Beschlagnahmeverbot erfaßt lediglich schriftliche Mitteilungen (dazu Rdn. 39) zwischen dem Beschuldigten und dem Zeugnisverweigerungsberechtigten (Absatz 1 Nr. 1), diese aber ohne Einschränkung insbesondere ohne Rücksicht auf ihren Inhalt, den Zeitpunkt ihrer Entstehung und den Beweiszweck. Schriftliche Mitteilungen dürfen deshalb auch dann nicht beschlagnahmt werden, wenn es nicht auf ihren gedanklichen Inhalt, sondern auf andere Umstände (z. B. Schriftvergleich) ankommt. Den schriftlichen Mitteilungen müssen dem Schutzzweck der Vorschrift entsprechend die in

---

[102] Vgl. LG Kiel SchlHA **1955** 368; *Haffke* NJW **1975** 808.

[103] OLG Nürnberg NJW **1958** 272 mit Anm. *Kaufmann*; *Costa* MDR **1953** 579; *Dallinger* JZ **1953** 437; *Kohlhaas* NJW **1972** 1120.

[104] So aber z. B. *Amelung* DNotZ **1984** 207.

[105] OLG Celle NJW **1965** 362.

[106] Im Ergebnis ebenso OLG Celle NJW **1963** 406; **1965** 362; LG Hildesheim NStZ **1982** 394; LG Koblenz MDR **1983** 779.

§ 11 Abs. 3 StGB genannten anderen verkörperten Gedankenerklärungen gleichgestellt werden (vgl. Rdn. 40), soweit sie Mitteilungen enthalten. Andere beim Zeugnisverweigerungsberechtigten befindliche Gegenstände, die den Beschuldigten oder die Straftat betreffen, sind nicht geschützt. Aufzeichnungen des Zeugnisverweigerungsberechtigten z. B. über Mitteilungen des Beschuldigten können deshalb im Rahmen der Verhältnismäßigkeit beschlagnahmt werden (vgl. Rdn. 8).

3. Geistliche (§ 53 Abs. 1 Nr. 1, § 97 Abs. 1 Nr. 1 bis 3). Zum Personenkreis vgl. **54** § 53, 20. Beschlagnahmefrei sind schriftliche Mitteilungen (oben Rdn. 39 ff) zwischen Geistlichen und den Beschuldigten schlechthin, ferner Aufzeichnungen (oben Rdn. 45) über ihnen in ihrer Eigenschaft als Seelsorger (vgl. § 53, 21 ff) anvertraute Mitteilungen, Aufzeichnungen über andere Umstände, die ihnen in dieser Eigenschaft anvertraut oder bekanntgeworden sind, sowie sonstige Gegenstände (oben Rdn. 48 ff), die ihnen in dieser Eigenschaft anvertraut worden sind.

4. Verteidiger (§ 53 Abs. 1 Nr. 2, § 97 Abs. 1 Nr. 1 bis 3)
a) Personenkreis. Verteidiger sind außer Rechtsanwälten und Rechtslehrern an **55** deutschen Hochschulen (§ 138 Abs. 1) die nach § 138 Abs. 2 als Verteidiger zugelassenen Personen und die nach §§ 139, 142 Abs. 2 bestellten Referendare (vgl. § 53, 24). Die Frage, ob **Syndikusanwälten** im Verfahren gegen ihre Auftraggeber der Schutz des § 97 zukommt, ist strittig[106a]. Jedenfalls steht in solchen Fällen regelmäßig der Mitgewahrsam des Beschuldigten als Dienstherr dem Beschlagnahmeverbot entgegen (Rdn. 19).

b) Umfassender Beschlagnahmeschutz. Nach § 97 wären nur im Gewahrsam der **56** Verteidiger befindliche Gegenstände vor Beschlagnahme geschützt, und zwar nur die Korrespondenz mit dem Beschuldigten (Absatz 1 Nr. 1), die Aufzeichnungen des Verteidigers (Absatz 1 Nr. 2) und die sonstigen Gegenstände (Absatz 1 Nr. 3), die auf Grund des Vertrauensverhältnisses in den Gewahrsam des Verteidigers gelangt sind, unabhängig davon, ob sie vom Beschuldigten oder von einem Dritten übergeben wurden[107]. Nach § 97 entfiele ferner der Beschlagnahmeschutz beim Verdacht der Teilnahme des Verteidigers und bei Deliktsgegenständen. Aus dem § 148 zu entnehmenden Grundsatz des **freien Verkehrs** zwischen dem Beschuldigten und seinem Verteidiger sowie aus dem in §§ 138 a ff normierten Ausschluß des Verteidigers ergeben sich Besonderheiten, die zu einer starken Ausweitung der Beschlagnahmeverbote über den Gewahrsam des Verteidigers hinaus und auch bei dessen Tatverstrickung führen:

Gewahrsam. Verteidigungsmaterial ist nach § 148 auch dann vor Beschlagnahme **57** geschützt, wenn es sich nicht im Gewahrsam des Verteidigers befindet[108]. Dies gilt für Mitteilungen und Aufzeichnungen des Verteidigers, wo immer sich diese auch befinden: auf der Post oder beim Beschuldigten[109], für die Fälle freiwilligen und unfreiwilligen Verlustes[110] und dies gilt auch für Mitteilungen des Beschuldigten an seinen Verteidiger,

---

[106a] Dazu *Gillmeister* 96; *Hassemer* wistra **1986** 1.
[107] OLG Frankfurt StrVert. **1982** 64; *Creifelds* GA **1960** 67 Fußn. 11.
[108] BGH NJW **1973** 2035; LR-*Meyer*[23] 46; *Eb. Schmidt* Nachtrag I 3; KK-*Laufhütte* 15; *Kleinknecht/Meyer*[37] 37; KMR-*Müller* 13; *Beulke* 210; *Rudolphi* FS Schaffstein 441; *Schlüchter* 296; *Welp* FS Gallas 417.

[109] BGH NJW **1973** 2035 mit Anm. *Specht*; NJW **1974** 65 = JR **1974** 115 mit Anm. *Roxin* = JZ **1974** 421 mit Anm. *Welp*; BGH NJW **1982** 2508; KK-*Laufhütte* 15; *Kleinknecht/Meyer*[37] 37; *Eb. Schmidt* Nachtr. I 3; *Waldowski* AnwBl. **1975** 107; *Welp* FS Gallas 413.
[110] *Beulke* 210.

Gerhard Schäfer

auch wenn diese sich noch beim Beschuldigten oder auf der Post befinden, ebenso wie für einfache Notizen des Beschuldigten, die dieser zu Vorbereitung seiner Verteidigung anfertigte[111].

58   **Teilnahmeverdacht.** Die Aufhebung des Beschlagnahmeverbots wegen **Teilnahmeverdachts** gilt **nicht** für den Verteidiger **während einer bestehenden Verteidigung.** Die gegenteilige Auffassung von LR-*Meyer*[23] 47 wird aufgegeben. §§ 138 a ff, 148 ist eine abschließende Regelung dahin zu entnehmen, daß jedenfalls bis zur Entscheidung über das vorläufige Ruhen der Verteidigerrechte nach § 138 c Abs. 3 der freie Verkehr und damit das Vertrauensverhältnis zwischen dem Verteidiger und seinem Mandanten nicht berührt werden darf. Erst nach dieser Entscheidung ist eine Beschlagnahme beim teilnahmeverdächtigen Verteidiger zulässig.

59   Die Vertreter der **Gegenauffassung**[112] berufen sich auf BGH NJW **1973** 2035[113] und wollen[114] den Besonderheiten der Verteidigerstellung lediglich dadurch Rechnung tragen, daß sie die Schwelle für den Teilnahmeverdacht anheben und „gewichtige Anhaltspunkte" für den Teilnahmeverdacht des Verteidigers verlangen[115].

60   Indes ergibt sich das Hauptargument für die hier vertretene Auffassung aus der Entscheidung des Bundesgerichtshofs NJW **1973** 2035 selbst. Dort wird die einschränkende Auslegung des § 148 deshalb für erforderlich gehalten, weil (damals) ein halbes Jahr nach der Entscheidung BVerfGE **34** 293 ein Verteidigerausschluß wegen Teilnahmeverdachts mangels gesetzlicher Grundlage nicht zulässig war. Ein fortwirkendes Bedürfnis für eine derart restriktive Auslegung des § 148 besteht indes nicht mehr. Der Gesetzgeber hat inzwischen den Verteidigerausschluß für alle Teilnahmefälle des § 97 Abs. 2 Satz 3 in § 138 a Abs. 1 vorgesehen und die Tatverdachtschwelle und das Verfahren genau geregelt. Deshalb kann neben dieser neuen Verteidigerausschlußregelung ein Eingriff in das Vertrauensverhältnis zwischen Beschuldigtem und Verteidiger durch Beschlagnahme der Verteidigerhandakten nach § 97 Abs. 2 Satz 3 nicht mehr zulässig sein[116].

61   Entsprechendes gilt, wenn der Verteidiger seine **Rechte sonst mißbraucht**[117], denn §§ 138 a ff regeln die Folgen des Mißbrauchs der Verteidigerrechte abschließend[118]. Abzulehnen ist deshalb insbesondere die Auffassung, im Gewahrsam des Verteidigers befindliche Beweismittel könnten beschlagnahmt werden, wenn sie „ohne sachlichen Grund" nicht herausgegeben werden[119].

---

[111] BGH NJW **1973** 2035, 2037.

[112] BGH NJW **1982** 2508; KK-*Laufhütte* 20; *Kleinknecht/Meyer*[37] § 148, 8; KMR-*Müller* 14; vgl. auch *Weinmann* FS Dünnebier 206 Fuß. 51 und die Stellungnahme des 39. Deutschen Anwaltstags NJW **1977** 1439.

[113] Mit abl. Anm. *Specht* NJW **1974** 65 = JR **1974** 115 mit abl. Anm. *Roxin* = JZ **1974** 421 mit abl. Anm. *Welp*; Ebenso (obiter dictum) auch BGH NJW **1986** 1183 (zum Abdruck in BGHSt bestimmt) = StrVert. **1986** 1 = MDR **1986** 251; dazu *Welp* NStZ **1986** 289.

[114] Teilweise übereinstimmend mit BGH NJW **1973** 2035.

[115] Die Entscheidung BGH NStZ **1983** 85 = StrVert. **1983** 1 geht – soweit abgedruckt – auf alle diese Fragen nicht ein; der mitgeteilte Sachverhalt läßt allerdings auch nicht sicher erkennen, ob die dort ohne weiteres für zulässig gehaltene Beschlagnahme der Verteidigerhandakten vor oder nach der Entscheidung nach § 138 c Abs. 3 erfolgte.

[116] Im Ergebnis ebenso LR-*Dünnebier*[23] § 148, 14; *Specht* NJW **1974** 65; *Roxin*[19] § 19 E V; JR **1974** 117; *Beulke* 210; *Welp* JZ **1974** 421; *Haffke* NJW **1974** 1983; a. A (obiter dictum) BGH NJW **1986** 1183 wie Fußn. 113.

[117] *Haffke* NJW **1975** 808; a. A LR-*Meyer*[23] 45; *Bringewat* NJW **1974** 1743; *Beulke* 230; offengelassen von OLG Frankfurt StrVert. **1982** 63.

[118] A. A *Beulke* 230.

[119] Zutr. OLG Frankfurt StrVert. **1982** 63; a. A *Bringewat* NJW **1974** 1743.

Daß bei dieser Auslegung ein **Beweismittelverlust** in seltenen Einzelfällen eintre- **62** ten kann, muß hingenommen werden und wird auch sonst von der Rechtsordnung bei Fällen vergleichbarer Interessenlage hingenommen[120].

5. Rechtsanwälte, Notare, Wirtschaftsprüfer und ähnliche Berufe (§ 53 Abs. 1 63 Nr. 3, § 97 Abs. 1 Nr. 1 bis 3). Zum Personenkreis vgl. § 53, 27, zu den Grenzen des Zeugnisverweigerungsrechts und damit des Beschlagnahmeverbots vgl. § 53, 28.

a) Allgemeines. Die umfassenden Beschlagnahmeverbote beim Verteidiger gelten **64** hier nicht, es sei denn, der Steuerberater, Steuerbevollmächtigte, Wirtschaftsprüfer oder vereidigte Buchprüfer sei gleichzeitig Verteidiger (§ 392 AO). Auch dann sind aber die gesetzlich zu führenden Handelsbücher beschlagnahmefähig[121], vgl. Rdn. 68. Dem Beschlagnahmeverbot unterliegen schriftliche Mitteilungen (vgl. Rdn. 39), Aufzeichnungen des Zeugnisverweigerungsberechtigten (vgl. Rdn. 45) und sonstige Gegenstände, auf die sich das Zeugnisverweigerungsrecht bezieht (vgl. Rdn. 48).

b) Buchhaltungsunterlagen. Heftig umstritten ist die Frage, ob und inwieweit **65** **Buchhaltungsunterlagen** und die auf Grund dieser Unterlagen gefertigten **Aufzeichnungen** bis hin zum **Bilanzentwurf und zur Bilanz** beim Steuerberater und den anderen in § 53 Abs. 1 Nr. 3 genannten Personen beschlagnahmt werden dürfen. Das Problem stellt sich, weil durch verstärkten Einsatz der Datenverarbeitung die Buchführung zunehmend nicht mehr beim Kaufmann selbst, sondern „extern" beim Steuerberater geführt wird. Der Zugriff auf die Buchhaltung erscheint aber für eine effektive Strafverfolgung im Bereich der Wirtschaftskriminalität unverzichtbar. Die Frage war bereits Gegenstand der Beratungen des 49. Deutschen Juristentags und hat dort zu kontroversen Abstimmungsergebnissen geführt[122]. Der **Meinungsstand**[122a] läßt sich derzeit wie folgt zusammenfassen:

Zum Teil wird ein **Beschlagnahmeverbot für sämtliche** dem Steuerberater zur **66** Buchführung übergebenen **Geschäftsunterlagen** (Belege) und für die vom Steuerberater daraus gefertigte Buchhaltung (Konten usw.) damit begründet, erstere seien Gegenstände nach § 97 Abs. 1 Nr. 3, letztere Aufzeichnungen nach Abs. 1 Nr. 2, auf beide erstrecke sich das Zeugnisverweigerungsrecht des Steuerberaters[123].

Demgegenüber wird von zahlreichen Autoren und Gerichten mit ganz unter- **67** schiedlichen Gründen ein Beschlagnahmeverbot abgelehnt: Die extern geführte Buchhaltung stehe im Mitgewahrsam des Kaufmanns[124], vgl. Rdn. 19; die **Kontenführung** gehöre **nicht zur berufsspezifischen** Aufgabe des Steuerberaters, weshalb sich darauf das

---

[120] So ausdrücklich BVerfGe **44** 353, 373 und BGHSt **14** 358, 365.
[121] A. A LG Koblenz StrVert. **1985** 8.
[122] Vgl. die eingehende Darstellung von *Weinmann* FS Dünnebier 199.
[122a] Umfassende Darstellung des Streitstands bei *Pestke* Steuerberatung **1986** 39; vgl. auch *Gillmeister* 106.
[123] LG Bonn DB **1984** 2193; LG Koblenz StrVert. **1985** 9; DStR **1969** 350; LG Köln NJW **1960** 1874; LG München NJW **1984** 1191; LG Stade wistra **1986** 41; LG Stuttgart

NJW **1976** 2030; LR-*Meyer*[23] 37; KK-*Laufhütte* 11; *Bauwens* wistra **1985** 179; *Gehre* NJW **1977** 710; *Gülzow* NJW **1981** 265; *Heilmeier* DStR **1980** 519; *Kohlmann* Wirtschaftsprüfung **1982** 70; *Lohmeyer* DStR **1979** 584.
[124] LG Aachen NJW **1985** 338; MDR **1981** 603; *Birmanns* MDR **1981** 102; dagegen zutreffend KK-*Laufhütte* 6; *Kleinknecht/Meyer*[37] 40; *Amelung* DNotZ **1984** 198; *Höser* MDR **1982** 535.

Gerhard Schäfer

Zeugnisverweigerungsrecht nicht erstrecke[125], obwohl § 33 SteuerberaterG die Hilfeleistung bei den Buchführungspflichten ausdrücklich erwähnt und § 33 StBGebV für die Buchführung einschließlich des Kontierens Gebühren für den Steuerberater vorsieht; nur auf Grund des Vertrauensverhältnisses entstandene Geschäftsunterlagen seien geschützt[126], vgl. Rdn. 48; das Beschlagnahmeverbot könne sich nicht auf Gegenstände erstrecken, die der Kaufmann von Gesetzes wegen aufzubewahren habe[127]; die Buchführung als solche betreffe nach ihrem **Aussagegehalt nicht das Vertrauensverhältnis** zwischen Steuerberater und Auftraggeber[128].

68 Der zuletzt genannten Auffassung ist zu folgen: Den Kaufmann trifft eine **öffentlich-rechtliche Buchführungspflicht** nach Handelsrecht und den handelsrechtlichen Nebengesetzen „nach den Grundsätzen ordnungsmäßiger Buchführung" (§§ 238, 242 HGB)[129]. Diese Pflicht umfaßt die laufende Aufzeichnung aller Geschäftsvorfälle und der mit ihnen verbundenen Mengen- und Wertbewegungen, die regelmäßige Erstellung von Bilanzen und Gewinn- und Verlustrechnungen sowie die geordnete Aufbewahrung der Bilanzen, Handelsbücher, Konten, Handelsbriefe und Buchungsbelege. Soweit der Kaufmann diese gesetzliche Pflicht dadurch erfüllt, daß er die Führung der Bücher und die Aufbewahrung der Belege durch Außenstehende vornehmen läßt, diese also lediglich seine gesetzlichen Pflichten erfüllen, handelt es sich auch bei Angehörigen der in § 53 Abs. 1 genannten Berufe nicht um eine Tätigkeit, auf die sich deren Zeugnisverweigerungsrecht erstreckt. Zutreffend weist das Landgericht München wistra **1985** 42 darauf hin, daß Gegenstände nach § 97 Abs. 1 Nr. 2 und 3 nur dann vor Beschlagnahme geschützt sind, wenn deren **„Aussagegehalt"** das Vertrauensverhältnis betrifft[130]. Das ist bei der Erfüllung der gesetzlichen Buchführungspflicht (im weiteren oben genannten Sinne) nicht der Fall. Anderes gilt für jegliche im Zusammenhang mit der Buchführung anfallende **Beratertätigkeit.** Unterlagen (wie Korrespondenz, Entwürfe von Bilanzen, Gutachten zu Zweifelsfragen) hierüber sind vor Beschlagnahme geschützt. Ein solcher Beratungsbedarf fällt häufig schon an bei der Frage, wie die Buchhaltung einzurichten ist. Der Schwerpunkt der Beratung liegt aber regelmäßig bei der Aufstellung des Jahresabschlusses und hier wiederum bei den sog. „vorbereitenden Abschlußbuchungen", bei der Frage also, wie der Eigenverbrauch und die private Nutzung, die Rechnungsabgrenzung, Rückstellungen, Abschreibungen und das Delkredere zu behandeln sind. Das Ergebnis dieser Beratung äußert sich in Buchungen, die Teil der Buchhaltung und damit wiederum nicht deshalb vor Beschlagnahme geschützt sind, weil sie sich beim Steuerberater befinden, und findet letztlich Niederschlag in der Bilanz, die mit der Unterschrift des Kaufmanns (§ 245 HGB) dessen Aufbewahrungspflicht (§ 257 Abs. 1 HGB) unterliegt und damit nicht mehr vom Zeugnisverweigerungsrecht des Beraters erfaßt wird.

---

[125] LG Stuttgart wistra **1985** 41; LG Saarbrükken wistra **1984** 200; *Kleinknecht/Meyer*[37] 40; *Stypmann* wistra **1982** 19; *H. Schäfer* wistra **1985** 13 – alle unter Berufung auf BVerfGE **54** 301, wo aber nur entschieden ist, daß das Kontieren nicht nur von Steuerberatern, sondern auch von „einfacheren" Berufen erledigt werden könne; **a. A** *Bauwens* wistra **1985** 182.

[126] LG Stuttgart wistra **1985** 41; LG Braunschweig NJW **1978** 2109.

[127] *Weinmann* FS Dünnebier 212 unter Berufung auf zwei nicht veröffentlichte Entschei-

dungen des Vorprüfungsausschusses des BVerfG; *Stypmann* wistra **1982** 13; **a. A** *Kleinknecht/Meyer*[37] 40; *Kunert* MDR **1973** 179.

[128] LG München wistra **1985** 42.

[129] Vgl. insbesondere *Baumbach/Duden/Hopt* HGB[26] § 38, 2; *Gierke/Sandrock* Handels- und Wirtschaftsrecht[9] 317 ff; *Brüggemann* in Großkomm. HGB[3] § 38, 1; *Leffson* Die Grundsätze ordnungsmäßiger Buchführung[6] 21 ff.

[130] Ebenso LG Saarbrücken wistra **1984** 200; vgl. auch BGH bei *Pfeiffer* NStZ **1981** 84.

6. Ärzte, Zahnärzte, Apotheker, Hebammen (§ 53 Abs. 1 Nr. 3, § 97 Abs. 1 Nr. 1 **69**
bis 3). Zum Personenkreis vgl. § 53, 29. Im Gegensatz zu den anderen Zeugnisverweigerungsberechtigten sind bei Ärzten, Zahnärzten, Apothekern und Hebammen nach § 97
Abs. 2 Satz 2 auch Beweisgegenstände von der Beschlagnahme ausgenommen, die sich
nicht in ihrem **Gewahrsam**, sondern in dem **einer Krankenanstalt** befinden, gleichgültig,
auf welche Weise sie ihn erlangt hat. Ob der Zeugnisverweigerungsberechtigte in der
Anstalt tätig war oder ist, spielt keine Rolle[131]. Es muß sich auch nicht um die Anstalt
handeln, in der der Beschuldigte früher behandelt worden ist[131a]. Der Begriff Krankenanstalt ist weit auszulegen. Er umfaßt auch unter ärztlicher Betreuung stehende Genesungsheime, Sanatorien, Entbindungsanstalten, Pflege- und Verwahranstalten, Kran-
ken- und Revierabteilungen der Bundeswehr, der Polizei und der Justizvollzugsanstalten[132]. Dagegen fallen die ärztlichen Verrechnungsstellen und die Ärztekammern nicht
unter den Begriff; der Arzt kann sie aber zur Ausübung seines Gewahrsams verwenden
(oben Rdn. 20a).

Beschlagnahmefrei sind schriftliche Mitteilungen (oben Rdn. 39), Aufzeichnungen   **70**
(oben Rdn. 45) und Gegenstände, auf die sich das Zeugnisverweigerungsrecht bezieht
(oben Rdn. 48 ff). Als Gegenstände der Beschlagnahme kommen bei den Angehörigen
der Heilberufe insbesondere Krankengeschichten und Krankenblätter in Betracht.
Krankengeschichten sind schriftliche Aufzeichnungen über Befunde und über Behand-
lungsmaßnahmen bei Unfällen, Operationen und Krankenhausbehandlung; Krankenblätter sind ärztliche Karteikarten mit Aufzeichnungen über Anamnese, Diagnose und
therapeutische Maßnahmen. Geschützt sind auch Aufzeichnungen über die **Anbahnung**
des Beratungs- oder Behandlungsverhältnisses[133] sowie die Korrespondenz des Arztes
(mit Kliniken, Kollegen u. ä.) über den Patienten. Zur im Rahmen der Verhältnismäßigkeit zulässigen Beschlagnahme ärztlicher Unterlagen über Patienten, die nicht Beschuldigte sind (sondern z. B. Opfer) vgl. Rdn. 3, 8 und grundsätzlich BVerfGE **32** 373, 380.

Hat der **Arzt an der Tat** des Beschuldigten **teilgenommen**, kommt die dann   **71**
durch § 97 Abs. 2 Satz 3 zugelassene Beschlagnahme nur in Betracht, sofern die Abwägung zwischen den Interessen der Allgemeinheit an der Aufklärung von Straftaten und
dem grundrechtlich geschützten Anspruch des Bürgers auf Schutz seiner Privatsphäre
diesen Eingriff als nicht unverhältnismäßig erscheinen läßt[134], vgl. Rdn. 8 und § 94,
35 ff.

7. Mitglieder und Beauftragte von Beratungs- und Begutachtungsstellen für **72**
Schwangere (§ 53 Abs. 1 Nr. 3 a, § 97 Abs. 1 Nr. 1 bis 3). Zum Personenkreis vgl. § 53,
22. Geschützt sind schriftliche Mitteilungen (oben Rdn. 39 ff), Aufzeichnungen (oben
Rdn. 45) und andere Gegenstände (oben Rdn. 48). Von der Beschlagnahme ausgeschlossen sind diese Gegenstände nicht nur, wenn der Zeugnisverweigerungsberechtigte
sie selbst im Gewahrsam hat, sondern nach § 97 Abs. 2 Satz 2 auch, wenn sie im Gewahrsam der Beratungs- oder Begutachtungsstelle sind. Die zur Verweigerung des Zeugnisses nach § 53 Abs. 1 Nr. 3 a Berechtigten bewahren schriftliche Unterlagen und Gegenstände, auf die sich ihr Zeugnisverweigerungsrecht bezieht, häufig nicht bei sich auf.
§ 97 Abs. 2 Satz 2 erstreckt das Beschlagnahmeverbot daher auf Gegenstände, die im Ge-

---

[131] *Kleinknecht/Meyer*[37] 14.
[131a] *Eb. Schmidt* Nachtr. I 8.
[132] *Kleinknecht/Meyer*[37] 14; KK-*Laufhütte* 12;
    Eb. Schmidt Nachtr. I 8.

[133] BGHSt **33** 148 = NStZ **1985** 373 mit Anm.
    Rogall = JR **1986** 33 mit Anm. *Hanack*.
[134] BVerfGE **32** 373, 381.

Gerhard Schäfer

wahrsam der Beratungs- und Begutachtungsstellen sind. Das ist der Fall, wenn sie in deren Räumen oder an anderer Stelle auf Veranlassung eines dazu befugten Mitglieds der Stelle aufbewahrt werden.

VI. Entbindung von der Schweigepflicht bei den nach § 53 Abs. 2 Nr. 2 bis 3 a Zeugnisverweigerungsberechtigten

73　　1. **Entbindung — Einverständnis.** Nach § 53 Abs. 2 dürfen die in § 53 Abs. 1 Nr. 2 bis 3 a genannten Zeugen (namentlich also Rechtsanwälte, Notare, Wirtschaftsprüfer, Steuerberater, Ärzte und Mitglieder einer anerkannten Beratungsstelle für Schwangere) das Zeugnis nicht verweigern, wenn sie von der Verpflichtung zur Verschwiegenheit entbunden sind. Es ist heftig umstritten, ob diese **Entbindung von der Schweigepflicht** nach § 53 Abs. 2 ohne weiteres zur Aufhebung des Beschlagnahmeverbots führt.

74　　Die **überwiegende Meinung**[135] bejaht dies. Die **Gegenmeinung**[135a] beruft sich vor allem darauf, daß die Beschlagnahmeverbote nicht im Interesse des Beschuldigten erlassen seien, daß § 97 ein ausdrückliches Einverständnis entsprechend der Regelung in § 53 Abs. 2 nicht vorsehe, daß eine Beschlagnahme nicht nötig sei, da ja ein Zeuge zur Verfügung stehe und daß bei Geheimnissen Dritter die Entbindung von der Schweigepflicht durch den Beschuldigten ohnehin wirkungslos sei[136].

75　　Die Vertreter der zuletzt dargestellten Auffassung verkennen, daß das **Beschlagnahmeverbot** nach ausdrücklicher gesetzlicher Regelung (§ 97 Abs. 1 Nr. 1) **an das Zeugnisverweigerungsrecht anknüpft.** Wenn die zeugnisverweigerungsberechtigten Personen nach der Entbindung von der Schweigepflicht nach § 53 Abs. 2 aber verpflichtet sind, über den Inhalt der in ihrem Gewahrsam befindlichen Beweismittel als Zeugen auszusagen, dann ist nicht einzusehen, warum die Beschlagnahme dieser Beweismittel nicht zulässig sein sollte.

76　　Die Einwilligung (vgl. dazu eingehend § 102, 7) des Beschuldigten in die Sicherstellung ist **wirksam,** auch wenn dieser **nicht weiß,** was der Beweisgegenstand im einzelnen enthält[137]. In der Regel wird es aber der Vertrauensperson auf deren Wunsch gestattet werden müssen, mit dem Beschuldigten die Frage der Einwilligung vor der Sicherstellung zu besprechen[138].

77　　Folgt man der zutreffenden Auffassung, daß im Bereich der nach § 53 Abs. 1 Nr. 2 bis 3 a zeugnisverweigerungsberechtigten Zeugen die Entbindung von der Schweigepflicht nach § 53 Abs. 2 das Beschlagnahmeverbot aufhebt, dann beseitigt in diesem Umfang auch das bloße **Einverständnis des Beschuldigten mit der Beschlagnahme** das Beschlagnahmeverbot.

78　　2. **Einwilligung des Beschuldigten.** Stets kommt es auf die **Erklärung des Beschuldigten** an, da sich das Beschlagnahmeverbot anders als das Zeugnisverweigerungsrecht nur auf das Vertrauensverhältnis zwischen dem Beschuldigten und dem Zeugnisverweigerungsberechtigten erstreckt. Auf die bei § 203 StGB und § 53 streitige Frage, ob

---

[135] OLG Hamburg NJW **1962** 690; OLG Nürnberg NJW **1958** 727 mit ablehnender Anm. *Kaufmann*; KK-*Laufhütte* 5; *Kleinknecht/ Meyer*[37] 24; KMR-*Müller* 23; *Roxin*[19] § 34 c II 1 a; *Schlüchter* 299; *Kohlhaas* NJW **1964** 1165; *Peters*[4] § 48 A III 2; *Lenckner*, Arzt und Recht **1966** 197.

[135a] *Gülzow* 267; *Eb. Schmidt* Nachtr. I 11;

Bringewat NJW **1974** 1742; *Göppinger* NJW **1958** 241; *Kaufmann* NJW **1958** 272.

[136] So insb. *Eb. Schmidt* Nachtr. I 11.

[137] OLG Hamburg NJW **1962** 690; *Schlüchter* 299; *Kohlhaas* NJW **1964** 1164; **a. A** *Eb. Schmidt* Nachtr. I 11.

[138] Vgl. *Kohlhaas* NJW **1964** 1164.

der Partner der Vertrauensbeziehung[139] oder der mit diesem nicht notwendig identische Geheimnisträger[140] verfügungsbefugt ist (vgl. §53, 62), kommt es hier nicht an. Dies ergibt sich schon daraus, daß die Geheimnisse Dritter nach §97 nicht vor Beschlagnahme geschützt sind, selbst wenn sie in einem Vertrauensverhältnis zu einem Zeugnisverweigerungsberechtigten stehen[141].

Das Recht, die Vertrauensperson von der Verschwiegenheitspflicht zu entbinden **79** oder das Einverständnis mit der Beschlagnahme zu erklären, ist **höchstpersönlich** (§53, 64)[142].

3. Juristische Personen. Wird dem Beschuldigten eine Straftat im Zusammenhang **80** mit der **Vertretung einer juristischen Person** vorgeworfen (z. B. der Geschäftsführer einer GmbH hinterzieht Steuern zugunsten der GmbH oder er begeht Untreue zum Nachteil der GmbH und beides läßt sich mit Unterlagen nachweisen, die im Gewahrsam des Steuerberaters oder Wirtschaftsprüfers sind), dann unterliegen Beweismittel beim Steuerberater, Wirtschaftsprüfer oder Rechtsanwalt, der die juristische Person berät oder vertritt, schon deshalb **nicht** dem **Beschlagnahmeverbot**, weil nicht die juristische Person, sondern deren Vertreter Beschuldigter ist, das Beschlagnahmeverbot lediglich das Vertrauensverhältnis mit dem Beschuldigten schützt und das Vertrauensverhältnis zur juristischen Person sich nicht auch auf deren Geschäftsführer erstreckt[143]. Das muß auch dann gelten, wenn der Geschäftsführer die Straftaten ,,im Interesse" der Gesellschaft begangen haben soll und deshalb nach § 14 StGB sich zu verantworten hat. Die Rechtsordnung kann ein Interesse einer juristischen Person an strafbaren Handlungen zu ihren Gunsten nicht akzeptieren. Die **Gegenauffassung**[144] verkennt die rechtliche Eigenständigkeit der juristischen Person und identifiziert deshalb das Interesse des Vertreters und das der juristischen Person in unzulässiger Weise.

Aus diesen Gründen gibt es auch für den **Konkurs der juristischen Person** keine Be- **81** sonderheiten. Wenn im Verfahren gegen einen Vertreter der juristischen Person der Konkursverwalter den nach §53 geschützten Berater der juristischen Person nach §53 entbindet, besteht ein Beschlagnahmeverbot nach §97 nicht[144a].

---

[139] SK-*Samson* 39; *Schönke/Schröder/Lenckner*[22] 23 jeweils zu § 203 StGB.

[140] Insbes. *Dreher/Tröndle*[42] 28; *Lackner* 6a, aa jeweils zu § 203 StGB; *Maurach/Schröder* I 247; *Göppinger* NJW **1958** 243; *Hackel* NJW **1969** 2257.

[141] Darauf weist *Schlüchter* 300.3 zutreffend hin; vgl. Rdn. 3.

[142] Ob ein derartiges Recht auf die Erben übergehen kann, ist streitig; Nachweise bei § 53, 64; die Frage spielt bei § 97 aber deshalb keine Rolle, weil es hier stets nur darum gehen kann, ob der Beschuldigte den nach § 53 Abs. 1 Nr. 2 bis 3 a Zeugnisverweigerungsberechtigten entbindet. Mit dem Tod des Beschuldigten ist das Verfahren gegen ihn aber gegenstandslos geworden. Richtet sich das Verfahren gegen Dritte oder den Zeugnisverweigerungsberechtigten, gilt das Beschlagnahmeverbot des § 97 ohnehin nicht.

[143] OLG Nürnberg OLGZ **1977** 370, 373; LG Lübeck NJW **1978** 1014; *H. Schäfer* wistra **1984** 212 m. Nachw.; a. A z. B. OLG Celle wistra **1986** 83 und die in Fußn. 144a genannten.

[144] OLG Schleswig NJW **1981** 294; LG Kaiserslautern AnwBl. **1979** 119; *Gülzow* NJW **1981** 265, 267, der unzutreffend auf Drittgeheimnisse abstellt, auf die es bei § 97 gerade nicht ankommt; weitere Nachweise bei *H. Schäfer* wistra **1985** 212.

[144a] Ebenso für die Entbindung von der Schweigepflicht OLG Nürnberg OLGZ **1977** 370, 373; *H. Schäfer* wistra **1985** 212 mit Nachweisen; a. A. OLG Koblenz NStZ **1985** 426 für eine Aktiengesellschaft; OLG Schleswig NJW **1981** 294 für eine GmbH; vgl. auch *Gülzow* NJW **1981** 265 und *Dahs* FS Kleinknecht (1985) 63.

Gerhard Schäfer

82   Anders liegt der Fall beim **Konkurs einer natürlichen Person**. Hier besteht ein persönliches Beratungs- und Vertrauensverhältnis zwischen der natürlichen Person (dem Kaufmann, dem Gesellschafter einer Personenhandelsgesellschaft) und dem Zeugnisverweigerungsberechtigten. Deshalb kann hier immer nur der Vertragspartner persönlich entbinden; richtet sich das Strafverfahren gegen den Gemeinschuldner, muß dieser deshalb die Entbindungserklärung nach § 53 Abs. 2 oder die Einverständniserklärung mit der Beschlagnahme abgeben. Der Konkursverwalter hat insoweit keine Befugnisse.

83   **4. Krankengeschichten und Anwaltshandakten.** Hier besteht keine Ausnahme. Auf Grund der Einwilligung können sie wie andere schriftliche Unterlagen sichergestellt werden[145]. Auch soweit der Arzt in Krankengeschichten Folgerungen aus den ihm anvertrauten oder bekanntgewordenen Tatsachen gezogen, Kritik an der Diagnose oder Behandlung eines anderen Arztes geübt oder Bemerkungen für eine wissenschaftliche Abhandlung angebracht hat, handelt es sich um beschlagnahmefähige Beweismittel, deren Auswertung für das Verfahren von allergrößter Bedeutung sein kann. Dabei spielt es entgegen *Eb. Schmidt*[146] keine Rolle, daß der Verwertung der Aufzeichnungen über Angaben des Beschuldigten in der Hauptverhandlung § 250 entgegenstehen kann, denn diese Vorschrift gilt nur für den Strengbeweis in der Hauptverhandlung und da auch nur für die eine Vernehmung ersetzende Verlesung (vgl. Erl. zu § 250). Warum im übrigen eigene Folgerungen des Arztes auf dem Krankenblatt nicht beschlagnahmefähig sein sollen[147], ist nicht einzusehen. Sie sind entweder „Aufzeichnungen" i. S. des Absatz 1 Nr. 2 oder „andere Gegenstände" i. S. des Absatz 1 Nr. 3, lassen sich von den ihnen zugrundeliegenden Wahrnehmungen kaum trennen, und gestatten häufig wichtige Rückschlüsse auf die Wahrnehmungen des Arztes[148].

84   **5. Widerruf.** Die Einwilligung (das Einverständnis und die Entbindungserklärung) können widerrufen werden[149]; es entsteht dann ein neues Beschlagnahmeverbot[150]. Der Gegenstand ist dem Berechtigten zurückzugeben; von Schriftstücken dürfen Fotokopien nicht mehr genommen werden. Im übrigen besteht aber kein Verwertungsverbot. Bereits erlangte Erkenntnisse dürfen weiter benutzt und über den Inhalt des Beweismittels darf durch Zeugenvernehmung Beweis erhoben werden[151].

VII. Beschlagnahmeverbot nach § 97 Abs. 3; Abgeordnete

85   **1. Allgemeines.** Ein gleichlautendes Beschlagnahmeverbot enthält für Bundestagsabgeordnete bereits Art. 47 Satz 2 GG; für die Abgeordneten der Länderparlamente harmonisiert § 97 die entsprechenden Vorschriften der Landesverfassungen. Für die Mitglieder des Europäischen Parlaments bringt § 6 EuAbgG eine Art. 47 Satz 2, §§ 97 Abs. 3, 53 Abs. 1 Nr. 4 wörtlich entsprechende Regelung:

---

[145] OLG Hamburg NJW **1962** 689; OLG Nürnberg NJW **1958** 272 mit Anm. *Kaufmann*; *Schlüchter* 299; *Kohlhaas* NJW **1964** 1164; *Beulke* 209; *Dahs* Handbuch 317; **a. A** *Eb. Schmidt* Nachtr. I 11; *Göppinger* NJW **1958** 241.

[146] Nachtrag I 11.

[147] So aber LR-*Meyer*[23] 30; *Kohlhaas* NJW **1964** 1164.

[148] *Schlüchter* 299.

[149] RGSt **57** 66; **63** 303; BayObLGSt **1951** 78; OLG Hamburg NJW **1962** 691; *Schlüchter* 299.

[150] *Kleinknecht/Meyer*[37] 24; KMR-*Müller* 23.

[151] Vgl. *Kleinknecht/Meyer*[37] 24; *Schlüchter* 299.

§ 6
Zeugnisverweigerungsrecht

Die Mitglieder des Europäischen Parlaments sind berechtigt, über Personen, die ihnen in ihrer Eigenschaft als Mitglieder oder denen sie in dieser Eigenschaft Tatsachen anvertraut haben, sowie über diese Tatsachen selbst das Zeugnis zu verweigern. Soweit dieses Zeugnisverweigerungsrecht reicht, ist die Beschlagnahme von Schriftstücken unzulässig.

2. Geschützter Personenkreis. Vgl. dazu § 53, 34. Da das Zeugnisverweigerungs- **86** recht die Mandatszeit überdauert (§ 53, 36 a. E), gilt dies auch für das Beschlagnahmeverbot. Der Beschuldigte kann in die Beschlagnahme nicht wirksam einwilligen, da § 53 Abs. 2 nicht gilt. Dagegen steht es dem Abgeordneten frei, den gesuchten Gegenstand trotz des Beschlagnahmeverbots herauszugeben.

3. Geschützte Gegenstände: Schriftstücke, soweit das Zeugnisverweigerungsrecht reicht
a) Schriftstücke sind schriftlich (durch Buchstaben, Bilder oder andere Zeichen) **87** fixierte Darstellungen unmittelbar von Worten, mittelbar von Gedanken[152]. Dies können Mitteilungen (i. S. von Abs. 1 Nr. 1, vgl. Rdn. 39), Aufzeichnungen (i. S. von Abs. 1 Nr. 2, vgl. Rdn. 45) oder sonstige Gegenstände (i. S. von Abs. 1 Nr. 3, vgl. Rdn. 48) sein, solange sie nur Gedankenäußerungen enthalten. Es kann sich um Ur- oder Abschriften oder um Fotokopien handeln. Die Schriftstücke können von Hand gefertigt oder gedruckt sein. Auch Bücher sind Schriftstücke[153]. Gleichgültig ist, ob die Schriftstücke vor oder nach der Tat entstanden sind[154], für wen sie verfaßt sind und ob sie einen Verfasser erkennen lassen. Insbesondere umfaßt der Begriff Schriftstücke die Manuskripte für Presseveröffentlichungen und Rundfunksendungen. Dem Sinn der Vorschrift entsprechend fallen darunter auch die in § 11 Abs. 3 StGB genannten anderen Darstellungen von Gedankenäußerungen (vgl. Rdn. 40).

b) Nur **soweit das Zeugnisverweigerungsrecht reicht**, besteht das Beschlagnahme- **88** verbot, denn Art. 47 GG, § 97 Abs. 3 StPO und § 6 EuAbgG wollen die „praktische Aufhebung" des Zeugnisverweigerungsrechts durch die Beschlagnahme verhindern[155]. Vgl. im einzelnen zum Umfang des Zeugnisverweigerungsrechts § 53, 36.

4. Gewahrsam. Anders als Absatz 2 (für den nach Absatz 1 geschützten Personen- **89** kreis) und anders als Absatz 5 (für die Angehörigen der Presse) erwähnt Absatz 3 nicht den Gewahrsam des Abgeordneten als Voraussetzung des Beschlagnahmeverbots. Das Gewahrsamserfordernis ist jedoch mit dem Beschlagnahmeverbot nach § 97 untrennbar verbunden, denn § 97 will lediglich eine Umgehung des Zeugnisverweigerungsrechts verhindern. Deshalb sind nur Schriftstücke im Gewahrsam des Abgeordneten oder seiner Helfer (§ 53 a; vgl. dazu § 53 a, 7) geschützt[156].

---

[152] BGHSt **13** 367; RGSt **47** 224.
[153] **A. A** LR-*Meyer*[23] 39; *Maunz/Dürig* Art. 47, 17; warum soll das dem Abgeordneten übergebene Buch mit der Anleitung zum revolutionären Kampf nicht beschlagnahmefrei sein?
[154] *Creifelds* GA **1960** 68.

[155] *Maunz/Dürig* Art. 47, 14.
[156] **H. M** KK-*Laufhütte* 16; *Kleinknecht/Meyer*[37] 25; *Eb. Schmidt* Nachtr. I 16; *Maunz/Dürig* Art. 47, 22 mit Nachweisen; *von Mangoldt/Klein* Art. 47 III 5b; **a. A** KMR-*Müller* 16.

Gerhard Schäfer

90　　**5. Teilnahmeverdacht. Deliktsgegenstände.** Da Absatz 3, anders als Absatz 5 für die Angehörigen der Presse, nicht auf Absatz 2 Satz 3 verweist, gilt das Beschlagnahmeverbot für Abgeordnete (nicht aber für die Hilfspersonen[157]) auch bei Teilnahmeverdacht und auch für Deliktsgegenstände. Insoweit ist eine Beschlagnahme erst zulässig, wenn gegen den Abgeordneten als Beschuldigten unter Beachtung der Immunitätsvorschriften ermittelt wird[158].

VIII. Beschlagnahmeverbot nach § 97 Abs. 5; Presseangehörige

1. Gesetzliche Regelung und Schutzzweck

91　　**a) Gesetzliche Regelung.** Durch die Gesetzesänderung von 1975 ist das Zeugnisverweigerungsrecht der Mitarbeiter von Presse und Rundfunk in § 53 Abs. 1 Nr. 5 einheitlich geregelt und wesentlich erweitert, § 97 Abs. 5 neu gefaßt und namentlich in § 98 Abs. 1 Satz 2 der Richtervorbehalt aufgenommen worden (vgl. § 98, 6)[159]. Die Vorschriften der Landespressegesetze, die weitergehende Zeugnisverweigerungsrechte enthalten und teilweise noch nicht aufgehoben sind, sind unwirksam, soweit sie sich auf das Strafverfahren beziehen (vgl. § 53, 37 und die Übersicht über die Rechtslage bei den Landespressegesetzen bei § 111 m, 2).

92　　**b) Schutzzweck.** Schutzobjekt des publizistischen Zeugnisverweigerungsrechts und damit auch des Beschlagnahmeverbots ist primär die verfassungsrechtlich verbürgte[160] Pressefreiheit und nicht das Vertrauensverhältnis zum Informanten[161] (vgl. § 53, 38). Daraus folgt: Beschlagnahmeschutz besteht auch, wenn das Beweismittel mit dem Beschuldigten nichts zu tun hat; es genügt, daß insoweit ein Zeugnisverweigerungsrecht nach § 53 Abs. 1 Nr. 5 besteht. Der Beschuldigte kann in die Beschlagnahme nicht wirksam einwilligen; § 53 Abs. 2 findet keine Anwendung. Wohl aber kann der Zeugnisverweigerungsberechtigte auch gegen den Willen und das Interesse des Informanten auf sein Recht und damit auf das Beschlagnahmeverbot ganz oder teilweise[162] verzichten. Auch soweit eine Beschlagnahme zulässig ist, kommt dem **Verhältnismäßigkeitsgrundsatz** größte Bedeutung zu[163], Rdn. 8. Stets ist das Gewicht der verfolgten Tat und die Bedeutung des gesuchten Beweismittels gegen die Schwere des Eingriffs in die Pressefreiheit abzuwägen.

93　　**2. Personenkreis.** Einzelheiten bei § 53, 39. § 97 Abs. 5 gilt nach Normzweck und Interessenlage entsprechend im Bereich des **Bildschirmtextdienstes**, soweit es sich um ein Informationsangebot handelt, das dem „redaktionellen Teil" in § 53 Abs. 1 Nr. 5 entspricht (vgl. § 53, 53), sich an einen unbestimmten Teilnehmerkreis wendet und von einer unbestimmten Vielzahl von Teilnehmern abgerufen werden kann. Unter diesen drei Voraussetzungen tritt der Bildschirmtextdienst als neues Medium neben Presse und Rundfunk und bedarf deshalb des gleichen Schutzes wie diese. Nicht geschützt sind danach Btx-Anbieter im Bereich der Individualkommunikation zwischen bestimmten Personen und soweit lediglich bestimmte geschlossene Benutzergruppen informiert werden

---

[157] *Kleinknecht/Meyer*[37] 26; **a. A** KMR-*Müller* 17.

[158] KK-*Laufhütte* 16; KMR-*Müller* 17; *Kleinknecht/Meyer*[37] 43; *Eb. Schmidt* Nachtr. I 17; *Maunz/Dürig* Art. 47, 20; **a. A** *von Mangoldt/Klein* Art. 47, III 5 b.

[159] Kritisch zur Neufassung *Löffler* § 53 StPO, 30 ff.

[160] BVerfGE **36** 193, 204; **64** 108, 114.

[161] Vgl. dazu *Löffler* § 53 StPO, 35.

[162] *Löffler* § 53 StPO, 107.

[163] BVerfGE **56** 247 mit Nachw.

sollen. Nicht geschützt sind ferner Wirtschaftsunternehmen, die vergleichbar dem Anzeigenteil einer Zeitung oder dem Werbefunk Erzeugnisse oder Dienstleistungen über Btx anbieten.

3. Geschützte Gegenstände — Umfang des Zeugnisverweigerungsrechts

a) Geschützte Gegenstände sind **Schriftstücke** (Rdn. 83), Ton-, Bild- und Datenträger, Abbildungen und andere Darstellungen. Die nur in § 97 Abs. 5 vorkommenden Begriffe stimmen im wesentlichen mit denen überein, die § 11 Abs. 3 StGB verwendet[164]. Danach sind **Tonträger** solche Gegenstände, die technisch gespeicherte Tonfolgen enthalten, insbesondere Tonbänder und Schallplatten, **Bildträger** solche, die technisch gespeicherte Bilder oder Bildfolgen enthalten. Auch Kombinationen von Ton- und Bildträger, wie Fernsehkassetten, kommen in Betracht. Unter den Begriff **Abbildungen** fallen insbesondere Fotos, Dias und Filme. **Darstellungen** sind alle körperlichen Gegenstände, die eine Vorstellung oder einen Gedanken ausdrücken und unmittelbar sinnlich wahrgenommen werden können (Bilder, Plastiken, Kennzeichen und dgl.)[165]. **Datenträger** (die in § 11 Abs. 3 StGB nicht erwähnt werden) sind Geräte zur Speicherung von Informationen. Nach dem Sinn der Vorschrift erstreckt sich das Beschlagnahmeverbot auf alle Schriftstücke und sonstigen Unterlagen, aus denen sich Schlüsse auf die Person des Informanten und den Inhalt der Information ziehen lassen.

94

Daß die Gegenstände **unmittelbar** der Vorbereitung, Herstellung oder Verbreitung von periodischen Druckschriften oder Rundfunksendungen **dienen,** ist nicht erforderlich. Auch Beiträge, Unterlagen und Mitteilungen, an deren Veröffentlichung nicht gedacht wird, die der Redaktion oder Rundfunkanstalt aber zu diesem Zweck zugegangen sind, dürfen nicht beschlagnahmt werden. Dies gilt auch für Gegenstände, die für den laufenden Betrieb der Redaktion oder Anstalt keine Bedeutung mehr haben, insbesondere solche, die im Archiv lagern, sowie für bloßes Hintergrundmaterial.

95

b) Umfang des Zeugnisverweigerungsrechts. Vgl. zunächst § 53, 47. Nach BVerfGE 64 108, 116 enthält § 53 Abs. 1 Nr. 5 keine abschließende Regelung des Zeugnisverweigerungsrechts der Presseangehörigen (anders noch BVerfGE 56 247 — Vorprüfungsausschuß). Es ist also stets zu prüfen, ob im Einzelfall ein Zeugnisverweigerungsrecht und damit ein Beschlagnahmeverbot unter Beachtung des Grundsatzes der Verhältnismäßigkeit unmittelbar aus dem Grundrecht der Pressefreiheit herzuleiten ist[166]; vgl. Rdn. 8.

96

In folgenden Punkten bereitet der Umfang des Zeugnisverweigerungsrechts Schwierigkeiten: **Selbstrecherchiertes Material,** insbesondere Fotos, ist nicht mitgeschützt, wie sich bereits aus dem Wortlaut von § 53 Abs. 1 Nr. 5 ergibt[167]. Das ist verfassungsrechtlich unbedenklich, wenn der Grundsatz der Verhältnismäßigkeit gewahrt bleibt und namentlich das Gewicht der aufzuklärenden Straftat, die Bedeutung des Beweismittels für das Verfahren und die Schwere des Eingriffs für das Funktionieren der Presse abgewogen werden[168]. **Leserbriefe** sind Beiträge zum redaktionellen Teil[169], denn sie stellen in der Regel die Auseinandersetzung des Lesers mit dem redaktionellen Teil dar. Der **Anzeigenteil** (Werbefunk, Werbefernsehen) ist nach § 53 Abs. 1 Nr. 5

97

---

[164] *Löffler* § 53 StPO, 84.

[165] Vgl. zu alledem *Dreher/Tröndle*[42] § 11, 39 ff; *Löffler* § 53 StPO, 84–87 und § 7 LPG, 32 ff.

[166] Vgl. den Fall BVerfGE **64** 108; kritisch *Gössel* Medienfreiheit 66.

[167] BVerfGE **56** 247 — Vorprüfungsausschuß —;

BGH bei *Pfeiffer/Miebach* NStZ **1983** 208; LG Hannover NStZ **1981** 154; LG Bremen StrVert. **1981** 15; LG Berlin AfP **1981** 198; a. A *Löffler* § 53 StPO, 57 ff.

[168] BVerfGE **56** 247 – Vorprüfungsausschuß –.

[169] KG NJW **1984** 1133.

Gerhard Schäfer

nicht geschützt, da diese Vorschrift sich ausdrücklich nur auf den redaktionellen Teil bezieht. Ein Zeugnisverweigerungsrecht und damit ein Beschlagnahmeverbot kann sich aber ausnahmsweise aus Art. 5 GG ergeben, wenn einzelne Anzeigen einen solchen Beitrag zur öffentlichen Meinungsbildung enthalten, daß sie der kontroll- und meinungsbildenden Funktion des redaktionellen Teils von Presseerzeugnissen vergleichbar sind[170].

98   **4. Gewahrsam.** Das Beschlagnahmeverbot ergreift nur Gegenstände, die sich (wenigstens im Mit-)Gewahrsam (vgl. Rdn. 18) des Zeugnisverweigerungsberechtigten oder der Redaktion, des Verlages, der Druckerei oder der Rundfunkanstalt befinden. Das setzt voraus, daß sie in den Räumen dieser Betriebe oder Anstalten auf Veranlassung eines dazu befugten Mitarbeiters aufbewahrt werden. Ob es sich um Räume handelt, die unmittelbar dem Verlags- oder Rundfunkbetrieb dienen, oder um Maschinenräume, Telefonzentralen, Verpackungsräume, Garagen oder Lagerräume, macht keinen Unterschied. Gegenstände, die sich in der Privatwohnung eines nicht zur Zeugnisverweigerung Berechtigten befinden, sind nicht geschützt, auch nicht, wenn die Wohnung in dem Redaktions-, Verlags- oder Rundfunkgebäude gelegen ist[171]. Das Beschlagnahmeverbot entfällt bei freiwilligem und bei unfreiwilligem Gewahrsamsverlust[172], vgl. Rdn. 22.

99   **5. Teilnahmeverdacht.** Die Verweisung des § 97 Abs. 5 Satz 2 auf Absatz 2 Satz 3 ergibt, daß die Beschlagnahmefreiheit der Schriftstücke und Gegenstände wie bei den anderen Zeugnisverweigerungsberechtigten (oben Rdn. 23 ff) entfällt, wenn die Mitarbeiter von Presse und Rundfunk verdächtig sind, an der Straftat teilgenommen zu haben, deren Aufklärung versucht wird. Ein Ermittlungsverfahren, das den Verdächtigen zum Beschuldigten macht, braucht noch nicht eingeleitet worden zu sein. Die Beschlagnahmefreiheit darf aber nicht dadurch umgangen werden, daß ein Ermittlungsverfahren gegen den Presse- oder Rundfunkmitarbeiter zum Vorwand genommen wird, Informationen über Presseveröffentlichungen strafbaren Inhalts zu erlangen[173]. Ist auch nur einer der Redakteure Beschuldigter, entfällt der Schutz des § 97 insgesamt[174]. Dies gilt auch, wenn Gegenstand der Beschuldigung die Art und Weise ist, wie der Gegenstand erlangt wurde (z. B. durch Bestechung oder unter Verstoß gegen gesetzliche Geheimhaltungsvorschriften)[175].

100   **6. Deliktsgegenstände.** Vgl. zunächst Rdn. 28. Hier ist insbesondere von Bedeutung, daß das Beschlagnahmeverbot stets dann nicht besteht, wenn die Informationsbeschaffung auf strafbare Weise, namentlich unter Verletzung gesetzlicher Geheimhaltungsvorschriften erfolgte. Solche Gegenstände rühren dann aus einer Straftat her i. S. des Absatz 2 Satz 3[176].

---

[170] BVerfGE **64** 108, 118; **a. A** KG NJW **1984** 1133; für eine Gleichstellung des Anzeigenteils mit dem redaktionellen Teil *Löffler* § 53 StPO, 63 ff.

[171] Z.B. Privatwohnung des Verlegers, Redakteurs, *Löffler* § 53 StPO, 93.

[172] **A. A** *Löffler* § 53 StPO, 90.

[173] BVerfGE **20** 190 = NJW **1966** 1608.

[174] BGHSt **19** 374; *Kunert* MDR **1975** 889; **a. A** *Löffler* § 53 StPO, 101: nur wenn alle Redakteure Beschuldigte sind.

[175] *Löffler* § 53 StPO, 95 spricht hier von einem „Berufsrisiko" der Presse.

[176] *Löffler* § 53 StPO, 100.

IX. Beschlagnahmeverbot nach § 97 Abs. 4; Hilfspersonen (§§ 53 a, 53 Abs. 1 Nr. 1 bis 4)

Soweit die Beschlagnahme wegen der Beziehung des Beweisstücks zu einer der in **101** § 53 Abs. 1 Nr. 1 bis 4 genannten Personen unzulässig ist, ist sie es auch, wenn einer ihrer Gehilfen (§ 53 a) es für die Hauptperson empfangen hat und der Gegenstand im Gewahrsam der Hilfsperson steht[177]. Da auch § 53 a Abs. 1 Satz 2 gilt, tritt das Beschlagnahmeverbot nur ein, wenn der Hauptberufsträger entschieden hat, daß die Hilfsperson das Zeugnisverweigerungsrecht ausüben muß. Die Entbindung der Hauptperson von der Schweigepflicht macht die Beschlagnahme auch bei der Hilfsperson zulässig (§ 53 a Abs. 2). Ist die Hilfsperson teilnahmeverdächtig, so ist die Beschlagnahme der in ihrem Gewahrsam befindlichen Gegenstände nach § 97 Abs. 2 Satz 3 auch dann statthaft, wenn der Gegenstand im Gewahrsam des Hauptberufsträgers nicht beschlagnahmt werden dürfte[178]. Das gilt auch für die Hilfspersonen der Abgeordneten[179]. Eine freiwillige Herausgabe durch die Hilfsperson gegen den Willen des Zeugnisverweigerungsberechtigten führt — abgesehen von den Fällen des § 53 Abs. 2 — zu einem Verwertungsverbot.

X. Folgen des Beschlagnahmeverbots

1. Durchsuchungs- und Beschlagnahmeanordnung. Auf Gegenstände, die nach **102** § 97 nicht beschlagnahmt werden dürfen, darf sich eine Durchsuchungs- oder Beschlagnahmeanordnung nicht erstrecken. Das hat bereits der Ermittlungsrichter zu beachten (vgl. § 103, 9) und einen dahingehenden Antrag abzulehnen. Entsprechendes gilt für die Entscheidung nach § 98 Abs. 2 über die Rechtmäßigkeit der Beschlagnahme (vgl. § 98, 54). Zu Unrecht beschlagnahmte Gegenstände hat bereits der Staatsanwalt zurückzugeben; einer Entscheidung nach § 98 Abs. 2 bedarf es dann nicht. Bei der Durchsicht der Papiere eines Zeugnisverweigerungsberechtigten nach § 110 muß der Staatsanwalt prüfen, inwieweit bei einzelnen Papieren ein Beschlagnahmeverbot besteht. Diese dürfen weder beschlagnahmt noch nach § 108 vorläufig sichergestellt werden. Ergibt sich erst bei der Durchsicht der Papiere der Teilnahmeverdacht, der die Beschlagnahme zulässig machen würde, bleibt es beim Beschlagnahmeverbot[180], denn die Voraussetzungen der Beschlagnahme dürfen nicht erst durch eine unzulässige Beschlagnahme oder Durchsuchung geschaffen werden[181]. Eine andere Frage ist es, ob diese Beweismittel nach § 108 sichergestellt werden dürfen und zu einem Verfahren gegen den Zeugnisverweigerungsberechtigten führen können. Dies ist zu bejahen, denn das Zeugnisverweigerungsrecht schützt nicht den Zeugnisverweigerungsberechtigten, sondern den Beschuldigten.

2. Verwertungsverbot
a) Grundsatz. Entgegen § 97 beschlagnahmte Beweismittel dürfen grundsätzlich **103** nicht verwertet werden[182]. Das Verwertungsverbot ist umfassend. Es erstreckt sich nicht nur auf den gedanklichen Inhalt des Beweismittels. Es verbietet auch die Heranziehung des Beweismittels zum Zwecke der Schriftvergleichung[183]. Dem Verwertungs-

---

[177] *Eb. Schmidt* Nachtr. I 18.
[178] KK-*Laufhütte* 17; *Kleinknecht/Meyer*[37] 21.
[179] KK-*Laufhütte* 17; *Kleinknecht/Meyer*[37] 21.
[180] LG Köln NJW **1960** 1874; LG Koblenz StrVert. **1985** 9; a. A KMR-*Müller* 22.
[181] Ebenso schon LR-*Meyer*[23] 23.

[182] BGHSt **18** 227; **25** 168; OLG Celle NJW **1963** 406; KK-*Laufhütte* 7; KMR-*Müller* Vor § 94, 25; *Kleinknecht/Meyer*[37] 31; *Roxin*[19] § 34 c II 2; *Schlüchter* 308; *Eb. Schmidt* Nachtr. I 2; *Löffler* § 53 StPO, 82.
[183] RGSt **20** 92; *Eb. Schmidt* Nachtr. I 2.

Gerhard Schäfer

verbot steht nicht entgegen, daß die Beschlagnahme nach § 98 Abs. 2 richterlich bestätigt worden war[184].

104   Weitergehende Folgen ergeben sich aber selbst dann nicht, wenn der Verstoß gegen § 97 besonders gravierend war. Zutreffend hat der BGH[185] deshalb ein **Verfahrenshindernis** selbst für den Fall **abgelehnt**, daß durch eine unzulässige Beschlagnahme der Handakten des Verteidigers die Staatsanwaltschaft vom Verteidigerkonzept Kenntnis erlangt haben sollte[186].

105   **b) Verwertung mit Einwilligung trotz unzulässiger Beschlagnahme.** Das Verwertungsverbot entfällt, wenn der frühere Gewahrsamsinhaber mit der Verwertung einverstanden ist, was bei den nach § 52 Zeugnisverweigerungsberechtigten eine Belehrung über das Verwertungsverbot voraussetzt[187]. Dasselbe gilt — unabhängig von der Haltung des früheren Gewahrsamsinhabers — in den Fällen des § 53 Abs. 1 Nr. 2 bis 3 a, wenn der Beschuldigte der Verwertung zustimmt (str. vgl. Rdn. 73; zur Reichweite einer solchen Erklärung vgl. § 53, 61).

106   **c) Verwertung trotz unzulässiger Beschlagnahme.** Beschlagnahme- und Verwertungsverbot stimmen nicht immer überein (BGHSt 18 228). Ob ein Beweismittel verwertbar ist oder nicht, bestimmt sich nicht nur nach der Zulässigkeit seiner Beschlagnahme, sondern auch danach, ob es wenigstens im Zeitpunkt seiner Benutzung beschlagnahmt werden könnte. Haben die Beschlagnahmevoraussetzungen, etwa der Verdacht der Teilnahme (§ 97 Abs. 2 Satz 3), bei der Beschlagnahme nicht vorgelegen, sind sie aber später eingetreten (der Begünstigungsverdacht wird z. B. erst durch die Aussage des Zeugen in der Hauptverhandlung begründet), so ist das Beweismittel daher verwertbar[188], es sei denn, der Teilnahmeverdacht habe sich erst auf Grund der unzulässigen Beschlagnahme ergeben[188a]; vgl. Rdn. 98.

107   **d) Verwertungsverbot trotz zulässiger Beschlagnahme.** Wenn ein Beweismittel in zulässiger Weise beschlagnahmt worden ist, muß seine Verwertung nicht deshalb unterbleiben, weil die Beschlagnahmevoraussetzungen später weggefallen sind. Insbesondere beim **Teilnahmeverdacht** des Zeugnisverweigerungsberechtigten genügt es, wenn er zur Zeit der Beschlagnahme vorhanden war. Stellt sich später heraus, daß ein Teilnahmeverdacht nicht mehr besteht, so bleibt das Beweismittel verwertbar[189]. Diese Auffassung ist freilich nur vertretbar, wenn der Teilnahmeverdacht einer besonders strengen Prüfung unterlag (vgl. Rdn. 27). Der weiteren Verwertung steht auch nicht entgegen, daß die Person, bei der die Beschlagnahme erfolgt ist, später nach § 52 Abs. 1 ein Zeugnisver-

---

[184] *Klug* 87.

[185] NStZ **1984** 419 mit Anm. *Gössel* = JR **1985** 75 mit Aufsatz *Rieß* JR **1985** 45.

[186] Abzulehnen ist der von *Gössel* NStZ **1984** 422 de lege ferenda vorgeschlagene Ausschluß von Richtern nach §§ 22, 23, die von nichtverwertbarem Beweismaterial Kenntnis genommen haben. Der Tatrichter wird ständig mit Beweismitteln konfrontiert, die er nicht verwerten darf. Man denke nur an polizeiliche Vernehmungen von Angehörigen, die in der Hauptverhandlung von ihrem Zeugnisverweigerungsrecht nach § 52 Gebrauch machen.

[187] BGHSt **18** 230, 231; *Herdegen* GA **1963** 144.

[188] BGHSt **25** 169; KK-*Laufhütte* 7; KMR-*Müller* Vor § 94, 25; *Kleinknecht/Meyer*[37] 31; *Löffler* § 53 StPO, 82; *Schlüchter* 308.

[188a] LG Koblenz StrVert. **1985** 9; LG Köln NJW **1960** 1875; KK-*Laufhütte* 21; a. A KMR-*Müller* 22.

[189] BGH NStZ **1983** 85; BGHSt **25** 168, 171; KK-*Laufhütte* 8; KMR-*Müller* Vor § 94, 25; *Kleinknecht/Meyer*[37] 31; *Alsberg/Nüse/Meyer* 506; zweifelnd *Roxin*[19] § 34 C II 1 a; a. A *Schlüchter* 308; *Herdegen* GA **1963** 141.

weigerungsrecht hat, weil sie z. B. den Beschuldigten geheiratet hat, oder daß sie später als Verteidiger des Beschuldigten zugelassen wird[190].

Die Zulässigkeit der Beschlagnahme führt auch nicht immer dazu, daß der Be-   **108** weisgegenstand **uneingeschränkt verwertet** werden darf. Denn die Verwertbarkeit hängt nicht allein davon ab, daß die Beschlagnahme gerechtfertigt war, sondern auch von dem Grund dieser Rechtfertigung. Auch ein in zulässiger Weise beschlagnahmter Gegenstand darf daher nur in dem Umfang als Beweismittel verwertet werden, in dem die Voraussetzungen einer Beschlagnahme bestanden haben[191]. Das ist vor allem von Bedeutung, wenn die Beschlagnahme wegen **Verdachts der Teilnahme** des Zeugnisverweigerungsberechtigten zulässig war. Der beschlagnahmte Gegenstand darf dann nur wegen der Tat im verfahrensrechtlichen Sinn (§ 264) verwertet werden, hinsichtlich der der Teilnahmeverdacht bestanden hat[192], selbst wenn mehrere Taten Gegenstand desselben Verfahrens sind[193].

§ 97 gilt nicht, wenn der **Zeugnisverweigerungsberechtigte selbst Beschuldigter** ist,   **109** vgl. Rdn. 14. Wird in einem solchen Fall beim zeugnisverweigerungsberechtigten Beschuldigten ein Gegenstand beschlagnahmt, der auch auf die Verübung einer Straftat durch eine nach § 97 geschützte Person hindeutet, so darf das Beweismittel in dem Verfahren gegen diese Person nur verwertet werden, wenn es sich um dieselbe Tat im Sinne des § 264 handelt, denn insoweit hätte das Beweismittel in einem Verfahren gegen den Dritten auch nach § 97 Abs. 2 Satz 3 wegen Teilnahmeverdachts beschlagnahmt werden dürfen. Bezieht sich das Beweismittel dagegen auf eine andere Tat (i. S. des § 264) der geschützten Person als die, wegen der beim beschuldigten Zeugnisverweigerungsberechtigten beschlagnahmt wurde (bei einem Arzt wird die Patientenkartei wegen Steuerhinterziehung beschlagnahmt, dabei entsteht der Verdacht anderer Straftaten eines Patienten), dann hätte der Beschlagnahme beim Zeugnisverweigerungsberechtigten § 97 entgegengestanden. Dieses Beschlagnahmeverbot kann nicht dadurch aus den Angeln gehoben werden, daß wegen einer anderen Tat das geschützte Beweismittel beim Zeugnisverweigerungsberechtigten beschlagnahmt werden durfte, zumal auch im Bereich des § 108 das Beschlagnahmeverbot des § 97 gilt[194] (vgl. auch § 108, 9). Anlaß zu einem Einschreiten gegen die geschützte Person dürfen die Gegenstände nur geben, wenn der Gewahrsamsinhaber damit einverstanden ist[195]. In einem sonst gegen die geschützte Person eingeleiteten Verfahren wegen einer anderen Tat sind sie verbotene Beweismittel, selbst wenn die andere Tat in demselben Verfahren wie gegen die Vertrauensperson untersucht und beurteilt wird[196].

e) Einverständnis mit weitergehender Verwertung. Sind die Gegenstände auf   **110** rechtmäßige Weise in den Besitz der Strafverfolgungsbehörden gelangt, aber nur in beschränktem Umfang verwertbar, so dürfen sie in einem Verfahren gegen die geschützte Person verwertet werden, wenn die Vertrauensperson, die früher Gewahrsamsinhaber

---

[190] *Alsberg/Nüse/Meyer* 506; *Kleinknecht/Meyer*[37] 47; für frühere Aussagen eines solchen Zeugen gilt freilich anderes: BGHSt **27** 231; a. A deshalb *Schlüchter* 308; *Herdegen* GA **1963** 143.

[191] *Huppertz* 59.

[192] BGHSt **18** 229; KK-*Laufhütte* 7; KMR-*Müller* 7; *Kleinknecht/Meyer*[37] 49; *Schlüchter* 309; *Alsberg/Nüse/Meyer* 507; *Herdegen* GA **1963** 141; 142; a. A *Creifelds* GA **1960** 74, der die

uneingeschränkte Verwertung für zulässig hält.

[193] BGHSt **18** 227, 229; *Kleinknecht/Meyer*[37] 49.

[194] KK-*Laufhütte* 8; *Kleinknecht/Meyer*[37] 31; *Schlüchter* 309.

[195] OLG Celle NJW **1963** 408; *Kohlhaas* NJW **1962** 670; NJW **1964** 1166.

[196] BGHSt **18** 229.

Gerhard Schäfer

war, ihr Einverständnis erteilt. Ebenso wie sie gefragt werden kann, ob sie Gegenstände freiwillig herausgeben will (oben Rdn. 33), kann sie gefragt werden, ob sie freiwillig der Verwertung zustimmt. Für den Hinweis auf die Freiwilligkeit ist in entsprechender Anwendung des § 52 Abs. 3 Satz 1 die Belehrung über ihre Rechte zu verlangen, die Zustimmung zu verweigern[197] (s. auch Rdn. 34 ff).

XI. Revision

111   Wird entgegen einem Verwertungsverbot ein Beweisstück bei der Urteilsfindung berücksichtigt, so begründet das die Revision, sofern das Urteil darauf beruht[198]. Den Verfahrensfehler kann auch ein Mitangeklagter rügen, wenn das Beweismittel auch gegen ihn verwendet worden ist (vgl. § 52, 54). Zu den Folgen eines Verstoßes gegen Belehrungspflichten vgl. ebenfalls § 52, 54.

§ 98

(1) ¹Beschlagnahmen dürfen nur durch den Richter, bei Gefahr im Verzug auch durch die Staatsanwaltschaft und ihre Hilfsbeamten (§ 152 des Gerichtsverfassungsgesetzes) angeordnet werden. ²Die Beschlagnahme nach § 97 Abs. 5 Satz 2 in den Räumen einer Redaktion, eines Verlages, einer Druckerei oder einer Rundfunkanstalt darf nur durch den Richter angeordnet werden.

(2) ¹Der Beamte, der einen Gegenstand ohne richterliche Anordnung beschlagnahmt hat, soll binnen drei Tagen die richterliche Bestätigung beantragen, wenn bei der Beschlagnahme weder der davon Betroffene noch ein erwachsener Angehöriger anwesend war oder wenn der Betroffene und im Falle seiner Abwesenheit ein erwachsener Angehöriger des Betroffenen gegen die Beschlagnahme ausdrücklichen Widerspruch erhoben hat. ²Der Betroffene kann jederzeit die richterliche Entscheidung beantragen. ³Solange die öffentliche Klage noch nicht erhoben ist, entscheidet das Amtsgericht, in dessen Bezirk die Beschlagnahme stattgefunden hat. ⁴Hat bereits eine Beschlagnahme, Postbeschlagnahme oder Durchsuchung in einem anderen Bezirk stattgefunden, so entscheidet das Amtsgericht, in dessen Bezirk die Staatsanwaltschaft ihren Sitz hat, die das Ermittlungsverfahren führt. ⁵Der Betroffene kann den Antrag auch in diesem Fall bei dem Amtsgericht einreichen, in dessen Bezirk die Beschlagnahme stattgefunden hat. ⁶Ist dieses Amtsgericht nach Satz 4 unzuständig, so leitet der Richter den Antrag dem zuständigen Amtsgericht zu. ⁷Der Betroffene ist über seine Rechte zu belehren.

(3) Ist nach erhobener öffentlicher Klage die Beschlagnahme durch die Staatsanwaltschaft oder einen ihrer Hilfsbeamten erfolgt, so ist binnen drei Tagen dem Richter von der Beschlagnahme Anzeige zu machen; die beschlagnahmten Gegenstände sind ihm zur Verfügung zu stellen.

(4) ¹Wird eine Beschlagnahme in einem Dienstgebäude oder einer nicht allgemein zugänglichen Einrichtung oder Anlage der Bundeswehr erforderlich, so wird die vorgesetzte Dienststelle der Bundeswehr um ihre Durchführung ersucht. ²Die ersuchende Stelle ist zur Mitwirkung berechtigt. ³Des Ersuchens bedarf es nicht, wenn die Beschlagnahme in Räumen vorzunehmen ist, die ausschließlich von anderen Personen als Soldaten bewohnt werden.

---

[197] BGHSt **18** 230.
[198] BGHSt **18** 228; **25** 168; BGH NStZ **1983** 85; RGSt **20** 91; **47** 196; RG DRiZ **1927** Nr.

1082; *Eb. Schmidt* Nachtr. I 2; *Kleinknecht/ Meyer*³⁷ 50.

Schrifttum. *Amelung* Rechtsschutz gegen strafprozessuale Grundrechtseingriffe (1976); *Amelung* Probleme des Rechtsschutzes gegen strafprozessuale Grundrechtseingriffe, NJW **1979** 1688; *Blumers/Göggerle* Handbuch des Verteidigers und Beraters im Steuerstrafverfahren (1984); *Dörr* Rechtsschutz gegen vollzogene Durchsuchungen und Beschlagnahmen im Strafermittlungsverfahren, NJW **1984** 2258; *Flieger* Nachträglicher Rechtsschutz gegen Maßnahmen der öffentlichen Gewalt, MDR **1981** 17; *Greiner* Nochmals: Nachträglicher Rechtsschutz gegen Maßnahmen der öffentlichen Gewalt, MDR **1981** 547; *Koch* Die Beschlagnahme von Geschäftsunterlagen im Wirtschaftsstrafverfahren und der Grundsatz der Verhältnismäßigkeit, wistra **1983** 63; *Lisken* Nochmals: Neuordnung des Rechtsschutzes gegen strafprozessuale Zwangsmaßnahmen, ZRP **1981** 235; *Karlheinz Meyer* Zur Anfechtung der durch Vollzug erledigten Maßnahmen der Staatsanwaltschaft im Ermittlungsverfahren, FS Schäfer 119; *Nelles* Kompetenzen und Ausnahmekompetenzen in der StPO (1980); *Rengier* Praktische Fragen bei Durchsuchungen, insbesondere in Wirtschaftsstrafsachen, NStZ **1981** 372; *Rieß/Thym* Rechtsschutz gegen strafprozessuale Zwangsmaßnahmen, GA **1981** 189; *Rieß* Neuordnung des Rechtsschutzes gegen strafprozessuale Zwangsmaßnahmen, ZRP **1981** 101; *Rieß* Der Hauptinhalt des Ersten Gesetzes zur Reform des Strafverfahrensrechts, NJW **1975** 84; *Rüping* Durchsuchung, Zufallsfunde und Verwertungsverbote in: Strafverfolgung und Strafverteidigung im Steuerstrafrecht (1983) 267; *H. Schäfer* Die Rückgabe beschlagnahmter Beweismittel nach Rechtskraft des Urteils, wistra **1984** 136; *Schenke* Rechtsschutz bei strafprozessualen Eingriffen von Staatsanwaltschaft und Polizei, NJW **1976** 1817; *Strate* Zur Kompetenzordnung im Hauptverfahren, StrVert. **1985** 337.

Geltung im Land Berlin. Da das 4. StRÄndG für Berlin nicht übernommen worden ist, gilt § 98 Abs. 4 dort nicht.

Entstehungsgeschichte. Absatz 1 Satz 1 und Absatz 3 wurden durch Art. 3 Nr. 38 und 39 VereinhG ohne inhaltliche Änderung neu gefaßt. Der frühere Absatz 4 (Beschlagnahmen in militärischen Dienstgebäuden) war 1945 gegenstandslos geworden und wurde in die 1950 neu verkündete Strafprozeßordnung nicht aufgenommen. Der jetzige Absatz 4 wurde durch Art. 4 Nr. 4 des 4. StRÄndG angefügt. Durch Art. 1 Nr. 23 des 1. StVRG wurden in Absatz 2 Satz 1 und 2 jeweils das Wort „nachsuchen" durch das Wort „beantragen" ersetzt, in Satz 3 die Worte „das Amtsgericht" an die Stelle der Worte „der Amtsrichter" gesetzt und die Sätze 4 bis 7 eingefügt. Art. 1 Nr. 3 des Gesetzes über das Zeugnisverweigerungsrecht der Mitarbeiter von Presse und Rundfunk vom 25. 7. 1975 (BGBl. I 1973, 2164) fügte dem Absatz 1 den Satz 2 an.

Übersicht

Gerhard Schäfer

I. Allgemeines

1 **1. Regelungsbereich.** § 98 regelt für die **Beschlagnahme von Beweismitteln** (§ 94 Abs. 1) und Führerscheinen (§ 94 Abs. 3) die Zuständigkeit für die Anordnung der Beschlagnahme, das Verfahren und die Rechtsbehelfe bei nichtrichterlichen Beschlagnahmen sowie in Absatz 4 als Sonderfall die Durchführung der Beschlagnahmeanordnung bei der Bundeswehr. Diese Regeln gelten für jede Art der förmlichen Sicherstellung; der amtlichen Verwahrung eines Gegenstandes stehen bloße Verfügungsverbote (§ 94, 33) insoweit gleich. Über die Anordnung und Durchführung der Beschlagnahme von Gegenständen, die dem **Verfall** oder der **Einziehung** unterliegen oder zur Schadloshaltung des Verletzten dienen können, enthalten die §§ 111 e, 111 f und 111 n besondere Bestimmungen. Jedoch gilt nach der ausdrücklichen Verweisung in § 111 f Abs. 1 Satz 2 § 98 Abs. 4 auch bei der Durchführung von Beschlagnahmen nach § 111 b. Ferner ist bei solchen Beschlagnahmen die Zuständigkeitsvorschrift des § 98 Abs. 2 Satz 3 bis 7 anzuwenden, die eine allgemeine Regelung für Beschlagnahmen aller Art enthält[1] (dazu Rdn. 52). § 98 gilt im **Bußgeldverfahren** entsprechend (§ 46 OWiG).

---

[1] Vgl. BTDrucks. 7 1261, S. 25.

2. Notwendigkeit der Beschlagnahme

a) Freiwillige Herausgabe. Werden Beweismittel oder Führerscheine freiwillig **2** (vgl. § 102, 7 f) herausgegeben, so brauchen sie, wie § 94 Abs. 2 ergibt, nicht beschlagnahmt zu werden. Das bezieht sich sowohl auf die Bewirkung der Beschlagnahme als auch auf ihre Anordnung (§ 94, 25; § 111 a, 65). Die Beschlagnahmeanordnung ist ferner entbehrlich, wenn der sicherzustellende Gegenstand herrenlos ist; auch dann genügt eine formlose Sicherstellung (§ 94, 25).

b) Vorläufige Festnahme. Bei der vorläufigen Festnahme nach § 127 gehen zu- **3** nächst alle Sachen, die der Festgenommene bei sich führt, zwangsläufig mit ihm in den polizeilichen oder richterlichen Gewahrsam über[2]. Der Festnehmende darf sie für die Dauer der Festnahme auch dann wegnehmen und vorläufig verwahren, wenn er zur Beschlagnahme nicht befugt ist[3]. Werden die Gegenstände aber als Beweismittel benötigt, bedarf es der Sicherstellung; deren Anordnung ist regelmäßig Sache des Richters, da Gefahr im Verzug (vgl. Rdn. 35) nur vorliegt, wenn eine richterliche Entscheidung vor der Freilassung nicht erreicht werden kann.

Aus dem Recht zur Festnahme nach § 127 folgt **kein Recht zur Beschlagnahme 4** von Beweismitteln beim Festzunehmenden[4]. Die gegenteilige Auffassung[5] verkennt, daß jeder Eingriff in die Rechtssphäre des Bürgers nach seinen eigenen spezifischen Voraussetzungen zu beurteilen ist[6].

II. Richtervorbehalt

Wegen des **Gewichts des Eingriffs** ist dessen Anordnung **grundsätzlich** dem Rich- **5** ter vorbehalten[7]. Lediglich bei Gefahr im Verzug (Rdn. 35) besteht eine Eilkompetenz der Staatsanwaltschaft und ihrer Hilfsbeamten.

Im **Pressebereich** ist die besonders heikle Anordnung der **Beschlagnahme nach 6** § 97 Abs. 5 Satz 2 — Durchbrechung des Beschlagnahmeverbots bei Deliktsgegenständen und bei Teilnahmeverdacht — **ausschließlich Sache des Richters** (vgl. Rdn. 30), wobei für dessen Zuständigkeit keine Besonderheiten gelten.

III. Richterliche Beschlagnahmeanordnung

1. Zuständigkeit

a) Vorverfahren. Zuständig ist das Amtsgericht, in dessen Bezirk die Beschlag- **7** nahme durchgeführt werden soll (§ 162 Abs. 1 Satz 1), bei Beschlagnahmen, die in mehr als einem Gerichtsbezirk stattfinden sollen, grundsätzlich das Amtsgericht, in dessen Bezirk die die Beschlagnahme beantragende Staatsanwaltschaft ihren Sitz hat (§ 162 Abs. 1 Satz 2 und 3). Steht nicht von vornherein fest, in welchem Gerichtsbezirk die Beschlagnahme durchgeführt werden soll, etwa weil sich der zu beschlagnahmende Gegenstand im Ausland befindet, so weicht die Sonderregelung des § 162 Abs. 1 Satz 1 der allgemeinen Zuständigkeitsregel, nach der jedes Amtsgericht zuständig ist, in dessen Bezirk ein Gerichtsstand begründet ist. Zuständig ist daher in solchen Fällen auch das Gericht, in dessen Bezirk die das Ermittlungsverfahren führende Staatsanwaltschaft ihren Sitz hat, auch wenn die Voraussetzungen des § 162 Abs. 1 Satz 2 nicht vorliegen[8]. In

---

[2] RGSt **8** 291; *Feisenberger* 1; *Dalcke/Fuhr-mann/Schäfer* 1.
[3] RGSt **8** 290; RG DStrZ **1917** 304.
[4] *Kleinknecht/Meyer*[37] 14.

[5] Z. B. RGSt **8** 291; RGZ **64** 387 mit Nachw.
[6] *Eb. Schmidt* Nachtr. I § 127, 26.
[7] Vgl. dazu BVerfGE **9** 97; **42** 220.
[8] LG Nürnberg-Fürth GA **1958** 349.

Gerhard Schäfer

Staatsschutzsachen ist anstelle des Amtsgerichts auch der Ermittlungsrichter des Bundesgerichtshofs und des Oberlandesgerichts zuständig (§ 169), wenn nur die Ermittlungen aus sachlichen Gründen eine der im Katalog des § 120 GVG genannten Straftaten zum Gegenstand haben[9].

8   **b) Nach Klageerhebung** entscheidet das mit der Sache befaßte Gericht (zu diesem Begriff vgl. § 125, 11) von Amts wegen oder auf Antrag eines Verfahrensbeteiligten. Ergeht die Entscheidung während einer laufenden Hauptverhandlung (§ 30 GVG), wirken Schöffen mit (vgl. § 126, 15 ff). Außerhalb einer laufenden Hauptverhandlung darf der Vorsitzende eines kollegial besetzten Spruchkörpers auch in dringenden Fällen nicht allein entscheiden[10]. Die für das Haftrecht in § 125 Abs. 2 Satz 2 getroffene Sonderregelung kann nicht auf die Beschlagnahme übertragen werden[11].

9   Der Einreichung der **Anklageschrift stehen gleich** die Erhebung der Privatklage (§ 378), die Nachtragsanklage (§ 266 Abs. 2), der Antrag auf Erlaß eines Strafbefehls (§ 407), ferner der Antrag im Sicherungsverfahren (§ 414 Abs. 2), im selbständigen Einziehungsverfahren (§ 440), im selbständigen Verfahren bei Festsetzung von Geldbußen gegen juristische Personen und Personenvereinigungen (§ 444 Abs. 3) sowie auf Vorgehen im vereinfachten Jugendverfahren (§§ 76 ff JGG). Im beschleunigten Verfahren wird die Anklage entweder durch Einreichen einer Anklageschrift oder in der Hauptverhandlung mündlich erhoben (§ 212 a Abs. 2 Satz 2). Dabei wird nach dem Grundsatz, daß das sachnächste Gericht entscheiden soll, die Zuständigkeit des angerufenen Gerichts nicht erst mit der mündlichen Anklage, sondern schon mit dem Antrag begründet, die Sache im beschleunigten Verfahren abzuurteilen (s. auch § 212 a, 2).

10   Die **Aufhebung der Beschlagnahmeanordnung** im Vorverfahren hindert das erkennende Gericht nicht, die Beschlagnahme nach Anklageerhebung wieder anzuordnen[12].

11   **Im Berufungsverfahren** bleibt das untere Gericht bis zur Vorlegung der Akten bei dem Berufungsgericht (§ 321) zuständig[13]. Während des **Revisionsverfahrens** entscheidet das Gericht, dessen Urteil angefochten ist, niemals das Revisionsgericht[14]; § 126 Abs. 2 normiert insoweit den allgemeinen Grundsatz, daß dem Revisionsgericht eine tatrichterliche Würdigung versagt bleibt. Sollte eine Beschlagnahme **nach Rechtskraft** erforderlich werden, ist das Gericht des ersten Rechtszugs zuständig[15]. Für Maßnahmen, zur **Vorbereitung der Wiederaufnahme** ist das nach § 140 a GVG zuständige Gericht berufen (arg. § 364 b).

12   **Briefe von Untersuchungsgefangenen,** die für das **anhängige Verfahren** als Beweismittel von Bedeutung sein können, werden vor Anklageerhebung vom Haftrichter entsprechend § 108 einstweilen beschlagnahmt und der Staatsanwaltschaft übergeben, die sie entweder freigibt oder deren Beschlagnahme beim Ermittlungsrichter beantragt[15a]. Nach Anklageerhebung werden sie vom erkennenden **Gericht** beschlagnahmt. Eine Zuständigkeit des für die Briefkontrolle verantwortlichen Vorsitzenden besteht in-

---

[9] BGHSt **28** 355.

[10] OLG Stettin *Alsb.* E 1 Nr. 217 = GA **43** (1985) 269.

[11] KK-*Laufhütte* 8.

[12] OLG Bremen MDR **1960** 425.

[13] RGSt **3** 421; BayObLGSt **32** 128; KK-*Laufhütte* 9; *Kleinknecht/Meyer*[37] 4; KMR-*Müller* 3.

[14] RGSt **54** 165; KK-*Laufhütte* 9; *Kleinknecht/Meyer*[37] 4; KMR-*Müller* 3; *Eb. Schmidt* 2.

[15] KK-*Laufhütte* 9; OLG Düsseldorf NJW **1981** 2133 für eine Durchsuchung im Rahmen der Strafvollstreckung unter Berufung auf § 462 a Abs. 2.

[15a] War die Briefkontrolle nach Nr. 3 UVollzO dem Staatsanwalt übertragen, verfährt dieser zunächst entsprechend § 108 und beantragt dann die Beschlagnahme durch den Ermittlungsrichter; der Einschaltung des Haftrichters nach Nr. 3 Abs. 2 UVollzO bedarf es nicht, da die Maßnahme nicht dem Zweck der Untersuchungshaft dient (vgl. § 119 Abs. 2).

Stand: 1. 4. 1986

soweit nicht[16]. Enthalten die Briefe eine **strafbare Handlung** (Beleidigung) oder kommen sie als **Beweismittel für ein anderes Verfahren** in Betracht, können sie von dem für die Briefkontrolle verantwortlichen Richter in entsprechender Anwendung von § 108 einstweilen beschlagnahmt werden. Dieser leitet sie dann der Staatsanwaltschaft oder, wenn die Briefe in einem bereits bei Gericht anhängigen Verfahren als Beweismittel in Betracht kommen, diesem zur Prüfung der Beschlagnahme zu[17]. Verfassungsrechtliche Bedenken gegen die entsprechende Anwendung von § 108 bestehen nicht[18]. S. zu Einzelheiten LR-*Wendisch* § 119, 66 bis 100.

2. Antrag, Form und Entscheidungsgrundlage

a) Antrag. Im **Ermittlungsverfahren** setzt der Beschluß einen **Antrag** der **Staatsan- 13 waltschaft** voraus[18a], denn es handelt sich um eine Untersuchungshandlung i. S. des § 162. Ein Antragsrecht der Polizei besteht nicht. Ein Fall des § 165 ist kaum denkbar, da bei Gefahr im Verzug die Polizei die Beschlagnahme vornehmen kann (§ 98 Abs. 1). Im Steuerstrafverfahren steht die Antragsbefugnis auch der **Finanzbehörde** zu (§ 399 Abs. 1 AO). Das ist nach § 386 Abs. 1 Satz 2 AO das Hauptzollamt, das Finanzamt und das Bundesamt für Finanzen; Zoll- und Steuerfahndung haben nach § 404 AO die Rechte und Pflichten der Behörden und Beamten des Polizeidienstes und stehen damit nicht der Staatsanwaltschaft gleich[19]. Im **Bußgeldverfahren** stellt den Antrag die Verfolgungsbehörde (§ 46 Abs. 2 OWiG). Im **gerichtlichen Verfahren** kann das jeweils zuständige Gericht auch **von Amts wegen** die Maßnahme treffen.

b) Form und Entscheidungsgrundlage. Das Gericht entscheidet stets durch 14 **Beschluß.** Dieser wird in der Hauptverhandlung verkündet, im übrigen ergeht er schriftlich (vgl. § 35 Abs. 1). An der Schriftform bei Entscheidungen außerhalb der Hauptverhandlung ist im Interesse der Rechtssicherheit festzuhalten[20]. Das schließt nicht aus, daß der Richter seine Entscheidung der Staatsanwaltschaft telefonisch, telegrafisch oder mündlich mitteilt, wenn die Eile dies gebietet. Ist der Richter bei der Vollstreckung anwesend (vgl. Rdn. 19) kann er seine Entscheidung ergänzende Weisungen auch mündlich geben[21]. Bei Entscheidungen außerhalb der Hauptverhandlung sind **Entscheidungsgrundlage** die — im Ermittlungsverfahren von der Staatsanwaltschaft vollständig vorgelegten — Akten. Eine mündliche Verhandlung findet nicht statt. Jede Art von Beweismittel ist zulässig. Fraglich ist, ob das Gericht im Ermittlungsverfahren zu eigenen Ermittlungen befugt ist. Dies wurde vom LG Stuttgart[22] zutreffend verneint. Hält der Ermittlungsrichter die Erhebung weiterer Beweise für erforderlich, wird er dies bei der Staatsanwaltschaft anregen[23]. Kommt die Staatsanwaltschaft seiner Anregung nicht nach, und kommt es für die Entscheidung auf die Vernehmung dieser Zeugen an, wird es an einer verläßlichen Entscheidungsgrundlage für einen so schwerwie-

[16] OLG Düsseldorf NStZ **1982** 398; *Kleinknecht/Meyer*[37] 5.

[17] BGHSt **28** 349; OLG Hamm NStZ **1985** 93; OLG Düsseldorf NStZ **1982** 398; OLG Celle NJW **1974** 805; KG NJW **1975** 354; JR **1968** 31; OLG Hamburg NJW **1967** 166; KK-*Laufhütte* 8; KMR-*Müller* § 119, 21; *Kleinknecht/Meyer*[37] § 5; *Wais* NJW **1967** 2047; a. A *Birmanns* NJW **1967** 1358.

[18] BVerfGE **57** 170, 181; vgl. aber die abw. Meinung von *Hirsch* 200.

[18a] LG Kaiserslautern NStZ **1981** 438; *Kleinknecht/Meyer*[37] 4.

[19] LG Hildesheim BB **1981** 356; *Hübner* in *Hübschmann/Hepp/Spitaler* § 404, 21 AO mit weiteren Nachweisen; *Klein/Orlopp* AO[2] § 404, 4 *Blumers/Göggerle* 296; *Henneberg* DStR **1981** 215; a. A *Küster* BB **1980** 1371.

[20] LR-*Meyer*[23] 4; *Kleinknecht/Meyer*[37] 8.

[21] Vgl. dazu *Rengier* NStZ **1981** 374.

[22] NStZ **1983** 521 mit Anm. *Rieß.*

[23] BVerfGE **49** 329, 341.

Gerhard Schäfer

genden Eingriff wie die Beschlagnahme (oder die Durchsuchung) fehlen und die beantragte Maßnahme wird abzulehnen sein.

15   **3. Anhörung.** Die **Staatsanwaltschaft ist nach Erhebung der öffentlichen Klage** zu hören, wenn das Gericht von Amts wegen oder auf Antrag eines Verfahrensbeteiligten eine Beschlagnahme anordnen will (§ 33 Abs. 2). Im **Ermittlungsverfahren** bedarf es der Anhörung der Staatsanwaltschaft regelmäßig nicht: Entweder hat sie selbst den Antrag gestellt oder aber die Rechte und Pflichten der Staatsanwaltschaft werden von anderen Behörden wahrgenommen, wie z. B. von der Finanzbehörde im Steuerstrafverfahren (Rdn. 13) oder der Verfolgungsbehörde im Bußgeldverfahren (§ 46 Abs. 2 OWiG). Die Anhörung der Staatsanwaltschaft kann in Eilfällen auch telefonisch geschehen. Von der Anhörung der **Betroffenen** kann abgesehen werden, wenn dadurch — wie regelmäßig bei Beschlagnahmen beim Beschuldigten — der Untersuchungserfolg gefährdet würde (§ 33 Abs. 4 Satz 1). Dann ist das rechtliche Gehör aber **nachträglich zu gewähren**[24]. Einer Belehrung darüber bedarf es nicht, doch sollte die Entscheidung wenigstens in den Gründen den Zusatz tragen, daß „diese Entscheidung gemäß § 33 Abs. 4 Satz 1 ohne vorherige Gewährung rechtlichen Gehörs" erging. Folgt eine Einlassung des Beschuldigten, bedarf es einer neuen ausdrücklichen Entscheidung, die die alte Entscheidung ändert oder aufhebt oder auch dahingehen kann, daß es bei der alten Entscheidung verbleibe. Zu Einzelheiten vgl. § 33 a, 17. Befindet sich der zu beschlagnahmende Gegenstand im amtlichen Gewahrsam (z. B. nach einer einstweiligen Beschlagnahme nach § 108 oder bei der Beschlagnahme von Briefen Untersuchungsgefangener, s. Rdn. 48) muß die Anhörung durchgeführt werden, da dann die in § 33 Abs. 4 Satz 1 vorausgesetzte Gefahr nicht besteht.

4. Inhalt des Beschlusses

16   **a) Genaue Bezeichnung der zu beschlagnahmenden Gegenstände.** Diese müssen so genau bezeichnet werden, daß weder bei dem Betroffenen noch bei dem die Beschlagnahme durchführenden Beamten Zweifel über den Umfang der Maßnahme bestehen können. Daher müssen die Gegenstände in der Formel, in den Gründen oder in einer Anlage unter deutlicher Kenntlichmachung im einzelnen aufgeführt werden. Eine allgemeine Beschlagnahmeanordnung, etwa in der Form, daß die bei einer Durchsuchung aufgefundenen Beweismittel beschlagnahmt werden sollen, ist unzulässig[25]. Eine gewisse Unbestimmtheit der Anordnung läßt sich jedoch nicht immer vermeiden. Insbesondere bei der Beschlagnahme von schriftlichen Unterlagen können und müssen die einzelnen Schriftstücke nicht bezeichnet werden; es genügt z. B. die Anordnung der Beschlagnahme der auf einen bestimmten Geschäftsvorfall sich beziehenden Schriftstücke. Sind die Beweismittel in einem Behältnis aufbewahrt, so reicht auch dessen deutliche Kenntlichmachung unter unbestimmter Angabe seines Inhalts aus[26]. Können bei einem Durchsuchungsbeschluß die zu beschlagnahmenden Beweismittel noch nicht genau bestimmt werden, so sind sie wenigstens so zu umreißen, daß die Grenzen der Durchsuchung ersichtlich sind. Eine Beschlagnahmeanordnung liegt dann aber nicht vor. Vorgefundene Beweismittel sind dann in der Regel von den durchsuchenden Beamten auf Grund ihrer Eilkompetenz zu beschlagnahmen[27]; anschließend ist nach § 98 Abs. 2 Satz 1 oder 2 zu verfahren (Rdn. 41).

---

[24] BVerfGE **49** 329, 342.

[25] OLG Düsseldorf StrVert. **1982** 513; LG Lüneburg MDR **1984** 603; KK-*Laufhütte* § 94, 7; *Kleinknecht/Meyer*[37] 9.

[26] LG München I MDR **1967** 687.

[27] OLG Düsseldorf StrVert. **1982** 513; LG Lüneburg MDR **1984** 603.

Die Entscheidung wird sich regelmäßig auf den **Ausspruch der Beschlagnahme** be- **17** schränken und die Form der Sicherstellung (Verwahrung oder Sicherstellung in anderer Weise) (§ 94, 30) der Staatsanwaltschaft überlassen. Gelegentlich kann es zweckmäßig sein, darüber in der Anordnung selbst eine Verfügung zu treffen, etwa zu bestimmen, daß die Sache an einer bestimmten Stelle (Sachverständiger, Tierpfleger) hinterlegt werden muß oder durch Versiegelung, Absperrung oder ähnliche Maßnahmen zu beschlagnahmen ist, oder daß — z. B. bei der Beschlagnahme von Buchhaltungsunterlagen — dem Betroffenen innerhalb einer Frist, die sofort bestimmt werden kann, Fotokopien zu überlassen sind oder daß die Herausgabe von Fotokopien genügt (§ 94, 46 f). Da im Ermittlungsverfahren die Beschlagnahme von einem Antrag der Staatsanwaltschaft abhängt, wenn nicht die Voraussetzungen des § 165 vorliegen, darf der Richter während dieses Verfahrensabschnitts nicht einschneidendere Maßnahmen anordnen, als die Staatsanwaltschaft beantragt hat[28], ist aber im übrigen an den Antrag selbst nicht gebunden.

b) Begründung. Der Beschluß muß begründet werden (§ 34). Es genügt regelmä- **18** ßig eine knappe Mitteilung des den Gegenstand der Untersuchung bildenden Sachverhalts, seiner strafrechtlichen Würdigung und der Hinweis, weshalb die zu beschlagnahmende Sache **als Beweismittel** von Bedeutung sein kann[29]. Formelhafte Wendungen reichen aber ebenso wenig aus wie die bloße Wiedergabe des Gesetzeswortlauts[30]. Soweit der Beschluß Dritten bekanntgemacht wird, kann er zum Schutz des Beschuldigten knapper gefaßt werden. Da der richterliche Beschlagnahmebeschluß die Verjährung unterbricht (§ 78 c Abs. 1 Nr. 4 StGB), ist darauf zu achten, daß die persönliche und sachliche Reichweite der Unterbrechungshandlung durch Aufführung der Beschuldigten und der vorgeworfenen Taten im einzelnen ersichtlich ist[31]. Strengere Anforderungen an die Begründung sind freilich dann zu stellen, wenn namentlich bei Beschlagnahmen bei zeugnisverweigerungsberechtigten Dritten nach § 97 Abs. 2 Satz 3 oder bei der Presse im Rahmen der Verhältnismäßigkeitsprüfung, eine Abwägung der Bedeutung des Beweismittels (Schwere der Tat, Stärke des Tatverdachts, Erforderlichkeit und wahrscheinlicher Erfolg des Eingriffs) gegen das geschützte Rechtsgut erforderlich wird[32].

5. Bekanntmachung. Der Beschluß ist gemäß § 36 Abs. 2 der Staatsanwaltschaft **19** zur Bekanntmachung an den Betroffenen und zur Vollstreckung zu übergeben. Bekanntmachung und Vollstreckung erfolgen zweckmäßigerweise Hand in Hand. Der Richter kann anordnen, daß die Beschlagnahme in seinem Beisein stattfindet (arg. § 105 Abs. 2 Satz 1), was insbesondere bei Durchsuchungsaktionen zweckmäßig sein kann. In eiligen Fällen kann der Richter den schriftlich vorliegenden Beschluß der Staatsanwaltschaft auch telefonisch mitteilen[33]. Eine Bekanntmachung gegenüber den übrigen Verfahrensbeteiligten erfolgt nur nach Erhebung der öffentlichen Klage. Sie nimmt das Gericht vor, sobald dadurch die Vollstreckung nicht gefährdet wird. Hat das Gericht einen **Antrag auf Anordnung** oder Gestattung einer Beschlagnahme **abgelehnt**, so wird dies dem Beschuldigten regelmäßig nur und erst dann mitgeteilt, wenn sein Verteidiger An-

---

[28] LG Kaiserslautern NStZ **1981** 438.
[29] OLG Düsseldorf StrVert. **1983** 407; enger *Kleinknecht/Meyer*[37] 9.
[30] LG Köln StrVert. **1983** 275.
[31] Einzelheiten bei *G. Schäfer* FS Dünnebier 544.
[32] Vgl. dazu insbes. BVerfGE **20** 178, 198; **27** 109; **44** 373; **56** 248; **64** 118.
[33] *Kleinknecht/Meyer*[37] 8.

Gerhard Schäfer

spruch auf unbeschränkte Akteneinsicht (§ 147 Abs. 2) erlangt hat, da sonst das Ermittlungsverfahren der Staatsanwaltschaft gestört würde.

6. Vollstreckung

20   **a)** Im **Ermittlungsverfahren** enthält der Beschluß **keine Anordnung** sondern lediglich eine **Gestattung** der Beschlagnahme. Die Staatsanwaltschaft ist also nicht verpflichtet, den Beschluß auch vollziehen zu lassen. Sie kann ihn vorsorglich beantragen und bei Bedarf vollstrecken[34]. Dadurch wird vermieden, daß die Staatsanwaltschaft wegen Gefahr im Verzug selbst die Beschlagnahme anordnen muß.

21   **b)** Die Vollstreckung wird nicht **nach einer bestimmten Frist unzulässig**[35], sondern erst, wenn die Ermittlungslage sich so geändert hat, daß nicht sicher ist, daß der Richter den Beschluß auch in Kenntnis der neuen Sachlage erlassen hätte. Rechtswidrig wird dann aber nicht die richterliche Entscheidung, sondern die Anordnung, diese zu vollstrecken. Macht die Staatsanwaltschaft von einem richterlichen Beschluß keinen Gebrauch, braucht sie dessen Aufhebung nicht zu beantragen[36].

22   Nach **Erhebung der öffentlichen Klage** handelt es sich auch der Sache nach um eine Beschlagnahmeanordnung, der die Staatsanwaltschaft nachkommen muß[37].

23   **c) Umfang der Vollstreckbarkeit.** Die Beschlagnahmeanordnung ist im gesamten Geltungsbereich der Strafprozeßordnung vollstreckbar (§ 160 GVG), soweit sie nicht selbst eine Beschränkung enthält[38].

24   **d)** Die **Staatsanwaltschaft** kann die Beschlagnahme **selbst vollziehen**, sich dazu ihrer **Hilfsbeamten** (auch der Steuerfahndung, § 404 AO) bedienen oder andere Polizeibeamte beauftragen. Bei der Ausführung der Beschlagnahme dürfen Nichtbeamte, etwa Spediteure, zur Hilfeleistung zugezogen werden[39]. Beschlagnahmen in der Hauptverhandlung kann das Gericht ohne Mitwirkung der Staatsanwaltschaft selbst vollstrecken lassen.

25   **e) Zwang.** Bei der Vollstreckung einer Beschlagnahmeanordnung darf unmittelbarer Zwang angewendet werden, um die Maßnahme durchführen zu können, und zwar gegen Personen, die sich der Wegnahme widersetzen, und gegen Sachen, die ohne gewaltsame Veränderung nicht weggenommen oder nicht von anderen Sachen getrennt werden können. Zu diesen Zwecken kommen in Betracht bei Personen körperliche Gewalt zum Brechen eines Widerstandes (§ 164) und Wegnahme von Hilfsmitteln der Sache (Schlüssel von Koffern, Aktentaschen, Schränken, Autos), bei Sachen das Aufbrechen von Türen und Verschlüssen[40] oder die Zerstörung einer Umhüllung. Dabei ist unter mehreren möglichen und geeigneten Maßnahmen die am wenigsten eingreifende zu treffen. Auch darf ein durch die Zwangsmaßnahme zu erwartender Schaden nicht erkennbar außer Verhältnis zu dem angestrebten Erfolg stehen. Die Beschlagnahme ist mit Schonung durchzuführen. Der beauftragte Beamte hat nicht schon aufgrund des Beschlagnahmebeschlusses das Recht, Wohnungen und andere Räume zu betreten, in denen sich die zu beschlagnahmenden Sachen befinden. Hierzu bedarf es eines die Durchsuchung gestattenden Beschlusses. Die gegenteilige Auffassung[41] verkennt, daß

---

[34] KK-*Laufhütte* 10.
[35] So aber *Blumers/Göggerle* 499: nach 6 Wochen; *Felix/Streck* wistra **1982** 165; *Streck* StrVert. **1984** 350.
[36] A. A KK-*Laufhütte* 10.
[37] KK-*Laufhütte* 10; *Kleinknecht/Meyer*[37] 24.

[38] KMR-*Müller* Vor § 94, 8.
[39] Vgl. RGSt **25** 253.
[40] BGH JZ **1962** 611 mit Anm. *Baumann*.
[41] *Kleinknecht/Meyer*[37] 24; *Krause/Nehring* 6; LR-*Meyer*[23] 35.

der Durchsuchung wegen Art. 13 GG jedenfalls neben der Beschlagnahme eigene Bedeutung zukommt; anderes mag für den Haftbefehl gelten[42] (vgl. §105, 7).

f) Beschlagnahme im Bereich der Bundeswehr (Absatz 4). Die Vorschrift bringt **26** keine Ausnahme von dem hier vertretenen Grundsatz (vgl. §94, 17 und §96, 4), daß gegen Behörden und andere staatliche Hoheitsträger strafprozessuale Zwangsmaßnahmen nicht zulässig sind. Abs. 4 regelt vielmehr die **Vollstreckung** von Beschlagnahmeanordnungen **im nicht öffentlich-rechtlichen Bereich** der Bundeswehr, z. B. bei der Suche nach Diebesgut im Spind eines Soldaten.

Wegen der besonderen Verhältnisse in Einrichtungen der Bundeswehr wird die **27** Durchführung der Beschlagnahme dort auf Ersuchen der mit der Vollstreckung beauftragten Dienststelle (Staatsanwaltschaft oder Polizei)[43] durch **Dienststellen der Bundeswehr**, entweder allein oder unter Mitwirkung der Staatsanwaltschaft oder der Polizei durchgeführt. Das gilt auch, wenn von der Beschlagnahme ausschließlich eine in dem Dienstgebäude wohnende Zivilperson betroffen wird, sofern nicht der in §98 Abs. 4 Satz 3 vorgesehene Fall vorliegt. Außerhalb der militärischen Dienstgebäude und der Einrichtungen und Anlagen unterliegt die Beschlagnahme gegenüber Soldaten keinen Beschränkungen.

Dienstgebäude sind Kasernen, Werkstätten und dgl. Soldatenwohnungen, die **28** nicht in einem Dienstgebäude liegen, fallen nicht unter die Beschränkungen des §98 Abs. 4. Nicht allgemein zugängliche Einrichtungen und Anlagen der Bundeswehr sind Kasernenhöfe, Übungsplätze, Schiffe, Schießstände, Lazarette und Genesungsheime, aber auch Wehrmittel, wie abgestellte Panzer, Flugzeuge. Räume, die **ausschließlich von Nichtsoldaten bewohnt** werden (§98 Abs. 4 Satz 3), sind die in einem Dienstgebäude oder einer Einrichtung liegenden, aber in sich abgeschlossenen Wohnung von Zivilangestellten, verpachtete Kantinen und Läden.

Die **vorgesetzte Dienststelle** ist nicht, wie aus der wenig geglückten Fassung des **29** §98 Abs. 4 geschlossen werden könnte, die jeweils nächsthöhere Dienststelle. Gemeint ist vielmehr die Dienststelle, der die dienstliche Gewalt über das Gebäude oder über die Einrichtung oder Anlage zusteht, in der sich die Sache befindet. Das ist bei Dienstgebäuden, die aussschließlich einem Truppenteil oder einer einem militärischen Chef unterstellten Anstalt zur Benutzung überwiesen sind, der Kommandeur oder militärische Chef, sonst der Kommandant oder der Standortälteste, bei anderen Einrichtungen oder Anlagen deren Leiter[44].

IV. Eilzuständigkeit der Staatsanwaltschaft und ihrer Hilfsbeamten

1. Allgemeines. Bei **Gefahr im Verzug** sind auch die Staatsanwaltschaft und ihre **30** Hilfsbeamten zur Beschlagnahmeanordnung befugt. Eine wichtige **Ausnahme** besteht nach §98 Abs. 1 Satz 2 zum **Schutz der Pressefreiheit**, wenn eine Beschlagnahme nach §97 Abs. 5 Satz 2 in den Räumen einer Redaktion eines Verlages, einer Druckerei oder einer Rundfunkanstalt, denen Btx-Redaktionen gleichstehen (vgl. §97, 93), angeordnet werden soll, wenn also Deliktsgegenstände beschlagnahmt werden sollen oder wenn ein Mitarbeiter des Pressebetriebes oder der Rundfunkanstalt lediglich teilnahmeverdächtig aber (noch) nicht Beschuldigter ist. Die Eilkompetenz der Staatsanwaltschaft und ihrer Hilfsbeamten ist nicht eingeschränkt, wenn ein Angehöriger der Presse Beschuldigter

---

[42] Vgl. auch *Eb. Schmidt* Nachtr. I §127, 26.

[43] KK-*Laufhütte* 31; KMR-*Müller* 28; *Kleinknecht/Meyer*[37] 28.

[44] *Kleinknecht/Meyer*[37] 27; KK-*Laufhütte* 31; KMR-*Müller* 29.

Gerhard Schäfer

ist[45], wenn von der Presse selbst recherchiertes Material beschlagnahmt werden oder wenn die Beschlagnahme außerhalb der in § 97 Abs. 5 genannten Räume stattfinden soll[46]. Die Eilzuständigkeit besteht **auch nach Anklageerhebung,** wie § 98 Abs. 3 zeigt (Rdn. 40).

31   Ein wichtiger Anwendungsfall einer Beschlagnahme wegen Gefahr im Verzug ist dann gegeben, wenn der gerichtliche **Durchsuchungsbeschluß** die zu beschlagnahmenden Beweismittel **nicht konkret,** sondern nur ihrer Art nach (z. B. „Schriftproben, Waffen") **bezeichnen** konnte, eine wirksame Beschlagnahmeanordnung also nicht enthielt[47] (Rdn. 16). Auch schließt das Vorliegen einer richterlichen Beschlagnahmegestattung die Beschlagnahme anderer Gegenstände wegen Gefahr im Verzug nicht aus, wenn der die richterliche Entscheidung vollstreckende Beamte dabei andere der Beschlagnahme unterliegende Gegenstände bemerkt. Das wird in der Praxis nicht selten der Fall sein. Die richterliche Anordnung, bestimmte Gegenstände zu beschlagnahmen, darf aber nicht Vorwand zur Suche nach anderen Beweismitteln sein. Eine solche Durchsuchung ist zwar nicht ausgeschlossen. Sie kann wegen Gefahr im Verzug an Ort und Stelle vom vollstreckenden Beamten angeordnet werden, wenn die Voraussetzungen der §§ 102, 103 vorliegen. Stets ist aber sorgfältig zu prüfen, ob damit nicht die richterliche Anordnungskompetenz unterlaufen wird. Die Beschlagnahme von Gegenständen im Wege der Eilzuständigkeit, deren Beschlagnahme der Richter abgelehnt hatte, ist nur bei veränderter Sachlage zulässig und sollte nicht ohne staatsanwaltschaftliche Weisung erfolgen.

2. Zuständigkeit

32   **a) Staatsanwaltschaft.** Der Ausdruck Staatsanwaltschaft umfaßt die Bundesanwälte, Staatsanwälte und Amtsanwälte (§ 142 Abs. 1 GVG). Amtsanwälte sind in allen Sachen zuständig, die zur Zuständigkeit des Amtsgerichts gehören (§ 24 GVG). Soweit ihre Befugnisse durch die Anordnungen der Landesjustizverwaltungen über Organisation und Dienstbetrieb der Staatsanwaltschaft eingeschränkt sind, dürfen sie nur tätig werden, wenn nicht nur kein Richter, sondern auch kein Staatsanwalt zu erreichen ist. Auf die Rechtmäßigkeit der von ihnen angeordneten Beschlagnahmen hat aber ein Verstoß gegen diese innerdienstlichen Vorschriften keinen Einfluß.

33   **b) Die Hilfsbeamten der Staatsanwaltschaft** (vgl. dazu Erl. zu § 152 GVG) dürfen die Beschlagnahme nur anordnen, wenn die Sache „keinen Aufschub" gestattet (§ 163 Abs. 1). Im übrigen haben sie die Entscheidung der Staatsanwaltschaft (u. U. telefonisch) herbeizuführen. Eine andere Zuständigkeitsverteilung widerspräche — entgegen der h. M. — dem im Gesetz klar zum Ausdruck gebrachten Primat der Staatsanwaltschaft im Rahmen des Ermittlungsverfahrens (vgl. dazu § 96, 12)[48]. Ein Verstoß gegen § 163 hat freilich keinen Einfluß auf den Bestand der Beschlagnahme, kann aber dienstaufsichtsrechtliche Folgen haben.

---

[45] *Löffler*³ I § 53 StPO, 104; *Achenbach* NJW **1976** 1068 Fußn. 16; *Groß* NJW **1976** 1763; *Kunert* MDR **1975** 887; *Kleinknecht/Meyer*³⁷ 4.

[46] *Löffler*³ I § 53 StPO, 104; KK-*Laufhütte* 2; *Kleinknecht/Meyer*³⁷ 4.

[47] Vgl. OLG Düsseldorf StrVert. **1982** 513; LG Lüneburg MDR **1984** 603.

[48] **A. A** KK-*Laufhütte* 11; *Kleinknecht/Meyer*³⁷ 6; LR-*Meyer*²³ 15; aus § 111 l Abs. 2, der die Eilkompetenz der Hilfsbeamten ausdrücklich auf die Nichterreichbarkeit der Staatsanwaltschaft beschränkt, können keine Schlüsse gezogen werden (s. § 111 l, 9).

c) In Steuerstrafsachen nehmen die Finanzbehörden, wenn sie auf Grund des **34** § 386 Abs. 2 AO das Ermittlungsverfahren selbständig führen, die Rechte und Pflichten wahr, die der Staatsanwaltschaft im Ermittlungsverfahren zustehen (§ 399 Abs. 1). Die Beamten der Steuer- und Zollfahndungsstellen sind nach § 404 AO Hilfsbeamte der Staatsanwaltschaft und deshalb ebenfalls zur Beschlagnahme befugt[48a]. Die Befugnisse der Zollbehörden in Verfahren wegen Zuwiderhandlungen gegen das Außenwirtschaftsgesetz regelt § 42 AWG.

d) Im Bußgeldverfahren hat die Verfolgungsbehörde die Rechte der Staatsanwalt- **34a** schaft (§ 46 Abs. 2 OWiG).

3. Gefahr im Verzug. Voraussetzung für die Beschlagnahmeanordnung der Staats- **35** anwaltschaft und ihrer Hilfsbeamten ist nach § 98 Abs. 1 Satz 1, daß Gefahr im Verzug vorliegt: daß die Beschlagnahme durch die Verzögerung gefährdet wäre, die eintreten würde, sofern der zuständige Richter angerufen werden müßte[49]. Die bloße Möglichkeit der Gefährdung des Untersuchungszwecks reicht nicht aus; Gefahr im Verzug besteht nur, wenn nach den vorliegenden Tatsachen der Beweismittelverlust bei auch nur telefonischer Einholung einer richterlichen Entscheidung wahrscheinlich ist[50]. Dabei ist stets zu bedenken, daß die Annahme von Gefahr im Verzug die gesetzlich (bei Durchsuchungen sogar die verfassungsrechtlich) vorgeschriebene Regelzuständigkeit des Richters durchbricht und deshalb besonders sorgfältiger Prüfung bedarf. In der Praxis wird die Eilkompetenz nicht selten zu schnell in Anspruch genommen[51]. Kann eine richterliche Entscheidung nicht mehr eingeholt werden, hat die Polizei zu prüfen, ob nicht wenigstens eine staatsanwaltschaftliche Entscheidung herbeigeführt werden kann (vgl. Rdn. 33). Wegen der Gefahr im Verzug bei der Beschlagnahme von Führerscheinen vgl. § 111 a, 63.

Ob Gefahr in Verzug vorliegt, entscheidet der Staatsanwalt oder der Hilfsbeamte **36** unter Würdigung der ihm bekannten Tatsachen[52]. Dabei ist dem Beamten ein breiter **Beurteilungsspielraum** zuzugestehen[53], wobei ex post von den dem Beamten bekannten Tatsachen auszugehen ist. Eine Überschreitung dieses Beurteilungsspielraums soll nach der herrschenden Meinung allenfalls für die Frage von Bedeutung sein, ob die Amtsausübung i.S. der §§ 32, 113 StGB, 839 BGB rechtmäßig war, die Verwertbarkeit aber nicht berühren[54].

[48a] Umfassend zur Zuständigkeit der Finanzbehörden *Blumers/Göggerle* 282 ff, 290.

[49] BVerfGE **51** 97, 111; BGH JZ **1962** mit Anm. *Baumann*; RGSt **37** 34; **23** 334; KG NJW **1972** 171; KK-*Laufhütte* 13; KMR-*Müller* 4; *Kleinknecht/Meyer*[37] 6; *Eb. Schmidt* 4; *Krekeler* NJW **1977** 1419; zu den Eilkompetenzen *Nelles* passim.

[50] Vgl. zum Begriff der Gefahr die Nachweise bei *Dreher/Tröndle*[42] § 34, 3.

[51] Vgl. dazu die Zahlen bei *Nelles* 183 ff; Stichprobenuntersuchungen in Nordrhein-Westfalen ergaben, daß nur 6 % aller Beschlagnahmen vom Richter angeordnet waren.

[52] BGH JZ **1962** 610 mit Anm. *Baumann*;

RGSt **23** 334; **37** 37; BayObLGSt **17** 121; **20** 153; KG NJW **1972** 171; OLG Celle GA **52** (1905) 117; OLG Köln NJW **1968** 667; OLG Stuttgart NJW **1969** 761 mit Anm. *Hruschka* NJW **1969** 1310; NJW **1979** 760; *Kleinknecht* 3; *Müller-Sax* 3 b; *Eb. Schmidt* 4; vgl. auch BGHSt **4** 164; **21** 363; BGH VRS **38** 116; RGSt **35** 210; KG NJW **1972** 782; OLG Celle NJW **1971** 154; a. A *Amelung* 30.

[53] Zu eng *Baumann* JZ **1962** 612 und ihm folgend LR-*Dünnebier*[22] II 2, die den Beamten nur einen „geringen" Beurteilungsspielraum lassen wollten.

[54] LR-*Meyer*[23] 18; KK-*Laufhütte* 19; KMR-*Müller* 4; *Kleinknecht/Meyer*[37] 7.

37　　Dieser Auffassung kann nicht gefolgt werden. Gesetz (und bei Durchsuchung auch Verfassung, Art. 13 GG) haben die Zuständigkeit grundsätzlich dem Richter übertragen. Die Einschaltung des Richters soll gewährleisten, daß die Interessen auch der nicht oder nicht ausreichend gehörten Beteiligten gebührend berücksichtigt und insbesondere die gesetzlichen Voraussetzungen derartiger Eingriffe genau beachtet werden[55]. Insoweit liegt eine klare gesetzliche (bei der Durchsuchung sogar verfassungsrechtliche) Zuständigkeitsverteilung vor. Ein **Verstoß** dagegen kann und darf nicht ohne jede Auswirkung auf die **Verwertbarkeit** des so erlangten Beweismittels sein. Die für die Gegenauffassung vielfach herangezogenen Entscheidungen BGH JZ **1962** 609 und OLG Stuttgart NJW **1969** 760 stehen dem nicht entgegen, denn beide weisen ausdrücklich (Bundesgerichtshof für die Amtspflichtverletzung, OLG Stuttgart für die Wirksamkeit einer Führerscheinbeschlagnahme) darauf hin, daß bei willkürlichem, in hohem Maße fehlerhaften Verhalten anderes gelten könne. Danach ist bei fehlerhafter Annahme von Gefahr im Verzug in der Regel ein Verwertungsverbot dann anzunehmen, wenn die Zuständigkeit willkürlich[56], nämlich „objektiv unter keinem Gesichtspunkt vertretbar"[57] angenommen wurde[58]. Eine Ausnahme mag allenfalls dann gelten, wenn wegen des Gewichts der zu verfolgenden Tat (z. B. Kapitalverbrechen) das Verfolgungsinteresse im Einzelfall überwiegt (vgl. Rdn. 82).

37a　　**4. Form.** Das Gesetz schreibt für die Beschlagnahmeanordnung keine besondere Form vor. Sie kann von der Staatsanwaltschaft daher auch mündlich, telefonisch, telegrafisch oder fernschriftlich getroffen werden. Bei geringerer Eilbedürftigkeit ordnen die Staatsanwaltschaft und ihre Hilfsbeamten Beschlagnahmen in Form einer schriftlichen Verfügung an. Die Anordnung eines Hilfsbeamten kann schlüssig in der Bewirkung der Beschlagnahme liegen[59]. In jedem Fall muß die Beschlagnahmeanordnung (Beschlagnahmegegenstand und Sicherungszweck[60] samt ihren Voraussetzungen) aktenkundig gemacht werden[61], damit ihre Rechtmäßigkeit, insbesondere die Frage der Gefahr im Verzug und die Wahrung des Verhältnismäßigkeitsgrundsatzes, überprüft werden können.

38　　**5. Bekanntmachung.** Dem Betroffenen ist die Beschlagnahmeanordnung (notfalls mündlich) zu eröffnen, soll er nicht bloßes Objekt staatlichen Handelns sein. Ist der Betroffene der Beschuldigte, so ist zu beachten, daß in der Bekanntmachung eine verjährungsunterbrechende Handlung nach § 78 c Abs. 1 Nr. 1 StGB (Bekanntgabe der Einleitung des Ermittlungsverfahrens) liegen kann, weshalb der Inhalt der Bekanntmachung aktenkundig zu machen ist, damit die persönliche und sachliche Reichweite der Unterbrechungshandlung dokumentiert ist[62].

39　　**6. Belehrung.** Nach § 98 Abs. 2 Satz 7 ist der Betroffene über seine Rechte zu belehren. Diese Belehrungspflicht besteht nur bei Beschlagnahmeanordnungen der Staats-

---

[55] BVerfGE **9** 97.
[56] Ebenso BGH NStZ **1985** 262.
[57] Vgl. BVerfGE **42** 237 zum gesetzlichen Richter.
[58] Dies wäre z.B. bei dem der Entscheidung OLG Stuttgart NJW **1977** 2276 zugrundeliegenden Fall anzunehmen. Dort wurde in den (verschlossenen) Wohn- und Geschäftsräu-

men einer im Urlaub abwesenden Rechtsanwältin durchsucht und beschlagnahmt.
[59] *Kleinknecht/Meyer*[37] 8.
[60] Vgl. BGH NStZ **1985** 262.
[61] OLG Karlsruhe Justiz **1981** 482; *Kleinknecht/Meyer*[37] 8.
[62] Einzelheiten bei *G. Schäfer* FS Dünnebier 544.

anwaltschaft und ihrer Hilfsbeamten, nicht bei denen des Gerichts. Der Betroffene muß darüber belehrt werden, daß er nach § 98 Abs. 2 Satz 2 berechtigt ist, jederzeit eine gerichtliche Entscheidung zu beantragen, und ferner muß ihm mitgeteilt werden, bei welchem Amtsgericht er den Antrag einreichen kann[63]. Es reicht in jedem Fall aus, wenn er darüber belehrt wird, daß er sich an das Amtsgericht wenden kann, in dessen Bezirk die Beschlagnahme stattgefunden hat[64]. Ist dem die Beschlagnahme anordnenden oder durchführenden Beamten aber bekannt, daß die Voraussetzungen des § 98 Abs. 2 Satz 4 vorliegen, also bereits eine Beschlagnahme, Postbeschlagnahme oder Durchsuchung in einem anderen Bezirk stattgefunden hat, so muß er den Betroffenen auch darüber belehren, daß der Antrag auf richterliche Entscheidung bei dem Amtsgericht gestellt werden kann, in dessen Bezirk die Staatsanwaltschaft ihren Sitz hat, die das Ermittlungsverfahren führt. Weitere Belehrungen, etwa über das Recht zur Beschwerde gegen die auf den Antrag ergehende gerichtliche Entscheidung, sind nicht vorgeschrieben und auch nicht angebracht. Die Belehrung hat die Behörde zu erteilen, die die Beschlagnahme durchführt. Wird sie mündlich erteilt, so ist hierüber ein Aktenvermerk aufzunehmen. Eine schriftliche Belehrung, etwa durch Überreichung eines Vordrucks, ist vorzuziehen; sie sollte unter allen Umständen in das Beschlagnahmeverzeichnis nach § 107 Satz 2 aufgenommen werden.

7. Sonderfall: Beschlagnahme nach Erhebung der öffentlichen Klage (Absatz 3). **40** Die Vorschrift zeigt, daß die Staatsanwaltschaft und ihre Hilfsbeamten auch nach Erhebung der öffentlichen Klage zu weiteren Ermittlungen[64a] (vgl. § 202, 6) und bei Gefahr im Verzug sogar zur Beschlagnahme befugt sind. Da in dieser Lage des Verfahrens die Verfahrensherrschaft beim Gericht liegt, dürfen derartige Maßnahmen das gerichtliche Verfahren aber nicht stören. Das dabei einzuhaltende Verfahren ist in § 98 Abs. 3 nicht abweichend von Absatz 2, sondern ergänzend geregelt. Die Vorschrift bestimmt einmal, daß die beschlagnahmten Gegenstände dem Richter, der nach der Anklageerhebung Herr des Verfahrens geworden ist, zur Verfügung zu stellen sind. Aus der Verfahrensherrschaft des Richters folgt, daß ihm auch die formlos sichergestellten, herrenlosen oder freiwillig herausgegebenen Gegenstände alsbald abzuliefern sind und daß der Beamte den Richter von der Beschlagnahme auch dann binnen drei Tagen zu benachrichtigen hat, wenn er nach § 98 Abs. 2 Satz 1 nicht genötigt ist, die richterliche Bestätigung zu beantragen. Ist die Bestätigung nach § 98 Abs. 2 Satz 1 erforderlich, dann liegt in dem Antrag, sie auszusprechen, zugleich die Anzeige nach Absatz 3. Ein Verstoß gegen die Anzeigepflicht ist auf die Rechtswirksamkeit der Beschlagnahme ohne Einfluß.

V. Richterliche Überprüfung bei Eilzuständigkeit (Absatz 2)

1. Allgemeines. Das Gesetz sieht bei Beschlagnahmen durch die Staatsanwalt-   **41** schaft und ihre Hilfsbeamten die richterliche Überprüfung vor. Diese hat in bestimmten Fällen der beschlagnahmende Beamte selbst zu veranlassen (nachstehend 2), der Betroffene kann sie stets beantragen (nachstehend 3).

---

[63] Vgl. BTDrucks. 7 551, S. 65.
[64] *Kleinknecht/Meyer*[37] 11; *Rieß* NJW **1975** 85.

[64a] Kritisch *Strate* StrVert. **1985** 338. Vgl. im übrigen LR-*Rieß* § 202, 6 mit Nachw.

2. Auf Antrag des Beamten (Absatz 2 Satz 1)

42　　a) **Antragspflicht.** War weder der Betroffene noch ein erwachsener Angehöriger anwesend oder wird Widerspruch erhoben, so bedarf die Beschlagnahme der **richterlichen Bestätigung,** die der Beamte **binnen drei Tagen** beantragen soll. Hilfsbeamte der Staatsanwaltschaft legen ihre Vorgänge dem Gericht über die Staatsanwaltschaft vor, denn der Richter entscheidet ohnehin nicht ohne Anhörung der Staatsanwaltschaft (§ 33 Abs. 2), deren Stellungnahme im Ermittlungsverfahren zudem von entscheidender Bedeutung ist.

43　　Für die Antragspflicht ist es ohne Bedeutung, ob der **Widerspruch vor oder nach der Vollziehung der Beschlagnahmeanordnung** erklärt worden ist. Der Ansicht, der Bestätigungsantrag müsse nur gestellt werden, wenn der Betroffene den Widerspruch nach Vollziehung der Beschlagnahme aufrecht erhält oder wiederholt[65], kann nicht zugestimmt werden; denn das Gesetz enthält diese Einschränkung nicht. Der Staatsanwalt kann die richterliche Bestätigung auch beantragen, wenn der Beschlagnahmegegenstand freiwillig herausgegeben worden ist[66]. Wird das Einverständnis mit der amtlichen Verwahrung widerrufen, so entsteht keine Antragspflicht. Im Widerruf ist aber regelmäßig ein Antrag nach § 98 Abs. 2 Satz 2 zu sehen[67]. Die **Frist** für den Bestätigungsantrag beginnt mit der Beschlagnahme, nicht mit ihrer Anordnung[68]. Sie wird nach §§ 42, 43 Abs. 2 berechnet und gilt nur für den Bestätigungsantrag; die richterliche Entscheidung muß nicht innerhalb der Dreitagesfrist ergehen[69]. Einer besonderen Bestätigungsentscheidung bedarf es nicht, wenn der Betroffene selbst nach § 98 Abs. 2 Satz 2 auf gerichtliche Entscheidung angetragen hat und darauf eine Entscheidung erging.

44　　Bei Beschlagnahmen von **beweglichen Sachen** nach § 111 c Abs. 1 ist eine richterliche Bestätigung der von der Staatsanwaltschaft und ihren Hilfsbeamten nach § 111 e Abs. 1 getroffenen Beschlagnahmeanordnungen nicht mehr vorgeschrieben (§ 111 e Abs. 2 Satz 2). Die Antragspflicht entfällt aber nicht für Beweisgegenstände, die zugleich als Verfalls- oder Einziehungsgegenstände nach diesen Vorschriften beschlagnahmt werden[70] (vgl. dazu § 94, 5).

45　　Die Vorschrift des Absatz 2 Satz 2 ist eine **Sollvorschrift.** Auf die Rechtswirksamkeit der Beschlagnahme hat ein Verstoß gegen die Antragspflicht grundsätzlich keinen Einfluß[71], auch wenn die Praxis die Frist häufig ungebührlich überschreitet. Eine ganz **außergewöhnliche Fristüberschreitung** kann freilich auch hier im Einzelfall zur Rechtswidrigkeit der Beschlagnahme führen, wenn der Verstoß so gravierend ist, daß die gesetzlich vorgesehene richterliche Kontrolle praktisch ausgeschaltet ist und diese Folge angesichts der geringen Bedeutung der verfolgten Straftat hingenommen werden kann.

46　　b) **Betroffener, Angehöriger, Erwachsener.** Der Begriff **Betroffener** hat — wie sich aus dem Regelungszusammenhang ergibt — in Abs. 2 Satz 1 und Satz 2 verschiedene Bedeutung. Abs. 2 Satz 1 meint den Gewahrsamsinhaber. Abs. 2 Satz 2 darüber hinaus jeden, in dessen Rechte durch die Beschlagnahme eingegriffen wird (vgl. Rdn. 48). **Angehörige** sind die in § 11 Abs. 1 Nr. 1 StGB Genannten[72]; also über § 52 hinausgehend

---

[65] KMR-*Müller* 7.
[66] BGH NJW **1956** 1806.
[67] KK-*Laufhütte* 17.
[68] KK-*Laufhütte* 15; KMR-*Müller* 12; *Kleinknecht/Meyer*[37] 14; *Eb. Schmidt* 7.
[69] KG VRS **42** 211; KMR-*Müller* 11; *Kleinknecht/Meyer*[37] 14; *Eb. Schmidt* 7.
[70] *Achenbach* NJW **1976** 1070; a. M KK-*Lauf-*

hütte 15; KMR-*Müller* 11; *Kleinknecht/Meyer*[37] 13.
[71] KG VRS **42** 210; *Kleinknecht/Meyer*[37] 14; KMR-*Müller* 12; *Eb. Schmidt* 6.
[72] KK-*Laufhütte* 14; *Kleinknecht/Meyer*[37] 15 und LR-*Meyer*[23] 15 plädieren für „weite" Auslegung.

auch entfernte Verwandte oder Verschwägerte und Pflegeeltern und Pflegekinder. **Erwachsener** ist, wer volljährig ist[73].

3. Auf Antrag des Betroffenen (Abs. 2 Satz 2)

a) Allgemeines. Gegen die von der Staatsanwaltschaft und ihren Hilfsbeamten angeordnete Beschlagnahme ist der **Antrag auf gerichtliche Entscheidung** statthaft. Über das Antragsrecht ist der **Betroffene** nach § 98 Abs. 2 Satz 7 zu belehren (oben Rdn. 39). Eine „Beschwerde" ist in einen Antrag auf gerichtliche Entscheidung umzudeuten[74]. Der Antrag ist an keine Form oder Frist gebunden. Mit einer Entscheidung nach § 98 Abs. 2 **Satz 1** wird der Antrag gegenstandslos. Wird der Antrag in Kenntnis einer Entscheidung nach § 98 Abs. 2 Satz 1 gestellt, ist er als Gesuch um Aufhebung dieser Entscheidung zu behandeln. Durch die Zulässigkeit des Antrags nach § 98 Abs. 2 Satz 2 wird nach § 23 Abs. 3 EGGVG der Rechtsweg nach den **§§ 23 ff EGGVG** ausgeschlossen[75]. **47**

Betroffener ist jeder, in dessen Rechte eingegriffen wird. Das ist zunächst der Gewahrsamsinhaber, darüber hinaus auch der mittelbar Betroffene, wie der Kontoinhaber bei Beschlagnahme von Kontounterlagen bei einer Bank[76] oder z. B. bei der Briefzensur nach § 119 der Verfasser und Empfänger eines Briefs, dessen Original befördert, dessen Fotokopie aber zu den Akten genommen wurde[77]. Die richterliche Entscheidung kann auch der letzte Besitzer einer Sache beantragen, die als in keinem Gewahrsam stehend formlos sichergestellt worden ist. Ferner kann der zur Zeit der Beschlagnahme oder formlosen Sicherstellung nichtbesitzende Eigentümer den Antrag stellen, wenn ein Rückforderungsrecht, das ihm gegen den Gewahrsamsinhaber zusteht, durch die Beschlagnahme oder die formlose Sicherstellung beeinträchtigt oder er durch sie gehindert wird, selbst den Gewahrsam auszuüben. Der **Beschuldigte** als solcher ist nicht Betroffener. Er kann sich gegen Ermittlungshandlungen, die lediglich Rechte Dritter berühren, nicht wenden. **48**

§ 98 Abs. 2 Satz 2 enthält einen allgemeinen Rechtsgedanken, für das richterliche Überprüfungsverfahren noch nicht erledigter Zwangsmaßnahmen, die Staatsanwaltschaft oder Polizei auf Grund ihrer Eilkompetenz angeordnet haben und für die das Gesetz, anders als beispielsweise im Haftrecht, keine besonderen Regeln zur Verfügung stellt. So wird § 98 Abs. 2 Satz 2 insbesondere auf die richterliche Überprüfung der Rechtmäßigkeit noch andauernder Durchsuchungen[78], darüber hinaus aber z. B. auch bei Zurückweisung eines Zeugenbeistands[79] angewandt. **49**

Ob die Vorschrift auch auf **erledigte Maßnahmen** anzuwenden ist, ist streitig. Vgl. Rdn. 68 ff, 72 ff. **50**

b) Antrag. Der Antrag nach § 98 Abs. 2 Satz 2 setzt keine förmliche Beschlagnahme voraus. Er ist auch zulässig, wenn der Betroffene, der die als Beweisstücke benötigten Sachen freiwillig herausgegeben hat, die Einwilligung in die behördliche Verwahrung nachträglich widerruft[80]. Jedes Gesuch auf Herausgabe der zunächst freiwil- **51**

---

[73] KK-*Laufhütte* 14; a. A *Kleinknecht/Meyer*[37] 15; LR-*Meyer*[23] 29 (Einsichtsfähigkeit entscheidet).

[74] LG Lüneburg JZ **1984** 343; *Kleinknecht/Meyer*[37] 10.

[75] BGH GA **1981** 225; OLG Stuttgart NJW **1972** 2146; *Kleinknecht/Meyer*[37] 8; a. A *Schenke* NJW **1975** 1530.

[76] KK-*Laufhütte* 17.

[77] OLG München NJW **1978** 601.

[78] BGHSt **28** 206; NJW **1978** 1013 mit Anm. *Amelung*; KG NJW **1972** 169; OLG Karlsruhe NJW **1978** 1595; OLG Stuttgart NJW **1977** 2276; KG JR **1972** 257; KK-*Laufhütte* § 105, 8; *Kleinknecht/Meyer*[37] § 105, 16; KMR-*Müller* 17; *Meyer* FS Schäfer 127.

[79] OLG Hamburg MDR **1984** 1044; fraglich, ob hier nicht richtigerweise §§ 23 ff EGGVG eingreifen.

[80] *Kleinknecht/Meyer*[37] 20; *Eb. Schmidt* 1.

Gerhard Schäfer

lig zur Verfügung gestellten Sachen, auch wenn er bei der Polizei oder Staatsanwaltschaft angebracht wird, ist als ein solcher Antrag zu behandeln[81].

52   **4. Zuständigkeit, Abs. 2 Satz 3 und 4.** Bis zur Erhebung der öffentlichen Klage ist grundsätzlich das Amtsgericht zuständig, in dessen Bezirk die Beschlagnahme stattgefunden hat (§ 98 Abs. 2 Satz 3). Wo sich die beschlagnahmte Sache zur Zeit der gerichtlichen Entscheidung befindet und wo das Ermittlungsverfahren betrieben wird, ist für die Zuständigkeitsfrage ohne Bedeutung. Um den Fällen überörtlicher Kriminalität gerecht zu werden, wurde durch das 1. StVRG 1974 eine **Zuständigkeitskonzentration** in Abs. 2 Satz 4 geschaffen, die der in § 162 Abs. 1 entspricht: Hat in dem Ermittlungsverfahren, in dem die gerichtliche Entscheidung nach § 98 Abs. 2 Satz 1 oder 2 ergehen soll, **vor dem Antrag** auf richterliche Entscheidung[82] bereits eine Beschlagnahme nach § 94 oder §§ 111 b ff[83], eine Postbeschlagnahme nach § 99 oder eine Durchsuchung nach §§ 102, 103 in einem anderen Gerichtsbezirk stattgefunden als in dem, in dem nunmehr über die Rechtmäßigkeit der Beschlagnahme entschieden werden soll, dann ist nach § 98 Abs. 2 Satz 4 das Amtsgericht zuständig, in dessen Bezirk die Staatsanwaltschaft ihren Sitz hat, die das Ermittlungsverfahren betreibt. Die Anwendung des § 98 Abs. 2 Satz 4 bis 6 setzt daher immer voraus, daß die Staatsanwaltschaft bereits ein Ermittlungsverfahren führt[84]. Ist sie bei einer Beschlagnahmeanordnung ihrer Hilfsbeamten im Wege des ersten Zugriffs nach § 163 Abs. 1 noch nicht in der Sache tätig geworden, dann verbleibt es bei der Zuständigkeitsregelung des § 98 Abs. 2 Satz 3. Um die gewünschte zentrale Zuständigkeit herbeizuführen, sollte in solchen Fällen eine überörtliche Beschlagnahme nicht durch die Polizei allein, sondern unter Leitung der Staatsanwaltschaft vorgenommen werden[85]. Ermitteln mehrere Staatsanwaltschaften, kommt es darauf an für welches Verfahren die Beweismittel von größerer Bedeutung sind[86]. Zum Verfahren bei einem **Zuständigkeitsstreit** vgl. BGHSt **26** 212. Nach Anklageerhebung gilt für die Zuständigkeit des Gerichts das gleiche wie bei der Beschlagnahmeanordnung (oben Rdn. 8).

5. Inhalt und Gegenstand der gerichtlichen Prüfung
53   **a) Fortdauer der Beschlagnahme.** Das Gericht prüft lediglich, ob **zum Zeitpunkt seiner Entscheidung** die Beschlagnahme aufrechterhalten werden darf oder aufzuheben ist, das Verfahren dient nicht (auch) der richterlichen Überprüfung der Rechtmäßigkeit der Beschlagnahme durch Staatsanwaltschaft oder Polizei[87]. Auf die Rechtswidrigkeit der Beschlagnahme kommt es nur ausnahmsweise an, wenn sich daraus im Einzelfall die Unzulässigkeit der Fortdauer der Beschlagnahme ergeben sollte, was namentlich dann der Fall ist, wenn aus der Rechtswidrigkeit der Beschlagnahme ein Verwertungsverbot folgt, vgl. Rdn. 37. Diese Auffassung hat freilich zur Folge, daß die ursprüngliche Rechtswidrigkeit der Beschlagnahme in der Regel einer richterlichen Überprüfung nicht unterliegt[88]. Das Ergebnis der Prüfung ist die **Bestätigung** oder die **Aufhebung** der Beschlagnahme oder aber die Anordnung **anderer**, aber nicht weitergehenderer **Maßnah-**

---

[81] BGH NJW **1956** 1806.
[82] BGHSt **26** 212.
[83] *Kleinknecht/Meyer*[37] 16.
[84] *Rieß* NJW **1975** 85.
[85] *Rieß* NJW **1975** 85.
[86] BGHSt **26** 212.
[87] H. M KK-*Laufhütte* 19; KMR-*Müller* 4;

Kleinknecht/Meyer[37] 17; LR-*Meyer*[23] 31; *Meyer* FS Schäfer 126; *Rieß/Thym* GA **1981** 199; *Flieger* MDR **1981** 18; *Schenke* NJW **1976** 1816, 1820; **a. A** *Amelung* Rechtsschutz 30, der beides verbinden will.
[88] Vgl. dazu *Rieß/Thym* GA **1981** 200.

men. Insbesondere kann die Anwendung des Verhältnismäßigkeitsgrundsatzes dazu führen, daß z. B. bei Geschäftsunterlagen dem Betroffenen Fotokopien herauszugeben sind oder daß der Staatsanwaltschaft eine Frist gesetzt wird, innerhalb der sie von den herauszugebenden Unterlagen Fotokopien fertigen kann (vgl. §94, 42). Die Prüfung des Gerichts erfolgt nach **Aktenlage**. Eigene Ermittlungen sind dem Ermittlungsrichter nicht gestattet[89]. Einzelheiten s. bei §111 a, 48.

Die Beschlagnahme ist **aufzuheben**, wenn der beschlagnahmte Gegenstand als Beweismittel nicht (mehr) in Betracht kommt, weil er aus tatsächlichen oder rechtlichen Gründen nicht (mehr) benötigt wird[90]. Dies kann der Fall sein, weil er sich auf einen Sachverhalt bezieht, bezüglich dessen kein Tatverdacht mehr besteht oder wegen dem nicht (mehr) ermittelt wird. **54**

Ein **noch nicht rechtskräftiges** freisprechendes **Urteil**, eine Einstellung nach §154 im Hinblick auf zu erwartende Rechtsfolgen (§154, 51), eine noch nicht rechtskräftige Einstellung nach §§206 a, 260, eine vorläufige Einstellung nach §153 a oder die noch nicht rechtskräftige Ablehnung der Eröffnung des Hauptverfahrens führen in der Regel noch nicht zur Aufhebung der Sicherstellung. Hier ist die Rechtskraft abzuwarten, wenn die Gegenstände noch als Beweismittel in Betracht kommen. Dies gilt auch für alle Fälle der Verfahrensbeschränkung nach §154 a[91]. Nach einer **Einstellung** des Verfahrens durch die **Staatsanwaltschaft** nach §§153, 170 Absatz 2 ist die Aufhebung der Beschlagnahme zu veranlassen, wenn eine Beschwerde gegen die Einstellungsverfügung nicht mehr zu erwarten ist. Bei §153 a kommt es auf die endgültige Einstellung an, bei einer Verfahrensbeschränkung nach §154 a Absatz 2 auf die endgültige Erledigung. **54a**

Beweismittel werden auch dann **nicht** mehr **benötigt**, wenn sich ein verderblicher Gegenstand nicht mehr in der zur Beweisführung erforderlichen Form erhalten läßt; in diesem Fall müssen Fotografien, Sachverständigengutachten und Zeugenaussagen zur Beweisführung bereitgestellt werden (§111 l, 5); oder wenn der Beweis zweifelsfrei auf andere Weise, etwa durch ein richterliches Geständnis, geführt werden kann. Dabei ist aber Vorsicht geboten. Der Beurteilung des erkennenden Gerichts darf nicht vorgegriffen werden. In Einzelfällen kann aber auch hier der Verhältnismäßigkeitsgrundsatz (vgl. §94, 31), dem das Bundesverfassungsgericht sogar Vorrang vor dem Legalitätsprinzip einräumt[92], zur Freigabe eines Beweismittels führen. **54b**

Die Beschlagnahme ist ferner aufzuheben, wenn ein **Beschlagnahmeverbot** nach §97 (§97, 102) oder wenn ein **Verwertungsverbot** (Rdn. 82) besteht, denn ein nicht verwertbarer Gegenstand ist für die Untersuchung nicht mehr von Bedeutung. Der Feststellung eines Verwertungsverbots bedarf es nicht, dieses folgt ohne weiteres aus dem Verstoß gegen Gesetz (§97) oder Verfassung[93]. Die Verwendung des Beweismittels und des sich aus ihm ergebenden gedanklichen Inhalts zu Beweiszwecken ist in dem betreffenden Verfahren unzulässig[94]. Vgl. aber §152, 26 zur Reichweite des Verwertungsverbots. **55**

Wird die **Beschlagnahme aufgehoben**, ist das Beweismittel, ohne daß es eines Ausspruchs darüber bedarf, **zurückzugeben**[95]. Surrogate (wie z. B. Fotokopien der heraus- **55a**

---

[89] Vgl. dazu auch LG Stuttgart NStZ **1983** 521 mit Anm. *Rieß*; LG Köln StrVert. **1983** 275.

[90] BGHZ **72** 302; KK-*Laufhütte* 30; KMR-*Müller* 19; *Kleinknecht/Meyer*[37] 30; *Bohmeyer* GA **74** (1930) 194; wird der Beschlagnahmegegenstand nicht mehr als Beweismittel, aber zur **Sicherstellung des Verfalls** oder der Einziehung nach §111 b benötigt, so ist er, falls

das noch nicht geschehen ist, **nach §111 c** zu **beschlagnahmen**.

[91] Durchgehend **a. A** *Sieg* wistra **1984** 174.

[92] BVerfGE **44** 353, 373.

[93] Vgl. dazu BVerfGE **42** 353, 383 für das Verfahren vor dem Bundesverfassungsgericht.

[94] BVerfGE **42** 353, 384.

[95] BVerfGE **42** 353, 384.

Gerhard Schäfer

zugebenden beschlagnahmten Papiere) dürfen ohne Zustimmung des Betroffenen nicht mehr amtlich verwahrt werden. Diese sind zu vernichten[96], was der Betroffene nach §§ 23 ff EGGVG durchsetzen kann[97]. Dies ist besonders dann von Bedeutung, wenn die Beschlagnahme z. B. wegen Verstoßes gegen § 97 unzulässig ist.

56   Die **Bestätigung der Beschlagnahme** löst — auch wenn die Beschlagnahme nur in modifizierter Form aufrechterhalten wird — für das weitere Verfahren, insbesondere in bezug auf die Anfechtung, die nichtrichterliche Beschlagnahmeanordnung ab[98]. Für Form, Verfahren und Inhalt der Entscheidung gelten die Ausführungen zu der richterlichen Beschlagnahmeanordnung (Rdn. 14 bis 18) entsprechend. Die Entscheidung ist dem Betroffenen und den Prozeßbeteiligten bekanntzugeben. Bei der Beschlagnahme von Führerscheinen erfolgt die richterliche Bestätigung als Anordnung der vorläufigen Entziehung der Fahrerlaubnis (§ 111 a Abs. 3).

57   b) Auch die **Art und Weise der Vollstreckung** der Maßnahme wird im Verfahren nach § 98 Abs. 2 Satz 1 und 2 überprüft, solange die Vollstreckung andauert. Das ist namentlich dann von Bedeutung, wenn bei umfangreichen Beschlagnahmeaktionen noch während deren Dauer im Zusammenhang mit der Beschlagnahme angeordnete Zwangsmaßnahmen überprüft werden sollen oder wenn zum Beispiel die Art der Verwahrung des beschlagnahmten Gegenstands beanstandet wird. Größere Bedeutung hat dieser Gesichtspunkt naturgemäß bei **Durchsuchungen** (vgl. § 105, 51).

VI. Beendigung der Beschlagnahme

58   **1. Erlöschen der Beschlagnahme.** Die Beschlagnahme erlischt ohne weiteres mit der **rechtskräftigen Beendigung des Verfahrens**[99]. Denn Beweismittel werden für das Verfahren beschlagnahmt; mit der Beendigung des Verfahrens fällt dieser Zweck fort. Eine förmliche Aufhebung der Beschlagnahmeanordnung ist daher nicht notwendig[100]. Insbesondere kommt eine gerichtliche Entscheidung nicht in Betracht, auch nicht auf Antrag der Staatsanwaltschaft. Deren Sache ist es vielmehr, nunmehr über die nicht mehr als Beweismittel benötigten Gegenstände zu verfügen[101]. Die Gegenstände sind herauszugeben, wenn nicht das Urteil[102] oder die andere das Verfahren rechtskräftig beendende Entscheidung etwas anderes bestimmt (z. B. Einziehung). Zum Empfangsberechtigten § 94, 58 bis 60 und § 111 k.

2. Aufhebung der Beschlagnahme

59   a) **Allgemeines.** Vor **rechtskräftiger Beendigung des Verfahrens** muß die Beschlagnahme jederzeit auf Antrag oder von Amts wegen aufgehoben werden, wenn sich herausstellt, daß die beschlagnahmten Gegenstände der Beschlagnahme nicht unterlegen haben oder nicht mehr unterliegen. Einzelheiten bei Rdn. 54 bis 54b.

---

[96] OLG Stuttgart NJW **1977** 2277; vgl. auch BVerfGE **42** 353, 384.

[97] OLG Stuttgart NJW **1977** 2276.

[98] KK-*Laufhütte* 19; *Kleinknecht/Meyer*[37] 17.

[99] BayOblGSt **10** 15; **19** 92; OLG Karlsruhe Justiz **1977** 356; KK-*Laufhütte* 29; KMR-*Müller* 23.

[100] H. *Schäfer* wistra **1984** 136.

[101] OLG Karlsruhe Justiz **1977** 356; OLG Celle NJW **1973** 863; OLG Düsseldorf MDR **1973**

499; OLG Hamburg *Alsb.* E **1** Nr. 226; JZ **1951** 377; OLG Hamm JMBlNRW **1961** 94; OLG Neustadt NJW **1954** 286; *Kleinknecht/ Meyer*[37] 29; *Eb. Schmidt* § 111 a. F., 4; *Dalcke/ Fuhrmann/Schäfer* 8; *Bohmeyer* GA **74** (1930) 194; *Dalcke* GA **39** (1891) 408; *H. Schäfer* wistra **1984** 136; a. A BayOblGSt **5** 408; OLG Kassel DJZ **1905** 1069, die eine richterliche Entscheidung für erforderlich halten.

[102] Vgl. § 111 e, 17.

b) Zuständigkeit. Vor Erhebung der öffentlichen Klage entscheidet die Staatsan- **60**
waltschaft, wenn nach einer Beschlagnahme wegen Gefahr im Verzug eine richterliche
Entscheidung noch nicht ergangen war. Dies gilt auch, wenn ein Hilfsbeamter der
Staatsanwaltschaft die Beschlagnahme angeordnet hatte[103], denn die Polizei hat nach
§ 163 Abs. 2 den Gegenstand unverzüglich der Staatsanwaltschaft vorzulegen. Liegt dagegen eine richterliche Entscheidung vor, kann die Staatsanwaltschaft deren Aufhebung beantragen. Der Ermittlungsrichter muß diesem Antrag Folge leisten. § 120 Abs. 3
gilt entsprechend[104], weshalb der Staatsanwalt in diesem Fall den Gegenstand auch
schon vor der richterlichen Entscheidung herausgeben kann. Daneben kann auch der
nach § 98 Abs. 2 zuständige Richter von Amts wegen, in der Regel aber auf Antrag des
Betroffenen, seine die Beschlagnahme bestätigende Entscheidung aufheben[105], wenn
die Voraussetzungen der Beschlagnahme nachträglich weggefallen sind, namentlich
wenn eine weitere Beschlagnahme (z. B. von Geschäftsunterlagen) nicht mehr verhältnismäßig wäre. Örtlich zuständig ist der Richter, der jetzt zu einer Entscheidung nach
§ 98 Abs. 2 berufen wäre (Rdn. 52). **Nach Erhebung der öffentlichen Klage** ist ausschließlich das mit der Sache befaßte Gericht zuständig (Rdn. 8).

c) Verfahren. Die Aufhebung der Beschlagnahme wird von der Staatsanwalt- **61**
schaft durch Verfügung, vom Gericht durch Beschluß angeordnet. Ergeht die Entscheidung anläßlich eines freisprechenden Urteils, so gehört sie nicht in den Urteilsausspruch[106]; es ist ein besonderer Beschluß zu erlassen. Die auszuliefernden Gegenstände
und die Person des Empfangsberechtigten sind genau zu bezeichnen. Zur Herausgabe
an den Verletzten vgl. § 111 k und § 94, 54. Die Aufhebung ist dem letzten Gewahrsamsinhaber mitzuteilen, außerdem den Prozeßbeteiligten, wenn sie von der Beschlagnahme
Kenntnis erhalten hatten und das Verfahren noch nicht beendet ist. Die Ausführung des
Aufhebungsbeschlusses obliegt der Staatsanwaltschaft[107]. Das Gericht ist aber, wenn
das die Sache beschleunigt, nicht gehindert, einen Beschlagnahmegegenstand selbst herauszugeben, etwa eine in den Akten befindliche Urkunde dem Betroffenen zurückzugeben. Zur Herausgabe der Beschlagnahmegegenstände vgl. § 94, 58 ff und § 111 k.
Waren die Gegenstände nicht verwahrt, sondern in anderer Weise sichergestellt (§ 94,
33), so ist die Maßnahme, die zu dieser Sicherstellung geführt hat, aufzuheben und
dafür zu sorgen, daß der Gewahrsamsberechtigte wieder frei über den Gegenstand verfügen kann.

VII. Rechtsbehelfe und Rechtsmittel

1. Gegen die Ablehnung oder Aufhebung der Beschlagnahme

a) Im **Ermittlungsverfahren** steht der Staatsanwaltschaft die **Beschwerde** zu gegen **62**
alle richterlichen Entscheidungen, durch die ein Antrag auf Anordnung oder Gestattung
einer Beschlagnahme (§ 98 Abs. 1) oder durch die die nachträgliche richterliche Bestätigung einer Beschlagnahme (§ 98 Abs. 2 Satz 1 und 2) abgelehnt oder durch die eine zunächst richterlich angeordnete oder bestätigte Beschlagnahme später aufgehoben wurde. Dies gilt auch für Entscheidungen der Oberlandesgerichte im ersten Rechtszug

---

[103] **A. A** *Kleinknecht/Meyer*[37] 30; KMR-*Müller*
22.
[104] KK-*Laufhütte* 30; **a. A** KMR-*Müller* 22, der
die Staatsanwaltschaft für befugt hält, die

richterliche Entscheidung aufzuheben; ähnlich *Kleinknecht/Meyer*[37] 30.
[105] KMR-*Müller* 22.
[106] RGSt 54 166.
[107] *Kleinknecht/Meyer*[37] 30.

Gerhard Schäfer

(§ 304 Abs. 4 Satz 2 Nr. 1) und des Ermittlungsrichters des BGH (§ 304 Abs. 5). Kein Beschwerderecht hat dagegen der Beschuldigte. Er kann im Ermittlungsverfahren die Ablehnung, Beweise zu erheben, nicht angreifen (vgl. Erläuterungen zu § 163 a Abs. 2).

63   **b) Nach Erhebung der öffentlichen Klage** ist bei aufhebenden oder ablehnenden Entscheidungen die Beschwerde nach § 305 Satz 1 ausgeschlossen, da die Frage, ob ein bestimmter Gegenstand zur Beweissicherung zu beschlagnahmen ist, in notwendigem inneren Zusammenhang mit dem nachfolgenden Urteil steht und deshalb ebensowenig wie die Ablehnung eines Beweisantrags mit der Beschwerde anfechtbar sein kann[108]. Daß für die **Anordnung** der Beschlagnahme anderes gilt, liegt daran, daß diese Zwangsmaßnahme einen schwerwiegenden Eingriff in Rechte darstellen kann.

2. Gegen die Fortdauer der Beschlagnahme

64   **a) Bei nichtrichterlicher Beschlagnahmeanordnung.** Das Überprüfungsverfahren bei nichtrichterlicher Beschlagnahmeanordnung wurde bei Rdn. 41 ff erörtert.

65   **b) Richterliche Beschlagnahmeanordnung. Beschwerdefähig** sind alle **gerichtlichen Entscheidungen**, die sich mit der **Anordnung** der Beschlagnahme befassen, insbesondere auch die **richterlichen Bestätigungen** der auf Grund der Eilkompetenz der Staatsanwaltschaft und ihrer Hilfsbeamten angeordneten Beschlagnahmen (§ 98 Abs. 1 und Abs. 2 Satz 1 und 2). Die Beschwerde ist auch gegen Entscheidungen des erkennenden Gerichts (§ 305 Satz 2), des Oberlandesgerichts als Gericht des ersten Rechtszugs (§ 304 Abs. 4 Satz 2 Nr. 1) und des Ermittlungsrichters des BGH (§ 304 Abs. 5) zulässig. Eine weitere Beschwerde findet nach § 310 Abs. 2 nicht statt; vgl. § 111 a, 84. **Beschwerdeberechtigt** ist bei Anordnung oder Bestätigung der Betroffene, in dessen Rechte die Maßnahme eingreift (Rdn. 48), und die Staatsanwaltschaft. Der Beschuldigte ist im Ermittlungsverfahren bei Maßnahmen gegen Dritte nicht beschwerdeberechtigt, denn er kann in dieser Verfahrenslage Ermittlungshandlungen nicht mit Rechtsmitteln angreifen.

66   Die Beschwerde ist, wenn bis zur Entscheidung über sie ein **Zuständigkeitswechsel** in der Hauptsache eintritt, vom nunmehr zuständigen Gericht als Antrag zu behandeln, im Sinne des Beschwerdebegehrens zu entscheiden[109]. Die darauf ergehende Entscheidung ist beschwerdefähig. Einzelheiten bei § 111 a, 90.

67   **Inhalt und Gegenstand der Beschwerdeentscheidung** ist lediglich die Prüfung der Frage, ob zum Zeitpunkt der Entscheidung nach Aktenlage die Beschlagnahme aufrechterhalten werden kann. Insoweit gilt dasselbe wie zum Gegenstand der gerichtlichen Prüfung nach § 98 Abs. 2 Satz 1 und 2 (vgl. dazu Rdn. 53 ff). Zur Entscheidungsgrundlage vgl. § 111 a, 89; 47 f.

68   **3. Nach Erledigung der Beschlagnahme.** Eine Beschlagnahme (erst recht aber eine Durchsuchung) kann auch dann vom Betroffenen als belastend empfunden werden, wenn sie erledigt ist, wenn (die Durchsuchung also abgeschlossen oder) die Beschlagnahme wieder aufgehoben ist. Es stellt sich damit die Frage, ob namentlich wegen der diskriminierenden Wirkung nicht selten spektakulärer Beschlagnahme- (und Durchsuchungs)aktionen aber auch wegen der Gefahr der Wiederholung die Feststellung der Rechtswidrigkeit derartiger Maßnahmen begehrt werden kann.

---

[108] OLG Hamburg MDR **1985** 73 = JR **1985** 300 mit abl. Anm. *Meyer*, der im gerichtlichen Verfahren auch dem Angeklagten das Beschwerderecht einräumt; vgl. die Erläuterungen zu § 305.

[109] BGHSt **29** 200; OLG Hamburg MDR **1978** 861; KK-*Laufhütte* 28.

a) Erledigte Zwangsmaßnahmen aufgrund richterlicher Anordnung. Die neuere **69** Rechtsprechung der Obergerichte steht ausnahmslos auf dem Standpunkt, eine Beschwerde gegen derartige richterliche Anordnungen sei wegen **prozessualer Überholung unzulässig**; der StPO seien Entscheidungen fremd, „die sich in der nachträglichen Feststellung der Rechtswidrigkeit einer Verfahrensmaßnahme, deren Vollzug erledigt ist, erschöpfen"[111]. Diese Auffassung, die in der Literatur teilweise geteilt wird[112], kann sich auf den Wortlaut und die Entstehungsgeschichte der Beschwerdevorschriften berufen[113]. Auch die von Verfassungs wegen zu beachtende Effektivität des Rechtsschutzes[114] zwingt nicht zur Zulassung der Beschwerde; immerhin hat eine richterliche Präventivkontrolle stattgefunden.

Diese richterliche Beschlagnahme- und Durchsuchungsanordnungen sind aber re- **70** gelmäßig nach § 33 Abs. 4 ohne **rechtliches Gehör** ergangen. Dieses **ist nachzuholen,** „sofern der Nachteil noch besteht" (§§ 33 a, 311 a), wobei diese Nachholung, wie sich aus § 33 a ergibt, im Beschwerdeverfahren möglich ist. Ein „Nachteil" im Sinne dieser Vorschriften soll aber nicht mehr vorliegen, wenn der Eingriff wegen prozessualer Überholung nicht mehr beseitigt werden kann[115]. Dagegen haben *Rieß/Thym*[116] zu Recht Bedenken erhoben mit der Begründung, daß der durch die nachträgliche Anhörung auszugleichende **Nachteil** in den **Folgen für den Betroffenen** zu sehen sei, die die ohne Anhörung erlassene Entscheidung diesem gebracht habe. Folgt man dieser Auffassung, dann ist die Beschwerde gegen die Anordnung der Maßnahme mit dem Ziel zulässig, deren Rechtswidrigkeit festzustellen, soweit ein berechtigtes Interesse an einer solchen Feststellung besteht[117].

Ein solches nachwirkendes berechtigtes Interesse an der Feststellung der Rechts- **71** widrigkeit muß stets bejaht werden, wenn die Maßnahme wegen Verstoßes gegen den Verhältnismäßigkeitsgrundsatz **verfassungswidrig** war. Wenn in solchen Fällen die Verfassungsbeschwerde zum Erfolg führt[118], darf das einfache Recht eine Überprüfung nicht ausschließen[119]. Im übrigen wird im Strafverfahren das Feststellungsinteresse auf die **Fälle diskriminierender Auswirkungen** einer Maßnahme beschränkt sein, während die Wiederholungsgefahr und die beabsichtigte Geltendmachung von Ersatzansprüchen[120] hier — anders als bei §§ 113 Abs. 1 Satz 4 VwGO, 28 Abs. 1 Satz 4 EGGVG und 115 Abs. 3 StVollzG — keine Rolle spielen werden[121]. Auch die Fälle bleibender diskriminierender Wirkungen werden nicht häufig sein. Es muß sich um Folgen von besonderem Gewicht handeln. Dazu reicht nicht jeder Eingriff aus. Zu denken wäre namentlich

[111] BGH bei *Schmidt* MDR **1984** 187 unter Hinweis auf BGHSt **28** 57 und BGHSt **28** 160; ebenso im Ergebnis BGH NJW **1973** 2035; OLG Bremen MDR **1963** 335; OLG Celle NJW **1973** 863; KG NJW **1975** 354.

[112] U. a. KK-*Laufhütte* Vor § 296, 7; KMR-*Paulus* Vor § 1, 14; *Kleinknecht/Meyer*[37] Vor § 296, 18; *Stephan* NJW **1966** 2395; LR-*Wendisch* § 127, 47; *Eb. Schmidt* JZ **1968** 363; LR-*Meyer*[23] § 105, 17; LR-*Gollwitzer*[23] § 304, 36 ff.

[113] Vgl. dazu *Rieß/Thym* GA **1981** 196.

[114] BVerfGE **49** 329; **46** 166; **40** 272; **35** 263, 274.

[115] H. M; vgl. LR-*Wendisch* § 33 a, 14 mit umfassenden Nachweisen.

[116] GA **1981** 196.

[117] Ebenso *Rieß/Thym* GA **1981** 198; *Kleinknecht*[35] § 296, 18; § 105, 11; § 304, 4; sowie *Amelung* 58 und NJW **1979** 1691; *Peters* JR **1972** 300; **1973** 341; *Rüping* 278; *Haffke* NJW **1974** 1985; *Flieger* MDR **1981** 19; *Greiner* Kriminalistik **1980** 442; *Fezer* Jura **1982** 135.

[118] Vgl. BVerfGE **42** 212, 218; **51** 105.

[119] Vgl. dazu BGHSt **22** 26 und § 337, 75.

[120] Vgl. zu letzterem BVerwG NJW **1973** 1014 mit Nachweisen.

[121] Vgl. zur Vorbereitung eines Zivilprozesses KG GA **1976** 79; *Meyer* FS Schäfer 119.

Gerhard Schäfer

an der Öffentlichkeit oder wenigstens einem Teil davon bekanntgewordene Maßnahmen. Bereits die Durchschnittsfamilie bedarf nach einer spektakulären Durchsuchungsaktion angesichts der hämisch grinsenden Nachbarschaft der Rehabilitation. Zu denken wäre ferner z. B. an Künstler, denen Steuerhinterziehung durch Gewinnverlagerung ins Ausland, Politiker, denen Steuerhinterziehung, Ärzten, Rechtsanwälten oder Steuerberatern, denen strafbare Handlungen im Zusammenhang mit ihrem Beruf oder Teilnahme an strafbaren Handlungen ihrer Mandanten vorgeworfen wird[122].

72   **b) Erledigte Zwangsmaßnahmen aufgrund der Eilkompetenz der Staatsanwaltschaft und ihrer Hilfsbeamten.** Der namentlich in der Rechtsprechung der **Oberlandesgerichte**[123] verbreitet gewesenen Auffassung, derartige Maßnahmen seien als Prozeßhandlungen jeder Anfechtung entzogen[124], tritt die Literatur unter Hinweis auf Art. 19 Abs. 4 GG zunehmend entgegen[125] mit der Folge, daß bei erledigten Beschlagnahmen und Durchsuchungen eine Anfechtbarkeit jetzt weitgehend bejaht wird. Streitig ist im wesentlichen nur noch der Rechtsweg und der Umfang der Überprüfbarkeit.

73   Einige **Oberlandesgerichte**[126] und ein Teil der Literatur[127] bejahen den Rechtsweg nach § 23 EGGVG mit der Begründung, die Strafprozeßordnung enthalte keine Regelung für die richterliche Überprüfung derartiger erledigter Zwangsmaßnahmen, weshalb nach § 23 Abs. 3 EGGVG diese Vorschrift auch dann Anwendung finden müsse, wenn der Zeitpunkt der Erledigung bereits vor der Antragstellung liegt[128]. Streitig ist, unter welchen Voraussetzungen das nach § 28 Abs. 1 Satz 4 EGGVG erforderliche berechtigte Interesse an der Feststellung vorliegt.

73 a   Von den im Verwaltungsverfahrensrecht zum **Rechtsschutzbedürfnis** bei der **Fortsetzungsfeststellungsklage** herangezogenen Gründen[129] werden Wiederholungsgefahr[130] und die Vorbereitung der Amtshaftungsklage[131] selten, das Rehabilitationsinteresse dagegen häufiger zu bejahen sein. Während teilweise die Auffassung vertreten wird, mit Zwangsmaßnahmen verbundene Grundrechtseingriffe bewirkten stets eine rehabilitierungsbedürftige Diskriminierung[132], weisen andere darauf hin, der Beschuldigte könne seine Rehabilitierung in dem gegen ihn eingeleiteten Strafverfahren erreichen[133].

---

[122] **A. A** durchgehend *Meyer* FS Schäfer 119, 124.

[123] OLG Stuttgart NJW **1977** 2276; OLG Karlsruhe NJW **1976** 1417; NJW **1978** 1595; Justiz **1979** 275; OLG Hamm NJW **1976** 1241; OLG Hamburg NJW **1972** 1566; vgl. für § 147 Abs. 2 OLG Hamm NStZ **1984** 280 mit Nachweisen; ebenso *Altenhain* DRiZ **1970** 106.

[124] KG NJW **1972** 169 und GA **1976** 80 machen hiervon Ausnahmen zugunsten Dritter, die nicht Beschuldigte des Verfahrens sind.

[125] LR-*Schäfer*[23] § 23 EGGVG, 31 ff; *Amelung* NJW **1979** 1687; *Bottke* JA **1980**; *Gössel* § 4 D III; *Kleinknecht*[34] Vor § 296, 18; *Roxin*[19] § 29 D I 2; *Schenke* NJW **1976** 1816; DÖV **1978** 731; *Fezer* Jura **1982** 23.

[126] KG JR **1983** 304 – polizeiliche Beschlag-

nahme –; OLG Celle StrVert. **1982** 513 – vorläufige Festnahme –; KG NJW **1972** 169 – Durchsuchung bei Dritten –.

[127] *Meyer* FS Schäfer 119; *Kleinknecht/Meyer*[37] 23; *Dörr* NJW **1984** 2258.

[128] KG NJW **1972** 169 mit Nachw.

[129] Vgl. *Eyermann/Fröhler* § 113 VwGO.

[130] Dazu KG JR **1983** 304.

[131] Vgl. dazu KG GA **1984** 24 mit Nachw.; *Meyer* FS Schäfer 119, 123; weitergehend *Kissel* § 23 EGGVG, 18; *Dörr* NJW **1984** 2261 mit Nachweisen.

[132] *Dörr* NJW **1984** 2261; *Fezer* Jura **1982** 27; *Amelung* NJW **1979** 1688; *Schenke* DÖV **1978** 732.

[133] KG GA **1984** 24; KK-*Laufhütte* 21; *Kleinknecht/Meyer*[37] § 23 EGGVG, 6; *Meyer* FS Schäfer 124.

Der Bundesgerichtshof läßt in neueren Entscheidungen die richterliche Überprü- **74** fung derartiger erledigter Maßnahmen nach **§ 98 Abs. 2 zu**[134]. Er betont zwar, der StPO seien Entscheidungen fremd, die sich in der nachträglichen Feststellung der Rechtswidrigkeit einer erledigten Verfahrensmaßnahme erschöpfen, hält dann aber den „Antrag auf richterliche Entscheidung bei verfassungskonformem Verständnis von § 98 Abs. 2 Satz 2, §§ 103, 105 StPO im Hinblick auf Art. 19 Abs. 4 GG auch gegen eine bereits vollzogene Durchsuchungsanordnung der Staatsanwaltschaft oder ihrer Hilfsbeamten jedenfalls dann (für) statthaft, wenn wegen der **erheblichen Folgen** eines Eingriffs oder wegen einer **Gefahr der Wiederholung** ein **nachwirkendes Bedürfnis** für eine richterliche Überprüfung besteht"[135]. Dabei wird teilweise ausdrücklich eine entsprechende Anwendung von § 98 Abs. 2 Satz 2 bejaht[136], teilweise wird auf diese Vorschrift Bezug genommen und die Statthaftigkeit des Antrags unmittelbar auf Art. 19 Abs. 4 gestützt[137] und gleichzeitig die Beschwerde ausgeschlossen, da Art. 19 Abs. 4 GG keine Mehrstufigkeit des gerichtlichen Verfahrens garantiert[138]. Ausdrücklich zugestimmt haben dieser Rechtsprechung *Amelung*[139], *Fezer*[140] und im Ergebnis auch *Rieß/ Thym*[141]. Heftige Kritik wurde ihr von *Meyer*[142] zuteil, der dem Bundesgerichtshof eine Überschreitung der dem Richter durch Art. 20 Abs. 3 GG gezogenen Grenzen vorwirft und auf den Rechtsweg nach §§ 23 ff EGGVG verweist.

Im Ergebnis ist der **Auffassung des Bundesgerichtshofs zu folgen**. *Rieß/Thym*[143] **75** haben allerdings überzeugend nachgewiesen, daß nicht eine analoge Anwendung des § 98 Abs. 2 Satz 2 in Betracht kommen kann, sondern daß sich dessen Anwendung bereits als bloße Auslegung rechtfertigen läßt. Nur das entspricht dem heutigen Verständnis vom Schutz der Grundrechte. Das **Feststellungsinteresse** wird sich allerdings auf die Fälle diskriminierender Auswirkungen der Maßnahme beschränken[144] bei denen „aus besonderen Gründen des Einzelfalls" ein Rechtsschutzbedürfnis besteht[145]. **Prüfungsmaßstab** ist damit aber — anders als bei fortdauernder Beschlagnahme — die **Rechtmäßigkeit** der angeordneten Maßnahme, einschließlich der Frage, ob ohne Willkür Gefahr im Verzug angenommen wurde[146], vgl. Rdn. 37. Zwischen dem Schutz Dritter und dem des Beschuldigten kann grundsätzlich nicht unterschieden werden, wobei freilich die gewünschte Rehabilitierung des Beschuldigten im anhängigen Strafverfahren regelmäßig erfolgen kann. Ob dies ausreicht, ist eine Frage des Einzelfalls[147].

Da die Entscheidung auf § 98 Abs. 2 Satz 2 beruht, ist sie nach § 304 beschwerde- **76** fähig (**a. A** BGHSt 28 57; 28 160; 28 206[148]).

4. Gegen die Art und Weise der Vollziehung
a) Rechtsweg. Solange der **Vollzug andauert** kann zur Regelung der Modalitäten **77** des Vollzugs der für die Anordnung der Maßnahme **zuständige Richter** angerufen wer-

---

[134] BGH NJW **1978** 103 (Ermittlungsrichter); BGHSt **28** 57; **28** 160; **28** 206 – jeweils Durchsuchungen bei Dritten betreffend; BGH GA **1981** 223 (Ermittlungsrichter) – die vorläufige Festnahme betreffend.
[135] BGHSt **28** 57, 58; ebenso BGHSt **28** 160; **28** 206.
[136] BGH GA **1981** 223, 226.
[137] BGHSt **28** 57.
[138] BGHSt **28** 57; **28** 160; **28** 206.
[139] NJW **1978** 1014; NJW **1979** 1688.
[140] Jura **1982** 126.
[141] GA **1981** 203.

[142] FS Schäfer 119.
[143] GA **1981** 189, 203 ff.
[144] *Rieß/Thym* GA **1981** 207.
[145] Vgl. auch BVerfG wistra **1984** 221.
[146] BGH GA **1981** 223; KG NJW **1972** 169 zum Verfahren nach §§ 23 ff EGGVG; *Rieß/Thym* GA **1981** 205.
[147] Vgl. dazu auch KG GA **1984** 24.
[148] Diese Entscheidungen entnehmen die Statthaftigkeit des Antrags unmittelbar Art. 19 Abs. 4 GG, der nur den Weg zum Gericht, aber nicht den Instanzenzug bei Gericht garantiert.

Gerhard Schäfer

den[149]. Dies gilt auch dann, wenn die Anordnung wegen Gefahr im Verzug durch die Staatsanwaltschaft oder ihre Hilfsbeamten erfolgte. Das Verfahren bestimmt sich nach § 98 Abs. 2 Satz 2. Vgl. Rdn. 41 ff.

78   Ist der **Vollzug erledigt**, ist der Rechtsweg nach § 23 EGGVG gegeben[150]. Dies bedeutet allerdings, daß nach der vom Bundesgerichtshof und auch nach der hier vertretenen Auffassung in diesen Fällen für die Überprüfung der Anordnung und der Art und Weise des Vollzugs verschiedene Rechtswege zur Verfügung stehen. Zu Einzelheiten vgl. Erl. zu § 23 EGGVG.

79   **b) Gegenstand der Überprüfung.** Die **Anordnung der Vollstreckung** einer gerichtlichen Entscheidung durch die Staatsanwaltschaft unterliegt der Überprüfung, soweit — wie stets im Ermittlungsverfahren bei richterlicher Gestattung von Beschlagnahme und Durchsuchung — die Staatsanwaltschaft nicht zur Vollstreckung verpflichtet ist. Dabei kann insbesondere der **Zeitpunkt der Vollstreckung** unter dem Gesichtspunkt der Verhältnismäßigkeit[151] aber auch die Vollstreckungsanordnung selbst rechtswidrig sein, wenn z. B. nach Zeitablauf neue Ermittlungserkenntnisse der richterlichen Entscheidung den Boden entzogen haben (vgl. Rdn. 21). Rechtswidrige **Maßnahmen beim Vollzug** der Beschlagnahme (und Durchsuchung) können insbesondere solche nach § 164 sein oder sich bei der Anwendung unmittelbaren Zwangs ergeben.

80   Wegen der häufig als sehr belastend empfundenen Umstände bei der Vollstreckung darf das Feststellungsinteresse i. S. des § 28 Abs. 1 Satz 4 EGGVG nicht zu eng gesehen werden[152].

VIII. Revision

81   **1. Verwertungsverbot.** Die Revision kann nicht auf einen Verstoß gegen § 98, sondern nur darauf gestützt werden, daß das Beweismittel nicht hätte verwertet werden dürfen. Vgl. dazu grundlegend Einleitung Kap. **14**.

82   **Verfahrensfehler** reichen regelmäßig nicht aus, ein Verwertungsverbot zu begründen[153]. Insbesondere genügt es nicht, daß die richterliche Bestätigung nicht oder nicht fristgerecht herbeigeführt wurde. Bei gewichtigeren Formverstößen ist stets im Einzelfall eine Abwägung zwischen dem Interesse des Staates an der Strafverfolgung und dem Interesse des Betroffenen am Schutz seiner grundgesetzlich geschützten Rechte vorzunehmen. Dabei ist von Bedeutung, welches Gewicht die begangene Tat hat, wie gewichtig der Rechtsverstoß objektiv ist, wie schwer er für den Bürger wiegt und ob das Beweismittel auch hätte auf gesetzmäßigem Weg erlangt werden können[154]. Nach diesen Grund-

---

[149] BGHSt **28** 206; OLG Karlsruhe NJW **1979** 346; für die Durchsuchung vgl. auch BVerfG wistra **1984** 221.

[150] BGHSt **28** 206 mit Nachw. = NJW **1979** 1992 mit Anm. *Lisken;* ferner KK-*Laufhütte* 22; LR-*Wendisch* § 36, 33 mit Nachw.; *Kleinknecht/Meyer*[37] § 23 EGGVG, 10.

[151] BVerfG wistra **1984** 221: Durchsuchung bei einer Partei unmittelbar vor der Bundestagswahl; vgl. auch BVerfGE **44** 353, 368; OLG Hamm NStZ **1984** 136.

[152] Vgl. OLG Stuttgart NJW **1972** 2146 zur Verletzung des Rechts auf ungehinderten

Verkehr mit dem Verteidiger und des Rechts auf Bewegungsfreiheit; KG GA **1984** 24; OLG Celle NdsRpfl. **1984** 265; *Dörr* NJW **1984** 2258; enger *Kleinknecht/Meyer*[37] § 23 EGGVG 10, der im Ergebnis nur ein auf die Zukunft gerichtetes Feststellungsinteresse ausreichen lassen will; BVerfG wistra **1984** 221 prüft die Verhältnismäßigkeit.

[153] BGH NStZ **1983** 375.

[154] BGHSt **24** 125, 130; LG Bonn NJW **1981** 293; LG Arnsberg ZIP **1984** 889; LG Bremen wistra **1984** 241; KK-*Laufhütte* Vor § 94, 7; vgl. auch *Gössel* NJW **1981** 654.

sätzen beurteilen sich insbesondere Verstöße bei Annahme des Anfangsverdachts[155], bei willkürlicher Ausnahme von Gefahr im Verzug (Rdn. 37); gegen die Vorschriften über die Durchsuchung, anläßlich der die Beschlagnahme erfolgt[156] und insbesondere des § 108[157]. Der Verstoß gegen die Verhältnismäßigkeit führt stets zu einem Verwertungsverbot[158]; dasselbe gilt für Verstöße gegen § 97 (vgl. § 97, 103).

2. Ablehnung von Anträgen. Die Ablehnung der Beschlagnahme durch das erken-   **83** nende Gericht kann die Aufklärungspflicht (§ 244 Abs. 2) verletzen und die Revision begründen, wenn das Urteil auf einem durch die Ablehnung herbeigeführten Beweismangel beruht. Auf die unterlassene Aufhebung einer Beschlagnahmeanordnung kann die Revision nicht gestützt werden, sondern nur auf die Verwendung eines Gegenstands als Beweismittel, der wegen eines Beweisverbots nicht als Beweismittel hätte verwendet werden dürfen.

IX. Abgeordnete

Vgl. dazu § 94, 59 und die Erläuterungen zu § 152 a.   **84**

§ 99

Zulässig ist die Beschlagnahme der an den Beschuldigten gerichteten Briefe und Sendungen auf der Post sowie der an ihn gerichteten Telegramme auf den Telegraphenanstalten; ebenso ist zulässig an den bezeichneten Orten die Beschlagnahme solcher Briefe, Sendungen und Telegramme, bei denen Tatsachen vorliegen, aus welchen zu schließen ist, daß sie von dem Beschuldigten herrühren oder für ihn bestimmt sind und daß ihr Inhalt für die Untersuchung Bedeutung hat.

Schrifttum. *Altmannsperger* Gesetz über das Postwesen (1973); *Aschenborn/Schneider* Das Gesetz über das Postwesen des Deutschen Reichs, 2. Aufl. (1928); *Aubert* Fernmelderecht I. Teil, 3. Aufl. (1974); *Aubert* Können im Rahmen des § 99 StPO Telephongespräche mit Hilfe von Tonbandgeräten „beschlagnahmt" werden? NJW **1955** 449; *Aubert* Gibt es übergesetzliche Ausnahmen vom Post- und Fernmeldegeheimnis? Jahrbuch des Postwesens **1956/57** 35; *Eidenmüller* Post- und Fernmeldewesen (Loseblattausgabe Stand 1985); *Engels* Die Grenzen des Brief-, Post- und Fernmeldegeheimnisses, Diss. Bochum 1972; *Falck* Die Briefsperre in der Strafvollstreckung, DStrZ **1921** 83; *Gusy* Das Grundrecht des Post- und Fernmeldegeheimnisses, JuS **1986** 89; *Hellmuth* Die Auskunftserteilung der Post- und Telegraphenbehörden in strafgerichtlichen Untersuchungen, BayZ **1916** 101; *Huber* Das Post-, Telegraphen- und Telephongeheimnis und seine Beschränkung für Zwecke der Strafrechtspflege, Schweiz JZ **1955** 165; *Kurth* Zeugnispflicht und

---

[155] KG StrVert. **1985** 404; LG Köln StrVert. **1983** 36.

[156] Die Entscheidung BVerfGE 44 353, 372 zeigt, daß aus der Rechtswidrigkeit der Durchsuchung nicht ohne weiteres auf ein Verwertungsverbot bei der Beschlagnahme geschlossen werden darf; ebenso KG NJW **1972** 169 – „in der Regel" –; LG Wiesbaden NJW **1979** 175 mit abl. Anm. *Kühne* 1053.

[157] KG StrVert. **1985** 404; LG Bonn NJW **1981** 292; LG Arnsberg ZIP **1984** 889; LG Bremen wistra **1984** 241.

[158] BVerfGE 44 353, 383; vgl. auch den Sachverhalt LG Köln StrVert. **1983** 275, wo weniger einschneidende, wenn auch aufwendigere Mittel nicht angewandt wurden.

Postgeheimnis, NStZ **1983** 541; *Lengning* Post- und Fernmeldegeheimnis, 3. Aufl. (1967); *Marxen* Das Grundrecht des Brief-, Post-und Fernmeldegeheimnisses (Art. 10 GG) unter besonderer Berücksichtigung der gesetzlich zugelassenen Ausnahmen, Diss. Kiel 1958; *Mehl* Das Post-, Telegraphen- und Fernsprechgeheimnis mit besonderer Berücksichtigung seiner Durchbrechung, Diss. Erlangen 1925; *Nawiasky* Deutsches und österreichisches Postrecht (1909); *Neugebauer* Fernmelderecht mit Rundfunkrecht, 3. Aufl. (1929); *Niggl* Deutsches Postrecht, 2. Aufl. (1931); *Oehler* Postgeheimnis, in Bettermann/Nipperdey/Scheuner, Die Grundrechte Bd. II (1954) 605; *Rochu* Das Postgeheimnis und seine Wirkung im Verfahren der Zivil- und Strafprozeßordnung, JW **1932** 2685; *Schäfer* Das Telegraphen- und Fernsprechgeheimnis nach der Novelle zum Telegraphengesetz vom 3. Dezember 1927, JR **1928** 215; *Tonnemacher* Das Fernmeldegeheimnis in der Bundesrepublik Deutschland, Schweiz und Österreich, Diss. München 1965; *Wegener/Melzer* Das Post- und Fernmeldegeheimnis (1971); *Welp* Die strafprozessuale Überwachung des Post- und Fernmeldeverkehrs (1974); *Welp* Nachrichtendienstliche und strafprozessuale Eingriffe in das Post- und Fernmeldegeheimnis, DÖV **1970** 267; *Wolcke* Der Schutz des Brief- und Telegraphengeheimnisses im Post- und Telegraphenverkehr (1905); *Zillmer* Verwertbarkeit widerrechtlich erlangter Fernsprechgeheimnisse, NJW **1965** 2094.

Übersicht

I. Überblick über die strafprozeßrechtlich erheblichen Schranken des Post- und Fernmeldegeheimnisses

1. Grundsatz. Das in Art. 10 GG als Grundrecht geschützte Post- und Fernmelde- **1** geheimnis (zum Begriff LK-*Schäfer* § 354, 11 bis 15) darf nach dessen Absatz 2 nur auf Grund eines Gesetzes beschränkt werden. Solche Beschränkungen enthalten §§ 99 bis 101 in Gestalt der Postbeschlagnahme und der Überwachung des Fernmeldeverkehrs. Weitere Beschränkungen ergeben sich aus einer Reihe anderer Vorschriften.

2. Beschränkungen auf Initiative der Strafverfolgungsorgane

a) **§ 99 StPO** ermöglicht die **Beschlagnahme** von an den Beschuldigten gerichte- **2** ten Briefen, Sendungen und Telegrammen sowie — eingeschränkt — von Briefen, Sendungen und Telegrammen, die von dem Beschuldigten herrühren oder für ihn bestimmt sind. Vgl. Rdn. 24 ff. In den Grenzen des § 99 erteilt die Post anstelle einer Beschlagnahme auch Auskunft. Vgl. Rdn. 38. Diese erwähnte **Auskunft** erstreckt sich nach Verwaltungsbrauch auch auf **zurückliegenden Postverkehr**, bezüglich dessen eine Beschlagnahme nach § 99 gar nicht möglich wäre. Vgl. Rdn. 40.

b) **§ 100 a** gestattet die Überwachung und Aufzeichnung des **zukünftigen Fernmel- 3 deverkehrs** (einschließlich des Fernschreibverkehrs, vgl. § 100 b Abs. 3, ausschließlich des bereits durch § 99 erfaßten Telegrammverkehrs). Einzelheiten bei § 100 a.

c) **§ 12 FAG** enthält eine Auskunftsverpflichtung der Post über **(vergangenen) 4 Fernmeldeverkehr** (Rdn. 41).

3. Beschränkungen auf Initiative der Post

a) **§ 138 StGB.** Die gesetzliche **Anzeigepflicht bevorstehender**, im Katalog des **5** § 138 StGB erfaßter Straftaten geht dem Postgeheimnis vor[1]. Zur Anzeigebefugnis hinsichtlich **begangener** Straftaten vgl. Rdn. 11.

b) **§ 5 Abs. 2 und 3 PostG**: Die Vorschrift enthält in Abs. 2 eine Einschränkung **6** des Postgeheimnisses zur betriebsbedingten Abwicklung des Postdienstes[2]; dabei handelt es sich aber um eine betriebsbedingte Einschränkung, die von jeher als immanente Beschränkung des Postgeheimnisses verstanden wurde, und nicht um eine Beschränkung im Sinne des Art. 10 Abs. 2 GG. Deshalb fehlt hier auch — anders als bei § 5 Abs. 3 — der Hinweis gemäß Art. 19 Abs. 1 Satz 2 GG[3]. § 5 Abs. 2 PostG gestattet aber weder eine Kenntnisnahme über das betriebsbedingte Maß hinaus noch eine Weitergabe der Erkenntnisse an Dritte[4]. Deshalb enthält § 5 Abs. 3 PostG ausdrücklich eine den formellen Anforderungen des Art. 19 Abs. 1 Satz 2 GG gerecht werdende Anzeigebefugnis „zur Verfolgung einer im Zusammenhang mit dem Postdienst begangenen, mit Strafe bedrohten Handlung"[5].

c) **§ 10 FAG.** Im Bereich des Fernmeldegeheimnisses fehlt eine § 5 Abs. 2 und 3 **7** PostG entsprechende Regelung über eine Anzeigebefugnis. Zwar ist auch hier aner-

---

[1] LK-*Schäfer* § 354, 50; *Dürig* in *Maunz/ Dürig* Art. 10, 57 ff; *Altmannsperger* § 5, 156 PostG; *Aschenborn/Schneider* 137; *Lengning* 96; *Wegener/Melzer* 143; leicht einschränkend *Welp* 167.

[2] Beispiele bei *Altmannsperger* § 5 PostG 80 ff.

[3] *Dürig* in *Maunz/Dürig* Art. 10, 66 mit

Nachw.; *Altmannsperger* § 5, 76 PostG; *Wegener/Melzer* 24.

[4] *Dürig* in *Maunz/Dürig* Art. 10, 66.

[5] Vgl. dazu *Dürig* in *Maunz/Dürig* Art. 10, 69; *Altmannsperger* § 5, 172 ff PostG; *Lengning* 102; *Meyer* JR **1971** 163; *Welp* 169 lehnt jede Anzeigebefugnis ab, geht aber auf § 5 Abs. 3 PostG nicht ein.

Gerhard Schäfer

kannt, daß sich aus der Notwendigkeit, eine störungsfreie Abwicklung des Fernmeldeverkehrs zu gewährleisten, betriebsbedingte Schranken des Art. 10 Abs. 1 GG ergeben, die eine Überwachung[6] im Rahmen des betrieblich Notwendigen gestatten, und die keine Beschränkungen i. S. des Art. 10 Abs. 2 GG sind[7]. Fraglich ist aber, ob eine Anzeigebefugnis besteht, wenn auf diesem Wege die überwachenden Beamten Kenntnis von einer strafbaren Handlung i. S. von § 5 Abs. 3 PostG erhalten. Da eine gesetzliche, das Grundrecht aus Art. 10 GG beschränkende Regelung in § 10 FAG fehlt und auch sonst nicht ersichtlich ist, könnte eine derartige Anzeigebefugnis nur als betriebsbedingte, immanente Schranke des Grundrechts aus Art. 10 GG rechtens sein. Entscheidend dagegen spricht, daß im Bereich des Postgeheimnisses vor Inkrafttreten des Postgesetzes eine solche Anzeigebefugnis verneint wurde und der Gesetzgeber deshalb eine ausdrückliche Regelung für erforderlich hielt[8]. Soweit das Fernmeldegeheimnis reicht, ist deshalb eine Anzeigebefugnis entsprechend § 5 Abs. 3 PostG zu verneinen. Das **Fernmeldegeheimnis** erstreckt sich aber nur auf Fernmeldeverkehr, der im Rahmen der auf Grund des § 14 Postverwaltungsgesetz v. 24. 7. 1953 erlassenen **Benutzungsordnungen** abgewickelt wird[9]. Insbesondere die Tatsache, ob jemand im Besitz einer fernmelderechtlichen Genehmigung (§ 2 FAG) ist, steht nicht mehr unter dem Schutz des Fernmeldegeheimnisses[10]. Stößt also die Post bei ihren betriebsbedingt notwendigen und deshalb zulässigen Überwachungen auf nicht zugelassene Geräte, deren Betrieb einen Straftatbestand z. B. nach § 15 FAG erfüllt, besteht eine Anzeigebefugnis. In diesen Fällen darf auch der Inhalt eines betriebsbedingt abgehörten Gesprächs im Strafverfahren verwertet werden, zumal das betriebsbedingte Mithören nicht unbefugt i. S. des § 201 StGB ist[11].

8   d) **§§ 2 bis 4 des Gesetzes zur Überwachung strafrechtlicher und anderer Verbringungsverbote** vom 24. 5. 1961 greifen bei einem Verstoß gegen Staatsschutzvorschriften ein[12].

9   e) **§ 6 ZollG** verpflichtet die Post zur Gestellung der von ihr in das Zollgebiet beförderten Waren bei der Zollstelle, gestattet aber nicht, Sendungen mit strafbarem Inhalt der Staatsanwaltschaft zur Strafverfolgung vorzulegen[13].

10   f) Zu den **Rechtfertigungsgründen** des allgemeinen Rechts vgl. LK-*Schäfer* § 354, 54.

11   g) **§ 34 StGB.** Ob bei **begangenen (schweren) Straftaten** eine allgemeine Anzeigebefugnis besteht (Postbediensteter findet Leichenteile) ist streitig[14], aber unter den Voraussetzungen des § 34 StGB zu bejahen[15].

4. Auf Initiative Dritter
12   a) Art. 1 § 1 G 10 gestattet den Verfassungsbehörden des Bundes und der Länder

---

[6] Nach *Dürig* in *Maunz/Dürig* Art. 10, 68 aber z. B. kein Einschalten in Gespräche ohne Ankündigung.

[7] BVerwGE **6** 299; *Dürig* in *Maunz/Dürig* Art. 10, 66; *Aubert* 75; *Eichenmüller* § 10, 3 FAG.

[8] *Altmannsberger* § 5, 172 PostG; vgl. auch *Dürig* in *Maunz/Dürig* Art. 10, 69.

[9] LK-*Schäfer* § 354, 14.

[10] *Aubert* 48.

[11] Vgl. auch BGH NJW **1982** 1398.

[12] Vgl. *Altmannsperger* § 5, 163 PostG.

[13] Vgl. BGHSt **23** 329 und LK-*Schäfer* § 354, 51; *Altmannsperger* § 5, 138 ff PostG.

[14] Bejahend *Dürig* in *Maunz/Dürig* Art. 10, 58; verneinend *Welp* 169.

[15] LK-*Schäfer* 56 und *Schönke/Schröder/Lenckner*[22] 14, jeweils zu § 354.

Eingriffe, deren Verwertbarkeit für ein Strafverfahren sich nach §7 Abs. 3 G 10 bestimmt[16].

b) §121 KO gestattet eine vom Konkursgericht anzuordnende Postsperre („Sen- **13** dungen, Briefe, Depeschen") gegen den Gemeinschuldner. Die Weitergabe derartiger Sendungen durch den Konkursverwalter an die Staatsanwaltschaft und deren Verwertung in einem Strafverfahren ist zulässig[17].

II. Reichweite der Postbeschlagnahme nach §99

1. Allgemeines. Die Vorschrift schränkt im Interesse einer wirkungsvollen Verbre- **14** chensbekämpfung das Grundrecht aus Art. 10 GG ein, soweit es sich auf **Briefe, andere Postsendungen und Telegramme** bezieht.

Die Postbeschlagnahme dient der **Erlangung von Beweisgegenständen** und stellt **15** wegen der Bedeutung des Grundrechts nach Art. 10 GG und der Besonderheiten des Postverkehrs eine **Sonderregelung** gegenüber den allgemeinen Beschlagnahmebestimmungen (§§ 94 bis 98) dar. Im **Bußgeldverfahren** ist die Beschlagnahme von Postsendungen und Telegrammen unzulässig (§ 46 Abs. 3 Satz 1 OWiG).

Das **Verfahren** ist **zweistufig** aufgebaut: Die Postbeschlagnahme verpflichtet zu- **16** nächst die Post, die beschlagnahmten Sendungen dem Richter (oder Staatsanwalt; vgl. § 100, 16, 26) **auszuliefern,** der dann entscheidet, ob sie als Beweismittel von Bedeutung und deshalb nach §§ 94, 98 zu **beschlagnahmen** sind. In dieser letzteren Entscheidung liegt die eigentliche Beschlagnahme[18]. Vgl. dazu auch § 100, 1 bis 3.

2. Verhältnis zu §§ 95, 96 und 97. Neben §§ 99 ff findet weder § 95 Anwendung, **17** weil Behörden nicht zu dessen Normadressaten gehören (§ 95, 1) noch § 96, weil die Post durch das Postgeheimnis die Amtshilfe verwehrt ist. § 97 kann nicht eingreifen, weil während der Postbeförderung der von dieser Vorschrift vorausgesetzte Gewahrsam des Zeugnisverweigerungsberechtigten ausgeschlossen ist[19]. Daß die **Korrespondenz** des Beschuldigten **mit seinem Verteidiger** nicht der Beschlagnahme unterliegt, beruht auf § 148; vgl. § 97, 57. Befinden sich unter den Sendungen, die die Post den Strafverfolgungsbehörden aufgrund der Beschlagnahmeanordnung ausgeliefert hat, Briefe von oder an den Verteidiger, so sind diese unverzüglich freizugeben und dem Empfänger ungeöffnet auszuhändigen (§ 101 Abs. 2). Bei Postbeschlagnahmen ist § 98 Abs. 4 seinem Inhalt nach unanwendbar; die übrigen Absätze dieser Vorschrift treten hinter der Sondervorschrift des § 100 zurück. Die Verweisung in § 100 Abs. 4 Satz 1 auf § 98 hat nur für die in dessen Absatz 2 Satz 3 und 4 geregelte Zuständigkeit Bedeutung.

3. Gegenstände, die der Einziehung unterliegen können — anders als vor der Ge- **18** setzesänderung 1974 — nicht mehr durch Postbeschlagnahme sichergestellt werden, da § 111 b Abs. 2 Satz 3 nicht auf §§ 99 ff verweist[20]. Meist werden aber die durch die Post beförderten Verfalls- und Einziehungsgegenstände als Beweismittel in Betracht kommen. Dann unterliegen sie deshalb der Postbeschlagnahme[21].

---

[16] Zur Fernwirkung vgl. BGHSt **29** 244; *Dürig* in *Maunz/Dürig* Art. 10, 36 ff; *Altmannsperger* § 5, 130 PG; *Dünnebier* DuR **1980** 383.
[17] Einzelheiten *Altmannsperger* § 5, 150 ff PG.

[18] KK-*Laufhütte* § 100, 9.
[19] *Welp* 193 ff.
[20] KK-*Laufhütte* 1; *Kleinknecht/Meyer*[37] 1.
[21] KK-*Laufhütte* 1; *Kleinknecht/Meyer*[37] 1.

Gerhard Schäfer

III. Einwilligung des Betroffenen

19   Aufgabe des Post- und Fernmeldegeheimnisses ist es, Kontakte zwischen den Einzelnen zu ermöglichen, um private Nachrichten austauschen zu können. Art. 10 GG dient deshalb dem internen Kommunikationsvorgang und damit dem **Schutz der Privatsphäre der Kommunizierenden**[22]. Der Postbenutzer kann deshalb nach einhelliger Meinung auf dieses Recht verzichten[23]. Willigt er in die Herausgabe von Postsendungen und Telegrammen an die Strafverfolgungsbehörden ein, dann ist die Beschlagnahme oder ein förmliches Auskunftsersuchen (unten Rdn. 38 ff) nicht erforderlich. Die Übermittlung der Einwilligung an die Post und das damit verbundene Ersuchen um Aushändigung einer Sendung oder um Auskunft über den Post- und Fernmeldeverkehr kann dann auch von anderen Stellen als den nach § 100 Abs. 1 zuständigen Behörden ausgehen, insbesondere von der Polizei. Allgemein zur Einwilligung § 102, 7.

20   Bei **Minderjährigen** entscheidet der gesetzliche Vertreter, solange dem Elternrecht und der Erziehungsbedürftigkeit der Vorrang vor dem Selbstbestimmungsrecht des Kindes einzuräumen ist[24], was etwa bis zum 15. Lebensjahr der Fall sein wird.

21   Nach **h. M genügt stets die Einwilligung eines der beiden Partner** des Kommunikationsvorgangs (nicht aber z. B. des Anschlußinhabers[25]), denn der Schutz des Grundrechts zielt ausschließlich darauf ab, die Vertraulichkeit der Kommunikation gegen Übergriffe Dritter zu sichern[26]. Beim **Telefonverkehr**, der nicht bei der Beschlagnahme nach § 99, sondern nur bei der Auskunft nach § 12 FAG (unten Rdn. 41 ff) eine Rolle spielt, gelten dieselben Grundsätze wie beim sonstigen Postverkehr. Auch hier haben die an dem Fernmeldeverkehr beteiligten Personen gegeneinander keinen Anspruch auf Wahrung des Fernmeldegeheimnisses[27]. Jeder Gesprächsteilnehmer kann die Fernmeldeanstalt daher unabhängig von dem anderen von der Geheimhaltungspflicht entbinden[28]. Einer Aufzeichnung oder einem Abhören des Gesprächs bei Einwilligung nur eines Partners steht aber § 201 StGB entgegen[29].

IV. Freiwillige Herausgabe durch die Post oder Fernmeldeanstalt

22   Diese ist, weil dadurch gegen Art. 10 GG verstoßen würde, grundsätzlich unzulässig[30], nach § 354 StGB strafbar[31] und führt zu einem Verwertungsverbot; vgl. Rdn. 47. Das gleiche gilt für andere Behörden, die Postsendungen aufgrund besonderer gesetzli-

---

[22] *Dürig* in *Maunz/Dürig* Art. 10, 1; *Welp* 29 ff; *Altmannsperger* § 5, 31 PostG.

[23] BGH JZ **1965** 66; KK-*Laufhütte* 4; *Kleinknecht/Meyer*[37] 3; KMR-*Müller* 1; LK-*Schäfer* § 354, 57; *Altmannsperger* § 5, 96 PostG; *Welp* 72 mit umfassenden Nachweisen; *Gusy* JuS **1986** 95.

[24] *A. A* LR-*Meyer*[23] 5; vgl. zum Problem eingehend *Dürig* in *Maunz/Dürig* Art. 19 Abs. 3, 26.

[25] *Aubert* 77; *Welp* 72 Fußn. 12.

[26] BGHSt **19** 273, 278; BVerwG ArchPF **1984** 178; BayObLGSt **1974** 30 zum Fernsprechgeheimnis; KK-*Laufhütte* 4; *Kleinknecht/Meyer*[37] 3; *Altmannsperger* § 5 PostG 97; *Aschenborn/Schneider* 138; *Aubert* 76; *Lengning* 52; *Neugebauer* 226; *Wegener/Melzer*

71; *Eidenmüller* § 5 PostG und § 10 FAG; *Welp* 72; *Welp* Jura **1981** 481; *Rochu* JW **1932** 2687; a. A *Schönke/Schröder/Lenckner*[22] § 354, 12; SK-*Samson* § 354, 30; *Amelung/Pauli* MDR **1980** 801; *Bettermann/Loh* BB **1968** 895; *Gusy* JuS **1986** 95.

[27] *Aubert* 76 ff.

[28] BayObLGSt **1974** 30 = JZ **1974** 393; *Neugebauer* 226.

[29] BGHSt **31** 304; vgl. auch LK-*Schäfer* § 354, 79; *Amelung/Pauli* MDR **1980** 802.

[30] OLG Karlsruhe NJW **1973** 209 = JR **1973** 380 mit Anm. *Meyer*; KK-*Laufhütte* 4; *Kleinknecht/Meyer*[37] 2; KMR-*Müller* 1; *Eb. Schmidt* 5; *Meyer* JR **1971** 163; *Welp* JuS **1971** 242.

[31] LK-*Schäfer* § 354, 47.

cher Ermächtigung, z. B. nach § 6 Abs. 7 ZollG, im Gewahrsam haben[32]. Ob es sich dabei um Einzelsendungen oder um Massenlieferungen an einen einzelnen Bezieher handelt, macht entgegen der mißverständlichen Bemerkung in der Entscheidung BGHSt 23 331 keinen Unterschied[33].

Ausnahmen, nämlich die freiwillige Offenbarung eines Post- oder Fernmeldege- **23** heimnisses gegenüber einem Strafverfolgungsorgan, werden dann zulässig sein, wenn die Post von sich aus gegenüber einem Strafverfolgungsorgan initiativ werden darf oder muß. Vgl. hierzu die Fälle Rdn. 5 bis 11.

V. Beschlagnahme

1. Begriff. Zwei Stufen des Vorgehens. Die Postbeschlagnahme nach § 99 kann, **24** anders als die Beschlagnahme nach § 94, nicht nur die Sicherstellung der bereits im Gewahrsam der Post befindlichen, sondern auch die Aussonderung und Auslieferung der erst künftig zu erwartenden Gegenstände bezwecken. Die Postbeschlagnahme ist keine Beschlagnahme im eigentlichen Sinne, sondern enthält zunächst nur die **Weisung an die Post** oder das Telegrafenamt, daß bestimmte Postsendungen und Telegramme **auszusondern** und auszuliefern sind. Dem stehen, da auch insoweit in das Post- und Fernmeldegeheimnis eingegriffen wird, alle anderen Weisungen an die Post gleich, die darauf abzielen, daß mit der Sendung in anderer Weise verfahren wird, als es für die ordnungsmäßige Beförderung vorgeschrieben ist, insbesondere daß sie dem Richter oder Staatsanwalt zur Besichtigung ihrer äußeren Beschaffenheit, der Anschrift, des Absenders, der Handschrift oder der Papierart vorzulegen ist[34]. Die **eigentliche Beschlagnahme** der Postsendungen und Telegramme erfolgt erst durch die Entscheidung des Richters, daß die Sendung oder Nachricht für die Zwecke des Verfahrens zurückbehalten werden soll[35], vgl. auch § 100, 27.

2. Voraussetzungen
a) Verfahren gegen einen Beschuldigten. Die Postbeschlagnahme setzt, wie der **25** Wortlaut des § 99 eindeutig ergibt, ein bestimmtes Verfahren gegen einen bestimmten Beschuldigten voraus. Dieses Erfordernis stellt das wesentliche „Individualisierungsmoment" dar, das den Ausnahmecharakter strafprozessualer Eingriffe in das Postgeheimnis sichert und diese von einer aus Gründen der Staatsräson erfolgenden Kontrolle unterscheidet[36]. Grundsätzlich muß bereits ein Ermittlungsverfahren gegen einen Tatverdächtigen eingeleitet worden sein[37]; zur Beschuldigteneigenschaft vgl. auch § 136, 4 ff. Jedoch kann es auch mit der Postbeschlagnahme als erster Untersuchungshandlung eingeleitet werden[38]. Sie darf auch stattfinden, wenn der Täter noch nicht namentlich identifiziert, ein bestimmter Verdächtiger aber bereits vorhanden ist[39]. Daß die Ermittlungen in einem solchen Fall gegen „Unbekannt" geführt werden, spielt keine Rolle[40],

---

[32] BGHSt **23** 331; OLG Karlsruhe NJW **1973** 208 = JR **1973** 379 mit Anm. *Meyer*; LG Berlin NJW **1970** 577; LG Stuttgart NJW **1965** 595; LG Wuppertal NJW **1969** 1544; *Welp* 184 und JuS **1971** 241.

[33] OLG Karlsruhe NJW **1973** 208 = JR **1973** 379 mit Anm. *Meyer*; *Welp* 185 und JuS **1971** 242; *Meyer* JR **1971** 163; JR **1972** 188; **a. A** *Weber* JR **1972** 187.

[34] *Neugebauer* 251.
[35] *v. Kries* 303; *Niggl* 130; *Welp* 151.
[36] *Welp* 80 und JuS **1971** 243.
[37] *Welp* 81.
[38] *Welp* 84; *Rochu* JW **1932** 2690.
[39] *Kleinknecht/Meyer*[37] 6; KK-*Laufhütte* 2.
[40] *Altmannsperger* § 5 PostG, 119; *Rochu* JW **1932** 2690; vgl. auch *Neugebauer* 252; *Welp* 82 ff.

Gerhard Schäfer

auch nicht, daß durch die Postbeschlagnahme erst die wahre Identität des Beschuldigten aufgedeckt werden soll (*Welp* 82). Die Postbeschlagnahme ist aber unzulässig, wenn irgendwelche Anhaltspunkte für die Person des Täters noch nicht vorliegen, der Täter vielmehr erst ermittelt werden soll[41]. Anders als bei der Überwachung des Fernmeldeverkehrs nach § 100 a ist die Postbeschlagnahme nach dem Gesetzeswortlaut weder auf Ermittlungen wegen bestimmter schwerer Straftaten beschränkt, noch müssen danach den Tatverdacht stützende bestimmte Tatsachen vorliegen oder muß die Maßnahme als ultima ratio erforderlich erscheinen. Gleichwohl spielen diese Gesichtspunkte auch hier bei der Prüfung der Verhältnismäßigkeit (Rdn. 33) eine Rolle[41a].

26   Nicht nur an einem bestimmten Beschuldigten, sondern überhaupt an einem Beschuldigten fehlt es in dem **selbständigen Einziehungsverfahren** nach § 440; die Postbeschlagnahme zur Erlangung von Beweismitteln für dieses Verfahren ist daher nach allgemeiner Ansicht unzulässig[42]. Für das selbständige Verfahren zur Festsetzung von Geldbußen gegen juristische Personen und Personenvereinigungen nach § 444 Abs. 3 Satz 1 gilt das gleiche. Zu beachten ist aber, daß dem selbständigen Verfahren oft ein staatsanwaltschaftliches subjektives Verfahren vorausgeht, in dem die Nichtverfolgbarkeit des zunächst Beschuldigten festgestellt wird. Beweismittel, die in diesem Verfahren erlangt worden sind, dürfen im nachfolgenden selbständigen Verfahren verwertet werden[43].

27   Die Verwendung des Begriffs **Beschuldigter** in § 99 bedeutet nicht, daß die Postbeschlagnahme nur im Vorverfahren zulässig ist. Beschuldigter ist auch derjenige, gegen den Anklage erhoben und das **Hauptverfahren** eröffnet worden ist[44]. Die Postbeschlagnahme darf auch angeordnet werden, wenn ein Urteil bereits ergangen ist, aber der Aufenthalt des Angeklagten für das weitere Verfahren ermittelt werden muß[45]. Dagegen ist § 99 nach fast allgemeiner Ansicht für die Zwecke der Strafvollstreckung, insbesondere zur Auffindung eines entwichenen Strafgefangenen, nicht anwendbar[46]. Im Wiederaufnahmeverfahren ist die Postbeschlagnahme wieder statthaft[47].

b) Gewahrsam der Post oder Telegrafenanstalt

28   **aa) Allgemeines.** Die §§ 99, 100 und 101 betreffen nur Beschlagnahmen, die auf der Post oder in Telegrafenanstalten vorgenommen werden. Außerhalb dieser Anstalten gelten die allgemeinen Bestimmungen der §§ 94 ff und 111 b ff.

---

[41] AG Neustadt SchlHA **1949** 371; *Müller-Sax* 3; *Eb. Schmidt* Nachtr. I 1; *Aschenborn/ Schneider* 141; *Aubert* 60; *Lengning* 58; *Niggl* 132.

[41a] *Dürig* in *Maunz/Dürig* Art. 10, 50.

[42] BGHSt **23** 331 = JR **1971** 161 mit Anm. *Meyer*; OLG Karlsruhe NJW **1973** 209 = JR **1973** 380 mit Anm. *Meyer*; LG Wuppertal NJW **1969** 2248 mit Anm. *Hahnraths*; KK-*Laufhütte* 2; *Kleinknecht/Meyer*[37] 7; KMR-*Müller* 7; *Eb. Schmidt* Nachtr. I 1; *Altmannsperger* § 5 PostG, 119; *Aschenborn/ Schneider* 141; *Neugebauer* 252; *Lüttger/Kaul* GA **1961** 78; *Rochu* JW **1932** 2690; *Schäfer* JR **1928** 218; *Wagner* MDR **1961** 96.

[43] KK-*Laufhütte* 2; *Kleinknecht/Meyer*[37] 7.

[44] § 157, 2; a. A *Niggl* 121.

[45] BayObLGSt **20** 347; OLG Breslau GA **59** (1912) 162; *Kleinknecht/Meyer*[37] 6; KMR-*Müller* 7; *Eb. Schmidt* 2; *Altmannsperger* § 5 PostG, 105; *Kaiser* NJW **1964** 760; *Rochu* JW **1932** 2691.

[46] OLG Dresden LZ **1922** 374; OLG Rostock Alsb. E 1 Nr. 247 = GA **54** (1907) 104; OLG Stuttgart Alsb. E 1 246; *Kleinknecht/Meyer*[37] 6; KMR-*Müller* 7; *Eb. Schmidt* 3; *Feisenberger* 7; *Dalcke/Fuhrmann/Schäfer* 2; *Aschenborn/ Schneider* 140; *Aubert* 60; *Lengning* 58; *Neugebauer* 252; *Niggl* 132; *Rochu* JW **1932** 2691; *Schneidewin* LZ **1922** 182; a. A *Falck* DStrZ **1921** 83.

[47] BayObLGSt **20** 347; KMR-*Müller* 7; *Eb. Schmidt* 2; *Aubert* 60; *Lengning* 58; *Neugebauer* 252.

bb) Post. Telegrafenanstalt. Der Begriff Post ist weit zu fassen[48]. Darunter fallen **29** nicht nur die einzelnen Postämter (Aufgabe- und Empfangsstellen), sondern auch das Posttechnische Zentralamt[49] und die Aufsichtsstellen, insbesondere die Oberpostdirektionen (in Berlin die Landespostdirektion) und das Bundespostministerium[50]. Telegrafenanstalten sind nicht nur die mit der Beförderung von Telegrammen betrauten Dienststellen der Post, sondern die Post schlechthin[51], insbesondere auch das Fernmeldetechnische Zentralamt[52].

Im sachlichen Bereich des **Postbankdienstes** gebrauchte **Unterlagen** wie Zahlkar- **30** ten, Überweisungen, Schecks sowie andere Kontounterlagen unterliegen nicht den besonderen Vorschriften der Postbeschlagnahme. Für sie gelten außerhalb des eigentlichen Beförderungslaufs die §§ 94 bis 98 wie bei allen Banken, da es sich beim Postbankgeschäft nicht um einen durch Art. 10 GG geschützten Kommunikationsvorgang handelt[53].

cc) Auf der Post oder in der Telegrafenanstalt befindet sich eine Sendung oder **31** eine telegrafische Nachricht nicht nur, solange sie in den Diensträumen aufbewahrt wird. Daß § 99 von den „bezeichneten Orten" spricht, liegt nur an einer nachlässigen Fassung des Gesetzes[54]. Unter dem Schutz des Post- und Fernmeldegeheimnisses stehen alle Sendungen und Nachrichten so lange, wie sie im Machtbereich der Post und Telegrafenanstalt sind. Das ist der Fall, wenn der Auslieferer nicht mehr und der Empfänger noch nicht, die Post aber durch einen ihrer Bediensteten Gewahrsam, auch Mitgewahrsam, an der Sache hat[55]. Dieser Gewahrsam besteht, solange die aufgegebene Sendung in Fahrzeugen der Post oder im Eisenbahnpostbetrieb befördert wird und solange sich eine zur Auslieferung bestimmte Sendung in der Hand des Brief- oder Paketzustellers befindet[56]. Die Beschlagnahme von Gegenständen vor Übergabe an die Post (Päckchen im Schalterraum) oder nach Aushändigung an den Empfänger bestimmt sich deshalb nach den §§ 94 bis 98, auch wenn sie in den Räumen der Post stattfindet[57].

dd) Telegrafenanstalten nach § 13 FAG. Ein Teil des staatlichen Funkverkehrs **32** wird über private Anlagen abgewickelt. Diese privaten Telegrafenanstalten müssen den staatlichen gleichgestellt werden, damit die Beschlagnahme der dort befindlichen Telegramme nur in demselben Umfang zulässig ist wie auf den Telegrafenämtern der Post. § 13 FAG erweitert daher den Anwendungsbereich des § 99 und durchbricht den Grundsatz, daß für die Beschlagnahme von Sendungen nur so lange die erschwerten Voraussetzungen der §§ 99, 100 bestehen, wie sie sich im Gewahrsam der Post befinden. Die Vorschrift lautet:

---

[48] *Kleinknecht/Meyer*[37] 8; KK-*Laufhütte* 6; *Lengning* 61.

[49] *Lengning* 60.

[50] *Altmannsperger* § 5 PostG, 111; *Aubert* 60; *Lengning* 61; *Neugebauer* 253; *Wegener/Melzer* 102; *Rochu* JW 1932 2691; **a. A** *Aschenborn/Schneider* 139.

[51] *Kleinknecht/Meyer*[37] 8; KK-*Laufhütte* 6; *Neugebauer* 253; *Rochu* JW 1932 2691.

[52] *Lengning* 60.

[53] LG Frankfurt NJW 1980 1478; *Kleinknecht/Meyer*[37] 8; KMR-*Müller* 1; *Dalcke/Fuhr-*

mann/Schäfer 3; LK-*Schäfer* § 345, 11; *Aschenborn/Schneider* 139; *Kurth* NStZ 1983 541; *Rochu* JW 1932 2691; *Dürig* in Maunz/*Dürig* Art. 10, 16; **a. A** *Altmannsperger* § 5 PostG 112; *Lengning* 60; *Neugebauer* 254; *Wegener/Melzer* 102; vgl. im übrigen zum Postbankdienst *Eidenmüller* Bd. 1 „Postbanklehre" 92 ff.

[54] *Niggl* 133.

[55] BGH NJW 1956 1806; *Welp* 47.

[56] *Aubert* 61; *Lengning* 61; *Neugebauer* 254; *Wolcke* 63.

[57] *Kleinknecht/Meyer*[37] 9.

Gerhard Schäfer

§ 13 FAG

Die Bestimmungen über die Beschlagnahme von Telegrammen auf der Deutschen Bundespost gelten entsprechend für Telegramme im Gewahrsam einer nicht der Deutschen Bundespost gehörenden deutschen Telegrafenanstalt, die mit der Deutschen Bundespost unmittelbar oder durch Vermittlung eines Dritten über beförderte Telegramme abrechnet. Das gleiche gilt für Telegramme im Gewahrsam eines Dritten, der die Abrechnung vermittelt.

32 a　　**Telegrafenämter** im Sinne des § 13 FAG sind die dem öffentlichen Verkehr dienenden Seefunkstellen auf deutschen Handelsschiffen und Luftfahrzeugen und die Bundesbahn, wenn sie Telegramme nach dem Reglement über die Benutzung der Eisenbahntelegraphen vom 7. 3. 1867 (Zentralblatt für das Deutsche Reich S. 156) befördert. Ein die Abrechnung für derartige Telegrafenanstalten vermittelnder Dritter ist z. B. die Deutsche Betriebsgesellschaft für drahtlose Telegrafie (Debeg)[58].

33　　**3. Verhältnismäßigkeit.** Angesichts des Gewichts des Grundrechts aus Art. 10 GG kommt dem Verhältnismäßigkeitsgrundsatz (vgl. dazu eingehend § 94, 35 ff) bei der Postbeschlagnahme erhebliches Gewicht zu. Die Postbeschlagnahme darf nicht angeordnet werden, wenn sie zu der Bedeutung der Sache und zu der zu erwartenden Strafe in keinem angemessenen Verhältnis stehen würde. Bei der Abwägung mit der Bedeutung der Sache ist auch der Verdachtsgrad von Bedeutung[59]. Grundsätzlich setzt die Beschlagnahme daher voraus, daß ein nicht nur unerheblicher und bereits einigermaßen konkretisierter Tatverdacht besteht[60]. Die Abwägung mit der Straferwartung schließt die Postbeschlagnahme bei kleineren Gelegenheitstaten aus. In Privatklagesachen ist sie rechtlich zwar nicht unzulässig[61]; praktisch wird sie aber schon wegen des Verhältnismäßigkeitsgrundsatzes nicht in Betracht kommen.

4. Beschlagnahmegegenstände

34　　**a) Briefe, Sendungen und Telegramme.** Da § 99 allgemein von Briefen und Sendungen spricht, kommt es bei seiner Anwendung nicht darauf an, ob es sich um Sendungen mit schriftlichen Mitteilungen oder mit sonstigen Nachrichten von Person zu Person handelt, die nach § 2 Abs. 1 PostG dem Beförderungsvorbehalt zugunsten der Deutschen Bundespost unterliegen[62]. Die §§ 99 ff unterscheiden, wie sich insbesondere aus § 100 Abs. 3 ergibt, nur zwischen offenen und verschlossenen Postsendungen, behandeln aber innerhalb dieser beiden Gruppen alle Sendungen, die von der Post befördert werden, gleich. Zu den Sendungen, die nur unter den Voraussetzungen des § 99 beschlagnahmt werden dürfen, gehören auch Schriftstücke in Postzustellungsaufträgen nach § 39 PostO und Sendungen, die an Postdienststellen gerichtet sind oder von ihnen herrühren, sowie Sendungen im Rahmen des Postbankdienstes[63]. Nachsendungsanträge und Postvollmachten, die bei den Postämtern aufbewahrt werden, sind dagegen keine Postsendungen im Sinne des § 99[64]. Bei der Postbeschlagnahme brauchen alle Sen-

---

[58] Vgl. zu alledem *Eidenmüller* § 13 FAG 2 und 3.

[59] *Welp* 66 und DÖV **1970** 268 Fußn. 12.

[60] KK-*Laufhütte* 9; *Kleinknecht/Meyer*[37] 12; *Dürig* in *Maunz/Dürig* Art. 10, 50.

[61] *Aschenborn/Schneider* 141; *Aubert* 60; *Lengning* 58; *Neugebauer* 252; *Rochu* JW **1932** 2690.

[62] *Welp* 46 Fußn. 7.

[63] Zum Begriff *Eidenmüller* Bd. 1 ,,Postbanklehre" 92 ff.

[64] *Altmannsperger* § 5 PostG, 109; **a. A** *Lengning* 11.

dungen nur nach ihren äußeren Merkmalen bezeichnet zu werden. Es empfiehlt sich, die folgenden postamtlichen Bezeichnungen zu benutzen (vgl. auch Nr. 77 RiStBV):

Briefsendungen (Briefe, Postkarten, Drucksachen, Massendrucksachen, Briefdrucksachen, Büchersendungen, Blindensendungen, Warensendungen, Wurfsendungen, Päckchen, Drucksachen zu ermäßigter Gebühr und Phonopostsendungen);

Paketsendungen (Pakete und Postgüter);

Postanweisungen, Zahlungsanweisungen und Zahlkarten;

Zeitungen, die der Post zum Vertrieb übergeben sind, sowie Zeitungspostsendungen (Postzeitungsgut und Streifbandzeitungen);

Telegramme.

b) An den Beschuldigten gerichtete Sendungen. Die Beschlagnahme darf nur Sen- **35** dungen treffen, die an den Beschuldigten gerichtet oder für ihn bestimmt sind oder von ihm herrühren. An den Beschuldigten gerichtet sind Briefe, Telegramme und sonstige Sendungen, auf denen er, auch wenn sie für einen anderen bestimmt sind, ausdrücklich als Empfänger bezeichnet ist[65]; ob dabei sein bürgerlicher Name, ein Künstlername oder ein sonstiger Deckname benutzt wird, spielt keine Rolle. Name oder Deckname müssen jedenfalls zur Zeit der Beschlagnahmeanordnung bekannt sein[65a]. Zweck der Beschlagnahme ist es, Beweismittel zu erlangen. Daher ist sie unzulässig, wenn von vornherein feststeht, daß eine Sendung keinen derartigen Inhalt hat[66]. Es ist deshalb stets zu prüfen, ob die Beschlagnahme nicht auf Sendungen bestimmter Absender oder auf bestimmte Arten von Sendungen beschränkt werden kann (vgl. auch Nr. 77 RiStBV). Dies wird jedoch häufig im voraus nicht abzuschätzen sein.

c) Von dem Beschuldigten herrührende oder für ihn bestimmte Sendungen. Hier- **36** bei handelt es sich um Briefe, sonstige Sendungen und Telegramme, deren Absender der Beschuldigte ist oder die ihm, ohne daß er als Empfänger bezeichnet ist, durch Übergabe oder Übermittlung ihres Inhalts zugänglich gemacht werden sollen[67]. In Betracht kommen vor allem Sendungen, die den Beschuldigten postlagernd oder unter einer Deckadresse erreichen sollen. Es kann sich auch um den Briefwechsel zwischen zwei Tatunbeteiligten handeln, wenn anzunehmen ist, daß der Brief in Wahrheit für den Beschuldigten bestimmt ist. Dessen Name und Anschrift brauchen noch nicht bekannt zu sein, sofern die Sendung auf andere Weise dahin identifiziert werden kann, daß sie an den gerichtet ist, gegen den das Verfahren betrieben wird.

Da im Gegensatz zu den ausdrücklich an den Beschuldigten gerichteten Sendun- **37** gen die Beschlagnahme der von ihm herrührenden oder für ihn bestimmten Sendungen in den Nachrichtenverkehr Dritter eingreifen kann, sind die **Voraussetzungen der Beschlagnahme strenger.** Daß die Briefe oder sonstigen Sendungen von dem Beschuldigten herrühren oder für ihn bestimmt sind, muß aus **Tatsachen** geschlossen werden; Vermutungen genügen nicht. Jedoch kann es sich um Hilfstatsachen handeln, etwa um die Aussage eines Zeugen, daß der Beschuldigte ihm das Kennzeichen für die an ihn zu richtenden postlagernden Sendungen benannt habe, oder um die Beobachtung, daß der Beschuldigte eigene Briefe durch andere Personen mit deren Absenderabgabe hat aufgeben lassen. Die Tatsachen müssen auf die Bestimmung oder Herkunft der Sendung nicht zwingend hindeuten; eine gewisse Wahrscheinlichkeit genügt[68]. Anders als bei

---

[65] *Altmannsperger* § 5 PostG, 110; *Welp* 74.
[65a] *Kleinknecht/Meyer*[37] 10.
[66] KK-*Laufhütte* 8; *Kleinknecht/Meyer*[37] 10.

[67] *Altmannsperger* § 5 PostG, 110; *Welp* 74.
[68] *Welp* 76.

Gerhard Schäfer

Sendungen, auf denen der Beschuldigte eindeutig als Empfänger bezeichnet ist, setzt die Beschlagnahme nach § 99 hier auch den Nachweis von Tatsachen voraus, aus denen zu schließen ist, daß der Inhalt der Sendungen für die Untersuchung von Bedeutung ist (dazu § 94, 11). Bloße Vermutungen, die sich auf Tatsachen nicht stützen können, reichen nicht aus[69]. Die Tatsachen brauchen sich aber nicht aus den Postsendungen selbst zu ergeben, sondern können auch Feststellungen im Ermittlungsverfahren sein[70].

VI. Auskunftsverlangen nach §§ 99, 100

38   **1. Auskunft statt Beschlagnahme nach § 99.** Unter den **materiellen und formellen** (dazu § 100, 32) **Voraussetzungen** der §§ 99, 100 kann statt der **Postbeschlagnahme** Auskunft über an sich beschlagnahmefähige Briefe, Sendungen und Telegramme verlangt werden[71]. Die Gegenmeinung[72] verkennt, daß eine solche Auskunft gegenüber der Beschlagnahme das mildere Mittel und deshalb schon durch den Grundsatz der Verhältnismäßigkeit geboten ist. Wegen der Zuständigkeit und wegen Form und Inhalt des Auskunftsersuchens vgl. § 100, 32 ff. Die rechtlichen Voraussetzungen der Auskunftspflicht hat die Post nicht zu prüfen. Die Auskunft kann in der Hauptverhandlung nach § 256 verlesen werden.

39   **2. Der Auskunftspflicht unterliegende Gegenstände.** Ebenso wie das Beschlagnahmerecht nach § 99 bezieht sich das Auskunftsrecht auf Briefe, Sendungen und Telegramme, die zur Zeit der Beschlagnahmeanordnung noch auf der Post oder Telegrafenanstalt **aufbewahrt** werden oder die dort künftig **eingehen**. Die Post gibt aufgrund langjähriger **Verwaltungspraxis** auch Auskunft über Briefe und andere Sendungen, die zur Zeit des Auskunftsverlangens bei ihr nicht mehr lagern und daher von einer Postbeschlagnahme nach § 99 nicht betroffen werden könnten[73]; vgl. auch Nr. 84 RiStBV. Das wird damit begründet, daß es mit dem Grundgedanken des § 99 in Widerspruch stünde, wenn nach Beendigung des Gewahrsams der Post an der Sendung durch Verweigerung jeder Auskunft über die Tatsache des Gewahrsams und der Gewahrsamszeit nachträglich in einem Umfang Schutz gewährt würde, der über den hinausgeht, den die Sendung während des Postgewahrsams genießt[74]. Auskunft darf daher z. B. auch gefordert werden über Einschreib- und Wertsendungen nach den Einlieferungsscheinen, über Pakete nach den Paketkarten. Daß über bereits ausgelieferte Telegramme Auskunft erteilt werden darf, bestimmt § 12 FAG ausdrücklich (unten Rdn. 43).

40   **3. Umfang der Auskunftspflicht.** Die Auskunft erstreckt sich in erster Hinsicht auf die äußeren Merkmale der Sendung wie Absender, Empfänger, Art des Postguts, und auf die Daten des Postverkehrs. Die Post darf aber auch Auskunft über den Inhalt einer Sendung, sofern er ihr auf rechtmäßige Weise bekanntgeworden ist, und eines offen beförderten Telegramms geben[75]. Das folgt daraus, daß die Beschlagnahme nach

---

[69] *Kleinknecht/Meyer*[37] 11; KK-*Laufhütte* 8; *Lengning* 60.

[70] BayObLGSt **11** 202; KK-*Laufhütte* 8; KMR-*Müller* 8; *Dalcke/Fuhrmann/Schäfer* 6.

[71] KK-*Laufhütte* 10; *Kleinknecht/Meyer*[37] 13; *Eb. Schmidt* 5; *Dürig* in *Maunz/Dürig* Art. 10, 55; *Altmannsperger* § 5 PostG, 126; *Aschenborn/Schneider* 142; *Lengning* 68; *Wegener/ Melzer* 134; *Kurth* NStZ **1983** 541; *Welp* 124

ff; *Rochu* JW **1932** 2691; *Schäfer* JR **1928** 218; *Schierlinger* DStrZ **1917** 337.

[72] *Badura* in Bonn. Komm. Art. 10, 53; *Nawiasky* 183; *Niggl* 135; *Wolcke* 65.

[73] KK-*Laufhütte* 10; *Lengning* 68.

[74] *Neugebauer* 265; kritisch dazu *Rochu* JW **1932** 2691; *Welp* 126 hält solche Auskünfte für gesetzwidrig.

[75] *Welp* 127; a. A LR-*Dünnebier*[22] III 2.

§ 99 vor allem bezweckt, den Inhalt von Sendungen und Nachrichten festzustellen, und daß es daher auch möglich sein muß, diese Feststellungen aufgrund der Auskunft statt aufgrund der Beschlagnahme zu treffen, sofern das ausnahmsweise möglich ist. Die Befugnis der Post, den Inhalt von Postsendungen zu prüfen, kann sich aus der Notwendigkeit ergeben, die betriebsbedingte Abwicklung des Postdienstes zu sichern oder im Zusammenhang mit dem Postdienst begangene Straftaten aufzuklären. Für diese Fälle schränkt § 5 Abs. 2 und 3 PostG das Postgeheimnis ein[76]. Gelegentlich sind Inhaltsprüfungen auch zum Zweck der Postbeförderung notwendig, wie die durch § 61 Abs. 3 Satz 2 PostO zugelassene Öffnung unzustellbarer Sendungen. Auch kann die Post beim amtlichen Öffnen oder Verschließen von Sendungen, deren Verschluß verletzt ist, Kenntnis von deren Inhalt erlangen. Schließlich darf die Post zum Zweck der Zollgestellung Postsendungen öffnen; § 6 Abs. 7 ZollG schränkt das Postgeheimnis zu diesem Zweck ein[77]. Erfährt die Post bei Gelegenheit solcher Prüfungen etwas über den Inhalt der Sendungen, so darf sie darüber auf Ersuchen des Richters (nicht des Staatsanwalts, der grundsätzlich den Inhalt verschlossener Sendungen nach § 100 Abs. 3 Satz 4 erst von dem Richter erfahren darf) Auskunft geben. Zu beachten ist aber, daß die Post grundsätzlich (Ausnahmen oben Rdn. 5 ff) das Auskunftsersuchen nicht anregen darf; tut sie es ohne Rechtfertigungsgrund, so ist der Inhalt der daraufhin erteilten Auskunft unverwertbar.

VII. Auskunft über den Fernmeldeverkehr (§ 12 FAG)

Eine gesetzliche Regelung der Auskunftspflicht der Post und der Telegrafenanstalten enthält § 12 FAG. Die Vorschrift lautet in der Fassung des Art. 262 Nr. 1 EGStGB: **41**

§ 12 FAG

In strafgerichtlichen Untersuchungen kann der Richter und bei Gefahr im Verzug auch die Staatsanwaltschaft Auskunft über den Fernmeldeverkehr verlangen, wenn die Mitteilungen an den Beschuldigten gerichtet waren oder wenn Tatsachen vorliegen, aus denen zu schließen ist, daß die Mitteilungen von dem Beschuldigten herrührten, und daß die Auskunft für die Untersuchung Bedeutung hat.

1. Allgemeines. Durch § 12 FAG sollen für den Fernmeldeverkehr die zu dem   **42** Auskunftsverlangen nach § 99 aufgetretenen Zweifelsfragen geklärt und das Auskunftsrecht der Strafverfolgungsbehörden auf den von § 99 nicht erfaßten Funk- und Fernsprechverkehr ausgedehnt werden[78]. **Auskunftsberechtigt** ist der Richter und bei Gefahr im Verzug die Staatsanwaltschaft, nicht aber deren Hilfsbeamte. Zur Auskunft **verpflichtet** sind alle Dienststellen der Post, gleichgültig, ob sie überhaupt mit der Beförderung und Übermittlung im Fernmeldeverkehr befaßt sind[79], sowie die Telegrafenanstalten nach § 13 FAG[80]. **Form und Inhalt** des Auskunftsersuchens richten sich nach den für die Beschlagnahme geltenden Grundsätzen (vgl. § 100, 32). Die rechtlichen Voraussetzungen der Auskunftspflicht hat die Post nicht zu prüfen. Die Auskunft kann in der Hauptverhandlung nach § 256 verlesen werden.

---

[76] Vgl. im einzelnen *Dürig* in *Maunz-Dürig* Art. 10, 67.

[77] Anders *Welp* 182 Fußn. 26, der der Post die Öffnung der Sendungen verbieten will und dafür nur die Zollbeamten für zuständig hält.

[78] *Neugebauer* 266.

[79] *Neugebauer* 271.

[80] *Rochu* JW **1932** 2692.

Gerhard Schäfer

43   **2. Der Auskunft unterliegender Fernmeldeverkehr.** § 12 FAG ermächtigt die Post und die Telegrafenanstalten zu Auskünften über jede Art von Fernmeldeverkehr (**Fernsprecher, Telegraf, Funk**). Dabei spielt aber der Fernsprechverkehr wegen seiner fast völligen Automatisierung praktisch keine Rolle[81]. Wie in § 99 setzt das Auskunftsrecht voraus, daß eine strafgerichtliche Untersuchung gegen einen bestimmten Beschuldigten (oben Rdn. 25 ff) stattfindet, daß die Mitteilungen an den Beschuldigten gerichtet sind (oben Rdn. 35) oder daß Tatsachen vorliegen, aus denen zu schließen ist, daß die Nachrichten von dem Beschuldigten herrühren oder für ihn bestimmt sind und daß die Auskunft für die Untersuchung Bedeutung hat (oben Rdn. 36). Gegenstand der Auskunft kann daher auch der Fernmeldeverkehr zwischen zwei Tatunbeteiligten sein, wenn aus Tatsachen zu schließen ist, daß die Nachricht oder das Telefongespräch in Wahrheit für den Beschuldigten bestimmt ist[82]. Im Strafvollstreckungsverfahren dürfen Auskünfte nach § 12 FAG nicht erteilt werden, da es sich hierbei um keine strafgerichtliche Untersuchung im Sinne dieser Vorschrift handelt[83]. Wegen des Begriffs strafgerichtliche Untersuchung vgl. oben Rdn. 25 ff.

44   Dem § 12 FAG ist die **Einschränkung** zu entnehmen, daß die Auskunft sich nicht auf einen künftigen, sondern nur auf einen **vergangenen Fernmeldeverkehr** beziehen darf[84]. Die Überwachung des **zukünftigen Fernmeldeverkehrs** erfolgt bei Telegrammen nach § 99, im übrigen nach § 100 a. § 12 FAG bietet **keine Rechtsgrundlage,** von der Post die inhaltliche Überwachung des **zukünftigen Fernsprech-Funk- und Fernschreibverkehrs** zur Erlangung von Beweismitteln zu verlangen. Insoweit enthalten §§ 100 a, b eine abschließende Regelung[85]. Zur Einrichtung von Fangschaltungen zur Erfassung zukünftiger Störer vgl. LK-*Schäfer* § 354, 79 und *Gusy* JuS **1986** 95.

45   **3. Umfang der Auskunftspflicht.** § 12 FAG erlaubt allgemein die Auskunft über den Fernmeldeverkehr. Daher kann nicht nur darüber Auskunft verlangt werden, daß überhaupt ein Fernmeldeverkehr stattgefunden hat, sondern auch über alle Umstände dieses Verkehrs, insbesondere über die daran beteiligten Personen, über Ort, Datum, Uhrzeit und Dauer des Verkehrs[86]. Auch über den Inhalt des Funk- und Fernsprechverkehrs darf Auskunft gegeben werden, soweit ihn die Post- oder Telegrafenanstalt auf rechtmäßige Weise erfahren hat[87]. Da Telegramme immer offen befördert werden müssen, ergibt sich die Auskunftspflicht schon aus § 99 (oben Rdn. 40). Beim Fernsprechverkehr kann die Post über den Inhalt der Gespräche nur durch gelegentliche oder planmäßige Überwachung Kenntnis erlangen. Eine derartige Überwachung ist[88] aus postinternen Gründen, etwa zur Feststellung der Betriebsfähigkeit des Anschlusses oder zur Verhinderung von Mißbräuchen, erlaubt[89]. Die Weitergabe dieser Kenntnisse an die Strafverfolgungsbehörden ist **auf deren Auskunftsersuchen** zulässig[90]. Durch §§ 100 a, 100 b wird sie nicht ausgeschlossen, weil diese Vorschriften nur die planmäßige Überwachung

---

[81] *Aubert* 73.
[82] *Neugebauer* 269.
[83] *Eidenmüller* § 12 FAG, 1; *Neugebauer* 266; *Welp* 122; *Schäfer* JR **1928** 218.
[84] OLG Köln NJW **1970** 1857; *Eidenmüller* § 12 FAG, 5; *Aubert* 72; *Neugebauer* 270; *Welp* 123; *Kaiser* NJW **1969** 18.
[85] Einhellige Meinung; vgl. nur *Dürig* in *Maunz/Dürig* Art. 10, 56.
[86] *Eb. Schmidt* 8; *Neugebauer* 268.

[87] *Welp* 124; *Rochu* JW **1932** 2691.
[88] Immer nur nach vorheriger Ankündigung: *Dürig* in *Maunz/Dürig* Art. 10, 68; **a.** A OLG Köln NJW **1970** 1857.
[89] OLG Köln NJW **1970** 1857; *Badura* in Bonn. Komm. Art. 10, 49 ff; *Aubert* 75; *Neugebauer* 284.
[90] *Dürig* in *Maunz-Dürig* Art. 10, 56; *Welp* 124.

des Fernsprechverkehrs für die Zukunft betreffen und nur den Gerichten und Strafverfolgungsbehörden ein eigenes Überwachungs- und Aufnahmerecht einräumen. Zu beachten ist aber, daß in den seltenen Fällen, in denen die Post von dem Inhalt des Gesprächsverkehrs erfahren hat, den Strafverfolgungsbehörden diese Tatsache ohne Verletzung des Postgeheimnisse fast niemals (vgl. aber oben Rdn. 6 ff) bekannt werden kann. Die Post darf auch nicht „anregen", ein Auskunftsersuchen zu stellen.

VIII. Verhältnis zu § 161

Das Auskunftsrecht nach § 99 und nach § 12 FAG schließt das in § 161 geregelte **46** Auskunftsrecht aus[91]. Es kann also z. B. nach § 161 von der Post keine Auskunft über einen beweiserheblichen Briefwechsel zwischen zwei Personen verlangt werden, von denen keine der Beschuldigte ist und der weder von dem Beschuldigten herrührt, noch für ihn bestimmt ist. Dagegen kann Auskunft nach § 161 gefordert werden, soweit sie sich nicht auf Sendungen und Mitteilungen bezieht, sondern z. B. darüber, ob eine bestimmte Person zu bestimmten Zeiten im Post- oder Fernmeldedienst beschäftigt war.

IX. Revision

Beweismittel, die unter Verletzung des Post- und Fernmeldegeheimnisses erlangt **47** worden sind, dürfen in dem Strafverfahren grundsätzlich nicht verwertet werden[92]. Beruht ein Urteil auf der Verwertung eines solchen Beweismittels, so begründet das die Revision. Ausnahmen gelten nur, wenn bei einer Gesamtabwägung der Verstoß gegen Art. 10 GG deutlich weniger stark wiegt als das Interesse an der Strafverfolgung im Einzelfall[93].

§ 100

(1) Zu der Beschlagnahme (§ 99) ist nur der Richter, bei Gefahr im Verzug auch die Staatsanwaltschaft befugt.

(2) Die von der Staatsanwaltschaft verfügte Beschlagnahme tritt, auch wenn sie eine Auslieferung noch nicht zur Folge gehabt hat, außer Kraft, wenn sie nicht binnen drei Tagen von dem Richter bestätigt wird.

(3) [1]Die Öffnung der ausgelieferten Gegenstände steht dem Richter zu. [2]Er kann diese Befugnis der Staatsanwaltschaft übertragen, soweit dies erforderlich ist, um den Untersuchungserfolg nicht durch Verzögerung zu gefährden. [3]Die Übertragung ist nicht anfechtbar; sie kann jederzeit widerrufen werden. [4]Solange eine Anordnung nach Satz 2

---

[91] *Kleinknecht/Meyer*[37] 13; *Aubert* 73; *Neugebauer* 265; *Niggl* 129 Fußn. 2; *Welp* 121; *Schäfer* JR **1928** 218.

[92] BGHSt **23** 331 = JR **1971** 161 mit Anm. *Meyer*; OLG Karlsruhe NJW **1973** 208 = **1973** 379 mit Anm. *Meyer*; LG Berlin NJW **1970** 577; LG Kassel NJW **1970** 1934 L; LG Stuttgart NJW **1965** 595; LG Wuppertal NJW **1969** 1544; *Grünwald* JZ **1966** 497;

Härlin MDR **1965** 344; *Welp* JuS **1971** 243; a. A *Evers* JZ **1965** 663.

[93] Vgl. BVerfGE **34** 248 ff; OLG Zweibrücken NJW **1970** 1759; KK-*Laufhütte* 12; a. A *Grünwald* JZ **1966** 497; *Welp* 218 und JuS **1971** 244, die eine Relativierung durch das Gewicht des Anklagevorwurfs ablehnen; offengelassen bei BGHSt **23** 331.

Gerhard Schäfer

nicht ergangen ist, legt die Staatsanwaltschaft die ihr ausgelieferten Gegenstände sofort, und zwar verschlossene Postsendungen ungeöffnet, dem Richter vor.

(4) [1]Über eine von der Staatsanwaltschaft verfügte Beschlagnahme entscheidet der nach § 98 zuständige Richter. [2]Über die Öffnung eines ausgelieferten Gegenstandes entscheidet der Richter, der die Beschlagnahme angeordnet oder bestätigt hat.

Schrifttum vgl. bei § 99.

Entstehungsgeschichte. Durch Art. 21 Nr. 18 EGStGB 1974 wurde in Absatz 1 hinter den Worten „Gefahr im Verzug" der Satzteil: „und, wenn die Untersuchung nicht nur eine Übertretung betrifft," gestrichen. Art. 1 Nr. 24 des 1. StVRG hob Absatz 1 Satz 2 auf und stellte ihn als Absatz 3 Satz 4 ein; der übrige Inhalt des Absatzes 3 ist neu. Der bisherige Absatz 3 wurde als Absatz 4 neu gefaßt; dabei wurde in Satz 2 die Zuständigkeit zur Entscheidung über die Öffnung eines ausgelieferten Gegenstandes nicht wie in der früheren Fassung dem nach § 98 zuständigen Richter, sondern dem Richter übertragen, der die Beschlagnahme angeordnet oder bestätigt hat.

Übersicht

I. Überblick

1   **1. Zweistufigkeit des Verfahrens.** Die Postbeschlagnahme ist, ohne daß dies in der gesetzlichen Regelung hinreichend deutlich wird, zweistufig geregelt: Die **erste Stufe** besteht in einer **Beschlagnahmeanordnung**, die lediglich die Post verpflichtet, die von ihr erfaßten Sendungen den Strafverfolgungsorganen auszuliefern und diesen die Prüfung der ausgelieferten Gegenstände auf ihre Beweiserheblichkeit gestattet. Die **zweite Stufe** ist die **eigentliche Beschlagnahme**.

2. Gesetzliche Regelung. Die Voraussetzungen der Beschlagnahmeanordnung ge- **2** genüber der Post enthält § 99, die Zuständigkeit hierfür regelt § 100 Abs. 1 und 2.

Das **Verfahren nach Auslieferung** der Sendungen durch die Post ist in §§ 100 **3** Abs. 3 und 4 sowie in § 101 geregelt. Für die eigentliche Beschlagnahme einzelner Sendungen als Beweismittel gelten §§ 94, 98.

II. Anordnung der Postbeschlagnahme

1. Zuständigkeit (Absatz 1). Die Beschlagnahme ist wegen des Eingriffs in das **4** Grundrecht des Post- und Fernmeldegeheimnisses grundsätzlich dem **Richter** vorbehalten. Wegen der gerichtlichen Zuständigkeit vgl. § 98, 7 ff. Die Staatsanwaltschaft, innerhalb ihres Zuständigkeitsbereichs auch die Amtsanwaltschaft[1], ist zur Beschlagnahme nur bei **Gefahr im Verzug** (§ 98, 35) befugt. Die Beschlagnahmeanordnung der Staatsanwaltschaft bedarf der richterlichen Bestätigung (unten Rdn. 14) und tritt außer Kraft, wenn diese nicht erteilt wird (unten Rdn. 28). **Hilfsbeamte** der Staatsanwaltschaft dürfen die Beschlagnahme **niemals** anordnen[2]. Sie dürfen nicht einmal das kurzfristige Anhalten der Sendungen bei der Post oder Telegrafenanstalt bis zur Erwirkung einer staatsanwaltschaftlichen oder richterlichen Beschlagnahmeanordnung verlangen[3].

2. Form. Das Wort Beschlagnahme bedeutet in § 100 Abs. 1, anders als in § 98, **5** die Anordnung der Beschlagnahme, nicht auch ihren Vollzug. Eine Form für diese Anordnung schreibt § 100 nicht vor. Der Staatsanwalt kann sie daher auch mündlich, telefonisch, telegrafisch oder fernschriftlich erteilen, wenn er wegen Gefahr im Verzug tätig wird. Eine schriftliche Abfassung ist jedoch vorzuziehen; die mündliche oder telefonische Anordnung muß schriftlich bestätigt werden[4]; zum Verfahren der Post bei mündlicher Anordnung s. Rdn. 19. Die Anordnung des Richters ergeht als Beschluß.

3. Inhalt. Die zu beschlagnahmenden Sendungen sind in der Anordnung genau **6** zu **bezeichnen**[5]. Die Sendungen oder Gruppen von Sendungen, die die Post zurückhalten und ausliefern soll, müssen so eindeutig beschrieben werden, daß der Umfang der Beschlagnahme nicht zweifelhaft sein kann[6]. Dabei empfiehlt sich die Verwendung der postamtlichen Bezeichnungen, vgl. § 99, 34 und Nr. 77 RiStBV. Bei Sendungen an den Beschuldigten müssen sein voller Name, bei häufig wiederkehrenden Namen auch andere Unterscheidungsmerkmale, und seine genaue Anschrift (Straße, Hausnummer und Bestimmungspostamt) angegeben werden. Gegebenenfalls ist das Kennzeichen für postlagernde Sendungen, die Deckadresse oder die Anschrift des Empfängers mitzuteilen, der die für den Beschuldigten bestimmten Sendungen in Empfang nimmt. Bei Sendungen, die von dem Beschuldigten herrühren, ist anzugeben, an welchem Ort sie vermutlich aufgegeben und mit welchem Absender sie wahrscheinlich versehen sein werden. Die bloße Wiedergabe des Gesetzeswortlauts (Sendungen, bei denen Tatsachen vorliegen, aus welchen zu schließen ist, daß sie von dem Beschuldigten herrühren) genügt

---

[1] *Aschenborn/Schneider* 141; *Lengning* 62.
[2] Die anderslautende Vorschrift des Art. 15 Abs. 4 Satz 2 der Bremer Verfassung vom 21. 10. 1947 ist gegenstandslos.
[3] KK-*Laufhütte* 1; *Kleinknecht/Meyer*[37] 1; KMR- *Müller* 2; *Aubert* 63; *Lengning* 63.
[4] *Altmannsperger* § 5 PostG, 120; *Aubert* 64;

Lengning 65; *Neugebauer* 257; *Niggl* 131; **a. A** *Schäfer* JR **1928** 219.
[5] BGH NJW **1956** 1806; *Lengning* 64.
[6] KK-*Laufhütte* 2; *Kleinknecht/Meyer*[37] 4; *Altmannsperger* § 5 PostG, 120; *Aschenborn/ Schneider* 140; *Aubert* 64; *Lengning* 64; *Welp* 157 ff.

Gerhard Schäfer

nicht. Die Prüfung, welche Sendungen von dem Beschuldigten herrühren, kann schon deshalb nicht der Post überlassen werden, weil sie praktisch gar nicht die Möglichkeit hat, sie vorzunehmen[7]. Es empfiehlt sich insbesondere, der Post die wahrscheinlich als Empfänger in Betracht kommenden Personen mitzuteilen; denn Nachforschungen bei der Absendeanstalt sind nur in sehr kleinen Orten möglich[8]. Die Bezeichnung der Sendung nach einer Schriftprobe ist zulässig; daher dürfen alle an einen bestimmten Empfänger gerichteten Sendungen, die in der Anschrift eine bestimmte Handschrift aufweisen, beschlagnahmt werden[9]. In der Praxis führt das aber selten zum Erfolg.

7   Der **gerichtliche Beschluß** ist entgegen LR-*Meyer*[23] 3 zu **begründen**, da er anfechtbar ist; vgl. Rdn. 37. Freilich ist eine eingehende Darlegung der Gründe nicht erforderlich. Es genügt der Hinweis auf ein Ermittlungs- oder Strafverfahren, auf §§ 99, 100 sowie darauf, weshalb zu schließen ist, daß Sendungen von dem Beschuldigten herrühren oder für ihn bestimmt sind und daß ihr Inhalt für die Untersuchung Bedeutung hat. Entsprechendes gilt — schon um den Willkürvorwurf auszuräumen — für Maßnahmen der **Staatsanwaltschaft**. Wenigstens in einem Aktenvermerk muß hier festgehalten werden, warum Gefahr im Verzug bejaht wurde (vgl. dazu auch § 98, 35 ff).

8   **4. Beschränkungen.** Die Beschlagnahmeanordnung kann zeitlich begrenzt werden; denn erfahrungsgemäß wird jede Beschlagnahme den Beteiligten nach einiger Zeit bekannt und hat dann nur noch selten Erfolg. Der Grundsatz der Verhältnismäßigkeit gebietet nicht selten auch eine sachliche Beschränkung. Zwar ist es zulässig, die Maßnahme auf alle Postsendungen zu erstrecken, die nach § 99 beschlagnahmt werden dürfen, sofern das für die Ermittlungen erforderlich ist. Meist wird eine so umfassende Beschlagnahmeanordnung aber nicht geboten sein. Dann muß sie je nach dem Ermittlungszweck auf Sendungen des Beschuldigten an bestimmte Empfänger oder auf bestimmte Sendungen, z. B. auf geschlossene Briefe und auf Postkarten oder auf Pakete und Päckchen an den Beschuldigten, auf Geschäftsbriefe oder Privatbriefe (was allerdings genau zu bestimmen ist), beschränkt werden. Das kann für die Ermittlungen sogar zweckmäßig sein, weil die Auslieferung anderer Sendungen oft verhindert, daß die Beschlagnahme vorzeitig bekannt wird. Gelegentlich reicht es aus, nur die bereits vorliegenden Postsendungen zu beschlagnahmen.

9   **5. Durchführbarkeit.** Die Beschlagnahmeanordnung muß nicht nur inhaltlich so bestimmt sein, daß die Post sie ohne Schwierigkeiten ausführen kann; sie darf auch von der Post nichts Unmögliches verlangen. Undurchführbare Anordnungen braucht die Post nicht zu beachten. So kann und muß die Beschlagnahme der von einem bestimmten Beschuldigten „in Hamburg aufgegebenen Briefe und Postkarten an unbekannte Empfänger" nicht durchgeführt werden, weil es praktisch unmöglich ist, alle in einer Großstadt zur Einlieferung kommenden Briefe und Postkarten darauf nachzuprüfen, ob sie vielleicht den Namen des Beschuldigten als Absender tragen. Nicht durchführbar ist im allgemeinen auch die Beschlagnahme von Teilen bestimmter Sendungen, z. B. von Zeitungsteilen oder von einzelnen Blättern aus Zeitungen oder Zeitschriften.

10   Allerdings hängt der im Einzelfall noch zu rechtfertigende **Aufwand** auch von der **Wichtigkeit der Untersuchung** ab[10]. Maßnahmen, die im allgemeinen als undurch-

---

[7] BayObLGSt **11** 202; *Niggl* 131.
[8] *Lengning* 64.
[9] *Neugebauer* 258; **a. A** *Welp* 158, der die Tätigkeit der Post auf einfaches Aussortieren beschränken will.
[10] *Altmannsperger* § 5 PostG, 120; *Welp* 159.

führbar anzusehen sind, können in einer staatswichtigen Hochverratsache so unentbehrlich sein, daß sogar die Bereitstellung von Personal und von sachlichen Mitteln zumutbar erscheint. In Zweifelsfällen wird sich der die Beschlagnahme beantragende Staatsanwalt oder der Richter mit der zuständigen Oberpostdirektion darüber verständigen, ob eine Beschlagnahme durchführbar ist und wie sie am zweckmäßigsten durchgeführt werden kann.

6. Rechtliches Gehör. Bekanntmachung. Bei der Postbeschlagnahme würde das **11** vorherige Gehör regelmäßig dem Verlust des Beweismittels gleichkommen; es ist daher im Allgemeinen zu unterlassen (§ 33 Abs. 4 Satz 1). Der Betroffene ist in der Lage, sich im Beschwerdeverfahren Gehör zu verschaffen, wenn er später von den getroffenen Maßnahmen benachrichtigt worden ist (§ 101 Abs. 1) oder von der Postbeschlagnahme auf andere Weise Kenntnis erhalten hat.

Aus demselben Grunde unterbleibt zunächst auch eine **Bekanntmachung** der An- **12** ordnungen an den Beschuldigten und die sonst von der Beschlagnahme Betroffenen, etwa an die Empfänger, wenn der Beschuldigte der Absender ist. Die Bekanntmachung erfolgt erst, wenn das ohne Gefährdung des Untersuchungszwecks geschehen kann (§ 101 Abs. 1). Das wird in der Regel der Fall sein, wenn ein geöffneter Brief nach § 101 Abs. 2 auszuhändigen oder eine Teilabschrift nach § 101 Abs. 3 mitzuteilen ist (§ 101, 2).

Gerichtliche Entscheidungen werden nach § 36 der **Staatsanwaltschaft** übergeben, **13** „die das **Erforderliche** veranlaßt", nämlich die Entscheidung der Post eröffnet (vgl. § 36, 20). Ist der Staatsanwaltschaft nicht bekannt, welche Ämter im einzelnen in Betracht kommen, wird sie sich an die Oberpostdirektion wenden (Nr. 79 RiStBV).

7. Gerichtliche Bestätigung der staatsanwaltschaftlichen Postbeschlagnahme (Ab- 14 satz 2). Die Beschlagnahmeanordnung der Staatsanwaltschaft ist immer nur eine vorläufige. Sie bedarf der richterlichen Bestätigung. Diese muß unverzüglich beantragt werden, da die Entscheidung des Richters binnen drei Tagen nach Eingang der Anordnung der Staatsanwaltschaft bei der Post oder bei der Telegrafenanstalt eingegangen sein muß (unten Rdn. 28). Bis dahin ist die Post aber nicht berechtigt, die aus der Beförderung herausgenommenen Sendungen bis zum Eingang der richterlichen Bestätigung zurückzuhalten[11]. Das ergibt sich eindeutig aus dem Zwischensatz von Absatz 2: „auch wenn sie eine Auslieferung noch nicht zur Folge gehabt hat." S. auch Rdn. 28.

15   Das nach § 98 zuständige Gericht (§ 100 Abs. 4 Satz 1) bestätigt die Anordnung **15** der Beschlagnahme, **wenn** es ihre **Voraussetzungen** für **gegeben** hält; andernfalls hebt es sie auf. Die Frage, ob zur Zeit der Anordnung Gefahr im Verzug vorgelegen hat, prüft das Gericht lediglich auf Willkür nach (§ 98, 37). Für die Bestätigung gilt sonst das gleiche wie für die Anordnung. Eine verspätete Bestätigung gilt als neue richterliche Beschlagnahmeanordnung, die mit dem Zeitpunkt des Eingangs bei der Post- oder Telegrafenanstalt wirksam wird[12].

8. Durchführung der Postbeschlagnahme
a) Amtshilfe der Post. Die Post sucht die in der Anordnung bezeichneten Sendun- **16** gen heraus und übergibt sie ungeöffnet der Staatsanwaltschaft. Diese leitet sie dem Richter weiter, solange dieser die Öffnungsbefugnis nicht nach Absatz 3 Satz 1 der

---

[11] *Aubert* 62; **a. A** *Niggl* 134.
[12] KK-*Laufhütte* 4; *Kleinknecht/Meyer*[37] 7; *Eb.*
   Schmidt 3; *Aubert* 62; *Lengning* 62.

Gerhard Schäfer

Staatsanwaltschaft übertragen hat (Absatz 3 Satz 4). Die Post darf bei staatsanwaltschaftlichen Anordnungen mit der Auslieferung nicht warten bis die richterliche Bestätigung vorliegt[13]. Zum weiteren Verfahren bei Staatsanwaltschaft und Gericht s. Rdn. 21 ff. Soll die Auslieferung an einen Beauftragten der Staatsanwaltschaft oder des Gerichts erfolgen, so hat die Post die Sendung in einem Umschlag zu verschließen, damit das Postgeheimnis gewahrt wird[14]. Bei der Herausgabe von Nachnahmesendungen, von Sendungen, die mit einer Nachgebühr belastet sind, und von Postanweisungen und Zahlkarten bestehen Besonderheiten[15].

17   Zur Amtshilfe gegenüber den Justizbehörden sind die Post und die Telegrafenämter rechtlich **verpflichtet**. Diese Pflicht ergibt sich aus Art. 35 GG in Vbdg. mit §§ 99 f, nicht aus § 95 Abs. 1 StPO[16]. Führt die Post oder die Telegrafenanstalt die Anordnung gleichwohl nicht aus oder weigert sie sich ausdrücklich, sie auszuführen, so gibt es aber, da zwischen dem Gericht und der Postverwaltung kein Verhältnis der Über- und Unterordnung besteht, keine Möglichkeit unmittelbaren Zwangs; es bleibt allein der Weg der Dienstaufsichtsbeschwerde[17]. Weder dürfen in einem solchen Fall Richter oder Staatsanwalt die Sendungen selbst aussortieren[18] noch dürfen sie Polizeibeamte mit Vollzug der Beschlagnahme[19] oder mit einer Durchsuchung der Posträume beauftragen[20].

18   Die Postdienststellen haben die Anordnung sinnvoll, aber nicht immer wörtlich **durchzuführen**. Ist z.B. als Anschrift der zu beschlagnahmenden Sendung Johannes Müller, Karlstraße 12 I r, angegeben, so ist auch ein Brief an Hans Müller, Carlstraße 12, auszuliefern, wenn es im Ort nur eine Karlstraße gibt und wenn in dem angegebenen Haus kein anderer Hans oder Johannes Müller wohnt. Wenn die Anordnung undurchführbar erscheint, ist das ersuchte Amt verpflichtet, das alsbald der ersuchenden Behörde mitzuteilen, damit diese die Anordnung ändern kann; bei teilweiser Undurchführbarkeit ist der durchführbare Teil zu vollziehen und wegen des undurchführbaren Mitteilung zu machen.

19   Eine **mündliche**, telefonische oder telegrafische **Anordnung** führt die Post zunächst nur in der Weise durch, daß sie die von ihr erfaßten Sendungen aussondert und zurückbehält[20a]. Sie liefert sie regelmäßig erst nach Eingang der schriftlichen Anordnung aus, kann das aber bei großer Dringlichkeit auch alsbald tun, wenn an der Ordnungsmäßigkeit der Anordnung kein Zweifel besteht. Bleibt die schriftliche Bestätigung aus, so sind die Sendungen weiterzubefördern[20b].

20   **b) Keine sachliche Prüfung durch die Post.** Die **Verantwortung** für die Rechtmäßigkeit der Beschlagnahme trägt nur die anordnende Behörde. Sie allein prüft die Zulässigkeitsvoraussetzungen, z.B. die Frage, ob Absender oder Empfänger tatsächlich der Beschuldigte ist, ob der Sendungsinhalt für die Untersuchung von Bedeutung ist, bei der staatsanwaltschaftlichen Anordnung das Vorliegen von Gefahr im Verzug. Die Post und die Telegrafenanstalten sind weder berechtigt noch verpflichtet, das nachzuprü-

---

[13] *Aubert* 62.

[14] *Altmannsperger* § 5 PostG, 124; *Lengning* 60.

[15] Vgl. dazu *Lengning* 66 ff; *Wegener/Melzer* 106.

[16] *Welp* 134; a. A *Wolcke*, Der Schutz des Brief- und Telegraphengeheimnisses, 1905, 57.

[17] *Kleinknecht/Meyer*[37] 8; KMR-*Müller* 5; *Feisenberger* § 99, 5; *Aubert* 64; *Lengning* 65; *Neugebauer* 257; vgl. auch *Welp* 151 ff.

[18] *Eb. Schmidt* 99, 13; *Altmannsperger* § 5 PostG, 122; *Lengning* 66.

[19] LG Freiburg DRZ **1948** 258; *Aubert* 65; *Schierlinger* DStrZ **1917** 338.

[20] *Kleinknecht/Meyer*[37] 8; KMR-*Müller* 5; *Neugebauer* 258; a. A *Feisenberger* 4.

[20a] *Aubert* 64.

[20b] *Lengning* 65.

fen[21]. Ihre Prüfung beschränkt sich darauf, ob eine ordnungsmäßige Beschlagnahmeanordnung in einem Ermittlungs- oder Strafverfahren gegen einen bestimmten, namentlich nicht unbedingt bereits bekannten (§99, 25 f) Beschuldigten von einer dafür sachlich zuständigen Behörde erlassen worden ist[22]. Die Frage, ob ein unbekannter Beschuldigter schon so weit identifiziert ist, daß die Beschlagnahme nach §99 zulässig ist, haben die Postdienststellen nicht zu prüfen[23].

III. Prüfung der Sendungen und Beschlagnahme als Beweismittel (Abs. 3)

1. Prüfung

a) Richtervorbehalt. Die Öffnung verschlossener Sendungen ist auch dann, wenn **21** die Anordnung der Postbeschlagnahme wegen Gefahr im Verzug durch den Staatsanwalt erfolgte, dem Richter vorbehalten (Abs. 3 Satz 1); dieser kann die Befugnis auf die Staatsanwaltschaft übertragen (Abs. 3 Satz 2), wovon in der Regel Gebrauch gemacht wird.

b) Verfahren bei Öffnungsbefugnis beim Richter. Nach Abs. 3 Satz 4 legt die **22** **Staatsanwaltschaft**, solange die Öffnungsbefugnis nicht auf sie übertragen ist, die ausgelieferten Sendungen sofort (und zwar verschlossene ungeöffnet) **dem Richter vor.** Dies schließt aber eine erste äußerliche Sichtung durch den Staatsanwalt nicht aus. Die **Staatsanwaltschaft** ist im Ermittlungsverfahren befugt, Gegenstände dem Empfänger auszuhändigen oder der Post oder Telegrafenanstalt zurückzugeben, wenn sich aus der äußeren Besichtigung oder aus der Entwicklung des Verfahrens ergibt, daß die Sendungen nicht benötigt werden[24]. Ist die Sache bereits bei Gericht anhängig, so ist diese Befugnis auf den Fall beschränkt, daß die Staatsanwaltschaft die Beschlagnahme wegen Gefahr im Verzug angeordnet hat und noch keine richterliche Bestätigung nach Absatz 2 erfolgt ist[25]. Zur Prüfung, ob die Sendung für das Verfahren benötigt wird, ist es dem Staatsanwalt gestattet, von den äußeren Beschriftungen (Anschrift und Absendervermerk) aller Sendungen und von dem Inhalt unverschlossener Sendungen, z. B. von Postkarten, Kenntnis zu nehmen[26]. Sendungen, die nach der Auffassung der Staatsanwaltschaft als Beweismittel benötigt werden, sind dem Richter ohne Eröffnung der geschlossenen Sendungen vorzulegen (Absatz 3 Satz 4). Die Eröffnung von Telegrammen ist in §100 deshalb nicht vorgesehen, weil sie auf den Telegrafenanstalten immer offen sind; daher ist die Staatsanwaltschaft, wenn ihr von der Telegrafenanstalt ein Telegramm verschlossen ausgeliefert wird, zur Öffnung ohne weiteres befugt[27].

Die Befugnis, die ausgelieferten **Sendungen zu öffnen,** steht dem **Richter** zu; er **23** kann sie aber auf die Staatsanwaltschaft nach Absatz 3 Satz 2 übertragen (unten Rdn. 26). Zuständig ist immer der Richter, der die Beschlagnahme angeordnet oder bestätigt hat (Absatz 4 Satz 2); die übrigen Zuständigkeiten nach §98 Abs. 2 Satz 3 bis 6 bleiben außer Betracht. Der Richter ist durch den die Beschlagnahme anordnenden oder bestätigenden Beschluß bei seiner **Entscheidung,** ob eine ausgelieferte Sendung zu öffnen ist, nicht gebunden[28]. Er kann vielmehr zu der Auffassung gelangen, daß seit der Anordnung der Beschlagnahme die Gründe für diese Maßnahme entfallen sind, und er

---

[21] *Kleinknecht/Meyer*[37] 8; *Altmannsperger* §5 PostG, 123; *Aubert* 64; *Lengning* 65.
[22] *Altmannsperger* §5 PostG, 106; *Aschenborn/ Schneider* 141; *Neugebauer* 257; *Niggl* 134; *Welp* 143 ff.
[23] Anders *Altmannsperger* §5 PostG, 123.

[24] KMR-*Müller* 8.
[25] KMR-*Müller* 8.
[26] *v. Kries* 306.
[27] *Neugebauer* 258; a. A *Aubert* 65.
[28] *Eb. Schmidt* 7.

Gerhard Schäfer

kann gerade aus Anlaß der Auslieferung einer Sendung die Wiederaufhebung der Beschlagnahme anordnen. Wenn dazu kein Anlaß besteht, prüft der Richter zunächst die ungeöffneten Sendungen darauf, ob sich schon aus ihren äußeren Merkmalen ergibt, daß sie als Beweismittel nicht gebraucht werden. Ist das der Fall, so veranlaßt der Richter, daß sie dem Betroffenen wieder ausgehändigt werden (§ 101 Abs. 2 Satz 1). Auch im Ermittlungsverfahren ist das Amtsgericht (§ 162 Abs. 1) nicht verpflichtet, die Sendung zu öffnen[28a]. Es muß jedoch eine Sendung dem Betroffenen uneröffnet und ohne weitere Prüfung wieder aushändigen, wenn der Staatsanwalt das beantragt[29]; das folgt aus dem Wesen des vorbereitenden Verfahrens (vgl. § 120 Abs. 3). Kommt keine Aushändigung in Betracht, dann prüft der Richter den Inhalt unverschlossener und verschlossener Sendungen. Weder mit der Öffnung noch mit der Prüfung der Sendungen darf er, abgesehen von der Übertragungsbefugnis nach § 100 Abs. 3 Satz 2, andere Personen beauftragen. Das Gericht darf nach Prüfung ihres Inhalts nur solche Sendungen zurückbehalten, die als Beweismittel für die Untersuchung von Bedeutung sein können (§ 94, 11 ff). In dieser Zurückbehaltung liegt die eigentliche Beschlagnahme der Sache (vgl. § 99, 24). Alle Sendungen, bei denen das nicht der Fall ist, müssen dem Betroffenen sofort wieder ausgehändigt werden (§ 101 Abs. 2 Satz 2). Werden bei der Prüfung des Inhalts Sendungen entdeckt, die zwar in keiner Beziehung zu der Straftat stehen, derentwegen die Postbeschlagnahme angeordnet worden ist, die aber auf die Verübung einer anderen Straftat hindeuten, so gilt § 108 sinngemäß[30].

24   Wenn für die Öffnung der Sendungen der Ermittlungsrichter (§ 162 Abs. 1) zuständig ist, wird er, da er die bisherige Untersuchung oft nicht voll übersehen kann und da die Aushändigung der Sendungen zum Verlust des Beweismittels führt, vor einer beabsichtigten Aushändigung die **Staatsanwaltschaft hören** müssen[31]. Der Richter kann ihr, damit sie sachgerecht Stellung nehmen kann, auch die Postsendung zur Einsicht vorlegen, wenn er andernfalls die Zurückhaltung der Sendung anordnen müßte, weil er ihre Erheblichkeit nicht selbst beurteilen kann[32].

25   Sendungen, die das Gericht als Beweismittel **zurückbehalten** hat, werden Bestandteile der Akten und unterliegen damit dem Akteneinsichtsrecht des Verteidigers nach § 147. Sie werden der Staatsanwaltschaft zugeleitet, wenn die Anklage noch nicht erhoben ist, und dort, sonst bei Gericht, in amtliche Verwahrung genommen.

26   **c) Verfahren bei Übertragung der Öffnungsbefugnis auf den Staatsanwalt (Absatz 3 Satz 2 und 3).** Durch die Gesetzesänderung von 1974 ist die Möglichkeit geschaffen worden, daß der Richter, der die Postbeschlagnahme angeordnet oder bestätigt hat (§ 100 Abs. 4 Satz 2), die Befugnis zum Öffnen verschlossener Sendungen auf die Staatsanwaltschaft überträgt. Das setzt nach § 100 Abs. 3 Satz 2 voraus, daß eine Gefährdung des Untersuchungserfolges durch Verzögerung zu besorgen ist. Durch die Übertragung kann bei der Auslieferung der Gegenstände und der weiteren Sachbehandlung die das Verfahren verzögernde Einschaltung des Richters in den Fällen vermieden werden, in denen der Erfolg der Ermittlungen von einem sofortigen Zugriff der Staatsanwaltschaft abhängt und in denen damit zu rechnen ist, daß sich aus der beschlagnahmten Post Anhaltspunkte für die Art, den Umfang oder den Ort weiterer Ermittlungshandlungen ergeben (vgl. BTDrucks. 7 551 S. 65). Die auf diese Weise ermöglichte schnellere

---

[28a] *Welp* 95.
[29] Anders *Eb. Schmidt* 7.
[30] KK-*Laufhütte* 10; *Welp* 95, 221 ff; *Reitberger* Kriminalistik **1965** 16.

[31] KK-*Laufhütte* 9; KMR-*Müller* 9; *Eb. Schmidt* 8.
[32] KMR-*Müller* 9; *Dalcke/Fuhrmann/Schäfer* 2.

Fortsetzung der staatsanwaltschaftlichen Ermittlungen kann mitunter auch Verdunkelungsmaßnahmen des Beschuldigten verhindern. Ob die Voraussetzungen vorliegen, unter denen die Übertragung der Öffnungsbefugnis auf die Staatsanwaltschaft zulässig ist, entscheidet der Richter nach pflichtgemäßem Ermessen. Er kann die Entscheidung von Amts wegen treffen; meist wird die Staatsanwaltschaft sie beantragen. Der Richter ordnet die Übertragung entweder zugleich mit dem Beschluß, durch den er die Beschlagnahme verfügt oder die Beschlagnahme der Staatsanwaltschaft bestätigt, oder nachträglich durch besonderen Beschluß an. Der Beschluß ist nicht anfechtbar (§ 100 Abs. 3 Satz 3); denn ein Streit über die Rechtmäßigkeit der Übertragungsanordnung würde die beschleunigende Wirkung der Maßnahme wieder aufheben. Die Übertragung kann nach § 100 Abs. 3 Satz 3 Halbsatz 2 jederzeit widerrufen werden, insbesondere bei späterem Wegfall der gesetzlichen Voraussetzungen.

2. Beschlagnahme. Soweit Sendungen als **Beweismittel** zurückbehalten werden sollen, setzt dies die eigentliche Beschlagnahme nach §§ 94, 98 voraus. Zuständig ist stets der Richter, auch wenn dem Staatsanwalt die Befugnis, verschlossene Sendungen zu öffnen, übertragen war[33]. Gefahr im Verzug kann nie vorliegen, da die zu beschlagnahmenden Gegenstände in amtlichem Gewahrsam sind. — Zur Zuständigkeit und zur Form § 98, 7 bis 18.   **27**

IV. Beendigung der Beschlagnahmeanordnung

1. Erlöschen der staatsanwaltschaftlichen Beschlagnahme (Absatz 2). Die staatsanwaltschaftliche Beschlagnahmeanordnung tritt ohne weiteres außer Kraft, wenn sie nicht binnen drei Tagen vom Richter bestätigt wird. Ob schon Sendungen eingegangen sind, die unter die Beschlagnahmeanordnung fallen, ist ohne Bedeutung. Die Frist beginnt mit dem Zeitpunkt, in dem die Beschlagnahmeanordnung bei der Post oder der Telegrafenanstalt eingeht[34]. Dieser Zeitpunkt ist auch maßgebend, wenn eine mündliche oder telefonische Anordnung später schriftlich bestätigt wird. Die Frist wird nach §§ 42, 43 Abs. 2 berechnet, endet also am dritten Tage nach dem Eingang der Anordnung um 24 Uhr (§ 42, 1). Die Beschlagnahmeanordnung der Staatsanwaltschaft, die im Laufe des Montags bei der Post eingegangen ist, tritt demnach bei fehlender richterlicher Bestätigung mit dem Ablauf des Donnerstags außer Kraft. Bis zu diesem Zeitpunkt muß die richterliche Bestätigung bei der Post oder auf der Telegrafenanstalt vorliegen; auf den Zeitpunkt der Beschlußfassung kommt es nicht an. Post und Telegrafenanstalten sind schon aus diesem Grunde nicht verpflichtet, sich danach zu erkundigen, ob bereits ein Beschluß des zuständigen Gerichts ergangen ist. Die vor Fristablauf eingegangenen und ausgesonderten Sendungen sind der Staatsanwaltschaft herauszugeben, nicht etwa bis zum Eintreffen der richterlichen Bestätigung zurückzuhalten (oben Rdn. 14). Nach Ablauf der Frist müssen Sendungen, die schon angehalten und ausgesondert, aber noch nicht an die Staatsanwaltschaft ausgeliefert worden sind, etwa weil sie erst kurz vor Fristablauf eingegangen sind, in den ordnungsmäßigen Beförderungsgang zurückgegeben werden[35].   **28**

---

[33] KK-*Laufhütte* 9; **a. A** KMR-*Müller* 10, der der Staatsanwaltschaft eine selbständige Beschlagnahmebefugnis einräumen will.
[34] KK-*Laufhütte* 4; KMR-*Müller* 4; *Klein-*

knecht/*Meyer*[37] 7; *Eb. Schmidt* 3; *Niggl* 134.
[35] KMR-*Müller* 4; *Eb. Schmidt* 3; *Neugebauer* 259; *Niggl* 134.

Gerhard Schäfer

29   Das **Außerkrafttreten** der Beschlagnahmeanordnung der Staatsanwaltschaft wirkt nicht zurück. Die Sendungen, die die Post oder die Telegrafenanstalt der Staatsanwaltschaft bis zum Fristablauf schon ausgeliefert hat, bleiben beschlagnahmt und sind nach § 100 Abs. 3 zu behandeln[36].

30   **2. Aufhebung.** Zu unterscheiden ist zwischen der Aufhebung der Postbeschlagnahme und der Beschlagnahme der einzelnen Sendungen als Beweismittel. Erstere ist aufzuheben, sobald sie für die Ermittlungen nicht mehr erforderlich ist, sei es daß der Beweis bereits auf andere Weise geführt werden kann, sei es daß die Maßnahme dem Betroffenen bekannt wurde und deshalb keinen Erfolg mehr verspricht. Dies haben Ermittlungsrichter und Staatsanwaltschaft laufend zu überprüfen. Die Staatsanwaltschaft hat die Aufhebung der Beschlagnahmeanordnung sofort den beteiligten Postbehörden und Telegrafenanstalten mitzuteilen[37]. Für die Aufhebung der Beschlagnahme einzelner Sendungen gilt nichts besonderes. Vgl. § 98, 59, 54 ff.

31   **3. Erlöschen.** Mit rechtskräftigem Abschluß des Verfahrens erlöschen die Postbeschlagnahme und die Beschlagnahme einzelner Sendungen ohne weiteres.

V. Auskunftsersuchen

32   Zu unterscheiden ist grundsätzlich zwischen Auskünften, die statt einer Beschlagnahme nach § 99 verlangt werden, und solchen nach § 12 FAG. In beiden Fällen gilt für das Verfahren § 100 entsprechend. S. aber Rdn. 35.

33   **1. Zuständigkeit.** Die Auskunft über den Post- oder Fernmeldeverkehr fordert der Richter, bei Gefahr im Verzug der Staatsanwalt an (§ 100 Abs. 1 und § 12 FAG). Polizeibeamte, auch wenn sie Hilfsbeamte der Staatsanwaltschaft sind, dürfen Auskünfte nur verlangen und entgegennehmen, wenn sie eine Ermächtigung des Gerichts oder der Staatsanwaltschaft vorlegen[38]; vgl. auch Nr. 85 Abs. 3 RiStBV.

34   **2. Form und Inhalt.** Wegen Form und Inhalt gelten die Ausführungen zur Beschlagnahmeanordnung (oben Rdn. 5 ff) entsprechend. Die Postsendungen, die Telegramme und der Fernmeldeverkehr, über die Auskunft erteilt werden soll, müssen in dem Ersuchen so genau bezeichnet werden, daß über den Gegenstand der Auskunft kein Zweifel bestehen kann[39]. Das Auskunftsersuchen kann auch telegrafisch gestellt werden; die Herkunft des Telegramms muß der zuständigen Behörde dann aber erkennbar sein[40]. Auf fernmündliches Ersuchen bereitet die Postbehörde die Auskunft nur vor. Sie erteilt sie erst, wenn das Ersuchen schriftlich bestätigt worden ist[41]. Die Frage, ob die Voraussetzungen vorliegen, unter denen nach § 99 und nach § 12 FAG Auskunft verlangt werden kann, und die Zuständigkeit der Staatsanwaltschaft, wenn diese die Auskunft begehrt, hat die Post nicht zu prüfen[42]. Da das Auskunftsersuchen nur eine, wenn auch

---

[36] *Kleinknecht/Meyer*[37] 7; *Eb. Schmidt* 4; *Aubert* 62.

[37] *Altmannsperger* § 5 PostG, 121.

[38] *Aschenborn/Schneider* 142; *Neugebauer* 267; a. A *Welp* 123 Fußn. 16, der eine solche Ermächtigung für unzulässig hält.

[39] Vgl. Nr. 85 Abs. 2 RiStBV; *Neugebauer* 267 ff; *Schäfer* JR **1928** 219.

[40] *Neugebauer* 269.

[41] *Neugebauer* 269.

[42] *Neugebauer* 270; *Schäfer* JR **1928** 219.

an besondere Voraussetzungen geknüpfte, gewöhnliche Ermittlungshandlung ist, entfallen das rechtliche Gehör, die Bekanntmachung an den Beschuldigten[43] und die Möglichkeit der Anfechtung; auch §101 ist nicht entsprechend anzuwenden[44].

3. Richterliche Bestätigung entsprechend §100 Abs. 2. Auskünfte über den **Post-** 35 **verkehr** dürfen der **Staatsanwaltschaft** in sinngemäßer Anwendung des §100 Abs. 2 erst erteilt werden, wenn das Auskunftsersuchen richterlich bestätigt worden ist; das folgt daraus, daß das Auskunftsverlangen sich auf §99 stützt und daher den gleichen Beschränkungen unterliegt, die das Gesetz für Beschlagnahmeanordnungen nach dieser Vorschrift enthält[45]. Die Zuständigkeit richtet sich nach §100 Abs. 4 Satz 1. Dagegen bedarf ein Auskunftsersuchen der Staatsanwaltschaft über den **Fernmeldeverkehr** nach §12 FAG keiner richterlichen Bestätigung; denn diese Vorschrift sieht Auskünfte an die Staatsanwaltschaft ausdrücklich vor, und die Versagung der richterlichen Bestätigung könnte die bereits erteilte Auskunft nicht mehr rückgängig machen[46].

4. Auskunft. Erteilt die Post die Auskunft schriftlich, kann sie in der Hauptver- 36 handlung nach §256 verlesen werden.

VI. Anfechtung

1. Gerichtliche Entscheidungen. Gegen die richterliche Beschlagnahmeanordnung 37 und gegen die richterliche Bestätigung einer staatsanwaltschaftlichen Beschlagnahmeanordnung steht den Prozeßbeteiligten und dem Absender oder Empfänger der Sendung[47] die Beschwerde zu (§304 Abs. 1 und 2), auch wenn die Anordnung von dem erkennenden Gericht (§305 Satz 2) oder von einem Oberlandesgericht als Gericht des ersten Rechtszugs erlassen worden ist (§304 Abs. 4 Satz 2 Nr. 1). Wenn die Anordnung bereits aufgehoben ist, ist die Beschwerde nur zulässig, wenn noch ein Feststellungsinteresse besteht[48] (§98, 69). Sind eingegangene Postsendungen zurückbehalten worden, dann ist gegen diese eigentliche Beschlagnahme die Beschwerde ohne Rücksicht darauf zulässig, ob die Beschlagnahmeanordnung noch besteht.

Die **Staatsanwaltschaft** kann gegen die Ablehnung eines Antrags auf Erlaß einer 38 Beschlagnahmeanordnung oder auf Öffnung eines beschlagnahmten Briefes Beschwerde einlegen. Die Anordnung, mit der das Gericht die Befugnis zur Öffnung von Sendungen auf die Staatsanwaltschaft überträgt, ist unanfechtbar (§100 Abs. 3 Satz 3). Lehnt das Gericht aber einen Übertragungsantrag der Staatsanwaltschaft ab oder widerruft es die Übertragungsanordnung (§100 Abs. 3 Satz 3 Halbsatz 2), so kann die Staatsanwaltschaft hiergegen Beschwerde nach §304 Abs. 1 einlegen.

Die **Post** und die Telegrafenanstalten haben kein Beschwerderecht[49]. Sie können, 39 wenn sie glauben, eine Anordnung nicht durchführen zu können oder zu dürfen, die Durchführung unterlassen und es auf eine Entscheidung ihrer von dem Gericht oder der Staatsanwaltschaft deswegen angegangenen Dienstaufsichtsbehörde ankommen lassen[50].

---

[43] *Wolcke*, Der Schutz des Brief- und Telegraphengeheimnisses, 1905, 65; a. A *Welp* 131.
[44] *Kleinknecht/Meyer*[37] 11.
[45] *Altmannsperger* §5 PostG, 127; *Aschenborn/Schneider* 142; *Lengning* 68; *Kurth* NStZ **1983** 542; *Welp* 126; *Schäfer* JR **1928** 219.

[46] *Aubert* 72; *Lengning* 70; *Neugebauer* 259, 267; *Welp* 123; *Schäfer* JR **1928** 218.
[47] *Dalcke/Fuhrmann/Schäfer* 4.
[48] *Welp* 116; KK-*Laufhütte* 11; a. A *Kleinknecht/Meyer*[37] 12; LR-*Meyer*[23] 30.
[49] A. A *Welp* 146.
[50] Anders *Welp* 146.

Gerhard Schäfer

40   **2. Anordnungen der Staatsanwaltschaft.** Gegen die Beschlagnahmeanordnung der Staatsanwaltschaft ist nur bei nachwirkendem Feststellungsinteresse der Antrag auf Feststellung der Rechtswidrigkeit gegeben; vgl. § 98, 72. Außerdem bleibt die Anordnung immer nur bis zu ihrer richterlichen Bestätigung wirksam, und diese Bestätigung kann mit der Beschwerde angefochten werden; vgl. Rdn. 37. Wird die Bestätigung nicht erteilt, sind aber bereits Sendungen ausgeliefert worden, so ist gegen deren Zurückbehaltung aufgrund richterlicher Anordnung die Beschwerde nach § 304 zulässig.

VII. Revision

41   Verstöße gegen § 100 begründen nicht die Revision[51].

§ 100 a

[1]Die Überwachung und Aufnahme des Fernmeldeverkehrs auf Tonträger darf angeordnet werden, wenn bestimmte Tatsachen den Verdacht begründen, daß jemand als Täter oder Teilnehmer

1. a)   Straftaten des Friedensverrats, des Hochverrats und der Gefährdung des demokratischen Rechtsstaates oder des Landesverrats und der Gefährdung der äußeren Sicherheit (§§ 80 bis 82, 84 bis 86, 87 bis 89, 94 bis 100 a des Strafgesetzbuches, § 20 Abs. 1 Nr. 1 bis 4 des Vereinsgesetzes),

    b)   Straftaten gegen die Landesverteidigung (§§ 109 d bis 109 h des Strafgesetzbuches),

    c)   Straftaten gegen die öffentliche Ordnung (§§ 129 bis 130 des Strafgesetzbuches, § 47 Abs. 1 Nr. 7 des Ausländergesetzes),

    d)   ohne Soldat zu sein, Anstiftung oder Beihilfe zur Fahnenflucht oder Anstiftung zum Ungehorsam (§§ 16, 19 in Verbindung mit § 1 Abs. 3 des Wehrstrafgesetzes),

    e)   Straftaten gegen die Sicherheit der in der Bundesrepublik Deutschland stationierten Truppen der nichtdeutschen Vertragsstaaten des Nordatlantikvertrages oder der im Land Berlin anwesenden Truppen einer der Drei Mächte (§§ 89, 94 bis 97, 98 bis 100, 109 d bis 109 g des Strafgesetzbuches, §§ 16, 19 des Wehrstrafgesetzes in Verbindung mit Artikel 7 des Vierten Strafrechtsänderungsgesetzes),

2. eine Geld- oder Wertpapierfälschung (§§ 146, 151, 152 des Strafgesetzbuches), einen Menschenhandel nach § 181 Nr. 2 des Strafgesetzbuches, einen Mord, einen Totschlag oder einen Völkermord (§§ 211, 212, 220 a des Strafgesetzbuches), eine Straftat gegen die persönliche Freiheit (§§ 234, 234 a, 239 a, 239 b des Strafgesetzbuches), einen Raub oder eine räuberische Erpressung (§§ 249 bis 251, 255 des Strafgesetzbuches), eine Erpressung (§ 253 des Strafgesetzbuches), eine gemeingefährliche Straftat in den Fällen der §§ 306 bis 308, 310 b Abs. 1 bis 3,

---

[51] KK-*Laufhütte* § 99, 12; KMR-*Müller* 11; *Kleinknecht/Meyer*[37] 13; *Eb. Schmidt* 6; *Niese* 139.

des § 311 Abs. 1 bis 3, des § 311 a Abs. 1 bis 3, der §§ 311 b, 312, 313, 315 Abs. 3, des § 315 b Abs. 3, der §§ 316 a, 316 c oder 319 des Strafgesetzbuches,

3. eine Straftat nach § 52 a Abs. 1 bis 3, § 53 Abs. 1 Satz 1 Nr. 1, 2, Satz 2 des Waffengesetzes oder nach § 16 Abs. 1 bis 3 des Gesetzes über die Kontrolle von Kriegswaffen oder

4. eine Straftat nach § 29 Abs. 3 Nr. 1, 4 oder § 30 Abs. 1 Nr. 1, 2 oder gewerbsmäßig oder als Mitglied einer Bande eine Straftat nach § 30 Abs. 1 Nr. 4 des Betäubungsmittelgesetzes

begangen oder in Fällen, in denen der Versuch strafbar ist, zu begehen versucht oder durch eine Straftat vorbereitet hat, und wenn die Erforschung des Sachverhalts oder die Ermittlung des Aufenthaltsortes des Beschuldigten auf andere Weise aussichtslos oder wesentlich erschwert wäre. [2]Die Anordnung darf sich nur gegen den Beschuldigten oder gegen Personen richten, von denen auf Grund bestimmter Tatsachen anzunehmen ist, daß sie für den Beschuldigten bestimmte oder von ihm herrührende Mitteilungen entgegennehmen oder weitergeben oder daß der Beschuldigte ihren Anschluß benutzt.

Schrifttum. *Amelung/Pauli* Einwilligung und Verfügungsbefugnis bei staatlichen Beeinträchtigungen des Fernmeldegeheimnisses i. S. d. Art. 10 GG, MDR **1980** 801; *Aubert* Fernmelderecht I. Teil, 3. Aufl. (1974); *Dünnebier* Das Erforschungs- und Verfolgungsverbot des § 7 Abs. 3 G 10, DuR **1980** 383; *Gössel* Verfassungsrechtliche Verwertungsverbote im Strafverfahren, JZ **1984** 361; *Gusy* Die Überwachung des Post- und Fernmeldegeheimnisses, JuS **1986** 89; *Joecks* Die strafprozessuale Telefonüberwachung, JA **1983** 59; *Kaiser* Das Postgeheimnis und seine erlaubte Durchbrechung, NJW **1969** 18; *Kaiser* Verwertbarkeit von Äußerungen Dritter während überwachter Telefongespräche (§ 100 a StPO), NJW **1974** 349; *Knauth* Zufallserkenntnisse bei der Telefonüberwachung im Strafprozeß, NJW **1977** 1510; *Knauth* Beweisrechtliche Probleme bei der Verwertung von Abhörmaterial im Strafverfahren, NJW **1978** 741; *Krückels* Der Eingriff in das Brief-, Post- und Fernmeldegeheimnis des Beschuldigten des § 100 a StPO und des Verdächtigen des Artikels 1 § 2 G 10, Diss. Köln 1974; *Maiwald* Zufallsfunde bei zulässiger strafprozessualer Telefonüberwachung, JuS **1978** 379; *Mösch* Spezielle Fragen der Telefonüberwachung im Rahmen des § 100 a und des polizeilichen Einsatzes von Abhörgeräten, Kriminalistik **1975** 337; *Prittwitz* Die Grenzen der Verwertbarkeit von Erkenntnissen aus der Telefonüberwachung gemäß § 100 a StPO, StrVert. **1984** 302; *Rudolphi* Grenzen der Überwachung des Fernmeldeverkehrs nach den §§ 100 a, b StPO, FS Schaffstein 433; *Schünemann* Die strafprozessuale Verwertbarkeit von Zufallserkenntnissen bei der Telefonüberwachung, NJW **1978** 406; *Wagner* Terrorismus, Hochverrat und Abhörgesetz, NJW **1980** 913; *Welp* Nachrichtendienstliche und strafprozessuale Eingriffe in das Post- und Fernmeldegeheimnis, DÖV **1970** 267; *Welp* Die Geheimsphäre des Verteidigers in ihren strafprozessualen Funktionen, FS Gallas 391; *Welp* Zufallsfunde bei der Telefonüberwachung, Jura **1981** 472; *Welp* Die strafprozessuale Überwachung des Post- und Fernmeldeverkehrs (1974); *Welp* Abhörverbote zum Schutz der Strafverteidigung NStZ **1986** 289; *Zillmer* Verwertbarkeit widerrechtlich erlangter Fernsprechgeheimnisse, NJW **1965** 2094; *Zuck* Abhörgesetz und Anwaltschaft, NJW **1969** 911.

Nichtgeltung im Land Berlin. Das Gesetz zu Artikel 10 Grundgesetz vom 13. 8. 1968 (BGBl. I 969) ist trotz der Berlin-Klausel in § 12 in Berlin nicht übernommen worden. Die Geltung des § 100 a wurde aber mit gewissen Einschränkungen durch Art. 103 Abs. 3 Nr. 3 des für Berlin übernommenen 1. StrRG bestimmt. Die Alliierte Kommandatura Berlin hat die Anwendung dieser Vorschrift durch die Anordnung BK/O (69) 6 vom 17. 7. 1969 (GVBl. 1028) ausgesetzt und Art. 21 Nr. 19 EGStGB durch die Anordnung BK/O (74) 2 vom 23. 4. 1974 (GVBl. 1055) für in Berlin nicht anwendbar erklärt.

Entstehungsgeschichte. Die Vorschrift wurde durch Art. 2 Nr. 2 des G 10 eingefügt. Der Straftatenkatalog in Satz 1 Nr. 2 wurde durch Art. 2 des 12. StrÄndG, durch § 61

Gerhard Schäfer

Abs. 3 des Waffengesetzes vom 19. 9. 1972 (BGBl. I 1797) und durch Art. 3 Nr. 1 des 4. StRG geändert. Art. 21 Nr. 19 EGStGB 1974 ersetzte in der Klammerverweisung in Satz 1 Nr. 1 Buchst. b den § 109 b durch § 109 d, fügte einen neuen Buchstaben d ein (der bisherige wurde unter Neufassung der Klammerverweisung Buchstabe e), ersetzte in Satz 1 die Nummer 2 durch die Nummern 2 und 3 und setzte das Wort „Straftat" an die Stelle der Worte „mit Strafe bedrohte Handlung". Durch Art. 1 Nr. 25 des 1. StVRG wurde in Satz 1 die Nummer 4 eingefügt. Anpassungen des Straftatenkatalogs erfolgten ferner durch das Gesetz zur Änderung des Waffenrechts v. 31. 5. 1978 (Neufassung von Satz 1 Nr. 3), durch das 18. StRÄndG (Neufassung von Satz 1 Nr. 2) sowie durch das Gesetz zur Neuordnung des Betäubungsmittelrechts v. 28. 7. 1981 (Neufassung von Satz 1 Nr. 4).

Übersicht

I. Bedeutung und Geltungsbereich

1   **1. Bedeutung der Vorschrift.** § 100 a gestattet die Überwachung des Fernmeldeverkehrs und schränkt das Grundrecht auf Unverletzlichkeit des Fernmeldegeheimnisses (Art. 10 Abs. 1 GG)[1] und das in Art. 2 Abs. 1 GG gewährleistete allgemeine Persönlichkeitsrecht ein[2]. Deshalb ist eine zurückhaltende Anwendung der Vorschrift angebracht[3]. Der Grundsatz der Verhältnismäßigkeit, der im Gesetz selbst schon Ausdruck

---

[1] Das Zitiergebot ist erfüllt; vgl. § 10 G 10.
[2] BGHSt **31** 296, 298; **27** 355, 357; **26** 298, 300; **19** 327; LR-*Meyer*[23] 1; KK-*Laufhütte* 1; *Kleinknecht/Meyer*[37] 1; *Schlüchter* 347.

[3] LR-*Meyer*[23] 1; *Maunz/Dürig* Art. 10, 49; *Rudolphi* FS Schaffstein 436; *Kaiser* NJW **1969** 20; *Zuck* NJW **1969** 911.

gefunden hat (Straftatenkatalog, Subsidiarität), ist auch im Einzelfall zu berücksichtigen (Rdn. 14). Dies gilt namentlich bei Straftaten im Randbereich der kriminellen Vereinigung oder z. B. in den Fällen des § 29 Abs. 3 Nr. 4 BtMG, wenn es nicht darum geht, organisierten Handel aufzuklären.

Die von *Meyer* in der 23. Aufl. (Rdn. 1; ähnlich schon LR-*Dünnebier*[22] 1) geäußerten Bedenken gegen die kriminalpolitische Bedeutung der Vorschrift können — ihre zurückhaltende Anwendung vorausgesetzt — nicht aufrechterhalten werden. Das „organisierte Verbrechen" ist überörtlich tätig und bedient sich aller technischen Möglichkeiten. Insoweit ist die Telefonüberwachung ein hervorragendes Mittel der Verbrechensaufklärung. Dies gilt namentlich für weite Bereiche der Rauschgiftkriminalität, aber auch für den organisierten Mord, wie die Beispiele BGHSt **29** 23 und BGHSt **33** 217 = NJW **1986** 390 zeigen[4]. Daß von der Vorschrift in der gebotenen zurückhaltenden Weise Gebrauch gemacht wird, beweist die Statistik: Danach sind 1983 bundesweit in 964, 1985 in 1308 Fällen richterliche Anordnungen gemäß §§ 100 a, 100 b ergangen[5]. **2**

2. Geltungsbereich

a) „Fernmeldeverkehr"; Absatz 1 Satz 1. Aus § 100 b Abs. 3 folgt, daß unter Fernmeldeverkehr in § 100 a der **Fernsprechverkehr** und — im weitesten Sinne, (Rdn. 15) — der **Fernschreibverkehr** zu verstehen ist. Die Beschlagnahme von **Telegrammen** ist bereits in § 99 geregelt; vgl. dort Rdn. 14. Gegenstand der Überwachung ist der Inhalt der Nachrichtenübermittlung und die unmittelbar mit der Herstellung der Verbindung notwendigerweise verbundenen Vorgänge, wie z. B. das Anwählen des Gesprächspartners[6]. Da nach § 100 b Abs. 3 die Überwachung mit Hilfe der Post durchgeführt wird, ist unter Fernmeldeverkehr i. S. des § 100 a Abs. 1 Satz 1 nur der zu verstehen, der über Anlagen der Deutschen Bundespost stattfindet[7], nicht also der über private Anlagen betriebenen Fernmeldeverkehr. **3**

§ 100 a regelt also unmittelbar nur die **Befugnis** der Strafverfolgungsbehörden, mit Hilfe der Post **über Anlagen der Deutschen Bundespost betriebenen Telefon- und Fernschreibverkehr zu überwachen** und aufzuzeichnen. **4**

b) Abschließende Regelung. § 100 a ist als grundrechtsbeschränkende Vorschrift (Rdn. 1) „aus der Erkenntnis der wertsetzenden Bedeutung dieser Grundrechte" einschränkend auszulegen[8] und enthält für die Befugnis von Strafverfolgungsbehörden, Telefongespräche abzuhören und aufzunehmen und in das Geheimnis des Fernschreibverkehrs einzudringen, deshalb eine nach Voraussetzungen, Umfang und Zuständigkeit abschließende Regelung[9]. Da auch im Bereich der Strafverfolgung grundsätzlich alle in Rechte eingreifende Maßnahmen einer gesetzlichen Grundlage bedürfen (vgl. Vor § 94, 9), sind mangels anderer gesetzlicher Regelung **sonstige Maßnahmen zum Abhören und Aufzeichnen privater Gespräche** unzulässig[10]. Dies gilt für die Überwachung **5**

---

[4] Vgl. zum Problem auch *Rieß* JR **1979** 169; *Prittwitz* StrVert. **1984** 303.

[5] Parlamentarische Auskunft der Bundesregierung vom 12. November 1984 – BTDrucks. **10** 2395 Seite 7 sowie vom 11. Februar 1986 – BT-Drucks. **10** 5038 Seite 9; sehr kritisch dagegen *Prittwitz* StrVert. **1984** 304, der sich aber eher gegen die weite Rechtsprechung des BGH zur Verwertbarkeit wendet.

[6] BGHSt **31** 296.

[7] LR-*Meyer*[23] 3; *Kleinknecht/Meyer*[37] 2; *Eb.*

Schmidt Nachtr. II 3; *Geerds* NStZ **1983** 518 Fußn. 2; *Welp* 48, 139.

[8] BGHSt **31** 296; 298; **29** 244, 249; **28** 122, 125; **26** 298, 303; **19** 325, 330; *Roxin*[19] § 34 C IV 3; *Bottke* JA **1980** 748; *Rudolphi* FS Schaffstein 436.

[9] BGHSt **31** 304; **31** 296, 298; LR-*Meyer*[23] 2; KK-*Laufhütte* 1; *Kleinknecht/Meyer*[37] 1; *Evers* ZRP **1970** 147; *Welp* 209.

[10] BGHSt **31** 296; 298; KK-*Laufhütte* Vor § 94, 4 und § 100 a, 1.

Gerhard Schäfer

von Ferngesprächen im Bereich privater Anlagen ebenso wie für Gespräche, die ohne Vermittlung technischer Hilfsmittel geführt werden. Verboten ist also im Rahmen der Strafverfolgung z. B. das Anzapfen des Fernmeldeverkehrs ohne Hilfe der Post. Ob sich nach Notstandsgrundsätzen im Einzelfall derartige Maßnahmen rechtfertigen lassen ist streitig. Die Frage berührt das grundlegende Problem, ob die Strafprozeßordnung die zulässigen Eingriffe abschließend regelt, und wird bei den §§ 160, 161, 163 erörtert. Für den Regelungsbereich des § 100 a hat der Bundesgerichtshof angedeutet, Notwehr oder **rechtfertigender Notstand** komme „allenfalls in ganz außergewöhnlichen Fällen in Betracht"[11]. Eine ähnliche Auffassung vertreten *Dreher/Tröndle*[12] sowie *Schönke/Schröder/Lenckner*[13] gegen eine Reihe beachtlicher Stimmen in der Literatur. Dieser Auffassung ist zuzustimmen, wenn es sich um Ermittlungshandlungen handelt, die wenigstens auch „der Abwehr einer gegenwärtigen, einem bestimmten Rechtsgut drohenden Gefahr"[14] dienen. Andernfalls wäre z. B. die Aufnahme erpresserischer Anrufe am Apparat des Opfers (auf dessen Einwilligung es nicht ankommt, Rdn. 9) nicht zulässig[15].

6 Fraglich ist weiter, ob der Vorschrift **über den Fernmeldebereich hinaus** insofern Bedeutung zukommt, als sie den Strafverfolgungsbehörden ein Abhören privater Gespräche mit oder ohne technische Hilfsmittel nur in den Grenzen des § 100 a gestattet und jedes andere Abhören (z. B. durch Einschleichen, Anbringen von Wanzen oder sonstige Lauschangriffe) verbietet. Diese Frage kann angesichts der Bedeutung des verfassungsrechtlich geschützten persönlichen Lebens- und Geheimbereiches nur bejaht werden[16]. Vgl. auch § 102, 2. In Grenzfällen gestattet auch hier § 34 StGB befriedigende Ergebnisse: Danach sind etwa Aufzeichnungen über Gespräche der Täter mit Opfern oder der Polizei im Falle der Geiselnahme auch mit Hilfe eines Lauschangriffs zulässig[17].

7 **c) Strafverfolgung.** § 100 a enthält lediglich eine Eingriffsermächtigung zugunsten der Strafverfolgungsbehörden[18]. Die Zulässigkeit **privater Aufnahmen** und deren Verwertbarkeit im Strafverfahren richten sich nicht nach § 100 a, sondern sind unmittelbar dem Grundgesetz zu entnehmen[19]. Danach sind Aufnahmen über Äußerungen mit privatem Charakter wegen Verstoßes gegen das Grundrecht auf freie Entfaltung der Persönlichkeit grundsätzlich unverwertbar. Ausnahmen sind nur bei überwiegenden Interessen der Allgemeinheit denkbar, wenn es um die Aufklärung schwerer Kriminalität geht und im Einzelfall der Verhältnismäßigkeitsgrundsatz gewahrt bleibt. Das Bundesverfassungsgericht läßt offen, wo im einzelnen die Grenze zu ziehen sei und ob dafür die Wertentscheidung des Gesetzgebers in § 100 a eine Rolle spiele. Letzteres wird freilich zu verneinen sein. Maßgebend für die Verwertbarkeit privater Tonbandaufnahmen kann nur das konkrete Gewicht der im Einzelfall aufzuklärenden Tat sein. Es spricht nichts dagegen, hier auch das Rechtsbewußtsein stark tangierende schwere Straftaten z. B. nach § 263, 266 StGB, 370 AO ausreichen zu lassen. Die Verwertung von nach § 100 a gewonnenen Erkenntnissen im **ehrengerichtlichen Verfahren** ist zulässig[19a].

8 **Die Überwachung nach § 1 G 10** erfolgt nicht im Strafverfahren, sondern durch die Nachrichtendienste „zur Abwehr von drohenden Gefahren für die freiheitliche de-

---

[11] BGHSt. **31** 304.
[12] 42. Aufl. § 201, 8 und § 34, 24 mit Nachweisen.
[13] 22. Aufl. § 34, 6 je mit Nachweisen.
[14] BGHSt **31** 304.
[15] *Schönke/Schröder/Lenckner*[22] § 201, 35.

[16] BGHSt **31** 296, 298; KK-*Laufhütte* Vor § 94, 4.
[17] *Schönke/Schröder/Lenckner*[22] § 201, 35.
[18] *Dünnebier* NStZ **1982** 255.
[19] BVerfGE **34** 239, 248.
[19a] BGHSt **26** 298, 302.

mokratische Grundordnung oder den Bestand oder die Sicherheit des Bundes oder eines Landes..." durch in § 2 aufgezählte strafbare Handlungen. Deshalb ist die Maßnahme nach § 100 a neben der nach § 1 G 10 zulässig[20]. Die Ergebnisse dieser Überwachung nach § 1 G 10 können im Strafverfahren verwertet werden. Schwierigkeiten bereitet indes der Umfang der Verwertbarkeit. Die Gerichte sind nicht befugt, nachzuprüfen, ob die Voraussetzungen der §§ 1, 2, G 10 vorlagen und ob das Verfahren des § 9 G 10 eingehalten wurde, denn das ist ausschließlich Sache der parlamentarischen Kontrolle, die eine gerichtliche Überprüfung[21] gerade ausschließt[22]. Die Gerichte haben aber das Verwertungsverbot in § 7 Abs. 3 G 10 zu beachten, wonach die durch die Maßnahmen erlangten Kenntnisse und Unterlagen nicht zur Erforschung und Verfolgung anderer als der in § 2 G 10 genannten Handlungen benutzt werden dürfen, es sei denn, daß sich aus ihnen tatsächliche Anhaltspunkte dafür ergeben, daß jemand eine andere in § 138 StGB genannt Straftat zu begehen vorhat, begeht oder begangen hat. Der Bundesgerichtshof hat für dieses ausdrücklich gesetzlich geregelte Verwertungsverbot auch die Fernwirkung bejaht[23].

II. Einwilligung

Heftig umstritten und ungeklärt ist die Frage, ob bei einer Einwilligung (vgl. **9** dazu § 102, 7) des **Anschlußinhabers** eine Überwachung auch ohne förmliche Anordnung nach § 100 b und auch ohne Vorliegen der Voraussetzungen des § 100 a zulässig ist. Die überwiegende Meinung bejaht dies mit der Begründung, am Fernmeldeverkehr Beteiligte hätten gegeneinander keinen Anspruch auf Wahrung des Fernmeldegeheimnisses. Jeder von ihnen könne jeweils ohne Rücksicht auf den anderen jedem beliebigen Dritten Mitteilung von dem Inhalt der gewechselten Nachrichten machen. Daraus folge, daß jeder Partner auf die Geheimhaltung verzichten und die Überwachung gestatten könne[24]. Demgegenüber wird betont, das Fernmeldegeheimnis stehe jedem Partner der Kommunikation zu, der Anschlußinhaber sei nicht befugt, über fremde Rechte zu verfügen[25].

Für den Anwendungsbereich des § 100 a ist zu unterscheiden: Das **Mithören** und **9a** die **Aufnahme des Fernsprechverkehrs** ist bei Einwilligung nur eines Gesprächspartners verboten[26]. § 201 Abs. 1 StGB ist eindeutig zu entnehmen, daß ein Gesprächspartner ohne Einwilligung des anderen dessen Worte nicht aufnehmen darf. Dann kann er auch Strafverfolgungsbehörden eine solche Aufnahme nicht gestatten[27]. Entsprechendes gilt nach § 201 Abs. 2 StGB für das bloße Mithören. Dieses Ergebnis mag zunächst befrem-

---

[20] *Kleinknecht/Meyer*[37] 1; *Welp* DöV **1970** 271.

[21] Im Einklang mit der Verfassung: BVerfGE **30** 1.

[22] *Dünnebier* DuR **1980** 386; offengelassen bei BGHSt **29** 244, 246.

[23] BGHSt **29** 244; vgl. dazu auch *Dünnebier* DuR **1980** 383.

[24] BGH JZ **1965** 66; BayObLG JZ **1974** 393; LR-*Meyer*[23] 4; *Erbs/Kohlhaas/Meyer* FAG, § 10 Anm. 6; *Lengning* Post und Fernmeldegeheimnis[3] (1967) S. 51; *Wegener/Melzer* Das Post- und Fernmeldegeheimnis (1971)

S. 71 f; *Cremerius* DÖV **1957**, 174 ff (176); *Aubert* Fernmelderecht, 2. Aufl. Hamburg 1962 S. 69 f; *Ohnheiser* Postrecht (2. Aufl. 1977) S. 572; *Welp* 71 f.

[25] *Amelung/Pauli* MDR **1980** 801; *Gusy* JuS **1986** 95.

[26] KK-*Laufhütte* 5.

[27] Ebenso BGHSt **31** 304, wo die Aufnahme eines Ferngespräches zwischen einem in die Aufnahme offensichtlich einwilligenden V-Mann der Polizei und dem Beschuldigten durch die Polizei als Verstoß gegen § 201 StGB angesehen wurde.

Gerhard Schäfer

den, weil danach zum Beispiel die Überwachung des Telefonanschlusses eines Erpressungsopfers nach der Strafprozeßordnung nicht zulässig ist und allenfalls auf § 34 StGB gestützt werden kann[28]. Soweit die Überwachung dagegen **ohne Kenntnisnahme vom Inhalt** des Gesprächs nur der Feststellung dient, daß ein Gespräch oder/und von welchem Anschluß aus es geführt wird, genügt die einseitige Einwilligung, weil dadurch § 201 StGB nicht berührt wird.

III. Voraussetzungen

10   **1. Straftatenkatalog.** Anordnungen nach § 100 a greifen in schwerwiegender Weise in bedeutsame Grundrechte ein. Der Gesetzgeber hat deshalb dem Verhältnismäßigkeitsgrundsatz Rechnung tragend die Anordnung auf bestimmte, in § 100 a Satz 1 abschließend aufgeführte Straftaten beschränkt, die entweder den Staatsschutz oder die Hochkriminalität betreffen. Der Katalog enthält sämtliche Straftaten, die in der Strafvorschrift des § 138 StGB aufgeführt sind, darüber hinaus in § 100 a Satz 1 Nr. 1 Buchst. c, d und e Straftaten, die gegen die öffentliche Ordnung, die Erhaltung der Wehrkraft und die Sicherheit der NATO-Truppen gerichtet sind, sowie in § 100 a Satz 1 Nr. 4 besonders schwerwiegende Fälle der Betäubungsmittelkriminalität.

11   Nach ausdrücklicher gesetzlicher Regelung in Satz 1 wird die **Teilnahme** (nach §§ 26, 27 StGB Anstiftung und Beihilfe) der Täterschaft gleichgestellt, nicht aber die Strafvereitelung und die Begünstigung (wie z. B. in § 97 Abs. 2 Satz 3). **Versuch** reicht aus, soweit er strafbar ist, desgleichen die **Vorbereitung** einer in Satz 1 Nr. 1 bis 4 aufgeführten Katalogtat, soweit diese Vorbereitungshandlung nach irgendwelchen Vorschriften (z. B. als Diebstahl oder nach § 30 Abs. 2 StGB[29]) strafbar ist[30]. Dagegen reichen nicht strafbare Vorbereitungshandlungen nicht aus; § 100 a dient der Strafverfolgung, die Vorschrift ist keine polizeiliche Präventivmaßnahme[31].

12   **2. Tatverdacht.** Ein bestimmter Verdachtsgrad wie hinreichender oder dringender Tatverdacht i. S. der §§ 203, 112 ist nicht erforderlich[32]. Den Tatverdacht müssen aber **bestimmte Tatsachen** begründen. Damit verwendet das Gesetz den gleichen ungenauen Ausdruck wie in § 112 und neuerdings in §§ 138 a, 111. Vgl. deshalb zunächst § 112, 27. Bloßes Gerede, nicht überprüfte Gerüchte und Vermutungen reichen also nicht aus. Wohl aber kann es genügen, daß auf Grund der Lebenserfahrung oder der kriminalistischen Erfahrung aus Zeugenaussagen, Observationen, sachlichen Beweisanzeichen wie Fingerspuren oder den Ergebnissen eines Schußwaffenvergleichs auf eine Katalogtat mit einiger Wahrscheinlichkeit geschlossen werden kann[33]. Auf Rechtswidrigkeit und Schuld muß sich der Verdacht nicht erstrecken[34], es sei denn (kaum vorstellbar), die Rechtmäßigkeit stünde zweifelsfrei jetzt schon fest.

---

[28] *Schönke/Schröder/Lenckner*[22] § 201, 34; vgl. auch *Gössel* JZ **1984** 361 mit Nachweisen.

[29] BGHSt **32** 10, 16 = NStZ **1984** 372 mit Anm. *Schlüchter.*

[30] LR-*Meyer*[23] 6; KK-*Laufhütte* 6; *Kleinknecht/Meyer*[37] 5.

[31] *Schlüchter* NStZ **1984** 375.

[32] *Eb. Schmidt* Nachtr. II 4; KK-*Laufhütte* 6; KMR-*Müller* 3; *Kleinknecht/Meyer*[37] 6; *Rudolphi* FS Schaffstein 436; *Maunz/Dürig* Art. 10, 49.

[33] Ähnlich KK-*Laufhütte* 6; KMR-*Müller* 3; *Kleinknecht/Meyer*[37] 6; *Roxin*[19] § 34 c IV 3 a; *Schlüchter* 348, 209; vgl. auch BTDrucks. V 1880 Seite 11: Der Verdacht muß durch schlüssiges Tatsachenmaterial ein gewisses Maß an Konkretisierung erlangt haben (vgl. ferner zu § 138 a Abs. 2 KG NJW **1978** 1538).

[34] LR-*Meyer*[23] 7; *Kleinknecht/Meyer*[37] 6; **a. A** KMR-*Müller* 2.

3. Unentbehrlichkeit der Anordnung. Die Überwachung und Aufnahme des Fern- **13** meldeverkehrs ist nur als letztes Mittel zur Aufklärung einer Straftat zulässig. Die Maßnahme setzt nach § 100 a Satz 1 voraus, daß die Erforschung des Sachverhalts oder die Ermittlung des Aufenthaltsorts des Beschuldigten andernfalls aussichtslos oder wesentlich erschwert sein würde. Die Erfolgsaussichten einer Maßnahme nach § 100 a sind also stets mit denen anderer Maßnahmen zu vergleichen[35]. Aussichtslosigkeit liegt vor, wenn andere Ermittlungsmöglichkeiten fehlen oder mit hoher Wahrscheinlichkeit keinen Erfolg versprechen. Eine wesentliche Erschwerung liegt vor, wenn mit anderen — auch den Betroffenen härter treffenden[36] — Aufklärungsmitteln erheblich mehr Zeit aufgewendet werden müßte[37] oder wenn umgekehrt ein sofortiger Zugriff (z. B. die Festnahme des bekannten Beschuldigten) zu wesentlich schlechteren Erkenntnissen über die Tat (z. B. über noch nicht bekannte Hintermänner) führen würde als längeres Zuwarten und Beobachten nach § 100 a. Ein sonst größerer Arbeitsaufwand rechtfertigt die Maßnahme nur, wenn wegen seines zu erwartenden außergewöhnlichen Umfangs das Interesse an der Strafverfolgung das an der Erhaltung des Grundrechts eindeutig überwiegt[38]. Der Kostenaufwand darf grundsätzlich keine Rolle spielen[39] es sei denn, er sei so groß, daß er die Möglichkeiten der Strafverfolgungsbehörden im Einzelfall sprengt.

4. Verhältnismäßigkeit. Obwohl § 100 a bereits von Gesetzes wegen eine Abwä- **14** gung unter dem Gesichtspunkt der Verhältnismäßigkeit enthält (Rdn. 1) ist diese auch im Einzelfall zu prüfen. Dabei ist das konkrete strafrechtliche Gewicht der jeweils zu verfolgenden Tat, Maß des Tatverdachts und der erwartete Erfolg gegen die Intensität des Eingriffs abzuwägen[40]. Soll die Maßnahme der Ermittlung des Aufenthalts des Beschuldigten dienen, ist sie aus Gründen der Verhältnismäßigkeit nur zu dessen Festnahme (§§ 127 Abs. 2, 112) zulässig; insoweit ist dringender Tatverdacht geboten[41]. Soweit ermittlungstaktisch und technisch die Maßnahme auf die Kommunikation bestimmter Partner beschränkt werden kann, ist dies schon bei der Anordnung zu beachten.

IV. Maßnahme

1. Fernmeldeverkehr ist nach der Begriffsbestimmung in § 1 Abs. 1 FAG die Über- **15** mittlung oder der Empfang von Nachrichten, Zeichen, Bildern oder Tönen auf Fernsprech-, Telegrafen- und Funkanlagen. Er wird, wie sich aus § 10 Abs. 2 FAG ergibt auch auf Fernmeldeanlagen betrieben, die für den öffentlichen Verkehr bestimmt sind, aber nicht der Deutschen Bundespost gehören. Da mit deren Hilfe aber die Überwachung durchgeführt werden muß (§ 100 b Abs. 3) kann unter Fernmeldeverkehr im Sinne des § 100 a nur der verstanden werden, zu dem Anlagen der Deutschen Bundespost benutzt werden[42]. Soweit die Übermittlung von Nachrichten nicht durch die Post erfolgt (pri-

---

[35] *Rudolphi* FS Schaffstein 437.

[36] *Welp* 68.

[37] LR-*Meyer*[23] 8; KK-*Laufhütte* 7; *Kleinknecht/Meyer*[37] 7; *Schlüchter* 349.

[38] LR-*Meyer*[23] 8; KK-*Laufhütte* 7; *Kleinknecht/Meyer*[37] 7; *Rudolphi* FS Schaffstein 437; a. A *Schlüchter* 349.

[39] LR-*Meyer*[23] 8; KK-*Laufhütte* 7; *Kleinknecht/Meyer*[37] 7; *Rudolphi* FS Schaffstein 437; *Schlüchter* 349; a. A KMR-*Müller* 11; *Welp* 67 Fußn. 106.

[40] Im Ergebnis ähnlich KK-*Laufhütte* 8; *Prittwitz* StrVert. **1984** 304; *Maiwald* JuS **1978** 382; a. A LR-*Meyer*[23] 5; *Kleinknecht/Meyer*[37] 4; *Knauth* NJW **1978** 742.

[41] KK-*Laufhütte* 7; *Schlüchter* 349; *Rudolphi* FS Schaffstein 437; a. A *Kleinknecht/Meyer*[37] 6.

[42] KK-*Laufhütte* 3; *Kleinknecht/Meyer*[37] 2; *Eb. Schmidt* Nachtr. II 3; *Geerds* NStZ **1983** 518; *Welp* 48, 139.

vate Nebenstellenanlagen von zum Teil erheblichem Umfang; betriebs- oder behörden-interne Ruf- oder Gegensprechanlagen; Notrufsäulen an Straßen) greift § 100 a nicht ein[43]. Zur Zulässigkeit der Überwachung insoweit vgl. Rdn. 5 und 6.

16   **Telegramme** fallen zwar unter den Begriff „Fernmeldeverkehr" i. S. des § 1 Abs. 1 FAG. Ihre Beschlagnahme richtet sich aber nach § 99[44]. Dagegen wird der **Fern-schreibverkehr** von § 100 a erfaßt, wie sich aus § 100 b Abs. 3 ergibt, obwohl er nicht zum Fernmeldeverkehr i. S. des § 1 Abs. 1 FAG gehört[45]. Auch die anderen modernen Kommunikationsmittel wie **Teletext** und **Telefax**, sowie der Bildschirmtext (**Btx**) als Mittel der Individualkommunikation gehören hierher.

17   Der Begriff „**Fernmeldeverkehr**" umfaßt entsprechend dem Fernmeldegeheimnis in § 10 Abs. 1 FAG außer dem Inhalt der Nachrichtenübermittlung selbst (z. B. Inhalt des Gesprächs) auch die Identität der Partner der Kommunikation (z. B. Gesprächsteilnehmer) sowie die Geräte (z. B. Telefonanschlüsse), von denen aus die Nachrichtenübermittlung vorgenommen wird.

18   **2. Überwachung und Aufnahme.** Soweit der Begriff „Fernmeldeverkehr" reicht (Rdn. 15 bis 17), darf dieser überwacht und auf Tonträger aufgenommen werden. Die Überwachung erfaßt auch insbesondere technische Maßnahmen zur Feststellung des Partners der Kommunikation und des Standorts von dessen Gerät. Die Voraussetzungen des § 100 a gelten aber auch dann, wenn nicht der Inhalt z. B. eines Gesprächs, sondern nur der Gesprächspartner registriert werden soll. Die **Überwachung des Fernschreibverkehrs** erfolgt nach § 100 b Abs. 3 durch Mitlesen. Dabei darf der Inhalt der Fernschreiben auf Schriftträger übertragen[46] oder — wenn dies technisch möglich ist — unmittelbar ausgedruckt werden. Auch wenn eine Beschränkung der Überwachung von vornherein auf bestimmte Gespräche bestimmter Partner nicht erfolgt ist (Rdn. 14)[47], schließt dies nicht aus, daß der den Fernmeldeverkehr nach § 100 b Abs. 3 überwachende Beamte die Überwachung nur stichprobenweise oder zu bestimmten Zeiten vornimmt und nicht alle Gespräche aufzeichnet.

19   **3. Betroffene.** Nach Satz 2 darf sich die Maßnahme **gegen** den **Beschuldigten** sowie — unter recht weiten Voraussetzungen — gegen **Nichtverdächtige richten**. Eine Abhörmaßnahme i. S. des § 100 a **richtet** sich dann gegen jemand, wenn dessen Fernmeldeverkehr überwacht wird.

20   **a) Beschuldigter.** Zum Begriff vgl. zunächst § 136, 4. Ein Ermittlungsverfahren muß noch nicht eingeleitet sein; die Anordnung der Überwachung kann die erste Ermittlungshandlung sein. Insbesondere zur Ermittlung des Aufenthalts, aber auch für sonstige ergänzende Ermittlungen, kommt die Maßnahme auch gegen Angeschuldigte und Angeklagte, nicht aber gegen rechtskräftig Verurteilte in Betracht[48]. Die Maßnahme ist nur gegen bestimmte Beschuldigte zulässig; deren Identität braucht aber noch nicht bekannt zu sein[49].

---

[43] KK-*Laufhütte* 3; *Kleinknecht/Meyer*[37] 2.

[44] LR-*Meyer*[23] 3; *Kleinknecht/Meyer*[37] 2.

[45] LR-*Meyer*[23] 3; *Kleinknecht/Meyer*[37] 2; *Eb. Schmidt* Nachtr. II 3; *Kaiser* NJW **1969** 19.

[46] LR-*Meyer*[23] 4; *Kleinknecht/Meyer*[37] 3; KK-*Laufhütte* 4.

[47] Vgl. auch *Rudolphi* FS Schaffstein 446.

[48] LR-*Meyer*[23] 9; *Kleinknecht/Meyer*[37] 9; *Welp* 52.

[49] *Kleinknecht/Meyer*[37] 9.

b) Nichtbeschuldigte. Gegen andere Personen als Beschuldigte darf sich nach **21** Satz 2 die Maßnahme nur richten, wenn sie sogenannte **Nachrichtenmittler** sind oder wenn der **Beschuldigte ihren Anschluß benutzt.** Nachrichtenmittler sind nach Satz 2 Personen, die für den Beschuldigten bestimmte oder von ihm herrührende Mitteilungen entgegennehmen oder von ihm herrührende Mitteilungen entgegennehmen oder weitergeben. Das können Ehegatten, Freunde, Gastwirte, Berufskollegen usw. sein. Ferner muß sich der die Überwachung gefallen lassen, von dem bekannt oder anzunehmen ist, daß der Beschuldigte seinen Anschluß benutzt. In Betracht kommen vor allem der Haushaltsvorstand, Freunde, Nachbarn, Bekannte des Beschuldigten, Gastwirte. Von der Benutzung des Anschlusses brauchen diese Personen nichts zu wissen[50]. Auch die Telefonanlage eines ganzen Betriebes kann überwacht werden. Nichts anderes gilt für **Behörden**[51]. So wie dort die Durchsuchung zur Auffindung von Beweismitteln für „private" Verfehlungen grundsätzlich gestattet und nur soweit verboten ist, als die Pflicht nach § 96 auf Amtshilfe reicht, ist auch die Fernmeldeüberwachung (z. B. zur Aufklärung des Landesverrats eines Beamten) gestattet. Diese darf nicht zur Gewinnung von Beweismitteln führen, die auf dem Weg über § 96 gewonnen werden können. Auch steht in solchen Fällen das Amtsgeheimnis der Überwachung nicht entgegen[52]; dieses ist bei den überwachenden Beamten gut aufgehoben (vgl. auch § 100 b Abs. 5).

Gestattet ist auch die Überwachung der von einer **öffentlichen Telefonzelle** ge- **22** führten Gespräche, wenn z. B. bekannt ist, daß sie der Beschuldigte oder ein Nachrichtenmittler benutzt[53]. Da hier jedoch viele Gespräche Unbeteiligter überwacht werden, bedarf die Verhältnismäßigkeit besonders genauer Prüfung.

Für die Annahme, daß die betroffenen Dritten Nachrichtenmittler sind oder daß **23** der Beschuldigte ihren Anschluß benutzt, müssen **bestimmte Tatsachen** (vgl. Rdn. 12) sprechen; es genügt ein konkretisierter Verdacht, bewiesen muß das nicht sein[54]. Die Anordnung ist auch gegen offensichtlich gutgläubige Personen zulässig[55].

Nach alledem dient die Überwachung Dritter nur der **mittelbaren Überwachung 24 des Beschuldigten**, nicht primär der Überwachung ihm nahestehender Personen[56], was bei der Verwertbarkeit so erlangter Erkenntnisse eine Rolle spielen kann.

c) Geschützte Vertrauensverhältnisse. § 100 a enthält kein dem Beschlagnahmever- **25** bot des § 97 entsprechendes Überwachungsverbot für geschützte Berufe. Das wird namentlich für die in § 53 Abs. 1 genannten Personen kritisiert[57]; da der Gesetzgeber des Gesetzes v. 13. 8. 1968 aber die abweichende Regelung des § 97 kannte, liegt keine Regelungslücke vor; eine Analogie zu § 97 scheidet deshalb aus[58]. Inwieweit namentlich bei Rechtsanwälten und Ärzten im Einzelfall eine Überwachung angesichts des zweifellos vorhandenen Eingriffs in eine Vielzahl von Vertrauensverhältnissen unzulässig ist, ist eine Frage der Verhältnismäßigkeit.

---

[50] *Kleinknecht/Meyer*[37] 12.
[51] KMR-*Müller* 8; **a. A** *Rudolphi* FS Schaffstein 438; KK-*Laufhütte* 15.
[52] So aber KK-*Laufhütte* 15.
[53] LR-*Meyer*[23] 10; KK-*Laufhütte* 9; *Eb. Schmidt* Nachtr. II 6; *Knauth* NJW **1977** 1512 Fußn. 14; *Maiwald* JuS **1978** 383; *Aubert* 67; kritisch *Welp* 78 ff.
[54] LR-*Meyer*[23] 10.
[55] LR-*Meyer*[23] 10; *Kleinknecht/Meyer*[37] 11; *Welp* 76; *Kaiser* NJW **1969** 19; *Joecks* JA

1983 60; **a. A** *Zuck* NJW **1969** 911, der im Wege verfassungskonformer Auslegung die Vorschrift dahin interpretiert, die Überwachung sei nur bei dolosen Nachrichtenübermittlern zulässig. Vgl. auch *Blei* JA **1969** 133.
[56] *Prittwitz* StrVert. **1984** 308.
[57] *Rudolphi* FS Schaffstein 444; vgl. auch KK-*Laufhütte* 12.
[58] So aber KK-*Laufhütte* 12; *Schlüchter* 353; *Rudolphi* FS Schaffstein 444.

Gerhard Schäfer

26   **Anderes gilt nur für den Verteidiger.** Zwar wäre es mit dem Grundgesetz vereinbar, auch diesen Verkehr zu überwachen und aufzunehmen[59]. Nach § 148 darf aber der Verkehr des Beschuldigten mit seinem Verteidiger nicht behindert werden; er muß insbesondere frei von jeder Überwachung sein (vgl. die Erläuterungen zu § 148). Daher darf der Telefonanschluß des Verteidigers des Beschuldigten nicht abgehört werden[60]. Wenn der Telefonanschluß des Beschuldigten überwacht wird, darf die Abhörung und Aufnahme eines Gesprächs nicht fortgesetzt werden, nachdem feststeht, daß der Gesprächspartner der Verteidiger ist[61]. Da ein Rechtsanwalt immer Verteidiger sein kann und auch sonst viele vertrauliche Gespräche führt, ist bei der Überwachung anwaltlicher Telefonanschlüsse größte Zurückhaltung geboten. Dieses Überwachungsverbot zugunsten des Verteidigers gilt auch dann, wenn dieser der **Teilnahme verdächtig** ist, denn bis zu dessen Ausschluß nach § 138 a muß das Recht auf freien Verkehr nach § 148 gelten und zwar auch dann, wenn der Verteidiger selbst als **Beschuldigter** der **Teilnahme** an einer **Katalogtat** des § 100 a verdächtig ist. Gerade für solche Fälle hat der Gesetzgeber § 138 a ff geschaffen, die auch Eilentscheidungen zulassen. S. § 37, 58 und die Erl. zu §§ 138 a ff. Demgegenüber läßt der **Bundesgerichtshof**[62] die Überwachung des Verteidigers dann zu, wenn dieser selbst als Täter oder Teilnehmer einer Katalogtat i. S. von § 100 a verdächtig ist. Diese Rechtsprechung wird der gesetzlichen Wertentscheidung in §§ 148, 138 a ff nicht gerecht.

V. Art der Verwertung

27   Bei der Überwachung unmittelbar gewonnene Beweismittel, wie Tonbandaufnahmen oder Abdrucke oder Fotokopien von Fernschreiben, werden in der für das Beweismittel gesetzlich vorgesehenen Weise verwertet. Tonbänder sind Gegenstand des Augenscheinbeweises und deshalb abzuspielen[63], Abdrucke, Ausdrucke oder Fotokopien Gegenstand des Urkundenbeweises[64] und zu verlesen (§ 249). Daneben ist die Vernehmung der überwachenden Beamten sowie die Verwendung **transformierter** Beweismittel zulässig. Insbesondere ist die Verlesung von wörtlichen Niederschriften über die Tonbandaufzeichnungen nicht durch § 250 Satz 2 ausgeschlossen, da die Übertragung der Tonbandaufzeichnungen eher mechanisch erfolgt und keinen eigenständigen Erkenntnisvorgang enthält[65]. Ob in einem solchen Fall neben der Verlesung der Niederschriften noch Zeugen zum Beweis der Richtigkeit und Vollständigkeit der Übertragung gehört werden müssen, ist eine Frage der Aufklärungspflicht[66]. Ebenfalls eine Frage der Aufklärungspflicht ist es, inwieweit Gespräche vollständig in die Hauptverhandlung eingeführt werden und inwieweit fremdsprachige Gespräche vollständig

[59] BVerfGE **30** 32 = NJW **1971** 280.
[60] LR-*Meyer*[23] 11; KK-*Lauffhütte* 11; *Kleinknecht/Meyer*[37] 13; KMR-*Müller* 16; *Roxin*[19] § 34 C IV; *Schlüchter* 353; *Beulke* 211; *Niemöller/Schuppert* AöR **107** (1982) 440; *Rudolphi* FS Schaffstein 440; *Welp* JZ **1972** 428 und FS Gallas 1973, 421 sowie Überwachung 196.
[61] *Welp* 208 und JZ **1972** 428.
[62] BGH NJW **1986** 1183 (zum Abdruck in BGHSt bestimmt) = StrVert. **1986** 1; zu dieser Entscheidung *Welp* NStZ **1986** 289; wie BGH *Schlüchter* 353; wie hier LR-*Meyer*[23] 11;

Kleinknecht/Meyer[37] 13; *Beulke* 211; *Rudolphi* FS Schaffstein 441; *Waldowski* AnwBl. **1975** 108; *Zuck* NJW **1969** 912.
[63] BGHSt **27** 135 = JR **1978** 117 mit Anm. *Gollwitzer*; BGH NStZ **1985** 466; BGHSt **14** 339, 341; *Peters*[4] § 49 I 1.
[64] Zu den Abdrucken und Fotokopien vgl. auch BGHSt **27** 135, 137.
[65] BGH NStZ **1985** 466.
[66] BGHSt **27** 135 = JR **1978** 117 mit Anm. *Gollwitzer*; KK-*Lauffhütte* 16; *Kleinknecht/Meyer*[37] 15.

(durch einen Dolmetscher in der Rolle des Sachverständigen) übersetzt werden müssen[67].

VI. Umfang der Verwertbarkeit

1. Rechtmäßige Anordnung der Überwachung des Fernmeldeverkehrs

a) Problem. Die Überwachung des Fernmeldeverkehrs erfolgt praktisch durch die **28**
Überwachung eines bestimmten Anschlusses[68]. Die Beschränkung auf die Kommunikation bestimmter Personen ist technisch selten durchführbar und bei der Überwachung des Anschlusses eines Nachrichtenmittlers auch rechtlich nicht geboten. Wird ein Anschluß überwacht, den der Beschuldigte, wie zum Beispiel in einem Betrieb oder in einer Behörde, zusammen mit anderen benutzt (vgl. Satz 2 letzter Satzteil), kann dies zur Aufnahme von Tausenden von Gesprächen führen. Es liegt auf der Hand, daß bei einer derart umfassenden Überwachung die Strafverfolgungsbehörden auch Erkenntnisse erlangen können, die sich nicht auf die dem Beschuldigten vorgeworfene Katalogtat erstrecken, sondern — im Extremfall —, daß von der Überwachungsanordnung nicht betroffene Anschlußbenutzer durch ihr Gespräch Beweis für eine völlig andere Tat völlig anderer Personen liefern. Während **§ 7 Abs. 3 G 10** ein **Verwertungsverbot** dahin enthält, daß die durch die Überwachungsmaßnahmen erlangten Kenntnisse und Unterlagen nicht zur Erforschung anderer als der in § 2 G 10 genannten Handlungen benutzt werden dürfen, es sei denn, aus ihnen ergäben sich Hinweise auf eine geplante oder begangene Straftat nach § 138 StGB, fehlt eine ähnliche Regelung in § 100 a.

Daraus schloß das OLG Hamburg zunächst auf **unbeschränkte Verwertbarkeit 29** sämtlicher bei rechtmäßigen Überwachungsmaßnahmen nach § 100 a erlangter Erkenntnisse[69]. Diese Auffassung fand indes sofort **Kritik**, die unter Hinweis auf das Gewicht der berührten Grundrechte eine Verwertbarkeit der bei einer Überwachung erlangten Erkenntnisse auf Fälle beschränken will, bei denen eine Überwachung zulässig gewesen wäre, weil der Verdacht einer Katalogtat bestand[70]. Dieser Kritik liegt der Gedanke zugrunde, Erkenntnisse soweit zu verwerten, wie sie durch einen an die Stelle des tatsächlichen Eingriffs tretenden, gedachten, „hypothetischen" Eingriff zulässigerweise hätten erlangt werden können.

b) Rechtsprechung des BGH. Grundsatz. Der Bundesgerichtshof hat diesen Ge- **30** danken aufgegriffen und in einer Reihe von Entscheidungen differenziert. Er hat dabei stets betont, daß angesichts des Gewichts des Grundrechts aus Art. 10 eine enge Anwendung und Auslegung des § 100 a im Lichte der Bedeutung des eingeschränkten Grundrechts geboten sei[71], daß das Gebot enger Auslegung auch Bedeutung für den Umfang der Verwertbarkeit gewonnener Erkenntnisse habe[72] und daß sich aus der Rechtmäßigkeit der Beweiserhebung nicht zwingend die Verwertbarkeit des Beweises ergebe[73]. Trotz dieser im Grundsatz zutreffenden Erwägungen zur Auslegung des

---

[67] BGH NStZ **1985** 466.
[68] Vgl. *Welp* Überwachung 78.
[69] OLG Hamburg NJW **1973** 157; ebenso *Schünemann* NJW **1978** 406; KMR-*Müller* 15; vgl. auch *Sax* JZ 1965 1, 5.
[70] *Schroeder* JR **1973** 252; *Weber* NJW **1973** 1056; *Welp* JZ **1973** 288 und Überwachung 225 mit der Beschränkung auf Verfahren gegen den Beschuldigten oder die in Satz 2

genannten Personen; *Rudolphi* FS Schaffstein 449; LR-*Meyer*[23] 14; *Maunz/Dürig* Art. 10, 49; großzügiger *Kaiser* NJW **1974** 349.
[71] BGHSt **26** 298, 303, 304; **28** 122, 125 mit Anm. *Rieß* JR **1979** 168; **31** 296.
[72] BGHSt **28** 122, 125 mit Anm. *Rieß* JR **1979** 168.
[73] BGHSt **28** 122, 124 mit Anm. *Rieß* JR **1979** 168.

Gerhard Schäfer

§ 100 a hat diese Rechtsprechung zu einer fast umfassenden Verwertbarkeit der bei einer rechtmäßigen Überwachung des Fernmeldeverkehrs gewonnenen Erkenntnisse geführt. Nicht verwertbar — im Verfahren gegen den Beschuldigten oder irgendwelche Dritte — sind danach im Ergebnis lediglich solche Erkenntnisse, die sich auf eine Straftat beziehen, die nicht irgendeine Katalogtat ist und die auch nicht im Zusammenhang mit einer Katalogtat steht, wegen der seinerzeit die Überwachung hätte angeordnet werden können. Im einzelnen gilt nach der Rechtsprechung folgendes:

31   **aa) Verwertbarkeit im Verfahren gegen den Beschuldigten**. Die Verwertbarkeit der Ergebnisse einer Fernmeldeüberwachung beschränkt sich nicht auf die Katalogtat, wegen der die Überwachung angeordnet wurde. Derartige Ergebnisse können auch wegen anderer Katalogtaten verwendet werden[74], da auch wegen dieser anderen Katalogtat die Anordnung einer Überwachung gerechtfertigt gewesen wäre[75].

32   Zum Beweis **anderer**, nicht unter den Katalog des § 100 a fallender **Straftaten**, dürfen die Ergebnisse nicht verwertet werden[76], es sei denn, die **Erkenntnisse** stünden **„im Zusammenhang mit dem Verdacht einer Katalogtat"**[77]. Was unter einem solchen „Zusammenhang" zu verstehen ist, war zunächst unklar[78], und ist auch jetzt noch nicht eindeutig geklärt[79]. Ein solcher Zusammenhang ist nur dann anzunehmen, wenn es um **dieselbe Tat im prozessualen Sinne** geht, wenn sich also der Verdacht einer Katalogtat nicht aufrechterhalten läßt, der Schuldnachweis im Ergebnis — gleichgültig ob schon bei Anklageerhebung[80] oder erst beim Urteil — also nur für eine Straftat ausreicht, die keine Katalogtat ist[81]. Dieses Ergebnis sollte selbstverständlich sein, denn die Frage der Verwertbarkeit einzelner Beweismittel kann innerhalb eines Prozeßgegenstands nur einheitlich behandelt werden; sonst hinge die Verwertbarkeit stets von der jeweiligen Beweislage ab[82].

33   Entsprechendes gilt für die **kriminelle und terroristische Vereinigung** nach §§ 129, **129 a StGB**. Kann insoweit der Nachweis der Katalogtat (vgl. § 100 a Satz 1 Nr. 1 c) nicht geführt werden, bleiben die Erkenntnisse in Verfahren wegen Straftaten verwertbar, wegen denen der Verdacht bestand oder im Lauf der Überwachung entstand[83], sie seien im Rahmen der kriminellen Vereinigung geplant oder begangen worden[84]. Derartige Erkenntnisse sind nicht verwertbar bei Straftaten außerhalb des Tätigkeitsbereichs der kriminellen Gruppe[85].

34   Verwertbar sind nach der Rechtsprechung schließlich nicht nur Äußerungen des Beschuldigten und seiner Nachrichtenmittler, sondern auch **Äußerungen Dritter** die überwachte Anschlüsse benützen[86]; deren Grundrecht auf Wahrung des Fernmeldege-

---

[74] BGHSt **32** 10, 15 = NStZ **1984** 372 mit Anm. *Schlüchter*; dagegen *Prittwitz* StrVert. **1984** 308, 311, der die Verwertung nur zum Nachweis der Katalogtat zulassen will, wegen der die Überwachung angeordnet wurde.

[75] BGHSt **26** 298, 301.

[76] BGHSt **27** 355, 357.

[77] BGHSt **26** 298, 303.

[78] LR-*Meyer*[23] 14; *Knauth* NJW **1977** 1510; *Maiwald* JuS **1978** 379, 381 Fußn. 12 verstanden darunter eine andere Katalogtat und hielten die Verwertung für eine Nichtkatalogstraftat für verboten.

[79] Vgl. dazu *Welp* Jura **1981** 476.

[80] BGHSt **22** 122.

[81] So waren die Fallgestaltungen bei BGH Urteil v. 5. 3. 1974 – 1 StR 365/73 – mitgeteilt bei BGHSt **26** 298, 301; BGH NJW **1979** 1371.

[82] Zutreffend *Rieß* JR **1979** 168; **a. A** aber *Welp* Jura **1981** 478; *Roxin*[19] § 34 C IV 4.

[83] BGHSt **28** 122, 127.

[84] BGHSt **28** 122, 129.

[85] BGHSt **28** 122, 127: Vergewaltigung begangen durch das Mitglied einer Hehlerbande.

[86] BGHSt **29** 23, 24.

heimnisses müsse zurücktreten, wenn die besonderen Voraussetzungen des § 100 a gegeben waren[87].

bb) Verwertbarkeit im Verfahren gegen Dritte. Im gleichen Umfang wie gegen **35** den Beschuldigten sollen bei der Überwachung gewonnene Erkenntnisse auch gegen **Dritte**, die von der Überwachung nicht betroffen waren und gegen die sich das Verfahren auch nicht richtet verwertbar sein „sofern nur ein Zusammenhang mit dem Verdacht einer „Katalogtat" gegeben ist"[88]. Maßgebend ist, daß zum Zeitpunkt der Überwachung, wenn auch erst durch die Überwachung erkannt, gegen den Dritten der **Verdacht einer Katalogtat** bestand[89] und damit die Möglichkeit gegeben gewesen wäre, gegen ihn nach § 100 a vorzugehen[90]. So jedenfalls ist die auch hier von der Rechtsprechung verwendete Zusammenhangformel auszulegen[91]. Bei dieser Katalogtat kann es sich um eine andere handeln, als die wegen der die Überwachung angeordnet worden war[92]; läßt sich die Katalogtat nicht beweisen, dürfen auch gegen den Dritten Erkenntnisse verwendet werden, die in bezug auf die Katalogtat erlangt wurden, aber jetzt nur dem Nachweis von Straftaten dienen, die mit der Katalogtat denselben Prozeßgegenstand bilden[93].

c) Literatur. Diese Rechtsprechung wird in der Literatur zum Teil heftig kriti- **36** siert, wobei der Lösungsansatz ganz unterschiedlich ist. *Prittwitz*[94] lehnt jede Verwertung über den Nachweis der Katalogtat hinaus wegen der die Überwachung stattgefunden hat, ab. *Roxin*[95], *Peters*[96] und *Maiwald*[97] beschränken die Verwertbarkeit auf Katalogtaten, teilweise einschließlich der im Rahmen der kriminellen Vereinigung begangenen Straftaten; eine Verwertung bei nicht möglichem Nachweis einer Katalogtat wird abgelehnt. Dem stimmt *Odenthal*[98] zu. Demgegenüber folgen KK-*Laufhütte; Kleinknecht/Meyer; Rieß* und *Schlüchter*[99] jedenfalls im Ergebnis im wesentlichen der Rechtsprechung des Bundesgerichtshofs.

d) Eigene Meinung. Im Kern ergeben sich zwei Problemkreise: Die Frage nach **37** der sachlichen und die nach der persönlichen Reichweite der Verwertbarkeit:

Erkenntnisse, die bei der Aufklärung des Verdachts einer Katalogtat erlangt wur- **38** den, müssen wegen der umfassenden Kognitionspflicht des Gerichts innerhalb des den **Prozeßgegenstand** bildenden Lebenssachverhalt **einheitlich** behandelt werden und deshalb verwertbar sein. Wurde beispielsweise wegen des Verdachts gewerbsmäßigen Handelns mit Betäubungsmitteln (§ 29 Abs. 3 Nr. 1 BtMG) der Fernmeldeverkehr zulässigerweise (§ 100 Satz 1 Nr. 4) überwacht, dann müssen dabei erlangte Erkenntnisse auch dann verwertbar sein, wenn das Merkmal der Gewerbsmäßigkeit, das die Straftat zur Katalogtat macht, irgendwann entfällt oder doch mit der zur Verurteilung ausreichen-

---

[87] BGHSt **29** 23, 24 unter Berufung auf *Kaiser* NJW **1974** 349, 350; **a. A** *Knauth* NJW **1978** 741, 742; *Vogel* NJW **1979** 2524.

[88] BGHSt **32** 10 = NStZ **1984** 372 mit Anm. *Schlüchter*; 15; **29** 23, 24; **28** 122, 129; **26** 298, 302.

[89] BGH NJW **1979** 1371; ähnlich BayObLG JR **1983** 124 mit Anm. *Rieß*.

[90] Vgl. dazu *Welp* Jura **1981** 478.

[91] BGH NJW **1979** 1371.

[92] BGHSt **32** 10, 15 = NStZ **1984** 372 mit Anm. *Schlüchter*; LR-*Meyer*[23] 14.

[93] So im Ergebnis BGHSt **28** 122, 129.

[94] StrVert. **1984** 308, 311.

[95] 19. Aufl. § 34 c IV 4.

[96] 4. Aufl. § 49 I 1.

[97] JuS **1978** 379, 381.

[98] NStZ **1982** 390.

[99] KK-*Laufhütte* 19 bis 23; *Kleinknecht/Meyer*[37] 16 bis 20; *Rieß* JR **1979** 167 und JR **1983** 125; *Schlüchter* 352.

Gerhard Schäfer

den Sicherheit nicht nachgewiesen werden kann. Denn die Frage, ob Gewerbsmäßigkeit vorliegt, ist wegen §§ 155 Abs. 2, 264, 244 Abs. 2 bis zur Rechtskraft zu prüfen und kann zwischen Staatsanwaltschaft und Gericht und da wiederum von Instanz zu Instanz anders beurteilt werden. Diese mögliche unterschiedliche Beurteilung darf und kann aus Gründen der Rechtssicherheit auf die Verwertbarkeit von Beweismitteln keinen Einfluß haben[100]. Vgl. Rdn. 32.

39   Soweit die Erkenntnisse den **Verdacht einer anderen Katalogtat** begründen, sind diese ebenfalls verwertbar, denn deswegen wäre grundsätzlich eine Überwachung nach § 100 a auch zulässig gewesen[101]. Vgl. Rdn. 31. Darauf, ob im konkreten Fall ein hypothetischer Ersatzeingriff zur selben Erkenntnis tatsächlich geführt hätte, kommt es nicht an[102].

40   **Gegen Dritte Personen** sind Erkenntnisse nur verwertbar, wenn diese durch eine Fernmeldeüberwachung gegen diese Dritten hätten erlangt werden können, wenn also wenigstens insoweit der für eine Überwachung nach § 100 a erforderliche Verdacht einer Katalogtat bestand (Rdn. 35). Auch hier kommt es dann nicht darauf an, ob diese Katalogtat selbst oder — innerhalb desselben Prozeßgegenstands — ein Minus verfolgt wird (Rdn. 35).

2. Rechtswidrige Anordnung

41   **a) Die Voraussetzungen des § 100 a lagen nicht vor.** Ein vom Tatrichter (und vom Revisionsrichter auf die Verfahrensrüge) zu beachtendes Verwertungsverbot ist lediglich bei willkürlicher Annahme der Voraussetzungen des § 100 a zu bejahen[103]. Dies wird in der Regel nicht der Fall sein, wenn beim **Verdacht** das Vorliegen „bestimmter Tatsachen" nicht ohne weiteres ersichtlich ist[104]. Dies gilt, obwohl die Maßnahme nach § 100 a praktisch der Beschwerde entzogen ist. Denn zum Zeitpunkt der Entscheidung des Tatrichters (und erst recht des Revisionsrichters) lassen sich diese Voraussetzungen kaum verläßlich rekonstruieren[105]. S. auch Rdn. 50.

42   Zweifelsfrei **nicht verwertbar** sind aber Erkenntnisse, wenn die Anordnung nach § 100 a erfolgte, obwohl der **Verdacht einer Katalogtat nicht vorlag**[106], wobei es für die Frage des Tatverdachts auf die rechtliche Würdigung und nicht entscheidend auf die tatsächliche Prüfung ankommt[107]. Jede andere Lösung als ein Verwertungsverbot würde die verfassungsrechtliche Wertentscheidung des Gesetzgebers zwischen Grundrechtschutz und den Belangen der Strafverfolgung unterlaufen.

43   **b) Die Voraussetzungen des § 100 b lagen nicht vor.** Auch schwere Verstöße gegen § 100 b führen zu einem Verwertungsverbot. Dies gilt zunächst für die nur polizeilich angeordnete Maßnahme[108]. Diese ist rechtswidrig, denn die Polizei ist nach § 100 b nie, auch nicht bei Gefahr im Verzug, zur Anordnung der Überwachung befugt[109].

---

[100] Im Ergebnis ebenso *Rieß* JR **1979** 169; *Schlüchter* 352.1.
[101] BGHSt **32** 10, 15 = NStZ **1984** 372 mit Anm. *Schlüchter.*
[102] *Schlüchter* 352.2.
[103] BGHSt **28** 122, 124.
[104] KK-*Laufhütte* 1.
[105] Offengelassen für die Revision bei BGHSt **33** 217, 222 = NJW **1986** 390.

[106] BGHSt **26** 298, 303; **32** 68, 70; NJW **1986** 1183; KK-*Laufhütte* 17; *Kleinknecht/Meyer*[37] 21; *Roxin*[19] § 34 c IV 4; *Schlüchter* 351; *Fezer* JuS **1979** 189; *Welp* 210; *Rieß* JR **1983** 126; noch unentschieden JR **1979** 170.
[107] OLG Köln NJW **1979** 1217.
[108] Offengelassen bei BGHSt **31** 304, 308.
[109] BGHSt **31** 304, 308.

Stand: 1. 4. 1986

Eine andere Lösung als ein Verwertungsverbot würde gegen die verfassungsrechtliche Wertentscheidung des Gesetzgebers verstoßen[110].

3. Provozierte Selbstbelastung, § 136 a. Auch bei an sich rechtmäßiger Anordnung der **43a** Überwachung verbietet es § 136 a den Ermittlungsbehörden, unter Vortäuschung falscher Identität oder durch Vorschieben einer Privatperson den Beschuldigten gezielt auszuhorchen und so durch Täuschung zur Selbstbelastung zu veranlassen[110a]. Insbesondere dürfen die gesetzlichen Vorschriften über die Anhörung des Beschuldigten (§§ 136, 163 a) nicht aus den Angeln gehoben werden. Keine Bedenken bestehen dagegen, die Reaktion des Betroffenen auf (gebotene) Ermittlungsmaßnahmen zu überwachen.

4. Aufzeichnung von Nichtfernmeldeverkehr. Die Überwachung und Aufzeich- **44** nung privater Kommunikation außerhalb des durch die Post vermittelten Fernmeldeverkehrs durch Strafverfolgungsbehörden ist grundsätzlich mangels Rechtsgrundlage unzulässig. Ausnahmen können sich im Einzelfall aus § 34 StGB ergeben. Vgl. Rdn. 5. Entsprechendes gilt für die Verwertbarkeit derartiger Maßnahmen. Soweit bei der Überwachung des Fernmeldeverkehrs (zufällig) ein Gespräch abgehört wird, das ohne Inanspruchnahme einer Fernsprecheinrichtung stattfindet (z. B. weil der Telefonhörer nicht aufgelegt war), ist dessen Überwachung und Aufzeichnung nicht durch § 100 a gerechtfertigt (vgl. Rdn. 5, 6). Die Frage der Verwertbarkeit richtet sich hier nach allgemeinen Grundsätzen: Das Gewicht des Verstoßes gegen die durch Art. 1, 2 GG geschützte Vertraulichkeit des gesprochenen Worts ist gegen das Interesse an der Strafverfolgung abzuwägen, soweit nicht der unantastbare Kernbereich privater Lebensgestaltung im Sinne von BVerfGE 44 353, 372; 34 238, 245 (vgl. § 97, 9) berührt ist[111]. Zur Verwertbarkeit **privater Aufzeichnungen** im Strafverfahren vgl. BVerfGE 34 238.

5. Reichweite des Verwertungsverbots
a) Anfangsverdacht. Die Frage, ob einem Verwertungsverbot unterliegende Tatsa- **45** chen Grundlage eines Anfangsverdachts im Sinne von § 152 Abs. 2 sein können[112] ist noch wenig geklärt. S. dazu § 152, 26 f.

b) Prozessuale Entscheidungen. Das Verwertungsverbot ist nicht beschränkt auf **46** die Beweiserhebung in der Hauptverhandlung zur Schuld- oder Rechtsfolgenfrage. Es

---

[110] BGHSt **31** 304 bejahte im konkreten Fall ein Verwertungsverbot, weil zu dem Verstoß gegen § 100 b ein solcher gegen § 136 a trat und ließ offen, ob ein Verstoß gegen § 100 b allein ein Verwertungsverbot begründen könnte. In einem obiter dictum führt BGHSt **32** 68, 70 ganz allgemein aus, die aus einer rechtswidrig angeordneten Telefonüberwachung gewonnenen Erkenntnisse dürften nicht als Beweismittel verwendet werden und beruft sich dazu auf BGHSt **31** 304, 309, wo diese Frage aber für 100 b offengelassen wurde.

[110a] Offengelassen von BGHSt **33** 217, 223 = NJW **1986** 390 = StrVert. **1986** 185 mit kri-

tischer Anm. *Kühl*; vgl. dazu auch BGHSt **31** 304 (Fußn. 110).

[111] BGHSt **31** 296 „Raumgespräch" = NJW **1983** 1569 = NStZ **1983** 517 mit Anm. *Geerds* = JR **1984** 254 mit Anm. *Amelung* = JuS **1983** 809 mit Anm. *Hassemer*; ob freilich in dem vom BGH entschiedenen Fall der Rückgriff auf die Intimsphäre angesichts des Inhalts des Gesprächs – Bilanz des bisherigen Heroinhandels der Eheleute – zutreffend war, muß bezweifelt werden; vgl. dazu *Gössel* JZ **1984** 362.

[112] Bejaht von BGHSt **27** 355 = JR **1979** 163 mit Anm. *Rieß*, S. 167.

Gerhard Schäfer

erstreckt sich auch auf prozessuale Entscheidungen in und außerhalb der Hauptverhandlung. Deshalb dürfen dem Verwertungsverbot unterliegende Tatsachen nicht als Beweismittel bei prozessualen Zwangsmaßnahmen, wie z. B. für eine Durchsuchung[113] oder einen Haftbefehl herangezogen werden[114].

47   c) **Vorhalt. Beweisaufnahme.** Dem Verwertungsverbot unterliegende Beweismittel dürfen in der Hauptverhandlung weder unmittelbar noch mittelbar Gegenstand der Beweisaufnahme sein[115]. Sie dürfen insbesondere — weder in der Hauptverhandlung noch im Ermittlungsverfahren — auch nicht bei einer Vernehmung vorgehalten werden. Soweit eine Aussage von einem solchen Vorhalt beeinflußt ist, darf sie nicht verwertet werden. Das hat BGHSt **27** 355, 357 für das Verwertungsverbot aus § 100 a wegen des Gewichts des Eingriffs in das Fernmeldegeheimnis und in die Privatsphäre des Betroffenen ausdrücklich entschieden und dem ist zuzustimmen[116].

48   Eine wegen des unklaren Leitsatzes nur scheinbare Ausnahme von diesem Grundsatz findet sich in BGHSt **30** 317[117]: In einem Verfahren, in dem zulässigerweise eine Telefonüberwachung stattgefunden hatte, räumte ein Zeuge nach Vorhalt der Tonbandaufzeichnung ein, bei seiner vorangegangenen und beschworenen Aussage falsche Angaben gemacht zu haben. Über diese Vorgänge wurde im späteren Meineidsverfahren der frühere Vorsitzende als Zeuge vernommen. Gewiß mit Recht, denn der Vorhalt erfolgte zulässigerweise und es ist (Entgegen *Sonnen* und *Odenthal*, vgl. Fußn. 117) nichts dafür ersichtlich, warum das Prozeßverhalten des früheren Zeugen nicht verwertbar sein soll. Anders läge der Fall doch nur, wenn der Vorhalt der Tonbandaufzeichnung im Meineidsverfahren erfolgt wäre.

49   d) **Fernwirkung.** BGHSt **32** 68, 70 hat im Bereich des § 100 a die Fernwirkung eines Verwertungsverbots, das immerhin darauf beruhte, daß ein Beschluß nach § 100 a ohne Verdacht einer Katalogtat ergangen war, mit der knappen Begründung verneint, ein Verfahrensfehler, der zu einem Verwertungsverbot führe, dürfe nicht das gesamte Strafverfahren lahmlegen. Ob diese kriminalpolitische Begründung allerdings trägt, muß angesichts der auf die ausdrückliche gesetzliche Regelung in § 7 Abs. 3 G 10 gestützten gegenteiligen Entscheidung BGHSt **29** 244 bezweifelt werden. Andererseits kann von einer die Analogie gestattenden Regelungslücke kaum ausgegangen werden, nachdem der Gesetzgeber in ein und demselben Gesetz in § 7 Abs. 3 das Verwertungsverbot angeordnet, in § 100 a eine entsprechende Regelung aber unterlassen und damit eine Differenzierung geschaffen hat (Rdn. 28), die auch durch den unterschiedlich weiten Rechtsschutz beider Maßnahmen gerechtfertigt sein kann[118].

VII. Revision

50   Mit der **Verfahrensrüge**[119] kann als Verstoß gegen § 100 a bzw. § 100 b jeweils in Verbindung mit Art. 10 GG die Verwertung von Erkenntnissen gerügt werden, die einem Verwertungsverbot unterliegen. Dabei ist bis jetzt nicht geklärt, wieweit das Re-

---

[113] Vgl. LG Stuttgart NStZ **1985** 568 mit Anm. *Hilger.*

[114] KK-*Laufhütte* 26; *Rieß* JR **1979** 169.

[115] BGHSt **26** 298; **27** 355, 356; *Rieß* JR **1979** 169.

[116] Ebenso BGH NJW **1986** 1183; KK-*Laufhütte* 25; *Kleinknecht/Meyer*[37] 23; vgl. auch BGHSt **32** 68, 70.

[117] NStZ **1982** 125 mit abl. Anm. *Odenthal* = JA **1982** 267 mit Anm. *Sonnen.*

[118] Vgl. dazu auch KK-*Laufhütte* 26; *Schlüchter* 352.3.

[119] BGHSt **19** 273; vgl. auch BGHSt **28** 122; **31** 304; **32** 10, 15; **32** 68, 70; **33** 217 = NJW **1986** 390.

visionsgericht überprüft, ob die Voraussetzungen für eine Maßnahme nach § 100 a tatsächlich und rechtlich vorlagen, ob insbesondere eine Überprüfung auf Willkür genügt (BGHSt **28** 122, 124) oder ob der Umstand, daß die Anordnung nach § 100 b der Überprüfung praktisch entzogen ist (vgl. § 100 b, 11) zu einer weitergehenden Prüfung führen muß[120]. Da sich im Revisionsverfahren namentlich zur Frage des Tatverdachts und der Gefahr im Verzug die Situation im Ermittlungsverfahren die zur Anordnung der Maßnahme führte, kaum verläßlich rekonstruieren läßt, kann die Überprüfung sich nur auf Willkür erstrecken, also darauf, ob die getroffene Maßnahme objektiv nicht vertretbar war. Das bedeutet, daß die Frage, ob die Maßnahme überhaupt auf eine Katalogtat gestützt war und ob die Anordnung durch Gericht oder Staatsanwaltschaft und nicht durch die Polizei[121] erfolgte, voll überprüfbar ist, da hier die falsche Entscheidung objektiv nicht vertretbar ist. Anderes gilt für die Frage, ob das Tatsachenmaterial für die Anordnung als solche oder nach Satz 2 gegen den Nachrichtenmittler ausreichte. Hier wird das Revisionsgericht nur in groben Fällen die Rechtswidrigkeit der Anordnung bejahen können.

51 Wurden die bei der Überwachung gewonnenen **Erkenntnisse unrichtig** in die Hauptverhandlung **eingeführt**, vgl. Rdn. 27, kann dies ebenfalls mit der Verfahrensrüge geltend gemacht werden.

§ 100 b

(1) [1]Die Überwachung und Aufnahme des Fernmeldeverkehrs auf Tonträger (§ 100 a) darf nur durch den Richter angeordnet werden. [2]Bei Gefahr im Verzug kann die Anordnung auch von der Staatsanwaltschaft getroffen werden. [3]Die Anordnung der Staatsanwaltschaft tritt außer Kraft, wenn sie nicht binnen drei Tagen von dem Richter bestätigt wird.

(2) [1]Die Anordnung ergeht schriftlich. [2]Sie muß Namen und Anschrift des Betroffenen enthalten, gegen den sie sich richtet. [3]In ihr sind Art, Umfang und Dauer der Maßnahmen zu bestimmen. [4]Die Anordnung ist auf höchstens drei Monate zu befristen. [5]Eine Verlängerung um jeweils nicht mehr als drei weitere Monate ist zulässig, soweit die in § 100 a bezeichneten Voraussetzungen fortbestehen.

(3) Auf Grund der Anordnung hat die Deutsche Bundespost dem Richter, der Staatsanwaltschaft und ihren im Polizeidienst tätigen Hilfsbeamten (§ 152 des Gerichtsverfassungsgesetzes) das Abhören des Fernsprechverkehrs und das Mitlesen des Fernschreibverkehrs zu ermöglichen.

(4) [1]Liegen die Voraussetzungen des § 100 a nicht mehr vor, so sind die sich aus der Anordnung ergebenden Maßnahmen unverzüglich zu beenden. [2]Die Beendigung ist dem Richter und der Deutschen Bundespost mitzuteilen.

(5) [1]Sind die durch die Maßnahmen erlangten Unterlagen zur Strafverfolgung nicht mehr erforderlich, so sind sie unter Aufsicht der Staatsanwaltschaft zu vernichten. [2]Über die Vernichtung ist eine Niederschrift anzufertigen.

Schrifttum vgl. bei § 100 a.

---

[120] Offengelassen bei BGHSt **33** 217, 222 = NJW **1986** 390 = StrVert. **1986** 185.   [121] Vgl. den Fall BGHSt **31** 304 und oben Fußn. 110.

Nichtgeltung im Land Berlin. Das Gesetz zu Artikel 10 Grundgesetz vom 13. 8. 1968 (BGBl. I 949) ist trotz der Berlin-Klausel in § 12 in Berlin nicht übernommen worden. Die Geltung des § 100 b wurde aber durch Art. 103 Abs. 3 Nr. 3 des für Berlin übernommenen 1. StrRG bestimmt. Die Alliierte Kommandatura Berlin hat die Anwendung dieser Vorschrift durch die Anordnung BK/O (69) 6 vom 17. 7. 1969 (GVBl. 1028) ausgesetzt.

Entstehungsgeschichte. Die Vorschrift wurde durch Art. 2 Nr. 2 des G 10 eingefügt.

1   **1. Allgemeines.** Die Vorschrift regelt das Verfahren bei der Überwachung des Fernmeldeverkehrs nach § 100 a. Sie wird durch § 101 ergänzt.

2   **2. Zuständigkeit (Absatz 1).** Für die Anordnung zur Überwachung und Aufnahme des Fernmeldeverkehrs trifft § 100 b Abs. 1 die gleiche Zuständigkeitsregelung wie § 100 für die Postbeschlagnahme. Anordnungen der Staatsanwaltschaft treten auch hier außer Kraft, wenn sie nicht binnen drei Tagen von dem Richter bestätigt werden. Im einzelnen wird auf die Erläuterungen zu § 100 verwiesen.

3   **3. Form und Inhalt der Anordnung (Absatz 2 Satz 1 bis 3).** Die Anordnung muß, auch wenn die Staatsanwaltschaft sie wegen Gefahr im Verzug erläßt, schriftlich ergehen. Eine telegrafische Anordnung steht einer schriftlichen gleich[1]. Der Richter trifft die Anordnung durch Beschluß. Zweckmäßigerweise ist bereits in der **Formel** der Anordnung Name und Anschrift des Beschuldigten und, wenn sie vom Beschuldigten verschieden sind, Name und Anschrift der sonstigen Betroffenen (§ 100 a, 21 ff) sowie die Nummern der zu überwachenden Anschlüsse aufzuführen, ferner Art, Umfang und Dauer der Maßnahmen. Auch ist anzugeben, ob der Fernmeldeverkehr nur überwacht oder auch, was die Regel sein wird, aufgenommen werden soll. Die Dauer der Überwachung ist stets anzugeben, auch wenn die Höchstzeit von drei Monaten (§ 100 a Abs. 2 Satz 4) festgesetzt wird. Diese Angabe ist wichtig, weil davon abhängen kann, wann die Maßnahme zu beenden ist. Wenn eine Beschränkung der Überwachungszeit möglich ist, muß sie vorgenommen werden (z. B. tagsüber im Büro, abends in der Wohnung). Be-

---

[1] KK-*Laufhütte* 2; *Kleinknecht/Meyer*[37] 2.

hält sich der Richter (ausnahmsweise) selbst die Leitung der Überwachung vor (Rdn. 4), bringt er dies in der Formel zum Ausdruck. Dasselbe gilt für sein Verlangen, ihn in bestimmten Abständen über den Stand der Ermittlungen und insbesondere über die bei der Überwachung erlangten Erkenntnisse zu unterrichten, damit er die Rechtmäßigkeit der Fortdauer der Maßnahme auch vor Fristablauf überprüfen kann, wenn er dies für erforderlich hält. Selbstverständlich kann der für die Maßnahme verantwortliche Richter dies aber auch noch nach Erlaß der Entscheidung bis zur Beendigung der Maßnahme verlangen.

Die Überwachung des Fernmeldeverkehrs darf nur **befristet** gestattet oder an- **4** geordnet werden; die Frist beträgt höchstens **drei Monate** (Absatz 2 Satz 4); der Richter kann je nach Sachlage auch eine kürzere Dauer festsetzen. Entscheidend ist im Einzelfall das konkrete Gewicht des Eingriffs, das Maß des Tatverdachts und die Schwere der vorgeworfenen Straftat. Überwacht der Ermittlungsrichter laufend die Rechtmäßigkeit der Fortdauer der Maßnahme (insbesondere auch darauf, ob sie noch erforderlich ist), kann er die Höchstfrist ausschöpfen, anderenfalls wird er kürzere Fristen wählen, um bei der Verlängerungsentscheidung das weitere Vorliegen der in § 100 a bezeichneten Voraussetzungen zu prüfen.

Die **richterliche Anordnung** ist **zu begründen**, da sie grundsätzlich anfechtbar ist **5** (vgl. Rdn. 11 ff) und da andernfalls bei der Prüfung der Verwertbarkeit nicht festgestellt werden kann, ob die Voraussetzungen des § 100 a vorlagen. Es bedarf also einer (knappen) Darlegung der Beweislage, aus der sich der Verdacht einer Katalogtat ergibt, der bestimmten Tatsachen, die diesen Verdacht begründen, der Unentbehrlichkeit der Maßnahme sowie bei Maßnahmen gegen Dritte der bestimmten Tatsachen, auf Grund derer anzunehmen ist, daß diese als Nachrichtenmittler in Betracht kommen oder daß der Beschuldigte deren Anschluß benutzt. Anzugeben ist ferner, ob die Maßnahme der Sachverhaltserforschung oder der Aufenthaltsermittlung dient. Wird die **Staatsanwaltschaft** auf Grund ihrer Eilkompetenz tätig, bedarf es der Begründung warum Gefahr im Verzug vorlag. Vor der Anordnung werden der Beschuldigte und die sonst Betroffenen nicht angehört (§ 33 Abs. 4 Satz 1). Zur Entscheidungsgrundlage s. § 98, 14 und § 111 a, 47.

4. **Verlängerung (Absatz 2 Satz 4 und 5).** Die Überwachungszeit kann um jeweils **6** höchstens drei Monate **verlängert** werden, sooft dies erforderlich ist. Daß dabei die Voraussetzungen des § 100 a vorliegen müssen, ist selbstverständlich; Absatz 2 Satz 5 sagt dies überflüssigerweise ausdrücklich. Die Verlängerung erfolgt (im Ermittlungsverfahren auf Antrag, nach Erhebung der öffentlichen Klage nach Anhörung der Staatsanwaltschaft) durch gerichtlichen Beschluß, für dessen Form und Inhalt Rdn. 2 bis 3 entsprechend gelten. Für die Verlängerung ist nur der Richter zuständig, da Gefahr im Verzug insoweit nicht denkbar ist. Zur Entscheidungsgrundlage (§ 98, 14) gehören auch die bereits gewonnenen Abhörerkenntnisse.

5. **Durchführung der Anordnung (Absatz 3).** Die Anordnung ist von der Staatsan- **7** waltschaft durchzuführen (§ 36 Abs. 2 Satz 1), in deren Ermessen es auch steht, ob sie im Ermittlungsverfahren von einer richterlichen „Anordnung" überhaupt Gebrauch machen will[2] (§ 98, 20). Die Staatsanwaltschaft teilt ihre eigene oder die richterliche An-

---

[2] **A. A** *Welp* Überwachung 101, der eine ausdrückliche Übertragung der Überwachungsbefugnis auf die Staatsanwaltschaft verlangt.

Gerhard Schäfer

ordnung (in der Regel in Ausfertigung oder beglaubigter Abschrift) dem Sicherheitsbeauftragten der zuständigen Oberpostdirektion mit und ersucht ihn, nach § 100 b Abs. 3 die für die Überwachung erforderlichen Schaltungen zu veranlassen. Dabei genügt die Übergabe einer Ausfertigung der Formel, wenn sie die in Rdn. 2 aufgeführten Angaben enthält. Die Schriftform ist aber rechtlich nicht vorgeschrieben. In besonders dringlichen Fällen genügt ein mündliches Ersuchen; die schriftlichen Unterlagen können nachgereicht werden. In solchen Fällen kann sich die Staatsanwaltschaft auch unmittelbar an das zuständige Fernmeldeamt wenden; davon unterrichtet sie die Oberpostdirektion fernmündlich oder fernschriftlich. In der Regel wird die Staatsanwaltschaft ihre **im Polizeidienst tätigen Hilfsbeamten** (Absatz 3) mit der Überwachung beauftragen (§ 152 GVG). Zwingend ist dies jedoch nicht. Aus Absatz 3 ergibt sich vielmehr, daß sich der Richter und die Staatsanwaltschaft die Überwachung oder deren Leitung vorbehalten können. Soweit die Anordnung dies gestattet, können Ferngespräche auf Tonband aufgenommen oder ihr Inhalt sonst (z. B. in Aktenvermerken) festgehalten werden. Die Fertigung von wörtlichen Niederschriften über den Inhalt der auf Tonband genommenen Gespräche ist zulässig[3]. Bei Fernschreiben dürfen Abschriften, Abdrucke oder Ablichtungen hergestellt werden[4]. Den Umfang der Auswertung im Einzelfall bestimmt im Ermittlungsverfahren ausschließlich die Staatsanwaltschaft. Die Post muß die für die Überwachung erforderlichen Schaltungen herstellen, ist aber nicht verpflichtet, zur Überwachung des Fernmeldeverkehrs Beamte zur Verfügung zu stellen[5]. Ihre Beamten sind nicht berechtigt, von dem Inhalt des Nachrichtenverkehrs Kenntnis zu nehmen. Zur Prüfung, ob die rechtlichen Voraussetzungen der Anordnungen vorliegen, insbesondere ob bei Anordnungen der Staatsanwaltschaft Gefahr im Verzug vorliegt, ist sie nicht berechtigt[6].

8   **6. Überwachung und Beendigung der Maßnahmen (Absatz 4).** Sobald eine der Voraussetzungen des § 100 a weggefallen ist (es genügen z. B. nunmehr andere Mittel, den Sachverhalt aufzuklären oder den Aufenthalt zu ermitteln; der Tatverdacht hat sich zerstreut; der Aufenthalt des Beschuldigten ist bekanntgeworden) oder sobald feststeht, daß eine weitere Überwachung keinen Erfolg verspricht, ist die Maßnahme auch vor Fristablauf unverzüglich zu beenden (§ 100 b Abs. 4 Satz 1). Eine laufende Überwachung des Fortbestehens der Voraussetzungen des § 100 a ist daher notwendig[7]. **Verantwortlich für diese Überwachung** sind zu jedem Zeitpunkt des Verfahrens der **Richter**, der die Maßnahme gestattet oder (nach Erhebung der öffentlichen Klage) angeordnet hat und der **Staatsanwalt**[7a]. Diese laufende Überprüfung ist besonders deshalb geboten, weil hier — anders als bei den meisten anderen Zwangsmaßnahmen — der Betroffene den Eingriff nicht kennt und deshalb nicht von sich aus auf eine gerichtliche Überprüfung antragen kann (s. § 120, 22).

8a   Die Auffassung von LR-*Meyer*[23] 57[b], im **Ermittlungsverfahren** habe der **Richter** nach der Gestattung der Maßnahme **keine** weiteren **Überwachungspflichten** und -rechte, verkennt die Bedeutung des Richtervorbehalts, der sich gerade nicht auf die Gestattung oder Anordnung der Maßnahme beschränkt, sondern auch Auswirkungen auf die Zu-

---

[3] BGHSt **27** 135.
[4] Zum technischen Ablauf vgl. *Mösch* Kriminalistik **1974** 168.
[5] *Eb. Schmidt* Nachtr. II 7; *Kaiser* NJW **1969** 19.
[6] LR-*Meyer*[23] 3; KK-*Laufhütte* 4; *Klein-*

knecht/*Meyer*[37] 5; *Aubert*, Fernmelderecht I. Teil, 3. Aufl. 1974, 67.
[7] LR-*Meyer*[23] 5; *Kleinknecht/Meyer*[37] 6.
[7a] KMR-*Müller* 6.
[7b] Ebenso *Kleinknecht/Meyer*[37] 6.

ständigkeit hat, die Rechtmäßigkeit der Fortdauer der Maßnahme zu überprüfen. § 120 Absatz 1 Satz 1 zeigt dies deutlich für die Untersuchungshaft (vgl. dazu § 120, 22). Für die Fernmeldeüberwachung kann weder der Befristung der Maßnahme noch Absatz 4 Satz 2 anderes entnommen werden. Auch die Untersuchungshaft ist grundsätzlich befristet, wie sich aus § 121 ergibt (vgl. § 121, 1) und Absatz 4 Satz 2 berechtigt lediglich die Staatsanwaltschaft im Ermittlungsverfahren als die das Ermittlungsverfahren verantwortlich führende Behörde, die Maßnahme von sich aus zu beenden, wenn sie dies für angezeigt und erforderlich hält. Eine Einschränkung der Befugnisse des Ermittlungsrichters kann daraus ebensowenig geschlossen werden, wie aus der verwandten Vorschrift des § 120 Abs. 3.

Die Beendigung der Überwachung ist der **Oberpostdirektion mitzuteilen** (§ 100 b **8b** Abs. 4 Satz 2). Das beteiligte Postamt wird von ihr in Kenntnis gesetzt.

7. Vernichtung (Absatz 5). Bei der Überwachung und Aufzeichnung des Telefon- **9** und Fernschreibverkehrs kann Material anfallen, das für die Strafverfolgung nicht benötigt wird. Es ist zu vernichten, sobald feststeht, daß es nicht oder nicht mehr erforderlich ist. Insbesondere alles Zufallsmaterial muß alsbald vernichtet werden. Eine sofortige Vernichtung verlangt das Gesetz nicht; Vernichtungen in Abständen von einigen Tagen genügen. Material, dessen Bedeutung für das Verfahren nicht gleich endgültig beurteilt werden kann, ist zunächst aufzubewahren, aber zu vernichten, sobald erkennbar geworden ist, daß es nicht gebraucht wird. Beweiserhebliches Material (Tonbänder, schriftliche Fixierung des Tonbandinhalts, Abschriften von Fernschreiben) ist nur zu vernichten, wenn es deshalb mit Sicherheit nicht mehr benötigt wird, weil sein Inhalt inzwischen durch andere Beweismittel bestätigt worden ist. Wird das Material hingegen als Beweismittel für die Hauptverhandlung möglicherweise noch gebraucht, so kommt eine Vernichtung niemals in Frage; es ist bei den Beweismitteln aufzubewahren. Nach Rechtskraft des Urteils ist es an sich „zur Strafverfolgung nicht mehr erforderlich". Die Beweismittel des Hauptverfahrens können aber auch in einem Wiederaufnahmeverfahren von Bedeutung sein; sie müssen daher erhalten bleiben[8].

Die Vernichtung nimmt die **Polizei** vor, die die Überwachung durchgeführt hat. **9a** Die Staatsanwaltschaft hat, auch wenn die Sache bei Gericht anhängig ist, den Vernichtungsvorgang zu beaufsichtigen (§ 100 b Abs. 5 Satz 1). Da die Aufsicht kaum wegen der Art der Vernichtung (Reißwolf, Verbrennen) erforderlich ist, bezweckt die Vorschrift in erster Hinsicht, daß die Staatsanwaltschaft den Umfang der Aussonderung bestimmt, damit nicht aus übergroßer Vorsicht zu wenig vernichtet wird, andererseits aber auch, damit alles Beweiserhebliche erhalten bleibt. Über die Vernichtung ist eine Niederschrift anzufertigen (§ 100 b Abs. 5 Satz 2). Sie muß die Anzahl der vernichteten Unterlagen aufführen. Der Inhalt der Unterlagen darf nicht angegeben, kann aber allgemein („familiäre Gespräche") bezeichnet werden.

8. Kosten. Nach Art. 4 § 11 des G 10 haben die „berechtigten" Stellen die Leistun- **10** gen der Bundespost abzugelten. Die auf diese Weise von der Staatsanwaltschaft an die Post abgeführten Beträge sind jedoch in den Nummern 1900 ff des Kostenverzeichnisses (Anlage 1 zum GKG) nicht aufgeführt und können daher von dem Verurteilten nicht als Auslagen erhoben werden.

---

[8] LR-*Meyer*[23] 6; *Kleinknecht/Meyer*[37] 7; **a. A**
KMR-*Müller* 11; *Eb. Schmidt* Nachtr. II 13,
der das für eine Übertreibung hält.

Gerhard Schäfer

9. Anfechtung

11   a) **Während die Fernmeldeüberwachung andauert**, werden Rechtsbehelfe seitens des Betroffenen kaum jemals eingelegt werden, da die Anordnung regelmäßig erst nach deren Beendigung bekanntgemacht wird (vgl. § 101, 2). Zulässig wäre bei einer Anordnung der Staatsanwaltschaft der Antrag analog § 98 Abs. 2 Satz 2 zum Ermittlungsrichter (vgl. § 98, 49), bei einer richterlichen Entscheidung die Beschwerde. Beschwerdefähig sind auch Entscheidungen der Oberlandesgerichte in Sachen, in denen diese im ersten Rechtszug zuständig sind, und des Ermittlungsrichters beim Bundesgerichtshof. Zwar enthalten § 304 Abs. 4 und 5 die Fernmeldeüberwachung nicht ausdrücklich, diese Maßnahme aber ist der Beschlagnahme gleichzustellen[9].

12   b) **Nach Beendigung der Maßnahme** besteht ein Feststellungsinteresse (vgl. § 98, 75) in der Regel nur, wenn über den Fernmeldeverkehr Aufzeichnungen gefertigt worden sind. In diesem Fall ist dann gegen eine richterlich angeordnete oder bestätigte Maßnahme die Beschwerde, gegen eine solche der Staatsanwaltschaft der Antrag analog § 98 Abs. 2 Satz 2 zulässig (vgl. § 98, 72 ff).

13   c) **Zur Anfechtung befugt** ist der von der Maßnahme Betroffene, nicht der Beschuldigte als solcher, sowie bei Ablehnung einer gerichtlichen „Anordnung" (Gestattung) die Staatsanwaltschaft, niemals die Post.

14   d) **Die Entfernung von Tonbandaufnahmen, Niederschriften** o. ä. aus den Akten kann nicht isoliert angegriffen werden. Hat ein Betroffener mit der Anfechtung (oben Rdn. 12) Erfolg, führt dies nur dann zur Vernichtung der Aufzeichnungen, wenn aus der Rechtswidrigkeit der Maßnahme auch ein Verwertungsverbot folgt.

15   **10. Revision.** Vgl. § 100 a, 50.

§ 101

(1) Von den getroffenen Maßregeln (§§ 99, 100, 100 a, 100 b) sind die Beteiligten zu benachrichtigen, sobald dies ohne Gefährdung des Untersuchungszwecks geschehen kann.

(2) [1]Sendungen, deren Öffnung nicht angeordnet worden ist, sind dem Beteiligten sofort auszuhändigen. [2]Dasselbe gilt, soweit nach der Öffnung die Zurückbehaltung nicht erforderlich ist.

(3) Der Teil eines zurückbehaltenen Briefes, dessen Vorenthaltung nicht durch die Rücksicht auf die Untersuchung geboten erscheint, ist dem Empfangsberechtigten abschriftlich mitzuteilen.

Geltung im Land Berlin. Das Gesetz zu Artikel 10 Grundgesetz vom 13. 8. 1968 (BGBl. I 949) ist trotz seiner Berlin-Klausel in § 12 im Land Berlin nicht übernommen worden. Die Geltung der neuen Fassung des Absatzes 1 in Berlin wurde aber durch Art. 103 Abs. 3 Nr. 3 des für Berlin übernommenen 1. StrRG bestimmt; die Anwendung

---

[9] KK-*Laufhütte* 11; a. A *Kleinknecht/Meyer*[37] 9.

dieser Vorschrift hat die Alliierte Kommandatura Berlin durch Anordnung BK/O (69) 6 vom 17. 7. 1969 (GVBl. 1028) ausgesetzt. Absatz 1 gilt daher in Berlin in der ursprünglichen Fassung, so daß die Klammerverweisung lautet: „§§ 99, 100".

Entstehungsgeschichte. Durch Art. 2 Nr. 3 des Gesetzes zur Beschränkung des Brief-, Post- und Fernmeldegeheimnisses (Gesetz zu Artikel 10 Grundgesetz) vom 13. 8. 1968 (BGBl. I 949) wurden in die Klammerverweisung in Absatz 1 die §§ 100 a und 100 b eingefügt.

Übersicht

1. Benachrichtung (Absatz 1)

a) Maßregeln, von denen die Beteiligten nach § 101 Abs. 1 benachrichtigt werden **1** müssen, sind die Beschlagnahmeanordnung (§ 100) und die Überwachungsanordnung (§ 100 b) sowie die Maßnahmen, die zu ihrer Durchführung getroffen worden sind[1]. Im einzelnen bezieht sich die Benachrichtigungspflicht auf die Durchsicht von Postsendungen, das Entnehmen von Sendungen aus dem ordnungsmäßigen Gang der Beförderung, die Öffnung und Zurückbehaltung von Postsendungen, die Überwachung des Fernmeldeverkehrs, die Aufnahme des Fernmeldeverkehrs auf Tonträger, das Mitlesen des Fernschreibverkehrs und die Erstellung von Unterlagen darüber[2]. Die Benachrichtigung muß auch erfolgen, wenn die Anordnung erfolglos geblieben ist, weil keine gesuchte Post eingegangen, kein aufzeichnungswertes Gespräch geführt oder kein beweiserhebliches Fernschreiben durchgelaufen ist[3].

b) Wegfall der Gefährdung des Untersuchungszwecks. Von den nach §§ 99 ff ge- **2** troffenen Maßnahmen sind die Beteiligten unverzüglich zu benachrichtigen, wenn dadurch der Zweck der Untersuchung nicht mehr gefährdet werden kann. Eine solche Gefährdung liegt so lange vor, wie noch zu erwarten ist, daß mit Hilfe der Postbeschlagnahme und der Überwachung Beweismittel aufgefunden oder beweiserhebliche Mitteilungen aufgefangen werden können. Diese Erwartung entfällt regelmäßig, wenn die Maßnahme z. B. durch Aushändigung geöffneter Briefe bekannt wird[4].

c) Empfänger der Benachrichtigung sind die „Beteiligten". Das ist bei der **Postbe- 3 schlagnahme** stets der Beschuldigte und das sind bei **Postsendungen** der Beschuldigte und diejenigen Personen, von denen Sendungen stammen oder an die sie gerichtet sind[5],

---

[1] KK-*Laufhütte* 1; *Kleinknecht/Meyer*[37] 3; **a. A** *Eb. Schmidt* 1 und Nachtr. II 2, der darunter nur die Vollstreckungsmaßnahmen verstehet.
[2] Nach KMR-*Müller* 1 soll nicht mitgeteilt werden müssen, welches Gespräch usw. abgehört und aufgezeichnet wurde.

[3] KK-*Laufhütte* 1; *Kleinknecht/Meyer*[37] 3; *Welp* 114.
[4] KK-*Laufhütte* 4; *Kleinknecht/Meyer*[37] 4; *Welp* 114.
[5] KK-*Laufhütte* 2; KMR-*Müller* 3; *Kleinknecht/Meyer*[37] 2; *Welp* 113; *Eb. Schmidt* Nachtr. I 3.

soweit diese Sendungen endgültig beschlagnahmt oder doch wenigstens geöffnet wurden[6]. Bei der **Überwachung des Fernmeldeverkehrs** sind Beteiligte im Sinne des § 101 Abs. 1 stets der Beschuldigte und die in § 100 a Satz 2 genannten Personen[7] und diejenigen Dritten, mit denen der Beschuldigte den überwachten Fernsprech- oder Fernschreibverkehr unterhalten hat[8]. Die Post ist nicht Beteiligte in diesem Sinne[9]. Sie ist sofort nach Erlaß der Beschlagnahme- oder Überwachungsanordnung zu verständigen, weil sie deren Vollstreckung ermöglichen muß.

4   Obwohl § 101 Abs. 1 von den „Beteiligten" spricht, also nicht nur den Beschuldigten meint, ist es nicht erforderlich, stets **alle Beteiligten** zu benachrichtigen. Oft wäre das auch gar nicht möglich, z. B. wenn Briefe ohne Absenderangabe eingegangen oder Telefongespräche mit nicht identifizierbaren Gesprächspartnern überwacht worden sind. Nachforschungen zur Ermittlung solcher Beteiligten brauchen nicht angestellt zu werden[10]. Im übrigen ist jeder (bekannte) am Kommunikationsvorgang z. B. als Absender oder Empfänger Beteiligte über die ihn betreffenden Eingriffe zu benachrichtigen. Die Nachricht nur an den Beschuldigten reicht nicht[11].

5   **2. Aushändigung nicht benötigter Sendungen (Absatz 2).** Die Vorschrift bezieht sich nur auf die Postbeschlagnahme nach § 99. Sie ordnet an, daß dem Beteiligten, d. h. dem Beschuldigten oder dem von ihm bestimmten Briefempfänger, Sendungen **sofort** auszuhändigen sind, deren Eröffnung nicht angeordnet worden oder deren Zurückbehaltung nach ihrer Eröffnung nicht erforderlich ist. „Sofort" bedeutet aber nicht, daß die Rückgabe ohne Rücksicht darauf erfolgen muß, ob dadurch die weitere Untersuchung gefährdet wäre. Die Rückgabe darf entgegen verbreiteter Meinung bis zu dem in Rdn. 2 genannten Zeitpunkt **aufgeschoben** werden[12].

6   Bei der Aushändigung der Sendungen ist wie folgt zu **verfahren**[13]: Sendungen, deren Öffnung nicht angeordnet worden ist, können der Post ohne weiteres zur Weiterbeförderung übergeben werden[14]. Werden Sendungen am Aufgabeort oder während ihrer Beförderung vor Ankunft am Bestimmungsort beschlagnahmt und geöffnet, so sind sie zu verschließen und mit einem Vermerk über die gerichtliche Öffnung unter Beidrückung des Dienstsiegels zu versehen; alsdann können sie ebenfalls der Post übergeben werden[15], sobald sie befördert werden sollen (Rdn. 5). Häufig wird sich die Übersendung in einem neutralen Umschlag empfehlen. Wird von dieser Möglichkeit kein Gebrauch gemacht oder sind Sendungen am Bestimmungsort beschlagnahmt und geöffnet worden, so müssen sie dem Empfänger durch die beschlagnahmende Stelle ausgehändigt werden. Die Post darf darum nicht ersucht werden; jedoch können die Justizbehörden die zu befördernde Sendung in neuer Verpackung als ihre eigene Sendung durch die Post befördern lassen. Aushändigen heißt nicht, daß die Justiz die Sendung dem Empfänger unmittelbar in die Hand geben muß. Nachnahmesendungen dürfen nur unter Erhebung der Nachnahme ausgehändigt werden; bei Sendungen mit Nach-

[6] KMR-*Müller* 3.
[7] KK-*Laufhütte* 2; KMR-*Müller* 4; *Eb. Schmidt* Nachtr. I 3.
[8] KK-*Laufhütte* 2; *Kleinknecht/Meyer*[37] 2; *Welp* 113; *Kaiser* NJW **1969** 19; a. A KMR-*Müller* 4.
[9] *Kleinknecht/Meyer*[37] 2; *Eb. Schmidt* 2; a. A KMR-*Müller* 2.
[10] KK-*Laufhütte* 3; *Kleinknecht/Meyer*[37] 2; *Kaiser* NJW **1969** 19; a. A *Welp* 113.

[11] KK-*Laufhütte* 3; *Eb. Schmidt* 3; *Joecks* JA **1983** 61; *Welp* 113 mit w. Nachw.; a. A LR-*Meyer*[23] 4; *Kleinknecht/Meyer*[37] 2.
[12] A. A KK-*Laufhütte* 5; *Kleinknecht/Meyer*[37] 5; *Welp* Überwachung 114.
[13] Vgl. *Lengning*, Post- und Fernmeldegeheimnis 68.
[14] *Eb. Schmidt* 3.
[15] *Eb. Schmidt* Nachtr. I 4.

porto ist dessen Einziehung zu veranlassen. Die erlangten Beträge sind an die Post abzu-
führen.

3. Mitteilung von Briefteilen (Absatz 3). Die Vorschrift enthält eine besondere Re- **7**
gelung über die Mitteilung von der Öffnung eines nach § 99 beschlagnahmten Briefes.
Danach ist dem Empfangsberechtigten, d. h. demjenigen, der in der Anschrift des Briefes
als Empfänger genannt ist, eine Abschrift des Teils des zurückbehaltenen Briefes zu
übersenden, dessen Vorenthaltung nicht durch die Untersuchung geboten erscheint.
Dabei wird vorausgesetzt, daß dieser Briefteil eine für sich ohne den zurückbehaltenen
Teil verständliche Mitteilung eigenen Inhalts enthält, also nicht nur in der Anschrift und
der Schlußformel (Grüße und dgl.) besteht. Auch die üblichen Angaben und Anfragen
über Familie und Gesundheitszustand, mit denen die eigentliche Mitteilung aus Gründen der Höflichkeit eingerahmt wird, bilden nur ausnahmsweise einen selbständigen
Teil des Briefes.

Soweit Briefteile als Beweismittel in Betracht kommen, wird regelmäßig die Über- **8**
sendung einer **Fotokopie des ganzen Briefes** angebracht sein. Damit kann zugewartet
werden, bis die Bekanntgabe der Beschlagnahme den Untersuchungserfolg nicht mehr
gefährdet[16].

4. Zuständigkeit. Die Benachrichtigung von der Anordnung der Postbeschlag- **9**
nahme und der Fernmeldeüberwachung und den einzelnen Maßnahmen zu ihrer
Durchführung obliegt der Staatsanwaltschaft, auch soweit es sich um richterliche Anordnungen oder Maßnahmen zu ihrer Durchführung handelt, denn die Benachrichtigung ist eine Vollstreckungshandlung i. S. des § 36. Auch kann regelmäßig nur die
Staatsanwaltschaft (jedenfalls im Ermittlungsverfahren) beurteilen, wann dies ohne
Gefährdung des Untersuchungserfolgs möglich ist[17]. Soweit der Richter ihm ausgelieferte Sendungen freigibt, veranlaßt er deren Weiterleitung unmittelbar oder über die
Staatsanwaltschaft.

Die **Post- und Fernmeldebehörden** dürfen von sich aus die Betroffenen nicht be- **10**
nachrichtigen. Sie können es aber mit Zustimmung der anordnenden Behörde tun[18].

§ 101 a

Weggefallen (Art. 21 Nr. 20 EGStGB). Die durch Art. 4 Nr. 13 des 3. StRÄndG eingefügte Vorschrift regelte die Notveräußerung sichergestellter oder beschlagnahmter
Gegenstände; sie ist durch § 111 l ersetzt worden.

---

[16] KK-*Laufhütte* 6; **a. A** LR-*Meyer*[23]; *Klein-
knecht/Meyer*[37] 6; KMR-*Müller* 6; *Welp* 114.
[17] Str.; wie hier KK-*Laufhütte* 7. LR-*Meyer*[23]
und *Kleinknecht/Meyer*[37] 7 stellen darauf ab,
wer jeweils tätig wurde.

[18] *Aubert* Fernmelderecht I. Teil, 3. Aufl. 1974,
68; *Niggl* Deutsches Postrecht, 2. Aufl. 1931,
135.

Gerhard Schäfer

§ 102

Bei dem, welcher als Täter oder Teilnehmer einer Straftat oder der Begünstigung, Strafvereitelung oder Hehlerei verdächtig ist, kann eine Durchsuchung der Wohnung und anderer Räume sowie seiner Person und der ihm gehörenden Sachen sowohl zum Zweck seiner Ergreifung als auch dann vorgenommen werden, wenn zu vermuten ist, daß die Durchsuchung zur Auffindung von Beweismitteln führen werde.

Schrifttum vgl. bei § 94.

Entstehungsgeschichte. Durch Art. 21 Nr. 21 EGStGB 1974 wurden die Worte „Straftat oder der Begünstigung, Strafvereitelung oder Hehlerei" an die Stelle der Worte „strafbaren Handlung oder als Begünstiger oder Hehler" gesetzt.

Übersicht

I. Überblick über die gesetzliche Regelung

1   Die §§ 102 bis 110 handeln von der Durchsuchung. Diese ist im Strafverfahren nur zur **Ergreifung des Beschuldigten** oder zur **Auffindung von Beweisen** sowie nach § 111 b Abs. 2 Satz 3 zur **Auffindung** von **Verfalls-** und **Einziehungsgegenständen** zulässig. Bezüglich der Voraussetzungen unterscheidet das Gesetz zwischen der Durchsuchung bei **verdächtigen** (§ 102) und bei **nichtverdächtigen** Personen (§ 103). Die **Anordnungskompetenz** ist in § 105 Abs. 1 geregelt. Die übrigen Vorschriften gelten Modalitäten der Durchsuchung (§§ 104, 105 Abs. 2 und 3, 106, 107 Satz 1, 110) oder der Beschlagnahme von bei der Durchsuchung gefundenen Gegenständen (§§ 107 Satz 2, 108, 109). Zur Anwendung der Vorschriften über die Durchsuchung im **Bußgeldverfahren**

und in **ehrengerichtlichen** oder **berufsgerichtlichen Verfahren** s. § 94, 2. Das dort Ausgeführte gilt hier entsprechend.

II. Unverletzlichkeit der Wohnung

Die Unverletzlichkeit der Wohnung ist als **Grundrecht** durch Art. 13 GG ge- **2** schützt. Es handelt sich um ein Individualrecht, das dem Einzelnen im Hinblick auf seine Menschenwürde und im Interesse seiner freien Entfaltung einen elementaren Lebensraum gewährleisten soll[1]. Deshalb ist der Begriff „Wohnung" in Art. 13 Abs. 1 GG weit auszulegen. Er umfaßt auch Arbeits-, Betriebs- und Geschäftsräume[2]. Das Grundrecht normiert für die öffentliche Gewalt ein grundsätzliches Verbot des Eindringens in die Wohnung oder des Verweilens darin gegen den Willen des Wohnungsinhabers. Dazu gehören auch der Einbau von Abhörgeräten und ihre Benutzung in der Wohnung[3].

Dieses Grundrecht wird nicht uneingeschränkt gewährleistet. Es unterliegt **imma- 3 nenten Schranken und** den in Art. 13 Abs. 2 und 3 ausdrücklich aufgeführten echten **Einschränkungen.** Aus den immanenten Schranken folgt, daß die Unverletzlichkeit der Wohnung nicht Asyl des Rechtsbrechers bedeutet[4]. Art. 13 GG steht also weder der Verhaftung eines gerichtlich Verfolgten entgegen (so schon Art. III § 140 Abs. 4 Paulskirchenverfassung 1849)[5], noch schützt sie die bewußt rechtswidrig in Anspruch genommene Wohnung (Hausbesetzerproblem; str. vgl. Rdn. 30).

Von den in Art. 13 Abs. 2 und 3 GG ausdrücklich vorbehaltenen Schranken kennt **4** das Strafverfahrensrecht nur die **Durchsuchung** (Art. 13 Abs. 2 GG). Diese darf nach §§ 102, 103 und 111 b Abs 2 Satz 3 nur ganz bestimmten Zwecken dienen, nämlich der Ergreifung des Beschuldigten, der Erlangung von Beweisen oder der Auffindung von Verfalls- und Einziehungsgegenständen. Daraus folgt zugleich, daß im Rahmen der Strafverfolgung jedes Betreten einer Wohnung i. S. der weiten Auslegung des Art. 13 GG gegen den Willen des Berechtigten durch Strafverfolgungsorgane nur zur Verfolgung der genannten Zwecke zulässig ist.

Ob im Bereich der im Beschluß des Großen Senats des BGH vom 17. 10. 1983 **5** (BGHSt 32 115, 120) umrissenen schweren Kriminalität beim Einsatz **verdeckt operierender Polizeibeamter** etwa unter Berufung auf den Rechtfertigungsgrund des § 34 StGB etwas anderes gilt[6], wird bei § 161 erörtert. Die Frage ist umstritten. Soweit das Gesetz Eingriffe oder Verhaltensweisen der Strafverfolgungsbehörden abschließend regelt, wie dies bei §§ 102 ff der Fall ist, ist für andere gezielt organisierte Eingriffe auch unter Berufung auf § 34 StGB grundsätzlich kein Raum[7].

---

[1] BVerfGE **42** 219; **51** 110; *Maunz* in *Maunz/Dürig* Art. 13.

[2] BVerfGE **32** 69; **42** 219; **44** 371; *Dagtoglou* in BK (Zweitbearbeitung) Art. 13, 16, 20; *Maunz* in *Maunz/Dürig* Art. 13, 3 c.

[3] BVerfGE **65** 1, 40; *Maunz* in *Maunz/Dürig* Art. 13, 9 a.

[4] *Dagtoglou* in BK (Zweitbearbeitung) Art. 13, 61.

[5] *Dagtoglou* in BK (Zweitbearbeitung) Art. 13, 61.

[6] So z.B. OLG München NJW **1972** 2275 mit Anm. *Otto* NJW **1973** 667; vgl. dazu auch *Stückemann* JR **1973** 414; *Amelung/Schall* JuS **1975** 565; *Amelung* NJW **1977** 833 und **1978** 623; *Dreher/Tröndle*[42] 24 und *Schönke/Schröder/Lenckner*[22] 7 jeweils zu § 34 StGB und jeweils mit umfassenden Nachweisen.

[7] Vgl. zu Einzelheiten umfassend LK-*Hirsch* § 34, 6 ff; ferner den Bericht des vom Arbeitskreis II der Innenministerkonferenz eingesetzten Ad-hoc-Ausschusses StrVert. **1984** 353; sowie Nr. 3.2 der Gemeinsamen Verwaltungsvorschrift des Justizministeriums und des Innenministeriums Baden-Württemberg zum Einsatz verdeckter Ermittler Justiz **1986** 81.

Gerhard Schäfer

6   Vereinzelt wird in der Literatur die Auffassung vertreten[8], eine Durchsuchung setze ein Suchen in den zu betretenden Räumen voraus. Wenn bekannt sei, daß in bestimmten Räumen eine bestimmte zu ergreifende Person sich aufhalte oder ein bestimmtes zu suchendes Beweismittel sich befinde, sei ein Betreten dieser Räume gegen den Willen des Berechtigten keine Durchsuchung (sondern eine „**Nachschau**") und deshalb auch nicht an die Voraussetzungen der §§ 102 ff gebunden. Dieser Auffassung kann nicht gefolgt werden. Sie verkennt die Schrankensystematik in Art. 13 GG, die für das Strafverfahren nur die in §§ 102 bis 110 geregelte Durchsuchung zuläßt. Die zur Begründung der Gegenauffassung herangezogenen Entscheidungen befassen sich nicht mit strafprozessualen, sondern mit polizeirechtlichen Sachverhalten, bei denen einfache Betretungsrechte nicht als Durchsuchung, sondern als „Eingriffe und Beschränkungen" i. S. des Art. 13 Abs. 3 GG qualifiziert und deren gesetzliche Grundlage in § 14 Abs. 1 Berl. PVG[9] bzw. in §§ 20, 17 Handwerksordnung[10] gesehen wurden. Um solche einfachen Betretungsrechte geht es in der Strafprozeßordnung aber nie. Für sie würde die nach Art. 13 Abs. 3 GG erforderliche gesetzliche Grundlage fehlen[11].

III. Einwilligung

7   **1. Grundsatz.** Die Einwilligung[12] des Berechtigten schließt eine „Verletzung" der Wohnung aus. Bei einer (wirksamen) Einwilligung in die Durchsuchung brauchen deshalb die gesetzlichen Vorschriften über Durchsuchung weder nach ihren Voraussetzungen (§§ 102, 103) noch nach der Anordnungskompetenz (§ 105) oder den Formen ihrer Durchführung (§§ 104, 105 Abs. 2) eingehalten zu werden[13]. Wird die Einwilligung während der Durchsuchung widerrufen, kann deren Fortsetzung wegen Gefahr im Verzug (§ 105 Abs. 1) angeordnet werden[13a].

8   **2. Einzelheiten.** Die Einwilligung kann sich stets nur auf einen **konkreten Einzelfall** beziehen. Der Berechtigte muß wissen, weshalb nach welchen Gegenständen gesucht wird. Die Einwilligung muß **ausdrücklich** und eindeutig in Kenntnis der Freiwilligkeit erfolgen. Um Zweifel (die gegen die Freiwilligkeit sprechen würden) auszuräumen, wird deshalb häufig eine Belehrung über die Freiwilligkeit erforderlich sein[14]. Berechtigt zur Einwilligung ist der Grundrechtsträger; das ist der tatsächliche Bewohner[15]. Auf die privatrechtliche Gestaltung kommt es nicht an. Deshalb sind bei einer Wohnung alle Mitbewohner, alle Mitglieder der Familie Berechtigte. Die Einwilligung muß deshalb von allen erfolgen[16]. Eine konkludente Ermächtigung, in eine Durchsuchung einzuwilligen, wird selten angenommen werden können. Insoweit ist die zur Einwilligung bei § 123 StGB entwickelte Rechtsprechung nicht hierher übertragbar.

9   Die Einwilligung kann auch durch einen **Vertreter** erfolgen. Sie ist jedoch auch dann nur wirksam, wenn dieser alle Umstände kennt, die erforderlich sind, um die Ein-

[8] LR-*Meyer*[23] § 98, 35; *Kleinknecht/Meyer*[37] 8; *Kaiser* NJW **1980** 876.
[9] BVerwG NJW **1975** 130.
[10] BVerfGE **32** 54.
[11] Ähnlich *Benfer* NJW **1980** 1612; *Kühne* 170; *Schlüchter* 325.
[12] Vgl. zum Problem der Einwilligung *Amelung* Die Einwilligung in die Beeinträchtigung eines Grundrechtsrechtsguts (1981) sowie in „Freiheit und Verantwortung im Verfassungsstaat" 1 sowie StrVert. **1985** 257.

[13] BGH NStZ **1986** 84; *v. Münch/Pappermann* Art. 13, 15 GG.
[13a] BGH NStZ **1986** 84.
[14] Vgl. auch *Dagtoglou* in BK (Zweitbearbeitung) Art. 13, 56; *Amelung* StrVert. **1985** 263.
[15] *Dagtoglou* in BK (Zweitbearbeitung) Art. 13, 29.
[16] *Dagtoglou* in BK (Zweitbearbeitung) Art. 13, 31; *Amelung* FS „Freiheit und Verantwortung" 13.

willigung wirksam erteilen zu können. Das wird auch unter Ehegatten selten der Fall sein, wenn die Durchsuchung z. B. in einer Wirtschaftsstrafsache erfolgen soll, es sei denn der Vertreter sei über den Sachverhalt ohnehin schon voll orientiert.

Bei **Betrieben** ist grundsätzlich der Inhaber Träger des Grundrechts, bei juristi- **10** schen Personen entscheiden die gesetzlichen Vertreter nach Maßgabe ihrer Vertretungsmacht. Hat ein Arbeitnehmer ein eigenes Dienstzimmer, ist er neben dem Inhaber Berechtigter. Im übrigen beschränkt sich der von der Einwilligung des Inhabers nicht erfaßbare Bereich auf die einzelnen Arbeitnehmern persönlich zugewiesenen verschließbaren Behältnisse.

Ist die **Einwilligung unwirksam**, führt dies zur Rechtswidrigkeit der Durchsu- **11** chung[17], nicht aber ohne weiteres zur Rechtswidrigkeit der Beschlagnahme (s. § 98, 82).

IV. Abgrenzung zwischen § 102 und § 103

1. Mitgewahrsam. Das Gesetz stellt an die Zulässigkeit der Durchsuchung beim **12** Verdächtigen (§ 102) geringere Anforderungen als an die bei anderen Personen (§ 103). Entscheidend dabei ist, in wessen Rechte eingegriffen wird: Bei einer Wohnungsdurchsuchung kommt es auf die tatsächliche Nutzung, bei beweglichen Sachen auf den Gewahrsam an. Bei Mitgewahrsam mehrerer Personen, von denen nur ein Teil verdächtig ist, gilt § 102[18]. Das Gesetz geht davon aus, daß im unmittelbaren Einwirkungsbereich des Verdächtigen das Auffinden von Beweismitteln so naheliegt, daß die allgemeine Vermutung des § 102 bereits die Durchsuchung rechtfertigt, auch wenn dadurch Nichtverdächtige betroffen werden. Eine andere Frage ist es, daß z. B. bei Wohngemeinschaften der Grundsatz der Verhältnismäßigkeit (vgl. Rdn. 36) ein besonders schonendes Vorgehen bei der Durchsuchung verlangt.

2. Juristische Personen können nicht Beschuldigte sein, für sie handeln natürliche **13** Personen[19]. Gleichwohl ist § 102 auf die juristische Person dann anwendbar, wenn der Täter als deren Organ oder als deren befugter Vertreter gehandelt hat[19a]. S. § 103, 5.

V. Verdächtiger

1. Begriff. Die Verwendung des Begriffs Verdächtiger in § 102 soll nach verbreite- **14** ter Meinung[20] bedeuten, daß die Durchsuchung schon dann nach dieser Vorschrift und nicht nach § 103 zulässig ist, wenn der Verdacht noch nicht so konkretisiert ist, daß er die Beschuldigteneigenschaft begründen kann. § 102 soll bei Personen anwendbar sein, „die, wenn es sich um eine Vernehmung handeln würde, trotz des gegen sie bestehenden Tatverdachts noch informatorisch als Zeugen gehört werden könnten und gegen die dafür noch kein Ermittlungsverfahren einzuleiten ist"[21].

Soweit dadurch die Verdachtsschwelle unter die des Anfangsverdachts nach **15** §§ 152 Abs. 2, 160 Abs. 1 gesenkt werden soll, kann dem nicht beigetreten werden. Die Verfassung gebietet es, den **Begriff** des Verdächtigen bei § 102 **enger zu fassen**, als dies

---

[17] Vgl. dazu eingehend *Amelung* StrVert. **1985** 263.

[18] BGH NStZ **1986** 84; KMR-*Müller* 2.

[19] Vgl. zur Problematik, ob juristische Personen strafbare Handlungen begehen können,

Schönke/Schröder/Cramer[22] Vor §§ 25 ff, 89.

[19a] Ebenso *Gillmeister* 55 ff; *Müller* 117.

[20] LR-*Meyer*[23] 4; *Kleinknecht/Meyer*[37] 3; KK-*Laufhütte* 1; *Bruns* FS Schmidt-Leichner 5.

[21] LR-*Meyer*[23] 4; *Kleinknecht/Meyer*[37] 3.

Gerhard Schäfer

früher erforderlich erschienen sein mag. Die Durchsuchung ist ein so schwerwiegender Eingriff, daß sie angesichts der Bedeutung der durch sie berührten Grundrechte unter den erleichterten Voraussetzungen des § 102 nur gestattet sein kann, wenn wenigstens — verfahrensrechtlich verwertbare[21a] — **Tatsachen unter Vermittlung kriminalistischer Erfahrungswerte** eine **gewisse Wahrscheinlichkeit** für die Täterschaft des Betroffenen begründen[22]. Eine nur statistische Wahrscheinlichkeit kann regelmäßig nur zusammen mit Umständen, die auf eine bestimmte Person individuell hinweisen, genügen. Eine **„flächendeckende Fahndung"** (auch) gegen Personen, gegen die ein solcher durch Tatsachen konkretisierter individueller Verdacht nicht besteht, wäre unzulässig (s. auch § 108, 3). Ein Ermittlungsverfahren gegen den Verdächtigen braucht allerdings noch nicht eingeleitet zu sein. Die Durchsuchung oder ihre Anordnung kann die Einleitung eines Ermittlungsverfahrens sein; vgl. die Nachweise bei § 136, 4; sie macht dann den Verdächtigen zum Beschuldigten; vgl. zu diesem Begriff § 136, 4. Diese Auffassung schließt nicht aus, daß bei **mehreren Tatverdächtigen** nach § 102 durchsucht werden kann, obwohl nur einer von ihnen tatsächlich als Täter in Betracht kommt. Es müssen aber Tatsachen vorliegen, die gerade auf jeden als Täter hinweisen. Zutreffend spricht das Bundesverfassungsgericht[23] von dem Erfordernis eines „greifbaren Verdachts" gegen den Betroffenen und verneinte ihn in einem Fall, in dem einziger Verdachtsgrund der Umstand war, daß der Betroffene Besitzer einer in Deutschland häufig geführten Waffe gleichen Typs sein sollte, mit der in der Schweiz ein fünffacher Mord begangen wurde.

16   So begründet auch der Umstand, daß an einer Stelle viel gestohlen wird (Kleindiebstähle in Ladengeschäften, Kaufhäusern, Fabriken oder Häfen), noch **keinen Verdacht** gegen die einzelnen Personen, die sich an solchen Orten aufhalten. Daher ist eine (mit einer Durchsuchung verbundene) allgemeine polizeiliche Kontrolle an den Ausgängen dieser Räume und Anlagen unzulässig. Aus den gleichen Gründen ist auch eine allgemeine Kontrolle von Postabholern nicht statthaft, wenn sie den Zweck verfolgt, Anhaltspunkte für den Verdacht einer Straftat (Verbreitung staatsgefährdender oder pornographischer Schriften) erst zu erlangen[24]. Zur Frage, wann bei einer **allgemeinen Beschlagnahme von Schriften** usw. im Sinne des § 111 m im Einzelfall der Anfangsverdacht für eine Durchsuchung gegeben ist, vgl. § 111 n, 14.

17   **Soweit die Durchsuchung der Ergreifung** des Verdächtigen dienen soll, müssen ohnehin die Voraussetzungen **dafür** vorliegen; in der Regel wird dringender Tatverdacht erforderlich sein (vgl. §§ 127 Abs. 2, 112 Abs. 1).

18   Im übrigen setzt der Begriff des Verdächtigen voraus, daß ein nach materiellem Recht **strafbares Verhalten** verfolgt wird[25]. Strafunmündige können keine „Verdächtigen" sein. Durchsuchungen ihrer Sachen sind nur unter den Voraussetzungen des § 103 zulässig[26]. Das offensichtliche Vorliegen von Rechtfertigungs- oder Entschuldigungsgründen macht die Durchsuchung nach § 102 ebenfalls unzulässig[27]. Nichtbehebbare Verfahrenshindernisse stehen ihr ebenfalls entgegen[28].

[21a] LG Stuttgart NStZ **1985** 568 mit Anm. *Hilger.*

[22] Im Ergebnis ebenso KMR-*Müller* 3; *Geerds* FS Dünnebier 174; *Schlüchter* Rdn. 326; *Rüping* 270; *Gillmeister* 53.

[23] BVerfGE **59** 95, 98.

[24] *Aubert* Fernmelderecht I. Teil, 3. Aufl. 1974, 60.

[25] BVerfGE **20** 162, 185.

[26] KK-*Laufhütte* 1; *Kleinknecht/Meyer*[37] 4; **a. A** KMR-*Müller* 4.

[27] *Kleinknecht/Meyer*[37] 4; *Eb. Schmidt* 8.

[28] *Kleinknecht/Meyer*[37] 4.

2. Teilnehmer. Dem Tatverdächtigen stellt § 102 Personen gleich, die der Teil- **19** nahme (zum Begriff vgl. § 97, 25), Begünstigung, Strafvereitelung oder Hehlerei verdächtig sind. Bei jeder von ihnen ist die Durchsuchung zulässig, wenn damit die Tat weiter aufgeklärt werden soll; um die Erhärtung des Verdachts gegen denjenigen, bei dem durchsucht werden soll, muß es sich nicht handeln[29].

3. „Verdächtiger": In jeder Lage des Verfahrens. Der in § 102 verwendete Begriff **20** des Tatverdächtigen bedeutet nicht, daß die Durchsuchung nur in einem bestimmten Verfahrensabschnitt, etwa im Ermittlungsverfahren, nach dieser Vorschrift zulässig wäre. § 102 findet in jeder Lage des Verfahrens Anwendung. Für die **Strafvollstreckung** gilt die Vorschrift entsprechend[30], soweit hier Durchsuchungen zur Ergreifung des Verurteilten oder zur Auffindung von Beweisen zur Feststellung des Aufenthalts des Verurteilten erforderlich sind. Allerdings wird in der die Vollstreckung einer Freiheitsstrafe anordnenden richterlichen Entscheidung die Gestattung enthalten sein, beim Verurteilten zu seiner Ergreifung durchsuchen zu dürfen[31]; vgl. dazu auch Rdn. 2 und § 105, 7.

VI. Durchsuchungszwecke

1. Ergreifung des Verdächtigen

a) Ergreifung im Sinne des § 102 ist jede Festnahme zur Durchführung einer ge- **21** setzlich zugelassenen Zwangsmaßnahme, selbst wenn dazu nur ein kurzfristiges Festhalten des Verdächtigen erforderlich ist[32]. In Betracht kommen in erster Linie die vorläufige Festnahme nach § 127, die Verhaftung nach § 112 oder nach § 126 a Abs. 1 und die Festnahme aufgrund eines Vorführungs- oder Haftbefehls nach §§ 134, 163 a Abs. 3, 230 Abs. 2, 236, 329 Abs. 4 Satz 1. Ergreifung im Sinne des § 102 ist aber auch die Festnahme zur Verbringung in ein psychiatrisches Krankenhaus zur Beobachtung nach § 81, zur Vornahme körperlicher Eingriffe nach § 81 a, z. B. einer Blutprobenentnahme[33], einer erkennungsdienstlichen Behandlung für Zwecke der Strafverfolgung nach § 81 b[34], nicht aber für Zwecke des Erkennungsdienstes (vgl. Erläuterungen zu § 81 b) sowie zur Durchführung von Maßnahmen nach § 163 b[35]. Zur Vernehmung vor der Polizei darf der Beschuldigte — anders zur Vernehmung vor der Staatsanwaltschaft, § 163 a Abs. 3 — nicht ergriffen werden[36]. Da die Durchsuchung auch der Ergreifung eines Gefangenen dienen darf, fällt unter Ergreifung schließlich auch die Festnahme des Verurteilten[37] zur Einlieferung in Widerrufshaft (§ 453 c), in Strafhaft (§ 457) oder in den Maßregelvollzug (§ 463). Wird der Verdächtige nicht selbst in den Räumen vermutet oder gesucht, sondern wird nur nach **Anhaltspunkten** für seinen **Verbleib** geforscht, so handelt es sich nicht um eine Durchsuchung zum Zweck seiner Ergreifung, sondern zur Auffindung von Beweismitteln[38].

---

[29] KMR-*Müller* 5.
[30] *Eb. Schmidt* 12; KK-*Laufhütte* Vor § 94, 2; für unmittelbare Anwendung LR-*Meyer*[23] 8; *Kleinknecht/Meyer*[37] 12; *Rüping* 270.
[31] OLG Düsseldorf NJW **1981** 2133.
[32] KK-*Laufhütte* 5; *Kleinknecht/Meyer*[37] 12; wohl auch *Eb. Schmidt* 12.
[33] OLG Düsseldorf VRS **41** 430; OLG Stuttgart Justiz **1971** 29; KK-*Laufhütte* 5; *Kleinknecht/Meyer*[37] 12; *Gobrecht* Polizei **1969** 284; a. A *Kohlhaas* DAR **1968** 74.

[34] *Kleinknecht/Meyer*[37] 12.
[35] *Kleinknecht/Meyer*[37] 12.
[36] A. A KMR-*Müller* 7.
[37] OLG Düsseldorf NJW **1981** 2133; Bay. ObLG **8** 239; **20** 153; OLG Frankfurt NJW **1964** 786; OLG München *Alsb.* E **3** Nr. 232; KK-*Laufhütte* 5; *Kleinknecht/Meyer*[37] 12; *Eb. Schmidt* 12.
[38] KMR-*Müller* 9.

Gerhard Schäfer

22   b) Die **allgemeine Vermutung**, daß sich der Verdächtige in seinen Räumen aufhält, rechtfertigt bereits die Durchsuchung zu seiner Ergreifung. Bestimmte Tatsachen, aus denen auf seine Anwesenheit zum Zeitpunkt der Durchsuchung zu schließen sind, sind nicht erforderlich. Diese Vermutung gilt aber nur für die Durchsuchung in den Räumen dessen, der ergriffen werden soll. Bei mehreren Beschuldigten findet auf die Ergreifungsdurchsuchung in den Räumen eines anderen Beschuldigten ebenfalls § 102 und nicht § 103 Anwendung, der die Durchsuchung bei nicht tatbeteiligten Dritten regelt. Insoweit ist *Eb. Schmidt* 14 zu folgen. Entgegen seiner Meinung[39] ist aber dann, wenn bei einem Verdächtigen zur Ergreifung eines anderen Verdächtigen durchsucht werden soll, ein auf Tatsachen gegründeter Verdacht erforderlich, daß sich der Gesuchte beim Mitbeschuldigten aufhält. Hohe Anforderungen an den Verdachtsgrad dürfen freilich nicht gestellt werden. Eine Durchsuchung „auch ins Blaue hinein aufs Geradewohl" ist aber entgegen *Eb. Schmidt* unzulässig, weil willkürlich.

2. Auffinden von Spuren und Beweismitteln

23   a) **Begriff.** § 102 und § 103 formulieren den Durchsuchungszweck unterschiedlich. Während in § 102 von der Durchsuchung zur Auffindung von Beweismitteln die Rede ist, spricht § 103 von der Durchsuchung zur Verfolgung von Spuren einer Straftat oder zur Beschlagnahme bestimmter Gegenstände. Ein sachlicher Unterschied ist damit nicht gemeint[40]. Spuren sind Beweismittel, die nicht beschlagnahmt werden können[41]. Ihr sachlicher Gehalt wird durch die ermittelnden Beamten in Aktenvermerken, fotografisch oder in sonstiger Weise festgehalten. Keine Beweismittel im Sinne der §§ 102, 103 sind Zeugen, nach denen gesucht wird[42].

24   Die Durchsuchung von **Sachen** beschränkt § 102 nicht auf Beweismittel. Sie ist gerade auch an Sachen zulässig, die keine Beweismittel sind, aber auf solche hinweisen. So darf bei der Suche nach einem Koffer eine Brieftasche durchsucht werden, weil in ihr ein Hinterlegungsschein gefunden werden könnte.

25   b) Die **allgemeine Vermutung**, daß sich in der Wohnung oder in den Sachen des Verdächtigen Beweismittel finden lassen, reicht hier — anders als bei der Durchsuchung bei Dritten nach § 103 — aus. Es ist nicht erforderlich, daß bei der Durchsuchungsanordnung konkrete Vorstellungen über die zu suchenden Gegenstände bestehen, weshalb hier häufig eine Beschlagnahmeanordnung noch gar nicht möglich ist. Die zu suchenden Gegenstände müssen aber wenigstens annäherungsweise, etwa in Form beispielhafter Angaben, beschreibbar sein[43]. Es genügt, daß auf Grund genereller Erfahrungen kriminalistischer Art Beweismittel bei einer Durchsuchung erwartet werden können[44]; bestimmte Tatsachen zur Stützung dieses Verdachts sind nicht erforderlich, rein gefühlsmäßige Vermutungen reichen aber auch nicht. Stets bedingt der Grundsatz der Verhältnismäßigkeit (vgl. Rdn. 36) gerade bei Durchsuchungen angesichts des Gewichts des Eingriffs eine Abwägung dahin, ob die Durchsuchung in einem angemessenen Verhältnis zur Schwere der Tat, zur Stärke des Tatverdachts und zum erwarteten Erfolg steht[45].

---

[39] Wie *Eb. Schmidt* 14 auch KMR-*Müller* 8.
[40] LR-*Meyer*[23] 20; KK-*Laufhütte* 4; *Kleinknecht/Meyer*[37] 13; KMR-*Müller* 10; *Eb. Schmidt* 13.
[41] *Geerds* FS Dünnebier 174.
[42] LR-*Meyer*[23] 20; *Kleinknecht/Meyer*[37] 13.
[43] BVerfGE 44 212, 220.
[44] *Eb. Schmidt* 15.
[45] Enger *Geerds* FS Dünnebier 195.

3. Auffinden von Verfalls- und Einziehungsgegenständen. Nach § 111 b Abs. 2 **26** Satz 3 sind §§ 102 bis 110 entsprechend anwendbar auf Durchsuchungen zur Beschlagnahme von Gegenständen, die dem Verfall oder der Einziehung unterliegen oder der Schadloshaltung des Verletzten dienen können (§ 111 b, 5 ff). Zu beachten ist aber, daß für das Vorliegen dieser Voraussetzungen dringende Gründe sprechen müssen (§ 111 b Abs. 1). Auch eine Durchsuchung ist daher nur zulässig, wenn feststeht, daß solche dringenden Gründe für eine Beschlagnahme bestehen. Kommt der gesuchte Gegenstand gleichzeitig als Beweismittel in Betracht, ein Fall, der häufig vorliegen wird, genügt es für die Durchsuchung, wenn die Voraussetzungen für die Beschlagnahme nach § 94 gegeben sind (s. § 94, 12). Zur Durchsuchung zur Beschlagnahme allgemein beschlagnahmter Schriften usw. vgl. § 111 n, 14.

VII. Durchsuchungsobjekte

1. Wohnungen und andere Räume

a) Allgemeines. Die Durchsuchung ist in erster Hinsicht in Wohnungen „und an- **27** deren Räumen" zulässig; letztere sind, wie sich aus §§ 104 Abs. 1, 105 Abs. 2 ergibt, die Geschäftsräume und das befriedete Besitztum. Die Auslegung dieser Begriffe ist mit Art. 13 Abs. 1 GG dahin in Einklang zu bringen, daß der durch §§ 102, 103 erfaßte räumliche Bereich jedenfalls nicht hinter dem in Art. 13 GG allgemein verstandenen Begriff zurückbleibt[46], denn §§ 102, 103 sind einfachgesetzliche Ausprägungen des Grundrechts aus Art. 13 Abs. 1 GG. Dort wird der Begriff Wohnung aber herkömmlich weit ausgelegt und als **„räumliche Privatsphäre"** verstanden, zu der auch Arbeits-, Betriebsund (die in §§ 104, 105 ausdrücklich genannten) Geschäftsräume gehören[47].

Diese Räume können auch **Personenhandelsgesellschaften** oder **juristischen Perso- 28 nen** gehören. Auch sie können Träger des Grundrechts aus Art. 13 Abs. 1 GG sein[48].

Soweit nach §§ 102, 103 Räume durchsucht werden dürfen, gilt dies auch für die **29 in diesen befindlichen Sachen,** wie Taschen, Schränke und andere geschlossene oder offene Behälter.

Auf das **Eigentum** des Verdächtigen an den geschützten Räumen oder darauf, ob **30** er ein vertraglich eingeräumtes Besitz- oder Nutzungsrecht hat, kommt es nicht an[49]. Bewußter Rechtsbruch, z. B. durch Hausbesetzer, schafft aber keine geschützte Wohnung i. S. des Art. 13 GG und des § 102[50]. Es entscheidet die **tatsächliche Benutzung** als Wohnung oder Geschäftsraum; vorübergehender Aufenthalt allein genügt nicht (z. B. in einer Gaststätte oder in einer fremden Wohnung als Tagesgast). Die Dauer der Nutzung spielt aber keine Rolle. Der Hotelgast hat deshalb sein Hotelzimmer, der Hausgast sein Gästezimmer zur Wohnung[51]. Für die Anwendung des § 102 genügt grundsätzlich die gemeinschaftliche Benutzung des Verdächtigen mit anderen, jedoch kommt es auf die Art der Benutzung an. So werden beim Hotel- oder Hausgast die gemeinsam mit anderen Hotelgästen oder gemeinsam mit der Familie benutzten Räume unter § 103 fallen.

---

[46] *Maunz* in *Maunz/Dürig* Art. 13, 3 c.

[47] BVerfGE **32** 54, 72.

[48] BVerfGE **44** 353, 371 für einen eingetragenen Verein; BVerfGE **42** 212, 219 für eine Kommanditgesellschaft; *Dagtoglou* in BK (Zweitbearbeitung) Art. 13, 33 ff.

[49] LR-*Meyer*[23] 12; *Dagtoglou* in BK (Zweitbearbeitung) Art. 13, 29 f.

[50] *Maunz* in *Maunz/Dürig* Art. 13, 4; *Jaeschke* NJW **1983** 434; a. A *Dagtoglou* in BK (Zweitbearbeitung) Art. 13, 30; *Werwigk* NJW **1983** 2367.

[51] LR-*Meyer*[23] 12; *Kaufmann* 108.

Gerhard Schäfer

31   **b) Wohnungen.** Die Wohnung ist der Inbegriff der Räume (Stuben, Küche, Bad, Flur, Treppe, Keller, Waschküche, Bodenraum, Garage, Veranda und dgl.), die Einzelpersonen, Familien oder anderen zusammengehörenden Personengruppen[52] zum ständigen Aufenthalt dienen oder zur Benutzung freistehen[53]. Auf eine Bestimmung oder Eignung der Räume zur Übernachtung kommt es ebensowenig an wie auf die Absicht eines längeren Aufenthalts. Wohnungen sind daher[54] auch Wochenendhäuser, Ferienhäuser, Jagdhütten und Hotelzimmer, Hausboote und Schiffe[55], Artisten-, Bau- und sonstige Wohnwagen[56], Campingfahrzeuge sowie Campingzelte, nicht aber bloße Schlafstätten im Freien[57], offene Schutzhütten[58]. Auch der PKW wird heute zur räumlichen Privatsphäre zu zählen und deshalb als „Wohnung" geschützt sein[59]; vgl. Rdn. 35. Außerhalb des Wohnhauses befindliche Nebenräume der Wohnung und noch nicht bewohnte Neubauten sind befriedetes Besitztum (vgl. Rdn. 33).

32   **c) Geschäftsräume** sind bei der gebotenen verfassungskonformen Auslegung (vgl. Rdn. 2) Arbeits-, Betriebs- und Geschäftsräume. Hierher gehören insbesondere[60] Werkstätten, Arbeitshallen, Fabriken, Läden, Büroräume jeglicher Art, Arztpraxen, Diensträume ausländischer Konsulate[61], Marktbuden, Werbebusse, nicht aber reine Transportmittel wie LKWs. Hat der Beschuldigte bei seinem Arbeitgeber einen eigenen Büroraum, so wird dieser nach § 102 durchsucht werden[62]. Ist ein eigener Büroraum nicht vorhanden, wird § 102 auf den Schreibtisch, Kleiderschrank, Werkzeugschrank usw. des Beschuldigten anzuwenden sein, im übrigen aber § 103 gelten. **Nebenräume** gehören entweder zu den Geschäftsräumen oder sind befriedetes Besitztum.

33   **d) Befriedetes Besitztum** kann nur ein Grundstück sein[63]. In einem räumlichen oder wirtschaftlichen Zusammenhang mit einem Gebäude braucht es nicht zu stehen[64]. Befriedet ist das Besitztum, wenn es von seinem berechtigten Inhaber in äußerlich erkennbarer Weise mittels zusammenhängender Schutzwehren (Mauern, Zäune, Verdrahtungen, Hecken, Abgrenzungen durch Gräben oder Wälle) gegen das willkürliche Betreten und Eindringen durch andere gesichert ist[65]. Bloße Verbotstafeln genügen nicht[65a]. Zusammenhängende Schutzwehren sind entbehrlich, wenn das Besitztum für jedermann erkennbar zu einer Wohnung oder einem Geschäftsraum gehört[66]. Befriedetes Besitztum sind insbesondere Hofplätze, Haus- und Wirtschaftsgärten, Lagerplätze, Ställe, Scheunen, Fried- und Kirchhöfe sowie Neubauten, die noch nicht bewohnt sind[67].

34   **2. Personen.** § 102 gestattet auch die Durchsuchung des Verdächtigen. Dabei ist aber zu beachten, daß § 102 aus einer Zeit stammt, bevor § 81 a in die StPO eingefügt

---

[52] LK-*Schäfer* § 123, 4.
[53] RGSt **12** 133.
[54] Vgl. dazu *Dreher/Tröndle*[42] § 123, 3.
[55] RGSt **13** 312.
[56] RGSt **14** 314; AG Nienburg NdsRpfl. **1964** 162.
[57] RGSt **13** 312.
[58] LK-*Schäfer* § 123, 4.
[59] **A. A** LR-*Meyer*[23] 14.
[60] Vgl. dazu *Dreher/Tröndle*[42] 4; LK-*Schäfer* 12 jeweils zu § 123 und jeweils mit weiteren Nachweisen.
[61] OLG Köln NJW **1982** 2740.
[62] KMR-*Müller* 13.

[63] RGSt **13** 314; **32** 371; *Schönke/Schröder/Lenckner*[22] § 123, 7; **a. A** *Schweizer* GA **1968** 81.
[64] RGSt **36** 395.
[65] RGSt **11** 293; **20** 154; **36** 397; **54** 44; BayObLGSt **1969** 77 = JR **1969** 466 m. Anm. *Schröder*.
[65a] OLG Hamm VRS **37** 266.
[66] RGSt **20** 155; **36** 398; RGRspr. **3** 143; BayObLGSt **1965** 10 = JR **1965** 265; BayObLGSt **1969** 77 = JR **1969** 466 m. Anm. *Schröder*; OLG Hamm VRS **37** 266.
[67] RGRspr. **10** 638.

wurde. Seitdem ist die körperliche Untersuchung des Beschuldigten in §81a abschließend geregelt. Im Rahmen des §102 ist deshalb jegliche körperliche Untersuchung zur Feststellung der Beschaffenheit des Körpers unzulässig. Daß im übrigen §102 vom Verdächtigen, §81a vom Beschuldigten spricht, ist ohne Bedeutung (s. dazu Rdn. 15). §102 erlaubt seit Einfügung des §81a nur noch die Durchsuchung der von dem Verdächtigen am Körper getragenen Kleidung[68], insbesondere seiner Taschen und die Besichtigung seines Körpers einschließlich seiner natürlichen Öffnungen zur Auffindung von Spuren oder Beweismitteln[69]. Näheres vgl. Erläuterungen zu §81a. Bei der Durchsuchung von Frauen ist §81d zu beachten (vgl. die Erläuterungen dort). Eine Sonderregelung für die körperliche Durchsuchung in Zollgrenzbezirken zum Zweck des Auffindens von Zollgut, das in oder unter der Kleidung versteckt ist, enthält §71 Abs. 3 ZollG.

3. Dem **Verdächtigen gehörende Sachen** sind solche, die in seinem Gewahrsam **35** stehen[70]; auf das Eigentum kommt es nicht an. Mitgewahrsam genügt für die Anwendung des §102. Hierher gehören zunächst alle Gegenstände, die der Verdächtige bei sich führt, wie Taschen, Koffer u. ä. Auch der PKW gehört hierher, wenn man ihn nicht unter den Begriff Wohnung faßt (Rdn. 31), und zwar unabhängig davon, wo er sich befindet. Die Gegenstände können sich, wie z. B. der Schreibtisch am Arbeitsplatz, auch in den Räumen Dritter befinden.

VIII. Verhältnismäßigkeit

1. Grundsatz. Wie alle Zwangsmaßnahmen steht auch die Durchsuchung, und **36** zwar ihre Anordnung und ihre Durchführung, unter dem Grundsatz der Verhältnismäßigkeit, denn sie stellt schon ihrer Natur nach regelmäßig einen schwerwiegenden Eingriff in die grundrechtlich geschützte Lebensphäre des Betroffenen, namentlich in die Grundrechte aus Art. 2 und 13 GG dar[71]. Deshalb muß der jeweilige Eingriff in angemessenem Verhältnis zu der Schwere der Straftat und der Stärke des bestehenden Verdachts stehen. Die Maßnahme muß erforderlich sein; andere, weniger einschneidende Mittel dürfen nicht zur Verfügung stehen und schließlich muß die Durchsuchung den Erfolg versprechen, geeignete Beweismittel zu erbringen[72]. Ob eine Maßnahme danach verhältnismäßig ist, ergibt sich erst nach einer Abwägung aller genannten Gesichtspunkte. Im einzelnen gilt folgendes:

2. Einzelheiten. Vgl. zunächst §94, 35 ff.

a) Die Durchsuchung ist auch bei **leicht wiegenden Straftaten** nicht grundsätzlich **37** ausgeschlossen; das folgt schon aus §46 Abs. 3 OWiG, wonach die Durchsuchung im Bußgeldverfahren im Gegensatz zu anderen Zwangsmaßnahmen nicht unzulässig ist. Andererseits bedarf auch bei der Aufklärung **schwerster Straftaten** der **Tatverdacht** sorgfältiger Prüfung. Das Bundesverfassungsgericht[73] hielt zurecht eine Durchsuchung nach §102 beim mutmaßlichen Besitzer einer nicht seltenen Waffe gleichen Typs, mit der in der Schweiz ein fünffacher Mord begangen wurde, für willkürlich. Auch bei den

---

[68] *Geerds* FS Dünnebier 174; *Schlüchter* 328.1.
[69] Das ist für die Körperöffnungen streitig; wie hier *Kleinknecht/Meyer*[37] 9; **a. A** *Eb. Schmidt* 11 und Nachtrag I §81a, 4; *Peters*[4] §48 A V 1.
[70] *Geerds* FS Dünnebier 174; *Schlüchter* 328.1.

[71] Vgl. BVerfGE **20** 162, 186; **42** 212, 220; **44** 353, 373; **59** 95, 97.
[72] BVerfGE **20** 162, 187; **42** 212, 220; **44** 353, 373 ff.
[73] BVerfGE **59** 95, 97.

Gerhard Schäfer

geschützten Berufen wird ein einfacher Tatverdacht eine Durchsuchung jedenfalls dann kaum rechtfertigen, wenn sie Unterlagen wie Patientenkarteien oder Handakten eines Rechtsanwalts oder Steuerberaters gilt, es sei denn der Vorwurf wiege sehr schwer und andere Ermittlungsmöglichkeiten schieden aus oder stellten noch gravierendere Eingriffe dar (z. B. die Befragung der Patienten des Arztes zur Aufklärung einer ihm vorgeworfenen Steuerhinterziehung).

38   **b)** Die **Erforderlichkeit** der Durchsuchung bedarf besonderer Prüfung. Sollen bestimmte Gegenstände beim Beschuldigten oder bei Dritten beschlagnahmt werden, müssen die Betroffenen Gelegenheit erhalten, die Durchsuchung durch **freiwillige Herausgabe** abzuwenden[74], auch wenn die Durchsuchungsanordnung eine solche Abwendebefugnis nicht ausdrücklich enthält. Im übrigen ist eine Durchsuchung unverhältnismäßig, wenn dieselben Erkenntnisse auch durch andere, weniger eingreifende, wenn auch aufwendigere **Mittel** erlangt werden können[75]. Auch die **Erfolgsaussicht** der Maßnahme spielt bei ihrer Verhältnismäßigkeit eine Rolle. Eine geringe Erfolgschance wird bei schwerem Tatverdacht und schwerwiegenden Straftaten eine Durchsuchung eher rechtfertigen als bei geringem Verdacht. In Grenzfällen müssen ermittlungstaktische Gesichtspunkte zurücktreten. Sogar das Legalitätsprinzip findet seine Grenze am Grundsatz der Verhältnismäßigkeit[76].

IX. Durchführung und Beendigung der Durchsuchung

39   Einzelheiten s. § 105, 22 bis 43.

X. Sonderfälle

40   **1. Presse.** Die Presse genießt im Strafverfahren keine Privilegien. Eine Vermutung, sie sei von vornherein über den Verdacht eines strafbaren Verhaltens erhaben, gibt es nicht[77]. Insbesondere aber wegen der Auswirkungen auf den Pressebetrieb[78] sind Anordnung und Durchführung einer Durchsuchung im Pressebereich besonders sorgfältig auf ihre Verhältnismäßigkeit zu prüfen. So wäre es unzulässig, Ermittlungen gegen den tatverdächtigen Journalisten nur zu führen, um die Person des Informanten zu erfahren[79]. Vgl. auch § 94, 52 ff.

41   **2. Politische Parteien** sind ebenfalls nicht von Durchsuchungen ausgenommen[80]. Auch hier bedarf aber die Verhältnismäßigkeit strenger Prüfung. Eine Durchsuchung wegen eines geringfügigen Delikts bei geringem Tatverdacht ist sicher unzulässig, solange nicht versucht wurde, durch Zeugenvernehmungen den Sachverhalt aufzuhellen und solange die Betroffenen nicht aufgefordert wurden, genau bestimmte Gegenstände freiwillig vorzulegen.

XI. Abgeordnete

42   Die Erläuterungen zu § 94, 59 ff gelten entsprechend.

---

[74] *Gillmeister* 58.
[75] LG Köln StrVert. **1983** 275; LG Bremen NJW **1981** 592; KK-*Laufhütte* Vor § 94, 5.
[76] BVerfGE 44 353, 373; vgl. Vor § 94, 14; vgl. aber auch § 152, 19.
[77] BVerfGE **20** 162, 212.

[78] Nämlich tatsächliche Beeinträchtigung der Pressearbeit, aber auch Störung des Vertrauensverhältnisses zwischen Presse und Informanten, vgl. BVerfGE **20** 162, 187.
[79] BVerfGE **20** 162, 217.
[80] BVerfG wistra **1984** 221.

§ 103

(1) [1]Bei anderen Personen sind Durchsuchungen nur zur Ergreifung des Beschuldigten oder zur Verfolgung von Spuren einer Straftat oder zur Beschlagnahme bestimmter Gegenstände und nur dann zulässig, wenn Tatsachen vorliegen, aus denen zu schließen ist, daß die gesuchte Person, Spur oder Sache sich in den zu durchsuchenden Räumen befindet. [2]Zum Zwecke der Ergreifung eines Beschuldigten, der dringend verdächtig ist, eine Straftat nach § 129 a des Strafgesetzbuches oder eine der in dieser Vorschrift bezeichneten Straftaten begangen zu haben, ist eine Durchsuchung von Wohnungen und anderen Räumen auch zulässig, wenn diese sich in einem Gebäude befinden, von dem auf Grund von Tatsachen anzunehmen ist, daß sich der Beschuldigte in ihm aufhält.

(2) Die Beschränkungen des Absatzes 1 Satz 1 gelten nicht für Räume, in denen der Beschuldigte ergriffen worden ist oder die er während der Verfolgung betreten hat.

Schrifttum vgl. bei § 94

Entstehungsgeschichte. Durch Art. 21 Nr. 22 EGStGB wurden in Absatz 1 die Worte „strafbaren Handlung" durch das Wort „Straftat" ersetzt und in Absatz 2 der letzte Satzteil („oder in denen eine unter Polizeiaufsicht stehende Person wohnt oder sich aufhält") gestrichen.

Art. 1 Nr. 1 StPÄG 1978 fügte dem Absatz 1 den Satz 2 an und ersetzte in Absatz 2 die Eingangsworte („Diese Beschränkung gilt nicht...") durch die Worte „Die Beschränkungen des Absatzes 1 Satz 1 gelten nicht..."

Übersicht

I. Allgemeines

1. Voraussetzungen

a) Allgemeine Voraussetzung der Durchsuchung bei **Dritten** ist, daß ein strafrechtliches Ermittlungsverfahren gegen einen nicht notwendig bereits namentlich bekannten[1] Beschuldigten (zum Begriff vgl. § 136, 4) eingeleitet ist oder doch wenigstens durch die Durchsuchung selbst eingeleitet wird[2]. Abgesehen von der Gebäudedurchsuchung nach **1**

---

[1] LR-*Meyer*[23] 7. [2] *Kleinknecht/Meyer*[37] 5.

Gerhard Schäfer

Abs. 1 Satz 2 (vgl. Rdn. 15), wo dringender Tatverdacht bestimmter Straftaten verlangt wird, setzt das Gesetz für die Maßnahme weder einen besonders qualifizierten Tatverdacht noch eine bestimmte Deliktsschwere voraus. Der für die Einleitung des Verfahrens erforderliche Anfangsverdacht (vgl. § 94, 12; 152, 21) im Sinne des § 152 genügt, wenn er auf verwertbaren Tatsachen beruht[3]. Eine bloße Vermutung reicht nicht[3a]. Da die Tatverdachtsschwelle niedrig liegt, kommt dem Grundsatz der Verhältnismäßigkeit bei der Bedeutung des verletzten Grundrechts (vgl. dazu § 94, 35) bei „sensiblen" Berufen (wie Rechtsanwälten, Steuerberatern und Ärzten) auch bei der Bedeutung der genannten Berufe für eine freiheitliche Gesellschaft, großes Gewicht zu (vgl. dazu § 94, 40).

2 **b) Die besonderen Voraussetzungen** des § 103 sind enger als die des § 102 für die Durchsuchung beim Verdächtigen. Absatz 1 Satz 1 enthält den Normalfall, Absatz 1 Satz 2 gestattet unter engen Voraussetzungen die Durchsuchung ganzer Gebäude und Absatz 2 regelt die Durchsuchung von Räumen, in denen der Beschuldigte ergriffen worden ist oder die er während der Verfolgung betreten hat und bei denen deshalb die Anforderungen an den Auffindungsverdacht erleichtert sind.

3 **2. „Andere Personen".** Der Begriff steht im Gegensatz zu dem des Verdächtigen in § 102 und umfaßt daher alle Personen, die nicht tat- oder teilnahmeverdächtig sind[4]. Da es auf den Verdacht eines nach materiellem Recht strafbaren Verhaltens ankommt[5], sind Strafunmündige und Personen, bei denen offensichtlich Rechtfertigungs- oder Entschuldigungsgründe vorliegen oder bei denen ein nicht behebbares Verfahrenshindernis besteht, ebenfalls „andere Personen" (Nachweise bei § 102, 18).

4 **Behörden** sind ebenfalls „andere Personen" im Sinne dieser Vorschrift[6]. Durchsuchungen sind auch hier grundsätzlich gestattet. Diese dürfen allerdings nicht der Suche nach Beweismitteln dienen, deren Herausgabe nur im Wege der Amtshilfe verlangt werden kann und die deshalb nicht der Beschlagnahme unterliegen[7], s. dazu § 96, 4. Eingriffe in den Postbetrieb sind in §§ 99 bis 101 abschließend geregelt. Abgesehen davon ist aber die Durchsuchung bei Behörden gestattet zur Ergreifung des Beschuldigten oder zur Auffindung anderer als der genannten Beweismittel. In der Regel werden Behörden aber im Wege der Amtshilfe die Umschau den Ermittlungsbehörden gestatten, so daß eine förmliche Durchsuchung und eine Durchsuchungsanordnung nicht erforderlich ist.

5 **Juristische Personen** sind nicht stets „andere Personen". Bei ihnen ist — soweit **5** der Gewahrsam des Beschuldigten nicht reicht — nach § 103 insbesondere in den Fällen zu durchsuchen, in denen der Verdächtige zum Nachteil der juristischen Person gehandelt hat. Dagegen ist § 102 bezüglich der juristischen Person dann anzuwenden, wenn der Täter als deren Organ oder sonst als deren befugter Vertreter gehandelt hat (§ 102, 13). Soweit die Praxis teilweise anders verfährt und § 102 nur im Geschäftsbereich des Täters, im übrigen aber § 103 anwendet, verkennt sie, daß hier der Täter **für** die juristische Person, die selbst nicht handlungsfähig ist, tätig wird. Deshalb treffen die vom Gesetz für die Durchsuchung bei Beschuldigten gewollten Erleichterungen auf den Bereich der juristischen Person insgesamt zu[7a]. Ein Eindringen in Geschäftsbereiche, die

---

[3] LG Stuttgart NStZ **1985** 568 mit Anm. *Hilger*.

[3a] LG Köln StrVert. **1983** 275.

[4] KK-*Laufhütte* 1; *Kleinknecht/Meyer*[37] 1; KMR-*Müller* 1.

[5] BVerfGE **20** 162, 185.

[6] KK-*Laufhütte* 1; *Kleinknecht/Meyer*[37] 1.

[7] *Kleinknecht/Meyer*[37] 2.

[7a] Ebenso *Gillmeister* 55 ff; *Müller* 117.

mit der verfolgten Straftat nichts zu tun haben, kann und muß durch eine Umgrenzung des Durchsuchungszwecks vermieden werden.

3. Einwilligung. S. § 102, 7.   **6**

4. Verhältnismäßigkeit. Freiwillige Herausgabe
a) Die strengeren gesetzlichen Anforderungen bei einer Durchsuchung bei ande-   **7**
ren Personen als Verdächtigen entbinden nicht von der Prüfung der **Verhältnismäßigkeit** der Maßnahme im Einzelfall. S. zum Grundsatz der Verhältnismäßigkeit bei Durchsuchungen § 102, 36 und eingehend § 94, 35.

b) Dient die Durchsuchung der Auffindung bestimmter Beweismittel, **muß** der Be-   **8**
troffene vor der Durchsuchung **zur freiwilligen Herausgabe** der Gegenstände **aufgefordert** und ihm dadurch Gelegenheit gegeben werden, die Durchsuchung abzuwenden[8]; ohne eine solche Aufforderung ist — entgegen LR-*Meyer*[23] 1 — die Durchsuchung rechtswidrig. Da der Betroffene mit einer solchen Herausgabe nur seiner gesetzlichen Pflicht aus § 95 nachkommt, ist damit nie der Tatbestand des § 203 StGB erfüllt[9]. Ein solches Verfahren ist auch empfehlenswert und ermöglicht **optimalen Rechtsschutz**. Gibt nämlich der Betroffene die Gegenstände freiwillig heraus, vermeidet er nicht nur die Durchsuchung. Handelt es sich bei den Beweismitteln um Schriftstücke, kann er sie versiegelt (§ 110 Abs. 3) herausgeben und gleichzeitig Beschwerde gegen die richterliche Durchsuchungsanordnung einlegen, an deren Zulässigkeit keine Zweifel bestehen, solange die Durchsicht der versiegelten Unterlagen durch die Staatsanwaltschaft nicht beendet ist[10].

II. Durchsuchung bei Dritten. Normalfall (Absatz 1 Satz 1)

1. Durchsuchungszwecke sind die Ergreifung des Beschuldigten, die Verfolgung   **9**
von Spuren einer Straftat oder die Beschlagnahme bestimmter Gegenstände. Die Durchsuchungszwecke sind mit denen des § 102 identisch, weshalb auf die Erläuterungen dort in Rdn. 21 verwiesen werden kann. Anders als bei § 102, wo allgemein von Beweismitteln die Rede ist, spricht aber § 103 von **bestimmten Gegenständen**. Daraus folgt, daß eine allgemeine Suche nach Beweismitteln hier nicht zulässig ist. Dasselbe gilt auch für die Spuren. Zwar spricht § 103 Abs. 1 nur im Zusammenhang mit Gegenständen davon, daß sie „bestimmt" sein müssen. Es kann aber nicht angenommen werden, daß das Gesetz für die Suche nach Spuren erleichterte Voraussetzungen hat schaffen wollen[11]. Sowohl nach Beweisgegenständen als auch nach Spuren darf daher nur gesucht werden, wenn sie wenigstens der Gattung nach näher bestimmbar sind. Insbesondere zur Suche nach Beweisgegenständen ist die Durchsuchung nur zulässig, wenn die Gegenstände schon in der Durchsuchungsanordnung konkret[12], wenn auch nicht in allen Einzelheiten, bezeichnet werden können. Die Anordnung, nach Geschäftsbüchern des Beschuldigten, nach Packungen verschiedener Zigaretten, nach Zeitungsexemplaren bestimmter Art, nach Rauschgift, nach Schußwaffen, nach Briefen bestimmter Personen, nach geschäftlichen Unterlagen im Zusammenhang mit dem Betrieb einer bestimmten Firma zu suchen, reicht aus. Die Beweiskraft der gesuchten Gegenstände

---

[8] LG Kaiserslautern NStZ **1981** 439.
[9] *Amelung* DNotZ **1984** 221.
[10] LG Köln NJW **1981** 1746; *Stypmann* wistra **1982** 14; *Amelung* DNotZ **1984** 222.

[11] KMR-*Müller* 5.
[12] LR-*Meyer*[23] 7; KMR-*Müller* 2; *Eb. Schmidt* 7.

muß feststehen. Die Verfolgung von Spuren und die Suche nach Beweismitteln sind nicht, wie es nach dem Wortlaut des § 103 scheinen könnte, auf das Auffinden von belastenden Umständen beschränkt; die Vorschrift ist auch auf die Verfolgung entlastender Anzeichen anwendbar[13]. Bei der sogenannten **„Rasterfahndung"** (vgl. § 94, 17) ist die gesamte zu beschlagnahmende Datei das „bestimmte Beweismittel" und nicht das erst durch den Datenabgleich zu suchende einzelne gespeicherte Datum[14]. Werden bei der Durchsuchung **andere** als die in der Durchsuchungsanordnung bezeichneten **Gegenstände** aufgefunden, die für die Straftat, deretwegen die Durchsuchung stattfindet, als Beweismittel in Betracht kommen oder die dem Verfall oder der Einziehung unterliegen, so werden diese nach §§ 94, 98 beschlagnahmt; s. § 105, 35. Wegen anderer Zufallsfunde s. § 108.

10　　Die **Durchsuchung ist unzulässig**, wenn sie darauf gerichtet ist, einen Gegenstand zu finden, dessen Beschlagnahme verboten ist[15], mit der Folge, daß Widerstand nach § 113 StGB rechtmäßig ist[16]. Deshalb dürfen bei **zur Zeugnisverweigerung berechtigten** Personen keine Durchsuchungen zu dem Zweck vorgenommen werden, Mitteilungen, Schriftstücke, Aufzeichnungen und Gegenstände aufzuspüren, die nach § 97 von der Beschlagnahme ausgenommen sind[17]. Nach anderen Gegenständen darf gesucht werden[18]. Läßt sich bei der Durchsuchung nicht sicher beurteilen, ob die aufgefundenen Gegenstände nach § 97 der Beschlagnahme nicht unterliegen, so hat der Durchsuchungsbeamte sie einstweilig zu beschlagnahmen (§ 110, 7). Bei Presse- und Rundfunkmitarbeitern und in Räumen von Redaktionen, Verlagen, Druckereien und Rundfunkanstalten sowie in Btx-Redaktionen darf nicht nach Schriftstücken, Ton-, Bild- und Datenträgern, Abbildungen und anderen Darstellungen mit dem Ziel durchsucht werden, Tatsachen zu ermitteln, festzustellen oder nachzuweisen, die sich auf die Person des Verfassers, Einsenders oder Gewährsmanns von Beiträgen und Unterlagen sowie auf die ihnen im Hinblick auf ihre Tätigkeit gemachten Mitteilungen beziehen, soweit es sich um Beiträge, Unterlagen und Mitteilungen für den redaktionellen Teil handelt (vgl. § 53 Abs. 1 Nr. 5, § 97 Abs. 5).

11　　Ein der Beschlagnahmefreiheit nach § 97 unterliegender Gegenstand ist zurückzugeben, sobald sich die **Beschlagnahmefreiheit** herausstellt. Dies gilt unabhängig davon, ob der Gegenstand beschlagnahmt oder lediglich nach § 108 vorläufig sichergestellt war. Das Beweismittel unterliegt einem Verwertungsverbot. Deshalb darf der Beamte, der bei der Durchsuchung, bei der Beschlagnahme oder bei der Sicherstellung nach § 110 vom Beweismittel Kenntnis erlangte, nicht als **Zeuge** über seine Erkenntnisse vernommen werden[19].

---

[13] RGSt **14** 195; KMR-*Müller* 5.
[14] Das verkennen *Rogall* GA **1985** 17 und *Simon/Taeger* Rasterfahndung 57.
[15] BGH NJW **1973** 2035; KG NJW **1984** 1133 = JR **1983** 382; LG Köln NJW **1981** 1746; KK-*Laufhütte* 7; *Kleinknecht/Meyer*[37] 7; KMR-*Müller* 3; LR-*Meyer*[23] 9; *Eb. Schmidt* 11.
[16] *Eb. Schmidt* 11.
[17] BGH NJW **1973** 2035; KG NJW **1984** 1133 = JR **1983** 382; LG Köln NJW **1981** 1746; LG Kiel SchlHA **1955** 368; KK-*Laufhütte* 7;

Kleinknecht/Meyer[37] 7; KMR-*Müller* 3; LR-*Meyer*[23] 9; *Eb. Schmidt* 11; *Kunert* MDR **1975** 889; vgl. auch *Klug*, Presseschutz im Strafprozeß (1965) 61 ff für Durchsuchungen bei der Presse; *Waldowski* AnwBl. **1975** 106 für Durchsuchungen in der Anwaltskanzlei; vgl. auch *Jaraß* NJW **1981** 197 und *Haffke* NJW **1974** 1984.
[18] *Kleinknecht/Meyer*[37] 7; KMR-*Müller* 3; *Creifelds* GA **1960** 70; *Haffke* NJW **1974** 1984.
[19] KK-*Laufhütte* 7.

2. Auffindungsverdacht. Anders als bei § 102 genügt bei § 103 die allgemeine Ver- **12**
mutung nicht, es könnten die gesuchte Person oder die gesuchten Beweismittel gefunden
werden[20]. Um den schwerwiegenden Eingriff in die grundrechtlich geschützte Privatsphäre zu rechtfertigen, müssen **Tatsachen** („Konkrete Fakten")[21] vorliegen, aus denen
zu schließen ist, daß die gesuchte Person, Spur oder Sache sich auch in den zu durchsuchenden Räumen befindet. Der Schluß muß nicht zwingend, aber vertretbar sein[22]. Deshalb darf an mehreren Stellen durchsucht werden, auch wenn der gesuchte Gegenstand
nur an einer Stelle sein kann. Wahrscheinlichkeit des Erfolgs der Maßnahme genügt[23].
Dabei muß, namentlich dann, wenn Eile geboten ist[24], die Staatsanwaltschaft nicht jede
von der Polizei ermittelte Tatsache auf ihren Wahrheitsgehalt selbst überprüfen.

3. Durchsuchungsobjekte. Aus der Verwendung des Begriffs „Durchsuchung" in **13**
Absatz 1 Satz 1 folgt, daß § 103 die Durchsuchung im Sinne des § 102 und damit dieselben Objekte wie § 102 (s. dort Rdn. 27 ff) meint, obwohl Satz 1 am Ende nur von „zu
durchsuchenden Räumen" spricht. Das folgt nach zutreffender Auffassung schon
daraus, daß § 81 c sogar körperliche Untersuchungen bei dritten nicht tatverdächtigen
Personen zuläßt[25]. Danach ist insbesondere auch eine körperliche Durchsuchung, d. h.
die Durchsuchung der am Körper getragenen Kleidung und die Suche nach Gegenständen auf der Körperoberfläche und in den natürlichen Körperöffnungen beim Dritten,
der nicht tatverdächtig ist, zulässig[26]. Daß bei derartigen Maßnahmen dem Verhältnismäßigkeitsgrundsatz große Bedeutung zukommt, liegt auf der Hand[27]. Bei körperlichen Durchsuchungen von Frauen ist § 81 d zu beachten.

4. Auffinden von Verfalls- und Einziehungsgegenständen. Nach § 111 b Abs. 2 **14**
Satz 3 finden die §§ 102 bis 110 Anwendung, um die Beschlagnahme von Gegenständen
zu ermöglichen, die dem Verfall oder der Einziehung unterliegen oder der Schadloshaltung des Verletzten dienen können. Es müssen Tatsachen vorliegen, aus denen zu schließen ist, daß sich die Gegenstände in den zu durchsuchenden Räumen befinden. Die Gegenstände müssen, wie die Beweismittel (oben Rdn. 9), schon bei der Durchsuchungsanordnung, wenn auch nicht in allen Einzelheiten, bekannt sein. Wegen der „dringenden
Gründe" nach § 111 b Abs. 1 vgl. § 102, 26, wegen der allgemeinen Beschlagnahme von
Schriften vgl. § 111 n, 14a.

III. Gebäudedurchsuchung (Absatz 1 Satz 2)

1. Allgemeines. Nach dem bis 1978 geltenden Recht war zur Ergreifung von Be- **15**
schuldigten und zur Sicherstellung von Beweismaterial bei tatunverdächtigen Personen
keine allgemeine Haussuchung, sondern nur die Durchsuchung einzelner Wohnungen
oder anderer Räumlichkeiten unter der Voraussetzung zulässig, daß bestimmte Tatsachen den Schluß auf das Vorhandensein des Gesuchten in diesen Räumen zuließen. Befanden sich mehrere Wohnungen in einem Gebäude, so mußte der durch Tatsachen be-
legte Verdacht hinsichtlich jeder Wohnung vorliegen und für die Durchsuchung jeder

---

[20] OLG Celle StrVert. **1982** 562.
[21] OLG Celle StrVert. **1982** 562.
[22] BGHSt **28** 57, 59; KK-*Laufhütte* 5.
[23] KMR-*Müller* 6.
[24] BGHSt **28** 57, 60.
[25] *Roxin*[19] § 35 A V 1; *Peters*[4] § 48 A V 1 c;
Kleinknecht/Meyer[37] 2; KK-*Laufhütte* 3; da-

gegen kritisch *Geerds* FS Dünnebier 175.
[26] Das ist für die Körperöffnungen streitig;
wie hier: *Kleinknecht/Meyer*[37] § 102, 9; a. A
Eb. Schmidt Nachtrag I § 81 a, 4; *Peters*[4] § 48
A V 1.
[27] Vgl. dazu auch *Geerds* FS Dünnebier 192.

Gerhard Schäfer

Wohnung eine besondere Anordnung getroffen werden. Diese Regelung erschwerte ein schnelles Eingreifen der Strafverfolgungsbehörden, wenn sich der Verdacht zwar auf ein bestimmtes Gebäude, aber nicht auf eine bestimmte Wohnung richtete[28]. Durch die Einfügung des § 103 Abs. 1 Satz 2 durch Art. 1 Nr. 1 StPÄG 1978 sind die Durchsuchungsmöglichkeiten dahin erweitert worden, daß zum Zweck der Ergreifung bestimmter Beschuldigter eine allgemeine Haussuchung angeordnet werden kann. Zur Anordnung der Gebäudedurchsuchung ist nur der Richter oder — bei Gefahr im Verzug — der Staatsanwalt befugt; zur Behandlung von Zufallsfunden vgl. § 108, 16.

16   2. **Durchsuchungszweck.** Einziger Durchsuchungszweck der Gebäudedurchsuchung ist die **Ergreifung** (§ 102, 21) eines Beschuldigten, der **dringend verdächtig** ist, eine Straftat nach **§ 129 a StGB** oder eine der im dortigen **Katalog** genannten schweren Straftaten als Täter oder Teilnehmer begangen oder zu begehen versucht zu haben. Der Begriff dringender Tatverdacht verlangt einen hohen Grad der Wahrscheinlichkeit der Täterschaft und der Schuld (vgl. dazu § 112, 22 ff), der sich regelmäßig nur auf bestimmte Tatsachen stützen läßt. Dabei ist für die Beweisdichte der Verfahrensstand ausschlaggebend. Ganz zu Beginn der Ermittlungen dürfen hier die Anforderungen nicht überspannt werden[29]. Der Beschuldigte muß noch nicht identifiziert sein[30]; es muß sich nicht um einen Terroristen handeln[31], da der dringende Verdacht einer Katalogtat genügt. Die Gebäudedurchsuchung kann die erste Ermittlungshandlung gegen den Beschuldigten sein (vgl. § 136, 4).

17   Bei der Durchsuchung muß die **Beschränkung des Durchsuchungszwecks** auf die Ergreifung des Beschuldigten genau beachtet werden. Dazu gehört zwar auch die Suche nach Anhaltspunkten für seinen Verbleib. Behältnisse, in denen sich wegen ihrer geringen Größe ein Mensch nicht verbergen kann, dürfen aber nur durchsucht werden, wenn bestimmte Tatsachen den Verdacht begründen, daß sich dort Unterlagen oder andere Beweismittel befinden, die zur Ergreifung des Beschuldigten führen können[32]. Unter keinen Umständen darf die Anordnung der allgemeinen Haussuchung dazu benutzt werden, Wohnungen und andere Räume nach bloßen Anhaltspunkten für den Verbleib des Beschuldigten zu durchsuchen, anstatt nach ihm selbst zu suchen. Denn dann würde es sich nicht um eine Durchsuchung zum Zweck der Ergreifung, sondern zum Auffinden von Beweismitteln handeln, die nach § 103 Abs. 1 Satz 2 nicht zulässig ist.

18   Zur **Beschlagnahme von Beweismitteln** bei einer Gebäudedurchsuchung vgl. § 108, 16.

19   3. **Auffindungsverdacht.** Es muß **auf Grund von Tatsachen** anzunehmen sein, daß sich der Beschuldigte im Gebäude in irgendeiner Wohnung oder in einem sonstigen Raum aufhält[33]. Eine **gewisse Wahrscheinlichkeit** dafür genügt. Diese muß aber auf Tatsachen gestützt sein, wie z. B. auf Zeugenaussagen, das Auffinden von Fahrzeugen, bei Observationen erlangte Kenntnisse[34]. Scheiden bestimmte Wohnungen oder andere Räume von vornherein als nicht „verdächtig" aus, so kann die Durchsuchung auf die

---

[28] Vgl. BTDrucks. **8** 1482, S. 9; *Kurth* NJW **1975** 1383.

[29] Vgl. zu den Verdachtsabstufungen und zur Verschiebung der Beweisdichte im Laufe des Verfahrens *G. Schäfer*[4] § 34 II 1; vgl. auch *Kühne* NJW **1979** 617.

[30] *Kurth* NJW **1979** 1384 Fußn. 113.

[31] *Kleinknecht/Meyer*[37] 14; **a. A** *Benfer* Polizei **1979** 196; mißverständlich KK-*Laufhütte* 9.

[32] LR-*Meyer*[23] EB 6; *Kleinknecht/Meyer*[37] 14; *Vogel* NJW **1978** 1226.

[33] Vgl. dazu *Vogel* NJW **1978** 1226.

[34] Vgl. dazu auch *Benfer* Polizei **1979** 196; *Kleinknecht/Meyer*[37] 11.

übrigen Gebäudeteile beschränkt werden[35]. Besteht umgekehrt lediglich die Vermutung, der Beschuldigte befinde sich in einer bestimmten Wohnung, kann gleichwohl die Gebäudedurchsuchung angeordnet werden, wenn es sich lediglich um eine nicht näher belegbare Vermutung handelt. Die Durchsuchung wird dann aber aus kriminalistischen Gründen und um dem Verhältnismäßigkeitsgrundsatz Genüge zu tun, dort zu beginnen haben.

4. Durchsuchungsobjekt. Die Durchsuchung erstreckt sich auf das gesamte **Ge- 20 bäude**. Der Begriff ist wörtlich zu nehmen. Der Gesetzgeber hat es ausdrücklich abgelehnt, die Neuregelung auf ganze Gebäudekomplexe auszudehnen[36]. Sie fallen auch dann nicht unter die Vorschrift, wenn gemeinschaftliche Versorgungseinrichtungen vorhanden sind. Ebensowenig ist eine allgemeine Haussuchung in allen Gebäuden einer abgeschlossenen Wohnsiedlung oder Laubenkolonie zulässig. „Gebäude" ist eine räumlich abgegrenzte selbständige bauliche Einheit[37], innerhalb der der Beschuldigte sich bewegen kann. Auf die Größe des Gebäudes, die Zahl der Treppenhäuser, Eingänge und Wohneinheiten kommt es nicht an[38]. Reihenhäuser sind jeweils einzelne Gebäude. Um ein einziges Gebäude handelt es sich auch, wenn Vorderhaus, Seitenflügel und Hinterhaus eine bauliche Einheit bilden, nicht aber, wenn mehrere Teile einer solchen Einheit nur durch gemeinsame Kelleranlagen oder eine Tiefgarage miteinander verbunden sind[39] oder wenn ein Hinterhaus mit dem Vordergebäude keine bauliche Verbindung hat.

IV. Durchsuchung von Räumen bei Ergreifung oder Verfolgung des Beschuldigten (Absatz 2)

In Räumen, die der Beschuldigte während der Verfolgung betreten hat oder in 21 denen er ergriffen worden ist, darf ohne die einschränkenden Voraussetzungen des Absatz 1 Satz 1 durchsucht werden. Der Grund für diese Erweiterung liegt in der Erfahrungstatsache, daß ein Verfolgter in den genannten Räumen Spuren zu hinterlassen und sich der Beute oder sonstiger Beweisstücke zu entledigen pflegt. Beschuldigter im Sinne des § 103 Abs. 2 ist auch der aus der Strafhaft entflohene Verurteilte[40]. Ergreifung ist jede Gestellung durch Strafverfolgungsorgane, auch wenn sie nicht zu einer förmlichen Festnahme geführt hat[41], und die Festnahme durch eine Privatperson nach § 127[42].

V. Abgeordnete

Bei nicht tatverdächtigen Abgeordneten ist die Durchsuchung zulässig[43], soweit 22 sie nicht, was grundsätzlich nicht der Fall sein wird, zu einer Hinderung der Abgeordnetentätigkeit (Art. 48 Abs. 2 Satz 1 GG) führt. Die Durchsuchung ist auch zulässig, wenn ein verdächtiger Abgeordneter nicht verfolgt werden kann, wohl aber ein Mittäter. Der nicht verfolgbare Abgeordnete ist dann als Nichtverdächtiger zu behandeln[44]. Unzuläs-

---

[35] *Kleinknecht/Meyer*[37] 13.
[36] BTDrucks. **8** 1482, S. 9.
[37] LR-*Meyer*[23] EB 3; KK-*Laufhütte* 9; *Kleinknecht/Meyer*[37] 12; *Benfer* Polizei **1979** 197; *Kurth* NJW **1979** 1383.
[38] LR-*Meyer*[23] EB 3; *Kurth* NJW **1979** 1383.
[39] *Kurth* NJW **1979** 1383.

[40] BayObLGSt **20** 152.
[41] KMR-*Müller* 14.
[42] *Kleinknecht/Meyer*[37] 15; KMR-*Müller* 14.
[43] KK-*Laufhütte* 13; *Kleinknecht/Meyer*[37] 16.
[44] *Kleinknecht/Meyer*[37] 16; *Bockelmann* – LV zu § 152 a – 55.

Gerhard Schäfer

sig ist aber die Durchsuchung, wenn sie darauf gerichtet ist, nach § 97 Abs. 3, Art. 47 GG vor Beschlagnahme geschützte Gegenstände aufzufinden; s. Rdn. 10; § 97, 102. Vgl. zur Immunität die Erläuterungen zu § 152 a; zu Durchsuchungen im Gebäude des Deutschen Bundestags Art. 40 Abs. 2 GG; ferner Nr. 191 Abs. 4 RiStBV.

§ 104

(1) **Zur Nachtzeit dürfen die Wohnung, die Geschäftsräume und das befriedete Besitztum nur bei Verfolgung auf frischer Tat oder bei Gefahr im Verzug oder dann durchsucht werden, wenn es sich um die Wiederergreifung eines entwichenen Gefangenen handelt.**

(2) **Diese Beschränkung gilt nicht für Räume, die zur Nachtzeit jedermann zugänglich oder die der Polizei als Herbergen oder Versammlungsorte bestrafter Personen, als Niederlagen von Sachen, die mittels Straftaten erlangt sind, oder als Schlupfwinkel des Glücksspiels, des unerlaubten Betäubungsmittel- und Waffenhandels oder der Prostitution bekannt sind.**

(3) **Die Nachtzeit umfaßt in dem Zeitraum vom ersten April bis dreißigsten September die Stunden von neun Uhr abends bis vier Uhr morgens und in dem Zeitraum vom ersten Oktober bis einunddreißigsten März die Stunden von neun Uhr abends bis sechs Uhr morgens.**

Entstehungsgeschichte. Art. 3 Nr. 2 des 4. StrRG setzte in Absatz 2 die Worte „der Prostitution" an die Stelle der Worte „gewerbsmäßiger Unzucht". Durch Art. 21 Nr. 23 EGStGB 1974 wurden in Absatz 2 nach den Eingangsworten („Diese Beschränkung gilt nicht") die Worte „für Wohnungen von Personen, die unter Polizeiaufsicht stehen, sowie" gestrichen; ferner wurden die Worte „strafbarer Handlungen" durch das Wort „Straftat" ersetzt. Durch Art. 1 Nr. 26 des 1. StVRG wurden in Absatz 2 die Worte „des unerlaubten Betäubungsmittel- und Waffenhandels" eingefügt.

Übersicht

1. Allgemeines

1   **a) Grundsatz. Bedeutung der Vorschrift.** Die Vorschrift verbietet grundsätzlich die Durchsuchung der geschützten Räume zur **Nachtzeit.** Drei Sachverhalte (Absatz. 1) und bestimmte Räume (Absatz 2) werden von diesem Verbot ausgenommen. § 104 berührt demnach nicht die Anordnung, sondern regelt die Durchführung, für die im übrigen die Voraussetzungen der §§ 102, 103, 105 vorliegen müssen. Es handelt sich um eine gesetzliche Regelung der „Form" der Durchsuchung im Sinne von Art. 13 Abs. 2 GG, die der „räumlichen Privatsphäre"[1] besonderen Schutz zuteil werden läßt. Personen und Sachen können deshalb, wenn dazu keine Haussuchung erforderlich ist, auch bei Nacht stets durchsucht werden[2].

b) Entscheidung. Die Entscheidung, ob eine Durchsuchung zur Nachtzeit nach **2** dieser Vorschrift gestattet ist, kann bereits mit der richterlichen Entscheidung nach § 105 getroffen werden, wenn dies möglich ist[3]. Der Richter kann aus Gründen der Verhältnismäßigkeit eine Durchsuchung zur Nachtzeit verbieten, selbst wenn die Voraussetzungen des § 104 vorliegen. Im übrigen entscheidet der die Durchsuchung anordnende Beamte nach pflichtgemäßem Ermessen.

c) Einwilligung. Bei **Einwilligung** des Berechtigten (vgl. dazu § 102, 7 f) ist die **3** Durchsuchung nachts auch dann zulässig, wenn die Voraussetzungen des Absatz 1 nicht vorliegen[4].

d) Einziehungsgegenstände. Die Vorschrift ist auf Durchsuchungen zur Beschlag- **4** nahme von Gegenständen, die der Einziehung unterliegen, entsprechend anwendbar (§ 111 b Abs. 2 Satz 3).

2. Nachtzeit. Der Begriff ist in § 104 Abs. 3 abschließend dahin umschrieben, daß **5** als Nachtzeit die Zeit von neun Uhr abends bis vier Uhr (in den Monaten April bis September) oder sechs Uhr morgens (in den Monaten Oktober bis März) gilt. Eine vor neun Uhr abends begonnene Durchsuchung darf in die Nacht hinein fortgesetzt werden, auch wenn die Voraussetzungen des § 104 nicht vorliegen[5]. Das folgt schon daraus, daß nach Beginn einer Durchsuchung stets die Gefahr des Beweisverlustes im Verzug ist, wenn sie wegen hereinbrechender Nacht abgebrochen würde. Es entspricht jedoch dem Sinn des Gesetzes, eine Durchsuchung möglichst so rechtzeitig zu beginnen, daß ihr Ende vor Beginn der Nachtzeit zu erwarten ist[6].

3. Durchsuchungsvoraussetzungen (Absatz 1)
a) Verfolgung auf frischer Tat ist gegeben, wenn unmittelbar nach Entdeckung **6** der vollendeten oder, sofern das strafbar ist, auch der versuchten Tat die strafrechtliche Verfolgung des Täters aufgenommen worden ist. Der Täter braucht bei der Tat nicht betroffen worden zu sein; seine Verfolgung auf Sicht oder Gehör wird nicht vorausgesetzt (vgl. im übrigen § 127, 14). Die Verfolgung muß nicht auf die Ergreifung des Täters abzielen; es genügen auch sonstige Maßnahmen zur Aufklärung der Tat[7], insbesondere das Suchen nach Beute, die der Täter in die Wohnung verbracht hat[8]. Es ist aber nicht erforderlich, daß der Verdacht besteht, daß der Täter sich in die zu durchsuchenden Räume geflüchtet hat[9]; deshalb darf dort auch nach Tatspuren gesucht werden, die sich z. B. auf die Vorbereitung der Tat beziehen.

---

[1] BVerfGE **32** 54, 72.
[2] KK-*Laufhütte* 3; *Kleinknecht/Meyer*[37] 1; KMR-*Müller* 1.
[3] Vgl. BGH MDR **1964** 71; ebenso KK-*Laufhütte* 1; *Kleinknecht/Meyer*[37] 1.
[4] KK-*Laufhütte* 2; *Kleinknecht/Meyer*[37] 1; KMR-*Müller* 10; *Dagtoglou* in BK (Zweitbearbeitung) Art. 13, 51.
[5] BVerfGE **44** 353, 369; *Dagtoglou* in BK (Zweitbearbeitung) Art. 13, 89; KK-*Laufhütte* 2; *Kleinknecht/Meyer*[37] 10; KMR-*Müller* 2; *Eb. Schmidt* 2; *v. Kries* 299.
[6] BVerfGE **44** 353, 369.
[7] *Dalcke/Fuhrmann/Schäfer* 3; KMR-*Müller* 4; a. A KK-*Laufhütte* 7: nur zur Ergreifung des Verdächtigen.
[8] *Eb. Schmidt* 4.
[9] A. A KK-*Laufhütte* 7.

Gerhard Schäfer

7　　**b) Gefahr im Verzug** liegt vor, wenn die durch Tatsachen begründete naheliegende Möglichkeit besteht, daß ohne die nächtliche Durchsuchung die beabsichtigte Ergreifung des Verdächtigen (§ 102) oder Beschuldigten (§ 103) vereitelt oder die gesuchte Sache oder Spur beiseite geschafft, vernichtet oder sonst dem Zugriff entzogen werden könnte[10].

8　　**c) Wiederergreifung eines Gefangenen.** Da § 104 lediglich die Durchführung einer Durchsuchung nach §§ 102, 103 regelt, können unter „Gefangener" hier nur Personen verstanden werden, zu deren Ergreifung eine Durchsuchung nach §§ 102, 103 zulässig ist. Es müssen also Verdächtige (§ 102) oder Beschuldigte (§ 103) sein, die als Gefangene entwichen sind und sie müssen aus Gründen der Strafverfolgung nicht auf freiem Fuß sein. Die Vorschrift will ersichtlich die Festnahmevoraussetzungen bei entwichenen Beschuldigten erleichtern. Deshalb kann der Begriff entgegen einer verbreiteten Meinung[11] nicht wie in § 120 StGB ausgelegt werden, was eigentlich schon aus dessen Abs. 4 folgen sollte.

9　　„Gefangene" im Sinne des § 104 sind demnach: Amtlich vorläufig festgenommene Personen (§ 127), nicht dagegen die von einer Privatperson nach § 127 Abs. 1 vorläufig Festgenommenen, solange sie noch nicht dem zuständigen Beamten abgeliefert worden sind[12]; Personen, die sich in Untersuchungshaft (§§ 112, 112 a, § 230 Abs. 2), in einstweiliger Unterbringung (§ 126 a Abs. 1), in Widerrufshaft (§ 453 c) oder in Auslieferungshaft (§ 15 IRG) befinden oder um dahin gebracht zu werden, verhaftet worden sind; im laufenden Verfahren aufgrund eines Vorführungsbefehls Verhaftete (§§ 134, 230 Abs. 2, §§ 236, 329 Abs. 4 Satz 1). Die nach § 81 zur Beobachtung Untergebrachten sind keine Gefangenen.

10　　Hält man die §§ 102 ff auch für Durchsuchungen im Rahmen der **Strafvollstreckung** für entsprechend anwendbar, was mangels näherer Regelung im Strafvollstreckungsrecht angezeigt ist[13], dann sind unter Gefangene auch alle die Personen zu verstehen, die auf Grund eines rechtskräftigen Urteils nicht auf freiem Fuß sind: **Strafgefangene,** nach §§ 61 ff in einem psychiatrischen Krankenhaus, einer Entziehungsanstalt oder der Sicherungsverwahrung **Untergebrachte,** sowie die Personen, gegen die Jugendarrest oder Jugendstrafe nach **JGG** vollstreckt wird.

11　　Gefangener ist auch, wer ohne Unterbrechung des Strafvollzugs in ein **Krankenhaus** verlegt wurde[14].

12　　Die Durchsuchung zur Nachtzeit ist nicht nur zulässig, wenn der Verfolgte selbst in den Räumen gesucht wird. Statthaft ist auch das Suchen nach **Anhaltspunkten** für seinen Verbleib, etwa nach abgelegten Kleidern, oder die Suche nach negativen Beweismitteln wie dem Fehlen von Fahrrädern, Kraftwagen oder sonstigen Beförderungsmitteln, die zur weiteren Flucht benutzt worden sind. Das ergibt sich deutlich aus der Wendung: „wenn es sich um die Wiederergreifung eines Gefangenen handelt".

13　　**4. Ausnahmen von den Durchsuchungsbeschränkungen (Absatz 2).** Für die Durchsuchung bestimmter Unterkünfte gelten die Beschränkungen des § 104 Abs. 1 nicht; vielmehr sind hier die §§ 102, 103 zur Nachtzeit uneingeschränkt anwendbar. Im einzelnen handelt es sich dabei um:

---

[10] *Eb. Schmidt* 5.
[11] LR-*Meyer*[23] 5; KK-*Laufhütte* 8; *Kleinknecht/Meyer*[37] 5; anders aber *Eb. Schmidt* 6; KMR-*Müller* 6; Rechtsprechung zu § 104 liegt nicht vor. Die in der Literatur gebrauch-

ten Zitate beziehen sich auf Entscheidungen nach §§ 120, 121 StGB.
[12] *Eb. Schmidt* 6.
[13] *Eb. Schmidt* § 102, 12.
[14] LR-*Meyer*[23] 10; *Eb. Schmidt* 6.

Räume, die zur Nachtzeit **jedermann zugänglich** sind, deren Betreten also übli- **14** cherweise ohne Prüfung gestattet wird, gleichgültig, ob dafür ein Entgelt zu zahlen ist oder nicht[15]. Darunter fallen insbesondere Herbergen, Schankwirtschaften, Gasthäuser, Bahnhofshallen, Wartesäle, Theater, Kinos, Tanzdielen, Bars, solange sie zum beliebigen Betreten geöffnet sind[16]. Eine vorzeitige Schließung, die nur dem Zweck dient, die Durchsuchung zu hindern, ist unbeachtlich[17]. Räume, die dem Wirt oder Inhaber zur Wohnung oder zu anderen privaten Zwecken dienen und von den Räumen, deren Durchsuchung zulässig ist, deutlich abgetrennt sind, dürfen nicht betreten werden.

Räume, die der Polizei bekannt sind als Herbergen oder **Versammlungsorte be-** **15** **strafter Personen** (z. B. Dirnenquartiere, Hehlerkneipen), als Niederlagen von Sachen, die mittels Straftaten erlangt sind (z. B. Läden von Hehlern und ihren Vermittlern) und als Schlupfwinkel des Glücksspiels, des unerlaubten Betäubungsmittel- und Waffenhandels oder der Prostitution (z. B. geheime Spielklubs, Bordelle, Absteigequartiere, Lokale, in denen Rauschgiftsüchtige verkehren). Bekanntgeworden sind solche Räume der Polizei schon dann, wenn sie einmal zu den bezeichneten Zwecken in Erscheinung getreten sind und keine Anhaltspunkte dafür bestehen, daß sich ihr Verwendungszweck geändert hat[18]. Auch **Wohnungen** (z. B. von Hehlern) können solche Räume sein. Das Gesetz verwendet in Abs. 2 ersichtlich das Wort „Räume" als Oberbegriff, der auch Wohnungen umfaßt, weshalb die Bedenken[19], die vorstehende Auslegung verstoße gegen Art. 13 Abs. 2 unbegründet sind.

5. Fernmeldeanlagen. § 104 Abs. 2 wird ergänzt durch § 21 Abs. 1 FAG. Die Vor- **16** schrift lautet:

§ 21 Abs. 1 FAG

Für die Durchsuchung der Wohnung, der Geschäftsräume und des befriedeten Besitztums sind die Vorschriften der Strafprozeßordnung maßgebend; die Durchsuchung ist aber zur Nachtzeit stets zulässig, wenn sich in den Räumen oder auf dem Besitztum eine Funkanlage befindet und der begründete Verdacht besteht, daß bei ihrer Errichtung oder ihrem Betrieb eine Straftat nach § 15 begangen wird oder ist.

In § 15 FAG ist unter Strafe gestellt das vorsätzliche oder fahrlässige Errichten oder Betreiben einer Telegrafen-, Fernsprech- oder Funkanlage zum Senden und Empfangen, ihr bestimmungswidriger Betrieb und die Verletzung der Anordnung, sie zu beseitigen, nachdem die Verleihung entfallen ist. Für Durchsuchungen zur Aufklärung solcher Taten gelten die Bestimmungen der Strafprozeßordnung, auch § 104. Sie werden durch § 21 FAG dahin ergänzt, daß bei Vergehen gegen das FAG die Durchsuchung bei **Nachtzeit regelmäßig** zulässig sein soll. Daß sich in den zu durchsuchenden Räumen eine Funkanlage befindet, muß zur Überzeugung der durchsuchenden Beamten feststehen[20]. Voraussetzung der nächtlichen Durchsuchung ist der auf Tatsachen gegründete Verdacht, daß bei Errichtung oder beim Betrieb dieser Anlage es zu einer strafbaren Handlung nach § 15 FAG kam oder kommt. Es ist nicht erforderlich, daß die Anlage im Augenblick der Durchsuchung tatsächlich betrieben wird. Angesichts der weiten Fassung des Gesetzes ist eine strenge Prüfung der **Verhältnismäßigkeit** erforderlich.

---

[15] KMR-*Müller* 8; *Kleinknecht/Meyer*[37] 7.
[16] KMR-*Müller* 8.
[17] KMR-*Müller* 8.
[18] KMR-*Müller* 9.

[19] Bei KK-*Laufhütte* 4.
[20] *Neugebauer* Fernmelderecht mit Rundfunkrecht, 3. Aufl. (1929), 323.

Gerhard Schäfer

17   **6. Revision.** Ein Verstoß gegen § 104 berührt allenfalls die Rechtmäßigkeit der Durchsuchung. Ein Verwertungsverbot bezüglich der bei einer rechtswidrigen Durchsuchung sichergestellten Beweismittel kommt höchstens dann in Betracht, wenn die Voraussetzungen des § 104 **willkürlich** angenommen worden sind (vgl. § 98, 82 und § 105, 52).

§ 105

(1) ¹Durchsuchungen dürfen nur durch den Richter, bei Gefahr im Verzug auch durch die Staatsanwaltschaft und ihre Hilfsbeamten (§ 152 des Gerichtsverfassungsgesetzes) angeordnet werden. ²Durchsuchungen nach § 103 Abs. 1 Satz 2 ordnet der Richter an; die Staatsanwaltschaft ist hierzu befugt, wenn Gefahr im Verzug ist.

(2) ¹Wenn eine Durchsuchung der Wohnung, der Geschäftsräume oder des befriedeten Besitztums ohne Beisein des Richters oder des Staatsanwalts stattfindet, so sind, wenn möglich, ein Gemeindebeamter oder zwei Mitglieder der Gemeinde, in deren Bezirk die Durchsuchung erfolgt, zuzuziehen. ²Die als Gemeindemitglieder zugezogenen Personen dürfen nicht Polizeibeamte oder Hilfsbeamte der Staatsanwaltschaft sein.

(3) ¹Wird eine Durchsuchung in einem Dienstgebäude oder einer nicht allgemein zugänglichen Einrichtung oder Anlage der Bundeswehr erforderlich, so wird die vorgesetzte Dienststelle der Bundeswehr um ihre Durchführung ersucht. ²Die ersuchende Stelle ist zur Mitwirkung berechtigt. ³Des Ersuchens bedarf es nicht, wenn die Durchsuchung von Räumen vorzunehmen ist, die ausschließlich von anderen Personen als Soldaten bewohnt werden.

Schrifttum s. bei § 98 und bei § 94.

Geltung im Land Berlin. Da das 4. StRÄndG für Berlin nicht übernommen worden ist, gilt § 105 Abs. 3 (früher Absatz 4) dort nicht. Art. 21 Nr. 24 Buchst. b EGStGB findet nach Art. 324 Abs. 1 EGStGB im Land Berlin keine Anwendung.

Entstehungsgeschichte. Absatz 1 wurde ohne inhaltliche Änderung durch Art. 3 Nr. 42 VereinhG neu gefaßt. Art. 3 Nr. 43 VereinhG ersetzte in Absatz 2 die Worte „Polizei- oder Sicherheitsbeamte" durch die Worte „Polizeibeamte oder Hilfsbeamte der Staatsanwaltschaft". Der frühere Absatz 4 (Durchsuchungen in militärischen Dienstgebäuden) war 1945 gegenstandslos geworden und wurde in die 1950 neu verkündete Strafprozeßordnung nicht aufgenommen. Durch Art. 4 Nr. 2 des 4. StRÄndG wurde ein neuer Absatz 4 (jetzt Absatz 3) angefügt. Der frühere Absatz 3 („Die in den vorstehenden Absätzen angeordneten Beschränkungen der Durchsuchung gelten nicht für die in § 104 Abs. 2 bezeichneten Wohnungen und Räume") wurde durch Art. 21 Nr. 24 EGStGB 1974 gestrichen; der frühere Absatz 4 wurde Absatz 3. Durch Art. 1 Nr. 2 StPÄG 1978 wurde dem Absatz 1 der Satz 2 angefügt.

Übersicht

I. Allgemeines

1. Regelungsbereich. § 105 regelt in Abs. 1 die **Zuständigkeit** für die Anordnung **1** einer Durchsuchung nach §§ 102, 103 sowie in Abs. 2 Einzelheiten der **Durchführung** der Maßnahme. Die Vorschrift gilt nach der ausdrücklichen Verweisung in **§ 111 b Abs. 2 Satz 3** auch für die Durchsuchung zur Sicherstellung von der Einziehung unterliegenden Gegenständen. **Rechtsbehelfe** bei nichtrichterlichen Durchsuchungsanordnungen enthält § 105, anders als § 98, nicht; vgl. Rdn. 48 ff.

2. Notwendigkeit einer Durchsuchungsanordnung

a) Einwilligung. Willigt der Betroffene in die Durchsuchung ein, bedarf es deren **2** Anordnung nicht[1]. Die Einwilligung muß aber von dem dazu Berechtigten freiwillig und ausdrücklich erfolgen. Einzelheiten vgl. § 102, 7 ff.

---

[1] LR-*Meyer*[23] 1; KK-*Laufhütte* 1; KMR-*Müller* 1; *Kleinknecht/Meyer*[37] 1; *Amelung* FS „Freiheit und Verantwortung" 1.

3   **b) Implizierte oder stillschweigende Durchsuchungsanordnungen.** Namentlich bei Haftbefehlen und Beschlagnahmeanordnungen stellt sich die Frage, ob eine Durchsuchungsanordnung erforderlich ist, wenn zu deren Vollstreckung in geschützte Räume eingedrungen werden muß.

Zwei Fallgruppen sind zu unterscheiden:

4   **aa)** Es gibt Beschlagnahmeanordnungen, aus deren Inhalt sich ergibt, daß die Beschlagnahme in geschützten Räumen vorgenommen werden muß. Hier liegt in Wirklichkeit eine (schlecht formulierte) Durchsuchungs- und Beschlagnahmeanordnung vor. Der Anordnende will, daß zur Durchführung der Beschlagnahme geschützte Räume betreten werden, seine Beschlagnahmeanordnung enthält **stillschweigend** eine Durchsuchungsanordnung. Voraussetzung ist aber, daß der Anordnende Ort und Art der Durchsuchung kennt, also weiß, **daß** und **wo** durchsucht werden soll. Das ist bei einem Haftbefehl nicht der Fall, solange offen ist, wo dieser vollstreckt werden soll.

5   **bb)** Für diese zweite Fallgruppe stellt sich die Frage, ob die Gestattung eines Grundrechtseingriffs (in die Freiheit) die Gestattung eines weniger schwer wiegenden Grundrechtseingriffs (in die geschützte räumliche Privatsphäre) **impliziert.** Das Bundesverfassungsgericht hat dies für die Durchsuchung zur Vollstreckung nach § 758 ZPO verneint und ausgeführt[2], allein dem auf Zahlung einer Geldsumme lautenden Urteil sei „noch nichts in Richtung auf eine Durchsuchung zu entnehmen". Das unterscheidet den dort entschiedenen Fall von einem auf Freiheitsstrafe lautenden Strafurteil, einer gerichtlichen Entscheidung über den Widerruf einer Strafaussetzung oder gar einen Haftbefehl.

6   Für **strafprozessuale Zwangsmaßnahmen** wird deshalb folgendes zu gelten haben: Soweit bei deren Vollstreckung regelmäßig oder häufig mittelbar andere Grundrechte desselben Grundrechtsträgers berührt werden, sind diese dann von der richterlich angeordneten Zwangsmaßnahme erfaßt, wenn das mittelbar verletzte Grundrecht weniger gewichtig ist.

7   Insoweit weicht Art. 13 dem Art. 104 GG[3] mit der Folge, daß zum Beispiel Haftbefehle (§ 112), Sicherungshaftbefehle (§ 453 c), Unterbringungsbefehle (§ 126 a), Vorführungsbefehle (§§ 134, 230 Abs. 2, 236, 329 Abs. 4), Steckbriefe (§ 131) und Vollstreckungshaftbefehle (§ 457) die **Befugnis einschließen**, zu ihrer Vollstreckung in die räumlich geschützte Sphäre des Betroffenen einzudringen, dort zu durchsuchen, wenn die richterliche Entscheidung auf Freiheitsentziehung lautet[4]; bei einer Verurteilung zu Geldstrafe ist dies nicht der Fall, weshalb zur Vollstreckung der Ersatzfreiheitsstrafe eine gesonderte Durchsuchungsanordnung erforderlich sein wird[5]. Bei **Vorführungsbefehlen** ist allerdings zu beachten, daß der Betroffene erst nach deren Eröffnung zum Gehorsam verpflichtet ist[6]; vgl. auch § 134, 8; eine Durchsuchung ist deshalb erst gestattet, nachdem der Betroffene den Gehorsam verweigert hat.

8   Die richterliche Anordnung der Freiheitsentziehung enthält **nicht** implicite die Befugnis, die **Räume Dritter** zu durchsuchen[7].

---

[2] BVerfGE **51** 97, 111.
[3] *Maunz* in *Maunz/Dürig* Art. 13, 23; *Dagtoglou* in BK (Zweitbearbeitung) Art. 13, 61.
[4] Ebenso im Ergebnis OLG Düsseldorf NJW **1981** 2133 = NStZ **1981** 402, das freilich unzutreffend im Urteil und im Widerrufsbeschluß eine stillschweigende Entscheidung zur Durchsuchung sieht und OLG Frankfurt NJW **1964** 785; BayObLGSt **8** 239; KK-

Laufhütte 4; *Kleinknecht/Meyer*[37] 6; *Kaiser* NJW **1980** 875; *Schlüchter* 325; LR-*Hanack* § 134, 8; **a. A** KMR-*Müller* 1; *Benfer* NJW **1980** 1611; *Rüping* 275.
[5] **A. A** *Kaiser* NJW **1980** 875.
[6] BGH NStZ **1981** 22.
[7] OLG Celle StrVert. **1982** 561; LR-*Meyer*[23] 7; *Kleinknecht/Meyer*[37] 1; *Krause* NJW **1974** 303.

Anderes gilt im Verhältnis **Beschlagnahme/Durchsuchung**. Enthält der die Be- **9** schlagnahme anordnende oder gestattende Beschluß nicht stillschweigend die Gestattung der Durchsuchung (Rdn. 4), kann wegen des Gewichts des Grundrechts aus Art. 13 nicht auf eine implizierte Gestattung geschlossen werden[8]. Erweist sich in solchen Fällen wider Erwartung (sonst wäre über die Durchsuchung mitentschieden worden) eine Durchsuchung als erforderlich, wird sie allerdings der vollstreckende Beamte wegen Gefahr im Verzug regelmäßig selbst anordnen können. Dies gilt auch, wenn **Führerscheine** auf Grund der vorläufigen Entziehung der Fahrerlaubnis zu beschlagnahmen sind (§ 111 a Abs. 3) und ohne Beschlagnahme die Gefahr besteht, daß der Betroffene das bereits mit der Entscheidung nach § 111 a verbundene Fahrverbot (vgl. § 111 a, 55) mißachtet.

II. Richtervorbehalt (Absatz 1)

1. Grundsatz. Wegen des Gewichts des Eingriffs ist dessen Anordnung (im Ermitt- **10** lungsverfahren besser: **Gestattung**) grundsätzlich dem Richter als „Kontrollorgan der Strafverfolgungsbehörden"[9] vorbehalten. Lediglich bei Gefahr im Verzug besteht eine Eilkompetenz der Staatsanwaltschaft und ihrer Hilfsbeamten (vgl. aber Rdn. 11). Soweit die Durchsuchung durch Art. 13 GG geschützte Räume betrifft (vgl. § 102, 2), hat die richterliche Zuständigkeit wegen Art. 13 Abs. 2 GG Verfassungsrang[10], was eine besonders sorgfältige Prüfung der Eilkompetenz erfordert.

2. Besonderheiten. Soweit im **Pressebereich** die Anordnung oder Gestattung der **11** Beschlagnahme nach § 97 Abs. 5 Satz 2 ausschließlich dem Richter vorbehalten ist, gilt dies auch für die der Sicherstellung solcher Gegenstände dienende Durchsuchung[11]. Keine Eilkompetenz der Hilfsbeamten der Staatsanwaltschaft besteht bei der **Gebäudedurchsuchung** nach § 103 Abs. 1 Satz 2.

III. Richterlicher Durchsuchungsbeschluß

1. Zuständigkeit. Die Erläuterungen bei § 98, 7 bis 11 gelten entsprechend.   **12**

2. Antrag, Form und Entscheidungsgrundlage. Die Erläuterungen bei § 98, 13 bis **13** 14 gelten entsprechend.

3. Anhörung. Die Erläuterungen bei § 98, 15 gelten entsprechend. Bei Durchsu- **14** chungen bei Dritten wird häufig der Durchsuchungserfolg durch eine vorherige Anhörung nicht i. S. des § 33 Abs. 4 gefährdet sein, so daß die Anhörung vorzunehmen ist. Das gilt beispielsweise für die Fälle, in denen bei nicht teilnahmeverdächtigen Angehörigen geschützter Berufe oder bei Banken Unterlagen gesucht und beschlagnahmt werden sollen. Eine Anhörung hat in diesen Fällen vielfach den Vorteil, daß die nicht selten kooperationsbereiten Dritten eine Durchsuchungsanordnung vermeiden können. Es genügt dann regelmäßig eine Beschlagnahmeanordnung, auf die diese Kreise wegen ihrer vertraglichen Bindungen zu ihren Mandanten oder Kunden Wert legen. Soweit eine

---

[8] *Rüping* 275.
[9] BVerfGE **42** 212, 220.
[10] Vgl. dazu BVerfGE **42** 212, 220; OLG Celle StrVert. **1982** 561.

[11] *Kleinknecht/Meyer*[37] 2; KMR-*Müller* 2; *Roxin*[19] § 35 A IV 1 g; *Kunert* MDR **1975** 891; *Löffler* Vor §§ 13 ff, 48.

Gerhard Schäfer

vorherige Anhörung nach § 33 Abs. 4 nicht möglich ist, muß dem Betroffenen Gelegenheit gegeben werden, sich nachträglich gegen die angeordnete Maßnahme zu wehren. Voraussetzung ist aber, daß diese fortdauert oder aus anderen Gründen ein Rechtsschutzbedürfnis für eine nachträgliche richterliche Überprüfung gegeben ist[12], wenn also i. S. der §§ 33 a, 311 a der ,,Nachteil noch besteht''. Zur Frage, wann dies bei bereits vollzogenen Durchsuchungen der Fall ist, s. § 98, 69 f.

4. Inhalt des Beschlusses

15 a) **Grundsatz.** Der Durchsuchungsbeschluß muß im Rahmen des Möglichen und Zumutbaren sicherstellen, daß der Grundrechtseingriff meßbar und kontrollierbar bleibt, daß mithin die richterliche Ermächtigung rechtsstaatlichen Anforderungen genügt[13]. Deshalb müssen die zu durchsuchenden Objekte, insbesondere wegen Art. 13 GG die zu durchsuchenden Räume, aber auch der Durchsuchungszweck so deutlich abgegrenzt werden, daß der äußere Rahmen, innerhalb dessen die Maßnahme durchzuführen ist, für die vollstreckenden Beamten und den Betroffenen in gleicher Weise abgesteckt ist.

16 b) **Einzelheiten.** Es ist das Verdienst des Bundesverfassungsgerichts, die Praxis zu einer präzisen Fassung der Durchsuchungsbeschlüsse veranlaßt zu haben[14]. Dabei ist zu unterscheiden zwischen der allgemeinen Begründung für die Anordnung der Durchsuchung und der aus rechtsstaatlichen Gründen gebotenen Konkretisierung der sicherzustellenden Gegenstände, um in den Fällen der Ermittlungsdurchsuchung die Durchsuchung in Grenzen zu halten.

17 aa) Die **allgemeine Begründung** muß die **Straftat** (durch Umreißen des Lebenssachverhalts; die Angabe des Straftatbestands genügt regelmäßig nicht), den **Durchsuchungszweck** (Ergreifung des Beschuldigten oder Auffinden von Beweismitteln) und bei § 103 die Umstände nennen, aus denen zu schließen ist, daß die gesuchte Person, Spur oder Sache sich in den zu durchsuchenden Räumen befindet. Dagegen ist in den Fällen des § 102 eine Begründung der **Auffindungsvermutung** regelmäßig nicht erforderlich[15]. Die **Verhältnismäßigkeit** muß nicht stets, aber jedenfalls dann angesprochen werden, wenn bei Dritten, insbesondere bei Angehörigen geschützter Berufe durchsucht werden soll[16], vgl. § 98, 18.

18 bb) Die **Konkretisierung der sicherzustellenden Gegenstände** muß so genau wie möglich erfolgen, damit die Grenzen der Durchsuchung für alle Beteiligten klar sind. (Gestattet die Entscheidung nur die Suche nach — möglicherweise gestohlenen — Fahrrädern, ist den vollstreckenden Beamten der Blick in die Nachttischschublade verwehrt). Steht schon bei der Anordnung fest, welcher Gegenstand gesucht werden soll, ist der Durchsuchungsbeschluß mit einem Beschlagnahmebeschluß zu verbinden, der bereits den konkreten zu beschlagnahmenden Gegenstand nennt. Ist eine solche Konkretisierung nicht möglich, sind die sicherzustellenden Gegenstände, wenn möglich nach Art und Gattung, zu bezeichnen (,,Schußwaffen''; ,,Betäubungsmittel''; ,,Bilanzen''). In den Fällen des § 103 ist dies stets erforderlich, da eine allgemeine Suche nach Beweismitteln bei Dritten nicht zulässig ist, vgl. § 103, 9. In den Fällen des § 102 läßt das Gesetz an und für sich eine allgemeine Suche nach Beweismitteln zu, die für die verfolgte Tat von

---

[12] BVerfGE **49** 329, 342.
[13] BVerfGE **42** 212, 220.
[14] BVerfGE **20** 162, 227; **42** 212, 220; **44** 353, 371; **56** 247.

[15] A. A *Baur* wistra **1983** 99, der nicht auf die Unterschiede zwischen § 102 und 103 eingeht.
[16] Weitergehend *Baur* wistra **1983** 99.

Bedeutung sind. Um auch hier die Durchsuchungsgrenzen klarzustellen, ist aber regelmäßig eine — wenn auch knappe — Wiedergabe des Lebenssachverhalts erforderlich, in dem die strafbare Handlung gesehen wird; eine schlagwortartige Bezeichnung („wegen Betrugs u. ä.") genügt nicht[17]. Die sicherzustellenden Beweismittel sollten wenigstens beispielhaft oder nach ihrer Art gekennzeichnet werden[18].

18a Die **Konkretisierung der sicherzustellenden Gegenstände** erfolgt zweckmäßigerweise in der **Formel**, die dann z. B. dahin lautet, daß die „Durchsuchung der ... Räume ... zur Sicherstellung von Schußwaffen und Geschäftsunterlagen über den Ankauf von Schußwaffen, wie Einkaufsrechnungen" gestattet wird. Eine solche Konkretisierung bewirkt nur die Begrenzung der Durchsuchung. Sie stellt keinen Beschlagnahmebeschluß dar. Die Beschlagnahme muß in diesen Fällen durch die durchsuchenden Beamten nach § 98 Abs. 1 wegen Gefahr im Verzug erfolgen; s. § 98, 16. Die Anforderungen an die Konkretisierung dürfen aber **nicht überspannt** werden. Zu genaue Angaben über den Tatvorwurf oder die sicherzustellenden Beweismittel dürfen das Verfahren selbst nicht gefährden. Bei § 103 kann bei genauer Bestimmung der sicherzustellenden Beweismittel im Beschluß selbst im Interesse des Beschuldigten u. U. auf die tatsächlichen Angaben zum Tatvorwurf verzichtet werden.

19 cc) Auch **Modalitäten der Durchsuchung** kann der Richter in seinem Beschluß regeln. Er kann sich z. B. die Anwesenheit bei der Vollstreckung vorbehalten (arg. Abs. 2; vgl. Rdn. 22), die Vollstreckung zur Nachtzeit generell ausschließen oder gestatten[19] oder sonst durch geeignete Anordnungen dafür Sorge tragen, daß der Eingriff möglichst gering wiegt.

20 5. **Bekanntmachung.** Der Beschluß ist gemäß § 36 Abs. 2 der Staatsanwaltschaft zur Bekanntmachung an den Betroffenen und zur Vollstreckung zu übergeben; dies kann in eiligen Fällen auch telefonisch geschehen[20]. Die Bekanntmachung selbst regeln §§ 106 Abs. 2 und 107 Abs. 1 ganz unvollständig. Vgl. § 106, 13. Wird bei Dritten durchsucht, wird im Ermittlungsverfahren die Maßnahme — ebenso wie andere Ermittlungshandlungen — dem Beschuldigten nicht gesondert bekanntgemacht. Zur Bekanntmachung ablehnender Entscheidungen im Ermittlungsverfahren vgl. § 98, 19.

21 6. „**Sammeldurchsuchungsbeschlüsse**". *Rengier*[21] hält es aus Gründen des Persönlichkeitsschutzes für unzulässig, in einem Beschluß Maßnahmen gegen mehrere Betroffene gleichzeitig zu treffen. Dies ist unzutreffend. Einen derartigen Schutz kennt das Strafverfahren nicht. Eine andere Frage ist es, ob derartige Beschlüsse aus ermittlungstaktischen Gründen nicht häufig unzweckmäßig sind.

IV. Vollstreckung des richterlichen Durchsuchungsbeschlusses

22 1. **Zuständigkeit.** Der richterliche Durchsuchungsbeschluß ist wie alle der Vollstreckung bedürfenden Entscheidungen der Staatsanwaltschaft zur Vollstreckung zu übergeben (§ 36 Abs. 2). Im Ermittlungsverfahren ist es deren Sache zu entscheiden, ob überhaupt, wann und wie die Durchsuchung durchzuführen ist[22]. Sie kann die Durch-

---

[17] BVerfGE 20 162, 227; **42** 212, 220; **44** 353, 371.

[18] BVerfGE **42** 212, 220.

[19] BGH MDR **1964** 71.

[20] *Kleinknecht/Meyer*[37] § 98, 8.

[21] NStZ **1981** 374.

[22] KK-*Laufhütte* 5; *Kleinknecht/Meyer*[37] 8; *Amelung/Schall* JuS **1975** 572; *Benfer* NJW **1981** 1245.

Gerhard Schäfer

suchung selbst vornehmen oder andere Behörden, namentlich ihre Hilfsbeamten (zu denen auch die Steuerfahndung gehört, § 404 AO) damit beauftragen. Diese sind an den Auftrag gebunden und haben ihn zu vollziehen[23], wobei freilich polizeitaktische Überlegungen von der Staatsanwaltschaft zu beachten sind[24]. In der Hauptverhandlung vollstreckt das Gericht selbst (z. B. Durchsuchung von Zeugen), mit Hilfe der Polizei oder der Gerichtswachtmeister. Darüber hinaus besteht keine Vollstreckungszuständigkeit des Gerichts. Eine solche kann auch nicht Absatz 2 entnommen werden, der von einer Anwesenheit des Richters ausgeht. Der Richter kann sich zwar die Anwesenheit bei der Durchsuchung vorbehalten. Dies führt aber lediglich dazu, daß er während der Durchsuchung erforderlich werdende ergänzende Entscheidungen unmittelbar treffen kann[25].

23　　**2. Keine zeitliche Begrenzung.** Im Ermittlungsverfahren ist die Staatsanwaltschaft grundsätzlich frei, ob und wann sie den richterlichen Durchsuchungsbeschluß vollstreckt. Dieser ist ohne ausdrückliche Regelung zeitlich nicht begrenzt[26]. Doch darf die Staatsanwaltschaft nur solange von ihm Gebrauch machen, als sich die für den Erlaß der Entscheidung maßgeblichen Umstände nicht wesentlich geändert haben. Dies ist nicht stets schon nach einem Monat[27] oder nach 6 Wochen[28] der Fall; vgl. auch § 98, 21.

3. Durchsuchungszeugen (Absatz 2)

24　　**a) Grundsatz.** Werden Wohnungen, Geschäftsräume oder ein befriedetes Besitztum (einschließlich der in § 104 Abs. 2 genannten Räume) nicht im Beisein des Richters (der die Maßnahme gestattet oder angeordnet hat) oder des Staatsanwalts[29], worunter auch der Amtsanwalt zu verstehen ist[30], durchsucht, sind „wenn möglich" Durchsuchungszeugen spätestens mit dem Beginn der Durchsuchung[31] beizuziehen. Dies dient dem Interesse des Staates, in einer konfliktbeladenen Situation Beweise für das rechtmäßige Vorgehen seiner Organe zu schaffen, und dem Interesse des Betroffenen, durch Anwesenheit von Zeugen ein korrektes Vorgehen der Ermittlungsbeamten zu gewährleisten[32]. Auch bei sehr umfangreichen Durchsuchungen ist es aber nicht erforderlich, mehr als die gesetzlich bestimmte Zahl der Zeugen hinzuzuziehen.

25　　**b) Geeignete Personen.** Als Durchsuchungszeugen sind ein Gemeindebeamter oder zwei Gemeindemitglieder zuzuziehen. Die Gemeindemitglieder dürfen nach Abs. 2 Satz 2 nicht Polizeibeamte oder Hilfsbeamte der Staatsanwaltschaft und nicht von der Durchsuchung Betroffene sein[33]. Den Zeugen muß der Grund ihrer Zuziehung und der

---

[23] KK-*Laufhütte* 5; eingehend zum Problem *Schultz/Leppin* Jura **1981** 521.

[24] *Benfer* NJW **1981** 1245; *Schultz/Leppin* Jura **1981** 521; kritisch *H. Schäfer* GA **1986** 49, 61 („Prädominanz der Prävention").

[25] A. A KK-*Laufhütte* 5, der Absatz 2 eine Vollstreckungszuständigkeit des Richters entnimmt; unklar *Kleinknecht/Meyer*[37] 8.

[26] A. A *Blumers/Göggerle* 499; *Felix/Streck* wistra **1982** 165; *Streck* StrVert. **1984** 350.

[27] So aber *Streck* StrVert. **1984** 350.

[28] So aber *Blumers/Göggerle* 499.

[29] Dem die Finanzbehörde (Einzelheiten vgl. bei *Blumers/Göggerle* 282 ff), nicht aber die Steuer-oder Zollfahndung im Steuerstrafverfahren gleichsteht, §§ 404, 399 AO.

[30] KK-*Laufhütte*[37] 6; *Kleinknecht/Meyer*[37] 10; KMR-*Müller* 12.

[31] BGH NJW **1963** 1461.

[32] BGH NJW **1963** 1461; BayObLG MDR **1980** 423; vgl. OLG Celle StrVert. **1985** 137; OLG Stuttgart Justiz **1984** 24; *Amelung* FS Freiheit und Verantwortung 11; *Born* JR **1983** 53; *Küper* JZ **1980** 633.

[33] OLG Celle StrVert. **1985** 137; KMR-*Müller* 14.

Durchsuchungsbeschluß bekanntgegeben werden, damit sie ihre Aufgabe wahrnehmen können[34].

c) „wenn möglich". Die Zuziehung darf unterbleiben, wenn sonst der Untersu- **26** chungserfolg gefährdet wäre, wenn also die Zuziehung wenigstens auch von zwei Gemeindemitgliedern so zeitaufwendig wäre, daß dies wahrscheinlich zu einer Vereitelung des Durchsuchungszwecks führen würde[35], oder wenn andere erhebliche Schwierigkeiten, wie eine (zulässige) Weigerung oder Gefährdung der Zeugen, deren Anwesenheit entgegenstehen[36]. Ersteres wird selten der Fall sein, da in der Regel ein oder zwei Polizeibeamte das zu durchsuchende Objekt gegen das Wegschaffen oder Vernichten von Beweismitteln schützen können, bis bei überraschend angeordneten Durchsuchungen die Zeugen geholt sind[37]. Über die Zuziehung entscheidet der die Durchsuchung leitende Beamte nach pflichtgemäßem Ermessen[38].

d) „Wesentliche Förmlichkeit". § 105 Abs. 2 ist keine Ordnungsvorschrift, sondern **27** zwingendes Recht; von seiner Einhaltung hängt die Rechtmäßigkeit der Durchsuchung ab[39]. Das folgt schon daraus, daß die Vorschrift wesentlich (auch) dem Schutz der Rechte des Betroffenen dient. Ein Verstoß gegen § 105 Abs. 2 gibt dem Betroffenen daher das Recht, **Notwehr** auszuüben und **Widerstand** (§ 113 StGB) zu leisten[40]. Angesichts des den Beamten („wenn möglich") eingeräumten pflichtgemäßen Ermessens stellt sich allerdings die Frage, wann ein solcher Verstoß anzunehmen ist. Rechtswidrigkeit ist dann gegeben, wenn ein Irrtum über die gesetzliche Regelung vorliegt, insbesondere, wenn der Beamte die Ermessensprüfung unterläßt, weil er z. B. § 105 Abs. 2 nicht kennt[41], es sei denn, auch in Kenntnis der Vorschrift hätte von einer Zuziehung von Zeugen abgesehen werden können[42], oder wenn er glaubt, der von der Durchsuchung Betroffene sei geeigneter Durchsuchungszeuge[43]. Ein Irrtum über die Möglichkeit, innerhalb angemessener Zeit einen Zeugen zuziehen zu können, ist unschädlich[44].

e) Verzicht des Betroffenen. Obwohl die Zuziehung von Durchsuchungszeugen **28** nicht nur dem Betroffenen, sondern auch staatlichen Interessen dient, kann der Betroffene auf die Einhaltung der Vorschrift wirksam verzichten[45]. Sein Interesse, derartige

---

[34] A. A *Gillmeister* 59; *Rengier* NStZ **1981** 374 unter Berufung auf den Persönlichkeitsschutz mit der Folge, daß die Zeugenzuziehung zur Farce wird.

[35] BGH NStZ **1986** 84; OLG Celle StrVert. **1985** 137; *Kleinknecht/Meyer*[37] 11; *Schlüchter* 328.2; *Küper* NJW **1971** 1681.

[36] OLG Stuttgart Justiz **1984** 24.

[37] Vgl. *Born* JR **1983** 54.

[38] OLG Celle StrVert. **1985** 137; OLG Stuttgart MDR **1984** 249.

[39] OLG Celle StrVert. **1985** 137; OLG Stuttgart MDR **1984** 249; BayObLG JR **1981** 28; *Küper* JZ **1980** 633; KK-*Laufhütte* 7; *Thiele* JR **1981** 30; *Born* JR **1983** 52; *Kleinknecht/ Meyer*[37] 10; LR-*Meyer*[23] 12; *Dreher/Tröndle*[42] § 113, 3; a. A OLG München NJW **1972** 2276; OLG Stuttgart NJW **1971** 629; KMR-*Müller* 13; offengelassen von BGH NJW **1963** 1461.

[40] BayObLG MDR **1980** 423; OLG Stuttgart MDR **1984** 249; LR-*Meyer*[23] 12; *Dreher/ Tröndle*[42] § 113, 13; *Schönke/Schröder/Eser*[22] § 113, 26; *Born* JR **1983** 53; *Küper* JZ **1980** 633.

[41] *Küper* NJW **1971** 1681, 1683; a. A OLG Stuttgart NJW **1971** 629; offengelassen bei BayObLG MDR **1980** 423.

[42] BayObLG MDR **1980** 423; *Küper* JZ **1980** 633, 637.

[43] OLG Celle StrVert. **1985** 137; RG Rspr. 6, 366; *Küper* JZ **1980** 633.

[44] OLG Celle StrVert. **1985** 137.

[45] BGH NJW **1963** 1461; OLG Celle StrVert. **1985** 137; OLG Stuttgart MDR **1984** 249; *Kleinknecht/Meyer*[37] 12; KMR-*Müller* 15; *Rengier* NStZ **1981** 374; *Born* JR **1983** 52; *Schlüchter* 328.2; a. A LR-*Meyer*[23] 10; KK-*Laufhütte* 7.

Vorgänge geheimzuhalten, erfordert dies. Allerdings bindet ein solcher Verzicht die durchsuchenden Beamten nicht[45a]. Häufige Klagen über das Vorgehen der Beamten legen es nahe, in der Regel Zeugen zuzuziehen[46].

29   **4. Erforderliche Maßnahmen. Zwang.** Der Durchsuchungsbeschluß berechtigt zu allen Maßnahmen, die erforderlich sind, um den Durchsuchungszweck zu erreichen, solange die **Verhältnismäßigkeit** gewahrt bleibt. Unmittelbarer Zwang ist zulässig[47]; insbesondere dürfen die mit der Vollziehung der Maßnahme beauftragten Beamten sich den Zugang in die **zu durchsuchenden Räume** mit Gewalt gegen Personen und Sachen erzwingen[48] und auch Behältnisse gewaltsam öffnen. Die zu durchsuchenden Räume dürfen umstellt und bewacht werden. Besteht der Verdacht, daß Dritte sicherzustellende Gegenstände entfernen, dürfen diese Personen auf Grund der Eilkompetenz ebenfalls durchsucht werden. Je nach dem Zweck der Durchsuchung ist auch das Aufbrechen von Türen und Verschlägen, das Ablassen von Flüssigkeiten, das Leeren von Gruben, das Aufgraben von Höfen und Gärten gestattet. Kann der Zweck der Durchsuchung nur durch Zerstörung der Sache oder von Sachen erreicht werden (bei Behältnissen mit doppeltem Boden oder bei Vieh, dem Beweismittel zum Verschlucken gegeben worden sind; Umgraben bepflanzten Geländes), so ist auch dies zulässig. Die Gewaltanwendung gegen Sachen wird, um den Schaden gering zu halten, einem Handwerker zu übertragen sein, wenn nicht durch die eintretende Verzögerung der Untersuchungszweck vereitelt würde.

29a   Bei der **Personendurchsuchung** darf körperlicher Zwang angewendet werden, wenn Widerstand geleistet wird. Die zu durchsuchende Person darf, falls die Durchsuchung andernfalls nicht durchgeführt werden könnte, kurzfristig festgenommen und auf die Dienststelle der Polizei gebracht werden. Das gilt nicht nur, wenn der Verdächtige sich der Durchsuchung widersetzt, sondern auch, wenn die Durchsuchung aus anderen Gründen nicht an Ort und Stelle möglich ist[49]. Wird die Durchsuchungshandlung gestört, so gilt § 164[50]; vgl. Erl. dort.

30   Soll eine **größere Zahl von Räumen** durchsucht werden, besteht häufig die Gefahr, daß die Anwesenden Beweismittel vernichten. Deshalb ist es — auch schon bevor die Voraussetzungen des § 164 vorliegen — zulässig, diese Personen aus den zu durchsuchenden Räumen zu entfernen. Sie in einen Raum einzuschließen („Stubenarrest"), wird regelmäßig nicht gestattet sein[51]; der Inhaber der zu durchsuchenden Räume darf ohnehin der Durchsuchung beiwohnen. Eine **Telefonsperre** ist zulässig, solange die Gefahr besteht, daß Mitbeschuldigte gewarnt werden und zur Vernichtung von Beweismaterial aufgefordert wird. Der Kontakt zum **Verteidiger** (vgl. § 148) oder (bei Durchsuchungen bei Dritten) zu einem Rechtsanwalt darf nicht unterbunden, kann aber zur Vermeidung von Mißbrauch von einem Beamten hergestellt werden[52]. Bei **Durchsuchungen in Betrieben** kann es erforderlich werden, die Pförtnerloge zu besetzen, die Telefonverbindungen zur Geschäftsleitung zu unterbinden und das Verlassen oder Betreten des Betriebes kurzfristig zu verbieten. Dies alles ist im Rahmen des Erforderlichen zulässig[52a].

[45a] *Gillmeister* 60.

[46] Vgl. auch *Rengier* NStZ **1981** 371.

[47] OLG Stuttgart Justiz **1984** 24; *Kleinknecht/ Meyer*[37] 13; KMR-*Müller* 8.

[48] RG JW **1892** 194.

[49] *Baumann* FS Eb. Schmidt 537; *Hoffmann* Polizei **1969** 13.

[50] RGSt **33** 251; *Eb. Schmidt* 4; eingehend dazu *Gillmeister* 74 ff.

[51] Vgl. aber *Rengier* NStZ **1981** 375 und OLG Stuttgart Justiz **1984** 24.

[52] Vgl. *Rengier* NStZ **1981** 375; zu allem eingehend *Gillmeister* 76 ff.

[52a] *Gillmeister* 80.

Erscheint bei der Durchsuchung beim Verdächtigen dessen **Verteidiger**, darf die- **31** ser wie der Betroffene der Durchsuchung beiwohnen. Auf sein Erscheinen muß nicht, sollte aber eine angemessene Zeit gewartet werden[53]. Bei Durchsuchung bei Dritten haben der Beschuldigte und sein Verteidiger ein Anwesenheitsrecht, soweit es ihnen vom Inhaber des Hausrechts eingeräumt wird. Sie können dann von der Durchsuchung nur ferngehalten werden, wenn sie stören (§ 164). Ein strafprozessuales Anwesenheitsrecht besteht nicht[54].

Namentlich in **Wirtschaftsstrafsachen**[55] sind die durchsuchenden Beamten häufig **32** auf Auskünfte anwesender Personen (über die Aufbewahrung von Akten, das Funktionieren der Telefonanlage, den Fernschreibverkehr, die Datenverarbeitung) angewiesen[56]. Dazu dürfen Vernehmungen an Ort und Stelle durchgeführt werden, wobei freilich die Beschuldigtenrechte (§§ 163 a Abs. 4, 136) sorgfältig zu wahren sind und unfaire Überrumplungen ausgeschlossen sein müssen. Auskunftpflichtige Zeugen dürfen aber unter Hinweis auf § 161 a Abs. 1 zur Aussage veranlaßt werden[56a]. Sind derartige Sachverhalte vorhersehbar, sollte die Durchsuchung ein Staatsanwalt leiten, was in der Praxis[57] zunehmend der Fall ist.

Während der Durchsuchung ist den vollziehenden Beamten in Grenzen gestattet, **33** **fotografische Aufnahmen** zu machen. Solche Aufnahmen sind stets zulässig, wenn sie gegenüber einer Beschlagnahme des aufgenommenen Objekts das mildere Mittel sind. Die Voraussetzungen der Beschlagnahme müssen aber im übrigen (abgesehen von der Verhältnismäßigkeit) vorliegen. Fotografien sind ferner gestattet zur **Dokumentation** von „Spuren", die sich einer Beschlagnahme entziehen, zur Dokumentation des Tatorts oder des **Fundorts** von Beweismitteln[58], regelmäßig aber nicht zur Dokumentation der Durchsuchung selbst[58a].

5. Verwirklichung der Durchsuchungsziele

a) Ergreifungsdurchsuchung. Wird der Verdächtige (§ 102), der Beschuldigte **34** (§ 103) oder der entwichene Gefangene gefunden, so ist er aufgrund des Haft- oder Vorführungsbefehls, der Anlaß zu der Durchsuchung gegeben hat, zu verhaften oder, wenn noch kein Haftbefehl ergangen ist, nach § 127 vorläufig festzunehmen. Das weitere Verfahren bestimmt sich nach den §§ 114 ff, 457, 463.

b) Ermittlungsdurchsuchung. Wird der gesuchte Gegenstand gefunden, wird er **35** sichergestellt. War der gesuchte Gegenstand in einem Beschlagnahmebeschluß konkret bezeichnet, genügt zur Verwirklichung der Beschlagnahme die einfache tatsächliche Inverwahrungnahme. Andernfalls — und dies ist die Regel — müssen die gesuchten Gegenstände beschlagnahmt werden, wobei die Anordnung dazu der durchsuchende Beamte nach § 98 Abs. 1 wegen Gefahr im Verzug trifft, wenn ein Richter nicht anwesend ist. Insoweit richtet sich das weitere Verfahren dann nach § 98 Abs. 2. Dasselbe Verfahren ist anzuwenden, wenn **andere** Beweismittel als die gesuchten gefunden wurden. Beziehen sich diese Beweismittel auf ein anderes Verfahren, gelten §§ 94, 98 ebenfalls, soweit die Beschlagnahmevoraussetzungen im übrigen vorliegen. Die Beschlagnahme

---

[53] *Stypmann* wistra **1982** 11.

[54] *Rengier* NStZ **1981** 375; *Gillmeister* 61.

[55] Vgl. dazu *Rengier* NStZ **1981** 376; *Stypmann* wistra **1982** 11.

[56] *Rengier* NStZ **1981** 376; *Gillmeister* 72 hält eine solche spontane Vernehmung für einen Verstoß gegen das faire Verfahren.

[56a] Wobei das Recht auf Zuziehung eines Beistands (§ 58, 10) gewahrt sein muß.

[57] Entgegen *Rengier* NStZ **1981** 376.

[58] Vgl. zu alledem OLG Celle StrVert. **1985** 139.

[58a] OLG Celle StrVert. **1985** 139.

Gerhard Schäfer

kann dann die Einleitung des (anderen) Verfahrens sein. Soll erst geprüft werden, ob ein anderes Verfahren eingeleitet wird oder ob der Gegenstand für ein anderes Verfahren als Beweismittel in Betracht kommt oder wirkt an der Durchsuchung (selten!) kein zur Beschlagnahme befugter Hilfsbeamter der Staatsanwaltschaft oder Staatsanwalt mit, wird der Gegenstand nach § 108 (vgl. die Erläuterungen dort) einstweilen sichergestellt.

36   Die Durchsuchung muß sich auf die Suche nach den Gegenständen beschränken, die Ziel der Maßnahme sind. Daraus folgt zweierlei: Einmal ist **weiteres Suchen unzulässig**, sobald der gesuchte Gegenstand freiwillig herausgegeben oder gefunden ist[59]. Zum anderen darf **nicht an Orten** durchsucht werden, wo die gesuchten Sachen gar nicht gefunden werden können. Zu den Rechtsfolgen bei Grenzüberschreitungen vgl. § 98, 82 und § 108, 18.

37   Namentlich bei Geschäftsunterlagen kann deren Durchsuchung auf beweiserhebliche Stücke solange Zeit in Anspruch nehmen, daß diese an Ort und Stelle gar nicht möglich ist. In solchen Fällen ist es gestattet, die zu durchsuchenden Gegenstände (ohne Beschlagnahme) in die **Diensträume mitzunehmen** und dort die Durchsicht fortzusetzen. Dieses Verfahren sieht § 110 Abs. 2 Satz 2 ausdrücklich für die Durchsicht von Papieren vor, wenn ein Staatsanwalt bei der Durchsuchung nicht anwesend ist; dieses Verfahren ist aber auch dann gestattet, wenn der Staatsanwalt (oder Richter; vgl. § 110, 8) an Ort und Stelle die Durchsicht durchführen kann. **Beendet** ist die Durchsuchung erst, wenn diese Durchsicht abgeschlossen ist, denn diese ist Teil der Durchsuchung[60].

38   **c) Beendigung der Durchsuchung.** Sind die Durchsuchungsziele erreicht, ist also die gesuchte Person ergriffen oder sind die gesuchten Gegenstände sichergestellt oder aber ist die Durchsuchung erfolglos, so ist sie zu beenden. Dazu bedarf es keiner ausdrücklichen Erklärung. Schlüssiges Verhalten genügt[61]. Die Durchsuchung darf nicht fortgesetzt werden, weil ihr bisheriges Ergebnis die Vermutung begründet hat, es könnten Gegenstände gefunden werden, die zwar in keiner Beziehung zu der Untersuchung stehen, aber auf die Verübung einer anderen Straftat hindeuten (§ 108). Es ist jedoch zulässig, wegen der neuen Straftat, sofern dafür ausreichende Anhaltspunkte bestehen, eine Untersuchung einzuleiten und nach Beweismitteln für diese Straftat zu suchen, falls die Voraussetzungen der §§ 102, 103 auch insoweit vorliegen. Soll die **Durchsuchung** nur **unterbrochen** werden, so ist dies bekanntzugeben. Denn die Durchsuchungsanordnung ist mit dem Ende der Durchsuchung erledigt; sie läßt wiederholte Durchsuchungen nicht zu[62]. Dies gilt auch dann, wenn von dem Durchsuchungsbeschluß kein Gebrauch gemacht wurde, weil der Betroffene in die Maßnahme eingewilligt hatte[63], denn die richterliche Entscheidung über die Durchsuchung betrifft eine ganz bestimmte Verfahrenssituation. Der Durchsuchungsbeschluß kann aber wiederholt werden. Der Betroffene muß aus diesen Gründen wissen, wann die Durchsuchung beendigt ist, um sich auf die Rechtslage einstellen zu können. „Kriminalistische Tricks"[64], eine erfolglose Durchsuchung zum Schein zu beenden und dann alsbald wiederzukommen, um die Betroffenen beim Aussortieren des nicht gefundenen Materials zu überraschen, sind des-

---

[59] *Stypmann* wistra **1982** 11.
[60] BGH NJW **1973** 2035; OLG Karlsruhe Justiz **1979** 346; KG NJW **1975** 355; LG Göttingen StrVert. **1982** 364; KK-*Laufhütte* 8; *Kleinknecht/Meyer*[37] 15; KMR-*Müller* 18; *Schaefgen* BB **1979** 1498; *Rüping* 278.
[61] *Rengier* NStZ **1981** 377.

[62] *Kleinknecht/Meyer*[37] 14; *Rengier* NStZ **1981** 377; *Klug*, Presseschutz im Strafrecht **1965** 74.
[63] *Rengier* NStZ **1981** 378.
[64] Wie sie *Rengier* NStZ **1981** 378 und *Geerds* FS Dünnebier 185 schildern.

halb unzulässig. In solchen Fällen ist die erste Durchsuchung beendet, die zweite bedarf einer neuen Anordnung. Allein aus der Erfolglosigkeit der ersten kann jedenfalls nicht auf Gefahr im Verzug geschlossen und deshalb die zweite im Wege der Eilkompetenz angeordnet werden. Auch für eine richterliche Anordnung der zweiten Durchsuchung ist kein Raum, denn die Wiederholung einer erfolglosen Durchsuchung ist unverhältnismäßig und einen allgemeinen kriminalistischen Erfahrungssatz dahin, daß bei einer zweiten Durchsuchung die bei der ersten Durchsuchung nicht gefundenen Gegenstände gefunden werden könnten, gibt es nicht[65].

6. Bundeswehr (Absatz 3). Die Regelung stimmt, abgesehen vom Wort „Durchsu- **38a** chung" wörtlich mit § 98 Abs. 4 überein. Auf die Erl. § 98, 26 bis 29 wird verwiesen.

V. Nichtrichterliche Durchsuchungsanordnungen

1. Eilkompetenz. Bei **Gefahr im Verzug**[65a] (vgl. zu diesem Begriff § 98, 35) sind **39** auch die Staatsanwaltschaft und ihre Hilfsbeamten (§ 152 GVG, vgl. dort) zur Anordnung der Durchsuchung befugt, es sei denn die Durchsuchung gelte im Bereich der **Presse** einem nach § 97 Abs. 5 Satz 2 oder § 111 m geschützten Gegenstand (vgl. Rdn. 11), dann besteht ausschließliche richterliche Anordnungszuständigkeit, oder es handle sich um eine **Gebäudedurchsuchung** (vgl. § 103 Rdn. 15) nach Abs. 1 Satz 2, dann besteht auch eine staatsanwaltschaftliche Kompetenz.

2. Wegen der **Zuständigkeit** vgl. § 98, 32 bis 34, wegen der Rechtsfolgen einer fal- **40** schen Beurteilung des Begriffs **Gefahr im Verzug** vgl. § 98, 35 bis 37.

3. Form. Auch hier sei zunächst auf die Erläuterungen zu § 98, 37a verwiesen. **41** Das Erfordernis einer klaren — möglichst schriftlichen — Fixierung des Durchsuchungszieles stellt sich aber hier mit ganzer Schärfe. Es kann schlechterdings nicht hingenommen werden, daß die bei richterlichen Durchsuchungsbeschlüssen zu Recht verlangte genaue Begrenzung des Durchsuchungsziels hier in der Praxis keine Rolle spielt. Dem verfassungsrechtlichen Gebot, Durchsuchungseingriffe in Grenzen zu halten, wird nur entsprochen, wenn zu Beginn der Durchsuchung eine schriftliche Durchsuchungsanordnung der Staatsanwaltschaft oder des Leiters der Durchsuchung vorliegt, die eine Begrenzung des Durchsuchungsziels ähnlich der in richterlichen Entscheidungen enthält. Überschreitungen des Durchsuchungsziels, die in schweren Fällen zur Nichtverwertbarkeit gefundener Beweismittel führen können, lassen sich sonst nur mühsam durch eine Rekonstruktion des Akteninhalts zum Zeitpunkt der Anordnung der Durchsuchung feststellen.

4. Bekanntmachung. Vgl. auch hier zunächst § 98, 38. Soweit § 107 hinter der **42** hier vertretenen Auffassung zurückbleibt, ist die Vorschrift verfassungswidrig (vgl. § 106, 14; 107, 2).

5. Vollstreckung. Rdn. 24 bis 26 gelten entsprechend. **43**

---

[65] Vgl. dazu auch *Rengier* NStZ **1981** 378.
[65a] Gefahr im Verzug kann auch dann vorliegen, wenn während der Durchsuchung die

zunächst erteilte Einwilligung widerrufen wird; vgl. § 102, 7.

VI. Rechtsbehelfe und Rechtsmittel

1. Gegen die Anordnung oder Gestattung der Durchsuchung

44 **a) Richterliche Durchsuchungsentscheidungen.** Gegen richterliche Entscheidungen, die eine Durchsuchung anordnen oder gestatten, ist nach § 304 Abs. 1 und 2 Beschwerde zulässig, nach § 304 Abs. 4 Satz 2 Nr. 1 auch dann, wenn sie von dem Oberlandesgericht als Gericht des ersten Rechtszugs erlassen worden sind. Anfechtbar sind auch die Durchsuchungsanordnungen des erkennenden Gerichts. § 305 Satz 1 steht nicht entgegen. Zwar erwähnt § 305 Satz 2 die Durchsuchung nicht. Es ist aber unstreitig, daß es dem Zweck der Vorschrift entspricht, die Beschwerde auch für solche Zwangsmaßnahmen nicht auszuschließen, die auf die Beschlagnahme abzielen; hierunter fällt die Durchsuchung[66]. Die Beschwerde hat keine aufschiebende Wirkung (§ 307 Abs. 1), eine weitere Beschwerde ist nach § 310 Abs. 2 ausnahmslos unzulässig[67]. Zur **Beschwerdeberechtigung** und zur Behandlung der Beschwerde bei einem **Zuständigkeitswechsel** vgl. § 98, 65 f.

45 Streitig ist die Zulässigkeit der Beschwerde **nach Erledigung der Durchsuchung**. Vgl. dazu § 98, 68 bis 71.

46 Wurde die Beschwerde **während der Durchsuchung eingelegt** und wird über sie erst **nach deren Beendigung entschieden**, ist sie nach der hier vertretenen Auffassung (§ 98, 71) unzulässig (geworden), wenn kein berechtigtes Interesse an der Feststellung der Rechtswidrigkeit besteht. Wer die Beschwerde nach Erledigung ausnahmslos für unzulässig hält, wird in solchen Fällen prozessualer Überholung das Rechtsmittel nicht als unzulässig verwerfen, sondern ohne Kostenentscheidung für erledigt erklären (vgl. dazu Erläuterungen zu § 296).

47 Die **Durchsicht** der aufgefundenen (und u. U. zur Staatsanwaltschaft verbrachten) Papiere nach § 110 ist noch **Teil der Durchsuchung**. Solange diese Durchsicht nicht abgeschlossen ist, ist die Beschwerde gegen die Durchsuchung zulässig[68].

48 **b) Anordnungen der Staatsanwaltschaft und ihrer Hilfsbeamten.** Während die **Durchsuchung noch andauert**, kann der Richter, der an sich für die Anordnung der Maßnahme zuständig gewesen wäre, zur Überprüfung ihrer Rechtmäßigkeit entsprechend § 98 Abs. 2 Satz 2 angerufen werden[69]. Zur Zuständigkeit, zum Verfahren, insbesondere auch zum Entscheidungs- und Prüfungsmaßstab vgl. § 98, 41 ff. Diese Fälle werden in der Praxis selten sein, weil — abgesehen von der noch nicht abgeschlossenen Durchsicht von Papieren (vgl. Rdn. 47) — eine richterliche Entscheidung vor Abschluß der Durchsuchung aus zeitlichen Gründen kaum möglich sein wird.

49 **Nach Erledigung der Durchsuchung** läßt die herrschende Meinung nunmehr eine Überprüfung nach § 98 Abs. 2 Satz 2 zu, wenn ein besonderes Feststellungsinteresse besteht. Die Frage ist sehr streitig. Vgl. dazu § 98, 72 ff.

---

[66] OLG Rostock *Alsb.* E **1** Nr. 252; *Kleinknecht/Meyer*[37] 15; KMR-*Müller* 18; *Eb. Schmidt* 4; *Peters* JR **1973** 342.
[67] KG JR **1967** 192.
[68] BGH NJW **1973** 2035; OLG Celle StrVert. **1985** 137; OLG Karlsruhe Justiz **1979** 346; KG NJW **1975** 355; LG Göttingen StrVert. **1982** 364; KK-*Laufhütte* § 110, 9; *Kleinknecht/Meyer*[37] 15; KMR-*Müller* 18; *Gillmei-*

ster 86; *Streck* StrVert. **1984** 348.
[69] BGH NJW **1978** 1013 mit Anm. *Amelung*; OLG Karlsruhe NJW **1978** 1595; OLG Stuttgart NJW **1977** 2276; KG NJW **1972** 169 = JR **1972** 297 mit Anm. *Peters*; KK-*Laufhütte* 8; *Kleinknecht/Meyer*[37] 16; KMR-*Müller* 17; *Meyer* FS Schäfer 127; *Altenhain* DRiZ **1970** 105, 106; *Rieß/Thym* GA **1981** 199.

2. Gegen die Ablehnung einer Durchsuchung durch den Richter. Vgl. § 98, 62 f.   **50**

3. Gegen die Art und Weise der Durchsuchung. Vgl. zunächst § 98, 77 bis 80. **51**
Zur überprüfbaren Art und Weise der Durchsuchung gehören namentlich die Wahl des
Zeitpunkts der Maßnahme[70], die Nichtzuziehung von Durchsuchungszeugen[71], die
Beschränkung der Bewegungsfreiheit der Betroffenen[72], Verstöße gegen § 110[73], gegen
§§ 106, 107 und 109, sowie das Fotografieren der durchsuchten Räume zur Dokumenta-
tion der Durchsuchung[74]. Tritt das Fotografieren freilich als milderer Eingriff an die
Stelle der Beschlagnahme des Beweismittels, richtet sich die Anfechtbarkeit nach Beschlagnahmerecht.

VII. Revision

1. Verwertungsverbot. Durchsuchungen sind keine Beweismittel, deren Verwert- **52**
barkeit verboten sein könnte[75]. Fehler bei der Durchsuchung können deshalb die Revision nicht begründen. Eine andere Frage ist es, ob derartige Fehler die Verwertbarkeit
bei der Durchsuchung aufgefundener Beweismittel hindert. Vgl. dazu § 98, 82.

2. Ablehnung von Anträgen. Die Aufklärungsrüge kann darauf gestützt werden, **53**
daß das erkennende Gericht eine Durchsuchung unterlassen habe und deshalb bestimmte
Beweismittel nicht verwerten konnte.

VIII. Schadensersatz; Entschädigung.

Die Durchsuchung kann für den Betroffenen erhebliche wirtschaftliche Nachteile **54**
zur Folge haben. Soweit das Verhalten der durchsuchenden Beamten namentlich bei der
Ausübung unmittelbaren Zwangs **rechtswidrig und schuldhaft** war, kommt Schadensersatz nach § 839 BGB in Verbindung mit Art. 34 GG in Betracht (Beispiel: Schäden
durch gewaltsames Öffnen von Behältnissen, sofern ein Handwerker hätte herbeigeholt
werden können)[76]. **Im übrigen** ist zu unterscheiden: Bei Dritten kommt Entschädigung
nach Enteignungsgrundsätzen[77], beim Beschuldigten eine solche nach StrEG in Betracht. Geringfügige wirtschaftliche Nachteile müssen die Betroffenen in jedem Fall aus
Gründen der sozialen Adäquanz selbst tragen.

---

[70] BVerfGE **44** 368; BVerfG wistra **1984** 21;
OLG Hamm NStZ **1984** 136.
[71] OLG Celle StrVert. **1985** 138.
[72] OLG Stuttgart NJW **1972** 2146; KG GA
1984 24; Celle NdsRpfl. **1984** 265; *Dörr* NJW
1984 265; enger *Kleinknecht/Meyer*[37] § 23, 10
EGGVG.

[73] OLG Celle StrVert. **1985** 139.
[74] OLG Celle StrVert. **1985** 138.
[75] *Eb. Schmidt* Nachtr. I 2.
[76] *Schätzler* Einl. 42.
[77] *Schätzler* Einl. 27.

Gerhard Schäfer

§ 106

(1) ¹Der Inhaber der zu durchsuchenden Räume oder Gegenstände darf der Durchsuchung beiwohnen. ²Ist er abwesend, so ist, wenn möglich, sein Vertreter oder ein erwachsener Angehöriger, Hausgenosse oder Nachbar zuzuziehen.

(2) ¹Dem Inhaber oder der in dessen Abwesenheit zugezogenen Person ist in den Fällen des § 103 Abs. 1 der Zweck der Durchsuchung vor deren Beginn bekanntzumachen. ²Diese Vorschrift gilt nicht für die Inhaber der in § 104 Abs. 2 bezeichneten Räume.

1   **1. Allgemeines.** Die Vorschrift regelt zusammen mit §§ 104, 105 Abs. 2 das Verfahren bei Durchsuchungen und damit die gesetzlich vorgeschriebene Form im Sinne von Art. 13 Abs. 2 GG. Sie dient dem Schutz des Betroffenen und bezieht sich sowohl auf Durchsuchungen bei Verdächtigen nach § 102 als auch bei Nichtverdächtigen nach § 103. Nach der ausdrücklichen Verweisung in § 111b Abs. 2 Satz 3 gilt § 106 auch bei Durchsuchungen zur Beschlagnahme der in § 111b genannten Gegenstände. Zur Rechtsnatur der Vorschrift s. Rdn. 15.

2. Anwesenheitsrecht des Betroffenen

2   **a) Inhaber der Räume oder Durchsuchungsgegenstände (Absatz 1 Satz 1).** Inhaber ist, wer die zu durchsuchenden Räume tatsächlich innehat und wer an den Durchsuchungsgegenständen Gewahrsam hat. Hat der Raum mehrere Inhaber oder steht der Gegenstand im Gewahrsam mehrerer Personen, so sind sie alle berechtigt, der Durchsuchung beizuwohnen. Bei Hotelzimmern ist neben dem Gast der Hotelbesitzer Inhaber, bei Mietwohnungen dagegen nur der Mieter[1]. Auf den Mietvertrag kommt es nicht an. Deshalb sind bei Wohnungen die tatsächlichen Benützer Inhaber, es sei denn, sie seien als Hausbesetzer rechtswidrig eingedrungen. Auch der Gefangene ist Inhaber seines Haftraumes[2]. Bei Betrieben, namentlich bei Niederlassungen und Zweigbetrieben, entscheiden die tatsächlichen Umstände, weshalb z. B. bei Zweigbetrieben der örtliche Betriebsleiter auch Inhaber der Räume i. S. von § 106 ist.

3   **b) Keine Wartepflicht.** Das Recht zur Anwesenheit bei der Durchsuchung hat der Inhaber aber nur, wenn er sich am Durchsuchungsort, also in den zu durchsuchenden

---

[1] KMR-*Müller* 1.
[2] OLG Hamm Beschl. v. 28. 3. 1980 – 1 VAs 8/80; **a. A** OLG Stuttgart NStZ **1984** 574; OLG Frankfurt ZfStrVo. **1982** 191; GA **1979**

429; *Kleinknecht/Meyer*³⁷ 1; *Schwind/Böhm* § 84, 4 StVollzG; offengelassen bei BGH NStZ **1983** 375.

Räumen oder bei dem zu durchsuchenden Gegenstand aufhält. Der die Durchsuchung ausführende Beamte ist nicht verpflichtet, auf das Erscheinen des abwesenden Inhabers zu warten oder ihn gar herbeiholen zu lassen, es sei denn, der Betroffene befinde sich in unmittelbarer Nähe. Dann ist er zu benachrichtigen und auf sein Erscheinen ist zu warten[3]. Die Dauer der Wartepflicht ist eine Frage des Einzelfalls. Sie darf nicht zu kleinlich bemessen werden, weil der Inhaber die Durchsuchung durch freiwillige Herausgabe der gesuchten Gegenstände regelmäßig abwenden kann. Erscheint der Inhaber nach Beginn der Durchsuchung, hat er ab seinem Erscheinen die Rechte des § 106 Abs. 1.

c) Verzicht. Verwirkung. Der anwesende Inhaber der Räume oder Gegenstände **4** kann auf die Teilnahme an der Durchsuchung **verzichten**; er kann auch einen anderen beauftragen, der Durchsuchung beizuwohnen und dabei seine Rechte wahrzunehmen[4]. Stört der Inhaber die Durchsuchung, so kann er nach § 164 entfernt und festgehalten werden[5], sein Anwesenheitsrecht ist dann verwirkt[6].

3. Zuziehung Dritter bei Abwesenheit des Inhabers (Abs. 1 Satz 2). Ist der Inhaber **5** der Räume oder der Durchsuchungsgegenstände bei der Durchsuchung nicht anwesend, so müssen, und zwar in der angegebenen Reihenfolge[7], sein Vertreter, ein erwachsener Angehöriger, ein Hausgenosse oder ein Nachbar zugezogen werden. Das gilt auch, wenn es sich um Räume der in § 104 Abs. 2 bezeichneten Art handelt. Ist der anwesende Inhaber entfernt worden, weil er die Durchsuchung gestört hat, so hat er sein Anwesenheitsrecht verwirkt[8], Absatz. 1 Satz 2 findet dann keine Anwendung.

Vertreter ist sowohl derjenige, der den Inhaber in sonstigen Angelegenheiten **6** kraft Auftrags (Hausverwalter) oder üblicherweise (Ehefrau, die auch sonst die Geschäfte ihres Mannes erledigt) vertritt, als auch der eigens zur Wahrnehmung der Rechte des Inhabers bei der Durchsuchung bestellte Vertreter[9]. Ist der Inhaber der Beschuldigte, so kann ihn sein Verteidiger auch bei der Durchsuchung vertreten[10]. Ist ein Vertreter anwesend, aber zur Teilnahme an der Durchsuchung nicht bereit, so ist die Lage nicht anders als in dem Fall, daß der Inhaber selbst auf die Teilnahme verzichtet; eine andere Person braucht daher nicht zugezogen werden[11].

Da die Beiziehung von Zeugen schon in § 105 Abs. 2 geregelt ist, kommt den **7** nach § 106 Abs. 1 Satz 2 **zuzuziehenden Personen** eine andere Aufgabe zu als ihnen. Sie werden anstelle des abwesenden Inhabers zugezogen; ihre Aufgabe kann daher nur darin bestehen, daß sie die Interessen des Inhabers wahrnehmen.

---

[3] KMR-*Müller* 4.
[4] *Kleinknecht/Meyer*[37] 2; KMR-*Müller* 3.
[5] RGSt **33** 251; *Kleinknecht/Meyer*[37] 2; *Gillmeister* 82.
[6] *Kleinknecht/Meyer*[37] 2; einschränkend KK-*Laufhütte* 5: Das Festhalten ist so zu vollziehen, daß der „störende Inhaber anwesend bleibt". Das führt aber in der Praxis zu unwürdigen Situationen.

[7] KK-*Laufhütte* 2; *Kleinknecht/Meyer*[37] 4; KMR-*Müller* 2; *Kaufmann* 115.
[8] *Kleinknecht/Meyer*[37] 4; KMR-*Müller* 6; *Krause/Nehring* 7; einschränkend KK-*Laufhütte* 5.
[9] KMR-*Müller* 2; *Kleinknecht/Meyer*[37] 4.
[10] *Kleinknecht/Meyer*[37] 4; KMR-*Müller* 2; **a. A** KK-*Laufhütte* 2, der eine Vertretungsvollmacht verlangt.
[11] *Kleinknecht/Meyer*[37] 4; KMR-*Müller* 6.

Gerhard Schäfer

8   Von der Zuziehung der in § 106 Abs. 1 Satz 2 genannten Personen kann abgesehen werden, wenn sie **unmöglich** ist (vgl. § 105, 26) oder für den Zugezogenen gefährlich wäre. Stört der Zugezogene die Durchsuchung, so ist er nach § 164 zu entfernen und an seiner Stelle eine andere Person zuzuziehen.

4. Sonstige Anwesenheitsrechte

9   **a) Staatsanwalt.** Da er gesetzlich (§ 36 Abs. 2 Satz 1) mit der Durchführung der Durchsuchungsanordnung betraut ist, hat der Staatsanwalt immer ein Anwesenheitsrecht. Das gilt auch, wenn der Richter ausnahmsweise an der Durchsuchung selbst teilnimmt (§ 105, 22). Dem Privatkläger, Nebenkläger und ihren Prozeßbevollmächtigten steht hingegen kein Teilnahmerecht zu.

10   **b) Finanzbehörde.** Führt in einem Steuerstrafverfahren die Staatsanwaltschaft das Ermittlungsverfahren (vgl. § 386 AO), ist nach § 403 AO die Finanzbehörde (vgl. zum Begriff § 386 Abs. 1 AO), die für das Ermittlungsverfahren zuständig wäre, würde nicht die Staatsanwaltschaft ermitteln, zur Anwesenheit berechtigt. Die Steuerfahndung ist nicht Finanzbehörde i. S. des § 403[12], sie kann aber von der Staatsanwaltschaft mit der (Mitwirkung an der) Durchsuchung beauftragt werden (§ 404 Satz 1 AO).

11   **c) Beschuldigter. Verteidiger.** Der **Beschuldigte** als solcher hat kein Anwesenheitsrecht bei der Durchsuchung[13], es sei denn, er sei selbst anwesender Inhaber der von der Durchsuchung betroffenen Räume und Gegenstände (dann gilt § 106 Abs. 1 Satz 1; vgl. Rdn. 2) oder der Inhaber gestatte ihm die Anwesenheit[14]. Anderes gilt nur dann, wenn mit der Durchsuchung — was in der Praxis selten ist — eine richterliche Ermittlungshandlung, z. B. ein Augenschein verbunden ist. Dann finden §§ 168 c, 168 d Anwendung.

12   Ist der Beschuldigte **nicht auf freiem Fuß**, so kann er seine Vorführung zu der Durchsuchung selbst dann nicht verlangen, wenn sie in seinen eigenen Wohn- oder Geschäftsräumen vorgenommen wird.

13   Wird der **Verteidiger** nicht als Vertreter des abwesenden Inhabers zugezogen (Rdn. 6), hat er ein Anwesenheitsrecht, soweit der Beschuldigte Inhaber der von der Durchsuchung betroffenen Räume und Gegenstände ist oder soweit ihm der Inhaber die Anwesenheit gestattet. Der Verteidiger wird nicht von der Durchsuchung benachrichtigt, auf ihn muß nicht gewartet werden, obwohl letzteres aus atmosphärischen Gründen häufig zweckmäßig erscheint[15]. Zur Anwesenheit bei mit einer Durchsuchung verbundenen richterlichen Ermittlungshandlung, z. B. einem Augenschein, vgl. §§ 168 c, 168 d.

14   **5. Bekanntmachung.** Nach § 106 Abs. 2 Satz 1 ist bei einer Durchsuchung nach § 103 dem Inhaber oder — bei dessen Abwesenheit — der zugezogenen Person **vor** der Durchsuchung deren Zweck bekanntzugeben; nach § 107 ist dem Betroffenen **nach** der Durchsuchung ferner deren Grund und — soweit es sich um den Beschuldigten handelt — die vorgeworfene Straftat mitzuteilen. Diese (vorkonstitutionelle) Regelung wird der Bedeutung des Eingriffs nicht gerecht und degradiert den Betroffenen zu einem bloßen Objekt staatlichen Verhaltens. Insbesondere ist der Eingriff bei Anwendung dieser Vor-

---

[12] *Franzen/Gast/Samson* Steuerstrafrecht[3] (1985) § 403, 6 und § 404, 47 AO mit Nachweisen; a. A *Küster* BB **1980** 1371.
[13] OLG Stuttgart NStZ **1984** 368; KK-*Lauf-*

hütte 2; *Kleinknecht/Meyer*[37] 3; KMR-*Müller* 7; *Rengier* NStZ **1981** 374.
[14] *Kleinknecht/Meyer*[37] 3.
[15] Vgl. zu allem *Rengier* NStZ **1981** 375.

schriften nicht meßbar und kontrollierbar, wie dies das Bundesverfassungsgericht[16] verlangt. Ein verfassungskonforme Auslegung der genannten Vorschriften dahin, daß der **Durchsuchungsbeschluß dem Betroffenen** oder seinem Vertreter (auch in Fällen des § 106 Abs. 2 Satz 2) **vor der Durchsuchung auszuhändigen ist**, ist deshalb geboten[16a], soweit der Durchsuchungszweck dadurch nicht ausnahmsweise gefährdet wird (§ 107, 2). Dies gilt auch in den Fällen des § 103, da der Dritte andernfalls seine Rechte nicht wahrnehmen kann[17]. Im übrigen gebietet schon der Grundsatz der Verhältnismäßigkeit die vorherige Bekanntmachung der richterlichen oder nichtrichterlichen Durchsuchungsanordnung, da nur so der Betroffene in die Lage versetzt wird, durch **freiwillige Herausgabe** die regelmäßig schwerwiegende Maßnahme abzuwenden.

6. Rechtsfolgen bei Verstößen

a) Rechtsnatur. Ebenso wie § 105 Abs. 2 bezüglich der Zuziehung von Durchsu- **15** chungszeugen (vgl. § 105, 27) enthält § 106 zwingendes Recht und stellt nicht lediglich eine Ordnungsvorschrift dar[18]. Eine andere Auslegung würde den Bürger zum Objekt staatlichen Handelns degradieren. Bei einem Verstoß gegen § 106 hat der Betroffene deshalb das Recht, Notwehr auszuüben[19].

b) Anfechtbarkeit. Ein Verstoß gegen § 106 betrifft die Art und Weise der Durch- **16** suchung und kann deshalb nach § 23 EGGVG geltend gemacht werden (vgl. § 98, 78 ff)

c) Revision. Auf die Fehlerhaftigkeit der Durchsuchung als solcher kann die Revi- **17** sion nicht gestützt werden. Die Verwertbarkeit der aufgefundenen Beweismittel wird bei einem Verstoß gegen § 106 regelmäßig nicht berührt[20].

§ 107

[1]**Dem von der Durchsuchung Betroffenen ist nach deren Beendigung auf Verlangen eine schriftliche Mitteilung zu machen, die den Grund der Durchsuchung (§§ 102, 103) sowie im Falle des § 102 die Straftat bezeichnen muß.** [2]**Auch ist ihm auf Verlangen ein Verzeichnis der in Verwahrung oder in Beschlag genommenen Gegenstände, falls aber nichts Verdächtiges gefunden wird, eine Bescheinigung hierüber zu geben.**

Entstehungsgeschichte. Durch Art. 21 Nr. 25 EGStGB 1974 wurden in Satz 1 die Worte „strafbare Handlung" durch das Wort „Straftat" ersetzt.

1. Allgemeines. Die durchsuchende Behörde wird durch § 107 verpflichtet, dem **1** von der Durchsuchung Betroffenen den **Durchsuchungsgrund mitzuteilen** und das **Durchsuchungsergebnis zu bescheinigen.** Gebühren dürfen dafür nicht erhoben wer-

---

[16] BVerfGE **42** 212, 220.
[16a] Ebenso *Gillmeister* 57.
[17] **A. A** *Rengier* NStZ **1981** 374 unter Berufung auf den Persönlichkeitsschutz des Beschuldigten.

[18] OLG Hamm Beschluß vom 28. 3. 1980 – 1 VAs 8/80; **a. A** LR-*Meyer*[23] 1; *Kleinknecht/Meyer*[37] 1.
[19] **A. A** *Eb. Schmidt* 1.
[20] BGH NStZ **1983** 376.

Gerhard Schäfer

den[1]. Die Bestimmung ist eine Ordnungsvorschrift, deren Verletzung die Durchsuchung selbst nicht rechtswidrig macht und die Rechtmäßigkeit einer Beschlagnahme nicht berührt. Die Vorschrift gilt nach § 111 b Absatz 2 Satz 3 auch bei der Durchsuchung zur Beschlagnahme von Gegenständen, die dem Verfall oder der Einziehung unterliegen oder der Schadloshaltung des Verletzten dienen können.

2   **2. Durchsuchungsbescheinigung.** Der von der Durchsuchung Betroffene, also der verdächtige (§ 102) oder unverdächtige (§ 103) Inhaber der Wohnung, des Geschäftsraums, des befriedeten Besitztums oder der Inhaber des Gewahrsams an den durchsuchten Sachen hat Anspruch darauf zu erfahren, was man bei ihm gesucht hat und ob er selbst verdächtigt wird oder nicht. Soweit § 107 sich darauf beschränkt, daß diese Angaben nach der Durchsuchung gemacht werden und sich auf Grund der Durchsuchung (Ergreifung des Beschuldigten, Auffindung von Beweismitteln) und im Falle des § 102 auf die Nennung der Straftat beschränken können, ist die Vorschrift mit dem Grundgesetz nicht vereinbar. Vgl. § 106, 14. Eine nachträgliche Mitteilung[2] kommt nur dann in Betracht, wenn andernfalls der Durchsuchungserfolg gefährdet wäre. In der Regel ist dem Betroffenen deshalb die richterliche Anordnung vor der Durchsuchung auszuhändigen. Bei Maßnahmen der Staatsanwaltschaft oder ihrer Hilfsbeamten genügt ausnahmsweise (§ 105, 41) eine — allerdings eingehende — mündliche Mitteilung, deren Inhalt aktenkundig zu machen ist.

3   **3. Beschlagnahmeverzeichnis. Negativbescheinigung.** Sowohl im Fall der Durchsuchung nach § 102 als auch in dem nach § 103 ist dem Betroffenen auf Verlangen ein Verzeichnis der formlos sichergestellten oder beschlagnahmten Gegenstände, die in amtliche Verwahrung genommen oder in anderer Weise sichergestellt worden sind, oder eine Bescheinigung zu geben, daß nichts gefunden worden ist. Das Beschlagnahmeverzeichnis soll für den Betroffenen, aber auch im Interesse der durchsuchenden Beamten die beschlagnahmten Gegenstände festhalten. Dazu genügt es, daß sie nach Art und Zahl **identifizierbar** aufgeführt werden. Es ist nicht erforderlich, sie näher zu beschreiben oder, wenn es sich um Schriftstücke handelt, ihren Inhalt stichwortartig wiederzugeben. Bei Leitzordnern wird in der Regel die Angabe der Beschriftung auf der Rückseite[3], bei einzelnen Urkunden die Angabe des Gegenstands („Kaufvertrag v. 12. 12. 1985"), bei Waffen und Rauschgift die Art und Menge ausreichen.

4   **4. Anspruchsberechtigte.** Die in § 107 aufgeführten Mitteilungen, Verzeichnisse und Bescheinigungen müssen nur auf Verlangen erteilt werden. Die Praxis verfährt hier zu Recht großzügig. Das Verlangen kann an den Beamten gerichtet werden, der die Durchsuchung vorgenommen, oder an die Behörde, die sie angeordnet hat[4]. Haben die Räume mehrere Inhaber, so hat jeder von ihnen den Anspruch für sich. Wenn der Inhaber abwesend ist, kann die nach § 106 Abs. 1 Satz 2 zugezogene Person das Verlangen stellen[5]. Der abwesende Betroffene kann die Mitteilung, das Verzeichnis oder die Bescheinigung aber auch selbst nachträglich verlangen[6].

[1] *Eb. Schmidt* 3; *Kaufmann* 116.
[2] Nach h. M ausreichend: KK-*Laufhütte* 3; *Kleinknecht/Meyer*[37] 2; KMR-*Müller* 7.
[3] Vgl. *Krekeler* wistra **1983** 46.

[4] *Kleinknecht/Meyer*[37] 4; *Eb. Schmidt* 3.
[5] KMR-*Müller* 10; *Kaufmann* 115; **a. A** *Eb. Schmidt* 2.
[6] KMR-*Müller* 10.

5. Zeitpunkt. Die Worte „nach deren Beendigung" in § 107 Satz 1 besagen nur, **5** daß die schriftliche Mitteilung nicht früher gefordert werden darf als vor dem Ende der Durchsuchung. Da die Vorschrift der Kontrolle des Betroffenen dient und Mißtrauen vermeiden soll, muß das Beschlagnahmeverzeichnis oder die Negativbescheinigung an Ort und Stelle **sofort schriftlich** hergestellt werden[7]. Dies gilt auch dann, wenn Schriftstücke noch nicht beschlagnahmt, sondern erst zur Durchsicht mitgenommen werden (vgl. § 110, 13).

6. Rechtsmittel. Gegen die Weigerung des durchsuchenden Beamten, eine Durch- **6** suchungsbescheinigung oder ein Beschlagnahmeverzeichnis zu erteilen oder zu vervollständigen, ist ein Rechtsmittel nach der Strafprozeßordnung nicht gegeben[8]. Zulässig ist deshalb der Antrag nach § 23 Abs. 2 EGGVG[9], für den freilich nur ein Rechtsschutzbedürfnis besteht, soweit der Betroffenen nicht weiß, welche Gegenstände beschlagnahmt sind[10].

§ 108

[1]Werden bei Gelegenheit einer Durchsuchung Gegenstände gefunden, die zwar in keiner Beziehung zu der Untersuchung stehen, aber auf die Verübung einer anderen Straftat hindeuten, so sind sie einstweilen in Beschlag zu nehmen. [2]Der Staatsanwaltschaft ist hiervon Kenntnis zu geben. [3]Satz 1 findet keine Anwendung, soweit eine Durchsuchung nach § 103 Abs. 1 Satz 2 stattfindet.

Schrifttum s. bei § 94.

Entstehungsgeschichte. Durch Art. 21 Nr. 26 EGStGB 1974 wurden in Satz 1 die Worte „strafbaren Handlung" durch das Wort „Straftat" ersetzt. Satz 3 wurde durch Art. 1 Nr. 3 StPÄG 1978 angefügt.

Übersicht

---

[7] KMR-*Müller* 9; a. A *Kleinknecht/Meyer*[37] 4: „alsbald".
[8] A. A KK-*Laufhütte* 5: Anrufung des zuständigen Richters, da dann die Durchsuchung noch nicht beendet ist.

[9] Für das Beschlagnahmeverzeichnis: OLG Stuttgart NJW **1977** 2276; LR-*Meyer*[23] 6; *Kleinknecht/Meyer*[37] 5; KMR-*Müller* 11; *Krekeler* wistra **1983** 46.
[10] OLG Stuttgart NJW **1977** 2276.

Gerhard Schäfer

1. Allgemeines

1   **a) Zweck der Vorschrift.** Durchsuchungen führen gelegentlich zu Zufallsfunden; sie fördern Beweisstücke zutage, die zwar mit der Tat, derentwegen die Durchsuchung angeordnet worden ist, in keinem Zusammenhang stehen, aber auf die Begehung einer anderen Straftat hindeuten. Den Zielen einer wirksamen Verbrechensbekämpfung würde es zuwiderlaufen, wenn die Durchsuchungsbeamten die Augen vor solchen Beweismitteln nur deswegen verschließen müßten, weil die Durchsuchung für die Zwecke eines anderen Verfahrens angeordnet worden ist[1]. Es wäre auch eine „wertlose Umständlichkeit"[2] und würde vielfach zu einem endgültigen Beweisverlust führen, wenn die Zufallsfunde zunächst am Fundort belassen werden müßten und erst auf Grund einer neuen Durchsuchungsanordnung beschlagnahmt werden könnten.

2   **b) Regelungsbereich.** Die Vorschrift **erweitert** das **allgemeine Beschlagnahmerecht**[3]: Bei einer Durchsuchung vorgefundene Gegenstände; die auf die Verübung einer anderen Straftat hindeuten als die, wegen der die Durchsuchung erfolgt, dürfen nach § 108 Satz 1 auch dann vorläufig sichergestellt werden, wenn die Beschlagnahmevoraussetzungen im übrigen nicht vorliegen[4]. Dies ist namentlich dann der Fall, wenn (kaum vorstellbar) der vollstreckende Beamte nicht Hilfsbeamter der Staatsanwaltschaft sein sollte und deshalb nicht zu einer Beschlagnahmeanordnung befugt ist (§ 98 Abs. 1), wenn Gefahr im Verzug nicht vorliegt (§ 98 Abs. 1), vor allem aber dann, wenn der vollstreckende Beamte nicht weiß, ob der Gegenstand für ein anderes Verfahren von Bedeutung sein kann oder ob ein solches Verfahren bereits eingeleitet ist[5]. Die Sicherstellung nach § 108 setzt also insbesondere nicht voraus, daß der Gegenstand schon im Sinne des § 94 als Beweismittel für eine Untersuchung von Bedeutung sein kann[6]. Dies alles soll die Staatsanwaltschaft, der der Gegenstand nach § 108 Satz 2 vorzulegen ist, erst noch prüfen[7].

3   Die Vorschrift des § 108 bietet keine Rechtsgrundlage dafür, anläßlich einer Durchsuchung auch nach Gegenständen Umschau zu halten, die vielleicht Anlaß geben könnten, ein weiteres Strafverfahren einzuleiten, oder gar die Durchsuchung nur zum **Vorwand** zu nehmen, systematisch nach belastenden Gegenständen zu suchen, die mit der Straftat, auf die sich die Durchsuchungsanordnung bezieht, nichts zu tun haben[8]. Eine Überschreitung der zulässigen Grenzen bei der Durchsuchung kann zu einem Verwertungsverbot führen (vgl. § 98, 82), deshalb ist es erforderlich durch ein Durchsuchungsprotokoll oder durch Aktenvermerke klarzustellen, in welchem Zusammenhang Zufallsfunde gemacht oder für ein anderes Verfahren nach §§ 94, 98 beschlagnahmte Gegenstände vorgefunden wurden.

4   **c) Verhältnis zu § 94, 98.** Aus dem in Rdn. 1 Ausgeführten folgt: Stößt der die Durchsuchung vollstreckende Beamte, der Staatsanwalt oder Hilfsbeamter der Staatsanwaltschaft ist, auf einen Gegenstand, der nach seiner Kenntnis oder nach seiner bei der Auffindung gewonnenen Erkenntnis für ein bereits anhängiges oder einzuleitendes

---

[1] *Welp* JZ **1973** 289; rechtsstaatliche Bedenken erhebt hiergegen *Rupp* ZRP **1972** 239.

[2] RGSt **47** 197.

[3] KMR-*Müller* 1.

[4] *Kleinknecht/Meyer*[37] 1; LR-*Meyer*[23] 1.

[5] *Kleinknecht/Meyer*[37] 1.

[6] **A. A** *Blumers/Göggerle* 520: Anfangsverdacht erforderlich.

[7] *Kleinknecht/Meyer*[37] 1.

[8] LG Bremen wistra **1984** 241; LG Arnsberg ZIP **1984** 889; LG Bonn NJW **1981** 292; LR-*Meyer*[23] 1; KK-*Laufhütte* 1; *Kleinknecht/Meyer*[37] 1; KMR-*Müller* 1; *Schlüchter* 330; *Blumers/Göggerle* 520; *Ehlers* BB **1978** 1515; *Krekeler* NJW **1977** 1423; *Mayer-Wegelin* DStZ **1984** 246; *Lohmeyer* Wirtschaftsprüfung **1982** 612; *Stypmann* wistra **1982** 12; *Welp* JZ **1972** 289.

Verfahren als Beweismittel in Betracht kommt und besteht Gefahr im Verzug, kann er diesen Gegenstand entweder nach §§ 94, 98 beschlagnahmen oder nach § 108 vorläufig sicherstellen. War bis zu diesem Zeitpunkt wegen dieser Straftat ein Verfahren noch nicht anhängig, wird es durch diese Beschlagnahme nach §§ 94, 98 eingeleitet (§ 94, 13). In einem solchen Fall darf der vollstreckende Beamte, wenn er nach § 105 Abs. 1 dazu befugt ist, also Staatsanwalt oder Hilfsbeamter der Staatsanwaltschaft ist, die Durchsuchung wegen Gefahr im Verzug über den ursprünglichen Durchsuchungszweck hinaus zur Auffindung von Spuren oder Beweismitteln bezüglich der neuen Straftat ausdehnen, soweit im übrigen die Voraussetzungen der §§ 102, 103 erfüllt sind.

d) Verfalls- und Einziehungsgegenstände. § 108 gilt nach § 111 b Abs. 2 entsprechend für die dort genannten Gegenstände, wenn in demselben Verfahren oder einem anderen Verfahren nach Beweismitteln oder nach Einziehungsgegenständen gesucht wird[9]. Die Zuständigkeitsregelung in § 111 n darf aber nicht unterlaufen werden; vgl. auch Rdn. 12. **5**

e) Briefkontrolle bei Untersuchungsgefangenen. § 108 ist entsprechend anwendbar, wenn Briefe Untersuchungsgefangener als Beweismittel in einem anderen Verfahren als in dem, in dem die Briefkontrolle stattfindet, in Betracht kommen können[10]. **6**

f) Beweismittel für dasselbe Verfahren. § 108 erfaßt nicht die Fälle, in denen zufällig vom Durchsuchungsbeschluß nicht erfaßte Gegenstände gefunden werden, die als Beweismittel für das Verfahren von Bedeutung sind, in dem die Durchsuchung stattfindet. Hier finden nur §§ 94, 98 Anwendung[11], denn die vollstreckenden Beamten kennen hier die Beweiserheblichkeit derartiger Gegenstände. Die Grenzen zulässiger Durchsuchung (Rdn. 3) gelten hier auch. **7**

2. Einstweilige Beschlagnahme (Satz 1)
a) Gegenstände. Die von § 108 umfaßten Gegenstände brauchen auf die Verübung einer anderen (bisher unbekannten oder in einem anderen Verfahren ermittelten) Straftat als derjenigen, derentwegen die Untersuchung geführt wird, nur hinzudeuten. Ausreichend ist der ungewisse Verdacht einer Straftat oder der mutmaßliche Zusammenhang mit einer bereits bekannten Tat[12]. Ein Anfangsverdacht im Sinne des § 152 Abs. 2 muß nicht bestehen[13]. Die Gegenstände müssen nicht offensichtlich als Beweismittel erkennbar sein; jedoch muß die naheliegende Möglichkeit bestehen, daß sie zum Beweis einer anderen Straftat geeignet sind. Auf diese Tat können nicht nur die Gegenstände selbst, sondern auch die Umstände hindeuten, unter denen sie gefunden werden[14]. **8**

Die einstweilige Beschlagnahme ist unzulässig, wenn der Beschlagnahme in dem Verfahren, für das die Maßnahme nach § 108 erfolgt, ein **Beschlagnahmeverbot** (z. B. § 97 oder der Grundsatz der Verhältnismäßigkeit) entgegensteht[15]. **Beispiel:** Bei einer Durchsuchung bei einem der Steuerhinterziehung beschuldigten Rechtsanwalt stoßen die durchsuchenden Beamten auf den Brief eines Mandanten, der ein Schuldbekenntnis wegen einer anderen Straftat enthält. **9**

---

[9] KK-*Laufhütte* 6; *Kleinknecht/Meyer*[37] 3.
[10] BGHSt **28** 349; Einzelheiten bei § 98, 12.
[11] KK-*Laufhütte* 6.
[12] *Kleinknecht/Meyer*[37] 2.
[13] **A. A** KMR-*Müller* 5; *Blumers/Göggerle* 520.
[14] LR-*Meyer*[23] 2; KMR-*Müller* 5; *Kleinknecht/Meyer*[37] 2.

[15] LR-*Meyer*[23] 3; KK-*Laufhütte* 5; *Kleinknecht/Meyer*[37] 4; KMR-*Müller* 6; *Krekeler* NJW **1977** 1423; *Maiwald* JuS **1978** 382; *Rudolphi* FS Schaffstein 450; *Welp* JZ **1973** 290.

Gerhard Schäfer

10   Im **Steuerstrafverfahren** gilt folgendes: Stößt das die Ermittlungen selbständig führende Finanzamt bei einer Durchsuchung nach §§ 102 ff auf Gegenstände, die auf eine andere Straftat hindeuten, können diese nach § 108 vorläufig beschlagnahmt werden, einerlei, ob es sich bei dieser anderen Tat um ein Steuerdelikt (dann gilt § 30 Abs. 4 Nr. 1 AO) oder um ein Nichtsteuerdelikt (§ 30 Abs. 4 Nr. 4 AO) handelt[16]. Eine Zuständigkeit des Finanzamts, bei Nichtsteuerdelikten nach § 108 zu verfahren, muß bejaht werden, denn § 108 eröffnet ja gerade die Möglichkeit der einstweiligen Beschlagnahme durch Stellen, die zur Beschlagnahme selbst nicht befugt sind[17].

11   **b) Einstweilige Beschlagnahme.** Sie ist eine vorläufige Maßnahme, die die Staatsanwaltschaft in die Lage versetzen soll, zu prüfen, ob der Gegenstand in einem anhängigen oder einzuleitenden Verfahren als Beweismittel in Betracht kommt und dann in diesem Verfahren nach §§ 94, 98 zu beschlagnahmen ist[18]. Über die einstweilige Beschlagnahme hat der sicherstellende Beamte einen Aktenvermerk zu fertigen und den Gegenstand getrennt von der Sache, in der die Durchsuchung stattfindet, aber unter Hinweis auf sie, der Staatsanwaltschaft zuzuleiten (§ 108 Satz 2).

12   **c) Zuständigkeit.** Für die einstweilige Beschlagnahme gelten die Zuständigkeitsregelungen des § 98 Abs. 1 nicht. Jeder Richter, Staatsanwalt oder Polizeibeamte, der die Durchsuchung vornimmt, ist ohne weiteres befugt, das zufällig gefundene Beweisstück einstweilen in Beschlag zu nehmen. Insbesondere dürfen auch Polizeibeamte, die nicht Hilfsbeamte der Staatsanwaltschaft sind und deshalb nach § 98 zu einer Beschlagnahme nicht befugt sind, die Maßnahme nach § 108 vornehmen. Für die richterliche Durchsuchung enthält § 108 eine Ausnahme von dem Grundsatz, daß die Gerichte nur auf Antrag der Staatsanwaltschaft einschreiten dürfen. Etwas anderes gilt nur, wenn der Staatsanwalt, der zur Verfolgung der anderen Tat zuständig ist, bei der Durchsuchung anwesend ist. In diesem Fall darf der Richter seine Tätigkeit nicht ohne dessen Antrag auf die andere Sache erstrecken, also auch keine einstweilige Beschlagnahme anordnen. Staatsanwälte sind zur einstweiligen Sicherstellung von Beweismitteln aber nicht befugt, wenn die Beschlagnahme nach § 98 Abs. 1 Satz 2 dem Richter vorbehalten ist. Andernfalls könnte der **Richtervorbehalt** unterlaufen werden[19]. Der durchsuchende Beamte wird in solchen Fällen wenigstens telefonisch beim Richter um die Gestattung der Maßnahmen nach § 108 nachsuchen müssen[20].

13   **d) Weitere Behandlung.** Der Staatsanwalt ist, damit er gegebenenfalls ein neues Ermittlungsverfahren einleiten kann, von der einstweiligen Beschlagnahme in Kenntnis zu setzen (§ 108 Satz 2). Zu diesem Zweck sind ihm der Aktenvermerk über die Sicherstellung (Rdn. 11) und das aufgefundene Beweismittel zur Verfügung zu stellen. Der Staatsanwalt kann die Sache freigeben, wenn er kein neues Verfahren einleitet oder sie als Beweismittel für entbehrlich hält. Werden die Sachen nicht alsbald freigegeben, so ist in angemessener Frist[21] ihre Beschlagnahme herbeizuführen. Die Beschlagnahme ist

---

[16] Ebenso *Hübschmann/Hepp/Spitaler/Spanner* § 30, 73 AO; *Bilsdorfer* wistra **1984** 10; *Brenner* DStZ **1974** 12; *Schaefgen* BB **1979** 1499; *Ehlers* BB **1979** 1500.

[17] A. A *Franzen/Gast/Samson* § 399, 51 AO.

[18] BGHSt **28** 349; **19** 374, 376; KK-*Laufhütte* 4; *Kleinknecht/Meyer*[37] 7; KMR-*Müller* 3.

[19] KK-*Laufhütte* 2; a. A LR-*Meyer*[23] 5; *Kleinknecht/Meyer*[37] 6; KMR-*Müller* 2, die nicht

deutlich machen, warum nach ihrer Auffassung in diesen Fällen zwar der Staatsanwalt aber nicht die anderen Beamten zuständig sein sollen.

[20] Ähnlich KK-*Laufhütte* 2.

[21] BGHSt **29** 13, 15; **28** 349; **19** 376; LR-*Meyer*[23] 6; KK-*Laufhütte* 4; KMR-*Müller* 3; *Kleinknecht/Meyer*[37] 7.

entbehrlich, wenn der Gewahrsamsinhaber sich mit der Sicherstellung ausdrücklich einverstanden erklärt. Einzelheiten zur Einwilligung bei § 102, 7.

Da wegen der vorläufigen Verwahrung der Sache Gefahr im Verzug nicht mehr **14** vorliegen kann, ist nach § 98 Abs. 1 zur Beschlagnahme **allein** der **Richter zuständig**, und zwar der Richter der neuen Sache[22]. In dem Verfahren, in dem die Durchsuchung stattgefunden hat und die Sachen einstweilen in Beschlag genommen worden sind, kann die Beschlagnahme nicht wirksam angeordnet werden. „Bestätigt" der nur für diese Sache zuständige Richter die einstweilige Beschlagnahme, so ist das ebenso unschädlich wie nutzlos; die Beschlagnahme bleibt trotzdem „einstweilig"[23]. Verfahren und Zuständigkeit richten sich nach den allgemeinen Vorschriften.

Die einstweilige Beschlagnahme ist aufzuheben und die Sachen sind freizugeben, **15** wenn die Staatsanwaltschaft es unterläßt, wegen der Tat, auf die die aufgefundenen Beweisstücke hindeuten, in **angemessener Frist** ein neues Verfahren einzuleiten und die endgültige Beschlagnahme zu beantragen. Eine vorläufige prozessuale Zwangsmaßnahme wie die einstweilige Beschlagnahme nach § 108 darf nicht längere Zeit andauern[24].

3. Gebäudedurchsuchung (Satz 3)

a) Zufallsfunde bei Gebäudedurchsuchungen. Der durch das StPÄG 1978 einge- **16** fügte Satz 3 verbietet die einstweilige Beschlagnahme von Beweismitteln, die sich nicht auf das Verfahren beziehen, wegen dem die Gebäudedurchsuchung angeordnet worden ist, die aber auf die Verübung einer anderen Straftat hindeuten. Dabei ist zu beachten, daß die Zulässigkeit der einstweiligen Beschlagnahme nach § 108 Satz 1 ohnehin nur für den Fall von Bedeutung ist, daß bei Gefahr im Verzug eine förmliche Beschlagnahme nach §§ 94, 98 im anderen Verfahren nicht in Betracht kommt (Rdn. 2). Daran ändert § 108 Satz 3 nichts[25]. Die Vorschrift bezieht sich nur auf die einstweilige Beschlagnahme nach § 108 Satz 1, nicht auf die gewöhnliche Beschlagnahme von Beweismitteln nach §§ 94, 98. § 108 Satz 3 hat daher allenfalls die rechtspolitische Bedeutung, zu betonen, daß die nur zur Ergreifung des Beschuldigten bestimmter schwerer Straftaten zulässige Durchsuchung nach § 103 Abs. 1 Satz 2 nicht zum Vorwand für ein allgemeines Suchen nach belastenden Gegenständen genommen werden darf[26], wofür auch die Entstehungsgeschichte spricht. Die Einfügung der Vorschrift ist nämlich erst während der zweiten Lesung des Gesetzes ohne Begründung beschlossen worden[27].

b) Mitteilungspflichten. Da bei einer Gebäudedurchsuchung Zufallsfunde nicht **17** nach § 108 einstweilen beschlagnahmt werden dürfen, entfällt die nach Satz 2 vorgesehene Mitteilung an die Staatsanwaltschaft. Diese Mitteilungspflicht bezieht sich nach dem eindeutigen Wortlaut von Satz 2 nicht auf das Auffinden, sondern auf die einstweilige Sicherstellung von Zufallsfunden[28]. Selbstverständlich sind die Beamten, die eine

---

[22] BGHSt **19** 376; **28** 349; LR-*Meyer*[23] 7; KK-*Laufhütte* 4; KMR-*Müller* 3; *Kleinknecht/Meyer*[37] 7.

[23] BGHSt **19** 376.

[24] BGHSt **19** 376: nicht über ein Jahr hinaus; KK-*Laufhütte* 4; KMR-*Müller* 3; *Kleinknecht/Meyer*[37] 7.

[25] KK-*Laufhütte* 7; *Kleinknecht/Meyer*[37] 5; KMR-*Müller* 8; *Kurth* NJW **1979** 1384; *Vogel* **1978** 1226.

[26] Vgl. *Kurth* NJW **1979** 1384; *Vogel* NJW **1978** 1227.

[27] Vgl. *Vogel* NJW **1978** 1226 Fußn. 159.

[28] LR-*Meyer*[23] EB 3; *Kleinknecht/Meyer*[37] 5; a. A KK-*Laufhütte* 7; *Vogel* NJW **1978** 1226 mit der Begründung, Satz 3 schließe nur die Anwendung von Satz 1, nicht aber auch von Satz 2 aus.

allgemeine.Haussuchung vornehmen und dabei Beweisgegenstände für andere Verfahren finden, nicht gehindert, davon der Staatsanwaltschaft Mitteilung zu machen. Eine Rechtspflicht dazu besteht aber nicht nach § 108 Satz 2, sondern ergibt sich aus der allgemeinen Ermittlungspflicht nach § 163.

4. Verwertungsverbote. Revision

18   a) **Verwertungsverbot.** Ein Verstoß gegen § 108 führt dann zu einem Verwertungsverbot, wenn der prozessuale Verstoß so schwerwiegend ist, daß nach Abwägung aller Umstände das Interesse des Staates an der Tataufklärung gegenüber dem Interesse des betroffenen Bürgers am Schutz seiner Privatsphäre zurücktreten muß[29]. Das wird in der Regel bei einem bewußten Überschreiten der durch den (ursprünglichen) Durchsuchungszweck gezogenen Grenzen dann der Fall sein, wenn die andere Tat (wegen der die Durchsuchung nicht stattfindet) allenfalls das mittlere Gewicht eines durchschnittlichen Vergehens hat[30], bei einem schwerwiegenden Verbrechen (z. B. bei einem Tötungsdelikt) wird ein solcher Fehler kaum zu einem Verwertungsverbot führen können.

19   Ein **Verstoß gegen § 108 Satz 3** allein führt nie zu einem Verwertungsverbot, da bei Gebäudedurchsuchungen die Beschlagnahme nicht ausgeschlossen ist und es nicht darauf ankommen kann, ob der durchsuchende Beamte nach § 108 oder nach §§ 94, 98 vorgeht.

20   b) **Revision.** Auf Verfahrensfehler bei der Durchsuchung kann die Revision mit der Verfahrensrüge nur gestützt werden, wenn sie zu einem Verwertungsverbot führen.

§ 109

Die in Verwahrung oder in Beschlag genommene Gegenstände sind genau zu verzeichnen und zur Verhütung von Verwechslungen durch amtliche Siegel oder in sonst geeigneter Weise kenntlich zu machen.

1   **1. Anwendungsbereich.** Obwohl sich § 109 seiner Stellung nach an § 107 Satz 2 und § 108 anschließt, bezieht er sich wegen seines allgemeinen Inhalts auf alle Fälle der Verwahrung von Beweismitteln, auch wenn eine Durchsuchung nicht vorausgegangen ist[1]. § 111 b Abs. 2 Satz 3 bestimmt seine Anwendung bei der Verwahrung beschlagnahmter Verfalls- und Einziehungsgegenstände.

2   **2. Verzeichnis. Kenntlichmachung.** § 109 ordnet die genaue Verzeichnung und die Kenntlichmachung der beschlagnahmten Gegenstände an. In welcher Weise das Verwahrungs- und Beschlagnahmeverzeichnis aufzustellen ist und die Kenntlichmachung

---

[29] LG Bremen wistra **1984** 241; LG Arnsberg ZIP **1984** 889; LG Bonn NJW **1981** 292; KK-*Laufhütte* 1; *Kleinknecht/Meyer*[37] § 94, 21: besonders schwerwiegender Verstoß; *Stypmann* wistra **1982** 12.

[30] KG StrVert. **1985** 404; LG Bremen wistra **1984** 241; LG Arnsberg ZIP **1984** 889; LG Bonn NJW **1981** 292; *Blumers/Göggerle* 521; *Franzen/Gast/Samson* (Fußn. 16) § 399, 53 AO.

[1] KK-*Laufhütte* 1; *Kleinknecht/Meyer*[37] 1; KMR-*Müller* 1; *Eb. Schmidt* 1.

anders als durch amtliche Siegel erfolgen kann, bestimmt die Vorschrift nicht. Einzelheiten über die Listen der Überführungsstücke, in die auch Verfalls- und Einziehungsgegenstände aufzunehmen sind, und über die Kenntlichmachung der verwahrten oder in Beschlagnahme genommenen Gegenstände regelt § 9 der von den Landesjustizverwaltungen gleichlautend erlassenen Aktenordnung. Das Verzeichnis muß mindestens den Gegenstand, das Verfahren und den früheren Gewahrsamsinhaber ergeben[2], so daß die Gegenstände vor Verlust oder Verwechslung geschützt sind[3].

Die Pflicht der Strafverfolgungsbehörden, die sichergestellten Gegenstände zur **3** Verhütung von Verwechslungen kenntlich zu machen, schließt nicht aus, daß auch der **Inhaber** der Sachen Identifizierungsmerkmale anbringt; § 110 Abs. 3 gilt entsprechend[4].

3. Ordnungsvorschrift. Ein Verstoß gegen § 109 hat auf die Rechtswirksamkeit **4** der Beschlagnahme keinen Einfluß[5], kann aber bei Schadensersatzanforderungen von Bedeutung sein[6]. Die Gegenmeinung, die dem § 109 für die Beschlagnahme eine konstitutive Bedeutung beimißt[7], beruft sich auf eine verfassungskonforme Auslegung der Vorschrift. Eine solche Auslegung ist schon deshalb verfehlt, weil § 109 ausschließlich Einzelheiten der *nach* vollzogener Beschlagnahme aus reinen verwaltungstechnischen Gründen erforderlichen Aufzeichnungs- und Kenntlichmachungspflicht regelt, keineswegs aber über die bereits erfolgte Beschlagnahme hinaus selbst in Grundrechte eingreift. Im übrigen kann die Herstellung eines ordnungsmäßigen Verzeichnisses der in Verwahrung genommenen oder in anderer Weise beschlagnahmten Sachen jederzeit nachgeholt werden, wenn das, etwa für die richterliche Entscheidung nach § 98 Abs. 2 Satz 1 und 2, die ohne Beschlagnahmeverzeichnis nicht möglich ist, erforderlich wird. Einer Bestimmung, deren nachträgliche Beachtung so leicht möglich ist, kann keine konstitutive Bedeutung für die Beschlagnahme zukommen[8].

§ 110

(1) **Die Durchsicht der Papiere des von der Durchsuchung Betroffenen steht der Staatsanwaltschaft zu.**

(2) [1]**Andere Beamte sind zur Durchsicht der aufgefundenen Papiere nur dann befugt, wenn der Inhaber die Durchsicht genehmigt.** [2]**Andernfalls haben sie die Papiere, deren Durchsicht sie für geboten erachten, in einem Umschlag, der in Gegenwart des Inhabers mit dem Amtssiegel zu verschließen ist, an die Staatsanwaltschaft abzuliefern.**

(3) **Dem Inhaber der Papiere oder dessen Vertreter ist die Beidrückung seines Siegels gestattet; auch ist er, falls demnächst die Entsiegelung und Durchsicht der Papiere angeordnet wird, wenn möglich, zur Teilnahme aufzufordern.**

Schrifttum. *Ehlers* Durchsuchung — Beschlagnahme — Bankgeheimnis, BB **1978** 1515; *Gillmeister* Ermittlungsrechte im deutschen und europäischen Kartellordnungswidrigkeitenverfahren

---

[2] KMR-*Müller* 2.

[3] KMR-*Müller* 1.

[4] LR-*Meyer*[23] 4; *Kleinknecht/Meyer*[37] 1; *Krause/Nehring* 5.

[5] KK-*Laufhütte* 1; KMR-*Müller* 2; *Kleinknecht/Meyer*[37] 2.

[6] LR-*Meyer*[23] 2; *Eb. Schmidt* 3.

[7] *Klug*, Presseschutz im Strafprozeß (1965) 91 ff.

[8] LR-*Meyer*[23] 2.

Gerhard Schäfer

(1985); *Haffke* Zum Rechtsschutz bei bevorstehender richterlicher Durchsicht beschlagnahmefreier Papiere, NJW **1974** 1983; *Rengier* Praktische Fragen bei Durchsuchungen, insbesondere in Wirtschaftssachen, NStZ **1981** 372; *Rüping* Durchsuchung, Zufallsfunde und Verwertungsverbote im Steuerstrafverfahren, in: Strafverfolgung und Strafverteidigung im Steuerstrafrecht 267; *Schaefgen* Durchsuchung — Beschlagnahme — Bankgeheimnis, BB **1979** 1498; *Stypmann* Rechtliche und tatsächliche Probleme bei staatsanwaltschaftlichen Durchsuchungs- und Beschlagnahmehandlungen, wistra **1982** 11; *Welp* „Vereinfachter" Geheimnisschutz im Strafverfahren? JZ **1972** 423.

Entstehungsgeschichte. Absatz 1 lautete ursprünglich: „Eine Durchsicht der Papiere des von der Durchsuchung Betroffenen steht nur dem Richter zu". Art. 2 Nr. 4 EGOWiG faßte den Absatz neu; die Durchsicht der Geschäftspapiere, die nach dem Gesetz aufzubewahren sind, wurde auch der Staatsanwaltschaft gestattet. In Absatz 2 Satz 2 wurden vor dem Wort „abzuliefern" die Worte „oder die Staatsanwaltschaft" eingefügt. Durch Art. 1 Nr. 27 des 1. StVRG erhielt Absatz 1 seine jetzige Fassung. In Absatz 2 Satz 2 wurden vor den Worten „die Staatsanwaltschaft" die Worte „den Richter oder" gestrichen; Absatz 4 („Der Richter hat die zu einer strafbaren Handlung in Beziehung stehenden Papiere der Staatsanwaltschaft mitzuteilen") wurde aufgehoben.

Übersicht

I. Allgemeines

1   **1. Zweck der Vorschrift.** Die Vorschrift dient dem Schutz der Geheimsphäre des Inhabers von Schriftstücken[1]. Wenn es bei der Aufklärung von Straftaten schon notwendig ist, in diese Geheimsphäre einzudringen, soll das wenigstens unter größtmöglicher Wahrung der Persönlichkeitsrechte des davon Betroffenen geschehen. Die Aussonderung beweiserheblicher Papiere oder von solchen, die nicht einem Beschlagnahmeverbot unterliegen, war deshalb ursprünglich ausschließlich dem Richter vorbehalten. Sie wurde durch die Gesetzesänderung von 1974 zur Verfahrensbeschleunigung dem Staatsanwalt übertragen. Dies wurde in der Literatur teilweise kritisiert[2]. Eine andere Lösung wäre heute gar nicht mehr sinnvoll, da der Ermittlungsrichter die Beweiserheb-

---

[1] KMR-*Müller* 1; *Welp* JZ **1972** 424.
[2] Vgl. *Welp* JZ **1972** 427; *Rüping* 277; keine

Bedenken hat Lampe NJW **1975** 197: auch Staatsanwälte können Geheimnisse wahren.

lichkeit einzelner Papiere z. B. in umfangreichen Wirtschaftsstrafsachen ohne Stellungnahme der die Ermittlungen führenden Staatsanwaltschaft gar nicht beurteilen kann und deshalb dem Staatsanwalt den Inhalt der Papiere doch zugänglich machen muß.

2. Anwendungsbereich. Die Vorschrift regelt nach ihrem Wortlaut und ihrer Stel- **2** lung im Gesetz lediglich die **Durchsicht von Papieren bei einer Durchsuchung** nach § 102 oder § 103. Dem Schutzzweck der Vorschrift entsprechend findet § 110 darüber hinaus stets dann Anwendung, wenn Papiere dem Inhaber gegen seinen Willen entzogen wurden und auf beweiserhebliche Teile noch durchgesehen werden müssen[3]. Das kann namentlich dann der Fall sein, wenn Papiere ohne Durchsuchung beschlagnahmt oder nach § 95 herausgegeben werden, ihre Beweiserheblichkeit im einzelnen aber noch weiterer Prüfung bedarf. So ist z. B. bei einer **Rasterfahndung** (dazu § 94, 17) der Datenabgleich aus diesen Gründen Sache der Staatsanwaltschaft[4].

II. Papiere

Der Begriff ist nach dem Sinn der Vorschrift, die Geheimsphäre zu schützen, **3** weit auszulegen[5]. § 110 umfaßt **alles auf Papier Geschriebene und Gedruckte**, das wegen seines Gedankeninhalts Bedeutung hat, gleichgültig, ob es persönlicher, geschäftlicher oder beruflicher Art und ob es vertraulich, verschlossen oder offen ist. Über die Mitteilungen (§ 97, 33) und Aufzeichnungen (§ 97, 36) hinaus kommen alle Schriftstücke (§ 97, 39) in Betracht. Auf die Eigentumsverhältnisse oder die Herkunft der Papiere kommt es nicht an; sie müssen nur im Gewahrsam des Betroffenen stehen. Unter § 110 fallen insbesondere Briefe, Tagebücher, Aufzeichnungen, Handakten, Krankengeschichten, Buchführungsunterlagen jeglicher Art und Bilanzen, Druckfahnen einer Tageszeitung, Orts- und Lageskizzen, Werkzeichnungen und Bücher, die als Manuskript oder Privatdruck gedruckt worden sind[6].

Dem Sinn der Vorschrift entsprechend sind Mitteilungen und Aufzeichnungen **4** auch dann geschützt, wenn sie nicht auf Papier, sondern auf anderen Stoffen wie **Filmen, Mikrofilmen, Tonträgern, Lochkarten oder Lochstreifen, Magnetbändern, Disketten** o. ä. niedergelegt sind[7]. Auf bildliche Darstellungen, die der Persönlichkeitssphäre entstammen (Fotoalbum) ist § 110 entsprechend anwendbar[8]. Ausgenommen sind dagegen alle im Handel erhältlichen Bücher und sonstigen Drucksachen[9] und alle Werke der schönen Künste (Gemälde, Collagen, Zeichnungen, Grafiken), auch wenn sie auf Papier gebracht worden sind[10].

III. Durchsicht der Papiere

1. Durchsuchungszweck. Die weite Auslegung des Begriffs „Papiere" dient dem **5** Schutz des Betroffenen (Rdn. 4; 1). Aus ihr und dem Wortlaut von Absatz 1 Satz 1 darf deshalb nicht geschlossen werden, sämtliche Papiere dürften oder müßten gar in jedem

---

[3] *Eb. Schmidt* 6; KMR-*Müller* 1; **a.** A LR-*Meyer*[23] 1; *Kleinknecht/Meyer*[37] 1; *Creifelds* GA 1960 71; *Krause/Nehring* 2, die auf den Wortlaut der Vorschrift und die Stellung im Gesetz hinweisen.
[4] *Rogall* GA 1985 19.
[5] Darüber besteht Einigkeit: vgl. KK-*Laufhütte* 2; KMR-*Müller*; *Kleinknecht/Meyer*[37] 1; *Blumers/Göggerle* 515; *Rengier* NStZ 1981 376.

[6] Anders *Eb. Schmidt* Nachtr. II 7, der alle Druckwerke ausscheiden will.
[7] KK-*Laufhütte* 2; *Kleinknecht/Meyer*[37] 1; KMR-*Müller* 2; *Rengier* NStZ 1981 376.
[8] KMR-*Müller* 2.
[9] *Kleinknecht/Meyer*[37] 1; *Dalcke/Fuhrmann/Schäfer* 1.
[10] *Eb. Schmidt* Nachtr. II 7.

Gerhard Schäfer

Fall durchgesehen werden[11]. In den Fällen des § 103 dürfen Papiere nur darauf durchgesehen werden, ob sie „bestimmte Gegenstände" i. S. dieser Vorschrift sind und in den
Fällen des § 102 nur, soweit Papiere überhaupt oder doch bestimmte Arten von Papieren als Beweismittel in Betracht kommen, solange und soweit der Durchsuchungsbeschluß die Durchsicht von Papieren überhaupt gestattet. Soll also z. B. bei einem Beschuldigten zur Beschlagnahme einer bestimmten Waffe durchsucht werden, ist die Besichtigung von Papieren unzulässig, soll eine das Jahr 1983 betreffende Steuerhinterziehung aufgeklärt werden, dürfen die Belege anderer Jahre nur durchgesehen werden,
wenn aus ihnen Schlüsse auf die Vorgänge des Jahres 1983 denkbar sind.

6   **2. Durchsicht** bedeutet Kenntnisnahme von Inhalt zur Prüfung, ob das Papier als
Beweismittel in Betracht kommt oder — falls der Durchsuchungs- und Beschlagnahmebeschluß eine genauere Konkretisierung enthält — ob es sich um dort genannte Papiere
handelt.

7   Auf **geschützte Papiere (§ 97)** darf sich die Durchsicht ebensowenig erstrecken
wie auf **Papiere, die mit der Sache nichts zu tun haben**. So ist die Durchsicht privater
Papiere nicht gestattet, wenn z. B. lediglich bestimmte Buchhaltungsunterlagen gesucht
werden. Ob es sich um solche Papiere handelt, läßt sich freilich ohne eine wenigstens
oberflächliche Prüfung nicht feststellen. Der Betroffene darf aber versuchen und ihm
muß dazu auch Gelegenheit gegeben werden, durch Erläuterungen, durch Einsicht in
Anschrift und Unterschrift oder auf sonstige Weise glaubhaft zu machen, daß einzelne
Papiere nicht der Beschlagnahme unterliegen[12], soweit der Durchsuchungszweck dies
gestattet. Steht auch ohne Durchsicht fest, daß ein Papier nach § 97 geschützt ist, darf
es ohne begründeten Verdacht nicht darauf durchgesehen werden, ob vielleicht Tat-
oder Teilnahmeverdacht nach § 97 Abs. 2 Satz 3 vorliegt und deshalb das Beschlagnahmeverbot entfällt[13], vgl. auch § 97, 26 f. Stellt sich erst bei der Durchsicht heraus, daß
ein nach § 97 **geschütztes Papier** vorliegt, darf dessen Inhalt nicht verwertet werden.
Werden Papiere gefunden, die auf die Verübung **einer anderen Straftat** hindeuten, ist
nach § 108[14] oder nach §§ 94, 98 zu verfahren (§ 105, 35).

3. Befugte Personen
8   **a) Staatsanwaltschaft.** Nach Abs. 1 steht die Durchsicht der Papiere der Staatsanwaltschaft zu. Hierzu gehört auch der Amtsanwalt. Der **Richter** ist in § 110 nicht erwähnt. Gleichwohl wird es allgemein für zulässig gehalten, daß er sich die Anwesenheit
bei der Durchsuchung und die Durchsicht der Papiere vorbehalten kann[15], auch wenn
dies bei Durchsuchungen im Ermittlungsverfahren selten vorkommen mag. Häufiger
sind diese Fälle bei Durchsuchungen, die das erkennende Gericht angeordnet hat. Dann
kann die Durchsicht entsprechend § 223 durch einen ersuchten oder (besser) beauftragten Richter erfolgen.

9   **b) Im Steuerstrafverfahren** steht das Recht nach § 110 Abs. 1 auf Durchsicht der
Papiere nach § 404 Satz 2 AO auch der Zoll- und Steuerfahndung zu, gleichgültig, ob
die Finanzbehörde oder die Staatsanwaltschaft die Ermittlungen führt und (seit dem

---

[11] So aber *Schaefgen* BB **1979** 1498.
[12] *Eb. Schmidt* Nachtr. II 6.
[13] LR-*Meyer*[23] 8.

[14] Vgl. KG NJW **1975** 355; LR-*Meyer*[23] 7;
KMR-*Müller* 8.
[15] LR-*Meyer*[23] 9; KK-*Laufhütte* 1; *Klein-
knecht/Meyer*[37] 3; KMR-*Müller* 4.

1. StVRG) ohne die Beschränkung auf Geschäftspapiere[16]. Diese Regelung liegt innerhalb der Gestaltungsfreiheit des Gesetzgebers und ist deshalb nicht verfassungswidrig[17], rechtspolitisch freilich bedenklich.

c) Keine Hilfskräfte. Eine **Übertragung** der Durchsicht auf **Hilfskräfte** ist den **10** zur Durchsicht der Papiere Berechtigten **nicht gestattet**; die Durchsicht darf der Staatsanwalt deshalb weder seinen Hilfsbeamten noch anderen Personen, wie etwa dem Wirtschaftsreferenten der Staatsanwaltschaft oder einem Buchprüfer der Polizei überlassen[18]. Die zur Durchsicht Berechtigten dürfen aber bei der Durchsicht Hilfskräfte zur Unterstützung zuziehen[19]. Dies können Hilfsbeamte der Staatsanwaltschaft, Dolmetscher und Sachverständige[20], Wirtschaftsreferenten der Staatsanwaltschaft oder der Polizei oder sonstige Personen sein. Um das Übertragungsverbot nicht zu unterlaufen, muß der zur Durchsicht Berechtigte dafür Sorge tragen, daß die Verletzung der Privatsphäre so gering wie möglich bleibt.

4. Andere Beamte. „Genehmigung" (Absatz 2). Ihnen ist die Durchsicht nur ge- **11** stattet, wenn der Inhaber diese — was häufig der Fall ist[21] und worauf der die Durchsuchung leitende Beamte hinweisen sollte — „genehmigt". Genehmigung bedeutet (anders als in § 184 BGB) vorherige **Einwilligung**[22]. Für sie gelten die bei § 102, 7 entwickelten allgemeinen Grundsätze. Die Einwilligung kann nur der Betroffene, das ist jeder Gewahrsamsinhaber (bei Mitgewahrsam jeder)[22a], erteilen. Die Genehmigung des nach § 106 Abs. 1 Satz 2 zugezogenen Vertreters genügt nicht[23]. Im übrigen ist Vertretung möglich. Jedoch ist Vorsicht geboten. Der Mitgewahrsamsinhaber ist nicht ohne weiteres befugt, für den anderen die Einwilligung zu erteilen. Dasselbe gilt bei Eheleuten. Die Einwilligung kann — was zweckmäßig ist — auf bestimmte Papiere (z. B. Buchhaltungsunterlagen) oder bestimmte Beamte beschränkt werden[24]. Zur Beweissicherung sollte die Einwilligung im Durchsuchungsprotokoll zweifelsfrei protokolliert werden.

Wird diese **Einwilligung nicht** erteilt, müssen die „anderen Beamten" bei der **12** Durchsuchung nach Absatz 2 Satz 2 verfahren. Sie müssen die Papiere, deren Durchsicht sie für geboten halten, versiegelt der **Staatsanwaltschaft abliefern**. Zur Prüfung der Frage, welche Papiere bei der Durchsuchung mitzunehmen sind, ist den „anderen Beamten" eine Kenntnis des Inhalts der Papiere nicht gestattet. Auch ein oberflächliches Lesen mit dem Ziel einer Grobsichtung ist verboten[25]; die „anderen Beamten" dürfen die Papiere nur nach äußeren Merkmalen aussondern (Aufbewahrung im Schreibtisch; Beschriftung des Ordners)[26] und über das Lesen des Betreffs eines Schreibens nicht hin-

[16] A. A *Ehlers* BB **1978** 1513 und **1979** 1499 gegen den eindeutigen Wortlaut des Gesetzes; gegen ihn insoweit zutreffend *Schaefgen* BB **1979** 1498.

[17] *Franzen/Gast/Samson* Steuerstrafrecht[3] (1985) § 404, 61 AO; *Blumers/Göggerle* 515; **a.** A *Rüping* 277; *Hübner* in *Hübschmann/Hepp/Spitaler* § 404, 62.

[18] *Kleinknecht/Meyer*[37] 3; *Stypmann* wistra **1982** 11; diese eindeutige gesetzliche Regelung hält *Gillmeister* 85 zu Recht für nicht mehr zeitgemäß.

[19] *Kleinknecht/Meyer*[37] 3; KMR-*Müller* 4; *Rengier* NStZ **1981** 376.

[20] LG München I MDR **1967** 687; *Creifelds* GA **1960** 71.

[21] *Rengier* NStZ **1981** 377.

[22] *Eb. Schmidt* 1.

[22a] *Gillmeister* 84 Fußn. 135.

[23] *Kleinknecht/Meyer*[37] 4; KMR-*Müller* 5; *Eb. Schmidt* Nachtr. II 3.

[24] KK-*Laufhütte* 5; *Kleinknecht/Meyer*[37] 4.

[25] OLG Celle StrVert. **1985** 139; LR-*Meyer*[23] 3; *Kleinknecht/Meyer*[37] 4; KMR-*Müller* 3; *Rengier* NStZ **1981** 376; *Welp* JZ **1972** 424 Fußnote 18; *Roxin*[19] § 36 A IV 1; **a.** A *Krause/Nehring* 5; *Haffke* NJW **1974** 1983.

[26] OLG Celle StrVert. **1985** 139; *Kleinknecht/Meyer*[37] 4.

Gerhard Schäfer

ausgehen[27]. Soweit die „anderen Beamten" dabei auf Papiere stoßen, die auf die Verübung einer anderen Straftat hindeuten, ist nach § 108 oder §§ 94, 98 zu verfahren. Dabei kann es für die Rechtmäßigkeit der Beschlagnahme im anderen Verfahren von Bedeutung sein, ob die Beamten im vorliegenden Verfahren die Grenzen des § 110 Abs. 2 Satz 2 eingehalten haben (vgl. § 108, 18).

IV. Weiteres Verfahren

13   **1. Bei Durchsuchung durch zur Durchsicht befugte Personen.** Erfolgt die Durchsicht an Ort und Stelle, kann sofort über die **Beschlagnahme** der Papiere entschieden werden. Die gesamten Papiere oder Teile können aber auch zur Durchsicht in die Diensträume der Staatsanwaltschaft mitgenommen werden. Dieses Verfahren ist namentlich bei Geschäftsunterlagen schonender als eine langwierige, den Geschäftsbetrieb blockierende Durchsicht an Ort und Stelle. Auch in diesem Fall ist die Durchsicht zügig durchzuführen, damit der Betroffene baldmöglichst wieder über die nicht als Beweismittel benötigten Gegenstände verfügen kann.

14   **2. Bei Durchsuchung durch „andere Personen".** In diesem Fall sind die zur Durchsicht durch die Staatsanwaltschaft bestimmten Papiere in einen Umschlag zu nehmen, der in Anwesenheit des Inhabers zu versiegeln ist (Abs. 2 Satz 2), oder in einer dem Sinn dieser Vorschrift entsprechenden Weise vor dem Einblick anderer Personen zu schützen[28] und der Staatsanwaltschaft zur Durchsicht vorzulegen. Diese verfährt dann nach Rdn. 6 bis 10.

15   **3. Siegelung.** Der **Gewahrsamsinhaber** kann der Versiegelung (§ 110 Abs. 2 Satz 2) bei der Mitnahme von Papieren durch „andere Beamte" und der Entsiegelung (§ 110 Abs. 3) beiwohnen. Die Versiegelung ist in seiner Gegenwart vorzunehmen, wenn er anwesend ist; er kann sein eigenes Siegel beidrücken (§ 110 Abs. 3 Halbsatz 1). Wenn er nicht zugegen ist, muß der nach § 106 Abs. 1 Satz 2 zuständige Vertreter zugezogen werden, der ebenfalls sein Siegel beidrücken kann. Für die Entsiegelung gilt das nicht; zur Teilnahme an ihr ist nur der Inhaber selbst aufzufordern, und das auch nur, wenn es möglich ist, insbesondere wenn der Betroffene erreichbar ist und keine Gefahr im Verzug vorliegt. Die Aufforderung hat jedoch auch zu ergehen, wenn der Inhaber nicht nach § 110 Abs. 3 Halbsatz 1 sein Siegel beigedrückt hat. Folgt der Betroffene der Aufforderung nicht, so hindert das die Entsiegelung nicht. Verstöße gegen § 110 Abs. 3 berühren die **Wirksamkeit** der weiteren Maßnahmen nicht.

16   **4. Verfahren nach der Durchsicht.** Diejenigen Papiere, die weder in der Sache, in der die Durchsuchung stattgefunden hat, als Beweismittel oder als Verfalls- oder Einziehungsgegenstände in Betracht kommen, noch auf die Verübung einer anderen Straftat hindeuten (§ 108), muß der Staatsanwalt dem Betroffenen unverzüglich herausgeben. Die für das Ermittlungsverfahren benötigten Papiere müssen dem Richter mit dem Antrag vorgelegt werden, sie zu beschlagnahmen. Da Gefahr im Verzug nicht mehr in Betracht kommt (die Papiere sind ja in Beschlag genommen), ist der Staatsanwalt selbst nicht zuständig, die Beschlagnahme anzuordnen (§ 98 Abs. 1; § 111 e Abs. 1).

---

[27] OLG Celle StrVert. **1985** 139; *Kleinknecht/ Meyer*[37] 4.   [28] KMR-*Müller* 6.

Die beschlagnahmten oder nach § 108 vorläufig verwahrten Papiere gelangen offen in den Geschäftsgang; jedoch können in geeigneten Fällen Sicherungen veranlaßt werden, um den Einblick in vertrauliche Schriftstücke so weit wie möglich einzuschränken.

V. Anfechtung

Die **Mitnahme der Papiere zur Durchsicht** ist keine Beschlagnahme; deshalb ist **17** § 98 Abs. 2 Satz 2 unmittelbar nicht anwendbar[29]. Solange die Durchsicht nicht abgeschlossen ist, ist die Durchsuchung noch nicht beendet[30] und der von der Durchsuchung Betroffene kann wegen der Mitnahme von Papieren zur Durchsicht usw. entsprechend § 98 Abs. 2 Satz 2 den für den Durchsuchungsbeschluß zuständigen Richter bei richterlicher und bei nichtrichterlicher Durchsuchungsanordnung zur Regelung der Art und Weise der Vollstreckung der Durchsuchung anrufen[31]. Vgl. dazu § 98, 77 bis 80 und 105, 51.

Nach abgeschlossener Durchsicht von Papieren kann deren Rechtswidrigkeit im **18** **Verfahren nach §§ 23 ff EGGVG** geltend gemacht werden, wobei freilich fraglich ist, wieweit das Feststellungsinteresse reicht[32]. Vgl. § 105, 51.

VI. Verwertungsverbot. Revision

1. Verwertungsverbot. Anders als bei Verstößen gegen Absatz 3 kann ein solcher **19** gegen Absatz 1 oder Absatz 2 ausnahmsweise zu einem Verwertungsverbot führen (vgl. § 98, 82). Ein solcher Fall ist ferner denkbar, wenn offensichtlich als Beweismittel im anhängigen Verfahren nicht in Betracht kommende Papiere durchgesehen und beschlagnahmt werden. Vgl. dazu § 108, 18.

2. Revision. Die Revision kann nur darauf gestützt werden, daß einem Verwer- **20** tungsverbot unterliegende Beweismittel verwertet werden.

§ 111

(1) [1]Begründen bestimmte Tatsachen den Verdacht, daß eine Straftat nach § 129 a des Strafgesetzbuches, eine der in dieser Vorschrift bezeichneten Straftaten oder eine Straftat nach § 250 Abs. 1 Nr. 1 des Strafgesetzbuches begangen worden ist, so können auf öffentlichen Straßen und Plätzen und an anderen öffentlich zugänglichen Orten Kontrollstellen eingerichtet werden, wenn Tatsachen die Annahme rechtfertigen, daß diese Maßnahme zur Ergreifung des Täters oder zur Sicherstellung von Beweismitteln führen kann, die der Aufklärung der Straftat dienen können. [2]An einer Kontrollstelle ist jedermann verpflichtet, seine Identität feststellen und sich sowie mitgeführte Sachen durchsuchen zu lassen.

---

[29] LR-*Meyer*[23]; KK-*Laufhütte* 9.
[30] BGH NJW **1973** 2035; KG NJW **1975** 354; OLG Karlsruhe Justiz **1979** 346; LG Göttingen StrVert. **1982** 364; LR-*Meyer*[23] 14; KK-*Laufhütte* 9; KMR-*Müller* § 105, 18;

Kleinknecht/Meyer[37] § 105, 15.
[31] BGH NJW **1973** 882; OLG Karlsruhe Justiz **1979** 346.
[32] Vgl. dazu OLG Celle StrVert. **1985** 139.

Gerhard Schäfer

(2) Die Anordnung, eine Kontrollstelle einzurichten, trifft der Richter; die Staatsanwaltschaft und ihre Hilfsbeamten (§ 152 des Gerichtsverfassungsgesetzes) sind hierzu befugt, wenn Gefahr im Verzug ist.

(3) Für die Durchsuchung und die Feststellung der Identität nach Absatz 1 gelten § 106 Abs. 2 Satz 1, § 107 Satz 2 erster Halbsatz, die §§ 108, 109, 110 Abs. 1 und 2 sowie die §§ 163 b, 163 c entsprechend.

Schrifttum. *Achenbach* Vorläufige Festnahme, Identifizierung und Kontrollstelle im Strafprozeß, JA **1981** 660; *Benfer* Grundrechtseingriffe im Ermittlungsverfahren (1982); *Benfer* Die Errichtung von Kontrollstellen (§ 111 StPO), Die Polizei **1978** 282; *Ehmke* Das Recht der strafprozessualen Identitätsfeststellung durch Staatsanwaltschaft und Polizei, Die Polizei **1978** 279; *Gintzel* Zur mißglückten Regelung des § 111 StPO, Deutsche Polizei **1978** 7; *Kauß/Werkentin* Zur Praxis der Anwendung des § 111 StPO, Kritische Justiz **1978** 306; *Kuhlmann* Kontrollstellen — Probleme um § 111 StPO, DRiZ **1978** 238; *Kurth* Identitätsfeststellung, Einrichtung von Kontrollstellen und Gebäudedurchsuchung nach neuem Recht, NJW **1979** 1377; *Meyer/Gintzel* Rechtliche Fragen der Razzia/Kontrollstelleneinrichtung, BKA-Vortragsreihe (Band 25) **1980** 147; *Riegel* Die neuen Grundlagen der polizeilichen Personenkontrolle und Durchsuchung von Wohnungen im Strafverfahrensrecht, BayVBl. **1978** 589; *Riegel* Inhalt und Bedeutung des neuen § 111 StPO, NJW **1979** 147; *Sangenstedt* Gesetzessystematische und verfassungsrechtliche Probleme der strafprozessualen Kontrollstellenregelung (§ 111 StPO), StrVert. **1985** 117; *Schmid* Die Einrichtung von Kontrollstellen auf Straßen und Plätzen bei der Strafverfolgung, DNP **1979** 5; *Steinke* Die Problematik des neuen § 111 StPO aus polizeilicher Sicht, NJW **1978** 1962; *Schwan* Identitätsfeststellung, Sistierung und Razzia, JahrbÖR **102** (1977) 243; *Suden/Weitemeier* Auswirkungen und Effektivität der strafprozessualen Änderungen vom 14. 4. 1978, Die Polizei **1980** 333.

Entstehungsgeschichte. § 111 regelte ursprünglich die Rückgabe beschlagnahmter oder sonst sichergestellter beweglicher Sachen an den Verletzten; er ist durch Art. 21 Nr. 27 EGStGB 1974 gestrichen und durch § 111 k ersetzt worden. Die jetzige Vorschrift wurde durch Art 1 Nr. 4 StPÄG 1978 eingefügt.

Übersicht

I. Allgemeines

1. Begriff. Kontrollstellen nach § 111 im Rahmen der Verfolgung von Straftaten **1**
nach Absatz 1 Satz 1 sind allgemeine Sperren, an denen jedermann, also auch der Nichtverdächtige anhalten, die Feststellung seiner Identität und die Durchsuchung seiner Person sowie die seiner mitgeführten Sachen dulden muß[1].

2. Anwendungsbereich

a) Eine **gesetzliche Ermächtigung** zur Einrichtung von Kontrollstellen im Rah- **2**
men der **Strafverfolgung** mit einer Anhalteverpflichtung für jedermann bestand vor der
Einfügung von § 111 nicht. Soweit Kontrollstellen mit Anhalteverpflichtungen gesetzlich
geregelt sind, dienen sie nicht der Strafverfolgung, sondern gestatten Kontrollen nur in
engen Grenzen: So erlaubt § 36 Abs. 5 StVO nur eine straßenverkehrsrechtliche Überprüfung[2], § 17 Abs. 1 Satz 1 des Gesetzes über den Bundesgrenzschutz nur eine solche
zur Berechtigung zum Grenzübertritt, § 71 Abs. 2 ZollG dient der Feststellung des red-
lichen Zollbesitzes mitgeführter Waren und § 55 Abs. 1 Nr. 4 GüKG der Durchführung
der Überwachungsaufgaben der Bundesanstalt für den Güterfernverkehr.

Daneben sind polizeiliche Kontrollen mit dem Ziel der Personenfeststellung in **3**
einzelnen **Polizeigesetzen** ausdrücklich gestattet (vgl. z. B. § 12 Abs. 1 Nr. 4 BayPAG v.
24. 8. 1978, GVBl. 561) oder — wo eine ausdrückliche Regelung fehlt — auf Grund der
polizeilichen Generalklausel zulässig[3]. Dabei handelt es sich aber um allgemeine polizeiliche Maßnahmen zum Zweck der Gefahrenabwehr und der allgemeinen ereignisunab-
hängigen, vorbeugenden Fahndung. Soweit § 20 Abs. 1 Nr. 5 und 6 PolG für Baden-
Württemberg allgemeine Kontrollstellen zuläßt, handelt es sich trotz des auch auf Strafverfolgung hindeutenden Wortlauts um reines Polizeirecht[4].

b) Abschließende Regelung. Soweit § 111 für jedermann eine Anhalteverpflich- **4**
tung enthält, handelt es sich um eine Maßnahme repressiver Verbrechensbekämpfung[5]
und nicht um „reines Polizeirecht"[5a]. Die Vorschrift läßt polizeiliche Regelungen unberührt, enthält aber für das Strafverfahrensrecht eine abschließende Regelung[6]. Das
bedeutet aber nicht, daß neben § 111 andere Kontrollen zur Strafverfolgung ausgeschlossen sind. Zulässig bleiben selbstverständlich organisierte Personenfeststellungen
im Rahmen des § 163 b und Durchsuchungen unter den Voraussetzungen der §§ 102 ff[7].
Die Frage ist nur, ob dazu **jedermann angehalten** werden darf oder nur diejenigen Personen, bei denen Maßnahmen nach §§ 163 b bzw. 102 ff zulässig sind. Letzteres wird richtig sein. Danach dürfen Unverdächtige — abgesehen von den Fällen des § 103 — nur angehalten werden, wenn die Voraussetzungen des § 163 b Abs. 2 vorliegen, wenn und soweit also die Identitätsfeststellung zur Aufklärung einer Straftat geboten ist. Ein Anhal-

[1] Vgl. *Sangenstedt* StrVert. **1985** 117; *Benfer*
Die Polizei **1978** 283.
[2] OLG Hamm VRS **51** 226; *Kurth* NJW **1979**
1381; *Riegel* BayVBl **1978** 594.
[3] Vgl. zu Einzelheiten *Drews/Wacke/Vogel/
Martens* Gefahrenabwehr 9. Aufl. (1986) 185.
[4] *Wöhrle/Belz* § 20, 9 Polizeigesetz für Baden-Württemberg (1985); im übrigen stünden auch Art. 72 Abs. 1, 74 Nr. 1 GG einer
landesrechtlichen Regelung im Bereich der
Strafverfolgung entgegen.

[5] Der Wortlaut schließt die Anwendung der
Vorschrift im **Vollstreckungsverfahren** aus;
LR-*Meyer*[23] EB 11; *Kleinknecht/Meyer*[37] 7;
a. A KK-*Laufhütte* 4.
[5a] So aber *Steinke* NJW **1978** 1962; Kriminalistik **1978** 415; dagegen zutreffend KK-*Laufhütte* 2; *Kleinknecht/Meyer*[37] 1; *Kurth* NJW
1979 1381 Fußn. 79; *Riegel* NJW **1979** 147;
Kriminalistik **1979** 127; *Drews/Wacke/Vo-
gel/Martens* 2. Aufl. (1986) 136.
[6] LR-*Meyer*[23] EB 2.
[7] *Meyer* BKA Reihe **1980** (Bd. 25) 147.

Gerhard Schäfer

ten zur Prüfung der Frage, ob die Voraussetzungen des § 163 b gegeben sind, ist dagegen nicht gestattet[8].

4a   Erst recht bleiben auch nach Strafverfahrensrecht noch weniger eingreifende Maßnahmen wie **bloße Sichtkontrollen**[9] z. B. des vorbeifließenden Straßenverkehrs **zulässig**[10]. Dabei handelt es sich nicht um Kontrollstellen im eigentlichen Sinne[11]. Das gleiche gilt für Straßensichtkontrollen zur Fahndung nach bestimmten Fahrzeugen, etwa zum Zweck der Aufklärung von Straftaten nach § 142 StGB. In solchen Fällen liegt eine gezielte Fahndung vor, bei der keine Kontroll„stelle" errichtet, sondern nur nach einem einzelnen Fahrzeug Ausschau gehalten wird. Das Recht der Polizei, dieses Fahrzeug anzuhalten und zu kontrollieren, ergibt sich aus §§ 102, 105 Abs. 1. Von der Regelung des § 111 werden derartige Durchfahrts- und Sichtkontrollen nicht betroffen[12]. Die Frage ist im übrigen in der Literatur heftig umstritten[13].

5   Für die sogenannte **„Ringfahndung"** gelten keine Besonderheiten. Sie wird in der Regel der Strafverfolgung dienen und muß deshalb durch das Strafverfahrensrecht gedeckt sein. Dabei kann es sich um **mehrere Kontrollstellen** im Sinne des § 111[14] oder um **mehrere einfache Kontrollen** im beschriebenen Umfang handeln, bei denen Maßnahmen nach §§ 163 b, 102 ff gestattet sind.

II. Voraussetzungen der Anordnung (Absatz 1 Satz 1)

1. Tatverdacht

6   **a)** Nur **schwere Straftaten**, die im Katalog des Absatz 1 aufgeführt sind, rechtfertigen die Einrichtung einer Kontrollstelle. Dabei handelt es sich um solche nach § 129 a StGB, um die in § 129 a Abs. 1 StGB bezeichneten Straftaten (Mord, Totschlag, Völkermord, erpresserischer Menschenraub, Geiselnahme, gemeingefährliche Straftaten) sowie nach ausdrücklicher Erwähnung in Absatz 1 um Raub unter Führung von Schußwaffen. Nach überwiegender Meinung[15] steht dem Schußwaffenraub die räuberische Erpressung unter Führung von Schußwaffen gleich. Dies wird teils damit begründet, daß der Täter der räuberischen Erpressung nach § 255 gleich einem Räuber zu bestrafen sei[16], teils — zutreffend — damit, daß angesichts der feinen Grenzlinie zwischen beiden Vorschriften, die in einem so frühen Stadium der Ermittlungen noch gar nicht gezogen werden kann, eine „vorsichtige" Analogie zulässig und angebracht sei[17]. Der Versuch dieser Straftaten genügt[18], § 30 StGB reicht aber nicht aus[19]; die Kontrollstelle darf auch zur **Fahndung nach Gehilfen** oder (selten) Anstiftern, also nicht nur nach Tätern i. S. des § 25 StGB eingerichtet werden[20].

---

[8] *Achenbach* JA **1981** 666.

[9] Vgl. dazu *Kurth* NJW **1979** 1381.

[10] *Kleinknecht/Meyer*[37] 1; LR-*Meyer*[23] EB 3; *Meyer* BKA-Reihe **1980** 148.

[11] **A. A** *Steinke* NJW **1978** 1963.

[12] Vgl. LR-*Meyer*[23] EB 3; *Kleinknecht/Meyer*[37] 1; *Kurth* NJW **1979** 1381; *H. Schmid* Neue Polizei **1979** 5; *Suden/Weitemeier* Polizei **1980** 337.

[13] Vgl. die Nachweise bei *Rieß* NStZ **1981** 216 und *Achenbach* JA **1981** 666; wobei *Rieß* zutreffend hervorhebt, daß es sich weitgehend um einen terminologischen Streit handle.

[14] KK-*Laufhütte* 6.

[15] **A. A** aber *Kurth* NJW **1979** 1382; *Gintzel* Polizei **1979** 2; *Suden/Weitemeier* Polizei **1980** 337; *Benfer* Grundrechtseingriffe 693.

[16] LR-*Meyer*[23] EB 6; *Kleinknecht/Meyer*[37] 3; KK-*Laufhütte* 4.

[17] *Achenbach* JA **1981** 665.

[18] KK-*Laufhütte* 4; *Kleinknecht/Meyer*[37] 3; KMR-*Müller* 1.

[19] *Kleinknecht/Meyer*[37] 3; KMR-*Müller* 1.

[20] **A. A** KMR-*Müller* 3.

Die Notwendigkeit, den Terrorismus zu bekämpfen und die Fahndung nach **ter- 7 roristischen Gewalttätern** zu verbessern, war der Grund für die Einfügung des § 111[21]. Weder der Wortlaut noch die Entstehungsgeschichte der Vorschrift rechtfertigen aber die Annahme, daß es sich bei der neuen Vorschrift um eine nur für diese Art Rechtsbrecher geltende Sonderbestimmung handelt. § 111 ist daher auch anzuwenden, wenn eine der in § 129 a Abs. 1 StGB aufgezählten Straftaten oder ein Raub unter Führung von Schußwaffen von Tätern begangen worden ist, die nicht zu einer terroristischen Vereinigung gehören[22]. Eine andere Auslegung der Vorschrift würde ihre praktische Bedeutung weitgehend herabmindern. Denn in dem Zeitpunkt, in dem eine Anordnung nach § 111 zu treffen ist, läßt sich häufig gar nicht übersehen, welcher Art die Täter sind, nach denen gefahndet werden muß[23].

Der **Katalog** des Absatz 1 **wurde** wiederholt **kritisiert**[24]. Läßt man indes die Ein- **8** richtung einer Kontrollstelle auch bei räuberischer Erpressung mit Waffen zu, dürften die wesentlichen, gefährlichen Delikte erfaßt sein, zu deren Verfolgung eine derartige Maßnahme sinnvoll ist.

b) Ein **Verdacht aufgrund bestimmter Tatsachen**, daß eine der in Absatz 1 Satz 1 **9** bezeichneten Straftaten begangen worden ist, muß vorliegen. Die pauschale Anordnung der Einrichtung von Kontrollstellen für den Fall, daß solche Taten erst künftig begangen werden, ist unzulässig. Der Begriff Verdacht aufgrund bestimmter Tatsachen ist wie in § 100 a Satz 1, § 112 Abs. 1, § 112 a Abs. 1 Satz 1 zu verstehen (vgl. im einzelnen § 112, 26; ferner § 100 a, 9). Dringender Tatverdacht ist nicht erforderlich. Jedoch muß der Verdacht seine Grundlage in bestimmten, von Strafverfolgungsbeamten oder Zeugen[25] festgestellten Tatsachen haben. Bloßes Gerede, nicht überprüfte Gerüchte und Vermutungen reichen nicht aus. Der Verdacht muß durch schlüssiges Tatsachenmaterial bereits ein gewisses Maß an Konkretisierung erreicht haben[26]. Auf Rechtswidrigkeit und Schuld braucht er sich nicht zu erstrecken.

2. Erfolgsaussichten: Aussicht auf Ergreifung der Täter oder Sicherstellung von 10 Beweismitteln. Nur wenn **Tatsachen** die Annahme rechtfertigen, daß die Aussicht auf einen solchen Fahndungserfolg am konkreten Ort und zur konkreten Zeit[27] besteht, darf eine Kontrollstelle eingerichtet werden. Die Vorschrift rechtfertigt also niemals eine allgemeine Polizeikontrolle[27a]. Wenn die Sicherstellung von Beweismitteln der einzige Fahndungszweck ist, kommt dem Verhältnismäßigkeitsgrundsatz besondere Bedeutung zu[28]. Es muß sich dann um Beweismittel handeln, die besonders wichtig sind[29]. „Bestimmte" Tatsachen — andere gibt es nicht, § 112, 27 — müssen auch hier vorliegen. Hilfstatsachen reichen aus, nicht aber bloße Vermutungen. Es genügt, daß tatsächliche Anhaltspunkte irgendwelcher Art vorhanden sind, aus denen sich eine Erfolgsaussicht ergibt. Die Tatsachen müssen auf die Aussicht, den Täter zu ergreifen oder Be-

---

[21] BTDrucks. **8** 1482, S. 2.
[22] *Kleinknecht/Meyer*[37] 2; *Händel* Neue Polizei **1978** 84; *Kurth* NJW **1979** 1381 Fußn. 85; *Steinke* Polizei **1979** 41; Neue Polizei **1979** 47; **a. A** *Benfer* Polizei **1978** 282; unklar KK-*Laufhütte* 4.
[23] LR-*Meyer*[23] EB 7.
[24] KK-*Laufhütte* 4; *Kurth* NJW **1979** 1382; *Achenbach* JA **1981** 665; *Riegel* BayVBl. **1978**

595; *Benfer* Grundrechtseingriffe 693.
[25] Vgl. *Benfer* Polizei **1978** 283.
[26] Vgl. *Kuhlmann* DRiZ **1978** 239.
[27] *Vogel* NJW **1978** 1227; vgl. auch *Kurth* NJW **1979** 1382.
[27a] *Benfer* Grundrechtseingriffe 701.
[28] LR-*Meyer*[23] EB 9; KK-*Laufhütte* 7.
[29] *Kurth* NJW **1979** 1382.

Gerhard Schäfer

weismittel sicherzustellen, nicht zwingend hinweisen. Eine gewisse Wahrscheinlichkeit, insbesondere die nach kriminalistischer Erfahrung bestehende Wahrscheinlichkeit typischer Geschehensabläufe nach der Begehung bestimmter Straftaten, reicht aus[30]. Die Ergreifung des Täters bedeutet seine Festnahme nach § 127 (vgl. § 127, 28 ff). Beweismittel, die der Aufklärung der Straftat dienen können, sind auch solche, die zur Feststellung des Aufenthalts des Täters dienen[31]. Denn erst durch dessen Festnahme wird die Tat voll aufgeklärt.

11　　Im allgemeinen besteht Aussicht auf Ergreifung der Täter oder Erlangung von Beweismitteln nur an Kontrollstellen, die in **räumlicher Nähe** des Tatorts eingerichtet werden. Jedoch können im Einzelfall tatsächliche Anhaltspunkte dafür bestehen, daß eine Ergreifung der Täter weitab vom Tatort möglich ist, etwa wenn Hinweise darauf vorliegen, daß sie die Grenze zum Ausland überschreiten wollen[32]. Auch bei der Fahndung nach steckbrieflich gesuchten Gewaltverbrechern, etwa aufgrund von Hinweisen aus der Bevölkerung, kommt es auf die räumliche Nähe zum Tatort nicht an[33].

12　　Auch **zeitlich** muß die Einrichtung der Kontrollstellen grundsätzlich im Zusammenhang mit der Straftat stehen, die aufgeklärt werden soll. Allerdings geht es nicht an, die Einrichtung von Kontrollstellen nur während des Verlaufs der Tat oder unmittelbar danach zuzulassen[34]. Denn auch später können noch tatsächliche Hinweise darauf vorliegen, daß durch diese Maßnahme teilnahmeverdächtige Personen, die sich vielleicht nach der Tat erst einige Tage in einer Wohnung versteckt gehalten haben, ergriffen oder daß Beweismittel erlangt werden können.

13　　**3. Ort der Kontrolle.** „Öffentliche Straßen und Plätze" müssen dem öffentlichen Verkehr gewidmet oder wenigstens tatsächlich öffentlich sein, weil sie jedermann oder wenigstens allgemein bestimmten Gruppen von Benutzern, wenn auch nur vorübergehend und gegen Gebühr, zur Verfügung stehen[35]. **Öffentlich zugängliche Orte** sind solche, die jedermann oder wenigstens allgemein bestimmten Gruppen zur Verfügung stehen. Hierher gehören Fußballstadien, Flugplätze[36], Bahnhöfe[37], Einkaufshallen (Markthallen mit vielen Ständen), überdachte „Ladenstraßen". Gaststätten, Hotels, Kaufhäuser, Eisenbahnzüge oder Flugzeuge gehören dagegen nicht hierher[38].

14　　**4. Verhältnismäßigkeit.** Dem verfassungskräftigen Grundsatz der Verhältnismäßigkeit trägt bereits das Gesetz Rechnung, indem es Kontrollstellen nur bei besonders schweren Straftaten und nur bei qualifizierter Erfolgsaussicht gestattet. Gleichwohl ist darüber hinaus die Verhältnismäßigkeit im Einzelfall noch zu prüfen, denn die Kontrollstelle enthält durch die Anhalteverpflichtung für jedermann eine für strafprozessuale Zwangsmaßnahmen untypische Breitenwirkung[39]. Die Maßnahme muß zunächst **erforderlich** sein, ist also nur zulässig, wenn andere Kontrollmaßnahmen (z. B. nach § 163 b, vgl. Rdn. 4) nicht ausreichen[40]. Sie wäre deshalb unzulässig, wenn nach einem

---

[30] Vgl. LR-*Meyer*[23] EB 9; KK-*Laufhütte* 8; *Kleinknecht/Meyer*[37] 5; *Achenbach* JA **1981** 664; *Sangenstedt* StrVert. **1985** 117; *Kuhlmann* DRiZ **1978** 239; *Kurth* NJW **1979** 1382.

[31] A. A KMR-*Müller* 3.

[32] Vgl. *Kuhlmann* DRiZ **1978** 239.

[33] Vgl. *Kurth* NJW **1979** 1382, der allerdings einen räumlichen Zusammenhang allgemein nicht für erforderlich hält.

[34] *Steinke* Polizei **1979** 42/43; a. A *Benfer* Polizei **1978** 283.

[35] Vgl. *Dreher/Tröndle*[42] § 315 b, 2 StGB.

[36] KK-*Laufhütte* 9; *Kleinknecht/Meyer*[37] 8.

[37] KK-*Laufhütte* 9; *Kleinknecht/Meyer*[37] 8.

[38] Ähnlich im Ergebnis KK-*Laufhütte* 9; *Kleinknecht/Meyer*[37] 8; a. A LR-*Meyer*[23] EB 5.

[39] *Sangenstedt* StrVert. **1985** 123.

[40] KK-*Laufhütte* 12; *Sangenstedt* StrVert. **1985** 123.

Straftäter gefahndet wird, dessen Aussehen bekannt ist[41]. Die Maßnahme muß auch in einem **angemessenen Verhältnis** zum erwarteten Erfolg stehen. Dabei ist das Gewicht des Eingriffs gegenüber Nichtverdächtigen gegen die Bedeutung der konkreten Straftat (liegt ein Fall aus dem Randbereich zu § 129 a StGB vor?) und dem erwarteten Fahndungserfolg abzuwägen. Insbesondere wird in der Regel eine Kontrollstelle zur Sicherstellung von Beweismitteln nur in Ausnahmefällen in Betracht kommen[42]. Angesichts der Vorwertung des Gesetzes wird Unverhältnismäßigkeit freilich nur im Bereich der Extremfälle vorliegen[43]. Auch ist bei der Prüfung der Verhältnismäßigkeit der Anordnung zu berücksichtigen, daß auch die Durchführung der Kontrollstelle dem Verhältnismäßigkeitsgebot unterliegt und daß insoweit Einschränkungen mit der Anordnung verbunden werden können.

III. Anordnung der Maßnahme (Absatz 2)

1. Zuständigkeit. Wegen des Gewichts des Eingriffs ist grundsätzlich der **Richter** **15** zuständig, der im Ermittlungsverfahren (eine Anordnung nach Erhebung der öffentlichen Klage, zu der der Richter auch ohne Antrag befugt wäre, kommt praktisch nicht in Betracht[44]) nur auf Antrag der Staatsanwaltschaft tätig wird (§ 162 Abs. 1 Satz 1). Fälle des § 165 sind hier kaum denkbar. Sachlich zuständig ist der Ermittlungsrichter (§§ 162, 169). Wegen der örtlichen Zuständigkeit vgl. § 162 Abs. 1.

Bei **Gefahr im Verzug** (zum Begriff vgl. § 98, 35) dürfen auch die Staatsanwalt- **16** schaft und deren Hilfsbeamte (vgl. § 152 GVG) die Anordnung treffen. Da die leitenden Polizeibeamten, sofern sie nicht dem Bundeskriminalamt angehören, nicht Hilfsbeamte der Staatsanwaltschaft sind, müssen sie mit der Anordnung ihre Untergebenen beauftragen, obwohl es an sich ihre Sache wäre, eine so weitreichende Maßnahme selbst anzuordnen[45]. Die Hilfsbeamten sind bei Gefahr im Verzug zu der Anordnung nicht berechtigt, wenn sie einen Beamten der Staatsanwaltschaft erreichen und diesem die Entscheidung überlassen könnten (vgl. § 98, 33). Wegen der besonderen Tragweite der Entscheidung nach § 111 wird es sich empfehlen, daß die Staatsanwaltschaften durch Anordnungen nach § 152 Abs. 1 GVG sicherstellen, daß sie in solchen Fällen von der Polizei nicht übergangen werden[46].

Die gesetzliche Zuständigkeitsregelung hat namentlich insoweit **Kritik** gefunden, **17** als die Anordnungskompetenz grundsätzlich dem Richter vorbehalten bleibt. In teilweise grotesker Verkennung der Rechte der Polizei im Ermittlungsverfahren wird dieser Regelung jeder Sinn[47] oder aber die praktische Bedeutung[48] abgesprochen. Dem kann nicht gefolgt werden. Sicher werden gerade bei Kontrollstellen in vielen Fällen Sofortmaßnahmen ergriffen werden müssen. Wichtig ist aber zunächst die Wertentscheidung des Gesetzgebers für den Richtervorbehalt. Im übrigen wird es Sache der Staatsanwaltschaft sein, darüber zu wachen, daß die gesetzliche Kompetenzverteilung eingehal-

---

[41] KK-*Laufhütte* 12.

[42] KK-*Laufhütte* 7; *Kurth* NJW **1979** 1382.

[43] Weitergehend *Sangenstedt* StrVert. **1985** 124.

[44] Ebenso *Kurth* NJW **1979** 1383.

[45] Kritisch hierzu *Benfer* Polizei **1978** 285; *Gintzel* Polizei **1979** 3; *Kuhlmann* DRiZ **1978** 239/40; *Schnupp* Polizei **1978** 347.

[46] Vgl. *Kuhlmann* DRiZ **1978** 240; hiergegen

polemisch *Gintzel* Polizei **1979** 3, der das Verhältnis Staatsanwaltschaft/Polizei im Ermittlungsverfahren außer Betracht läßt.

[47] *Gintzel* Deutsche Polizei **1978** 8; *Gintzel* Die Polizei **1979** 2; *Benfer* Die Polizei **1979** 285: „in die Hand der Polizei".

[48] *Ehardt/Kunze* StrVert. **1981** 65: „Scheinrolle".

Gerhard Schäfer

ten wird. Nach dem Bericht der Bundesregierung vom 14. 4. 1978 (BT-Drucks. 8 3564) dürfte dies nicht der Fall sein: Danach stehen bis 1. 10. 1979 18 richterlichen Anordnungen 163 Anordnungen der Polizei gegenüber, während die Staatsanwaltschaft nie tätig wurde.

18   Eine **richterliche Bestätigung** der bei Gefahr im Verzug getroffenen Anordnungen sieht § 111 nicht vor. Auch wenn Hilfsbeamte der Staatsanwaltschaft die Einrichtung von Kontrollstellen angeordnet haben, darf der Richter daher die Rechtmäßigkeit der Anordnung trotz ihres mitunter mehrere Tage fortdauernden Vollzugs nur auf Antrag eines Betroffenen prüfen. Da in § 98 Abs. 2 Satz 1, § 111 e Abs. 1 Satz 1 die Einholung der richterlichen Bestätigung bei Eingriffen von geringerer Bedeutung vorgeschrieben ist, erscheint diese Einschränkung der richterlichen Kontrollbefugnisse unverständlich[49]. Gleichwohl kommt eine analoge Anwendung der §§ 100 Abs. 2, 100 b Abs. 1 Nr. 3 deswegen nicht in Betracht, weil von einer Regelungslücke hier schlechterdings nicht gesprochen werden kann[50].

19   **2. Inhalt der richterlichen Anordnung.** Die Art und Weise, in der die Kontrollstellen eingerichtet werden sollen, wird in der Anordnung nicht vorgeschrieben. Zum notwendigen Inhalt der Anordnung gehört auch nicht die Anzahl der Kontrollstellen und der genaue Ort, an dem sie einzurichten sind. Die Anordnung kann sich darauf beschränken, daß innerhalb eines bestimmten Bezirks Kontrollstellen einzurichten sind. Dabei müssen aber die örtlichen Grenzen dieses Bezirks (etwa das Gebiet einer bestimmten Stadt oder die Verbindungsstraßen von einem bestimmten Ort zum anderen) bezeichnet werden. An welchen Einzelpunkten innerhalb des so abgesteckten Bezirks Kontrollstellen eingerichtet werden, kann der Polizei überlassen werden[51]. Der Richter kann vielfach bei Erlaß der Anordnung gar nicht beurteilen, welches die günstigsten Punkte für die Einrichtung von Kontrollstellen sind[52]. Auch wird oft im Verlauf der Aktion ein Wechsel der Anhaltestellen erforderlich. Eine starre Anweisung, daß nur an ganz bestimmten Punkten Kontrollstellen eingerichtet werden dürfen, wäre daher unpraktisch und würde die mit § 111 verfolgten Zwecke nur beeinträchtigen. Ob die Polizei aufgrund ihrer Befugnis, bei Gefahr im Verzug selbst über die Einrichtung von Kontrollstellen zu entscheiden, von der Anordnung des Richters oder Staatsanwalts abweichen und andere oder weitere Kontrollstellen einrichten kann, erscheint zweifelhaft. Wird die Frage verneint, so spricht alles dafür, die richterliche oder staatsanwaltschaftliche Anordnung so dehnbar zu halten, daß die Erfolgsaussichten nicht durch die unaufschiebbare Notwendigkeit, von ihr abzuweichen, zunichte gemacht werden können. Wird sie bejaht, so erscheint es um so einleuchtender, daß der Polizei nicht im einzelnen vorgeschrieben wird, an welchen Punkten sie Kontrollstellen einrichten darf. Das alles schließt aber nicht aus, daß die Anordnung sich auf die Einrichtung einer einzigen oder mehrerer genau bestimmter Kontrollstellen beschränkt, etwa nur die Absperrung der einzigen Verbindungsstraße anordnet, die vom Tatort wegführt. Der Umstand, daß der Richter über die Zweckmäßigkeit und Notwendigkeit der Anordnung nicht zu entschei-

---

[49] So mit Recht *Benfer* Polizei **1978** 285/86.
[50] Im Ergebnis ebenso KK-*Laufhütte* 28; *Kleinknecht/Meyer*[37] 15; KMR-*Müller* 12; **a. A** *Sangenstedt* StrVert. **1985** 126.
[51] *Kleinknecht/Meyer*[37] 16; *Kurth* NJW **1979** 1383; *Riegel* ZRP **1978** 16; *H. Schmid* Neue Polizei **1979** 6; **a. A** wohl *Kühne* 276; „nur in

Eilfällen“: KK-*Laufhütte* 15; stark einschränkend aber praxisfremd *Sangenstedt* StrVert. **1985** 125; vgl. auch *Kuhlmann* DRiZ **1978** 239.
[52] *Gintzel* Polizei **1979** 3 hält den Richter allgemein für unfähig, Einzelheiten zu bestimmen.

den hat (vgl. Erl. zu § 162), steht einer solchen Beschränkung nicht entgegen; denn jedenfalls hat er im Rahmen der Zulässigkeitsprüfung auch die Aussicht auf Eintritt des Fahndungserfolges zu prüfen[53].

Eine **zeitliche Beschränkung** enthält die Anordnung regelmäßig nicht[54]. Meist **20** läßt sich bei der Entscheidung noch gar nicht voraussehen, wie lange mit der Einrichtung und Aufrechterhaltung von Kontrollstellen die Aussicht besteht, die Täter zu ergreifen oder Beweismittel zu erlangen. Jedoch kann es im Einzelfall geboten sein, die Kontrollen von vornherein auf wenige Stunden oder Tage zu beschränken[55]. Auch die Einschränkung, daß nur zu bestimmten Tageszeiten kontrolliert werden darf, ist zulässig[56].

3. Form. Die richterliche Anordnung ergeht durch Beschluß, der nach § 34 zu be- **21** gründen ist. In diesem Beschluß müssen die Straftaten, derentwegen die Anordnung getroffen wird, die bestimmten Tatsachen, aus denen sich der Verdacht ergibt, daß die aufzuklärenden Taten begangen worden sind, die Tatsachen, die die Erfolgsaussichten begründen, sowie in groben Zügen der Ort, an dem die Kontrollstelle einzurichten ist[57], bezeichnet werden. Der Beschluß wird der Staatsanwaltschaft zugeleitet (§ 36 Abs. 2 Satz 2). In Eilfällen, um die es sich regelmäßig handeln wird, gibt das Gericht der Polizei die Anordnung unmittelbar fernmündlich bekannt. Staatsanwaltschaftliche Anordnungen können mündlich, auch fernmündlich, getroffen werden. Dann ist ihr Inhalt aber in einem Aktenvermerk niederzulegen.

4. Der **Vollzug** der Anordnung ist Sache der Polizei. Sie richtet, wenn die Anord- **22** nung insoweit keine Beschränkungen enthält, Kontrollstellen innerhalb des in der Anordnung bezeichneten Bezirks an allen Punkten ein, an denen nach den tatsächlichen Anhaltspunkten und der kriminalistischen Erfahrung die Täter am ehesten zu ergreifen oder die Beweismittel zu erlangen sind. Die Polizei stellt die für die Kontrollstellen erforderlichen Beamten und die sachlichen Hilfsmittel (Absperrungen, Kraftfahrzeuge). Die Kontrollen nimmt sie nach eigenem Ermessen innerhalb der Befugnisse vor, die ihr Absatz 1 Satz 2 dazu gibt.

5. Aufhebung. Die Anordnung ist aufzuheben, wenn die Voraussetzungen des Ab- **23** satz 1 nicht mehr vorliegen, wenn sich also entweder der Verdacht, daß eine der dort bezeichneten Straftaten begangen worden ist, als unbegründet erweist oder wenn keine Aussicht mehr besteht, die Täter zu ergreifen oder Beweismittel zu erlangen. Der Richter oder Staatsanwalt, der die Anordnung getroffen hat, muß das weitere Vorliegen dieser Voraussetzungen ständig überwachen. Zu diesem Zweck hat er, wenn die Anordnung nicht von vornherein nur für eine bestimmte Zeit getroffen war, die Polizei (der Richter über die Staatsanwaltschaft) zu veranlassen, ihn in regelmäßigen Abständen, die er nach den Umständen des Einzelfalls bestimmt, davon zu unterrichten, aus welchen Gründen trotz des bisherigen Fehlerfolgs die weitere Aussicht besteht, die Täter zu ergreifen oder Beweismittel sicherzustellen. Die Polizei ist verpflichtet, den Vollzug der Anordnung sofort zu beenden, die Kontrollstelle also aufzulösen, wenn die Voraussetzungen des Absatz 1 nicht mehr vorliegen[58]. Hiervon muß sie den Richter oder Staatsanwalt, der die Anordnung getroffen hat, unverzüglich zu benachrichtigen, damit dieser die Anordnung förmlich aufhebt. Hat die Polizei die Anordnung getroffen, so

---

[53] *Kurth* NJW **1979** 1383.
[54] *Kurth* NJW **1979** 1383.
[55] *Kleinknecht/Meyer*[37] 16.

[56] *Kurth* NJW **1979** 1383 Fußn. 109.
[57] Vgl. das Beispiel KG StrVert. **1981** 63.
[58] *Kurth* NJW **1979** 1382.

Gerhard Schäfer

hebt sie sie selbst auf. Nach ihrer Aufhebung darf die Anordnung nicht mehr vollzogen werden. Eine neue Anordnung ist aber zulässig, wenn die Voraussetzungen des Absatz 1 erneut vorliegen.

IV. Befugnisse an den Kontrollstellen (Absatz 1 Satz 2)

24   **1. Allgemeines.** An einer Kontrollstelle ist jedermann verpflichtet, seine Identität feststellen und sich sowie mitgeführte Sachen durchsuchen zu lassen. Die Pflicht trifft Unverdächtige nahezu in gleichem Maß wie tatverdächtige Personen. Der Grundsatz, daß der Verdächtige Durchsuchungen zur Auffindung von Beweismitteln in weiterem Umfang dulden muß als der Unverdächtige (vgl. §§ 102, 103), ist für den Bereich des § 111 aufgegeben worden, weil eine solche Unterscheidung dem mit der Einrichtung der Kontrollstellen verfolgten Zweck widersprechen würde. Der Gesetzgeber nimmt bewußt in Kauf, daß die nicht unbeträchtlichen Eingriffe in die Freiheitsrechte des Staatsbürgers, die § 111 vorsieht, fast ausschließlich Nichtverdächtige und Unschuldige treffen[59], wobei aber nicht übersehen werden darf, daß auch bei jeder einzelnen Maßnahme der **Verhältnismäßigkeitsgrundsatz** beachtet werden muß. Die Kontrollstelle gestattet es der Polizei nicht, **allgemein** nach Straftätern oder nach Beweismitteln für strafbare Handlungen zu fahnden.

25   Eine **besondere Anordnung** der Identitätsfeststellung oder der Durchsuchung ist an den Kontrollstellen nicht erforderlich. Die Befugnisse der Polizei ergeben sich unmittelbar aus § 111 Abs. 1 Satz 2[60]. Die Polizei darf aber ihre Rechte nicht ohne weitere Erklärung gegenüber den Betroffenen wahrnehmen. Vielmehr muß jeder, der an der Kontrollstelle angehalten und den in Absatz 1 Satz 2 vorgesehenen Maßnahmen unterzogen wird, auf den Grund dieser Maßnahmen hingewiesen werden. Das ergibt sich daraus, daß § 163 b Abs. 1 Satz 1 Halbsatz 1 und Abs. 2 Satz 1 Halbsatz 1 die entsprechende Anwendung der § 69 Abs. 1 Satz 2, § 163 a Abs. 4 Satz 1 bei der Identitätsfeststellung vorschreibt (vgl. Erl. zu § 163 b) und daß Absatz 3 seinerseits die entsprechende Anwendung des § 163 b bestimmt. Für die Durchsuchung folgt die Hinweispflicht aus dem nach Absatz 3 entsprechend anzuwendenden § 106 Abs. 1 Satz 1. Der Hinweis kann allgemein durch Lautsprecherdurchsagen, Stelltafeln, Plakatanschläge, aber auch als Einzelhinweis gegenüber der zu kontrollierenden Person erfolgen.

26   **2. Identitätsfeststellung.** Alle Personen, die an der Kontrollstelle angehalten werden, müssen nach Absatz 1 Satz 2 ihre Identität feststellen lassen. § 163 b gilt entsprechend (§ 111 Abs. 3). Danach sind die Angehaltenen zwar nicht verpflichtet, anders als durch die Angabe der in § 111 OWiG bezeichneten Personalien an ihrer Identifizierung mitzuwirken (vgl. bei § 163 b). Personalausweise, Reisepässe und andere Ausweispapiere müssen sie, wenn sie dazu nicht nach anderen Vorschriften verpflichtet sind, nicht freiwillig vorzeigen. Unterlassen sie das oder bestehen Zweifel an der Echtheit der Urkunden, sollen nach Absatz 3 „die §§ 163 b, 163 c entsprechend" gelten.

27   Die **Bedeutung dieser Verweisung** ist außerordentlich streitig. Während nämlich Absatz 1 Satz 2 „jedermann verpflichtet, seine Identität festzustellen" zu lassen, differenziert der in Bezug genommene § 163 b zwischen Verdächtigen und Nichtverdächtigen. Bei letzteren ist die Identitätsfeststellung nach dieser Vorschrift überhaupt nur zulässig, „wenn und soweit dies zur Aufklärung einer Straftat geboten ist", zur Identifizierung festgehalten werden darf der Nichtverdächtige nur, wenn die nicht unverhält-

---

[59] Vgl. *Kuhlmann* DRiZ **1978** 239.   [60] Vgl. BTDrucks. **8** 1482, S. 10.

nismäßig ist und eine Durchsuchung und erkennungsdienstliche Behandlung zur Identitätsfeststellung des Nichtverdächtigen ist gegen dessen Willen nicht zulässig. Der offensichtliche Widerspruch zwischen Absatz 1 Satz 2 (keine Unterscheidung zwischen Verdächtigen und Nichtverdächtigen) und § 163 b (Unterscheidung zwischen beiden) läßt sich angesichts des klaren Wortlauts nicht auflösen. Folgerichtig wird teils Absatz 1 Satz 2[61], teils § 163 b der Vorzug gegeben[62], teilweise wird eine differenzierende Lösung gesucht[63].

Nach der hier vertretenen Auffassung muß **zwischen Verdächtigem und Nichtver- 28 dächtigem unterschieden** werden, weil sonst die Verweisung in Absatz 3 sinnlos wäre. Dem Anliegen von Absatz 1 Satz 2, daß sich jedermann der Kontrolle zu stellen habe wird dadurch Rechnung getragen, daß an der Kontrollstelle **jedermann** anhalten muß[64]. Danach ist zu differenzieren zwischen Verdächtigen und Nichtverdächtigen, wobei die Erforderlichkeit der Identitätsfeststellung im Sinne von § 163 b Abs. 2 Satz 1 bei einer Maßnahme nach § 111 regelmäßig ebenso zu bejahen sein wird, wie die Verhältnismäßigkeit des Festhaltens im Sinne von § 163 Abs. 2 Satz 2. Eine Durchsuchung und erkennungsdienstliche Behandlung des Nichtverdächtigen gegen seinen Willen ist stets unzulässig.

3. Durchsuchung. Gemeint ist die Durchsuchung zum Zweck der Auffindung von **29** beschlagnahmefähigen **Beweismitteln**; denn das Recht zur Durchsuchung zum Zweck der Identifizierung besteht nur im Rahmen des nach Absatz 3 entsprechend anwendbaren § 163 b (vgl. oben Rdn. 28). Rechtsgrundlage für die Durchsuchung zum Zweck der Auffindung von Beweismitteln ist allein Absatz 1 Satz 2. Die §§ 102 ff sind nicht anzuwenden. Daher wird bei Durchsuchungen gegenüber Nichtverdächtigen nicht vorausgesetzt, daß im Einzelfall bestimmte Tatsachen vorliegen, aus denen zu schließen ist, daß die Durchsuchung zum Auffinden von Beweismitteln führen werde[65]. Durchsucht werden dürfen, wenn ein Zusammenhang mit den gesuchten Tätern nicht von vornherein ausgeschlossen erscheint[66], alle Personen, die an der Kontrollstelle angehalten werden, und alle Sachen, die sie mitführen. Dazu gehören auch die Transportmittel. Zulässig ist daher die Durchsuchung der Kraftfahrzeuge einschließlich der Kofferräume. Werden sie nicht freiwillig geöffnet, so darf die Polizei Zwang anwenden, insbesondere sich mit körperlicher Gewalt in den Besitz der Autoschlüssel setzen oder, wenn das nicht möglich ist, den Kofferraum mit Gewalt aufzubrechen. Allgemein wird der Umfang der zulässigen Durchsuchungsmaßnahmen durch den Grundsatz der Verhältnismäßigkeit und das konkrete Fahndungsziel bestimmt[67]. Werden bei der Durchsuchung Beweismittel gefunden, so müssen sie nach §§ 94, 98 beschlagnahmt werden, wenn der Betroffene sie nicht freiwillig herausgibt (vgl. § 94, 25).

[61] *Kleinknecht/Meyer*[37] 11; *Schlüchter* 338; *Suden/Weitemeier* Die Polizei **1980** 338; *Riegel* NJW **1979** 148; BayVBl. **1978** 595.
[62] KK-*Laufhütte* 19; KMR-*Müller* 8; *Achenbach* JA **1981** 665; *Kurth* NJW **1979** 1382; *Vogel* NJW **1978** 1227; *Kuhlmann* DRiZ **1978** 239; *Benfer* Die Polizei **1978** 284.
[63] LR-*Meyer*[23] EB 15, der grundsätzlich zwischen § 163 b Abs. 1 und 2 unterscheidet, aber die Wirkung der Unterscheidung dadurch wieder aufhebt, daß er bei § 163 b Abs. 2 Satz 2 den Verhältnismäßigkeitsgrundsatz aus-

schaltet und Satz 3 nicht anwenden will, weil zwischen Verdächtigen und Nichtverdächtigen an einer Kontrollstelle nicht unterschieden werden könne.
[64] *Sangenstedt* StrVert. **1985** 123.
[65] KK-*Laufhütte* 20; *Kleinknecht/Meyer*[37] 12; *Benfer* Polizei **1978** 284; *Kurth* NJW **1979** 1383.
[66] Vgl. *Riegel* BayVerwBl. **1978** 596, der die Maßnahme dann mit Recht für unverhältnismäßig hält.
[67] *Kurth* NJW **1979** 1383.

Gerhard Schäfer

30　　Nach Absatz 3 sind **entsprechend anzuwenden** die Vorschriften über die Pflicht des Durchsuchungsbeamten, dem Inhaber der zu durchsuchenden Sachen den Zweck der Durchsuchung bekanntzugeben (§ 106 Abs. 2 Satz 1; vgl. oben Rdn. 25), dem von der Durchsuchung Betroffenen nach deren Beendigung auf Verlangen ein Verzeichnis der in Verwahrung oder in Beschlag genommenen Gegenstände zu geben (§ 107 Satz 2 Halbsatz 1), Zufallsfunde einstweilen in Beschlag zu nehmen und der Staatsanwaltschaft hiervon Kenntnis zu geben (§ 108), die in Verwahrung oder in Beschlag genommenen Gegenstände genau zu verzeichnen und kenntlich zu machen (§ 109) und Papiere des von der Durchsuchung Betroffenen von Polizeibeamten nur mit dessen Genehmigung durchzusehen, sie aber, wenn die Genehmigung nicht erteilt wird, in einem versiegelten Umschlag an die Staatsanwaltschaft abzuliefern (§ 110 Abs. 1 und 2). Bei der Durchsuchung von Frauen ist § 81 d zu beachten.

30a　　**4. Datenspeicherung („Schleppnetzfahndung"). § 163 d**, der durch Gesetz vom 19. 4. 1986 (BGBl. I S. 537) eingefügt wurde und nach dessen Art. 4 Abs. 2 am 1. 4. 1987 in Kraft treten soll, gestattet die Speicherung der bei einer Personenkontrolle nach § 111 anfallenden Daten über die Identität der kontrollierten Personen sowie über Umstände, die für die Aufklärung der Straftat oder für die Ergreifung des Täters von Bedeutung sein können, wie z. B. Typ und Kennzeichen eines benutzten Kraftfahrzeugs. Wegen der Einzelheiten der Vorschrift, deren Verfassungsmäßigkeit bezweifelt wird, s. die Erl. zu § 163 d.

V. Anfechtung

1. Anordnung der Kontrollstelle

31　　**a) Richterliche Entscheidung.** Gegen die richterliche Entscheidung ist Beschwerde statthaft. Ausgenommen sind Verfügungen des Ermittlungsrichters des Bundesgerichtshofs (§ 304 Abs. 5) und der Oberlandesgerichte (§ 304 Abs. 4 Satz 2), da die Einrichtung der Kontrollstelle noch nicht die Beschlagnahme oder Durchsuchung betrifft, diese der Polizei vielmehr erst gestattet[68]. Die Beschwerde der Staatsanwaltschaft gegen eine die Einrichtung einer Kontrollstelle ablehnende Entscheidung ist — abgesehen von den Fällen des § 304 Abs. 4 Satz 2 und des § 304 Abs. 5 — stets zulässig. Daß ein von der Kontrollstelle Betroffener — das ist jeder, der diese passieren muß oder will[69] — (noch) beschwert sein könnte, ist kaum vorstellbar. Die Kontrollstellenanordnung verpflichtete ihn zum Anhalten und schuf den Kontrollierenden erweiterte Befugnisse bei der Identitätsfeststellung und Durchsuchung. Insoweit ist die Maßnahme gegen den Betroffenen erledigt, wenn er Beschwerde einlegt und eine Beschwer schlechterdings nicht ersichtlich.

32　　**b) Nichtrichterliche Entscheidung.** Solange die Kontrollstelle besteht, kann der Betroffene entsprechend § 98 Abs. 2 Satz 2 den für eine richterliche Anordnung zuständigen (§ 98, 49) Richter zur Entscheidung über die Rechtmäßigkeit der Kontrollstelle anrufen[70]. Dieser wird regelmäßig erst nach Erledigung der Maßnahme entscheiden, kann aber deren Rechtswidrigkeit, insbesondere willkürliche Annahme von Gefahr im Verzug, feststellen[71]. Nach **Erledigung** der Kontrollstelle ist nur ein Antrag auf gerichtliche Entscheidung nach §§ 23, 28 Abs. 1 Satz 4 EGGVG statthaft; die nachträgliche

---

[68] LR-*Meyer*[23] EB 26.
[69] LR-*Meyer*[23] EB 26.
[70] LR-*Meyer*[23] EB 26; *Benfer* Die Polizei **1978** 286.

[71] A. A KK-*Laufhütte* 29.

Feststellung der Rechtswidrigkeit der Anordnung setzt daher Wiederholungsgefahr voraus, die praktisch nicht bestehen kann, weil das erneute Bedürfnis, wegen eines gleichen Sachverhalts am selben Ort Kontrollstellen einzurichten, ausgeschlossen erscheint[72].

2. Polizeiliche Maßnahmen an der Kontrollstelle. Beschlagnahmen, Durchsuchun- **34** gen und Maßnahmen zur Identitätsfeststellung können nach den allgemeinen Regeln (vgl. § 98, 62 ff; 105; 44 ff; Erl. zu § 163 b und 163 d) angefochten werden.

3. Revision. Auf Fehler bei der Anordnung der Kontrollstelle kann die Revision **35** nicht gestützt werden[73], allenfalls darauf, daß nach Fehlerhäufung beschlagnahmte Gegenstände im Rahmen der sonst geltenden Interessenabwägung unverwertbar sind (vgl. § 105, 52; 98, 82).

§ 111 a

(1) ¹Sind dringende Gründe für die Annahme vorhanden, daß die Fahrerlaubnis entzogen werden wird (§ 69 des Strafgesetzbuches), so kann der Richter dem Beschuldigten durch Beschluß die Fahrerlaubnis vorläufig entziehen. ²Von der vorläufigen Entziehung können bestimmte Arten von Kraftfahrzeugen ausgenommen werden, wenn besondere Umstände die Annahme rechtfertigen, daß der Zweck der Maßnahme dadurch nicht gefährdet wird.

(2) Die vorläufige Entziehung der Fahrerlaubnis ist aufzuheben, wenn ihr Grund weggefallen ist oder wenn das Gericht im Urteil die Fahrerlaubnis nicht entzieht.

(3) Die vorläufige Entziehung der Fahrerlaubnis wirkt zugleich als Anordnung oder Bestätigung der Beschlagnahme des von einer deutschen Behörde erteilten Führerscheins.

(4) Ist ein Führerschein beschlagnahmt, weil er nach § 69 Abs. 3 Satz 2 des Strafgesetzbuches eingezogen werden kann, und bedarf es einer richterlichen Entscheidung über die Beschlagnahme, so tritt an deren Stelle die Entscheidung über die vorläufige Entziehung der Fahrerlaubnis.

(5) ¹Ein Führerschein, der in Verwahrung genommen, sichergestellt oder beschlagnahmt ist, weil er nach § 69 Abs. 3 Satz 2 des Strafgesetzbuches eingezogen werden kann, ist dem Beschuldigten zurückzugeben, wenn der Richter die vorläufige Entziehung der Fahrerlaubnis wegen Fehlens der in Absatz 1 bezeichneten Voraussetzungen ablehnt, wenn er sie aufhebt oder wenn das Gericht im Urteil die Fahrerlaubnis nicht entzieht. ²Wird jedoch im Urteil ein Fahrverbot nach § 44 des Strafgesetzbuches verhängt, so kann die Rückgabe des Führerscheins aufgeschoben werden, wenn der Beschuldigte nicht widerspricht.

(6) ¹In ausländischen Fahrausweisen ist die vorläufige Entziehung der Fahrerlaubnis zu vermerken. ²Bis zur Eintragung dieses Vermerkes kann der Fahrausweis beschlagnahmt werden (§ 94 Abs. 3, § 98).

---

[72] LR-*Meyer*²³ EB 27.   [73] KK-*Laufhütte* 32.

Gerhard Schäfer

Schrifttum. *Bender* Die Bedeutung der Sicherstellung und Beschlagnahme von Führerscheinen ohne vorläufigen Entzug der Fahrerlaubnis, DAR **1959** 260; *Berger* Zweifelsfragen bei der Entziehung der Fahrerlaubnis, DAR **1954** 49; *Bruns* Die Entziehung der Fahrerlaubnis (§ 42 m StGB, § 111 a StPO), GA **1954** 161; *von Bubnoff* Der vorläufige Fahrerlaubnisentzug und die Möglichkeit von Ausnahmen für bestimmte Kraftfahrzeugarten, JZ **1968** 318; *Burchardt* Zur Frage der Beschlagnahme des Führerscheins durch die Polizei ohne richterliche Anordnung, Polizei **1964** 233; *Cloppenburg* Vorläufige Fahrerlaubnisentziehung bei Abgeordneten? MDR **1961** 826; *Dahs* Unzulässige Einbehaltung des Führerscheins durch die Polizei, NJW **1968** 632; *Feller* Gedanken zur vorläufigen Entziehung der Fahrerlaubnis, DAR **1953** 231; *Fritz* Entzug des Führerscheins durch die Polizei, MDR **1967** 723; *Geppert* Totale und teilweise Entziehung der Fahrerlaubnis, NJW **1971** 2154; *Gollner* Verschlechterungsverbot bei vorläufiger und endgültiger Entziehung der Fahrerlaubnis, GA **1975** 129; *Greiner* Zur Führerscheinbeschlagnahme aus polizeirechtlichem Grund, Polizei **1971** 362; *Groß* Polizeiliche Beschlagnahme des Führerscheins, DAR **1958** 128; *Guelde* Die vorläufige Entziehung der Fahrerlaubnis und die Beschlagnahme des Führerscheins nach dem Straßenverkehrs-Sicherungsgesetz, RdK **1953** 57; *Hartung* Das zweite Gesetz zur Sicherung des Straßenverkehrs, NJW **1965** 86; *Hentschel* Die vorläufige Entziehung der Fahrerlaubnis, DAR **1980** 168; *Hentschel* Aufhebung der vorläufigen Entziehung der Fahrerlaubnis nach § 111 a Absatz 2 StPO, DAR **1976** 9; *Hentschel* Fortbestand der vorläufigen Fahrerlaubnisentziehung trotz Ablaufs der Führerscheinsperre in der Revisionsinstanz? MDR **1978** 185; *Hentschel* Beschwerde gegen die vorläufige Entziehung der Fahrerlaubnis — Zurückverweisung an den iudex a quo wegen nicht ausreichender Begründung? DAR **1975** 265; *Hering* Zweifelsfragen bei der vorläufigen Entziehung der Fahrerlaubnis, DAR **1954** 178; *Herlan/Schmidt-Leichner* Entziehung der Fahrerlaubnis und Fahrverbot durch Strafrichter und Verwaltungsbehörden (1972); *Himmelreich/Hentschel* Fahrverbot — Führerscheinentzug⁴ (1984); *Holly* Zur Frage der Beschlagnahme eines Führerscheins durch Polizei und Staatsanwaltschaft, MDR **1972** 747; *Janiszewski* Verkehrsstrafrecht² (1984); *Kaiser* Ablauf der Sperrfrist nach § 42 n Abs. 5 Satz 2 StGB vor Rechtskraft des Urteils — und was dann? NJW **1973** 493; *Koch* Die Anhörung des Beschuldigten im Rahmen des § 111 a StPO, besonders bei Alkoholdelikten, DAR **1968** 178; *Lackner* Das Zweite Gesetz zur Sicherung des Straßenverkehrs, JZ **1965** 92, 120; *Lienen* Fragen der Praxis zur Anwendung des § 111 a StPO, DAR **1958** 261; *Meier* Zur Frage der Beschlagnahme des Führerscheins durch die Polizei ohne richterliche Anordnung, Polizei **1964** 234; *Mittelbach* Die Entziehung der Fahrerlaubnis (1966); *Mohr* Fahrerlaubnisentziehung auch künftig Sicherungsmaßregel? DAR **1960** 280; *Mollenkott* Relative Fahruntüchtigkeit, vorläufige Entziehung der Fahrerlaubnis und der Grundsatz „in dubio pro reo", DAR **1978** 68; *Nau* Beschlagnahme des Führerscheins und Blutentnahme bei Abgeordneten, NJW **1958** 1668; *Orlich* Ausnahmen von der Sperrfrist zur Wiedererlangung einer Fahrerlaubnis, NJW **1977** 1179; *Rößler* Zur Problematik der vorläufigen Führerscheinentziehung, NJW **1953** 1820; *Schmidt-Leichner* Alkohol und Kraftfahrer, insbesondere die Entziehung der Fahrerlaubnis, NJW **1953** 1849; *Vogel* Vorläufige Entziehung der Fahrerlaubnis nach freiwilliger Herausgabe des Führerscheins? NJW **1954** 1921; *Warda* Das Zweite Gesetz zur Sicherung des Straßenverkehrs, MDR **1963** 1; *Weihrauch* Die Ausnahmen bei der Entziehung der Fahrerlaubnis, NJW **1971** 829; *Wittschier* Antrag der Staatsanwaltschaft auf Aufhebung der vorläufigen Entziehung der Fahrerlaubnis im Ermittlungsverfahren, NJW **1985** 1324.

Entstehungsgeschichte. Die Vorschrift wurde durch Art. 3 Nr. 1 des Gesetzes zur Sicherung des Straßenverkehrs vom 19. 12. 1952 (BGBl. I 832) eingefügt und durch Art. 2 Nr. 1 des Zweiten Gesetzes zur Sicherung des Straßenverkehrs vom 26. 11. 1964 (BGBl. I 921) neu gefaßt. Die erste Fassung stimmte mit Absatz 1 Satz 1, Absatz 2 (früher Absatz 4), Absatz 6 (früher Absatz 3) Satz 1 der jetzigen Fassung im wesentlichen überein. Die Absätze 3, 4 und 5 sind neu. Durch Art. 2 Nr. 5 EGOWiG wurde dem Absatz 1 der Satz 2 angefügt. Art. 21 Nr. 28 EGStGB 1974 paßte in den Absätzen 1, 4 und 5 die Verweisungen auf Vorschriften des Strafgesetzbuchs dem ab 1. 1. 1975 geltenden Recht an und faßte Absatz 6 Satz 2 (bisher: „Zu diesem Zweck kann der Fahrausweis beschlagnahmt werden") neu.

Übersicht

I. Überblick

1. Zweck der Vorschrift. § 111 a erlaubt im **Vorgriff auf ein Urteil,** in dem nach **1** § 69 StGB (oder nach § 71 StGB im Sicherungsverfahren, §§ 413ff) die Entziehung der Fahrerlaubnis angeordnet und der Führerschein eingezogen wird, dem Beschuldigten

Gerhard Schäfer

vorläufig dieselben Rechte zu entziehen, wie dies im Urteil endgültig erfolgen wird. Für die Anwendung des § 111 a ist entscheidend, daß die Fahrerlaubnisentziehung nach § 69 StGB nach ausdrücklicher gesetzlicher Regelung (§ 61 Nr. 6 StGB) eine Maßregel der Besserung und Sicherung ist, die ungeeignete Kraftfahrer für die Dauer ihrer Ungeeignetheit vom Verkehr ausschließt, und keine Strafe oder Nebenstrafe[1].

2   Entsprechend bezweckt § 111 a, daß der mit dieser Maßregel erstrebte **Schutz der Allgemeinheit** vor einem ungeeigneten und daher gefährlichen Kraftfahrer durch eine vorläufige Anordnung **alsbald nach der Tat** herbeigeführt werden kann, ohne daß auf das Urteil oder gar auf seine Rechtskraft gewartet werden muß[2]. Die vorläufige Entziehung der Fahrerlaubnis ähnelt in diesen Fällen der einstweiligen Unterbringung nach § 126 a und dem vorläufigen Berufsverbot nach § 132 a[3]. Die Effektivität der vorläufigen Entziehung der Fahrerlaubnis wird durch die **Sicherstellung des Führerscheins** nach § 94 Abs. 3 gewährleistet. Ihr kann eine Beschlagnahme oder eine freiwillige Herausgabe des Führerscheins zugrunde liegen. Während die vorläufige Entziehung der Fahrerlaubnis dem Richter vorbehalten ist (§ 111 a Abs. 1), kann die Sicherstellung des Führerscheins auch durch die Polizei im Vorgriff auf die richterliche Entscheidung nach § 111 a erfolgen (§§ 94 Abs. 3, 98; vgl. Rdn. 63).

3   Die sofortige Sicherstellung des Führerscheins und die vorläufige Entziehung der Fahrerlaubnis haben große kriminalpolitische Bedeutung; sie sind als Sofortmaßnahmen wegen ihrer Wirkung auf den Täter und auf Dritte für das Verkehrsstrafrecht unverzichtbar. **Verfassungsrechtliche Bedenken** gegen § 111 a bestehen angesichts der besonderen Gefahren, die durch die Teilnahme ungeeigneter Kraftfahrer am Straßenverkehr drohen, nicht[4]. Insbesondere können im Strafverfahren auch präventive Gesichtspunkte wie der Schutz der Allgemeinheit Anlaß für vorläufige Maßnahmen sein[5], vgl. § 112 a, 11 ff. Dem Grundsatz der **Verhältnismäßigkeit** trägt § 111 a Abs. 1 Satz 2 Rechnung[6].

4   **2. Keine förmliche Anrechnung auf die Sperrfrist nach § 69 a StGB.** Die Zeit der vorläufigen Entziehung der Fahrerlaubnis ist für die **Dauer der Sperre nach § 69 a Abs. 1 StGB** von Bedeutung. Eine förmliche Anrechnung findet aber nur statt, soweit die Zeit der vorläufigen Entziehung der Fahrerlaubnis nach Verkündung des letzten tatrichterlichen Urteils bis zur Rechtskraft verstrichen ist (§ 69 a Abs. 5 Satz 2 StGB). Im übrigen wird die Dauer der vorläufigen Entziehung der Fahrerlaubnis bei der Bemessung der Sperrfrist zu berücksichtigen sein, da auch von der vorläufigen Maßnahme bessernde Wirkung auf den Beschuldigten ausgeht. Allerdings läßt das Gesetz eine Berücksichtigung nur insoweit zu, als das sonst (ohne vorläufige Entziehung der Fahrerlaubnis) vorgesehene Mindestmaß der Sperrfrist von 6 Monaten auf 3 Monate verkürzt werden kann (§ 69 a Abs. 4 StGB). Da maßgeblicher Zeitpunkt für die Entziehung der Fahrerlaubnis nach § 69 StGB der der tatrichterlichen Entscheidung ist[7], kann die vorläufige Entziehung der Fahrerlaubnis auch die Wirkung gehabt haben, daß ein zur Tatzeit un-

---

[1] BGHSt **7** 165, 168; BGH VRS **11** 425; LK-*Rüth* 1; *Schönke/Schröder/Stree*[22] 2; *Dreher/Tröndle*[42] 1; *Lackner*[16] 1 jeweils zu § 69 StGB; a. A OLG Stuttgart NJW **1968** 1792; OLG Frankfurt NJW **1968** 1793 (nebenstrafartig); LR-*Meyer*[23] 1 (Nebenstrafe); *Cramer* NJW **1968** 1764 (Strafe).
[2] BGHSt **22** 385; OLG München NJW **1980** 1860.

[3] *Kleinknecht/Meyer*[37] 1; *Eb. Schmidt* JR **1970** 206 KK-*Laufhütte* 1; vgl. auch § 132, 2 ff.
[4] BVerfG NStZ **1982** 78 – Vorprüfungsausschuß –; a. A *Seebode* ZRP **1969** 25.
[5] Vgl. BVerfGE **35**, 185 (191).
[6] BVerfG NStZ **1982** 78.
[7] LK-*Rüth* § 69, 31.

geeigneter Kraftfahrer durch die vorläufige Entziehung der Fahrerlaubnis, insbesondere bei langer Dauer, bis zum Zeitpunkt des Urteils nicht mehr ungeeignet zum Führen von Kraftfahrzeugen ist. Dies gilt auch für die Regelfälle des § 69 Abs. 2 StGB.

3. Wirkung der Maßnahme. Wem die Fahrerlaubnis nach § 111 a StPO vorläufig **5** entzogen oder wessen Führerschein nach § 94 Abs. 3 — ob durch Beschlagnahme oder nach freiwilliger Herausgabe — sichergestellt ist, **darf keine Kraftfahrzeuge führen.** Fährt er dennoch, macht er sich nach § 21 Abs. 1 Nr. 1 oder nach § 21 Abs. 2 StVG strafbar, sein Fahrzeug kann nach § 21 Abs. 3 Nr. 1 StVG eingezogen werden und er **verliert** — seit der Neufassung von § 21 Abs. 2 StVG auch bei bloßer Sicherstellung des Führerscheins — **den Versicherungsschutz** nach § 2 Nr. 2c AKB[8]. Da die Entscheidung nach § 111 a gleichzeitig als Anordnung oder Bestätigung der Beschlagnahme des von einer deutschen Behörde erteilten Führerscheins wirkt (§ 111 a Abs. 3) **unterbricht** sie nach § 78 c Abs. 1 Nr. 4 StGB **die Verjährung**[9].

4. Mitteilungspflichten; Verkehrszentralregister. Die vorläufige Entziehung der **6** Fahrerlaubnis, nicht aber die Sicherstellung des Führerscheins, wird in das **Verkehrszentralregister** eingetragen (§ 13 Abs. 1 Nr. 2 Buchst. i StVZO). Auch die nach § 68 Abs. 1 und 2 StVZO zuständige **Verwaltungsbehörde** und die für den Wohnort des Beschuldigten zuständige **Polizeidienststelle** sind von der vorläufigen Maßnahme zu benachrichtigen (Nr. 46 MiStra.)[10].

5. Entschädigung. Die Maßnahme nach § 111 a und die Sicherstellung des Führer- **7** scheins schränken die Rechtsstellung des Beschuldigten erheblich ein. Wird die endgültige Fahrerlaubnisentziehung nicht angeordnet, so besteht deshalb nach vorläufiger Entziehung der Fahrerlaubnis (§ 2 Abs. 2 Nr. 5 StrEG) und auch nach bloßer Sicherstellung des Führerscheins (§ 2 Abs. 2 Nr. 4 StrEG; BGH NJW 1975 347) grundsätzlich **Entschädigungspflicht,** es sei denn, von der Anordnung der Maßregel nach § 69 StGB wäre im Hinblick auf die vorläufige Entziehung der Fahrerlaubnis oder der Sicherstellung des Führerscheins abgesehen worden, weil der Täter zwar zunächst ungeeignet war, aber durch die Einwirkungen der vorläufigen Entziehung der Fahrerlaubnis oder der Sicherstellung jetzt nicht mehr ungeeignet ist (§ 5 Abs. 1 Nr. 3 StrEG). Dagegen ist die Entschädigung stets ausgeschlossen, wenn die endgültige Fahrerlaubnisentziehung angeordnet wurde (§ 5 Abs. 1 Nr. 3 StrEG), auch wenn wegen langer Dauer des Revisionsverfahrens die Zeit der vorläufigen Entziehung die verhängte Sperrfrist im Ergebnis überstieg. Wurde die endgültige Entziehung nicht angeordnet und liegen Ausschließungsgründe nach § 5 StrEG oder Versagungsgründe nach § 6 StrEG vor, kommt bei vermeidbarer Verfahrungsverzögerung eine teilweise Entschädigung in Betracht. Einzelheiten bei LK-*Rüth* § 69, 65; *Himmelreich/Hentschel* Rdn. 365 ff. Eine besonders **zügige Durchführung des Strafverfahrens** ist daher erforderlich[11]. Es besteht ein ähnliches Beschleunigungsgebot wie in Haftsachen. Insbesondere ist Beweisanträgen des Beschuldigten möglichst schnell nachzugehen, damit die vorläufige Maßnahme nicht vermeidbar zu Unrecht verhängt wird oder aufrechterhalten bleibt.

---

[8] BGH VRS **62** (1982) 114.

[9] Auch wegen einer Ordnungswidrigkeit, OLG Stuttgart NJW **1976** 2223.

[10] Alle Mitteilungen erfolgen während des Ermittlungsverfahrens durch die Staatsanwaltschaft, nach Erhebung der öffentlichen Klage durch das mit der Sache befaßte Gericht. Dies ergibt sich aus § 13 b Abs. 2 StVZO und Nr. 4 Abs. 1 MiStra.

[11] LG Hannover DAR **1969** 247; *Händel* Blutalkohol **1972** 295.

Gerhard Schäfer

II. Vorläufige Entziehung der Fahrerlaubnis (Absatz 1)

1. Voraussetzungen

8   **a) Überblick.** Die Maßnahme nach § 111 a setzt dringende Gründe für die Annahme voraus, daß dem Beschuldigten die Fahrerlaubnis nach § 69 oder § 71 StGB entzogen wird. Die Erwartung, daß ein Fahrverbot nach § 44 StGB verhängt werde, genügt nicht. Auch dient die Maßnahme nicht der Sicherung der Nichterteilung einer Fahrerlaubnis in den Fällen, in denen der Täter keine Fahrerlaubnis hat und deshalb nach § 69 a Abs. 1 Satz 3 StGB eine selbständige Sperre angeordnet wird[12], denn die Verwaltungsbehörde wird während eines laufenden Strafverfahrens ohnehin keine Fahrerlaubnis erteilen. Dagegen steht der vorläufigen Maßnahme nicht entgegen, daß bereits in einem anderen Verfahren die Fahrerlaubnis vorläufig entzogen wurde.

9   **b) Voraussetzungen nach § 69 StGB.** Die Entziehung der Fahrerlaubnis nach § 69 StGB setzt voraus, daß jemand wegen einer rechtswidrigen Tat (§ 11 Abs. 1 Nr. 5 StGB — eine Ordnungswidrigkeit reicht nicht) verurteilt oder nur deshalb nicht verurteilt wird, weil seine Schuldunfähigkeit erwiesen oder nicht auszuschließen ist. Eine **Verurteilung zu Strafe ist nicht erforderlich;** deshalb steht das Absehen von Strafe nach § 60 oder z. B. nach § 315 Abs. 6 oder § 315 b Abs. 6 StGB, die Verurteilung zu Zuchtmitteln, Erziehungsmaßregeln oder die bedingte Verurteilung nach JGG der Maßregel nicht entgegen[13]. Bei Verwarnung mit Strafvorbehalt ist die Entziehung der Fahrerlaubnis ausdrücklich ausgeschlossen (§ 59 Abs. 3 StGB).

10   Die Tat muß ferner **bei oder im Zusammenhang** mit dem Führen eines Kraftfahrzeugs oder unter Verletzung der Pflichten eines Kraftfahrzeugführers begangen worden sein (§ 69 Abs. 1 Satz 1 StGB), wobei die Rechtsprechung den „Zusammenhang" recht weit faßt[14]. Bei **Inhabern ausländischer Fahrausweise** ist nach § 69 b StGB die endgültige Entziehung der Fahrerlaubnis und damit auch die vorläufige nach § 111 a dagegen nur zulässig, wenn die **Tat gegen Verkehrsvorschriften** verstößt. Vgl. Rdn. 78.

11   **Aus der Tat** muß sich die **Ungeeignetheit zum Führen von Kraftfahrzeugen** ergeben. Die mangelnde Eignung wird selten auf körperlichen oder geistigen Mängeln, häufiger auf charakterlichen Mängeln beruhen. Wie sich aus dem Regelkatalog in § 69 Abs. 2 StGB ergibt, rechtfertigen nur erhebliche Verstöße die Annahme der Ungeeignetheit. Dabei ist zu beachten, daß für die Frage der Ungeeignetheit nur das Maß des Fehlverhaltens, nicht der Erfolg entscheidend ist[15]. Das ist namentlich bei fahrlässiger Tötung zu beachten. In den Fällen des § 69 Abs. 2 StGB wird die Ungeeignetheit vermutet. Im übrigen bedarf sie eingehender Prüfung an Hand der Tat und der Persönlichkeit des Täters. Ein einmaliges schlichtes Versagen wird außerhalb der Regelfälle selten ausreichen, wohl aber[16] z. B. rücksichtsloses Verhalten auch ohne Erfüllung der Merkmale des § 315 c StGB, Häufung von Verkehrsdelikten, Fahren ohne Fahrerlaubnis oder trotz Fahrverbots, Benutzung des Kraftfahrzeugs zu erheblichen Straftaten oder körperliche Mißhandlung eines Verkehrsteilnehmers aus Anlaß eines Verkehrsvorganges[17].

12   Da § 69 StGB als Maßregel ausgestaltet ist, spielen **wirtschaftliche Interessen** bei der Entziehung der Fahrerlaubnis und damit auch bei der vorläufigen Maßnahme nach

---

[12] OLG Hamm VRS **51** (1976) 43; *Himmelreich/Hentschel* 229; **a. A** LG München I DAR **1956** 249; KMR-*Müller* 7.

[13] Wegen der Einzelheiten vgl. LK-*Rüth* 2 ff und *Dreher/Tröndle*[42] 5, je zu § 69 StGB.

[14] Einzelheiten bei LK-*Rüth* § 69, 12; *Schönke/Schröder/Stree*[22] § 69, 13; *Dreher/Tröndle*[42] § 44, 6.

[15] Ähnlich LK-*Rüth* § 69, 24.

[16] Vgl. den Katalog bei LK-*Rüth* § 69, 27 mit Nachweisen.

[17] OLG Karlsruhe Justiz **1980** 53.

§ 111 a keine Rolle, solange der Beschuldigte ungeeignet zum Führen von Kraftfahrzeugen ist[18]. Gerade in wirtschaftlich schwierigen Zeiten wird es allerdings Fälle geben, bei denen der durch die vorläufige Entziehung der Fahrerlaubnis **drohende Verlust der wirtschaftlichen Existenzgrundlage** den Beschuldigten so beeindruckt, daß er allein deshalb so geläutert ist, daß von ihm eine Gefahr für die Sicherheit des Straßenverkehrs nicht mehr droht. Dann ist er nicht mehr ungeeignet im Sinne des § 69 Abs. 1 StGB und für eine Maßnahme nach § 111 a ist insgesamt kein Raum mehr[19]. Diesen Gesichtspunkt beachtet die Praxis bei Anwendung des § 111 a und des § 69 StGB zu wenig.

c) **Dringende Gründe.** Für die Annahme, daß dem Beschuldigten in dem Strafver- **13** fahren die Erlaubnis zum Führen von Kraftfahrzeugen nach § 69 StGB entzogen wird, müssen dringende Gründe vorhanden sein; nur dann ist nach § 111 a Abs. 1 die vorläufige Entziehung der Fahrerlaubnis zulässig. Damit stellt das Gesetz, ebenso wie bei dem für die Verhaftung erforderlichen dringenden Tatverdacht (vgl. dazu die Erläuterungen zu §§ 112, 126 a) oder bei dem für die Eröffnung des Hauptverfahrens erforderlichen hinreichenden Tatverdacht auf die Verurteilungswahrscheinlichkeit[20] ab, die sich hier freilich auf die Verurteilung zu der Maßregel des § 69 StGB (auch bei Freispruch wegen Schuldunfähigkeit) beschränkt. Insoweit verlangen die dringenden Gründe in § 111 a denselben Wahrscheinlichkeitsgrad wie der dringende Tatverdacht in § 112 Abs. 1 Satz 1 für die Anordnung der Untersuchungshaft, nämlich die hohe Wahrscheinlichkeit einer späteren Entziehung der Fahrerlaubnis[21]. Das erfordert — anders als z. B. § 112 — eine Prüfung in doppelter Richtung: Einmal muß der Beschuldigte mit hoher Wahrscheinlichkeit eine Straftat im Sinne des § 69 Abs. 1 Satz 1 StGB (nicht notwendig schuldhaft) begangen haben und zum anderen muß die hohe Wahrscheinlichkeit dafür bestehen, daß der Täter wegen dieser Tat als ungeeignet zum Führen von Kraftfahrzeugen erscheinen und ihm deshalb die Fahrerlaubnis entzogen werden wird. Letzteres kann bei dringendem Verdacht einer Tat nach § 69 Abs. 2 StGB in der Regel ohne weiteres angenommen[22] und nur ganz ausnahmsweise verneint werden[23]. Diese **Verurteilungsprognose** ist vom **jeweiligen Verfahrensstand** aus zu stellen. Deshalb werden Anforderungen an die Beweisdichte zu Beginn der Ermittlungen geringer sein, als in der Hauptverhandlung[24]. Vgl. im übrigen zur Entscheidungsgrundlage Rdn. 47.

d) **Kein Ermessen.** Obwohl § 111 a eine Kannbestimmung ist, wird der Richter **14** bei Ausübung seines Ermessens die Anordnung bei Vorliegen ihrer Voraussetzungen treffen müssen. Es liefe dem Schutz- und Sicherungszweck der Vorschrift zuwider, ließe der Richter einen höchstwahrscheinlich ungeeigneten Kraftfahrer am Verkehr teilnehmen[25], zumal auch § 69 StGB dem Richter kein Ermessen einräumt (LK-*Rüth* § 69, 47; *Dreher/Tröndle*[42] § 69, 16 jeweils mit Nachweisen). Lediglich wenn der Beschuldigte den Führerschein freiwillig herausgegeben oder bei der Beschlagnahme keinen Widerspruch erhoben und auch nicht die richterliche Entscheidung beantragt hat, kann der

---

[18] OLG Hamm NJW **1971** 1618 = VRS **41** 358; OLG Stuttgart VRS **45** 274; OLG Karlsruhe VRS **63** 200; LK-*Rüth* § 69, 32; *Dreher/Tröndle*[42] § 69, 9 c.

[19] Ähnlich KK-*Laufhütte* 8.

[20] Vgl. dazu im einzelnen LR-*Rieß* § 203, 6 ff.

[21] *Kleinknecht/Meyer*[37] 2; KMR-*Müller* 8; KK-*Laufhütte* 5; *Eb. Schmidt* Nachtrag I 4.

[22] *Kleinknecht/Meyer*[37] 2; *Jagusch/Hentschel*[28] 4; KMR-*Müller* 8.

[23] *Eb. Schmidt* Nachtrag I 5.

[24] Vgl. dazu G. *Schäfer*[4] § 34 II 1.

[25] OLG Karlsruhe Justiz **1979** 441; *Kleinknecht/Meyer*[37] 3; KK-*Laufhütte* 6; *Gollner* GA **1975** 134; a. A OLG Oldenburg OLGSt § 111 a, 15; OLG Karlsruhe Justiz **1980** 482; VRS **68** (1985) 361.

Gerhard Schäfer

Richter von der vorläufigen Entziehung der Fahrerlaubnis absehen, weil diese Sicherstellung der vorläufigen Entziehung der Fahrerlaubnis weitgehend rechtlich gleichgestellt ist (vgl. Rdn. 60) und insbesondere auch zu einem nach § 21 Abs. 2 Nr. 2 StVG mit Strafe bewehrten Fahrverbot führt[26]. Krankheit, Inhaftierung oder ähnliche tatsächliche Hindernisse stehen dagegen der vorläufigen Entziehung der Fahrerlaubnis nie entgegen, weil — man denke nur an den Freigänger — hier mit Sicherheit nie davon ausgegangen werden kann, daß solche Hindernisse über Monate hinweg bleibend vorliegen werden.

15   e) Die Maßnahme **kann in jeder Lage des Verfahrens bis zur Rechtskraft des Urteils**[27] ergehen, sobald sich ergibt, daß ihre Voraussetzungen vorliegen. Dies hat das jeweils zuständige Gericht von Amts wegen zu prüfen[28].

16   Folgt man der oben Rdn. 14 vertretenen Auffassung, wonach der Richter bei Vorliegen der Voraussetzungen des § 111 a die Fahrerlaubnis vorläufig entziehen muß und ihm insoweit kein Ermessen zusteht, dann muß die Maßnahme **stets** ergehen, **wenn in einem Urteil die Maßregel nach § 69 StGB verhängt** wird. Unterblieb in einem solchen Fall die Maßnahme bewußt oder versehentlich, muß sie jedes mit der Sache befaßte Gericht (während des Revisionsverfahrens der letzte Tatrichter, nicht aber das Revisionsgericht, vgl. Rdn. 44) sofort nachholen[29], auch wenn nur der Angeklagte Rechtsmittel eingelegt hat.

17   Hat das Gericht die Fahrerlaubnis **im Urteil nicht endgültig entzogen** und hat **nur der Angeklagte** oder zu seinen Gunsten die Staatsanwaltschaft **Rechtsmittel** eingelegt, so steht schon das Verschlechterungsverbot der §§ 331, 358 der Verhängung der endgültigen Maßregel nach § 69 StGB und damit auch der vorläufigen Entziehung der Fahrerlaubnis entgegen.

18   Hat in einem solchen Fall die **Staatsanwaltschaft** gegen das Urteil **zuungunsten des Angeklagten Rechtsmittel** eingelegt, so gilt zunächst § 111 a Abs. 2. Danach ist die vorläufige Entziehung aufzuheben, wenn das Gericht im Urteil die Fahrerlaubnis nicht nach § 69 StGB entzieht. Diese Vorschrift steht aber einer (erneuten oder erstmaligen) vorläufigen Entziehung nicht entgegen, wenn das Berufungsgericht im **Berufungsurteil** die Maßregel nach § 69 StGB verhängt[30], denn Sinn der Berufung ist die Neuaufrollung des Prozeßstoffs (*Eb. Schmidt* Nachtrag I 14).

19   **Bis zum Berufungsurteil** darf das Beschwerdegericht oder (ab Vorlage der Akten nach § 321) das Berufungsgericht denselben Sachverhalt bei der Frage der vorläufigen Entziehung der Fahrerlaubnis **nicht anders würdigen** als der frühere Richter im Urteil und etwa die Ungeeignetheit nach Aktenlage im Gegensatz zum angefochtenen Urteil bejahen mit der Folge, daß die Fahrerlaubnis sofort vorläufig zu entziehen wäre. Insoweit räumt das Gesetz der im Urteilsverfahren gewonnenen Erkenntnis die Vermutung

---

[26] Ebenso *Kleinknecht/Meyer*[37] 3; LK-*Rüth* § 69, 57; *Himmelreich/Hentschel* 226; **a. A** KK-*Laufhütte* 6 mit der Begründung, die Strafandrohung für diesen Fall sei geringer als nach § 21 Abs. 1 Nr. 1 StVG.

[27] OLG Frankfurt NJW **1981** 1680; *Kleinknecht/Meyer*[37] 3; KMR-*Müller* 14.

[28] h. M.; vgl. OLG Frankfurt NJW **1981** 1680; KMR-*Müller* 14.

[29] OLG Frankfurt NJW **1981** 1680; OLG Koblenz VRS **65** (1983) 448; OLG Hamburg

VerkMitt **1973** 14; **a. A** KK-*Laufhütte* 14; *Kleinknecht/Meyer*[37] 3; nur bei veränderter Sachlage, da bei § 111 a der Tatrichter ein Ermessen habe: OLG Oldenburg OLGSt § 111a S. 5; OLG Karlsruhe Justiz **1980** 482 = VerkMitt **1981** 7.

[30] OLG Zweibrücken NJW **1981** 775; OLG Karlsruhe VRS **68** (1985) 360: auch nach erstinstanzlichem Freispruch; OLG Koblenz VRS **67** (1984) 254; KK-*Laufhütte* 14.

der größeren Richtigkeit ein. Anderes gilt nach h. M nur, wenn **neue Tatsachen oder Beweismittel** (nova) bekanntgeworden sind, aus denen sich nunmehr die Ungeeignetheit ergibt und von denen mit hoher Wahrscheinlichkeit anzunehmen ist, daß sie zur Verhängung der endgültigen Maßregel führen werden[31]. Dieser Auffassung ist entgegen LR-*Hanack* (§ 132 a, 19) zuzustimmen, denn die Vermutung der besseren Erkenntnis im Urteilsverfahren kann nur bei unveränderter Sachlage gelten. Dies ist übrigens auch die einhellige Auffassung zu der sachlich gleichgelagerten Regelung in § 120 Abs. 1 zur Aufhebung des Haftbefehls bei Freispruch[32].

Die nova bleiben außer Betracht, wenn gegen das Urteil **nur noch die Revision zulässig** ist, denn diese spielen im Revisionsverfahren für die entscheidende Frage, ob das Urteil Bestand haben wird, keine Rolle. Vgl. auch Rdn. 88. **20**

Wurde das **Urteil,** in dem die Fahrerlaubnisentziehung abgelehnt wurde, durch das Revisionsgericht **aufgehoben,** darf der neue Tatrichter die Fahrerlaubnis vorläufig entziehen, auch wenn keine neuen Tatsachen oder Beweismittel vorliegen, denn der neue Tatrichter kann sich in diesem Fall nicht in Widerspruch zu einem Urteil setzen[33]. **21**

f) Keine Verwirkung. Die Frage, ob die vorläufige Entziehung der Fahrerlaubnis lange Zeit nach der Tat noch möglich ist, wenn der Beschuldigte seither unbeanstandet gefahren ist, ist die nach der Ungeeignetheit im maßgeblichen Zeitpunkt der Entscheidung und damit eine Frage des materiellen Rechts. Das durch den Druck eines Strafverfahrens beeinflußte unbeanstandete Führen eines Kraftfahrzeugs wird den aus der Tat sich ergebenden Eignungsmangel nur selten beseitigen[34]. Hat der Täter allerdings nach der Tat viele Monate unbeanstandet am Verkehr teilgenommen, wird die Ungeeignetheit kaum mehr zu bejahen sein. Dann ist auch kein Raum mehr für § 111 a. Einen **Vertrauensschutz** dahin, daß nach einem erheblichen Zeitablauf nach der Tat eine vorläufige Entziehung **nicht** mehr erfolge, gibt es aber nicht[35]. **22**

g) Einer besonderen Prüfung der **Verhältnismäßigkeit** bedarf es nicht. Angesichts der Gefahren, die von ungeeigneten Kraftfahrern für die Allgemeinheit ausgehen, trägt die gesetzliche Regelung in § 111 a Abs. 1 Satz 2 dem Verhältnismäßigkeitsgrundsatz ausreichend Rechnung (BVerfG NStZ **1982** 78 — Vorprüfungsausschuß —; § 69 Abs. 1 Satz 2 StGB). Vgl. auch Vor § 94, 12. **23**

2. Ausnahmen für bestimmte Arten von Kraftfahrzeugen (Absatz 1 Satz 2)
a) Allgemeines. Diese Vorschrift korrespondiert mit § 69 a Abs. 2 StGB. Während **24** aber dort die Fahrerlaubnis insgesamt entzogen werden muß und lediglich für „bestimmte Arten von Kraftfahrzeugen" von einer Sperrfrist abgesehen werden kann, können hier bestimmte Arten von Kraftfahrzeugen vorläufig von der Entziehung der

---

[31] OLG Zweibrücken NJW **1981** 775; OLG Frankfurt NJW **1981** 1680; OLG Koblenz VRS **1955** 45; OLG Düsseldorf DAR **1971** 249; OLG Köln NJW **1964** 1287; OLG Karlsruhe NJW **1966** 2112; *Kleinknecht/Meyer*[37] 13; KMR-*Müller* 17; KK-*Laufhütte* 14; *Himmelreich/Hentschel* 242; **a. A** *Eb. Schmidt* Nachtrag I 14.

[32] OLG Düsseldorf MDR **1974** 686; OLG Karlsruhe NStZ **1981** 192; vgl. auch § 120, 31.

[33] Ebenso zu dem insoweit gleichgelagerten § 120 OLG Hamm NStZ **1981** 34; OLG Karlsruhe NJW **1970** 439).

[34] OLG Köln VRS **31** 264; OLG Karlsruhe Justiz **1979** 441; Einzelheiten bei LK-*Rüth* § 69, 31.

[35] wie hier: *Himmelreich/Hentschel* 221; *Janiszewski* NStZ **1982** mit Nachw.; **a. A** LG Trier VRS **63** 210.

Gerhard Schäfer

Fahrerlaubnis ausgenommen werden[36]. Die Vorschrift ist Ausdruck des Grundsatzes der Verhältnismäßigkeit (BVerfG NStZ **1982** 78).

25   Die Beschränkung kann **von Amts wegen** angeordnet werden. Jedoch wird das Gericht dazu selten Anlaß haben, weil ihm die hierfür sprechenden besonderen Umstände regelmäßig nicht bekannt sind. Der Beschuldigte kann den Antrag nach § 111 a Abs. 1 Satz 2 jederzeit stellen (LG Köln NJW **1982** 396). Er kann ihn namentlich mit dem Antrag auf gerichtliche Entscheidung über die Beschlagnahme des Führerscheins nach § 98 Abs. 2 Satz 2 verbinden oder auch später eine Abänderung der gerichtlichen Entscheidung beantragen. Ergibt sich aus einer „Beschwerde", daß der Beschuldigte lediglich eine Ausnahme nach § 111 a Abs. 1 Satz 2 anstrebt, liegt in Wirklichkeit ein Antrag auf Abänderung der gerichtlichen Entscheidung vor.

26   **b) Zulässige Ausnahmen.** Bei den bestimmten Arten von Kraftfahrzeugen, die nach § 111 a Abs. 1 Satz 2 von der vorläufigen Entziehung der Fahrerlaubnis ausgenommen werden können, handelt es sich um solche, auf die nach § 5 Abs. 1 Satz 2 StVZO die Fahrerlaubnis beschränkt werden kann. Dies ist auch bei einzelnen Fahrzeugarten derselben Führerscheinklasse der Fall[37]. Es können also von der vorläufigen Entziehung der Fahrerlaubnis entweder alle Fahrzeuge einer bestimmten Klasse ausgenommen oder aber es kann innerhalb einer Führerscheinklasse zwischen bestimmten Arten (Pkw und Lkw bei Klasse 3) unterschieden werden[38]. Auch Omnibusse sind eine bestimmte Art von Kraftfahrzeugen[39]. Die Beschränkung ist dagegen nicht zulässig im Hinblick auf bestimmte Antriebsarten oder Konstruktionen (z. B. Sportwagen)[40], auf Kraftfahrzeuge eines bestimmten Halters oder Eigentümers, auf bestimmte Verwendungszwecke, wie berufliche oder private Verwendung oder auf z. B. Feuerwehr-, Sanitätsfahrzeuge u. a.[41], auf bestimmte individuelle Kraftfahrzeuge (der Porsche des Vaters) oder auf bestimmte Zeiten, wie Wochenende oder Dienststunden und Orte der Benutzung. Unzulässig ist auch die Beschränkung der vorläufigen Entziehung der Fahrerlaubnis auf die Erlaubnis der Fahrgastbeförderung, da es nach § 15 d StVZO allein der Verwaltungsbehörde vorbehalten ist, diese ohne die allgemeine Fahrerlaubnis zu entziehen[42].

27   Die Beschränkung auf bestimmte Arten von Kraftfahrzeugen ist nur zulässig, wenn **besondere Umstände** die Annahme rechtfertigen, daß der Zweck der Maßnahme, nämlich der Schutz der Allgemeinheit vor ungeeigneten Kraftfahrern, dadurch nicht gefährdet wird. Sie kann in Betracht kommen, wenn ein körperlich bedingter Eignungsmangel des Beschuldigten nur beim Führen bestimmter Kraftfahrzeuge besteht. Bei charakterlichen Mängeln, insbesondere wenn sie durch Trunkenheitsfahrten oder schwere Fälle von Unfallflucht offenbar geworden sind, wird der Täter regelmäßig zum Führen

---

[36] Ob bestimmte Arten von Kraftfahrzeugen von der vorläufigen Entziehung der Fahrerlaubnis ausgenommen werden können, war früher streitig (bejahend: LG Konstanz DAR **1960** 297; LG Mainz NJW **1965** 1777; *Müller/Sax*[6] 3; *Angerbauer* NJW **1966** 2003; verneinend: OLG Celle NJW **1961** 133; OLG Oldenburg NJW **1965** 1287; LG Mannheim NJW **1966** 2027 = VRS **31** 191; *von Bubnoff* JZ **1968** 321; *Rieger* DAR **1967** 43; *Rüth* NJW **1965** 1118). Die Einfügung des Satzes 2 in § 111 a Abs. 1 im Jahre 1968 hat die Streitfrage erledigt.

[37] OLG Braunschweig NdsRpfl. **1966** 129; OLG Saarbrücken NJW **1970** 1052; *Jagusch/Hentschel*[28] § 69 a, 6; LK-*Rüth* § 69 a, 21; *Dreher/Tröndle*[42] § 69 a, 3.

[38] OLG Karlsruhe VRS **1963** 200.

[39] OLG Hamm VRS **1962** 124.

[40] OLG Stuttgart DAR **1975** 305; OLG Saarbrücken NJW **1973** 815; *Himmelreich/Hentschel* 163.

[41] Vgl. AG Coesfeld Blutalkohol **1981** 181.

[42] BGH bei *Holtz* MDR **1982** 623.

aller Arten von Kraftfahrzeugen ungeeignet sein. Ausnahmen sind denkbar. Jedoch ist eine besonders vorsichtige und strenge Prüfung am Platz. Eine Ausnahme kommt vor allem für Kraftfahrzeugarten in Betracht, von denen für die Verkehrssicherheit eine **geringere Gefahr** ausgeht[43]. Die in der Literatur genannten Beispiele (Landwirt neigt nur abends nach der Tagesarbeit zum Alkohol; bei einem Berufskraftfahrer tritt dessen Unzuverlässigkeit nur außerhalb des Dienstes auf) überzeugen nicht. Soweit die Rechtsprechung bei privaten Verfehlungen eines Berufskraftfahrers Lkws und Omnibusse von der vorläufigen Entziehung der Fahrerlaubnis ausgenommen hat[44] wird jedenfalls in den Fällen charakterlicher Ungeeignetheit nach Trunkenheitsfahrten in Wirklichkeit unzulässig zwischen beruflicher und privater Sphäre differenziert[45]. Im Grunde genommen handelt es sich dabei um Fälle, in denen auch von der nichtberuflichen Verkehrsteilnahme keine Gefahr mehr für die Allgemeinheit besteht, weil der Täter bereits durch das Ermittlungsverfahren und das ihm vor Auge geführte berufliche Risiko genügend beeindruckt ist, aus generalpräventiven Gründen — unvereinbar mit dem Zweck der Maßnahme — von § 111 a aber nicht abgesehen werden soll.

c) **Folgen.** Die Beschränkung muß in der Anordnung nach § 111 a selbst ausge- **28** sprochen werden, und zwar nach dem Wortlaut des Gesetzes in der Weise, daß bestimmte, näher bezeichnete Arten von Kraftfahrzeugen von der vorläufigen Entziehung ausgenommen werden. Die Fahrerlaubnis steht dann in diesem Umfang dem Betroffenen weiterhin zur Verfügung. Jedoch ändert das nichts daran, daß die vorläufige Entziehung der Fahrerlaubnis gleichzeitig als Beschlagnahme des Führerscheins wirkt (§ 111 a Abs. 3). Der Führerschein des Betroffenen wird daher in amtliche Verwahrung genommen; die Beschränkung nach § 111 a Abs. 1 Satz 2 hat nur zur Folge, daß die Verwaltungsbehörde verpflichtet ist, ohne eigenes Ermessen alsbald einen Ersatzführerschein für die bestehen gebliebene Fahrerlaubnis auszustellen[46]. Nach Wegfall der vorläufigen Fahrerlaubnisentziehung ist der Ersatzführerschein wieder einzuziehen[47]. Ist in dem rechtskräftigen Urteil eine Ausnahme von der Sperre nach § 69 a Abs. 2 StGB bestimmt worden, die der Beschränkung nach § 111 a Abs. 1 Satz 2 entspricht, so wird dem Angeklagten der Ersatzführerschein aber belassen werden können.

III. Aufhebung der vorläufigen Entziehung der Fahrerlaubnis

1. **Voraussetzungen.** Nach § 111 Abs. 2 ist die vorläufige Entziehung der Fahrer- **29** laubnis aufzuheben, wenn ihr **Grund weggefallen** ist (dazu Rdn. 30) oder wenn das Gericht im **Urteil die Fahrerlaubnis nicht entzieht** (dazu Rdn. 39). Im übrigen erlischt die vorläufige Maßnahme ohne weiteres mit der Rechtskraft der verfahrensbeendenden Entscheidung, mag diese eine Entziehung der Fahrerlaubnis anordnen oder nicht. Erfolgt im zweiten Fall eine aufhebende Entscheidung, so dient diese lediglich der Klarstellung.

2. **Wegfall des Grundes**
a) **Allgemeine Gründe.** Nach § 111 a Abs. 2 ist die vorläufige Entziehung der **30** Fahrerlaubnis aufzuheben, wenn der Grund für diese Maßnahme weggefallen ist.

---

[43] OLG Hamm NJW **1971** 1618; *Orlich* NJW **1977** 1179; *Jagusch/Hentschel*[28] § 69 a, 6.

[44] Vgl. die Nachweise bei *Himmelreich/Hentschel* 174.

[45] Ähnlich *Himmelreich/Hentschel* 174.

[46] *Kleinknecht/Meyer*[37] 4; *Eb. Schmidt* Nachtrag I 3; *Himmelreich/Hentschel* 228; *von Bubnoff* JZ **1968** 321; *Dahs* NJW **1966** 239.

[47] *Jagusch/Hentschel*[28] 8.

Gerhard Schäfer

Staatsanwaltschaft und Gericht prüfen daher, ohne daß dafür allerdings bestimmte Fristen vorgeschrieben sind, von Amts wegen bis zur Rechtskraft des Urteils, ob die vorläufige Entziehung der Fahrerlaubnis noch notwendig ist[48]. Der Grund für die vorläufige Entziehung kann weggefallen sein, wenn nach dem Ergebnis der weiteren Ermittlungen der Tatverdacht nicht mehr dringend oder ganz entfallen ist oder wenn für die Annahme, daß der Beschuldigte von dem erkennenden Gericht als ungeeignet zum Führen von Kraftfahrzeugen angesehen wird, keine hohe Wahrscheinlichkeit (mehr) besteht.

31   Insbesondere kann auch eine **andere Beurteilung** der Frage **der Ungeeignetheit** durch das Rechtsmittelgericht zu einer **Aufhebung** der vorläufigen Entziehung führen. Anders als beim umgekehrten Fall (vgl. Rdn. 19) ist das **Beschwerde- oder Berufungsgericht** hier nicht an das Vorliegen neuer Tatsachen oder Beweismittel gebunden, was aus Absatz 2 1. Alternative folgt. Das Beschwerde- oder Berufungsgericht darf also schon vor einem Berufungsurteil die vorläufige Entziehung der Fahrerlaubnis aufheben, wenn nach Aktenlage keine dringenden Gründe dafür sprechen, daß auch das Beschwerde- oder Berufungsgericht im Urteil den Beschuldigten für ungeeignet im Sinne des § 69 StGB halten wird[49].

32   Während des **Revisionsverfahrens** darf allerdings die Frage der Geeignetheit nicht abweichend vom angefochtenen Urteil beurteilt werden, da andernfalls die Struktur des Revisionsverfahrens unterlaufen würde. Ob dringende Gründe i. S. des § 111 a vorliegen, hängt jetzt nämlich davon ab, ob das Revisionsgericht die Verhängung der Maßregel nach § 69 StGB bestätigt oder nicht. Diese Entscheidung ist aber nach revisionsrechtlichen Gesichtspunkten zu treffen und ist deshalb auch dem Beschwerdegericht, selbst wenn es gleichzeitig Revisionsgericht ist, entzogen[50].

33   „nicht mehr ungeeignet". Zwar muß sich nach § 69 Abs. 1 Satz 1 StGB die Ungeeignetheit aus der Tat ergeben. Maßgeblicher Zeitpunkt für die Beurteilung ist aber — wie stets bei Maßregeln der Besserung und Sicherung — der des Urteils[51]. Die Ungeeignetheit kann nach der Tat bis zum Urteil namentlich dadurch entfallen, daß die **Dauer und die Folgen der vorläufigen Entziehung** der Fahrerlaubnis den Beschuldigten so beeindruckt haben, daß mit einer Entziehung der Fahrerlaubnis in der Hauptverhandlung nicht mehr mit hoher Wahrscheinlichkeit zu rechnen ist[52]. Dies gilt auch für die Regelfälle nach § 69 Abs. 2 und kann unter besonderen Umständen schon vor Ablauf der in § 69 a StGB genannten Mindestsperrfristen der Fall sein[53]. Die Abwägung hat im Einzelfall zu erfolgen; dabei sind für die Beurteilung des Eindrucks, den die vorläufige Entziehung der Fahrerlaubnis auf den Beschuldigten gemacht hat, insbesondere die wirtschaftlichen Auswirkungen weiterer vorläufiger Entziehung auf das zukünftige Verhalten des Beschuldigten nicht ohne Bedeutung[54].

---

[48] OLG Hamm MDR **1973** 73; KMR-*Müller* 16; *Kleinknecht/Meyer*[37] 10; *Eb. Schmidt* Nachtr. I 21. Während des Ermittlungsverfahrens ist diese Prüfung praktisch allerdings nur dem Staatsanwalt möglich.

[49] OLG Hamburg DAR **1963** 243; vgl. auch OLG Koblenz VRS **69** (1985) 130.

[50] KG VRS **38** (1970) 127; OLG Oldenburg OLGSt § 111 a S. 15; *Kleinknecht/Meyer*[37] 20; *Full/Möhl/Rüth* 17.

[51] LK-*Rüth* § 69, 31.

[52] OLG Hamm MDR **1975** 167; OLG Koblenz VRS **1964** 30; OLG Saarbrücken NJW **1974** 206; OLG Köln DAR **1971** 190; *Schönke/Schröder/Stree*[22] § 69; *Dreher/Tröndle*[42] § 69, 10, 17; LK-*Rüth* § 69, 31; *Lackner*[16] § 69 2 d, cc; *Kleinknecht/Meyer*[37] 10; *Himmelreich/Hentschel* 48, 235; *Hentschel* DAR **1976** 9.

[53] BayObLG NJW **1971** 20; LK-*Rüth* § 69, 31; *Dreher/Tröndle*[42] § 69 StGB, 17; *Himmelreich/Hentschel* 48.

[54] LK-*Rüth* § 69, 31.

Die Teilnahme an einer Nachschulung nach dem **Modell „Mainz 77"** wird allein **34** selten dazu führen können, daß ein Beschuldigter dadurch wieder geeignet zum Führen von Kraftfahrzeugen wird (*Dreher/Tröndle*[42] §69, 10 mit eingehenden Nachweisen).

b) Zeitablauf während des Berufungsverfahrens. Diese Gründe gelten auch für **35** das Berufungsverfahren. Allerdings reicht allein der Umstand, daß die Dauer der vorläufigen Entziehung die im angefochtenen Urteil festgesetzte Sperrfrist erreicht, nicht aus, um die vorläufige Entziehung der Fahrerlaubnis aufzuheben[55], denn das Gesetz geht selbst davon aus, daß die Wirkung der vorläufigen Entziehung der der endgültigen nicht gleichkommt. Sonst hätte es der Regelung in § 69 a Abs. 4 Satz 2 StGB nicht bedurft, wonach das Mindestmaß der Sperre nach vorläufiger Entziehung 3 Monate nicht unterschreiten darf. Auch verstößt das Berufungsgericht nicht gegen das Verschlechterungsverbot, wenn es trotz der zwischenzeitlichen vorläufigen Entziehung die gleiche Führerscheinsperre festsetzt wie das angefochtene Urteil mit der Folge, daß tatsächlich durch das Berufungsurteil eine Sperrfristverlängerung erfolgt[56].

c) Zeitablauf während des Revisionsverfahrens. Ein besonderer Fall liegt vor, **36** wenn allein zugunsten des Angeklagten, dem in dem angefochtenen Urteil die Fahrerlaubnis entzogen wurde, Revision eingelegt worden ist und die in dem tatrichterlichen Urteil bestimmte Sperrfrist noch vor der Revisionsverhandlung abgelaufen wäre, wäre dieses rechtskräftig geworden. Da die Zeit nach dem letzten tatrichterlichen Urteil nach § 69 a Abs. 5 Satz 2 StGB auf die Sperre angerechnet wird, steht der Angeklagte in solchen Fällen bei Verwerfung der Revision schlechter, als wenn er das Urteil nicht angefochten hätte. Denn er wird nur durch die noch ausstehende Entscheidung über die Revision gehindert, bei der Verwaltungsbehörde eine neue Fahrerlaubnis zu beantragen. Eine verbreitete Ansicht will deshalb in solchen Fällen § 111 a Abs. 2 entsprechend anwenden und auf Antrag oder von Amts wegen[57] die vorläufige Entziehung aufheben und dem Angeklagten den Führerschein mit „Ablauf" der Sperre zurückgeben, da über eine vorläufige Maßnahme kein größeres Eingriffsquantum gerechtfertigt sein könnte, als dies die endgültige Rechtsfolge zulasse[58].

Diese **Auffassung vernachlässigt** „Sinn und **Struktur der gesetzlichen Regelung"** **37** (*Dreher/Tröndle*[42] § 69 a, 13). Die Entscheidung des Strafrichters über die nach § 69 a StGB zu verhängende Sperrfrist für die Wiedererteilung der Fahrerlaubnis besagt näm-

---

[55] OLG München MDR **1979** 1042; DAR **1975** 132; OLG Hamburg NJW **1966** 2373; OLG Koblenz VRS **64** (1983) 30; *Kaiser* JR **1980** 101; *Kleinknecht/Meyer*[37] 11; KMR-*Müller* 18; *Dreher/Tröndle*[42] § 69 a, 9; *Hentschel* MDR **1978** 185; DAR **1980** 168.

[56] BayObLG bei *Rüth* DAR **1974** 169, 177; OLG Saarbrücken MDR **1972** 533; OLG Hamm NJW **1973** 1891; MDR **1978** 332; OLG Karlsruhe VRS **51** (1976) 204; OLG Koblenz VRS **53** (1977) 339; *Schönke/Schröder/Stree*[22] § 69 a, 13; *Lackner*[16] § 69 2 d cc; *Dreher/Tröndle*[42] § 69 a, 9; a. A *Gollner* GA **1975** 129; *Eickhoff* NJW **1975,** 1007; *Mollenkott* NJW **1977** 425.

[57] OLG Karlsruhe NJW **1975** 456 = JR **1975** 337 mit Anm. *Rüth.*

[58] OLG Köln ZfS **1981** 188; VRS **57** 126; OLG Koblenz MDR **1978** 337; OLG Zweibrücken NJW **1977** 448; OLG Bremen VRS **46** 45; OLG Celle NdsRpfl. **1967** 182; OLG Frankfurt DAR **1973** 246 = NJW **1973** 1335; OLG Karlsruhe NJW **1968** 460 = VRS **34** 347; NJW **1975** 456 = VRS **48** 185; OLG Saarbrücken MDR **1972** 533 = VRS **42** 359; SK-*Schreiber* § 69 a StGB, 5; *Cramer* § 69 a StGB, 15; *Himmelreich/Hentschel* 241; *Jagusch/Hentschel*[28] § 111 a, 9; *Dencker* NStZ **1982** 461; *Janiszewski* NStZ **1981** 471; **1982** 507; *Hentschel* MDR **1978** 185; DAR **1980** 172; NJW **1981** 1081; NJW **1982** 1080.

Gerhard Schäfer

lich nur, daß auf Grund der im Strafverfahren ersichtlichen Gründe der Beschuldigte jedenfalls bis zum Ablauf der Sperrfrist ungeeignet zum Führen von Kraftfahrzeugen ist. Eine Entscheidung darüber, daß der Beschuldigte nach Ablauf der Frist wieder geeignet sei, trifft der Richter mit der Verhängung der Sperrfrist nicht[59]. Die **Verwaltungsbehörde** ist auch keineswegs verpflichtet, dem Angeklagten eine neue Fahrerlaubnis zu erteilen, wenn die Sperre abgelaufen ist. Sie hat vielmehr eigenverantwortlich darüber zu befinden, ob der Angeklagte wieder zum Führen von Kraftfahrzeugen geeignet und nach § 2 StVG zuzulassen ist[60]. Sie kann oder muß eine neue Fahrerlaubnisprüfung verlangen (§ 15 c Abs. 1 und 2 StVZO), hat unter Umständen die Neuerteilung der Fahrerlaubnis von der Beibringung des Gutachtens einer amtlich anerkannten medizinisch-psychologischen Untersuchungsstelle abhängig zu machen (§ 15 c Abs. 3 StVZO) und kann sie ablehnen, wenn der Bewerber sich nicht untersuchen läßt. Die Verwaltungsbehörde kann auch aus anderen Gründen die Neuerteilung einer Fahrerlaubnis verweigern. Ob der Verurteilte jemals wieder in den Besitz einer Fahrerlaubnis kommt, ist daher ungewiß. Das schließt es aus, daß der Strafrichter ihn von der Revisionsentscheidung vorübergehend wieder zum Straßenverkehr zuläßt. Erst wenn die Revision mindestens im Maßregelausspruch erfolgreich gewesen ist, kann unter den Voraussetzungen des § 111 a Abs. 2 die Aufhebung der vorläufigen Maßnahmen in Betracht kommen. Es ist dann Sache des neuen Tatrichters, darüber zu befinden, ob dringende Gründe für die Annahme vorhanden sind, daß in der neuen Hauptverhandlung die Sicherungsmaßregel des § 69 StGB abermals angeordnet wird. Dies ist jetzt die überwiegende Meinung in der Rechtsprechung und — im Anschluß an LR-*Meyer*[23] 34 — auch in der Literatur[61], wobei OLG München und OLG Hamburg (Fußn. 61) es offen lassen, ob der Grundsatz der Verhältnismäßigkeit bei sehr langer Dauer des Revisionsverfahrens nicht doch eine andere Betrachtung gebietet.

38   Die **verfassungsrechtlichen Bedenken** von *Dencker*[62] und *Janiszewski*[63] gegen diese Auffassung gehen fehl, soweit verlangt wird, einen möglicherweise immer noch ungeeigneten Beschuldigten durch den Richter vorübergehend, nämlich bis zur Rechtskraft, wieder zum Verkehr zuzulassen, ohne daß dessen Geeignetheit zu überprüfen wäre. Eine andere Frage ist es, ob die Verwaltungsbehörden in diesen Fällen Anträge auf Wiedererteilung der Fahrerlaubnis nicht schon vor Rechtskraft zu bearbeiten haben, damit über die Wiedererteilung der Fahrerlaubnis alsbald nach Rechtskraft entschieden werden kann und so der Grundsatz der Verhältnismäßigkeit gewahrt bleibt[64].

---

[59] BVerfGE **20** 365 = NJW **1967** 26 mit Anm. *Rupp* NJW **1968** 147.

[60] BVerfGE **20** 365 = NJW **1967** 29 mit Anm. *Rupp* NJW **1968** 147; BVerwGE **17** 347 = NJW **1964** 608; BVerwGE **18** 239 = NJW **1964** 1686 = VRS **27** 76; OVG Bremen VerkMitt. **1963** 28 = DÖV **1963** 620; VGH Kassel NJW **1965** 125; LK-*Rüth* § 69 a, 39; *Dreher/Tröndle*[42] § 69 a, 13.

[61] OLG Stuttgart VM **1983** 23; OLG Düsseldorf DAR **1983** 62; OLG Hamburg NJW **1981** 2590 = JR **1981** 337 mit zustimmender Anmerkung *Rüth;* OLG München NJW **1980** 1860; OLG Karlsruhe MDR **1977** 948; KG

VRS **53** (1977) 278; OLG Frankfurt VRS **58** (1981) 419; OLG Schleswig DAR **1977** 193; LK-*Rüth* § 69 a, 30; *Dreher/Tröndle*[42] § 69 a, 13; *Schönke/Schröder/Stree*[22] § 69 a, 17 a; KK-*Laufhütte* 17; *Kleinknecht/Meyer*[37] 12; KMR-*Müller* 18; *Kaiser* JR **1980** 99; *Rüth* JR **1981** 337.

[62] NStZ **1982** 461.

[63] NStZ **1983** 111.

[64] Zum Grundsatz der Verhältnismäßigkeit vgl. noch OLG Hamburg JR **1981** 337 und dort *Rüth;* OLG München NJW **1980** 1860 namentlich bei überlanger Dauer des Revisionsverfahrens; *Kaiser* JR **1980** 101.

3. Nichtentziehung im Urteil. § 111 a Abs. 2 bestimmt ausdrücklich, daß die vor- **39** läufige Entziehung der Fahrerlaubnis aufzuheben ist, wenn das Gericht die Fahrerlaubnis in dem Urteil nicht endgültig entzieht. Daß diese Folge eintritt, wenn ein solches Urteil oder ein das Verfahren einstellender Beschluß rechtskräftig wird, ist selbstverständlich und hätte keiner gesetzlichen Regelung bedurft. In § 111 a Abs. 2 kann daher nur der Fall gemeint sein, daß das Urteil, das den Angeklagten freispricht, das Verfahren einstellt oder den Angeklagten zwar verurteilt, eine Maßregel nach § 69 StGB aber nicht anordnet, noch nicht rechtskräftig ist. In diesem Fall ist die vorläufige Entziehung der Fahrerlaubnis unverzüglich ausdrücklich aufzuheben. Das ist heute nicht mehr streitig[65]. Die Einlegung eines Rechtsmittels zuungunsten des Angeklagten darf die Aufhebung der Anordnung nicht verzögern. Die Rechtslage ist nicht anders als bei Haftbefehlen (§ 120 Abs. 2) und Unterbringungsbefehlen (§ 126 a Abs. 3 Satz 2). **Verfahrensbeendende Beschlüsse** einschließlich der vorläufigen Einstellungen nach §§ 153, 154 führen ebenfalls zur Aufhebung, da jedenfalls dann „dringende Gründe" für eine spätere Entziehung der Fahrerlaubnis nicht mehr vorliegen[66]. Vgl. auch § 98, 59.

IV. Verfahren bei Anordnung und Aufhebung der Maßnahme

1. Zuständigkeit. Die Anordnung nach § 111 a greift in die Rechtsstellung des Be- **40** schuldigten erheblich ein. Daher schreibt § 111 a Abs. 1 Satz 1 vor, daß nur der Richter sie treffen darf. Die Staatsanwaltschaft und ihre Hilfsbeamten dürfen lediglich den Führerschein sicherstellen (vgl. Rdn. 63).

a) Im **Vorverfahren** ist der **Ermittlungsrichter** (§§ 21 e Abs. 1 GVG, 162, 169 **41** StPO) zuständig, denn die vorläufige Entziehung der Fahrerlaubnis und die Beschlagnahme des Führerscheins sind Untersuchungshandlungen im Sinne des § 162[67] (a. A LR-*Hanack* § 132 a, 9 für den gleichgelagerten Fall des vorläufigen Berufsverbots), obwohl der präventive Sicherungszweck der Maßnahme im Vordergrund steht. Für die **örtliche Zuständigkeit** des Ermittlungsrichters gilt: Ist der **Führerschein noch nicht beschlagnahmt,** ist nach § 162 Abs. 1 Satz 1 das Amtsgericht zuständig, in dessen Bezirk der Führerschein nach § 111 a Abs. 3 beschlagnahmt werden soll[68]. Entscheidend ist also der Ort, an dem der Führerscheininhaber sich aufhält. Eine Zuständigkeit nach den allgemeinen Vorschriften (z. B. Tatort) gibt es daneben nicht[69]. Ist der **Führerschein** dagegen **bereits** (von Polizei oder Staatsanwaltschaft) **beschlagnahmt,** gilt die vorläufige Entziehung der Fahrerlaubnis als Bestätigung dieser Beschlagnahme (§ 111 a Abs. 3). Dafür ist nach § 98 Abs. 2 Satz 3 das Gericht zuständig, in dessen Bezirk die Beschlagnahme stattgefunden hat.

b) Nach Anklageerhebung und den ihr gleichstehenden Anträgen der Staatsan- **42** waltschaft trifft die Entscheidung nach § 111 a das Gericht, bei dem die Sache anhängig ist unabhängig davon, ob der Führerschein bereits beschlagnahmt ist oder nicht[70].

---

[65] *Kleinknecht/Meyer*[37] 13; KMR-*Müller* 17; *Himmelreich/Hentschel* 240; Nachweise aus d. älteren Rechtsprechung bei LR-*Meyer*[23] 35.

[66] *Kleinknecht/Meyer*[37] 13.

[67] KK-R. *Müller* § 162, 4; *Eb. Schmidt* Nachtrag I 10; a. A LG München NJW 1963 1216.

[68] LG Braunschweig DAR 1975 132; LG Siegen NJW 1955 274; AG Gemünden NJW

1978 770; *Kleinknecht/Meyer*[37] 7; *Eb. Schmidt* Nachtrag I 10; *Jagusch/Hentschel*[28] 6; *Himmelreich/Hentschel* 220.

[69] AG Gemünden NJW 1978 770; *Jagusch/ Hentschel*[28] 6; a. A LG München NJW 1963 1216; *Kleinknecht/Meyer*[23] 7; LR-*Meyer*[23] 19.

[70] *Eb. Schmidt* Nachtrag I 12; *Jagusch/Hentschel*[28] 6.

Gerhard Schäfer

43   **c) Das Berufungsgericht** ist zuständig, sobald ihm die Akten nach § 321 vorgelegt worden sind. Bis zu diesem Zeitpunkt entscheidet, auch nach Einlegung der Berufung, der erste Richter[71].

44   **d) Nach Einlegung der Revision** ist für die Anordnung grundsätzlich der letzte **Tatrichter** zuständig, auch wenn die Akten dem Revisionsgericht bereits vorliegen[72]. § 126 Abs. 2 normiert insoweit den allgemeinen Grundsatz, daß dem Revisionsgericht eine tatrichterliche Würdigung versagt bleibt. Freilich wird eine solche Anordnung nur selten vorkommen; vgl. Rdn. 16. Das Revisionsgericht ist in entsprechender Anwendung des § 126 Abs. 3 befugt und — zur Beschleunigung — auch verpflichtet, die vorläufige Entziehung der Fahrerlaubnis **aufzuheben,** wenn sich **bei seiner Entscheidung** über die Revision ohne weiteres — also ohne weitere tatsächliche Erwägungen — ergibt, daß die Voraussetzungen des § 111 a nicht vorliegen[73]. Das ist nur dann der Fall, wenn nach § 354 Abs. 1 in der Sache entschieden werden kann und die Entziehung der Fahrerlaubnis durch die Entscheidung des Revisionsgerichts endgültig in Wegfall kommt. Bei Ablauf der Sperrfrist während des Revisionsverfahrens ist jedenfalls nicht das Revisionsgericht sondern der Tatrichter für die Entscheidung über die Aufhebung zuständig[74].

45   **2. Antrag, Form und Entscheidungsgrundlage.** Im **Ermittlungsverfahren** setzt der Beschluß über die vorläufige Entziehung der Fahrerlaubnis einen **Antrag der Staatsanwaltschaft** voraus, denn es handelt sich um eine Untersuchungshandlung i. S. des § 162. Ein Antragsrecht der Polizei besteht nicht. Ein Fall des § 165 ist kaum denkbar, da bei Gefahr im Verzug die Polizei den Führerschein beschlagnahmen wird (§§ 94 Abs. 3, 98 Abs. 1). Im **gerichtlichen Verfahren** kann das jeweils zuständige Gericht auch **von Amts wegen** die Maßnahme treffen.

45a   Anders als bei Untersuchungshaft ist der **Ermittlungsrichter nicht verpflichtet, die Maßnahme aufzuheben,** wenn die Staatsanwaltschaft dies beantragt. Dies folgt schon daraus, daß § 111 a eine § 120 Abs. 3 entsprechende Regelung nicht kennt und die Maßnahme — anders als regelmäßig die Untersuchungshaft — in erster Linie dem Schutz der Allgemeinheit dient[75].

46   Das Gericht entscheidet stets durch **Beschluß;** die Entscheidung ergeht in der Hauptverhandlung unter Mitwirkung der Schöffen, sonst in der für Entscheidungen des Gerichts außerhalb der Hauptverhandlung vorgesehenen Besetzung. Eine Zuständigkeit des Vorsitzenden entsprechend § 126 Abs. 2 Satz 3 besteht nicht, da Führerscheinsachen nicht ganz so eilig sind wie Haftsachen.

---

[71] OLG Hamm NJW **1969** 150; *Kleinknecht/ Meyer*[37] 7; *Eb. Schmidt* Nachtrag I 12; OLG Frankfurt NJW **1981** 1680; dies war früher streitig, vgl. dazu OLG Hamm VRS **21** (1961) 283 mit Nachweisen.

[72] BGH NJW **1978** 384; OLG Celle NJW **1977** 160; OLG Düsseldorf DAR **1983** 62; OLG Stuttgart Justiz **1960** 256; BayObLG bei *Rüth* DAR **1980** 268; *Kleinknecht/Meyer*[37] 7; KK-*Laufhütte* 11; KMR-*Müller* 19; *Jagusch/ Hentschel*[28] 6; **a. A** OLG Düsseldorf RdK **1955** 143; OLG Karlsruhe NJW **1975** 455; OLG Bremen DAR **1973** 332.

[73] OLG Düsseldorf DAR **1983** 62; BayObLG bei *Rüth* DAR **1980** 268; KMR-*Müller* 19; KK-*Laufhütte* 18; *Kleinknecht/Meyer*[37] 14; offengelassen bei BGH NJW **1978** 384.

[74] BGH NJW **1978** 384; vgl. auch OLG Zweibrücken MDR **1986** 74.

[75] Ebenso *Himmelreich/Hentschel* 223. Stellt die Staatsanwaltschaft das Ermittlungsverfahren ein, fällt der Grund der Maßnahme weg, weil dann die spätere Verhängung einer Maßregel nach § 69 nicht mehr zu erwarten ist, und die vorläufige Maßnahme ist deshalb aufzuheben.

Bei Entscheidungen außerhalb der Hauptverhandlung sind **Entscheidungsgrund-** **47** **lage** die — im Ermittlungsverfahren von der Staatsanwaltschaft vollständig vorgelegten — Akten. Eine mündliche Verhandlung findet nicht statt. Jede Art von Beweismittel ist zulässig. Insbesondere kann der Beschuldigte eidesstattliche Versicherungen von Zeugen[76], schriftliche Erklärungen und ähnliches vorlegen.

Fraglich ist, ob das **Gericht** im Ermittlungsverfahren zu **eigenen Ermittlungen** be- **48** fugt ist. Dies wurde vom LG Stuttgart (NStZ **1983** 521 mit Anm. *Rieß*) für Ermittlungshandlungen zutreffend verneint. Die Frage wird für die die Allgemeinheit sichernde vorläufige Maßnahme nach § 111 a nicht anders zu beurteilen sein. Die Einholung eines verkehrstechnischen Sachverständigengutachtens zum Unfallhergang ist aber zulässig, soweit dieses Gutachten dem Gericht lediglich die Sachkunde zur Beurteilung des Akteninhalts vermitteln soll. Hält der Ermittlungsrichter die Vernehmung von Zeugen für erforderlich, wird er dies bei der Staatsanwaltschaft anregen. Kommt die Staatsanwaltschaft seiner Anregung nicht nach, und kommt es für die Entscheidung auf die Vernehmung dieser Zeugen an, wird es an einer verläßlichen Entscheidungsgrundlage für einen so schwerwiegenden Eingriff wie den der vorläufigen Entziehung der Fahrerlaubnis fehlen und die beantragte Maßnahme wird abzulehnen sein. Obwohl die Praxis die Dreitagefrist des § 98 Abs. 2 Satz 1 ohnehin nicht einhält, was ein Ärgernis ist, wird dem Ermittlungsrichter häufig mit dem Antrag der Staatsanwaltschaft auf vorläufige Entziehung der Fahrerlaubnis lediglich ein **polizeilicher Kurzbericht** vorgelegt, der mit wenigen Sätzen das Unfallgeschehen schildert und keine Vernehmungsprotokolle oder ähnliches enthält. Ein solcher Kurzbericht ist grundsätzlich keine taugliche Entscheidungsgrundlage für die vorläufige Entziehung der Fahrerlaubnis. Eine Ausnahme mag allenfalls dann gelten, wenn der Beschuldigte unstreitig selbst gefahren ist und der Kurzbericht den Aktenvermerk über die telefonische Mitteilung des Gutachters über den Blutalkoholgehalt enthält, sofern dieser zur Tatzeit zurückrechenbar mit Sicherheit über 1,3‰ lag. In den übrigen Fällen muß das Gericht auf der Übersendung der vollständigen angefallenen Ermittlungsakten bestehen. Werden diese dem Gericht von der Staatsanwaltschaft nicht in angemessener Zeit vorgelegt, worunter 3 bis 4 Tage zu verstehen sind, muß die vorläufige Entziehung der Fahrerlaubnis abgelehnt und damit nach § 111 a Abs. 5 der Führerschein herausgegeben werden[77].

3. Begründung. Der Beschluß muß begründet werden (§ 34). Es genügt die **49** knappe Mitteilung des Sachverhalts und seiner strafrechtlichen Würdigung sowie — wenn nicht ein Regelfall nach § 69 Abs. 2 StGB gegeben ist — der Gründe dafür, weshalb aus diesem Sachverhalt sich die Ungeeignetheit zum Führen von Kraftfahrzeugen ergibt oder nicht ergibt. Eine eingehende Beweiswürdigung wird selten erforderlich sein[78]. Einer etwas eingehenderen Begründung bedarf die Ablehnung der Maßnahme, wenn die Voraussetzungen des § 69 Abs. 2 StGB vorliegen oder wenn nach § 111 a Abs. 1 Satz 2 bestimmte Arten von Kraftfahrzeugen entgegen dem Antrag der Staatsanwaltschaft von der vorläufigen Entziehung der Fahrerlaubnis ausgenommen werden. Stets müssen die wesentlichen Überlegungen des Richters ersichtlich sein. Erfolgt die vorläufige Entziehung der Fahrerlaubnis (erstmals) in der Hauptverhandlung, ist der Beschluß wie jede in der Hauptverhandlung ergehende anfechtbare Entscheidung zu begründen. Formel und Gründe werden im Hauptverhandlungsprotokoll festgehalten. Auf Verlangen ist

---

[76] BGH bei *Dallinger* MDR **1972** 924.

[77] Vgl. für den Antrag auf Durchsuchung LG Stuttgart NStZ **1983** 521.

[78] *Himmelreich/Hentschel* 229 a.

Gerhard Schäfer

dem Betroffenen eine Abschrift (§ 35 Abs. 1 Satz 2) zu übergeben. Es kann ein Auszug aus dem Hauptverhandlungsprotokoll oder eine gesondert angefertigte Ausfertigung sein (vgl. § 35, 11). Erfolgte die vorläufige Entziehung der Fahrerlaubnis oder deren Aufhebung im Anschluß und im Zusammenhang mit dem Urteil wird zur Begründung regelmäßig ein Hinweis darauf genügen, daß im Urteil die Entziehung der Fahrerlaubnis nach § 69 StGB angeordnet bzw. nicht angeordnet wurde[79], wenn mit einem baldigen Absetzen der Gründe gerechnet werden kann.

50   **4. Rechtliches Gehör.** Die Frage, ob und in welchem Umfang vor einer Entscheidung nach § 111 a dem Beschuldigten rechtliches Gehör gewährt werden muß, wird in Literatur und Rechtsprechung nicht einheitlich beurteilt. Überwiegend[80] wird die Auffassung vertreten, die Anhörung des Betroffenen vor der Anordnung sei stets erforderlich und § 33 Abs. 4 Satz 1 gelte deshalb nicht, weil in Eilfällen zum Schutz der Allgemeinheit der Führerschein beschlagnahmt werden könne[81]. Dieser Auffassung kann nicht gefolgt werden. Es kann dahingestellt bleiben, ob durch eine Anhörung tatsächlich selten die Gefahr entsteht, der Betroffene werde seinen Führerschein vernichten oder beiseiteschaffen und dadurch die bevorstehende Beschlagnahme unterlaufen[82]. Die Praxis kennt zu viele Fälle in denen Führerscheine, die nach Anhörung beschlagnahmt werden sollen, plötzlich „verlorengegangen" sind. Jedenfalls würde der **Zweck der Anordnung,** nämlich der **Schutz der Allgemeinheit,** auch dann (wenn auch nur vorübergehend) gefährdet, wenn der Beschuldigte während des Anhörungsverfahrens im Besitz seines Führerscheins bliebe, am Straßenverkehr teilnehmen könnte und so eine Gefahr bilden würde. Die durch eine Eilmaßnahme zu vermeidende Gefahr besteht also hier nicht im Beweismittelverlust, sondern in der weiteren Gefährdung der Allgemeinheit. Insofern gilt hier dasselbe wie zur Auslegung des Begriffes „Gefahr im Verzug" bei der Beschlagnahme des Führerscheins als eines der Einziehung nach § 69 Abs. 3 Satz 2 StGB unterliegenden Gegenstands, vgl. Rdn. 63. Der Hinweis darauf, diese Gefahr könne durch Führerscheinbeschlagnahme abgewendet werden, geht fehl. Denn es handelt sich hier gerade um die Fälle, in denen Polizei oder Staatsanwaltschaft den Führerschein noch nicht beschlagnahmt haben, der Richter aber die vorläufige Entziehung der Fahrerlaubnis wegen Ungeeignetheit des Betroffenen für erforderlich hält. Eine sofortige richterliche Beschlagnahmeanordnung ist sinnlos, da die Führerscheinbeschlagnahme nur unter den Voraussetzungen des § 111 a Abs. 1 zulässig ist und der Richter in diesem Fall die Voraussetzungen dieser Vorschrift in gleicher Weise zu prüfen hätte, wie wenn er gleich die vorläufige Entziehung der Fahrerlaubnis anordnet.

51   Daraus folgt: **der Beschuldigte ist** von der vorläufigen Entziehung der Fahrerlaubnis **zu hören, wenn er nicht mehr im Besitz des Führerscheins ist** und deshalb von ihm keine Gefahr mehr ausgeht. Besitzt er den Führerschein dagegen noch, kann von der Anhörung nach § 33 Abs. 4 Satz 1 abgesehen werden. Dann ist das rechtliche Gehör aber **nachträglich zu gewähren.** Einer Belehrung darüber bedarf es nicht[83], doch sollte die Entscheidung wenigstens in den Gründen den Zusatz tragen, daß „diese Entscheidung gemäß § 33 Abs. 4 Satz 1 ohne vorherige Gewährung rechtlichen Gehörs" erging.

---

[79] Ähnlich (keine Begründung erforderlich) OLG Koblenz VRS **65** (1983) 34.

[80] *Kleinknecht/Meyer*[37] 6; KMR-*Müller* 20; *Himmelreich/Hentschel* 225.

[81] Anders aber LR-*Wendisch* § 33, 40, der § 111 a ganz selbstverständlich zu den anderen Maßnahmen des § 33 Abs. 4 Satz 1 zählt.

[82] So OLG Köln NJW **1968** 667; **1969** 442; *Burchardt* Polizei **1964** 233.

[83] A. A LR-*Wendisch* § 33, 42; die Entscheidung BVerfGE **2**, 107 ist durch die Einfügung des § 33 a überholt; BVerfGE **18** 399, 406 gibt für die Frage nichts her.

Folgt eine **Einlassung** des Beschuldigten, bedarf es einer neuen ausdrücklichen **52** Entscheidung, die die alte Entscheidung ändert oder aufhebt oder auch dahingehen kann, daß es bei der alten Entscheidung verbleibe. Zu Einzelheiten vgl. § 33 a, 17.

Die **Staatsanwaltschaft** ist stets zu hören (§ 33 Abs. 2), wenn sie nicht selbst einen **53** Antrag gestellt hat. Die Anhörung der Staatsanwaltschaft kann in Eilfällen auch telefonisch geschehen.

Zum **Umfang der Anhörung** wird die Auffassung vertreten, es genüge, daß die **54** Polizei dem Beschuldigten Gelegenheit gegeben habe, sich zu den Tatsachen zu äußern[84]. Daran ist nur richtig, daß der Richter nicht persönlich anhören muß. Entscheidend ist aber, daß der Beschuldigte nicht nur zu den tatsächlichen und rechtlichen Fragen sich äußern konnte, sondern vor allem auch zum Thema der Entscheidung vgl. § 33, 33. Die polizeiliche Vernehmung nach einem Verkehrsunfall kann deshalb regelmäßig die Anhörung vor einer Entscheidung über die vorläufige Entziehung der Fahrerlaubnis nicht ersetzen. In der Regel ist dem Beschuldigten der begründete Antrag der Staatsanwaltschaft zur Stellungnahme zugänglich zu machen. Bei Trunkenheitsfahrten genügt bei Blutalkoholgehalten von deutlich über 1,3‰ zur Tatzeit die Mitteilung des Ergebnisses der Blutprobe, bei Blutalkoholgehalten unter 1,3‰ müssen zusätzlich die Indizien (samt Beweismittel) für die alkoholbedingte Fahruntüchtigkeit genannt werden.

5. Wirkung der Maßnahme. Die vorläufige Entziehung der Fahrerlaubnis wirkt **55** zugleich als **Anordnung der Beschlagnahme** des Führerscheins oder — wenn dieser bereits wegen Gefahr im Verzug beschlagnahmt ist — als **Bestätigung der Beschlagnahme** (§ 111 a Abs. 3), ohne daß diese gesetzliche Folge in der Beschlußformel besonders hervorgehoben werden müßte. Die vorläufige Entziehung der Fahrerlaubnis enthält zugleich ein durch § 21 Abs. 1 Nr. 1 StVG strafbewehrtes Verbot, Kraftfahrzeuge zu führen, und bedeutet versicherungsrechtlich, daß der Betroffene keine Fahrerlaubnis im Sinne von § 2 Abs. 2 c AKB hat[85]. Die Fahrerlaubnis selbst erlischt erst mit der Rechtskraft des Urteils (§ 69 Abs. 3 Satz 1 StGB). Wegen der Erteilung eines Ersatzführerscheins bei beschränkter vorläufiger Entziehung vgl. oben Rdn. 28.

Die **Aufhebung** der vorläufigen Entziehung der Fahrerlaubnis wirkt zugleich als **56** Aufhebung der Beschlagnahme des Führerscheins. Das Verbot, Kraftfahrzeuge zu führen, entfällt ohne weiteres und der Führerschein ist zurückgegeben (vgl. Rdn. 73). Die Aufhebung der Anordnung nach § 111 a hindert das Gericht nicht, die Fahrerlaubnis erneut vorläufig zu entziehen, wenn das aufgrund neu hervorgetretener Tatsachen oder Beweismittel gerechtfertigt ist, insbesondere wenn nunmehr die Fahrerlaubnis in einem Urteil endgültig entzogen ist (vgl. Rdn. 19). Die in dem Aufhebungsbeschluß vertretene Rechtsansicht bindet das erkennende Gericht nicht[86].

6. Vollstreckung und Bekanntmachung. Da der Beschluß nach § 111 a Abs. 1 dem **57** Beschuldigten verbietet, ein Kraftfahrzeug zu führen, muß er ihm bekanntgemacht werden; sonst kann er sich nach diesem Verbot nicht richten. Fährt er nach der Bekanntgabe weiterhin Kraftfahrzeuge, macht er sich nach § 21 Abs. 1 Nr. 1 StVG strafbar und verliert den Versicherungsschutz (§ 2 Ziff. 2 b AKB). Aus diesem Grunde ist, wenn nicht z. B. in der Hauptverhandlung eine mündliche Bekanntmachung erfolgt, die förmliche Zustellung angebracht, obwohl an sich nach § 35 Abs. 2 eine formlose (schriftliche) Mitteilung genügen würde[87]. Mit der Bekanntmachung verbindet die Pra-

---

[84] *Kleinknecht/Meyer*[37] 6, LR-*Meyer*[23] 25; *Koch* DAR **1968** 178; *Himmelreich/Hentschel* 225.
[85] BGH VRS **62** (1982) 114.

[86] OLG Hamburg VRS **47** 320.
[87] BGH NJW **1962** 2105; OLG Hamm VRS **57** (1979) 125.

Gerhard Schäfer

xis zu Recht die Belehrung über die strafrechtlichen Folgen nach § 21 Abs. 1 Nr. 1 StVG. Enthält die Entscheidung über die vorläufige Entziehung der Fahrerlaubnis zugleich die **Anordnung der Beschlagnahme,** wird sie der Staatsanwaltschaft zur Vollstreckung übergeben (§ 36 Abs. 2), die dann auch für die Bekanntmachung sorgt. Die Staatsanwaltschaft kann in ihrem Antrag auf vorläufige Entziehung der Fahrerlaubnis das Gericht bitten, zur Beschleunigung die Entscheidung unmittelbar der Polizei zur Vollstreckung und Bekanntmachung zu übersenden. Die Polizei übergibt dann den Führerschein samt Bekanntmachungsnachweis unmittelbar der Staatsanwaltschaft.

V. Sicherstellung des Führerscheins

58   **1. Allgemeines.** Das Gesetz sieht neben der vorläufigen Entziehung der Fahrerlaubnis die Sicherstellung des von einer deutschen Behörde ausgestellten Führerscheins vor. (Wegen der Behandlung ausländischer Fahrausweise vgl. Rdn. 79). Diese Sicherstellung dient der Durchsetzung des durch die vorläufige Entziehung ausgesprochenen Fahrverbots und, wie § 111 a Abs. 5 Satz 1 entnommen werden kann, der Sicherung der Einziehung nach § 69 Abs. 3 Satz 2 StGB[88]. Das Gesetz regelt die Sicherstellung des Führerscheins an drei Stellen: nach **§ 111 a Abs. 3** „wirkt" die vorläufige Entziehung der Fahrerlaubnis zugleich als Anordnung oder Bestätigung der Beschlagnahme des (von einer deutschen Behörde erteilten) Führerscheins und nach **§ 94 Abs. 3** gilt die Regelung über die Sicherstellung von Beweismitteln auch für Führerscheine, die (z. B. nach § 69 Abs. 3 Satz 2 StGB) der Einziehung unterliegen. Ferner sieht **§ 111 a Abs. 4** vor, daß an die Stelle der richterlichen Entscheidung über die Beschlagnahme eines Führerscheins die Entscheidung über die vorläufige Entziehung der Fahrerlaubnis tritt, die — nach § 111 a Abs. 3 — dann zugleich als Bestätigung der Beschlagnahme wirkt. Die Beschlagnahme des Führerscheins kann also der vorläufigen Entziehung der Fahrerlaubnis folgen (nachstehend 2) oder ihr vorausgehen (nachstehend 3).

59   **2. Anordnung der Beschlagnahme durch die richterliche Entscheidung über die vorläufige Entziehung der Fahrerlaubnis (Absatz 3).** Ist der Führerschein noch nicht beschlagnahmt, wirkt die Entscheidung über die vorläufige Entziehung der Fahrerlaubnis kraft Gesetzes zugleich als **Beschlagnahmeanordnung,** ohne daß dies in der Formel oder in den Gründen des Beschlusses ausdrücklich ausgesprochen werden müßte. Die Beschlagnahme des Führerscheins wird nach § 36 Abs. 2 Satz 1 durch die Staatsanwaltschaft vollstreckt, die sich dazu der Polizei bedient. Die Vollstreckung besteht darin, daß der Führerschein in amtlichen Gewahrsam genommen wird, da eine andere Art der Sicherstellung dem Zweck der Beschlagnahme nicht gerecht würde[89]. Vgl. im übrigen Rdn 61.

3. Sicherstellung des Führerscheins nach § 94 Abs. 3 vor der vorläufigen Entziehung der Fahrerlaubnis.

60   **a) Allgemeines.** Bereits **vor der richterlichen Entscheidung nach § 111 a** kann zur Sicherung der Einziehung nach § 69 Abs. 3 Satz 2 StGB der **Führerschein durch Beschlagnahme sichergestellt** werden (§ 94 Abs. 3). Anders als bei der Beweismittelbeschlagnahme nach § 94 Abs. 1 und 2, für die einfacher Tatverdacht ausreicht, ist die Führerscheinbeschlagnahme nach § 94 Abs. 3 aber nur zulässig, wenn auch die Voraussetzungen des § 111 a Abs. 1 vorliegen, wenn also dringende Gründe für die Annahme vorhan-

---

[88] KMR-*Müller* 22.   [89] KK-*Laufhütte* 22.

den sind, daß die Fahrerlaubnis endgültig entzogen wird. Dies ergibt sich aus §111a Abs. 4, wonach die richterliche Bestätigung der Beschlagnahme unter den Voraussetzungen des §111a Abs. 1 erfolgt und ist heute unstreitig[90]. Die Sicherstellung des Führerscheins auf Grund einer Beschlagnahme oder freiwilliger Herausgabe nach §94 Abs. 3 ist durch die Gesetzesänderung von 1964 der vorläufigen **Entziehung der Fahrerlaubnis** nicht nur in den Voraussetzungen **gleichgestellt** worden. Sie wirkt bei der Anrechnung auf das Fahrverbot (§51 Abs. 5 Satz 2 StGB) und bei der Verhängung der Mindestsperre unter Einrechnung der Zeit nach der Verkündung des letzten tatrichterlichen Urteils (§69a Abs. 6 StGB) genau wie die vorläufige Entziehung der Fahrerlaubnis. Sie führt auch zu einem mit Strafe bewehrten Fahrverbot (§21 Abs. 2 Nr. 2 StVG). Lediglich als Voraussetzung der Einziehung nach §21 Abs. 3 Nr. 1 StVG bedarf es der Maßnahme nach §111a.

§94 Abs. 1 findet keine Anwendung, soweit er die Sicherstellung in anderer **61** Weise als durch Verbringen der Sache in **amtlichen Gewahrsam** zuläßt[91] (§94, 33). Denn das Fahrverbot mit der Straffolge des §21 Abs. 2 Nr. 2 StVG erfordert zur Verdeutlichung die Wegnahme des Führerscheins; ein etwa von einem Hilfsbeamten der Staatsanwaltschaft ausgesprochenes **mündliches Fahrverbot** ohne Wegnahme des Führerscheins, auf das die Sicherstellung des Führerscheins ohne Wegnahme hinauslaufen würde, sieht das Gesetz nicht vor[92].

b) Keine richterliche Beschlagnahme. Für Beschlagnahmen ist an sich in erster **62** Linie der Richter zuständig (§98 Abs. 1). Es wäre aber sinnlos, wenn er, statt die Fahrerlaubnis vorläufig zu entziehen, sich auf die Anordnung der Beschlagnahme des Führerscheins zur Sicherung seiner Einziehung beschränkte. Denn die vorläufige Entziehung der Fahrerlaubnis wirkt nach §111a Abs. 3 ohnehin als Beschlagnahme des Führerscheins, und es gibt keinen vernünftigen Grund, zwar die Beschlagnahme des Führerscheins, nicht aber die von keinen strengeren Voraussetzungen abhängige vorläufige Entziehung der Fahrerlaubnis anzuordnen. Überdies zeigt die Regelung des §111a Abs. 4, daß der Richter Sicherungsmaßnahmen gegen den Beschuldigten ausschließlich unter dem Gesichtspunkt der vorläufigen Fahrerlaubnisentziehung zu prüfen hat. Eine Beschlagnahme des Führerscheins durch den Richter ist daher ausgeschlossen; sie kann nur durch die Staatsanwaltschaft und ihre Hilfsbeamten angeordnet werden[93].

c) Beschlagnahme bei Gefahr im Verzug. Nach §98 Abs. 1 dürfen die Staatsan- **63** waltschaft und ihre Hilfsbeamten Beschlagnahmen nur bei Gefahr im Verzug anordnen. Wenn man diesen Begriff so auslegte wie sonst in §98 Abs. 1, wäre eine nichtrichterliche Beschlagnahme des Führerscheins nur unter der Voraussetzung zulässig, daß die Gefahr besteht, der Beschuldigte werden ihn in der Zeit, die bis zur Herbeiführung einer richterlichen Anordnung nach §111a verstreichen würde, beiseiteschaffen oder vernichten. Das ist, wie die tägliche Erfahrung lehrt, tatsächlich in vielen Fällen zu besorgen[94]. Die Frage kann aber dahinstehen. Der Begriff Gefahr im Verzug muß so nicht ausgelegt werden. Im Rahmen des §111a steht nicht die Sicherung der Einziehung des Führerscheins im Vordergrund, sondern die Herbeiführung der Wirkung, daß dem Beschuldigten vorläufig untersagt ist, ein Kraftfahrzeug zu führen. Damit zu warten, bis eine rich-

---

[90] OLG Stuttgart NJW **1969** 760; KK-*Laufhütte* 20; KMR-*Müller* 26; *Full/Möhl/Rüth* 4; *Kleinknecht/Meyer*[37] 15; unklar *Jagusch/Hentschel*[28] 13.

[91] KK-*Laufhütte* 22.

[92] OLG Schleswig VRS **34** 460; OLG Stutt-

gart VRS **35** 138; *Himmelreich/Hentschel* 253.

[93] KK-*Laufhütte* 21; *Full/Möhl/Rüth* 4.

[94] OLG Köln NJW **1968** 667 = VRS **34** 383; NJW **1969** 442 = VRS **37** 34; *Burchardt* Polizei **1964** 233.

Gerhard Schäfer

terliche Entscheidung nach § 111 a getroffen werden kann, würde bedeuten, daß ein ungeeigneter und daher gefährlicher Kraftfahrer zunächst weiter zum Verkehr zugelassen wird. Denn wenn der Beschuldigte eine Tat begangen hat, die ihn als ungeeignet zum Führen eines Kraftfahrzeugs erscheinen läßt, besteht die Ungeeignetheit sofort und nicht erst in dem Zeitpunkt, in dem der Richter entscheiden kann[95]. Bei der Beschlagnahme von Führerscheinen bedeutet Gefahr im Verzug daher die Gefährdung des mit der gerichtlichen Beschlagnahme des Führerscheins (§ 111 a Abs. 3) bezweckten Erfolges durch Verzögerung. Das entspricht der nunmehr herrschenden Ansicht[96]. Daß der Gesetzgeber, der allerdings besser daran getan hätte, eine klare Regelung zu treffen, diese Auslegung des Gesetzes billigt, ergibt nicht nur die in der Entscheidung BGHSt **22** 385 mitgeteilte Entstehungsgeschichte der Gesetzesänderung von 1964, sondern insbesondere die Änderung des § 111 a Abs. 6 Satz 2 durch Art. 21 Nr. 28 EGStGB, mit der die bisherige Besserstellung der Ausländer beseitigt werden sollte (vgl. Rdn. 79). Denn von einer solchen Besserstellung hätte nicht gesprochen werden können, wenn auch die Beschlagnahme der von einer deutschen Behörde ausgestellten Fahrerlaubnis praktisch nur durch eine richterliche Entziehung der Fahrerlaubnis herbeigeführt werden könnte.

64   Zu beachten ist, daß Polizeibeamte den Führerschein nur beschlagnahmen dürfen, wenn die Gründe für die Annahme, daß die Fahrerlaubnis entzogen wird, wirklich **dringend** sind. Sie dürfen insbesondere nicht etwa schon jeden positiv ausgefallen Atem-Alkoholtest zum Anlaß für die Führerscheinbeschlagnahme nehmen, wenn möglicherweise nur eine Ordnungswidrigkeit nach § 24 a StVG in Betracht kommt[97]. Hatte der Richter die vorläufige Entziehung der Fahrerlaubnis abgelehnt, ist die Beschlagnahme des Führerscheins nach § 94 Abs. 3 nur zulässig, wenn neue Tatsachen oder Beweismittel sie nunmehr rechtfertigen.

65   **d) Richterliche Entscheidung über die Beschlagnahme (Absätze 3 und 4).** Wenn die Staatsanwaltschaft oder ihre Hilfsbeamten eine Beschlagnahme angeordnet und durchgeführt haben, sollen sie nach § 98 Abs. 2 Satz 1 binnen drei Tagen die richterliche Bestätigung beantragen, sofern bei der Beschlagnahme weder der Beschuldigte noch ein erwachsener Angehöriger anwesend war oder der Beschuldigte, im Falle seiner Abwesenheit ein erwachsener Angehöriger, gegen die Beschlagnahme ausdrücklich Widerspruch erhoben hat (Näheres dazu bei § 98, 41 ff). Liegen diese Voraussetzungen nicht vor, so braucht eine Entscheidung des Richters nicht herbeigeführt zu werden. Das ist bei der Beschlagnahme des Führerscheins, die allerdings regelmäßig in Anwesenheit des Beschuldigten durchgeführt wird, nicht anders. Das Gesetz sieht nicht etwa vor, daß diese Beschlagnahme stets richterlich bestätigt werden muß[98]. Wenn der Beschuldigte keinen Widerspruch gegen die Beschlagnahme erhebt, ist daher eine richterliche Anordnung nach § 111 a bis zur Rechtskraft des Urteils regelmäßig nicht zu treffen, es „bedarf" dann dieser Entscheidung nicht. In der Praxis ist dieser Fall häufig. Vgl. Rdn. 14.

---

[95] So mit Recht *Meier* Polizei **1964** 235.
[96] BGHSt. **22** 385 mit abl. Anm. *Ehlers* MDR **1969** 1023 und abl. Anm. *Hruschka* NJW **1969** 1634; OLG Karlsruhe Justiz **1969** 255; OLG Stuttgart NJW **1969** 760 mit abl. Anm. *Hruschka* NJW **1969** 1311; *Kleinknecht/Meyer*[37] 15; KMR-*Müller* 26; KK-*Laufhütte* 21; *Himmelreich/Hentschel* 255; *Meier* Polizei **1964** 234; *Holly* MDR **1972** 749, der aber eine drohende Wiederholungsgefahr fordert; a. A

OLG Köln NJW **1968** 666 mit abl. Anm. *Schweichel* NJW **1968** 1486; OLG Köln NJW **1969** 441; *Mittelbach* 74; *Burchardt* Polizei **1964** 233; *Dahs* NJW **1968** 632; *Fritz* MDR **1967** 724.
[97] *Janiszewski* Blutalkohol **1974** 173, 316; *Schmidt/Kierstein/Güntzel* Polizei **1971** 102.
[98] *Himmelreich/Hentschel* 259; *Nüse* JR **1965** 44.

Achter Abschnitt. Beschlagnahme, Überwachung und Durchsuchung

Kommt es dagegen zu dieser richterlichen Entscheidung (z. B. weil der Beschul- **66** digte gegen die Beschlagnahme Widerspruch erhoben hat oder weil er die richterliche Entscheidung nach § 98 Abs. 2 Satz 2 beantragt), tritt an die Stelle der Entscheidung über die Rechtmäßigkeit der Beschlagnahme die über die vorläufige Entziehung der Fahrerlaubnis (§ 111a Abs. 4). Diese wirkt auch ohne besonderen Ausspruch als Bestätigung oder Aufhebung der Beschlagnahme.

Im Ermittlungsverfahren ist **zuständig** das Amtsgericht, in dessen Bezirk die Be- **67** schlagnahme stattgefunden hat (§ 98 Abs. 2 Satz 3). Vgl. im übrigen zur Zuständigkeit Rdn. 41 ff.

4. Beschlagnahme zur unmittelbaren Gefahrenabwehr. Die Beschlagnahme des **68** Führerscheins zum Zweck der Abwehr einer unmittelbaren Gefahr richtet sich nicht nach der Strafprozeßordnung, sondern nach den **Polizei- und Ordnungsgesetzen der Länder.** Voraussetzung der Beschlagnahme ist hier, daß mit ihr die von dem Kraftfahrer ausgehende unmittelbare Gefahr für die Allgemeinheit abgewendet werden kann[99]. Das wird nur selten möglich sein. Denn die Verschlechterung der Rechtsstellung durch den Verlust des Führerscheins und die dadurch bei dem Täter herbeigeführte „psychologische Hemmung" (OLG Köln NJW **1969** 442) wird regelmäßig, insbesondere bei einem Betrunkenen, nichts an der tatsächlichen Gefahrenlage ändern. Diese kann meist nur durch die Wegnahme des Zündschlüssels oder durch die Sicherstellung des Wagens beseitigt werden[100]. Hat die Polizei den Führerschein zur Gefahrensicherung weggenommen, so muß sie ihn alsbald zurückgeben, wenn die akute Gefahr beseitigt ist[101]. Führt der Beschuldigte vor der Rückgabe ein Kraftfahrzeug, dann begeht er lediglich eine Ordnungswidrigkeit nach § 4 Abs. 2 Satz 2, § 69a Abs. 1 Nr. 5 Buchst. a StVZO, § 24 StVG.

VI. Rückgabe des Führerscheins (Absatz 5)

1. Sichergestellte Führerscheine. Die Vorschrift regelt die Rückgabe der zur **69** Durchsetzung des Fahrverbots und zur Sicherung der Einziehung nach § 69 Abs. 3 Satz 2 StGB sichergestellten Führerscheine. Sie erfaßt nicht Führerscheine, die als Beweismittel, etwa wegen einer Fälschung, verwahrt werden. Aus § 111 a Abs. 6 ergibt sich, daß unter Führerscheinen nur die von einer deutschen Behörde ausgestellten zu verstehen sind. Wegen der ausländischen Fahrausweise vgl. Rdn. 77 ff.

Die Fassung des § 111 a Abs. 5 Satz 1 ist wenig gelungen. § 94 unterscheidet zwi- **70** schen der Sicherstellung (z. B. durch Verwahrung) in Absatz 1 und den Wegen dazu (freiwillige Herausgabe oder Beschlagnahme) in Absatz 2. Vgl. dazu § 94, 24 ff. § 111 a Abs. 5 Satz 1 stellt hingegen den Unterfall der Sicherstellung, die Verwahrung, selbständig neben diese, was systematisch falsch und überdies hier ganz unverständlich ist, weil bei Führerscheinen, die zum Zweck der Sicherung ihrer Einziehung nach § 69 Abs. 3 Satz 2 StGB sichergestellt werden, eine andere Form der Sicherstellung als die Verwahrung ausscheidet (Rdn. 61). Ferner führt § 111 a Abs. 5 Satz 1 noch die Beschlagnahme

---

[99] OLG Braunschweig NJW **1956** 1808 = VRS **11** 369; OLG Köln NJW **1968** 666; *Dahs* NJW **1968** 632.

[100] BGH NJW **1962** 2104; BGH VersR **1956** 219; *Kleinknecht/Meyer*[37] 16; *Fritz* MDR **1967** 723; *Groß* DAR **1959** 128; vgl. auch BGH VRS **39** 186.

[101] OLG Braunschweig NJW **1956** 1808 = VRS **11** 370; *Kleinknecht/Meyer*[37] 16; *Dahs* NJW **1968** 633; *Fritz* MDR **1967** 724; *Groß* DAR **1958** 128; *Guelde* RdK **1953** 59.

(247) Gerhard Schäfer

an, ohne das Gegenstück, die Sicherstellung aufgrund freiwilliger Herausgabe, zu erwähnen, obgleich sowohl ein freiwillig herausgegebener als auch ein beschlagnahmter Gegenstand in amtliche Verwahrung gelangen kann. Der Sinn des ersten Halbsatzes des § 111 a Abs. 5 Satz 1 ist jedenfalls, daß die Vorschrift auf alle Fälle anzuwenden ist, in denen ein Führerschein der Verfügungsgewalt des Berechtigten entzogen ist, gleichgültig, ob er freiwillig herausgegeben oder beschlagnahmt worden ist.

2. Rückgabepflicht

71 **a) Allgemeines.** Die Strafprozeßordnung bestimmt nicht, wann eine Beschlagnahme erlischt und wann und unter welchen Voraussetzungen sie aufzuheben ist (§ 98, 58 ff). Auch § 111 a sagt hierüber nichts; sein Absatz 5 regelt aber die Rückgabe des Führerscheins. Da die Beschlagnahme eines Führerscheins zum Zweck der Sicherung der Einziehung nach § 69 Abs. 3 Satz 2 StGB nur unter den Voraussetzungen der vorläufigen Entziehung der Fahrerlaubnis nach § 111 a Abs. 1 zulässig ist (oben Rdn. 64), macht § 111 a Abs. 5 auch seine Rückgabe davon abhängig, daß die Voraussetzungen der vorläufigen Entziehung wegfallen. Den Führerschein zurückzugeben, obwohl seine Beschlagnahme fortdauert, wäre offenbar widersinnig. Daher muß angenommen werden, daß unter den in § 111 a Abs. 5 bestimmten Voraussetzungen auch die Beschlagnahme erlischt.

72 **b) Ablehnung der vorläufigen Entziehung.** Lehnt der Richter nach vorangegangener Sicherstellung des Führerscheins (nach Beschlagnahme oder freiwilliger Herausgabe) die vorläufige Entziehung durch eine **Sachentscheidung** ab, ist der Führerschein dem Beschuldigten zurückzugeben. Es muß sich aber nach ausdrücklicher gesetzlicher Regelung um eine Sachentscheidung handeln („wegen Fehlens der in Absatz 1 bezeichneten Voraussetzungen").

73 **c) Aufhebung der vorläufigen Entziehung der Fahrerlaubnis.** Die Fahrerlaubnis lebt wieder auf, wenn die vorläufige Entziehung aufgehoben wird. Deshalb bestimmt § 111 a Abs. 5 Satz 1, daß dann auch der sichergestellte Führerschein wieder herauszugeben ist. Dabei ist es gleichgültig, durch welchen Richter die vorläufige Entziehung aufgehoben wird.

74 **d) Nichtentziehung der Fahrerlaubnis im Urteil.** Wird die Fahrerlaubnis im Urteil nicht entzogen, so entfällt die vorläufige Anordnung nicht von selbst. Der Beschluß über die vorläufige Entziehung der Fahrerlaubnis muß vielmehr förmlich aufgehoben werden (vgl. oben Rdn. 39 ff). Diese Entscheidung enthält auch ohne besonderen Ausspruch die Aufhebung der Beschlagnahme. Dies folgt zwingend aus der Regelung in § 111 a Abs. 3, wonach umgekehrt die vorläufige Entziehung der Fahrerlaubnis als Anordnung der Beschlagnahme „wirkt". Nach § 111 a Abs. 5 Satz 1 muß daher der beschlagnahmte Führerschein sofort herausgegeben werden, wenn die Fahrerlaubnis in dem Urteil nicht entzogen wird. Wegen eines zuungunsten des Angeklagten eingelegten Rechtsmittel darf die Rückgabe nicht verzögert werden [102]. Eine erneute Beschlagnahme nach § 94 Abs. 3 kommt nicht in Betracht[103]. Zulässig ist nur unter bestimmten engen Voraussetzungen die erneute Anordnung der vorläufigen Entziehung der Fahrerlaubnis durch den Richter (oben Rdn. 19). Gefahr im Verzug, die schon vorher die erneute Beschlagnahme des Führerscheins durch die Staatsanwaltschaft oder ihre Hilfsbeamten rechtfertigen könnte, ist nicht denkbar.

---

[102] KMR-*Müller* 33.   [103] Anders OLG Hamm DAR **1957** 190.

3. Aufschiebung wegen eines Fahrverbots nach § 44 StGB (Absatz 5 Satz 2). Wenn **75** der Richter im Urteil zwar die Fahrerlaubnis nicht entzieht, aber ein Fahrverbot nach § 44 StGB verhängt, wird die vorläufige Entziehung der Fahrerlaubnis aufgehoben und dem Angeklagten müßte an sich nach § 111 a Abs. 5 Satz 1 der Führerschein zurückgegeben werden. Nach § 44 Abs. 3 Satz 2 StGB ist der Führerschein aber nach Rechtskraft des Urteils für die Dauer des Fahrverbots amtlich zu verwahren, und der Angeklagte kann ein Interesse daran haben, daß er bereits in amtlicher Verwahrung ist, wenn das Urteil rechtskräftig wird. Denn mit der Rechtskraft wird zwar das Fahrverbot wirksam (§ 44 Abs. 3 Satz 1 StGB); die Verbotsfrist wird aber erst von dem Beginn der amtlichen Verwahrung des Führerscheins an gerechnet, wenn diese nach der Rechtskraft beginnt (§ 44 Abs. 4 Satz 1 StGB). Andererseits wird die Zeit der Verwahrung, die nach dem Urteil angedauert hat, unverkürzt auf das Fahrverbot angerechnet (§ 450 Abs. 3). Aus diesen Gründen läßt es § 111 a Abs. 5 Satz 2 zu, die Rückgabe des Führerschein aufzuschieben, wenn im Urteil die Entziehung der Fahrerlaubnis abgelehnt, jedoch ein Fahrverbot verhängt wird. So kann verhindert werden, daß der Führerschein zunächst herausgegeben und sodann kurze Zeit später nach Rechtskraft des Urteils wieder einzuziehen ist[104]. Das setzt aber voraus, daß der Beschuldigte nicht widerspricht. Er wird es dann nicht tun, wenn er beabsichtigt, das Urteil rechtskräftig werden zu lassen. Befindet er sich in Untersuchungs- oder Strafhaft oder wird er sonst auf behördliche Anordnung verwahrt, so wäre ein Aufschub der Rückgabe des Führerscheins sinnlos, weil nach § 44 Abs. 4 Satz 2 StGB die Zeit, in der der Täter auf behördliche Anordnung in einer Anstalt untergebracht ist, in die Verbotsfrist nicht eingerechnet wird.

4. Zuständigkeit. Die Rückgabe des Führerscheins obliegt im Vorverfahren der **76** Staatsanwaltschaft. Um die Rückgabe zu beschleunigen, kann auch das Gericht den bei den Akten befindlichen Führerschein zurückgeben. Nach Erhebung der öffentlichen Klage bis zur Rechtskraft des Urteils gibt das mit der Sache jeweils befaßte Gericht und nach der Rechtskraft die Vollstreckungsbehörde den Führerschein zurück. Wenn das Gericht zuständig ist, kann es, da keine Vollstreckung in Rede steht, die Staatsanwaltschaft nicht nach § 36 Abs. 2 Satz 1 in Anspruch nehmen.

VII. Vorläufige Entziehung der Fahrerlaubnis bei Inhabern ausländischer Fahrausweise (Absatz 6)

Auch außerdeutschen Fahrzeugführern, die im Besitz eines ausländischen Fahr- **77** ausweises sind, kann, wie aus § 4 Abs. 2 b der VO über internationalen Kraftverkehr in der Fassung vom 23. 11. 1982 (BGBl. I 1533, 1537) folgt, die Fahrerlaubnis vorläufig entzogen werden (§ 111 a Abs. 6). Die Vorschrift gilt entsprechend für in der DDR ausgestellte Führerscheine[105]. Für außerdeutsche Fahrausweise gelten folgende Besonderheiten:

1. Voraussetzungen. Die Entziehung der Fahrerlaubnis und damit auch die vorläu- **78** fige Entziehung ist nach § 69 b Abs. 1 Satz 1 StGB **nur zulässig,** wenn die **Tat gegen Verkehrsvorschriften verstößt.** Hierunter werden allgemein die §§ 21, 22 StVG, 142, 315 b bis 316, 323 a StGB verstanden[106]. Hierher gehören aber auch andere Tatbestände wie

---

[104] *Himmelreich/Hentschel* 244; *Warda* MDR 1965 2.
[105] *Kleinknecht/Meyer*[37] 18; KK-*Laufhütte* 33; *Dreher/Tröndle*[42] § 44, 14; *Janiszewski* 760.

[106] *Dreher/Tröndle* § 44, 15; *Himmelreich/Hentschel* 208; *Jagusch/Hentschel*[28] § 69 b StGB 3; *Schönke/Schröder/Stree*[22] § 69 b StGB; LK-*Rüth* § 69 b StGB 5 zählt auch § 315 hierher.

Gerhard Schäfer

§§ 230, 222 StGB, wenn deren Pflichtwidrigkeit in einem Verkehrsverstoß (z. B. § 1 StVO) liegt, auch wenn dieser wegen § 21 StVG nicht selbständig verfolgt wird[107].

79   **2. Sicherung der vorläufigen Entziehung der Fahrerlaubnis.** Sie erfolgt bei ausländischen Fahrausweisen nicht durch Sicherstellung des Fahrausweises, der nicht eingezogen werden darf (§ 69 b StGB), sondern dadurch, daß die vorläufige Entziehung der Fahrerlaubnis im ausländischen Fahrausweis vermerkt wird (§ 111 a Abs. 6 Satz 1). Um diese Eintragung zu ermöglichen, ist **bis zur Eintragung** nach der seit der Gesetzesänderung von 1974 geltenden Fassung des § 111 a Abs. 6 Satz 2 die Beschlagnahme des Führerscheins zulässig[108]. Diese **Beschlagnahme** kann bei Gefahr im Verzug (vgl. dazu oben Rdn. 43) durch die Staatsanwaltschaft und ihre Hilfsbeamten erfolgen (§§ 111 a Abs. 6 Satz 2, 98 Abs. 1); dann ist unverzüglich die **richterliche Entscheidung** über die vorläufige Entziehung der Fahrerlaubnis herbeizuführen. Ergeht diese, muß die Formel neben der vorläufigen Entziehung der Fahrerlaubnis auch die Bestätigung der Beschlagnahme nach §§ 98 Abs. 2 Satz 1, 111 a Abs. 6 Satz 2 zur Eintragung des Vermerks über die vorläufige Entziehung der Fahrerlaubnis nach § 111 a Abs. 6 Satz 1 enthalten. War der Führerschein **nicht beschlagnahmt,** muß in der richterlichen Entscheidung zusammen mit der vorläufigen Entziehung der Fahrerlaubnis die Beschlagnahme des Fahrausweises zur Vornahme der Eintragung angeordnet werden, denn § 111 a Abs. 3, der zusammen mit der vorläufigen Entziehung die Beschlagnahme des Führerscheins enthält, bezieht sich ausdrücklich nur auf von einer deutschen Behörde erteilte Führerscheine.

80   Da die **Eintragung des Vermerks** eine **Vollstreckungshandlung** ist (vgl. § 36, 20), ist die Staatsanwaltschaft zuständig. Ihr ist deshalb die Entscheidung über die vorläufige Entziehung der Fahrerlaubnis zur Anbringung des Vermerks zu übergeben (§ 36 Abs. 2).

81   **3. Aufhebung der vorläufigen Entziehung.** Das Gesetz sagt nicht, was zu geschehen hat, wenn der Richter die vorläufige Entziehung der Fahrerlaubnis **aufhebt** oder wenn das Gericht die Fahrerlaubnis im Urteil nicht entzieht. Da der Inhaber eines ausländischen Fahrausweises nicht schlechter gestellt werden darf als der Inhaber eines von einer deutschen Behörde ausgestellten Führerscheins, müssen die für diesen geltenden Vorschriften (§ 111 a Abs. 5) entsprechend angewendet werden. An die Stelle der Rückgabe des Führerscheins (oben Rdn. 69 ff.) tritt deshalb die Tilgung des Vermerks in dem ausländischen Fahrausweis[109].

VIII. Rechtsmittel

1. Entscheidungen zur vorläufigen Entziehung der Fahrerlaubnis

82   Der Beschluß über die vorläufige Entziehung der Fahrerlaubnis, über deren Aufhebung, sowie der Beschluß, der es ablehnt, die Fahrerlaubnis vorläufig entziehen oder die vorläufige Entziehung aufzuheben, ist grundsätzlich **in jeder Lage des Verfahrens** mit der **einfachen Beschwerde** (§ 304 Abs. 1) anfechtbar. Auch Entscheidungen des erkennenden Gerichts können nach ausdrücklicher gesetzlicher Regelung (§ 305 Satz 2) angefochten werden. Nicht anfechtbar ist lediglich die Entscheidung des Strafsenats als Rechtsmittelgericht (§ 304 Abs. 4 Satz 2)[110].

---

[107] *Dreher/Tröndle* § 44, 15; *Himmelreich/Hentschel* 208.
[108] Vgl. *Himmelreich/Hentschel* 261.
[109] *Himmelreich/Hentschel* 245.

[110] Beispiel: Zusammen mit der Aufhebung des Urteils hebt der Senat entsprechend § 126 Abs. 3 die vorläufige Entziehung der Fahrerlaubnis auf.

Dagegen sind Entscheidungen des **Oberlandesgerichts** als Gericht des ersten **83** Rechtszugs oder des Ermittlungsrichters des **Bundesgerichtshofs** zur vorläufigen Entziehung der Fahrerlaubnis beschwerdefähig. Dies ergibt sich zwar nicht unmittelbar aus dem Katalog des § 304 Abs. 4 Satz 2 bzw. des § 304 Abs. 5, die die vorläufige Entziehung der Fahrerlaubnis nicht enthalten. Da diese Maßnahme aber nach § 111 a Abs. 3 stets als Anordnung der Beschlagnahme des von einer deutschen Behörde erteilten Führerscheins wirkt, muß sie in Bezug auf das Rechtsmittel wie eine Beschlagnahme (§ 304 Abs. 4 Satz 2 Nr. 1, Abs. 5) behandelt werden[111]. Daraus folgt zugleich, daß dann keine Beschwerde zulässig ist, wenn das im ersten Rechtszug entscheidende Oberlandesgericht oder der Ermittlungsrichter des Bundesgerichtshofs einem Täter die Fahrerlaubnis vorläufig entzieht, der nur einen ausländischen Fahrausweis besitzt. In diesem Fall ist allein die nach § 111 a Abs. 6 besonders angeordnete Beschlagnahme anfechtbar.

a) Weitere Beschwerde ist nach § 310 **ausgeschlossen**[112]. Eine unzulässige weitere **84** Beschwerde liegt vor, wenn diese sich gegen eine Entscheidung wendet, die auf eine Beschwerde hin ergangen ist und damit über denselben Gegenstand — das ist hier die Frage, ob die Fahrerlaubnis ganz/oder teilweise vorläufig entzogen werden soll — bereits zwei Entscheidungen verschiedener Instanzen vorliegen[113], mögen diese auch einander widersprechen oder auf verschiedenen Tatsachengrundlagen beruhen. Eine weitere Beschwerde ist also nicht deswegen zulässig, weil das Beschwerdegericht erstmalig die Fahrerlaubnis vorläufig entzieht oder die Beschwerdeentscheidung auf neue Tatsachen oder Beweismittel gestützt wird[114].

b) Beschwerdeberechtigt ist stets die **Staatsanwaltschaft**, auch wenn die Fahrer- **85** laubnis vorläufig entzogen oder ihrem Antrag sonst entsprechend entschieden wurde[115], nie dagegen der **Nebenkläger**, da die vorläufige Maßnahme ebenso wie die endgültige dem Schutz der Allgemeinheit dient[116] und deshalb der Nebenkläger durch eine Entscheidung zur vorläufigen Entziehung der Fahrerlaubnis nicht beschwert sein kann. Der **Beschuldigte** ist stets beschwert, wenn die Fahrerlaubnis vorläufig entzogen oder einem Antrag auf Beschränkung nach § 111 a Abs. 1 Satz 2 nicht gefolgt wurde.

c) Die Beschwerde hat **keine aufschiebende Wirkung** (§ 307 Abs. 1). Eine Ausset- **86** zung der Vollziehung (§ 307 Abs. 2) kommt wegen des Sicherungscharakters der vorläufigen Maßnahme nicht in Betracht.

d) Das **Beschwerdegericht entscheidet** grundsätzlich **in der Sache selbst** (§ 309 **87** Abs. 2); eine Aufhebung und Zurückweisung kommt im wesentlichen nur dann in Betracht, wenn das Erstgericht unzuständig und deshalb nicht zur Entscheidung befugt war und das zuständige Gericht nicht zum Bezirk des Beschwerdegerichts gehört[117]; fehlende oder mangelhafte Begründung führt nicht zur Zurückverweisung[118].

---

[111] KK-*Laufhütte* 37; vgl. Erl. zu § 304; **a. A** *Full/Möhl/Rüth* 9.

[112] Dies war vor Einfügung des § 33a durch das StPÄG 1964 in den Fällen streitig, in denen das Beschwerdegericht das rechtliche Gehör verletzt hatte, vgl. LR[22] § 308 Fn. 8.

[113] Vgl. Erl. zu § 310.

[114] h. M vgl. OLG Neustadt DAR **1960** 211 = MDR **1960** 604; *Jagusch/Hentschel*[28] 7; *Full/ Möhl/Rüth* 9.

[115] Vgl. die Erläuterungen zu § 296, 304.

[116] Vgl. § 401, 4 und die Erl. zu § 304; *Himmelreich/Hentschel* 246.

[117] vgl. dazu LG Braunschweig DAR **1975** 132.

[118] BGH NJW **1964** 2119; *Hanack* JZ **1967** 223; *Hentschel* DAR **1975** 266; **a. A** *KMR-Paulus* § 34, 15 f; vgl. zum ganzen auch die Erläuterungen zu § 309.

88   **Während des Revisionsverfahrens** ist allerdings die Prüfung der Geeignetheit i. S. des § 69 StGB und damit die wichtigste Voraussetzung des § 111 a dem Beschwerdegericht entzogen. Die Frage, ob dringende Gründe i. S. des § 111 a vorliegen, hängt nämlich jetzt nur noch davon ab, ob die Entscheidung über die Entziehung der Fahrerlaubnis nach § 69 StGB unter revisionsrechtlichen Gesichtspunkten vor der Revision Bestand hat. Im Beschwerdeverfahren läßt sich diese Prüfung nicht durchführen, auch wenn Beschwerde- und Revisionsgericht identisch sein sollten.

89   Zur **Entscheidungsgrundlage** gilt dasselbe wie für den Erstrichter (s. Rdn. 47). Wegen des Zeitablaufs bis zur Beschwerdeentscheidung hat das Beschwerdegericht im Ermittlungsverfahren aber höhere Anforderungen an die Beweisdichte zu stellen. Vernehmungsprotokolle und Gutachten müssen spätestens jetzt vollständig vorliegen, soll ein so schwerwiegender Eingriff wie die vorläufige Entziehung der Fahrerlaubnis aufrechterhalten oder angeordnet werden.

90   **e)** Eine Beschwerde gegen eine Entscheidung zur vorläufigen Entziehung der Fahrerlaubnis ist, wenn **bis zur Entscheidung** darüber ein **Zuständigkeitswechsel** eintritt, vom nunmehr zuständigen Gericht **als Antrag zu behandeln,** im Sinne des Beschwerdebegehrens zu entscheiden. Dies gilt insbesondere in den Fällen der Erhebung der öffentlichen Klage und auch dann, wenn bei demselben Amtsgericht sich lediglich die Zuständigkeit vom Ermittlungsrichter zum Strafrichter oder zum Vorsitzenden des Schöffengerichts verschiebt. Dasselbe gilt für die Fälle, daß Anklage zur Strafkammer erhoben wird oder daß dem Berufungsgericht die Akten nach § 321 vorgelegt werden. In all diesen Fällen kommt es nicht darauf an, ob die Beschwerde vor oder nach dem maßgeblichen Zeitpunkt (Erhebung der öffentlichen Klage, Vorlage der Akten nach § 321) erhoben wurde. Die nunmehr ergehende Entscheidung des jetzt zuständigen Richters ist beschwerdefähig[119]. Hingegen entscheidet das Landgericht vor der Aktenvorlegung nach § 321 auch dann als Beschwerdegericht, wenn schon Berufung eingelegt ist[120].

91   **f)** Will das Beschwerdegericht auf eine Beschwerde der Staatsanwaltschaft gegen eine die vorläufige Entziehung der Fahrerlaubnis ablehnende Entscheidung die Fahrerlaubnis vorläufig entziehen, kann es nach § 308 Abs. 1 Satz 2 ebenso wie der Erstrichter nach § 33 Abs. 4 Satz 1 von der **Gewährung rechtlichen Gehörs** absehen, wenn die Gefahr besteht, daß während des Anhörungsverfahrens der Betroffene am Kraftfahrzeugverkehr teilnimmt, obwohl er sehr wahrscheinlich ungeeignet ist und deshalb eine Gefahr darstellt (vgl. Rdn. 50). Für diesen Fall ordnet § 311 a die nachträgliche Anhörung an. Diese ist von Amts wegen durchzuführen (Erl. zu § 311 a), was zweckmäßigerweise durch einen Hinweis in der Beschwerdeentscheidung darauf, daß gemäß § 308 Abs. 1 Satz 2 ohne Gewährung rechtlichen Gehörs entschieden wurde, geschieht. Zum Nachverfahren selbst vgl. Rdn. 52. Die im Nachverfahren ergehende Entscheidung ist nicht beschwerdefähig, wohl aber kann die Ablehnung des Antrags ein Nachverfahren durchzuführen, mit der Beschwerde angefochten werden, vgl. § 33 a, 20.

92   **g)** Die **Beschwerdeentscheidung bindet** grundsätzlich den **Erstrichter** und macht eine neue Beschwerde unzulässig. Die Bindung besteht aber nur solange, als nicht neue Tatsachen oder Beweismittel die Sachlage ändern. Dazu gehört bei der vorläufigen

---

[119] h. M; OLG Hamm NJW **1969** 149; VRS **49** 111; OLG Karlsruhe MDR **1974** 159; *Himmelreich/Hentschel* 219; *Kleinknecht/Meyer*[37] 20; a. A OLG Celle GA **1956** 358 = NdsRpfl. **1956** 211; *Eb. Schmidt* Nachtrag I 19, die eine

Beschwerdeentscheidung für erforderlich halten.
[120] OLG Hamm NJW **1969** 149; *Kleinknecht/Meyer*[37] 20; KMR-*Müller* 21.

Entziehung der Fahrerlaubnis auch der Zeitablauf, weil eine erhebliche Dauer der vorläufigen Maßnahme den Beschuldigten so beeinflussen kann, daß er nach einiger Zeit nicht mehr ungeeignet zum Führen von Kraftfahrzeugen ist und damit die Voraussetzungen der § 111 a und § 69 StGB enfallen sind. Selbstverständlich besteht auch dann keine Bindung an eine Beschwerdeentscheidung, wenn sich im Hinblick auf eine verfahrensbeendende Entscheidung eine neue Situation ergibt[121].

2. Beschlagnahme des Führerscheins

Wendet sich der Betroffene gegen die Beschlagnahme des Führerscheins, so tritt **93** an die Stelle der Entscheidung über die Rechtmäßigkeit der Beschlagnahme nach § 98 Abs. 2 die über die vorläufige Entziehung der Fahrerlaubnis (§ 111 a Abs. 4).

Ist der Führerschein nach vorübergehender Beschlagnahme wieder freigegeben, **94** kommt nach der neueren Rechtsprechung des Bundesgerichtshofs in engen Grenzen eine Überprüfung der Rechtmäßigkeit der Beschlagnahme in Betracht. Vgl. dazu § 98, 72.

IX. Abgeordnete

1. Grundsatz. Die vorläufige Entziehung der Fahrerlaubnis und die Beschlag- **95** nahme des Führerscheins sind trotz ihres präventiven Charakters Strafverfolgungsmaßnahmen, die unter das **Verfolgungsverbot** des Art. 46 Abs. 2 GG und der entsprechenden Vorschriften der Länderverfassungen fallen[122]. Ohne Genehmigung des Parlaments sind diese Maßnahmen deshalb gegen Abgeordnete nicht zulässig. Vgl. im Einzelnen LR-*Rieß* § 152 a, 9.

2. Festnahme auf frischer Tat. Wird der Bundestagsabgeordnete bei Begehung **96** der Tat oder im Laufe des folgenden Tages („**auf frischer Tat**", Art. 46 Abs. 2 GG) festgenommen, so ist jede weitere Strafverfolgungsmaßnahme und damit auch die Beschlagnahme des Führerscheins und die vorläufige Entziehung der Fahrerlaubnis ohne Genehmigung des Parlaments bis zu dessen Aussetzungsverlangen nach Art. 46 Abs. 4 GG zulässig[123]. Fraglich ist, was unter **Festnahme** in Art. 46 Abs. 2 GG zu verstehen ist. Die wohl überwiegende Meinung beschränkt den Begriff Festnahme nicht auf die in der StPO — ausdrücklich genannte vorläufige Festnahme (§ 127) oder auf die Untersuchungshaft (§ 112), sondern versteht hierunter jede Freiheitsbeschränkung, die im Zusammenhang mit einem Untersuchungsverfahren gegen den Abgeordneten wegen einer mit Strafe bedrohten Handlung erfolgt, also auch eine Sistierung zum Zweck der Blutentnahme nach § 81 a[124]. Noch weitergehender werden zum Teil (auch von LR-*Rieß*

---

[121] Beispiel: Wird das Verfahren nach § 153 a StPO eingestellt, muß auch die vorläufige Entziehung der Fahrerlaubnis aufgehoben werden. Wird umgekehrt nach einer Aufhebung der vorläufigen Entziehung die Fahrerlaubnis nach § 69 durch ein Urteil entzogen, liegen die Voraussetzungen des § 111 a wieder vor und die vorläufige Maßnahme muß erneut getroffen werden.

[122] *Full/Möhl/Rüth* 10; *Kleinknecht/Meyer*[37] 19; *Eb. Schmidt* Nachtrag I 28; *Bockelmann* Die Unverfolgbarkeit der Abgeordneten (1951)

43; *Reh* NJW 1959 86; vgl. auch *Maunz/Dürig* Art. 46, 41.

[123] OLG Bremen NJW **1966** 743; OLG Oldenburg NJW **1966** 1764; *Eb. Schmidt* 31; *Mangold/Klein* Art. 46 GG IV 8 c; *Maunz/Dürig* Art. 46, 54; *Magiera* Bonn. Komm. (Zweitbearbeitung) Art. 46, 74; *Bockelmann* 58.

[124] OLG Bremen NJW **1966** 743; OLG Oldenburg NJW **1966** 1764; *Ahrens* Immunität, 12; *Bockelmann* 56; *Magiera* Bonn. Komm. (Zweitbearbeitung) Art. 46, 74; LR-*Rieß* § 152 a, 23.

§ 152 a, 26) unaufschiebbare Sicherungsmaßnahmen wie eine Blutprobe oder die Wegnahme des Führerscheins bei Trunkenheitsfahrt auch ohne Festnahme stets als zulässig angesehen, wenn der Abgeordnete auf frischer Tat angetroffen wird[125]. Diese Auffassungen finden im Wortlaut der Verfassung keine Stütze. Sie sind abzulehnen. Art. 46 Abs. 2 GG handelt von strafprozessualen Verfolgungsmaßnahmen. Deshalb kann der Begriff Festnahme hier nicht anders ausgelegt werden als im Strafprozeßrecht sonst[126]. Daraus folgt: Das Erfordernis vorheriger Genehmigung der Durchführung eines Ermittlungsverfahrens nach Art. 46 Abs. 2 GG entfällt nur bei einer Festnahme nach §§ 112, 127 StPO. Da zur Entnahme einer Blutprobe und der Beschlagnahme des Führerscheins eine derartige Festnahme auch dann nicht erforderlich ist, wenn die Blutprobe mit Zwang angenommen werden soll[127], bedarf es nach Art. 46 Abs. 2 GG deshalb regelmäßig zur vorläufigen Entziehung der Fahrerlaubnis der Genehmigung des Bundestags. Entsprechendes gilt für die entsprechenden Vorschriften der Länderverfassungen.

97   **3. Allgemeine Genehmigung.** Für die Praxis kommt es indes auf die in Rdn. 96 ausgeführte Streitfrage meist nicht an. Der Deutsche Bundestag und die meisten Länderparlamente willigen (jeweils für die laufende Wahlperiode) im voraus in die Durchführung von Ermittlungsverfahren gegen Abgeordnete ein, es sei denn, es handle sich um Beleidigungen politischen Charakters. Diese allgemeine Genehmigung erfaßt nicht die Erhebung der öffentlichen Klage und freiheitsentziehende und freiheitsbeschränkende Maßnahmen im Ermittlungsverfahren. Einzelheiten bei LR-*Rieß* § 152, 28; vgl. auch Nr. 192 Abs. 1 bis 3 RiStBV. Von dieser generellen Genehmigung zur Durchführung eines Ermittlungsverfahrens ist nach Auffassung des Ausschusses für Wahlprüfung, Immunität und Geschäftsordnung des Deutschen Bundestags die vorläufige Entziehung der Fahrerlaubnis gemäß § 111 a mit umfaßt. Der Immunitätsausschuß sieht in der Maßnahme gemäß § 111 a auch keine „andere Beschränkung der persönlichen Freiheit eines Abgeordneten" im Sinne des Artikels 46 Abs. 3 GG. Diese Auffassung des Bundestagsausschusses hat der Bundesminister der Justiz den Justizministern und Justizsenatoren der Länder mit Schreiben vom 17. Dezember 1974 mitgeteilt und damit die Bitte des Immunitätsausschusses verbunden, diese Stellungnahme auch den Landtagspräsidenten zur Kenntnis zu geben, „damit nach Möglichkeit eine bundeseinheitliche Handhabung des Immunitätsschutzes hinsichtlich der vorläufigen Entziehung der Fahrerlaubnis erreicht werden kann". Einer Empfehlung der Konferenz der Präsidenten der deutschen Länderparlamente folgend genehmigen nunmehr die Länderparlamente inzwischen neben der Durchführung von Ermittlungsverfahren ausdrücklich auch die vorläufige Entziehung der Fahrerlaubnis nach § 111 a (vgl. z. B. den Beschluß des Landtags von Baden-Württemberg vom 5. Juni 1984 (Justiz **1984** 349).

---

[125] Bonner Kommentar Art. 46 GG 75; *von Mangoldt/Klein* Art. 46 GG IV 8 c; noch weitergehend *Nau* NJW **1958** 1668.

[126] Im Ergebnis ebenso *Maunz/Dürig* Art. 46, 53 Fn. 1.
[127] BayObLG MDR **1984** 511.

§ 111 b

(1) Gegenstände und andere Vermögensvorteile können sichergestellt werden, wenn dringende Gründe für die Annahme vorhanden sind, daß die Voraussetzungen für ihren Verfall oder ihre Einziehung vorliegen.

(2) [1]Besteht der Vermögensvorteil in einem bestimmten Gegenstand oder unterliegt ein Gegenstand der Einziehung, so wird die Sicherstellung durch Beschlagnahme bewirkt (§ 111 c). [2]§ 94 Abs. 3 bleibt unberührt. [3]Die §§ 102 bis 110 gelten entsprechend.

(3) Die Absätze 1 und 2 gelten entsprechend für Vermögensvorteile, die nur deshalb nicht dem Verfall unterliegen, weil sie durch die Erfüllung eines Anspruchs beseitigt oder gemindert würden, der dem Verletzten aus der Tat erwachsen ist (§ 73 Abs. 1 Satz 2 des Strafgesetzbuches).

Schrifttum zu den §§ 111 b bis 111 l. *Achenbach* Verfahrenssichernde und vollstreckungssi-chernde Beschlagnahme im Strafprozeß, NJW **1976** 1068; *Achenbach* Polizeiliche Inverwahrnahme, NJW **1982** 2809; *Achenbach* Vermögensrechtlicher Opferschutz im strafprozessualen Vorverfahren, FS Blau (1985) 7; *v. Canstein* Die öffentlich-rechtliche und die privatrechtliche Tragweite der prozessualen Beschlagnahme, Diss. Köln 1934; *Eberbach* Einziehung und Verfall beim illegalen Betäubungsmittelhandel, NStZ **1985** 294; *Friedrichs* Einziehung und Beschlagnahme in der Rechtsprechung des Reichsgerichts in Strafsachen, JW **1924** 260; *Groß* Das Recht der Pressebeschlagnahme, AfP **1976** 14; *Groß* Beschlagnahme von Druckwerken, NJW **1976** 170; *Hoffmann* Reicht unser Beschlagnahmerecht noch aus? Probleme bei der Abschöpfung von Vermögenswerten, die aus illegalem Rauschgifthandel erlangt worden sind, MDR **1984** 617; *Julius* Die Zuständigkeit im Verfahren nach § 111 k, StPO, DRiZ **1984** 192; *Käbisch* Zum Vorgehen der Steuerfahndung gem. §§ 73 ff StGB, § 111 b StPO, wistra **1984** 10; *Kalf* Die Beschlagnahme von Druckschriften strafbaren Inhalts, Die Polizei **1983** 392; *Lampe* Ermittlungszuständigkeit von Richter und Staatsanwalt nach dem 1. StVRG, NJW **1975** 197; *Mothes* Die Beschlagnahme nach Wesen, Art und Durchführung (1903); *Rieß* Die Rechtsstellung des Verletzten im Strafverfahren, Gutachten zum 55. DJT (1984), Verh. des 55. DJT, Bd. I Teil C; *Seetzen* Vorführung und Beschlagnahme pornographischer und gewaltverherrlichender Spielfilme, NJW **1976** 497. Weiteres Schrifttum s. bei § 111 k.

Entstehungsgeschichte. Die Vorschrift wurde durch Art. 21 Nr. 29 EGStGB 1974 eingefügt.

Übersicht

Gerhard Schäfer

I. Zweck und Aufbau der gesetzlichen Regelung in §§ 111 b bis 111 l

1   **1. Zweck der Regelung.** Die durch Art. 21 Nr. 29 EGStGB eingefügten Vorschriften sollen durch frühzeitigen Zugriff auf das Vermögen des Beschuldigten gewährleisten, daß die erst mit der Rechtskraft eines späteren Urteils vollstreckbaren Entscheidungen über Verfall (§§ 73 ff StGB) und Einziehung (§§ 74 ff StGB) nicht durch zwischenzeitlich vorgenommene Verfügungen des Beschuldigten leerlaufen. Die Sicherstellung von Gegenständen zur Sicherung des Verfalls soll gleichzeitig auch der Schadloshaltung des Verletzten dienen („Zurückgewinnungshilfe"; vgl. LK-*Schäfer* § 73, 23), ohne daß es bei der Sicherstellung schon darauf ankommen kann, ob die Gegenstände später für verfallen erklärt werden oder ob dies wegen § 73 Absatz 1 Satz 2 StGB nicht der Fall sein wird[1]. Die außerordentlich komplizierte gesetzliche Regelung hat kaum Einwirkung auf die Praxis. Zutreffend spricht *Achenbach*[1a] davon, die Perfektionssucht des Gesetzgebers habe hier ein legislatorisches Monstrum geboren.

2   **a) Verfall.** Das 2. StRG brachte eine Umgestaltung des Geldstrafensystems, das eine Abschöpfung des aus der Tat gezogenen Vorteils durch die Geldstrafe nicht mehr gestattete. Deshalb wurde das Rechtsinstitut des **Verfalls** (§§ 73 bis 73 d StGB) als Maßnahme eigener Art geschaffen, die dort, wo zivilrechtliche Ersatzansprüche fehlen, das kriminalpolitische Ziel erreichen will, dem Täter die durch eine rechtswidrige Tat erlangten Vermögensvorteile wieder abzunehmen[2], einen verbleibenden Gewinn also zu entziehen[3]. Soweit der Vermögensvorteil in bestimmten Gegenständen (Sachen oder Rechten) oder deren Surrogaten besteht, wie z. B. in einem PKW als Bestechungsentgelt, wird der Verfall der Gegenstände angeordnet (§ 73 StGB), soweit der Vermögensvorteil nicht (mehr) in einem bestimmten Gegenstand konkretisiert ist, sondern sich lediglich in einem rechnerisch ermittelten Gewinn niederschlägt[4], wird der Verfall eines Geldbetrags angeordnet, der dem Wert des Erlangten entspricht (Verfall des Wertersatzes, § 73 a StGB). Vgl. zu Einzelheiten die Kommentare zum Strafgesetzbuch.

3   **b) Einziehung.** Der Einziehung nach § 74 StGB unterliegen Gegenstände (Sachen und Rechte), die entweder durch die Tat hervorgebracht (**producta sceleris**) oder zu ihrer Begehung oder Vorbereitung gebraucht wurden oder bestimmt (**instrumenta sceleris**) sind. Nicht von § 74 Absatz 1 erfaßt sind die sogenannten **Beziehungsgegenstände**, die — wie das Rauschgift bei den Verstößen gegen das BtM-Gesetz oder die Waffen bei den Verstößen gegen das Waffengesetz — Gegenstand der Tat selbst sind. Ihre Einzie-

---

[1] Vgl. Begründung der Bundesregierung zu §§ 111 b, BTDrucks. 7 550 S. 292.

[1a] Opferschutz 11; kritisch auch *Rieß* DJT Gutachten Rdn. 52 und 148.

[2] BGHSt **28** 269; BGH StrVert. **1981** 627.

[3] BGHSt **28** 269; **31** 146.

[4] *Schönke/Schröder/Eser*[22] § 73, 21.

hung richtet sich nach Sondervorschriften wie z. B. § 33 BtMG. Scheitert die Einziehung eines der Einziehung nach § 74 StGB oder nach Sondervorschriften[5] unterliegenden Gegenstands daran, daß dieser verwertet oder die Einziehung sonst vereitelt wurde (Verkauf der Tatwaffe oder des Rauschgifts) so kommt die Einziehung eines Geldbetrags bis zu der Höhe in Betracht, die dem Wert des Gegenstands entspricht (Einziehung des Wertersatzes, § 74 c StGB). Vergleiche zu Einzelheiten die Kommentare zu §§ 74 ff StGB.

2. Gesetzliche Regelung der §§ 111 b bis 111 n. Wie in Rdn. 2 f zusammenfassend **4** dargestellt, unterliegen dem Verfall und der Einziehung „**Gegenstände**", das sind Sachen oder Rechte. Scheidet der Verfall oder die Einziehung von Gegenständen aus, kommen der Verfall des Wertersatzes oder die Einziehung des Wertersatzes in Betracht, die zu einem **staatlichen Zahlungsanspruch** führen. Aus dieser materiellrechtlichen Lage folgt ein kompliziertes verfahrensrechtliches Sicherstellungssystem:

a) § 111 b Absatz 1 enthält den Grundsatz: Sind dringende Gründe dafür gege- **5** ben, daß der Verfall von Gegenständen (Sachen oder Rechten) oder der Verfall von Wertersatz beziehungsweise die Einziehung von Gegenständen (Sachen oder Rechten) oder die Einziehung von Wertersatz angeordnet werden wird, kann zur Sicherung dieser Maßnahmen eine Sicherstellung erfolgen.

b) § 111 b und § 111 c regeln die Sicherstellung von **Gegenständen**, die dem Ver- **6** fall und der Einziehung unterliegen. Diese Sicherstellung erfolgt nach § 111 b Abs. 2 durch **Beschlagnahme**. Wie diese im einzelnen zu bewirken ist, bestimmt sich nach § 111 c.

c) § 111 d regelt die Sicherung des Verfalls von **Wertersatz** oder der Einziehung **7** von Wertersatz durch **dinglichen Arrest** und erstreckt sich auch auf die Geldstrafe und voraussichtlich entstehende Verfahrenskosten.

d) § 111 e regelt die Zuständigkeit für die **Anordnung** von Beschlagnahme und **8** dinglichen Arrest, § 111 f für die **Vollstreckung**.

e) §§ 111 g bis 111 k sichern die Rechte des Verletzten und räumen ihnen Vor- **9** rang vor den Maßnahmen nach §§ 111 b und 111 d ein. § 111 k regelt einen Teilaspekt der Rückgabe von beweglichen Sachen, die als Beweismittel oder nach § 111 c sichergestellt waren.

f) § 111 l befaßt sich mit dler **Notveräußerung** von Gegenständen, die nach **10** § 111 b oder nach § 111 d sichergestellt waren.

g) §§ 111 m und 111 n schließlich bringen Sondervorschriften für die Sicherstel- **11** lung von Gegenständen im Pressebereich.

II. Sicherstellung von Gegenständen und anderen Vermögensvorteilen. Absatz 1

1. Bedeutung der Vorschrift. Es spricht nicht gerade für die Formulierungskunst **12** des Gesetzgebers, daß sich die Bedeutung der Vorschrift nicht aus ihrem Wortlaut, sondern nur mittelbar aus einer Gesamtschau der §§ 111 b, c und d entnehmen läßt. Nach

---

[5] BGHSt **28** 369.

Gerhard Schäfer

§73 StGB können Vermögensvorteile für verfallen erklärt werden; dies geschieht dadurch, daß entweder „der Verfall eines Gegenstands" (einer Sache oder eines Rechts), §73 d StGB, oder — wenn dies nicht möglich ist — der Verfall des Wertersatzes, §73 a StGB, angeordnet wird. Besteht der Vermögensvorteil in einem Gegenstand, wird die in Absatz 1 angesprochene Sicherstellung durch Beschlagnahme bewirkt (Absatz 2 Satz 1), kommt der Verfall des Wertersatzes in Betracht, erfolgt nach § 111 d Abs. 1 die Sicherstellung durch dinglichen Arrest. Der Begriff Sicherstellung in Absatz 1 bedeutet also bei Gegenständen (Sachen und Rechten) die Beschlagnahme, bei Zahlungsansprüchen den dinglichen Arrest. Der Begriff „Vermögensvorteil" ist, wie in §73 StGB, der Oberbegriff und umfaßt Gegenstände und andere, nur rechnerisch faßbare Vermögensvorteile, deren Verfall nach §73 a lediglich zu einem Zahlungsanspruch gegen den Betroffenen führen. Für die gleichzeitig in Absatz 1 angesprochene Einziehung passen aber die Begriffe „Gegenstände und andere Vermögensvorteile" nicht. Zwar können nach §74 „Gegenstände" eingezogen werden. Das sind, wie sich aus §74 e Abs. 1 StGB ergibt, wie bei §73 StGB Sachen und Rechte. Darauf, ob es sich hierbei um Vermögensvorteile handelt, kommt es bei §74 StGB aber nicht an. Ferner kennt §74 c StGB die Einziehung des Wertersatzes. Insoweit wäre eine Sicherstellung durch §111 b nicht gedeckt, denn Absatz 1 erfaßt mit der Umschreibung des Sicherzustellenden diese Modalität nicht. Aus § 111 d Abs. 1 ergibt sich aber, daß auch wegen der Einziehung von Wertersatz der dingliche Arrest angeordnet werden kann.

13   § 111 b Abs. 1 und Abs. 2 Satz 1 sind demnach (in Anlehnung an LR-*Meyer*[23] 6) wie folgt zu lesen:

(1) Gegenstände können durch Beschlagnahme nach § 111 c sichergestellt werden, wenn dringende Gründe für die Annahme vorhanden sind, daß die Voraussetzungen für ihren Verfall (§73 StGB) oder ihre Einziehung (§74 StGB) vorliegen.

(2) Sind dringende Gründe für die Annahme vorhanden, daß die Voraussetzungen des Verfalls von Wertersatz (§73 a StGB) oder der Einziehung von Wertersatz (§74 c StGB) vorliegen, kann zu deren Sicherung nach § 111 d der dingliche Arrest angeordnet werden.

14   Die eigentliche Bedeutung von Absatz 1 besteht demnach nur darin, daß er als gemeinsame Voraussetzung für die Sicherstellung durch Beschlagnahme (§ 111 b Abs. 2, § 111 c) oder für die durch dinglichen Arrest (§ 111 d) vor die Klammer zieht, daß **dringende Gründe für die Annahme** vorhanden sein müssen, daß die Voraussetzungen des Verfalls oder der Einziehung (jeweils einschließlich des Wertersatzes) vorhanden sind.

15   **2. Dringende Gründe.** Anders als bei der Sicherstellung von Beweismitteln (vgl. dazu § 94, 12) verlangt das Gesetz hier, daß **dringende Gründe** (b) für die Annahme vorhanden sind, daß die **Voraussetzungen** für den Verfall oder die Einziehung (a) der Gegenstände oder anderen Vermögensvorteile vorliegen.

16   **a) Voraussetzungen für den Verfall oder die Einziehung.** Entsprechend der Terminologie des Strafgesetzbuches (vgl. die Überschrift Allgemeiner Teil, Dritter Abschnitt, Siebenter Titel) ist unter „Verfall und Einziehung" jeweils auch Verfall und Einziehung des Wertersatzes zu verstehen. Während die Anordnung des Verfalls und des Verfalls von Wertersatz grundsätzlich (vgl. aber die Härteklausel in §73 c StGB) zwingend ist, ist die Einziehung weitgehend in das Ermessen des erkennenden Gerichts gestellt (wegen der Einzelheiten s. erschöpfend LK-*Schäfer* §§73 ff). Da eine Sicherstellung nach §§ 111 b ff aber nicht zu rechtfertigen wäre, wenn zwar die Voraussetzungen für die Einziehung an sich vorliegen, andererseits aber mit einer Einziehung bei Anwendung pflichtgemäßen Ermessens nicht mit hoher Wahrscheinlichkeit zu rechnen ist, ist

Absatz 1 so zu lesen, daß dringende Gründe für die Annahme vorhanden sein müssen, daß auf Verfall und Einziehung erkannt werden wird. Dies ist bei der Einziehung — entgegen LR-*Meyer*[23] — nicht schon dann der Fall, wenn keine Anhaltspunkte dafür da sind, daß das Gericht von der Einziehung absehen wird. Vielmehr ist auch insofern die unter Rdn. 17 dargestellte Prognose zu treffen.

b) Dringende Gründe. Das Gesetz stellt damit auf die Verurteilungswahrschein- **17** lichkeit (vgl. dazu LR-*Rieß* § 203, 6 ff) ab, die sich hier freilich ähnlich wie bei § 111 a (vgl. dort Rdn. 13) auf die Anordnung von Verfall oder Einziehung (auch im Verfahren nach §§ 413 ff, 440, 442) beschränkt. Insoweit verlangen die dringenden Gründe in § 111 b denselben Wahrscheinlichkeitsgrad wie der dringende Tatverdacht in § 112 Abs. 1 Satz 1 für die Anordnung der Untersuchungshaft, nämlich die **hohe Wahrscheinlichkeit** der späteren, rechtskräftigen Anordnung von Verfall oder Einziehung. Das erfordert — anders als z. B. bei § 112 — und ähnlich wie bei § 111 a, vgl. dort Rdn. 13 — eine Prüfung in mehrfacher Richtung: Zunächst muß mit hoher Wahrscheinlichkeit eine Straftat (nicht notwendig schuldhaft) begangen worden sein. Weiter müssen mit hoher Wahrscheinlichkeit die Voraussetzungen des Verfalls und der Einziehung vorliegen und es muß unter Berücksichtigung der Ermessensregelungen namentlich in § 74 Abs. 1 StGB, aber auch in den die Einziehung gestattenden Sondergesetzen, und unter Beachtung der Härteklauseln in § 73 c und 74 b StGB mit hoher Wahrscheinlichkeit die Anordnung dieser Maßnahmen zu erwarten sein. Die Prognose ist vom jeweiligen Verfahrensstand aus zu stellen. Deshalb werden die Anforderungen an die Beweisdichte zu Beginn der Ermittlungen geringer sein, als in der Hauptverhandlung[6]. Zur Entscheidungsgrundlage vgl. § 111 a, 47 f.

3. Beendigung und Aufhebung der Sicherstellung. Vgl. § 111 e, 17 bis 20 für die Be- **18** schlagnahme und § 111 d, 27 und 34 für den Arrest.

4. Legalitätsprinzip. Die Sicherstellung wird durch § 111 b Abs. 1 nicht zwingend **19** vorgeschrieben. Die Verpflichtung der Staatsanwaltschaft, Straftaten zu verfolgen (§ 152 Abs. 2), legt ihr aber auch auf, dafür zu sorgen, daß ein Gegenstand, der für verfallen erklärt oder eingezogen werden kann, bei der Vollstreckung vorhanden ist. Das besagt allerdings nicht, daß stets eine Sicherstellung herbeigeführt werden muß. Denn Voraussetzung ist, da kein Zwangseingriff ohne Notwendigkeit angeordnet werden darf, die Gefahr, daß der künftige Verfall oder die Einziehung ohne die sicherstellende Beschlagnahme nicht möglich sein wird[7]. Es kommt allein auf die künftige Gefährdung der Vollstreckung an. Die Sicherstellung ist daher unzulässig, wenn diese Gefährdung ausgeschlossen werden kann. Ist das nicht der Fall, so wird sie regelmäßig herbeizuführen sein. Diese Verpflichtung besteht nicht, solange eine noch zu schaffende Verfahrensvoraussetzung fehlt; die Sicherstellung sollte aber vorgenommen werden, wenn zu erwarten ist, daß die Verfahrensvoraussetzung geschaffen werden kann. Eine Beschlagnahme, mit der ausschließlich die **Schadloshaltung des Verletzten** (Absatz 3) gesichert werden soll, steht immer im **Ermessen der Beschlagnahmebehörde**[8]. Steht die spätere Einziehung im Ermessen des Gerichts, so entscheidet das Ermessen der Staatsanwaltschaft, ob eine Sicherstellung vorzunehmen ist; die Polizei hat beim ersten Zugriff,

---

[6] Vgl. dazu G. *Schäfer*[4] § 34 II 1.
[7] LG Aachen NJW **1978** 385; KK-*Laufhütte* 13; *Kleinknecht/Meyer*[37] 13.
[8] LR-*Meyer*[23]   28;   *Kleinknecht/Meyer*[37]   6;

KMR-*Müller* 13; kritisch zur h. M. *Achenbach* Opferschutz 17, der von einem Gebot „sozialstaatlicher Rechtspflege" spricht.

Gerhard Schäfer

wenn ihr die Praxis der Staatsanwaltschaft keinen Anhalt bietet, deren Weisung einzuholen.

20   Im selbständigen **Einziehungsverfahren** nach §§ 440, 442 gilt der Legalitätsgrundsatz nicht[9]. Er hat daher auch für die Beschlagnahme in diesem Verfahren keine Bedeutung.

21   **5. Verhältnismäßigkeit.** Vgl. § 94, 35. Das Gesetz selbst hat dem Grundsatz der Verhältnismäßigkeit bereits weitgehend Rechnung getragen. So ist die Sicherstellung nur zulässig, wenn **dringende Gründe** für die Annahme vorhanden sind, daß die Voraussetzungen für Verfall oder Einziehung vorliegen (Absatz 1). **Bewegliche Sachen** können dem Betroffenen gegen Erlegung des Werts oder gegen Sicherheitsleistung oder unter Auflagen überlassen werden (§ 111 c Abs. 6) und zur Sicherung **geringfügiger Zahlungsansprüche** ergeht kein Arrest (§ 111 d Abs. 1). Darübert hinaus verlangen schon die Vorschriften über Verfall und Einziehung eine entsprechende Abwägung unter dem Gesichtspunkt der Verhältnismäßigkeit (vgl. § 73 c, § 74 b StGB): sind Verfall oder Einziehung möglicherweise unverhältnismäßig, dann fehlt es für die Sicherungsmaßnahme an den dringenden Gründen des Absatz 1.

22   **a) Verfall.** Da die Anordnung des Verfalls einschließlich des Verfalls des Wertersatzes durch §§ 73, 73 a StGB zwingend vorgeschrieben ist, hat der Verhältnismäßigkeitsgrundsatz hier regelmäßig keine Bedeutung. Bestehen dringende Gründe für die Annahme, daß ein bestimmter Gegenstand (Sache oder Recht) das Entgelt des Täters für die Tat oder der Vorteil ist, den er durch sie erlangt hat, so steht daher der Beschlagnahme grundsätzlich nichts entgegen. Entsprechendes gilt für den dinglichen Arrest zur Sicherung des Verfalls des Wertersatzes. Eine Abwägung, ob die Zwangsmaßnahme im rechten Verhältnis zu der Bedeutung der Sache steht, braucht nicht vorgenommen zu werden. Nur wenn von vornherein abzusehen ist, daß die Verfallsanordnung für den Betroffenen eine unbillige Härte wäre, muß die Beschlagnahme unterbleiben; denn dann darf nach § 73 c Abs. 1 Satz 1 StGB auch im Urteil der Verfall nicht angeordnet werden. Wenn das Erlangte nur einen geringen Wert hat, kann ebenfalls von der Beschlagnahme abgesehen werden (§ 73 c Abs. 1 Satz 2 StGB).

23   **b) Einziehung.** Für die Einziehung der dem Täter oder Teilnehmer gehörenden oder zustehenden Gegenstände (§ 74 Abs. 2 Nr. 1 StGB) und für die Einziehung nach § 74 a StGB enthält § 74 b Abs. 1 StGB eine Ausformung des Verhältnismäßigkeitsgrundsatzes, die auch für die Einziehung des Wertersatzes nach § 74 c StGB gilt[10]. Sofern sie nicht zwingend vorgeschrieben ist und nicht die Gefahr besteht, daß die Einziehungsgegenstände die Allgemeinheit gefährden oder der Begehung weiterer Rechtsbrüche dienen werden, darf die Einziehung nicht angeordnet werden, wenn sie zu der Bedeutung der Tat und zu dem Vorwurf, der den von der Einziehung betroffenen Täter oder Teilnehmer trifft, außer Verhältnis steht. Für die Sicherungseinziehung nach § 74 Abs. 2 Nr. 2 StGB gilt § 74 b Absatz 1 nicht. Der Verhältnismäßigkeitsgrundsatz ist aber auch hier zu beachten. Dabei sind namentlich der Wert des Einziehungsgegenstands, die Bedeutung der Tat und der Vorwurf gegen den Dritten abzuwägen[11]. Daß § 74 b Abs. 2 StGB die Anordnung weniger einschneidender Maßnahmen unter dem Vorbehalt der

---

[9] BGHSt **7** 357; **20** 257.

[9a] Vgl. auch OLG Karlsruhe Justiz **1981** 482.

[10] *Dreher/Tröndle*[42] § 74 c, 1; *Schönke/Schröder/Eser*[22] § 74 c, 4.

[11] BGH StrVert. **1983** 106; *Dreher/Tröndle*[42] § 74 b, 3; *Schönke/Schröder/Eser*[22] § 74 b, 4.

Einziehung vorschreibt, wenn der Zweck der Einziehung auch durch sie erreicht werden kann, steht der Beschlagnahme nicht entgegen. Jedoch kann der Zweck des § 74 b Abs. 2 StGB im Beschlagnahmeverfahren dadurch erreicht werden, daß nach § 111 c Absatz 6 verfahren und die beschlagnahmte Sache dem Betroffenen gegen sofortige Erlegung des Wertes zurückgegeben oder ihm unter Vorbehalt jederzeitigen Widerrufs zur vorläufigen weiteren Benutzung auch unter Auflagen, überlassen wird.

6. Geltungsbereich. Die Sicherstellung nach Absatz 1 findet nicht nur im gewöhn- **24** lichen Strafverfahren einschließlich des **Privatklageverfahrens**[12], sondern auch im **Sicherungsverfahren** nach §§ 413 ff und im **selbständigen Einziehungsverfahren** nach §§ 440 ff[13] sowie zur Sicherstellung der Einziehung im Bußgeldverfahren[14] statt.

III. Sicherstellung von Gegenständen durch Beschlagnahme (Absatz 2)

1. Bedeutung der Vorschrift. Absatz 2 Satz 1 sagt, daß bei **Gegenständen**, die dem **25** Verfall oder der Einziehung unterliegen die Sicherstellung durch **Beschlagnahme** erfolgt. Andere Wege der Sicherstellung werden damit ausgeschlossen. Die Vorschrift ist damit das Gegenstück zu § 111 d, wo die Sicherstellung des Wertersatzanspruchs geregelt ist.

2. Gegenstände
a) Begriff. Der Begriff Gegenstand stimmt mit dem in § 73 d Abs. 1, § 74 e Abs. 1 **26** StGB verwendeten überein. Das folgt aus dem Zweck der Sicherstellung. Diese muß alle Gegenstände erfassen können, die dem Verfall oder der Einziehung unterliegen und an denen der Staat, wenn diese Rechtsfolgen angeordnet worden sind, mit der Rechtskraft des Urteils das Eigentum erwirbt oder die dann auf ihn übergehen. In Betracht kommen Sachen und Rechte, dingliche Rechte und Forderungen jeder Art. In § 111 c, der die Bewirkung der Beschlagnahme regelt, sind im einzelnen aufgeführt: Bewegliche Sachen; Grundstücke und andere Rechte, die den Vorschriften über die Zwangsvollstreckung in das unbewegliche Vermögen unterliegen; Forderungen und andere Vermögensrechte, die nicht den Vorschriften über die Zwangsvollstreckung in das unbewegliche Vermögen unterliegen; Schiffe, Schiffsbauwerke und Luftfahrzeuge.

b) Verfallsgegenstände. Die Anordnung des Verfalls setzt nach § 73 Abs. 1 Satz 1 **27** StGB voraus, daß eine rechtswidrige Tat begangen worden ist; schuldhaft braucht der Täter nicht gehandelt zu haben[15]. Ferner muß der Täter oder Teilnehmer *für* die Tat (z. B. als Belohnung des Anstifters für die Tatausführung oder als Agentenlohn für geheimdienstliche Tätigkeit) oder *aus* der Tat (z. B. als Diebesbeute oder als ausbeuterischer Gewinn bei der Betätigung als Zuhälter) einen Vermögensvorteil erlangt haben. Soweit es sich dabei um Gegenstände (Sachen und Rechte) handelt, erfolgt Beschlagnahme, soweit dagegen der Vermögensvorteil nur rechnerisch faßbar ist[16], dinglicher Arrest. Die Anordnung erstreckt sich nach § 73 Abs. 2 Satz 1 StGB auf die Nutzungen, die der Täter oder Teilnehmer aus dem Vermögensvorteil gezogen hat. Ferner kann nach § 73 Abs. 2 Satz 2 StGB der Verfall der Surrogate angeordnet werden, die der Täter oder Teilnehmer durch die Veräußerung eines erlangten Gegenstandes oder als Ersatz für dessen Zerstörung, Beschädigung oder Entziehung oder aufgrund eines er-

---

[12] LR-*Meyer*[23] 23; *Kleinknecht/Meyer*[37] 1.
[13] LR-*Meyer*[23] 23; KK-*Laufhütte* 7; *Kleinknecht/Meyer*[37] 1.
[14] LR-*Meyer*[23] 2; *Göhler* Vor § 59, 10 b.
[15] *Dreher/Tröndle*[42] § 73, 2.
[16] *Schönke/Schröder/Eser*[22] § 73, 21.

Gerhard Schäfer

langten Rechts erworben hat. In Betracht kommen insbesondere Gegenstände, die der Täter mit gestohlenem Geld angeschafft hat. Auf das Eigentum an dem Gegenstand kommt es nicht an, wenn derjenige, dem er gehört oder zusteht, den Vermögensvorteil für die Tat oder sonst in Kenntnis der Tatumstände gewährt hat (§ 73 Abs. 4 StGB). Der Verfall kann auch gegen einen Dritten angeordnet werden, wenn der Täter oder Teilnehmer für den Dritten gehandelt und dieser hierdurch einen Vermögensvorteil erlangt hat (§ 73 Abs. 3 StGB). Wegen weiterer Einzelheiten muß auf die Kommentare zu den §§ 73 ff StGB verwiesen werden.

28   c) **Einziehungsgegenstände.** Absatz 1 spricht von Gegenständen, bei denen dringende Gründe für die Annahme vorhanden sind, daß die Voraussetzungen für ihre Einziehung vorliegen. Die Vorschrift bezeichnet damit den Hauptfall (§ 74 StGB), bezieht sich aber nach dem Zweck der Beschlagnahme auf alle Fälle, in denen das Eigentum an einer Sache oder eine Forderung durch rechtskräftiges Urteil auf den Staat übergeht (§ 74 e Abs. 1 StGB). Anwendung findet die Vorschrift insbesondere in folgenden Fällen:

29   Einziehung nach § 74 StGB von körperlichen, beweglichen und unbeweglichen Sachen, dinglichen Rechten und Forderungen, die durch die Begehung einer vorsätzlichen Tat hervorgebracht oder zu ihrer Begehung oder Vorbereitung gebraucht oder bestimmt gewesen sind;

30   Einziehung nach **§ 74 d Abs. 1 Satz 1 StGB** von Schriften und den ihnen nach § 11 Abs. 3 StGB gleichstehenden Gegenständen, die einen solchen Inhalt haben, daß jede vorsätzliche Verbreitung in Kenntnis ihres Inhalts den Tatbestand eines Strafgesetzes verwirklichen würde, wenn mindestens ein Stück durch eine rechtswidrige Tat verbreitet oder zur Verbreitung bestimmt worden ist. Die Einziehung solcher Schriften unterliegt den Beschränkungen der §§ 111 m, 111 n;

31   Einziehung von Gegenständen, die **durch bestimmte Taten hervorgebracht** oder zu ihrer Begehung gebraucht oder bestimmt gewesen sind, und von Gegenständen, die sich **auf bestimmte Straftaten beziehen**; vgl. dazu den Katalog bei *Dreher/Tröndle*[42] § 74, 19;

32   Einziehung nach **§ 19 TierschG** von Tieren, auf die sich bestimmte Straftaten beziehen;

33   **Unbrauchbarmachung** nach § 74 d Abs. 1 Satz 2 StGB der zur Herstellung von Schriften und den ihnen nach § 11 Abs. 3 StGB gleichstehenden Tonträgern, Abbildungen und anderen Darstellungen gebrauchten oder bestimmten Vorrichtungen und Gegenstände. Zwar handelt es sich nicht um eine Einziehung im eigentlichen Sinne. Es hat aber nie Streit darüber bestanden, daß die Beschlagnahme zur Sicherstellung der Unbrauchbarmachung im selben Umfang zulässig ist wie die zur Sicherstellung der Einziehung[16a]. Für die Beschlagnahme gelten neben §§ 111 b ff die einschränkenden Sondervorschriften der §§ 111 m, 111 n;

34   **Vernichtung** bestimmter Gegenstände, Exemplare und Vorrichtungen nach § 43 KUG und § 30 WZG[17].

35   Eingezogen und damit nach § 111 b Absatz 2 beschlagnahmt werden kann immer nur der Gegenstand, der Tatwerkzeug oder Tatprodukt i. S. des § 74 StGB oder Beziehungsgegenstand i. S. der die Einziehung anordnenden oder gestattenden Sondergesetze ist. Wie lange bei Veränderungen ein Gegenstand noch mit diesem identisch ist, be-

---

[16a] LG München I NJW **1953** 716 mit Anm. *Schmidt-Leichner*; LG Wiesbaden MDR **1951** 631 mit Anm. *Lackner*; KK-*Laufhütte* 1;   *Kleinknecht/Meyer*[37] 4; KMR-*Müller* 2; *Eb. Schmidt* § 94, 3; *Zitzlaff* GA **54** (1907) 42. [17] *Kleinknecht/Meyer*[37] 4.

stimmt sich wesentlich nach der Verkehrsanschauung[18]. Liegt Identität nicht mehr vor, kommt Einziehung des Wertersatzes[19] und damit zu dessen Sicherung dinglicher Arrest nach § 111 d in Betracht.

3. Beschlagnahme

a) **Allgemeines.** Im Gegensatz zu § 94, der die Sicherstellung eines Beweisgegen- **36** standes aufgrund freiwilliger Herausgabe zuläßt und eine förmliche Beschlagnahme nur für den Fall vorschreibt, daß die Gegenstände nicht freiwillig herausgegeben werden (§ 94, 25), darf nach Absatz 2 Satz 1 die Sicherstellung von Verfalls- und Einziehungsgegenständen nur durch Beschlagnahme erfolgen. Das hat seinen Grund darin, daß die Sicherstellung die Verfügungsbefugnis des Betroffenen einschränken muß, wenn ihm nicht Gelegenheit gegeben werden soll, sie durch rechtsgeschäftliche Verfügungen zu vereiteln. Das Gesetz sieht daher ein Veräußerungsverbot nach § 136 BGB vor (§ 111 c Abs. 5) und knüpft das aus Gründen der Rechtsklarheit an eine förmliche Beschlagnahme.

b) **Zeitpunkt.** Die Beschlagnahme wird mit Beginn des Ermittlungsverfahrens zu- **37** lässig, sobald die „dringenden Gründe" i. S. des Absatz 1 gegeben sind. Auch nach Urteilserlaß dürfen Verfalls- und Einziehungsgegenstände beschlagnahmt werden, wenn dies zur Sicherung einer Verfalls- oder Einziehungsordnung im Urteil erforderlich ist[20]. Nach Rechtskraft des Urteils ist die Beschlagnahme unzulässig. Im Wiederaufnahmeverfahren darf sie wieder angeordnet werden.

c) **Bewirkung.** Die Art und Weise, in der die Beschlagnahme von Verfalls- und **38** Einziehungsgegenstände bewirkt wird, ist in § 111 c im einzelnen geregelt.

d) **Anordnung.** Die Zuständigkeit für die Anordnung der Beschlagnahme be- **39** stimmt § 111 e. Die Erläuterungen zu dieser Vorschrift befassen sich auch mit den weiteren Einzelheiten der Beschlagnahmeanordnung.

e) **Durchführung.** Sie wird durch § 111 f geregelt. Vgl. die Erläuterungen zu die- **40** ser Vorschrift.

4. Herausgabe beschlagnahmter Gegenstände.

Ist die Beschlagnahme erloschen **41** (§ 111 e, 17) oder die Beschlagnahmeanordnung aufgehoben worden (§ 111 e, 18), so muß der beschlagnahmte Gegenstand an den Berechtigten herausgegeben werden, sofern nicht eine Anordnung nach § 111 i ergeht. Eine Rückgabe der Sache gegen Erlegung des Wertes und die Überlassung zur vorläufigen weiteren Benutzung sieht § 111 c Abs. 6 vor (§ 111 c, 18 ff). Wegen der Herausgabe der Sache nach Zulassung des Zugriffs des Verletzten auf den Beschlagnahmegegenstand trifft § 111 g eine besondere Regelung (vgl. § 111 g, 8). Zur Zuständigkeit vgl. § 98, 61.

Für den Fall, daß die Beschlagnahme erloschen oder die Beschlagnahmeanord- **42** nung aufgehoben worden ist, regelt das Gesetz in § 111 k nur die Rückgabe der Sache an den **Verletzten**, dem sie durch die Straftat entzogen worden ist. Sonst ist nach den allgemeinen Grundsätzen zu verfahren, vgl. § 111 k; dabei ist zu beachten, daß eine Sicherstellung des Gegenstandes ohne förmliche Beschlagnahme bei Verfalls- und Einziehungsgegenständen nicht möglich ist. Wegen der Schadensersatzansprüche des Herausgabeberechtigten und wegen des Rechtsweges vgl. § 94, 63 ff.

---

[18] *Dreher/Tröndle*[42] § 74, 20; *Schönke/Schröder/ Eser*[22] § 74, 14.

[19] *Dreher/Tröndle*[42] § 74, 20.

[20] BayObLGSt **6** 282; *Eb. Schmidt* § 94, 4 a.

Gerhard Schäfer

43   5. Führerscheine. Vgl. § 94, 23.

44   6. Durchsuchung (Absatz 2 Satz 3). Nach Absatz 2 Satz 3 gelten die für die Durchsuchung nach Beweismitteln geltenden Vorschriften der §§ 102 bis 110 entsprechend für die Suche nach Gegenständen, die dem Verfall und der Einziehung unterliegen. Vgl. § 111 n, 14.

45   7. Verhältnis zur Beweismittelbeschlagnahme. Vgl. § 94, 4 und 5.

46   8. Abgeordnete. Die Erläuterungen zu § 94, 64 f gelten entsprechend.

IV. Schutz des Verletzten (Absatz 3) „Rückgewinnungshilfe"

47   Nach § 73 Abs. 1 Satz 2 StGB wird der Verfall von Gegenständen (Sachen oder Rechten) oder von Wertersatz nicht angeordnet, soweit **Ansprüche eines Verletzten** vorhanden sind[21]. Ob diese geltend gemacht werden, ist unerheblich. Diese materiell-rechtliche Regelung steht im Interesse des Verletzten der Sicherstellung nicht entgegen (Abs. 3). Dem Verfall unterliegende Gegenstände können also beschlagnahmt und der Verfall des Wertersatzes kann durch dinglichen Arrest gesichert werden[22], auch wenn es wegen § 73 Abs. 1 Satz 2 StGB zu diesen Maßnahmen nicht kommen wird. Zur Abwicklung der Sicherstellung, wenn der Verletzte sich nicht meldet vgl. § 111 k, 5.

48   „Verletzter" im Sinne von Absatz 3 ist — ebenso wie in § 111 e Absatz 3 und 4, in § 111 g, in § 111 h Absatz 1 und 3 und § 111 i — der, dessen Anspruch auf Grund der Tat unmittelbar in Gestalt z. B. eines Herausgabe-, Bereicherungs- oder Ersatzanspruchs entstanden ist[23], nicht der mittelbar Betroffene, wie z. B. der Versicherer, der als Zessionar (§ 67 VVG) lediglich Rechtsnachfolger des Verletzten ist[24].

§ 111 c

(1) Die Beschlagnahme einer beweglichen Sache wird in den Fällen des § 111 b dadurch bewirkt, daß die Sache in Gewahrsam genommen oder die Beschlagnahme durch Siegel oder in anderer Weise kenntlich gemacht wird.

(2) [1]Die Beschlagnahme eines Grundstückes oder eines Rechtes, das den Vorschriften über die Zwangsvollstreckung in das unbewegliche Vermögen unterliegt, wird dadurch bewirkt, daß ein Vermerk über die Beschlagnahme in das Grundbuch eingetragen wird. [2]Die Vorschriften des Gesetzes über die Zwangsversteigerung und die Zwangsverwaltung über den Umfang der Beschlagnahme bei der Zwangsversteigerung gelten entsprechend.

(3) [1]Die Beschlagnahme einer Forderung oder eines anderen Vermögensrechtes, das nicht den Vorschriften über die Zwangsvollstreckung in das unbewegliche Vermögen unterliegt, wird durch Pfändung bewirkt. [2]Die Vorschriften der Zivilprozeßordnung über die Zwangsvollstreckung in Forderungen und andere Vermögensrechte sind insoweit sinngemäß anzuwenden. [3]Mit der Beschlagnahme ist die Aufforderung zur Abgabe der in § 840 Abs. 1 der Zivilprozeßordnung bezeichneten Erklärungen zu verbinden.

---

[21] Vgl. dazu BGH NStZ **1984** 409 h. M.; vgl. *Dreher/Tröndle*[42] § 73, 6; enger *Schönke/ Schröder/Eser*[22] 27.
[22] LK-*Schäfer* § 73, 29.

[23] OLG Karlsruhe MDR **1984** 336; *Schönke/ Schröder/Eser*[22] § 73, 26; LK-*Schäfer* § 73, 23.
[24] OLG Karlsruhe MDR **1984** 336.

(4) [1]Die Beschlagnahme von Schiffen, Schiffsbauwerken und Luftfahrzeugen wird nach Absatz 1 bewirkt. [2]Bei solchen Schiffen, Schiffsbauwerken und Luftfahrzeugen, die im Schiffsregister, Schiffsbauregister oder Register für Pfandrechte an Luftfahrzeugen eingetragen sind, ist die Beschlagnahme im Register einzutragen. [3]Nicht eingetragene, aber eintragungsfähige Schiffsbauwerke oder Luftfahrzeuge können zu diesem Zweck zur Eintragung angemeldet werden; die Vorschriften, die bei der Anmeldung durch eine Person, die auf Grund eines vollstreckbaren Titels eine Eintragung in das Register verlangen kann, anzuwenden sind, gelten hierbei entsprechend.

(5) Die Beschlagnahme eines Gegenstandes nach den Absätzen 1 bis 4 hat die Wirkung eines Veräußerungsverbotes im Sinne des § 136 des Bürgerlichen Gesetzbuches; das Verbot umfaßt auch andere Verfügungen als Veräußerungen.

(6) [1]Eine beschlagnahmte bewegliche Sache kann dem Betroffenen
1. gegen sofortige Erlegung des Wertes zurückgegeben oder
2. unter dem Vorbehalt jederzeitigen Widerrufs zur vorläufigen weiteren Benutzung bis zum Abschluß des Verfahrens überlassen

werden. [2]Der nach Satz 1 Nr. 1 erlegte Betrag tritt an die Stelle der Sache. [3]Die Maßnahme nach Satz 1 Nr. 2 kann davon abhängig gemacht werden, daß der Betroffene Sicherheit leistet oder bestimmte Auflagen erfüllt.

Schrifttum siehe bei § 111 b.

Entstehungsgeschichte. Die Vorschrift wurde durch Art. 21 Nr. 29 EGStGB 1974 eingefügt.

Übersicht

I. Allgemeines

Die Vorschrift regelt für Verfalls- und Einziehungsgegenstände die **Art und Weise**, in der die nach § 111 b Abs. 2 vorgeschriebene Beschlagnahme bewirkt wird. Eine Sicherstellung in anderer Weise, wie sie § 94 Abs. 1 für Beweismittel vorsieht (§ 94, 25), ist unzulässig und unwirksam[1]. Bei Gegenständen, die sowohl als Beweismittel als auch

1

---

[1] *Kleinknecht/Meyer*[37] 1; *Achenbach* NJW **1982** 2809.

Gerhard Schäfer

als Verfalls- und Einziehungsgegenstände in Betracht kommen, genügt eine Sicherstellung nach § 94 nicht, um die Wirkungen des Absatz 5 herbeizuführen; vgl. § 94, 4. § 111 c Abs. 5 erledigt die Streitfrage, ob die Beschlagnahme ein Veräußerungsverbot nach § 136 BGB nach sich zieht. Absatz 6 ist Ausdruck der Verhältnismäßigkeit und korrespondiert mit § 74 b Absatz 2 StGB.

II. Bewirkung der Beschlagnahme

1. Bewegliche Sachen (Absatz 1)

2   **a) Inverwahrungnahme.** Der Begriff bewegliche Sachen stimmt mit dem der körperlichen Sachen im Sinne des § 808 Abs. 1 ZPO überein. Er umfaßt die beweglichen Sachen im Sinne des BGB[2], einschließlich der Wertpapiere, Wechsel und anderen indossablen Papiere im Gegensatz zu den Rechten (Rdn. 7), die nicht durch Besitzergreifung gepfändet werden, und zum unbeweglichen Vermögen[3] (Rdn. 5). Solche Sachen werden grundsätzlich in der Weise beschlagnahmt, daß sie von der beschlagnahmenden Behörde in Gewahrsam genommen werden. Die bloße Erklärung, die Sache sei beschlagnahmt, genügt unter keinen Umständen. Die Behörde muß sich die tatsächliche Gewalt über die Sache verschaffen (vgl. dazu § 94, 31 ff). Die Sache muß sich im Gewahrsam[4] des Betroffenen befinden. Von Dritten, denen gegenüber kein selbständiger Verfalls- oder Einziehungsanspruch nach § 73 Abs. 3 und 4, § 74 Abs. 1 Nr. 2, § 74 a StGB besteht, kann die Herausgabe nur unter denselben Voraussetzungen gefordert werden, unter denen sie auch der Beschuldigte und der Verfalls- oder Einziehungsbeteiligte (§§ 431 ff, 442) herausverlangen könnten; denn durch die Beschlagnahmeanordnung werden die Rechte Dritter nicht berührt.

3   **b) Kenntlichmachung durch Siegel oder in anderer Weise.** Ist eine Inverwahrungnahme wegen der Art oder Größe der Sache nicht möglich, so muß die Beschlagnahme dadurch bewirkt werden, daß die Sache im unmittelbaren Besitz des Gewahrsamsinhabers belassen, die Beschlagnahme aber durch Siegel oder in anderer Weise kenntlich gemacht wird[5]. Da § 111 c Abs. 1 diese Art der Beschlagnahme aber an keine besonderen Voraussetzungen knüpft, ist sie auch zulässig, wenn die Inverwahrungnahme zwar möglich, aber aus irgendwelchen Gründen nicht angebracht ist. Das kann z. B. der Fall sein, wenn die amtliche Verwahrung der Sache besonders schwierig oder kostspielig erscheint (Warenlager; gefährliche Stoffe). Regelmäßig wird die Wegnahme und Verbringung in amtlichen Gewahrsam vorzuziehen sein, wenn sie nicht aus besonderen Gründen ausgeschlossen ist. Dem Interesse des Betroffenen an dem weiteren Besitz der Sache ist nicht durch eine besondere Art der Beschlagnahme, sondern durch eine Maßnahme nach Absatz 6 Rechnung zu tragen. Entsprechend der Vorschrift des § 808 Abs. 2 Satz 1 ZPO wird man die Belassung von Geld, Kostbarkeiten und Wertpapieren im Besitz des Betroffenen für schlechthin unzulässig halten müssen. Gelegentlich wird es sich empfehlen, die Beschlagnahme teils durch Wegnahme, teils durch Kenntlichmachung zu bewirken, etwa wenn eine Maschinenanlage zur Sicherstellung der Sicherungseinziehung beschlagnahmt werden muß. Es genügt dann die Wegnahme solcher Teile, ohne die eine weitere Benutzung nicht möglich ist[6].

---

[2] Dazu *Paladt/Heinrichs*[44] Vor § 90, 3.

[3] *Stein/Jonas/Münzberg* § 808, 1.

[4] Dazu *Stein/Jonas/Münzberg* § 808, 7; insbes. auch zur juristischen Person § 808, 15.

[5] Dazu *Stein/Jonas/Münzberg* § 808, 28 ff.

[6] *Kleinknecht/Meyer*[37] 6.

Wird die Sache dem Betroffenen nicht weggenommen, so setzt die Beschlag- **4** nahme voraus, daß sie durch Siegel oder in anderer Weise **kenntlich gemacht** wird. Absatz 1 lehnt sich insoweit an §808 Abs. 2 Satz 2 ZPO an. Ohne die vorgeschriebene Kenntlichmachung ist die Beschlagnahme unwirksam. Ebenso wie nach §808 Abs. 2 ZPO der Gerichtsvollzieher[7] hat nach §111c Abs. 1 der Vollziehungsbeamte die Wahl, ob er Siegel anlegt oder die Beschlagnahme auf andere Weise kenntlich macht. Kann ein Siegel angebracht werden, so ist das aber regelmäßig vorzuziehen. Das Anlegen des Siegels erfolgt im allgemeinen durch Aufkleben der Siegelmarke auf den Beschlagnahmegegenstand. Es gilt der Grundsatz der Individual-, nicht der Raumpfändung. Die Versiegelung eines Raumes genügt daher nicht zur Beschlagnahme der in ihm befindlichen Sachen. Scheidet die Anbringung eines Siegels aus, so kommt insbesondere die Anbringung einer schriftlichen Pfandanzeige in der Nähe der Beschlagnahmegegenstände in Betracht. Sie ist so vorzunehmen, daß die Anzeige dem Betrachter bei Anwendung der verkehrsüblichen Sorgfalt auffallen muß[8]. Die Beschlagnahme muß so gekennzeichnet werden, daß sie für jedermann deutlich und mühelos bemerkbar ist[9]. Die Pfandanzeige darf auch keinen Zweifel daran lassen, welche Gegenstände beschlagnahmt sind[10]. Ein Warenlager muß durch Erfassung der einzelnen Gegenstände beschlagnahmt werden[11]. Wird die Pfändung ohne Wissen und Wollen des vollstreckenden Beamten (§111f Abs. 1) unkenntlich, besteht die Pfändung gleichwohl fort[12]. Wegen weiterer Einzelheiten wird auf die Kommentare zu §808 ZPO verwiesen.

2. Grundstücke und grundstücksgleiche Rechte (Absatz 2). Zu den Rechten, die **5** den Vorschriften über die Zwangsvollstreckung in das unbewegliche Vermögen unterliegen, gehören nach §864 Abs. 1 ZPO außer den Grundstücken die Berechtigungen, für welche die sich auf Grundstücke beziehenden Vorschriften gelten. Das sind das Erbbaurecht, das Wohnungseigentum, das Bergwerkseigentum, landesrechtliche Jagd- und Fischereigerechtigkeiten, Kohlenabbaugerechtigkeiten udgl.

Die Beschlagnahme von Grundstücken und grundstücksgleichen Rechten wird da- **6** durch **bewirkt**, daß ein Vermerk über die Beschlagnahme in das Grundbuch eingetragen wird. Die Durchführung regelt §111f Abs. 2 Satz 1. Nach Absatz 2 Satz 2 gelten §20 Abs. 2 und §21 ZVG entsprechend. Die Vorschriften lauten:

§20 Abs. 2 ZVG

Die Beschlagnahme umfaßt auch diejenigen Gegenstände, auf welche sich bei einem Grundstück die Hypothek erstreckt.

§21 ZVG

(1) Die Beschlagnahme umfaßt land- und forstwirtschaftliche Erzeugnisse des Grundstücks sowie die Forderung aus einer Versicherung solcher Erzeugnisse nur, soweit die Erzeugnisse noch mit dem Boden verbunden oder soweit sie Zubehör des Grundstücks sind.

---

[7] Vgl. RGSt **36** 165; RGZ **126** 346; *Thomas/Putzo* §808, 4; *Stein/Jonas/Münzberg* §808, 29.

[8] *Stein/Jonas/Münzberg* §808, 29 mit Nachw.

[9] Vgl. RGSt **18** 163; **57** 323; RG JW **1905** 234.

[10] Vgl. RGSt **32** 316; **36** 165; RGZ **126** 347;

OLG Stuttgart NJW **1959** 992; *Stein/Jonas/Münzberg* §808, 29 mit Nachw.

[11] RG LZ **1915** 1112; RG JW **1918** 94; *Stein/Jonas/Münzberg* §808, 29.

[12] *Thomas/Putzo* §808, 4.

Gerhard Schäfer

(2) Die Beschlagnahme umfaßt nicht die Miet- und Pachtzinsforderungen sowie die Ansprüche aus einem mit dem Eigentum an dem Grundstücke verbundenen Rechte auf wiederkehrende Leistungen.

(3) Das Recht eines Pächters auf den Fruchtgenuß wird von der Beschlagnahme nicht berührt.

3. Forderungen und andere Vermögensrechte (Absatz 3)

7   **a) Pfändung.** Die Beschlagnahme von Forderungen und anderen Vermögensrechten, die nicht den Vorschriften über die Zwangsvollstreckung in das unbewegliche Vermögen unterliegen, wird durch Pfändung bewirkt. Dabei sind nach Absatz 3 Satz 1 die Vorschriften der Zivilprozeßordnung über die Zwangsvollstreckung in Forderungen und andere Vermögensrechte sinngemäß anzuwenden. In Betracht kommt vor allem die Anwendung des § 829 ZPO, der die Pfändung einer Geldforderung regelt. Die Vorschrift lautet:

§ 829 ZPO

(1) ^{1}Soll eine Geldforderung gepfändet werden, so hat das Gericht dem Drittschuldner zu verbieten, an den Schuldner zu zahlen. ^{2}Zugleich hat das Gericht an den Schuldner das Gebot zu erlassen, sich jeder Verfügung über die Forderung, insbesondere ihrer Einziehung, zu enthalten.

(2) ^{1}Der Gläubiger hat den Beschluß dem Drittschuldner zustellen zu lassen. ^{2}Der Gerichtsvollzieher hat den Beschluß mit einer Abschrift der Zustellungsurkunde sofort zuzustellen, sofern nicht eine öffentliche Zustellung erforderlich wird. ^{3}Ist die Zustellung an den Drittschuldner auf unmittelbares Ersuchen der Geschäftsstelle durch die Post erfolgt, so hat die Geschäftsstelle für die Zustellung an den Schuldner in gleicher Weise Sorge zu tragen. ^{4}An Stelle einer an den Schuldner im Ausland zu bewirkenden Zustellung erfolgt die Zustellung durch die Aufgabe zur Post.

(3) Mit der Zustellung des Beschlusses an den Drittschuldner ist die Pfändung als bewirkt anzusehen.

8   Bei der **sinngemäßen Anwendung** der Vorschrift ist folgendes zu beachten: Die Beschlagnahme darf bei Gefahr im Verzug auch die Staatsanwaltschaft anordnen (§ 111 e Abs. 1 Satz 1). In diesem Fall erläßt die Staatsanwaltschaft, nicht das Gericht, das Zahlungsverbot und das Verfügungsverbot nach § 829 Abs. 1 (vgl. § 111 f, 4). Ordnet das Gericht die Beschlagnahme an, so sind diese Verbote in die Beschlagnahmeanordnung aufzunehmen. Die Durchführung obliegt der Staatsanwaltschaft (§ 111 f Abs. 1). Diese tritt an die Stelle des Gläubigers in § 829 Abs. 2 Satz 1 und hat den Gerichtsbeschluß dem Drittschuldner zuzustellen. Die Mitwirkung des Gerichtsvollziehers, die § 829 Abs. 2 Satz 2 ZPO vorsieht, entfällt. Die Zustellungen veranlaßt die Staatsanwaltschaft.

9   Weitere **anwendbare Vorschriften** sind § 830 ZPO (Hypothekenforderungen), § 830 a ZPO (Schiffshypotheken), § 831 ZPO (Forderungen aus Wechseln und anderen indossablen Papieren), §§ 846 ff. ZPO (Ansprüche auf Herausgabe oder Leistung körperlicher Sachen), § 857 ZPO (Zwangsvollstreckung in andere Vermögensrechte, die nicht Gegenstand der Zwangsvollstreckung in das unbewegliche Vermögen sind), § 858 ZPO (Schiffspart) und § 859 ZPO (Gesellschaftsanteile bürgerlichen Rechts).

10   **b) Aufforderung zur Drittschuldnererklärung.** Nach § 111 c Abs. 3 Satz 3 ist mit der Beschlagnahme die Aufforderung zur Abgabe der in § 840 Abs. 1 ZPO bezeichneten Erklärung zu verbinden. Die Vorschrift lautet:

§ 840 Abs. 1 ZPO

Auf Verlangen des Gläubigers hat der Drittschuldner binnen zwei Wochen, von der Zustellung des Pfändungsbeschlusses an gerechnet, dem Gläubiger zu erklären:

1. ob und inwieweit er die Forderung als begründet anerkenne und Zahlung zu leisten bereit sei;

2. ob und welche Ansprüche andere Personen an die Forderung machen;

3. ob und wegen welcher Ansprüche die Forderung bereits für andere Gläubiger gepfändet sei.

Die Aufforderung **erläßt** die Staatsanwaltschaft, der nach § 111 f Abs. 1 die **11** Durchführung der Beschlagnahme obliegt (§ 111 f, 4).

4. Schiffe, Schiffsbauwerke und Luftfahrzeuge (Absatz 4)

a) **Nicht eingetragene.** Die Beschlagnahme wird nach § 111 c Abs. 4 Satz 1 wie bei **12** einer beweglichen Sache dadurch bewirkt, daß der Gegenstand in Gewahrsam genommen oder die Beschlagnahme durch Siegel oder in anderer Weise kenntlich gemacht wird (oben Rdn. 2 ff). Sind Schiffsbauwerke und Luftfahrzeuge im Schiffsbauregister und im Register für Pfandrechte an Luftfahrzeugen nicht eingetragen, aber eintragungsfähig, so können sie zum Zweck der Eintragung der Beschlagnahme in das Register zur Eintragung angemeldet werden (Absatz 4 Satz 3 Halbsatz 1). Eintragungsfähig ist ein Schiffsbauwerk nach § 66 der Schiffsregisterordnung vom 26. 5. 1951 (BGBl. I 359) an sich nur, wenn zugleich eine Schiffshypothek an dem Schiffsbauwerk eingetragen wird oder wenn die Zwangsversteigerung des Schiffsbauwerks beantragt ist. Die Vorschrift wird durch Absatz 4 Satz 3 Halbsatz 1 dahin erweitert, daß die Eintragung auch zu dem Zweck erfolgen darf, den Beschlagnahmevermerk einzutragen. Luftfahrzeuge können nach § 1 des Gesetzes über Rechte an Luftfahrzeugen vom 26. 2. 1959 (BGBl. I 57) mit einem Registerpfandrecht durch dessen Eintragung in dem Register für Pfandrechte an Luftfahrzeugen belastet werden. Nach Absatz 4 Satz 3 kann dort auch die Beschlagnahme eingetragen werden, vorausgesetzt, daß das Luftfahrzeug in der Luftfahrzeunahme eingetragen werden, vorausgesetzt, daß das Luftfahrzeug in der Luftfahrzeugrolle eingetragen werden kann. Zum Zweck der Eintragung der Beschlagnahme kann Vorschrift des § 82 Abs. 1 des Gesetzes vom 26. 2. 1959 gilt entsprechend (Absatz 4 Satz 3 Halbsatz 2). Das Ersuchen um Anmeldung und Eintragung wird nach § 111 f Abs. 2 von der Staatsanwaltschaft oder dem Gericht bewirkt, das die Beschlagnahme angeordnet hat.

b) **Im Register eingetragene.** Bei Schiffen, Schiffsbauwerken und Luftfahrzeugen, **13** die im Schiffsregister, im Schiffsbauregister oder im Register für Pfandrechte an Luftfahrzeugen eingetragen sind, ist die Beschlagnahme, die wie bei beweglichen Sachen bewirkt wird (oben Rdn. 2 ff), nach Absatz 4 Satz 2 im Register einzutragen. Das Ersuchen bei dem Registergericht stellt das Gericht oder die Staatsanwaltschaft, die die Beschlagnahme angeordnet hat (§ 111 f Abs. 3).

III. Veräußerungsverbot (Absatz 5)

Schon früher wurde überwiegend angenommen, daß die Beschlagnahme eines Ge- **14** genstandes zur Sicherung der Einziehung zu einem relativen Veräußerungsverbot nach den §§ 135, 136 BGB führt[13]. Nunmehr bestimmt Absatz 5 ausdrücklich, daß die Be-

---

[13] OLG Bremen NJW **1951** 675; OLG Frankfurt NJW **1952** 1068; *Müller-Sax* 6. Auflage, § 94, 6 c bb.

     Gerhard Schäfer

schlagnahme nach den Absätzen 1 bis 4 die Wirkung eines Veräußerungsverbots nach § 136 BGB hat. Diese Wirkung besteht darin, daß Verfügungen, auch im Wege der Zwangsvollstreckung oder Arrestvollziehung (§ 135 Abs. 1 Satz 2 BGB), unwirksam sind, wenn sie den Rechtsübergang des beschlagnahmten Verfalls- oder Einziehungsgegenstandes auf den Staat nach § 73 d Abs. 1, § 74 e Abs. 1 StGB vereiteln würden (vgl. die Kommentare zu §§ 135, 136 BGB). Nach Absatz 5 Halbsatz 2 umfaßt das Veräußerungsverbot auch alle Verfügungen, die zu einer Wertminderung des beschlagnahmten Gegenstandes führen könnten, insbesondere unentgeltliche Verfügungen und die Belastung mit dinglichen Rechten. Das Veräußerungsverbot gilt zugunsten des Staates (§ 135 Abs. 1 BGB). § 111 g Abs. 3 erweitert es vom Zeitpunkt der Beschlagnahme an zugunsten von Verletzten, die während der Dauer der Beschlagnahme in den beschlagnahmten Gegenstand die Zwangsvollstreckung betreiben oder einen dinglichen Arrest vollziehen (§ 111 g, 10). Das Veräußerungsverbot nach Absatz 5 beginnt mit dem Vollzug der Beschlagnahme (die Eintragungen nach Absatz 4 gehören dazu nicht) und endet, sofern die Sache nicht vorher herausgegeben wird, mit dem Erlaß des Urteils, in dem auf Verfall oder Einziehung des Gegenstandes erkannt worden ist. Das Veräußerungsverbot wird durch einen **Wechsel der Rechtsgrundlage für die Beschlagnahme** eines Gegenstands nicht unterbrochen. War z. B. ein Gegenstand zunächst zur Sicherung des Verfalls beschlagnahmt und tritt dann an die Stelle dieser Beschlagnahme die Pfändung des Gegenstands zur Vollziehung des Arrests zur Sicherung des Verfalls des Wertersatzes, wird das bereits durch die erste Beschlagnahme bewirkte Veräußerungsverbot nicht unterbrochen, Zwischenverfügungen bleiben unwirksam[14]. Nach dem Urteil wirkt bis zu dessen Rechtskraft dessen Verfalls- oder Einziehungsanordnung als Veräußerungsverbot im Sinne des § 136 BGB (§ 73 d Abs. 2, § 74 e Abs. 3 StGB).

15   Wenn ein relatives Veräußerungsverbot besteht, gelten nach § 135 Abs. 2, § 136 BGB die Vorschriften zugunsten derjenigen entsprechend, die Rechte von einem **Nichtberechtigten** herleiten. In Betracht kommen die §§ 892, 932 ff, 1058, 1138, 1155, 1207 BGB. Der gute Glaube muß sich auf das Nichtbestehen des Veräußerungsverbots beziehen (vgl. im einzelnen LK-*Schäfer* § 74 e, 14).

16   Wird ein Gegenstand beschlagnahmt, weil er die **Sicherheit der Allgemeinheit** gefährdet und daher der Einziehung unterliegt, so besteht mangels Verkehrsfähigkeit der Sache ein **absolutes Veräußerungsverbot** nach § 134 BGB[15]. Zwar erwähnt Absatz 5 diesen Fall nicht besonders. Die Unzulässigkeit der Veräußerung ergibt sich dann unmittelbar aus § 134 BGB.

IV. Rückgabe beschlagnahmter beweglicher Sachen (Absatz 6)

17   **1. Allgemeines.** Die Vorschrift ermöglicht es, beschlagnahmte Sachen an den Betroffenen, auch wenn er der Beschuldigte ist[16], zurückzugeben. Sie dient vorwiegend dem Interesse des Betroffenen, der über die zurückgegebene Sache frei verfügen (Absatz 6 Satz 1 Nr. 1) oder sie jedenfalls vorläufig weiter benutzen kann (Absatz 6 Satz 1 Nr. 2). Das kann insbesondere Bedeutung gewinnen, wenn die beschlagnahmten Sachen verderblich sind oder — wie bei PKWs — ihr Wert während der Dauer der Verwahrung stark sinkt. Die Bestimmung gibt dann dem Betroffenen Gelegenheit, die mit der Not-

---

[14] Sehr weitgehend OLG Karlsruhe Justiz **1981** 483: auch bei Wechsel des Zwecks der Sicherung.
[15] OLG Bremen NJW **1951** 675; KK-*Lauf-*

hütte 8; *Kleinknecht/Meyer*[37] 12; LK-*Schäfer* § 74 e, 12; *Dreher/Tröndle*[42] § 74 e, 2.
[16] *Kleinknecht/Meyer*[37] 14.

veräußerung nach §111 l verbundenen wirtschaftlichen Nachteile durch Erlegung des Wertes der Sache abzuwenden (vgl. §111 l, 2). Die Rückgabe beschlagnahmter Sachen entlastet aber auch die Beschlagnahmebehörden, denen die Verwahrung der Beschlagnahmegegenstände zuweilen erhebliche Schwierigkeiten bereitet. Wird eine Sache zugleich als Beweismittel benötigt, so kommt eine Rückgabe zur freien Verfügung nach Absatz 6 Satz 1 Nr. 1 nicht in Betracht, ein Überlassen gegen Sicherheit oder unter Auflagen (Absatz 6 Satz 1 Nr. 2) nur dann, wenn der Beweis trotzdem erhalten werden kann[17] (§ 94, 33).

2. Rückgabe gegen Erlegung des Wertes. Die Rückgabe einer beschlagnahmten **18** Sache an den Betroffenen nach Absatz 6 Satz 1 Nr. 1 kommt vor allem in Frage, wenn der Gegenstand dem Verfall nach § 73 StGB unterliegt. Ist mit der Sicherungseinziehung zu rechnen, so scheidet die Rückgabe von vornherein aus. Sie ist in jedem Fall davon abhängig, daß der Betroffene den Wert der Sache sofort erlegt. Das setzt voraus, daß der Wert feststeht oder aufgrund einer Vereinbarung zwischen der Beschlagnahmebehörde und dem Betroffenen festgestellt wird. Kommt es hierüber zu keiner Einigung, so entfällt die Möglichkeit der Rückgabe. Ferner muß der Wert Zug um Zug gegen die Herausgabe der Sache erlegt werden. Weder Ratenzahlungen nooh Stundungen sind zulässig. Die Erlegung des Wertes muß in Geld oder geldwerten Papieren erfolgen; Absatz 6 Satz 2 spricht ausdrücklich von dem erlegten „Betrag". Die bloße Beibringung von Sicherheiten genügt daher nicht. Der erlegte Betrag wird bei der Gerichtskasse hinterlegt. Wird die Sache an den Betroffenen zurückgegeben, so tritt dieser Betrag an die Stelle der Sache (Absatz 6 Satz 2). Mit der Rückgabe erlischt die Beschlagnahme. Wie im Fall des § 111 l Abs. 1 Satz 2 ist in dem Urteil auf Verfall oder Einziehung des erlegten Betrages zu erkennen, wenn die Voraussetzungen für die Verfalls- oder Einziehungsanordnung vorliegen (vgl. § 111 l, 8). Wird von der Anordnung des Verfalls oder. der Einziehung abgesehen, so ist der Gegenwert des erlegten Betrages (nicht die erlegten Geldscheine oder Münzen) dem Betroffenen herauszugeben (vgl. § 111 l, 8). Der bei der Gerichtskasse hinterlegt gewesene Betrag ist dann nach den Vorschriften der Hinterlegungsordnung zu verzinsen.

3. Überlassen zur vorläufigen weiteren Benutzung. Absatz 6 Satz 1 Nr. 2 schafft **19** die Möglichkeit, dem Betroffenen den beschlagnahmten Gegenstand unter dem Vorbehalt jederzeitigen Widerrufs zur vorläufigen weiteren Benutzung bis zum Abschluß des Verfahrens zu überlassen. Die Sache bleibt dann beschlagnahmt; auch das Veräußerungsverbot nach Absatz 5 bleibt bestehen. Das Überlassen der Sache unter Vorbehalt des Widerrufs kann nach Absatz 6 Satz 3 davon abhängig gemacht werden, daß der Betroffene Sicherheit leistet oder bestimmte Auflagen erfüllt, und wird vor allem in Betracht kommen, wenn es eine besondere Härte wäre, dem Betroffenen den Gegenstand sofort zu entziehen.

Wird das Überlassen von der Leistung einer **Sicherheit** abhängig gemacht, so **20** muß die Sicherheit, deren Art (Bargeld, Bürgschaften, Wertpapiere) und Höhe die Beschlagnahmebehörde bestimmt, vor der Herausgabe der Sache hinterlegt oder beigebracht werden. Die Höhe der Sicherheit muß dem Wert der Sache nicht unbedingt entsprechen; regelmäßig sollte sie aber nicht geringer bemessen werden[18]. Schafft der Betroffene den Gegenstand beiseite, so ist im Urteil der Verfall oder die Einziehung von

---

[17] *Kleinknecht/Meyer*[37] 16; **a. A** KK-*Laufhütte* [18] *Kleinknecht/Meyer*[37] 15.
10: niemals.

Gerhard Schäfer

Wertersatz nach § 73 a oder § 74 c StGB anzuordnen und in die hinterlegte Sicherheit zu vollstrecken. Kommt es zu einer solchen Anordnung nicht, dann ist die Sicherheit in dem Zeitpunkt zurückzugeben, in dem die Beschlagnahmeanordnung aufgehoben werden muß.

21   Ein Überlassen unter **Auflagen** wird insbesondere zu erwägen sein, wenn nicht auszuschließen ist, daß das erkennende Gericht nach § 74 b Abs. 2 StGB von der Einziehung absehen und weniger einschneidende Maßnahmen treffen wird. Als Auflagen kommen daher auch in erster Hinsicht die in § 74 b Abs. 2 Satz 2 StGB erwähnten (Unbrauchbarmachung des Gegenstandes; Beseitigung bestimmter Einrichtungen oder Kennzeichen; Verfügungsverbote) in Frage. Der Betroffene muß innerhalb einer von der Beschlagnahmebehörde zu bestimmenden Frist nachweisen, daß er die Auflage erfüllt hat; führt er den Nachweis nicht, so ist die Rückgabe zu widerrufen und die Beschlagnahme wieder zu vollziehen. Dem Betroffenen kann der Gegenstand zur weiteren Benutzung auch unter der Voraussetzung überlassen werden, daß er sowohl Sicherheit leistet, als auch Auflagen erfüllt. Das kommt vor allem in Frage, wenn die Sicherheit dem Wert der Sache nicht entspricht, der Betroffene aber nicht in der Lage ist, eine höhere Sicherheit zu leisten.

§ 111 d

(1) ¹Wegen des Verfalls oder der Einziehung von Wertersatz, wegen einer Geldstrafe oder der voraussichtlich entstehenden Kosten des Strafverfahrens kann der dingliche Arrest angeordnet werden. ²Wegen einer Geldstrafe und der voraussichtlich entstehenden Kosten darf der Arrest erst angeordnet werden, wenn gegen den Beschuldigten ein auf Strafe lautendes Urteil ergangen ist. ³Zur Sicherung der Vollstreckungskosten sowie geringfügiger Beiträge ergeht kein Arrest.

(2) Die §§ 917, 920 Abs. 1, §§ 923, 928, 930 bis 932, 934 Abs. 1 der Zivilprozeßordnung gelten sinngemäß.

(3) Ist der Arrest wegen einer Geldstrafe oder der voraussichtlich entstehenden Kosten angeordnet worden, so ist eine Vollziehungsmaßnahme auf Antrag des Beschuldigten aufzuheben, soweit der Beschuldigte den Pfandgegenstand zur Aufbringung der Kosten seiner Verteidigung, seines Unterhalts oder des Unterhalts seiner Familie benötigt.

Schrifttum siehe bei § 111 b.

Entstehungsgeschichte. Die Vorschrift wurde durch Art. 21 Nr. 29 EGStGB 1974 eingefügt.

1. Allgemeines. Mit der Rechtskraft des Strafurteils können Ansprüche der Staats- **1** kasse gegen den Verurteilten auf Zahlung von Geldbeträgen entstehen. Dabei kann es sich um eine **Geldstrafe** (§40ff StGB), um die **Verfahrenskosten** (§§465ff) oder um den als **Wertersatz für den Verfall** (§73a StGB) **oder für die Einziehung** eines Gegenstandes (§74c StGB) bestimmten Geldbetrag handeln. Nach §111d kann die zukünftige Verpflichtung des Beschuldigten, diese Zahlungen zu leisten, schon während des Verfahrens durch die Ausbringung eines dinglichen Arrests gesichert werden, für den die einschlägigen Vorschriften der Zivilprozeßordnung entsprechend gelten. Hinsichtlich des dinglichen Arrests wegen des Verfalls von Wertersatz knüpft §111d an die Vorschrift des §111b Abs.1 an, die die Sicherstellung von Vermögensvorteilen vorsieht (§111b, 12). Soweit §111d den dinglichen Arrest wegen der voraussichtlich entstehenden Verfahrenskosten ermöglicht, ist die Vorschrift an die Stelle des durch Art.119 Nr.5 EGStGB aufgehobenen §10 der Justizbeitreibungsordnung vom 11.3.1937 (RGBl. I 298) getreten. Um das Verfahren für die Anordnung des Arrests zu vereinfachen, bestimmt §111e Abs.1 Satz 1 die Zuständigkeit des Strafrichters, bei Gefahr im Verzug die des Staatsanwalts. §111d gilt nach §46 Abs.1 OWiG auch im Bußgeldverfahren. Wegen der Rechtslage vor Inkrafttreten der Neuregelung vgl. LR-*Meyer*[23] 1.

§111d regelt die Sicherung von Zahlungsansprüchen der Staatskasse gegen den **2** Beschuldigten **abschließend.** Wegen anderer als der in der Vorschrift bezeichneten Geldforderungen ist ein Arrestverfahren nicht, auch nicht nach den allgemeinen Vorschriften der §§916ff ZPO, zulässig[1]. Soweit §111d den dinglichen Arrest vorsieht, hat der Justizfiskus nicht die Möglichkeit, in dem allgemeinen Arrestverfahren nach den Vorschriften der Zivilprozeßordnung vorzugehen, wenn ihm das günstiger erscheint. Insbesondere ist der persönliche Sicherheitsarrest (§918 ZPO) ausgeschlossen.

2. Arrestansprüche
a) Verfall von Wertersatz. Nach §73 Abs.1, 2 Satz 1 StGB müssen die Vermö- **3** gensvorteile, die der Täter oder Teilnehmer für die Tat oder aus ihr erlangt hat, und die daraus gezogenen Nutzungen in dem Strafurteil grundsätzlich für verfallen erklärt werden; die Sache oder das Recht geht mit der Rechtskraft der Entscheidung auf den Staat über (§73d Abs.1 Satz 1 StGB). Wenn der Verfall eines bestimmten Gegenstandes wegen der Beschaffenheit des Erlangten (Dienstleistungen, Gebrauchsvorteile, Ersparung eigener Aufwendungen) oder aus einem anderen Grund (wegen Verbrauchs, Veräußerung oder Verlusts) nicht möglich ist[2] oder wenn von dem Verfall eines Surrogats nach §73 Abs.2 Satz 2 StGB abgesehen wird[3], muß das Gericht nach §73a StGB den Verfall eines Geldbetrages anordnen, der dem Wert des Erlangten entspricht.

---

[1] LG Heidelberg Justiz **1979** 383.
[2] Vgl. dazu *Dreher/Tröndle*[42] §73a, 2 bis 4; *Schönke/Schröder/Eser*[22] §73a, 4 ff; s. auch §111b, 2.
[3] Vgl. dazu *Dreher/Tröndle*[42] §73a, 4; §73, 10; *Schönke/Schröder/Eser*[22] §73a, 7.

Gerhard Schäfer

Ist der Verfall eines Vermögensvorteils angeordnet worden, der seit seiner Erlangung im Wert abgesunken ist, so ist ferner neben seinem Verfall zusätzlich der Verfall eines Geldbetrages anzuordnen, der der Wertminderung entspricht[4] (§ 73 a Satz 2 StGB). Die für verfallen erklärten Geldbeträge sind nach Rechtskraft des Urteils nach §§ 459, 459 g Abs. 2 wie alle Geldforderungen nach § 1 Abs. 1 Nr. 2 JBeitrO und den Vorschriften der Einforderungs- und Beitreibungsanordnung vom 20. 11. 1974 beizutreiben; für die Vollstreckung gelten die Vorschriften der Zivilprozeßordnung entsprechend (§ 6 JBeitrO).

4   Zur **Sicherung** dieser Geldansprüche läßt § 111 d Abs. 1 die Anordnung des dinglichen Arrests zu, und zwar bereits nach Einleitung des Ermittlungsverfahrens (unten Rdn. 19). Ebenso wie die Beschlagnahme von Gegenständen zur Sicherung der Verfallsanordnung (§ 111 b Abs. 1) setzt die Ausbringung des Arrests dringende Gründe für die Annahme voraus, daß eine rechtswidrige Tat begangen worden ist (vgl. § 111 b, 15 ff). Schuldfähig (§ 20 StGB) muß der Täter nicht sein; denn auch im Sicherungsverfahren nach den §§ 413 ff darf der Arrest angeordnet werden. Eine weitere Zulässigkeitsvoraussetzung ist, daß dringende Gründe für die Annahme vorhanden sind, daß in dem Urteil der Verfall von Wertersatz angeordnet wird. Da dies auch in dem selbständigen Verfahren nach den §§ 440, 442 möglich ist (§ 76 a StGB), kommt es nicht darauf an, ob eine bestimmte Person verfolgt werden kann. Auch gegen Dritte kann der Arrest ausgebracht werden, wenn der Täter oder Teilnehmer für diesen gehandelt und er dadurch einen Vermögensvorteil erlangt hat (§ 73 Abs. 3 StGB).

5   Da der Verfall von Wertersatz ein Unterfall des Verfalls nach § 73 StGB ist (vgl. § 111 b, 16), gilt auch § 73 Abs. 1 Satz 2 StGB. Der Verfall darf daher nicht angeordnet werden, soweit dem **Verletzten** aus der Tat ein **Anspruch erwachsen** ist, dessen Erfüllung den aus der Tat erlangten Vermögensvorteil beseitigen oder mindern würde. Gleichwohl kann aber auch in solchen Fällen der dingliche Arrest ausgebracht werden, da § 111 b Absatz 3 auch Absatz 1, der alle Fälle der Sicherstellung regelt, für entsprechend anwendbar erklärt[5]; vgl. § 111 b, 47. Der dingliche Arrest ist daher auch zur Sicherung des Anspruchs des Verletzten zulässig, ohne daß bei der Arrestanordnung entschieden zu werden braucht, ob solche Ansprüche oder die des Staates zu sichern sind. Ob Anlaß besteht, Ansprüche des Verletzten durch Arrest zu sichern, ist eine Frage des Einzelfalls. Eine Verpflichtung der Strafverfolgungsorgane besteht jedenfalls nicht[6].

6   **b) Einziehung von Wertersatz.** Gegenstände, die durch eine vorsätzliche Tat hervorgebracht oder zu ihrer Begehung oder Vorbereitung gebraucht worden oder bestimmt gewesen sind, können nach § 74 StGB eingezogen werden. Mit der Rechtskraft der Entscheidung geht das Eigentum an der Sache oder das eingezogene Recht auf den Staat über (§ 74 e Abs. 1 StGB). Für den Fall, daß der Täter oder Teilnehmer den Gegenstand, auf dessen Einziehung hätte erkannt werden können, vor der Entscheidung über die Einziehung verwertet, insbesondere veräußert oder verbraucht, oder daß er die Einziehung des Gegenstandes sonst vereitelt hat, kann die Einziehung eines Geldbetrages bis zu der Höhe angeordnet werden, die dem Wert des Gegenstandes entspricht (§ 74 c Abs. 1 StGB). Unter den in § 74 c Abs. 2 genannten Voraussetzungen kann die Einzie-

---

[4] Vgl. dazu *Dreher/Tröndle*[42] § 73 a, 5.
[5] KK-*Laufhütte* § 111 b, 18; *Kleinknecht/Meyer*[37] § 111 d, 4; KMR-*Müller* § 111 b, 5; *Achenbach* Opferschutz 17.
[6] Zurückhaltender LR-*Meyer*[23] 5; KK-*Lauf*

hütte § 111 b, 18; *Kleinknecht/Meyer*[37] 4: kein Anlaß; kritisch gegenüber der hier vertretenen Auffassung *Achenbach* Opferschutz 17 f; gegen eine zu restriktive Auslegung auch LK-*Schäfer* § 73, 30.

hung eines Wertersatzes auch neben der Einziehung eines Gegenstandes oder an deren Stelle angeordnet werden.

Zur **Sicherung** dieser nach Rechtskraft des Urteils gegen den Täter oder Teilneh-   **7** mer entstehende Geldforderung, die wie der Verfall von Wertersatz vollstreckt wird (oben Rdn. 3), kann nach Absatz 1 bereits nach Einleitung des Ermittlungsverfahrens (unten Rdn. 19) der dingliche Arrest ausgebracht werden. Das setzt wie der Arrest zur Sicherung des Verfalls von Wertersatz voraus, daß **dringende Gründe** für die Annahme vorhanden sind, daß eine rechtswidrige Tat begangen worden ist und in dem Urteil die Einziehung von Wertersatz angeordnet wird. Zwar ergibt sich das nicht, wie bei der Sicherung des Verfalls von Wertersatz (oben Rdn. 4), unmittelbar aus § 111 b Abs. 1; denn die Einziehung von Wertersatz wird von dieser Vorschrift nicht ausdrücklich erfaßt (§ 111 b, 12). Dies dürfte aber auf einem Formulierungsfehler beruhen. Es besteht deshalb kein Grund, insoweit die Sicherung des Zahlungsanspruchs des Staates von weniger strengen Voraussetzungen abhängig zu machen als die Ausbringung des dinglichen Arrests wegen des Verfalls von Wertersatz.

c) Geldstrafe. Wenn gegen den Angeklagten auf Geldstrafe (§§ 40 ff StGB) er-   **8** kannt worden ist, entsteht mit der Rechtskraft des Urteils ein Zahlungsanspruch des Staates, der nach § 459 durch Beitreibung der Forderung nach den Vorschriften der Justizbeitreibungsordnung verwirklicht wird. Diesen Anspruch für den Fall zu sichern, daß der Angeklagte während des Verfahrens Vermögensgegenstände veräußert oder beiseiteschafft, um die Zwangsvollstreckung zu vereiteln, ist an sich unnötig. Denn an die Stelle einer uneinbringlichen Geldstrafe tritt nach § 43 StGB eine Ersatzfreiheitsstrafe, die der Zahl der für die Geldstrafe festgesetzten Tagessätze (§ 40 Abs. 1 StGB) entspricht. Diese Ersatzfreiheitsstrafe wird nach § 459 e vollstreckt, wenn die Geldstrafe nicht eingebracht werden kann oder wenn zu erwarten ist, daß sie in absehbarer Zeit nicht vollstreckt werden kann (§ 459 c Abs. 2). Das Interesse des Staates, sich schon während des Verfahrens dagegen zu sichern, daß der Angeklagte Vermögensgegenstände beiseiteschafft, um die Vollstreckung der Geldstrafe zu verhindern, ist daher im allgemeinen gering. Durch § 111 d ist gleichwohl in Ergänzung der Vorschriften über die Vollstreckung von Geldstrafen die Möglichkeit geschaffen worden, die Vollstreckung der Geldstrafe auch durch die Anordnung des dinglichen Arrests zu sichern. Davon wird ausnahmsweise Gebrauch zu machen sein, wenn die Anzahl der Tagessätze und daher die Ersatzfreiheitsstrafe verhältnismäßig gering, die Höhe der Tagessätze, die nach § 40 Abs. 2 Satz 3 StGB bis zu 10.000 DM betragen kann, aber erheblich ist. In solchen Fällen kann der Angeklagte ein Interesse daran haben, sich von der hohen Geldstrafe durch die Verbüßung der Ersatzfreiheitsstrafe gleichsam „freizukaufen". Das kann durch die Anordnung des dinglichen Arrests verhindert werden.

Anders als bei der Sicherung des Verfalls oder der Einziehung von Wertersatz ist   **9** der dingliche Arrest zur Sicherung der Geldstrafe nach Absatz 1 Satz 2 erst zulässig, wenn gegen den Beschuldigten ein auf Strafe lautendes **Urteil** ergangen ist (unten Rdn. 19). Die Vorschrift bestimmt nicht ausdrücklich, daß der Arrest nur wegen der Geldstrafe angeordnet werden darf, auf die in dem bereits vorliegenden Urteil erkannt worden ist, auch wenn es zuungunsten des Angeklagten angefochten worden ist. Jedoch wird es dem Sinn der Bestimmung entsprechen, die Sicherung der Geldstrafe nur in Höhe der Strafe zuzulassen, auf die bereits erkannt worden ist[7].

---

[7] *Kleinknecht/Meyer*[37] 5.

Gerhard Schäfer

10   **d) Verfahrenskosten.** Auch die Verfahrenskosten, die der Beschuldigte der Staatskasse aufgrund der Kostenentscheidung des Urteils voraussichtlich zu erstatten hat,
können durch dinglichen Arrest gesichert werden. Auf andere Prozeßbeteiligte, die zur
Kostentragung verurteilt werden können (Privatkläger, Nebenkläger, gesetzliche Vertreter, Verfalls- und Einziehungsbeteiligte) findet § 111 d keine Anwendung. Kosten
des Verfahrens sind nach § 464 a Abs. 1 Satz 1 und 2 die Gebühren und Auslagen der
Staatskasse einschließlich der durch die Vorbereitung der öffentlichen Klage entstandenen. Die nach § 464 a Abs. 1 Satz 2 ebenfalls zu den Verfahrenskosten gehörenden Kosten der Vollstreckung einer Rechtsfolge der Tat nimmt Absatz 1 Satz 3 ausdrücklich
aus. Kosten der Untersuchungshaft, der Unterbringung nach § 81 StPO, § 73 JGG und
der einstweiligen Unterbringung nach § 126 a StPO, § 71 Abs. 1, § 72 Abs. 3 JGG werden nach § 12 Satz 2 der Kostenverfügung nur angesetzt, wenn sie nach den für die Freiheitsstrafe geltenden Vorschriften zu erheben wären (Nr. 1910 des Kostenverzeichnisses zu § 9 Abs. 1 GKG).

11   Die Anordnung des Arrests setzt voraus, daß bereits ein auf Strafe lautendes
Urteil ergangen ist (unten Rdn. 19). Wegen der Höhe der Gerichtsgebühren, die sich
nach der verhängten Strafe richtet (Nr. 1600 des Kostenverzeichnisses zu § 11 Abs. 1
GKG), ist in erster Hinsicht dieses Urteil maßgebend. Wurde bereits Rechtsmittel ein-
gelegt oder ist ein Rechtsmittel zu erwarten, können auch die voraussichtlich für die
Rechtsmittelzüge entstehenden Gerichtsgebühren durch Arrest gesichert werden[8].
Hierbei ist davon auszugehen, daß über Berufung und Revision in einer Hauptverhandlung entschieden wird, so daß die Gebühren nach Nr. 1602 und 1604 des Kostenverzeichnisses zu § 11 Abs. 1 GKG erhoben werden. Hat die Staatsanwaltschaft oder der
Nebenkläger ein Rechtsmittel eingelegt, das voraussichtlich zur Verhängung einer höheren Strafe führen wird, dann dürfen auch die hierdurch entstehenden höheren Kosten durch Arrest gesichert werden. Die Höhe der voraussichtlich verhängten Strafe
darf geschätzt werden[9].

12   Als **Auslagen** der Staatskasse (Nr. 1900 ff des Kostenverzeichnisses zu § 11 Abs. 1
GKG) sind zunächst alle Auslagen anzusetzen, die bereits bis zum Erlaß des Urteils entstanden sind. Auslagen für das Rechtsmittelverfahren sind zu berücksichtigen und dem
Arrest in der voraussichtlich entstehenden Höhe zugrundezulegen. Die dadurch entstehenden Auslagen, insbesondere die an Zeugen und Sachverständige zu zahlenden Entschädigungen, sind zu schätzen. Ihre Höhe richtet sich danach, mit welchen Beweiserhebungen im Rechtsmittelzug zu rechnen ist.

13   **e) Ausnahme für geringfügige Beträge.** Zur Sicherung geringfügiger Beträge darf
der dingliche Arrest nach Absatz 1 Satz 3 nicht angeordnet werden. Wann ein Betrag geringfügig ist, das sagt das Gesetz nicht. Bei seiner Auslegung ist zu berücksichtigen, daß
die Vorschrift Ausdruck des Grundsatzes der Verhältnismäßigkeit ist und daß verhindert werden soll, daß durch die Anordnung und Vollziehung des Arrests ein Verwal-
tungsaufwand entsteht, der in keinem angemessenen Verhältnis zur Bedeutung der
Sache steht[10]. Geringfügigkeit wird daher im allgemeinen anzunehmen sein, wenn die
zu sichernde Geldforderung 200 DM nicht übersteigt[11]. Die Grenze sollte nicht zu
hoch gezogen werden, da namentlich bei der Betäubungsmittelkriminalität der Zugriff

---

[8] AG Hanau NJW **1974** 1663; *Kleinknecht/
Meyer*[37] 6; KMR-*Müller* 4.
[9] *Kleinknecht/Meyer*[37] 6; *Sussbauer* JVBl.
1959 186.

[10] KK-*Laufhütte*; *Kleinknecht/Meyer*[37] 7; LR-
Meyer[23] 13.
[11] LR-*Meyer*[23] 13; *Kleinknecht/Meyer*[37] 7; KK-
Laufhütte 5: 300 DM.

auf mitgeführte Erlöse aus kriminellen Geschäften nur durch Verfall des Wertersatzes und damit dessen Sicherung nur durch dinglichen Arrest möglich ist[12].

3. Arrestgrund. Wegen des Arrestgrundes bestimmt Absatz 2 die sinngemäße An- **14** wendung des § 917 ZPO. Die Vorschrift lautet:

§ 917 ZPO

(1) Der dingliche Arrest findet statt, wenn zu besorgen ist, daß ohne dessen Verhängung die Vollstreckung des Urteils vereitelt oder wesentlich erschwert werden würde.

(2) Als ein zureichender Arrestgrund ist es anzusehen, wenn das Urteil im Ausland vollstreckt werden müßte.

Der dingliche Arrest setzt demnach voraus, daß nach objektiven Maßstäben (RGZ **67** 369) eine Vereitelung oder die wesentliche Erschwerung der Vollstreckung des Urteils zu besorgen ist. Der Umstand, daß derjenige, gegen den nach Rechtskraft des Urteils wegen einer Geldforderung zu vollstrecken ist, eine Straftat begangen hat, genügt allein nicht. Das Gesetz hält nicht jeden Straftäter für so unzuverlässig, daß ihm zuzutrauen ist, er werde Vermögenswerte beiseiteschaffen, um die Vollstreckung zu vereiteln. Art und Ausführung der dem Beschuldigten vorgeworfenen Straftat können aber durchaus geeignet sein, ohne weiteres die Besorgnis zu begründen, daß der Täter versuchen werde, die Vollstreckung der Geldansprüche des Staates durch Veräußerung oder Beiseiteschaffen seines Vermögens zu verhindern. Das wird insbesondere der Fall sein, wenn der Täter mit Verfall von Wertersatz rechnen muß. Von demjenigen, der sich einen Vermögensvorteil durch eine Straftat verschafft hat, wird im allgemeinen nicht angenommen werden können, daß er untätig bleibt, wenn ihm die Gefahr droht, daß als Ersatz ein ebenso hoher Geldbetrag für verfallen erklärt wird. In ähnlichen Fällen (Schädigung des Gläubigers durch ein Vermögensdelikt des Schuldners) halten auch die Zivilgerichte einen ausreichenden Arrestgrund für gegeben[13]. Es besteht kein Anlaß, im Strafverfahren strengere Maßstäbe anzulegen. Ein Arrestgrund wird ferner ohne weiteres vorliegen, wenn der Beschuldigte bereits einmal wegen Vereitelns der Zwangsvollstreckung nach § 288 StGB oder wegen Pfandkehr nach § 289 StGB verurteilt worden ist oder wenn ihm nunmehr eine solche Straftat vorgeworfen wird.

In allen anderen Fällen besteht ein Grund für die Ausbringung des dinglichen Ar- **15** rests nur, wenn **Anhaltspunkte** dafür vorliegen, daß auf das Vermögen des Schuldners in irgendeiner Weise nachteilig eingewirkt wird. Daß er sich in schlechten Vermögensverhältnissen befindet, genügt nicht[14]. Der Arrest soll die Staatskasse nicht besserstellen, als sie bei einer sofortigen Vollstreckung stehen würde, und er soll ihr keinen Vorrang vor anderen Gläubigern sichern[15]. Daher setzt die Anordnung des Arrests stets voraus, daß eine Verschlechterung der Vermögenslage oder eine wesentliche Erschwerung des Zugriffs auf das Vermögen des Beschuldigten bevorsteht. Ob das wegen des Verhaltens des Beschuldigten oder eines Dritten oder aus anderen Gründen zu befürchten ist, spielt keine Rolle[16]. Insbesondere kommt es auf die Vereitelungsabsicht des Beschuldigten nicht an; böswilliges oder auch nur rechtswidriges Verhalten ist nicht erfor-

---

[12] Vgl. BGHSt **31** 145, 147; **28** 369; BGH wistra **1985** 190.
[13] BGH WPM **1983** 614; OLG München MDR **1970** 935; *Thomas/Putzo* § 917, 1 a; **a. A** OLG Düsseldorf MDR **1980** 150; OLG Schleswig MDR **1983** 141.

[14] RGZ **67** 26; RG JW **1904** 557; *Thomas/Putzo* § 917, 1 b; *Wieczorek* § 917 B II b 2; *Zöller* § 917, 1.
[15] Vgl. RG JW **1900** 393; *Thomas/Putzo* § 917, 1.
[16] RG JW **1890** 113.

Gerhard Schäfer

derlich[17]. Die Besorgnis der Vollstreckungsvereitelung oder -erschwerung wird regelmäßig vorliegen, wenn der Beschuldigte fluchtverdächtig.ist, insbesondere wenn bereits ein Haftbefehl erlassen ist.

16　　Eine Vollstreckung von Strafurteilen im **Ausland** ist regelmäßig unmöglich. Die sinngemäße Anwendung des § 917 Abs. 2 ZPO kann daher nur bedeuten, daß ein Arrestgrund vorliegt, wenn sich der (deutsche oder ausländische) Beschuldigte im Ausland befindet oder wenn zu befürchten ist, daß er ins Ausland übersiedeln oder sein Vermögen dorthin verbringen werde. Daß er Ausländer ist, genügt allein nicht, insbesondere wenn er hinreichendes Vermögen im Inland hat und kein Anlaß zu der Annahme besteht, daß er es dem Zugriff des Staates entziehen werde[18]. Bei ausländischen Arbeitern, die außer ihrem Arbeitsvertrag keine Bindungen im Inland haben, ist der Arrest aber regelmäßig begründet[19].

4. Arrestgesuch

17　　**a) Antragsbefugnis.** Die Verweisung des Absatz 2 auf § 920 Abs. 1 ZPO, der den Inhalt des Arrestgesuchs bestimmt, bedeutet nicht, daß ein solches stets erforderlich ist, das Gericht den Arrest also nicht auch von Amts wegen anordnen darf. Vielmehr gelten insoweit dieselben Grundsätze wie bei der Beschlagnahme (§ 98, 13). Regelmäßig wird das Gericht aber nur auf Antrag tätig werden. Wer den Antrag stellen darf, ist in den §§ 111 b ff nicht bestimmt. Dem System unseres Strafverfahrens entspricht es, daß nur die Staatsanwaltschaft zuständig ist, den Antrag zu stellen. Ordnet sie bei Gefahr im Verzug den Arrest selbst an (§ 111 e Abs. 1 Satz 1), so entfällt die Notwendigkeit eines Arrestgesuchs. An seine Stelle tritt ein Aktenvermerk, der die Notwendigkeit der Anordnung darlegt.

18　　**b) Inhalt.** Über den Inhalt des Arrestgesuchs bestimmt der nach Absatz 2 sinngemäß anzuwendende

§ 920 Abs. 1 ZPO

> Das Gesuch soll die Bezeichnung des Anspruchs unter Angabe des Geldbetrages oder des Geldwertes sowie die Bezeichnung des Arrestgrundes enthalten.

In dem Arrestgesuch muß daher angegeben werden, ob der Arrest wegen des Verfalls oder der Einziehung von Wertersatz, wegen einer Geldstrafe oder wegen der voraussichtlich entstehenden Verfahrenskosten beantragt wird. Der Geldbetrag muß genau beziffert werden. Bei den Verfahrenskosten sind die Schätzungsgrundlagen anzugeben. Ferner muß dargetan werden, aus welchen Gründen zu besorgen ist, daß ohne die Anordnung des dinglichen Arrests die Vollstreckung des Urteils vereitelt oder wesentlich erschwert würde. Eine Glaubhaftmachung dieser Gründe ist nicht erforderlich; § 920 Abs. 2 ZPO, der das für das Zivilverfahren bestimmt, ist nach Absatz 2 nicht entsprechend anzuwenden. Es genügt immer der Antrag, den Arrest in das Vermögen des Beschuldigten anzuordnen; eine Beschränkung auf bestimmte Gegenstände ist zulässig.

5. Arrestanordnung

19　　**a) Zeitpunkt.** Wegen des Verfalls oder der Einziehung von Wertersatz kann der dingliche Arrest sogleich nach Einleitung des Ermittlungsverfahrens beantragt und angeordnet werden. Er ist in allen Verfahrensabschnitten bis zur Rechtskraft des Urteils

---

[17] RG JW **1900** 393; **1904** 557; RG LZ **1910** 867; *Thomas/Putzo* § 917, 1; *Zöller* § 917, 1.
[18] RGZ **67** 25; KG JW **1917** 862; OLG Ham- burg MDR **1971** 767; *Thomas/Putzo* § 917, 2; *Wieczorek* § 917 B II a.
[19] OLG Karlsruhe MDR **1959** 401 L.

zulässig. Auch wenn das Urteil bereits rechtskräftig ist, aber nunmehr nachträglich nach § 76 StGB der Verfall oder die Einziehung von Wertersatz angeordnet werden soll, darf hierfür der dingliche Arrest ausgebracht werden. Zur Sicherung der Geldstrafe und der Verfahrenskosten ist er nach Absatz 1 Satz 2 erst zulässig, wenn gegen den Beschuldigten ein auf Strafe lautendes Urteil ergangen ist. Absatz 1 Satz 2 ist wörtlich zu nehmen; die Festsetzung einer Geldstrafe durch Strafbefehl nach §§ 407 ff steht einem Urteil nicht gleich[20]. Die Bestimmung entgegen ihrem klaren Wortlaut ausdehnend auszulegen, ist um so weniger notwendig, als Straftaten, die im Strafbefehlsverfahren geahndet werden, im allgemeinen nicht so gewichtig sind, daß zusätzliche Sicherungsmittel wie der dingliche Arrest geboten erscheinen. Auf Strafe lautende Urteile sind solche, die nach § 465 Abs. 1 eine Kostenentscheidung zu Lasten des Angeklagten enthalten. Es kann sich also auch um Urteile handeln, in denen auf Freisprechung erkannt, daneben aber Maßregeln der Besserung und Sicherung nach §§ 63 ff StGB angeordnet worden sind, sowie um Urteile im Sicherungsverfahren nach den §§ 413 ff, im selbständigen Einziehungsverfahren nach den §§ 440 ff und im Verfahren zur Festsetzung von Geldbußen gegen juristische Personen nach § 444 Abs. 3.

b) Zuständigkeit. Wer für die Anordnung des Arrests zuständig ist, bestimmt **20** § 111 e Abs. 1 Satz 1. In erster Hinsicht ist es der Richter, und zwar der Strafrichter, nicht das nach den §§ 764, 919 ZPO zuständige Zivilgericht, bei Gefahr im Verzug auch die Staatsanwaltschaft. Näheres bei § 111 e, 2.

c) Form. Inhalt. Das Gericht entscheidet über den Antrag durch Beschluß; die **21** Staatsanwaltschaft erläßt eine schriftliche Verfügung. Auch die Entscheidung des Gerichts ergeht ohne mündliche Verhandlung. Eine vorherige Anhörung des Beschuldigten ist der Natur der Sache nach untunlich und daher nach § 33 Abs. 4 Satz 1 nicht erforderlich. Der Beschluß ist mit **Gründen** zu versehen (§ 34). Er muß die in § 920 Abs. 1 ZPO bezeichneten Angaben (oben Rdn. 18) enthalten und ferner der Vorschrift des § 923 ZPO entsprechen, die nach Absatz 2 sinngemäß anzuwenden ist. Sie lautet:

§ 923 ZPO

In dem Arrestbefehl ist ein Geldbetrag festzustellen, durch dessen Hinterlegung die Vollziehung des Arrestes gehemmt und der Schuldner zu dem Antrag auf Aufhebung des vollzogenen Arrestes berechtigt wird.

Die **Formel** des Arrestbefehls besteht danach in der **einfachen Anordnung des dinglichen Arrests über das Vermögen des Betroffenen** unter Umständen beschränkt auf bestimmte Gegenstände, der Bezeichnung des zu sichernden Anspruchs und seiner **Höhe** und der **Höhe der Lösungssumme.** Die Darlegung des **Arrestgrunds** kann den Gründen der Entscheidung vorbehalten bleiben. Die Lösungssumme richtet sich nach der Höhe der Geldforderungen, die in dem Arrestgesuch genannt sind. Fehlt die Angabe der Lösungssumme in dem Arrestbefehl, so berührt das seine Wirksamkeit nicht; er kann insoweit ergänzt werden[21]. Entgegen dem Wortlaut des § 923 ZPO sind auch andere Sicherheiten als die Hinterlegung von Geld zugelassen. § 108 ZPO gilt entsprechend. Möglich ist insbesondere die Hinterlegung von Wertpapieren[22] und die Beibringung einer Bürgschaft[23], insbesondere auch die Bürgschaft einer Bank[24]. Ob der Beschuldigte oder ein

---

[20] KK-*Laufhütte* 5; *Kleinknecht/Meyer*[37] 5.

[21] OLG Hamburg NJW **1958** 1145 mit Anm. *Lent.*

[22] OLG Darmstadt JW **1935** 1345; *Stein/Jonas* § 923 I 3; *Wieczorek* § 923 B I.

[23] OLG Darmstadt JW **1935** 1345; LG Hamburg MDR **1971** 851.

[24] KK-*Laufhütte* 9.

Gerhard Schäfer

Dritter die Sicherheit leistet, ist gleichgültig[25]. Mit der Hinterlegung erlangt die Staatskasse ein Pfandrecht[26]. Die Vollziehung des Arrests wird durch die Hinterlegung gehemmt. Der Beschuldigte kann ferner, auch noch nach Vollzug[27], die Aufhebung des Arrests nach § 934 ZPO fordern (unten Rdn. 28).

22   **d) Bekanntmachung.** Sie richtet sich nicht nach den Vorschriften der Zivilprozeßordnung, sondern nach § 111 e Abs. 3 und 4. Näheres dort Rdn. 6 ff.

6. Arrestvollziehung

23   **a) Allgemeines.** Absatz 2 bestimmt die sinngemäße Anwendung des § 928 ZPO. Die Vorschrift lautet:

§ 928 ZPO

Auf die Vollziehung des Arrestes sind die Vorschriften über die Zwangsvollstreckung entsprechend anzuwenden, soweit nicht die nachfolgenden Paragraphen abweichende Vorschriften enthalten.

Für die Vollziehung des Arrests nach § 111 d hat die Bestimmung geringe Bedeutung. Die Zuständigkeiten regelt § 111 f Abs. 3 abweichend von der Zivilprozeßordnung (vgl. § 111 f, 6 ff), und auch die Rechtsbehelfe und Rechtsmittel der Zivilprozeßordnung finden nicht statt (vgl. § 111 f, 11 ff).

24   **b) Bewegliches Vermögen.** Nach Absatz 2 gilt § 930 ZPO für die Vollziehung des Arrests in bewegliche Sachen und Forderungen entsprechend. In Betracht kommt aber nur die Anwendung des Absatzes 1 Satz 1 und 2 und des Absatzes 2. Die Vorschrift lautet insoweit:

§ 930 ZPO

(1) [1]Die Vollziehung des Arrestes in bewegliches Vermögen wird durch Pfändung bewirkt. [2]Die Pfändung erfolgt nach denselben Grundsätzen wie jede andere Pfändung und begründet ein Pfandrecht mit den in § 804 bestimmten Wirkungen ...

(2) Gepfändetes Geld und ein im Verteilungsverfahren auf den Gläubiger fallender Betrag des Erlöses werden hinterlegt.

(3) ...

§ 930 Abs. 1 Satz 3 betrifft die Zuständigkeit für die Forderungspfändung und wird durch § 111 f Abs. 3 Satz 3 ersetzt. Anstelle des § 930 Abs. 3 (Notveräußerung) gilt § 111 l.

25   **c) Schiffe und Schiffsbauwerke.** Der nach Absatz 2 sinngemäß anzuwendende § 931 ZPO hat folgenden Wortlaut:

§ 931 ZPO

(1) Die Vollziehung des Arrestes in ein eingetragenes Schiff oder Schiffsbauwerk wird durch Pfändung nach den Vorschriften über die Pfändung beweglicher Sachen mit folgenden Abweichungen bewirkt:

(2) Die Pfändung begründet ein Pfandrecht an dem gepfändeten Schiff oder Schiffsbauwerk; das Pfandrecht gewährt dem Gläubiger im Verhältnis zu anderen Rechten dieselben Rechte wie eine Schiffshypothek.

(3) Die Pfändung wird auf Antrag des Gläubigers vom Arrestgericht als Vollstreckungsgericht angeordnet; das Gericht hat zugleich das Registergericht um die Eintragung einer Vor-

---

[25] RGZ **34** 357; *Wieczorek* § 923 B II.   [27] *Wieczorek* § 923 B III b.
[26] RGZ **56** 147.

merkung zur Sicherung des Arrestpfandrechts in das Schiffsregister oder Schiffsbauregister zu ersuchen; die Vormerkung erlischt, wenn die Vollziehung des Arrestes unstatthaft wird.

(4) Der Gerichtsvollzieher hat bei der Vornahme der Pfändung das Schiff oder Schiffsbauwerk in Bewachung und Verwahrung zu nehmen.

(5) Ist zur Zeit der Arrestvollziehung die Zwangsversteigerung des Schiffes oder Schiffsbauwerks eingeleitet, so gilt die in diesem Verfahren erfolgte Beschlagnahme des Schiffes oder Schiffsbauwerks als erste Pfändung im Sinne des § 826; die Abschrift des Pfändungsprotokolls ist dem Vollstreckungsgericht einzureichen.

(6) [1]Das Arrestpfandrecht wird auf Antrag des Gläubigers in das Schiffsregister oder Schiffsbauregister eingetragen; der nach § 923 festgestellte Geldbetrag ist als der Höchstbetrag zu bezeichnen, für den das Schiff oder Schiffsbauwerk haftet. [2]Im übrigen gelten der § 867 und der § 870 a Abs. 3 entsprechend, soweit nicht vorstehend etwas anderes bestimmt ist.

Anstelle des § 931 ZPO Abs. 3 Satz 1 Halbsatz 1 gilt § 111 f Abs. 3 Satz 3.

d) Grundstücke. Für die Arrestvollziehung in Grundstücke gilt nach Absatz 2 der **26** § 932 ZPO entsprechend. Die Vorschrift lautet:

§ 932 ZPO

(1) Die Vollziehung des Arrests in ein Grundstück oder in eine Berechtigung, für welche die sich auf Grundstücke beziehenden Vorschriften gelten, erfolgt durch Eintragung einer Sicherungshypothek für die Forderung; der nach § 923 festgestellte Geldbetrag ist als der Höchstbetrag zu bezeichnen, für den das Grundstück oder die Berechtigung haftet.

(2) Im übrigen gelten die Vorschriften des § 866 Abs. 3 Satz 1 und der §§ 867, 868.

(3) Der Antrag auf Eintragung der Hypothek gilt im Sinne des § 929 Abs. 2, 3 als Vollziehung des Arrestbefehls.

7. Aufhebung der Arrestanordnung. Der Arrestbefehl und alle Vollziehungsmaßnah- **27** men sind aufzuheben, wenn keine dringenden Gründe mehr für die Annahme vorhanden sind, daß die Voraussetzungen für den Verfall oder die Einziehung des Wertersatzes vorliegen, oder wenn nicht mehr wahrscheinlich ist, daß ein rechtskräftiges Urteil ergeht, in dem der Beschuldigte zu Geldstrafe und zur Tragung der Verfahrenskosten verurteilt wird. Bei Hinterlegung nach § 934 ZPO vgl. Rdn. 28. Vgl. zur Beendigung des Arrestes im übrigen § 111 e, 21.

8. Aufhebung der Arrestvollziehung
a) Hinterlegung des Geldbetrages. Der nach Absatz 2 sinngemäß anzuwendende **28** § 934 Abs. 1 ZPO lautet:

§ 934 Abs. 1 ZPO

Wird der in dem Arrestbefehl festgestellte Geldbetrag hinterlegt, so wird der vollzogene Arrest von dem Vollstreckungsgericht aufgehoben.

Die Vorschrift betrifft nur die Aufhebung des bereits vollzogenen Arrests, nicht die der Arrestanordnung[28]. Die Aufhebung muß erfolgen, wenn die in dem Arrestbefehl genannte Lösungssumme (oben Rdn. 21) hinterlegt oder wenn auf andere Weise Sicherheit geleistet worden ist und der Beschuldigte den Aufhebungsantrag stellt. Der Antrag kann bis zum Erlaß des Aufhebungsbeschlusses zurückgenommen werden.

---

[28] RGZ **15** 409; *Thomas/Putzo*[13] § 934, 1; *knecht/Meyer*[37] 17; KMR-*Müller* 7; unklar
Baumbach/Lauterbach[43] § 934 I; · *Klein-* KK-*Laufhütte* 12.

Gerhard Schäfer

29   **b) Notlage des Beschuldigten.** Ist der Arrest nur wegen einer Geldstrafe oder wegen der voraussichtlich entstehenden Verfahrenskosten angeordnet worden, so muß nach Absatz 3 eine Vollziehungsmaßnahme, also nicht der Arrestbefehl selbst[29], aufgehoben werden, wenn der Beschuldigte den Pfandgegenstand benötigt, um die Kosten seiner Verteidigung, seines Unterhalts oder des Unterhalts seiner Familie aufzubringen. Sind mehrere Vollziehungsmaßnahmen getroffen worden, so bestimmt das Gericht, welche von ihnen aufgehoben wird.

30   **Kosten der Verteidigung** sind in erster Hinsicht die Gebühren und Auslagen des Verteidigers. Auf die Höchstgebühren der §§ 83 ff BRAGebO sind sie nicht beschränkt; der Verteidiger darf eine höhere Gebühr vereinbaren (§ 3 BRAGebO). Die Höhe der notwendigen Auslagen und damit der gesetzlichen Gebühren ist nicht entscheidend[30]; denn Absatz 3 spricht von den Kosten der Verteidigung, nicht von den „notwendigen" Kosten. Auch mehrere Verteidiger können von dem Beschuldigten beauftragt werden. Bei der Aufhebung der Arrestvollziehung zu dem Zweck, dem Beschuldigten die Mittel für die Verteidigung zur Verfügung zu stellen, darf nicht kleinlich verfahren werden. Es ist nicht der Sinn des § 111 d, ihn in seinen Verteidigungsmöglichkeiten zu beschränken. Nur übermäßige hohe Verteidigungskosten sind nicht anzuerkennen[31]. Kosten der Verteidigung können auch Aufwendungen für Reisen zu dem Verteidiger oder zum Gericht sein.

31   **Kosten des Unterhalts** des Beschuldigten und seiner Familie sind die notwendigen Kosten. Dem Beschuldigten ist alles zu belassen, was er auch bei einer Vollstreckung des rechtskräftigen Urteils nicht herausgeben müßte, insbesondere die pfändungsfreien Beträge nach den im Fall der Vollstreckung des Urteils anzuwendenden §§ 850 ff ZPO.

32   **Verfahren.** Wenn die Voraussetzungen des Absatz 3 vorliegen, ist die Aufhebung der Vollziehungsmaßnahmen zwingend vorgeschrieben. Sie erfolgt aber nicht von Amts wegen, sondern nur auf Antrag des Beschuldigten[32]. Er muß darlegen und glaubhaft machen, daß er bei Vollziehung des Arrests nicht in der Lage wäre, die notwendigen Kosten für seine Verteidigung oder den Unterhalt aufzubringen. Die Vermögensverhältnisse müssen offengelegt werden. Fehlen diese Angaben und werden sie auch auf Ersuchen des Gerichts nicht nachgeholt oder glaubhaft gemacht[33], so ist der Antrag zu verwerfen. Vor der Entscheidung ist die Staatsanwaltschaft zu hören (§ 33 Abs. 2).

33   Ist von **vornherein** abzusehen, daß die Voraussetzungen des Absatz 3 vorliegen, so darf der Arrest nicht angeordnet werden[34]. Denn in aller Regel ergeht der Arrestbefehl nur wegen eines einzigen Vollziehungsgegenstandes, so daß auch nur einzelne Vollziehungsmaßnahmen in Betracht kommen.

34   **c) Aufhebung aus anderen Gründen.** Liegen die Voraussetzungen vor, unter denen der Arrestbefehl aufgehoben werden muß (oben Rdn. 27), so sind, ohne daß es eines Antrags des Beschuldigten bedarf, auch alle Vollziehungsmaßnahmen aufzuheben. Ist der Arrest zur Sicherung des Verfalls von Wertersatz ausgebracht worden, so ist, wenn er in andere Gegenstände als Grundstücke vollzogen worden ist, im Hinblick auf die für Grundstücke getroffene Regelung des § 111 h zu erwägen, ob bei anschließenden Vollstreckungshandlungen des Verletzten die Arrestvollziehung zu dessen Gunsten aufzuheben ist[35], vgl. auch § 111 h, 1. Denn aus § 73 Abs. 1 Satz 2 StGB ergibt sich, daß die Schadloshaltung des Verletzten den staatlichen Interessen vorgehen soll[36]. Vgl. auch

---

[29] AG Hanau NJW **1974** 1663.
[30] *Kleinknecht/Meyer*[37] 19; **a. A** AG Hanau NJW **1974** 1663.
[31] LR-*Meyer*[23] 30; KK-*Laufhütte* 14; *Kleinknecht/Meyer*[37] 19.

[32] KK-*Laufhütte* 16; *Kleinknecht/Meyer*[37] 21.
[33] *Kleinknecht/Meyer*[37] 22.
[34] *Kleinknecht/Meyer*[38] 18.
[35] LR-*Meyer*[23] 34; KK-*Laufhütte* § 111 h, 1.
[36] LK-*Schäfer* § 73, 21, 25 ff.

BTDrucks. 7 550 S. 295. Wegen der Notveräußerung von Gegenständen, die aufgrund eines Arrests gepfändet worden sind, vgl. § 111 l.

d) Zuständigkeit. Für die Aufhebung der Arrestvollziehung ist das Gericht zuständig, das den Arrest angeordnet oder nach § 111 e Abs. 2 Satz 1 richterlich bestätigt hat. Befindet sich die Strafsache inzwischen in einem höheren Rechtszug, so wird mit der Vorlegung der Akten (§ 321) das Rechtsmittelgericht zuständig; statt des Revisionsgerichts entscheidet stets der letzte Tatrichter. Es gelten die Grundsätze über die Aufhebung der Beschlagnahme (§ 98, 60). Die Anordnung der Aufhebung gehört zu den Geschäften, die dem Rechtspfleger übertragen sind (§ 22 Nr. 2, § 20 Abs. 1 Nr. 13 RpflG). **35**

9. Entschädigung. Im Zivilverfahren ist der Gläubiger dem Arrestschuldner nach **36** § 945 ZPO zum Schadenersatz verpflichtet, wenn die Anordnung des Arrests ungerechtfertigt war. Im Strafverfahren besteht nur die Entschädigungspflicht der Staatskasse nach § 2 Abs. 2 Nr. 4 StrEG.

10. Rechtsbehelfe und Rechtsmittel. Vgl. bei § 111 e, 22. **37**

§ 111 e

(1) [1]Zu der Anordnung der Beschlagnahme (§ 111 c) und des Arrestes (§ 111 d) ist nur der Richter, bei Gefahr im Verzug auch die Staatsanwaltschaft befugt. [2]Zur Anordnung der Beschlagnahme einer beweglichen Sache (§ 111 c Abs. 1) sind bei Gefahr im Verzuge auch die Hilfsbeamten der Staatsanwaltschaft (§ 152 des Gerichtsverfassungsgesetzes) befugt.

(2) [1]Hat die Staatsanwaltschaft die Beschlagnahme oder den Arrest angeordnet, so beantragt sie innerhalb einer Woche die richterliche Bestätigung der Anordnung. [2]Dies gilt nicht, wenn die Beschlagnahme einer beweglichen Sache angeordnet ist. [3]Der Betroffene kann in allen Fällen jederzeit die richterliche Entscheidung beantragen.

(3) Die Anordnung der Beschlagnahme und des Arrestes ist dem durch die Tat Verletzten, soweit er bekannt ist oder im Laufe des Verfahrens bekannt wird, unverzüglich mitzuteilen.

(4) Ist zu vermuten, daß weiteren Verletzten aus der Tat Ansprüche erwachsen sind, so soll die Beschlagnahme oder der Arrest durch einmaliges Einrücken in den Bundesanzeiger oder in anderer geeigneter Weise bekanntgemacht werden.

Schrifttum siehe bei § 111 b

Entstehungsgeschichte. Die Vorschrift wurde durch Art. 21 Nr. 29 EGStGB eingefügt.

Übersicht

Gerhard Schäfer

I. Allgemeines

1   Die Vorschrift bestimmt die **Zuständigkeit** für die Anordnung der **Beschlagnahme** von Verfalls- und Einziehungsgegenständen nach § 111 c und für die Anordnung des **dinglichen Arrests** nach § 111 d teilweise abweichend von der in § 98 für die Anordnung der Beschlagnahme von Beweisgegenständen und Führerscheinen getroffenen Regelung. Die zu § 98 entwickelten Grundsätze sind jedoch in weitem Umfang anwendbar. Auf die Erläuterungen zu dieser Vorschrift kann daher weitgehend verwiesen werden. Die **Unterschiede zu § 98** bestehen im wesentlichen in folgendem: Nach Absatz 1 Satz 2 sind Hilfsbeamte der Staatsanwaltschaft auch bei Gefahr im Verzug nur für die Beschlagnahme von beweglichen Sachen zuständig. Ferner ordnet Absatz 2 Satz 2 im Gegensatz zu § 98 Abs. 2 Satz 1 an, daß bei nichtrichterlichen Beschlagnahmeanordnungen eine Bestätigung der Anordnung durch das Gericht nur eingeholt zu werden braucht, wenn es sich nicht um die Beschlagnahme einer beweglichen Sache handelt. Bei Beschlagnahmeanordnungen, die sich auf andere Gegenstände beziehen, ist hingegen eine richterliche Bestätigung immer zu beantragen, auch wenn der Betroffene der Beschlagnahme nicht widersprochen hat (Absatz 2 Satz 1). Die Frist hierfür beträgt — abweichend von § 98 Abs. 2 Satz 1 — eine Woche. Schließlich bestimmt Absatz 3 und 4 die Mitteilung der Beschlagnahme an den Verletzten, wenn er bekannt ist, und die öffentliche Bekanntmachung, wenn zu vermuten ist, daß weiteren Verletzten aus der Tat Ansprüche erwachsen sind. Für die Anordnung des Arrests nach § 111 d gelten diese Vorschriften entsprechend. Für Pressebeschlagnahmen enthält § 111 n Abs. 1 eine besondere Regelung.

II. Beschlagnahmeanordnung

1. Zuständigkeit (Absatz 1)

2   **a) Gericht.** Die Beschlagnahme von Verfalls- und Einziehungsgegenständen ist grundsätzlich dem Richter vorbehalten. Im Vorverfahren entscheidet das Amtsgericht, in dessen Bezirk die Beschlagnahme durchgeführt werden soll (§ 162 Abs. 1 Satz 1), bei Beschlagnahmen in mehr als einem Gerichtsbezirk grundsätzlich (aber nicht bei Gefahr im Verzug) das Amtsgericht, in dessen Bezirk die die Beschlagnahme beantragende Staatsanwaltschaft ihren Sitz hat (§ 162 Abs 1 Satz 2 und 3). In Sachen, die nach § 120

GVG zur Zuständigkeit des Oberlandesgerichts im ersten Rechtszug gehören („Staatsschutzsachen"), sind auch die Ermittlungsrichter des Bundesgerichtshofs und der Oberlandesgerichte zuständig (§ 169). Wegen der örtlichen Zuständigkeit in besonderen Fällen und wegen weiterer Einzelheiten s. bei § 98, 7 ff. Nach Anklageerhebung entscheidet das Gericht, das nunmehr mit der Sache befaßt ist, in der für Beschlüsse außerhalb der Hauptverhandlung vorgeschriebenen Besetzung (Näheres bei § 98, 8 ff). Im Berufungsverfahren ist das Berufungsgericht zuständig, sobald ihm die Akten nach § 321 vorgelegt worden sind; vorher entscheidet das untere Gericht. Im Revisionsverfahren ist das Gericht zuständig, dessen Urteil angefochten ist, niemals das Revisionsgericht (§ 98, 11).

b) Staatsanwaltschaft und Hilfsbeamte. Die Staatsanwaltschaft ist zur Anordnung **3** der Beschlagnahme zuständig, wenn Gefahr im Verzug besteht (Absatz 1 Satz 1). Wegen der Zuständigkeit vgl. im einzelnen bei § 98, 32 ff, wegen des Begriffs Gefahr im Verzug bei § 98, 35. Die Hilfsbeamten der Staatsanwaltschaft (§ 152 GVG) dürfen die Beschlagnahme von Verfalls- und Einziehungsgegenständen bei Gefahr im Verzug nur anordnen, wenn es sich um bewegliche Sachen handelt (Absatz 1 Satz 2). Die Anordnung wird — abgesehen vom Fall der Willkür — nicht dadurch unwirksam, daß Gefahr im Verzug zu Unrecht angenommen wurde[1]; vgl. dazu § 98, 35 ff.

2. Form. Vgl. bei § 98, 14, 37. **4**

3. Inhalt. Vgl. bei § 98, 16. Die Beschlagnahmeanordnung (auch der Staatsanwalt- **5** schaft und ihrer Hilfsbeamten) muß neben dem zu beschlagnahmenden Gegenstand auch den Sicherungszweck zweifelsfrei klarstellen[2], da sonst das Veräußerungsverbot in § 111 c Abs. 5 nicht wirksam werden kann. Bei mündlicher Beschlagnahmeanordnung ist hierüber ein Aktenvermerk zu fertigen. Einer ausdrücklichen Mitteilung des Beschlagnahmezwecks bedarf es nicht, wenn dieser auf der Hand liegt[3].

4. Bekanntmachung
a) Allgemeines. Vgl. § 98, 19 und 38. **6**

b) Bekanntmachung an den Verletzten (Absatz 3). Die Anordnung, nicht erst der **7** Vollzug, der Beschlagnahme und des Arrests ist dem durch die Straftat Verletzten (zum Begriff § 111 b, 48) **unverzüglich mitzuteilen**, wenn er **bekannt ist** oder im Laufe des Verfahrens **bekannt wird**. Er soll hierdurch Gelegenheit erhalten, seine Ansprüche auf den beschlagnahmten Gegenstand geltend zu machen und die ihm gesetzlich eingeräumten Möglichkeiten zur Sicherung oder Befriedigung seiner aus der Tat erwachsenen Ansprüche auszunutzen. Meist werden ihm diese Rechte nicht verkürzt, wenn er von der Beschlagnahme erst nach deren Vollziehung unterrichtet wird. Ist der Verletzte nicht bekannt, so brauchen keine Ermittlungen geführt werden, um die Bekanntgabe nach Absatz 3 zu ermöglichen. Die Bekanntgabe obliegt stets der Staatsanwaltschaft, der der richterliche Beschluß zur Vollstreckung zu übergeben ist und die dann nach § 36 Abs. 2 das weitere veranlaßt[4].

---

[1] BGH NStZ **1985** 262.
[2] BGH NStZ **1985** 262; *Achenbach* NJW **1982** 2809.
[3] BGH NStZ **1985** 262.

[4] **A. A** für die Bekanntgabe nach Erhebung der öffentlichen Klage LR-*Meyer*[23] 7; *Kleinknecht/Meyer*[37] 13.

Gerhard Schäfer

8   **c) Öffentliche Bekanntmachung (Absatz 4).** Wenn zu vermuten ist, daß weiteren Verletzten Ansprüche aus der Tat erwachsen sind, soll versucht werden, sie durch öffentliche Bekanntmachung zu unterrichten. Demnach ist eine öffentliche Bekanntmachung nicht für den Fall vorgesehen, daß überhaupt noch kein Verletzter bekannt ist. Die Zuständigkeit für die öffentliche Bekanntmachung ist die gleiche wie bei der Bekanntmachung an den bereits bekannten Verletzten (oben Rdn. 7). Daß der Gesetzgeber als Bekanntmachungsorgan in erster Hinsicht den Bundesanzeiger bestimmt hat, den die durch Straftaten Verletzten selten zu lesen pflegen, ist wenig verständlich[4a]. Eine Anzeige in einer örtlichen Tageszeitung verspricht im allgemeinen mehr Erfolg. Ein einmaliges Einrücken der Anzeige genügt. Auch die Bekanntmachung auf andere Weise (Aushang, Plakate) ist zulässig[5]. Da Absatz 4 eine Sollvorschrift ist, hat ihre Nichtbeachtung keine Rechtsfolgen. Die Entscheidung, ob von der öffentlichen Bekanntmachung abgesehen werden kann, steht jedoch nicht im freien Ermessen der Beschlagnahmebehörden. Die Bekanntmachung darf nur unterbleiben, wenn dies durch besondere Umstände gerechtfertigt ist, z. B. wenn sie von vornherein keinen Erfolg verspricht oder wenn die Gegenstände, um die es sich handelt, von so geringem Wert sind, daß die Kosten der Bekanntmachung nicht zu rechtfertigen wären. Der Name des Beschuldigten sollte in der öffentlichen Bekanntmachung nur genannt werden, wenn das unbedingt notwendig ist, um die Beschlagnahme zu kennzeichnen[6].

9   **5. Belehrung.** Bei nichtrichterlichen Beschlagnahmen von Beweisgegenständen ist nach § 98 Abs. 2 Satz 7 eine Belehrung des Betroffenen über seine Rechte erforderlich. Es gibt keinen vernünftigen Grund, diese Belehrung bei Beschlagnahmen von Verfalls- und Einziehungsgegenständen zu unterlassen. Daß sie in den §§ 111 b ff nicht ausdrücklich vorgeschrieben ist, steht nicht entgegen. § 98 Abs. 2 Satz 7 ist daher sinngemäß anzuwenden[7]; die Ausführungen zu § 98, 39 gelten entsprechend. Eine Belehrung des Verletzten über seine Rechte nach §§ 111 g, 111 h ist hingegen nicht erforderlich.

III. Arrestanordnung

10   **1. Zuständigkeit.** Der dingliche Arrest wird abweichend von §§ 764, 919 ZPO nicht durch den Zivilrichter angeordnet, sondern durch den Strafrichter (Absatz 1 Satz 1). Damit soll eine Vereinfachung des Verfahrens erreicht werden[8]. Die sachliche und örtliche Zuständigkeit des Strafrichters ist die gleiche wie bei der Beschlagnahme von Verfalls- und Einziehungsgegenständen (oben Rdn. 2). Bei Gefahr im Verzug (zum Begriff vgl. § 98, 35) ist auch die Staatsanwaltschaft zuständig, niemals aber deren Hilfsbeamte.

11   **2. Form. Inhalt.** Vgl. bei § 111 d, 21. Die Arrestanordnung durch die Staatsanwaltschaft kann auch mündlich erfolgen. Dann ist in einem Aktenvermerk ihr Inhalt festzuhalten.

12   **3. Bekanntmachung.** Die Arrestanordnung ist dem von ihr Betroffenen, also dem Beschuldigten oder dem Dritten, gegen den sie sich richtet (vgl. § 111 d, 4), formlos be-

---

[4a] Vgl. dazu *Rieß* DJT Gutachten Rdn. 51 Fußn. 188.
[5] *Kleinknecht/Meyer*[37] 12.
[6] *Kleinknecht/Meyer*[37] 12; ähnlich KK-*Laufhütte* 10: die schonendste Art der Bekanntmachung ist zu wählen.
[7] Ebenso *Kleinknecht/Meyer*[37] 8; *Achenbach* NJW **1982** 2809.
[8] LG Heidelberg Justiz **1979** 383.

kanntzugeben. Die Bekanntmachung erfolgt erst nach der Vollziehung des Arrests, weil sonst der mit ihm erstrebte Erfolg gefährdet würde. Für die Zuständigkeit der Bekanntmachung der Arrestanordnung an den Verletzten nach Absatz 3 und die öffentliche Bekanntmachung nach Absatz 4 gelten dieselben Grundsätze wie bei der Bekanntmachung der Beschlagnahme (oben Rdn. 7 ff). Eine Belehrung über das Antragsrecht nach § 111 d Abs. 3 ist nicht notwendig.

IV. Bestätigung nichtrichterlicher Anordnungen (Absatz 2)

1. Antragspflicht. Im Gegensatz zu der in § 98 Abs. 2 Satz 1 für die Beschlag- **13** nahme von Beweisgegenständen getroffenen Regelung schreibt § 111 e Abs. 2 Satz 1 vor, daß die Beschlagnahme- oder Arrestanordnung der Staatsanwaltschaft (nicht erst ihr Vollzug) grundsätzlich der richterlichen Bestätigung bedarf, auch wenn der Betroffene keinen Widerspruch erhoben hat. Eine Ausnahme gilt aber für den Fall, daß die Beschlagnahme beweglicher Sachen angeordnet worden ist. Ein Antrag der Staatsanwaltschaft ist dann, auch bei Widerspruch des Betroffenen, nicht erforderlich (Absatz 2 Satz 2). Dabei spielt es keine Rolle, ob die Beschlagnahme von der Staatsanwaltschaft oder nach Absatz 1 Satz 2 von ihren Hilfsbeamten angeordnet worden ist. Da die Hilfsbeamten der Staatsanwaltschaft andere als bewegliche Sachen nicht beschlagnahmen dürfen, findet eine richterliche Bestätigung ihrer Anordnung niemals statt.

2. Antragsfrist. Die Staatsanwaltschaft muß den Antrag auf richterliche Bestäti- **14** gung innerhalb einer Woche nach Erlaß der Beschlagnahmeanordnung oder des Arrestes[9] stellen. Absatz 2 Satz 1 ist insoweit trotz der von § 98 Abs. 2 Satz 1 abweichenden Formulierung eine Sollvorschrift. Eine Überschreitung der Frist ist daher auf die Wirksamkeit der Beschlagnahme oder des Arrestes ohne Einfluß[10]. Die Frist beginnt an dem Tag, an dem die Anordnung verfügt worden ist, und wird nach § 43 berechnet. Sie gilt nur für den Bestätigungsantrag; die richterliche Entscheidung muß nicht innerhalb der Frist ergehen (vgl. § 98, 43). Ist zu dem Zeitpunkt, in dem das Gericht entscheidet, die Anordnung noch nicht vollzogen, so kommt, da dann keine Eilbedürftigkeit mehr vorliegt, nicht die Bestätigung der staatsanwaltschaftlichen, sondern nur noch der Erlaß einer gerichtlichen Beschlagnahmeanordnung in Betracht.

3. Zuständigkeit. Für die Zuständigkeit gilt das gleiche wie bei der Beschlagnah- **15** meanordnung (oben Rdn. 2). Insbesondere ist § 98 Abs. 2 Satz 3 anzuwenden, wonach das Amtsgericht, in dessen Bezirk die Beschlagnahme stattgefunden hat, zuständig ist, solange die Anklage noch nicht erhoben ist. Diese Vorschrift enthält für alle Arten von Beschlagnahmen eine allgemeine Zuständigkeitsregelung (vgl. BTDrucks. 7 1261 S. 25). Das gleiche gilt für § 98 Abs. 2 Satz 4 bis 6[11]. Für die Bestätigung auch des Arrestes ist daher das Amtsgericht zuständig, in dessen Bezirk die das Ermittlungsverfahren betreibende Staatsanwaltschaft ihren Sitz hat, sofern in diesem Verfahren bereits eine Beschlagnahme, eine Postbeschlagnahme oder eine Durchsuchung in einem anderen Gerichtsbezirk stattgefunden hat als in dem, in dem nunmehr die Beschlagnahme erfolgt ist (vgl. § 98, 52). **Zur Prüfung des Gerichts** vgl. § 98, 53.

---

[9] **A. A** KMR-*Müller* 5: nach deren Vollzug.   [11] *Kleinknecht/Meyer*[37] 9.
[10] KK-*Laufhütte* 6;   *Kleinknecht/Meyer*[37] 7;
  KMR-*Müller* 5.

16   4. Der **Betroffene** kann solange die Maßnahme besteht, **jederzeit** die richterliche Entscheidung beantragen (Absatz 2 Satz 3). Wegen der Einzelheiten vgl..§ 98, 47 bis 50.

V. Beendigung der Beschlagnahme

17   1. **Erlöschen.** Mit der Rechtskraft des Urteils, durch das der beschlagnahmte Gegenstand für verfallen erklärt oder eingezogen worden ist, erlischt die Beschlagnahme von selbst; denn mit der Urteilsrechtskraft geht das Eigentum oder Recht an dem Beschlagnahmegegenstand ohne weiteres auf den Staat über (§ 73 d Abs. 1, § 74 e Abs. 1 StGB), und das staatliche Eigentum kann nicht mit einer Beschlagnahme zugunsten des Staates belastet sein. Wird ein Urteil rechtskräftig, in dem der beschlagnahmte Gegenstand weder für verfallen erklärt noch eingezogen worden ist, so wird die Beschlagnahme ebenfalls gegenstandslos. Die Staatsanwaltschaft hat die beschlagnahmten beweglichen Sachen an den Berechtigten (vgl. dazu § 111 k) herauszugeben und dafür zu sorgen, daß andere Beschlagnahmemaßnahmen (§ 111 c Abs. 2 bis 4) aufgehoben werden.

2. Aufhebung

18   a) **Allgemeines.** Die Beschlagnahmeanordnung muß jederzeit auf Antrag oder von Amts wegen aufgehoben werden, wenn die dringenden Gründe für die Annahme weggefallen sind, daß die beschlagnahmten Gegenstände für verfallen erklärt oder eingezogen werden. Das kann der Fall sein, wenn der Tatverdacht beseitigt oder jedenfalls nicht mehr dringend ist oder wenn keine große Wahrscheinlichkeit mehr dafür besteht, daß die beschlagnahmten Gegenstände im Urteil nach § 73 StGB für verfallen erklärt oder nach den §§ 74 ff StGB eingezogen werden, insbesondere auch, wenn bei Änderung der rechtlichen Beurteilung anzunehmen ist, daß der Verurteilung keine Vorschrift zugrunde gelegt wird, die eine Einziehung vorschreibt oder gestattet. Wird der Angeklagte freigesprochen oder wird er zwar verurteilt, der Verfall oder die Einziehung aber nicht angeordnet, so sind die dringenden Gründe, die nach § 111 b Abs. 2 die Beschlagnahme gerechtfertigt hatten, immer weggefallen; die Beschlagnahmeanordnung muß daher aufgehoben werden, auch wenn das Urteil mit einem Rechtsmittel zuungunsten des Angeklagten angefochten wird. Dies ist in § 111 a Abs. 2 ausdrücklich angeordnet, gilt aber hier entsprechend. Die Beschlagnahmeanordnung ist ferner aufzuheben, wenn sich im Laufe des Verfahrens herausstellt, daß die Anordnung des Verfalls für den Betroffenen eine unbillige Härte wäre (§ 73 c Abs. 1 Satz 1) oder daß die Einziehung nach § 74 b Abs. 1 außer Verhältnis zu Tat und Schuldvorwurf stünde. Wenn in dem Urteil nur deshalb nicht auf Verfall erkannt wird, weil Ansprüche des Verletzten im Sinne des § 73 Abs. 1 Satz 2 StGB entgegenstehen oder weil das Verfahren nach §§ 430, 442 auf die anderen Rechtsfolgen beschränkt wird, kann nach § 111 i die Beschlagnahme für die Dauer von höchstens drei Monaten aufrechterhalten werden, sofern die sofortige Aufhebung der Beschlagnahmeanordnung gegenüber dem Verletzten unbillig wäre. Zur Aufhebung der Beschlagnahmeanordnung wegen der Zulassung des Zugriffs des Verletzten auf den Beschlagnahmegegenstand vgl. § 111 g, 8.

19   b) **Zuständigkeit.** Die Grundsätze zu § 98 gelten entsprechend (vgl. daher dort Rdn. 60).

20   c) **Verfahren.** Das Gericht ordnet die Aufhebung der Beschlagnahmeanordnung durch Beschluß an, die Staatsanwaltschaft durch Verfügung. Bei beweglichen Sachen sind die auszuliefernden Gegenstände und die Person des Empfangsberechtigten genau zu bezeichnen. Zur Person des Empfangsberechtigten vgl. § 111 k. Sind Forderungen,

Rechte, Grundstücke, Schiffe, Schiffsbauwerke oder Luftfahrzeuge beschlagnahmt worden, so erfordert die Vollziehung der Aufhebungsanordnung, daß die Beschlagnahmemaßnahmen rückgängig gemacht werden. Die Pfändung einer Forderung oder eines anderen Vermögensrechts muß aufgehoben, die Registereintragung nach § 111 c Abs. 4 gelöscht werden. Die Aufhebung muß dem letzten Gewahrsamsinhaber mitgeteilt werden, den Prozeßbeteiligten, wenn sie von der Beschlagnahme Kenntnis erhalten hatten und das Verfahren noch nicht beendet ist.

VI. Beendigung des Arrests

Während die Beschlagnahme von Gegenständen, die dem Verfall oder der Einzie- **21** hung unterliegen, mit dem rechtskräftigen Abschluß des Verfahrens, in dem sie erfolgte, von selbst **erlischt,** wenn sie nicht nach § 111 i verlängert wird, weil dann entweder gemäß §§ 73 d, 74 e die Rechte auf den Staat übergehen oder — bei fehlender Verfalls- oder Einziehungsanordnung — ein Sicherungsbedürfnis nicht mehr besteht (Rdn. 17), bleibt der dingliche Arrest noch bestehen[12]. Hier findet nämlich bei Wertersatzverfall oder Wertersatzeinziehung kein Rechtsübergang kraft Gesetzes statt, vielmehr entsteht lediglich ein Zahlungsanspruch der Staatskasse gegen den Betroffenen (§ 459 g Abs. 2), der der Vollstreckung nach §§ 459 ff bedarf. Im Falle eines dinglichen Arrestes bedeutet dies, daß die Sicherstellung bis zur Beendigung der Zwangsvollstreckung aufrechterhalten bleiben muß und erst dann aufgehoben werden darf. Im übrigen ist die Arrestanordnung, wie die Beschlagnahme in jeder Lage des Verfahrens **aufzuheben,** sobald die „dringenden Gründe" i. S. des § 111 b Abs. 1 nicht mehr vorliegen. Vgl. dazu Rdn. 18.

VII. Rechtsbehelfe und Rechtsmittel bei Anordnung von Beschlagnahme und Arrest

1. Antrag auf richterliche Entscheidung (Absatz 2 Satz 3). Gegen die von der **22** Staatsanwaltschaft und ihren Hilfsbeamten angeordneten Beschlagnahmen und gegen die Arrestanordnung der Staatsanwaltschaft kann der Betroffene jederzeit die Entscheidung des für die Anordnung an sich zuständigen Richters (Rdn. 2, 10) beantragen. Betroffener ist jeder, in dessen Gewahrsam oder Rechte durch die Anordnung eingegriffen wird. Das kann auch der Beschuldigte, der Eigentümer und jeder andere sein, der zum Besitz der Sache oder zur Ausübung des beschlagnahmten Rechts befugt ist. Im einzelnen gelten die für § 98 entwickelten Grundsätze entsprechend auch zu der Frage des Rechtsbehelfs gegen erledigte Maßnahmen. Vgl. § 98, 64 ff.

2. Beschwerde. Vgl. § 98, 65, 69. Die Beschwerde gegen die **richterliche Beschlag-** **23** **nahme- und Arrestanordnung** ist auch bei Entscheidungen des Ermittlungsrichters des Bundesgerichtshofs und des Oberlandesgerichts im ersten Rechtszug zulässig (§ 304 Abs. 4 und Abs. 5), da § 304 Abs. 4 mit „Beschlagnahme" auch den dinglichen Arrest erfassen will[13].

3. Rechtsmittel gegen die Ablehnung oder Aufhebung der Beschlagnahme oder **24** **des Arrests.** Die Erläuterungen zu § 98, 62 gelten auch für die Zeit nach Erhebung der öffentlichen Klage entsprechend. Jedoch ist im Bereich der Sicherung von Verfall,

---

[12] Mißverständlich BGHSt **29** 13, 15.   188; KK-*Laufhütte* 19; *Kleinknecht/Meyer*[37]
[13] BGHSt **29** 13; BGH bei *Pfeiffer* NStZ **1982**   § 304, 11.

Einziehung, Geldstrafe und Verfahrenskosten anders als bei der Sicherstellung von Beweismitteln eine Beschwerde der Staatsanwaltschaft auch nach Erhebung der öffentlichen Klage zulässig.

25   4. Rechtsbehelfe gegen Entscheidungen zur Vollstreckung. Vgl. § 111 f, 11 f.

§ 111 f

(1) [1]Die Durchführung der Beschlagnahme (§ 111 c) obliegt der Staatsanwaltschaft, bei beweglichen Sachen (§ 111 c Abs. 1) auch deren Hilfsbeamten. [2]§ 98 Abs. 4 gilt entsprechend.

(2) [1]Die erforderlichen Eintragungen in das Grundbuch sowie in die in § 111 c Abs. 4 genannten Register werden auf Ersuchen der Staatsanwaltschaft oder des Gerichts bewirkt, welches die Beschlagnahme angeordnet hat. [2]Entsprechendes gilt für die in § 111 c Abs. 4 erwähnten Anmeldungen.

(3) [1]Soweit die Vollziehung des Arrestes nach den Vorschriften über die Pfändung in bewegliche Sachen zu bewirken ist, ist die in § 2 der Justizbeitreibungsordnung bezeichnete Behörde zuständig. [2]Absatz 2 gilt entsprechend. [3]Für die Anordnung der Pfändung eines eingetragenen Schiffes oder Schiffsbauwerkes sowie für die Pfändung einer Forderung ist der Richter, bei Gefahr im Verzuge auch die Staatsanwaltschaft zuständig.

Schrifttum siehe bei § 111 b.

Entstehungsgeschichte. Die Vorschrift wurde durch Art. 21 Nr. 29 EGStGB eingefügt.

Übersicht

1   **1. Allgemeines.** Die Vorschrift bestimmt die **Zuständigkeit** für die **Vollstreckung** der Beschlagnahme und des dringlichen Arrests. Wenn die richterliche Beschlagnahmeanordnung sich auf eine Vielzahl von Sachen bezieht, z. B. auf verdorbene Lebensmittel, die in der gesamten Bundesrepublik in den Verkehr gebracht worden sind (für Pressebeschlagnahmen vgl. § 111 n, 13), wirkt sie über den Bezirk des Gerichts hinaus, das sie erlassen hat (§ 160 GVG). In dem Beschlagnahmebeschluß kann der Wirkungsbereich der Anordnung aber ausdrücklich beschränkt werden[1]. Die Staatsanwaltschaft kann ihre Beschlagnahmeanordnungen ebenfalls in der ganzen Bundesrepublik vollstrecken (vgl. die Erläuterungen zu § 143 GVG); das gleiche gilt für Anordnungen der Hilfsbeamten, die auf Anweisung der Staatsanwaltschaft erlassen werden. Andere Beschlagnahmeanordnungen der Hilfsbeamten der Staatsanwaltschaft wirken über den Bezirk nicht hinaus, innerhalb dessen diese Beamten Anordnungen treffen dürfen.

2. Durchführung der Beschlagnahme

a) Bewegliche Sachen. Die Beschlagnahmeanordnungen des Gerichts und die von **2** ihr selbst nach § 111 e Abs. 1 Satz 1 wegen Gefahr im Verzug getroffenen Anordnungen führt die Staatsanwaltschaft durch (Absatz 1 Satz 1). Sie bedient sich dazu ihrer Hilfsbeamten, kann aber auch andere Polizeibeamte heranziehen, um die beschlagnahmten Sachen nach § 111 c Abs. 1 in Gewahrsam nehmen oder die Beschlagnahme durch Siegel oder in anderer Weise kenntlich machen zu lassen. Die Geschäfte der Staatsanwaltschaft bei der Durchführung der Beschlagnahme nach Absatz 1 sind nach § 31 Abs. 1 Nr. 2 RpflG dem Rechtspfleger übertragen, soweit die entsprechenden Geschäfte im Zwangsvollstreckungs- und Arrestverfahren dem Rechtspfleger übertragen sind. Haben Hilfsbeamte der Staatsanwaltschaft nach § 111 e Abs. 1 Satz 2 die Beschlagnahme wegen Gefahr im Verzug angeordnet, so sind sie auch berechtigt, sie durchzuführen. In der Durchführung kann die stillschweigende Anordnung liegen. Wenn eine Beschlagnahme in einem Dienstgebäude oder einer nicht allgemein zugänglichen Einrichtung oder Anlage der Bundeswehr erforderlich wird, gelten nach Absatz 1 Satz 2 die Vorschriften des § 98 Abs. 4 entsprechend. Näheres dazu bei § 98, 26 ff.

b) Grundstücke und grundstücksgleiche Rechte. Die Eintragung des Vermerks **3** über die Beschlagnahme im Grundbuch (§ 111 c Abs. 2 Satz 1) veranlaßt nach Absatz 2 Satz 1 die Staatsanwaltschaft, in Eilfällen auch das Gericht, das die Anordnung getroffen oder die Anordnung der Staatsanwaltschaft bestätigt hat[2]. Die bei der Durchführung der Beschlagnahme zu erledigenden Geschäfte sind dem Rechtspfleger des Gerichts (§ 22 Nr. 1 RpflG) und der Staatsanwaltschaft (§ 31 Abs. 1 Nr. 1 RpflG) übertragen.

c) Forderungen und andere Vermögensrechte. Die Beschlagnahme wird nach Absatz 1 von der Staatsanwaltschaft durchgeführt. Sie erläßt, wenn das nicht bereits in dem **4** richterlichen Beschlagnahmebeschluß enthalten ist, das Zahlungsverbot an den Drittschuldner und das Verfügungsverbot an den Schuldner nach § 829 Abs. 1 ZPO (vgl. § 111 c, 8) sowie die Zahlungsaufforderung nach § 840 Abs. 1 ZPO (vgl. § 111 c, 10). Diese Geschäfte sind nach § 31 Abs. 1 Nr. 2 RpflG dem Rechtspfleger übertragen.

d) Schiffe, Schiffsbauwerke, Luftfahrzeuge. Diese Gegenstände werden wie be- **5** wegliche Sachen (oben Rdn. 2) beschlagnahmt (§ 111 c, 12 ff). Um die Eintragung der Beschlagnahme im Schiffsregister oder im Register für Pfandrechte an Luftfahrzeugen (§ 111 c Abs. 4 Satz 2) ersucht die Staatsanwaltschaft das zuständige Gericht, auch wenn die Beschlagnahme gerichtlich angeordnet oder bestätigt worden ist (Absatz 2 Satz 1). Das gleiche gilt für die Anmeldung eintragungsfähiger, aber nicht eingetragener Schiffsbauwerke und Luftfahrzeuge nach § 111 c Abs. 4 Satz 3. Die Anmeldungen und Eintragungsersuchen kann aber auch das Gericht vornehmen, wenn es die Beschlagnahme angeordnet oder bestätigt hat. Die gerichtlichen und staatsanwaltschaftlichen

---

[1] *Kleinknecht/Meyer*[37] § 111 b, 12; KMR-*Müller* Vor § 94, 8.   [2] *Kleinknecht/Meyer*[37] 3.

Gerhard Schäfer

Geschäfte bei der Durchführung der Beschlagnahme sind dem Rechtspfleger übertragen (§ 22 Nr. 1, § 31 Abs. 1 Nr. 1 RpflG).

3. Vollziehung des Arrests

6   **a) Bewegliche Sachen.** Soll der Arrest in eine bewegliche Sache vollzogen werden, so ist dafür nach Absatz 3 Satz 1 die in § 2 JBeitrO bezeichnete Behörde zuständig. Nach § 1 Abs. 1 Nr. 1, § 2 Abs. 1 JBeitrO obliegt die Beitreibung von **Geldstrafen** und Ansprüchen, deren Beitreibung sich nach den Vorschriften über die Vollstreckung von Geldstrafen richtet (also **Verfall oder Einziehung von Wertersatz**, § 459 g Abs. 2), der nach den Verfahrensgesetzen für die Vollstreckung zuständigen Stelle. Vollstreckungsbehörde ist nach § 451 Abs. 1 die Staatsanwaltschaft. Regelmäßig führt daher die Staatsanwaltschaft, die Vollziehung des Arrests durch. Sie erteilt dem Vollziehungsbeamten (nach Landesrecht in der Regel der Gerichtsvollzieher) unmittelbar oder über die über die Geschäftsstelle des Amtsgerichts einen Pfändungsauftrag. Für die Vollziehung des zur Sicherung von **Verfahrenskosten** angeordneten Arrests ist jedoch nach § 1 Abs. 1 Nr. 4, § 2 Abs. 1 Satz 1 JBeitrO die Gerichtskasse zuständig. Für die Kostenansprüche, die beim Bundesgerichtshof entstehen, ist Vollstreckungsbehörde die Justizbeitreibungsstelle dieses Gerichts (§ 2 Abs. 2 Buchst. a JBeitrO). Ist der Arrest zur Sicherung sowohl der Verfahrenskosten als auch anderer Zahlungsansprüche angeordnet worden, so ist die Staatsanwaltschaft für die gesamte Vollziehung zuständig (vgl. § 1 Abs. 4 JBeitrO). Die richterlichen und staatsanwaltschaftlichen Geschäfte sind dem Rechtspfleger übertragen (§ 22 Nr. 2, § 31 Abs. 1 Nr. 2 RpflG).

7   **b) Forderungen und andere Vermögensrechte.** Für die Vollziehung des Arrests in Forderungen ist nach Absatz 3 Satz 3 der Richter zuständig, bei Gefahr im Verzug auch die Staatsanwaltschaft. Sowohl die richterlichen als auch die staatsanwaltschaftlichen Geschäfte sind nach § 20 Nr. 16, § 22 Nr. 2, § 31 Abs. 1 Nr. 2 RpflG dem Rechtspfleger übertragen.

8   **c) Grundstücke und grundstücksgleiche Rechte.** Nach Absatz 3 Satz 2 gilt Absatz 2 entsprechend. Das Ersuchen an das Grundbuchamt um Eintragung einer Sicherungshypothek (§ 111 d, 26) stellt daher die Staatsanwaltschaft oder das Gericht, wenn es den Arrest angeordnet oder den von der Staatsanwaltschaft angeordneten Arrest bestätigt hat. Die entsprechende Anwendung des Absatz 2 führt dazu, daß die richterlichen und staatsanwaltschaftlichen Geschäfte wie die nach dieser Vorschrift dem Rechtspfleger übertragen sind (§ 22 Nr. 1, § 31 Abs. 1 Nr. 1 RpflG).

9   **d) Luftfahrzeuge.** Für die Arrestvollziehung besteht dieselbe Zuständigkeit wie bei beweglichen Sachen (oben Rdn. 6). Die nach § 111 c Abs. 4 Satz 3 und 4 erforderlichen Anmeldungen und Eintragungsersuchen nimmt die Staatsanwaltschaft vor; das Gericht ist ebenfalls zuständig, wenn es den Arrest angeordnet oder bestätigt hat. Die Geschäfte sind dem Rechtspfleger übertragen (§ 22 Nr. 1, § 31 Abs. 1 Nr. 1 RpflG).

10   **e) Schiffe und Schiffsbauwerke.** Für die Anordnung der Pfändung eines eingetragenen Schiffs oder Schiffsbauwerks ist der Richter, bei Gefahr im Verzug auch die Staatsanwaltschaft zuständig (Absatz 3 Satz 3). Die Eintragungsersuchen nach § 931 Abs. 3 Halbsatz 2, Abs. 6 Satz 1 ZPO stellt nach dem entsprechend anwendbaren Absatz 2 die Staatsanwaltschaft; auch das Gericht ist zuständig, wenn es den Arrest angeordnet oder bestätigt hat. Der Arrest in Schiffe und Schiffsbauwerke, die nicht im Register eingetragen sind, wird wie bei beweglichen Sachen (oben Rdn. 6) vollzogen. Die nach § 111 c Abs. 4 Satz 3 etwa erforderlichen Eintragungsersuchen stellt die Staatsanwaltschaft; das Gericht ist hierfür ebenfalls zuständig, wenn es den Arrest angeordnet oder bestätigt hat. Die Geschäfte sind dem Rechtspfleger übertragen (§ 20 Nr. 16, § 22 Nr. 2, § 31 Abs. 1 Nr. 2 RpflG).

4. Rechtsmittel

a) Maßnahmen der Staatsanwaltschaft. Über Einwendungen gegen Maßnahmen **11** des Rechtspflegers entscheidet der Staatsanwalt, an dessen Stelle der Rechtspfleger tätig geworden ist (§ 31 Abs. 6 Satz 1 RpflG). Die Auffassung von LR-*Meyer*[23] 11, die Maßnahmen und Entscheidungen der Staatsanwaltschaft seien Justizverwaltungsakte im Sinne des § 23 Abs. 1 EGGVG[3], kann nicht aufrechterhalten werden, da nach der hier vertretenen Auffassung wegen der Art und Weise der Vollstreckung der für die Anordnung der Maßnahme an sich zuständige Richter jedenfalls solange angerufen werden kann, wie der Vollzug andauert[4]. Vgl. § 98, 77.

b) Maßnahmen des Gerichts. Gegen die Maßnahmen des Rechtspflegers ist nach **12** § 11 Abs. 1 RpflG die Erinnerung zulässig, über die das nach § 111 e sachlich und örtlich zuständige Gericht (vgl. § 111 e, 2) entscheidet. Für das weitere Verfahren gelten § 11 Abs. 2 und 3 RpflG; das Oberlandesgericht als Gericht des ersten Rechtszugs und der Ermittlungsrichter beim Bundesgerichtshof entscheiden über die Erinnerung auch dann, wenn sie sie für unbegründet halten, da gegen ihre Entscheidungen, hätten sie sie erlassen, ein Rechtsmittel nicht gegeben wäre (§ 11 Abs. 2 Satz 3 RpflG). Die Entscheidungen nach § 111 f betreffen nur die Durchführung der Beschlagnahme und des Arrests, nicht diese selbst und fallen deshalb nicht unter § 304 Abs. 4 Satz 2 und § 304 Absatz 5.

c) Beschwerde. Gegen die richterlichen Entscheidungen nach Rdn. 11 und 12 ist **13** grundsätzlich Beschwerde zulässig, es sei denn, es handle sich um solche des Oberlandesgerichts als Gericht des ersten Rechtszugs oder des Ermittlungsrichters beim Bundesgerichtshof; vgl. Rdn. 12. Die Beschwerde hat keine aufschiebende Wirkung (§ 307 Abs. 1); weitere Beschwerde ist ausgeschlossen (§ 310).

§ 111 g

(1) Die Beschlagnahme eines Gegenstandes nach § 111 c wirkt nicht gegen eine Verfügung des Verletzten, die auf Grund eines aus der Straftat erwachsenen Anspruches im Wege der Zwangsvollstreckung oder der Arrestvollziehung erfolgt.

(2) ¹Die Zwangsvollstreckung oder Arrestvollziehung nach Absatz 1 bedarf der Zulassung durch den Richter, der für die Beschlagnahme (§ 111 c) zuständig ist. ²Die Entscheidung ergeht durch Beschluß, der von der Staatsanwaltschaft, dem Beschuldigten und dem Verletzten mit sofortiger Beschwerde angefochten werden kann. ³Die Zulassung ist zu versagen, wenn der Verletzte nicht glaubhaft macht, daß der Anspruch aus der Straftat erwachsen ist. ⁴§ 294 der Zivilprozeßordnung ist anzuwenden.

(3) ¹Das Veräußerungsverbot nach § 111 c Abs. 5 gilt vom Zeitpunkt der Beschlagnahme an auch zugunsten von Verletzten, die während der Dauer der Beschlagnahme in den beschlagnahmten Gegenstand die Zwangsvollstreckung betreiben oder den Arrest vollziehen. ²Die Eintragung des Veräußerungsverbotes im Grundbuch zugunsten des

---

³ Ebenso *Kleinknecht/Meyer*[37] 14.   ⁴ Ebenso KK-*Laufhütte* 12.

Gerhard Schäfer

Staates gilt für die Anwendung des § 892 Abs. 1 Satz 2 des Bürgerlichen Gesetzbuches auch als Eintragung zugunsten solcher Verletzter, die während der Dauer der Beschlagnahme als Begünstigte aus dem Veräußerungsverbot in das Grundbuch eingetragen werden. [3]Der Nachweis, daß der Anspruch aus der Straftat erwachsen ist, kann gegenüber dem Grundbuchamt durch Vorlage des Zulassungsbeschlusses geführt werden. [4]Die Sätze 2 und 3 gelten sinngemäß für das Veräußerungsverbot bei den in § 111 c Abs. 4 genannten Schiffen, Schiffsbauwerken und Luftfahrzeugen. [5]Die Wirksamkeit des Veräußerungsverbotes zugunsten des Verletzten wird durch die Aufhebung der Beschlagnahme nicht berührt.

(4) Unterliegt der beschlagnahmte Gegenstand aus anderen als den in § 73 Abs. 1 Satz 2 des Strafgesetzbuches bezeichneten Gründen nicht dem Verfall oder ist die Zulassung zu Unrecht erfolgt, so ist der Verletzte Dritten zum Ersatz des Schadens verpflichtet, der ihnen dadurch entsteht, daß das Veräußerungsverbot nach Absatz 3 zu seinen Gunsten gilt.

(5) [1]Die Absätze 1 bis 4 gelten entsprechend, wenn der Verfall eines Gegenstandes angeordnet, die Anordnung aber noch nicht rechtskräftig ist. [2]Sie gelten nicht, wenn der Gegenstand der Einziehung unterliegt.

Schrifttum siehe bei § 111 b.

Entstehungsgeschichte. Die Vorschrift wurde durch Art. 21 Nr. 29 EGStGB eingefügt.

Übersicht

I. Allgemeines

1   Die Vorschrift dient dem **Schutz der Rechte des Verletzten** (§ 111 b, 47) und ist damit (in der Praxis weitgehend bedeutungsloser) Teil der „strafprozessualen Zurückgewinnungshilfe" (LK-*Schäfer* § 73, 27). Sie sichert die Befriedigung von Ansprüchen des Verletzten, wenn Vermögensvorteile des Täters nach §§ 111 b ff sichergestellt sind. § 111 g bestimmt, daß die **Beschlagnahme** derartiger Gegenstände nach § 111 c und die ihr nach § 73 d Abs. 2 StGB gleichstehende nicht rechtskräftige Verfallanordnung im Urteil (vgl. Absatz 5 Satz 1) der Durchsetzung der Rechte des Verletzten nicht im Wege stehen dürfen, da diese nach § 73 Abs. 1 Satz 2 StGB der Anordnung des Verfalls vorgehen[1]. Die Vorschrift ist nach ausdrücklicher Regelung (Absatz 5 Satz 2) nicht anzuwenden, wenn der beschlagnahmte Gegenstand der Einziehung unterliegt, dagegen steht

---

[1] OLG Karlsruhe MDR **1984** 336.

ihrer Anwendung nicht entgegen, daß der beschlagnahmte Gegenstand zugleich Beweismittel ist (Rdn. 7). § 111 g gilt nur bis zur Rechtskraft des Urteils, da dann laut Gesetz das Eigentum an der beschlagnahmten Sache oder das verfahrene Recht auf den Staat übergeht (§ 73 d Abs. 1 StGB). Für den dinglichen Arrest enthält § 111 h eine entsprechende Regelung.

Absatz 1 und 2 regeln den **Vorrang der Zwangsvollstreckung** des Verletzten **2** (Rdn. 3 ff), Absatz 3 erweitert das **Veräußerungsverbot** des § 111 c Abs. 5 zugunsten des Verletzten (Rdn. 10 ff), Absatz 4 bestimmt die **Schadensersatzpflicht** des Verletzten (Rdn. 13).

II. Zugriff des Verletzten auf den Beschlagnahmegegenstand (Absätze 1 und 2)

1. Voraussetzungen. Dem Verletzten wird der Zugriff nur auf Gegenstände (zum **3** Begriff vgl. § 111 b, 26) ermöglicht, die nach § 111 b beschlagnahmt worden sind, weil dringende Gründe für die Annahme vorhanden waren, daß sie dem Verfall unterliegen oder der Schadloshaltung des Verletzten dienen können. Eine solche Beschlagnahme steht nach Absatz 1 trotz des nach § 111 c Abs. 5 zugunsten des Staates bestehenden Veräußerungsverbots denjenigen Verfügungen des Verletzten nicht entgegen, die aufgrund eines aus der Straftat erwachsenen Anspruchs erfolgen. In Frage kommen bürgerlich-rechtliche Ansprüche jeder Art, insbesondere Ansprüche auf Herausgabe nach § 985 BGB, auf Schadensersatz in Geld oder durch Naturalherstellung nach §§ 823, 249 BGB oder auf Herausgabe wegen ungerechtfertigter Bereicherung nach §§ 812 ff BGB[2]. Dem Verletzten ist der Zugriff auf den Gegenstand aber nur gestattet, wenn er im Wege der Zwangsvollstreckung oder der Arrestvollziehung erfolgt. Der Verletzte muß daher gegen den Täter ein mindestens vorläufig vollstreckbares Urteil auf Herausgabe oder Schadensersatz, eine einstweilige Verfügung oder den dinglichen Arrest erwirkt haben.

2. Zulassung
a) Allgemeines. Dem Vollstreckungstitel, den der Verletzte gegen den Täter er- **4** wirkt hat, ist häufig nichts darüber zu entnehmen, welche Forderung ihm zugrunde liegt; das ist insbesondere der Fall bei einstweiligen Verfügungen, Versäumnis- und Anerkenntnisurteilen. Absatz 2 Satz 1 schreibt daher vor, daß die bevorrechtigten Vollstreckungsmaßnahmen des Verletzten der **Zulassung durch den Richter** bedürfen. Das Zulassungsverfahren setzt einen Antrag des Verletzten voraus, auch wenn die Beschlagnahme nach § 111 b Abs. 3 in seinem Interesse angeordnet worden war. Das Gericht muß prüfen, ob der titulierte Anspruch dem Verletzten tatsächlich aus derjenigen Straftat des Beschuldigten erwachsen ist, derentwegen der Gegenstand, in den vollstreckt werden soll, beschlagnahmt wurde. **Zuständig** ist nach Absatz 2 Satz 1 nur der Richter, der für die Beschlagnahme zuständig ist (vgl. dazu § 111 e, 2), niemals die Staatsanwaltschaft, auch wenn sie die Beschlagnahme angeordnet hat.

b) Glaubhaftmachung. Das Gericht hat nicht von Amts wegen zu ermitteln, ob **5** die Voraussetzungen für die Zulassung vorliegen. Es ist vielmehr Sache des Verletzten, darzulegen und glaubhaft zu machen, daß die Ansprüche, die dem vollstreckbaren Titel zugrunde liegen, solche sind, die ihm aus der Straftat erwachsen sind, derentwegen die

---

[2] Vgl. dazu *Dreher/Tröndle*[42] § 73, 5; *Schönke/Schröder/Eser*[22] § 73, 25 f.

Gerhard Schäfer

Beschlagnahme erfolgt ist. Ergibt sich das nicht aus dem Titel selbst, so ist eine förmliche Glaubhaftmachung erforderlich. Das tatsächliche Vorbringen muß dadurch nicht zur vollen Überzeugung des Gerichts bewiesen werden; es muß aber eine Wahrscheinlichkeit dafür bestehen, daß es zutrifft (vgl. § 45, 16). Wegen der Art der Glaubhaftmachung bestimmt Absatz 2 Satz 4 die Anwendung des § 294 ZPO. Nach dieser Vorschrift kann sich, wer eine tatsächliche Behauptung glaubhaft zu machen hat, aller Beweismittel bedienen. Als Beweismittel kommen in dem Zulassungsverfahren nach Absatz 2 aber nur solche in Betracht, die keine mündliche Verhandlung voraussetzen; zur Glaubhaftmachung können grundsätzlich also nur Urkunden und eidesstattliche Versicherungen von Zeugen dienen. Jedoch kann nach § 294 Abs. 1 ZPO auch der Verletzte selbst mit einer eigenen eidesstattlichen Versicherung zugelassen werden, d. h., sie kann vom Gericht entgegengenommen und als Mittel der Glaubhaftmachung gewürdigt werden.

6   **c) Entscheidung.** Nach Absatz 2 Satz 2 entscheidet das Gericht durch Beschluß. Vor der Entscheidung sind die Staatsanwaltschaft und der Beschuldigte zu hören. Eine mündliche Verhandlung findet nicht statt. Das Gericht ist aber nicht gehindert, eine mündliche Anhörung des Verletzten zu veranlassen oder selbst vorzunehmen. Es kann auch Zeugen vernehmen. Jedoch ist nach § 294 Abs. 2 ZPO eine Beweisaufnahme, die nicht sofort erfolgen kann, unstatthaft. Dies folgt zweifelsfrei aus der Verweisung in Absatz 2 Satz 4[3].

7   Der **Beschluß** lautet dahin, daß die Zulassung der Zwangsvollstreckung oder Arrestvollziehung in den beschlagnahmten Gegenstand zugelassen oder daß die Zulassung versagt wird. Die Versagung muß schon dann ausgesprochen werden, wenn der Verletzte nicht glaubhaft gemacht hat, daß der Anspruch aus der Straftat erwachsen ist (Absatz 2 Satz 3). Ist der Gegenstand zugleich als **Beweismittel** sichergestellt, wird die Zwangsvollstreckung aufschiebend bedingt zugelassen, bis der Gegenstand nicht mehr als Beweismittel benötigt und deshalb die Sicherstellung aufgehoben wird[4]. Der Beschluß, der die Zulassung bewilligt, wird der Staatsanwaltschaft und dem beschuldigten durch förmliche Zustellung bekanntgemacht. Eine förmliche Zustellung des Beschlusses an den Antragsteller ist nur erforderlich, wenn seinem Antrag nicht oder nicht in vollem Umfang stattgegeben worden ist.

8   **d) Weiteres Verfahren.** Wird die Zulassung versagt, so ist dem Verletzten der Zugriff auf den beschlagnahmten Verfallsgegenstand verschlossen. Wenn die Zwangsvollstreckung oder die Arrestvollziehung nach Absatz 2 zugelassen ist, steht der Beschlagnahmegegenstand hingegen für diese Zwecke zur Verfügung. Insbesondere werden dann bewegliche Sachen, die in amtliche Verwahrung genommen worden sind, dem pfändenden Gerichtsvollzieher herausgegeben. Der Zulassungsbeschluß hat jedoch nicht unmittelbar den Wegfall der Beschlagnahmeanordnung zur Folge. Vielmehr muß abgewartet werden, ob der Verletzte von dem Beschluß Gebrauch macht und in den beschlagnahmten Gegenstand vollstreckt. Unterläßt er das, so bleibt die Beschlagnahmeanordnung bestehen. Erst nachdem der Verletzte die Zwangsvollstreckung oder die Arrestvollziehung aufgrund des Zulassungsbeschlusses in den Beschlagnahmegegenstand betrieben hat, wird die Beschlagnahmeanordnung nachträglich aufgehoben. Nur so kann verhindert werden, daß für den Fall, daß der Verletzte sich zwar einen Zulassungsbeschluß beschafft, von der Vollstreckung aber aus irgendwelchen Gründen absieht,

---

[3] KK-*Laufhütte* 4; *Kleinknecht/Meyer*[37] 3; **a. A** LR-*Meyer*[23] 6; KMR-*Müller* 3.
[4] KK-*Laufhütte* 7; *Kleinknecht/Meyer*[37] 5;

KMR-*Müller* 3; **a. A** LR-*Meyer*[23] 2: Zwangsvollstreckung darf nicht zugelassen werden.

der Beschlagnahmegegenstand aus der Beschlagnahme entlassen wird und das zugunsten des Staates bestehende relative Veräußerungsverbot (§ 111 c Abs. 5) entfällt.

e) Anfechtung. Nach Absatz 2 Satz 2 können die Staatsanwaltschaft, der Beschul- **9** digte und der Verletzte die Entscheidung des Gerichts mit der sofortigen Beschwerde anfechten. Die Zulässigkeit des Rechtsmittels setzt eine Beschwer voraus. Der Beschuldigte hat daher keine Beschwerdemöglichkeit, wenn die Zulassung versagt, der Verletzte ist nicht zur Anfechtung berechtigt, wenn seinem Zulassungsantrag in vollem Umfang stattgegeben worden ist. Nur die Staatsanwaltschaft kann das Rechtsmittel ohne Rücksicht darauf einlegen, ob die Entscheidung ihren Anträgen entspricht. Anfechtbar sind nach § 305 Satz 2 auch die Entscheidungen des erkennenden Gerichts, bei der gebotenen engen Auslegung des § 304 Abs. 4 Satz 2 Nr. 1 und des § 304 Absatz 5[5] aber nicht die Entscheidungen der Oberlandesgerichte als Gerichte des ersten Rechtszuges und des Ermittlungsrichters des Bundesgerichtshofs. Die sofortige Beschwerde hat keine aufschiebende Wirkung (§ 307 Abs. 1). Die weitere Beschwerde ist nach § 310 ausgeschlossen.

III. Veräußerungsverbot zugunsten des Verletzten (Absatz 3)

1. Allgemeines. Die Beschlagnahme eines Verfallsgegenstandes hat nach § 111 c **10** Abs. 5 die Wirkung eines Veräußerungsverbots im Sinne des § 136 BGB. Das Verbot gilt zugunsten des Staates; es umfaßt auch andere Verfügungen als Veräußerungen, insbesondere Verfügungen im Wege der Zwangsvollstreckung oder Arrestvollziehung (§ 111 c, 14). Durch Absatz 3 Satz 1 wird dieses Veräußerungsverbot zugunsten des Verletzten erweitert, wenn er in den beschlagnahmten Gegenstand die Zwangsvollstreckung betreibt oder den Arrest vollzieht. Auf den Zeitpunkt dieser Maßnahmen kommt es nicht an; es genügt, daß sie während der Dauer der Beschlagnahme, unter Umständen auch noch nach Rechtskraft (§ 111 i), vorgenommen werden. Ist das der Fall, so wirkt das Veräußerungsverbot zugunsten des Verletzten auf den Zeitpunkt zurück, auf den es zugunsten des Staates entstanden ist[6], also auf den Zeitpunkt des Vollzuges der Beschlagnahme (§ 111 c, 14). Veräußerungen und andere Verfügungen, die von diesem Zeitpunkt bis zur Vornahme der von dem Verletzten bewirkten Vollstreckungs- oder Vollziehungsmaßnahmen getroffen worden sind, wirken nicht gegen den Verletzten. Die Schutzposition, die der Staat durch die Beschlagnahme erlangt hat, wird gleichsam an ihn abgetreten. Die Aufhebung der Beschlagnahme läßt die Wirksamkeit des Veräußerungsverbots zugunsten des Verletzten unberührt (Absatz 3 Satz 5). Aus welchen Gründen sie erfolgt und ob sie berechtigt oder erforderlich war, spielt keine Rolle[7]. Wegen der Schadensersatzpflicht des Verletzten vgl. unten Rdn. 13.

2. Grundstücke. Die Beschlagnahme eines Grundstücks wird nach § 111 c Abs. 2 **11** Satz 1 dadurch bewirkt, daß ein Vermerk über die Beschlagnahme in das Grundbuch eingetragen wird. Das Verfügungsverbot wirkt zugunsten des Verletzten unter den Voraussetzungen des Absatz 3 Satz 1 (oben Rdn. 10) auf den Zeitpunkt der Eintragung dieses Vermerks zurück. Andererseits schützt § 892 Abs. 1 Satz 2 BGB den Erwerber für den Fall, daß Verfügungsbeschränkungen aus dem Grundbuch nicht ersichtlich und dem Erwerber auch sonst nicht bekannt sind. Den Widerstreit zwischen diesen beiden Vorschriften beseitigt Absatz 3 Satz 2 dadurch, daß er die Eintragung des Veräußerungsver-

---

[5] Vgl. BGHSt **25** 120.
[6] KK-*Laufhütte* 8; *Kleinknecht/Meyer*[37] 6.
[7] *Kleinknecht/Meyer*[37] 7; KMR-*Müller* 6.

Gerhard Schäfer

bots im Grundbuch zugunsten des Staates für die Anwendung des § 892 Abs. 1 Satz 2 BGB auch als Eintragung zugunsten solcher Verletzter gelten läßt, die während der Dauer der Beschlagnahme als Begünstigte aus dem Veräußerungsverbot in das Grundbuch eingetragen werden. Ein gutgläubiger Erwerb von Rechten ist ihnen gegenüber dann unmöglich. Ihre Eintragung als Begünstigte aus dem Veräußerungsverbot setzt jedoch einen mindestens vorläufig vollstreckbaren Titel gegen den im Grundbuch eingetragenen Berechtigten voraus. Dem Grundbuchamt gegenüber muß nachgewiesen werden, daß der Anspruch aus der Straftat erwachsen ist, derentwegen das Grundstück beschlagnahmt worden ist. Ergibt sich das nicht aus dem Titel, so genügt es, wenn der nach Absatz 2 ergangene richterliche Beschluß über die Zulassung der Zwangsvollstreckung oder Arrestvollziehung in das Grundstück vorgelegt wird (Absatz 2 Satz 3).

12   **3. Schiffe, Schiffsbauwerke, Luftfahrzeuge.** Nach Absatz 2 Satz 4 gelten die Vorschriften über die Einschränkung des Gutglaubensschutzes des § 892 Abs. 2 Satz 1 BGB (oben Rdn. 11) für das Veräußerungsverbot bei den in § 111 c Abs. 4 genannten Schiffen, Schiffsbauwerken und Luftfahrzeugen entsprechend. Der Nachweis, daß der Anspruch aus der Straftat erwachsen ist, muß dem Registergericht gegenüber geführt werden.

IV. Schadensersatzpflicht des Verletzten (Absatz 4)

13   Nach Absatz 2 Satz 5 wird die Wirksamkeit des Veräußerungsverbots zugunsten des Verletzten durch die Aufhebung der Beschlagnahme nicht berührt. Es beeinflußt die Rechtsstellung des Verletzten daher nicht, daß die Beschlagnahme aus irgendeinem Grunde aufgehoben wird, sei es, daß sich nachträglich die Unzulässigkeit herausstellt, sei es, daß die Gründe des § 111 b Abs. 1 und 3 im Laufe des Verfahrens wegfallen. In diesem Fall kann die ungerechtfertigte Erweiterung des Veräußerungsverbots zugunsten des Verletzten nach Absatz 3 dazu führen, daß Dritte einen Schaden erleiden. Wie § 945 ZPO dem Gegner, räumt Absatz 4 dann dem Dritten einen Schadensersatzanspruch ein. Das gleiche gilt nach Absatz 4 für den Fall, daß die Zulassung zu Unrecht erfolgt ist. Für die Bemessung des Schadens gelten die §§ 249 ff BGB[8]. Mit der Durchsetzung des Schadensersatzanspruchs haben die Strafverfolgungsbehörden nichts zu tun. Wer einen Schaden erlitten hat, muß ihn dem Verletzten gegenüber im Zivilrechtsweg geltend machen[9].

§ 111 h

(1) [1]Betreibt der Verletzte wegen eines aus der Straftat erwachsenen Anspruches die Zwangsvollstreckung oder vollzieht er einen Arrest in ein Grundstück, in welches ein Arrest nach § 111 d vollzogen ist, so kann er verlangen, daß die durch den Vollzug dieses Arrestes begründete Sicherungshypothek hinter seinem Recht im Rang zurücktritt. [2]Der dem vortretenden Recht eingeräumte Rang geht nicht dadurch verloren, daß der Arrest aufgehoben wird. [3]Die Zustimmung des Eigentümers zur Rangänderung ist nicht erforderlich. [4]Im übrigen ist § 880 des Bürgerlichen Gesetzbuches sinngemäß anzuwenden.

---

[8] Vgl. *Thomas/Putzo* § 945, 5.   [9] KK-*Laufhütte* 10; *Kleinknecht/Meyer*[37] 9.

(2) [1]Die Rangänderung bedarf der Zulassung durch den Richter, der für den Arrest (§ 111 d) zuständig ist. [2]§ 111 g Abs. 2 Satz 2 bis 4, Abs. 3 Satz 3 ist entsprechend anzuwenden.

(3) Ist die Zulassung zu Unrecht erfolgt, so ist der Verletzte Dritten zum Ersatz des Schadens verpflichtet, der ihnen durch die Rangänderung entsteht.

Schrifttum siehe bei § 111 k.

Entstehungsgeschichte. Die Vorschrift wurde durch Art. 21 Nr. 29 EGStGB eingefügt.

1. Allgemeines. Die Vorschrift enthält eine dem § 111 g entsprechende Regelung **1** für **Grundstücke**, in die aufgrund eines Arrests nach § 111 d die **Arrestvollstreckung** betrieben worden ist. Anders als § 111 g (vgl. dort Absatz 5 Satz 2) enthält § 111 h keine Einschränkung dahin, daß die Vorschrift nur gilt, wenn der Arrest wegen des Verfalls von Wertersatz vollzogen worden ist. Sie ist daher auch anzuwenden, wenn der Arrestbefehl zur Sicherung der Einziehung von Wertersatz, der Vollstreckung der Geldstrafe oder der Verfahrenskosten ergangen ist. Die Regelung bezieht sich nur auf Grundstücke. Denn nur bei Grundstücken kennt das bürgerliche Recht einen Rangtausch mit dinglicher Wirkung (§ 880 BGB), und mehr als ein solcher Rangtausch kommt in den Fällen, in denen dem Verletzten der Vorrang vor der Sicherung der Ansprüche des Staates eingeräumt werden soll, nicht in Betracht. Ob § 111 h über seinen Wortlaut hinaus auf eingetragene Arrestpfandrechte an Schiffen, Schiffsbauwerken und Luftfahrzeugen anzuwenden ist, hat der Gesetzgeber der Rechtsprechung überlassen (vgl. BTDrucks. 7 550 S. 295). Die Frage wird zu bejahen sein[1]. Vgl. auch § 111 d, 34.

2. Zugriff des Verletzten auf Arrestgrundstücke

a) Rangänderung. Der nach § 111 d zur Sicherung von Zahlungsansprüchen der **2** Staatskasse angeordnete dingliche Arrest in Grundstücke wird nach § 932 Abs. 1 ZPO, der entsprechend anzuwenden ist (§ 111 d Abs. 2), durch Eintragung einer Sicherungshypothek für die Forderung vollzogen (§ 111 d, 26). Der Verletzte, der später wegen eines aus der Straftat erwachsenen Anspruchs ebenfalls die Zwangsvollstreckung in das Grundstück betreibt, kann an sich nach § 879 Abs. 1 BGB nur eine nachrangige Sicherungshypothek erlangen. Um ihm den Zugriff auf das Grundstück ohne Rücksicht auf die Vollziehung des Arrests zugunsten des Staates zu ermöglichen, muß ihm nach Absatz 1 Satz 1 auf Verlangen ein Rang verschafft werden, der dem der Sicherungshypothek des Staates entspricht. Es muß daher ein Rangrücktritt nach § 880 BGB erfolgen. Das setzt nach Absatz 1 Satz 1 voraus, daß der Verletzte einen mindestens vorläufig vollstreckbaren Titel oder einen Arrestbefehl erwirkt hat und daß dieser Titel wegen eines aus der Straftat erwachsenen Anspruchs ergangen ist.

b) Zulassung. Die Rangänderung bedarf nach Absatz 2 Satz 1 der Zulassung **3** durch den für den Arrest zuständigen (§ 111 e, 10) Richter. Insoweit gelten nach Absatz 2 Satz 2 dieselben Grundsätze wie bei der Zulassung der Zwangsvollstreckung oder Arrestvollziehung in bewegliche Sachen (§ 111 g, 4 ff). Der Nachweis, daß der Anspruch aus der Straftat erwachsen ist, kann gegenüber dem Grundbuchamt durch Vorlage des Zulassungsbeschlusses geführt werden (Absatz 2 Satz 2, § 111 g Abs. 3 Satz 3).

---

[1] KK-*Laufhütte* 1; *Kleinknecht/Meyer*[37] 4; KMR-*Müller* 1.

Gerhard Schäfer

4   **c) Eintragung.** Abweichend von § 880 Abs. 2 Satz 2 BGB ist die Zustimmung des Eigentümers zu der Rangänderung nicht erforderlich (Absatz 1 Satz 3). Im übrigen bestimmt Absatz 1 Satz 4 die sinngemäße Anwendung des § 880 BGB. Nach § 880 Abs. 2 Satz 1 BGB muß die Änderung in das Grundbuch eingetragen werden. Rechte, die den Rang zwischen dem zurücktretenden und dem vortretenden Recht haben, werden durch die Rangänderung nicht berührt (§ 880 Abs. 5 BGB). § 880 Abs. 4 BGB wird durch Absatz 1 Satz 2 ersetzt, wonach der dem vortretenden Recht eingeräumte Rang nicht dadurch verloren geht, daß der Arrest aufgehoben wird. Aus welchen Gründen er aufgehoben wird, ist ohne Bedeutung.

5   **3. Schadensersatzpflicht des Verletzten.** Nach Absatz 3 ist der Verletzte für den Fall, daß die Zulassung zu Unrecht erfolgt ist, Dritten zum Ersatz des Schadens verpflichtet, der ihnen durch die Rangänderung entsteht. Die Vorschrift entspricht dem § 111 g Abs. 4 (vgl. dort Rdn. 13).

§ 111 i

Soweit im Urteil lediglich deshalb nicht auf Verfall oder Verfall des Wertersatzes erkannt wird, weil Ansprüche eines Verletzten im Sinne des § 73 Abs. 1 Satz 2 des Strafgesetzbuches entgegenstehen oder weil das Verfahren nach den §§ 430, 442 auf die anderen Rechtsfolgen beschränkt wird, kann die Beschlagnahme nach § 111 c für die Dauer von höchstens drei Monaten aufrechterhalten werden, sofern die sofortige Aufhebung gegenüber dem Verletzten unbillig wäre.

Schrifttum siehe bei § 111 b.

Entstehungsgeschichte. Die Vorschrift wurde durch Art. 21 Nr. 29 EGStGB eingefügt.

1   **1. Zweck der Vorschrift.** Nach § 73 Abs. 1 Satz 1 StGB hat das Gericht, wenn es den Angeklagten verurteilt, die Vermögensvorteile für verfallen zu erklären, die er für die Tat oder aus ihr erlangt hat (vgl. dazu § 111 b, 2). Das gilt aber nicht, soweit einem (nicht notwendigerweise bekannten[1]) Verletzten aus der Tat Ansprüche erwachsen sind, deren Erfüllung den aus der Tat erlangten Vermögensvorteil beseitigen oder mindern würde (§ 73 Abs. 1 Satz 2 StGB). Dabei kommt es nicht darauf an, daß ein Herausgabe- oder Entschädigungsanspruch geltend gemacht wird; entscheidend ist, daß er besteht (§ 111 b, 47). In allen Fällen, in denen sich die Straftat (z. B. Diebstahl, Betrug, Untreue) gegen einen individuellen Verletzten richtet, muß daher von der Verfallsanordnung nach § 73 Abs. 1 Satz 1 StGB abgesehen werden, gleichgültig, ob der Verletzte bekannt ist und ob er Ansprüche gegen den Täter erhebt[2]. Ist der Verletzte bekannt, soll die Sache nach § 111 k an ihn herausgegeben werden, sofern die weiteren Voraussetzungen dieser Vorschrift gegeben sind. Wenn der Verletzte unbekannt ist, sind die ihm nachweislich durch die Straftat entzogenen Sachen nach § 983 BGB als unanbringlich

---

[1] BGH NStZ **1984** 309.
[2] BGH NStZ **1984** 409; LK-*Schäfer* § 73, 23,

25; *Schönke/Schröder/Eser*[22] § 73, 27; *Dreher/Tröndle*[42] § 73, 7.

zu behandeln, nicht etwa dem Verurteilten als dem letzten Gewahrsaminhaber herauszugeben (§ 111 k, 5). Schwierigkeiten können aber entstehen, wenn der Verletzte Ansprüche auf die beschlagnahmten Verfallsgegenstände erhebt, jedoch Ansprüche Dritter der Herausgabe an ihn nach § 111 k entgegenstehen und der Verurteilte mit einer
Herausgabe an den Verletzten nicht einverstanden ist. In diesem Fall darf die Sache an
den Verletzten nur herausgegeben oder zu seiner Verfügung gehalten werden, wenn er
einen wenigstens vorläufig vollstreckbaren Titel, eine einstweilige Verfügung oder
einen Arrestbefehl erwirkt hat, der die Herausgabe an den Täter hindert. Eine ähnliche
Lage kann entstehen, wenn das Verfahren nach den §§ 430, 442 auf die anderen Rechtsfolgen beschränkt, eine Entscheidung über den Verfall des Gegenstandes also nicht getroffen wird. In diesen Fällen will § 111 i es dem Verletzten ermöglichen, noch nach
Erlaß des Urteils, das an sich zur Aufhebung der Beschlagnahmeanordnung führen
muß, einen Titel auf Herausgabe der Gegenstände zu erwirken oder wenigstens eine Sicherung durch einen dinglichen Arrest oder eine einstweilige Verfügung zu erlangen.

Nach § 111 i soll auch die Unmöglichkeit, auf **Verfall von Wertersatz** zu erken- **2**
nen, zur Aufrechterhaltung der Beschlagnahme führen. Das ist nicht ohne weiteres verständlich. Denn zur Sicherung des Verfalls von Wertersatz kann, da es sich insoweit um
einen Geldanspruch gegen den Beschuldigten handelt (§ 111 d, 3 ff), keine Beschlagnahme nach § 111 c, sondern nur der dingliche Arrest nach § 111 d angeordnet werden.
§ 111 i sieht aber ausdrücklich nur die Aufrechterhaltung der Beschlagnahme nach
§ 111 c vor. Wenn es sich nicht um ein Versehen des Gesetzgebers gehandelt hat[3], kann
die Regelung nur die Bedeutung haben, daß (falsch) tatsächlich ein Gegenstand beschlagnahmt war, von der (zutreffenden) Rechtsfolge Verfall des Wertersatzes aber
wegen § 73 Abs. 1 Satz 2 abgesehen werden mußte[4].

2. Aufrechterhaltung der Beschlagnahme

a) Voraussetzungen. Die Beschlagnahme darf nach § 111 i für die Zeit nach Erlaß **3**
des Urteils nur aufrechterhalten werden, wenn die Sache nachweislich aus der Tat erlangt worden, eine Verfallsanordnung aber nach § 73 Abs. 1 Satz 2 StGB nicht möglich
ist, weil Ansprüche eines Verletzten entgegenstehen, oder wenn sie nicht ausgesprochen
werden kann, weil das Verfahren nach den §§ 430, 442 auf die anderen Rechtsfolgen beschränkt worden ist. Da die Aufrechterhaltung der Beschlagnahme dem Zweck dient,
dem Verletzten Gelegenheit zu geben, sich unverzüglich einen Titel zu beschaffen, mit
dem er die Herausgabe des Beschlagnahmegegenstandes verlangen oder wenigstens
seine Rückgabe an den letzten Gewahrsaminhaber verhindern kann, setzt die Vorschrift weiter voraus, daß der Verletzte bekannt ist. Wenn er unbekannt ist, hat es keinen Zweck, die Beschlagnahme weitere drei Monate aufrechtzuerhalten. Ferner ist die
Beschlagnahmeverlängerung nur zulässig, wenn die sofortige Aufhebung der Beschlagnahme z. B. mit der Folge, daß nach § 983 BGB verfahren wird (§ 111 k, 5), **dem Verletzten gegenüber unbillig** wäre. Das ist nur der Fall, wenn er in der Vergangenheit das ihm
Mögliche und Zumutbare[5] getan hat, sich einen Titel zu verschaffen, nicht aber, wenn
er davon aus Interesselosigkeit abgesehen hat.

b) Zeitraum. Die Beschlagnahme darf höchstens für die Dauer von drei Monaten **4**
nach Erlaß des Urteils aufrechterhalten werden. Für die Berechnung der Frist gilt § 43.
Ob die Höchstfrist oder eine kürzere Frist festgesetzt wird, hängt von einer Abwägung

---

[3] So LR-*Meyer*[23] 2.
[4] So KK-*Laufhütte* 2; KMR-*Müller* 3; *Klein-
knecht/Meyer*[37] 1.

[5] KK-*Laufhütte* 4; *Kleinknecht/Meyer*[37] 2;
KMR-*Müller* 4.

Gerhard Schäfer

der wirtschaftlichen Interessen der Personen, die Ansprüche auf die Sache erheben, und der Schutzwürdigkeit des Verletzten ab, die danach zu beurteilen ist, aus welchen Gründen es ihm bisher nicht möglich war, sich einen Titel zu verschaffen, der ihm einen Zugriff auf die beschlagnahmte Sache ermöglicht[6]. Eine kürzer als auf drei Monate bemessene Frist kann auf Antrag des Verletzten bis zu insgesamt drei Monaten verlängert werden, wenn er Gründe vorbringt, die es unbillig erscheinen lassen, die Sache bereits jetzt an den letzten Gewahrsamsinhaber herauszugeben.

5   **c) Verfahren.** Über die Aufrechterhaltung der Beschlagnahme entscheidet das Gericht zugleich mit dem Urteil durch besonderen Beschluß. Solange das Urteil nicht rechtskräftig ist, kann die Entscheidung nachgeholt werden, wenn die Beschlagnahmeanordnung noch nicht aufgehoben worden ist. Nach Urteilsrechtskraft ist eine nachträgliche Beschlagnahmeverlängerung nicht möglich, weil dann die Beschlagnahme erloschen ist (§ 111 e, 17).

6   Einen **Antrag** des Verletzten schreibt das Gesetz nicht vor. Jedoch wird mindestens die Frage der Unbilligkeit (oben Rdn. 3) nicht beurteilt werden können, wenn der Verletzte die Aufrechterhaltung der Beschlagnahme nicht ausdrücklich beantragt und wenn er nicht darlegt, aus welchen Gründen es ihm bisher nicht möglich gewesen ist, sich einen den Zugriff auf die Sache ermöglichenden Titel zu verschaffen[7]. Das Gericht kann den Verletzten in der Hauptverhandlung auf die Möglichkeit des § 111 i hinweisen und ihm Gelegenheit geben, entsprechende Anträge zu stellen und zu begründen. Vor der Entscheidung müssen die Staatsanwaltschaft und der Angeklagte gehört werden. Der Beschluß wird in der Hauptverhandlung verkündet. Dem abwesenden Verletzten wird er formlos bekanntgemacht.

7   **d) Beschwerde.** Der Beschluß kann mit der Beschwerde angefochten werden, vom Verletzten, wenn die Verlängerung abgelehnt wurde, sonst von dem, dessen Herausgabeanspruch berührt wird, stets von der Staatsanwaltschaft. Die Beschwerde ist auch zulässig gegen Entscheidungen der Oberlandesgerichte im ersten Rechtszug und des Ermittlungsrichters beim Bundesgerichtshof (§ 304 Abs. 4 Satz 2, Abs. 5), da die Entscheidung nach § 111 i der Sache nach die Beschlagnahme verlängert, in der Wirkung also einer Beschlagnahme gleichsteht[8].

8   **e) Wirkung.** Der Beschluß über die Beschlagnahmeverlängerung hat zur Folge, daß in dem Zeitraum, der in ihm bestimmt ist, eine Herausgabe weder an den letzten Gewahrsamsinhaber noch an einen anderen, der Ansprüche auf den Gegenstand erhebt, zulässig ist. Die Beschlagnahmeanordnung und damit das Veräußerungs- und Verfügungsverbot zugunsten des Staates (§ 111 c Abs. 5) bleiben bestehen.

9   **3. Anfechtung.** Gegen den Beschluß, mit dem ein Antrag auf Aufrechterhaltung der Beschlagnahme abgelehnt wird, haben die Staatsanwaltschaft und der Verletzte das Rechtsmittel der Beschwerde (§ 304 Abs. 1 und 2, § 305 Satz 2). Beschlüsse der Oberlandesgerichte als Gerichte des ersten Rechtszuges sind unanfechtbar (vgl. § 111 f, 12). Wird die Beschlagnahme aufrechterhalten, so ist beschwerdeberechtigt, wer die Herausgabe verlangen könnte, wenn der Beschluß nicht ergangen wäre. Eine Herausgabeklage im Zivilrechtsweg (§ 94, 34) ist erst zulässig, wenn der gesetzte Zeitraum abgelaufen ist, spätestens nach drei Monaten.

---

[6] *Kleinknecht/Meyer*[37] 3; kritisch zur (zu kurzen) Frist *Achenbach* Opferschutz 15.

[7] Ähnlich KK-*Laufhütte* 6; *Kleinknecht/Meyer*[37] 4; KMR-*Müller* 5.
[8] Vgl. BGHSt **29** 13.

§ 111 k

Bewegliche Sachen, die nach § 94 beschlagnahmt oder sonst sichergestellt oder nach § 111 c Abs. 1 beschlagnahmt worden sind, sollen dem Verletzten, dem sie durch die Straftat entzogen worden sind, herausgegeben werden, wenn er bekannt ist, Ansprüche Dritter nicht entgegenstehen und die Sachen für Zwecke des Strafverfahrens nicht mehr benötigt werden.

Schrifttum. *Behr* Zur Auslegung des § 111 StrPO (Rückgabe des Gegenstandes der strafbaren Handlung an den Verletzten), DStrZ **1917** 199; *Bethke* Von der Rückgabe beschlagnahmter Gegenstände an den Verletzten, DStrZ **1916** 385; *Bohmeyer* Die Rückgabe von Überführungsstücken, GA **74** (1930) 191, 342; *Dalcke* Die Wegschaffung der Asservate in Strafsachen, GA **39** (1891) 405; *Dreyfus* Die Rückgabe der in staatlicher Verwahrung befindlichen Gegenstände an den Verletzten, ZStW **36** (1915) 60; *Fraeb* Auslegung und Anwendung des § 111 StPO und die Reform, ZStW **31** (1911) 899; *Hussong* Wem gebührt die gestohlene Sache? DStrZ **1916** 477; *Julius* Die Zuständigkeit im Verfahren nach § 111 k, DRiZ **1984** 192; *Ledschbor* Die Rückgabe beschlagnahmter Gegenstände, Diss. Köln 1931; *Pfleiderer* Die strafbehördliche Rückgabe von Sachen an den Verletzten nach § 111 StPO, Diss. Tübingen 1911; *H. Schäfer* Die Rückgabe beschlagnahmter Beweismittel nach Rechtskraft des Urteils, wistra **1984** 136.

Entstehungsgeschichte. Die Vorschrift wurde durch Art. 21 Nr. 29 EGStGB eingefügt; sie ist an die Stelle des durch Art. 21 Nr. 27 EGStGB 1974 aufgehobenen § 111 getreten. Diese Vorschrift lautete:

(1) Gegenstände, die durch die strafbare Handlung dem Verletzten entzogen wurden, sind, falls nicht Ansprüche Dritter entgegenstehen, nach Beendigung der Untersuchung und geeignetenfalls schon vorher von Amts wegen dem Verletzten zurückzugeben, ohne daß es eines Urteils hierüber bedarf.

(2) Dem Beteiligten bleibt vorbehalten, seine Rechte im Zivilverfahren geltend zu machen.

Übersicht

I. Rückgabe von sichergestellten Gegenständen

1. Grundsatz: An den letzten Gewahrsamsinhaber. Das Gesetz regelt das Recht **1** der Rückgabe von Gegenständen, die nach § 94 **als Beweismittel** oder **nach §§ 111 b ff** als dem Verfall oder der Einziehung unterliegend sichergestellt waren und nicht mehr als Beweismittel benötigt werden bzw. bei Sicherstellung nach §§ 111 b ff nicht rechtskräftig eingezogen oder für verfallen erklärt wurden, in § 111 k nur bruchstückweise.

Gerhard Schäfer

Grundsätzlich sind nach Erlöschen oder Aufhebung der Sicherstellung (vgl. dazu § 98, 58 ff; § 111 e, 17 ff) die Gegenstände an den **letzten Gewahrsamsinhaber**[1] zurückzugeben, weil im Wege der „Rückabwicklung"[2] der Beschlagnahme der Zustand wiederhergestellt werden soll, der vorher bestand (vgl. dazu § 94, 58 ff und Nr. 75 Abs. 2 RiStBV). Zur Zuständigkeit für die Herausgabe vgl. § 111 a, 76; 98, 60.

2 **2. Sonderregelung § 111 k; Rückgabe an den Verletzten.** Von diesem Grundsatz macht § 111 k eine Ausnahme für den Fall, daß die Sache dem Verletzten durch die Straftat entzogen worden ist, die Gegenstand des Strafverfahrens ist. Es wäre bedenklich, wenn der Staat sich an der Aufrechterhaltung dieses rechtswidrigen Zustandes dadurch beteiligte, daß er die Sache dem Rechtsbrecher zurückgibt[3]. Der durch die Straftat Verletzte würde es außerdem meist als unbegründete Rechtsverweigerung empfinden, wenn er, um das ihm entzogene Eigentum wiederzuerlangen, auf den Zivilrechtsweg verwiesen würde[4]. § 111 k sieht daher die Herausgabe von beschlagnahmten oder sonst sichergestellten Sachen an den **Verletzten** vor, dem sie durch die Straftat entzogen worden sind. Die Vorschrift gilt sowohl für die Beschlagnahme zu Beweiszwecken nach §§ 94 ff als auch für die Beschlagnahme nach §§ 111 b ff.

3 Die Durchbrechung des Grundsatzes, daß der Gewahrsam dem zurückzugeben ist, dem er genommen worden war, steht unter **richterlichem Schutz.** Nur das Gericht darf die Entscheidung nach § 111 k treffen, gleichgültig, von wem die Beschlagnahme angeordnet worden ist (unten Rdn. 19) und in welchem Verfahrensabschnitt die Herausgabe stattfinden soll. Soweit Nr. 75 Abs. 3 RiStBV anderes bestimmt, ist dies gesetzwidrig[5]. Einzelheiten Rdn. 19. Die richterliche Entscheidung schafft aber nur eine vorläufige Regelung des Besitzstandes[6], durch die die Besitzlage so wiederhergestellt wird, wie sie vor der Straftat bestanden hatte. Der Beschuldigte und jeder andere, der die Sache für sich beansprucht, kann seine Rechte im Zivilrechtsweg verfolgen[7]. Daß dies den Beteiligten vorbehalten ist, war in § 111 Abs. 2 ausdrücklich angeordnet. In dem an seine Stelle getretenen § 111 k ist das nicht erwähnt, weil es selbstverständlich ist.

4 Im Gegensatz zu § 111, der die Rückgabe der Sache an den Verletzten zwingend vorgeschrieben hatte, ist § 111 k eine **Sollvorschrift.** Ihre Beachtung steht — wie stets bei Sollvorschriften — aber nicht im freien Ermessen des Gerichts. Wenn nicht besondere Gründe vorliegen, muß nach der Vorschrift verfahren werden[8]. Die Herausgabe an den Verletzten kommt aber dann nicht in Betracht, wenn auch er die Sache nicht besitzen darf, wie z. B. Waffen, Sprengstoff, Betäubungsmittel ohne die erforderliche Genehmigung.

3. Zweifelsfälle

5 **a) Verletzter nicht bekannt.** Hat der Täter einen sichergestellten Gegenstand zweifelsfrei durch eine strafbare Handlung erlangt, ist diese aber nicht Gegenstand des Verfahrens oder ist der Verletzte nicht (sicher) bekannt, ist, da eine Verfallerklärung

---

[1] BGHZ **72** 302; OLG Düsseldorf NStZ **1984** 567 m. Anm. *Gropp*; OLG Frankfurt NJW **1972** 212; LG Mainz MDR **1983** 954; KK-*Laufhütte* 1; *Kleinknecht/Meyer*[37] 1; KMR-*Müller* 1; *Eb. Schmidt* § 111, 1; *H. Schäfer* wistra **1984** 137; *Bohmeyer* GA **74** (1930) 193.

[2] BGHZ **72** 302.

[3] OLG Düsseldorf NStZ **1984** 567.

[4] *Dreyfus* GA **36** (1915) 60.

[5] KK-*Laufhütte* 7; *Kleinknecht/Meyer*[37] 9; *Julius* DRiZ **1984** 192.

[6] BayObLGSt **23** 20; *Eb. Schmidt* § 111, 16; *Kleinknecht/Meyer*[37] 3; *Dreyfus* ZStW **36** (1915) 65; vgl. auch *Hahn* Materialien I 129.

[7] *Kleinknecht/Meyer*[37] 3; KMR-*Müller* 118.

[8] Vgl. BGHSt **3** 384; RGSt **42** 169; **53** 178; **60** 182; OGHSt **3** 149.

regelmäßig ausscheidet, § 73 Abs. 1 Satz 2 StGB[8a], weder § 111 k unmittelbar anwendbar noch kann eine Rückgabe an den Täter als letzten Gewahrsamsinhaber in Betracht kommen[9]. Die Strafverfolgungsorgane dürfen dem Rechtsbrecher nicht die Früchte seiner Taten sichern. In diesen Fällen ist deshalb auf Grund einer richterlichen Entscheidung nach §§ 983, 979 ff, 372 ff BGB zu verfahren[10].

b) Ansprüche Dritter. Ansprüche Dritter auf den verwahrten Gegenstand, die der **6** letzte Gewahrsamsinhaber nicht anerkennt und über die gerichtlich noch nicht entschieden ist, stehen der Rückgabe an diesen nicht entgegen. Denn das Strafverfahren hat grundsätzlich nicht die Aufgabe, den Besitz an den Sachen, die für die Zwecke des Verfahrens vorübergehend in amtlichen Gewahrsam gebracht worden sind, unter den Beteiligten zu regeln. Soweit Nr. 75 Abs. 4 RiStBV die Herausgabe an einen Dritten bei offensichtlich begründetem Anspruch zuläßt, ist die Verwaltungsanweisung nicht durch das Gesetz gedeckt und damit rechtswidrig. Die bei Beendigung oder Aufhebung der Beschlagnahme erforderliche „Rückabwicklung"[11] gestattet — abgesehen von § 111 k — keine weiteren Eingriffe in zivilrechtliche Besitzverhältnisse.

II. Einwilligung des letzten Gewahrsamsinhabers

Ist der letzte Gewahrsamsinhaber damit einverstanden, daß ihm die Sache nicht **7** zurückgegeben wird, bedarf es des gerichtlichen Verfahrens nach § 111 k nicht. Der Beschuldigte ist häufig in der Hauptverhandlung bereit, eine derartige Erklärung abzugeben.

III. Beschlagnahmte oder sonst sichergestellte Sachen

§ 111 k bezieht sich nur auf **bewegliche Sachen**, die nach § 94 Abs. 1 als Beweismit- **8** tel beschlagnahmt oder sonst, d. h. formlos, insbesondere nach freiwilliger Herausgabe (§ 94, 25), sichergestellt oder die nach § 111 c Abs. 1 beschlagnahmt worden sind, weil die Anordnung des Verfalls oder der Einziehung in Betracht kam. Ob die Beschlagnahme rechtmäßig war, ist ohne Bedeutung. Auch Sachen, die von vornherein nicht als Beweismittel in Frage kamen oder deren Eigenschaft als Verfalls- oder Einziehungsgegenstand irrtümlich angenommen worden war, sollen nach § 111 k zurückgegeben werden.

An den Verletzten dürfen nach § 111 k nur solche Sachen herausgegeben werden, **9** über die die Behörde die **Verfügungsgewalt von dem Beschuldigten** oder von demjenigen, der die Sache wiederum durch eine Straftat erlangt hat, erhalten hat. Dem Beschuldigten steht insbesondere gleich, wer sich in den Besitz der Sache durch Hehlerei[12], durch Begünstigung[13] und durch Diebstahl oder Unterschlagung beim Dieb[14] gesetzt hat. Dagegen ist § 111 k nicht anwendbar, wenn die Sache von einem anderen als dem Beschuldigten oder einem nachfolgenden Straftäter in den Besitz der Behörde gelangt ist. Solche Sachen dürfen dem Verletzten nur mit ausdrücklicher Einwilligung des Drit-

---

[8a] BGH NStZ **1984** 409.

[9] OLG Düsseldorf NStZ **1984** 567 mit abl. Anm. *Gropp*; LR-*Meyer*[23] § 94, 31; KK-*Laufhütte* 5.

[10] BGH NStZ **1984** 409, 410; OLG Düsseldorf NStZ **1984** 567 mit abl. Anm. *Gropp*; LR-*Meyer*[23] § 94, 31; KK-*Laufhütte* 5; KMR-*Müller* 2; Nr. 75 Abs. 5 RiStBV.

[11] BGHZ **72** 302.

[12] RGSt **19** 98.

[13] *Eb. Schmidt* § 111, 9.

[14] *Kleinknecht/Meyer*[37] 3; *Eb. Schmidt* § 111, 9; *Bethke* DStrZ **1916** 385; *Ledschbor* 18.

ten ausgehändigt werden[15]. Allerdings wird die Behörde, ehe sie die Sache an den Dritten herausgibt, dem Verletzten unter Fristsetzung Gelegenheit zu geben haben, seine Rechte, etwa durch Erwirkung einer einstweiligen Verfügung, geltend zu machen[16]. Nach § 111 i kann die Beschlagnahme zu diesem Zweck noch nach Urteilserlaß aufrechterhalten werden.

10   Da § 111 k allgemein von der Beschlagnahme und sonstigen Sicherstellung spricht, ist seine Anwendung nicht davon abhängig, daß eine richterliche Beschlagnahmeanordnung oder wenigstens eine richterliche Bestätigung nach § 98 Abs. 2 Satz 1 oder 2 vorliegt. Die Sache muß sich zur Zeit der Entscheidung nach § 111 k im **amtlichen Gewahrsam** befinden. Ist sie schon vorher herausgegeben worden, so findet ein Verfahren nach § 111 k nicht mehr statt. Denn dieses Verfahren dient einer vorläufigen Besitzregelung; die Entscheidung, ob der Empfänger den Besitz zu Recht erhalten hat, ist Sache des Zivilgerichtsverfahrens[17]. War der Gegenstand in anderer Weise als durch amtliche Verwahrung sichergestellt (vgl. § 94, 33), gilt § 111 k entsprechend[18]; an die Stelle der Herausgabe treten dann die erforderlichen Weisungen an den Gewahrsamsinhaber.

IV. Voraussetzungen der Herausgabe

11   **1. Dem Gericht bekannter Verletzter.** Der Begriff des Verletzten, der in der Strafprozeßordnung an verschiedenen anderen Stellen (§ 22 Nr. 1, § 61 Nr. 2, § 172 Abs. 1, §§ 374, 403) vorkommt, kann nicht einheitlich ausgelegt werden[18a]. Bei der Anwendung des § 111 k fällt darunter jeder, dem durch die Straftat der Besitz an beweglichen Sachen **unmittelbar** entzogen worden ist[19]. Wenn, wie es insbesondere beim Diebstahl vorkommen kann, der unmittelbare Besitzer nicht zugleich Eigentümer der Sache ist, gilt als Verletzter im Sinne des § 111 k nur der Besitzer[20].

12   Die Anwendung des § 111 k setzt voraus, daß der Verletzte **bekannt** ist. Daß ihm nur dann die beschlagnahmte Sache herausgegeben werden kann, ist an sich selbstverständlich. Da die Vorschrift das ausdrücklich erwähnt, schließt sie aus, daß für den Fall, daß der Verletzte unbekannt ist oder Zweifel über seine Person bestehen, Ermittlungen geführt werden müssen[21]. In derartigen Fällen kommt nur die Herausgabe an den letzten Gewahrsamsinhaber in Betracht. Eine Entscheidung, daß die Sache dem Verletzten herauszugeben ist, sobald er bekannt wird, darf nicht ergehen. Eine Rückgabe an den verurteilten Beschuldigten als letzten Gewahrsamsinhaber kommt nie in Betracht; vgl. Rdn. 5. Wegen des Verfahrens beim Tod des Verletzten vgl. § 94, 62.

13   **2. Entziehung durch Straftat.** Die Sache darf nach § 111 k nur herausgegeben werden, wenn erwiesen ist, daß sie dem Verletzten durch eine Straftat entzogen worden

---

[15] BayObLGSt **13** 407; OLG Frankfurt GA **1972** 212; OLG Kassel GA **53** 299; OLG Köln bei *Dalcke* GA **39** (1891) 406; *Eb. Schmidt* § 111, 6; *Kleinknecht/Meyer*[37] 3; KMR-*Müller* 6; *Bethke* DStrZ **1916** 385; a. A OLG Kassel DJZ **1905** 1068; *Bohmeyer* GA **74** (1930) 198; *Dreyfus* ZStW **36** (1915) 60 ff; *Fraeb* ZStW **31** (1911) 903; *Hussong* DStrZ **1916** 477; *Pfleiderer* 17.

[16] BayObLGSt **13** 407; OLG Frankfurt GA **1972** 212; a. A BayObLGSt **23** 21.

[17] OLG Nürnberg HESt **2** 84; *Müller-Sax* § 111, 2 f; *Eb. Schmidt* § 111, 7.

[18] Vgl. OLG Dresden LZ **1925** 383; *Bohmeyer* GA **74** (1930) 199; a. A LR-*Meyer*[23] 7.

[18a] BGHSt **4** 203; **5** 87; Vor § 374, 1 ff.

[19] *Kleinknecht/Meyer*[37] 5; KMR-*Müller* 2; LR-*Meyer*[23] 8.

[20] *Dreyfus* ZStW **36** (1915) 71.

[21] OLG Nürnberg HESt **2** 84; KK-*Laufhütte* 5; *Kleinknecht/Meyer*[37] 5; KMR-*Müller* 2.

ist[22]. Nach dem Sinn des § 111 k bedeutet Straftat die rechtswidrige Tat, die den Tatbestand eines Strafgesetzes verletzt (§ 11 Abs. 1 Nr. 5 StGB). Es genügt die Verwirklichung des äußeren Tatbestandes; die Tat muß nicht schuldhaft begangen worden sein[23]. Auch bei Freisprechung wegen Schuldunfähigkeit nach § 20 StGB[24] und wegen Tatbestands- oder Verbotsirrtums (§§ 16, 17 StGB)[25] sowie bei Einstellung wegen eines Verfahrenshindernisses[26] ist § 111 k anwendbar. **Ob eine Straftat vorliegt**, entscheidet das Gericht nach pflichtgemäßem Ermessen. Ist bereits ein Urteil ergangen, so sind dessen Feststellungen maßgebend[27]. In anderen Fällen, insbesondere bei Einstellung des Verfahrens nach den §§ 154, 206 a oder aufgrund eines Straffreiheitsgesetzes, ist die Herausgabe zulässig, wenn im Verfahren nach § 111 k aufgrund der vorliegenden Ermittlungen eine Straftat einwandfrei feststeht[28]. Ermittlungen und Beweiserhebungen mit dem Ziel, das festzustellen, finden grundsätzlich nicht statt[29].

Entzogen sind die Gegenstände dem Verletzten nicht nur, wenn der Täter sie **14** ihm weggenommen hat (§§ 242, 249), sondern auch, wenn der Täter ihm anvertraute Gegenstände unterschlagen (§ 246 StGB) oder veruntreut (§ 266 StGB) oder wenn er den Verletzten nach §§ 253, 263 StGB rechtswidrig veranlaßt hat, sie ihm zu geben[30]. Da § 111 k den vorläufigen Besitzstand regeln, nicht aber Schadensersatz gewähren will, fallen Gegenstände, die an die Stelle entzogener Sachen getreten sind als **Surrogate** entgegen Vorschlägen früherer Entwürfe[31] nicht unter die Bestimmung[32], z. B. das nach der Entwendung umgewechselte Geld[33], das mit einem gestohlenen Scheck abgehobene Geld[34], der Erlös für veräußertes Diebesgut[35] und die Sachen, die mit dem gestohlenen Geld gekauft worden sind[36]. Andererseits sind bürgerlich-rechtliche Grundsätze nicht maßgebend. Deshalb bleibt entwendetes und verwahrtes Geld auch dann entzogen, wenn es mit den Geldern der Justizkasse oder mit Geldern des Täters[37] vermischt worden ist. Der Pfandschein verbrieft die Sache so eindeutig, daß er an deren Stelle tritt[38]. Das gleiche gilt nach § 111 l Abs. 1 Satz 2 für den Fall einer Notveräußerung der Sache[39]. Ob die durch Verarbeitung hergestellten neuen Sachen nach §§ 946 ff BGB Eigentum des früheren Eigentümers geworden sind, hat der Strafrichter jedoch nicht zu beurteilen. Entzogen im Sinne des § 111 k ist daher nicht das durch Ein- oder Umschmelzen aus dem entwendeten Metall gewonnene Erzeugnis[40].

[22] KG GA **48** (1901) 139.

[23] KK-*Laufhütte* 4.

[24] *Kleinknecht/Meyer*[37] 5; KMR-*Müller* 4; *Eb. Schmidt* § 111, 10; *Bohmeyer* GA **74** (1930) 196; *Fraeb* ZStW **31** (1911) 899; *Pfleiderer* 21; a. A *Ledschbor* 13.

[25] *Kleinknecht/Meyer*[37] 5.

[26] *Fraeb* ZStW **31** (1911) 899.

[27] BayObLGSt **2** 420; OLG Nürnberg HESt **2** 84; LG Mainz MDR **1983** 954; KK-*Laufhütte* 4; *Kleinknecht/Meyer*[37] 6; KMR-*Müller* 4; *Dreyfus* ZStW **36** (1915) 64.

[28] KK-*Laufhütte* 4; *Kleinknecht/Meyer*[37] 6; KMR-*Müller* 4; *Eb. Schmidt* § 111, 8; *Dreyfus* ZStW **36** (1915) 64.

[29] OLG Nürnberg HESt **2** 84; KK-*Laufhütte* 4; *Kleinknecht/Meyer*[37] 6; KMR-*Müller* 4; *Eb. Schmidt* § 111, 17.

[30] KK-*Laufhütte* 4; *Kleinknecht/Meyer*[37] 7; *Eb. Schmidt* § 111, 9.

[31] Nachweise bei *Rieß* Gutachten 51.

[32] LR-*Meyer*[23] 11; *Kleinknecht/Meyer*[37] 7; *Eb. Schmidt* § 111, 11; a. A KK-*Laufhütte* 4; KMR-*Müller* 5.

[33] RGRspr. **2** 22; BayObLGSt **2** 420; *Behr* DStrZ **1917** 200.

[34] *Behr* DStrZ **1917** 201.

[35] RGSt **1** 144; *Behr* DStrZ **1917** 200; *Bethke* DStrZ **1916** 386; *Dreyfus* ZStW **36** (1915) 66.

[36] RGRspr. **1** 217; OLG München Alsb. E **1** Nr. 236; *Eb. Schmidt* § 111, 11; *Behr* DStrZ **1917** 200; *Dreyfus* ZStW **36** (1915) 66.

[37] A. A LG Mainz MDR **1983** 954.

[38] RGRspr. **2** 162; *Kleinknecht/Meyer*[37] 7; *Bohmeyer* GA **74** (1930) 196; *Ledschbor* 14.

[39] *Kleinknecht/Meyer*[37] 7; KMR-*Müller* 5.

[40] OLG Kassel GA **53** (1906) 300; *Eb. Schmidt* § 111, 11; *Bethke* DStrZ **1916** 389; *Bohmeyer* GA **74** (1930) 196; a. A *Behr* DStrZ **1917** 199; *Dreyfus* ZStW **36** (1915) 64 ff.

Gerhard Schäfer

15   **3. Entbehrlichkeit für die Zwecke des Strafverfahrens.** Daß eine verwahrte Sache weder an den Verletzten noch an irgendjemand anderen herausgegeben werden darf, solange sie für die Zwecke des Strafverfahrens benötigt wird, ist selbstverständlich. Indem § 111 k ausdrücklich erwähnt, daß die Sache nur herausgegeben werden soll, wenn sie für diese Zwecke nicht mehr gebraucht wird, stellt die Vorschrift lediglich klar, daß mit der Herausgabe nicht bis zur Rechtskraft des Urteils oder des Einstellungsbeschlusses gewartet werden darf, wenn der verwahrte Gegenstand schon vorher für das Verfahren entbehrlich ist. Es gilt das gleiche wie bei der Aufhebung der Beschlagnahme (§ 98, 59). Ist eine Sache als Beweismittel beschlagnahmt worden, dann ist vor ihrer Herausgabe zu prüfen, ob sie weiterhin als Verfalls- oder Einziehungsgegenstand zu beschlagnahmen ist. Im umgekehrten Fall gilt Entsprechendes. Ein Beweismittel, dessen Verderb droht, muß schon vor Beendigung des Verfahrens herausgegeben werden[41]. Bei Gegenständen, die dem Verfall oder der Einziehung unterliegen, gilt in diesem Fall § 111 l; jedoch kommt in erster Hinsicht die Herausgabe an den Verletzten nach § 111 k in Betracht (§ 111 l, 3).

16   **4. Fehlen von Ansprüchen Dritter.** Die Herausgabe an den Verletzten setzt weiter voraus, daß ihr keine Ansprüche Dritter entgegenstehen. Hierzu gehören auch Ansprüche des Beschuldigten selbst, etwa wenn er behauptet, unabhängig von der Tat einen Anspruch auf die Sache zu haben, z. B. aus nachträglicher Übereignung[42]. Die Begründetheit des erhobenen Anspruchs braucht nicht festzustehen. Schon wenn die Rechtslage zweifelhaft ist, bleibt die Entscheidung dem Zivilgericht überlassen. Der Herausgabe stehen, da eine vorläufige Regelung des Besitzstandes zu treffen ist, nur solche Ansprüche entgegen, die den Besitz des Verletzten in Frage stellen[43]. Um dingliche Rechte braucht es sich nicht zu handeln; es reicht jede Rechtsbeziehung aus einem Schuldverhältnis aus, die einen anderen als den durch die Straftat Verletzten zum Besitz der Sache berechtigt[44]. Das Eigentum eines Dritten an der Sache steht andererseits der Herausgabe nach § 111 k nicht entgegen, wenn der Verletzte zum Besitz der Sache berechtigt ist. Wenn andere Sachen als Geld oder Inhaberpapiere zweifelsfrei dem Verletzten durch Diebstahl entzogen worden sind, hindern die dann nach § 935 Abs. 1 BGB unter allen Umständen unbegründeten Ansprüche des Erwerbers die Herausgabe an den Verletzten nicht[45]. Kommt es hingegen darauf an, ob der Erwerber gutgläubig war, wie bei der Entziehung der Sache durch Unterschlagung oder Betrug, so stehen die von ihm erhobenen Ansprüche der Herausgabe an den Verletzten entgegen.

17   Es ist nicht erforderlich, daß ein Anspruch geltend gemacht worden ist; die Behörde hat bestehende Ansprüche **von Amts wegen** zu beachten[46]. Jedoch braucht nach dem Bestehen von Ansprüchen nicht geforscht zu werden; Beweiserhebungen finden nicht statt[47]. Erhebt ein **Dritter Ansprüche auf die Sache**, so ist ihm unter **Fristsetzung** Gelegenheit zu geben, seine **Ansprüche gerichtlich**, etwa durch einstweilige Verfügung, geltend zu machen[48]. Läßt er die Frist ungenützt verstreichen, so bleibt sein Anspruch unbeachtet; die Sache wird dann dem Verletzten herausgegeben, und es bleibt dem Dritten vorbehalten, zivilrechtlich gegen diesen vorzugehen.

[41] *Bohmeyer* GA 74 (1930) 197.
[42] *Kleinknecht/Meyer*[37] 8; KMR-*Müller* 8; **a. A**
       Bohmeyer GA 74 (1930) 198.
[43] KMR-*Müller* 8.
[44] *Kleinknecht/Meyer*[37] 8.
[45] *Bohmeyer* GA 74 (1930) 345.

[46] *Kleinknecht/Meyer*[37] 8; KMR-*Müller* 9; *Bohmeyer* GA 74 (1930) 197.
[47] KK-*Laufhütte* 6; *Kleinknecht/Meyer*[37] 8; KMR-*Müller* 9; *Eb. Schmidt* § 111, 17.
[48] KK-*Laufhütte* 6; *Kleinknecht/Meyer*[37] 8; KMR-*Müller* 9.

V. Herausgabe

Die sichergestellten Sachen sind dem Verletzten so herauszugeben, wie sie ver- **18** wahrt worden sind. Anstelle von Wertpapieren oder Kostbarkeiten darf nicht etwa der Nennwert in Geld herausgegeben werden[49]. Vgl. auch § 94, 61 f.

VI. Verfahren

1. Zuständigkeit. Wer die Herausgabe anordnet, ist in § 111 k nicht geregelt. Aus **19** der Entstehungsgeschichte des früheren § 111 ergibt sich, daß man ein gerichtliches Verfahren für selbstverständlich gehalten hat[50]. Rechtsprechung und Schrifttum zu § 111 hatten sich dem überwiegend angeschlossen[51]. Da § 111 k nichts Abweichendes bestimmt, ist für die Anordnung der Herausgabe, auch nach Rechtskraft des Urteils, nach wie vor das Gericht zuständig[52], gleichgültig, von wem und in welchem Verfahrensabschnitt die Beschlagnahme angeordnet worden ist. Die Zuständigkeit der Staatsanwaltschaft kommt nicht in Betracht, weil die Entscheidung nach § 111 k in die Rechtssphäre des letzten Gewahrsamsinhabers eingreift und daher dem Richter vorbehalten sein muß[53]. Es handelt sich um eine Entscheidung des Strafrichters, die ihm in Vertretung des Zivilrichters anvertraut ist[54]. Soweit Nr. 75 Abs. 3 RiStBV die Zuständigkeit abweichend regelt, ist die Vorschrift gesetzwidrig[55].

Zuständig ist der Richter, der für eine Entscheidung über die Sicherstellung zu- **20** ständig wäre (vgl. § 98, 7 f): Im Vorverfahren trifft die Entscheidung, wie stets, wenn das Gesetz nichts anderes bestimmt, der Ermittlungsrichter (§§ 162, 169). Zuständig ist in entsprechender Anwendung des § 98 Abs. 2 Satz 3 das Gericht, in dessen Bezirk die Sicherstellung stattgefunden hat, gleichviel, wo die Sache verwahrt wird. Nach Anklageerhebung entscheidet das mit der Sache befaßte Gericht. Das Berufungsgericht ist — auch bei Teilanfechtung[56] — zuständig, nachdem ihm die Akten nach § 321 vorgelegt worden sind. Während des Revisionsverfahrens entscheidet das Gericht, gegen dessen Urteil Revision eingelegt worden war. Nach Rechtskraft des Urteils ist in entsprechender Anwendung des § 462 a Abs. 3 Satz 1 das Gericht des ersten Rechtszuges zuständig[57].

2. Entscheidung. Die Entscheidung über die Herausgabe an den Verletzten er- **21** geht **von Amts wegen**[58]. In der Regel werden aber die Staatsanwaltschaft oder der

[49] RG LZ **1923** 496; *Dalcke/Fuhrmann/Schäfer* 3.

[50] Vgl. *Hahn* Materialien 1 128, 615; 2 1811.

[51] KG GA **48** (1901) 139; OLG Braunschweig DJZ **1903** 59; OLG Hamburg Alsb. E 1 Nr. 226; JZ **1951** 377 L; OLG Hamm JMBlNRW **1961** 94; OLG Köln Alsb. E 1 Nr. 225; OLG München Alsb. E 1 Nr. 222; OLG Stettin bei *Dalcke* GA **39** (1891) 407; *Eb. Schmidt* § 111, 14; *Dalcke/Fuhrmann/Schäfer* § 111, 5; *Bohmeyer* GA **74** (1930) 343; *Dalcke* GA **39** (1891) 408; **a. A** OLG Breslau bei *Dalcke* GA **39** (1891) 405; OLG Kassel DJZ **1905** 1068; *Dreyfus* ZStW **36** 71; *Pfleiderer* 45 ff, die die Staatsanwaltschaft entweder stets oder jedenfalls vor Anklageerhebung für zuständig hielten.

[52] OLG Koblenz GA **1984** 376; KK-*Laufhütte* 7; *Kleinknecht/Meyer*[37] 9; KMR-*Müller* 16; *Julius* DRiZ **1984** 192.

[53] *Bethke* DStrZ **1916** 387.

[54] KG GA **48** (1901) 138; OLG Stettin bei *Dalcke* GA **39** (1891) 407; *Bohmeyer* GA **74** 195.

[55] KK-*Laufhütte* 7; *Kleinknecht/Meyer*[37] 9; *Julius* DRiZ **1984** 192.

[56] LR-*Meyer*[23] 17.

[57] LR-*Meyer*[23] 17; *Kleinknecht/Meyer*[37] 9; **a. A** KK-*Laufhütte* 7; KMR-*Müller* 17; *Julius* DRiZ **1984** 192; *Bohmeyer* GA **74** (1930) 344; die das Gericht für zuständig halten, das die letzte Entscheidung in der Sache getroffen hat.

[58] *Bohmeyer* GA **74** (1930) 195.

Gerhard Schäfer

Verletzte entsprechende Anträge stellen. Vor der Entscheidung sind die Beteiligten, namentlich der letzte Gewahrsamsinhaber und Personen, die Rechte an dem Gegenstand geltend machen **zu hören** (§ 33). Die Entscheidung ergeht ohne Beweisaufnahme **nach Aktenlage**[59] als Beschluß. Dieser ist, da anfechtbar, zu begründen (§ 34). Zweckmäßigerweise in der Formel sind die auszuliefernden Gegenstände und der Empfangsberechtigte genau zu bezeichnen. Die Entscheidung regelt nur den vorläufigen Besitzstand. Sie steht einem Zivilrechtsstreit nicht entgegen.

22   Das Gericht macht die Entscheidung, da kein befristetes Rechtsmittel gegeben ist, durch **formlose Mitteilung** (§ 35 Abs. 2 Satz 2) bekannt; jedoch kann es auch die Form der Zustellung (§ 37) wählen, wenn, etwa wegen des großen Wertes der herauszugebenden Sachen, die formlose Mitteilung nicht genügt. Da die Herausgabe der Sachen Vollstreckung im Sinne des § 36 Abs. 1 Satz 2 ist, ist die Staatsanwaltschaft zuständig. Im gerichtlichen Gewahrsam befindliche Sachen kann das Gericht selbst herausgeben.

VII. Anfechtung

23   Gegen den Beschluß des Gerichts ist, auch wenn er von dem erkennenden Gericht (§ 305 Satz 2) oder von dem Oberlandesgericht im ersten Rechtszug (§ 304 Abs. 2 Satz 2 Nr. 1) erlassen worden ist, die einfache Beschwerde nach § 304 Abs. 1 und 2 zulässig. Beschwerdeberechtigt sind die Staatsanwaltschaft, der letzte Gewahrsamsinhaber, der Beschuldigte und jeder andere, der ein Recht oder einen Anspruch an der Sache behauptet[60]. Privat- und Nebenkläger sind nur beschwerdeberechtigt, wenn sie, etwa wegen Verschlechterung der Beweislage, die Herausgabe als solche, nicht diejenige an eine bestimmte Person, angreifen. Gegen die Fristsetzung an den Dritten, der Ansprüche erhebt, hat der Beschuldigte kein Beschwerderecht. Wenn die Sache schon herausgegeben ist, kann ein Rechtsmittel nicht mehr mit Erfolg eingelegt werden. Dann bleibt dem Betroffenen nur der Zivilrechtsweg, vgl. Rdn. 22.

§ 111 l

(1) [1]Gegenstände, die nach § 111 c beschlagnahmt worden sind, sowie Gegenstände, die auf Grund eines Arrestes (§ 111 d) gepfändet worden sind, dürfen vor der Rechtskraft des Urteils veräußert werden, wenn ihr Verderb oder eine wesentliche Minderung ihres Wertes droht oder ihre Aufbewahrung, Pflege oder Erhaltung mit unverhältnismäßig großen Kosten oder Schwierigkeiten verbunden ist. [2]Der Erlös tritt an die Stelle der Gegenstände.

(2) [1]Im vorbereitenden Verfahren wird die Notveräußerung durch die Staatsanwaltschaft angeordnet. [2]Ihren Hilfsbeamten (§ 152 des Gerichtsverfassungsgesetzes) steht diese Befugnis zu, wenn der Gegenstand zu verderben droht, bevor die Entscheidung der Staatsanwaltschaft herbeigeführt werden kann.

(3) [1]Nach Erhebung der öffentlichen Klage trifft die Anordnung das mit der Hauptsache befaßte Gericht. [2]Der Staatsanwaltschaft steht diese Befugnis zu, wenn der Gegenstand zu verderben droht, bevor die Entscheidung des Gerichts herbeigeführt werden kann; Absatz 2 Satz 2 gilt entsprechend.

[59] KK-*Laufhütte* 8; *Kleinknecht/Meyer*[37] 10;   [60] OLG Braunschweig OLGSt § 111 S. 1; KMR-*Müller* 16.   KK-*Laufhütte* 9; *Kleinknecht/Meyer*[37] 10.

(4) ¹Der Beschuldigte, der Eigentümer und andere, denen Rechte an der Sache zustehen, sollen vor der Anordnung gehört werden. ²Die Anordnung sowie Zeit und Ort der Veräußerung sind ihnen, soweit dies ausführbar erscheint, mitzuteilen.

(5) ¹Die Notveräußerung wird nach den Vorschriften der Zivilprozeßordnung über die Verwertung einer gepfändeten Sache durchgeführt. ²An die Stelle des Vollstreckungsgerichts (§ 764 der Zivilprozeßordnung) tritt in den Fällen der Absätze 2 und 3 Satz 2 die Staatsanwaltschaft, in den Fällen des Absatzes 3 Satz 1 das mit der Hauptsache befaßte Gericht. ³Die nach § 825 der Zivilprozeßordnung zulässige Verwertung kann von Amts wegen oder auf Antrag der in Absatz 4 genannten Personen, im Falle des Absatzes 3 Satz 1 auch auf Antrag der Staatsanwaltschaft gleichzeitig mit der Notveräußerung oder nachträglich angeordnet werden.

(6) ¹Gegen Anordnungen der Staatsanwaltschaft oder ihrer Hilfsbeamten im vorbereitenden Verfahren (Absätze 2 und 5) kann der Betroffene gerichtliche Entscheidung nach Maßgabe des § 161 a Abs. 3 beantragen. ²Gegen Anordnungen der Staatsanwaltschaft oder ihrer Hilfsbeamten nach Erhebung der öffentlichen Klage (Absatz 3 Satz 2, Absatz 5) kann der Betroffene die Entscheidung des mit der Hauptsache befaßten Gerichts (Absatz 3 Satz 1) beantragen. ³Das Gericht, in dringenden Fällen der Vorsitzende, kann die Aussetzung der Veräußerung anordnen.

Entstehungsgeschichte. Die Vorschrift wurde durch Art. 21 Nr. 29 EGStGB 1974 eingefügt; sie ist an die Stelle des durch Art. 21 Nr. 20 EGStGB aufgehobenen § 101 a getreten. Schon vor seinem Inkrafttreten wurde § 111 l durch Art. 1 Nr. 28 des 1. StVRG neu gefaßt; dabei wurden die Absätze 2 und 6 eingefügt.

Übersicht

1. Allgemeines. Die Vorschrift regelt die **Notveräußerung** von Gegenständen, die 1 nach § 111 c beschlagnahmt oder auf Grund eines nach § 111 d ausgebrachten dinglichen Arrests gepfändet sind. Die nach § 111 b zugelassene Beschlagnahme von Gegenständen, deren Verfall oder Einziehung in Betracht kommt, muß dazu führen, daß dem Staat das Recht zuerkannt wird, die Verfalls- oder Einziehungsgegenstände zu veräußern und den Erlös sicherzustellen, wenn der beschlagnahmten Sache der Untergang durch Verderb droht. Andernfalls bestünde oft nur die Wahl, die Sache verderben zu lassen oder sie unter Verzicht auf den Verfalls- oder Einziehungsanspruch an den Berechtigten herauszugeben. Beides würde dem Sinn der Beschlagnahmevorschriften offensichtlich zuwiderlaufen. In der Rechtsprechung ist daher die Zulässigkeit der Notveräußerung von

Gerhard Schäfer

Sachen, die zur Sicherung des Einziehungsanspruchs beschlagnahmt worden sind und denen der Verderb droht, seit jeher auch ohne gesetzliche Regelung anerkannt worden[1]. Eine solche Regelung findet sich erstmals in Art. II Nr. 1 der Bekanntmachung des Bundesrats (Einziehungsverordnung) vom 22. 3. 1917 (RGBl. 255). Spätere Bewirtschaftungsbestimmungen nahmen hierauf Bezug, so Art. II der Verordnung vom 12. 2. 1920 (RGBl. 230) und § 2 des Gesetzes vom 6. 2. 1921 (RGBl. 139). Gesetzliche Regelungen wurden ferner in § 433 Abs. 2 AO a. F., § 10 Abs. 3 der Verbrauchsregelungs-Strafverordnung vom 6. 4. 1940 (RGBl. I 610), § 65 WiStG 1949 und § 43 OWiG 1952 getroffen. In der Strafprozeßordnung wurde die Notveräußerung von Einziehungsgegenständen erst 1953 in dem durch Art. 4 Nr. 13 des 3. StRÄndG eingefügten § 101 a geregelt. Der an seine Stelle getretene § 111 l erweitert die Zulässigkeit der Notveräußerung; die Vorschrift erfaßt nicht **Beweismittel**, solange sie als solche benötigt werden (Rdn. 5).

2 **2. Rückgabe statt Notveräußerung.** Nach § 111 c Abs. 6 kann dem Betroffenen eine beschlagnahmte bewegliche Sache gegen sofortige Erlegung des Wertes zurückgegeben werden. Das wird insbesondere auch in Betracht kommen, wenn der Verderb der Sache oder eine wesentliche Wertminderung droht oder die Aufbewahrung, Pflege oder Erhaltung der Sache mit unverhältnismäßig großen Kosten verbunden ist. Der Betroffene kann die wirtschaftlichen Nachteile einer Notveräußerung dann dadurch abwenden, daß er den Wert der Sache erlegt und eine etwa erforderliche Veräußerung selbst vornimmt (vgl. § 111 c, 18). Verpflichtet ist er dazu nicht. Jedoch muß ihm, wenn das möglich ist, Gelegenheit gegeben werden, von der in § 111 c Abs. 6 eröffneten Möglichkeit Gebrauch zu machen. Die Gewährung des rechtlichen Gehörs nach Absatz 4 Satz 1 ist daher mit einem Hinweis auf diese Möglichkeit zu verbinden. Liegen die Voraussetzungen des § 111 k vor, dann ist die vom Verderb bedrohte Sache an den Verletzten herauszugeben.

3 **3. Der Notveräußerung unterliegende Gegenstände.** Die Vorschrift des § 111 l erfaßt bewegliche und unbewegliche Sachen, die nach § 111 c beschlagnahmt worden sind, nicht aber — wie sich aus Absatz 5 und aus der Natur der Sache ergibt — Forderungen und andere Vermögensrechte[2]. Ferner ist die Notveräußerung von Sachen zulässig, die aufgrund eines Arrests nach § 111 d gepfändet worden sind. Ob die Gegenstände von der beschlagnahmenden Behörde oder in deren Auftrag von einer anderen Stelle verwahrt werden, ist für die Anwendung des § 111 l ohne Bedeutung. Beschlagnahmte bewegliche Sachen, die dem Betroffenen nach § 111 c Abs. 6 Nr. 1 gegen Erlegung des Wertes zurückgegeben worden sind, können aber nicht notveräußert werden; vielmehr wird die Rückgabe an den Betroffenen nach § 111 c Abs. 6 Nr. 1 oft gerade dem Zweck dienen, eine Notveräußerung zu vermeiden (oben Rdn. 2). Sind dem Betroffenen bewegliche Sachen nach § 111 c Abs. 6 Nr. 2 zur vorläufigen weiteren Benutzung überlassen worden, so werden die Voraussetzungen der Notveräußerung regelmäßig nicht eintreten können. Liegen sie ausnahmsweise vor, so ist die Überlassung zu widerrufen, bevor die Notveräußerung angeordnet wird.

4 Dem Zweck des § 111 l entsprechend sind von der Notveräußerung bewegliche Sachen ausgenommen, die wegen ihrer **Beschaffenheit** unbrauchbar gemacht, vernichtet oder, wie etwa Falschmünzergerät, aus dem Verkehr gezogen werden müssen. Das schließt aber nicht aus, daß solche Sachen vor der Rechtskraft des Urteils aus der be-

---

[1] RGSt **51** 323; **66** 85.

[2] KK-*Laufhütte* 3; *Kleinknecht/Meyer*[37] 1; KMR-*Müller* 1; a. A LR-*Meyer*[23].

hördlichen Verwahrung entfernt werden können. So darf die vorzeitige Vernichtung von Lebensmitteln angeordnet werden, die so verdorben sind, daß sie nicht wieder in den Verkehr gebracht werden dürfen. Unter Umständen kann die Vernichtung mit der Erlaubnis verbunden werden, das Vernichtungsprodukt (Fischmehl) frei zu verwenden.

§ 111l bezieht sich nicht auf die nach §94 sichergestellten **Beweismittel**[3]; denn **5** deren Notveräußerung wäre für das Verfahren zwecklos, weil es auf ihre Beweiseignung und nicht auf ihren Wert ankommt. Beweismittel, deren Verderb zu befürchten ist oder deren weitere Verwahrung aus anderen Gründen nicht mehr angängig erscheint, sind durch Fotografieren, richterlichen Augenschein, Besichtigung durch Zeugen oder Sachverständige oder auf andere Weise so auszuwerten, daß das Ergebnis im weiteren Verfahren verwertet werden kann; alsdann sind sie freizugeben[4]. Daß die Verwahrung von Beweismitteln erhebliche Kosten oder Schwierigkeiten verursacht, rechtfertigt ihre Freigabe aber regelmäßig nicht. Ist ein Verfalls- oder Einziehungsgegenstand zugleich Beweismittel, so hat der Staatsanwalt vor der Notveräußerung erforderlichenfalls beweissichernde Maßnahmen zu treffen.

4. Zeitliche Grenzen der Notveräußerung. Nach Absatz 1 Satz 1 ist die Notveräu- **6** ßerung **bis zur Rechtskraft** des Urteils zulässig. Die Vorschrift ist im Grunde überflüssig. Wenn das Urteil, das die Einziehung oder den Verfall anordnet, rechtskräftig geworden ist, bedarf es keiner Notveräußerung mehr, weil das Eigentum an der Sache oder das verfallene Recht ohnehin mit der Rechtskraft der Entscheidung auf den Staat übergeht (§73d Abs. 1 Satz 1, §74e Abs. 1 StGB). Wird die Anordnung des Verfalls oder der Einziehung hingegen rechtskräftig abgelehnt, so kommt eine Notveräußerung schon deshalb nicht in Betracht, weil die Sache oder das Recht dann freizugeben ist. Das gleiche gilt, wenn in einem noch nicht rechtskräftigen Urteil der Verfall oder die Einziehung nicht angeordnet worden ist und nunmehr das Verschlechterungsverbot (§§331, 358 Abs. 2) der Anordnung entgegensteht.

5. Voraussetzungen der Notveräußerung. (Absatz 1). Die Notveräußerung ist **7** nach Absatz 1 Satz 1 zulässig, wenn entweder eine wesentliche Minderung des Sachwertes, insbesondere durch Verderb, aber auch durch die Marktentwicklung, oder des Wertes des Rechts droht oder wenn die Kosten für Aufbewahrung, Pflege oder Erhaltung der Sache unverhältnismäßig groß sind. Die Verhältnismäßigkeit beurteilt sich nach dem Wert der Sache. Die Notveräußerung ist gerechtfertigt, wenn auch ein wirtschaftlich rechnender Eigentümer den Gegenstand abstoßen würde, weil die aufzuwendenden Kosten in keinem vernünftigen Verhältnis zu dem Sachwert stehen[5]. Ob das der Fall ist, ist aufgrund der Umstände des Einzelfalls zu entscheiden. Ferner ist die Notveräußerung zulässig, wenn die Aufbewahrung, Pflege oder Erhaltung der Sache mit unverhältnismäßig großen Schwierigkeiten verbunden ist. Dieses Merkmal, das bei der Erhaltung und Wartung von Tieren, Pflanzen und anderen Sachen, die einer besonderen Wartung bedürfen, eine Rolle spielen kann, ist eng auszulegen. Die Schwierigkeiten können nicht an dem vorhandenen Personal gemessen werden, wenn sie für einen Fach-

---

[3] KK-*Laufhütte* 2; *Kleinknecht/Meyer*[37] 1; KMR-*Müller* 1.

[4] KK-*Laufhütte* 2; *Kleinknecht/Meyer*[37] 1; KMR-*Müller* 1; *Achenbach* NJW **1976** 1070; *Lampe* NJW **1975** 197; vgl. auch BTDrucks. **7** 550 S. 295.

[5] Zu den Voraussetzungen der Notveräußerung bei einem beschlagnahmten PKW OLG Koblenz VRS **68** (1985) 363; vgl. allgemein KK-*Laufhütte* 5; *Kleinknecht/Meyer*[37] 2; KMR-*Müller* 3; *Eb. Schmidt* § 101 a, 4.

Gerhard Schäfer

mann nicht bestehen. Es ist vielmehr auch hier auf den unverhältnismäßig hohen Kostenaufwand abzustellen, der durch den Auftrag an einen solchen Fachmann entstehen würde. Die Schwierigkeit, einen geeigneten Fachmann ausfindig zu machen, genügt nicht[6].

8   **6. Wirkung der Notveräußerung.** Mit der Veräußerung geht das Eigentum oder das Recht an dem Gegenstand auf den Erwerber über und der Erlös tritt nach Absatz 1 Satz 2 an die Stelle des Gegenstandes. Das bedeutet, daß in dem Urteil auf Verfall oder Einziehung des Erlöses zu erkennen ist, wenn die Voraussetzungen für die Verfalls- oder Einziehungsanordnung vorliegen[7]. Der Erlös tritt aber entgegen dem mißverständlichen Wortlaut des § 111 l Abs. 1 Satz 2 nicht auch in Beziehung zu dem früheren Eigentümer oder Berechtigten als Beschlagnahmegegenstand an die Stelle des veräußerten Gegenstandes. Denn Erlös des Notverkaufs sind nicht die bei dem Verkauf eingenommenen Geldstücke oder -scheine, sondern der Betrag des Verkaufspreises als Summe[8]. Der Eigentümer des veräußerten Gegenstandes erlangt daher anstelle des Sacheigentums oder Rechts einen Anspruch auf Auszahlung des Erlöses, wenn die Beschlagnahmevoraussetzungen wegfallen[9]. Die bei der Gerichtskasse zu hinterlegende Verkaufssumme ist dann nach den Vorschriften der Hinterlegungsordnung zu verzinsen.

7. Verfahren

a) Zuständigkeit (Absatz 2 und 3)

9   **aa) Vorverfahren.** Nach Absatz 2 Satz 1 ist die **Staatsanwaltschaft** im vorbereitenden Verfahren allein für die Anordnung der Notveräußerung zuständig. Die Anordnung ist nach § 31 Abs. 1 Nr. 2 RpflG dem Rechtspfleger übertragen; sie ist aber (vgl. § 8 Abs. 1 RpflG) auch wirksam, wenn der Staatsanwalt sie selbst trifft[10]. Der Richter ist bis zur Erhebung der öffentlichen Klage nur nach Absatz 6 (Nachprüfung der Anordnung der Staatsanwaltschaft) mit der Sache befaßt. Bei **Gefahr im Verzug**, wenn der Gegenstand zu verderben droht, bevor die Entscheidung der Staatsanwaltschaft herbeigeführt werden kann, sind nach Absatz 2 Satz 2 im Vorverfahren auch deren Hilfsbeamte zuständig. Dem ist der Fall gleichzusetzen, daß eine schnell eintretende wesentliche Wertminderung unabwendbar ist[11]. Absatz 2 Satz 2 enthält als einzige Vorschrift in der StPO eine **ausdrückliche Rangfolge** zwischen der **Staatsanwaltschaft** und ihren **Hilfsbeamten** dahin, daß letztere nur bei Gefahr im Verzug zuständig sind. Da § 111 l aber keine Ermittlungshandlungen regelt, kann dieser Vorschrift weder ein allgemeiner Rechtsgedanke (Vorrang der Staatsanwaltschaft) noch im Wege eines Umkehrschlusses das Gegenteil (Zuständigkeit der Hilfsbeamten nur bei Gefahr im Verzug) entnommen werden. In Steuersachen hat das Finanzamt die Rechte der Staatsanwaltschaft (§ 433 Abs. 1 AO). Bei Verstößen gegen das Außenwirtschaftsgesetz sind auch die Hauptzollämter zuständig (§ 42 Abs. 4 AWG), im Bußgeldverfahren nach § 46 Abs. 2 OWiG die Verwaltungsbehörde.

10   **bb) Nach Erhebung der öffentlichen Klage** und den ihr gleichstehenden Anträgen der Staatsanwaltschaft (vgl. § 98, 8 ff) ist das Gericht (§ 98, 8) für die Anordnung der Notveräußerung zuständig. Die Anordnung ist nach § 22 Nr. 2 RpflG dem Rechtspfleger übertragen, der die Sache aber unter den Voraussetzungen des § 5 Abs. 1 Nr. 1 und 2 RpflG dem Richter vorzulegen hat. Eine Anordnung, die der Richter anstelle des

---

[6] *Kleinknecht/Meyer*[37] 2.
[7] BGHSt **8** 53; RGSt **51** 324; **54** 138.
[8] RGSt **54** 138.
[9] RGSt **56** 322; **66** 85; LK-*Schäfer* § 74 e, 3;

LR-*Meyer*[23] 8; KK-*Laufhütte* 21; *Kleinknecht/Meyer*[37] 3.
[10] *Kleinknecht/Meyer*[37] 5.
[11] *Kleinknecht/Meyer*[37] 5; KMR-*Müller* 6.

Rechtspflegers trifft, ist wirksam (§ 8 Abs. 1 RpflG). Bei Gefahr im Verzug kann sie nach Absatz 3 Satz 2 auch nach Anklageerhebung von der Staatsanwaltschaft getroffen werden. Kann auch diese nicht rechtzeitig handeln, so sind ihre Hilfsbeamten zuständig (Absatz 3 Satz 2 Halbsatz 2 in Verbindung mit Absatz 2 Satz 2).

b) Rechtliches Gehör (Absatz 4). Absatz 4 schreibt die Anhörung der Beteiligten **11** schlechthin vor, nicht nur, wenn Tatsachen verwertet werden sollen, zu denen sie sich noch nicht haben äußern können. Durch die Anhörung soll den Beteiligten Gelegenheit gegeben werden, Bedenken gegen die Notveräußerung vorzubringen und Vorschläge zu deren Abwendung zu machen. Absatz 4 gilt für jede Notveräußerung, auch die durch den Staatsanwalt oder einen Hilfsbeamten angeordnete, soweit die Anhörung aus zeitlichen Gründen überhaupt noch durchführbar ist.

Als **Beteiligte** bezeichnet die Bestimmung den Beschuldigten, den Eigentümer **12** und andere Personen, denen (dingliche) Rechte an der Sache zustehen. Jedoch können Gericht oder Staatsanwaltschaft darüber hinaus auch Personen anhören, die, wie Mieter und Pächter, nur schuldrechtliche Ansprüche auf die Sache haben. Auf jeden Fall sollte auch der letzte Gewahrsamsinhaber gehört werden. Sind die Beteiligten unbekannt, so müssen sie ermittelt werden[12], sofern das rechtzeitigen Erfolg verspricht.

Da § 111 l Abs. 4 Satz 1 nur eine **Sollvorschrift** ist, hat es auf die Rechtswirksam- **13** keit der Anordnung der Notveräußerung keinen Einfluß, wenn die Anhörung unterlassen worden ist. Sie kann insbesondere unterbleiben, wenn die Entscheidung äußerst dringlich ist, etwa weil die Sache unmittelbar vor dem Verderb steht. Wegen des Hinweises auf die Möglichkeit, die Notveräußerung einer beschlagnahmten beweglichen Sache durch die Erlegung des Wertes nach § 111 c Abs. 6 abzuwenden, vgl. oben Rdn. 2.

c) Bekanntmachung (Absatz 4). Die Bekanntmachung der Anordnung an den Be- **14** schuldigten ist schon in § 35 Abs. 2 vorgeschrieben. § 111 l Abs. 4 Satz 2 erweitert die Bekanntmachungspflicht und ordnet die Bekanntmachung der Anordnung sowie von Zeit und Ort der Veräußerung auch an den Eigentümer und die dinglich Berechtigten an, soweit das ausführbar erscheint. Die Bekanntmachung von Zeit und Ort der Veräußerung dient dem Zweck, dem Betroffenen, dem Eigentümer und dem Drittberechtigten die Möglichkeit zu geben, die notveräußerte Sache selbst zu erwerben oder geeignete Käufer auf die Notveräußerung aufmerksam zu machen[13]. Es empfiehlt sich, auch den nicht dinglich berechtigten letzten Gewahrsamsinhaber zu benachrichtigen. Die Bekanntmachung darf unterbleiben, wenn sie, etwa wegen der Dringlichkeit der Veräußerung, nicht rechtzeitig ausgeführt werden kann oder wenn sie, weil die Bekanntmachungsempfänger nicht oder nicht rechtzeitig ermittelt werden können, nicht möglich ist.

8. Durchführung der Notveräußerung (Absatz 5). Die Notveräußerung bewegli- **15** cher Sachen wird nach den §§ 814 bis 825 ZPO durchgeführt. Jedoch tritt an die Stelle des Vollstreckungsgerichts (§ 764 ZPO) die Staatsanwaltschaft, wenn sie oder eine ihrer Hilfsbeamten die Notveräußerung im vorbereitenden Verfahren (§ 111 l Abs. 2) oder anstelle des Gerichts wegen Eilbedürftigkeit (§ 111 l Abs. 3 Satz 2) angeordnet hat, sonst das mit der Hauptsache befaßte Strafgericht (§ 111 l Abs. 5 Satz 2). In beiden Fällen sind die bei der Durchführung der Notveräußerung erforderlich werdenden Geschäfte dem Rechtspfleger übertragen (§ 22 Nr. 2, § 31 Abs. 1 Nr. 2 RpflG).

---

[12] KMR-*Müller* 7.   [13] *Kleinknecht/Meyer*[37] 8.

Gerhard Schäfer

16   Die **Veräußerung** wird grundsätzlich in der Weise durchgeführt, daß der Gerichtsvollzieher die Sachen öffentlich versteigert (§ 814 ZPO). Die Versteigerung darf nicht vor Ablauf einer Woche seit der Anordnung der Notveräußerung in der Gemeinde erfolgen, in der die Anordnung getroffen worden ist, es sei denn, daß die Gefahr einer beträchtlichen Wertminderung der Sache abzuwenden oder unverhältnismäßig hohe Kosten einer langen Aufbewahrung vermieden werden müssen. Über Versteigerungszeit und -ort können abweichende Vereinbarungen zwischen Staatsanwaltschaft oder Gericht und den Beteiligten getroffen werden (§ 816 Abs. 1 und 2 ZPO). Zeit und Ort der Versteigerung sind öffentlich bekanntzumachen (§ 816 Abs. 3 ZPO). Die bei der Versteigerung zugeschlagenen Sachen dürfen nur gegen Barzahlung abgeliefert werden (§ 871 Abs. 2 ZPO). Das Gericht, bei Anordnungen im vorbereitenden Verfahren auch die Staatsanwaltschaft, kann nach Absatz 5 Satz 3 auf Antrag des Beschuldigten, des Eigentümers, des dinglich Berechtigten oder von Amts wegen die in § 825 ZPO vorgesehene Verwertung in anderer Weise, insbesondere durch freihändigen Verkauf, anordnen. Die Anordnung kann zugleich mit der Anordnung der Notveräußerung, aber auch nachträglich getroffen werden.

9. Anfechtung
a) Nichtrichterliche Anordnung
17   **aa) Vorverfahren.** Über Einwendungen gegen die Veräußerungsanordnung des Rechtspflegers und die zu ihrer Ausführung (Absatz 5) von diesem getroffenen Maßnahmen entscheidet der Staatsanwalt (§ 31 Abs. 6 Satz 1 RpflG). Gegen dessen Maßnahmen und Entscheidungen im vorbereitenden Verfahren (Absatz 2 und 5) ist nach Absatz 6 Satz 1 der Antrag auf gerichtliche Entscheidung nach § 161 a Abs. 3 zulässig. Dieser Antrag steht den Betroffenen auch gegen die Anordnung der Hilfsbeamten der Staatsanwaltschaft nach Absatz 2 Satz 1 zu. Er geht dann aber nicht unmittelbar an das Gericht, sondern wird zunächst der Staatsanwaltschaft vorgelegt, die die Anordnungen und Maßnahmen ihrer Hilfsbeamten aufheben und abändern kann[14].

18   **Antragsberechtigt** ist jeder, der durch die Maßnahme betroffen ist, weil er durch sie einen Rechtsverlust erleiden würde. In erster Hinsicht sind Betroffene der letzte Gewahrsamsinhaber[15], der Eigentümer und der sonst an der Sache dinglich Berechtigte. Die §§ 297 bis 300 sind entsprechend anwendbar (§ 161 a Abs. 3 Satz 3).

19   Über den Antrag **entscheidet**, wenn nicht in einer Staatsschutzsache das Oberlandesgericht zuständig ist, das Landgericht, in dessen Bezirk die Staatsanwaltschaft ihren Sitz hat (§ 161 a Abs. 3 Satz 2). Der Antrag kann sowohl bei der Behörde gestellt werden, deren Anordnung angefochten wird, als auch bei dem Gericht, das über ihn zu entscheiden hat. Er muß schriftlich angebracht oder zu Protokoll der Geschäftsstelle des Gerichts erklärt werden. Die Behörde kann dem Antrag abhelfen, der Staatsanwalt kann Maßnahmen seiner Hilfsbeamten aufheben und abändern (oben Rdn. 17). Andernfalls legt er den Antrag dem Gericht zur Entscheidung vor. Dieses, in Eilfällen auch der Vorsitzende allein, kann die Aussetzung der Vollziehung anordnen (Absatz 6 Satz 3). Die Vollziehung anderer Maßnahmen kann in sinngemäßer Anwendung (vgl. § 161 a Abs. 3 Satz 3) des § 307 Abs. 2 ausgesetzt werden. Wie auch sonst im Rechtsmittelverfahren der Strafprozeßordnung wird über den Antrag nur sachlich entschieden, wenn die beanstandete Anordnung noch nicht ausgeführt worden ist. Ist der Antrag dadurch überholt, daß die beschlagnahmten Gegenstände veräußert worden sind, so wird er daher für erle-

---

[14] *Kleinknecht/Meyer*[37] 10; KMR-*Müller* 10.   [15] *Kleinknecht/Meyer*[37] 11; **a. A** KMR-*Müller*: nur wenn er ein Recht auf Besitz hatte.

digt erklärt. Das wird regelmäßig bei Anordnungen der Hilfsbeamten der Staatsanwaltschaft geschehen müssen. Denn diese sind nach Absatz 2 Satz 2 nur in Eilfällen zuständig, so daß die Veräußerung im allgemeinen erfolgt sein wird, bevor die Sache vor Gericht kommt. Ist der Antrag auf gerichtliche Entscheidung erst nach Veräußerung der Sache gestellt worden, so wird er als unzulässig verworfen. Ein Feststellungsinteresse entsprechend den Erläuterungen bei § 98, 72 ff ist hier nicht denkbar, da lediglich wirtschaftliche Interessen im Spiel sind. Wegen der Kosten des erfolglosen Antrags gilt nach § 161 a Abs. 3 Satz 3 die Vorschrift des § 473 Abs. 1 entsprechend. Hat der Antrag Erfolg, so fallen die Kosten der Staatskasse zur Last. Die Entscheidung des Gerichts ist unanfechtbar (§ 161 a Abs. 3 Satz 4).

bb) Nach Erhebung der öffentlichen Klage (zum Begriff § 98, 8 f) kann gegen An- **20** ordnungen der Staatsanwaltschaft und ihrer Hilfsbeamten auf Entscheidung des mit der Hauptsache befaßten Gerichts angetragen werden (Absatz 6 Satz 2). Haben Hilfsbeamte die Anordnung getroffen, so wird der Antrag zunächst der Staatsanwaltschaft vorgelegt, die die Maßnahme aufheben oder abändern kann. Der Antrag ist schriftlich bei der Behörde, die die Anordnung getroffen hat, oder bei dem Gericht zu stellen. Zuständig ist das Gericht, bei dem die Strafsache anhängig ist, während des Revisionsverfahrens das zuletzt mit der Sache befaßte Gericht. Das Gericht, in Eilfällen der Vorsitzende, kann die Aussetzung der Veräußerung anordnen (Absatz 6 Satz 3).

Da die Staatsanwaltschaft und ihre Hilfsbeamten nach Eröffnung des Hauptver- **21** fahrens für die Anordnung von Notveräußerungen nur in Eilfällen zuständig sind (Absatz 3 Satz 2), werden ihre Anordnungen regelmäßig schon ausgeführt sein, bevor der Antrag bei Gericht gestellt oder über ihn entschieden werden kann. Der Antrag ist dann für **gegenstandslos** zu erklären oder, wenn er erst nach Erledigung der Sache angebracht worden ist, als unzulässig zu verwerfen. Es ist im Strafverfahren grundsätzlich nicht Aufgabe des Gerichts, nachträglich über die Rechtmäßigkeit von Maßnahmen zu entscheiden, die nicht mehr rückgängig gemacht werden können (vgl. zum fehlenden Feststellungsinteresse in diesen Fällen oben Rdn. 19). Der Absatz 6 Satz 2 wird daher regelmäßig praktische Bedeutung nicht für die Anordnung der Notveräußerung, sondern nur für die etwa nach deren Vornahme noch zu treffenden Maßnahmen haben.

Für das **Verfahren** sind die in § 161 a Abs. 3 Satz 3 angeführten Bestimmungen ent- **22** sprechend anzuwenden. Deshalb gilt auch § 161 a Abs. 3 Satz 4, der bestimmt, daß die gerichtliche Entscheidung **unanfechtbar** ist[16].

2. Gerichtliche Anordnungen. Gegen die Entscheidungen des Rechtspflegers ist **23** nach § 11 Abs. 1 Satz 1 RpflG die Erinnerung zulässig. Das weitere Verfahren richtet sich nach § 11 Abs. 2 und 3 RpflG. Gegen gerichtliche Entscheidungen ist die Beschwerde nicht zulässig. Aus Absatz 6 Satz 1 ergibt sich, daß der Gesetzgeber eine Beschwerde gegen gerichtliche Entscheidungen zur Notveräußerung ausschließen wollte[17].

---

[16] KK-*Laufhütte* 13; *Kleinknecht/Meyer*[37] 15; KMR-*Müller* 14; **a. A** LR-*Meyer*[23] 22. [17] KK-*Laufhütte* 13; **a. A** LR-*Meyer*[23]; *Kleinknecht/Meyer*[37] 15; KMR-*Müller* 15.

Gerhard Schäfer

§ 111 m

(1) Die Beschlagnahme eines Druckwerks, einer sonstigen Schrift oder eines Gegenstandes im Sinne des § 74 d des Strafgesetzbuches darf nach § 111 b Abs. 1 nicht angeordnet werden, wenn ihre nachteiligen Folgen, insbesondere die Gefährdung des öffentlichen Interesses an unverzögerter Verbreitung offenbar außer Verhältnis zu der Bedeutung der Sache stehen.

(2) ¹Ausscheidbare Teile der Schrift, die nichts Strafbares enthalten, sind von der Beschlagnahme auszuschließen. ²Die Beschlagnahme kann in der Anordnung weiter beschränkt werden.

(3) In der Anordnung der Beschlagnahme sind die Stellen der Schrift, die zur Beschlagnahme Anlaß geben, zu bezeichnen.

(4) Die Beschlagnahme kann dadurch abgewendet werden, daß der Betroffene den Teil der Schrift, der zur Beschlagnahme Anlaß gibt, von der Vervielfältigung oder der Verbreitung ausschließt.

Schrifttum zu den §§ 111 m, 111 n. *Groß* Das Recht der Pressebeschlagnahme, AfP **1976** 14; *Groß* Beschlagnahme von Druckwerken, NJW **1976** 170; *Häntzschel* Das Reichspreßgesetz und die übrigen Preßrecht-Vorschriften des Reiches und der Länder (1927); *Kitzinger* Das Reichsgesetz über die Presse (1920); *Lersch* Das Recht zur Pressebeschlagnahme, Diss. Köln 1967; *Löffler* Die Beschlagnahme von Zeitungen und Zeitschriften, NJW **1952** 997; *Löffler* Presserecht, Kommentar, 3. Auflage 1983, Band 1 Landespressegesetze; *Löffler* Lücken und Mängel im neuen Zeugnisverweigerungs- und Beschlagnahmerecht von Presse und Rundfunk, NJW **1978** 913; *Lüttger-Kaul* Ist die gerichtliche Beschlagnahme künftiger Ausgaben von erfahrungsgemäß staatsgefährdenden periodischen Schriften zulässig? GA **1961** 74; *Rebmann/Ott/Storz* Das baden-württembergische Gesetz über die Presse (1964); *Reh/Gross* Hessisches Pressegesetz (1963); Die Pressebeschlagnahme, NJW **1962** 517; *Scheer* Deutsches Presserecht (1966); *Seetzen* Vorführung und Beschlagnahme pornographischer und gewaltverherrlichender Spielfilme, NJW **1976** 497; *Wagner* Beschlagnahme und Einziehung staatsgefährdender Massenschriften, MDR **1961** 93.

Entstehungsgeschichte. Die Vorschrift wurde durch Art. 1 Nr. 4 des Gesetzes über das Zeugnisverweigerungsrecht der Mitarbeiter von Presse und Rundfunk vom 25. 7. 1975 (BGBl. I 1973) eingefügt.

Übersicht

I. Allgemeines

1. Zweck der Vorschrift. Soweit nach § 74 d **Schriften,** denen nach § 11 Absatz 3 **1** StGB Ton- und Bildträger, Abbildungen und andere Darstellungen gleichstehen, **eingezogen** und soweit nach dieser Vorschrift **Vorrichtungen zur Herstellung** derartiger Schriften und ihnen gleichstehender Sachen **unbrauchbar** gemacht werden können, regeln §§ 111 m und 111 n deren **Sicherstellung** abweichend von den allgemeinen Vorschriften dahingehend, daß gegenüber §§ 111 b und 111 c weitergehende Beschränkungen gelten. Damit soll der Bedeutung der Presse für die freiheitlich-demokratische Grundordnung Rechnung getragen werden (vgl. § 94, 53). Die Vorschriften betreffen **nicht** die Sicherung des **Verfalls** nach § 73 StGB, wären in einem solchen Fall, der sich freilich schwer denken läßt, aber entsprechend anwendbar[1]. Da §§ 111 m und 111 n die allgemeinen Vorschriften der §§ 111 b ff lediglich ergänzen, bleiben diese anwendbar, soweit eine Sonderregelung fehlt. Insbesondere ist nach § 111 b Absatz 1 auch die Beschlagnahme von Schriften usw. nur zulässig, wenn dringende Gründe für die Annahme vorliegen, daß auf ihre Einziehung oder Unbrauchbarmachung erkannt werden wird (vgl. § 111 b, 15).

2. Verfassungsmäßigkeit der § 111 m und 111 n. Die nach 1945 von den Bundes- **2** ländern erlassenen Pressegesetze[2] räumten der Presse zur Sicherung ihrer Meinungsfreiheit eine erhebliche Sonderstellung auf dem Gebiet der strafprozessualen Beschlagnahme ein. Sie regelten das Verfahren abweichend von den §§ 94 ff (alleinige richterliche Zuständigkeit für die Anordnung; Besonderheiten für den Inhalt der Beschlagnahmeanordnung; zwingende Aufhebung der Anordnung, wenn nicht nach bestimmter Zeit Anklage erhoben wird) und schränken die Beschlagnahme vor allem dahin ein, daß ihre nachteiligen Folgen nicht außer Verhältnis zu dem mit der Maßnahme verfolgten und erreichbaren Zweck und zu der Bedeutung der Sache stehen dürfen. Ob die Länder zu dieser Gesetzgebung nach Art. 70 ff GG befugt und ob daher die presserechtlichen Vorschriften über die Beschlagnahme rechtswirksam sind, war lange streitig (vgl. dazu LR-*Dünnebier*[22] Vor § 94, 7). Das Bundesverfassungsgericht hält die Vorschriften der Landespressegesetze über das Zeugnisverweigerungsrecht der Journalisten, soweit sie sich auf das Verfahren in Strafsachen beziehen, nach Art. 72 Abs. 1 GG für nichtig, weil es sich insoweit nicht um Presserecht, sondern um Verfahrensrecht im Sinne des Art. 74 Nr. 1 GG handelt[3]. Gleiches gilt für die Beweismittelbeschlagnahme; vgl. § 94, 52. Es ist davon auszugehen, daß auch die Vorschriften über die Beschlagnahme in den Landes-

---

[1] KK-*Laufhütte* 3; *Kleinknecht/Meyer*[37] 1; **a. A** KMR-*Müller* 1.

[2] Baden-Württemberg vom 14. 1. 1964 (GBl. 11); Bayern vom 3. 10. 1949 (BayBS I 310); Berlin vom 15. 6. 1965 (GVBl. 744); Bremen vom 16. 3. 1965 (GBl. 63); Hamburg vom 29. 1. 1965 (GVBl. 15); Hessen vom 23. 6. 1949 (GVBl. 75) i.d.F. vom 20. 11. 1958 (GVBl. 183); Niedersachsen vom 22. 3. 1965 (GVBl. 9); Nordrhein-Westfalen vom 24. 5. 1966 (GVBl. 340); Rheinland-Pfalz vom 14. 6. 1965 (GVBl. 107); Saarland vom 12. 5. 1965 (ABl. 409); Schleswig-Holstein vom 19. 6. 1964 (GVBl. 71): Die Länder Hamburg und

Schleswig-Holstein haben die Beschlagnahmevorschriften in ihren Landespressegesetzen aufgehoben, soweit sie den Regelungsbereich der §§ 111 m und 111 n, die Länder Bremen, Hamburg, Hessen, Niedersachsen und Schleswig-Holstein auch, soweit sie die Regelungsbereiche der §§ 53, 97 betreffen. Vgl. die Zusammenstellung der nicht aufgehobenen Fassungen der Landespressegesetze bei *Löffler* S. 644 zur Beschlagnahme nach §§ 111 m und 111 n und S. 854 ff zu §§ 53, 97.
[3] BVerfGE **36** 193 = NJW **1974** 356; BVerfGE **36** 314 = NJW **1974** 743.

Gerhard Schäfer

pressegesetzen unwirksam sind (vgl. BTDrucks. 7 2539 S. 9, 12), weil es sich auch bei der Sicherstellung der Einziehung um Verfahrensrecht handelt[4]. Der Bundesgesetzgeber hat daher durch das Gesetz vom 25. 7. 1975 besondere Vorschriften über die Beschränkung der Beschlagnahme von Druckwerken und anderen Schriften in die Strafprozeßordnung aufgenommen. § 111 m regelt die Voraussetzungen und die Begrenzung der Beschlagnahme, § 111 n die Zuständigkeit für die Anordnung und deren Aufhebung beim Vorliegen bestimmter Gründe. Beide Vorschriften lehnen sich an die entsprechenden Bestimmungen der Landespressegesetze an.

3   **3. Verhältnis zu anderen Vorschriften.** Die Beschlagnahme der von § 111 m erfaßten Gegenstände zu **Beweiszwecken** richtet sich nach den §§ 94 ff und unterliegt keinen verfahrensrechtlichen Besonderheiten. Für Beschlagnahmen zu Beweiszwecken auf der Post gelten die §§ 99, 100. Eine Postbeschlagnahme zur Sicherung der Einziehung und Unbrauchbarmachung ist nicht zulässig (§ 99, 4). Die Beschlagnahme von Druckwerken zur Sicherung der **Schadloshaltung des Verletzten** (§ 111 b Abs. 3), z. B. die Beschlagnahme gestohlener Druckstöcke, unterliegt keinen Beschränkungen[5].

4   **4. Rechtsfolgen der Pressebeschlagnahme.** Die Beschlagnahme von Druckwerken, anderen Schriften und Gegenständen i. S. des § 74 d StGB wird nach § 111 c Abs. 1 bewirkt, vgl. § 111 c, 2. Sie führt zu keinen anderen Rechtsfolgen als sonstige Beschlagnahmen. Nach § 111 c Abs. 5 tritt ein Veräußerungsverbot im Sinne des § 136 BGB ein. Eine Vorschrift, die entsprechend den in den Landespressegesetzen enthaltenen Regelungen (Bayern und Berlin: § 14 LPG; Nordrhein-Westfalen: § 16 LPG; übrige Länder: § 15 LPG) die Verbreitung des Druckwerks und den Wiederabdruck des Teils, der zu der Beschlagnahme Anlaß gegeben hat, unter Strafandrohung verbietet, ist in die Strafprozeßordnung nicht aufgenommen worden. Die landesrechtlichen Vorschriften gelten nicht weiter[5a]. Der Bundesgesetzgeber ist davon ausgegangen, daß die Verbreitung eines beschlagnahmten Druckwerks ohnehin regelmäßig gegen ein Strafgesetz verstoßen wird, so daß ein besonderes, die Beschlagnahme schützendes Verbot nur in den Fällen von Bedeutung sein könnte, in denen sich nachträglich herausstellt, daß das Druckwerk nicht der Einziehung unterliegt und die Beschlagnahme daher wieder aufzuheben ist. In diesen Fällen wäre es aber nicht nur überflüssig, sondern sogar bedenklich, die vorher unter Verletzung der Beschlagnahme erfolgte Verbreitung des Druckwerks unter Strafe zu stellen (BTDrucks. 7 2539 S. 13). Nicht in die Strafprozeßordnung aufgenommen worden ist auch eine Vorschrift, die, wie fast alle Landespressegesetze (Berlin: § 16 LPG; Nordrhein-Westfalen: § 18 LPG; Hessen: § 19 LPG; übrige Länder außer Bayern: § 17 LPG), eine Entschädigung für die unrechtmäßige Beschlagnahme von Druckerzeugnissen bestimmt. Insoweit gilt daher die allgemeine Regelung des § 2 Abs. 2 Nr. 4 StrEG. Wegen der Wirkung der Beschlagnahmeanordnung vgl. im übrigen § 111 n, 13.

---

[4] KG JR **1984** 249; KK-*Laufhütte* 3; *Kleinknecht/Meyer*[37] 2; KMR-*Müller* 3; **a. A** *Löffler* NJW **1978** 917 und Presserecht Vorbem. §§ 13 LPG, 11 der das Recht der Auflagenbeschlagnahme als „Kernbestandteil des Presserechts" (im Anschluß an *Rebmann/Ott/Storz* Vor § 13 LPG, 8) bezeichnet und deshalb der Materie „Presserecht" zuordnet, für die den Ländern die Gesetzgebungskompetenz nach Art. 70 GG zusteht; ebenso *Jarass* NJW **1981** 197; für ein Weitergelten der Landespressegesetze neben §§ 111 m und 111 n *Groß* NJW **1976** 170 und AfP **1976** 14.

[5] KK-*Laufhütte* 1; *Kleinknecht/Meyer*[37] 1; KMR-*Müller* 1; *Löffler* Vor § 13 ff LPG, 37.

[5a] KG JR **1984** 249; *Kleinknecht/Meyer*[37] 2.

II. Beschränkt beschlagnahmbare Gegenstände

1. Allgemeines. Durch § 111 m wird die Beschlagnahme zur Sicherung der Einzie- **5** hung von Schriften und Gegenständen im Sinne des § 74 d StGB eingeschränkt. Die Einziehung ist vorgeschrieben, wenn die Schriften einen solchen Inhalt haben, daß jede vorsätzliche Verbreitung in Kenntnis ihres Inhalts den Tatbestand eines Strafgesetzes verwirklichen würde, und wenn mindestens ein Stück durch eine rechtswidrige, nicht notwendig schuldhaft begangene Tat verbreitet oder zur Verbreitung bestimmt worden ist. Zugleich muß die Unbrauchbarmachung der zur Herstellung der Schriften gebrauchten oder bestimmten Gegenstände angeordnet werden (§ 74 d Abs. 1 Satz 2 StGB). Einziehung und Unbrauchbarmachung können auch angeordnet werden, wenn aus tatsächlichen oder rechtlichen Gründen keine bestimmte Person verfolgt werden kann (§ 76 a StGB), für das Verfahren gelten dann die §§ 440 ff.

2. Einziehungsgegenstände. Die Verwendung der weder im StGB noch in der **6** StPO sonst benutzten Begriffe **Druckwerke und sonstige Schriften** ist unglücklich. Sie könnte zu Auslegungsschwierigkeiten führen, wenn sich aus dem Sinn der gesetzlichen Regelung und aus dem ausdrücklichen Hinweis in Absatz 1 („eines Gegenstandes im Sinne des § 74 d des Strafgesetzbuches") nicht zweifelsfrei ergäbe, daß § 111 m die nach § 74 d einzuziehenden Gegenstände erfassen will. Die Begriffe „Druckwerk" und „sonstige Schrift" erfassen demnach alle „Schriften" im Sinne des § 74 d Absatz 1 in Verbindung mit § 11 Absatz 3 StGB, also auch alle Arten von Ton- und Bildträgern, Abbildungen und andere Darstellungen. Vgl. zu den Einzelheiten die Kommentare zu § 11 Absatz 3 StGB.

a) Druckwerke. Der Gesetzeswortlaut lehnt sich an die Landespressegesetze an, **7** die Beschlagnahmebeschränkungen nur für Druckwerke bestimmen (Berlin: § 12 LPG; Bayern: § 16 LPG; übrige Länder: § 13 LPG). Sie definieren den Begriff, im wesentlichen übereinstimmend, als die „mittels der Buchdruckerpresse oder eines sonstigen zur Massenherstellung geeigneten Vervielfältigungsverfahrens hergestellten und zur Verbreitung bestimmten Schriften, besprochenen Tonträger, bildlichen Darstellungen mit und ohne Schrift und Musikalien mit Text oder Erläuterungen" (Bayern und Berlin: § 6 LPG; Hessen: § 4 LPG; übrige Länder: § 7 LPG). Es besteht kein Anlaß, in § 111 m den Begriff „Druckwerk" anders zu verstehen, als ihn die Landespressegesetze definieren. Damit reicht der Schutz der Pressefreiheit auch bei § 111 m weit über den Pressebegriff des Sprachgebrauchs hinaus und kommt auch Schallplatten, Filmstreifen und Fotografien[6] sowie den mit den modernen Techniken gespeicherten Informationen (CD, Videofilme usw.) zugute.

b) Sonstige Schriften im Sinne des Absatz 1 sind alle anderen nicht vom Begriff **8** „Druckwerk" erfaßten Schriften im Sinne von §§ 74 d Abs. 1, 11 Abs. 3 StGB (vgl. Rdn. 6).

c) Gegenstände. Hierunter fallen die zur Herstellung der Schriften gebrauchten **9** oder bestimmten Vorrichtungen, wie Platten, Formen, Drucksätze, Druckstöcke, Negative oder Matrizen sowie die Träger elektronisch gespeicherter Informationen (z. B. Btx-Träger) (§ 74 d Abs. 1 Satz 2 StGB). Vgl. hierzu die Kommentare zu § 74 d StGB.

---

[6] *Löffler*[3] § 13 LPG, 92, § 7 LPG, 12; **a. A** für
Filme *Seetzen* NJW **1976** 500.

Gerhard Schäfer

10   **3. Bestimmung zur Verbreitung.** Wie nach § 74 d Abs. 2 StGB die Einziehung darf sich auch die Beschlagnahme von Druckschriften nur auf Stücke beziehen, die sich im Besitz der bei ihrer Verbreitung oder deren Vorbereitung mitwirkenden Personen befinden, die öffentlich ausgelegt oder beim Verbreiten durch Versenden noch nicht dem Empfänger ausgehändigt worden sind. Die bereits in den Besitz des Letztverbrauchers gelangten Schriften unterliegen nicht der Einziehung und daher auch nicht der Beschlagnahme. Handelt es sich um eine Schrift, die einen solchen Inhalt hat, daß die vorsätzliche Verbreitung in Kenntnis ihres Inhalts nur beim Hinzutreten weiterer Umstände den Tatbestand eines Strafgesetzes verwirklicht (z. B. dem Anbieten einer indizierten Schrift an einen Jugendlichen), so schränkt § 74 d Abs. 3 StGB die Einziehung noch weiter ein. Entsprechendes gilt dann auch für die Beschlagnahme. Wegen der Einzelheiten wird auf die Kommentare zu § 74 d StGB verwiesen.

III. Beschlagnahmebeschränkungen

1. Verhältnismäßigkeitsgrundsatz (Absatz 1)

11   **a) Allgemeines.** Auch ohne besondere gesetzliche Bestimmung ist bei allen strafprozessualen Zwangseingriffen der Verhältnismäßigkeitsgrundsatz, das Übermaßverbot, zu beachten (vgl. Einl. Kap. 6, 10 ff). Er gilt daher auch bei Beschlagnahmen jeder Art (§ 94, 35). Bei Pressebeschlagnahmen kommt ihm eine besondere Bedeutung zu, weil diese Maßnahmen zu den schwersten Eingriffen in das durch Art. 5 Abs. 1 Satz 2 GG geschützte Recht auf Pressefreiheit gehören. Das Gesetz hebt daher in § 111 m Abs. 1 ausdrücklich hervor, daß der Verhältnismäßigkeitsgrundsatz zu beachten ist. Das Übermaßverbot schließt, wenn seine Voraussetzungen gegeben sind, die Möglichkeit der Beschlagnahme schlechthin aus, auch wenn die Straftat erwiesen ist und alle sonstigen Voraussetzungen der Beschlagnahme vorliegen. Die nachteiligen Folgen der Beschlagnahme dürfen unter keinen Umständen außer Verhältnis zu der Bedeutung der Sache stehen. Als nachteilige Folgen, die nur bei Vorliegen der Verhältnismäßigkeit vertretbar sind, erwähnt § 111 m Abs. 1 besonders die Gefährdung des öffentlichen Interesses an unverzögerter Verbreitung des Druckwerks. Die Landespressegesetze enthielten ähnliche Vorschriften, setzten aber teilweise neben die Bedeutung der Sache den mit der Beschlagnahme verfolgten und erreichbaren Rechtsschutz als Abwägungsmaßstab (Berlin: § 12 Abs. 3 LPG; Hamburg: § 12 Abs. 2 LPG; Hessen: § 13 Abs. 2 LPG; übrige Länder außer Bayern: § 13 Abs. 3 LPG). Damit bedarf es im Ergebnis einer **doppelten Verhältnismäßigkeitsprüfung:** Zunächst kommt es bei der Frage, ob dringende Gründe im Sinne von § 111 b vorliegen, auf die Verhältnismäßigkeit der Einziehung selbst (§ 74 b StGB) und erst dann auf die Verhältnismäßigkeit der Sicherungsmaßnahme an.

12   **b) Gefährdung des öffentlichen Interesses an unverzögerter Verbreitung.** Die Presse erfüllt eine öffentliche Aufgabe (§ 3 der Landespressegesetze)[7]. Eine ihrer wichtigsten Funktionen ist die Versorgung der Öffentlichkeit mit Nachrichten und Informationen. Der Anspruch des Bürgers auf Information und das Recht der Presse, die Öffentlichkeit schnell und zuverlässig über Vorkommnisse aller Art zu unterrichten, darf nicht durch eine Beschlagnahme gefährdet werden, die in keinem angemessenen Verhältnis zu der Bedeutung der Strafsache steht. Das geschützte Informationsinteresse erstreckt sich dabei auf den gesamten Inhalt des Druckwerks, nicht nur auf den Teil, der die Beschlagnahme veranlaßt[8]. Ob sich die Öffentlichkeit im Fall der Beschlagnahme des

---

[7] Dazu auch BVerfGE **64** 108, 114; **36** 193, 204; **20** 162, 186; **10** 118, 121.

[8] *Löffler*[3] § 13 LPG, 75; *Kleinknecht/Meyer*[37] 5; *Rebmann/Ott/Storz* § 13 LPG, 15.

Druckwerks aus anderen Quellen (andere Zeitungen, Rundfunk, Fernsehen) unterrichten kann, spielt keine Rolle[9]. Ebensowenig ist von Bedeutung, ob das Informationsinteresse der Öffentlichkeit „legitim" ist oder auf Neugier beruht; denn jedes Interesse an Information wird im Grunde durch Neugier veranlaßt[10]. Dient ein Druckwerk nur der Erbauung oder Unterhaltung, so besteht ebenfalls ein öffentliches Interesse an seiner unverzögerten Verbreitung[11]. Eine Gefährdung dieses Interesses liegt bei periodisch erscheinenden Druckwerken aber nicht vor, wenn sie keine aktuellen Themen behandeln, sondern, wie etwa Kunstzeitschriften, einen auch in der nächsten Ausgabe noch lesenswerten Inhalt haben[12].

c) Andere nachteilige Folgen. Hierunter fallen in erster Hinsicht die wirtschaftlichen Nachteile, die durch die Pressebeschlagnahme eintreten können. Solche Nachteile können vor allem den Herausgeber und den Verleger treffen, deren wirtschaftliche Existenz mitunter durch die Beschlagnahme einer einzigen Ausgabe einer periodischen Druckschrift gefährdet wird. Nachteile können aber auch dem mittelbar durch die Beschlagnahme betroffenen Drucker, den Händlern, den Inserenten, Abonnenten und anderen Beteiligten drohen. Auch solche Nachteile können der Beschlagnahme entgegenstehen[13]. Nachteilige Folgen können auch darin bestehen, daß beim Bekanntwerden der Beschlagnahme das Ansehen des betroffenen Verlages beeinträchtigt wird[14].   **13**

d) Abwägung. Die nachteiligen Folgen der Beschlagnahme müssen nach §111m Abs.1 mit der Bedeutung der Sache abgewogen werden. Fallen beide Gesichtspunkte etwa gleich schwer ins Gewicht, so ist die Beschlagnahme zulässig[15]. Sie ist nur dann unstatthaft, wenn die nachteiligen Folgen zu der Beschlagnahme offenbar außer Verhältnis stehen. Maßgebend ist, ob das Mißverhältnis nach der Lebenserfahrung, für jeden Sachkundigen erkennbar, offensichtlich ist, ohne daß Ermittlungen erforderlich sind[16]. Ein krasses, ungewöhnliches Mißverhältnis braucht nicht vorzuliegen[17].   **14**

Bei der Abwägung ist zu berücksichtigen, daß die Einziehung und Unbrauchbarmachung nach §74d StGB keine Nebenstrafen, sondern **Sicherungsmaßnahmen** sind[18] und daß durch die Beschlagnahme die Gegenstände für diese Sicherungseinziehung sichergestellt werden sollen. Ob die nachteiligen Folgen der Beschlagnahme für den Betroffenen und für die Öffentlichkeit hierzu außer Verhältnis stehen, hängt in erster Hinsicht von dem Gewicht der Straftat ab, auf die sich das Ermittlungsverfahren bezieht[19]. Bei Taten, die das öffentliche Interesse wesentlich berühren (Hoch- und Landesverrat, Straftaten gegen die Landesverteidigung, öffentliche Aufforderung zu Straftaten), wird die Beschlagnahme regelmäßig auch dann zulässig sein, wenn sie schwerwiegende nachteilige Folgen hat[20]. Straftaten, die sich nur gegen Einzelpersonen richten (Beleidigung), rechtfertigen im allgemeinen nicht, daß durch die Pressebeschlagnahme empfindliche nachteilige Folgen herbeigeführt werden, etwa indem die gesamte Auflage einer   **15**

---

[9] *Löffler*[3] § 13 LPG, 77; KK-*Laufhütte* 8; *Kleinknecht/Meyer*[37] 5; **a. A** *Rebmann/Ott/Storz* 15; *Reh/Gross* LPG § 13.

[10] *Löffler*[3] § 13 LPG, 78; *Kleinknecht/Meyer*[37] 5; **a. A** *Rebmann/Ott/Storz* § 13 LPG, 14.

[11] *Löffler*[3] § 13 LPG, 75.

[12] *Löffler*[3] § 13 LPG, 76.

[13] *Löffler*[3] § 13 LPG 84; *Kleinknecht/Meyer*[37] 6; **a. A** *Rebmann/Ott/Storz* § 13 LPG, 18.

[14] *Löffler*[3] § 13 LPG 85.

[15] *Rebmann/Ott/Storz* § 13 LPG, 16.

[16] KK-*Laufhütte* 9; *Kleinknecht/Meyer*[37] 4.

[17] KK-*Laufhütte* 9; *Kleinknecht/Meyer*[37] 4; ähnlich *Löffler*[3] § 13 LPG, 83; *Rebmann/Ott/Storz* § 13 LPG, 16.

[18] LK-*Schäfer* 74 d, 2; *Dreher/Tröndle*[42] § 74 d, 1.

[19] *Scheer* § 13 LPG, III 2.

[20] *Kleinknecht/Meyer*[37] 6; *Löffler*[3] § 13 LPG, 86; *Rebmann/Ott/Storz* § 13 LPG, 20; *Reh/Gross* § 13 LPG, 2.

Zeitung oder Zeitschrift beschlagnahmt wird[21]. Unter Umständen kann aber der Schutz der persönlichen Ehre höher zu bewerten sein als das öffentliche Interesse an der Verbreitung des Druckwerks oder andere Nachteile[22]. Das kann insbesondere der Fall sein, wenn durch die Verbreitung der Schrift der drohende Ruin eines Unternehmens oder die nicht wiedergutzumachende Diffamierung einer Person zu befürchten ist[23].

16   Anders als nach den Landespressegesetzen kommt es nach § 111 m Abs. 1 nur auf das Verhältnis der nachteiligen Folgen zu der **Bedeutung der Sache** an, nicht darauf, ob der mit der Beschlagnahme „verfolgte und erreichbare" Rechtsschutz geringer wiege als das öffentliche Interesse an der Verbreitung des Druckwerks. Bei der Abwägung nach § 111 m Abs. 1 ist es daher ohne Bedeutung, ob durch die Verbreitung eines Teils der Schrift deren strafbarer Inhalt bereits bekanntgeworden ist. Die Beschlagnahme ist auch dann zulässig, wenn ein erheblicher Teil der Auflage bereits verbreitet worden ist; vorausgesetzt wird nur, daß die Beschlagnahme nicht außer Verhältnis zu der Bedeutung der Sache steht.

17   Bei der Abwägung ist zu prüfen, ob nachteilige Folgen weitgehend durch die **Beschlagnahmebeschränkungen** nach § 111 m Abs. 2 abgewendet werden können[24].

18   **2. Ausscheidbare Teile der Schrift (Absatz 2 Satz 1).** Nach dem Grundsatz, daß strafprozessuale Zwangseingriffe nicht weitergehen dürfen, als zur Erreichung des Erfolges unbedingt erforderlich ist, sind von der Beschlagnahme einer Schrift diejenigen Teile ausgeschlossen, die nichts Strafbares enthalten. Die Beschlagnahme ist dann auf den strafbaren Teil der Schrift zu beschränken. Das setzt aber voraus, daß sich der andere Teil technisch abtrennen läßt (so schon § 27 Abs. 2 Satz 2 RPresseG und die Landespressegesetze von Berlin und Hamburg: § 13 Abs. 2 Satz 2 LPG; Hessen: § 14 Abs. 1 Satz 3 LPG; Bayern: § 17 Abs. 3 LPG; übrige Länder: § 14 Abs. 2 Satz 2 LPG). Die Möglichkeit der Trennung besteht insbesondere bei Loseblattsammlungen und Zeitungsbeilagen (§ 27 Abs. 2 Satz 2 RPresseG erwähnte das als Beispiel), bei einzelnen Seiten aber nur, wenn die Trennung technisch vorgenommen werden kann. Daß dazu Werkzeuge benötigt werden, ist unerheblich[25]; der Aufwand spielt aber bei der Verhältnismäßigkeitsprüfung eine Rolle. Dies ist namentlich dann von Bedeutung, wenn aus Filmen oder Videobändern einzelne Stellen entfernt oder bei Abbildungen Teile unkenntlich gemacht werden sollen[25a]. Ob der nach der Trennung verbleibende Teil noch ein in sich geschlossenes selbständiges Druckwerk bildet, ist nicht entscheidend. Die Beschlagnahmebeschränkung darf jedoch nicht dazu führen, daß für den Betroffenen praktisch eine Verschlechterung eintritt. Daher darf nicht etwa das Herausreißen oder -schneiden von Buchseiten angeordnet werden, wenn dadurch das ganze Buch entwertet würde[26]. Die von der Beschlagnahme ausgeschlossenen Teile müssen in der Beschlagnahmeanordnung genau bezeichnet werden[27].

19   **3. Beschränkungen nach richterlichem Ermessen (Absatz 2 Satz 2).** Die Vorschrift ermächtigt den Richter, den Verhältnismäßigkeitsgrundsatz im Einzelfall sinnvoll zur Anwendung zu bringen, wenn zwar nicht die Abwägung nach § 111 m Abs. 1 gebietet,

---

[21] *Löffler* NJW **1959** 418.

[22] *Rebmann/Ott/Storz* § 13 LPG, 14; *Scheer* § 13 LPG, III 3.

[23] *Löffler*[3] § 13 LPG, 81.

[24] *Rebmann/Ott/Storz* § 13 LPG, 16.

[25] *Löffler*[3] § 14 LPG 38; KK-*Laufhütte* 10; a. A LR-*Meyer*[23] 18; *Kleinknecht/Meyer*[37] 7.

[25a] *Seetzen* NJW **1976** 500.

[26] *Löffler*[3] I § 14 LPG 39 und NJW **1952** 999; *Scheer* § 14 LPG, B II 1.

[27] *Kleinknecht/Meyer*[37] 7; *Löffler*[3] § 14 LPG 40.

von der Beschlagnahme überhaupt abzusehen, jedoch eine nicht schon nach § 111 m Abs. 2 Satz 1 zulässige Beschlagnahmebeschränkung möglich erscheint, die den mit der Maßnahme verfolgten Zweck unter größtmöglicher Schonung des Betroffenen zuläßt. So kann etwa bei einer Tageszeitung die Beschlagnahme auf einen Teil der Auflage beschränkt und die Verbreitung der übrigen Teilauflage in einem anderen Gebiet zugelassen werden, in dem die Straftat (etwa die Beleidigung einer nur örtlich bekannten Persönlichkeit) keine besondere Beachtung finden wird[28]. Zulässig ist auch die Beschränkung der Beschlagnahme auf bestimmte Formen der Verbreitung, etwa auf die öffentlich angebotenen Druckwerke[29]. Ferner gestattet § 111 m Abs. 2 Satz 2, von der Beschlagnahme eines Druckwerks bei bestimmten Personen ganz oder teilweise abzusehen, etwa dem Verleger oder Herausgeber einige Exemplare zu Archivzwecken zu belassen[30].

IV. Beschlagnahmeanordnung (Absatz 3)

Die Vorschrift **ergänzt den § 111 e**. Sie bestimmt, daß die Stellen der Schrift, die zu der Beschlagnahme Anlaß geben, in der Beschlagnahmeanordnung zu bezeichnen sind. Dadurch soll der Richter zu sorgfältiger Prüfung der Maßnahme angehalten und dem Betroffenen die Möglichkeit der Beschwerde erleichtert werden. Die genaue Bezeichnung der die Beschlagnahme veranlassenden Stellen ist insbesondere auch deshalb erforderlich, weil der Betroffene sonst nicht von der Abwendungsmöglichkeit nach Absatz 4 Gebrauch machen kann.   **20**

Die zu der Beschlagnahme Anlaß gebenden Stellen der Schrift müssen in der Beschlagnahmeanordnung in der Weise **bezeichnet** werden, daß sie wörtlich wiedergegeben werden. Es genügt nicht der allgemeine Hinweis, daß sich in der Schrift derartige Stellen mit einem solchen Inhalt befinden. Ferner muß die Fundstelle nach Band, Heft, Seite, Spalte usw. genau bezeichnet werden. Es darf nicht der mindeste Zweifel bestehen, wo die Stelle zu finden ist und wie sie lautet[31]. Entsprechendes gilt bei Bildträgern, wie Filmen, Videobändern u. ä. Daß in der Beschlagnahmeanordnung die durch den Inhalt des Druckwerks verletzten Strafgesetze zu bezeichnen sind, schreibt § 111 m Abs. 3 im Gegensatz zu § 27 Abs. 2 Satz 1 RPresseG und einigen Landespressegesetzen (Berlin und Hamburg: § 13 Abs. 2 LPG; Baden-Württemberg, Nordrhein-Westfalen, Rheinland-Pfalz, Saarland, Schleswig-Holstein: § 14 Abs. 2 Satz 1 LPG) nicht ausdrücklich vor. Sie gehören aber zweifelsfrei zu den Gründen der Entscheidung (§ 34).   **21**

Ein **Verstoß** gegen § 111 m Abs. 3 hat keine verfahrensrechtlichen Folgen. Die Beschlagnahme ist rechtswirksam; wird sie mit der Beschwerde angefochten, so holt das Beschwerdegericht die nach § 111 m Abs. 3 vorgeschriebenen Angaben nach. Eine Aufhebung der Beschlagnahmeanordnung wegen des Formfehlers kommt nicht in Betracht[32].   **22**

V. Abwendung der Beschlagnahme (Absatz 4)

Der Betroffene kann die Beschlagnahme dadurch abwenden, daß er den Teil der Schrift, der zu der Beschlagnahme Anlaß gibt, von der Vervielfältigung oder der Ver-   **23**

---

[28] *Löffler*[3] § 14 LPG 35.
[29] *Scheer* § 14 LPG, A 14.
[30] *Löffler*[3] § 14 LPG, 35.
[31] *Löffler*[3] 51; *Rebmann/Ott/Storz* 14; *Scheer* B I 1; alle zu § 14 LPG.

[32] KK-*Laufhütte* 14; *Kleinknecht/Meyer*[37] 9; KMR-*Müller* 9; **a. A** *Löffler*[3] I 52; *Rebmann/ Ott/Storz* 15; *Scheer* B I 3; alle zu § 14 LPG.

Gerhard Schäfer

breitung ausschließt. Betroffener im Sinne des § 111 m Abs. 4 ist jeder, der Eigentum oder Besitz an den beanstandeten Schriften hat und durch die Beschlagnahme einen Besitzverlust erlitten hat oder befürchten muß[33]. Abwendbar ist sowohl die Beschlagnahmeanordnung als auch ihr Vollzug[34]. Steht die Beschlagnahmeanordnung noch bevor, so kann der Betroffene durch den **Ausschluß der beanstandeten Teile** von der Vervielfältigung oder Verbreitung verhindern, daß sie überhaupt erlassen wird. Wenn sie bereits getroffen worden ist, kann er aus den in seinem Besitz befindlichen Exemplaren der Schriften den anstößigen Teil entfernen und so verhindern, daß die Beschlagnahmeanordnung vollzogen wird. Auf welche Weise er das tut, ist seine Sache. Er kann sie insbesondere herausschneiden, schwärzen oder durch Überkleben unkenntlich machen[35].

24   Die Abwendung der Beschlagnahme setzt voraus, daß der Betroffene sie durch einen entsprechenden **Antrag** geltend macht[36]. In dem Antrag müssen die Maßnahmen dargelegt werden, durch die der Betroffene die Beschlagnahme abwenden will[37]. Der Antrag ist bei dem Gericht zu stellen, das die Beschlagnahme angeordnet hat oder für ihre Anordnung zuständig ist. Stammt die Anordnung von der Staatsanwaltschaft und hat das Gericht sie noch nicht nach § 111 e Abs. 2 Satz 1 bestätigt, so ist die Abwendung bei der Staatsanwaltschaft zu beantragen. Die Abwendungsbefugnis besteht, anders als bisher nach den Landespressegesetzen, nicht nur, wenn sie *unverzüglich* beantragt wird. Auch wenn der Betroffene einige Zeit nach Erlaß der Beschlagnahmeanordnung den Teil des Druckwerks von der Verbreitung ausschließt, der zu der Beschlagnahme Anlaß gegeben hat, ist kein Grund mehr vorhanden, die Beschlagnahme weiterhin aufrechtzuerhalten. Über den Antrag entscheidet das Gericht oder die Behörde nach pflichtgemäßem Ermessen. Wenn die von dem Betroffenen geltend gemachte Abwendung die Beschlagnahmeanordnung oder ihre Vollziehung entbehrlich macht, muß dem Antrag stattgegeben werden, sofern nicht Anhaltspunkte dafür vorliegen, daß der Betroffene die Abwendung nicht ernsthaft beabsichtigt. Die Kosten für die Abwendung der Beschlagnahme trägt stets der Betroffene selbst.

§ 111 n

(1) [1]Die Beschlagnahme eines periodischen Druckwerks oder eines ihm gleichstehenden Gegenstandes im Sinne des § 74 d des Strafgesetzbuches darf nur durch den Richter angeordnet werden. [2]Die Beschlagnahme eines anderen Druckwerks oder eines sonstigen Gegenstandes im Sinne des § 74 d des Strafgesetzbuches kann bei Gefahr im Verzug auch durch die Staatsanwaltschaft angeordnet werden. [3]Die Anordnung der Staatsanwaltschaft tritt außer Kraft, wenn sie nicht binnen drei Tagen von dem Richter bestätigt wird.

(2) [1]Die Beschlagnahme ist aufzuheben, wenn nicht binnen zwei Monaten die öffentliche Klage erhoben oder die selbständige Einziehung beantragt ist. [2]Reicht die in Satz 1 bezeichnete Frist wegen des besonderen Umfanges der Ermittlungen nicht aus, so kann das Gericht auf Antrag der Staatsanwaltschaft die Frist um weitere zwei Monate verlängern. [3]Der Antrag kann einmal wiederholt werden.

---

[33] *Löffler*[3] § 14 LPG, 43; *Rebmann/Ott/Storz* § 14 LPG, 18.
[34] *Kleinknecht/Meyer*[37] 10; *Löffler*[3] § 14 LPG, 42; *Scheer* § 14 LPG, C II.

[35] *Kleinknecht/Meyer*[37] 10; *Löffler*[3] § 14 LPG, 43; *Rebmann/Ott/Storz* § 14 LPG, 20.
[36] *Löffler*[3] § 14 LPG, 44.
[37] *Scheer* § 14 LPG C II.

(3) Solange weder die öffentliche Klage erhoben noch die selbständige Einziehung beantragt worden ist, ist die Beschlagnahme aufzuheben, wenn die Staatsanwaltschaft es beantragt.

Schrifttum siehe bei § 111 m.

Entstehungsgeschichte. Die Vorschrift wurde durch Art. 1 Nr. 4 des Gesetzes über das Zeugnisverweigerungsrecht der Mitarbeiter von Presse und Rundfunk vom 25. 7. 1975 (BGBl. I 1973) eingefügt.

Übersicht

I. Allgemeines

Zu den Hauptanliegen im Kampf um die Pressefreiheit gehörte es seit jeher, die **1** Anordnung der **Auflagenbeschlagnahme** dem Richter vorzubehalten, da diese häufig irreparablen Eingriffe schwere Folgen für das Informationsbedürfnis der Allgemeinheit und die wirtschaftliche Lage der Betroffenen zur Folge haben. Vgl. die eingehende Darstellung bei *Löffler* Presserecht I, Vor §§ 13 ff LPG 23 ff. Bereits § 23 RPresseG beschränkte daher die Befugnis der Staatsanwaltschaft und der Polizei, Pressebeschlagnahmen anzuordnen; § 24 RPresseG bestimmte überdies, daß nichtrichterliche Anordnungen binnen 24 Stunden von dem zuständigen Gericht bestätigt werden mußten. Die nach 1945 erlassenen Landespressegesetze (vgl. § 111 m, 2 Fußn. 1) schafften das Beschlagnahmerecht der Staatsanwaltschaft und der Polizei ganz ab; zuständig war nur der Richter (Berlin und Hamburg: § 12 Abs. 1 LPG; Hessen: § 16 Abs. 1 LPG; Bayern: § 16 Abs. 2 LPG; übrige Länder: § 13 Abs. 1 LPG). Die Pressegesetze einiger Länder sahen lediglich eine der richterlichen Bestätigung binnen 24 Stunden bedürftige vorläufige Sicherstellung von Druckwerken durch die Staatsanwaltschaft und ihre Hilfsbeamten vor, machten aber (mit Ausnahme des § 16 Bay. LPG) selbst diese Befugnis von dem Verdacht bestimmter Straftaten abhängig, die das öffentliche Interesse in besonderem Maße berührten (Nordrhein-Westfalen: § 19 LPG; Baden-Württemberg, Bremen, Niedersachsen, Saarland, Schleswig-Holstein: § 18 LPG). In mehreren Landespressegesetzen (Bremen und Niedersachsen: § 18 LPG; Nordrhein-Westfalen: § 19 LPG) wurde die vorläufige Sicherstellung von Tageszeitungen und anderen periodischen Druckwerken gesetzlich ausgeschlossen. § 111 n lehnt sich an diese gesetzlichen Regelungen an, sieht aber **keine vorläufige Sicherstellung** durch die Staatsanwaltschaft vor; stattdessen wird die Staatsanwaltschaft ermächtigt, bei **Gefahr im Verzug** Beschlagnahmen anderer als periodischer Druckwerke oder ihnen gleichstehender Gegenstände anzuordnen. Nur für die Beschlagnahme dieser Druckwerke und Gegenstände besteht der Richtervorbehalt. Nach dem Vorbild des § 100 Abs. 2 wird die Aufrechterhaltung der Beschlagnahmeanordnung davon abhängig gemacht, daß sie binnen drei Tagen richterlich bestätigt wird.

II. Zuständigkeit für die Beschlagnahmeanordnung (Absatz 1)

1. Gericht

2   **a) Allgemeines.** Die Befugnis zur Beschlagnahme von Schriften und Gegenständen im Sinne des § 74 d StGB zur Sicherung der Einziehung steht in erster Hinsicht dem Richter zu. Für die Zuständigkeiten bestehen keine Besonderheiten.

3   Im **Vorverfahren** ist das Amtsgericht nach § 162, in Staatsschutzsachen auch der Ermittlungsrichter nach § 169 zuständig. Örtlich zuständig ist das Amtsgericht, in dessen Bezirk die Beschlagnahme vorzunehmen ist (§ 162 Abs. 1 Satz 1). Insoweit gilt noch der sonst durch § 7 Abs. 2 beseitigte (vgl. § 7, 6 ff) „fliegende Gerichtsstand" der Presse[1]. Auch wenn von vornherein ersichtlich ist, daß Beschlagnahmen in mehr als einem Gerichtsbezirk erforderlich sind, ist nicht nach § 162 Abs. 1 Satz 2 nur das Amtsgericht zuständig, in deseen Bezirk die das Ermittlungsverfahren führende Staatsanwaltschaft ihren Sitz hat. Denn diese Vorschrift gilt nur, wenn richterliche Anordnungen in mehr als einem Bezirk erforderlich sind. Diese Regelung kann widersprüchliche Entscheidungen verschiedener Gerichte zur Folge haben; vgl. Rdn. 13. Aufgrund der in einem Gerichtsbezirk erlassenen Beschlagnahmeanordnung ist aber nach § 160 GVG die Vollziehung der Beschlagnahme im gesamten Bundesgebiet zulässig.

4   Nach **Anklageerhebung** ist das jeweils mit der Sache befaßte Gericht zuständig. Es kann die Beschlagnahme von Amts wegen anordnen, muß aber nach § 33 Abs. 2 die Staatsanwaltschaft vorher hören. Vgl. im einzelnen § 98, 8 ff.

5   **b) Periodische Druckwerke.** Nach § 111 n Abs. 1 Satz 1 darf die Beschlagnahme eines periodischen Druckwerks oder eines ihm gleichstehenden Gegenstandes im Sinne des § 74 d StGB zur Sicherung der Einziehung **nur durch den Richter** angeordnet werden. Damit wird der besonderen Bedeutung Rechnung getragen, die den Zeitungen und Zeitschriften bei der Verbreitung von Informationen zukommt.

6   Periodische Druckwerke sind nach der im wesentlichen übereinstimmenden **Legaldefinition** fast aller Landespressegesetze (Hessen: § 4 Abs. 3 LPG; Rheinland-Pfalz: § 7 Abs. 3 LPG; übrige Länder außer Bayern: § 7 Abs. LPG) Zeitungen, Zeitschriften und andere in ständiger, wenn auch unregelmäßiger Folge und im Abstand von nicht mehr als sechs Monaten erscheinende Druckwerke. Diese Begriffsbestimmung ist für § 111 n Abs. 1 zu übernehmen. Sie läßt aber einige Fragen offen. So kann zweifelhaft sein, welche Druckwerke außer Zeitungen und Zeitschriften[2] zu der periodischen Presse zählen. Nach allgemeiner Ansicht fallen darunter auch regelmäßig erscheinende Plakate[3], nicht jedoch Druckwerke, die zwar regelmäßig erscheinen, deren einzelnen Exemplaren aber Abgeschlossenheit und Selbständigkeit fehlen, wie z. B. Fortsetzungsliefe-

---

[1] *Löffler*[3] § 13 LPG, 26.

[2] Zu diesen Begriffen vgl. *Löffler*[3] § 7 LPG, 19 ff; *Scheer* § 7 LPG, D I und II.

[3] *Löffler*[3] § 7 LPG, 74 und 78; *Rebmann/Ott/Storz* § 7 LPG, 29.

rungen von Loseblattausgaben, Konversationslexika und Entscheidungssammlungen[4]. Auch Druckwerke, die zwar regemäßig erscheinen, denen aber die Gleichartigkeit fehlt, wie z. B. Taschenbuchreihen, gehören nicht zu den periodischen Druckwerken[5]. Bei allen periodisch erscheinenden Druckwerken sind Auflagenhöhe, Aktualität, Mannigfaltigkeit des Inhalts und öffentliches Erscheinen ohne Bedeutung. Auch Familien- und Vereinszeitungen, Kurszettel, Preisverzeichnisse, Wetterberichte und ähnliche periodische Verzeichnisse fallen darunter[6].

Zum **Wesen** eines periodischen Druckwerks gehört nicht, daß sein Erscheinen **7** auf unabsehbare Zeit geplant ist, daß also die Absicht „ewiger Wiederkehr" besteht, es genügt, daß die Erscheinungsdauer nicht von vornherein begrenzt ist[7]. Zeitschriften, die nur für begrenzte Dauer, wenn auch wiederkehrend, erscheinen sollen (Messe- oder Wahlkampfzeitungen), sind periodische Druckwerke, wenn ihr Erscheinen wenigstens für 1 bis 2 Monate geplant ist[8]. Regelmäßige Abstände zwischen dem Erscheinen, d. h. dem Beginn der öffentlichen Verbreitung[9], der einzelnen Druckwerke sind nicht erforderlich, sofern jedenfalls das wiederkehrende Erscheinen beabsichtigt ist[10]. Gelegentliche Überschreitungen der Sechsmonatsfrist aus technischen oder anderen Gründen sind unschädlich, wenn sich aus den Ankündigungen in dem Druckwerk oder aus den bisherigen Gepflogenheiten der Wille des Herausgebers ergibt, das Druckwerk mindestens in Abständen von sechs Monaten erscheinen zu lassen[11].

c) **Gleichstehende Gegenstände** im Sinne des § 74 d StGB sind die zur Herstel- **8** lung des periodischen Druckwerks gebrauchten oder bestimmten Vorrichtungen, wie Platten, Formen, Drucksätze, Druckstöcke, Negative oder Matrizen sowie Bildschirmtextträger (§ 74 d Abs. 1 Satz 2 StGB).

2. Staatsanwaltschaft

a) **Allgemeines.** Die Staatsanwaltschaft einschließlich der Amtsanwaltschaft (§ 142 **9** Abs. 1 Nr. 3 GVG), niemals aber die Polizei, ist befugt, Schriften im Sinne des § 74 Abs. 1 Satz 1 StGB und Gegenstände im Sinne des § 74 d Abs. 1 Satz 2 StGB mit Ausnahme derjenigen, auf die sich das richterliche Beschlagnahmeprivileg (oben Rdn. 5 ff) bezieht, zu beschlagnahmen, wenn Gefahr im Verzug vorliegt. Das ist der Fall, wenn der Beschlagnahmeerfolg vereitelt oder gefährdet würde, sofern mit der Beschlagnahme gewartet werden müßte, bis der zuständige Richter erreichbar ist (§ 98, 35 ff). Die Beschlagnahme muß schriftlich angeordnet werden. Zu § 108 vgl. dort Rdn. 12.

b) **Richterliche Bestätigung.** Die Beschlagnahmeanordnung der Staatsanwalt- **10** schaft hat nur vorläufige Bedeutung. Sie tritt nach § 111 n Abs. 1 Satz 3 ohne weiteres außer Kraft, wenn sie nicht binnen drei Tagen von dem zuständigen Richter bestätigt wird. Einer gerichtlichen Aufhebung der Anordnung bedarf es nicht[12]. Ob die Beschlagnahme schon vollzogen worden ist, spielt keine Rolle. Beschlagnahmte Schriften und Gegenstände müssen sofort zurückgegeben werden, wenn die richterliche Bestätigung nicht beantragt oder nicht erteilt wird. Die richterliche Bestätigung einzuholen, ist

---

[4] *Löffler*[3] § 7 LPG, 77; *Rebmann/Ott/Storz* 31; vgl. aber auch *Scheer* III und IV; alle zu § 7 LPG.

[5] *Löffler*[3] § 7 LPG, 78; *Rebmann/Ott/Storz* 31; *Scheer* III; alle zu § 7 LPG.

[6] *Löffler*[3] § 7 LPG, 79.

[7] *Löffler*[3] § 7 LPG, 78, 74; **a. A** RGSt 14 279; *Rebmann/Ott/Storz* § 7 LPG, 30; *Scheer* § 7 LPG, IV 1.

[8] **A. A** LR-*Meyer*[23] 7; LR-*Dahs*[24] § 53, 39.

[9] *Löffler*[3] § 7 LPG, 75.

[10] *Scheer* § 7 LPG, IV 2.

[11] KG GA 70 (1926) 81; *Löffler*[3] § 7 LPG, 76; *Rebmann/Ott/Storz* § 7 LPG, 32.

[12] Vgl. RGSt 30 324.

Gerhard Schäfer

Sache der Staatsanwaltschaft; aber auch der Betroffene kann jederzeit das Gericht anrufen. Zuständig ist dasselbe Gericht, das für die Beschlagnahmeanordnung zuständig ist (oben Rdn. 2 ff).

11   Die **Dreitagesfrist** beginnt mit dem Erlaß der Beschlagnahmeanordnung[13]. Sie wird nach §§ 42, 43 Abs. 2 berechnet; der Tag, an dem die Anordnung erlassen worden ist, wird nicht mitgezählt. Die am Montag getroffene Anordnung muß also bis zum Tagesende des Donnerstags bestätigt werden. Innerhalb der Frist muß die richterliche Entscheidung getroffen werden. Sie muß innerhalb der Dreitagesfrist, wenigstens telefonisch, der Staatsanwaltschaft[14], nicht aber dem Betroffenen bekanntgemacht werden (einige Landespressegesetze hatten den Zugang bei der anordnenden Behörde innerhalb der Frist ausdrücklich vorgeschrieben). Eine verspätete Bestätigung gilt als richterliche Beschlagnahme, die mit ihrem Erlaß wirksam wird; die zu § 24 RPresseG ergangene Entscheidung RGSt 30 323, die zwischen Bestätigung und Beschlagnahme deutlich trennen wollte, hat für den im Wortlaut von dieser Vorschrift verschiedenen § 111 n keine Bedeutung. Die Verspätung der richterlichen Entscheidung hat nicht etwa zur Folge, daß nunmehr die Beschlagnahme überhaupt unzulässig ist.

12   Das Gericht **bestätigt** die Anordnung der Beschlagnahme, wenn es ihre Voraussetzungen für gegeben hält; andernfalls hebt es sie auf. Auch eine teilweise Bestätigung ist zulässig. Ob zur Zeit der Anordnung der Staatsanwaltschaft Gefahr im Verzug vorgelegen hat, prüft das Gericht nur auf Willkür (§ 98, 82; 37). Die Aufhebung der staatsanwaltschaftlichen Anordnung steht einer späteren Beschlagnahmeanordnung des Gerichts nicht entgegen, wenn dann die Voraussetzungen für die Beschlagnahme eingetreten sind. Die Staatsanwaltschaft ist aber durch die Aufhebung ihrer Anordnung an deren Wiederholung gehindert.

III. Inhalt und Wirkung der Beschlagnahmeanordnung

13   Sowohl die richterliche als auch die staatsanwaltschaftliche **Beschlagnahmeanordnung** hat die Stellen der Schrift, die zu der Beschlagnahme Anlaß geben, genau zu **bezeichnen** (vgl. § 111 m, 20 f). Darüber hinaus bedarf die richterliche Entscheidung, da sie anfechtbar ist (Rdn. 27), der **Begründung** nach den allgemeinen Grundsätzen (vgl. § 34, 6). Die Entscheidungen ergehen **schriftlich**. Der Richter kann in Eilfällen seine Entscheidung auch mündlich der Staatsanwaltschaft bekanntgeben, muß sie aber gleichzeitig schriftlich zu den Akten geben[15]. Von der Beschlagnahmeanordnung werden alle beschlagnahmefähigen Einzelstücke derselben Auflage erfaßt, nicht dagegen Neuauflagen, auch wenn sie unverändert gedruckt werden[16]. In welcher Form die Auflage verbreitet wird (gebunden, geheftet, broschiert), spielt keine Rolle. Bei sog. Kopfblättern besteht mit der Mutterzeitung nur dann Identität, wenn völlige Übereinstimmung besteht und beide Blätter am selben Ort hergestellt werden[17]. Wo die Druckerzeugnisse sich befinden, ist ohne Bedeutung. Aufgrund einer richterlichen Beschlagnahmeanordnung können alle in der Bundesrepublik befindlichen Exemplare der Schrift beschlagnahmt werden (§ 160 GVG), wenn nicht in dem Beschluß insoweit ausdrückliche Be-

---

[13] KK-*Laufhütte* 4; *Kleinknecht/Meyer*[37] 4; **a. A** KMR-*Müller* 7: nach Eingang bei der vollziehenden Dienststelle. Darauf kann es aber nicht ankommen, da die Staatsanwaltschaft selbst die richterliche Bestätigung herbeizuführen hat.

[14] *Kleinknecht/Meyer*[37] 4.

[15] KK-*Laufhütte* § 111 e, 3; *Löffler*[3] § 13 LPG, 19.

[16] *Löffler*[3] § 13 LPG, 26; *Rebmann/Ott/Storz* § 13 LPG, 2; *Kleinknecht/Meyer*[37] 5.

[17] *Löffler*[3] § 13 LPG, 26.

schränkungen enthalten sind[18]. Die Befugnis der Staatsanwaltschaft, ihre Beschlagnahmeanordnung in der gesamten Bundesrepublik zu vollziehen, folgt aus §143 GVG. Die **Ablehnung** der Beschlagnahmeanordnung hat **keine Sperrwirkung** zur Folge, so daß widersprüchliche Entscheidungen verschiedener Gerichte leicht möglich sind[18a].

IV. Vollziehung der Beschlagnahmeanordnung

14 Die Anordnung wird, auch wenn sie von dem Richter getroffen worden und auch wenn der Richter nach §111 n Abs. 1 Satz 1 ausschließlich zuständig ist, von der **Staatsanwaltschaft vollzogen** (§36 Abs. 2). Diese bedient sich dazu ihrer Hilfsbeamten oder anderer Polizeibeamter als Ausführungsorgane. Die Beschlagnahme wird nach §111 c Abs. 1 durch Ingewahrsamnahme oder durch Kenntlichmachung bewirkt (Näheres bei §111 c, 2 ff). Soweit zur Durchführung der Beschlagnahme geschützte Räume (vgl. §102, 27) betreten werden müssen, gelten die Vorschriften über die **Durchsuchung** (§111 b Abs. 2 Satz 3).

14a Ein Gerichtsbeschluß über die **allgemeine Beschlagnahme einer Schrift** (§§111 b, 111 m und 111 n StPO, 74 d StGB) bildet keine ausreichende Grundlage für strafprozessuale Maßnahmen, insbesondere Durchsuchungen, in sämtlichen einschlägigen Ladengeschäften. Die bloße Möglichkeit, daß — etwa aufgrund kriminalistischer Erfahrungen — in ihnen derartige Schriften vorrätig oder feilgehalten werden, begründet noch keinen Anfangsverdacht eines Verstoßes gegen Vertriebs- oder Werbeverbote durch die Inhaber oder sonst Verantwortlichen. Durchsuchungen sind dann nur unter den Voraussetzungen einer Durchsuchung bei **anderen Personen als Beschuldigten** (§103 StPO) zulässig. Danach muß aufgrund **bestimmter** bewiesener Tatsachen — über den Grad der (bloßen) Vermutung hinaus — die Annahme gerechtfertigt sein, daß die Durchsuchung zur Auffindung von Exemplaren bzw. Kopien der beschlagnahmten Schrift (§11 Abs. 3 StGB) führen wird (vgl. §103, 12). Ansatzpunkte für derartige konkrete Erkenntnisse sind die Geschäftsunterlagen der Hersteller, Importeure, Groß- oder Zwischenhändler. Selbstverständlich kommen darüber hinaus weitere Erkenntnisquellen in Betracht, so z. B. die bisweilen gepflogene Möglichkeit eines „Testkaufs". Die Durchsuchung kann bei Gefahr im Verzug auch durch die Hilfsbeamten der Staatsanwaltschaft angeordnet werden (§105 Abs. 1), jedoch ist größte Zurückhaltung geboten. Regelmäßig ist die jedenfalls in Großstädten stets schnell erreichbare richterliche oder staatsanwaltschaftliche Entscheidung zur Gestattung der Durchsuchung herbeizuführen. Die verbreitete Praxis, allein aufgrund des allgemeinen presserechtlichen Beschlagnahmebeschlusses Ladengeschäfte, Videotheken etc. zu durchsuchen, ist nicht rechtmäßig. Das Recht derartige Räume zu betreten und zu durchsuchen, kann auch nicht aus dem Polizeirecht hergeleitet werden, wenn es um die Vollstreckung von Entscheidungen nach §111 n geht, da für die Verfolgung strafprozessualer Zwecke ausschließlich die Strafprozeßordnung gilt. Vgl. dazu §96, 12 f.

V. Aufhebung der Beschlagnahmeanordnung

15 **1. Allgemeine Gründe.** Die Beschlagnahme von Druckwerken, anderen Schriften und Gegenständen im Sinne des §74 d StGB ist wie jede andere Beschlagnahme aufzuheben, wenn die Gründe für ihre Anordnung entfallen sind. Das ist der Fall, wenn der dringende Tatverdacht nicht mehr besteht oder keine dringenden Gründe mehr für die

---

[18] *Löffler*[3] §13 LPG, 28; *Reh/Gross* Vor §13 LPG, 4; *Kleinknecht/Meyer*[37] 5; *Wagner* MDR **1961** 93.

[18a] Vgl. *Seetzen* NJW **1976** 501.

Gerhard Schäfer

Annahme sprechen, daß eine Einziehung oder Unbrauchbarmachung nach § 74 d Abs. 1 StGB angeordnet wird. Vgl. im einzelnen § 111 e, 18. Die Zuständigkeit für die Aufhebung richtet sich nach den allgemeinen Grundsätzen (vgl. § 98, 60).

2. Ablauf der Frist für die Anklageerhebung (Absatz 2)

16   **a) Allgemeines.** Nach dem Vorbild der meisten Landespressegesetze (Berlin: § 15 LPG; Hessen: § 18 LPG; übrige Länder außer Bayern: § 16 LPG) bestimmt § 111 n Abs. 2 Satz 1[19], daß die Beschlagnahme aufgehoben werden muß, wenn nicht binnen zwei Monaten (die Landespressegesetze hatten die Frist auf einen Monat, § 17 SchlHolst. LPG sogar wie zuvor schon § 26 RPresseG auf zwei Wochen festgesetzt) die öffentliche Klage erhoben oder die selbständige Einziehung (§ 76 a StGB, §§ 440, 442 StPO) beantragt ist. Die Vorschrift soll der Prozeßbeschleunigung und damit dem Schutz der Presse vor den Folgen eines zu langsamen Verfahrens dienen (vgl. BTDrucks. 7 2539 S. 13). Sie soll insbesondere die Staatsanwaltschaft daran hindern, das Verfahren hinauszuzögern oder gar ruhen zu lassen, wenn sie ihr Ziel, die Verbreitung der Schrift zu unterbinden, durch die Beschlagnahme erreicht hat[20].

17   Die öffentliche Klage und der Einziehungsantrag müssen sich auf **denselben tatsächlichen Vorgang** beziehen, der zu der Beschlagnahme Anlaß gegeben hat; ob die Tat nunmehr rechtlich anders gewürdigt wird als in der Beschlagnahmeanordnung, ist ohne Bedeutung[21]. Erhoben ist die öffentliche Klage, wenn die Anklage bei Gericht eingegangen ist[21a]. Entsprechendes gilt für den Einziehungsantrag nach § 440. Ob das Gericht zuständig ist oder nicht, ist ohne Bedeutung[22]. Wird die öffentliche Klage nach § 156 zurückgenommen, so ist die Beschlagnahme sofort aufzuheben, es sei denn, daß zugleich mit der Rücknahme eine neue Anklage erhoben wird. Das muß aber innerhalb der Zweimonatsfrist geschehen. Andernfalls könnte die Staatsanwaltschaft die Rechtsfolgen des § 111 n Abs. 2 dadurch umgehen, daß sie zunächst eine unzulängliche Anklage erhebt und diese nach weiterem Zeitablauf durch eine bessere ersetzt.

18   **b) Fristbeginn.** Die Frist wird nach § 43 berechnet. Sie beginnt mit dem Tag, an dem die Beschlagnahmeanordnung erlassen worden ist (vgl. § 33, 12). Wann sie dem Betroffenen bekanntgemacht worden ist, spielt keine Rolle[23]. Ebensowenig ist von Bedeutung, ob aufgrund der Anordnung bereits die Beschlagnahme ganz oder teilweise vollzogen worden ist. Hat die Staatsanwaltschaft die Beschlagnahme angeordnet, so ist der Erlaß ihrer Verfügung, nicht der Tag maßgebend, an dem die Anordnung nach § 111 n Abs. 1 Satz 3 richterlich bestätigt worden ist.

19   **c) Fristverlängerung.** Das Gericht kann die Frist nach § 111 n Abs. 2 Satz 2 auf Antrag der Staatsanwaltschaft, nicht aber von Amts wegen, verlängern[24], wenn sie wegen des besonderen Umfangs der Ermittlungen nicht ausreicht. Der Antrag muß vor Fristablauf bei Gericht eingegangen sein[25]. Geht er später ein, wird er auch dann nicht berücksichtigt, wenn die Aufhebung der Beschlagnahme noch nicht beschlossen ist[26]. Die Ver-

---

[19] Kritisch dazu *Löffler*[3] § 16 LPG, 12.

[20] Vgl. *Löffler*[3] § 16 LPG, 12; *Rebmann/Ott/Storz* § 16 LPG, 1.

[21] *Löffler*[3] § 16 LPG 15; *Rebmann/Ott/Storz* § 16 LPG, 3 und 4.

[21a] KK-*Laufhütte* 6; *Löffler*[3] § 16 LPG, 15a.

[22] *Kleinknecht/Meyer*[37] 9; **a. A** *Löffler*[3] § 16 LPG, 16.

[23] *Kitzinger* 199; *Rebmann/Ott/Storz* § 13 LPG, 22 und § 16 LPG, 2.

[24] Kritisch dazu *Löffler*[3] § 16 LPG, 18.

[25] *Löffler*[3] § 16 LPG, 20; KK-*Laufhütte* 7; *Kleinknecht/Meyer*[37] 10; **a. A** LR-*Meyer*[23] 18: Das Gericht muß vor Fristablauf diese verlängert haben.

[26] *Kleinknecht/Meyer*[37] 10.

Stand: 1. 4. 1986

längerung kann zwei weitere Monate betragen; das Gericht muß sie aber kürzer bemessen, wenn das ausreichend erscheint. Die Staatsanwaltschaft kann den Antrag einmal wiederholen (§ 111 n Abs. 2 Satz 3). Eine Fristverlängerung kommt dann nur in Betracht, wenn sie auch bei Anlegung strenger Maßstäbe gerechtfertigt ist. Sie wird nur ganz ausnahmsweise zulässig sein[27]. Insgesamt darf, wenn nicht die Aufhebung der Beschlagnahme eintreten soll, die Erhebung der öffentlichen Klage oder der Antrag auf selbständige Einziehung niemals länger als sechs Monate nach Erlaß der Beschlagnahmeanordnung hinausgezögert werden.

Als einzigen Grund für die Fristverlängerung und ihre Wiederholung läßt § 111 n **20** Abs. 2 Satz 2 den besonderen **Umfang der Ermittlungen** zu, wie er insbesondere bei kompliziertem Sachverhalt, bei einer Vielzahl von Delikten und bei zahlreichen Tätern, Teilnehmern und Beweismitteln besteht. Personelle Schwierigkeiten der Staatsanwaltschaft, etwa die Erkrankung des Sachbearbeiters, bleiben außer Betracht[28]. Im Gegensatz zu § 121 Abs. 1 und den Landespressegesetzen (Schleswig-Holstein: § 16 Abs. 1 Satz 2 LPG; Nordrhein-Westfalen: § 17 Abs. 2 LPG; Baden-Württemberg, Bremen, Hamburg, Niedersachsen, Rheinland-Pfalz, Saarland: § 16 Abs. 2 LPG) ist die Verlängerung auch bei besonderer Schwierigkeit der Ermittlungen nicht zulässig. Beweisschwierigkeiten, wie etwa die Notwendigkeit, wichtige Zeugen im Ausland kommissarisch vernehmen zu lassen, rechtfertigen die Fristverlängerung daher nicht. Daß § 111 n Abs. 2 Satz 2 insoweit hinter den Landespressegesetzen zurückbleibt, ist wenig verständlich; die Vorschrift fordert dazu heraus, bei besonderen Beweisschwierigkeiten von einer gründlichen Sachverhaltsaufklärung abzusehen und die Anklage vorzeitig zu erheben. Rechtliche Schwierigkeiten des Falles sind ebenfalls kein Verlängerungsgrund[29].

d) Aufhebung der Anordnung. Die Beschlagnahme endet nach fruchtlosem **21** Ablauf der in § 111 n Abs. 2 Satz 1 bezeichneten oder der vom Gericht nach § 111 n Abs. 2 und 3 verlängerten Frist nicht von selbst[30]. Vielmehr muß die Beschlagnahmeanordnung durch Gerichtsbeschluß förmlich aufgehoben werden[31]. Das Gesetz schreibt die Aufhebung zwingend vor. Das Gericht muß die Anordnung daher auch aufheben, wenn die Frist nur geringfügig überschritten wird und die Anklage bereits vorliegt, bevor der Aufhebungsbeschluß erlassen worden ist[32].

Zuständig für die Aufhebung ist im Vorverfahren das für die Beschlagnahme zu- **22** ständige Amtsgericht (oben Rdn. 3), auch wenn die Beschlagnahmeanordnung von dem Beschwerdegericht erlassen war, nach Anklageerhebung das Gericht, bei dem die Anklage erhoben worden ist. Der Aufhebungsbeschluß ist dem Betroffenen und, wenn sie von der Beschlagnahme in Kenntnis gesetzt worden waren, den Prozeßbeteiligten bekanntzumachen. Ergeht der Aufhebungsbeschluß, so müssen die beschlagnahmten Sachen unverzüglich herausgegeben werden. Legt die Staatsanwaltschaft sofort Beschwerde ein, so darf aber nach § 307 Abs. 2 verfahren werden.

Eine **erneute Beschlagnahme** der Gegenstände durch dasselbe Gericht ist nicht zu- **23** lässig, es sei denn, daß neue, anders gelagerte Tatsachen zutage getreten sind, die eine Beschlagnahme für sich allein, ohne Berücksichtigung derjenigen Tatsachen, die der

---

[27] So *Rebmann/Ott/Storz* § 16 LPG, 12; **a. A** LR-*Meyer*[23] 19.

[28] *Löffler*[3] § 16 LPG, 19; *Rebmann/Ott/Storz* § 16 LPG, 10.

[29] *Löffler*[3] § 16 LPG, 19; *Rebmann/Ott/Storz* § 16 LPG, 8.

[30] *Kleinknecht/Meyer*[37] 11.

[31] *Kleinknecht/Meyer*[37] 11; KK-*Laufhütte* 10; *Löffler* Presserecht I § 16 LPG, 20; *Rebmann/Ott/Storz* § 16 LPG, 5; *Scheer* A III 2.

[32] KK-*Laufhütte* 10; *Kleinknecht/Meyer*[37] 11; *Löffler*[3] § 16 LPG, 20; *Rebmann/Ott/Storz* § 16 LPG, 5; **a. A** KMR-*Müller* 11.

Gerhard Schäfer

früheren Beschlagnahmeanordnung zugrunde gelegen haben, rechtfertigen können[33]. Auch ein anderes Gericht kann in einem anderen Strafverfahren die Beschlagnahme unter diesen Voraussetzungen erneut anordnen, nicht aber zur Umgehung des § 111 n Abs. 2 Satz 1, wenn die Voraussetzungen sich nicht geändert haben[34].

24   **3. Aufhebungsantrag der Staatsanwaltschaft (Absatz 3).** In Anlehnung an die Landespressegesetze (Schleswig-Holstein: § 16 Abs. 2 LPG; Hessen: § 18 Abs. 2 LPG; übrige Länder außer Bayern: § 16 Abs. 3 LPG) bestimmt § 111 n Abs. 3, daß das Gericht verpflichtet ist, einem Antrag der Staatsanwaltschaft auf Aufhebung der Beschlagnahmeanordnung stattzugeben, wenn die öffentliche Klage noch nicht erhoben oder die selbständige Einziehung noch nicht beantragt worden ist. Der Staatsanwalt muß den Antrag stellen, wenn er zu der Überzeugung gelangt, daß die Voraussetzungen für die Beschlagnahme nicht mehr vorliegen. Die Regelung entspricht im wesentlichen dem für Haftbefehle geltenden § 120 Abs. 3 Satz 1. Sie trägt dem Umstand Rechnung, daß die Staatsanwaltschaft als Herrin des Vorverfahrens befugt sein muß, bis zur Anklageerhebung jederzeit die Aufhebung der Beschlagnahme herbeizuführen, die richterliche Beschlagnahmeanordnung aber nicht selber aufheben darf. In entsprechender Anwendung des § 120 Abs. 3 Satz 2 ist die Staatsanwaltschaft auch berechtigt, zugleich mit dem Aufhebungsantrag die beschlagnahmten Sachen freizugeben[35]. Diese Befugnisse enden jedoch, wenn die Anklage erhoben oder die Einziehung im selbständigen Verfahren nach § 440 beantragt worden ist. Maßgebend ist der Zeitpunkt, in dem die Anklage- oder Antragsschrift bei Gericht eingeht. Ein vor Erhebung der öffentlichen Klage gestellter Aufhebungsantrag der Staatsanwaltschaft bindet das Gericht daher nicht, wenn über ihn bei Anklageerhebung noch nicht entschieden ist. Ein mit der Anklage verbundener Aufhebungsantrag bindet, wie bei § 120 Abs. 3 Satz 1 (vgl. § 120, 41), das Gericht nicht.

25   **Zuständig** für die Aufhebung ist der Ermittlungsrichter, der die Beschlagnahme angeordnet hat. Bekanntgemacht wird der Antrag weder dem Betroffenen noch den anderen Prozeßbeteiligten. Eine Unterrichtung des Betroffenen, die die meisten Landespressegesetze vorgeschrieben hatten, sieht § 111 n Abs. 3 nicht vor. Nach Aufhebung der Beschlagnahmeanordnung sind die beschlagnahmten Schriften oder Gegenstände sofort freizugeben, wenn nicht die Beschlagnahmeanordnung eines anderen Gerichts vorliegt.

VI. Anfechtung

26   Gegen Beschlagnahmeanordnungen der **Staatsanwaltschaft** ist, wenn sie vor der richterlichen Entscheidung bereits aufgehoben sind, nur bei nachwirkenden Feststellungsinteresse der Antrag auf Feststellung der Rechtswidrigkeit gegeben; vgl. § 98, 72. Im übrigen fehlt das Rechtsschutzbedürfnis, denn nach § 111 n Abs. 1 Satz 3 muß das Gericht über die Rechtmäßigkeit der Beschlagnahmeanordnung binnen drei Tagen auch ohne Anfechtung entscheiden.

27   Beschlagnahmeanordnungen des **Gerichts** und die Beschlüsse, mit denen nach § 111 n Abs. 1 Satz 3 Beschlagnahmeanordnungen der Staatsanwaltschaft bestätigt wer-

---

[33] *Kleinknecht/Meyer*[37] 13; KK-*Laufhütte* 11; enger *Löffler*[3] § 16 LPG, 20 und *Rebmann/ Ott/Storz* § 16 LPG, 5: keine erneute Beschlagnahme; weiter KMR-*Müller* 11; *Scheer* § 16 LPG, A IV.

[34] *Löffler*[3] § 16 LPG, 20.
[35] KK-*Laufhütte* 13; *Kleinknecht/Meyer*[37] 14; KMR-*Müller* 12.

den, sind nach allgemeinen Grundsätzen mit der Beschwerde nach § 304 Abs. 1 anfechtbar. Insoweit bestehen keine Besonderheiten gegenüber anderen Beschlagnahmeanordnungen (vgl. daher § 98, 54 ff). Insbesondere it die weitere Beschwerde nach § 310 ausgeschlossen (§ 17 Hess. LPG hatte sie zugelassen). Gegen Entscheidungen nach § 111 n
Abs. 2 steht der Staatsanwaltschaft die Beschwerde zu.